中国首部国家专利传统法书集萃

字林

上

邵玉铮 主编

中国文史出版社

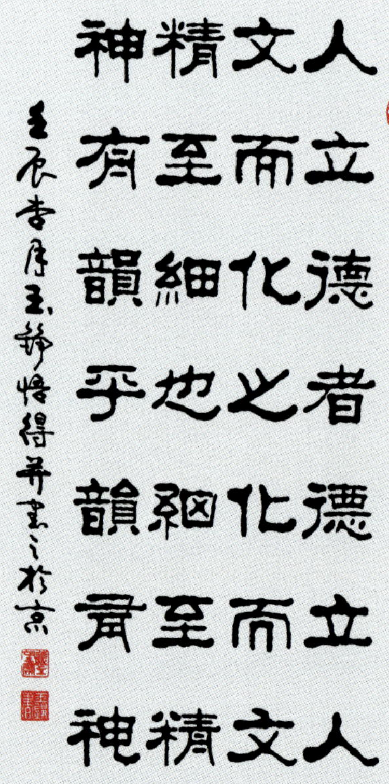

人立德者德立人
文而化之化而文
精至細也細至精
神有韻乎韻有神
壬辰春序玉錚悟得并書之於京

仅以此书
献给
国内外所有的书法爱好者

Dedicated to
all the lovers of Chinese calligraphy
at home and abroad

主编简介

邵玉铮

1936年生于河南灵宝

1955年毕业于沈阳林校

1960年毕业于北京外国语学院

现为　北京林业大学英语教授

　　　中国书法家协会会员

　　　中国科普作家协会会员

兼任　中国艺术家生态文化工作委员会资深委员

　　　中国书画家艺术研究院副院长

　　　九三学社中央文化工作委员会委员

信念　教学——学中教，教中学，教学相长。

　　　治学——学而思，思而学，学无止境。

　　　人道——言与行，行与言，表里如一。

　　　书道——学着写，写着学，艺海无涯。

副主编简介

邵　青

1963年生于北京。毕业于北京林业大学，园林工程师，书画篆刻摄影爱好者。

邵　春

1966年生于北京。毕业于北京大学，工程师，方圆有道系列碑帖副主编。

韩启德
全国人大常委会副委员长
中国科学院院士
中国科学技术协会主席
九三学社中央主席

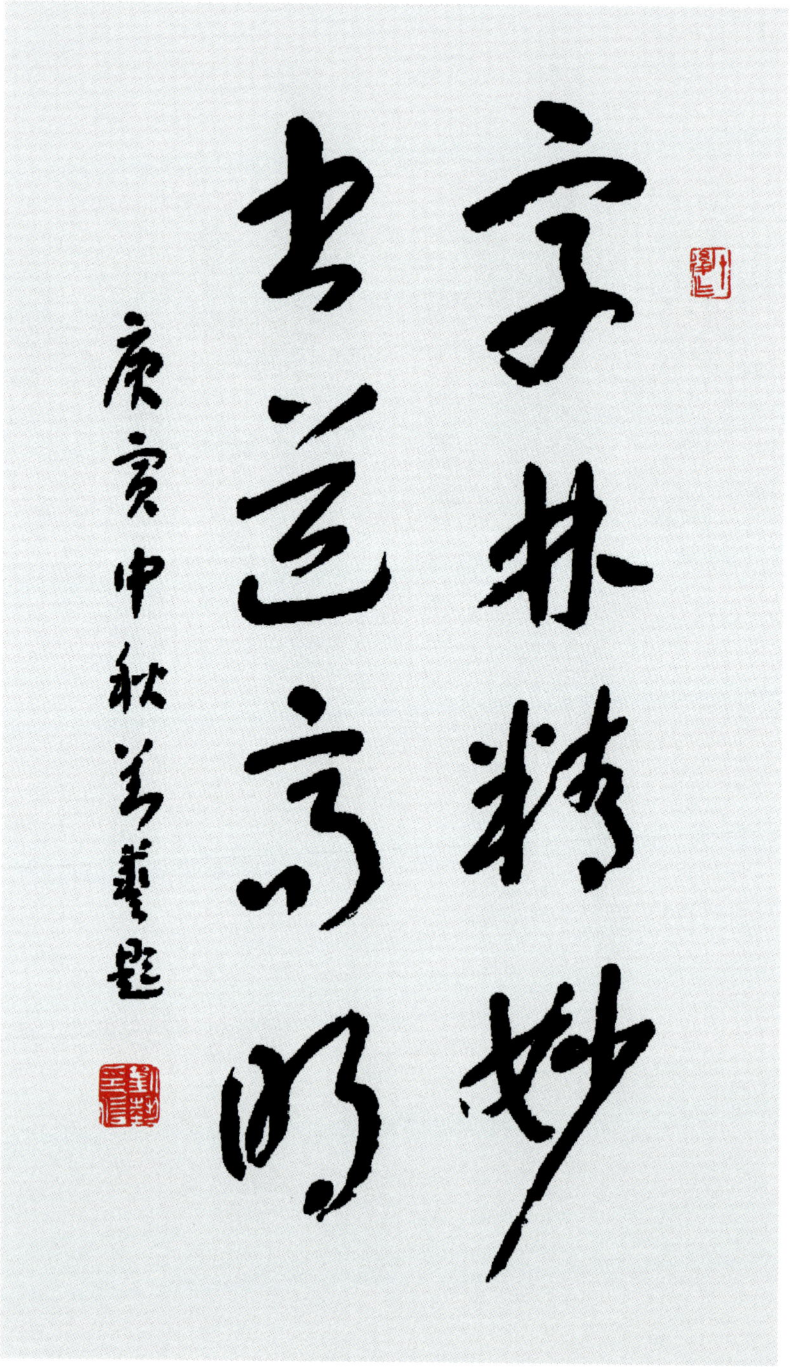

刘 艺
中国书法家协会顾问
中国楹联学会顾问

尹成富
中国将军书画院副院长
中国书画家艺术研究院院长
中国书法家协会会员

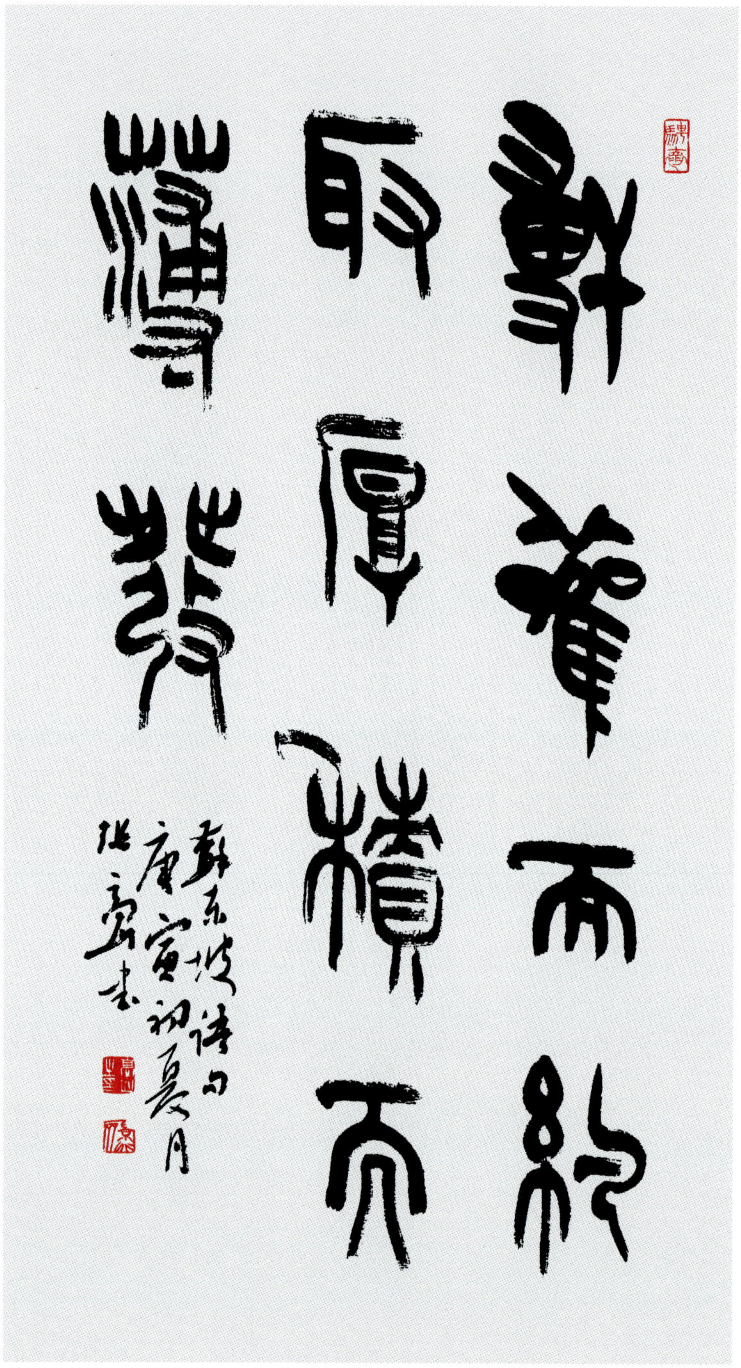

张高山

河南省书法家协会副主席

中国书法家协会会员

目　录

前　言

汉字举世无双　书法方圆有道

“文化是一个民族的精神和灵魂，是国家发展和民族振兴的强大力量。”

文字是记录历史文化的载体，也是传承历史文化的工具。汉字作为世界上唯一的单音节表意文字，不仅历史悠久，极富哲理，而且成就了书法，光大了人文。因此，2008年6月7日，经国务院批准，“汉字书法”被正式列入“第二批国家级非物质文化遗产名录”；2009年9月30日，中国书法被联合国教科文组织（UNESCO）列入“人类非物质文化遗产代表作名录”（Human representative list of the intangible cultural heritage）。这充分说明，中国书法不仅属于中国，也属于世界。本书于此时此刻编辑和出版，正是希望能为“中国书法保护工程”添一块砖，为弘扬中华文化加一片瓦！

随着社会的发展、文字的演变，汉字很早就形成了不同书体、不同风格的书法艺术体系。概言之，如下表所示：

古文字阶段	甲骨文	殷商时代	公元前21—前16世纪
	金文（钟鼎文）	盛于西周	公元前11世纪
	籀文（大篆、石鼓文）	战国初期	至公元前221年
	小篆（秦文）	流行于秦	公元前221年—前206年
今文字阶段	隶书（秦隶、汉隶）	创于秦，行于汉。是汉字形体发展的一次大革命。	
	草书（章草、今草、狂草）	创于汉，盛于晋。章草为隶之便，今草乃楷之捷。	
	行书	始于魏晋，流行至今。系楷之简化、快写。	
	楷书	兴于汉，通行于魏晋，至唐达到高峰	

为了传承汉字文化艺术的需要，自东汉许慎父子历时22年（公元100－121）撰成《说文解字》后，便不断有新的字典、碑帖出现，如《康熙字典》、《三希堂法帖》、《新华字典》、《中华字海》、《汉语大字典》、《中华大字典》、《疑难字简明字典》、《四体大字典》、《书法大字海》、《实用书法大字典》、《中国楷/行/草/隶/篆大字典》、《金文编》，以及经本人授权，2009年江西教育出版社首次将字头置入国家专利方圆界格内的九种19个版本的字/词典等等。

在一些常见的大型书法字典中，“二、大、不、风、长、方、东、出、而、当、此、成、故、高、家、得、道、德”等字样，收录都在百个以上，其数量实在可观，而相近者也的确不少。再者，基本上都没有注音或注释，这在一定程度上影响了读者的认知和辨析。

为能尽快提高国人书写的水平，广泛促进中国书法的普及，本《字林》力求：一、以孟子的“不以规矩，不能成方圆”[①]的哲理为指导；二、以“尧造围棋，汉有瓦当，宋有象棋”[②]，方圆无处不在的历史事实为参照；三、以象形字肇始的汉字并非是方块字，而至今的“纯方块汉字也仅占汉字总量的0.35%”的统计结果为依据；四、以“汉字五种书体的间架结构俱在圆中”的普遍性为验证（其特殊性是狂草偶有例外）；五、以“外方定字正，内圆运笔活”的双重监控为准绳；六、以老子的“少则得，多则惑”[③]的古训为学用要领。因此，继续采用主编者的国家外观设计专利——方圆米格。而且，每个字的不同书体最多选取四个范例（割爱或遗珠在所难免），故名《字林：中国首部国家专利传统法书集粹》（方圆有道系列碑帖之三[④]）。全书共收字目3930个（不含所收的异体字、繁体字等），五种书体合计达31338字。

本书的编辑和出版，坚持“博观而约取，厚积而薄发”[⑤]的治学态度，多方参考了历代的碑帖和前人辑录的成果，并悉心地查阅了大量的历史文献，订正了一些明显的失误。同时，对所有收录的字都精心地做了必要的清理、缩放，并注明了其时代与出处；对所有字目，均特意在书口标注了拼音和声调，必要时略加注释；在同一音区，着意归纳了偏旁部首相同或相近的字，以便相互借鉴；尤其在附录中，首次揭示了《古代简体字形态一览》和《古代书法家异样写法摘编》，这对了解汉字的发展和演变，对认字、写字，以及书法教学和创作，都必将有所帮助。

本书的编辑和出版，得到了全国人大常委会副委员长韩启德同志的高度重视，得到了中国书法家协会刘艺顾问、中国书画家艺术研究院尹成富院长，河南省书法家协会张高山副主席的积极支持，得到了中华炎黄文化研究会顾问欧初先生、清华大学美术学院原院长李当岐教授、北京文史馆馆员苏适先生等方家的热情鼓励，在此特向他们表示衷心感谢！

本书的编辑和出版，还要感谢出版社的大力帮助，感谢全体编委的同心协力，以及副主编夜以继日、持之以恒的忘我投入。

《字林》破土，缺失难免，尚望广大读者和学者提出宝贵意见。

邵玉铮　　2012年2月于北京

---

①. 见《孟子·离娄上》

②. 见本书1587页注

③. 语出《道德经》第二十二章

④. 之一：《邵玉铮隶书大唐圣教序》 中国青年出版社 2007年

之二：《五体千字文方圆一格通》 中国青年出版社 2009年

⑤. 语出宋·苏轼《杂说》

凡　例

一、本集萃以主编者的国家外观设计专利（同时享有著作权）——“方圆米格”为载体，以“少而精”为编选原则。

二、本集萃字目基本上以《现代汉语通用字表》的字体出现，其后依据需要附列繁体字、异体字等。

三、本集萃字目以汉语拼音的字母顺序排列（见《音序检字表》）。凡多音字，以其常用性或先期出现者为主，附列其他读音，如 chā 差（chà，chāi，cī）；cháng 长（zhǎng）；chóng 重（zhòng）等等。同时列有《笔画检字表》。

四、本集萃字目皆加注拼音和声调符号（ˉˊˇˋ）。在同一音区，力求将偏旁相同或相近的字，如：悴、淬、萃、粹、翠，代、岱、袋、贷、黛……集中编排，必要时略加注释，以利相互参照。

五、本集萃字目后分别以楷、行、草、隶、篆的顺序横向排列，以适应当今广大读者的研学习惯。所有字体经过清理缩放，使之协调一致，结构更加鲜明。

六、本集萃字目后的各种书体，均力求以碑帖出现的时代和书家出生的先后为序，以利通晓中国书法的发展源流。

七、本集萃字目中的字头若代替两个义项不同的繁体字，则分别列出，以免混淆。如范/范（姓氏），范/範（榜样）；钟/鐘（响器），钟/锺（姓氏，专注）；历/歷（经过），历/曆（推算岁时节候的方法）；里/里（表长度、乡里），里/裏（指内部、时间、处所），发/發（送出、产生、扩大），发/髮（毛发）；淀/淀（浅的湖泊，多用于地名），淀/澱（沉淀）等等。

八、本集萃系中国书法大字典中的精选本，所辑录的范字，上自殷商时的甲骨文，下止清代大家的手笔。如欲获取更多的资料，可参阅其它相关典籍。

音序检字表

1. 一字多音者，本典只立一个单字条目，其旁附有其他音、义；
2. 专名和姓氏的标音，首字母理应大写，本典因故未能完全如许。

D

笔画检字表

1. 笔画相同者，按起笔笔形（一丨丿丶乙）的顺序排列；

2. 未收录的字，可参阅偏旁部首相同或相近的字研学之。

六画

八 画

九画

柚	1342	带	183	轲	562	毗	761	笃	233	郗	1108	弈	1302
枳	1484	要	1262	轸	633	虹	394	选	1211	剑	479	帝	212
柏	19	哉	1409	轸	1462	蚁	1289	觇	666	俞	1357	度	234
柝	1047	赴	307	轴	1509	郢	1327	看	558	食	905	庭	1025
柳	640	赵	1450	轶	1295	勋	1215	重	130	盆	756	迹	457
栎	611	巷	1157	轻	817	品	767	俦	134	爰	1387	疮	150
柱	1525	甚	892	鸥	744	虽	982	俨	1240	胤	1318	恸	1033
柿	915	柬	474	鸦	1223	炭	1001	便	55	狭	1130	恃	920
栏	586	残	81	皆	494	是	921	保	28	独	232	恒	391
树	945	殃	1248	匽	1238	显	1141	促	168	狩	932	恢	422
政	1470	殄	1019	战	1438	星	1184	侮	1098	狱	1375	恍	421
故	348	殇	878	点	215	曷	386	俄	245	饵	253	恻	88
胡	401	殆	182	背	38	昴	677	俭	473	饶	845	恬	1018
封	283	研	1233	虐	742	昱	1370	俗	976	蚀	905	恤	1205
荆	517	砌	795	临	628	冒	677	俘	292	饷	1155	恰	796
勃	71	砂	872	竖	948	贵	362	俛	695	胪	648	恂	1219
南	723	砚	1247	览	587	贯	355	信	1182	胆	188	恪	564
贲	41	耐	723	韭	528	畏	1077	侵	811	胜	897	恼	727
茸	851	奎	577	削	1159	胃	1077	侯	396	胙	1571	恨	390
荐	480	牵	798	省	897	界	504	俟	969	胝	1476	闺	359
草	86	厚	398	咽	1227	思	961	俊	552	胞	28	闻	1084
茧	474	虺	423	尝	99	胄	1511	修	1194	胖	751	闼	993
莒	537	咸	1138	响	1155	罚	257	顺	954	脉	671	闽	703
茵	1308	威	1062	峙	1493	骨	346	段	237	胎	995	闾	655
茱	1514	面	696	峡	1129	骂	669	贷	181	急	446	阎	556
荃	835	勅	128	峣	1257	囿	1352	皇	417	盈	1325	阀	257
茶	92	拭	917	峤	493	幽	1338	泉	836	贸	677	阁	324
荀	1219	挂	350	峥	1467	毡	1434	叟	976	怨	1392	阂	386
茗	704	持	124	映	1328	拜	20	追	1536	逄	1281	炳	66
荒	416	拱	336	昨	1567	牲	895	禹	1366	逃	1006	炼	616
茫	674	挟	1170	昭	1446	钝	242	鬼	361	勉	695	炽	129
荡	194	挠	726	昧	683	钟	1500	待	183	施	902	炯	525
荫	1309	挺	1027	贱	479	钦	812	徊	409	斿	1344	烂	588
茹	856	括	582	贴	1022	钧	551	徇	1220	飒	864	洁	501
荔	605	挻	873	贶	575	钩	338	衍	1238	哀	1	洪	396
药	1263	拾	906	贻	1279	矩	536	律	657	亭	1026	洒	863
兹	161	指	1485	眄	696	种	1503	很	390	亮	620	浃	463
革	323	挑	1019	眇	698	秋	824	须	1199	亲	811	浇	489
桼	723	挍	493	盻	1124	科	562	盾	240	音	1310	洩	1174
某	715	按	9	盼	750	复	304	逅	398	彦	1241	浊	1541
荣	852	挥	422	眈	186	香	1149	俎	1560	峦	659	洞	227
荧	1323	拯	1469	昳	837	竿	312	叙	1205	弯	1049	测	88

副	307	龚	336	唯	1068	围	1367	得	200	鸾	660	凌	635
菁	517	袭	1120	啖	190	铜	1030	衔	1141	望	1061	鸿	394
著	1526	盛	899	啴	998	铠	556	舸	326	庶	947	淋	628
菱	636	戛	465	唉	612	铢	1516	舻	648	麻	668	渎	232
萁	785	戚	780	啸	1169	铣	1121	舳	1520	庵	7	涯	1224
菴	7	爽	951	啜	158	铨	835	船	148	庚	1368	淹	1228
萋	780	赍	584	崎	787	铭	705	舷	1138	廊	589	涿	1539
菽	937	雪	1214	崦	1228	铮	1467	盘	748	庸	1329	渐	481
菲	272	捧	758	崤	1164	银	1313	领	636	康	559	淑	937
萌	686	措	176	崛	546	矫	492	斜	1171	鹿	653	混	432
萝	665	描	698	帷	1070	秽	429	欷	1108	痍	1281	涸	386
菌	551	掩	1237	晤	1102	移	1282	敛	615	疵	159	淮	409
萎	1073	捷	501	晰	1454	甜	1018	欲	1372	痊	835	淆	1164
菜	80	掉	220	晦	428	敏	703	彩	79	痕	390	渊	1382
萄	1008	排	746	晞	1109	笺	471	龛	558	情	819	淫	1313
菊	535	推	1040	晚	1053	笻	822	悉	1114	惜	1110	渔	1357
萃	172	授	931	赈	1464	笼	643	猪	1516	惬	810	淳	156
菩	775	掬	534	赊	884	笙	896	猎	627	悼	198	液	1269
萍	770	掠	661	眦	1549	符	295	猗	1276	惧	540	淬	171
菀	1053	掖	1269	眺	1022	笠	608	猖	96	惕	1015	淡	190
菅	472	接	496	眼	1239	笥	967	猛	687	惟	1069	淙	167
萧	1162	掷	1495	睁	714	第	211	馆	355	惆	135	淚	597
萨	865	捲	543	畦	787	梨	599	脚	492	惊	518	深	890
菰	342	控	568	略	661	犁	599	脯	297	惇	240	渌	651
萤	1324	探	1001	蛇	885	逶	1065	豚	1044	悴	171	涵	371
营	1324	捥	1052	野	1266	做	1572	脱	1045	惮	191	淄	1546
萦	1325	据	540	距	538	偃	1238	斛	401	惋	1052	粘	1434
黄	419	掘	546	趾	1483	偕	1172	象	1158	惨	82	粗	168
堇	509	掇	243	跃	1400	偶	744	祭	454	惙	158	粕	774
焉	1228	辄	1454	勖	1206	偈	459	凰	418	惯	356	粒	609
啬	870	辅	298	鄂	248	偷	1033	逸	1305	阇	231	断	237
票	766	救	532	崖	1224	停	1027	旌	518	阊	96	敝	46
曹	85	匮	578	崔	170	偻	644	族	1559	阎	1235	兽	933
基	440	虚	1200	崩	42	偏	763	旋	1210	阐	95	剪	474
娶	833	鸷	1495	崇	131	假	467	翊	1304	焕	415	寇	569
梦	688	雀	839	晨	110	皎	491	孰	940	烽	284	寅	1312
梵	265	堂	1003	曼	672	躯	828	毫	376	凑	167	寄	460
殒	1405	常	97	冕	695	袋	181	烹	756	减	474	寂	459
硕	958	啧	1425	累	597	悠	1337	商	877	清	816	宿	979
匏	752	啄	1540	悬	1210	兜	229	率	658	渍	1551	密	693
奢	884	啭	1532	患	415	徒	1122	章	1440	添	1017	窒	1488
聋	643	唱	102	婴	1320	徘	746	竟	522	渚	1521	窕	1021

十二画

十三画

十四画

十五画

十六画

十七画

十八画

三国 钟繇　唐 褚遂良　元 赵孟頫　明 祝允明

隋 智永　晋 王献之　明 唐寅　唐 怀素

汉 石门颂　清 王澍　唐 李阳冰　元 赵孟頫

三国 钟繇　晋 王献之　唐 颜真卿　元 赵孟頫

宋 苏轼　元 赵孟頫　晋 王羲之　晋 王羲之

ā 阿（词头）ē（迎合；偏袒；阿胶等）

āi 哀（悲痛；悼念；怜悯）

āi
埃（灰尘）

宋 苏轼　唐 贺知章　元 赵孟頫　汉 鲜于璜碑

三国 曹真碑　唐 韩择木　清 吴大澂　清 吴大澂

北魏 吊比干墓志　北魏 赵充华墓志　宋 苏轼　明 文徵明

元 鲜于枢　元 康里子山　明 王守仁　汉 孔彪碑

元 吴叡　清 邓石如　清 吴大澂　清 康熙字典

āi 挨 ái（捱；遭受；拖延）

ǎi 矮

ǎi 蔼（和气；繁茂）

ǎi 霭（云气）

ài
艾（草名。停止：方兴未艾）yì（治理；惩治；悔恨：自怨自艾）

ài
隘（狭窄；要隘）

ài
爱（㤅、㤅）

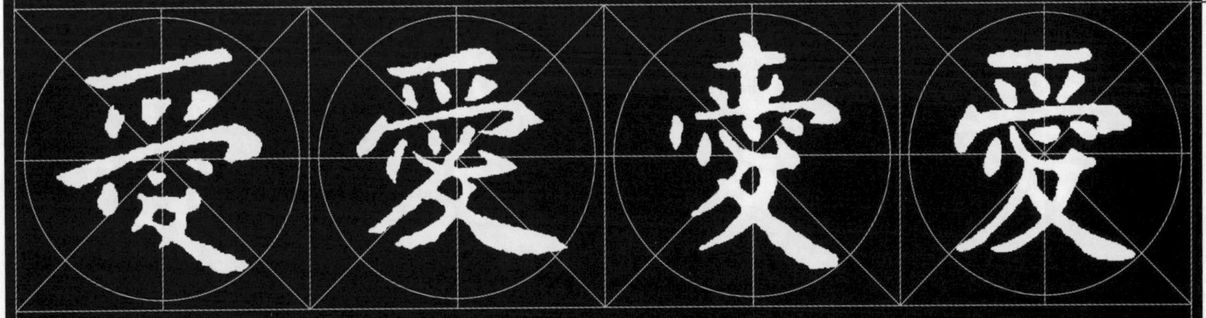

三国 钟繇　唐 颜师古　元 赵孟頫　清 张裕钊

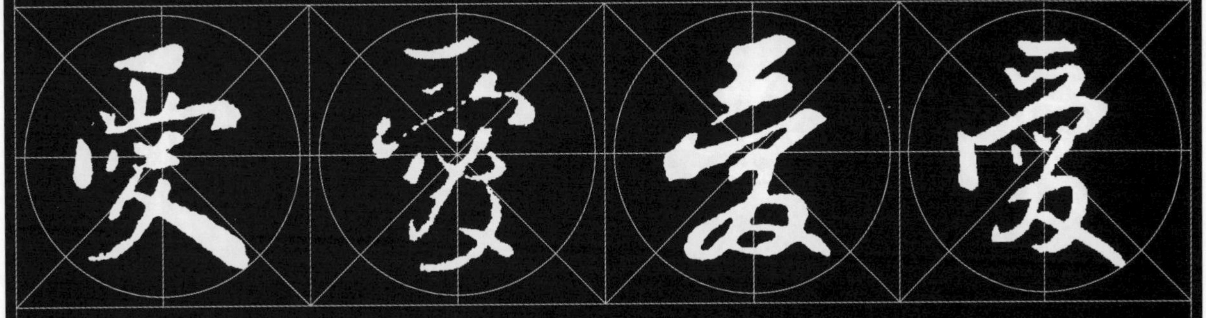

唐 欧阳询　唐 李世民　宋 苏轼　清 王铎

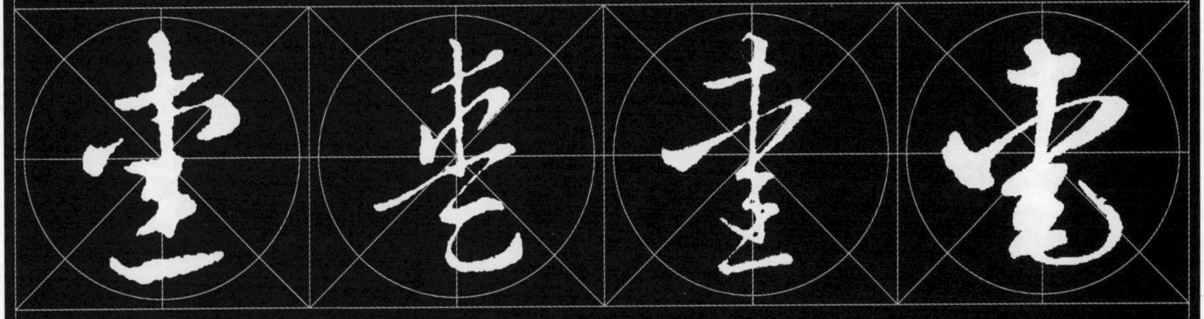

汉 张芝　晋 索靖　晋 王羲之　宋 赵佶

汉 西狭颂　汉 张迁碑　元 赵孟頫　清 王澍

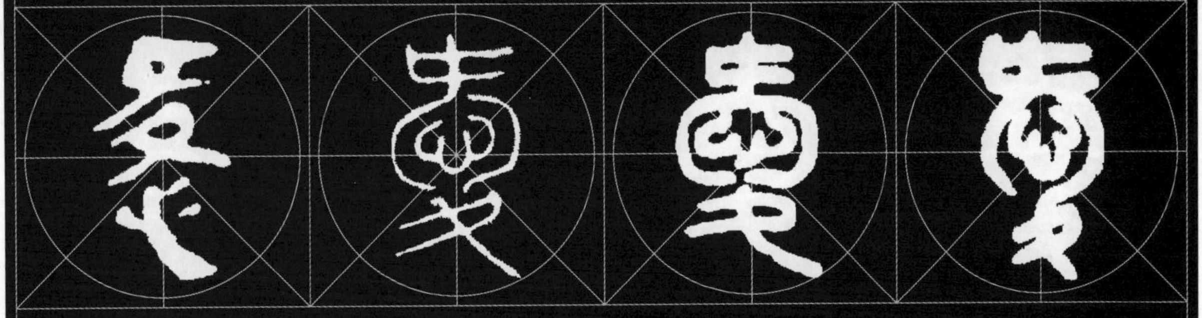

汉 马王堆帛书　汉 说文解字　清 康熙字典　清 吴大澂

ài
碍（礙）

ān
安

北魏 牛橛造像
宋 苏轼
晋 王羲之
唐 怀素
金 张天锡·草书韵会
清 顾蔼吉·隶辨
清 顾蔼吉·隶辨
清 康熙字典
北魏 郑道昭
唐 欧阳询
晋 王羲之
宋 苏轼
汉 张芝
晋 王羲之
隋 智永
唐 孙过庭
汉 石门颂
汉 华山碑
汉 白石神君碑
汉 曹全碑

ān
庵（菴：小草屋；尼姑庵）

ān
鞍（鞌）

àn
暗（黑暗；糊涂，同闇）

隋 苏孝慈墓志　唐 褚遂良　宋 薛绍彭　明 唐寅

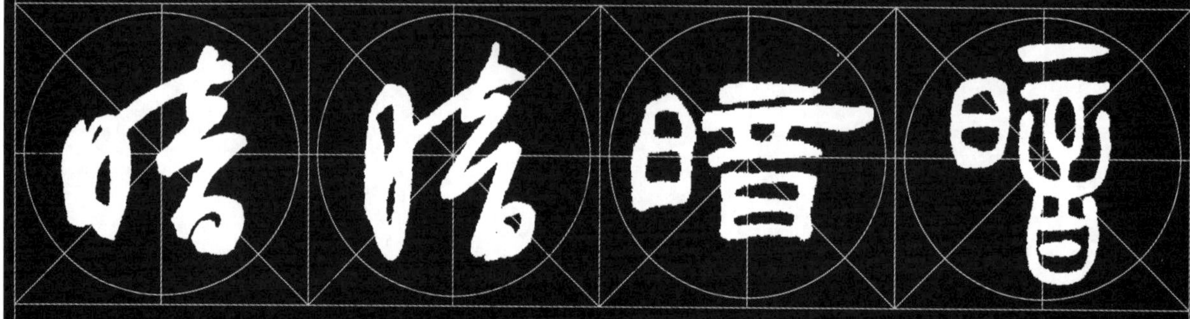

元 鲜于枢　元 康里子山　明 何震　清 吴熙载

àn
闇（不亮；愚昧）

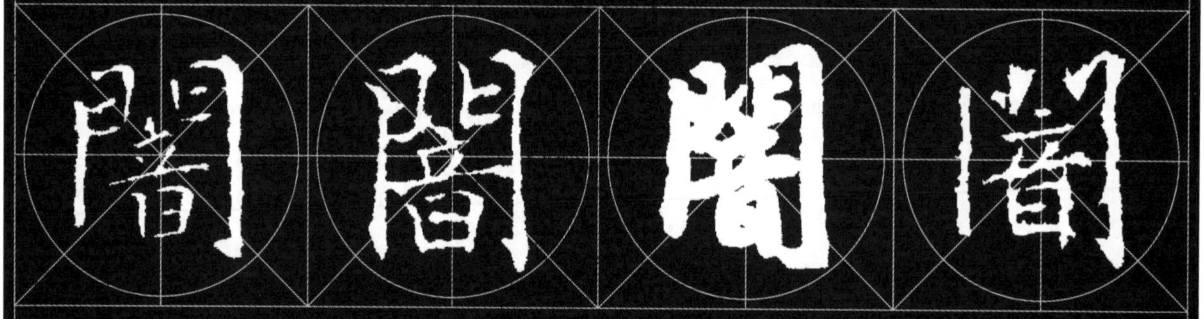

晋 王羲之　唐 欧阳通　唐 陆柬之　唐 张从申

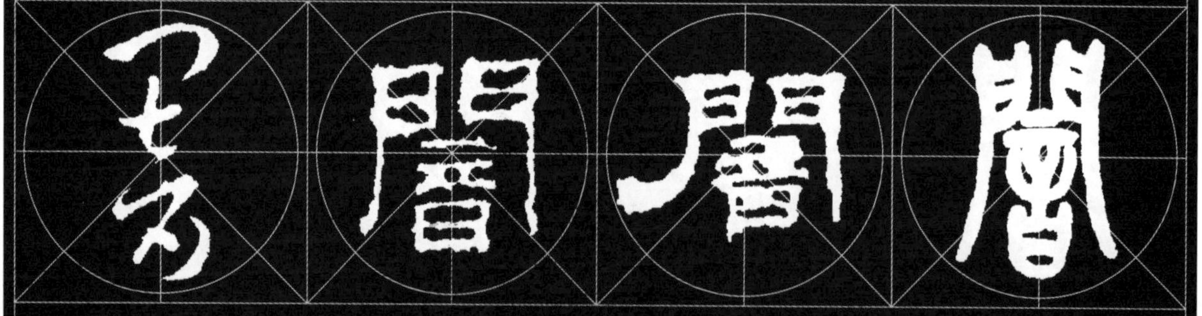

唐 孙过庭　汉 景君碑　汉 韩仁铭　清 吴昌硕

àn
黯（阴暗）

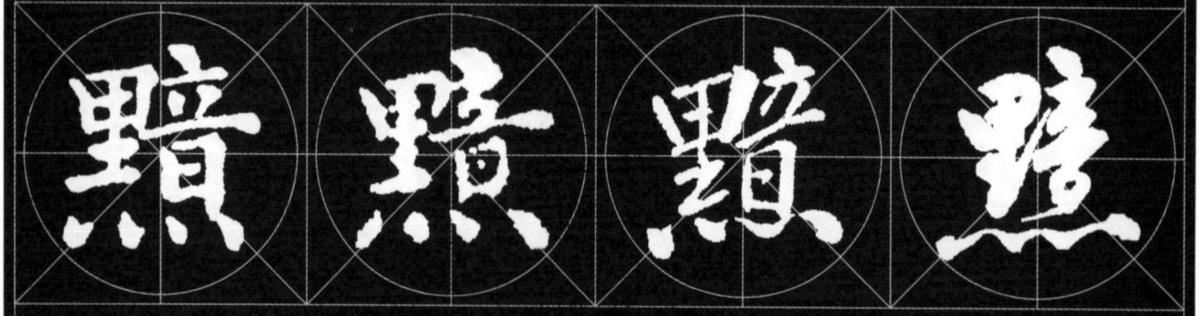

唐 褚遂良　明 沈度　宋 黄庭坚　明 唐寅

àn 岸（水边陆地；高大）

àn 按

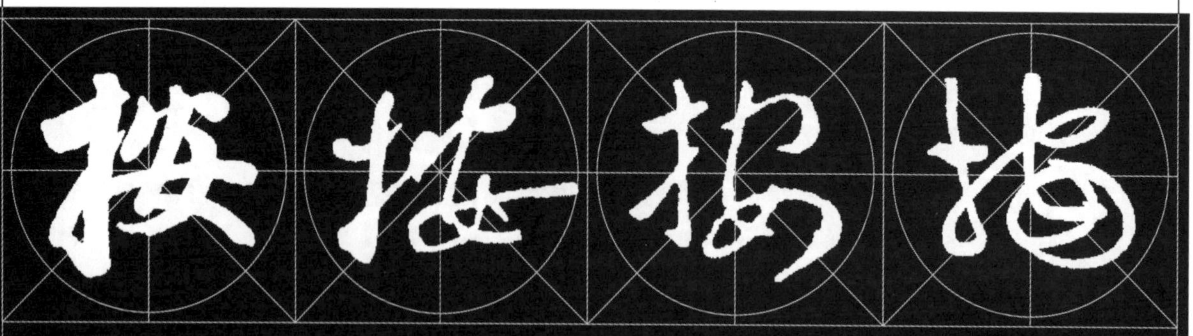

元 赵孟頫　清 何绍基　晋 索靖　宋 黄庭坚

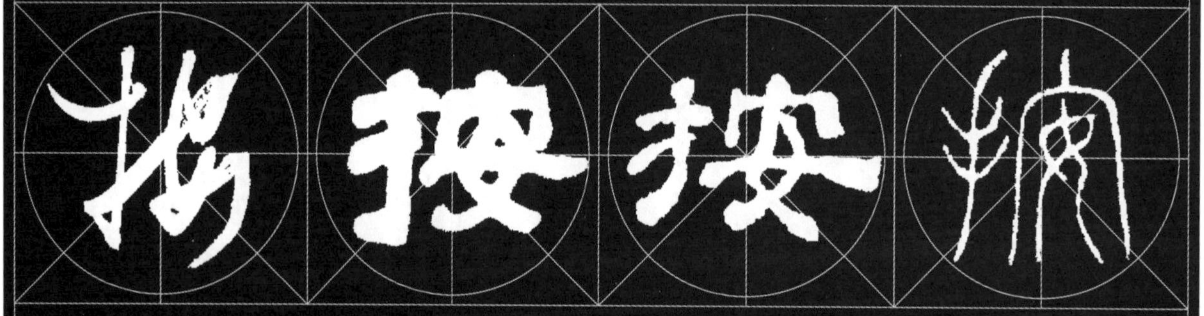

明 张瑞图　清 邓石如　清 董邦达　汉 说文解字

àn
案

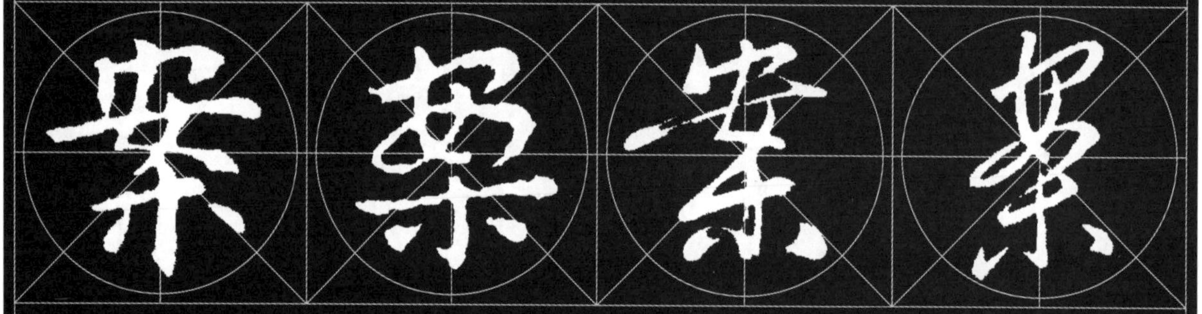

唐 欧阳询　三国 皇象　明 沈周　唐 李怀琳

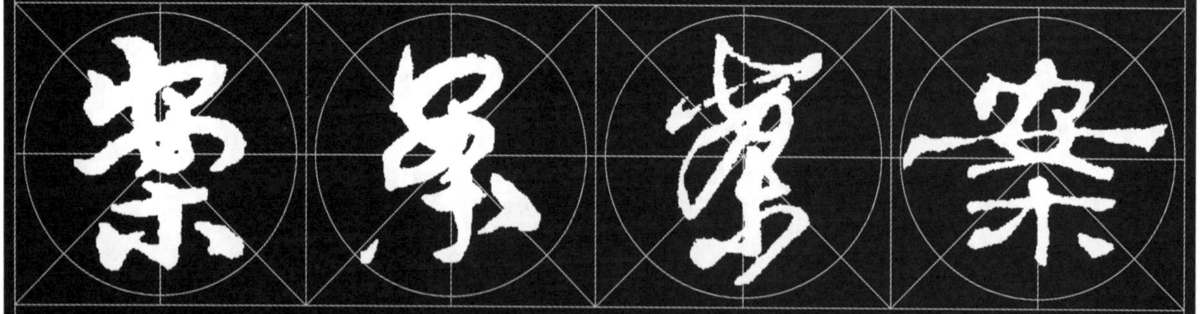

明 宋克　明 祝允明　宋 黄庭坚　汉 华山碑

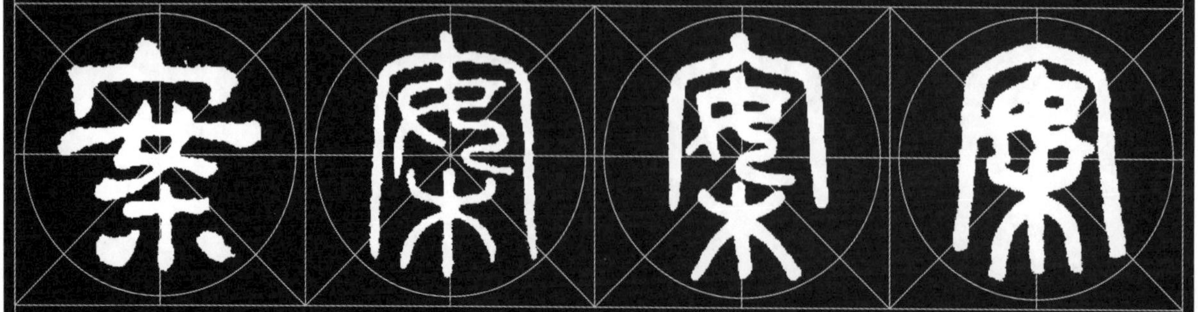

汉 樊敏碑　汉 说文解字　清 吴大澂　清 吴昌硕

áng
昂（仰，高）

áo
翱（翱：展翅飞）

áo
鳌（鼇、鼈）

áo
敖（同遨；姓）

áo
遨（游玩）

áo
熬（久煮；忍受）
āo

ào
傲

ào
坳
（坳：山间平地）

ào
奥

bā
八

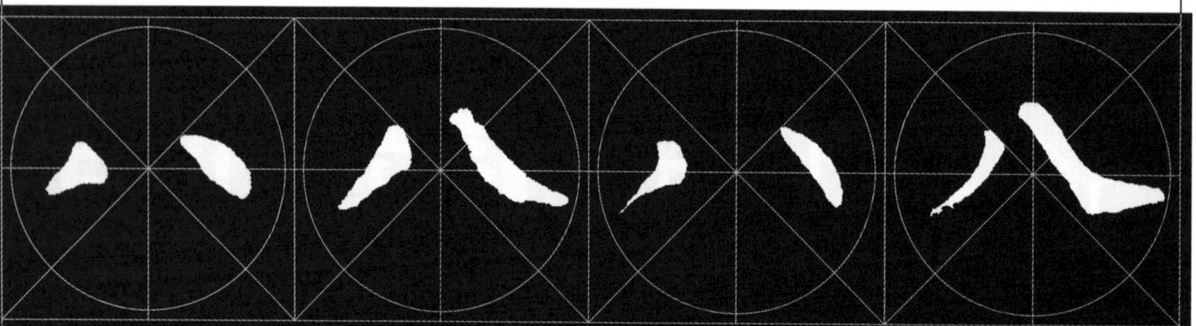

汉 张芝 | 唐 颜真卿 | 唐 柳公权 | 宋 苏轼

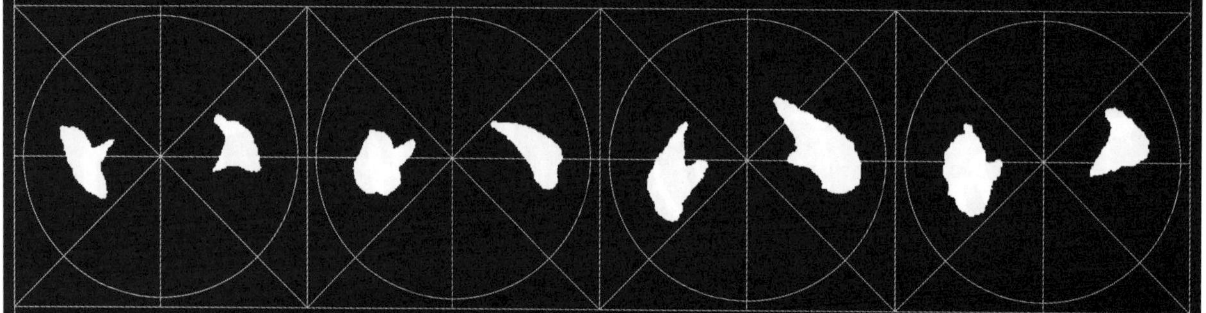

晋 王羲之 | 隋 智永 | 唐 欧阳询 | 唐 张旭

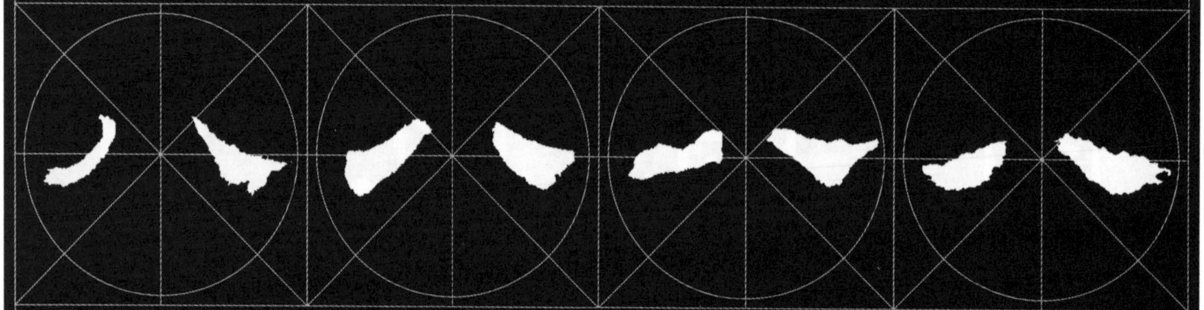

汉 乙瑛碑 | 汉 华山碑 | 汉 史晨碑 | 张迁碑

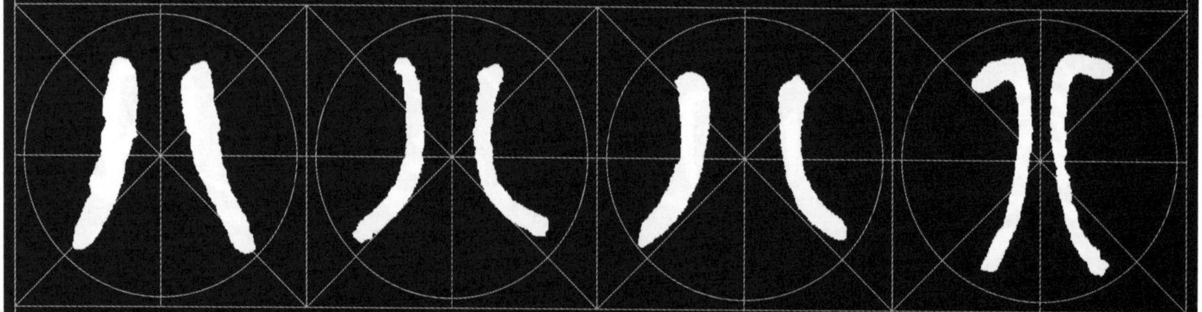

周 令彝 | 元 赵孟頫 | 清 邓石如 | 清 吴昌硕

bā
巴

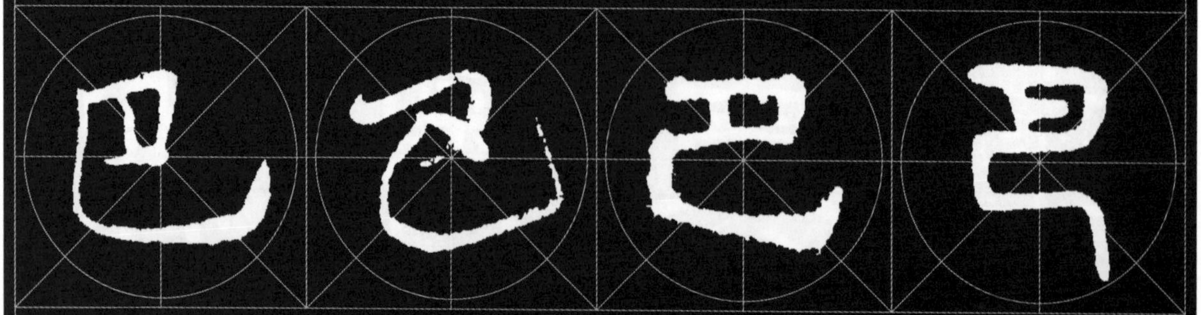

隋 张公礼 | 清 王铎 | 汉 樊敏碑 | 清 杨沂孙

bā 芭

bá 拔

bá 跋（跋涉；跋文；跋扈）

唐 李邕　金 张天锡·草书韵会　南北朝 佚名　清 吴大澂

北魏 崔敬邕墓志　唐 褚遂良　唐 欧阳通　元 赵孟頫

明 董其昌　明 沈粲　清 伊秉绶　清 田潜

唐 颜真卿　宋 米友仁　元 赵孟頫　明 董其昌

清 王文治　宋 米芾　清 阮元　清 俞樾

bǎ
把
bà（刀把儿，话把儿）

bà
罢（罷）

bà
霸（覇）

唐 褚遂良

宋 赵佶

明 祝允明

元 赵孟頫

隋 智永

隋 智永

唐 怀素

明 王宠

元 赵孟頫

清 王澍

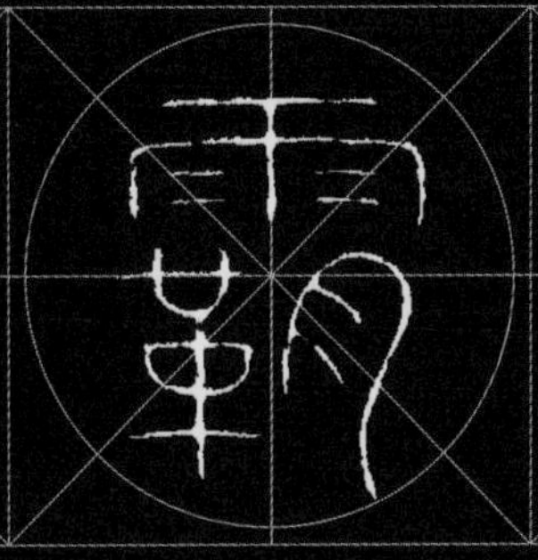
唐 李阳冰

元 赵孟頫

bái
白

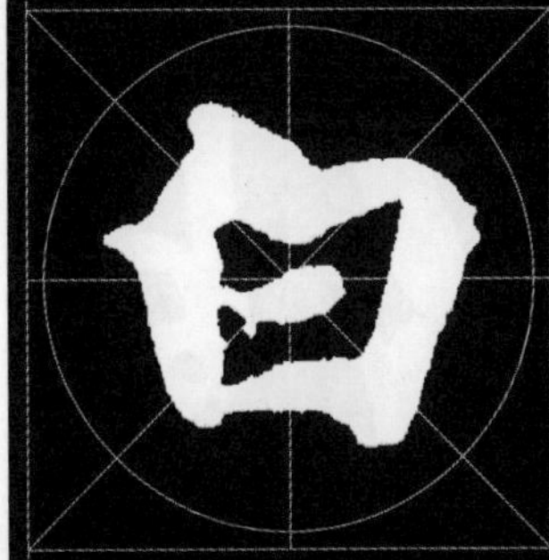
隋 智永

唐 褚遂良

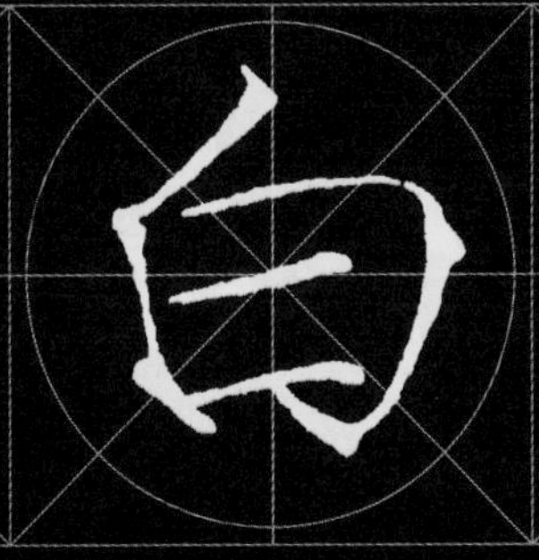
宋 赵佶

明 祝允明

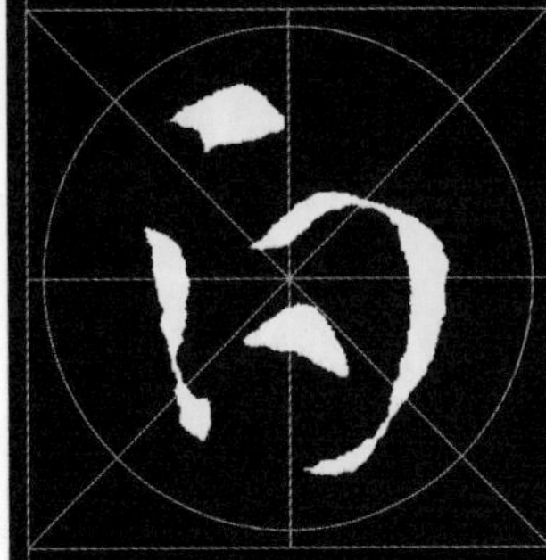
晋 索靖

晋 王羲之

宋 黄庭坚

元 鲜于枢

bǎi
伯
bó

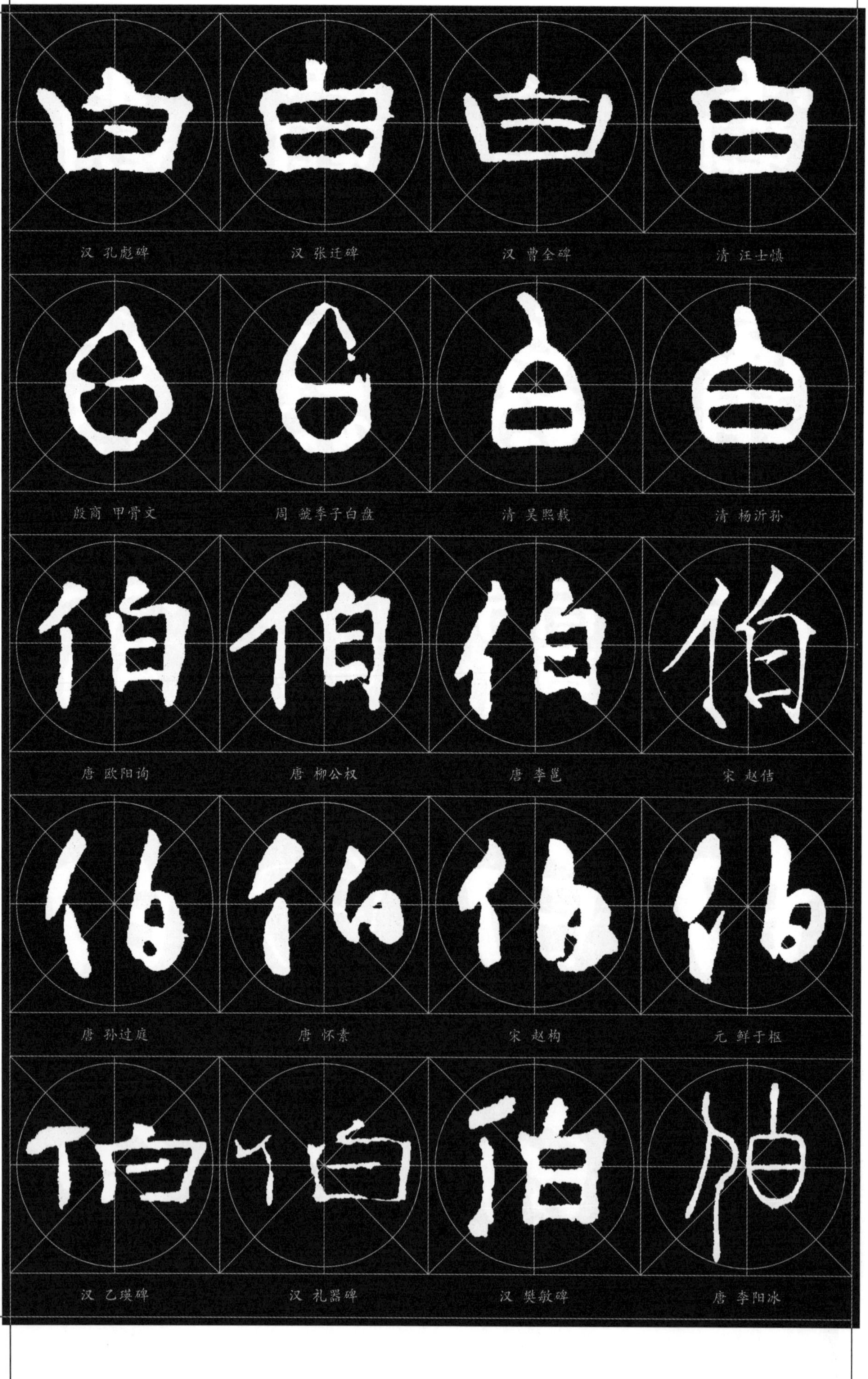
汉 孔彪碑
汉 张迁碑
汉 曹全碑
清 汪士慎
殷商 甲骨文
周 虢季子白盘
清 吴熙载
清 杨沂孙
唐 欧阳询
唐 柳公权
唐 李邕
宋 赵佶
唐 孙过庭
唐 怀素
宋 赵构
元 鲜于枢
汉 乙瑛碑
汉 礼器碑
汉 樊敏碑
唐 李阳冰

bǎi
百

bǎi
柏
（栢）
bó
（柏林）
bò
（黄柏）

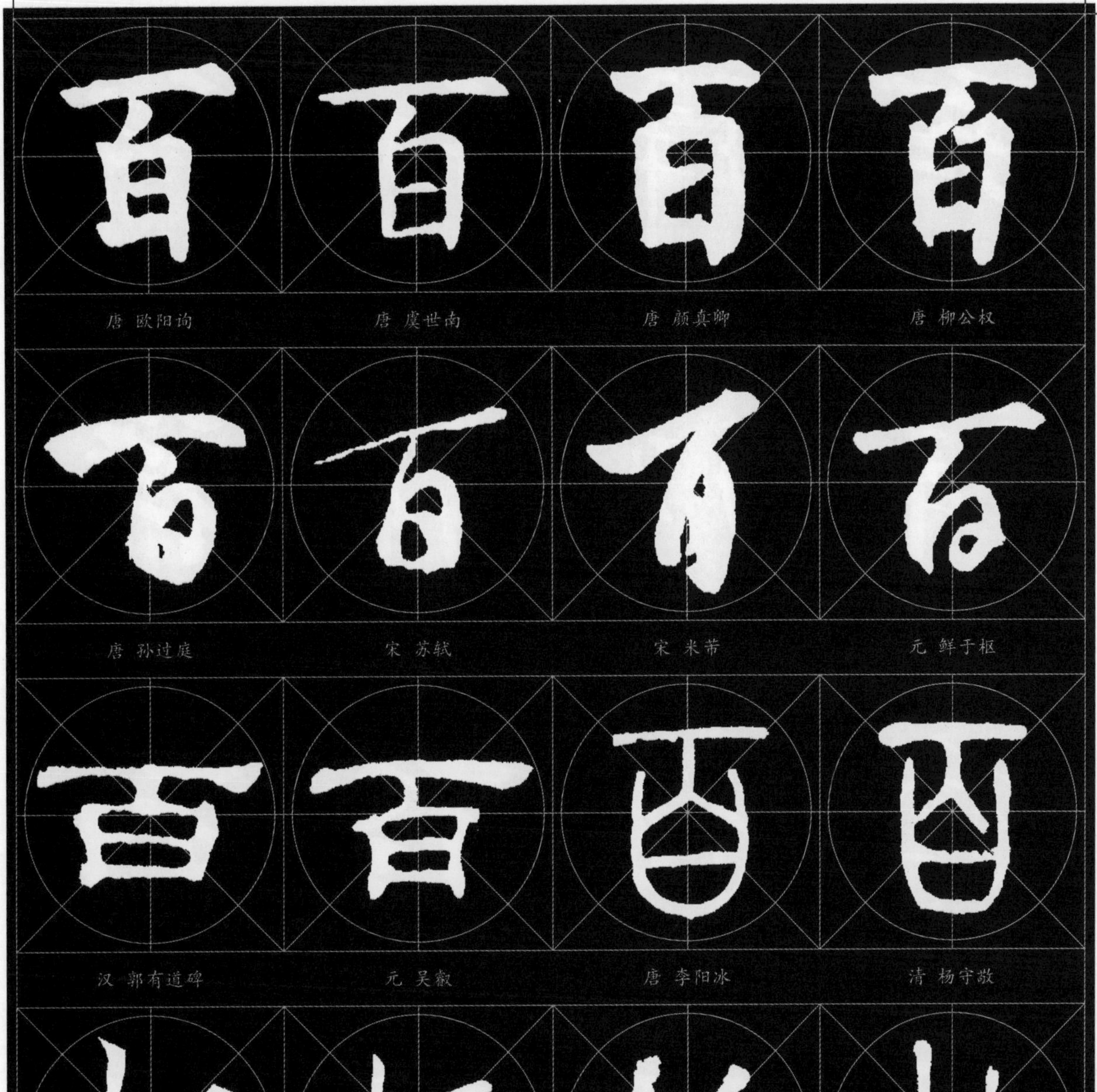

bài
拜

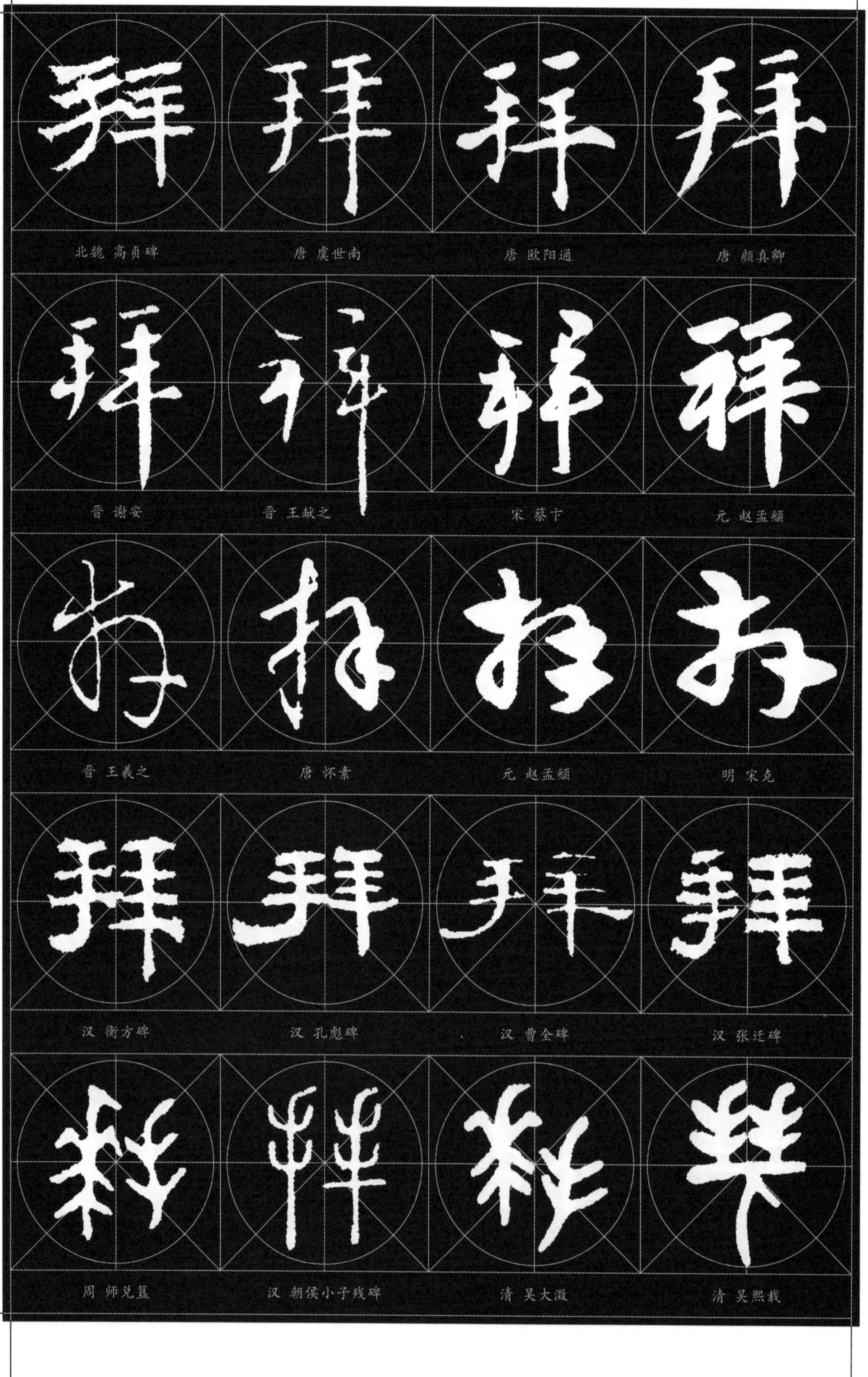
北魏 高贞碑
唐 虞世南
唐 欧阳通
唐 颜真卿
晋 谢安
晋 王献之
宋 蔡卞
元 赵孟頫
晋 王羲之
唐 怀素
元 赵孟頫
明 宋克
汉 衡方碑
汉 孔彪碑
汉 曹全碑
汉 张迁碑
周 师兑簋
汉 朝侯小子残碑
清 吴大澂
清 吴熙载

bài
败

bān
班

bān
斑

宋 苏轼　元 赵孟頫　元 赵孟頫　汉 银雀山简

汉 礼器碑　殷商 甲骨文　清 田潜　清 杨沂孙

唐 欧阳通　晋 王羲之　元 赵孟頫　明 王守仁

明 文彭　清 奚冈　清 邓石如　清 吴熙载

唐 张旭　明 文徵明　清 吴熙载　清 沙神芝

bān
般（样，种类；同搬）

bān
颁（发下）

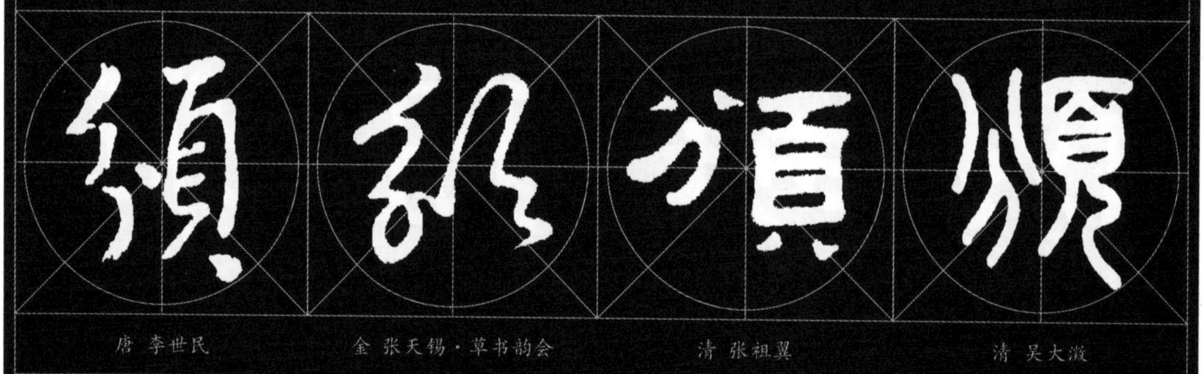

bǎn
阪（同坂）

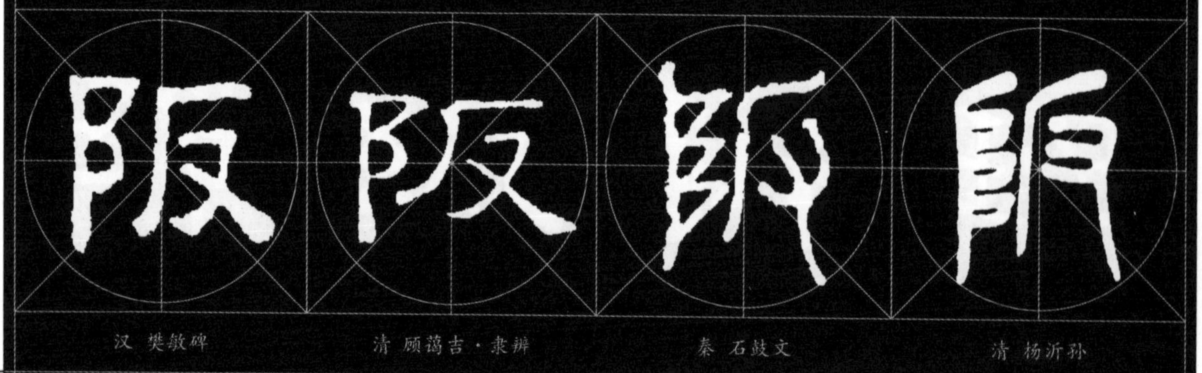

bǎn
坂（岅：山坡，斜坡）

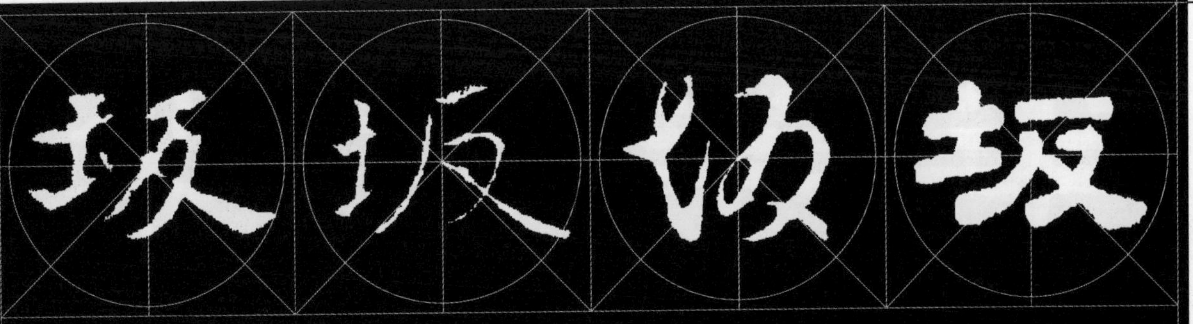

北魏 张玄墓志　宋 黄庭坚　唐 李世民　清 顾蔼吉

bǎn
板（老板，同老闆）

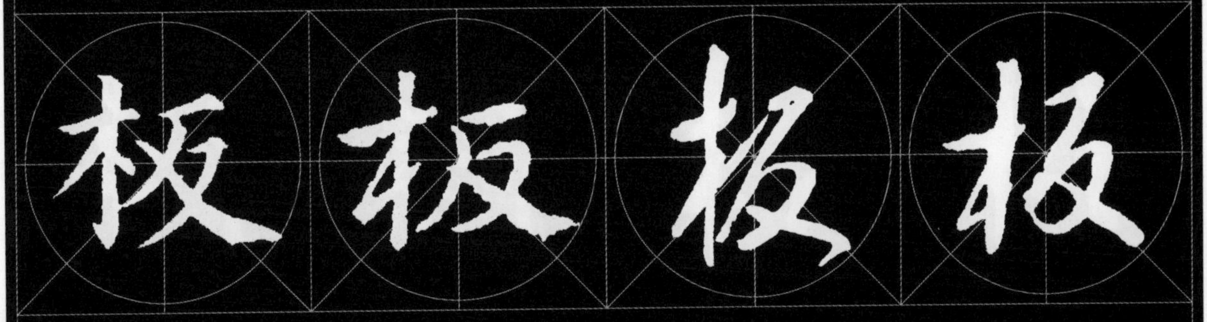

唐 颜真卿　三国 皇象　宋 米芾　元 李倜

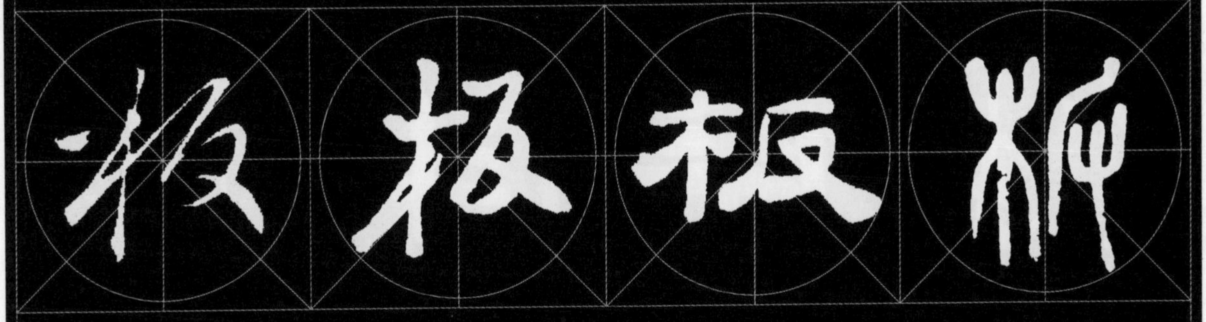

元 赵孟頫　清 郑燮　清 桂馥　清 吴昌硕

bǎn
版

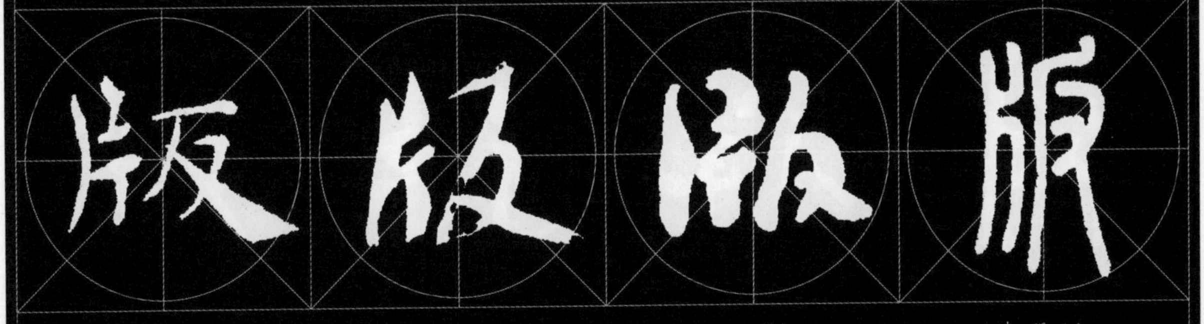

唐 褚遂良　明 董其昌　清 刘墉　清 邓石如

bàn
半

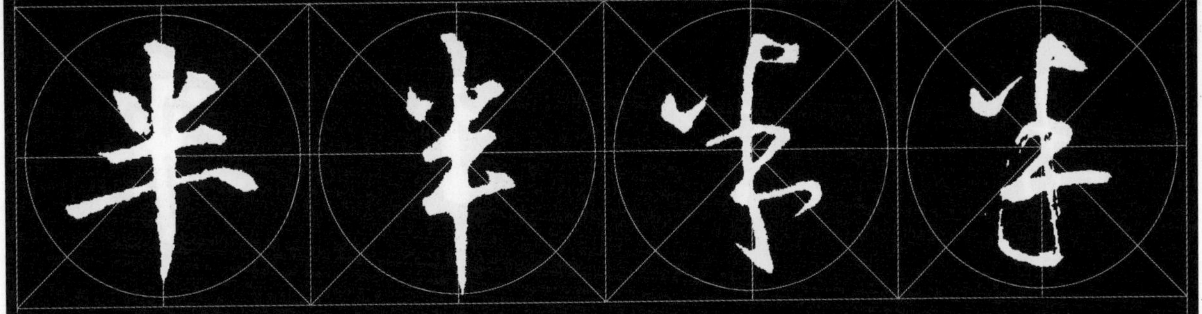

唐 颜真卿　晋 王羲之　晋 王羲之　元 鲜于枢

bàn 伴

bàn 绊

bàn 办（辦）

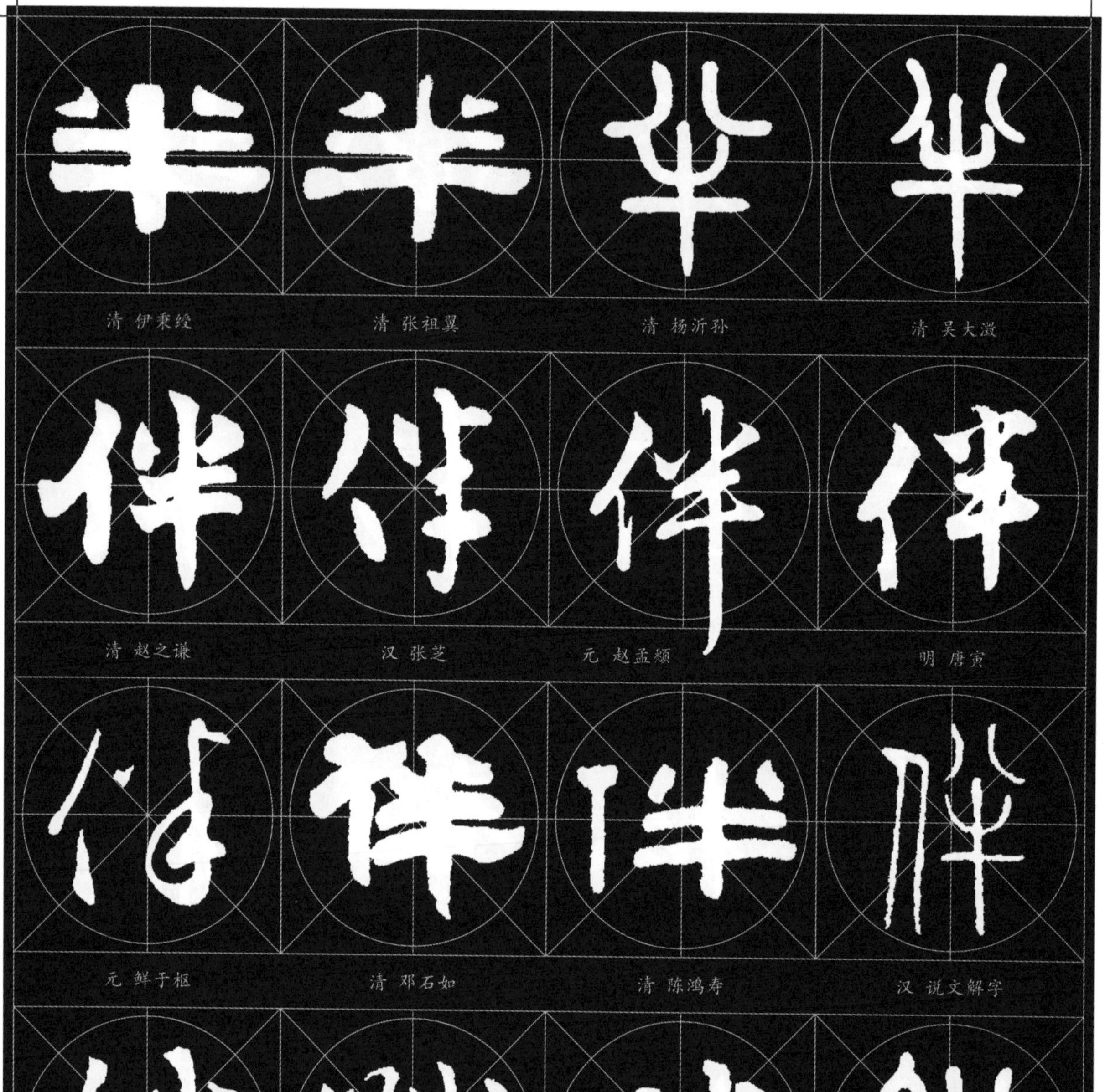

bàn 瓣

bāng 邦

bǎng 榜（牓）

元 赵孟頫　明 唐寅　清 黄学圯　汉 说文解字

北魏 高贞碑　唐 欧阳询　唐 褚遂良　唐 张旭

唐 李邕　晋 王献之　宋 米芾　汉 张寿碑

唐 韩择木　殷商 甲骨文　周 毛公鼎　清 吴大澂

唐 吴彩鸾　清 吴熙载　唐 李邕　三国 皇象

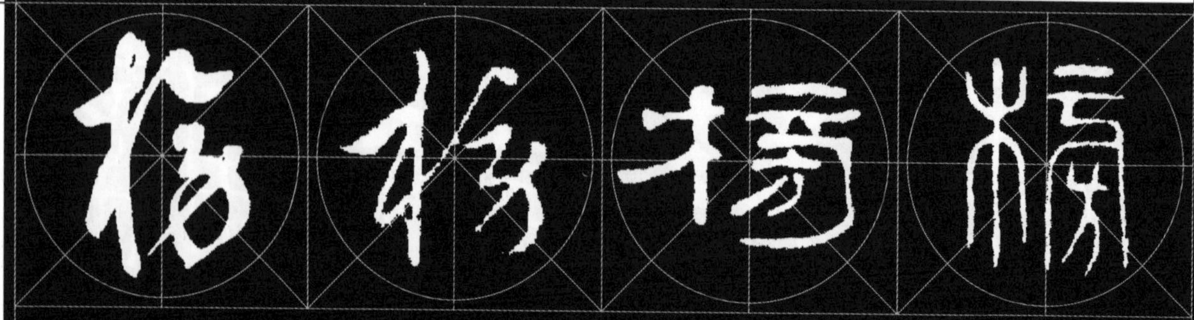

元 鲜于枢 | 元 赵孟頫 | 清 郑簠 | 汉 说文解字

bàng
傍（靠；临近某时）

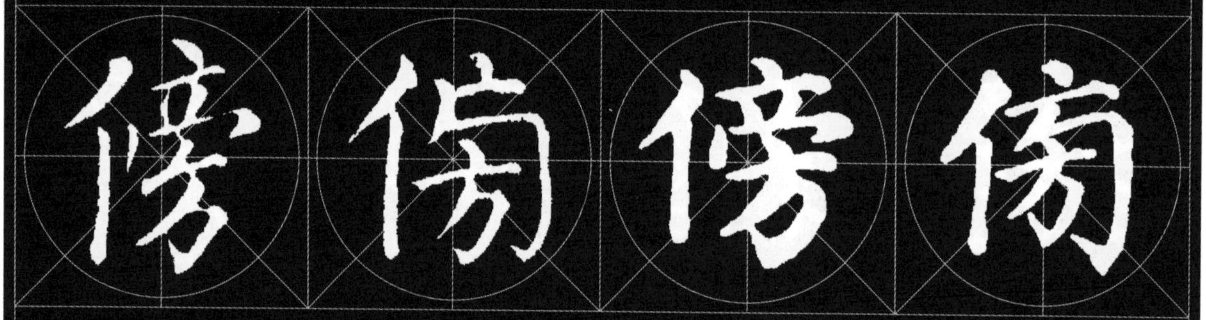

唐 欧阳询 | 唐 颜真卿 | 元 赵孟頫 | 清 梁同书

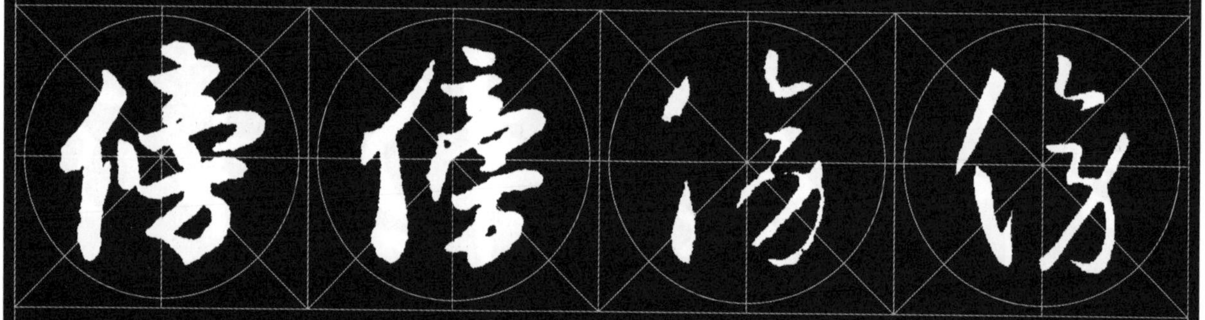

明 唐寅 | 清 王铎 | 隋 智永 | 唐 孙过庭

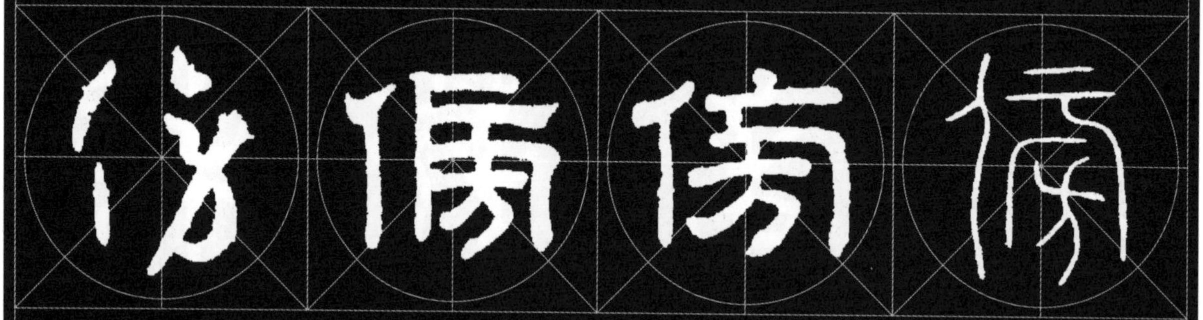

唐 孙过庭 | 元 赵孟頫 | 清 王澍 | 唐 李阳冰

bàng
谤

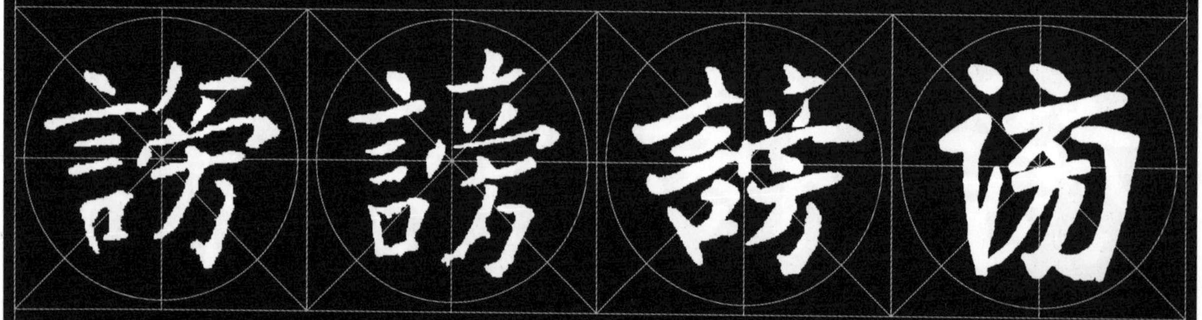

隋 张公礼 | 唐 薛稷 | 宋 张即之 | 清 张裕钊

bàng
蚌（蜯）
bèng（蚌埠）

bāo
包

bāo
苞

bāo
胞

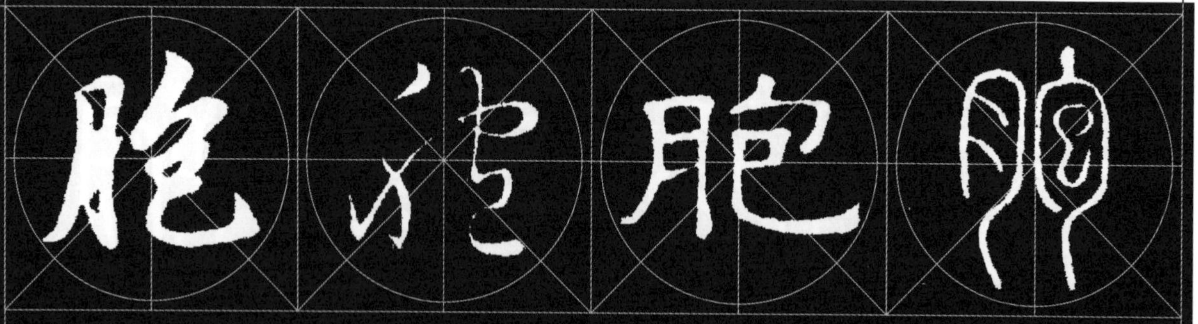

元 赵孟頫 | 明 祝允明 | 清 顾蔼吉·隶辨 | 汉 说文解字

bāo
褒（襃：赞扬，夸奖）

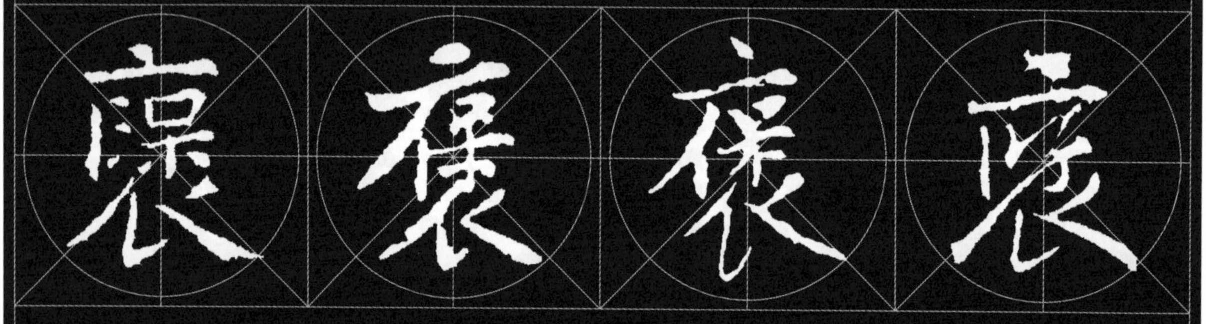

唐 虞世南 | 宋 黄庭坚 | 元 赵孟頫 | 晋 王羲之

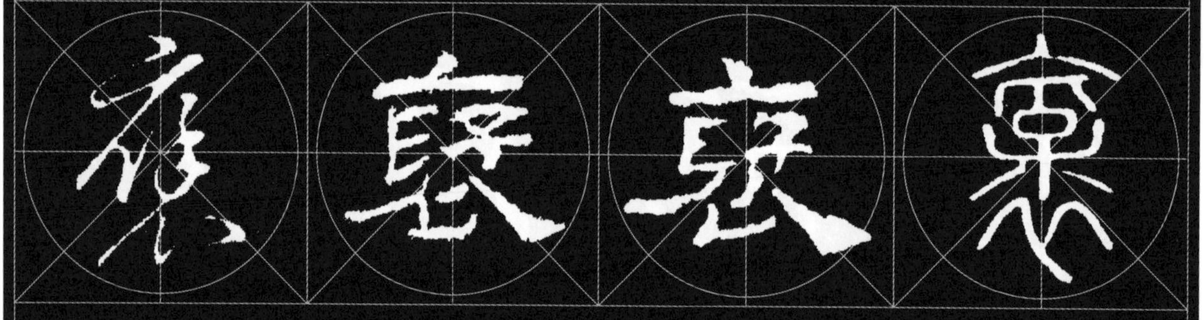

明 祝允明 | 汉 乙瑛碑 | 汉 史晨碑 | 汉 说文解字

bǎo
葆（茂盛；保持）

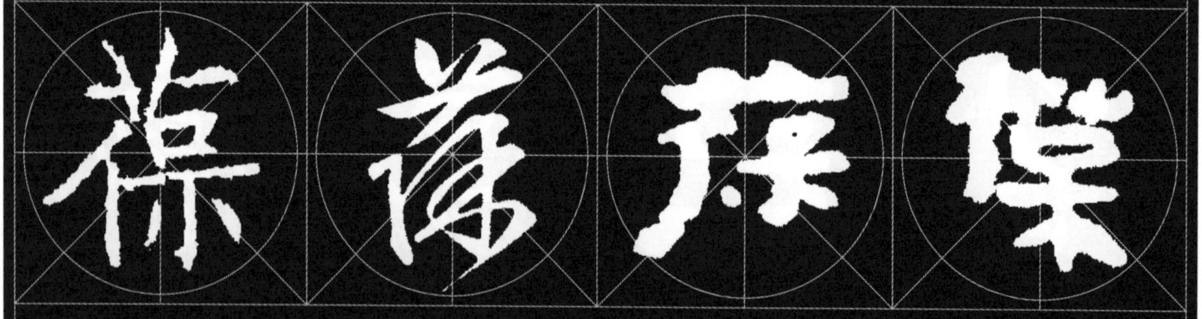

唐 王知敬 | 明 文徵明 | 汉 居延简 | 汉 马王堆帛书

bǎo
保

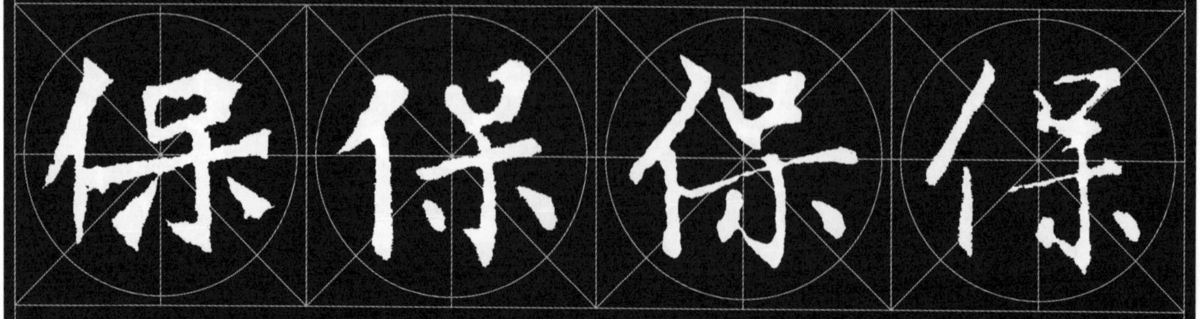

北魏 孙秋生造像 | 唐 颜真卿 | 元 赵孟頫 | 晋 王羲之

晋 王献之
唐 颜真卿
宋 米芾
唐 李世民
汉 衡方碑
汉 郭有道碑
汉 刘熊碑
元 吴叡
周 毛公鼎
周 县妃簋
秦 会稽刻石
清 杨沂孙
元 赵孟頫
宋 米芾
清 王澍
清 吴大澂
北魏 高树造像
唐 欧阳询
唐 虞世南
唐 颜真卿

bǎo
饱

bǎo
宝（寶、寳）

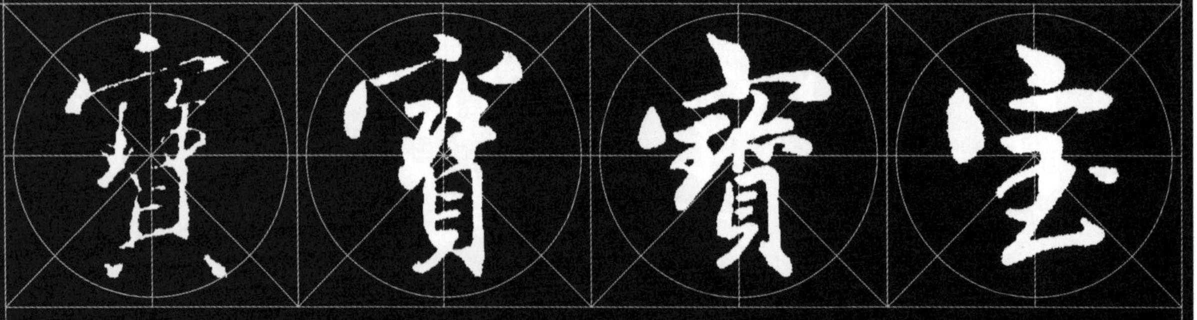

晋 王羲之 宋 米芾 元 赵孟頫 元 俞庸

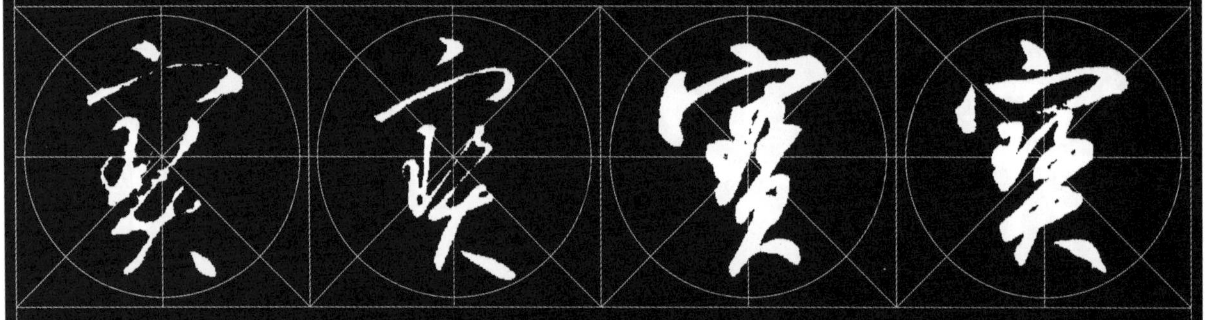

隋 智永 唐 怀素 宋 米芾 元 鲜于枢

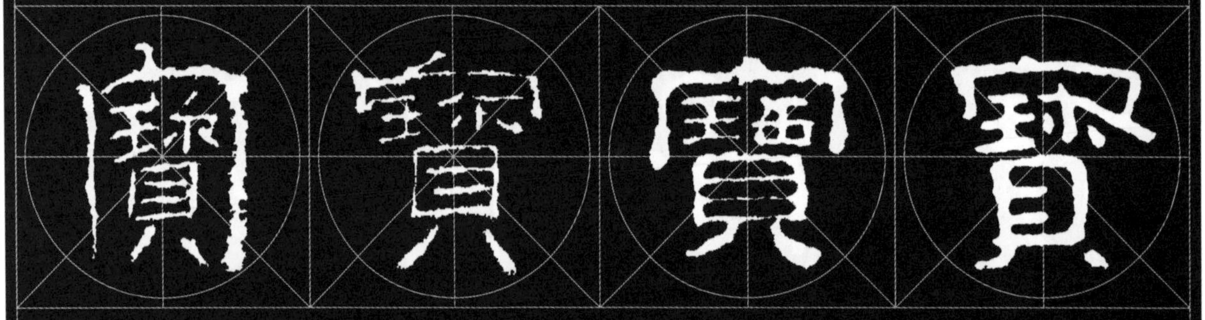

汉 石门颂 汉 礼器碑 汉 校官碑 北齐 泰山金刚经

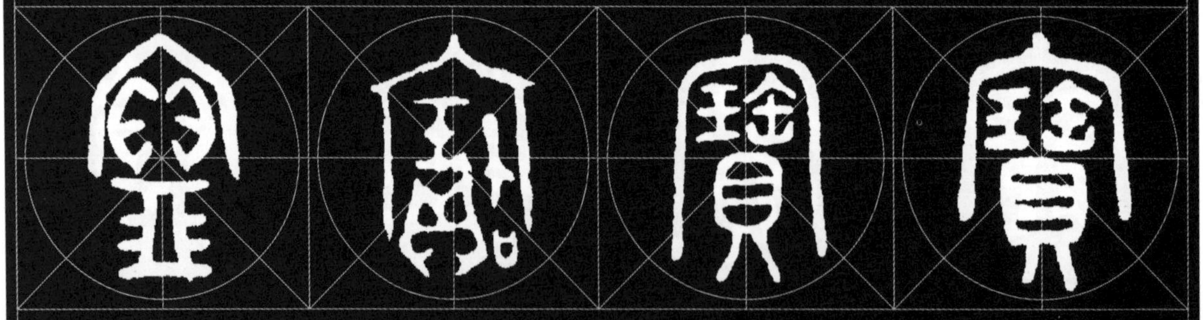

殷商 甲骨文 周 令彝 汉 说文解字 清 杨沂孙

bào
报
（報）

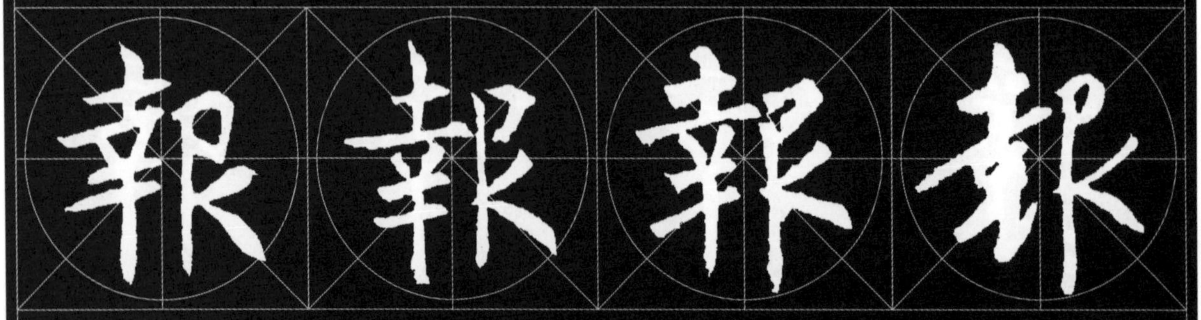

北魏 元诊墓志 唐 薛稷 唐 柳公权 晋 王羲之

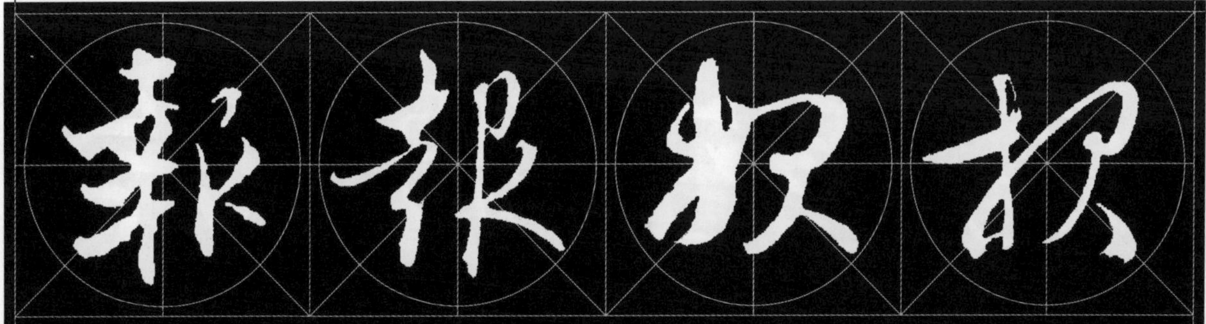

宋 张即之 | 元 赵孟頫 | 晋 王羲之 | 明 文徵明

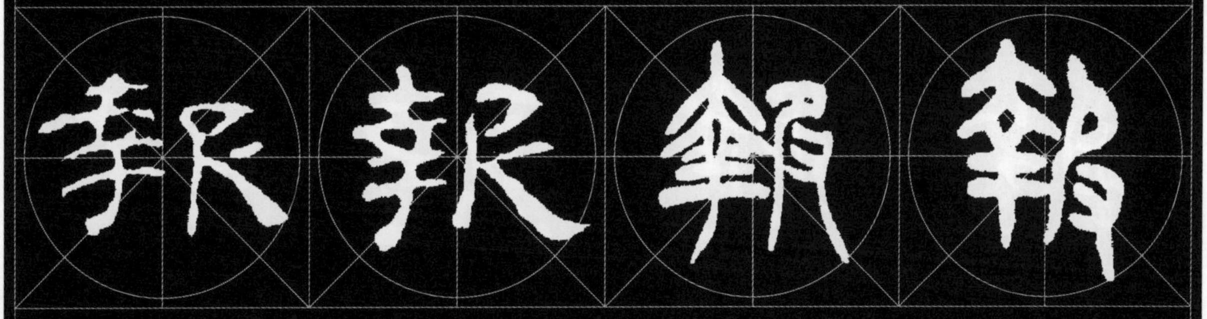

汉 乙瑛碑 | 汉 赵宽碑 | 清 徐三庚 | 清 吴大澂

bào
抱

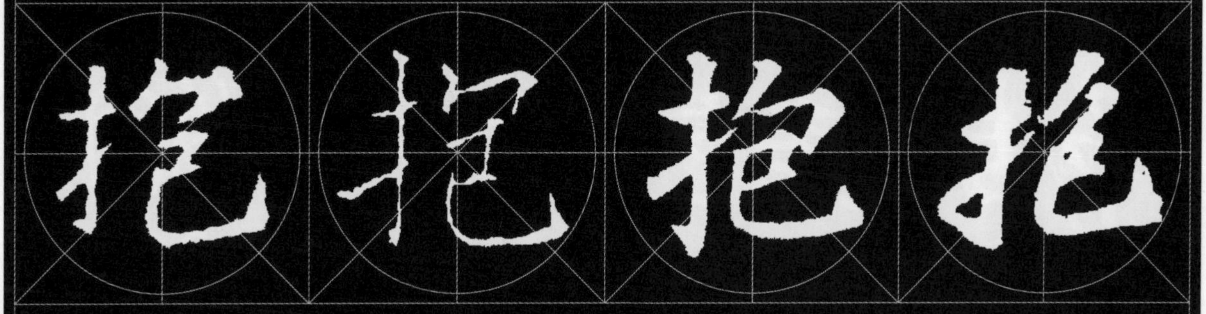

晋 王羲之 | 唐 褚遂良 | 唐 颜真卿 | 宋 苏轼

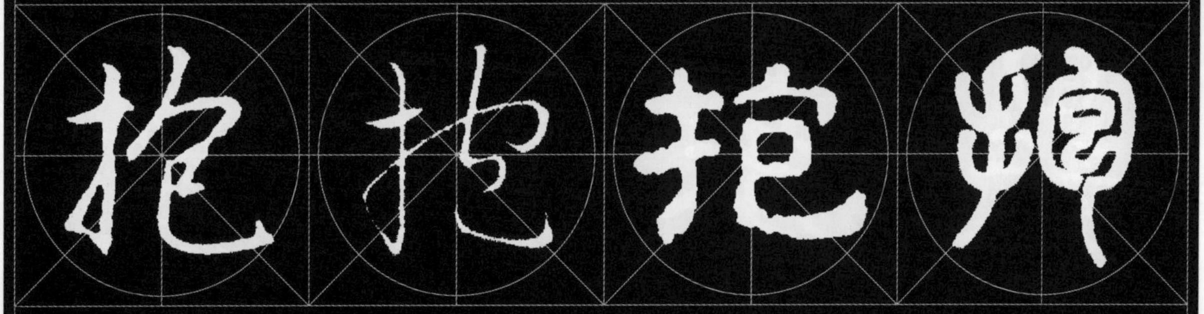

元 赵孟頫 | 明 祝允明 | 汉 校官碑 | 清 杨沂孙

bào
豹

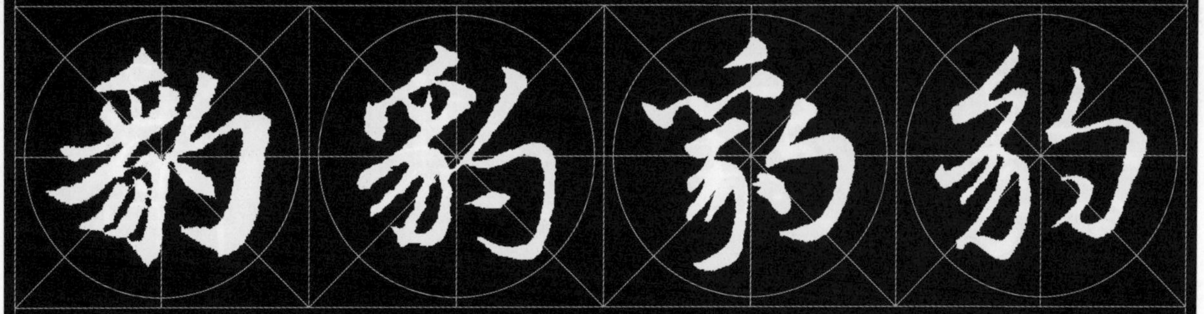

北魏 元诊墓志 | 元 赵孟頫 | 元 张雨 | 晋 王羲之

bào
鲍

bào
暴
pù（晒干，后作曝）

bēi
陂
pí（黄陂：地名）
pō（倾斜）

bēi
卑（低下）

bēi
杯（盃、桮）

bēi 悲

bēi 碑

唐 孙过庭 | 唐 怀素 | 清 徐三庚 | 清 莫友芝

唐 褚遂良 | 唐 柳公权 | 元 揭傒斯 | 隋 智永

宋 苏轼 | 晋 王羲之 | 晋 王羲之 | 晋 王羲之

唐 怀素 | 汉 夏承碑 | 清 王澍 | 元 吴叡

唐 欧阳询 | 唐 褚遂良 | 唐 颜真卿 | 元 赵孟頫

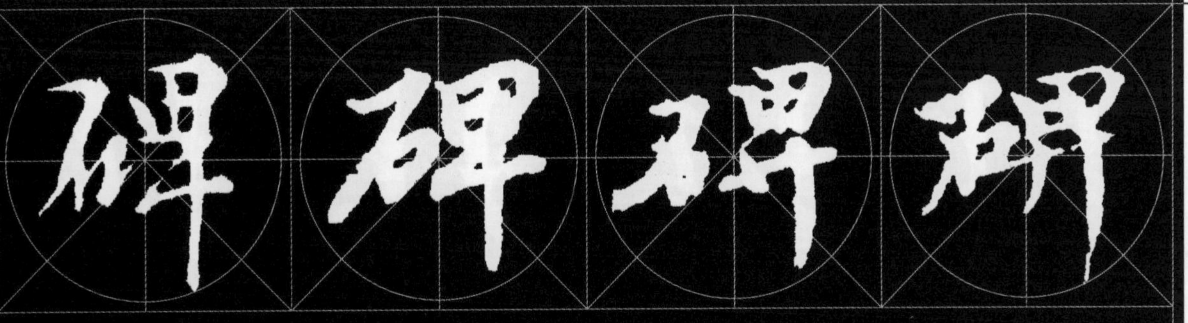

晋 王羲之　唐 陆柬之　唐 颜真卿　宋 欧阳修

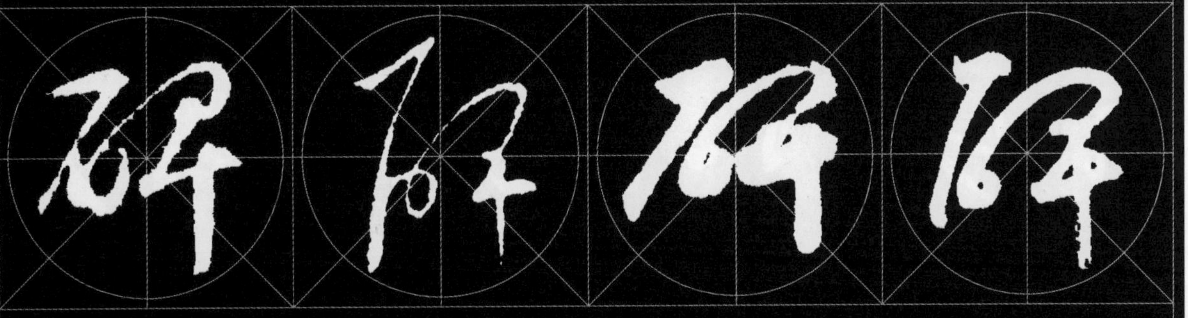

隋 智永　唐 欧阳询　宋 赵构　元 鲜于枢

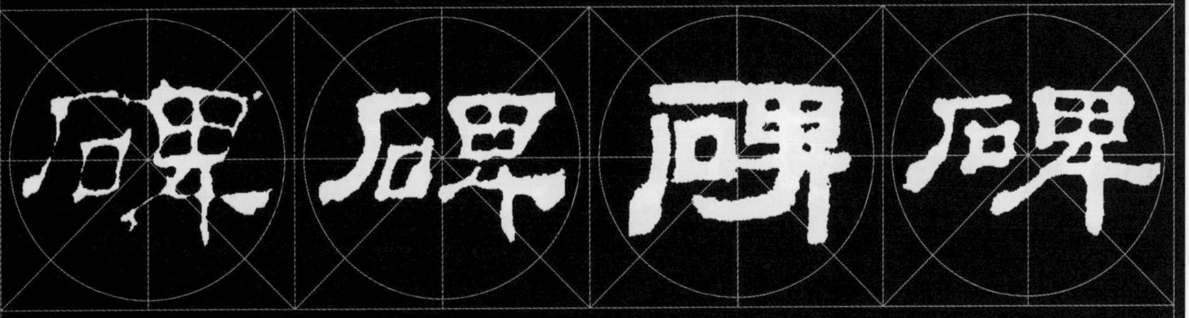

汉 华山碑　汉 华山碑　汉 衡方碑　汉 郭有道碑

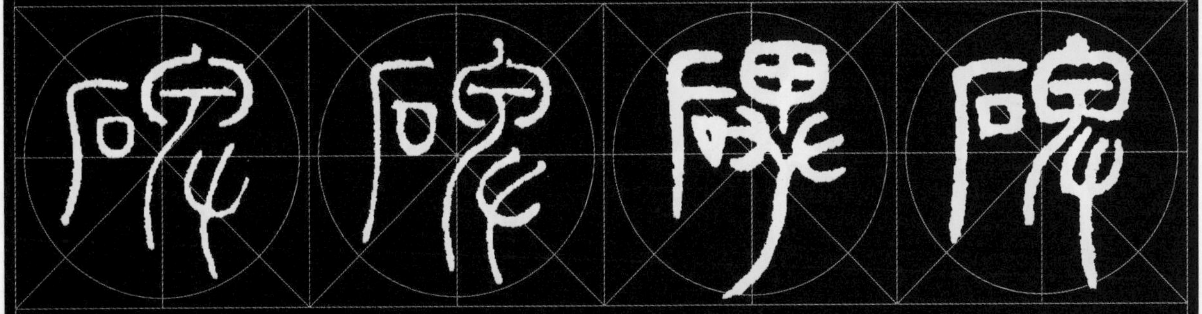

唐 李阳冰　元 赵孟頫　元 赵孟頫　清 杨沂孙

běi
北

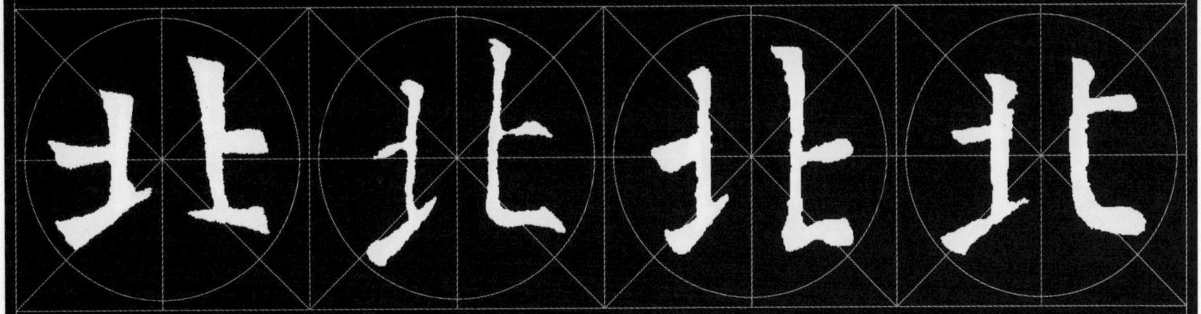

北魏 元诊墓志　唐 欧阳询　唐 欧阳通　唐 颜真卿

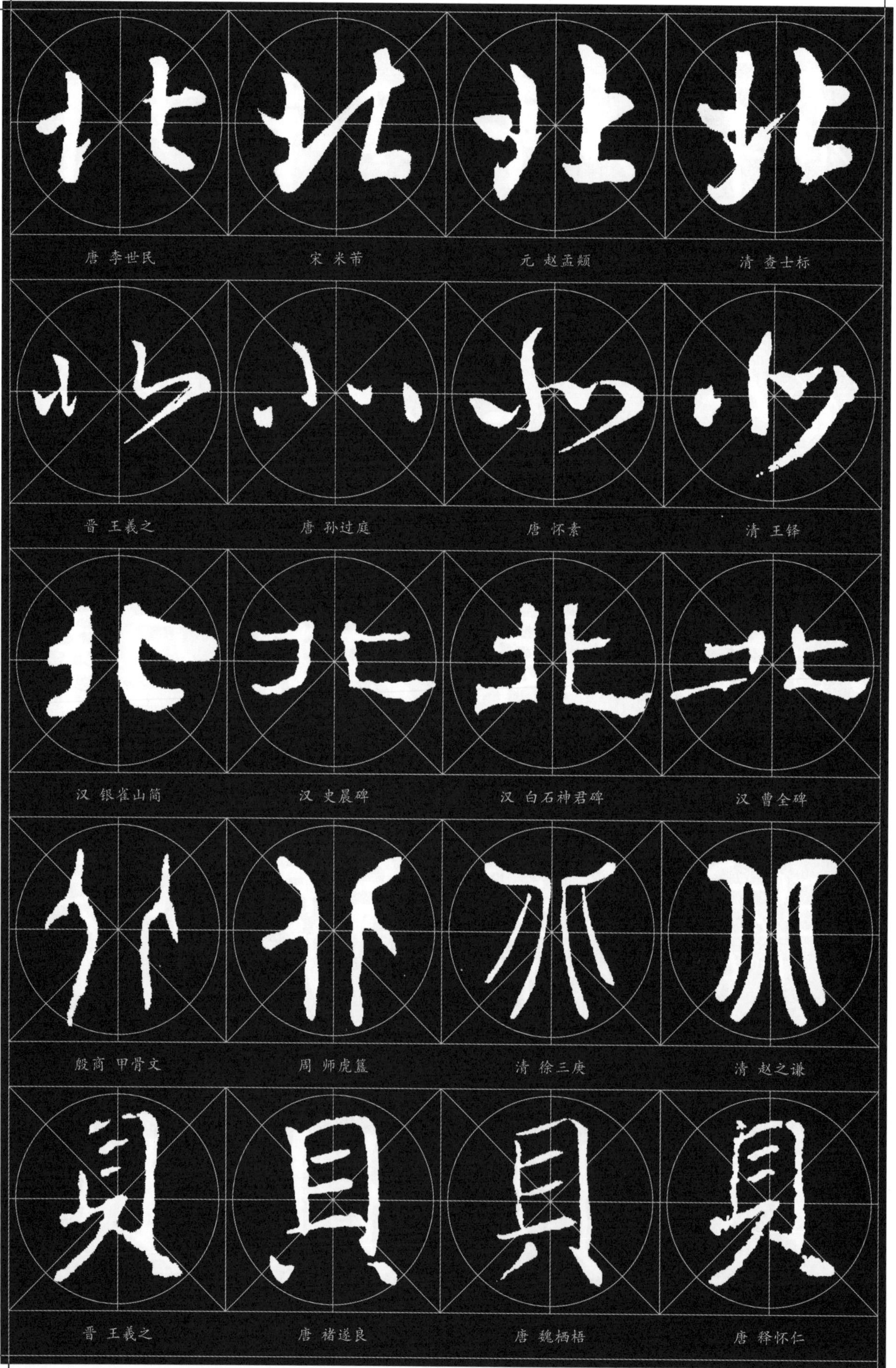
唐 李世民
宋 米芾
元 赵孟頫
清 查士标
晋 王羲之
唐 孙过庭
唐 怀素
清 王铎
汉 银雀山简
汉 史晨碑
汉 白石神君碑
汉 曹全碑
殷商 甲骨文
周 师虎簋
清 徐三庚
清 赵之谦
晋 王羲之
唐 褚遂良
唐 魏栖梧
唐 释怀仁

bèi
贝

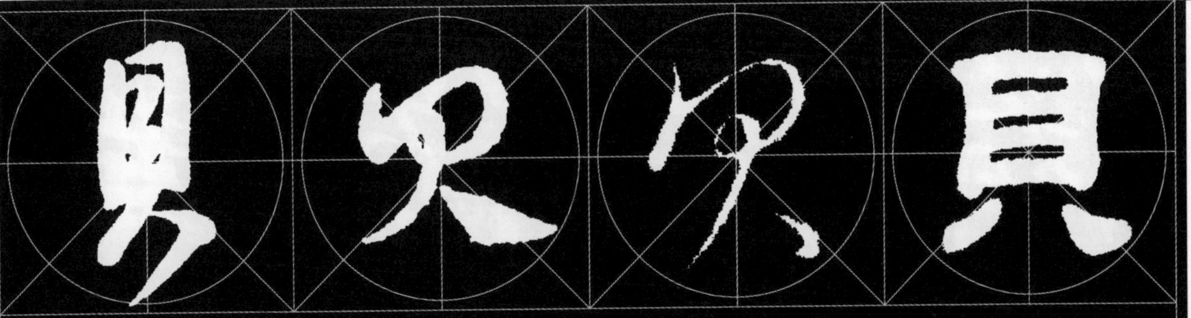

明 董其昌　元 邓文原　金 张天锡·草书韵会　清 顾蔼吉

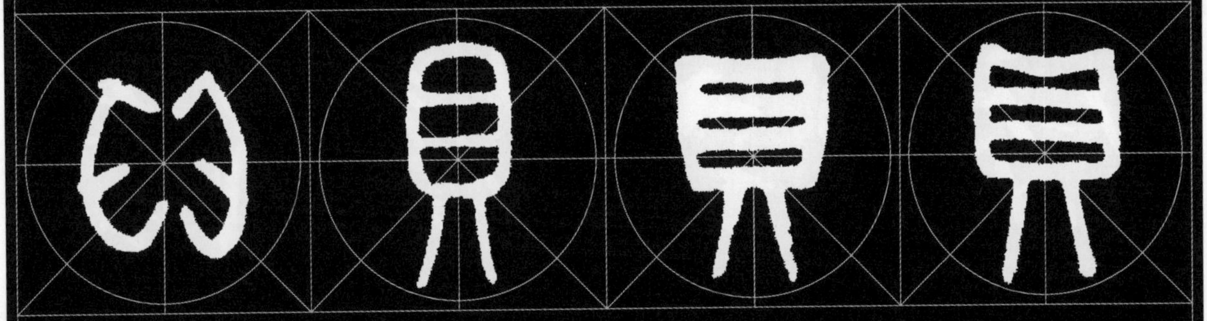

殷商 甲骨文　汉 说文解字　清 杨沂孙　清 吴大澂

bèi
倍

宋 黄庭坚　晋 王羲之　明 吴宽　汉 礼器碑

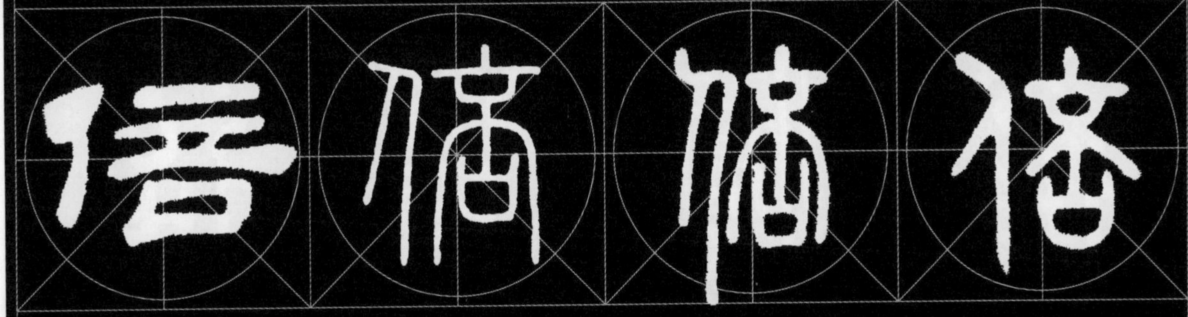

清 吴熙载　秦 李斯　清 邓石如　清 吴大澂

bèi
备（備、俻）

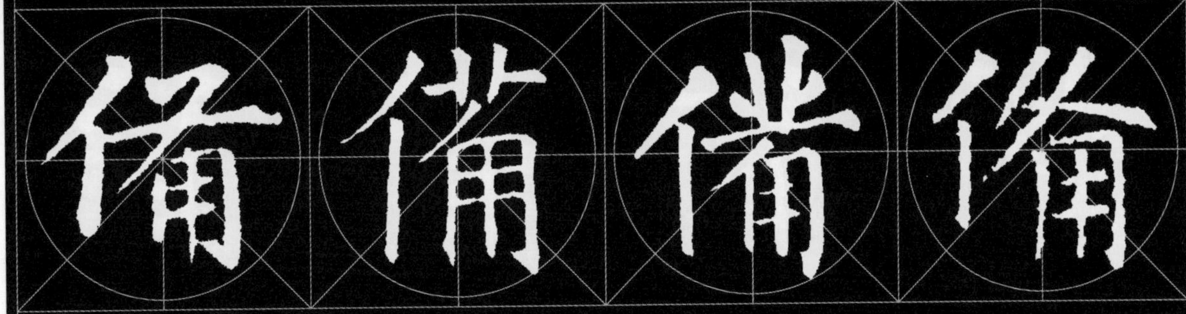

晋 王洽　唐 褚遂良　唐 陆柬之　唐 张旭

唐 张从申　宋 米芾　元 郑文原　元 柯九思

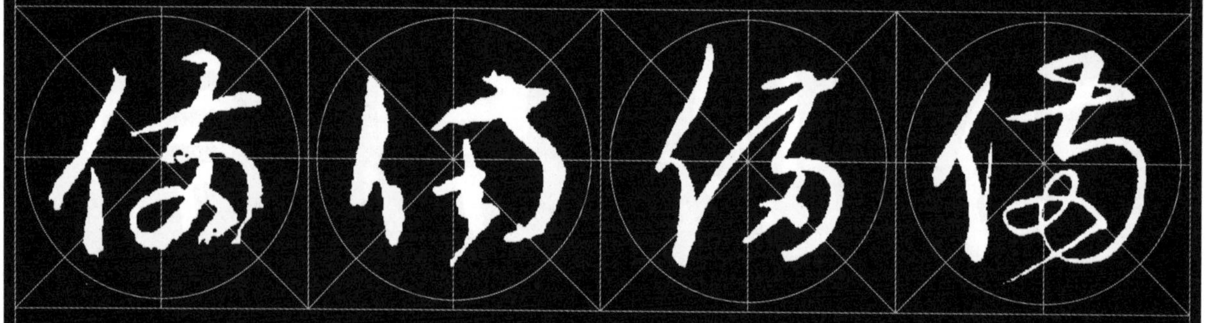

晋 王羲之　唐 孙过庭　元 康里子山　明 宋克

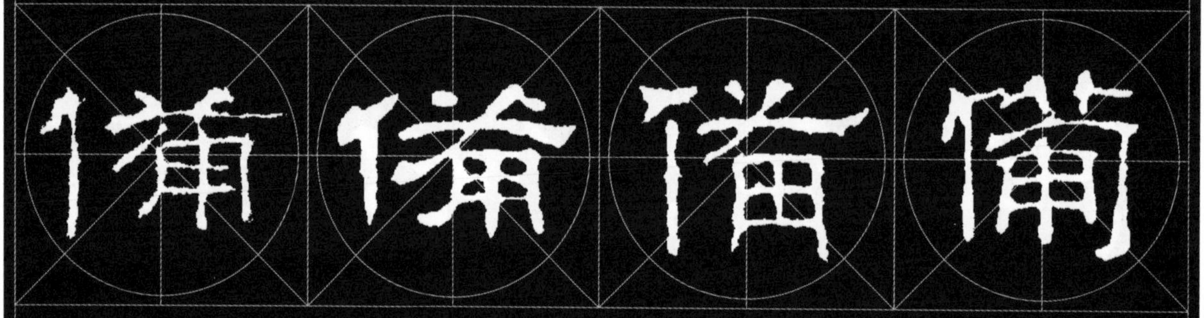

汉 礼器碑　汉 郭有道碑　汉 白石神君碑　元 吴叡

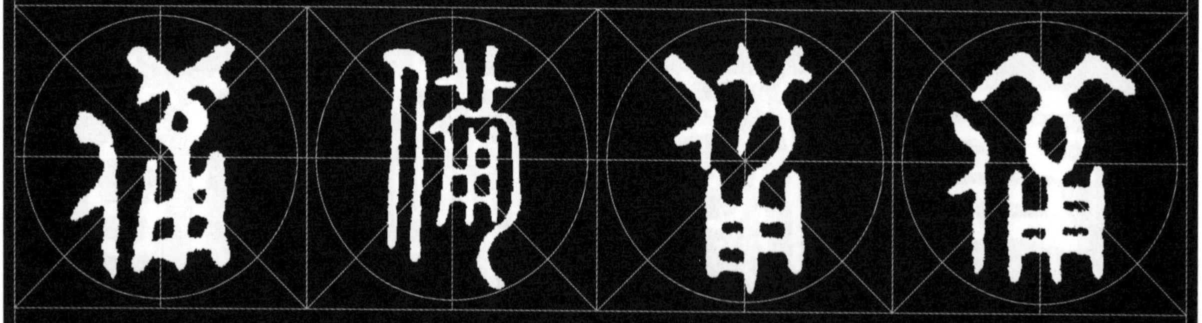

周 金文　汉 说文解字　清 吴大澂　清 吴大澂

bèi
背
bēi（揹）

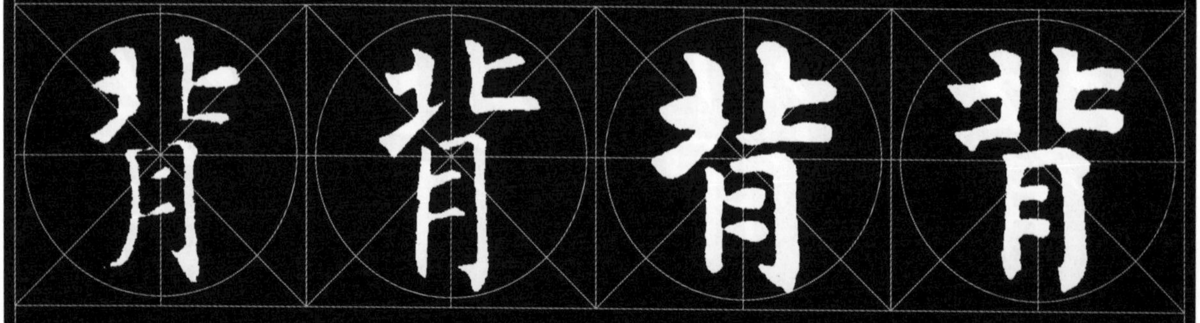

隋 智永　唐 柳公权　元 赵孟頫　明 祝允明

bèi
悖（誖：违反；迷惑）

bèi
被

bèi
辈

唐 颜真卿
元 赵孟頫
元 鲜于枢
清 王铎
唐 孙过庭
明 董其昌
清 汪士慎
清 伊秉绶
秦 李斯
唐 李阳冰
清 杨沂孙
清 吴昌硕
宋 黄庭坚
元 鲜于枢
明 董其昌
唐 孙过庭
宋 苏轼
明 王守仁
清 伊秉绶
清 杨沂孙

bēn
奔（犇：急走，跑）
bèn（直往，投向）

唐 欧阳通

唐 陆柬之

唐 柳公权

清 王铎

唐 孙过庭

唐 怀素

宋 苏轼

宋 米芾

清 顾蔼吉·隶辨

秦 石鼓文

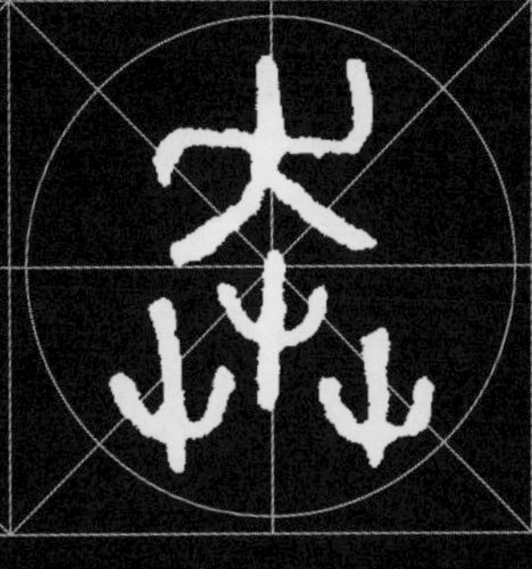
秦 石鼓文

清 吴昌硕

bēn
贲（贲门）
bì（美饰）

唐 王知敬

元 礼实

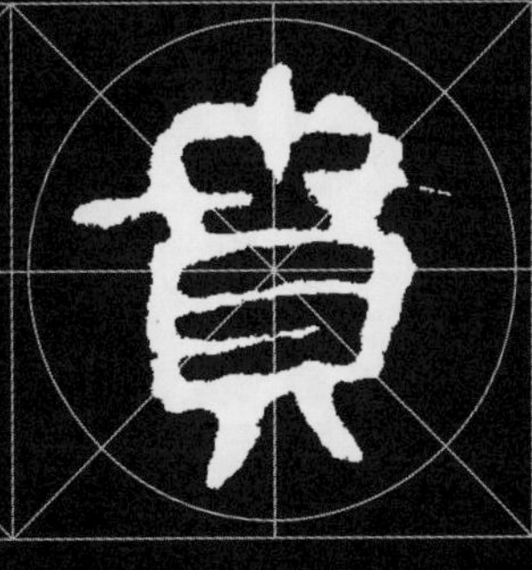
汉 曹全碑

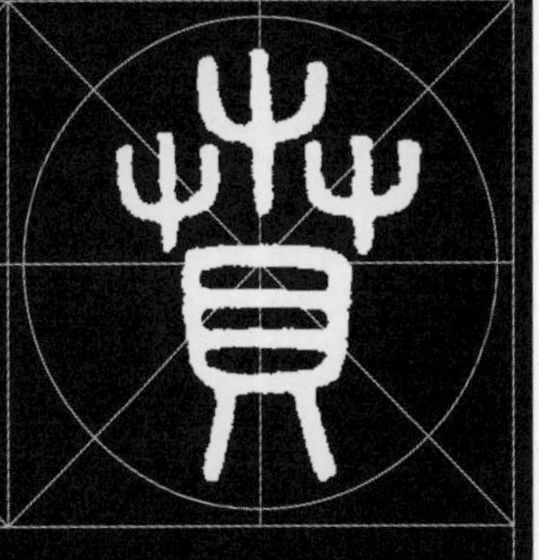
清 吴大澂

běn
本

南朝 爨龙颜碑

北魏 张猛龙碑

唐 欧阳询

宋 张即之

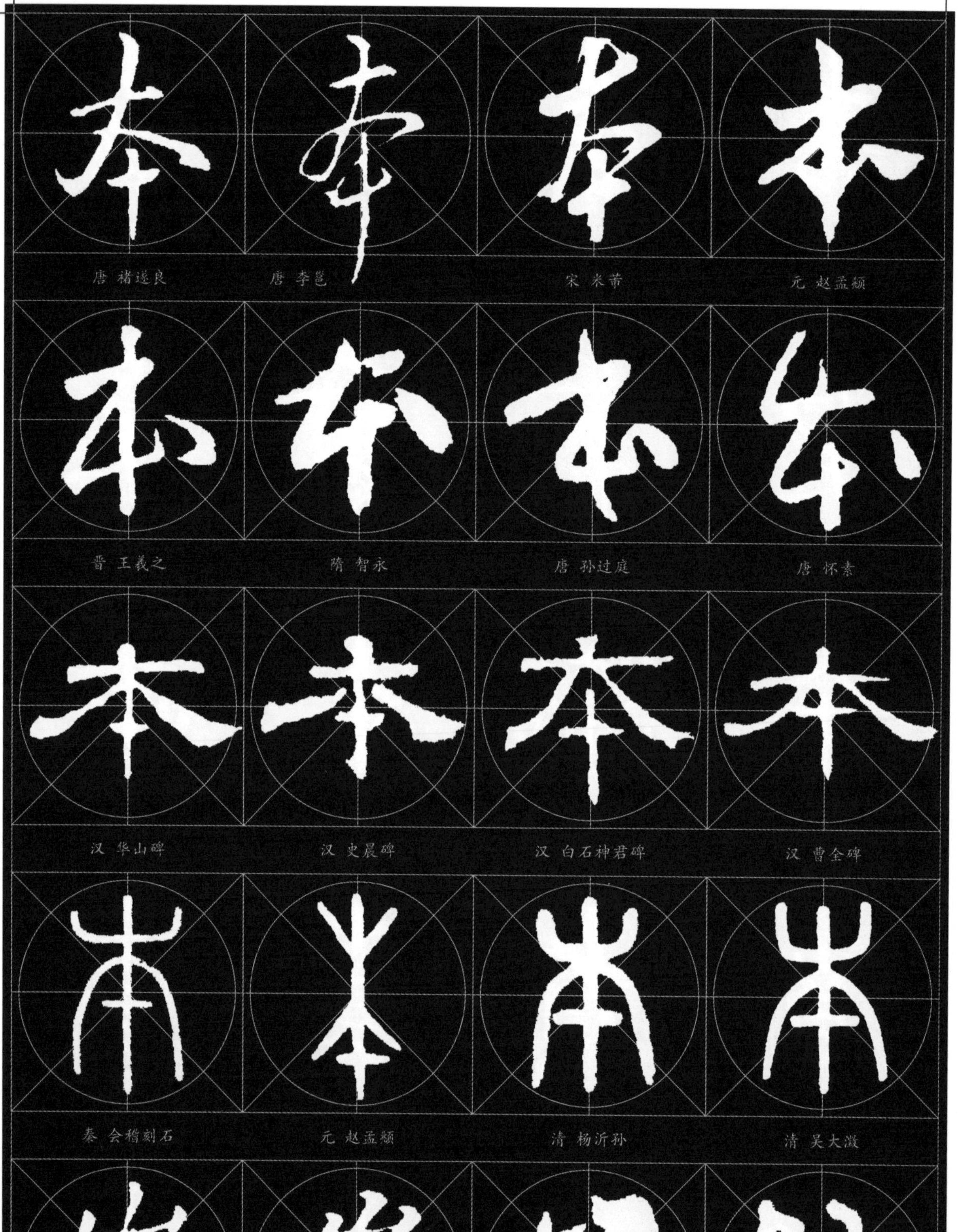

唐 褚遂良　唐 李邕　宋 米芾　元 赵孟頫

晋 王羲之　隋 智永　唐 孙过庭　唐 怀素

汉 华山碑　汉 史晨碑　汉 白石神君碑　汉 曹全碑

秦 会稽刻石　元 赵孟頫　清 杨沂孙　清 吴大澂

bēng
崩

唐 虞世南　唐 颜真卿　唐 孙过庭　清 吴大澂

bèng
迸

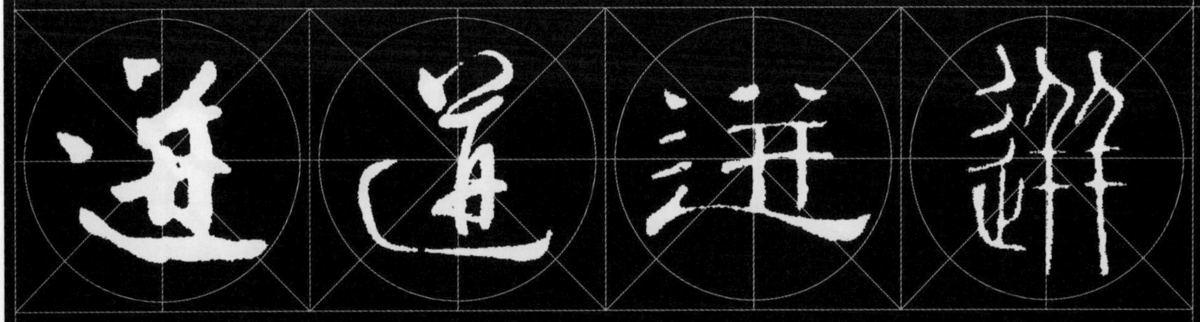

唐 杜牧　明 董其昌　清 顾蔼吉·隶辨　汉 说文解字

bī
逼（偪）

宋 赵佶　元 赵俨　元 赵孟頫　清 朱耷

唐 欧阳询　宋 赵构　宋 黄庭坚　唐 李阳冰

bí
鼻

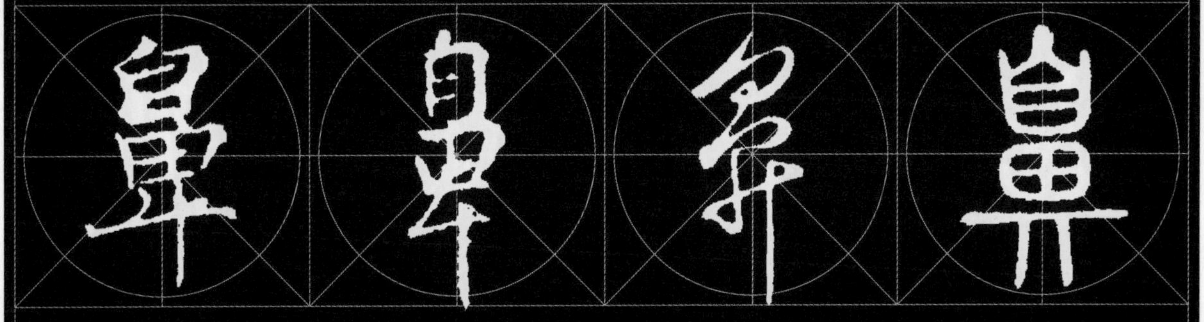

唐 薛稷　晋 王羲之　唐 怀素　汉 说文解字

bǐ
匕

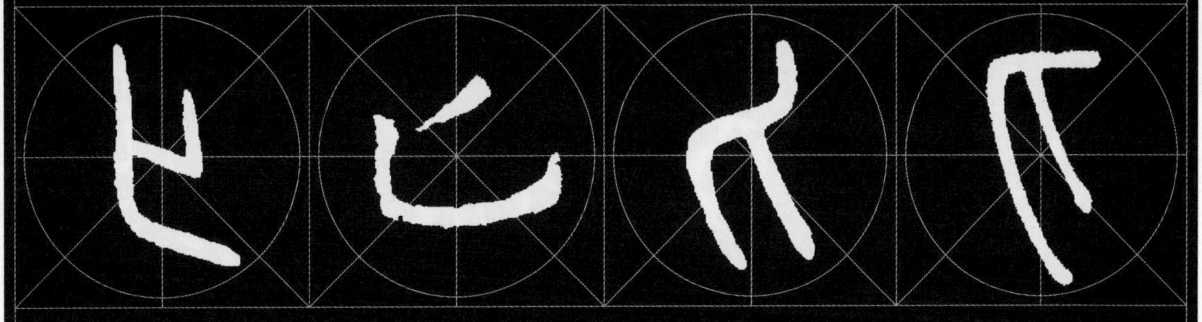

殷商 甲骨文　三国 皇象　清 吴大澂　清 邓石如

bǐ
比

bǐ
妣
（指亡母）

bǐ
彼

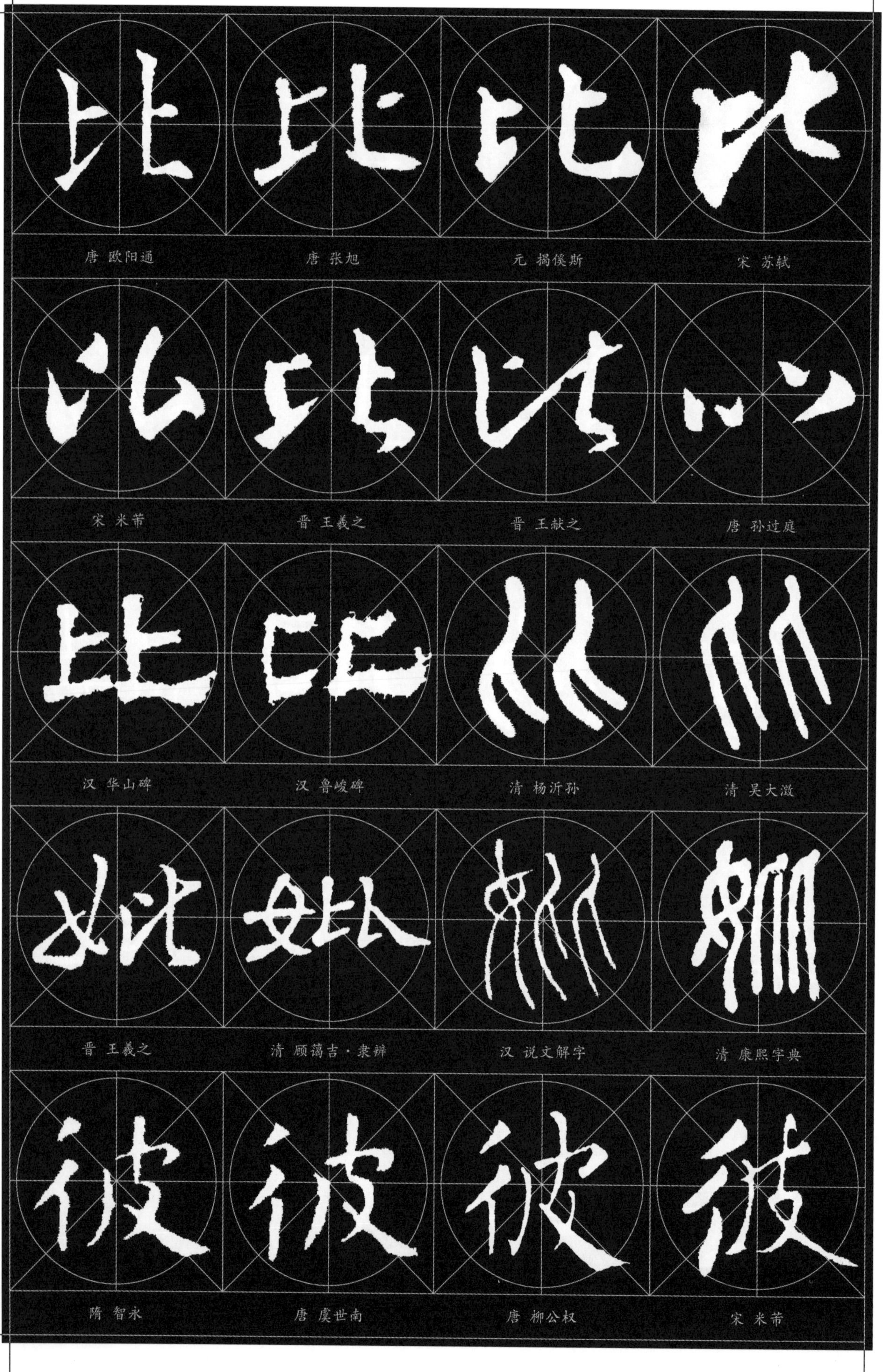

宋 苏轼　元 赵孟頫　汉 史晨碑　清 杨沂孙

唐 颜真卿　三国 皇象　汉 张寿碑　清 杨沂孙

晋 卫铄　唐 欧阳询　宋 黄庭坚　唐 孙过庭

唐 怀素　清 顾蔼吉·隶辨　清 顾蔼吉·隶辨　清 吴熙载

三国 钟繇　唐 褚遂良　元 赵孟頫　晋 王羲之

bǐ 俾（使得）

bǐ 笔（筆）

bǐ 鄙

bì 敝（破旧；谦词）

bì 币（幣）

bì 弊（獘）

唐 孙过庭　唐 怀素　清 顾蔼吉·隶辨　清 徐三庚

北朝 敬使君碑　晋 王献之　汉 史晨碑　汉 说文解字

唐 李世民　宋 苏轼　宋 魏了翁　唐 怀素

清 顾蔼吉·隶辨　汉 说文解字　清 吴大澂

唐 欧阳询　元 赵孟頫　清 王铎　晋 王羲之

隋 智永　唐 孙过庭　清 王澍　元 赵孟頫

宋 苏轼　元 赵孟頫　明 沈度　明 祝允明

明 文徵明　金 张天锡·草书韵会　清 曾纪泽　清 吴大澂

北魏 高庆碑　唐 颜师古　清 陈鸿寿　清 徐三庚

唐 欧阳询　唐 欧阳通　明 佚名　金 张天锡·草书韵会

bì 蔽（遮，挡）

bì 毙（斃）

bì 辟（同避）

pì（开拓；透彻；驳斥同闢）

bì 壁

bì 壁

汉 尹宙碑　清 顾蔼吉·隶辨　清 邓石如　清 吴大澂

唐 欧阳询　宋 蔡襄　元 赵孟頫　宋 蒋璨

唐 孙过庭　唐 怀素　元 鲜于枢　明 沈粲

清 邓石如　清 吴昌硕　汉 说文解字　清 杨沂孙

隋 智永　唐 褚遂良　宋 黄庭坚　宋 赵佶

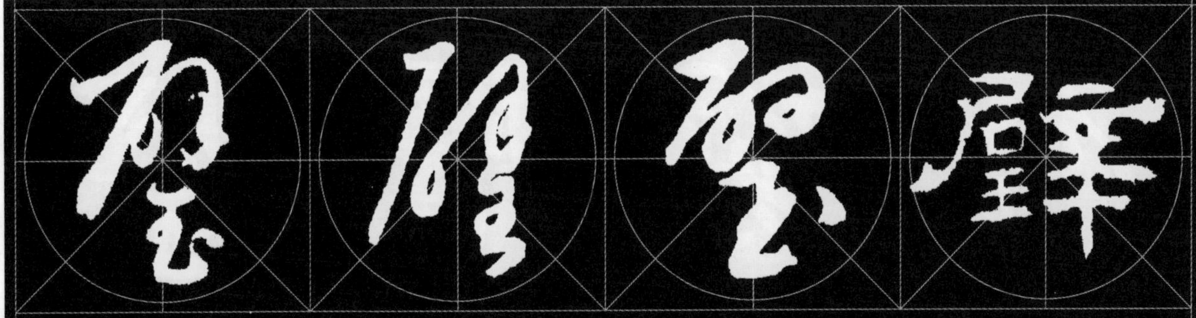

唐 孙过庭　唐 怀素　明 文徵明　汉 华山碑

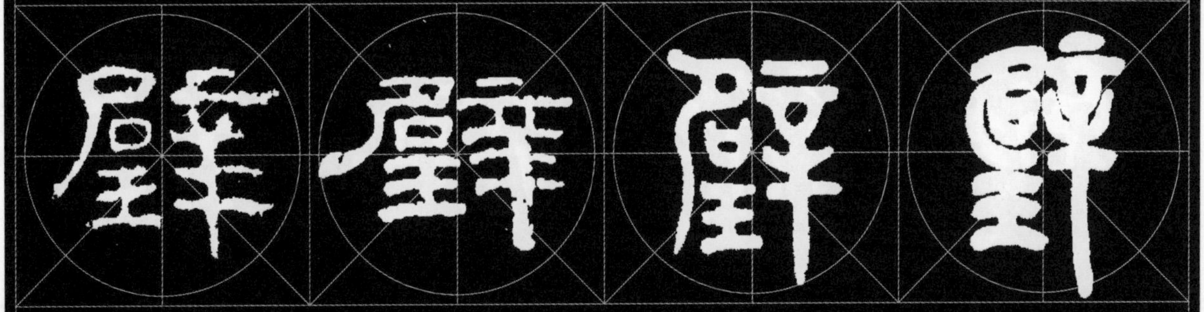

汉 白石神君碑　清 桂馥　清 吴大澂　清 吴昌硕

bì
避（躲，防）

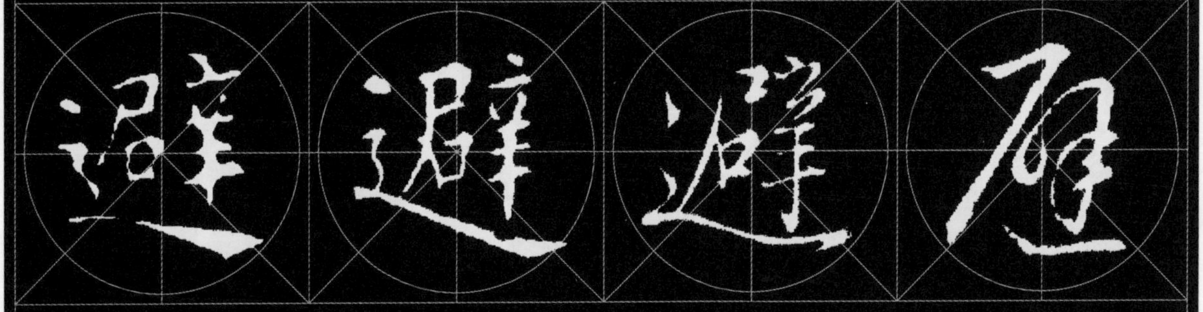

晋 王羲之　唐 欧阳询　元 赵孟頫　晋 王羲之

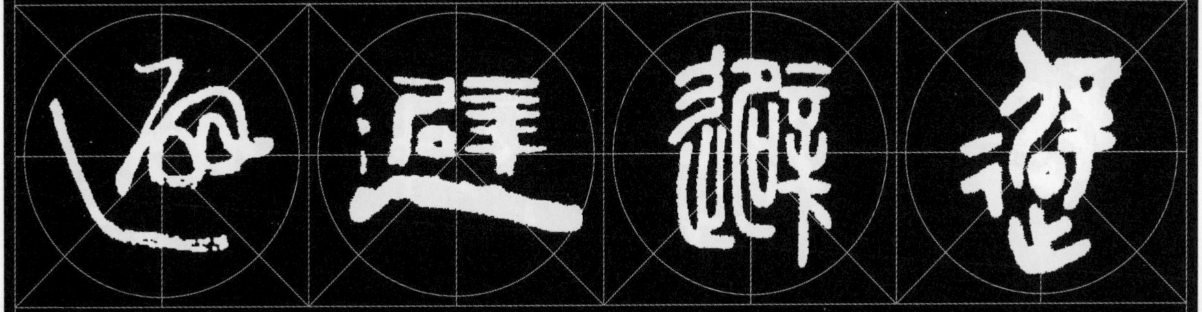

宋 黄庭坚　清 陈鸿寿　清 邓石如　清 吴大澂

bì
臂

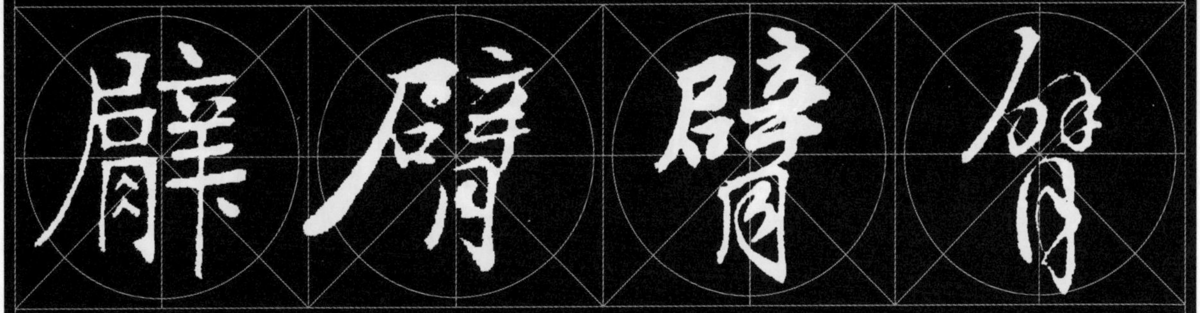

清 张裕钊　宋 苏轼　明 唐寅　唐 虞世南

bì 弼（辅助）

bì 婢

bì 裨（益处）pí（辅佐的）

bì 閟（闭，慎）

bì 闭

bì 庇（遮，掩）

bì 陛（宫殿的台阶）

B

bì
必

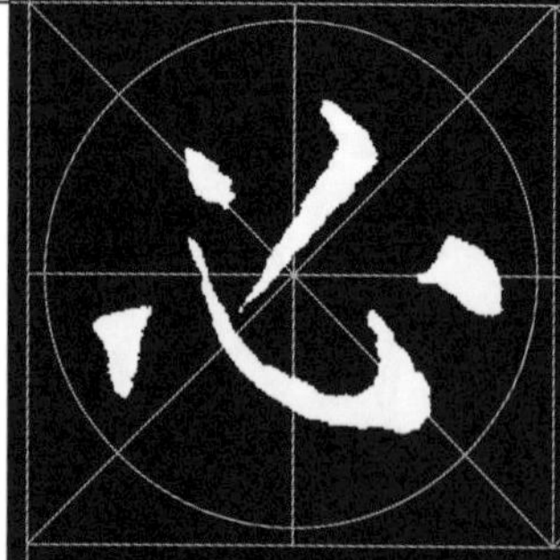
唐 欧阳通

唐 颜真卿

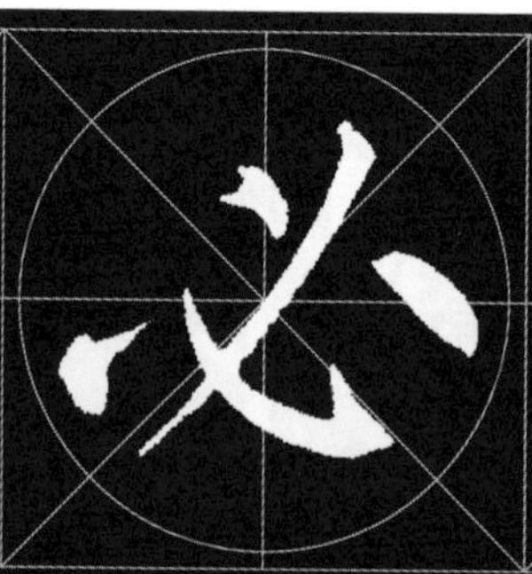
唐 柳公权

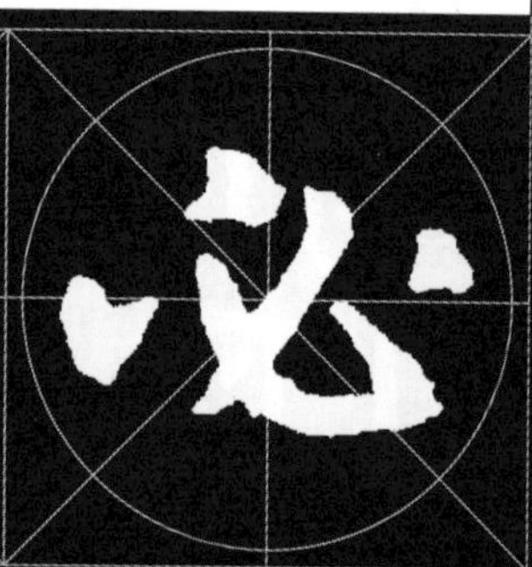
元 赵孟頫

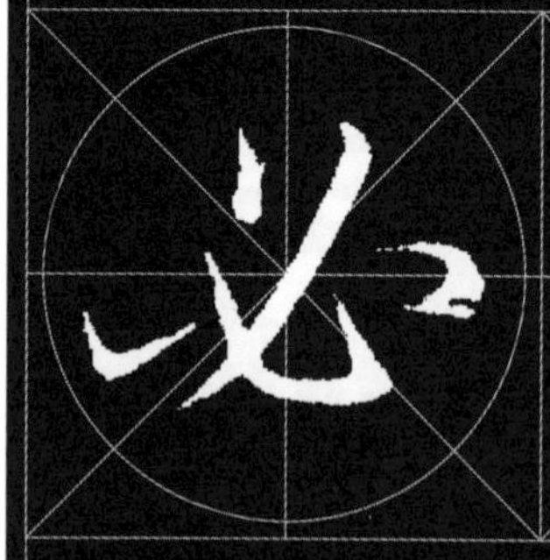
晋 王献之

唐 李世民

唐 孙过庭

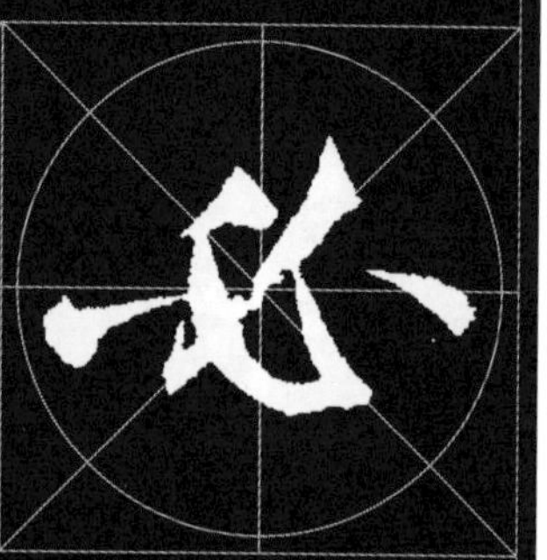
元 鲜于枢

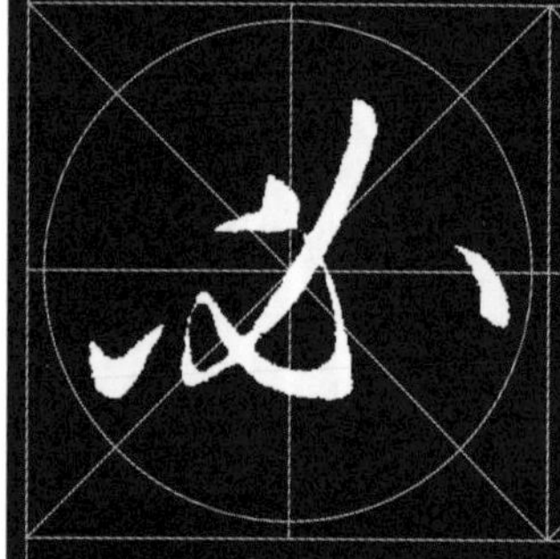
晋 王献之

隋 智永

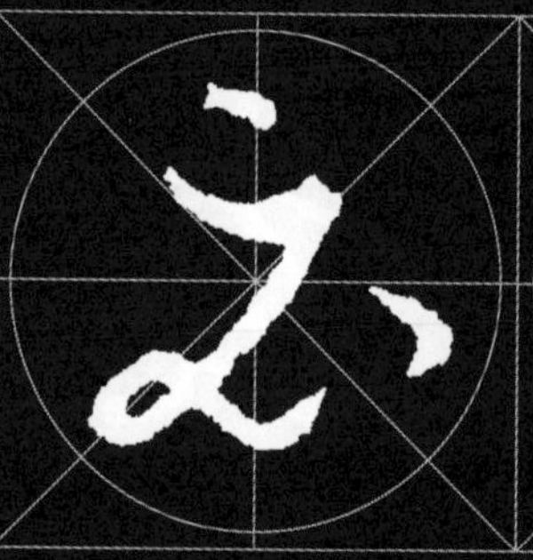
唐 孙过庭

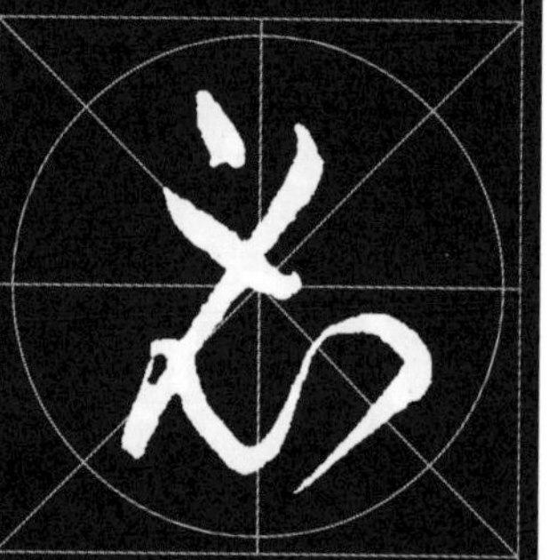
宋 黄庭坚

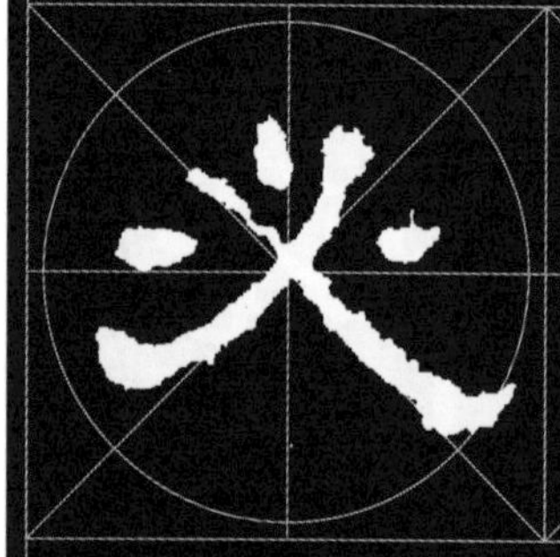
汉 杨震碑

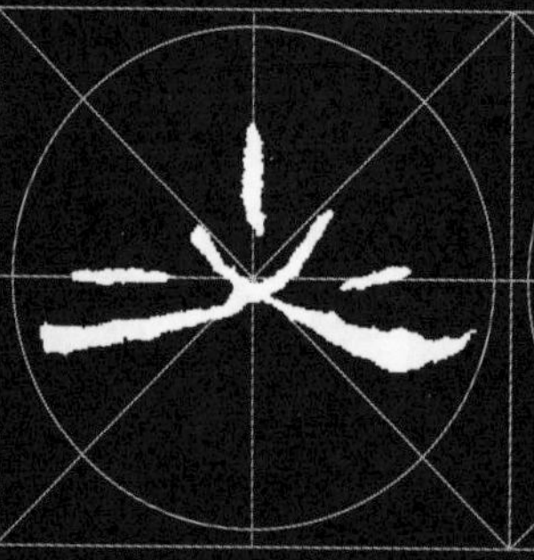
汉 石门颂

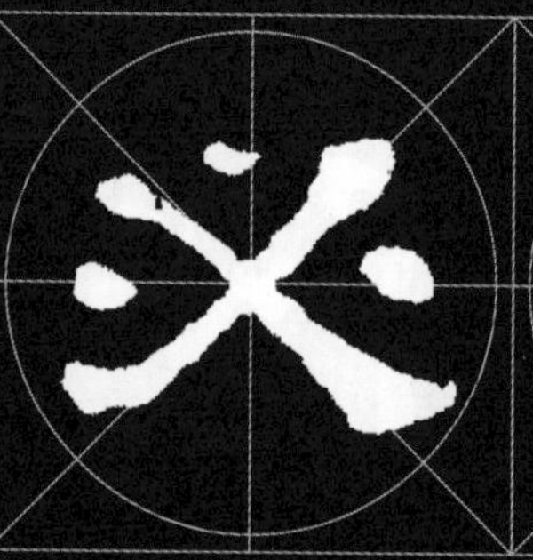
汉 郭有道碑

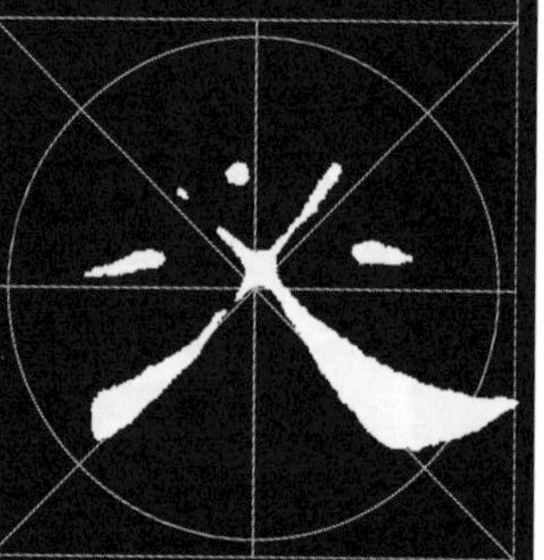
唐 韩择木

汉 银雀山简

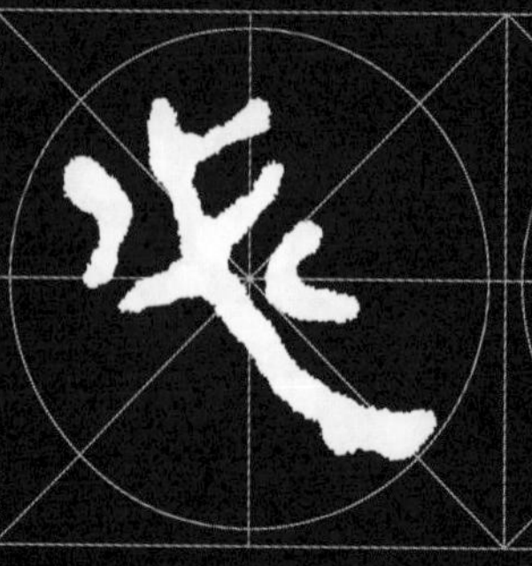
汉 马王堆帛书

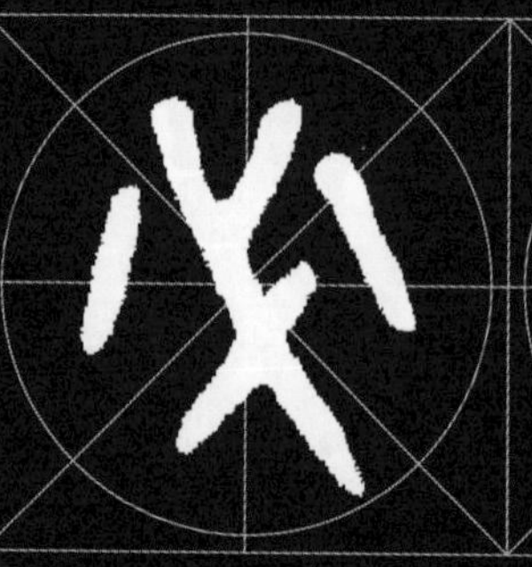
清 吴大澂

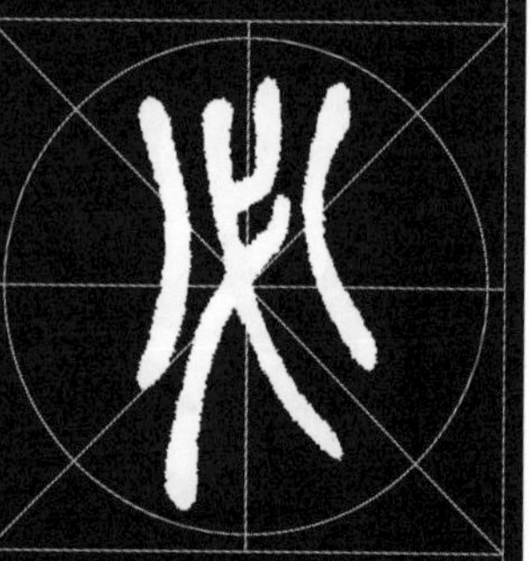
清 吴昌硕

bì 苾（芳香）

bì 毕（畢）

bì 跸（帝王出行）

bì 碧

bīān 边（邊）

bīān 编

bīān 鞭

北朝 敬使君碑	唐 颜真卿	宋 黄庭坚	明 唐寅
清 王铎	明 祝允明	明 文徵明	汉 鲜于璜碑
北齐 泰山金刚经	清 汪士慎	周 散氏盘	秦 李斯
唐 欧阳询	唐 孙过庭	清 陈鸿寿	汉 说文解字
唐 颜真卿	唐 李怀琳	明 董其昌	周 九年卫鼎

biǎn 贬（降低）

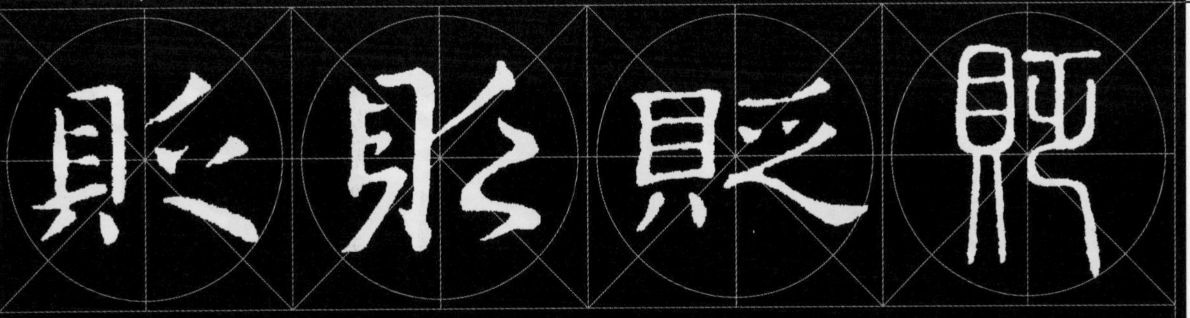

唐 虞世南　唐 颜真卿　清 顾蔼吉·隶辨　汉 说文解字

biǎn 扁

唐 陆柬之　宋 米芾　清 王铎　清 杨沂孙

biǎn 卞（急躁；姓）

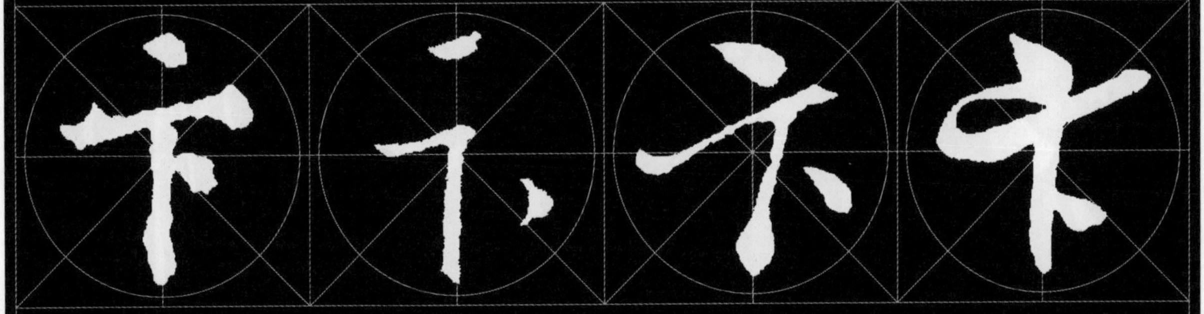

唐 欧阳通　晋 王羲之　晋 索靖　宋 吴琚

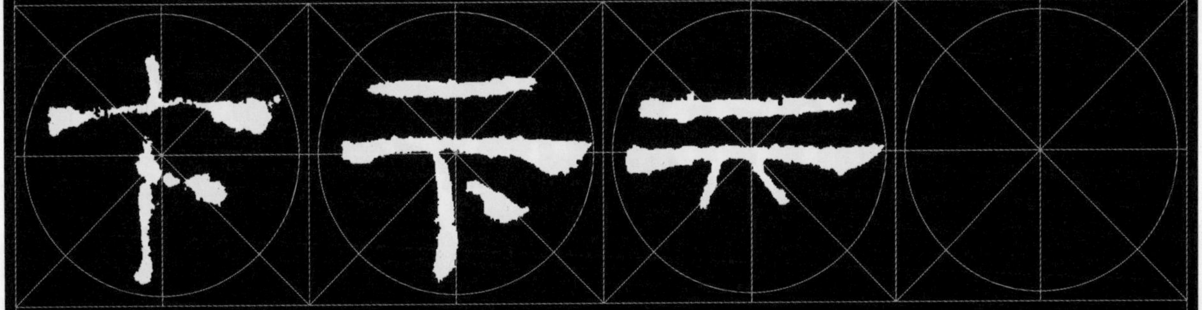

汉 杨震碑　汉 乙瑛碑　汉 礼器碑

biàn 弁（古代男帽，

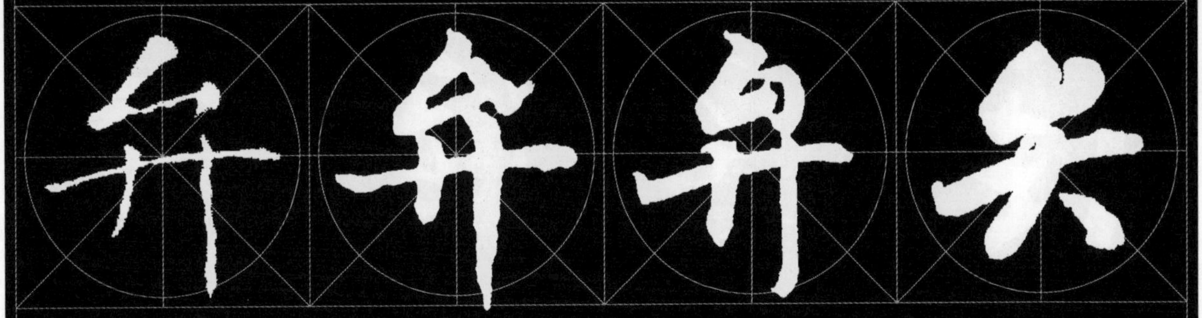

隋 智永　元 赵孟頫　晋 王羲之　隋 智永

低级武官。弁言即序文）

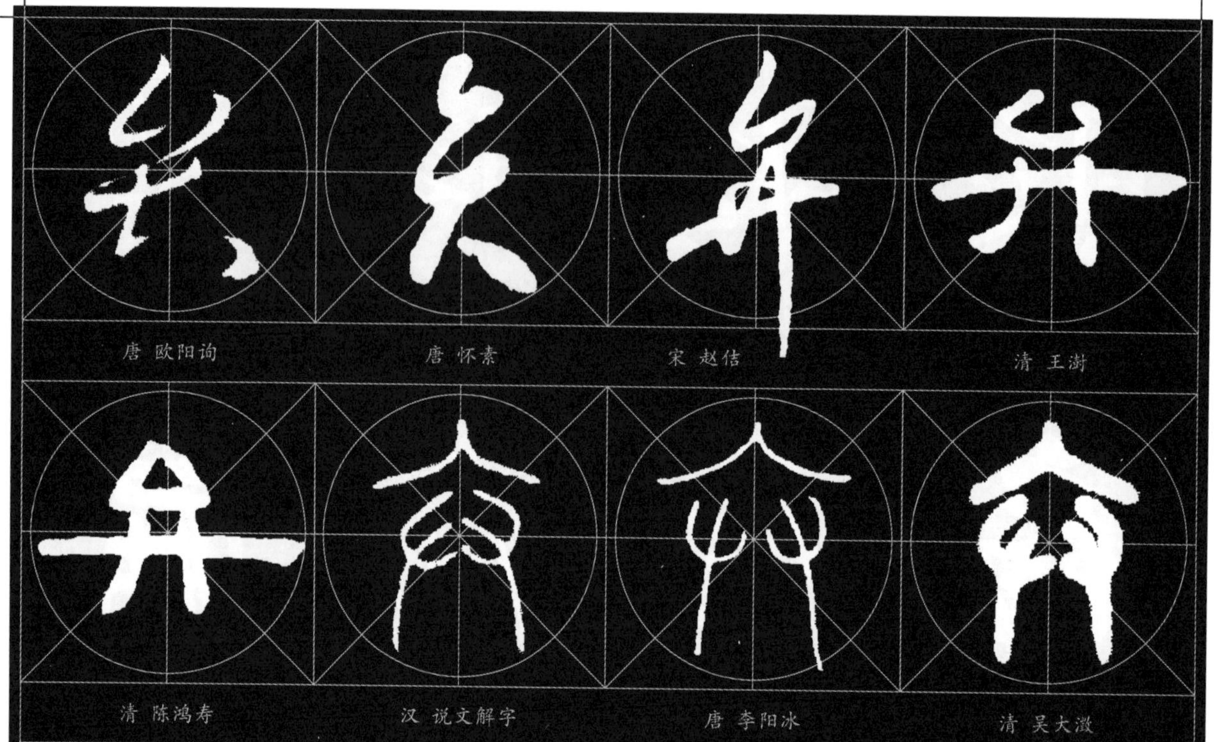

biàn
汴（汳）

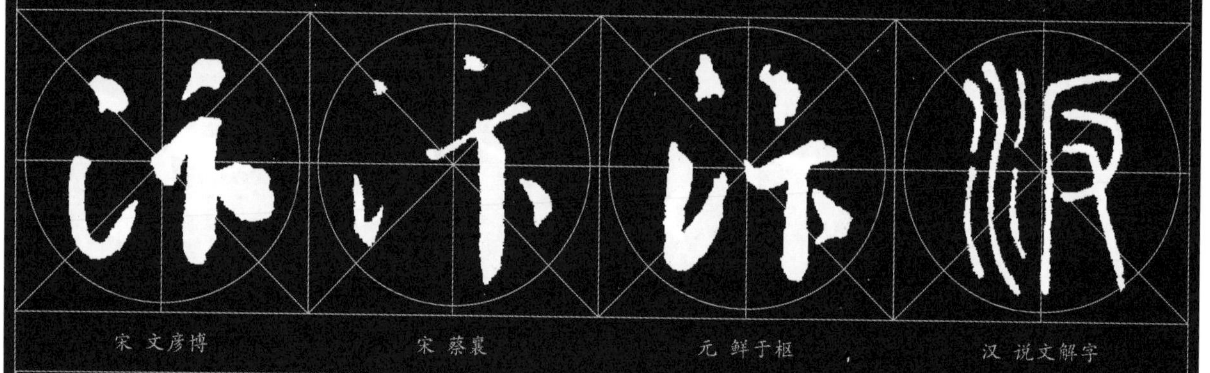

biàn
便
pián

biàn
变（變）

biàn
遍（徧）

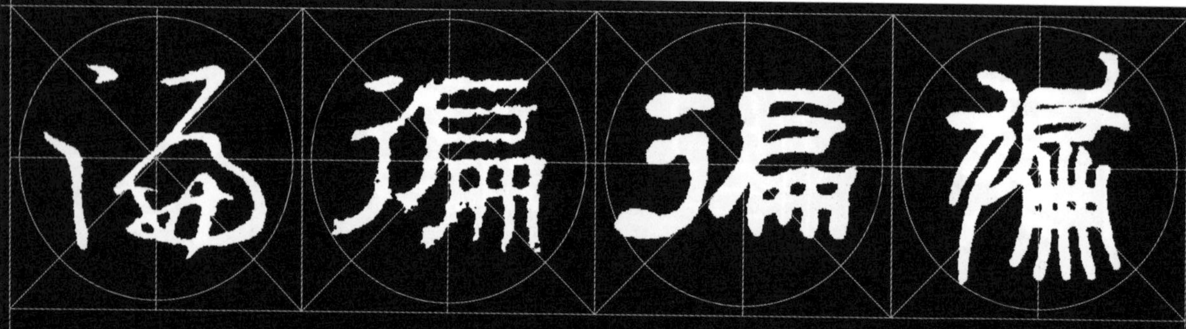

金 张天锡·草书韵会　汉 白石神君碑　清 何绍基　清 赵之谦

biàn
辨

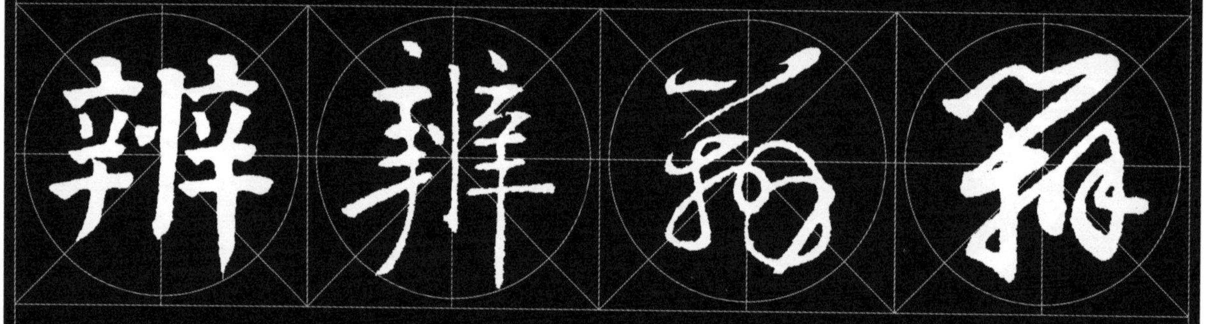

明 祝允明　清 张裕钊　汉 张芝　唐 怀素

元 邓文原　明 宋克　汉 景君碑　元 赵孟頫

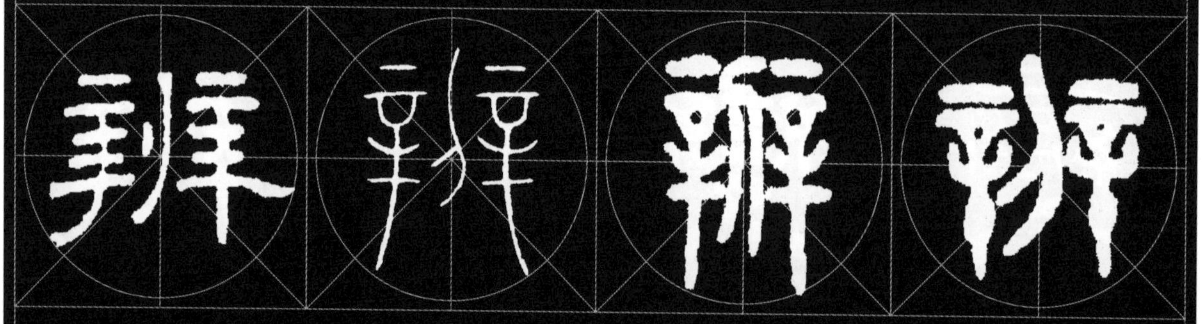

清 王澍　唐 李阳冰　清 伊嘉祥　清 吴大澂

biàn
辩

唐 褚遂良　唐 柳公权　宋 苏轼　宋 米芾

隋 智永 | 元 赵孟頫 | 三国 王基碑 | 汉 说文解字

唐 柳公权 | 明 解缙 | 金 张天锡·草书韵会 | 汉 说文解字

唐 颜真卿 | 清 翁同和 | 汉 礼器碑 | 清 吴熙载

唐 王敬客 | 唐 颜真卿 | 唐 柳公权 | 金 张天锡·草书韵会

唐 欧阳询 | 晋 王羲之 | 唐 颜真卿 | 唐 孙过庭

biàn
辫

biāo
彪
（小虎；文采）

biāo
摽
（挥去）
biào
（落，击）

biāo
标

biāo
骠
piào
（勇猛）

biāo
飙
（飈、飇：暴风）

biǎo
表

biē
鳖（鼈）

bié
别（分离；另外；

区别；类别；不要）

biè（别不过）

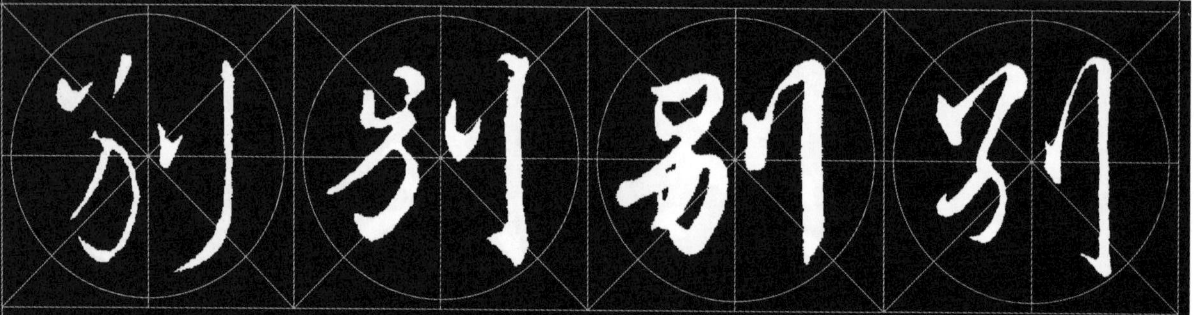

晋 王羲之　唐 褚遂良　唐 唐寅　明 王守仁

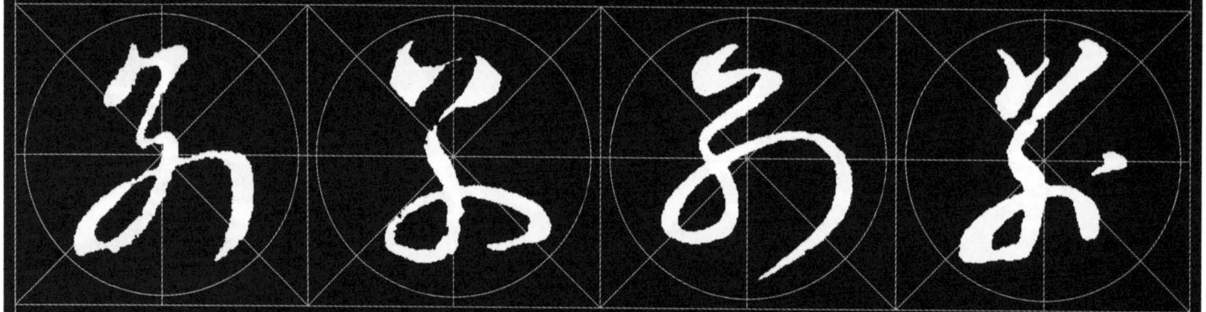

晋 索靖　唐 怀素　宋 赵佶　明 黄道周

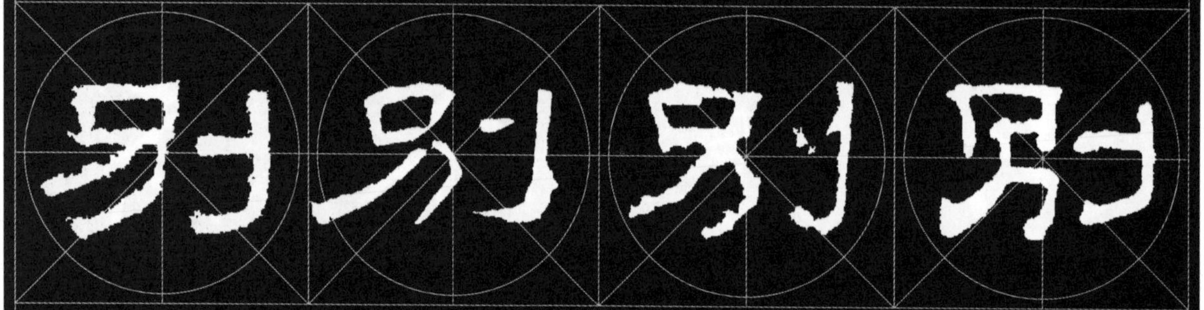

汉 鲜于璜碑　汉 曹全碑　汉 张迁碑　元 吴叡

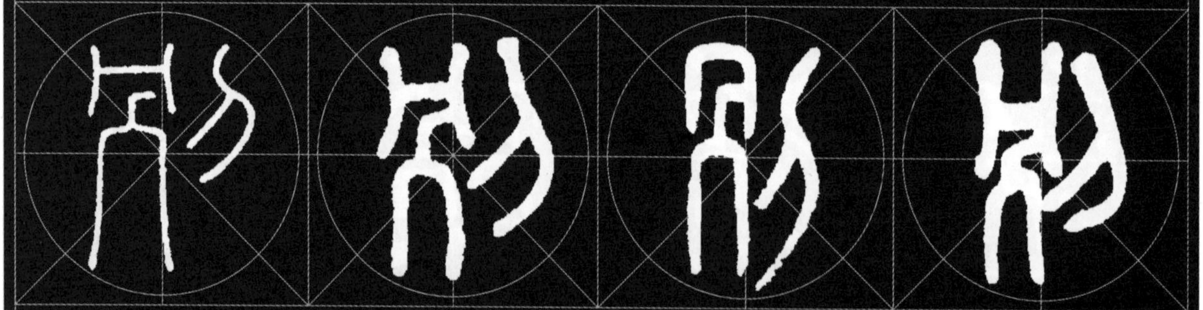

秦 李斯　元 赵孟頫　清 杨守敬　清 吴昌硕

bīn

宾（賔、賓：客人）

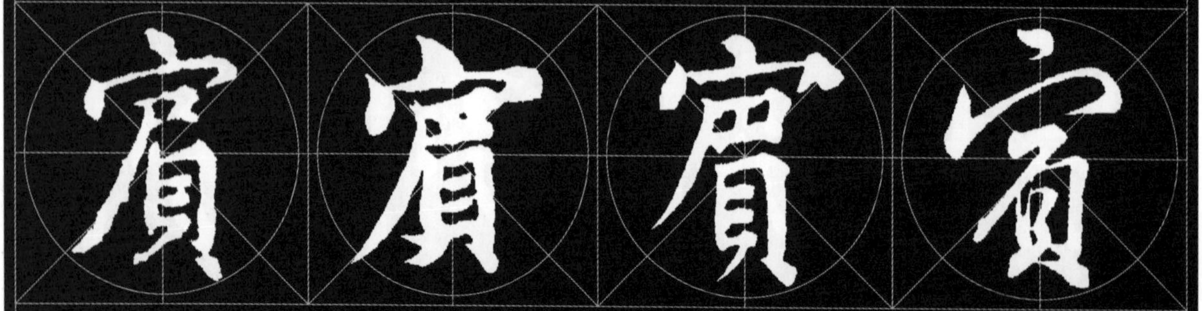

晋 王羲之　隋 智永　明 祝允明　宋 苏轼

隋 智永
唐 怀素
元 鲜于枢
清 归庄
汉 西狭颂
殷商 甲骨文
周 颂鼎
清 吴大澂
唐 欧阳通
明 文徵明
唐 孙过庭
汉 樊敏碑
清 钱泳
清 吴熙载
汉 说文解字
清 永理
唐 陆柬之
唐 孙过庭
汉 校官碑
唐 李枢

bīn
滨

bīn
彬

bìn
殡

晋 王羲之　唐 褚遂良　唐 魏栖梧　晋 王羲之

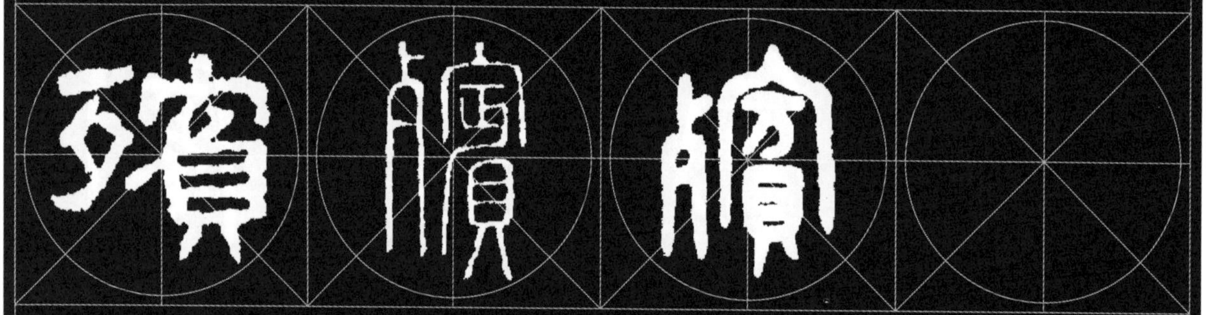

汉 张迁碑　汉 说文解字　清 吴大澂

bìn
鬓（鬢、髩）

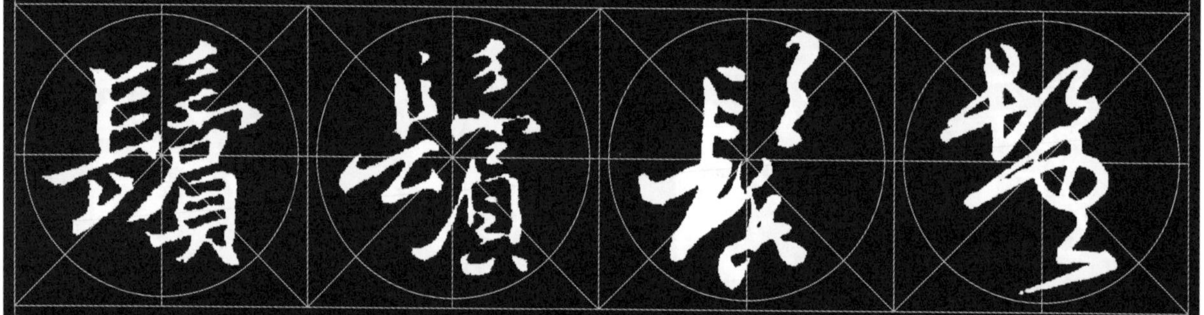

北魏 元诊墓志　唐 褚遂良　清 郑燮　明 宋克

bīng
冰（氷）
níng（李阳冰）

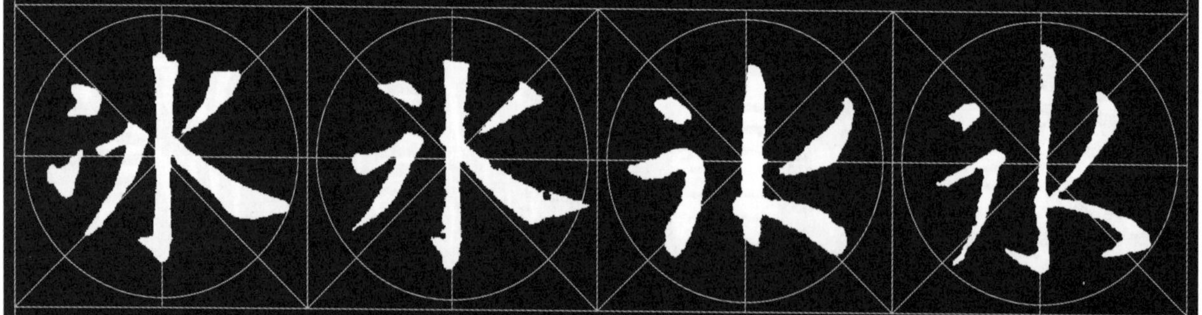

唐 欧阳询　唐 颜真卿　唐 孙过庭　唐 李邕

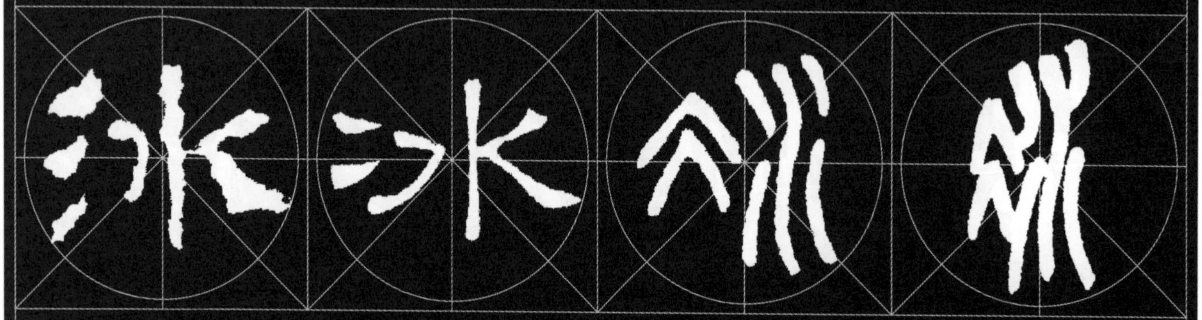

汉 景君碑　清 顾蔼吉·隶辨　清 杨沂孙　清 吴昌硕

bīng
兵

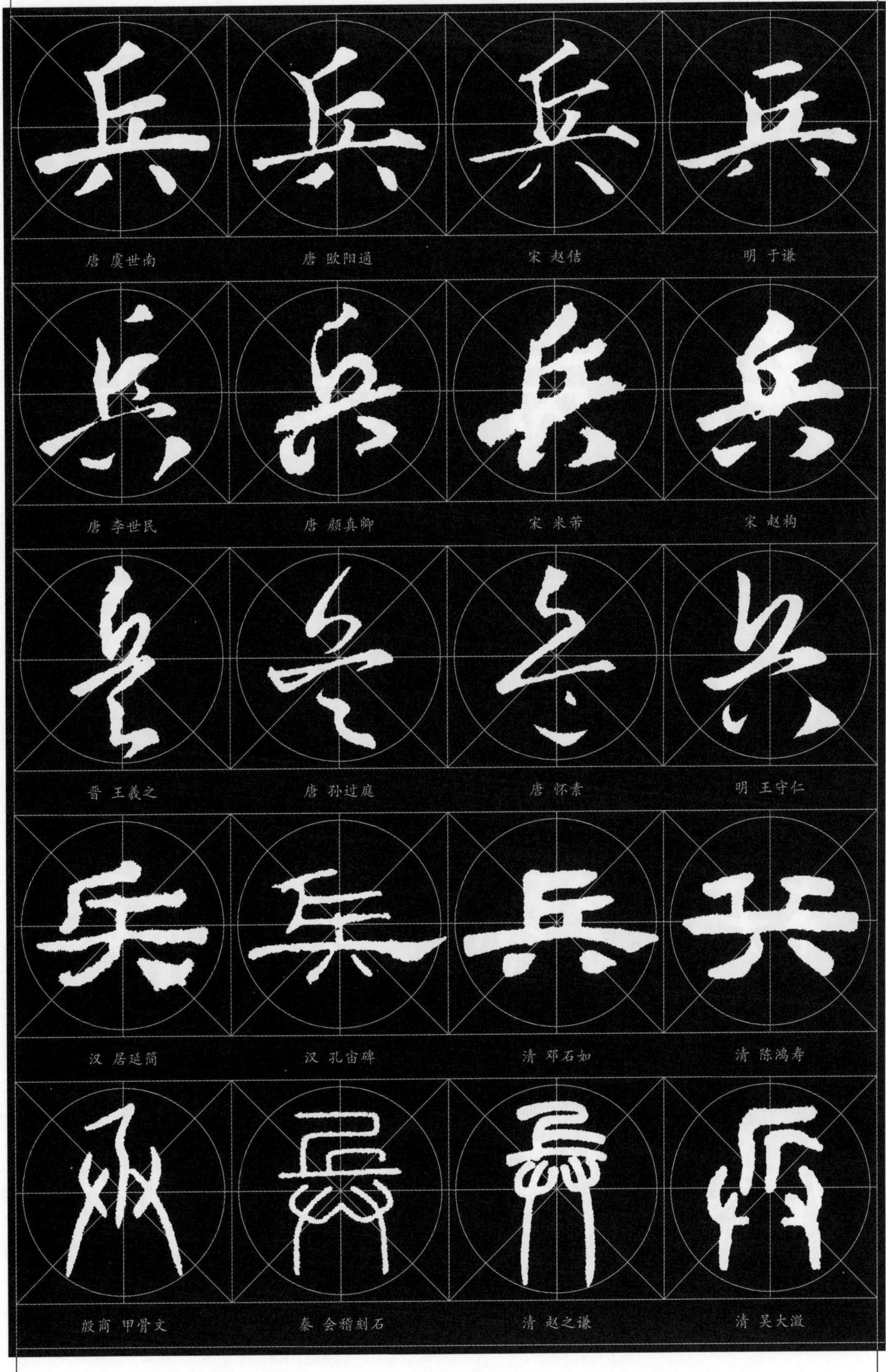

唐 虞世南
唐 欧阳通
宋 赵佶
明 于谦
唐 李世民
唐 颜真卿
宋 米芾
宋 赵构
晋 王羲之
唐 孙过庭
唐 怀素
明 王守仁
汉 居延简
汉 孔宙碑
清 邓石如
清 陈鸿寿
殷商 甲骨文
秦 会稽刻石
清 赵之谦
清 吴大澂

bǐng 丙

bǐng 柄

bǐng 炳（光明，显著）

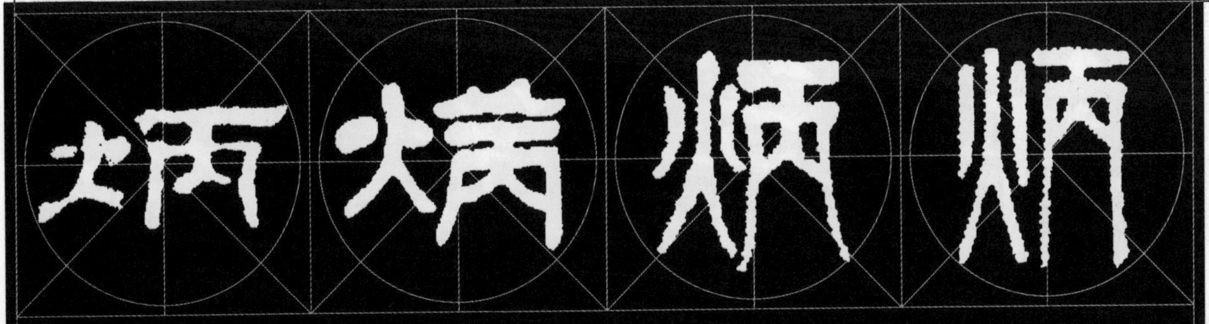

汉 史晨碑　清 何绍基　清 莫友芝　清 吴大澂

bǐng
秉

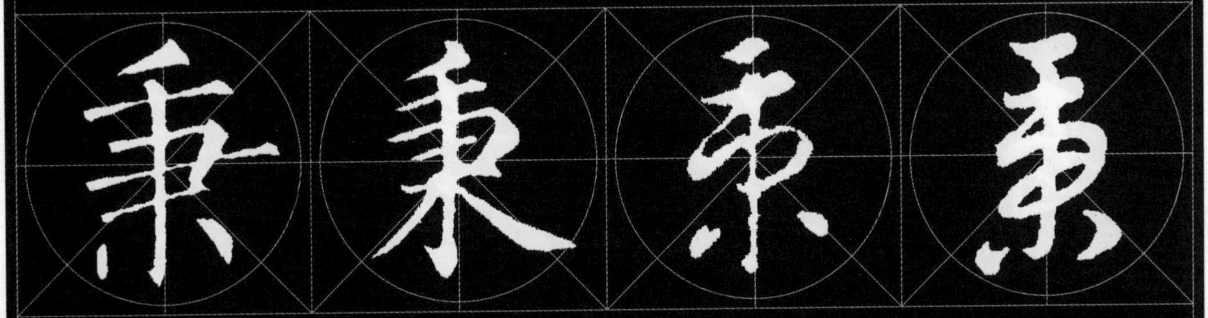

唐 柳公权　明 沈度　隋 智永　元 赵孟頫

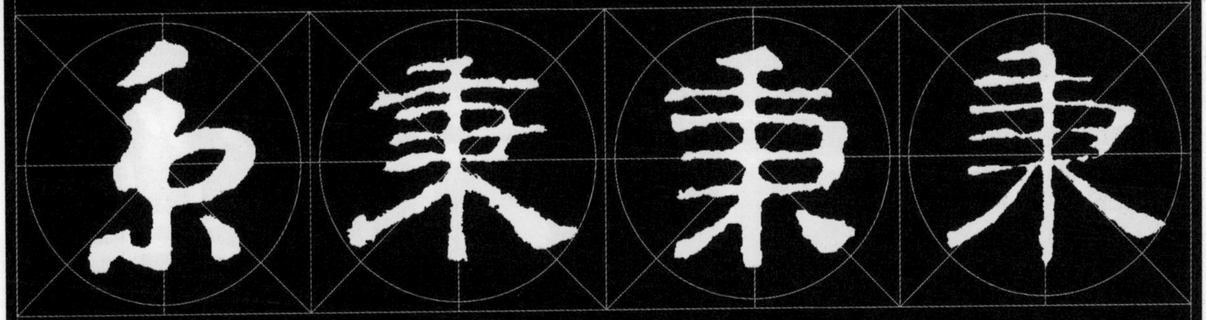

元 揭傒斯　汉 杨震碑　汉 校官碑　汉 曹全碑

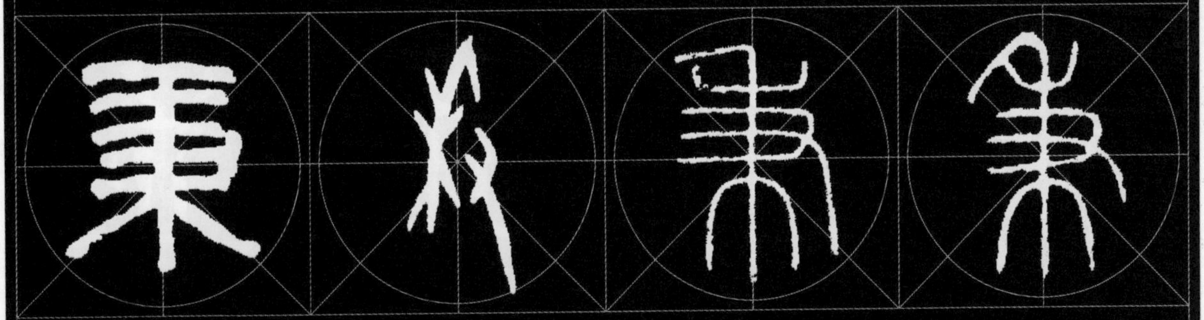

清 俞樾　殷商 甲骨文　秦 会稽刻石　汉 说文解字

bǐng
禀（稟）

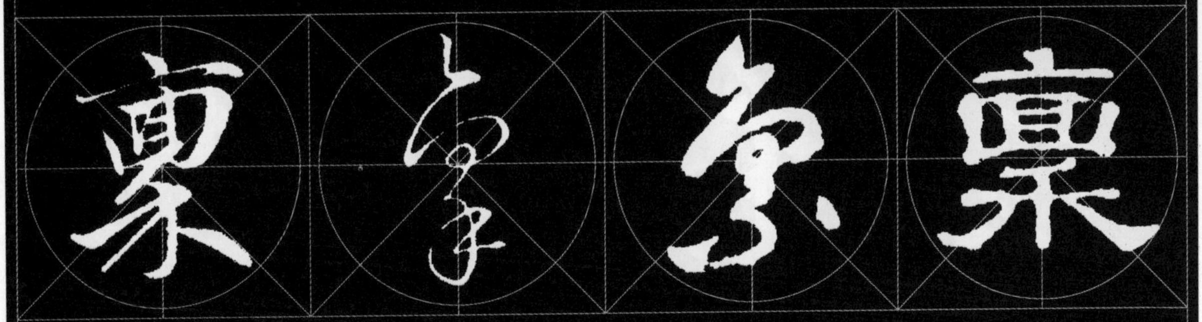

元 赵孟頫　晋 王献之　明 祝允明　汉 郭有道碑

bìng
并（並、併、竝）

唐 颜真卿
唐 柳公权
晋 王羲之
宋 吴琚
唐 欧阳询
元 鲜于枢
元 鲜于枢
明 文徵明
汉 礼器碑
汉 史晨碑
清 吴熙载
殷商 甲骨文
唐 李阳冰
清 邓石如
南北朝 郑道昭
唐 欧阳询
唐 颜真卿
清 王铎
汉 曹全碑
清 吴昌硕

bìng
病

bō
波

明 唐寅 | 明 董其昌 | 晋 王羲之 | 晋 王献之

唐 柳公权 | 宋 蔡襄 | 汉 景君碑 | 汉 孔宙碑

汉 樊敏碑 | 殷商 甲骨文 | 清 吴大澂 | 清 黄士陵

唐 欧阳询 | 唐 虞世南 | 唐 欧阳通 | 宋 张即之

晋 王羲之 | 唐 陆柬之 | 清 王铎 | 明 董其昌

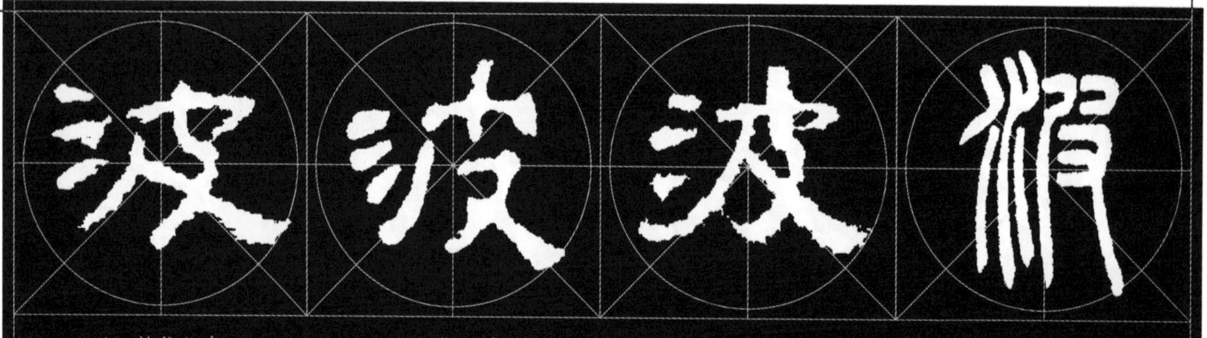

汉 封龙山碑　汉 杨统碑　汉 尹宙碑　清 吴熙载

bō 剥 bāo（口语用）

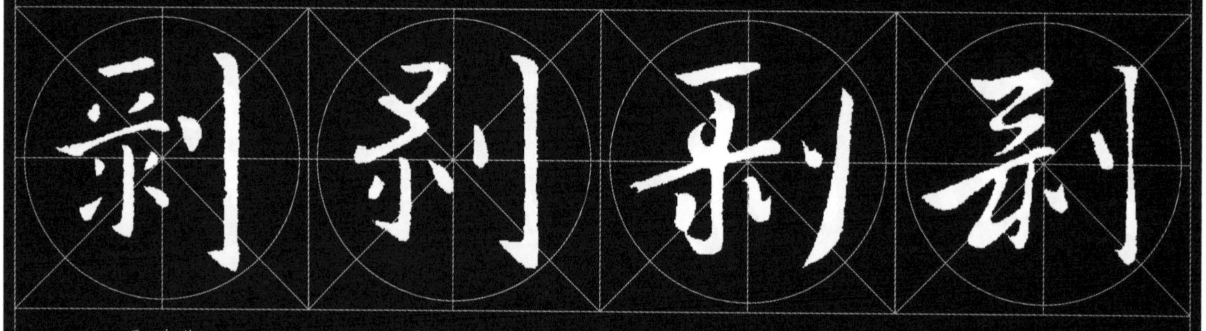

晋 郗鉴　晋 王献之　晋 王羲之　元 赵孟頫

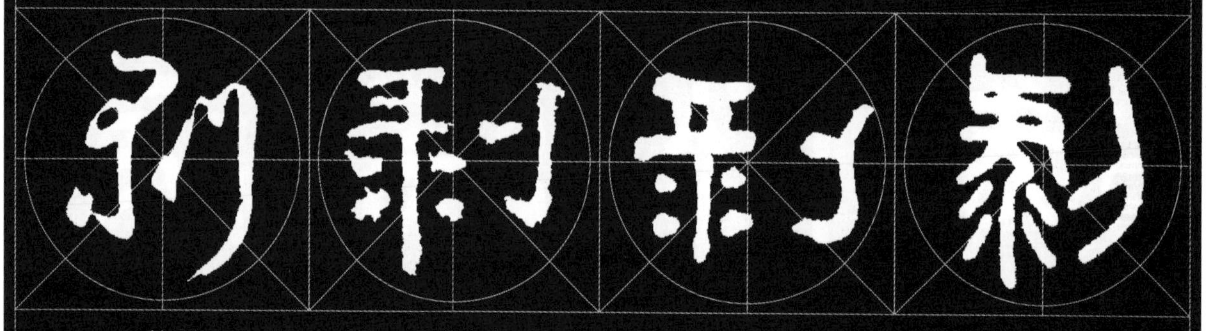

元 鲜于枢　汉 景君碑　清 翁同和　清 吴大澂

bō 拨（撥）

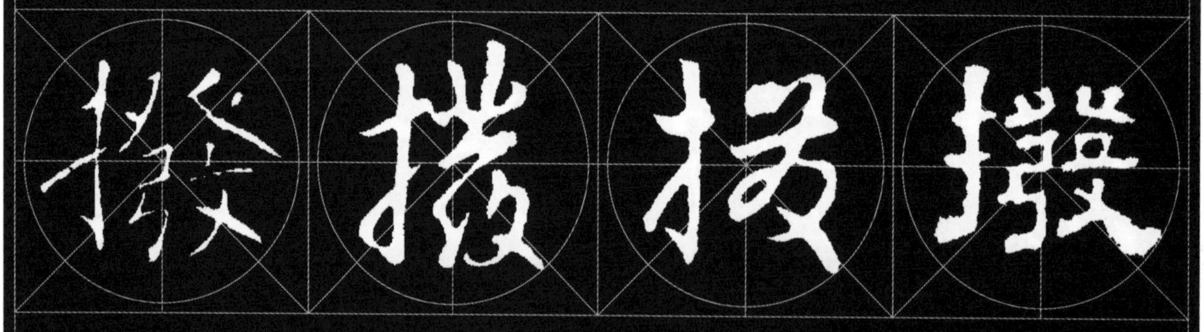

唐 褚遂良　晋 王羲之　元 饶介　三国 上尊号碑

bō 钵（鉢）

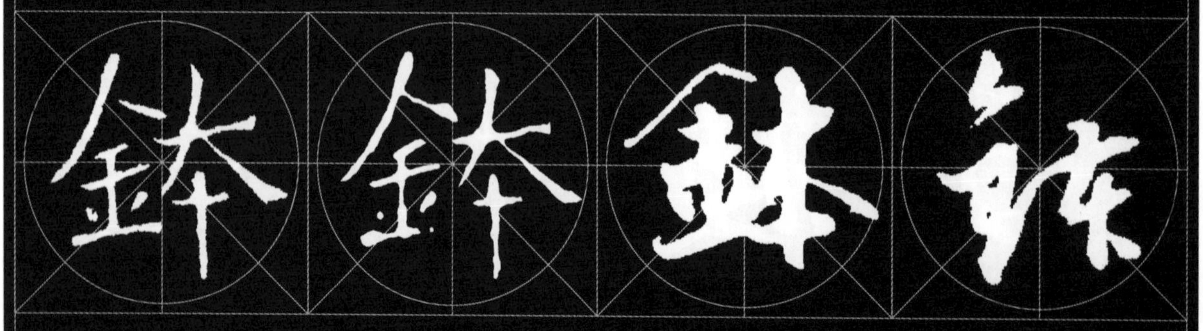

隋 张公礼　唐 高正臣　宋 张即之　明 董其昌

bō
播

bó
帛

bó
泊（依靠）pō（湖名）

bó
勃（敦：旺盛）

bó 渤

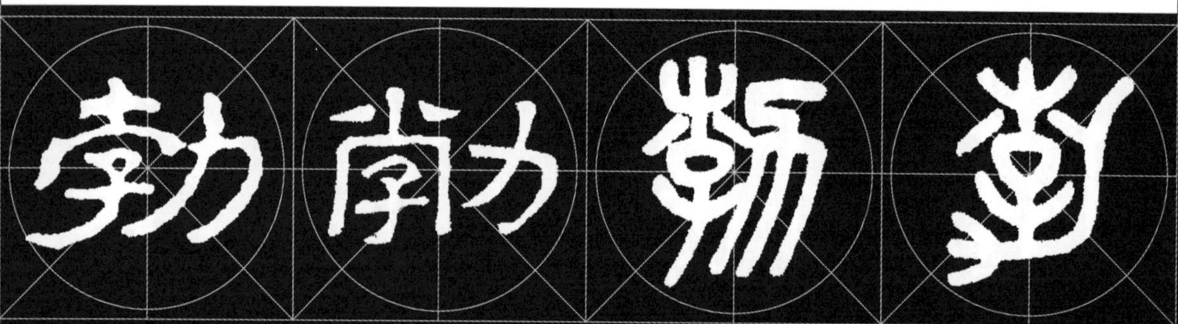

清 赵之谦 | 清 顾蔼吉·隶辨 | 清 吴大澂 | 清 吴大澂

唐 褚遂良 | 唐 颜真卿 | 明 王守仁 | 明 张瑞图

bó 博

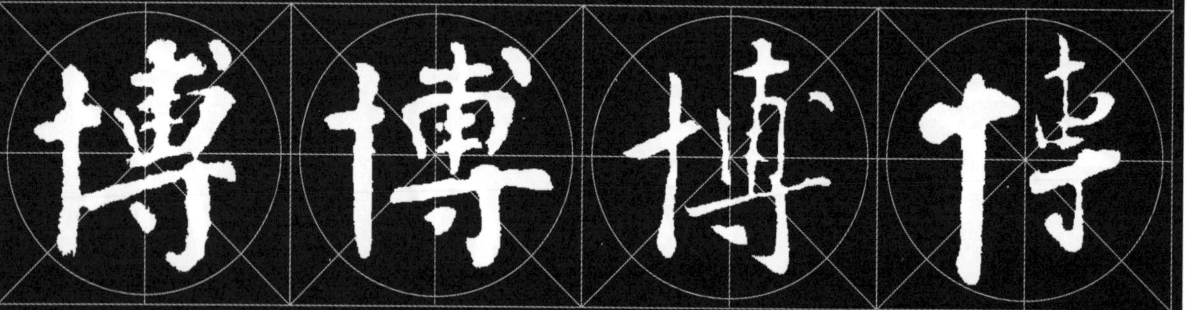

唐 颜真卿 | 唐 颜真卿 | 宋 黄庭坚 | 宋 陆游

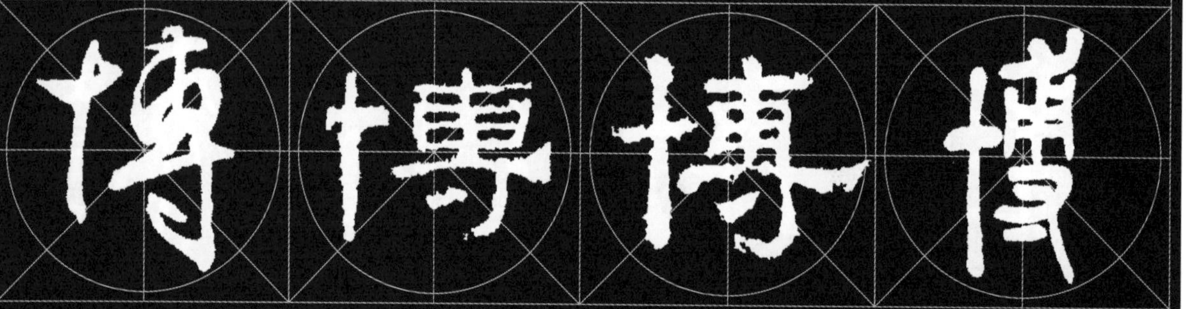

明 文徵明 | 汉 封龙山碑 | 汉 鲁峻碑 | 清 吴昌硕

bó 搏

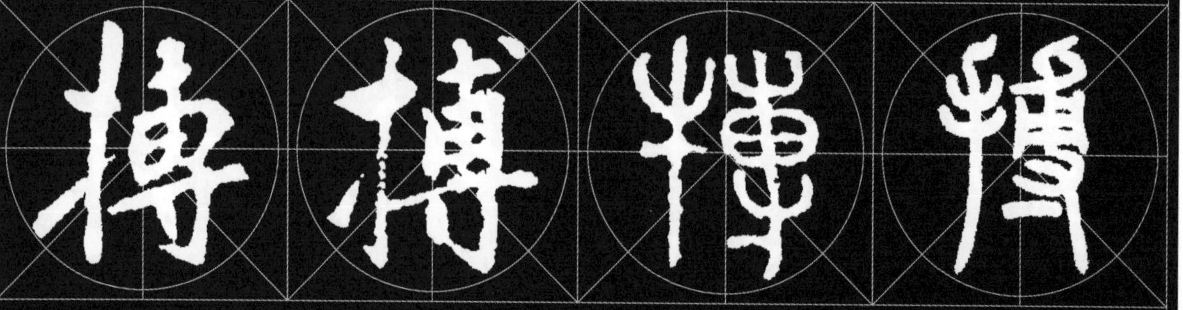

唐 李邕 | 元 赵孟頫 | 秦 石鼓文 | 清 曾纪泽

bó 薄（少，差）báo（不厚，不肥）bò（薄荷）

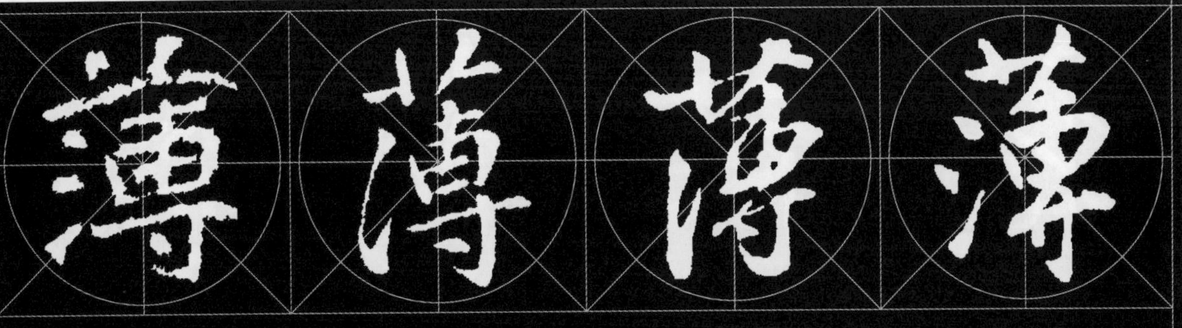

北魏 郑道昭　晋 王献之　宋 苏轼　明 唐寅

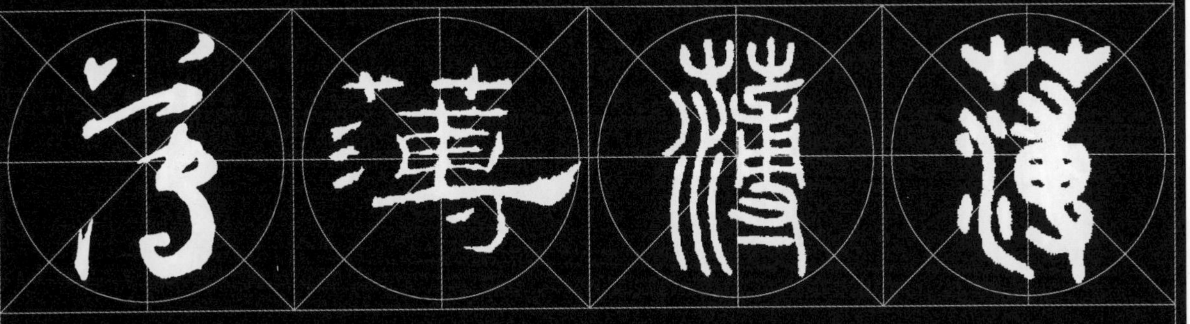

明 王宠　汉 礼器碑　清 邓石如　清·吴大澂

bū 逋（逃亡，拖欠）

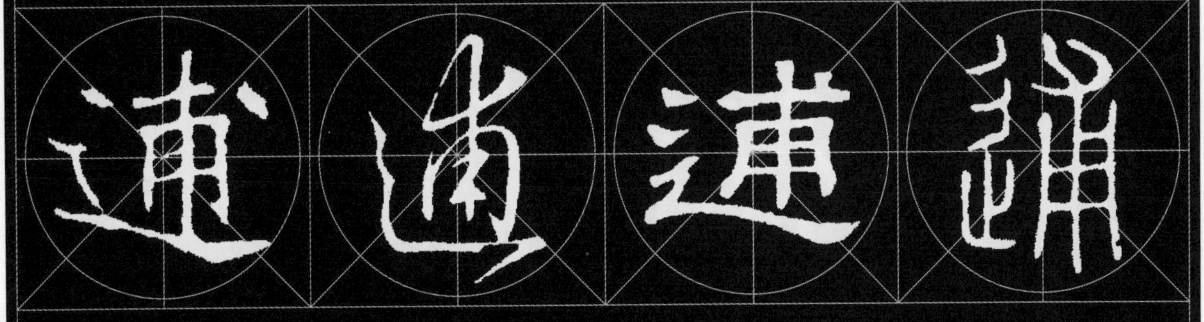

北魏 崔敬邕墓志　晋 王羲之　清 顾蔼吉·隶辨　汉 说文解字

bǔ 卜 bo（萝卜）

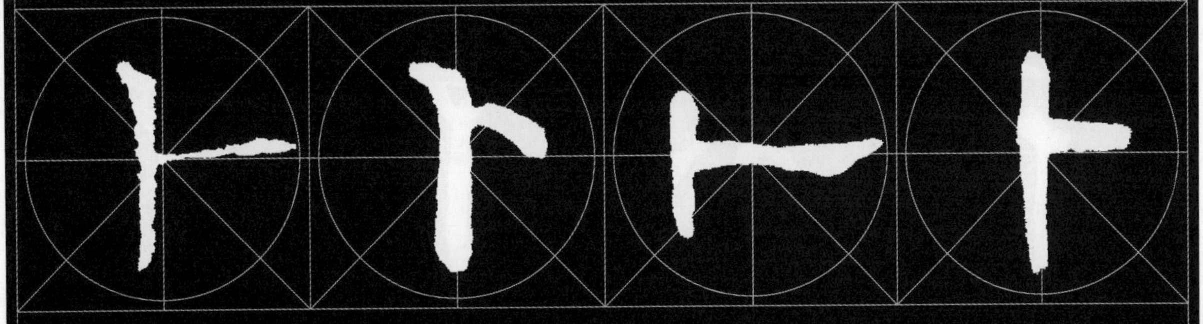

唐 欧阳询　宋 王巩　清 赵之谦　清 杨沂孙

bǔ 补（補）

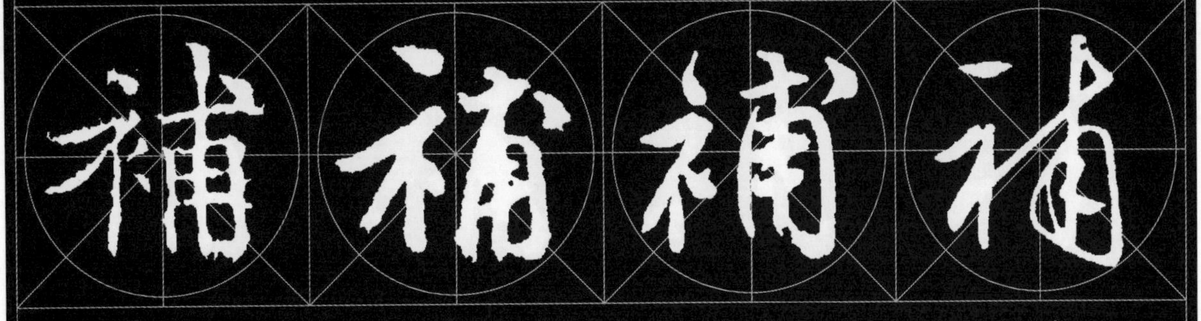

唐 王知敬　元 鲜于枢　明 唐寅　明 王守仁

bǔ 哺

bǔ 捕

bù 不

明 王守仁
清 邓石如
清 赵之谦
清 吴大澂
清 王铎
汉 武梁刻石
清 何绍基
清 邓石如
隋 智永
隋 智永
唐 高闲
汉 李孟初碑
三国 钟繇
北魏 张猛龙碑
唐 柳公权
宋 蔡襄
晋 王羲之
晋 王羲之
晋 王羲之
晋 王羲之

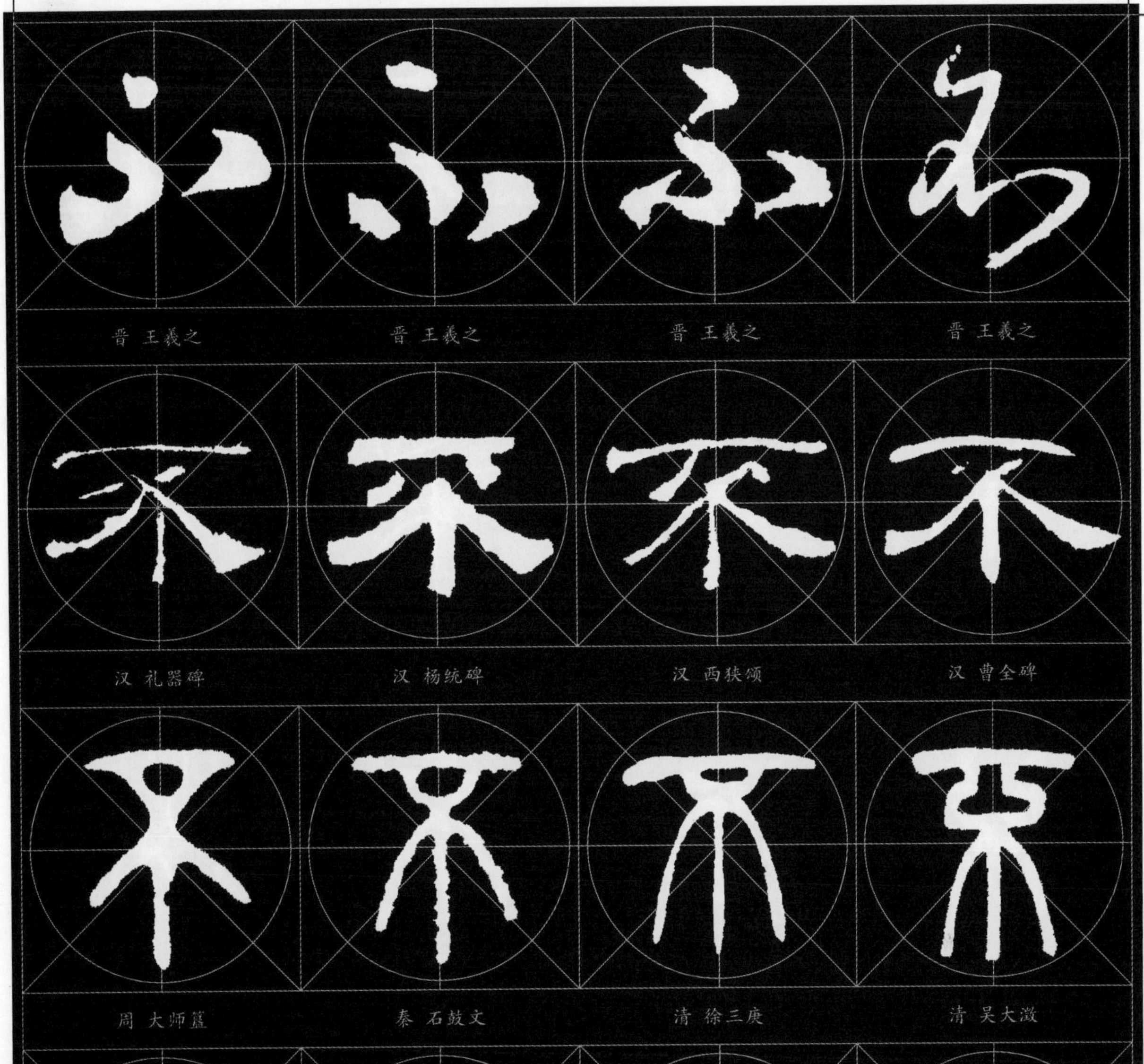

晋 王羲之　晋 王羲之　晋 王羲之　晋 王羲之

汉 礼器碑　汉 杨统碑　汉 西狭颂　汉 曹全碑

周 大师簋　秦 石鼓文　清 徐三庚　清 吴大澂

隋 龙藏寺碑　唐 褚遂良　唐 颜真卿　唐 柳公权

晋 王羲之　晋 王羲之　晋 王羲之　隋 智永

bù
布

bù 怖（害怕）

bù 步（规范字右边无点）

唐 欧阳询　唐 怀素　宋 黄庭坚　汉 樊敏碑

汉 曹全碑　北齐 泰山金刚经　唐 李阳冰　清 吴大澂

元 赵孟頫　清 何绍基　清 吴昌硕　汉 说文解字

唐 颜真卿　晋 王羲之　隋 智永　唐 欧阳询

唐 怀素　唐 杜牧　元 揭傒斯　清 王澍

殷商 甲骨文　唐 李阳冰　元 赵孟頫　清 杨沂孙

bù
部

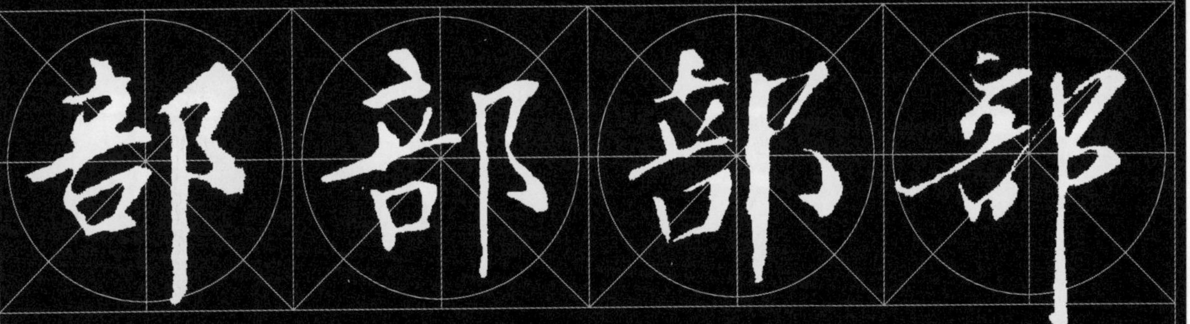

晋 王羲之　唐 欧阳询　唐 颜真卿　宋 王巩

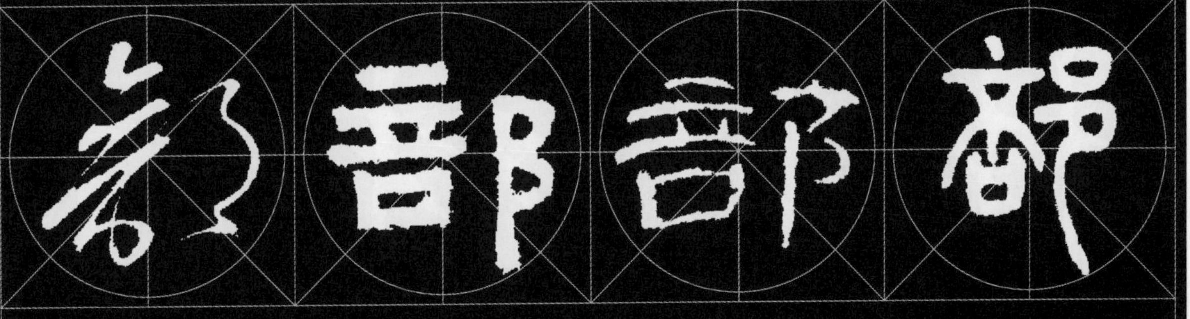

唐 怀素　汉 鲜于璜碑　汉 曹全碑　清 杨沂孙

bù
簿

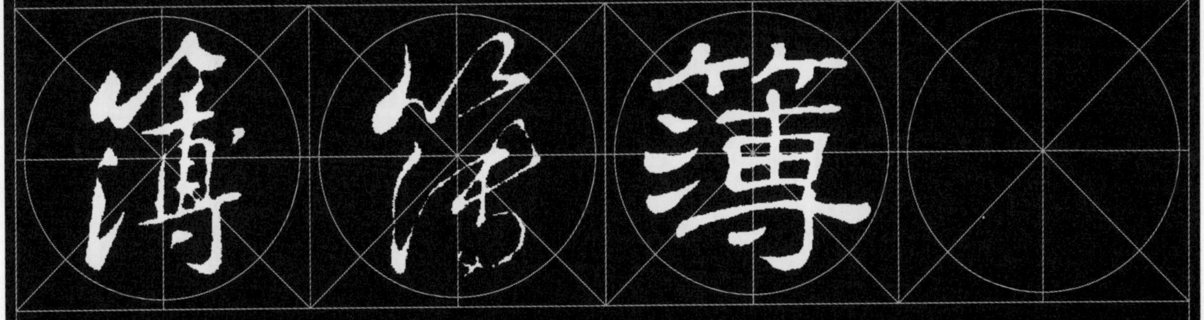

宋 黄庭坚　唐 孙过庭　清 顾蔼吉·隶辨

cái
才

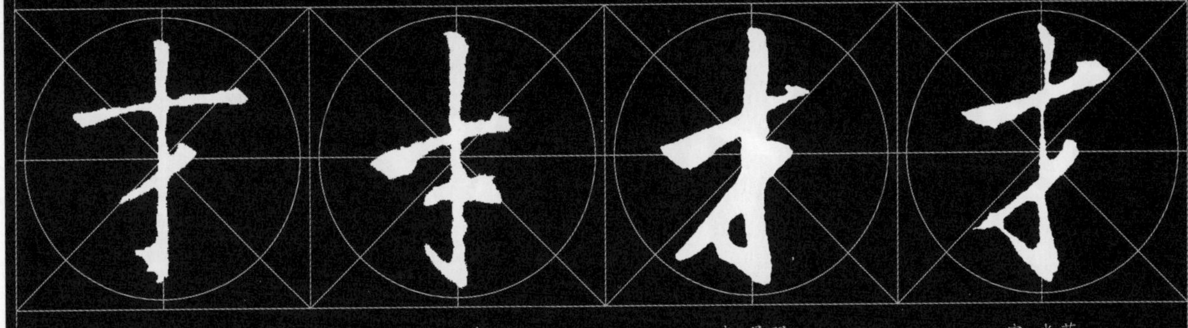

唐 褚遂良　晋 王羲之　宋 吴琚　宋 米芾

cái
材

cái
财

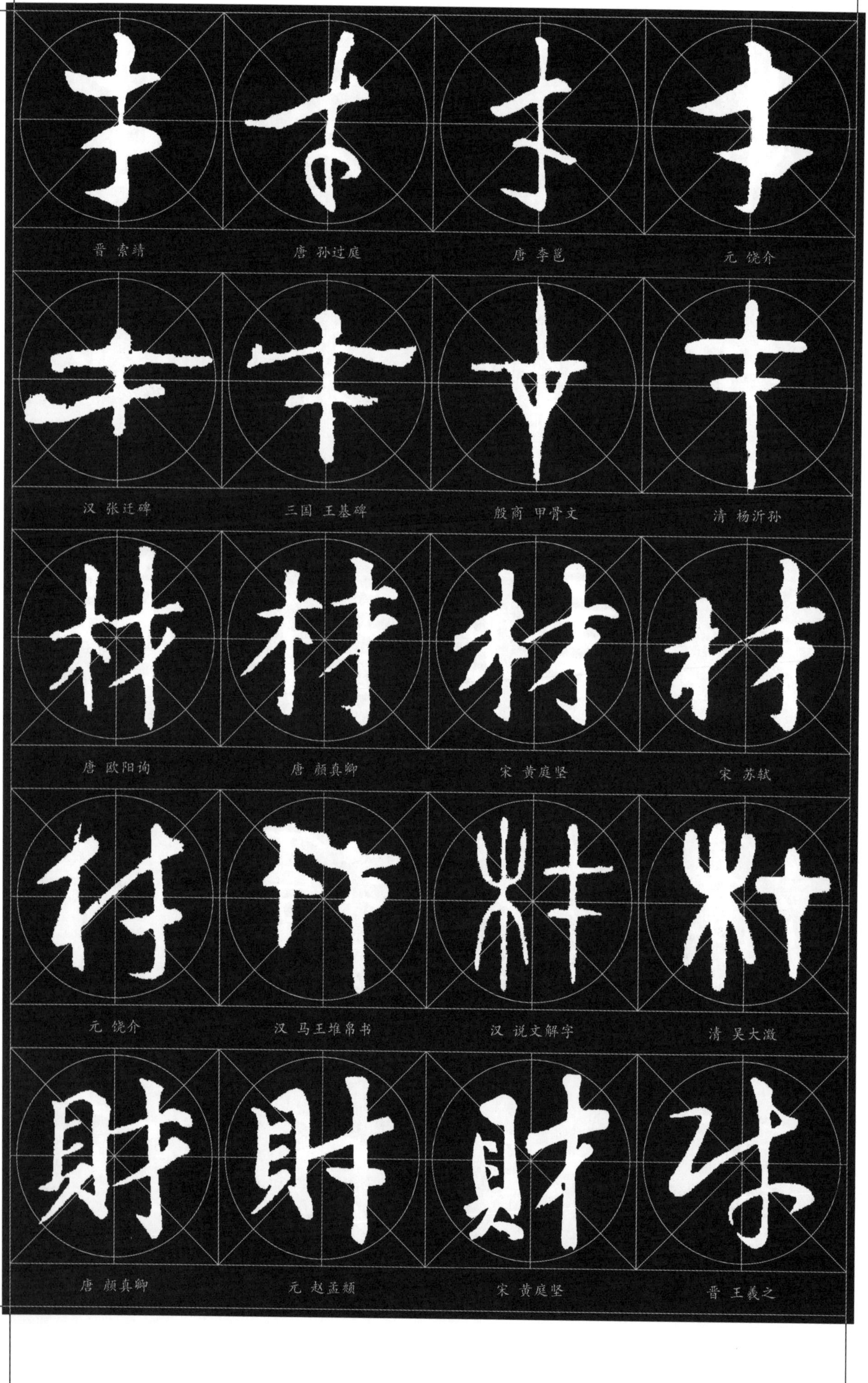
晋 索靖
唐 孙过庭
唐 李邕
元 饶介
汉 张迁碑
三国 王基碑
殷商 甲骨文
清 杨沂孙
唐 欧阳询
唐 颜真卿
宋 黄庭坚
宋 苏轼
元 饶介
汉 马王堆帛书
汉 说文解字
清 吴大澂
唐 颜真卿
元 赵孟頫
宋 黄庭坚
晋 王羲之

cái
裁

cǎi
采（神采）
cài
（采邑）

cǎi
採

cǎi
彩（光彩；同綵）

cài
菜

cài
蔡

cān
参（參）
cēn（参差）
shēn（人参）

cān
骖

cān
餐（飡、湌）

cán
残（殘）

唐 欧阳通　明 张骏　清 顾蔼吉·隶辨　秦 石鼓文

唐 虞世南　唐 颜真卿　宋 赵佶　明 唐寅

晋 王羲之　晋 王羲之　隋 智永　唐 孙过庭

明 祝允明　明 王宠　清 吴熙载　清 邓石如

北朝 敬使君碑　唐 欧阳通　唐 欧阳询　明 唐寅

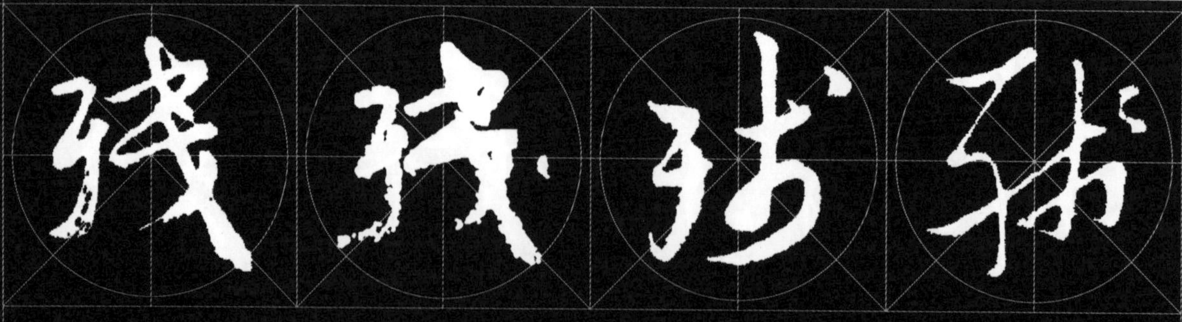

唐 颜真卿 | 唐 颜真卿 | 宋 陆游 | 明 张瑞图

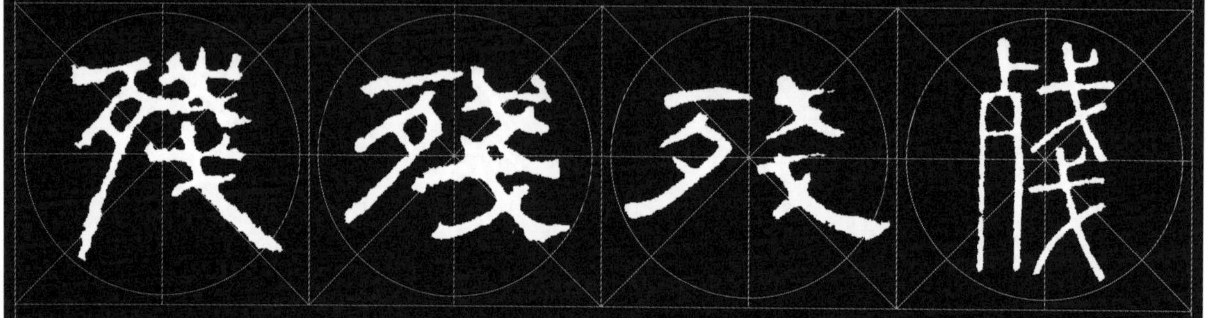

汉 景君碑 | 汉 石门颂 | 汉 曹全碑 | 汉 说文解字

cán
蚕（蠶）

宋 苏轼 | 明 唐寅 | 清 郑燮 | 汉 张迁碑

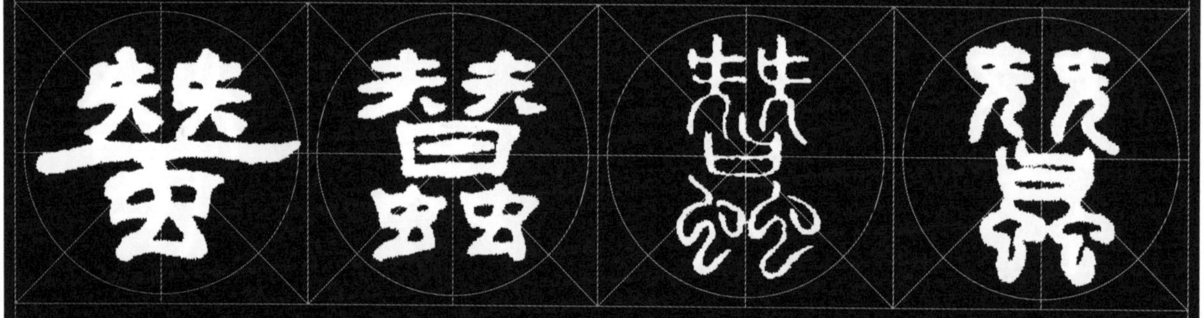

清 翁同和 | 清 张祖翼 | 汉 说文解字 | 清 吴大澂

cǎn
惨

唐 魏栖梧 | 明 祝允明 | 晋 王献之 | 汉 正直碑

càn
粲（鲜明；美好）

càn
灿（燦）

cāng
仓（倉）

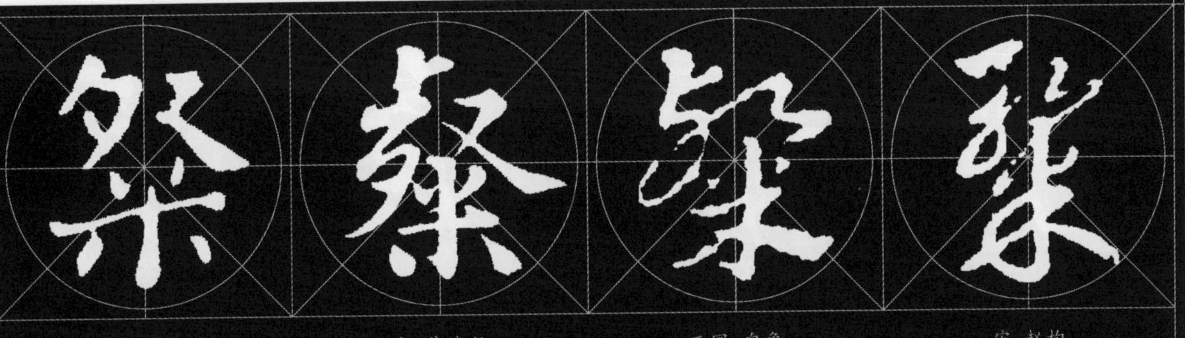

三国 钟繇 宋 黄庭坚 三国 皇象 宋 赵构

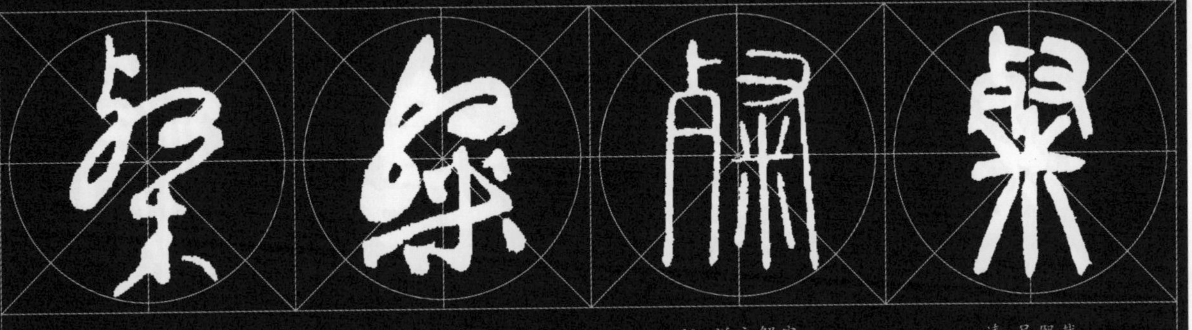

明 张弼 明 祝允明 汉 说文解字 清 吴熙载

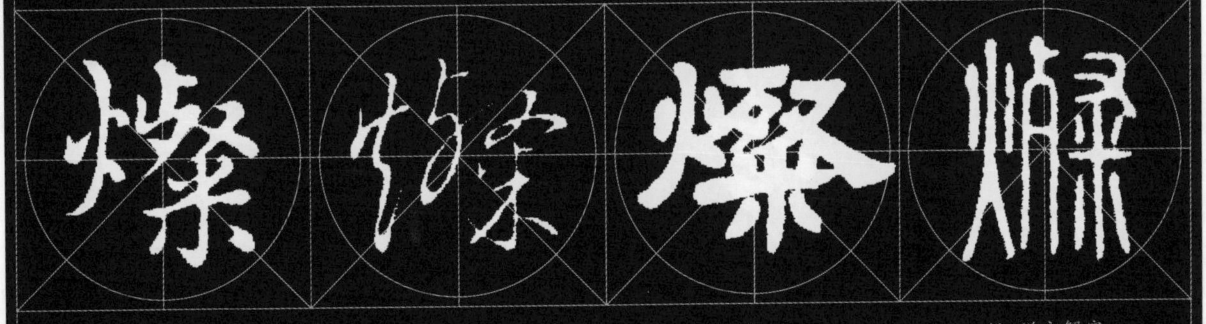

元 赵孟頫 明 祝允明 清 邓石如 汉 说文解字

晋 王羲之 北魏 崔敬邕墓志 唐 李邕 宋 米芾

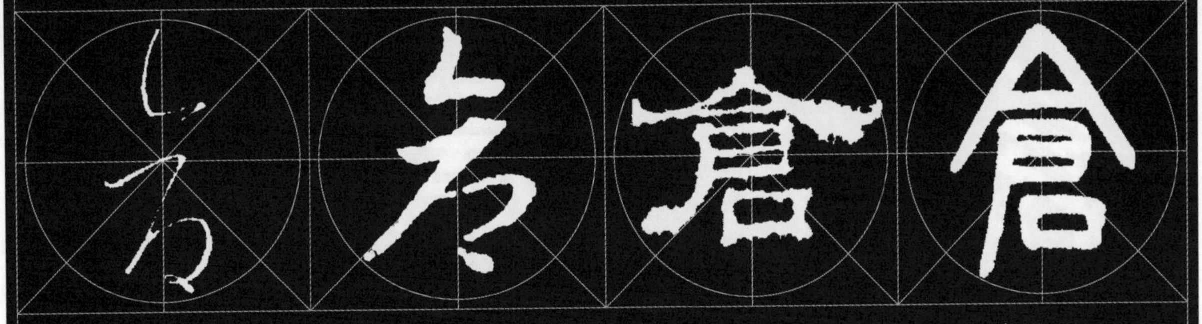

经 王羲之 元 赵孟頫 汉 史晨碑 清 吴大澂

cāng
沧（水青绿色）

cāng
苍（蒼）

cáng
藏
zàng

cāo 操

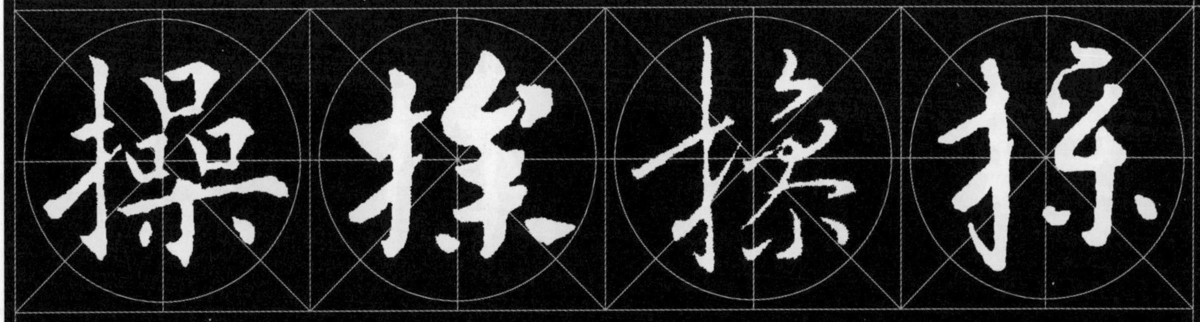

唐 欧阳通 | 元 赵孟頫 | 晋 王羲之 | 唐 怀素

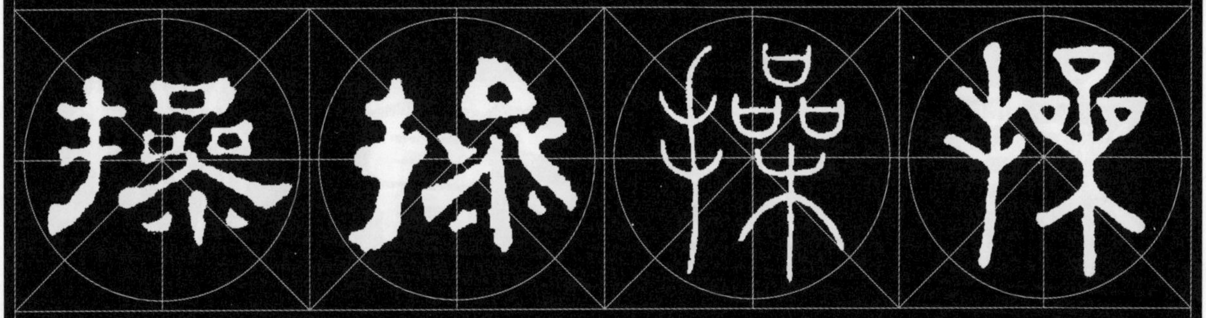

汉 郭有道碑 | 汉 校官碑 | 唐 李阳冰 | 元 赵孟頫

cáo 曹

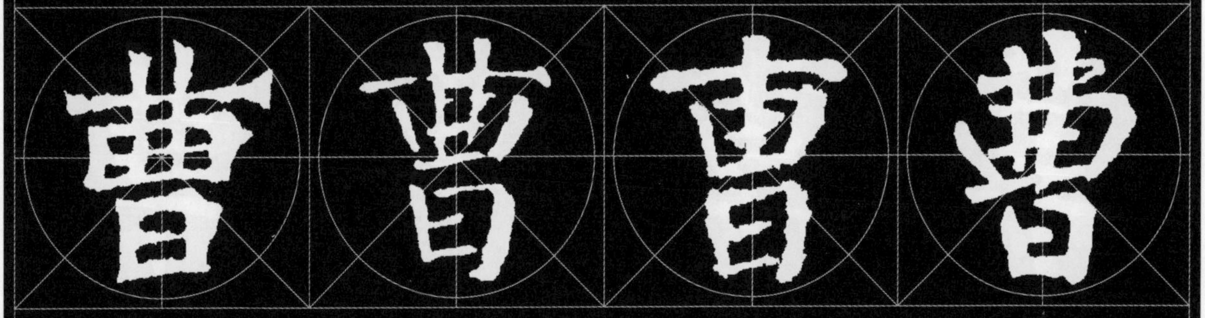

北魏 魏灵藏造像 | 唐 颜真卿 | 唐 颜真卿 | 宋 黄庭坚

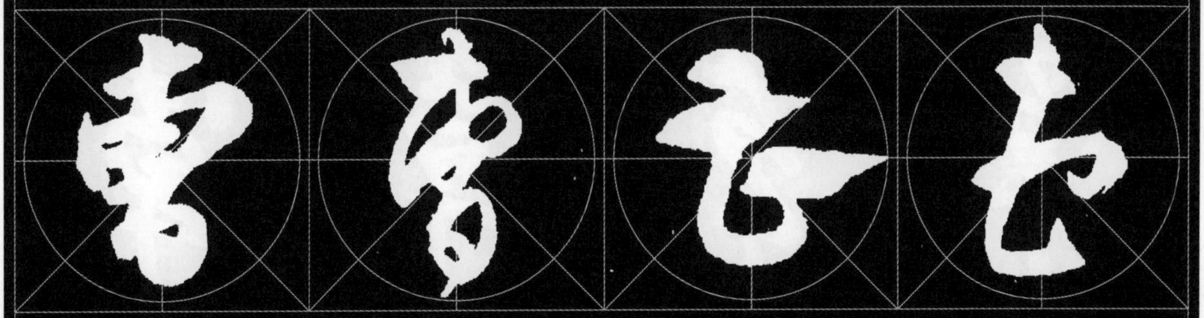

宋 苏轼 | 明 文徵明 | 元 赵孟頫 | 明 祝允明

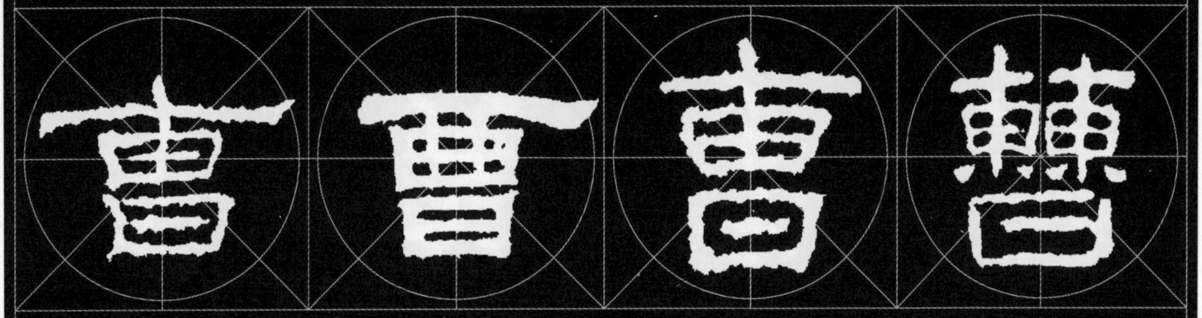

汉 礼器碑 | 汉 鲜于璜碑 | 汉 尹宙碑 | 汉 校官碑

cáo
漕

cǎo
草

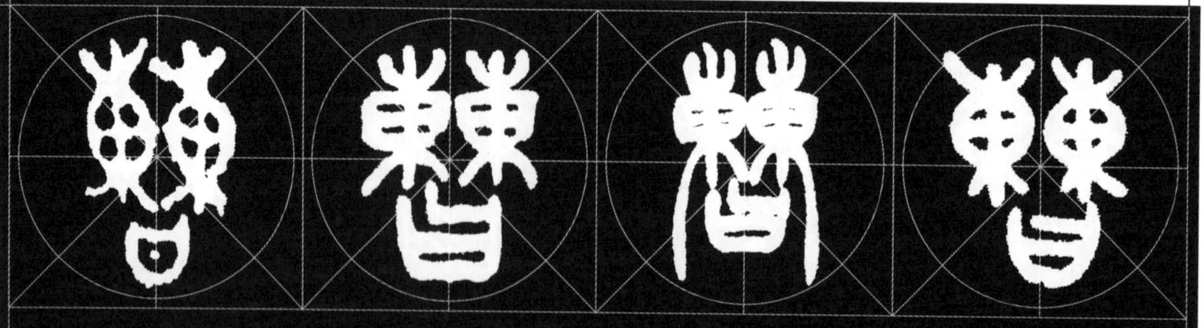

周 金文 | 清 杨沂孙 | 清 徐三庚 | 清 吴大澂

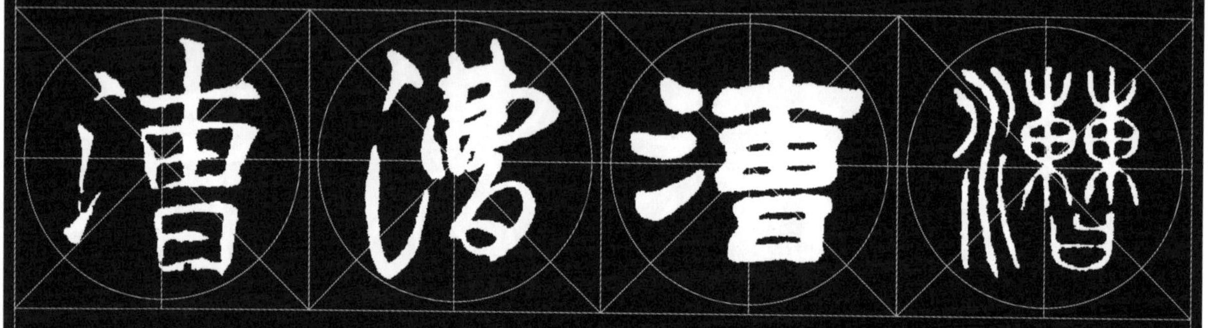

隋 苏孝慈墓志 | 宋 文彦博 | 清 顾蔼吉 | 汉 说文解字

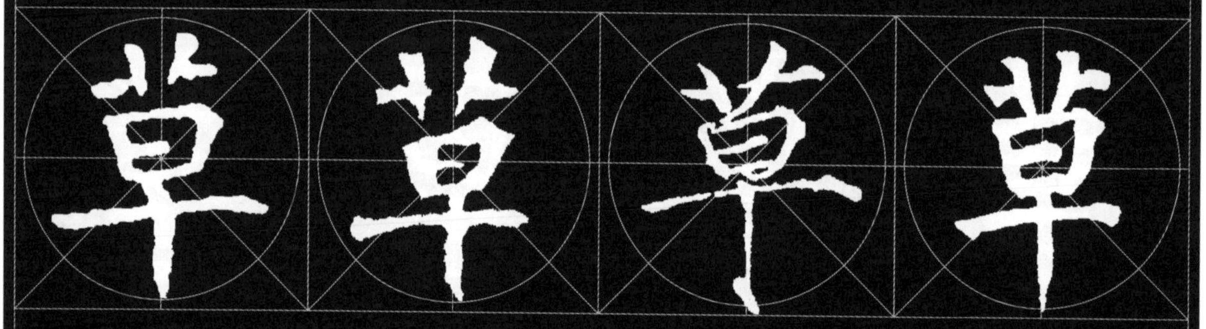

晋 王羲之 | 北魏 张猛龙碑 | 宋 赵佶 | 明 祝允明

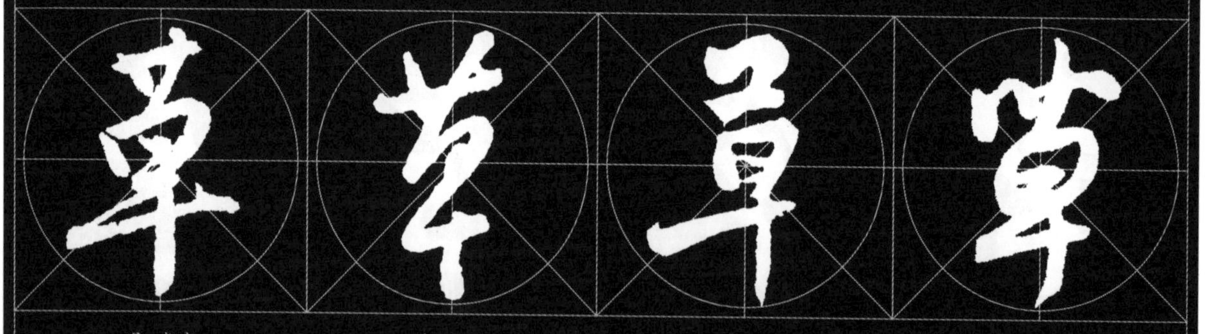

明 唐寅 | 清 郑燮 | 元 饶介 | 宋 薛绍彭

晋 王羲之 | 唐 孙过庭 | 宋 米芾 | 明 王宠

汉 武威简
汉 孔彪碑
清 邓石如
秦 石鼓文
晋 王羲之
唐 虞世南
唐 柳公权
宋 苏轼
明 沈周
清 顾蔼吉·隶辨
清 阮元
殷商 甲骨文
隋 苏孝慈墓志
唐 虞世南
唐 颜真卿
宋 李钢
晋 王羲之
晋 王献之
宋 米芾
元 礼实

cè
冊（册）

cè
侧

cè
测

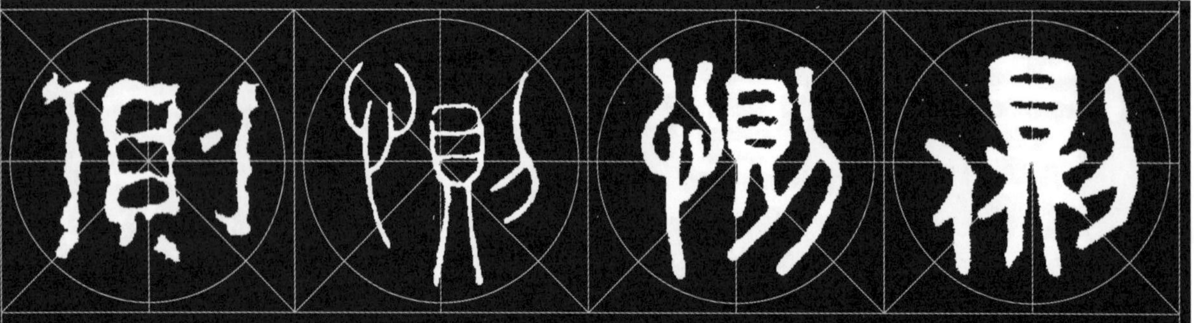

汉 景君碑　唐 李阳冰　元 赵孟頫　清 吴大澂

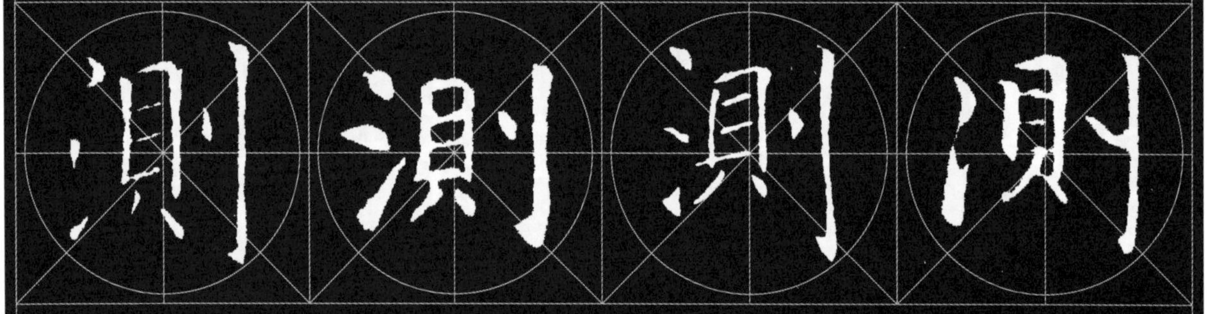

唐 欧阳询　唐 虞世南　唐 褚遂良　元 赵孟頫

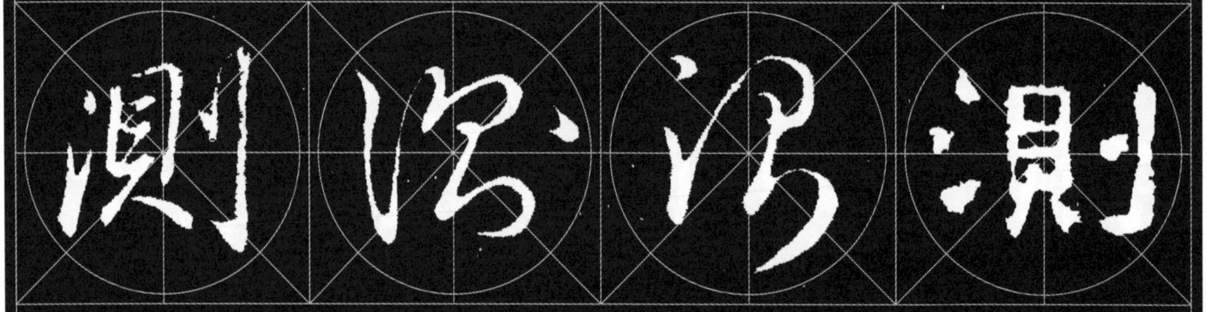

明 董其昌　晋 王羲之　唐 孙过庭　汉 西狭颂

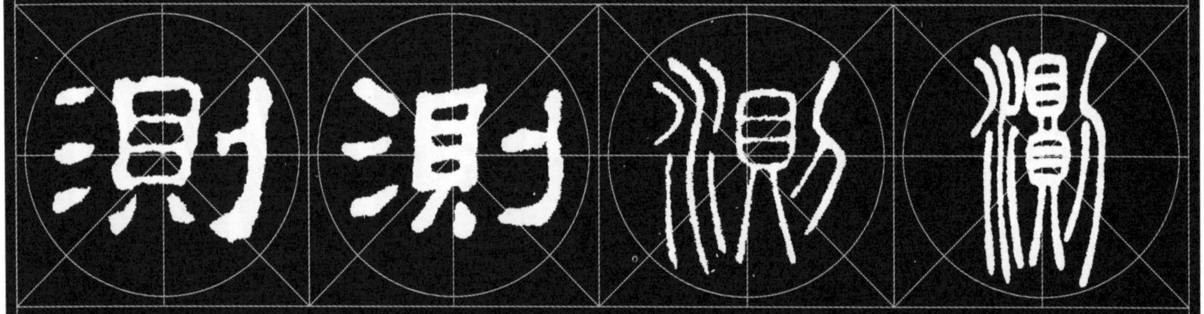

汉 校官碑　清 何绍基　汉 说文解字　清 吴熙载

cè
恻
（悲伤）

隋 智永　元 赵孟頫　晋 王献之　明 唐寅

cè
策（筞）

隋 智永　唐 欧阳询　唐 怀素　清 吴大澂

晋 王羲之　唐 欧阳询　宋 赵构　元 赵孟頫

宋 米芾　明 王守仁　隋 智永　唐 怀素

宋 王昇　汉 杨震碑　汉 夏承碑　汉 张迁碑

三国 王基碑　唐 李阳冰　清 徐三庚　清 吴大澂

cén
岑（小山；崖岸）

céng
曾
zēng

céng
层（層）

chā
差（差错）
chà（少，欠）
chāi（派遣）
cī（参差）

chā
插（插）

chá
茶

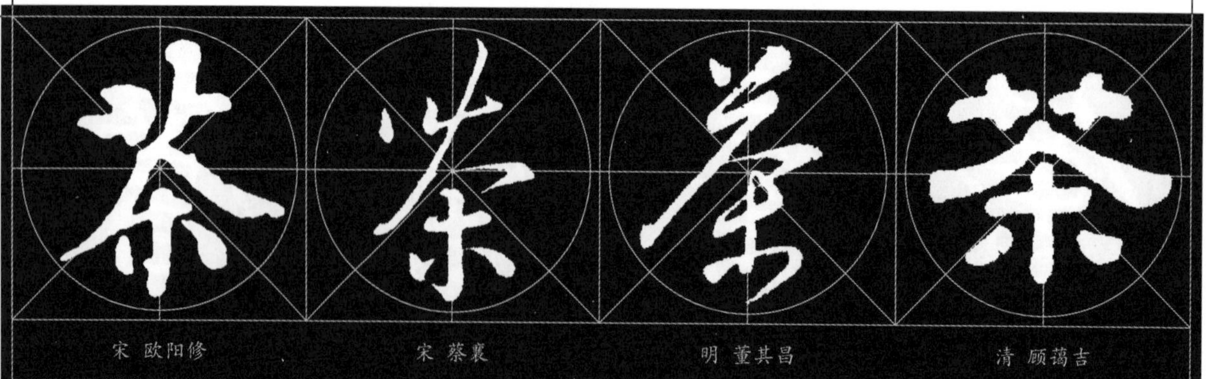

chá
察（詧）

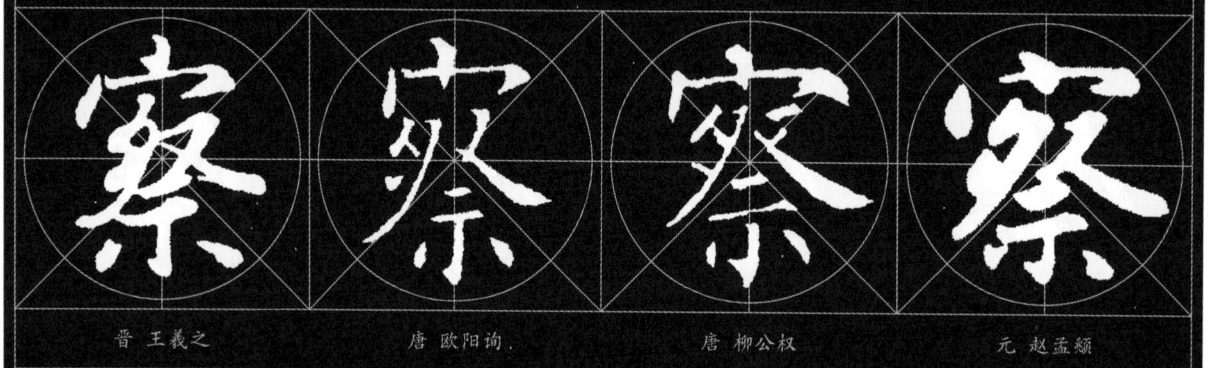

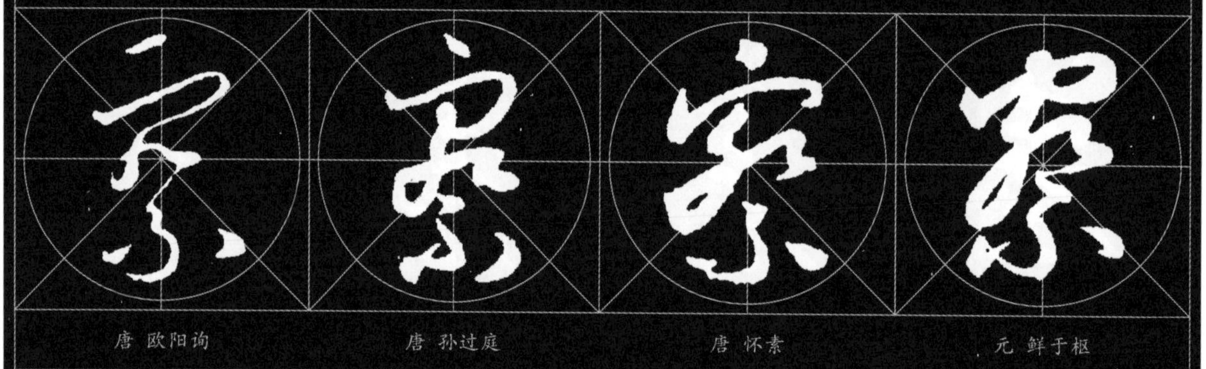

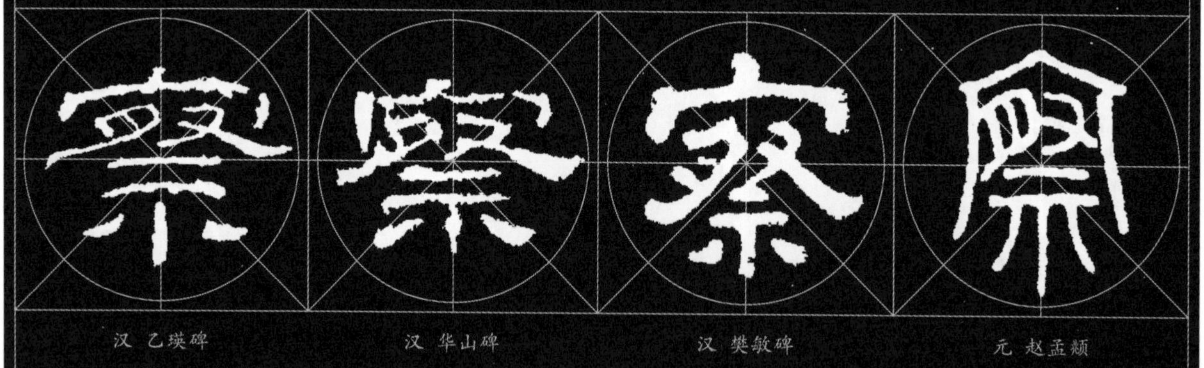

chái
柴

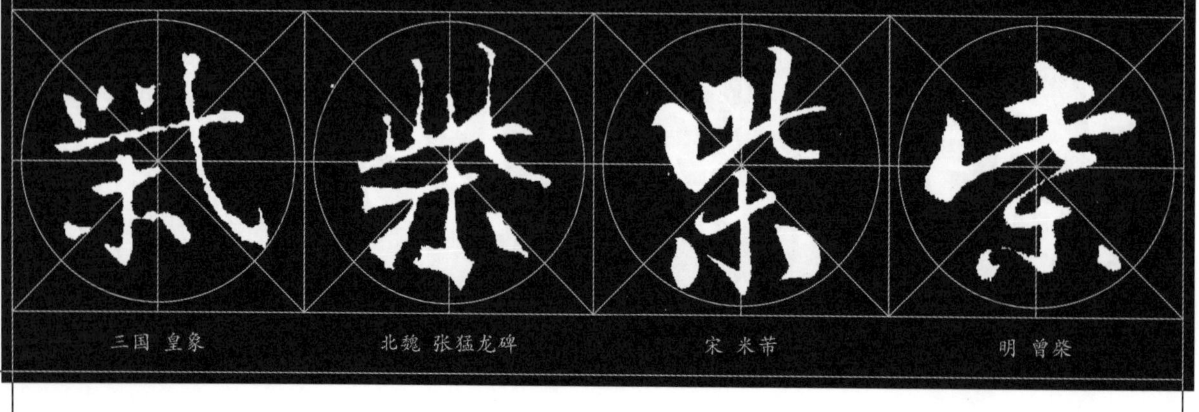

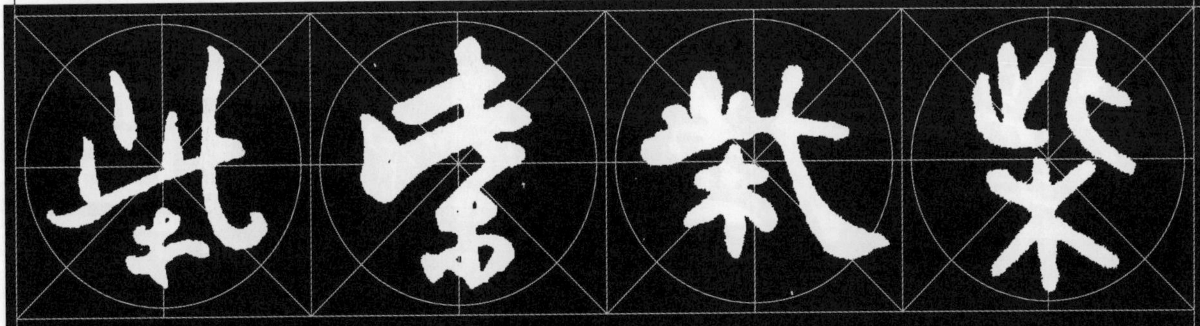

清 郑燮　清 张照　清 何绍基　清 吴大澂

chái
侪（同辈）

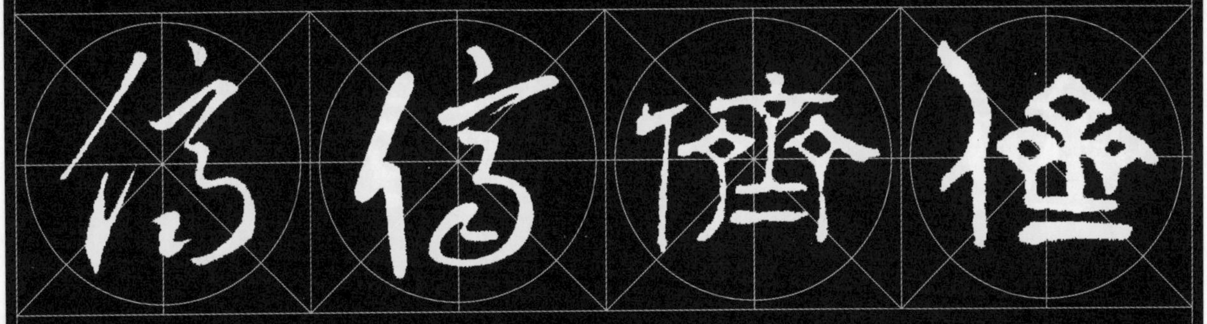

唐 李怀琳　明 王铎　清 顾蔼吉·隶辨　清 吴大澂

chái
豺

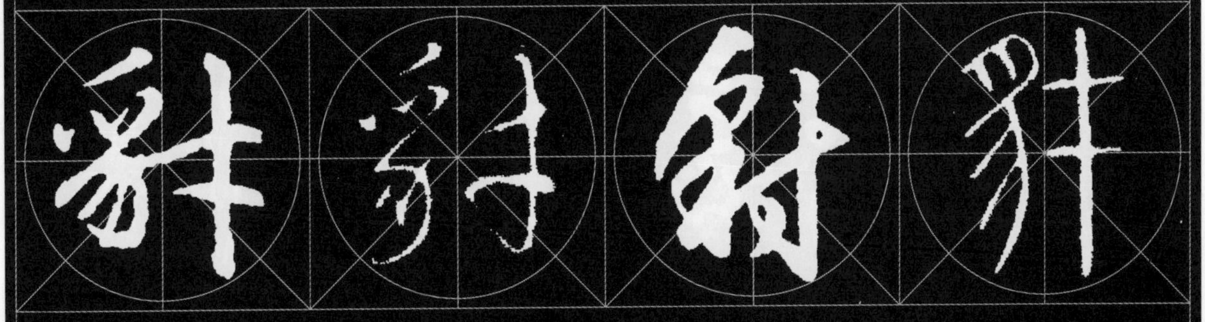

元 赵孟頫　明 张瑞图　明 王守仁　汉 说文解字

chán
谗（讒）

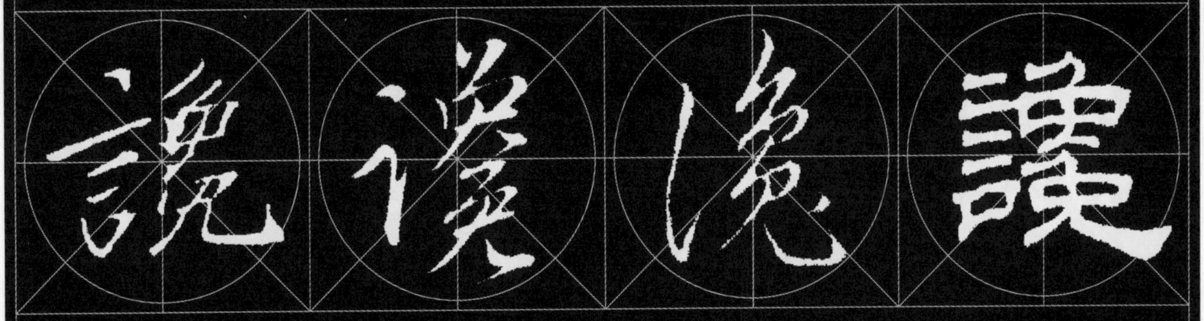

唐 李邕　元 赵孟頫　金 张天锡·草书韵会　元 吴叡

chán
巉（高山）

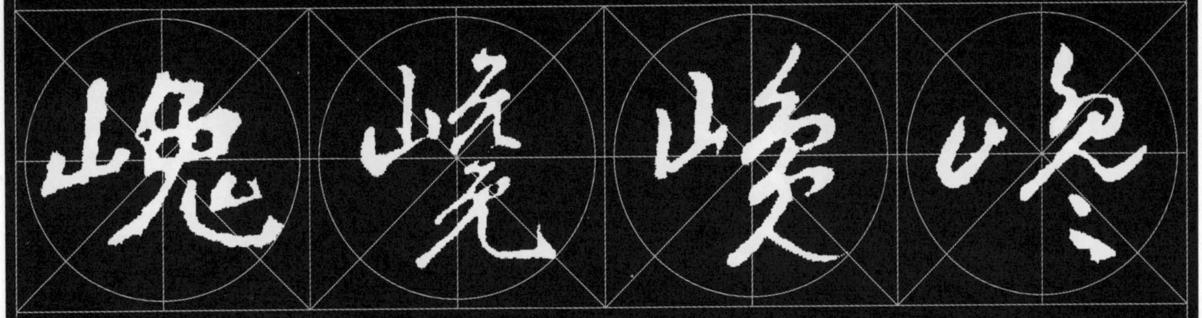

北魏 张猛龙碑　明 文徵明　元 赵孟頫　明 祝允明

chán 禅 shàn

唐 欧阳通 | 隋 智永 | 唐 怀素 | 清 伊秉绶

chán 蝉

唐 颜真卿 | 唐 孙过庭 | 南朝 爨龙颜碑 | 清 邓石如

chán 潺

唐 欧阳询 | 清 何绍基 | 元 张雨 | 汉 说文解字

chán 缠（纏）

唐 欧阳通 | 明 董其昌 | 晋 王羲之 | 唐 李怀琳

chǎn 产（産）

唐 欧阳询 | 唐 颜真卿 | 明 祝允明 | 清 吴大澂

chǎn
谄（讨好）

唐 颜真卿

元 赵孟頫

清 朱彝

清 吴大澂

chǎn
阐

唐 柳公权

唐 高正臣

金 张天锡・草书韵会

汉 张寿碑

chàn
忏（懺）

北魏 杨大眼造像

元 赵孟頫

明 唐寅

金 张天锡・草书韵会

chāng
昌

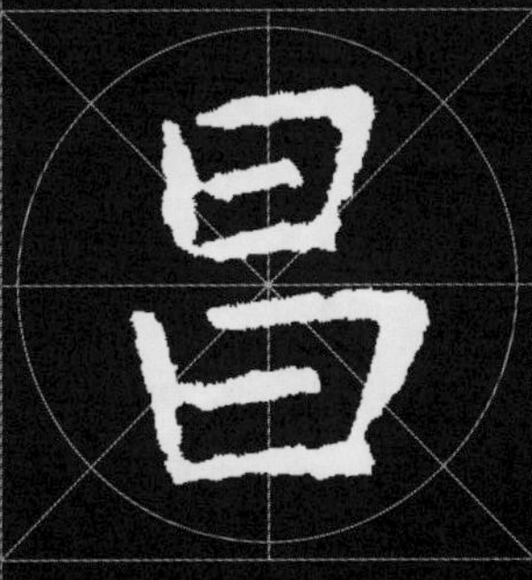
唐 虞世南

唐 王敬客

唐 柳公权

明 文徵明

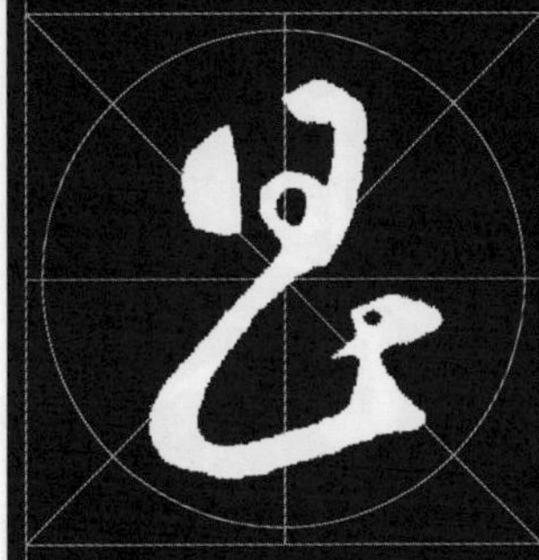
元 鲜于枢

明 董其昌

汉 景君碑

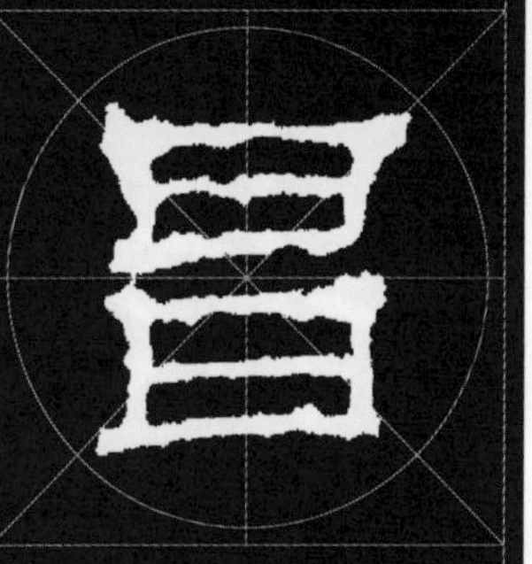
汉 华山碑

chāng 猖（凶，狂）

chāng 阊（宫门）

cháng 长 zhǎng

汉 史晨碑　元 吴叡　唐 李阳冰　清 杨沂孙

唐 颜真卿　明 文徵明　清 汪士慎

唐 吴彩鸾　明 宋克　元 吴叡　清 康熙字典

晋 王献之　北魏 元诊墓志　唐 欧阳询　唐 虞世南

晋 王羲之　唐 李怀琳　唐 李邕　唐 颜真卿

三国 皇象

晋 王羲之

唐 孙过庭

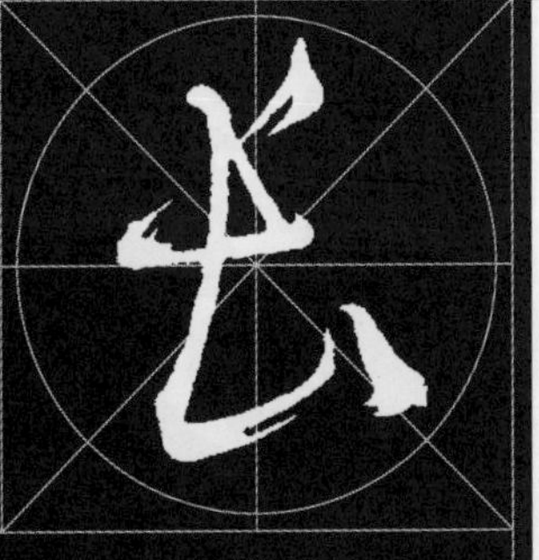
元 鲜于枢

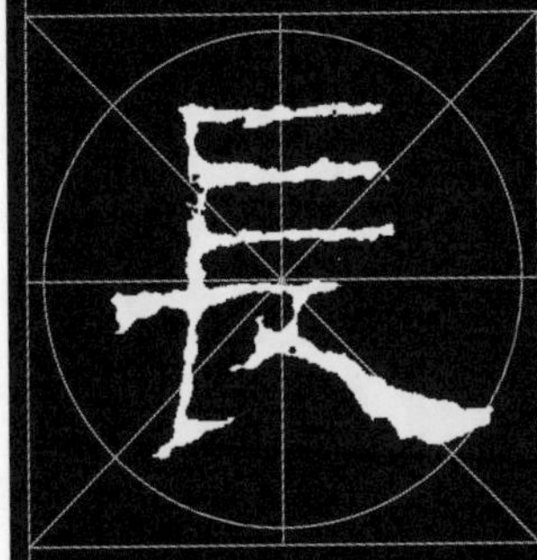
汉 景君碑

汉 史晨碑

汉 校官碑

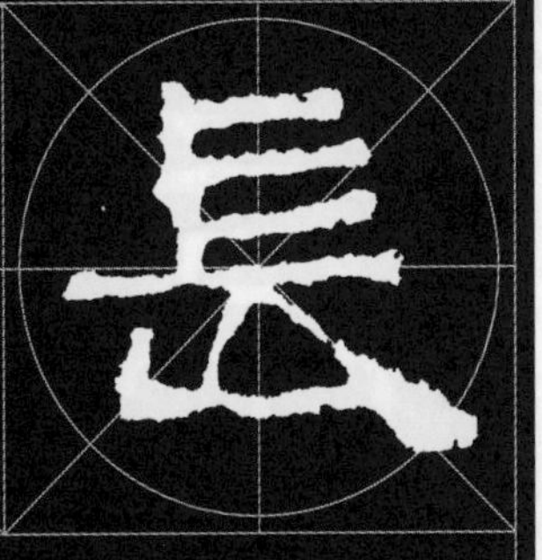
汉 张迁碑

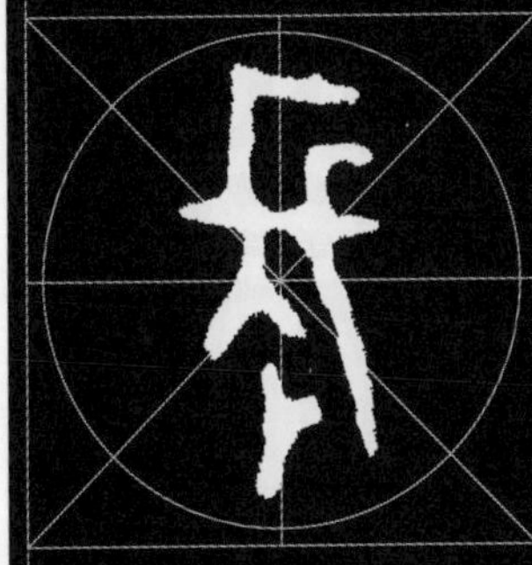
周 墙盘

秦 会稽刻石

清 莫友芝

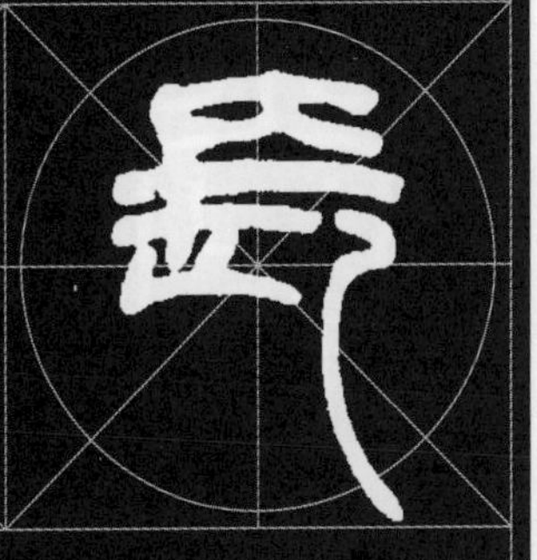
清 赵之谦

cháng
常

晋 郗鉴

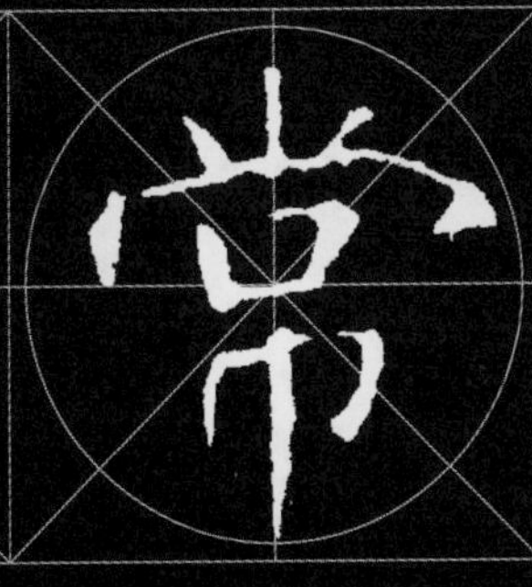
隋 龙藏寺碑

唐 颜师古

唐 颜真卿

晋 王献之

晋 王羲之

唐 颜真卿

宋 米芾

cháng
肠
（腸）

三国 皇象
晋 王羲之
唐 怀素
宋 赵构
汉 乙瑛碑
汉 娄寿碑
汉 白石神君碑
汉 张迁碑
秦 会稽刻石
汉 说文解字
清 邓石如
清 杨沂孙
唐 欧阳通
明 祝允明
隋 智永
宋 苏轼
唐 欧阳询
唐 怀素
元 赵孟頫
唐 李阳冰

cháng
尝（嘗、嚐）

隋 智永　唐 柳公权　宋 苏轼　明 祝允明

唐 李邕　宋 苏轼　元 赵孟頫　明 文徵明

唐 欧阳询　唐 李世民　唐 孙过庭　唐 怀素

汉 张寿碑　清 王澍　汉 说文解字　清 邓石如

chǎng
敞

唐 虞世南　唐 褚遂良　唐 李邕　唐 颜真卿

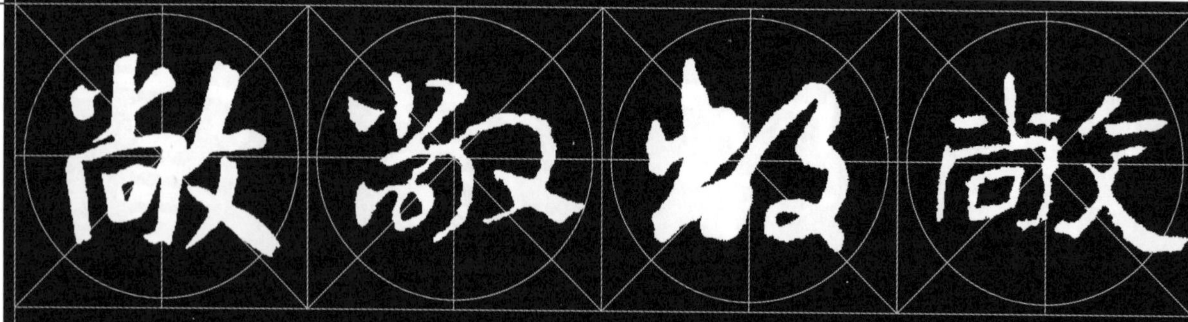

明 董其昌　三国 皇象　唐 孙过庭　汉 石门颂

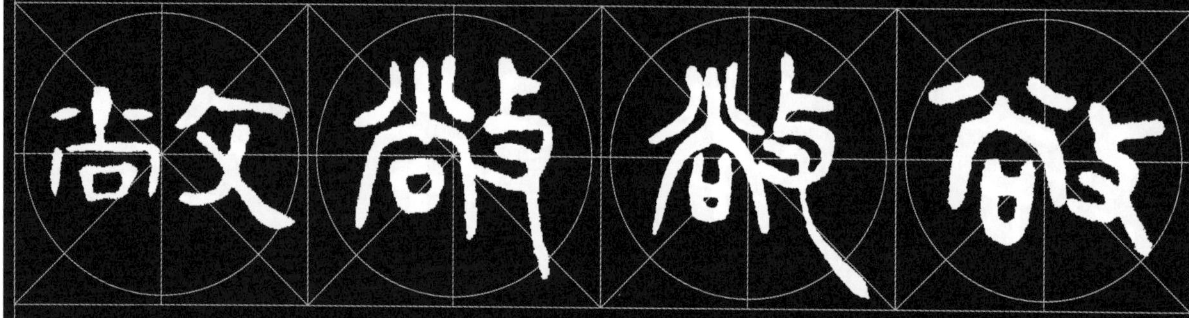

汉 曹全碑　清 杨沂孙　清 徐三庚　清 吴大澂

chǎng
场
（場、塲）
cháng
（打场；赶场；一场大战）

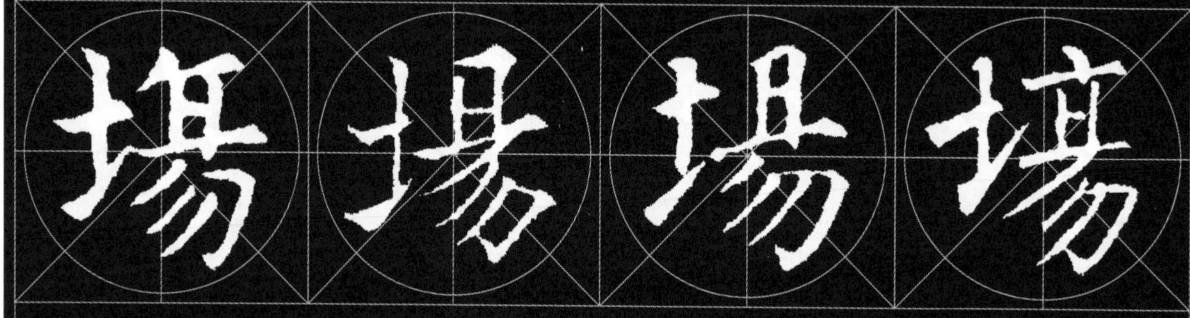

北朝 敬使君碑　唐 欧阳通　唐 颜真卿　唐 柳公权

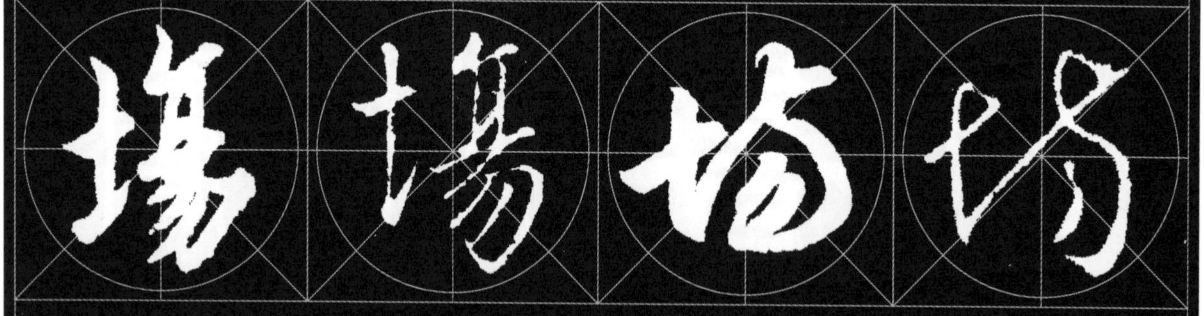

唐 欧阳询　唐 虞世南　隋 智永　唐 怀素

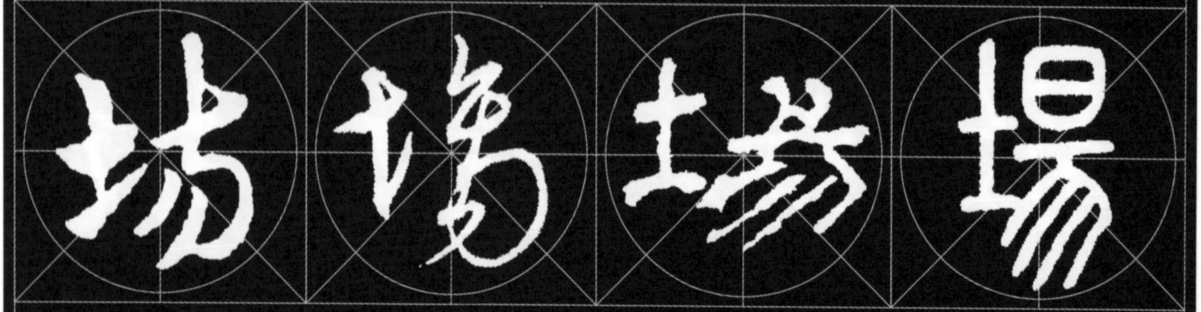

元 赵孟頫　明 沈粲　汉 华山碑　清 莫友芝

chàng
怅（不如意）

晋 王献之　唐 颜师古　晋 索靖　晋 王羲之

晋 王献之　宋 赵构　汉 鲜于璜碑　明 沈度

chàng
畅

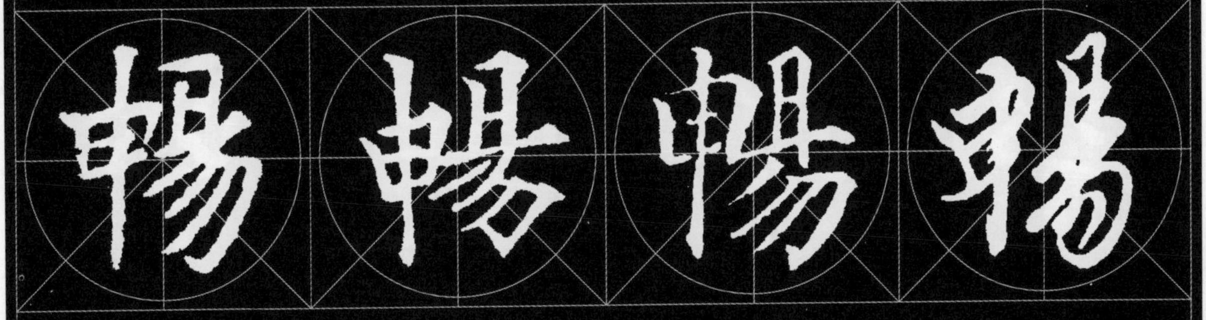

北魏 高庆碑　唐 欧阳通　唐 颜真卿　晋 王羲之

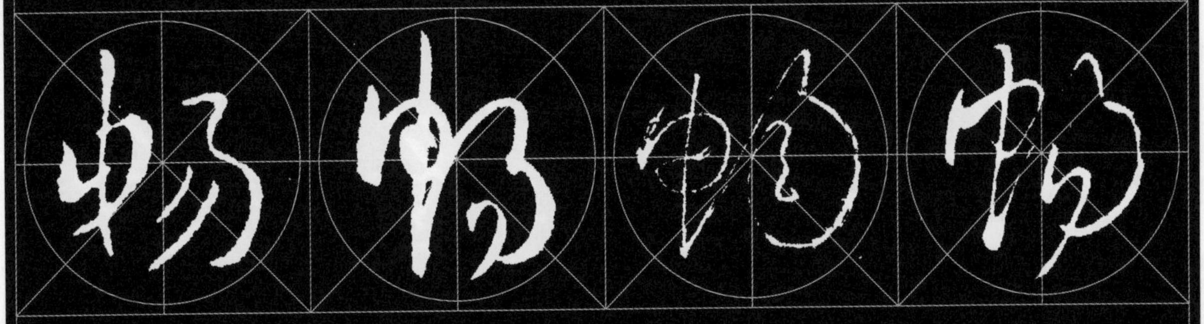

晋 索靖　唐 孙过庭　唐 怀素　清 王铎

chàng
倡
chāng（倡优）

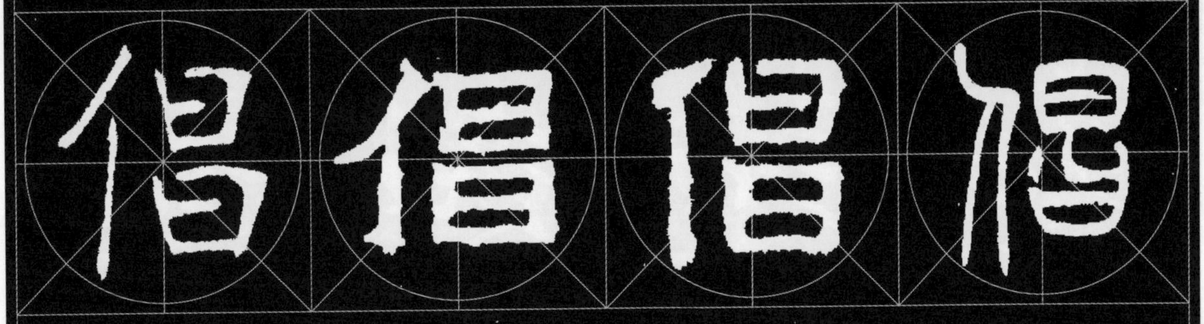

汉 张裕钊　晋 爨宝子碑　汉 樊敏碑　清 徐三庚

chàng
唱

chàng
鬯（一种祭酒；同畅）

chāo
超

唐 颜真卿　唐 颜真卿　清 郑燮　隋 智永

唐 孙过庭　唐 怀素　元 鲜于枢　唐 李阳冰

元 赵孟頫　金 张天锡·草书韵会　清 赵之谦　清 杨沂孙

南北朝 杨大眼造像　北魏 郑道昭　唐 褚遂良　唐 颜真卿

晋 王羲之　唐 高正臣　唐 李邕　元 赵孟頫

隋 智永
唐 孙过庭
唐 怀素
汉 孔彪碑
汉 校官碑
汉 说文解字
元 赵孟頫
清 田潜
清 何绍基
宋 米芾
金 张天锡·草书韵会
清 顾蔼吉·隶辨
隋 苏孝慈墓志
明 祝允明
唐 颜真卿
元 鲜于枢
元 陈基
明 文徵明
明 陈淳
汉 礼器碑

cháo
鼂

cháo
巢

cháo
朝
zhāo

cháo
潮

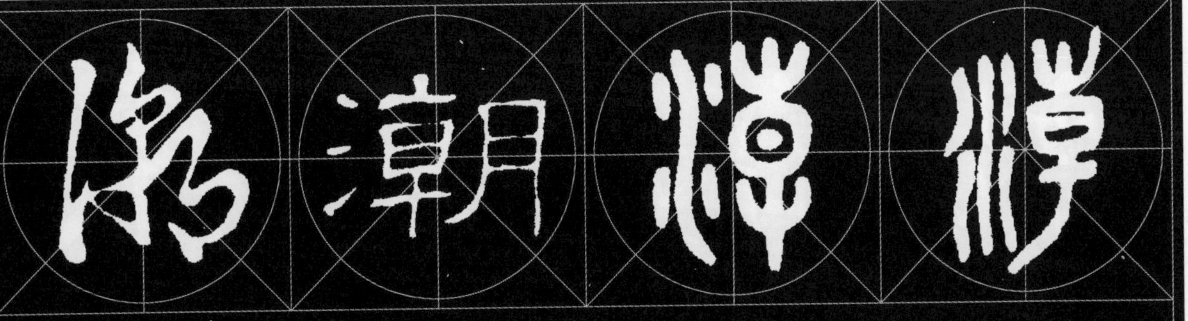

明 张瑞图　清 顾蔼吉·隶辨　元 赵孟頫　清 吴昌硕

chē
车
jū

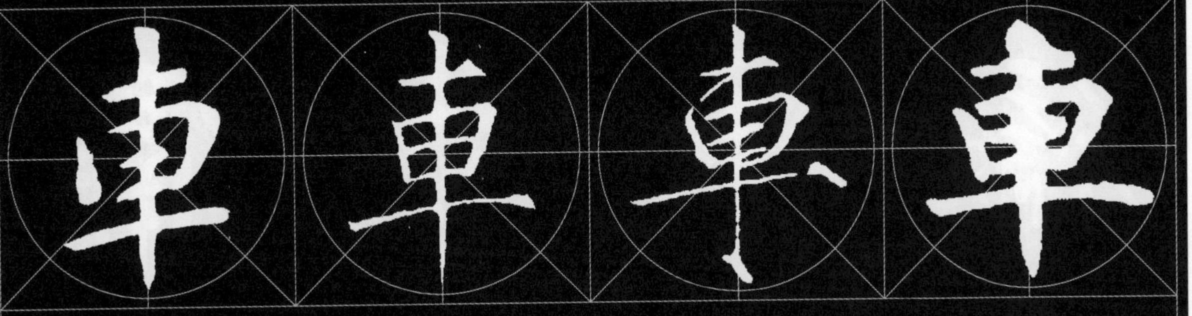

三国 钟繇　唐 欧阳询　宋 赵佶　元 赵孟頫

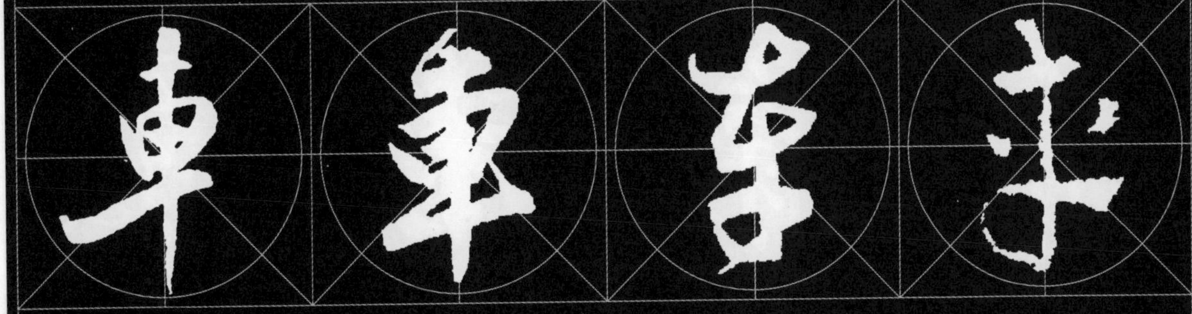

宋 米芾　明 唐寅　明 沈粲　三国 皇象

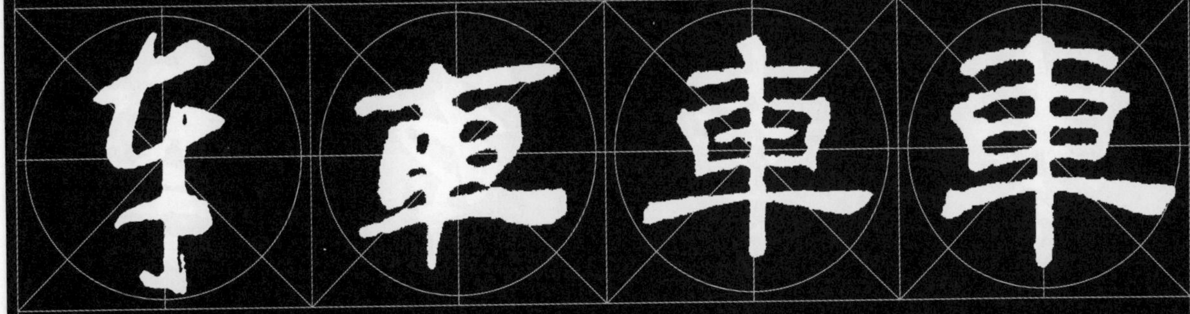

隋 智永　汉 银雀山简　三国 王基碑　元 吴叡

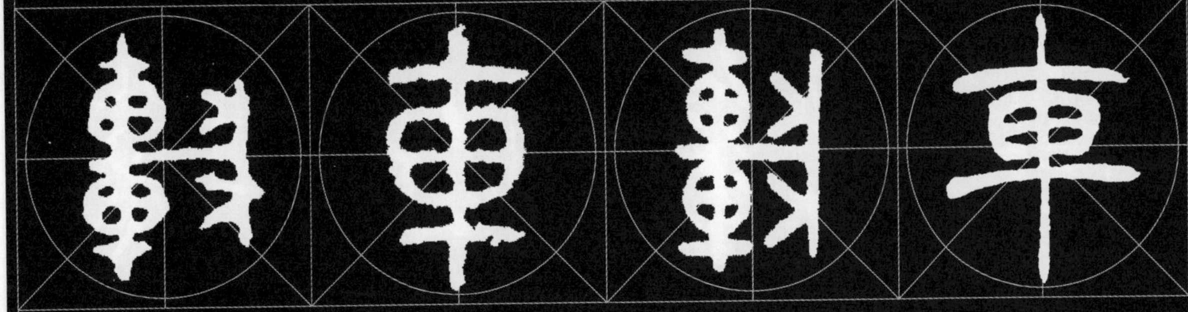

周 毛公鼎　秦 石鼓文　清 田潜　清 徐三庚

chè
彻
（徹：通；透）

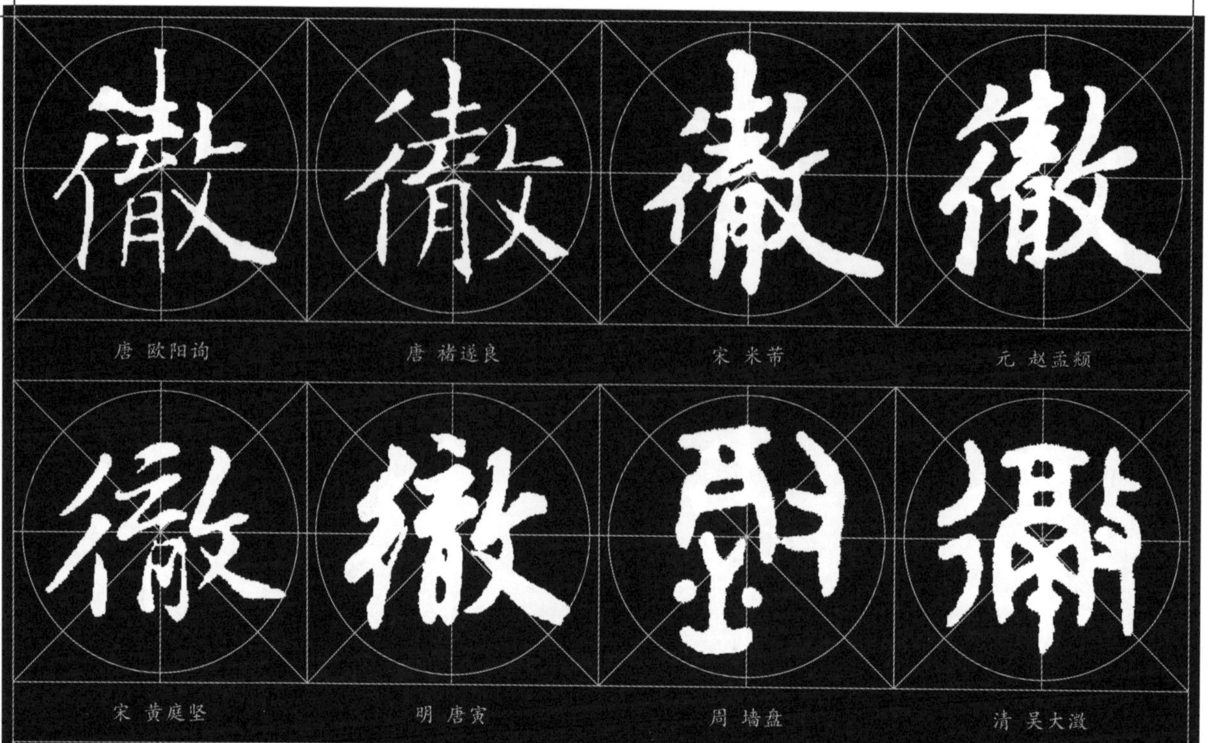

chè
澈
（水清）

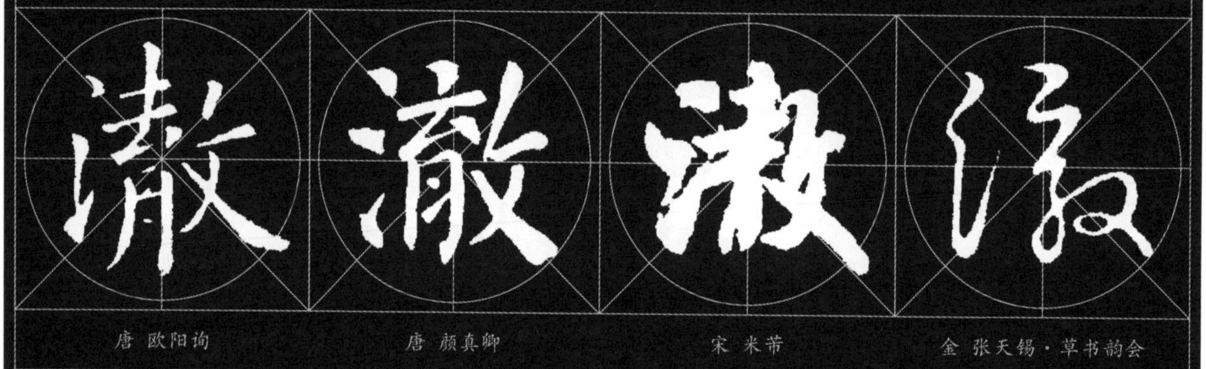

chè
掣

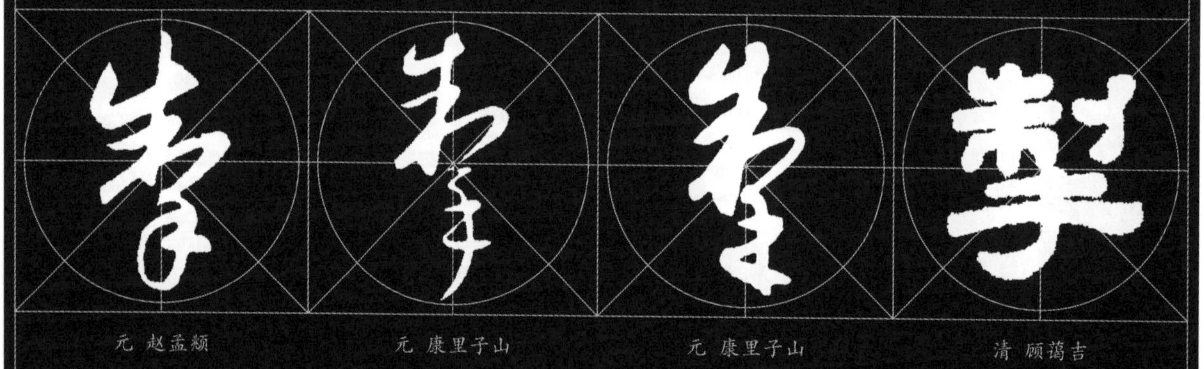

chēn
琛
（珍宝）

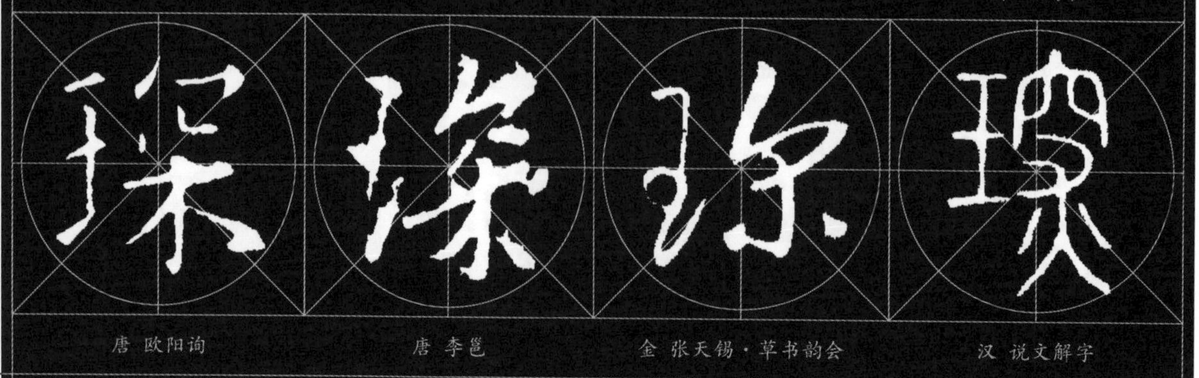

chén
臣

晋 王羲之

唐 欧阳询

唐 颜真卿

唐 柳公权

隋 智永

唐 李邕

唐 颜真卿

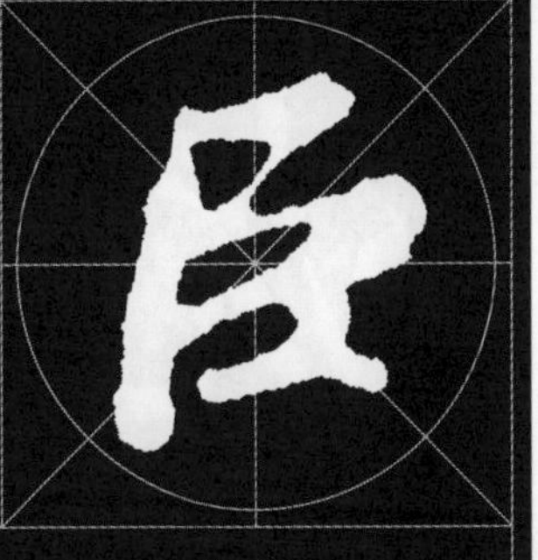
宋 苏轼

三国 皇象

隋 智永

宋 黄庭坚

明 沈粲

汉 乙瑛碑

汉 张寿碑

汉 史晨碑

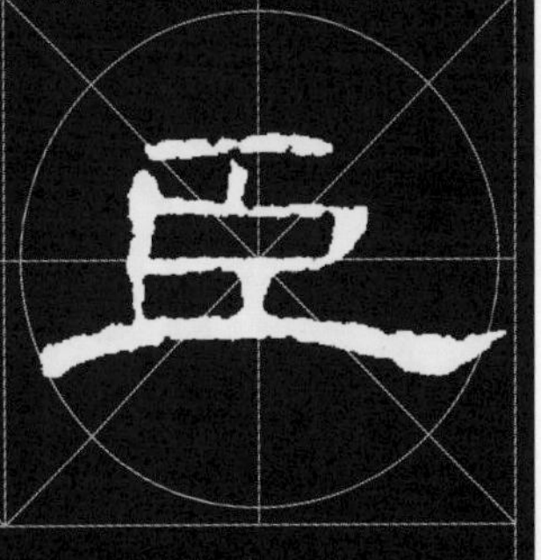
汉 曹全碑

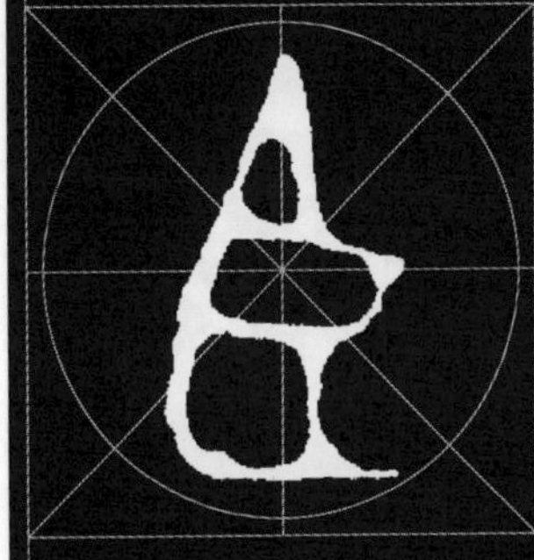
周 毛公鼎

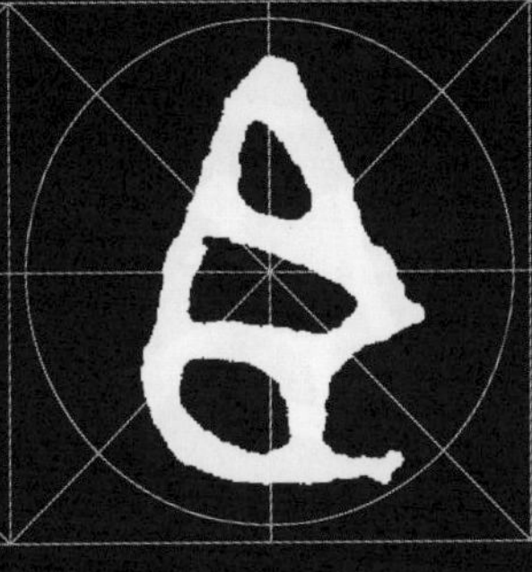
周 九年卫鼎

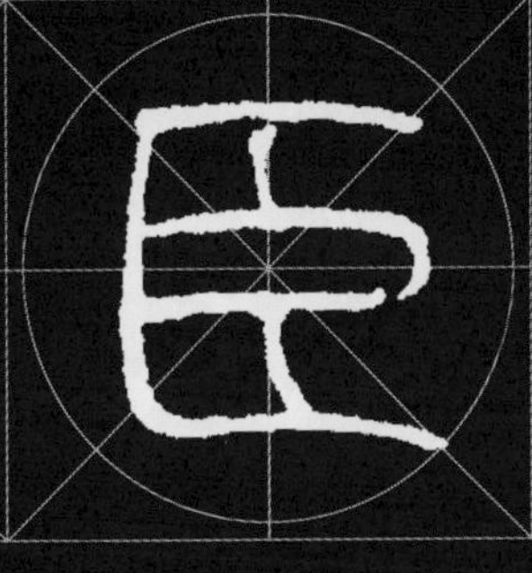
元 吴叡

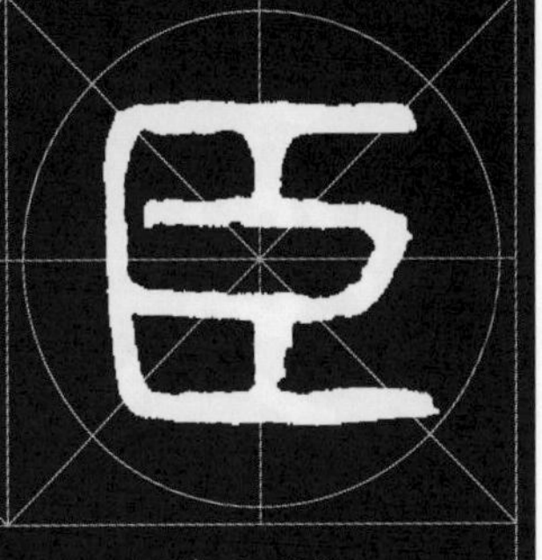
清 杨沂孙

chén
沉

北魏 张猛龙碑 唐 欧阳通 唐 颜真卿 唐 柳公权

唐 欧阳询 唐 高正臣 唐 陆柬之 清 王铎

唐 怀素 宋 赵构 元 揭傒斯 明 文徵明

chén
忱（情意）

宋 米芾 唐 高正臣 元 陈基 清 杨沂孙

chén
辰

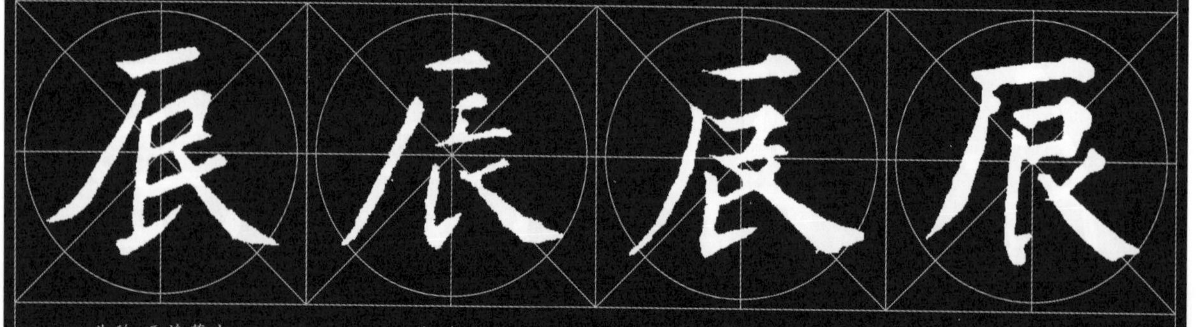

北魏 元诊墓志 隋 智永 唐 欧阳通 明 祝允明

晋 王羲之　唐 高正臣　元 赵孟頫　明 董其昌

隋 智永　唐 怀素　明 文彭　元 鲜于枢

汉 居延简　汉 乙瑛碑　汉 华山碑　汉 白石神君碑

清 邓石如　清 杨沂孙　清 吴昌硕　清 罗振玉

唐 褚遂良　唐 颜师古　唐 欧阳通　宋 蔡襄

chén
宸
（屋宇，王位）

chén
晨

chén
陈（古同阵）

三国 钟繇　北魏 元诊墓志　唐 褚遂良　唐 欧阳通

晋 王羲之　宋 薛绍彭　明 文徵明　明 董其昌

宋 米芾　明 王守仁　明 张瑞图　清 王铎

汉 史晨碑　清 罗振玉　周 大师簋　汉 说文解字

唐 欧阳询　唐 虞世南　唐 褚遂良　唐 褚遂良

晋 王羲之　元 赵孟頫　元 柯九思　明 唐寅

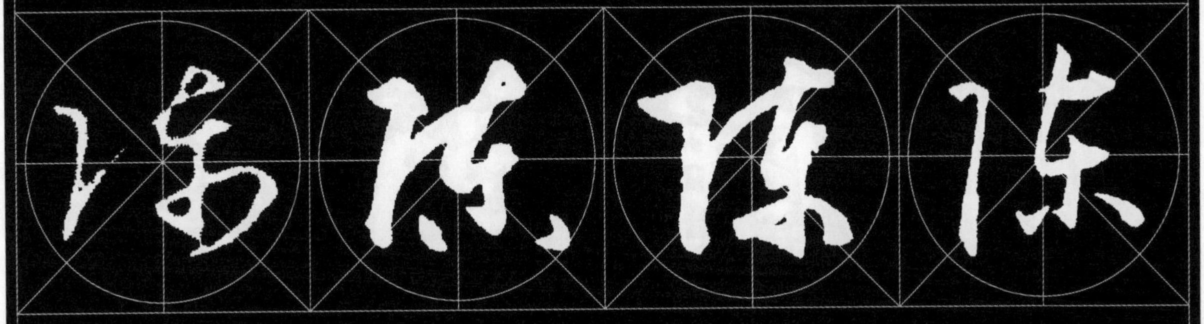

晋 王羲之　唐 孙过庭　明 文徵明　明 王宠

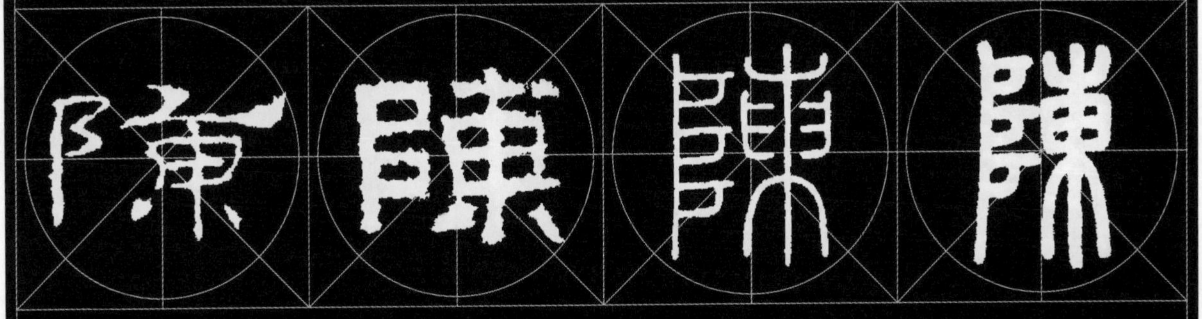

汉 礼器碑　汉 张迁碑　秦 李斯　清 邓石如

chén
尘
（塵）

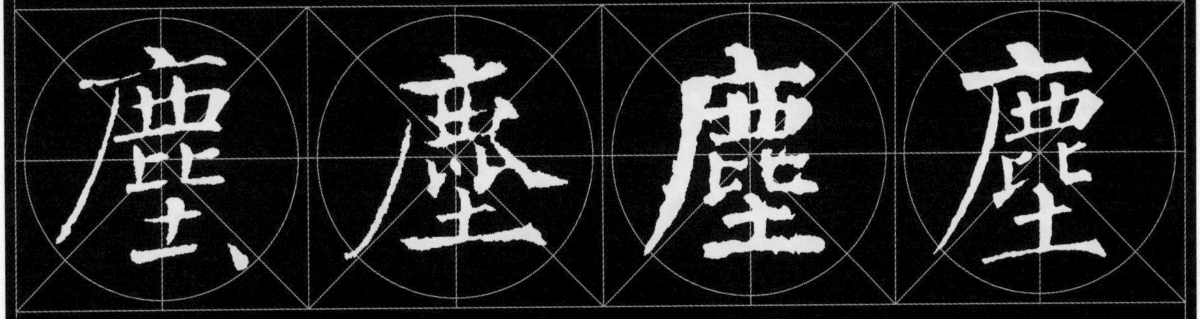

唐 褚遂良　唐 欧阳通　唐 颜真卿　唐 柳公权

宋 张即之　元 赵孟頫　元 礼实　唐 怀素

chèn
称
（稱：适合；相当）
chēng
（叫；说；名称；赞扬）
chèng
（同秤）

chèn
趁（趂）

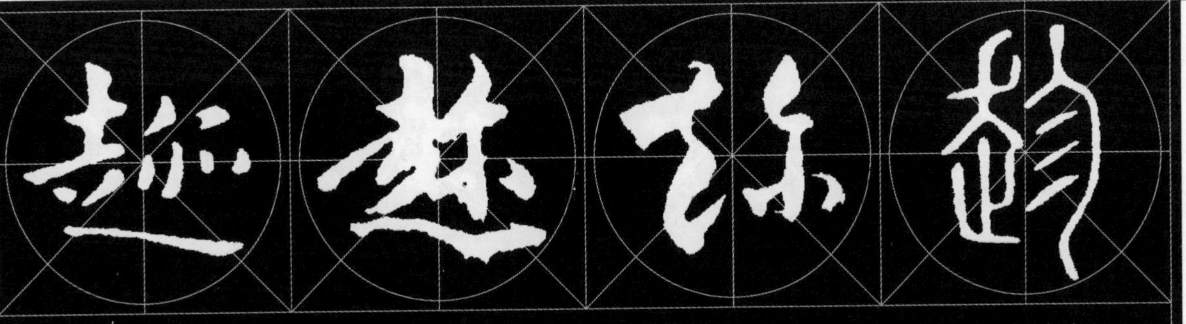

明 黄道周　清 刘墉　宋 米芾　汉 说文解字

chēng
铛（饼铛）
dāng（响声）

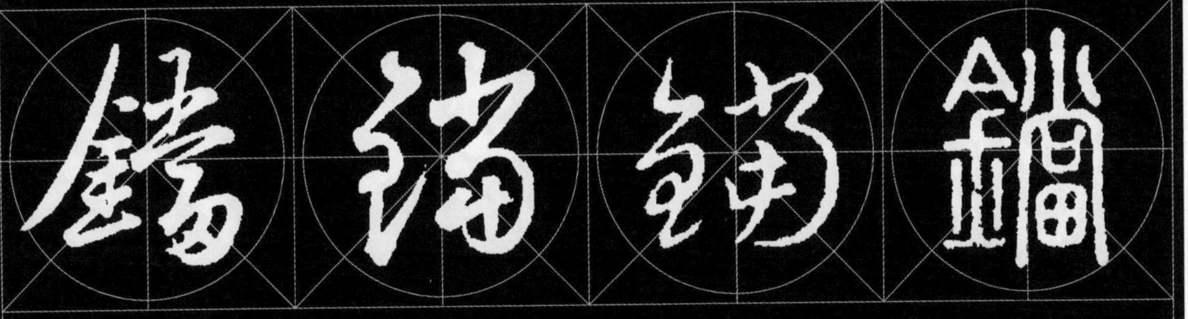

元 赵孟頫　元 鲜于枢　金 张天锡·草书韵会　汉 说文解字

chéng
丞

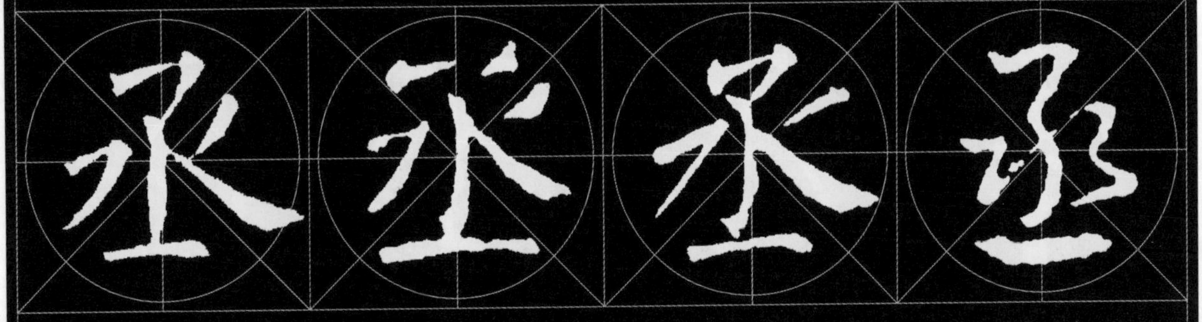

唐 欧阳询　唐 颜真卿　唐 柳公权　三国 皇象

唐 欧阳询　宋 米芾　明 宋克　汉 石门颂

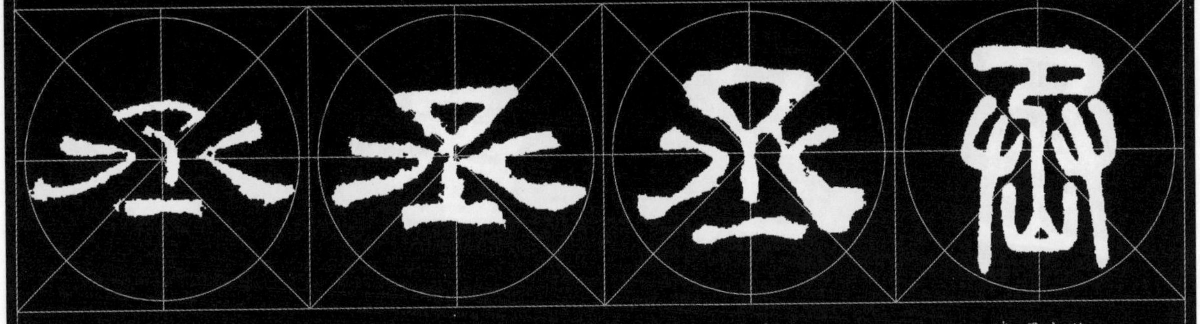

汉 张景碑　汉 鲜于璜碑　汉 校官碑　清 吴大澂

chéng
承

唐 欧阳询　唐 褚遂良　唐 颜真卿　唐 柳公权

唐 褚遂良　宋 米芾　元 赵孟頫　明 文徵明

晋 王羲之　唐 怀素　宋 蔡襄　清 王铎

汉 石门颂　汉 曹全碑　秦 会稽刻石　清 黄士陵

chéng
呈

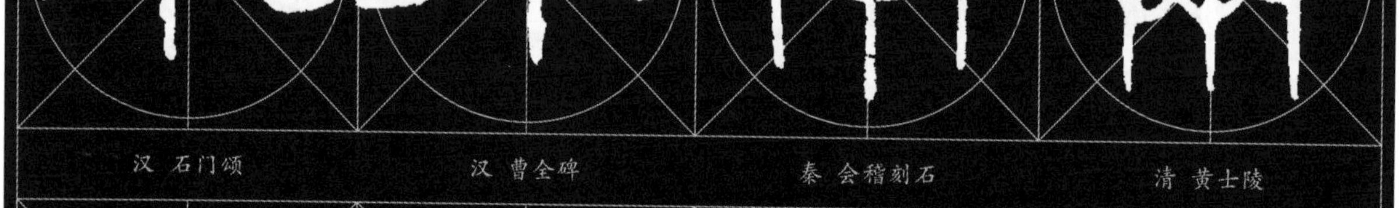

唐 欧阳询　明 文徵明　清 赵之谦　宋 李纲

chéng 程

宋 蔡卞　唐 虞世南　唐 李世民　唐 柳公权

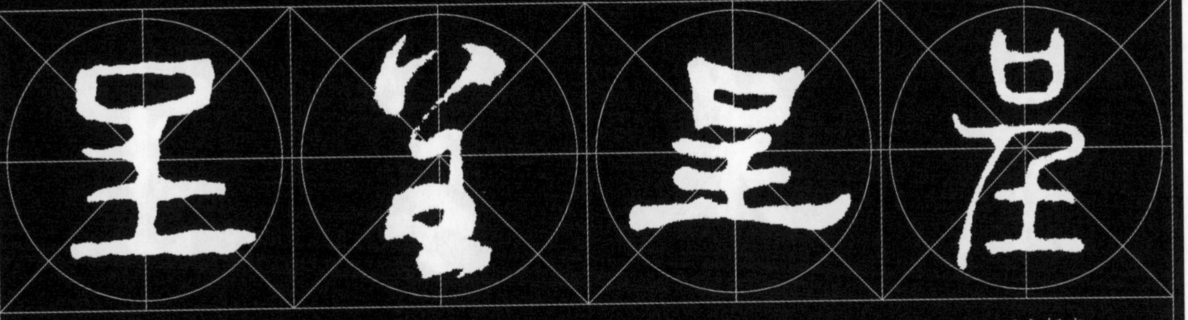

汉 马王堆帛书　明 祝允明　清 何绍基　汉 说文解字

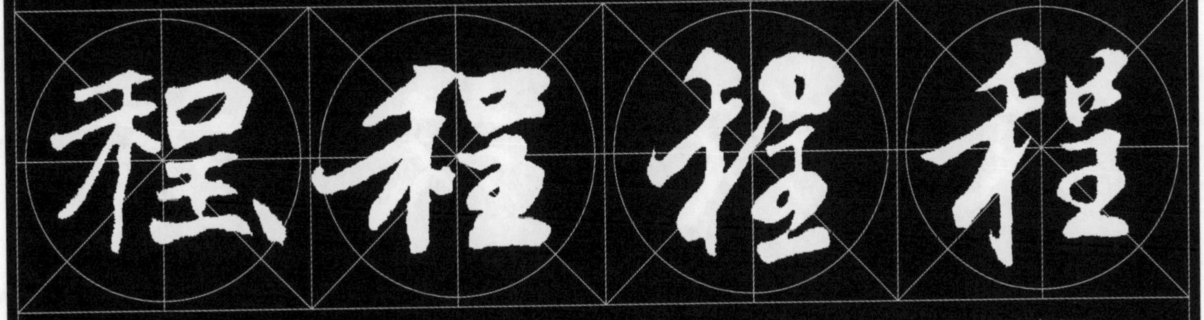

北魏 高贞碑　唐 陆柬之　宋 米芾　明 董其昌

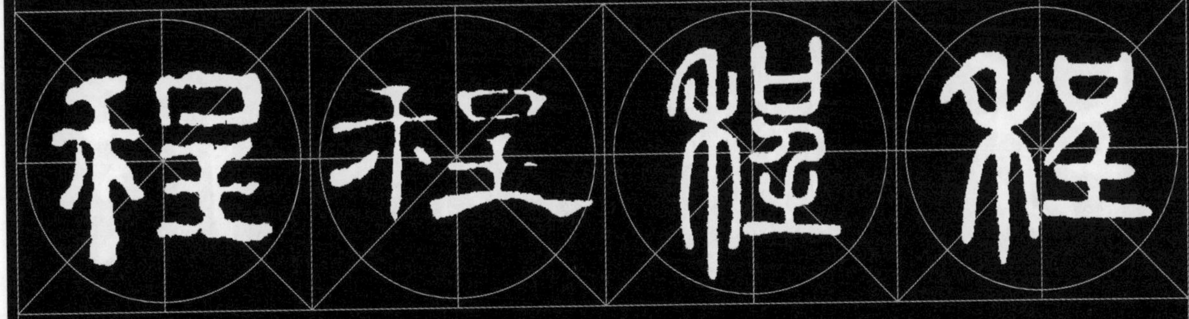

汉 校官碑　汉 曹全碑　清 邓石如　清 杨沂孙

chéng 成

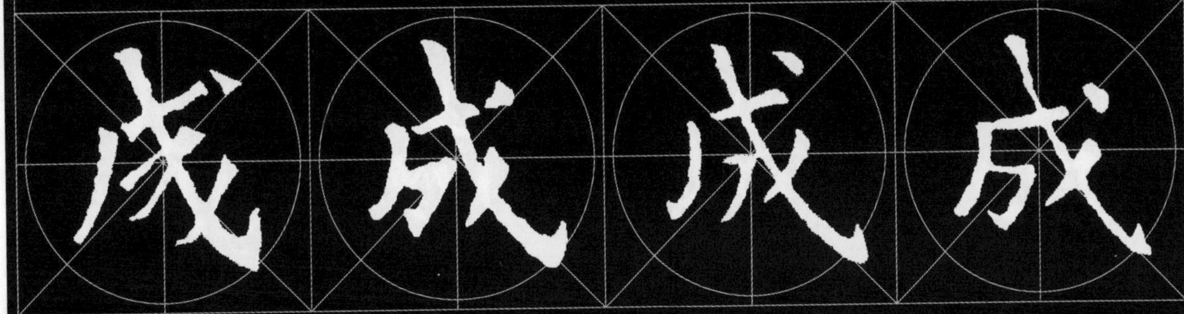

北魏 高树造像　唐 欧阳询　唐 虞世南　唐 张旭

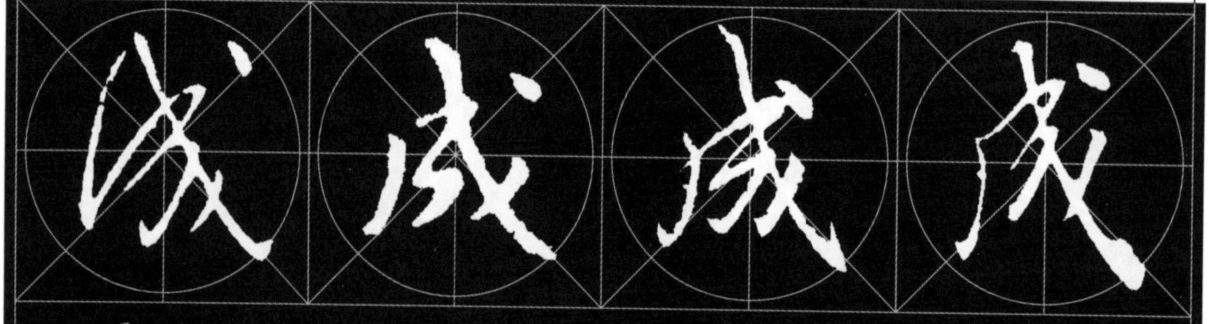

晋 王献之　隋 智永　唐 李邕　唐 颜真卿

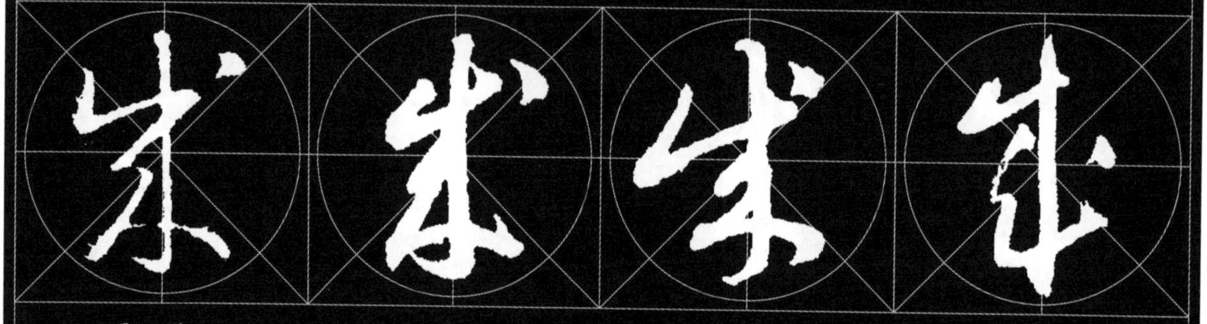

晋 王羲之　唐 李怀琳　元 赵孟頫　清 王铎

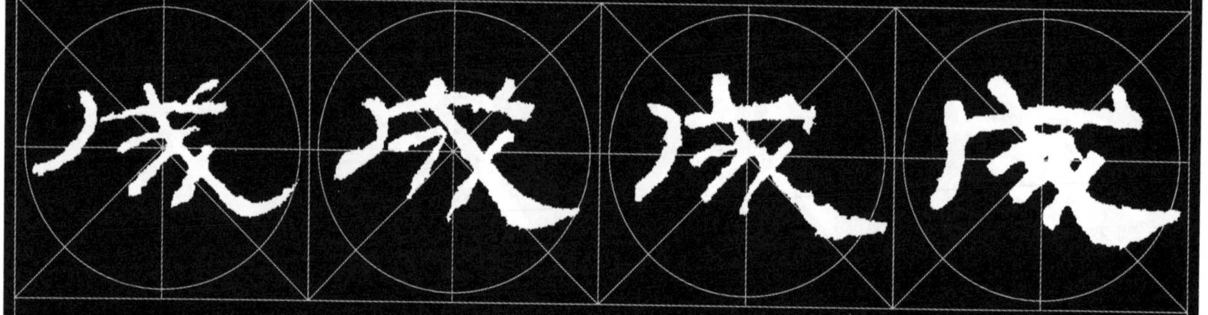

汉 石门颂　汉 乙瑛碑　汉 礼器碑　汉 张迁碑

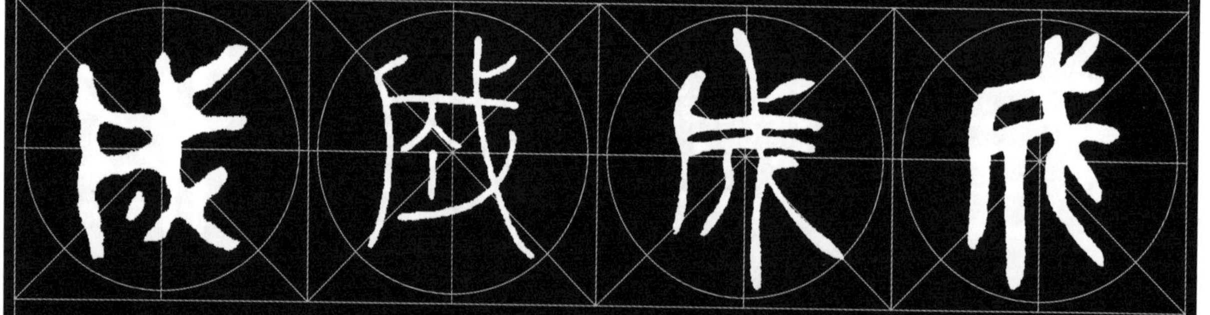

周 九年卫鼎　清 王澍　清 徐三庚　清 吴昌硕

chéng
城

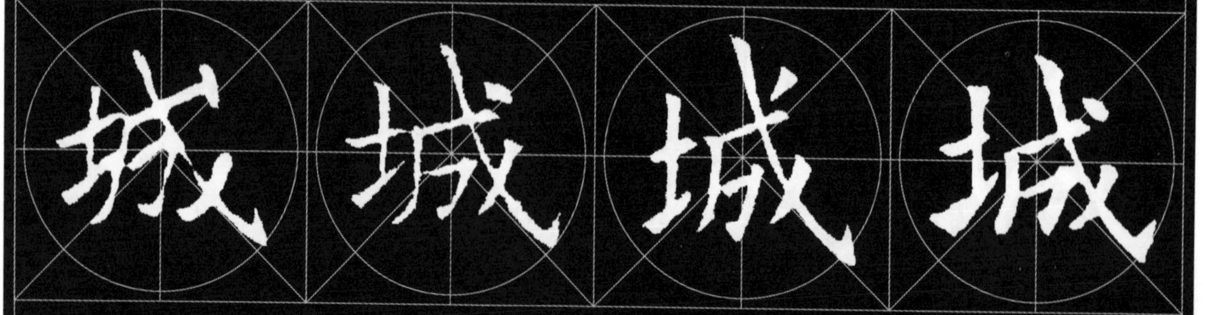

北魏 崔敬邕墓志　隋 苏孝慈墓志　唐 欧阳询　唐 欧阳通

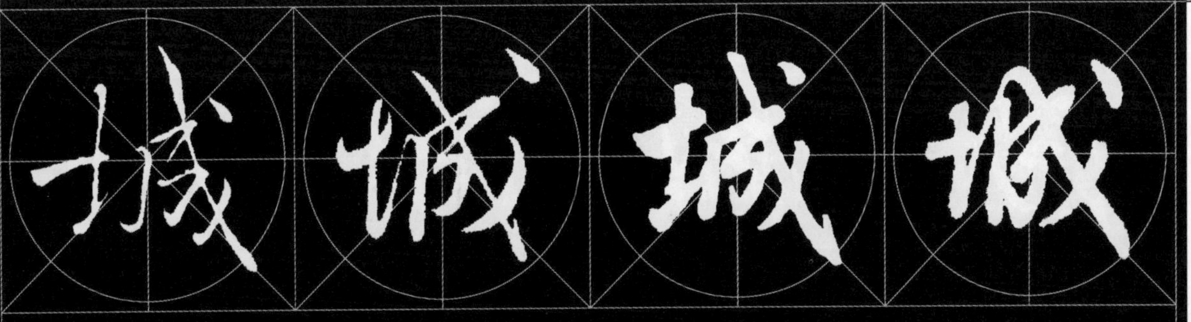

唐 褚遂良　宋 蔡襄　元 赵孟頫　明 唐寅

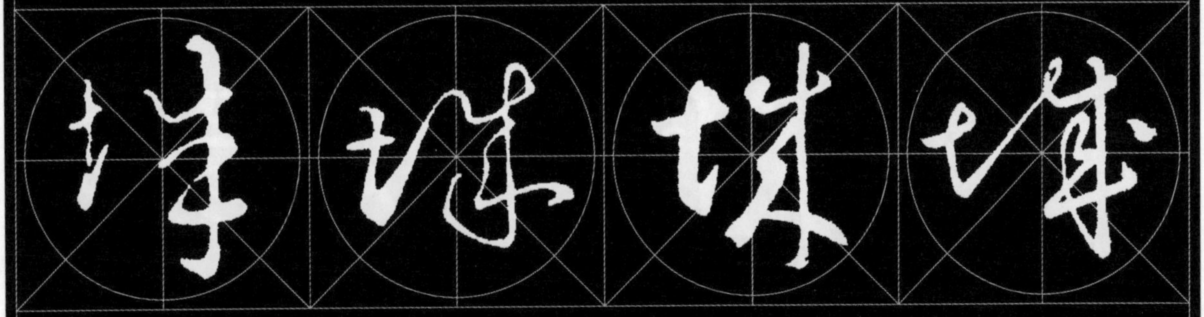

晋 索靖　晋 王羲之　隋 智永　唐 怀素

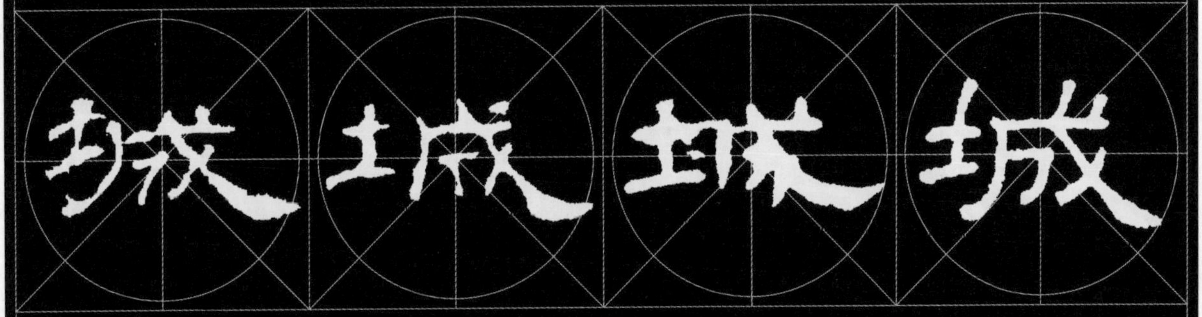

汉 礼器碑　汉 孔宙碑　汉 曹全碑　清 王澍

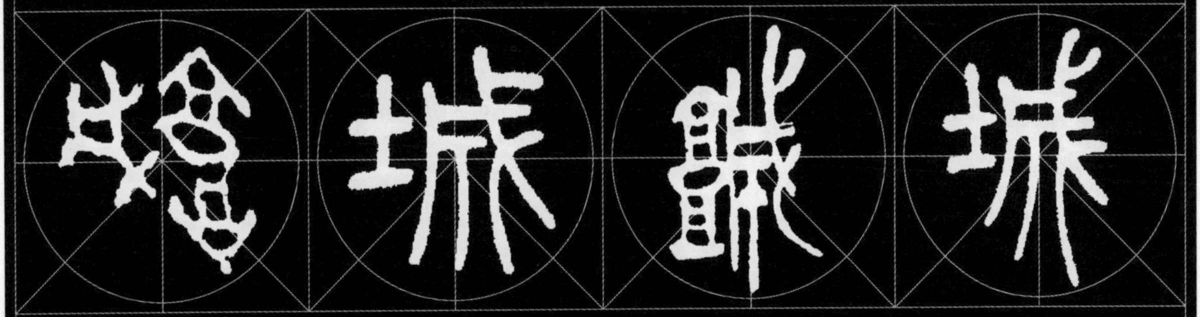

周 散氏盘　清 杨沂孙　清 吴昌硕　清 丁文蔚

chéng
诚

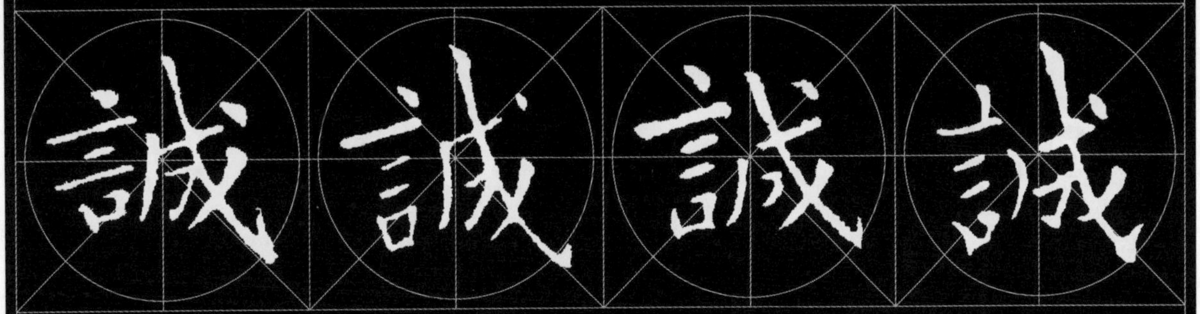

晋 王献之　唐 欧阳询　唐 虞世南　唐 欧阳通

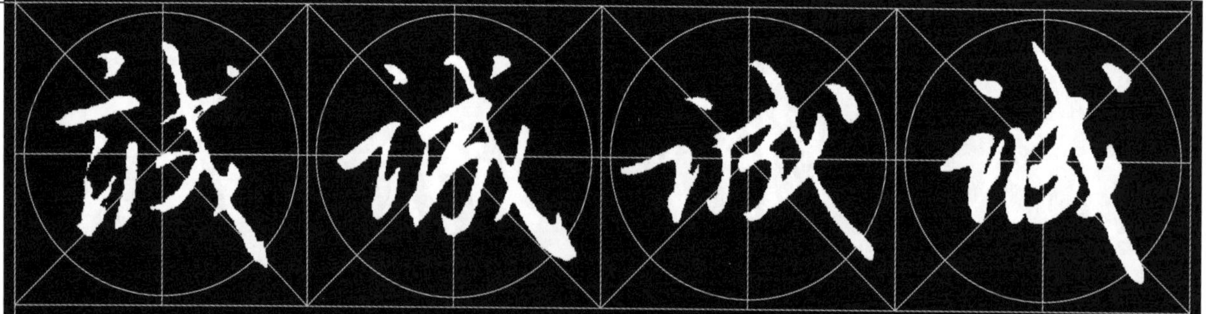

晋 王羲之　唐 李邕　宋 苏轼　明 文徵明

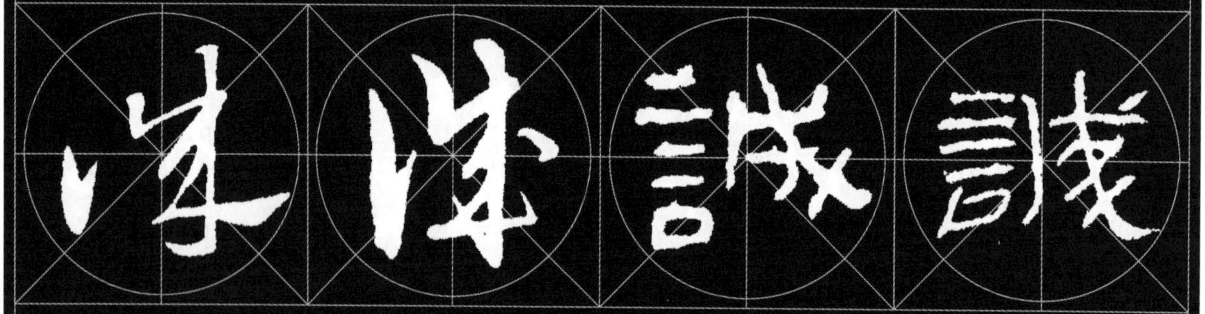

晋 王献之　明 解缙　汉 武梁刻石　汉 石门颂

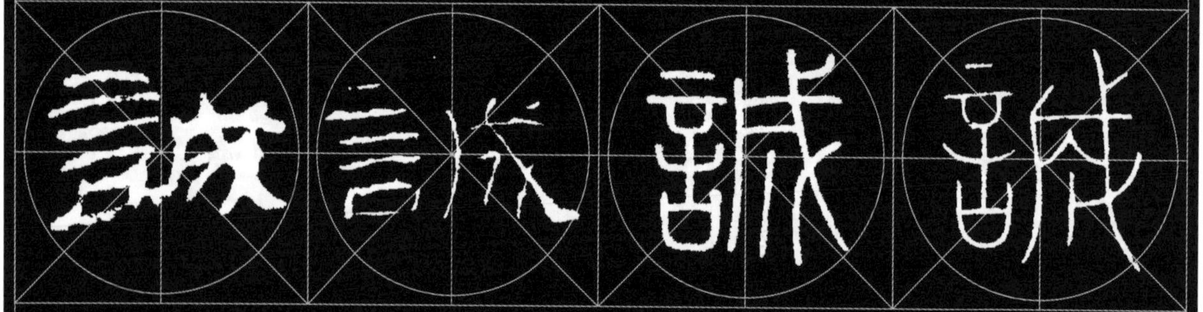

汉 乙瑛碑　汉 礼器碑　秦 会稽刻石　唐 李阳冰

chéng
乘
shèng
（四马拉的车为一乘）

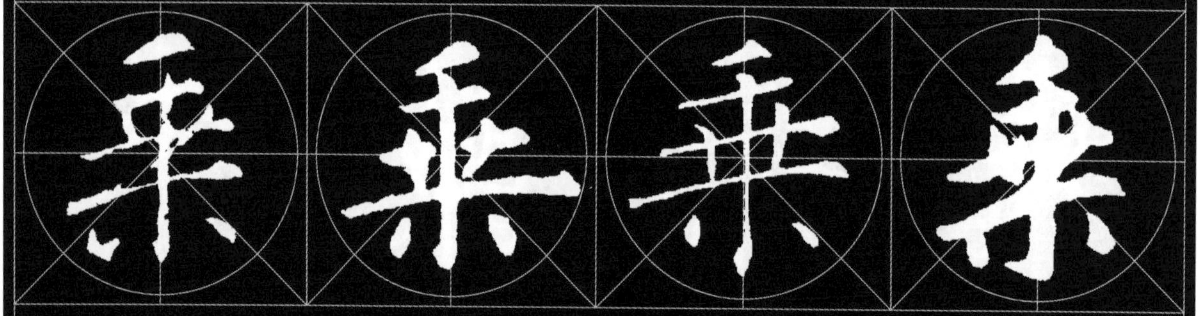

晋 王羲之　唐 虞世南　唐 褚遂良　元 赵孟頫

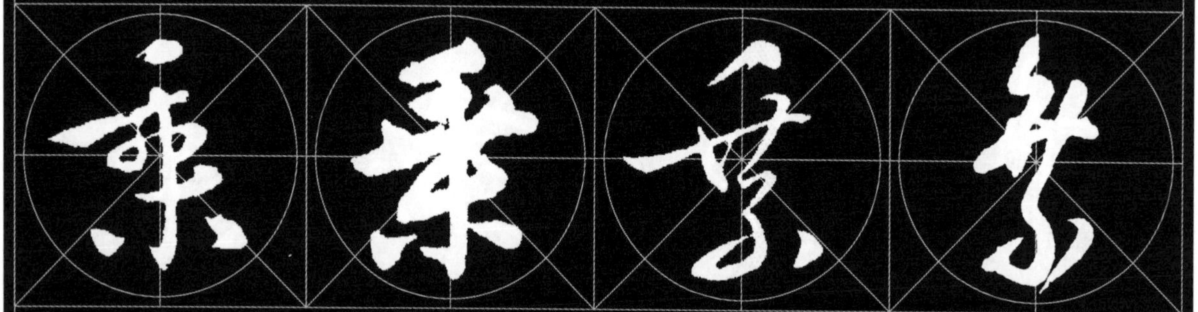

唐 李世民　明 唐寅　明 文徵明　清 王铎

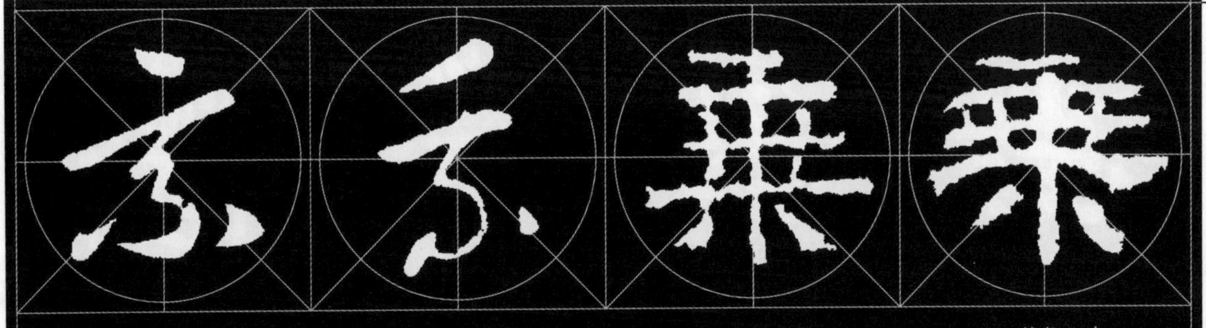

晋 王羲之 | 唐 怀素 | 汉 武梁刻石 | 汉 封龙山碑

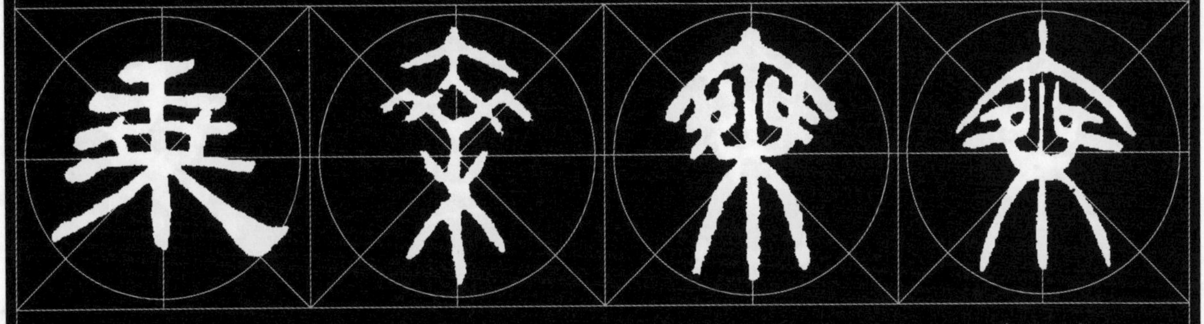

清 何绍基 | 周 虢季子白盘 | 清 杨沂孙 | 清 徐三庚

chéng 澄（澂：很清；使清）dèng

北魏 元诊墓志 | 唐 李邕 | 宋 赵佶 | 宋 蔡襄

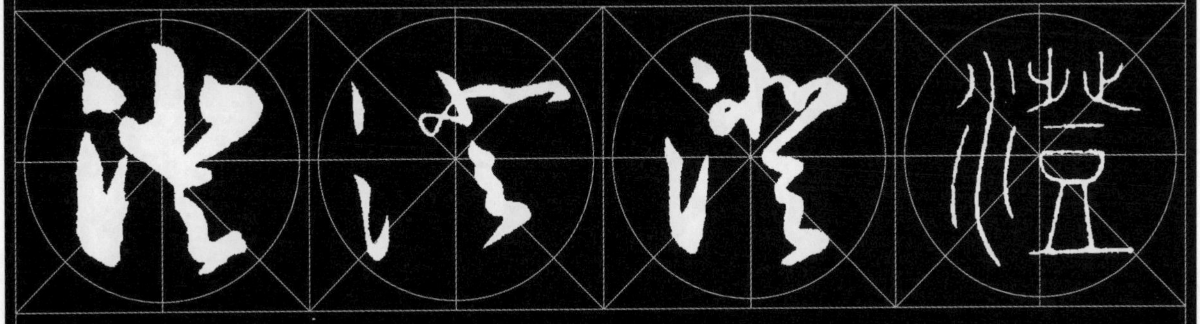

隋 智永 | 唐 怀素 | 元 鲜于枢 | 唐 李阳冰

chéng 橙

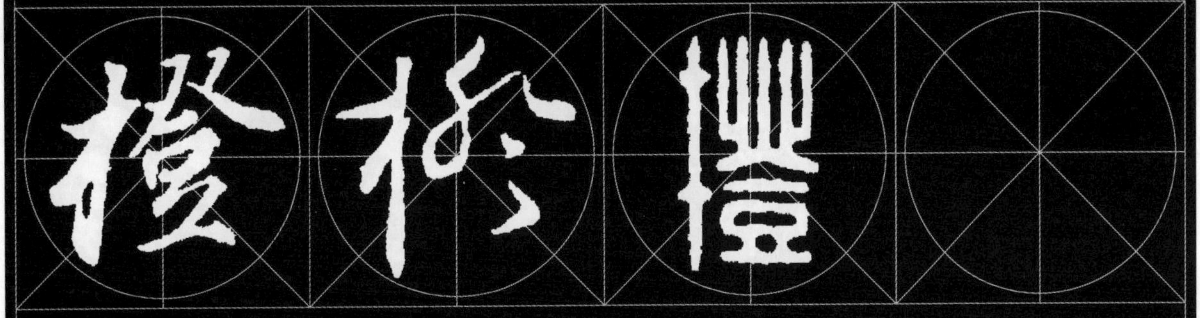

明 董其昌 | 元 陆居仁 | 清 周芬

chéng 澂

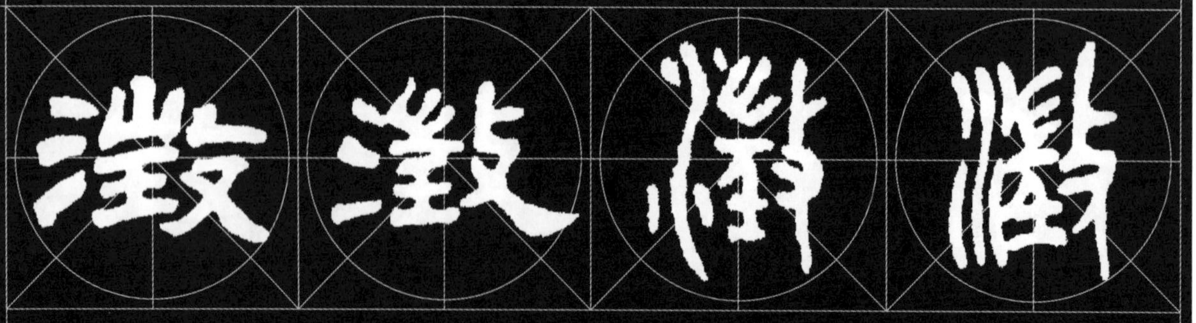

清 邓石如　清 吴大澂　清 吴大澂　清 吴昌硕

chěng 逞

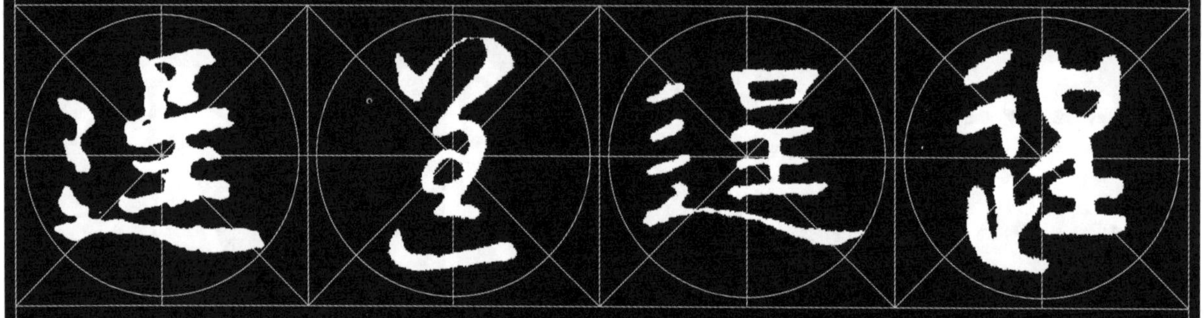

五代 杨凝式　晋 纪瞻　清 顾蔼吉·隶辨　清 吴大澂

chěng 骋

晋 王羲之　宋 苏轼　金 张天锡·草书韵会　清 田潜

chī 蚩（无知；傻）

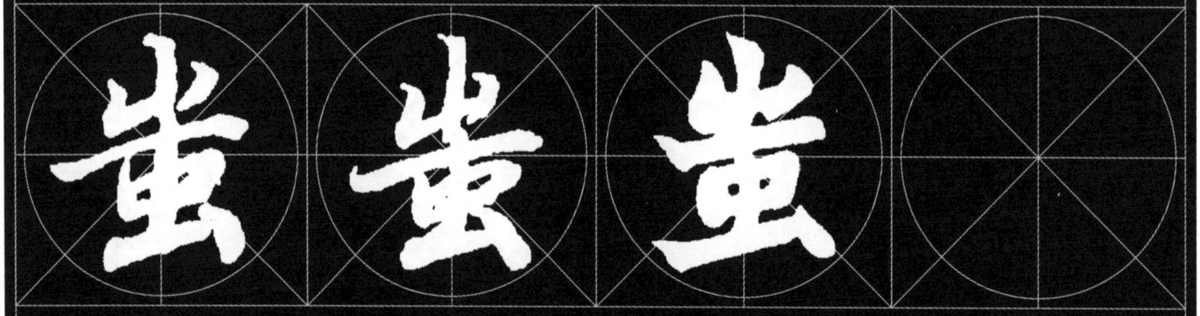

唐 陆柬之　唐 陆柬之　清 赵之谦

chī 摛（舒展；散布）

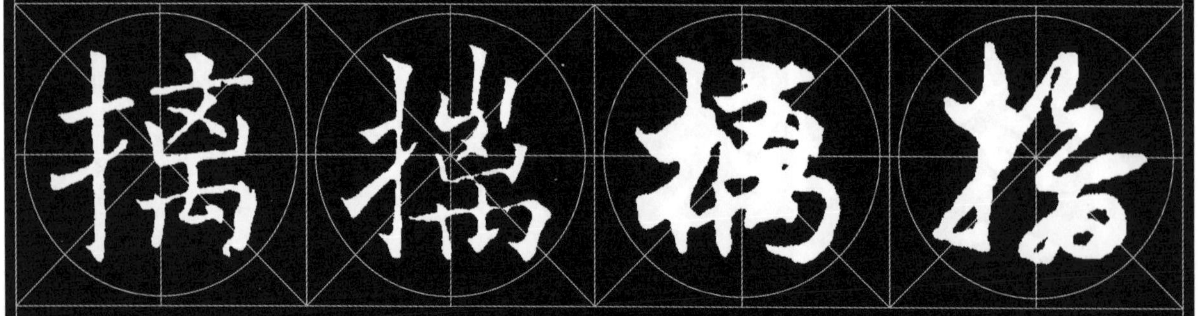

唐 褚遂良　唐 欧阳通　宋 赵构　唐 孙过庭

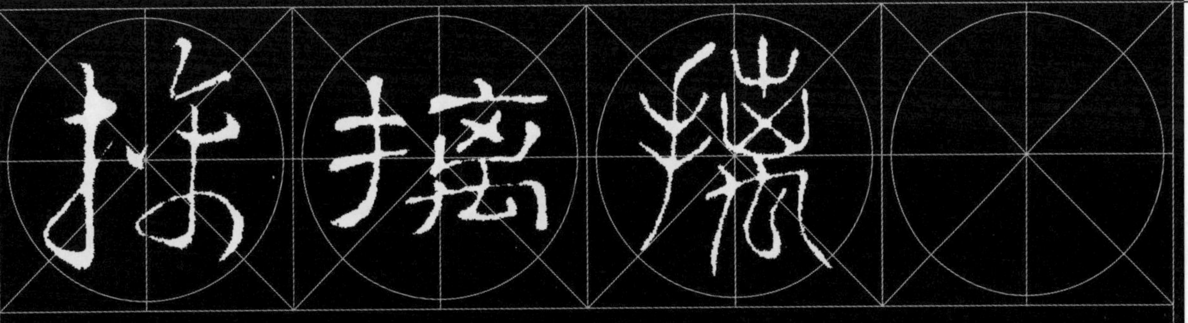

金 张天锡·草书韵会　清 顾蔼吉·隶辨　汉 说文解字

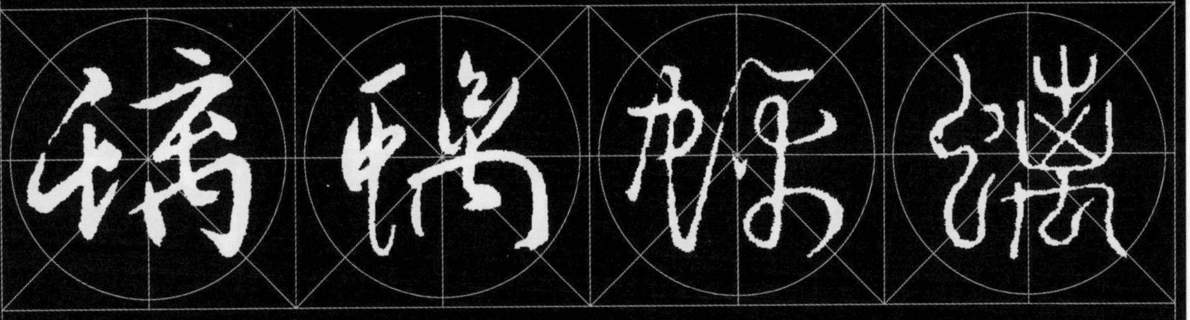

明 文徵明　明 祝允明　金 张天锡·草书韵会　汉 说文解字

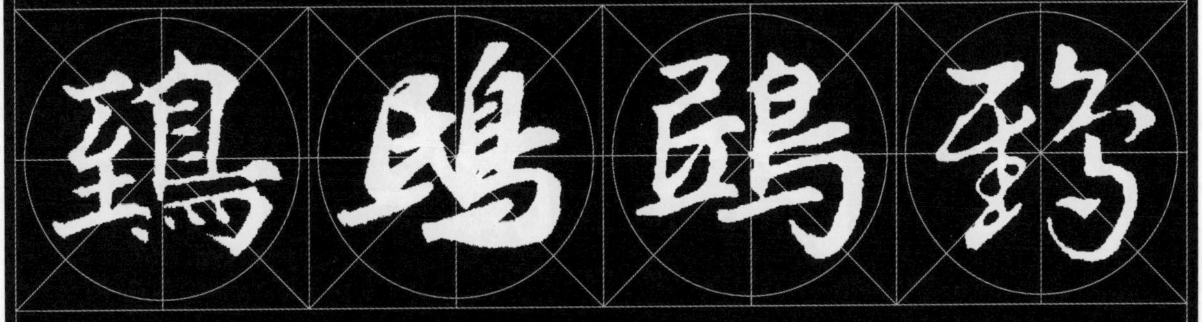

唐 欧阳通　宋 苏轼　元 赵孟頫　三国 皇象

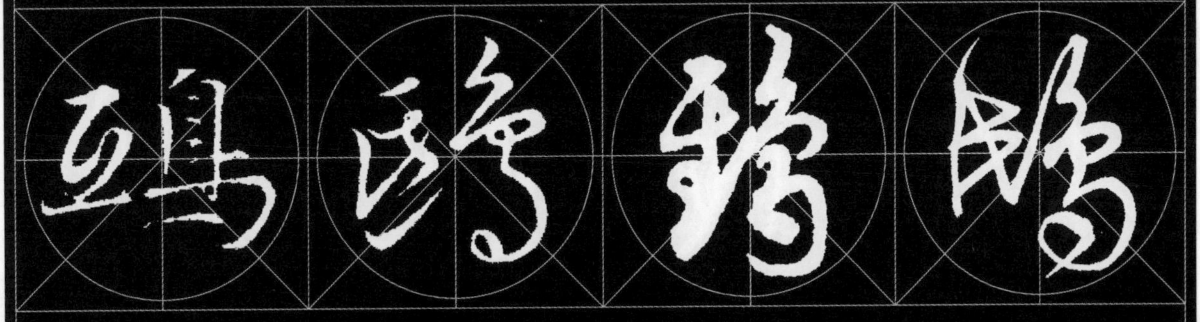

元 王蒙　元 鲜于枢　元 邓文原　明 宋克

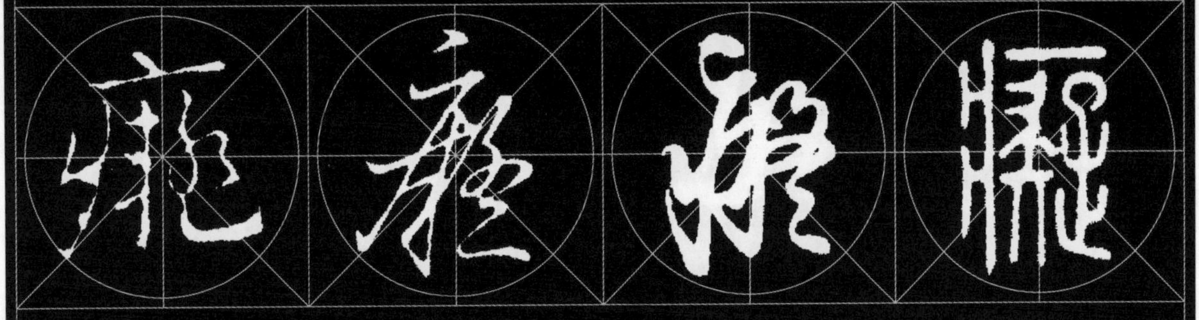

三国 皇象　元 赵孟頫　清 王铎　汉 说文解字

chī
螭（无角龙）

chī
鸱（鵄：鹞鹰）

chī
痴（癡）

chí
池

chí
驰

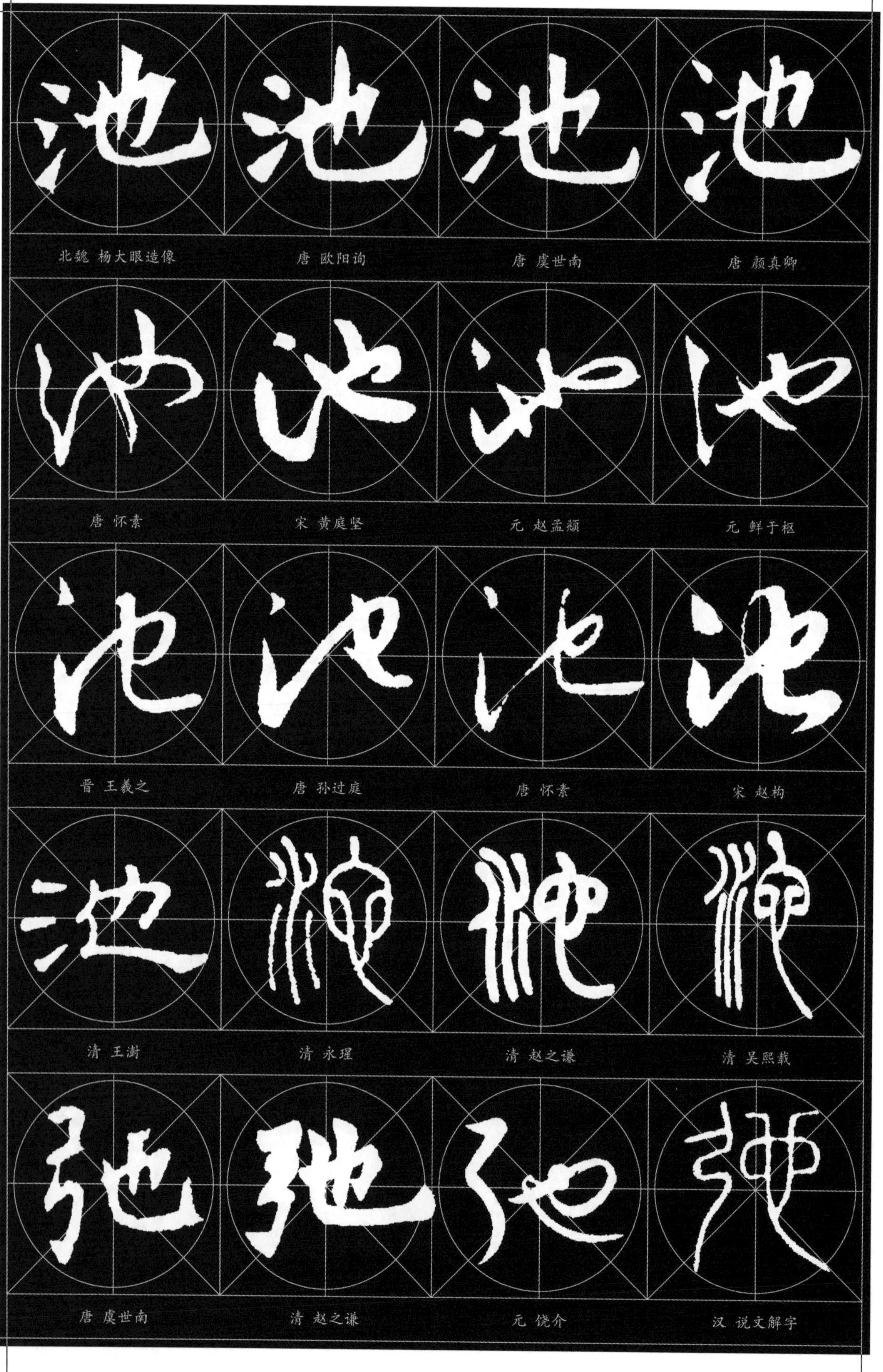

北魏 杨大眼造像 唐 欧阳询 唐 虞世南 唐 颜真卿

唐 怀素 宋 黄庭坚 元 赵孟頫 元 鲜于枢

晋 王羲之 唐 孙过庭 唐 怀素 宋 赵构

清 王澍 清 永理 清 赵之谦 清 吴熙载

唐 虞世南 清 赵之谦 元 饶介 汉 说文解字

chí
驰

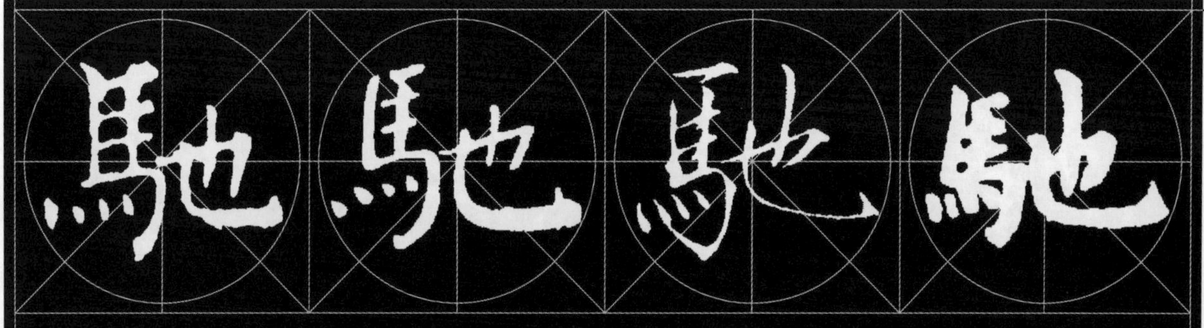

唐 褚遂良　　唐 颜真卿　　宋 赵佶　　元 赵孟頫

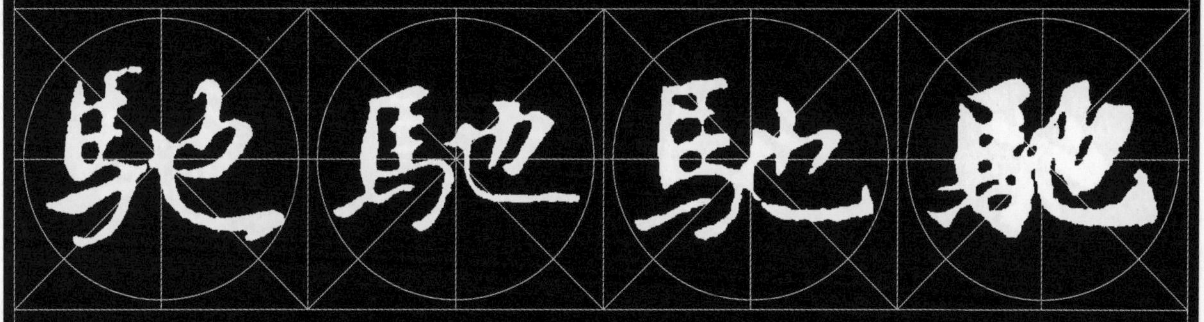

晋 王献之　　南北朝 佚名　　南北朝 佚名　　隋 智永

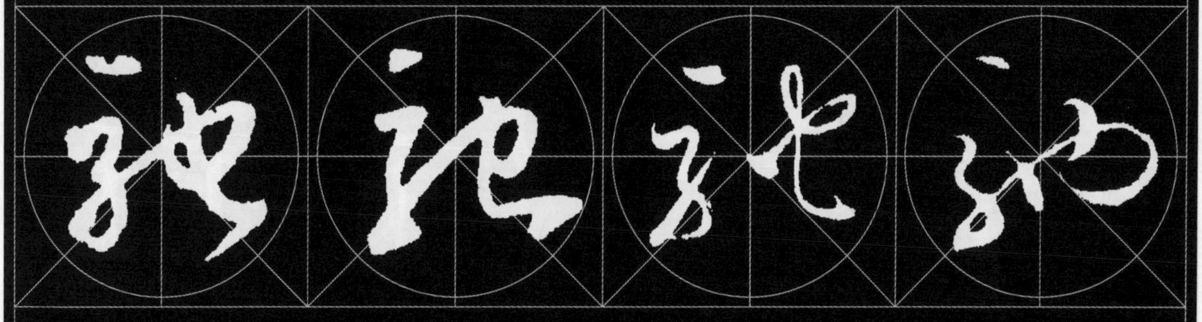

唐 孙过庭　　唐 怀素　　唐 怀素　　元 礼实

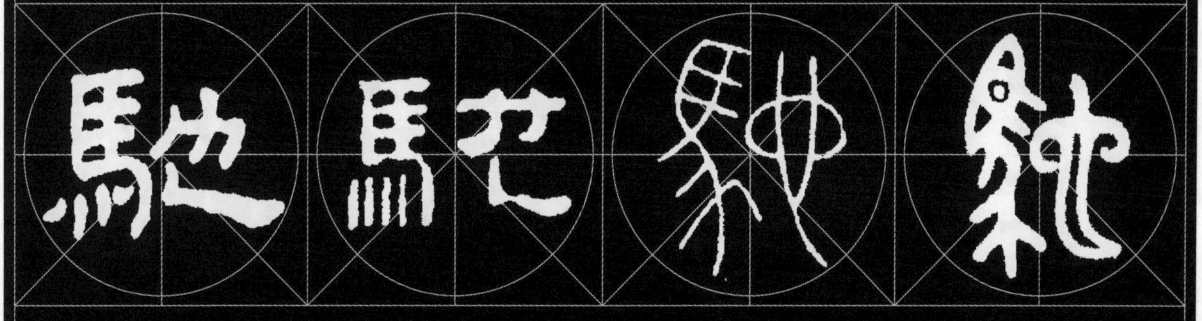

清 王澍　　清 高翔　　唐 李阳冰　　清 田潜

chí
迟
（遲）

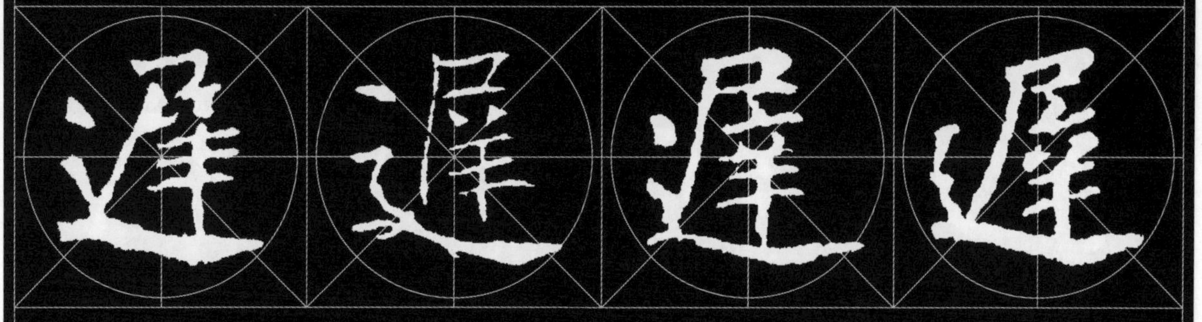

北魏 张猛龙碑　　唐 褚遂良　　唐 李邕　　宋 苏轼

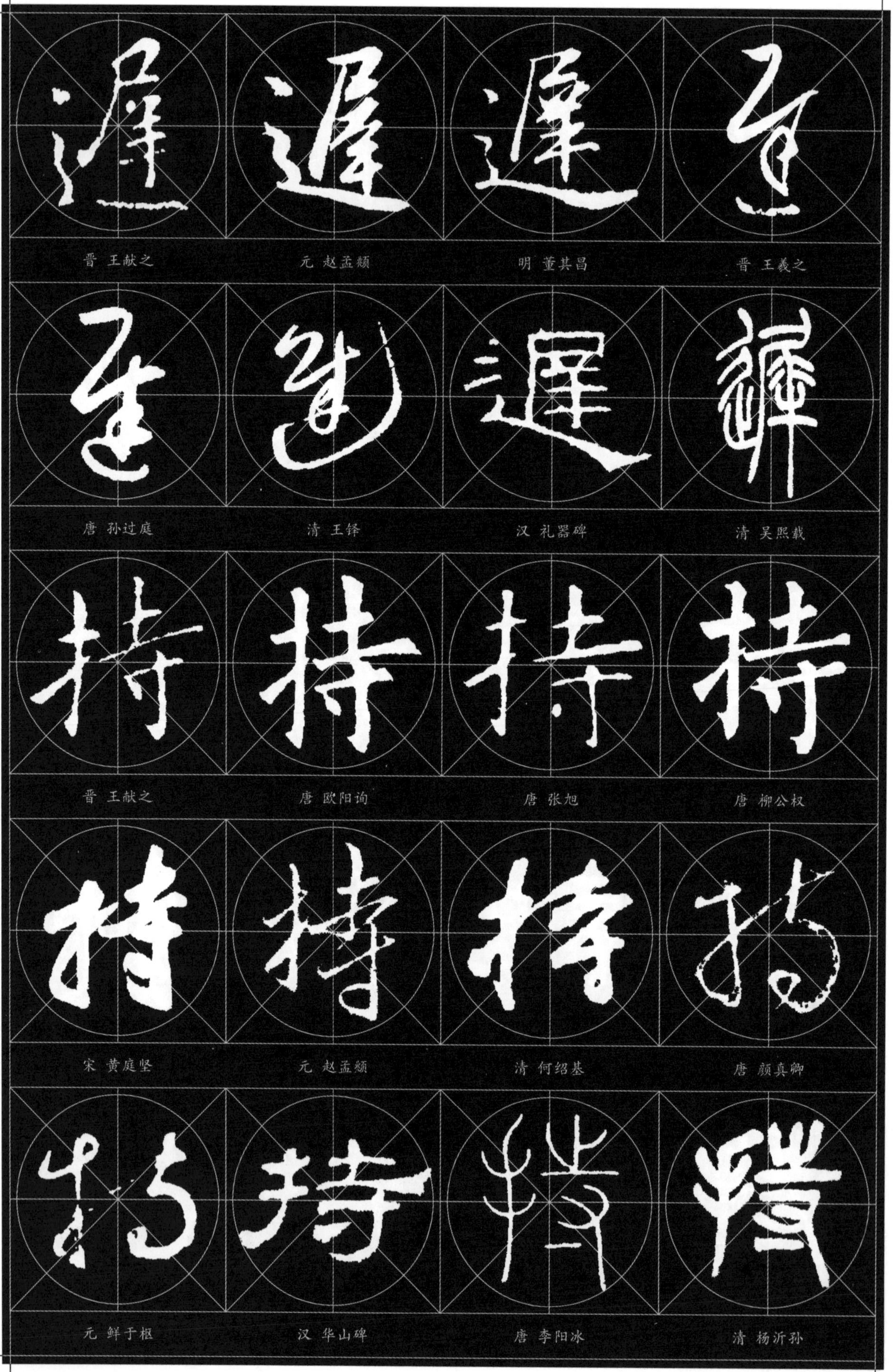

晋 王献之　元 赵孟頫　明 董其昌　晋 王羲之

唐 孙过庭　清 王铎　汉 礼器碑　清 吴熙载

chí
持

晋 王献之　唐 欧阳询　唐 张旭　唐 柳公权

宋 黄庭坚　元 赵孟頫　清 何绍基　唐 颜真卿

元 鲜于枢　汉 华山碑　唐 李阳冰　清 杨沂孙

chǐ
尺

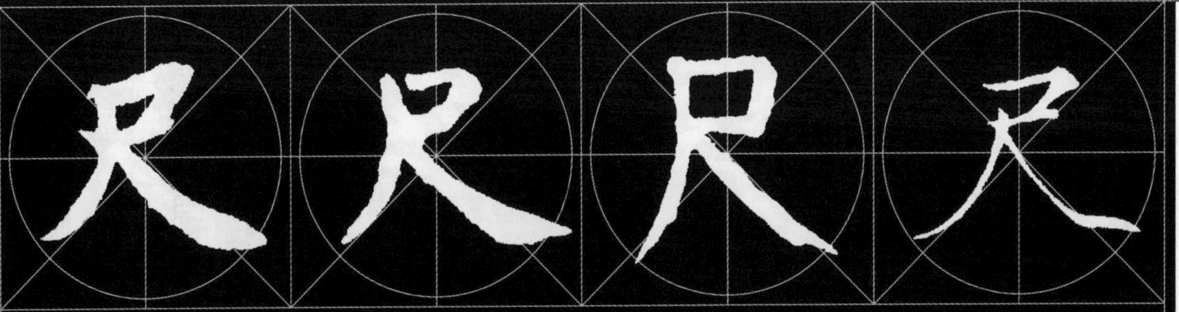
隋 智永　唐 虞世南　唐 颜真卿　宋 赵佶

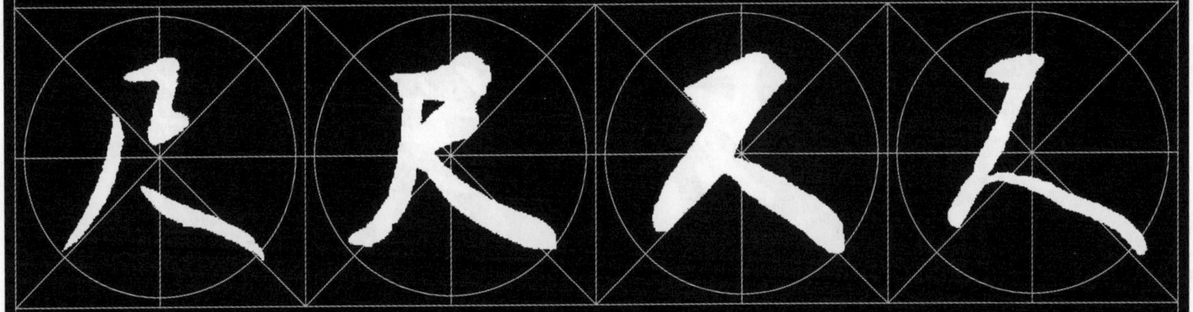
晋 王献之　唐 欧阳询　隋 智永　唐 怀素

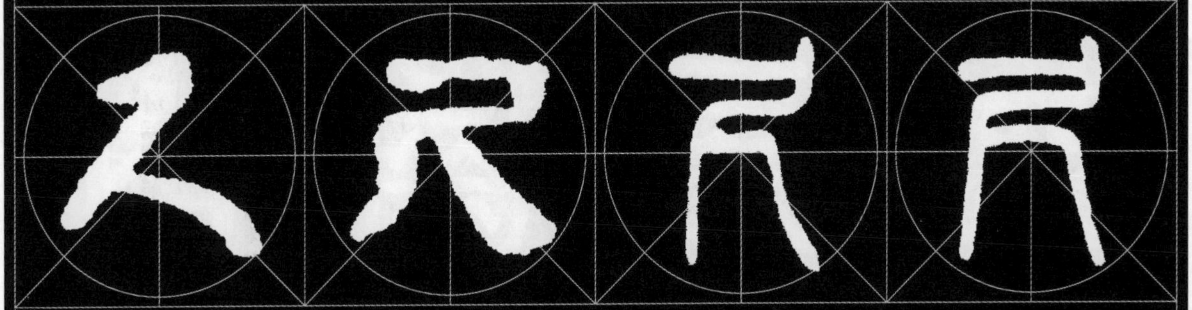
元 揭傒斯　汉 马王堆帛书　清 杨沂孙　清 吴大澂

chǐ
侈（浪费；夸大）

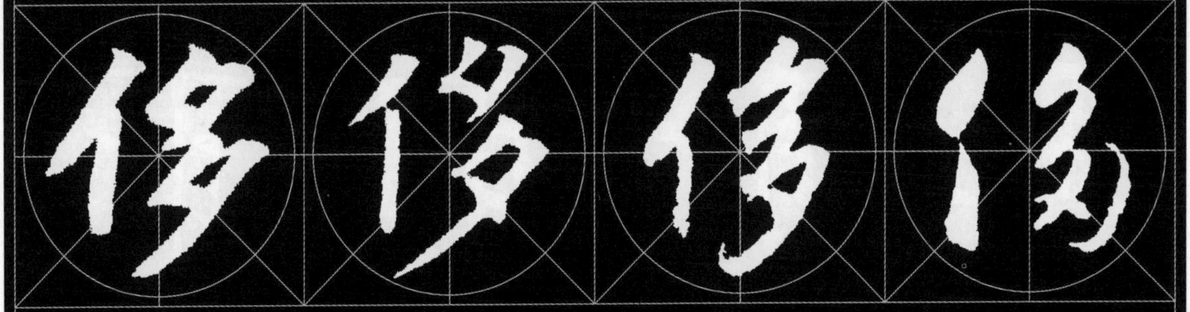
隋 智永　唐 欧阳询　晋 王羲之　隋 智永

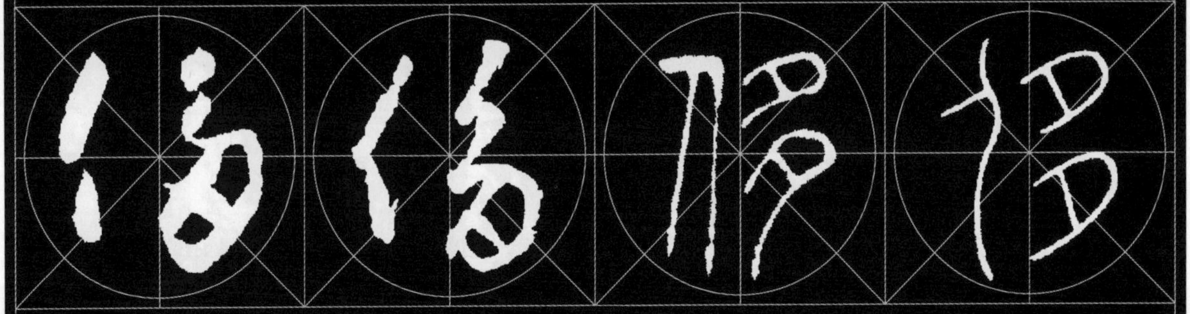
唐 怀素　元 鲜于枢　汉 说文解字　唐 李阳冰

chǐ
齿

chǐ
耻（恥）

北魏 高贞碑　唐 颜真卿　宋 黄庭坚　元 赵孟頫
晋 王羲之　宋 苏轼　三国 皇象　金 张天锡·草书韵会
殷商 甲骨文　汉 马王堆帛书　清 杨沂孙　清 吴大澂
北魏 郑道昭　明 沈度　明 祝允明　清 张裕钊
隋 智永　唐 褚遂良　元 赵孟頫　明 王世贞

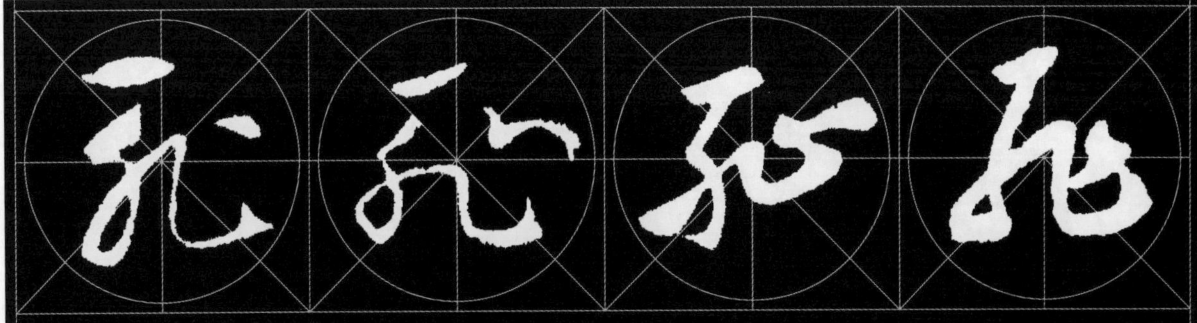

隋 智永　唐 欧阳询　唐 孙过庭　唐 怀素

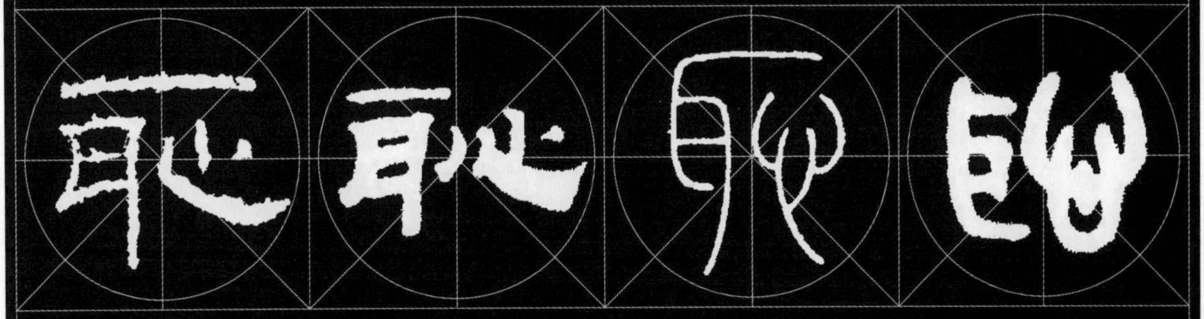

汉 尹宙碑　清 钱泳　唐 李阳冰　清 吴大澂

chì
斥

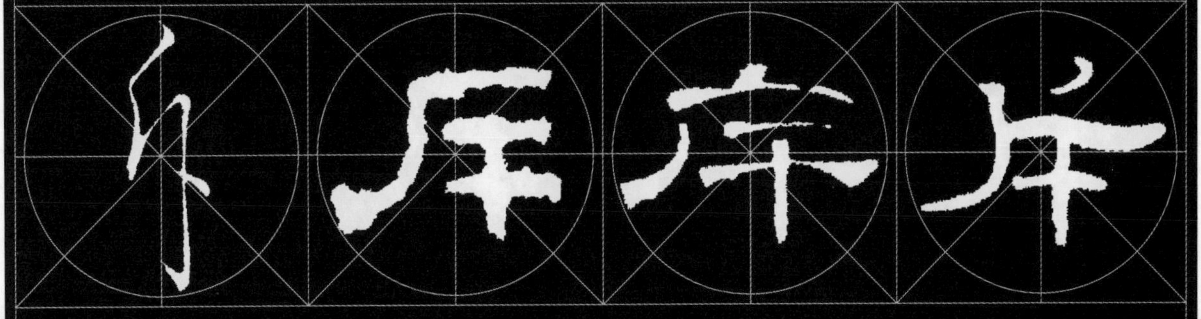

唐 孙过庭　汉 鲜于璜碑　汉 曹全碑　清 郑簠

chì
赤

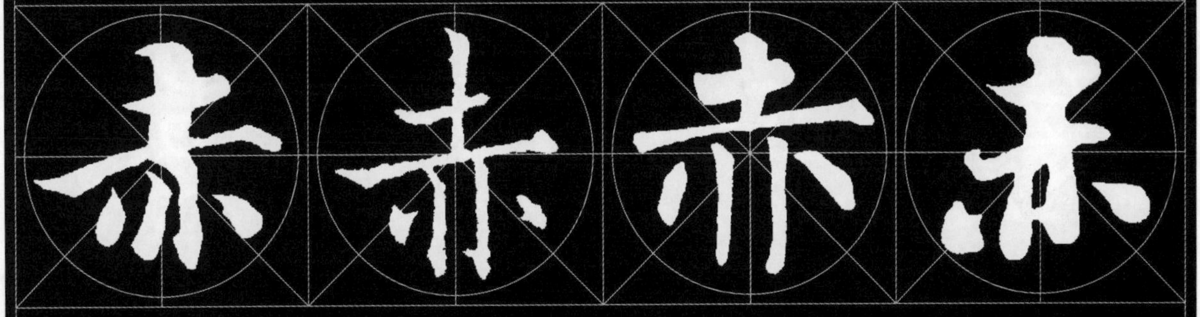

隋 智永　唐 欧阳询　唐 柳公权　宋 苏轼

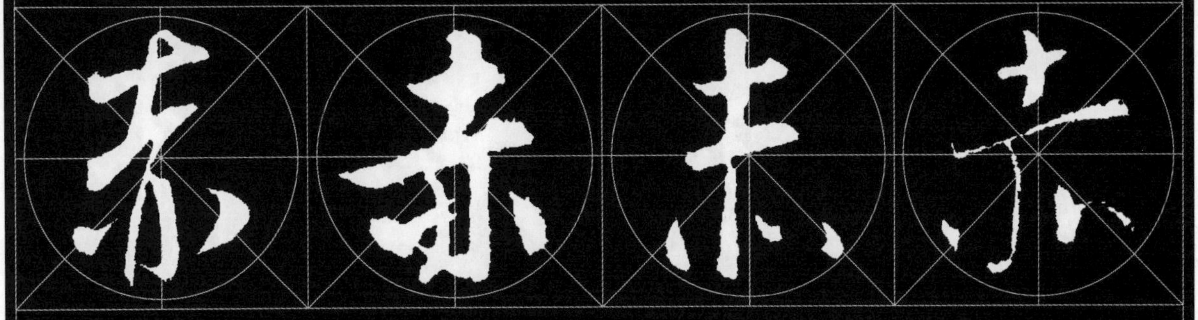

宋 米芾　明 文徵明　隋 智永　唐 柳公权

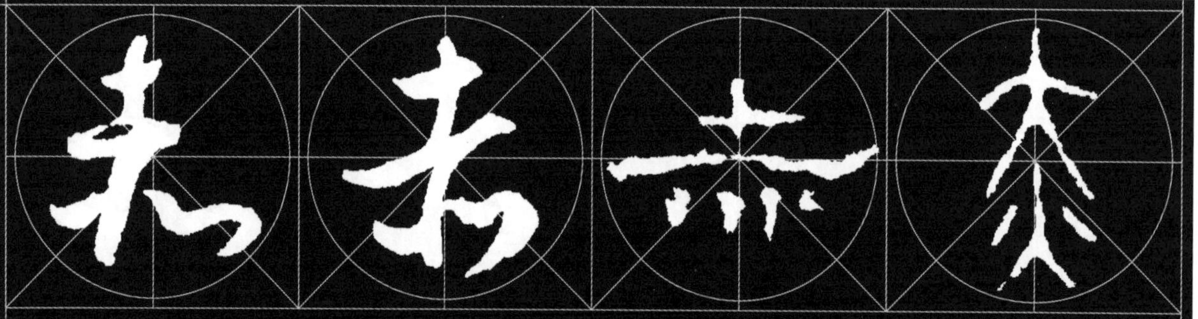

唐 怀素　明 文徵明　汉 史晨碑　周 颂鼎

chì
饬
（整顿；命令）

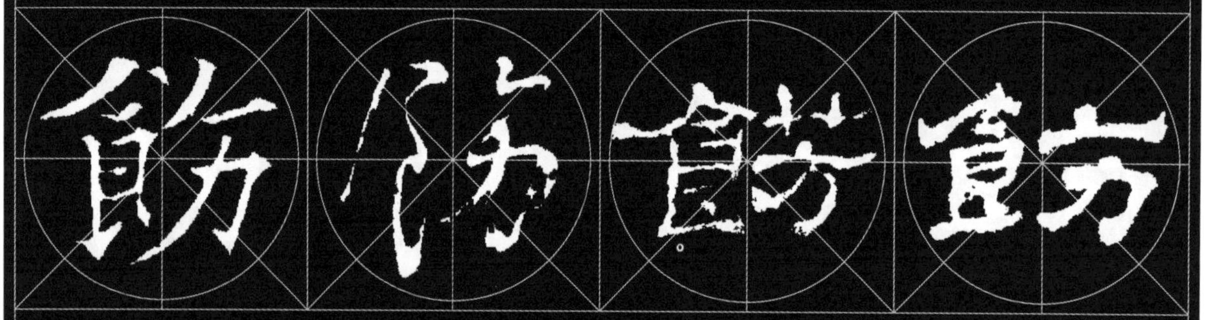

唐 欧阳通　宋 王安石　汉 史晨碑　汉 娄寿碑

chì
敕
（勅、勑：告诫；诏令）

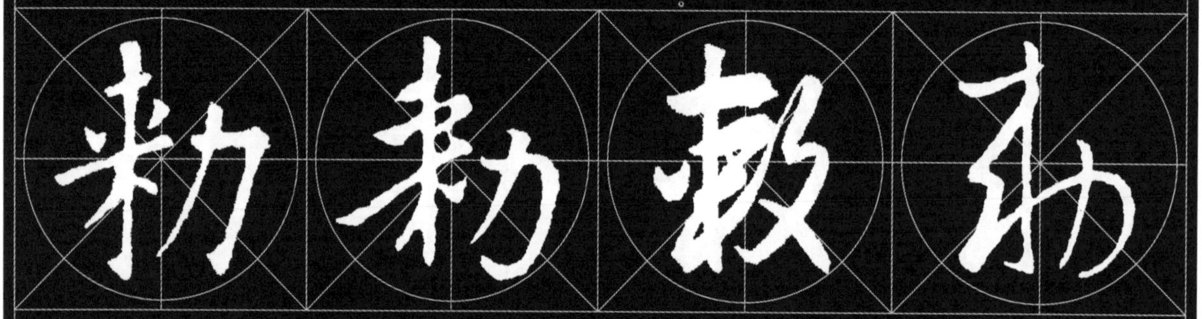

唐 欧阳询　唐 李世民　唐 欧阳询　明 唐寅

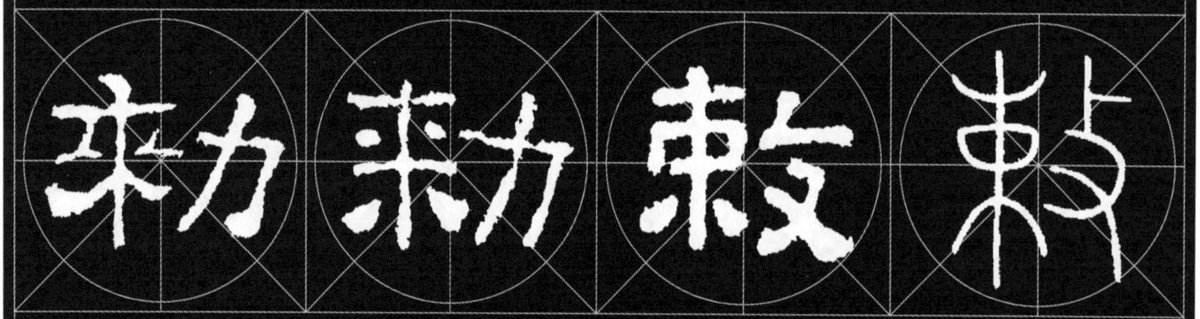

汉 史晨碑　汉 西狭颂　汉 樊敏碑　唐 李阳冰

chì
翅
（翄）

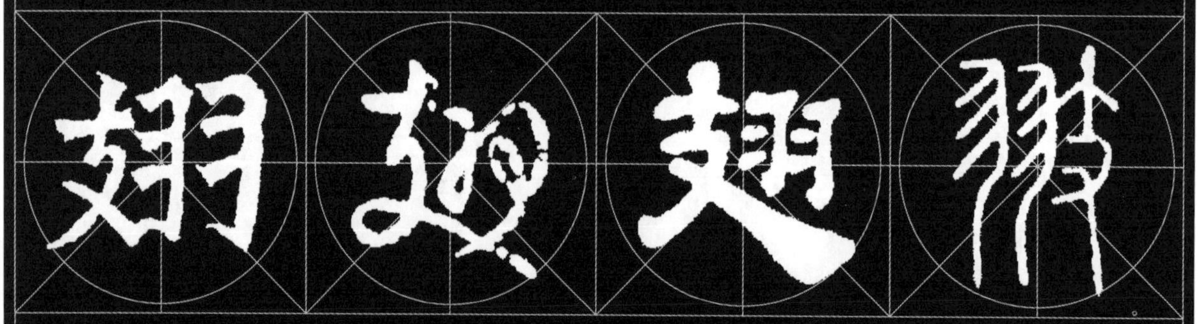

北魏 魏灵藏造像　明 文徵明　清 宋文蔚　汉 说文解字

chì
炽

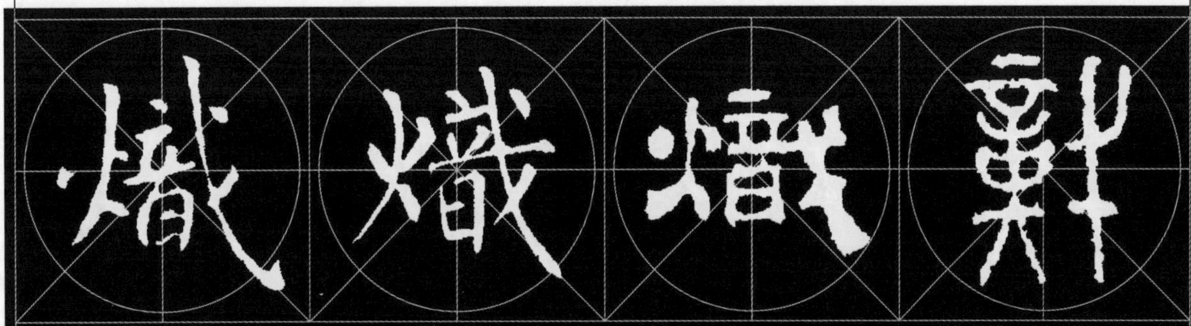

唐 李世民　唐 柳公权　汉 校官碑　秦 石鼓文

chōng
充

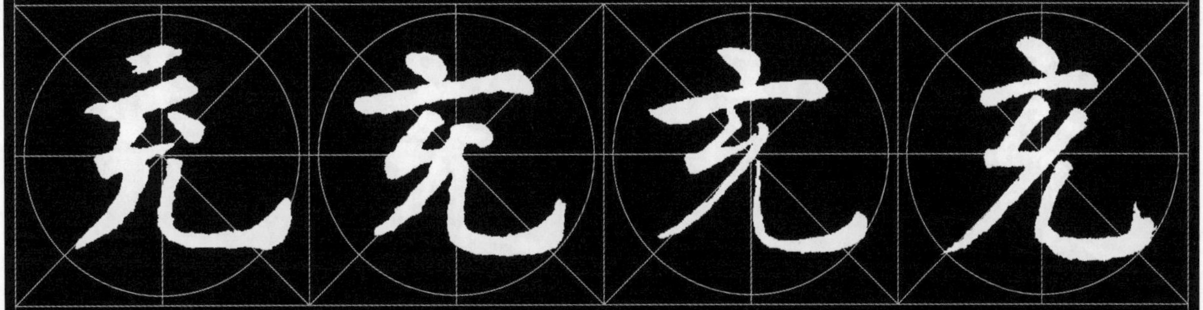

唐 欧阳询　唐 虞世南　唐 褚遂良　唐 颜真卿

三国 皇象　唐 欧阳询　唐 孙过庭　唐 怀素

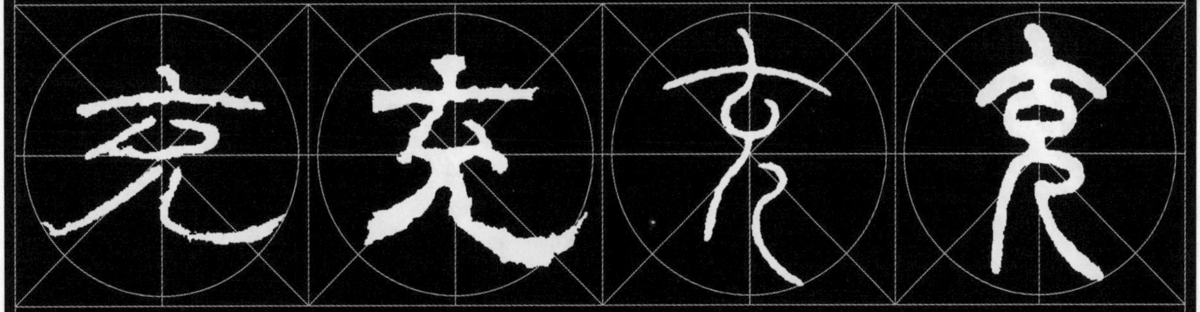

汉 石门颂　汉 白石神君碑　唐 李阳冰　清 仰嘉祥

chōng
冲（衝、沖）
chòng

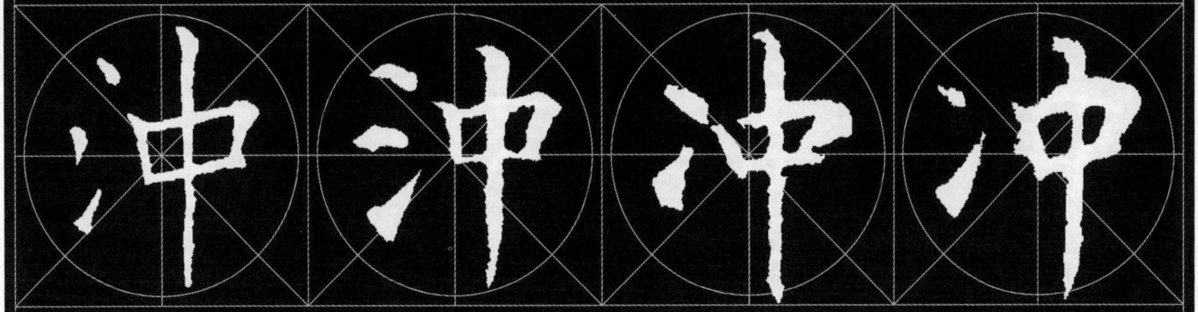

唐 欧阳询　唐 颜真卿　唐 张从申　元 饶介

chóng
虫
（蟲）

chóng
重
zhòng

宋 米芾　明 邵二泉　明 董其昌　晋 索靖

晋 王羲之　唐 孙过庭　汉 郭有道碑　汉 校官碑

汉 白石神君碑　汉 张迁碑　唐 李阳冰　清 吴熙载

唐 欧阳询　唐 虞世南　唐 褚遂良　唐 柳公权

晋 王羲之　唐 高正臣　宋 蒋璨　宋 苏轼

chóng
崇

chǒng
宠（寵：偏爱）

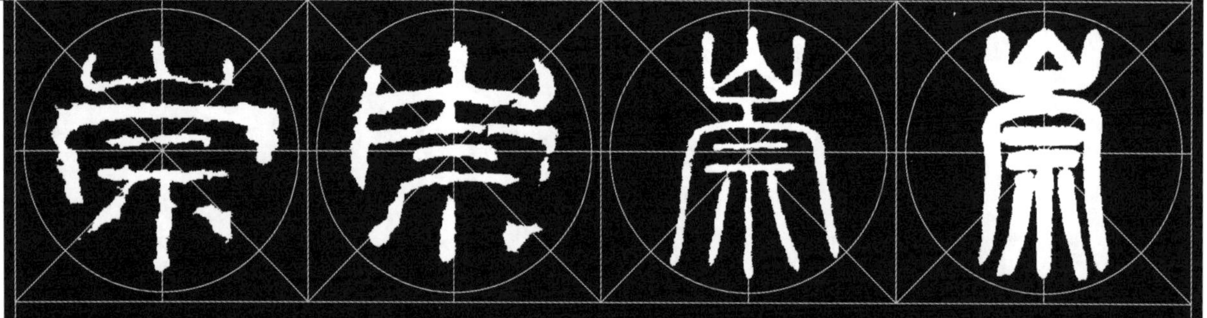

汉 礼器碑　汉 华山碑　汉 说文解字　清 吴昌硕

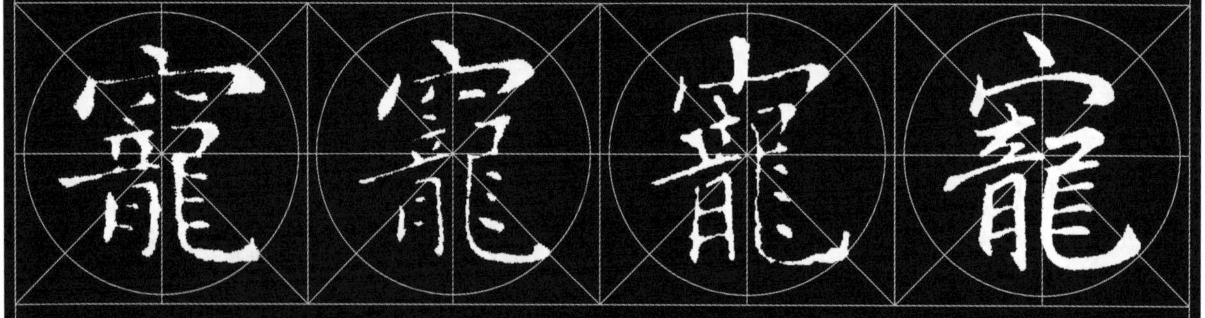

三国 钟繇　南朝 王僧虔　唐 欧阳询　唐 李邕

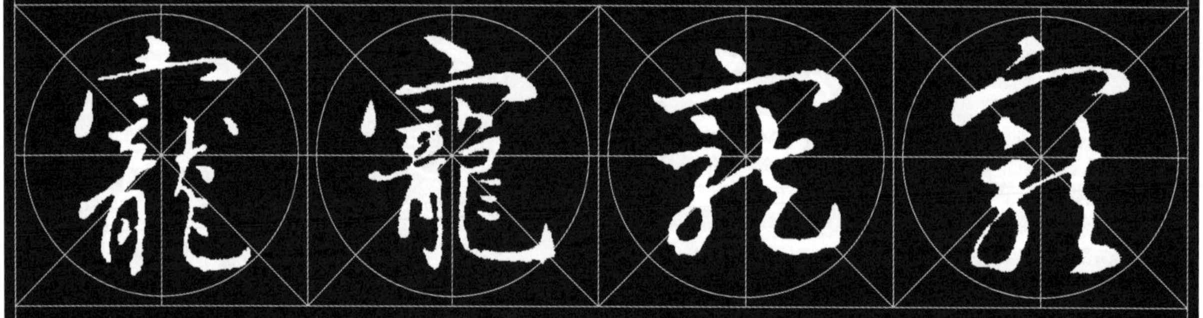

宋 吴说　元 赵孟頫　三国 皇象　隋 智永

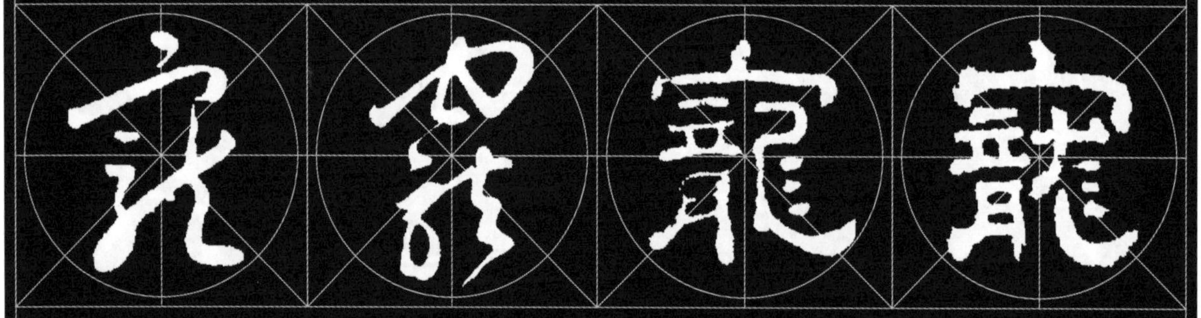

唐 怀素　元 鲜于枢　汉 夏承碑　汉 樊敏碑

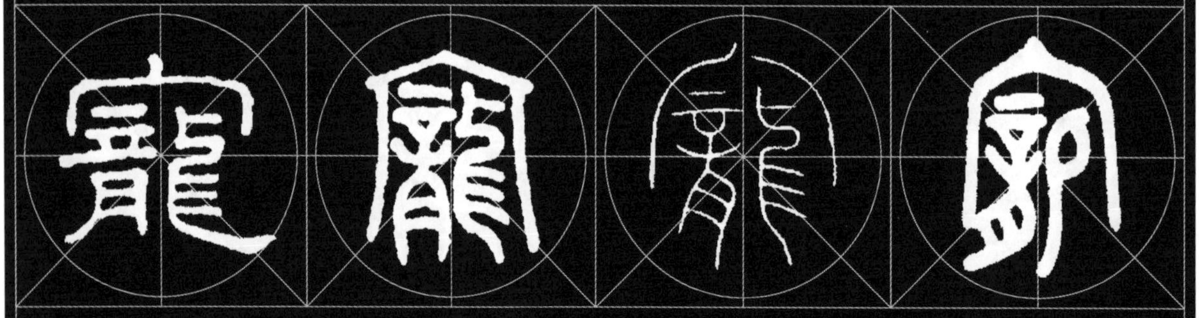

清 王澍　元 赵孟頫　唐 李阳冰　清 田潜

chōu
抽

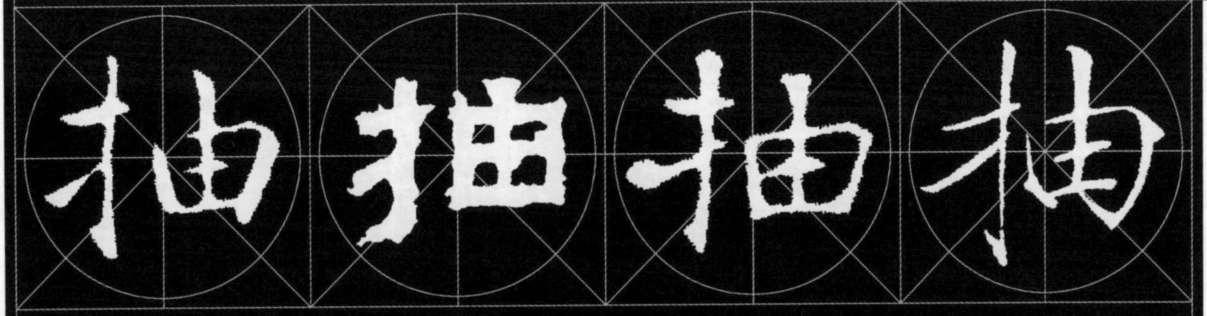

三国 钟繇　晋 爨宝子碑　北魏 高湛墓志　宋 赵佶

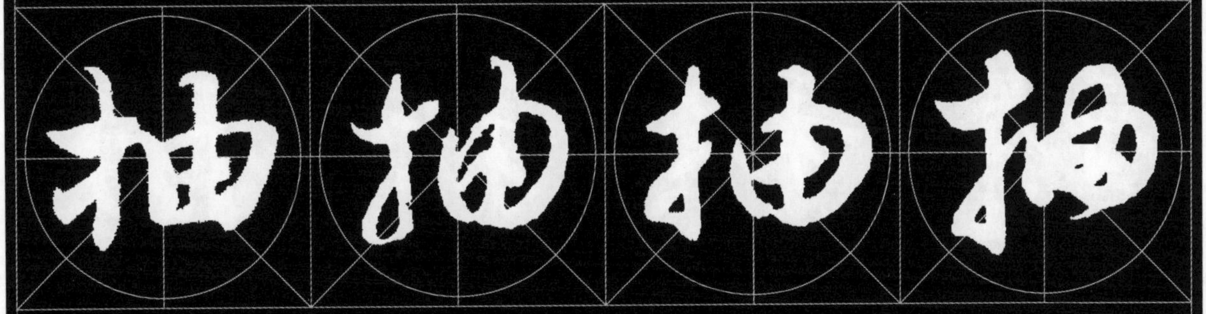

隋 智永　隋 智永　元 揭傒斯　元 鲜于枢

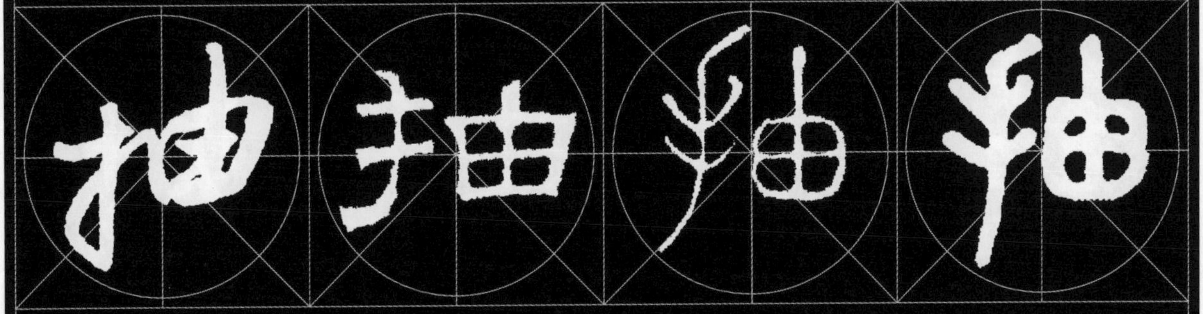

清 王铎　明 文徵明　汉 说文解字　元 赵孟頫

chōu
紬（引出）
chóu（同绸）

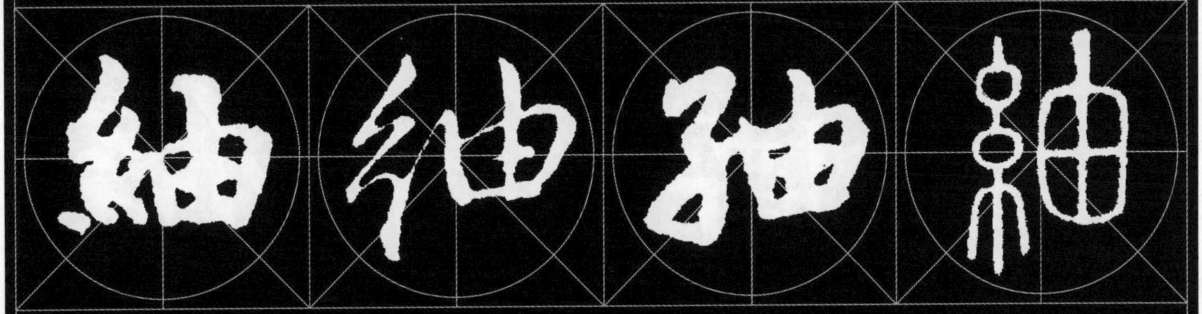

唐 吴彩鸾　元 赵孟頫　元 邓文原　汉 说文解字

chóu
仇
qiú（姓）

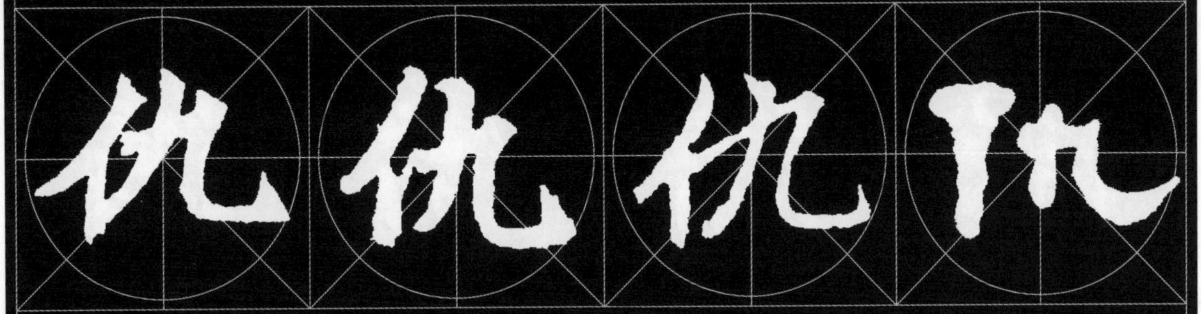

南北朝 杨大眼造像　元 鲜于枢　元 赵孟頫　清 何绍基

chóu
雠（讐：校对；同仇）

chóu
愁

chóu
俦（同伴，伴侣）

唐 李邕　清 杨岘　汉 说文解字　清 杨沂孙

唐 褚遂良　唐 柳公权　三国 皇象　宋 苏轼

明 唐寅　唐 怀素　汉 石门颂　清 吴昌硕

唐 虞世南　唐 欧阳通　元 赵孟頫　明 沈周

清 王铎　明 文徵明　清 归庄　清 何绍基

chóu
畴（田地；种类）

chóu
筹

chóu
惆

晋 王献之 | 唐 柳公权 | 明 文徵明 | 元 赵孟頫

明 祝允明 | 明 祝允明 | 汉 景君碑 | 汉 华山碑

唐 韩择木 | 清 阮元 | 清 吴大澂 | 清 吴昌硕

元 赵孟頫 | 清 张照 | 唐 孙过庭 | 汉 张迁碑

明 董其昌 | 金 张天锡·草书韵会 | 清 顾蔼吉·隶辨 | 汉 说文解字

chóu
稠

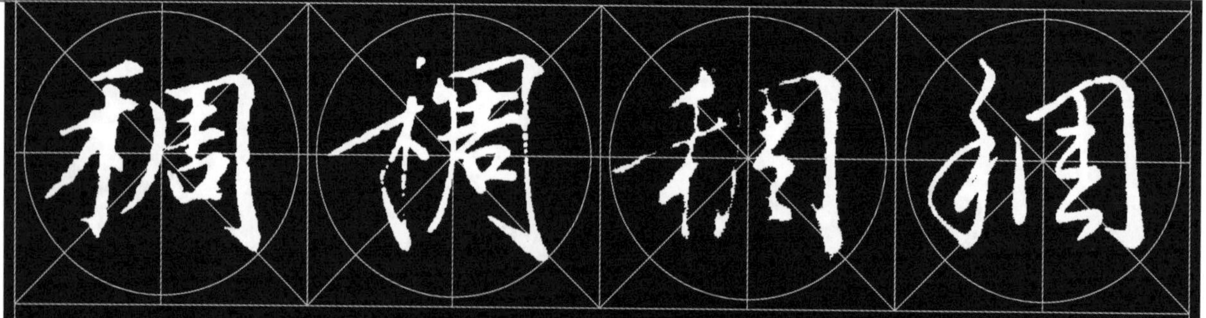

元 赵孟頫　宋 赵佶　明 董其昌　晋 王羲之

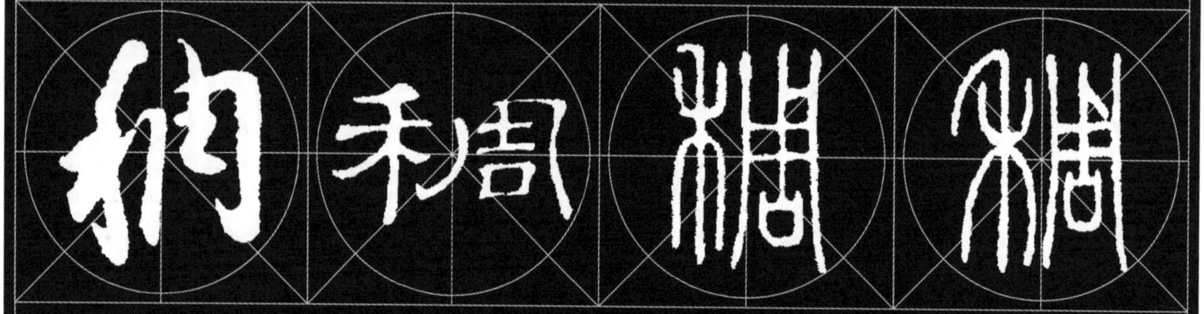

清 王铎　清 顾蔼吉·隶辨　汉 说文解字　清 邓石如

chóu
绸

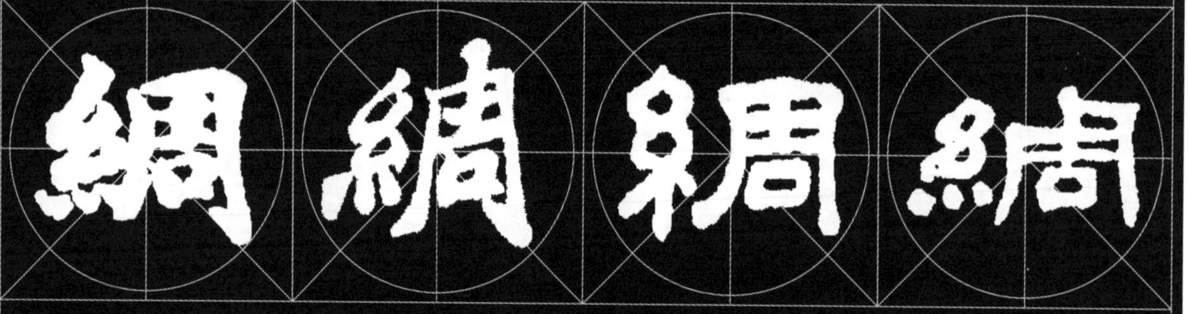

唐 吴彩鸾　清 郑燮　明 何震　清 吴熙载

chóu
酬
（酧、醻）

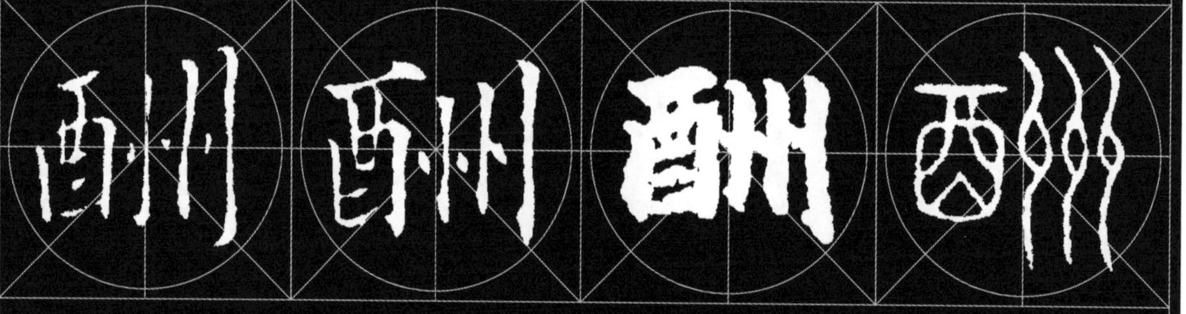

晋 王羲之　唐 欧阳通　唐 吴彩鸾　汉 说文解字

chǒu
丑
（醜）

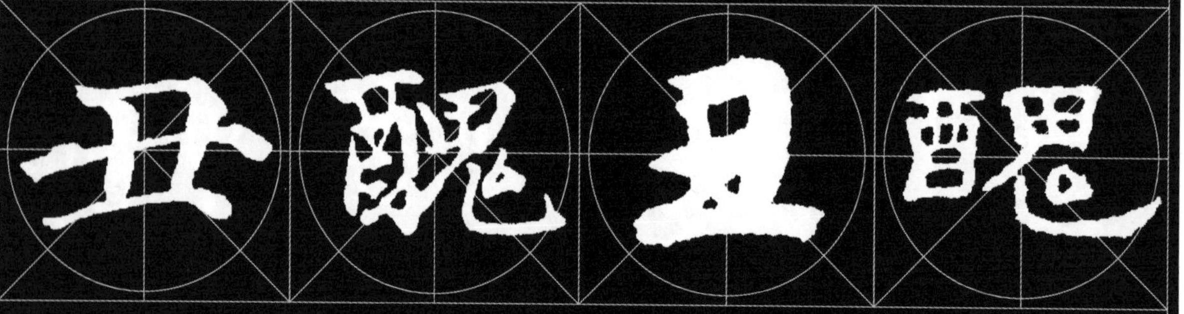

唐 颜真卿　元 赵孟頫　明 祝允明　汉 孔彪碑

清 邓石如　三国 王基碑　殷商 甲骨文　清 杨沂孙

唐 欧阳询　元 赵孟頫　宋 米芾　明 唐寅

晋 王羲之　唐 李怀琳　汉 说文解字　清 吴大澂

南北朝 佚名　隋 龙藏寺碑　唐 欧阳询　唐 颜真卿

唐 褚遂良　宋 苏轼　晋 王羲之　晋 王献之

chòu
臭
xiù
（同嗅）

chū
出

chū
初

汉 乙瑛碑
汉 鲜于璜碑
汉 西狭颂
汉 张迁碑
殷商 甲骨文
周 毛公鼎
清 吴大澂
清 杨沂孙
唐 虞世南
唐 褚遂良
唐 柳公权
元 赵孟頫
明 文徵明
明 唐寅
明 董其昌
唐 孙过庭
唐 怀素
宋 黄庭坚
元 鲜于枢
汉 礼器碑

chú
刍（芻）

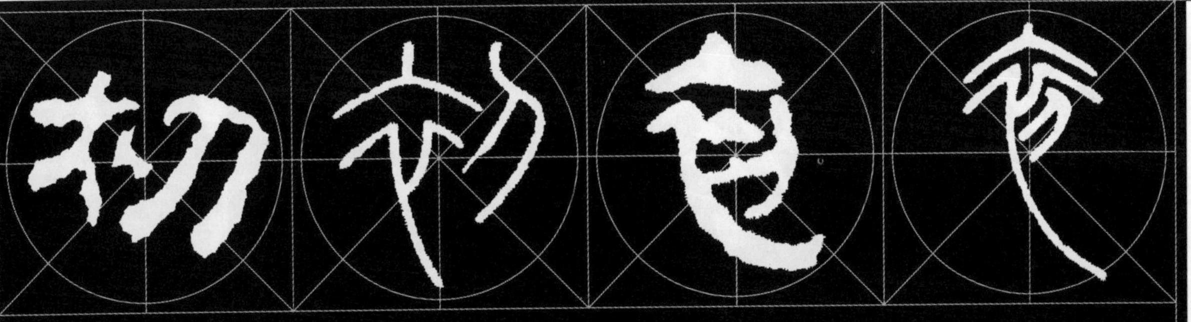

汉 校官碑　秦 会稽刻石　汉 马王堆帛书　清 邓石如

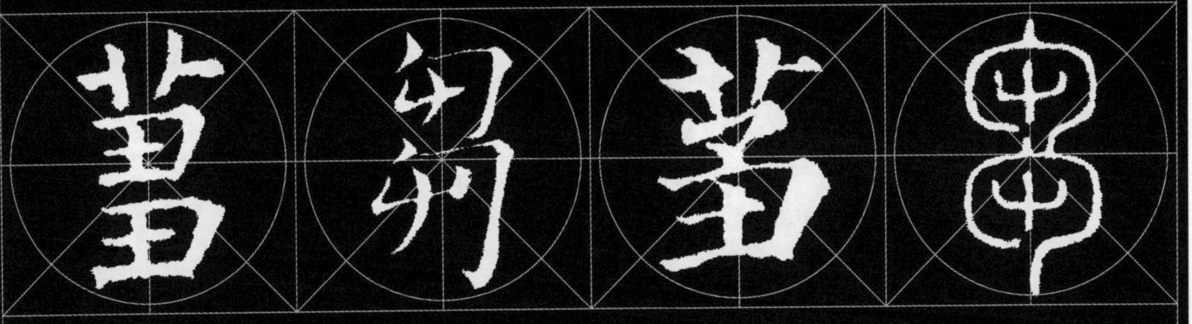

唐 褚遂良　唐 褚遂良　唐 颜真卿　汉 说文解字

chú
雏（𫛚）

清 钱沣　元 赵孟頫　元 鲜于枢　元 赵孟頫

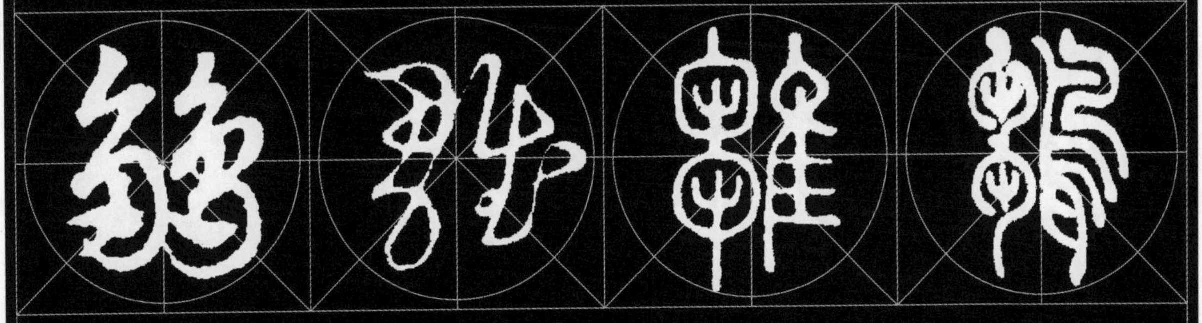

元 邓文原　金 张天锡·草书韵会　汉 说文解字　清 吴熙载

chú
除

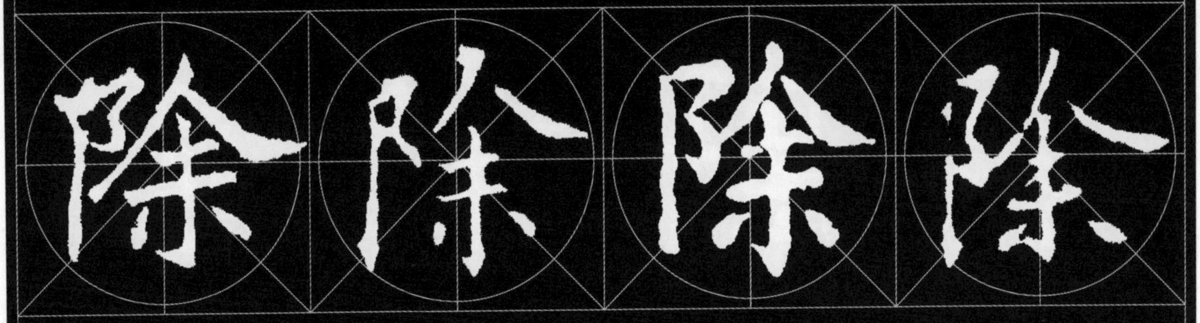

北魏 高贞碑　唐 欧阳询　唐 颜真卿　晋 王羲之

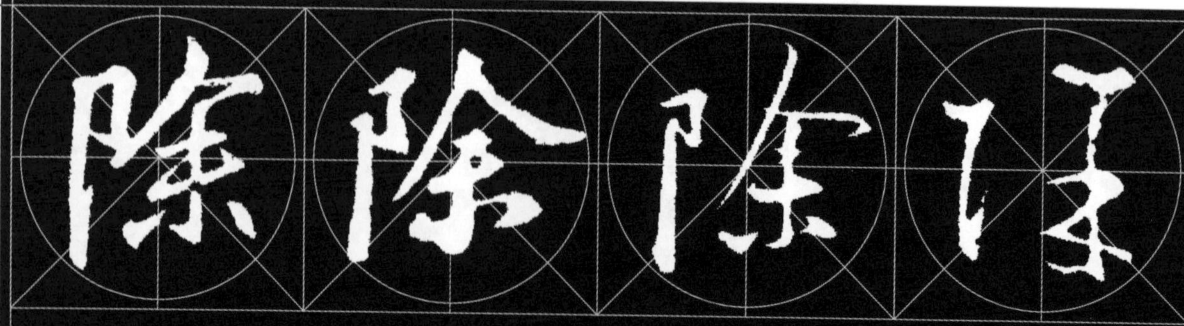

唐 李邕　宋 苏轼　宋 黄庭坚　晋 王羲之

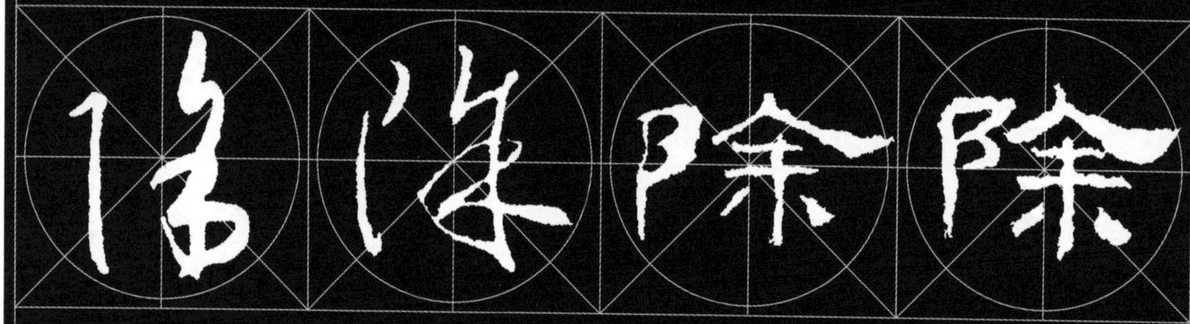

唐 孙过庭　唐 武则天　汉 礼器碑　汉 韩仁铭

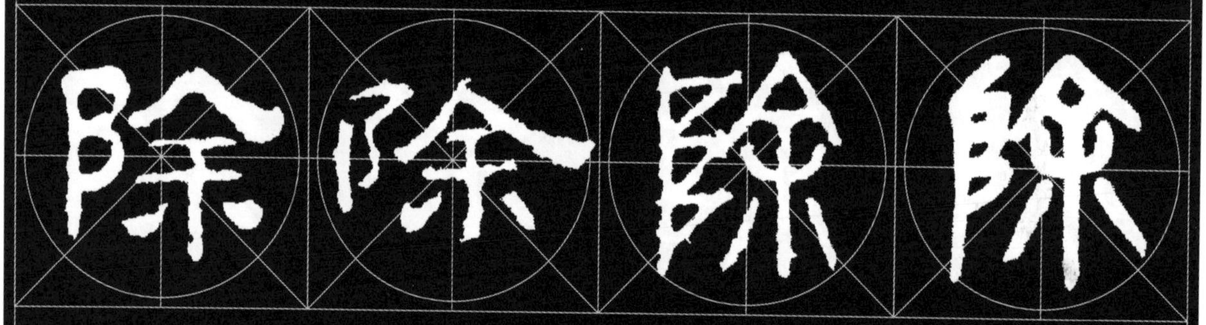

汉 校官碑　汉 张迁碑　秦 石鼓文　清 杨沂孙

chú
蜍
（蟾蜍）

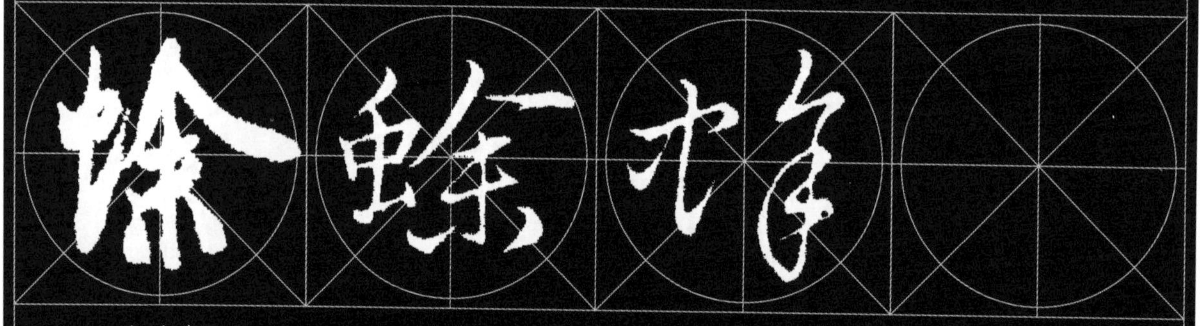

宋 米芾　元 张雨　金 张天锡·草书韵会

chú
厨
（廚、厨）

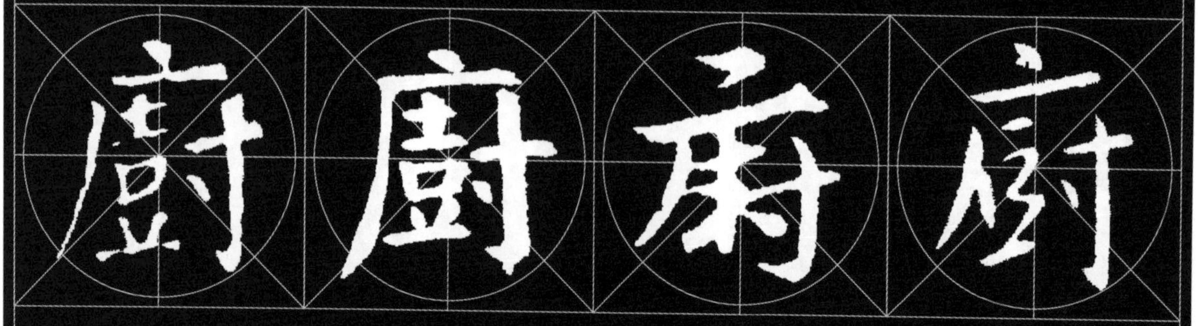

唐 颜真卿　清 钱沣　明 宋克　唐 薛稷

唐 高闲　清 顾蔼吉·隶辨　汉 说文解字　清 邓石如

唐 欧阳询　唐 裴休　明 张瑞图　金 张天锡·草书韵会

汉 武梁刻石　清 何绍基　汉 说文解字　清 吴昌硕

唐 欧阳询　唐 颜真卿　宋 黄庭坚　宋 赵佶

唐 欧阳询　唐 怀素　宋 吴琚　元 康里子山

chú
躇

chǔ
杵（捣，捶，戳，捅）

chǔ
楚

chǔ 础（礎）

chǔ 楮（树名：指纸）

chǔ 褚（姓）zhǔ（口袋）

chǔ
储

唐 褚遂良

元 邓文原

清 桂馥

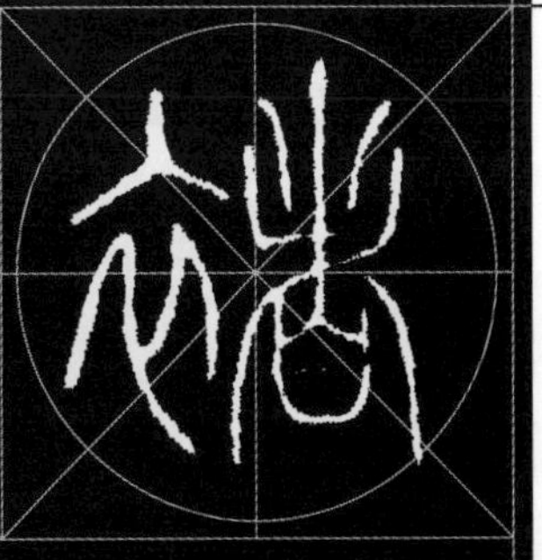
汉 说文解字

北魏 高贞碑

唐 颜真卿

元 赵孟頫

明 董其昌

唐 武则天

元 赵孟頫

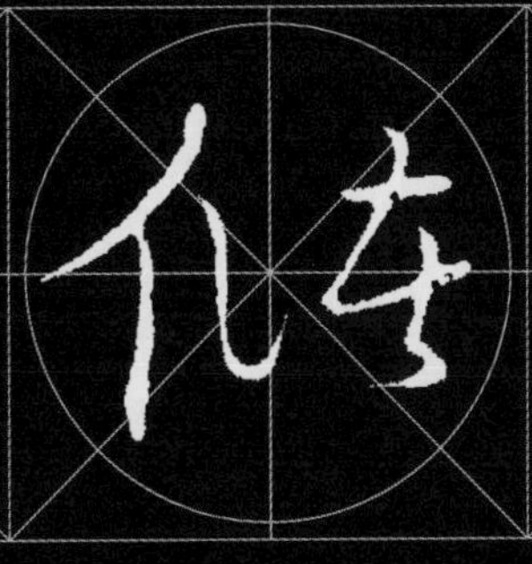
金 张天锡·草书韵会

清 邓石如

chǔ
处
chù
（處、䖏、処）

晋 王献之

唐 颜真卿

明 祝允明

晋 王羲之

宋 苏轼

元 赵孟頫

晋 王羲之

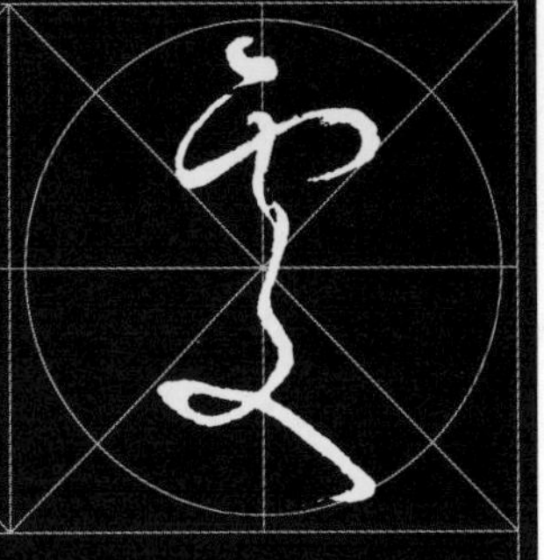
唐 怀素

chù 怵（惧，怕）

chù 俶（开始）tì（同倜）

chù
触

宋 张即之

晋 王献之

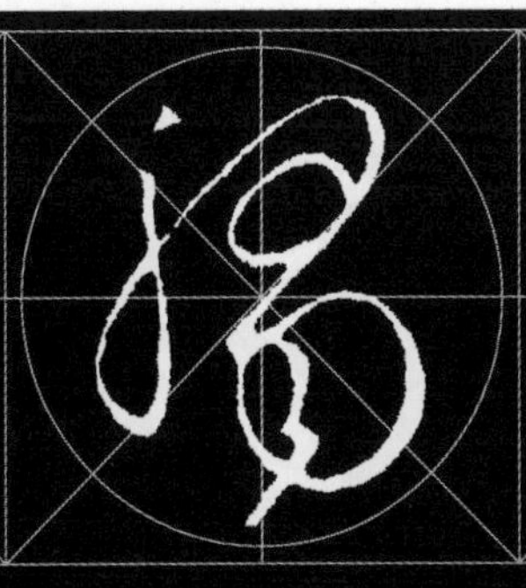
晋 王羲之

晋 王羲之

汉 华山碑

北齐 泰山金刚经

清 何绍基

清 邓石如

chù
黜
（革除；罢免）

隋 智永

明 祝允明

隋 智永

唐 欧阳询

唐 怀素

金 张天锡·草书韵会

汉 孔彪碑

清 王澍

汉 说文解字

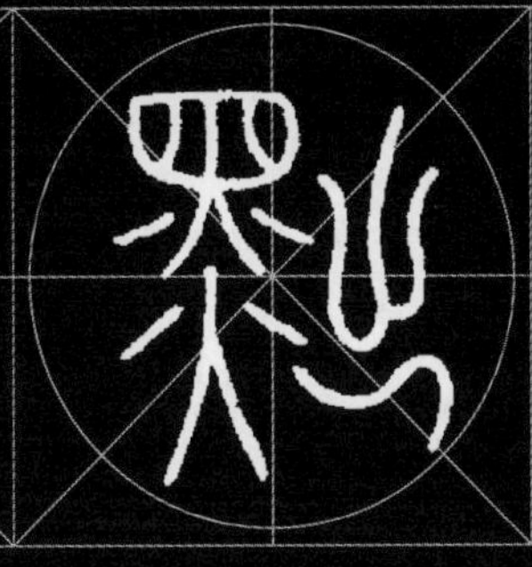
唐 李阳冰

元 赵孟頫

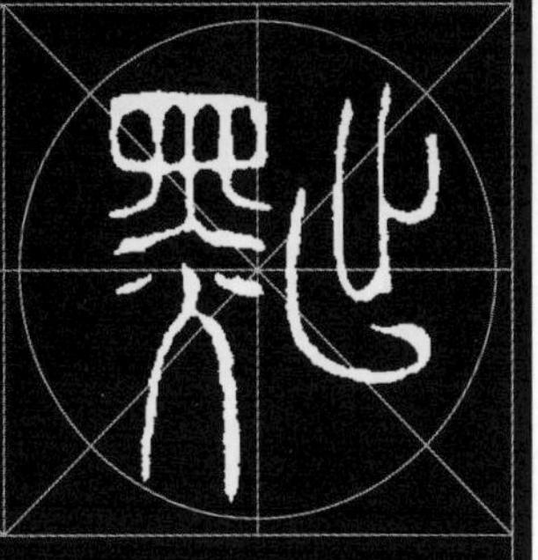
元 吴叡

chù 畜 xù

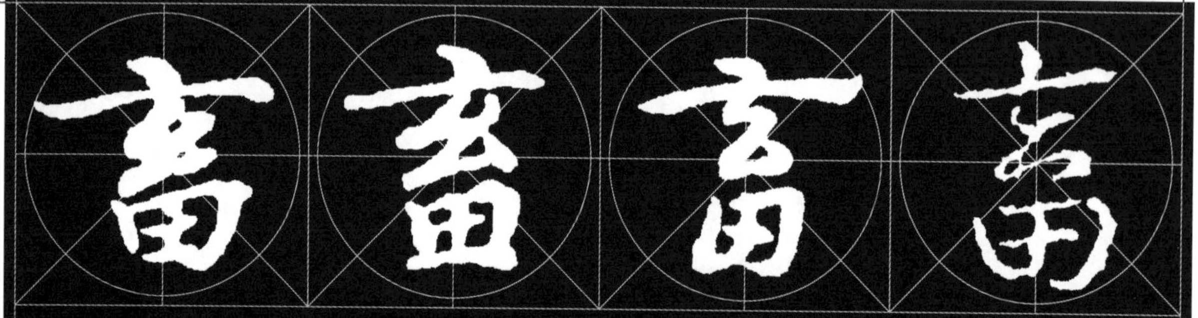

唐 国铨　明 文徵明　明 宋克　三国 皇象

chuāi 揣 chuǎi chuài

宋 苏轼　宋 楼钥　元 康里子山　汉 说文解字

chuān 川

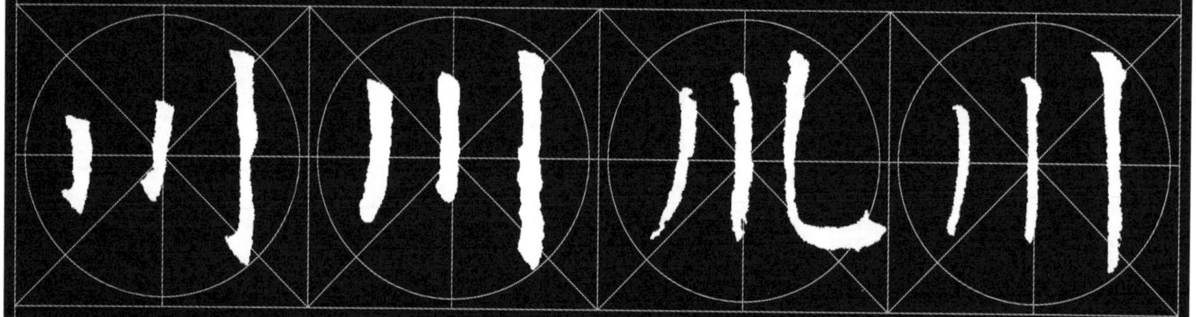

北魏 元诊墓志　唐 虞世南　唐 颜真卿　唐 柳公权

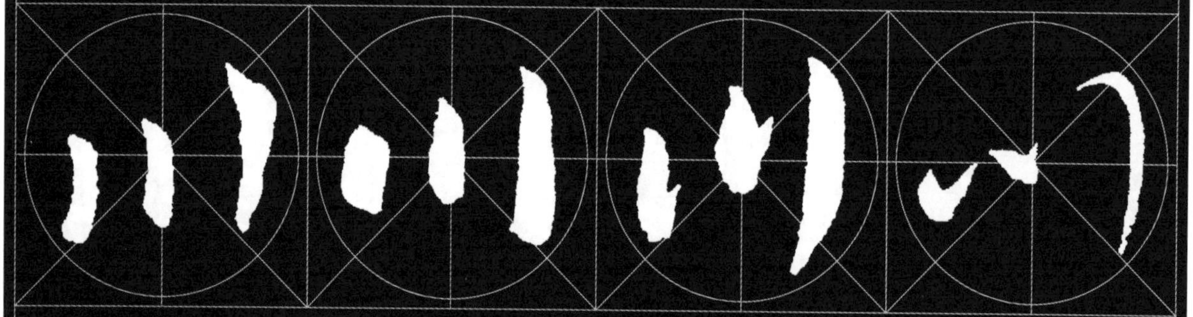

晋 索靖　隋 智永　唐 怀素　宋 赵佶

汉 石门颂　汉 礼器碑　汉 华山碑　汉 郭有道碑

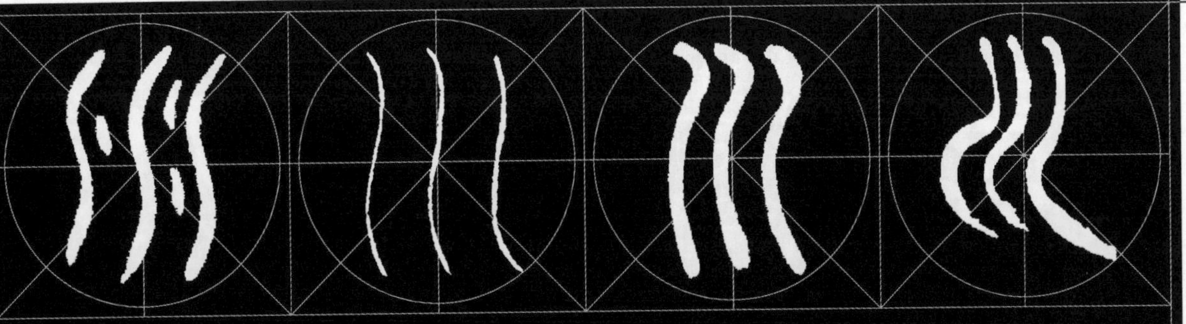

殷商 甲骨文　唐 李阳冰　清 邓石如　清 徐三庚

chuān
穿

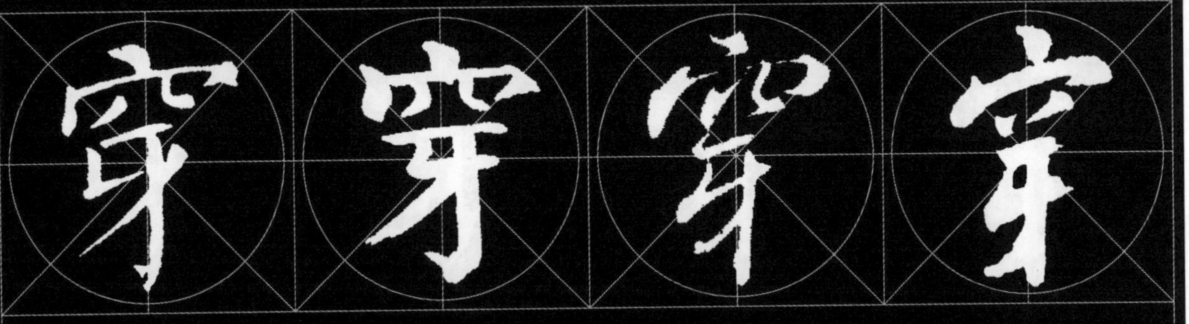

唐 颜真卿　清 钱沣　唐 褚遂良　宋 陆游

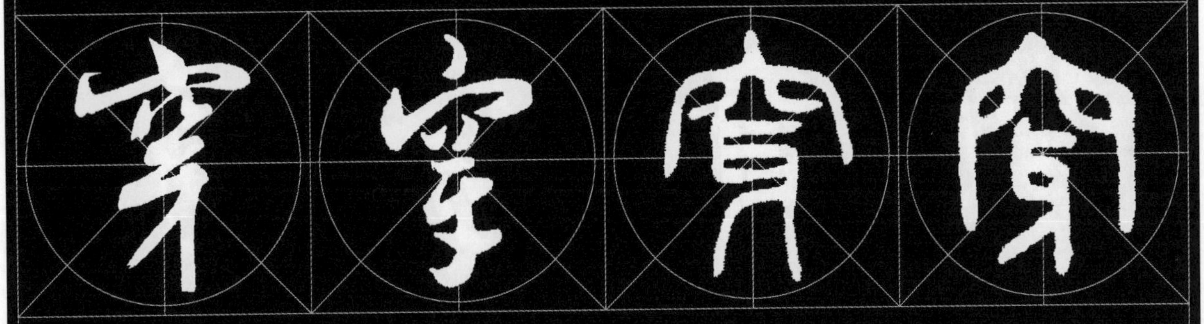

明 文徵明　明 王宠　清 杨沂孙　清 吴大澂

chuán
传
zhuàn

北魏 元诊墓志　唐 欧阳通　唐 颜真卿　唐 柳公权

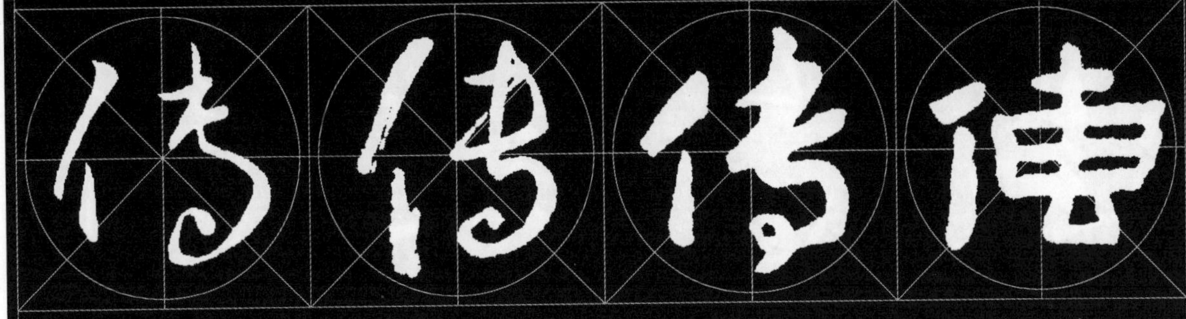

晋 王献之　唐 孙过庭　宋 赵构　清 陈鸿寿

chuán
船（舩、舡）

chuán
遄（快；急）

chuán
椽

chuǎn
舛（差错；违背；不幸）

chuāng
窗（窓、𥦗、窻、牕、牎）

北魏 李璧墓志　宋 苏轼　宋 黄庭坚　元 陆居仁

明 文徵明　明 唐寅　汉 校官碑　汉 说文解字

元 赵孟頫　唐 孙过庭　明 何震　清 杨沂孙

隋 张公礼　唐 柳公权　唐 国铨　宋 张即之

宋 蔡襄　元 赵孟頫　清 傅山　宋 米芾

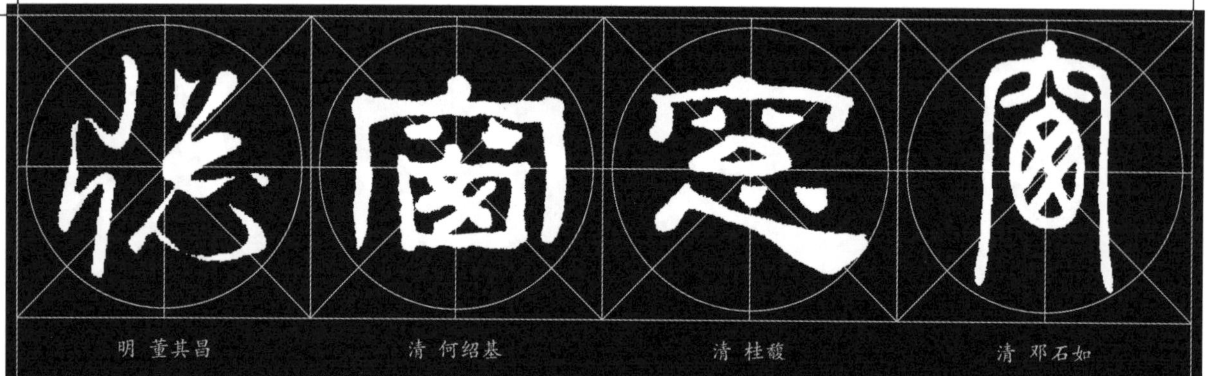

chuāng
疮

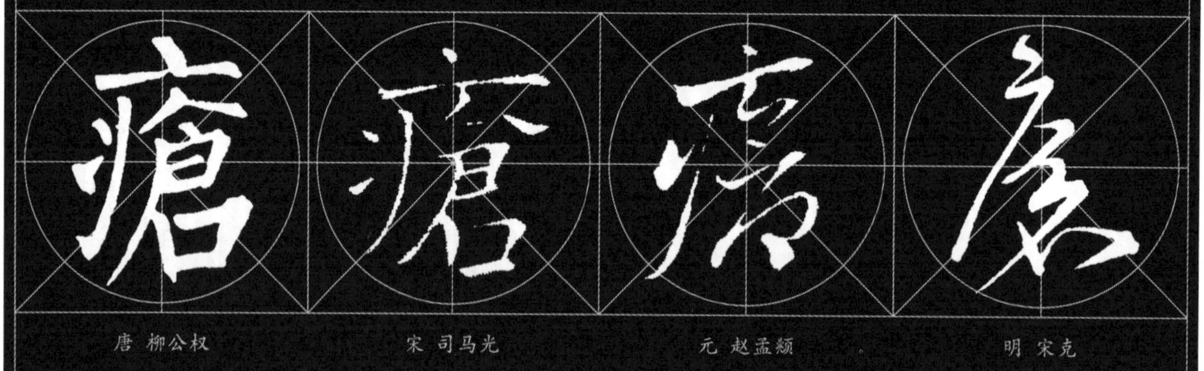

chuāng
创
（创伤）
chuàng
（刱、剏：始造；撰写）

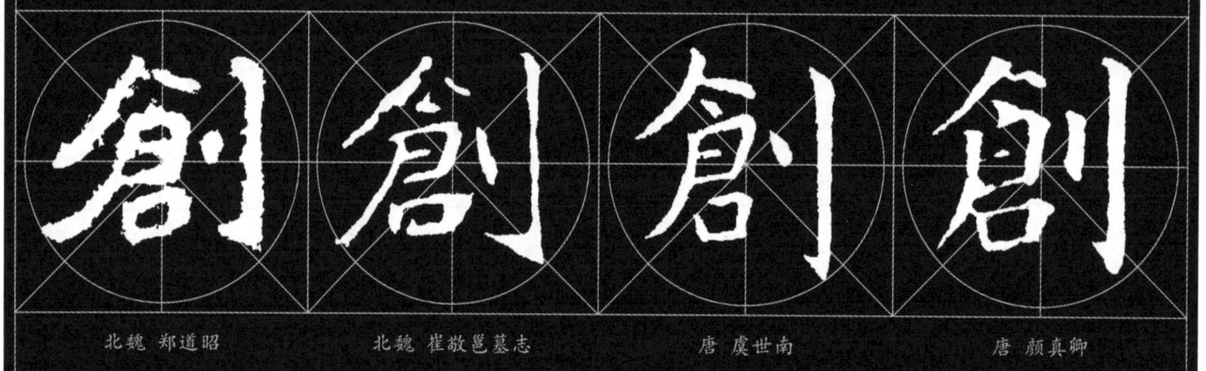

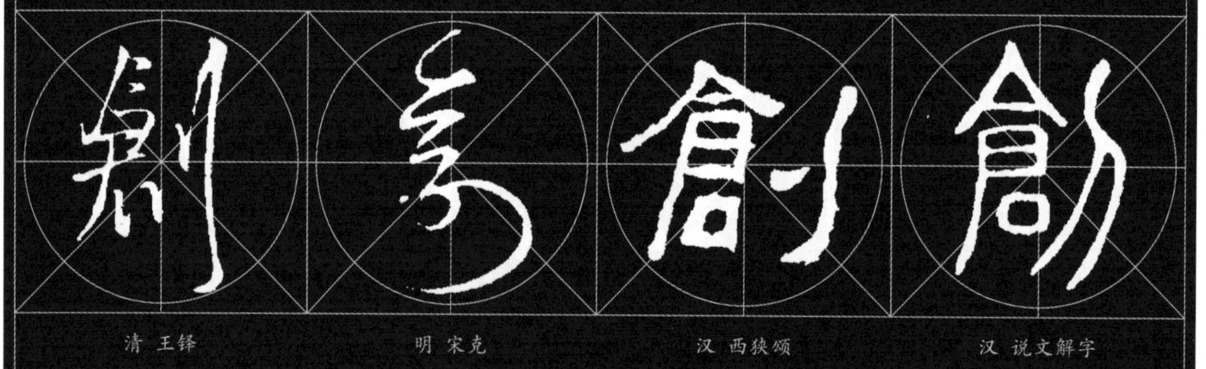

chuáng
床
（牀）

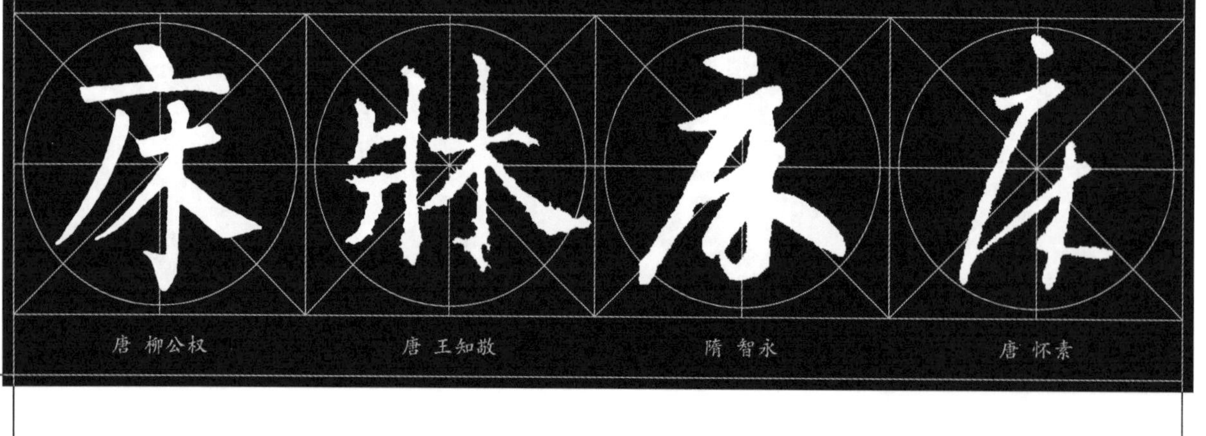

chuàng
怆

chuī
吹

chuī
炊

chuí
垂

殷商 甲骨文　唐 李阳冰　清 田潜　清 吴熙载

元 赵孟頫　宋 黄庭坚　金 张天锡·草书韵会　汉 武梁刻石

隋 苏孝慈墓志　唐 欧阳询　唐 颜真卿　唐 柳公权

宋 米芾　元 赵孟頫　晋 王羲之　清 王铎

三国 皇象　晋 王羲之　唐 孙过庭　明 宋克

汉 乙瑛碑　汉 夏承碑　汉 校官碑　汉 张迁碑

唐 李阳冰　元 赵孟頫　清 邓石如　清 杨沂孙

唐 柳公权　唐 吴彩鸾　金 王庭筠　秦 会稽刻石

唐 李邕　宋 苏轼　唐 孙过庭　清 杨沂孙

唐 颜真卿　唐 孙过庭　清 顾蔼吉·隶辨　清 康熙字典

chuí
陲

chuí
椎
zhuī

chuí
锤
（鎚）

chūn
春

北魏 元诊墓志
唐 褚遂良
唐 欧阳询
唐 颜真卿
宋 赵构
明 唐寅
汉 张芝
唐 孙过庭
唐 怀素
明 王宠
汉 孔宙碑
汉 张寿碑
汉 史晨碑
汉 尹宙碑
清 邓石如
清 田潜

chūn
椿

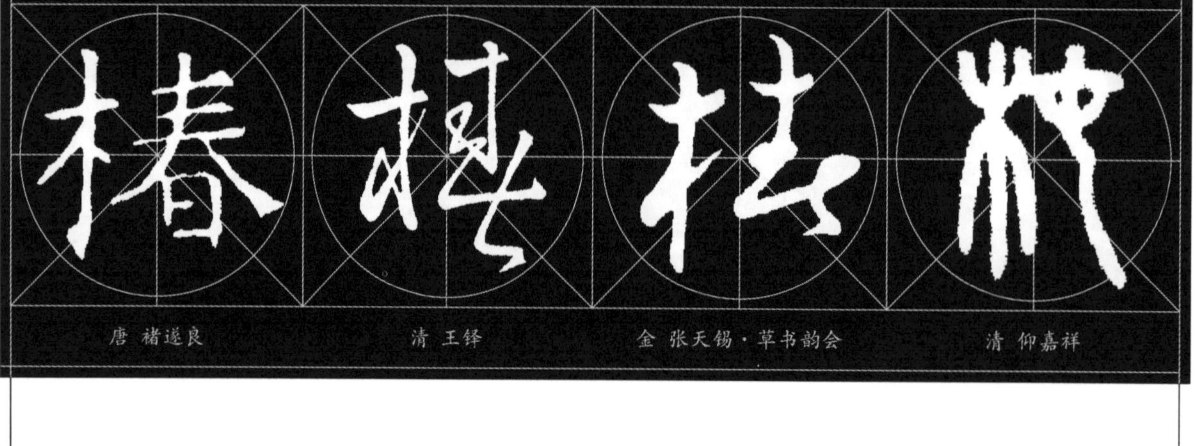
唐 褚遂良
清 王铎
金 张天锡·草书韵会
清 仰嘉祥

chún
纯

北魏 高贞碑 | 唐 欧阳询 | 唐 颜真卿 | 宋 黄庭坚

唐 李邕 | 唐 李邕 | 明 董其昌 | 晋 王羲之

汉 衡方碑 | 汉 郭有道碑 | 汉 张迁碑 | 汉 张寿碑

周 大克鼎 | 清 邓石如 | 清 徐三庚 | 清 吴大澂

chún
唇（脣）

唐 颜真卿 | 唐 陆柬之 | 晋 王羲之 | 唐 孙过庭

chún
淳

元 鲜于枢
汉 说文解字
汉 说文解字
清 康熙字典
唐 欧阳询
唐 虞世南
唐 颜真卿
唐 欧阳询
唐 魏栖梧
宋 苏轼
清 翁方纲
三国 皇象
唐 李世民
唐 孙过庭
宋 文天祥
汉 景君碑
唐 徐浩
汉 说文解字
清 徐三庚
清 黄士陵

chún
醇

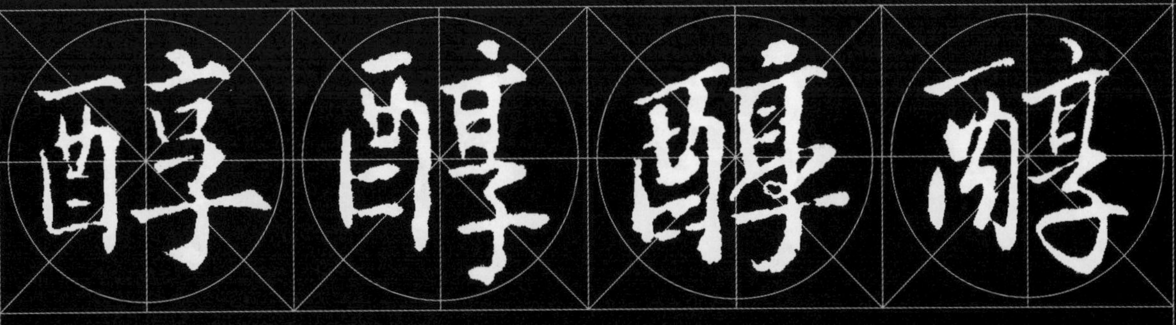

唐 欧阳通　　唐 张从申　　宋 苏轼　　元 赵孟頫

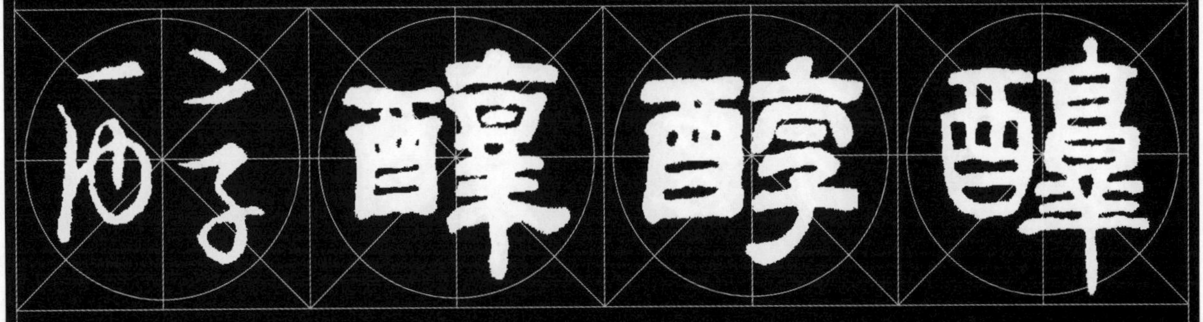

金 张天锡·草书韵会　　清 钱泳　　清 顾蔼吉　　清 杨沂孙

chún
鹑

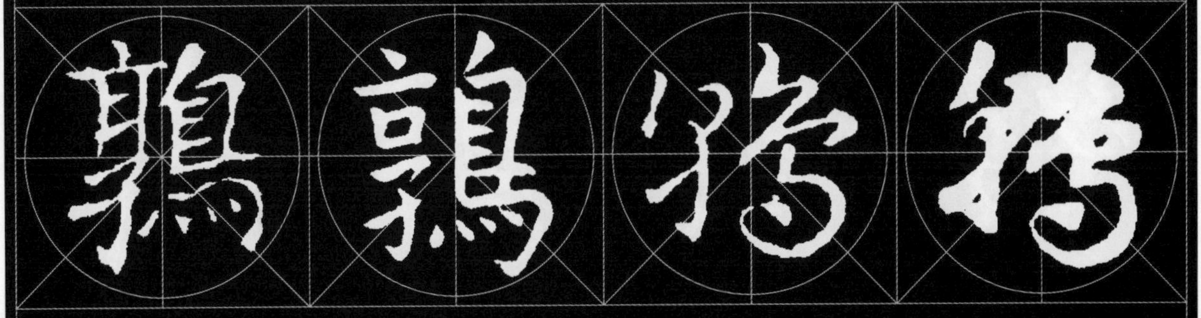

隋 龙藏寺碑　　唐 虞世南　　三国 皇象　　元 赵孟頫

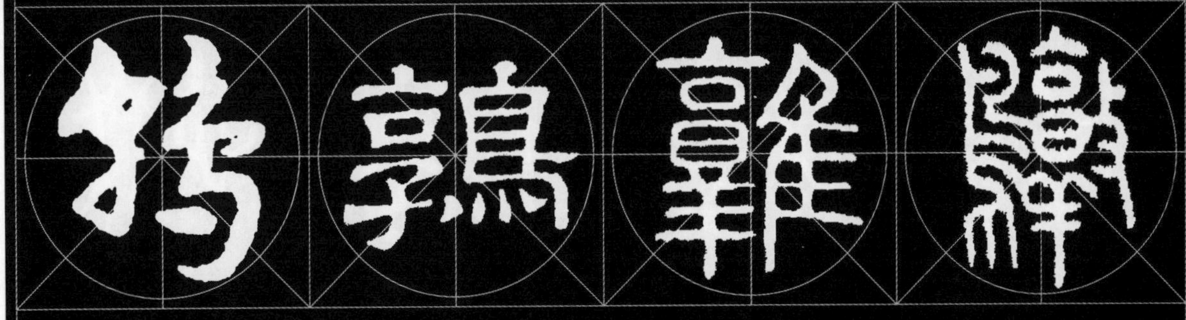

明 宋克　　清 顾蔼吉·隶辨　　汉 说文解字　　清 王禔

chǔn
蠢

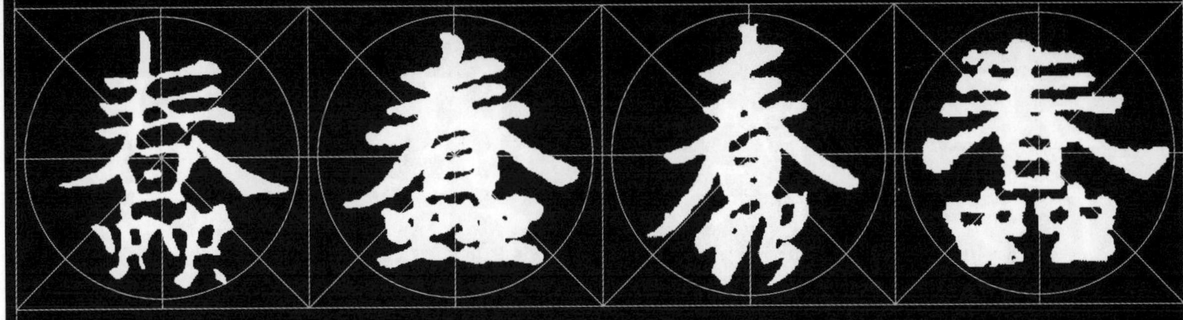

唐 欧阳通　　唐 吴彩鸾　　元 赵孟頫　　汉 鲜于璜碑

chuò 绰（宽裕）

chuò 啜（饮，吃）

chuò 惙（忧伤；疲乏）

chuò 辍（中止）

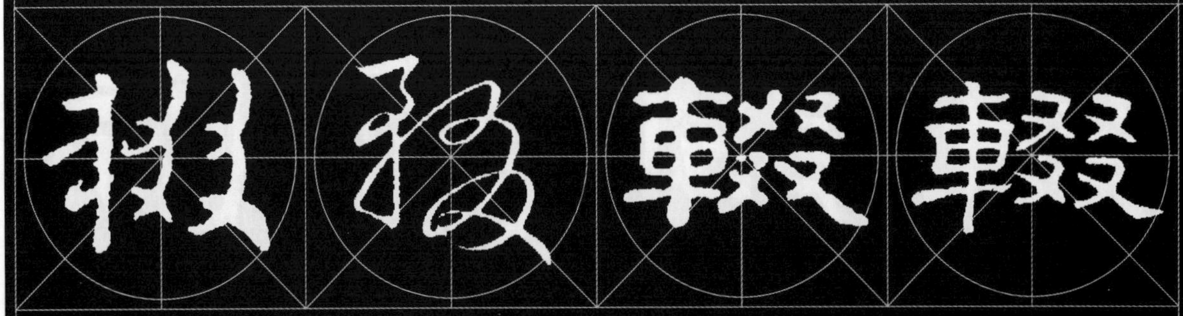

晋 索靖　元 赵孟頫　清 钱沣　清 顾蔼吉·隶辨

cī
疵

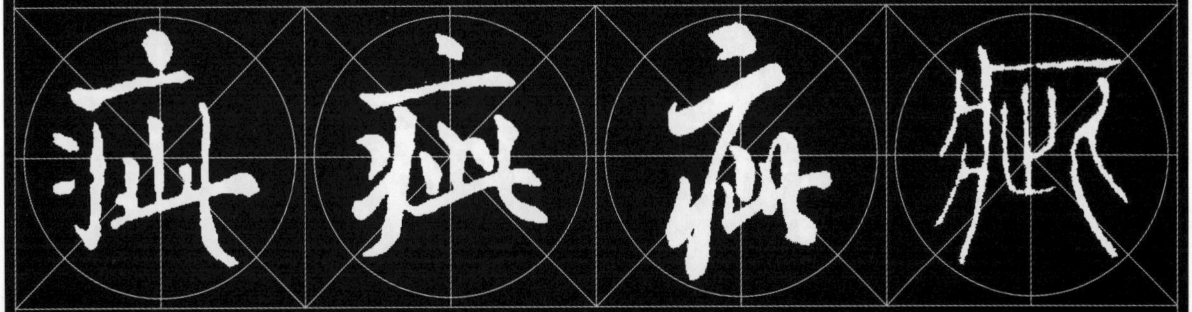

唐 欧阳询　元 赵孟頫　清 沈荃　汉 说文解字

cí
词

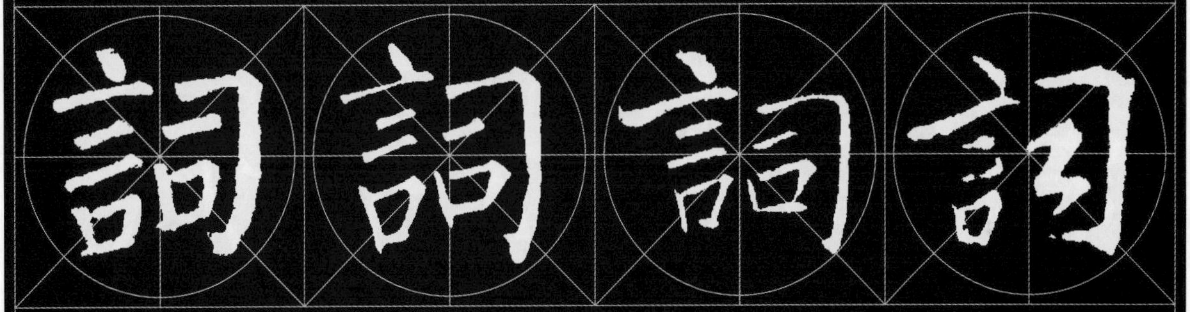

唐 颜真卿　唐 柳公权　唐 褚遂良　晋 王羲之

唐 李邕　宋 苏轼　清 张照　唐 孙过庭

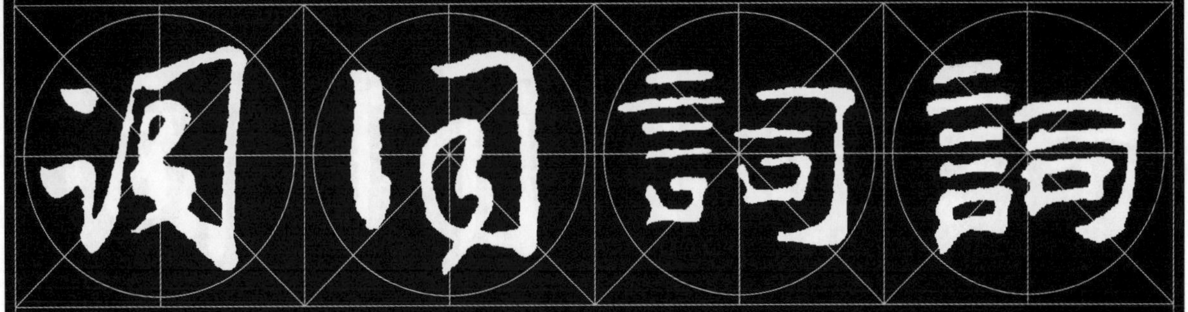

宋 米芾　宋 赵构　唐 韩择木　元 吴叡

cí
祠

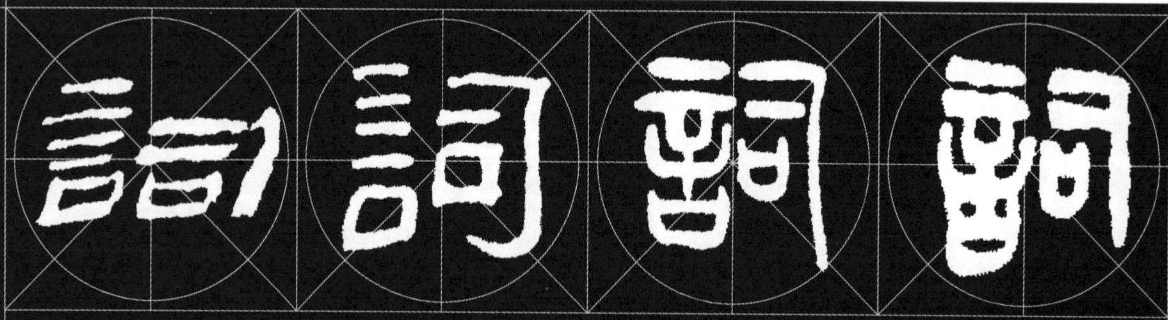

清 金农　清 俞樾　清 杨沂孙　清 吴大澂

三国 皇象　晋 王羲之　北魏 张猛龙碑　唐 褚遂良

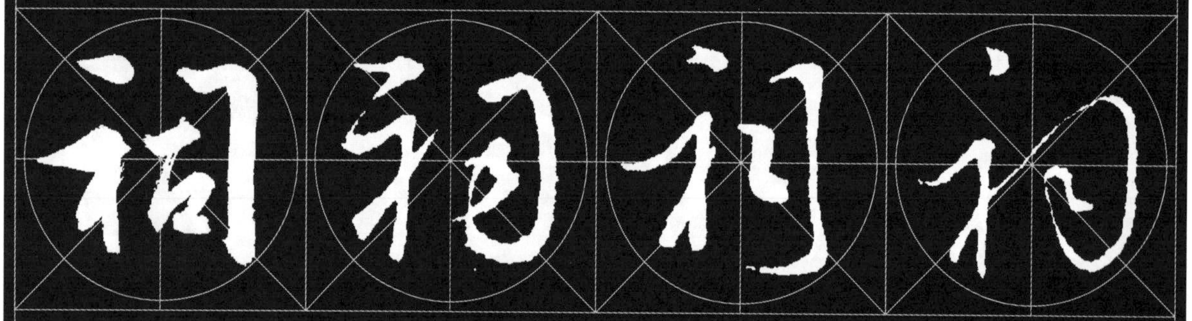

明 文徵明　晋 王献之　宋 蔡襄　宋 吴说

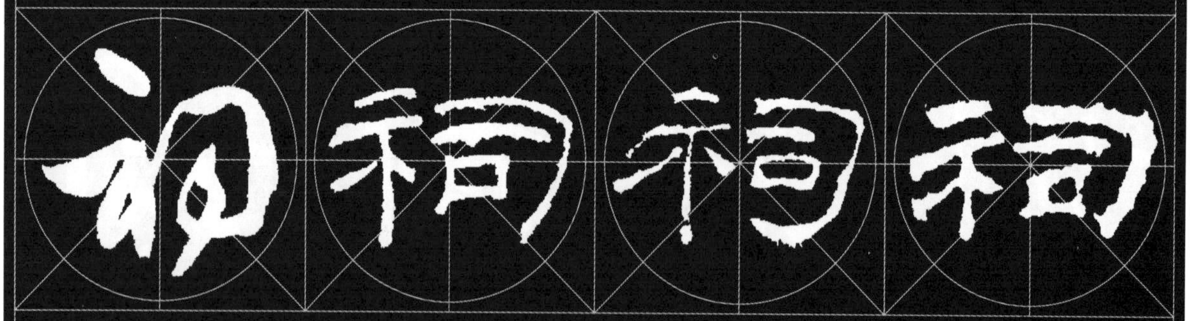

明 王守仁　汉 乙瑛碑　汉 孔宙碑　汉 华山碑

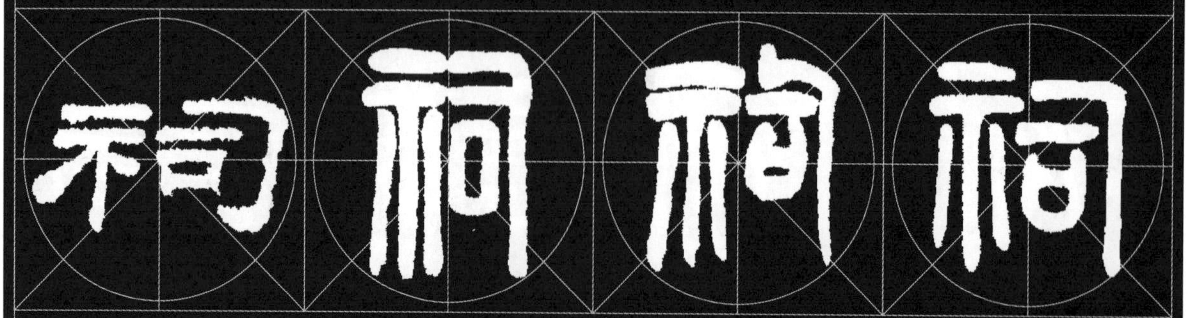

汉 桐柏庙碑　清 邓石如　清 赵之谦　清 吴大澂

cí
兹
（qiū 龟兹：汉代西域国名）
zī（年；此；现在）

cí
慈

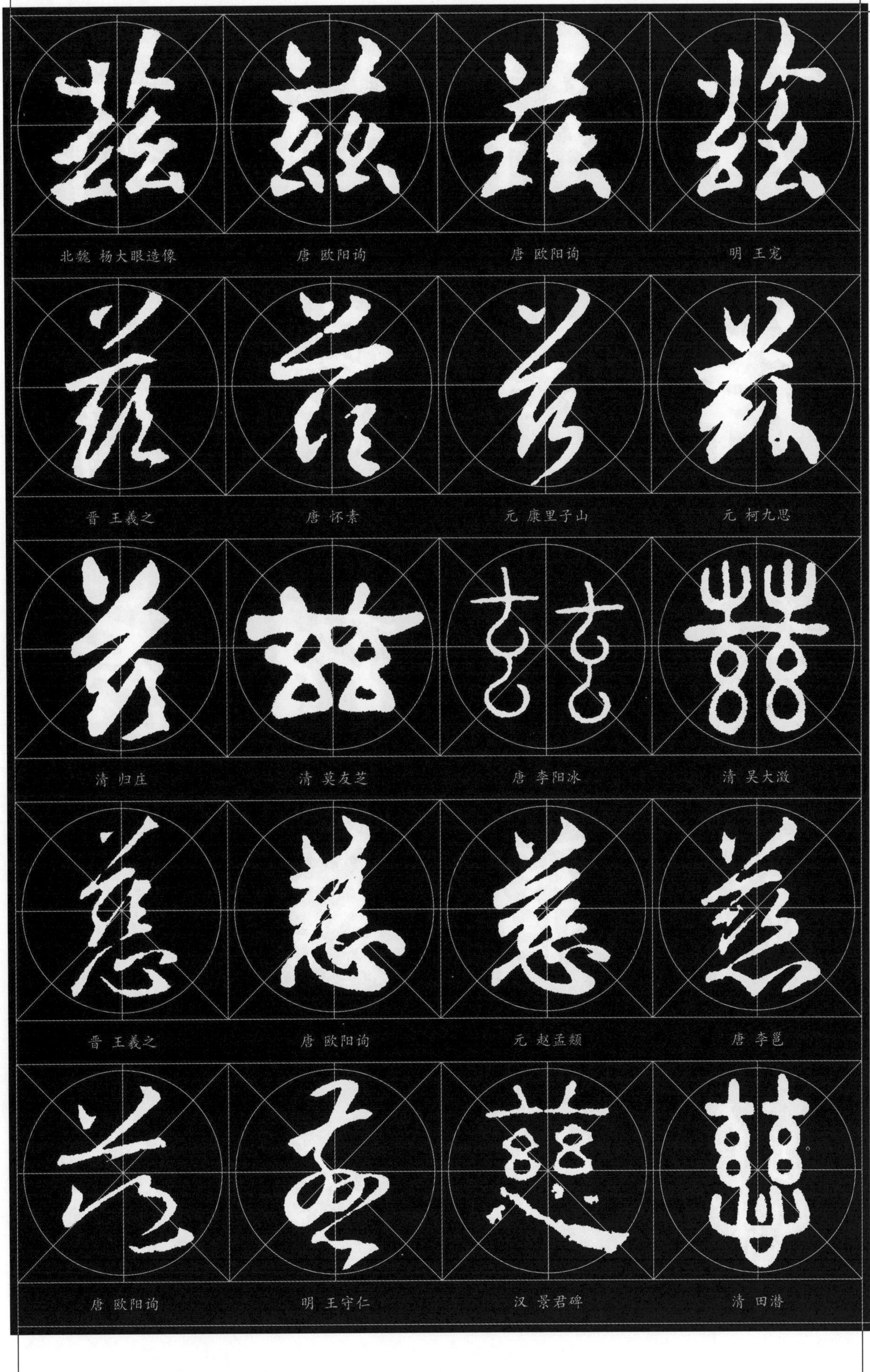

北魏 杨大眼造像　唐 欧阳询　唐 欧阳询　明 王宠
晋 王羲之　唐 怀素　元 康里子山　元 柯九思
清 归庄　清 莫友芝　唐 李阳冰　清 吴大澂
晋 王羲之　唐 欧阳询　元 赵孟頫　唐 李邕
唐 欧阳询　明 王守仁　汉 景君碑　清 田潜

cí
辞（辭、辤、𤔲）

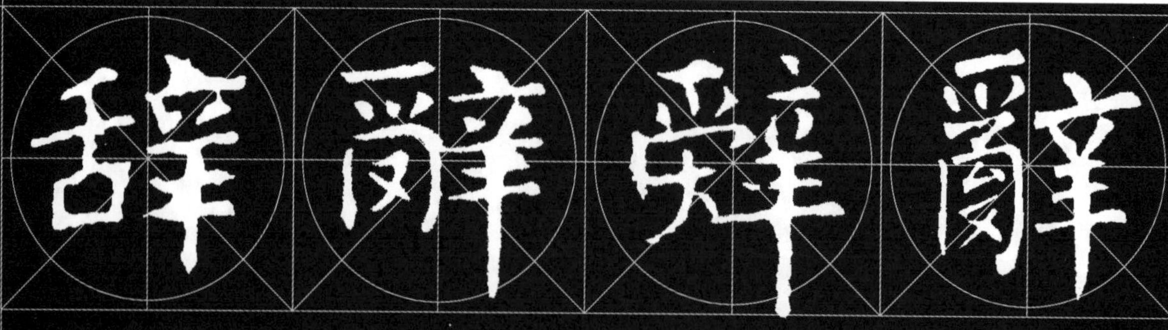

南北朝 郑道昭　北朝 敬使君碑　唐 欧阳询　唐 柳公权

唐 陆柬之　明 文彭　宋 米芾　唐 李世民

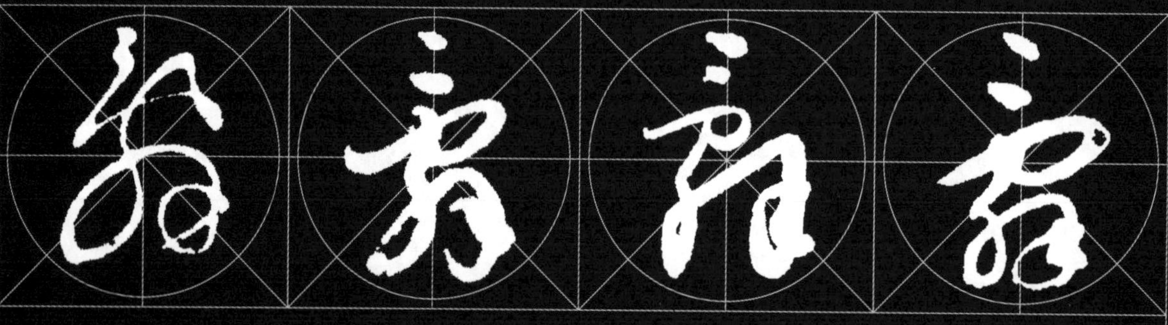

晋 王羲之　唐 孙过庭　唐 怀素　元 揭傒斯

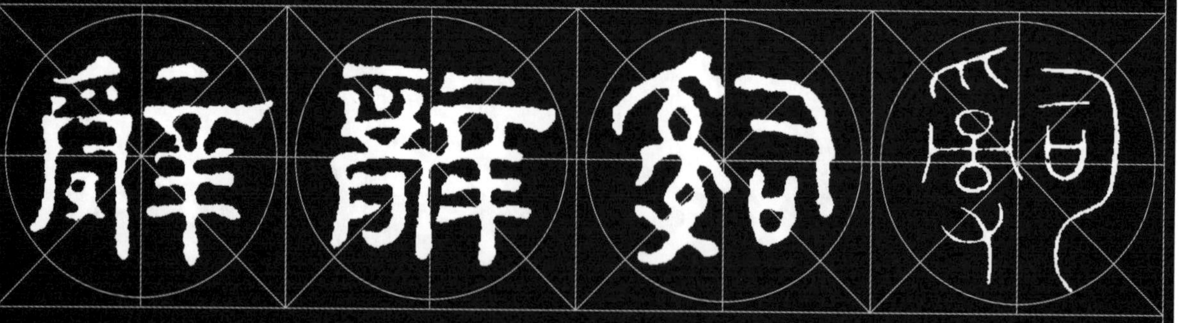

三国 钟繇　元 吴叡　周 散氏盘　唐 李阳冰

cí
雌

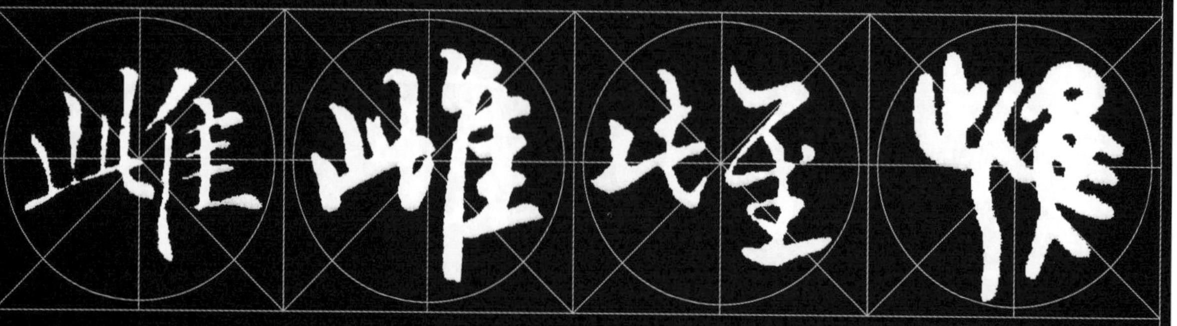

元 王蒙　明 唐寅　三国 皇象　清 吴大澂

cǐ
此

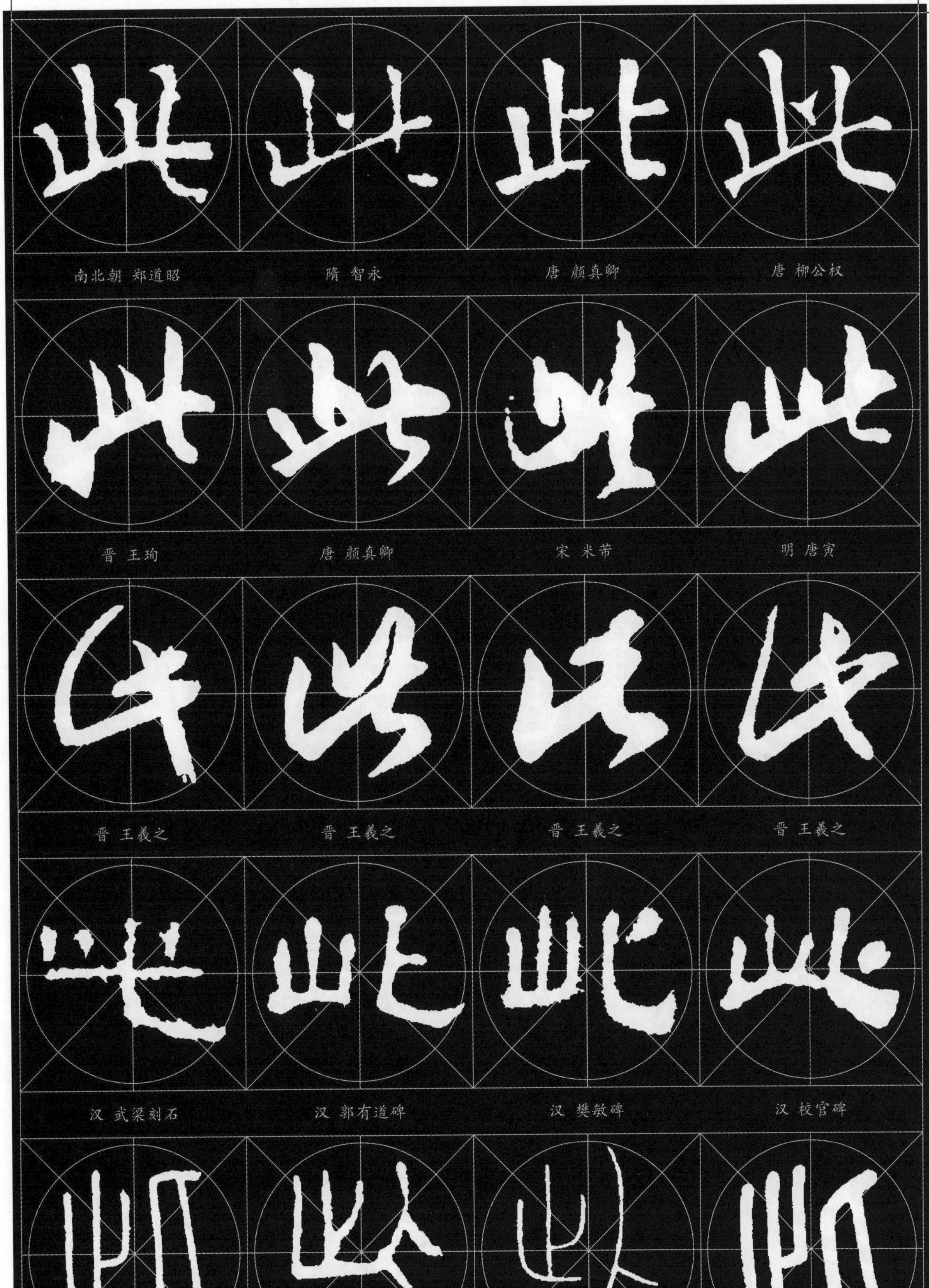
南北朝 郑道昭
隋 智永
唐 颜真卿
唐 柳公权
晋 王珣
唐 颜真卿
宋 米芾
明 唐寅
晋 王羲之
晋 王羲之
晋 王羲之
晋 王羲之
汉 武梁刻石
汉 郭有道碑
汉 樊敏碑
汉 校官碑
秦 李斯
汉 马王堆帛书
唐 李阳冰
清 吴大澂

cì
次

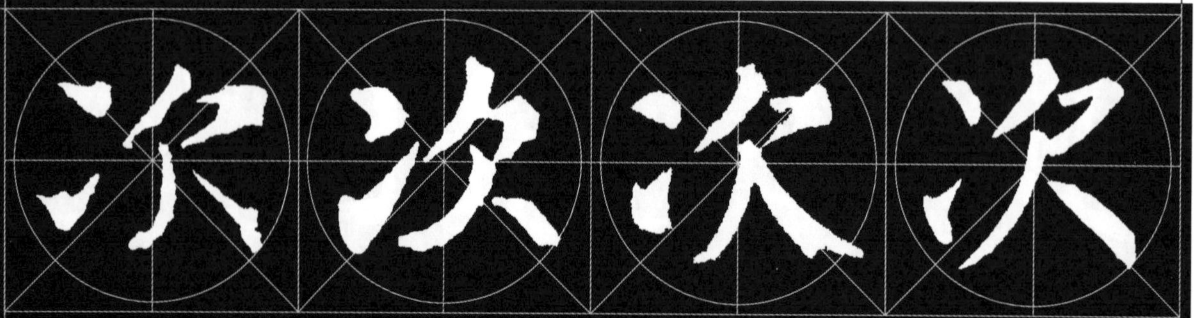

隋 龙藏寺碑 | 唐 李邕 | 唐 颜真卿 | 唐 柳公权

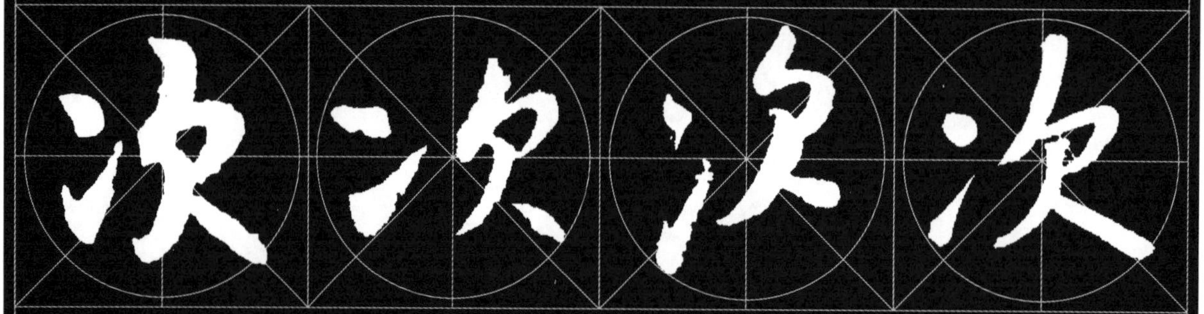

晋 王羲之 | 唐 颜真卿 | 宋 米芾 | 明 董其昌

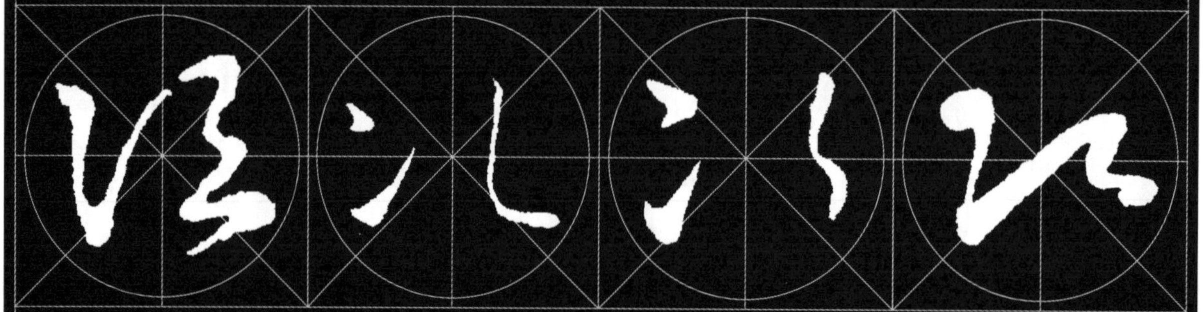

三国 皇象 | 唐 欧阳询 | 唐 孙过庭 | 唐 怀素

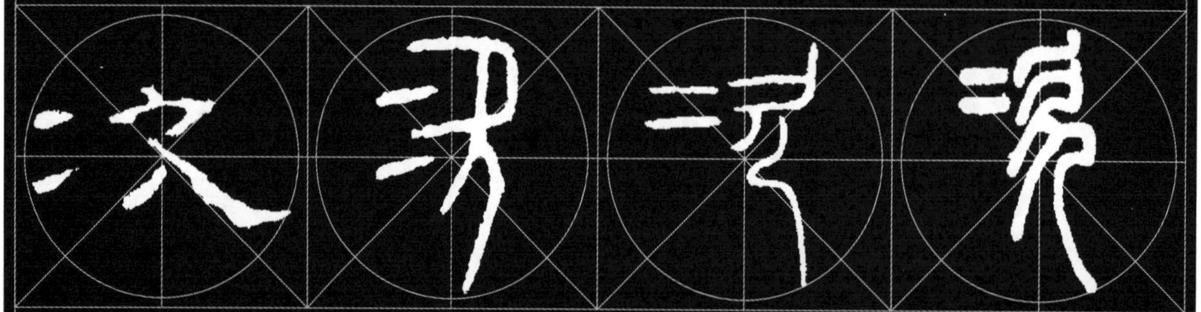

汉 礼器碑 | 周 颂鼎 | 元 吴叡 | 清 邓石如

cì
刺
cī

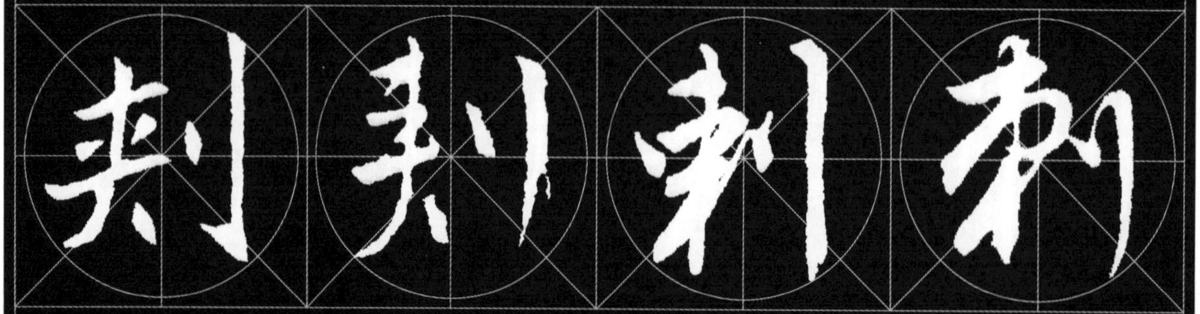

北魏 元诊墓志 | 唐 颜真卿 | 明 唐寅 | 明 董其昌

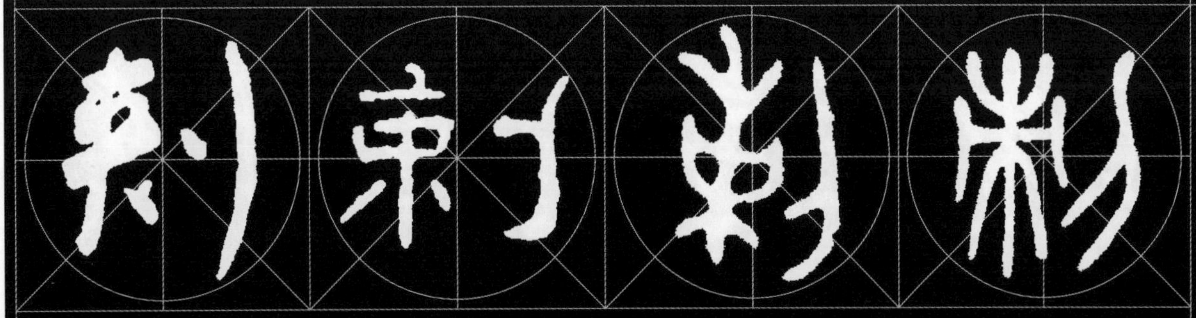

清 何绍基　唐 韩择木　周 墙盘　清 杨沂孙

cì
赐

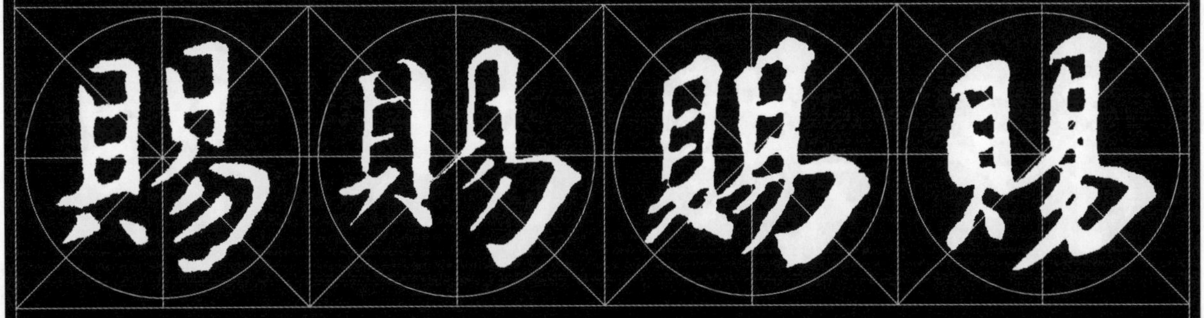

唐 虞世南　唐 颜真卿　宋 苏轼　宋 吕嘉问

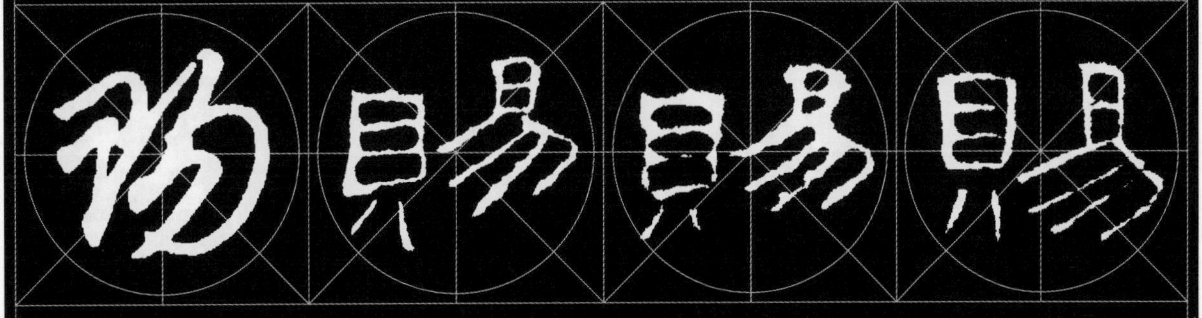

元 赵孟頫　汉 礼器碑　汉 史晨碑　汉 曹全碑

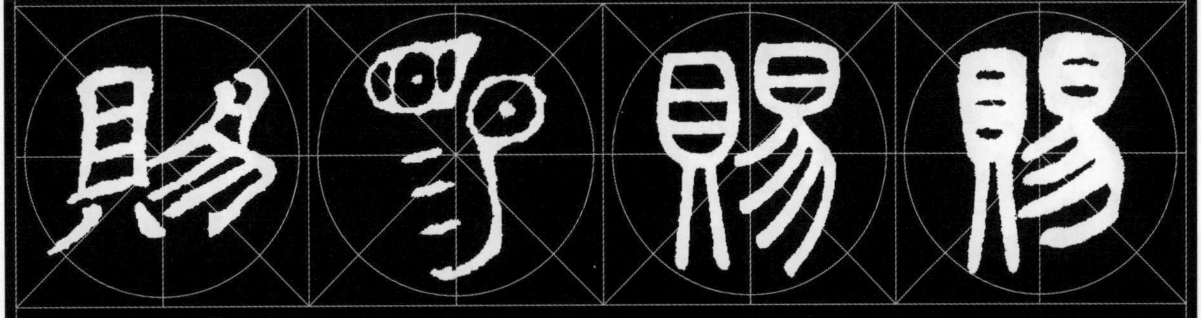

三国 王基碑　周 毛公鼎　元 赵孟頫　清 吴大澂

cōng
匆（怱、悤）

宋 苏洵　宋 苏轼　宋 米芾　明 唐寅

cōng
聪

cóng
从
（從）

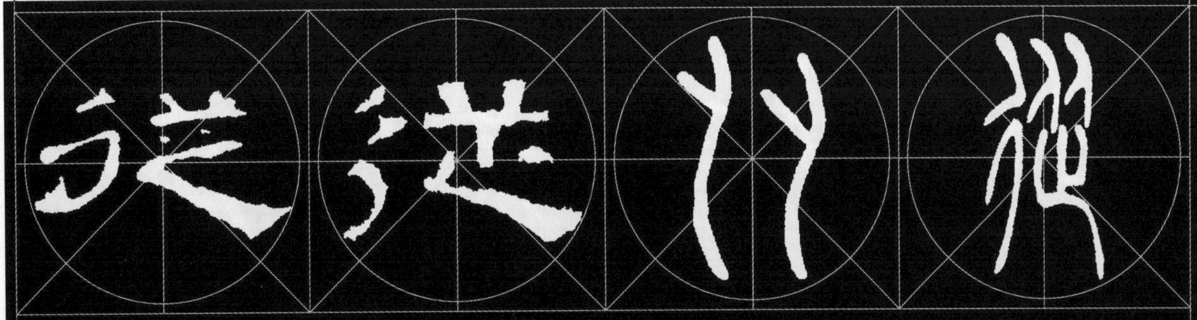

汉 曹全碑 | 汉 张迁碑 | 殷商 甲骨文 | 清 吴熙载

cóng
丛（叢）

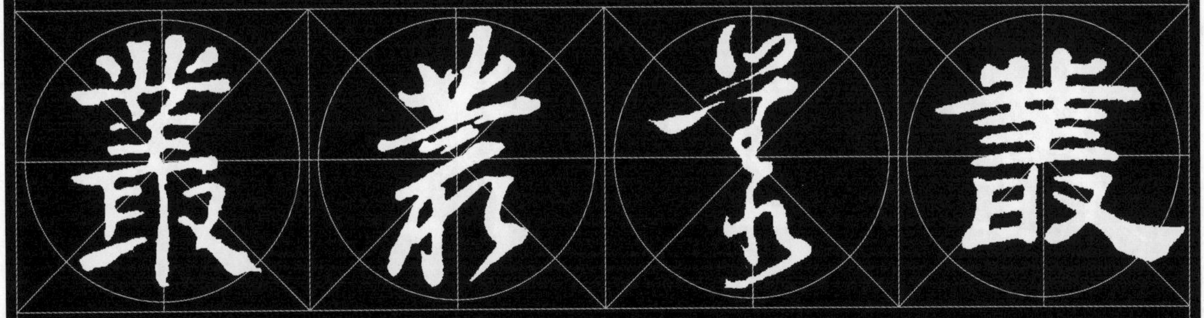

唐 颜真卿 | 明 董其昌 | 唐 怀素 | 清 桂馥

cóng
淙

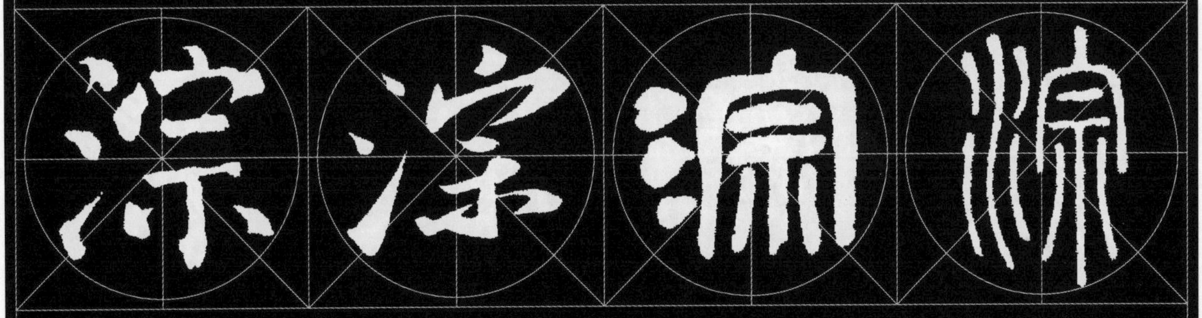

唐 颜真卿 | 宋 苏轼 | 清 吴昌硕 | 汉 说文解字

cóng
琮

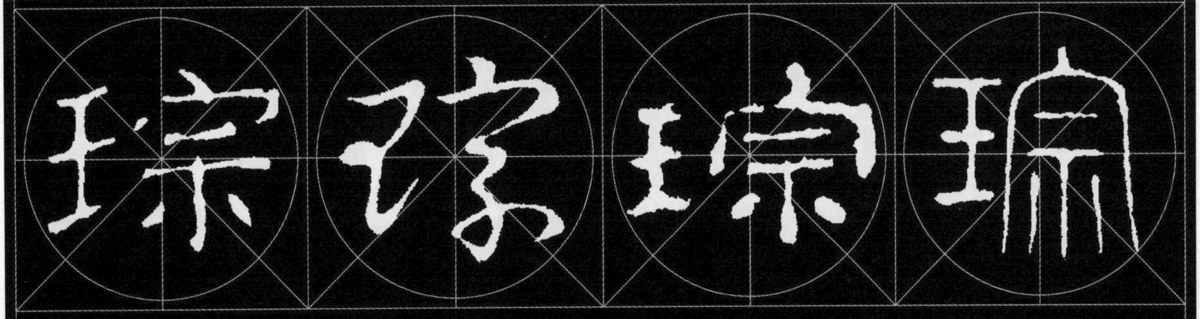

隋 张公礼 | 金 张天锡·草书韵会 | 汉 史晨碑 | 汉 说文解字

còu
凑（湊）

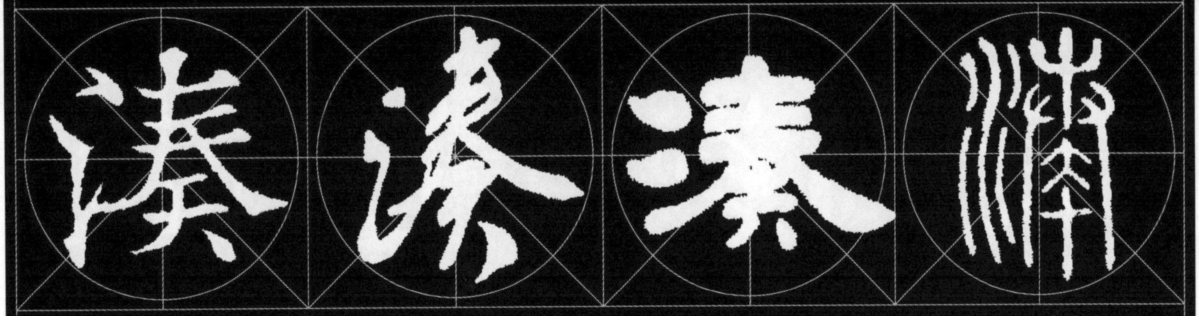

唐 欧阳通 | 唐 颜真卿 | 清 姚元之 | 汉 说文解字

cū
粗（觕、麤、麄）

cú
徂（往；始；消逝）

cù
促

三国 钟繇	隋 张公礼	唐 薛稷	唐 国诠
宋 苏轼	元 赵孟頫	晋 王羲之	唐 孙过庭
晋 王羲之	宋 米芾	清 顾蔼吉·隶辨	清 杨沂孙
隋 苏孝慈墓志	清 钱泳	清 杨沂孙	清 赵之谦
北魏 墓志	元 鲜于枢	晋 王羲之	汉 西狭颂

cù
酢（醋的本字）
zuò（报答）
cù
醋

cù
蹴（蹵）

cuàn
窜

cuàn
爨（烧火煮饭；灶）

cuī
崔

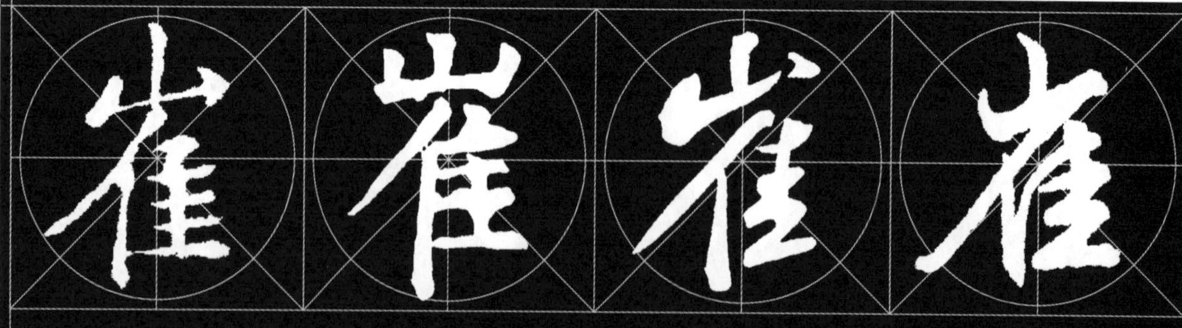

北朝 敬使君碑 | 唐 颜真卿 | 宋 苏轼 | 明 文徵明

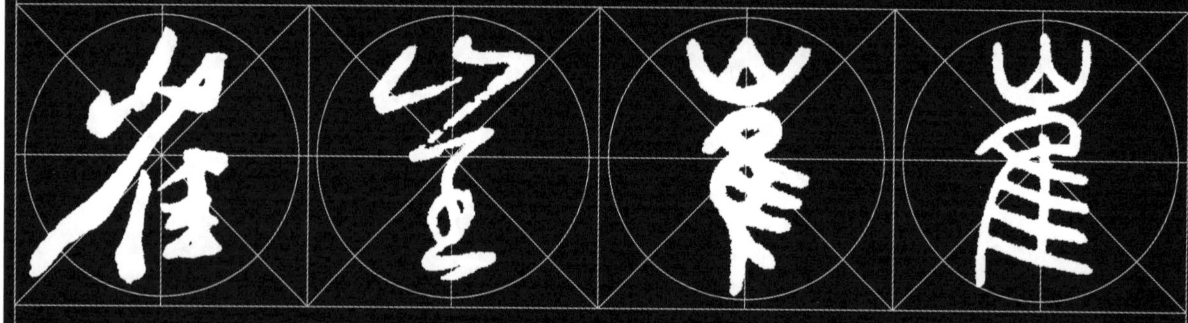

明 王宠 | 唐 怀素 | 清 吴大澂 | 清 吴熙载

cuī
催

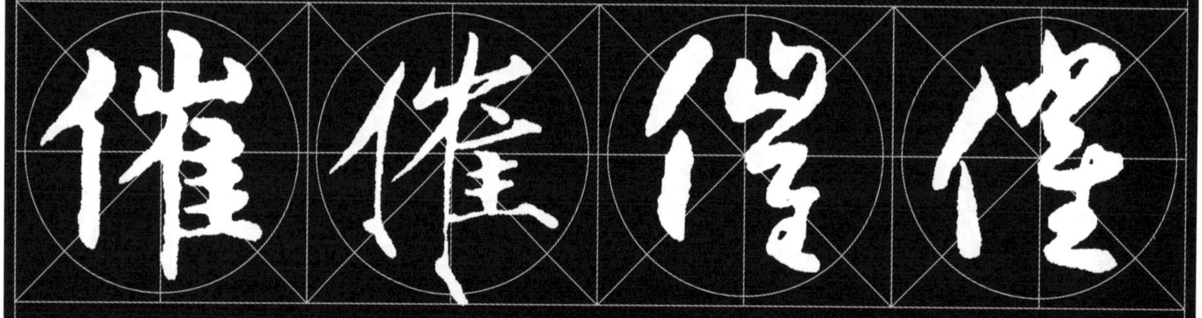

元 赵孟頫 | 宋 赵佶 | 唐 怀素 | 元 揭傒斯

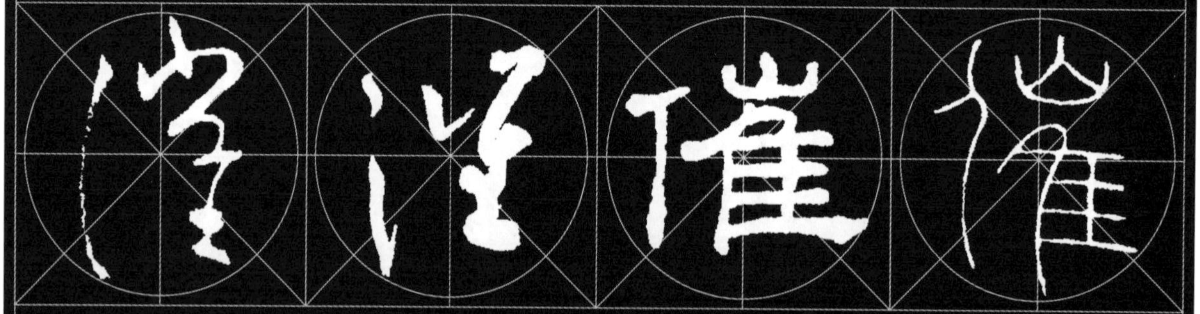

唐 欧阳询 | 宋 黄庭坚 | 清 王澍 | 唐 李阳冰

cuī
摧

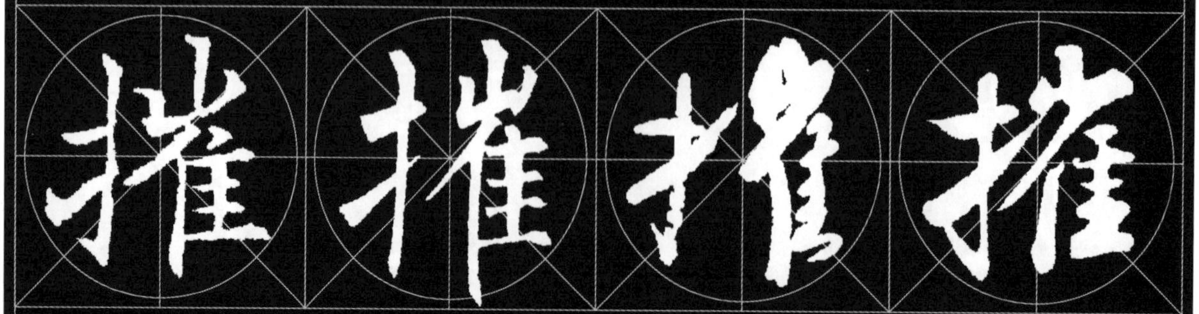

唐 欧阳通 | 唐 柳公权 | 唐 颜真卿 | 宋 楼钥

cuǐ
璀

cuì
悴
（顇）

cuì
淬

cuì 萃

cuì 粹

cuì 翠

cuì
毳

cūn
村（邨）

明 王宠　晋 辟雍碑　清 王澍　唐 李阳冰

元 鲜于枢　周 金文　清 杨沂孙　清 吴大澂

隋 龙藏寺碑　宋 苏过　宋 张即之　宋 苏轼

元 赵孟頫　明 文徵明　明 唐寅　晋 王荟

明 董其昌　清 王铎　汉 说文解字　清 吴昌硕

cún
存

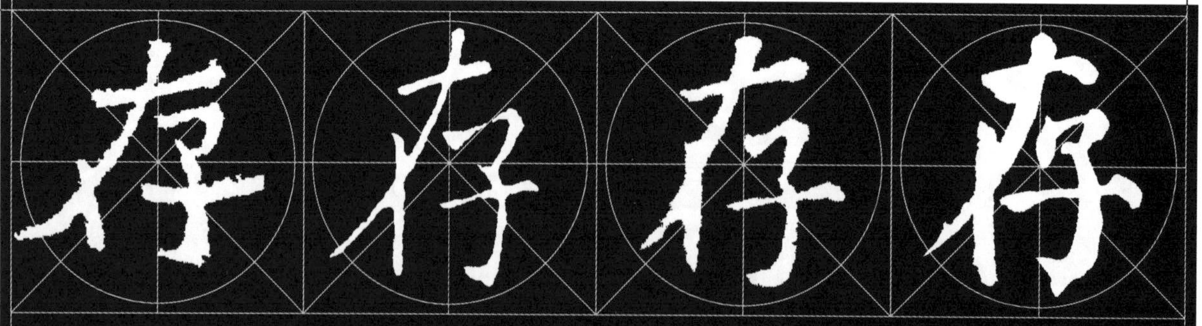

南朝 爨龙颜碑　唐 欧阳询　唐 虞世南　唐 颜真卿

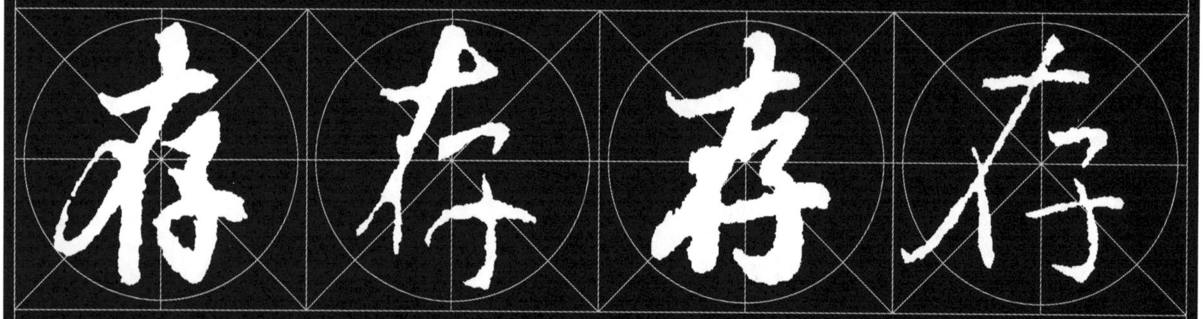

唐 欧阳询　唐 李世民　唐 陆柬之　唐 李邕

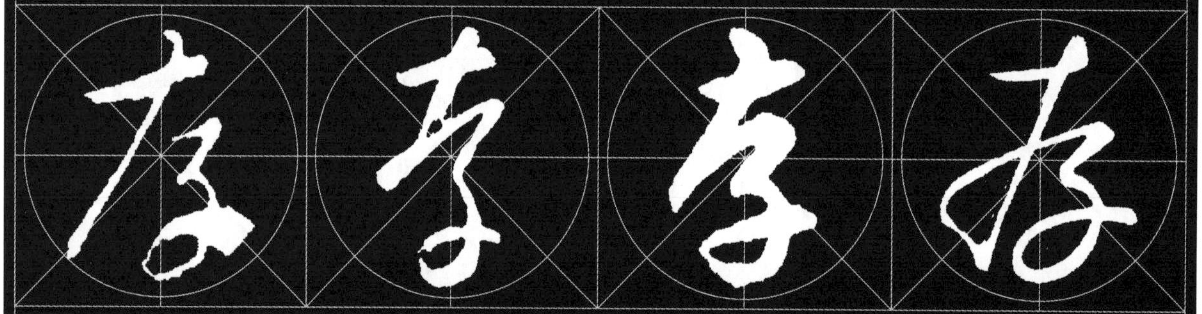

晋 索靖　唐 怀素　元 揭傒斯　元 康里子山

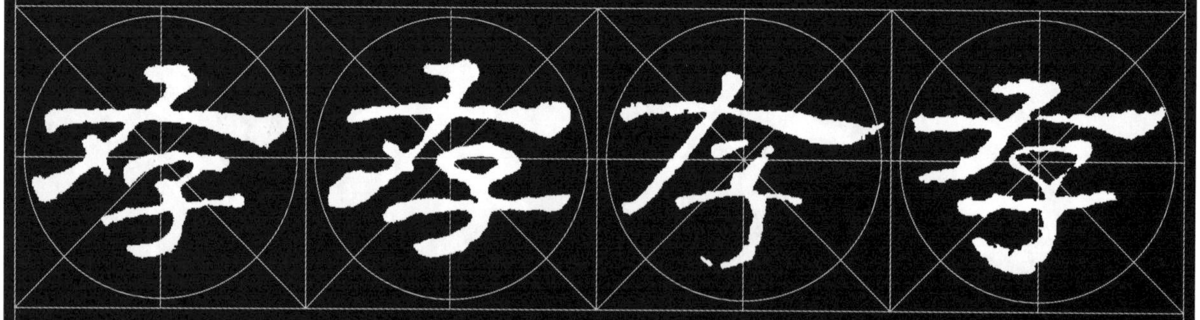

汉 华山碑　汉 郭有道碑　汉 曹全碑　汉 张迁碑

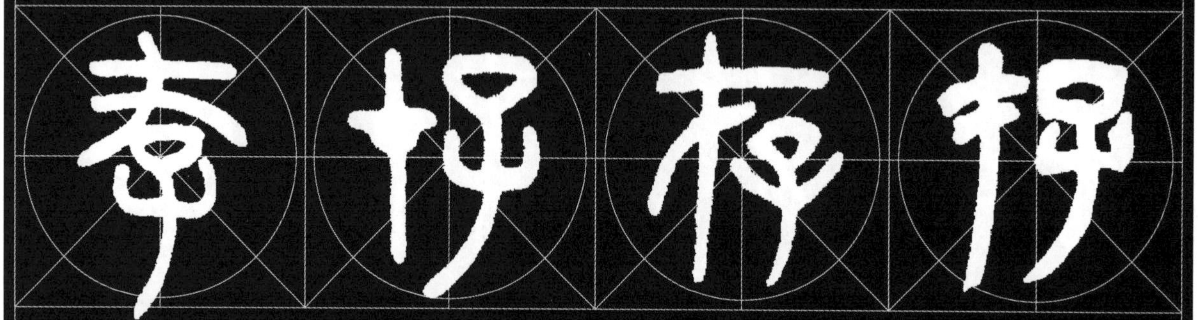

清 邓石如　清 田潜　清 杨沂孙　清 吴咨

cùn 寸

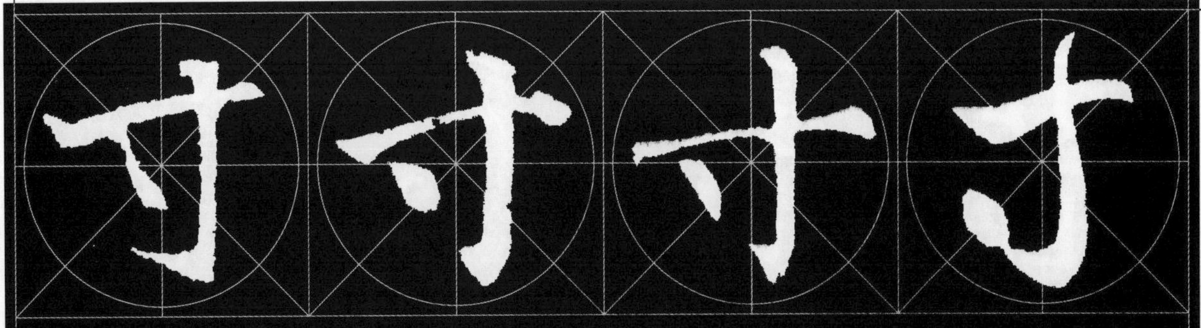

北魏 墓志　　唐 颜真卿　　唐 柳公权　　晋 王献之

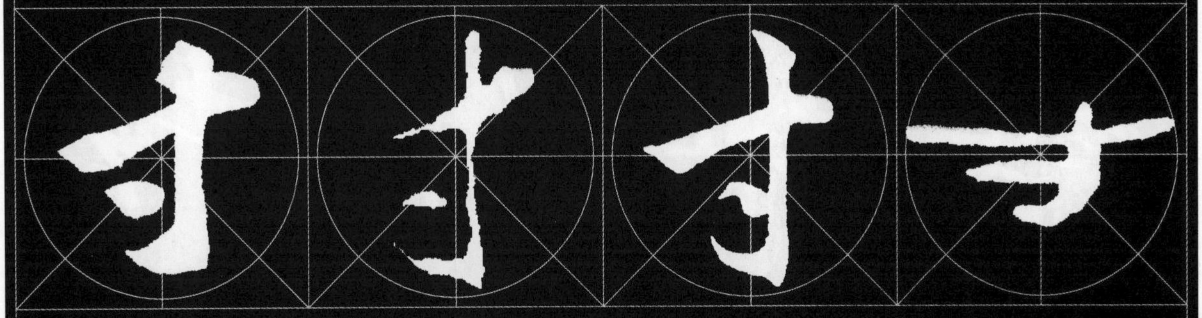

宋 苏轼　　宋 苏轼　　元 韩道亨　　汉 居延简

清 赵之琛　　李阳冰　　元 吴叡　　清 杨沂孙

cuō 蹉（失误；通过）

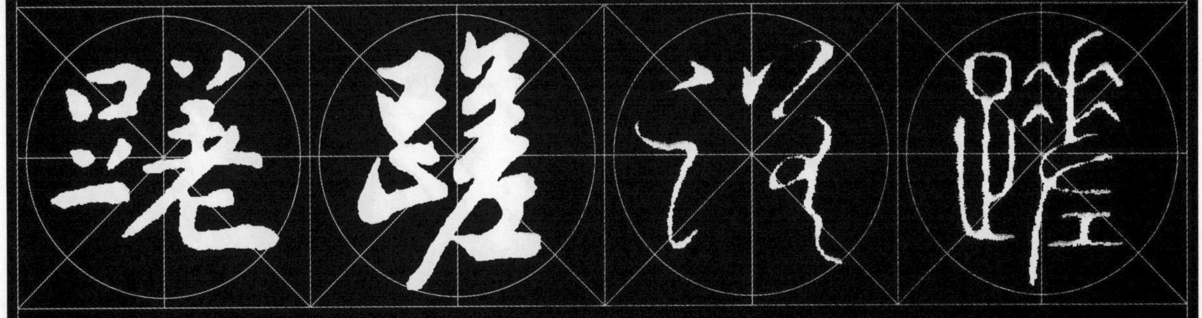

明 祝允明　　明 文徵明　　金 张天锡·草书韵会　　汉 说文解字

cuó 嵯

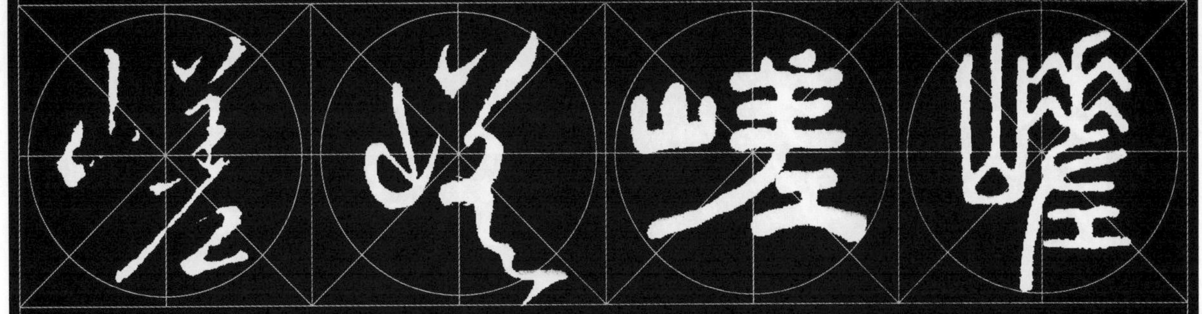

唐 李靖　　清 王铎　　清 何绍基　　汉 说文解字

cuò
厝

cuò
措

cuò
错

cuò 挫

dā 答（答应）dá（回复）

dá 达

隋 苏孝慈墓志　唐 颜师古　唐 陆柬之　唐 孙过庭

唐 颜真卿　元 康里子山　清 顾蔼吉·隶辨　清 田潜

隋 智永　唐 蒋善进　宋 苏轼　唐 孙过庭

唐 孙过庭　清 王澍　清 金农　唐 李阳冰

唐 褚遂良　晋 王羲之　唐 欧阳询　明 文徵明

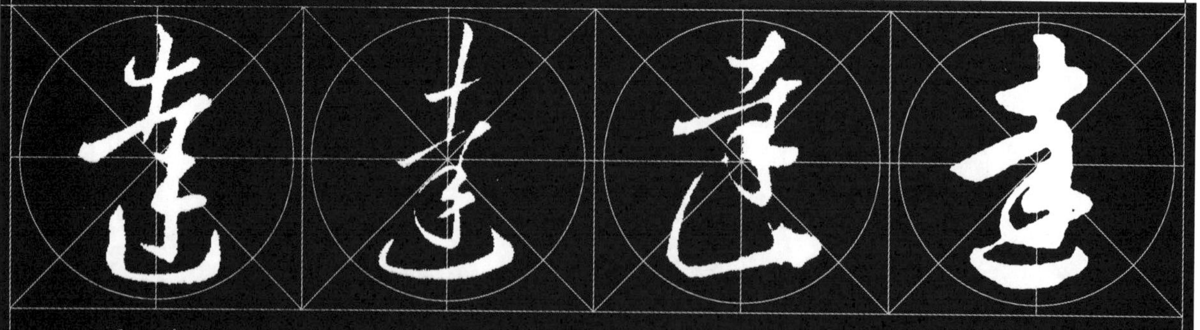

晋 王羲之　唐 李怀琳　唐 孙过庭　明 韩道亨

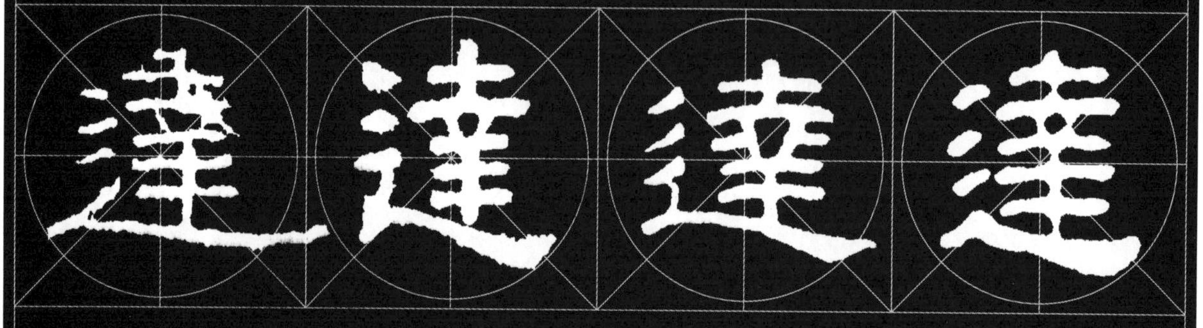

汉 石门颂　汉 樊敏碑　清 王澍　清 汪士慎

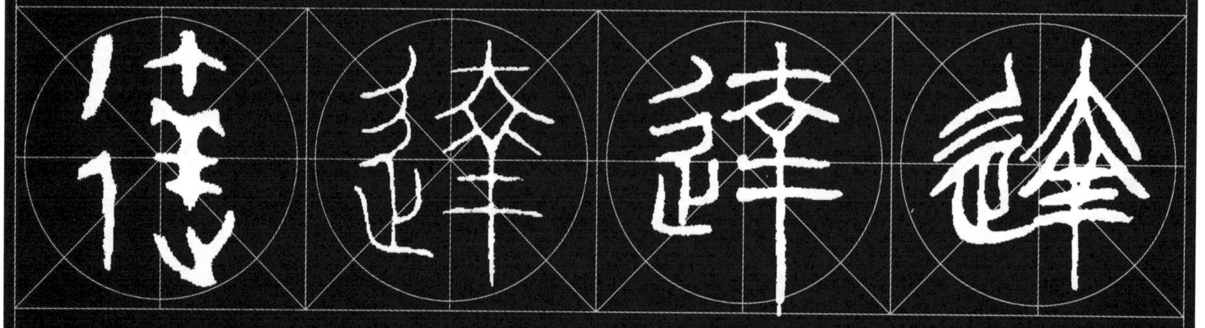

周 墙盘　唐 李阳冰　元 吴叡　清 徐三庚

dá
怛（忧伤；悲苦）

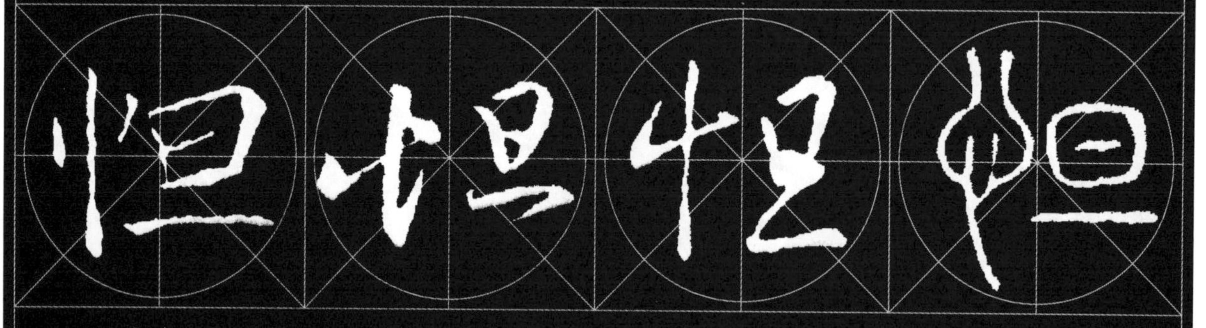

晋 索靖　晋 王羲之　元 邓文原　汉 说文解字

dá
沓
tà（纷至沓来）

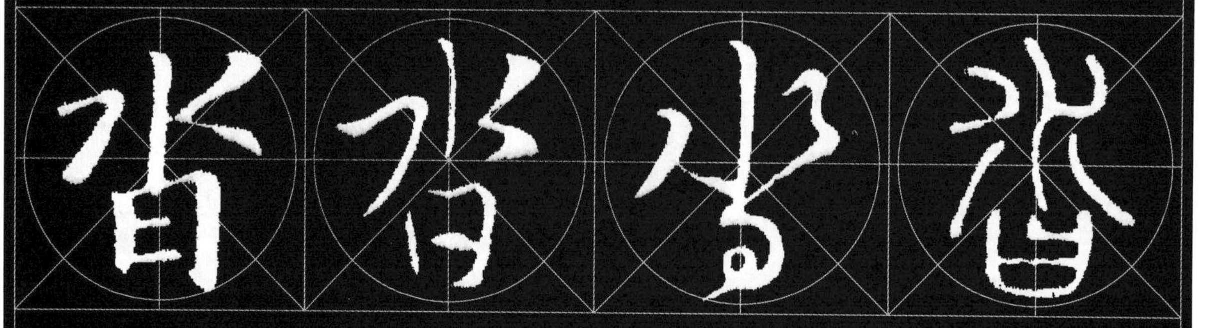

隋 智果　晋 索靖　金 张天锡·草书韵会　汉 说文解字

dà
大
dài

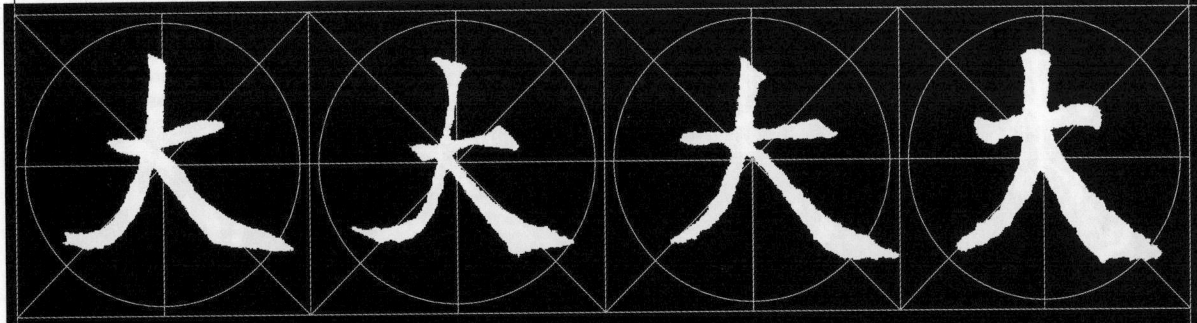

北魏 元诊墓志 | 唐 欧阳询 | 唐 虞世南 | 唐 颜真卿

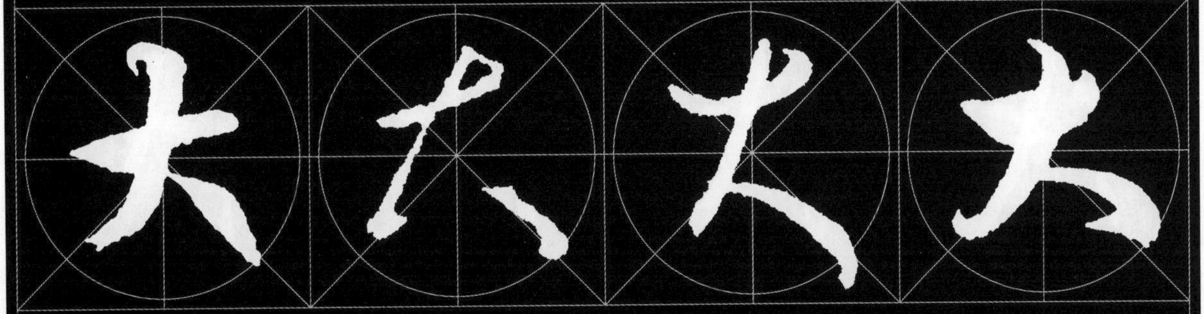

晋 王羲之 | 唐 李世民 | 唐 孙过庭 | 宋 赵孟坚

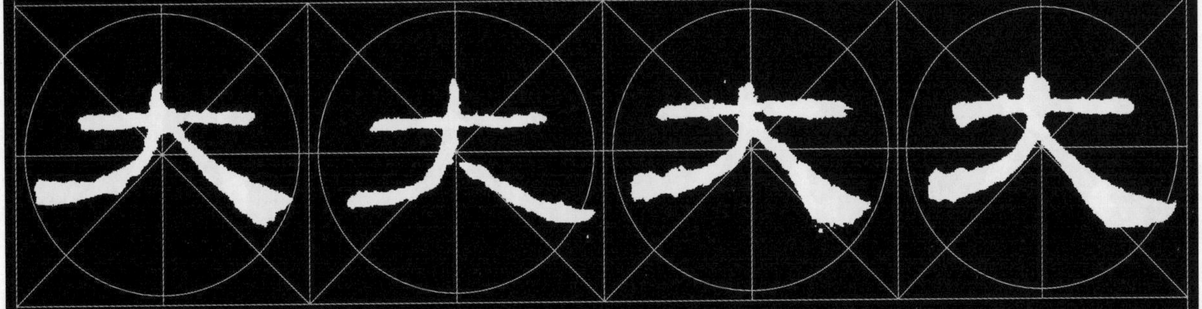

汉 景君碑 | 汉 石门颂 | 汉 乙瑛碑 | 汉 华山碑

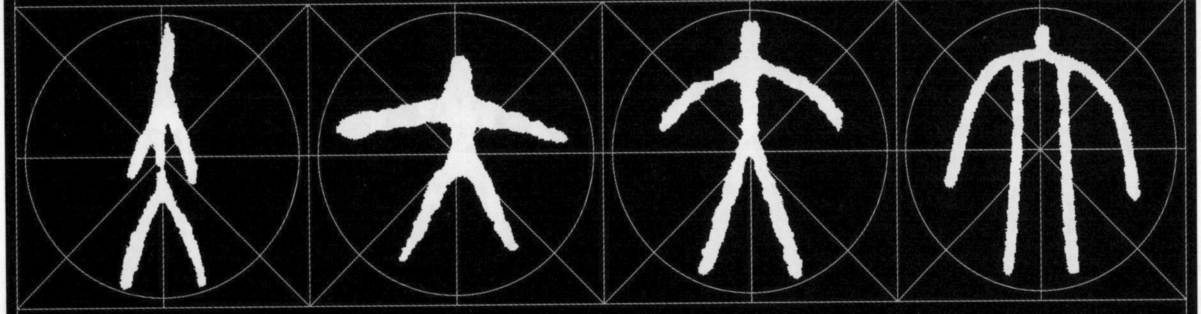

殷商 甲骨文 | 周 散氏盘 | 秦 石鼓文 | 秦 会稽刻石

dǎi
逮
dài

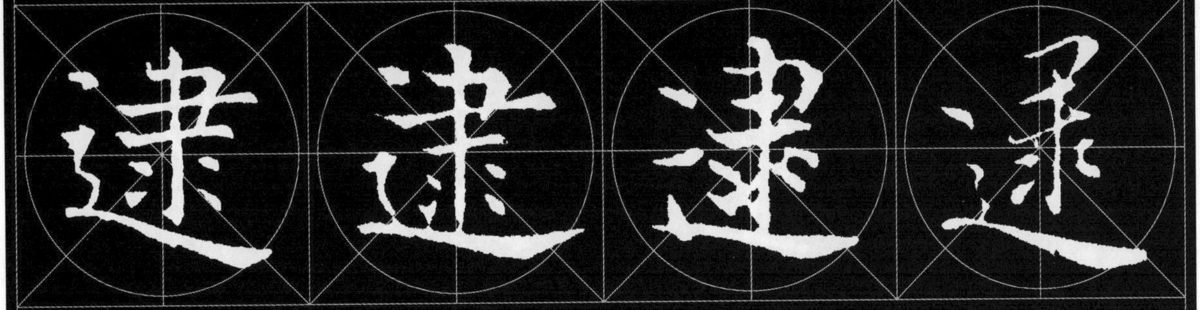

唐 褚遂良 | 唐 欧阳通 | 宋 张即之 | 元 沈右

dài
代

dài
岱（泰山的别称）

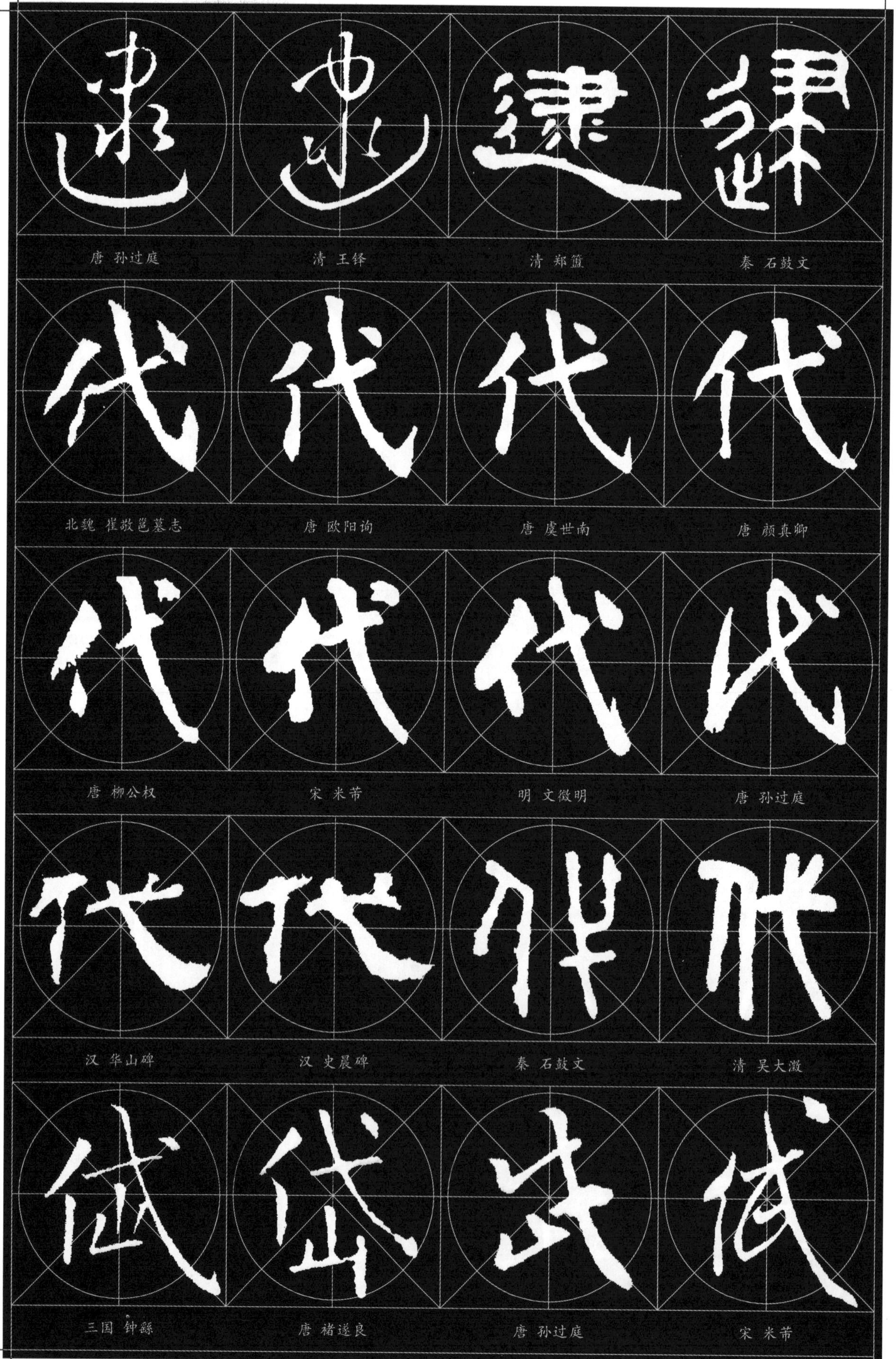

dài 袋

dài 贷

dài 黛

dài 迨（等；趁）

dài
怠

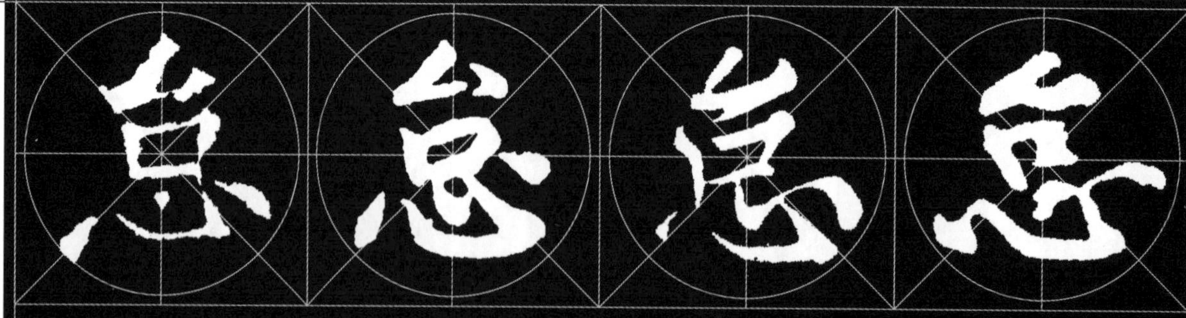

北魏 张猛龙碑　宋 赵构　唐 欧阳询　宋 黄庭坚

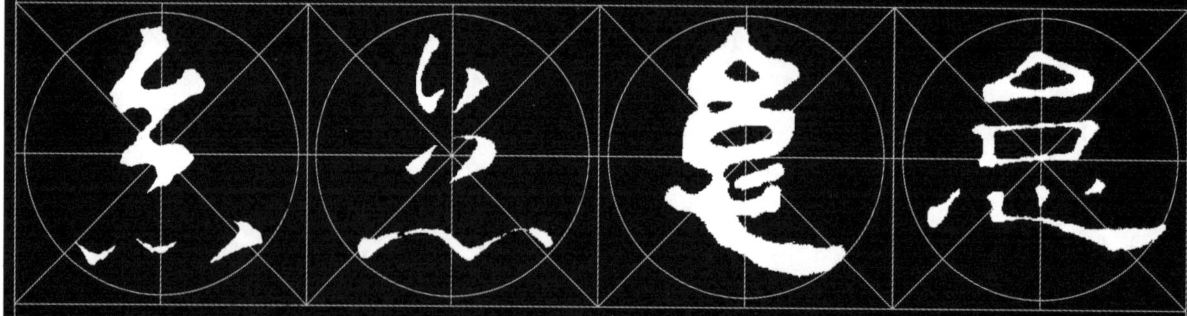

唐 李世民　唐 孙过庭　汉 马王堆帛书　清 顾蔼吉·隶辨

dài
殆
（几乎；危险）

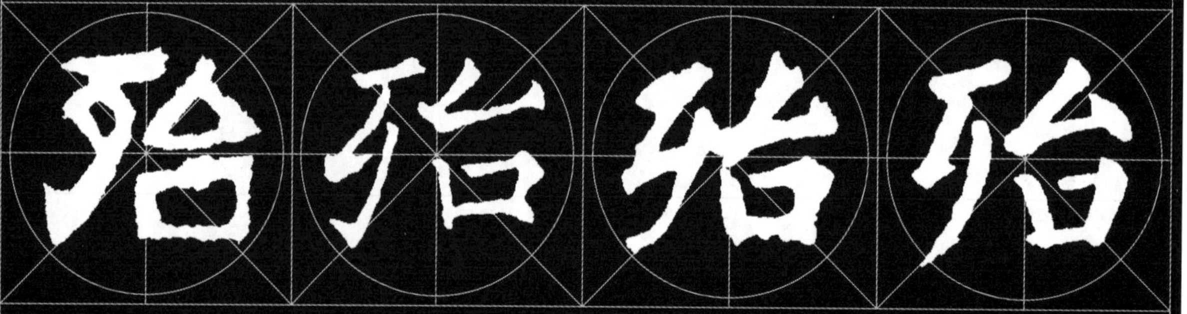

北魏 中岳灵庙碑　唐 欧阳通　唐 李邕　唐 颜真卿

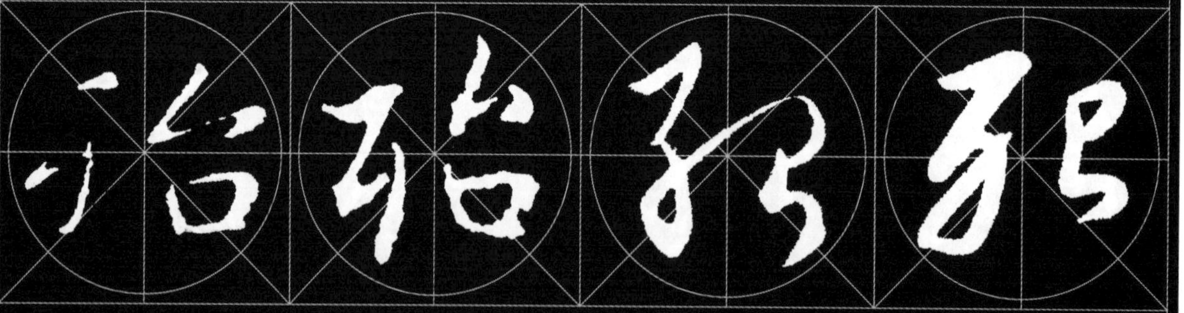

晋 王羲之　宋 张即之　唐 欧阳询　元 康里子山

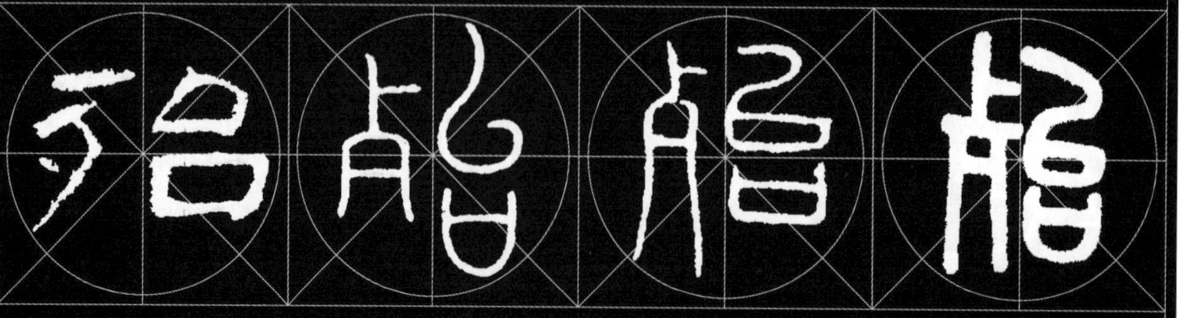

汉 西狭颂　唐 李阳冰　元 吴叡　清 吴大澂

dài
待

北魏 崔敬邕墓志
三国 钟繇
唐 欧阳询
唐 柳公权
唐 陆柬之
宋 张即之
元 鲜于枢
明 董其昌
汉 张芝
晋 索靖
唐 孙过庭
唐 武则天
元 吴叡
清 邓石如
清 邓石如
清 吴大澂
唐 柳公权
唐 李邕
宋 吴说
明 沈周

dài
带

dài
戴

dān
丹

明 唐寅
清 王铎
唐 欧阳询
唐 孙过庭
明 祝允明
汉 孔彪碑
清 王澍
汉 说文解字
唐 颜真卿
宋 蔡襄
宋 米芾
清 王铎
唐 怀素
明 文徵明
汉 鲜于璜碑
清 阮元
唐 欧阳询
唐 褚遂良
唐 李邕
唐 颜真卿

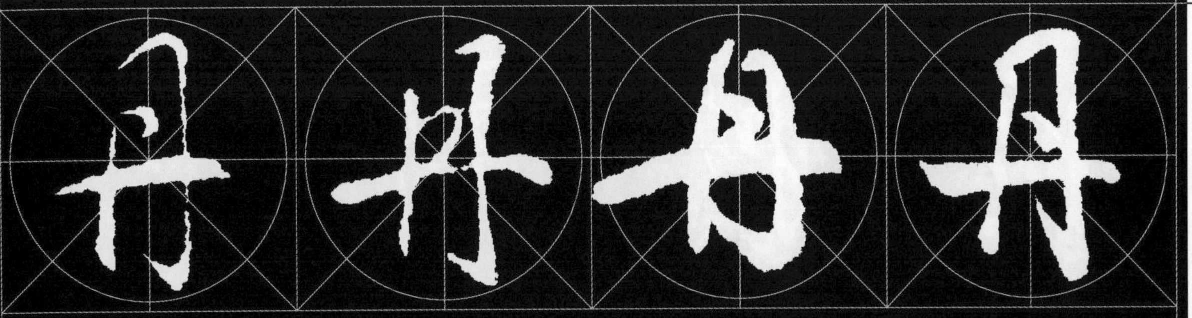

隋 智永　唐 李世民　唐 颜真卿　宋 米芾

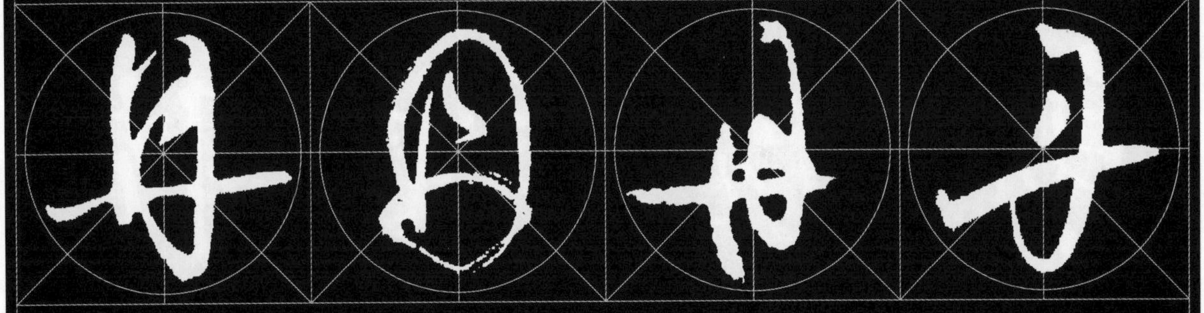

晋 王羲之　唐 张旭　金 王庭筠　明 王宠

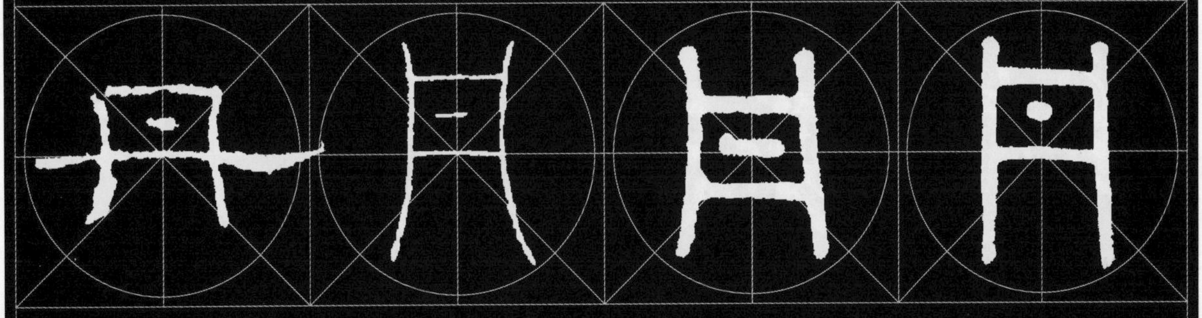

汉 礼器碑　唐 李阳冰　元 赵孟頫　清 吴大澂

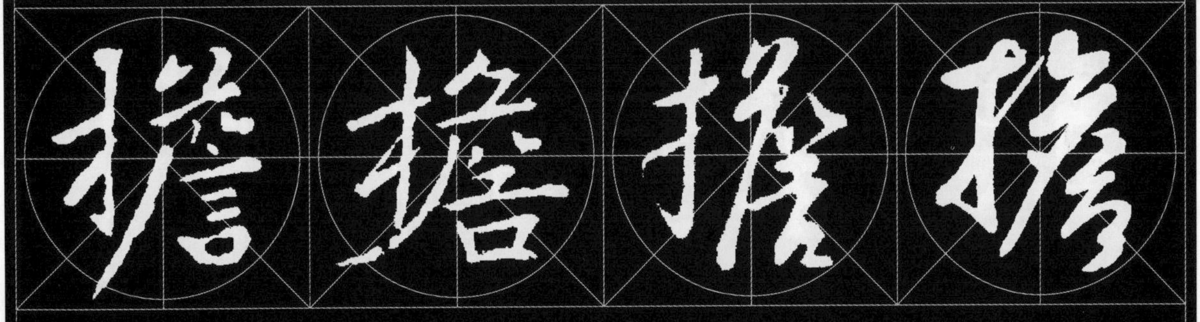

宋 黄庭坚　唐 魏栖梧　宋 苏轼　元 鲜于枢

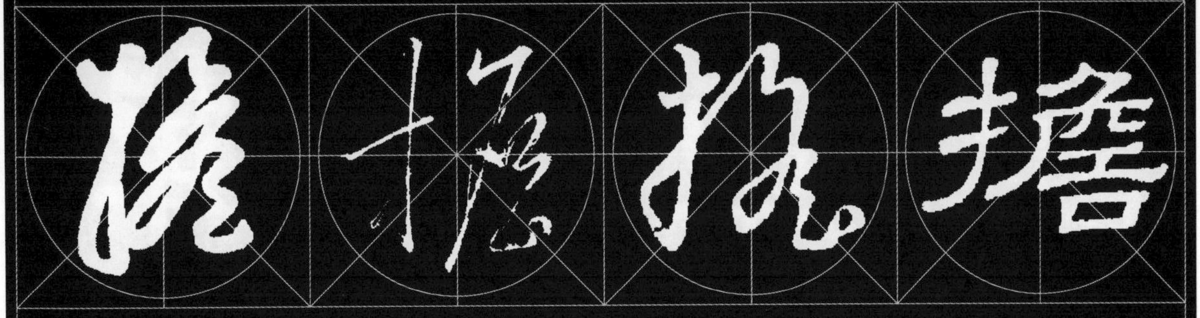

唐 张旭　唐 怀素　金 张天锡·草书韵会　清 顾蔼吉·隶辨

dān
担
dàn
（擔）

dān
眈（看，视）

dān
耽（躭：迟延；沉溺）

dān
单
chán
shàn

唐 颜真卿　晋 王羲之　汉 说文解字

隋 智永　宋 苏轼　元 赵孟頫　明 祝允明

宋 赵佶　元 张雨　唐 欧阳询　元 鲜于枢

汉 史晨碑　汉 樊敏碑　唐 李阳冰　元 吴叡

晋 王羲之　唐 颜真卿　元 赵孟頫　明 黄道周

晋 王羲之 | 晋 王羲之 | 元 赵孟頫 | 汉 鲜于璜碑

汉 衡方碑 | 唐 李阳冰 | 清 杨沂孙 | 清 徐三庚

隋 智果 | 唐 孙过庭 | 汉 礼器碑 | 清 杨沂孙

唐 褚遂良 | 唐 柳公权 | 明 董其昌 | 汉 孔彪碑

唐 颜真卿 | 宋 赵佶 | 宋 米芾 | 清 吴大澂

dān 郸

dān 殚（竭尽）

dān 禅（单衣）

dǎn
胆（膽）

dǎn
亶
dàn

dàn
旦

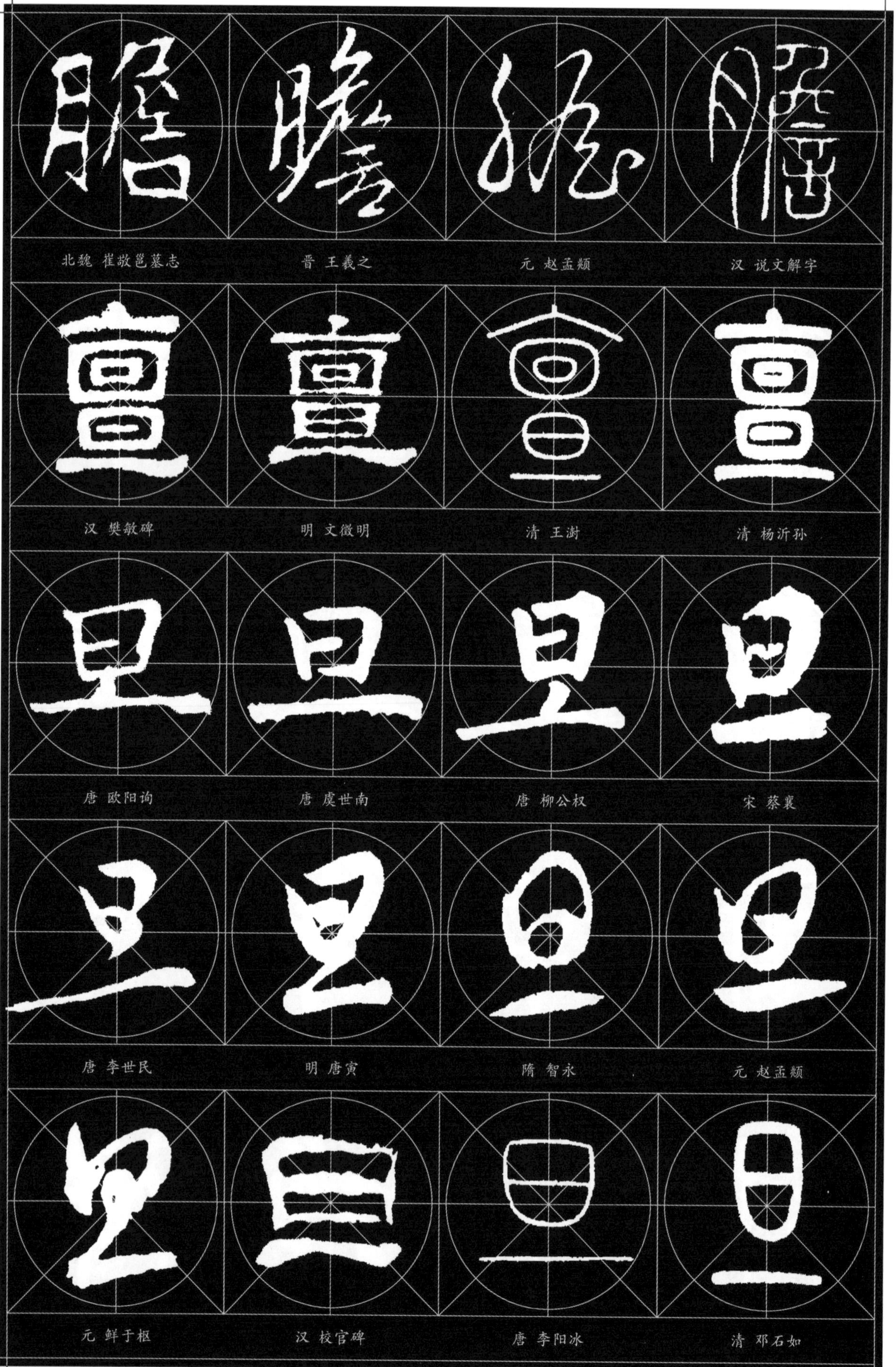

北魏 崔敬邕墓志　晋 王羲之　元 赵孟頫　汉 说文解字

汉 樊敏碑　明 文徵明　清 王澍　清 杨沂孙

唐 欧阳询　唐 虞世南　唐 柳公权　宋 蔡襄

唐 李世民　明 唐寅　隋 智永　元 赵孟頫

元 鲜于枢　汉 校官碑　唐 李阳冰　清 邓石如

dàn
但

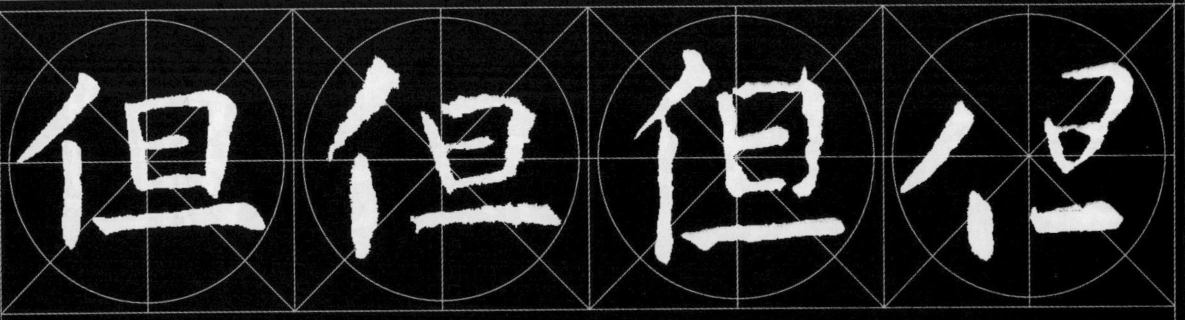

唐 欧阳询 | 唐 虞世南 | 唐 颜真卿 | 晋 王羲之

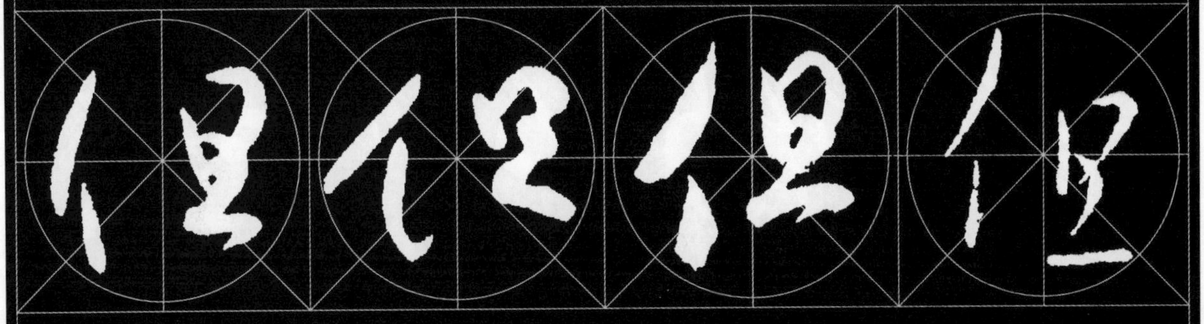

唐 孙过庭 | 唐 柳公权 | 宋 米芾 | 晋 王羲之

晋 王献之 | 汉 华山碑 | 清 邓石如 | 清 杨沂孙

dàn
诞

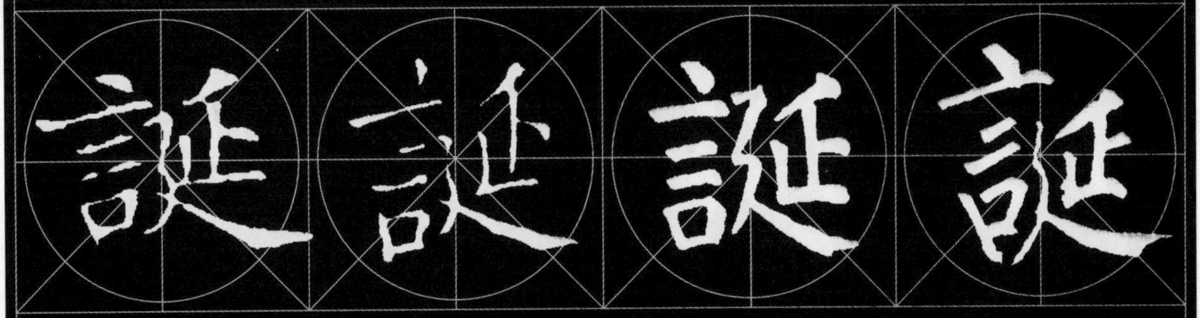

隋 苏孝慈墓志 | 唐 欧阳询 | 唐 颜真卿 | 唐 柳公权

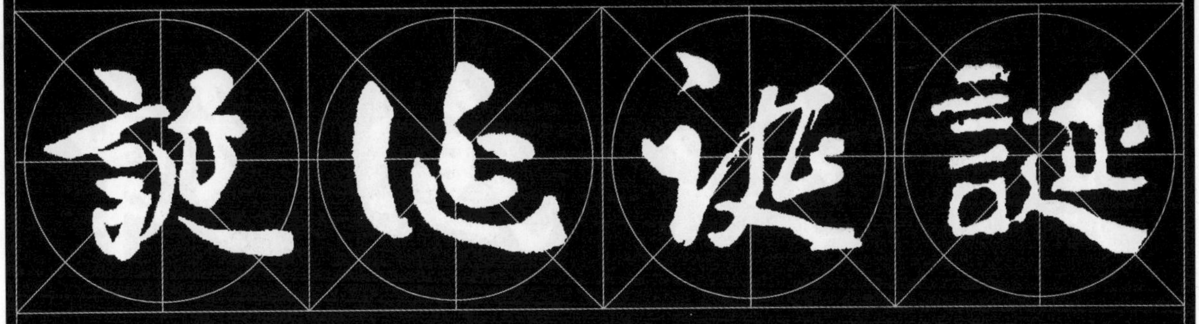

晋 王羲之 | 唐 孙过庭 | 明 董其昌 | 汉 衡方碑

dàn
啖（啗）

dàn
淡

dàn
弹
tán

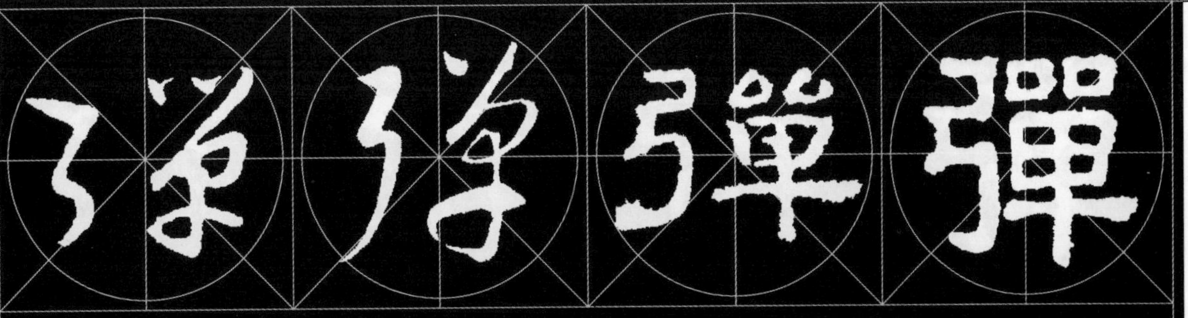

唐 孙过庭　元 康里子山　汉 孔彪碑　汉 樊敏碑

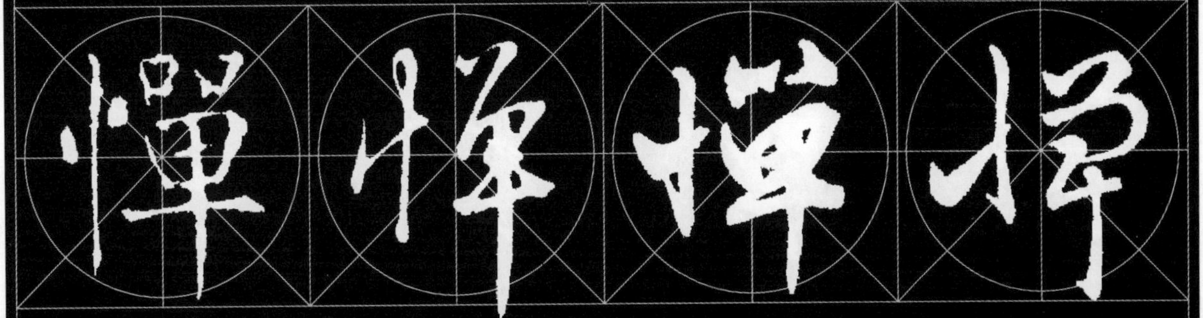

唐 薛稷　宋 沈复　明 文徵明　明 祝允明

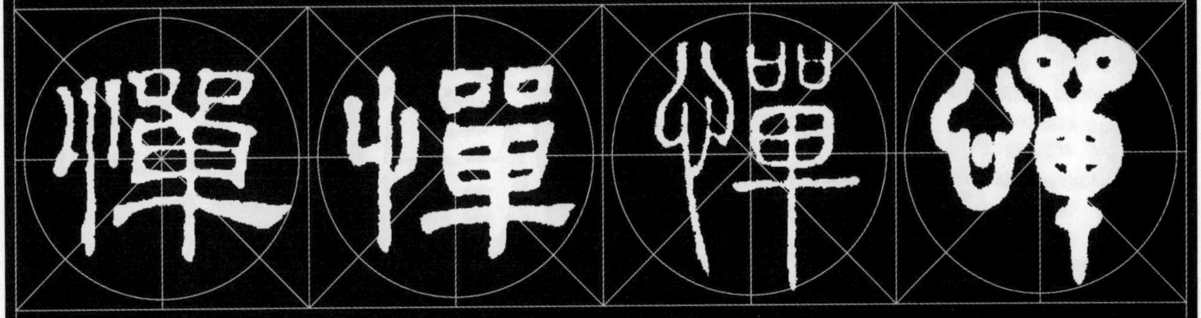

元 吴叡　清 何绍基　汉 说文解字　清 吴大澂

唐 孙过庭　明 文徵明　明 董其昌　唐 怀素

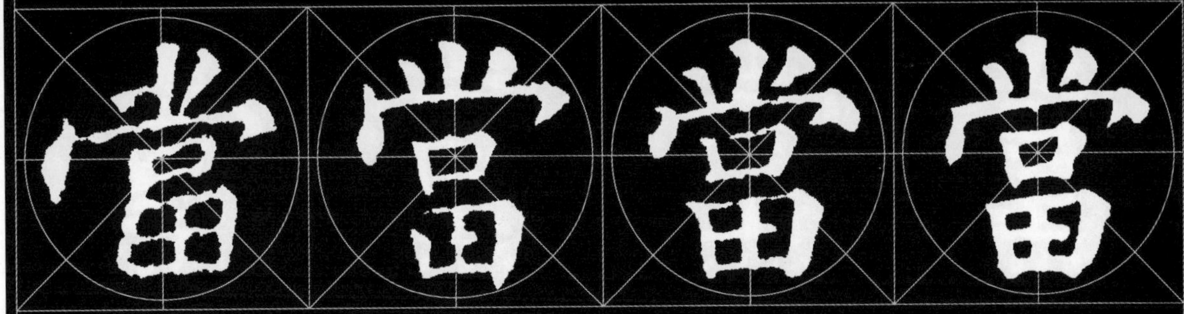

北魏 张猛龙碑　唐 欧阳询　唐 颜真卿　明 祝允明

dàn
惮（怕，畏惧）

dàn
澹
tán（澹台）

dāng
当
dàng

dāng 珰

dǎng 党（黨）

宋 楼钥　三国 皇象　汉 乙瑛碑　汉 礼器碑

汉 夏承碑　汉 樊敏碑　清 杨沂孙　清 吴大澂

唐 颜真卿　晋 王献之　汉 景君碑　汉 石门颂

清 王铎　元 欧阳玄　汉 樊敏碑　汉 说文解字

唐 孙过庭　汉 石门颂　清 何绍基　清 吴大澂

dǎng
谠（正直的）

dàng
宕（拖延）

dàng
砀（碭）

dàng
荡（蕩、盪）

dāo
刀

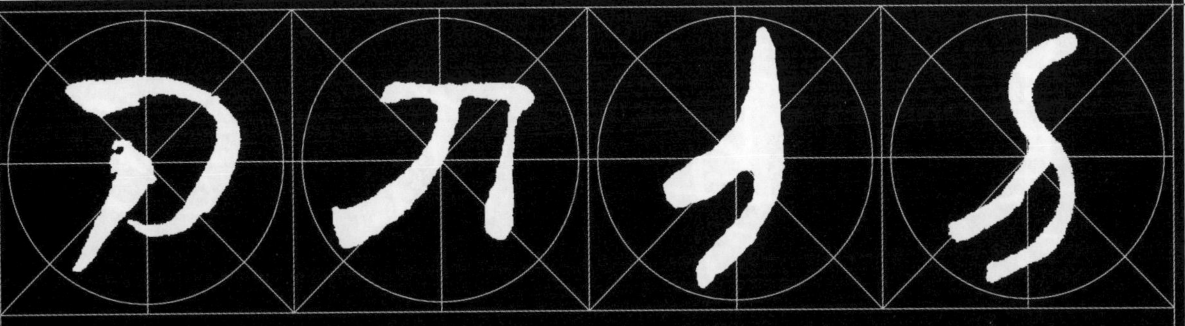

清 王铎 | 元 吴叡 | 殷商 甲骨文 | 清 杨沂孙

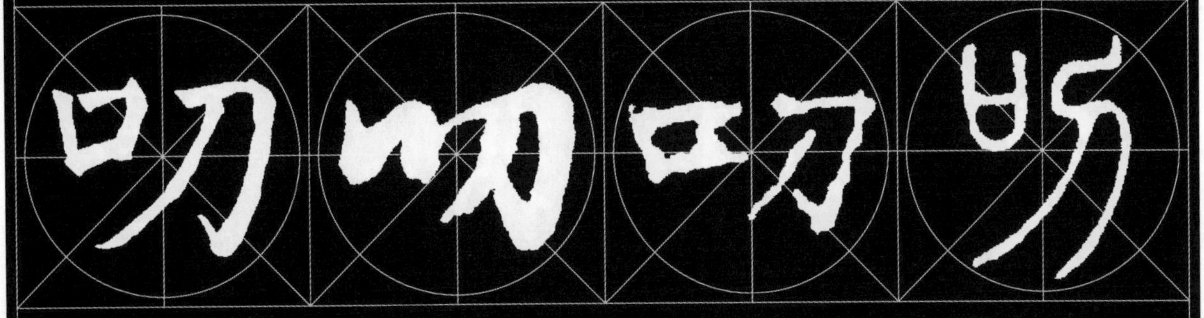

唐 颜真卿 | 明 文徵明 | 北魏 张猛龙碑 | 汉 说文解字

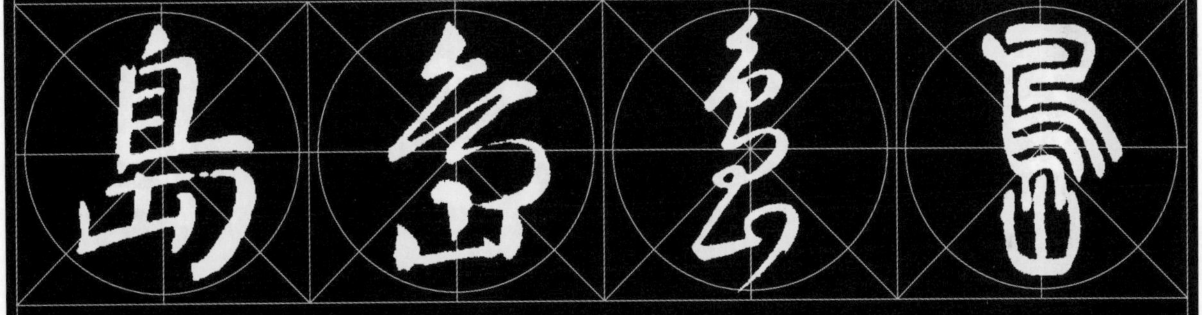

唐 颜真卿 | 明 文徵明 | 元 康里子山 | 清 吴熙载

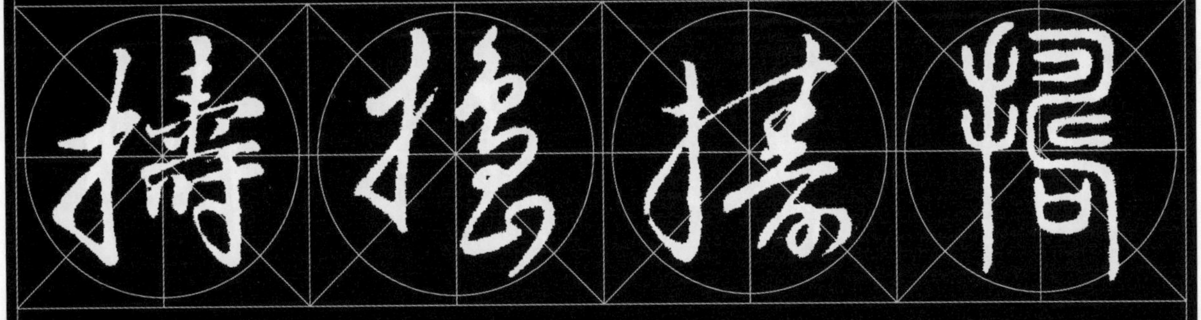

宋 米芾 | 明 沈粲 | 金 张天锡·草书韵会 | 汉 说文解字

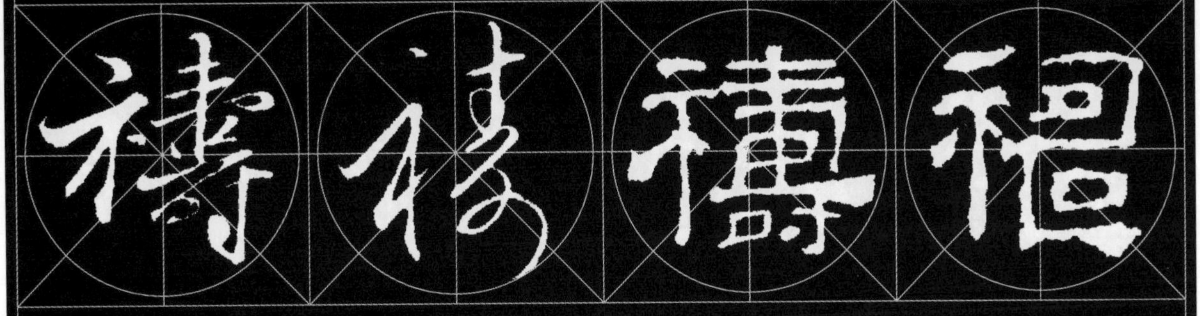

元 王蒙 | 明 宋璲 | 汉 华山碑 | 汉 校官碑

dāo 叨
dáo
tāo（受到）

dǎo 岛

dǎo 捣（擣）

dǎo 祷

dǎo
导

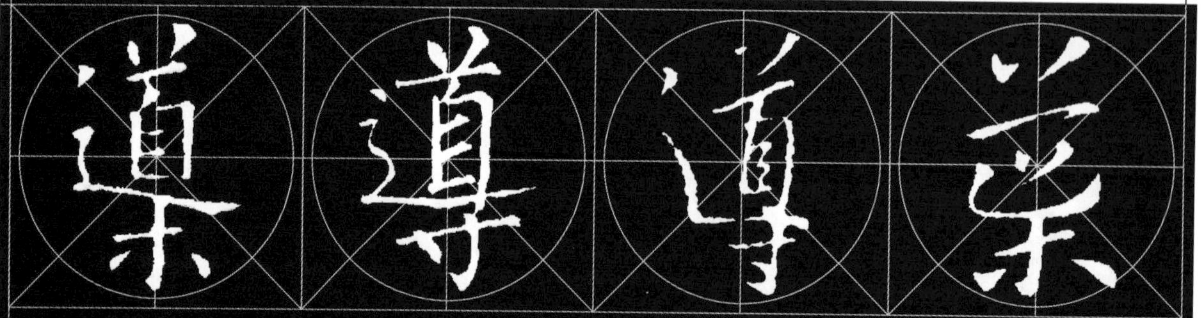

唐 欧阳询 唐 柳公权 晋 王羲之 晋 索靖

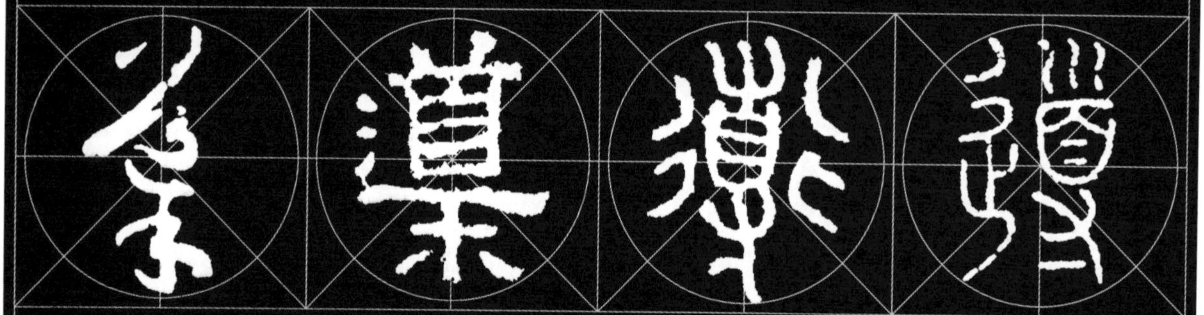

唐 孙过庭 汉 衡方碑 秦 石鼓文 清 永理

dǎo
倒
dào

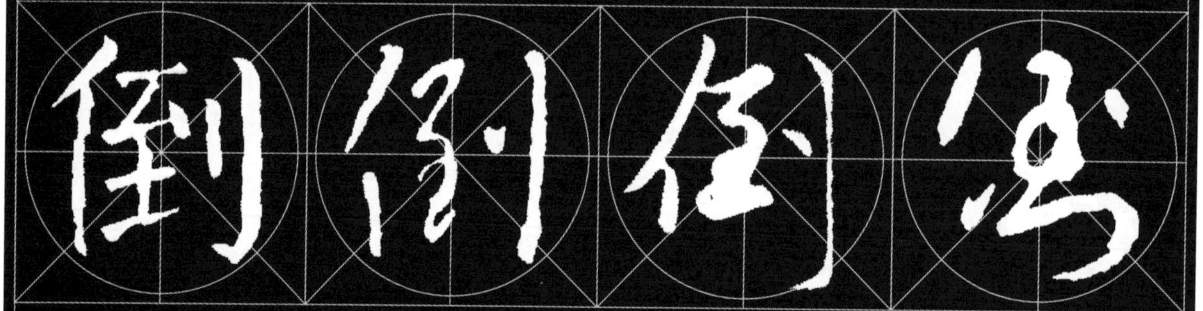

唐 颜真卿 唐 李世民 元 赵孟頫 元 吴镇

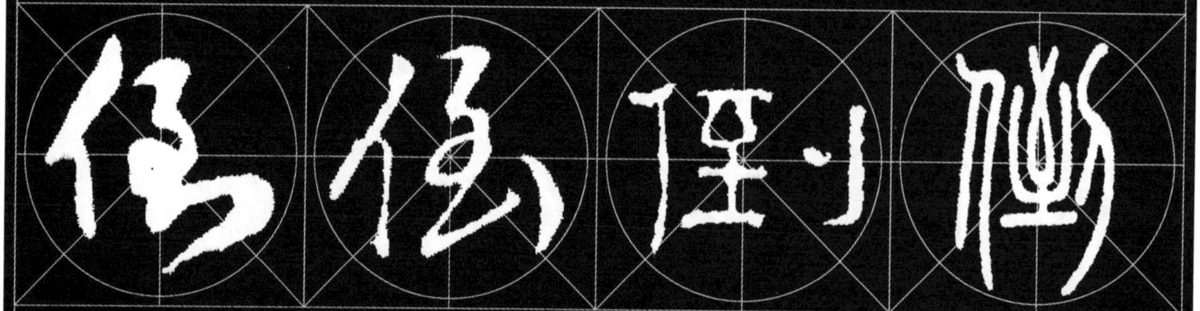

元 陆居仁 明 董其昌 汉 景君碑 清 邓石如

dǎo
蹈

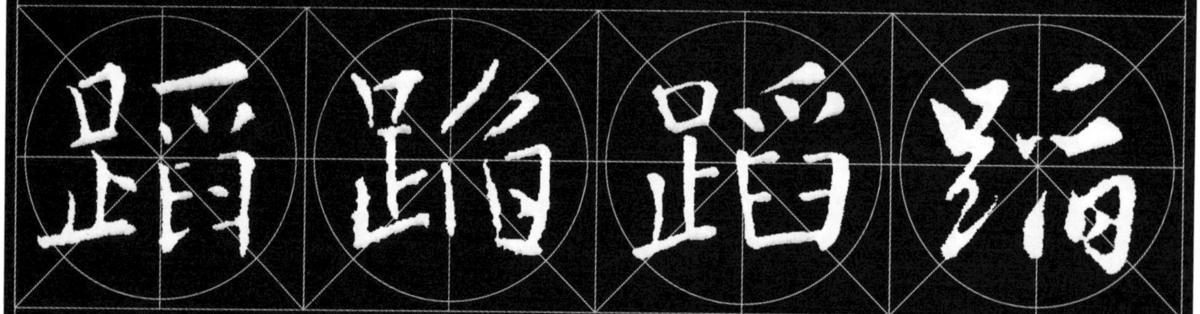

唐 欧阳询 唐 高正臣 唐 颜真卿 元 赵孟頫

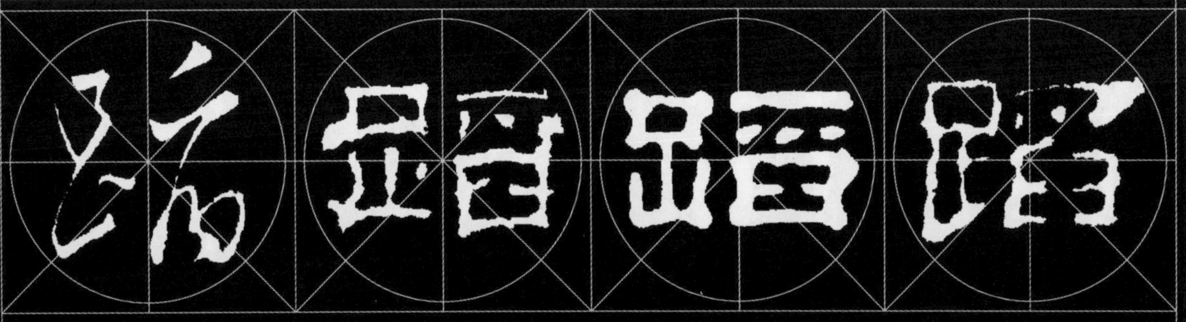

明 董其昌　汉 景君碑　汉 郭有道碑　汉 校官碑

dào
到

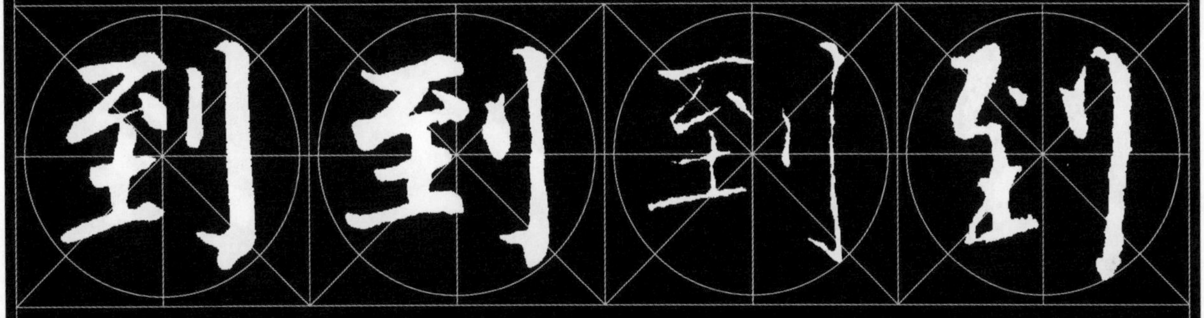

唐 颜真卿　宋 蔡襄　宋 黄庭坚　唐 柳公权

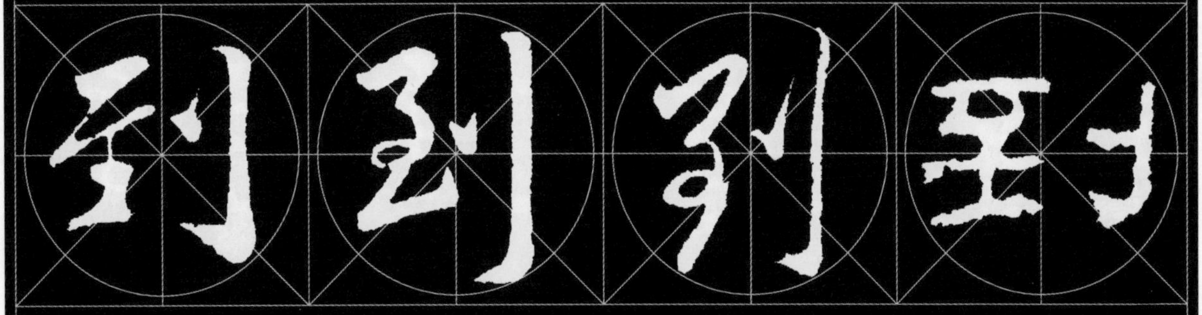

宋 蒋璨　宋 黄庭坚　元 邓文原　汉 乙瑛碑

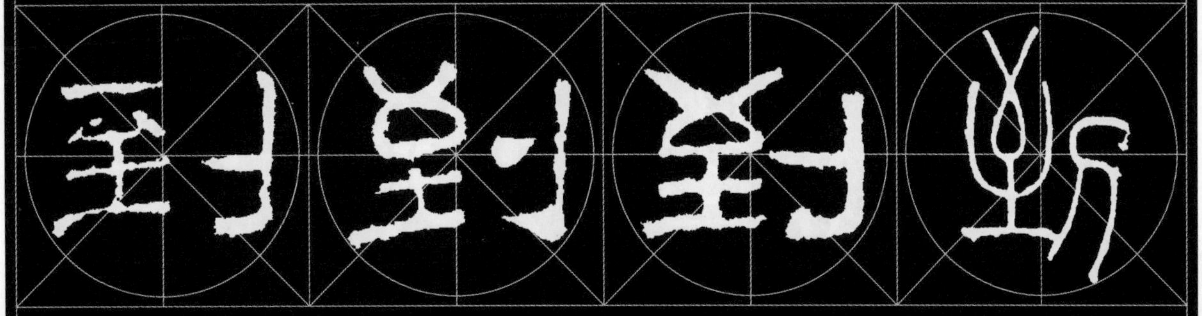

汉 华山碑　汉 夏承碑　汉 韩仁铭　唐 李阳冰

dào
道

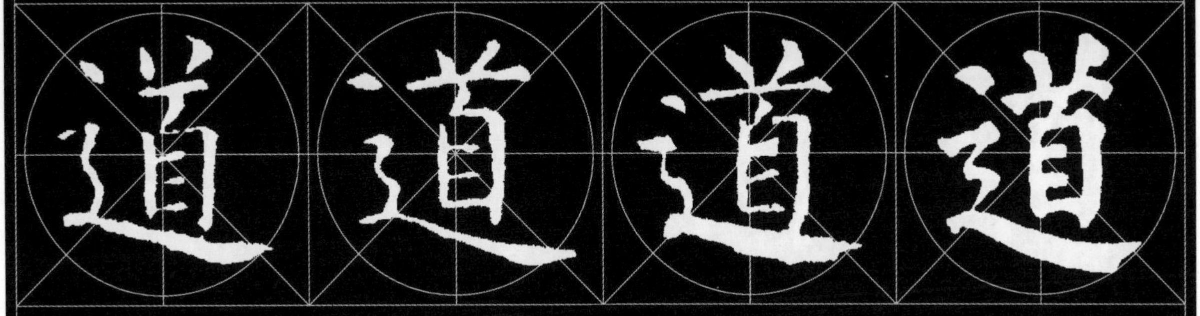

唐 欧阳询　唐 虞世南　唐 柳公权　明 祝允明

晋 王羲之
宋 黄庭坚
宋 吴琚
元 鲜于枢
晋 王羲之
唐 孙过庭
唐 怀素
明 王守仁
汉 鲜于璜碑
汉 西狭颂
汉 张迁碑
三国 王基碑
周 散氏盘
秦 会稽刻石
清 杨沂孙
清 吴昌硕
唐 褚遂良
晋 王献之
明 董其昌
汉 郭有道碑

dào
悼

dào
盗

隋 智永　唐 褚遂良　元 赵孟頫　元 揭傒斯

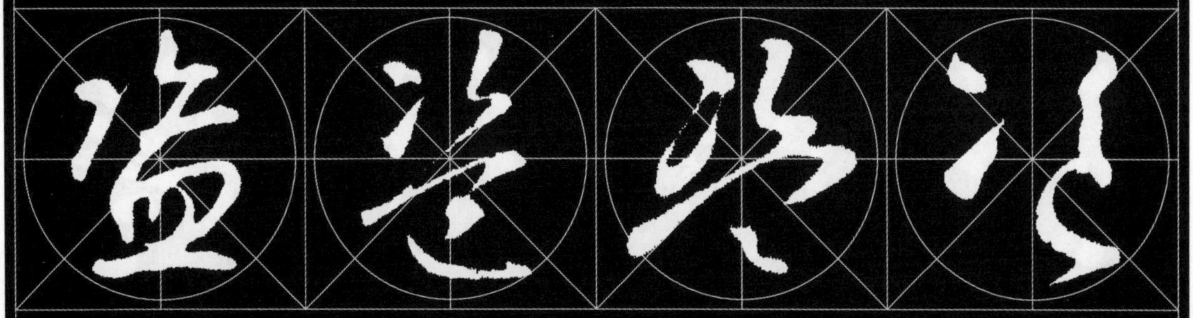

元 鲜于枢　隋 智永　唐 孙过庭　唐 怀素

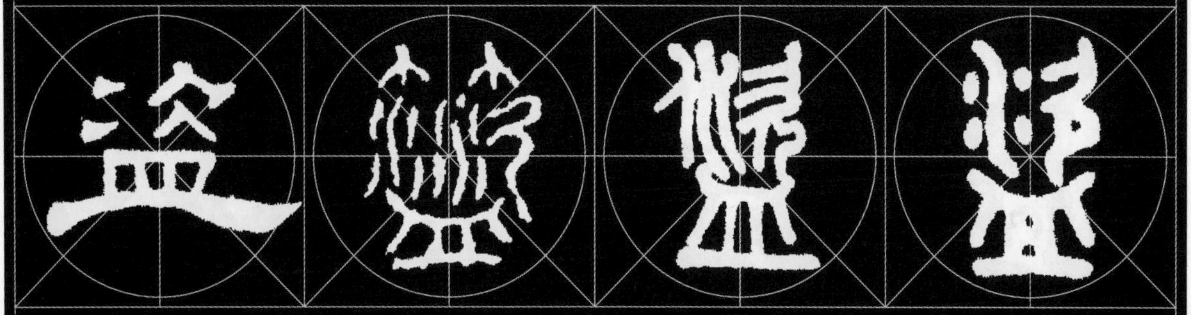

明 何震　秦 石鼓文　清 莫友芝　清 吴大澂

dào
稻

清 王铎　明 文徵明　唐 怀素　汉 白石神君碑

清 何绍基　殷商 甲骨文　汉 说文解字　清 吴大澂

dé
得
děi
de

唐 欧阳询
唐 褚遂良
唐 颜真卿
唐 柳公权
晋 王羲之
唐 李世民
宋 黄庭坚
元 赵孟頫
晋 索靖
晋 王廙
晋 王导
晋 王羲之
汉 武梁刻石
汉 华山碑
汉 郭有道碑
汉 韩仁铭
周 墙盘
清 徐三庚
清 吴熙载
清 吴昌硕

dé
德（悳）

唐 欧阳询

唐 王敬客

唐 颜真卿

唐 柳公权

晋 王羲之

唐 颜真卿

宋 苏轼

明 文徵明

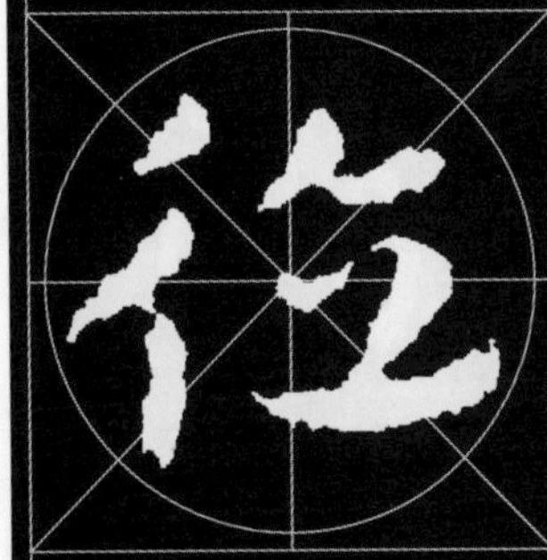
三国 皇象

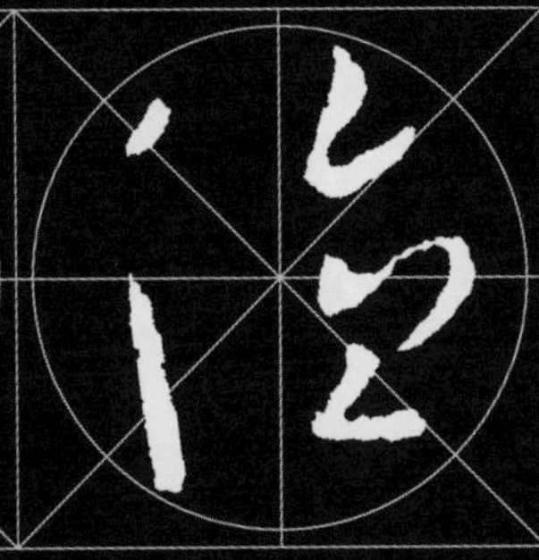
晋 王羲之

隋 智永

唐 怀素

汉 华山碑

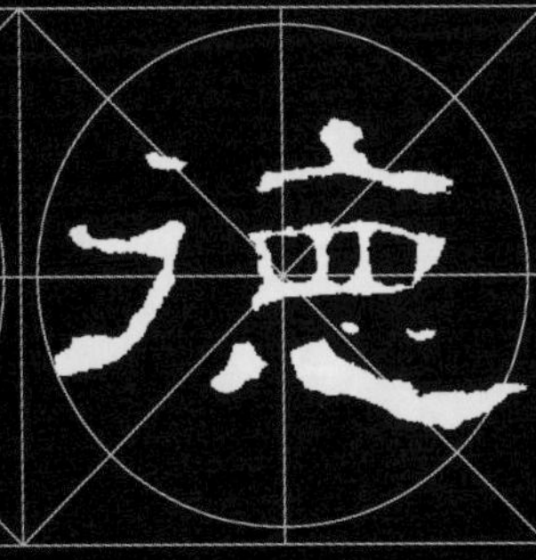
汉 史晨碑

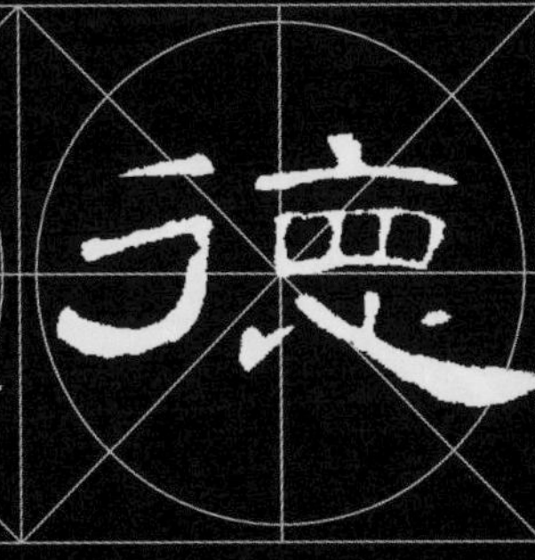
汉 曹全碑

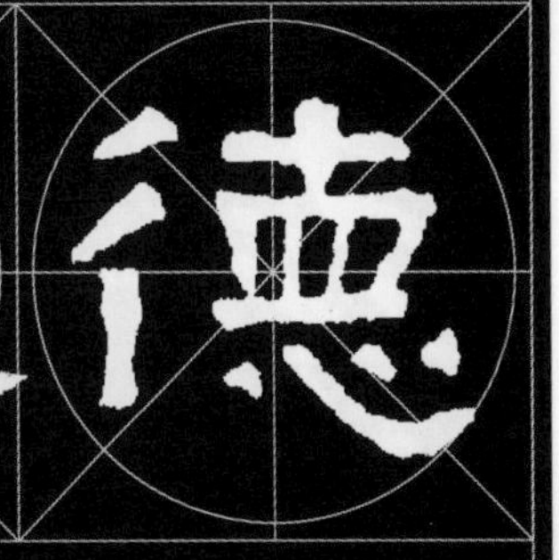
汉 张迁碑

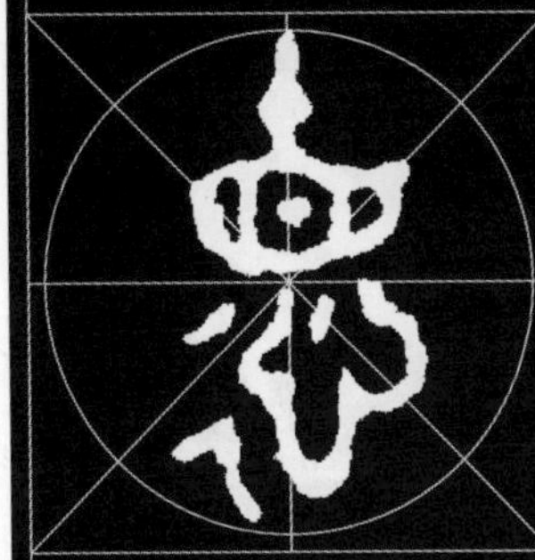
周 毛公鼎

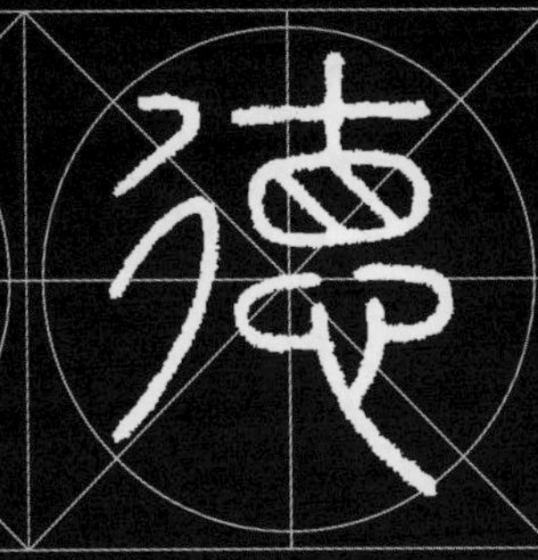
秦 会稽刻石

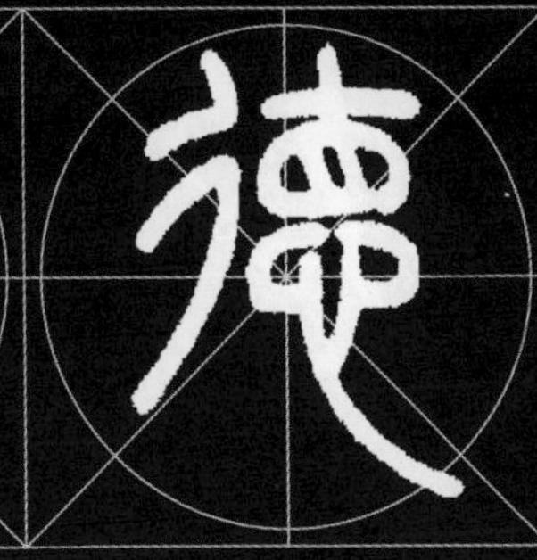
清 邓石如

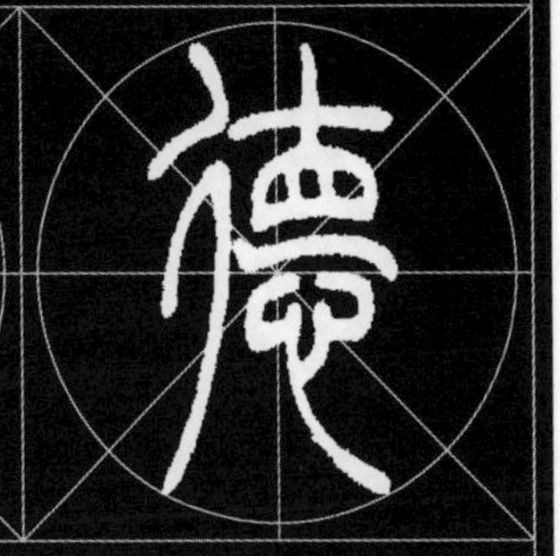
清 吴熙载

de 的（助词）dí（真实；实在）dì（靶心；目的）

dēng 登

晋 王羲之
隋 智永
唐 张旭
宋 赵佶
汉 石门颂
汉 孔宙碑
汉 华山碑
三国 曹真碑
殷商 甲骨文
元 赵孟頫
清 杨沂孙
清 吴大澂
唐 颜真卿
唐 柳公权
宋 薛绍彭
明 唐寅
宋 陆游
元 赵孟頫
明 王守仁
清 王铎

dēng
灯
(燈)

dĕng
等

dèng
邓

北魏 孙秋生造像
唐 虞世南
晋 王羲之
晋 谢万
晋 王献之
明 文徵明
晋 王献之
隋 智永
唐 怀素
元 揭傒斯
汉 封龙山碑
汉 史晨碑
汉 曹全碑
汉 张迁碑
元 吴叡
清 吴熙载
宋 楼钥
元 邓文原
唐 李世民
明 董其昌

dèng
磴

dèng
镫

dī
低

dī 堤

dī 滴

dī 镝 dí（箭头）

dí 嫡（正妻；正统）

隋 苏孝慈墓志　唐 欧阳通　晋 卫铄　宋 黄庭坚

唐 孙过庭　唐 武则天　明 文徵明　金 张天锡·草书韵会

清 钱沣　明 王宠　清 王铎　金 张天锡·草书韵会

唐 颜真卿　清 归庄　明 祝允明　汉 说文解字

三国 钟繇　唐 褚遂良　元 赵孟頫　隋 智永

dí
狄

dí
迪（开导）

dí
敌

dí 涤

dí 觌（相见）

dǐ 底

宋 黄庭坚　清 永理　清 吴大澂　清 吴昌硕

唐 张旭　唐 柳公权　宋 楼钥　元 赵孟頫

明 文徵明　汉 张寿碑　清 邓石如　清 吴大澂

唐 欧阳通　金 张天锡·草书韵会　汉 说文解字　清 永理

唐 褚遂良　宋 曾肇　清 邓石如　汉 说文解字

dǐ 抵（牴、觝）

dǐ 砥

dǐ 邸

dì 地 de（助词）

dì 弟

北魏 元诊墓志
唐 欧阳询
唐 颜真卿
唐 柳公权
晋 王羲之
晋 王献之
唐 李世民
明 文徵明
晋 索靖
晋 王献之
唐 孙过庭
元 赵孟頫
汉 乙瑛碑
汉 华山碑
清 吴大澂
清 吴熙载
北魏 孙秋生造像
唐 颜真卿
唐 柳公权
元 揭傒斯

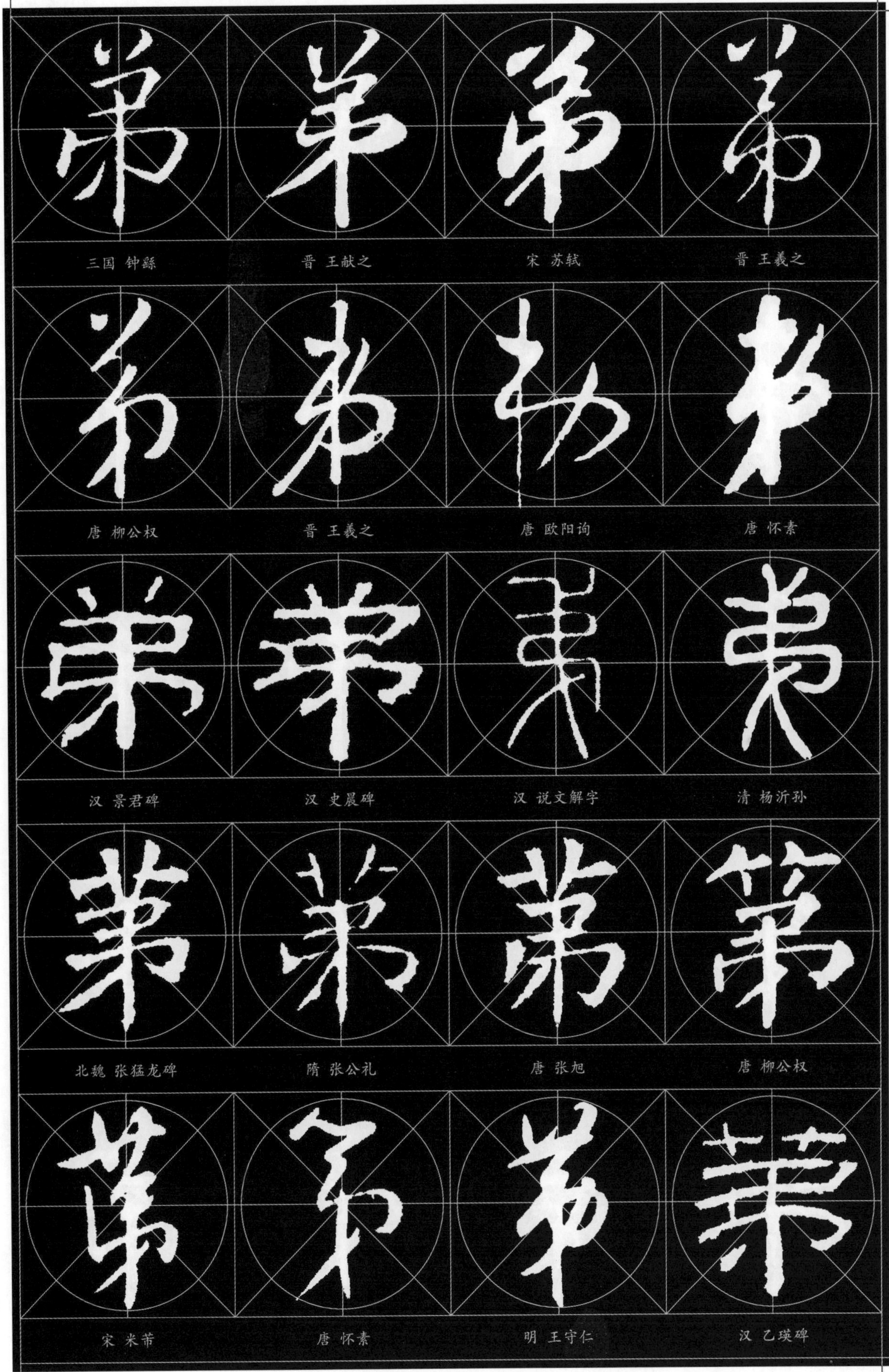
三国 钟繇
晋 王献之
宋 苏轼
晋 王羲之
唐 柳公权
晋 王羲之
唐 欧阳询
唐 怀素
汉 景君碑
汉 史晨碑
汉 说文解字
清 杨沂孙
北魏 张猛龙碑
隋 张公礼
唐 张旭
唐 柳公权
宋 米芾
唐 怀素
明 王守仁
汉 乙瑛碑

dì
第

dì 睇

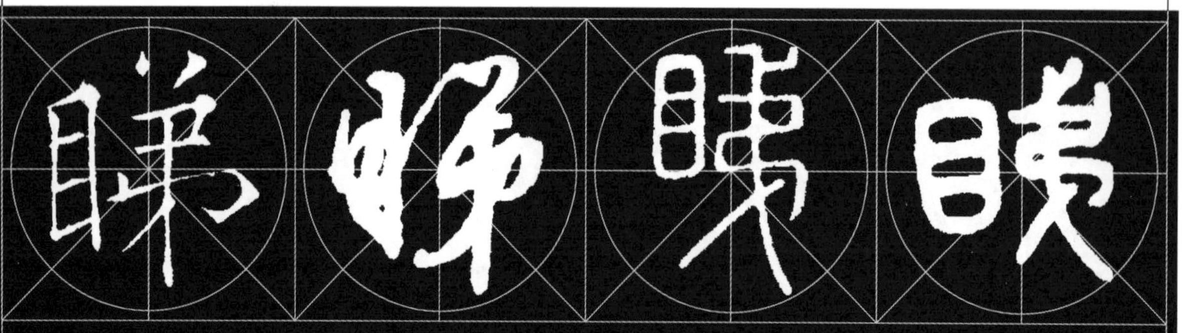

唐 薛曜　明 文徵明　汉 说文解字　清 吴大澂

dì 帝

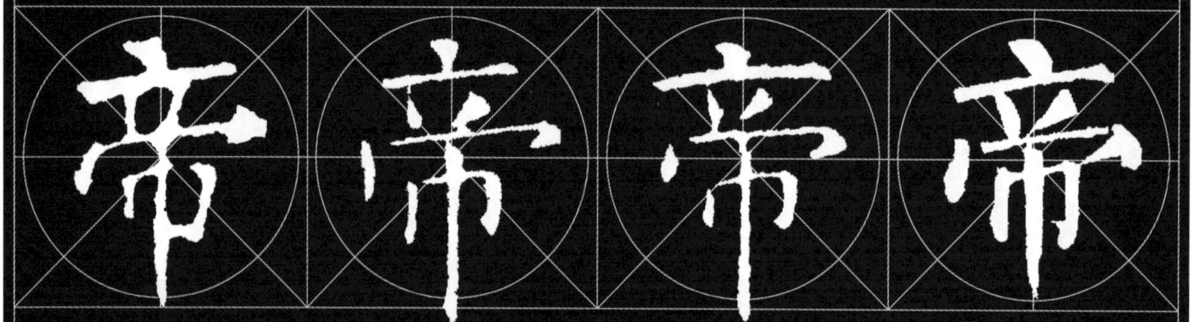

北魏 张猛龙碑　唐 欧阳询　唐 虞世南　唐 柳公权

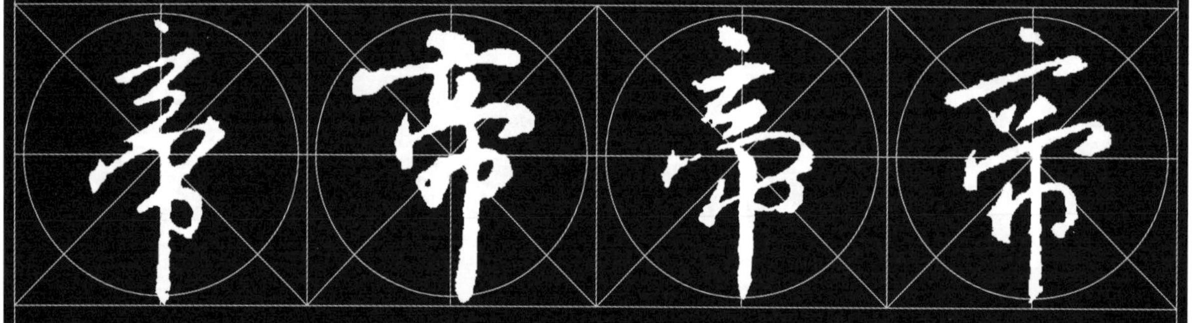

晋 王羲之　唐 虞世南　唐 武则天　唐 张从申

晋 王献之　隋 智永　唐 张旭　唐 怀素

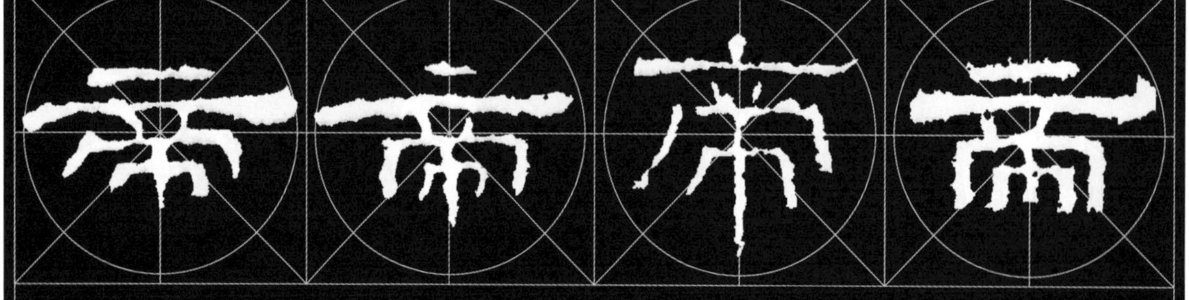

汉 华山碑　汉 孔彪碑　汉 白石神君碑　汉 张迁碑

dì 缔

dì 谛

dì 棣

dì 递

dīan
颠

唐 颜真卿
唐 欧阳通
明 王宠
晋 王羲之
宋 赵佶
宋 苏轼
唐 欧阳询
唐 孙过庭
唐 怀素
元 鲜于枢
汉 景君碑
元 吴叡
清 王澍
清 邓石如
元 吴叡
清 吴昌硕

diǎn
典

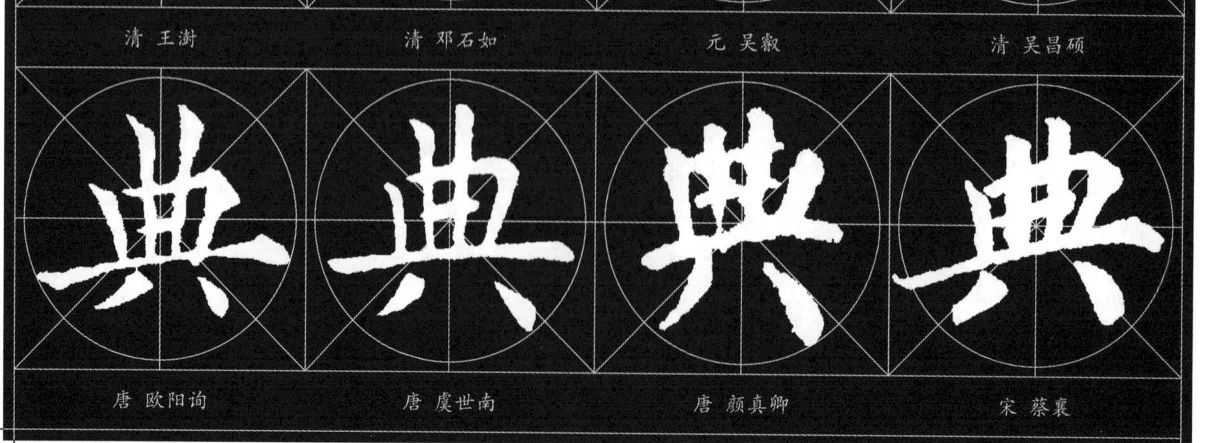
唐 欧阳询
唐 虞世南
唐 颜真卿
宋 蔡襄

diǎn
点（點）

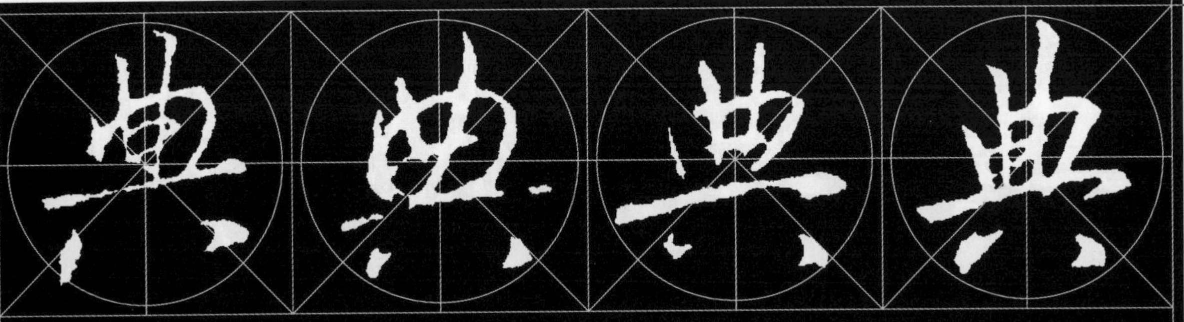

晋 王羲之　隋 智永　唐 高正臣　唐 释怀仁

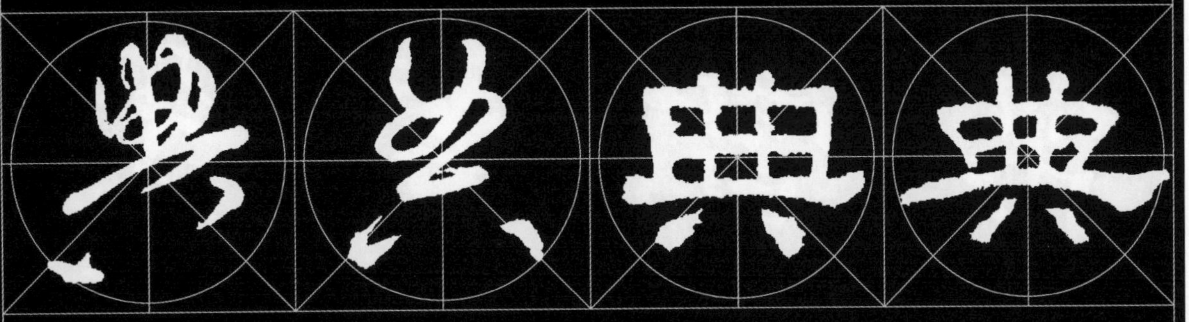

唐 怀素　元 鲜于枢　汉 鲜于璜碑　汉 韩仁铭

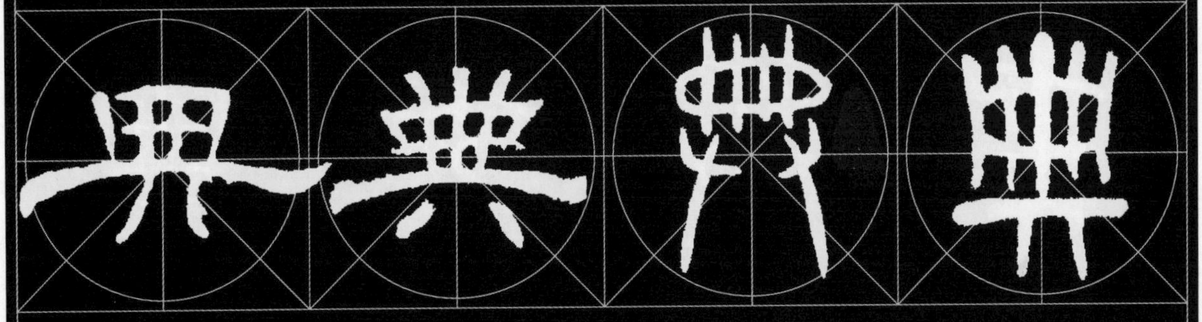

汉 曹全碑　汉 朝侯小子残碑　殷商 甲骨文　清 吴昌硕

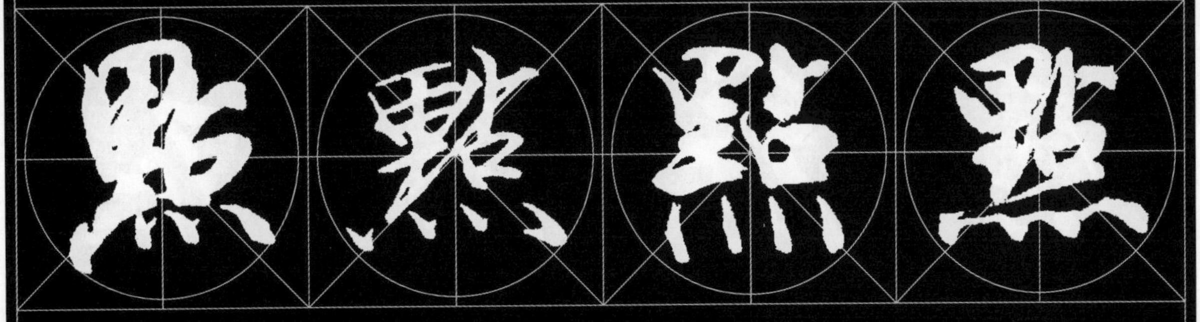

宋 米芾　宋 赵佶　宋 张即之　明 唐寅

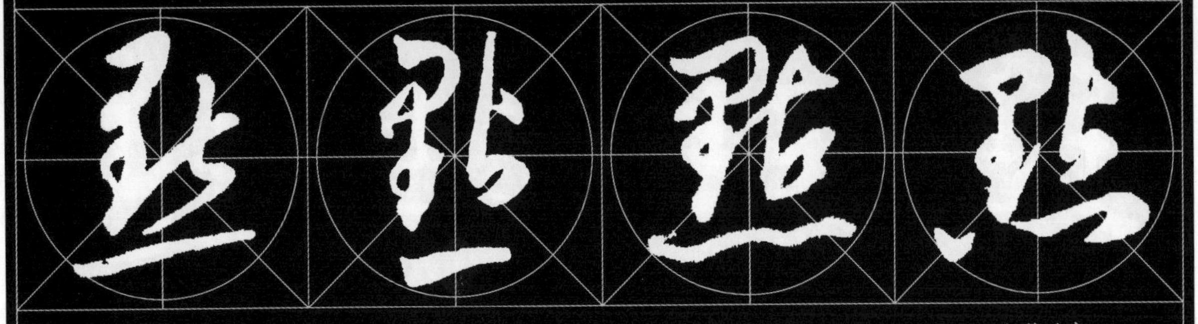

元 康里子山　明 王宠　明 董其昌　明 韩道亨

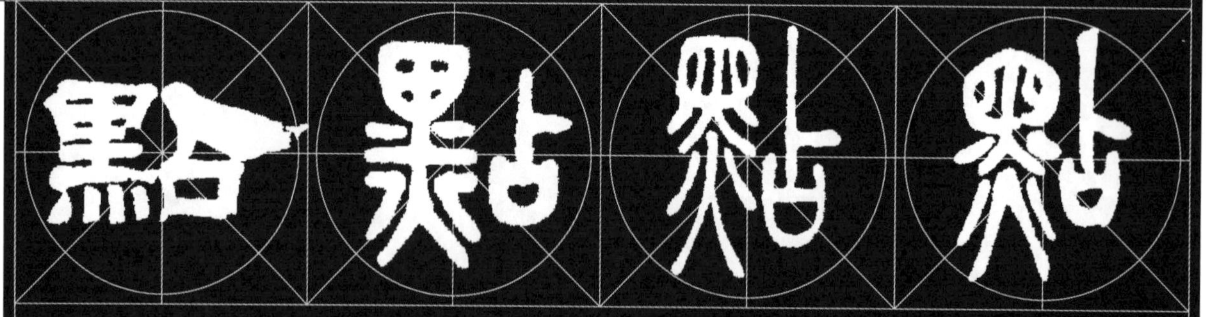

清 桂馥　清 吴大澂　清 吴熙载　清 吴昌硕

diàn
电（電）

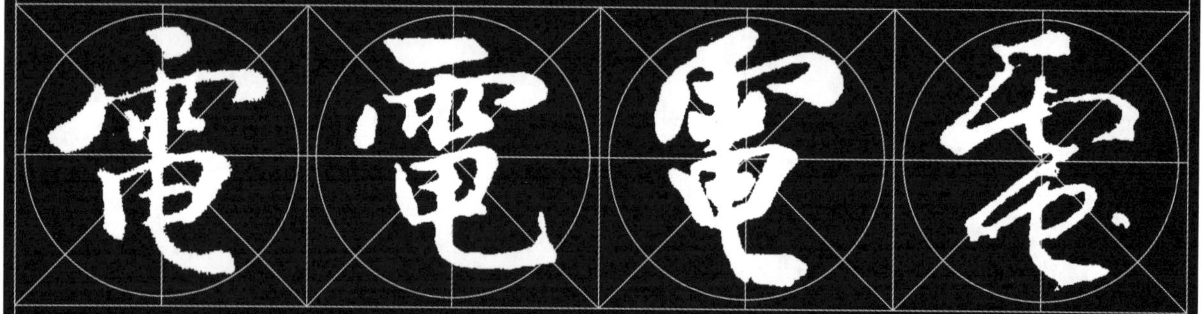

唐 褚遂良　元 赵孟頫　宋 米芾　唐 武则天

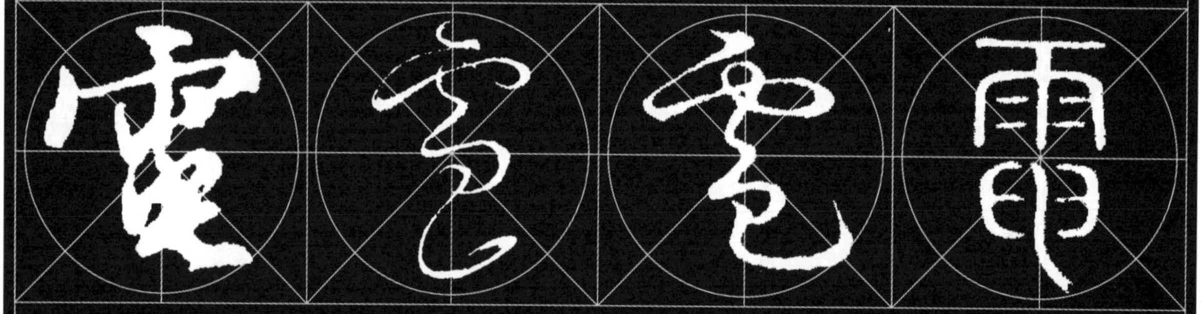

明 文徵明　唐 怀素　金 张天锡·草书韵会　汉 说文解字

diàn
店

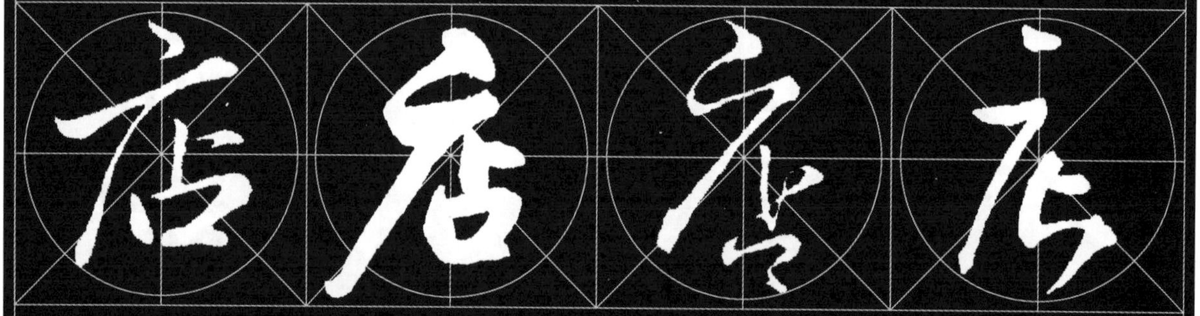

元 赵孟頫　清 张照　清 王铎　清 王铎

diàn
玷

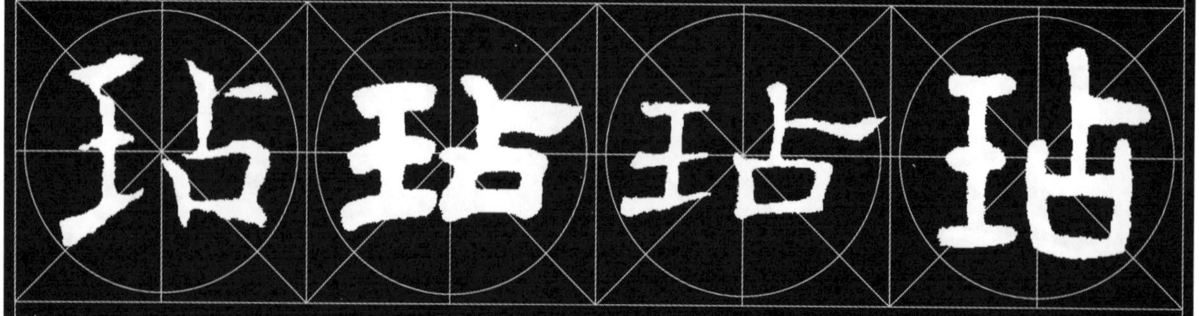

唐 褚遂良　清 邓石如　清 顾蔼吉·隶辨　清 杨沂孙

diàn
奠

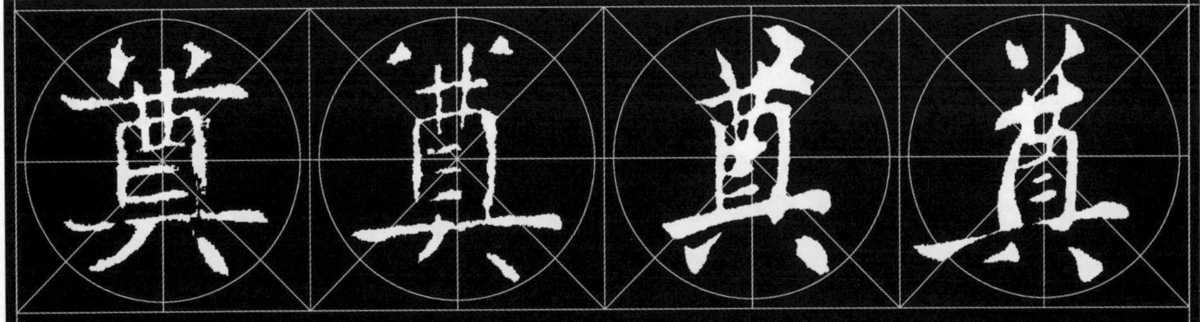

隋 苏孝慈墓志 | 唐 虞世南 | 唐 欧阳询 | 元 赵孟頫

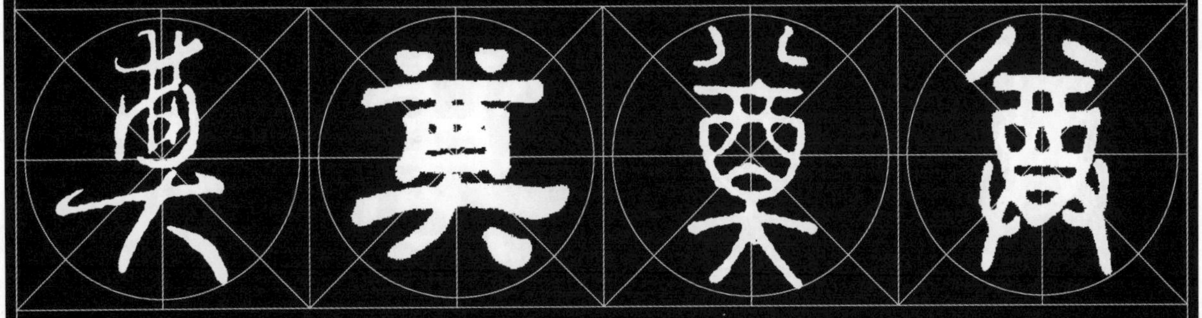

唐 怀素 | 清 顾蔼吉 | 清 永瑆 | 清 吴昌硕

diàn
殿
（壂：殿堂；铺砌；沉淀）

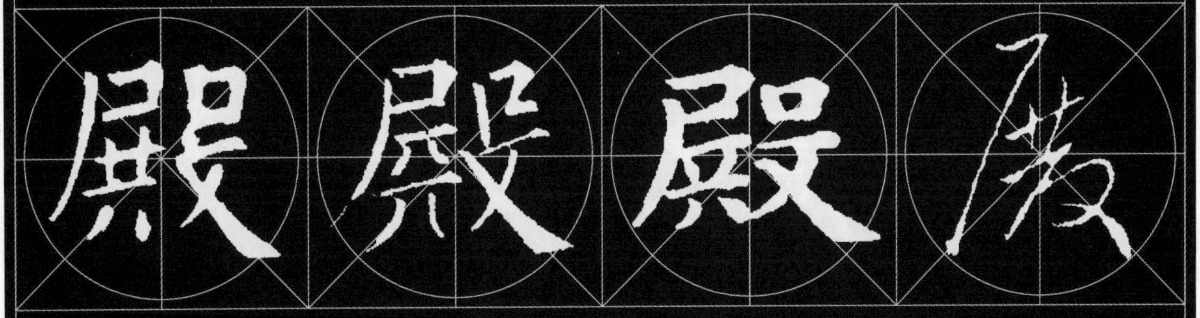

唐 欧阳询 | 唐 柳公权 | 元 赵孟頫 | 唐 欧阳询

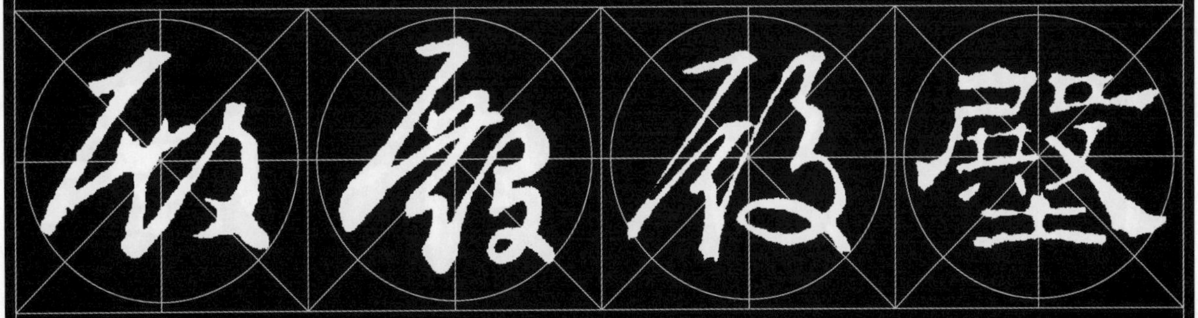

唐 怀素 | 明 祝允明 | 明 文徵明 | 汉 华山碑

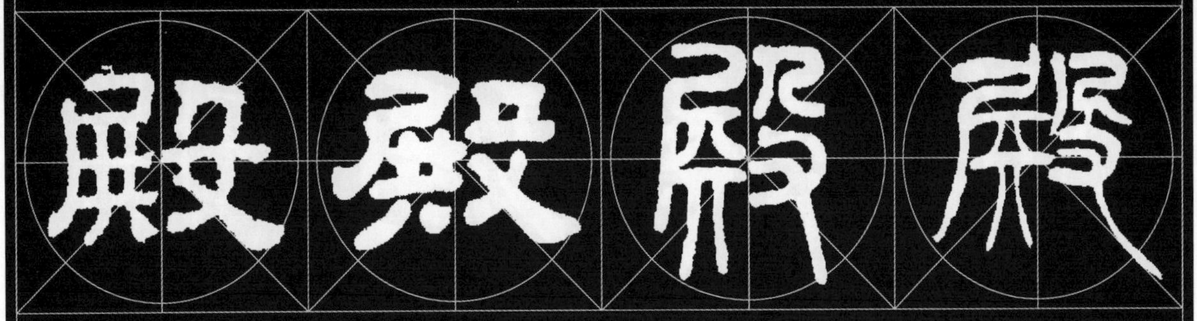

汉 樊敏碑 | 清 顾蔼吉 | 元 赵孟頫 | 清 徐三庚

diāo
凋
（凋谢）

diāo
雕
（彫、琱、鵰）

diāo
貂

diào
吊

diào
钓

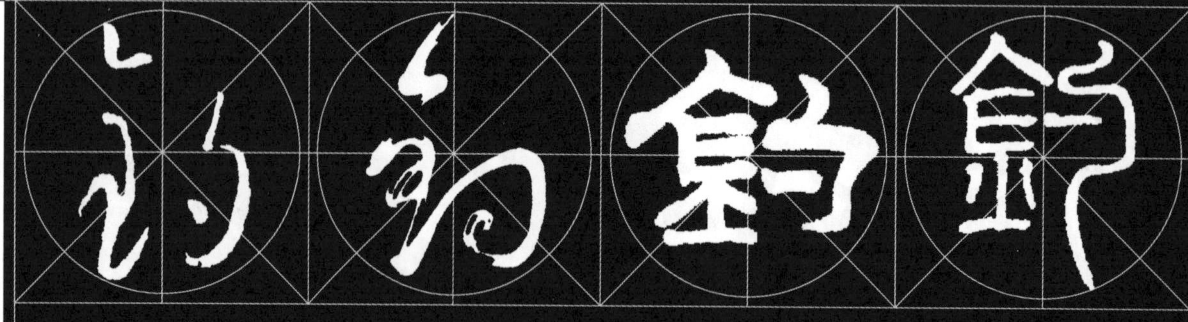

唐 怀素 | 明 董其昌 | 元 赵孟頫 | 元 吴叡

diào
掉

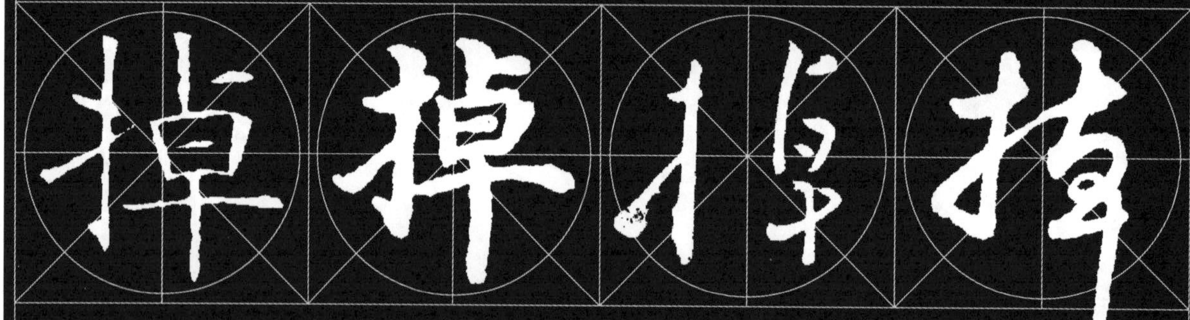

隋 苏孝慈墓志 | 明 沈度 | 宋 黄庭坚 | 宋 米芾

diào
调
tiáo

唐 颜真卿 | 宋 赵佶 | 明 唐寅 | 晋 王羲之

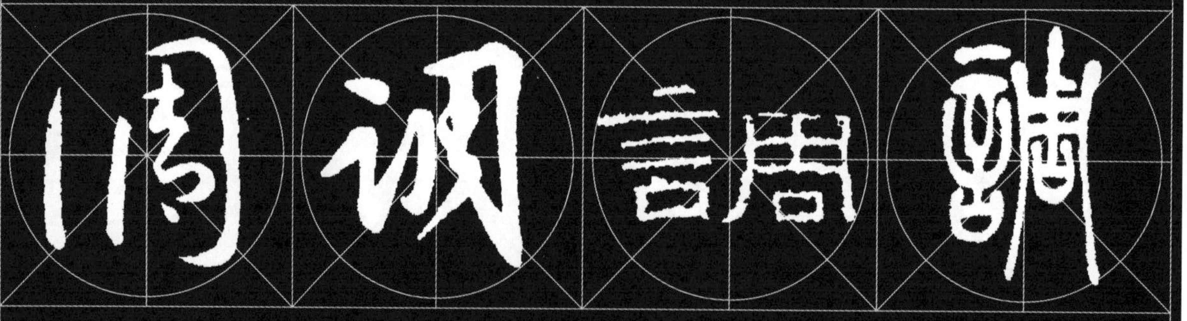

唐 孙过庭 | 明 文徵明 | 汉 张景碑 | 清 吴熙载

diē
跌

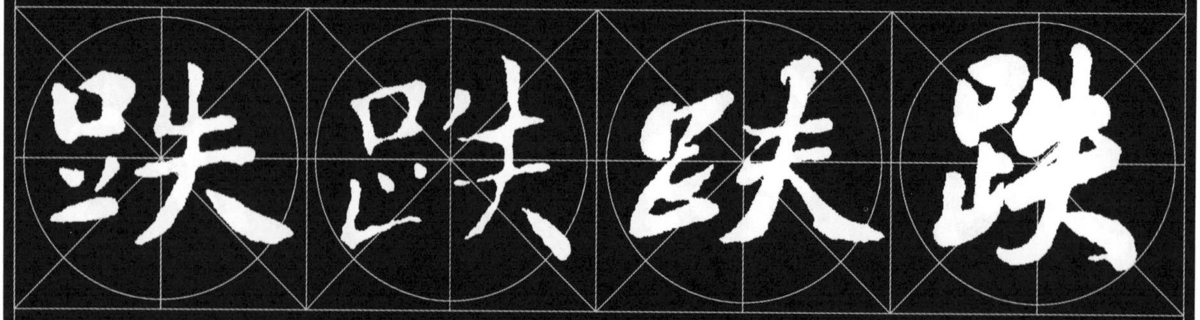

明 祝允明 | 明 文徵明 | 宋 苏轼 | 清 孔继涑

dié
迭

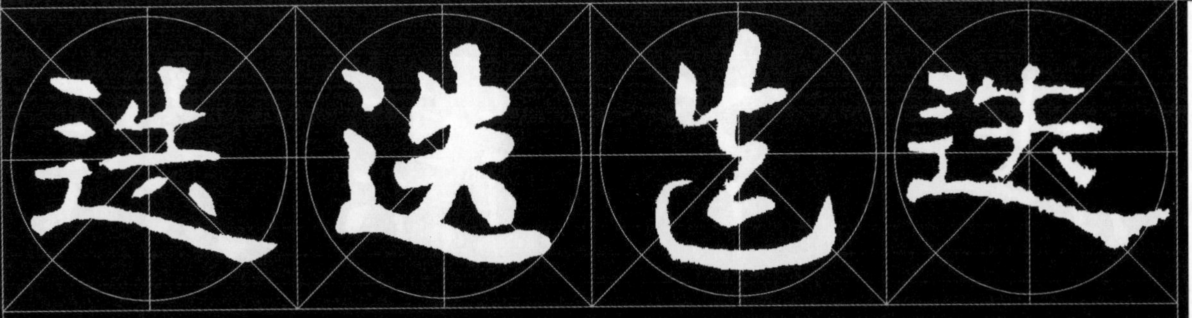

晋 辟雍碑　唐 陆柬之　唐 孙过庭　汉 华山碑

dié
垤（小土堆）

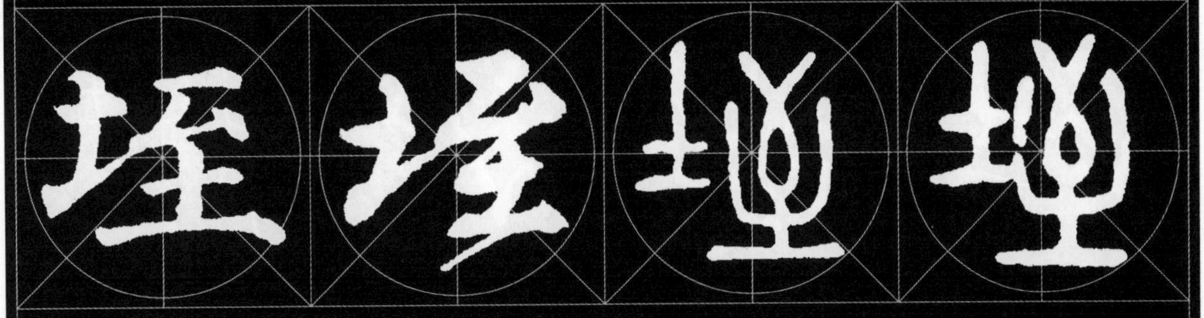

唐 颜真卿　明 唐寅　汉 说文解字　清 康熙字典

dié
喋

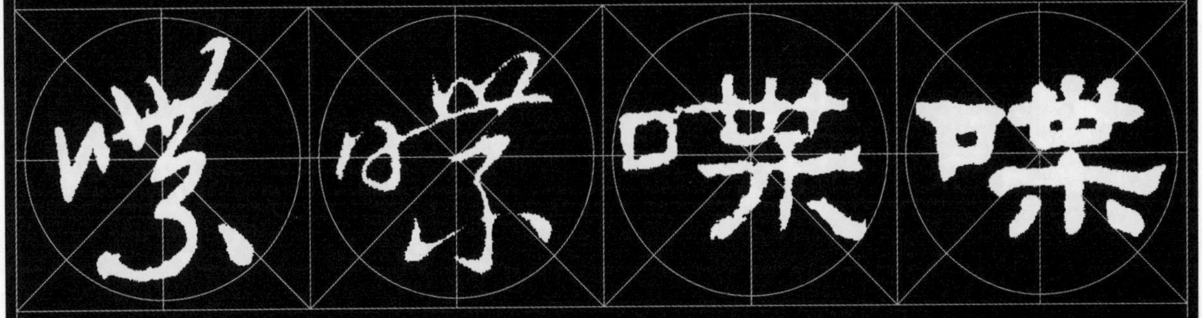

元 康里子山　金 张天锡·草书韵会　汉 张迁碑　清 翁同和

dié
堞（堞墙）

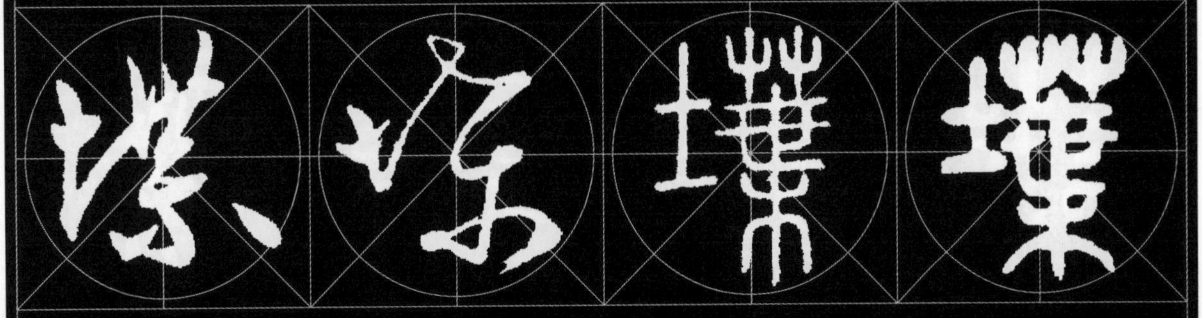

明 王宠　唐 怀素　汉 说文解字　清 康熙字典

dié
揲（折叠）

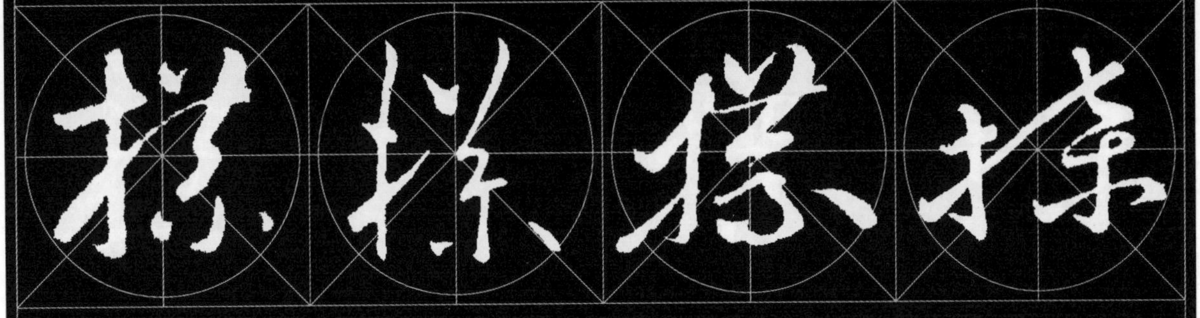

隋 智永　唐 欧阳询　唐 孙过庭　唐 怀素

dié 牒（文书；证件）

dié 蝶（蜨）

dié 谍（諜）

dié 叠（疊、曡）

唐 欧阳询　唐 欧阳通　唐 王敬客　唐 颜真卿

元 赵孟頫　元 揭傒斯　清 归庄　唐 李阳冰

唐 李邕　元 陈基　明 唐寅　金 张天锡·草书韵会

唐 颜真卿　晋 王羲之　清 顾蔼吉·隶辨　清 康熙字典

北魏 孙秋生造像　唐 颜真卿　明 董其昌　汉 乙瑛碑

dīng 丁 zhēng（拟声）

dǐng 顶

dǐng 鼎

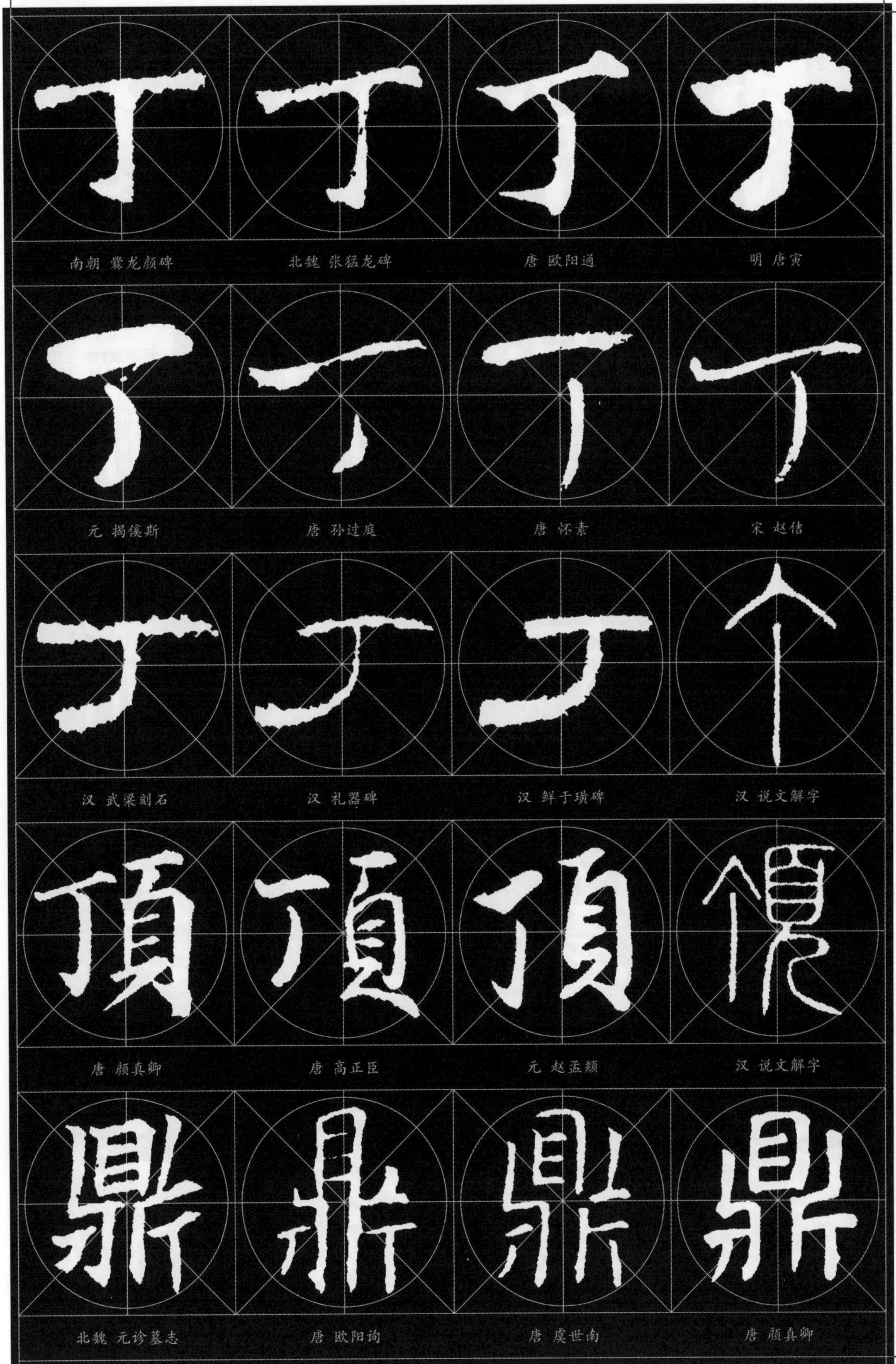

dìng
定

元 柯九思
明 文徵明
明 祝允明
明 韩道亨
元 鲜于枢
清 邓文原
汉 景君碑
汉 武梁刻石
汉 曹全碑
周 金文
周 颂鼎
清 邓石如
隋 智永
唐 褚遂良
唐 欧阳询
唐 李邕
唐 李邕
唐 颜真卿
宋 米友仁
唐 欧阳询

dōng
冬

唐 孙过庭　唐 张旭　唐 柳公权　汉 石门颂

汉 礼器碑　汉 张迁碑　秦 李斯　清 杨沂孙

隋 苏孝慈墓志　唐 褚遂良　唐 颜真卿　元 赵孟頫

唐 欧阳询　宋 苏轼　元 赵孟頫　明 董其昌

晋 王献之　隋 智永　清 王澍　清 邓石如

dōng
东

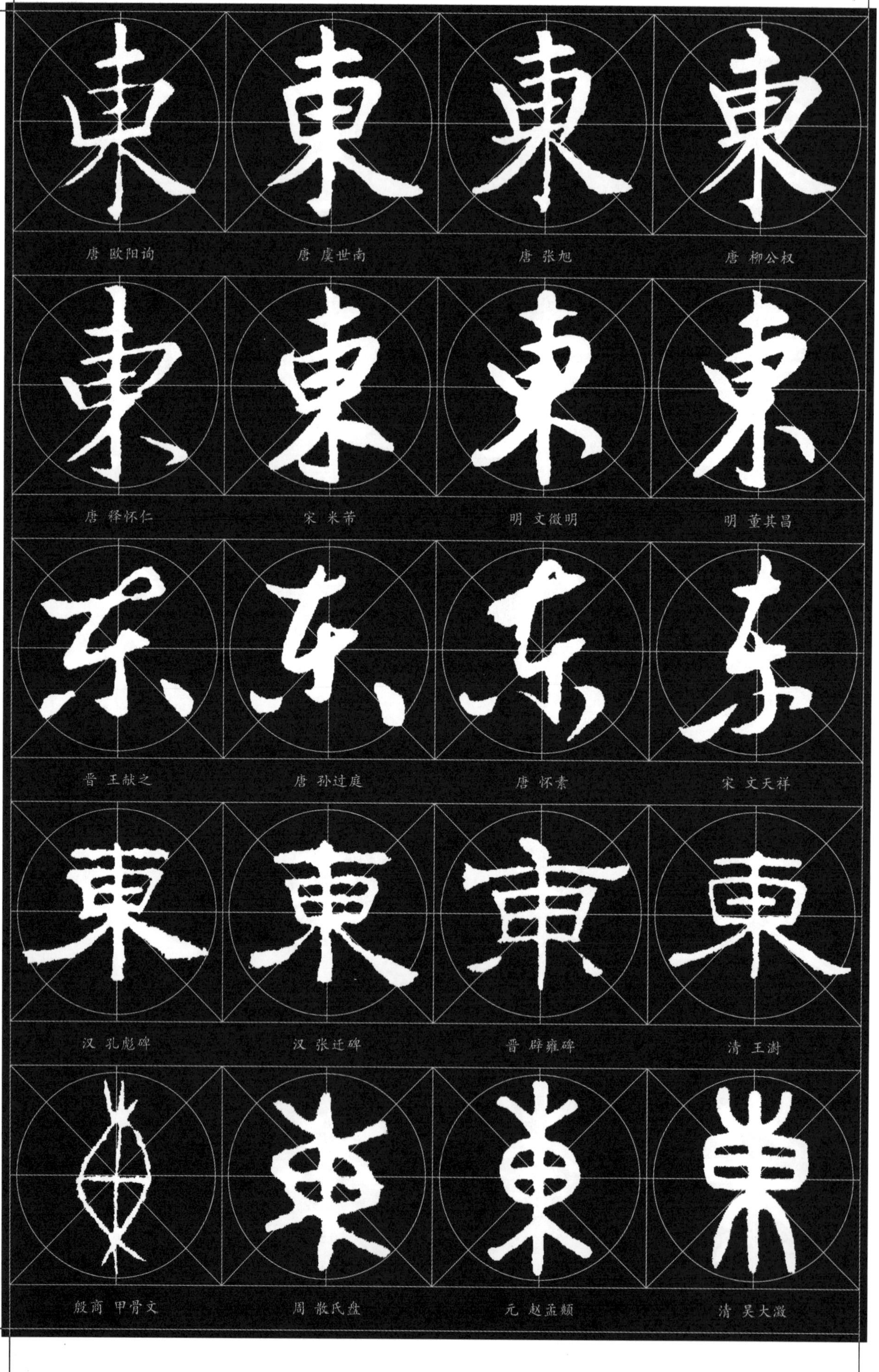

唐 欧阳询　唐 虞世南　唐 张旭　唐 柳公权

唐 释怀仁　宋 米芾　明 文徵明　明 董其昌

晋 王献之　唐 孙过庭　唐 怀素　宋 文天祥

汉 孔彪碑　汉 张迁碑　晋 辟雍碑　清 王澍

殷商 甲骨文　周 散氏盘　元 赵孟頫　清 吴大澂

dǒng
董

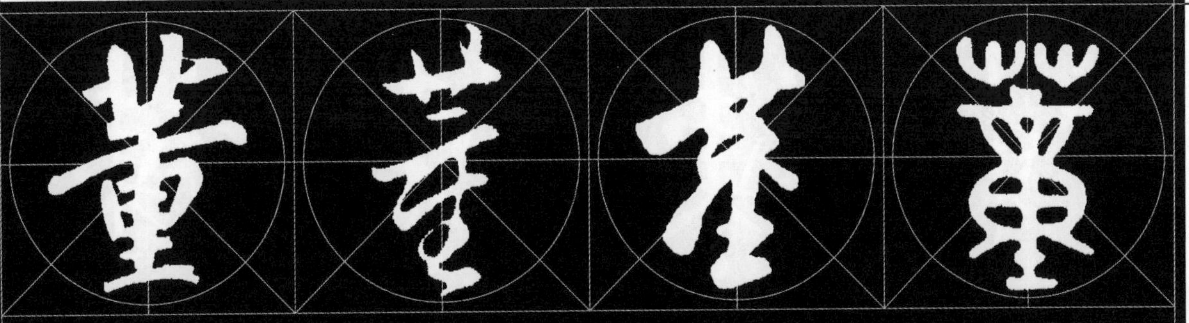

明 董其昌　明 董其昌　明 董其昌　清 黄士陵

dòng
洞

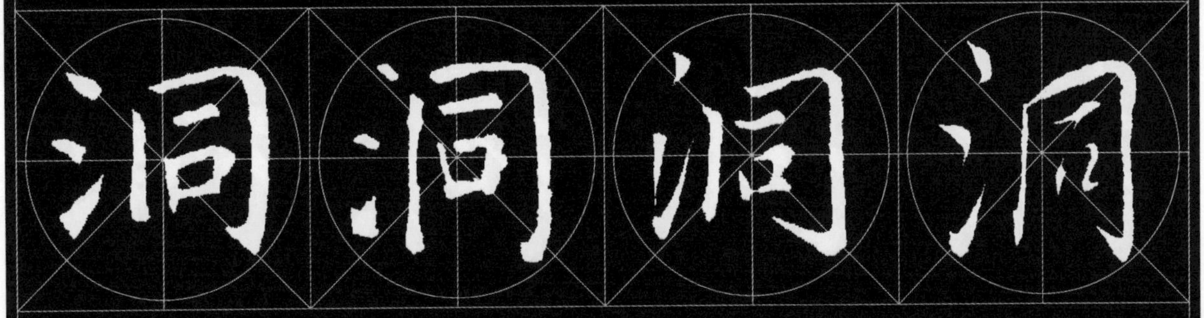

唐 虞世南　唐 颜真卿　元 赵孟頫　元 饶介

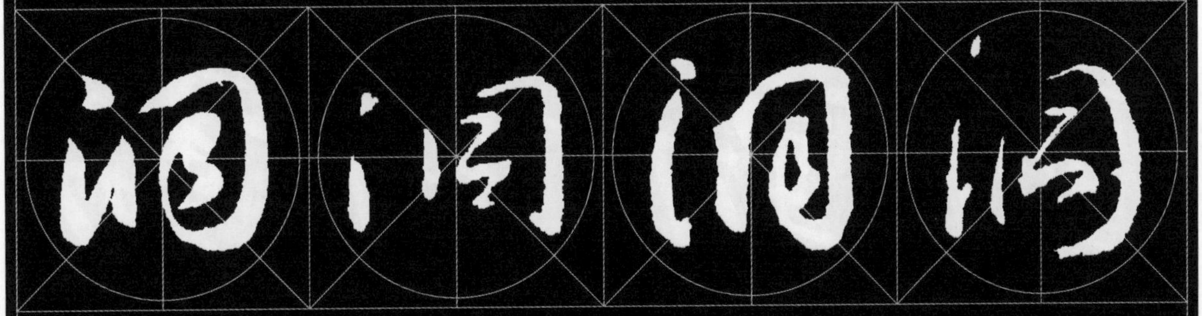

隋 智永　隋 智果　唐 怀素　唐 武则天

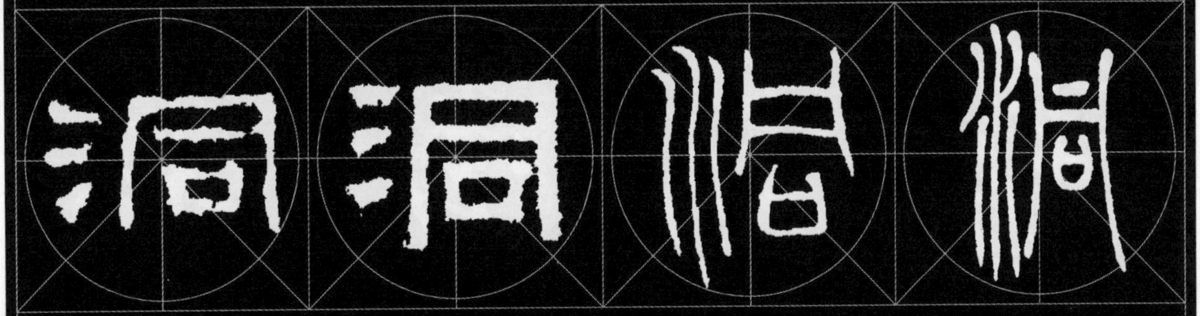

汉 杨震碑　汉 鲜于璜碑　元 吴叡　清 吴熙载

dòng
冻

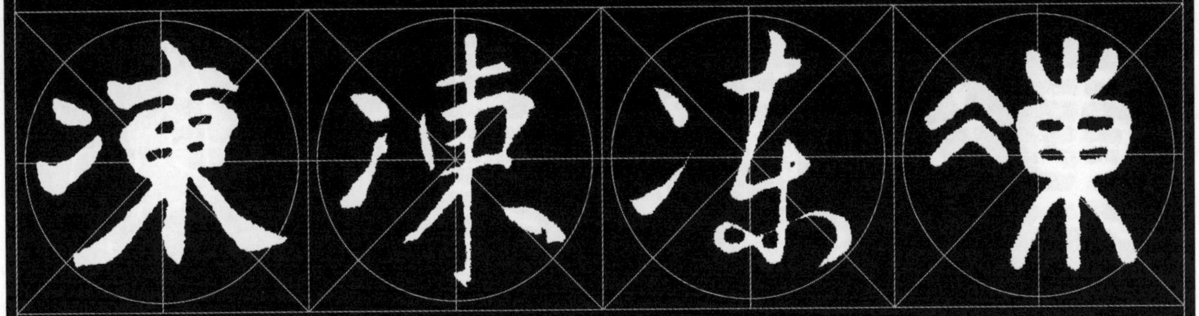

清 赵之谦　唐 李世民　金 张天锡·草书韵会　清 吴大澂

dòng
栋

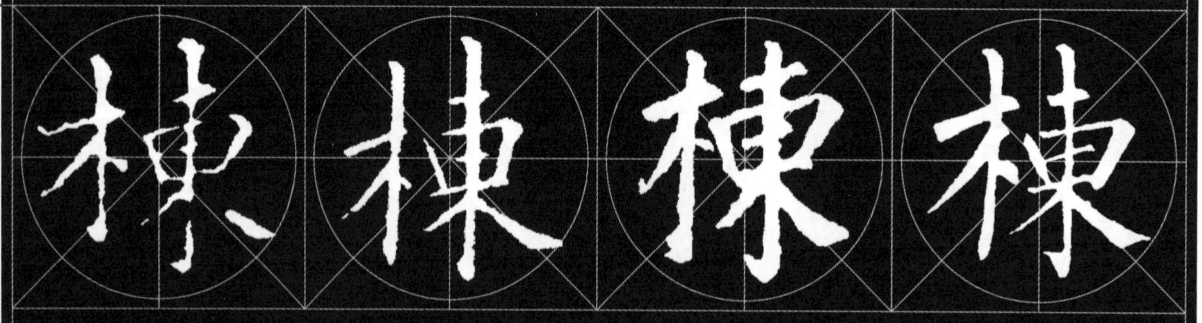

晋 王羲之　唐 欧阳询　唐 颜真卿　唐 柳公权

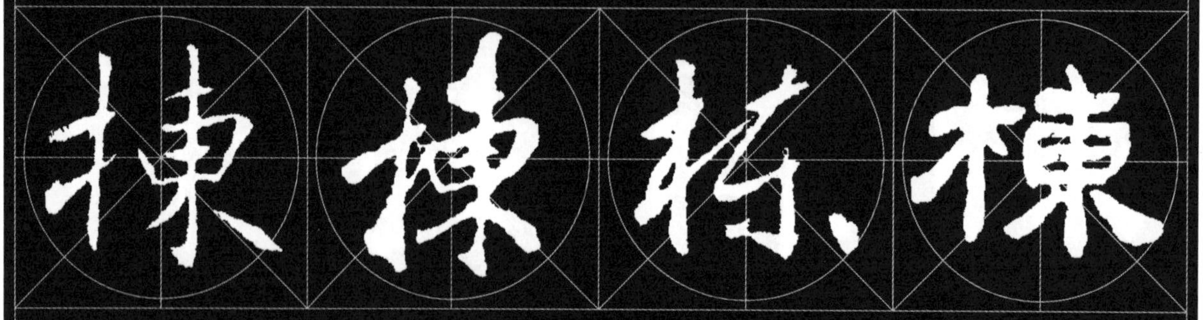

唐 高正臣　唐 李邕　唐 武则天　清 吴熙载

dòng
动

唐 欧阳询　唐 柳公权　宋 黄庭坚　宋 蔡京

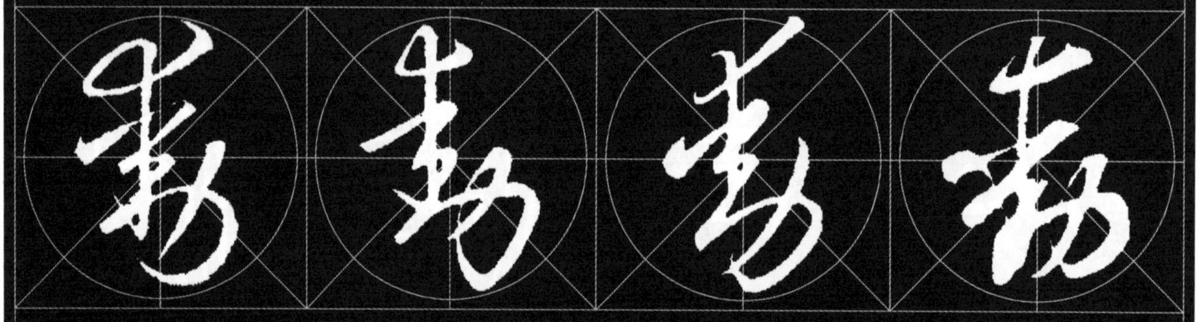

晋 王羲之　晋 王献之　唐 李怀琳　宋 米芾

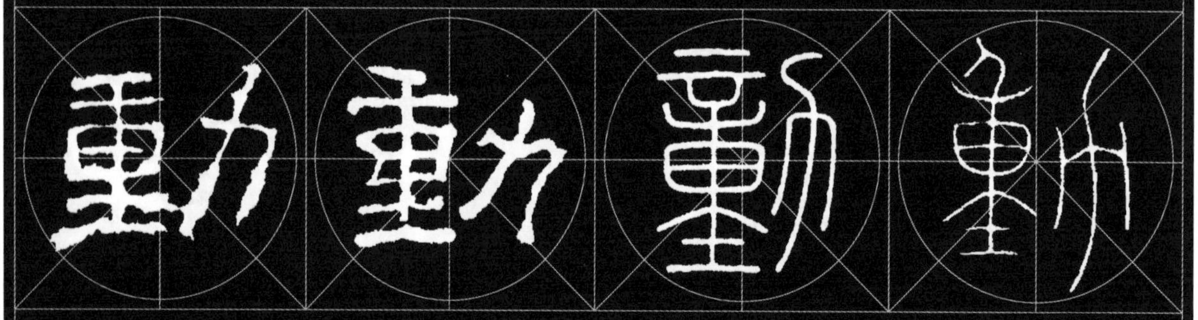

汉 西狭颂　汉 夏承碑　秦 李斯　唐 李阳冰

dōu 都 dū

dōu 兜

dǒu 斗 dòu（鬥、鬦、鬭）

dòu
豆

dòu
逗

dòu
窦（孔；洞）

dū
督

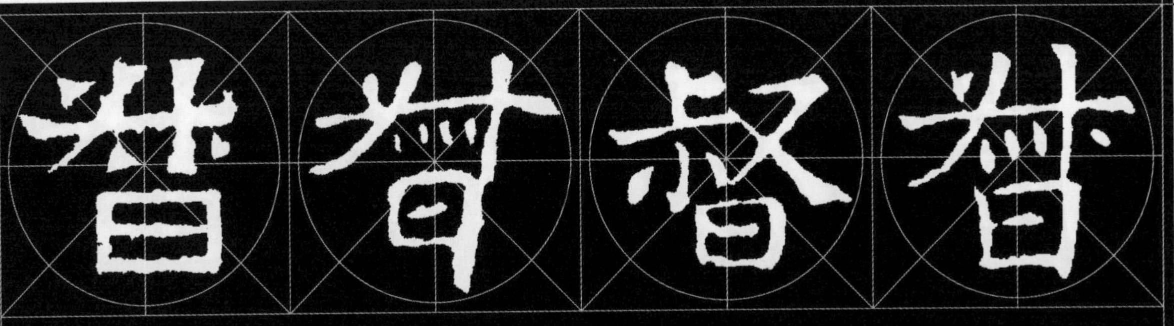

晋 爨宝子碑　北魏 崔敬邕墓志　北朝 敬使君碑　隋 苏孝慈墓志

唐 李邕　明 吴宽　明 文徵明　汉 景君碑

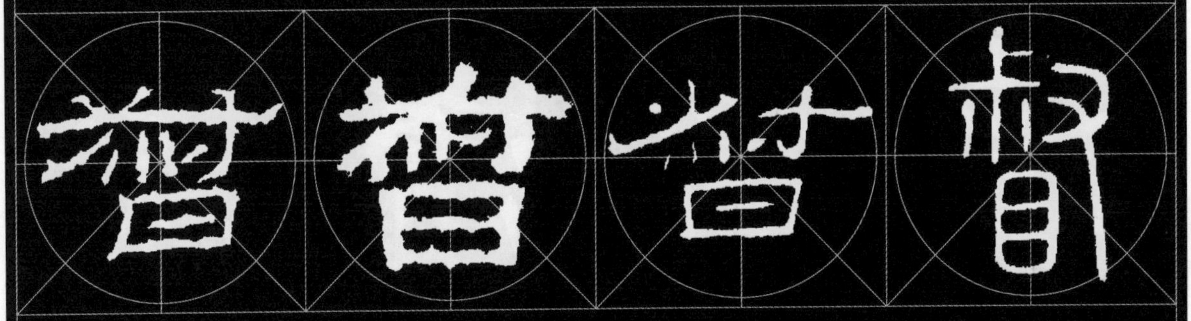

汉 礼器碑　汉 鲜于璜碑　汉 朝侯小子残碑　汉 说文解字

dū
阇（城门上的台）

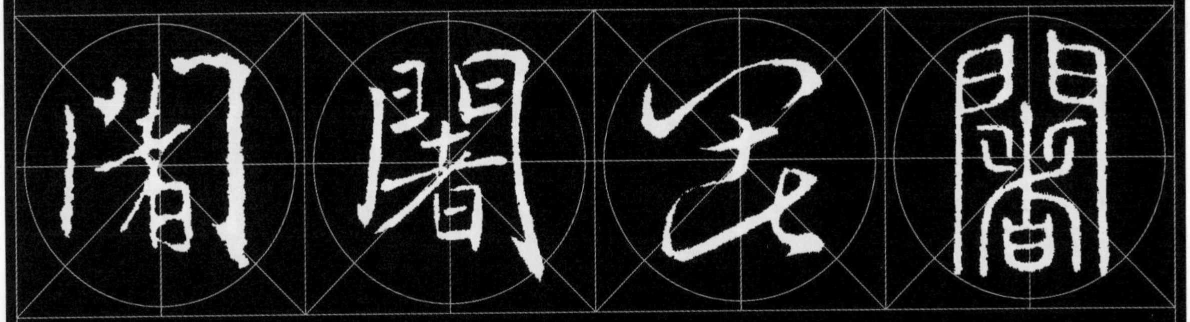

晋 王羲之　唐 褚遂良　金 张天锡·草书韵会　汉 说文解字

dú
毒

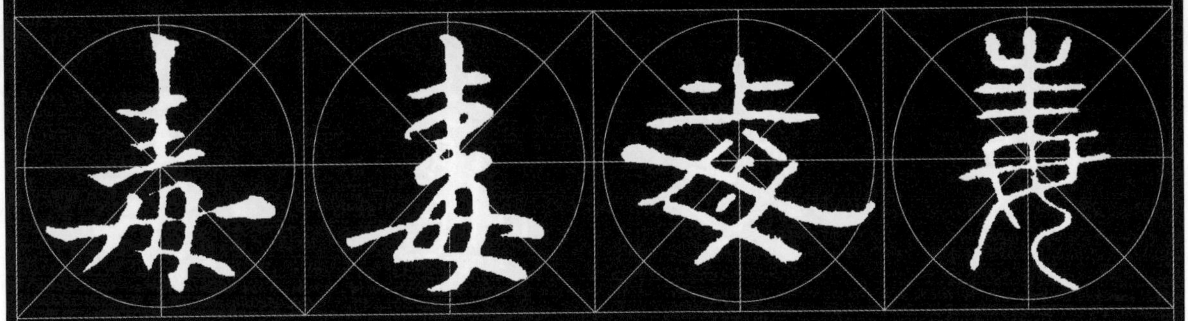

唐 欧阳通　晋 王羲之　汉 石门颂　汉 说文解字

dú
独

dú
渎（瀆、瀆）

dú
椟（柜；匣）

唐 颜师古　宋 赵佶　隋 智永　清 王澍

宋 赵构　宋 李建中　宋 蔡襄　金 张天锡·草书韵会

唐 颜真卿　宋 米芾　清 张照　元 鲜于枢

隋 智永　清 陈鸿寿　清 钱泳　清 邓石如

隋 智永　唐 虞世南　唐 褚遂良　清 郑燮

dú
犊（小牛）

dú
椟（木简）

dú
读

dǔ
笃（忠实；病重）

dǔ 睹（覩）

dù 度 duó（测；算）

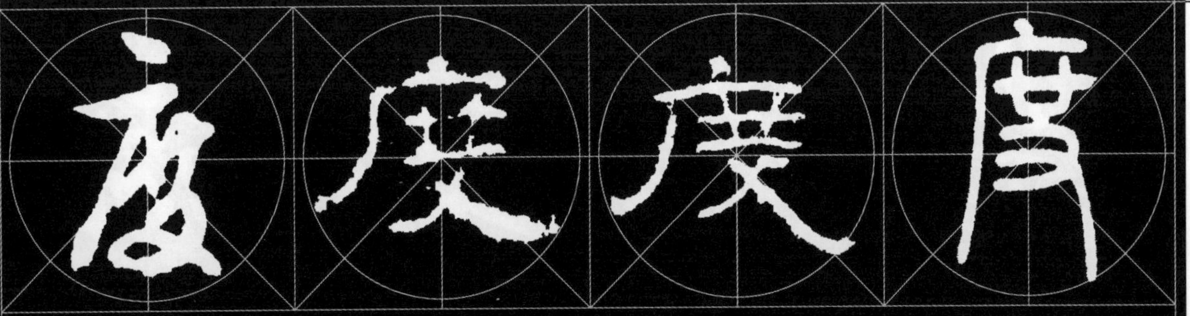

明 文徵明　汉 杨震碑　汉 石门颂　清 邓石如

dù
渡

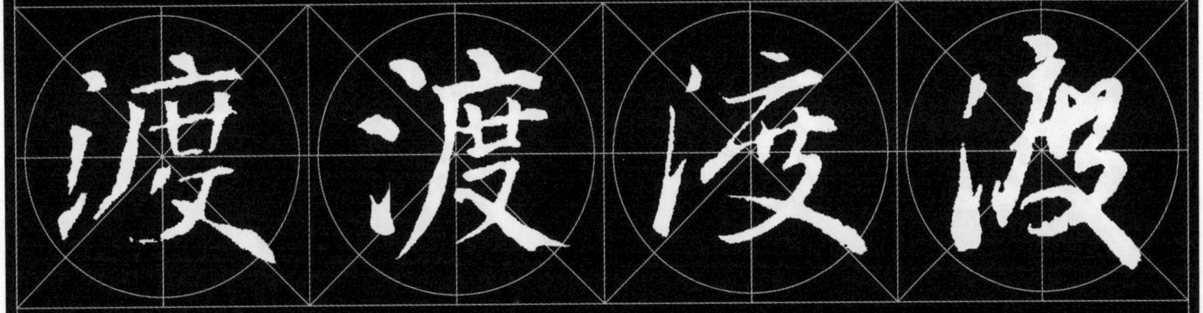

隋 苏孝慈墓志　唐 颜真卿　明 董其昌　清 王铎

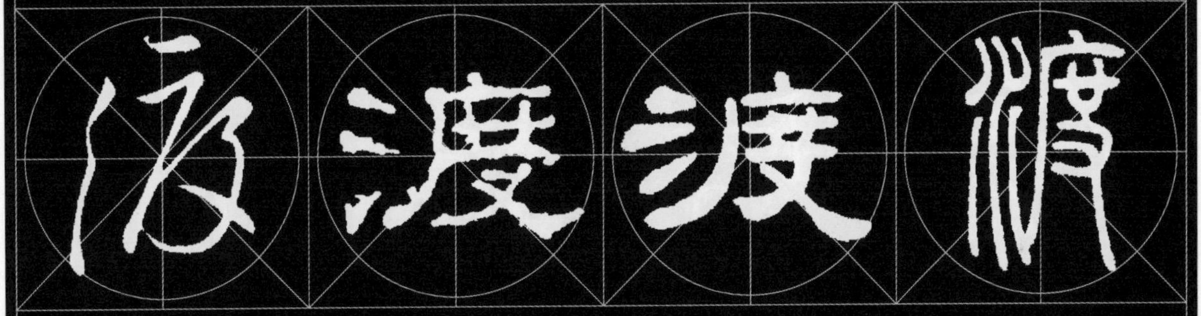

晋 王徽之　汉 武梁刻石　清 张祖翼　清 邓石如

dù
杜

南朝 爨龙颜碑　隋 智永　唐 怀素　元 赵孟頫

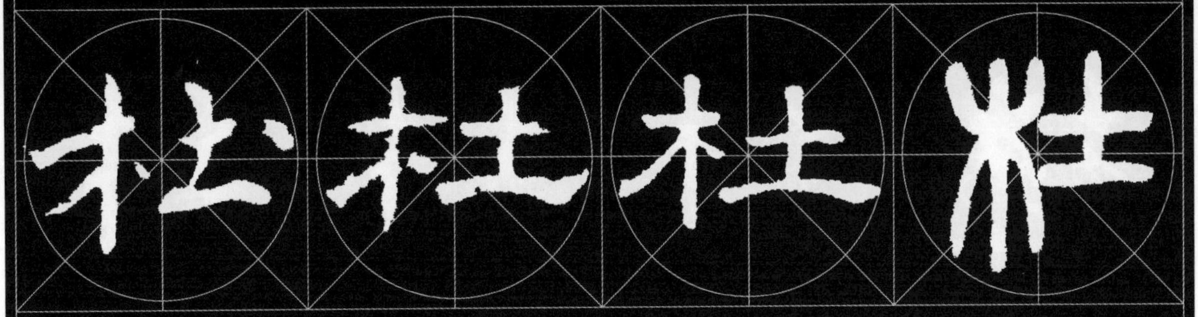

明 沈周　汉 曹全碑　清 王澍　清 杨沂孙

duān
端

duǎn
短

唐 欧阳询
唐 柳公权
唐 陆柬之
晋 王羲之
宋 苏轼
元 赵孟頫
明 文徵明
明 董其昌
清 王澍
唐 李阳冰
清 吴大澂
清 吴大澂
唐 薛稷
唐 陆柬之
宋 苏轼
宋 吴琚
元 鲜于枢
晋 王羲之
宋 米芾
元 康里子山

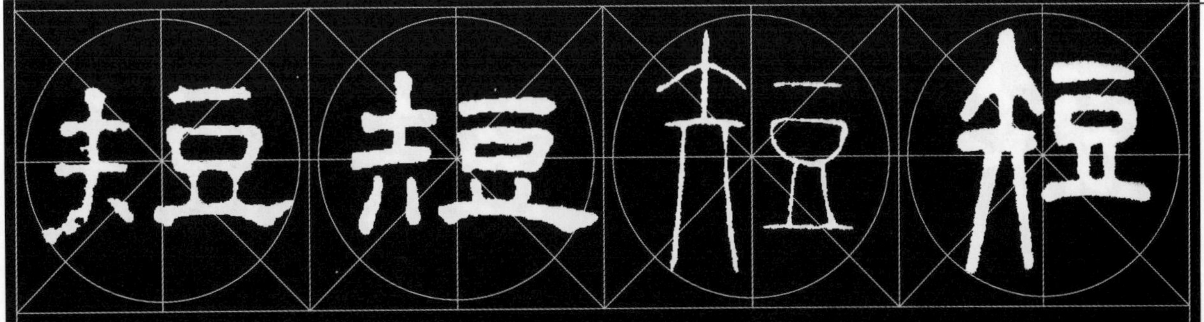

汉 张寿碑 | 清 王澍 | 唐 李阳冰 | 清 杨沂孙

duàn
段

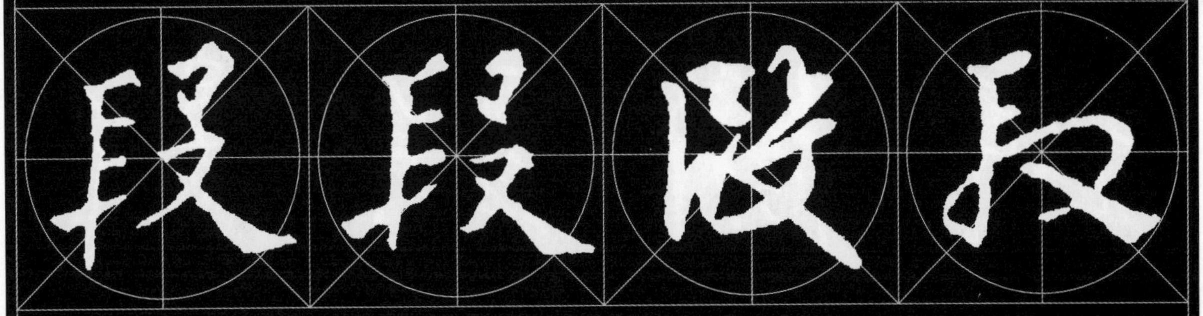

唐 欧阳询 | 唐 欧阳通 | 明 文徵明 | 三国 皇象

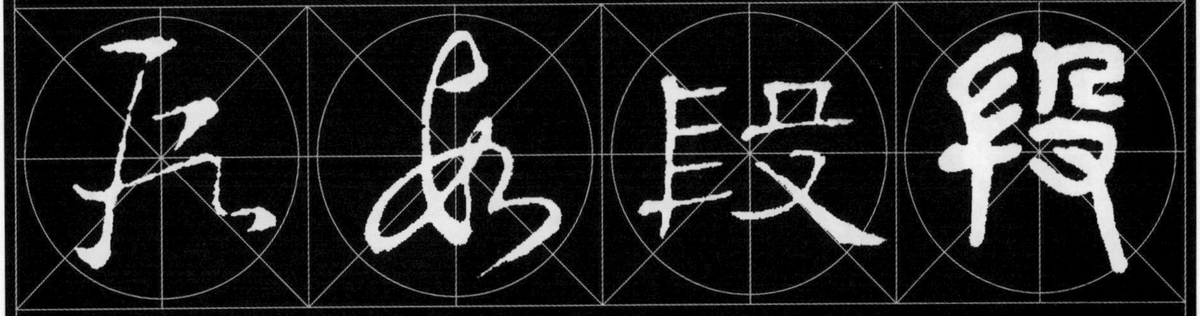

晋 王羲之 | 金 张天锡·草书韵会 | 清 顾蔼吉·隶辨 | 清 杨沂孙

duàn
锻

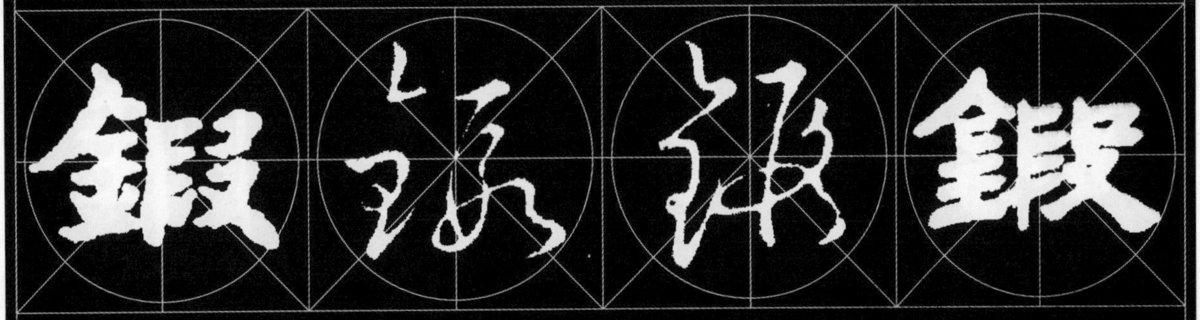

唐 吴彩鸾 | 宋 赵构 | 金 张天锡·草书韵会 | 清 邓石如

duàn
断

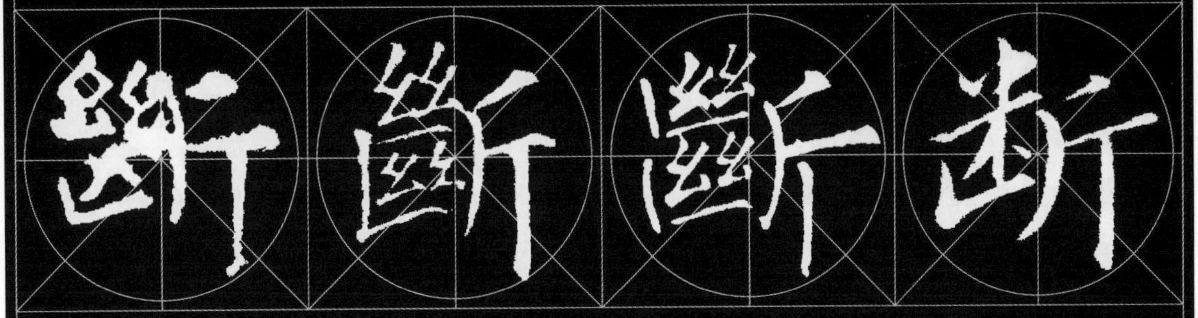

南北朝 敬使君碑 | 唐 颜真卿 | 唐 柳公权 | 明 董其昌

duī
堆

duì
碓（捣米的器具）

duì
兑

宋 米芾　明 唐寅　明 张瑞图　三国 皇象

宋 黄庭坚　宋 吴琚　汉 石门颂　唐 李阳冰

宋 楼钥　明 唐寅　汉 居延简　清 杨沂孙

明 宋克　清 朱耷　清 顾蔼吉·隶辨　汉 说文解字

元 赵孟頫　清 顾蔼吉·隶辨　殷商 甲骨文　清 吴大澂

duì 队（隊）

duì 对（對）

元 赵孟頫　明 祝允明　三国 皇象　宋 赵构

清 邓石如　清 顾蔼吉·隶辨　殷商 甲骨文　清 杨沂孙

北魏 李璧墓志　隋 智永　唐 褚遂良　晋 王羲之

宋 苏轼　宋 赵佶　唐 欧阳询　宋 赵孟坚

汉 张寿碑　汉 西狭颂　殷商 甲骨文　周 毛公鼎

dūn
敦

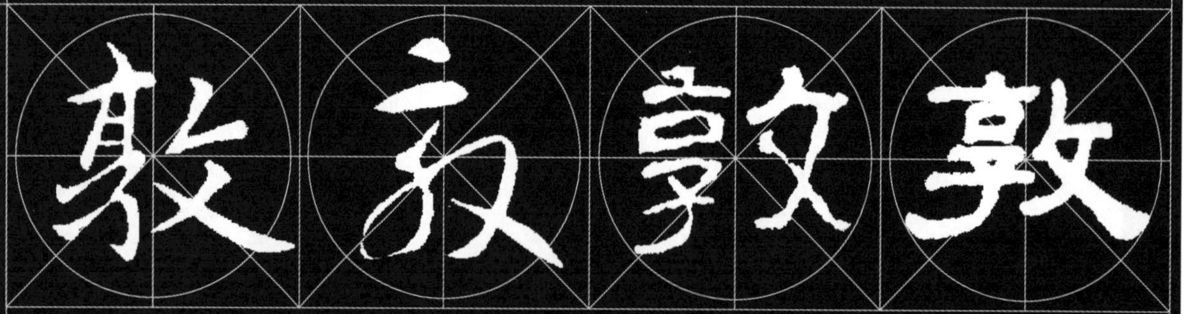

元 赵孟頫　隋 智永　汉 西狭颂　清 阮元

dūn
憞（敦厚）

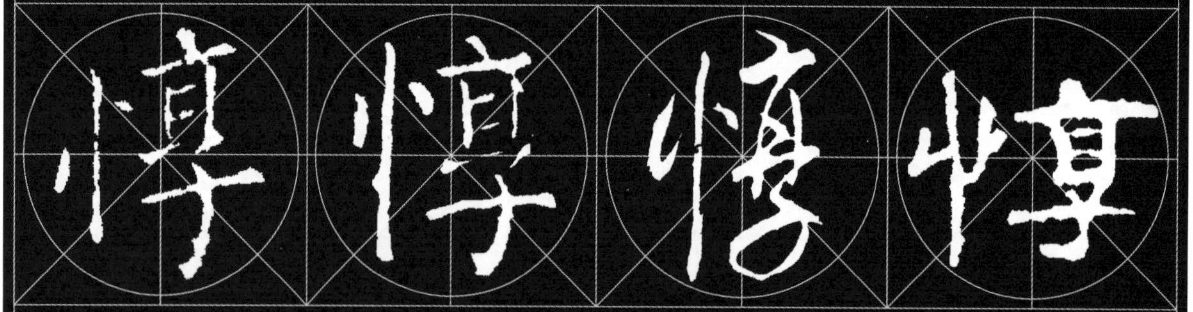

唐 欧阳询　唐 颜真卿　宋 米芾　汉 孔彪碑

dūn
蹲

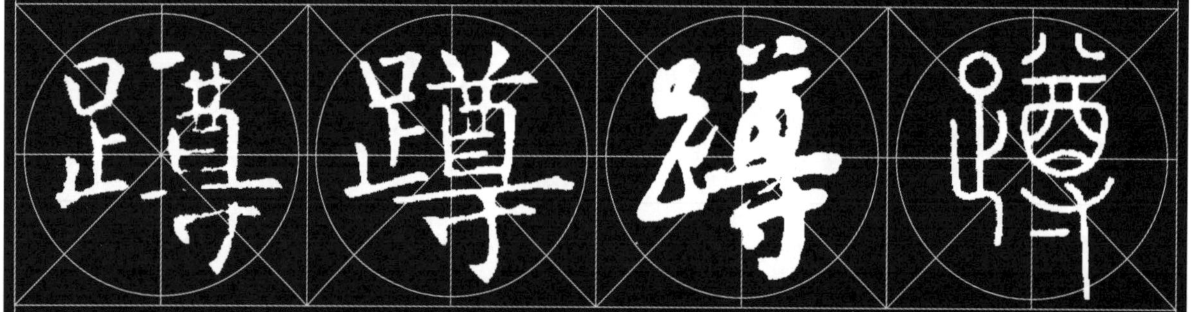

唐 虞世南　唐 柳公权　清 赵之谦　清 王澍

dùn
盾

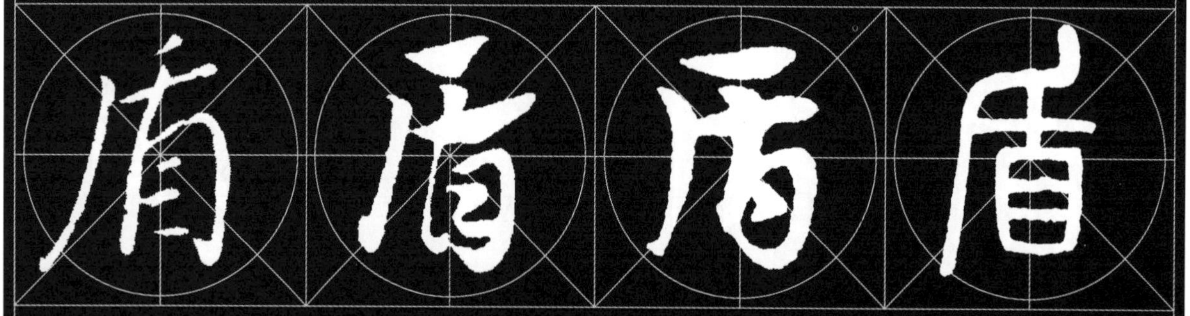

明 董其昌　元 赵孟頫　明 宋克　清 吴大澂

dùn
遁（遯；逃；避）

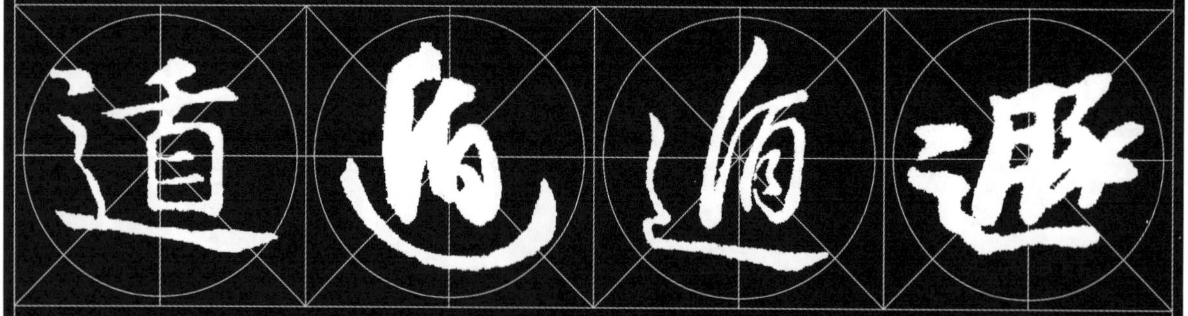

北朝 敬使君碑　唐 孙过庭　明 董其昌　明 黄道周

dùn
沌（混沌）

dùn
顿

元 吴叡
清 翁同和
汉 说文解字
清 吴大澂
元 赵孟頫
元 赵孟頫
明 王宠
汉 说文解字
晋 王献之
晋 王徽之
唐 褚遂良
清 恽寿平
晋 王羲之
唐 孙过庭
唐 怀素
明 董其昌
汉 华山碑
汉 史晨碑
唐 李阳冰
元 吴叡

dùn
钝

明 董其昌　唐 孙过庭　元 赵孟頫　清 吴昌硕

duō
多

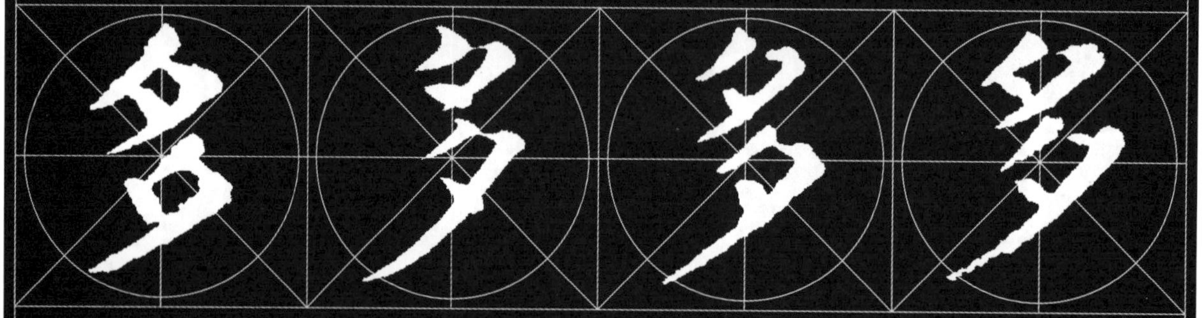

唐 虞世南　唐 褚遂良　唐 张旭　唐 颜真卿

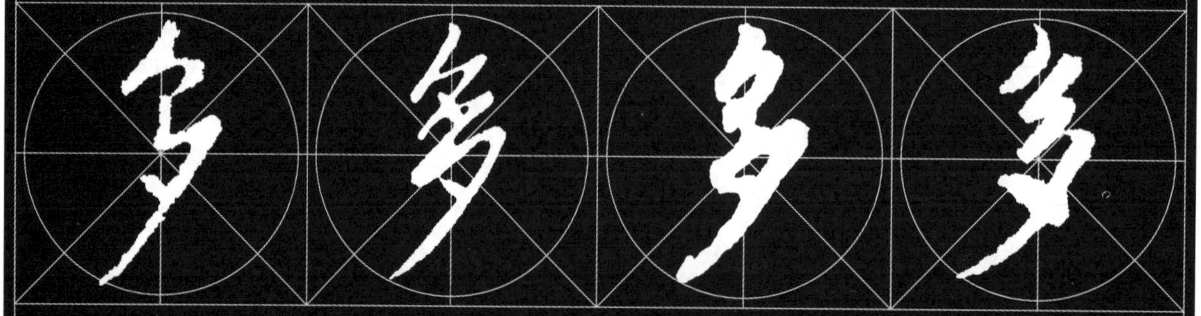

唐 褚遂良　唐 李世民　唐 陆柬之　宋 米芾

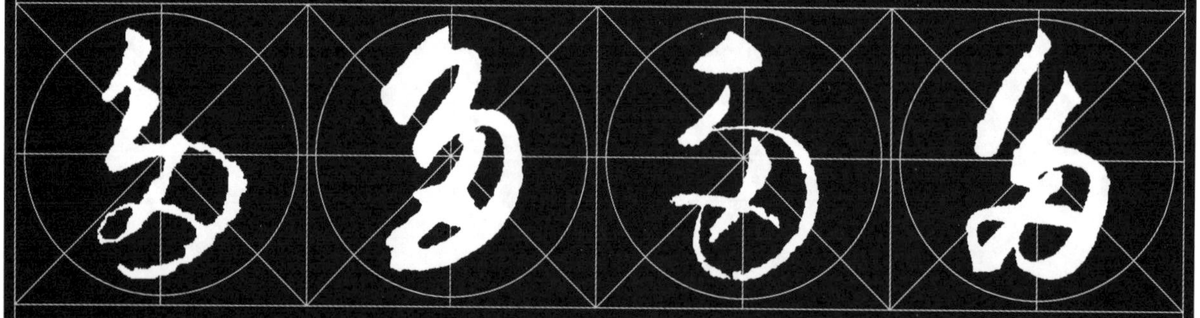

晋 王羲之　隋 智永　唐 怀素　宋 苏轼

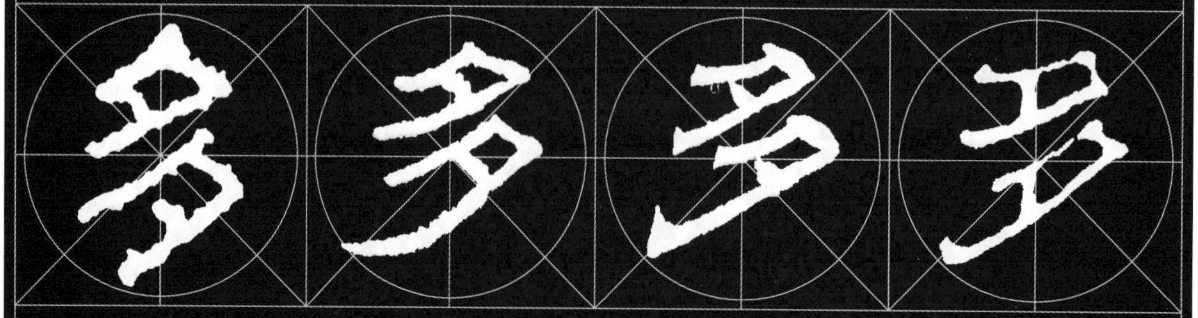

汉 武梁刻石　汉 尹宙碑　晋 辟雍碑　清 钱沣

duō
咄（呵斥；惊异）

duō
掇（拾取；双手拿）

duó
夺（奪）

duó
铎（大铃）

duò
堕

唐 王敬客　唐 颜真卿　宋 苏轼　元 赵孟頫

元 饶介　清 王铎　汉 曹全碑　清 吴大澂

晋 王羲之　唐 颜真卿　宋 苏轼　宋 米芾

明 唐寅　南朝 萧衍　元 康里子山　清 王铎

清 顾蔼吉·隶辨　汉 说文解字　清 邓石如　清 田潜

duò 惰

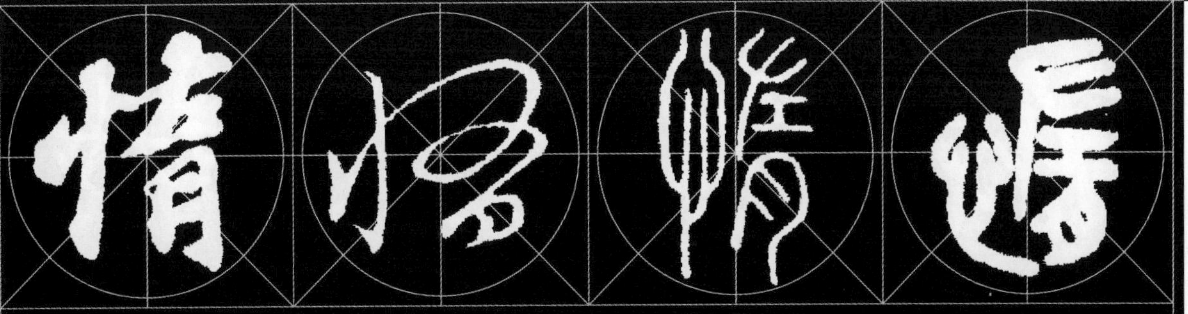

宋 苏轼 | 金 张天锡·草书韵会 | 汉 说文解字 | 清 吴大澂

é 俄

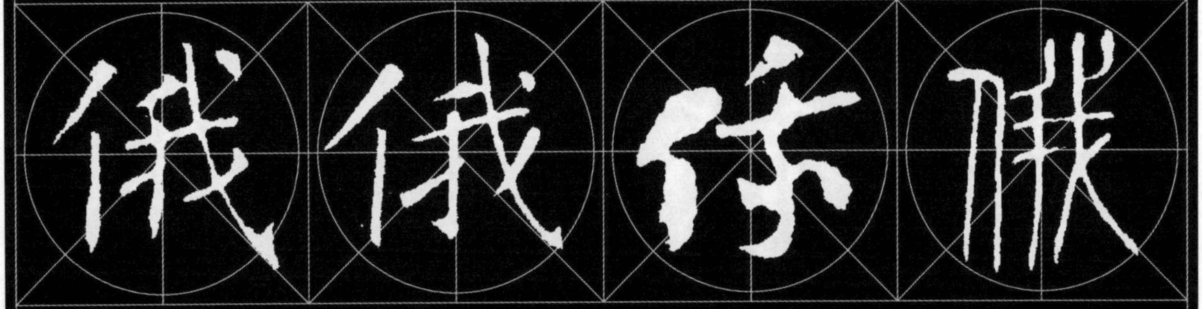

唐 褚遂良 | 唐 王敬客 | 宋 陆游 | 汉 说文解字

é 峨（峩）

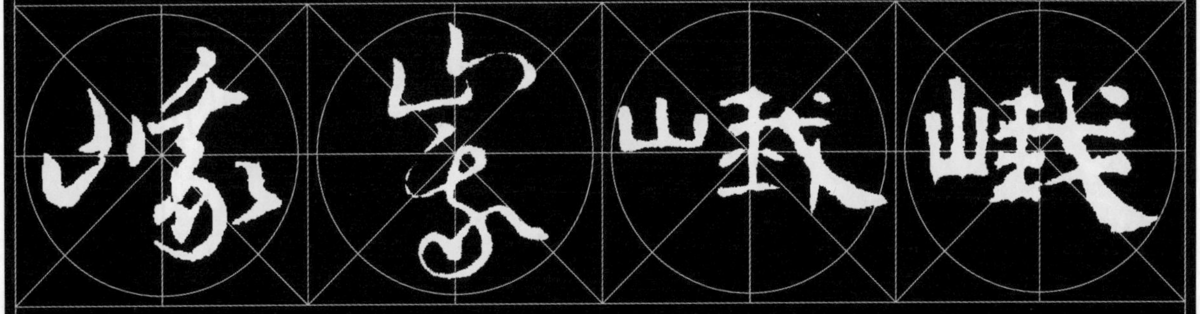

晋 王羲之 | 金 张天锡·草书韵会 | 汉 曹全碑 | 三国 曹真碑

é 娥

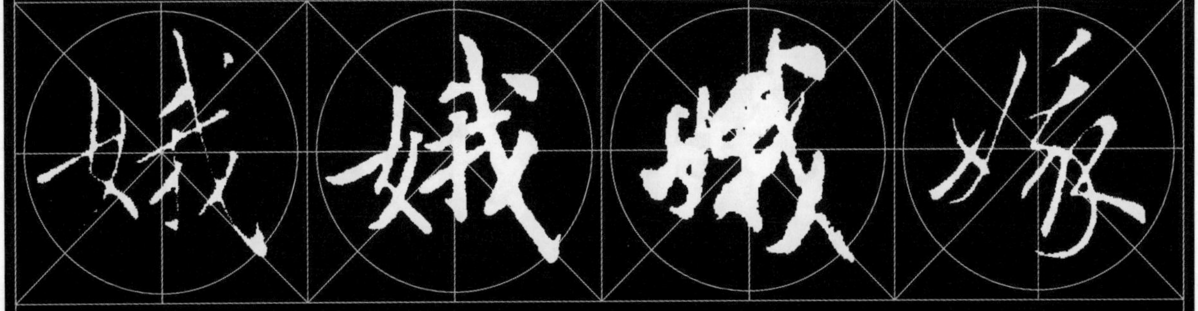

唐 李邕 | 宋 赵构 | 宋 米芾 | 元 鲜于枢

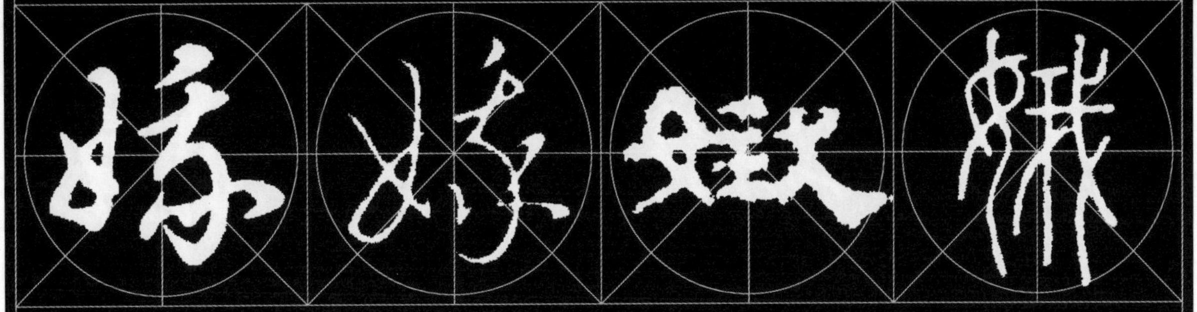

明 祝允明 | 明 王宠 | 汉 鲜于璜碑 | 汉 说文解字

é 蛾

é 鹅（鵞）

é 讹（譌：指错误）

é 额（頟）

è 厄（阨）

è 恶 ě（恶心） wù（讨厌；憎恨）

è
饿

明 沈度 明 徐渭 宋 陆游 汉 说文解字

è
遏

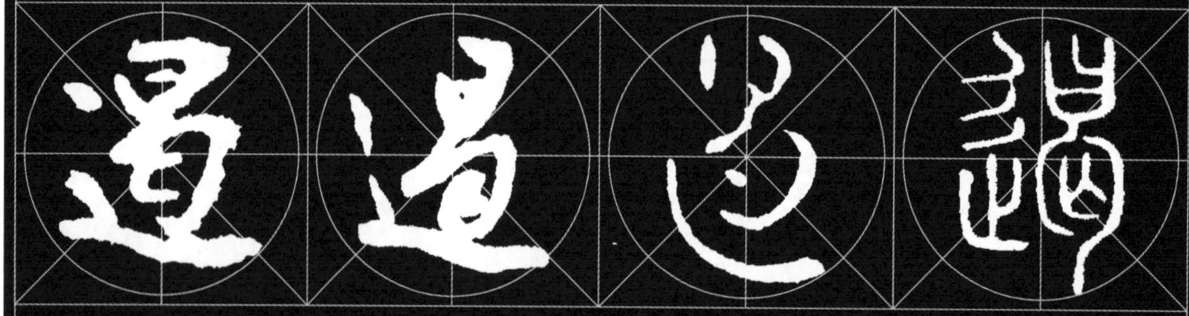

唐 李邕 明 文徵明 晋 索靖 汉 说文解字

è
萼

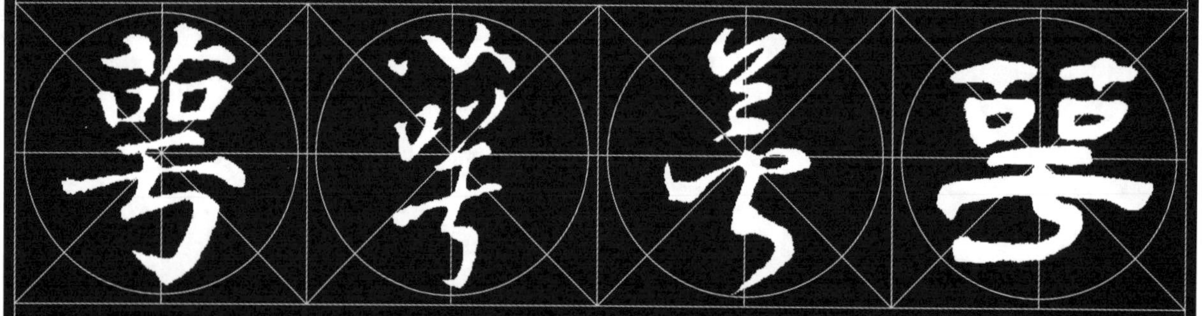

唐 颜真卿 晋 王羲之 唐 怀素 清 奚冈

è
鄂

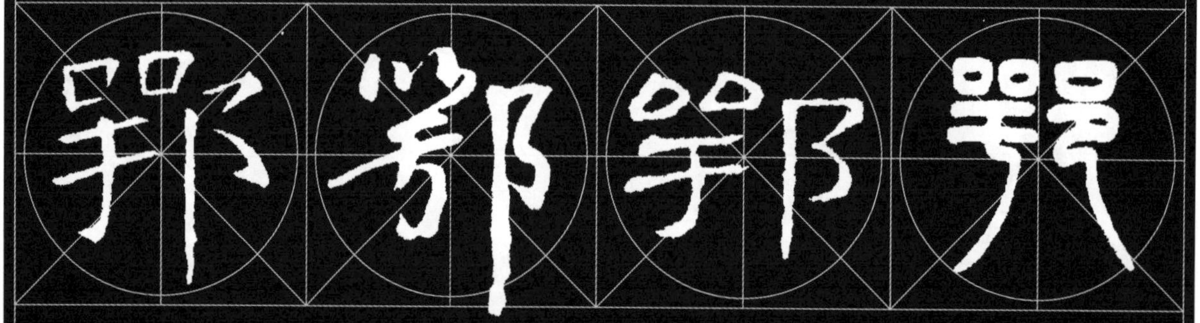

隋 张公礼 清 何绍基 清 顾蔼吉·隶辨 清 杨沂孙

ēn
恩

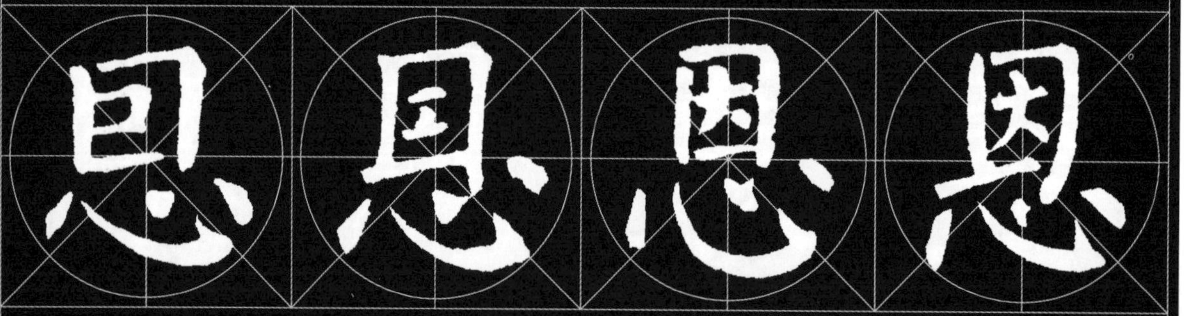

三国 钟繇 唐 欧阳询 唐 颜真卿 唐 柳公权

晋 王羲之　唐 褚遂良　唐 颜真卿　明 唐寅

元 鲜于枢　元 康里子山　明 文徵明　清 王铎

汉 夏承碑　汉 樊敏碑　汉 曹全碑　清 邓石如

唐 褚遂良　元 揭傒斯　晋 王羲之　宋 黄庭坚

宋 米芾　宋 米芾　隋 智永　唐 欧阳询

ér
儿（兒）

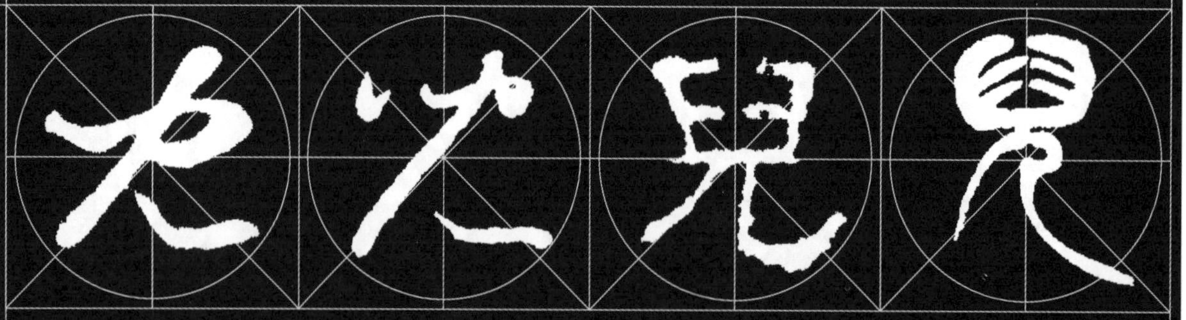

唐 孙过庭 | 唐 怀素 | 汉 武梁刻石 | 清 徐三庚

ér
而

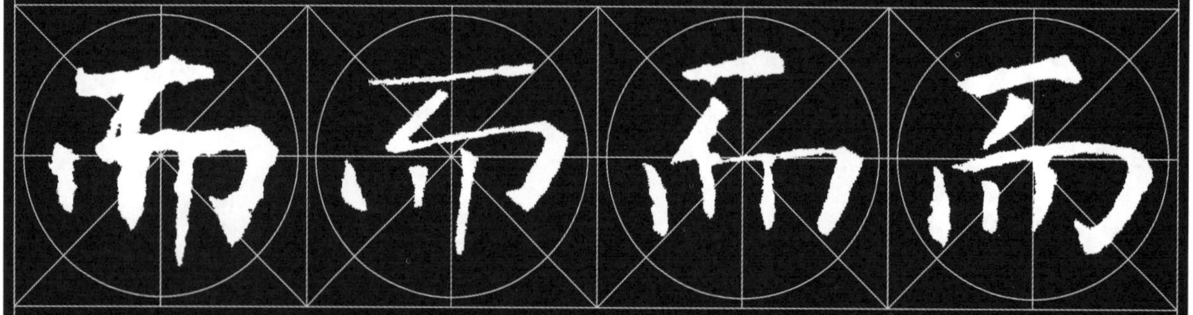

北魏 高庆碑 | 隋 龙藏寺碑 | 唐 欧阳询 | 唐 虞世南

唐 颜真卿 | 宋 苏轼 | 明 董其昌 | 清 翁方纲

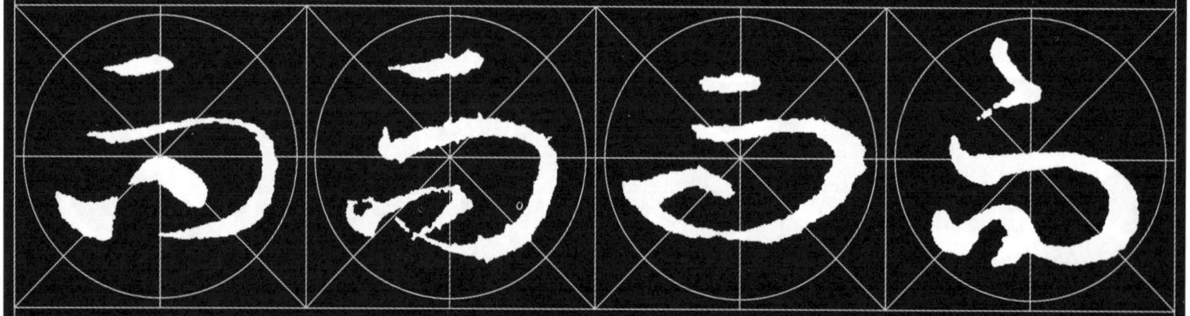

晋 索靖 | 晋 王羲之 | 唐 孙过庭 | 元 鲜于枢

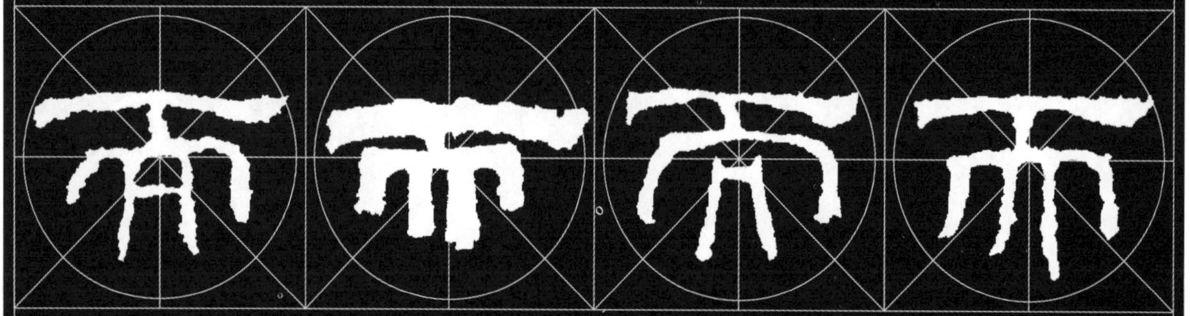

汉 封龙山碑 | 汉 鲜于璜碑 | 汉 西狭颂 | 汉 白石神君碑

ěr
尔（爾）

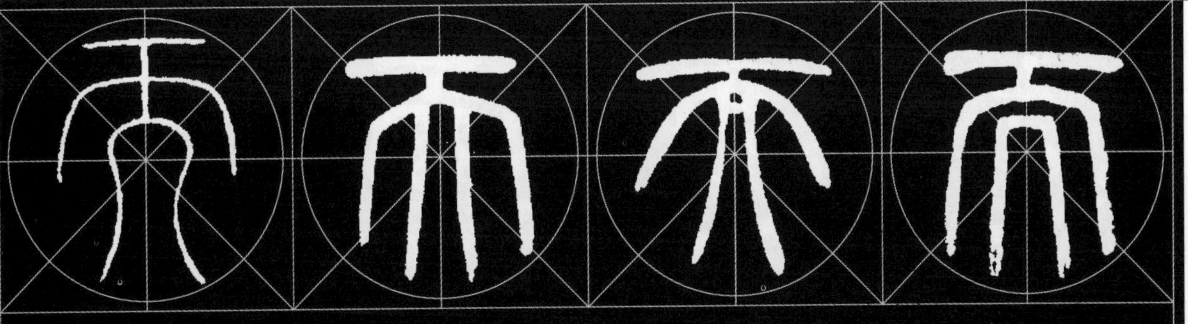

唐 李阳冰　清 杨沂孙　清 徐三庚　清 吴大澂

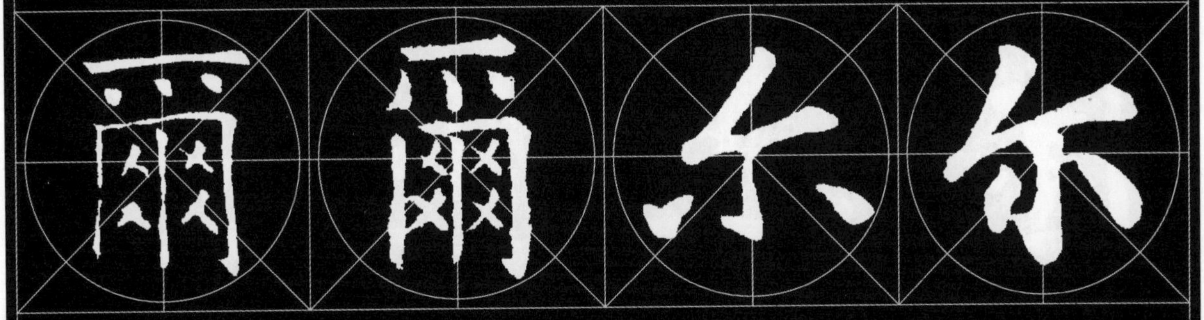

唐 褚遂良　唐 柳公权　晋 王羲之　宋 苏轼

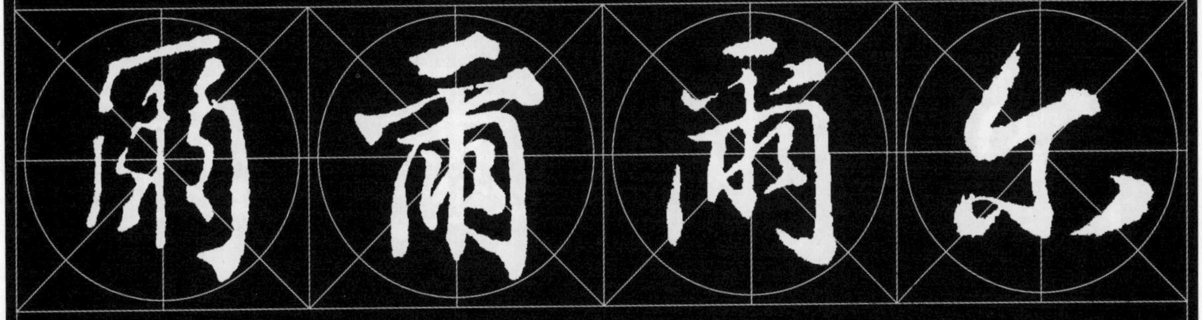

唐 颜真卿　明 唐寅　明 董其昌　晋 王羲之

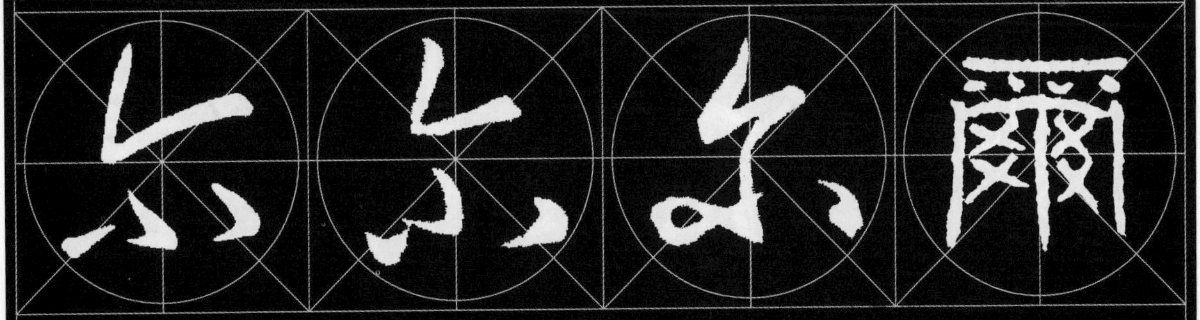

晋 王献之　唐 孙过庭　明 王守仁　汉 石门颂

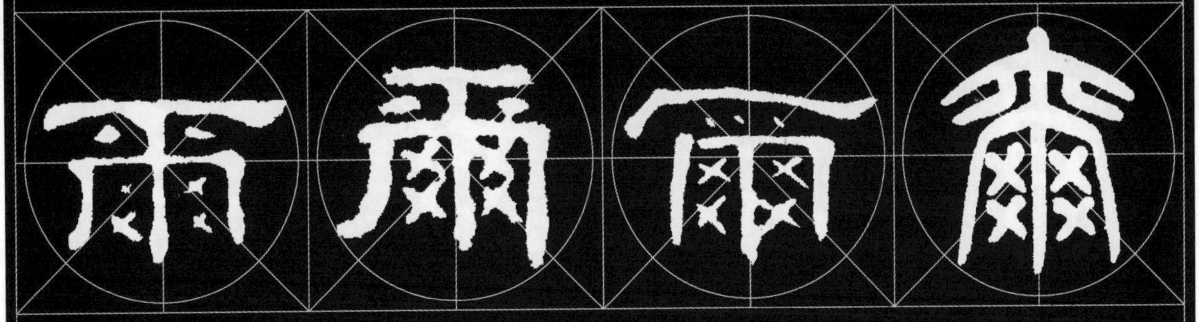

汉 郭有道碑　汉 孔彪碑　汉 曹全碑　清 杨沂孙

ěr
迩（近；遐迩：远近）

ěr
耳

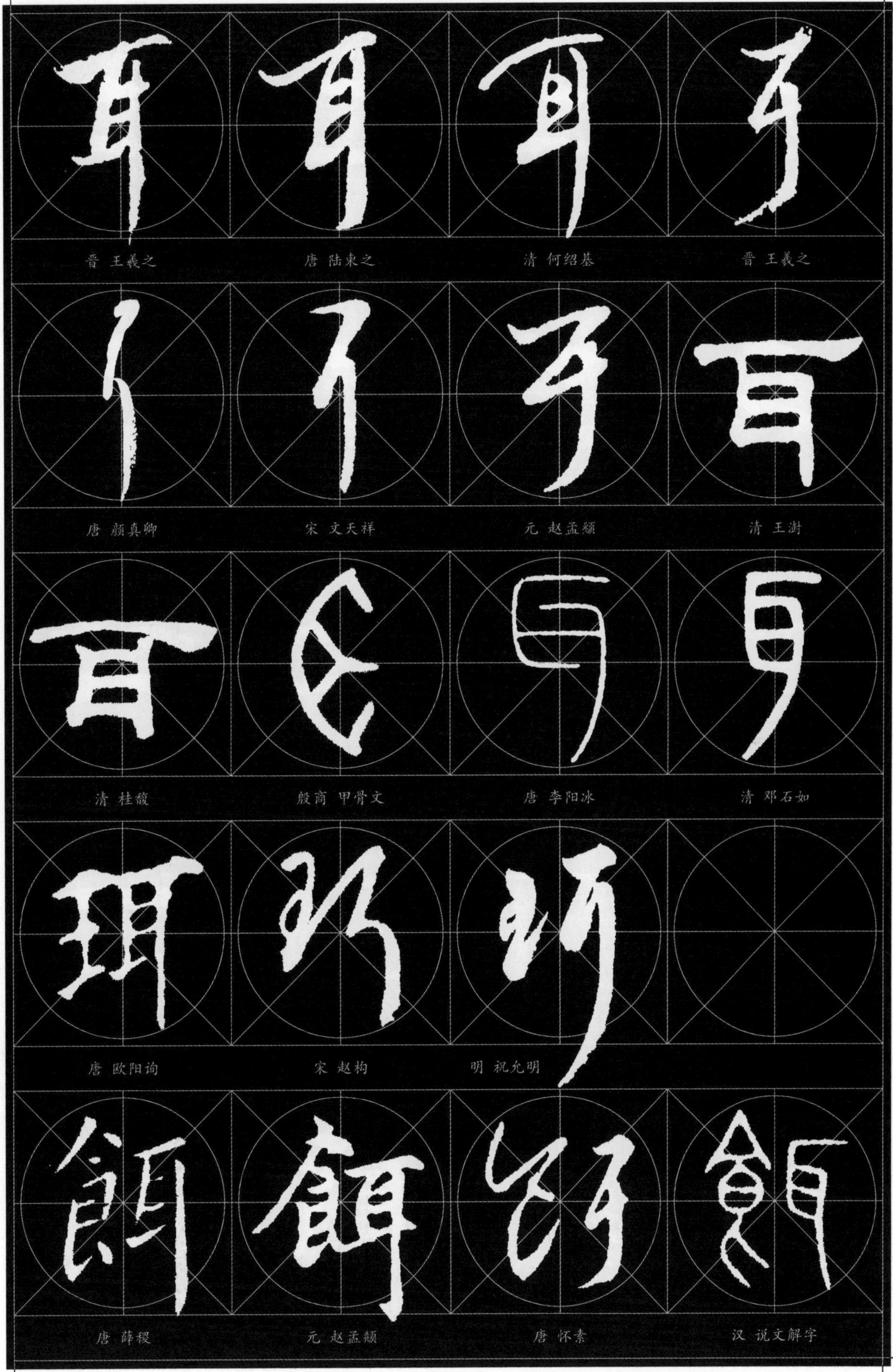

晋 王羲之
唐 陆柬之
清 何绍基
晋 王羲之
唐 颜真卿
宋 文天祥
元 赵孟頫
清 王澍
清 桂馥
殷商 甲骨文
唐 李阳冰
清 邓石如
唐 欧阳询
宋 赵构
明 祝允明
唐 薛稷
元 赵孟頫
唐 怀素
汉 说文解字

ěr
珥
（耳环）

ěr
饵

èr
二

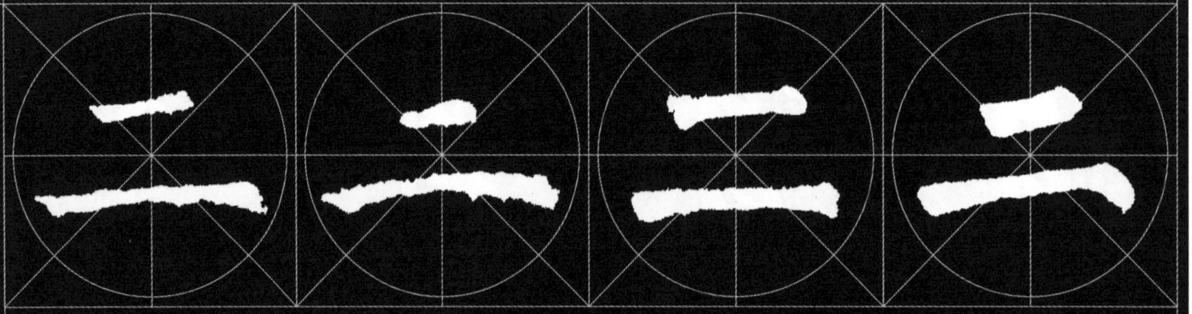

唐 欧阳询 | 唐 虞世南 | 唐 颜真卿 | 唐 柳公权

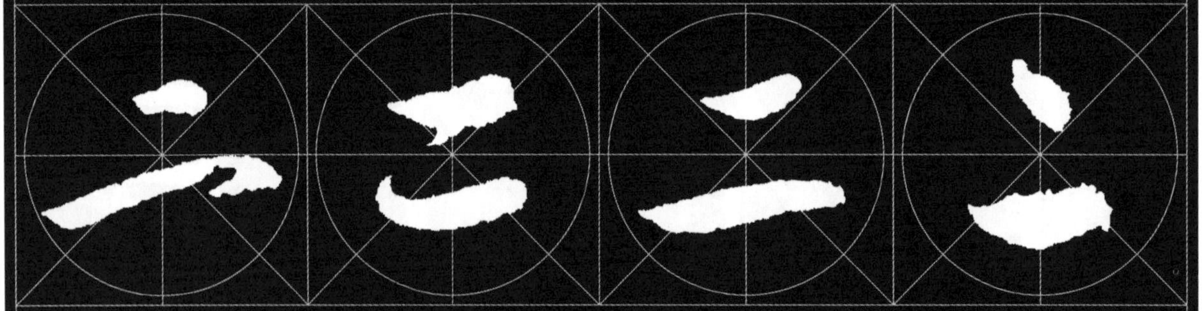

晋 王羲之 | 唐 孙过庭 | 宋 赵构 | 清 王铎

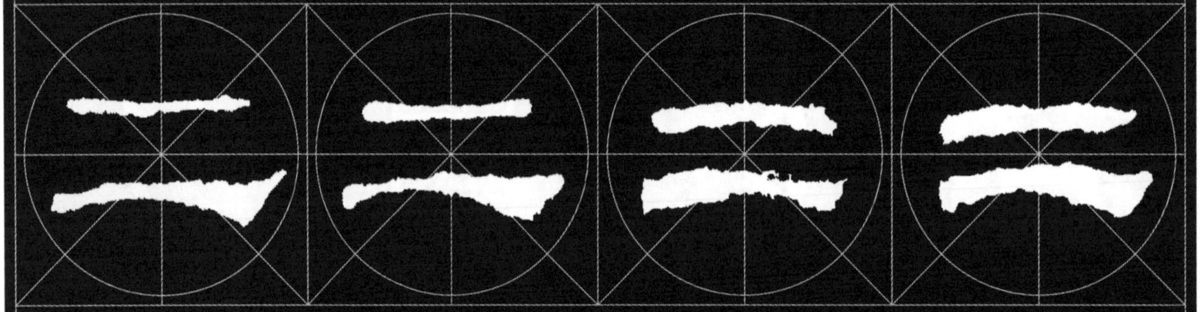

汉 礼器碑 | 汉 史晨碑 | 汉 西狭颂 | 汉 韩仁铭

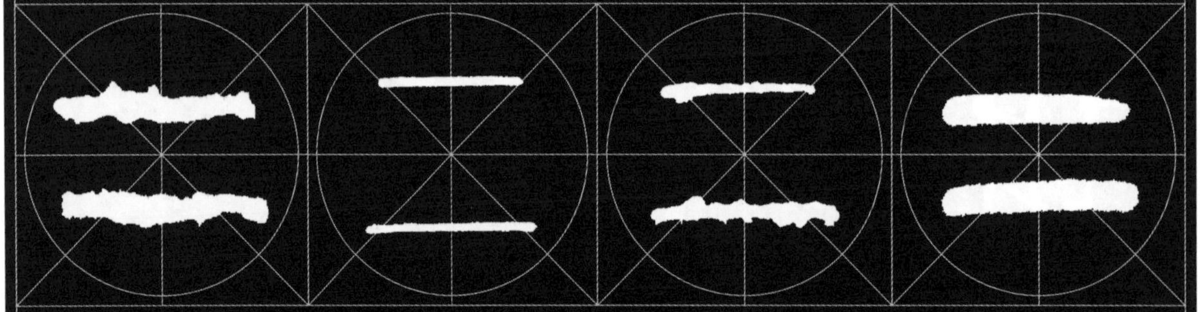

秦 石鼓文 | 秦 李斯 | 唐 李阳冰 | 清 杨沂孙

èr
贰（二的大写）

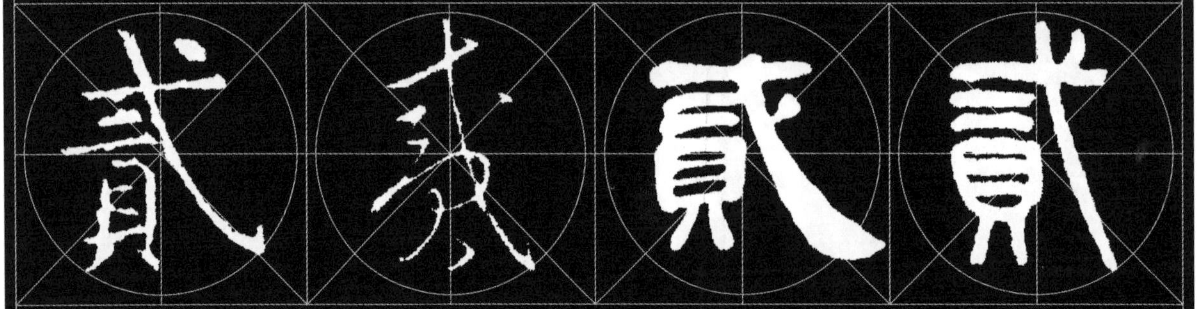

唐 虞世南 | 金 张天锡·草书韵会 | 清 邓石如 | 清 杨沂孙

fā 发（發）

fà 髮（简化为发）

fá
乏

fá
伐

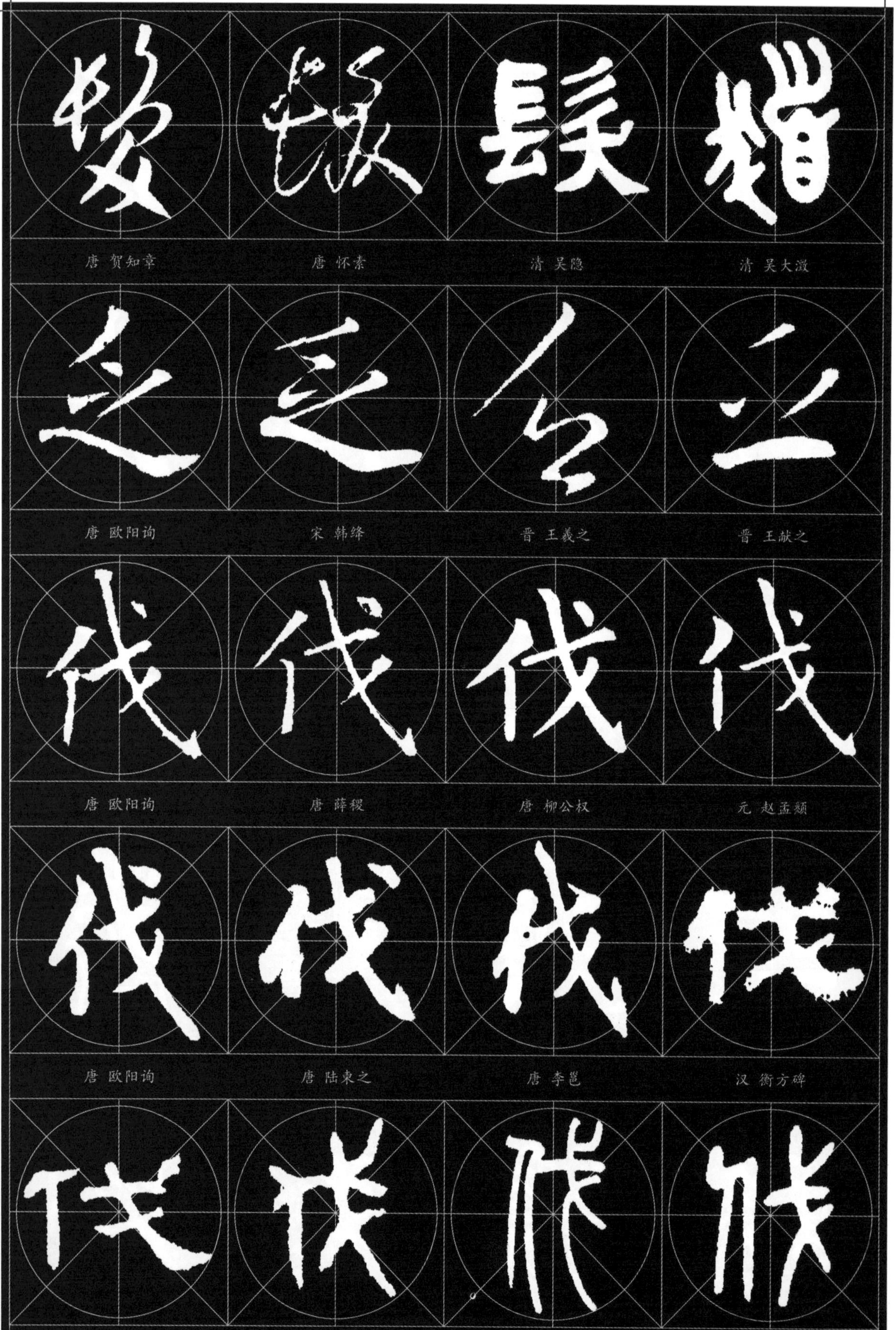
唐 贺知章
唐 怀素
清 吴隐
清 吴大澂
唐 欧阳询
宋 韩绛
晋 王羲之
晋 王献之
唐 欧阳询
唐 薛稷
唐 柳公权
元 赵孟頫
唐 欧阳询
唐 陆柬之
唐 李邕
汉 衡方碑
汉 张寿碑
周 虢季子白盘
清 赵之谦
清 吴昌硕

fá 阀

fá 罚（罸）

fǎ 法

金 张天锡·草书韵会
清 顾蔼吉
汉 说文解字
清 康熙字典
三国 钟繇
唐 李邕
元 赵孟頫
晋 王羲之
汉 武梁刻石
清 顾蔼吉·隶辨
周 散氏盘
清 吴大澂
北魏 孙秋生造像
唐 颜真卿
唐 柳公权
宋 蔡襄
晋 王羲之
隋 智永
唐 孙过庭
元 康里子山

fān 帆（颿）

fān 番 Pān（番禺）

fān 蕃 fán（茂盛）

fān 藩

fān 幡

fān 翻（飜）

fán
凡
（九）

fán
烦

唐 褚遂良
唐 颜真卿
唐 柳公权
唐 孙过庭
明 董其昌
汉 杨震碑
汉 史晨碑
汉 郭有道碑
汉 樊敏碑
殷商 甲骨文
周 散氏盘
清 杨沂孙
唐 颜真卿
唐 王敬客
晋 王羲之
宋 米芾
宋 米芾
唐 孙过庭
唐 怀素
汉 礼器碑

fán 樊（篱笆）

唐 欧阳通　元 张雨　元 鲜于枢　汉 白石神君碑

fán 繁（緐）

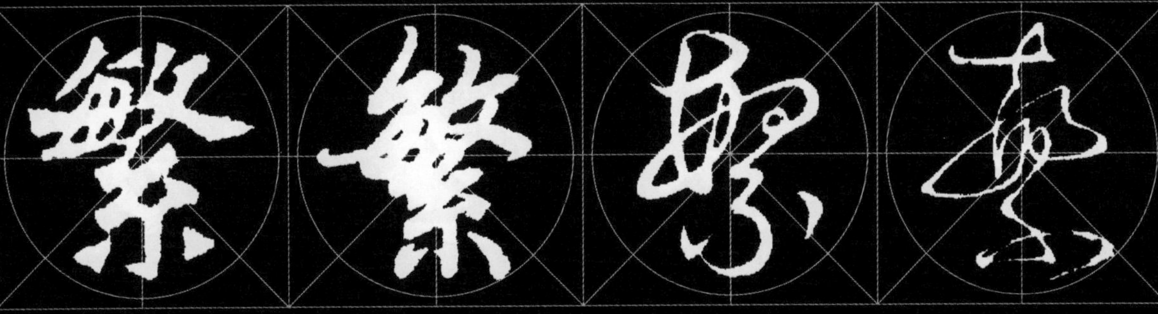

北魏 魏灵藏造像　唐 陆柬之　唐 李隆基　宋 苏轼

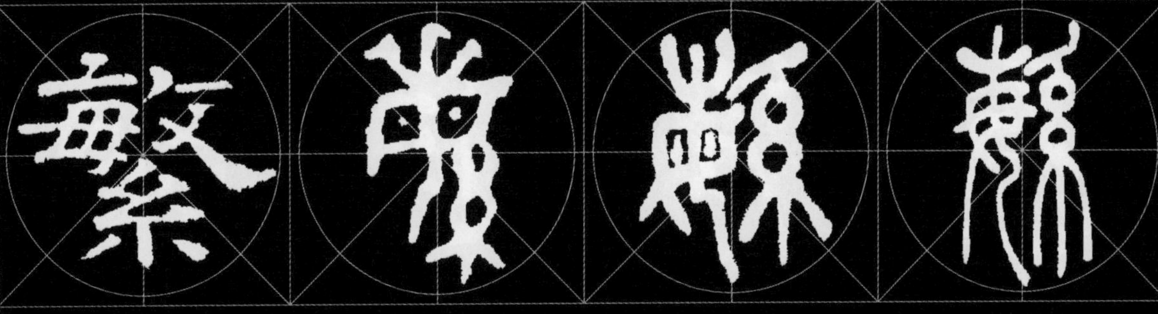

唐 李隆基　周 师虎簋　清 杨沂孙　清 吴熙载

fǎn 反

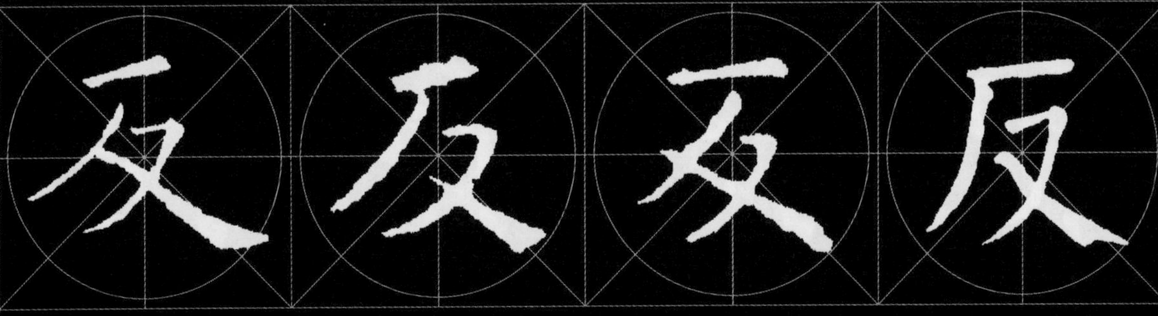

唐 欧阳询　唐 褚遂良　唐 虞世南　唐 颜真卿

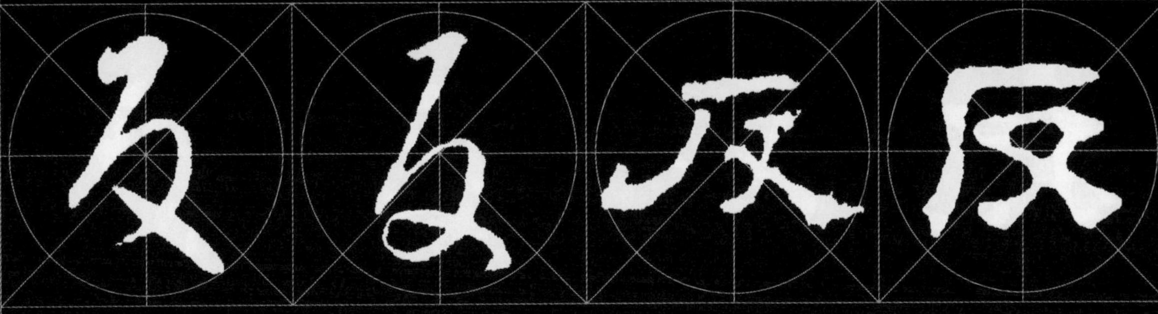

晋 王羲之　晋 王羲之　汉 史晨碑　汉 校官碑

fǎn
返

fàn
犯

汉 曹全碑
清 王澍
清 杨沂孙
清 吴大澂
唐 张旭
宋 张即之
宋 米芾
明 文徵明
明 解缙
明 张凤翼
清 汪士慎
清 邓石如
唐 颜真卿
唐 柳公权
晋 王羲之
唐 高正臣
明 宋克
唐 孙过庭
清 顾蔼吉
清 徐三庚

fàn
范（姓氏；地名）

fàn
範（简化为范；模子；模范；范围；限制）

fàn
泛（汎、氾）

fàn
饭

隋 苏孝慈墓志
唐 褚遂良
唐 欧阳通
宋 苏轼
明 唐寅
唐 李世民
宋 米芾
明 文徵明
清 何绍基
清 钱坫
清 邓石如
清 邓石如
唐 褚遂良
清 梁同书
明 董其昌
清 朱耷
宋 苏轼
宋 薛绍彭
清 王澍
清 梁同书

fàn
贩

fàn
梵

fāng
方

fāng
坊
fáng
（作坊）

fāng
枋

fāng
芳

fáng
防

晋 王献之
唐 欧阳通
明 唐寅
明 沈度
唐 李世民
唐 孙过庭
宋 赵构
明 张弼
汉 华山碑
汉 郭有道碑
清 黄易
清 吴熙载
唐 褚遂良
金 王庭筠
宋 魏了翁
元 赵孟頫
晋 王献之
宋 赵构
清 陈鸿寿
秦 李斯

fáng
妨

fáng
鲂

fáng
房

fǎng 仿

fǎng 访

fǎng 纺

唐 李邕　唐 孙过庭　唐 武则天　汉 史晨碑

元 张雨　晋 王羲之　宋 赵构　明 陈淳

唐 虞世南　明 丰坊　宋 李建中　宋 米芾

明 文徵明　汉 曹全碑　清 杨沂孙　清 吴熙载

隋 智永　明 文彭　唐 怀素　元 揭傒斯

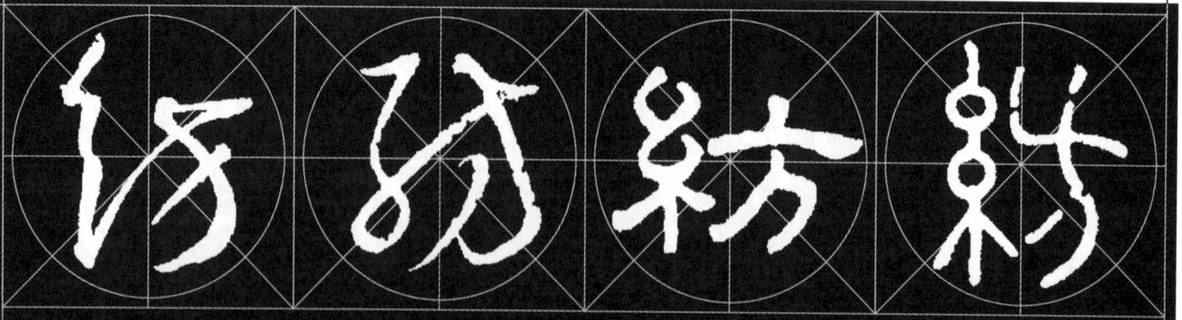

明 王宠 | 清 归庄 | 清 王澍 | 元 赵孟頫

fǎng
舫（船）

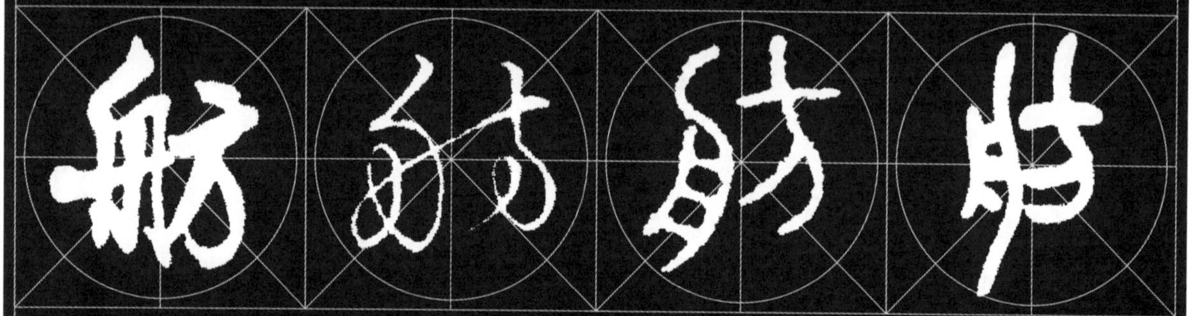

清 王铎 | 金 张天锡·草书韵会 | 秦 石鼓文 | 清 吴昌硕

fàng
放

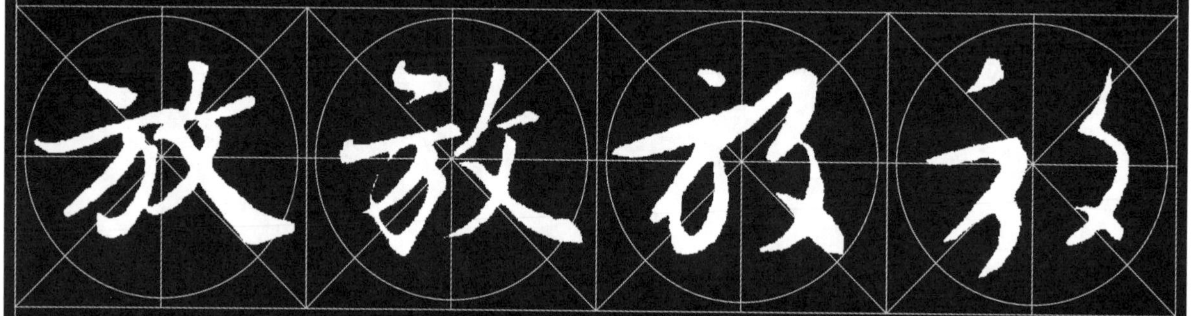

唐 国铨 | 宋 楼钥 | 明 文徵明 | 晋 王羲之

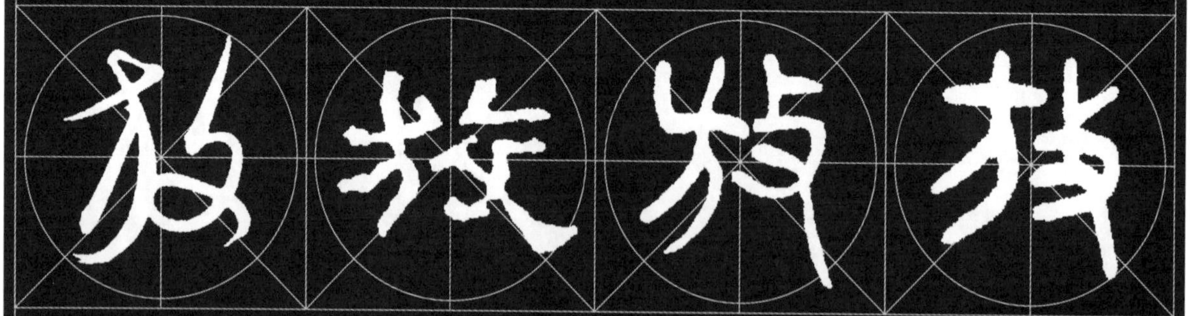

元 康里子山 | 汉 赵宽碑 | 清 杨沂孙 | 清 吴大澂

fēi
飞

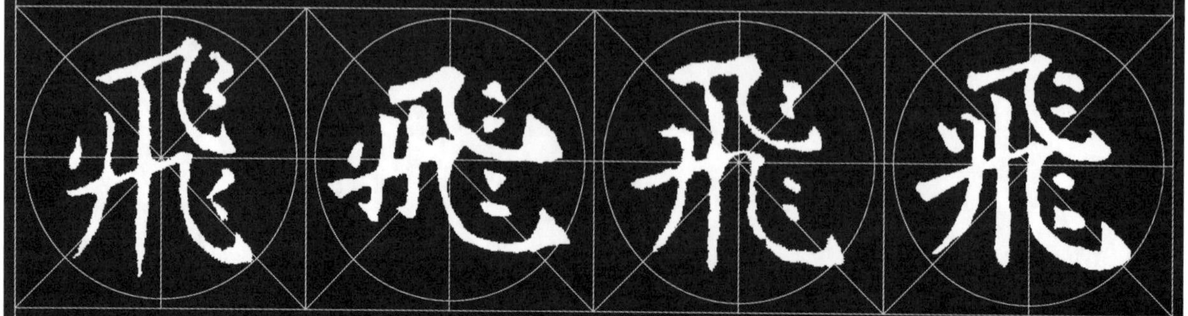

晋 王献之 | 南北朝 佚名 | 唐 虞世南 | 唐 颜真卿

三国 皇象　晋 王羲之　唐 李邕　明 文徵明

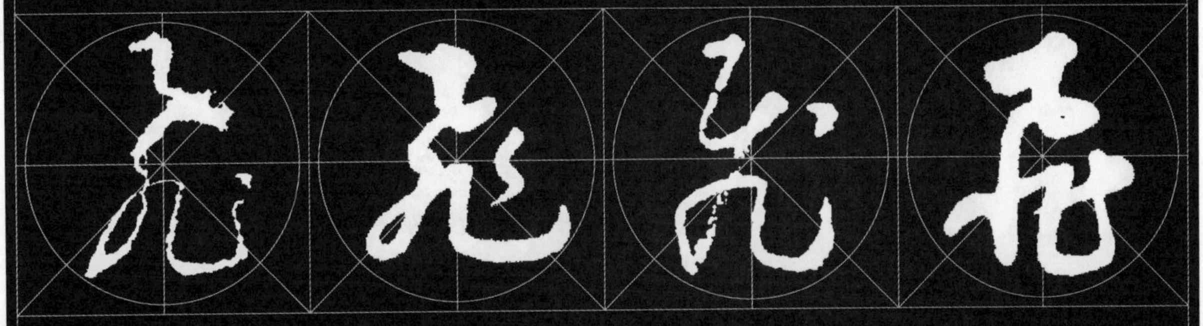

晋 王羲之　唐 孙过庭　唐 怀素　明 宋克

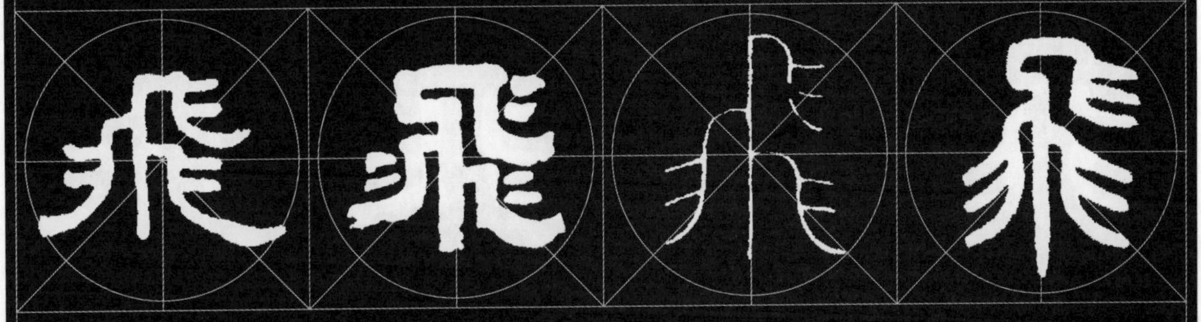

清 王澍　清 桂馥　唐 李阳冰　清 吴大澂

fēi
妃

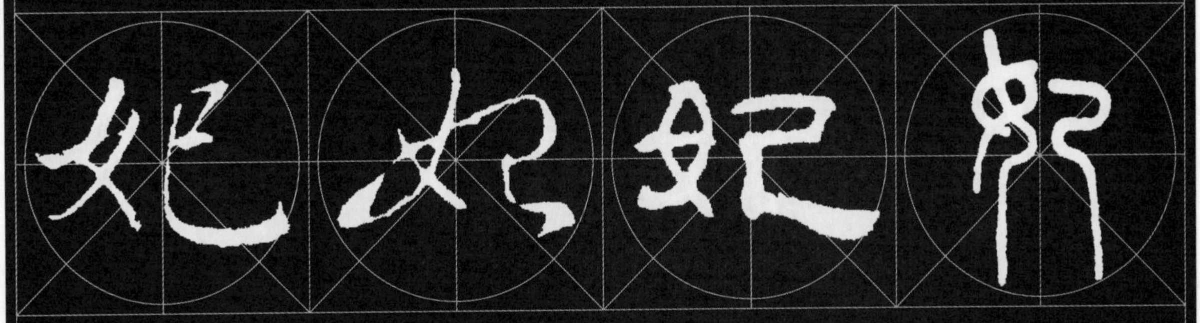

明 董其昌　晋 王羲之　元 吴叡　清 孙星衍

fēi
非

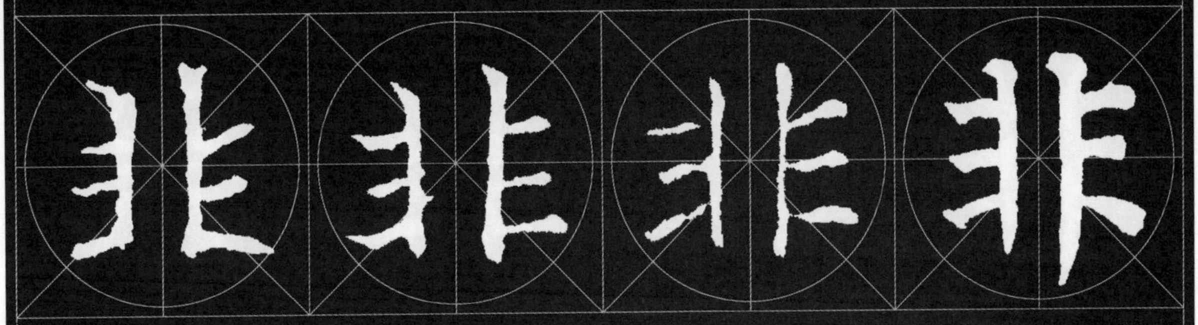

南北朝 郑道昭　唐 欧阳询　唐 张旭　明 祝允明

fēi
菲

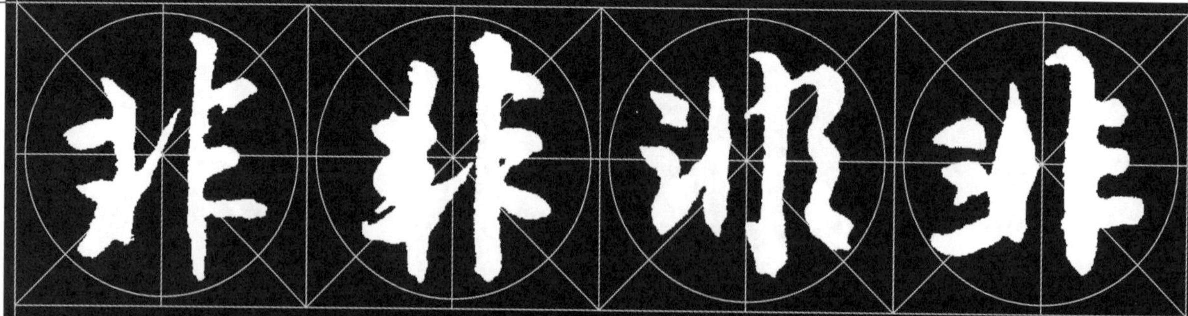

唐 李邕　宋 米芾　明 文徵明　清 刘墉

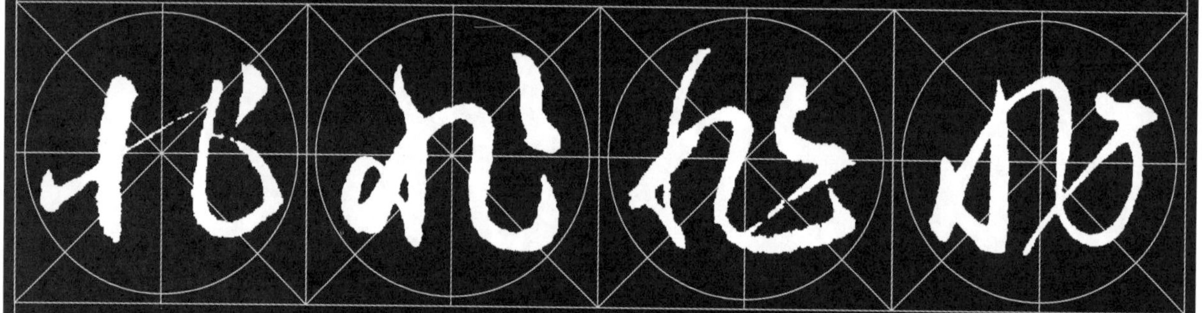

晋 王献之　唐 孙过庭　唐 张旭　宋 赵佶

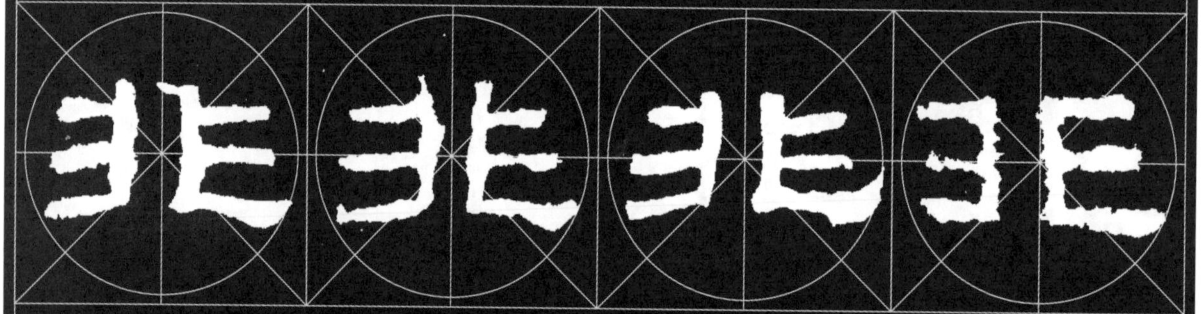

汉 袁博碑　汉 韩仁铭　汉 赵宽碑　汉 张迁碑

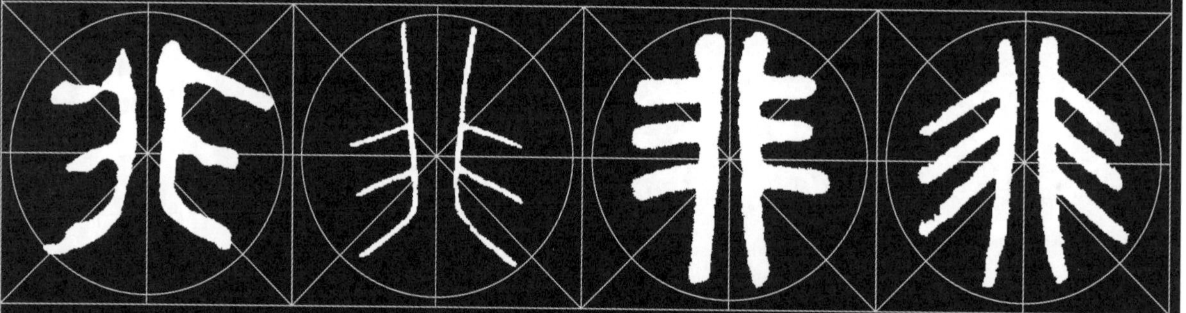

周 毛公鼎　唐 李阳冰　清 杨沂孙　清 杨沂孙

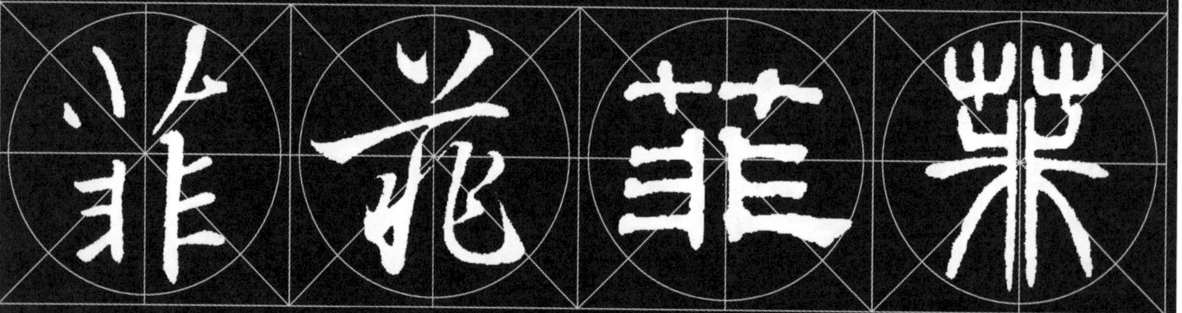

唐 李邕　元 赵孟頫　元 吴叡　清 徐三庚

fēi 扉（门扇）

fēi 霏

féi 肥

fěi 匪

晋 王羲之　元 赵孟頫　清 郑燮　明 祝允明

明 黄道周　明 文徵明　明 王宠　明 董其昌

隋 智永　宋 苏轼　元 赵孟頫　明 王宠

隋 智永　明 祝允明　清 王澍　唐 李阳冰

隋 张公礼　唐 欧阳询　唐 欧阳通　元 赵孟頫

隋 智永　宋 赵佶　晋 索靖　晋 王羲之

唐 孙过庭　唐 怀素　汉 石门颂　汉 张寿碑

汉 郭有道碑　汉 白石神君碑　唐 李阳冰　清 邓石如

fěi
斐（有文采）

宋 苏轼　元 赵孟頫　金 张天锡·草书韵会　清 邓石如

fèi
吠

晋 王羲之　金 张天锡·草书韵会　清 邓石如　汉 说文解字

fèi 废（廢、癈）

fèi 肺

fèi 沸

唐 颜真卿　唐 李世民　宋 黄庭坚　元 赵孟頫

明 文徵明　汉 石门颂　汉 华山碑　清 杨沂孙

三国 皇象　唐 怀素　元 陆居仁　明 祝允明

晋 王羲之　元 赵孟頫　明 王守仁　金 张天锡·草书韵会

元 饶介　清 王铎　清 金农　唐 李阳冰

fèi
费

fēn
分（与合相对）
fèn（成分；责权限度；同份）

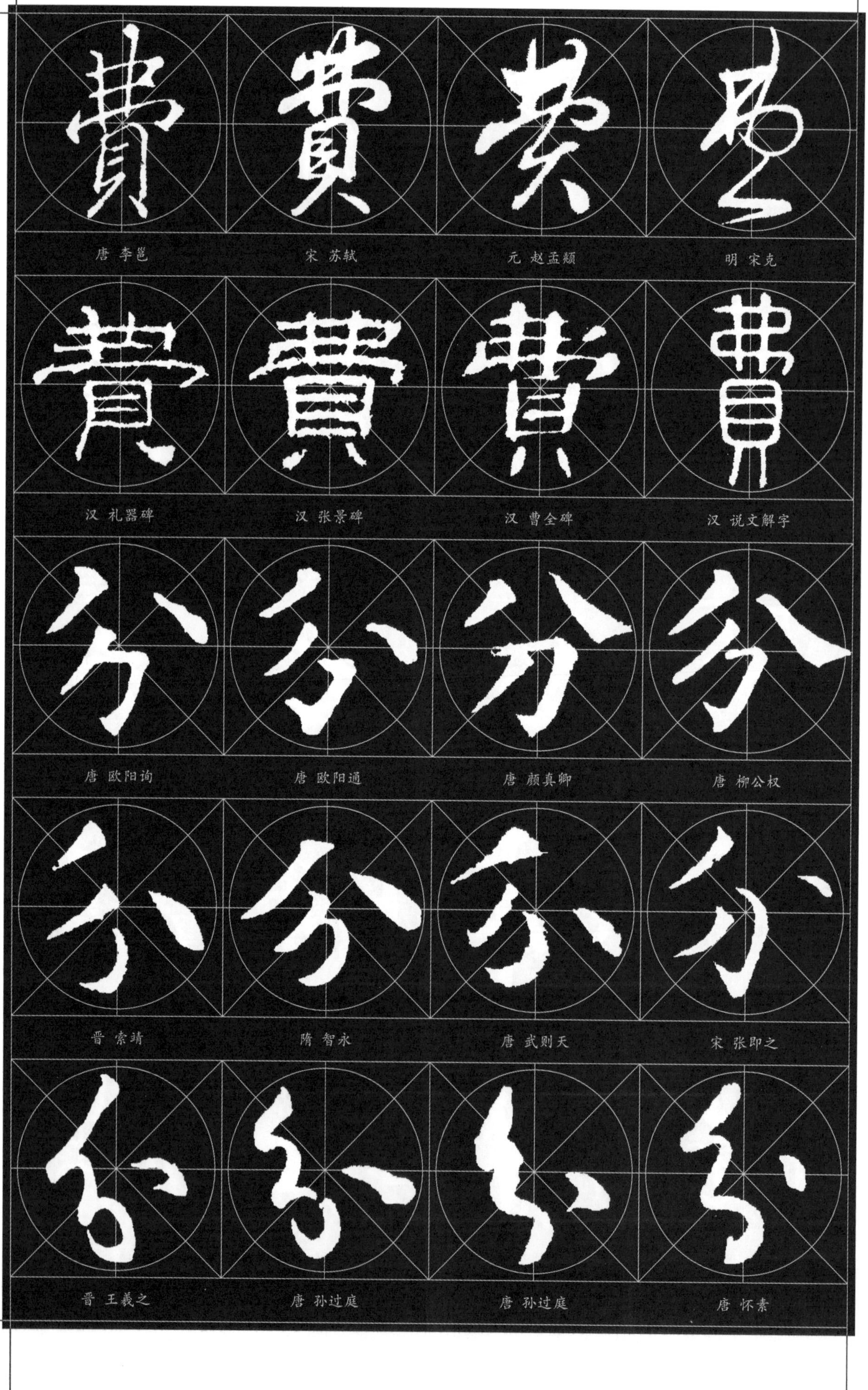

fēn
纷

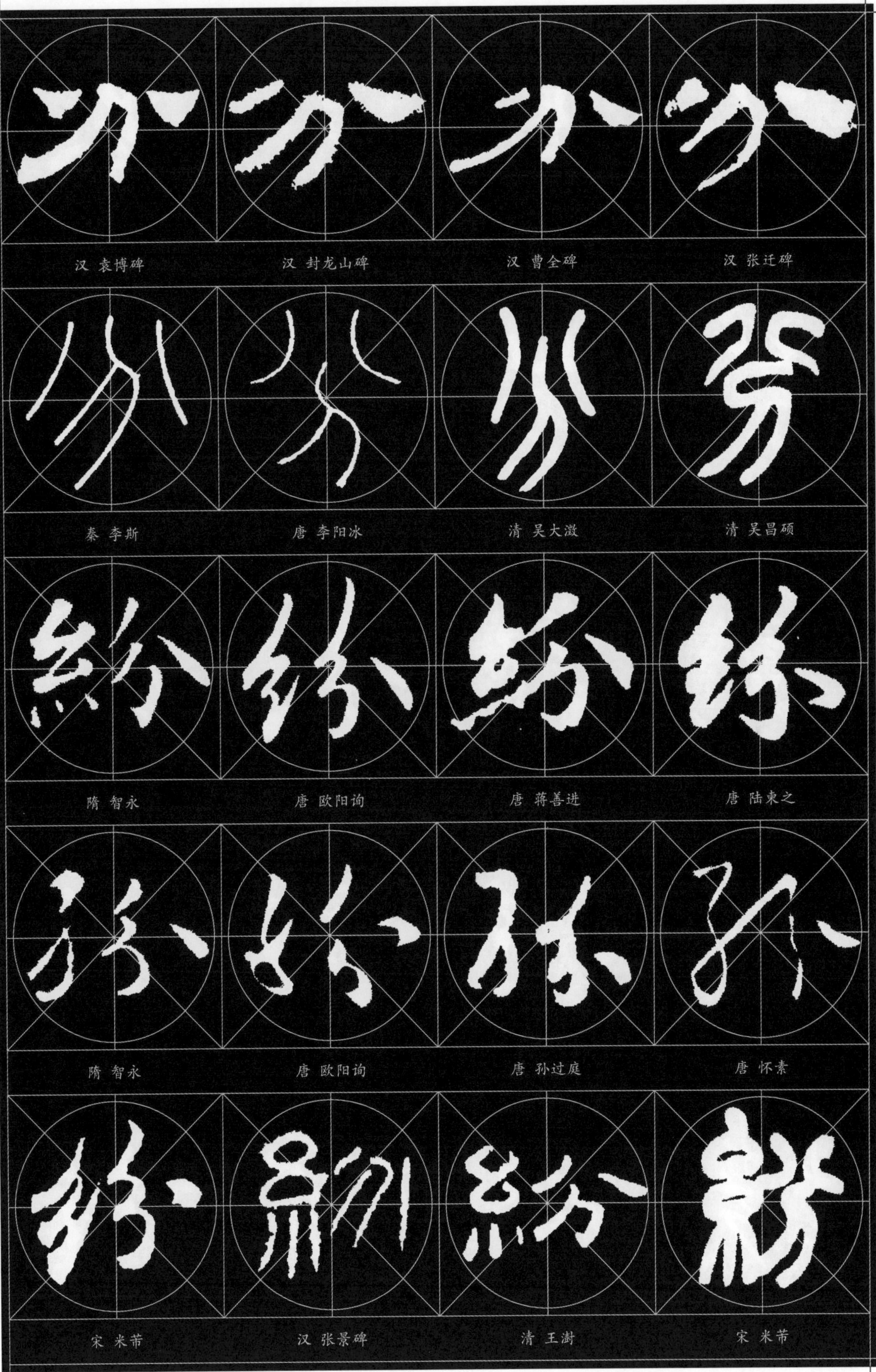

汉 袁博碑　汉 封龙山碑　汉 曹全碑　汉 张迁碑

秦 李斯　唐 李阳冰　清 吴大澂　清 吴昌硕

隋 智永　唐 欧阳询　唐 蒋善进　唐 陆柬之

隋 智永　唐 欧阳询　唐 孙过庭　唐 怀素

宋 米芾　汉 张景碑　清 王澍　宋 米芾

fēn
芬

fēn
氛

fén
坟
（墳）

fén
汾

fén
焚

fěn
粉

fèn
份

fèn 忿（同愤）

fèn 愤

fèn 奋

fèn 粪

fēng
丰（豐）

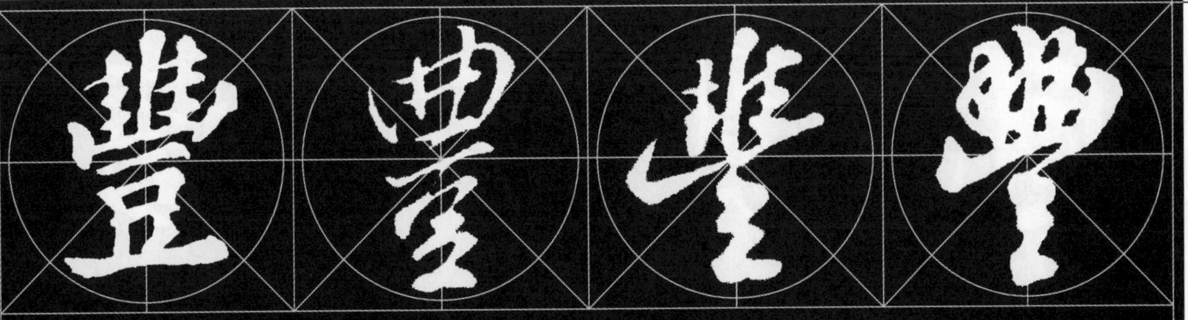

宋 苏轼 | 唐 柳公权 | 宋 苏轼 | 清 翁方纲

晋 王羲之 | 晋 王羲之 | 唐 李怀琳 | 唐 怀素

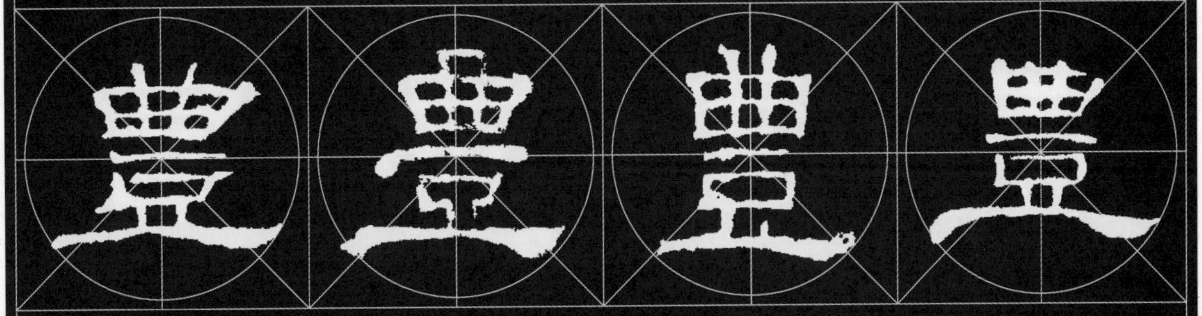

汉 华山碑 | 汉 夏承碑 | 汉 白石神君碑 | 汉 曹全碑

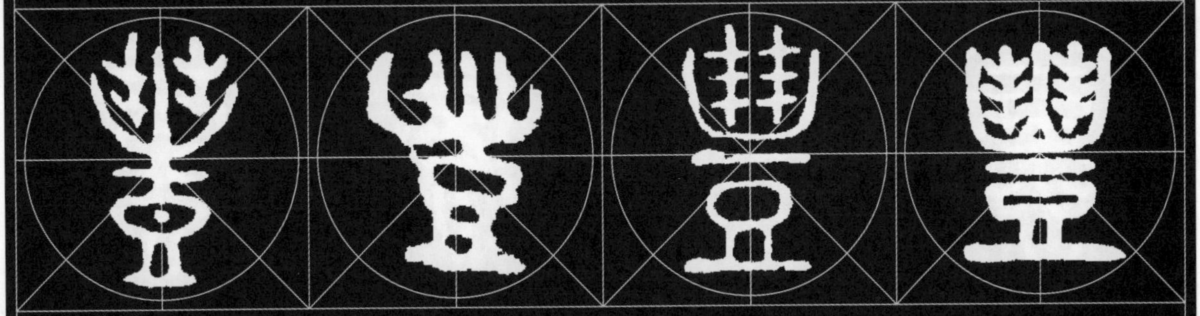

周 墙盘 | 周 散氏盘 | 汉 说文解字 | 清 杨沂孙

fēng
风

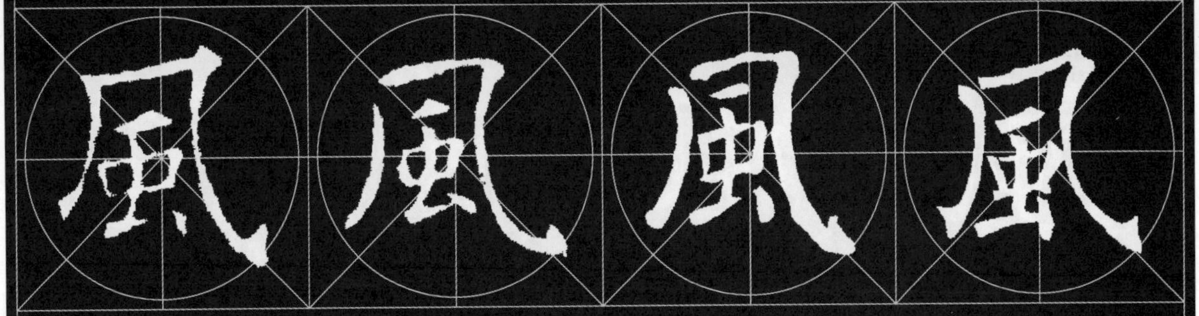

唐 欧阳询 | 唐 虞世南 | 唐 颜真卿 | 唐 柳公权

fēng
枫

晋 王羲之
唐 褚遂良
唐 李白
宋 苏轼
晋 王羲之
唐 孙过庭
唐 张旭
唐 怀素
汉 鲜于璜碑
汉 曹全碑
汉 张迁碑
清 苏六朋
秦 会稽刻石
唐 李阳冰
清 邓石如
清 吴大澂
唐 颜真卿
唐 孙过庭
宋 陆游
清 傅山

fēng
封

元 鲜于枢
清 桂馥
清 杨沂孙
清 吴熙载
北魏 郑道昭
唐 欧阳询
唐 魏栖梧
宋 赵佶
晋 王羲之
宋 苏轼
元 赵孟頫
明 文徵明
隋 智永
唐 欧阳询
唐 怀素
元 陆居仁
汉 武梁刻石
汉 史晨碑
周 散氏盘
清 杨沂孙

fēng
峰（峯）

fēng
烽

fēng
蜂（蠭）

fēng 锋

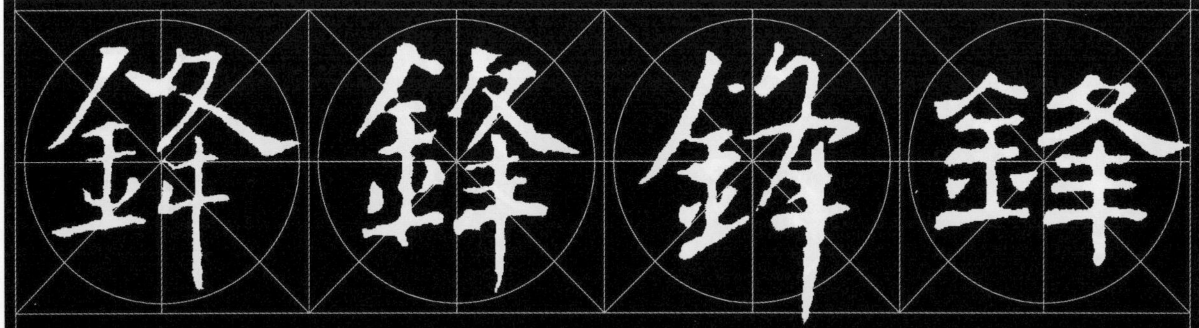

唐 欧阳询　唐 颜真卿　晋 王羲之　清 顾蔼吉·隶辨

fēng 酆

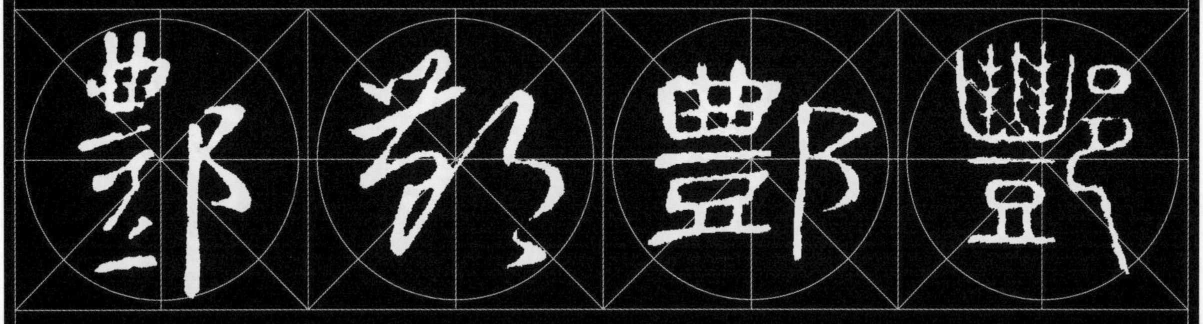

唐 李世民　金 张天锡·草书韵会　清 顾蔼吉·隶辨　汉 说文解字

féng 冯

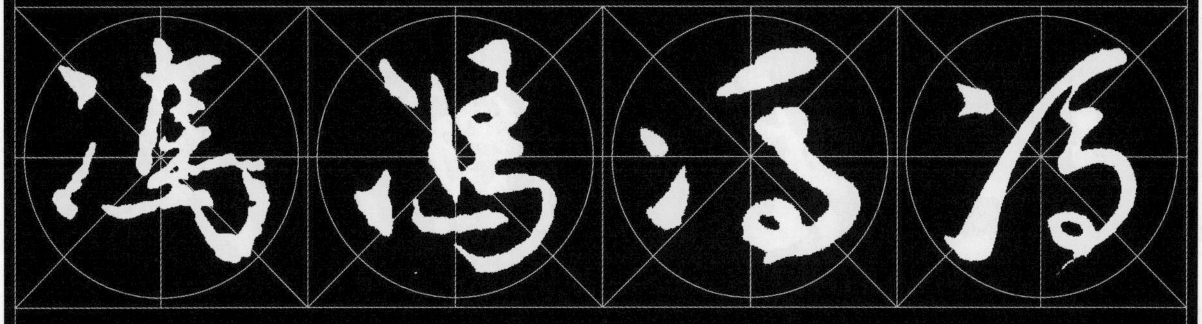

元 赵孟頫　元 冯子振　明 祝允明　明 董其昌

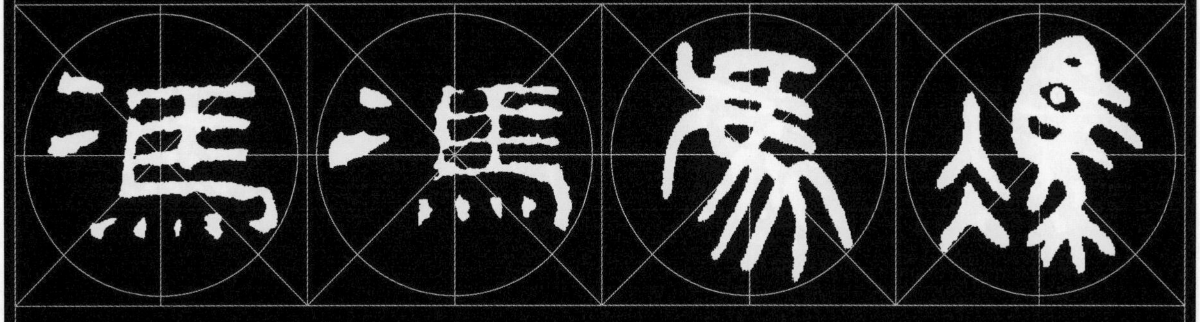

汉 乙瑛碑　汉 史晨碑　清 杨沂孙　清 吴大澂

féng 逢

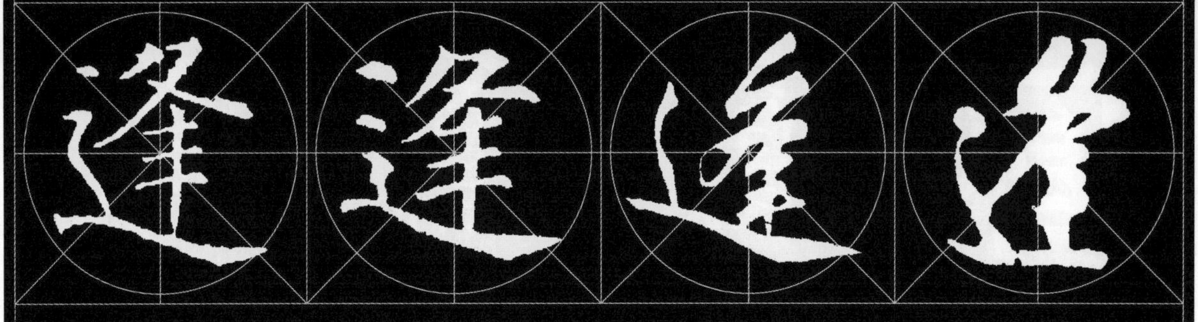

唐 王行满　唐 颜真卿　宋 黄庭坚　宋 米芾

féng
缝

fěng
讽

fèng
凤

唐 高正臣　宋 赵构　三国 皇象　唐 怀素

宋 黄庭坚　元 鲜于枢　汉 曹全碑　元 吴叡

清 王澍　殷商 甲骨文　清 王澍　清 吴熙载

隋 智永　唐 欧阳询　唐 虞世南　唐 柳公权

晋 王羲之　晋 王献之　唐 李世民　宋 黄庭坚

fèng
奉

fèng
俸

fó
佛
fú
（同拂）

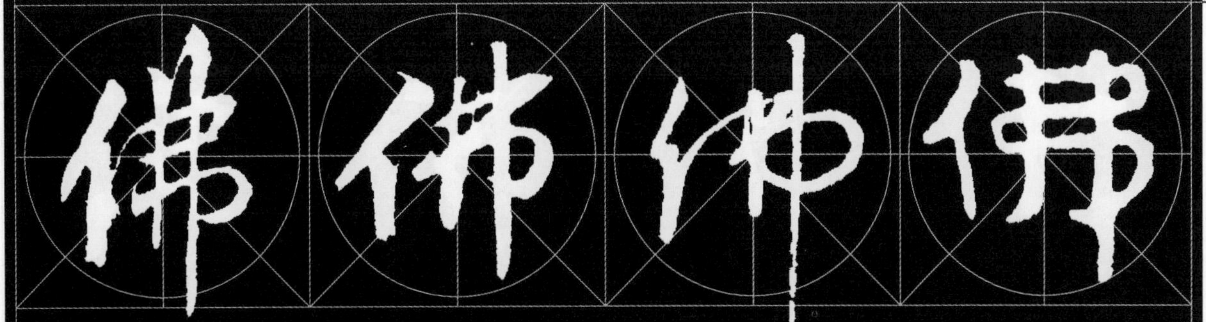

唐 李邕　宋 苏轼　唐 怀素　北齐 泰山金刚经

fǒu
否
pǐ
（坏；恶）

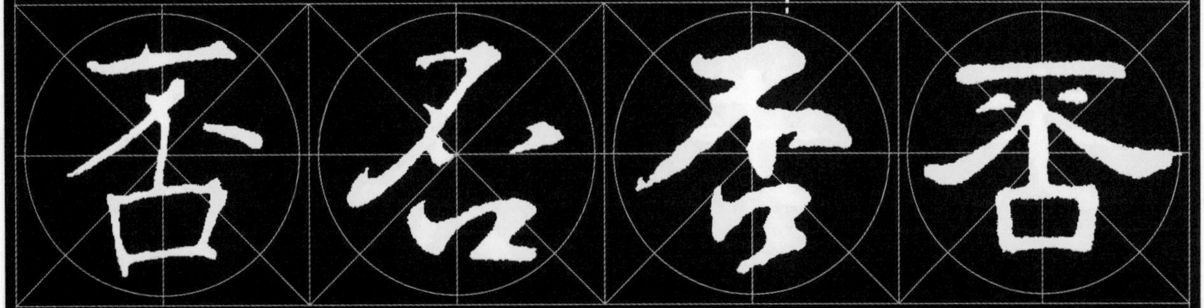

唐 欧阳询　晋 王献之　宋 苏轼　汉 张寿碑

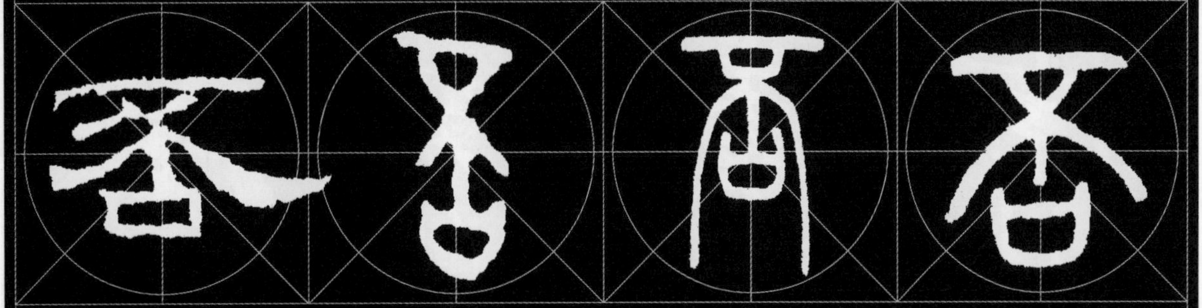

汉 朝侯小子残碑　周 毛公鼎　清 邓石如　清 杨沂孙

fǒu
缶

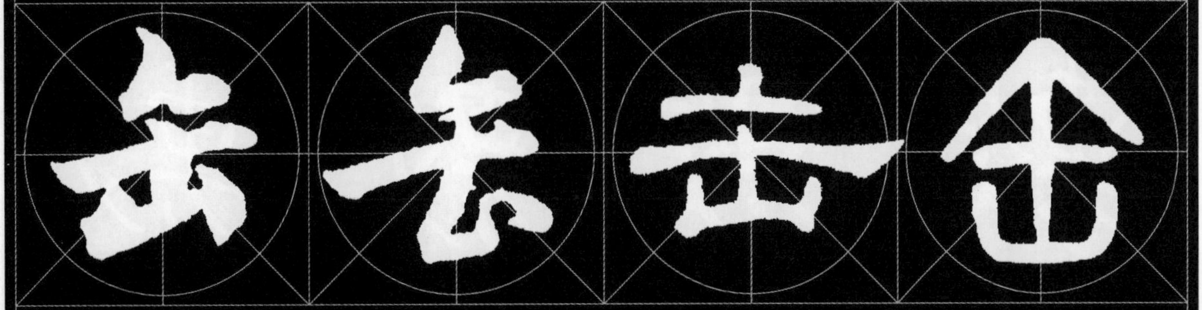

元 柯九思　明 韩道亨　明 何震　清 杨沂孙

fū
夫
fú

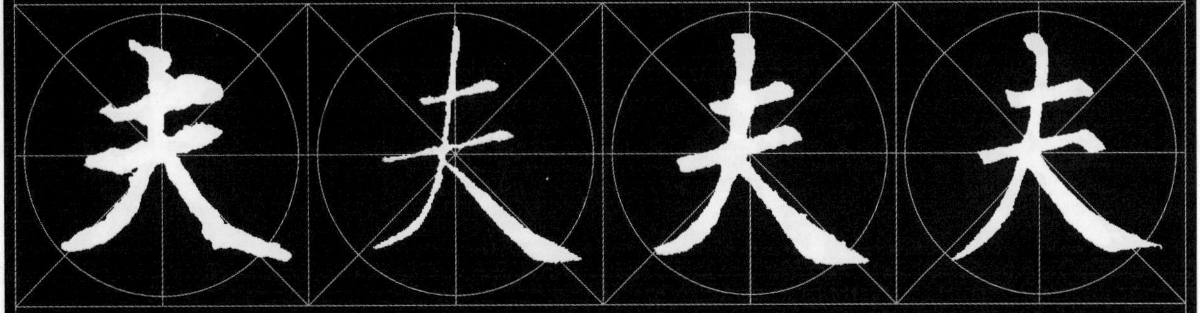

南北朝 郑道昭　晋 顾恺之　唐 欧阳询　唐 柳公权

fū
肤
（膚）

fú
敷
（涂擦；铺摆；足够）

fú 弗（不）

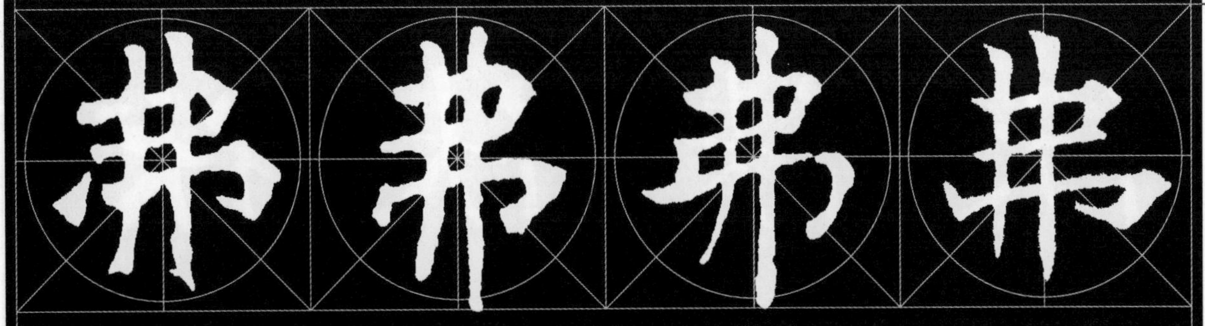

南北朝 杨大眼造像　　唐 虞世南　　唐 褚遂良　　唐 欧阳通

隋 智永　　唐 怀素　　宋 赵构　　元 鲜于枢

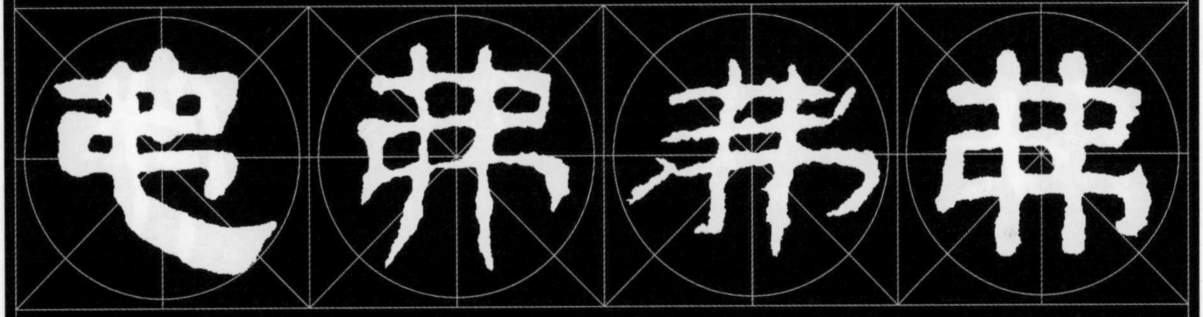

汉 马王堆帛书　　汉 景君碑　　汉 石门颂　　汉 熹平石经

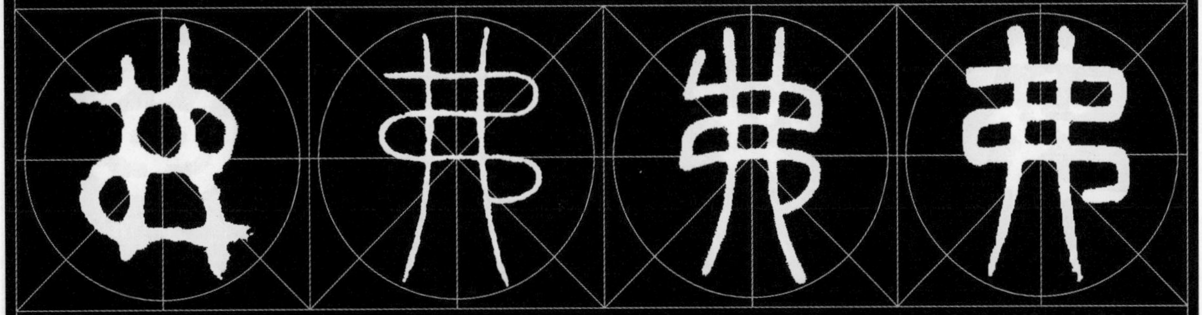

周 毛公鼎　　唐 李阳冰　　清 邓石如　　清 杨沂孙

fú 拂

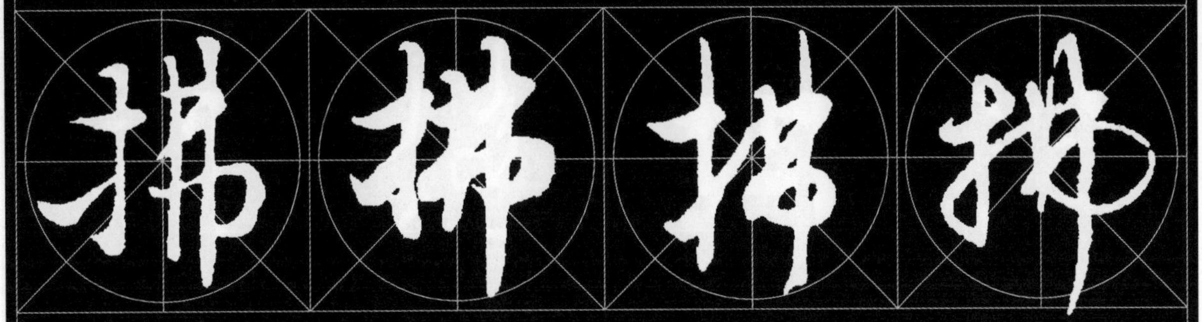

晋 索靖　　唐 陆柬之　　宋 薛绍彭　　明 宋克

fú 伏

fú 孚（使人信服）

fú 俘

唐 虞世南 唐 褚遂良 唐 颜真卿 宋 蔡襄

晋 王羲之 唐 怀素 宋 黄庭坚 元 揭傒斯

汉 武梁刻石 汉 史晨碑 唐 李阳冰 清 曾纪泽

唐 颜真卿 明 董其昌 汉 熹平石经 清 吴大澂

明 沈粲 清 吴大澂 殷商 甲骨文 汉 说文解字

fú
浮

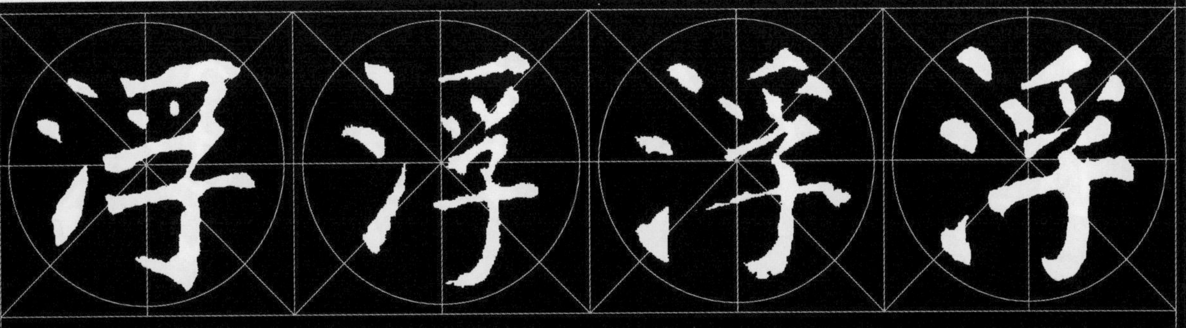

北魏 张猛龙碑　唐 虞世南　唐 颜真卿　唐 颜真卿

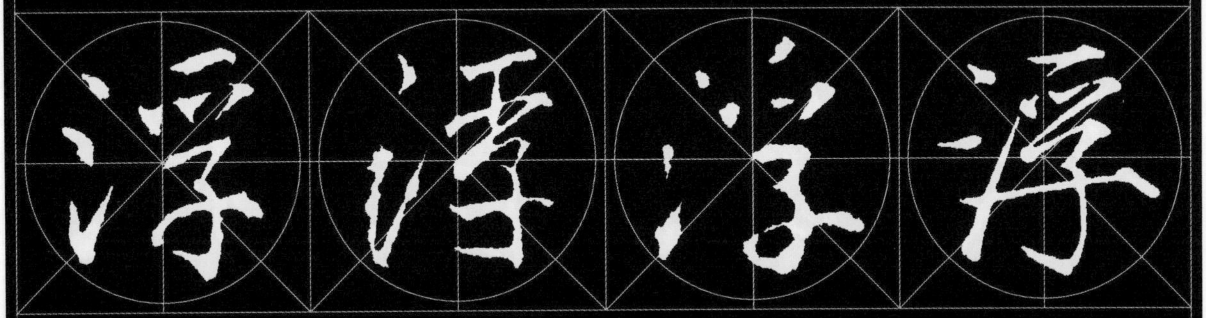

唐 高正臣　唐 李邕　宋 苏轼　宋 赵佶

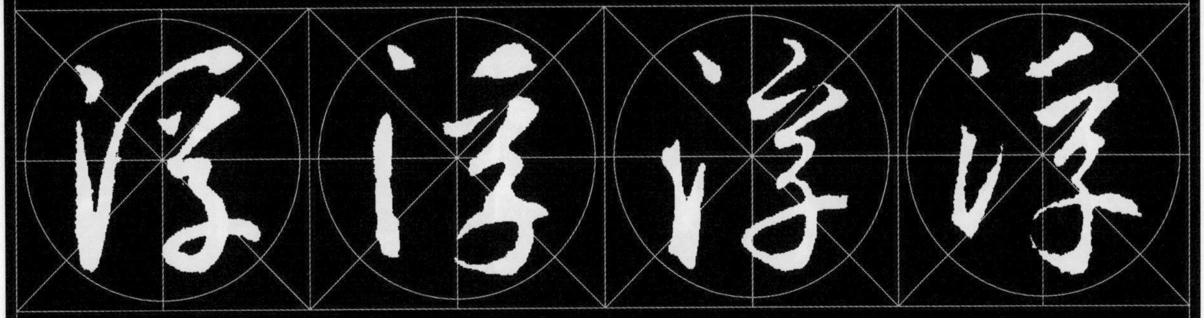

唐 孙过庭　隋 智永　元 鲜于枢　晋 王羲之

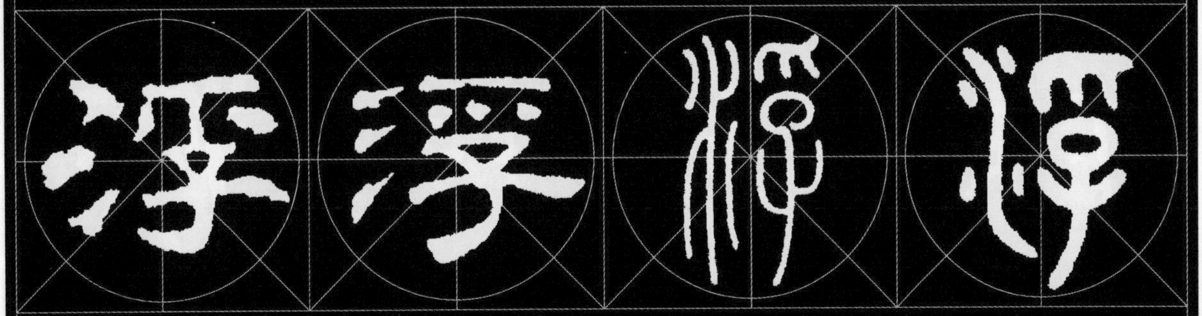

汉 孔彪碑　元 吴叡　清 孙星衍　清 吴大澂

fú
桴

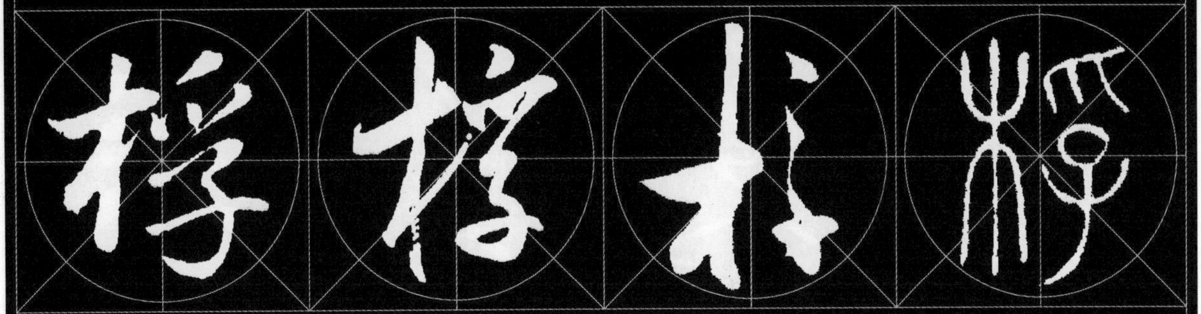

明 董其昌　宋 米芾　明 张瑞图　汉 说文解字

fú 蜉

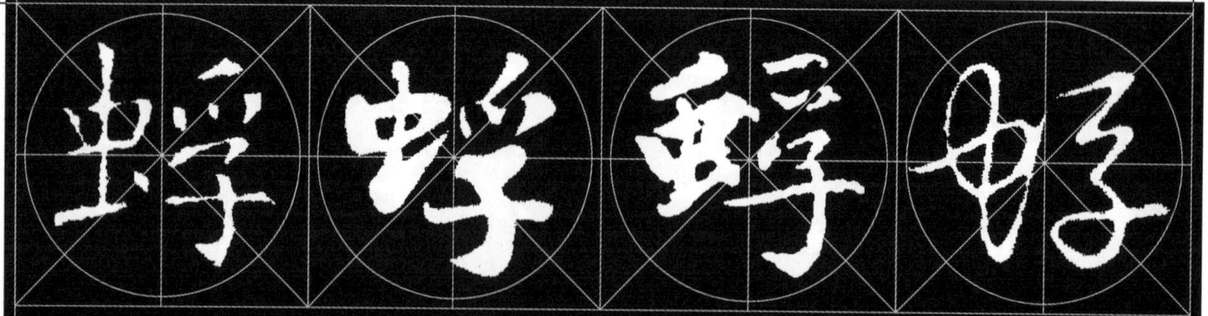

唐 褚遂良 | 宋 苏轼 | 元 赵孟頫 | 金 张天锡·草书韵会

fú 扶

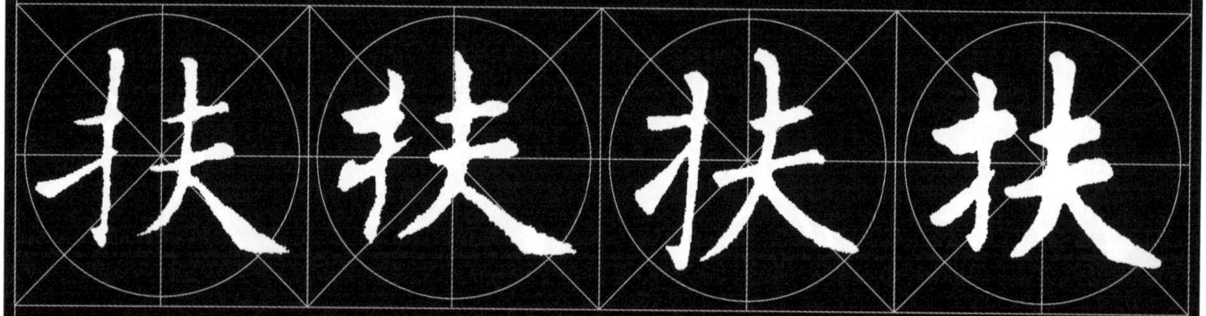

唐 欧阳询 | 唐 虞世南 | 唐 柳公权 | 元 赵孟頫

唐 陆柬之 | 唐 欧阳询 | 唐 怀素 | 明 董其昌

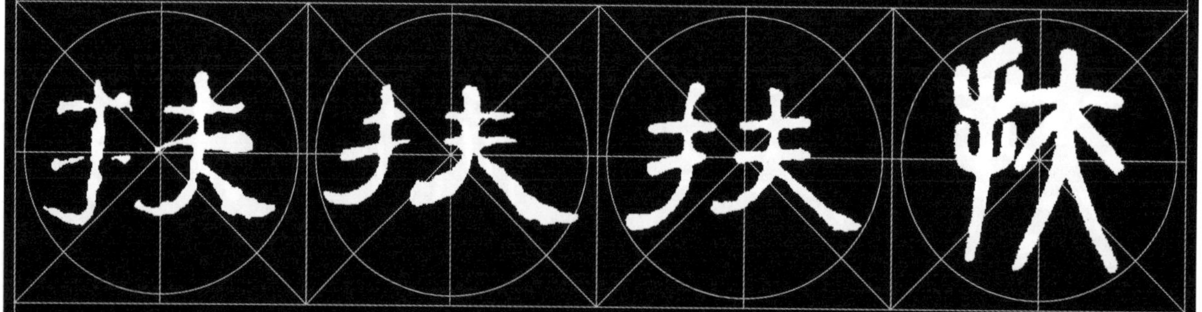

汉 子游残石 | 汉 曹全碑 | 清 王澍 | 清 吴大澂

fú 芙

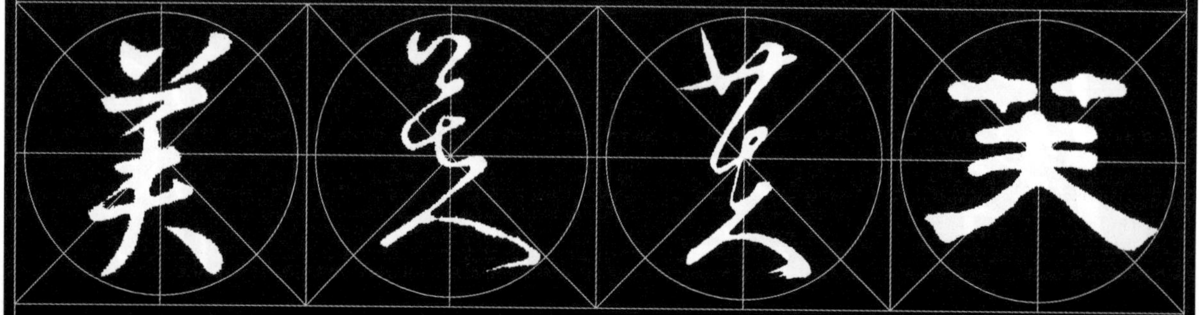

隋 智果 | 唐 怀素 | 明 文徵明 | 清 奚冈

fú 凫（野鸭；泗水）

fú 服 fù（中药量词：剂）

fú 符

fú 幅（宽度）

fú 福

fú 辐

宋 蔡襄　宋 米芾　元 赵孟頫　宋 米芾

唐 欧阳询　唐 柳公权　明 祝允明　晋 王羲之

元 赵孟頫　元 柯九思　晋 王羲之　唐 孙过庭

汉 礼器碑　汉 樊敏碑　汉 曹全碑　元 赵孟頫

元 邓文原　金 张天锡·草书韵会　汉 说文解字　清 田潜

fú 黻

fǔ 甫（刚刚）

fǔ 脯 pú（胸脯）

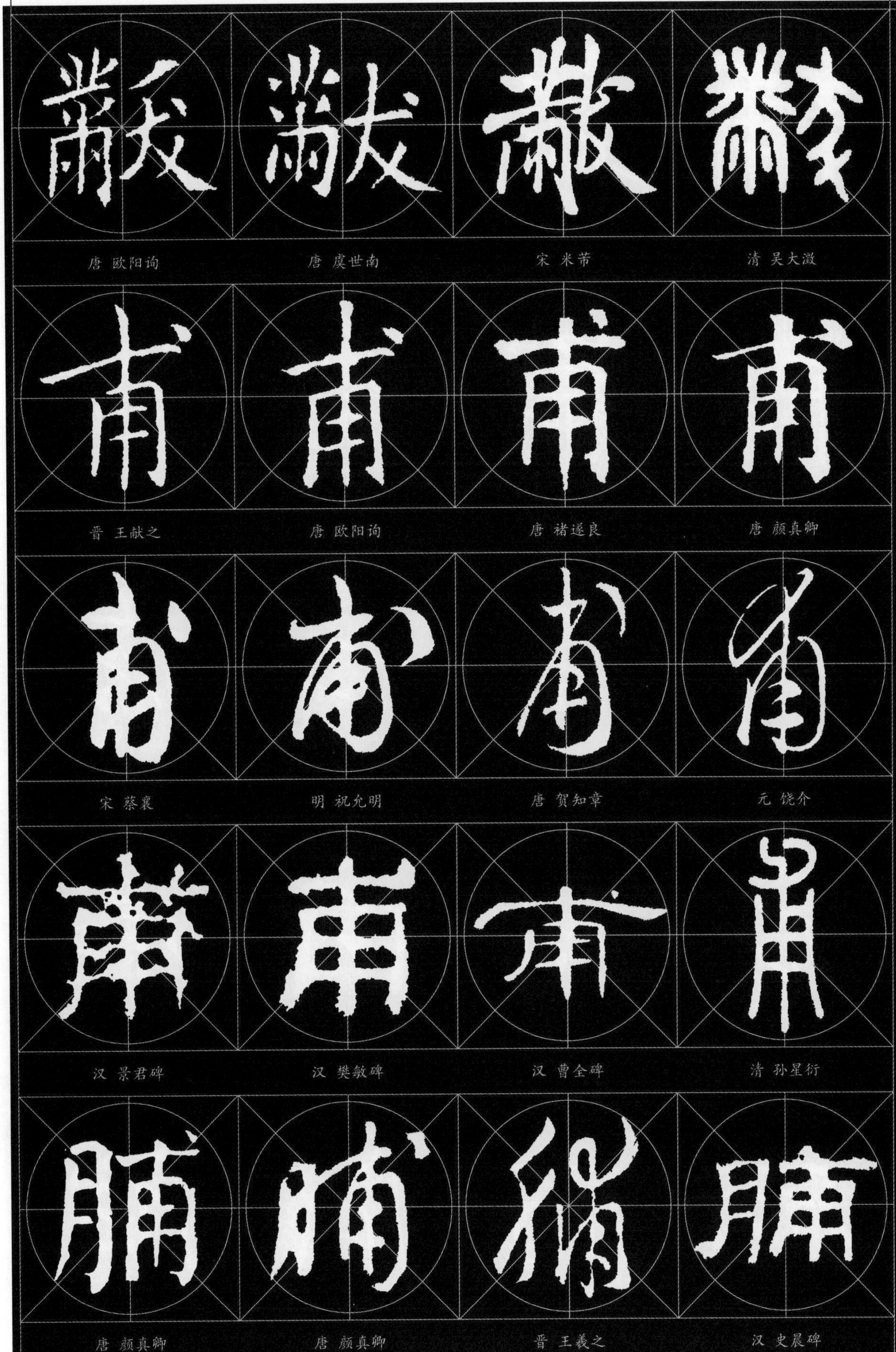

fǔ 辅

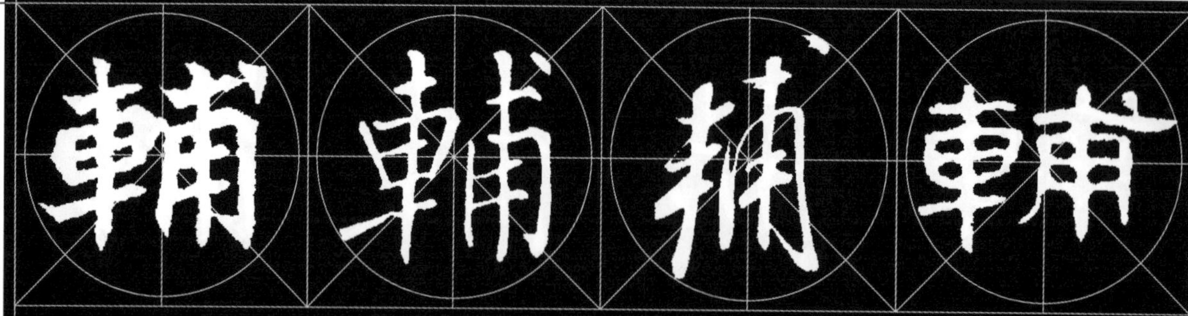

北魏 元诊墓志 | 唐 柳公权 | 宋 米芾 | 汉 曹全碑

fǔ 黼（绣纹）

唐 欧阳询 | 宋 米芾 | 金 张天锡·草书韵会 | 清 顾蔼吉·隶辨

fǔ 府

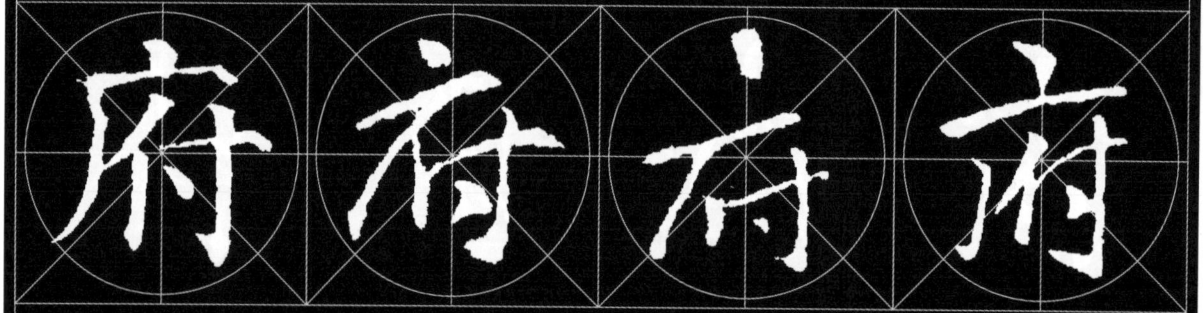

唐 颜真卿 | 晋 王羲之 | 唐 李邕 | 唐 李邕

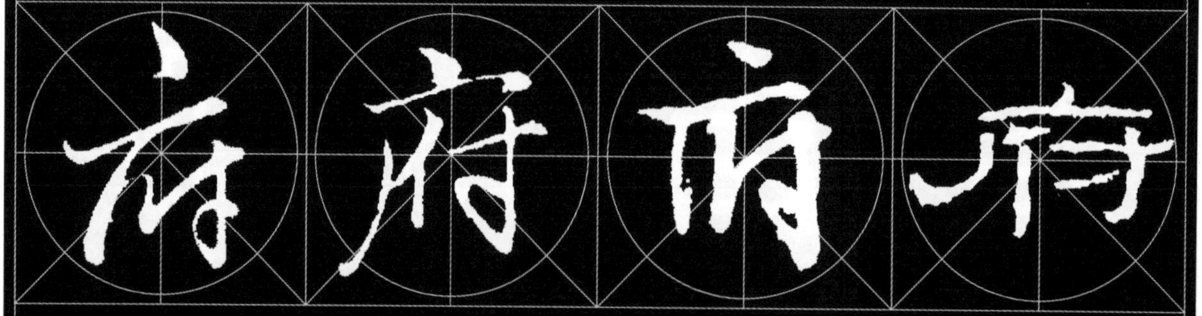

宋 朱熹 | 元 王蒙 | 明 文徵明 | 汉 石门颂

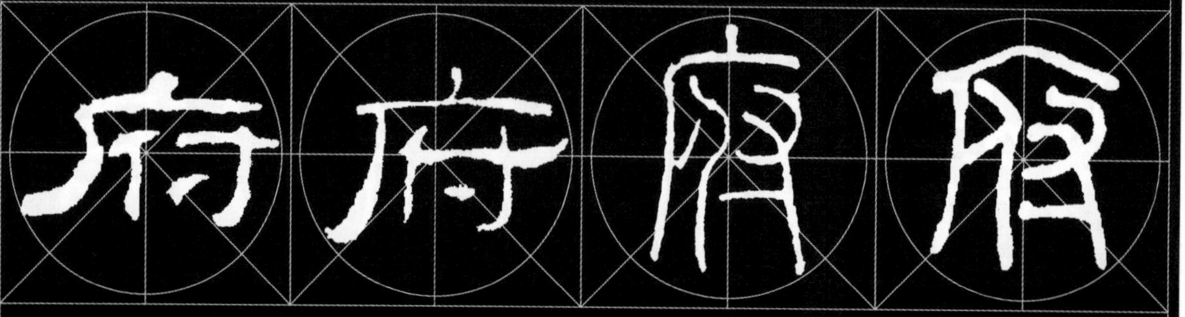

汉 乙瑛碑 | 汉 礼器碑 | 唐 李阳冰 | 元 赵孟頫

fǔ 俯

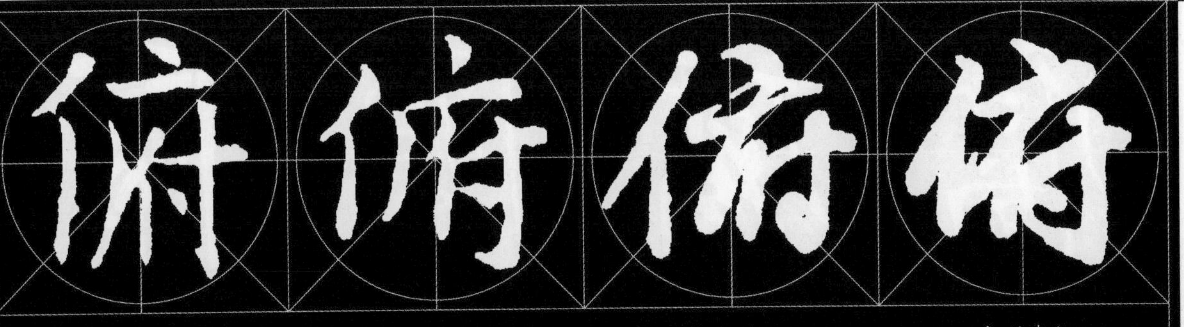

唐 欧阳询　明 王宠　晋 王羲之　唐 陆柬之

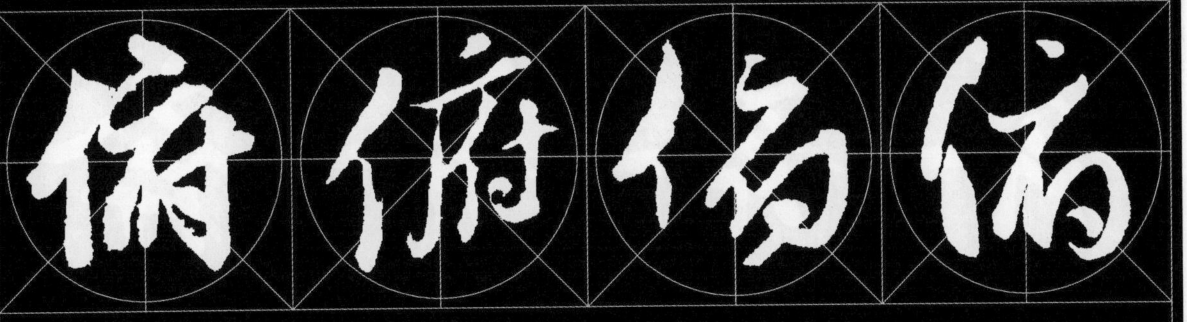

唐 李隆基　宋 苏轼　唐 孙过庭　唐 孙过庭

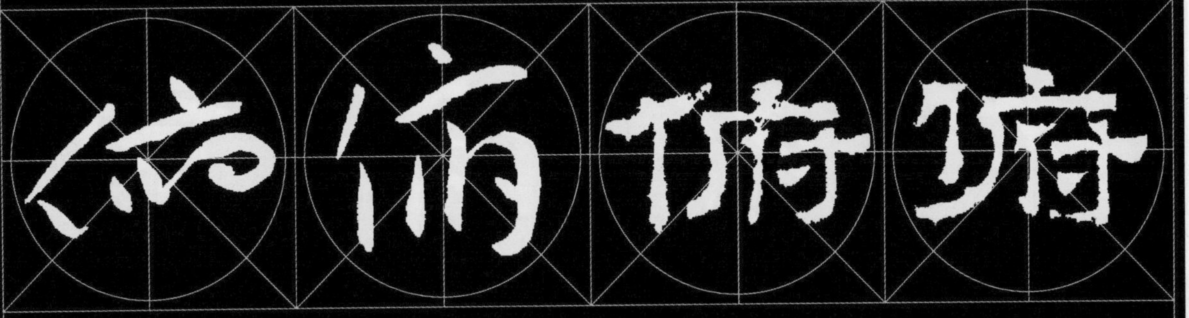

明 祝允明　明 王宠　汉 史晨碑　三国 曹真碑

fǔ 拊（拍）

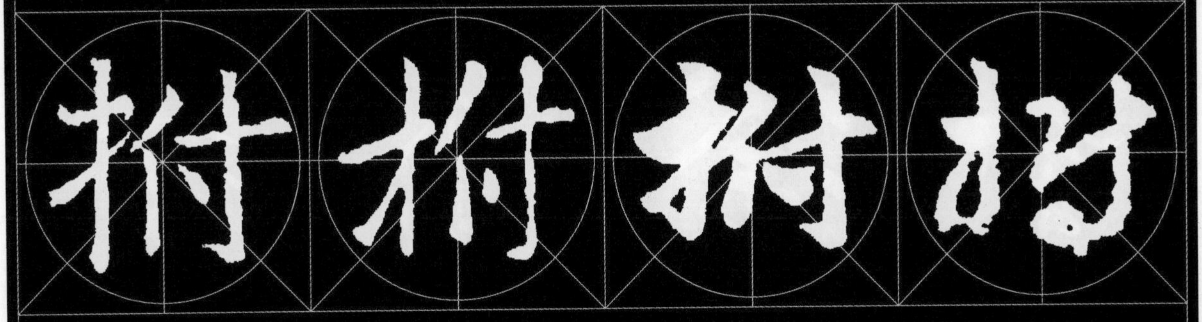

唐 柳公权　宋 黄庭坚　元 赵孟頫　清 朱耷

fǔ 腑

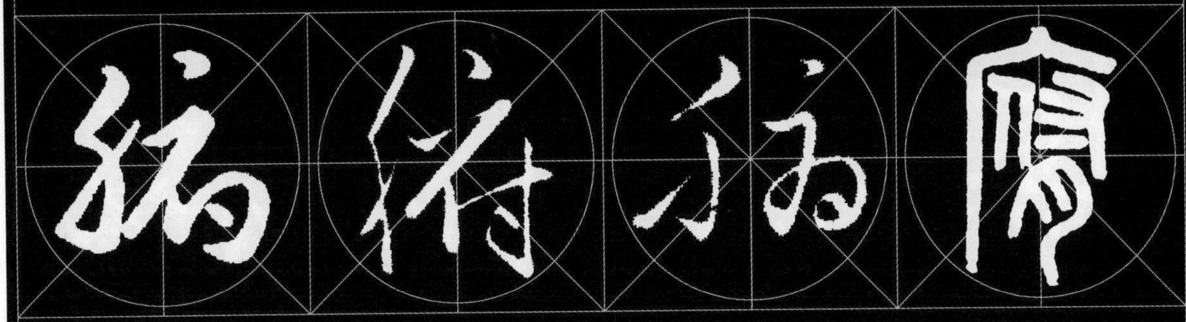

宋 赵构　元 赵孟頫　明 董其昌　清 吴大澂

fǔ 腐

fǔ 斧

fǔ 釜

fǔ 抚

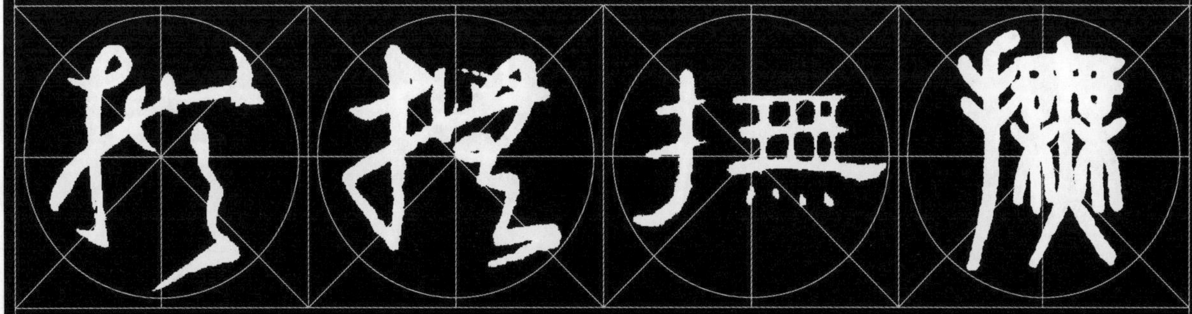

元 鲜于枢　明 宋克　汉 曹全碑　清 吴大澂

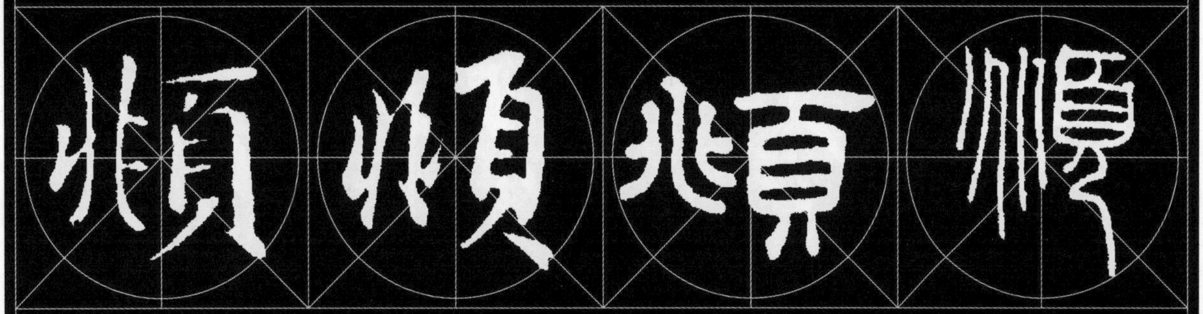

元 赵孟頫　元 赵孟頫　清 王澍　元 吴叡

隋 智永　唐 欧阳通　唐 颜真卿　唐 颜真卿

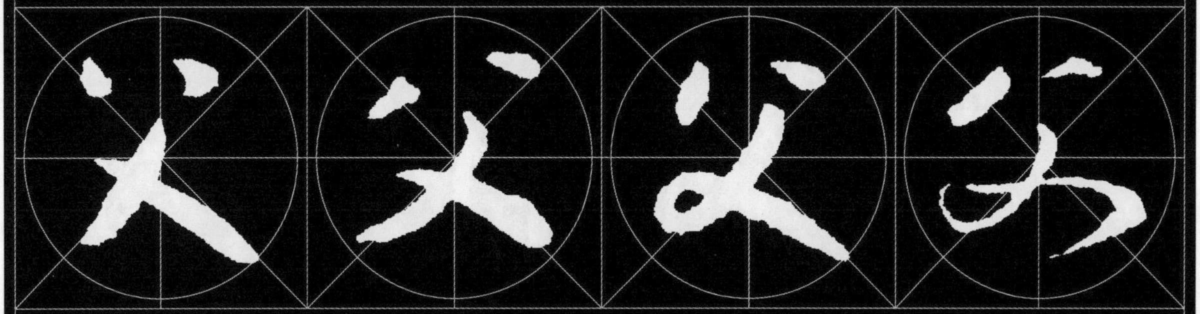

唐 怀素　元 揭傒斯　唐 孙过庭　唐 孙过庭

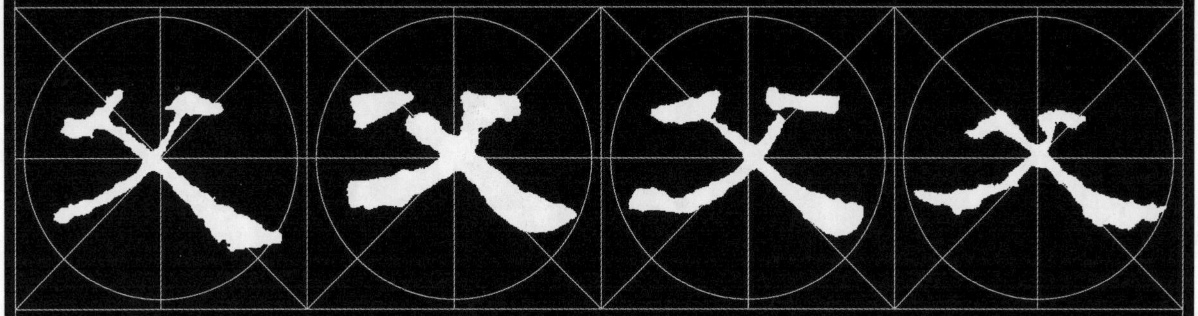

汉 景君碑　汉 鲜于璜碑　汉 张迁碑　汉 刘熊碑

fǔ 頫（同俯）

fù 父（父及父辈）fǔ（指老人：田父；渔父）

fù
付

fù
附
（坿）

殷商 甲骨文 | 唐 李阳冰 | 元 吴叡 | 清 杨沂孙

北魏 张玄墓志 | 唐 薛稷 | 宋 苏轼 | 宋 苏轼

清 顾蔼吉·隶辨 | 周 散氏盘 | 清 莫友芝 | 清 吴熙载

晋 王羲之 | 唐 颜真卿 | 宋 苏轼 | 宋 米芾

宋 叶梦得 | 明 张弼 | 汉 郭有道碑 | 汉 校官碑

fù 妇

fù 负

唐 颜真卿	三国 钟繇	晋 王羲之	晋 王献之
宋 张即之	晋 王羲之	隋 智永	唐 怀素
汉 曹全碑	清 王澍	唐 李阳冰	清 杨沂孙
北魏 敬使君碑	隋 龙藏寺碑	唐 颜真卿	唐 颜真卿
唐 高正臣	元 赵孟頫	宋 黄庭坚	明 陈淳

fù 阜（土山；物资多）

fù 复（復、複）

fù
腹

fù
覆

宋 米芾　明 文徵明　汉 史晨碑　汉 赵宽碑

汉 曹全碑　秦 石鼓文　清 杨沂孙　清 吴昌硕

唐 柳公权　五代 杨凝式　晋 王羲之　元 鲜于枢

明 韩道亨　清 梁同书　清 顾蔼吉·隶辨　清 田潜

唐 褚遂良　宋 蔡襄　晋 王羲之　元 赵孟頫

明 唐寅　唐 怀素　宋 米芾　汉 西狭颂

fù
馥

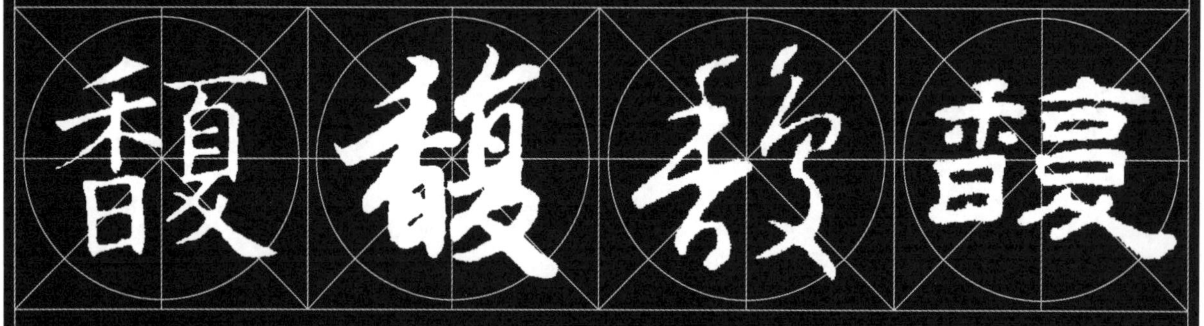

唐 褚遂良　唐 陆柬之　明 佚名　清 桂馥

fù
傅

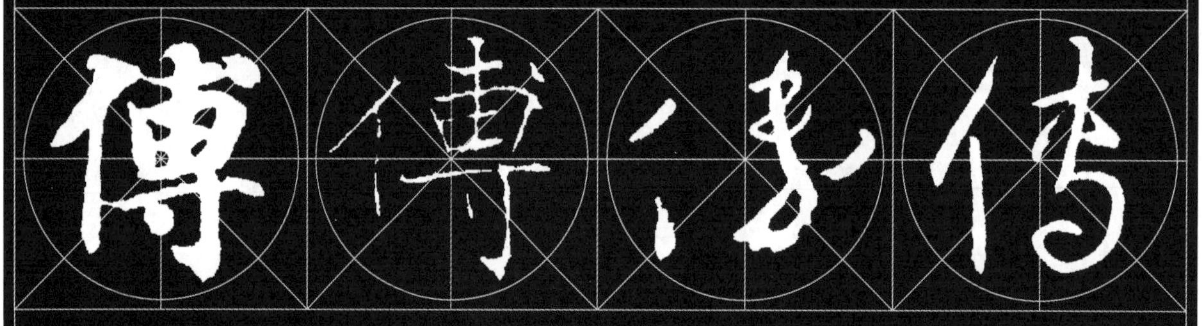

隋 智永　宋 黄庭坚　唐 怀素　明 宋克

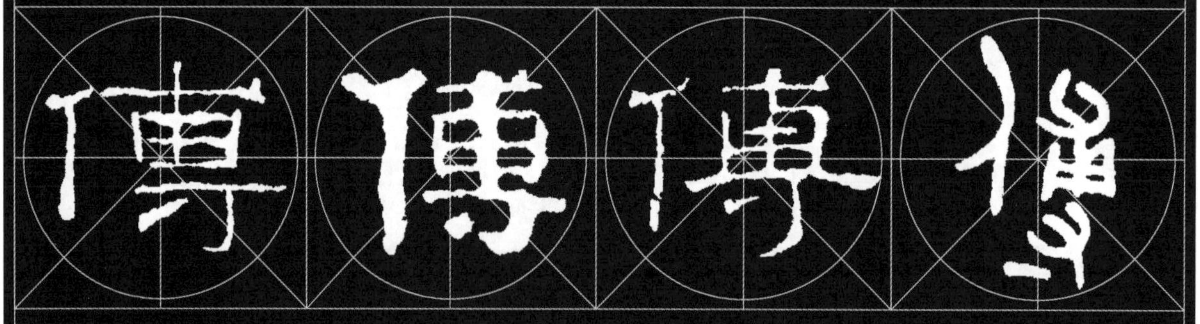

汉 礼器碑　汉 校官碑　清 王澍　清 吴大澂

fù
赙

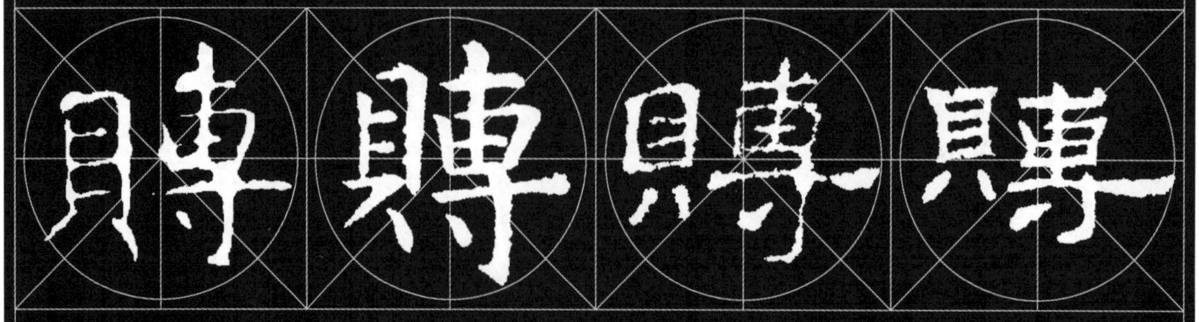

唐 褚遂良　唐 柳公权　汉 杨震碑　汉 朝侯小子残碑

fù 缚

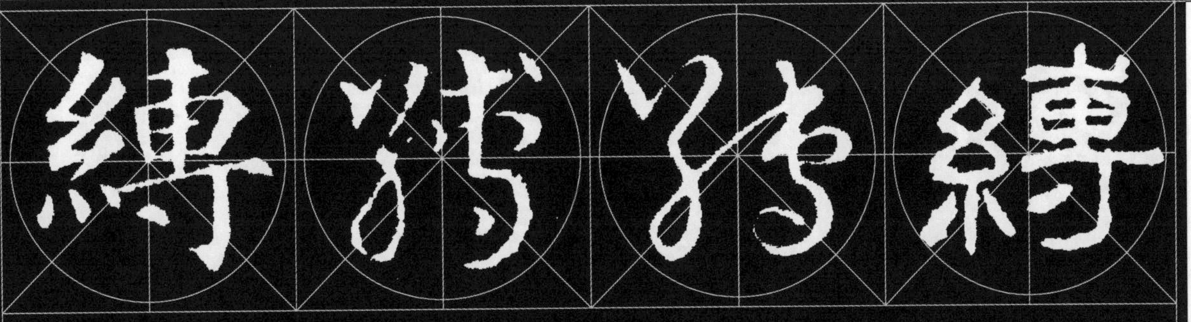

唐 颜真卿 | 三国 皇象 | 金 张天锡·草书韵会 | 汉 西狭颂

fù 赴

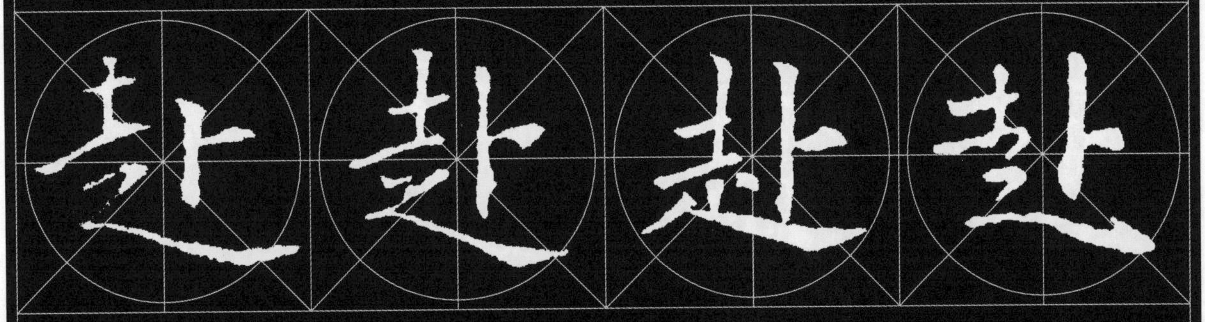

晋 王羲之 | 唐 欧阳询 | 唐 欧阳通 | 唐 颜真卿

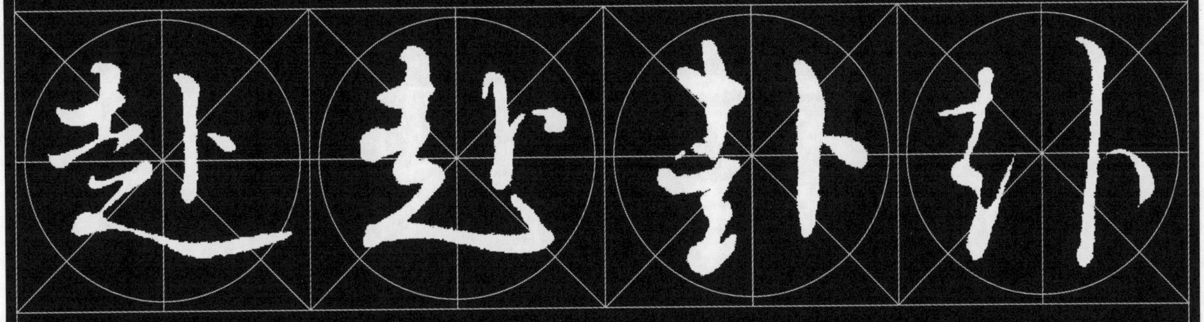

宋 黄庭坚 | 宋 米芾 | 唐 孙过庭 | 宋 吴说

元 鲜于枢 | 唐 怀素 | 汉 曹全碑 | 汉 说文解字

fù 副

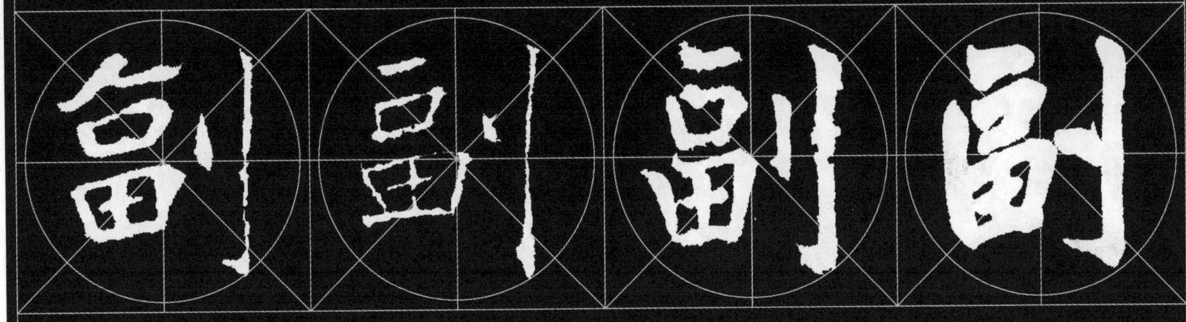

北魏 崔敬邕墓志 | 唐 褚遂良 | 唐 柳公权 | 元 赵孟頫

fù
富

fù
赋

宋 苏轼
晋 王羲之
汉 曹全碑
清 吴大澂
唐 欧阳询
元 赵孟頫
唐 欧阳询
明 沈粲
汉 三老祭日碑
清 陈鸿寿
唐 李阳冰
清 吴大澂
北朝 敬使君碑
唐 张旭
唐 颜真卿
明 唐寅
宋 陆游
唐 孙过庭
宋 黄庭坚
汉 张景碑

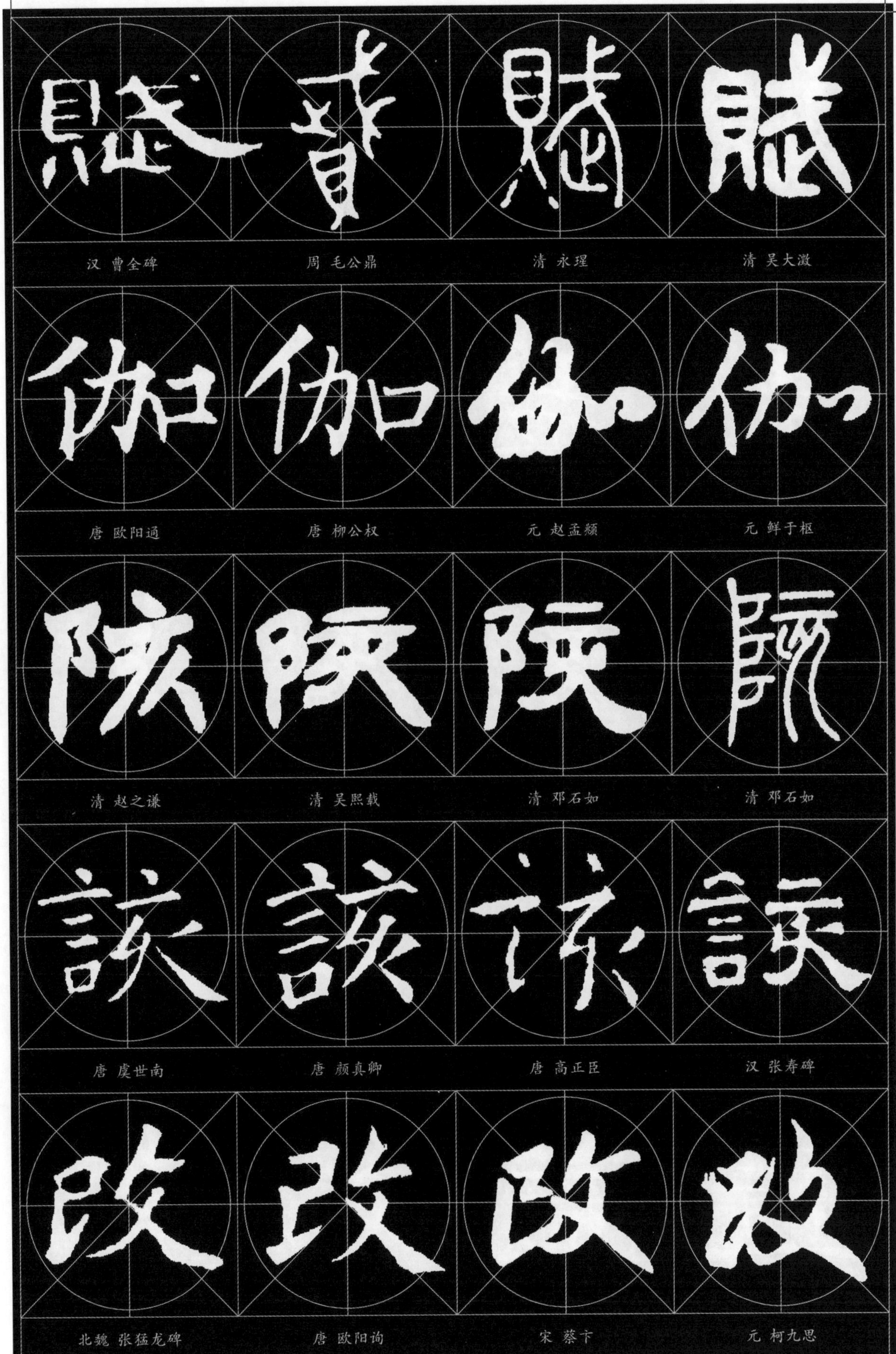

gā
伽
jiā
qié

gāi
陔

gāi
该

gǎi
改

gài
盖（蓋）
Gě（姓）

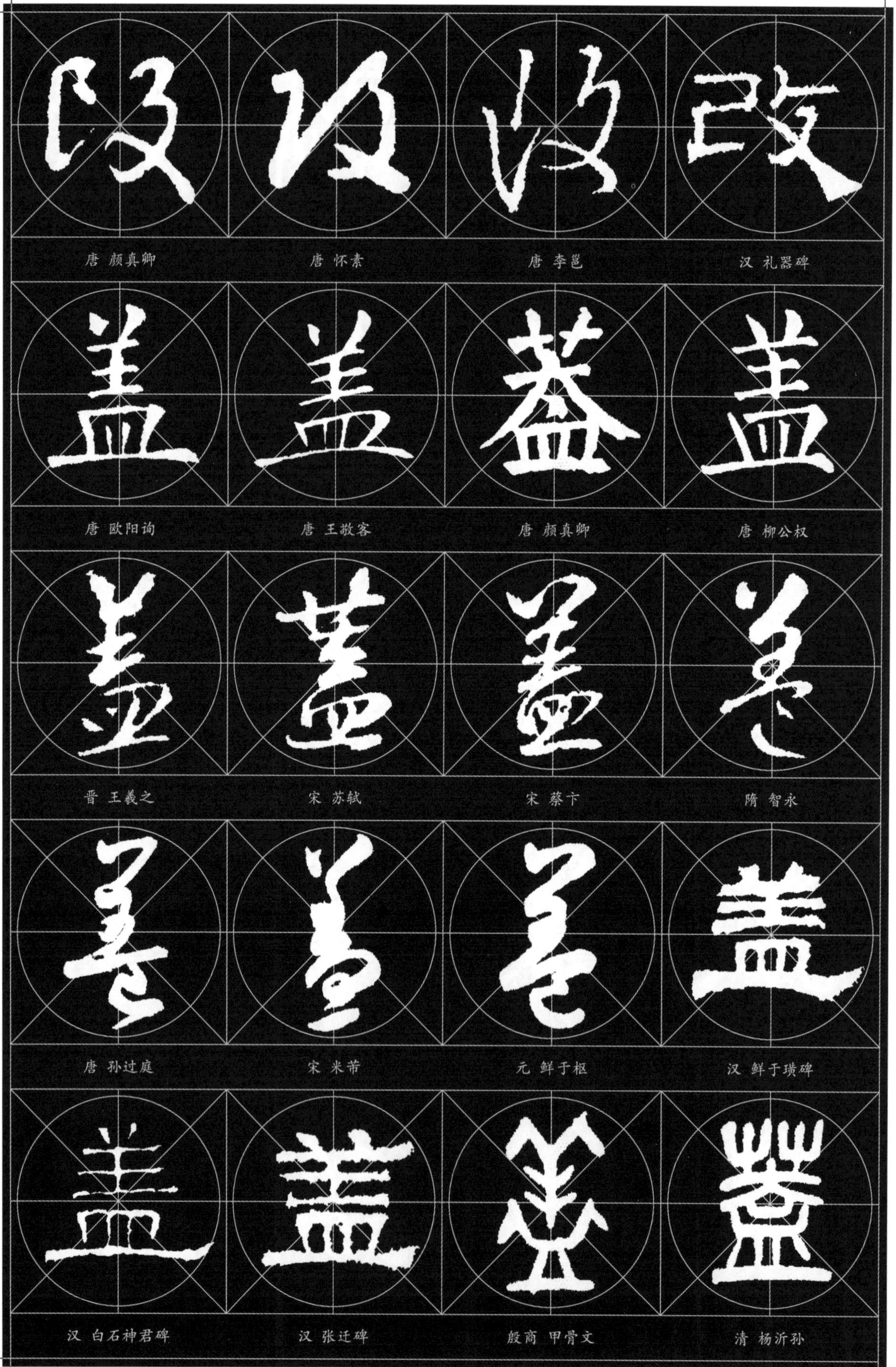
唐 颜真卿
唐 怀素
唐 李邕
汉 礼器碑
唐 欧阳询
唐 王敬客
唐 颜真卿
唐 柳公权
晋 王羲之
宋 苏轼
宋 蔡卞
隋 智永
唐 孙过庭
宋 米芾
元 鲜于枢
汉 鲜于璜碑
汉 白石神君碑
汉 张迁碑
殷商 甲骨文
清 杨沂孙

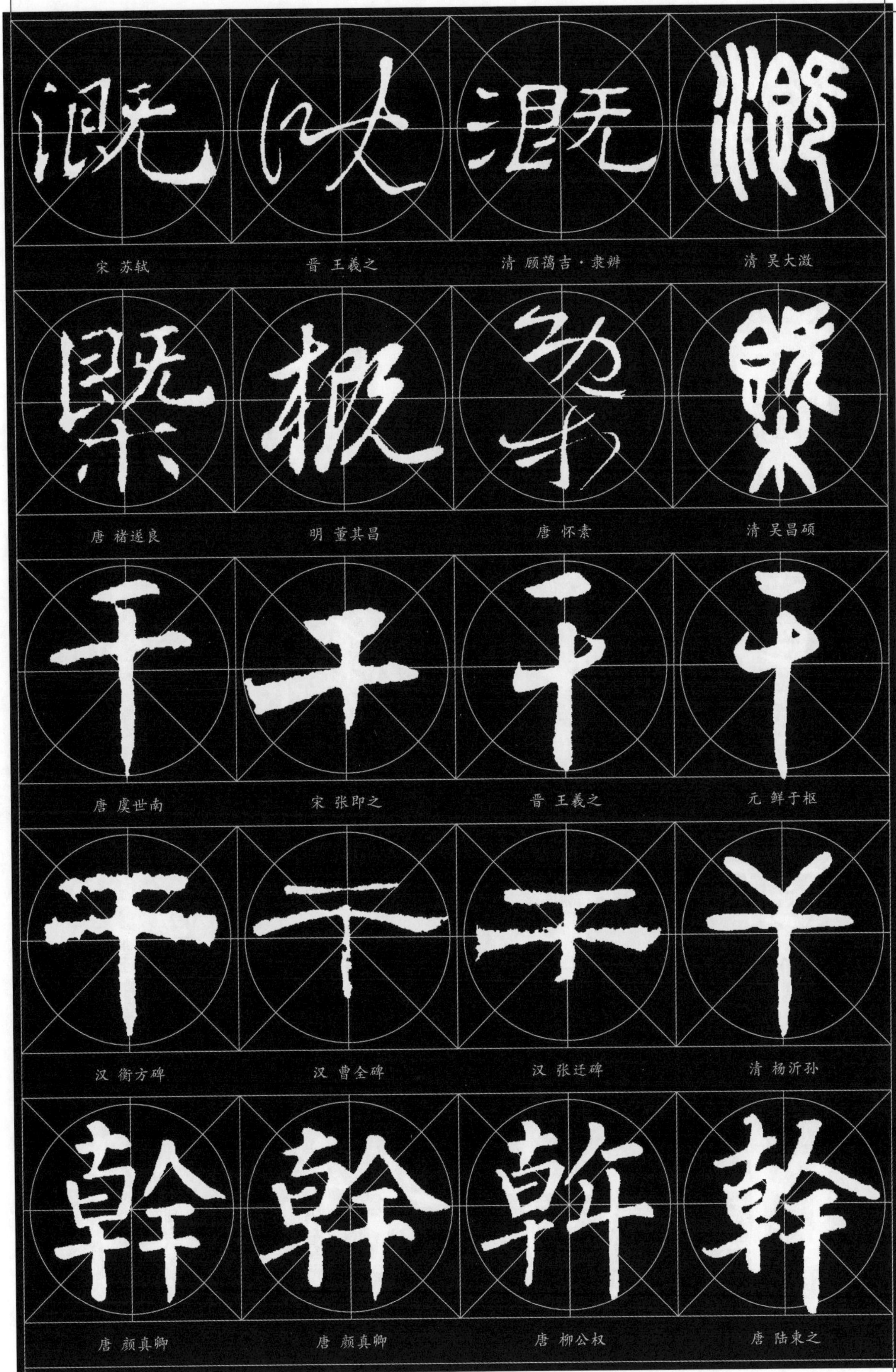

gài
溉

gài
概（槩）

gān
干（乾；qián 乾无简化）

gàn
（幹、榦）

gān 玕

gān 肝

gān 竿

gān 甘

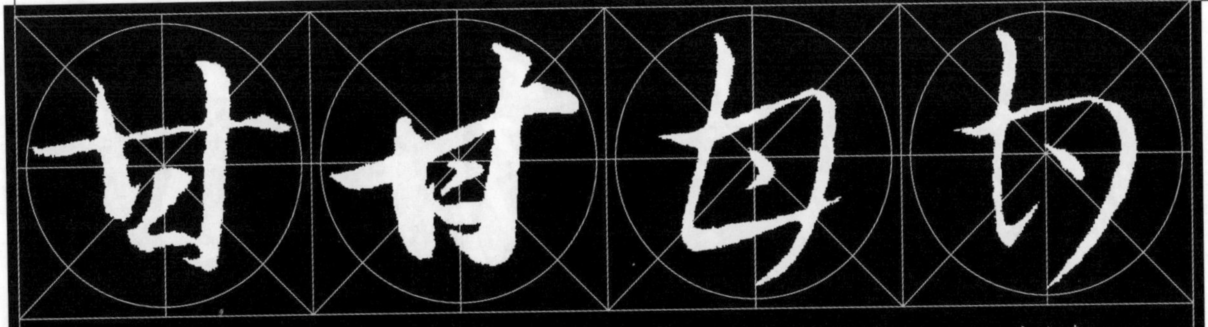

隋 智永　宋 苏轼　晋 王献之　唐 怀素

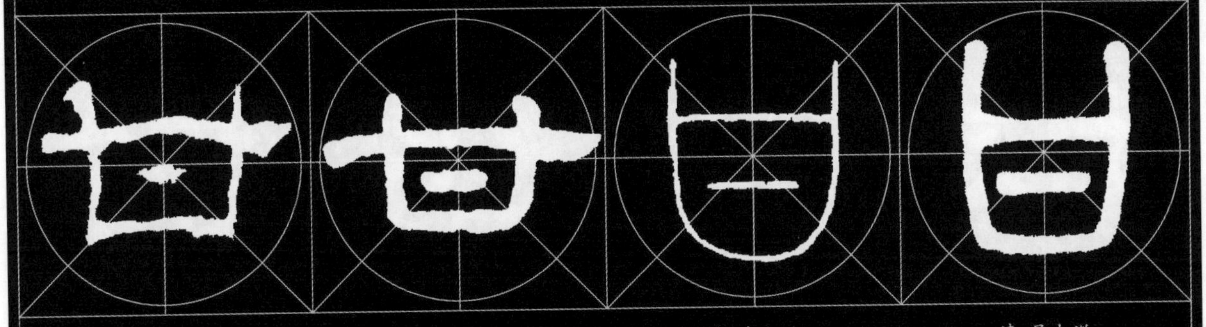

汉 景君碑　清 王澍　唐 李阳冰　清 吴大澂

gān
柑

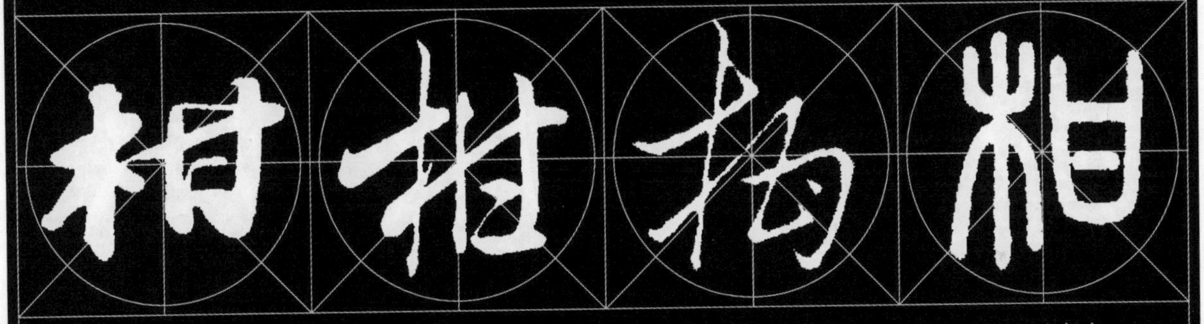

宋 苏轼　宋 米芾　金 张天锡·草书韵会　汉 说文解字

gǎn
敢

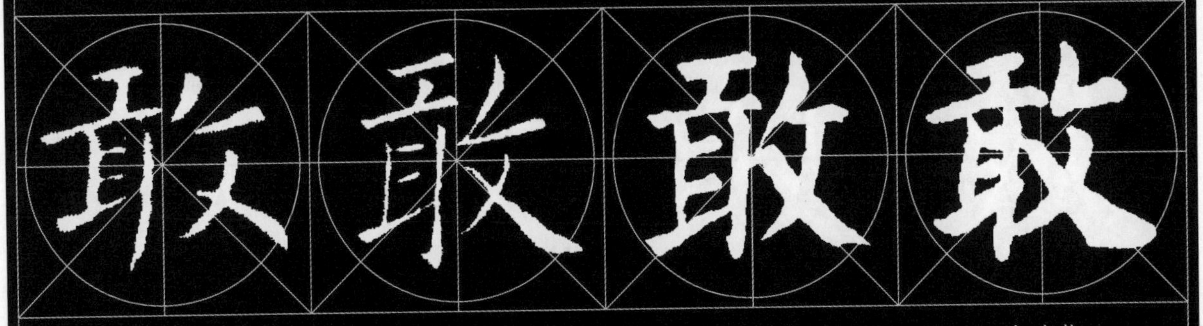

晋 卫铄　唐 欧阳询　唐 颜真卿　宋 赵构

唐 颜真卿　宋 苏轼　明 文徵明　清 郑燮

gǎn
感

唐 李怀琳　唐 怀素　元 康里子山　清 朱耷

汉 孔彪碑　清 王澍　周 毛公鼎　清 吴大澂

晋 王献之　唐 欧阳询　唐 柳公权　明 王宠

晋 王羲之　唐 李靖　宋 苏轼　宋 薛绍彭

晋 王羲之　唐 孙过庭　唐 怀素　元 赵孟頫

gàn
赣

gāng
冈（罔、岗）

gāng
岗
gǎng

gāng
刚

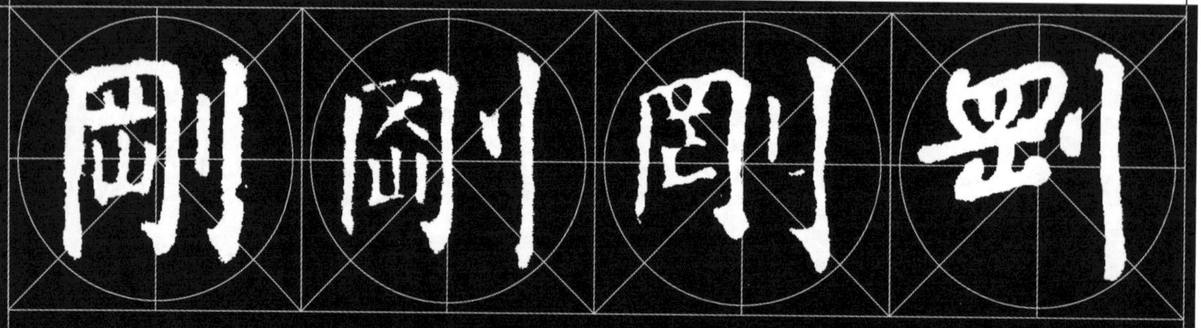

唐 颜真卿　唐 柳公权　唐 裴休　清 朱耷

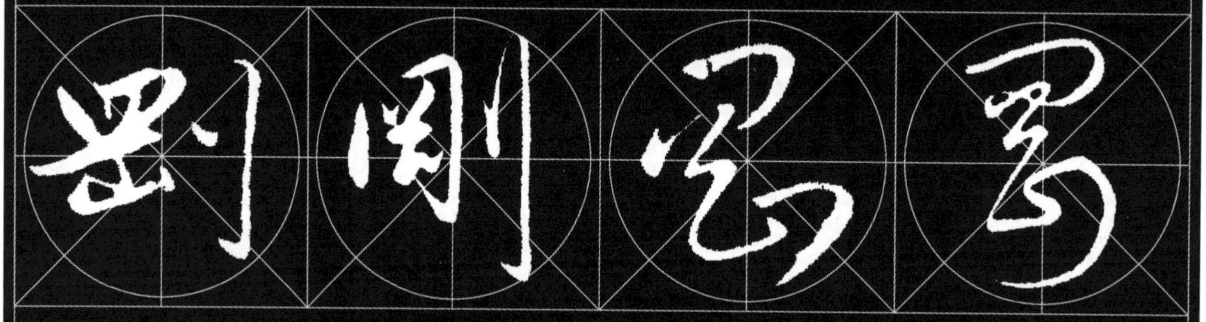

元 赵孟頫　明 王守仁　唐 孙过庭　明 宋克

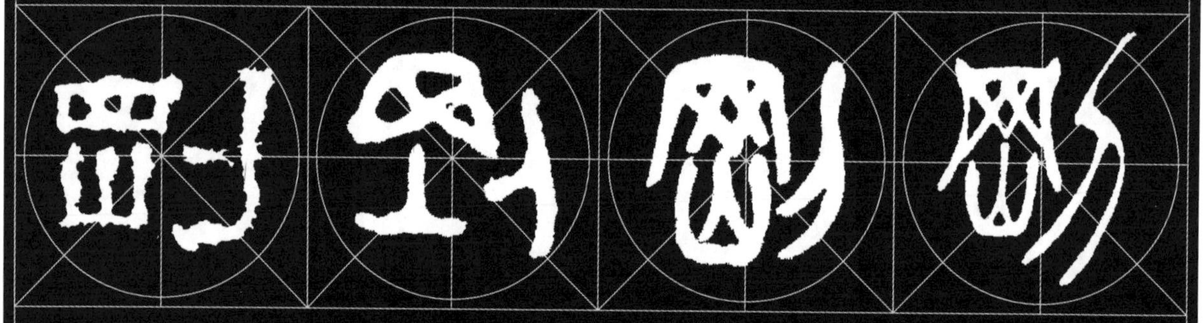

汉 景君碑　周 散氏盘　清 杨沂孙　清 徐三庚

gāng
纲
（綱）

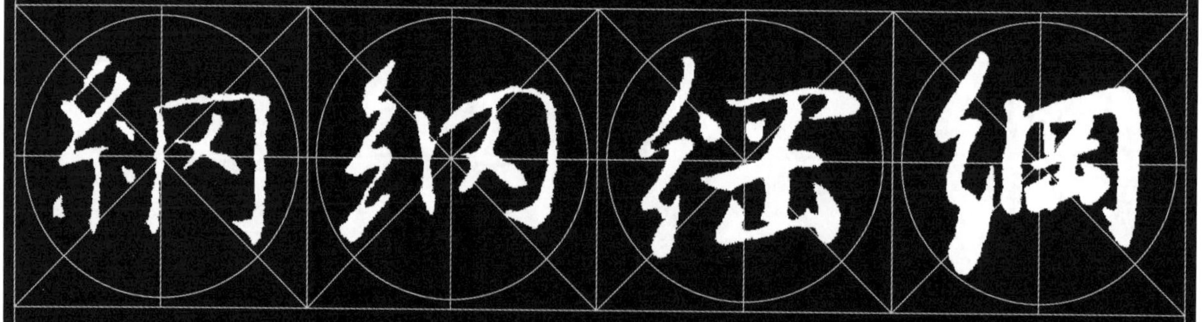

唐 欧阳询　晋 王羲之　元 赵孟頫　清 王铎

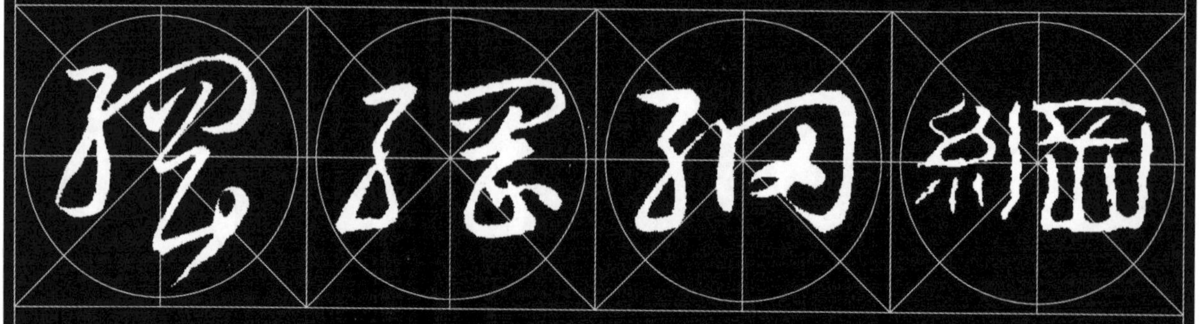

唐 孙过庭　唐 怀素　明 祝允明　汉 石门颂

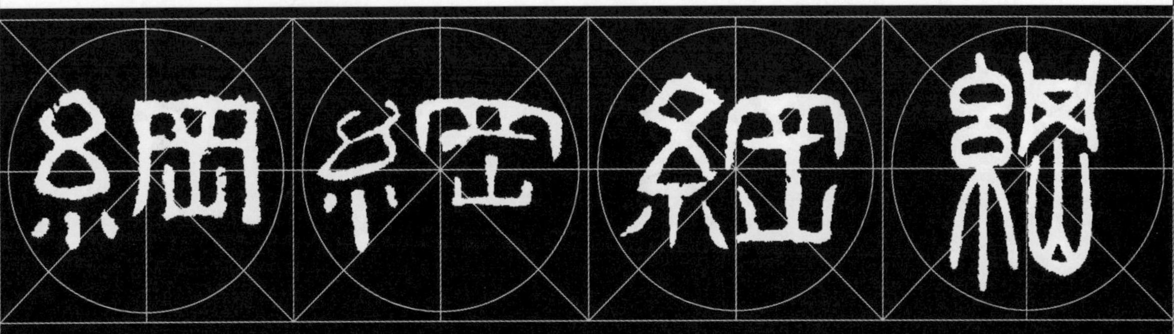

汉 张寿碑　汉 曹全碑　晋 辟雍碑　清 吴熙载

gǎng
港

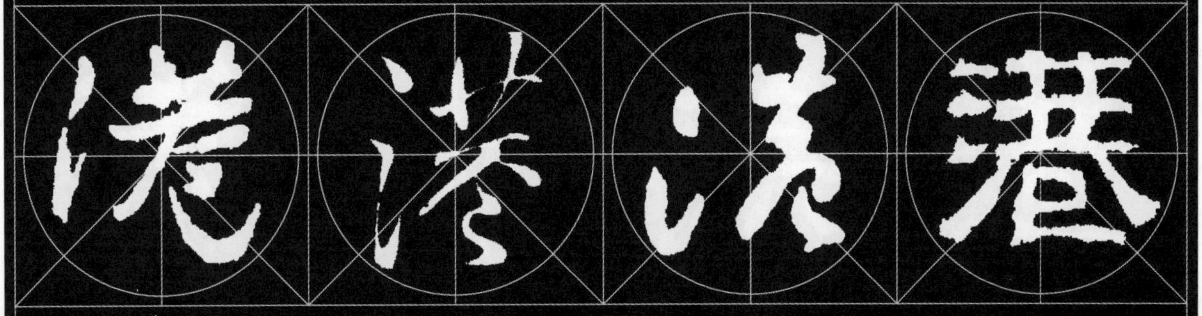

清 郑燮　清 王铎　明 祝允明　汉 孟孝琚碑

gāo
皋
（臯：水边高地）

宋 蔡襄　唐 褚遂良　明 董其昌　晋 索靖

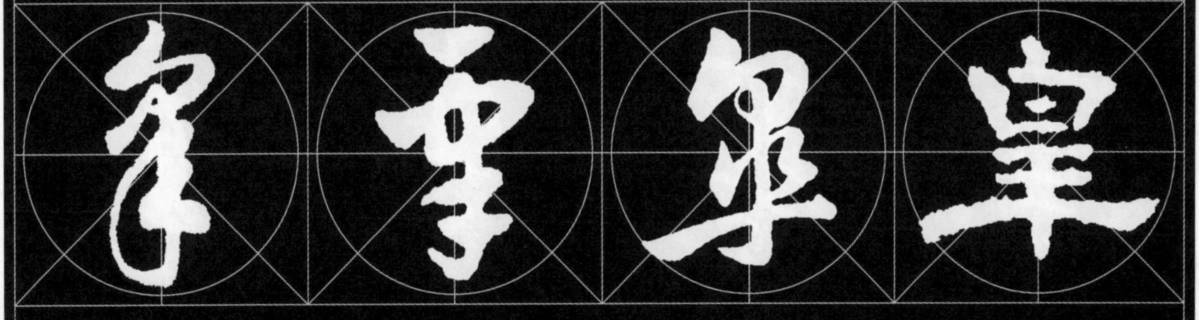

宋 赵构　元 赵孟頫　明 韩道亨　汉 孔彪碑

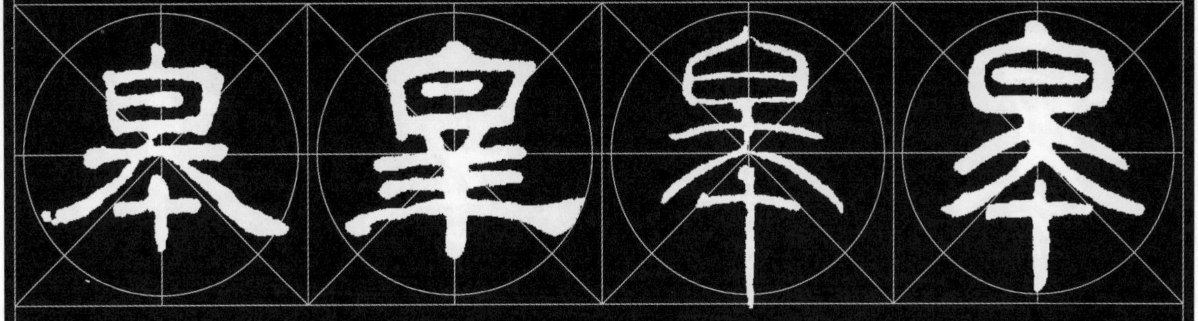

清 王澍　清 何绍基　元 吴叡　清 杨沂孙

gāo
羔

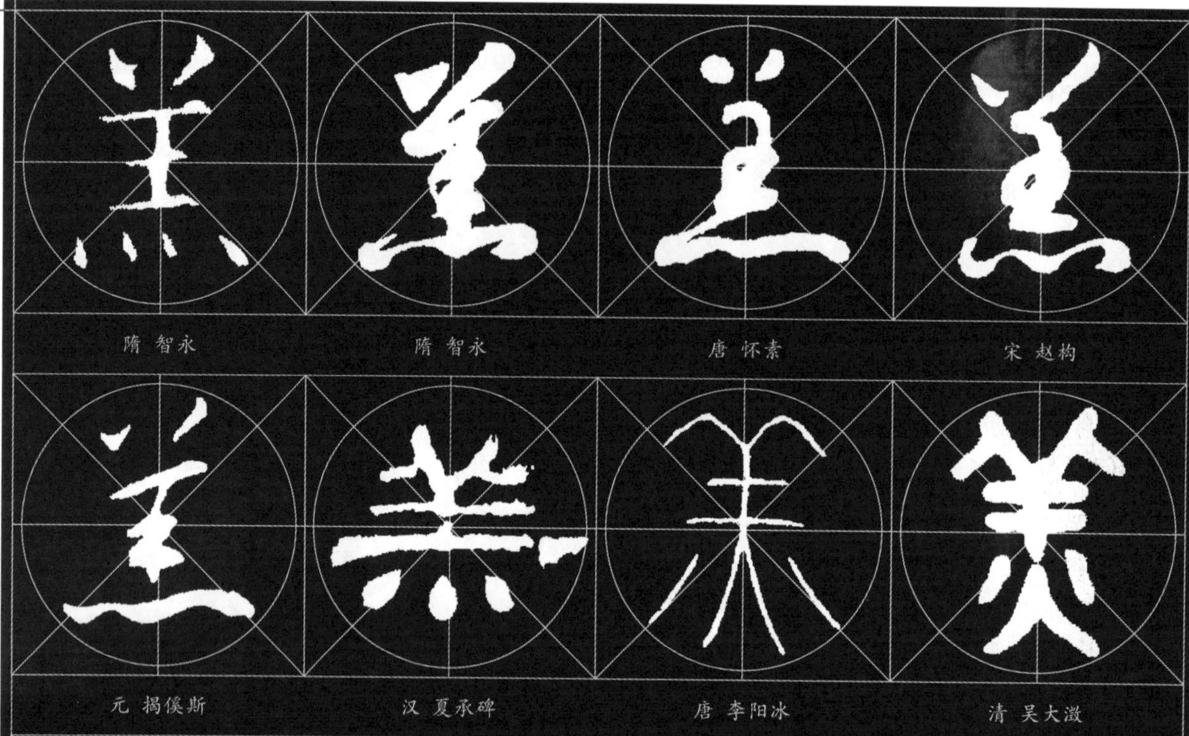
隋 智永
隋 智永
唐 怀素
宋 赵构
元 揭傒斯
汉 夏承碑
唐 李阳冰
清 吴大澂

gāo
高

北魏 高树造像
隋 龙藏寺碑
唐 褚遂良
唐 柳公权
唐 李邕
唐 高正臣
唐 颜真卿
唐 杜牧
宋 苏轼
明 文徵明
晋 王羲之
唐 怀素

汉 武梁刻石　汉 乙瑛碑　汉 曹全碑　清 王澍

殷商 甲骨文　秦 李斯　唐 李阳冰　清 永瑆

元 赵孟頫　晋 王羲之　元 鲜于枢　汉 曹全碑

唐 欧阳询　唐 李邕　唐 欧阳询　宋 赵佶

唐 褚遂良　唐 颜真卿　唐 李邕　清 何绍基

gāo
膏
gào
（膏笔；膏油）

gāo
皋

gǎo
杲
（明亮）

gǎo
槁
（稾：枯干）

隋 智永

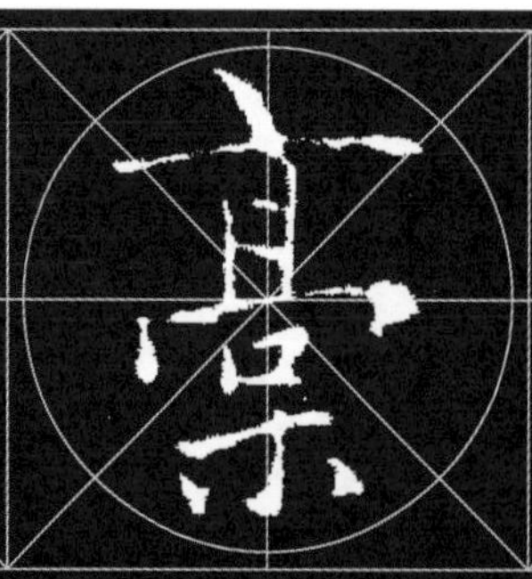
元 赵孟頫

唐 孙过庭

唐 怀素

明 王宠

清 王澍

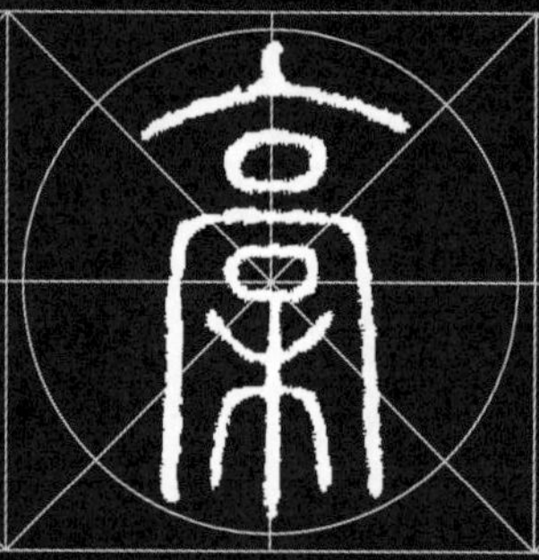
汉 说文解字

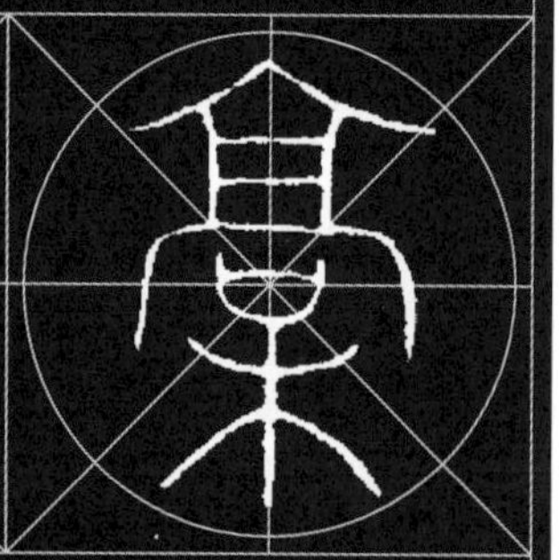
唐 李阳冰

gǎo
稿
（稾）

唐 褚遂良

明 王守仁

清 顾蔼吉·隶辨

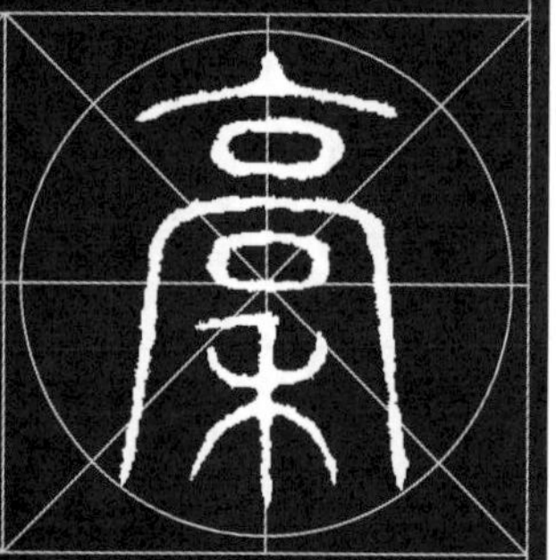
汉 说文解字

gǎo
缟

明 文徵明

明 祝允明

明 文徵明

清 吴大澂

gǎo
镐
hào

唐 颜师古

三国 皇象

元 邓文原

清 钱泳

gǎo 槀

gào 告

gào 诰

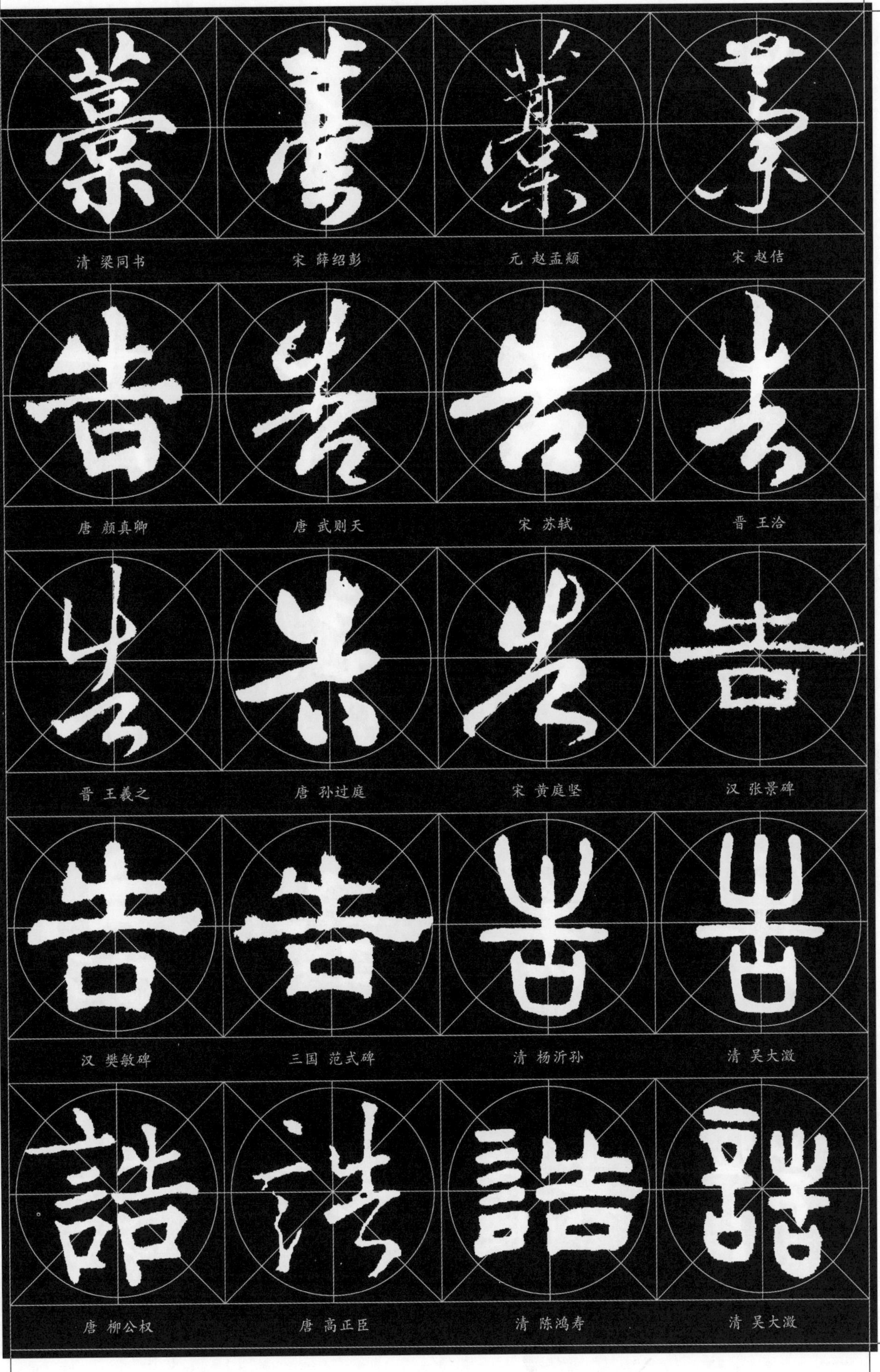

清 梁同书 | 宋 薛绍彭 | 元 赵孟頫 | 宋 赵佶
唐 颜真卿 | 唐 武则天 | 宋 苏轼 | 晋 王洽
晋 王羲之 | 唐 孙过庭 | 宋 黄庭坚 | 汉 张景碑
汉 樊敏碑 | 三国 范式碑 | 清 杨沂孙 | 清 吴大澂
唐 柳公权 | 唐 高正臣 | 清 陈鸿寿 | 清 吴大澂

gē 戈

gē 割

gē 哥

晋 王羲之	唐 虞世南	唐 欧阳询	明 宋克
清 吴熙载	周 墙盘	汉 马王堆帛书	清 杨沂孙
唐 褚遂良	元 赵孟頫	晋 王羲之	清 郑燮
唐 孙过庭	明 宋克	汉 景君碑	清 吴大澂
宋 苏轼	宋 黄庭坚	元 赵孟頫	汉 说文解字

gē
歌

唐 柳公权
清 梁同书
唐 杜牧
元 鲜于枢
明 文徵明
明 董其昌
唐 欧阳询
唐 怀素
元 鲜于枢
清 朱耷
汉 史晨碑
清 王澍
唐 李阳冰
元 赵孟頫
元 吴叡
清 邓石如

gé
革
jí（病危）

唐 殷令名
唐 欧阳通
唐 颜真卿
清 王铎

gé
格

gé
阁

唐 孙过庭
晋 辟雍碑
清 杨沂孙
清 徐三庚
唐 柳公权
明 董玹
宋 米芾
明 王守仁
清 傅山
汉 孔彪碑
汉 桐柏庙碑
清 莫友芝
唐 欧阳询
唐 褚遂良
唐 颜真卿
唐 颜师古
唐 高正臣
宋 黄庭坚
明 沈周
唐 武则天

gé 鬲 lì（古代炊具）

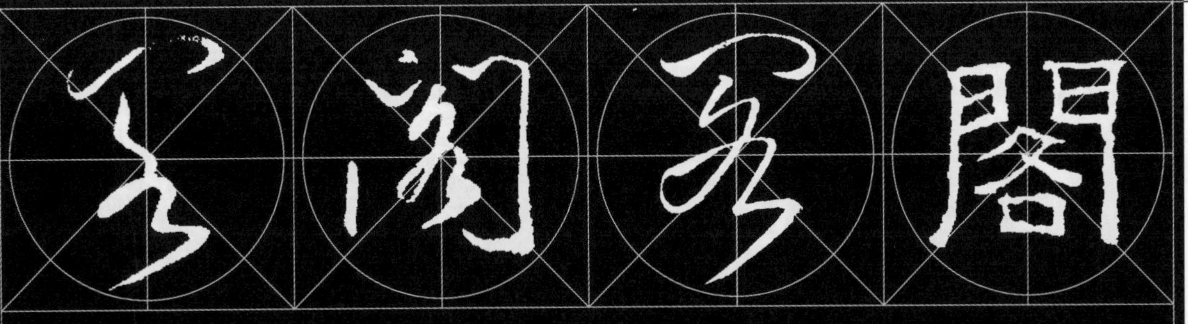

唐 怀素　明 董其昌　清 王铎　汉 西狭颂

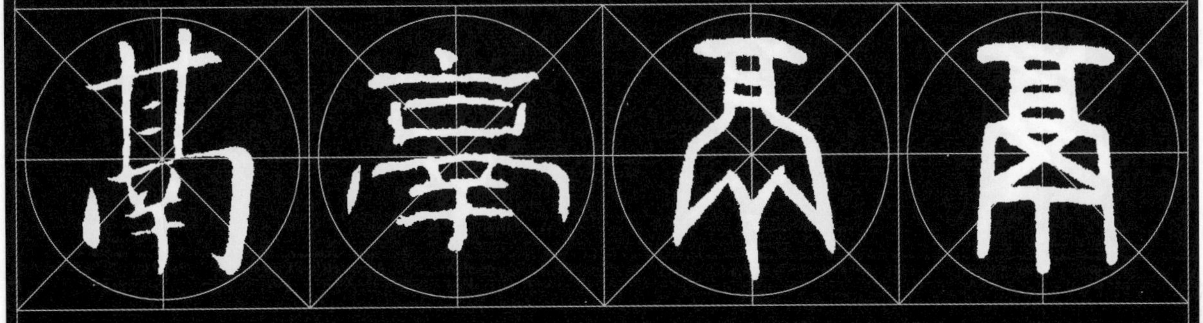

宋 蔡襄　汉 石门颂　殷商 甲骨文　清 吴大澂

gé 隔

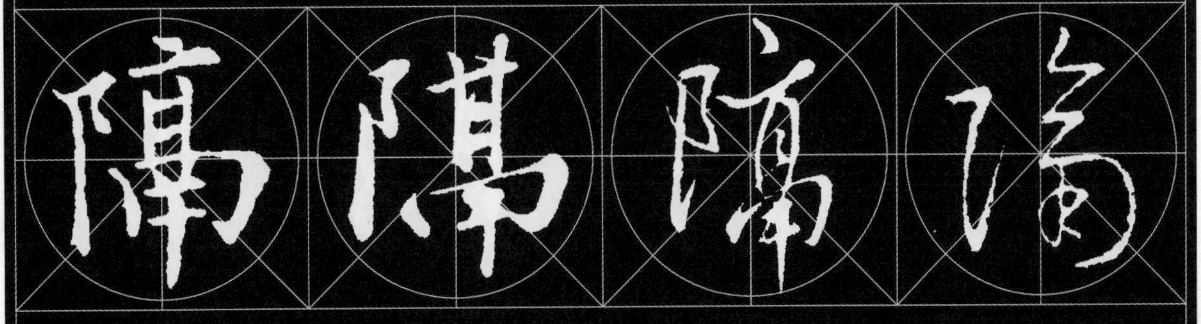

唐 欧阳通　宋 苏轼　晋 王羲之　晋 王羲之

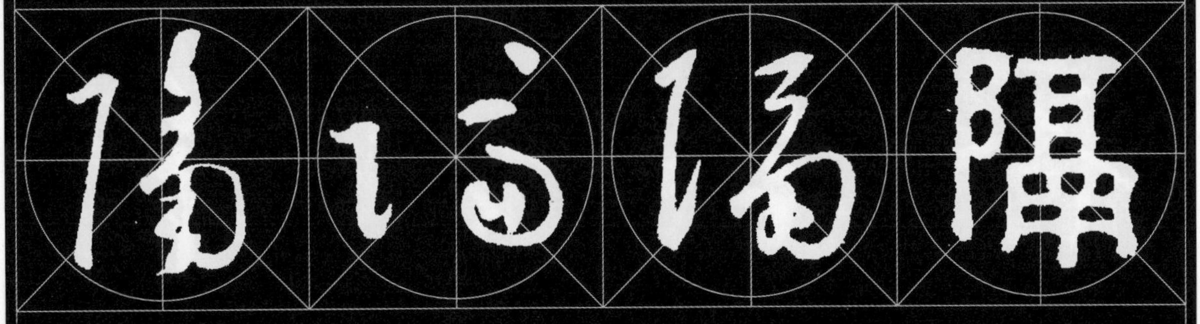

唐 孙过庭　明 祝允明　明 王守仁　汉 樊敏碑

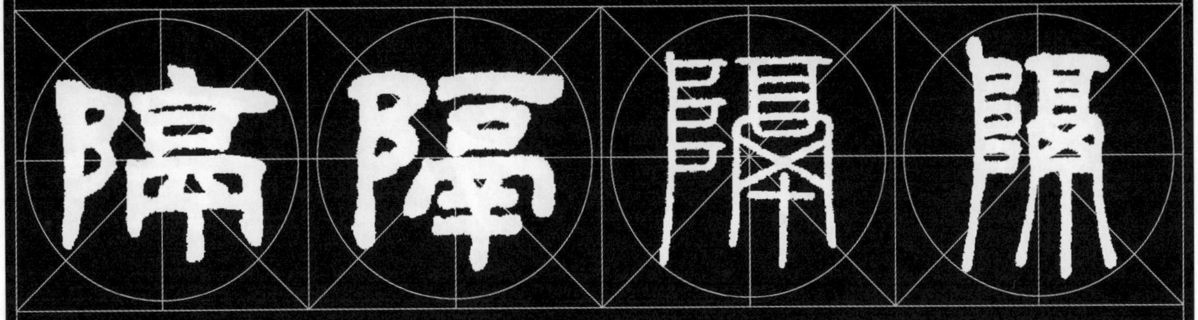

清 邓石如　清 顾蔼吉　秦 会稽刻石　清 吴熙载

gé 葛 Gě（姓）

gě 舸

gě 各（特别）gè

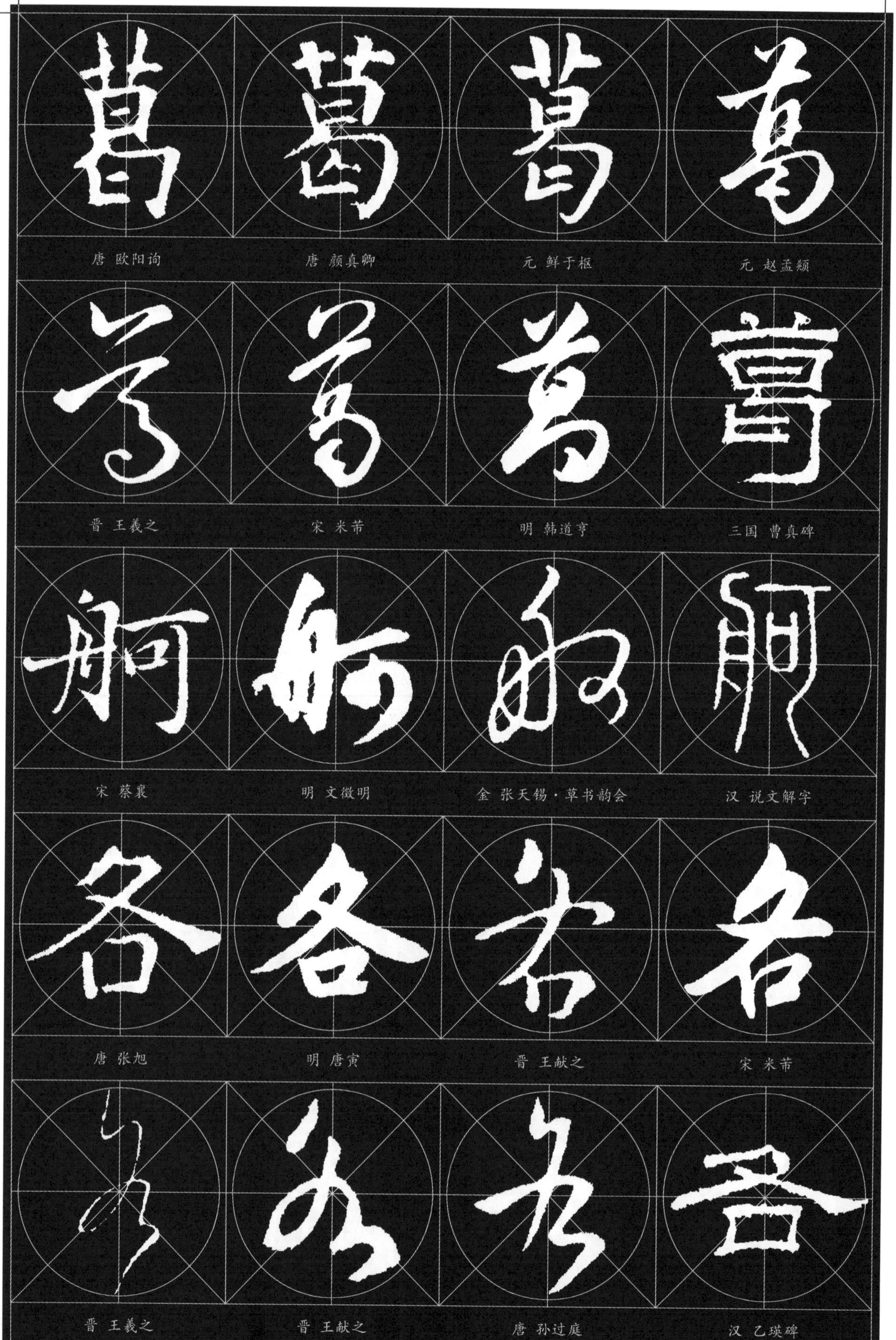

唐 欧阳询 | 唐 颜真卿 | 元 鲜于枢 | 元 赵孟頫

晋 王羲之 | 宋 米芾 | 明 韩道亨 | 三国 曹真碑

宋 蔡襄 | 明 文徵明 | 金 张天锡·草书韵会 | 汉 说文解字

唐 张旭 | 明 唐寅 | 晋 王献之 | 宋 米芾

晋 王羲之 | 晋 王献之 | 唐 孙过庭 | 汉 乙瑛碑

汉 张迁碑
清 桂馥
周 大克鼎
清 吴熙载
唐 欧阳询
宋 黄庭坚
晋 王羲之
宋 米芾
晋 王羲之
唐 怀素
元 揭傒斯
汉 乙瑛碑
汉 曹全碑
汉 袁安碑
唐 李阳冰
清 吴大澂
唐 欧阳通
唐 韩择木
唐 释怀仁
唐 李邕

gěi
给
jǐ

gēn
根

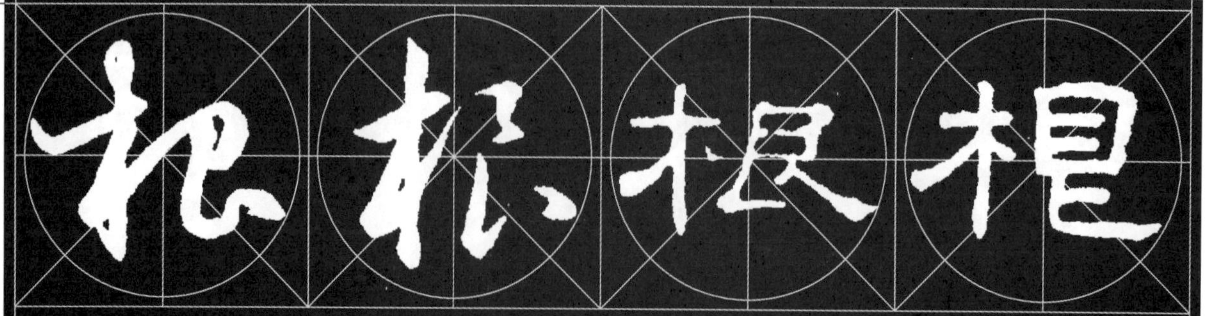

元 鲜于枢　明 韩道亨　汉 郭有道碑　清 王澍

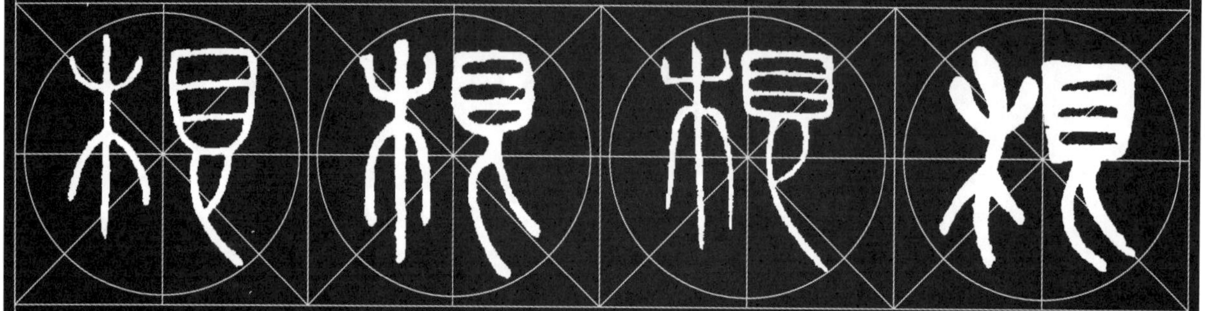

唐 李阳冰　元 赵孟頫　元 吴叡　清 杨沂孙

gèn
亘

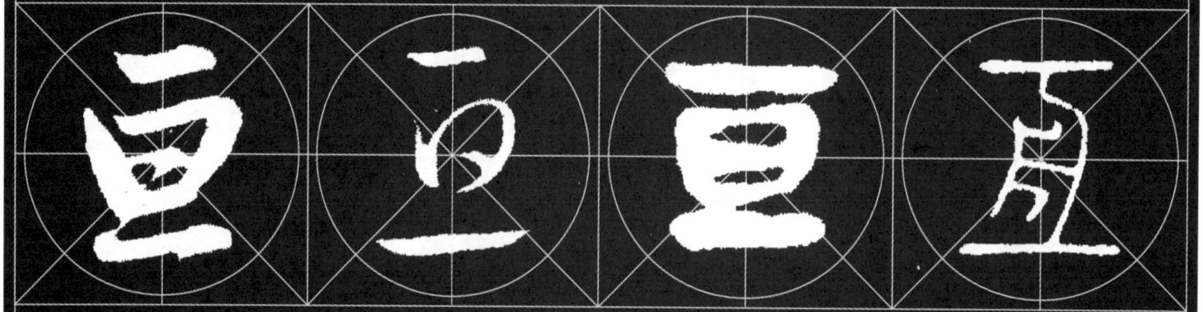

元 赵孟頫　明 王宠　汉 马王堆帛书　汉 说文解字

gēng
更
gèng

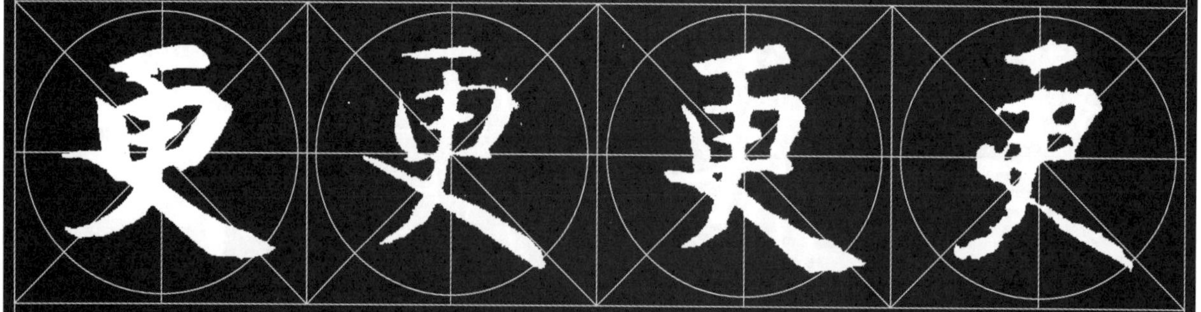

隋 智永　隋 智永　唐 欧阳询　晋 王羲之

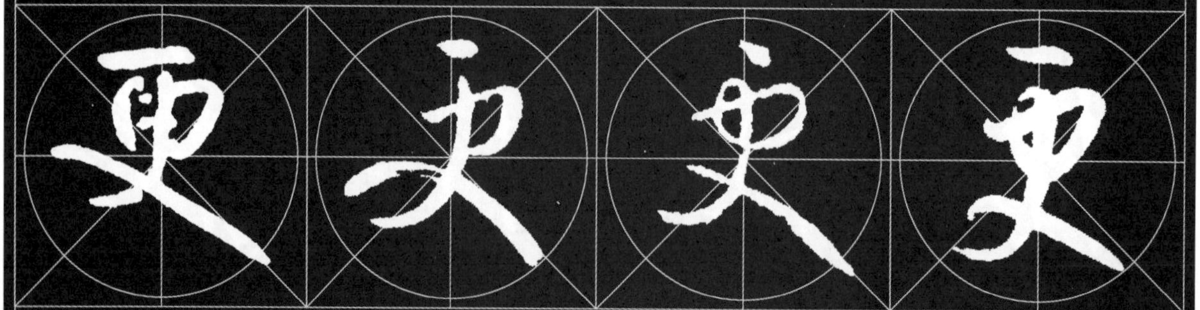

清 朱耷　晋 王羲之　晋 王献之　唐 孙过庭

gēng
庚

gēng
赓（继续）

gēng
耕（畊）

gēng 羹

gěng 哽

gěng 梗

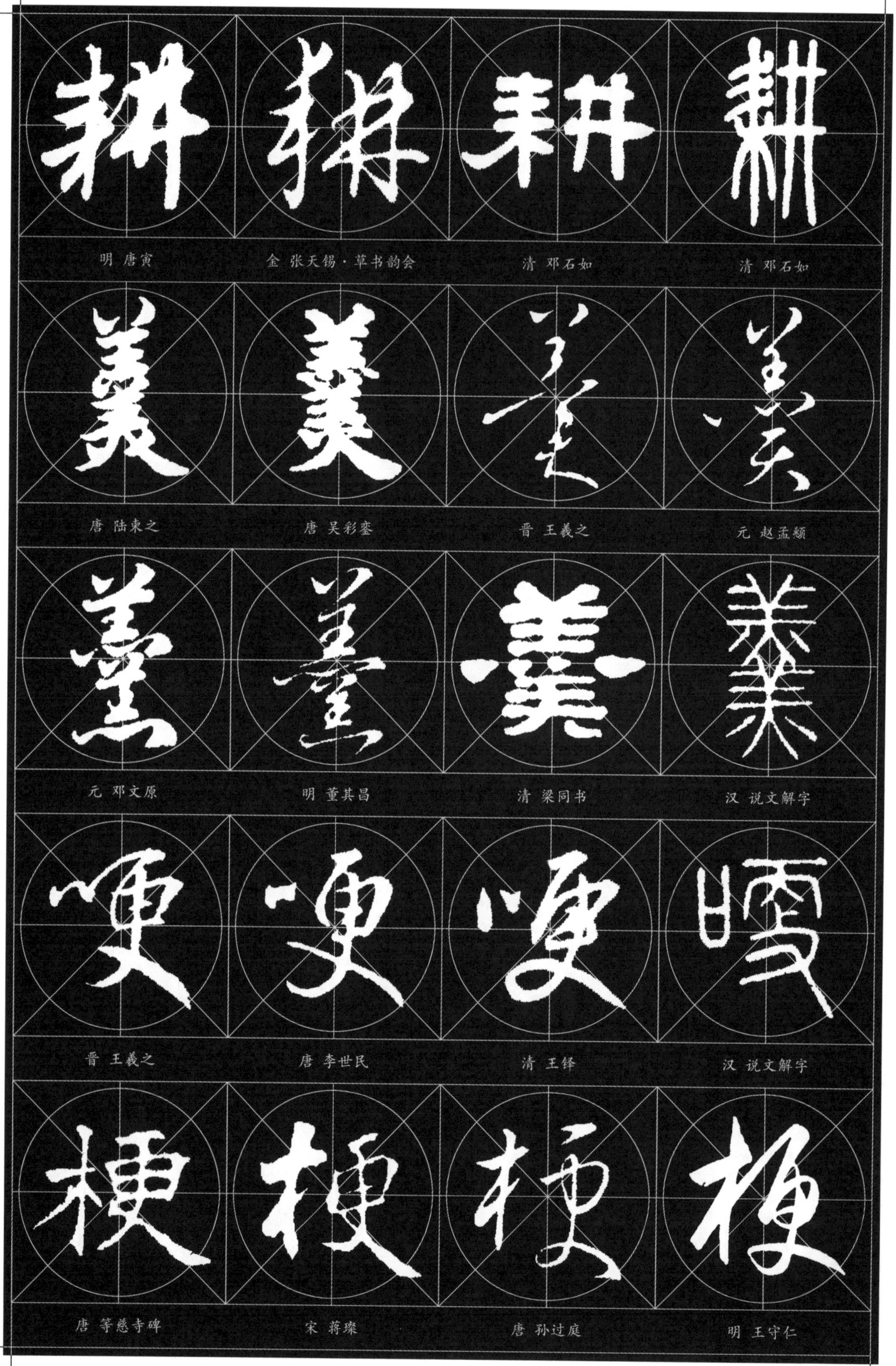

gěng
耿

gōng
工

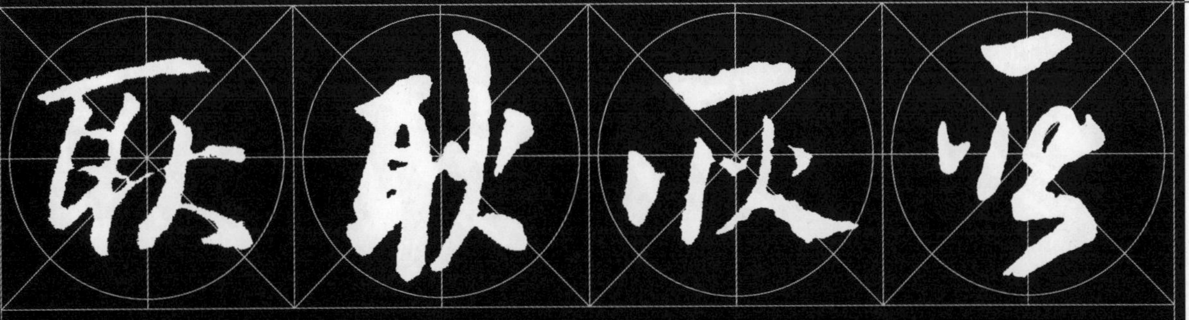

晋 王羲之　清 翁方纲　三国 皇象　晋 王羲之

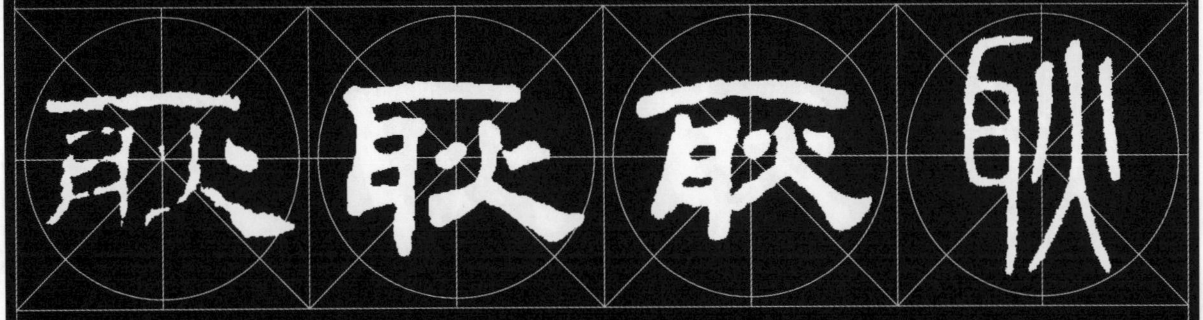

汉 史晨碑　元 吴叡　清 何绍基　汉 说文解字

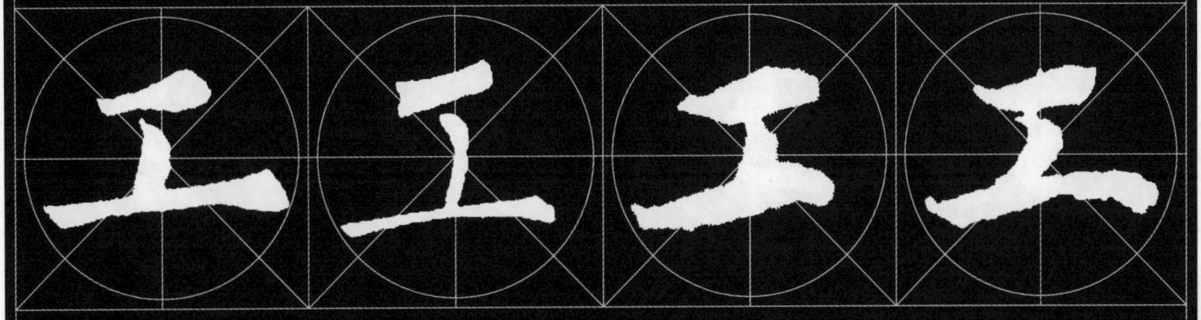

唐 欧阳询　唐 柳公权　宋 蔡襄　唐 蒋善进

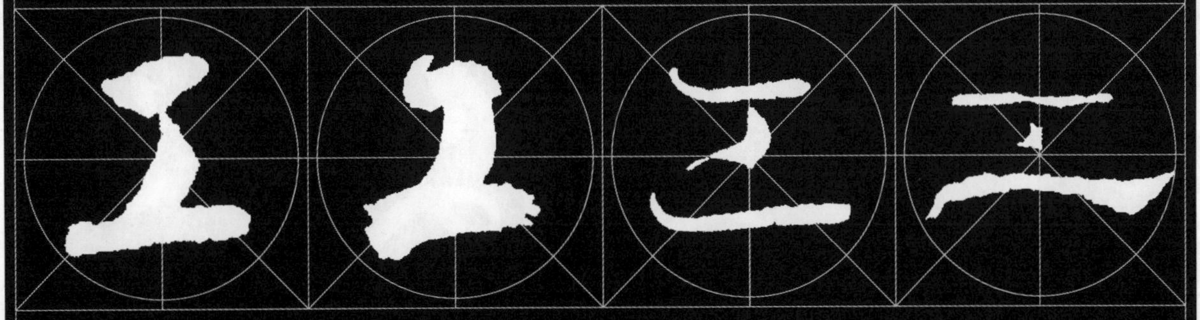

明 文徵明　清 归庄　唐 孙过庭　汉 礼器碑

汉 樊敏碑　汉 曹全碑　清 邓石如　清 吴熙载

gōng
功

gōng
攻

gōng
弓

gōng
躬

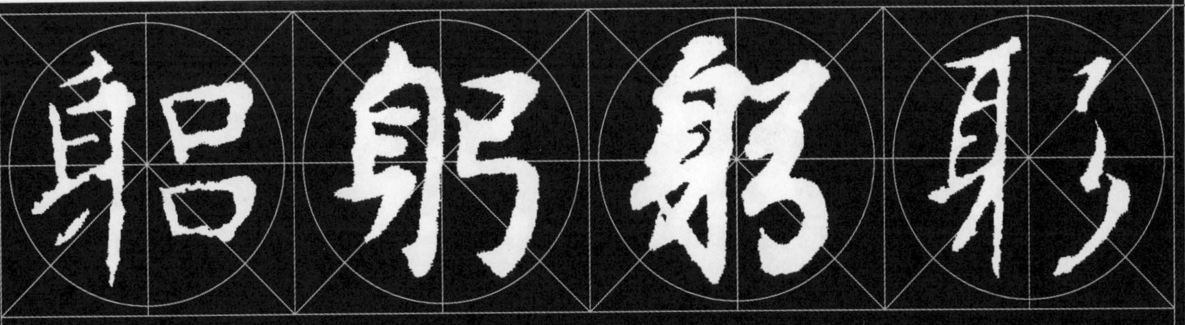

唐 褚遂良　元 揭傒斯　晋 王羲之　晋 王羲之

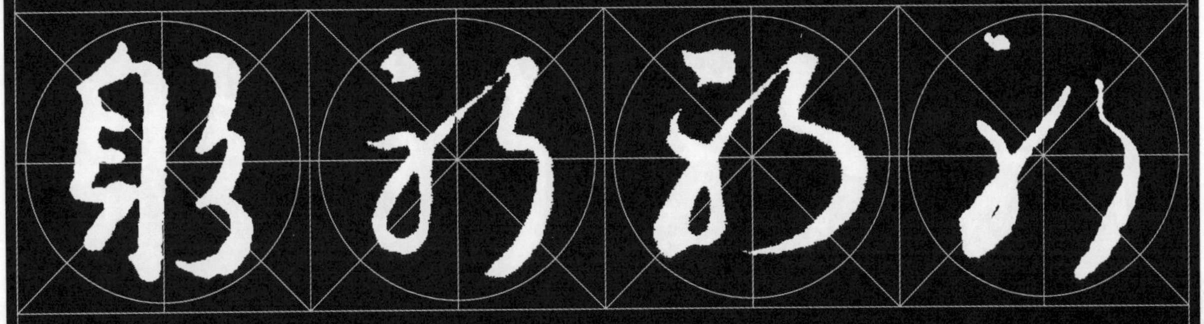

清 朱耷　隋 智永　唐 孙过庭　唐 怀素

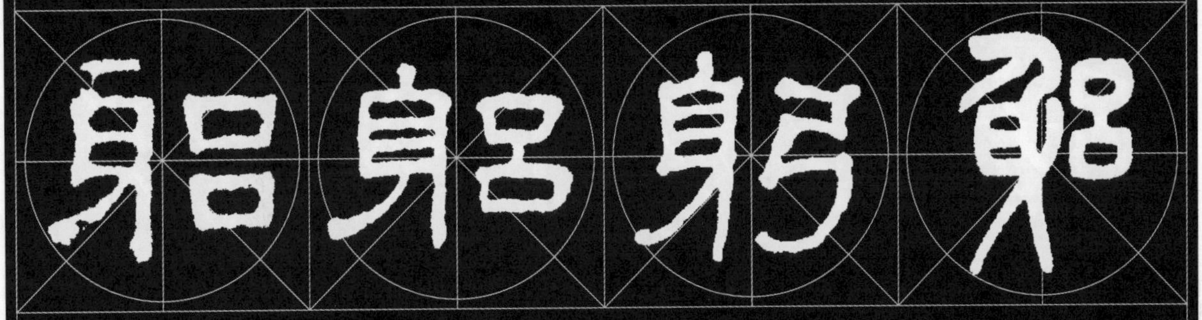

汉 张寿碑　清 王澍　清 何绍基　清 吴大澂

gōng
公

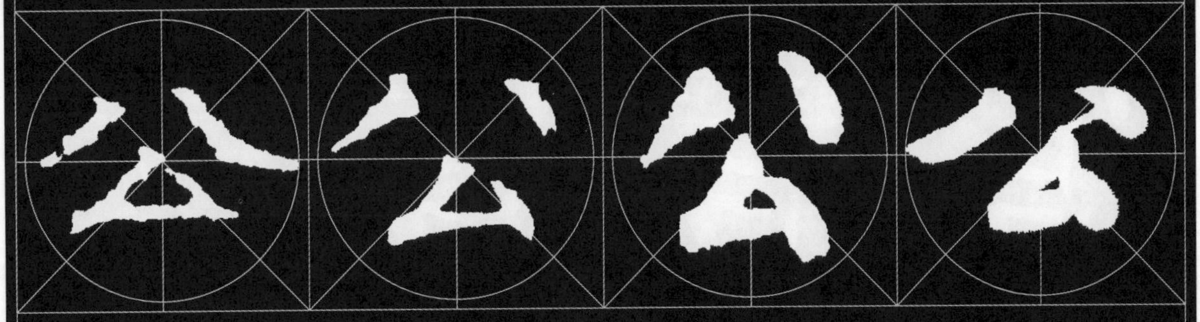

南北朝 郑道昭　唐 褚遂良　唐 颜真卿　明 文徵明

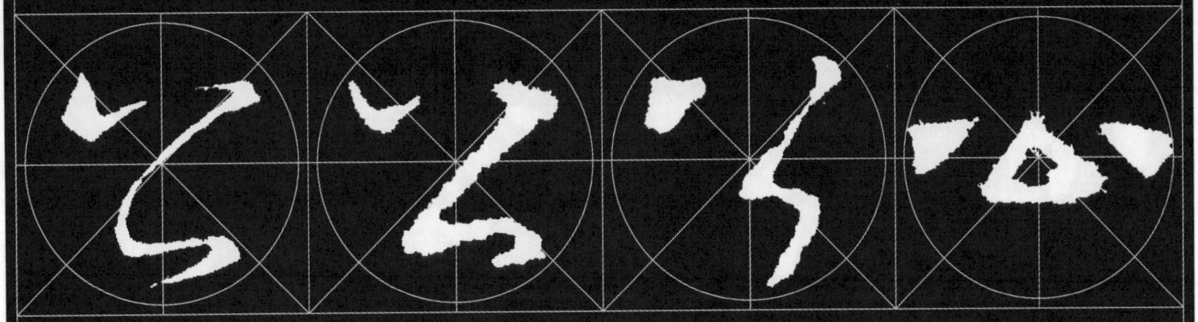

晋 王羲之　唐 褚遂良　唐 李世民　汉 鲜于璜碑

gōng 供 gòng

gōng 肱

gōng 宫

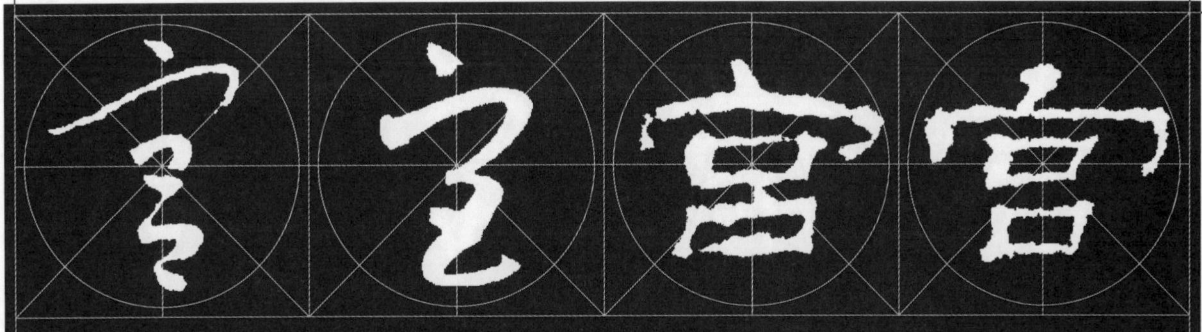

唐 怀素 | 宋 薛绍彭 | 汉 乙瑛碑 | 汉 华山碑

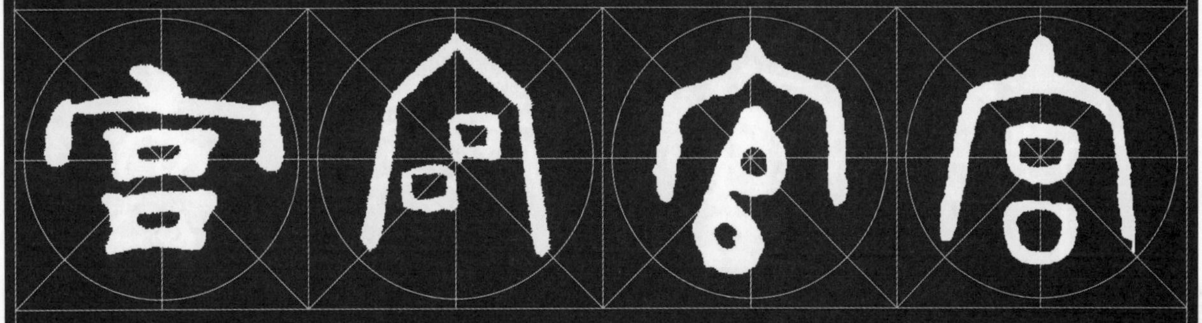

清 钱泳 | 殷商 甲骨文 | 周 师虎簋 | 清 杨沂孙

gōng
恭

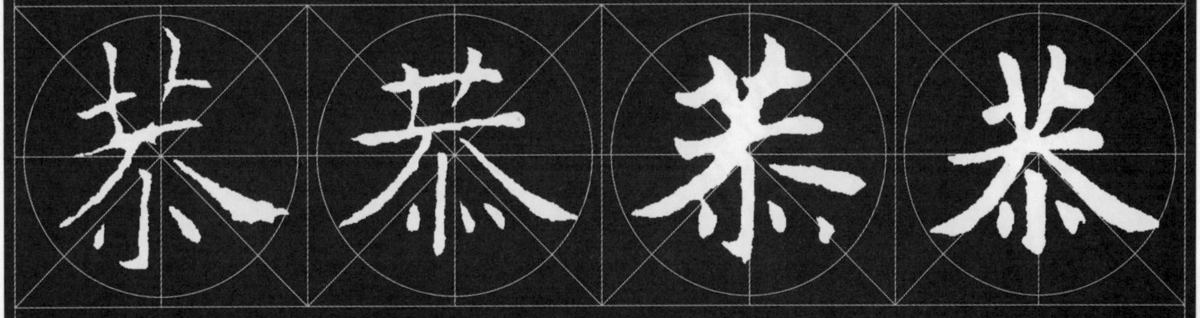

唐 欧阳询 | 唐 虞世南 | 宋 赵构 | 元 赵孟頫

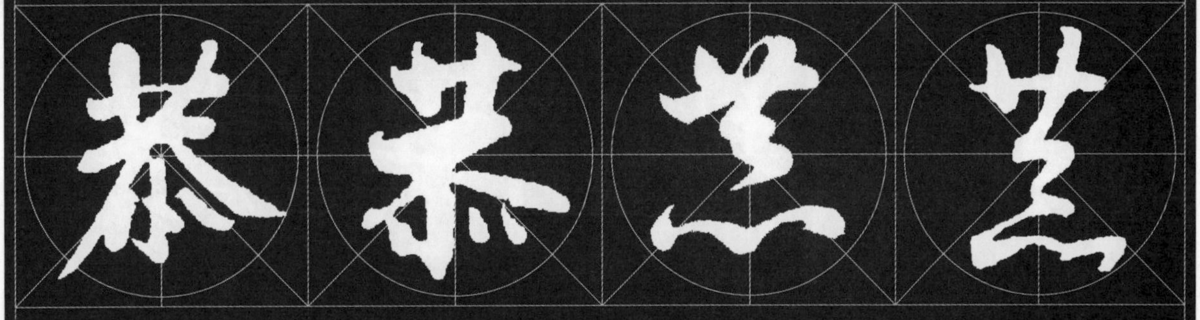

宋 黄庭坚 | 宋 张即之 | 唐 孙过庭 | 唐 怀素

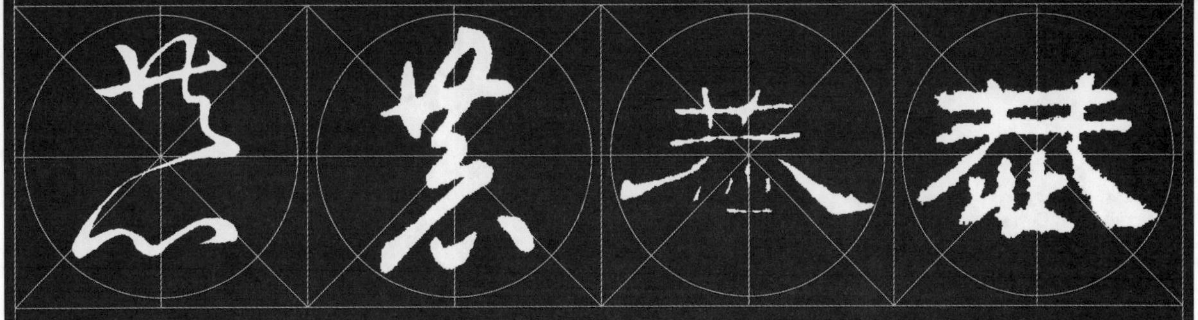

唐 怀素 | 元 揭傒斯 | 汉 礼器碑 | 汉 封龙山碑

gōng
龚

gǒng
巩

gǒng
拱

gòng
共

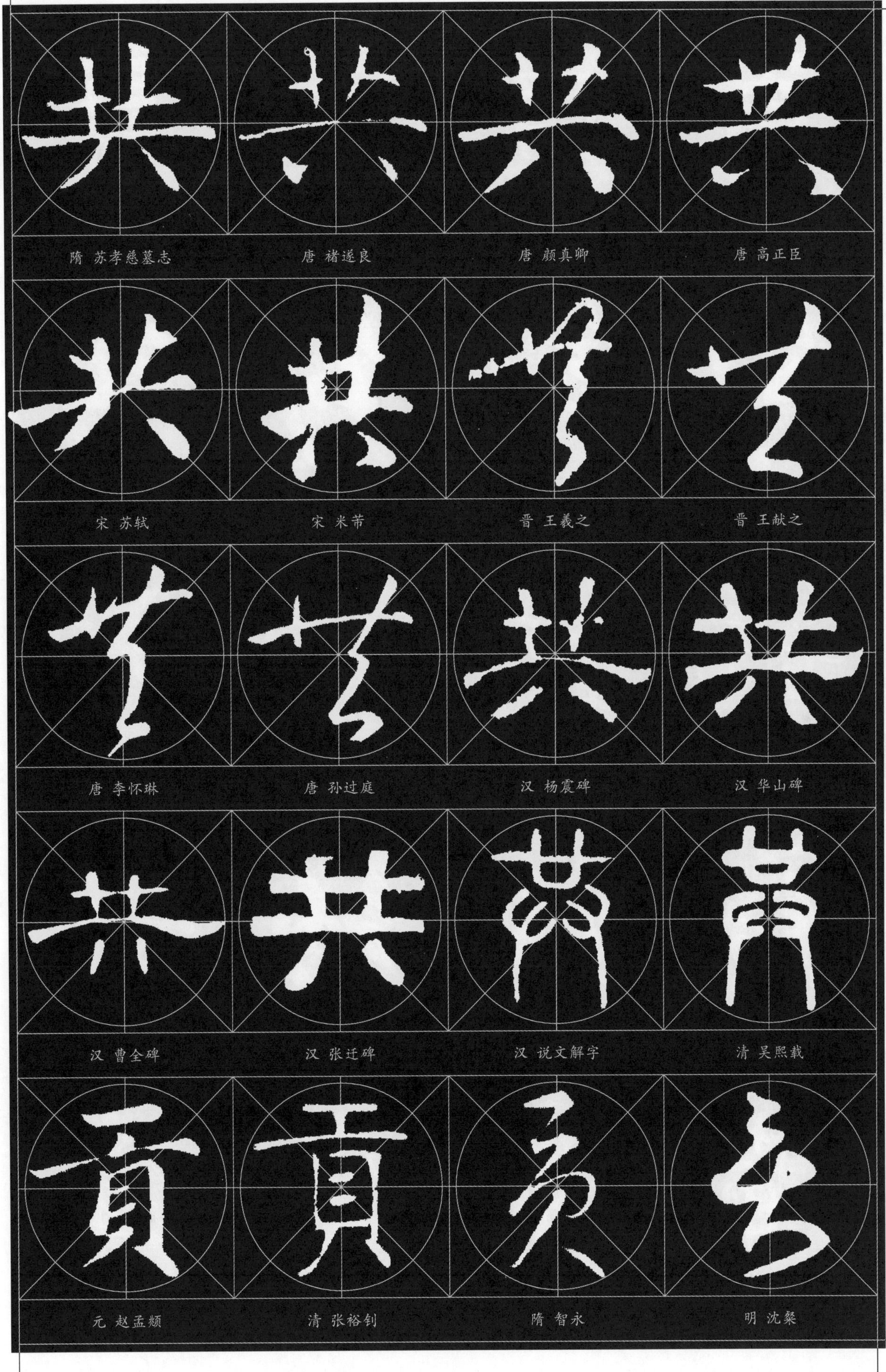
隋 苏孝慈墓志
唐 褚遂良
唐 颜真卿
唐 高正臣
宋 苏轼
宋 米芾
晋 王羲之
晋 王献之
唐 李怀琳
唐 孙过庭
汉 杨震碑
汉 华山碑
汉 曹全碑
汉 张迁碑
汉 说文解字
清 吴熙载
元 赵孟頫
清 张裕钊
隋 智永
明 沈粲

gòng
贡

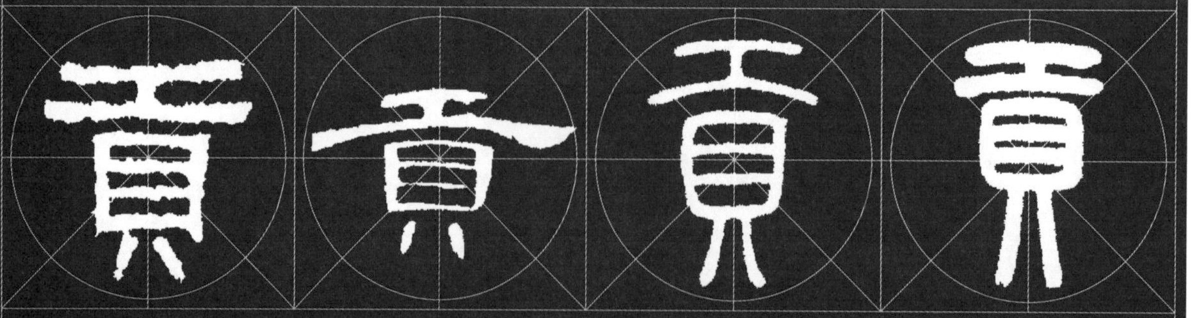

汉 张迁碑　汉 曹全碑　清 邓石如　清 曾纪泽

gōu
勾

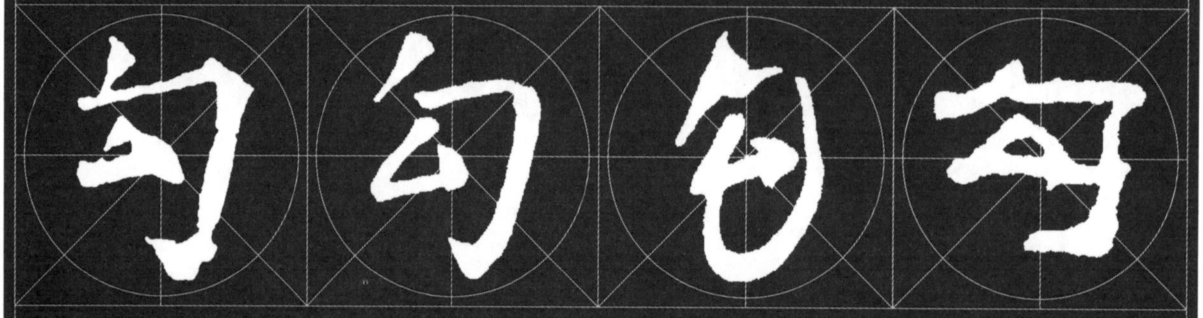

南北朝 李璧墓志　金 王庭筠　清 徐渭　唐 李昢墓志

gōu
钩（鉤）

隋 苏孝慈墓志　唐 颜真卿　唐 柳公权　明 唐寅

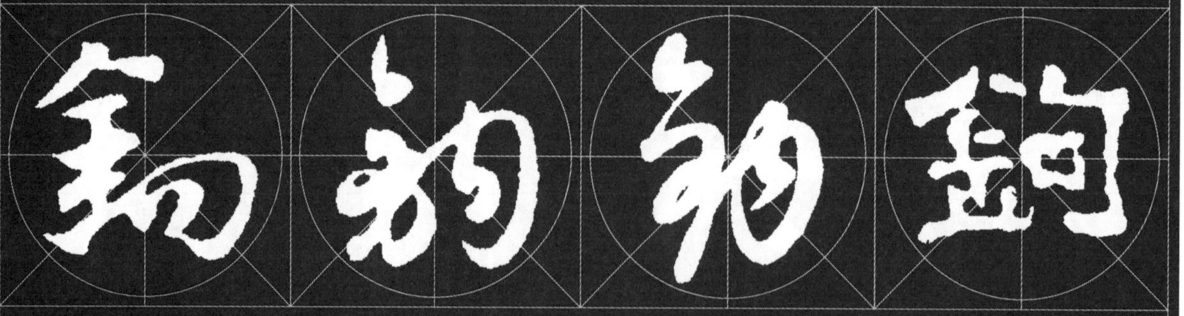

元 赵孟頫　唐 孙过庭　元 康里子山　隋 尔朱端墓志

gōu
沟（溝）

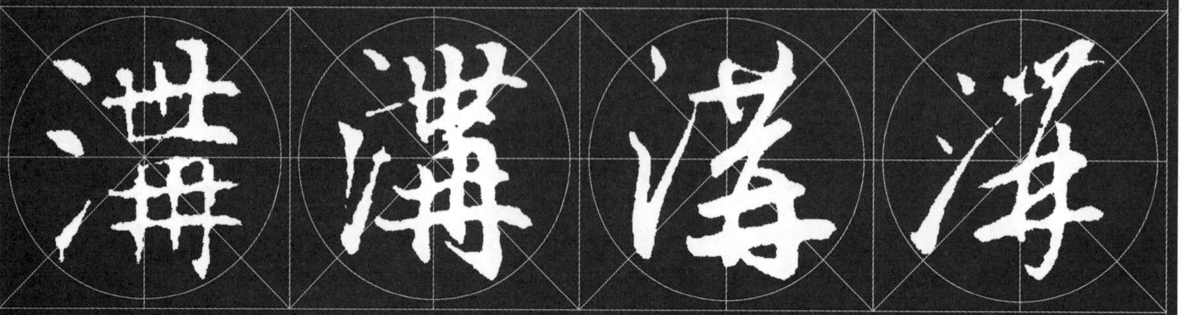

唐 昭仁寺碑　元 赵孟頫　元 鲜于枢　唐 李怀琳

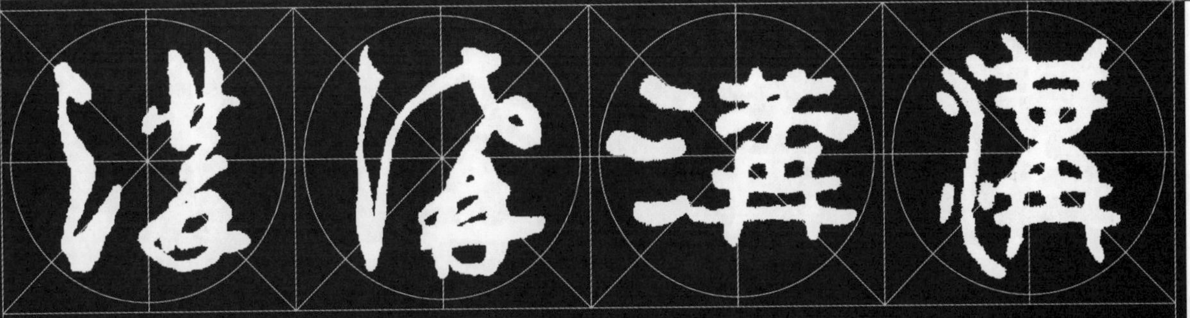

唐 孙过庭　元 鲜于枢　清 何绍基　清 吴大澂

gǒu
苟

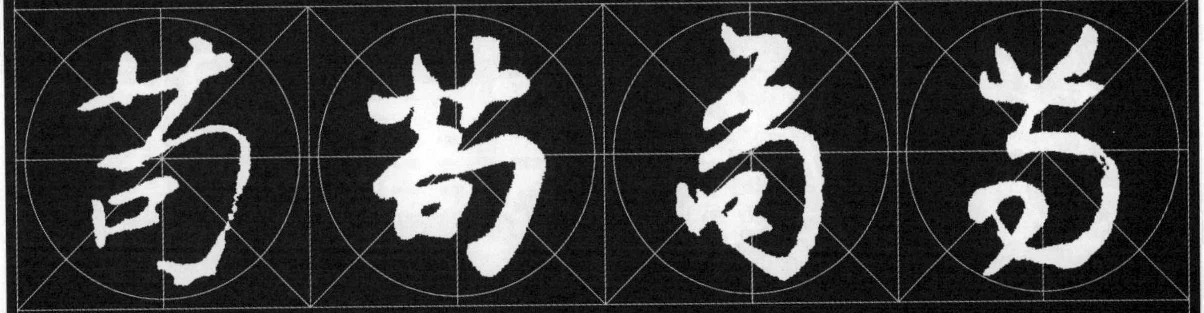

唐 颜真卿　宋 苏轼　明 文徵明　唐 孙过庭

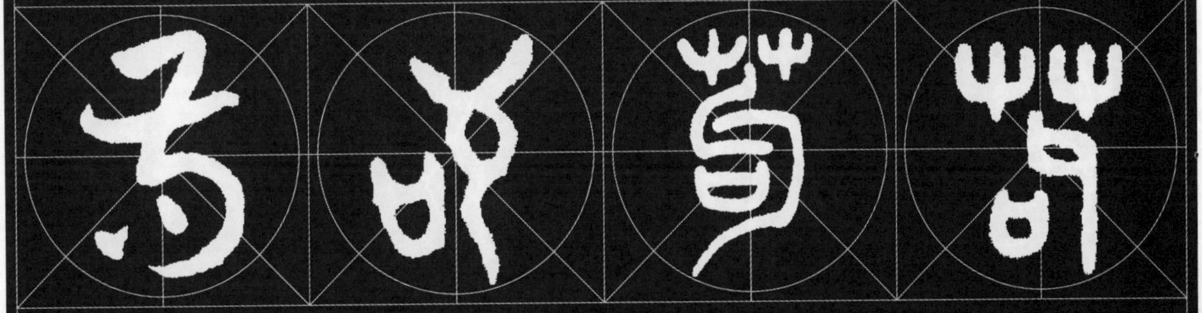

明 祝允明　周 师虎簋　清 吴熙载　清 吴大澂

gǒu
狗

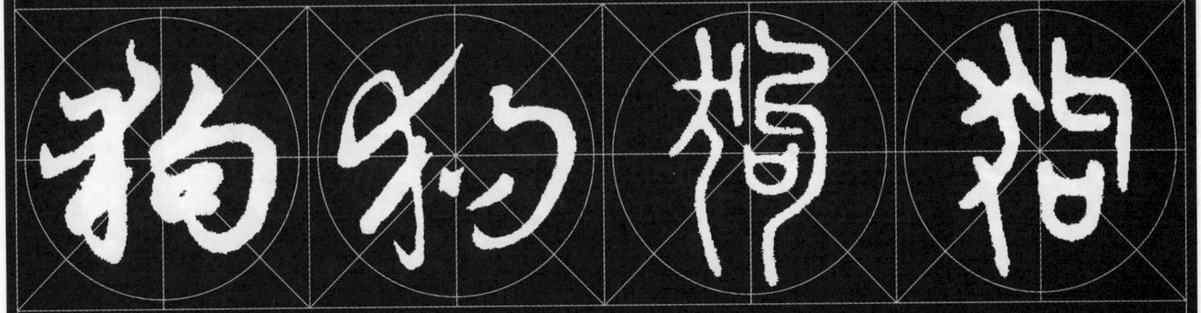

元 赵孟頫　清 王铎　汉 说文解字　清 田潜

gòu
构（構、搆）

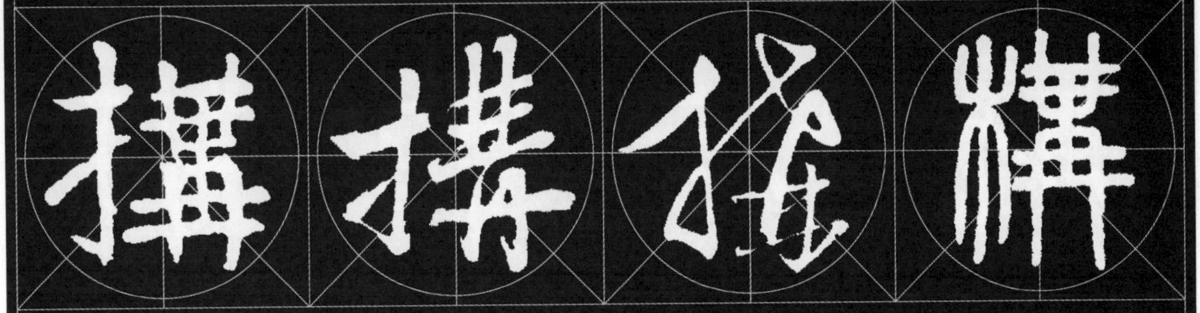

唐 颜真卿　明 沈周　元 饶介　清 吴大澂

gòu
遘（相遇）

gòu
购

gòu
觏（遇见）

gòu
垢

gòu 诟

gū 姑

gū 沽

gū 酤

gū
辜

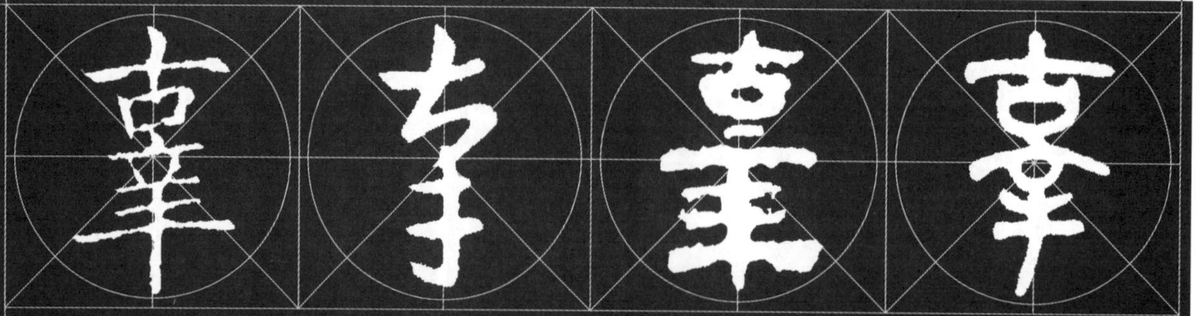

唐 欧阳询　晋 索靖　汉 杨统碑　清 吴大澂

gū
孤

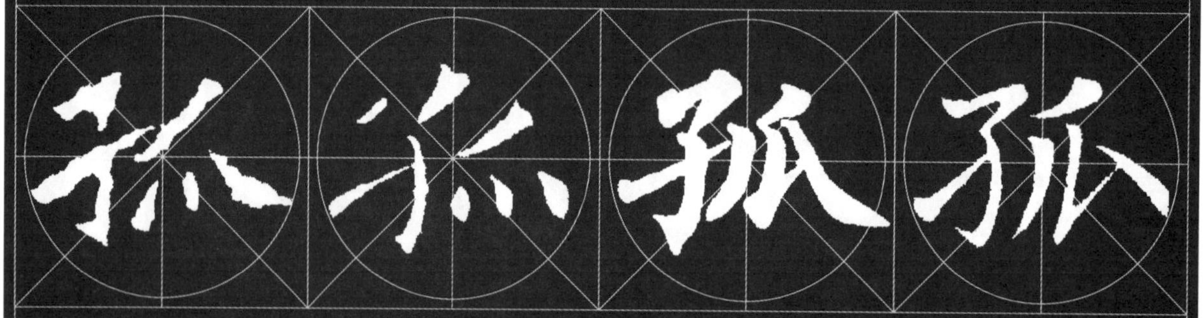

北魏 张猛龙碑　唐 褚遂良　宋 蔡襄　元 赵孟頫

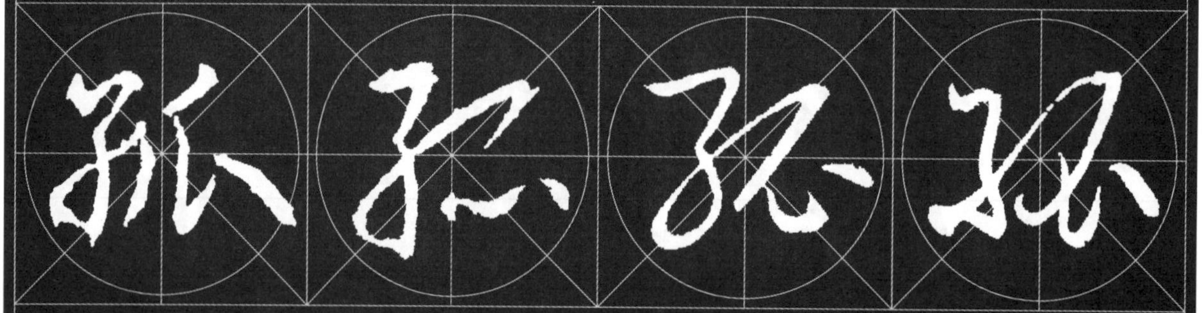

唐 高正臣　晋 王羲之　唐 欧阳询　唐 孙过庭

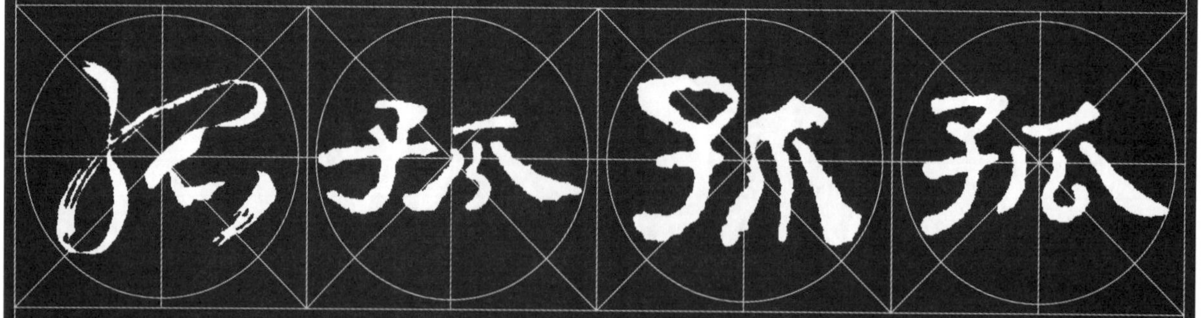

清 王铎　汉 孔彪碑　汉 校官碑　清 王澍

gū
菰

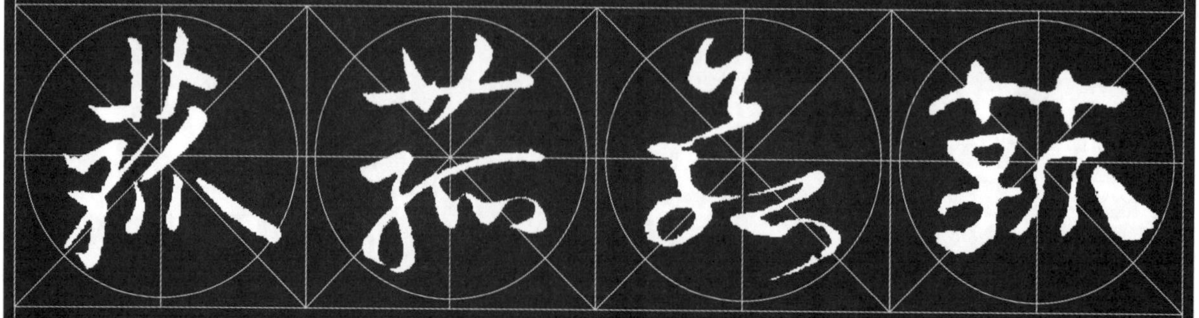

唐 欧阳询　明 祝允明　唐 怀素　汉 校官碑

gū
觚

gū
轂（轂轆）gǔ（泛指车）

gǔ
古

gǔ
诂

gǔ
谷

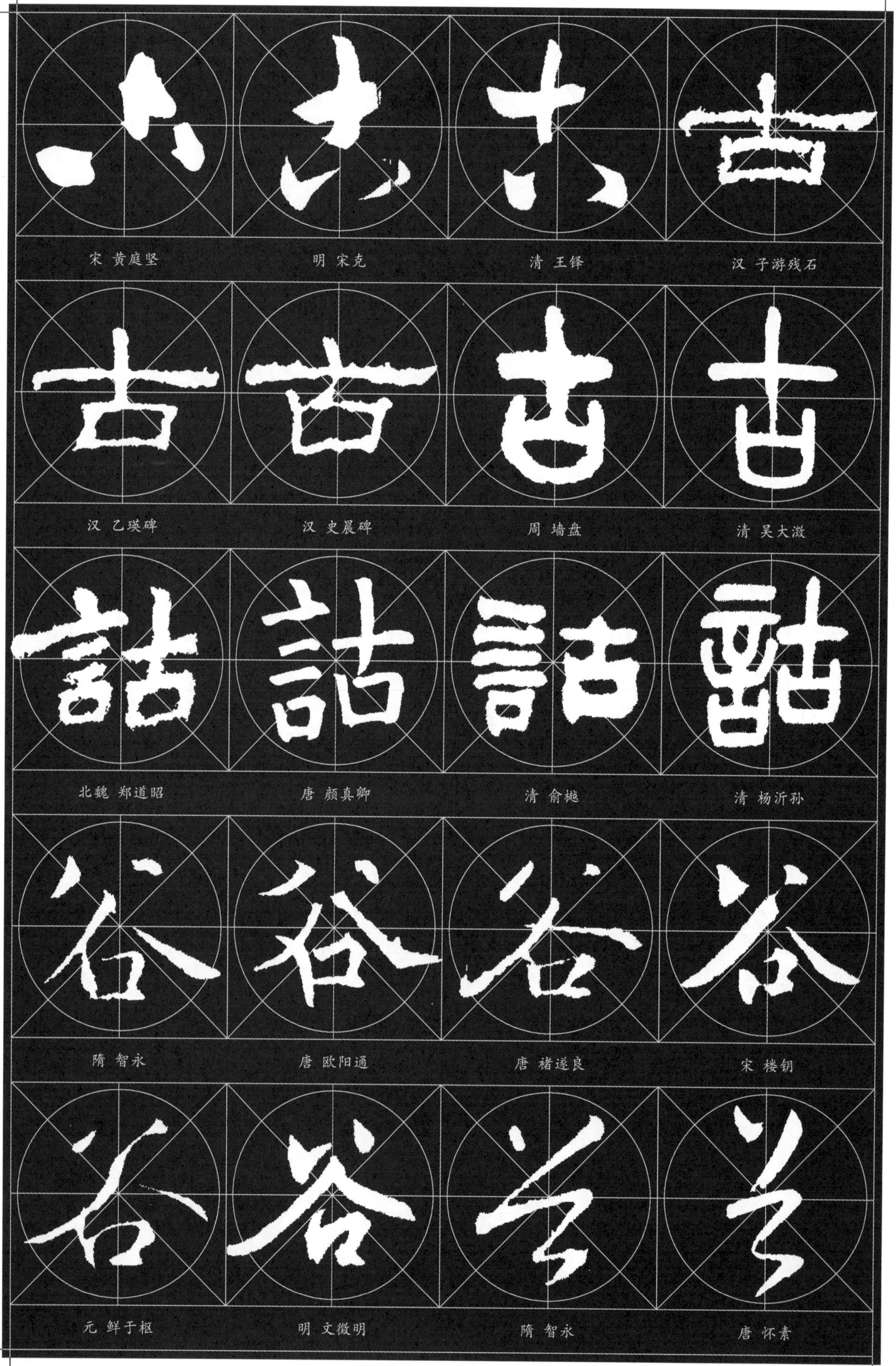
宋 黄庭坚
明 宋克
清 王铎
汉 子游残石
汉 乙瑛碑
汉 史晨碑
周 墙盘
清 吴大澂
北魏 郑道昭
唐 颜真卿
清 俞樾
清 杨沂孙
隋 智永
唐 欧阳通
唐 褚遂良
宋 楼钥
元 鲜于枢
明 文徵明
隋 智永
唐 怀素

gǔ
穀（谷）

gǔ
股

元 鲜于枢
汉 西狭颂
汉 曹全碑
殷商 甲骨文
唐 国铨
明 沈度
宋 苏轼
宋 张即之
元 赵孟頫
明 宋克
汉 曹全碑
清 曾纪泽
北朝 敬使君碑
宋 黄庭坚
元 赵孟頫
明 文嘉
唐 释怀仁
汉 石门颂
汉 礼器碑
汉 樊敏碑

gǔ 骨（骨头；品格）gū（骨朵儿）

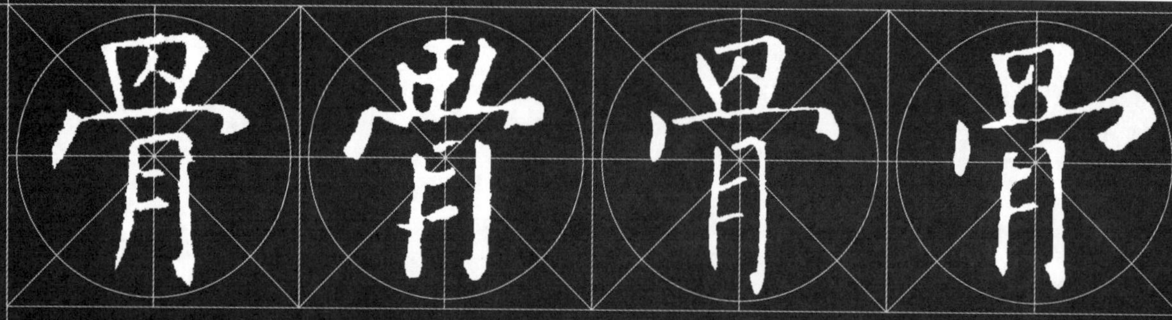

唐 褚遂良 | 唐 颜真卿 | 唐 柳公权 | 唐 裴休

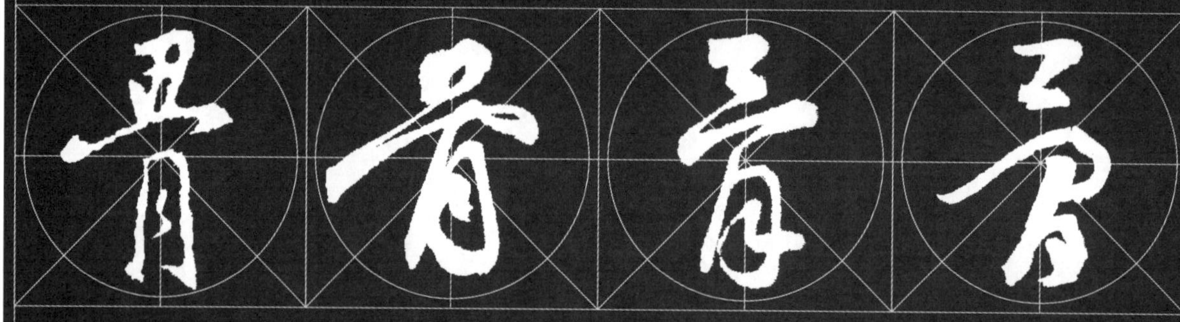

晋 王羲之 | 明 祝允明 | 清 王铎 | 唐 孙过庭

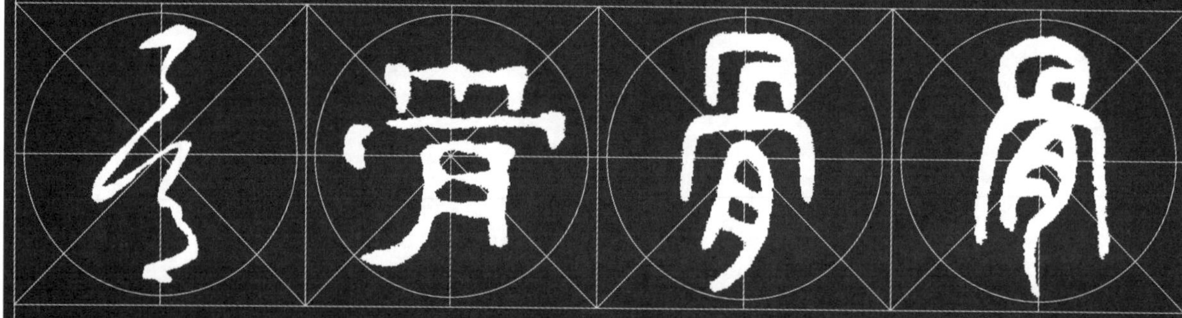

明 沈粲 | 清 郑簠 | 清 田潜 | 清 吴昌硕

gǔ 鹄 hú

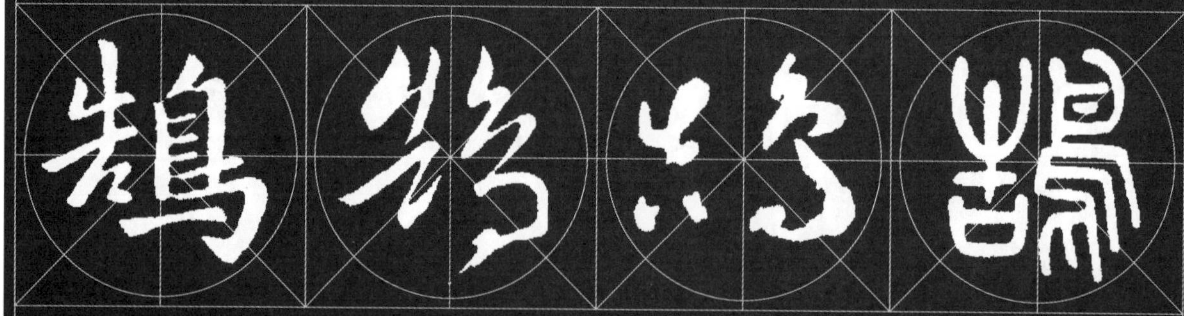

隋 智果 | 明 文徵明 | 明 祝允明 | 清 杨沂孙

gǔ 鼓

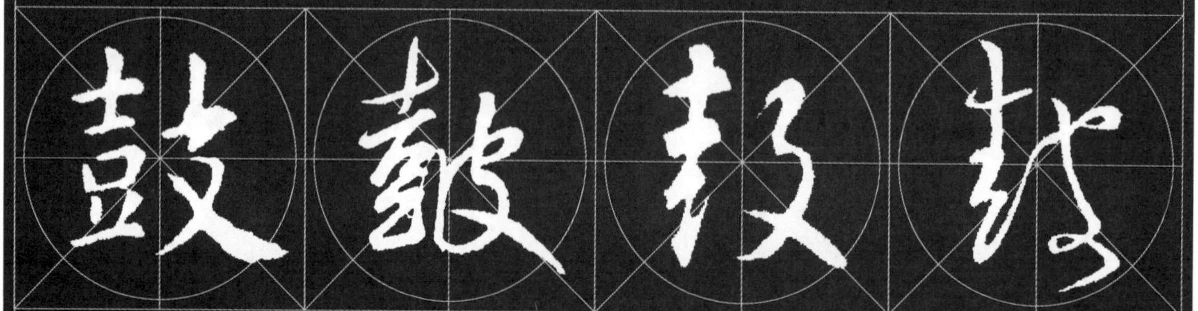

唐 虞世南 | 元 鲜于枢 | 隋 智永 | 唐 怀素

汉 礼器碑
汉 张景碑
殷商 甲骨文
清 吴大澂
隋 张公礼
唐 高正臣
清 邓石如
清 杨沂孙
唐 虞世南
唐 褚遂良
唐 颜真卿
唐 柳公权
明 董其昌
唐 张旭
宋 蔡襄
元 饶介
汉 郭有道碑
清 陈鸿寿
汉 说文解字
清 杨沂孙

gǔ
瞽（瞎）

gù
固

gù
故

gù
顾（顧）

晋 王羲之
唐 欧阳询
唐 柳公权
唐 裴休
晋 王羲之
唐 李世民
晋 王献之
明 祝允明
汉 景君碑
汉 石门颂
汉 鲜于璜碑
汉 熹平石经
汉 马王堆帛书
汉 杨震碑
元 吴叡
清 吴熙载
北魏 高湛墓志
唐 欧阳询
唐 柳公权
唐 王敬客

晋 王羲之
唐 颜真卿
隋 智永
唐 怀素
汉 樊敏碑
清 赵之谦
唐 李阳冰
元 赵孟頫
唐 颜真卿
宋 黄庭坚
明 董其昌
清 吴大澂
隋 智永
唐 欧阳询
唐 褚遂良
三国 皇象
晋 王献之
隋 智永
唐 孙过庭
汉 武梁刻石

guā
瓜

guǎ
寡

guà
卦

guà
挂（掛）

guāi
乖

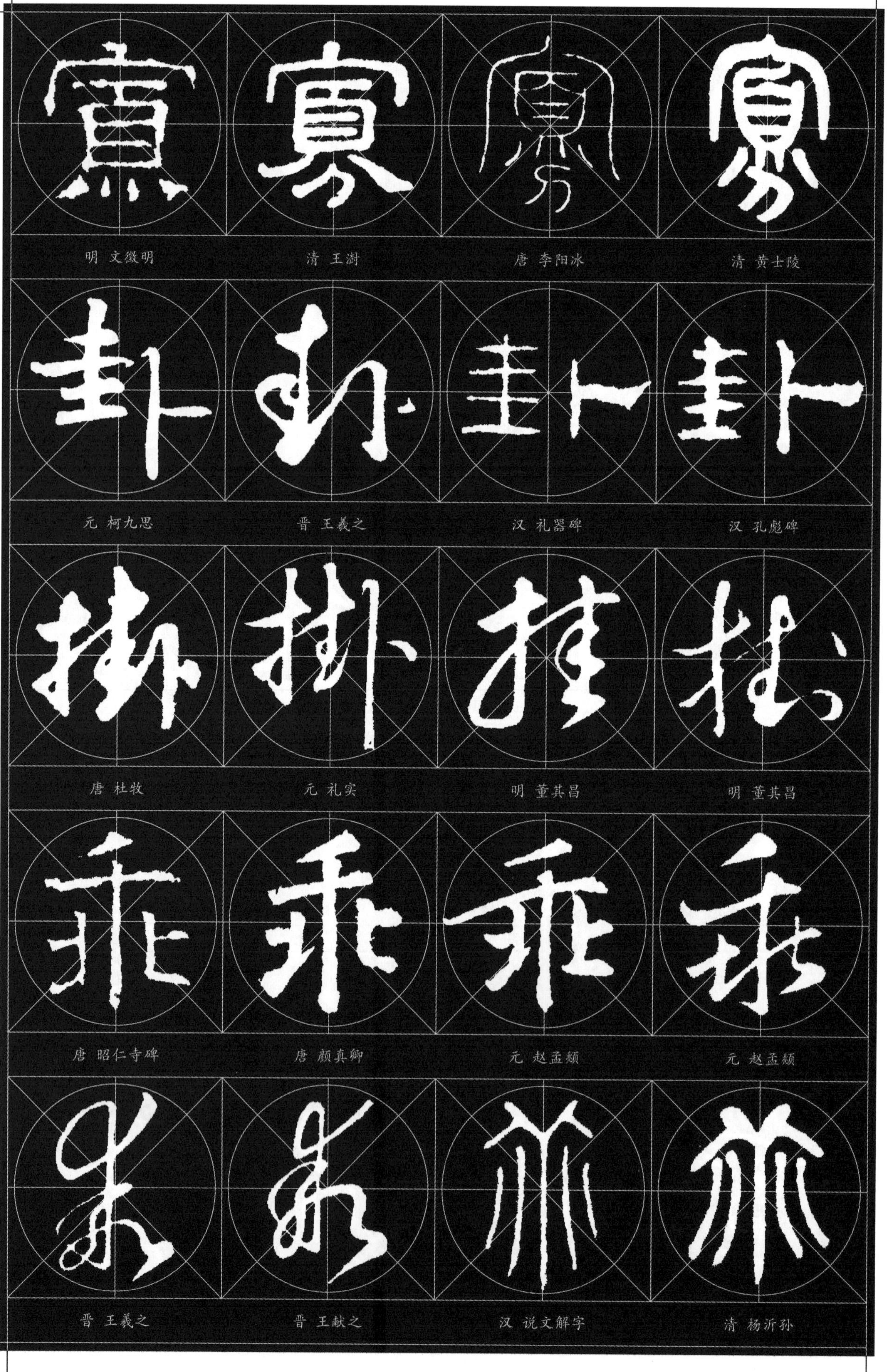

guài
怪（恠）

guān
关（關、関）

晋 王羲之　明 文徵明　唐 欧阳询　宋 苏轼

明 唐寅　唐 孙过庭　唐 颜真卿　元 赵孟頫

唐 怀素　清 石涛　清 邓石如　清 吴大澂

晋 王羲之　唐 虞世南　唐 颜真卿　唐 颜真卿

宋 苏轼　宋 米芾　元 赵孟頫　明 董其昌

guān
观
guàn
（道家的庙宇）

唐 李怀琳

宋 黄庭坚

明 宋克

清 王铎

汉 鲜于璜碑

三国 王基碑

清 吴大澂

清 吴昌硕

唐 欧阳询

唐 褚遂良

唐 欧阳通

唐 柳公权

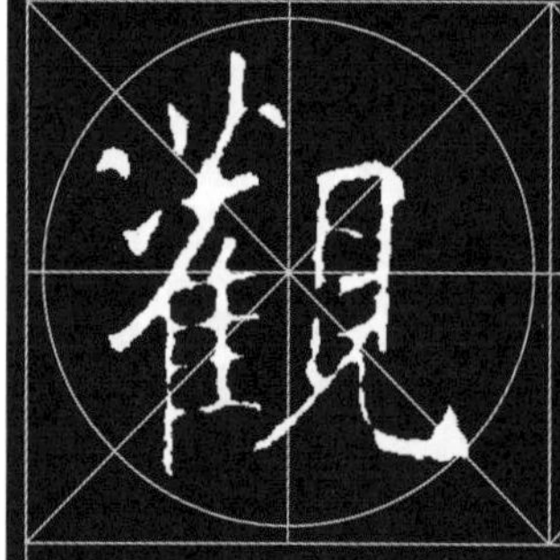
晋 王羲之

唐 欧阳询

宋 苏轼

宋 米芾

晋 王羲之

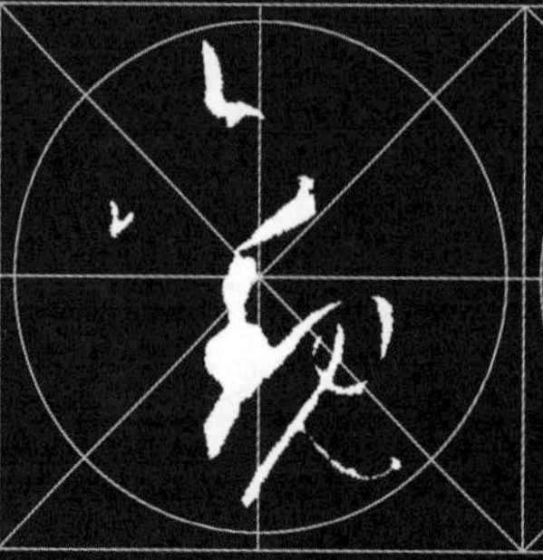
唐 孙过庭

宋 薛绍彭

元 赵孟頫

guān
官

唐 徐浩 | 唐 李隆基 | 唐 李阳冰 | 清 杨沂孙

唐 欧阳询 | 唐 颜真卿 | 唐 柳公权 | 晋 王羲之

唐 柳公权 | 宋 米芾 | 晋 王羲之 | 隋 智永

唐 孙过庭 | 明 董其昌 | 汉 张景碑 | 汉 石门颂

汉 礼器碑 | 汉 史晨碑 | 周 颂鼎 | 周 颂壶

guān
棺

guān
冠
guàn

唐 褚遂良 | 晋 王羲之 | 元 赵孟頫 | 清 吴大澂

唐 欧阳询 | 唐 张旭 | 唐 颜真卿 | 明 王宠

唐 颜真卿 | 宋 张即之 | 三国 皇象 | 唐 怀素

唐 怀素 | 汉 景君碑 | 汉 樊敏碑 | 汉 校官碑

元 吴叡 | 汉 说文解字 | 元 赵孟頫 | 清 杨沂孙

guān 鳏

guǎn 馆（館、舘）

guǎn 管（管状物同筦）

guàn 贯

唐 贺知章　汉 曹全碑　周 毛公鼎　汉 说文解字

金 任询　明 唐寅　元 鲜于枢　汉 桐柏庙碑

隋 苏孝慈墓志　唐 高正臣　明 董其昌　宋 蔡襄

元 鲜于枢　清 桂馥　汉 说文解字　汉 说文解字

唐 虞世南　元 赵孟頫　唐 孙过庭　汉 樊敏碑

guàn
惯

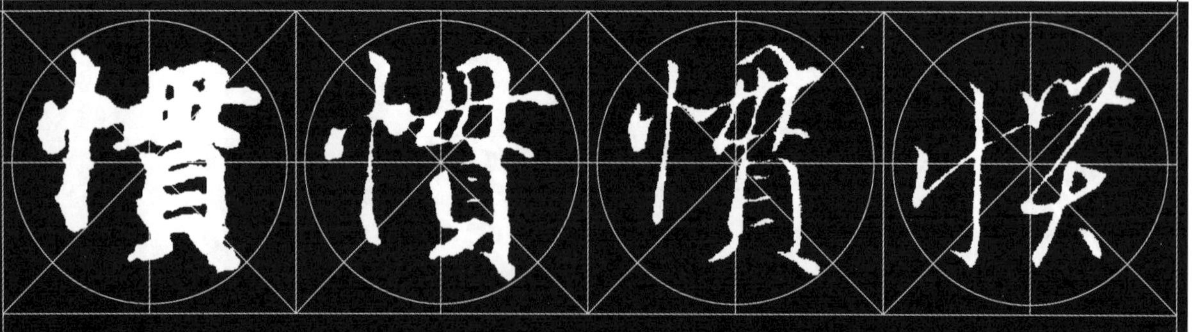

唐 吴彩鸾 | 宋 蒋璨 | 宋 蔡襄 | 金 张天锡·草书韵会

guàn
灌（浇注；灌木）

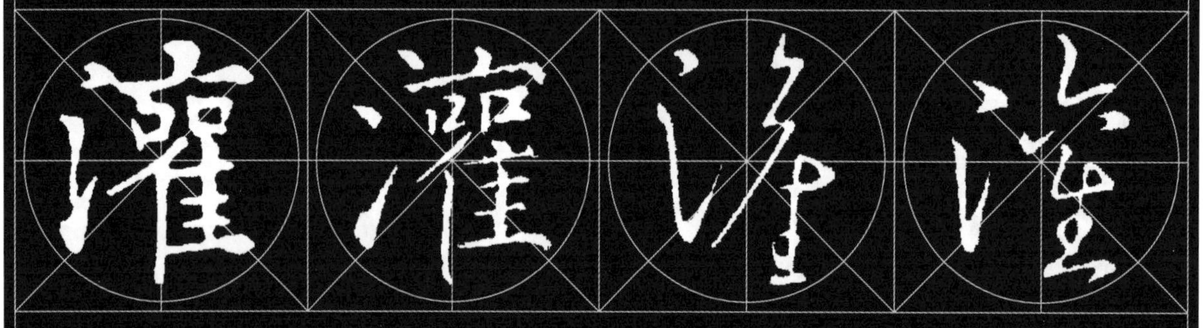

唐 欧阳通 | 唐 魏栖梧 | 晋 王献之 | 宋 赵构

guàn
瓘

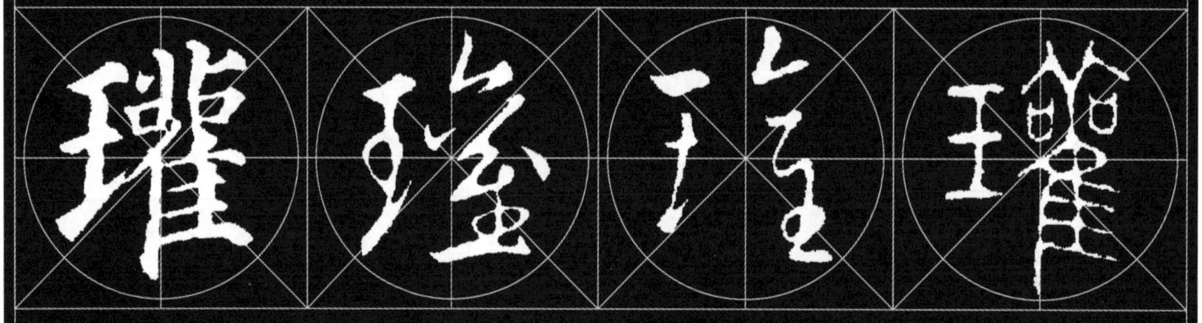

唐 颜真卿 | 明 宋克 | 晋 卫瓘 | 汉 说文解字

guàn
盥（洗）

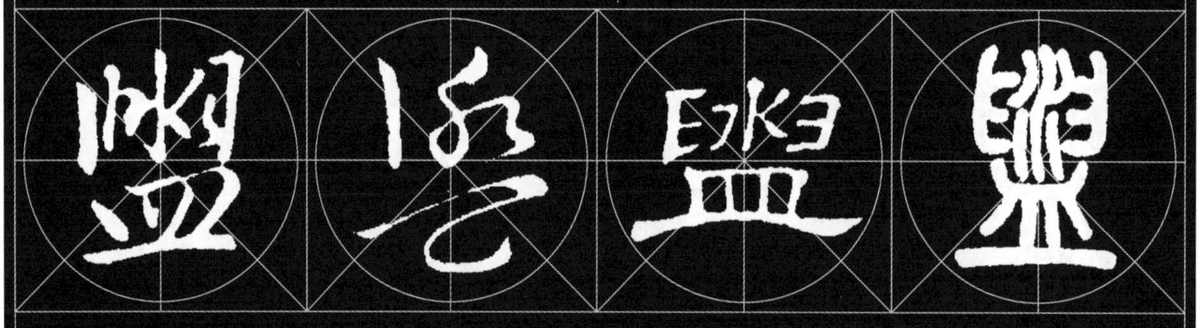

元 赵孟頫 | 金 张天锡·草书韵会 | 清 顾蔼吉·隶辨 | 清 邓石如

guāng
光

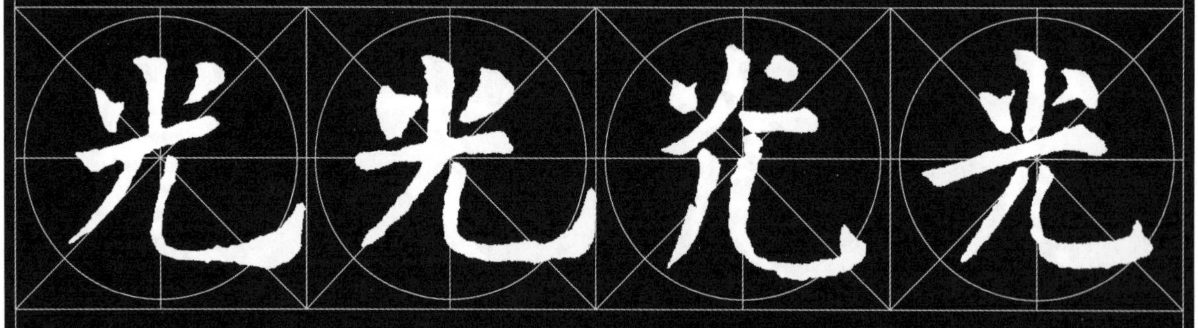

唐 欧阳询 | 唐 虞世南 | 唐 颜真卿 | 唐 柳公权

guǎng
广（廣）
ān（同庵）

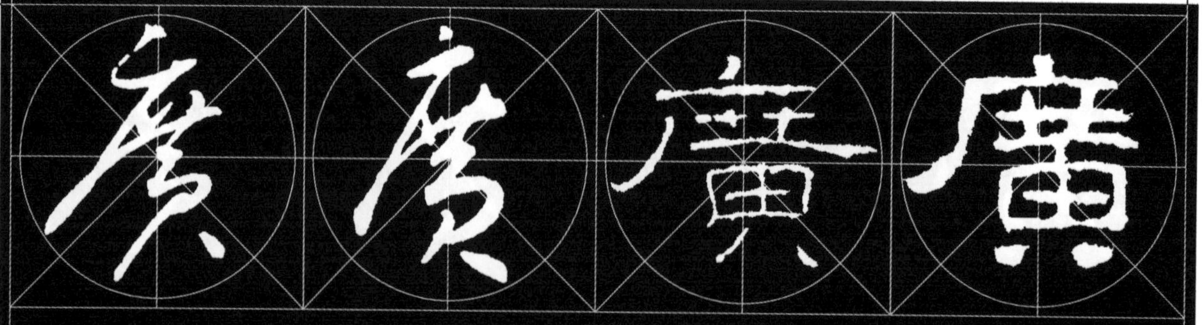

宋 赵佶 明 王宠 汉 礼器碑 汉 西狭颂

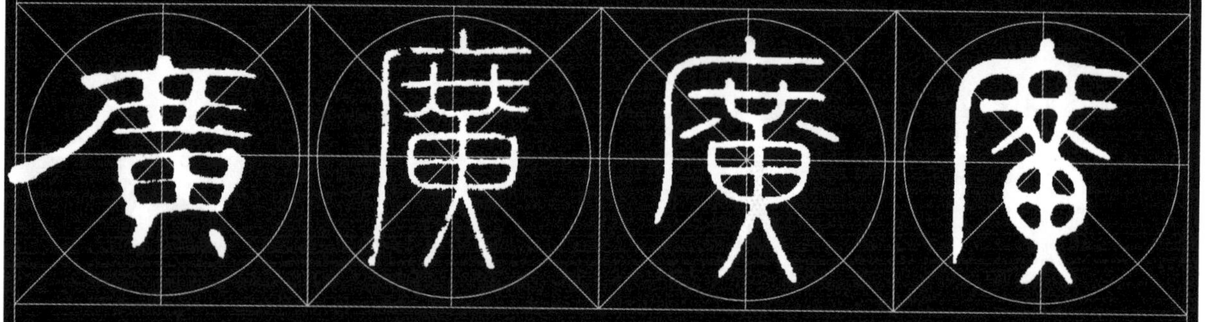

汉 曹全碑 秦 会稽刻石 唐 李阳冰 清 黄士陵

guī
归（歸）

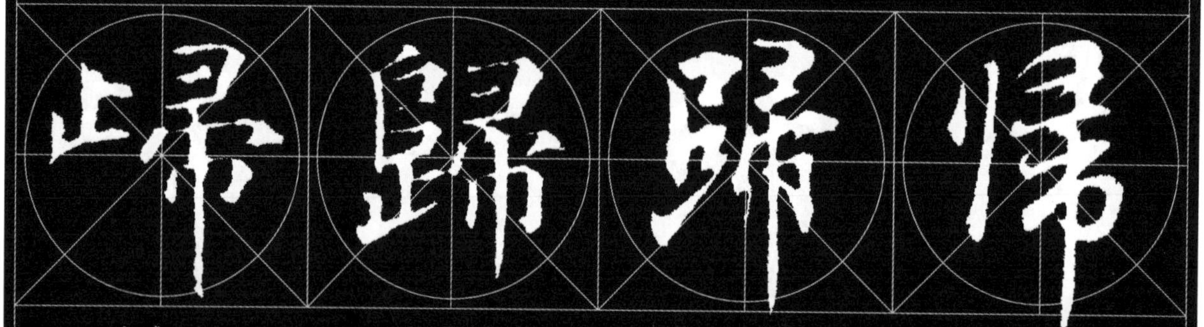

唐 虞世南 唐 颜真卿 唐 欧阳询 明 董其昌

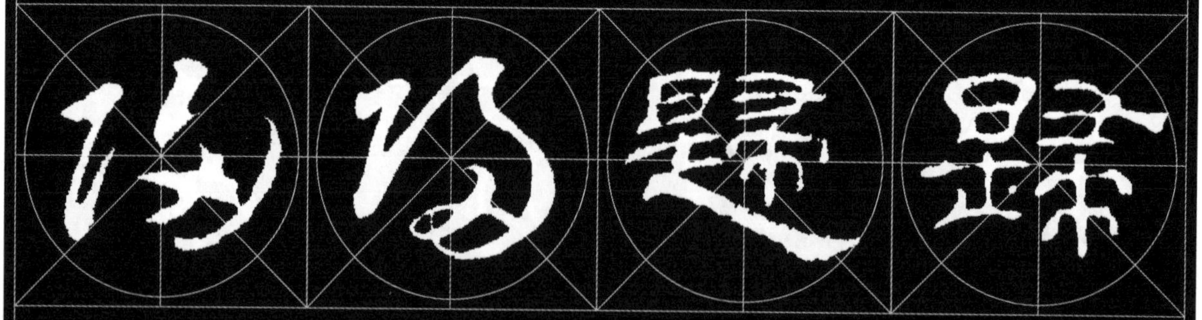

晋 王羲之 元 鲜于枢 汉 乙瑛碑 汉 夏承碑

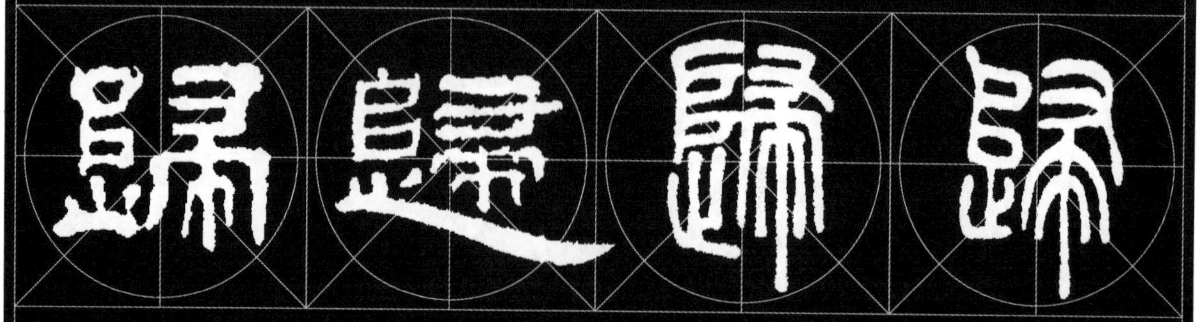

汉 孔彪碑 汉 朝侯小子残碑 清 邓石如 清 吴熙载

guī 闺

guī 妫（河名）

guī 龟（龜）jūn（龟裂）qiū（龟兹，汉代西域国名）

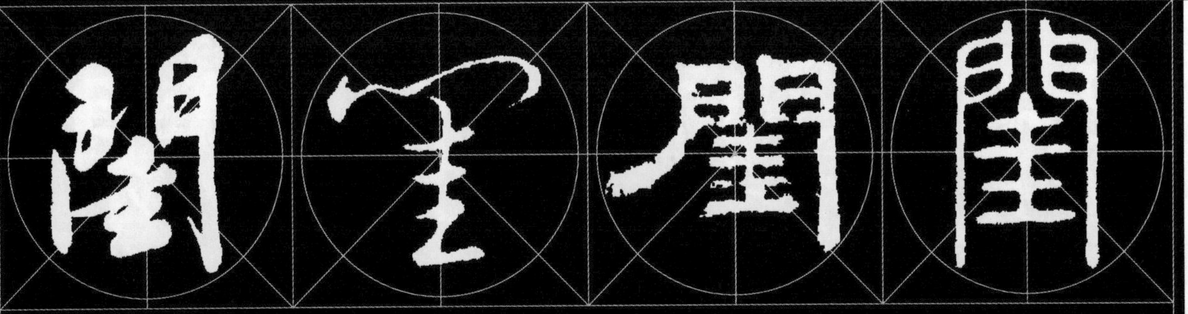

明 文徵明 | 金 张天锡·草书韵会 | 汉 鲜于璜碑 | 汉 说文解字

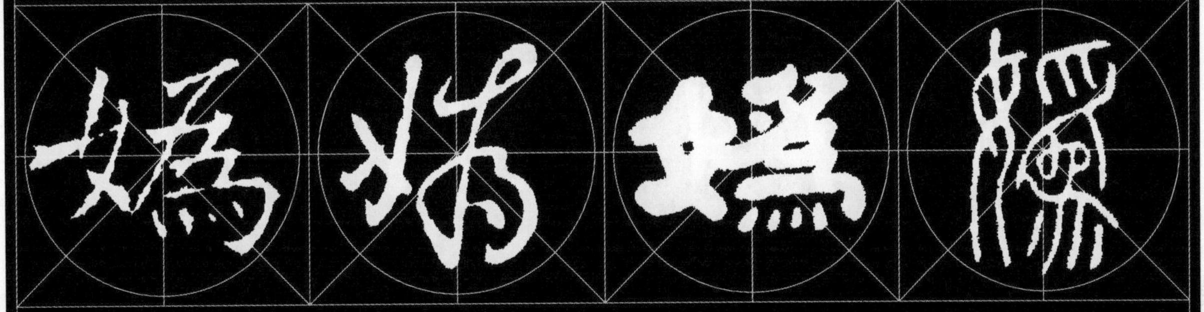

唐 褚遂良 | 唐 李世民 | 清 钱泳 | 汉 说文解字

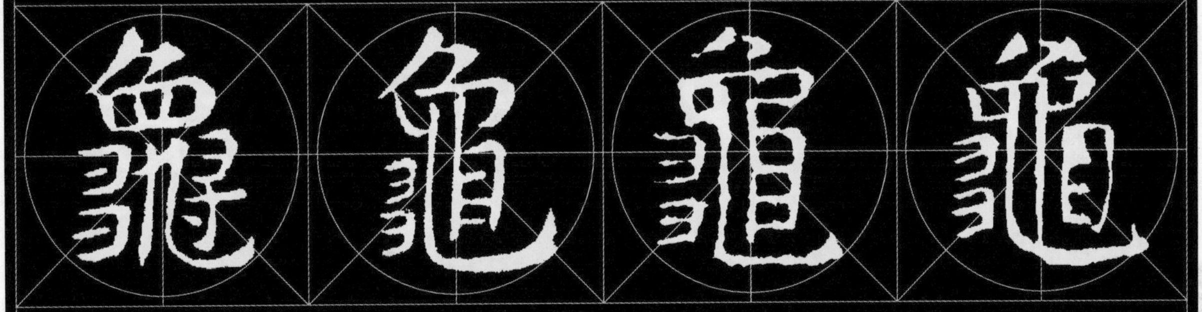

北朝 敬使君碑 | 唐 虞世南 | 唐 褚遂良 | 唐 颜真卿

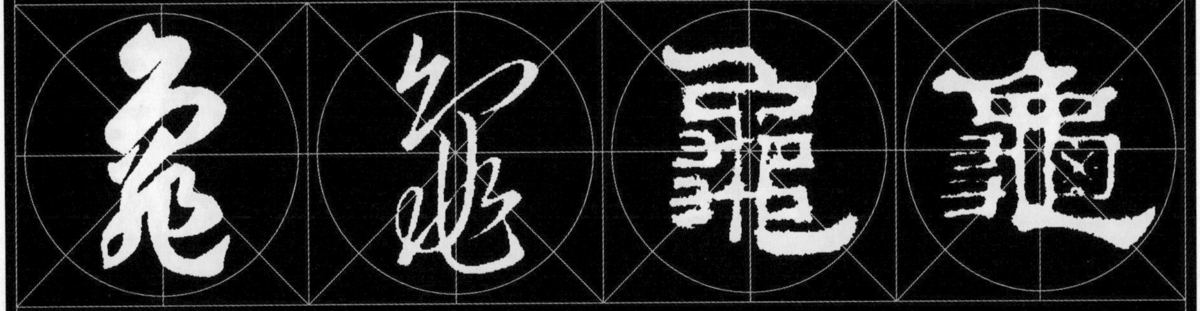

唐 孙过庭 | 宋 苏轼 | 汉 鲜于璜碑 | 汉 郭有道碑

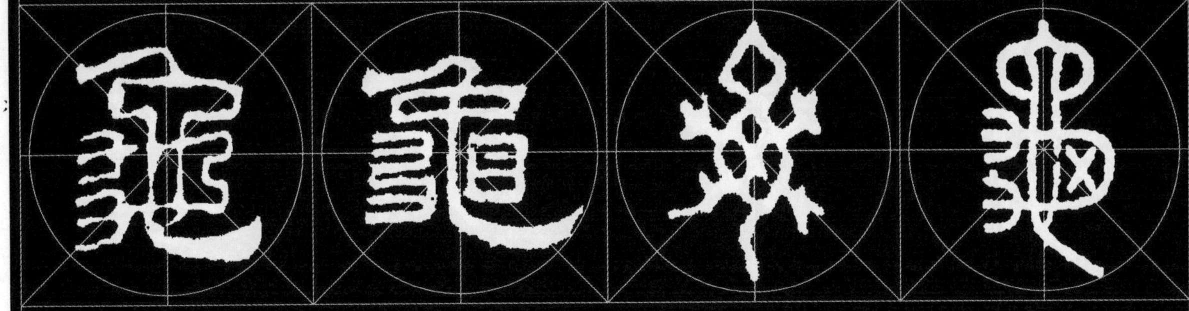

汉 校官碑 | 汉 桐柏庙碑 | 殷商 甲骨文 | 清 永理

guī
规
（槼）

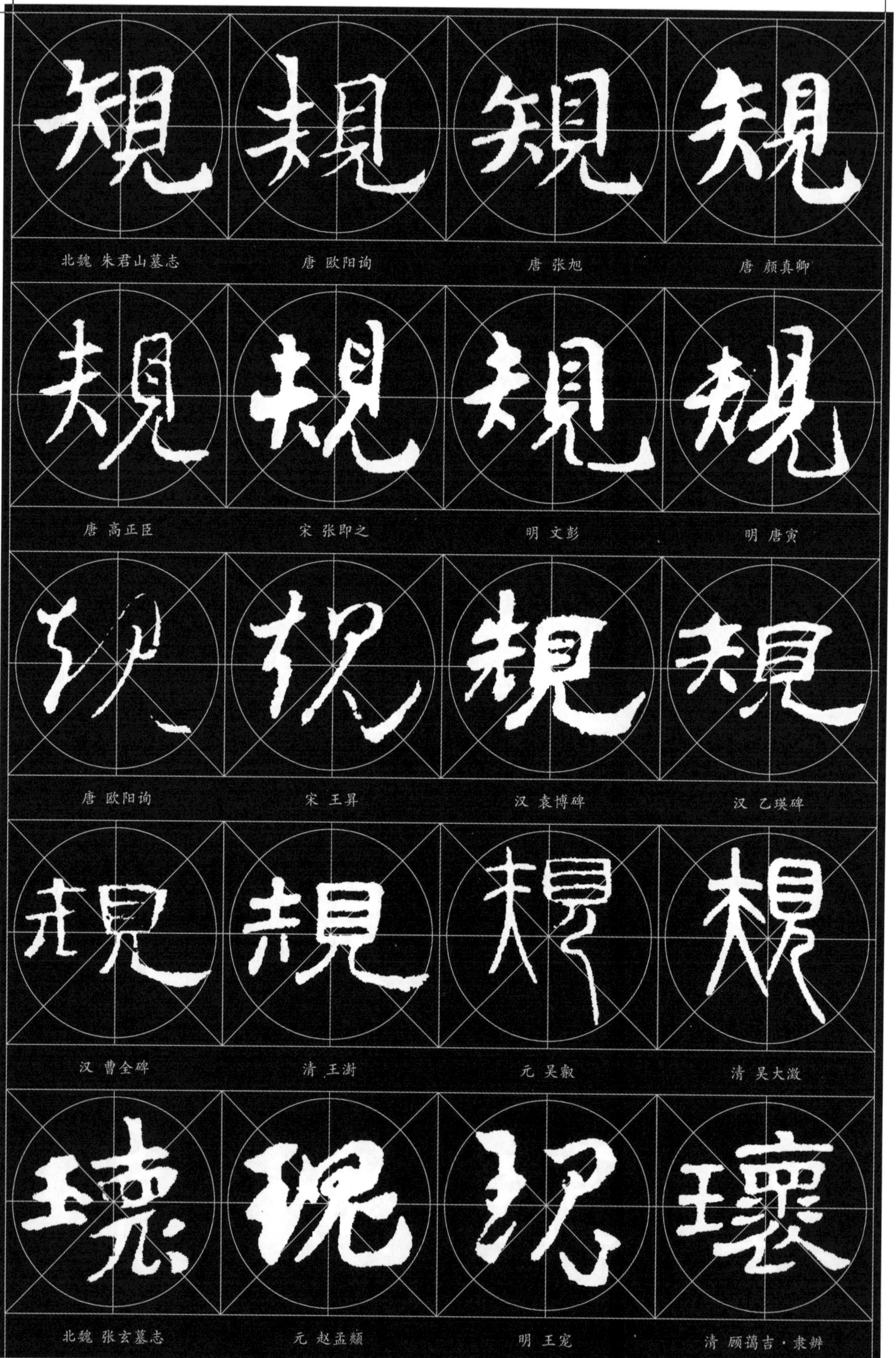

北魏 朱君山墓志　唐 欧阳询　唐 张旭　唐 颜真卿

唐 高正臣　宋 张即之　明 文彭　明 唐寅

唐 欧阳询　宋 王昇　汉 袁博碑　汉 乙瑛碑

汉 曹全碑　清 王澍　元 吴叡　清 吴大澂

guī
瑰
（瓌）
gui

北魏 张玄墓志　元 赵孟頫　明 王宠　清 顾蔼吉·隶辨

guǐ 轨

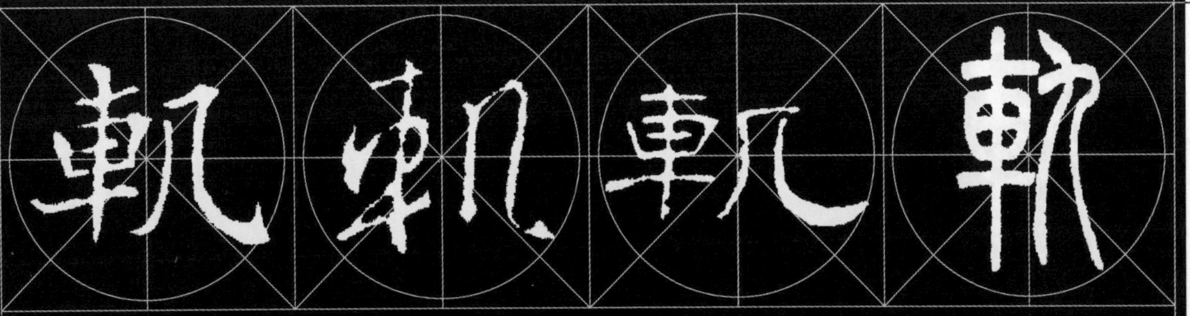

北魏 元显儁墓志 | 晋 王羲之 | 唐 叶慧明碑 | 清 吴熙载

guǐ 癸

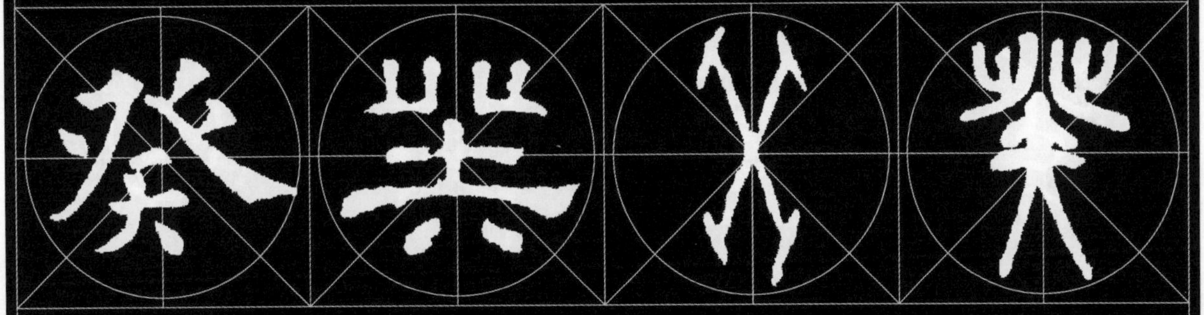

唐 欧阳通 | 汉 张寿碑 | 殷商 甲骨文 | 清 吴昌硕

guǐ 鬼

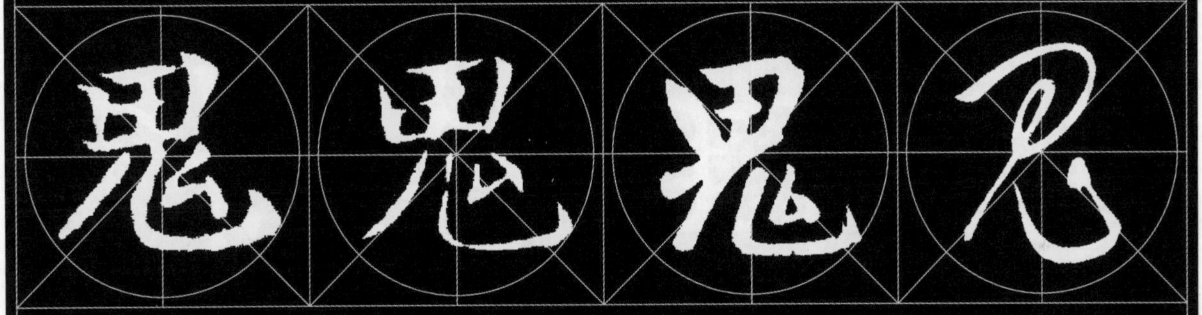

三国 钟繇 | 隋 张公礼 | 元 赵孟頫 | 元 鲜于枢

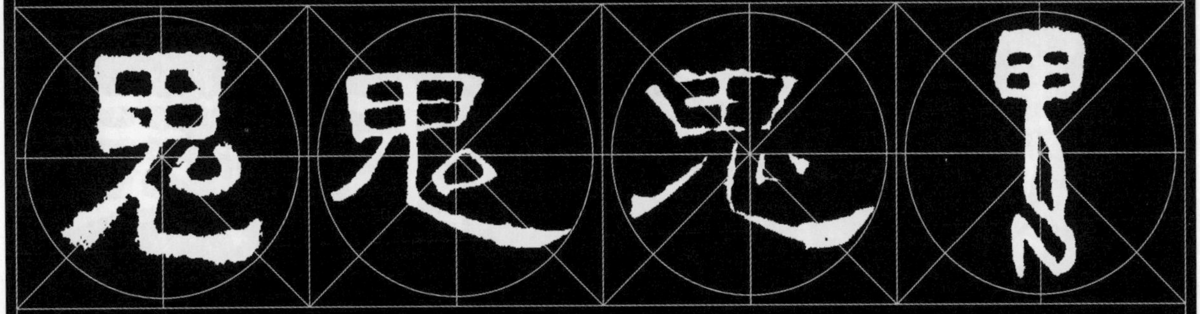

汉 樊敏碑 | 汉 曹全碑 | 唐 叶慧明碑 | 殷商 甲骨文

guǐ 诡

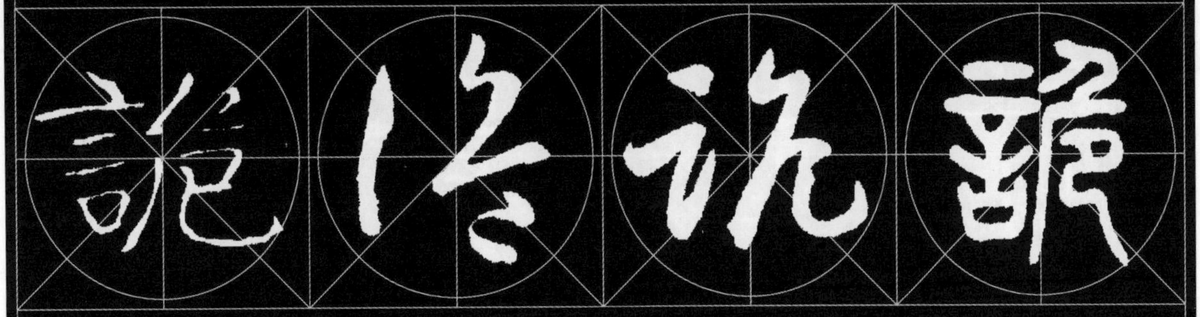

隋 龙藏寺碑 | 唐 孙过庭 | 唐 怀素 | 清 杨沂孙

guǐ
晷（日影）

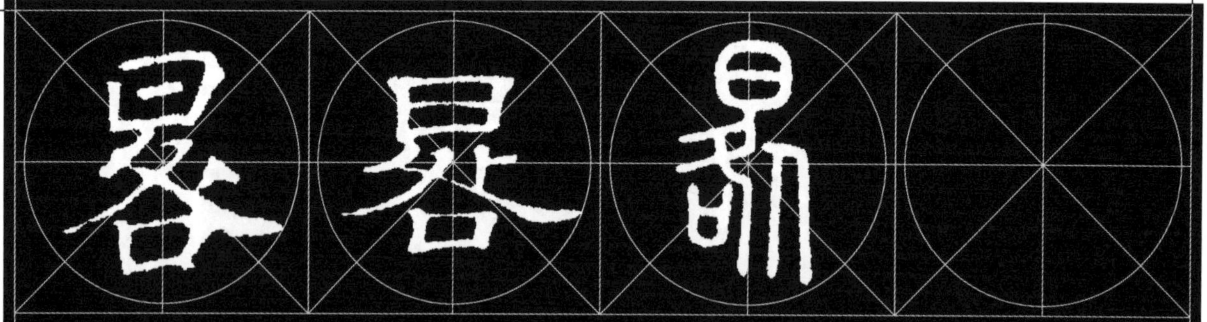

唐 徐浩 | 清 顾蔼吉·隶辨 | 汉 说文解字

guǐ
簋

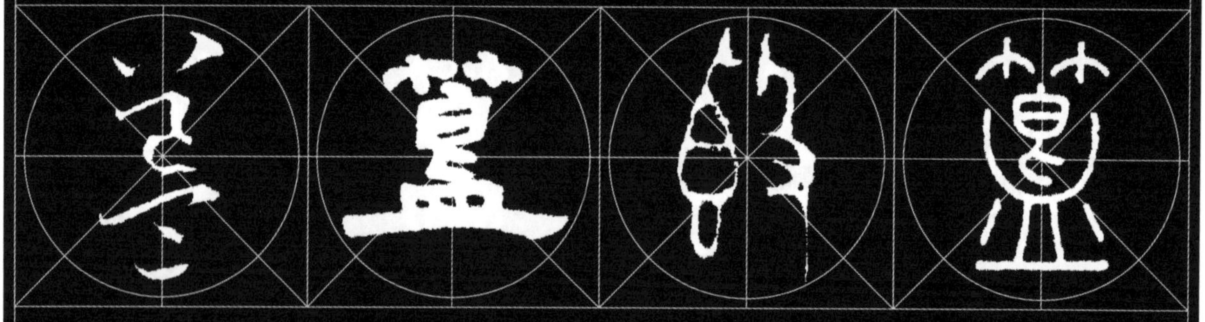

唐 贺知章 | 清 邓石如 | 周 颂鼎 | 清 王澍

guì
桂

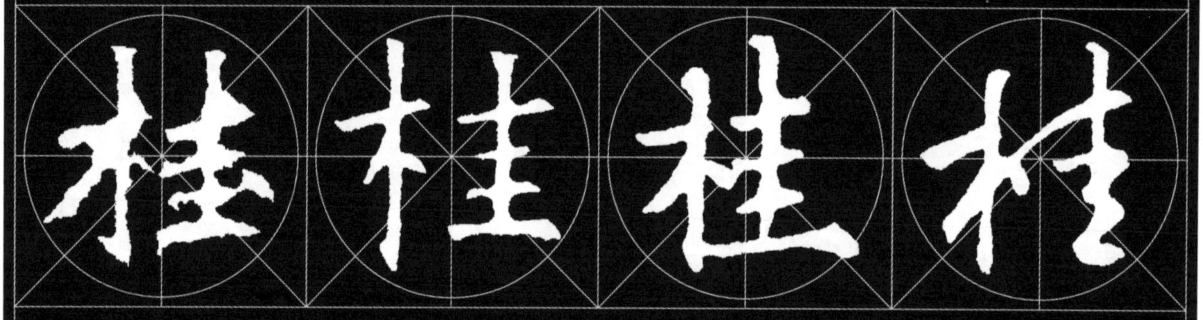

北魏 张猛龙碑 | 唐 褚遂良 | 唐 欧阳通 | 唐 李世民

明 祝允明 | 明 文徵明 | 汉 马王堆帛书 | 元 吴叡

guì
贵

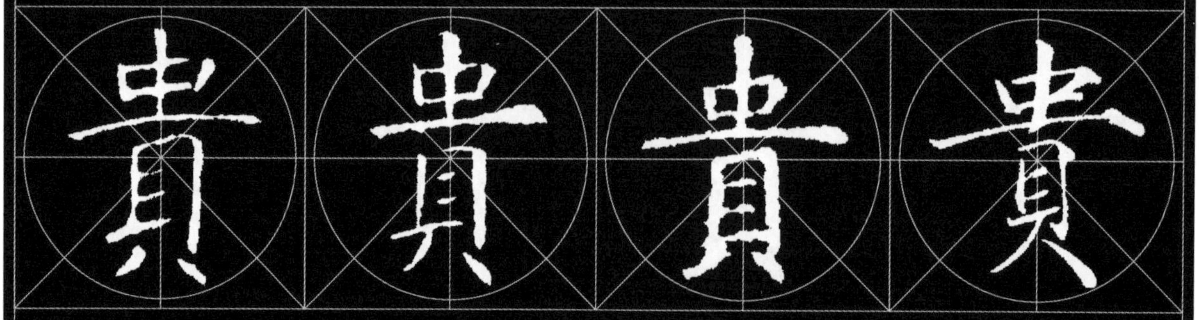

隋 龙藏寺碑 | 唐 欧阳询 | 唐 虞世南 | 宋 赵佶

晋 王羲之　清 傅山　隋 智永　唐 孙过庭

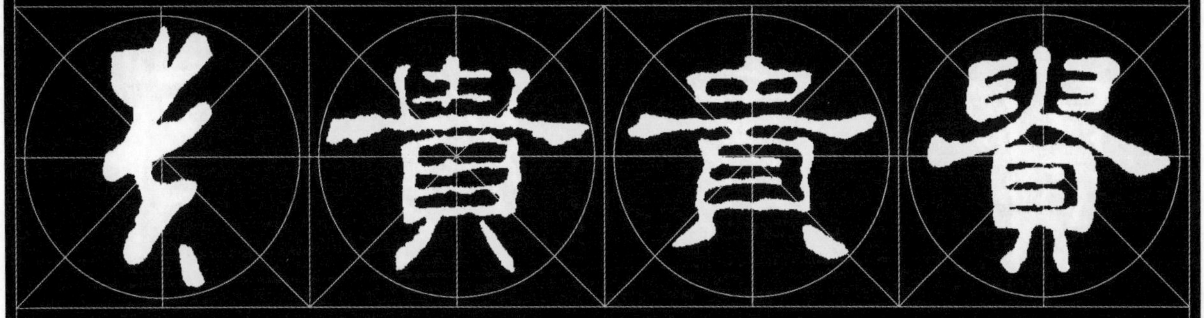

唐 怀素　汉 孔宙碑　晋 左棻墓志　清 王澍

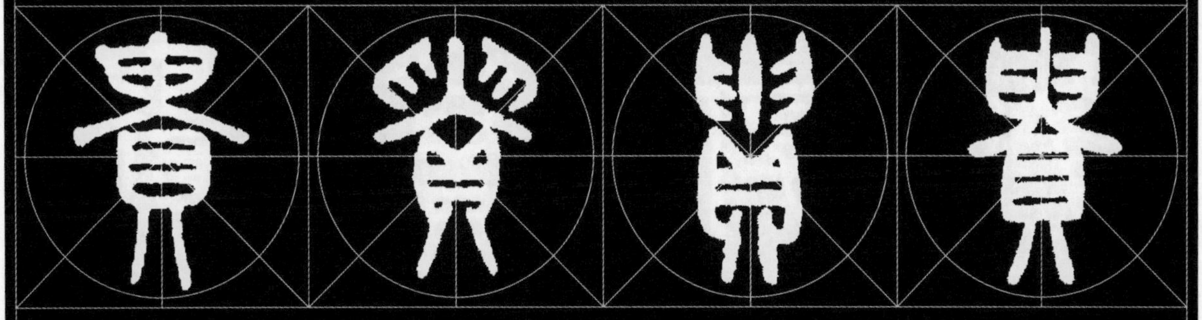

元 赵孟頫　清 田潜　清 吴大澂　清 曾纪泽

Guì 炅（姓）jiǒng

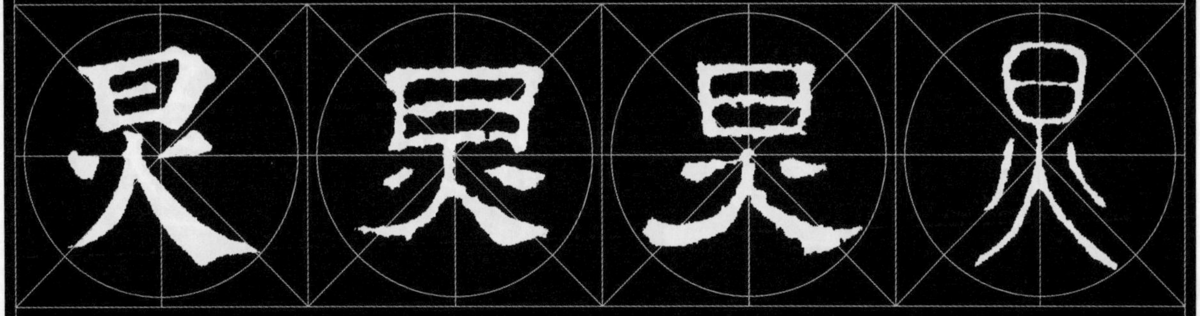

唐 颜真卿　汉 景君碑　汉 曹全碑　汉 说文解字

guì 跪

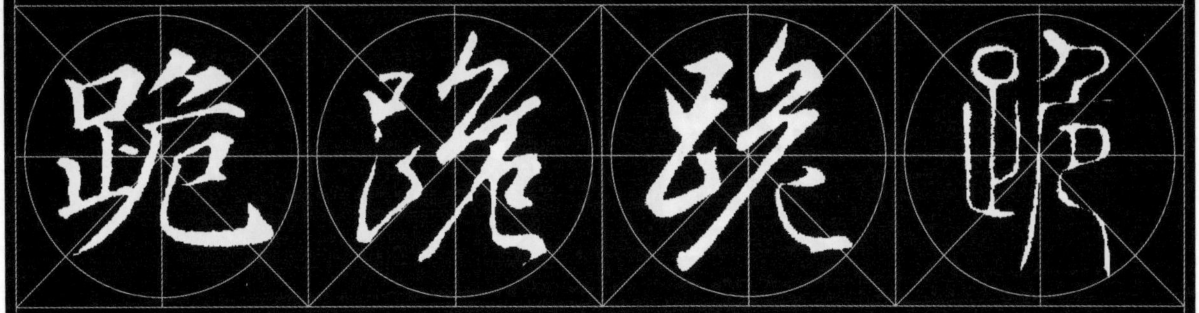

唐 颜真卿　晋 王羲之　元 管道升　汉 说文解字

gǔn
衮（君王礼服）

唐 颜真卿 | 明 王宠 | 汉 郭有道碑 | 汉 说文解字

guō
郭

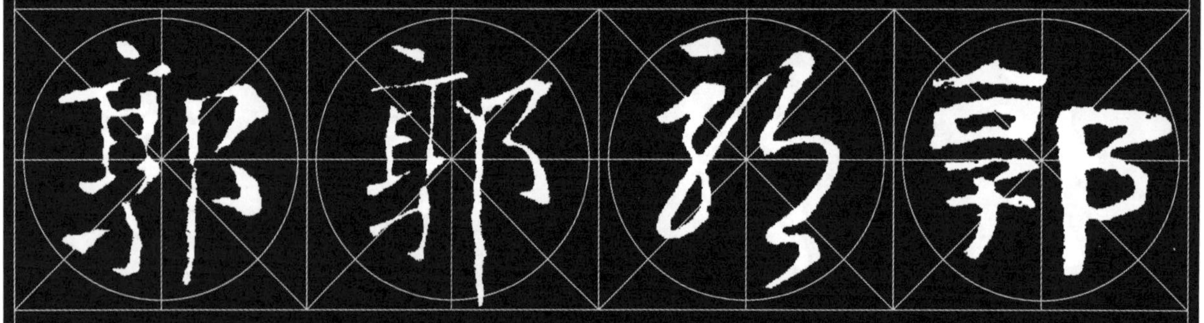
晋 王羲之 | 隋 龙藏寺碑 | 唐 怀素 | 汉 乙瑛碑

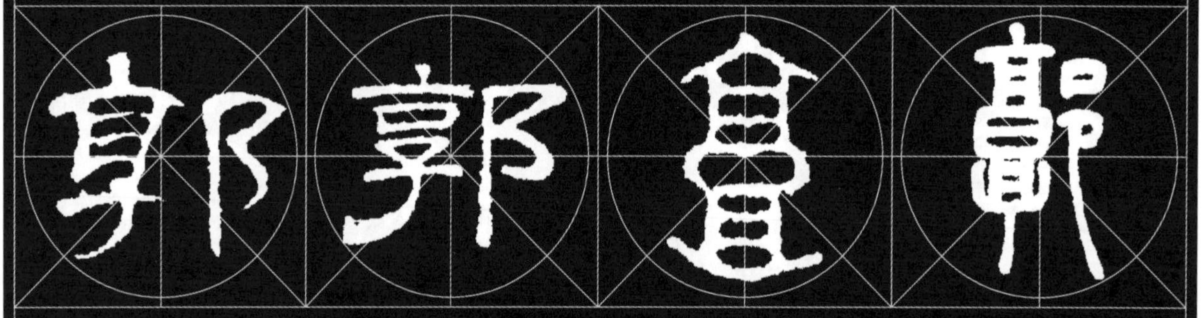
汉 曹全碑 | 汉 桐柏庙碑 | 秦 石鼓文 | 清 吴熙载

guó
国（國、囯）

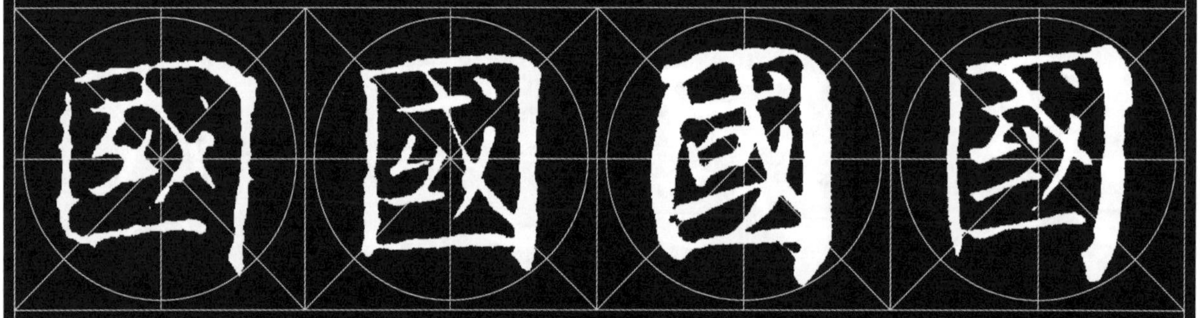
隋 龙藏寺碑 | 唐 欧阳询 | 唐 颜真卿 | 唐 柳公权

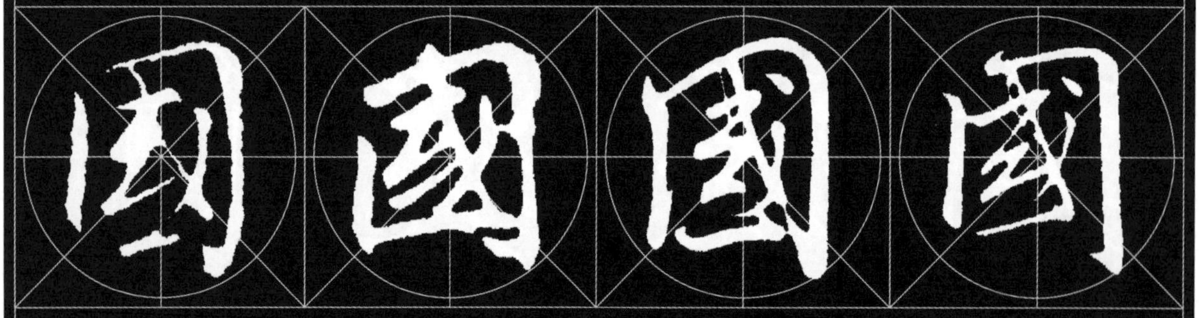
唐 褚遂良 | 唐 李邕 | 宋 米芾 | 元 赵孟頫

晋 王羲之
隋 智永
唐 颜真卿
唐 怀素
汉 礼器碑
汉 白石神君碑
汉 曹全碑
汉 张迁碑
周 师袁簋
唐 李阳冰
元 赵孟頫
清 黄士陵
隋 智永
唐 颜真卿
元 赵孟頫
晋 王羲之
唐 欧阳询
汉 郭有道碑
清 阮元
唐 李阳冰

guó
虢
（周朝国名）

guǒ
果

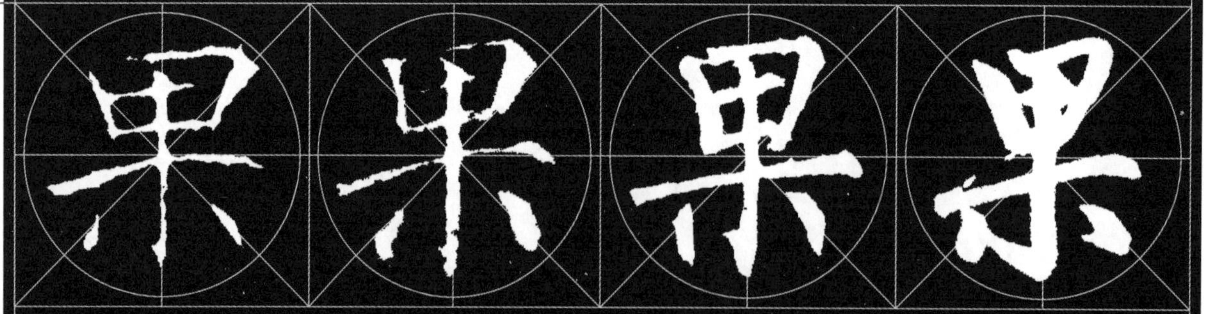

隋 龙藏寺碑　唐 颜真卿　唐 柳公权　元 赵孟頫

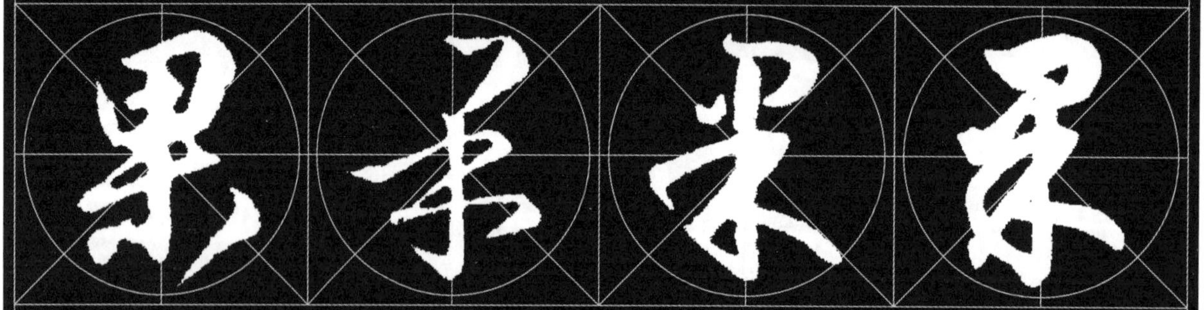

晋 王羲之　晋 王羲之　唐 孙过庭　元 鲜于枢

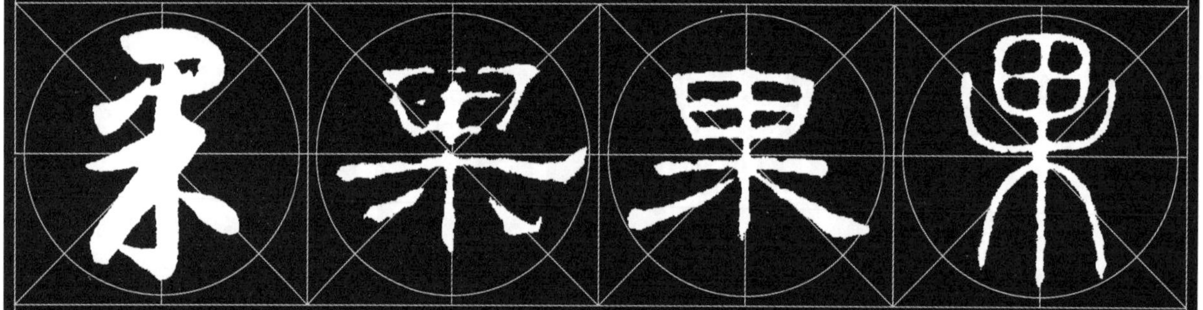

清 归庄　汉 赵宽碑　清 王澍　汉 说文解字

guǒ
裹

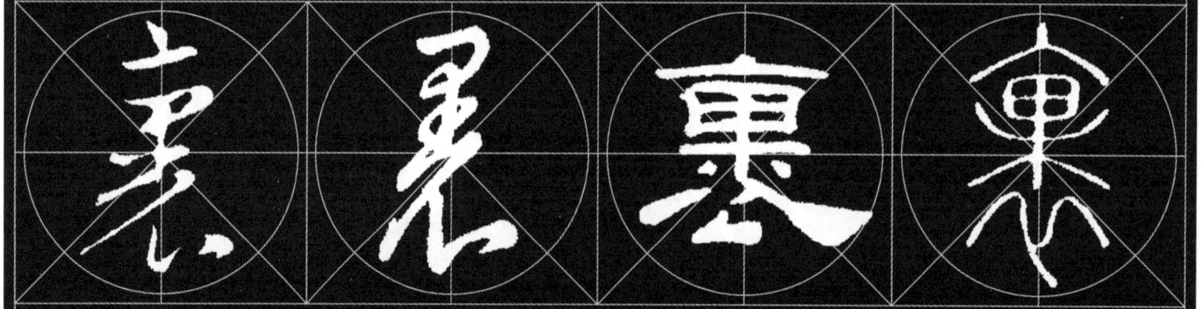

元 赵孟頫　明 董其昌　清 桂馥　汉 说文解字

guò
过
（過）
Guō
（姓）
guo

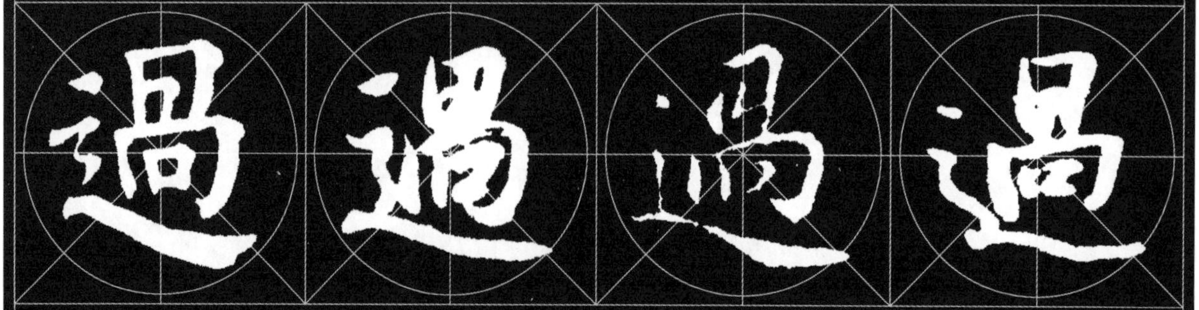

明 祝允明　隋 智永　宋 蒋璨　明 张瑞图

hái
骸

hǎi
海

唐 欧阳询
晋 王羲之
唐 怀素
宋 赵构
明 徐渭
汉 华山碑
汉 西狭颂
汉 朝侯小子残碑
唐 王敬客
晋 王羲之
隋 智永
清 王澍
隋 龙藏寺碑
唐 欧阳询
唐 颜真卿
唐 柳公权
晋 王羲之
晋 王献之
宋 米芾
明 文徵明

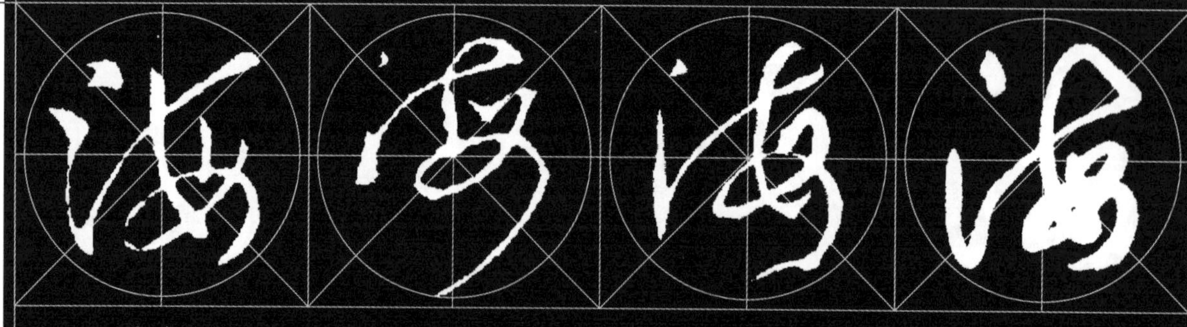

晋 索靖　唐 李世民　唐 孙过庭　元 鲜于枢

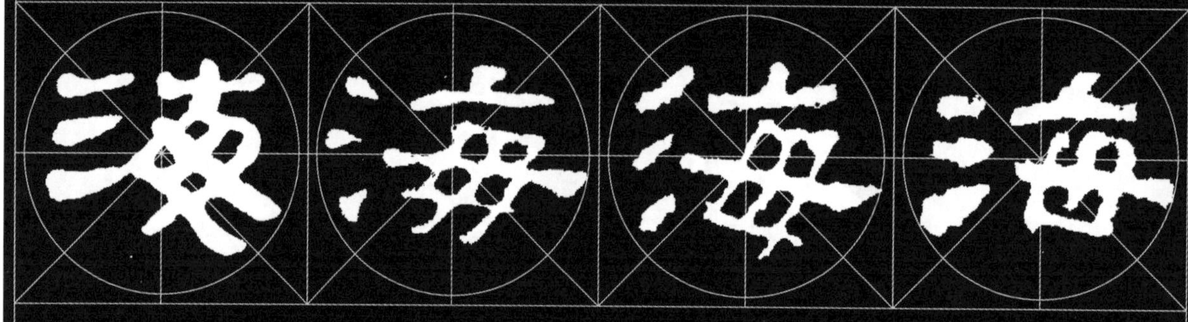

汉 马王堆帛书　汉 郭有道碑　汉 景君碑　汉 鲁峻碑

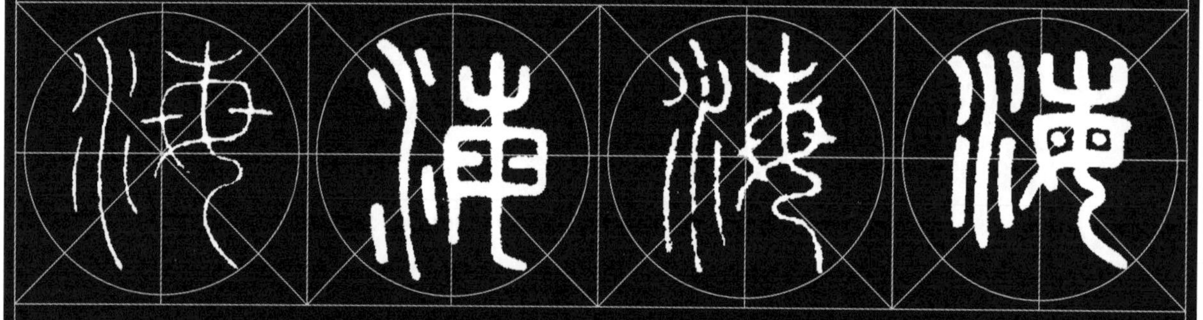

唐 李阳冰　清 孙星衍　清 永理　清 吴大澂

hài
亥

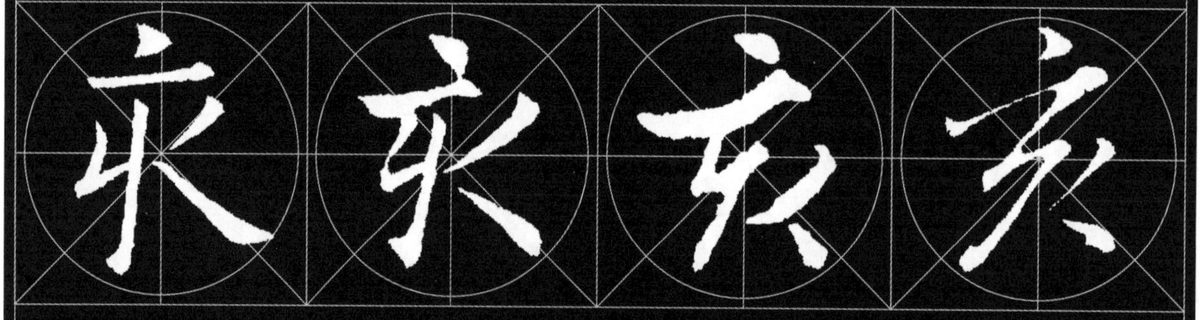

唐 欧阳询　唐 欧阳通　明 文徵明　明 董其昌

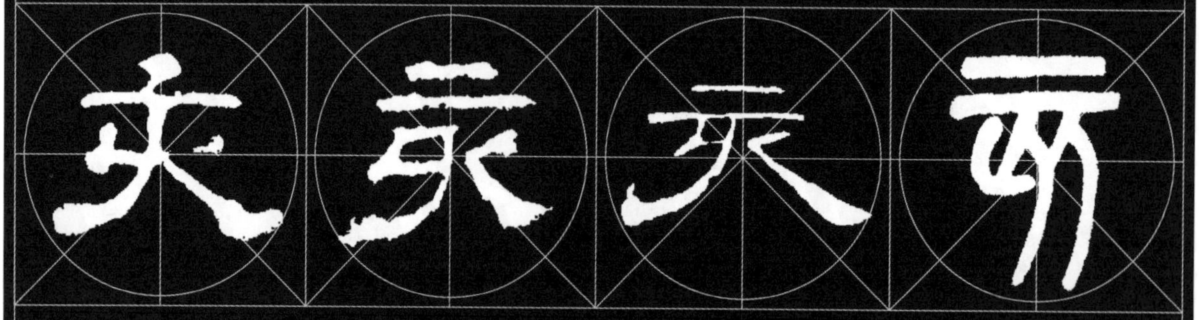

汉 郭有道碑　汉 熹平石经　汉 曹全碑　清 吴大澂

hài
骇

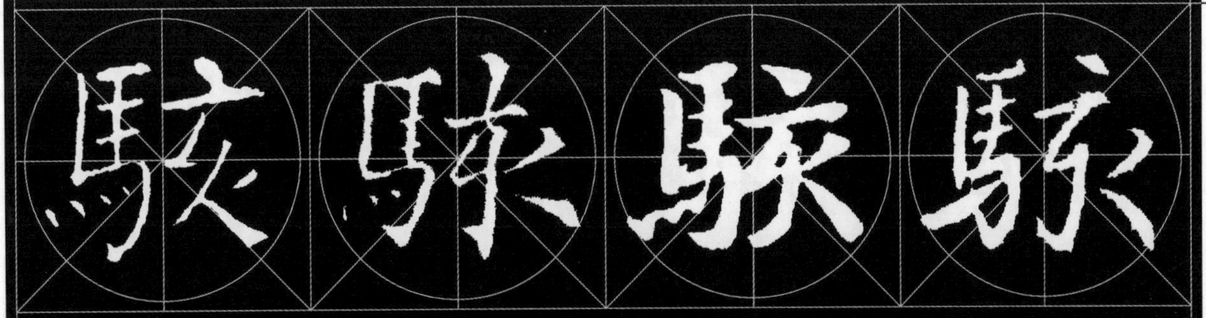

唐 颜真卿 | 唐 欧阳询 | 唐 蒋善进 | 唐 高正臣

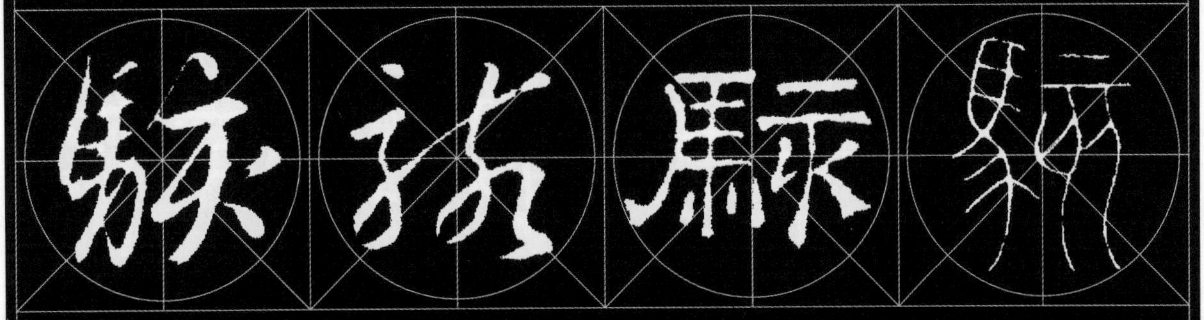

元 赵孟頫 | 唐 孙过庭 | 明 文徵明 | 唐 李阳冰

hài
害（古时常少写一横）

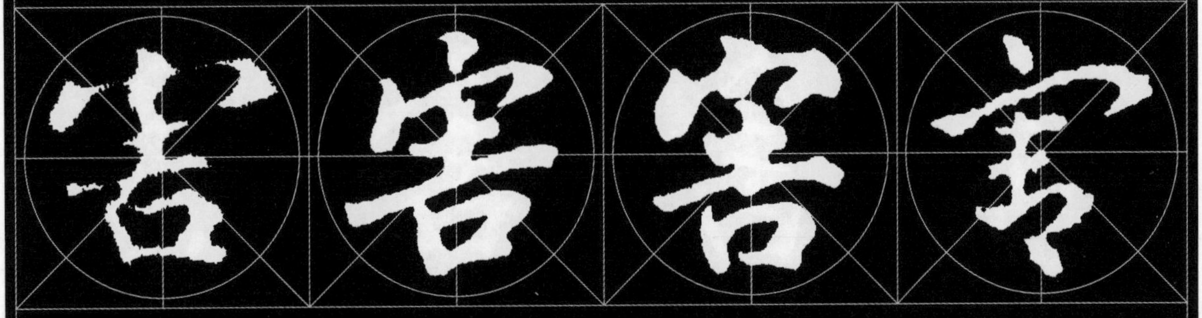

晋 王羲之 | 唐 陆柬之 | 宋 赵构 | 三国 皇象

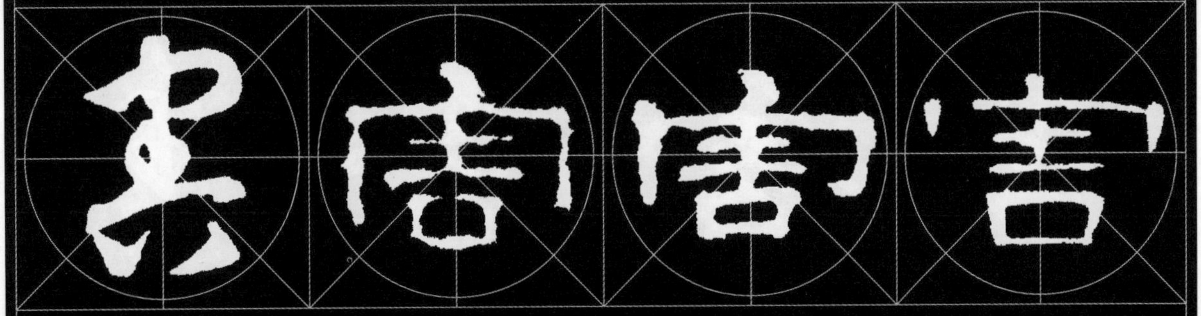

元 康里子山 | 汉 史晨碑 | 汉 孔彪碑 | 汉 曹全碑

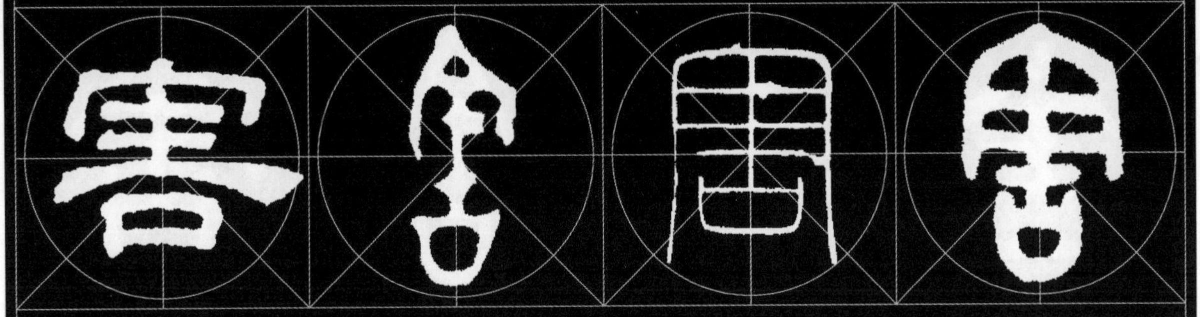

元 吴叡 | 周 毛公鼎 | 秦 李斯 | 清 吴大澂

hān
酣

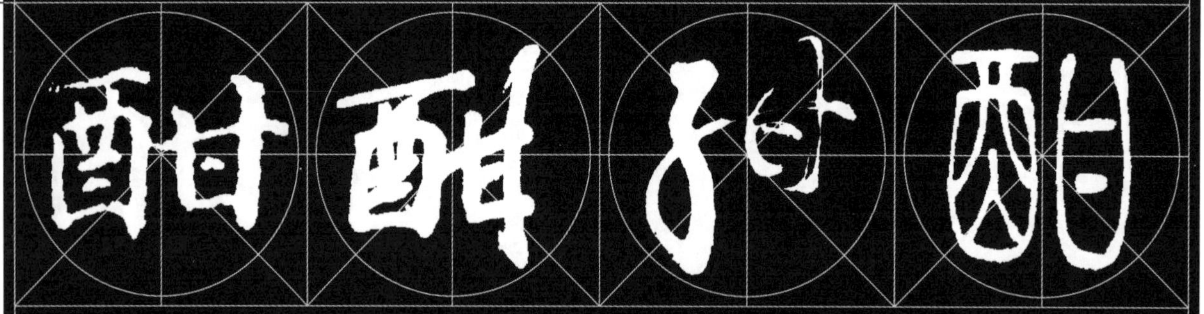

清 永瑆　清 金圣叹　宋 苏轼　清 吴熙载

hán
邯

隋 智果　唐 孙过庭　明 王穉登　汉 礼器碑

hán
含

唐 欧阳询　唐 虞世南　唐 欧阳通　晋 王羲之

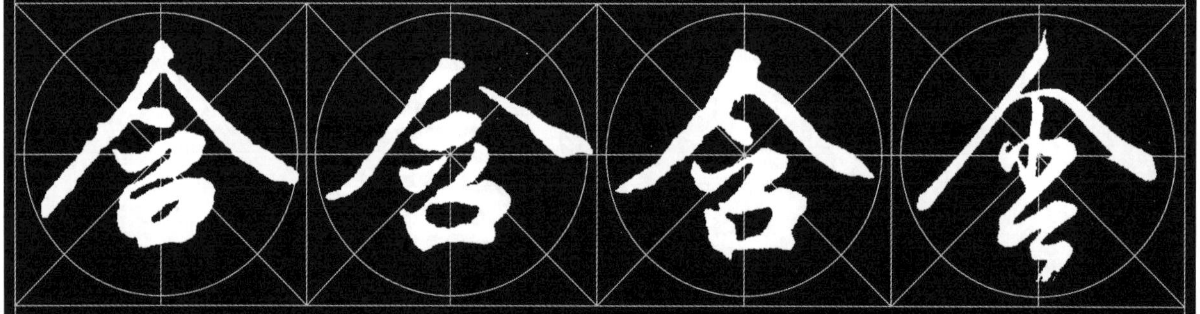

唐 陆柬之　宋 张即之　元 赵孟頫　明 董其昌

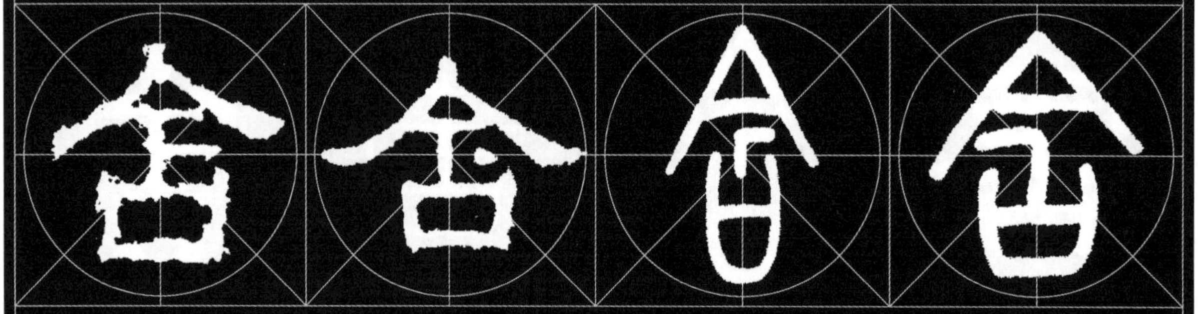

汉 封龙山碑　汉 张寿碑　清 吴熙载　清 杨沂孙

hán
函

晋 王羲之

唐 虞世南

唐 颜真卿

唐 陆柬之

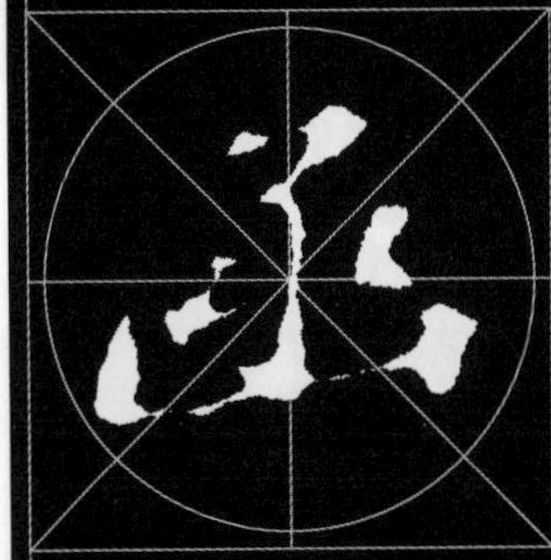
宋 苏轼

宋 张即之

元 鲜于枢

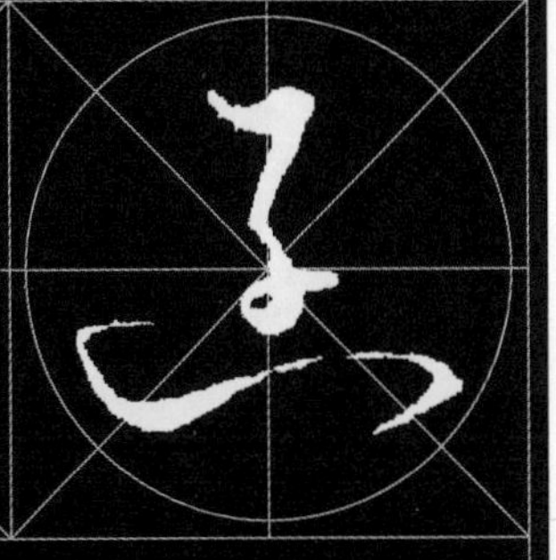
唐 怀素

汉 楼兰简

清 顾蔼吉·隶辨

周 毛公鼎

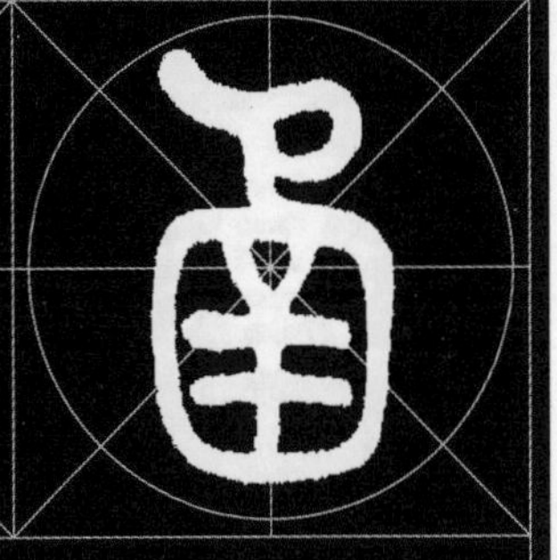
清 莫友芝

hán
涵
（包容；包含）

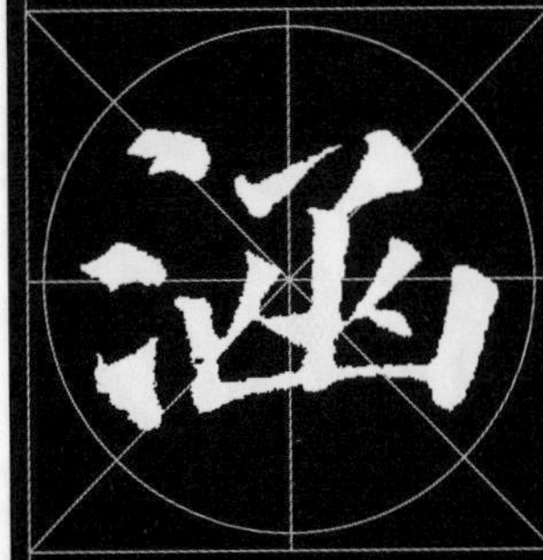
唐 颜真卿

唐 欧阳询

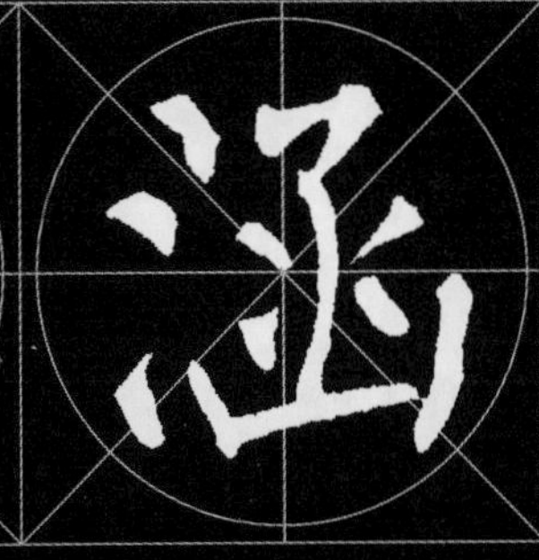
唐 柳公权

元 赵孟頫

明 文徵明

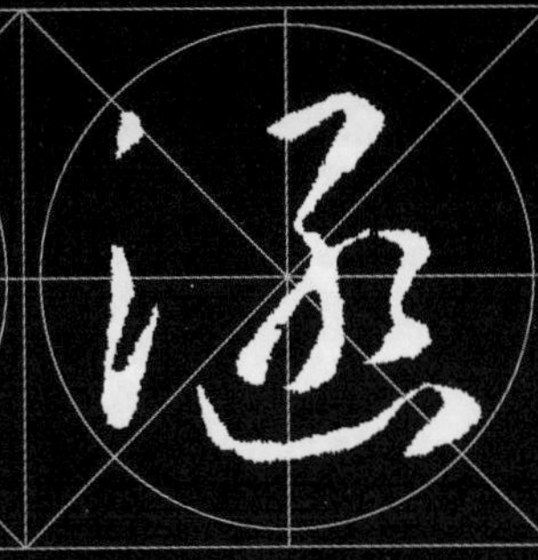
唐 孙过庭

清 顾蔼吉

清 吴大澂

hán
寒

hán
韩

三国 钟繇
晋 王羲之
宋 米芾
元 赵孟頫
晋 王羲之
唐 怀素
明 祝允明
清 王铎
汉 石门颂
清 汪士慎
唐 李阳冰
清 吴大澂
唐 褚遂良
宋 苏轼
唐 孙过庭
元 赵孟頫
明 文徵明
汉 石门颂
汉 礼器碑
清 王澍

hǎn 罕

hàn 汗

hán（指可汗）

hàn 旱

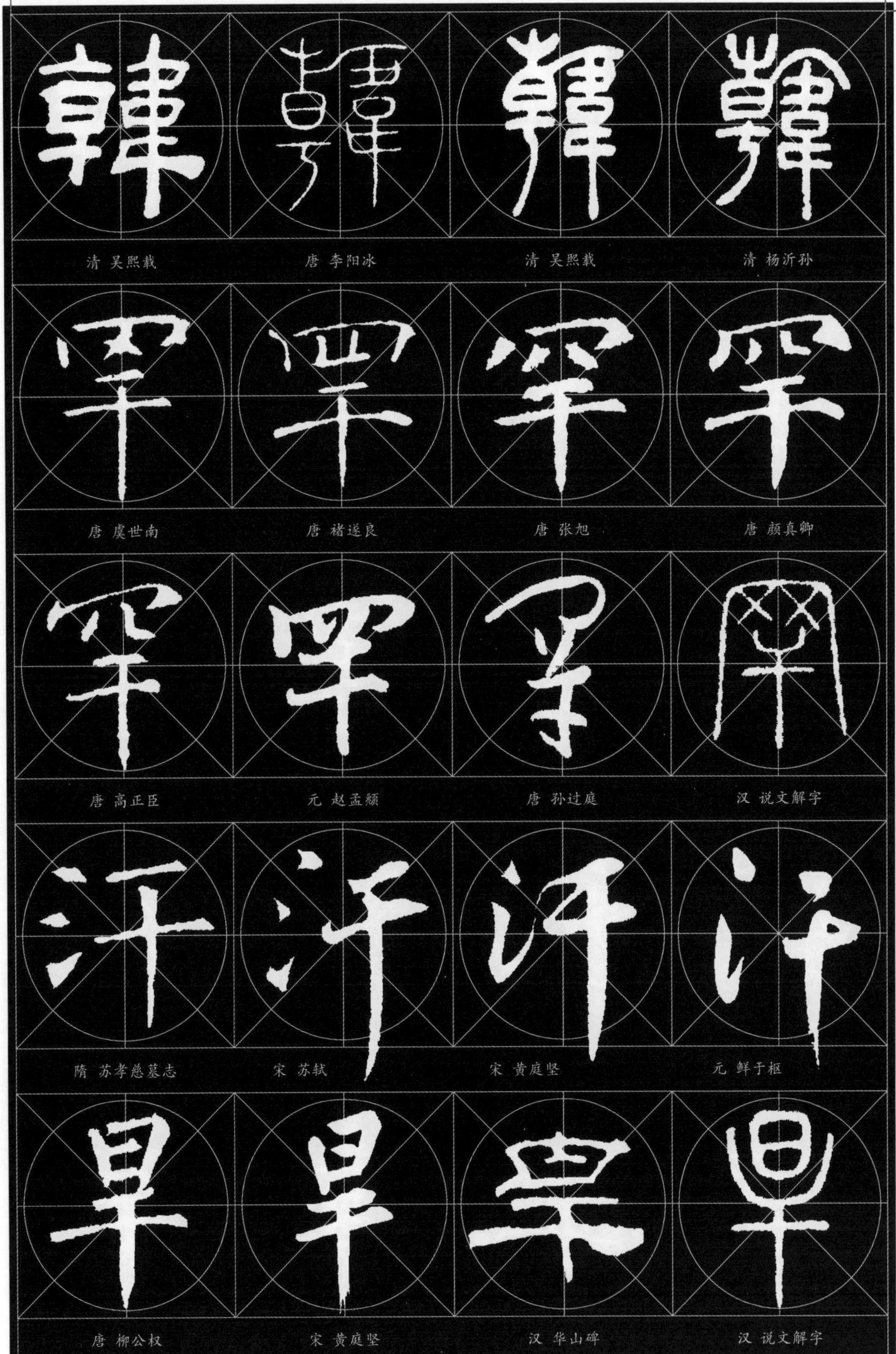

hàn 悍（猂）

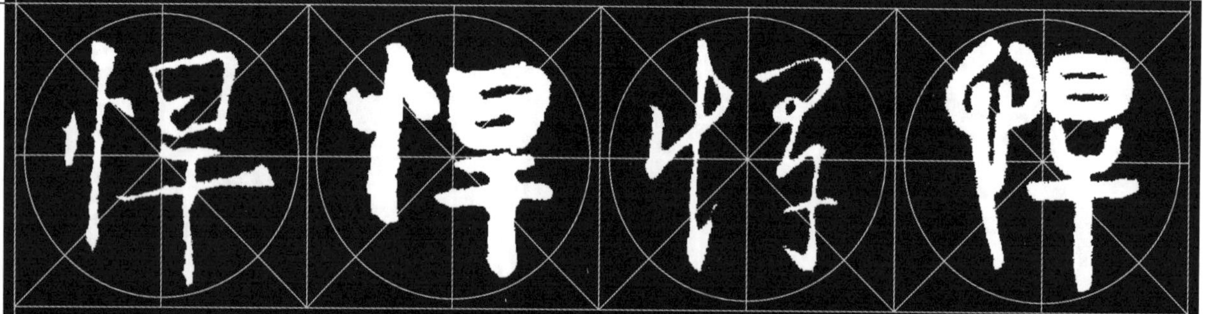

唐 欧阳询　唐 吴彩鸾　金 张天锡·草书韵会　清 吴大澂

hàn 捍（扞）

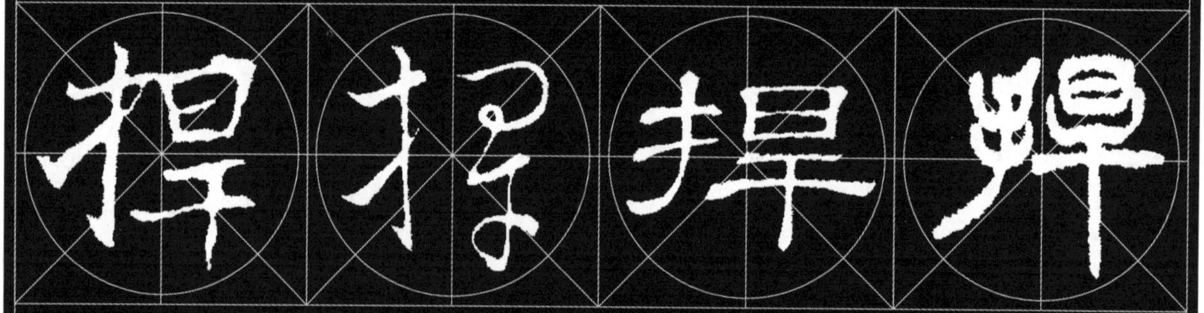

北魏 崔敬邕墓志　唐 孙过庭　清 顾蔼吉·隶辨　清 徐三庚

hàn 汉（漢）

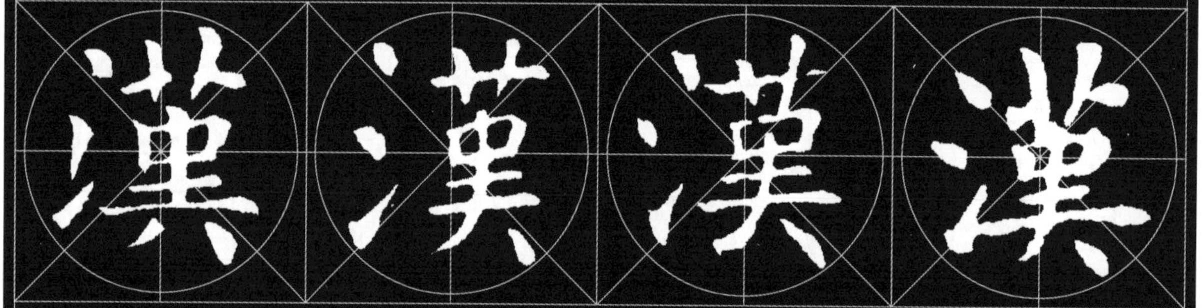

唐 欧阳询　唐 虞世南　唐 褚遂良　唐 褚遂良

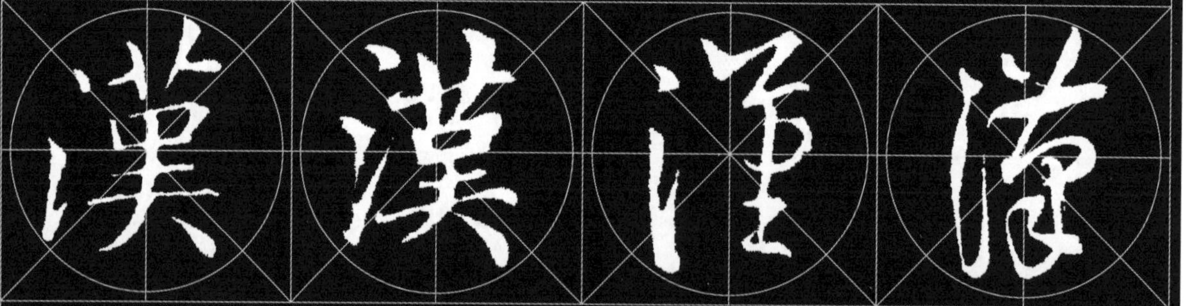

晋 王献之　元 赵孟頫　唐 欧阳询　清 王铎

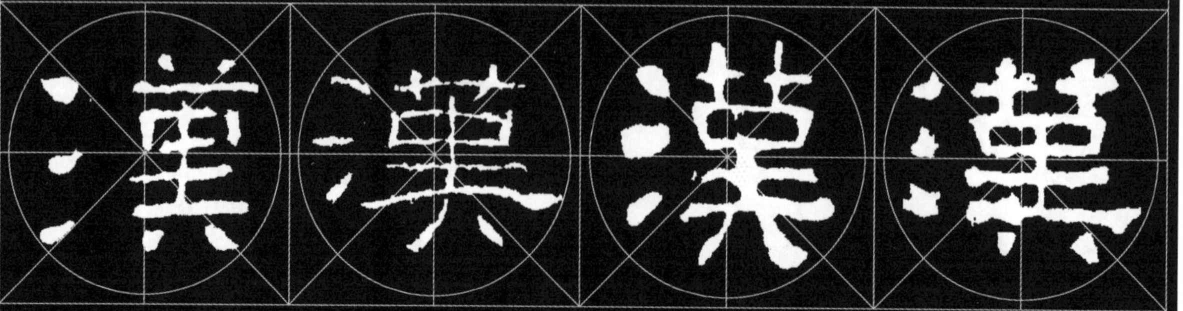

汉 子游残石　汉 石门颂　汉 校官碑　汉 张迁碑

hàn
翰
（长而硬的羽毛；转指毛笔、诗文、书信）

唐 李阳冰　元 吴叡　清 徐三庚　清 黄士陵

隋 龙藏寺碑　唐 欧阳询　唐 颜真卿　唐 柳公权

唐 陆柬之　元 赵孟頫　晋 王羲之　唐 孙过庭

唐 怀素　元 俞庸　明 金湜　清 陈鸿寿

唐 李阳冰　清 徐三庚　清 吴大澂　清 吴昌硕

háng 杭

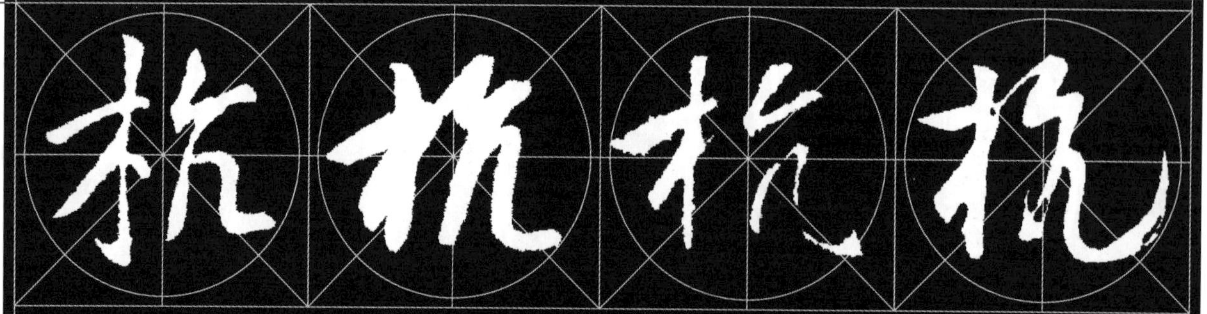

晋 王献之 | 隋 智永 | 唐 高正臣 | 宋 苏舜元

háng 航

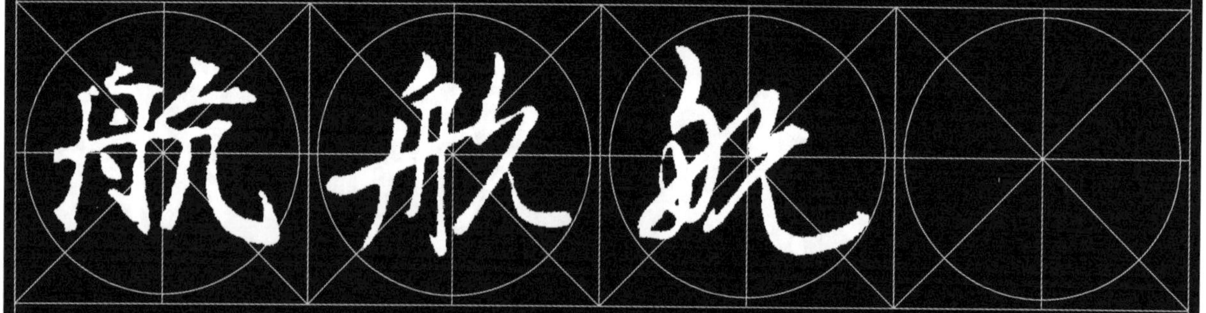

唐 颜师古 | 元 赵孟頫 | 明 宋克

hāo 蒿

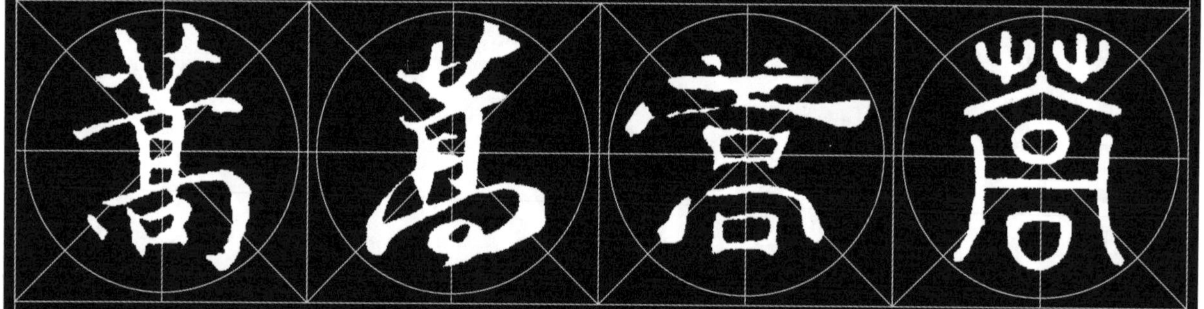

元 赵孟頫 | 宋 苏轼 | 汉 夏承碑 | 清 王澍

háo 毫

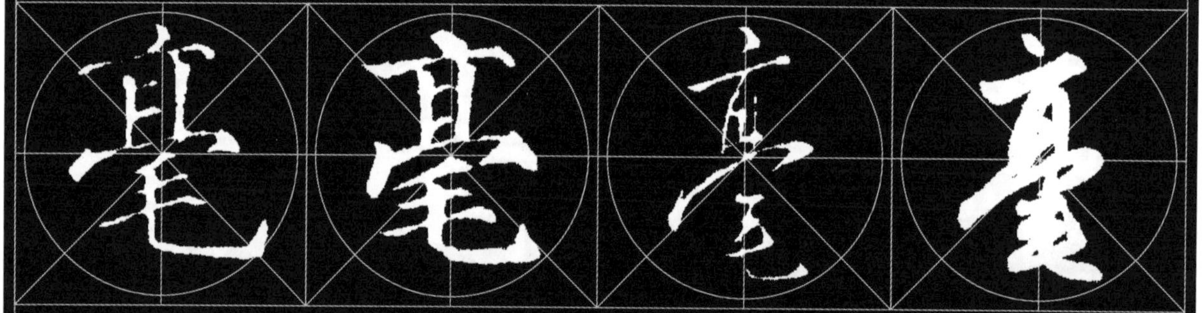

唐 徐浩 | 唐 颜真卿 | 晋 王羲之 | 元 赵孟頫

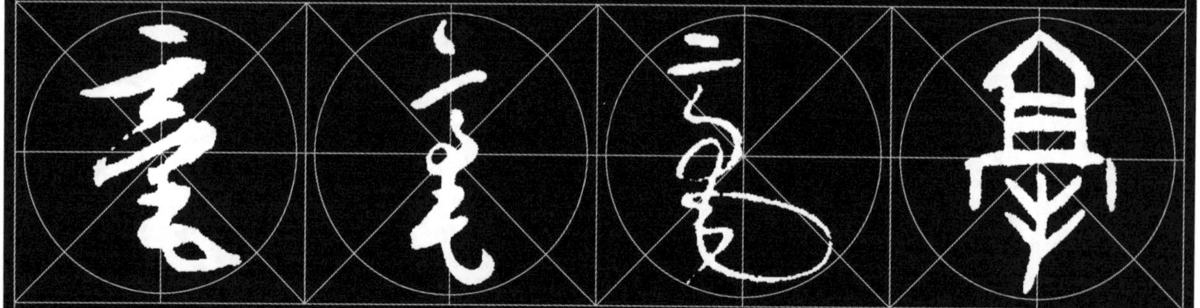

明 文徵明 | 明 王宠 | 唐 怀素 | 殷商 甲骨文

háo
豪

hǎo
好
hào
（喜爱）

hào 号 háo（號）

唐 李世民　宋 赵佶　汉 鲜于璜碑　汉 孔彪碑

汉 朝侯小子残碑　元 吴叡　秦 石鼓文　清 杨沂孙

北魏 崔敬邕墓志　隋 苏孝慈墓志　唐 褚遂良　唐 颜真卿

宋 黄庭坚　明 文徵明　元 赵孟頫　三国 钟繇

唐 孙过庭　唐 怀素　汉 樊敏碑　汉 肥致碑

晋 管氏夫人碑 清 王澍 清 邓石如 清 杨沂孙

hào
昊（指天）

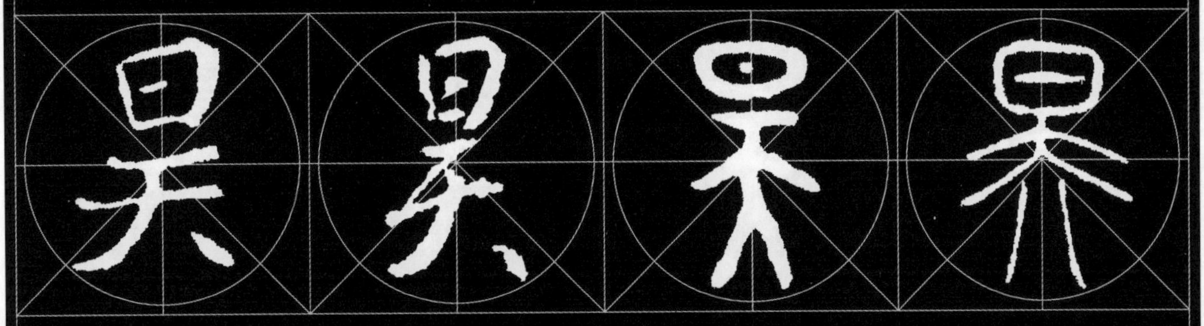

北魏 崔敬邕墓志 唐 武则天 周 墙盘 汉 说文解字

hào
浩

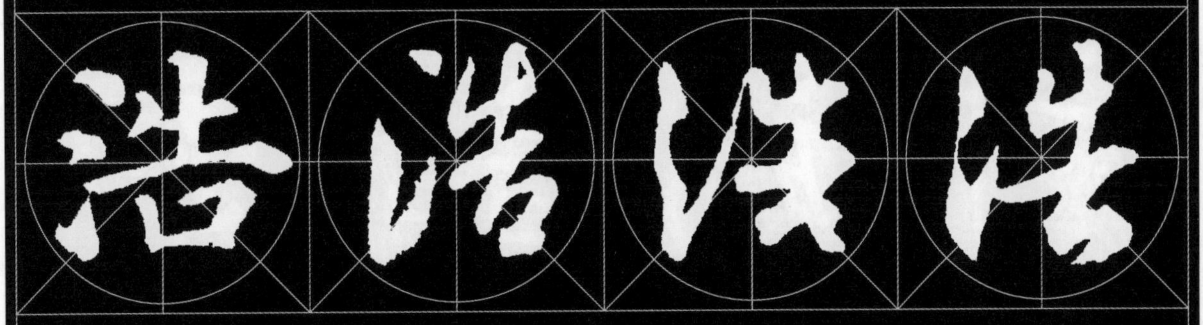

唐 颜真卿 宋 米芾 唐 孙过庭 明 文徵明

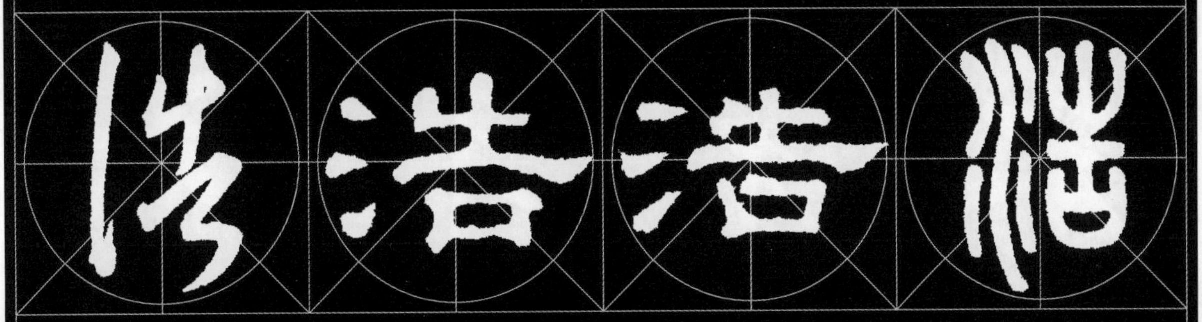

明 王宠 汉 郭有道碑 唐 徐浩 清 吴大澂

hào
皓（皜、暠）

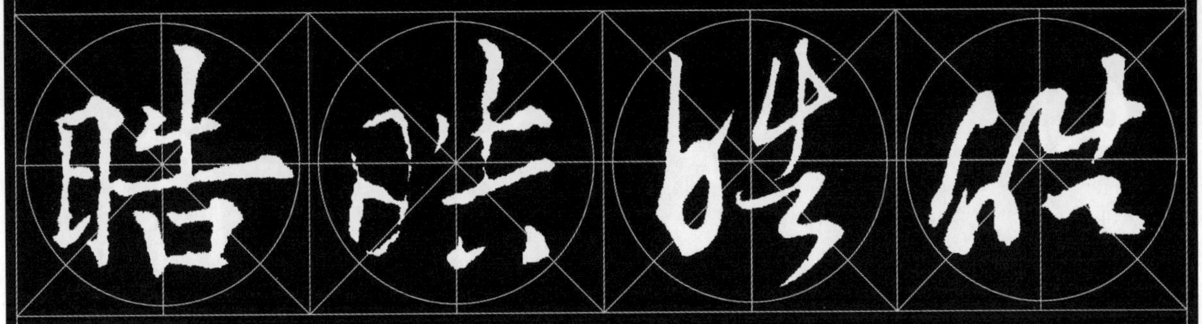

唐 欧阳通 晋 索靖 元 康里子山 明 祝允明

hē
呵（呵斥）

hē
诃（同呵）

hé
禾

清 归庄　汉 礼器碑　汉 白石神君碑　汉 说文解字

唐 国铨　明 董其昌　晋 王羲之　宋 米芾

唐 李邕　元 吴镇　北齐 泰山金刚经　清 吴大澂

宋 苏轼　晋 王羲之　汉 西狭颂　清 伊秉绶

殷商 甲骨文　周 舀鼎　清 杨沂孙　清 吴大澂

hé 和（和平，同龢）hè（唱和）huó（和面；和泥）huò（搅和）hú（打牌用语）

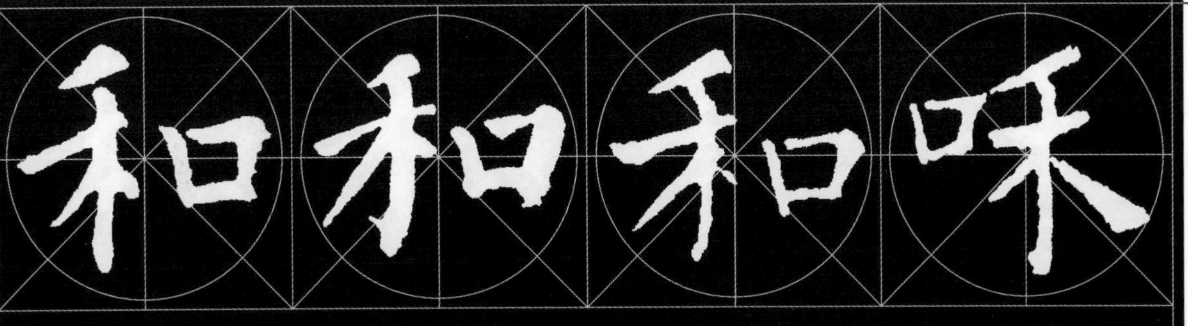

唐 欧阳询　唐 颜真卿　唐 柳公权　明 徐霖

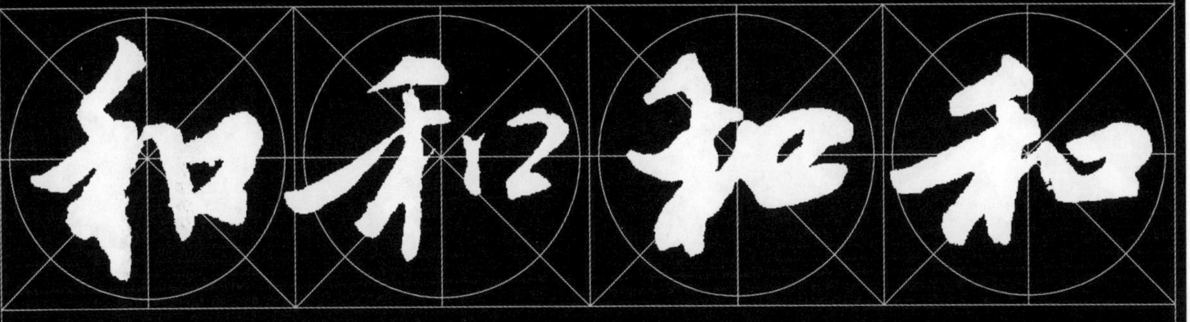

唐 欧阳询　唐 褚遂良　宋 米芾　元 赵孟頫

晋 王羲之　元 鲜于枢　明 宋濂　明 申时行

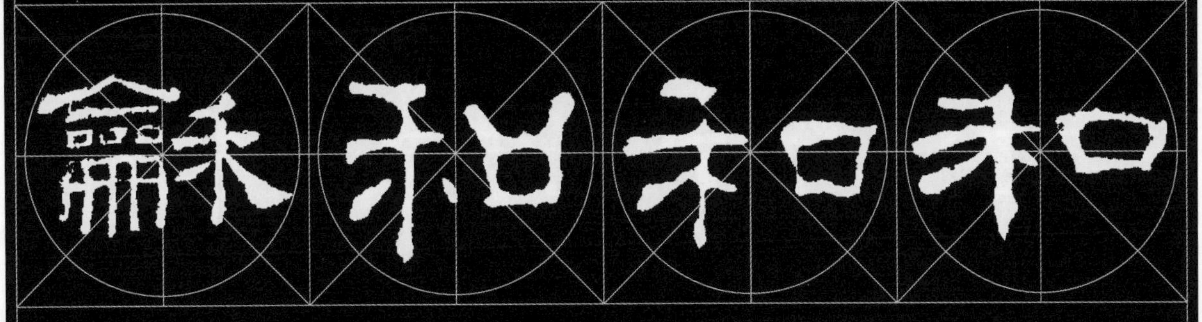

汉 乙瑛碑　汉 夏承碑　汉 赵宽碑　汉 曹全碑

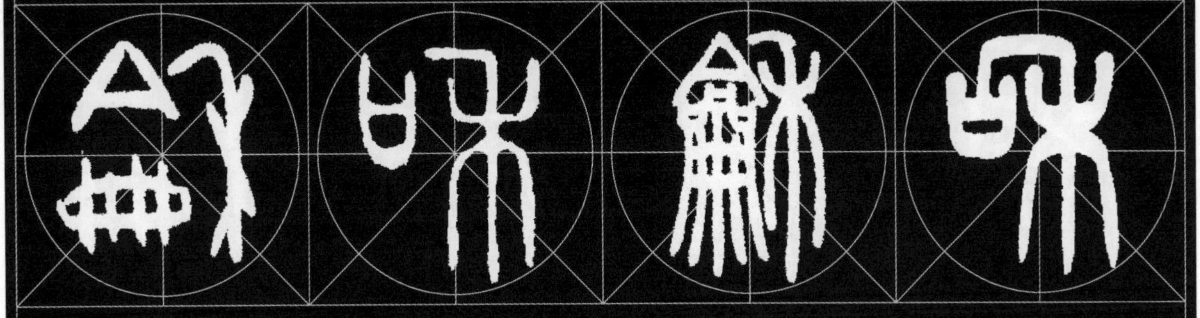

殷商 甲骨文　汉 说文解字　清 邓石如　清 杨沂孙

hé 合

hé 閤 gé

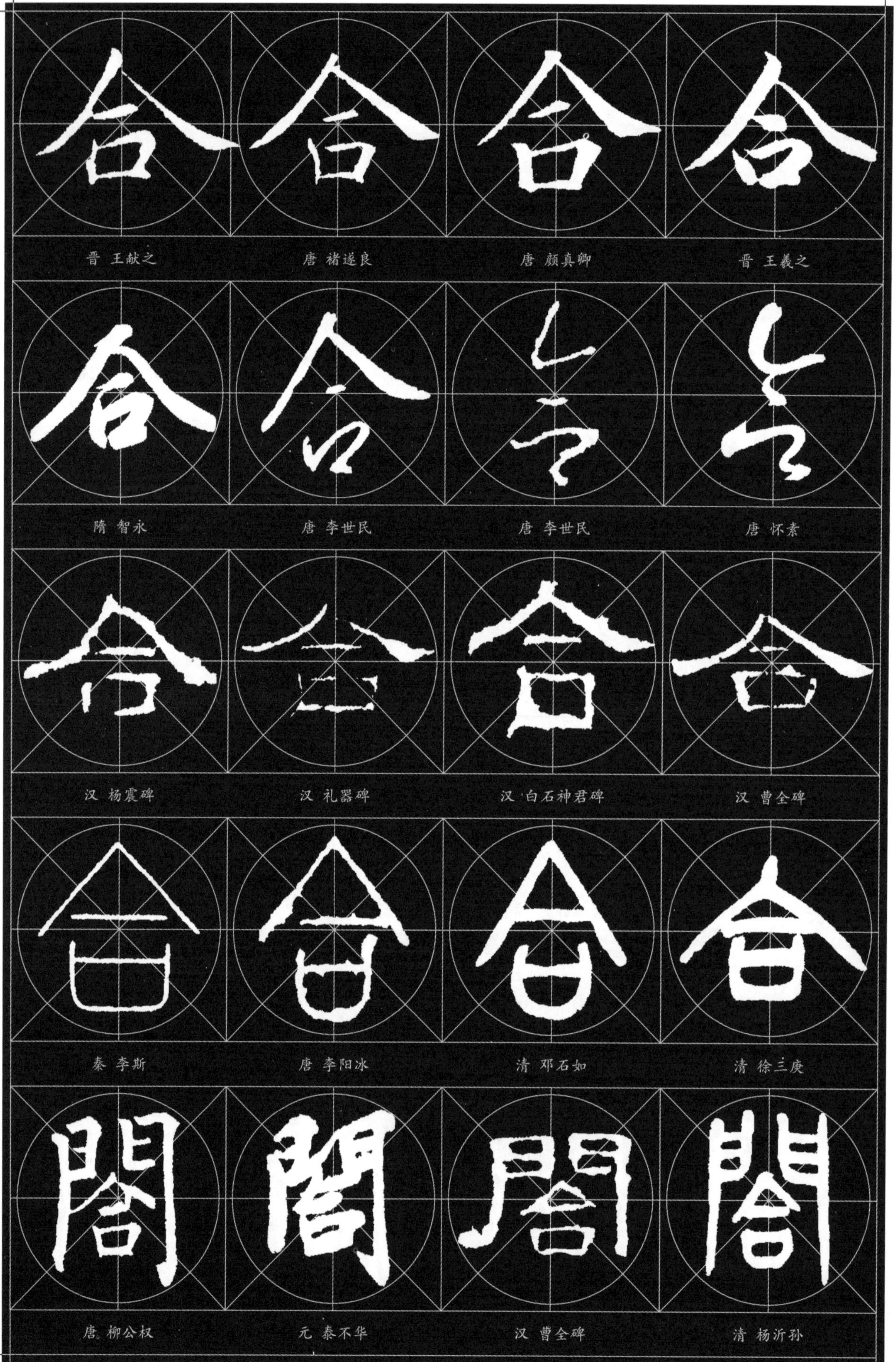

晋 王献之 唐 褚遂良 唐 颜真卿 晋 王羲之

隋 智永 唐 李世民 唐 李世民 唐 怀素

汉 杨震碑 汉 礼器碑 汉 白石神君碑 汉 曹全碑

秦 李斯 唐 李阳冰 清 邓石如 清 徐三庚

唐 柳公权 元 泰不华 汉 曹全碑 清 杨沂孙

hé
郃

hé
何

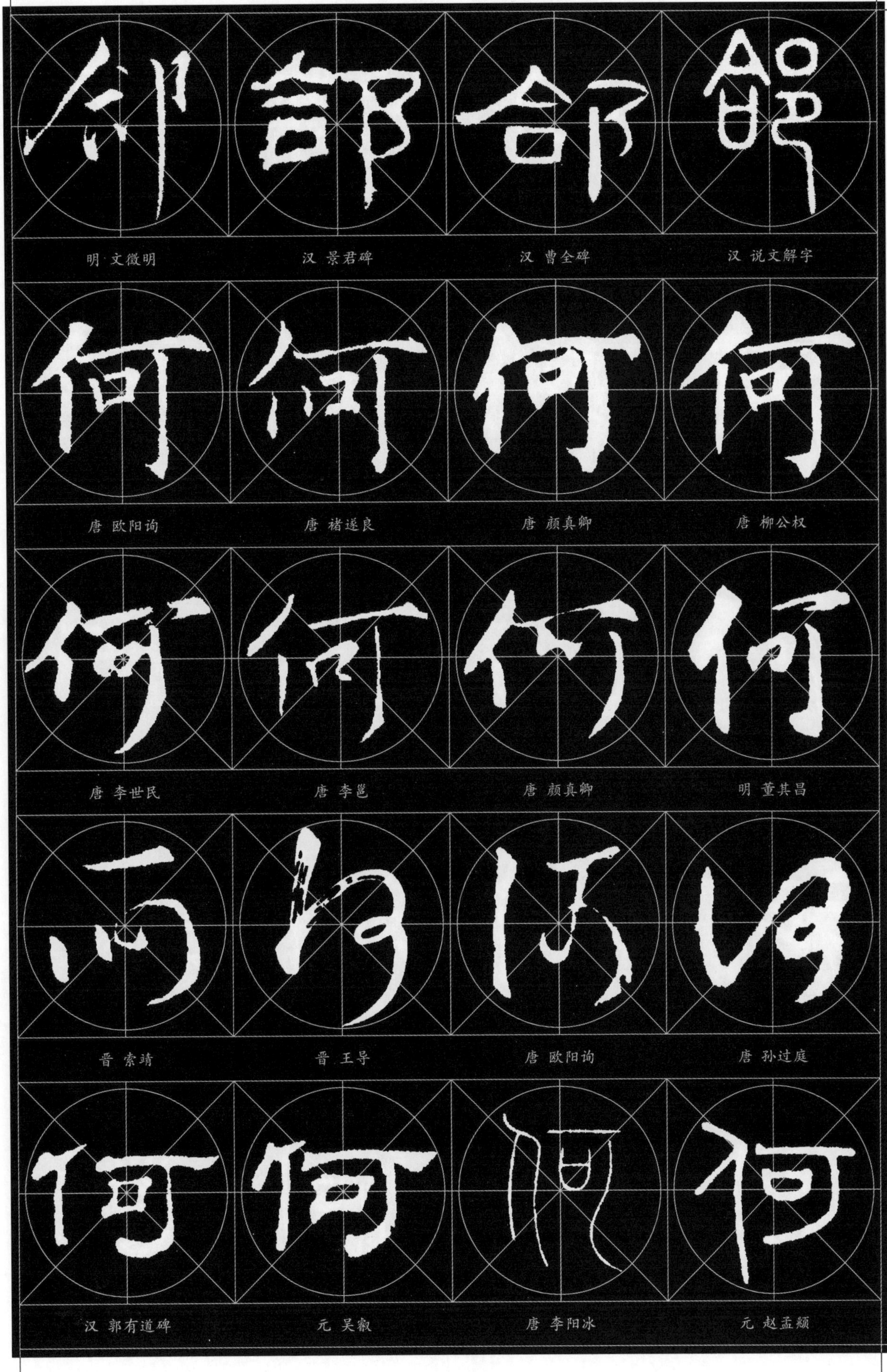

明 文徵明　汉 景君碑　汉 曹全碑　汉 说文解字

唐 欧阳询　唐 褚遂良　唐 颜真卿　唐 柳公权

唐 李世民　唐 李邕　唐 颜真卿　明 董其昌

晋 索靖　晋 王导　唐 欧阳询　唐 孙过庭

汉 郭有道碑　元 吴叡　唐 李阳冰　元 赵孟頫

hé
河

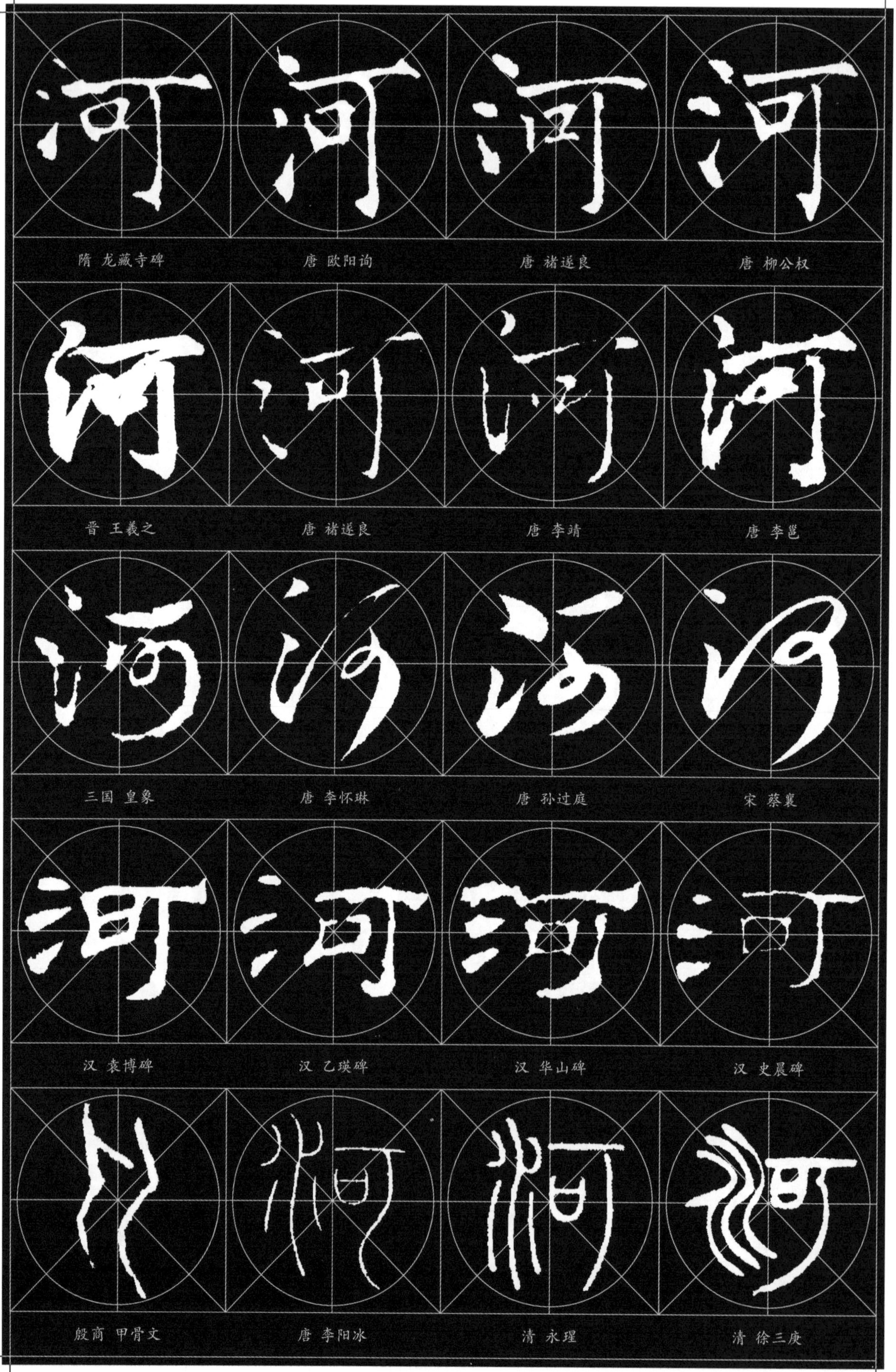
隋 龙藏寺碑
唐 欧阳询
唐 褚遂良
唐 柳公权
晋 王羲之
唐 褚遂良
唐 李靖
唐 李邕
三国 皇象
唐 李怀琳
唐 孙过庭
宋 蔡襄
汉 袁博碑
汉 乙瑛碑
汉 华山碑
汉 史晨碑
殷商 甲骨文
唐 李阳冰
清 永瑆
清 徐三庚

hé 荷（莲）hè（负担；承受）

hé 劾

hé 核 hú

hé 阂（阻隔）

唐 魏栖梧 | 唐 柳公权 | 宋 黄庭坚 | 唐 欧阳询

宋 赵佶 | 元 揭傒斯 | 清 王澍 | 唐 李阳冰

三国 皇象 | 元 赵孟頫 | 金 张天锡·草书韵会 | 清 杨沂孙

宋 苏轼 | 元 赵孟頫 | 明 邵二泉 | 明 文徵明

唐 陆柬之 | 唐 孙过庭 | 汉 说文解字 | 清 吴熙载

hé
曷（怎么；何时）

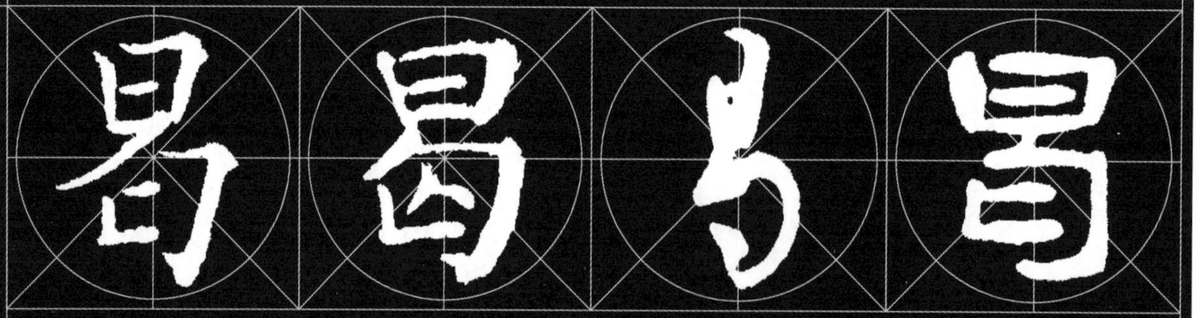

唐 欧阳询　唐 颜真卿　唐 孙过庭　清 吴隐

hé
涸

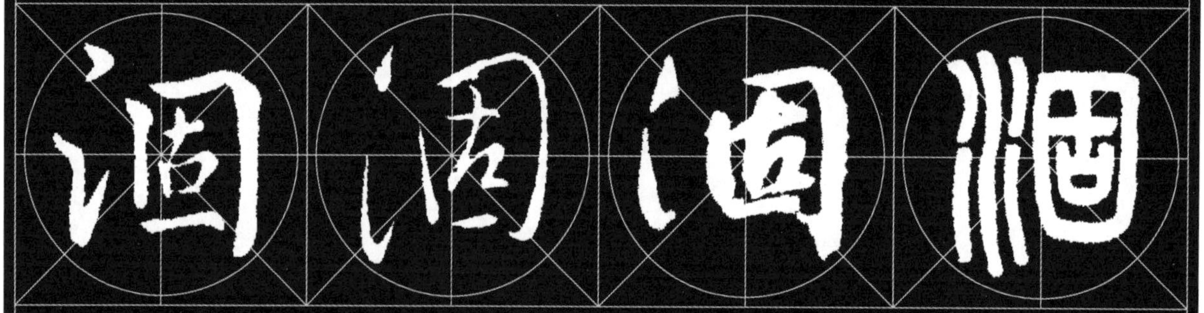

南朝 萧纲　明 祝允明　明 文徵明　清 吴大澂

hé
貉

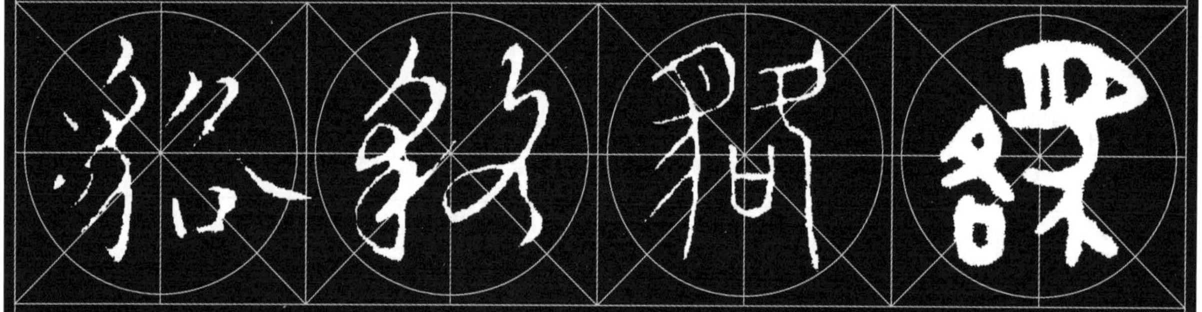

宋 范仲淹　金 张天锡·草书韵会　汉 说文解字　清 吴大澂

hé
翮（翎管；翅膀）

唐 李世民　明 张瑞图　明 陈淳　清 吴熙载

hè
贺

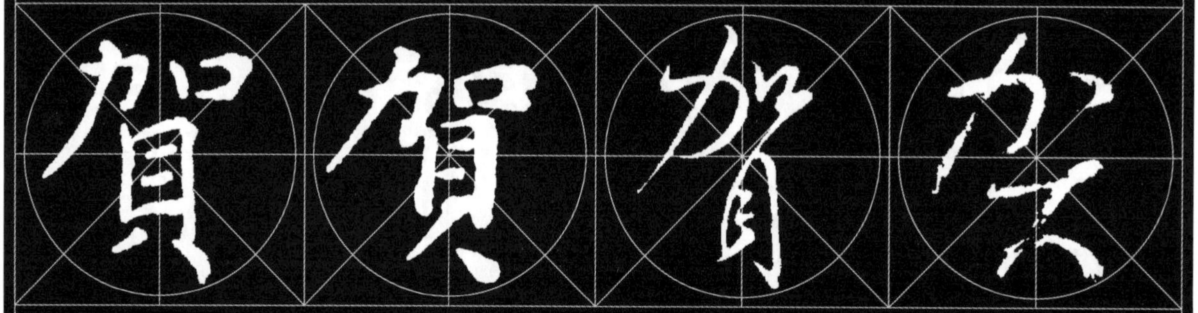

唐 褚遂良　明 丰坊　宋 米芾　唐 怀素

hè
褐

hè
赫（显著；盛大）

元 赵雍　汉 校官碑　汉 张迁碑　清 徐三庚

北朝 敬使君碑　唐 颜真卿　元 鲜于枢　清 田潜

北魏 高贞碑　唐 虞世南　唐 欧阳通　唐 颜真卿

唐 李邕　明 董其昌　唐 孙过庭　汉 礼器碑

汉 封龙山碑　汉 郭有道碑　唐 李隆基　汉 说文解字

hè
隺（古通鹤）

hè
鹤

hè
壑（沟）

唐 高正臣
宋 苏轼
宋 黄庭坚
宋 黄庭坚
元 鲜于枢
明 文徵明
清 王铎
汉 说文解字
北魏 孙秋生造像
北魏 张玄墓志
唐 柳公权
晋 王羲之
宋 苏轼
唐 怀素
元 邓文原
明 宋克
汉 史晨碑
清 仰嘉祥
清 杨沂孙
清 吴大澂

hēi
黑

hén 痕

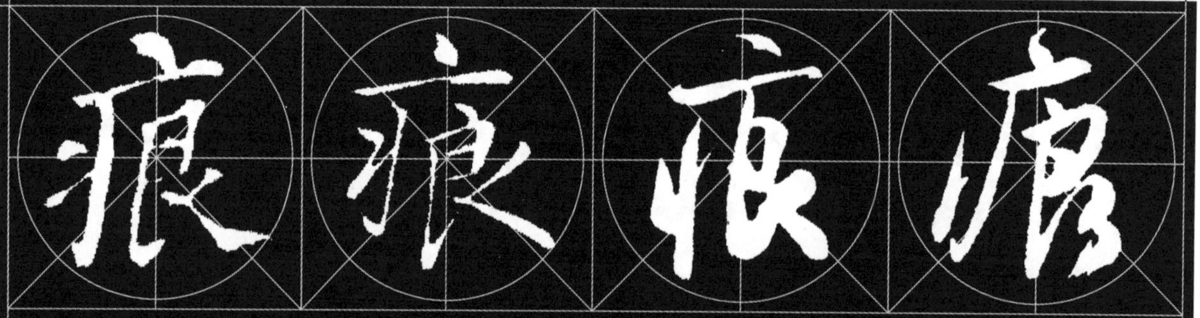

宋 苏轼 | 元 陈基 | 宋 米芾 | 明 唐寅

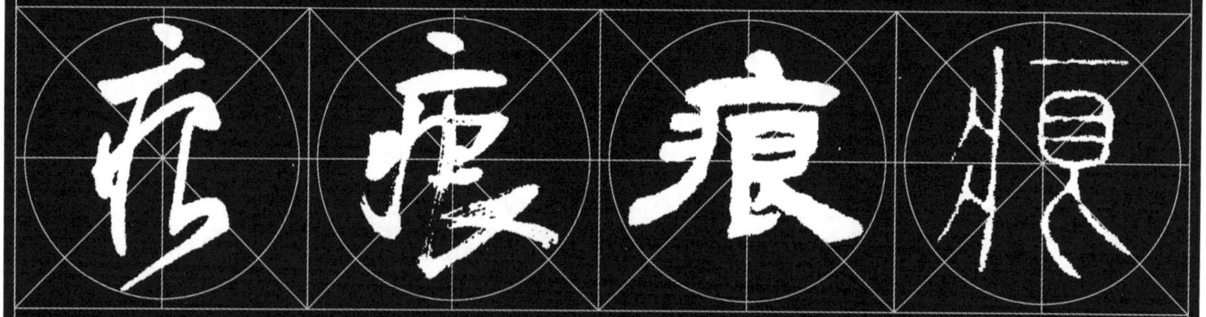

明 文徵明 | 清 王铎 | 清 邓石如 | 汉 说文解字

hěn 很

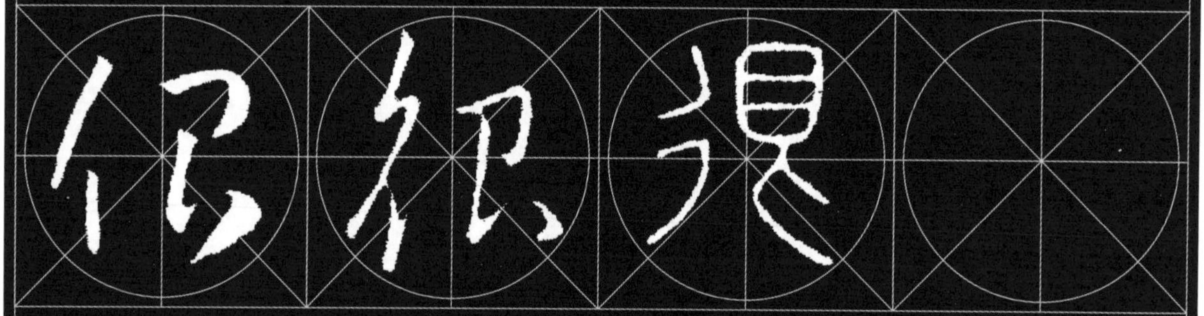

唐 孙过庭 | 金 张天锡·草书韵会 | 汉 说文解字

hèn 恨

唐 欧阳通 | 唐 李邕 | 唐 陆柬之 | 唐 颜真卿

明 唐寅 | 唐 李怀琳 | 唐 孙过庭 | 唐 怀素

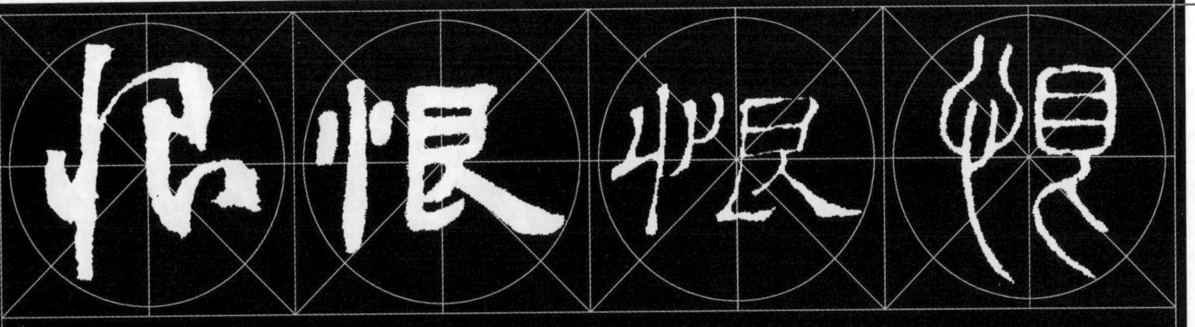

宋 黄庭坚 | 清 邓石如 | 清 顾蔼吉·隶辨 | 汉 说文解字

hēng
亨

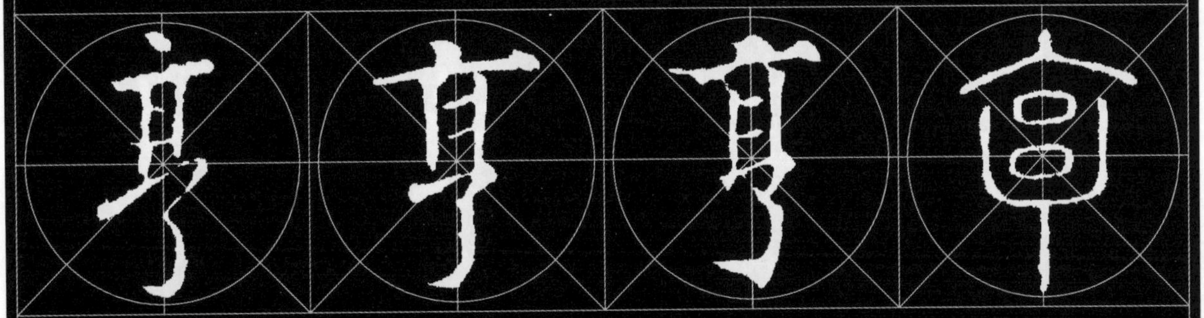

晋 王羲之 | 唐 虞世南 | 唐 欧阳通 | 汉 说文解字

héng
恒
（恆）

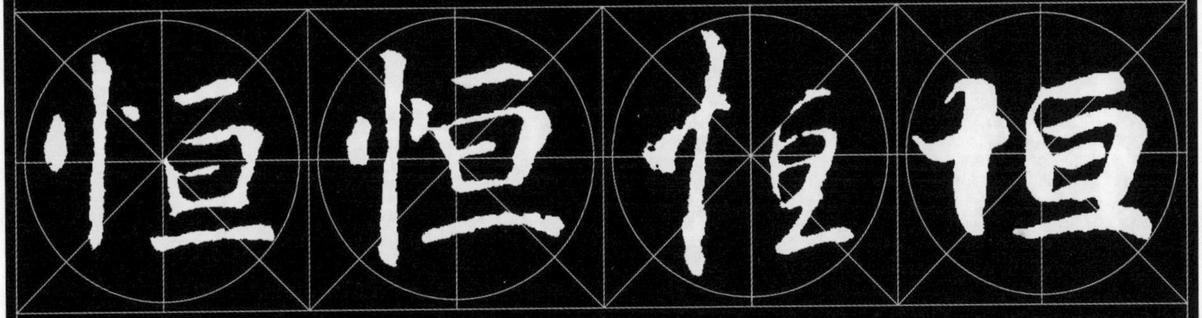

唐 虞世南 | 唐 颜真卿 | 晋 王羲之 | 隋 智永

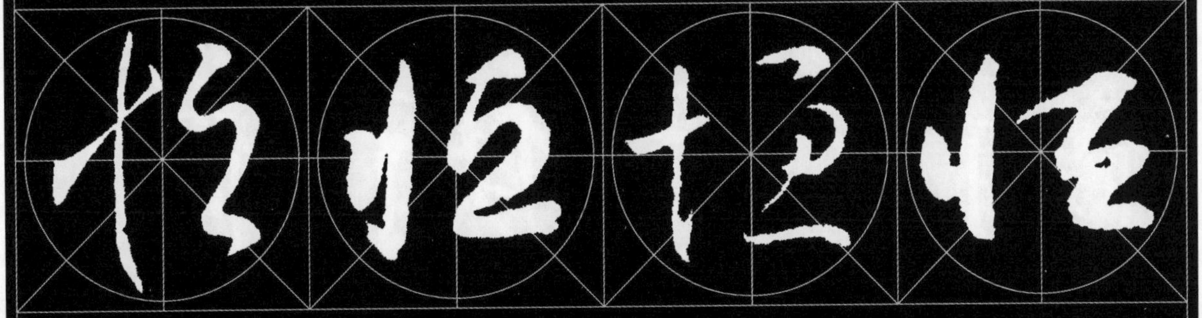

晋 王献之 | 隋 智永 | 唐 虞世南 | 唐 怀素

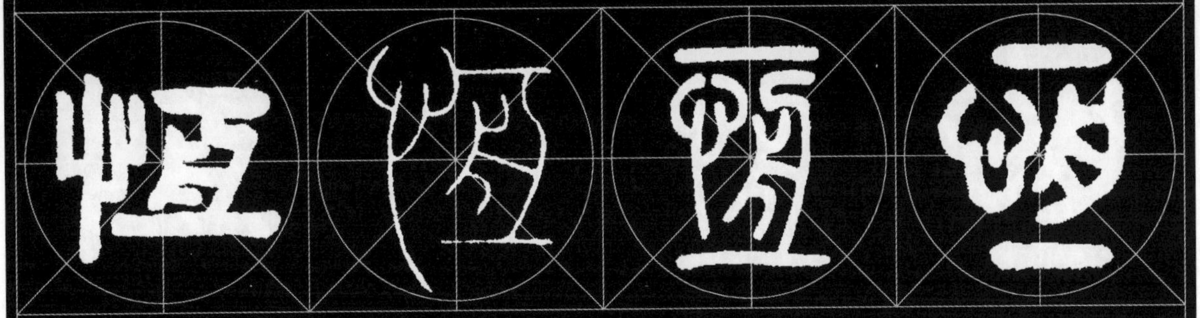

清 陈鸿寿 | 唐 李阳冰 | 清 吴熙载 | 清 吴大澂

héng
横
hèng
（凶暴；意外的）

héng
衡

hōng
薨（诸侯、大官之死）

hóng
弘

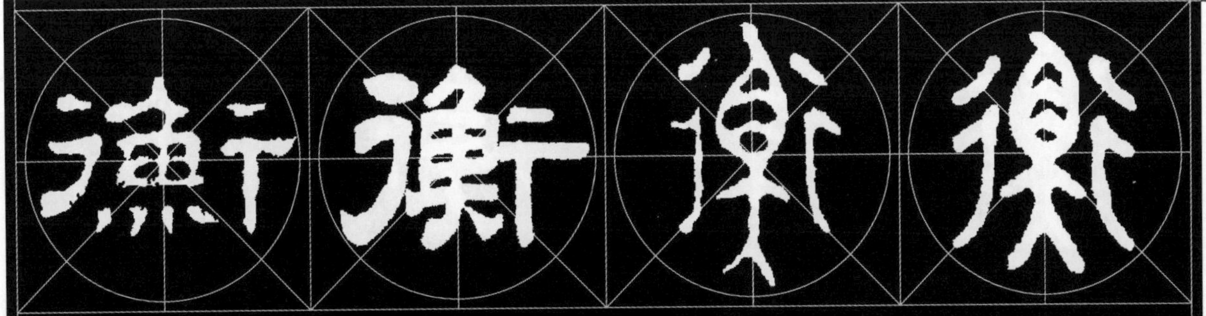

汉 郭有道碑　清 曾纪泽　周 毛公鼎　清 吴大澂

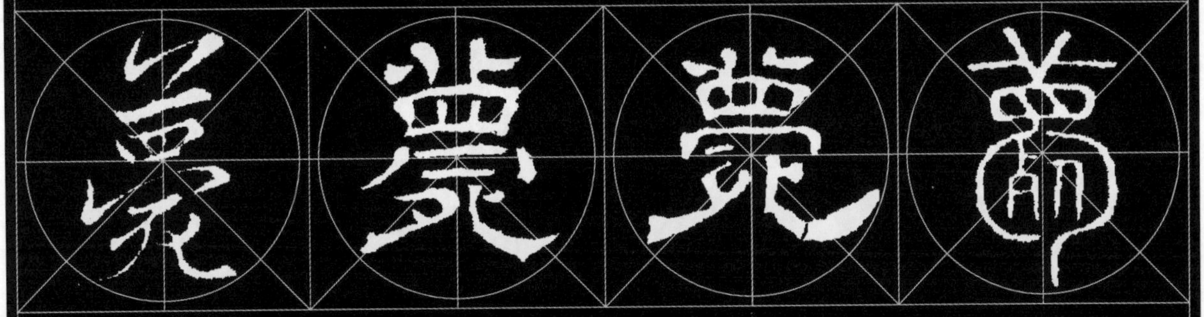

元 赵雍　三国 王基碑　晋 左棻墓志　汉 说文解字

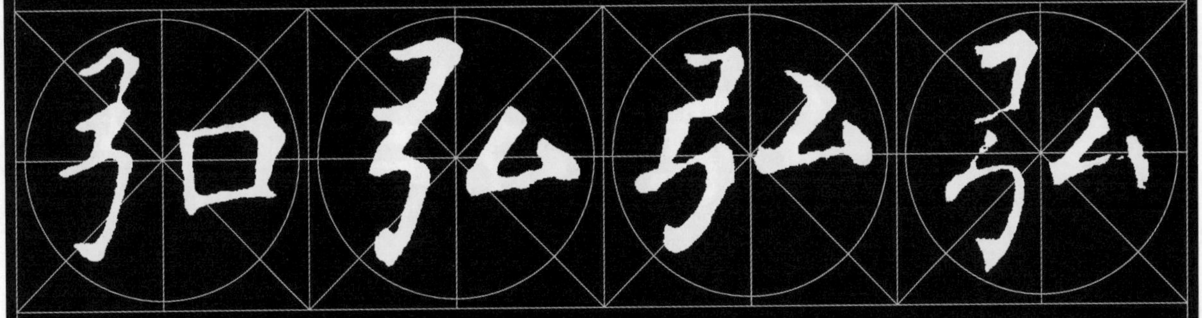

唐 欧阳询　唐 虞世南　唐 颜真卿　唐 柳公权

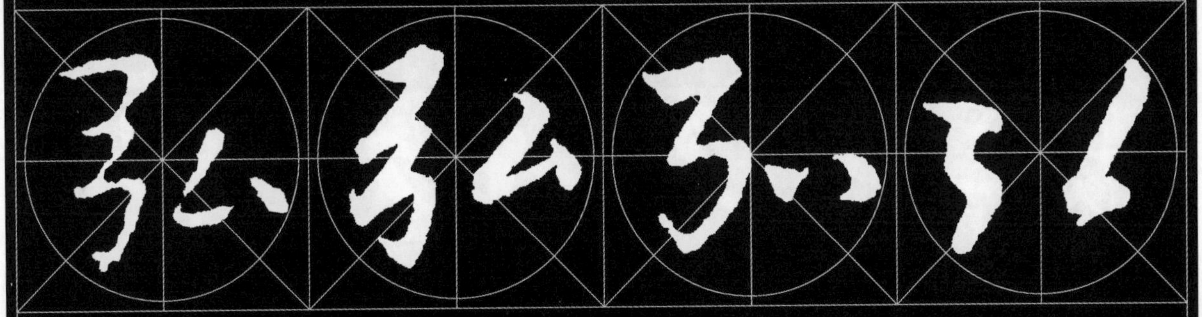

晋 王羲之　元 赵孟頫　三国 皇象　唐 孙过庭

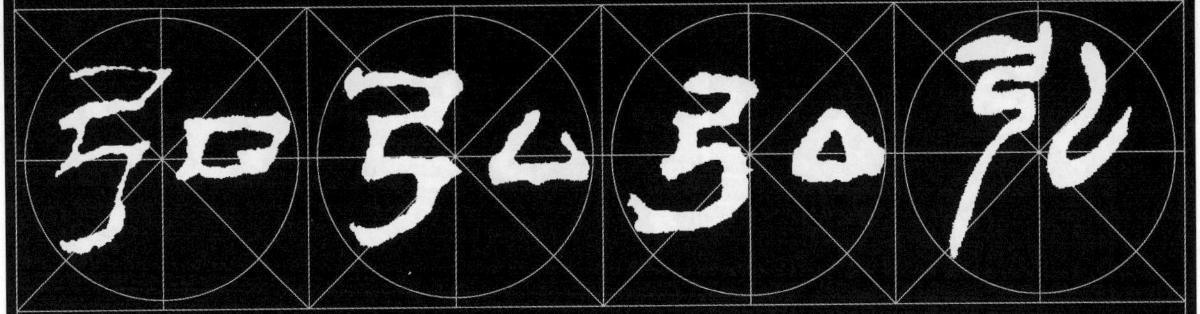

汉 乙瑛碑　汉 郭有道碑　汉 孔彪碑　清 徐三庚

hóng
泓
（水深而广）

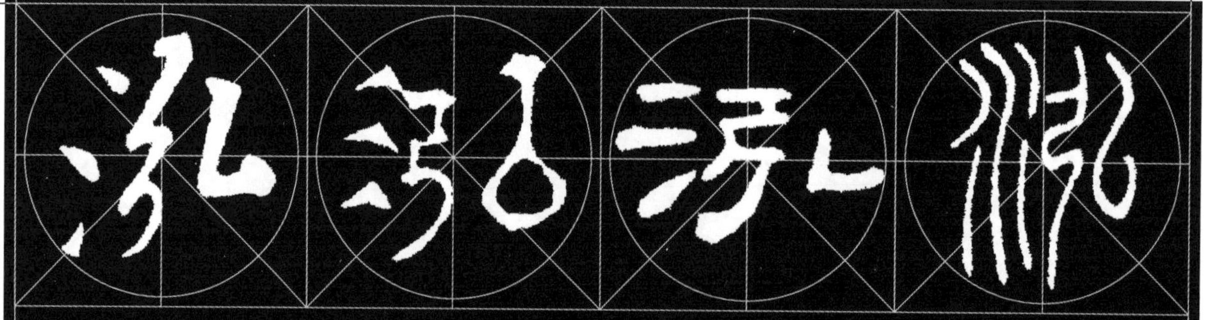

宋 米芾 | 汉 华山碑 | 清 桂馥 | 汉 说文解字

hóng
红
gōng
（女红）

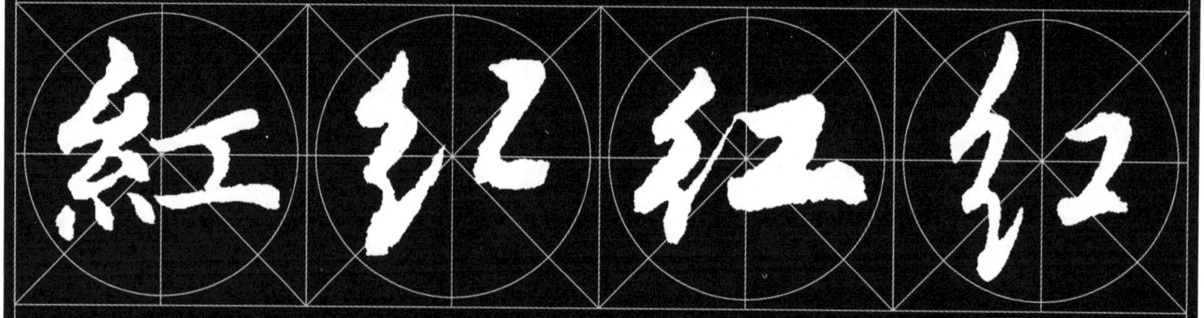

元 赵孟頫 | 宋 米芾 | 明 唐寅 | 明 董其昌

唐 孙过庭 | 明 王宠 | 清 梁同书 | 清 吴熙载

hóng
虹
jiàng
（单用）

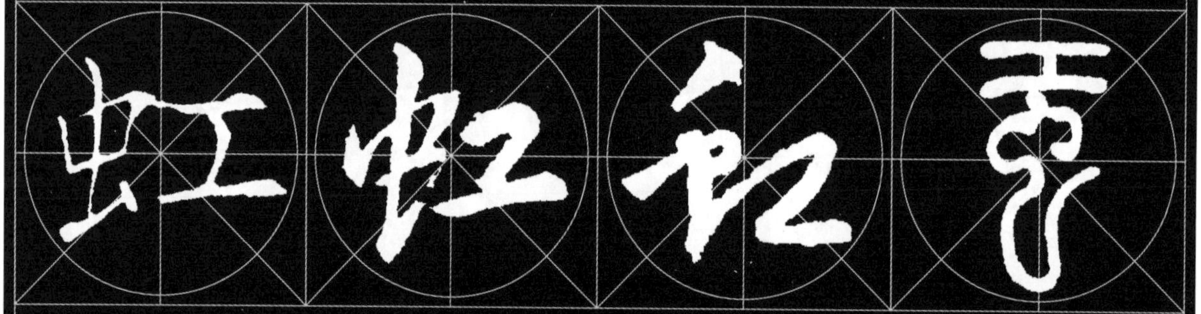

唐 欧阳询 | 唐 李邕 | 明 宋克 | 清 吴熙载

hóng
鸿

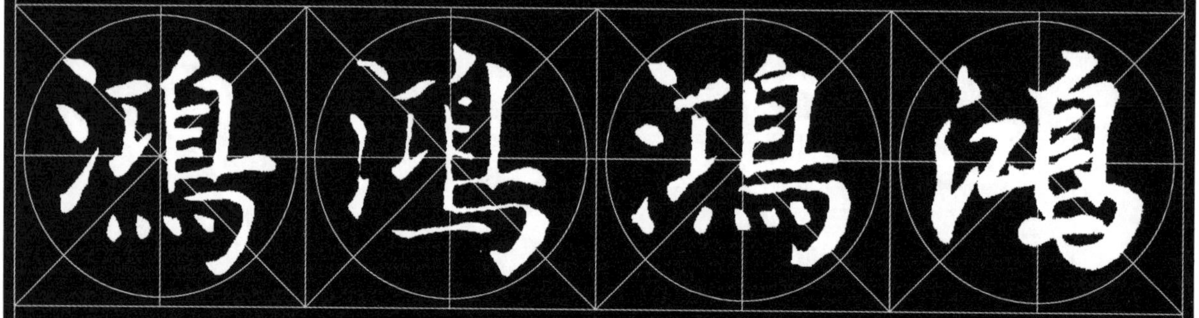

唐 虞世南 | 唐 欧阳通 | 唐 颜真卿 | 晋 王羲之

唐 高正臣　宋 黄庭坚　三国 皇象　唐 孙过庭

宋 苏轼　汉 杨震碑　汉 张迁碑　清 吴大澂

唐 颜师古　晋 王羲之　清 钱泳　清 杨沂孙

元 赵孟頫　金 张天锡·草书韵会　清 顾蔼吉·隶辨　汉 说文解字

唐 褚遂良　明 董其昌　清 顾蔼吉·隶辨　汉 说文解字

hóng
宏

hóng
纮（冠冕系带）

hóng
闳（巷门；宏大）

hóng
洪

hóu
侯
hòu
（闽侯）

北魏 孙秋生造像　隋 智永　宋 蔡襄　元 赵孟頫

唐 怀素　元 鲜于枢　汉 鲜于璜碑　汉 张寿碑

汉 孔彪碑　清 顾蔼吉·隶辨　清 吴熙载　清 吴大澂

三国 钟繇　唐 欧阳询　唐·褚遂良　唐 李邕

唐 颜真卿　宋 黄庭坚　晋 王羲之　唐 孙过庭

hóu
喉

hòu
后（帝王；帝后；其他同後）

hòu
後

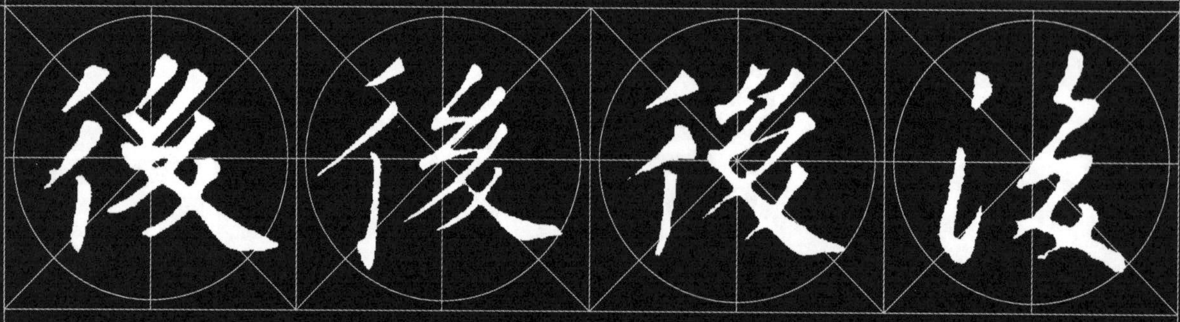

唐 欧阳询　唐 王敬客　唐 柳公权　隋 智果

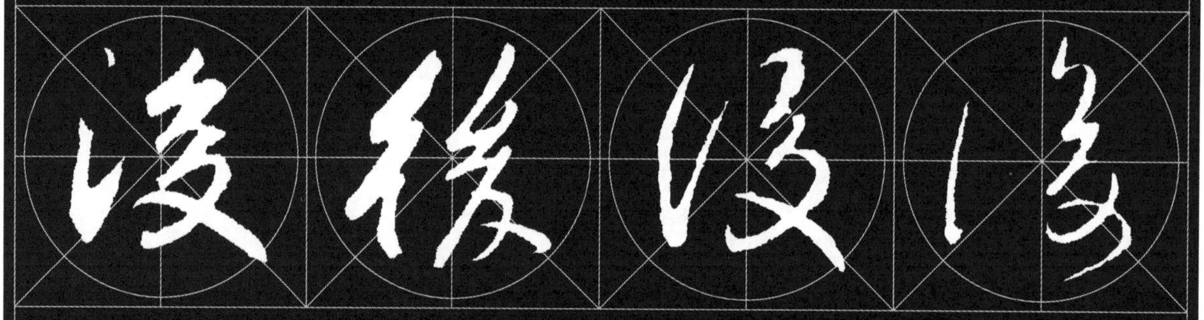

唐 李邕　宋 黄庭坚　唐 武则天　唐 柳公权

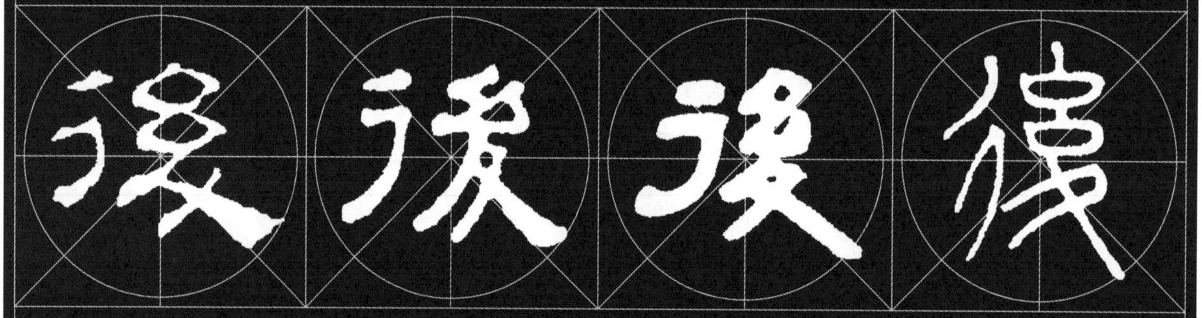

元 吴叡　清 桂馥　清 邓石如　元 赵孟頫

hòu
逅（邂逅）

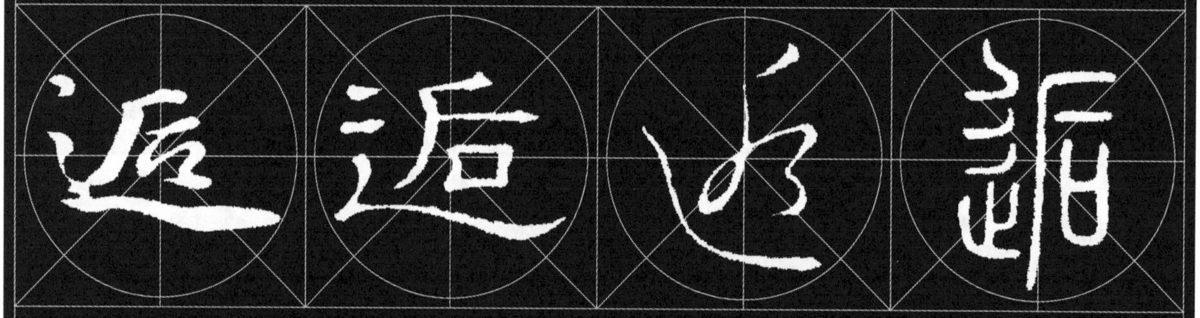

宋 米芾　清 顾蔼吉·隶辨　金 张天锡·草书韵会　汉 说文解字

hòu
厚

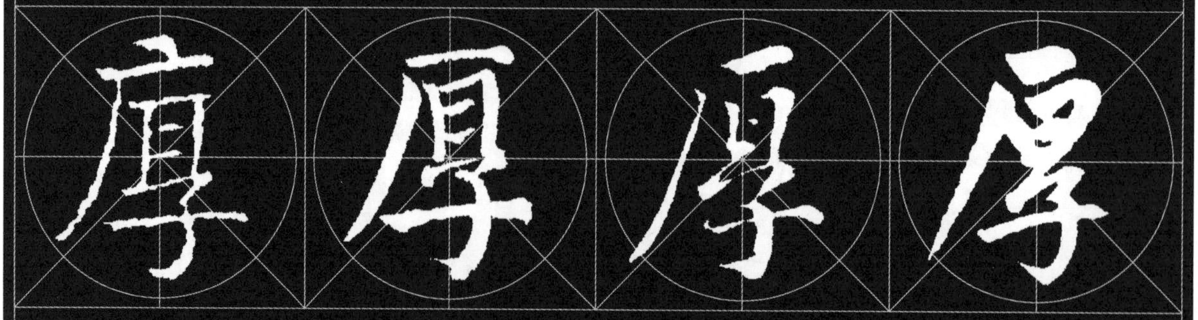

隋 苏孝慈墓志　唐 颜真卿　宋 蔡襄　元 赵孟頫

宋 黄庭坚
汉 礼器碑
汉 西狭颂
周 墙盘
唐 虞世南
宋 米芾
清 钱泳
清 杨沂孙
唐 欧阳询
唐 张旭
唐 颜真卿
元 赵孟頫
隋 智永
宋 赵佶
唐 孙过庭
唐 怀素
汉 孔宙碑
晋 辟雍碑
唐 李阳冰
元 吴叡

hòu
候

hū
乎

hū
呼（嘑）

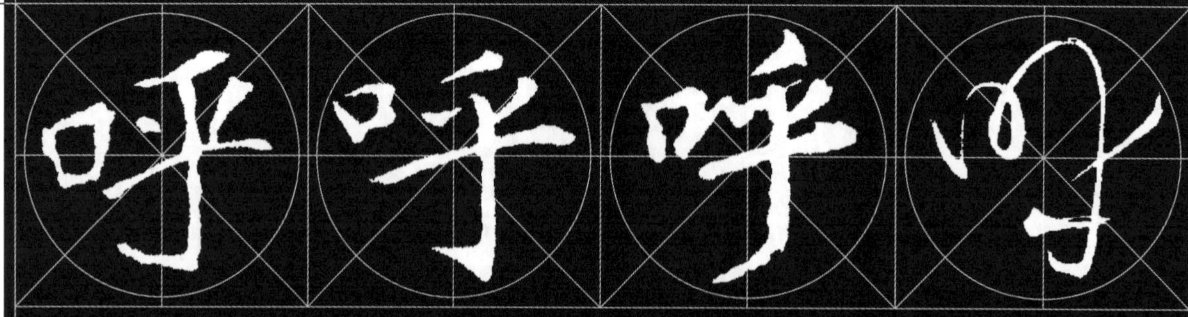

北魏 崔敬邕墓志　元 王蒙　晋 王羲之　宋 苏轼

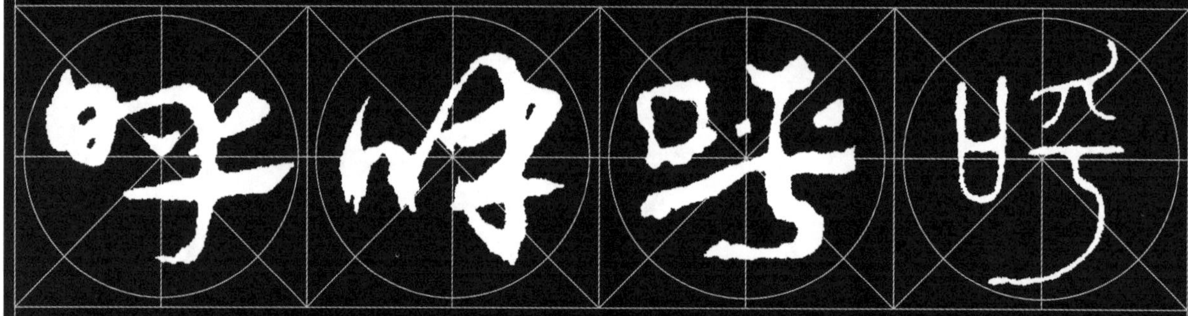

明 宋克　明 文徵明　汉 校官碑　汉 说文解字

hū
忽

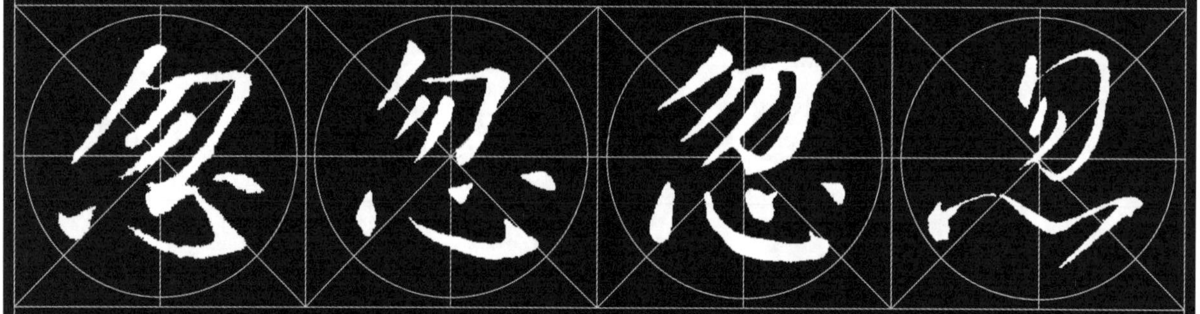

晋 王羲之　唐 欧阳询　唐 颜真卿　唐 怀素

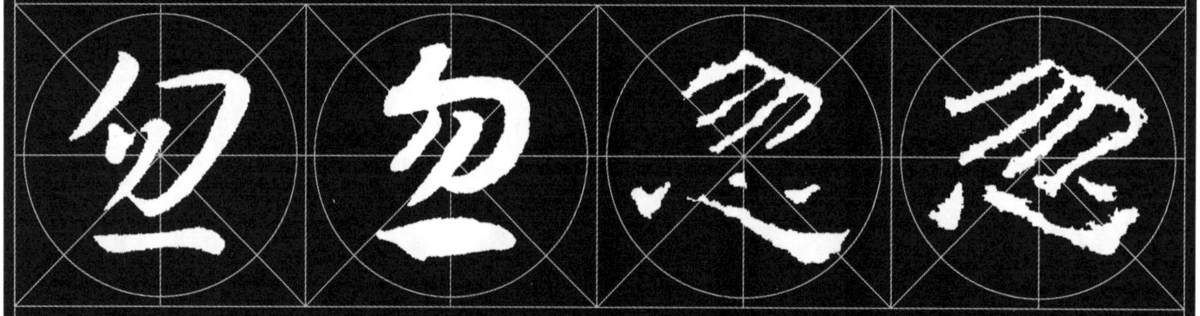

唐 孙过庭　宋 赵构　汉 景君碑　汉 孟孝琚碑

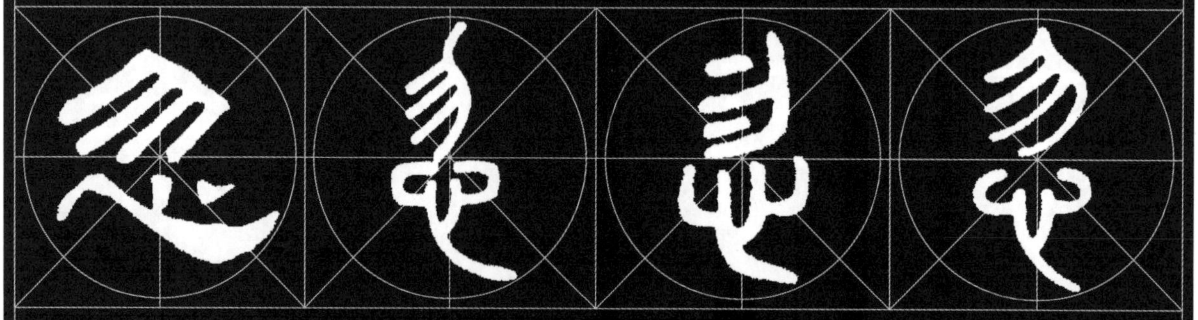

清 张祖翼　清 邓石如　清 田潜　清 孙星衍

hú 狐

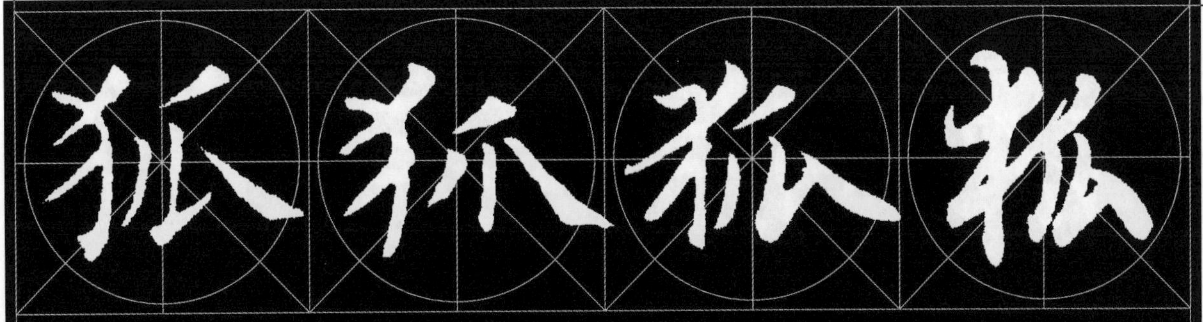

唐 欧阳询　唐 柳公权　元 赵孟頫　明 文徵明

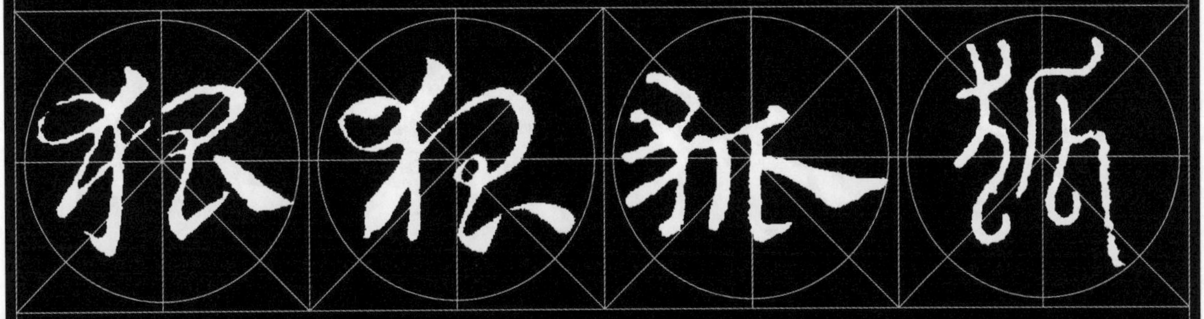

三国 皇象　唐 孙过庭　元 吴叡　清 永瑆

hú 壶（壺）

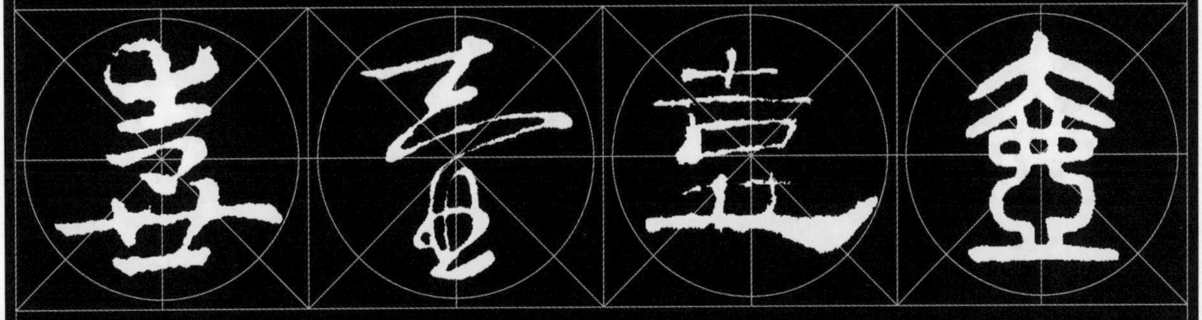

三国 皇象　唐 怀素　汉 礼器碑　清 杨沂孙

hú 斛

北魏 元诊墓志　元 赵孟頫　宋 苏轼　宋 文天祥

hú 胡

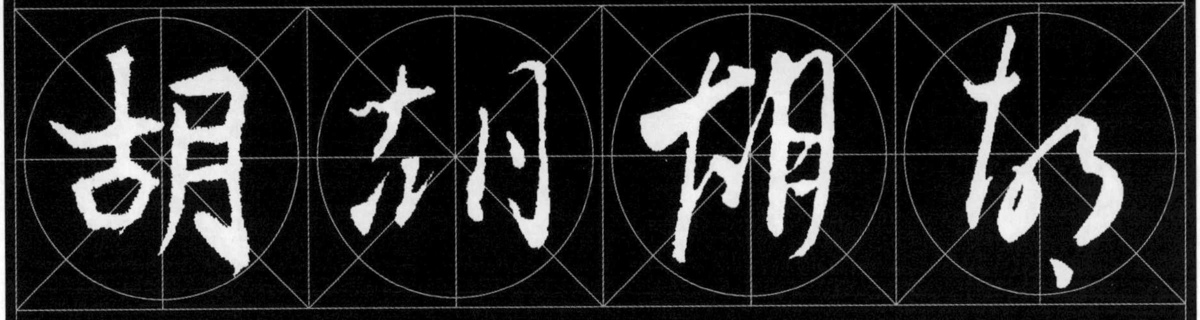

晋 王廙　唐 颜真卿　宋 米芾　明 王宠

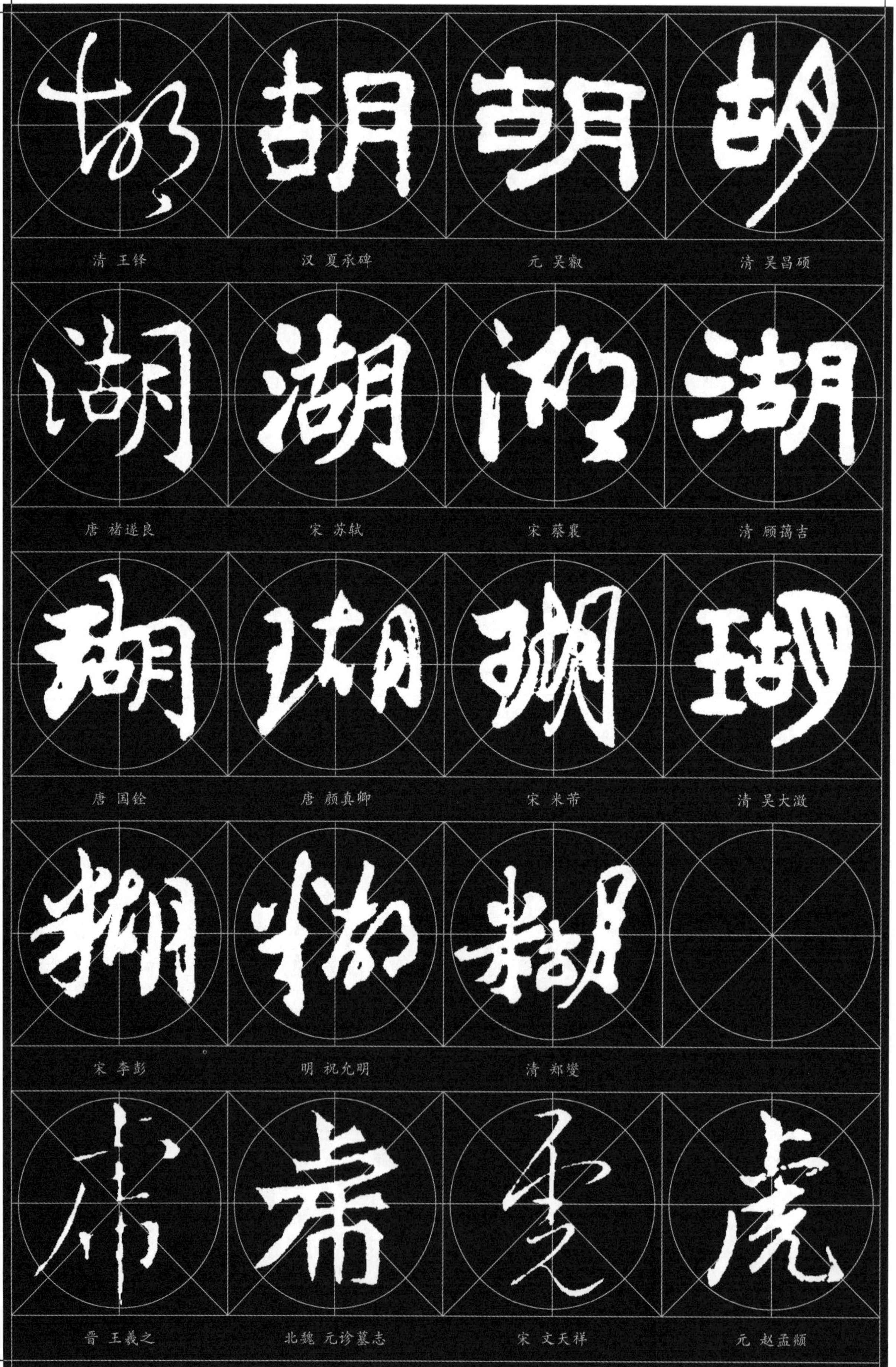

hú
湖

hú
瑚

hú
糊
hù
hū

hǔ
虎

hǔ 浒（水边）xǔ

hù 互

hù 户

hù
护（護）

元 赵孟頫　明 唐寅　宋 米芾　明 文徵明

汉 乙瑛碑　汉 校官碑　汉 曹全碑　清 王铎

三国 钟繇　北魏 李璧墓志　唐 颜真卿　晋 王徽之

明 唐寅　宋 苏轼　元 赵雍　三国 皇象

晋 王廙　元 赵孟頫　清 顾蔼吉·隶辨　清 吴昌硕

hù
祜（福）

hù
笏

hù
扈（随从）

huā
花

huā
华
（同花）
huá
huà

huá
滑

huà
化
huā

huà
划（劃）huá

huà
画（畫）

huà
话

huái
怀（懷、褱）

晋 王羲之
隋 智永
唐 李世民
晋 王羲之
唐 孙过庭
唐 怀素
明 王宠
汉 袁博碑
汉 武梁刻石
三国 王基碑
元 吴叡
清 王澍
宋 黄庭坚
明 文徵明
清 王铎
明 文徵明
北朝 敬使君碑
唐 怀素
元 鲜于枢
汉 史晨碑

huái
徊

huái
淮

汉 校官碑　汉 桐柏庙碑　周 兮甲盘　清 曾纪泽

huái
槐

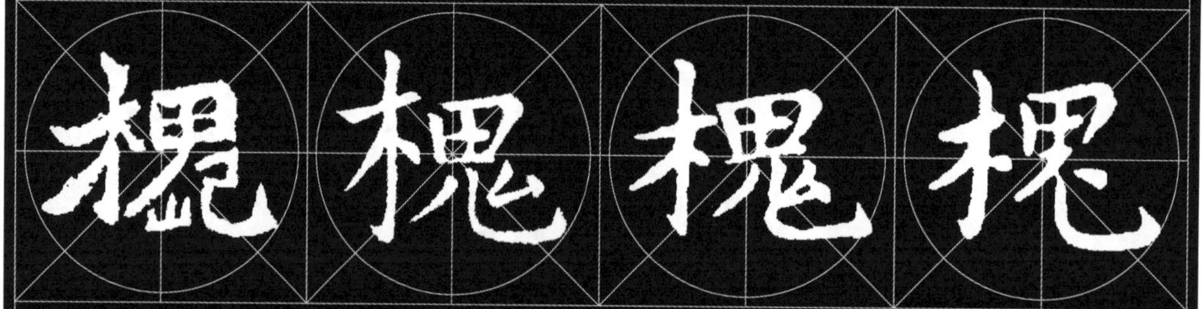

北魏 魏灵藏造像　唐 虞世南　元 赵孟頫　明 王宠

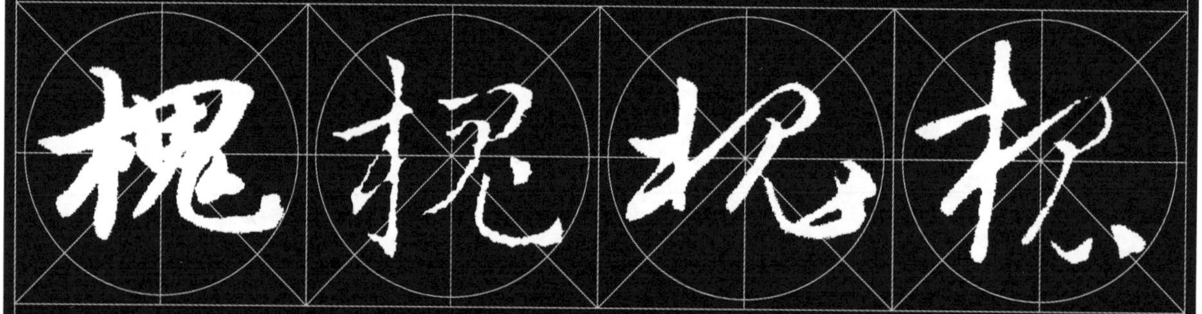

隋 智永　三国 皇象　唐 孙过庭　唐 怀素

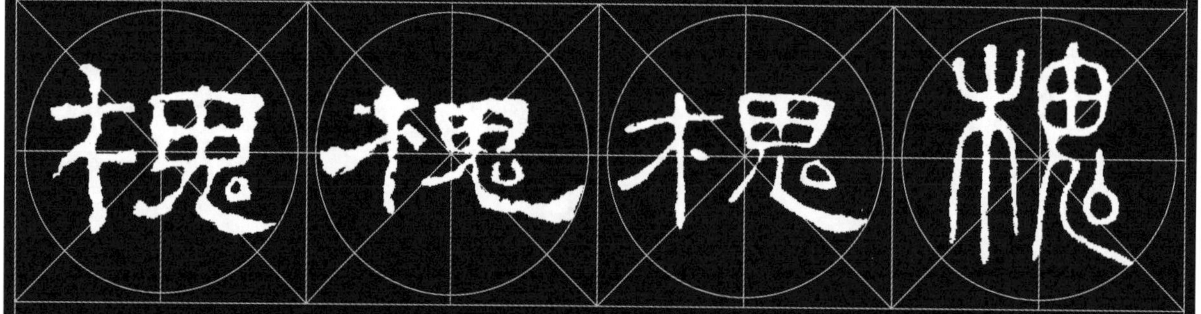

汉 景君碑　汉 韩仁铭　汉 曹全碑　汉 说文解字

huài
坏（壞）

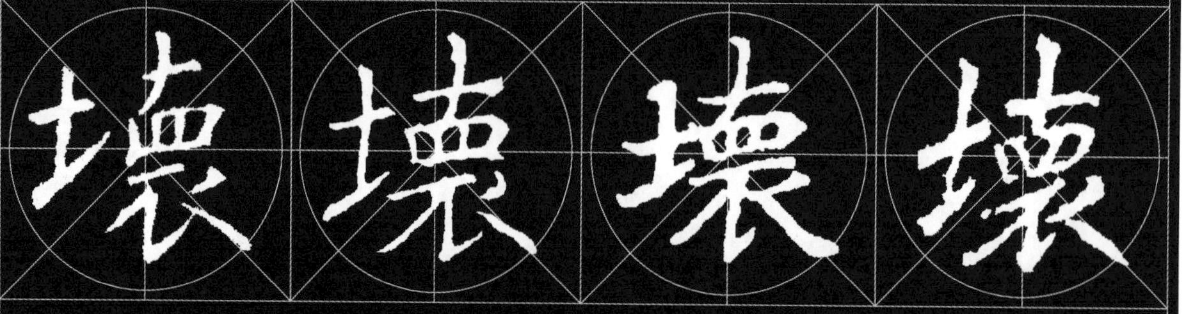

唐 虞世南　唐 褚遂良　唐 国诠　唐 李邕

huān
欢（歡、懽、讙、驩）

huán
还
hái

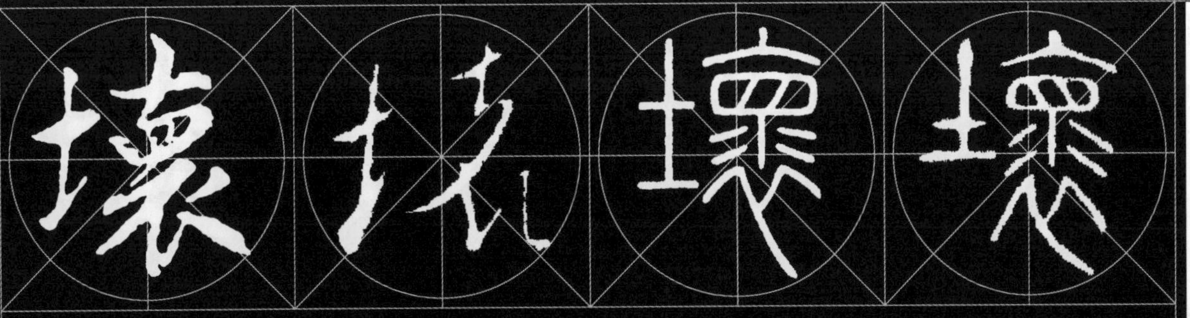

元 赵孟頫　宋 米芾　秦 李斯　汉 说文解字

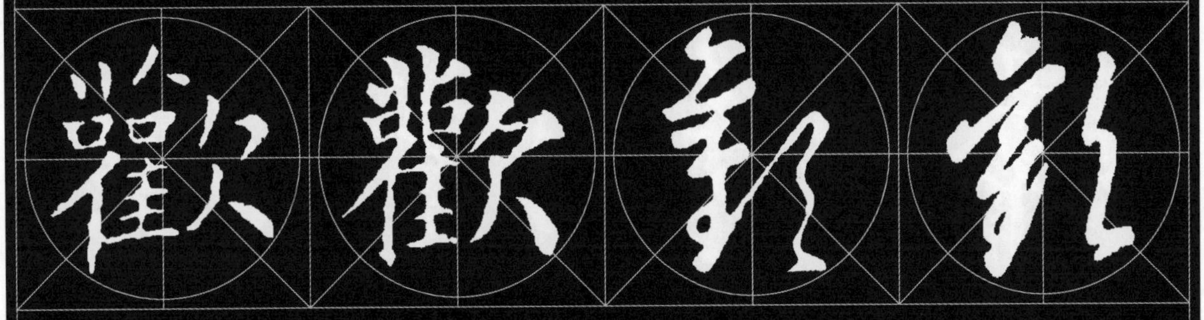

晋 王献之　唐 颜真卿　晋 王羲之　隋 智永

唐 欧阳询　唐 怀素　清 王澍　清 何绍基

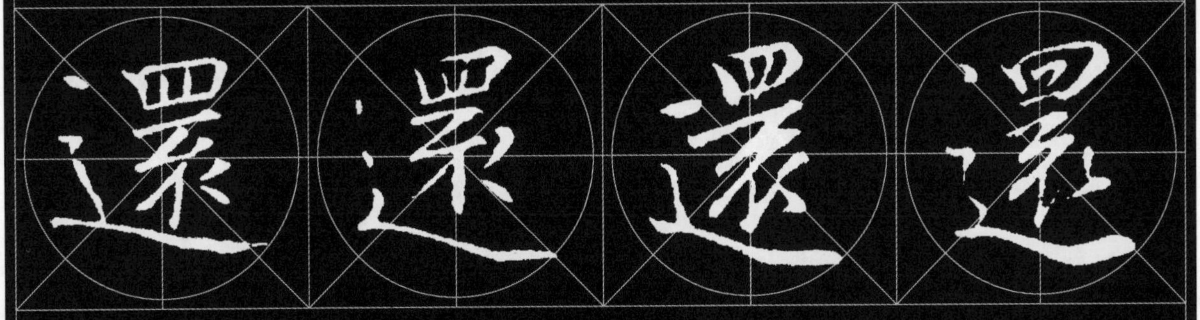

唐 褚遂良　唐 释怀仁　元 袁桷　晋 王羲之

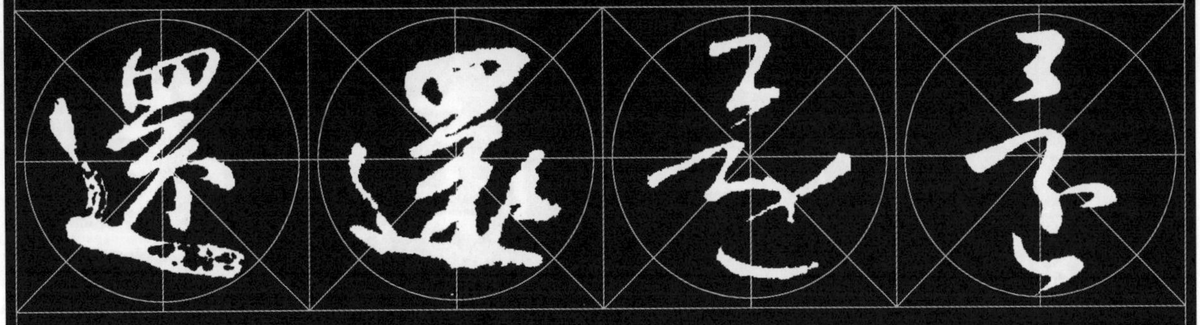

唐 颜真卿　宋 米芾　晋 王献之　唐 孙过庭

huán
环（環）

唐 怀素 | 清 何绍基 | 周 散氏盘 | 清 杨沂孙

唐 颜真卿 | 隋 智永 | 元 沈右 | 元 揭傒斯

清 王澍 | 清 桂馥 | 汉 说文解字 | 唐 李阳冰

huán
桓

晋 王羲之 | 元 赵孟頫 | 元 鲜于枢 | 隋 智永

唐 孙过庭 | 汉 武梁刻石 | 汉 张寿碑 | 汉 樊敏碑

huán
寰

huán
镮

huán
鬟

huǎn
缓

huàn 幻

huàn 奂（盛；多）

huàn 唤

huàn 涣

huàn 换

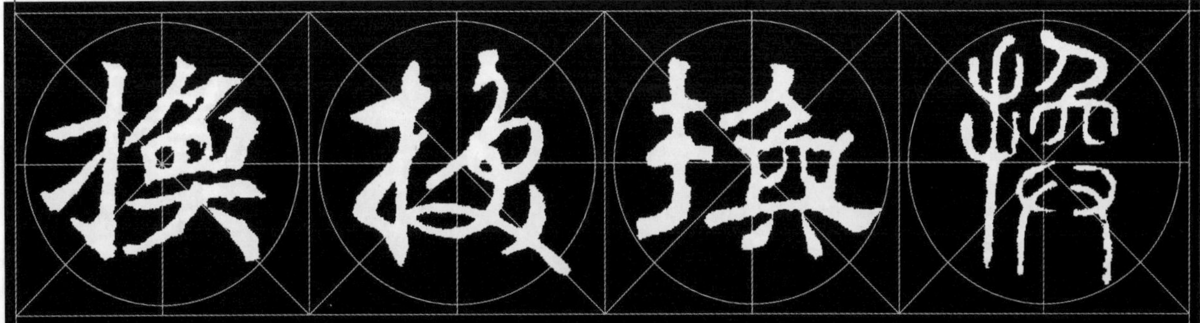

唐 颜师古　明 文徵明　汉 张君碑　汉 说文解字

huàn 焕

唐 欧阳询　宋 黄庭坚　汉 张迁碑　汉 说文解字

huàn 宦

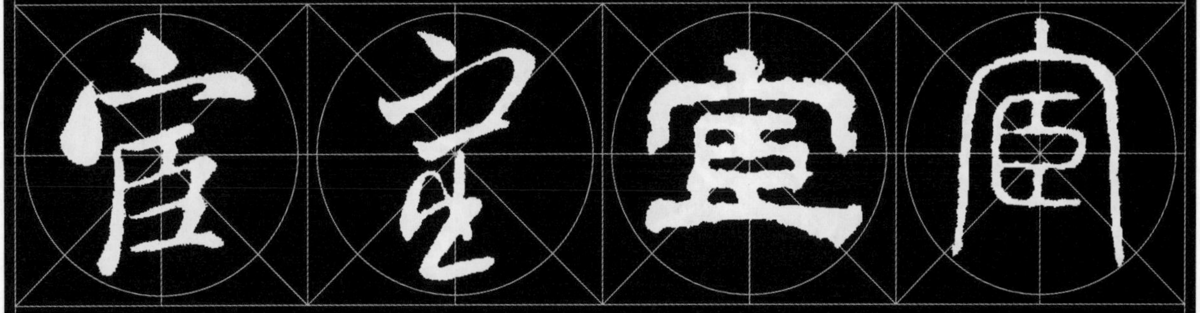

宋 米芾　晋 王羲之　三国 上尊号碑　汉 说文解字

huàn 浣（澣）

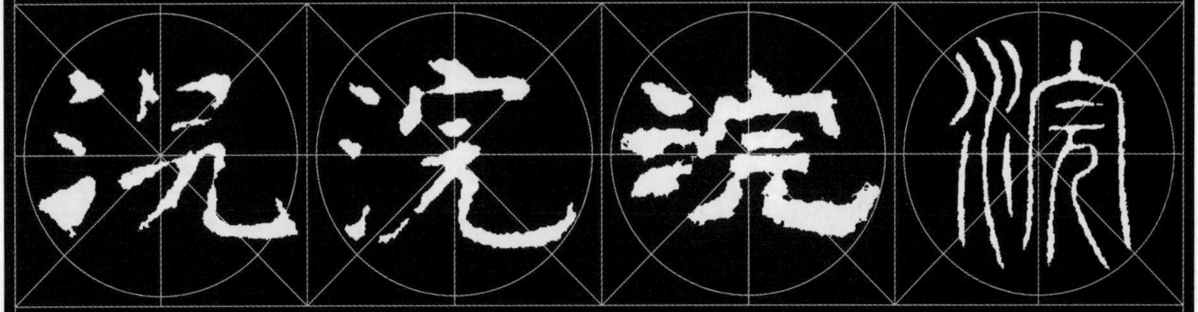

北魏 张猛龙碑　明 沈度　汉 鲜于璜碑　汉 说文解字

huàn 患

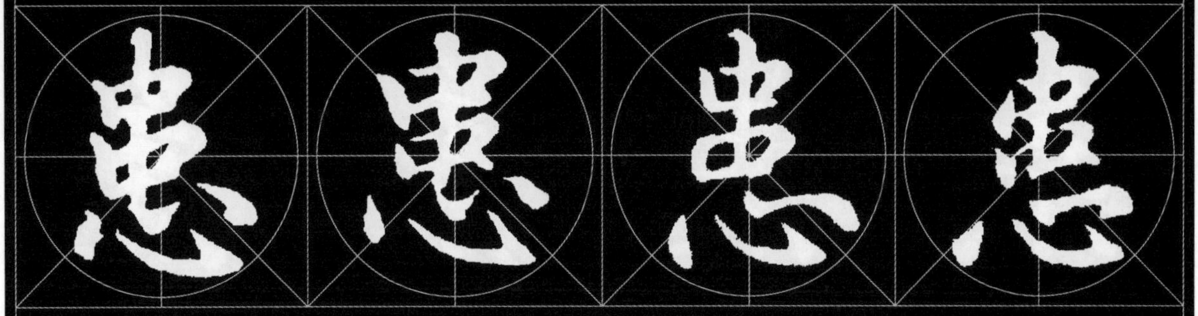

唐 陆柬之　元 赵孟頫　三国 钟繇　晋 王献之

huàn
擐
（穿）

huàn
豢

huāng
荒

huáng
皇

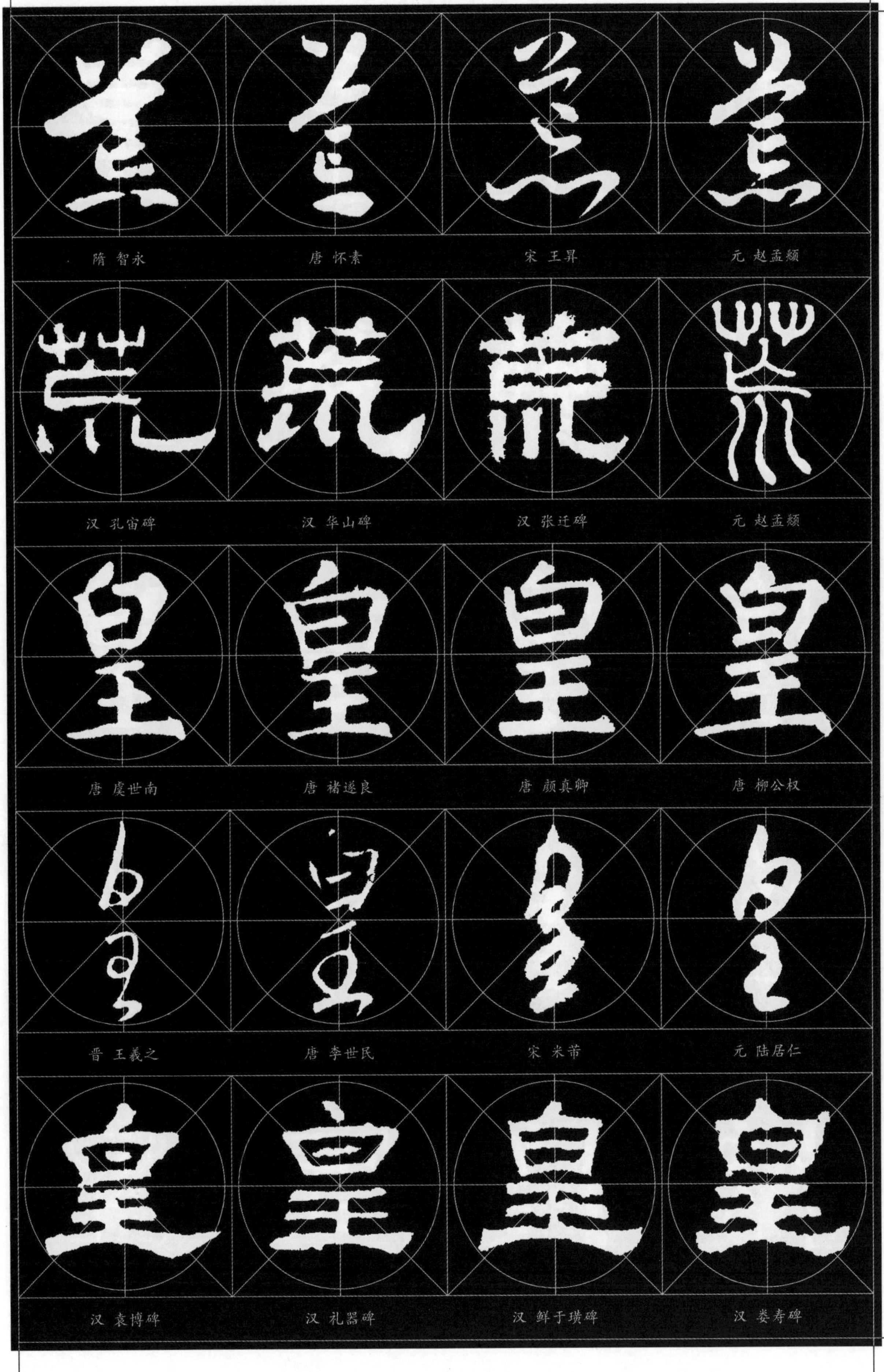
隋 智永
唐 怀素
宋 王昇
元 赵孟頫
汉 孔宙碑
汉 华山碑
汉 张迁碑
元 赵孟頫
唐 虞世南
唐 褚遂良
唐 颜真卿
唐 柳公权
晋 王羲之
唐 李世民
宋 米芾
元 陆居仁
汉 袁博碑
汉 礼器碑
汉 鲜于璜碑
汉 娄寿碑

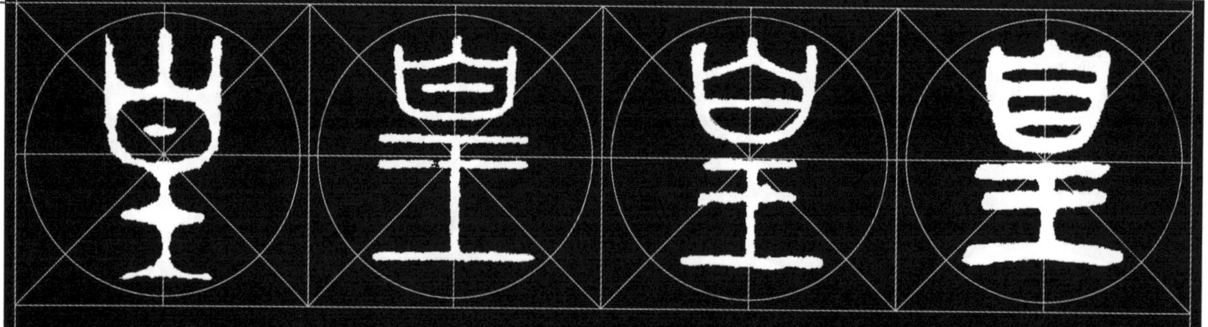

周 颂鼎 | 秦 会稽刻石 | 唐 李阳冰 | 清 杨沂孙

huáng
凰

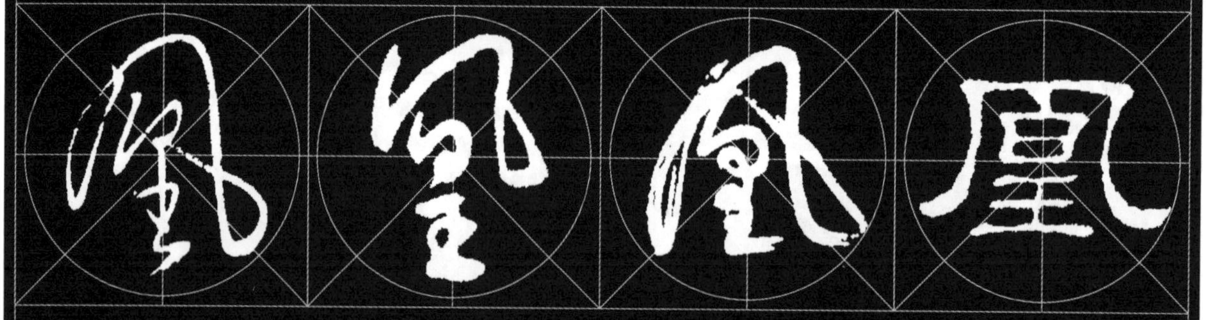

唐 怀素 | 明 王宠 | 清 归庄 | 清 顾蔼吉·隶辨

huáng
隍

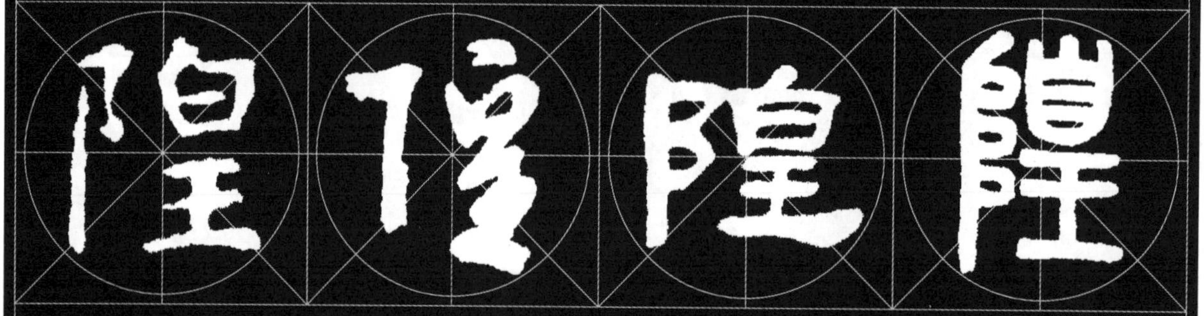

唐 虞世南 | 明 文徵明 | 清 邓石如 | 清 吴大澂

huáng
惶

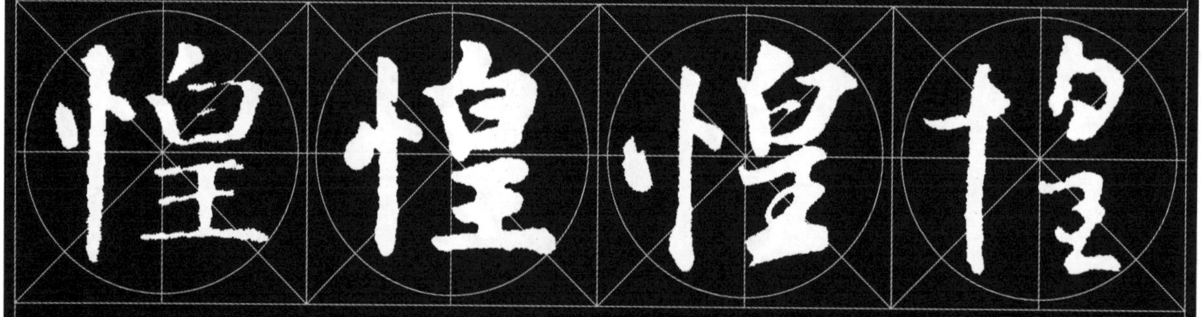

隋 智永 | 元 赵孟頫 | 宋 韩绛 | 隋 智永

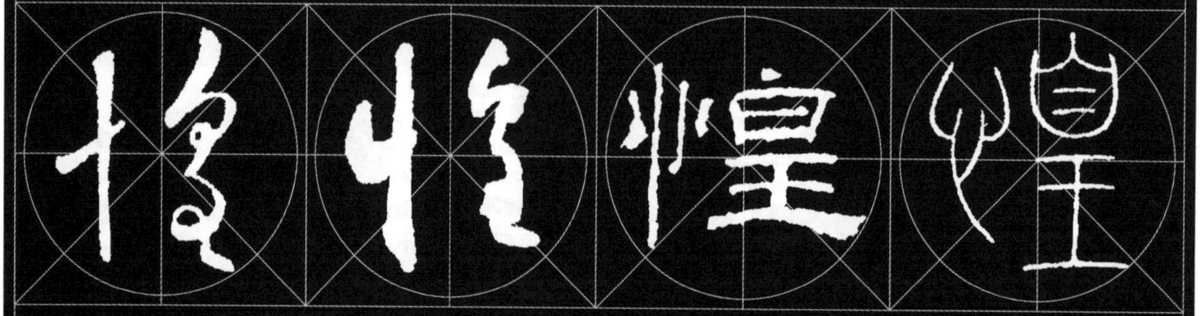

唐 欧阳询 | 唐 怀素 | 汉 乙瑛碑 | 唐 李阳冰

huáng 遑（闲暇）

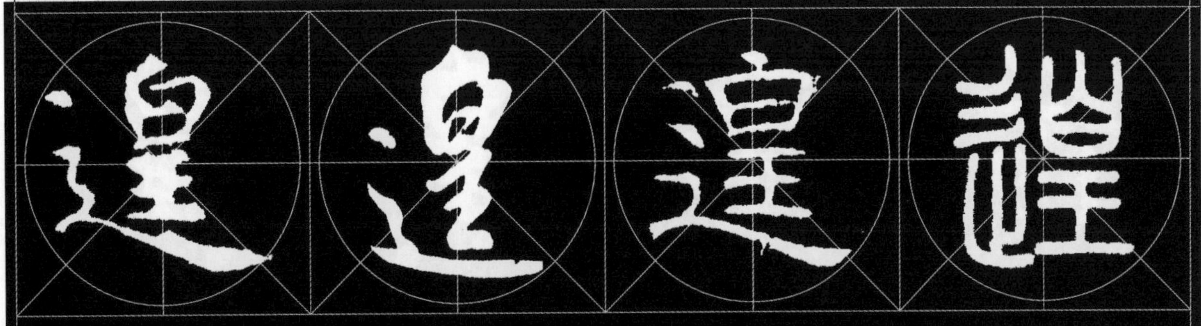

唐 虞世南　宋 米芾　晋 辟雍碑　清 邓石如

huáng 煌

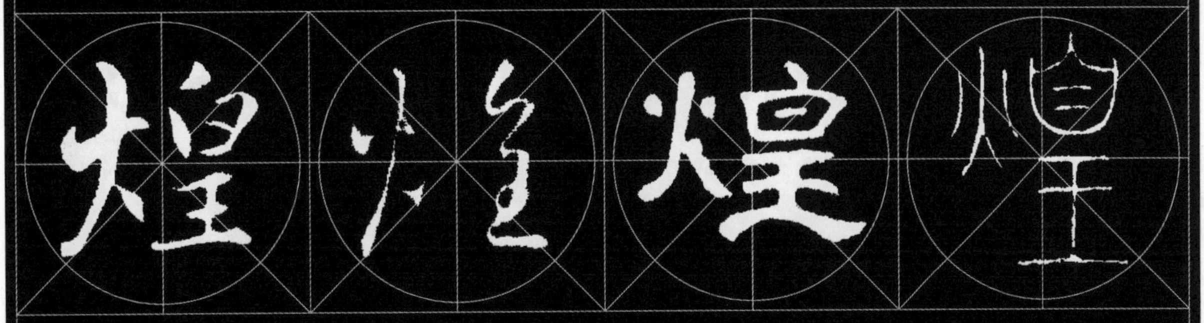

元 赵孟頫　唐 怀素　汉 曹全碑　唐 李阳冰

huáng 篁

宋 黄庭坚　唐 孙过庭　元 杨维桢　汉 说文解字

huáng 蝗

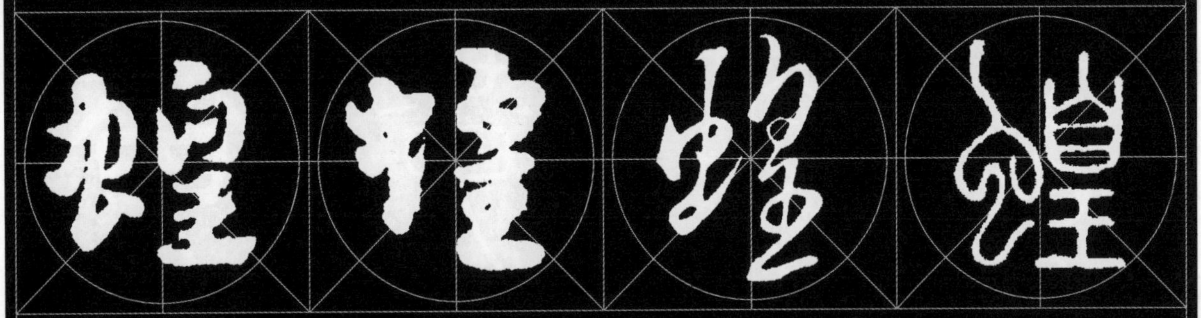

元 赵孟頫　明 宋克　宋 米芾　汉 说文解字

huáng 黄

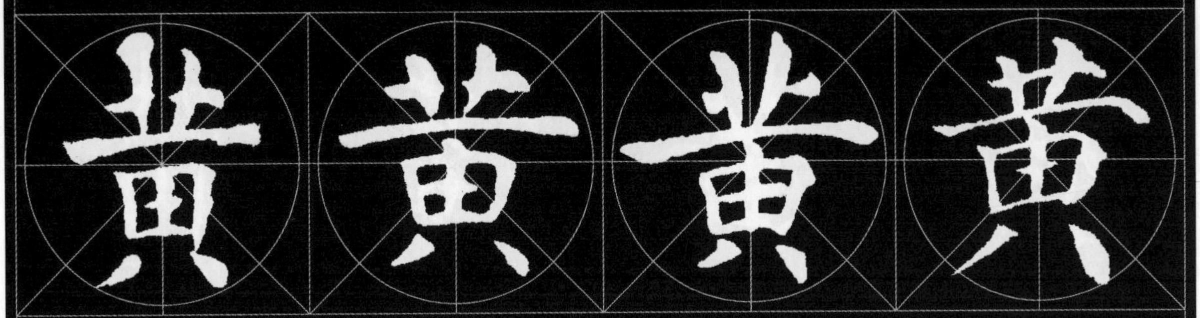

唐 欧阳询　唐 虞世南　唐 褚遂良　唐 颜真卿

晋 王羲之　晋 王献之　元 柯九思　清 何绍基

宋 苏轼　宋 黄庭坚　明 董其昌　明 黄道周

汉 史晨碑　汉 张迁碑　汉 孟孝琚碑　三国 孔羡碑

周 颂鼎　唐 李阳冰　元 吴叡　清 吴大澂

huáng
潢

唐 吴彩鸾　元 赵孟頫　金 张天锡·草书韵会　汉 说文解字

huáng
璜

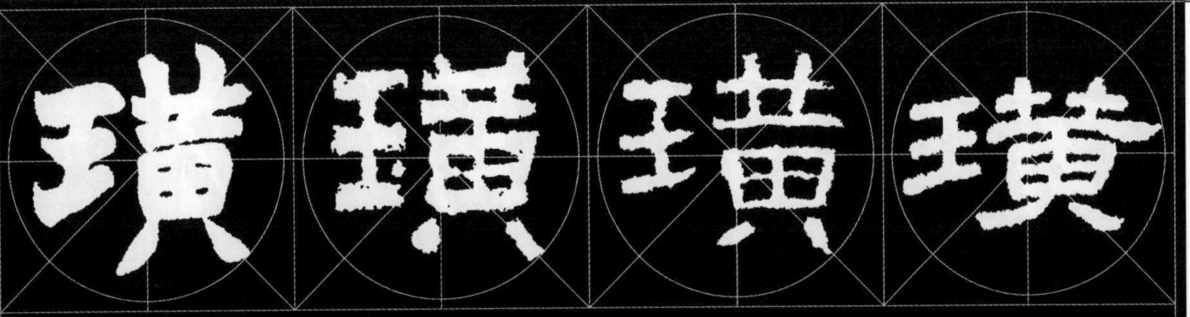

清 赵之谦　汉 鲜于璜碑　汉 曹全碑　清 顾蔼吉·隶辨

huáng
簧

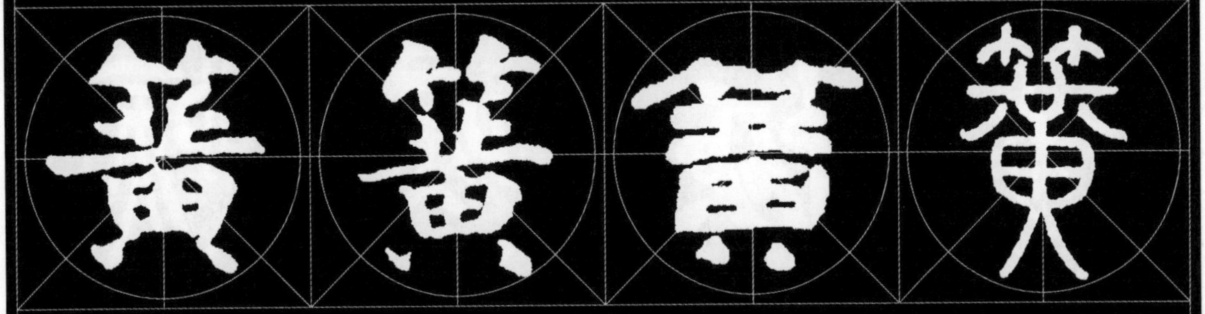

唐 吴彩鸾　清 永瑆　清 高凤翰　清 王澍

huǎng
恍

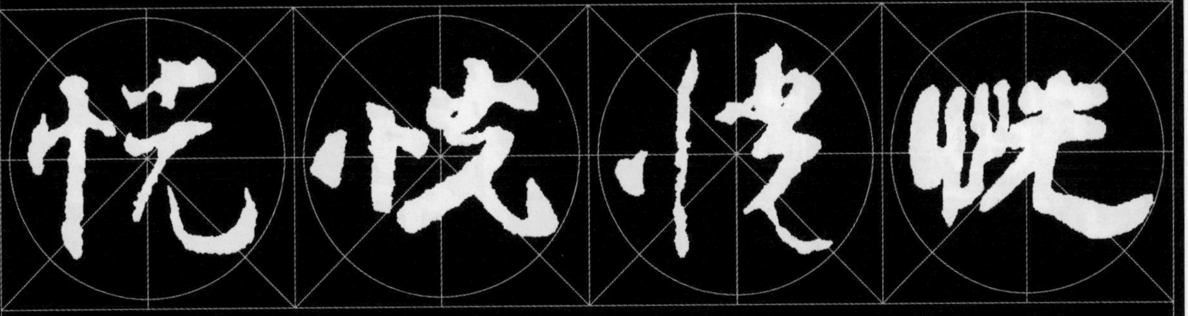

宋 张即之　元 俞庸　明 文彭　清 邓石如

huǎng
晃
huàng
（同㨪）

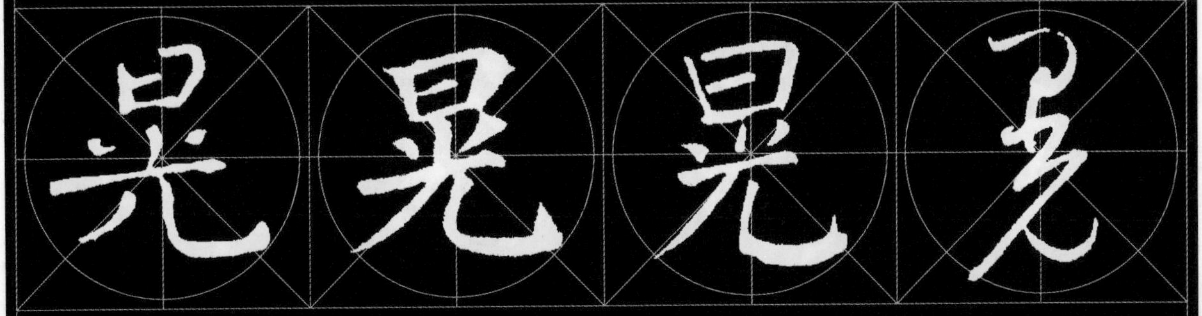

三国 钟繇　唐 颜真卿　唐 颜真卿　宋 赵佶

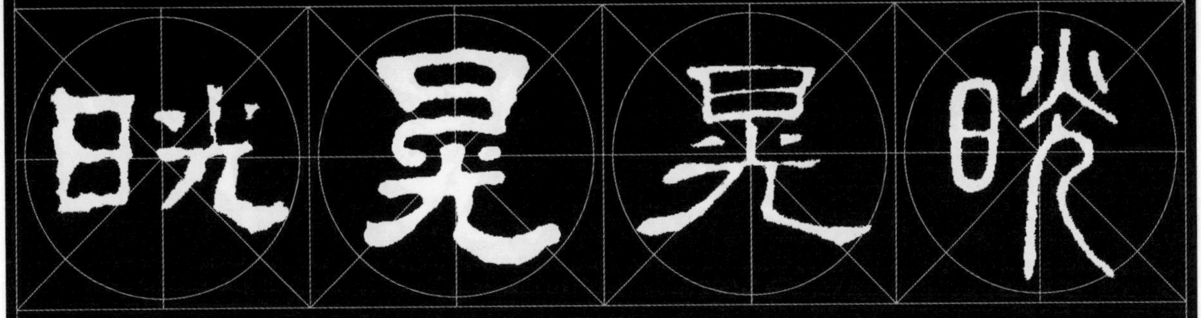

汉 景君碑　晋 成晃墓志　清 顾蔼吉·隶辨　汉 说文解字

huī 灰

唐 王敬客　元 王蒙　明 宋璲　宋 苏轼

huī 恢

明 祝允明　唐 陆柬之　清 田潜　清 徐三庚

huī 挥

北魏 杨大眼造像　明 文徵明　唐 陆柬之　唐 李邕

唐 孙过庭　宋 米芾　元 鲜于枢　元 饶介

huī 晖

隋 智永　唐 欧阳询　宋 黄庭坚　唐 孙过庭

huī 辉

huī 虺 huǐ

huī 麾

唐 怀素 元 鲜于枢 元 赵雍 唐 李阳冰

唐 欧阳通 唐 颜真卿 唐 孙过庭 元 赵孟頫

唐 孙过庭 汉 鲜于璜碑 清 钱泳 清 邓石如

宋 苏轼 清 郑燮 清 顾蔼吉·隶辨 汉 说文解字

北朝 敬使君碑 唐 颜真卿 唐 李邕 宋 蔡襄

huī
徽

huí
回

唐 欧阳询　唐 王敬客　唐 颜真卿　唐 柳公权

唐 陆柬之　唐 孙过庭　明 董其昌　汉 说文解字

金 王庭筠　元 沈右　宋 吴琚　明 董其昌

清 吴昌硕　唐 怀素　宋 薛绍彭　汉 袁博碑

汉 景君碑　清 邓石如　唐 李阳冰　清 吴大澂

huí
迴

huǐ
悔

huǐ
毁

huì
卉

huì
汇

huì
会

汉 西狭颂　汉 韩仁铭　秦 李斯　清 杨沂孙

唐 颜真卿　清 顾蔼吉·隶辨　汉 说文解字　清 康熙字典

明 谢铎　明 文徵明　汉 校官碑　汉 说文解字

唐 颜真卿　明 张瑞图　明 董其昌　元 赵孟頫

唐 欧阳询　唐 褚遂良　宋 黄庭坚　晋 王羲之

huì 浍

huì 桧 guì（树名）

huì 绘

huì 讳

huì
诲

huì
晦
（昏暗；夜晚）

huì 贿

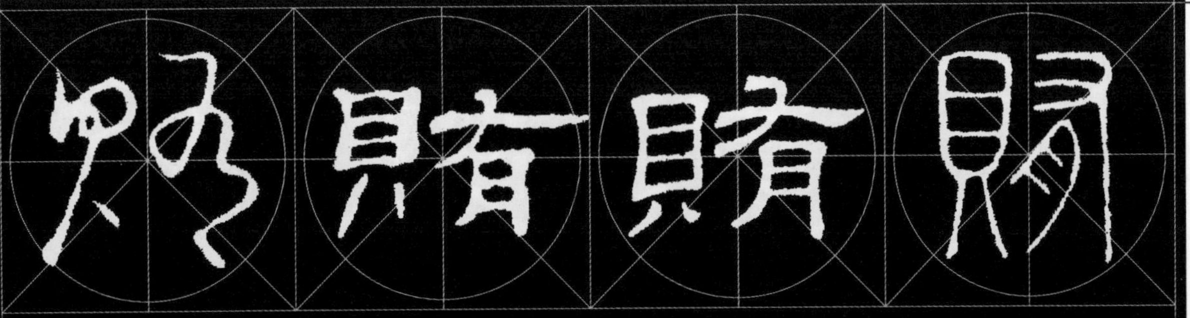

金 张天锡·草书韵会 清 郑簠 清 顾蔼吉·隶辨 汉 说文解字

huì 彗

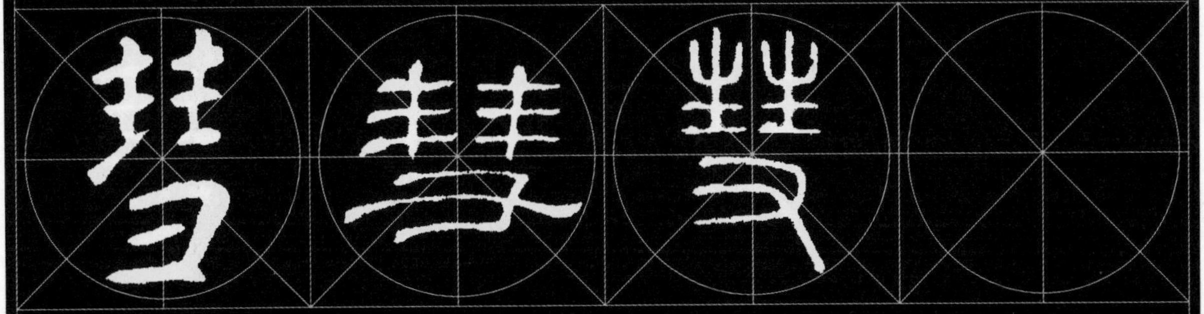

金 王庭筠 清 顾蔼吉·隶辨 汉 说文解字

huì 慧

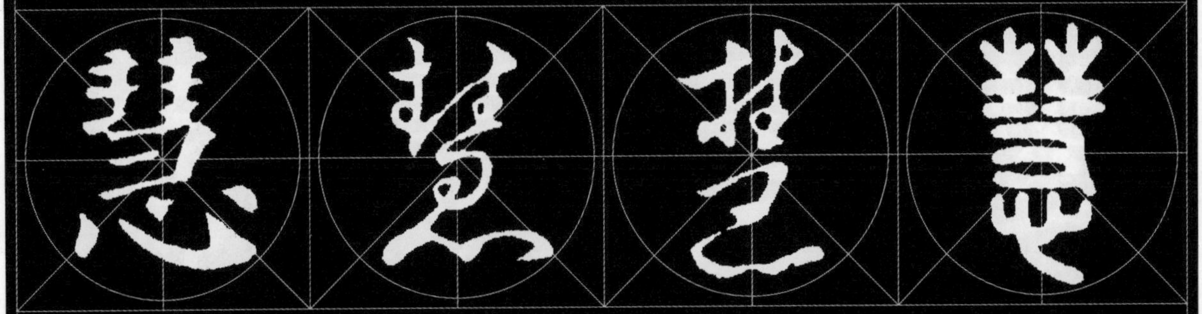

唐 颜真卿 晋 王羲之 宋 米芾 清 田潜

huì 秽（穢、薉）

北魏 杨大眼造像 唐 灵飞经 明 沈度 三国 皇象

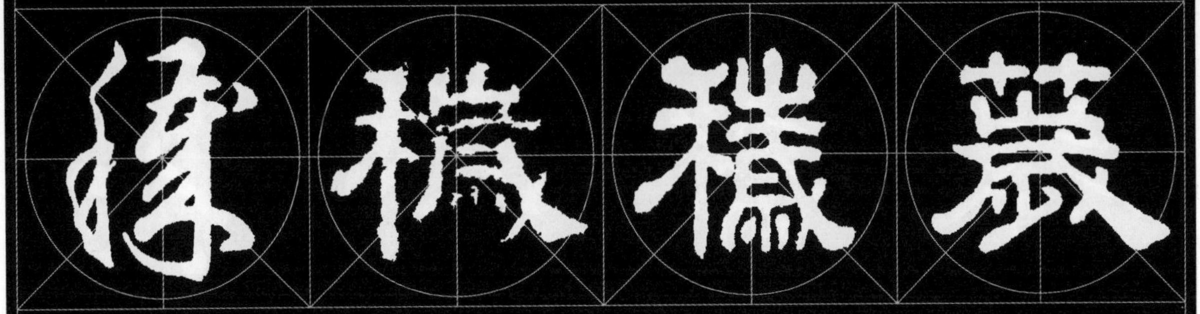

元 俞和 汉 鲁峻碑 汉 樊敏碑 元 吴叡

huì 惠

huì 蕙

hūn 昏（昬）

北魏 崔敬邕墓志 | 唐 欧阳通 | 宋 赵孟坚 | 隋 智永

唐 孙过庭 | 唐 怀素 | 宋 苏舜钦 | 汉 景君碑

汉 郭有道碑 | 汉 校官碑 | 秦 会稽刻石 | 清 吴大澂

元 赵孟頫 | 明 董其昌 | 明 陈淳 | 元 吴叡

唐 褚遂良 | 唐 李靖 | 宋 苏轼 | 唐 孙过庭

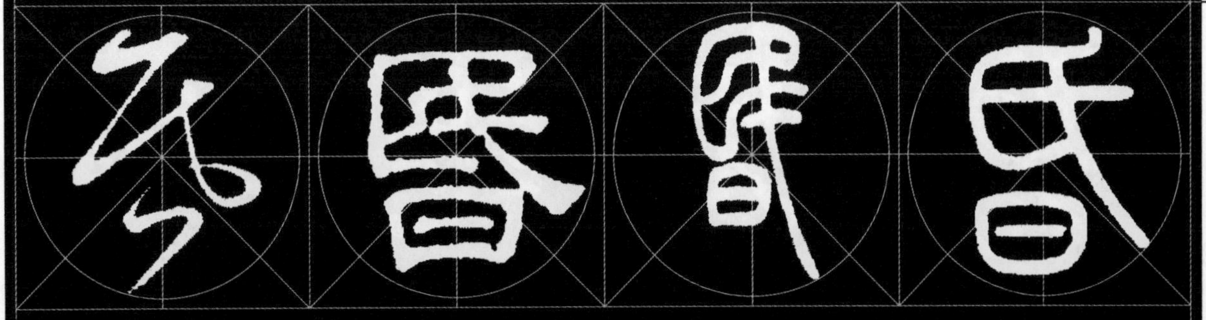

明 张凤翼　元 吴叡　清 吴熙载　清 吴大澂

hūn
婚

晋 王羲之　晋 王羲之　明 陈淳　清 桂馥

hún
浑

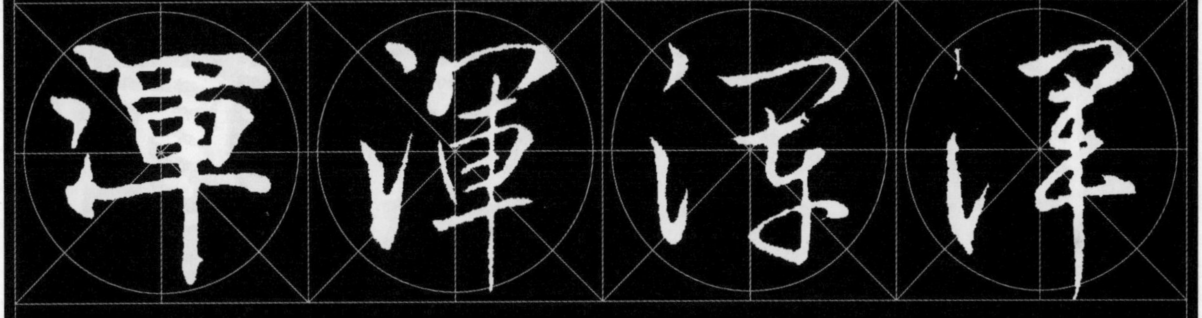

唐 灵飞经　宋 米芾　晋 王羲之　唐 武则天

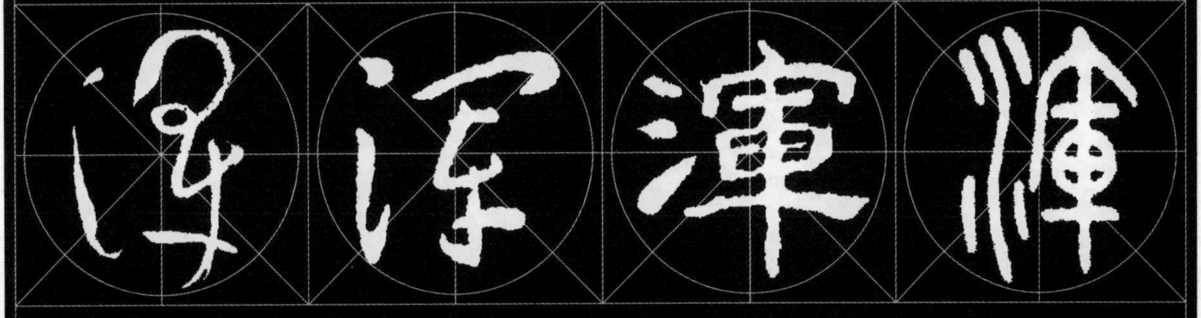

明 祝允明　明 王宠　唐 李隆基　清 田潜

hún
魂

明 祝允明　唐 陆柬之　唐 颜真卿　明 王守仁

hún 混 hùn

hùn 溷

huō 豁 huò

huó
活

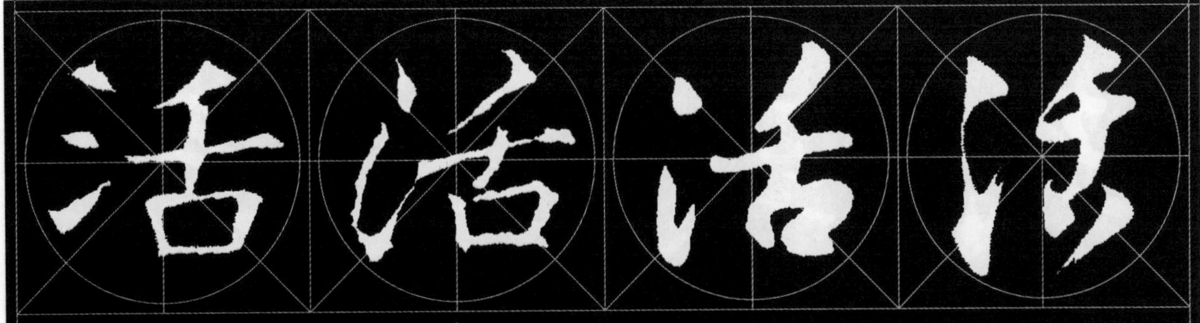

隋 苏孝慈墓志 | 唐 李邕 | 宋 薛绍彭 | 宋 陆游

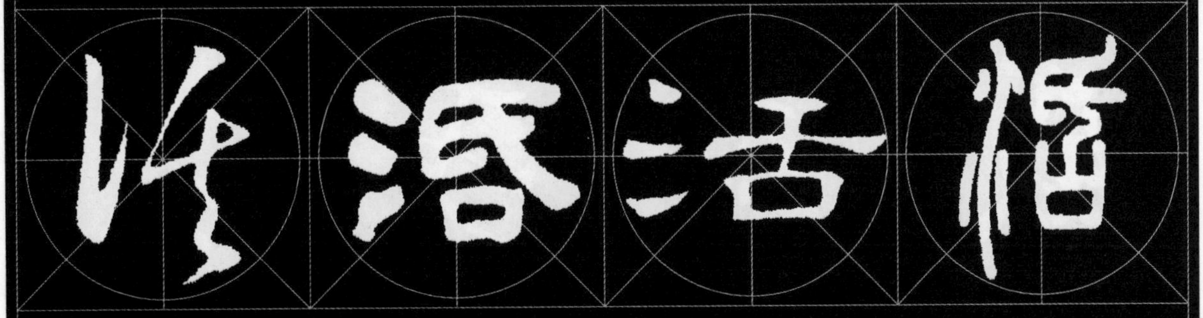

明 王守仁 | 清 俞樾 | 清 顾蔼吉·隶辨 | 清 邓石如

huǒ
火

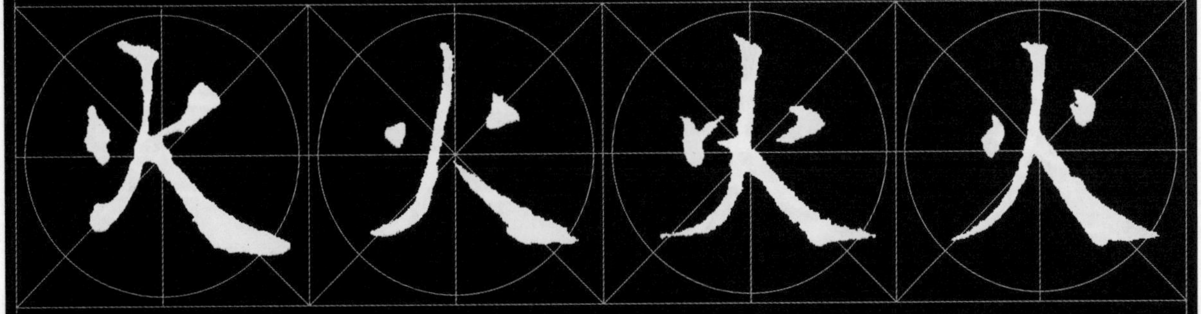

唐 欧阳询 | 唐 褚遂良 | 唐 欧阳通 | 唐 颜真卿

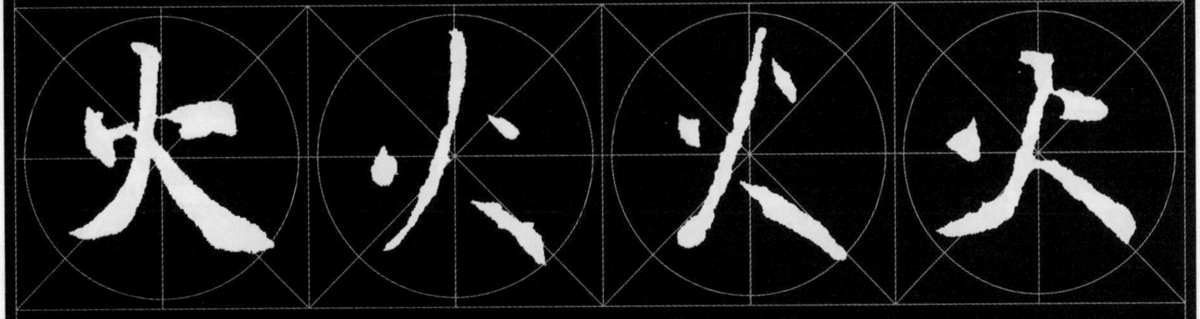

隋 智永 | 唐 李邕 | 唐 怀素 | 宋 黄庭坚

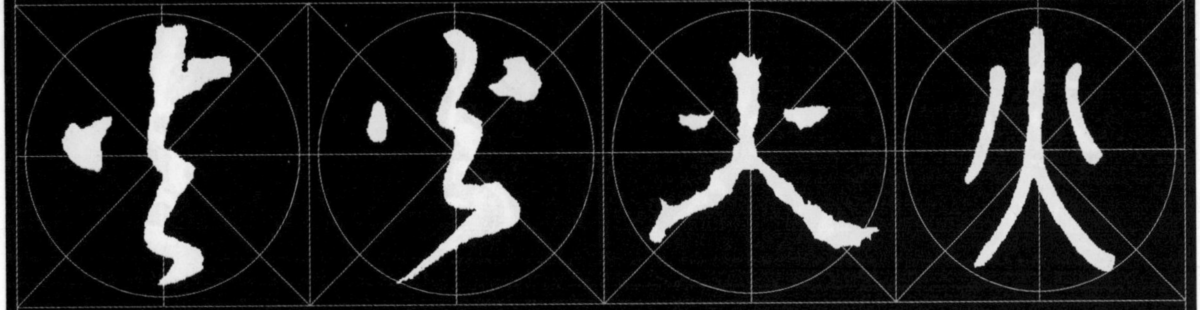

明 沈粲 | 清 王铎 | 汉 白石神君碑 | 清 邓石如

huò
或

huò
惑

北魏 元诊墓志
唐 欧阳询
唐 颜真卿
唐 柳公权
晋 王羲之
宋 米芾
晋 王羲之
唐 孙过庭
唐 怀素
元 赵孟頫
汉 景君碑
汉 华山碑
汉 郭有道碑
汉 白石神君碑
清 吴熙载
清 杨沂孙
唐 褚遂良
唐 张从申
唐 欧阳询
晋 王羲之

huò
货

huò
获（獲）

huò
霍（迅速）

jī
肌

jī
饥

jī
机（機）

唐 欧阳询
唐 孙过庭
晋 王羲之
清 何绍基
元 赵孟頫
隋 智永
元 赵孟頫
清 吴大澂
唐 欧阳询
唐 虞世南
晋 王羲之
唐 孙过庭
唐 李怀琳
宋 沈复
隋 智永
唐 孙过庭
汉 鲜于璜碑
汉 曹全碑
三国 谷朗碑
清 顾蔼吉·隶辨

jī 玑

隋 智永　明 祝允明　三国 皇象　晋 王羲之

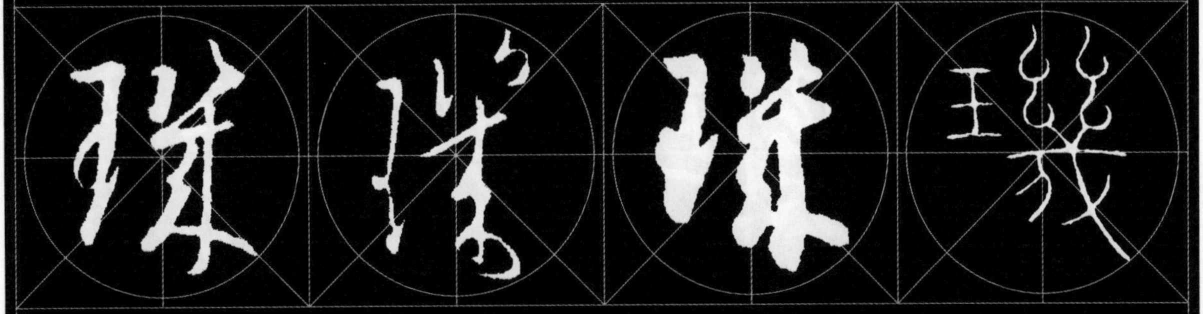

隋 智永　唐 欧阳询　唐 怀素　唐 李阳冰

jī 矶

元 迺贤　明 祝允明　汉 说文解字

jī 讥

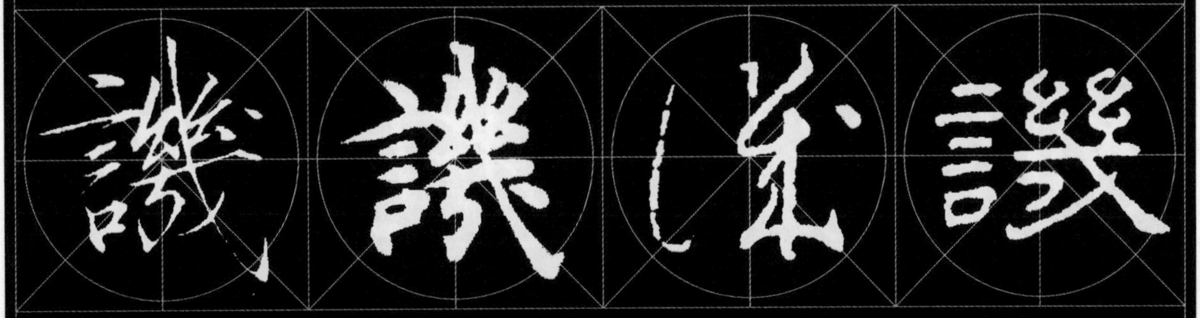

宋 赵佶　元 揭傒斯　唐 怀素　清 王澍

jī 击（擊）

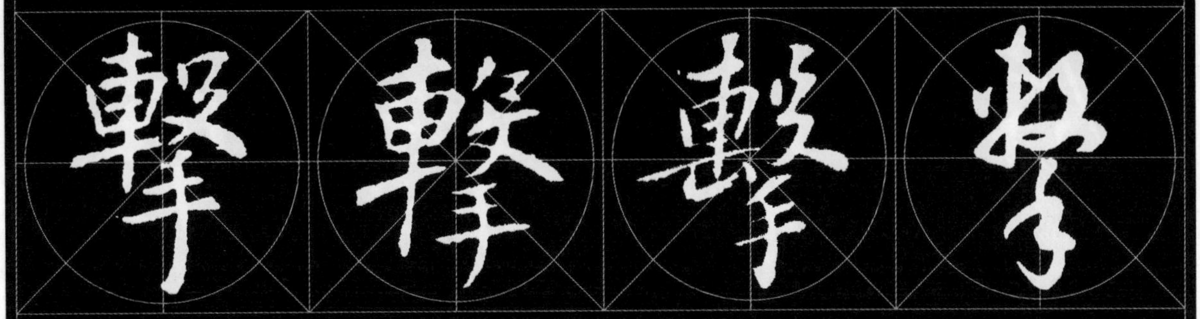

唐 高正臣　唐 魏栖梧　宋 苏轼　唐 孙过庭

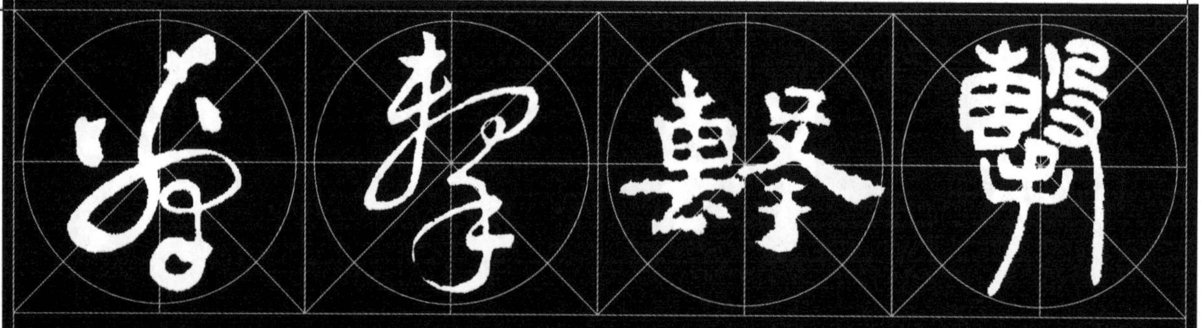

明 祝允明　明 董其昌　汉 孔彪碑　清 吴熙载

jī 鸡（鷄、雞）

明 祝允明　清 张照　宋 米芾　宋 黄庭坚

jī 姬

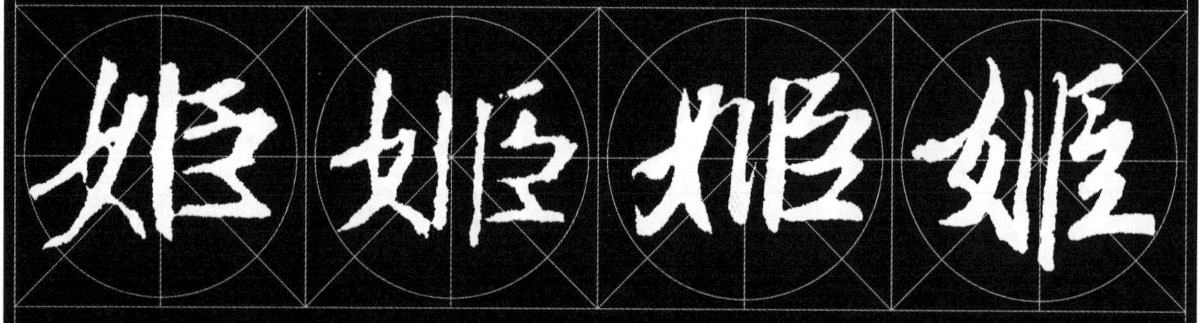

北魏 崔敬邕墓志　唐 虞世南　元 赵孟頫　明 唐寅

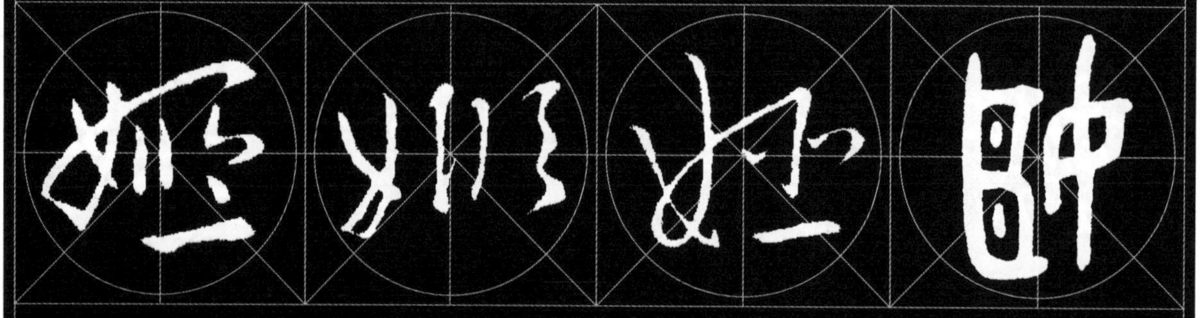

晋 索靖　唐 孙过庭　明 王宠　清 吴大澂

jī 屐

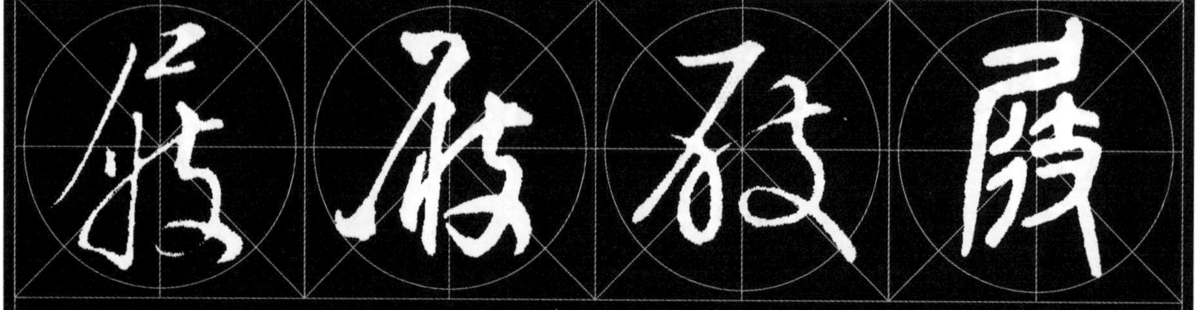

明 董其昌　清 王铎　金 张天锡·草书韵会　清 吴昌硕

jī 积

jī 嵇

jī 稽 qǐ（叩头）

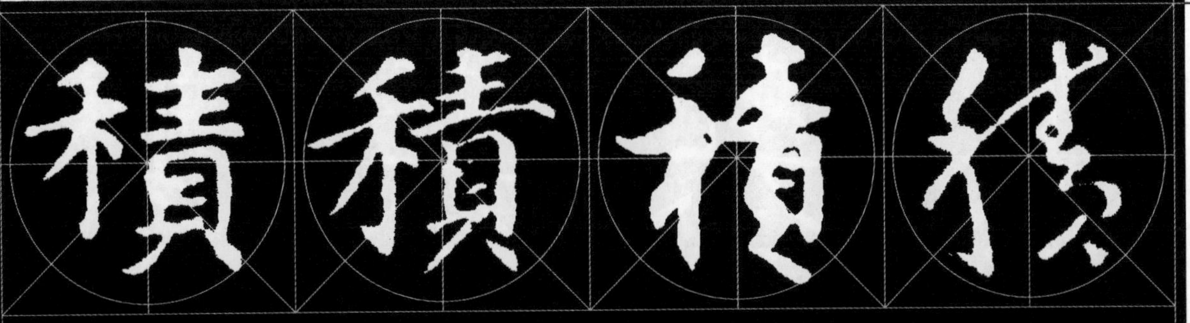

北朝 敬使君碑　唐 颜真卿　宋 张即之　晋 王羲之

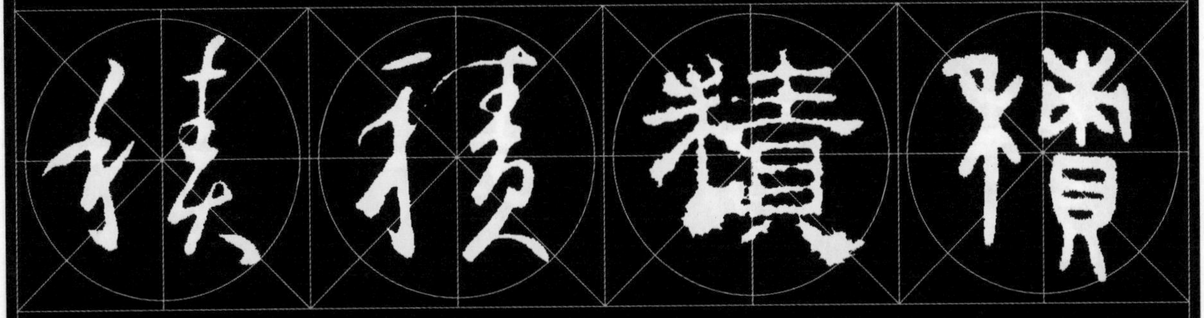

唐 孙过庭　元 鲜于枢　汉 孟孝琚碑　清 吴大澂

宋 赵构　唐 欧阳询　唐 怀素　元 俞和

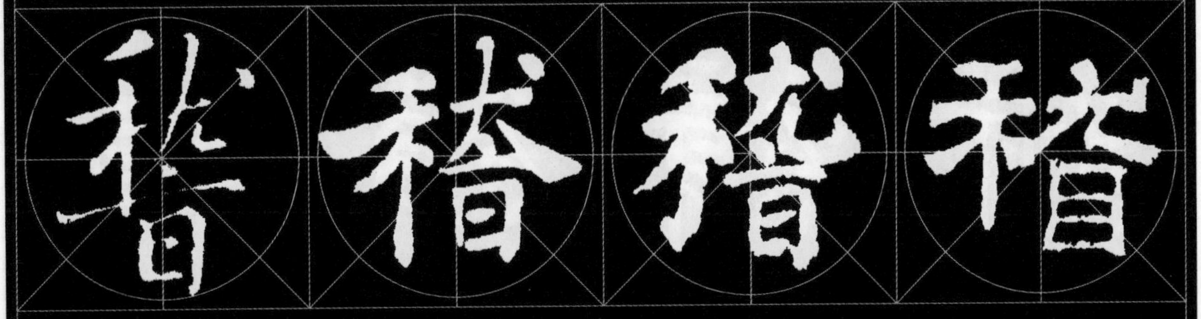

唐 虞世南　唐 褚遂良　唐 颜真卿　汉 乙瑛碑

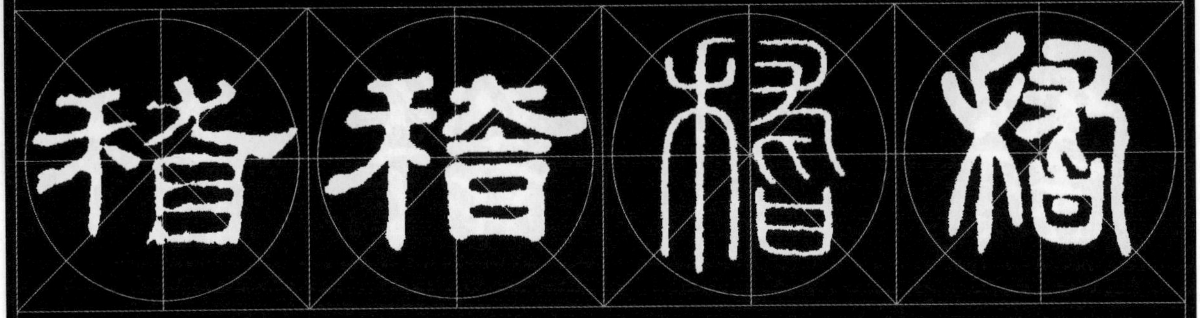

汉 史晨碑　清 伊秉绶　秦 会稽刻石　清 杨沂孙

jī 基

jī 箕

jī 缉（捕捉）

jī 畿

jī 跻

jī 赍（賫、齎）

jī 激

jī 羁

清 张裕钊　宋 蒋璨　清 郑簠　汉 说文解字

唐 褚遂良　元 赵孟頫　清 顾蔼吉·隶辨　汉 说文解字

隋 苏孝慈墓志　唐 颜真卿　唐 柳公权　元 赵孟頫

晋 王羲之　唐 怀素　元 饶介　清 徐三庚

北魏 李璧墓志　唐 吴彩鸾　元 赵雍　明 文徵明

jí
及

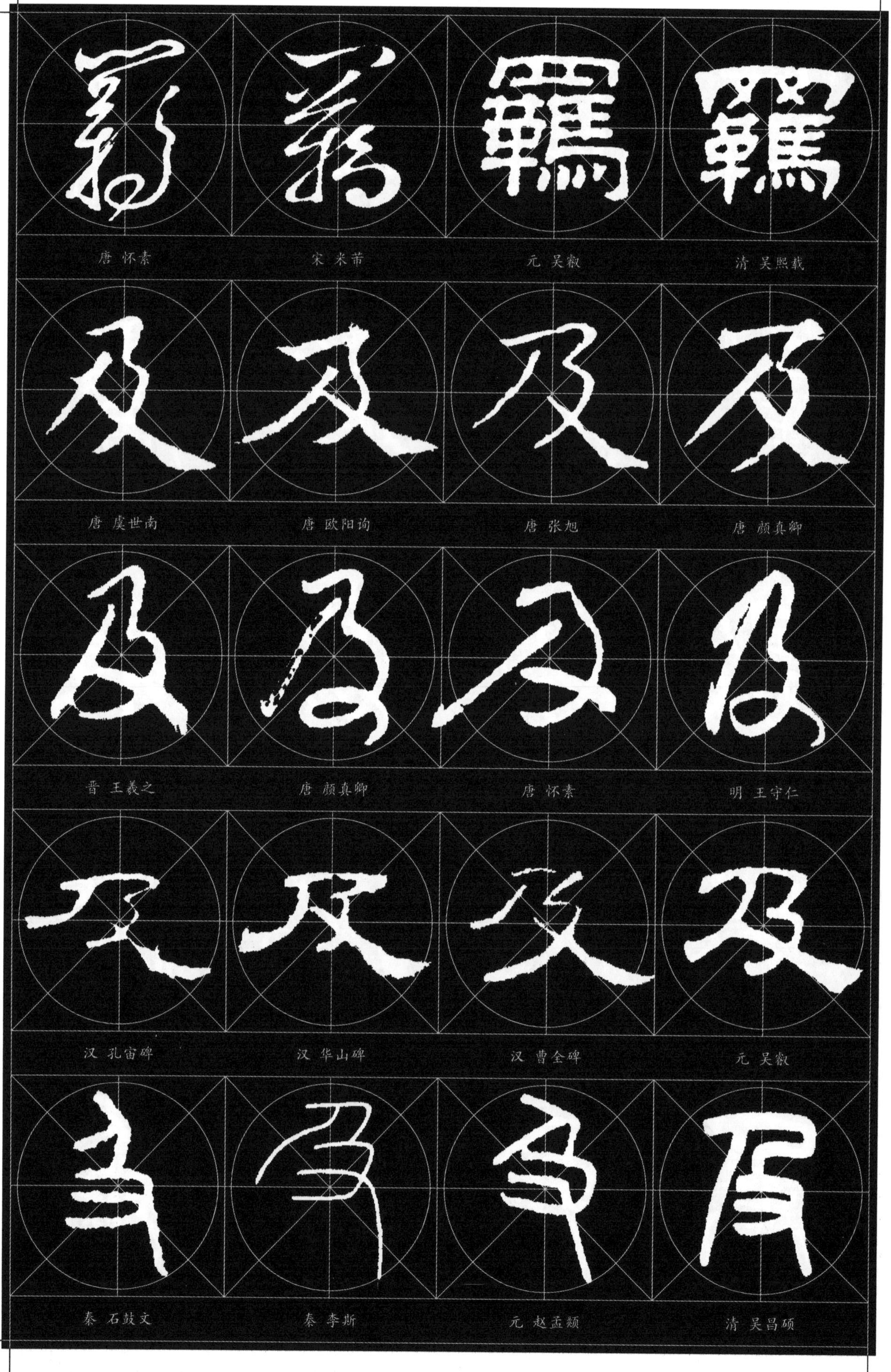
唐 怀素
宋 米芾
元 吴叡
清 吴熙载
唐 虞世南
唐 欧阳询
唐 张旭
唐 颜真卿
晋 王羲之
唐 颜真卿
唐 怀素
明 王守仁
汉 孔宙碑
汉 华山碑
汉 曹全碑
元 吴叡
秦 石鼓文
秦 李斯
元 赵孟頫
清 吴昌硕

jí 岌

jí 汲

jí 级

jí 吉

晋 王羲之 | 唐 欧阳询 | 唐 怀素 | 元 揭傒斯

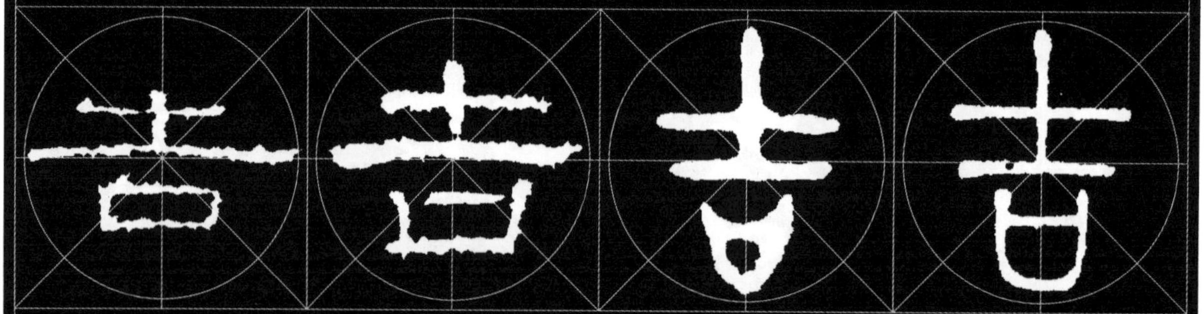

汉 张景碑 | 汉 曹全碑 | 周 师兑簋 | 清 邓石如

jí
即

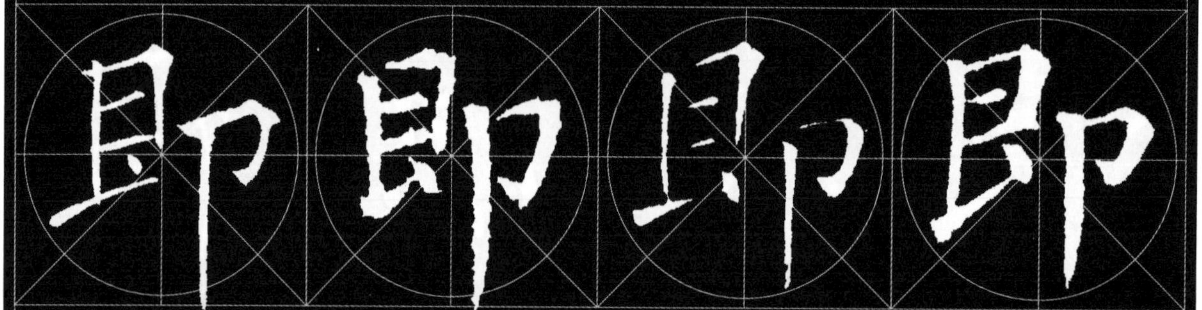

唐 薛曜 | 唐 张旭 | 唐 王敬客 | 唐 颜真卿

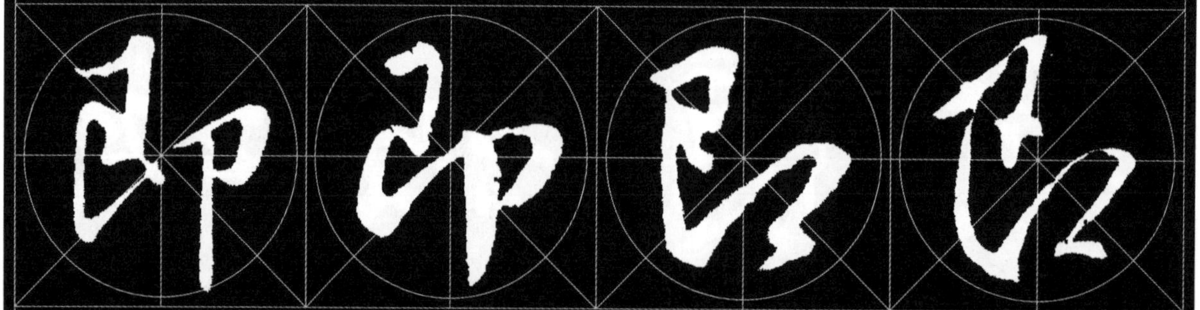

晋 王羲之 | 唐 褚遂良 | 唐 李世民 | 唐 李邕

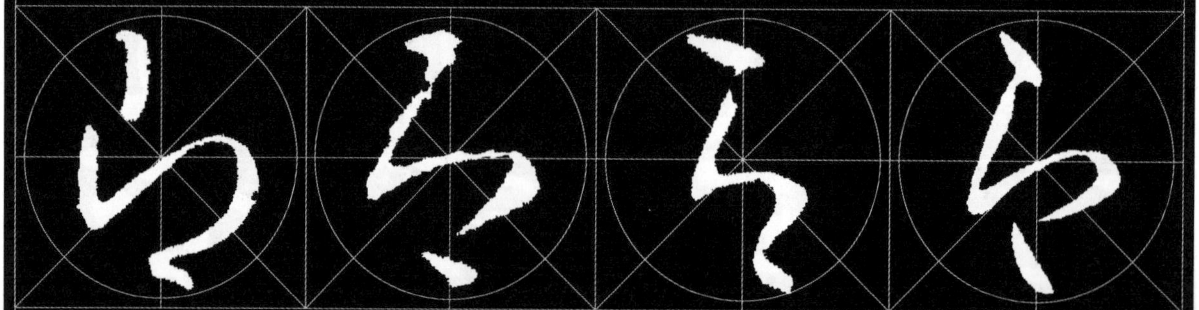

晋 王羲之 | 隋 智永 | 唐 欧阳询 | 唐 柳公权

jí
亟
qì
（屡次）

汉 石门颂
汉 乙瑛碑
汉 郭有道碑
汉 校官碑
殷商 甲骨文
周 颂鼎
唐 李阳冰
清 吴大澂
宋 文彦博
唐 李邕
元 沈右
清 吴大澂
唐 欧阳询
唐 褚遂良
唐 欧阳通
唐 柳公权
晋 王献之
唐 孙过庭
唐 颜真卿
唐 怀素

jí
极

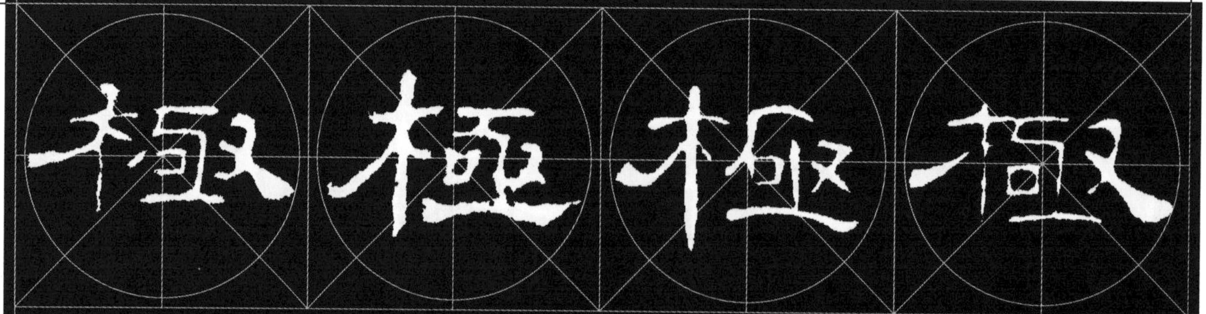

汉 史晨碑 汉 孔彪碑 汉 曹全碑 唐 叶慧明碑

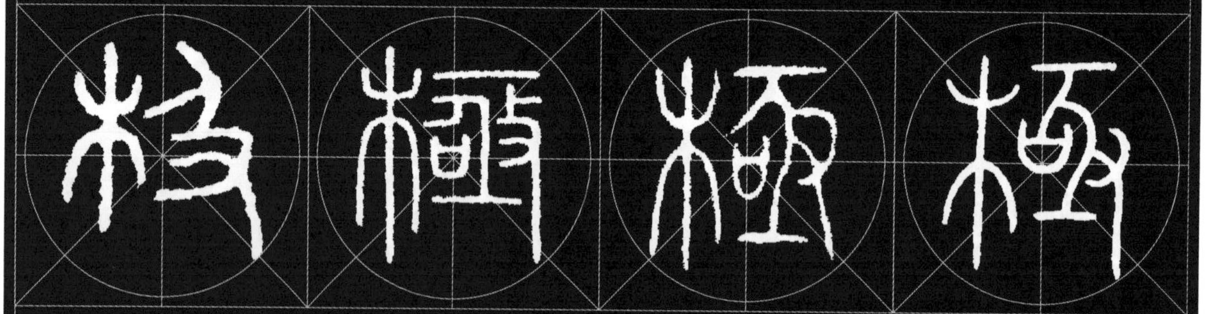

秦 石鼓文 秦 会稽刻石 汉 说文解字 唐 李阳冰

jí
急

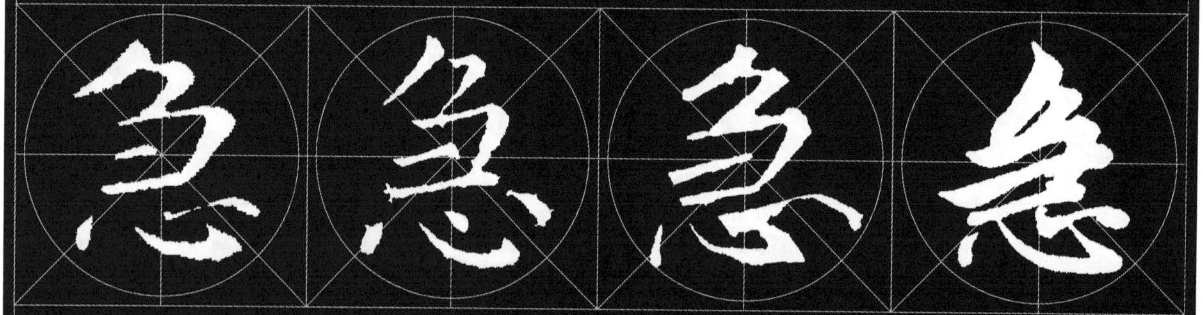

三国 钟繇 唐 柳公权 唐 李邕 元 赵孟頫

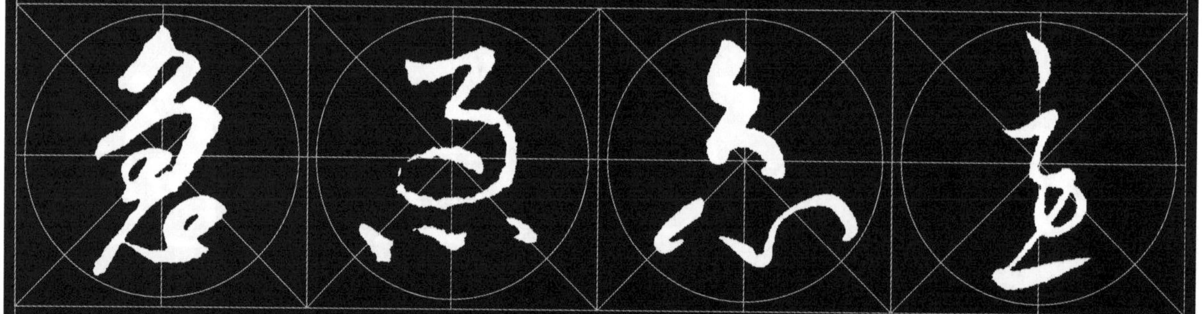

宋 米芾 三国 皇象 宋 黄庭坚 元 饶介

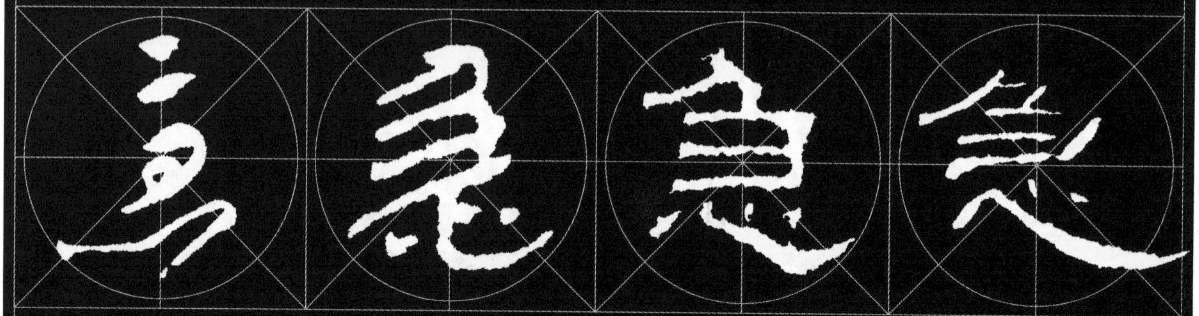

明 祝允明 汉 居延简 汉 白石神君碑 汉 曹全碑

元 吴叡

汉 马王堆帛书

清 杨沂孙

清 吴熙载

jí
疾
（病、痛、快、恨）

北魏 崔敬邕墓志

唐 欧阳询

唐 颜真卿

唐 颜真卿

三国 钟繇

晋 王羲之

唐 褚遂良

唐 李世民

晋 王羲之

唐 孙过庭

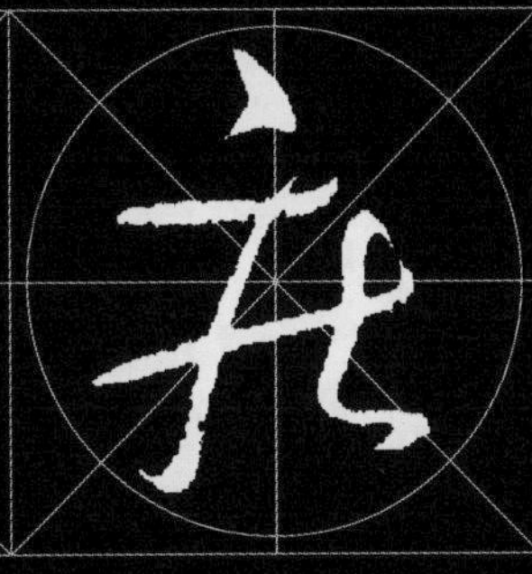
唐 怀素

明 谢铎

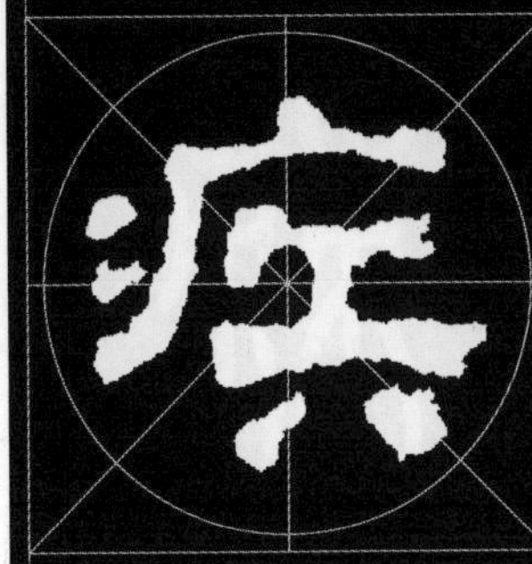
汉 杨统碑

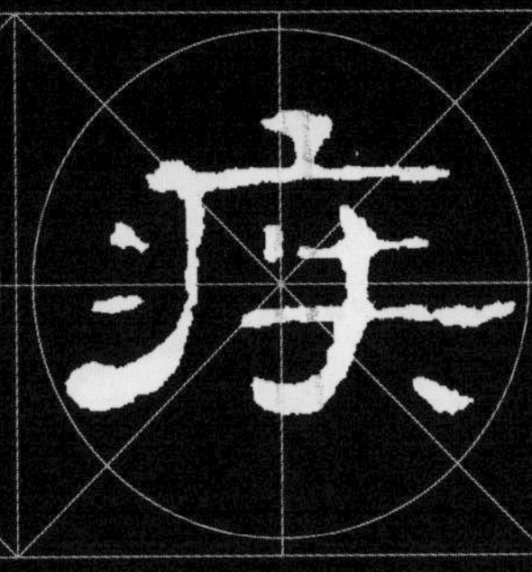
汉 郭有道碑

汉 校官碑

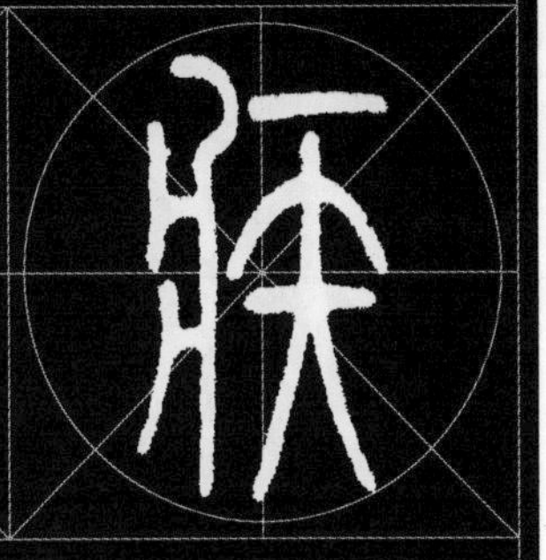
清 莫友芝

jí
戢（敛；藏）

jí
楫（桨）

jí
辑

jí
棘

jí 集

唐 褚遂良　唐 柳公权　元 赵孟頫　晋 王献之

明 董其昌　晋 王羲之　唐 怀素　明 王守仁

汉 杨震碑　汉 华山碑　晋 辟雍碑　清 桂馥

元 赵孟頫　清 邓石如　清 赵之谦　清 吴昌硕

jí 籍 jiè

隋 智永　唐 欧阳询　宋 赵构　唐 孙过庭

jí 籍（书册；籍贯）

jí 瘠

jǐ 几（幾：与数有关）

唐 怀素　明 王守仁　清 钱泳　清 吴大澂

唐 虞世南　唐 欧阳通　明 文彭　元 赵孟頫

明 文徵明　明 董其昌　元 吴叡　清 杨沂孙

清 钱沣　宋 黄山谷　元 赵孟頫　清 顾蔼吉·隶辨

唐 欧阳通　唐 颜真卿　宋 米芾　明 沈周

jī 几（茶几；条几；幾：几乎；差不多）

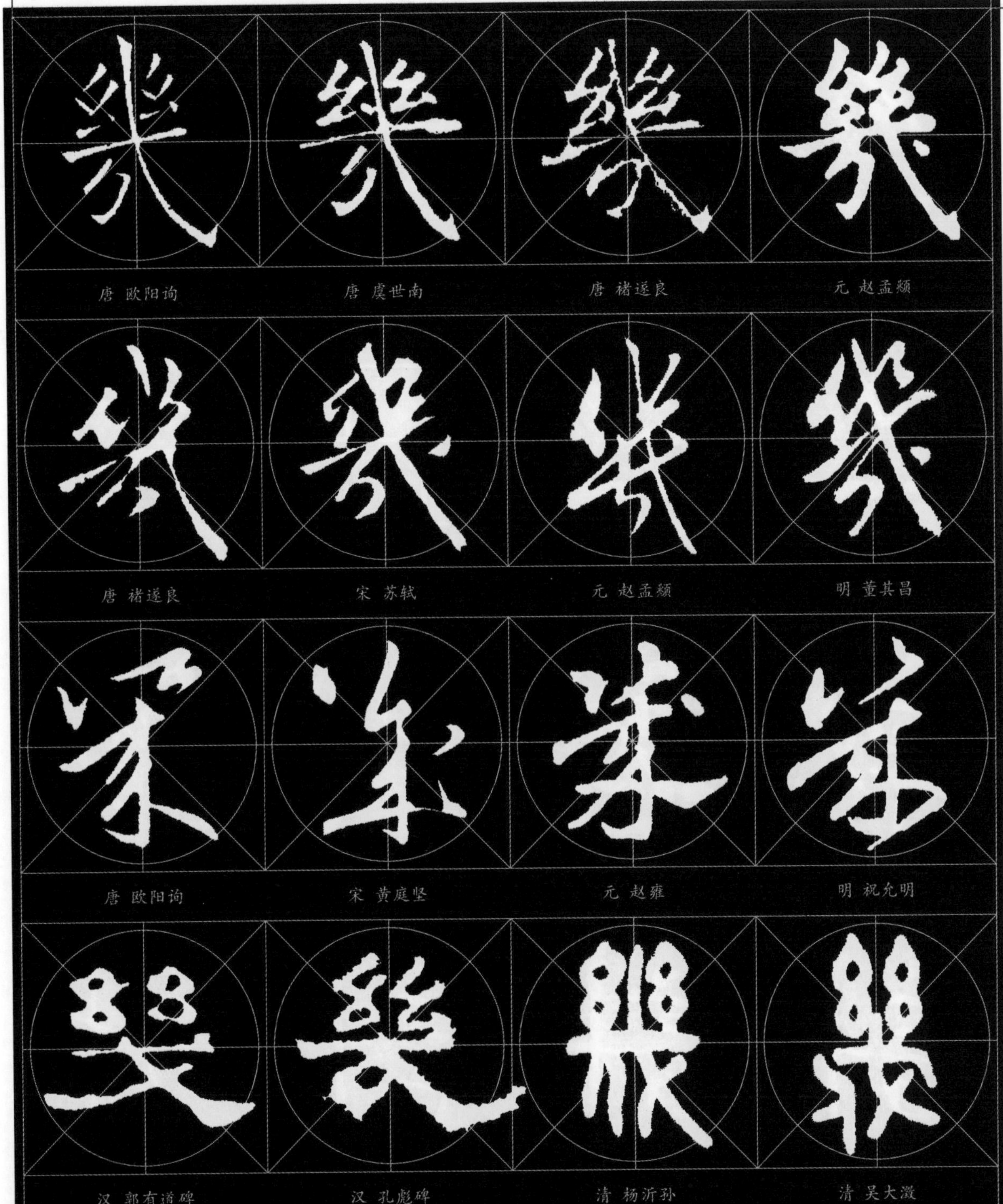

唐 欧阳询　唐 虞世南　唐 褚遂良　元 赵孟頫

唐 褚遂良　宋 苏轼　元 赵孟頫　明 董其昌

唐 欧阳询　宋 黄庭坚　元 赵雍　明 祝允明

汉 郭有道碑　汉 孔彪碑　清 杨沂孙　清 吴大澂

jǐ 己

唐 欧阳询　唐 颜真卿　元 赵孟頫　汉 刘炟

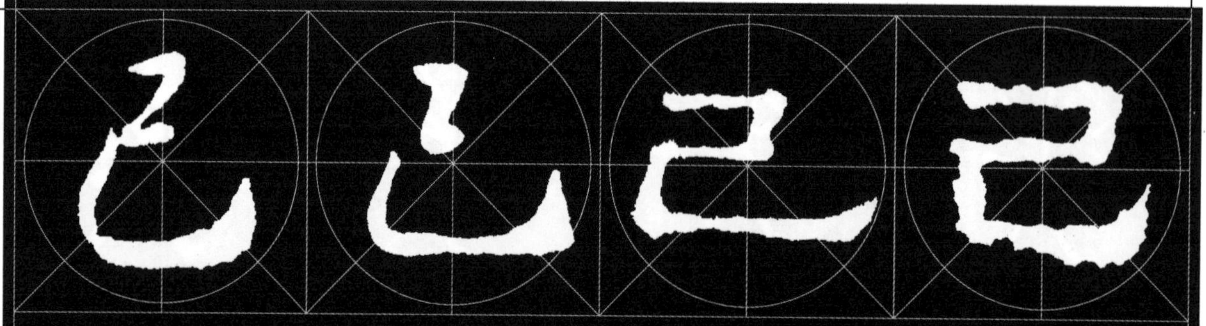

晋 王羲之　唐 李邕　汉 郭有道碑　汉 校官碑

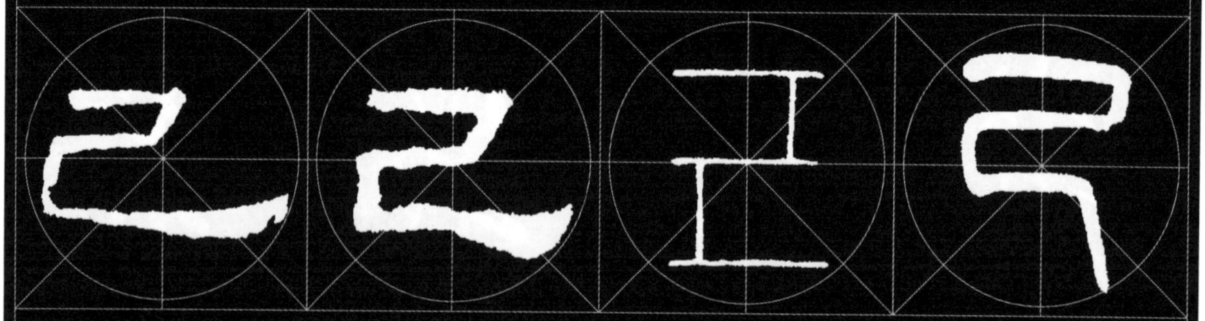

汉 曹全碑　汉 张迁碑　唐 李阳冰　清 吴大澂

jǐ
戟（戟）

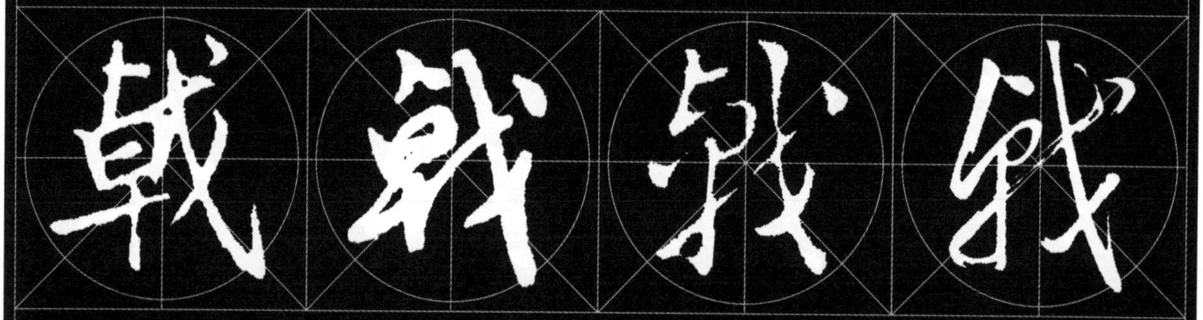

晋 王羲之　明 文徵明　晋 索靖　明 董其昌

jì
计

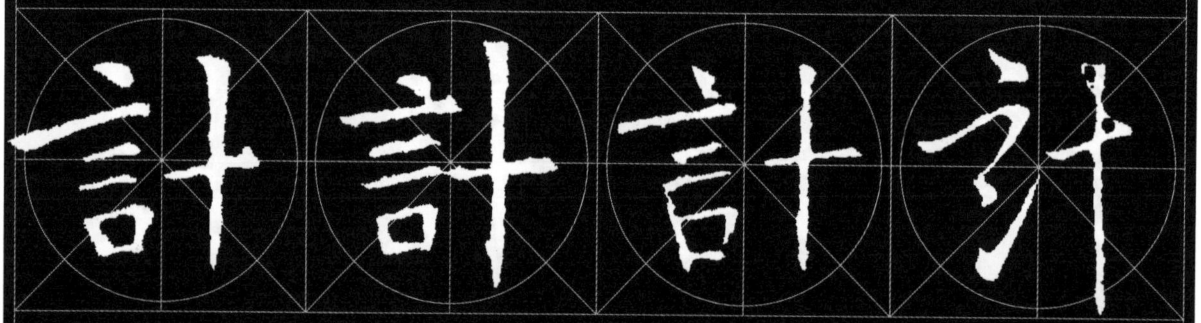

三国 钟繇　隋 苏孝慈墓志　唐 褚遂良　唐 李世民

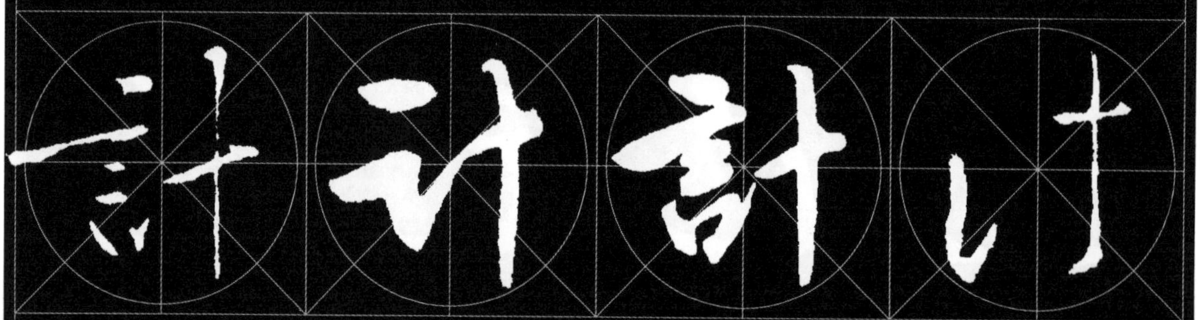

宋 黄庭坚　明 文徵明　明 唐寅　晋 王羲之

jì 纪 jǐ（姓）

jì 记

jì 伎（技能；歌女）

jì 技

唐 陆柬之　明 韩道亨　明 祝允明　清 吴隐

jì 芰（菱）

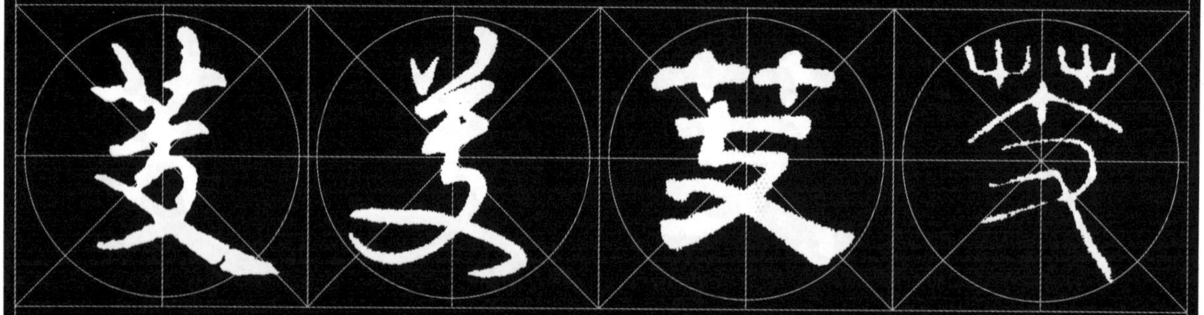

元 赵孟頫　明 宋克　元 吴叡　汉 说文解字

jì 祭

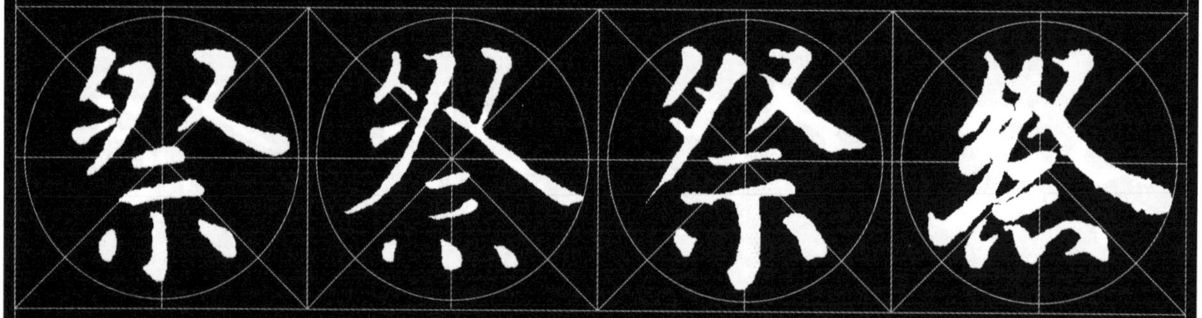

唐 虞世南　唐 欧阳通　唐 颜真卿　唐 欧阳询

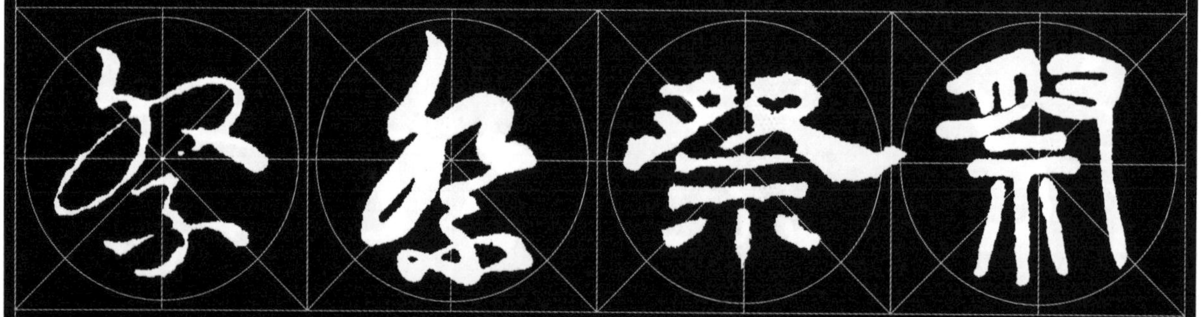

三国 皇象　元 鲜于枢　汉 华山碑　清 杨沂孙

jì 际

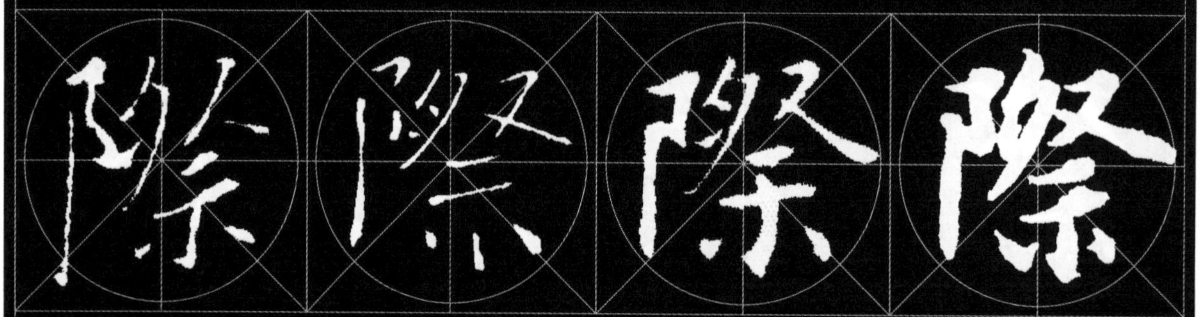

晋 王羲之　唐 褚遂良　唐 陆柬之　元 赵孟頫

晋 王献之 | 唐 孙过庭 | 元 康里子山 | 汉 封龙山碑

汉 樊敏碑 | 汉 曹全碑 | 清 何绍基 | 清 吴大澂

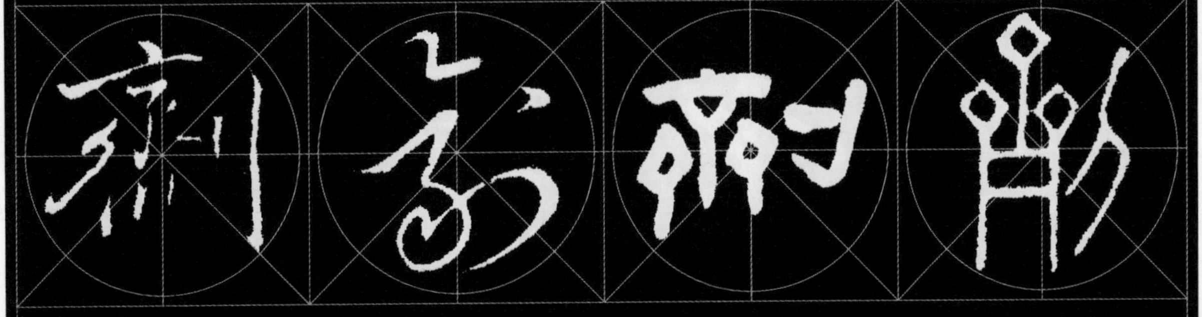

明 董其昌 | 金 张天锡·草书韵会 | 清 陈鸿寿 | 汉 说文解字

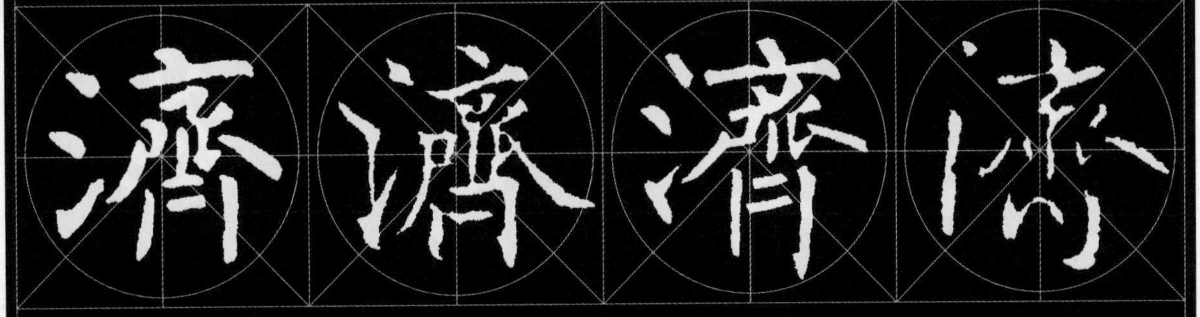

唐 虞世南 | 唐 欧阳通 | 唐 柳公权 | 晋 王献之

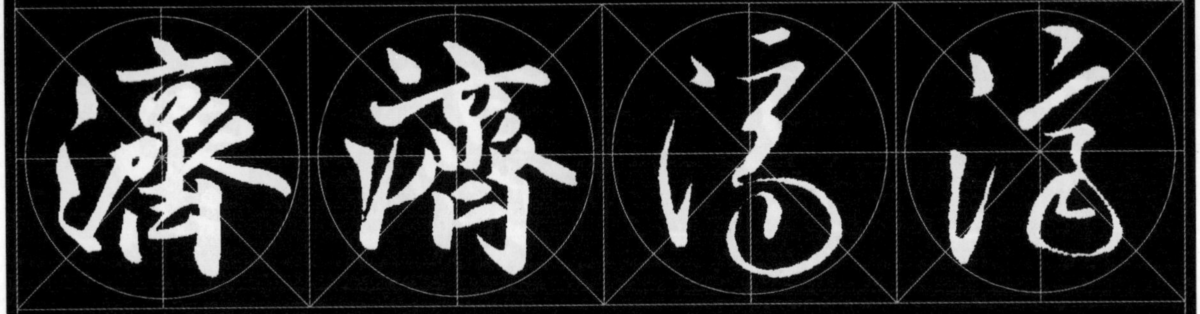

宋 黄庭坚 | 元 赵孟頫 | 唐 欧阳询 | 唐 孙过庭

jì 剂（劑）

jì 济（助困；补益；过河）jǐ

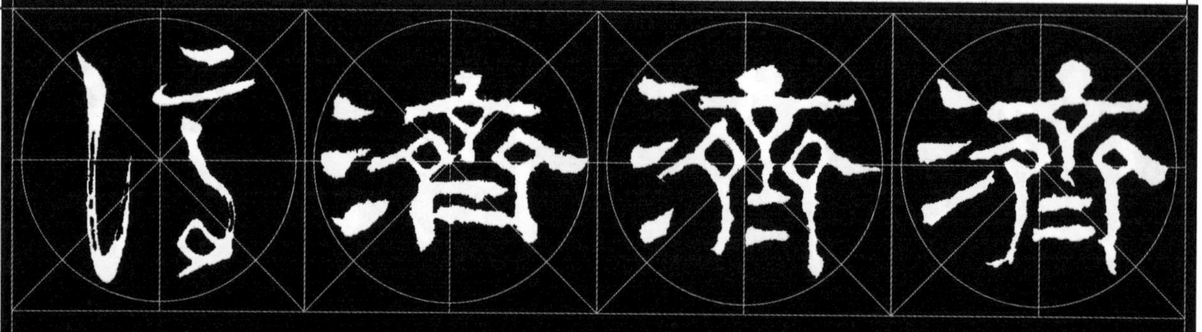

唐 怀素　汉 西狭颂　汉 白石神君碑　三国 王基碑

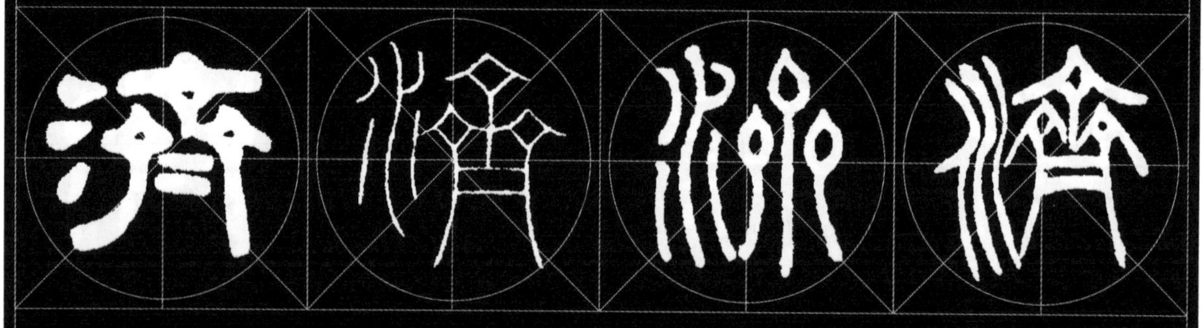

清 伊秉绶　唐 李阳冰　元 赵孟頫　清 徐三庚

jì
季

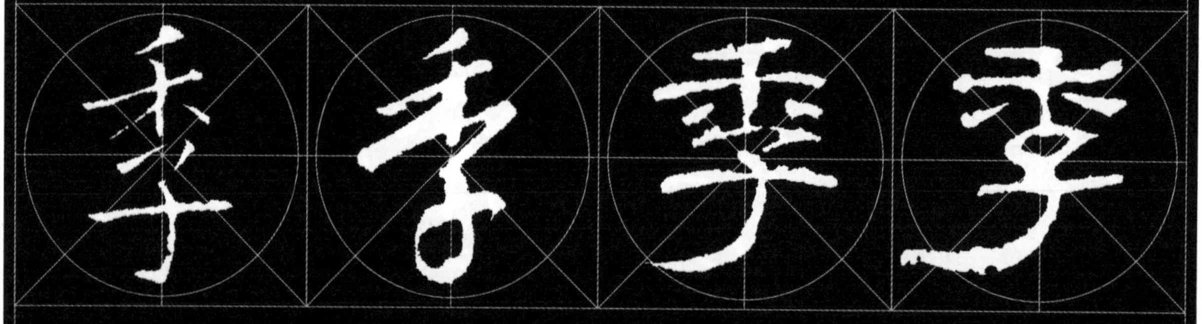

唐 欧阳询　唐 颜真卿　汉 乙瑛碑　汉 孔宙碑

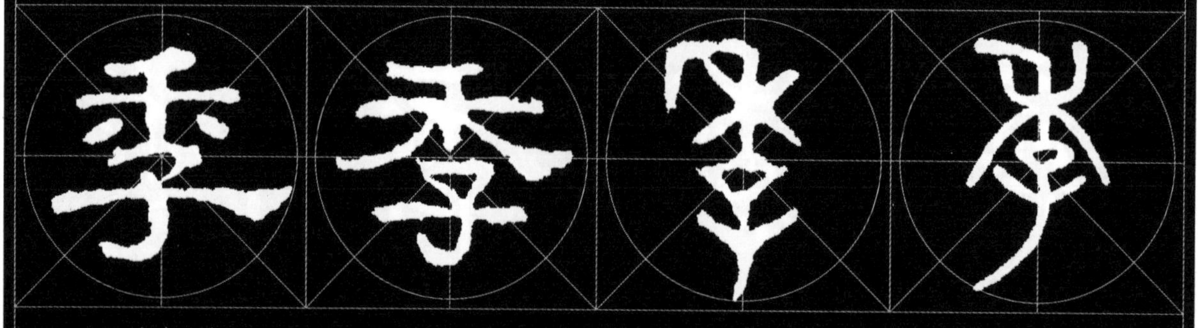

汉 郭有道碑　汉 张迁碑　周 虢季子白盘　清 吴大澂

jì
既

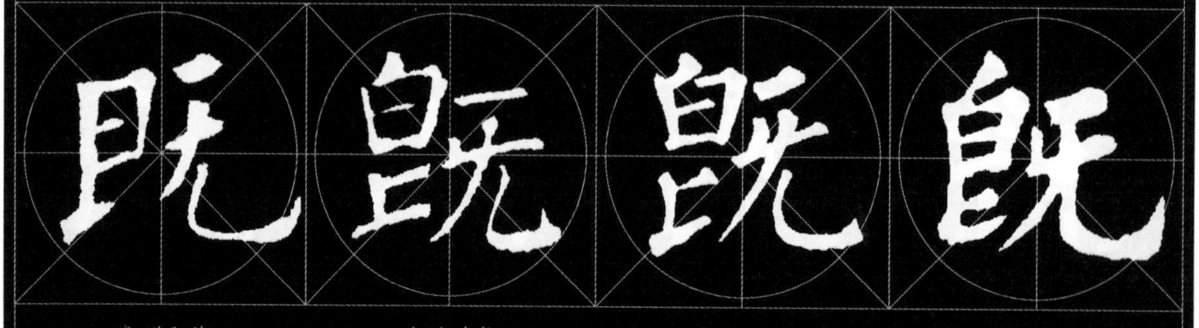

唐 欧阳询　唐 颜真卿　唐 柳公权　宋 苏轼

唐 褚遂良　元 赵孟頫　汉 刘炟　晋 索靖
晋 王羲之　唐 颜真卿　汉 封龙山碑　汉 华山碑
汉 孔彪碑　汉 张迁碑　殷商 甲骨文　清 杨沂孙
唐 欧阳询　唐 孙过庭　汉 赵宽碑　清 杨沂孙
唐 颜真卿　晋 王羲之　汉 校官碑　清 杨守敬

jì
暨
（与；及；和）

jì
迹
（跡、蹟）

jì
绩

jì
洎（到；及）

jì
继

jì 偈 jié（勇武）

jì 寂

jì 寄

jì 稷（粟；五谷之神；百谷之长）

jì 冀（希望）

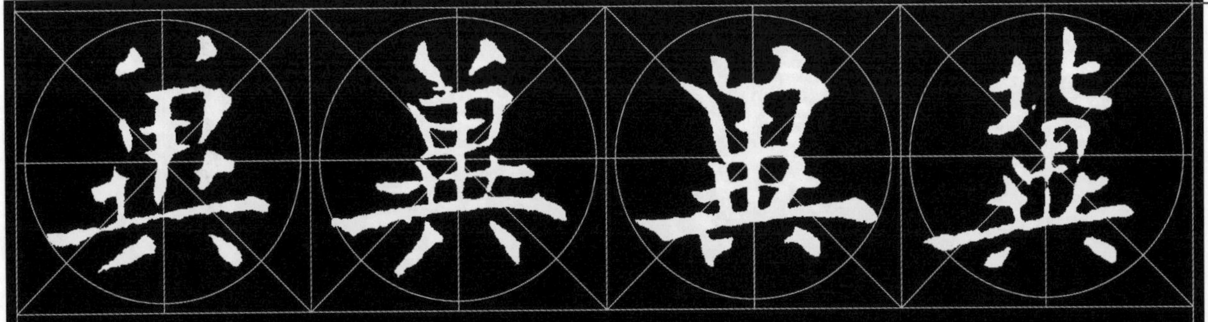

三国 钟繇 | 唐 褚遂良 | 唐 欧阳通 | 宋 黄庭坚

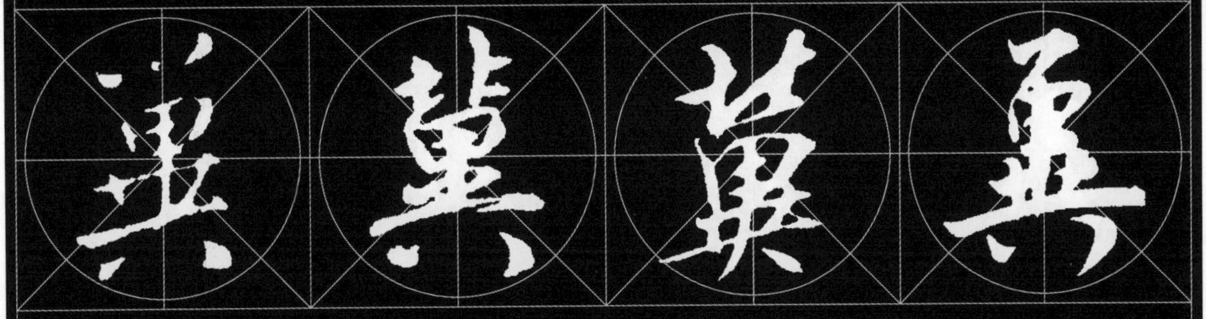

宋 王涣之 | 宋 吴说 | 宋 吴琚 | 宋 赵孟坚

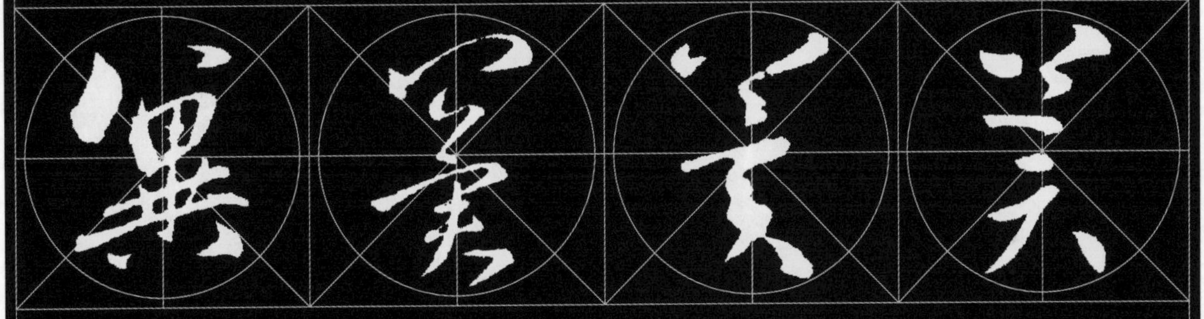

元 赵孟頫 | 晋 王羲之 | 晋 王羲之 | 晋 王献之

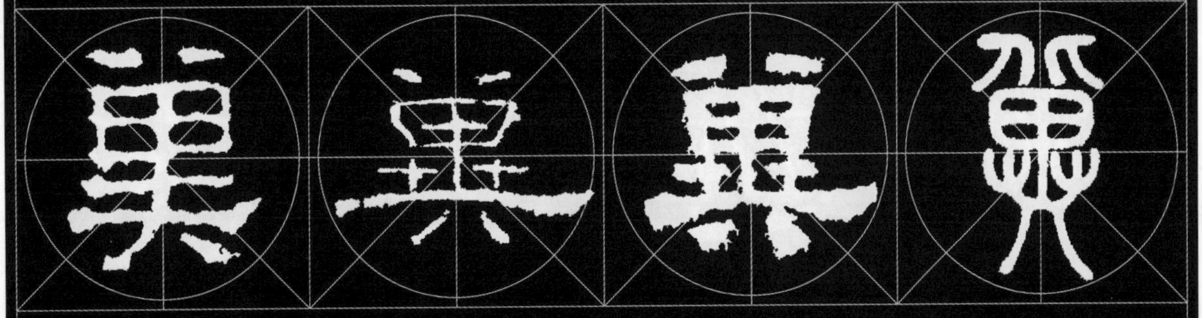

汉 景君碑 | 汉 礼器碑 | 汉 鲜于璜碑 | 清 邓石如

jì 骥（好马）

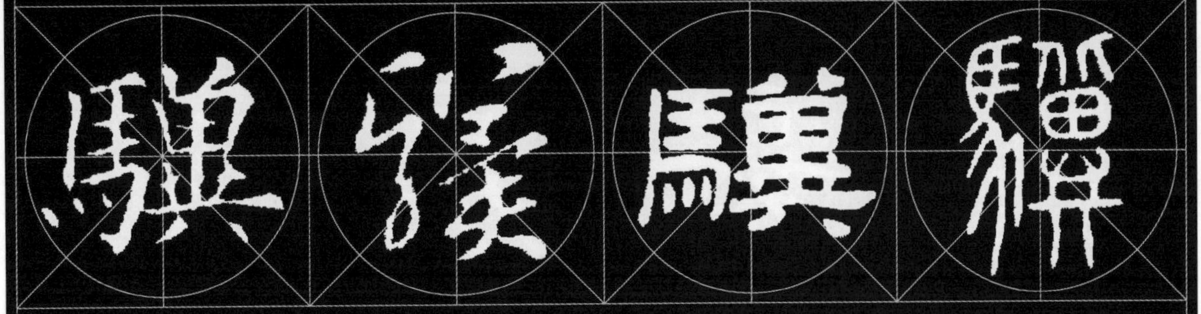

唐 欧阳通 | 晋 索靖 | 清 张祖翼 | 汉 说文解字

jì
髻

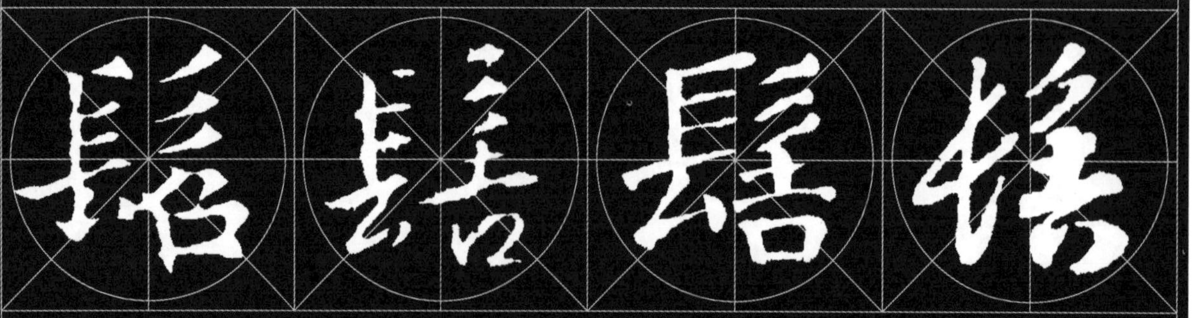

唐 欧阳通　唐 高正臣　唐 颜真卿　宋 赵构

jiā
加

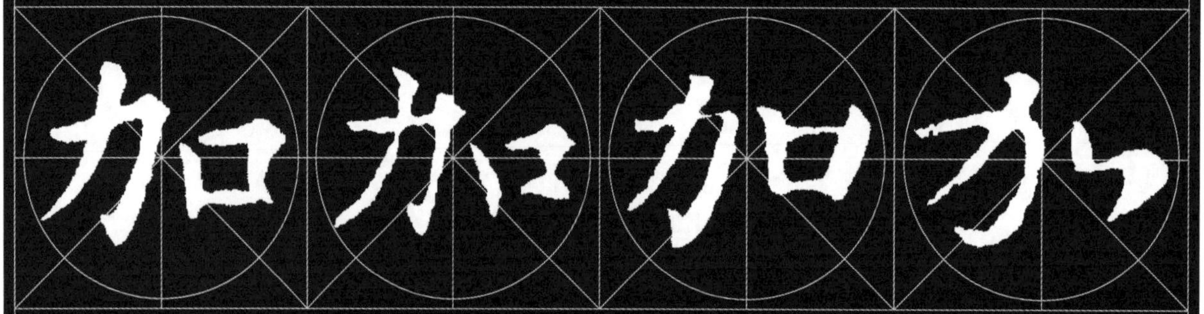

唐 欧阳询　唐 欧阳通　唐 颜真卿　晋 王羲之

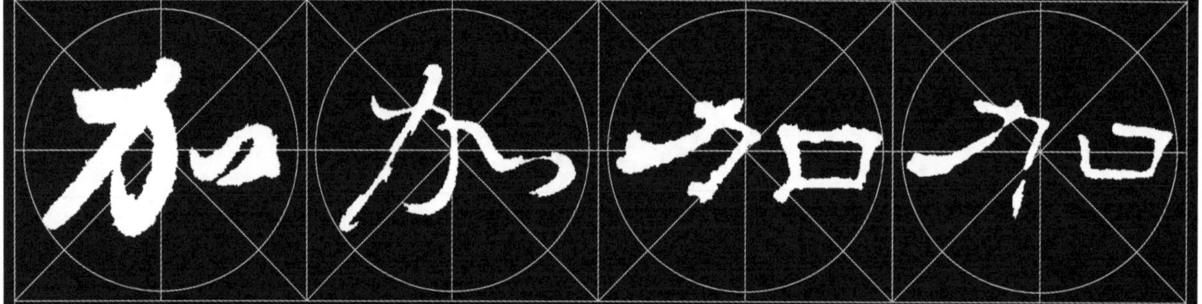

唐 孙过庭　明 董其昌　汉 史晨碑　唐 韩择木

jiā
迦

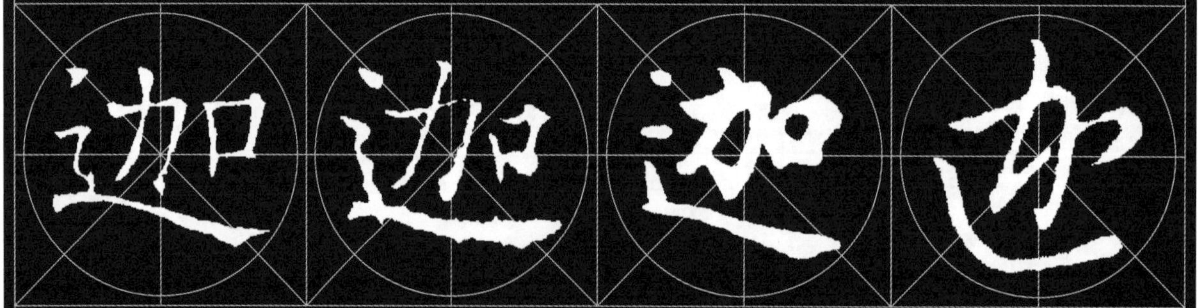

唐 褚遂良　唐 薛稷　宋 张即之　金 张天锡·草书韵会

jiā
嘉

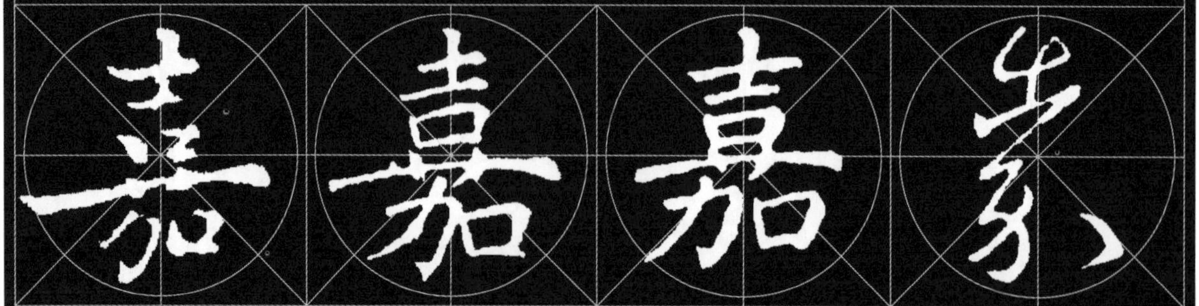

唐 褚遂良　唐 王行满　唐 颜真卿　晋 王献之

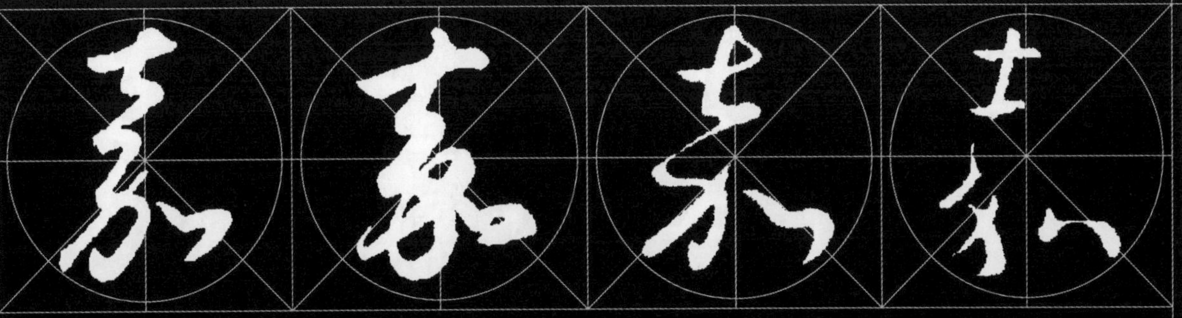

唐 怀素 | 元 鲜于枢 | 晋 沈嘉 | 唐 欧阳询

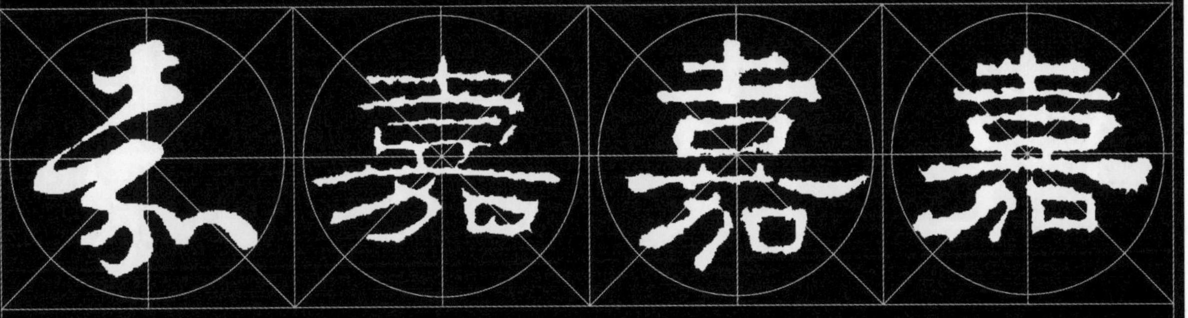

唐 孙过庭 | 汉 石门颂 | 汉 史晨碑 | 汉 鲁峻碑

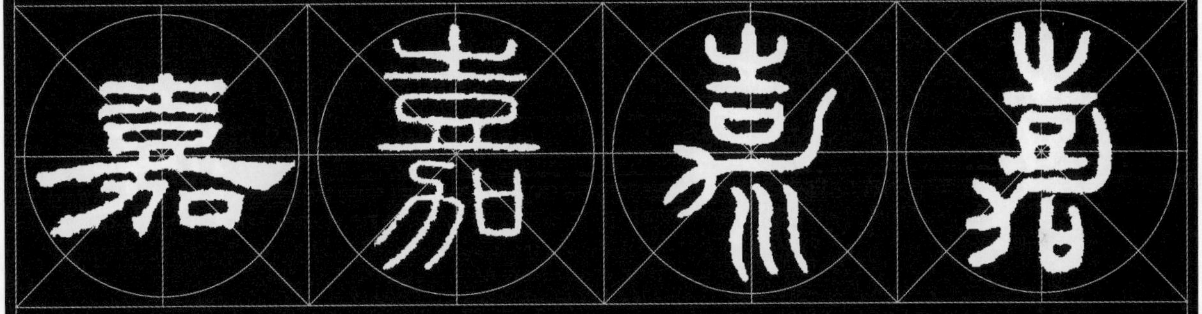

汉 桐柏庙碑 | 秦 会稽刻石 | 元 赵孟頫 | 清 吴大澂

jiā 夹（夾）jiá gā

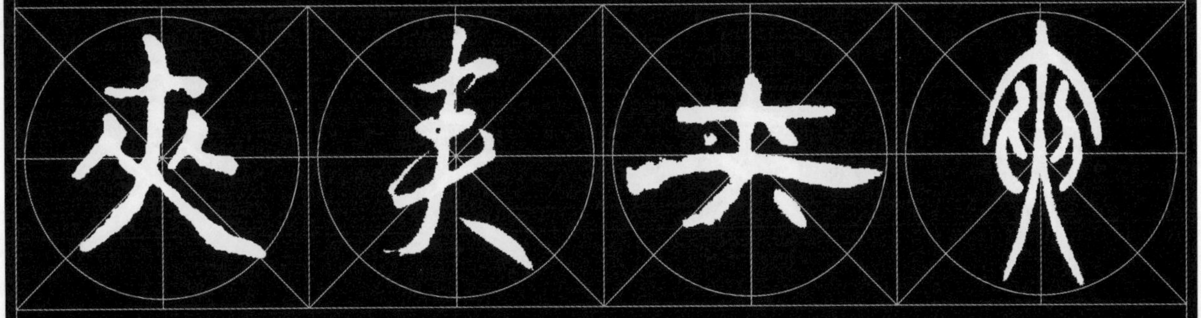

明 文徵明 | 唐 李怀琳 | 汉 曹全碑 | 清 吴熙载

jiā 浃（透；遍及）

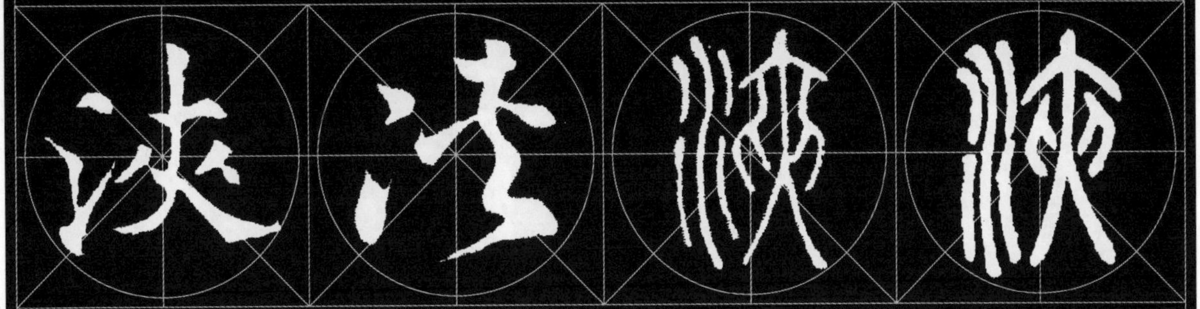

唐 欧阳通 | 唐 孙过庭 | 汉 说文解字 | 清 康熙字典

jiā
佳

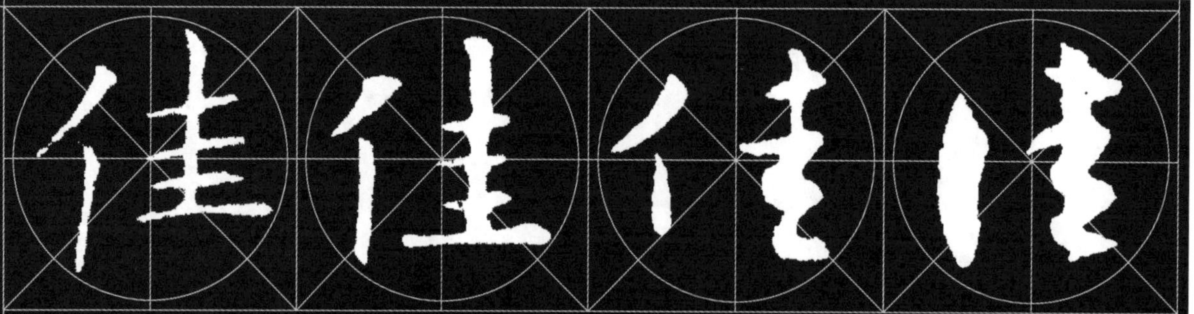

晋 王献之　唐 欧阳询　晋 王羲之　唐 孙过庭

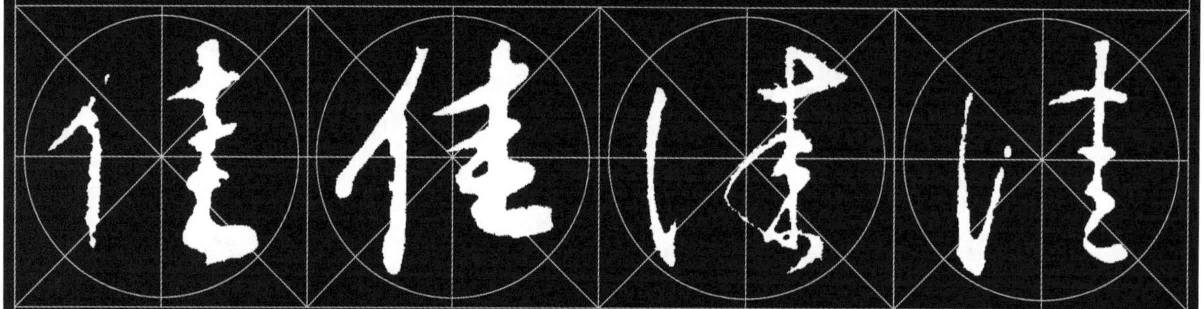

唐 颜真卿　宋 赵令畤　汉 张芝　晋 王羲之

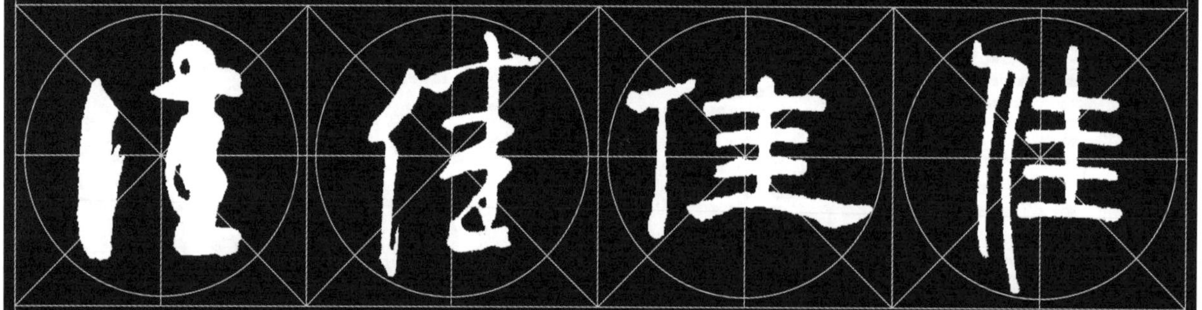

隋 智永　宋 米芾　清 王澍　清 邓石如

jiā
家

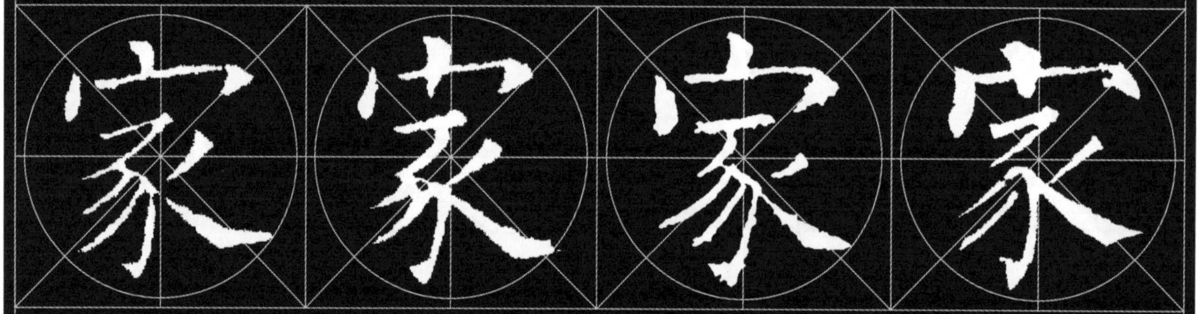

隋 苏孝慈墓志　唐 欧阳询　唐 褚遂良　唐 柳公权

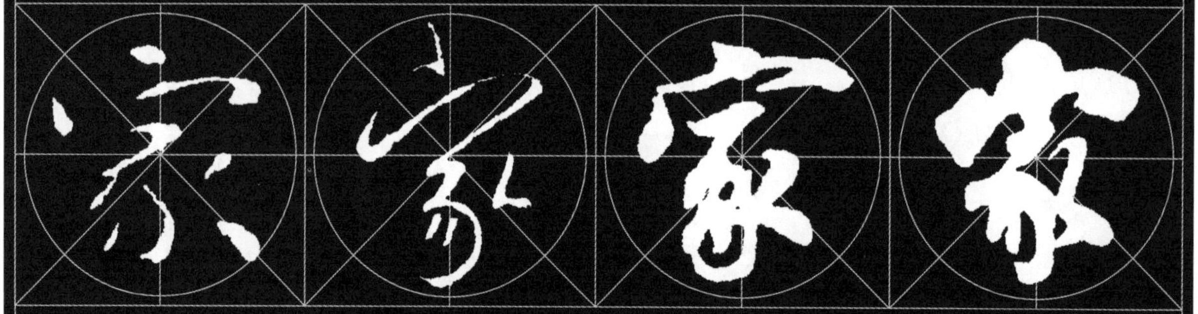

三国 钟繇　唐 李邕　宋 吴说　清 刘墉

jiā 葭（初生芦苇）

jiá 戛（戞）

jiǎ
甲

南北朝 佚名 | 北魏 元显儁墓志 | 宋 吴琚 | 元 鲜于枢

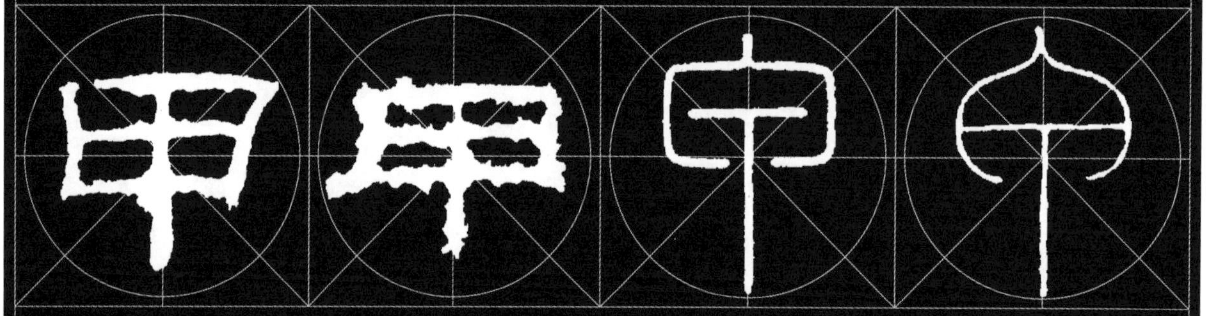

汉 乙瑛碑 | 汉 娄寿碑 | 秦 李斯 | 唐 李阳冰

jiǎ
贾
gǔ

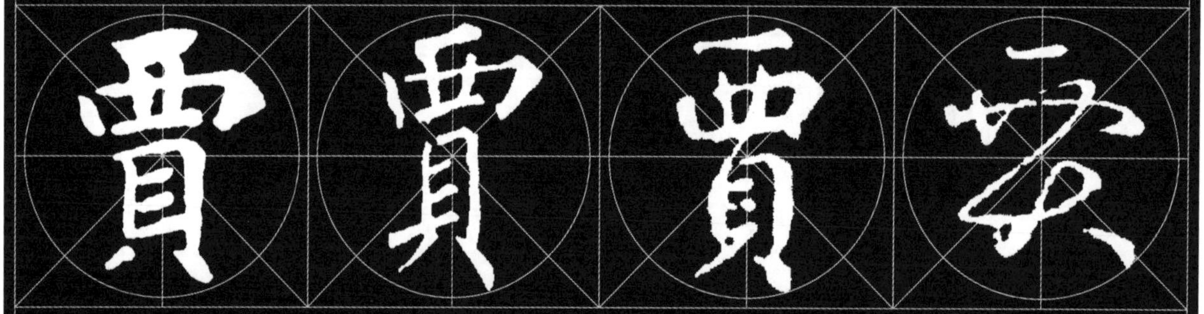

唐 褚遂良 | 唐 柳公权 | 晋 王羲之 | 晋 王羲之

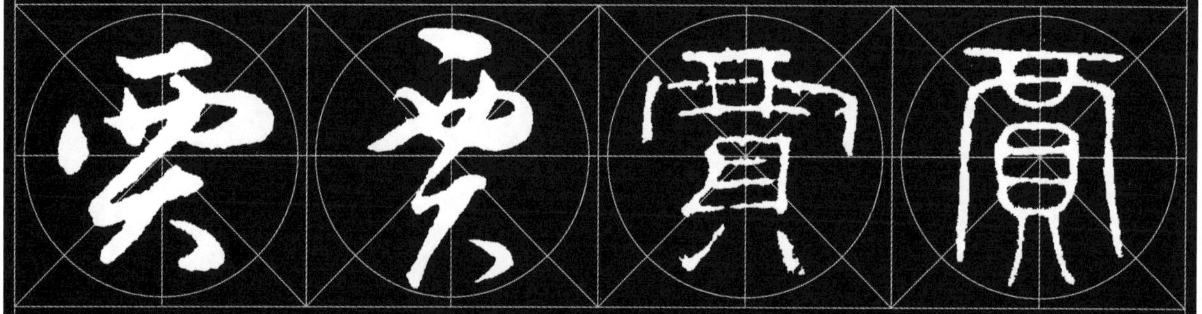

元 俞和 | 明 董其昌 | 汉 礼器碑 | 汉 说文解字

jià
价
（價）

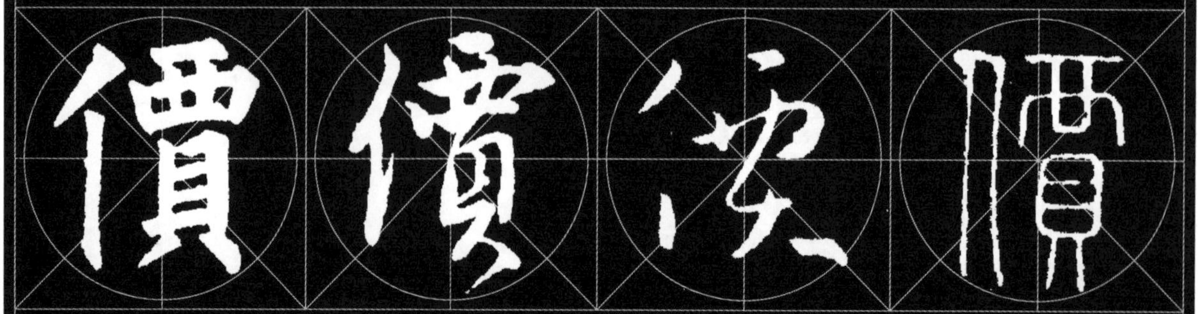

金 任询 | 明 唐寅 | 唐 孙过庭 | 汉 说文解字

jià
架

jià
驾

jià
假
jiǎ

唐 欧阳询　晋 羊欣　唐 孙过庭　明 文徵明

唐 欧阳询　唐 褚遂良　唐 颜真卿　唐 柳公权

三国 钟繇　唐 褚遂良　隋 智永　唐 怀素

汉 张景碑　汉 曹全碑　秦 石鼓文　唐 李阳冰

宋 赵佶　唐 李邕　元 柯九思　唐 孙过庭

jià
嫁

jià
稼

jiān
肩

jiān
奸

（姦：奸淫）

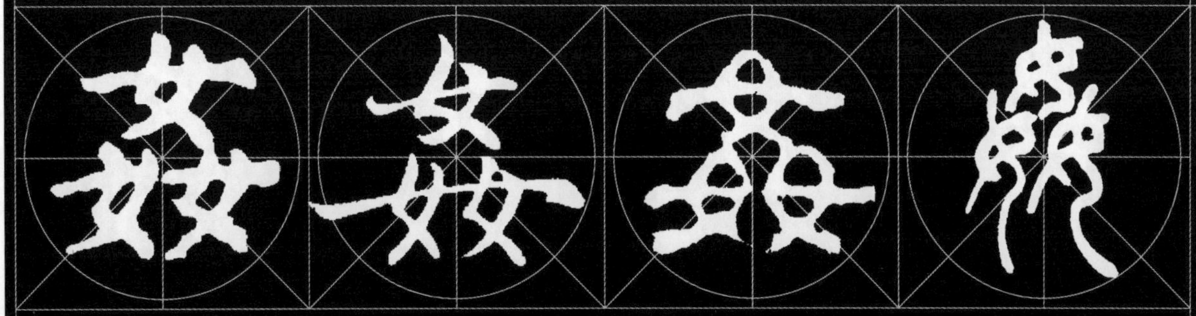

唐 颜真卿 元 赵孟頫 汉 校官碑 清 吴熙载

jiān 坚（堅）

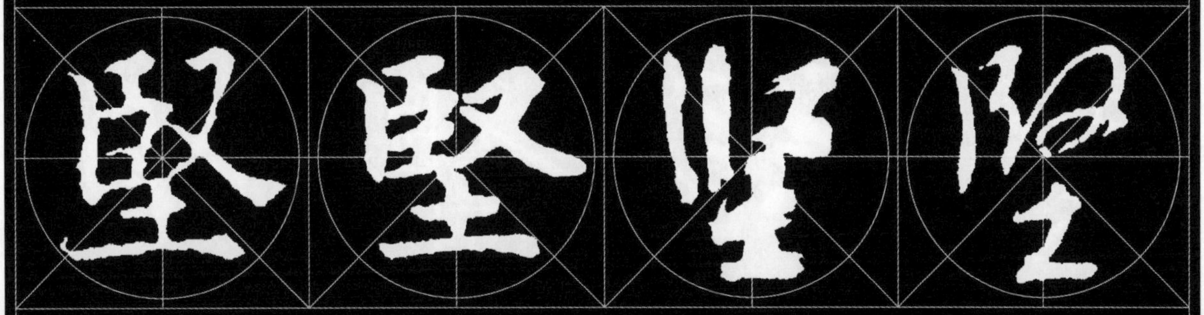

唐 欧阳通 元 赵孟頫 宋 黄庭坚 元 康里子山

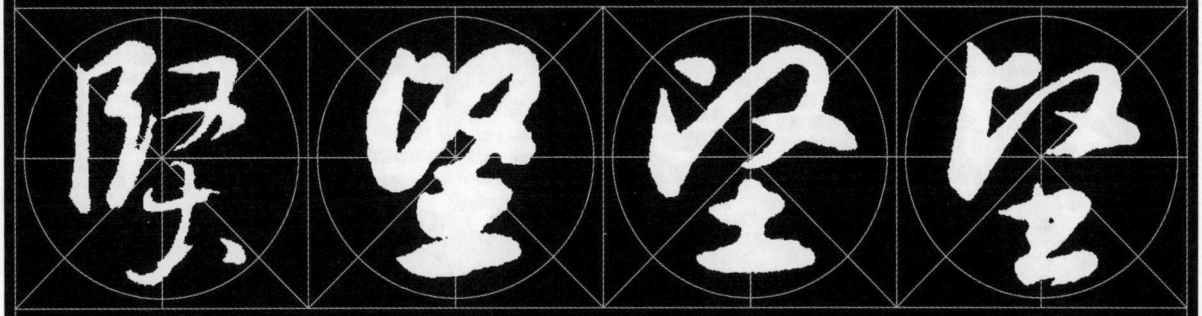

明 董其昌 宋 赵构 元 揭傒斯 明 韩道亨

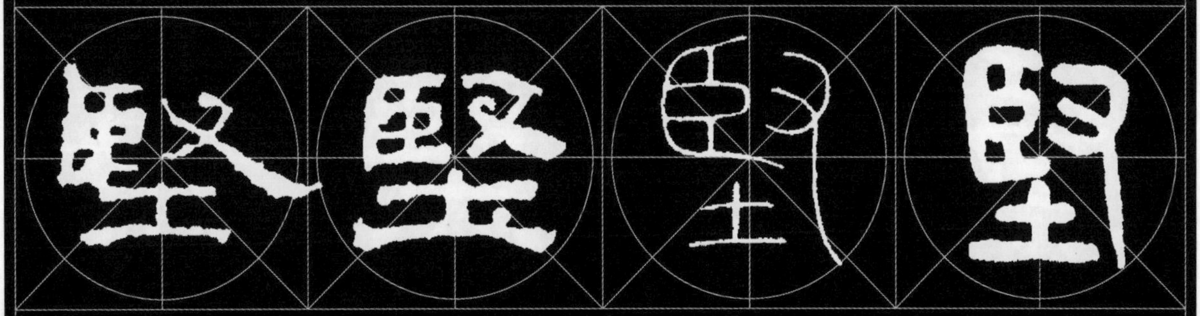

汉 张景碑 汉 西狭颂 唐 李阳冰 清 杨沂孙

jiān 歼（殲）

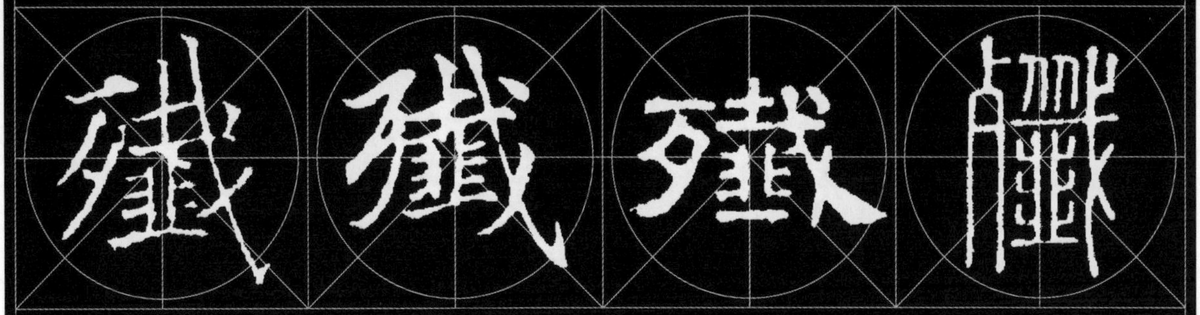

唐 昭仁寺碑 元 赵孟頫 汉 张寿碑 汉 说文解字

jiān
间
jiàn
（間、閒）

jiān
艰（艱）

jiān
兼

唐 颜真卿 | 明 沈周 | 宋 米芾 | 唐 李世民

唐 欧阳询 | 晋 王羲之 | 晋 王献之 | 宋 苏轼

明 董其昌 | 汉 石门颂 | 唐 李昢墓志 | 清 徐三庚

唐 欧阳询 | 唐 颜真卿 | 唐 颜真卿 | 唐 柳公权

晋 郗鉴 | 唐 褚遂良 | 元 赵孟頫 | 清 王铎

jiān
缣（细绢）

jiān
监（監）
jiàn（太监；国子监）

jiān
笺（箋、牋）

jiān 菅

jiān 缄（封；闭）

jiān 煎

jiǎn
俭

唐 褚遂良　唐 柳公权　唐 张从申　元 赵孟頫

金 张天锡·草书韵会　汉 樊敏碑　清 何绍基　清 吴大澂

jiǎn
捡（拾取）

唐 欧阳询　宋 米芾　唐 孙过庭

jiǎn
检

宋 张即之　元 鲜于枢　明 邵二泉　唐 孙过庭

汉 张景碑　明 何震　汉 说文解字　清 邓石如

jiǎn
柬

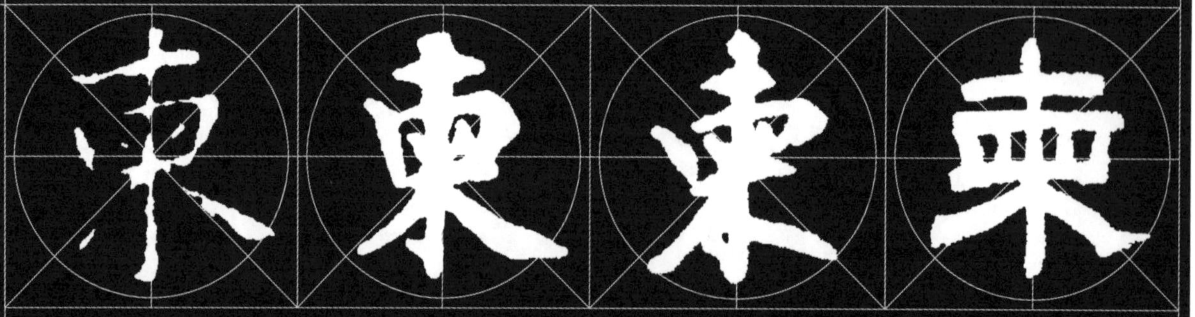

宋 黄庭坚　明 宋濂　明 董琰　明 沈度

jiǎn
茧（繭）

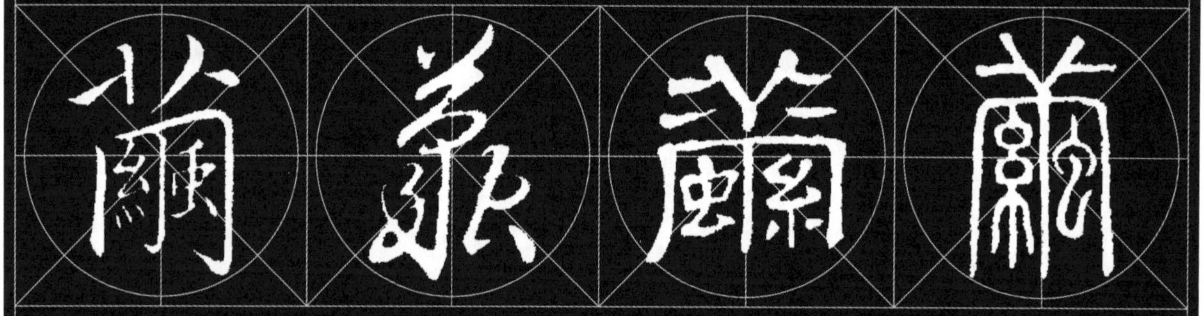

元 赵孟頫　明 沈粲　清 顾蔼吉·隶辨　汉 说文解字

jiǎn
减（減）

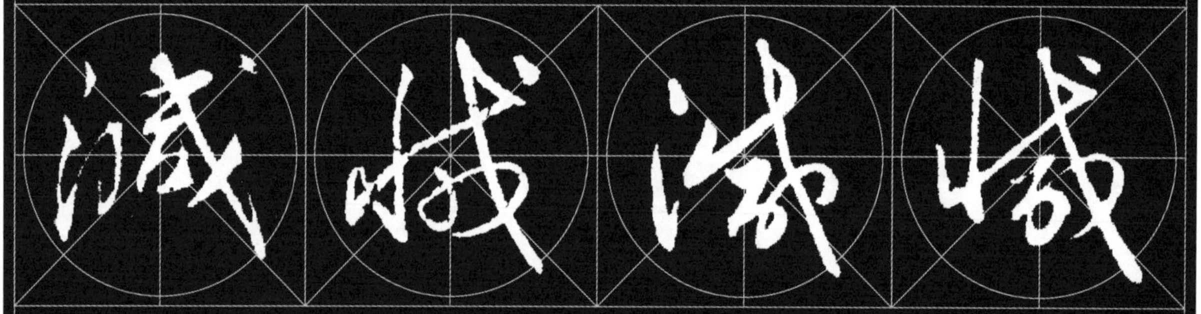

宋 蔡襄　晋 王献之　晋 王珉　元 赵孟頫

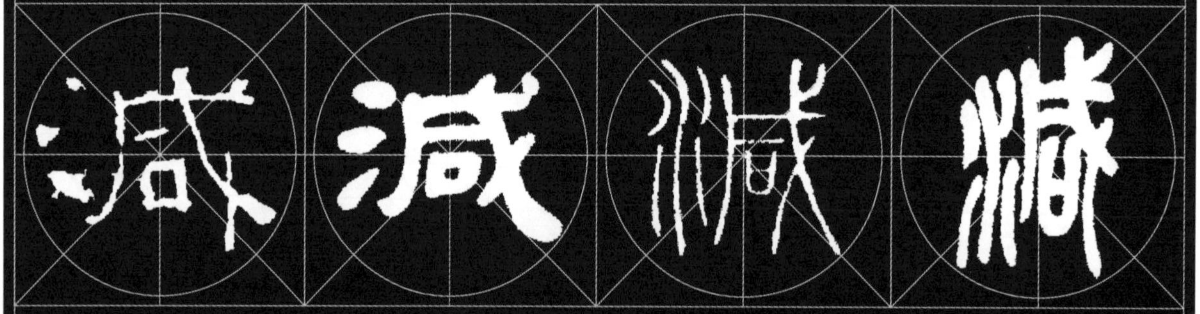

汉 西狭颂　清 邓石如　汉 说文解字　清 吴昌硕

jiǎn
剪（翦）

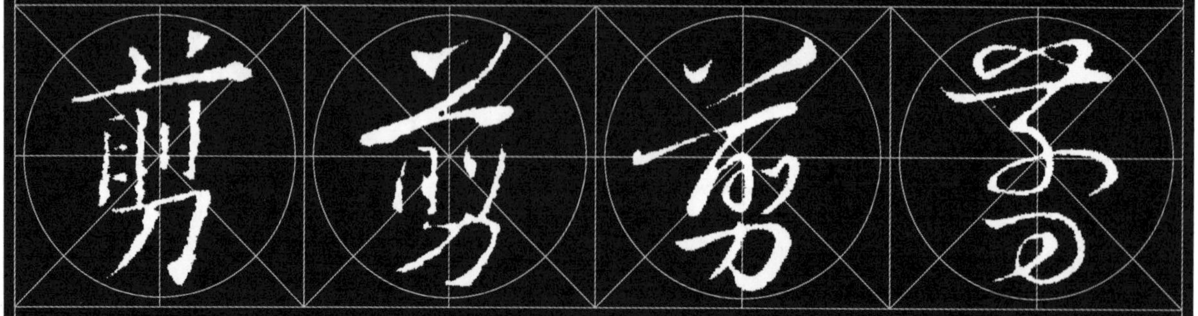

唐 欧阳询　晋 王羲之　元 陈基　金 张天锡·草书韵会

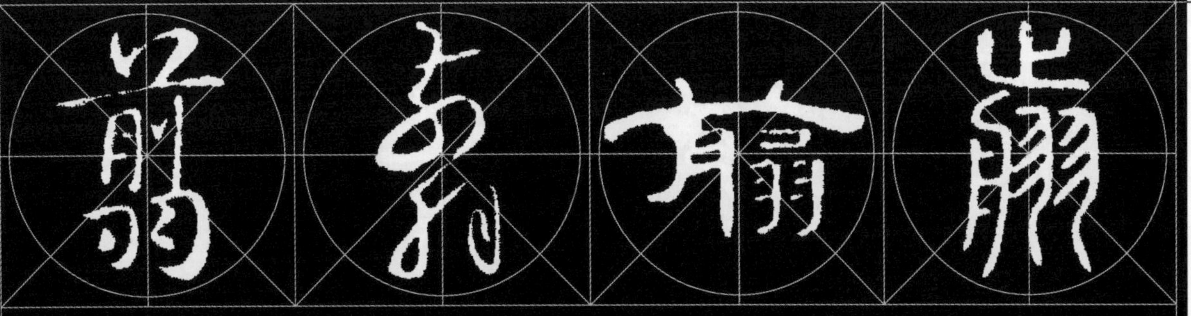

唐 褚遂良 唐 怀素 汉 曹全碑 汉 说文解字

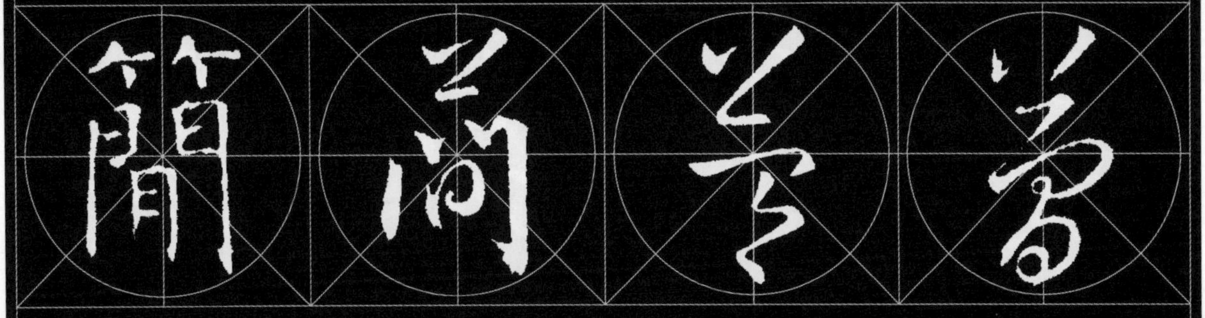

唐 褚遂良 明 文徵明 晋 杜预 晋 王羲之

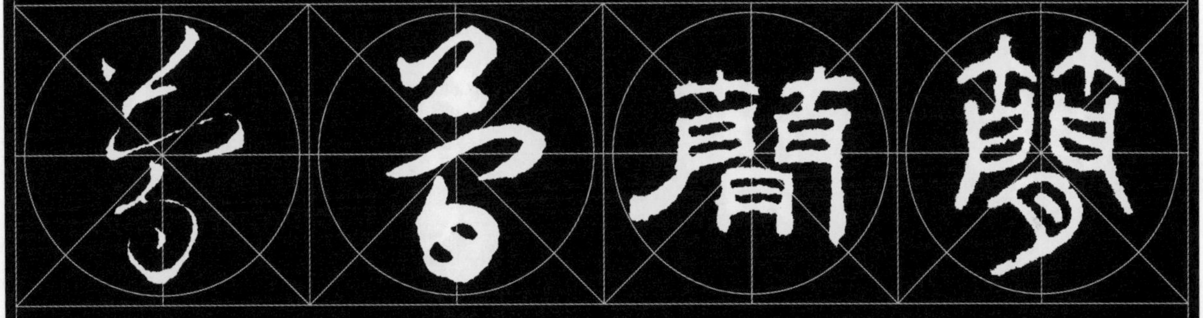

唐 欧阳询 元 揭傒斯 汉 桐柏庙碑 秦 石鼓文

北魏 高贞碑 唐 颜真卿 唐 孙过庭 汉 说文解字

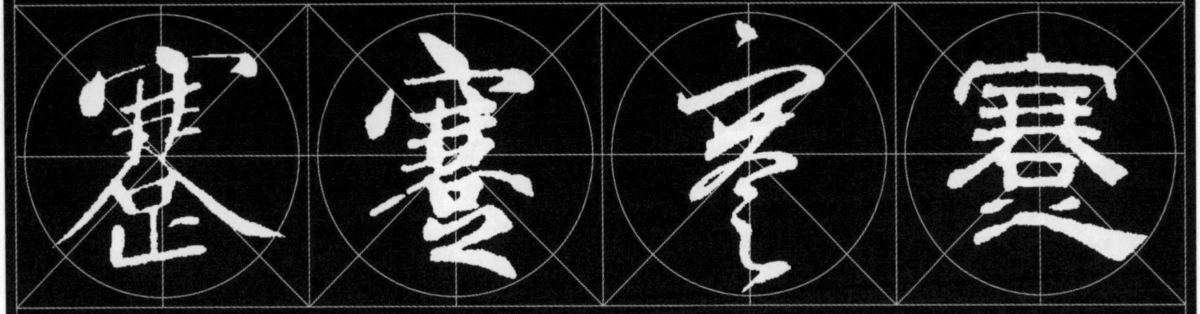

宋 黄庭坚 元 赵孟頫 元 鲜于枢 元 吴叡

jiǎn
简

jiǎn
戬（剪除；福）

jiǎn
蹇（跛；不顺）

jiǎn
謇（口吃；正直）

jiàn
见
xiàn
（同现）

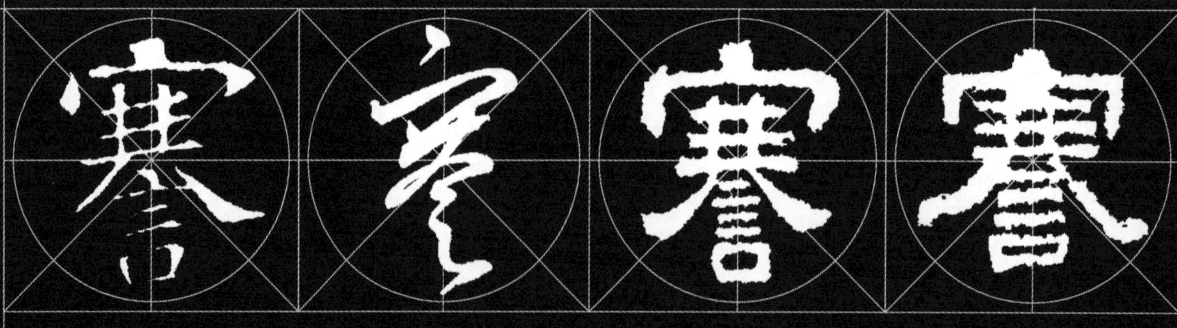

隋 苏孝慈墓志　元 鲜于枢　汉 樊敏碑　汉 张迁碑

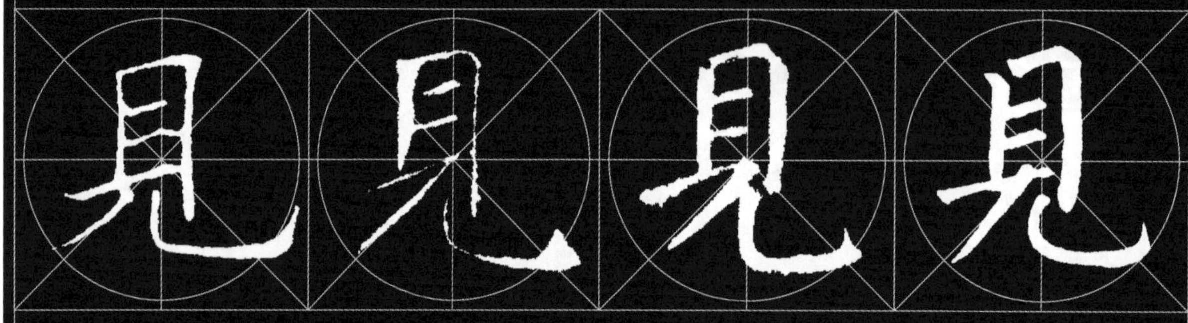

唐 欧阳询　唐 褚遂良　唐 颜真卿　唐 柳公权

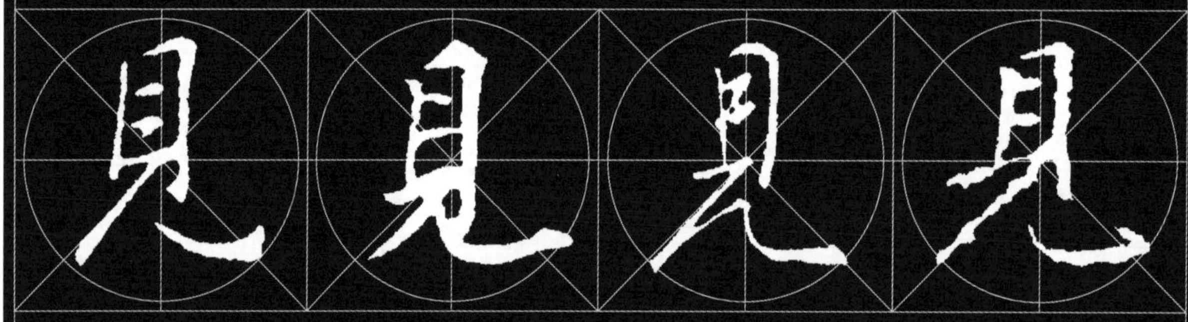

晋 王羲之　唐 欧阳询　唐 颜真卿　唐 张从申

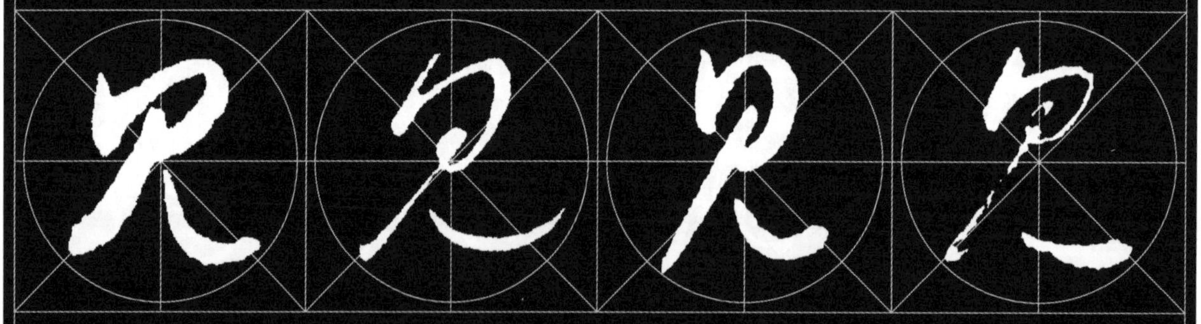

晋 王羲之　晋 王献之　唐 孙过庭　唐 怀素

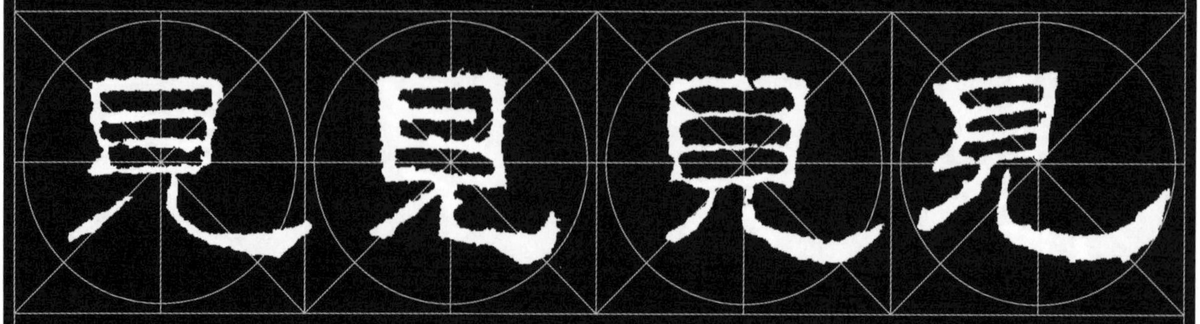

汉 礼器碑　汉 鲜于璜碑　汉 史晨碑　汉 朝侯小子残碑

jiàn
建

jiàn
健

唐 李阳冰	清 吴熙载	清 杨沂孙	清 吴大澂
唐 欧阳询	唐 虞世南	唐 褚遂良	隋 智永
唐 怀素	元 邓文原	汉 石门颂	汉 赵宽碑
汉 白石神君碑	汉 张迁碑	清 邓石如	清 吴大澂
唐 颜真卿	宋 黄庭坚	元 康里子山	汉 说文解字

jiàn
键

jiàn
饯

jiàn
践（踩；踏；履行；实行）

三国 皇象 | 唐 欧阳通 | 元 邓文原 | 汉 说文解字

唐 褚遂良 | 唐 颜真卿 | 宋 米芾 | 明 文徵明

隋 龙藏寺碑 | 唐 褚遂良 | 唐 欧阳通 | 唐 颜真卿

元 赵孟頫 | 晋 王羲之 | 明 文徵明 | 明 董其昌

隋 智永 | 元 揭傒斯 | 汉 西狭颂 | 汉 孔彪碑

jiàn
贱

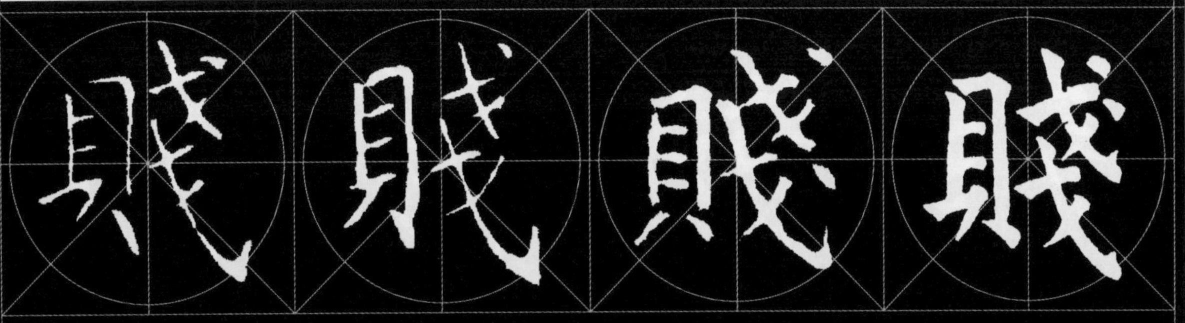

隋 龙藏寺碑 | 唐 魏栖梧 | 宋 黄庭坚 | 明 祝允明

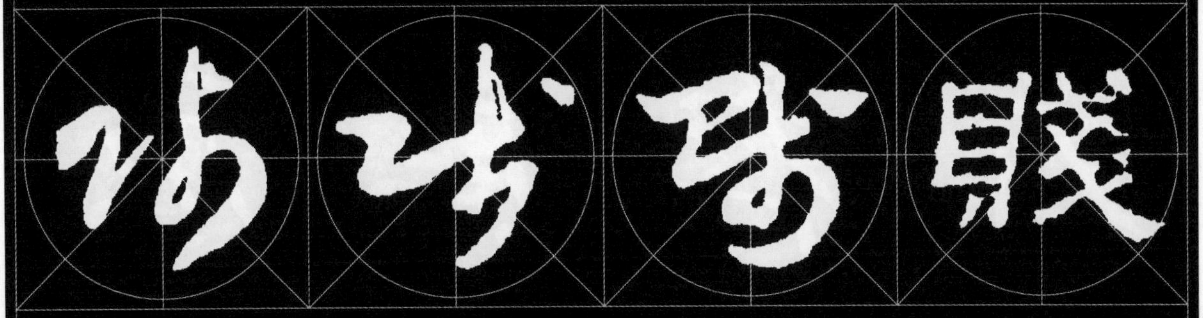

隋 智永 | 唐 孙过庭 | 元 赵孟頫 | 汉 张迁碑

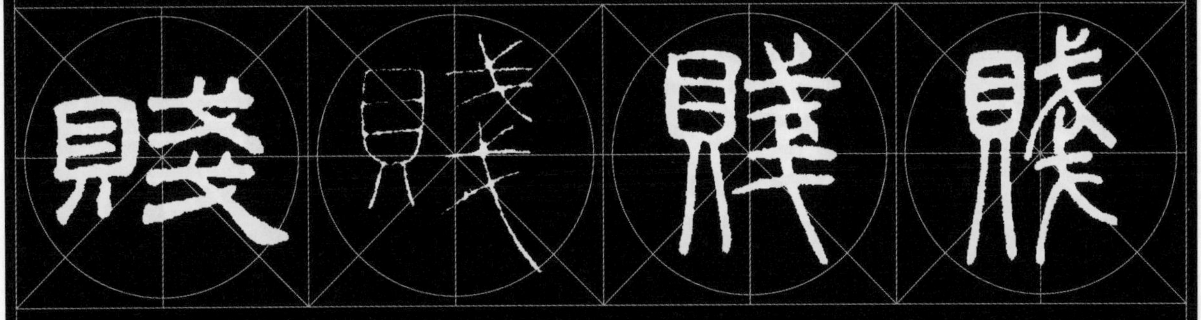

清 王澍 | 唐 李阳冰 | 元 吴叡 | 清 吴熙载

jiàn
剑（劍、劒）

唐 欧阳通 | 唐 颜真卿 | 明 文徵明 | 唐 李邕

隋 智果 | 宋 黄庭坚 | 元 赵孟頫 | 明 宋克

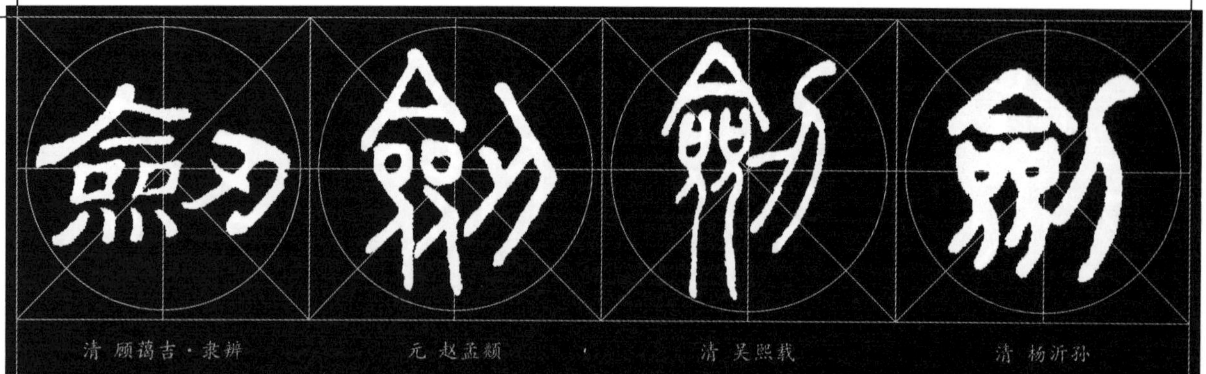

jiàn
荐（薦）

jiàn
涧

jiàn 渐 jiān（浸；流入）

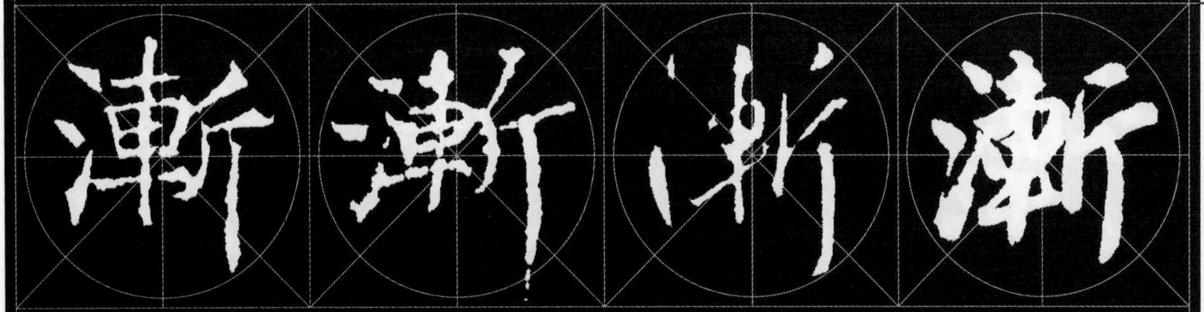

唐 王知敬　宋 欧阳修　唐 李世民　明 唐寅

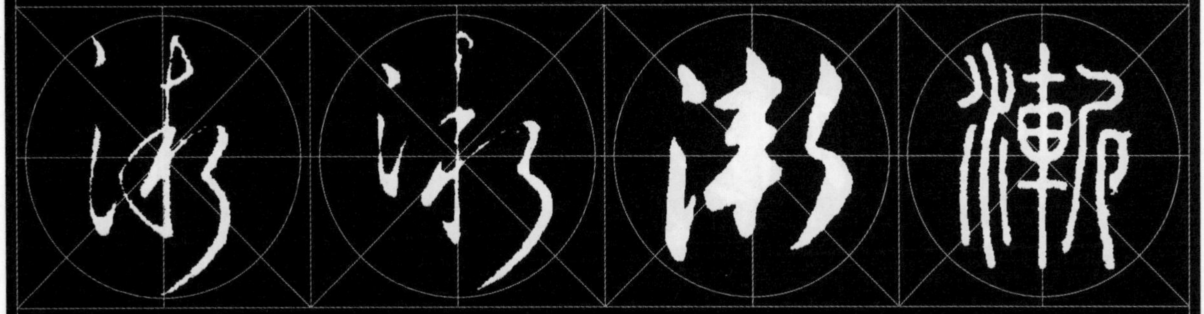

晋 郗愔　晋 王献之　明 韩道亨　清 永瑆

jiàn 谏

晋 王羲之　唐 昭仁寺碑　宋 黄庭坚　汉 赵宽碑

jiàn 鉴（鑒、鑑）

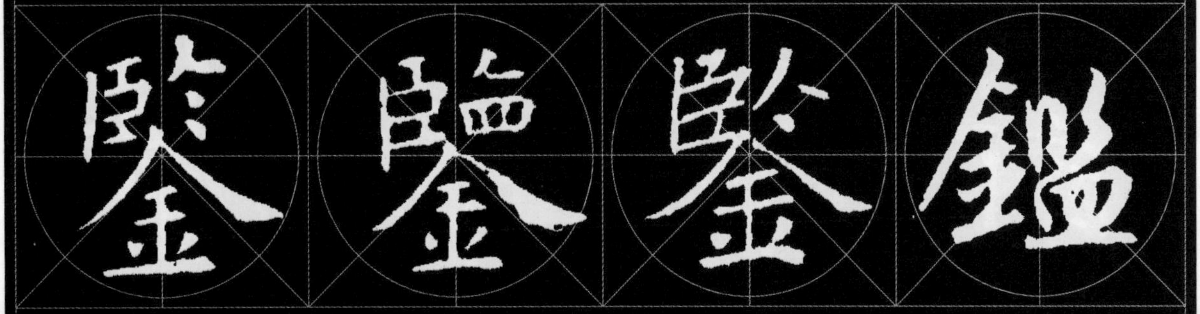

唐 欧阳询　唐 虞世南　唐 褚遂良　元 赵孟頫

元 柯九思　明 沈度　汉 华山碑　清 吴大澂

jiàn
槛（栏杆）
kǎn（门槛）

jiàn
僭

jiàn
箭

唐 虞世南　唐 欧阳通　唐 颜真卿　唐 柳公权

唐 李邕　明 文徵明　明 王宠　汉 说文解字

宋 米芾　元 沈右　清 顾蔼吉·隶辨　清 杨沂孙

南北朝 佚名　唐 欧阳询　唐 柳公权　宋 赵孟坚

元 邓文原　金 张天锡·草书韵会　明 何震　清 吴熙载

jiāng
江

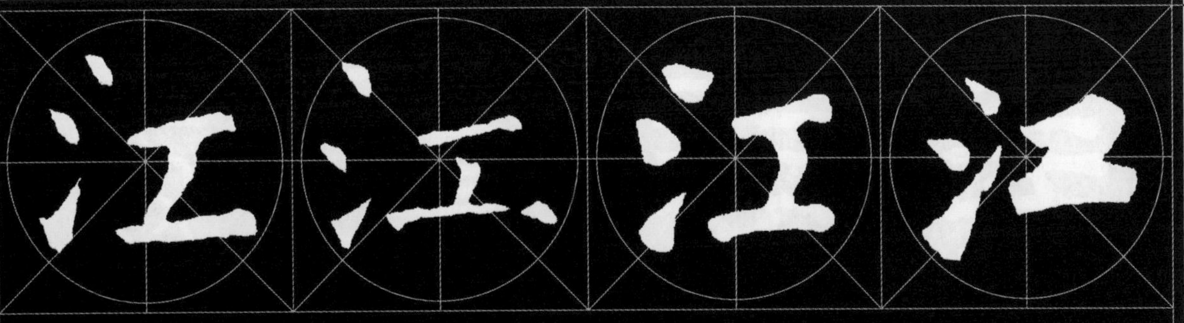

三国 钟繇 | 唐 褚遂良 | 唐 颜真卿 | 宋 苏轼

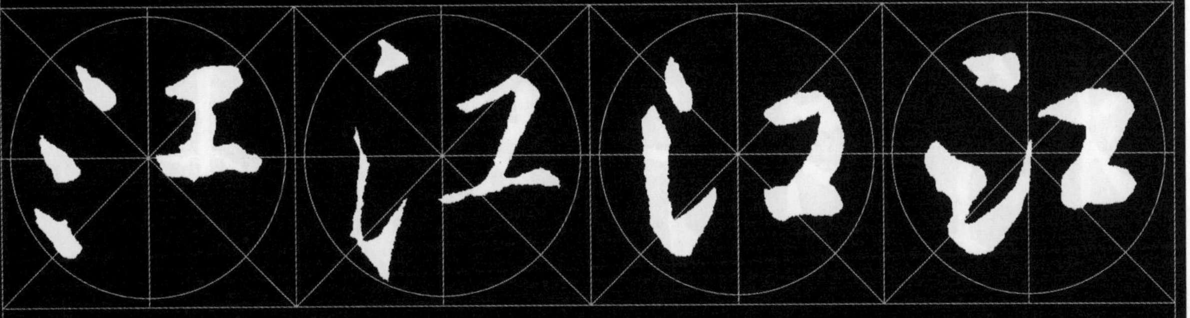

宋 黄庭坚 | 唐 李邕 | 唐 杜牧 | 宋 米芾

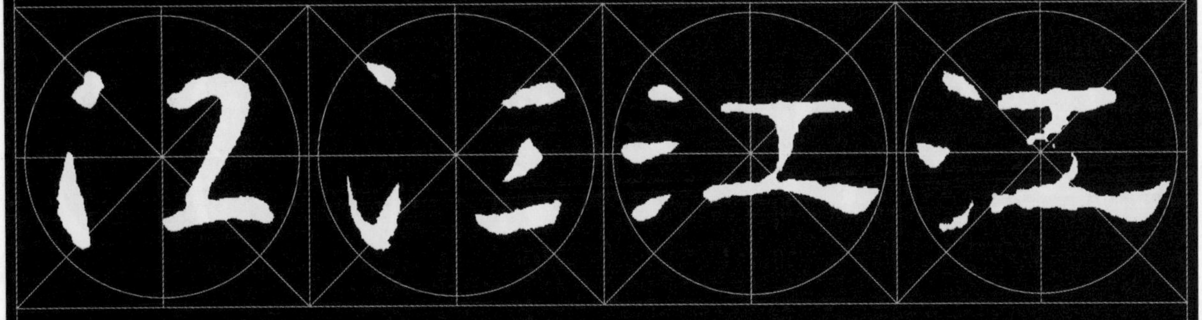

唐 李世民 | 唐 怀素 | 汉 史晨碑 | 汉 鲁峻碑

jiāng
姜（薑）

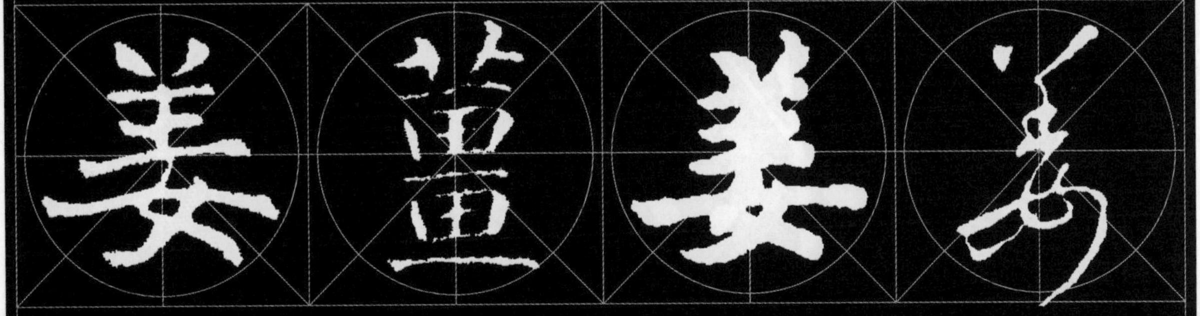

北魏 高湛墓志 | 隋 智永 | 唐 吴彩鸾 | 晋 王羲之

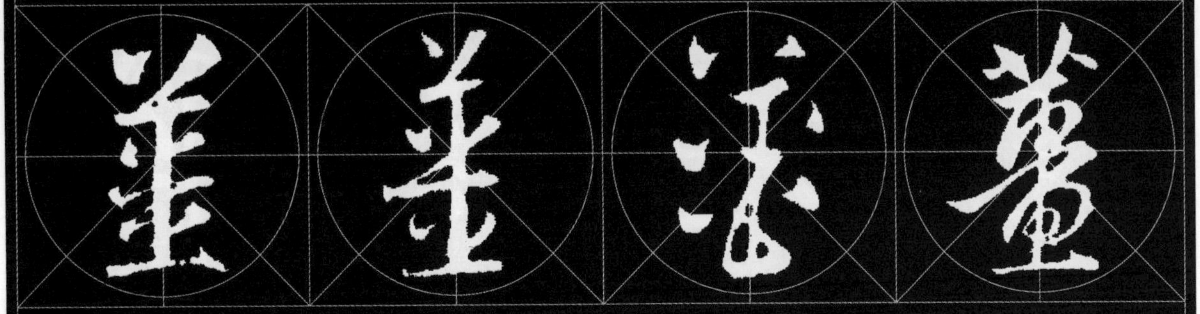

隋 智永 | 唐 怀素 | 宋 黄庭坚 | 元 赵孟頫

jiāng
将
jiàng
（将士）
qiāng
（请：将进酒）

jiāng 浆

jiāng 疆（畺）

jiǎng 讲（講）

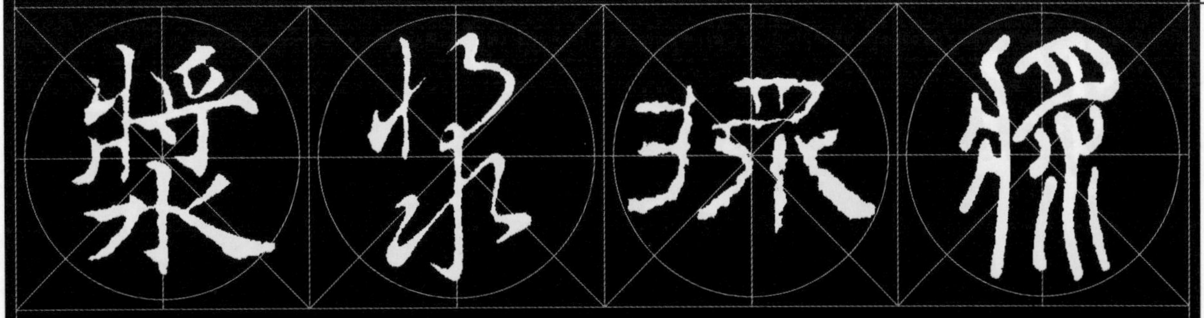

唐 欧阳通　元 赵孟頫　汉 武梁刻石　清 吴熙载

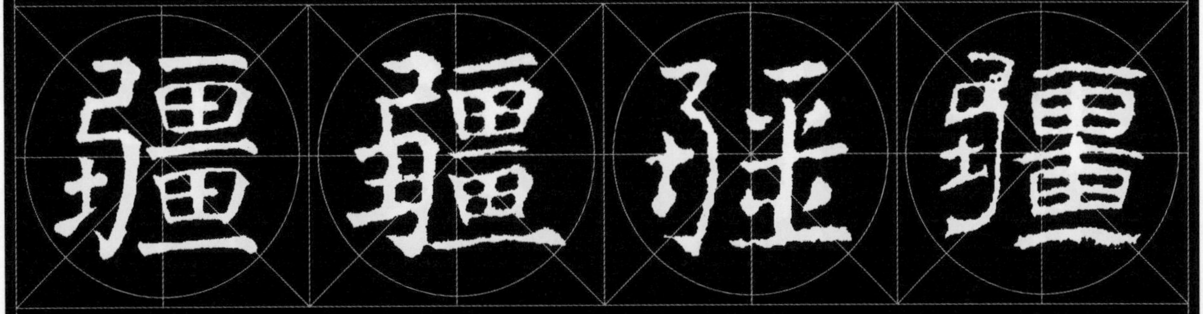

唐 颜真卿　唐 王知敬　三国 皇象　汉 封龙山碑

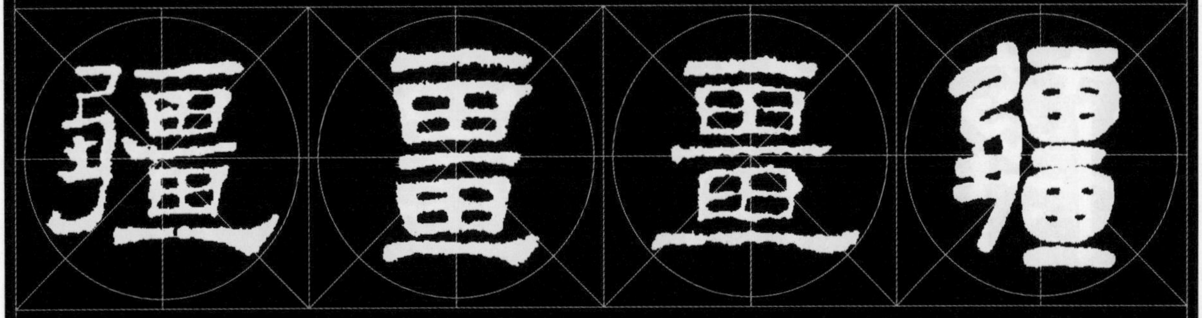

汉 华山碑　汉 樊敏碑　汉 白石神君碑　清 吴大澂

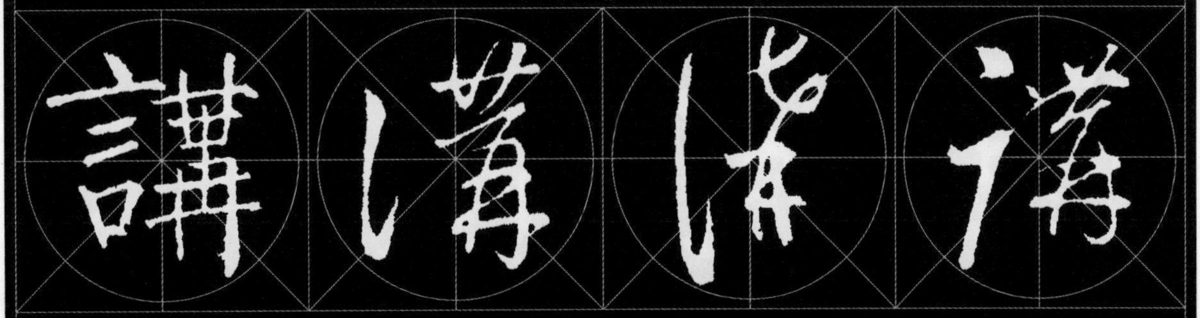

唐 柳公权　晋 王羲之　宋 范成大　宋 朱熹

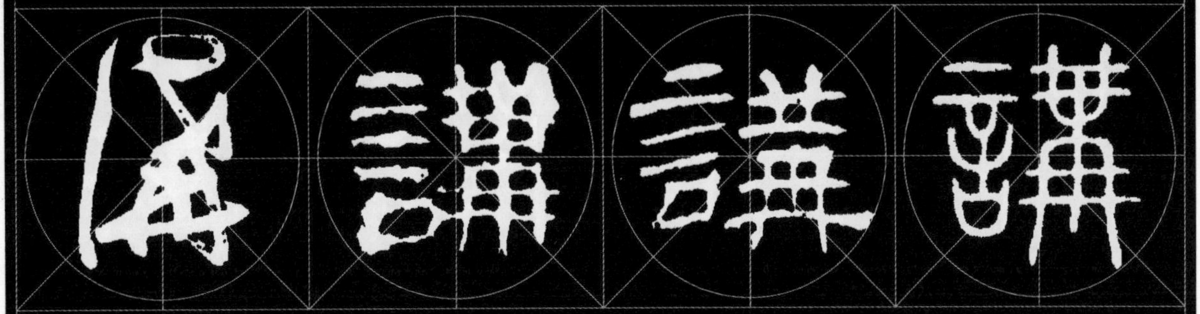

明 张瑞图　汉 校官碑　晋 辟雍碑　汉 说文解字

jiǎng
奖

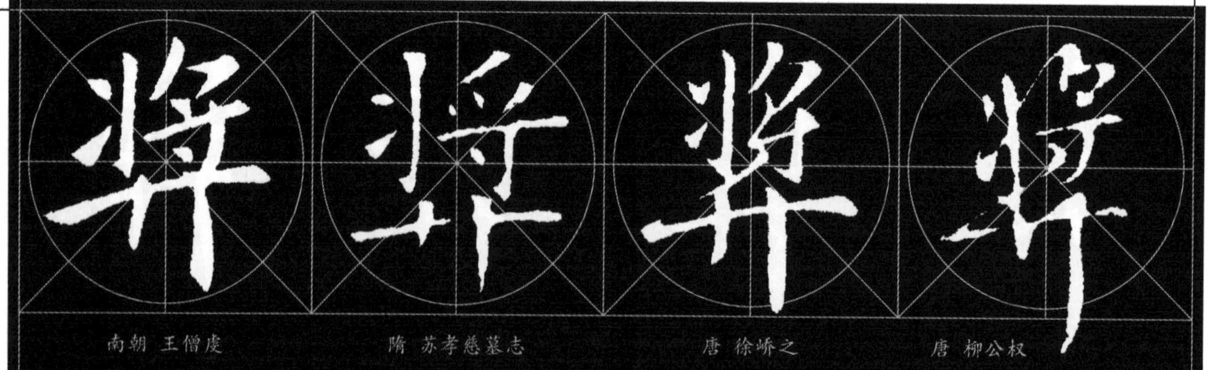

jiǎng
桨

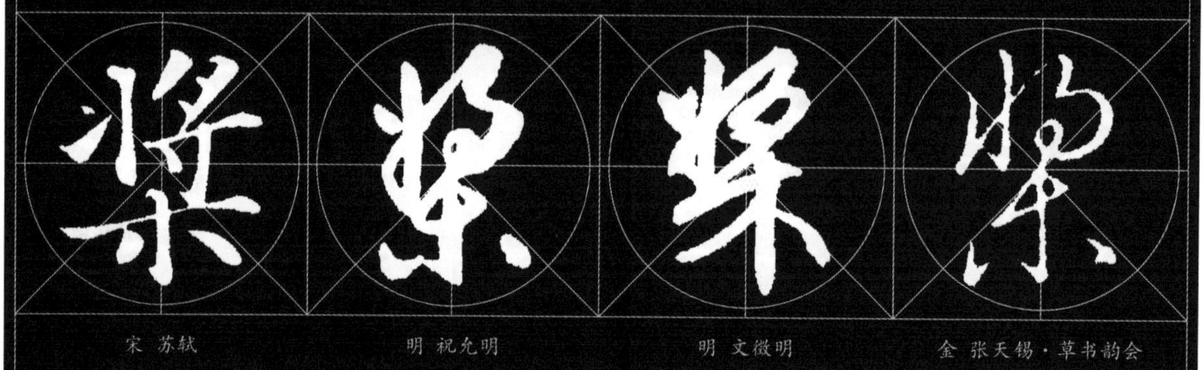

jiǎng
蒋

jiàng
匠

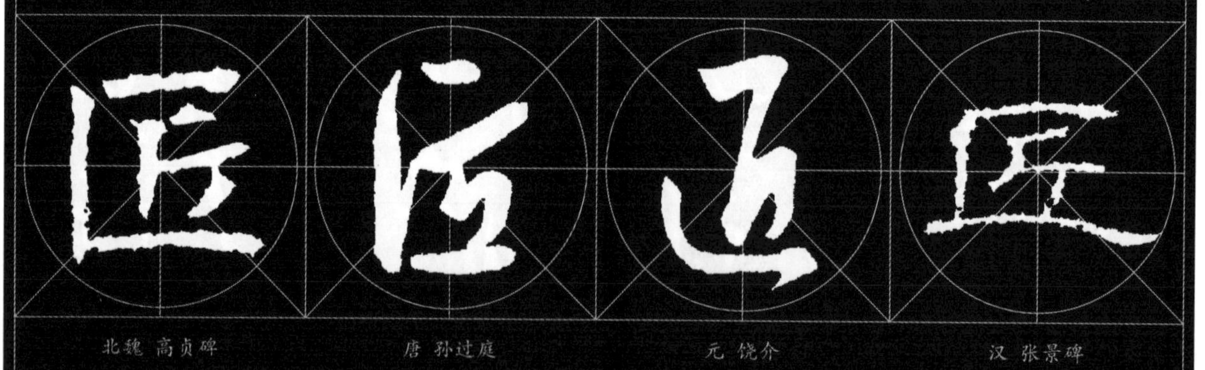

jiàng
降
xiáng

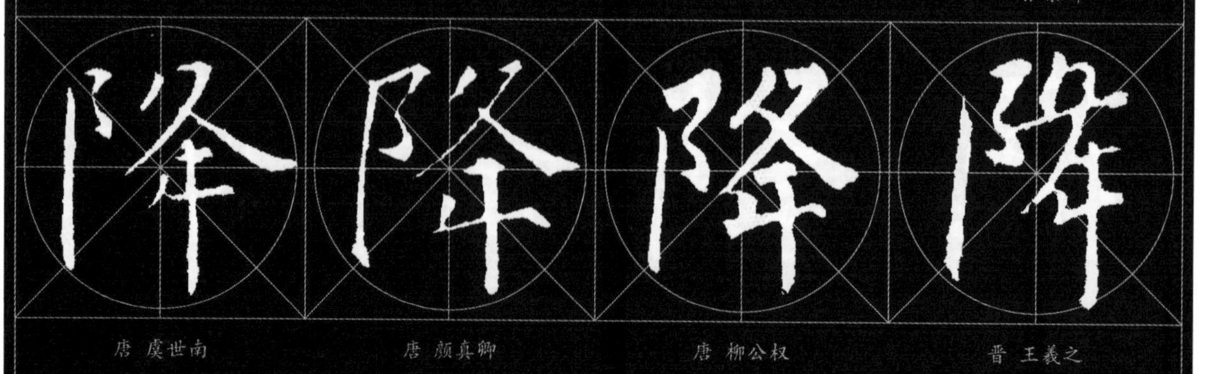

jiàng
绛（赤色）

jiàng
酱

jiāo
交

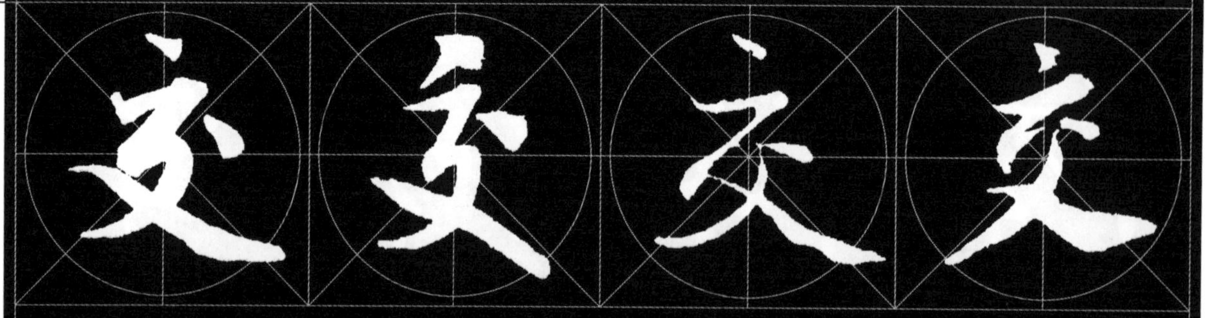

宋 蔡襄 | 宋 米芾 | 元 赵孟頫 | 明 董其昌

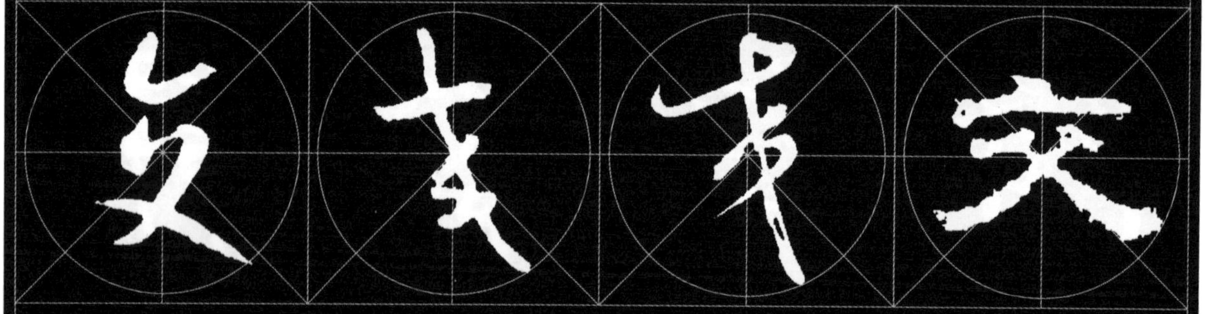

隋 智永 | 唐 怀素 | 明 董其昌 | 汉 娄寿碑

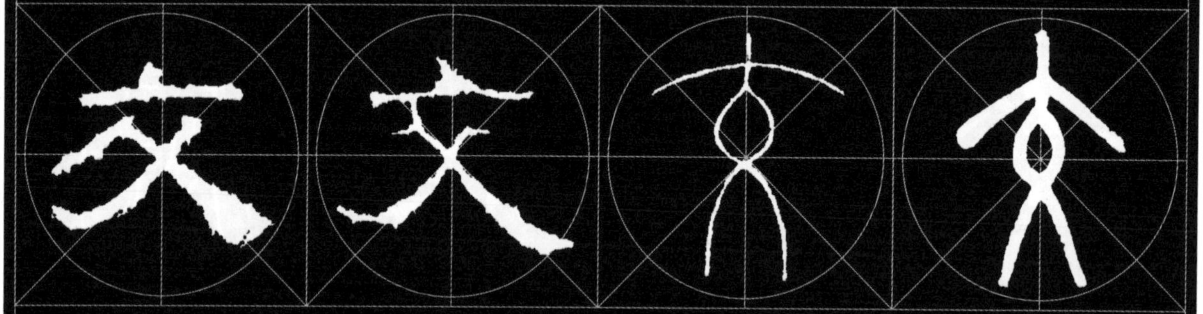

汉 尹宙碑 | 三国 曹真碑 | 唐 李阳冰 | 清 吴大澂

jiāo
郊

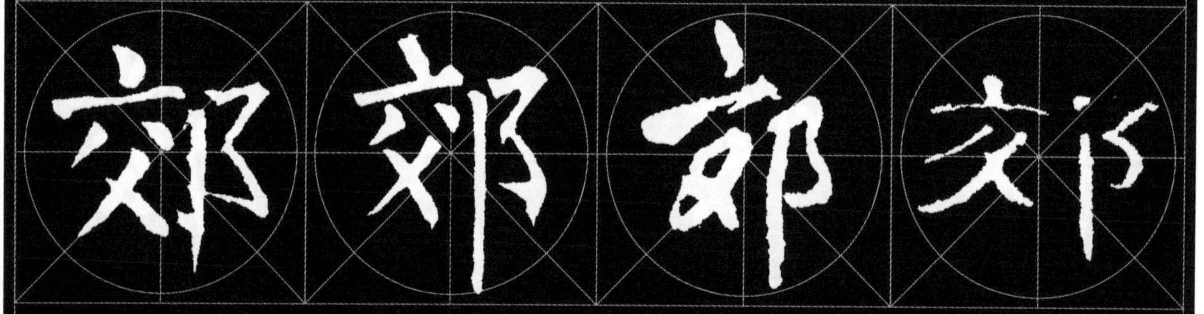

唐 颜真卿 | 唐 柳公权 | 宋 蔡襄 | 汉 曹全碑

jiāo
蛟

宋 黄庭坚 | 元 赵孟頫 | 明 文徵明 | 清 王铎

jiāo
鲛

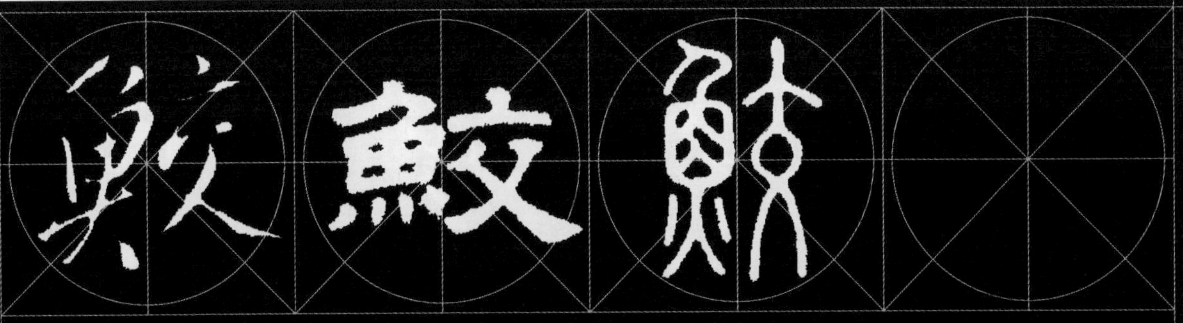

明 董其昌　清 顾蔼吉·隶辨　汉 说文解字

jiāo
浇

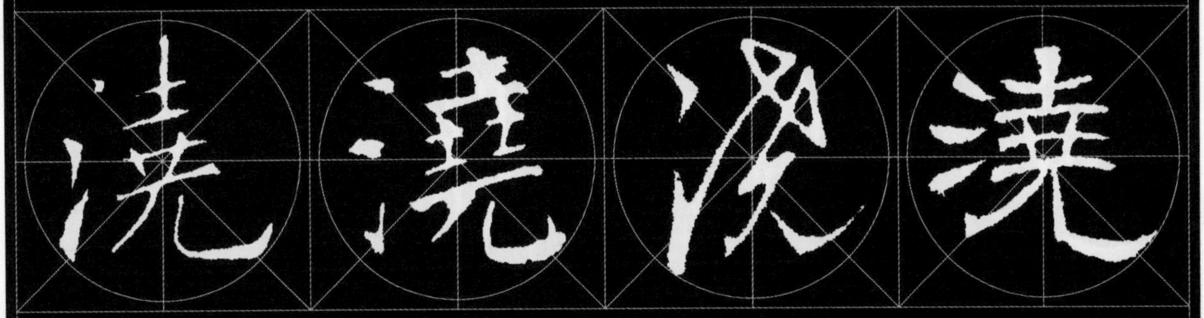

唐 欧阳询　唐 颜真卿　金 张天锡·草书韵会　晋 辟雍碑

jiāo
椒

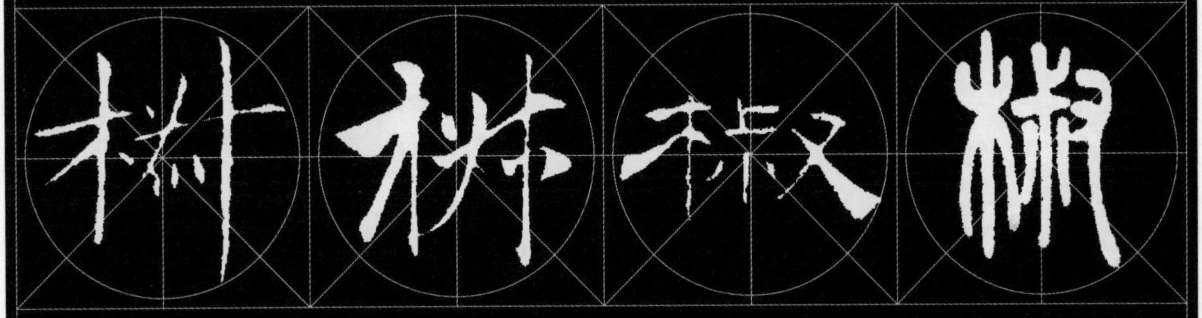

晋 王献之　元 赵孟頫　唐 叶慧明碑　清 吴熙载

jiāo
骄（驕）

北魏 高贞碑　唐 颜真卿　唐 李怀琳　元 吴叡

jiāo
胶（膠）

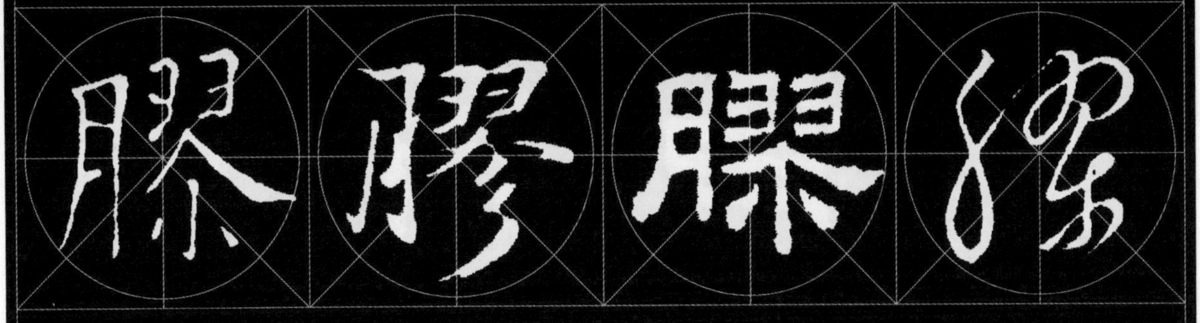

唐 欧阳询　元 礼实　汉 熹平石经　明 祝允明

jiāo 焦

jiāo 燋

jiāo 蕉

jiǎo 角 jué

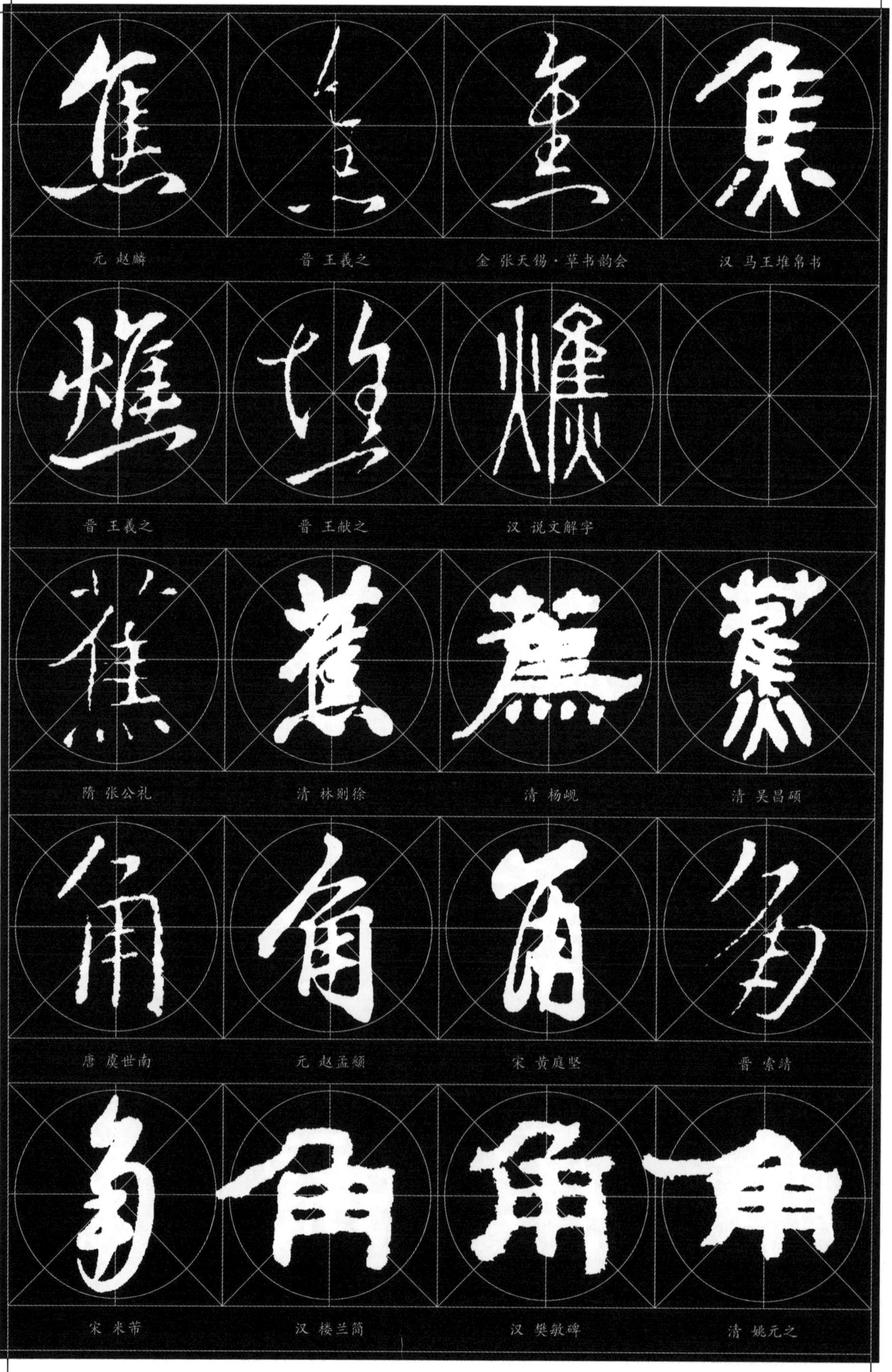

jiǎo
狡

jiǎo
皎

jiǎo
儌（侥）

jiǎo
徼
jiào
（边界）

jiǎo
矫
jiáo
（矫情）

jiǎo
脚
（腳）
jué

jiǎo
剿
（勦）
chāo

jiào
挍（古校字）

jiào
较

jiào
峤
qiáo

jiào
教（教育）
jiāo（教学）

jiē
皆

唐 贺知章
唐 怀素
元 赵孟頫
汉 郭有道碑
汉 西狭颂
汉 校官碑
北齐 泰山金刚经
清 吴大澂
隋 龙藏寺碑
唐 虞世南
唐 柳公权
元 赵孟頫
唐 颜真卿
宋 苏轼
宋 张即之
明 文徵明
隋 智永
唐 蒋善进
唐 怀素
唐 怀素

汉 杨震碑
汉 乙瑛碑
清 张祖翼
清 吴熙载
唐 欧阳询
唐 颜真卿
元 赵孟頫
隋 智永
隋 智永
唐 怀素
元 揭傒斯
汉 景君碑
汉 衡方碑
汉 张寿碑
汉 曹全碑
唐 李阳冰
唐 欧阳询
清 王铎
唐 孙过庭
清 杨沂孙

jiē
阶（階、堦）

jiē
喈

jiē
嗟

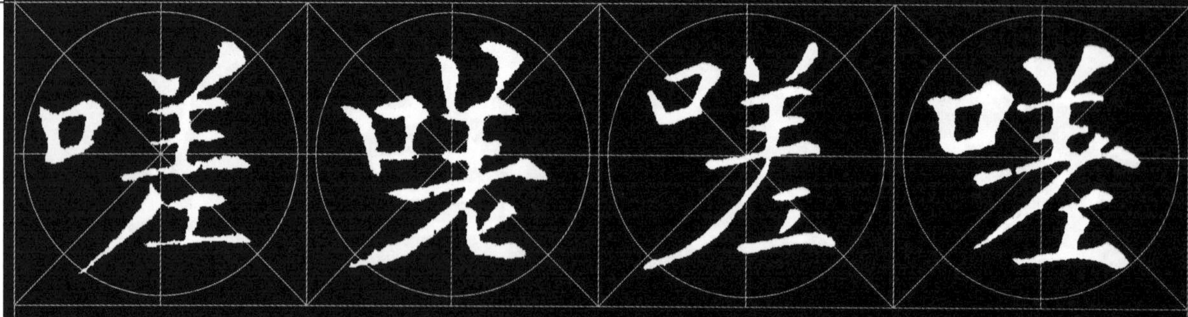

晋 王献之　唐 欧阳通　唐 王敬客　唐 颜真卿

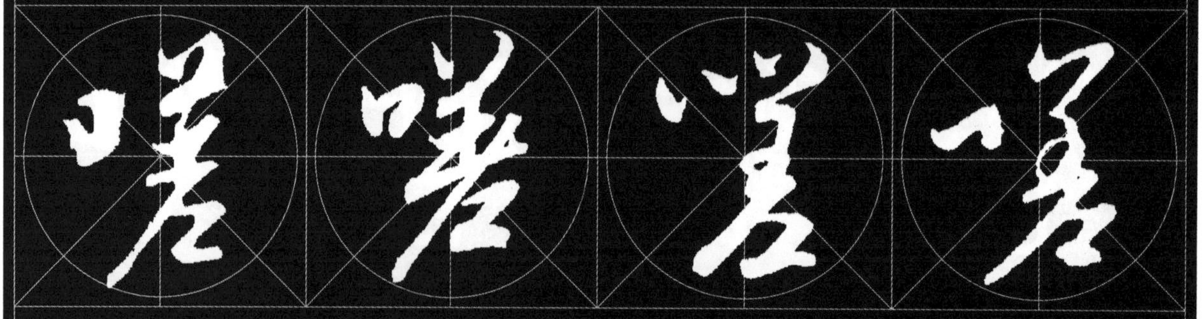

晋 王羲之　唐 陆柬之　宋 米芾　元 赵孟頫

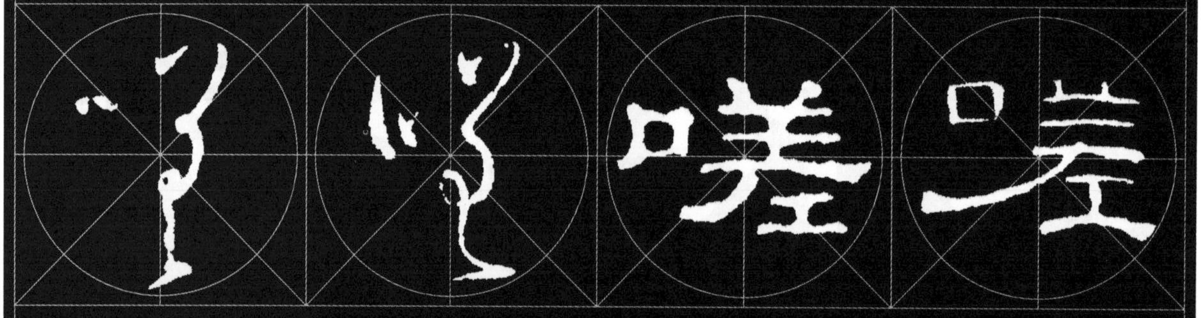

唐 孙过庭　唐 怀素　汉 郭有道碑　汉 曹全碑

jiē
接

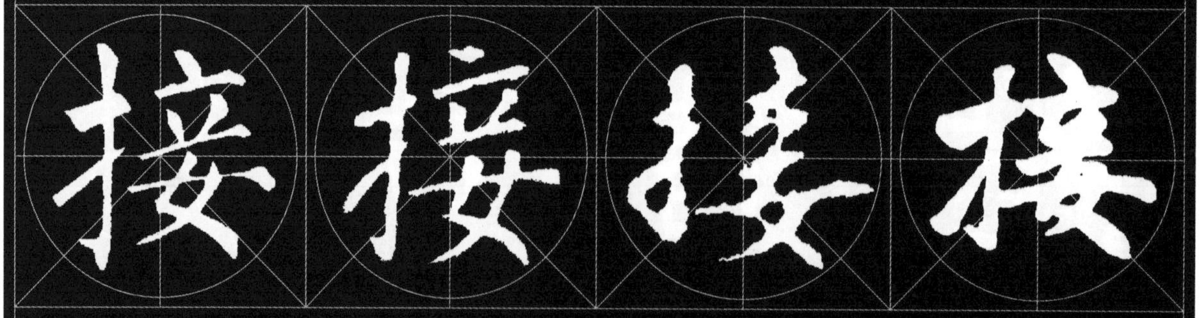

唐 柳公权　唐 颜真卿　宋 苏轼　元 赵孟頫

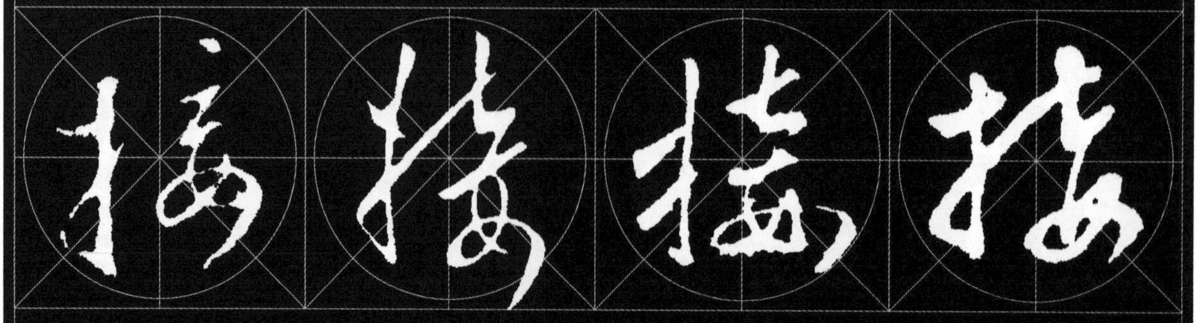

晋 王羲之　唐 欧阳询　唐 武则天　明 文徵明

汉 衡方碑　清 赵之谦　元 赵孟頫　清 黄士陵

宋 苏轼　晋 王羲之　元 吴叡　清 邓石如

唐 虞世南　唐 柳公权　三国 皇象　清 杨沂孙

唐 欧阳询　唐 褚遂良　唐 褚遂良　宋 苏轼

宋 黄庭坚　宋 黄庭坚　唐 孙过庭　唐 怀素

jiē
揭

jiē
街

jié
节（節）
jiē
（节骨眼）

宋 贺铸
明 董其昌
汉 石门颂
汉 曹全碑
三国 曹真碑
三国 曹真碑
元 吴叡
清 邓石如
唐 褚遂良
唐 薛稷
唐 欧阳通
元 赵孟頫
元 赵孟頫
明 唐寅
清 顾蔼吉·隶辨
汉 说文解字
唐 褚遂良
明 文徵明
汉 袁博碑
清 杨沂孙

jié
劫（刦、刼）

jié
桀

jié 杰（傑）

唐 欧阳通　唐 颜真卿　唐 颜真卿　宋 稜钥

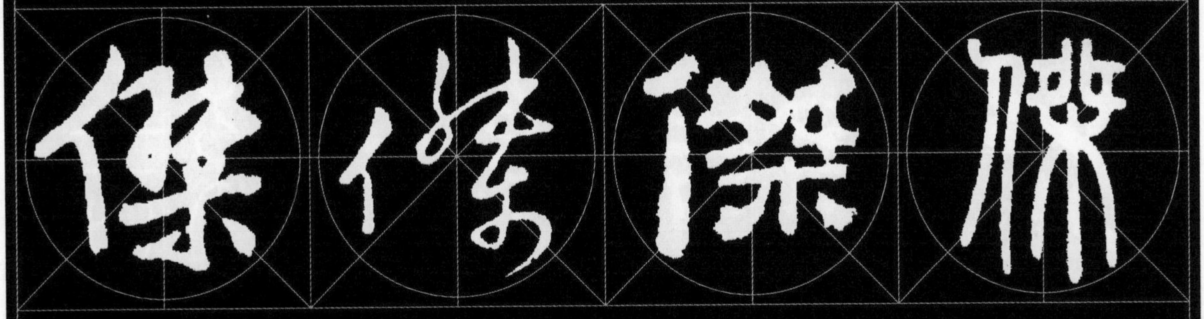

明 文徵明　晋 王献之　汉 樊敏碑　清 邓石如

jié 诘（追问）jí

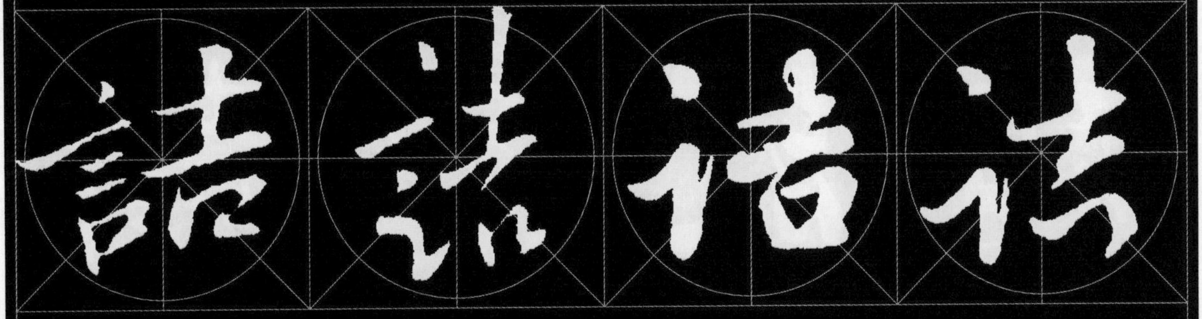

宋 苏轼　唐 欧阳询　唐 李隆基　元 张雨

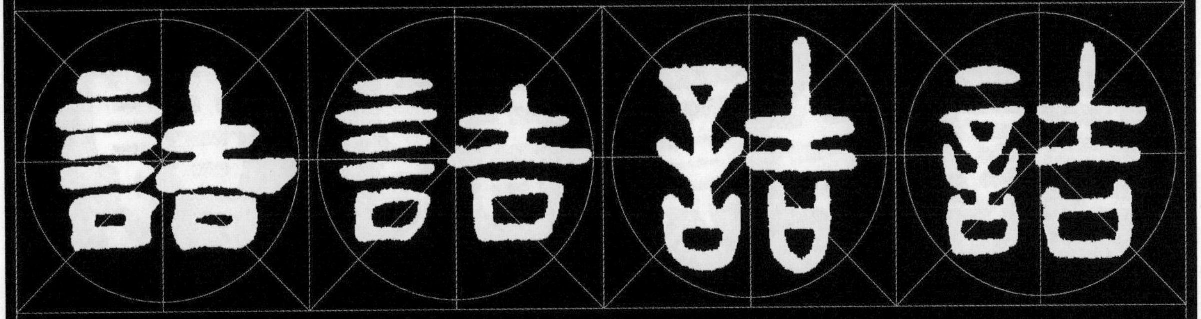

清 邓石如　清 张祖翼　清 田潜　清 杨沂孙

jié 结 jiē

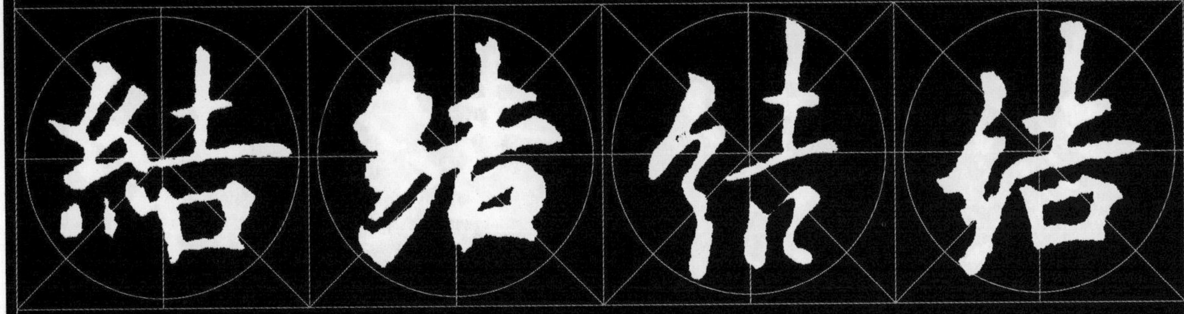

唐 欧阳询　晋 王羲之　唐 欧阳询　唐 李邕

jié
颉（仓颉）xié（鸟向上飞）

jié
絜（古同洁）

jié 洁（潔）

jié 捷（㨗）

jié 截

jié 碣（圆顶碑）

jié
竭

jié
羯

元 赵孟頫
清 王澍
唐 李阳冰
清 吴熙载
唐 欧阳询
唐 褚遂良
唐 颜真卿
唐 柳公权
晋 王羲之
宋 王昇
明 文徵明
汉 石门颂
汉 孔彪碑
汉 朝侯小子残碑
清 钱沣
清 杨沂孙
明 黄道周
三国 皇象
明 唐寅
汉 说文解字

jiě
解
（觧）
jiè
（解差；解元）
xiè
（明白；解数；解池；姓）

jiè
介

jiè
芥
gài

jiè
界

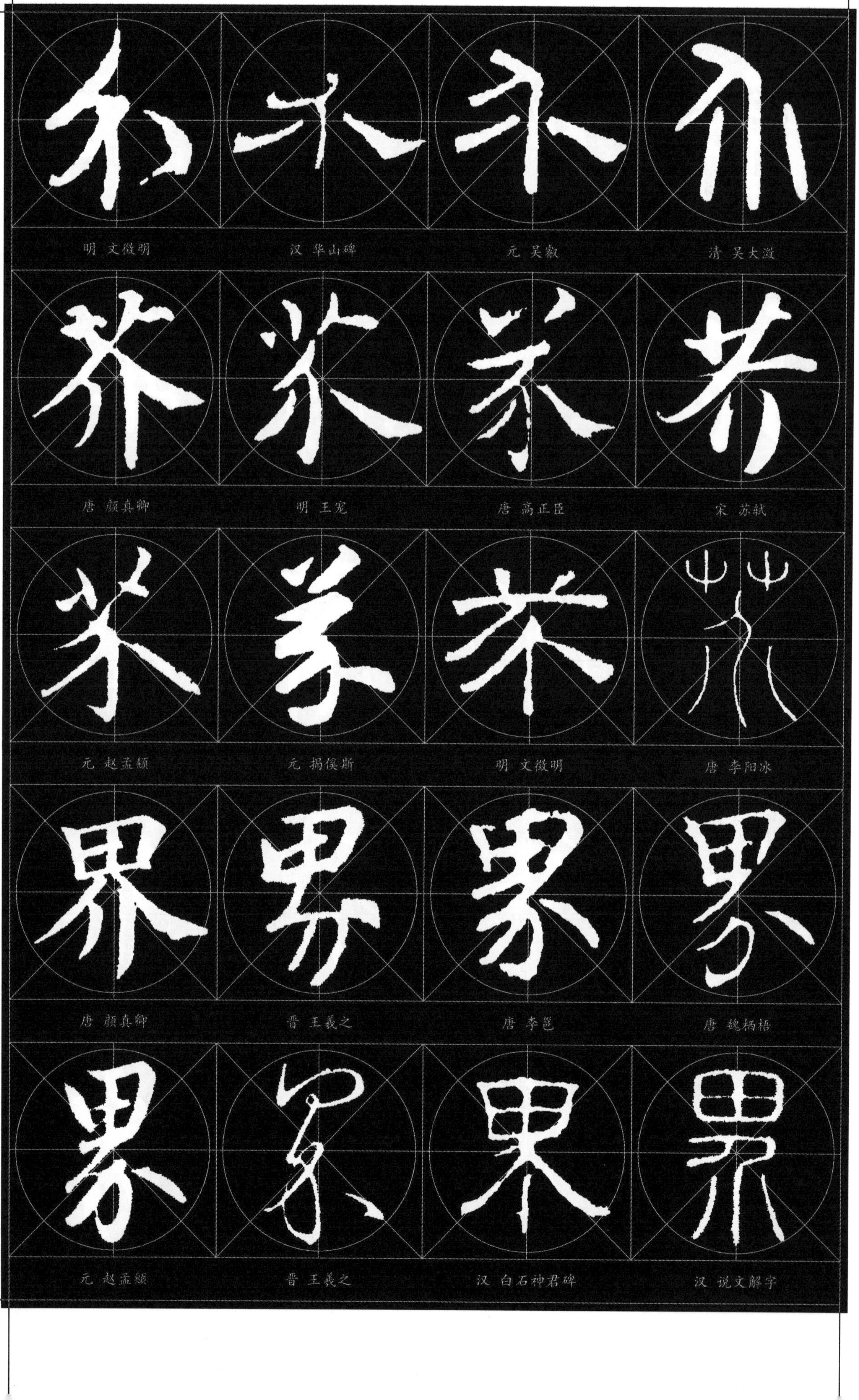

jiè
戒

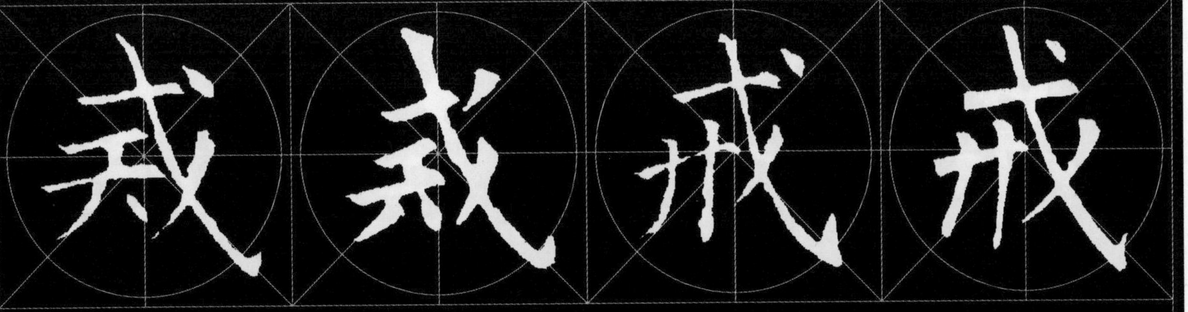

隋 苏孝慈墓志　　唐 欧阳询　　唐 颜真卿　　唐 柳公权

宋 蔡襄　　宋 张即之　　唐 孙过庭　　宋 黄庭坚

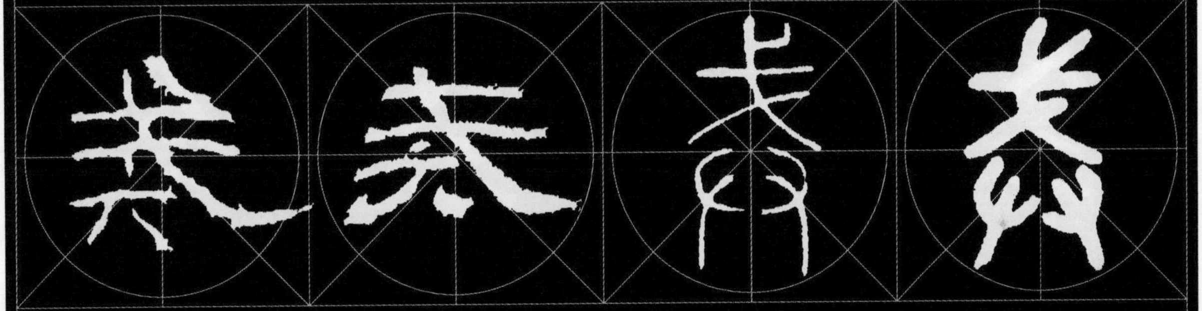

汉 石门颂　　汉 乙瑛碑　　汉 说文解字　　清 吴大澂

jiè
诫

唐 褚遂良　　晋 王羲之　　宋 赵佶　　唐 李阳冰

jiè
届（屆）

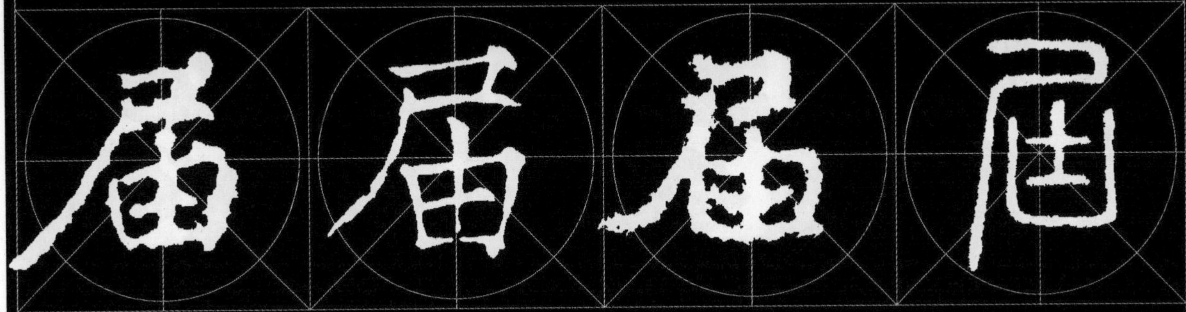

隋 丁道护　　唐 薛曜　　北魏 郑道昭　　汉 说文解字

jiè
借

jīn
巾

jīn
今

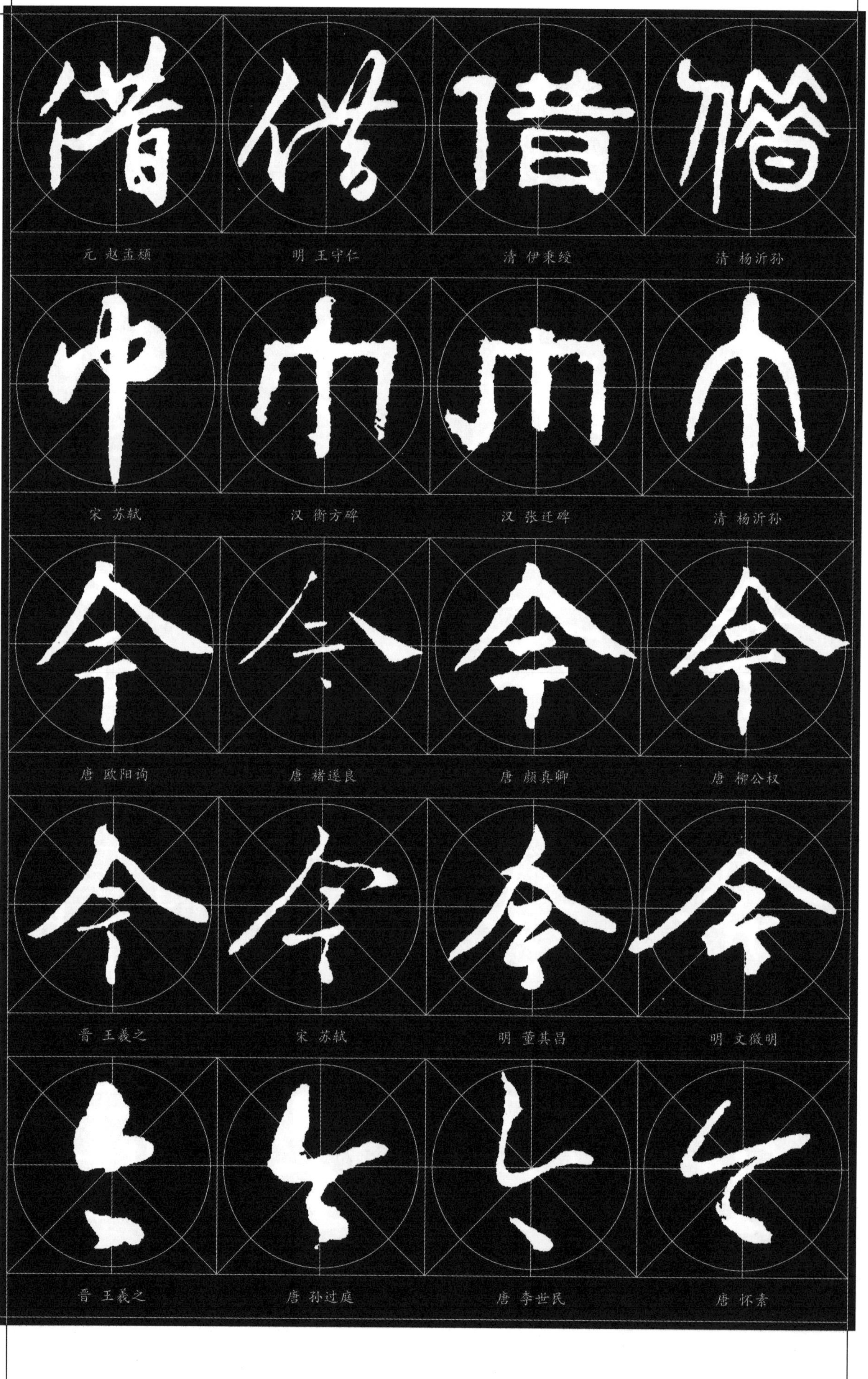

元 赵孟頫　明 王守仁　清 伊秉绶　清 杨沂孙

宋 苏轼　汉 衡方碑　汉 张迁碑　清 杨沂孙

唐 欧阳询　唐 褚遂良　唐 颜真卿　唐 柳公权

晋 王羲之　宋 苏轼　明 董其昌　明 文徵明

晋 王羲之　唐 孙过庭　唐 李世民　唐 怀素

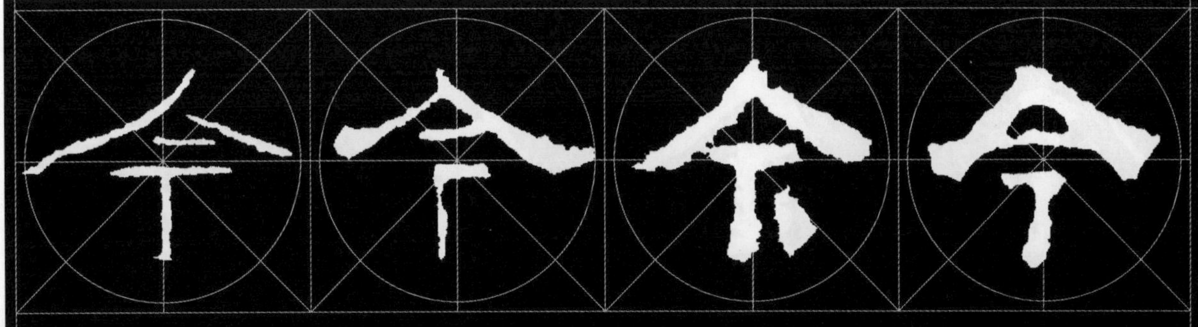

汉 石门颂　汉 华山碑　汉 郙阁颂　汉 校官碑

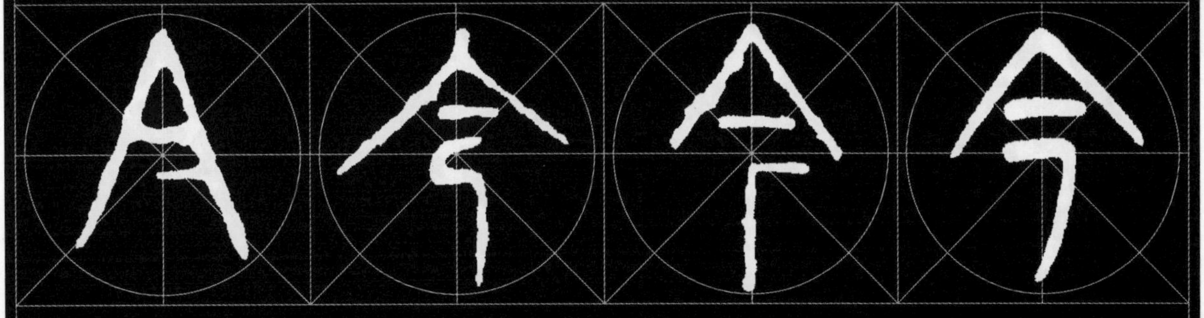

周 大克鼎　三国 三体石经　唐 李阳冰　清 杨沂孙

jīn
矜

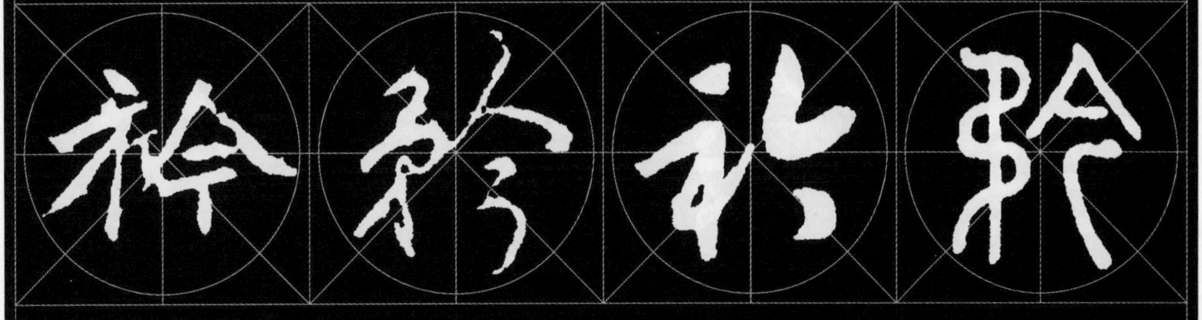

南北朝 佚名　唐 颜真卿　宋 赵构　元 赵孟頫

jīn
斤

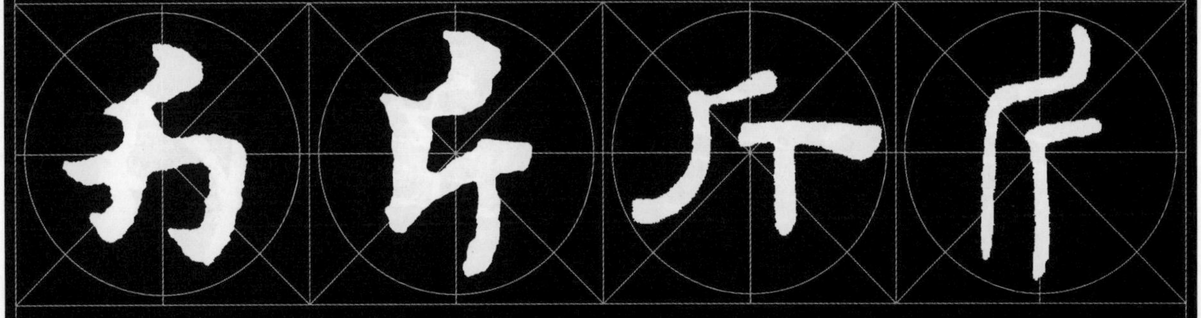

明 宋克　元 虞集　清 阮元　清 杨沂孙

jīn
金

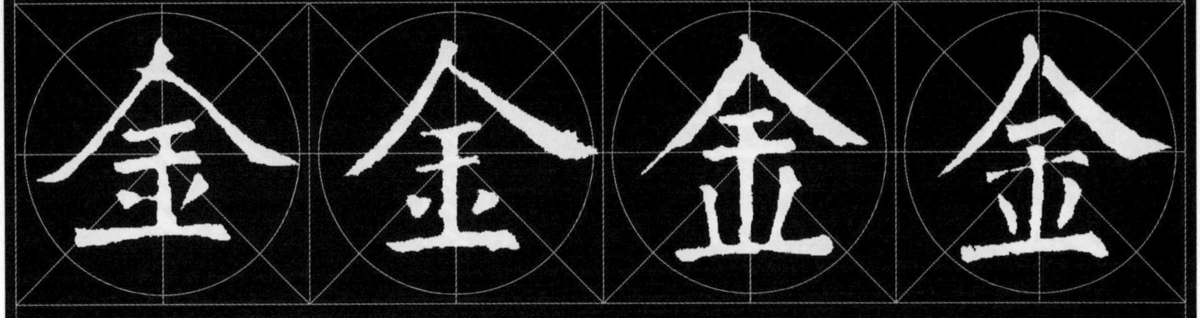

北魏 元诊墓志　唐 褚遂良　唐 颜真卿　唐 柳公权

jīn
津

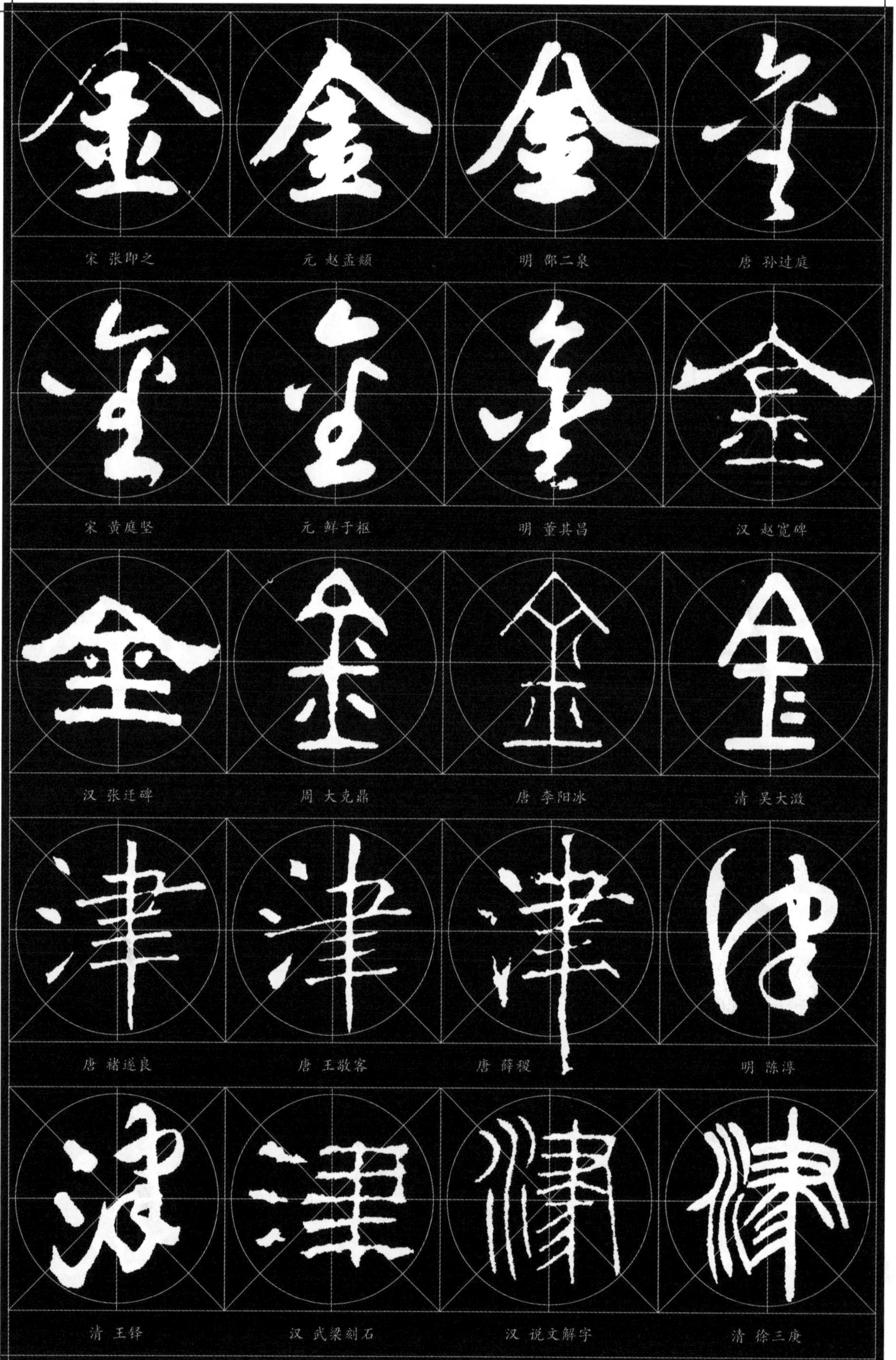
宋 张即之
元 赵孟頫
明 邵二泉
唐 孙过庭
宋 黄庭坚
元 鲜于枢
明 董其昌
汉 赵宽碑
汉 张迁碑
周 大克鼎
唐 李阳冰
清 吴大澂
唐 褚遂良
唐 王敬客
唐 薛稷
明 陈淳
清 王铎
汉 武梁刻石
汉 说文解字
清 徐三庚

jīn
筋
（觔）

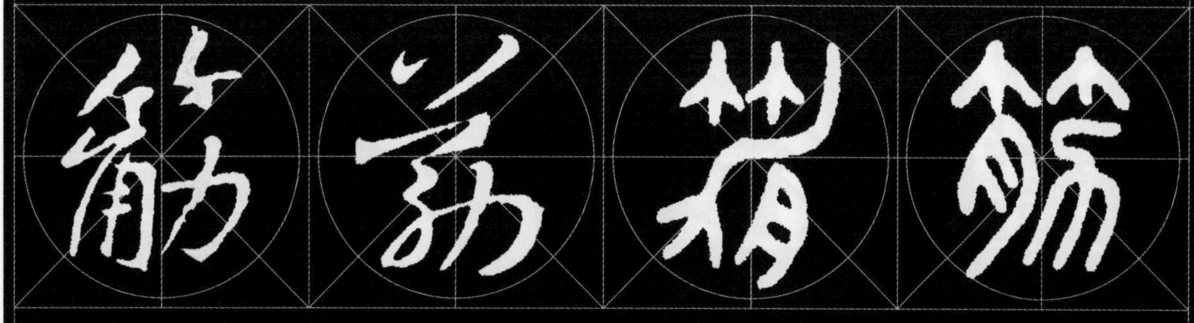

宋 黄庭坚 | 唐 孙过庭 | 清 田潜 | 清 吴大澂

jīn
襟
（衿）

唐 欧阳询 | 明 祝允明 | 元 吴叡 | 清 吴隐

jǐn
堇

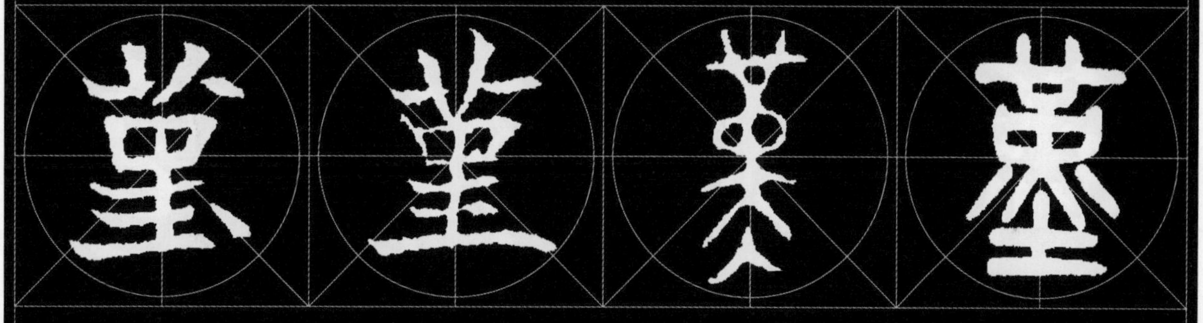

北魏 元诊墓志 | 唐 王知敬 | 周 颂鼎 | 清 吴大澂

jǐn
仅
jìn
（将近）

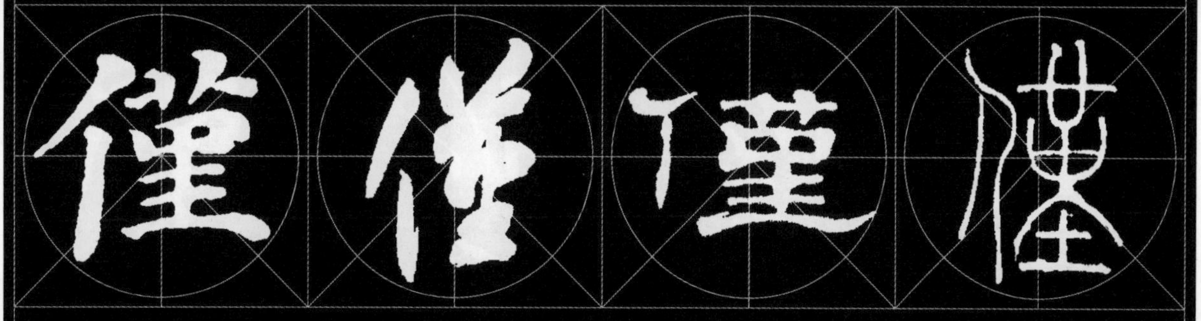

明 丰坊 | 唐 颜真卿 | 清 郑簠 | 唐 李阳冰

jǐn
瑾

南朝 王僧虔 | 元 赵孟頫 | 唐 裴休 | 汉 说文解字

jǐn 谨

jǐn 馑

jǐn 锦

jǐn 紧

jìn 尽 jǐn

jìn
烬

jìn
劲（勁）

jìn
晋（晉）

jìn
缙

jìn
近

宋 米芾
明 董其昌
唐 李世民
唐 孙过庭
唐 怀素
汉 张迁碑
清 王澍
清 赵之谦
唐 张旭
晋 索靖
汉 曹全碑
唐 李阳冰
隋 智永
唐 欧阳询
唐 褚遂良
晋 王羲之
唐 李邕
宋 黄庭坚
晋 王羲之
唐 孙过庭

jìn
进（進）

唐 陆柬之　明 文彭　汉 礼器碑　汉 曹全碑
汉 张迁碑　唐 李阳冰　元 吴叡　清 黄士陵
唐 褚遂良　唐 薛稷　晋 王献之　唐 李世民
唐 李靖　唐 孙过庭　唐 贺知章　汉 西狭颂
汉 校官碑　汉 张迁碑　清 吴熙载　清 吴大澂

jìn
浸

jìn
禁
jīn
（受得住；忍耐）

jīng
京

晋 王羲之　晋 王献之　宋 黄庭坚　唐 武则天

唐 怀素　元 赵孟頫　唐 孙过庭　宋 赵佶

汉 礼器碑　汉 礼器碑　汉 韩仁铭　汉 张迁碑

唐 李阳冰　清 王澍　清 杨沂孙　清 吴大澂

唐 欧阳询　隋 智永　宋 张孝祥　唐 李阳冰

jīng
泾

jīng
茎

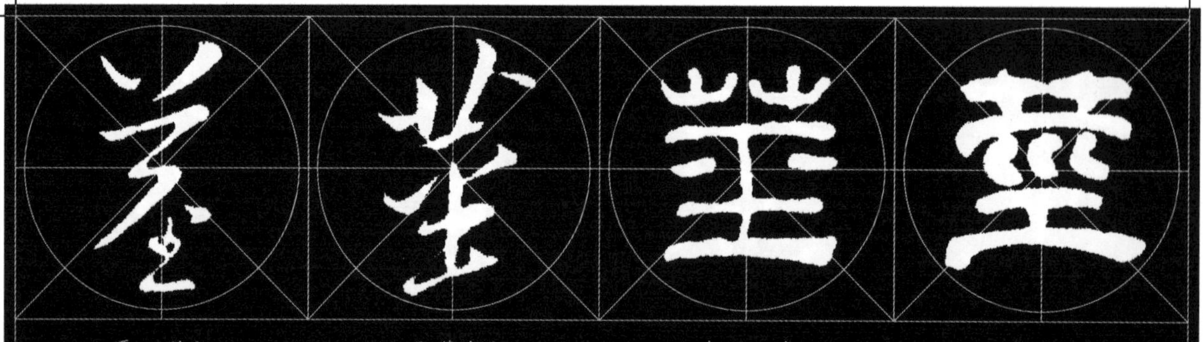

晋 王献之　明 董其昌　清 汪士慎　清 奚冈

jīng
经

唐 欧阳询　唐 高正臣　元 赵孟頫　宋 苏轼

三国 皇象　唐 孙过庭　唐 怀素　宋 黄庭坚

汉 乙瑛碑　汉 华山碑　汉 韩仁铭　汉 白石神君碑

周 虢季子白盘　秦 李斯　唐 李阳冰　清 邓石如

jīng 菁

jīng 精

jīng 荆

唐 欧阳通　明 宋克　唐 孙过庭　汉 说文解字

唐 欧阳询　唐 颜真卿　晋 王羲之　隋 智永

唐 孙过庭　汉 史晨碑　汉 孔彪碑　清 邓石如

唐 张旭　唐 颜真卿　宋 米芾　明 文徵明

汉 马王堆帛书　汉 子游残石　汉 武梁刻石　清 杨沂孙

jīng 惊（驚）

jīng 旌（旗子；表扬）

jīng
晶

jīng
兢

jīng
鲸

jǐng
井

jǐng
景（古同影）

北魏 元显儁墓志

唐 虞世南

唐 褚遂良

宋 苏轼

宋 米芾

宋 张即之

明 沈周

唐 李世民

唐 武则天

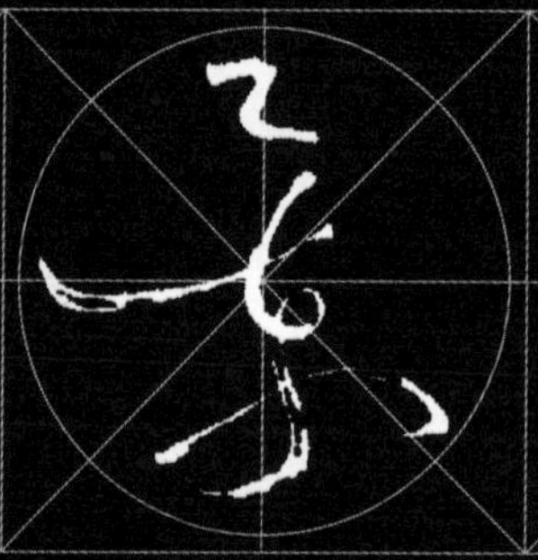
宋 苏轼

元 鲜于枢

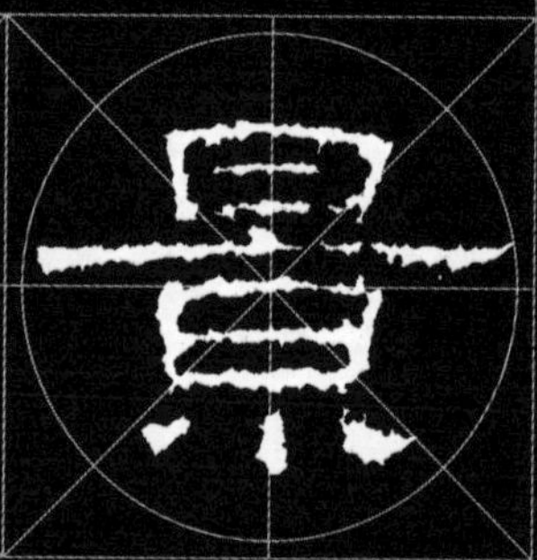
汉 张景碑

汉 鲜于璜碑

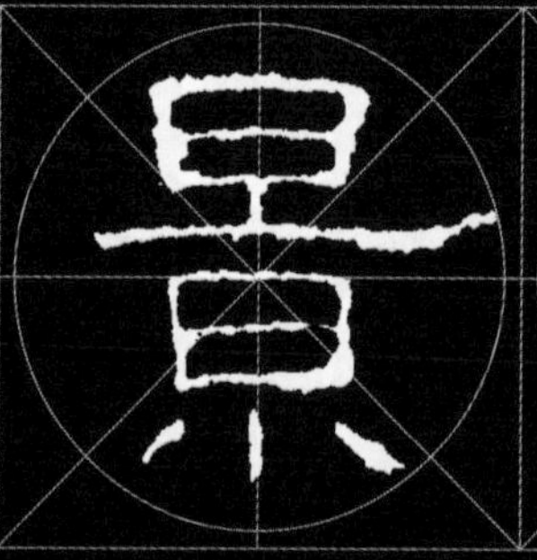
汉 白石神君碑

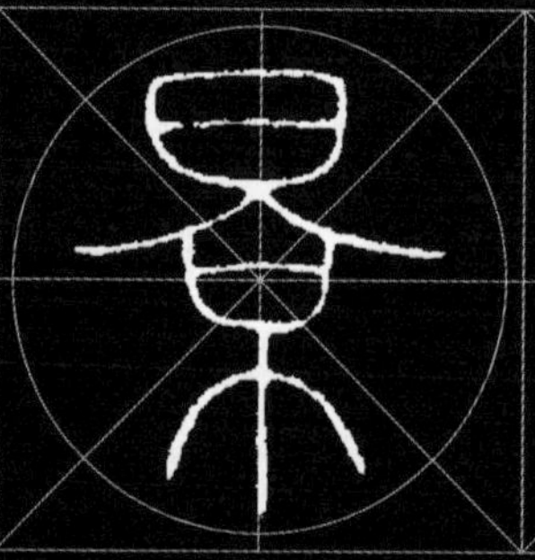
唐 李阳冰

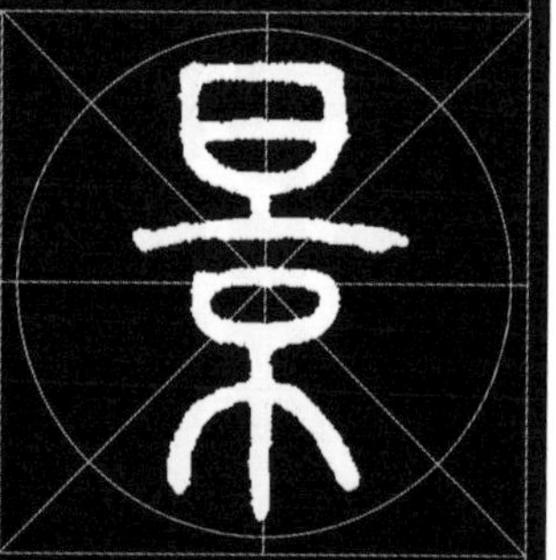
元 赵孟頫

jǐng
颈
gěng

宋 米芾

元 邓文原

明 祝允明

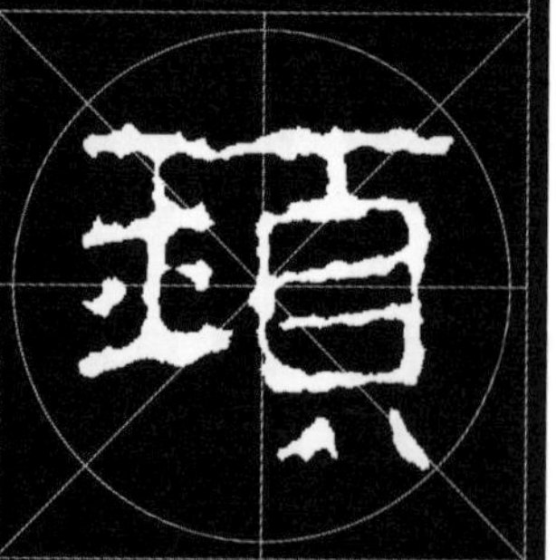
汉 武梁刻石

jǐng
警

jìng
净
（凈）

jìng
径
（徑、逕）

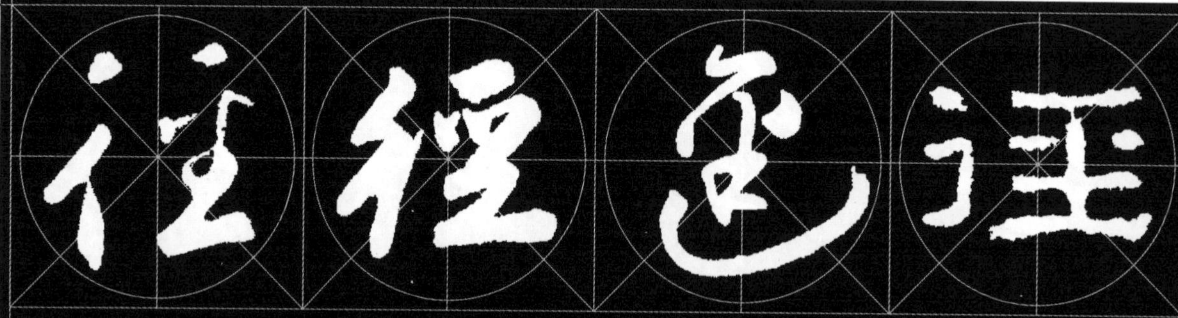

元 鲜于枢　明 唐寅　明 祝允明　汉 肥致碑

jìng 竞（競）

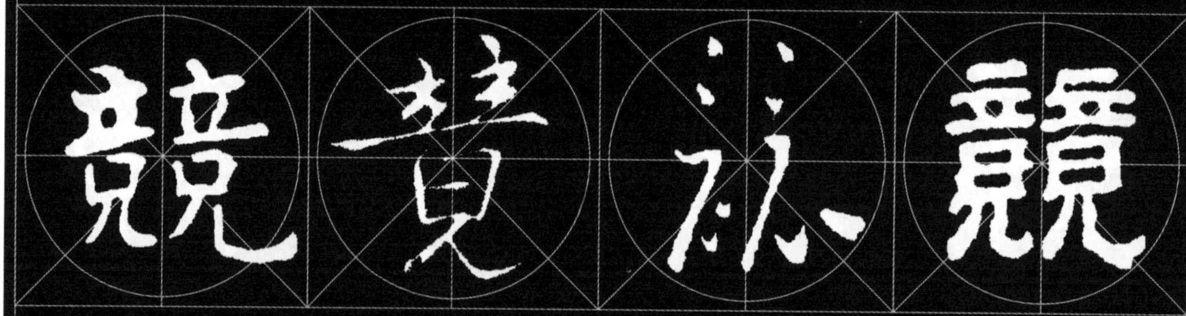

唐 虞世南　元 赵孟頫　唐 怀素　汉 张君碑

jìng 竟

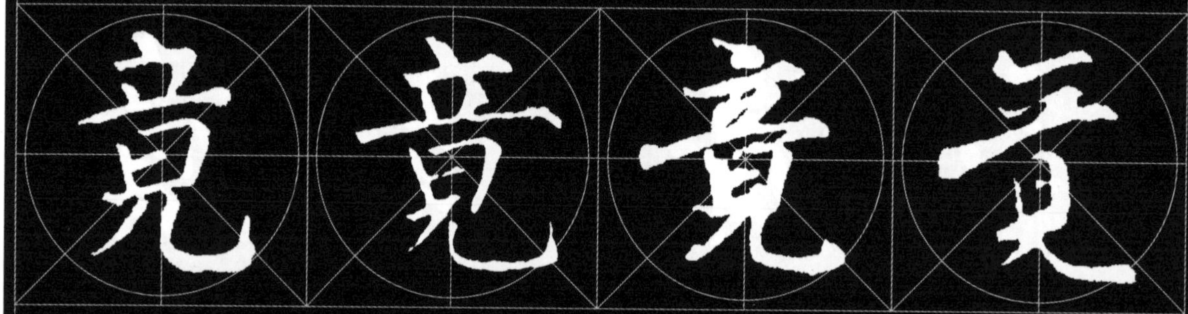

唐 颜真卿　唐 柳公权　晋 王羲之　唐 欧阳询

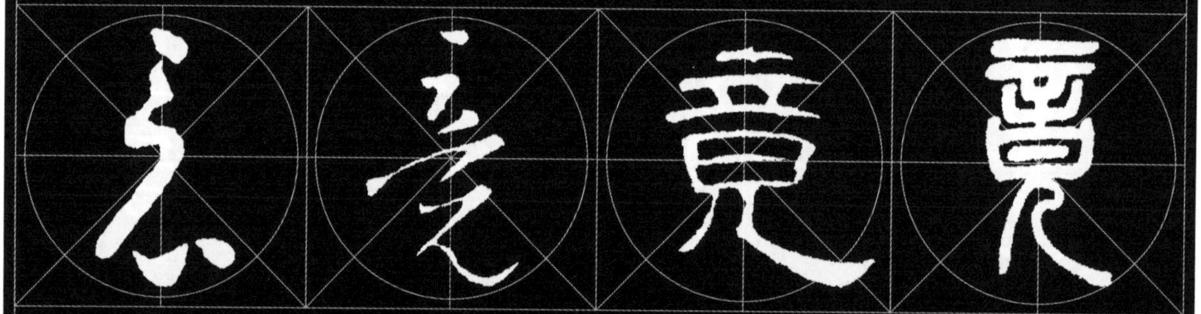

唐 怀素　清 王铎　汉 曹全碑　清 吴熙载

jìng 境

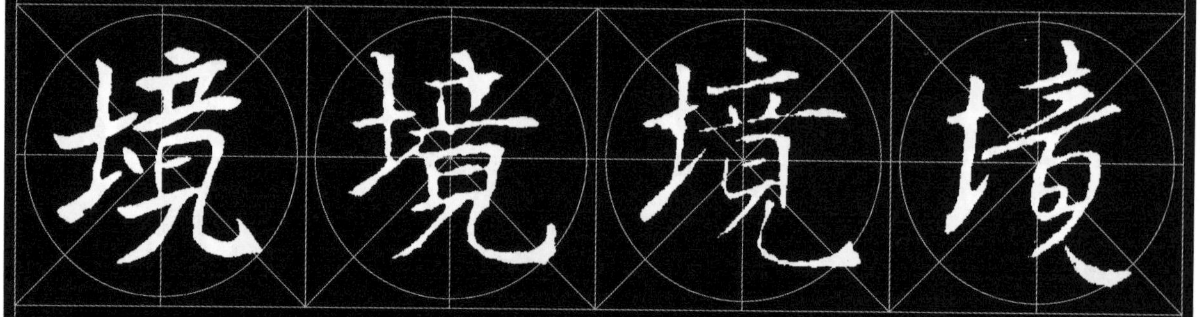

北魏 元诊墓志　隋 苏孝慈墓志　唐 褚遂良　晋 王羲之

jìng
镜

jìng
靖

jìng
静

jìng
敬

清 王铎 | 晋 王羲之 | 元 赵孟頫 | 汉 石门颂

汉 礼器碑 | 汉 衡方碑 | 汉 西狭颂 | 清 邓石如

北朝 敬使君碑 | 唐 虞世南 | 唐 王敬客 | 唐 颜真卿

晋 索靖 | 晋 王献之 | 唐 怀素 | 汉 景君碑

汉 史晨碑 | 汉 曹全碑 | 汉 桐柏庙碑 | 秦 石鼓文

jīong 扃（门：关门）

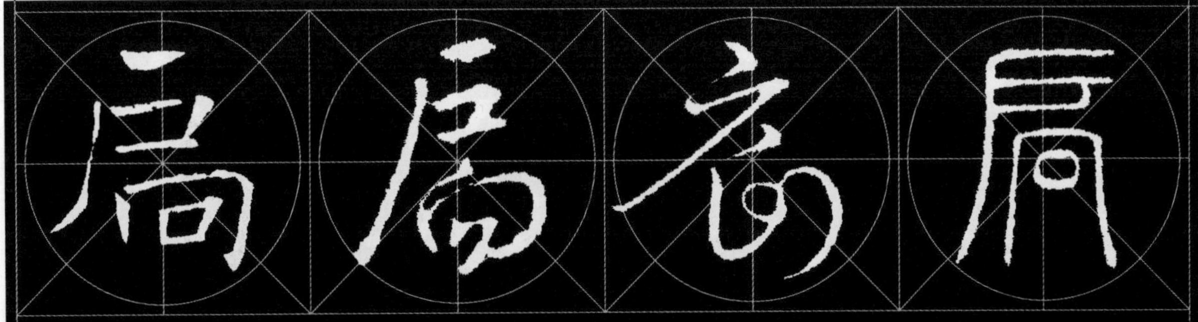

唐 褚遂良　晋 王羲之　金 张天锡·草书韵会　汉 说文解字

jǐong 迥（远）

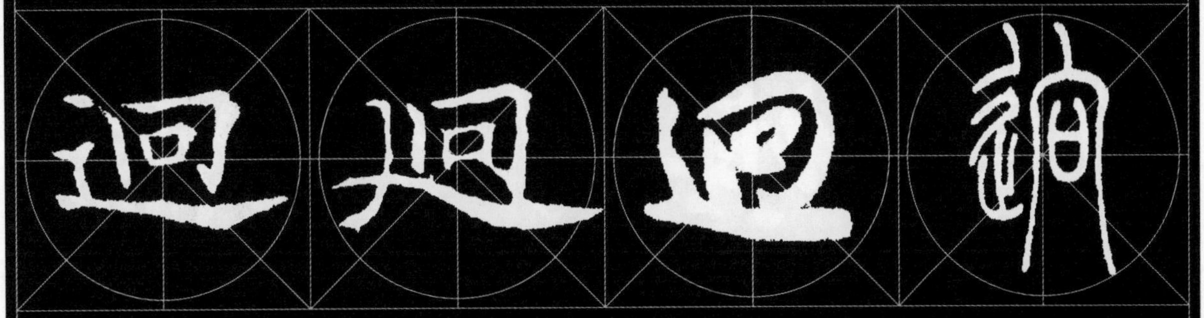

唐 欧阳通　唐 颜师古　宋 薛绍彭　清 吴熙载

jǐong 炯

唐 颜真卿　清 吴昌硕　汉 杨震碑　汉 说文解字

jǐong 窘

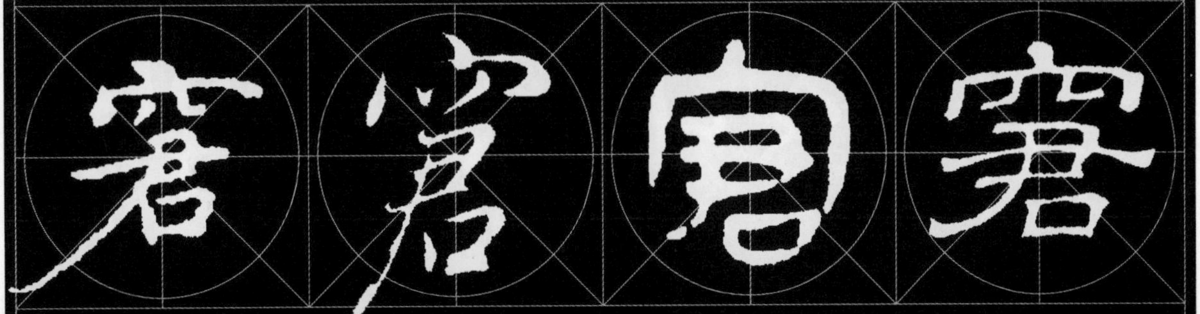

明 沈度　明 董其昌　汉 马王堆帛书　清 顾蔼吉·隶辨

jiū 究

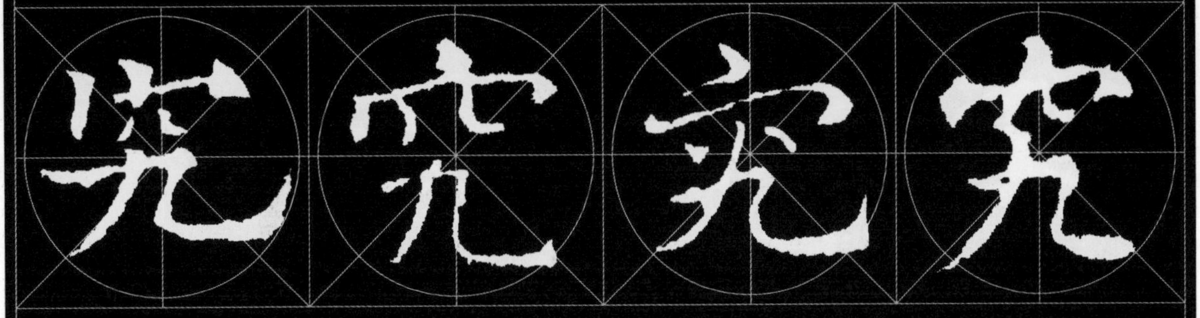

唐 欧阳通　唐 王知敬　三国 皇象　晋 王羲之

jiū
鸠

jiū
纠
（糾）

jiū
揪
（揫）

jiǔ
九

jiǔ
久

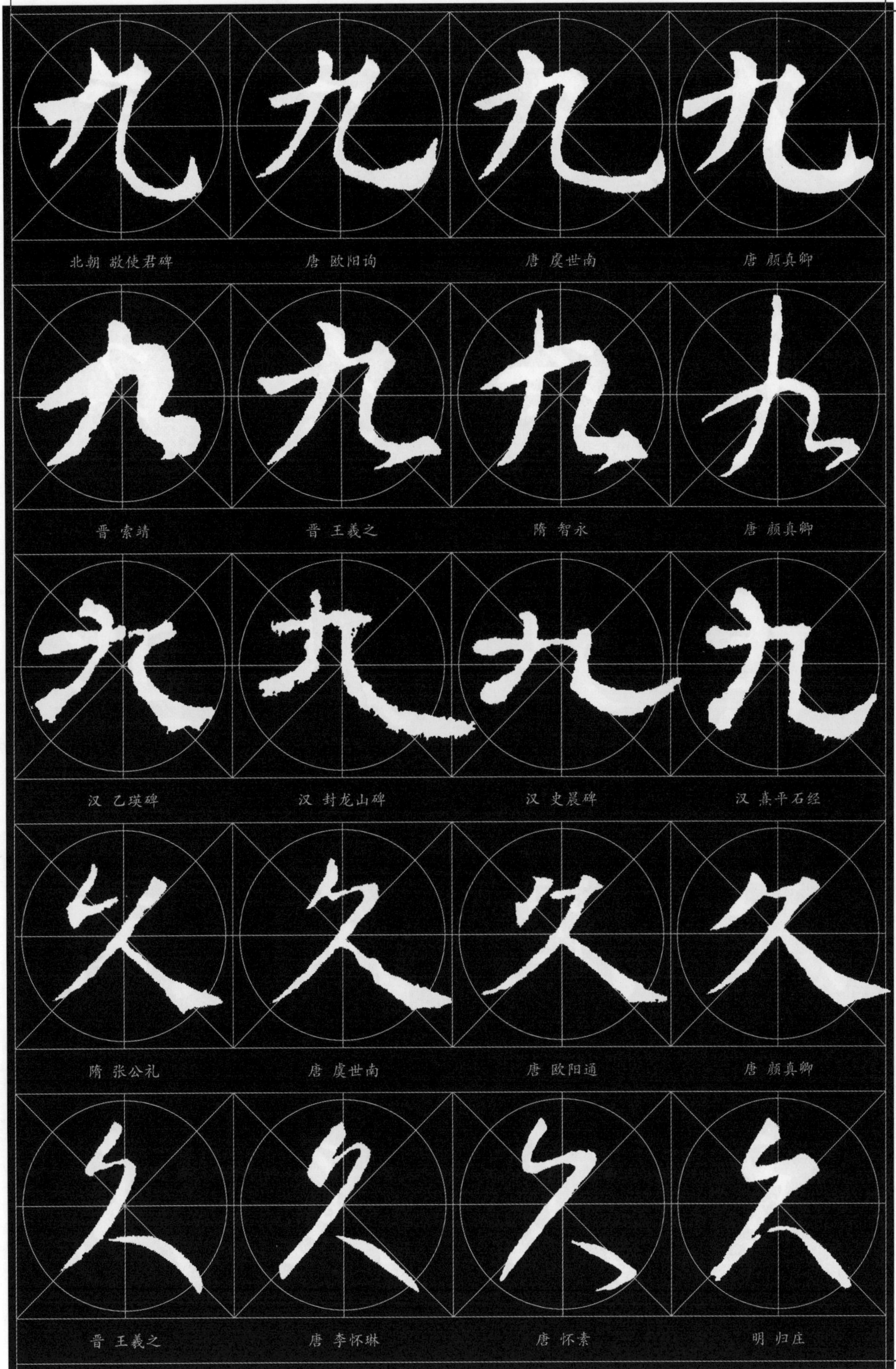

北朝 敬使君碑　唐 欧阳询　唐 虞世南　唐 颜真卿

晋 索靖　晋 王羲之　隋 智永　唐 颜真卿

汉 乙瑛碑　汉 封龙山碑　汉 史晨碑　汉 熹平石经

隋 张公礼　唐 虞世南　唐 欧阳通　唐 颜真卿

晋 王羲之　唐 李怀琳　唐 怀素　明 归庄

jiǔ 灸

jiǔ 韭（韮）

jiǔ 酒

明 韩道亨 汉 乙瑛碑 汉 史晨碑 唐 叶慧明碑

清 金农 殷商 甲骨文 清 邓石如 清 吴昌硕

宋 赵构 汉 马王堆帛书 汉 武梁刻石 清 杨沂孙

唐 颜真卿 元 赵孟頫 明 王守仁 清 杨沂孙

唐 颜真卿 唐 裴休 宋 赵佶 明 董其昌

jiù
臼

jiù
舅

jiù
旧（舊）

唐 怀素
宋 米芾
元 赵孟頫
汉 樊敏碑
汉 曹全碑
汉 张迁碑
三国 曹真碑
唐 李阳冰
北魏 李超墓志
唐 薛稷
宋 黄庭坚
晋 索靖
唐 孙过庭
汉 鲜于璜碑
汉 谯君碑
清 吴熙载
北魏 崔敬邕墓志
明 文徵明
唐 李世民
清 顾蔼吉·隶辨

jiù
咎

jiù
疚

jiù
柩

元 赵孟頫　清 翁方纲　晋 张永昌刻石　汉 说文解字

jiù
就

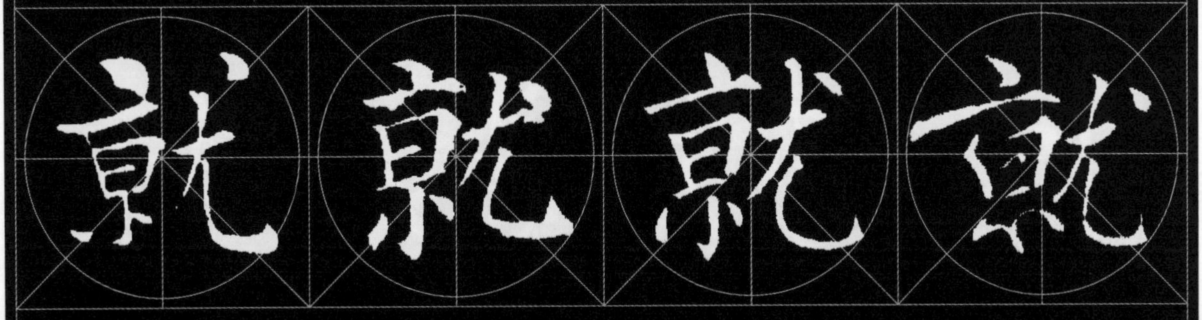

唐 褚遂良　唐 颜真卿　唐 柳公权　唐 褚遂良

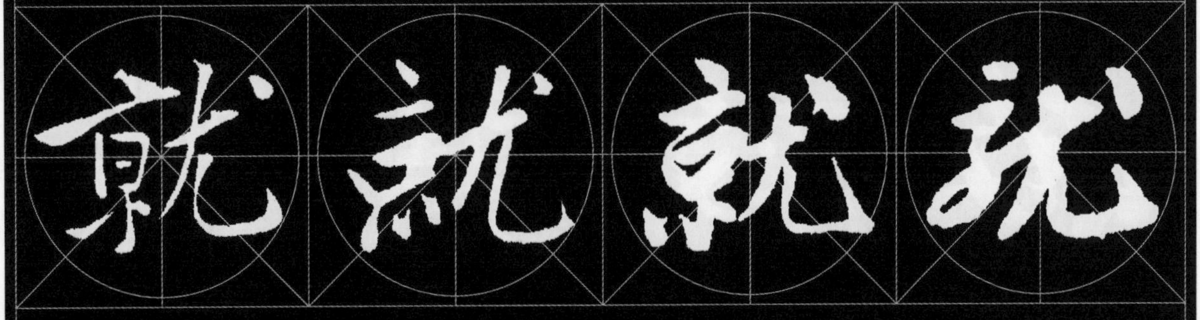

宋 黄庭坚　元 赵孟頫　明 唐寅　宋 苏轼

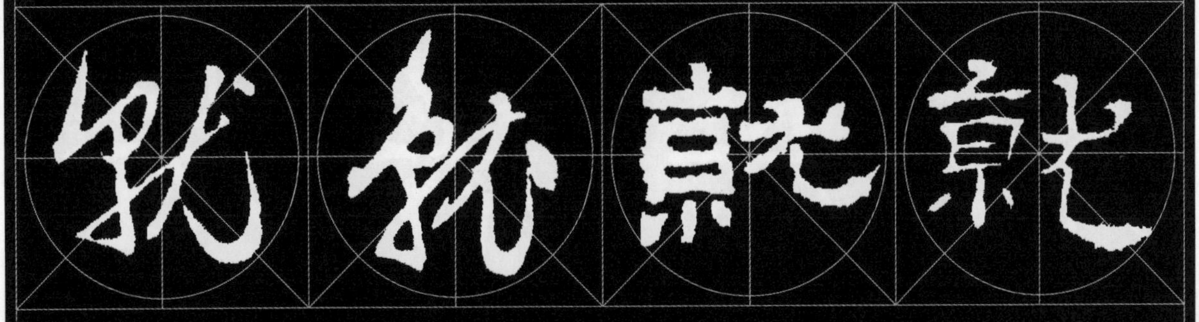

元 赵孟頫　明 文徵明　汉 子游残石　汉 华山碑

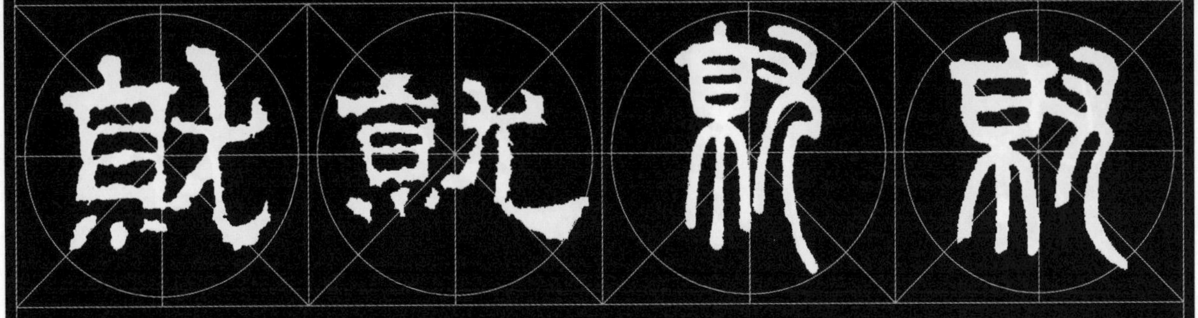

汉 衡方碑　汉 张迁碑　清 邓石如　清 杨沂孙

jiù 鹫

jiù 救（捄）

jū 居

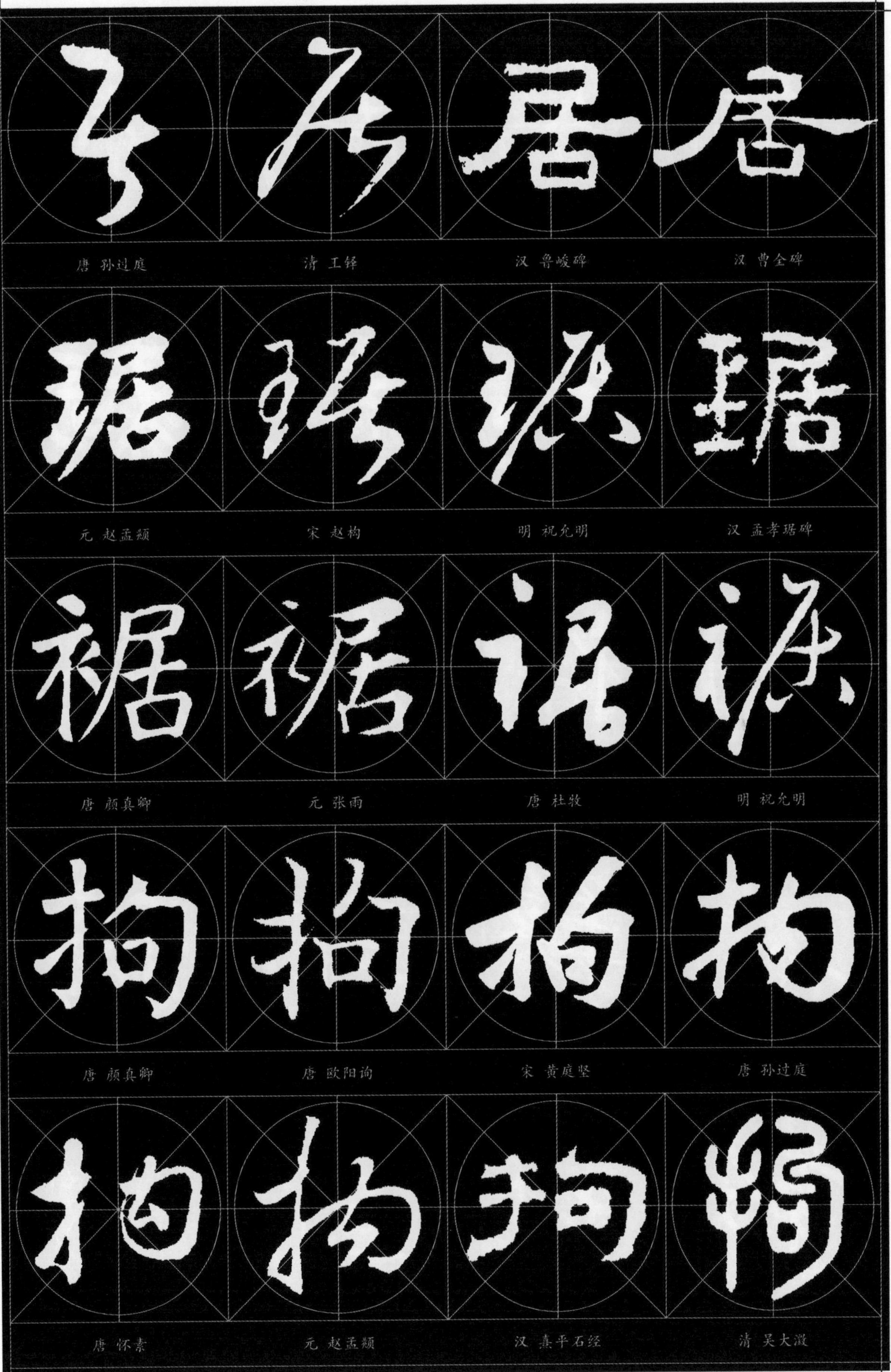

唐 孙过庭 | 清 王铎 | 汉 鲁峻碑 | 汉 曹全碑

元 赵孟頫 | 宋 赵构 | 明 祝允明 | 汉 孟孝琚碑

唐 颜真卿 | 元 张雨 | 唐 杜牧 | 明 祝允明

唐 颜真卿 | 唐 欧阳询 | 宋 黄庭坚 | 唐 孙过庭

唐 怀素 | 元 赵孟頫 | 汉 熹平石经 | 清 吴大澂

jū 琚

jū 裾（大襟）

jū 拘

jū 驹

jū 掬

jū 鞠

宋 赵佶　唐 褚遂良　宋 黄庭坚　隋.智永

唐 怀素　元 邓文原　清 王澍　清 吴大澂

唐 陆柬之　宋 黄庭坚　宋 张即之　汉 王舍人碑

唐 褚遂良　宋 赵佶　明 王宠　唐 怀素

明 沈粲　明 王宠　汉 景君碑　唐 李阳冰

jū
鞫

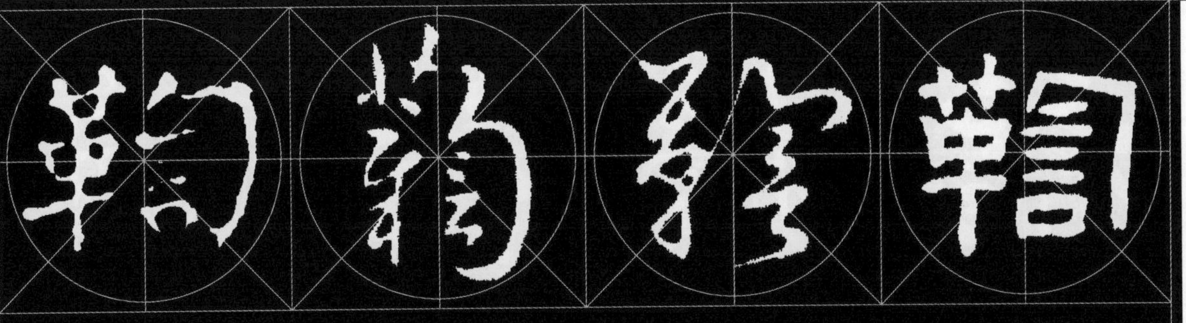

唐 颜真卿　晋 索靖　金 张天锡·草书韵会　清 陈鸿寿

jū
苴

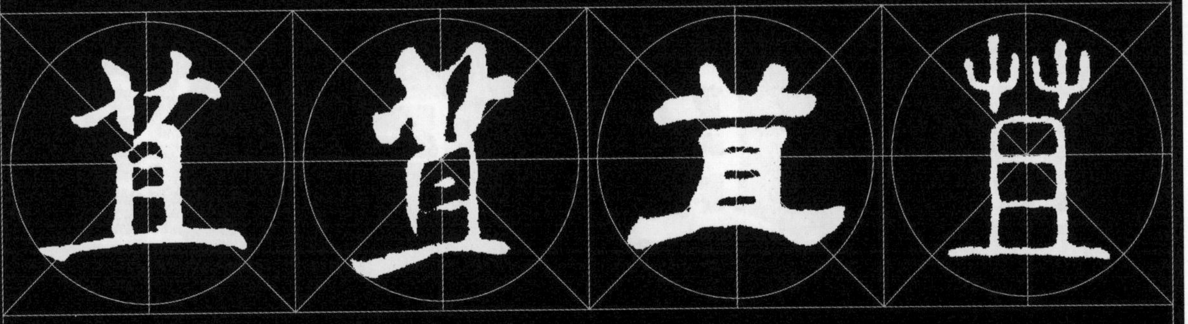

元 赵孟頫　宋 米芾　清 顾蔼吉　汉 说文解字

jú
局

唐 颜真卿　元 赵孟頫　宋 刘焘　元 赵孟頫

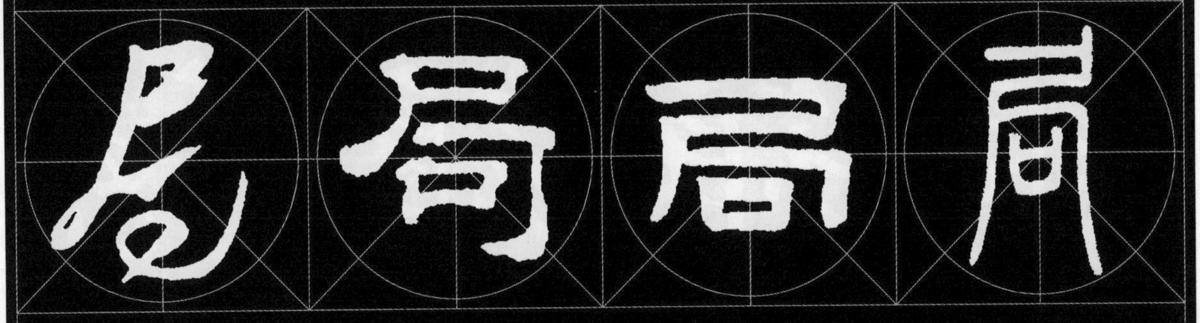

宋 米芾　元 吴叡　清 陈鸿寿　清 邓石如

jú
菊（蘜）

元 虞集　明 祝允明　明 文徵明　汉 说文解字

jú
橘（俗作桔）

jǔ
咀 zuǐ（俗作嘴）

jǔ
沮 jù

jǔ
矩（曲尺；法度）ju（规矩）

jǔ 莒

jù 句 gōu gòu（同勾）

jù 巨（鉅）

jù 拒

jù 炬

jù
讵

jù
距

jù
钜

唐 欧阳询
唐 褚遂良
晋 王羲之
元 赵孟頫
明 邵二泉
唐 孙过庭
元 康里子山
清 吴熙载
元 赵孟頫
唐 孙过庭
汉 石门颂
汉 朝侯小子残碑
隋 智永
元 赵孟頫
唐 怀素
明 王宠
汉 袁博碑
汉 礼器碑
汉 说文解字
元 吴叡

jù
具

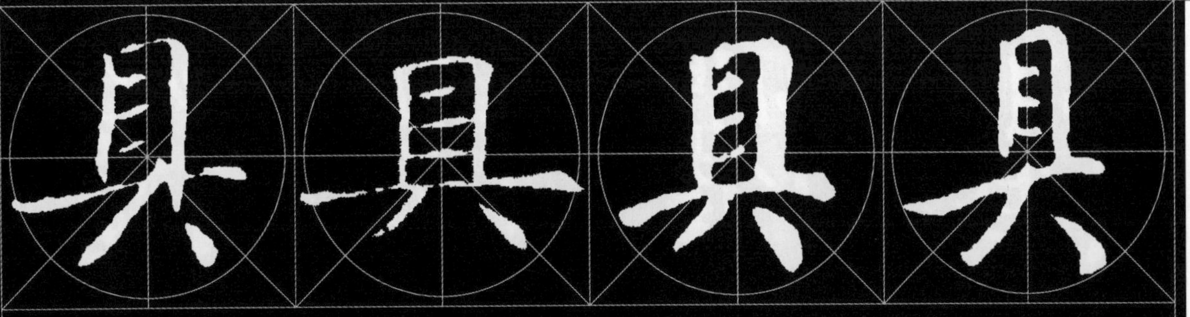

晋 王羲之　隋 苏孝慈墓志　唐 颜真卿　唐 李世民

晋 索靖　晋 王羲之　汉 石门颂　汉 白石神君碑

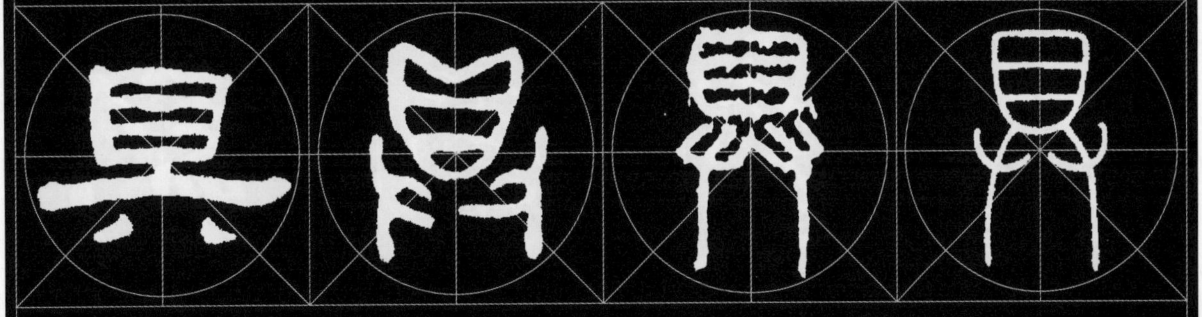

清 张祖翼　周 九年卫鼎　秦 李斯　清 王澍

jù
俱

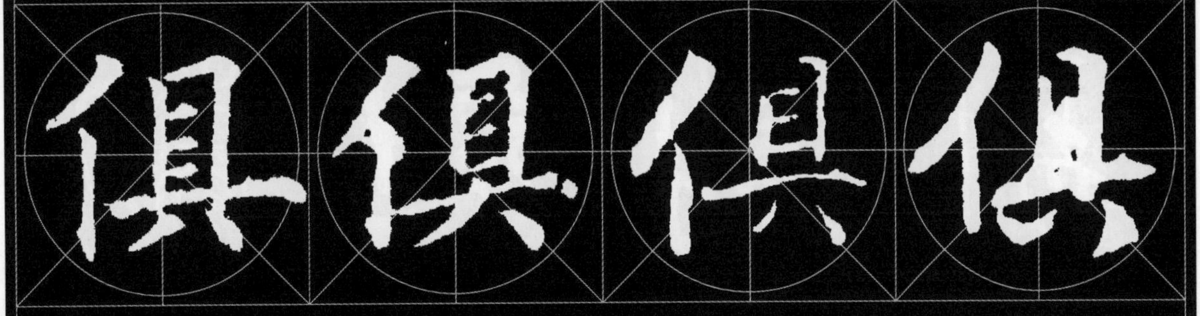

唐 欧阳通　唐 颜真卿　宋 张即之　明 文徵明

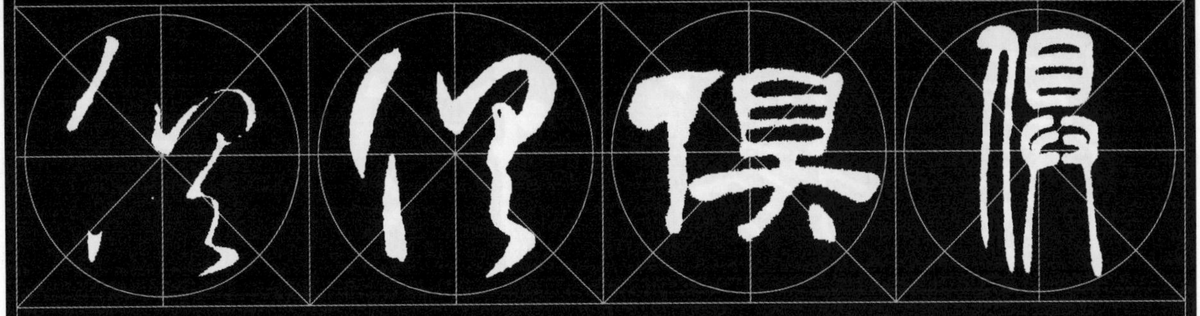

晋 王羲之　唐 孙过庭　清 吴熙载　清 吴熙载

jù 惧（懼）

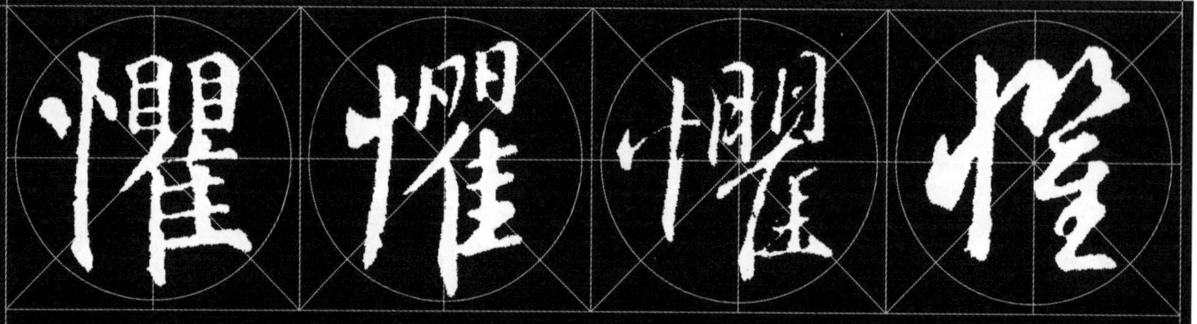

唐 颜真卿 | 唐 徐峤之 | 明 金琮 | 隋 智永

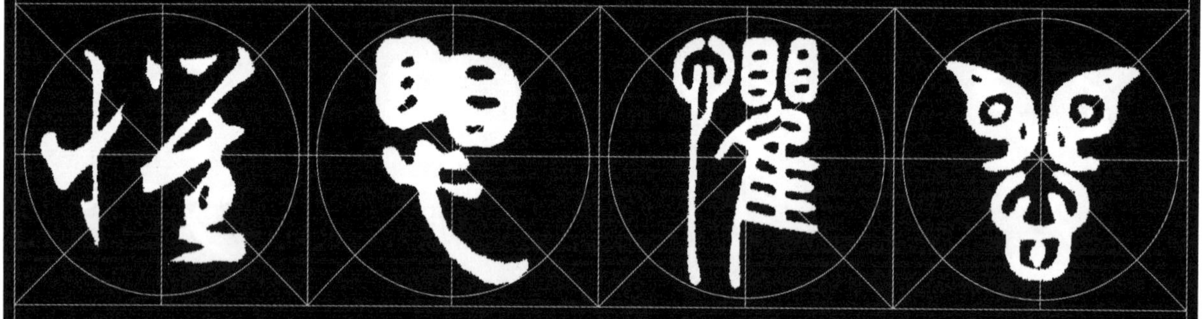

明 文徵明 | 汉 马王堆帛书 | 清 吴熙载 | 清 吴大澂

jù 剧（劇）

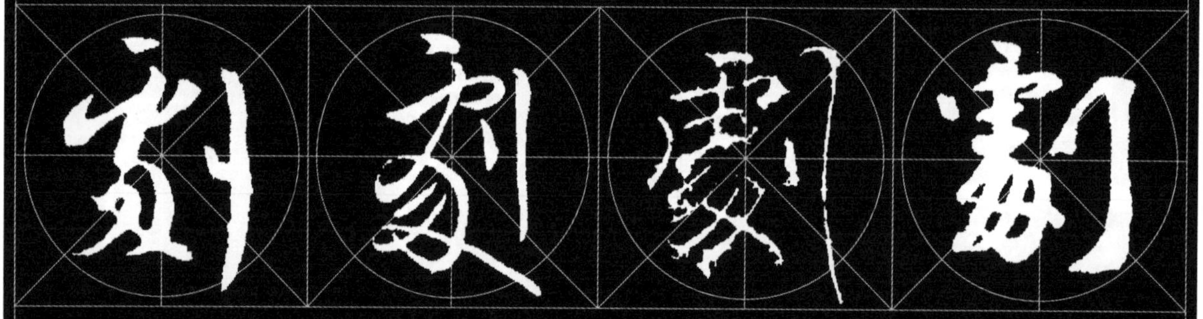

晋 王羲之 | 晋 王献之 | 唐 薛稷 | 宋 吕嘉问

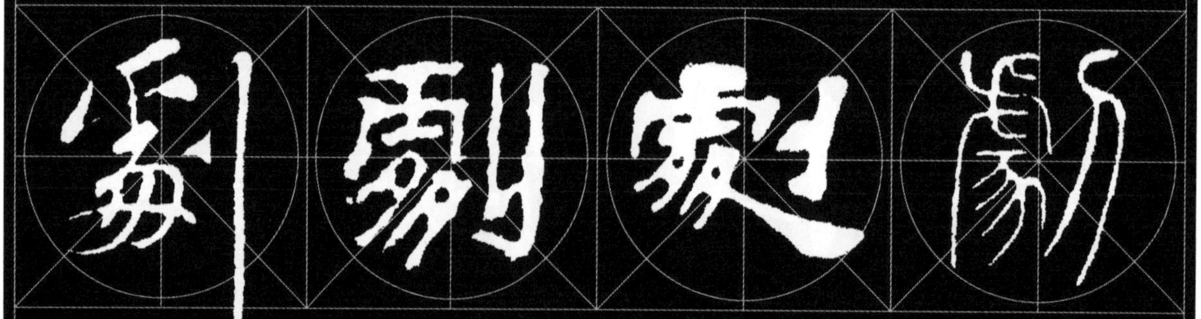

宋 苏轼 | 汉 景君碑 | 清 吴熙载 | 汉 说文解字

jù 据（據、㩀）

隋 苏孝慈墓志 | 唐 欧阳询 | 唐 颜真卿 | 元 赵孟頫

晋 王献之 唐 武则天 汉 夏承碑 唐 李阳冰

唐 褚遂良 唐 高正臣 唐 孙过庭 汉 武梁刻石

宋 苏轼 明 文徵明 元 康里子山 清 邓石如

隋 智永 唐 欧阳询 隋 智永 唐 国铨

宋 佚名 隋 智永 唐 孙过庭 晋 王羲之

jū（拮据）

jù 遽（匆忙；惊慌）

jù 踞

jù 聚

juān 娟

juān 捐

juān 涓

juān 镌（鐫）

唐 怀素　清 王澍　唐 李阳冰　清 吴大澂

元 赵俨　宋 黄庭坚　元 鲜于枢　汉 说文解字

唐 欧阳询　明 陈淳　汉 樊敏碑　清 吴熙载

清 王铎　明 王守仁　汉 银雀山简　清 杨沂孙

唐 欧阳通　晋 王羲之　唐 褚遂良　宋 黄庭坚

juān 蠲（免除）

juǎn 卷（捲）

juàn（卷）

三国 王基碑　金 张天锡·草书韵会　清 翁同和　清 仰嘉祥

隋 张公礼　唐 李世民　金 张天锡·草书韵会　汉 说文解字

晋 王羲之　唐 褚遂良　唐 颜真卿　唐 李邕

唐 孙过庭　明 文彭　清 汪士慎　清 吴大澂

明 黄道周　明 文徵明　清 黄慎　清 俞樾

juàn 倦（勌）

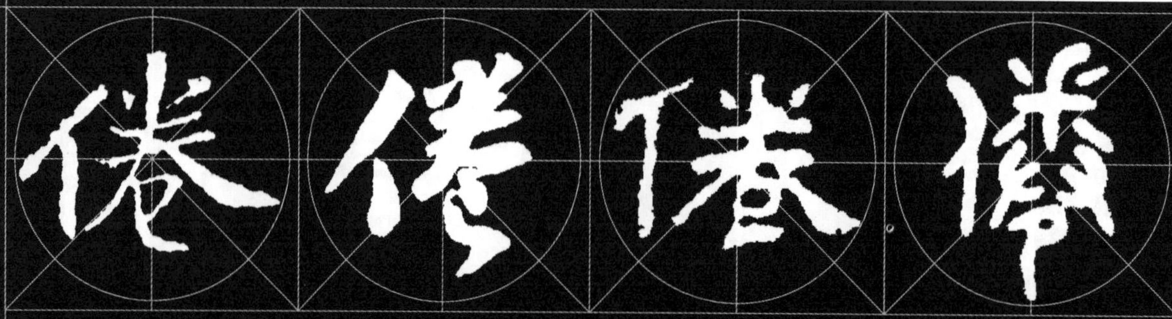

宋 苏轼 宋 苏轼 汉 袁博碑 清 吴大澂

juàn 眷

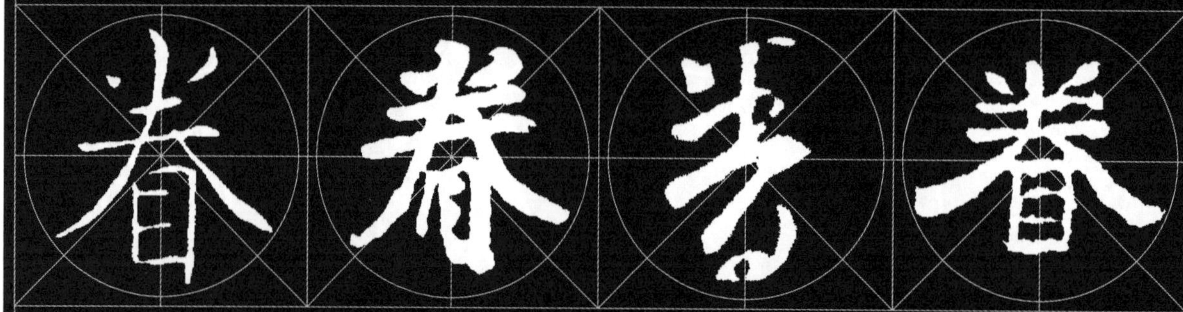

唐 薛稷 明 邵二泉 晋 王羲之 唐 李隆基

juàn 绢

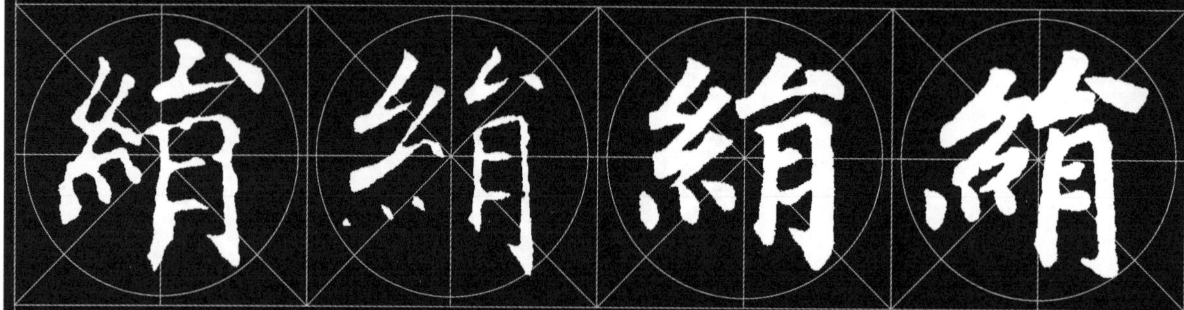

唐 欧阳询 唐 魏栖梧 唐 颜真卿 宋 赵构

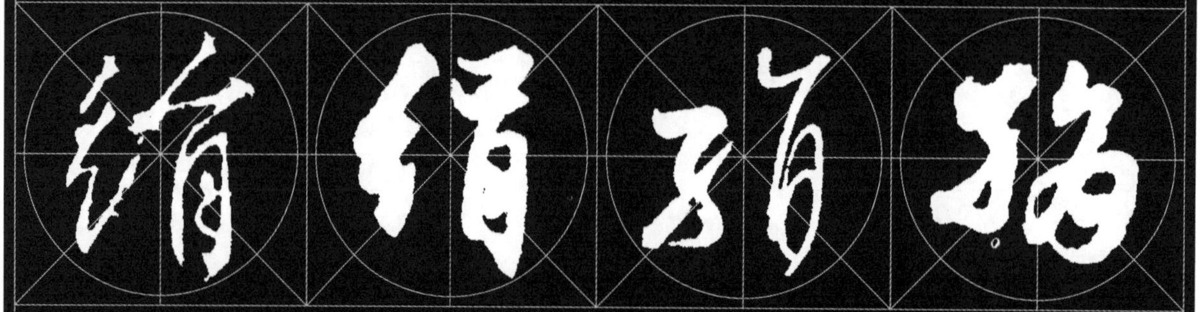

唐 高正臣 明 文徵明 唐 怀素 明 宋克

jué 决（決）

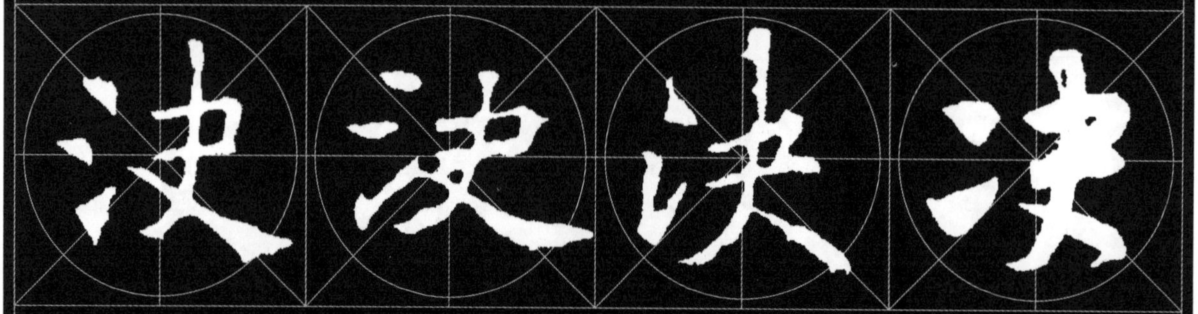

唐 褚遂良 唐 颜师古 宋 黄庭坚 宋 魏了翁

jué 诀

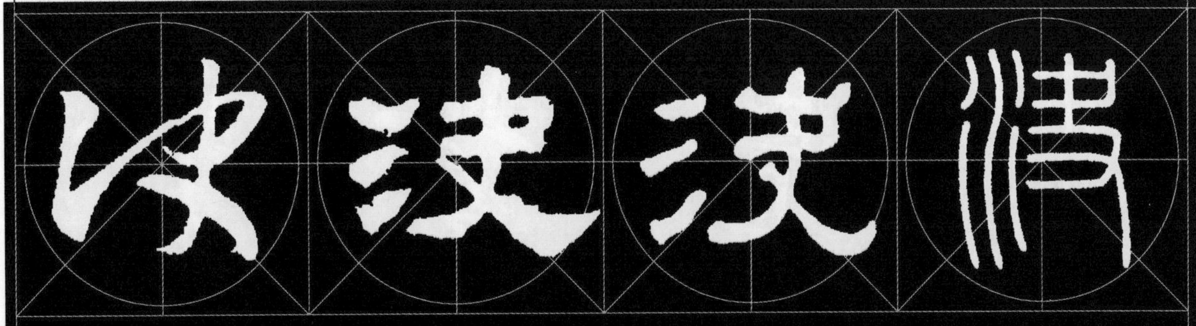

晋 王羲之　汉 张迁碑　清 何绍基　秦 李斯

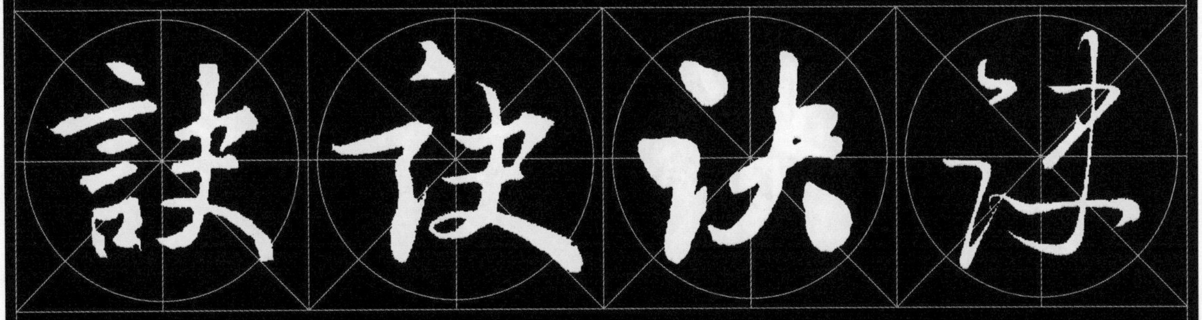

唐 张从申　宋 苏轼　清 梁同书　唐 怀素

jué 绝

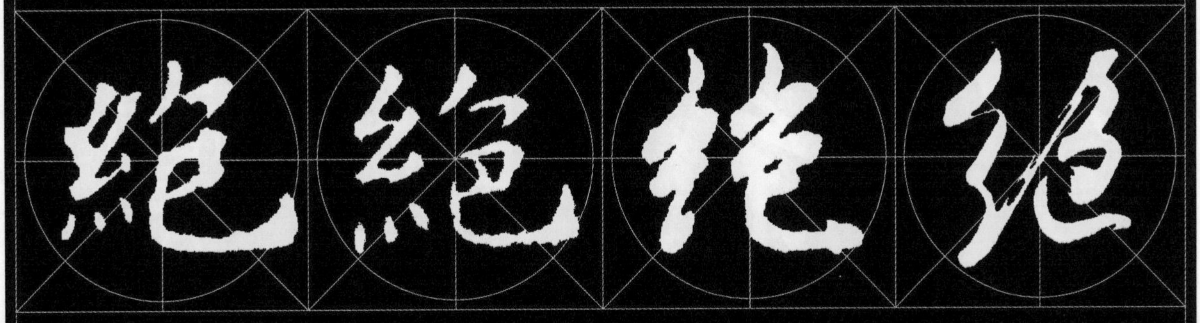

唐 欧阳询　唐 虞世南　唐 陆柬之　宋 吴琚

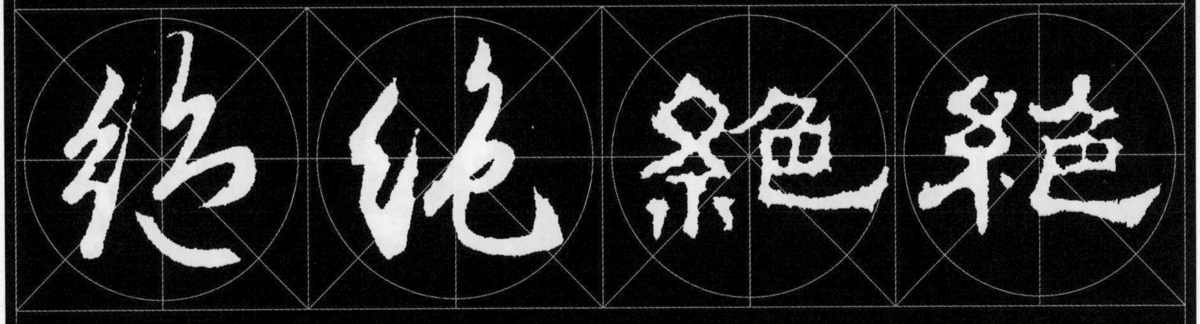

元 赵孟頫　明 文徵明　汉 武梁刻石　汉 郭有道碑

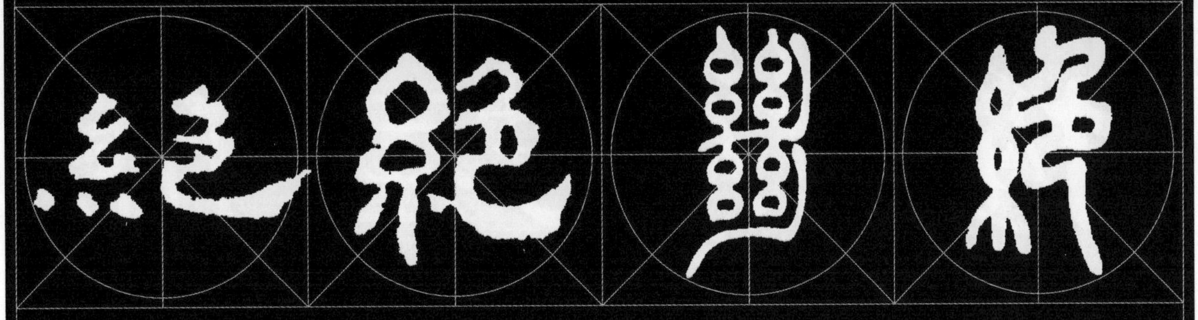

汉 孔彪碑　汉 校官碑　清 吴熙载　清 吴昌硕

jué
觉（覺）
jiào

jué
崛

jué
掘

jué
桷（方椽）

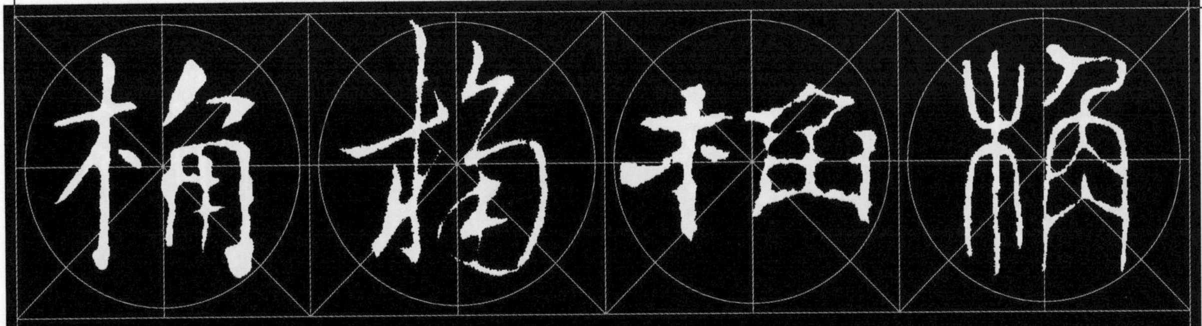

唐 虞世南　金 张天锡·草书韵会　汉 史晨碑　汉 说文解字

jué
厥

隋 苏孝慈墓志　唐 欧阳询　唐 颜真卿　明 王宠

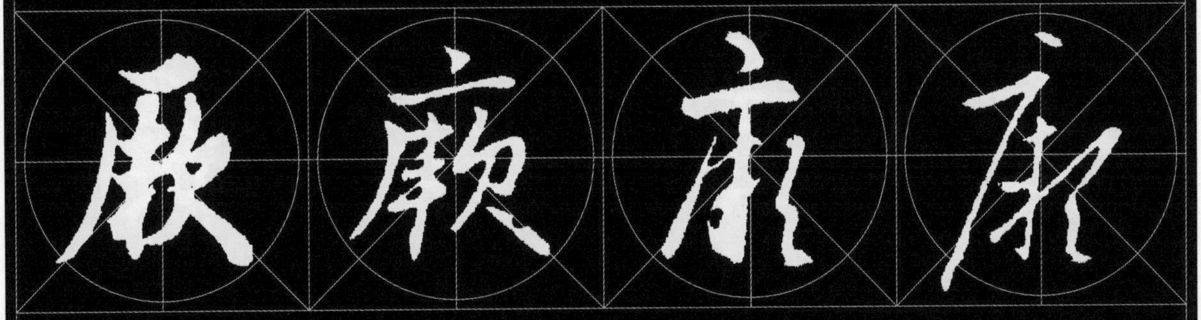

唐 欧阳询　元 赵孟頫　隋 智永　唐 欧阳询

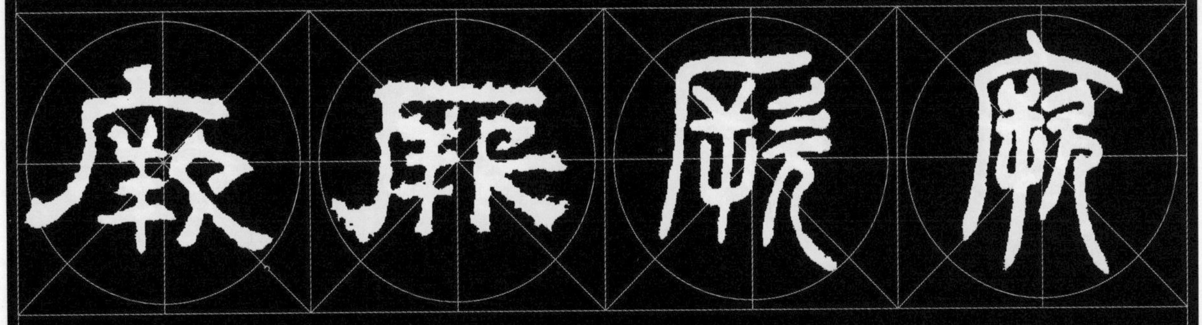

汉 赵宽碑　汉 张迁碑　清 杨沂孙　清 赵之谦

jué
蕨

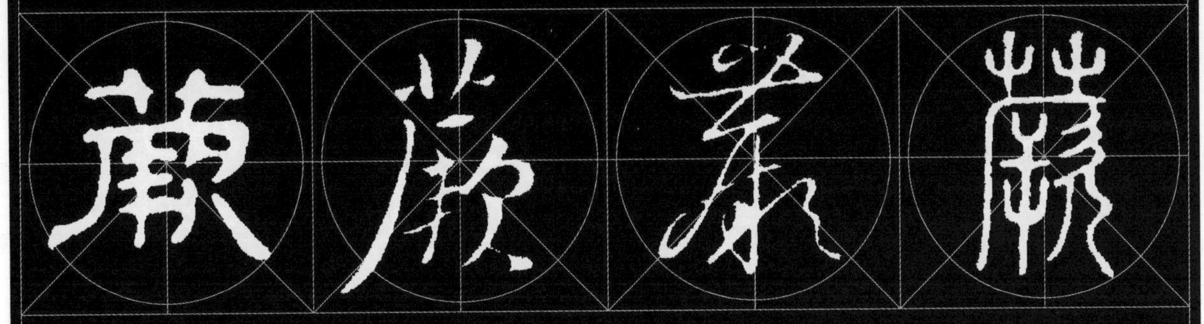

隋 张姜墓志　明 董其昌　金 张天锡·草书韵会　汉 说文解字

jué
蹶
juě

明 曾棨　晋 王献之　金 张天锡·草书韵会　汉 说文解字

jué
谲

唐 陆柬之　清 顾蔼吉·隶辨　清 吴大澂　清 吴大澂

jué
爵

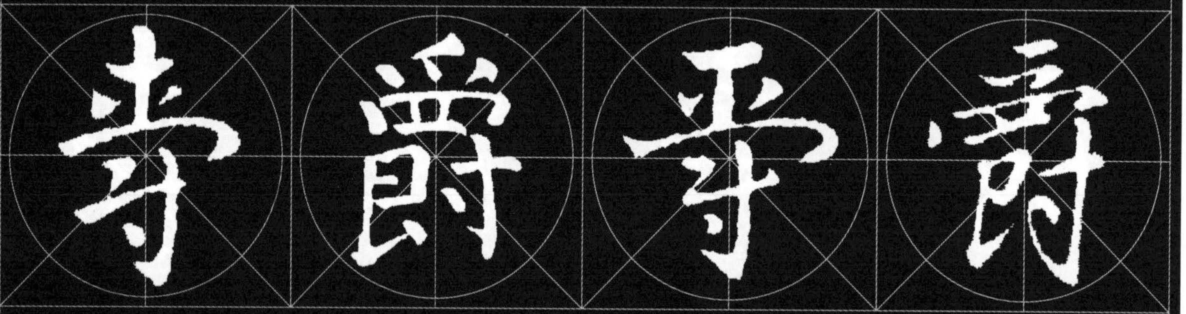

晋 索靖　唐 颜真卿　三国 皇象　元 赵孟頫

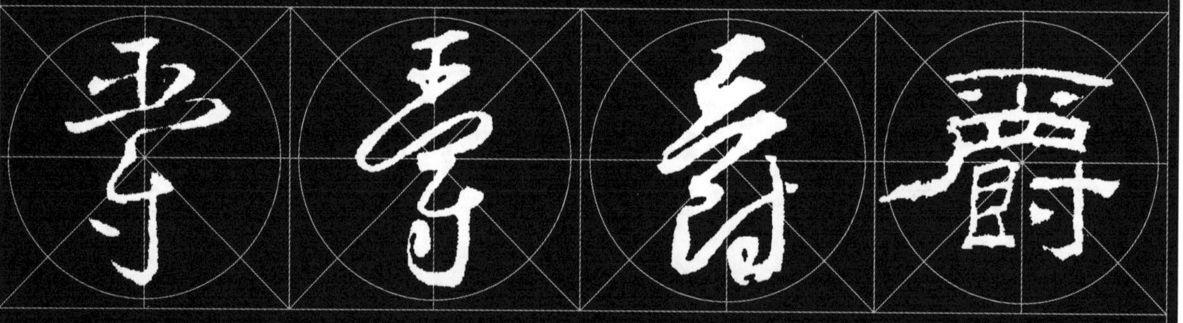

唐 欧阳询　唐 怀素　清 归庄　汉 乙瑛碑

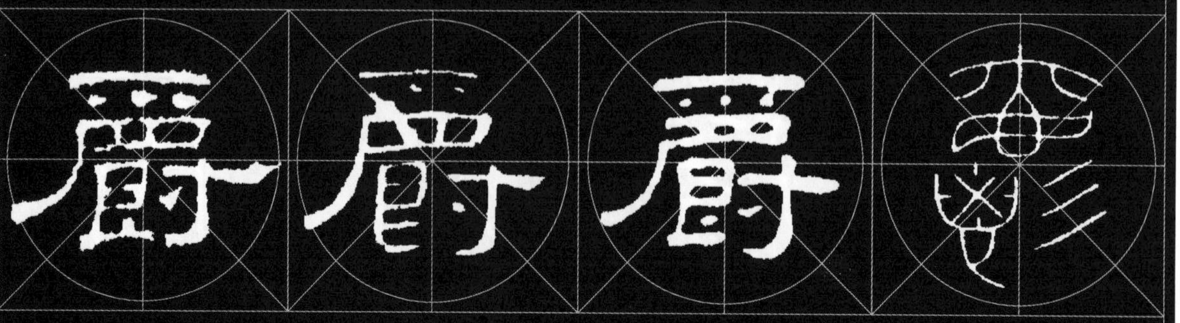

汉 史晨碑　汉 曹全碑　清 王澍　唐 李阳冰

jué
嚼
jiáo

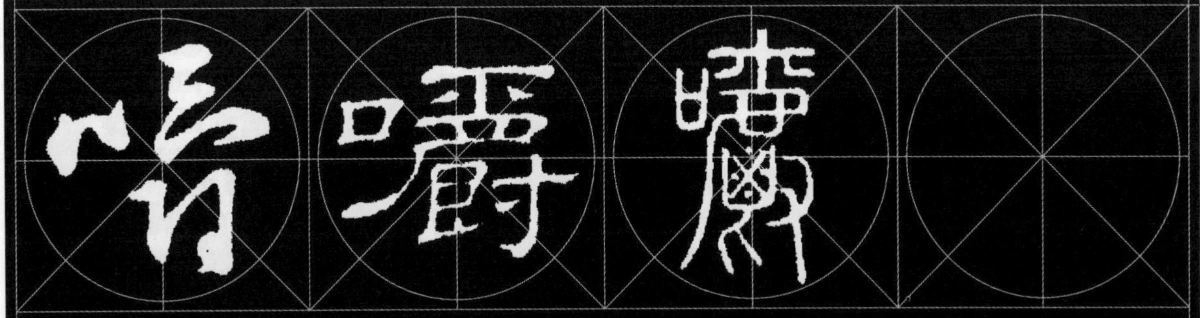

元 赵孟頫　清 顾藹吉·隶辨　汉 说文解字

jué
攫
（抓；夺）

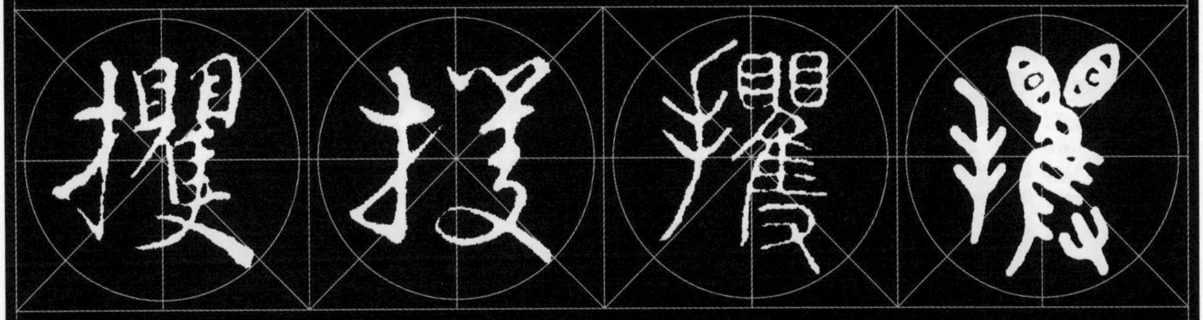

唐 颜真卿　金 张天锡·草书韵会　汉 说文解字　清 田潜

jūn
君

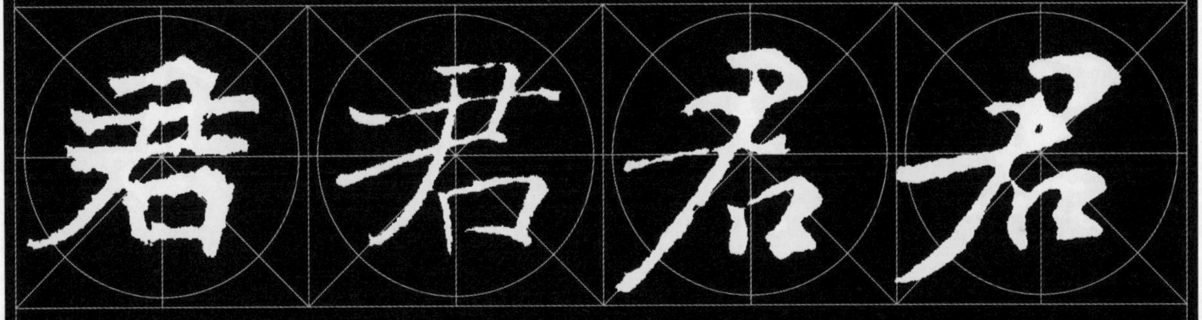

北魏 高贞碑　唐 褚遂良　唐 颜真卿　宋 苏轼

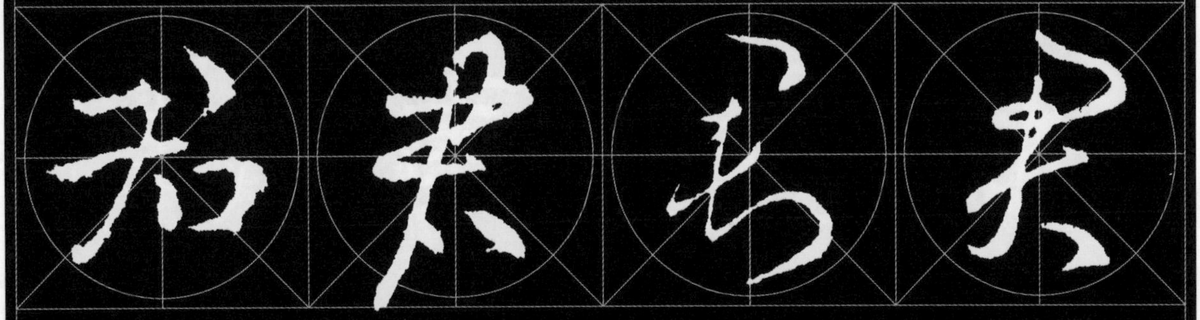

三国 钟繇　宋 黄庭坚　晋 王羲之　晋 王羲之

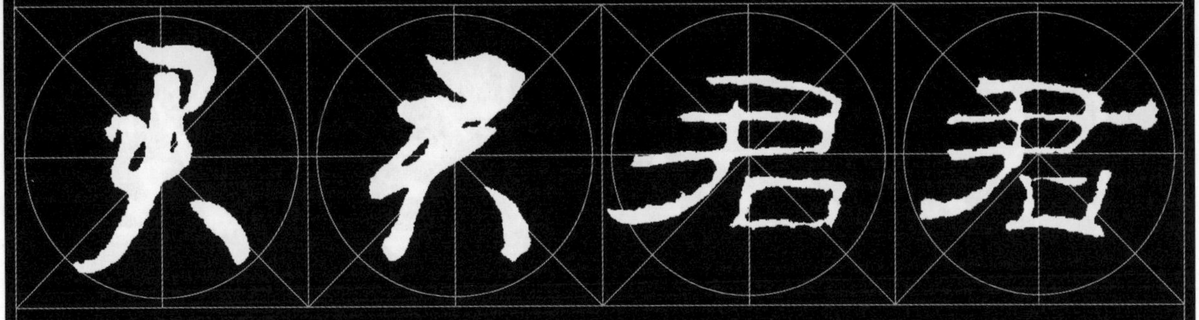

唐 孙过庭　明 文徵明　汉 石门颂　汉 华山碑

jūn
军

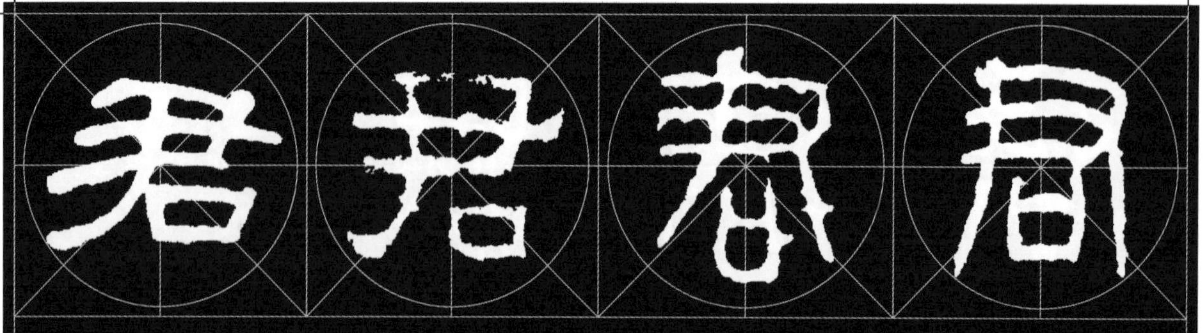

汉 曹全碑　　汉 张迁碑　　秦 石鼓文　　汉 袁博碑

北魏 元诊墓志　　唐 欧阳询　　唐 颜真卿　　唐 柳公权

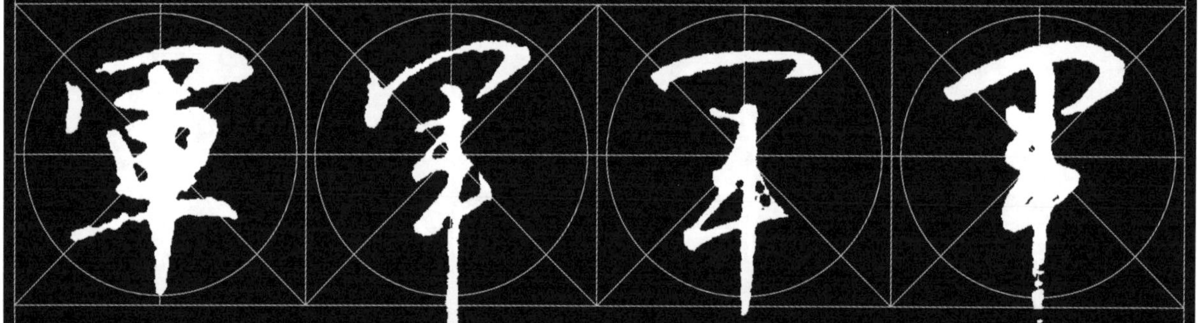

元 赵孟頫　　晋 王献之　　隋 智永　　唐 孙过庭

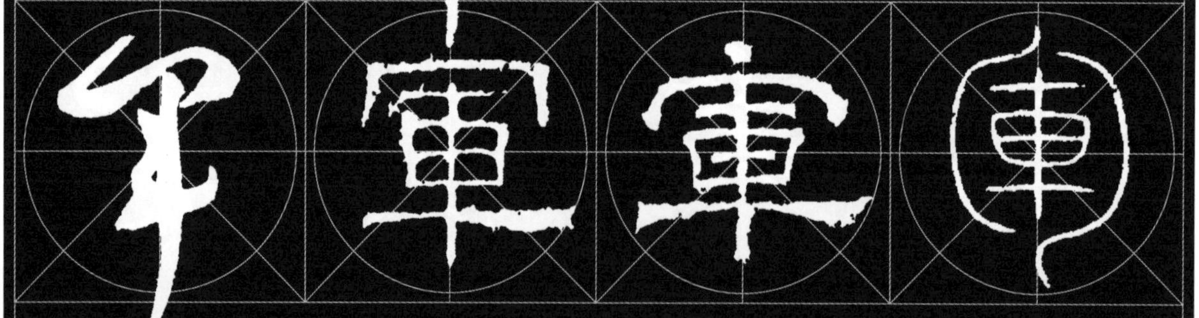

唐 颜真卿　　汉 白石神君碑　　三国 曹真碑　　唐 李阳冰

jūn
均

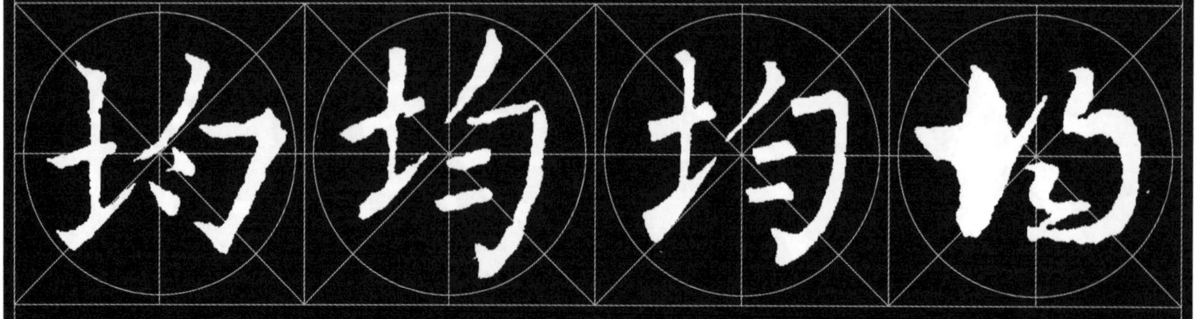

唐 欧阳通　　唐 颜真卿　　唐 柳公权　　唐 孙过庭

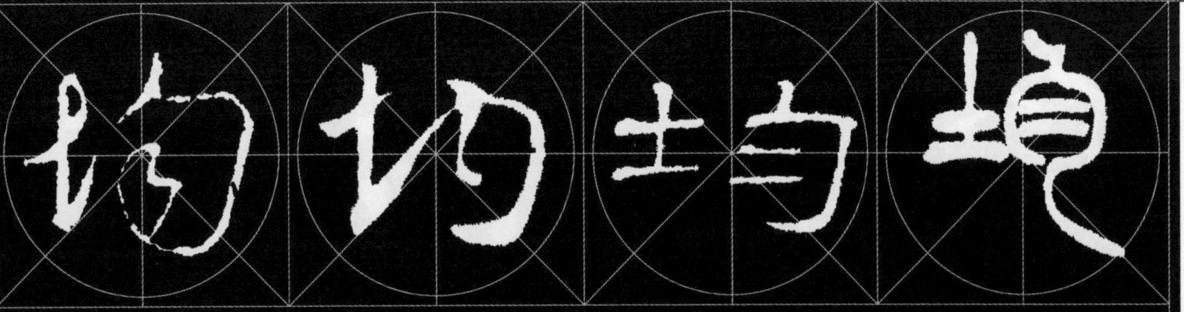

宋 吴说 | 唐 孙过庭 | 清 顾蔼吉·隶辨 | 清 徐三庚

jūn 筠 yún

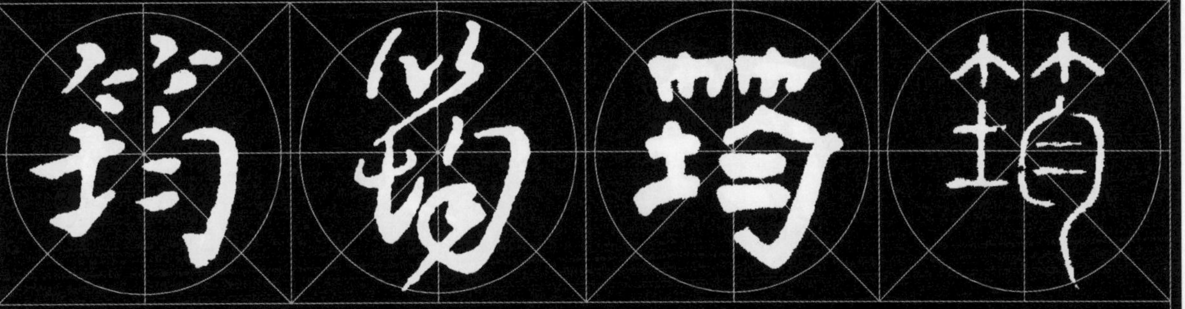

明 丰坊 | 清 王铎 | 清 赵之琛 | 汉 说文解字

jūn 钧

隋 智永 | 唐 颜真卿 | 隋 智永 | 唐 欧阳询

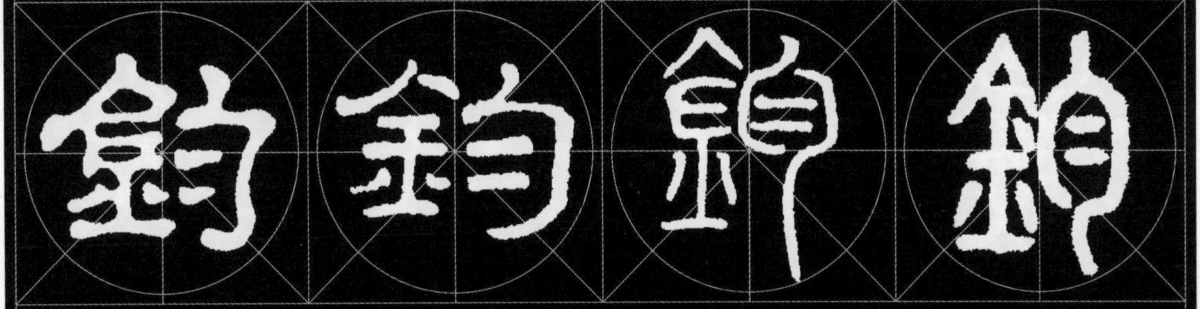

元 俞和 | 清 王澍 | 元 吴叡 | 清 左运奎

jūn 菌（细菌）jùn

唐 褚遂良 | 清 恽寿平 | 唐 孙过庭 | 元 吴叡

jùn
俊（儁、儁：相貌清秀；才智出众）

jùn
浚（濬）xùn

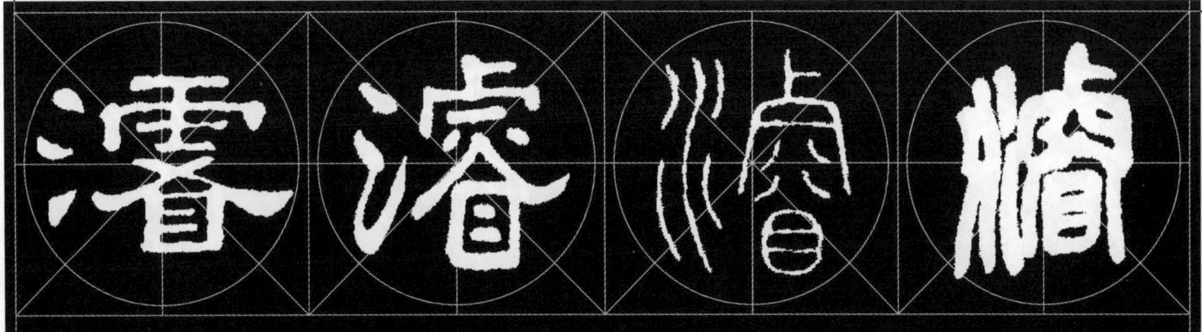

汉 郭有道碑　清 俞樾　汉 说文解字　清 吴昌硕

jùn
峻

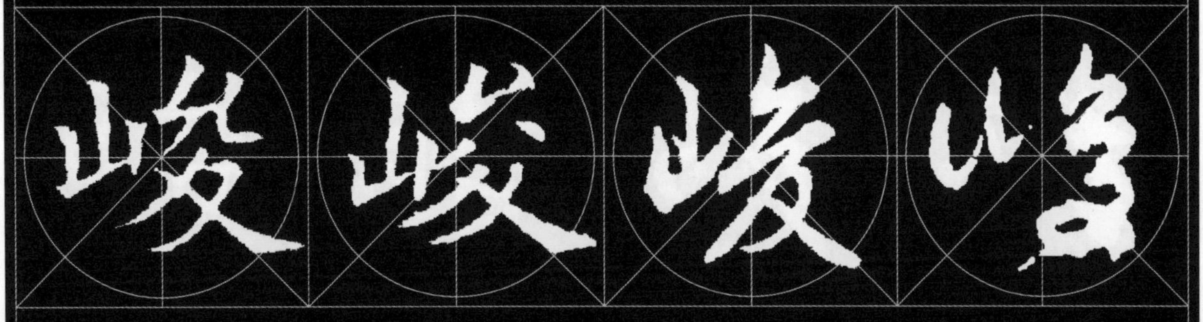

隋 苏孝慈墓志　唐 欧阳通　明 文徵明　唐 孙过庭

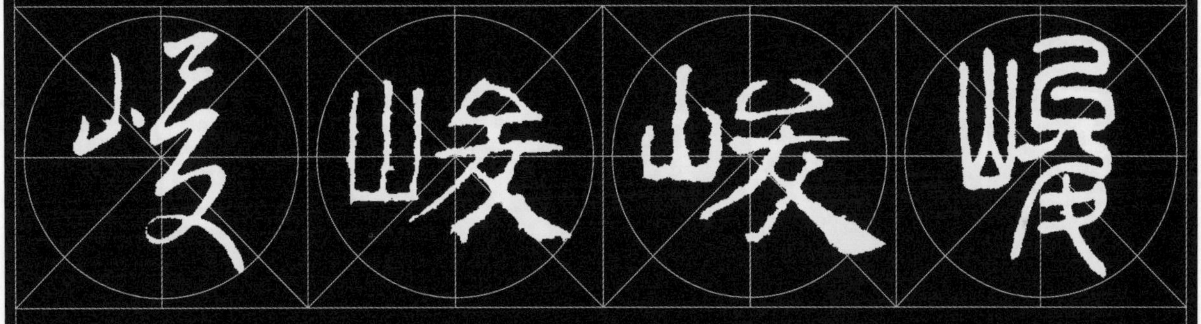

元 康里子山　汉 封龙山碑　汉 华山碑　清 吴熙载

jùn
骏

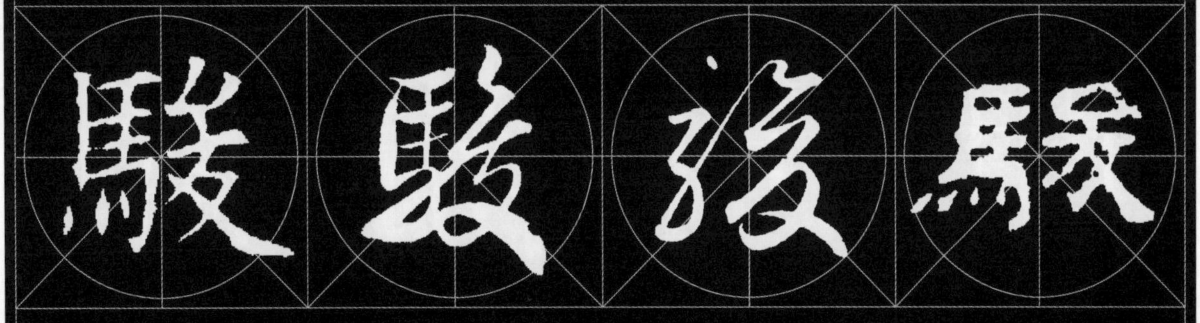

隋 苏孝慈墓志　宋 米芾　元 鲜于枢　汉 袁博碑

jùn
郡

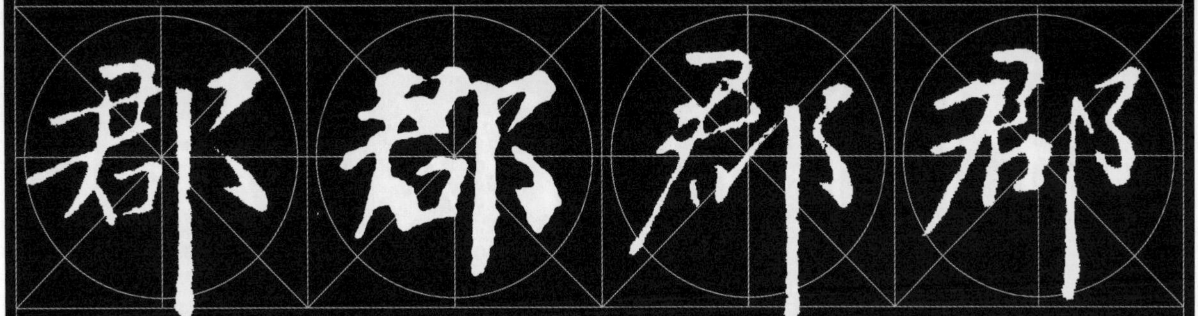

唐 欧阳询　唐 颜真卿　晋 王献之　唐 颜真卿

kāi
开

宋 苏轼
元 赵孟頫
三国 皇象
晋 王羲之
晋 王献之
隋 智永
汉 鲜于璜碑
汉 孔彪碑
汉 曹全碑
汉 朝侯小子残碑
清 杨沂孙
清 徐三庚
唐 欧阳询
唐 虞世南
唐 颜真卿
唐 柳公权
晋 王羲之
唐 高正臣
唐 颜真卿
宋 米芾

晋 王羲之
唐 孙过庭
明 文徵明
明 张瑞图
汉 石门颂
汉 白石神君碑
汉 曹全碑
清 钱沣
清 邓石如
清 吴熙载
清 吴大澂
清 吴昌硕
唐 褚遂良
唐 颜真卿
明 文徵明
宋 苏轼
清 翁方纲
唐 孙过庭
唐 怀素
汉 说文解字

kǎi
楷
jiē
（树名）

kǎi
慨

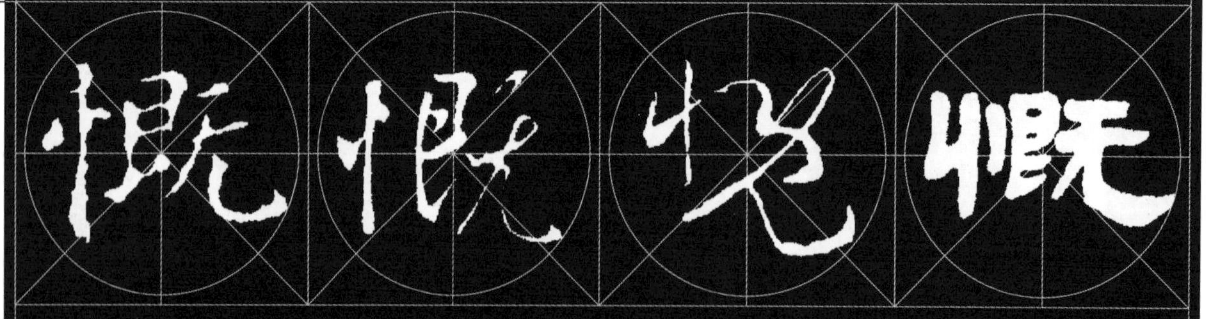

晋 王羲之　晋 王羲之　晋 王羲之　清 邓石如

kǎi
凯

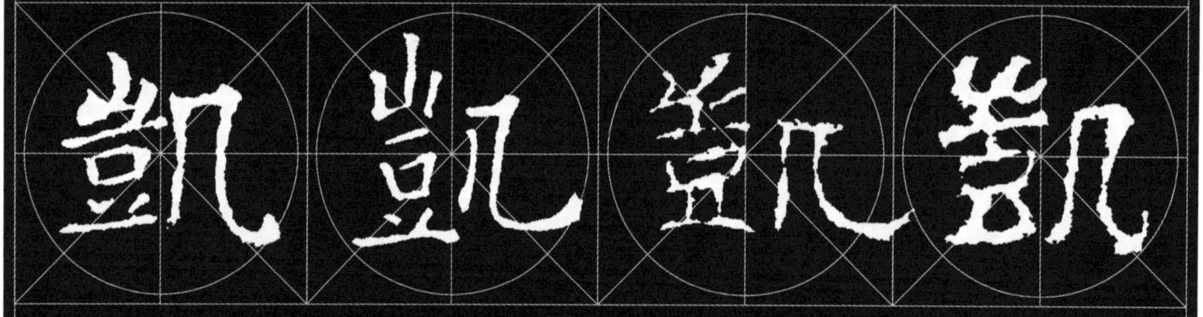

南北朝 敬使君碑　唐 欧阳通　汉 礼器碑　汉 衡方碑

kǎi
铠

唐 颜真卿　唐 吴彩鸾　元 赵孟頫　汉 说文解字

kǎi
闿（开启）

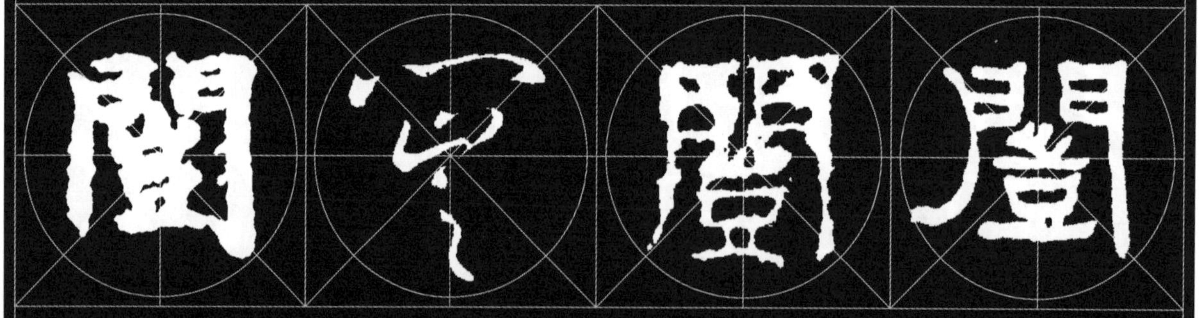

唐 吴彩鸾　金 张天锡·草书韵会　汉 景君碑　清 何绍基

kài
忾

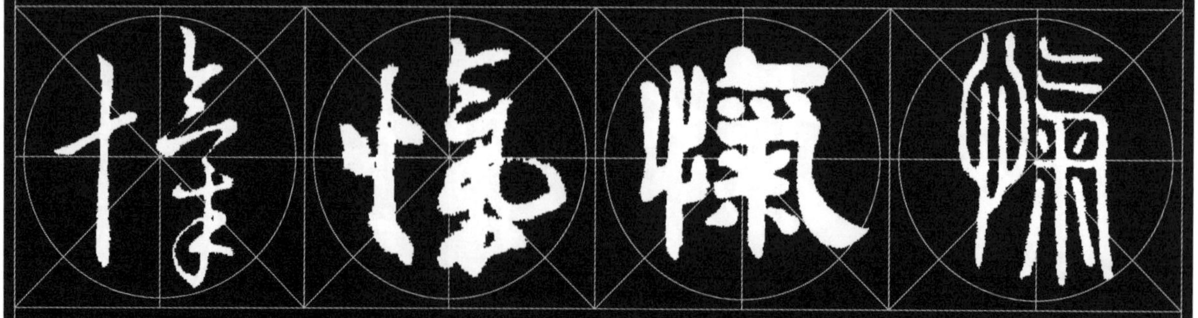

宋 赵构　清 郭青地　清 吴廷康　汉 说文解字

kān
刊（栞）

kān
堪

北魏 张猛龙碑
唐 欧阳通
唐 颜真卿
元 赵孟頫
唐 李世民
汉 孔宙碑
汉 封龙山碑
汉 张迁碑
北魏 朱君山墓志
唐 颜真卿
晋 郗鉴
唐 褚遂良
宋 苏轼
晋 王献之
元 赵孟頫
明 文徵明
明 唐寅
清 王时敏
清 吴熙载
清 吴大澂

kān 戡

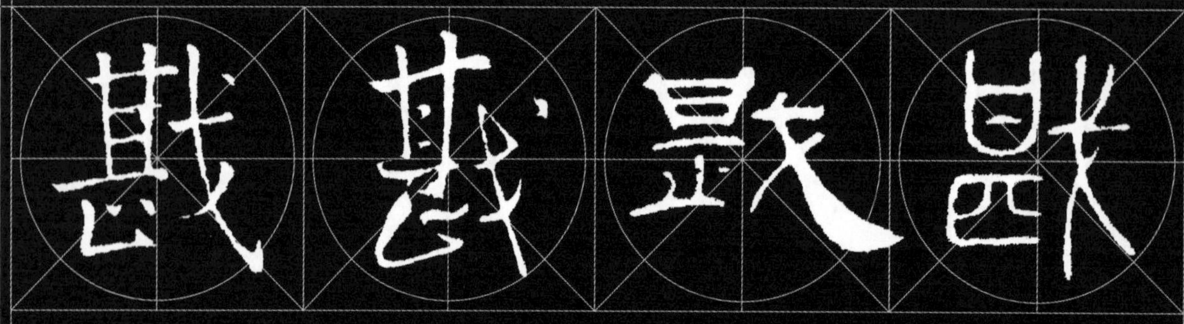

唐 褚遂良　清 王铎　唐 叶慧明碑　汉 说文解字

kān 龛

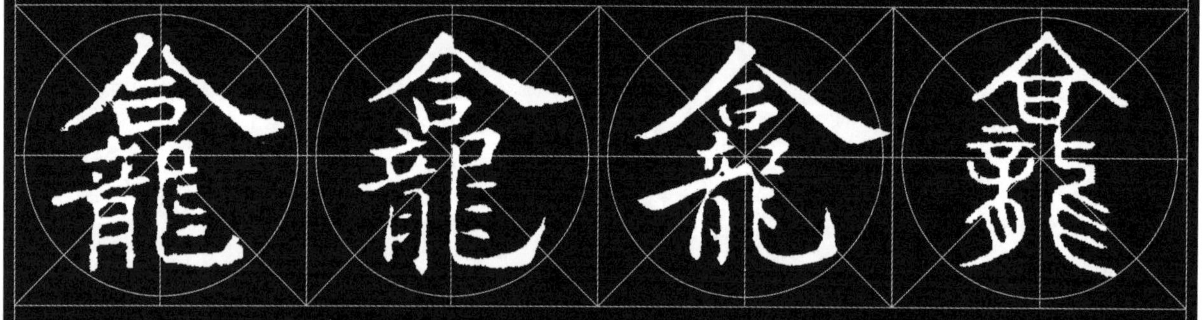

唐 褚遂良　唐 欧阳通　唐 褚遂良　汉 说文解字

kǎn 坎

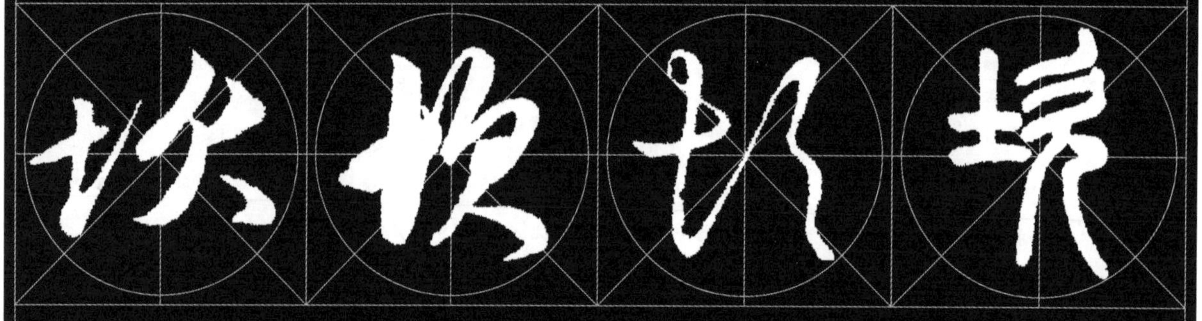

元 赵孟頫　元 鲜于枢　金 张天锡·草书韵会　清 吴大澂

kǎn 侃（偘）

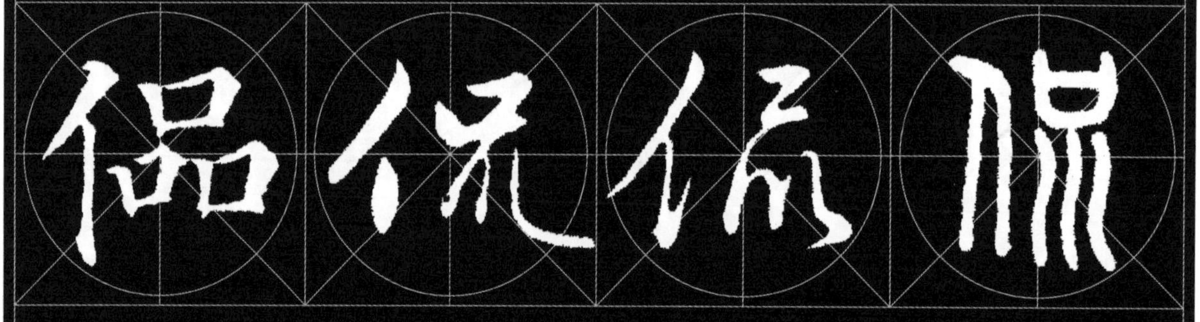

唐 颜真卿　元 赵孟頫　晋 王羲之　清 吴大澂

kàn 看（輡）kān

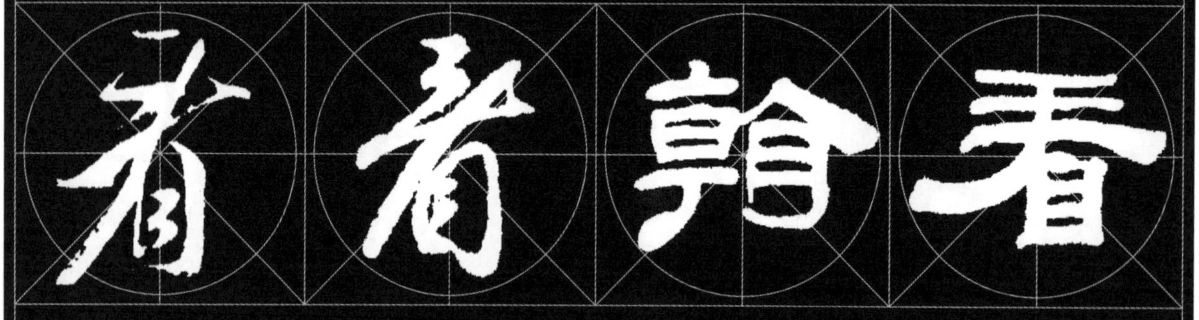

宋 米芾　元 李倜　清 丁敬　清 钱泳

清 王铎	清 王铎	清 邓石如	清 杨沂孙
唐 欧阳通	明 黄道周	宋 米芾	明 文徵明
唐 欧阳询	金 张天锡·草书韵会	清 顾蔼吉·隶辨	汉 说文解字
北魏 元诊墓志	唐 蒋善进	唐 怀素	宋 王昇
明 王宠	汉 孔宙碑	汉 华山碑	汉 张寿碑

kàn
瞰

kàn
阚

kāng
康

kāng
慷
（忼）

kāng
糠
（穅、粇）

kàng
亢
háng
（同吭）

kàng
伉

kàng
抗

kǎo
考（攷：考妣不可写成攷妣）

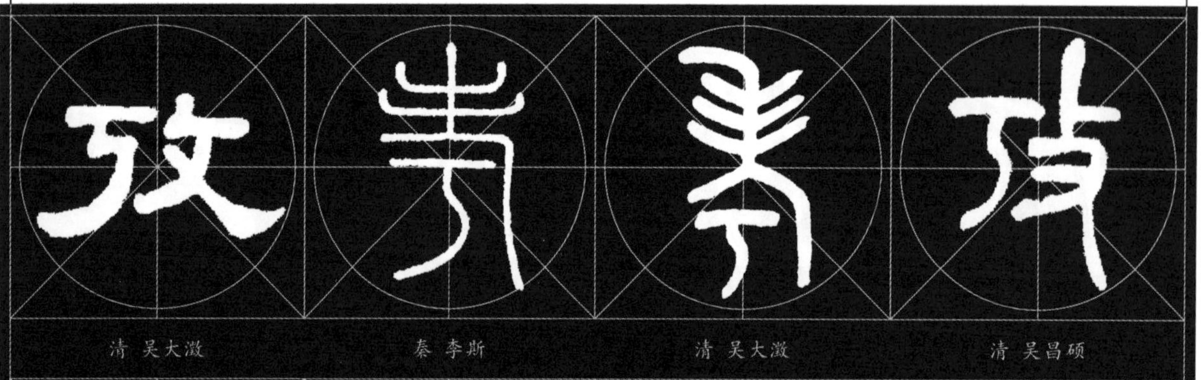

kē
苛

kē
柯

kē
轲
kě

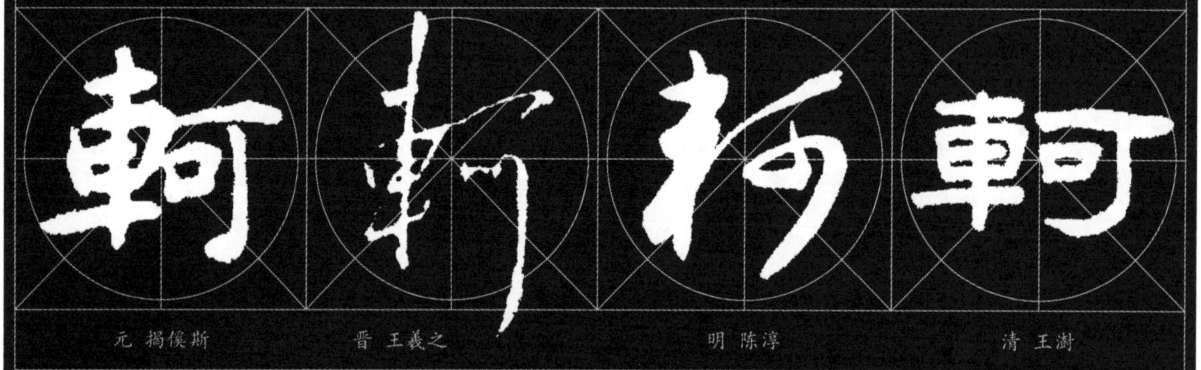

kē
科

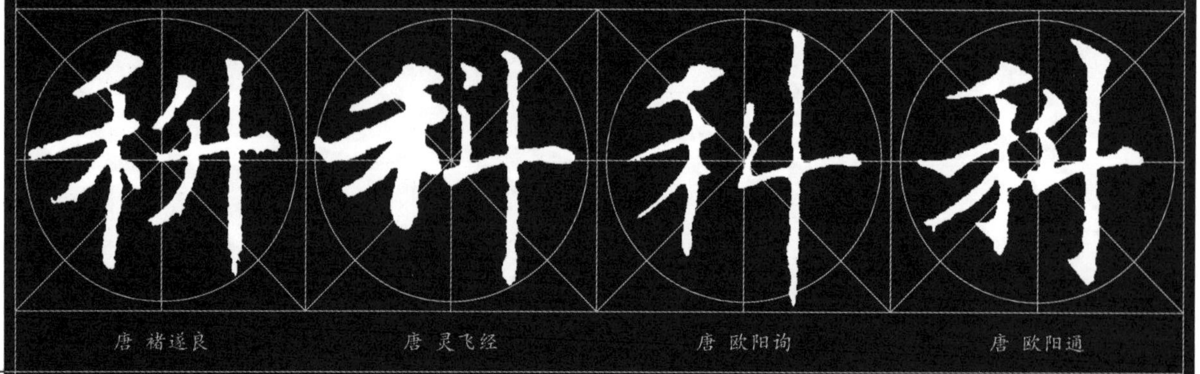

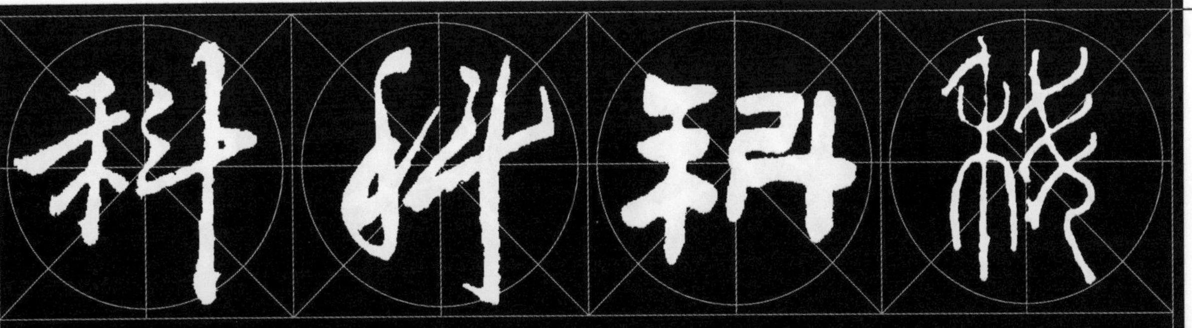

晋 王羲之　唐 颜真卿　清 陈鸿寿　唐 李阳冰

kě
可
kè
（可汗）

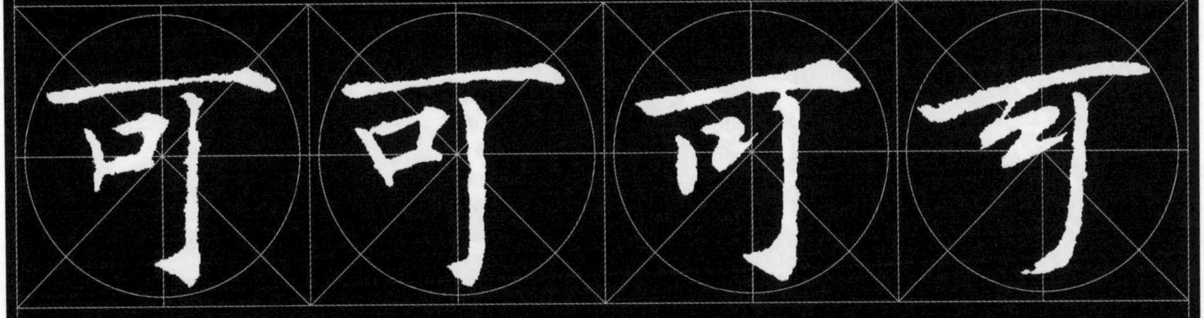

唐 薛稷　唐 柳公权　晋 王羲之　唐 李邕

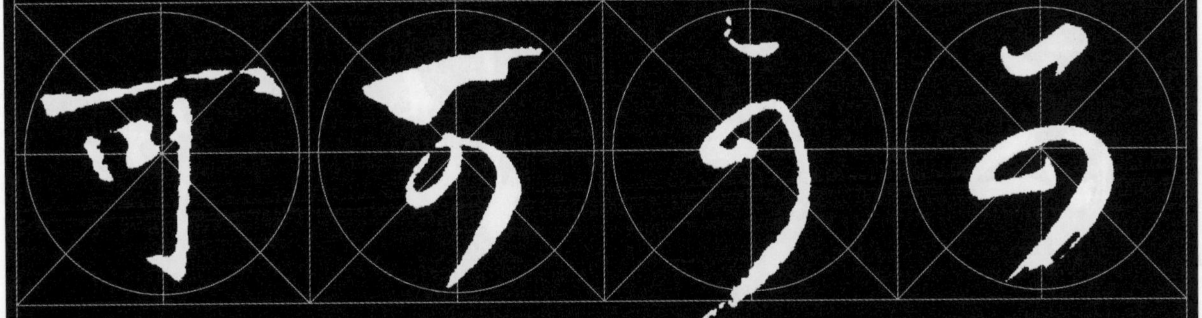

唐 张从申　晋 王羲之　唐 怀素　明 董其昌

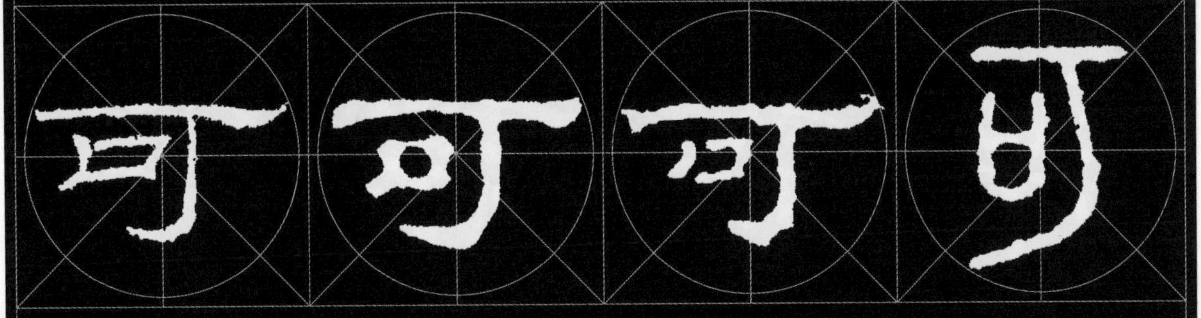

汉 乙瑛碑　汉 郙有道碑　汉 孔彪碑　秦 石鼓文

kě
渴

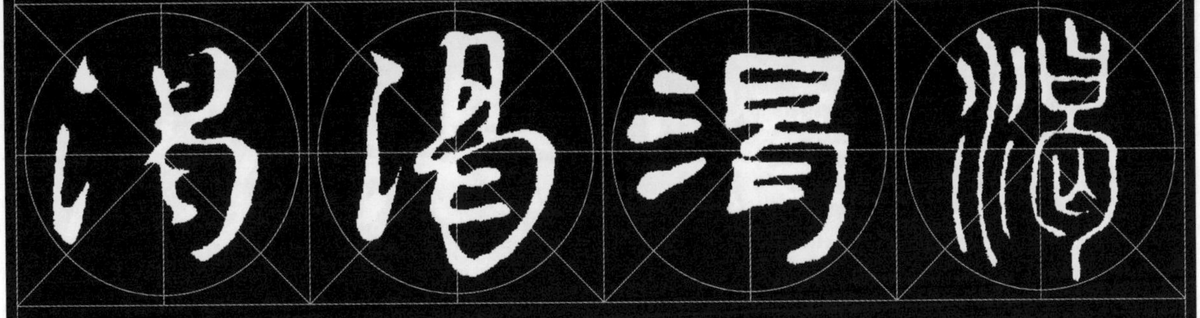

唐 颜真卿　元 赵孟頫　明 何震　汉 说文解字

kè
客

kè
恪

kè
课

北魏 李璧墓志　唐 欧阳询　唐 宋儋　宋 米芾

唐 颜真卿　清 王铎　清 汪士慎　清 吴大澂

晋 爨宝子碑　宋 张即之　元 饶介　汉 孔彪碑

唐 柳公权　元 赵孟頫　明 沈度　三国 皇象

宋 李建中　汉 石门颂　清 俞樾　清 杨沂孙

kè 克

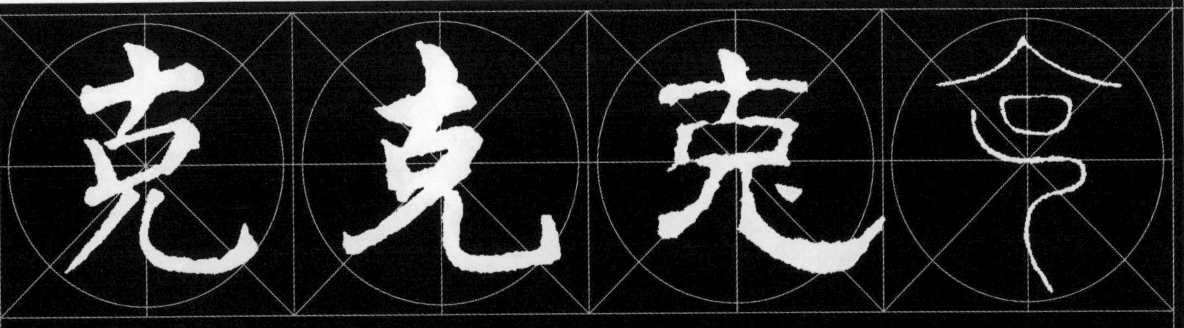

唐 柳公权　明 宋克　汉 史晨碑　唐 李阳冰

kè 刻

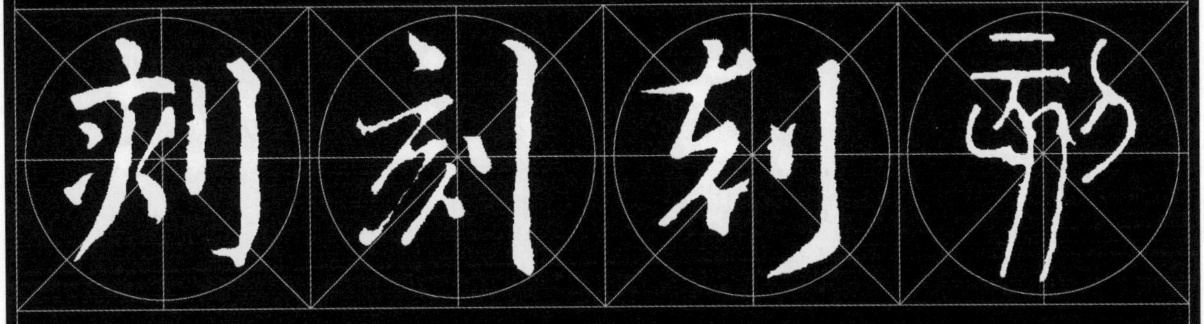

唐 颜真卿　宋 米芾　晋 索靖　秦 李斯

kěn 肯（肎）

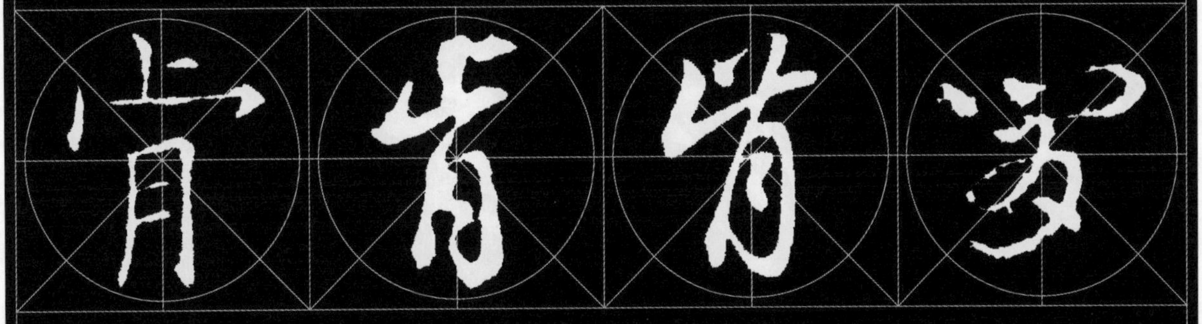

唐 欧阳询　宋 苏轼　元 赵孟頫　三国 皇象

kěn 恳

唐 颜真卿　元 邓文原　宋 苏轼　汉 说文解字

kēng 铿

唐 虞世南　元 陆居仁　金 张天锡·草书韵会　清 杨沂孙

kōng
空
kòng
（使空；缺少等）

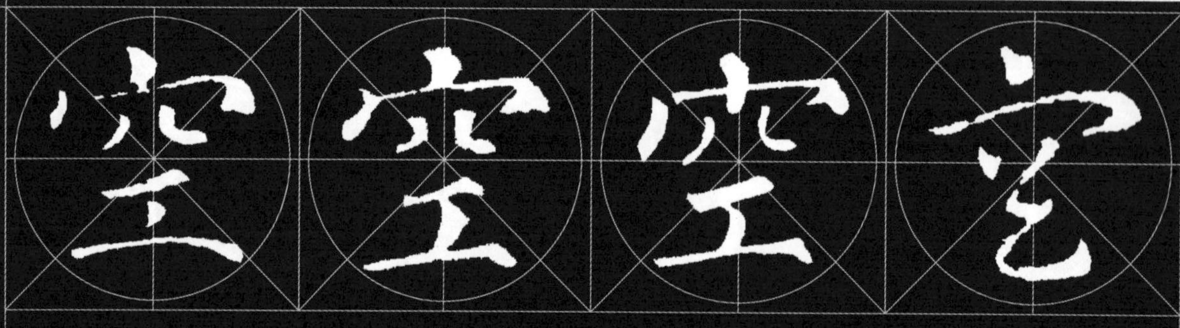

唐 褚遂良　唐 颜真卿　唐 柳公权　三国 皇象

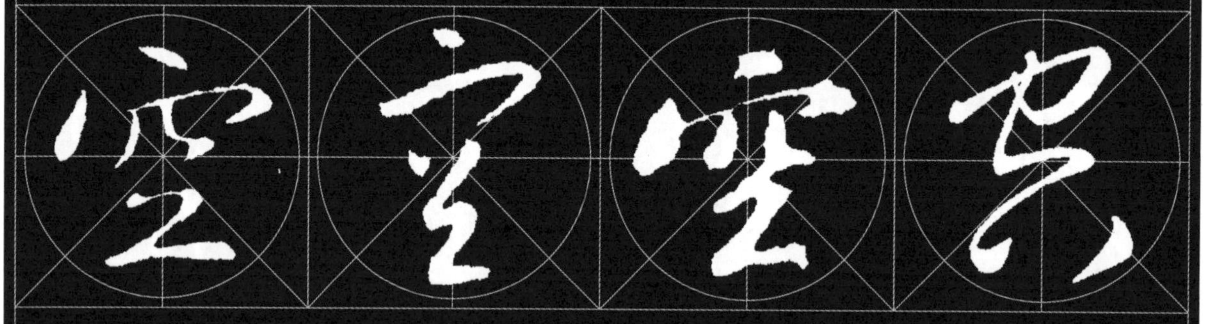

晋 羊欣　唐 孙过庭　宋 苏轼　晋 王羲之

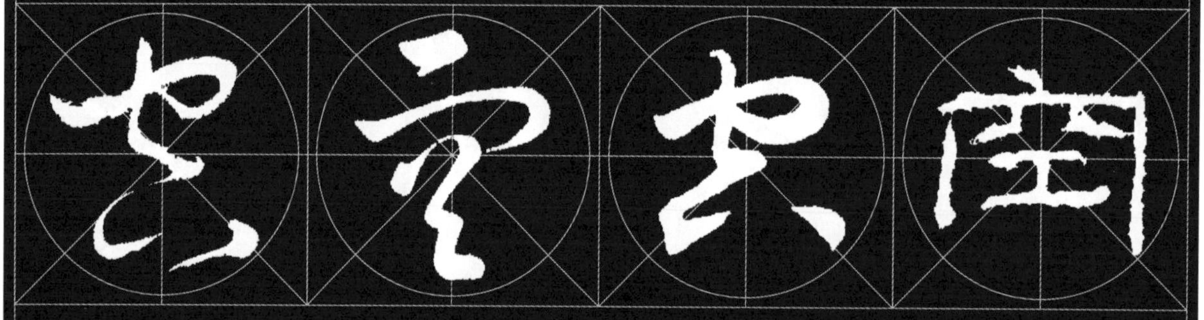

唐 张旭　唐 怀素　元 鲜于枢　汉 石门颂

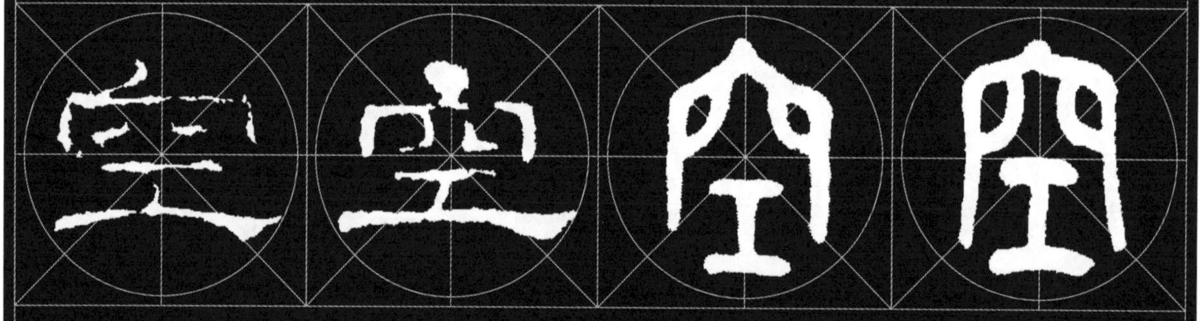

汉 礼器碑　汉 史晨碑　清 吴大澂　清 吴昌硕

kǒng
孔

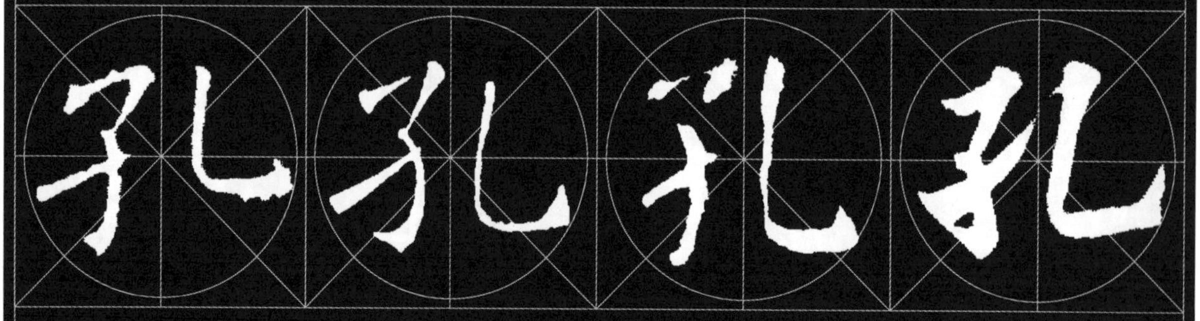

唐 褚遂良　唐 王敬客　唐 颜真卿　唐 欧阳询

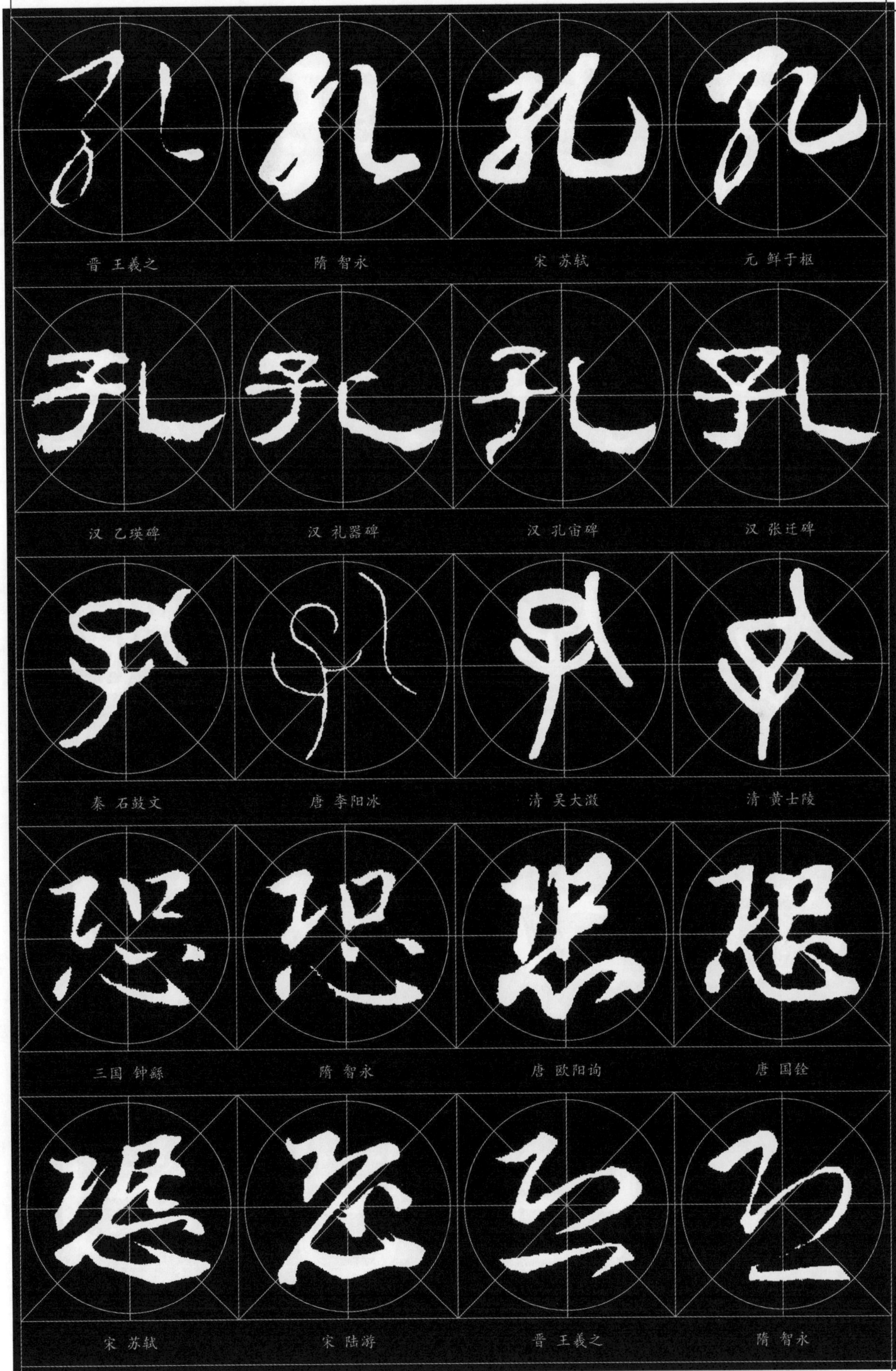

晋 王羲之　隋 智永　宋 苏轼　元 鲜于枢

汉 乙瑛碑　汉 礼器碑　汉 孔宙碑　汉 张迁碑

秦 石鼓文　唐 李阳冰　清 吴大澂　清 黄士陵

三国 钟繇　隋 智永　唐 欧阳询　唐 国铨

宋 苏轼　宋 陆游　晋 王羲之　隋 智永

kǒng
恐

kòng 控

kōu 抠

kǒu 口

kòu
叩
（敂）

kòu
扣

kòu
寇
（宼、冦）

宋 苏过　明 董其昌　清 吴昌硕　晋 索靖

汉 校官碑　清 俞樾　殷商 甲骨文　唐 碧落碑

宋 苏轼　宋 米芾　元 赵雍　明 文徵明

唐 颜真卿　唐 柳公权　元 赵孟頫　唐 李邕

宋 黄庭坚　晋 王羲之　汉 鲜于璜碑　汉 校官碑

kū 枯

kū 哭

kū 窟

kǔ 苦

隋 苏孝慈墓志 | 唐 孙过庭 | 元 康里子山 | 清 田潜

宋 苏轼 | 宋 黄庭坚 | 明 文徵明 | 晋 王羲之

元 赵孟頫 | 汉 孟孝琚碑 | 清 吴大澂 | 清 吴大澂

北魏 杨大眼造像 | 宋 黄庭坚 | 元 赵孟頫 | 金 张天锡·草书韵会

晋 王羲之 | 唐 欧阳通 | 元 赵孟頫 | 宋 赵构

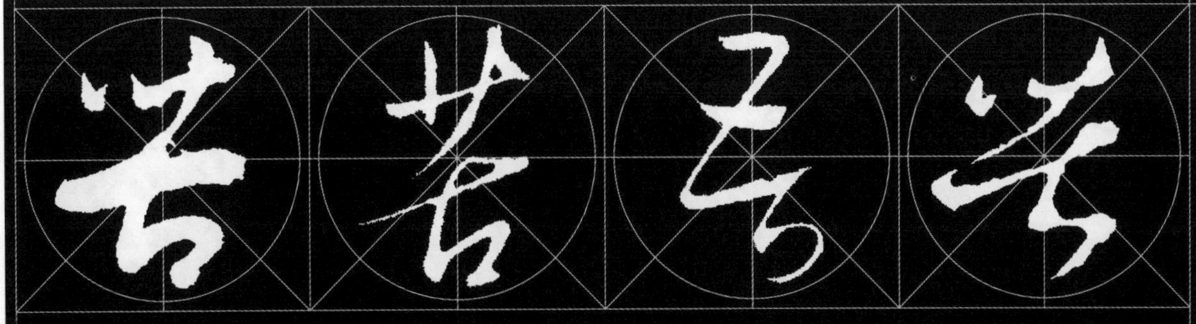

元 鲜于枢　元 赵雍　晋 王羲之　晋 王献之

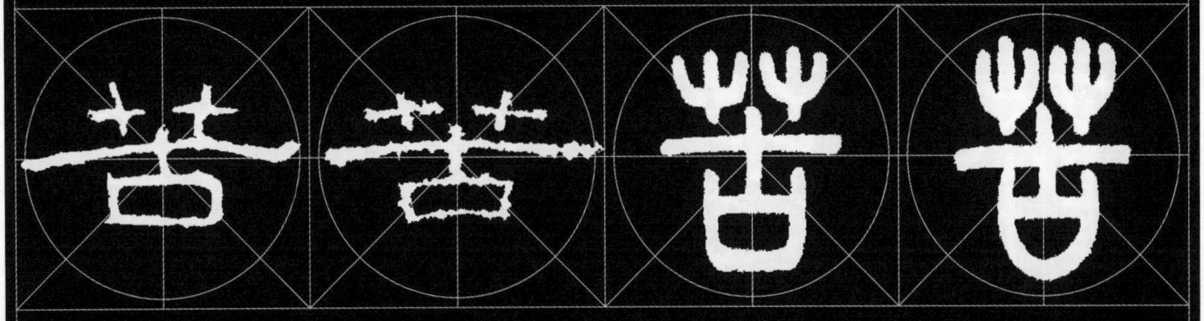

汉 石门颂　汉 张景碑　清 邓石如　清 吴大澂

kù 库

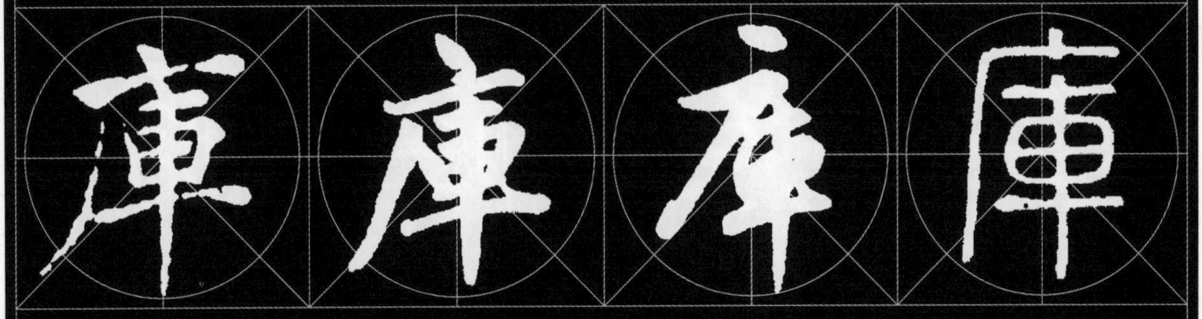

唐 褚遂良　元 赵孟頫　明 文徵明　汉 说文解字

kù 酷

隋 苏孝慈墓志　晋 王羲之　晋 王羲之　清 顾蔼吉·隶辨

kuā 夸（誇）

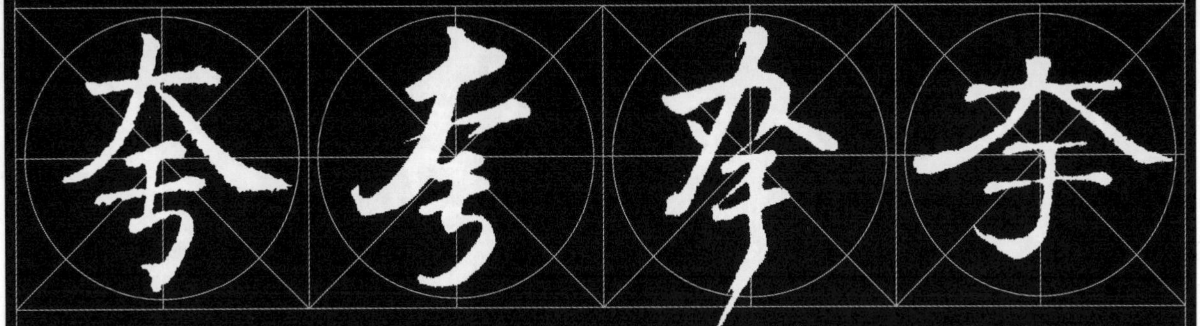

宋 蔡襄　宋 苏轼　明 董其昌　清 顾蔼吉·隶辨

kuà
跨

kuài
块
（塊）

kuài
快

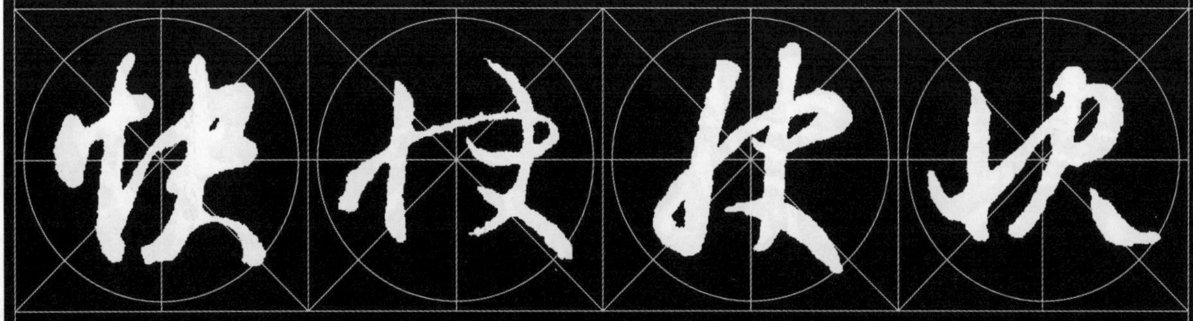

清 翁方纲　晋 王献之　唐 李怀琳　明 文徵明

kuài
脍

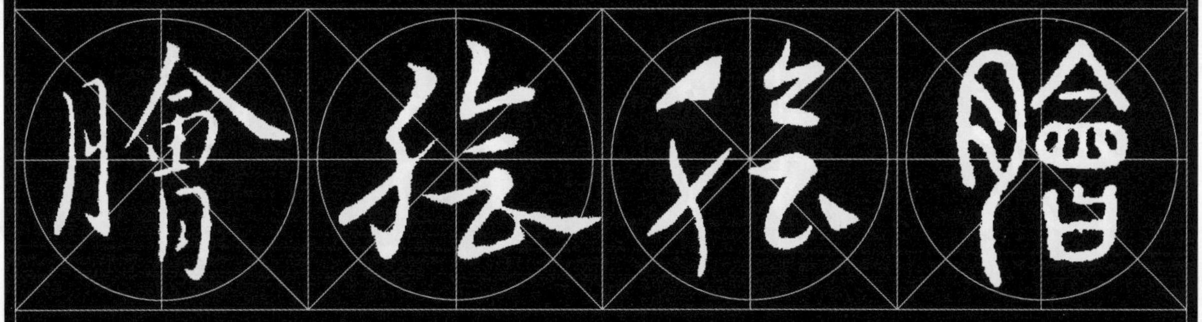

南朝 孔琳之　明 宋克　明 祝允明　汉 说文解字

kuān
宽

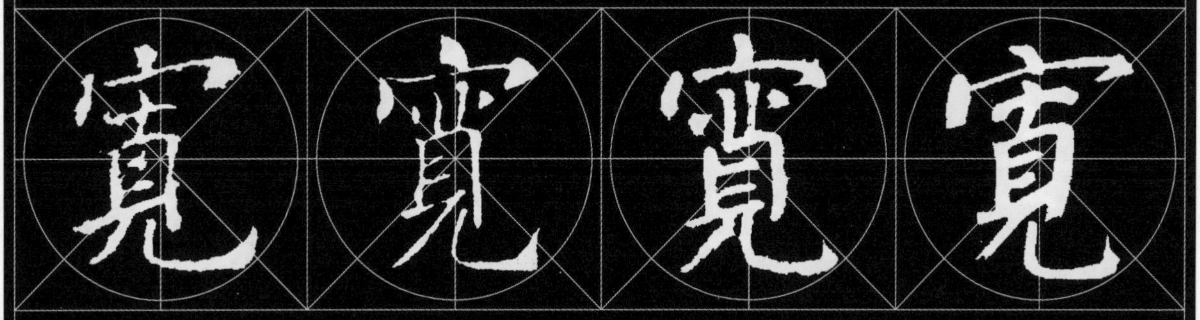

唐 欧阳询　唐 王敬客　唐 颜真卿　明 董其昌

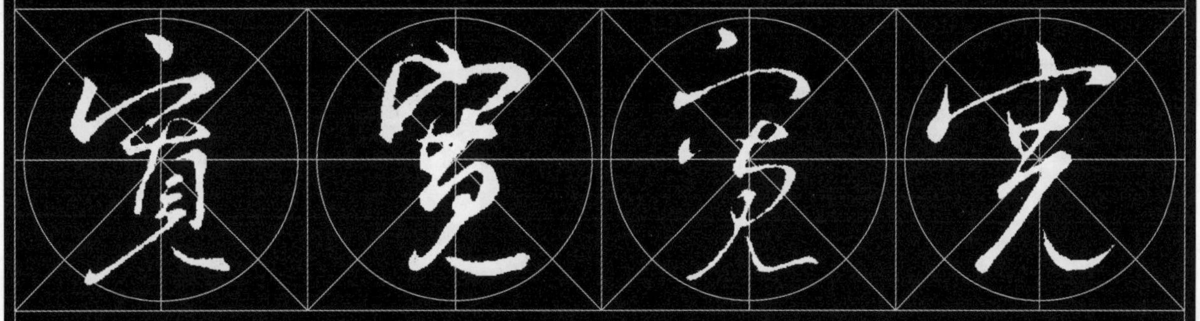

晋 王献之　唐 林藻　晋 王羲之　明 文徵明

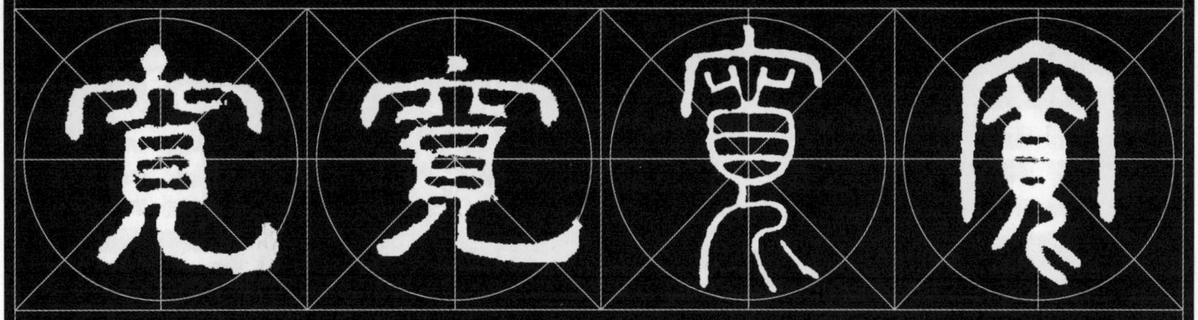

汉 赵宽碑　三国 曹真碑　唐 李阳冰　清 吴大澂

kuǎn
款（欵）

kuāng
匡（纠正；救助；粗算）

kuāng
筐

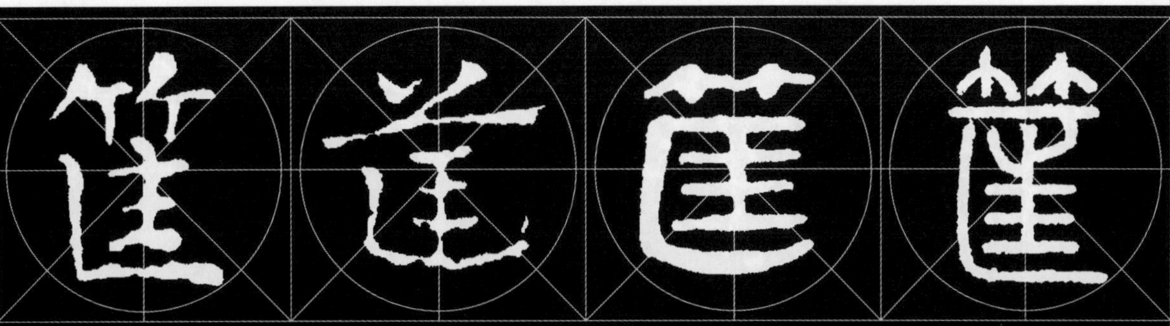

唐 虞世南　三国 皇象　汉 马王堆帛书　清 王澍

kuáng
狂

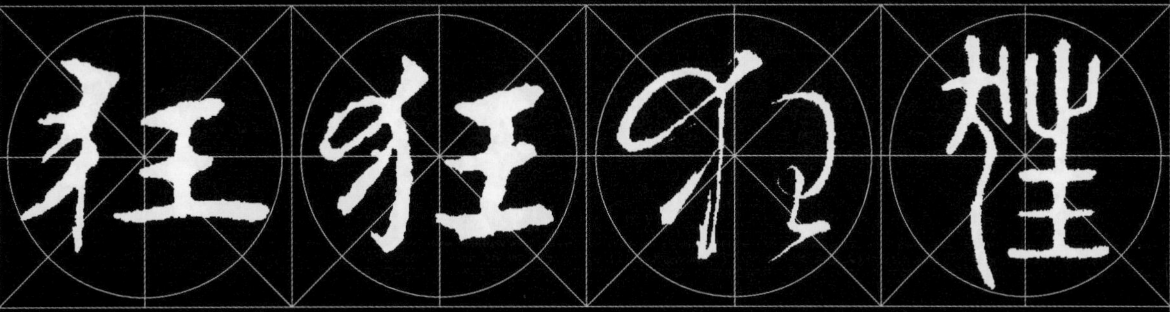

明 文徵明　三国 皇象　唐 怀素　汉 说文解字

kuàng
况
（況）

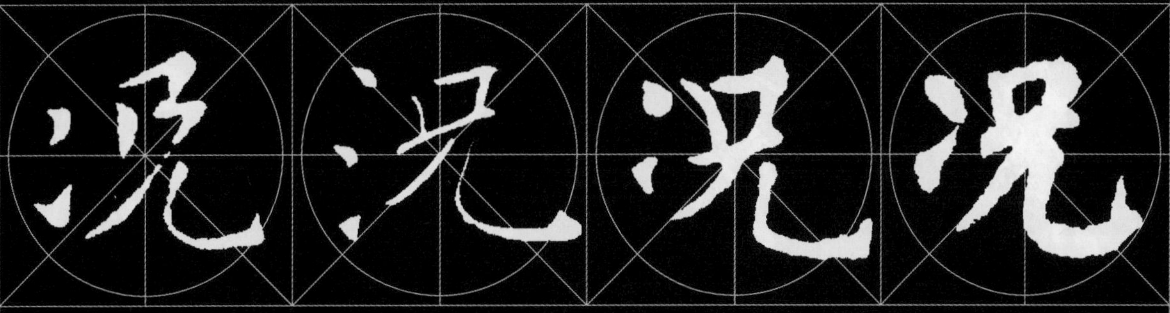

晋 索靖　唐 褚遂良　唐 欧阳通　唐 颜真卿

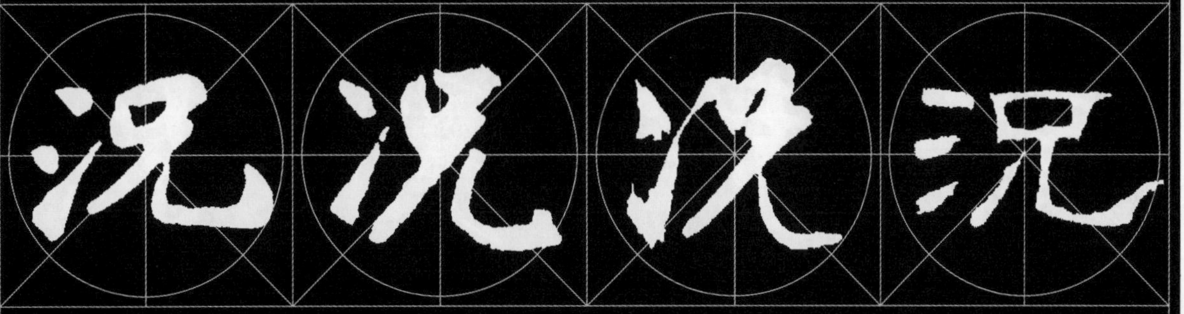

宋 苏轼　元 赵孟頫　明 文徵明　汉 赵宽碑

kuàng
贶
（赠；赐）

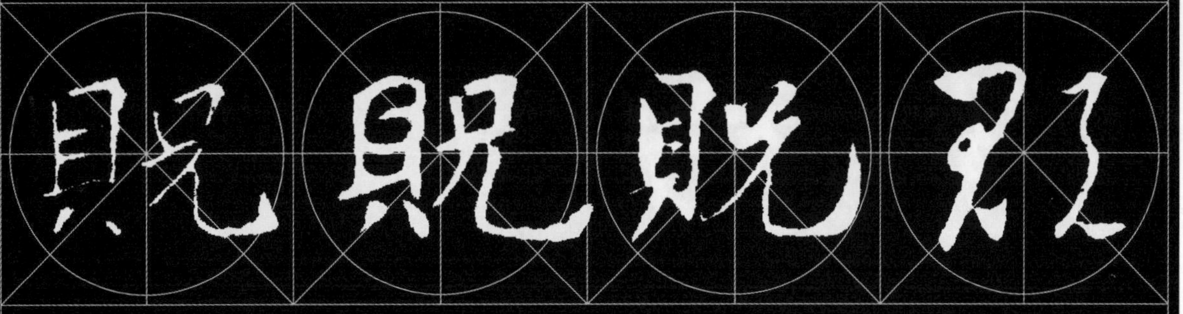

隋 龙藏寺碑　唐 欧阳询　宋 苏舜钦　唐 怀素

kuàng
旷

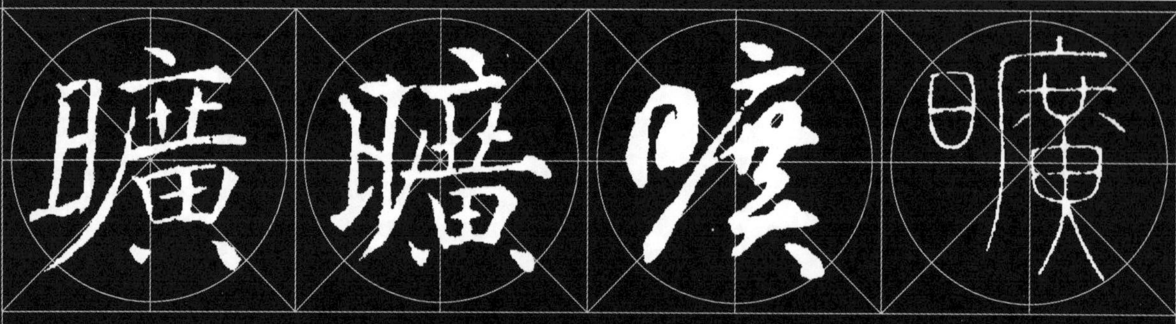

唐 褚遂良 | 唐 欧阳通 | 元 揭傒斯 | 唐 李阳冰

kuī
窥
（闚）

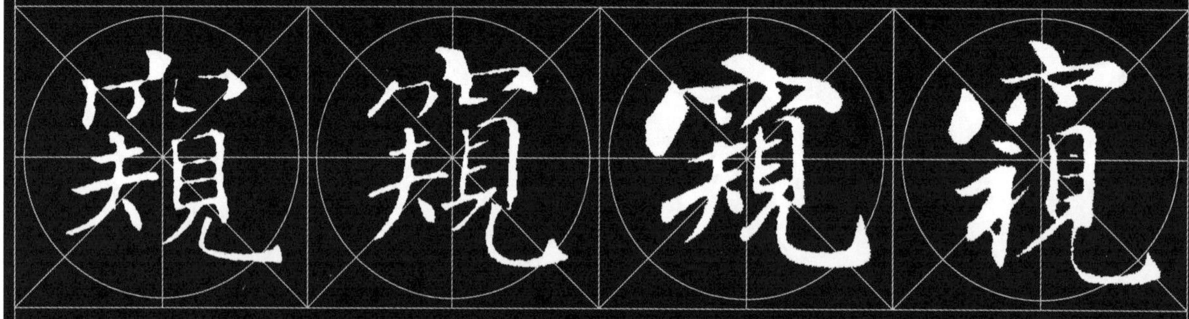

唐 褚遂良 | 唐 颜真卿 | 宋 米芾 | 元 赵孟頫

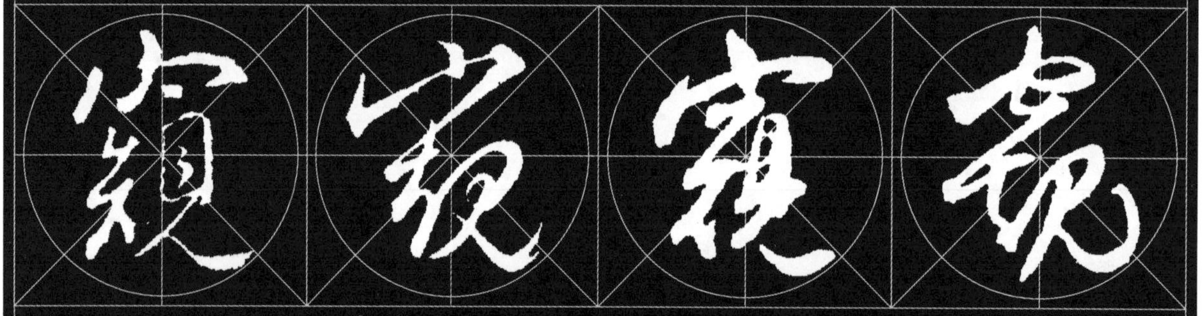

晋 王羲之 | 明 文徵明 | 清 王铎 | 清 王铎

kuī
亏
（虧）

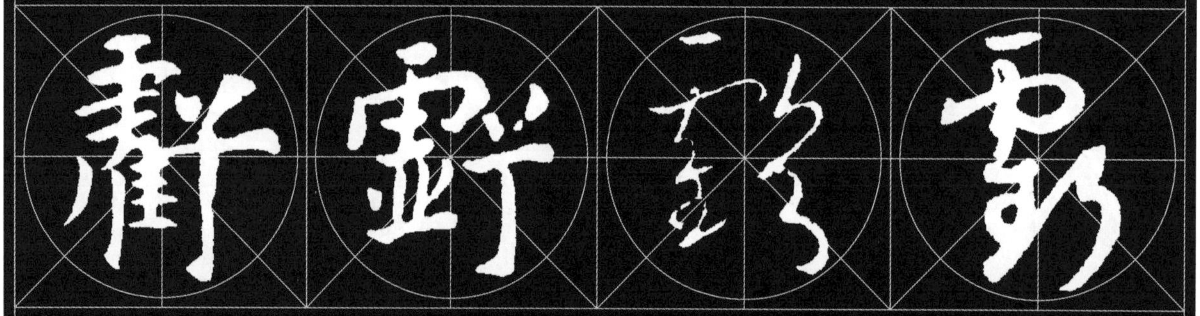

唐 欧阳询 | 明 王宠 | 唐 欧阳询 | 唐 孙过庭

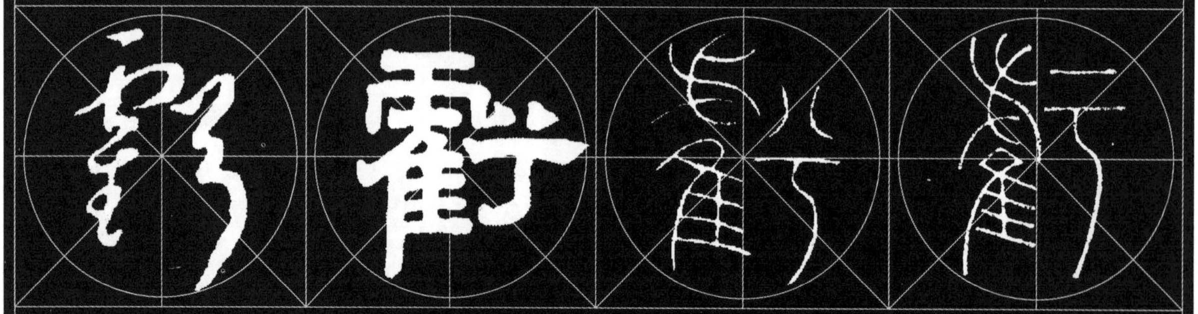

元 揭傒斯 | 元 赵孟頫 | 唐 李阳冰 | 清 邓石如

kuí 奎

kuí 揆

kuí 葵

kuí 魁

kuí 夔

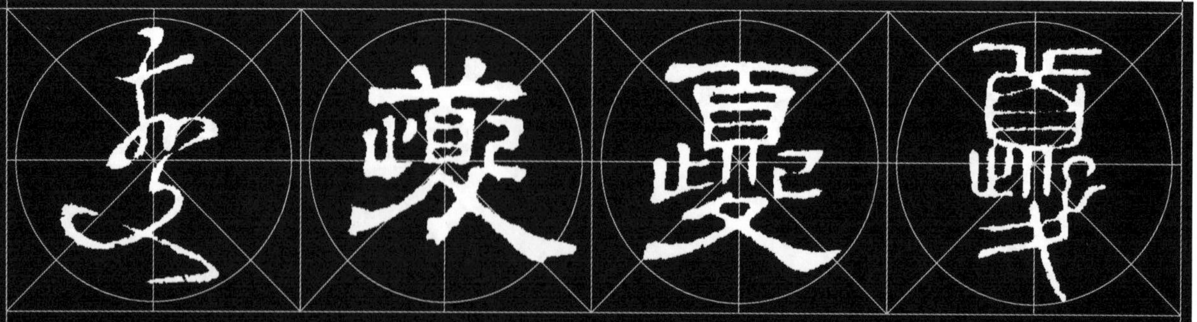

唐 怀素 | 三国 三体石经 | 清 顾蔼吉·隶辨 | 汉 说文解字

kuì 匮

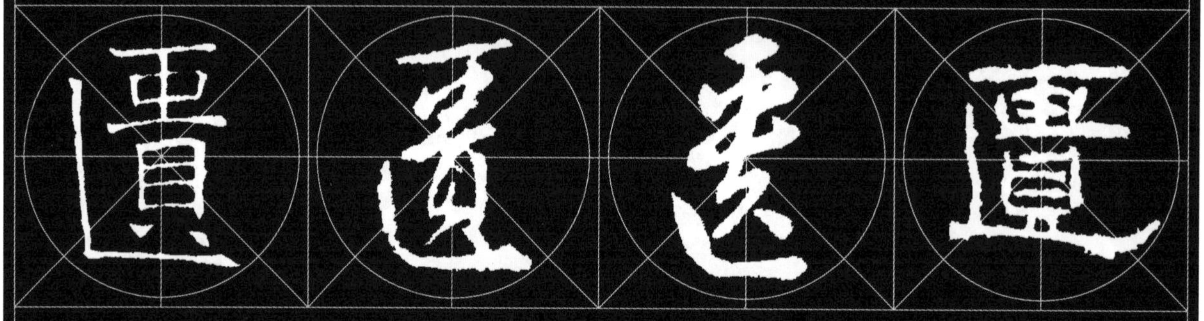

唐 褚遂良 | 晋 王羲之 | 宋 赵构 | 汉 石门颂

kuì 愦

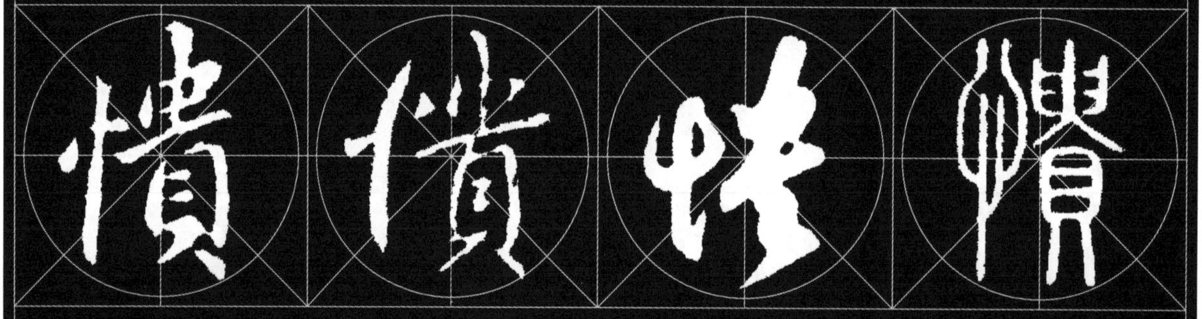

晋 王献之 | 唐 褚遂良 | 晋 王羲之 | 汉 说文解字

kuì 溃 huì（溃脓）

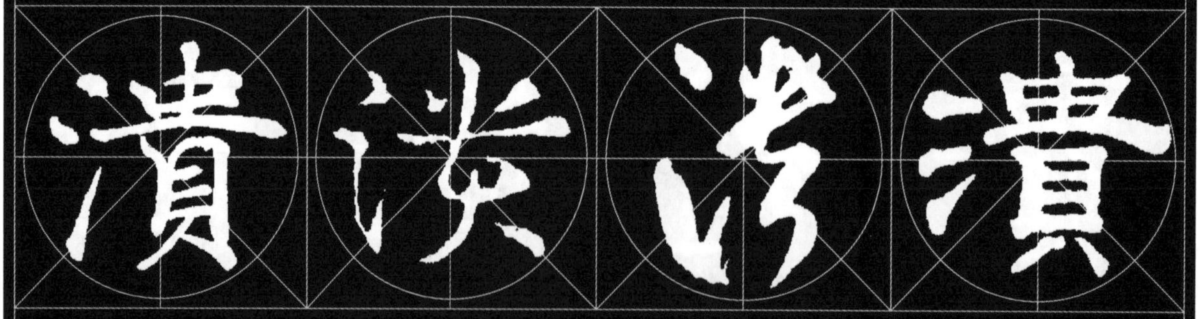

唐 褚遂良 | 三国 皇象 | 宋 米芾 | 清 钱泳

kuì 馈（餽）

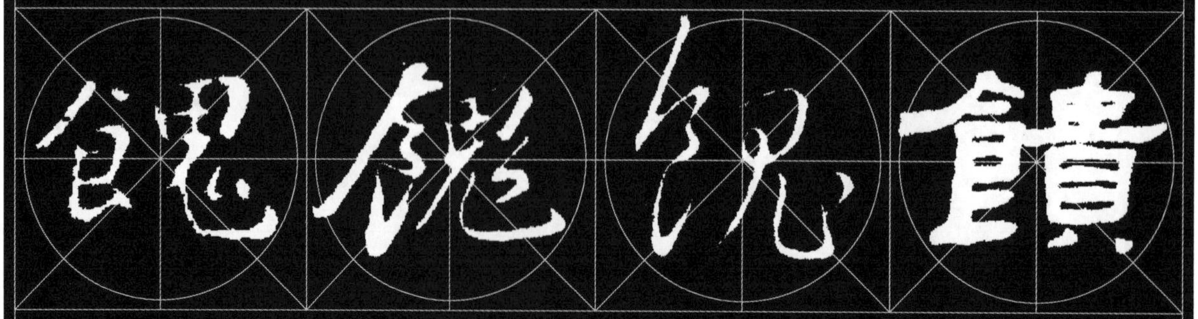

三国 钟繇 | 宋 苏轼 | 宋 赵构 | 清 张祖翼

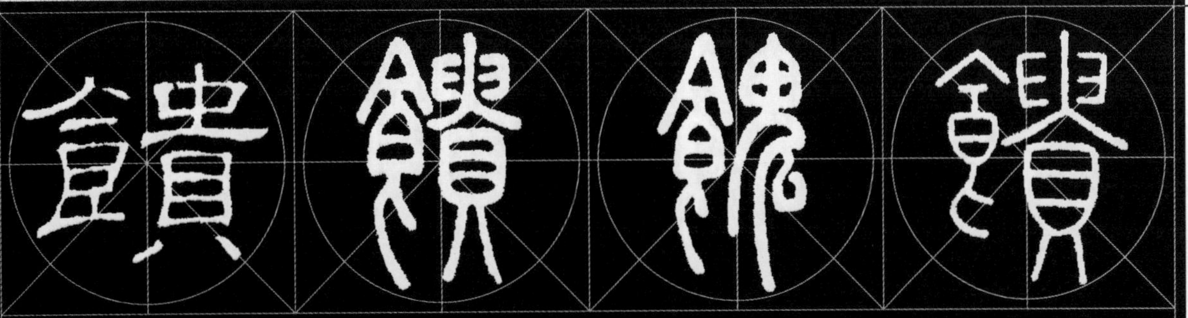

清 顾蔼吉·隶辨　清 邓石如　清 邓石如　清 王澍

kuì
愧（媿）

唐 欧阳询　唐 柳公权　唐 李世民　唐 李邕

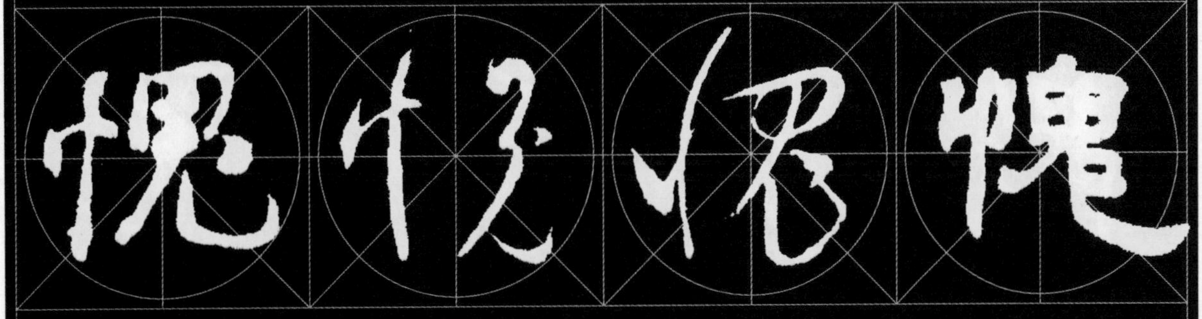

清 刘墉　晋 王羲之　明 解缙　清 邓石如

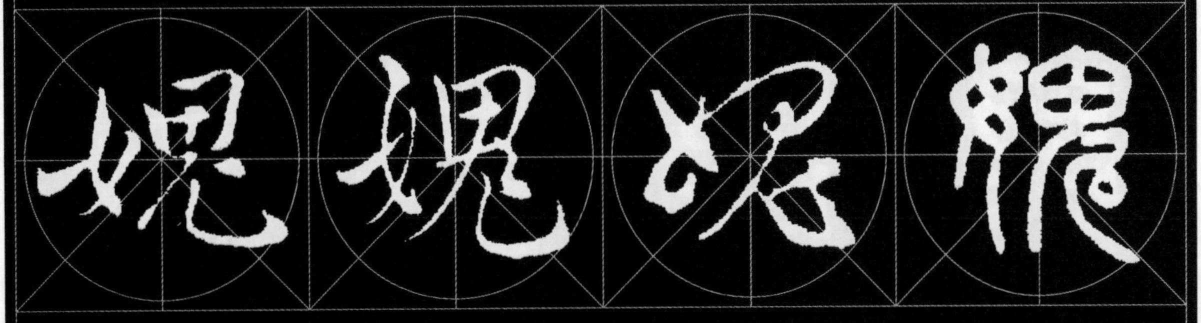

宋 杜衍　元 沈右　元 陈基　清 杨沂孙

kūn
坤

唐 欧阳询　唐 颜真卿　宋 蔡襄　晋 王羲之

kūn
昆

kūn
崑（崐）

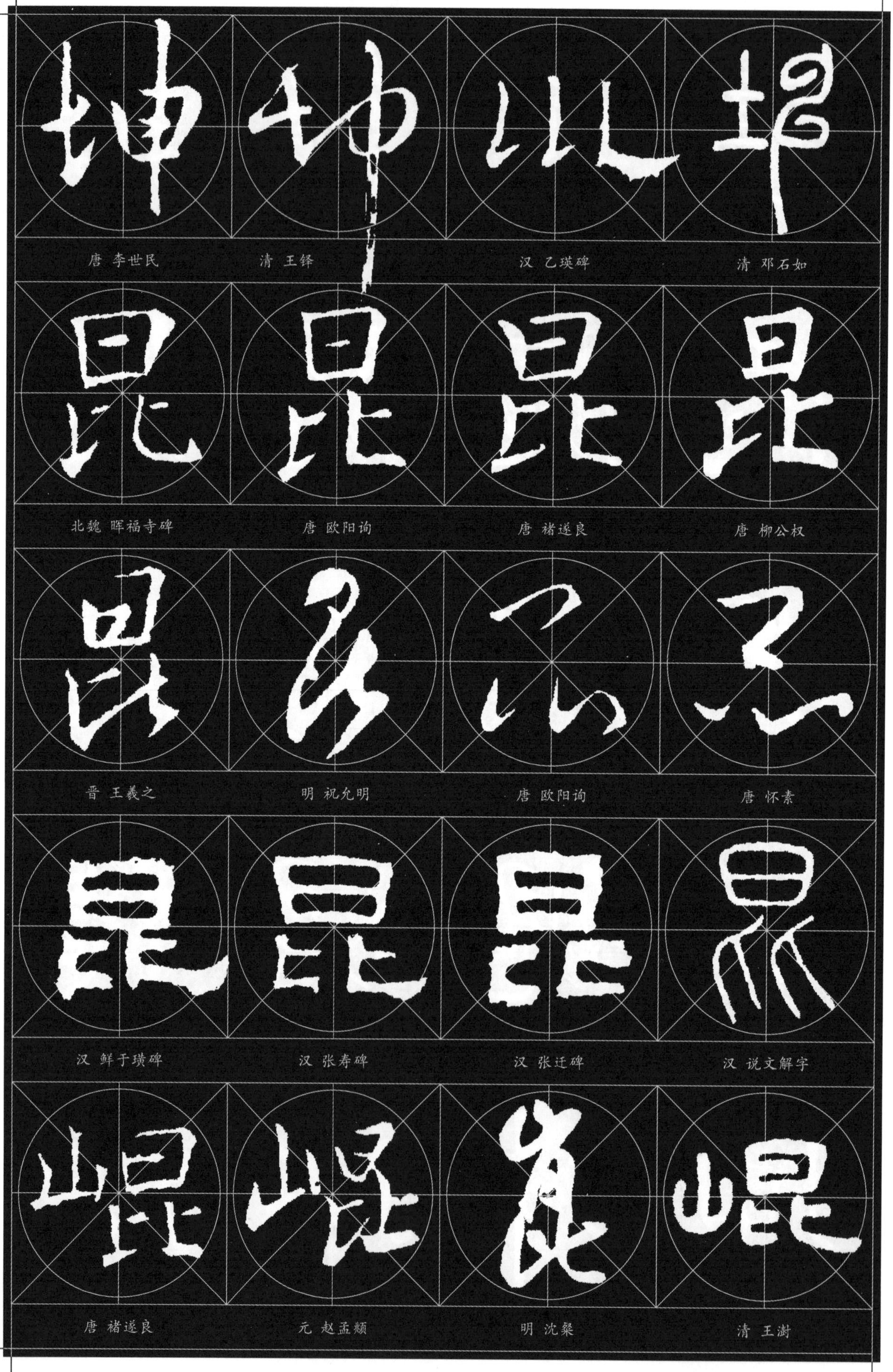
唐 李世民
清 王铎
汉 乙瑛碑
清 邓石如
北魏 晖福寺碑
唐 欧阳询
唐 褚遂良
唐 柳公权
晋 王羲之
明 祝允明
唐 欧阳询
唐 怀素
汉 鲜于璜碑
汉 张寿碑
汉 张迁碑
汉 说文解字
唐 褚遂良
元 赵孟頫
明 沈粲
清 王澍

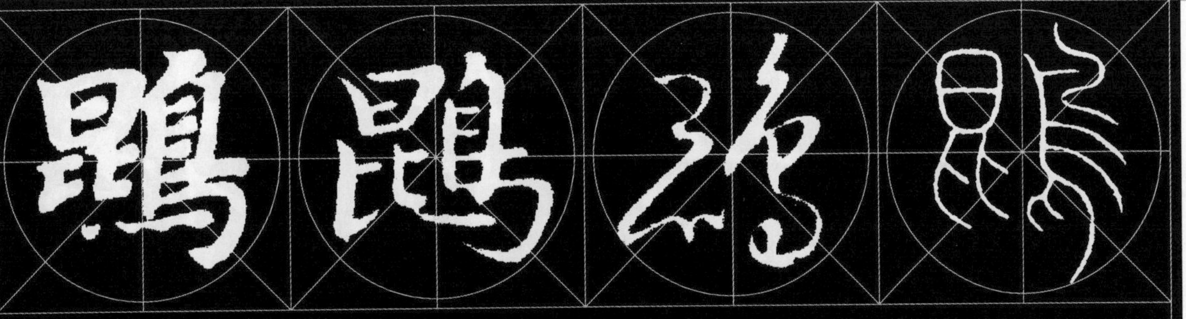

隋 智永　元 赵孟頫　唐 怀素　唐 李阳冰

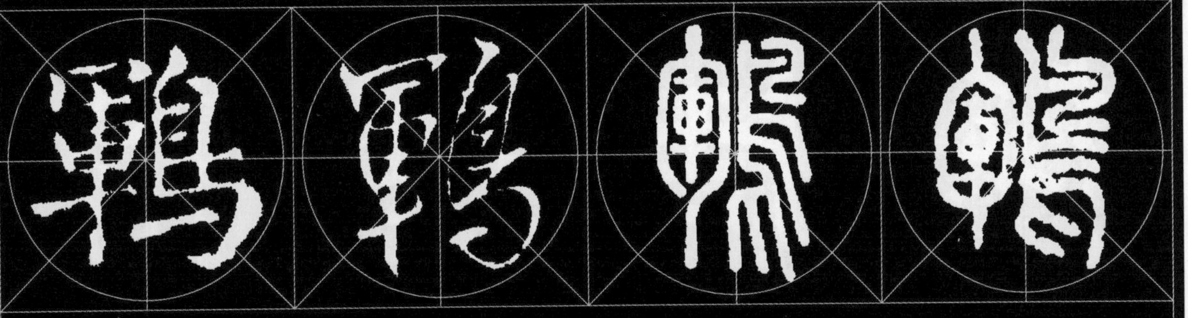

唐 褚遂良　清 王铎　汉 说文解字　清 康熙字典

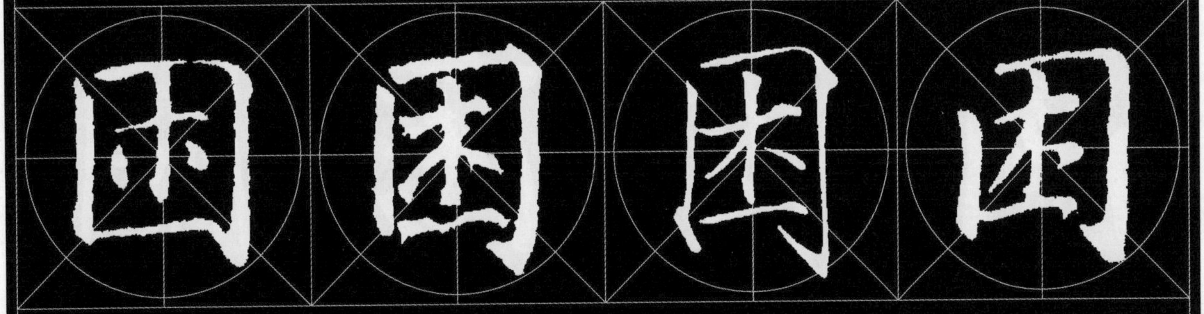

隋 智永　唐 柳公权　宋 赵佶　元 赵孟頫

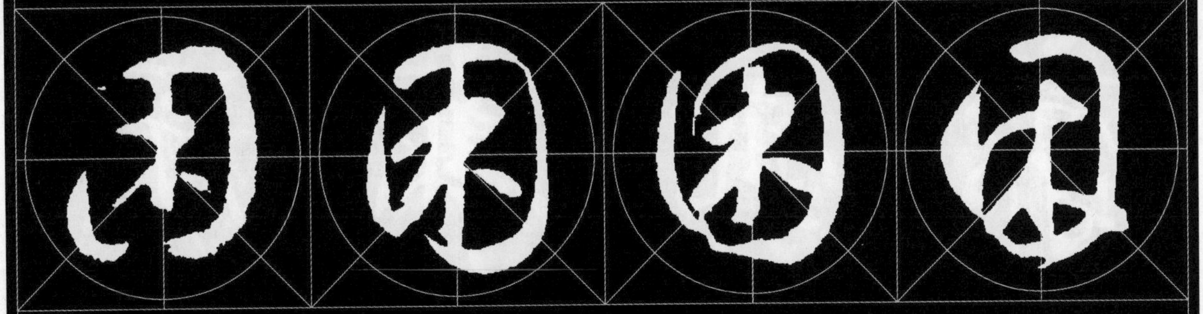

晋 王羲之　隋 智永　唐 怀素　元 鲜于枢

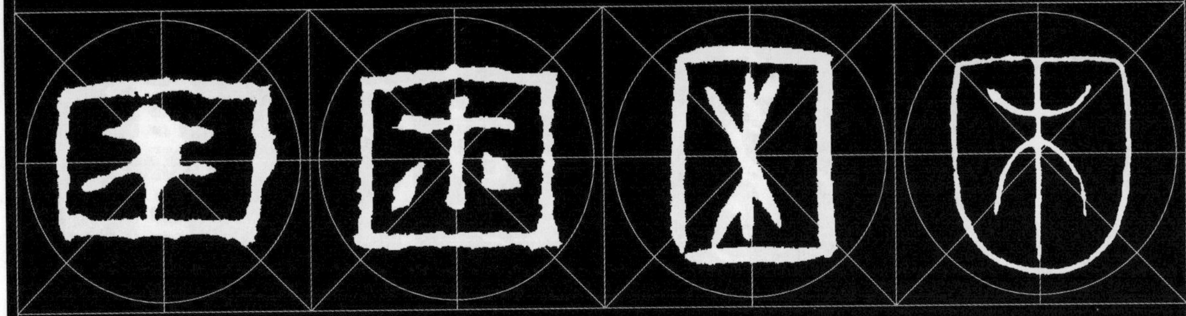

汉 孔宙碑　汉 西狭颂　殷商 甲骨文　唐 李阳冰

kūn
鹍

kūn
鶤
（同鹍）

kùn
困

kuò 括（捪）guā（挺括）

kuò 阔（闊、濶）

kuò 廓

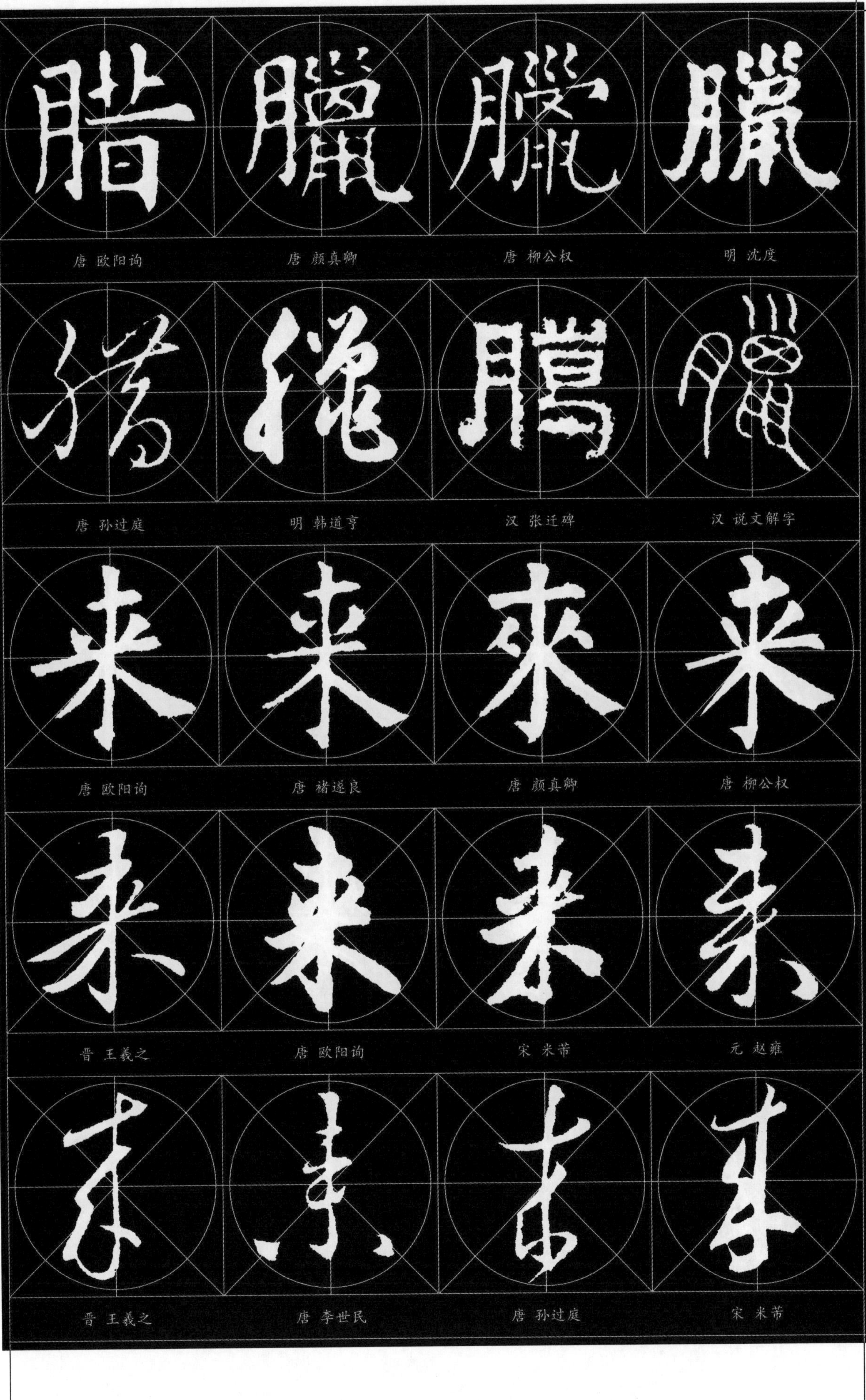
唐 欧阳询
唐 颜真卿
唐 柳公权
明 沈度
唐 孙过庭
明 韩道亨
汉 张迁碑
汉 说文解字
唐 欧阳询
唐 褚遂良
唐 颜真卿
唐 柳公权
晋 王羲之
唐 欧阳询
宋 米芾
元 赵雍
晋 王羲之
唐 李世民
唐 孙过庭
宋 米芾

là
腊
（臘、臈）

lái
来
（來）

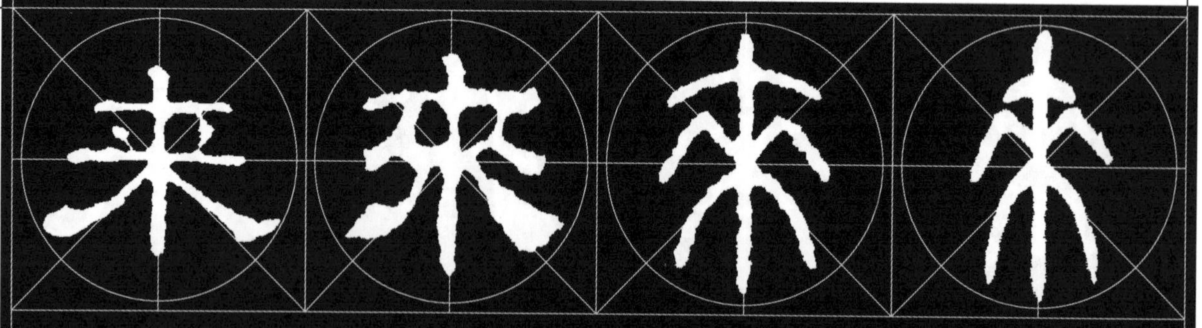

汉 郭有道碑 | 汉 校官碑 | 秦 石鼓文 | 清 吴昌硕

lái
莱

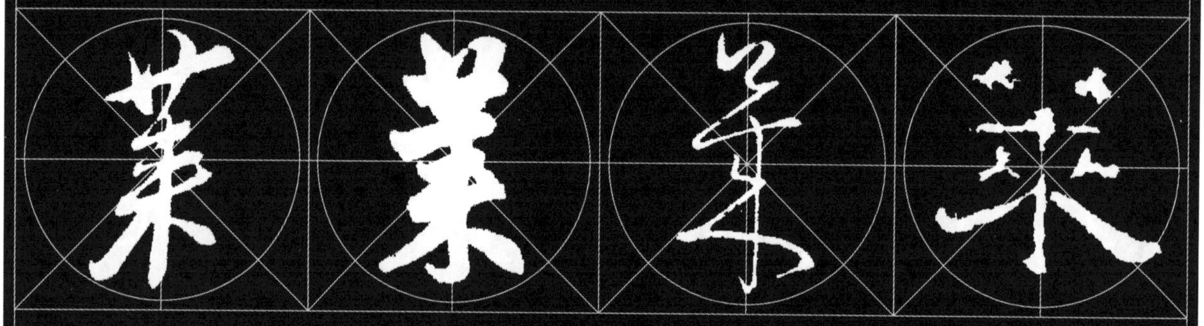

宋 蔡襄 | 元 赵孟頫 | 唐 怀素 | 汉 杨震碑

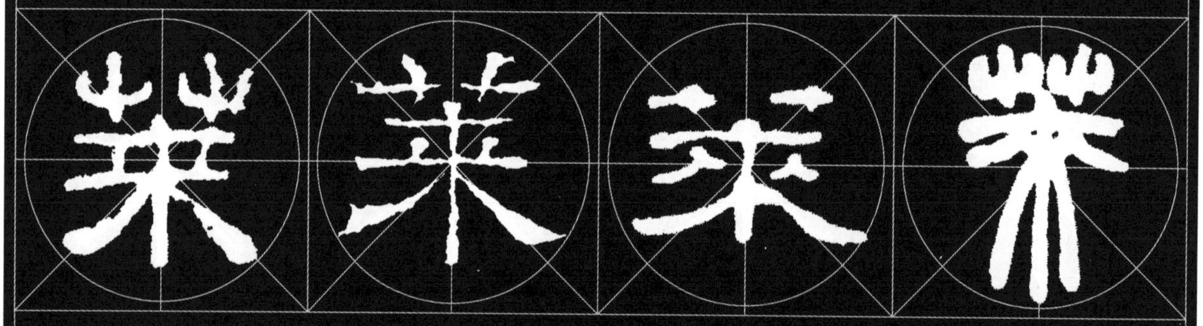

汉 夏承碑 | 三国 王基碑 | 清 郑簠 | 清 赵之谦

lài
赉（赏赐）

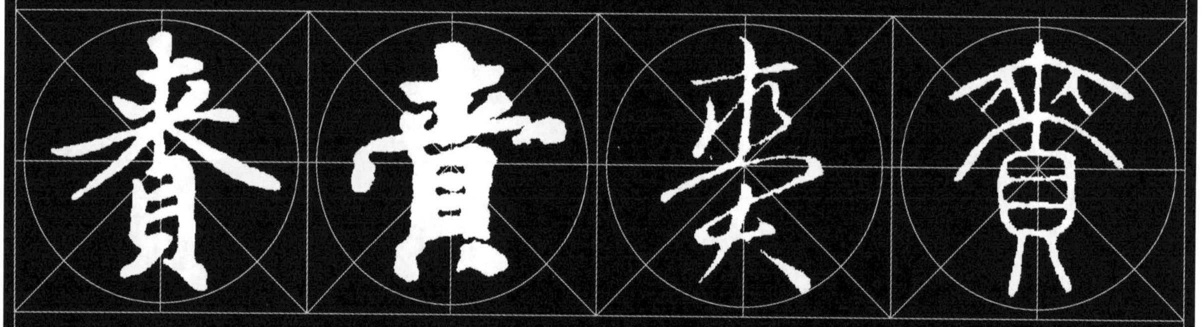

元 赵孟頫 | 宋 李建中 | 金 张天锡·草书韵会 | 汉 说文解字

lài
赖

晋 王荟 | 唐 李靖 | 晋 王羲之 | 汉 西狭颂

汉 桐柏庙碑　清 钱泳　清 杨沂孙　清 吴大澂

晋 王献之　唐 高正臣　唐 陆柬之　汉 说文解字

明 佚名　明 王宠　金 张天锡·草书韵会　汉 说文解字

清 永理　元 赵孟頫　元 鲜于枢　唐 孙过庭

晋 王羲之　唐 欧阳通　唐 颜真卿　明 董其昌

lài 濑

lài 籁

lán 阑（将近）

lán 兰（蘭）

lán 澜（大浪）

lán 栏

lán 岚（山雾）

lán 篮

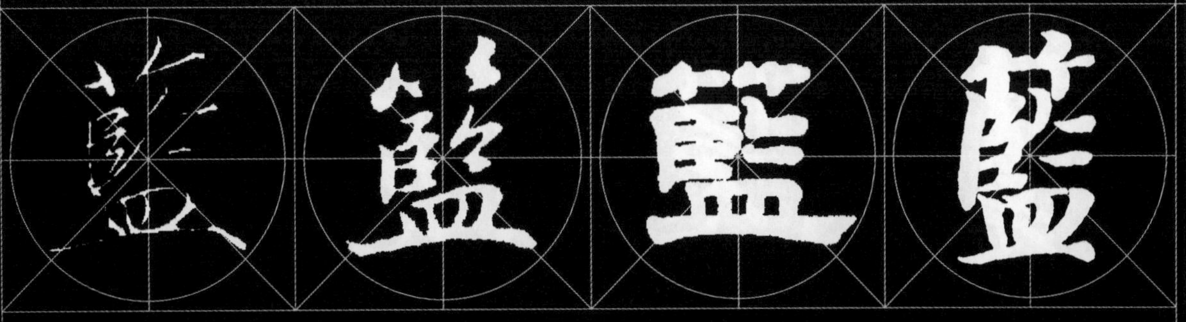

宋 赵佶　　元 赵孟頫　　元 赵孟頫　　隋 智永

lǎn
懒

宋 苏轼　　宋 米芾　　唐 李怀琳　　宋 蔡襄

lǎn
览（覽）

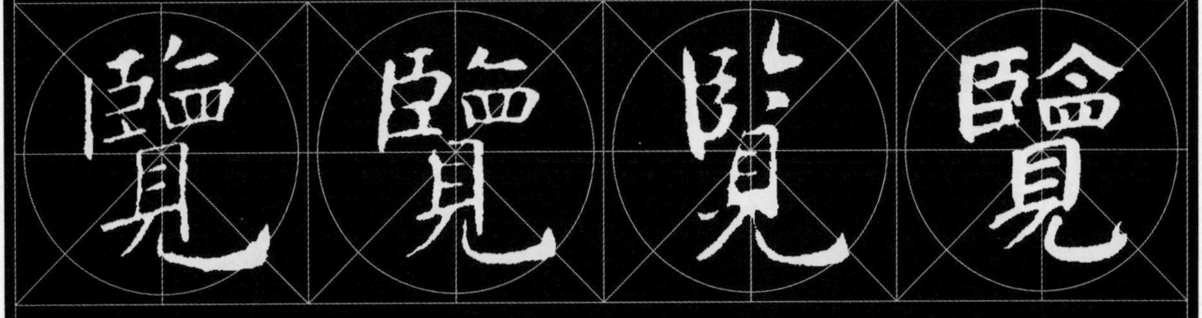

唐 欧阳询　　唐 虞世南　　唐 褚遂良　　唐 颜真卿

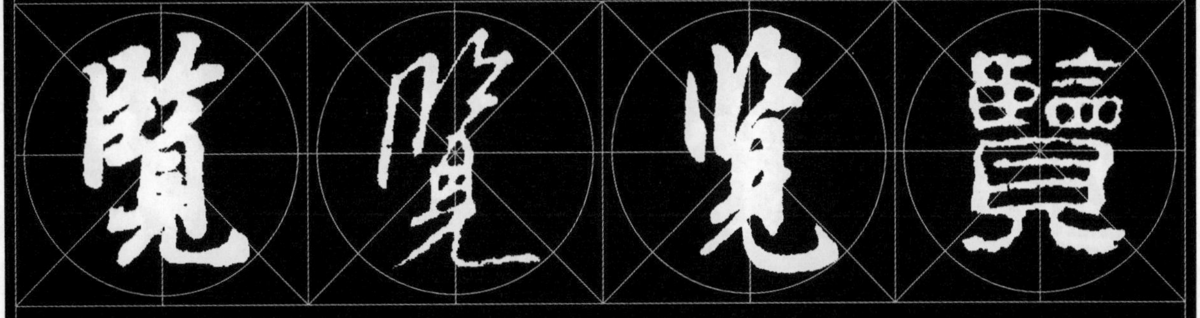

唐 陆柬之　　宋 米芾　　明 文徵明　　汉 校官碑

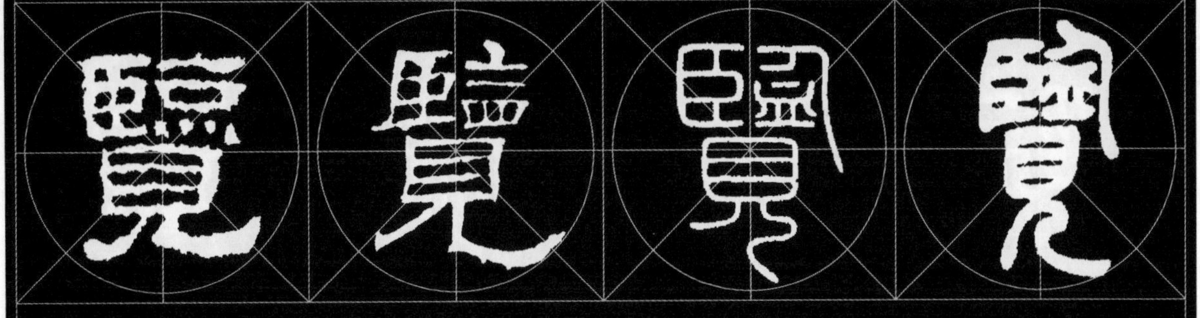

汉 张迁碑　　晋 辟雍碑　　秦 李斯　　清 吴熙载

lǎn 揽

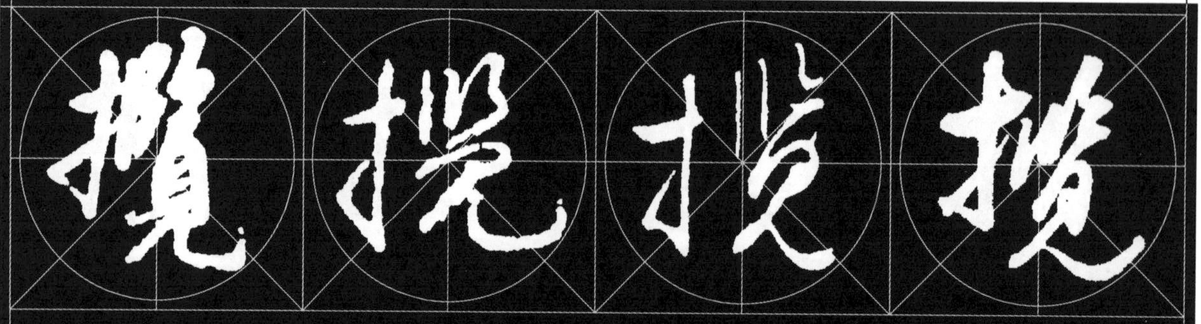

晋 王羲之　宋 蔡襄　明 文徵明　清 归庄

lǎn 缆

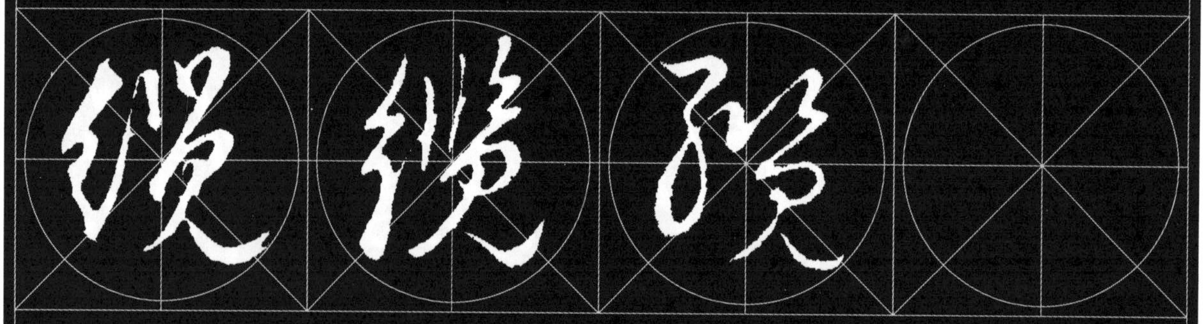

明 文徵明　明 董其昌　金 张天锡·草书韵会

làn 烂（爛）

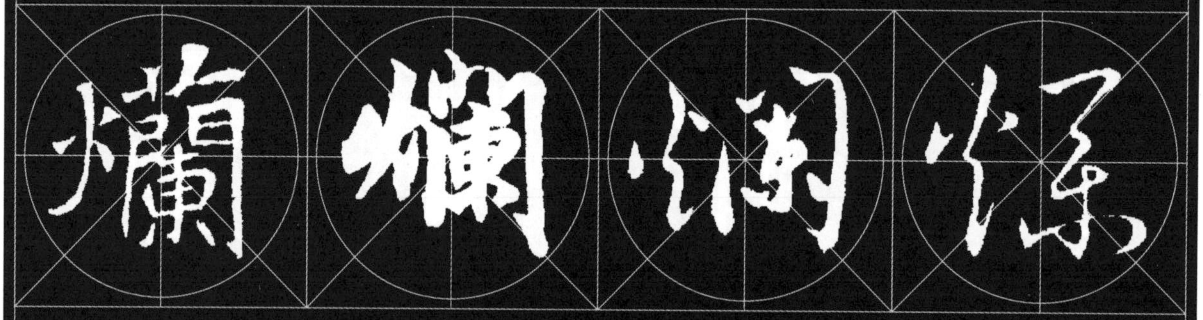

北魏 墓志　元 柯九思　明 祝允明　宋 赵构

làn 滥

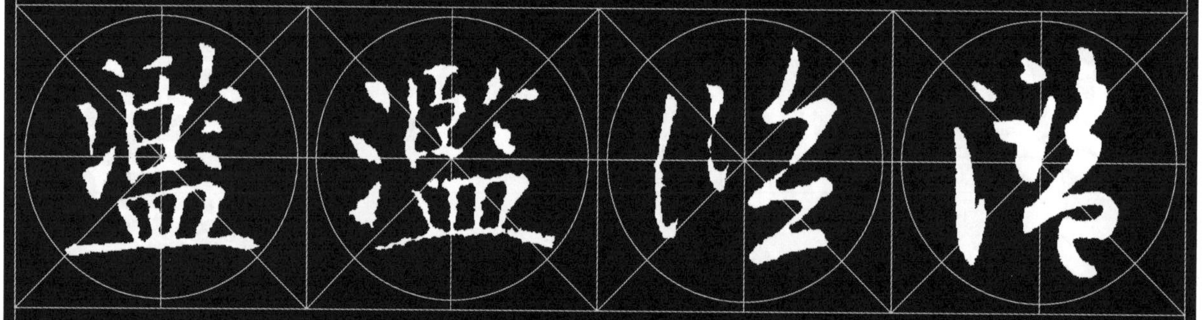

唐 欧阳通　唐 王知敬　晋 索靖　唐 孙过庭

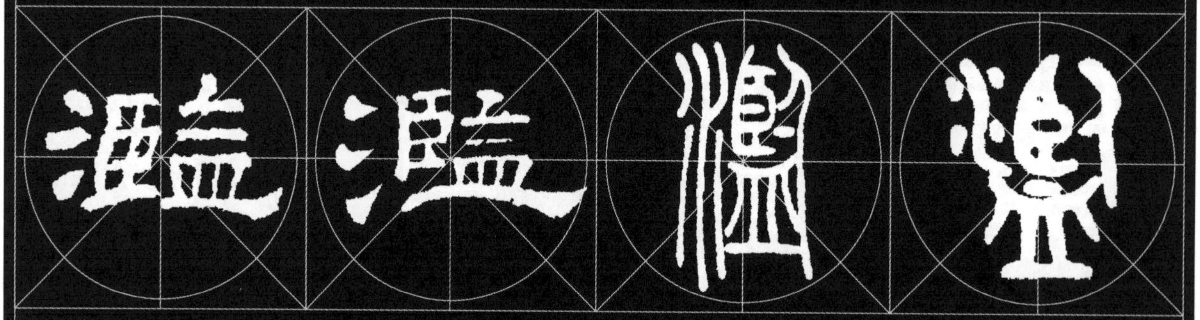

汉 袁博碑　唐 李隆基　清 吴熙载　清 吴大澂

láng
郎
làng
（屎壳郎）

láng
廊

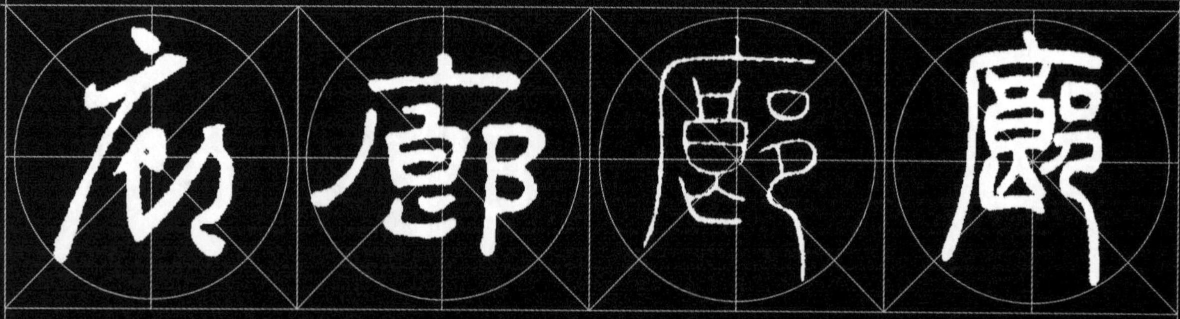

唐 怀素　清 王澍　唐 李阳冰　清 吴熙载

láng
狼

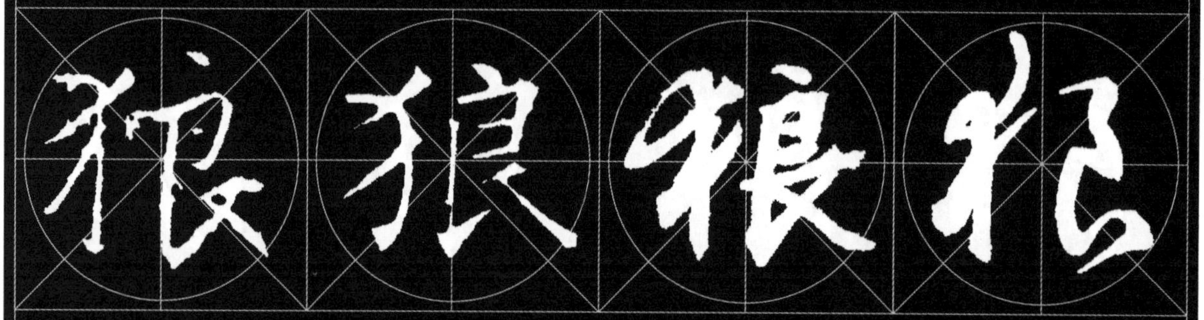

唐 高正臣　唐 柳公权　明 文徵明　元 鲜于枢

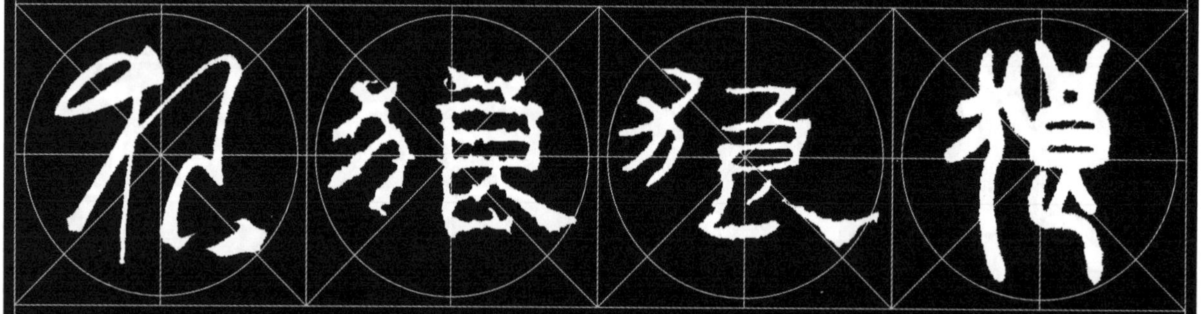

明 王守仁　汉 武梁刻石　汉 礼器碑　清 曾纪泽

láng
琅
（瑯）

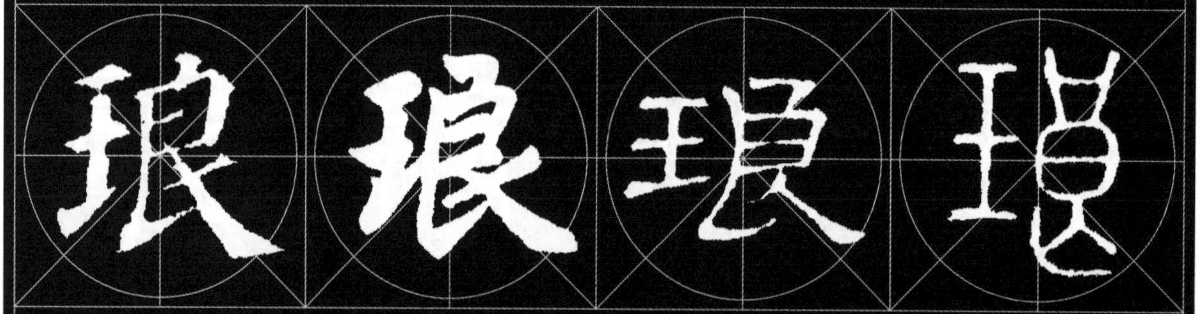

唐 颜真卿　元 赵孟頫　清 顾蔼吉·隶辨　汉 说文解字

lǎng
朗

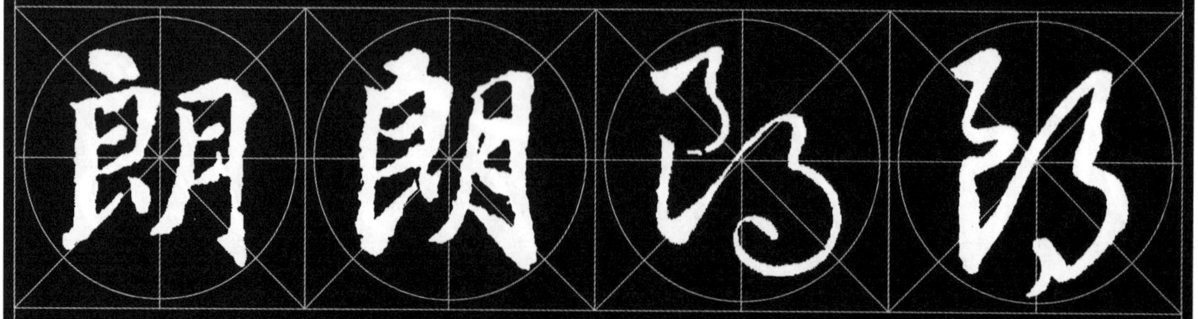

唐 蒋善进　元 赵孟頫　唐 欧阳询　明 沈粲

汉 石门颂 | 汉 衡方碑 | 汉 白石神君碑 | 清 吴熙载

北魏 元诊墓志 | 唐 徐浩 | 唐 柳公权 | 宋 黄庭坚

明 文徵明 | 元 吴叡 | 清 张祖翼 | 清 吴熙载

唐 褚遂良 | 清 王铎 | 汉 景君碑 | 元 吴叡

唐 欧阳询 | 唐 褚遂良 | 唐 颜真卿 | 晋 王羲之

làng
浪

làng
阆
láng

láo
劳（勞）

láo 牢

láo 醪（醪糟）

lǎo 老

lǎo 姥 mǔ （老妇人）

lǎo 潦 liǎo

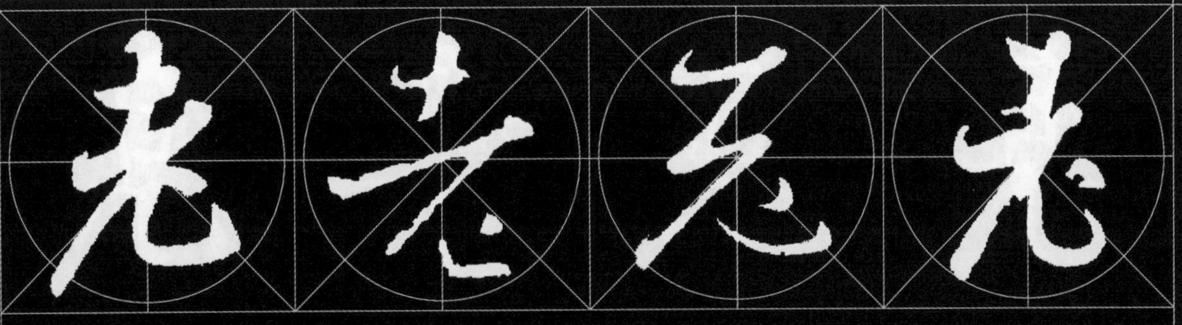

晋 王羲之　晋 王羲之　晋 王献之　唐 孙过庭

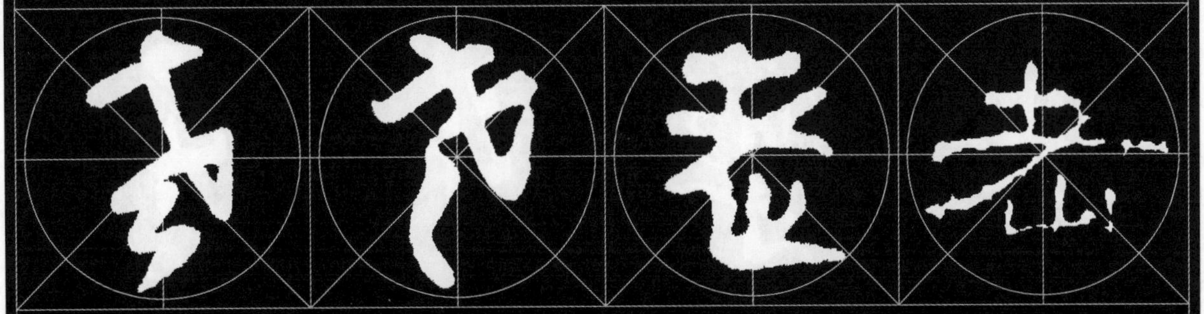

宋 陆游　清 王铎　汉 马王堆帛书　汉 武梁刻石

汉 校官碑　汉 曹全碑　唐 李阳冰　清 吴熙载

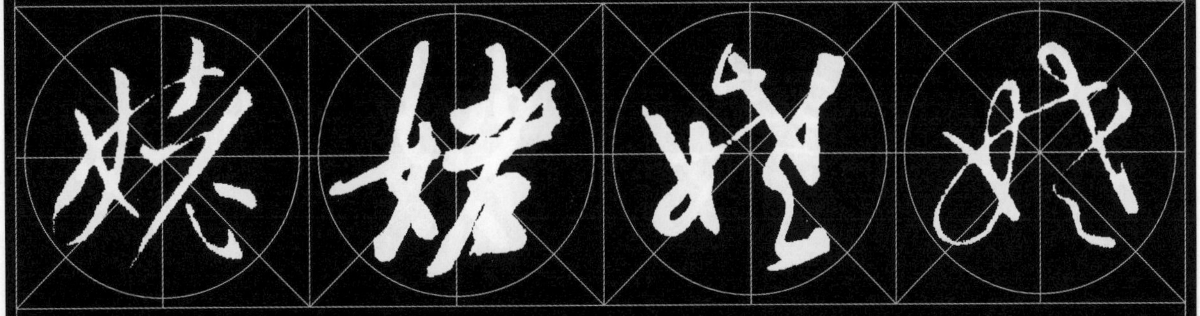

唐 孙过庭　清 郑燮　明 宋克　金 张天锡·草书韵会

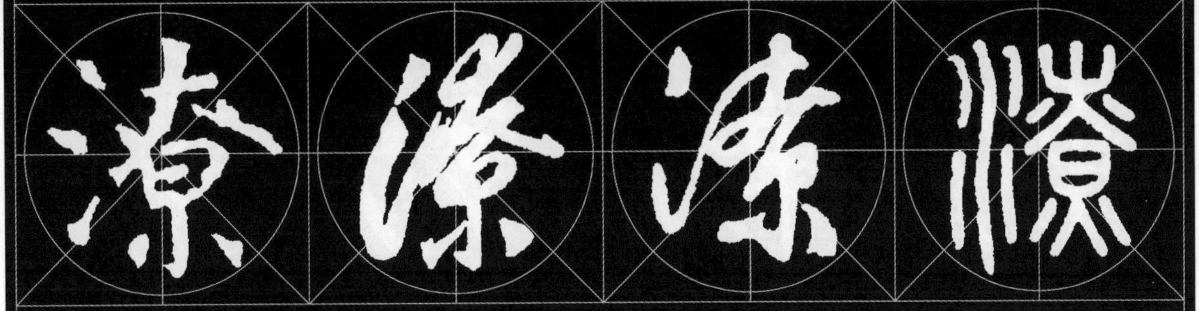

唐 张从申　唐 李怀琳　明 文徵明　清 吴大澂

lè
乐
yuè（音乐）
yào（爱好：知者乐水，仁者乐山。）

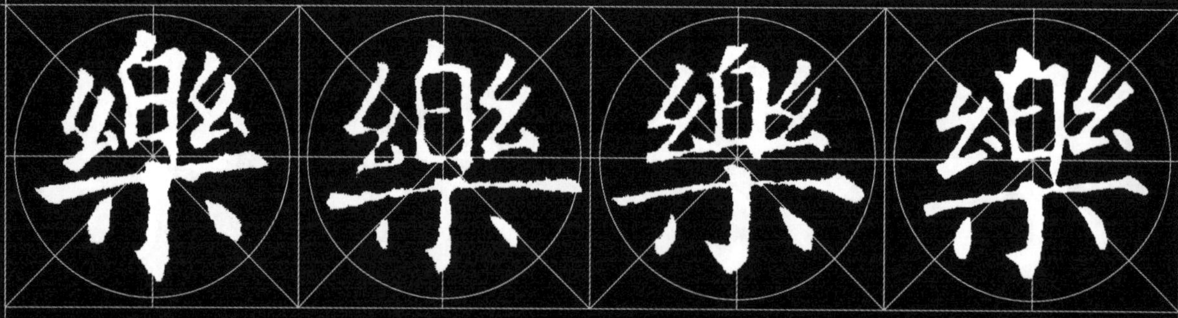

唐 欧阳询 | 唐 褚遂良 | 唐 颜真卿 | 唐 柳公权

晋 王羲之 | 明 解缙 | 晋 王羲之 | 唐 孙过庭

唐 武则天 | 宋 米芾 | 汉 华山碑 | 汉 史晨碑

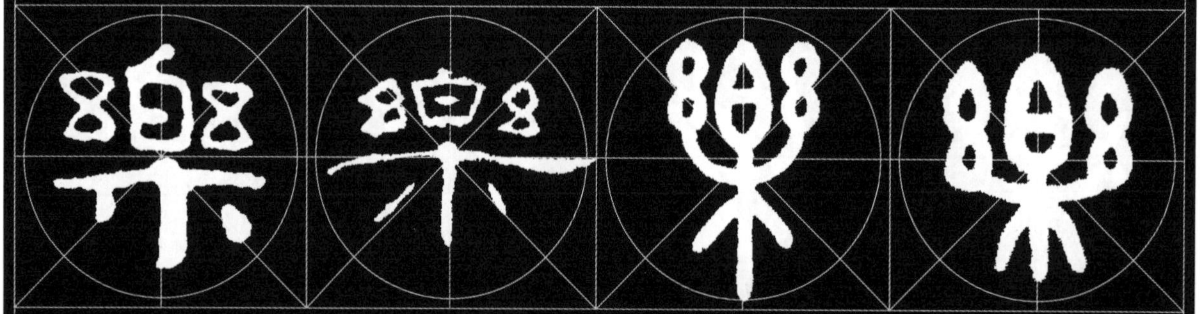

北齐 泰山金刚经 | 唐 叶慧明碑 | 清 邓石如 | 清 吴大澂

lè
勒
lēi

唐 欧阳询 | 唐 魏栖梧 | 唐 褚遂良 | 唐 孙过庭

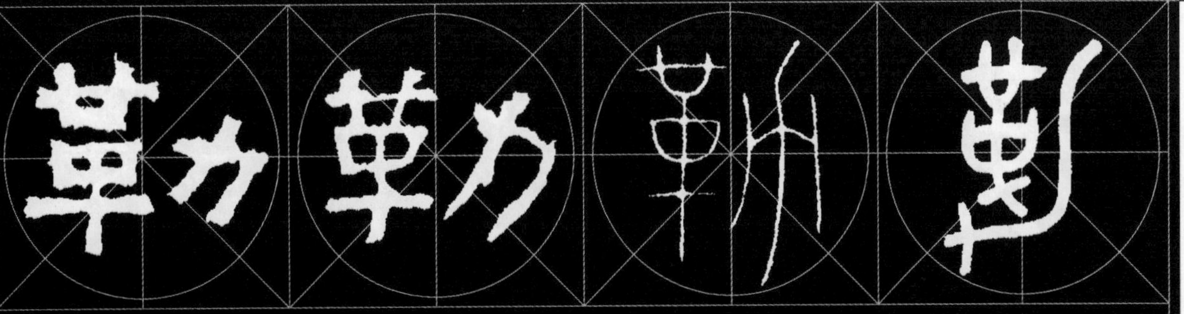

汉 鲜于璜碑　汉 张迁碑　唐 李阳冰　清 吴大澂

léi
雷

唐 欧阳通　唐 颜真卿　元 赵孟頫　唐 褚遂良

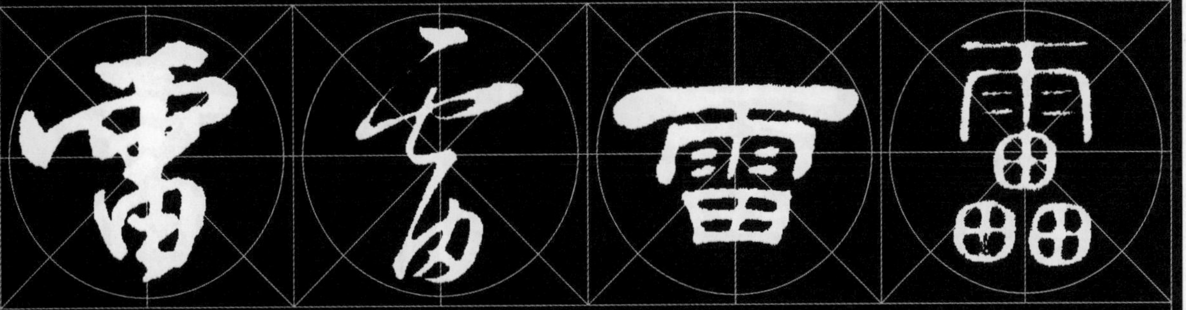

明 邵二泉　元 康里子山　清 吴熙载　汉 说文解字

léi
罍（酒具）

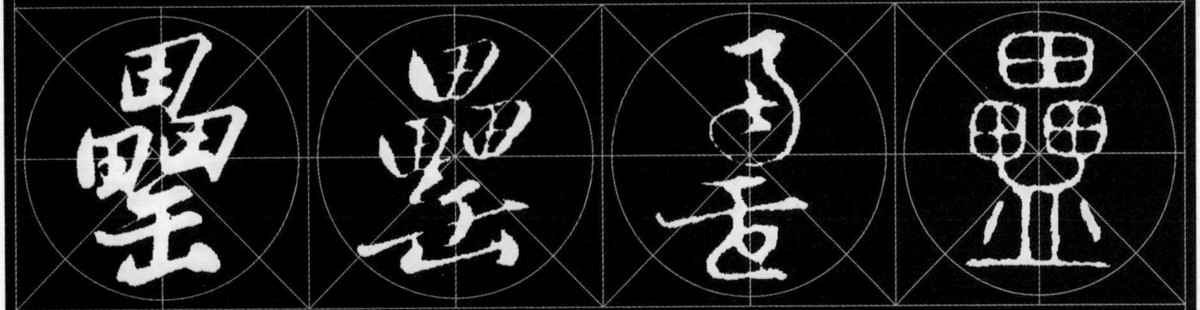

宋 苏轼　元 赵孟頫　金 张天锡・草书韵会　汉 说文解字

léi
羸（瘦；疲劳）

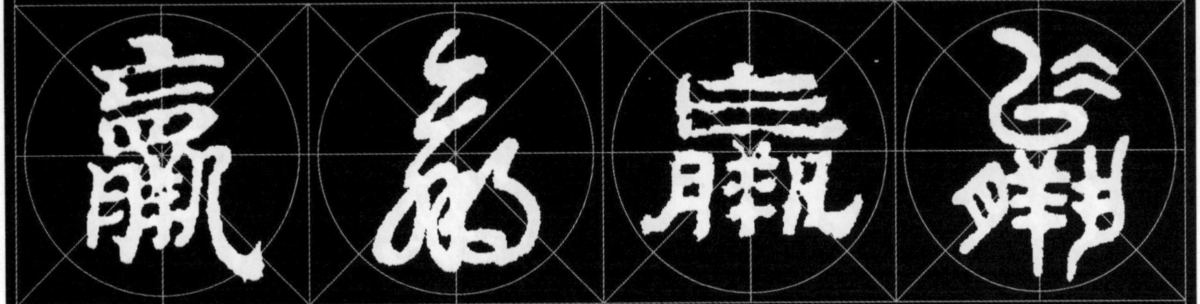

唐 国诠　晋 王羲之　汉 子游残石　清 吴大澂

lěi
耒（农具）

lěi
诔（悼文）

lěi
垒（壘）

lěi
磊

lèi 泪（淚）

lèi 类（類）

lèi 累 léi lěi（纍）

lèi 酹

léng 楞（同棱）

léng 棱（稜）lēng líng

lěng 冷

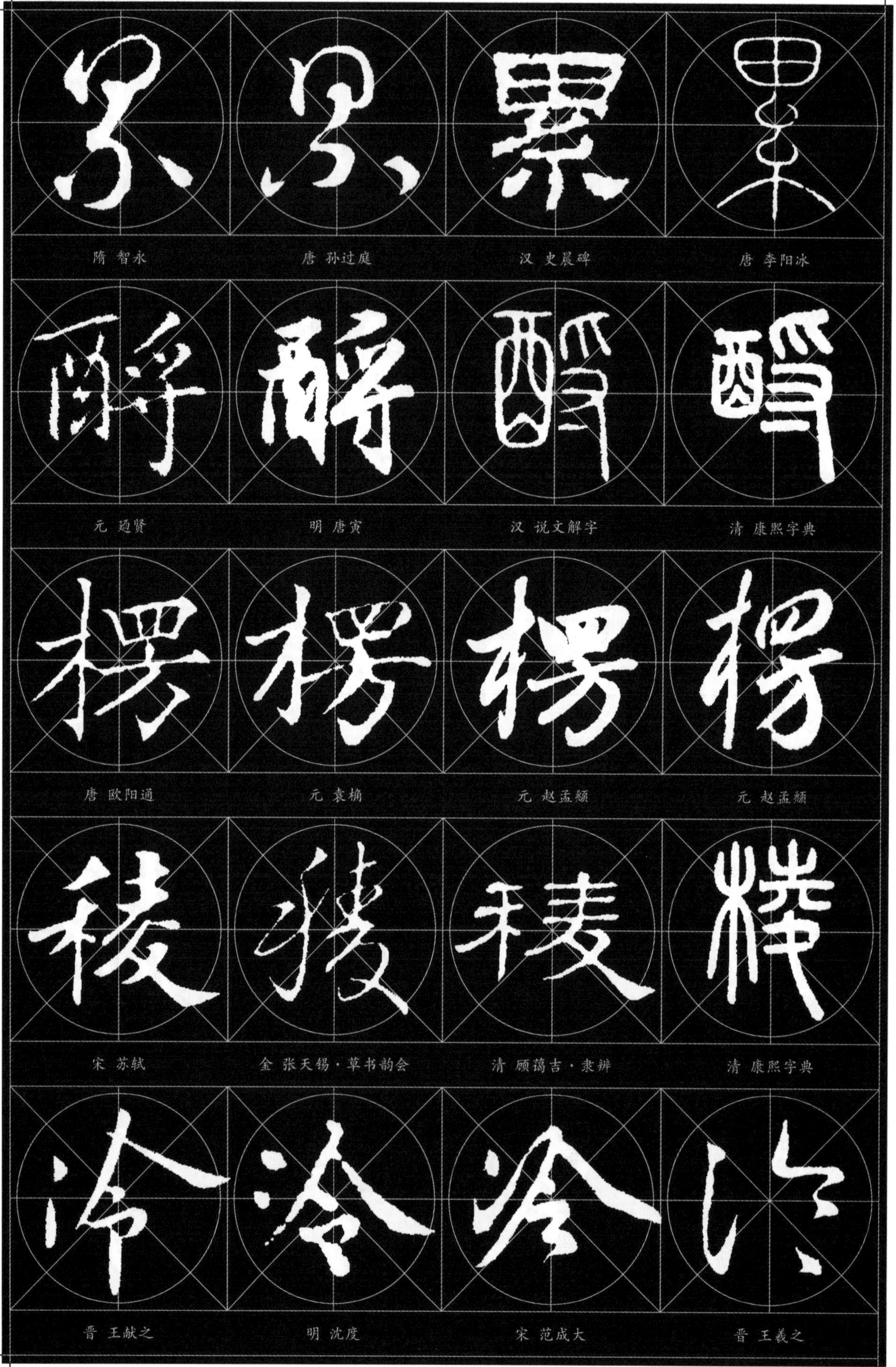

唐 李怀琳　清 王铎　清 邓石如　清 邓石如

隋 智永　三国 皇象　隋 智永　宋 赵令畤

晋 王羲之　元 俞和　晋 辟雍碑　清 吴大澂

北魏 孙秋生造像　明 祝允明　汉 张寿碑　汉 张迁碑

唐 欧阳询　唐 颜真卿　晋 王羲之　唐 孙过庭

lí
梨（棃）

lí
犁（犂）

lí
黎

lí
藜（蔾）

lí
离（離）

明 沈粲
明 董其昌
清 俞樾
唐 李阳冰
宋 黄庭坚
明 董其昌
汉 校官碑
清 康熙字典
唐 褚遂良
唐 王敬客
唐 柳公权
宋 米芾
元 赵孟頫
明 董其昌
晋 王羲之
唐 欧阳询
汉 武梁刻石
汉 礼器碑
汉 曹全碑
北齐 泰山金刚经

lí 璃

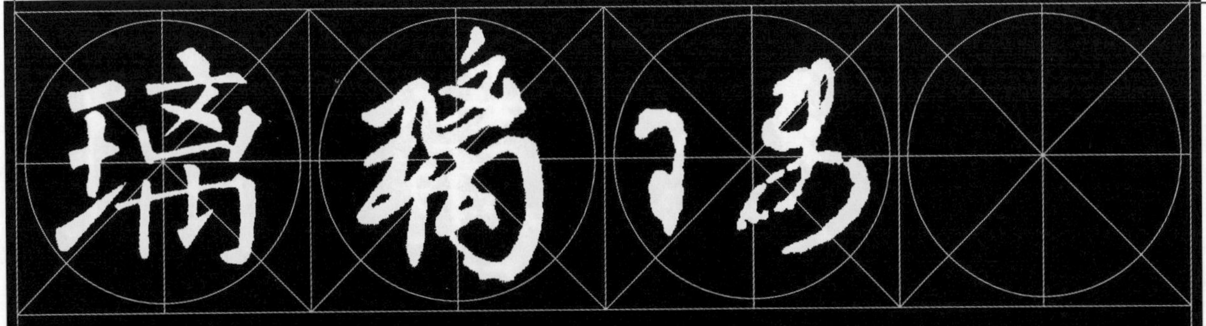

唐 柳公权　清 王铎　元 陆居仁

lí 篱

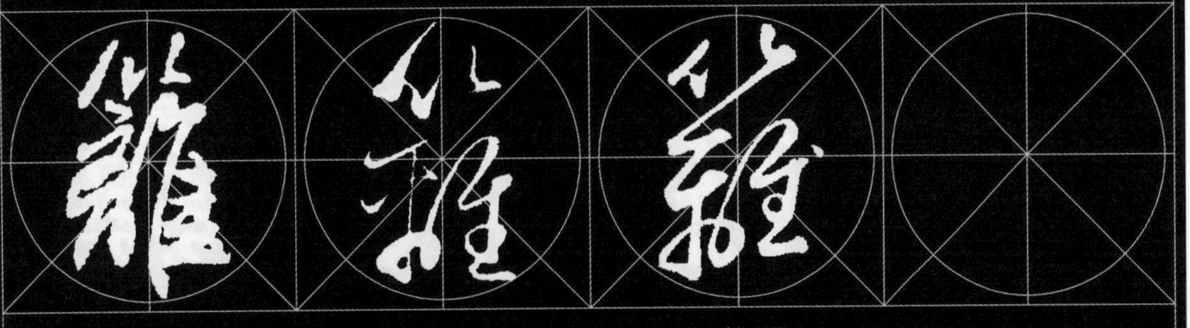

清 王铎　元 赵孟頫　元 鲜于枢

lí 狸

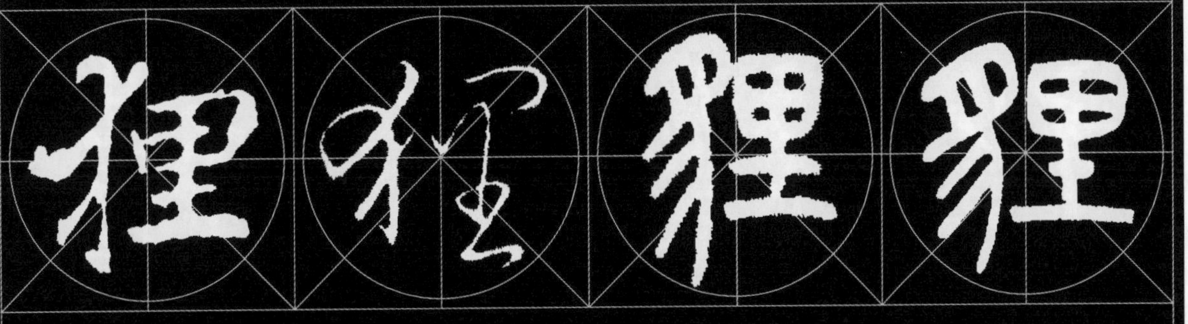

唐 李邕　清 王铎　清 仰嘉祥　清 吴大澂

lí 骊（黑马）

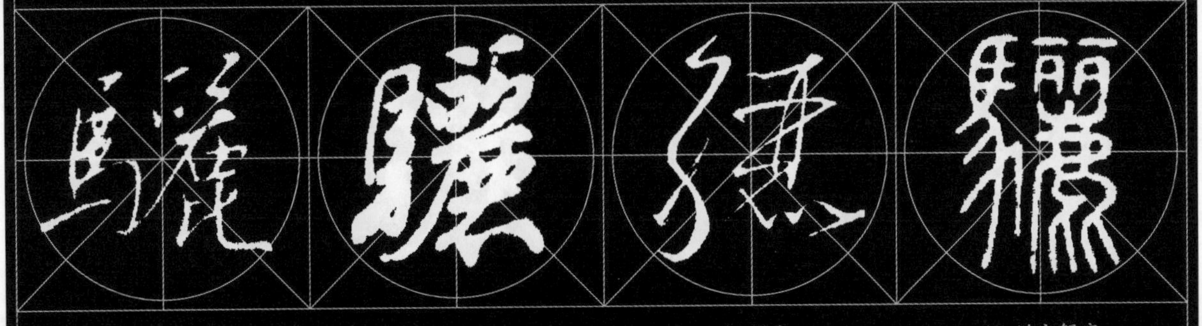

宋 米芾　明 唐寅　唐 怀素　汉 说文解字

lí 罹

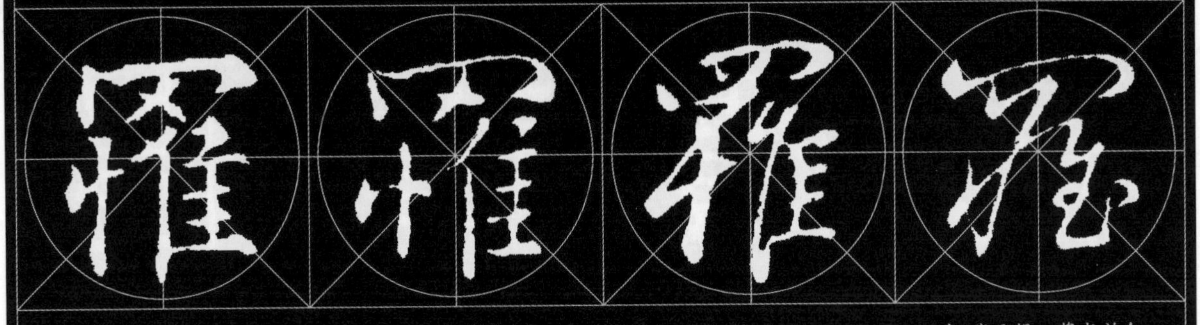

唐 欧阳通　唐 颜真卿　元 赵孟頫　金 张天锡·草书韵会

lí 厘（釐）

lí 蠡（贝壳）

lǐ 礼（禮）

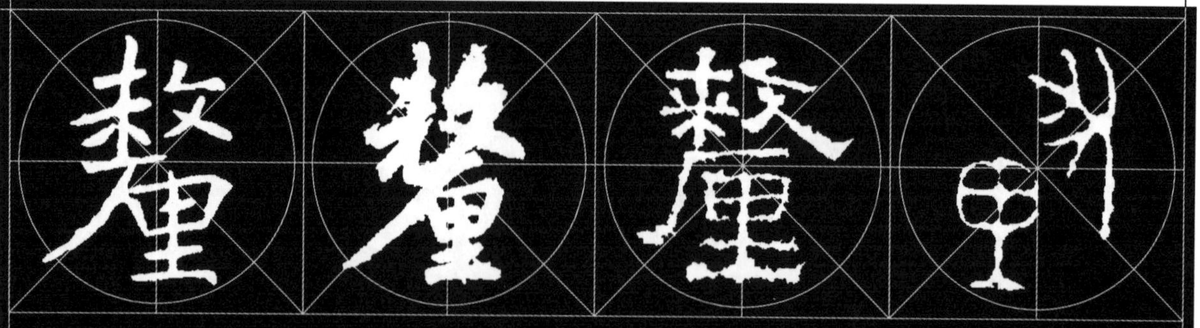

唐 褚遂良　元 赵孟頫　汉 王舍人碑　周 金文

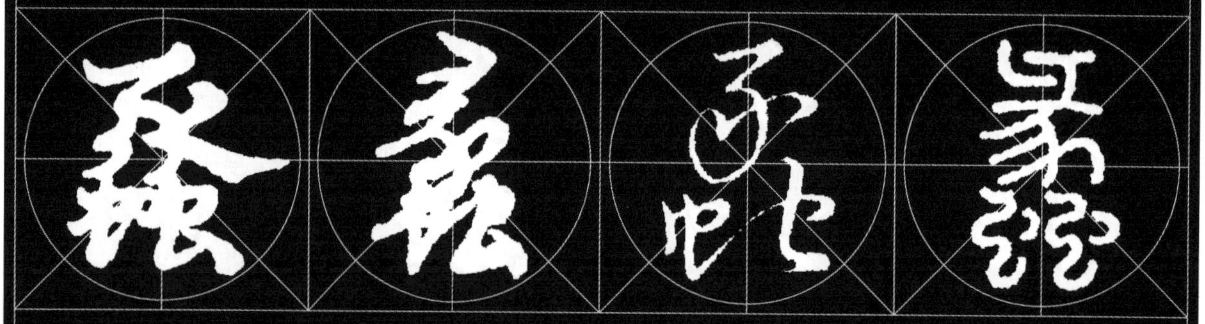

元 邓文原　明 文徵明　金 张天锡·草书韵会　清 永瑆

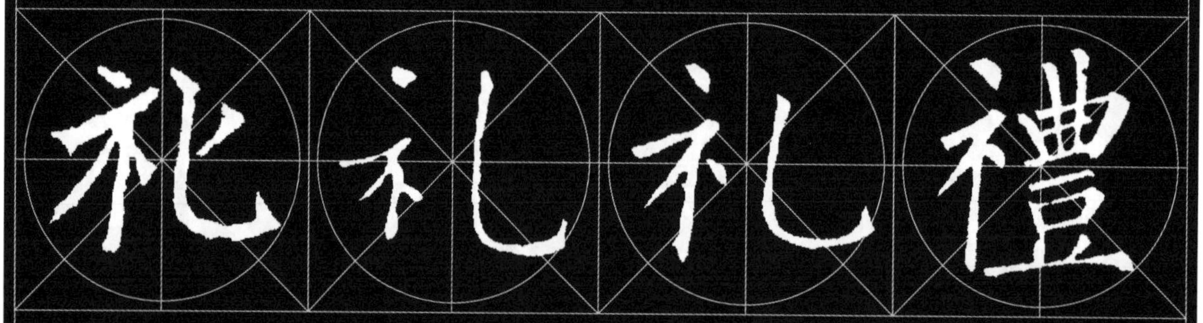

北魏 高贞碑　唐 欧阳通　唐 柳公权　唐 柳公权

唐 李邕　明 宋璲　隋 智永　汉 华山碑

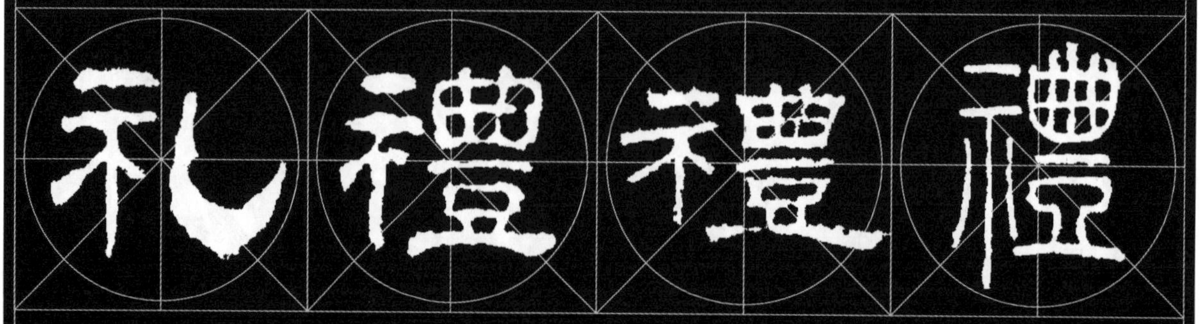

汉 衡方碑　汉 校官碑　汉 朝侯小子残碑　唐 李阳冰

lǐ 醴

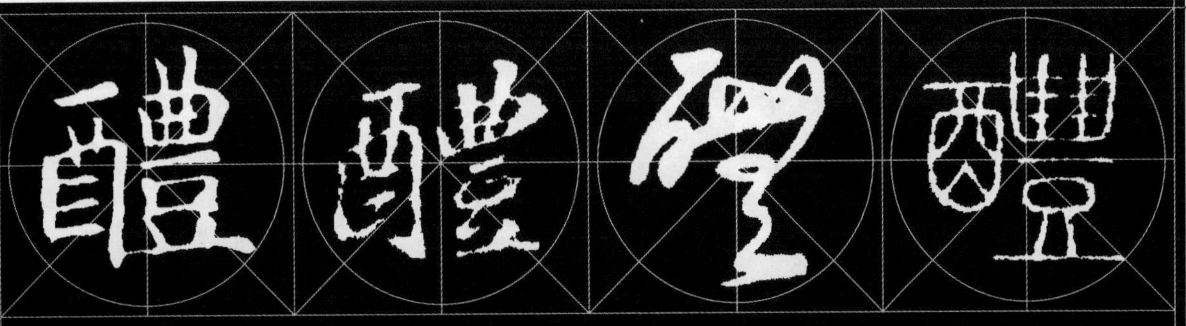

唐 欧阳询　宋 苏轼　明 宋克　汉 说文解字

lǐ 李

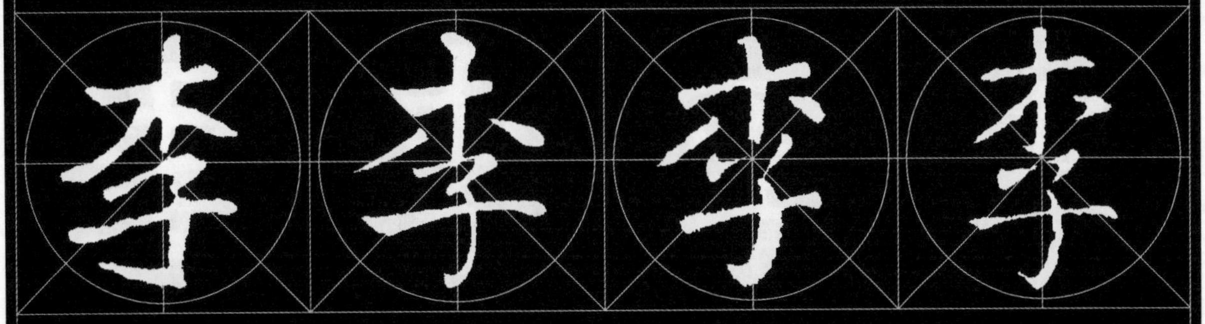

北魏 崔敬邕墓志　唐 褚遂良　唐 颜真卿　晋 王羲之

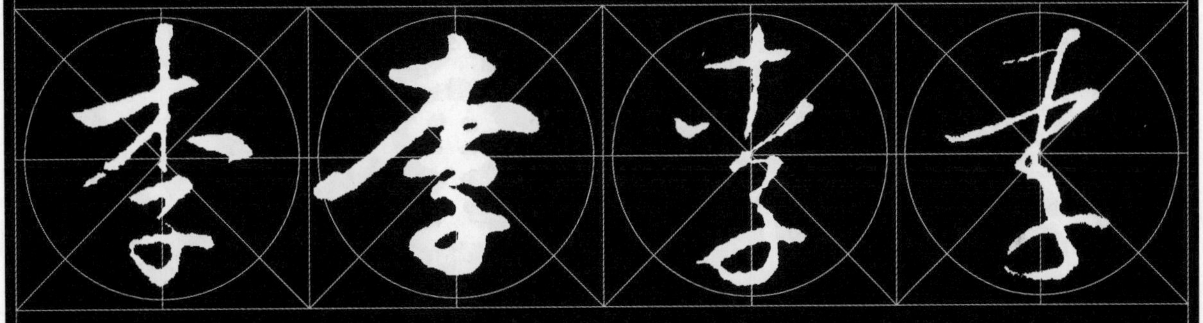

晋 王献之　明 文徵明　唐 李世民　唐 怀素

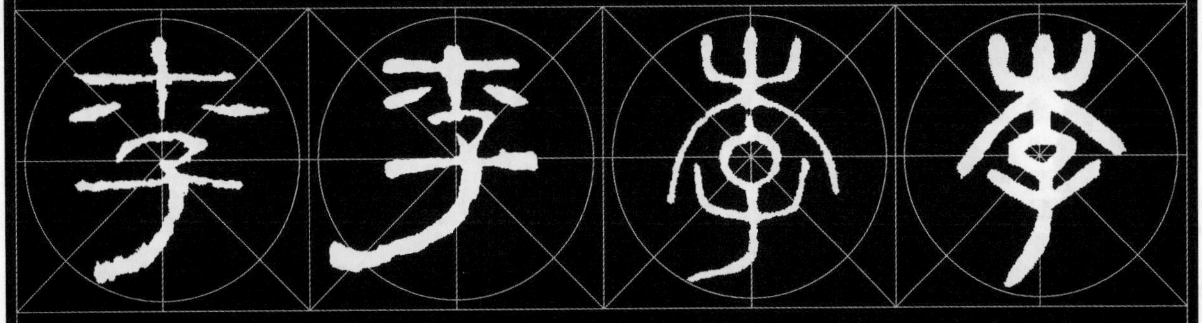

汉 礼器碑　汉 曹全碑　汉 说文解字　清 杨沂孙

lǐ 里（里弄；长度）

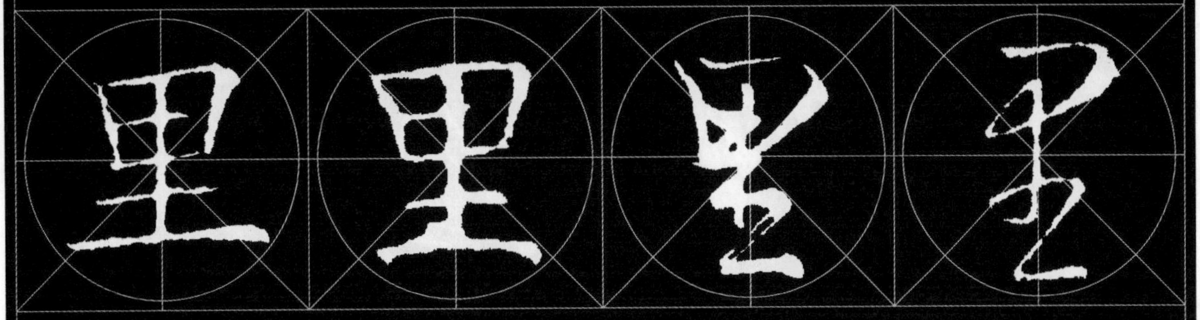

唐 欧阳询　唐 褚遂良　宋 苏轼　晋 王羲之

（裹、裡：里面；内部；附在这、那、哪等字后表示地点）

lǐ
理

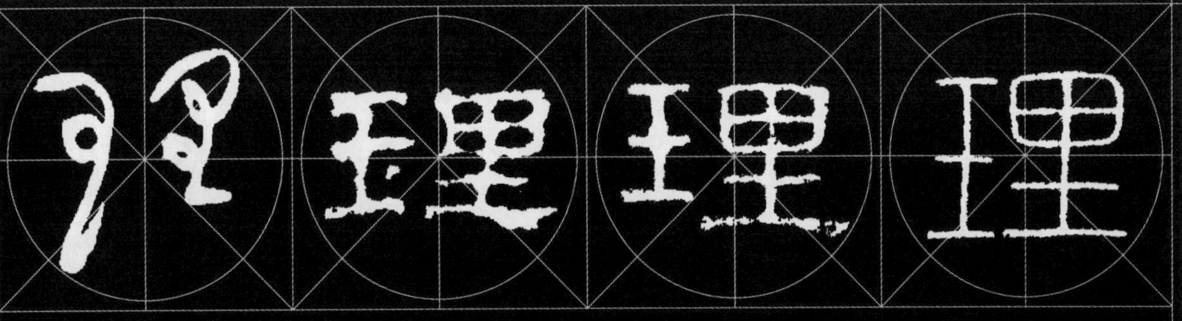

宋 黄庭坚 汉 景君碑 汉 熹平石经 秦 会稽刻石

lǐ
鲤

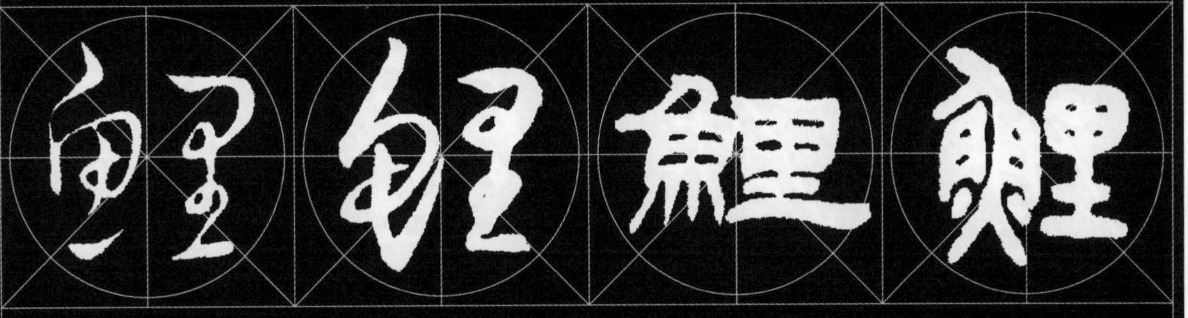

明 王宠 明 归庄 清 吴熙载 清 吴大澂

lì
力

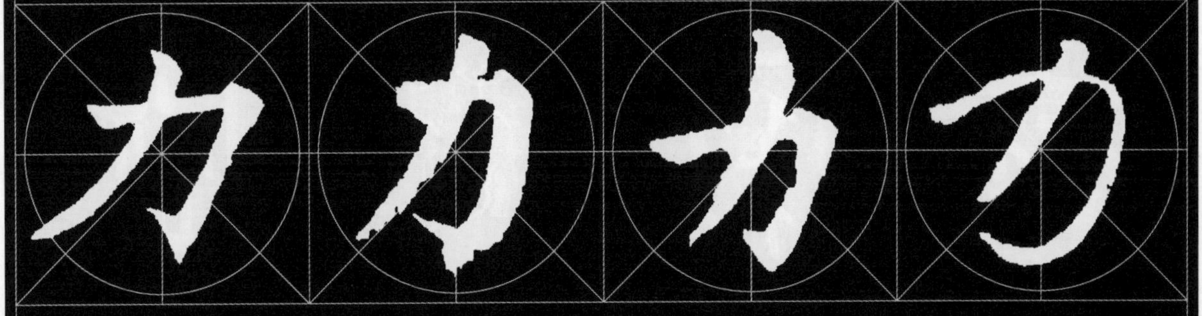

唐 欧阳询 唐 颜真卿 元 赵孟頫 隋 智永

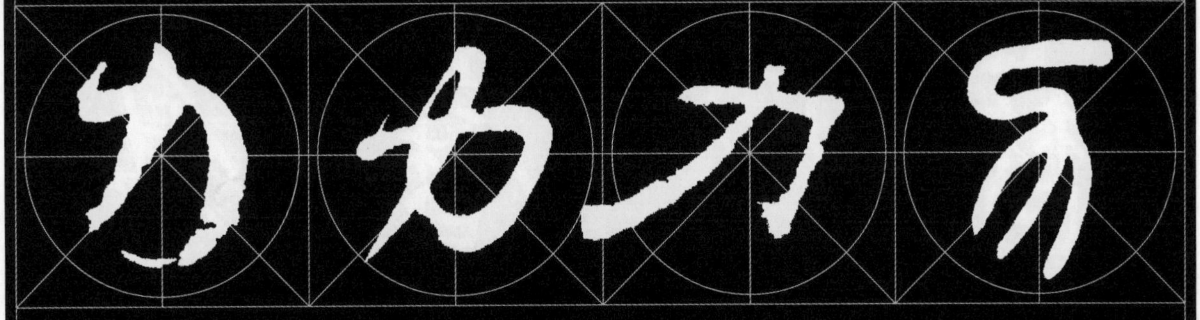

唐 孙过庭 宋 苏轼 汉 桐柏庙碑 清 吴昌硕

lì
荔

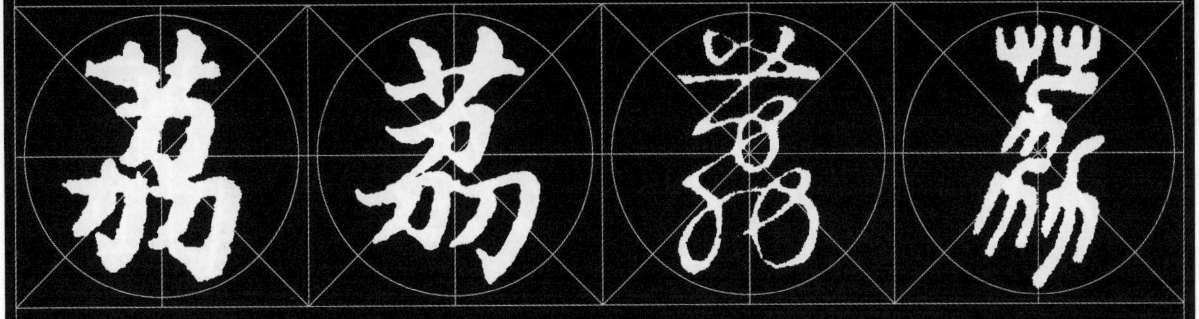

唐 吴彩鸾 元 赵孟頫 金 张天锡·草书韵会 清 吴大澂

lì 历（歷、曆、厤）

唐 虞世南

唐 颜真卿

唐 颜真卿

唐 柳公权

晋 王献之

唐 高正臣

明 董其昌

汉 夏承碑

汉 张君碑

周 毛公鼎

唐 李阳冰

清 吴大澂

南北朝 敬使君碑

三国 皇象

唐 欧阳通

唐 怀素

lì 沥

唐 柳公权

唐 孙过庭

宋 苏轼

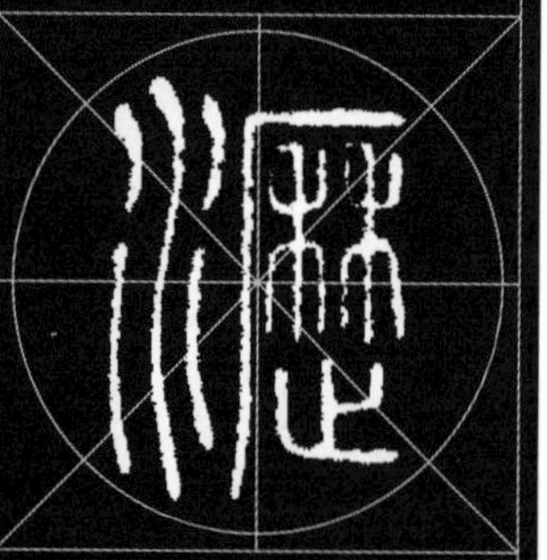
汉 说文解字

lì 厉（厲）

lì 励

lì 砺

lì 立

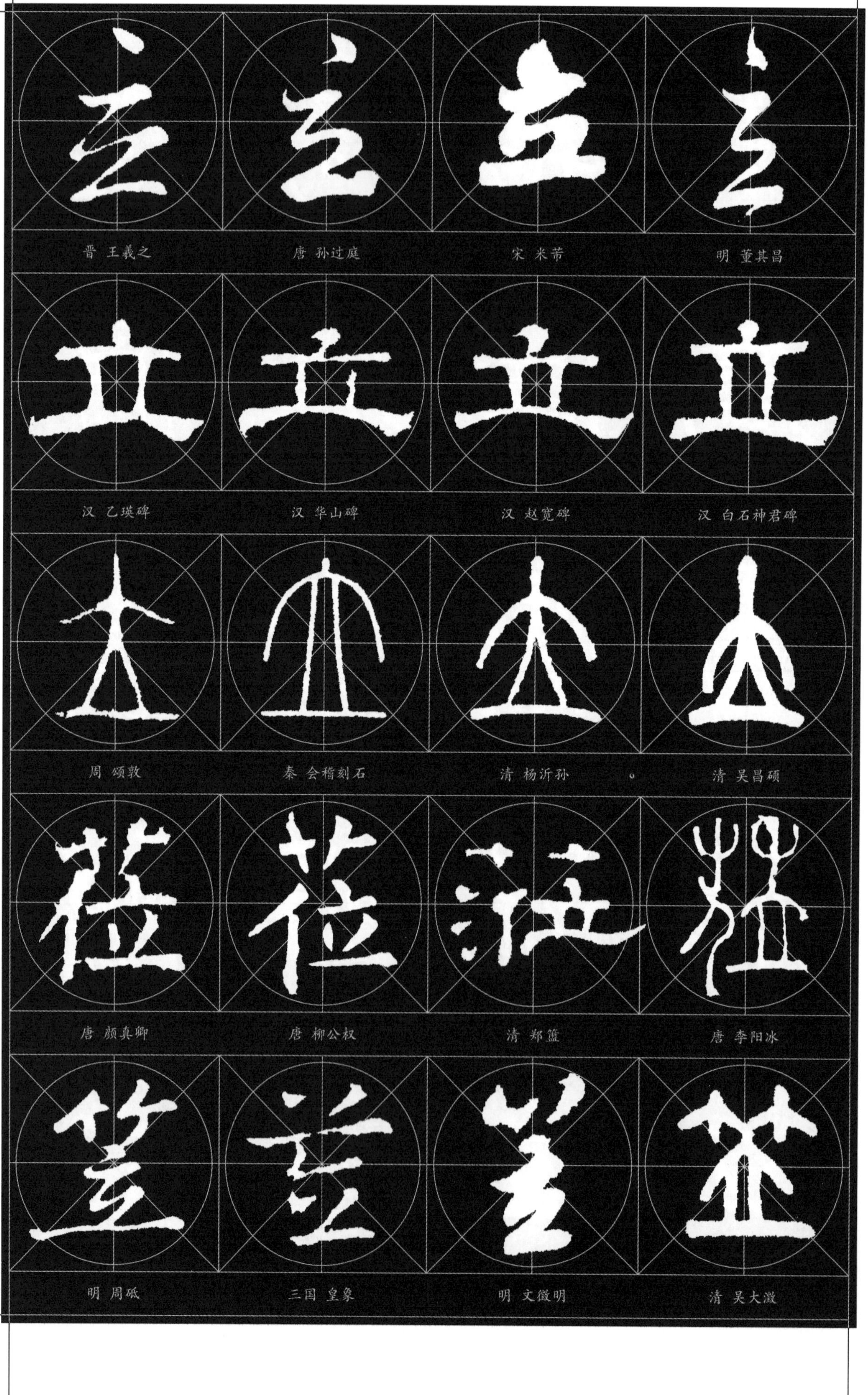
晋 王羲之
唐 孙过庭
宋 米芾
明 董其昌
汉 乙瑛碑
汉 华山碑
汉 赵宽碑
汉 白石神君碑
周 颂敦
秦 会稽刻石
清 杨沂孙
清 吴昌硕
唐 颜真卿
唐 柳公权
清 郑簠
唐 李阳冰
明 周砥
三国 皇象
明 文徵明
清 吴大澂

lì
莅（蒞、涖）

lì
笠

lì 粒

lì 吏

lì 丽 lí （麗）

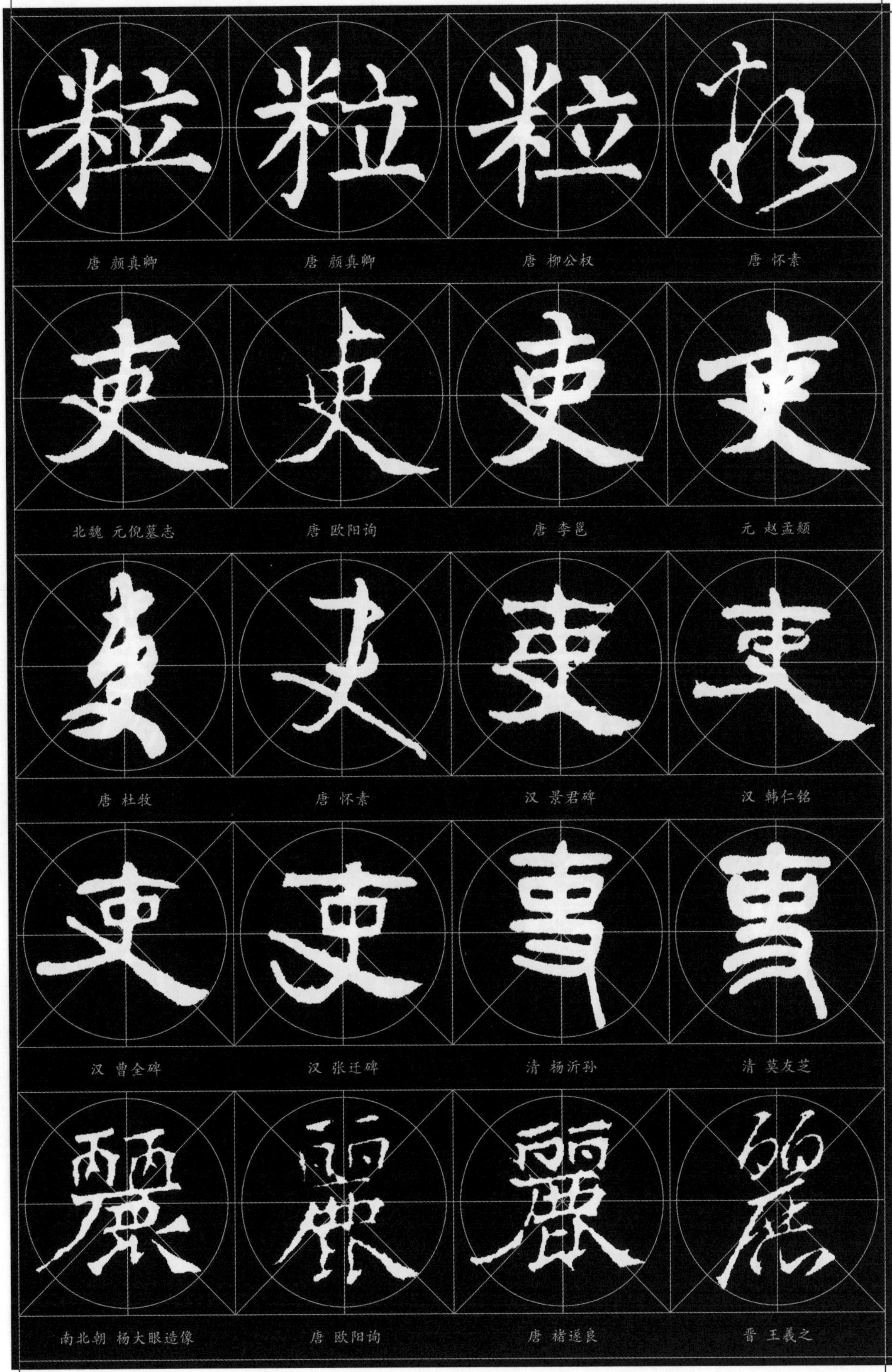

lì
利

隋 智果 唐 高正臣 唐 陆柬之 隋 智永

唐 孙过庭 唐 怀素 元 黄庭坚 汉 石门颂

汉 封龙山碑 汉 张迁碑 唐 李阳冰 元 赵孟頫

唐 欧阳询 唐 褚遂良 唐 颜真卿 唐 柳公权

宋 米芾 宋 张即之 唐 释怀仁 隋 智永

唐 欧阳询 · 唐 怀素 · 明 沈粲 · 汉 乙瑛碑

汉 史晨碑 · 殷商 甲骨文 · 清 杨沂孙 · 清 吴昌硕

唐 李世民 · 清 王铎 · 清 王铎

明 周天球 · 宋 张即之 · 金 张天锡·草书韵会 · 汉 说文解字

明 佚名 · 宋 叶清臣 · 汉 金文 · 汉 说文解字

lì
痢

lì
例

lì
栎
yuè

lì 砾

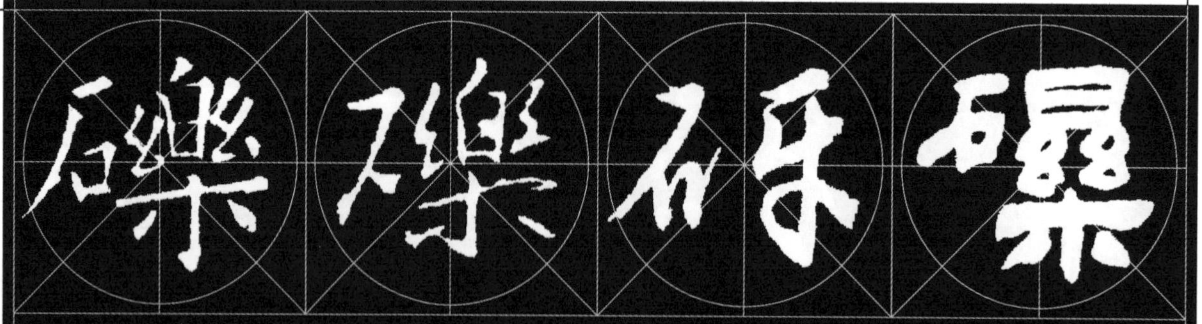

唐 欧阳询 | 晋 王羲之 | 明 唐寅 | 清 吴熙载

lì 戾

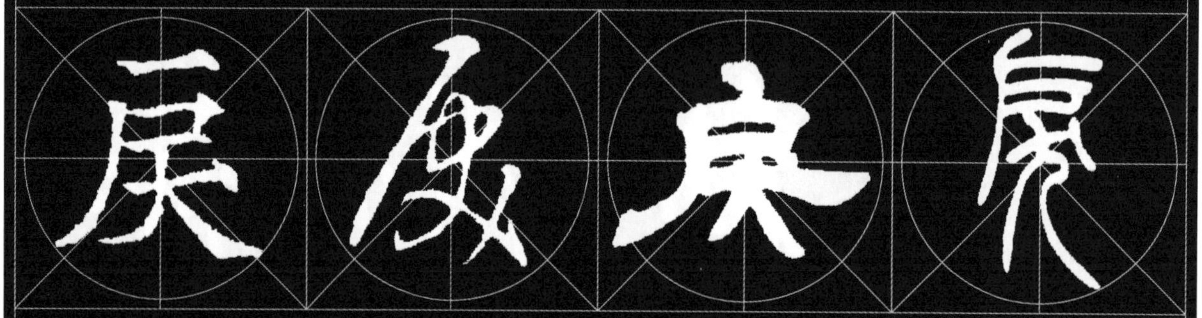

唐 欧阳通 | 清 王铎 | 清 邓石如 | 清 吴熙载

lì 唳

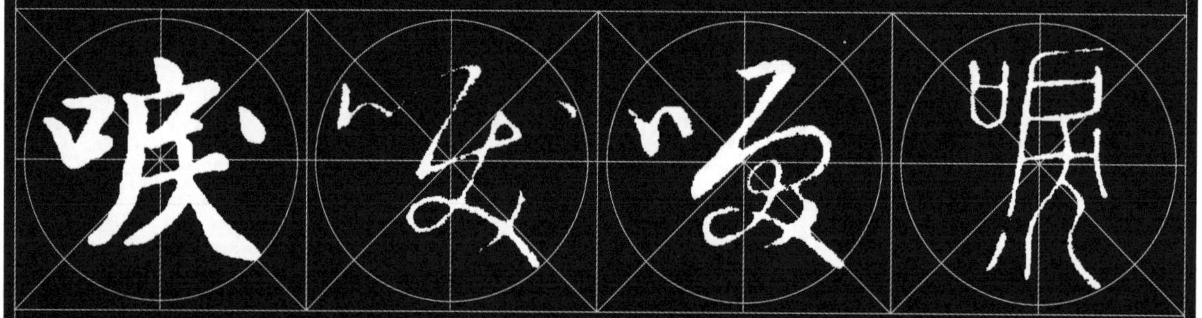

元 袁桷 | 宋 赵构 | 金 张天锡·草书韵会 | 汉 说文解字

lì 栗

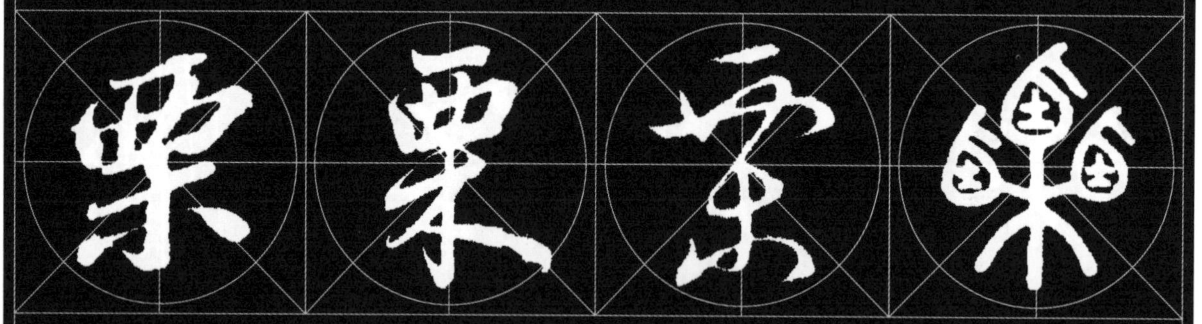

宋 苏轼 | 元 赵孟頫 | 金 张天锡·草书韵会 | 清 吴大澂

lì 溧

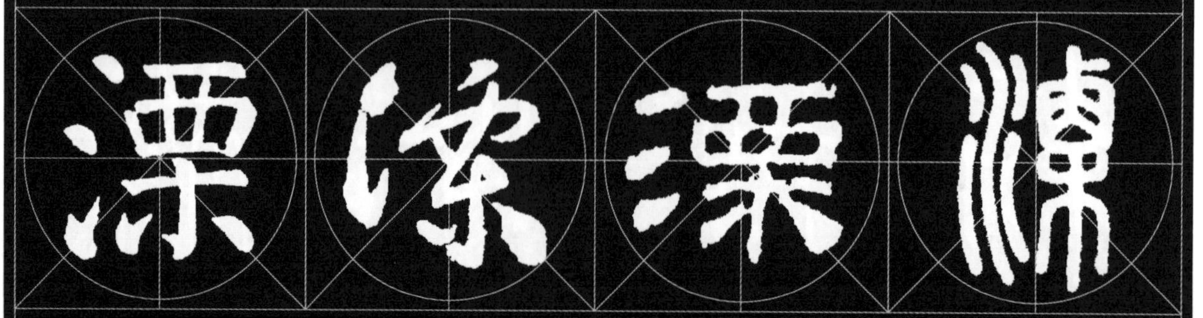

唐 颜真卿 | 明 祝允明 | 汉 校官碑 | 汉 说文解字

lì
隶

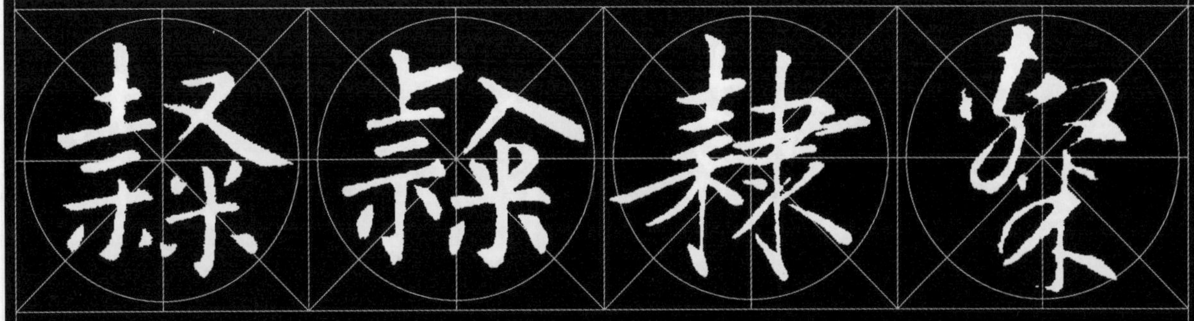

晋 卫铄 | 唐 柳公权 | 宋 赵佶 | 隋 智永

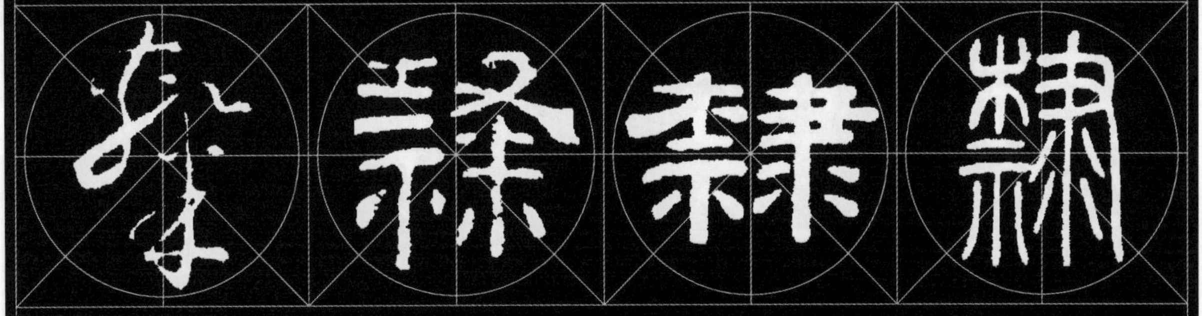

唐 怀素 | 汉 夏承碑 | 清 钱泳 | 清 邓石如

lián
连

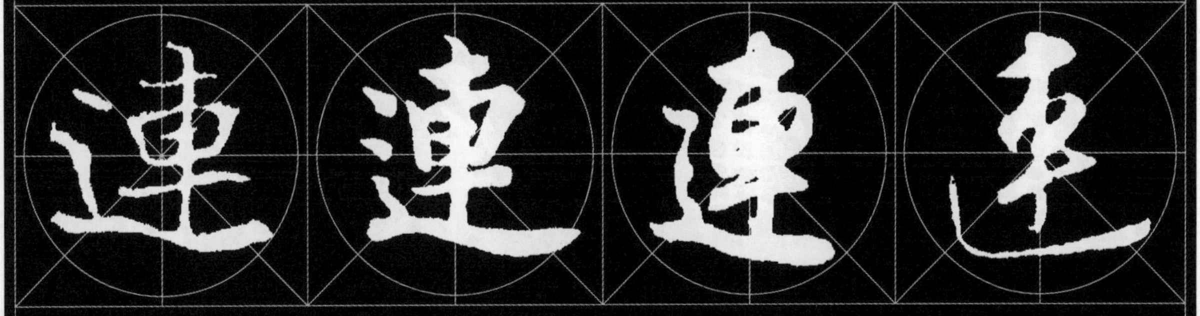

北魏 崔敬邕墓志 | 隋 智永 | 宋 薛绍彭 | 元 饶介

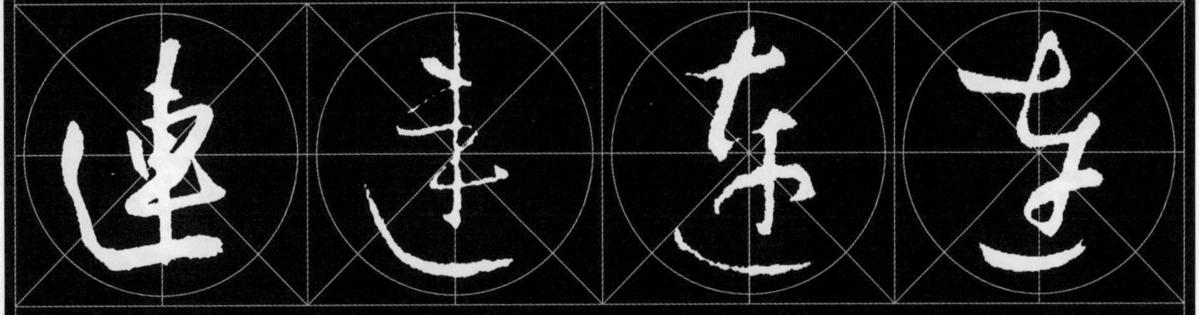

清 王铎 | 晋 王导 | 隋 智永 | 唐 怀素

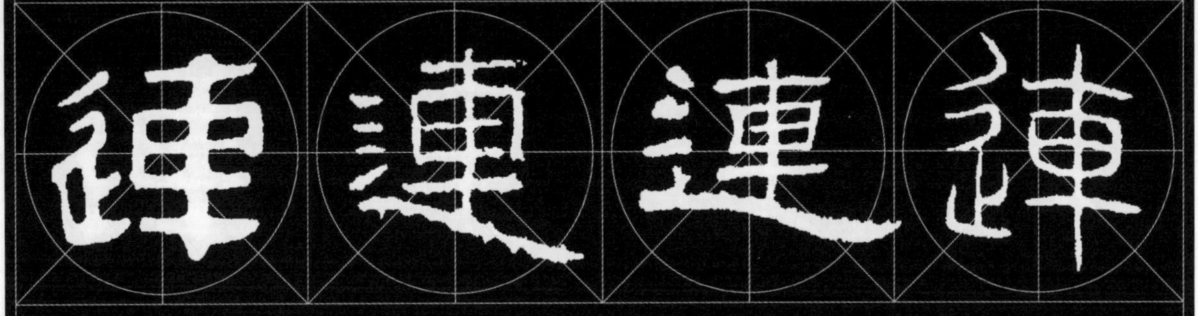

汉 马王堆帛书 | 汉 武梁刻石 | 汉 朝侯小子残碑 | 元 吴叡

lián 涟

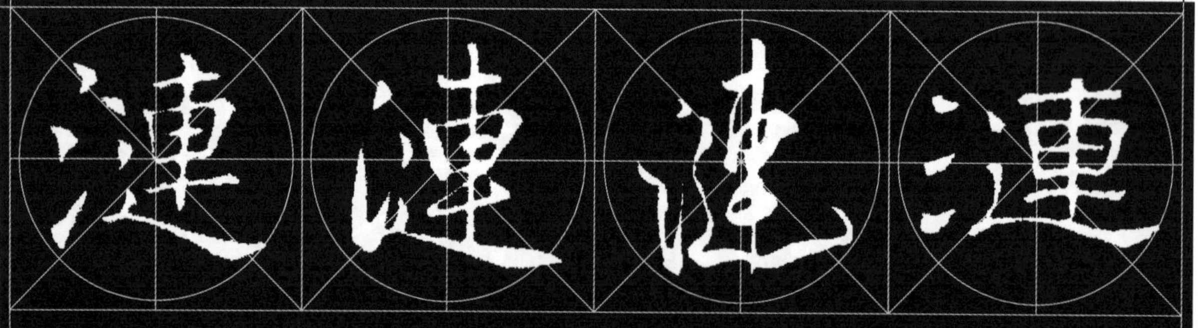

唐 欧阳询 | 元 赵孟頫 | 宋 米芾 | 清 顾蔼吉·隶辨

lián 莲

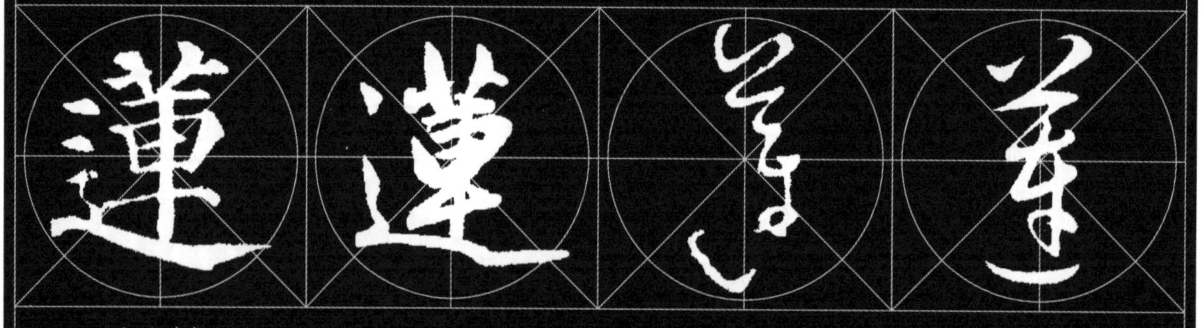

唐 颜真卿 | 元 赵孟頫 | 唐 怀素 | 明 王守仁

lián 廉（廉、亷）

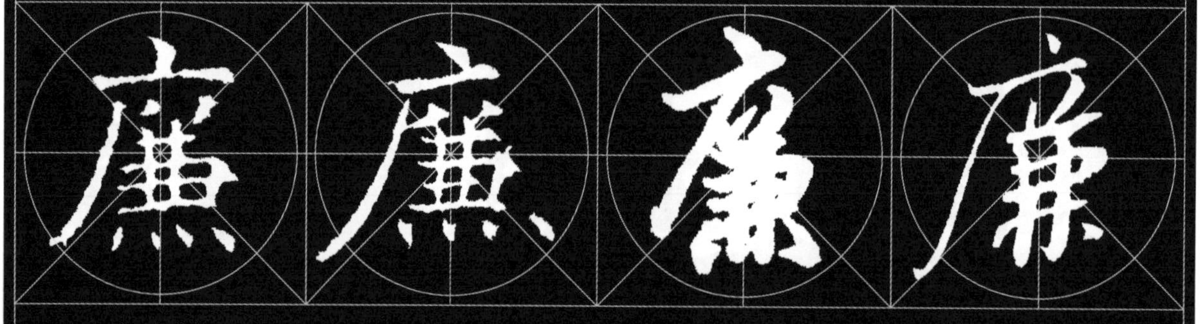

唐 褚遂良 | 唐 欧阳通 | 唐 陆柬之 | 宋 苏轼

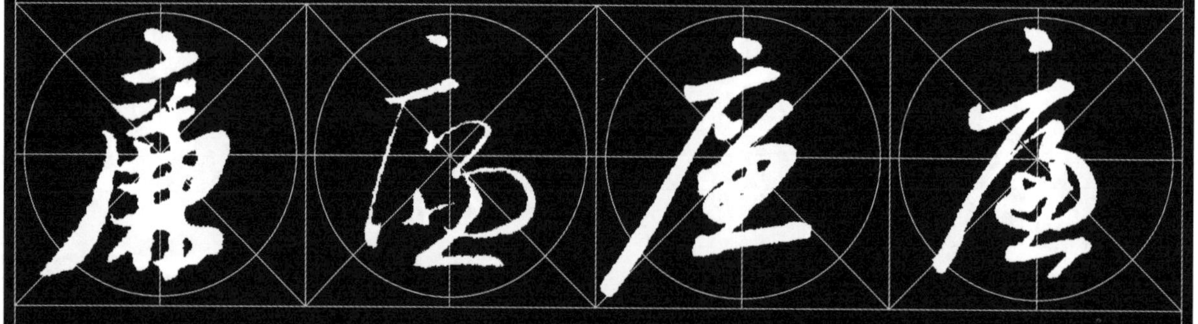

明 黄道周 | 唐 欧阳询 | 唐 怀素 | 元 鲜于枢

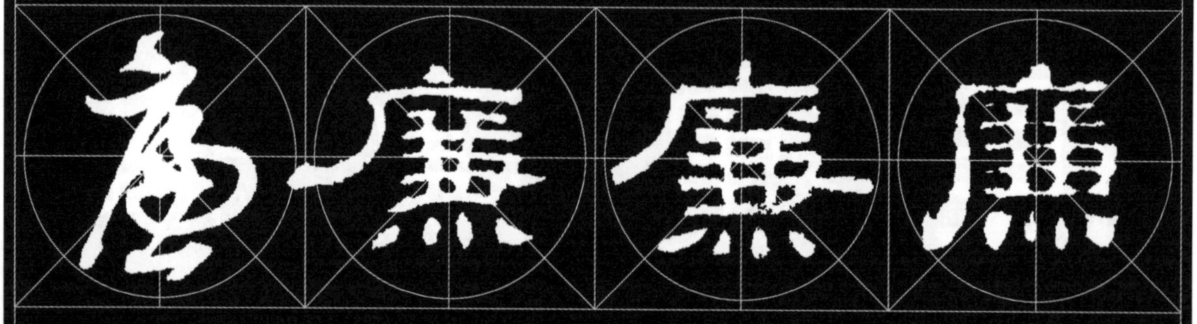

明 沈粲 | 汉 乙瑛碑 | 汉 鲜于璜碑 | 汉 校官碑

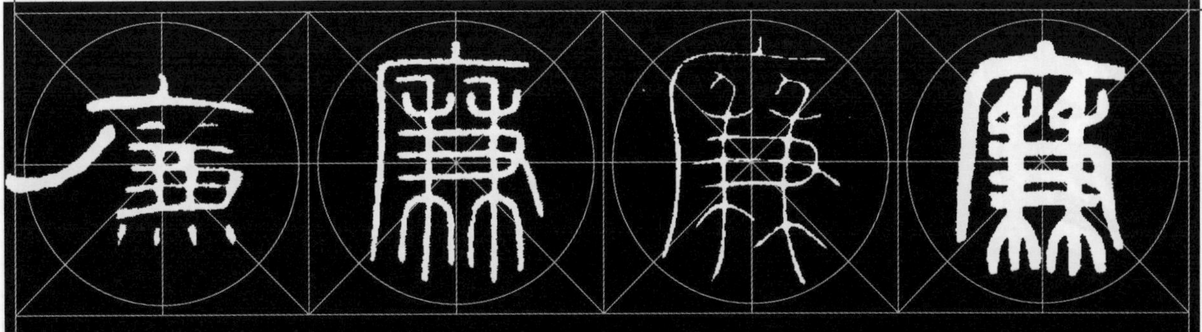

汉 曹全碑 | 秦 会稽刻石 | 唐 李阳冰 | 清 黄士陵

lián
帘（簾）

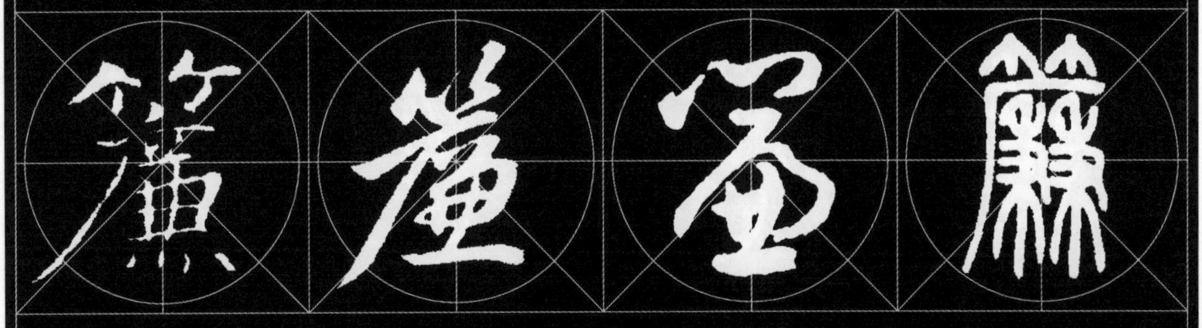

元 张雨 | 元 赵孟頫 | 明 祝允明 | 清 邓石如

lián
怜（憐）

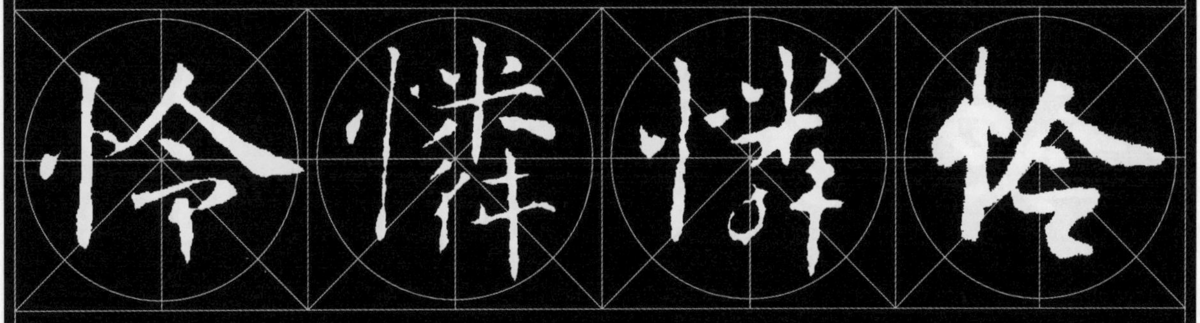

隋 董美人墓志 | 唐 魏栖梧 | 三国 皇象 | 宋 米芾

lián
联（聯）

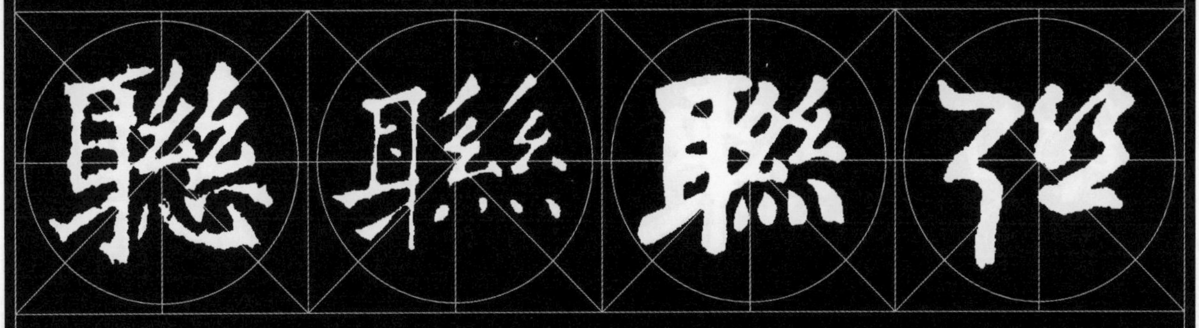

北魏 高贞碑 | 唐 张旭 | 唐 颜真卿 | 清 朱耷

liǎn
敛（斂）

唐 褚遂良 | 唐 国诠 | 元 赵孟頫 | 宋 苏轼

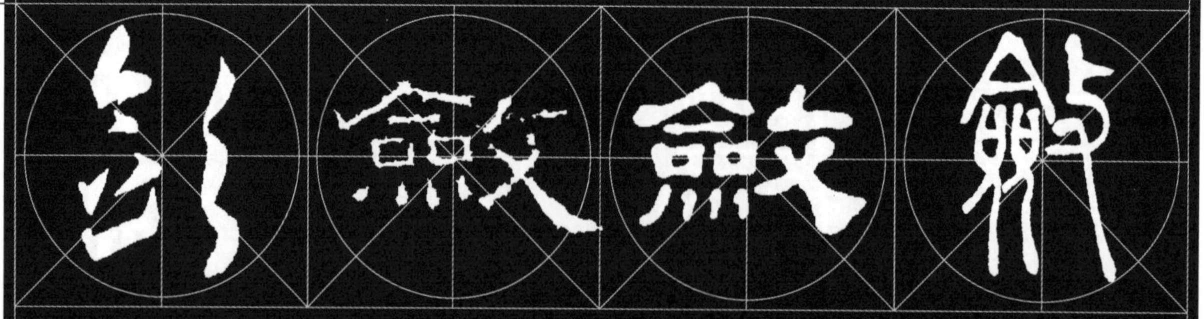

明 王宠　汉 张景碑　清 黄易　清 吴熙载

liǎn
琏

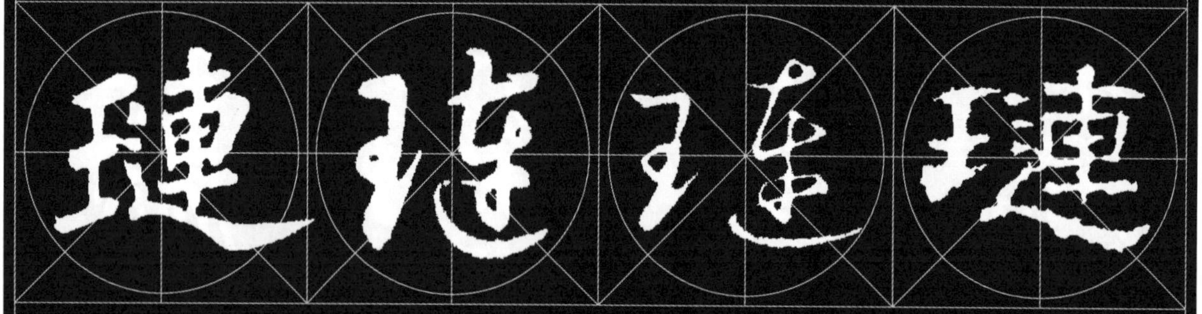

宋 苏轼　明 祝允明　金 张天锡·草书韵会　汉 曹全碑

liàn
炼（煉、鍊）

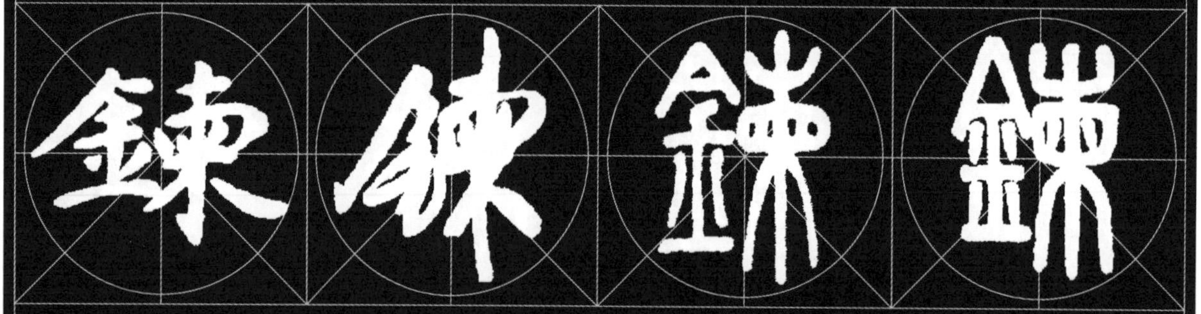

明 祝允明　清 王铎　清 徐真木　清 吴大澂

liàn
练

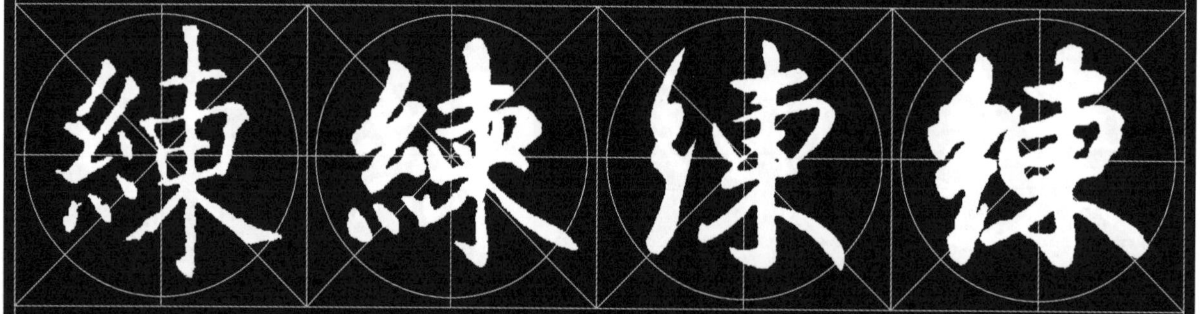

唐 欧阳询　元 赵孟頫　晋 王献之　唐 陆柬之

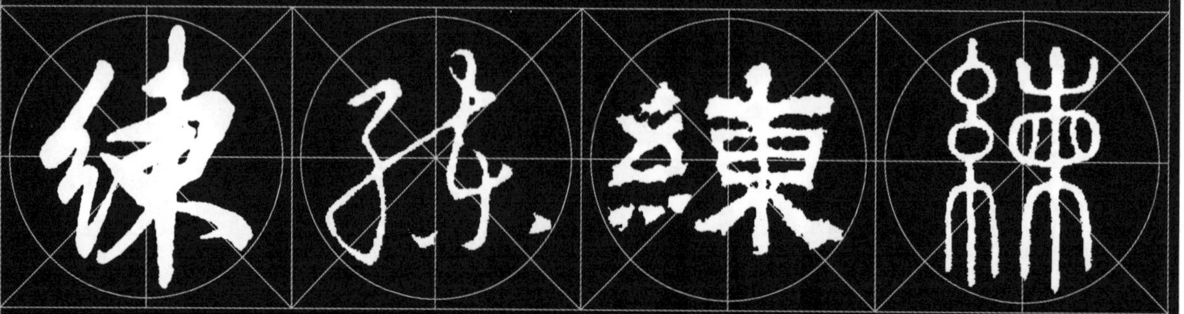

明 文徵明　宋 赵构　汉 张迁碑　汉 说文解字

liàn
恋

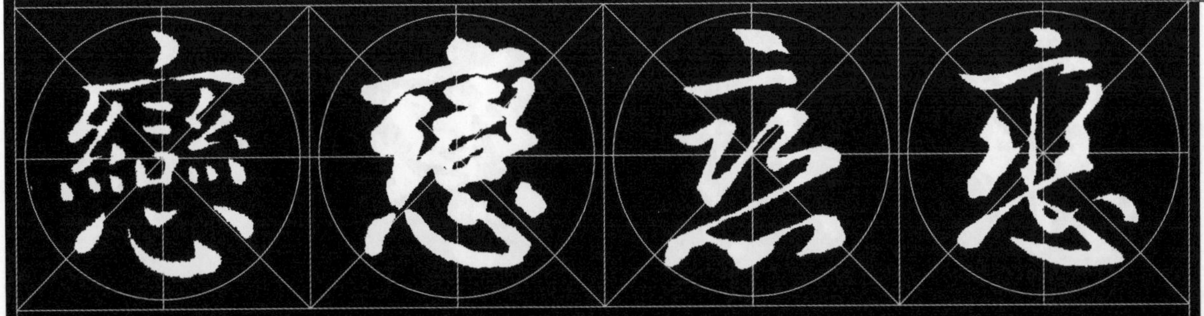

宋 赵卞康　明 邵二泉　晋 王献之　明 宋璲

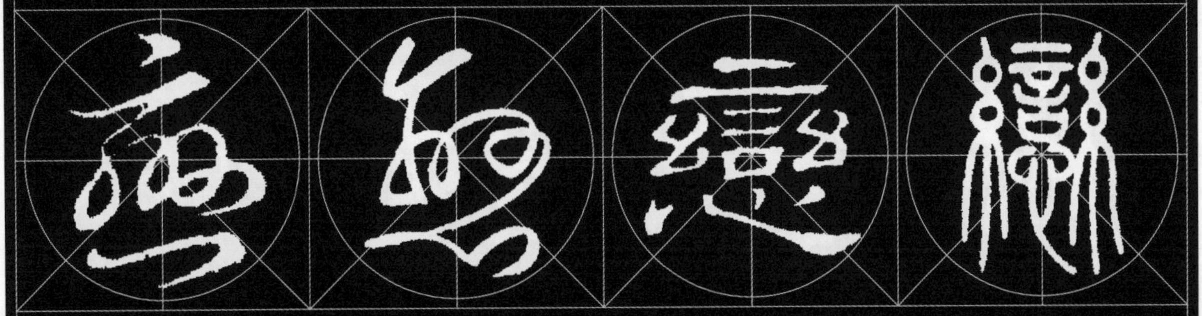

唐 裴休　明 张弼　清 顾蔼吉·隶辨　清 邓石如

liáng
良

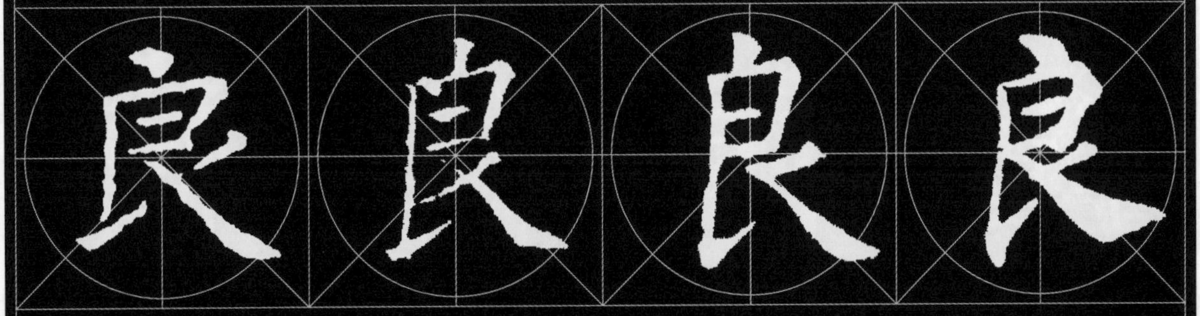

晋 王献之　唐 欧阳询　唐 虞世南　唐 褚遂良

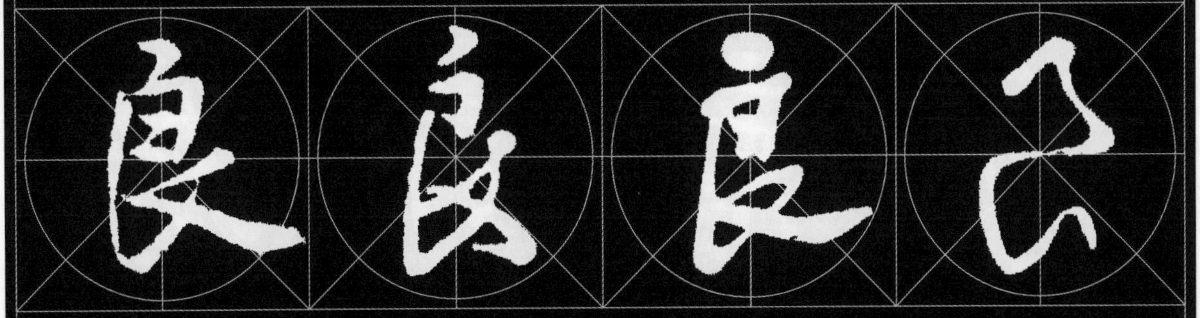

唐 褚遂良　唐 颜真卿　清 何绍基　晋 王羲之

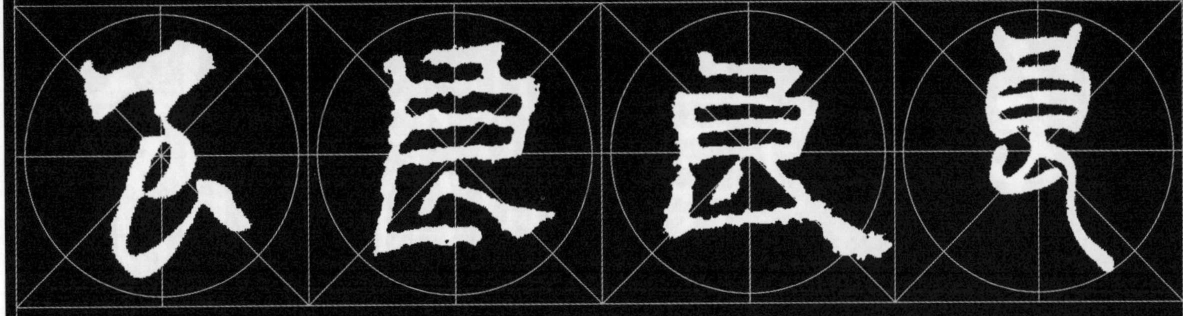

元 赵孟頫　汉 景君碑　汉 张迁碑　清 吴熙载

liáng
粮（糧）

liáng
凉（涼）

liáng
梁

南北朝 敬使君碑 | 唐 欧阳询 | 唐 颜真卿 | 唐 柳公权

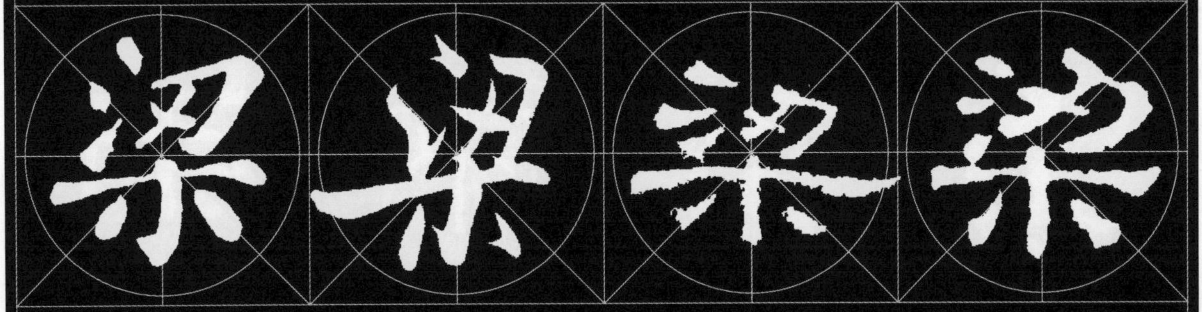

宋 苏轼 | 宋 米芾 | 汉 张景碑 | 汉 校官碑

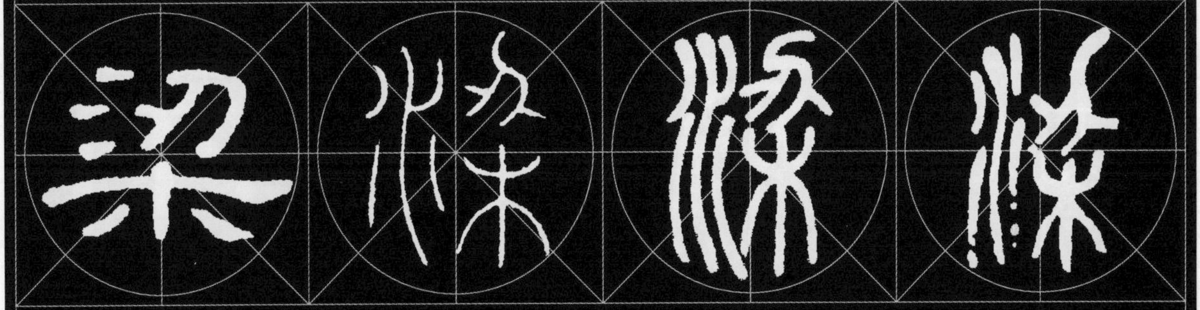

清 王澍 | 唐 李阳冰 | 清 邓石如 | 清 吴昌硕

liáng
粱

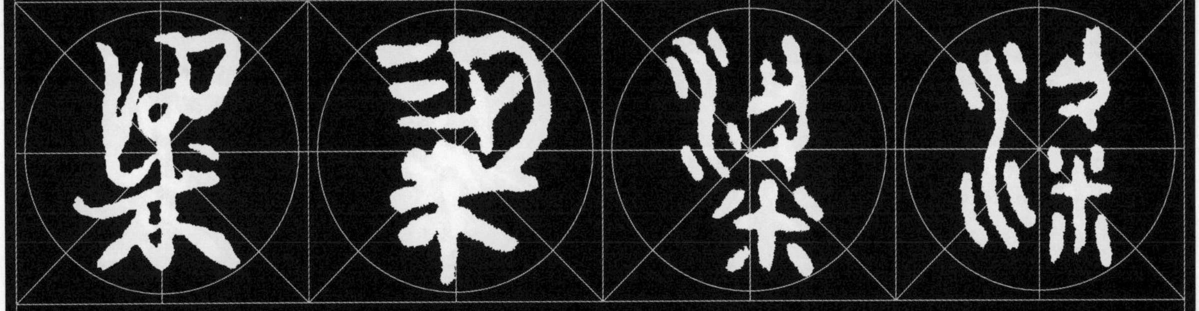

清 郑燮 | 汉 马王堆帛书 | 周 曾伯灵簠 | 清 王禔

liǎng
两（兩）

唐 虞世南 | 唐 颜真卿 | 元 张雨 | 明 董其昌

liàng
亮

明 文徵明 | 明 唐寅 | 隋 智永 | 唐 怀素

元 揭傒斯 | 清 何绍基 | 汉 西狭颂 | 元 吴叡

唐 李阳冰 | 清 邓石如 | 清 杨沂孙 | 清 吴大澂

唐 欧阳询 | 唐 欧阳通 | 宋 米友仁 | 元 袁桷

汉 礼器碑 | 汉 孔彪碑 | 晋 辟雍碑 | 汉 说文解字

liàng
谅

liàng
量
liáng

liáo
僚

liáo 寮（小屋）

liáo 辽

晋 王献之　汉 曹全碑　汉 朝侯小子残碑　清 何绍基

唐 欧阳询　唐 虞世南　唐 李邕　唐 颜真卿

晋 王羲之　三国 曹真碑　殷商 甲骨文　清 吴大澂

北魏 崔敬邕墓志　唐 蒋善进　宋 蒲宗孟　明 唐寅

隋 智永　元 赵孟頫　明 文徵明　清 王铎

汉 石门颂 | 汉 鲜于璜碑 | 汉 史晨碑 | 唐 李阳冰

明 文徵明 | 元 赵孟頫 | 唐 李隆基 | 汉 说文解字

唐 吴彩鸾 | 晋 王献之 | 金 张天锡·草书韵会 | 汉 说文解字

唐 衮公颂 | 明 邵二泉 | 唐 孙过庭 | 清 吴大澂

隋 智永 | 唐 颜真卿 | 元 赵孟頫 | 清 王铎

liáo
燎

liáo
疗（療）

liáo
缭

liáo
寥

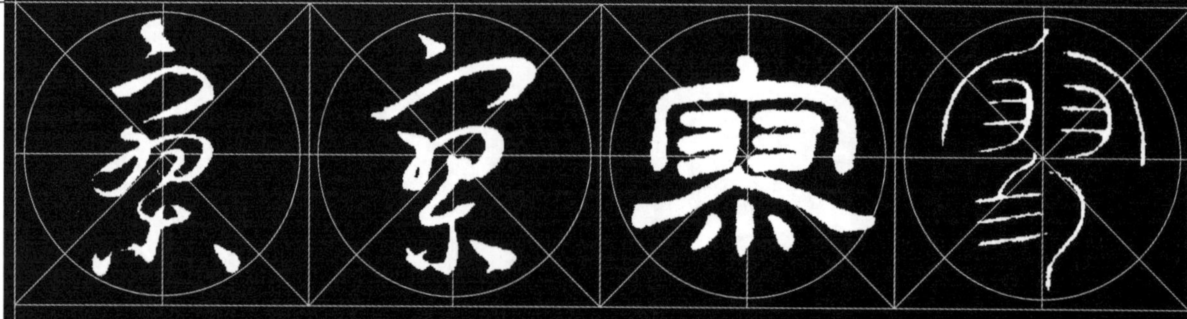

唐 孙过庭　明 王宠　清 王澍　唐 李阳冰

liáo
聊

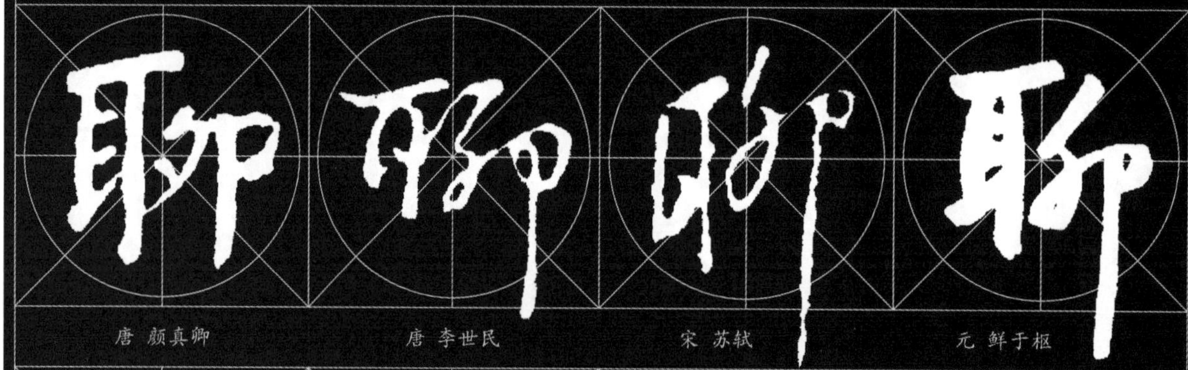

唐 颜真卿　唐 李世民　宋 苏轼　元 鲜于枢

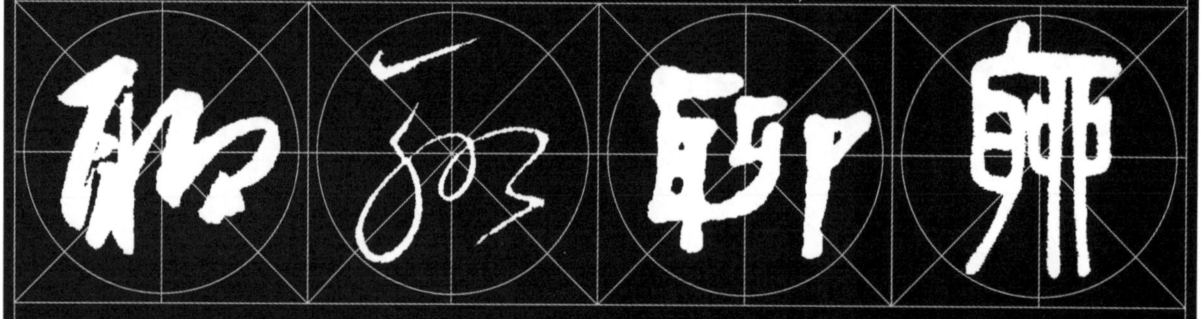

明 王守仁　唐 怀素　清 何绍基　清 莫友芝

liǎo
了
le

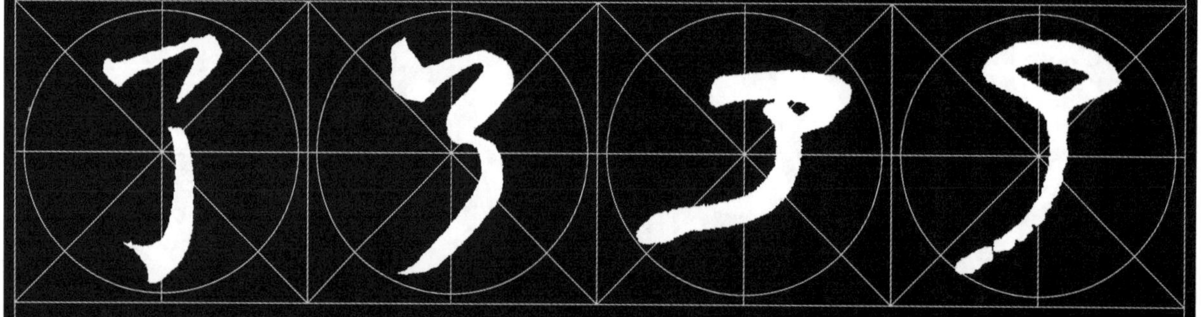

唐 颜真卿　宋 米芾　清 邓石如　清 杨沂孙

liǎo
蓼

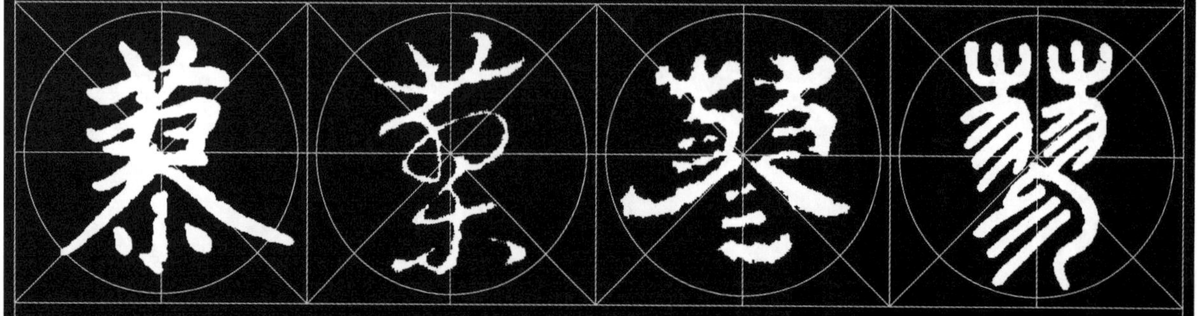

元 赵孟頫　金 张天锡·草书韵会　汉 鲁峻碑　清 吴大澂

liào 料

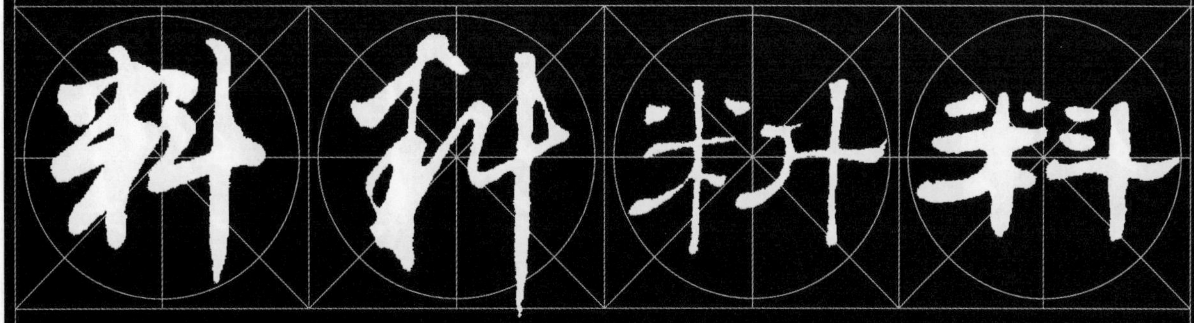

明 唐寅 | 元 饶介 | 清 顾藹吉·隶辨 | 清 张祖翼

liè 列

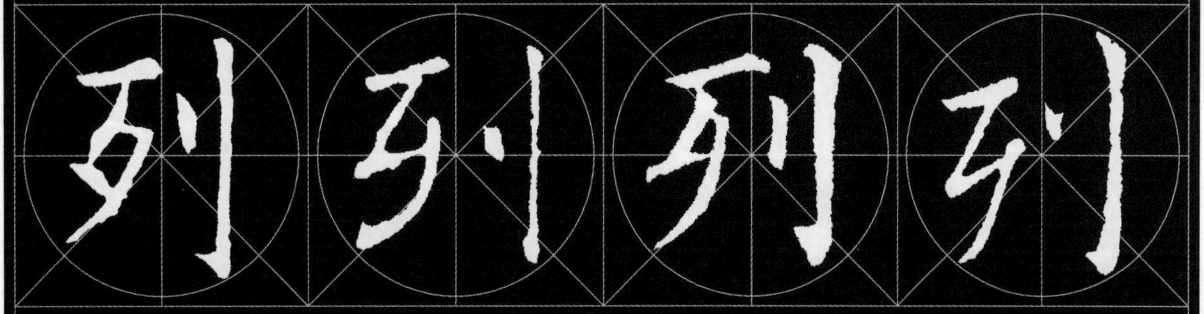

唐 欧阳询 | 唐 褚遂良 | 唐 颜真卿 | 唐 李邕

明 董其昌 | 晋 王羲之 | 唐 徐浩 | 隋 智永

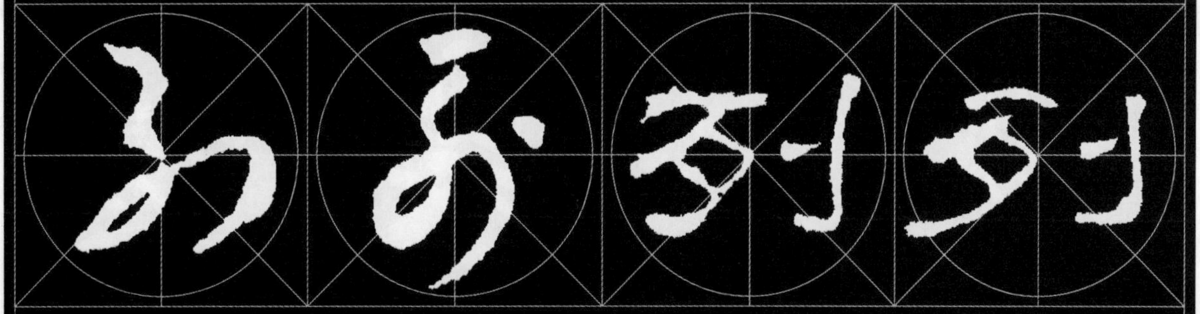

唐 孙过庭 | 唐 怀素 | 汉 景君碑 | 汉 曹全碑

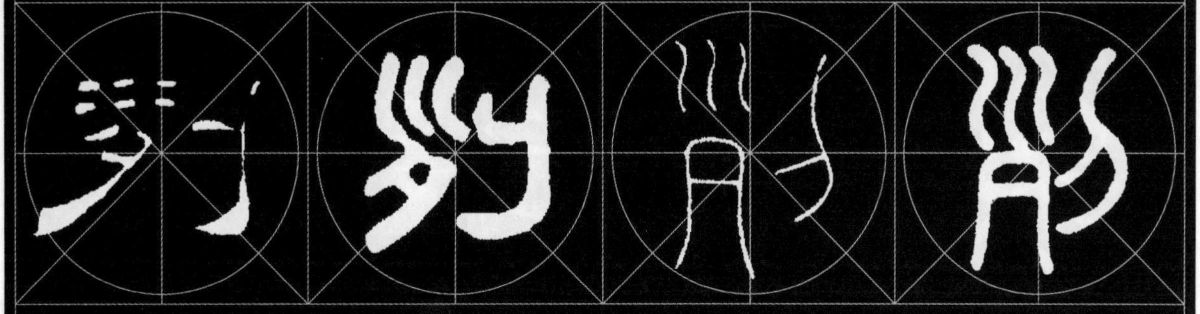

唐 韩择木 | 清 吴大澂 | 唐 李阳冰 | 清 邓石如

liè 烈

liè 裂

唐 颜真卿　唐 颜真卿　唐 褚遂良　唐 李邕

唐 孙过庭　明 祝允明　明 王守仁　金 张天锡·草书韵会

汉 郭有道碑　汉 曹全碑　清 翁同和　清 莫友芝

唐 欧阳询　唐 虞世南　宋 苏轼　唐 褚遂良

元 赵孟頫　晋 王羲之　清 顾蔼吉·隶辨　清 吴熙载

liè
劣

liè
猎（獵）

lín
林

lín 淋 lìn（滤）

lín 琳

lín 霖

lín 临

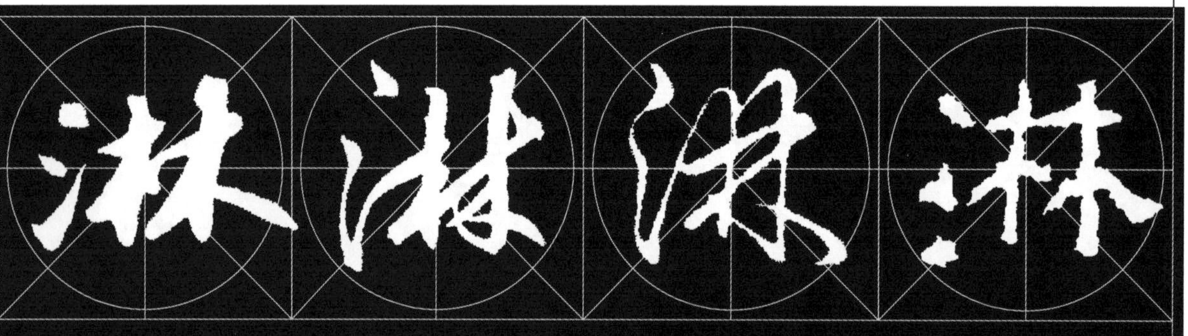

宋 苏轼 | 明 解缙 | 金 张天锡·草书韵会 | 汉 孟孝琚碑

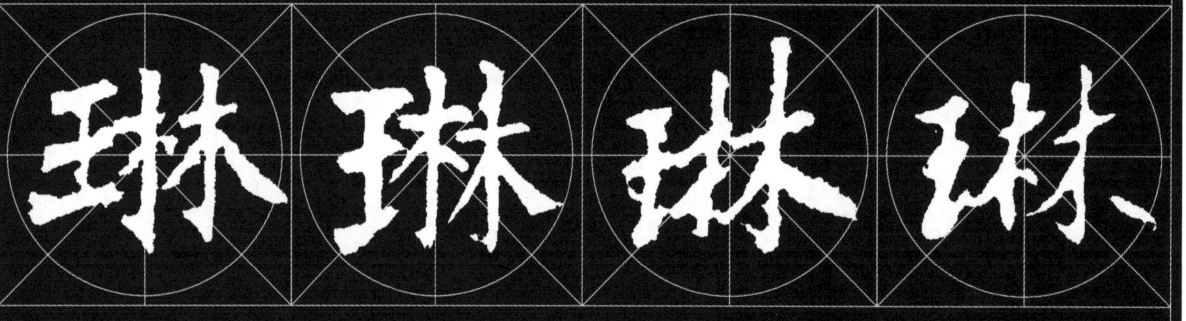

北魏 李璧墓志 | 唐 颜真卿 | 唐 李邕 | 宋 蒋璨

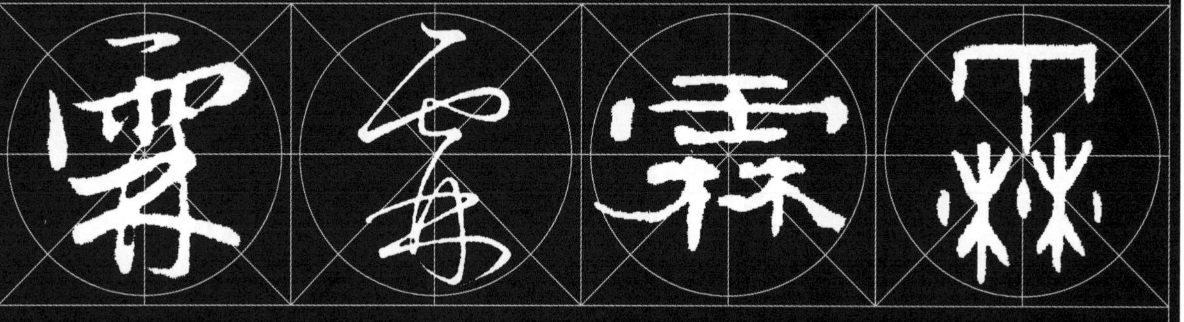

元 赵孟頫 | 明 解缙 | 清 郑簠 | 殷商 甲骨文

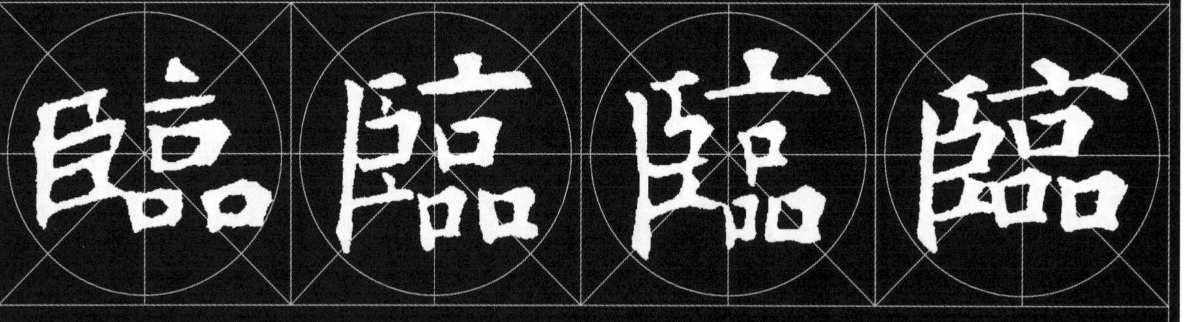

北魏 张猛龙碑 | 唐 欧阳询 | 唐 欧阳通 | 唐 颜真卿

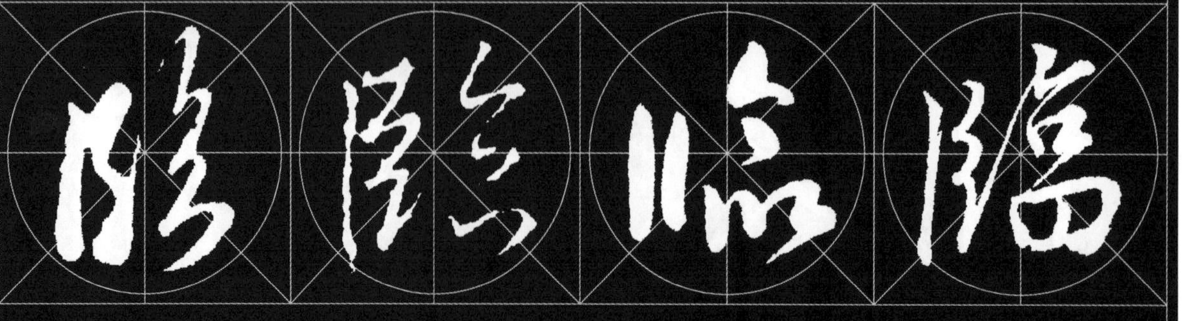

晋 王羲之 | 唐 高正臣 | 唐 徐浩 | 明 唐寅

lín
邻（鄰、隣）

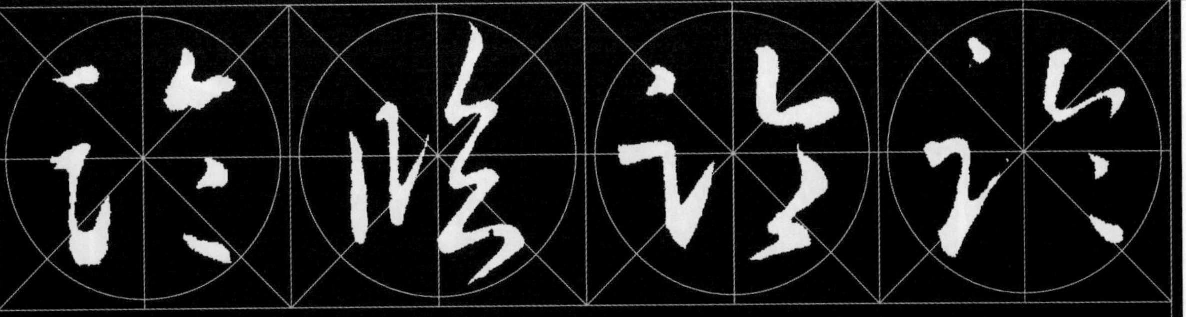

隋 智永　　晋 王献之　　唐 孙过庭　　唐 怀素

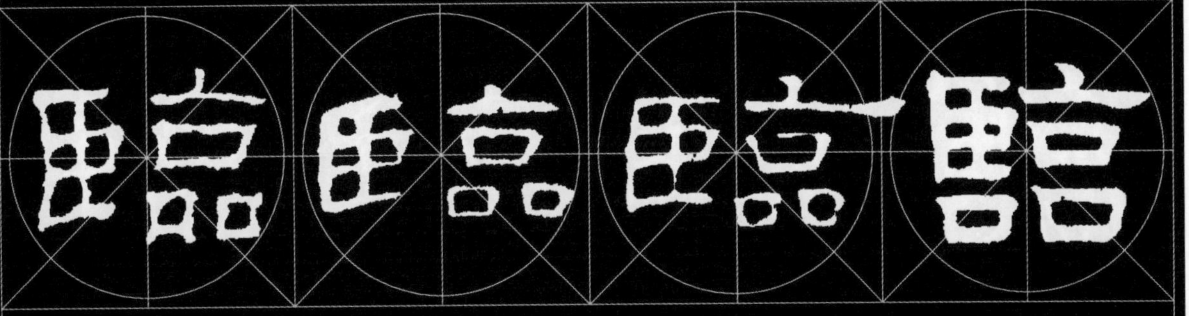

汉 景君碑　　汉 曹全碑　　唐 叶慧明碑　　元 赵孟頫

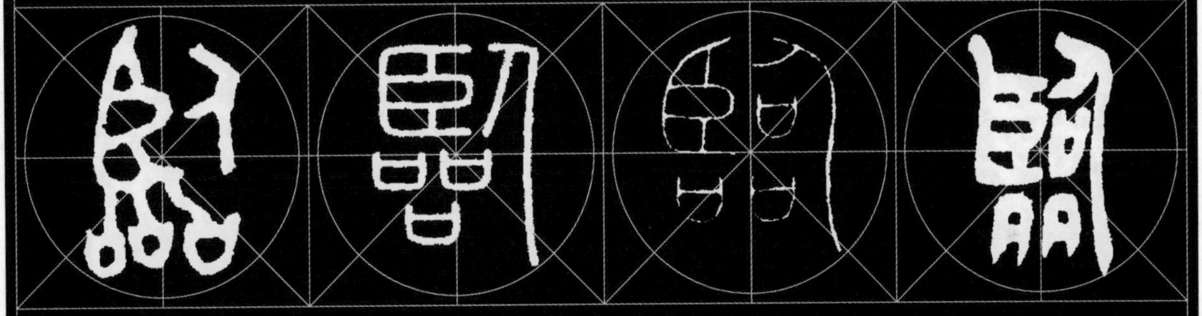

周 毛公鼎　　秦 会稽刻石　　唐 李阳冰　　清 吴熙载

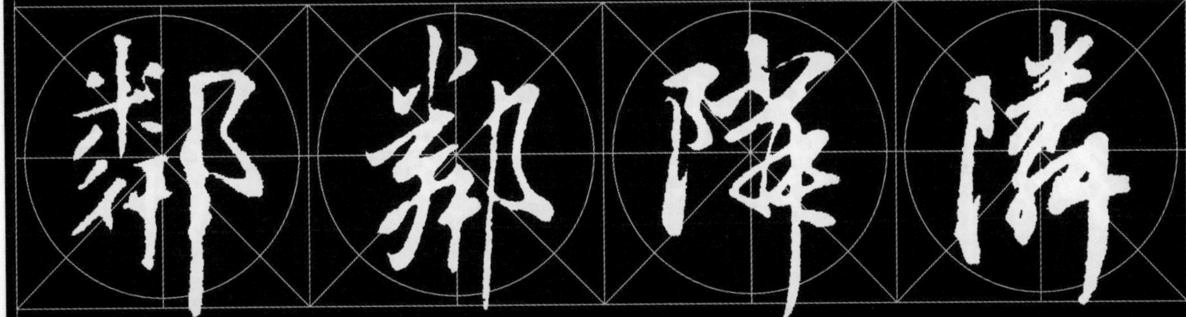

唐 虞世南　　宋 米芾　　元 赵孟頫　　清 王铎

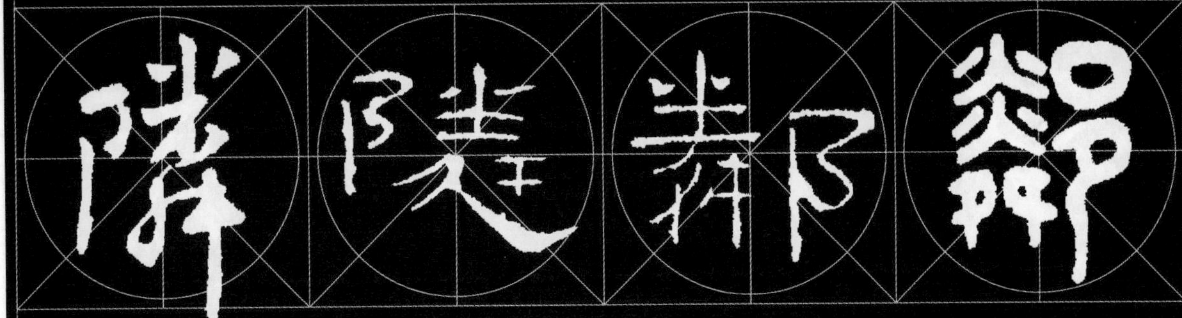

清 傅山　　汉 礼器碑　　汉 礼器碑　　清 吴大澂

lín
鳞

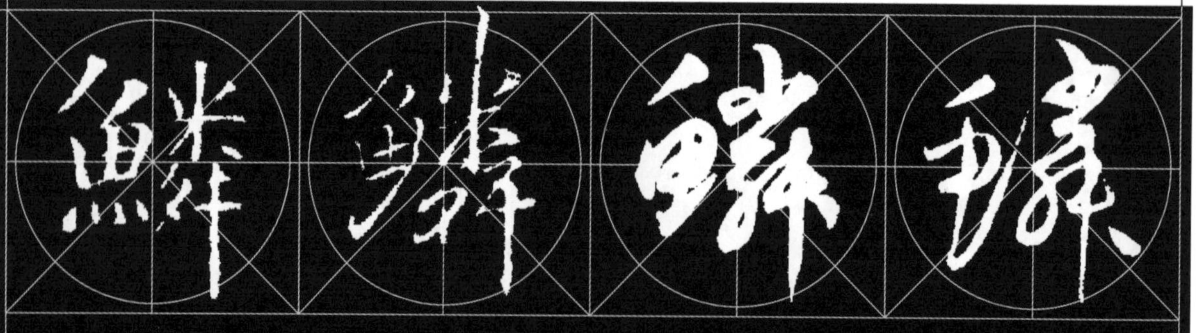

隋 智永　唐 褚遂良　元 鲜于枢　宋 赵佶

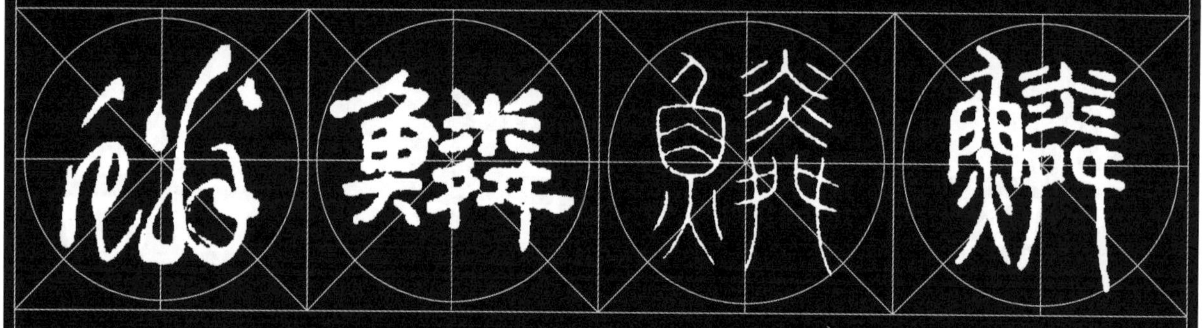

宋 黄庭坚　清 王澍　唐 李阳冰　元 吴叡

lín
麟

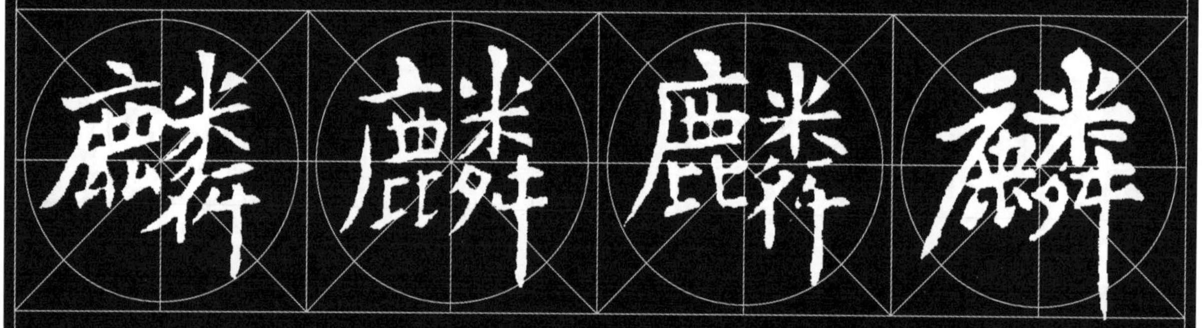

南北朝 佚名　唐 虞世南　唐 柳公权　宋 黄庭坚

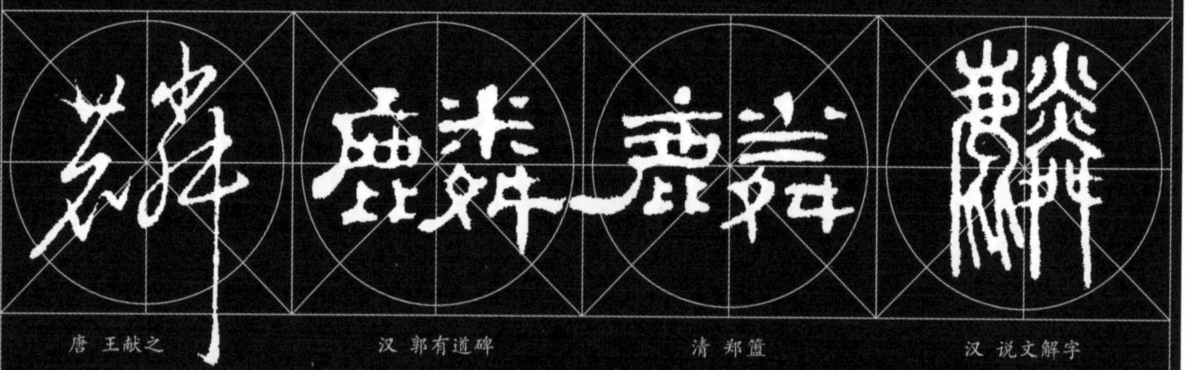

唐 王献之　汉 郭有道碑　清 郑簠　汉 说文解字

lǐn
凛
（凜）

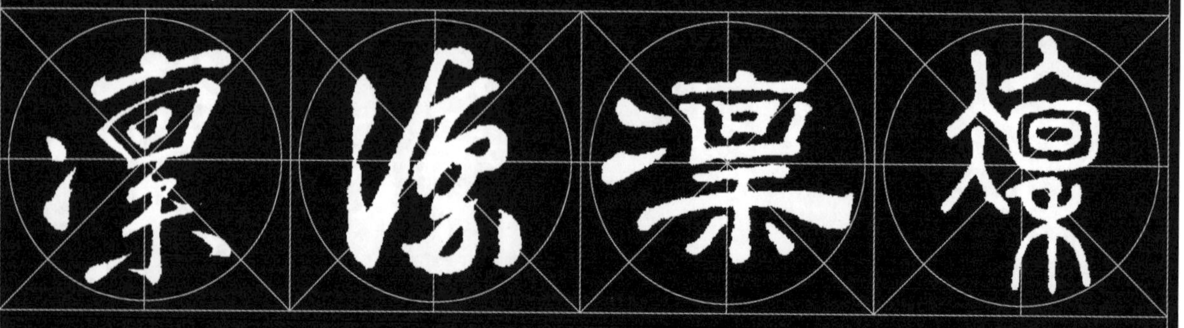

宋 黄庭坚　明 文徵明　清 钱泳　清 莫友芝

lǐn 廪（廩）

lìn 吝

lìn 蔺

líng 伶

líng 泠（清凉）

líng
苓

líng
玲

líng
聆

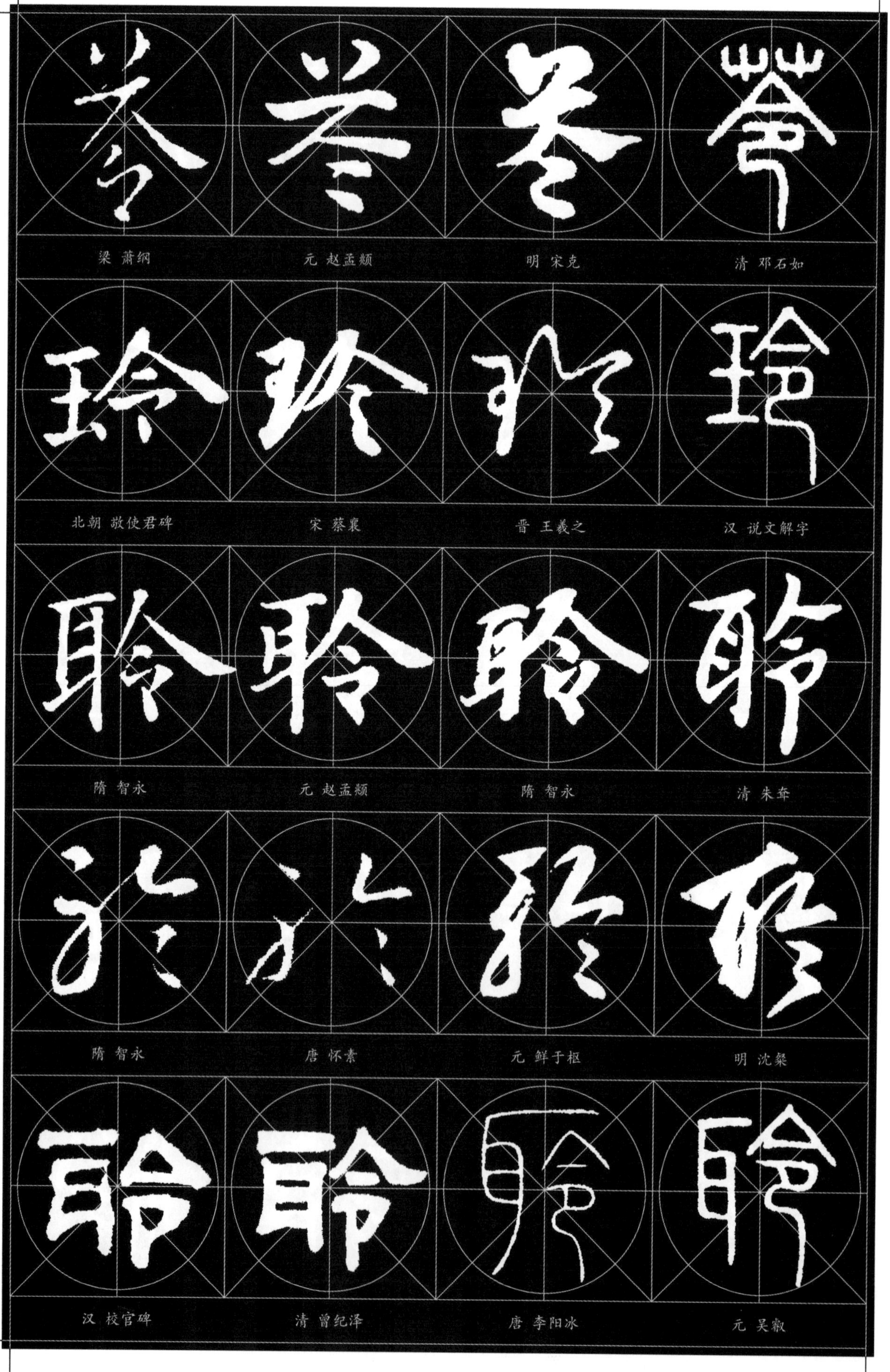

líng 軨

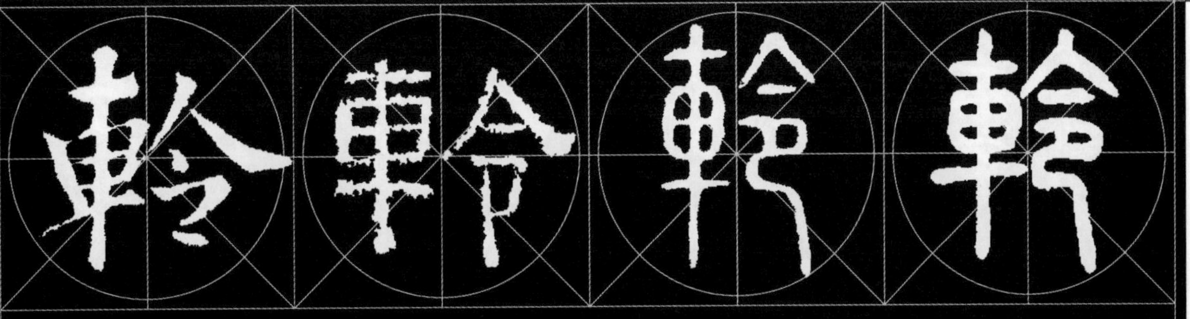

唐 褚遂良　汉 王舍人碑　汉 说文解字　清 康熙字典

líng 铃

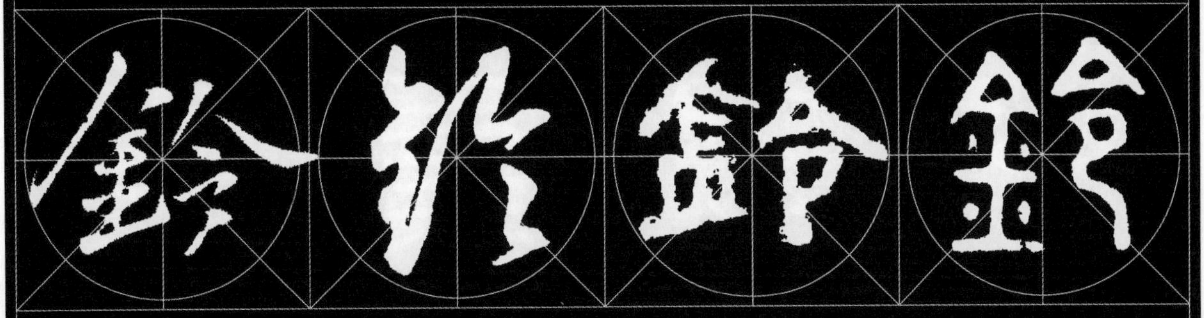

宋 叶清臣　明 文徵明　汉 孟孝琚碑　周 师寰簋

líng 零

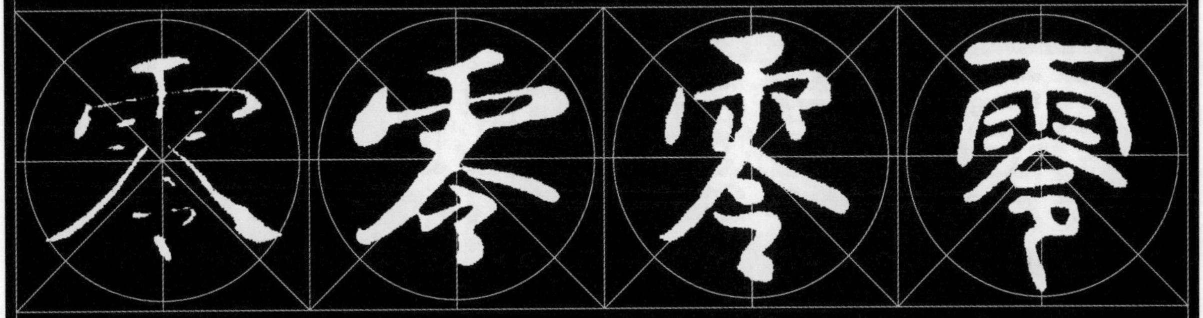

北魏 朱君山墓志　宋 苏轼　宋 薛绍彭　清 杨沂孙

líng 龄

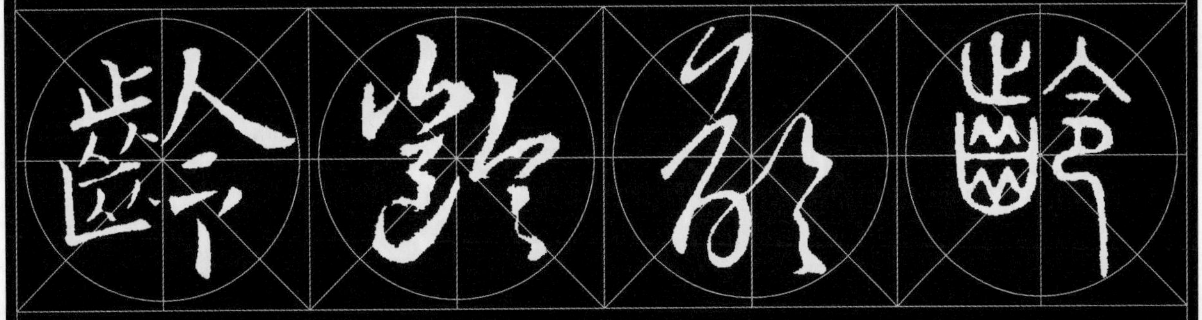

唐 欧阳询　唐 武则天　晋 王献之　汉 说文解字

líng 灵（靈、霛）

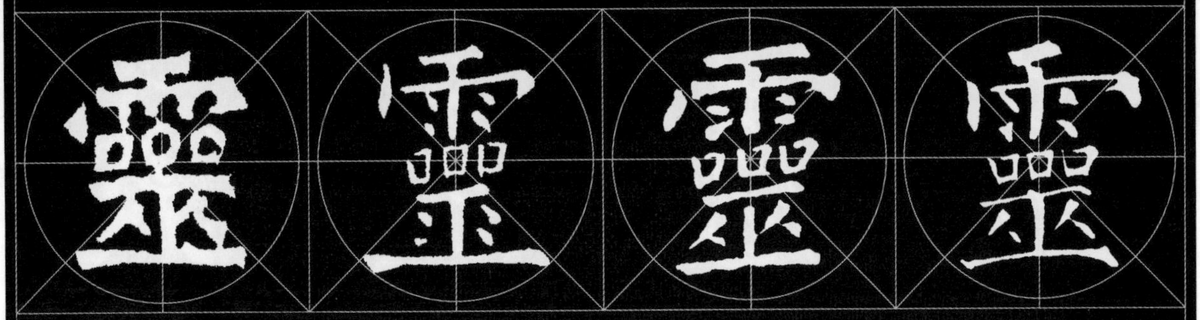

北魏 杨大眼造像　唐 欧阳询　唐 颜真卿　唐 柳公权

líng
棂（欞、櫺）

líng
凌

líng
凌（凌）

líng
陵

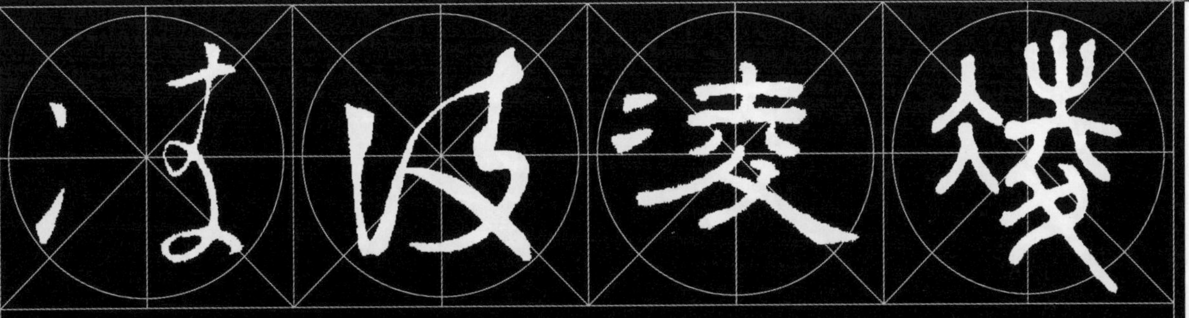

唐 怀素　宋 赵佶　清 王澍　元 赵孟頫

隋 智永　唐 怀素　清 顾蔼吉·隶辨　汉 说文解字

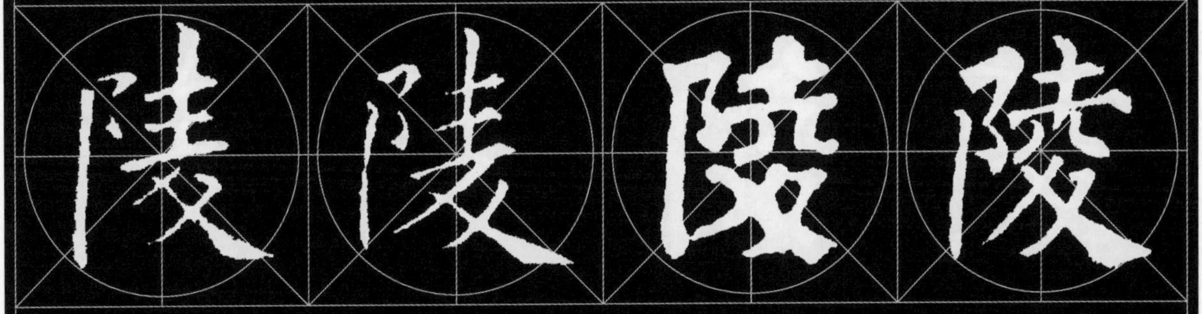

唐 欧阳询　唐 褚遂良　唐 颜真卿　唐 柳公权

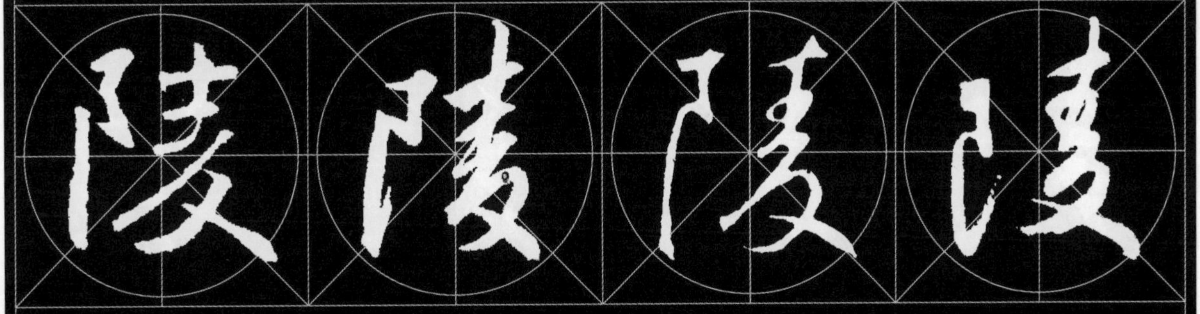

唐 张从申　元 赵孟頫　元 鲜于枢　明 祝允明

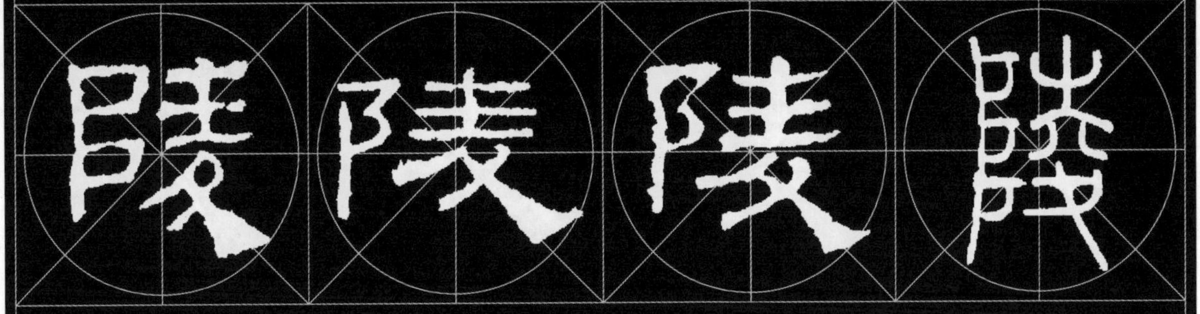

汉 景君碑　汉 礼器碑　汉 华山碑　唐 李阳冰

líng 菱

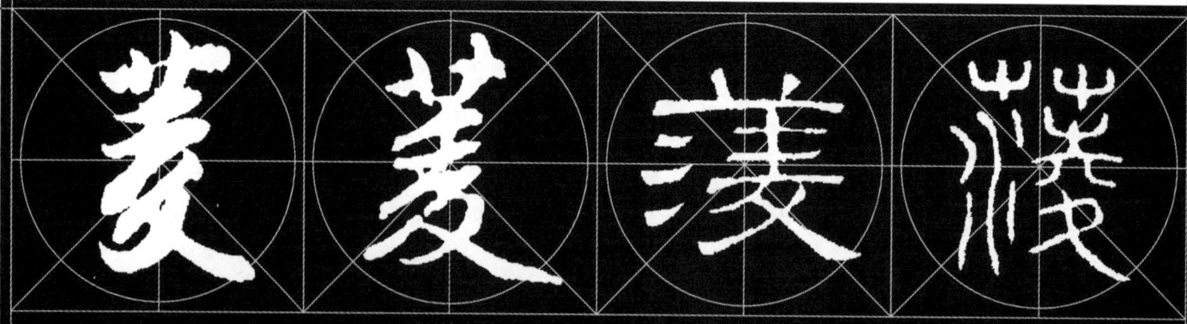

宋 薛绍彭　元 赵孟頫　清 顾蔼吉·隶辨　汉 说文解字

líng 绫

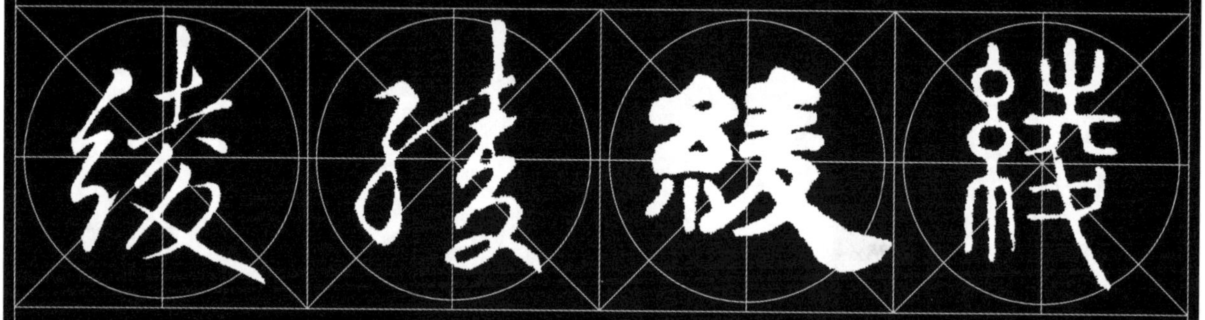

清 王铎　元 赵孟頫　清 姚元之　汉 说文解字

lǐng 领

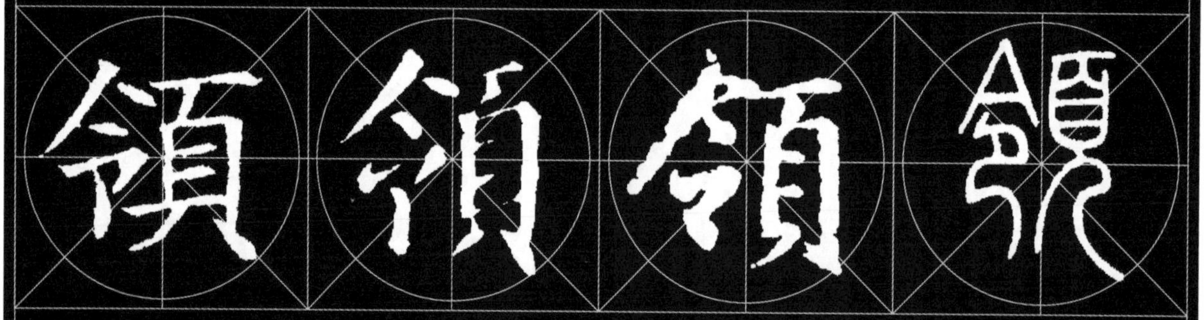

隋 苏孝慈墓志　唐 颜真卿　元 赵孟頫　清 邓石如

晋 王羲之　晋 王羲之　唐 欧阳询　汉 乙瑛碑

lǐng 岭（嶺）

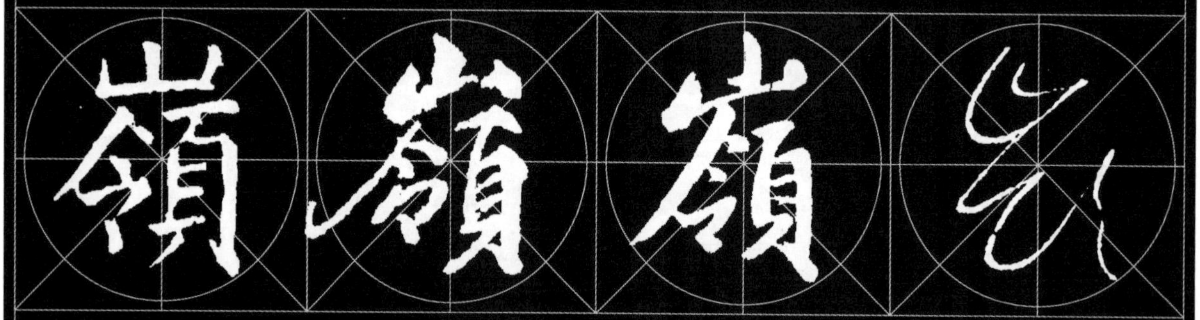

唐 颜真卿　唐 柳公权　元 赵孟頫　唐 怀素

lìng 令 líng （令狐） lǐng （五百张原纸为一令）

liū 溜 liù

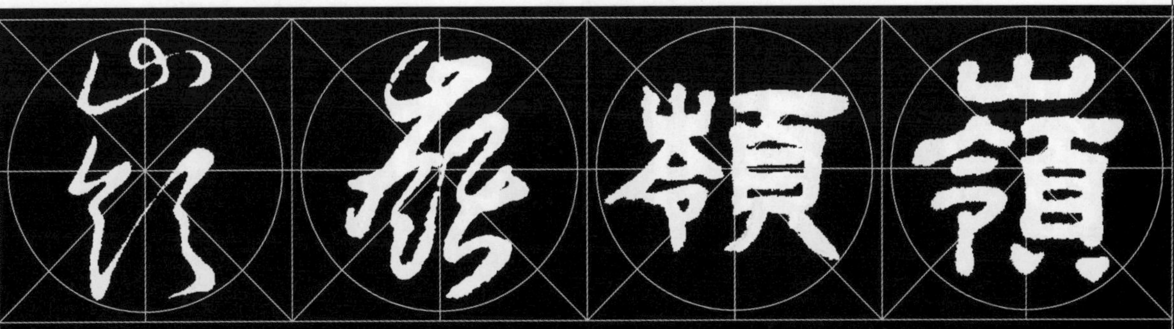

明 王宠　清 王铎　清 邓石如　清 顾蔼吉

唐 欧阳询　唐 褚遂良　晋 王羲之　宋 米芾

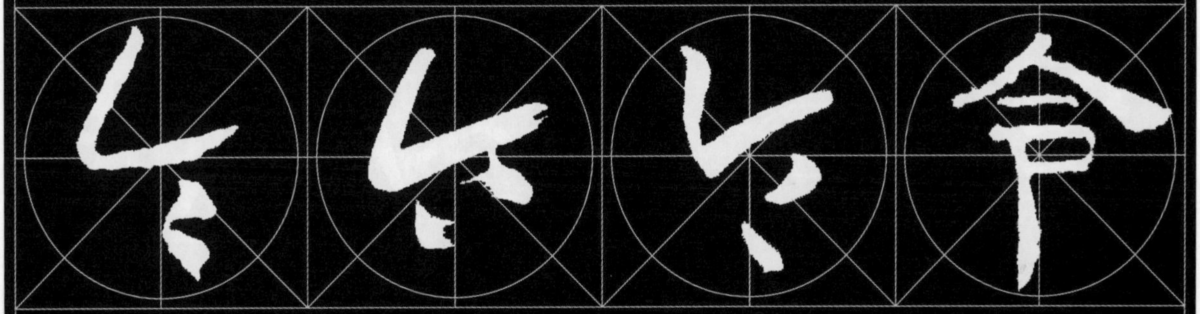

晋 王羲之　南朝 王慈　唐 孙过庭　汉 景君碑

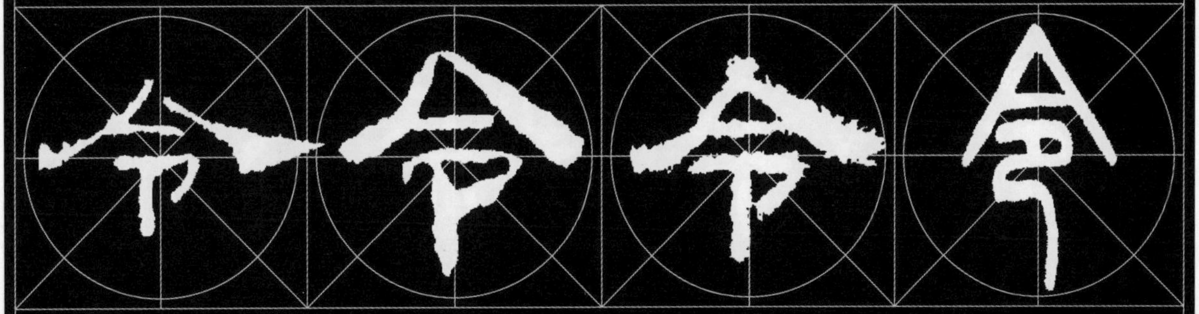

汉 礼器碑　汉 校官碑　汉 张迁碑　清 邓石如

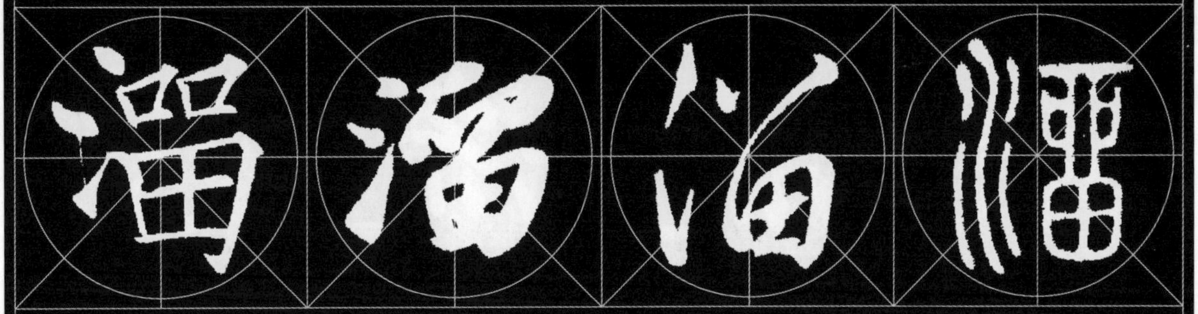

唐 薛曜　宋 苏轼　明 申时行　汉 说文解字

liú 刘（劉、鎦）

liú 流（沶）

唐 孙过庭　元 揭傒斯　明 文徵明　汉 石门颂

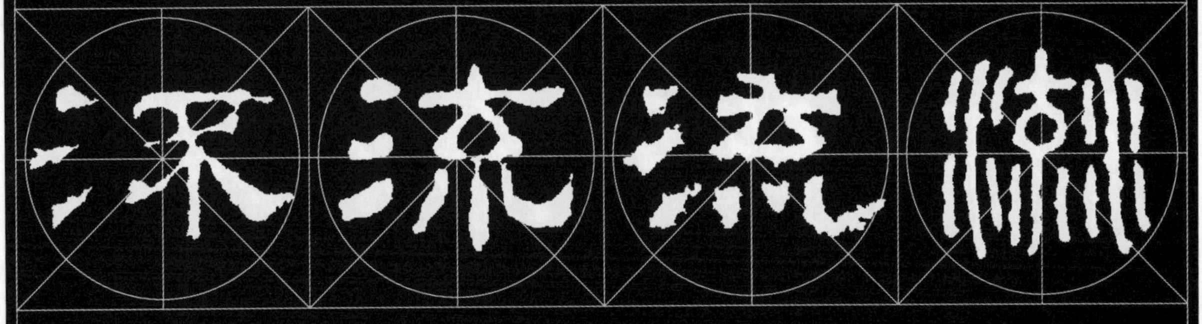

汉 史晨碑　汉 校官碑　汉 张迁碑　秦 石鼓文

liú
琉

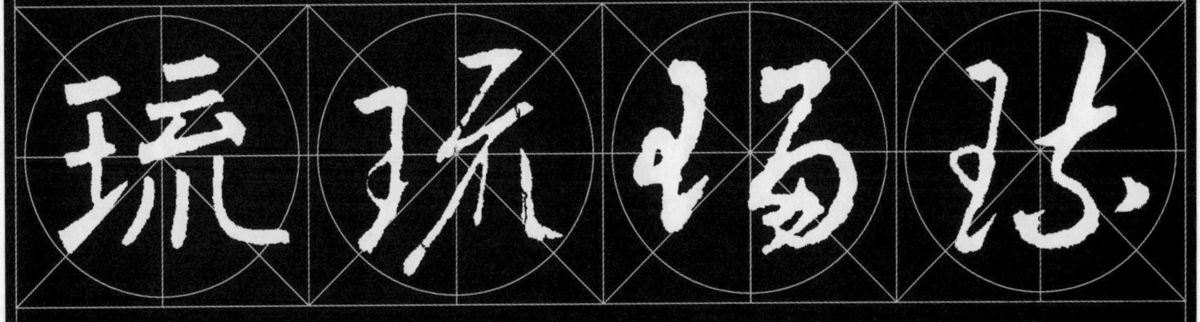

唐 柳公权　明 沈懋孝　元 陆居仁　明 李东阳

liú
留

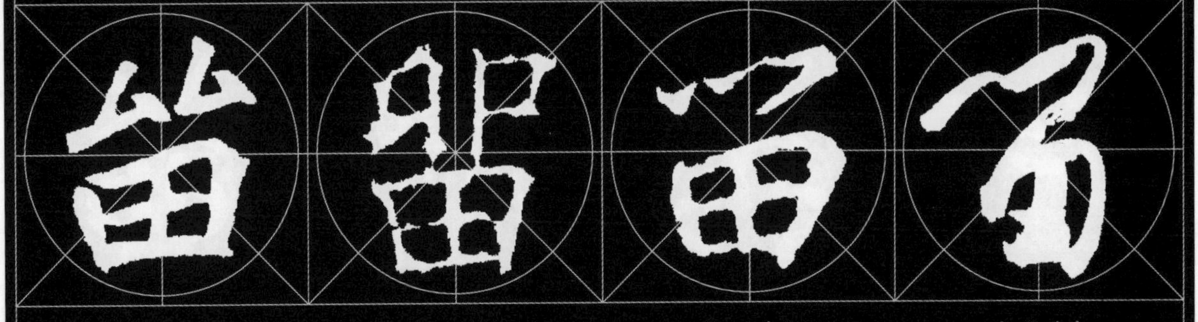

北魏 元诊墓志　唐 欧阳询　晋 王羲之　唐 孙过庭

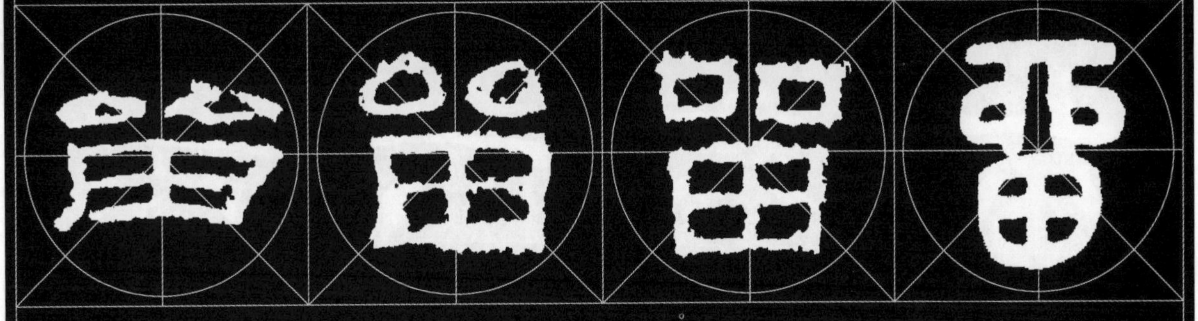

汉 乙瑛碑　汉 衡方碑　汉 张迁碑　清 吴大澂

liú
榴

元 赵孟頫　明 王宠　清 何绍基　金 张天锡·草书韵会

liǔ
柳

唐 颜真卿　唐 柳公权　晋 王献之　宋 苏轼

宋 吴琚　明 唐寅　元 赵孟頫　汉 武梁刻石

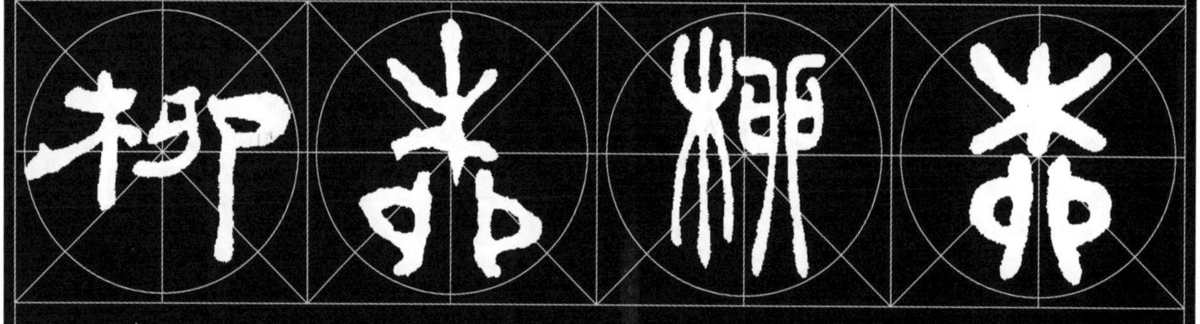

清 杨岘　周 散氏盘　清 吴熙载　清 吴大澂

liù
六

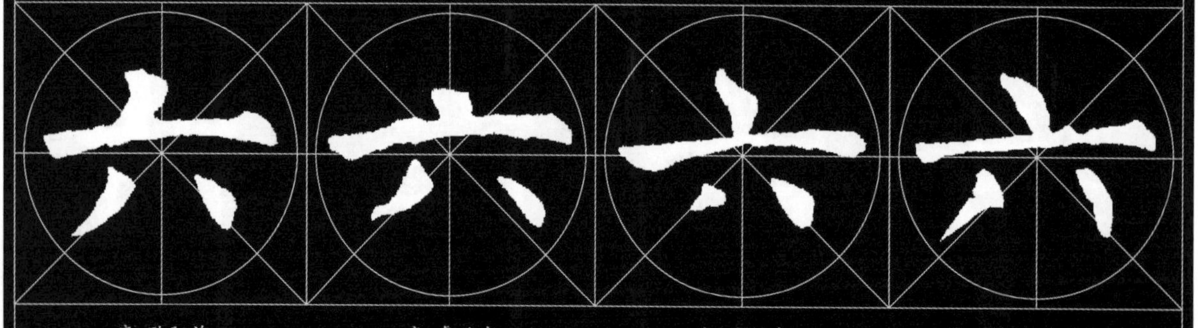

唐 欧阳询　唐 虞世南　唐 褚遂良　唐 柳公权

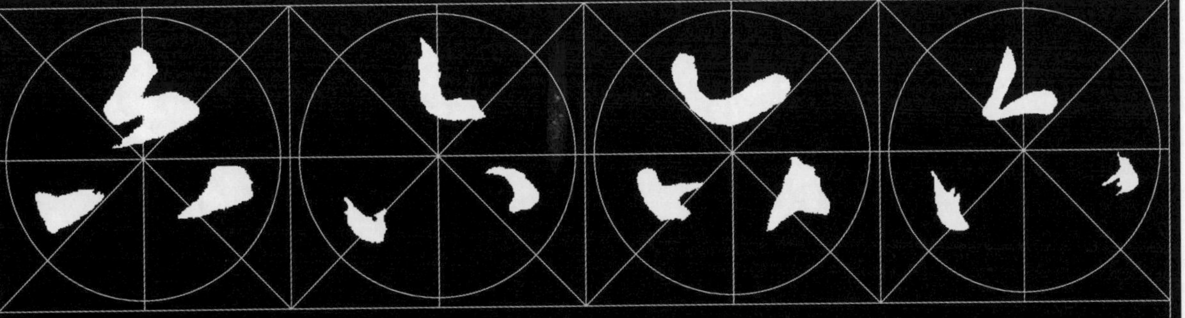

晋 王羲之　唐 虞世南　唐 贺知章　宋 苏轼

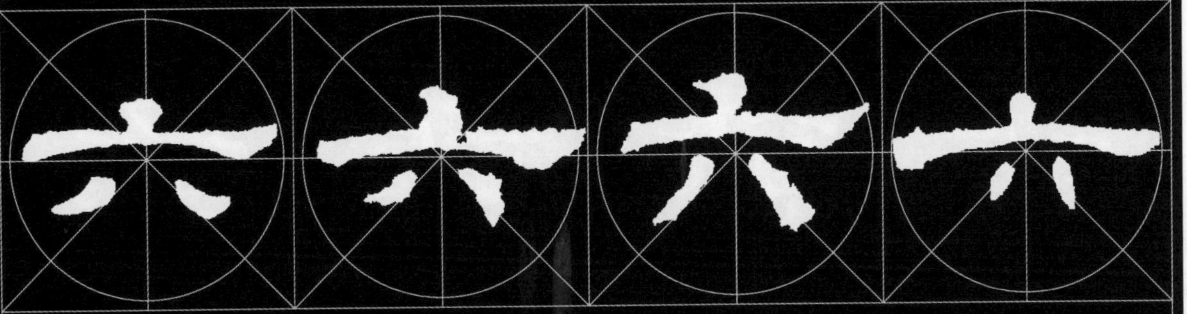

汉 郭有道碑　汉 孔彪碑　汉 白石神君碑　汉 曹全碑

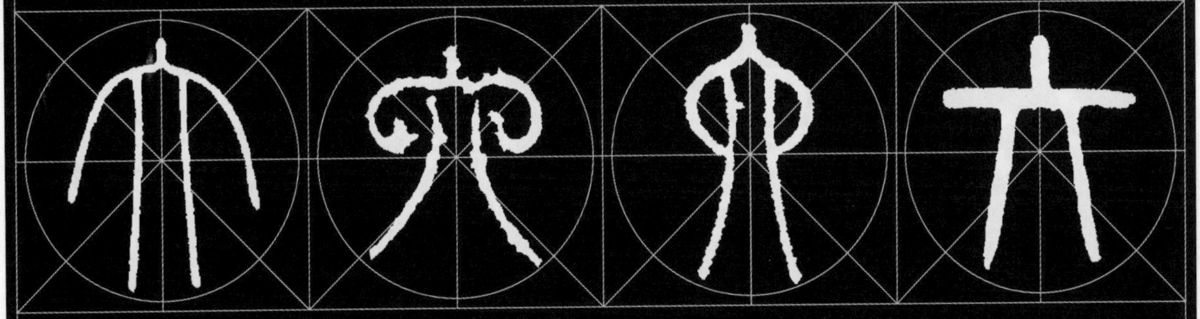

秦 李斯　汉 袁安碑　清 永瑆　清 杨沂孙

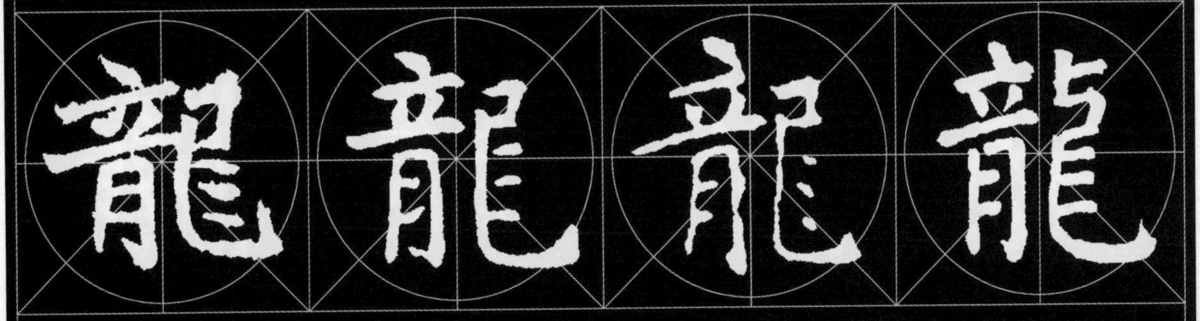

北魏 高贞碑　唐 虞世南　唐 褚遂良　唐 颜真卿

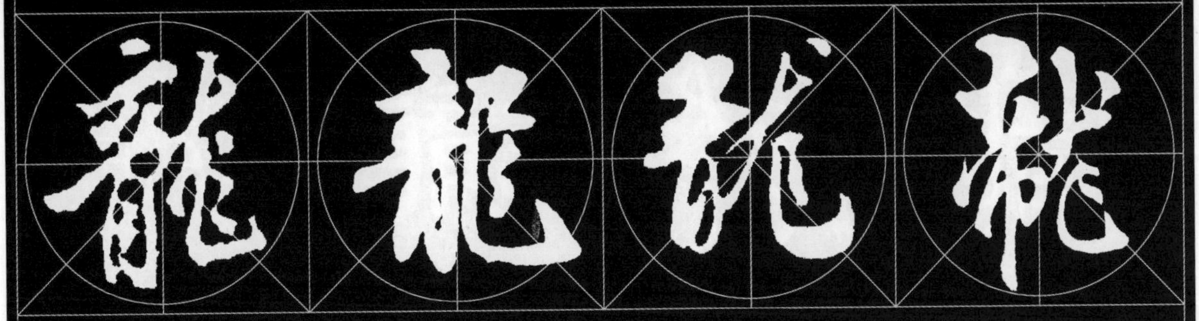

唐 李邕　宋 苏轼　宋 吴琚　元 杨维桢

lóng
龙（龍）

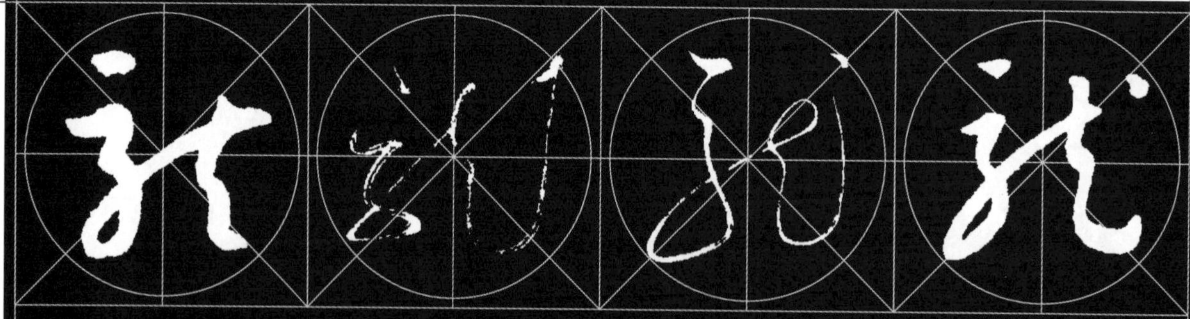

唐 孙过庭 | 唐 怀素 | 宋 赵佶 | 元 康里子山

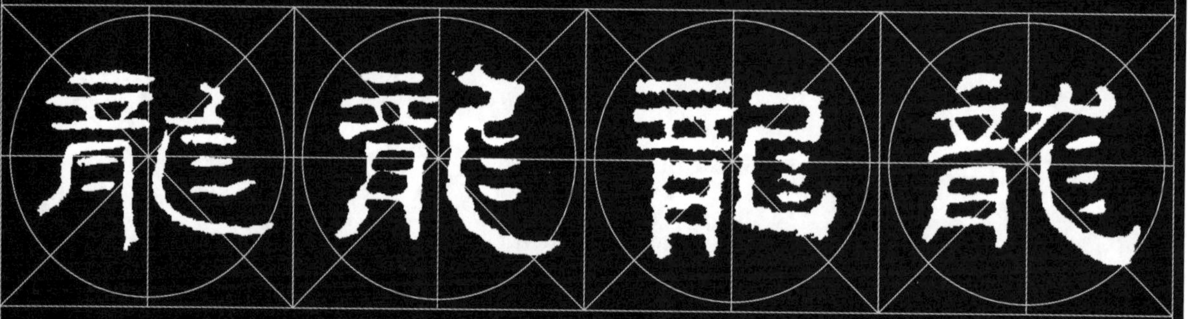

汉 石门颂 | 汉 西狭颂 | 汉 张迁碑 | 汉 肥致碑

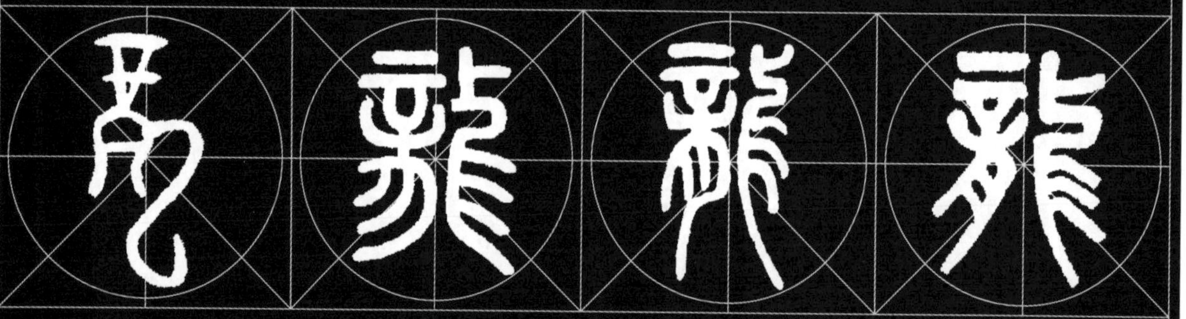

殷商 甲骨文 | 元 赵孟頫 | 清 邓石如 | 清 吴大澂

lóng
泷
shuāng

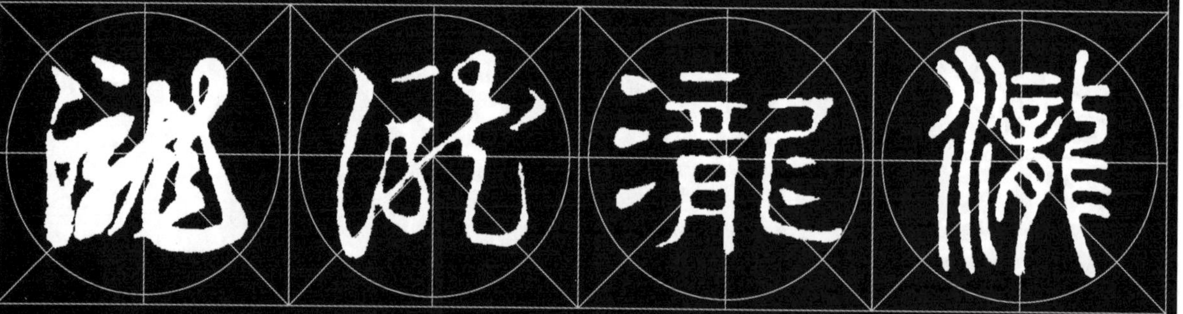

元 俞和 | 金 张天锡·草书韵会 | 清 顾蔼吉·隶辨 | 汉 说文解字

lóng
珑

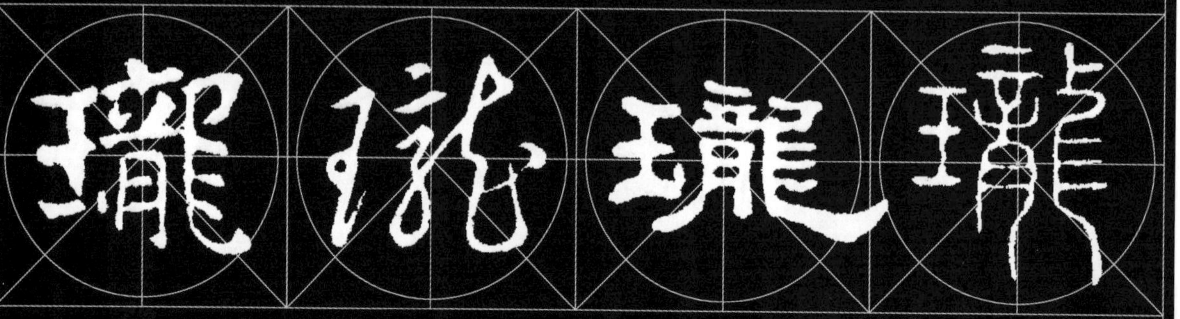

北朝 敬使君碑 | 金 张天锡·草书韵会 | 汉 曹全碑 | 汉 说文解字

lóng 笼 lǒng

lóng 聋

lóng 隆

唐 欧阳通　唐 高正臣　唐 武则天　元 赵孟頫

隋 张公礼　元 赵孟頫　元 赵孟頫　明 祝允明

唐 虞世南　唐 褚遂良　唐 王敬客　唐 柳公权

唐 高正臣　元 赵孟頫　晋 王羲之　明 宋克

汉 石门颂　汉 张寿碑　汉 西狭颂　清 吴熙载

lǒng 陇

唐 欧阳通 | 宋 苏轼 | 清 何绍基 | 宋 魏了翁

清 王铎 | 汉 赵宽碑 | 汉 曹全碑 | 清 杨沂孙

lóu 娄（婁）

唐 欧阳通 | 元 赵孟頫 | 唐 孙过庭 | 汉 熹平石经

lóu 偻

宋 黄庭坚 | 宋 赵构 | 宋 苏轼 | 汉 说文解字

lóu 楼

隋 张公礼 | 唐 颜真卿 | 宋 米芾 | 宋 楼钥

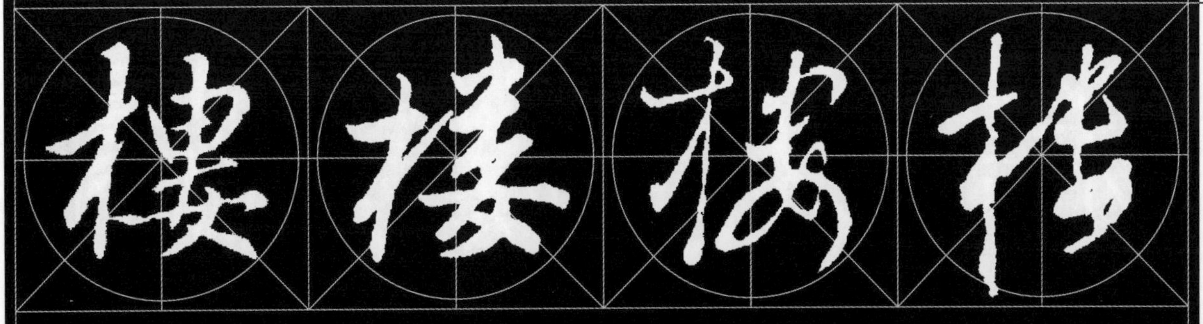

元 赵孟頫 明 唐寅 晋 王羲之 唐 怀素

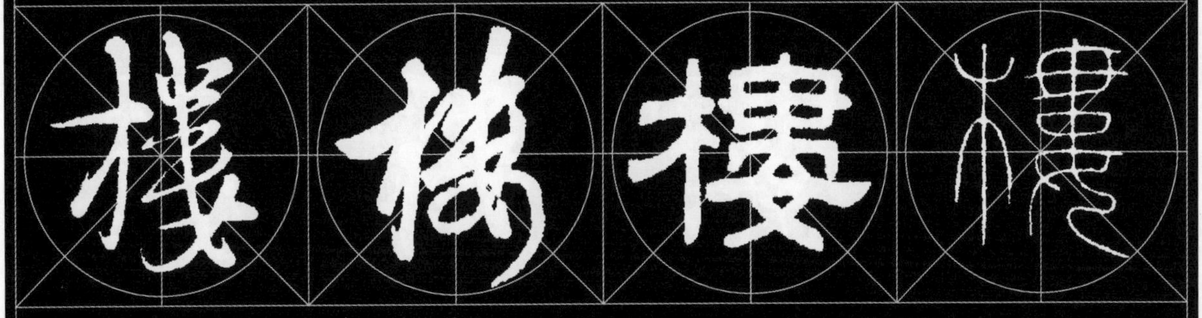

宋 朱熹 元 张雨 清 陈豫钟 唐 李阳冰

lòu
镂

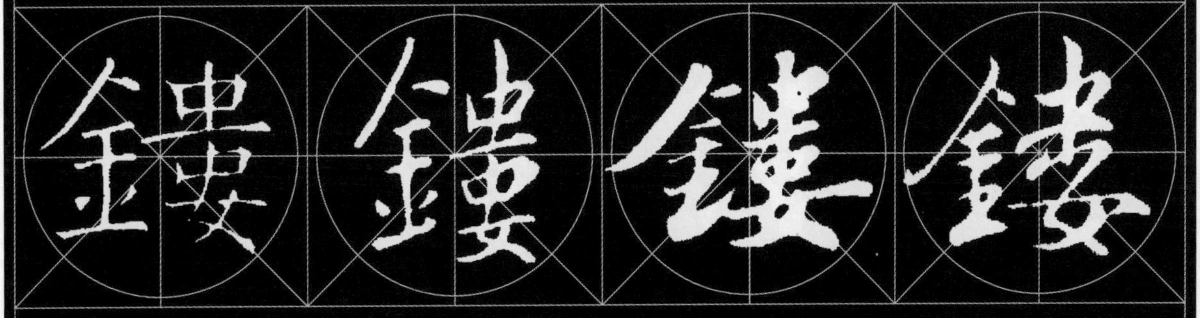

唐 褚遂良 唐 李邕 宋 苏轼 明 沈粲

lòu
陋

唐 褚遂良 明 祝允明 明 金琮 唐 怀素

明 沈度 明 沈粲 清 邓石如 清 吴大澂

lòu 漏

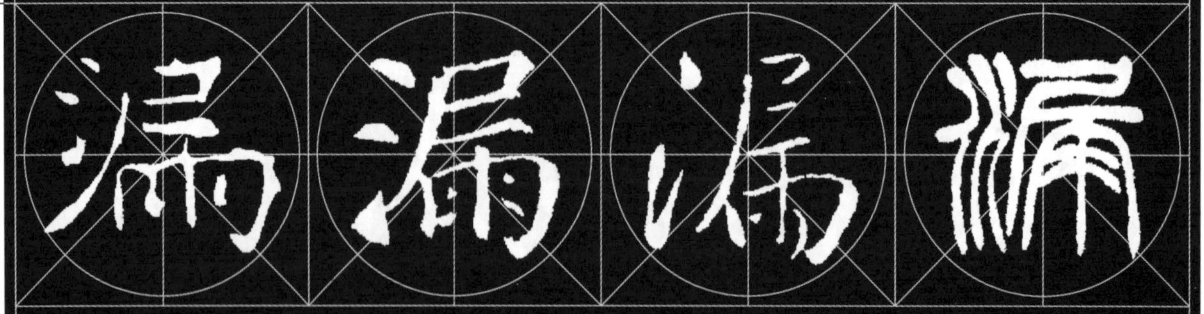

隋 龙藏寺碑 | 唐 颜真卿 | 清 王铎 | 清 徐三庚

lòu 露（露脸） lù（裸露）

唐 欧阳通 | 唐 柳公权 | 元 赵孟頫 | 清 恽寿平

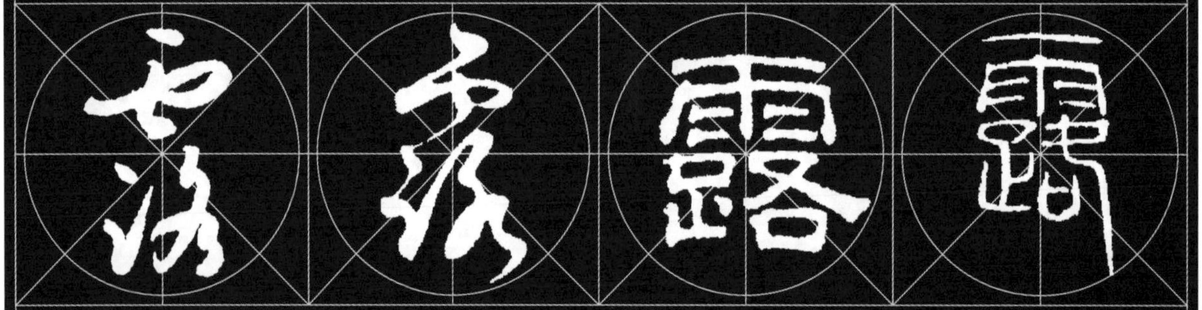

唐 孙过庭 | 宋 王昇 | 元 吴叡 | 元 吴叡

lú 卢（盧）

唐 欧阳询 | 唐 魏栖梧 | 唐 李世民 | 明 董其昌

lú 庐

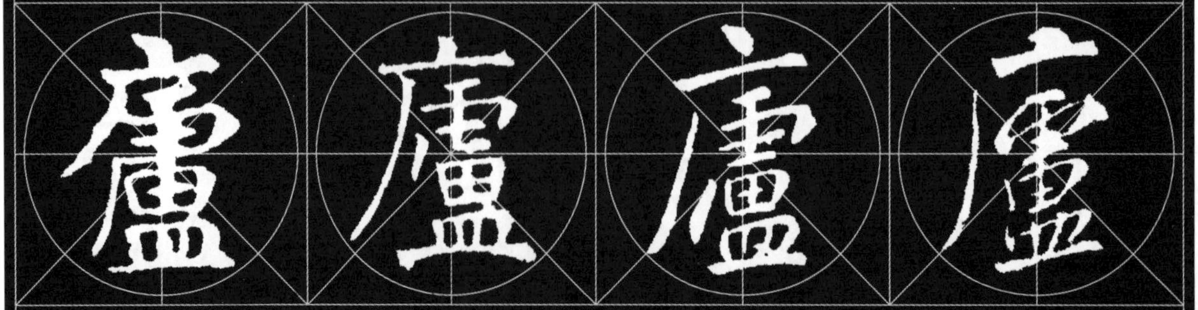

北朝 敬使君碑 | 唐 褚遂良 | 唐 李邕 | 宋 米芾

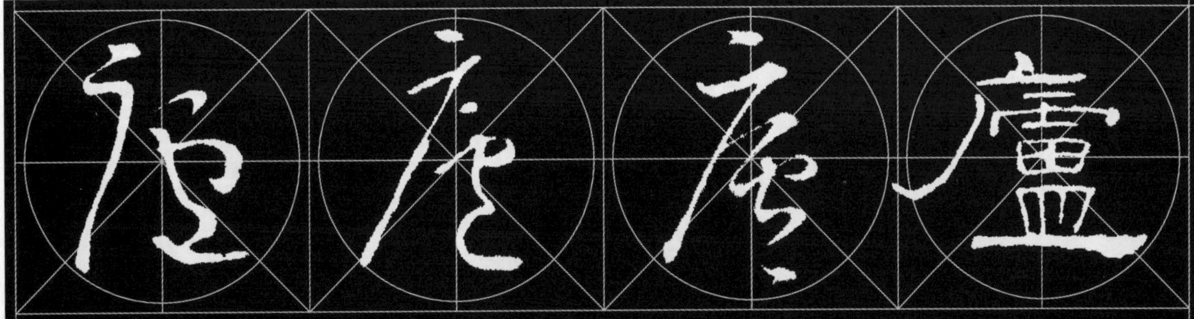

唐 李白　唐 怀素　明 董其昌　汉 礼器碑

lú
芦

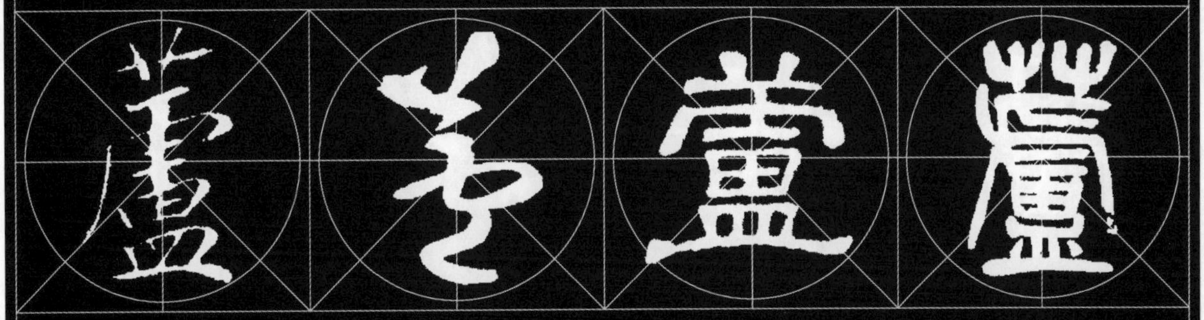

元 袁桷　清 王铎　清 顾蔼吉·隶辨　清 杨沂孙

lú
垆（壚、罏）

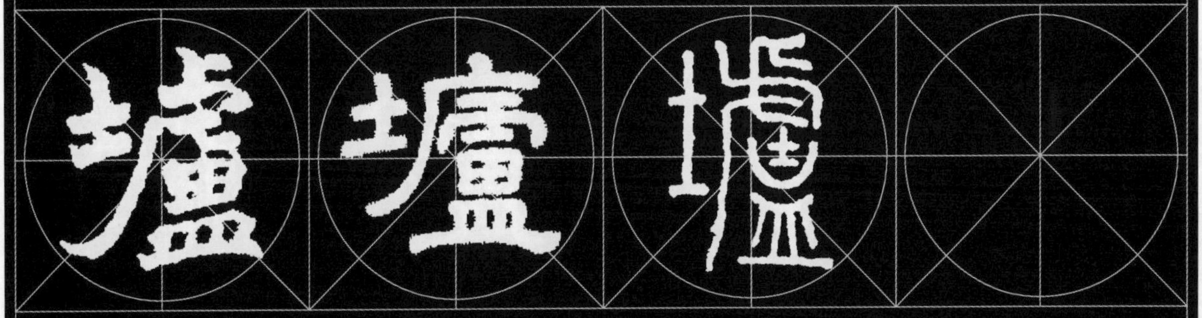

清 赵之谦　清 顾蔼吉·隶辨　清 永理

lú
炉（爐、鑪）

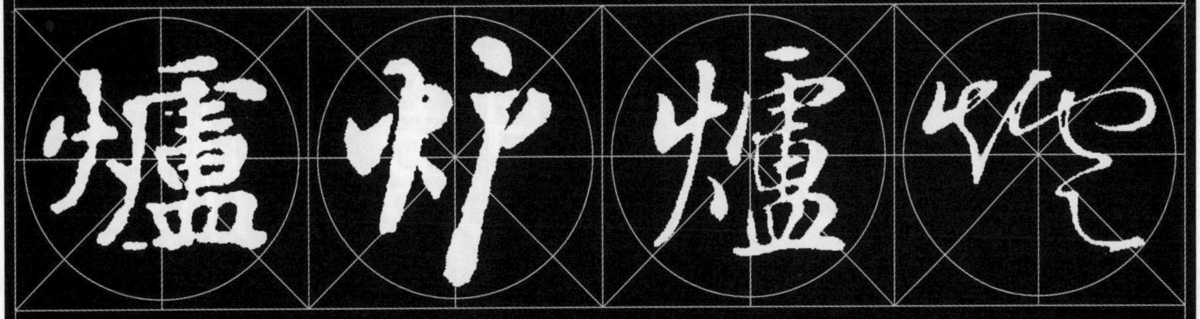

明 文徵明　唐 杜牧　明 董其昌　唐 怀素

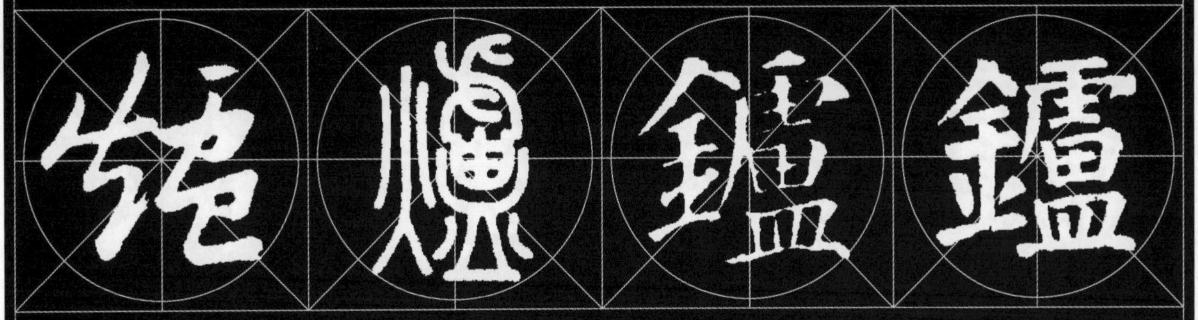

明 张瑞图　清 沙神芝　唐 颜真卿　唐 颜真卿

lú 栌

lú 胪（陈列）

lú 舻（船头）

lú 鲈

lǔ 鲁

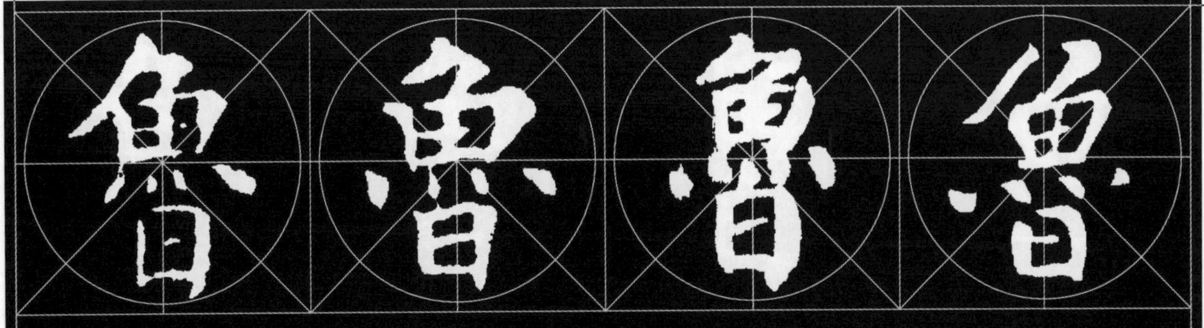

唐 虞世南 | 唐 欧阳通 | 唐 颜真卿 | 宋 黄庭坚

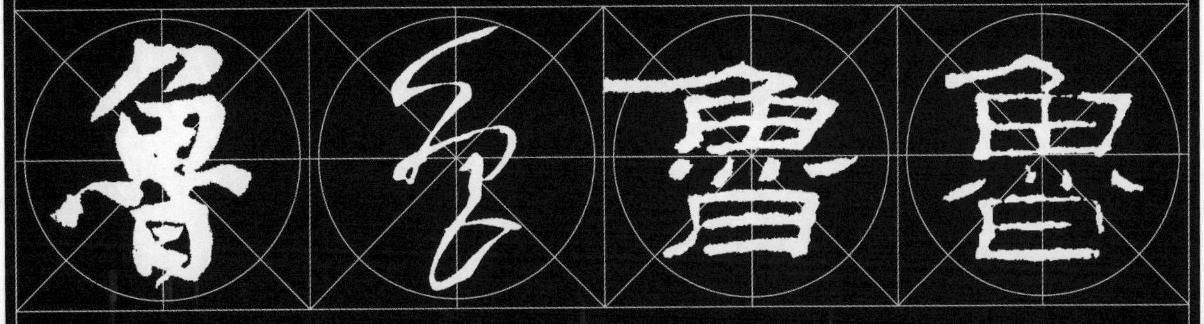

宋 黄庭坚 | 清 王铎 | 汉 乙瑛碑 | 汉 礼器碑

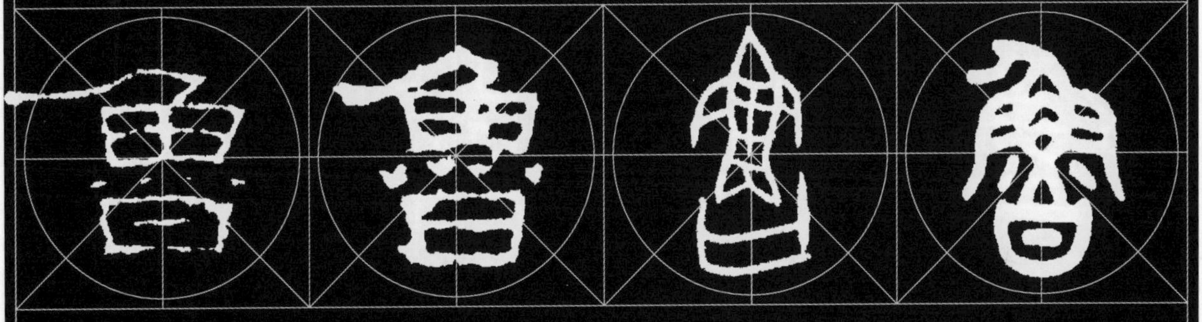

汉 史晨碑 | 汉 张迁碑 | 殷商 甲骨文 | 清 吴大澂

lǔ 橹（樐、艪、樚、艣）

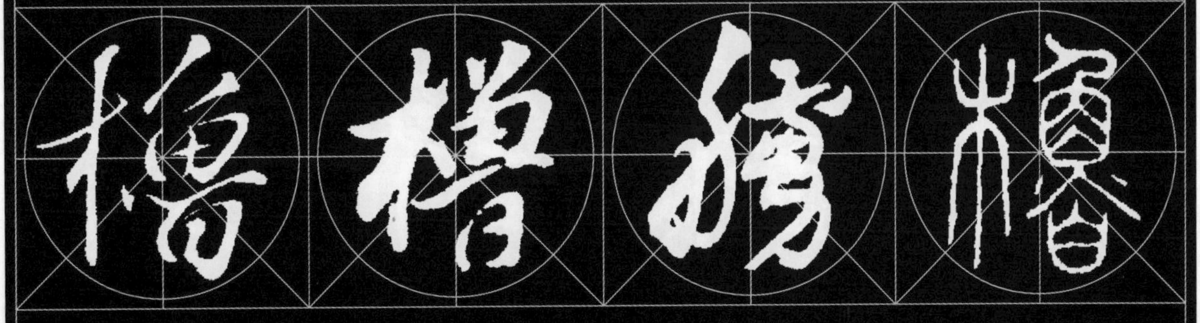

宋 苏轼 | 明 董其昌 | 清 王铎 | 汉 说文解字

lǔ 虏（虜）

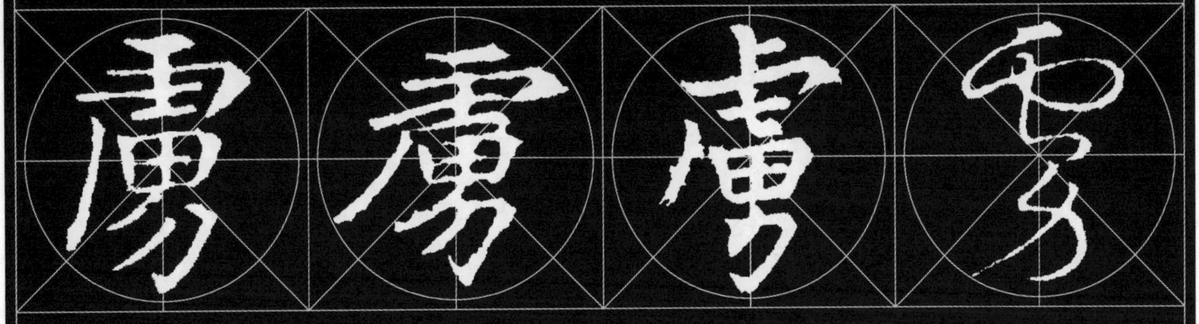

北朝 敬使君碑 | 唐 颜师古 | 唐 柳公权 | 金 张天锡·草书韵会

lù
陆

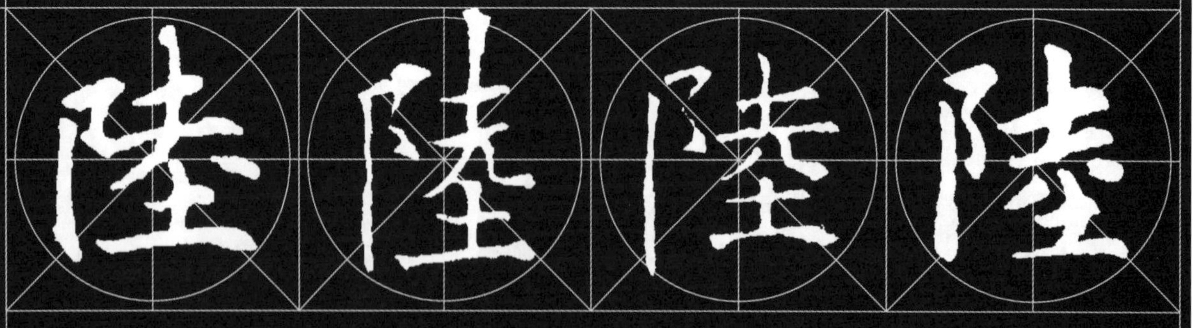

唐 灵飞经　唐 欧阳询　唐 褚遂良　元 赵孟頫

明 董其昌　明 文徵明　宋 黄庭坚　唐 怀素

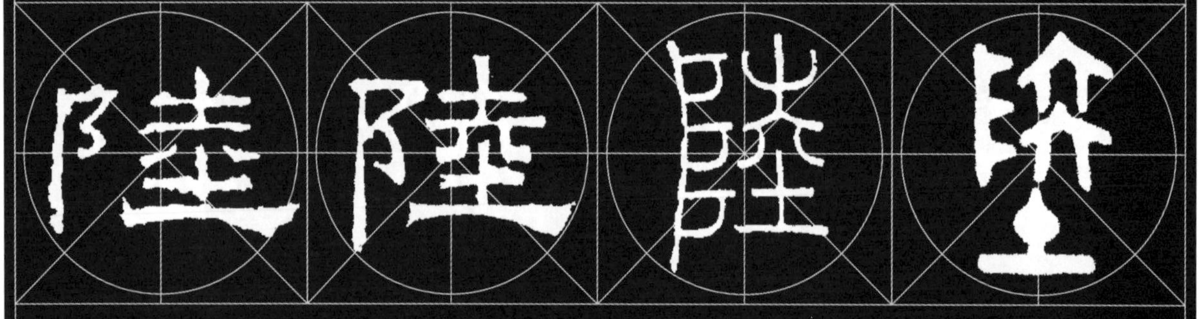

汉 礼器碑　三国 曹真碑　唐 李阳冰　清 田潜

lù
录

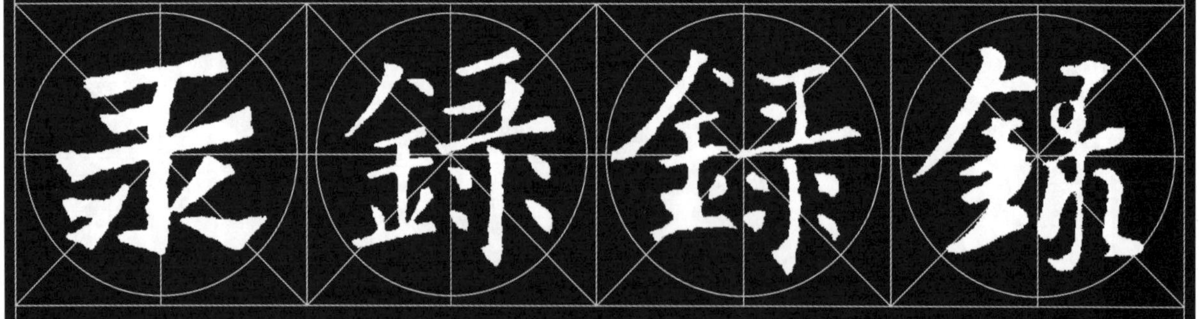

北魏 孙秋生造像　唐 欧阳询　唐 褚遂良　晋 王羲之

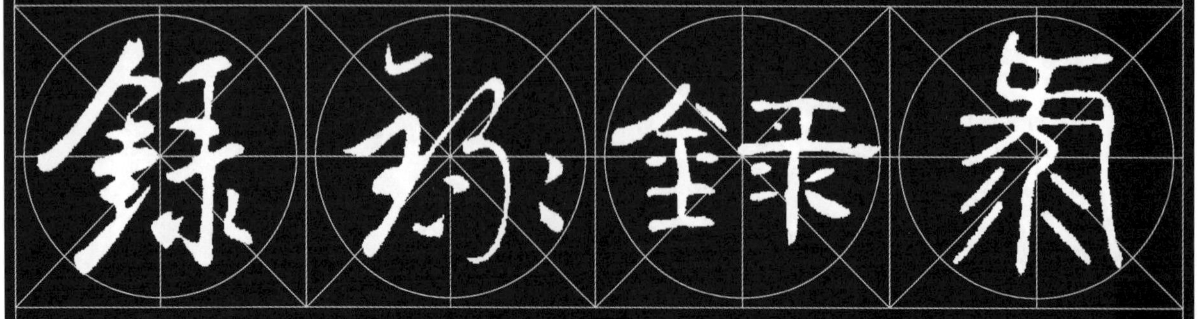

宋 米芾　元 赵孟頫　汉 曹全碑　汉 说文解字

lù 渌

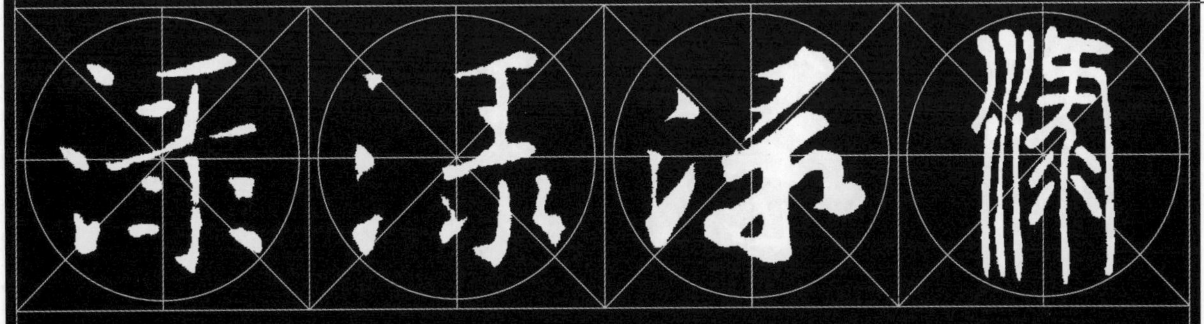

唐 褚遂良　晋 王羲之　宋 苏轼　清 吴熙载

lù 禄

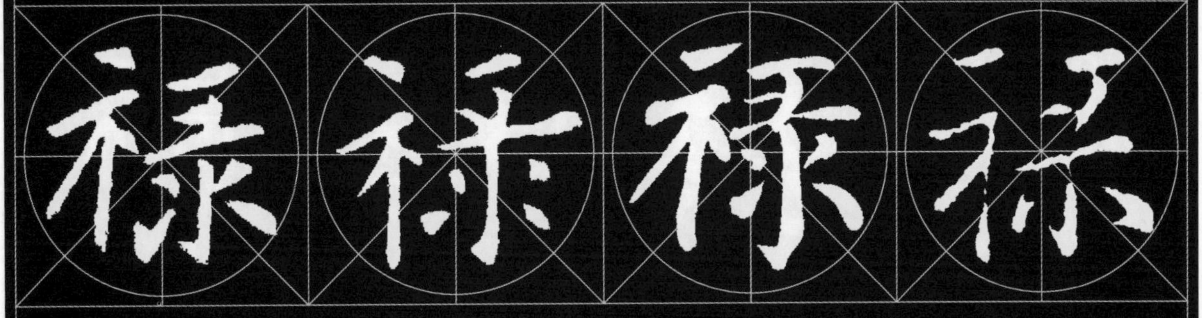

北魏 元倪墓志　唐 欧阳询　唐 颜真卿　唐 颜真卿

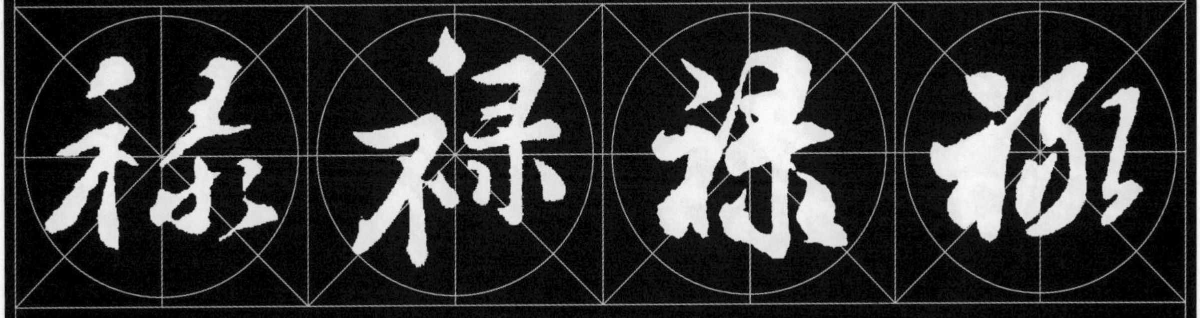

宋 苏轼　宋 黄庭坚　宋 米芾　隋 智永

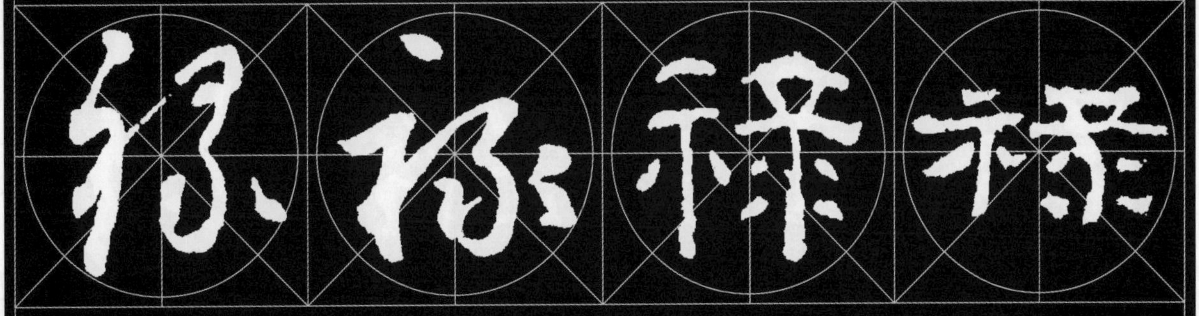

唐 怀素　元 鲜于枢　汉 夏承碑　汉 张迁碑

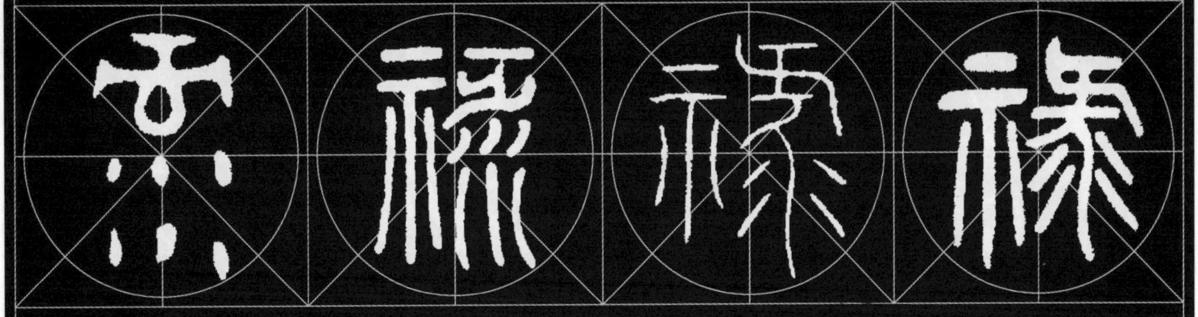

周 墙盘　唐 颜真卿　唐 李阳冰　清 杨沂孙

lù
箓

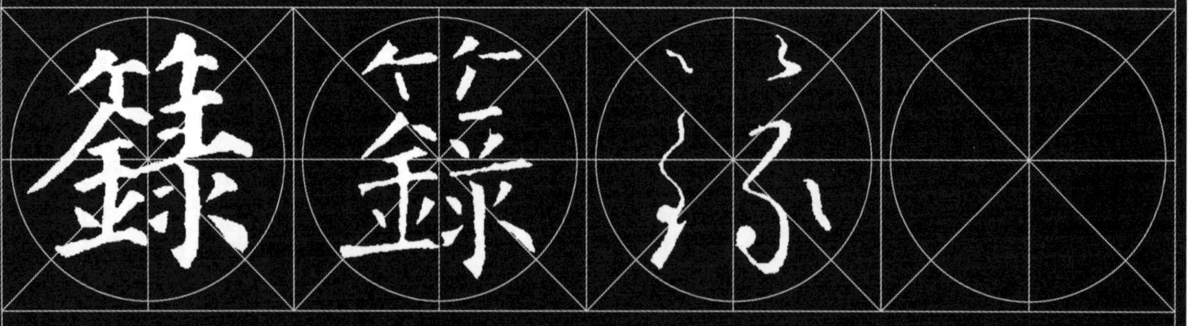

唐 颜真卿 唐 柳公权 唐 怀素

lù
赂

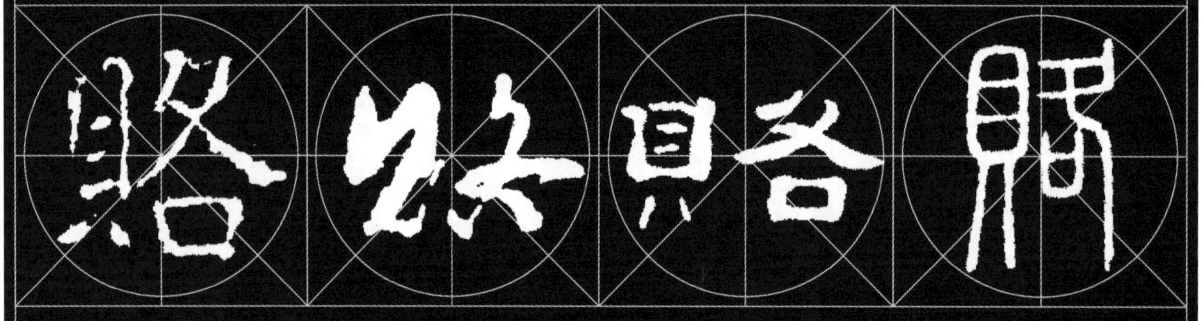

唐 颜真卿 唐 孙过庭 清 郑簠 汉 说文解字

lù
辂

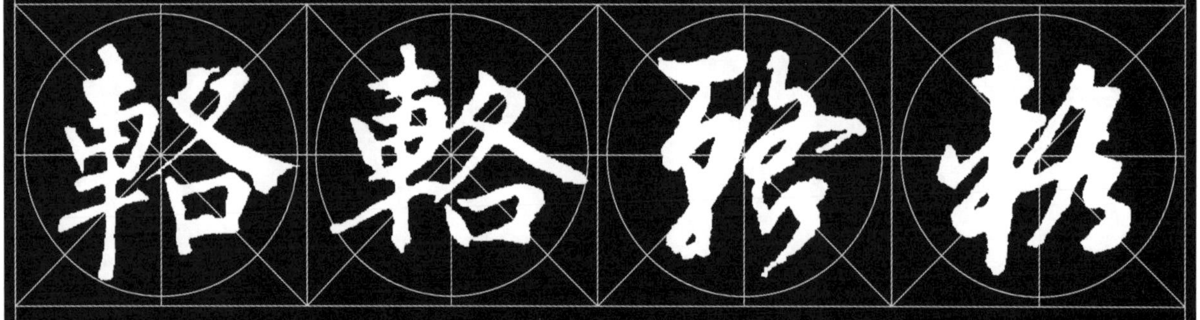

唐 柳公权 元 赵孟頫 唐 孙过庭 唐 孙过庭

lù
路

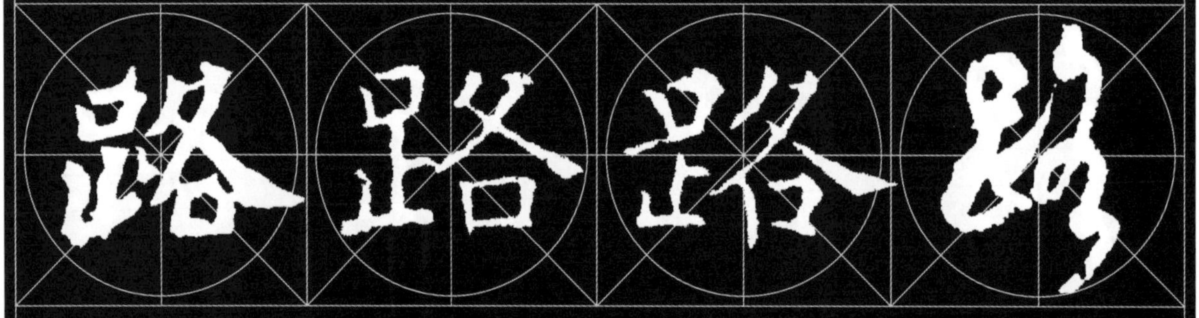

北魏 杨大眼造像 唐 褚遂良 唐 欧阳通 宋 米芾

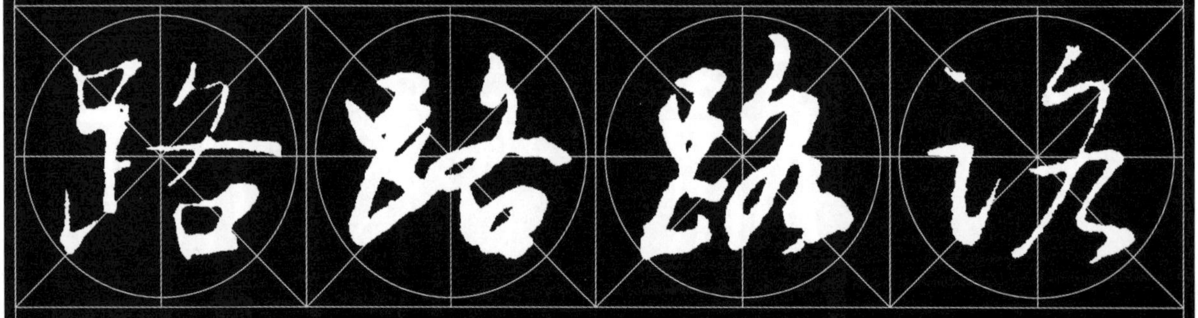

宋 张即之 明 文徵明 清 刘墉 晋 王羲之

lù 鹭

lù 鹿

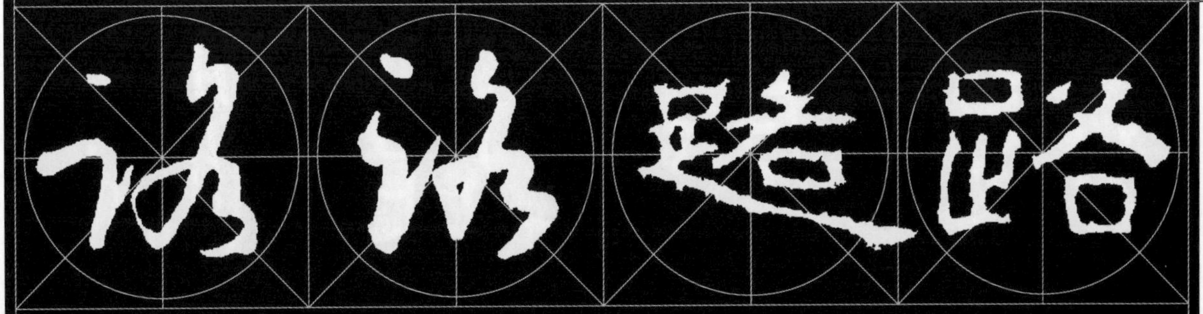

唐 孙过庭　　唐 怀素　　汉 石门颂　　汉 西狭颂

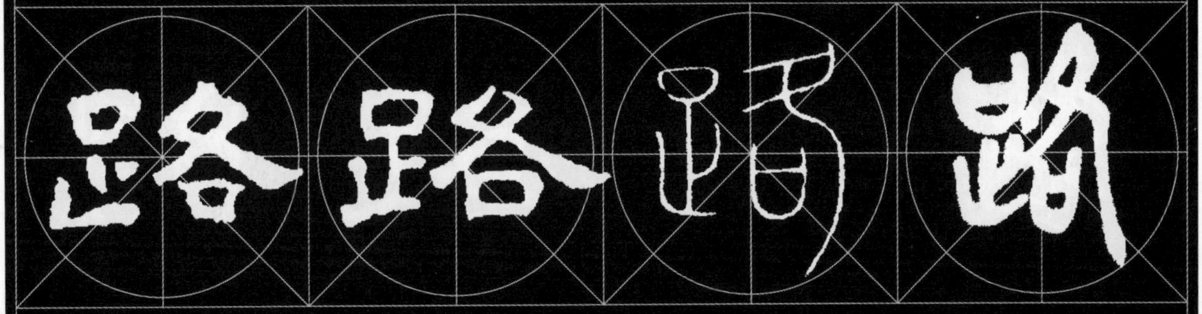

汉 孔彪碑　　清 王澍　　唐 李阳冰　　清 吴昌硕

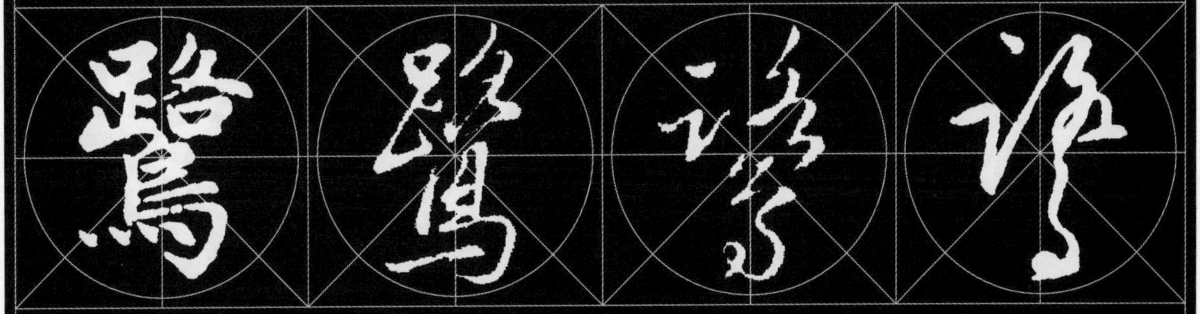

元 赵孟頫　　明 董其昌　　宋 陈与义　　明 王守仁

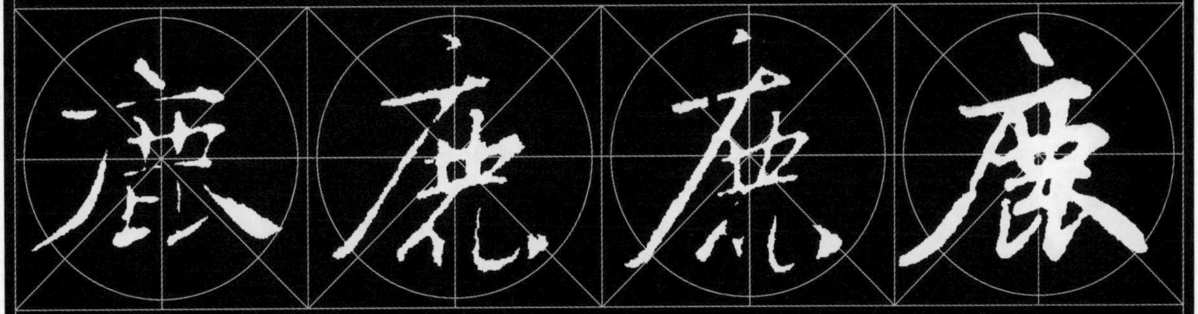

唐 褚遂良　　晋 王羲之　　唐 释怀仁　　元 赵孟頫

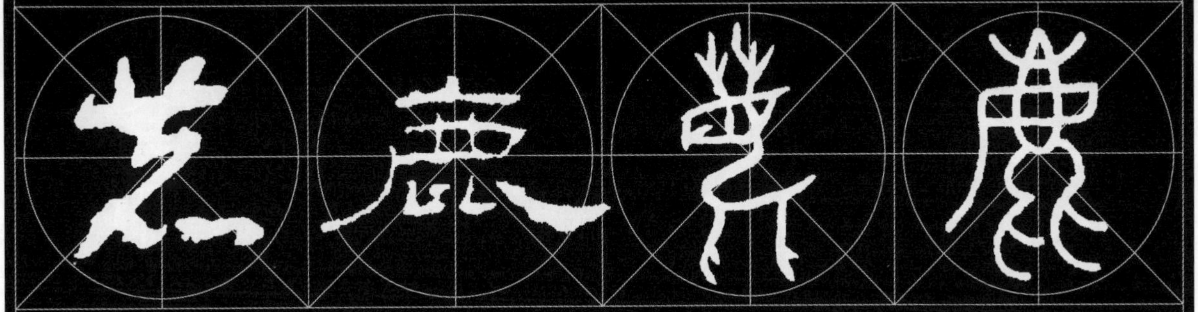

明 祝允明　　汉 孔宙碑　　殷商 甲骨文　　清 王澍

lù 漉

lù 麓

lù 戮（剹、勠）

lú 驴

lǘ 闾

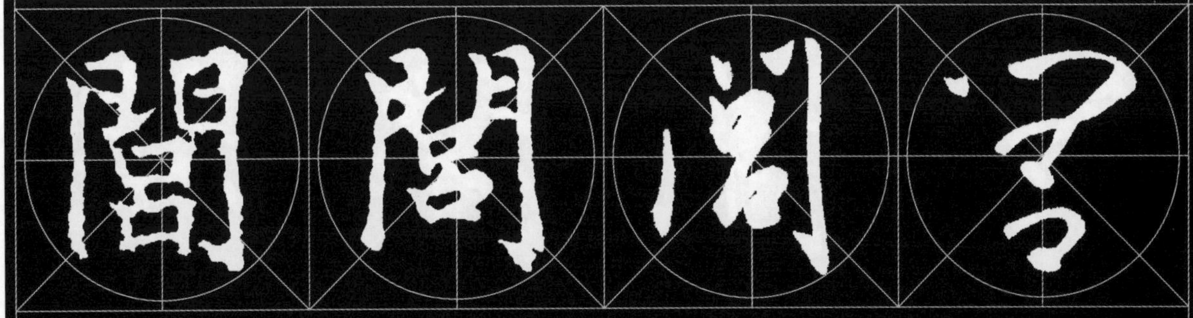

南北朝 高贞碑　元 赵孟頫　明 陈淳　唐 怀素

lǚ 吕

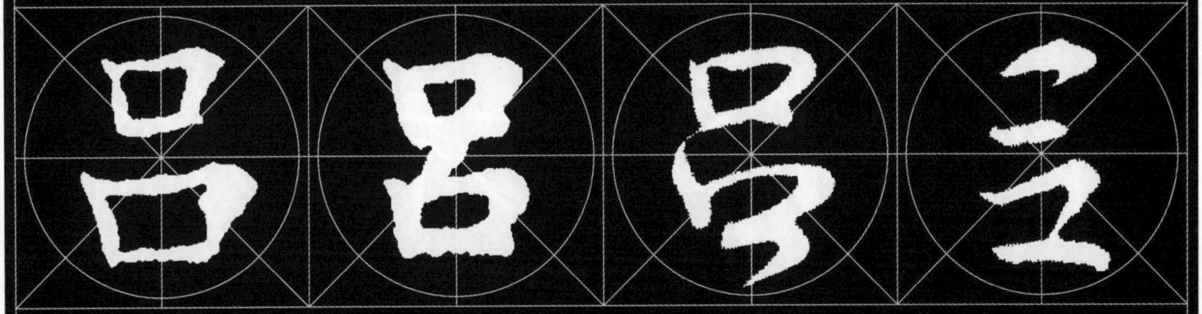

唐 欧阳通　元 赵孟頫　宋 米芾　晋 索靖

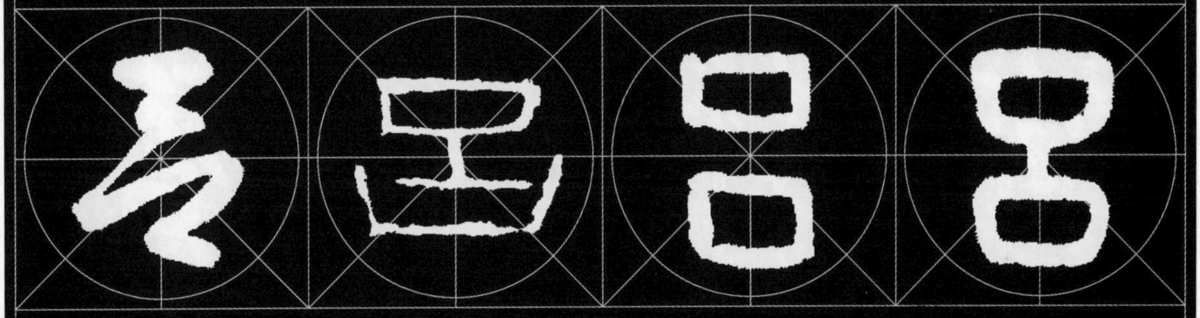

明 沈粲　汉 礼器碑　殷商 甲骨文　清 杨沂孙

lǚ 侣

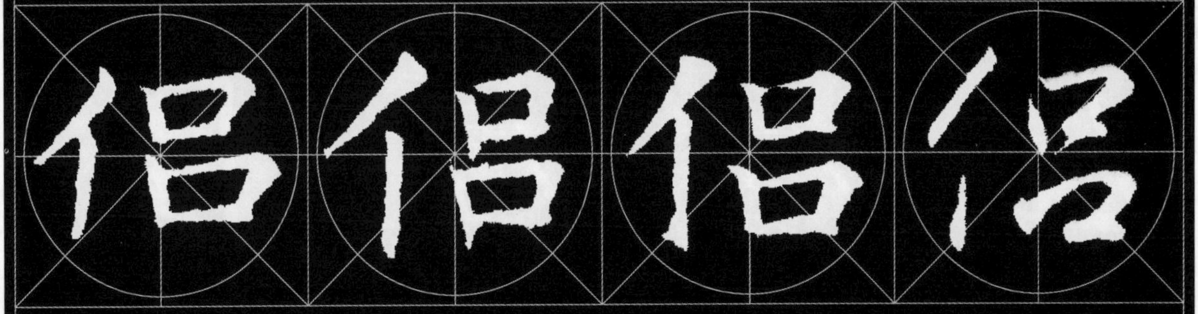

晋 王献之　唐 褚遂良　唐 颜真卿　晋 王羲之

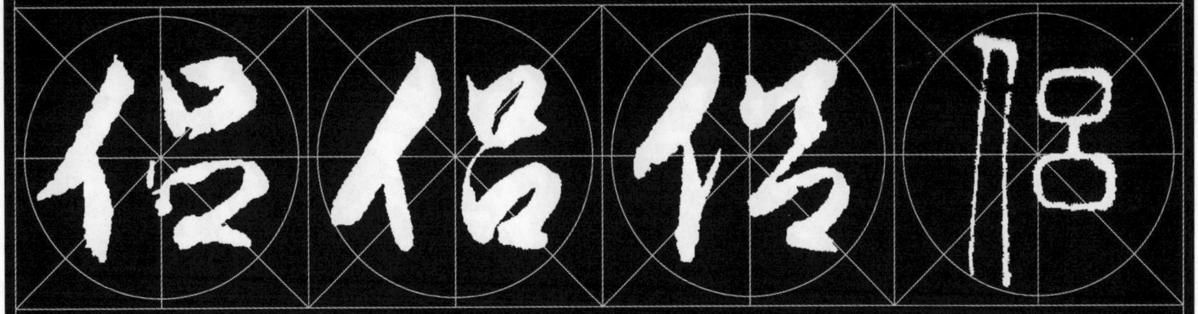

宋 米芾　明 文徵明　清 归庄　汉 说文解字

lǚ 旅

lǚ 膂

lǚ 屡

lǚ 缕

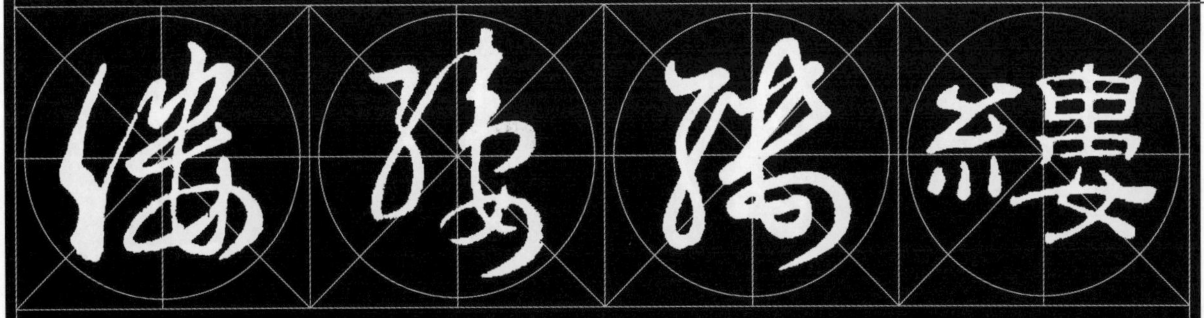

唐 虞世南　唐 孙过庭　元 鲜于枢　清 桂馥

lǚ
履

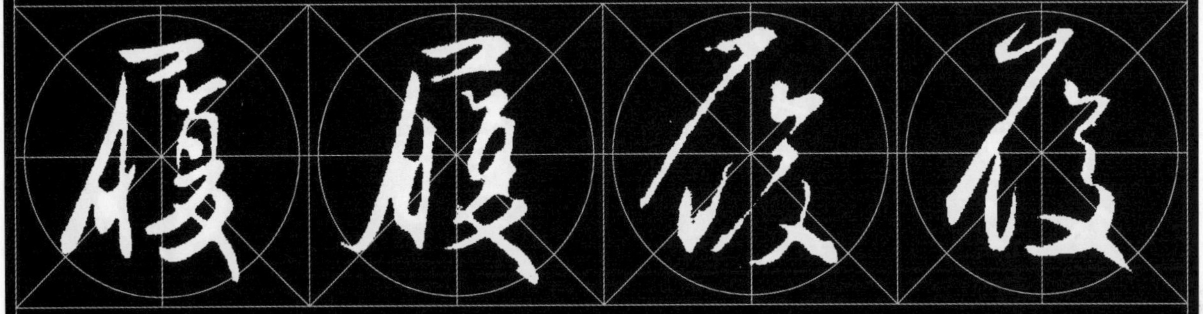

晋 王献之　元 赵孟頫　隋 智永　唐 贺知章

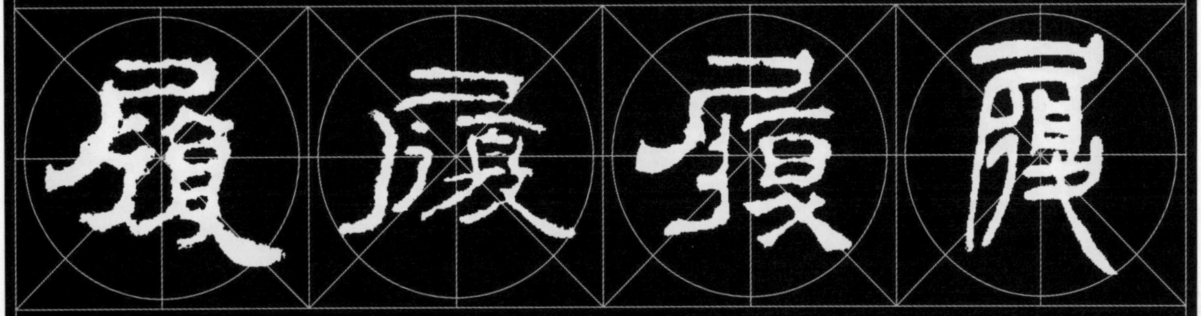

汉 杨震碑　汉 石门颂　汉 夏承碑　清 杨沂孙

lǜ
律

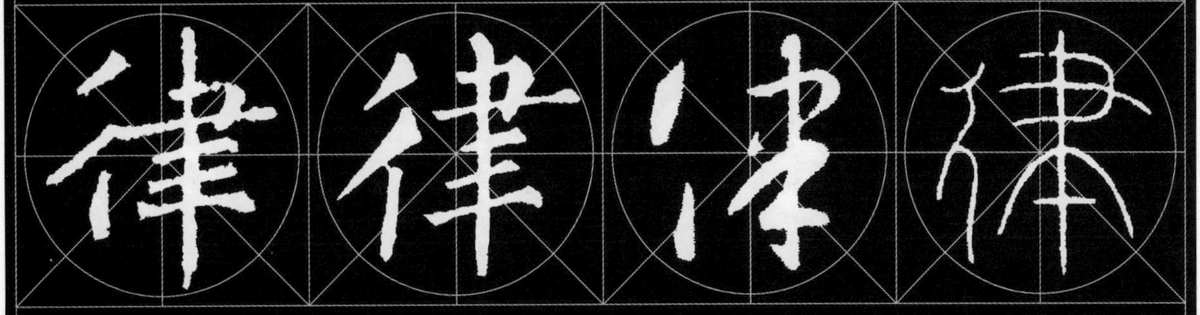

唐 褚遂良　唐 柳公权　隋 智永　唐 李阳冰

lǜ
虑

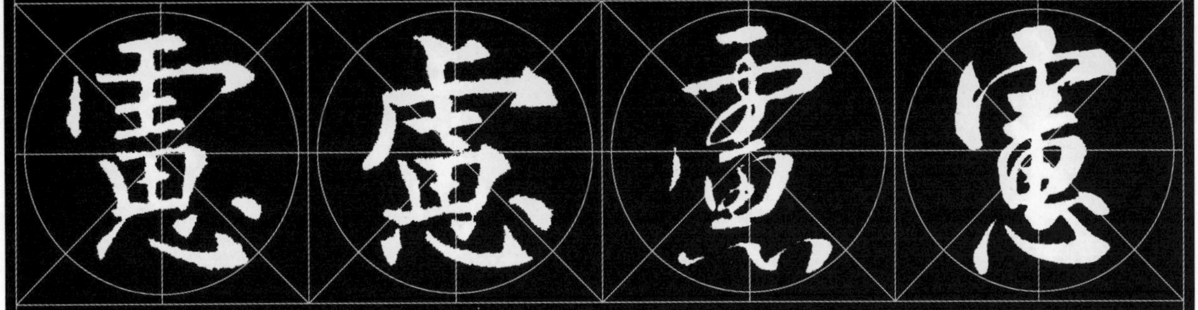

唐 欧阳询　唐 欧阳通　唐 李世民　宋 米芾

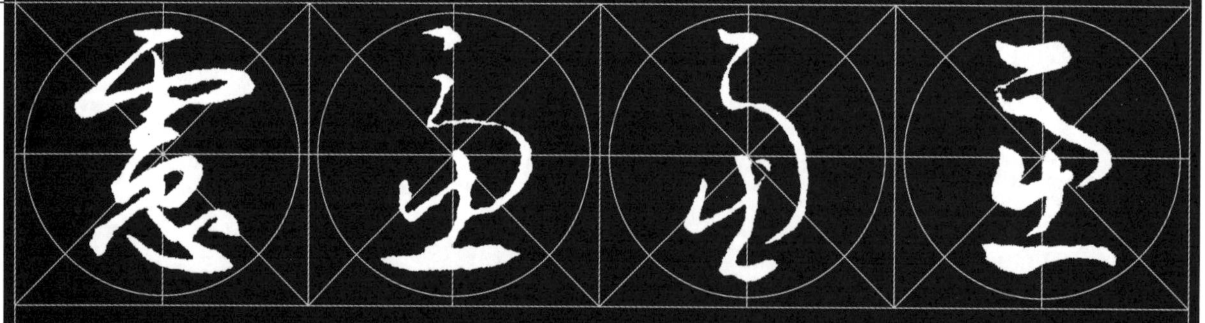

元 赵孟頫 | 晋 王羲之 | 晋 王献之 | 唐 孙过庭

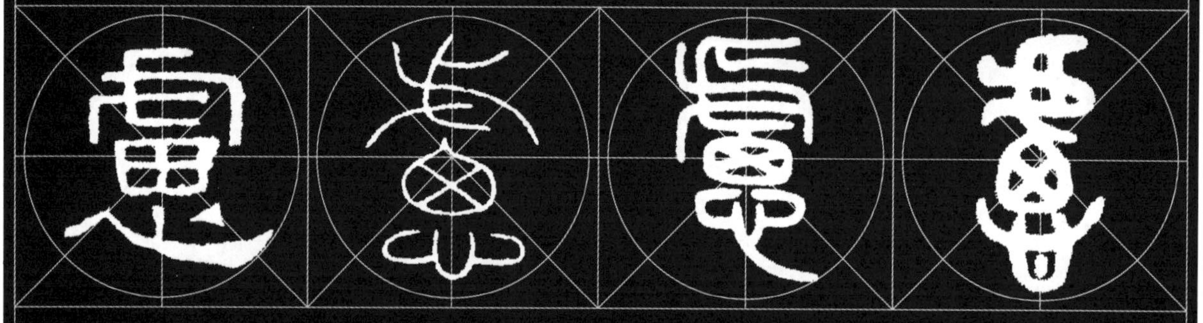

汉 谯君碑 | 唐 李阳冰 | 清 邓石如 | 清 吴大澂

lǜ
率
shuài

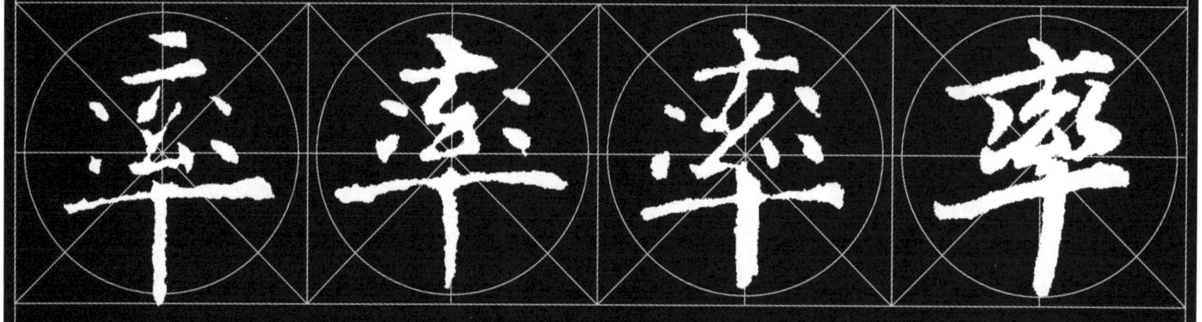

唐 欧阳询 | 唐 虞世南 | 唐 颜真卿 | 唐 陆柬之

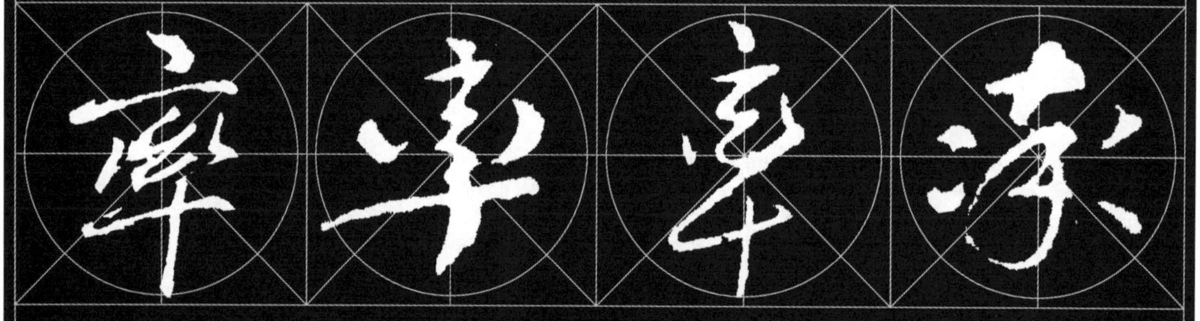

唐 李邕 | 唐 颜真卿 | 明 姜立纲 | 隋 智永

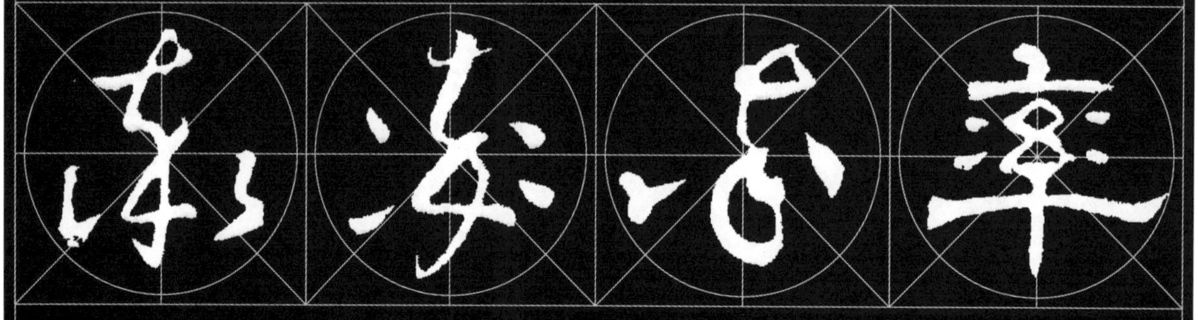

唐 孙过庭 | 唐 怀素 | 宋 黄庭坚 | 晋 辟雍碑

清 梁同书 | 殷商 甲骨文 | 秦 会稽刻石 | 清 杨沂孙

lù
绿
lù（绿林；鸭绿江）

宋 赵佶 | 元 赵孟頫 | 唐 李世民 | 宋 米芾

明 解缙 | 明 董其昌 | 宋 陆游 | 元 赵孟頫

明 文徵明 | 清 何绍基 | 清 钱坫 | 清 吴熙载

luán
峦

唐 欧阳通 | 唐 颜真卿 | 明 米万钟 | 汉 说文解字

luán
栾

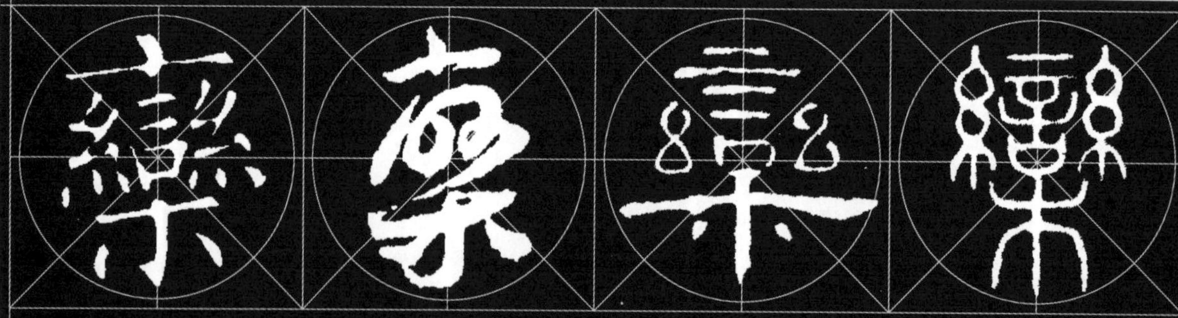

唐 柳公权 | 明 王宠 | 汉 曹全碑 | 汉 说文解字

luán
銮

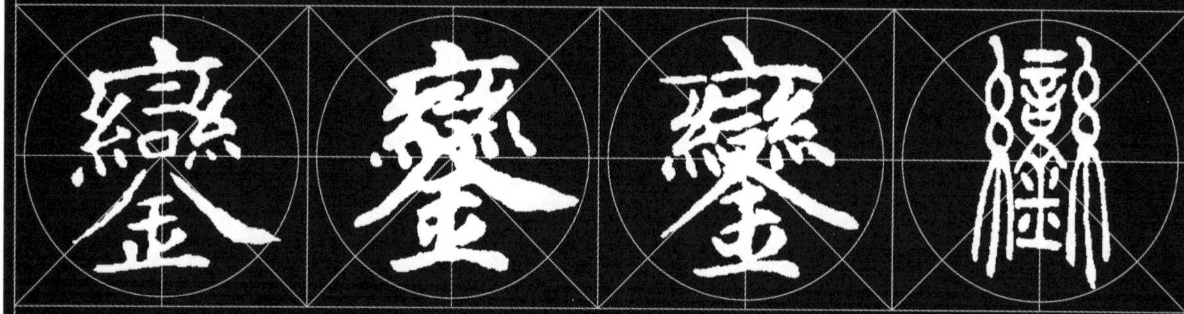

唐 欧阳询 | 宋 赵构 | 元 赵孟頫 | 清 吴熙载

luán
鸾

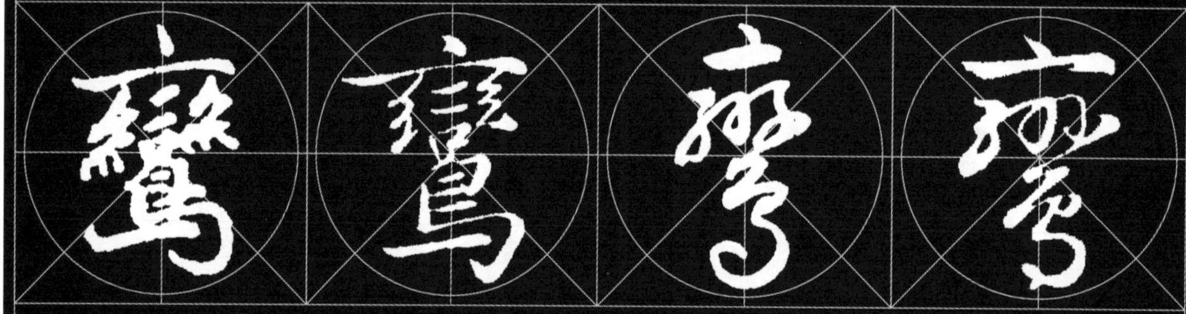

元 赵孟頫 | 元 陈基 | 唐 孙过庭 | 元 赵孟頫

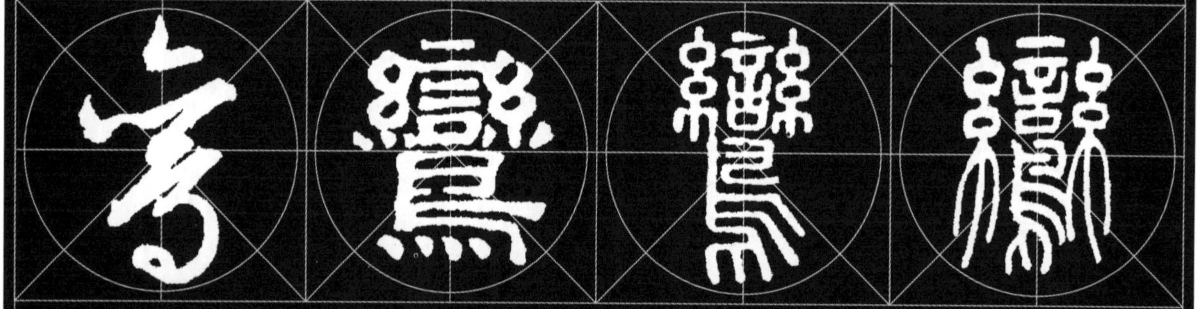

明 文徵明 | 元 吴叡 | 汉 说文解字 | 清 吴熙载

luǎn
卵

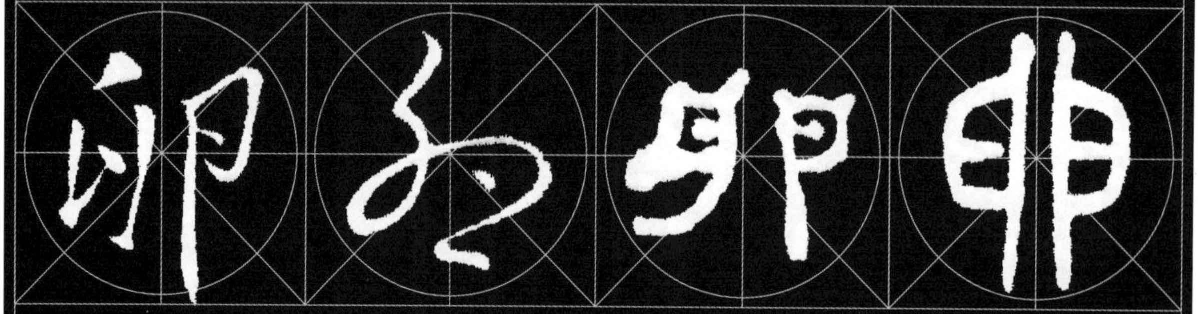

宋 米芾 | 唐 裴休 | 清 何绍基 | 清 杨沂孙

luàn 乱（亂）

lüè 掠

lüè 略（畧）

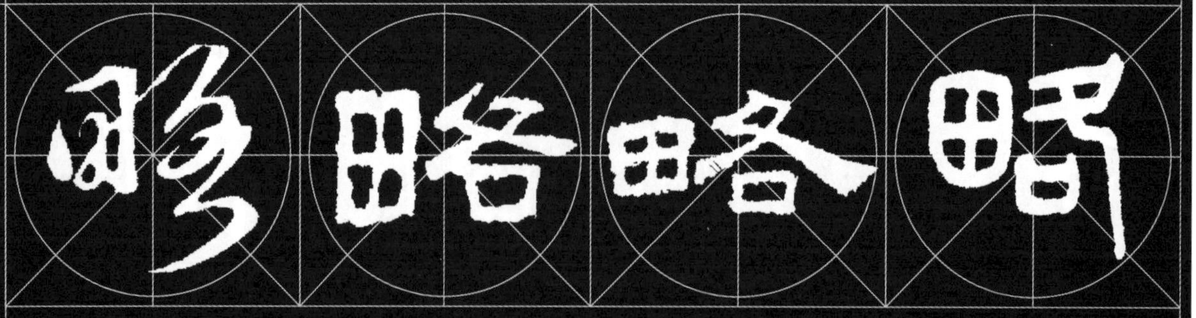

元 礼实 | 汉 张迁碑 | 汉 桐柏庙碑 | 清 杨沂孙

lún
仑

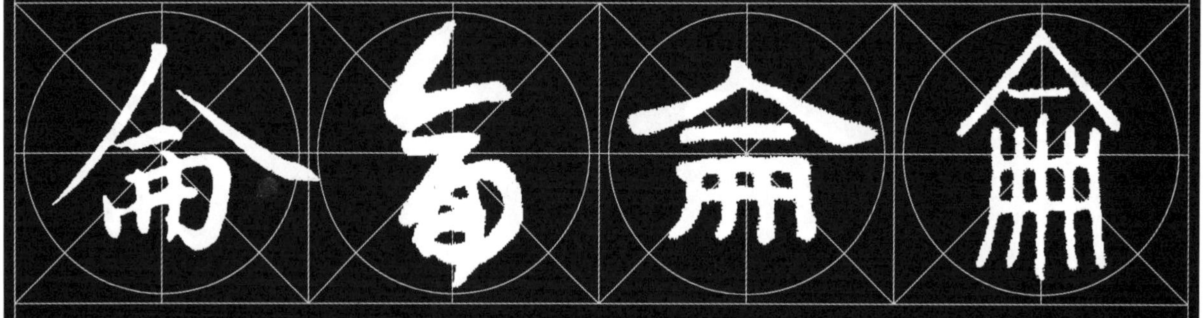

元 赵孟頫 | 元 陆居仁 | 清 顾蔼吉·隶辨 | 汉 说文解字

lún
崙

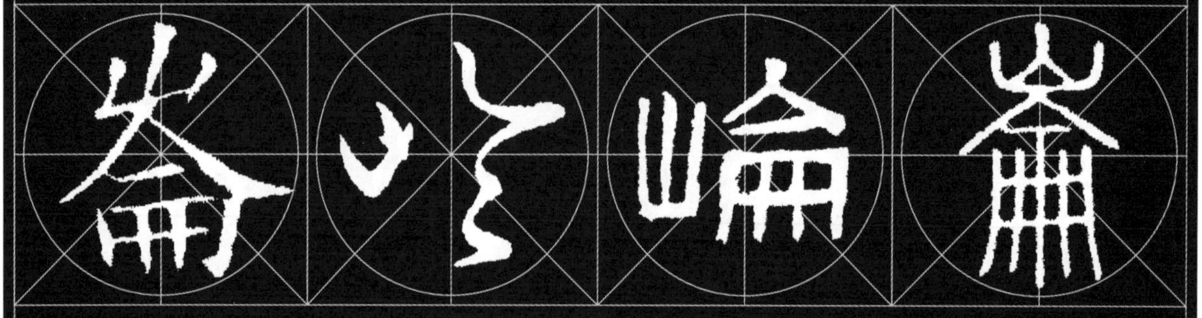

隋 苏孝慈墓志 | 金 张天锡·草书韵会 | 汉 肥致碑 | 汉 说文解字

lún
伦

唐 虞世南 | 唐 颜真卿 | 唐 柳公权 | 元 赵孟頫

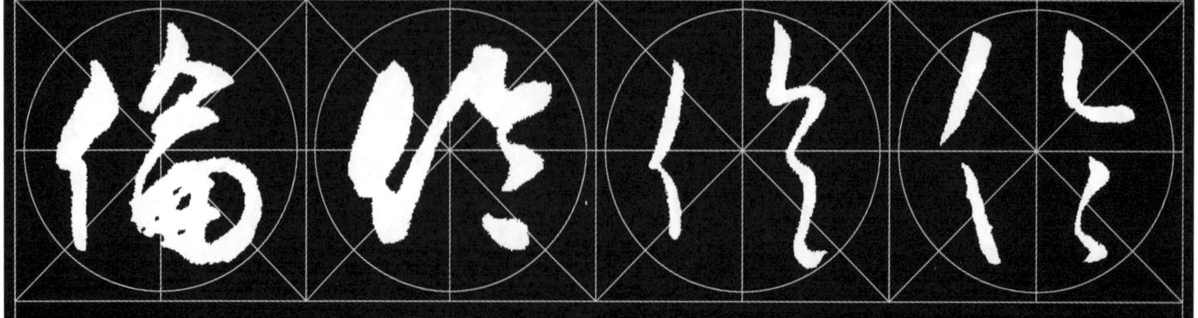

明 文徵明 | 隋 智永 | 唐 欧阳询 | 唐 孙过庭

lún
沦

lún
纶

lún
轮

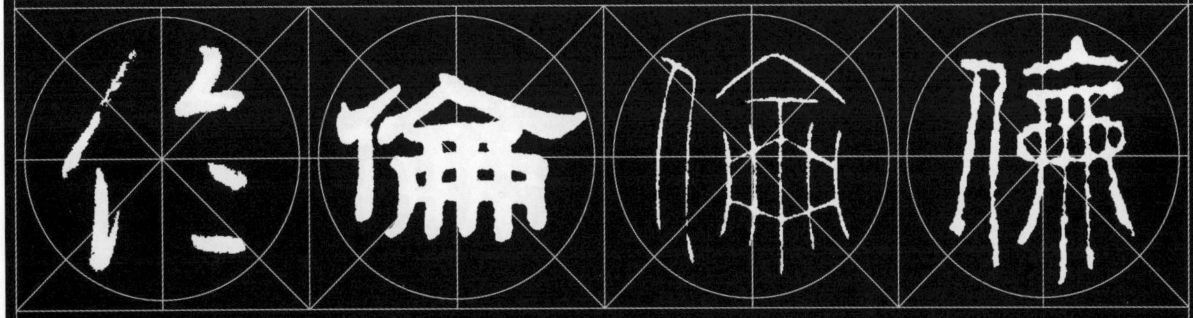

唐 高闲　元 赵孟頫　唐 李阳冰　宋 米芾

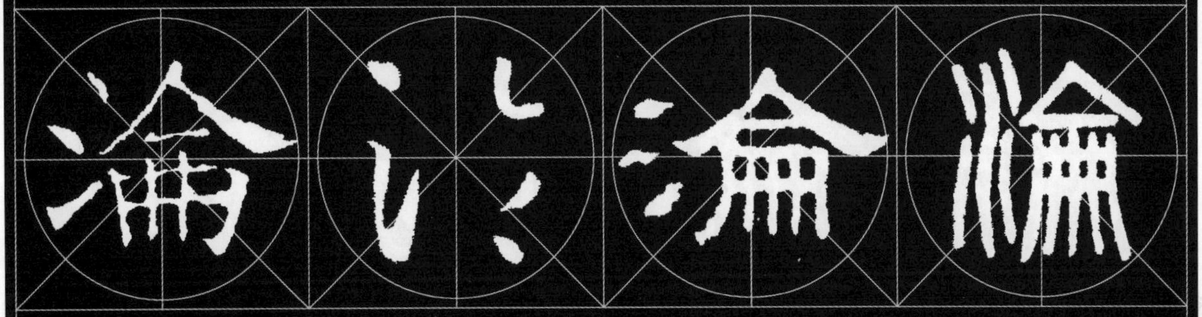

唐 褚遂良　唐 孙过庭　汉 张寿碑　清 杨沂孙

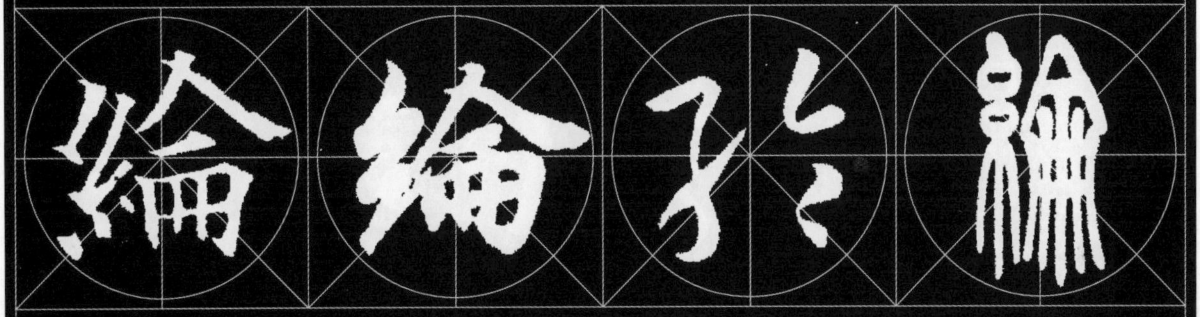

唐 欧阳通　晋 王羲之　唐 孙过庭　清 吴熙载

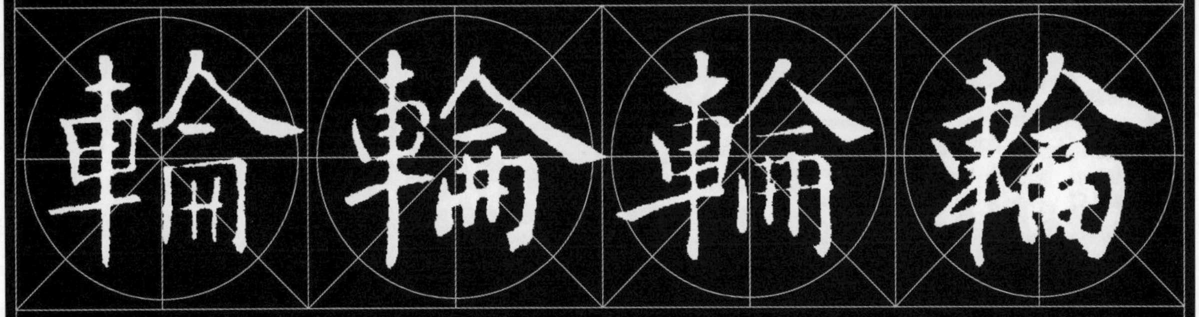

唐 欧阳询　唐 虞世南　唐 褚遂良　明 唐寅

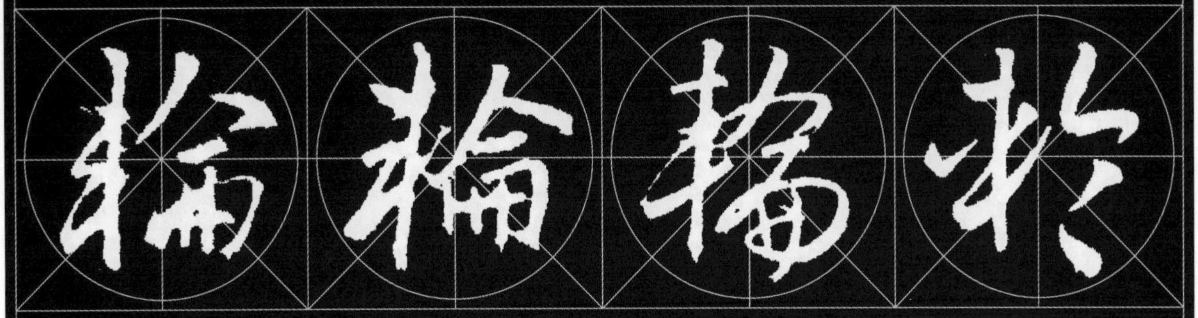

晋 王羲之　唐 李邕　明 文徵明　唐 孙过庭

lùn
论
lún
（论语）

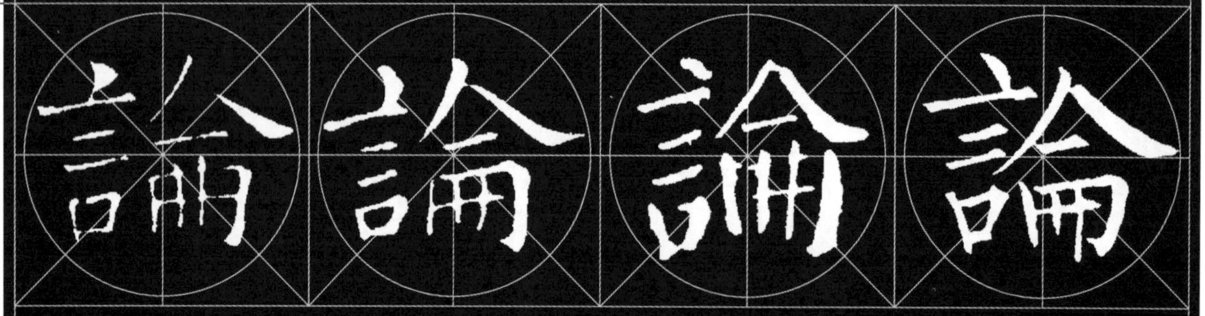

唐 褚遂良　唐 徐浩　唐 颜真卿　唐 柳公权

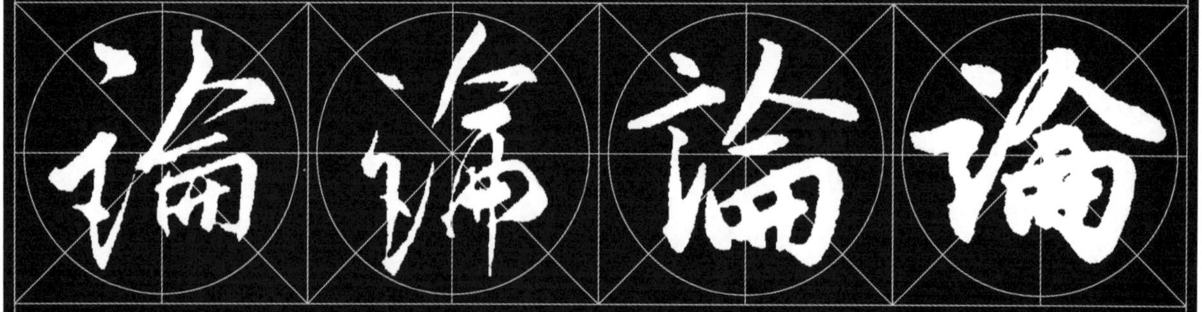

唐 李邕　宋 米芾　元 赵孟頫　明 唐寅

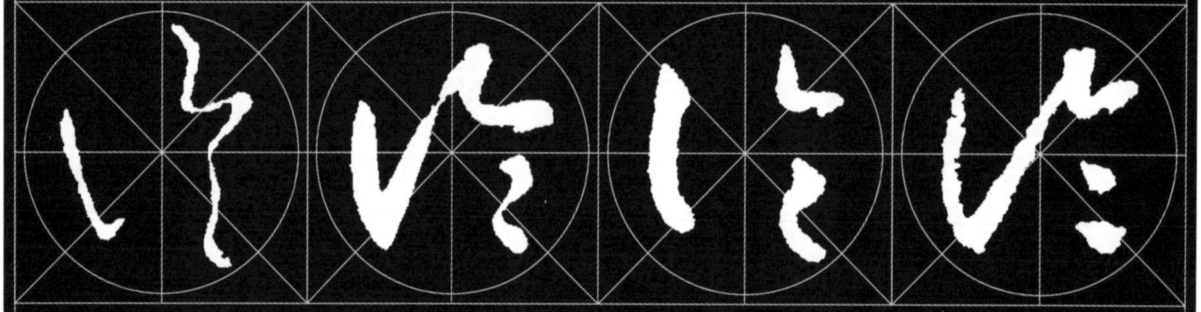

晋 王羲之　隋 智永　唐 孙过庭　唐 怀素

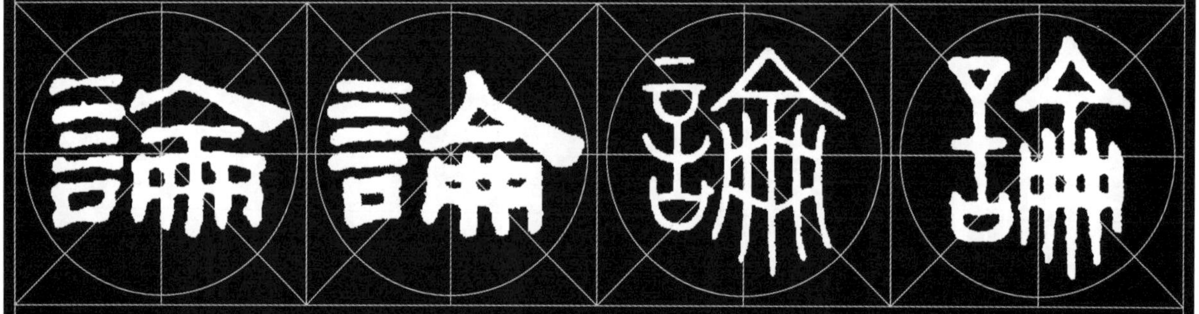

元 吴叡　清 阮元　唐 李阳冰　元 赵孟頫

luó
罗

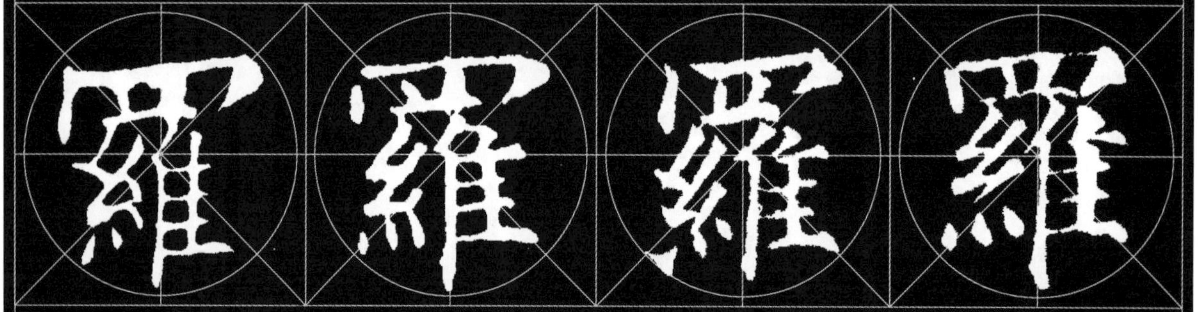

唐 欧阳询　唐 褚遂良　唐 欧阳通　唐 颜真卿

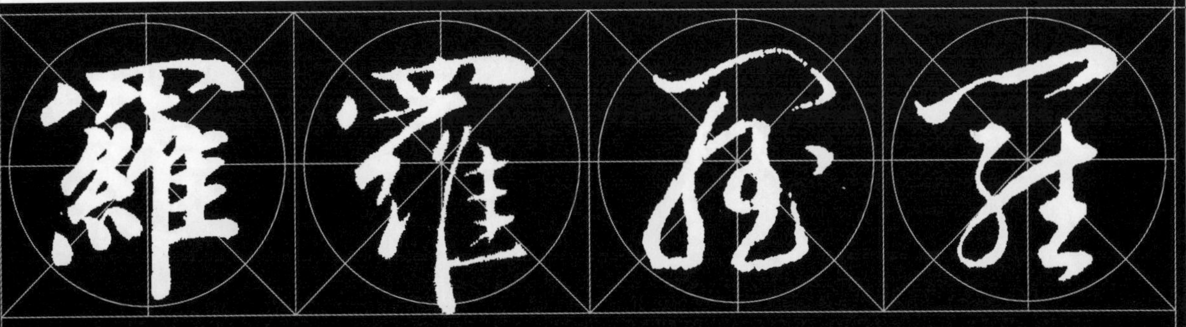

元 赵孟頫　元 赵孟頫　宋 黄庭坚　明 王铎

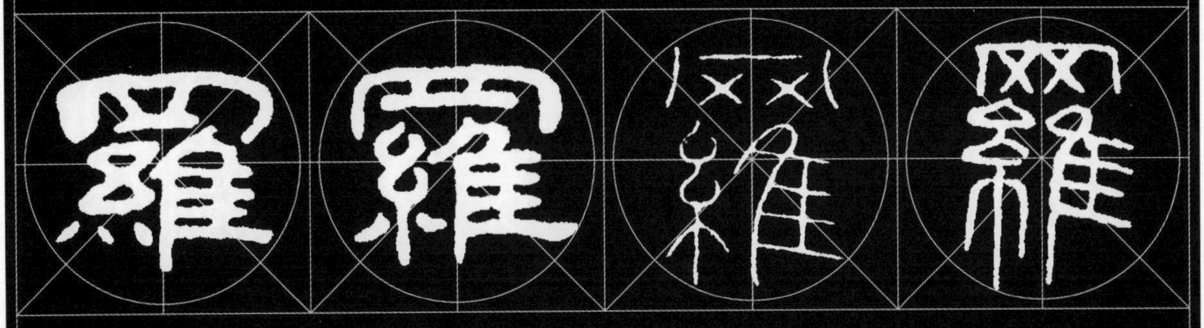

北齐 泰山金刚经　清 王澍　唐 李阳冰　元 吴叡

luó
萝

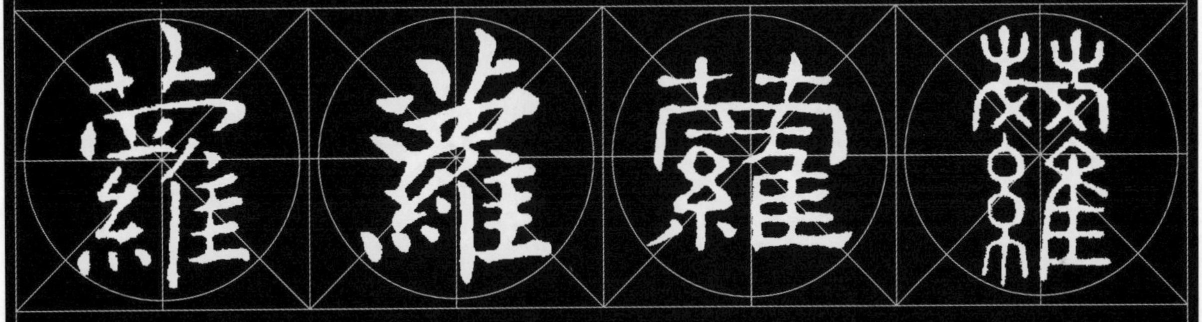

唐 虞世南　明 黄道周　清 顾蔼吉·隶辨　汉 说文解字

luó
螺

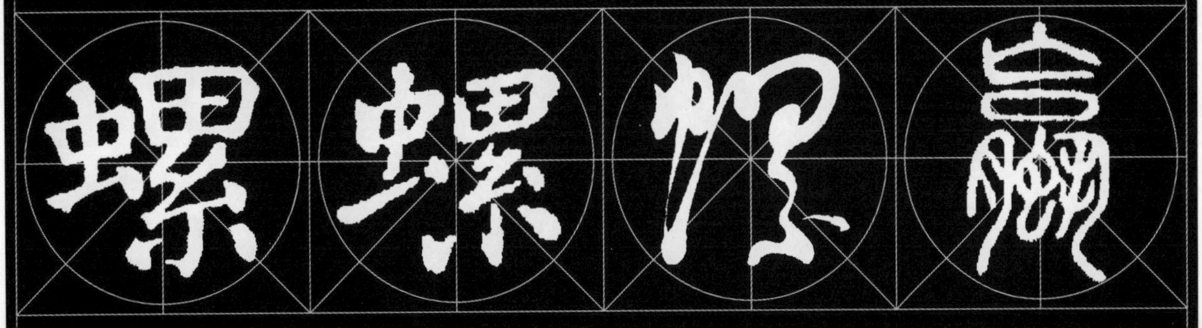

唐 颜真卿　元 迺贤　宋 黄庭坚　汉 说文解字

luó
骡

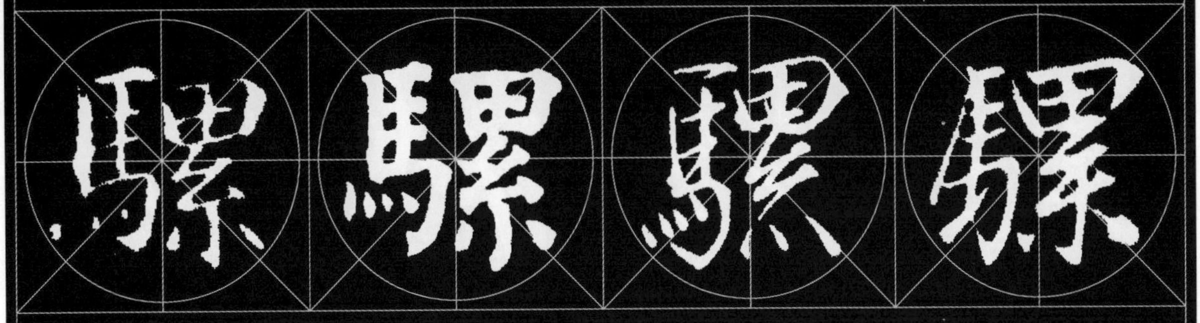

隋 智永　明 祝允明　宋 赵佶　元 赵孟頫

luó 𬢀（覼、覶）

luò 洛

唐 蒋善进　唐 怀素　元 赵孟頫　清 王澍

唐 王敬客　唐 虞世南　唐 孙过庭　汉 说文解字

北魏 高树造像　北魏 李璧墓志　唐 欧阳通　元 赵孟頫

唐 欧阳询　唐 颜真卿　唐 怀素　宋 米芾

晋 王羲之　晋 索靖　唐 怀素　唐 杜牧

luò
落
lào
là

luò
络
lào

luò 雒

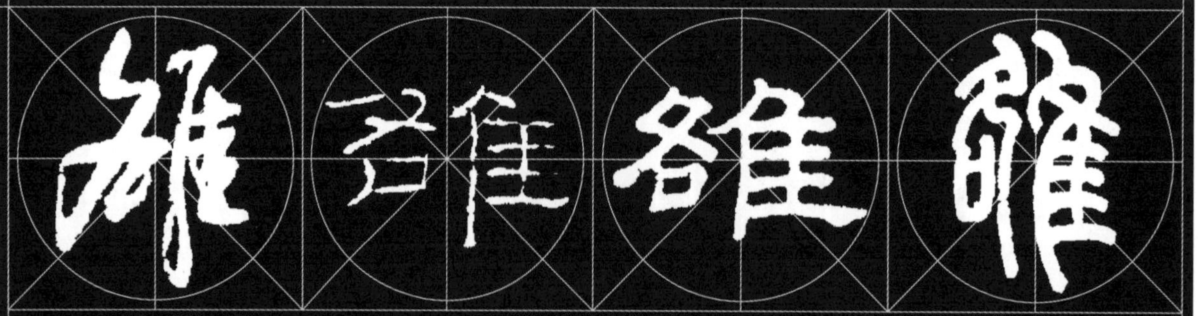

清 归庄　汉 礼器碑　清 王澍　清 莫友芝

luò 骆

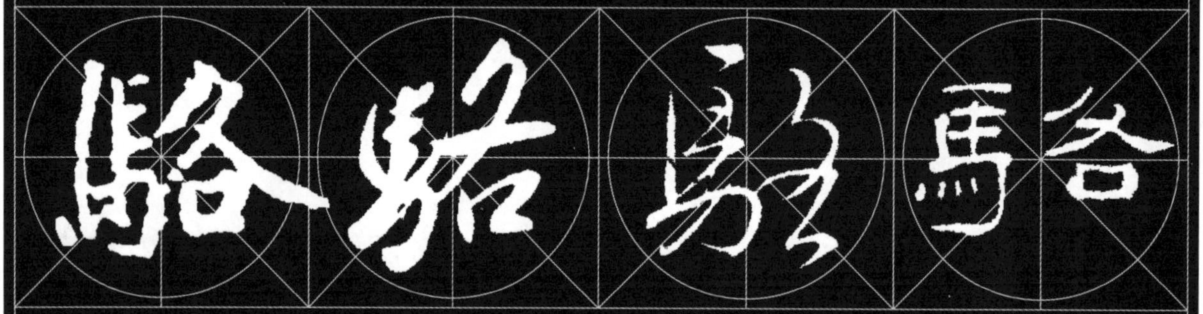

元 赵孟頫　晋 王献之　宋 文天祥　清 郑簠

má 麻

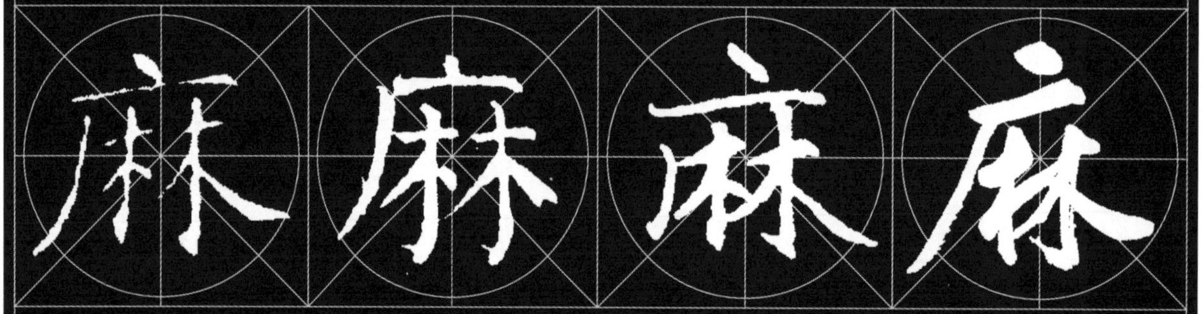

唐 王敬客　唐 颜真卿　元 赵孟頫　元 鲜于枢

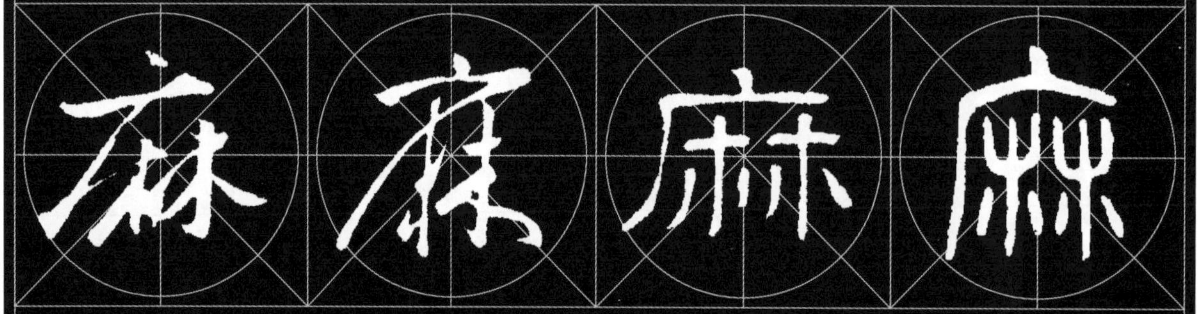

宋 苏轼　明 祝允明　清 顾蔼吉·隶辨　清 杨沂孙

mǎ 马

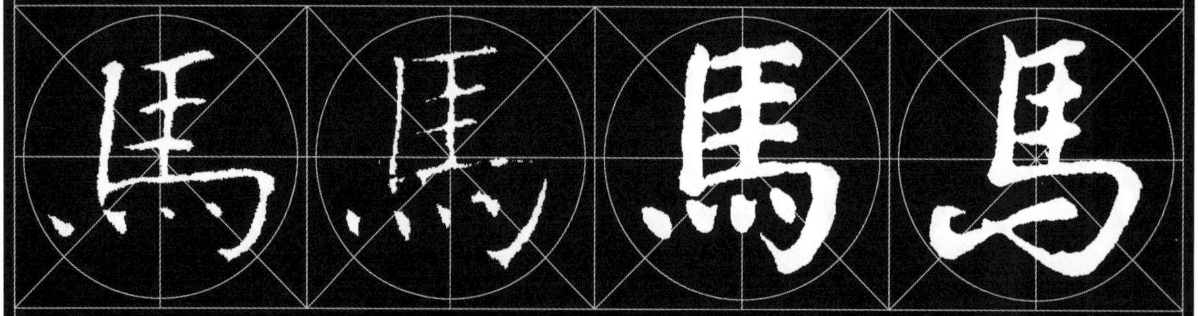

唐 欧阳询　唐 褚遂良　唐 颜真卿　唐 褚遂良

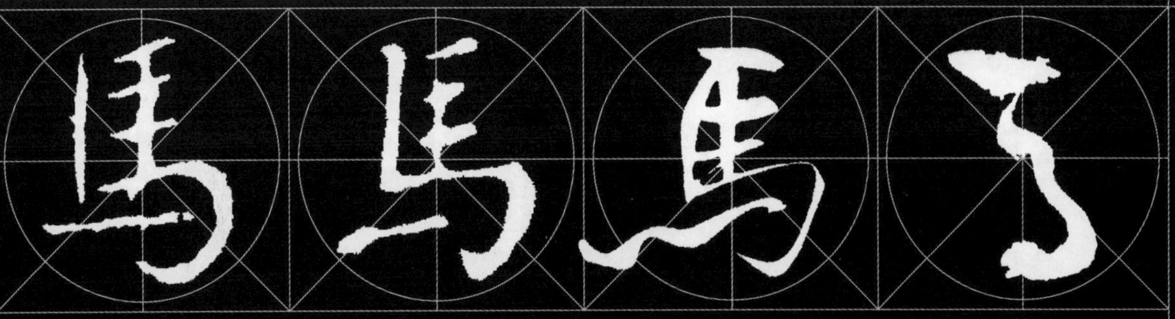

唐 高正臣 | 唐 颜真卿 | 宋 米芾 | 明 祝允明

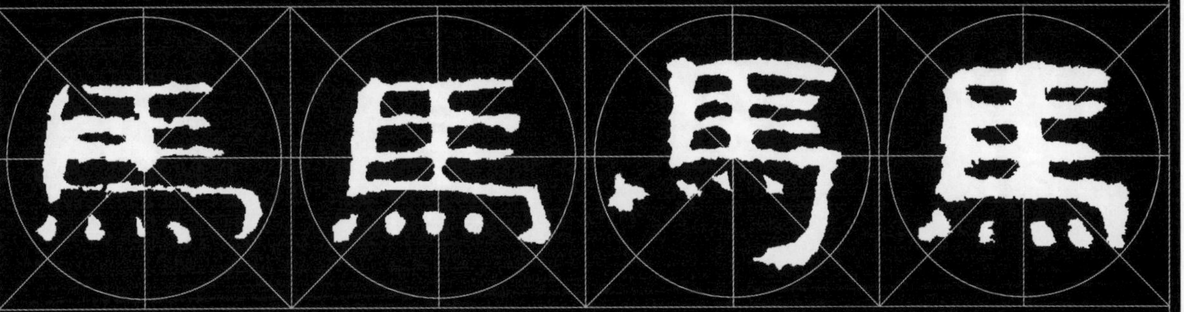

汉 礼器碑 | 汉 史晨碑 | 汉 孔彪碑 | 汉 娄寿碑

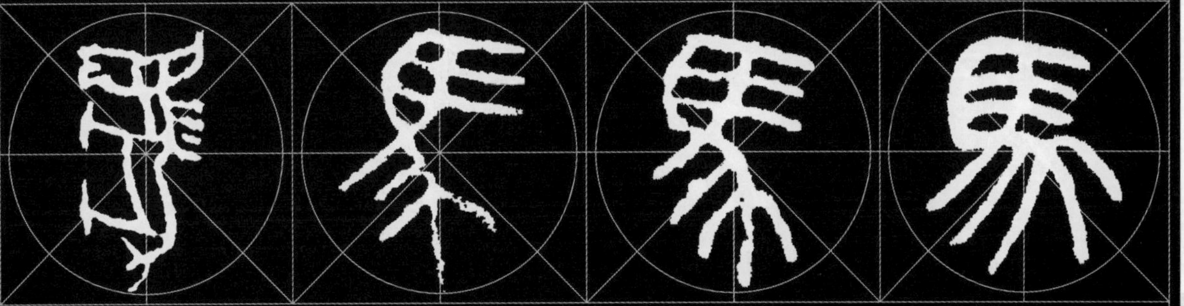

殷商 甲骨文 | 周 虢季子白盘 | 秦 石鼓文 | 清 杨沂孙

mà
骂

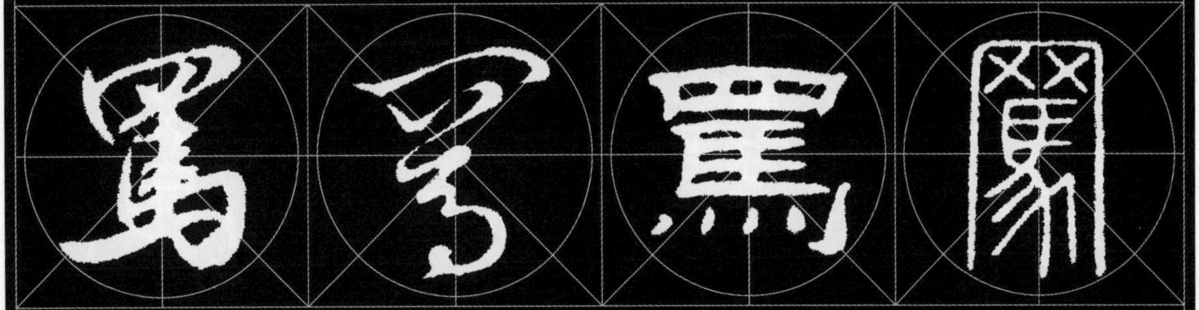

宋 米芾 | 金 张天锡·草书韵会 | 清 桂馥 | 汉 说文解字

mái
埋

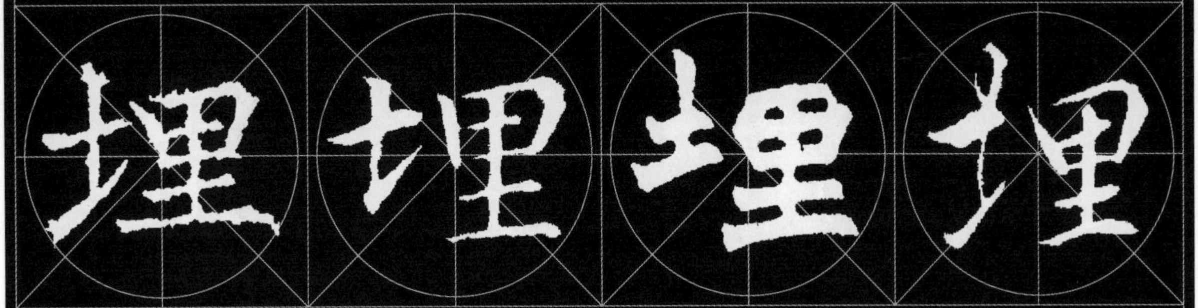

唐 王敬客 | 元 王蒙 | 清 赵之谦 | 唐 褚遂良

明 唐寅　清 恽寿平　金 张天锡·草书韵会　清 顾蔼吉·隶辨

mǎi
买

唐 褚遂良　元 赵孟頫　明 邵二泉　明 董其昌

宋 楼钥　元 鲜于枢　清 王铎　汉 史晨碑

mài
卖

宋 米芾　明 董其昌　清 顾蔼吉·隶辨　汉 说文解字

mài
迈

唐 欧阳询　晋 王羲之　唐 李邕　元 赵孟頫

唐 孙过庭　唐 怀素　清 何绍基　清 莫友芝

唐 虞世南　唐 李世民　汉 西狭颂　清 杨沂孙

唐 颜真卿　明 董其昌　汉 朝侯小子残碑　汉 说文解字

北魏 高湛墓志　明 文徵明　唐 李隆基　清 杨沂孙

唐 颜真卿　唐 柳公权　宋 张即之　明 唐寅

mài
麦（麥）

mài
脉（脈、衇）
mò

mán
蛮

mǎn
满（滿）

màn 曼

màn 蔓

màn 漫

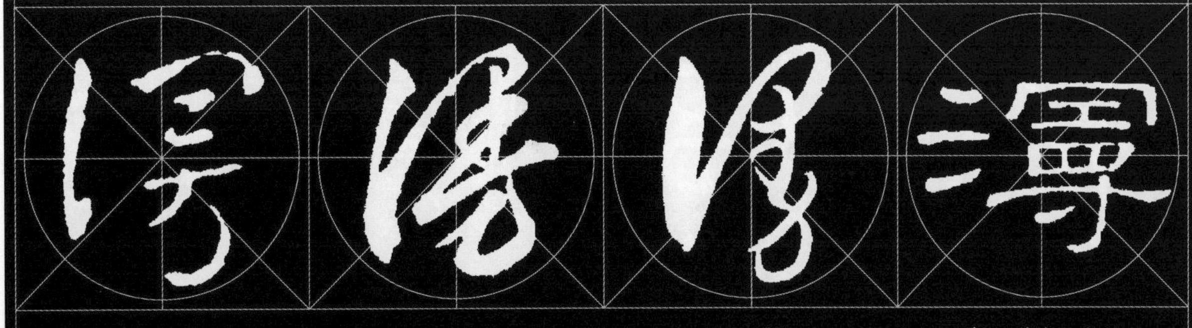

晋 索靖 | 明 文徵明 | 明 王守仁 | 清 顾蔼吉·隶辨

màn
慢

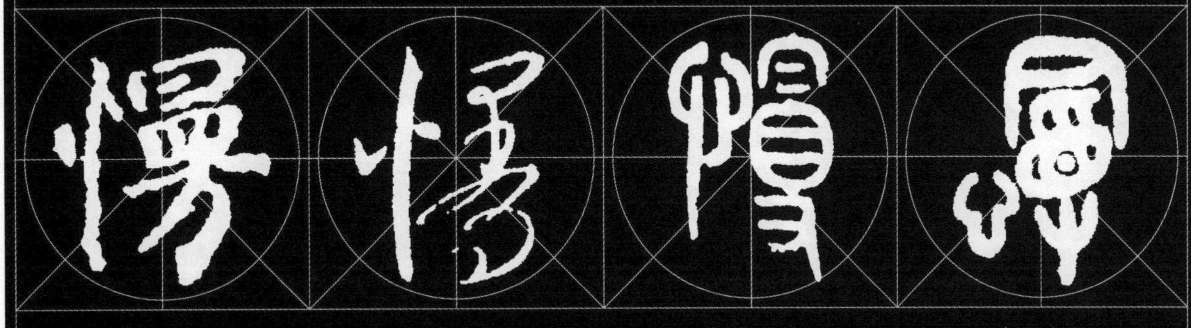

晋 顾恺之 | 元 康里子山 | 清 黄士陵 | 清 吴大澂

màn
谩
mán

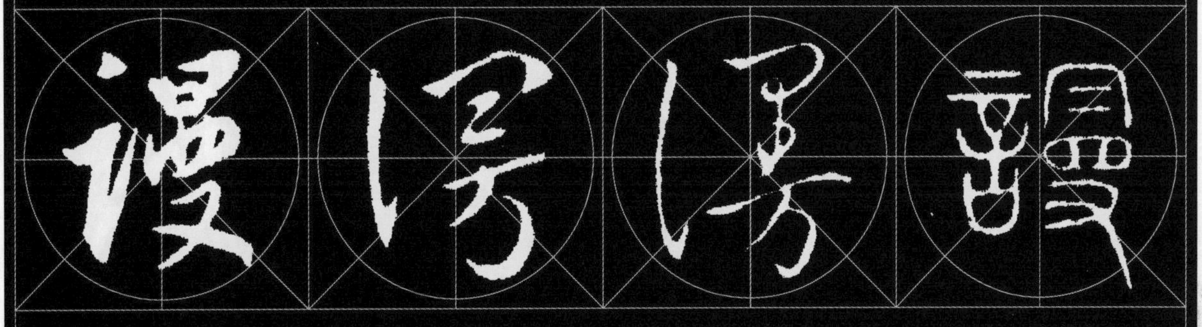

明 董其昌 | 晋 索靖 | 宋 米芾 | 汉 说文解字

máng
忙

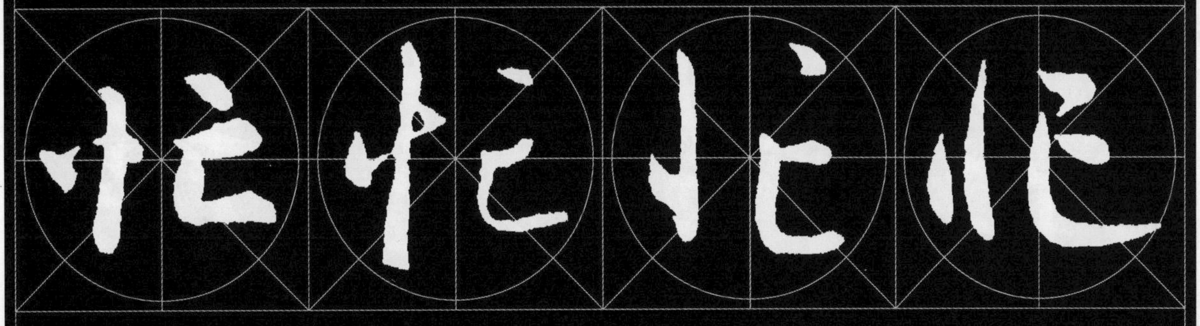

明 唐寅 | 元 赵孟頫 | 元 赵孟頫 | 明 佚名

máng
邙

明 祝允明 | 明 文徵明 | 清 朱彝 | 清 梁同书

máng
芒

máng
茫

máng
氓
méng
（百姓）

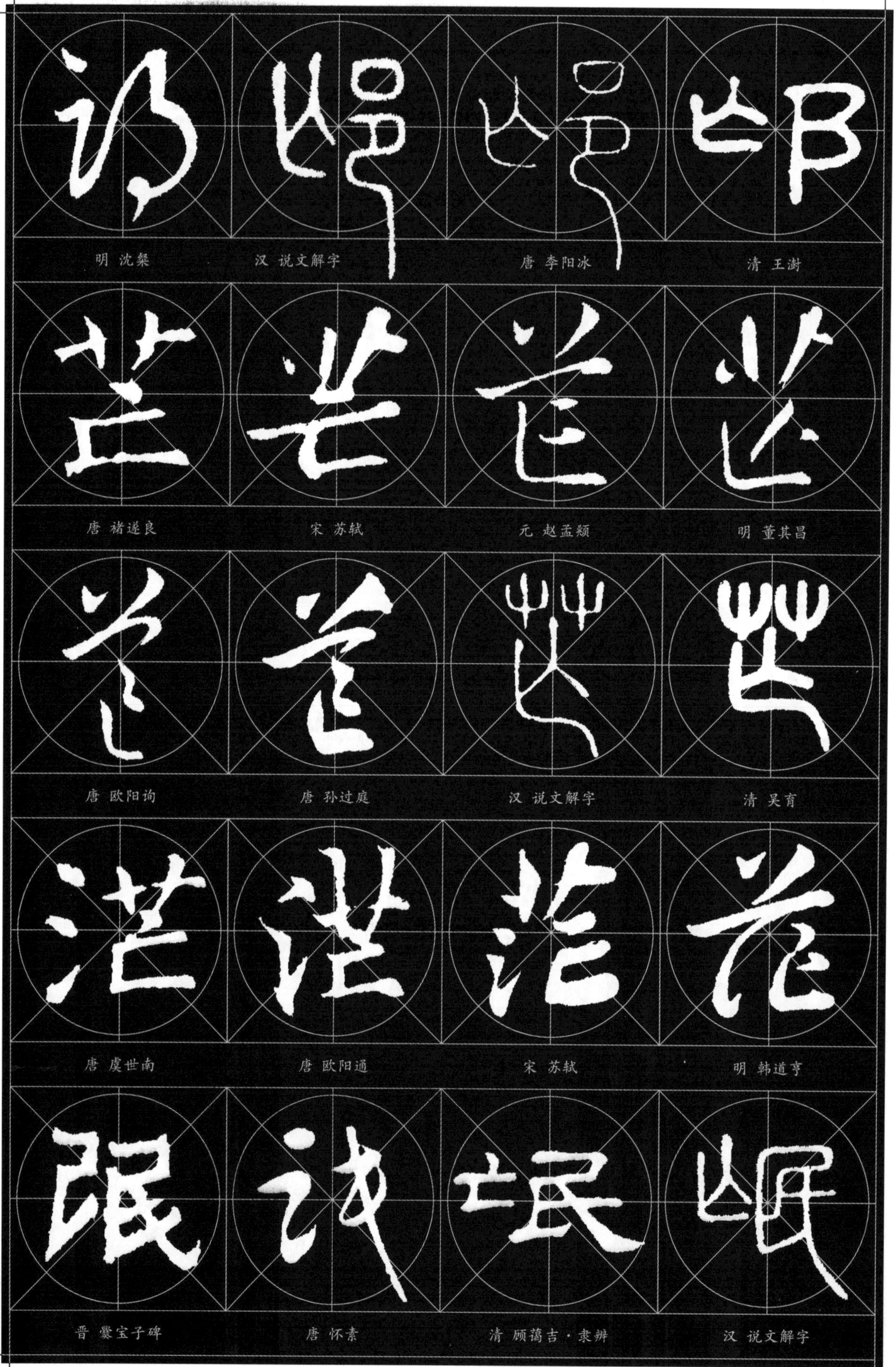

máng 盲

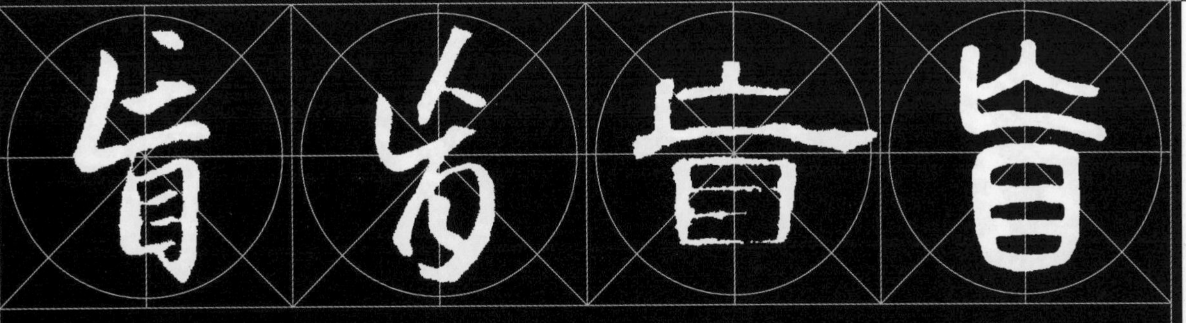

元 赵孟頫　金 张天锡·草书韵会　汉 曹全碑　清 吴大澂

mǎng 莽

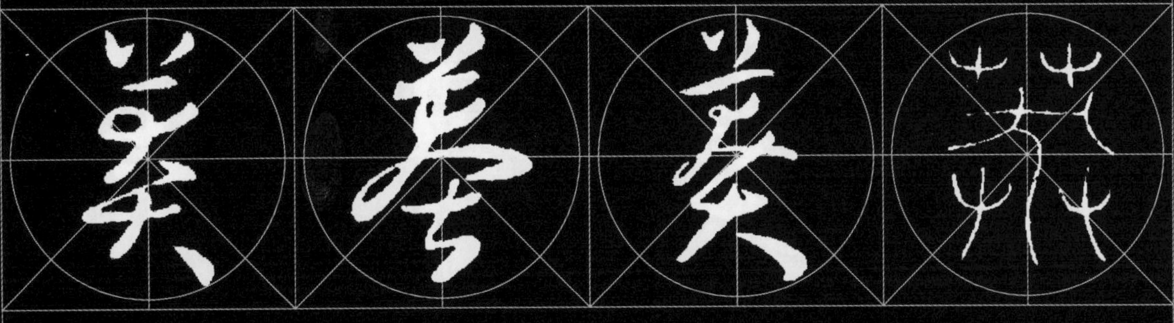

唐 欧阳询　唐 怀素　明 王宠　唐 李阳冰

máo 毛

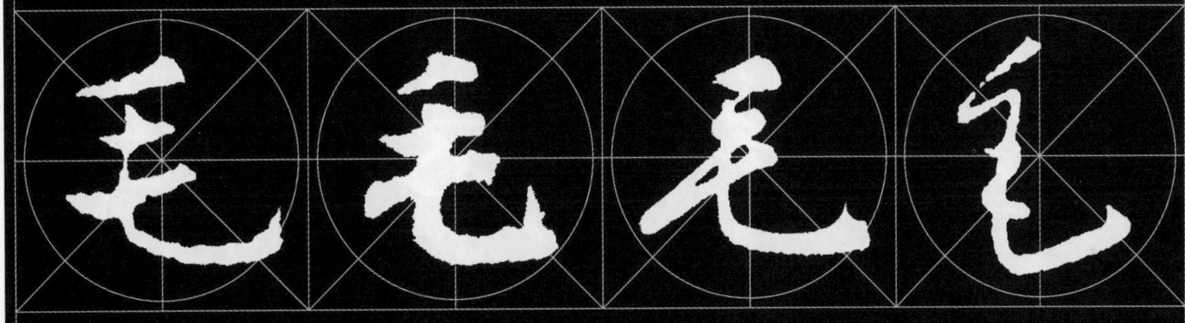

三国 皇象　晋 王羲之　明 文徵明　唐 怀素

汉 孔彪碑　清 王澍　唐 李阳冰　清 吴大澂

máo 旄 mào（同耄）

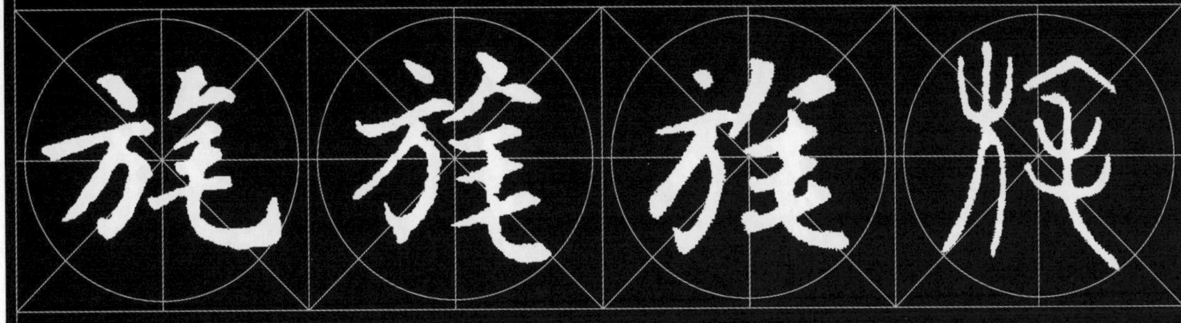

唐 柳公权　元 赵孟頫　元 赵孟頫　汉 说文解字

máo 髦

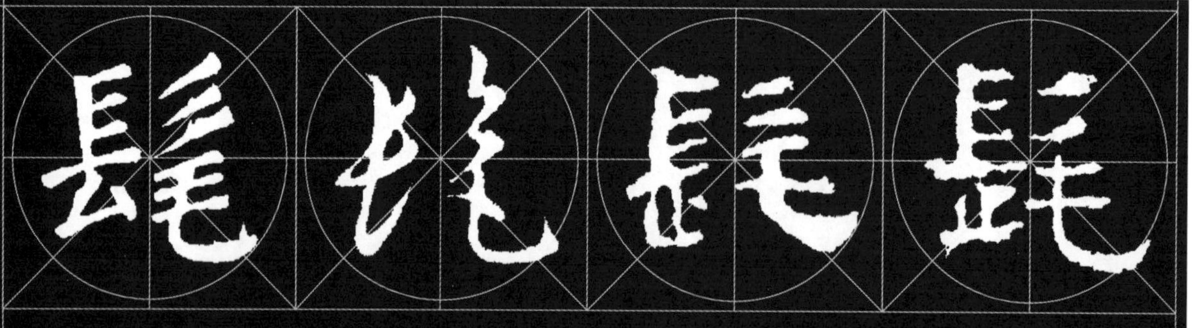

唐 颜真卿　金 张天锡·草书韵会　汉 校官碑　汉 白石神君碑

máo 矛

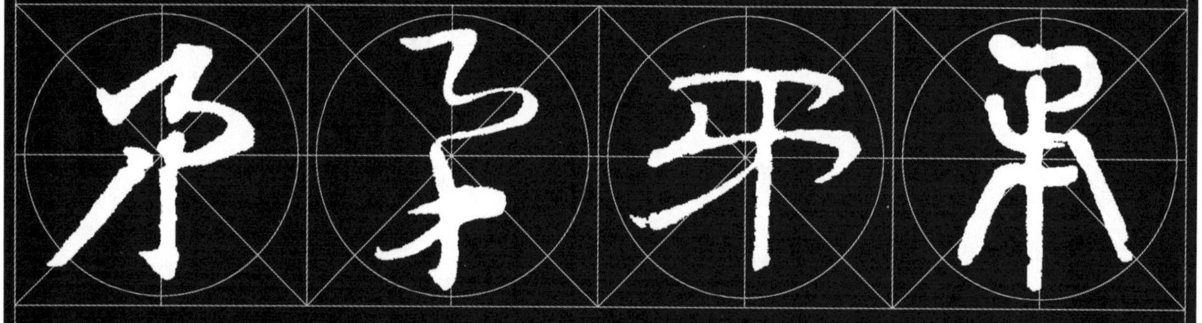

元 赵孟頫　清 王铎　清 顾蔼吉·隶辨　清 杨沂孙

máo 茅

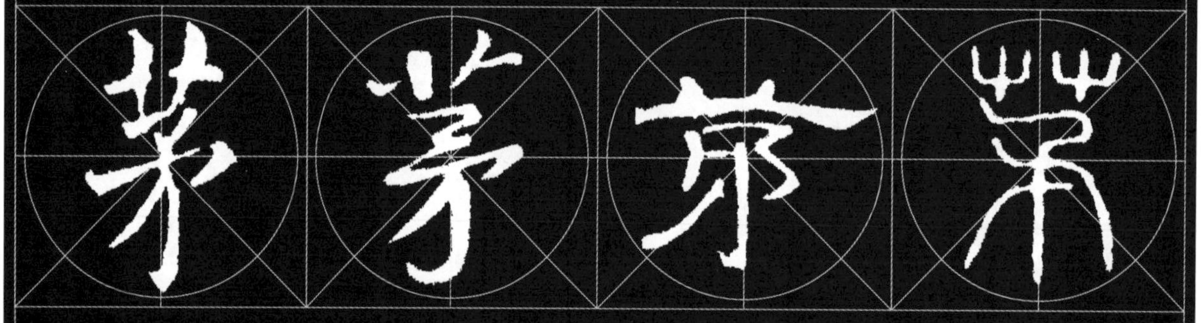

唐 欧阳询　宋 黄庭坚　汉 曹全碑　汉 说文解字

máo 茆（同茅）

宋 苏轼　元 鲜于枢　清 桂馥　汉 说文解字

mǎo 卯

隋 苏孝慈墓志　唐 褚遂良　清 王铎　清 王铎

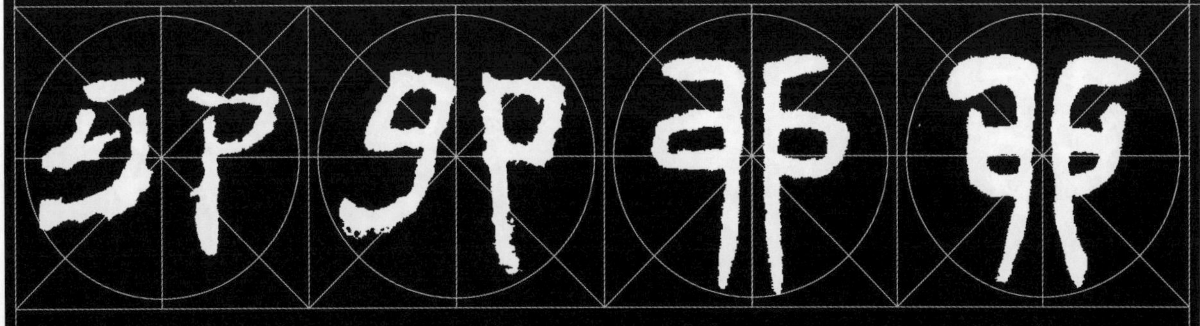

汉 史晨碑　汉 尹宙碑　清 杨沂孙　清 吴昌硕

mǎo 昴

唐 欧阳询　唐 李邕　金 张天锡·草书韵会　清 吴大澂

mào 贸

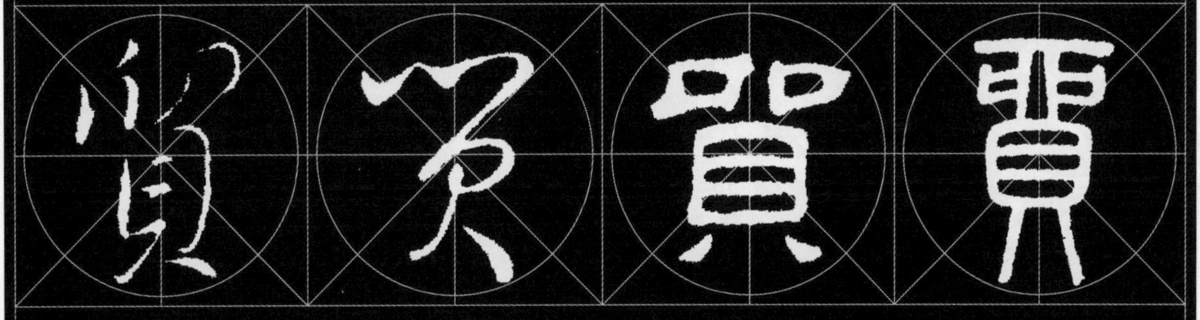

明 董其昌　唐 孙过庭　明 何震　清 吴大澂

mào 冒

隋 智永　宋 蔡襄　宋 蔡襄　清 吴大澂

mào 帽

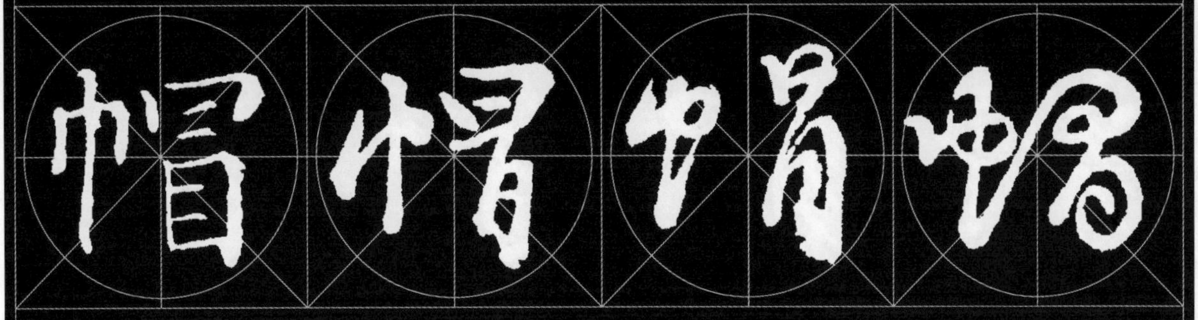

唐 颜真卿　明 文徵明　明 徐渭　金 张天锡·草书韵会

mào
茂

mào
貌
（皃）

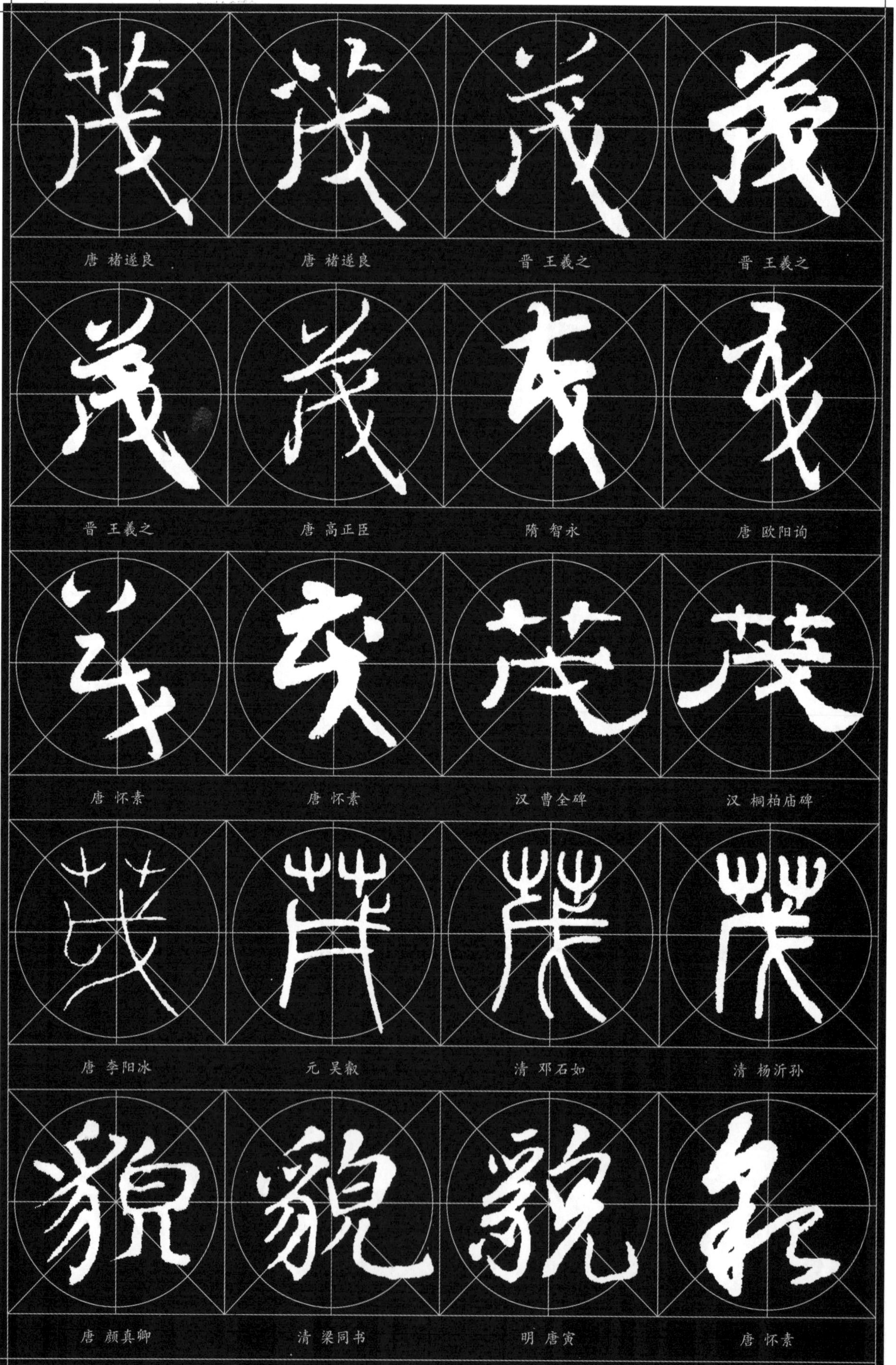

唐 褚遂良　唐 褚遂良　晋 王羲之　晋 王羲之

晋 王羲之　唐 高正臣　隋 智永　唐 欧阳询

唐 怀素　唐 怀素　汉 曹全碑　汉 桐柏庙碑

唐 李阳冰　元 吴叡　清 邓石如　清 杨沂孙

唐 颜真卿　清 梁同书　明 唐寅　唐 怀素

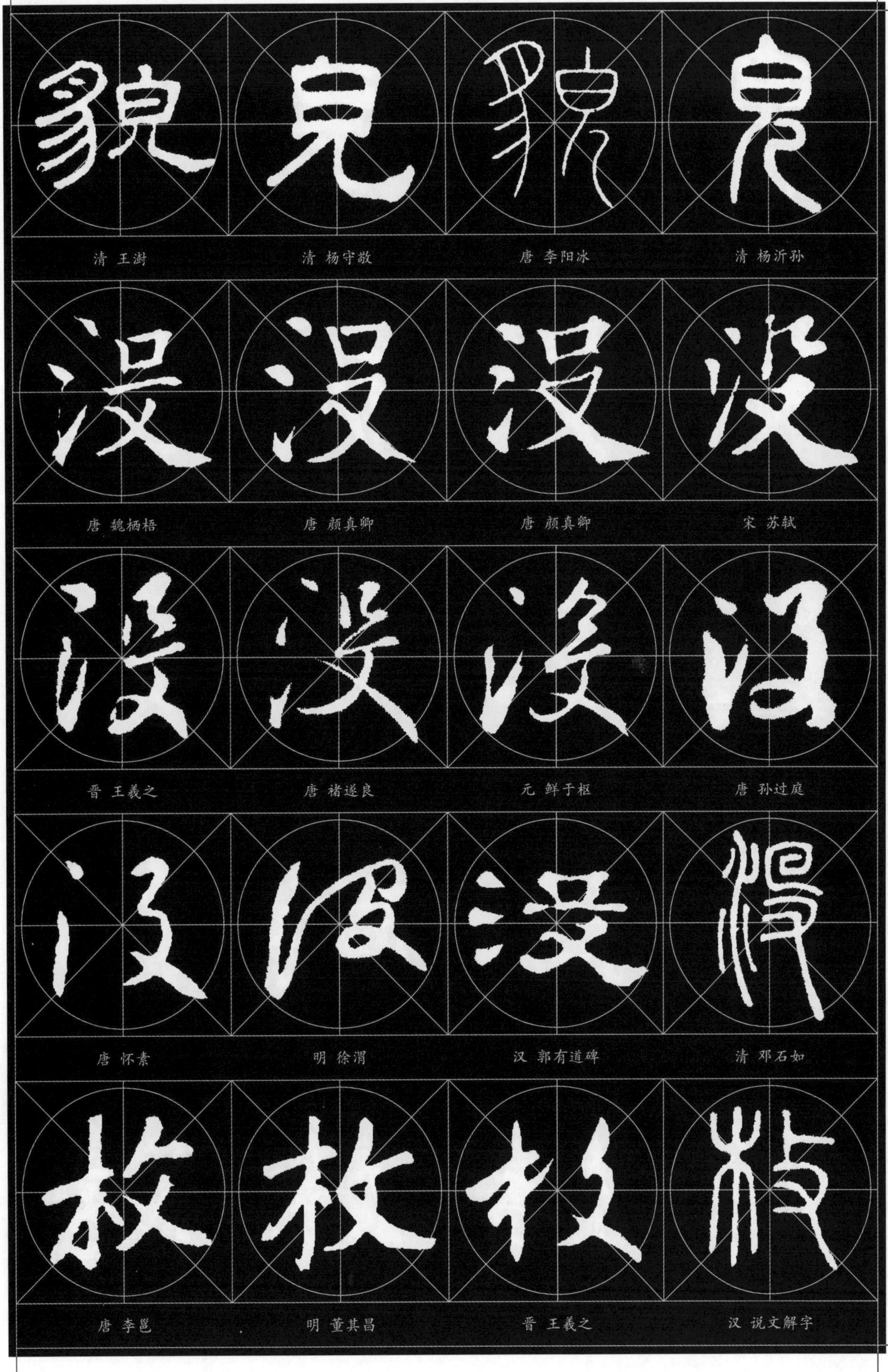
清 王澍
清 杨守敬
唐 李阳冰
清 杨沂孙
唐 魏栖梧
唐 颜真卿
唐 颜真卿
宋 苏轼
晋 王羲之
唐 褚遂良
元 鲜于枢
唐 孙过庭
唐 怀素
明 徐渭
汉 郙有道碑
清 邓石如
唐 李邕
明 董其昌
晋 王羲之
汉 说文解字

méi
没
mò

méi
枚

méi 眉

méi 楣

méi 莓

méi 梅（楳、槑）

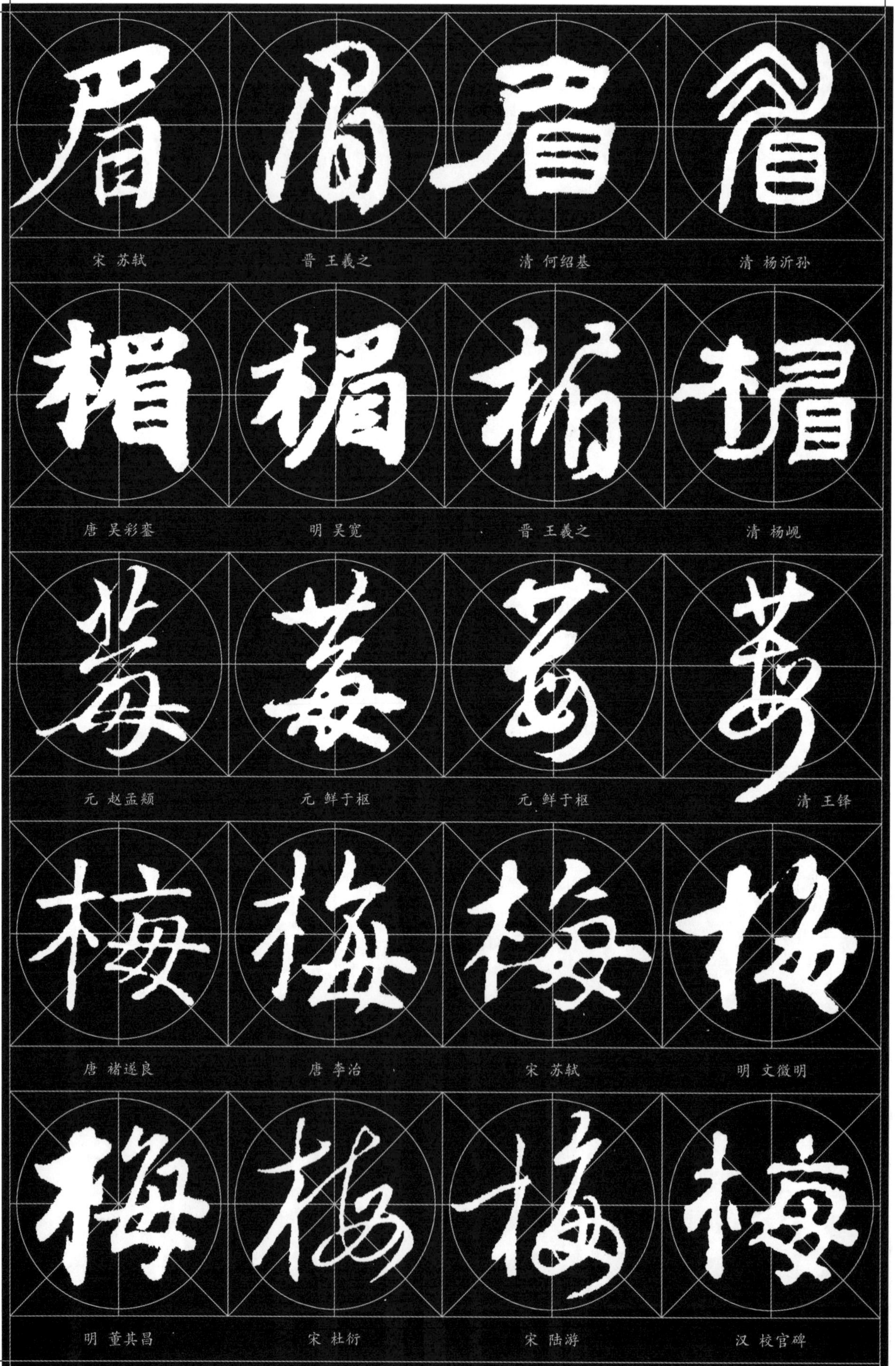

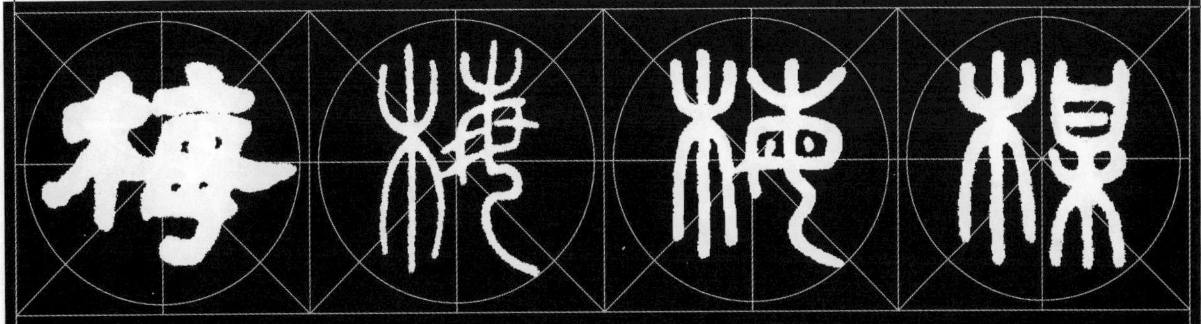

清 邓石如　清 邓石如　清 吴大澂　清 吴大澂

méi
媒

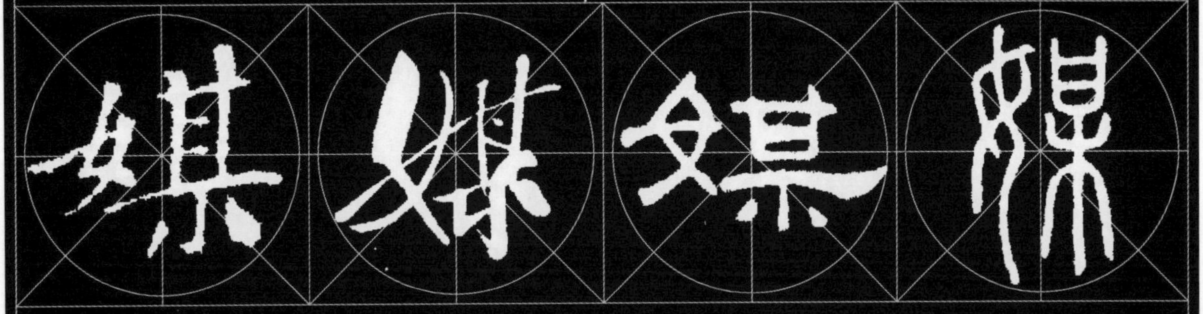

晋 王羲之　宋 米芾　明 何震　汉 说文解字

méi
煤

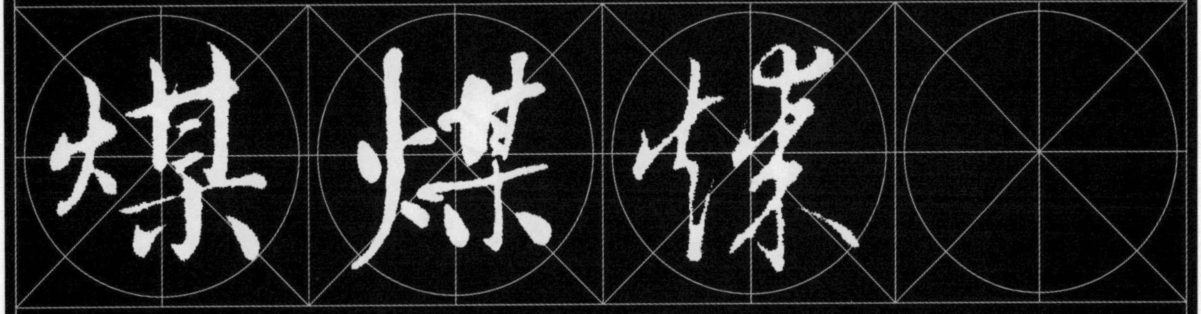

宋 蔡襄　清 何绍基　金 张天锡·草书韵会

měi
每

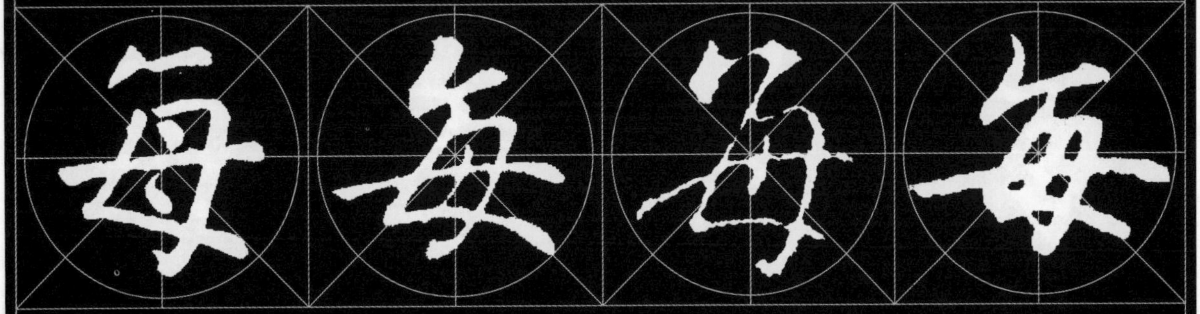

唐 颜真卿　晋 王羲之　晋 谢安　唐 陆柬之

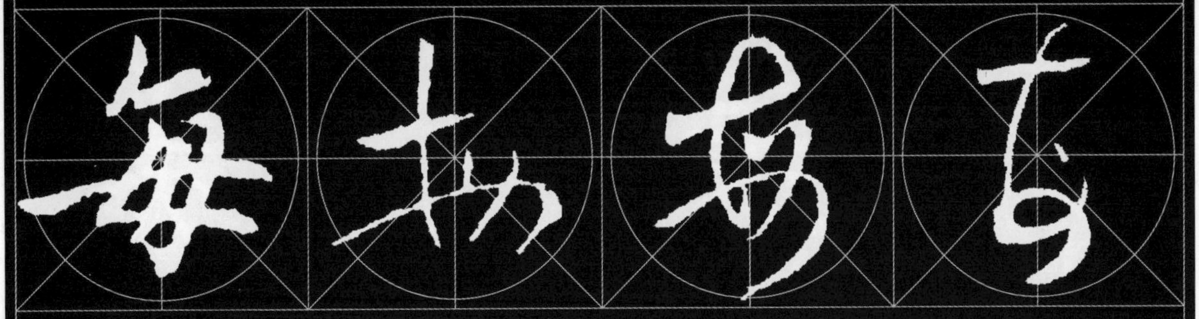

元 赵孟頫　晋 索靖　晋 王献之　唐 怀素

měi
美

元 揭傒斯
汉 孔彪碑
汉 朝侯小子残碑
清 王澍
晋 王献之
唐 欧阳询
唐 褚遂良
唐 张旭
元 赵雍
明 文徵明
明 董其昌
唐 孙过庭
唐 贺知章
宋 米芾
汉 西狭颂
汉 韩仁铭
汉 曹全碑
晋 辟雍碑
唐 李阳冰
元 赵孟頫

mèi
妹

mèi
昧

mèi
袂（衣袖）

mèi
寐

北魏 石婉墓志　晋 王羲之　晋 王羲之　清 吴大澂

北魏 李璧墓志　唐 褚遂良　唐 颜真卿　明 董其昌

唐 孙过庭　清 郑燮　清 田潜　清 孙星衍

唐 颜真卿　宋 米芾　金 张天锡·草书韵会　清 吴大澂

唐 颜真卿　唐 贺知章　唐 怀素　清 王澍

mèi
魅

mèi
媚

mén
门

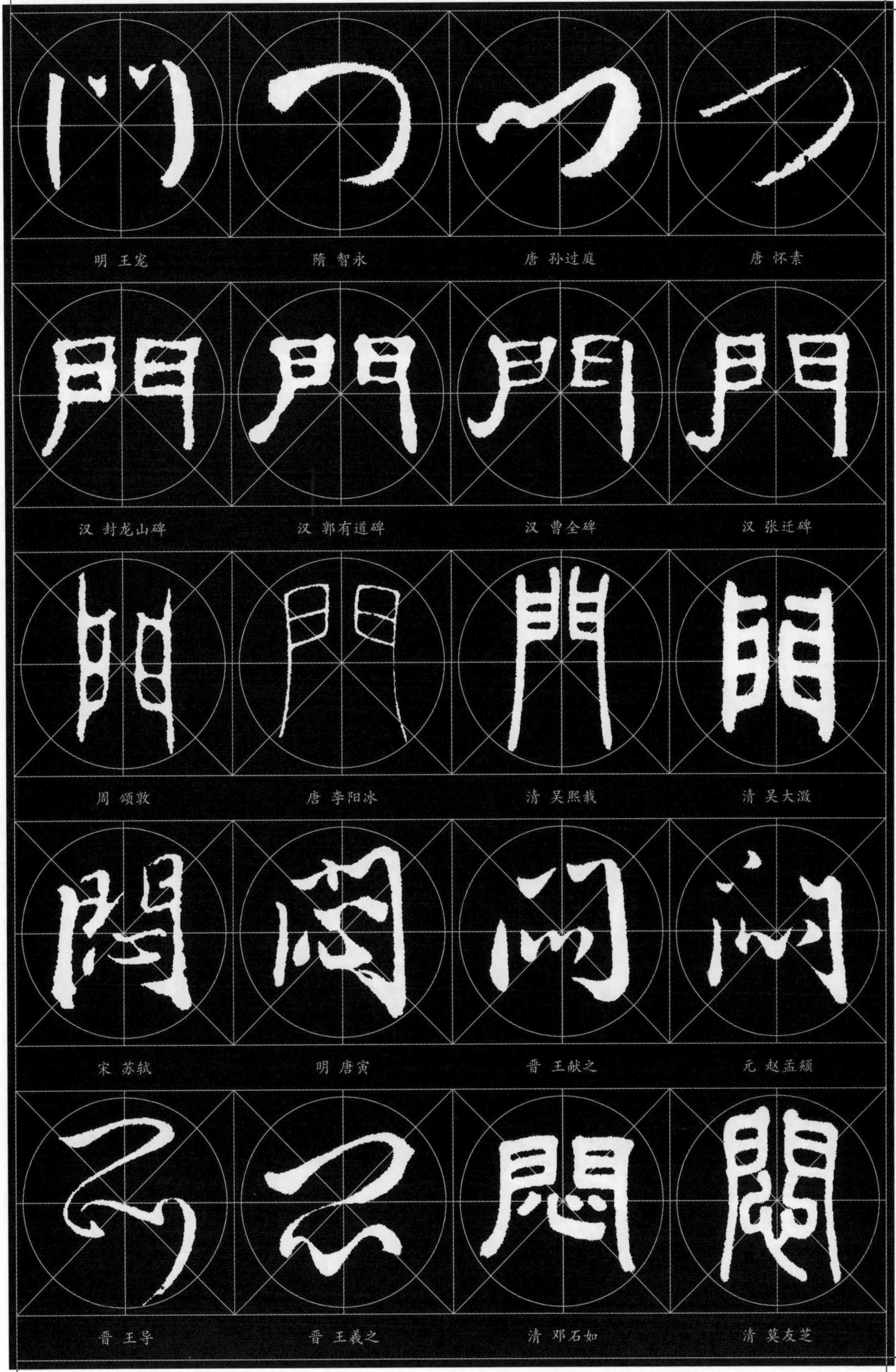

明 王宠　隋 智永　唐 孙过庭　唐 怀素

汉 封龙山碑　汉 郭有道碑　汉 曹全碑　汉 张迁碑

周 颂敦　唐 李阳冰　清 吴熙载　清 吴大澂

宋 苏轼　明 唐寅　晋 王献之　元 赵孟頫

晋 王导　晋 王羲之　清 邓石如　清 莫友芝

mèn
闷
mēn
（不适；不出门等）

mèn
懑（烦闷）

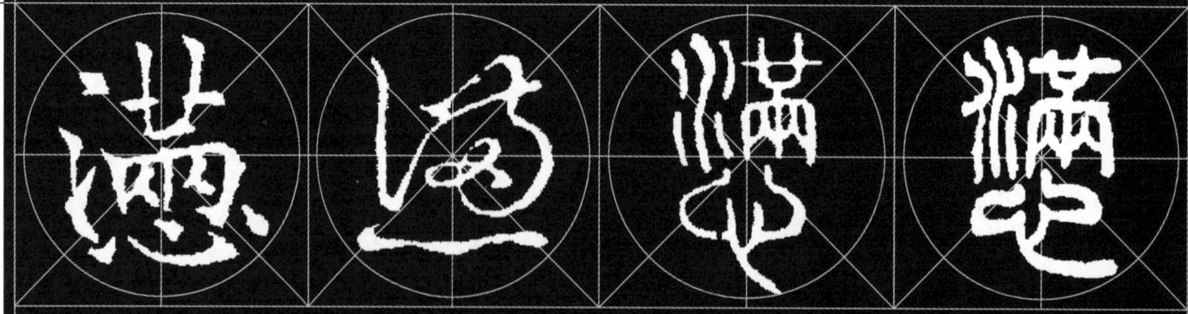

唐 欧阳通　金 张天锡·草书韵会　汉 说文解字　清 康熙字典

méng
萌

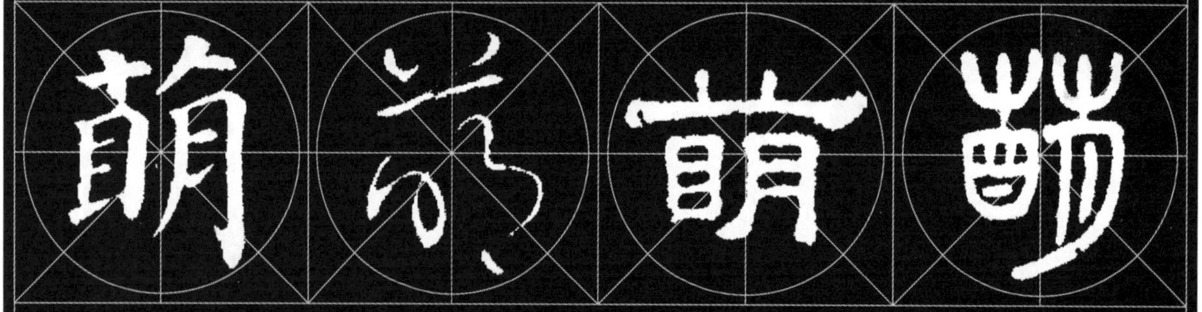

唐 颜真卿　金 张天锡·草书韵会　汉 张寿碑　清 杨沂孙

méng
盟

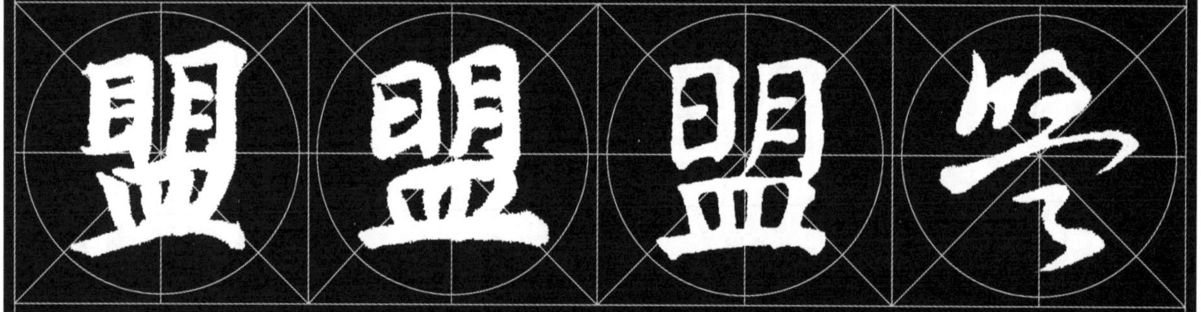

隋 智永　元 揭傒斯　明 祝允明　唐 孙过庭

清 王澍　汉 说文解字　元 赵孟頫　清 吴大澂

méng
蒙
mēng
Měng（族名）

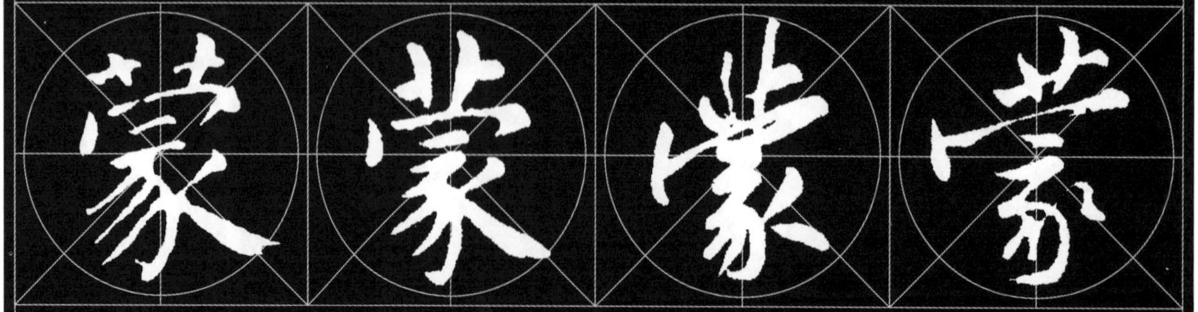

唐 颜真卿　元 赵孟頫　宋 黄庭坚　宋 黄庭坚

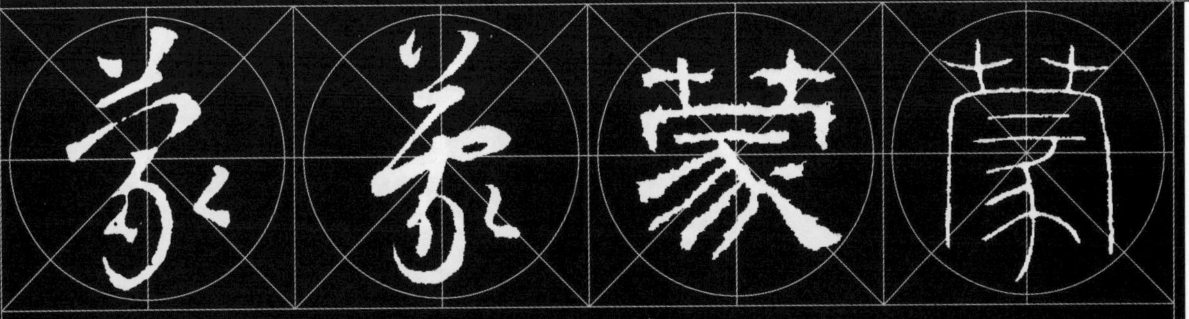

唐 褚遂良　唐 怀素　汉 封龙山碑　唐 李阳冰

méng
濛

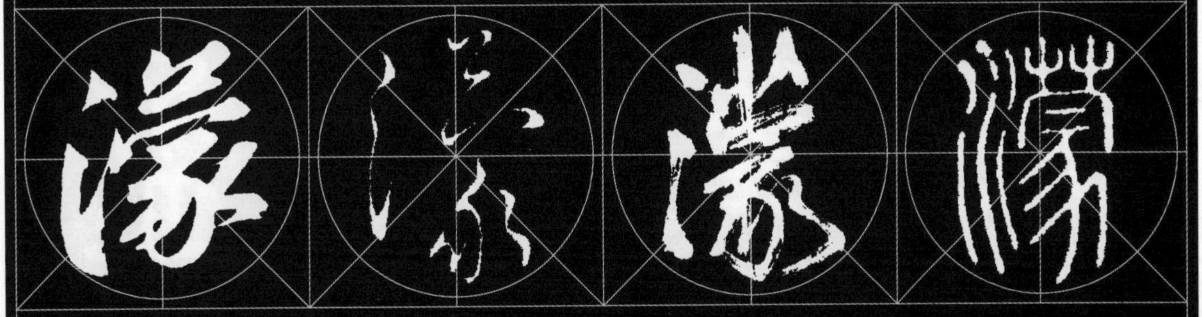

宋 苏轼　宋 米芾　清 王铎　汉 说文解字

méng
甍（屋脊）

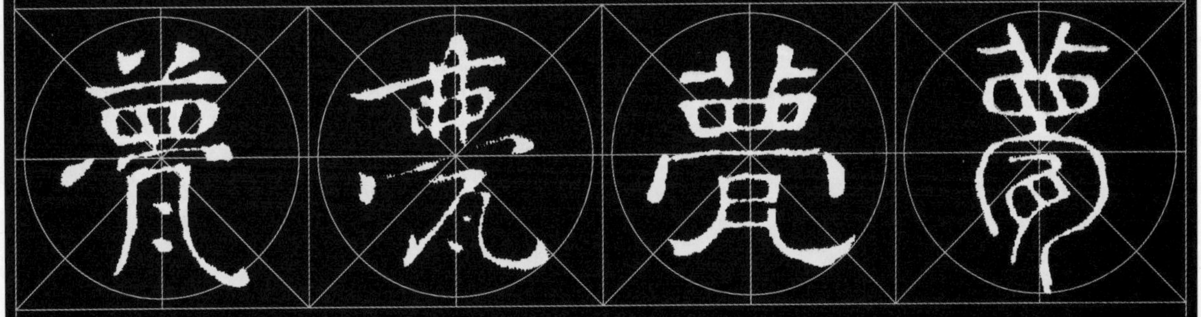

北朝 敬使君碑　元 廼贤　清 顾蔼吉·隶辨　汉 说文解字

měng
猛

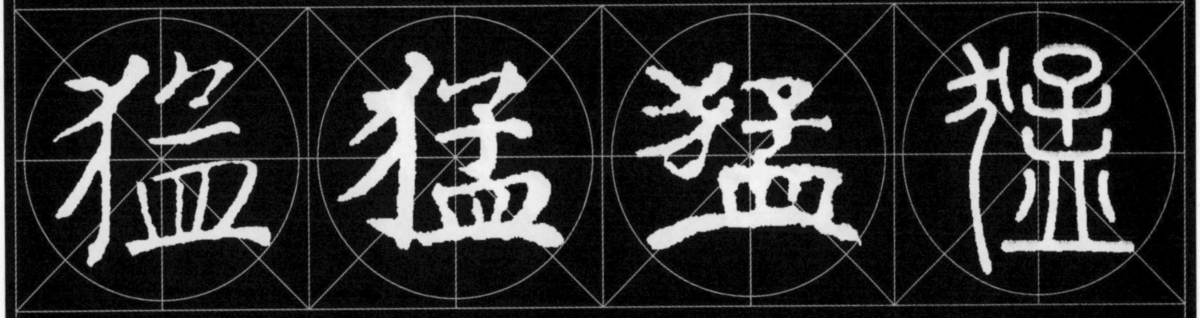

唐 魏栖梧　唐 徐浩　汉 杨震碑　秦 李斯

mèng
孟

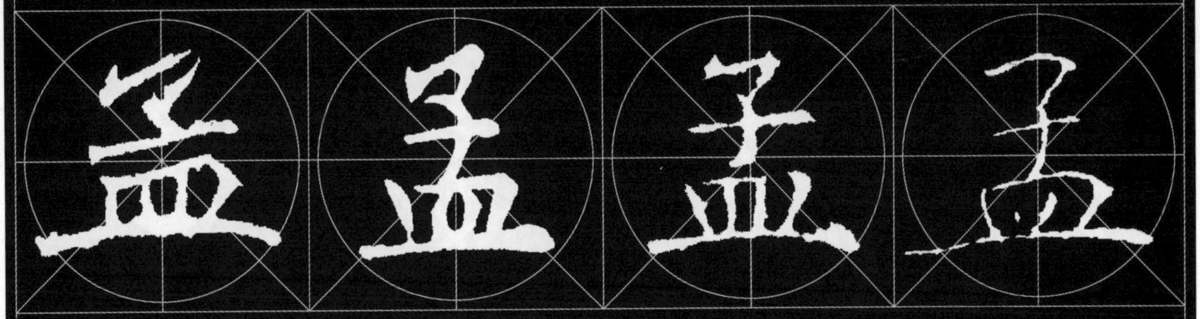

北魏 石婉墓志　唐 欧阳询　唐 褚遂良　宋 黄庭坚

mèng
梦（夢、㝱）

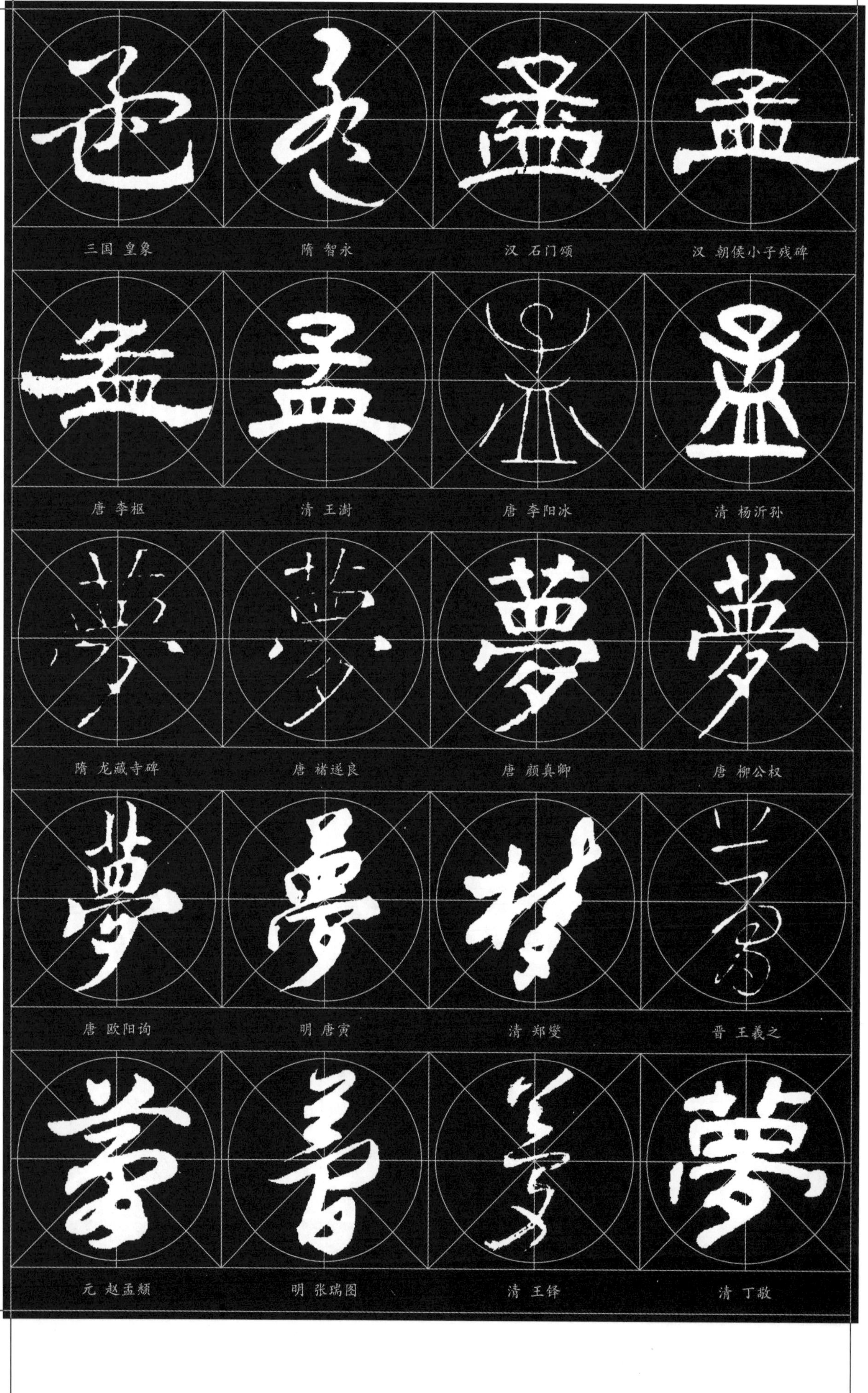

三国 皇象　隋 智永　汉 石门颂　汉 朝侯小子残碑
唐 李枢　清 王澍　唐 李阳冰　清 杨沂孙
隋 龙藏寺碑　唐 褚遂良　唐 颜真卿　唐 柳公权
唐 欧阳询　明 唐寅　清 郑燮　晋 王羲之
元 赵孟頫　明 张瑞图　清 王铎　清 丁敬

mí
弥（彌、瀰）

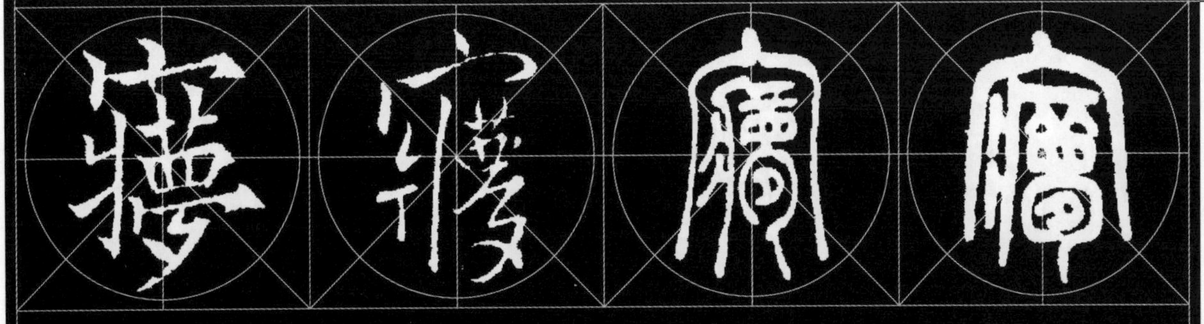

唐 欧阳通　清 王铎　清 吴熙载　清 吴大澂

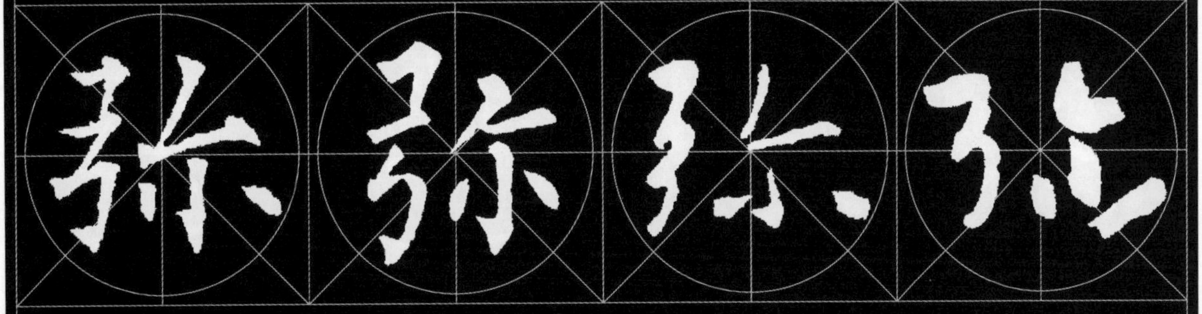

唐 欧阳通　唐 柳公权　晋 王羲之　唐 孙过庭

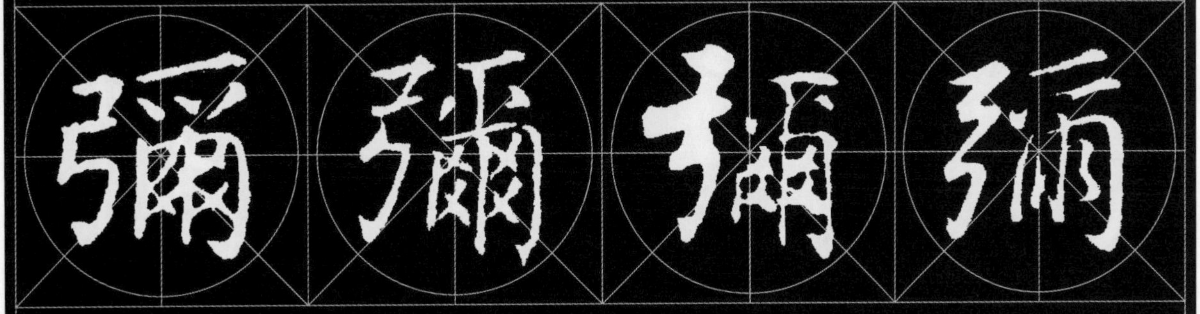

晋 王献之　唐 薛稷　宋 张即之　明 董其昌

元 赵孟頫　明 董其昌　汉 乙瑛碑　汉 礼器碑

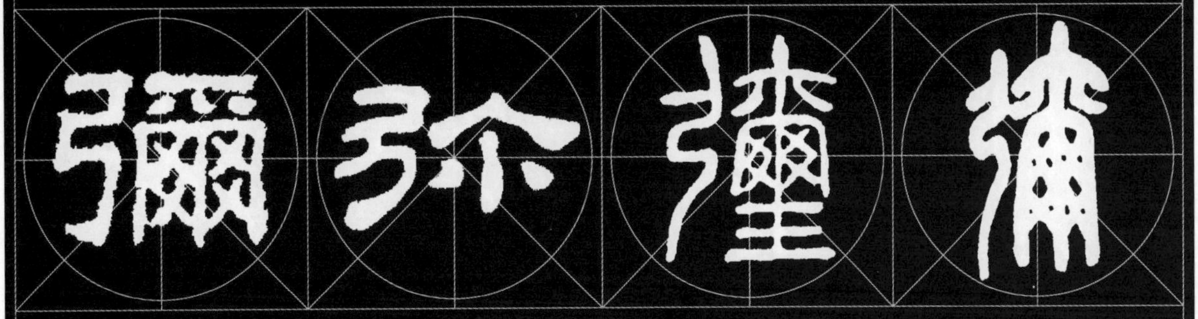

汉 樊敏碑　清 桂馥　汉 说文解字　清 吴昌硕

Mí 祢（禰：姓）

明 佚名　清 顾蔼吉·隶辨　汉 说文解字　清 杨沂孙

mí 迷

唐 褚遂良　明 祝允明　晋 王羲之　元 赵孟頫

唐 孙过庭　唐 张旭　汉 杨震碑　汉 说文解字

mí 麋 méi

宋 杜良臣　唐 孙过庭　清 顾蔼吉·隶辨　清 吴大澂

mí 縻（系住）

隋 智永　元 赵孟頫　宋 赵佶　隋 智永

mí 麋（蘪）

mǐ 靡 mí（浪费）

唐 欧阳询 | 唐 怀素 | 清 王澍 | 汉 说文解字

唐 吴彩鸾 | 明 唐寅 | 元 赵孟頫 | 明 祝允明

汉 景君碑 | 汉 曹全碑 | 秦 石鼓文 | 清 吴大澂

晋 王献之 | 唐 欧阳询 | 宋 苏轼 | 元 鲜于枢

汉 郭有道碑 | 汉 夏承碑 | 秦 会稽刻石 | 清 吴昌硕

mǐ 米

mǐ 弭（止；息）

mì 汨

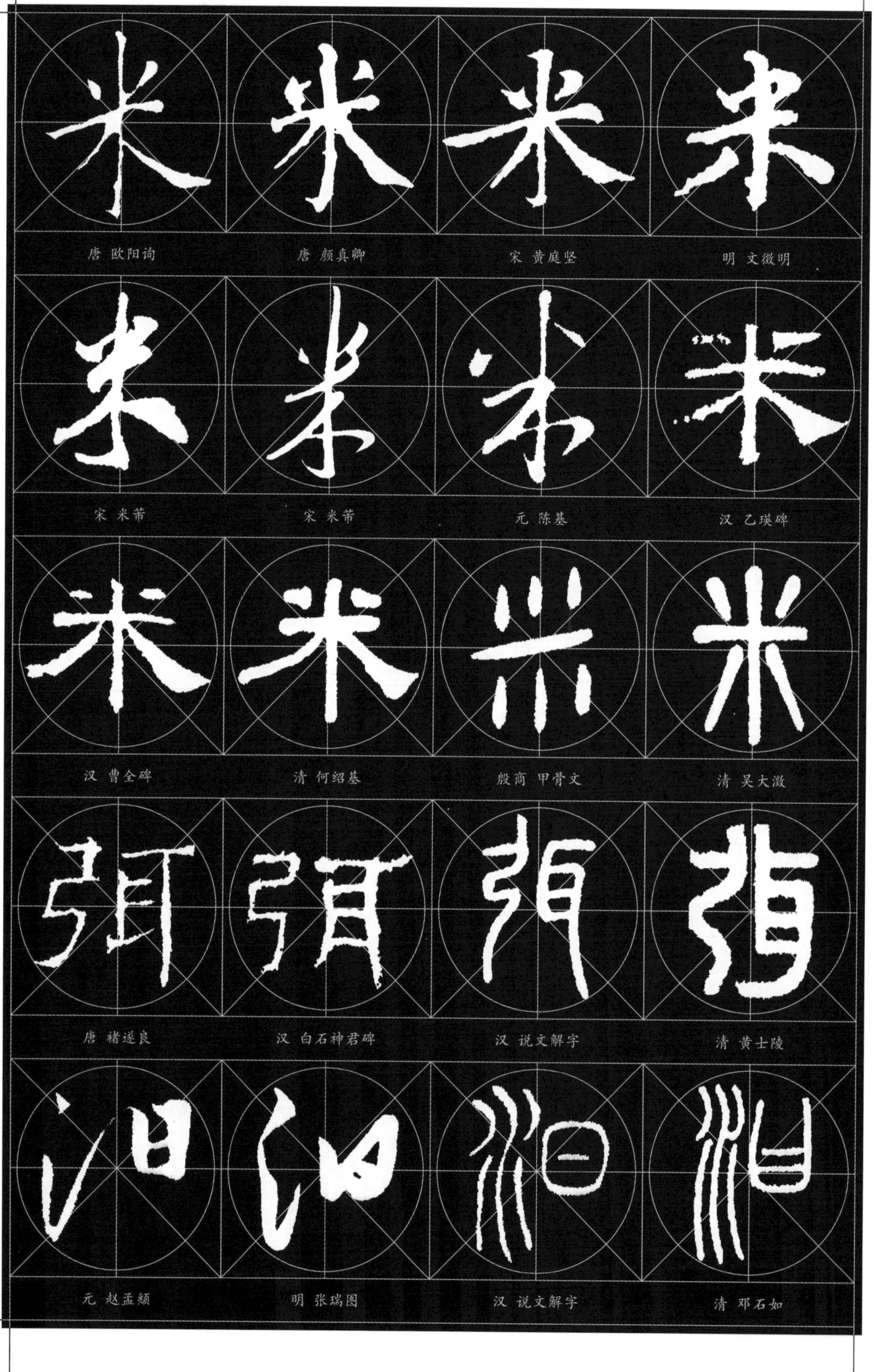

唐 欧阳询　唐 颜真卿　宋 黄庭坚　明 文徵明

宋 米芾　宋 米芾　元 陈基　汉 乙瑛碑

汉 曹全碑　清 何绍基　殷商 甲骨文　清 吴大澂

唐 褚遂良　汉 白石神君碑　汉 说文解字　清 黄士陵

元 赵孟頫　明 张瑞图　汉 说文解字　清 邓石如

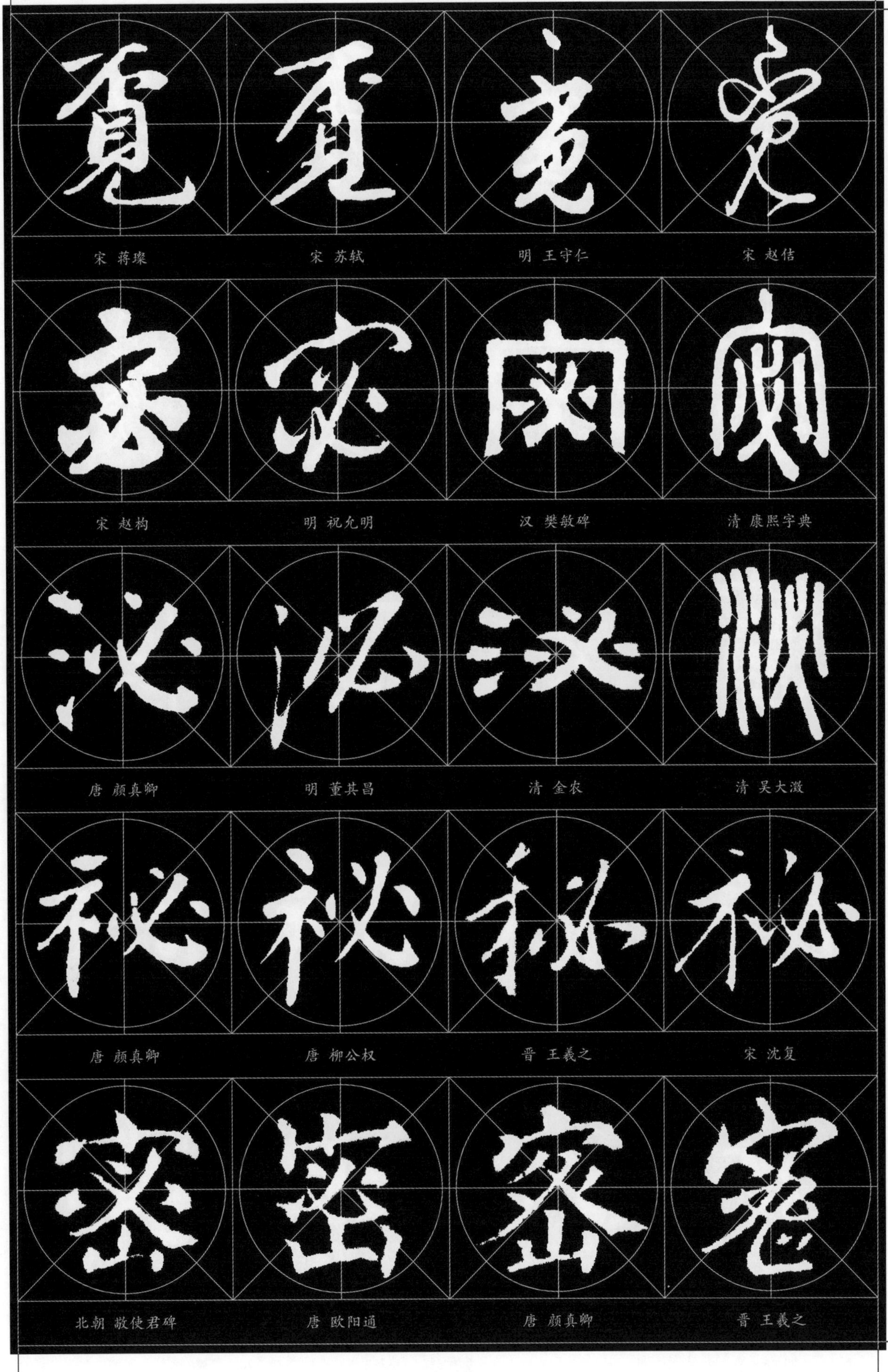

mì 觅（覓）

mì 宓（安静）Fú

mì 泌（分泌）Bì

mì 秘（祕）Bì（秘鲁）

mì 密

mì
蜜

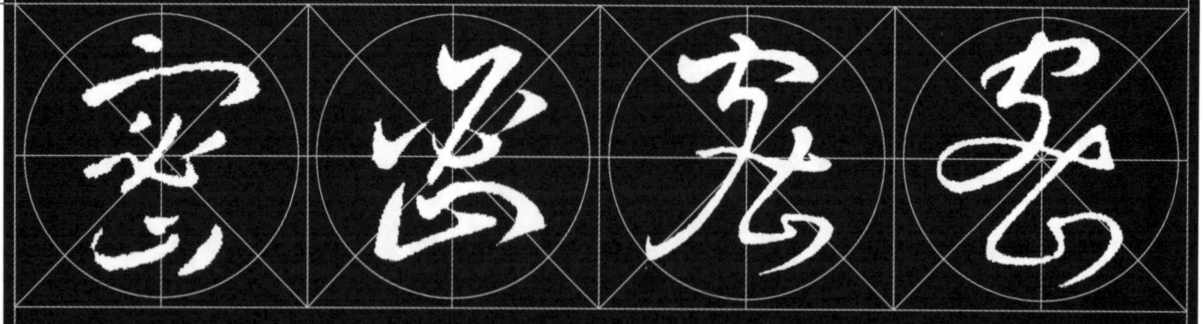

隋 智永　唐 孙过庭　唐 怀素　元 康里子山

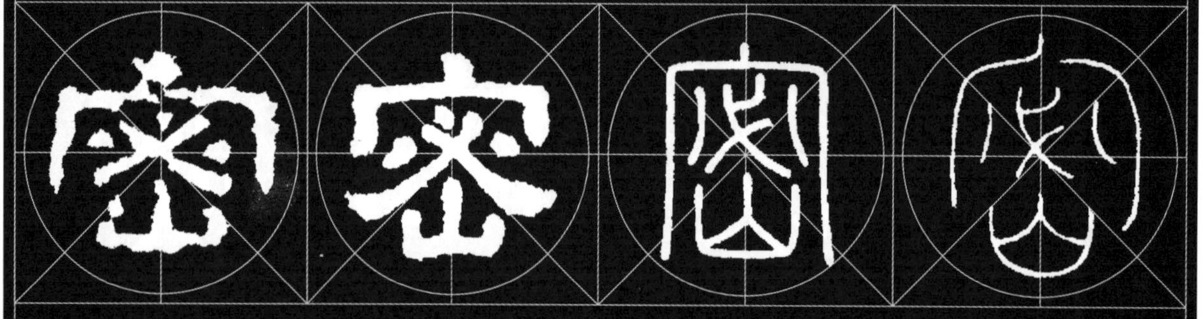

汉 华山碑　汉 樊敏碑　秦 李斯　唐 李阳冰

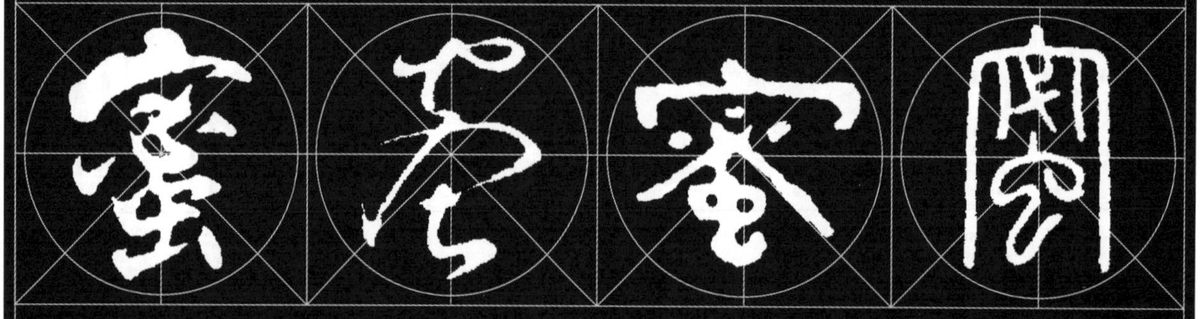

宋 张即之　唐 怀素　北齐 泰山金刚经　汉 说文解字

mián
眠

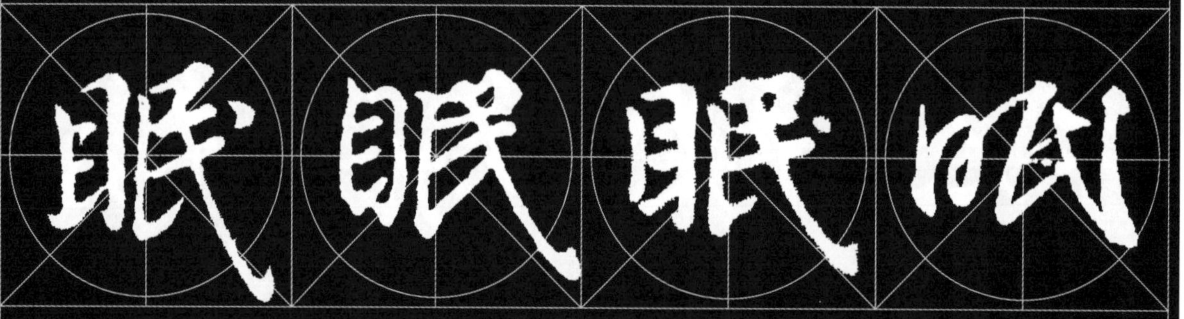

晋 王献之　唐 国铨　元 赵孟頫　晋 王献之

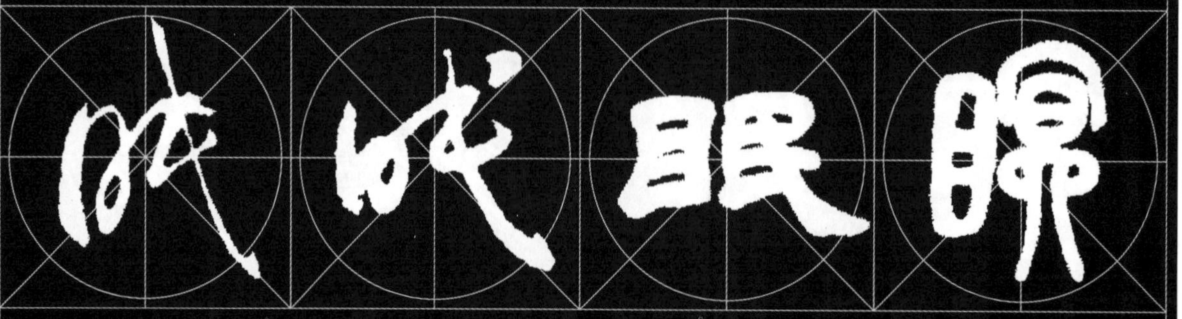

隋 智永　唐 怀素　清 吴熙载　清 吴昌硕

mián 绵（緜）

miǎn 免

miǎn 俛 fǔ（同俯）

miǎn 冕

miǎn 勉

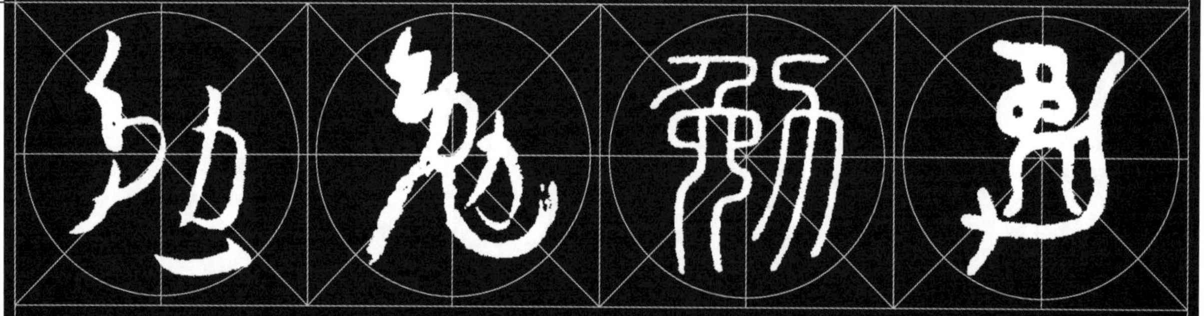

唐 欧阳询 唐 孙过庭 秦 会稽刻石 清 吴大澂

miǎn
黾（黽：同渑）
mǐn

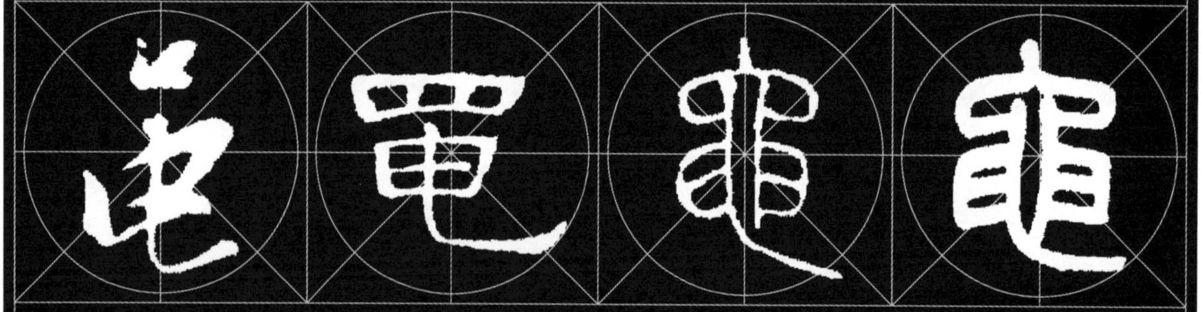

明 张瑞图 清 顾蔼吉·隶辨 汉 说文解字 清 吴大澂

miǎn
眄
miàn

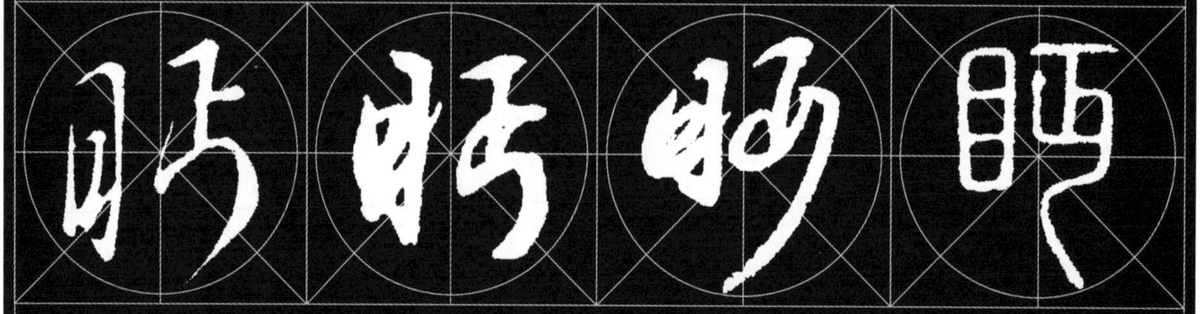

唐 颜真卿 明 文徵明 明 祝允明 汉 说文解字

miǎn
缅

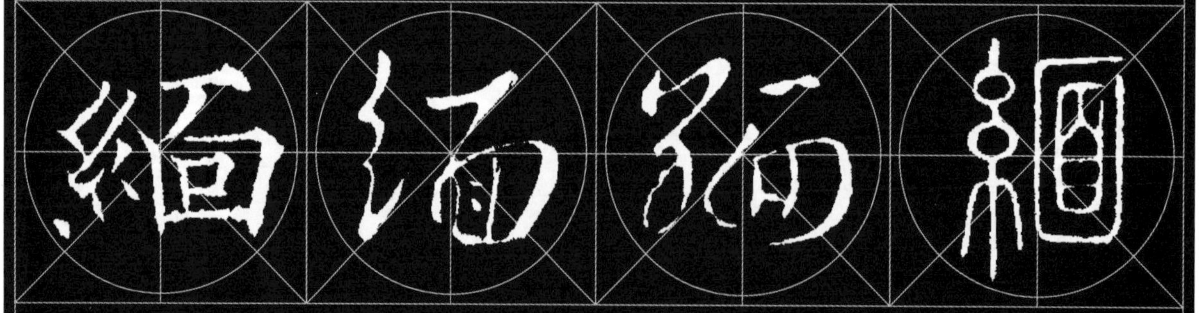

唐 欧阳通 晋 王羲之 晋 索靖 汉 说文解字

miàn
面（靣）

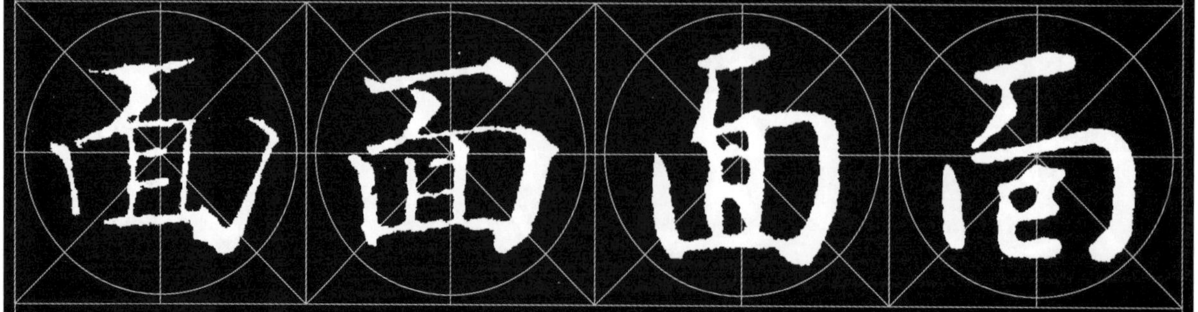

唐 褚遂良 唐 颜真卿 宋 张即之 明 王宠

唐 虞世南　宋 叶梦得　明 邵二泉　明 董其昌

晋 王羲之　宋 赵佶　元 饶介　汉 西狭颂

汉 曹全碑　清 王澍　唐 李阳冰　清 吴大澂

北朝 敬使君碑　元 赵孟頫　晋 王献之　明 王宠

汉 鲜于璜碑　汉 樊敏碑　元 吴叡　清 吴大澂

miáo
苗

miáo
描

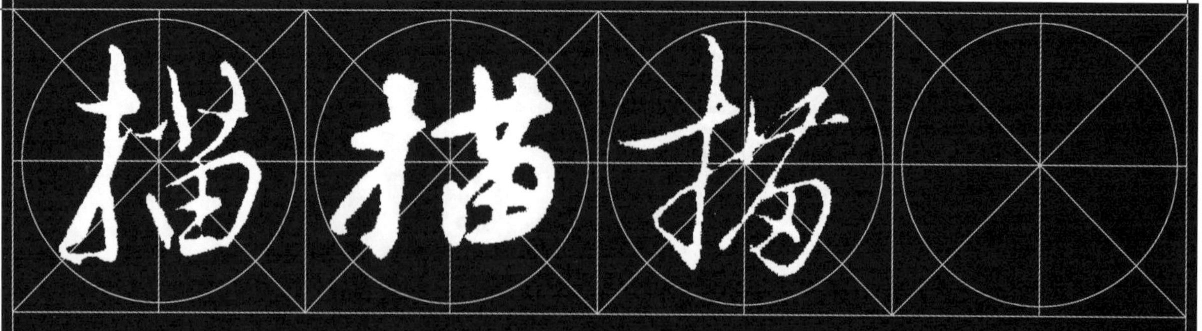

元 康里子山　清 吴昌硕　金 张天锡·草书韵会

miǎo
杪

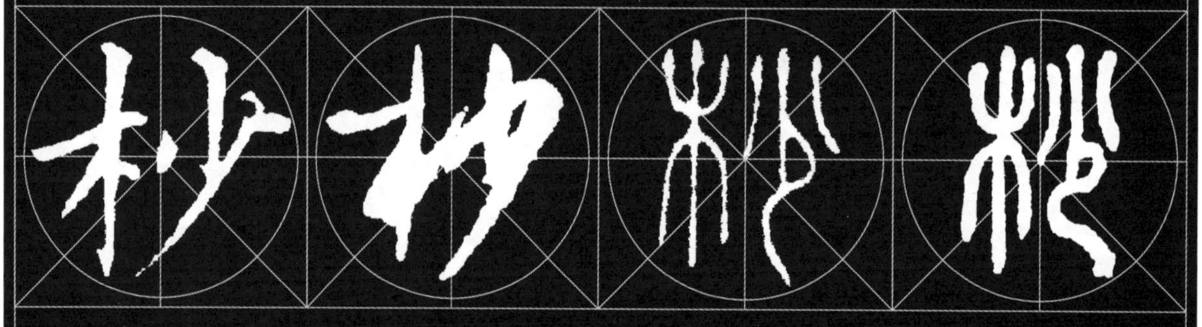

清 梁同书　唐 孙过庭　汉 说文解字　清 康熙字典

miǎo
眇

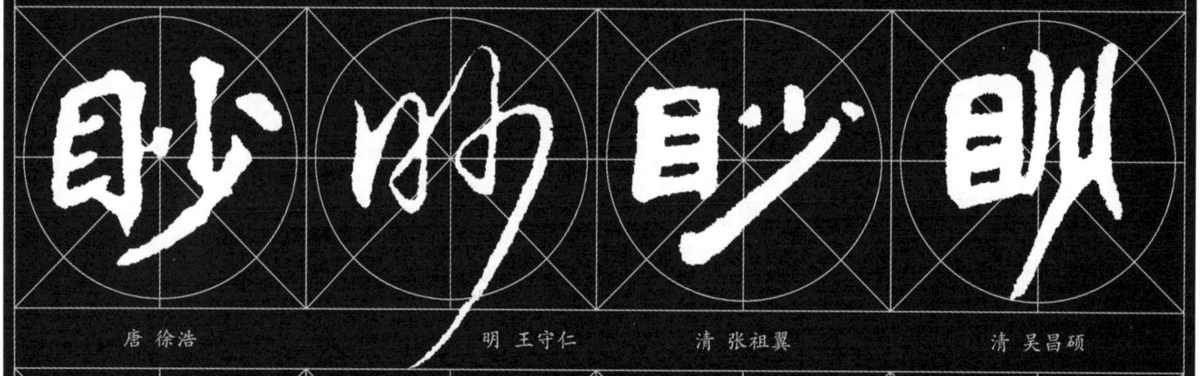

唐 徐浩　明 王守仁　清 张祖翼　清 吴昌硕

miǎo
渺

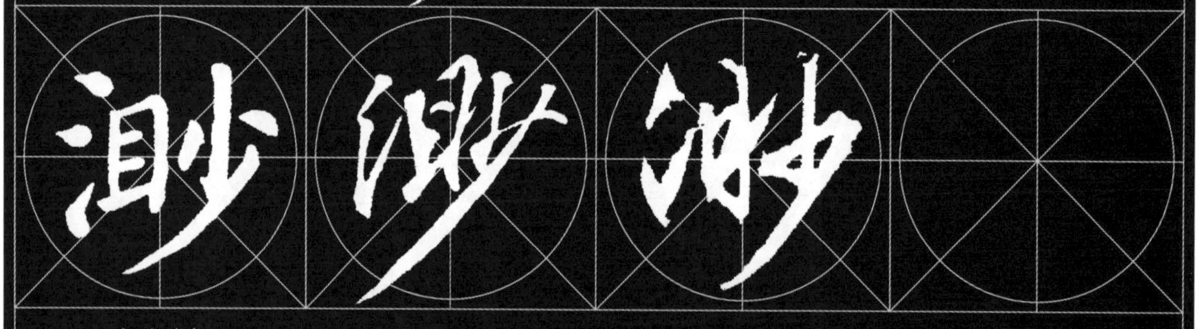

唐 颜真卿　宋 王巩　明 文徵明

miǎo
藐

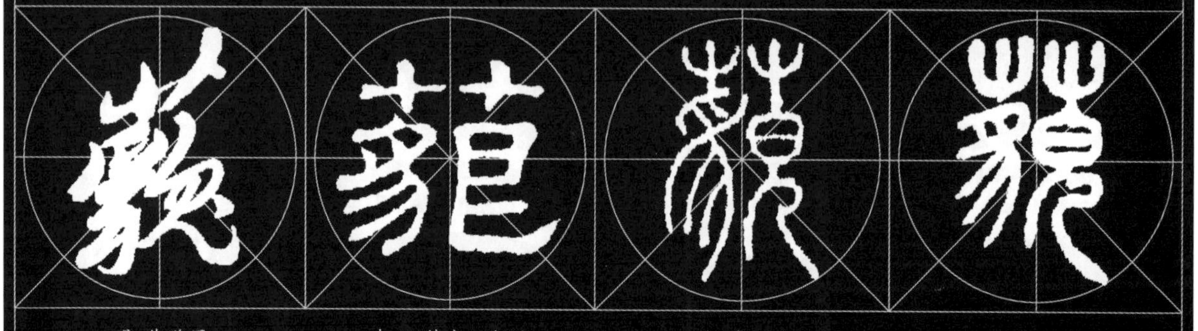

明 黄道周　清 顾蔼吉·隶辨　唐 李阳冰　清 杨沂孙

miǎo
邈（遥远）

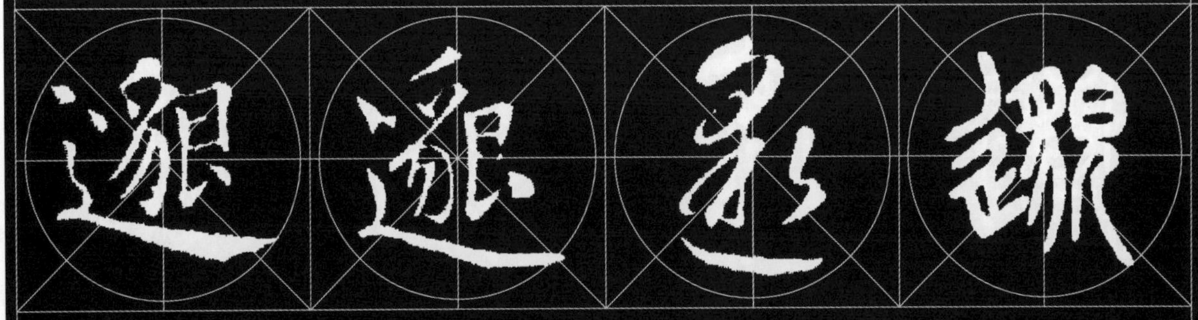

隋 智永　元 赵孟頫　隋 智永　清 杨沂孙

miào
妙（玅）

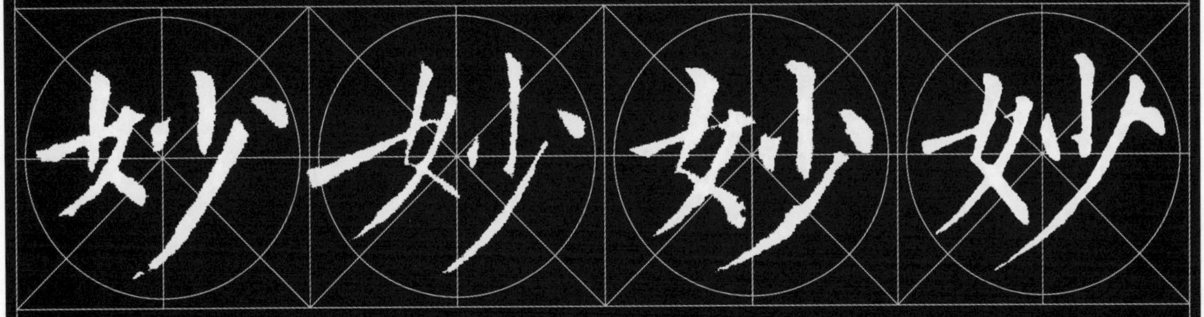

唐 虞世南　唐 王敬客　唐 颜真卿　唐 柳公权

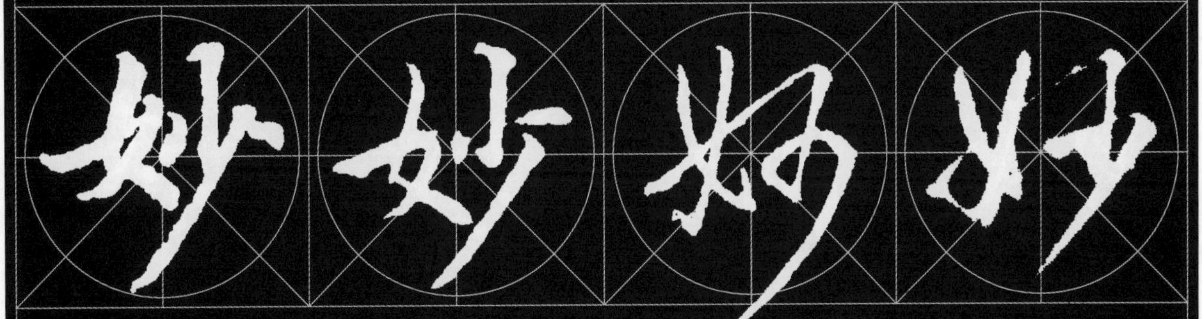

唐 蒋善进　元 揭傒斯　晋 王献之　隋 智永

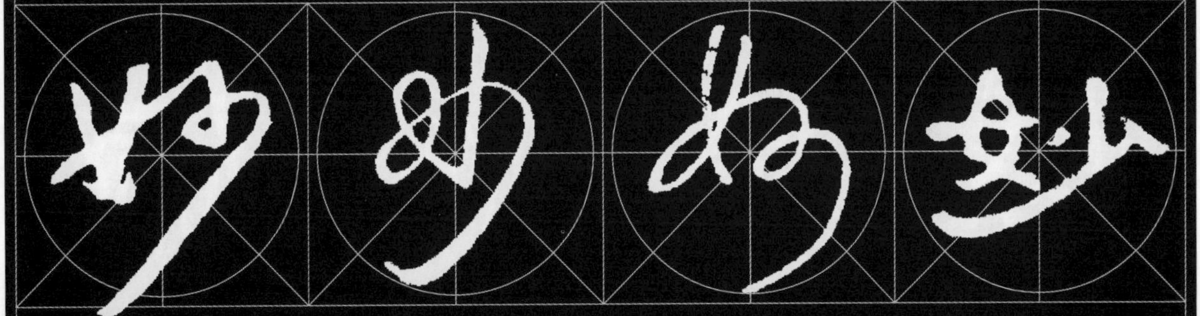

唐 怀素　唐 欧阳询　唐 怀素　汉 郭有道碑

miào
庙（廟）

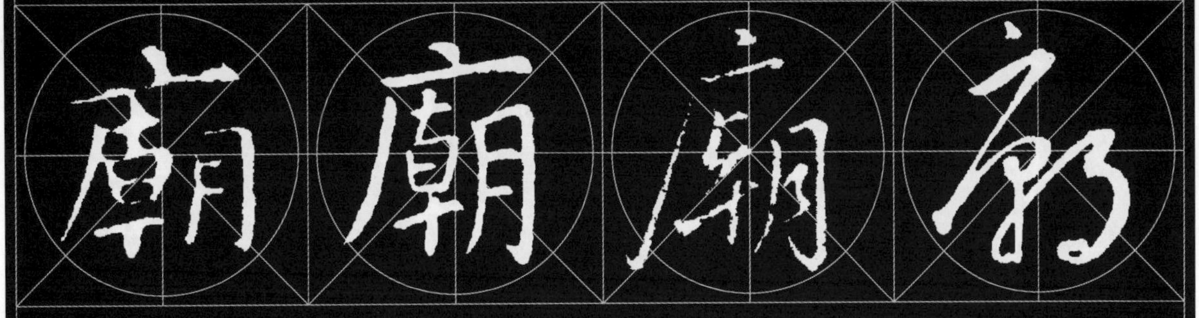

三国 钟繇　唐 虞世南　唐 李靖　明 王宠

miè
灭（滅、烕）

miè
蔑

唐 李阳冰
清 吴熙载
清 杨沂孙
清 吴大澂
隋 智永
唐 薛稷
唐 颜真卿
唐 柳公权
唐 欧阳通
元 赵孟頫
晋 王献之
元 赵雍
汉 孟孝琚碑
北齐 泰山金刚经
秦 会稽刻石
清 杨沂孙
金 张天锡·草书韵会
汉 张迁碑
周 小臣谜簋
清 吴大澂

mín
民

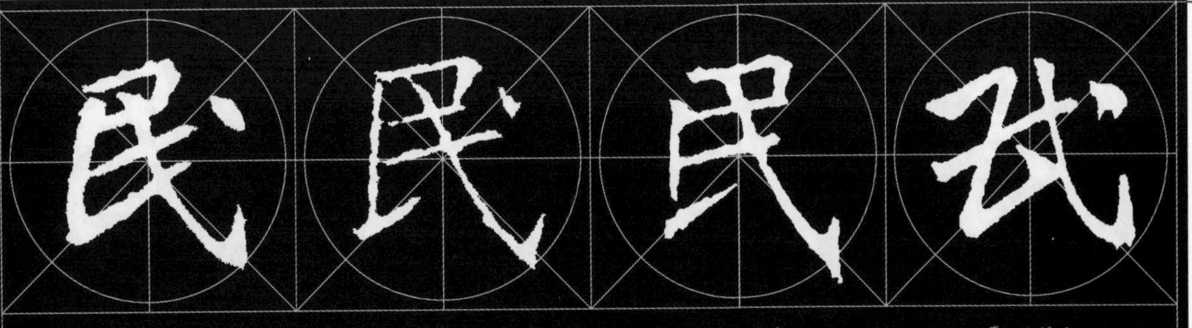

北魏 元倪墓志　唐 欧阳询　唐 褚遂良　晋 王献之

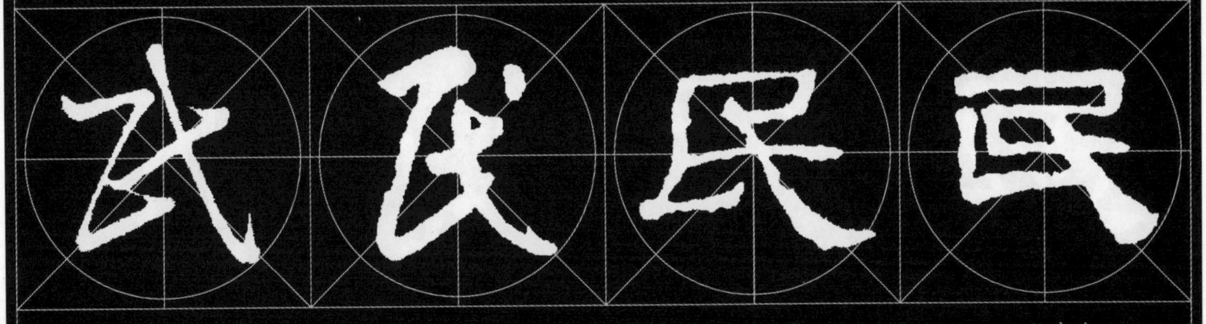

唐 孙过庭　唐 怀素　汉 史晨碑　汉 校官碑

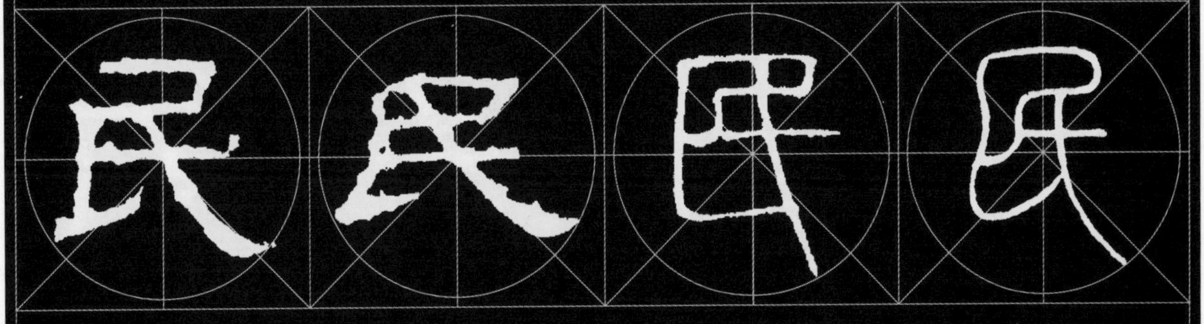

汉 白石神君碑　汉 刘熊碑　元 吴叡　清 王澍

Mín
岷（山、水、县名）

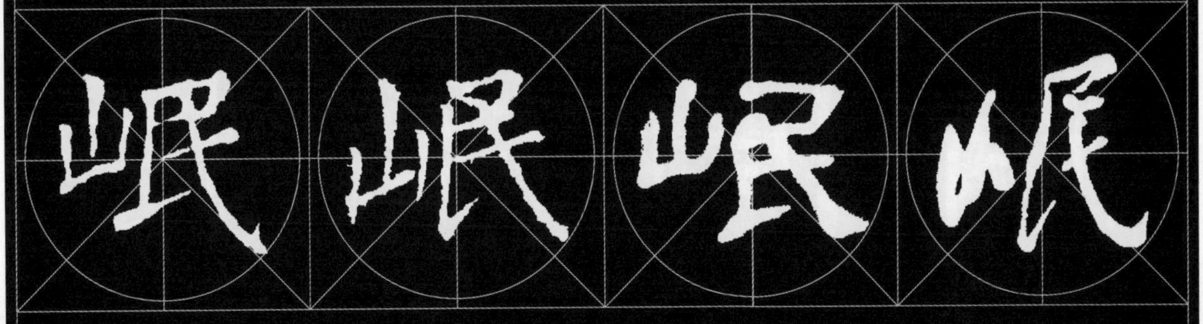

唐 颜真卿　唐 柳公权　清 何绍基　清 何绍基

mín
珉（美石）

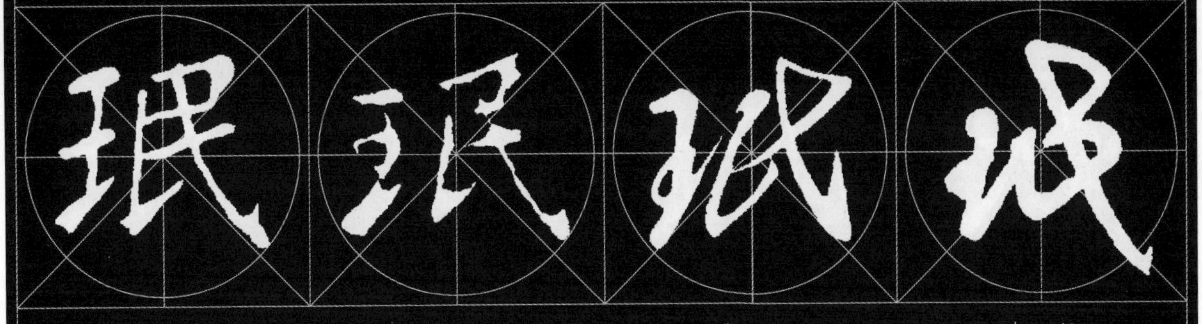

唐 颜真卿　晋 王珉　晋 王珉　清 王铎

mín 缗（缗：穿铜钱的绳子）

宋 苏轼　明 徐渭　清 顾蔼吉·隶辨　清 杨沂孙

mǐn 皿

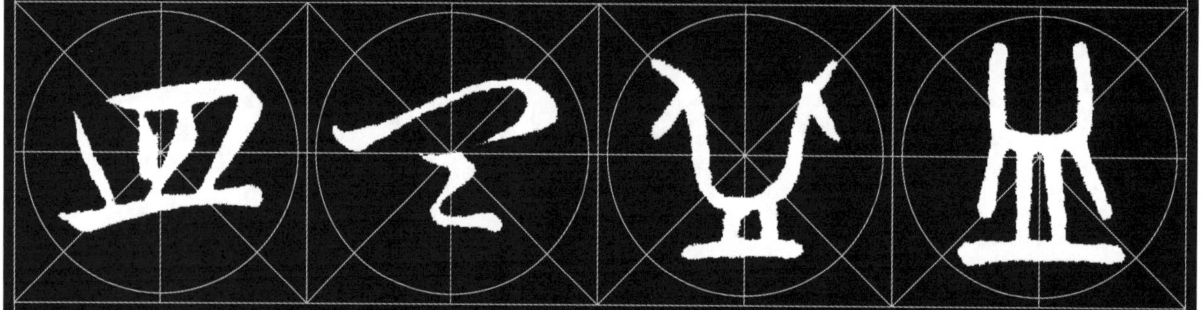

元 赵孟頫　金 张天锡·草书韵会　殷商 甲骨文　清 吴大澂

mǐn 闵

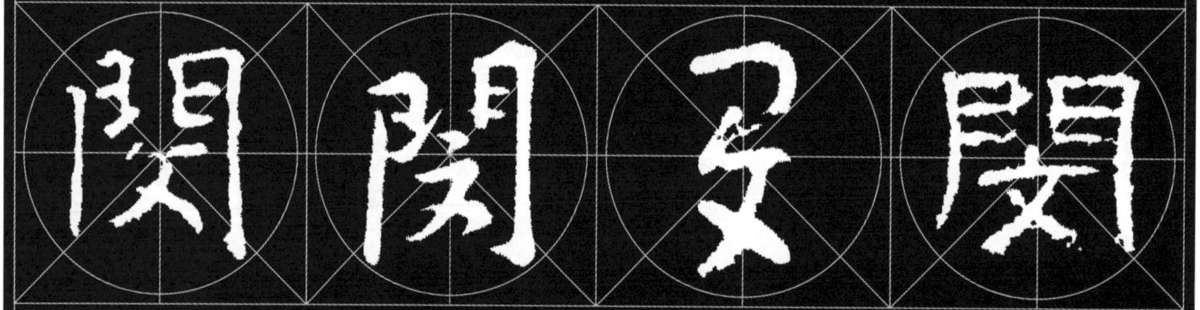

唐 褚遂良　宋 黄庭坚　晋 陆机　汉 曹全碑

mǐn 悯

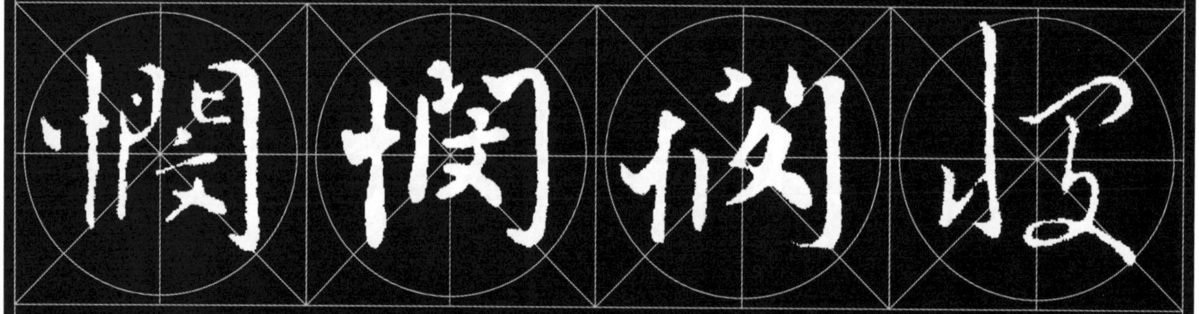

元 廼贤　唐 颜真卿　元 赵孟頫　金 张天锡·草书韵会

mǐn 泯（消灭；丧失）

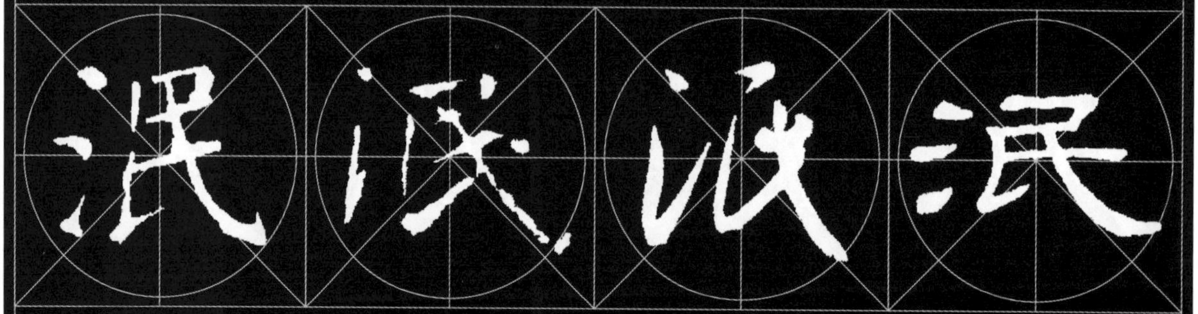

唐 颜真卿　北魏 张玄墓志　唐 孙过庭　清 顾蔼吉·隶辨

Mǐn 闽（福建的别称）

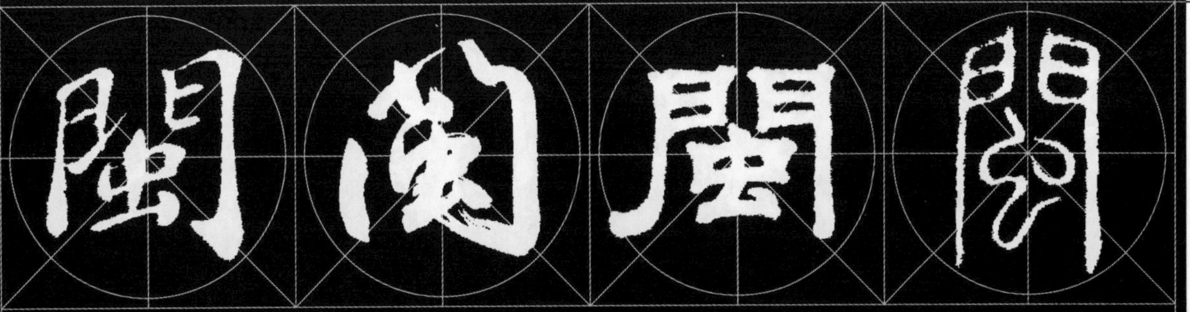

宋 翟汝文　元 鲜于枢　清 钱泳　汉 说文解字

mǐn 敏

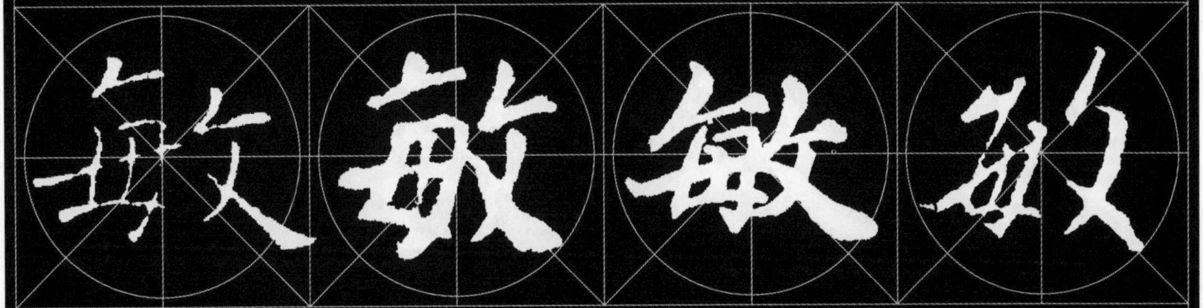

唐 褚遂良　唐 颜真卿　元 王蒙　晋 王羲之

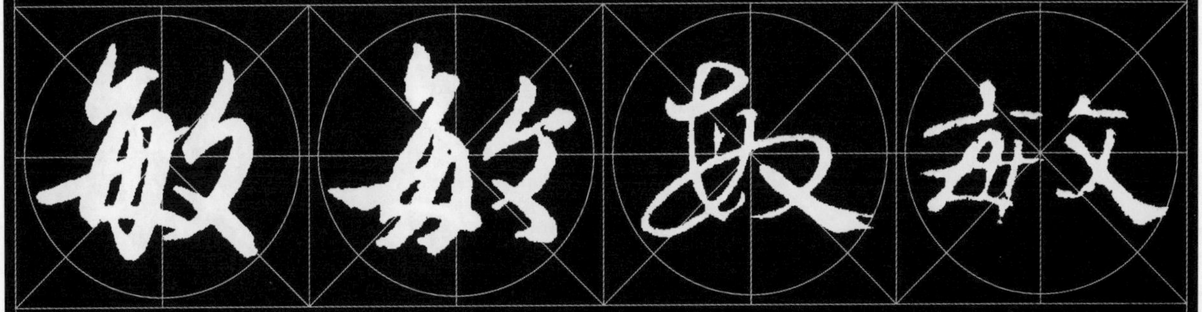

元 赵孟頫　明 黄道周　明 宋克　汉 曹全碑

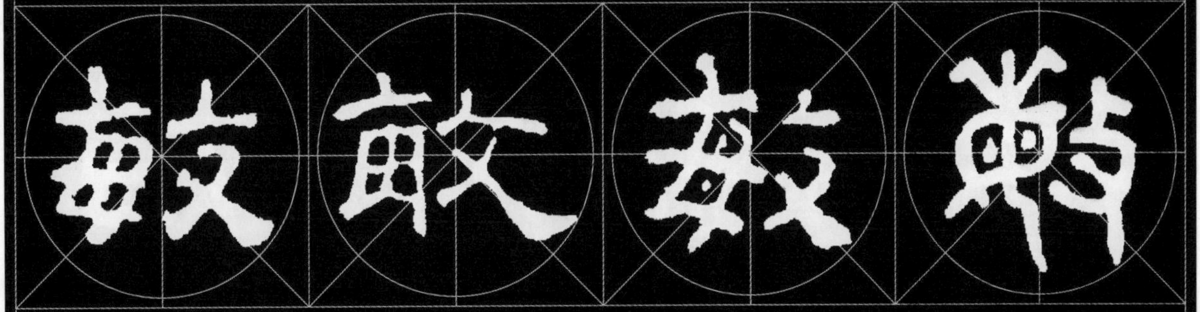

汉 校官碑　汉 孔宙碑　汉 景君碑　清 杨沂孙

mǐn 慜（惛：同悯）

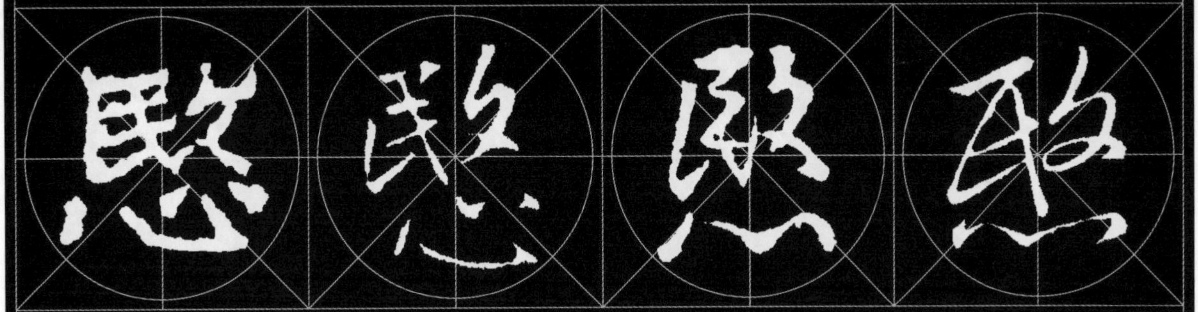

北魏 郑道昭　明 沈粲　晋 王羲之　宋 苏轼

míng
名

míng
茗（茶；茶叶）

míng
铭

míng
明

唐 欧阳询
唐 柳公权
晋 王羲之
唐 孙过庭
元 揭傒斯
清 王澍
元 赵孟頫
元 吴叡
唐 欧阳询
唐 褚遂良
唐 王敬客
唐 颜真卿
唐 李靖
宋 苏轼
明 文徵明
晋 王羲之
唐 孙过庭
宋 陆游
汉 乙瑛碑
汉 西狭颂

míng
鸣

míng
冥（昏暗；深奥；

愚昧；阴间）

唐 虞世南　唐 张从申　宋 米芾　元 赵孟頫

唐 怀素　元 鲜于枢　明 王宠　汉 杨震碑

清 王澍　清 杨沂孙　清 吴大澂　清 曾纪泽

唐 颜真卿　宋 赵佶　明 王守仁　清 孙星衍

明 唐寅　宋 苏轼　明 祝允明　明 王宠

míng
溟（海）

míng
瞑（日落；黄昏）

míng 瞑（闭眼；眼花）

mìng 命

miù
谬（差错）

miù
缪（错误）
móu
Miào

mō
摸

mó
模
mú

mó
谟（计划；策略）

mó 摹

mó 摩

mó 磨 mò （礳：磨的本字）

唐 褚遂良　宋 苏轼　元 张雨　元 冯子振

晋 王羲之　唐 孙过庭　清 杨沂孙　清 吴大澂

唐 国铨　隋 智永　清 梁同书　唐 李阳冰

唐 国铨　唐 欧阳通　唐 欧阳询　唐 怀素

元 鲜于枢　清 归庄　唐 李阳冰　元 吴叡

mò 末

mò 殁（死；也作没）

mò 陌

mò 莫

mò 寞（安静；冷落）

mò 漠

mò 墨

mò 默（古通墨）

晋 王羲之　唐 孙过庭　元 吴志淳　明 韩道亨

清 王铎　元 吴叡　明 金湜　清 吴熙载

明 方孝孺　元 赵孟頫　明 董其昌　明 唐寅

隋 智永　唐 欧阳询　唐 怀素　明 王宠

清 邓石如　清 翁同和　元 吴叡　清 吴大澂

móu 牟（牟取）mù

móu 侔（齐；相等）

móu 眸

móu 谋

mǒu 某

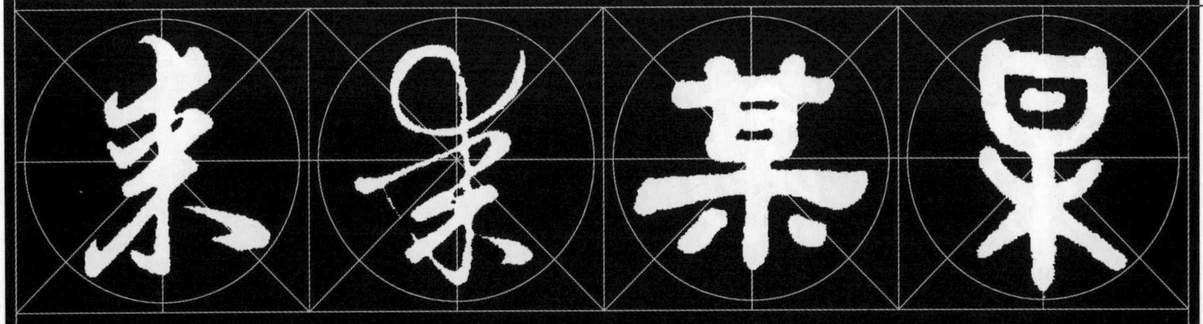

明 韩道亨 | 金 张天锡·草书韵会 | 清 顾蔼吉 | 清 吴大澂

mǔ 母

唐 欧阳询 | 唐 柳公权 | 宋 黄庭坚 | 明 王宠

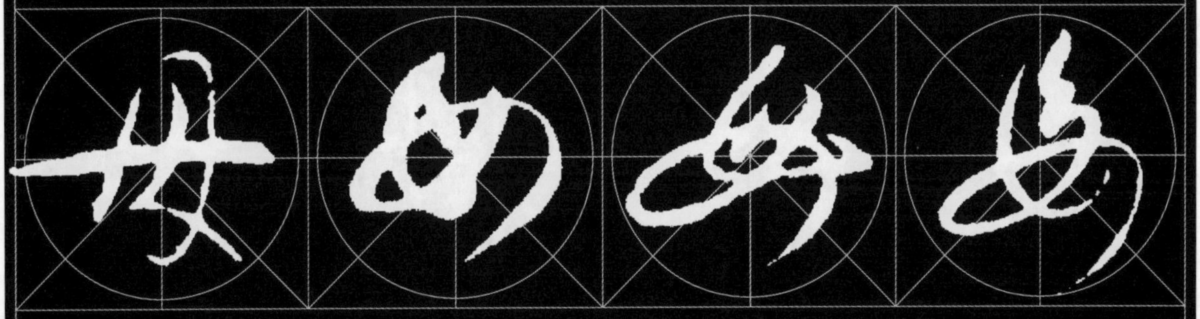

隋 智永 | 唐 贺知章 | 唐 怀素 | 宋 赵佶

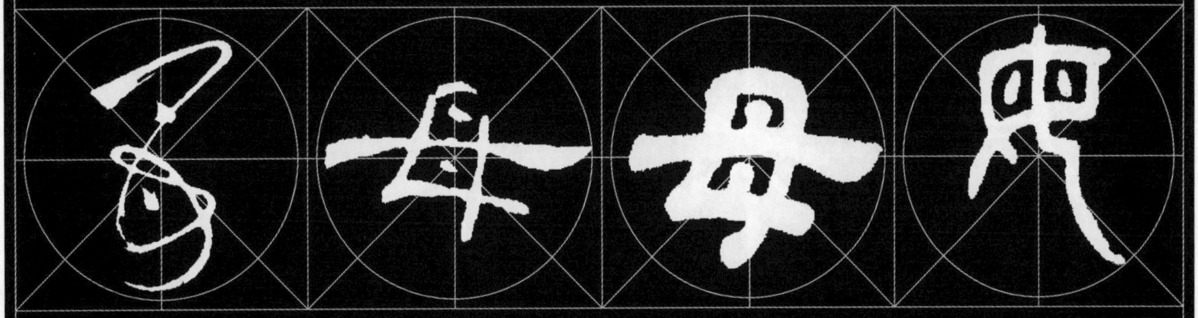

明 祝允明 | 汉 曹全碑 | 清 顾蔼吉 | 清 杨沂孙

mǔ 亩（畝）

隋 智永 | 宋 欧阳修 | 宋 苏轼 | 明 王宠

mǔ
牡（雄性的）

mù
木

元 赵孟頫
晋 王羲之
隋 智永
唐 怀素
元 揭傒斯
清 陈鸿寿
汉 说文解字
元 赵孟頫
三国 皇象
唐 陆柬之
唐 李邕
清 杨沂孙
晋 王羲之
唐 欧阳询
唐 颜真卿
元 赵孟頫
唐 褚遂良
元 鲜于枢
唐 孙过庭
汉 桐柏庙碑

mù
沐（洗头）

mù
牧

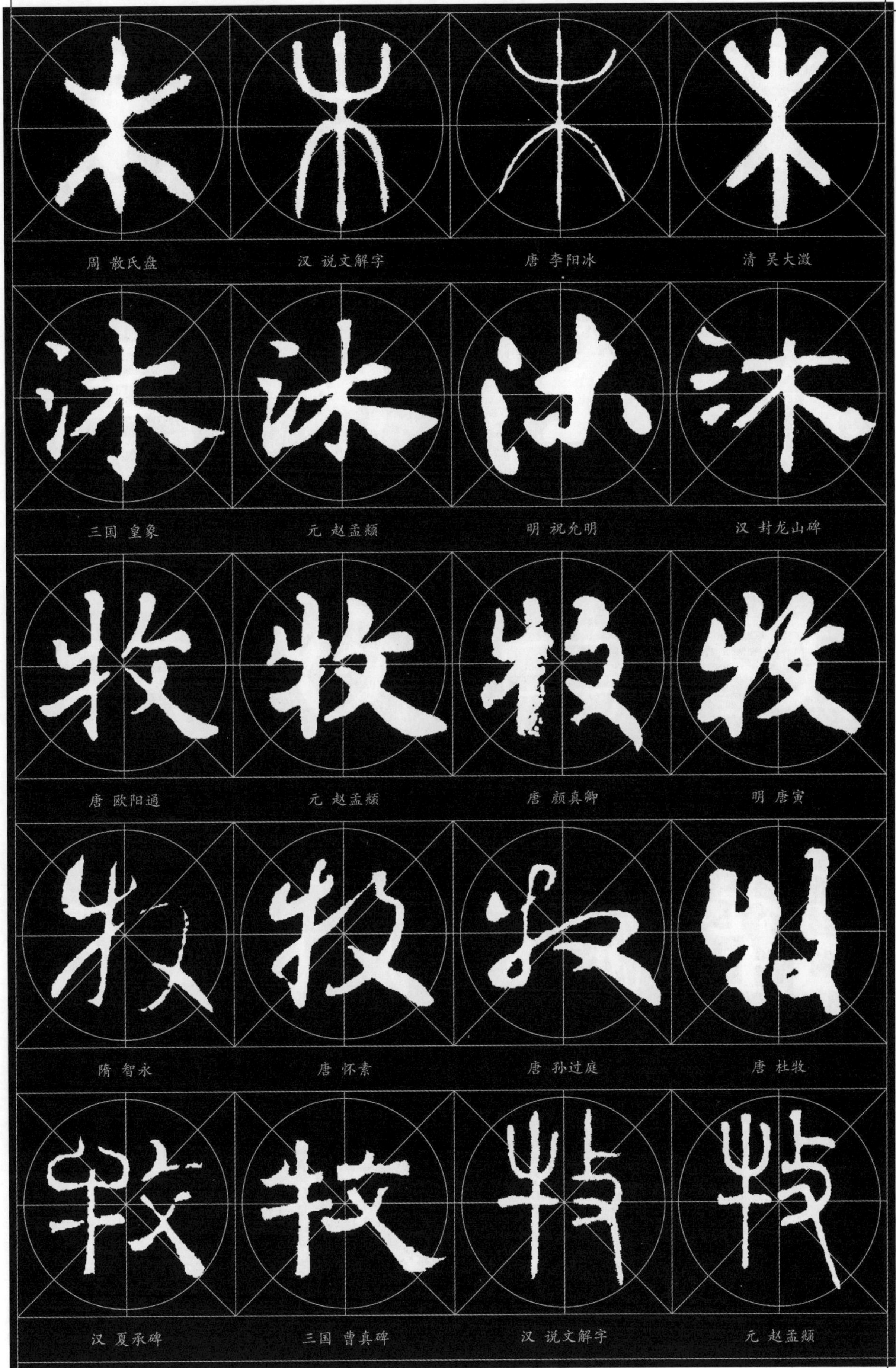

周 散氏盘　汉 说文解字　唐 李阳冰　清 吴大澂

三国 皇象　元 赵孟頫　明 祝允明　汉 封龙山碑

唐 欧阳通　元 赵孟頫　唐 颜真卿　明 唐寅

隋 智永　唐 怀素　唐 孙过庭　唐 杜牧

汉 夏承碑　三国 曹真碑　汉 说文解字　元 赵孟頫

mù 目

mù 睦

mù 募

隋 张公礼 | 唐 颜真卿 | 唐 柳公权 | 晋 王羲之

唐 孙过庭 | 元 揭傒斯 | 明 陈道复 | 元 吴叡

殷商 甲骨文 | 唐 李阳冰 | 清 邓石如 | 清 杨沂孙

唐 颜真卿 | 唐 孙过庭 | 清 怀素 | 汉 鲜于璜碑

明 佚名 | 宋 赵构 | 清 俞樾 | 清 吴昌硕

mù
幕

mù
墓

mù
暮（晚；傍晚）

mù
慕

mù
穆

nà
那
Nā
nè

隋 智永
唐 孙过庭
唐 怀素
宋 黄庭坚
汉 景君碑
汉 曹全碑
汉 桐柏庙碑
唐 李阳冰
唐 欧阳通
宋 苏轼
唐 李邕
晋 王羲之
汉 张迁碑
汉 肥致碑
清 徐三庚
清 吴大澂
唐 欧阳询
唐 孙过庭
北齐 泰山金刚经
清 吴熙载

nà
娜
nuó

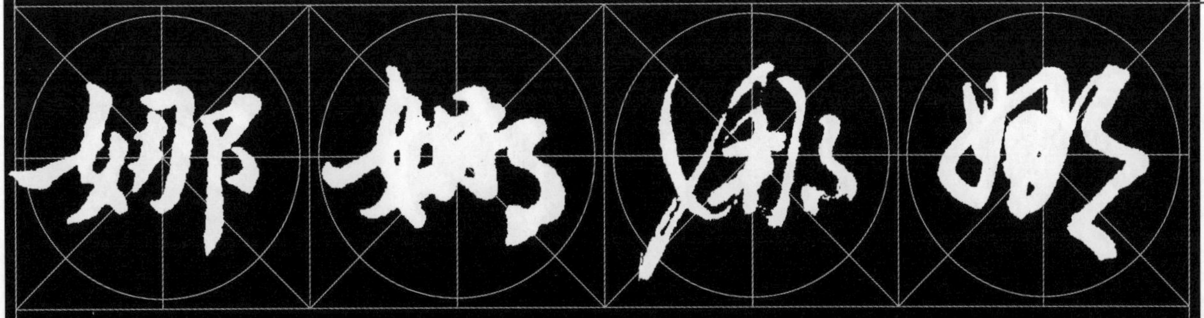

明 黄道周　元 赵孟頫　明 祝允明　清 归庄

nà
纳
（收入；缴付；缝补）

晋 王羲之　唐 欧阳询　唐 魏栖梧　唐 颜真卿

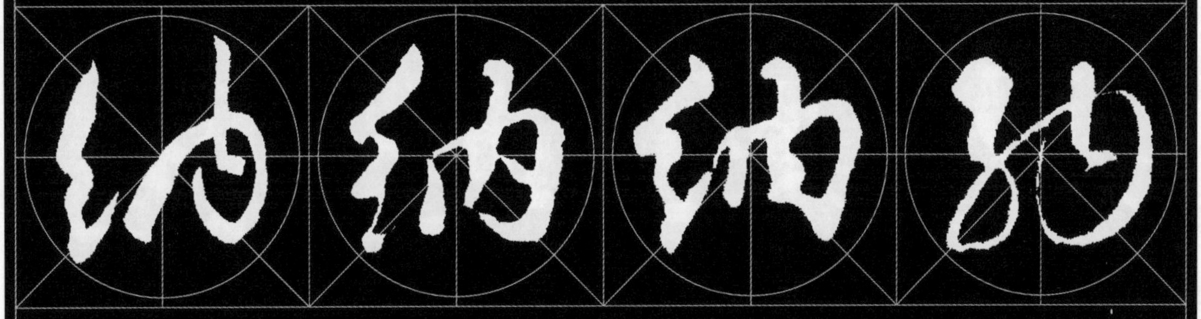

唐 杜牧　宋 蒋璨　清 郑燮　隋 智永

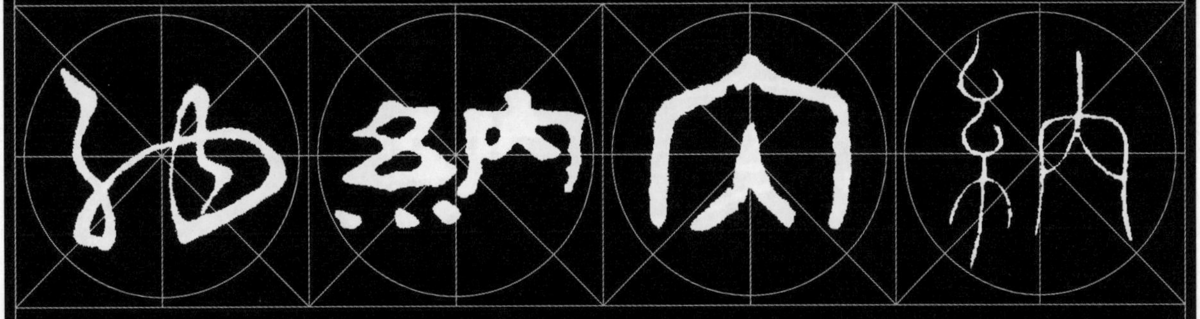

唐 怀素　三国 黄初残碑　周 师虎簋　唐 李阳冰

nǎi
乃
（迺、廼）

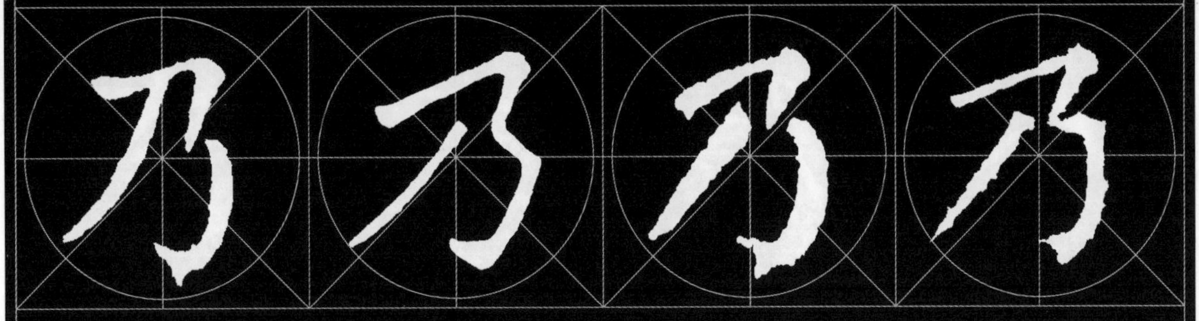

南北朝 朱君山墓志　唐 欧阳询　唐 颜真卿　唐 柳公权

nài
奈

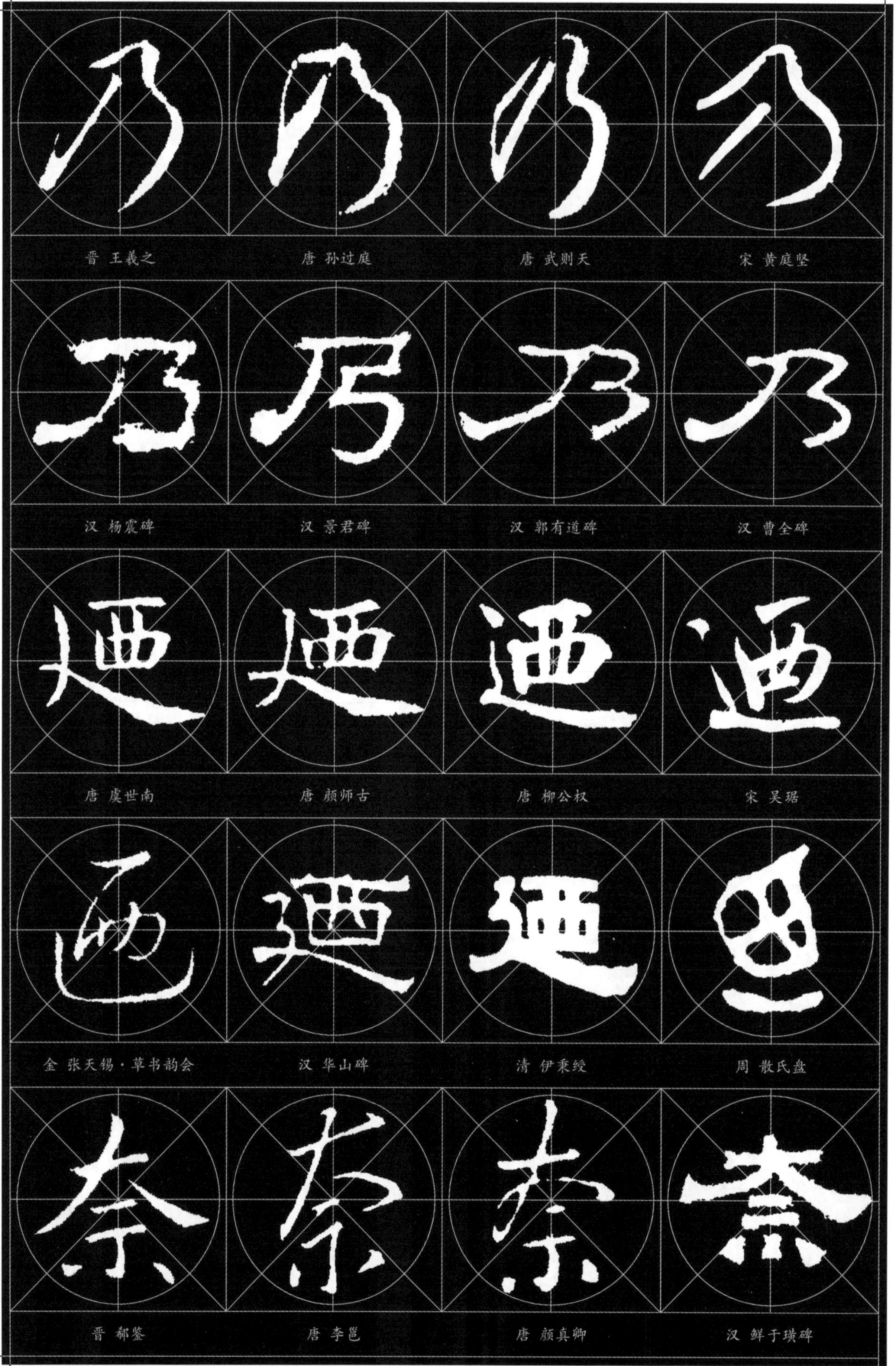

晋 王羲之 | 唐 孙过庭 | 唐 武则天 | 宋 黄庭坚

汉 杨震碑 | 汉 景君碑 | 汉 郭有道碑 | 汉 曹全碑

唐 虞世南 | 唐 颜师古 | 唐 柳公权 | 宋 吴琚

金 张天锡·草书韵会 | 汉 华山碑 | 清 伊秉绶 | 周 散氏盘

晋 郗鉴 | 唐 李邕 | 唐 颜真卿 | 汉 鲜于璜碑

nài
柰（类似花红的果子）

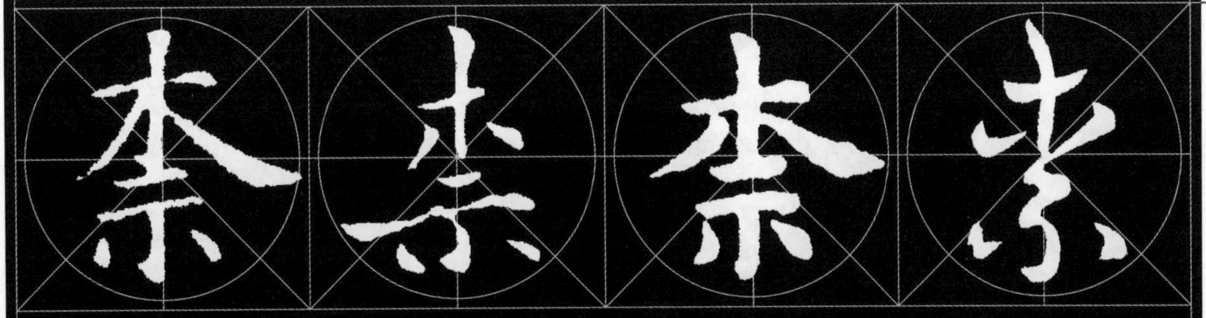

隋 智永　唐 褚遂良　元 赵孟頫　晋 庾翼

唐 孙过庭　汉 说文解字　唐 李阳冰　清 田潜

nài
耐

宋 米芾　唐 李怀琳　明 何震　汉 说文解字

nán
南
nā（南无：nāmó表示对佛的尊敬或皈依）

隋 苏孝慈墓志　唐 欧阳询　唐 颜真卿　唐 柳公权

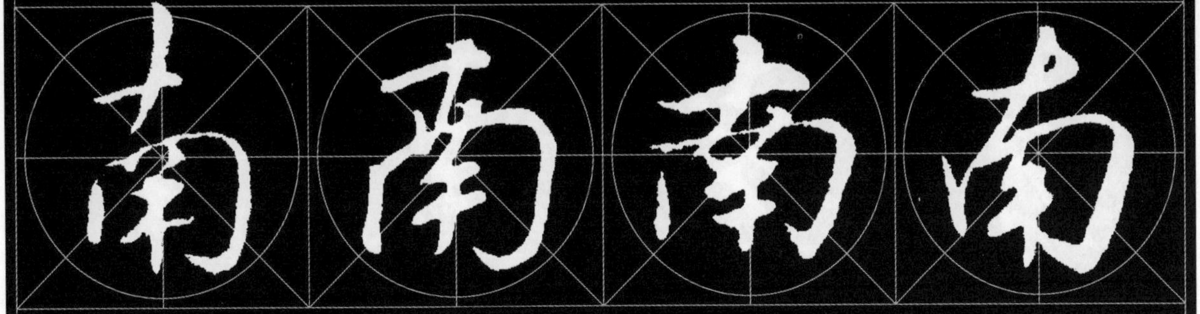

唐 虞世南　唐 颜真卿　元 张雨　明 王守仁

隋 智永
唐 孙过庭
宋 蔡襄
明 董其昌
汉 熹平石经
汉 韩仁铭
汉 曹全碑
北齐 泰山金刚经
周 散氏盘
唐 李阳冰
清 杨沂孙
清 徐三庚
宋 米芾
元 赵孟頫
明 董其昌
汉 说文解字
隋 智永
唐 欧阳通
唐 颜真卿
隋 智永

nán
楠
（柟、枏）

nán
男

唐 李怀琳　元 鲜于枢　北齐 泰山金刚经　清 何绍基

秦 李斯　唐 李阳冰　清 吴大澂　清 吴大澂

唐 欧阳询　唐 褚遂良　唐 柳公权　唐 陆柬之

晋 王献之　唐 欧阳询　宋 蔡襄　汉 石门颂

清 王澍　清 张祖翼　唐 李阳冰　元 赵孟頫

nán
难
（不易；费事；不好）
nàn
（灾难；质问）

náng
囊（口袋）
nāng
（囊揣：虚弱；懦弱）

nǎng
曩（以往；从前）

náo
挠

nǎo
恼（惱、㛴）

唐 薛稷 | 宋 米芾 | 元 赵孟頫 | 清 邓石如

nào
闹（鬧）

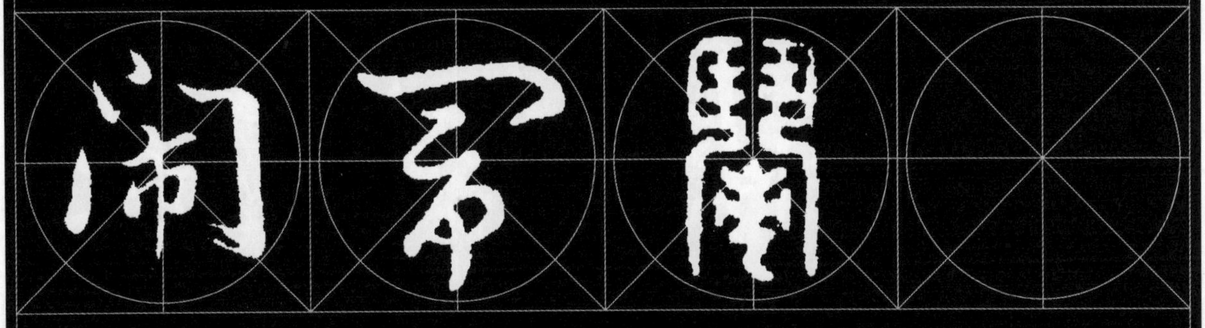

明 董其昌 | 金 张天锡·草书韵会 | 佚名

nèi
内

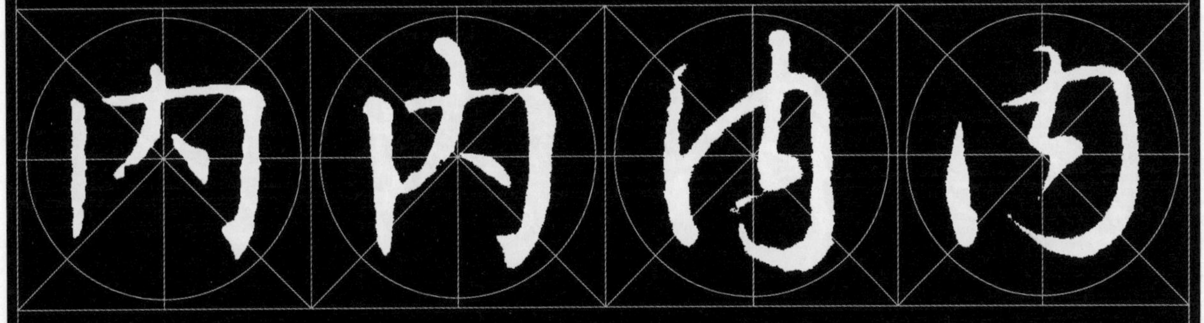

唐 褚遂良 | 唐 柳公权 | 晋 王羲之 | 唐 李怀琳

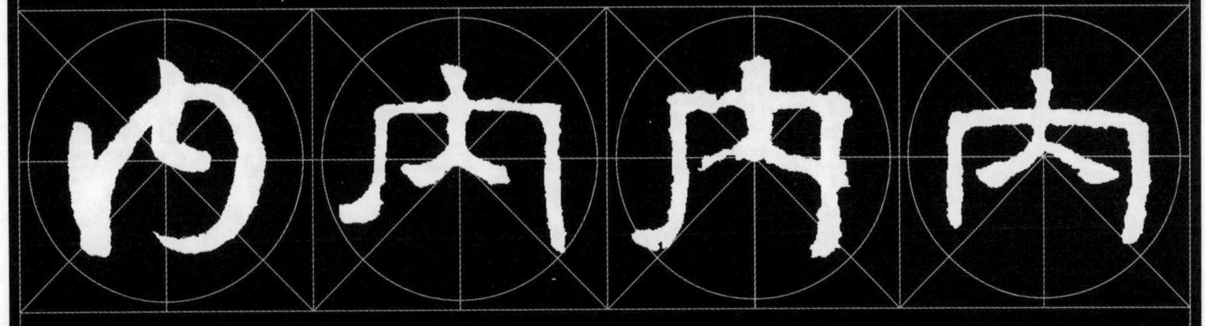

唐 孙过庭 | 汉 赵宽碑 | 汉 张迁碑 | 清 王澍

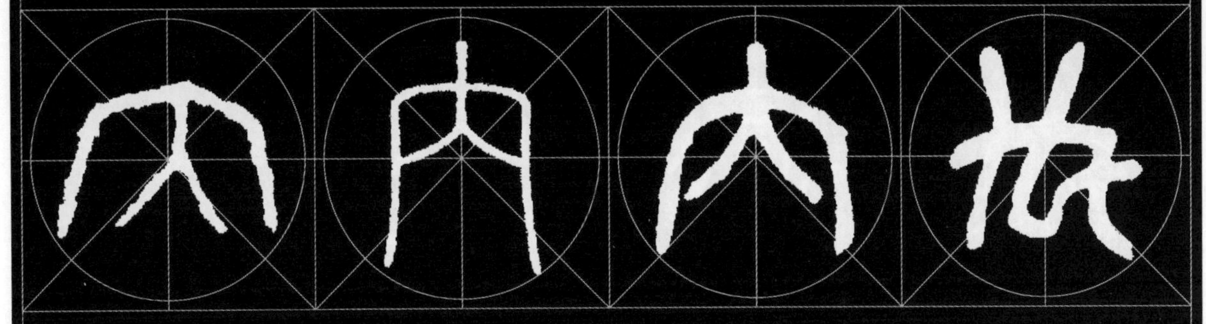

周 散氏盘 | 秦 会稽刻石 | 清 杨沂孙 | 清 吴昌硕

néng
能

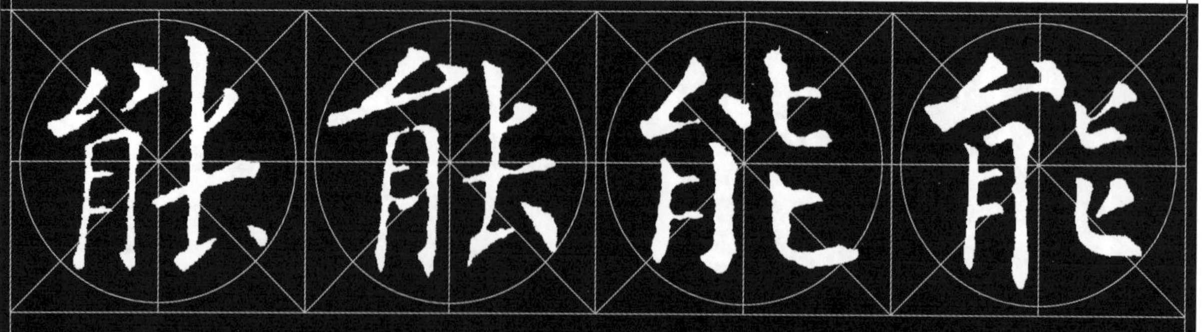

唐 欧阳询 唐 褚遂良 唐 颜真卿 唐 柳公权

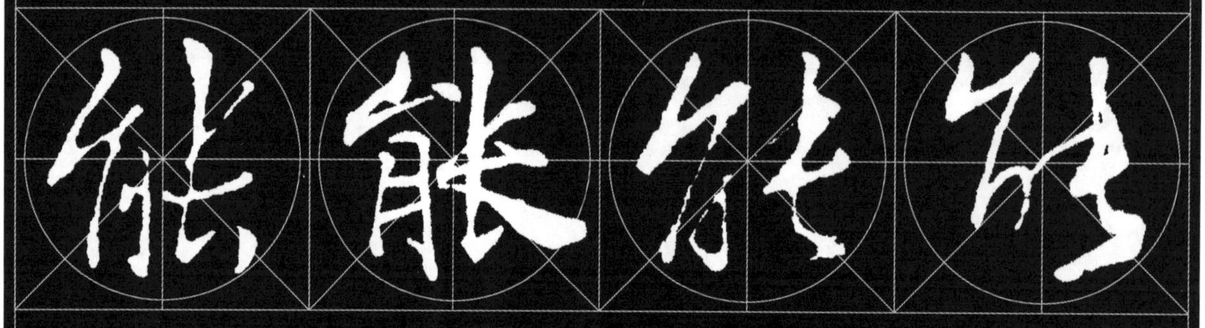

晋 王羲之 唐 褚遂良 唐 李世民 清 何绍基

晋 王羲之 晋 王献之 唐 孙过庭 唐 怀素

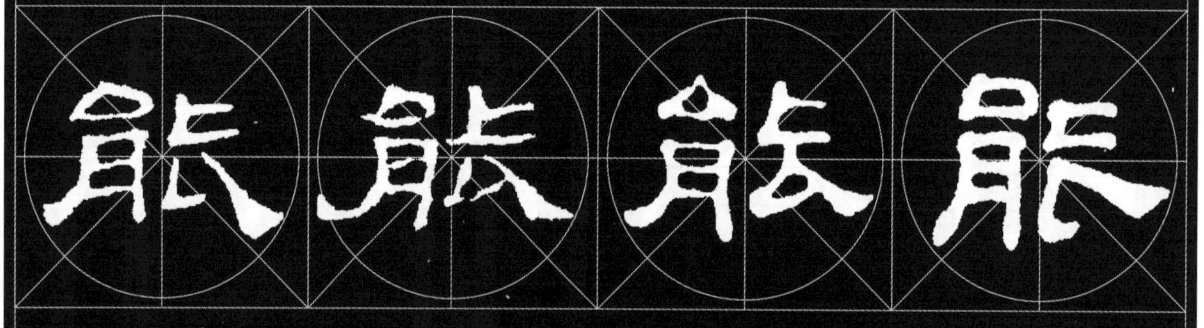

汉 华山碑 汉 史晨碑 汉 郭有道碑 元 吴叡

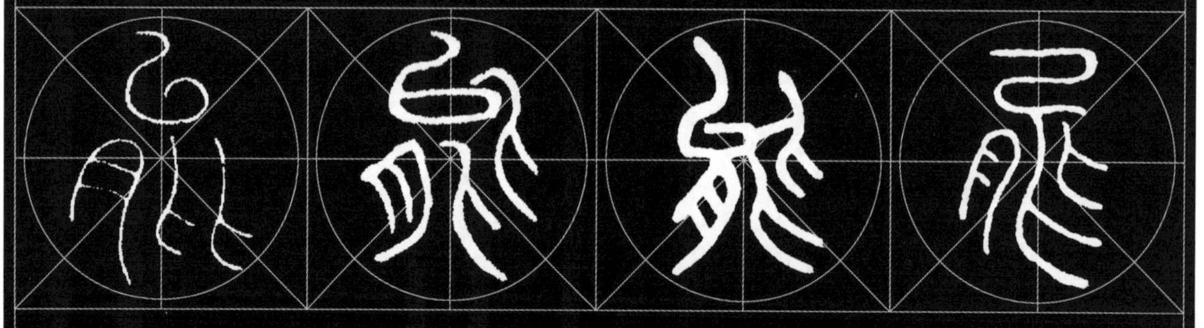

唐 李阳冰 元 吴叡 清 吴大澂 清 邓廷桢

ní
尼

ní
泥
nì
（涂抹；固执）

隋 龙藏寺碑　唐 柳公权　宋 张即之　元 赵孟頫

唐 李怀琳　唐 孙过庭　汉 马王堆帛书　汉 袁博碑

唐 欧阳询　唐 薛稷　元 赵孟頫　元 鲜于枢

元 赵孟頫　明 陈淳　明 董其昌　清 刘墉

唐 张旭　清 何绍基　清 永理　清 吴大澂

ní 倪（端倪）

ní 霓（蜺）

ní 鲵

nǐ 拟（擬）

nì 逆

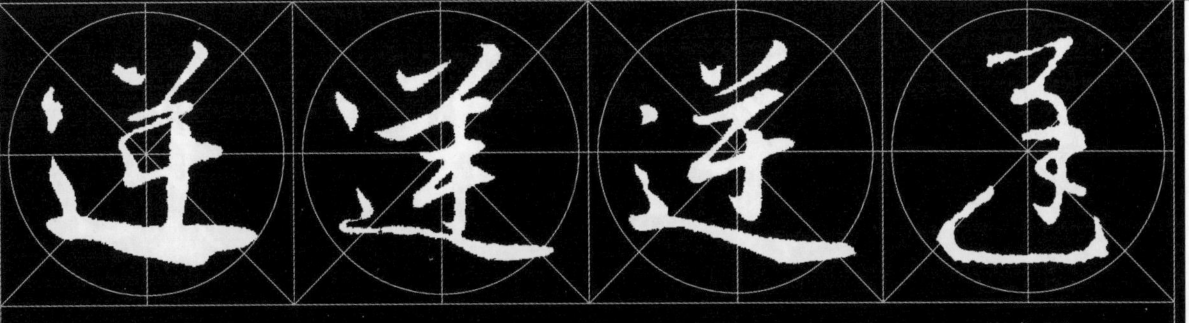

唐 颜真卿　　元 赵孟頫　　明 董其昌　　唐 李世民

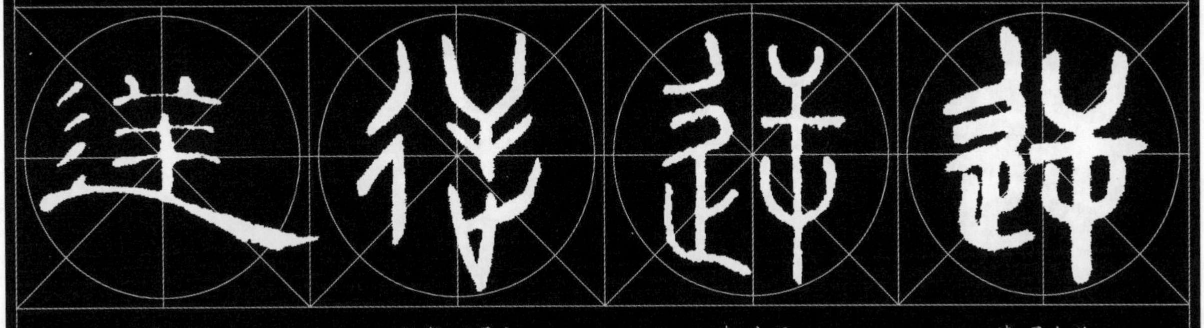

汉 曹全碑　　殷商 甲骨文　　清 永瑆　　清 吴大澂

nì 匿（隐藏）

唐 褚遂良　　唐 裴休　　元 赵孟頫　　晋 王羲之

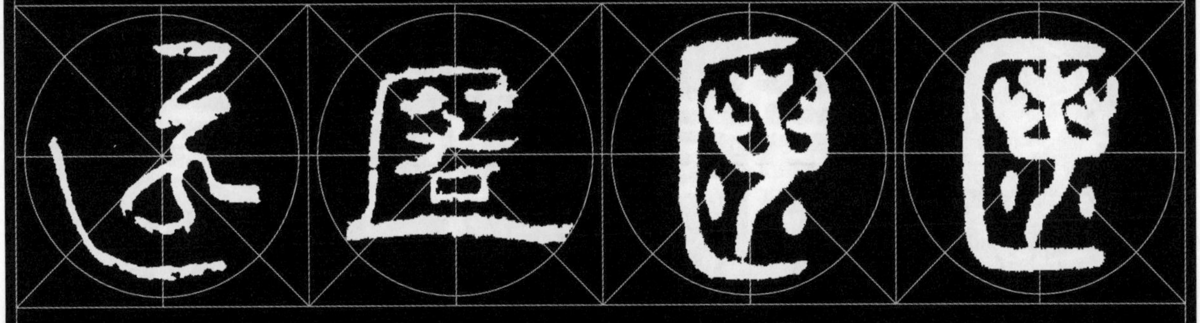

宋 黄庭坚　　汉 朝侯小子残碑　　周 大盂鼎　　清 吴大澂

nì 溺 niào（尿）

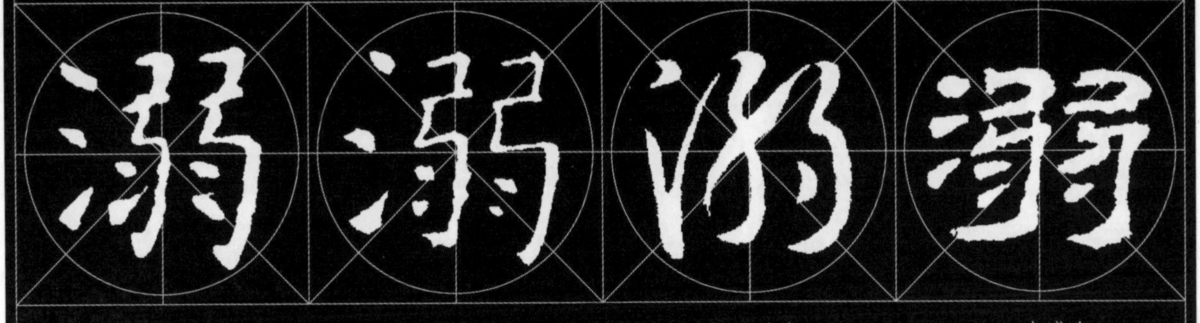

唐 虞世南　　唐 褚遂良　　唐 孙过庭　　汉 袁博碑

niān
拈
（夹取；捏）

nián
年
（秊）

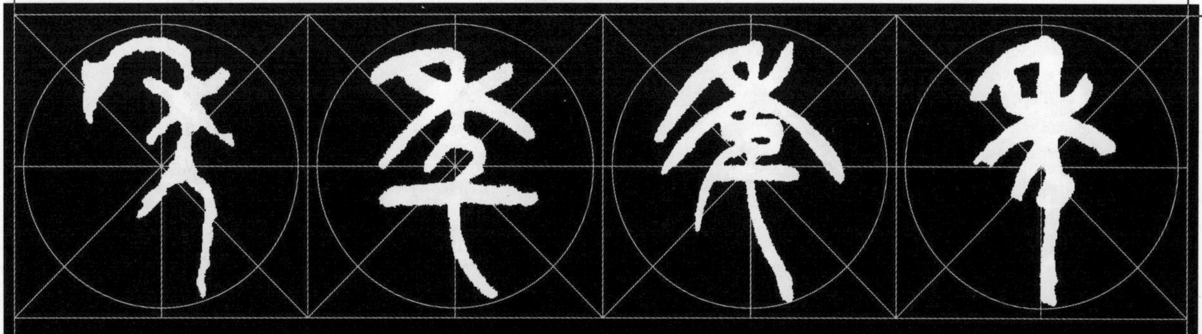

周 颂鼎　清 杨沂孙　清 徐三庚　清 吴昌硕

隋 智永　明 文徵明　元 赵孟頫　汉 说文解字

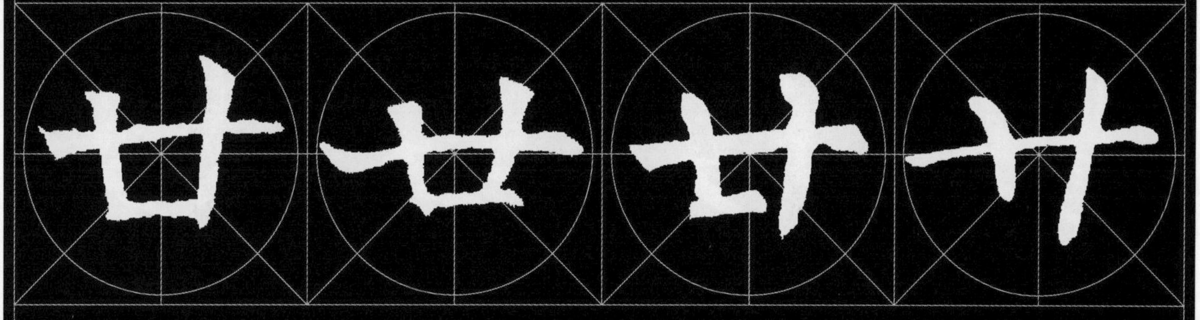

北魏 高贞碑　北魏 元诊墓志　唐 柳公权　唐 王敬客

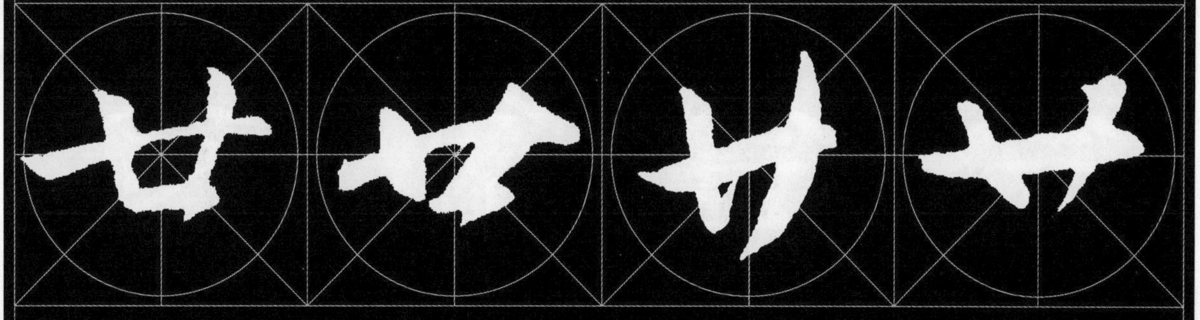

晋 王羲之　晋 王羲之　晋 王羲之　晋 王羲之

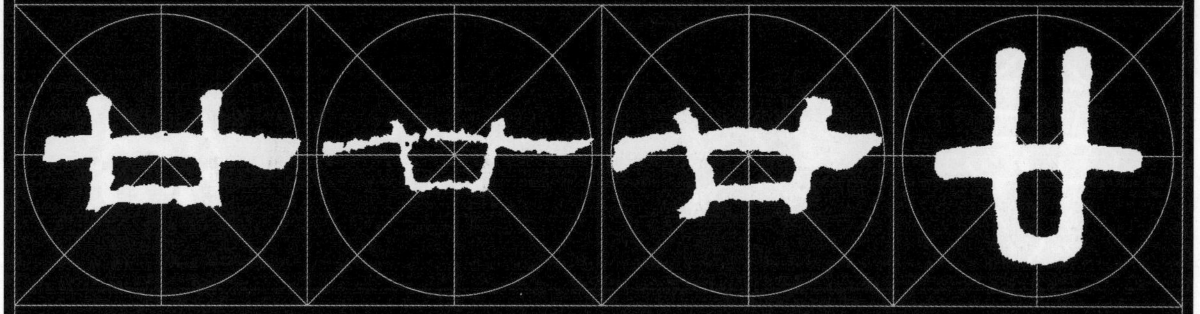

汉 乙瑛碑　汉 张景碑　汉 韩仁铭　清 吴大澂

niǎn
辇（车）

niàn
廿（二十）

niàn

念（想念；念头；廿的大写）

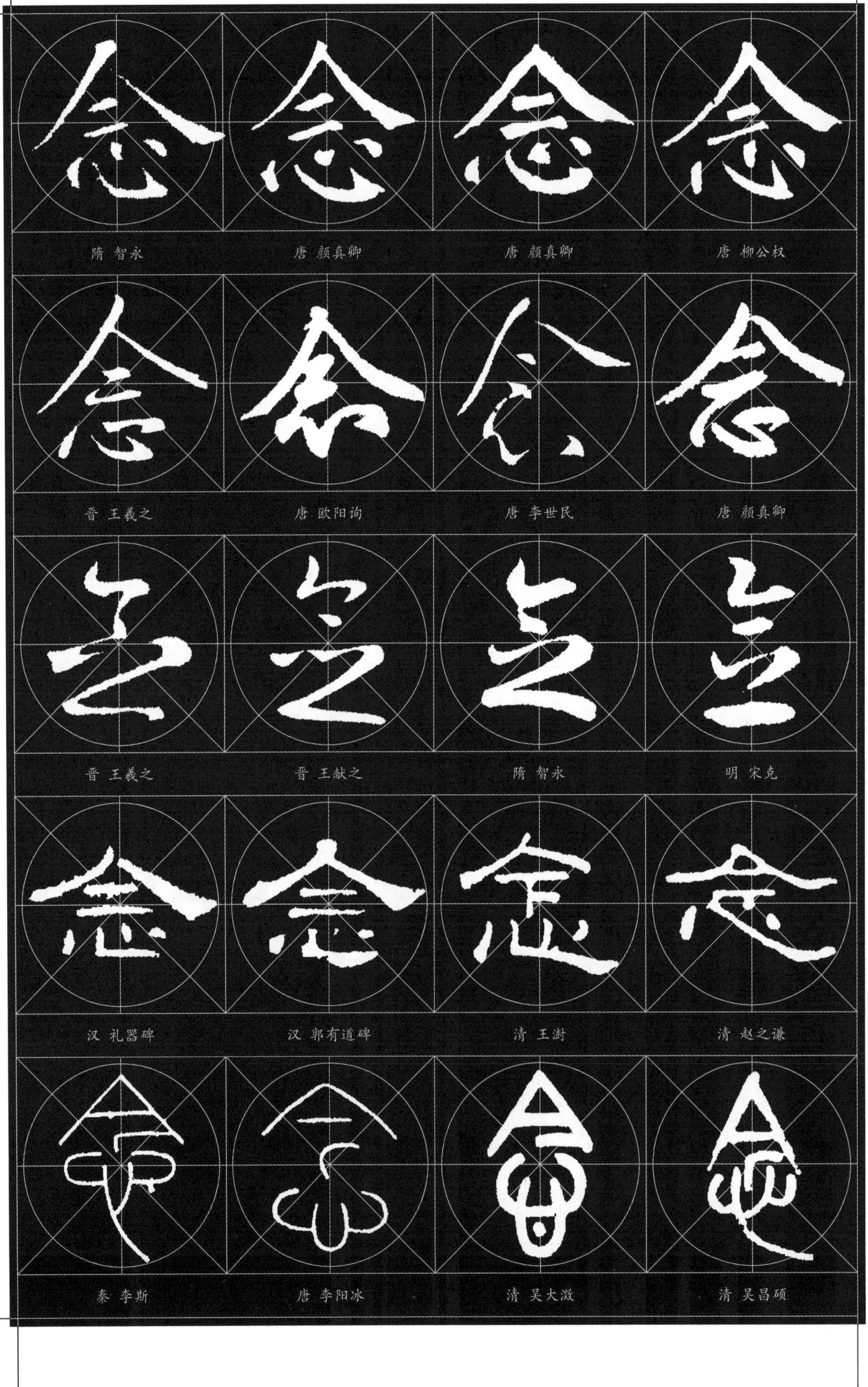

唐 李世民　清 何绍基　宋 黄庭坚　元 管道升

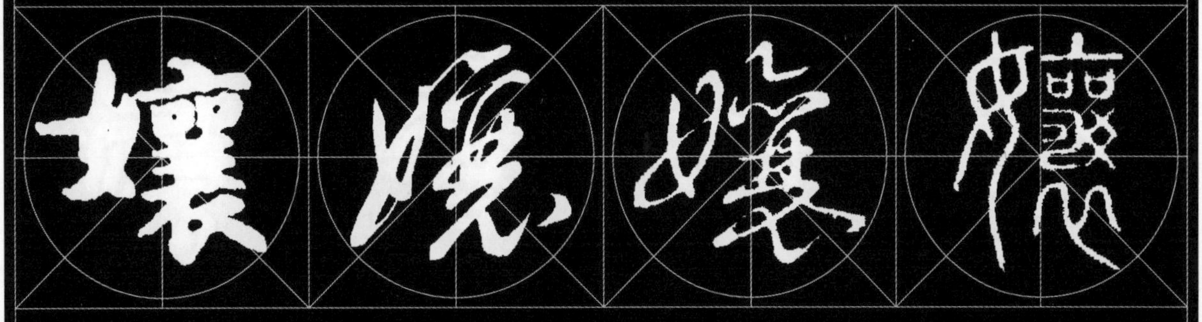

唐 吴彩鸾　明 祝允明　金 张天锡·草书韵会　汉 说文解字

宋 苏轼　元 邓文原　宋 苏轼　清 吴大澂

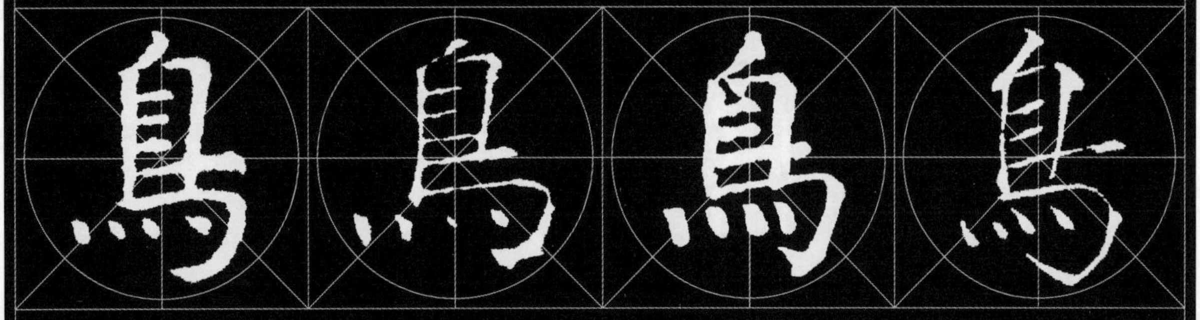

唐 虞世南　唐 褚遂良　唐 颜真卿　宋 赵佶

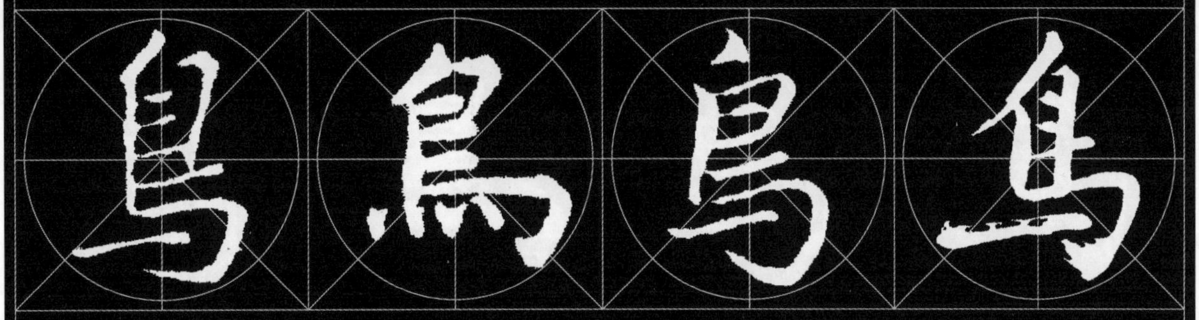

晋 王羲之　元 揭傒斯　元 张雨　明 沈周

niáng
娘（孃）

niàng
酿（釀）

niǎo
鸟

niǎo 袅（嫋、嬝）

niào 尿 suī

niè 涅（矾石；染黑）

niè
蹑（放轻脚步；追随）

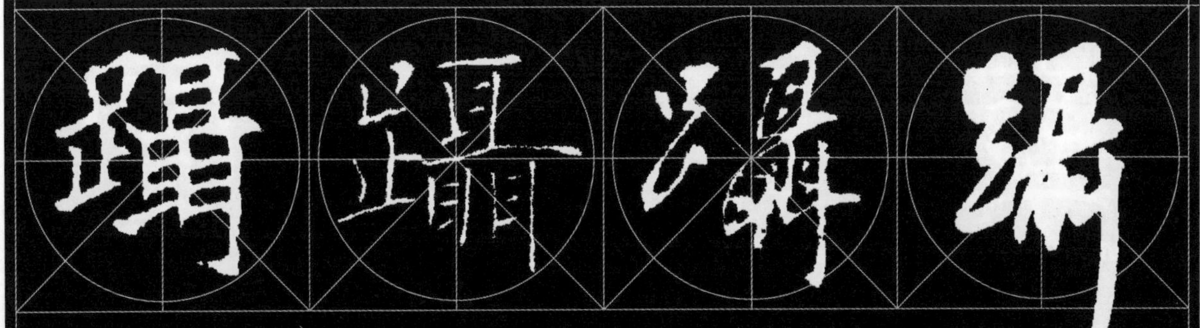
北魏 墓志　唐 褚遂良　晋 王羲之　明 王宠

晋 王献之　明 董其昌　清 张祖翼　清 吴熙载

niè
孽（孼）

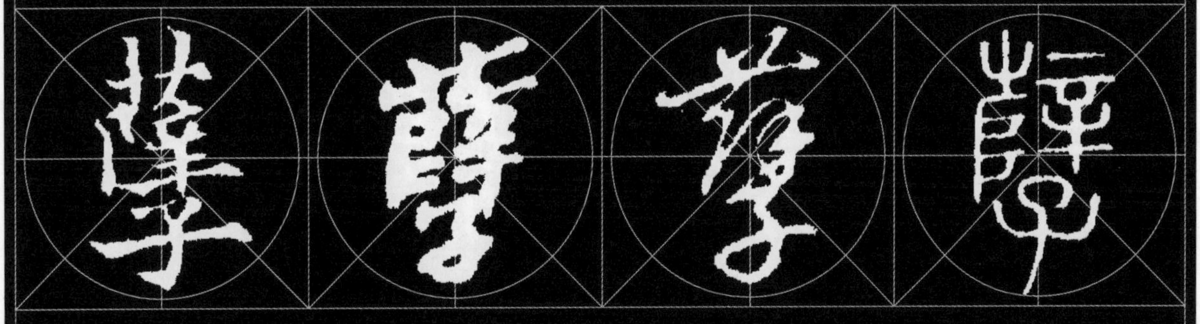
唐 欧阳通　清 郑燮　金 张天锡·草书韵会　汉 说文解字

níng
宁
nìng
（寧、甯）

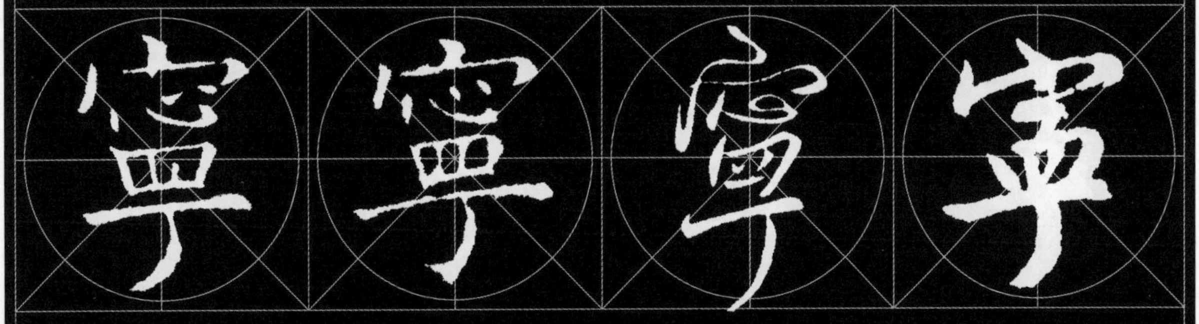
唐 欧阳询　唐 褚遂良　晋 王徽之　明 文徵明

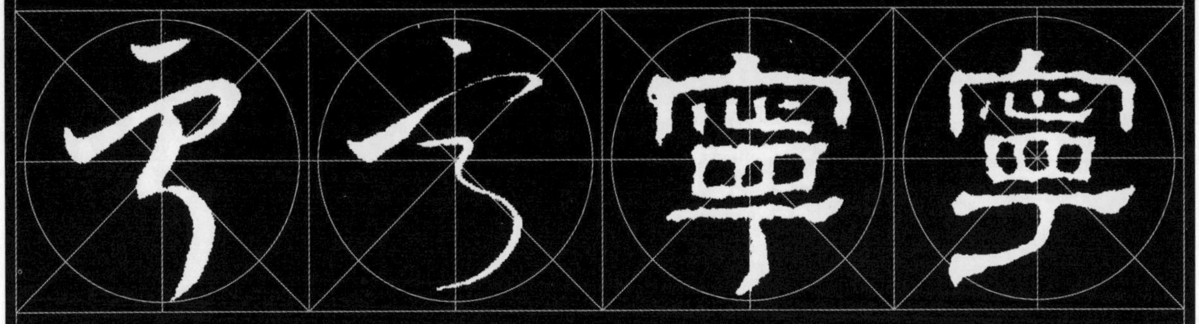
唐 欧阳询　唐 孙过庭　汉 景君碑　汉 张寿碑

níng
凝

汉 白石神君碑 | 汉 曹全碑 | 秦 石鼓文 | 清 田潜

明 黄道周 | 清 张裕钊 | 清 杨岘 | 清 吴大澂

晋 王羲之 | 南北朝 崔敬邕墓志 | 唐 灵飞经 | 唐 褚遂良

元 赵孟頫 | 清 王铎 | 晋 王羲之 | 晋 王凝之

清 顾蔼吉 | 清 顾蔼吉·隶辨 | 清 吴熙载 | 清 杨沂孙

nìng 佞

niú 牛

niǔ 纽

nóng 农（農、莀）

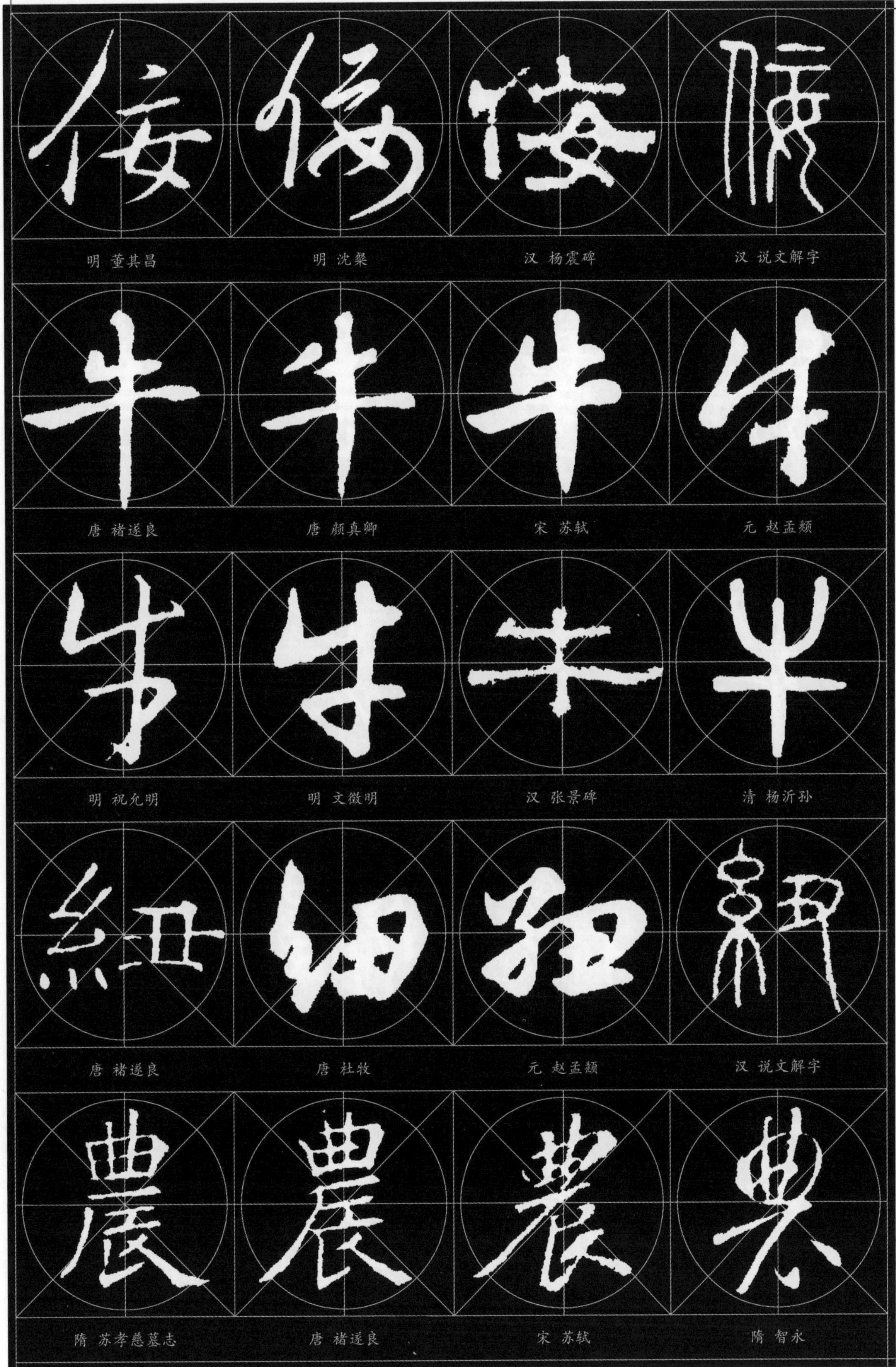

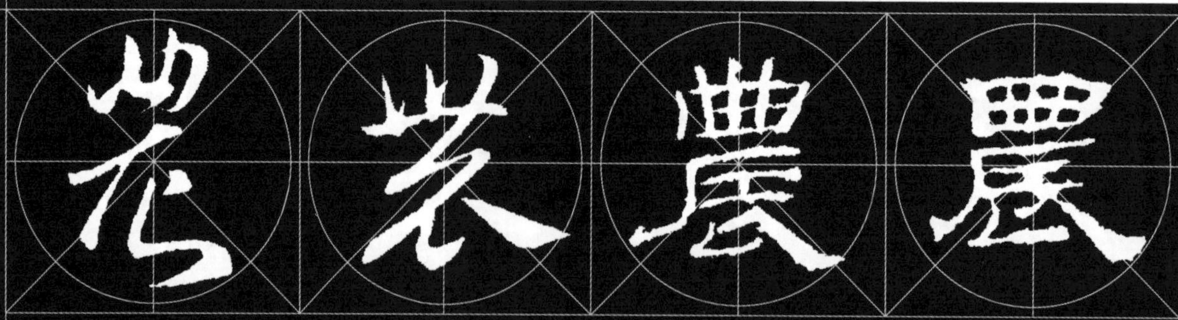

唐 孙过庭 | 元 赵孟頫 | 汉 乙瑛碑 | 汉 华山碑

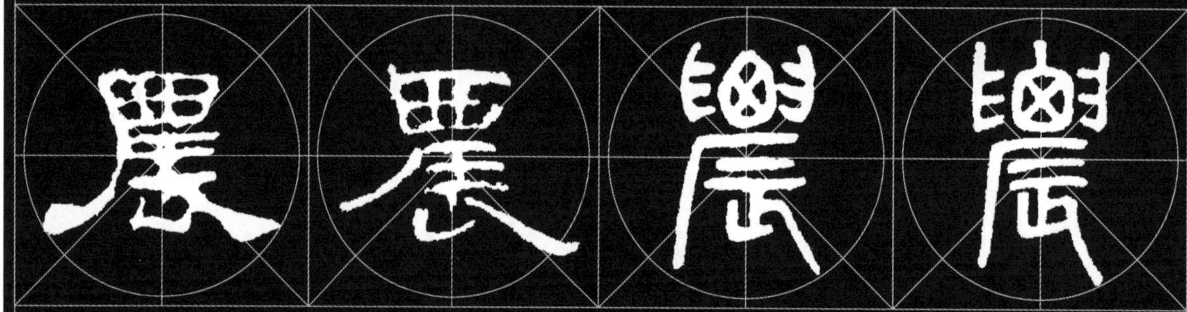

汉 史晨碑 | 汉 曹全碑 | 清 杨沂孙 | 清 吴大澂

nóng 浓

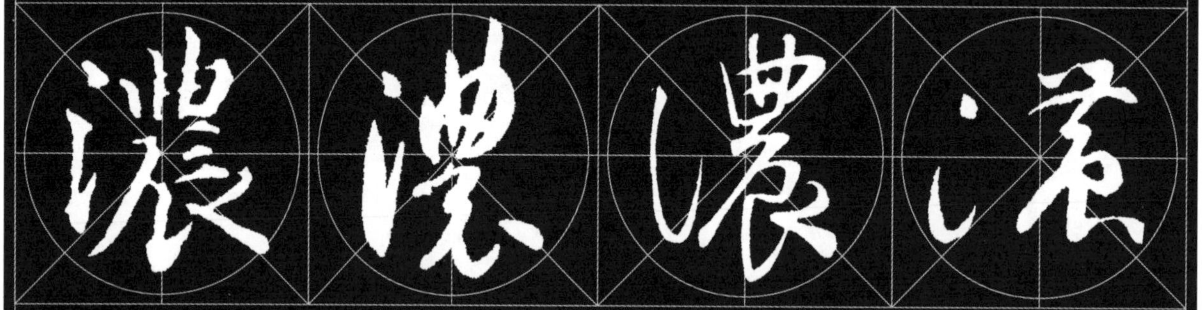

元 王蒙 | 唐 孙过庭 | 宋 蔡卞 | 明 祝允明

nóng 脓

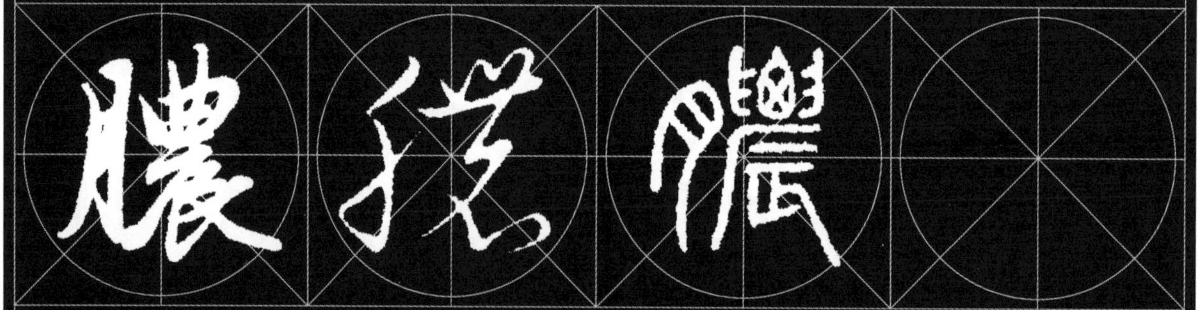

元 赵孟頫 | 金 张天锡·草书韵会 | 汉 说文解字

nòng 弄 lòng（小巷）

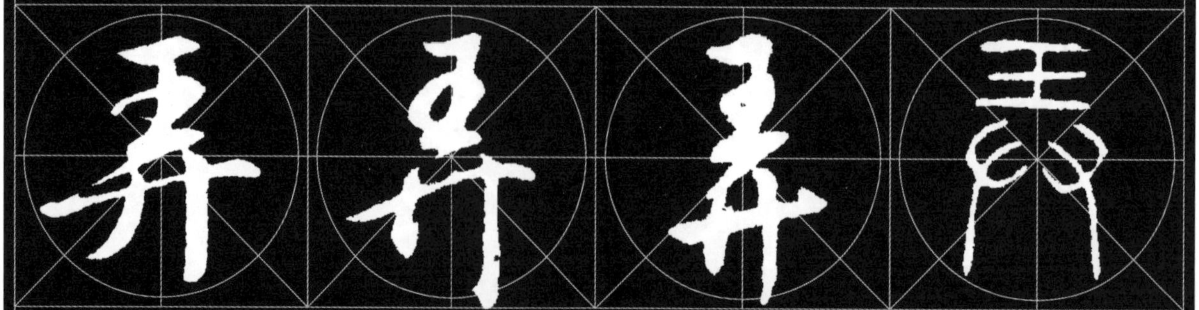

宋 苏轼 | 明 董其昌 | 清 傅山 | 汉 说文解字

nú 奴

nú 驽（愚；钝）

nǔ 努

nǔ 弩（弓）

nù 怒

nǚ
女
（古同汝）

nuǎn
暖
（煖、煗、㬉）

nüè
虐

北魏 道匠造像　唐 颜真卿　唐 颜真卿　清 何绍基

晋 王羲之　宋 米芾　明 宋克　汉 华山碑

汉 曹全碑　唐 李阳冰　清 杨沂孙　清 吴大澂

唐 李邕　宋 黄庭坚　明 董其昌　清 陈鸿寿

元 赵孟頫　清 石梁·草字汇　清 顾蔼吉·隶辨　清 杨沂孙

nüè
疟
（瘧）
yào

nuò
诺

ó
哦

ōu
欧

ōu
殴

ōu 瓯

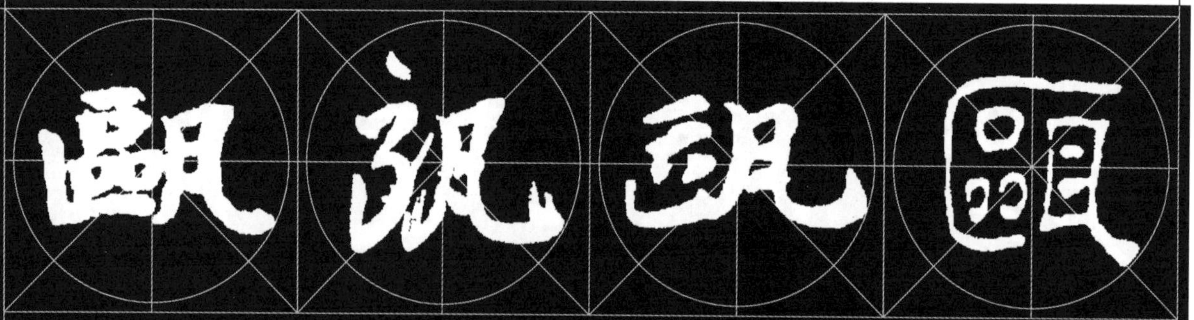

唐 吴彩銮　元 赵孟頫　元 鲜于枢　清 汪士慎

ōu 讴

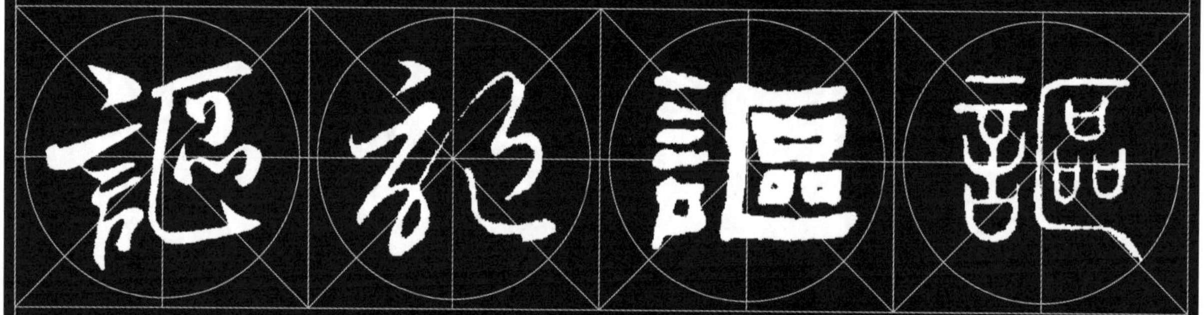

宋 米芾　金 张天锡·草书韵会　清 何绍基　汉 说文解字

ōu 鸥

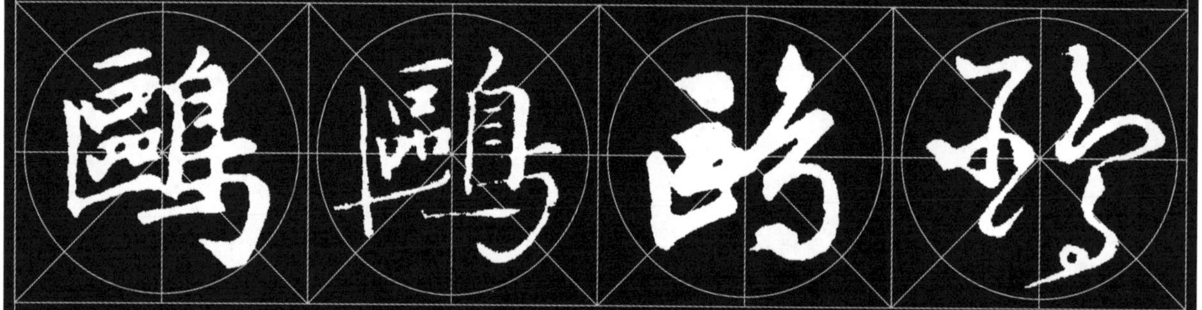

元 赵孟頫　元 陈基　明 文徵明　唐 怀素

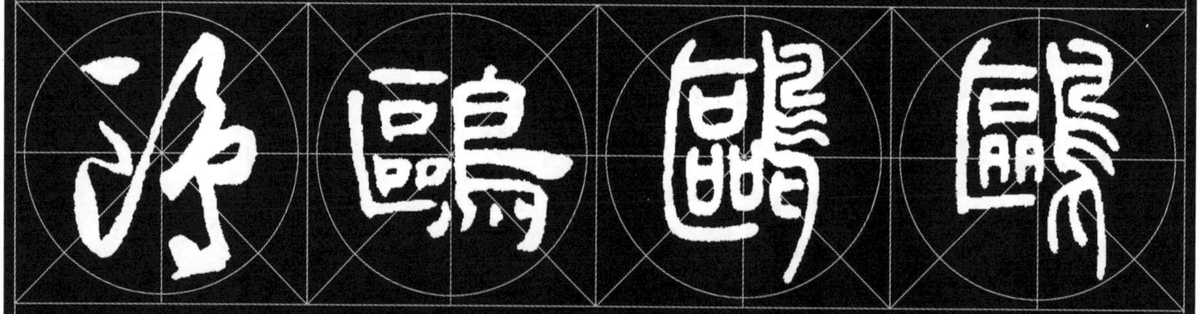

明 王守仁　清 奚冈　清 邓石如　清 吴熙载

ǒu 偶

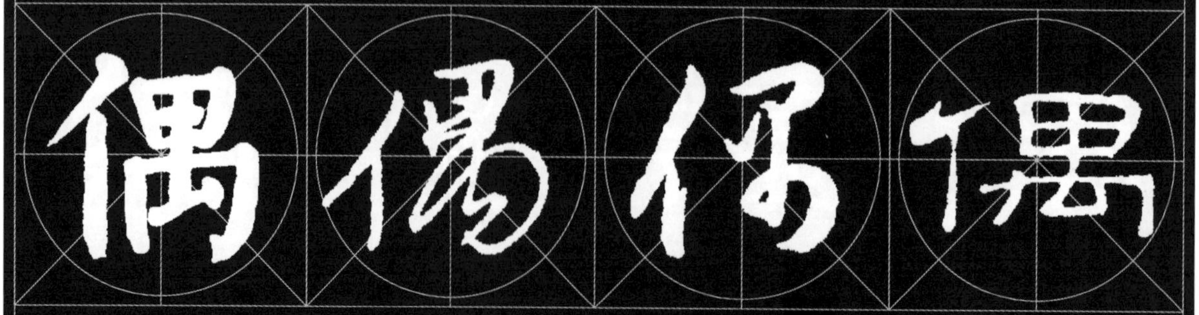

唐 颜真卿　清 王铎　明 韩道亨　清 顾蔼吉·隶辨

宋 黄庭坚 | 清 翁同和 | 清 康熙字典 | 清 吴大澂

北魏 孙秋生造像 | 元 赵孟頫 | 金 张天锡·草书韵会 | 清 顾蔼吉·隶辨

唐 颜真卿 | 元 赵孟頫 | 唐 欧阳询 | 元 鲜于枢

元 赵孟頫 | 清 王澍 | 唐 李阳冰 | 元 赵孟頫

宋 张即之 | 唐 裴休 | 汉 说文解字

ǒu
耦

pā
葩
（花）

pá
杷
（枇杷）

pá
琶
（琵琶）

pà 怕

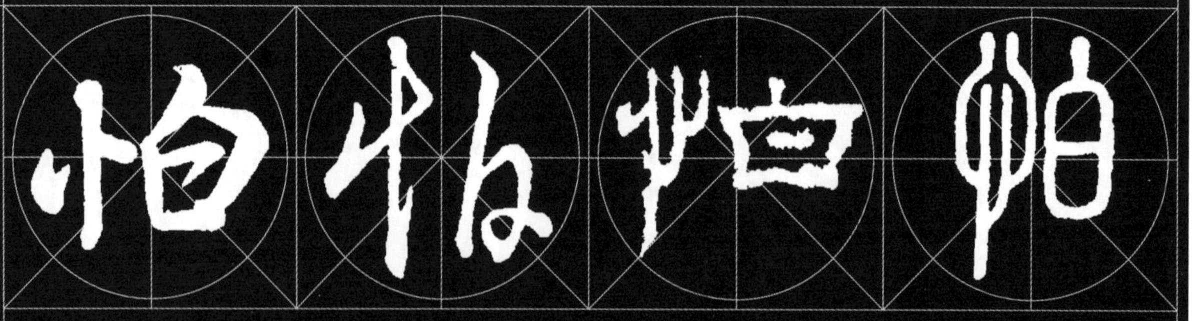

宋 米芾 | 金 张天锡·草书韵会 | 汉 朝侯小子残碑 | 汉 说文解字

pāi 拍

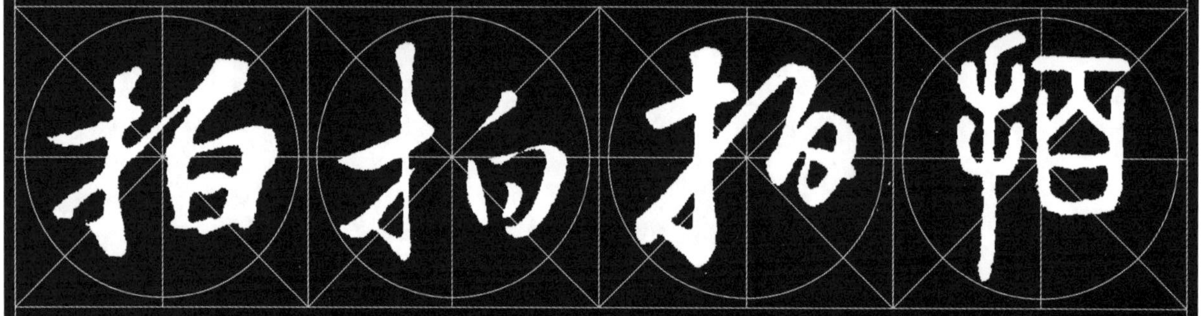

宋 苏轼 | 元 赵孟頫 | 元 鲜于枢 | 汉 说文解字

pái 俳（诙谐）

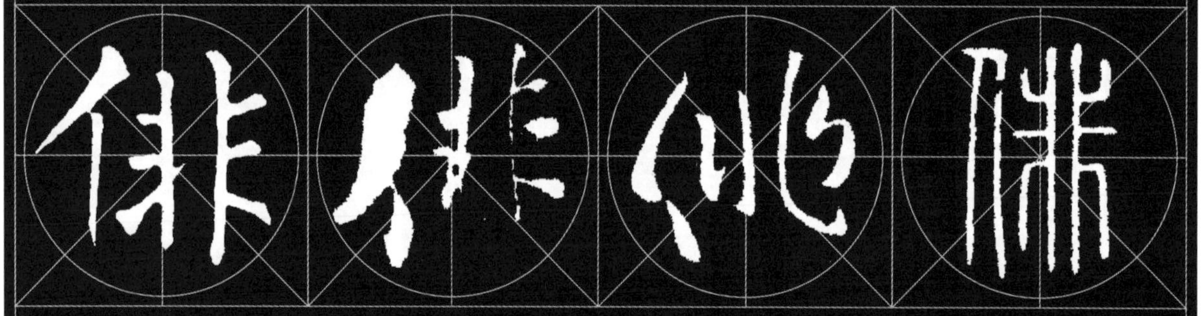

唐 柳公权 | 宋 米芾 | 唐 欧阳询 | 汉 说文解字

pái 徘（徘徊）

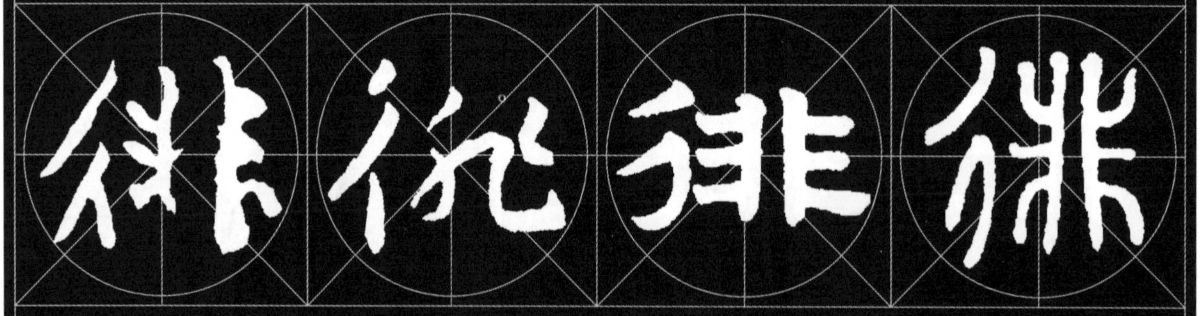

宋 黄庭坚 | 明 王宠 | 元 赵孟頫 | 元 赵孟頫

pái 排

唐 褚遂良 | 唐 张旭 | 宋 邵䶮 | 明 文徵明

pài 派

Pān 潘（姓）

pān 攀

pán 槃

pán
盘（盤）

pán
磐（巨石）

Pán
磻

pán
蟠（盘曲）

pàn 判

pàn 叛

pàn 畔

唐 欧阳询　唐 颜真卿　唐 柳公权　金 王庭筠

明 邵二泉　宋 苏舜元　三国 王基碑　汉 说文解字

北魏 李璧墓志　隋 智永　唐 欧阳询　元 赵孟頫

隋 智永　唐 怀素　明 文徵明　汉 说文解字

唐 柳公权　唐 孙过庭　宋 薛绍彭　明 董其昌

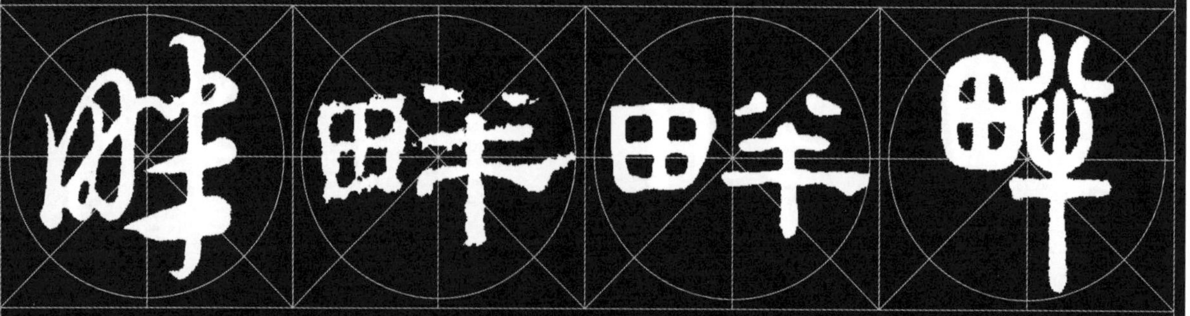

元 康里子山　汉 史晨碑　清 王澍　清 曾纪泽

pàn
盼

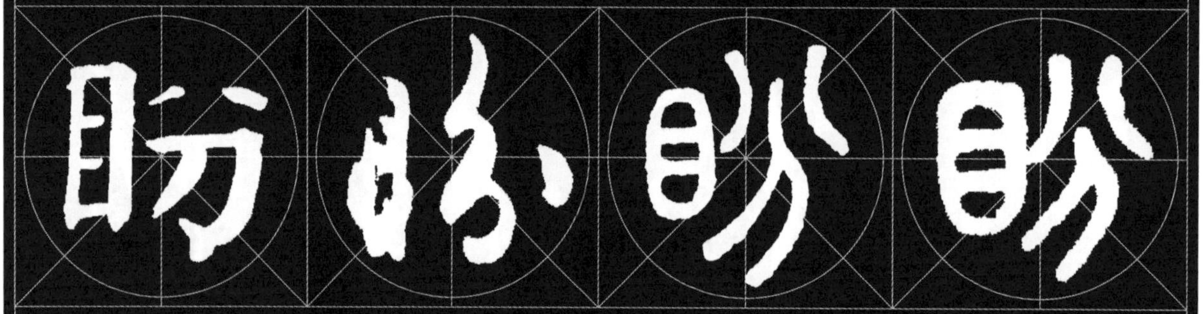

清 钱沣　唐 杜牧　清 康熙字典　清 吴大澂

pāng
滂

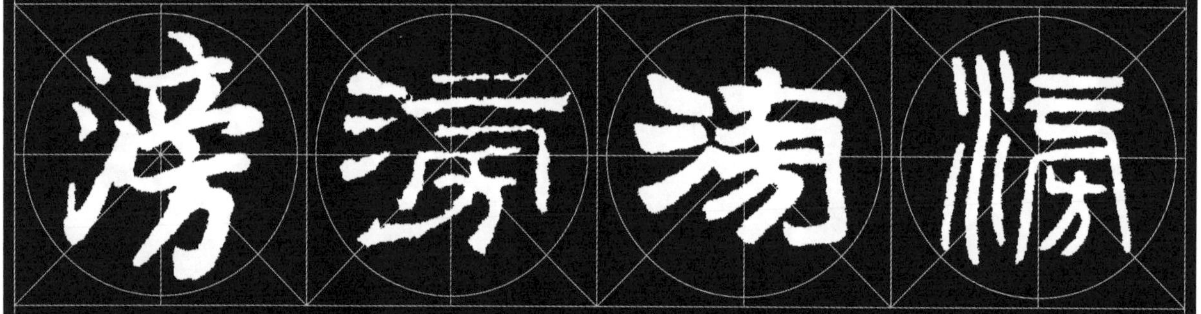

唐 陆柬之　汉 熹平石经　清 莫友芝　清 杨沂孙

páng
旁

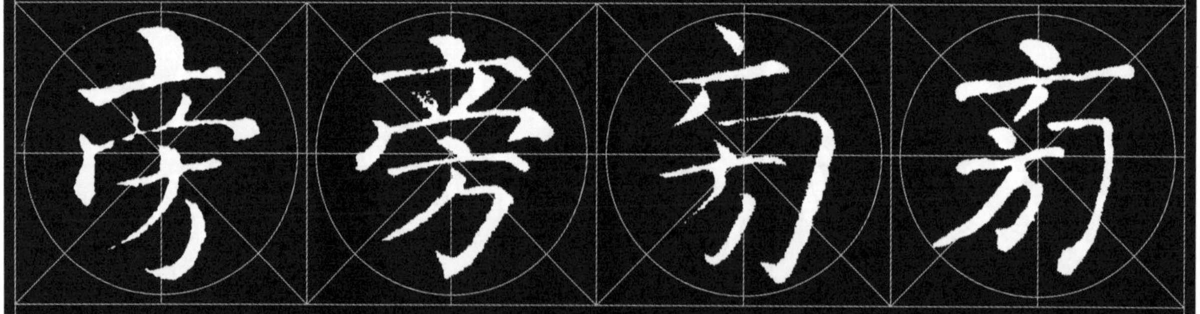

唐 褚遂良　唐 颜真卿　宋 蔡襄　清 何绍基

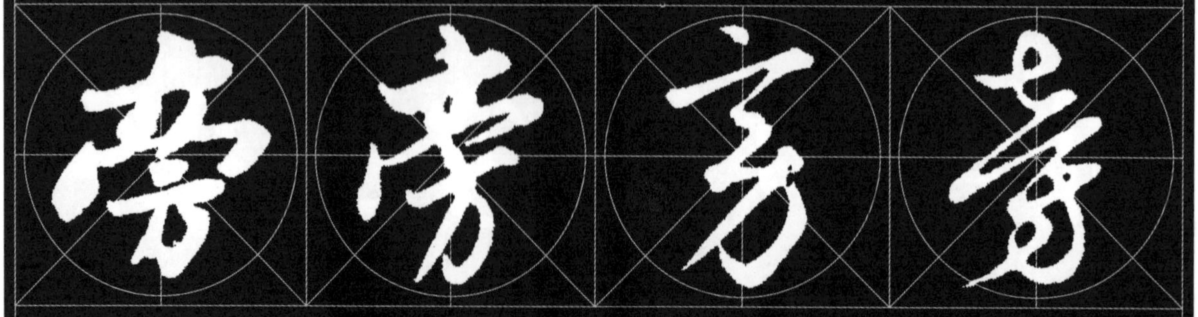

宋 苏轼　明 董其昌　元 鲜于枢　金 张天锡·草书韵会

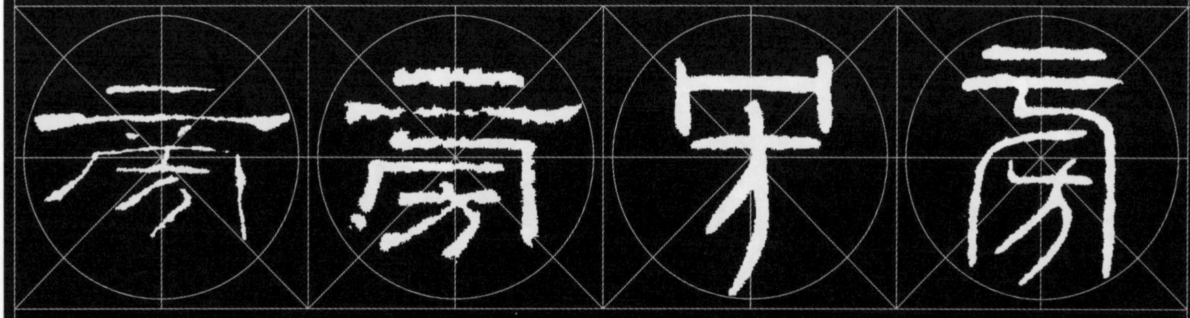

汉 礼器碑　汉 熹平石经　殷商 甲骨文　汉 说文解字

páng
庞（龐）

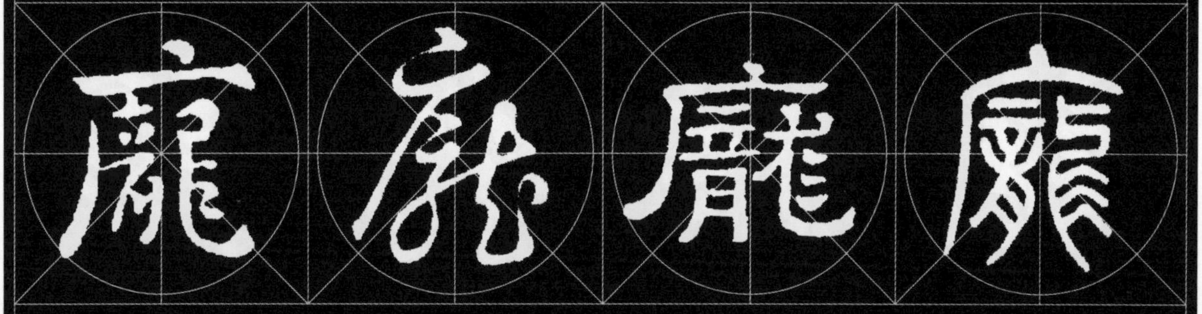

晋 庾翼　金 张天锡·草书韵会　清 顾蔼吉·隶辨　清 杨沂孙

pàng
胖

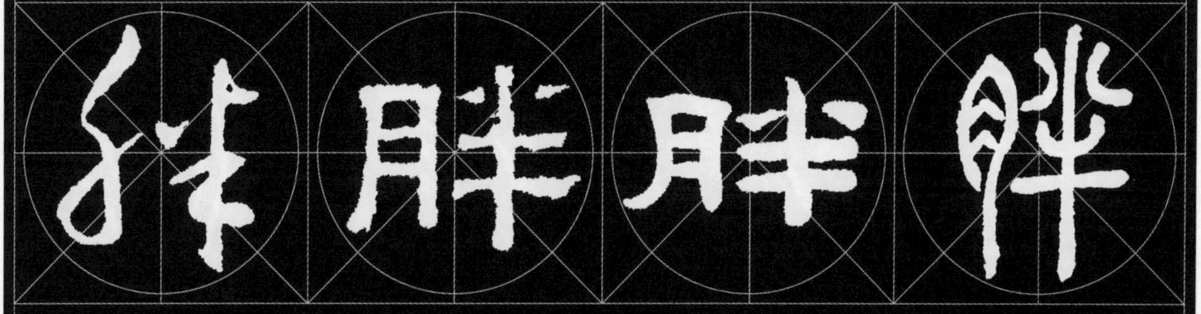

清 佚名　汉 熹平石经　清 陈鸿寿　清 康熙字典

pāo
抛（拋）

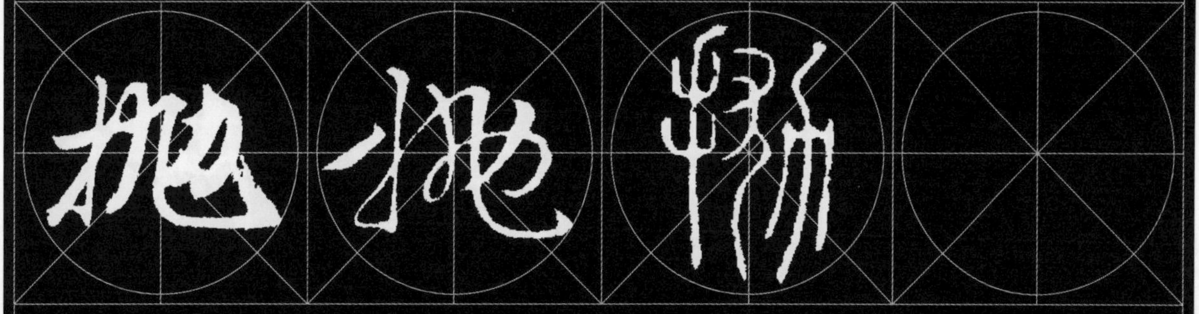

明 唐寅　明 文徵明　汉 说文解字

páo
庖

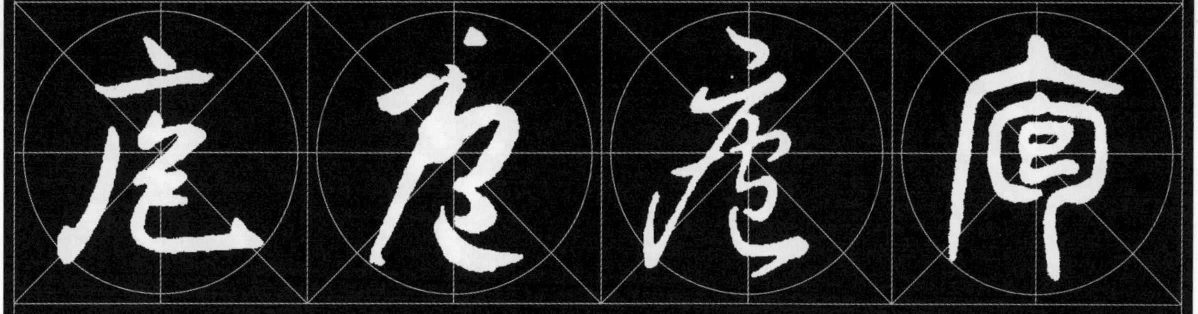

宋 米芾　唐 孙过庭　金 张天锡·草书韵会　清 杨沂孙

páo 袍

páo 匏（匏瓜）

pào 泡 pāo

péi 陪

唐 柳公权　宋 米芾　明 祝允明　汉 说文解字

宋 苏轼　明 祝允明　明 文徵明　清 吴大澂

唐 欧阳询　宋 苏轼　宋 米芾　汉 说文解字

唐 欧阳通　唐 李邕　元 赵孟頫　唐 欧阳询

宋 米芾　明 唐寅　清 傅山　晋 王羲之

唐 孙过庭　唐 怀素　元 鲜于枢　汉 樊敏碑

汉 赵宽碑　清 王澍　汉 说文解字　清 吴大澂

唐 殷令名　元 赵孟頫　金 张天锡·草书韵会　清 邓石如

唐 殷令名　唐 柳公权　宋 赵佶　元 赵孟頫

宋 苏轼　宋 张即之　元 赵孟頫　清 朱耷

péi
培

Péi
裴（姓）

pèi
沛

pèi
旆
（旆：旗）

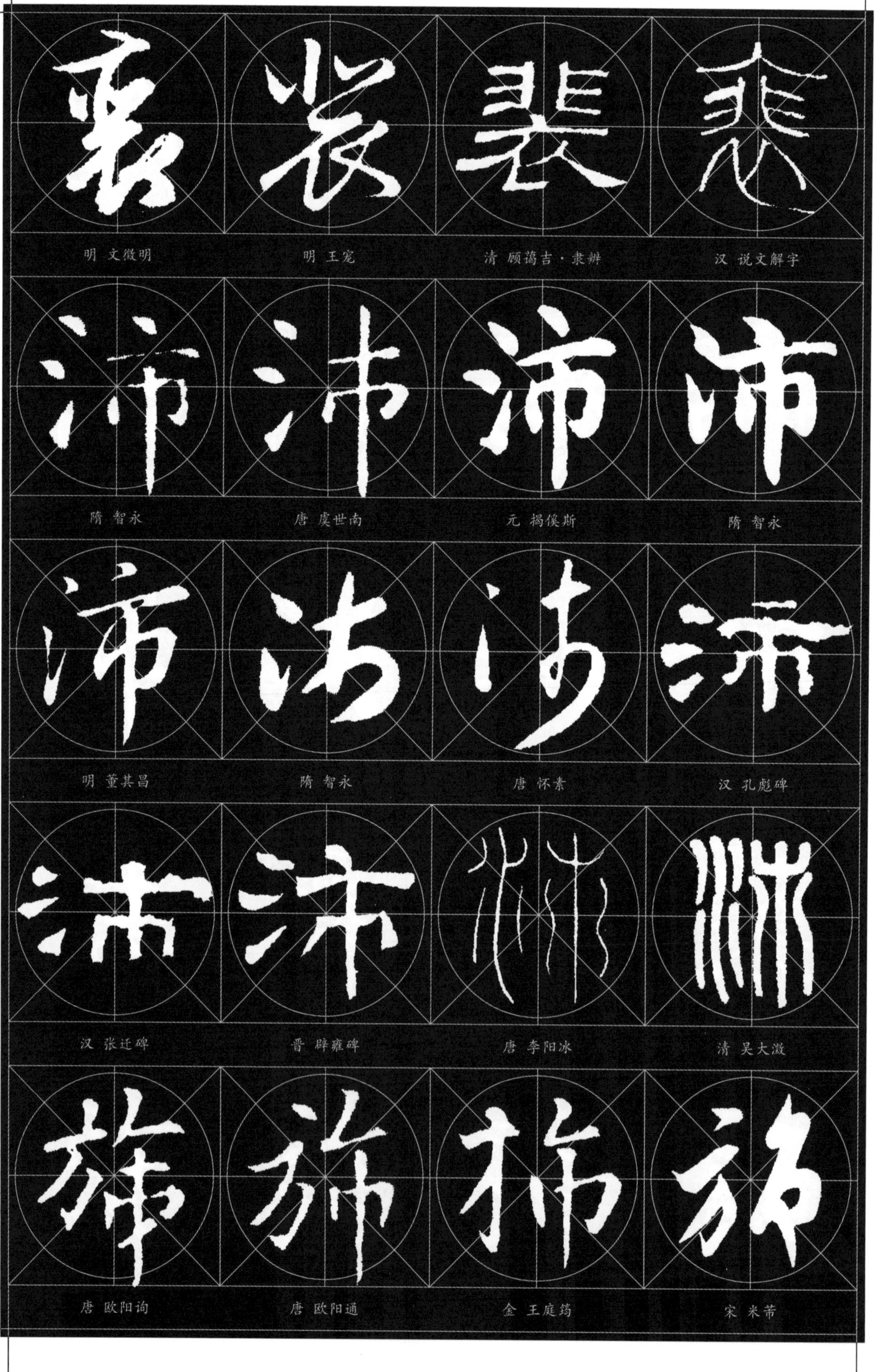

明 文徵明　明 王宠　清 顾蔼吉·隶辨　汉 说文解字

隋 智永　唐 虞世南　元 揭傒斯　隋 智永

明 董其昌　隋 智永　唐 怀素　汉 孔彪碑

汉 张迁碑　晋 辟雍碑　唐 李阳冰　清 吴大澂

唐 欧阳询　唐 欧阳通　金 王庭筠　宋 米芾

pèi
佩

pèi
珮

pèi
配

pèi
辔（轡）

pēn
喷

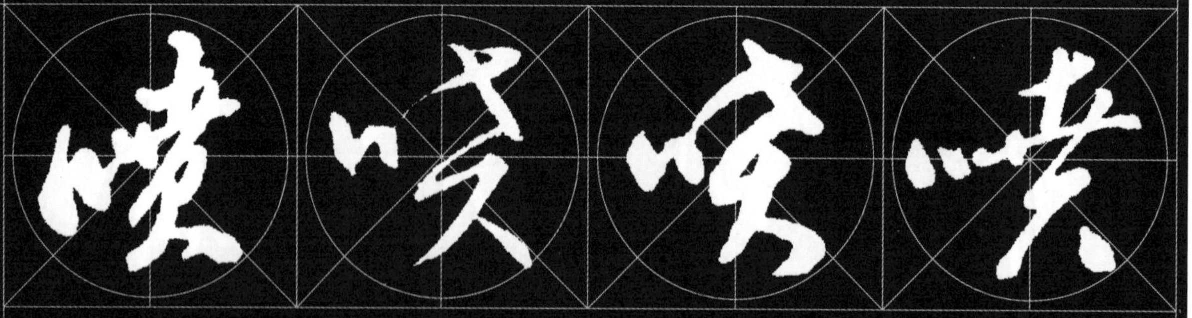

清 郑燮 | 明 文徵明 | 明 文徵明 | 明 申时行

pén
盆

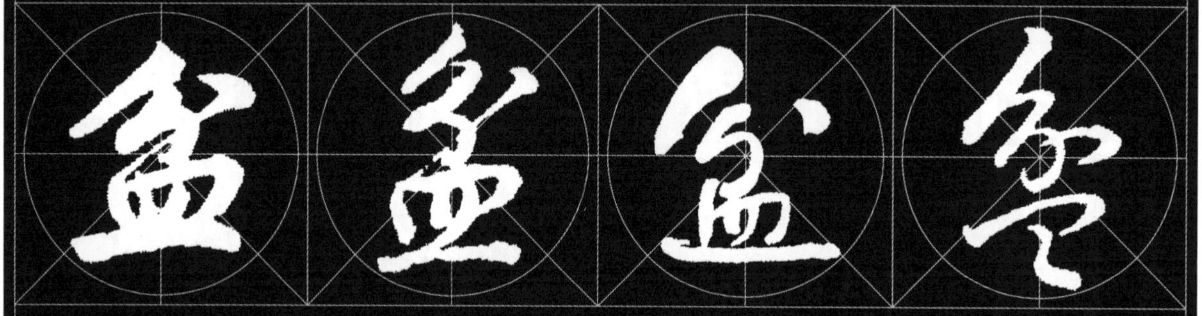

宋 蔡襄 | 明 唐寅 | 清 何绍基 | 唐 孙过庭

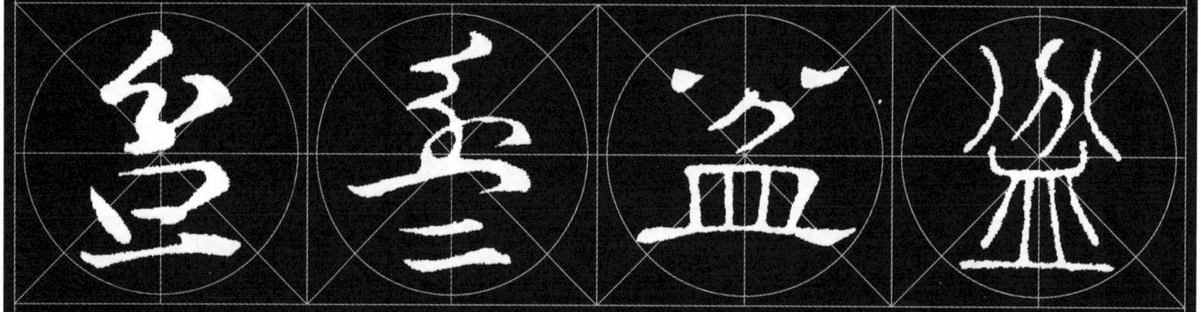

宋 李建中 | 金 张天锡·草书韵会 | 清 顾蔼吉·隶辨 | 汉 说文解字

pēng
烹

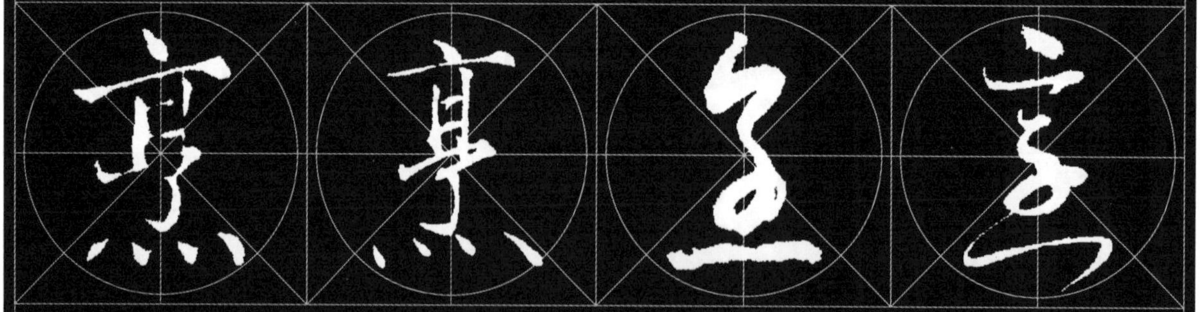

元 王蒙 | 宋 赵佶 | 唐 怀素 | 唐 怀素

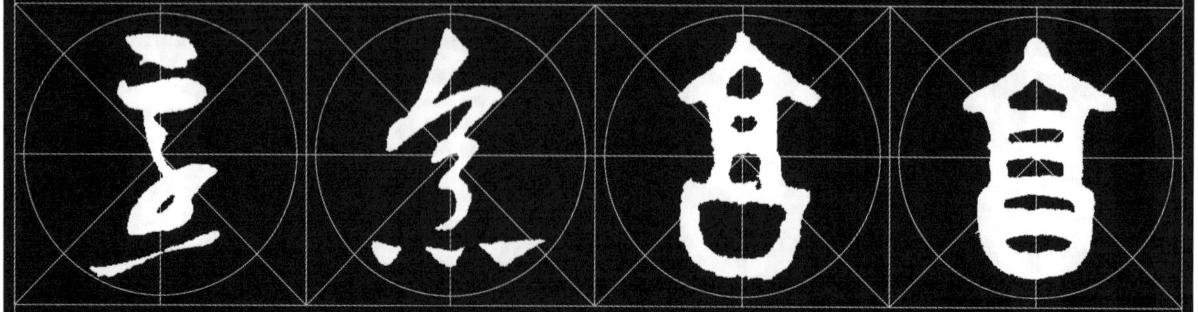

宋 赵佶 | 元 赵孟頫 | 周 大盂鼎 | 清 吴昌硕

péng 朋

péng 鹏

Péng 彭（姓）

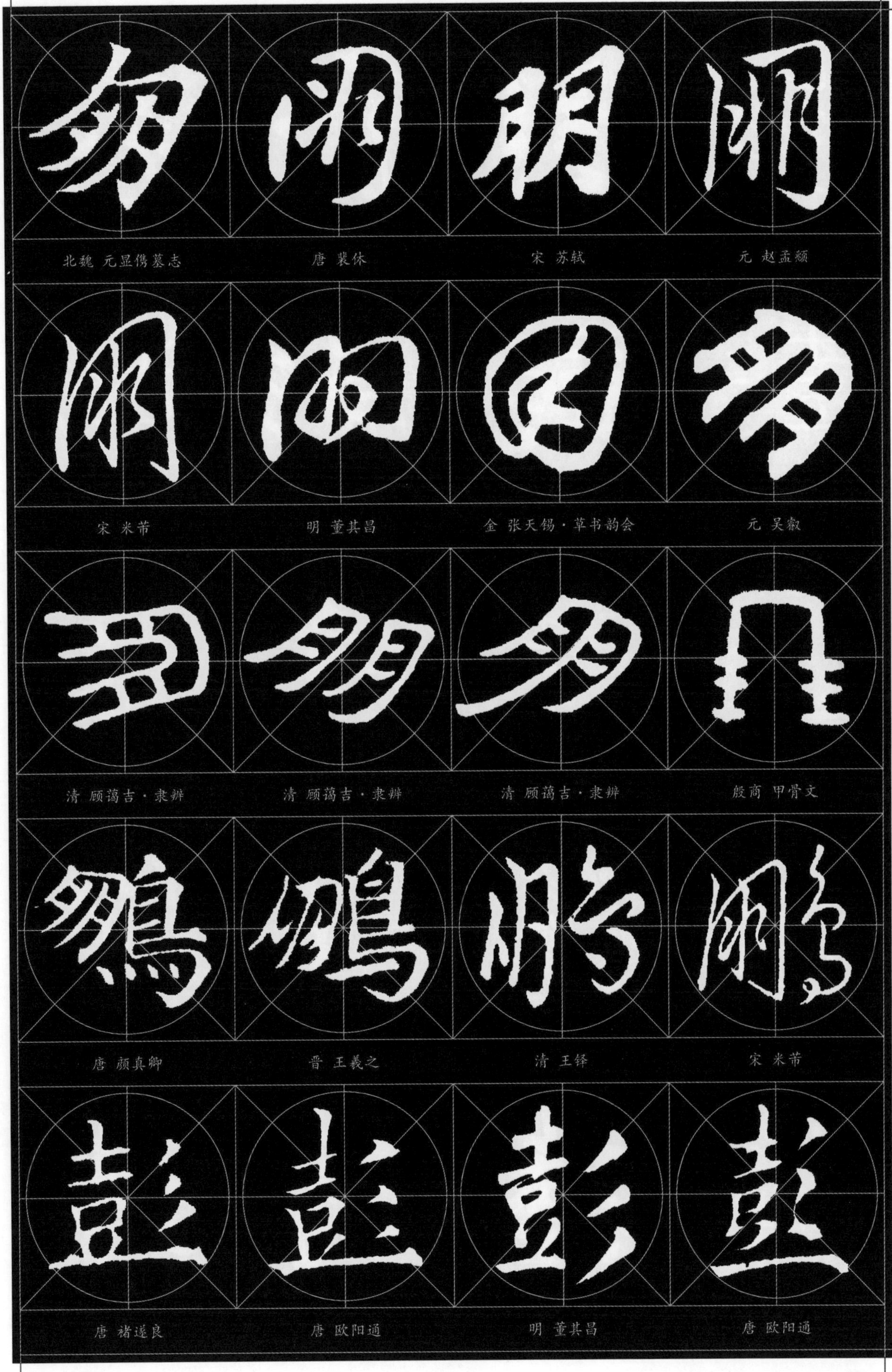

北魏 元显儁墓志　唐 裴休　宋 苏轼　元 赵孟頫

宋 米芾　明 董其昌　金 张天锡·草书韵会　元 吴叡

清 顾蔼吉·隶辨　清 顾蔼吉·隶辨　清 顾蔼吉·隶辨　殷商 甲骨文

唐 颜真卿　晋 王羲之　清 王铎　宋 米芾

唐 褚遂良　唐 欧阳通　明 董其昌　唐 欧阳通

péng 蓬

péng 篷

pěng 捧

pī 丕（大）

pī 邳（地名；姓）

pī 批

pī 披

pí
皮

pí
疲

唐 孙过庭
唐 颜真卿
汉 张迁碑
汉 说文解字
北魏 石婉墓志
宋 黄庭坚
宋 苏轼
明 韩道亨
唐 李白
唐 叶慧明碑
清 顾蔼吉·隶辨
清 吴大澂
唐 欧阳通
明 祝允明
明 王宠
唐 虞世南
隋 智永
元 鲜于枢
清 王澍
元 赵孟頫

pí 枇

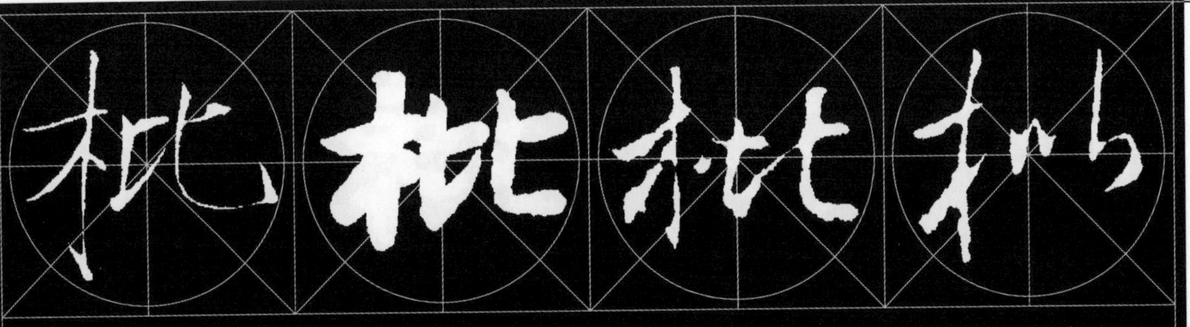

宋 赵佶　隋 智永　唐 李世民　唐 欧阳询

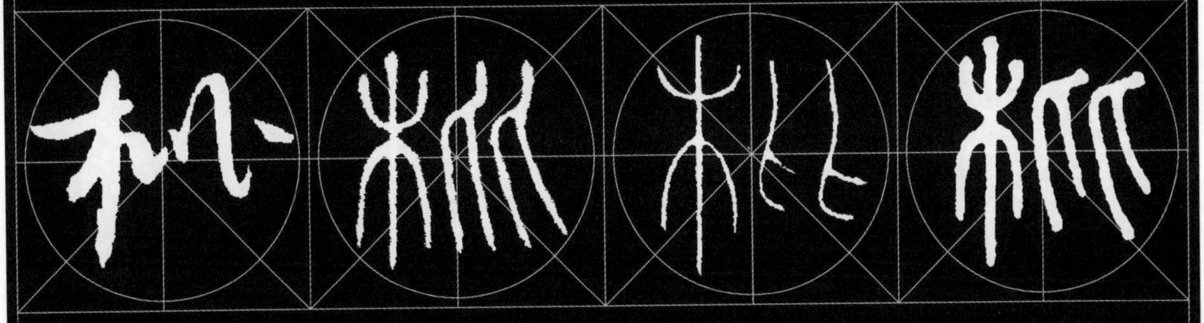

宋 赵佶　汉 说文解字　唐 李阳冰　元 赵孟頫

pí 毗（毘）

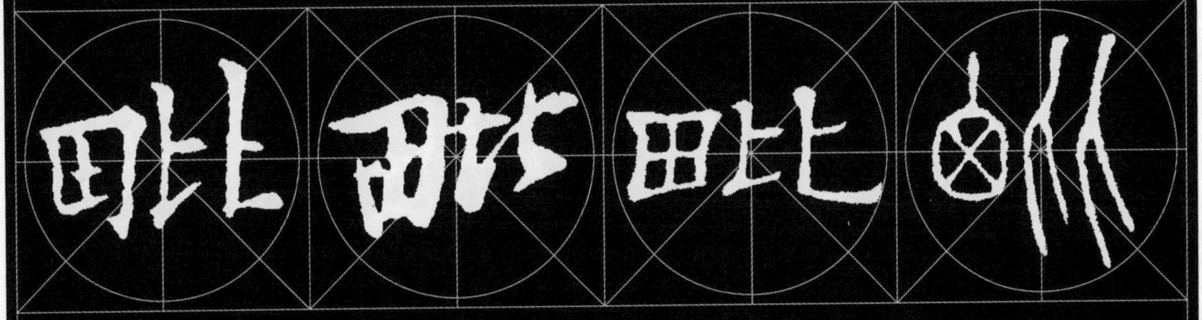

唐 欧阳通　宋 苏轼　清 顾蔼吉·隶辨　汉 说文解字

pí 琵

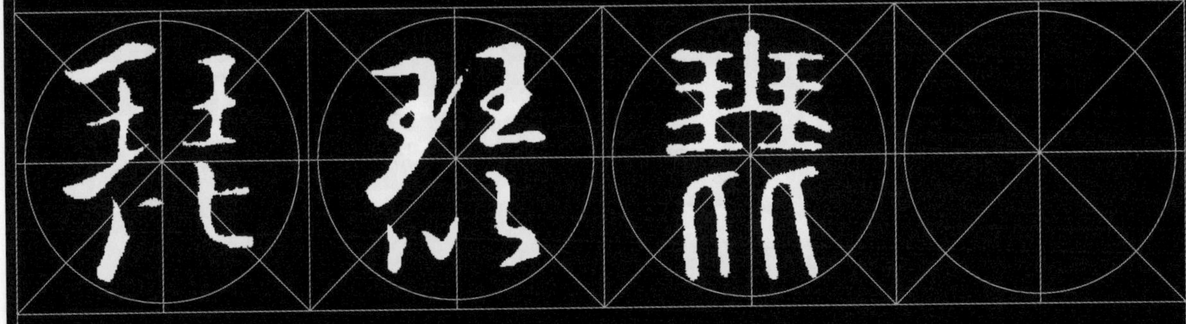

宋 张即之　金 张天锡·草书韵会　汉 说文解字

pí 埤 pì

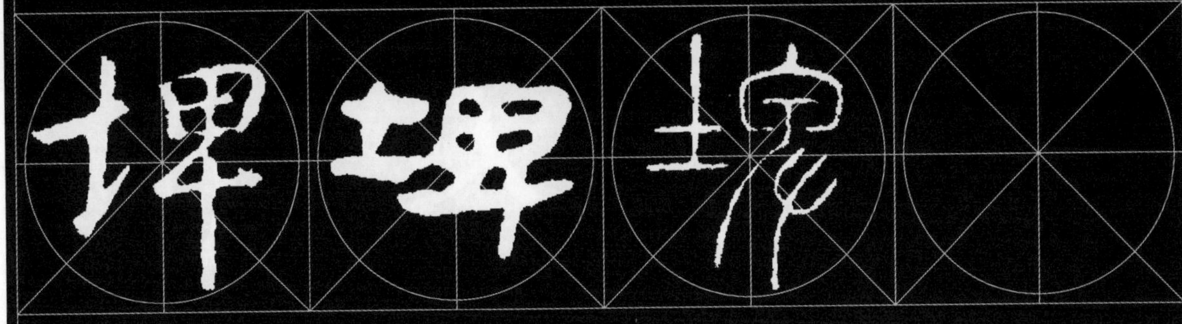

晋 王羲之　汉 马王堆帛书　汉 说文解字

pí 脾

pí 罴（羆：棕熊）

pǐ 匹

pǐ 疋

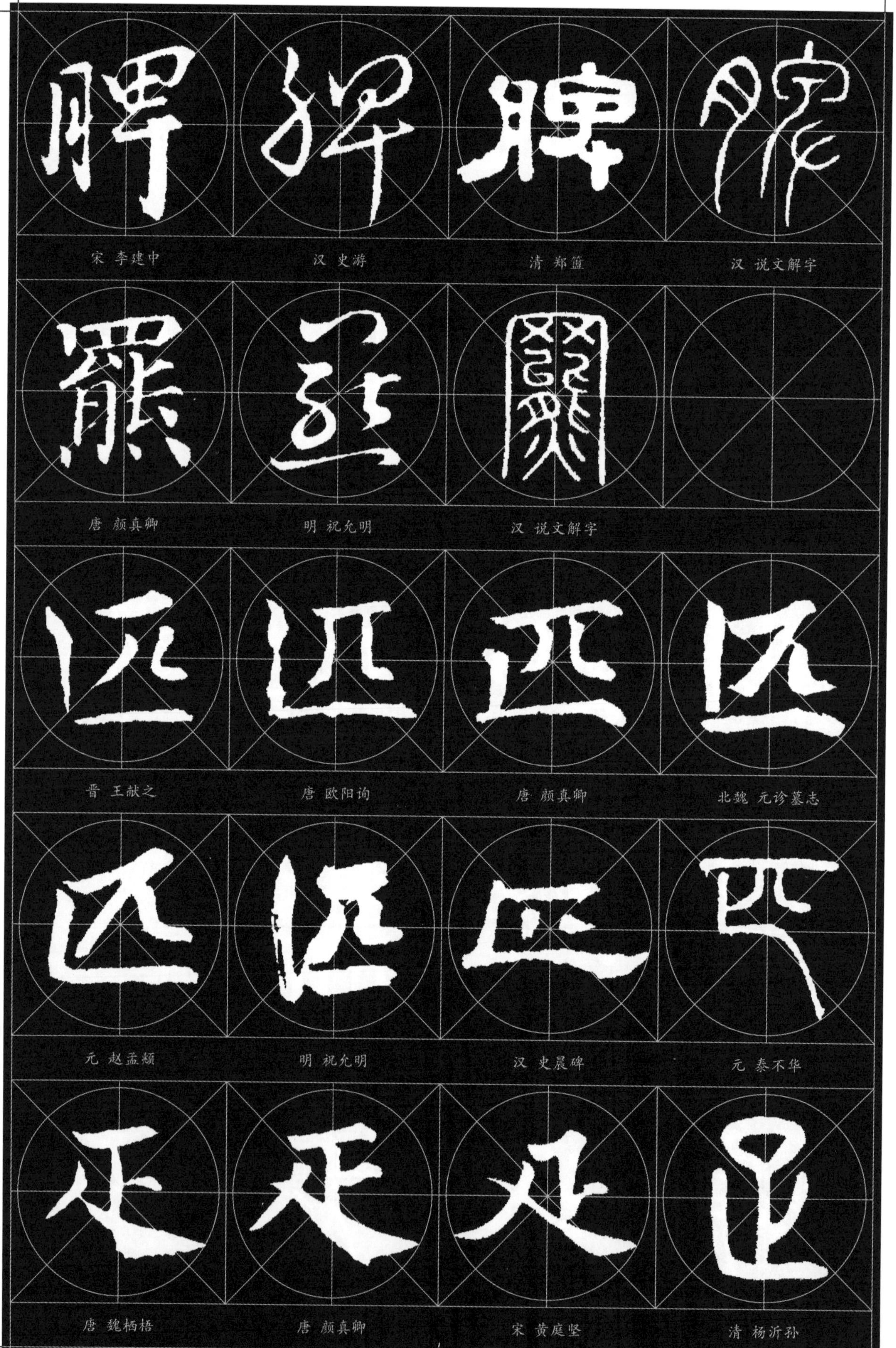

pì 僻

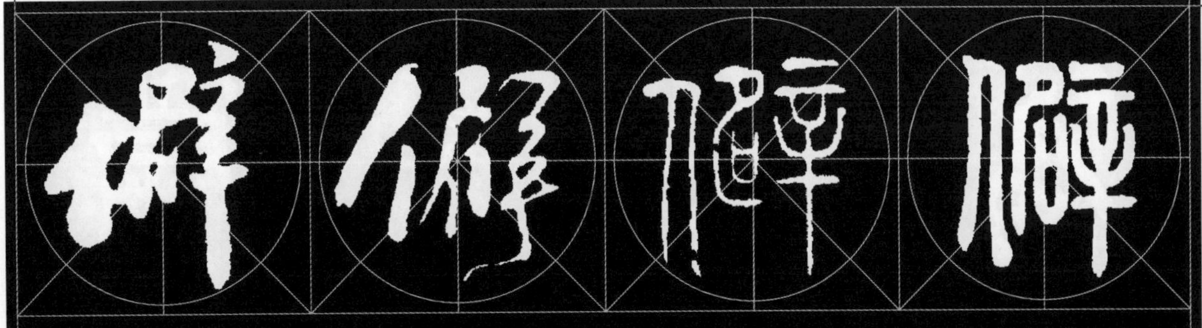

宋 陆游 宋 楼钥 汉 说文解字 清 康熙字典

pì 譬

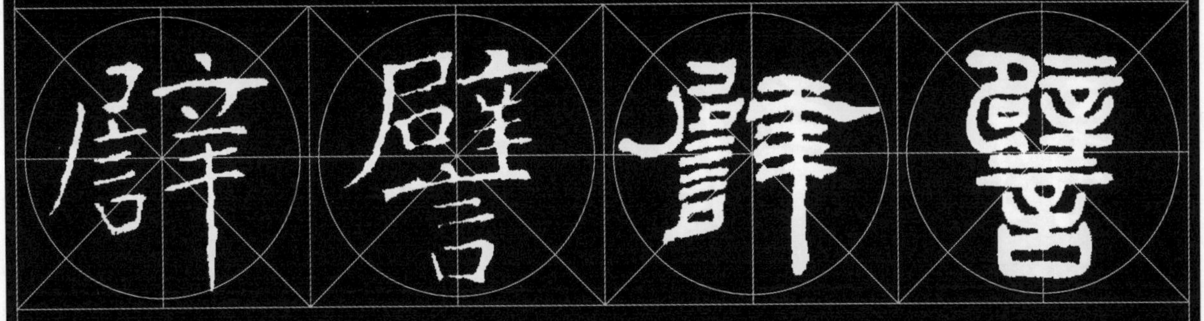

隋 张公礼 唐 褚遂良 清 杨岘 清 杨沂孙

piān 片 piàn

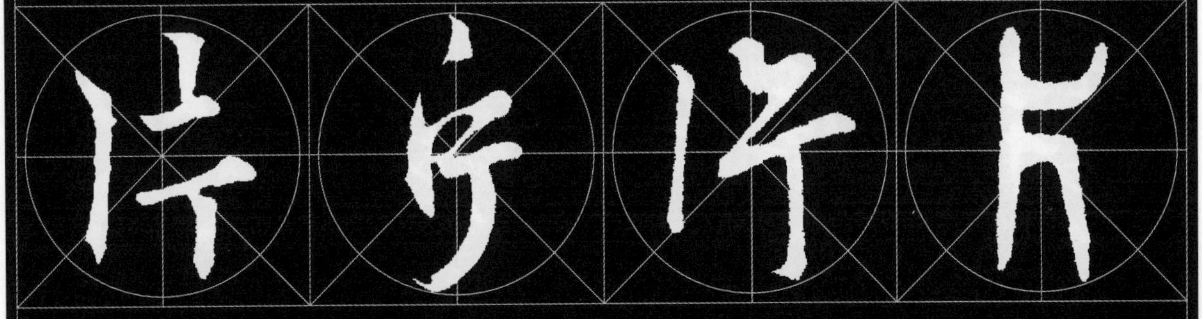

唐 欧阳通 元 鲜于枢 明 董其昌 清 杨沂孙

piān 偏

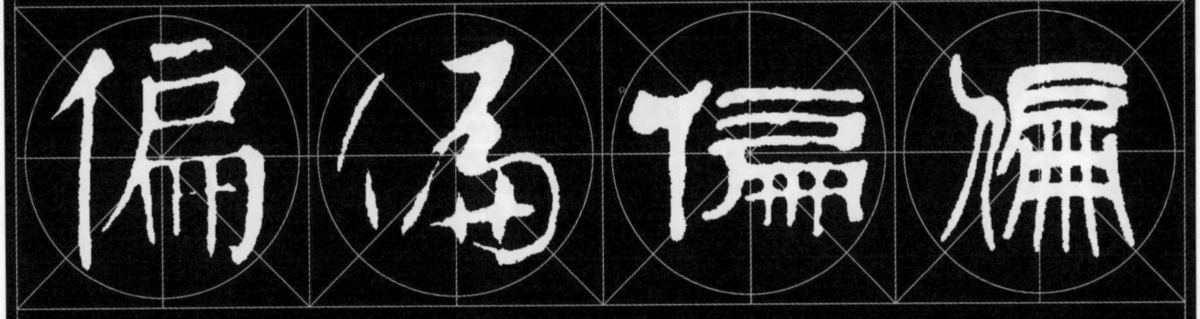

唐 柳公权 唐 孙过庭 清 邓奎 清 徐三庚

piān 篇

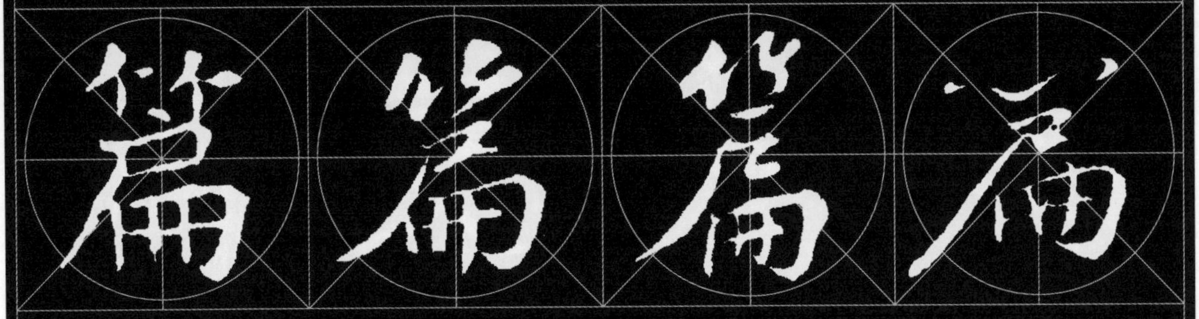

南北朝 李超墓志 宋 苏轼 宋 楼钥 宋 苏轼

宋 黄庭坚 | 唐 孙过庭 | 唐 怀素 | 清 杨沂孙

piān
翩

元 张雨 | 唐 陆柬之 | 元 赵孟頫 | 明 佚名

pián
骈

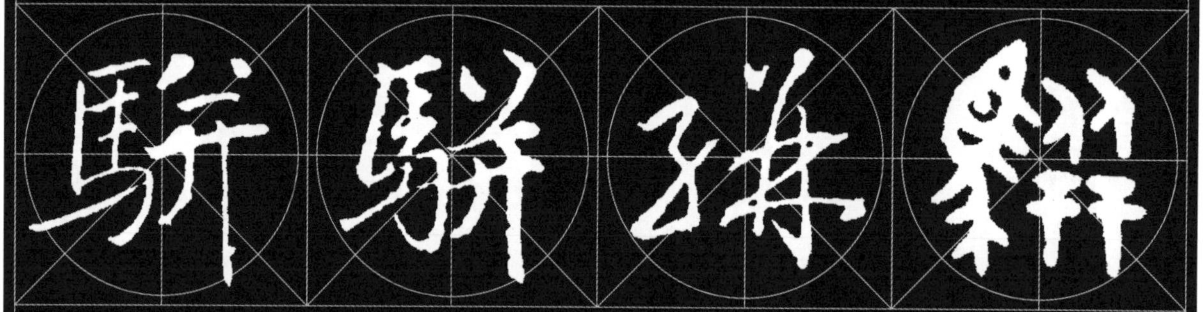

唐 魏栖梧 | 元 赵孟頫 | 唐 武则天 | 清 吴大澂

piāo
剽

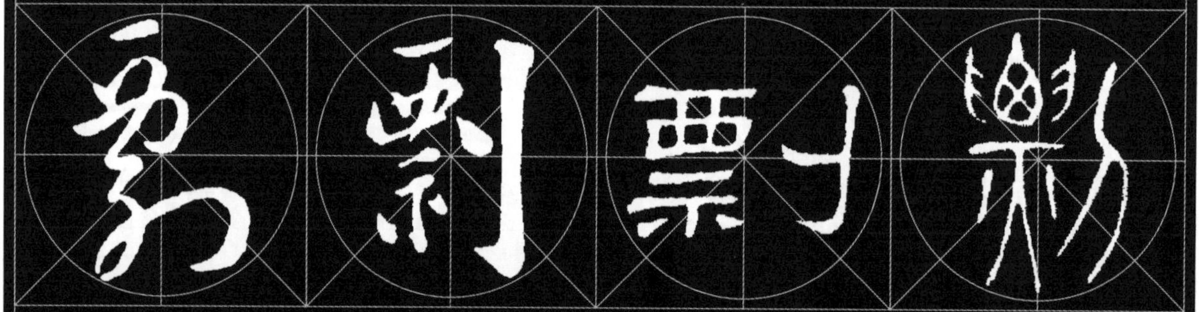

宋 陆游 | 唐 孙过庭 | 清 顾蔼吉·隶辨 | 汉 说文解字

piāo
漂
piǎo
piào

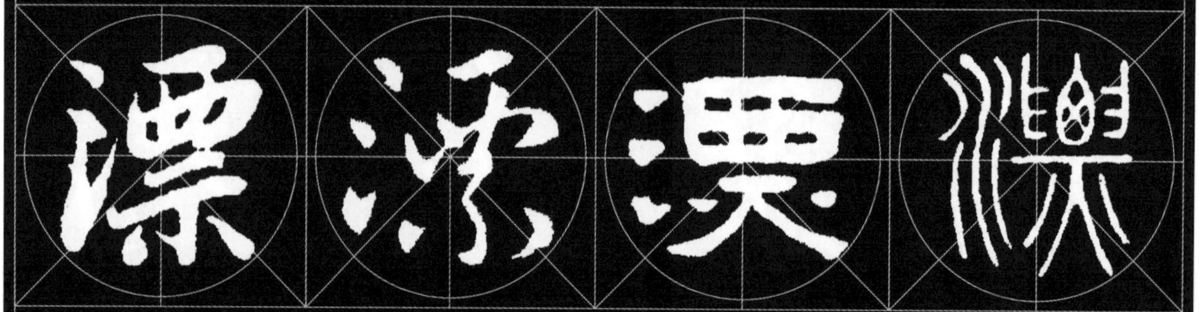

唐 陆柬之 | 汉 张芝 | 清 陈鸿寿 | 汉 说文解字

piāo 缥

piāo 飘（飄、飃）

piáo 瓢

清 永瑆　唐 孙过庭　明 黄道周　清 吴熙载

南北朝 高猛　元 赵孟頫　明 祝允明　元 赵孟頫

明 唐寅　唐 怀素　明 王宠　清 王铎

元 吴叡　清 王澍　唐 李阳冰　清 吴熙载

宋 苏轼　明 陈继儒　清 桂馥　汉 说文解字

piào 票

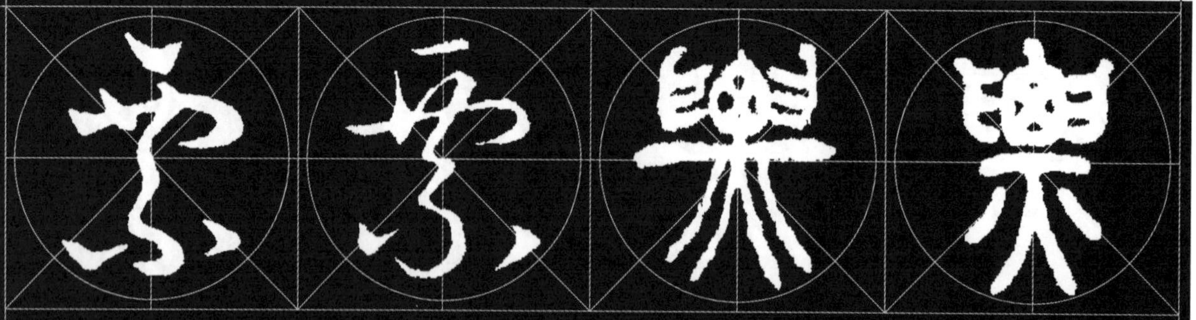

晋 王羲之　宋 赵构　清 徐三庚　清 仰嘉祥

piē 瞥

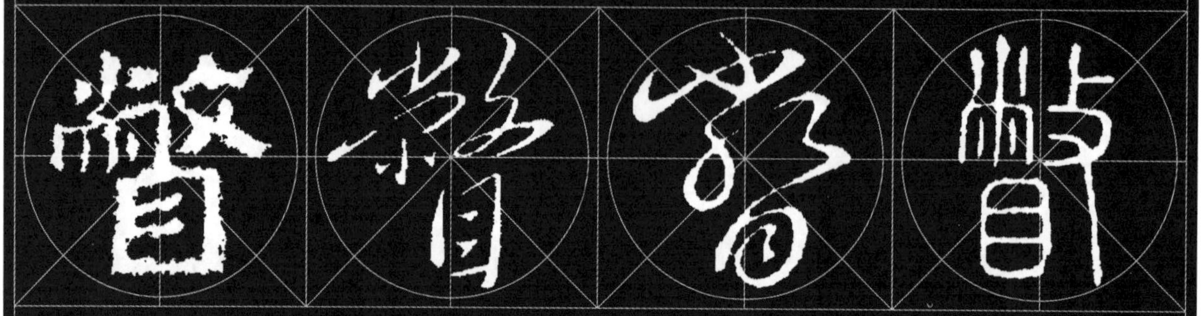

北魏 郑道昭　元 赵雍　金 张天锡·草书韵会　汉 说文解字

pín 贫

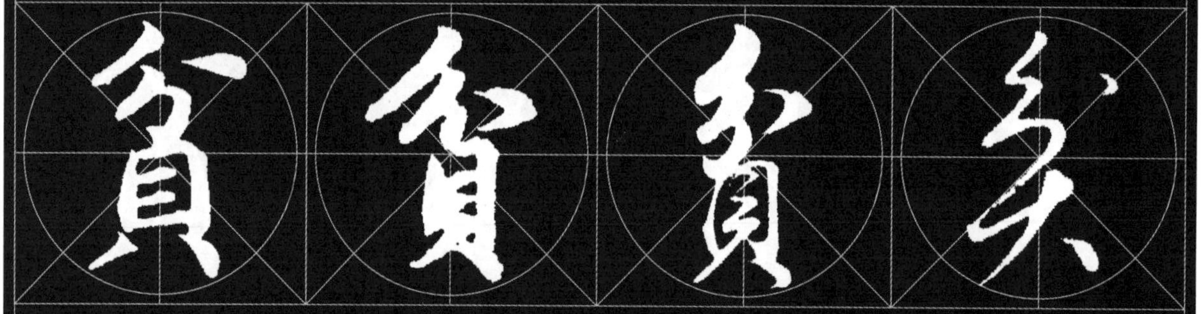

宋 蔡襄　元 赵孟頫　明 董其昌　明 祝允明

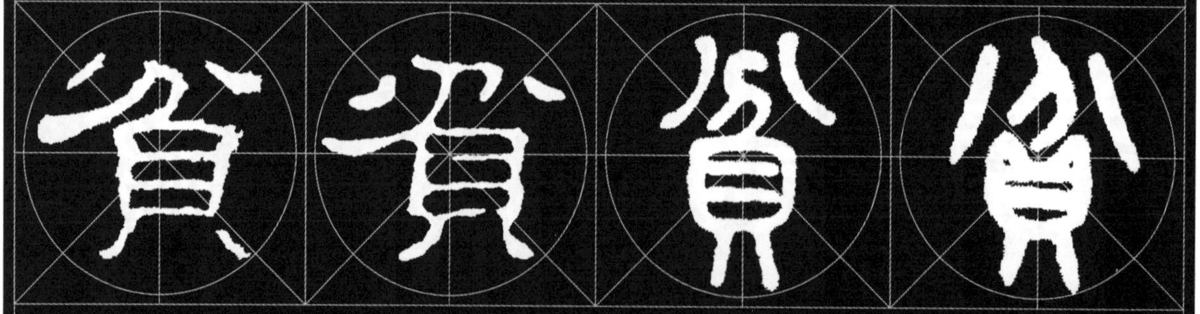

汉 刘熊碑　清 赵之谦　清 莫友芝　清 吴大澂

pín 嫔

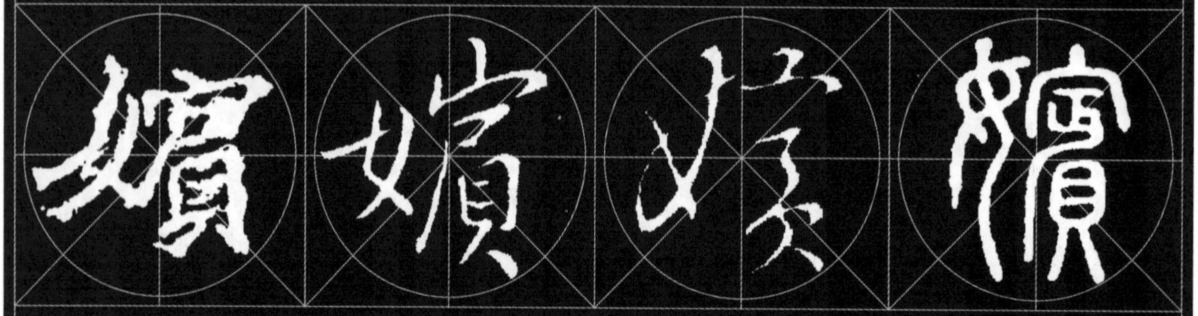

北魏 高庆碑　唐 李邕　金 张天锡·草书韵会　汉 说文解字

pín
频

pín
颦（皱眉）

pǐn
品

pìn 牝（雌性）

pìn 聘

píng 平

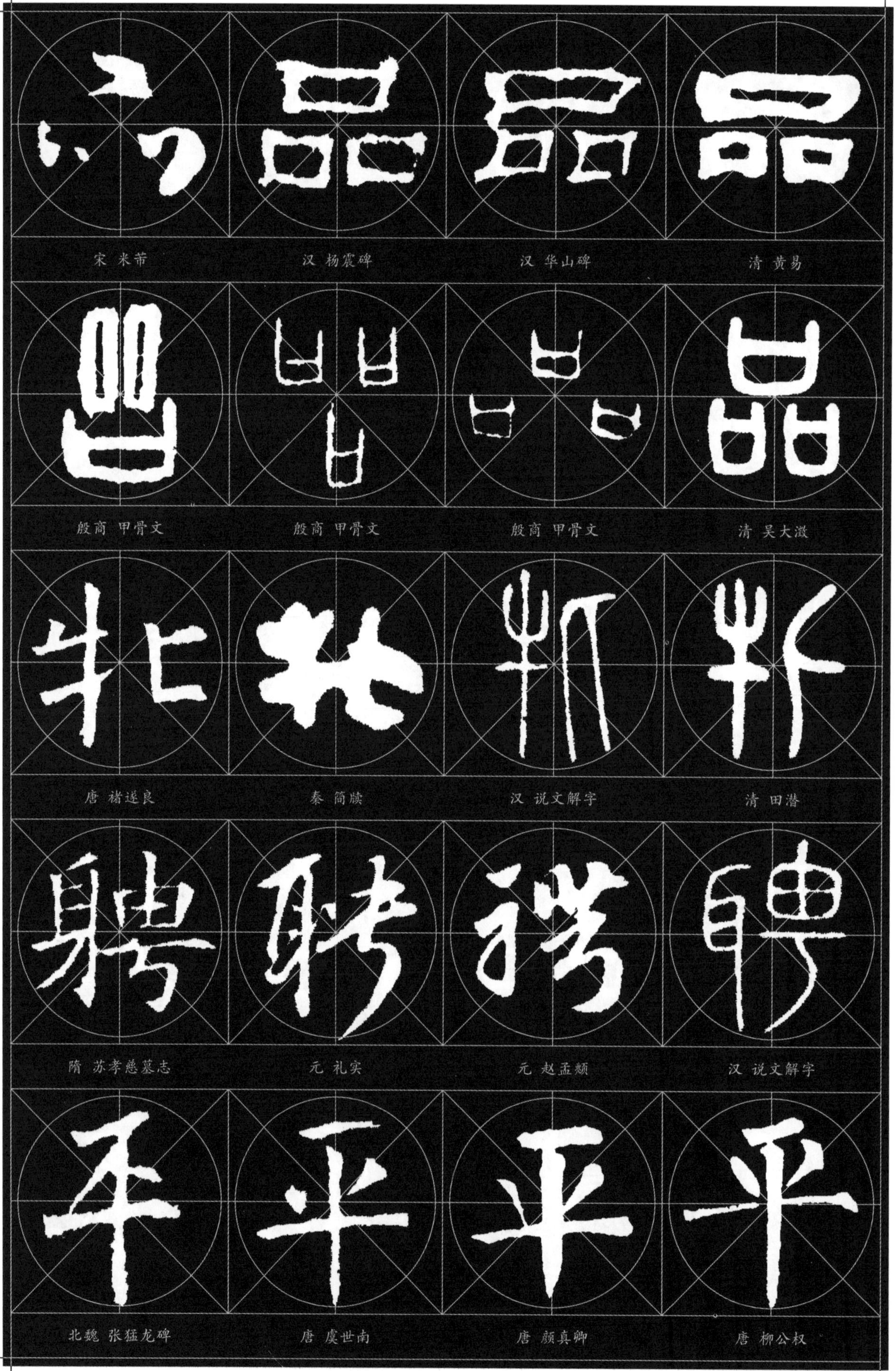

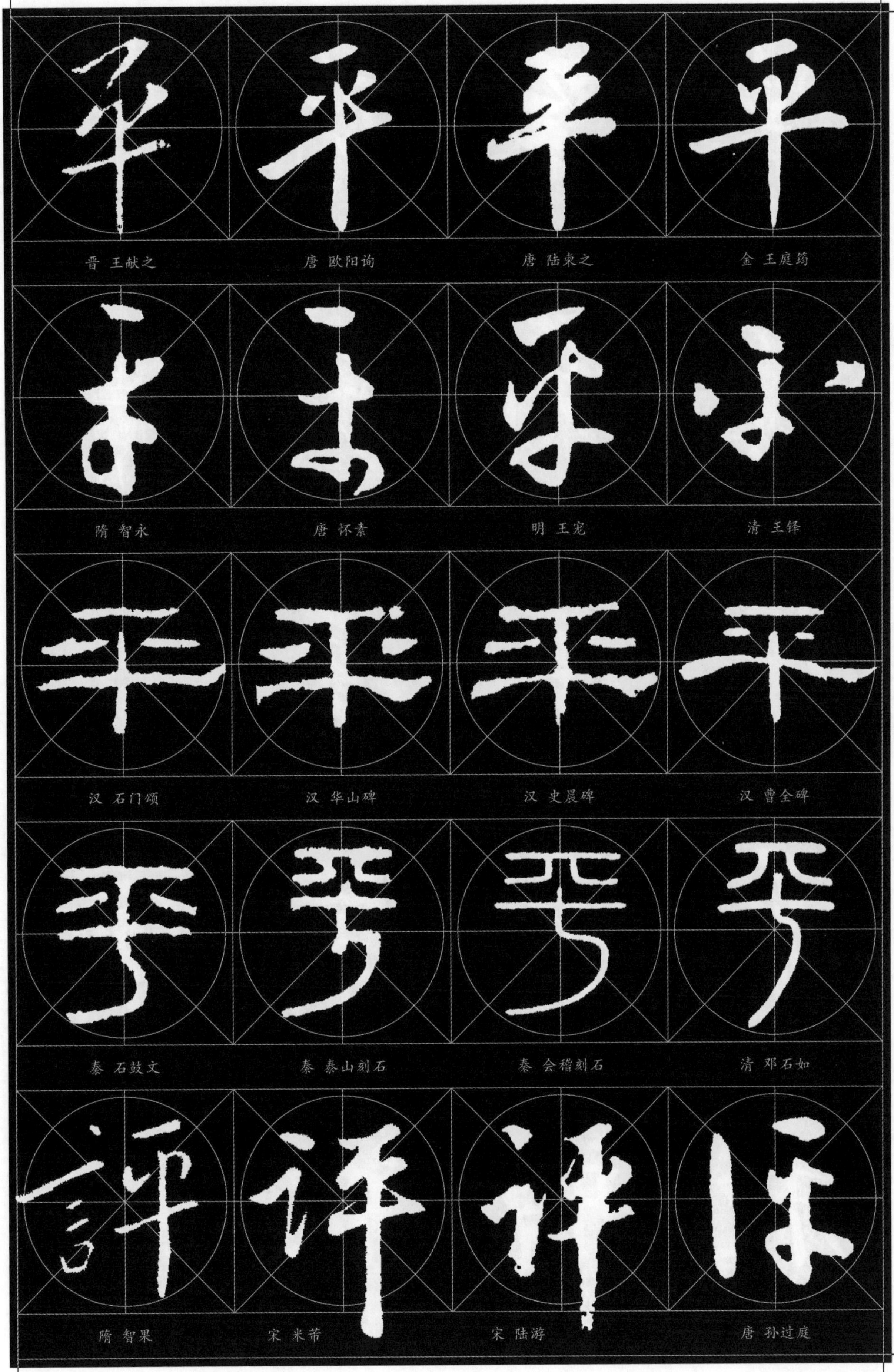
晋 王献之
唐 欧阳询
唐 陆柬之
金 王庭筠
隋 智永
唐 怀素
明 王宠
清 王铎
汉 石门颂
汉 华山碑
汉 史晨碑
汉 曹全碑
秦 石鼓文
秦 泰山刻石
秦 会稽刻石
清 邓石如
隋 智果
宋 米芾
宋 陆游
唐 孙过庭

píng
评

píng 萍（蓱）

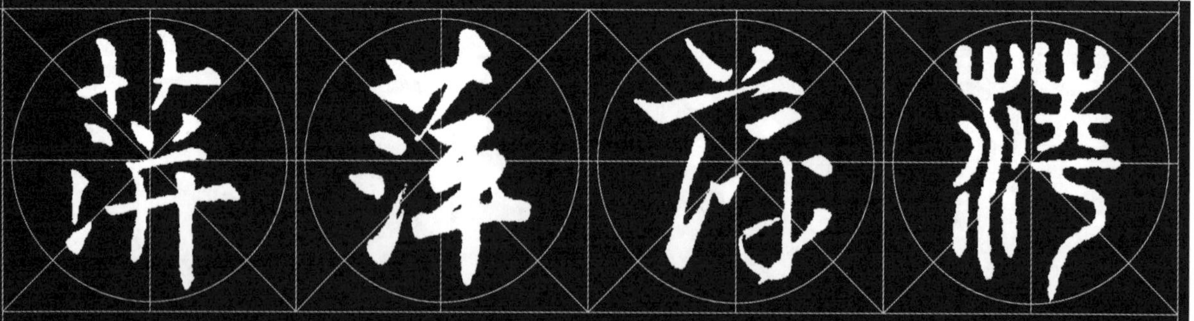

唐 欧阳询　明 唐寅　金 张天锡·草书韵会　清 康熙字典

píng 苹（蘋）

唐 虞世南　元 赵孟頫　金 张天锡·草书韵会　汉 说文解字

píng 屏 bǐng（抑制呼吸；排除）

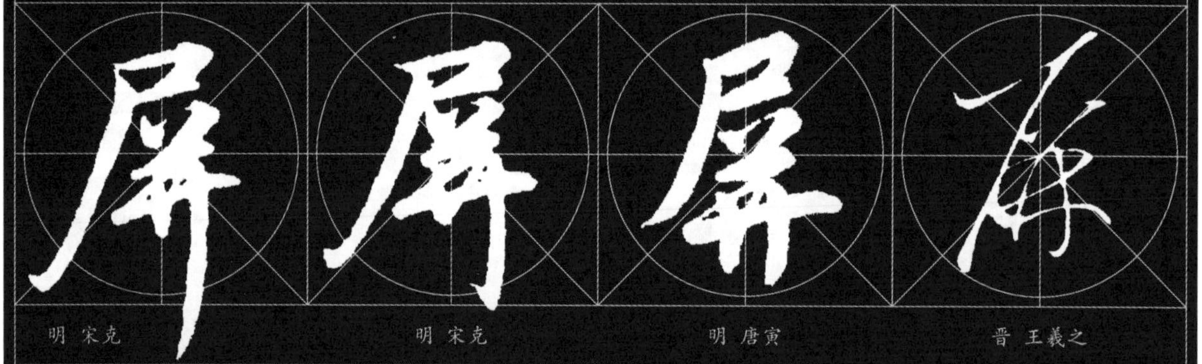

明 宋克　明 宋克　明 唐寅　晋 王羲之

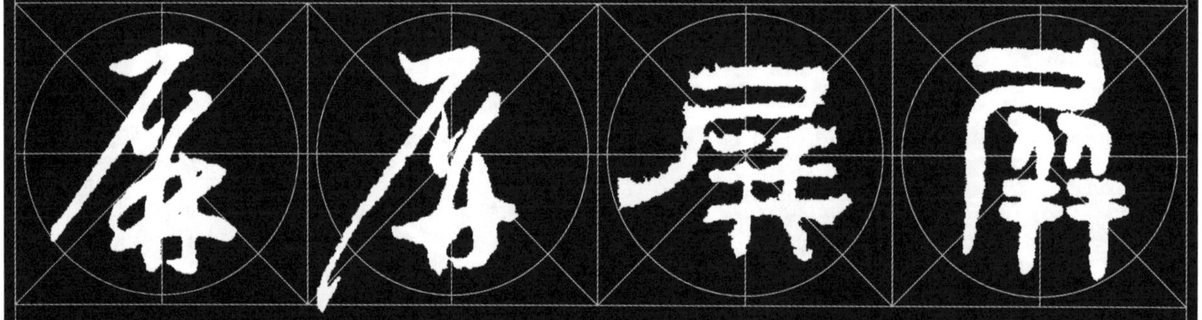

宋 赵构　明 祝允明　汉 史晨碑　清 吴大澂

píng 瓶（缾）

唐 颜真卿　唐 颜真卿　唐 陆柬之　宋 张舜民

píng
凭（憑、凴）

pō
坡

pō
颇

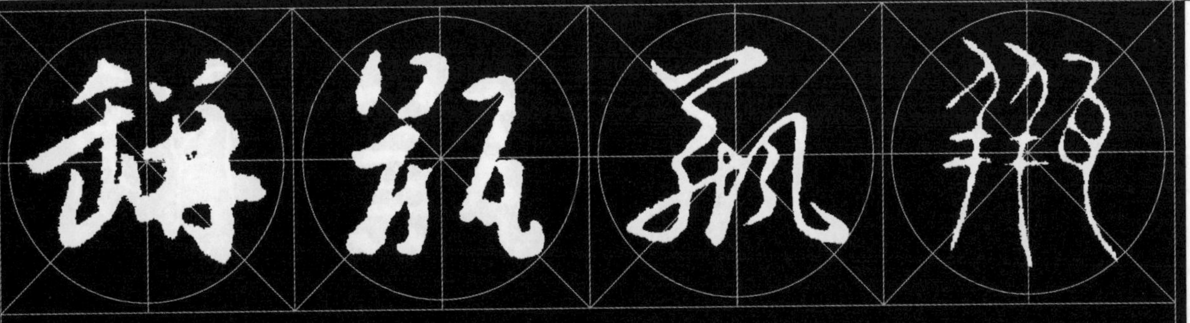

元 赵孟頫　清 朱耷　金 张天锡·草书韵会　汉 说文解字

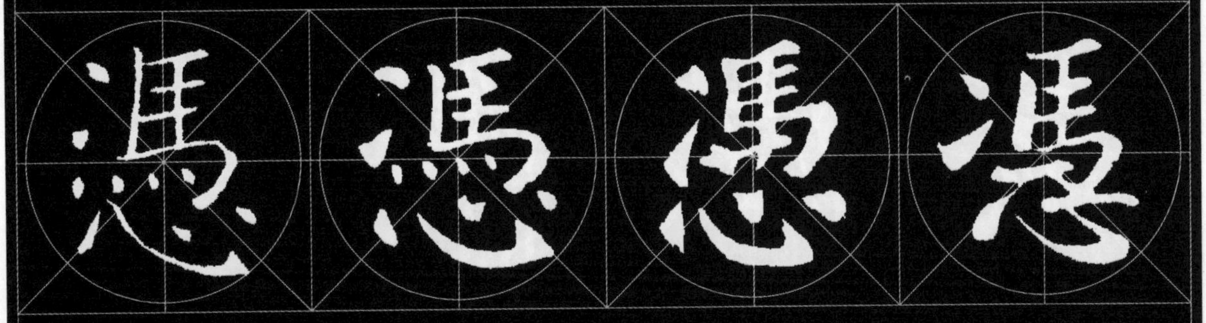

唐 褚遂良　唐 颜真卿　宋 苏轼　宋 苏轼

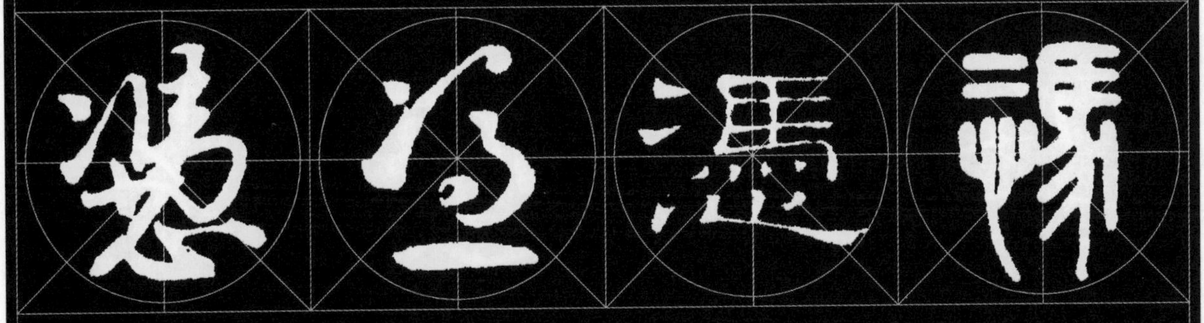

明 唐寅　唐 孙过庭　清 顾蔼吉·隶辨　清 孙星衍

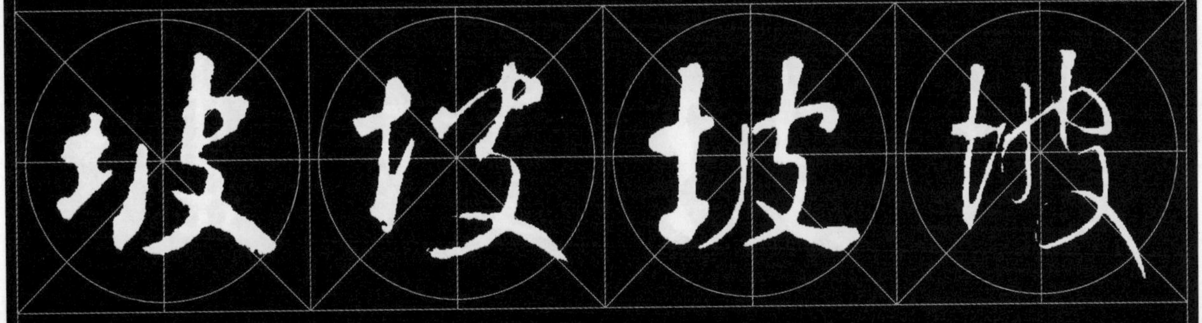

宋 苏轼　元 鲜于枢　清 何绍基　清 王铎

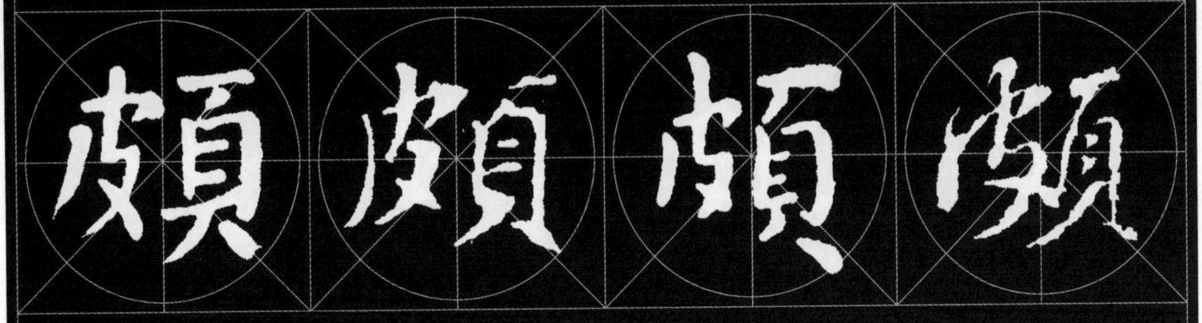

唐 颜真卿　明 文徵明　明 王铎　宋 苏轼

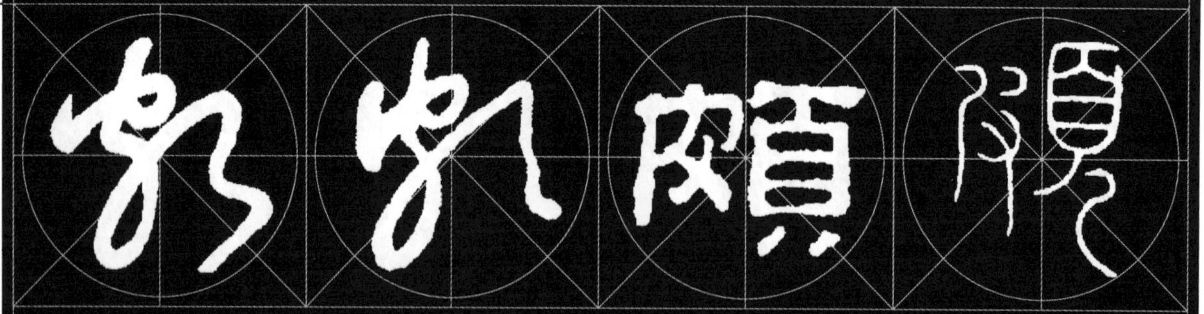

唐 怀素　唐 怀素　元 吴叡　唐 李阳冰

pō 泼（潑）

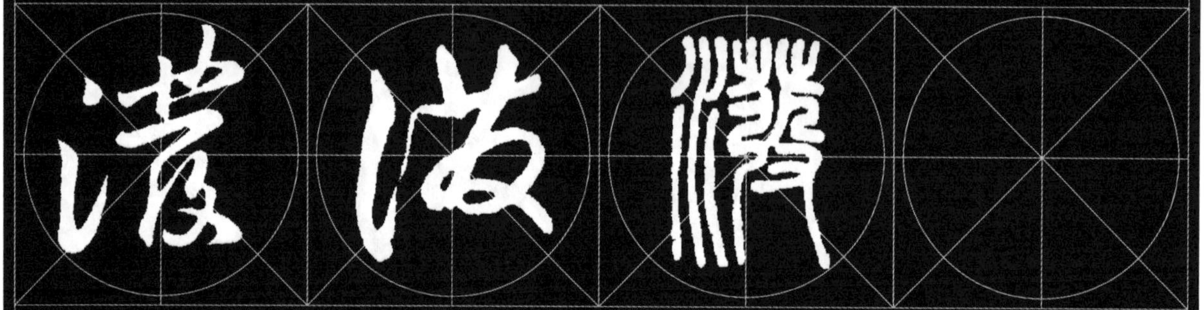

宋 黄庭坚　金 张天锡·草书韵会　清 邓石如

pó 婆

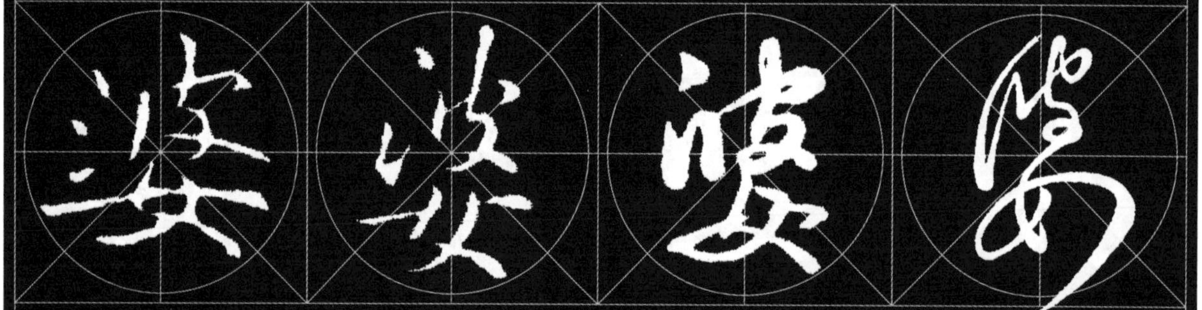

北朝 敬使君碑　唐 褚遂良　元 赵孟頫　唐 怀素

pó 鄱

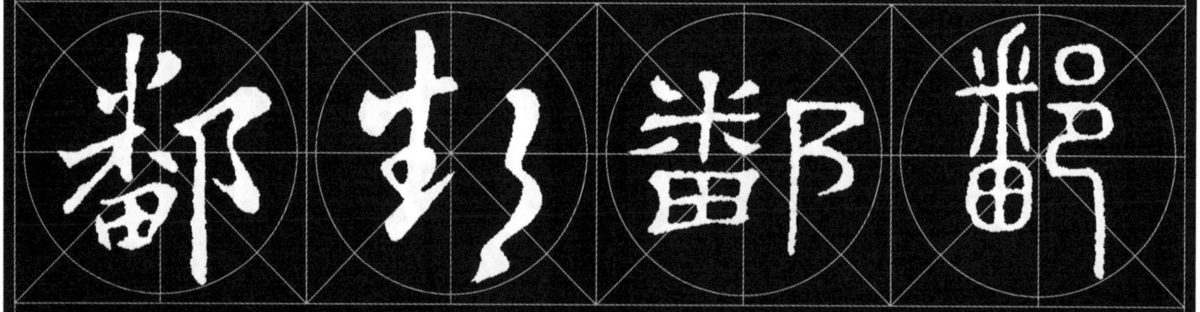

晋 王献之　晋 王献之　清 顾蔼吉·隶辨　汉 说文解字

pò 迫（廹）pǎi

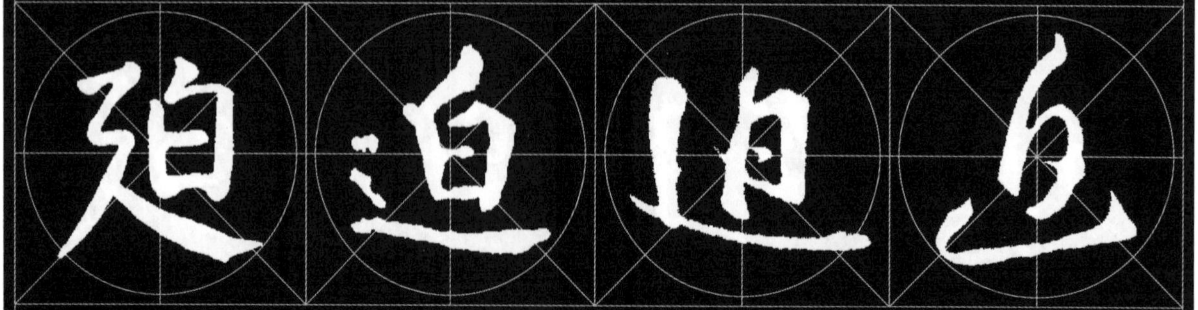

唐 颜真卿　清 王铎　宋 朱敦儒　唐 李怀琳

唐 孙过庭	明 韩道亨	汉 西狭颂	汉 说文解字
宋 苏轼	元 赵孟頫	元 赵孟頫	明 王守仁
清 汪士慎	清 何绍基	清 吴昌硕	清 陈豫钟
隋 智永	明 祝允明	明 王宠	唐 孙过庭
唐 怀素	元 赵孟頫	唐 李阳冰	元 赵孟頫

pò
破

pò
魄

pò 粕

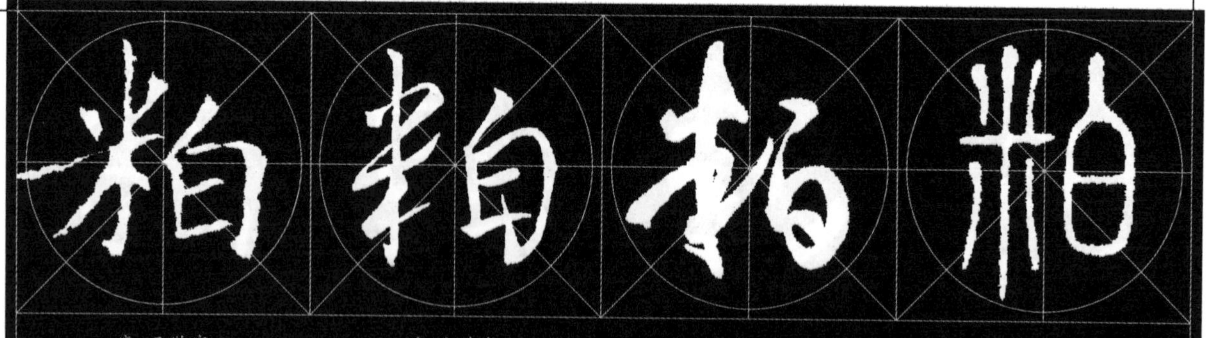

唐 王敬客 | 唐 颜真卿 | 唐 孙过庭 | 汉 说文解字

pōu 剖

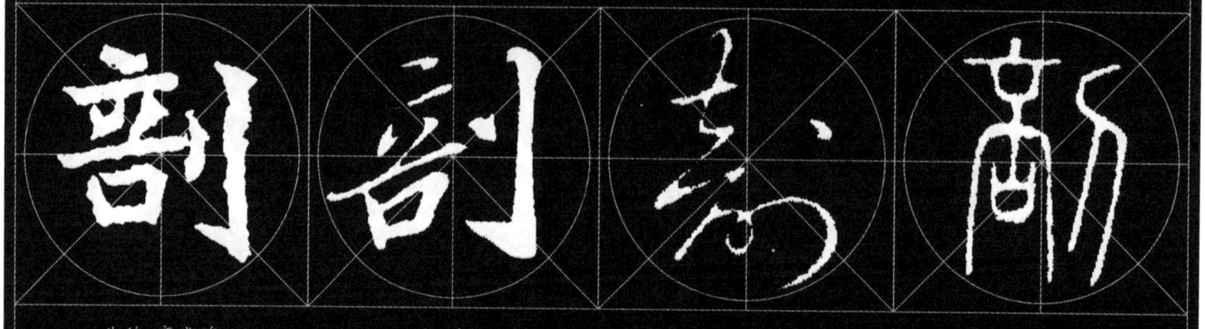

北魏 高贞碑 | 宋 苏轼 | 金 张天锡·草书韵会 | 汉 说文解字

pū 仆（向前跌倒）pú（僕）

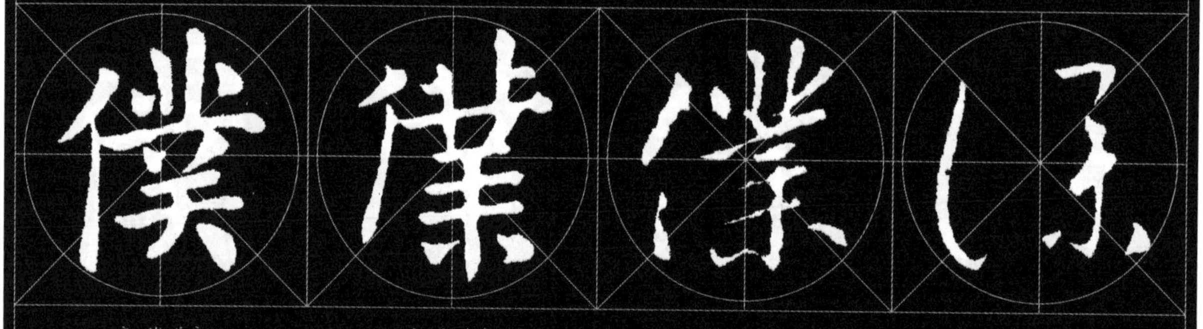

唐 褚遂良 | 唐 颜真卿 | 晋 王羲之 | 晋 王羲之

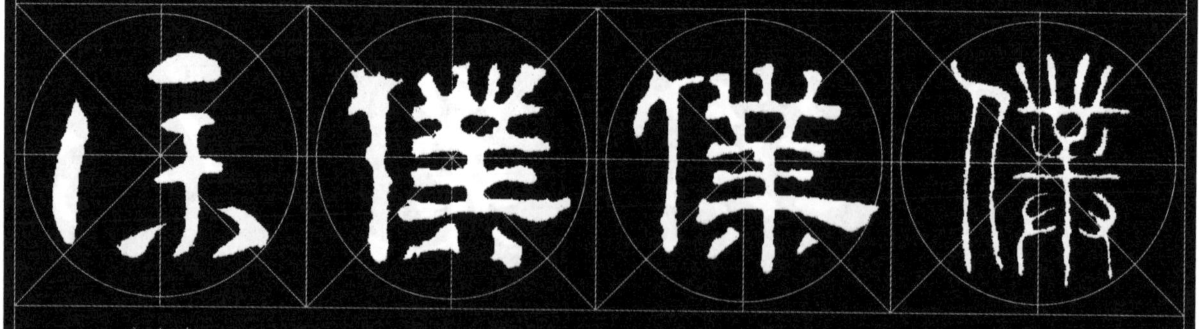

唐 怀素 | 三国 上尊号碑 | 元 吴叡 | 汉 说文解字

pū 扑（撲）

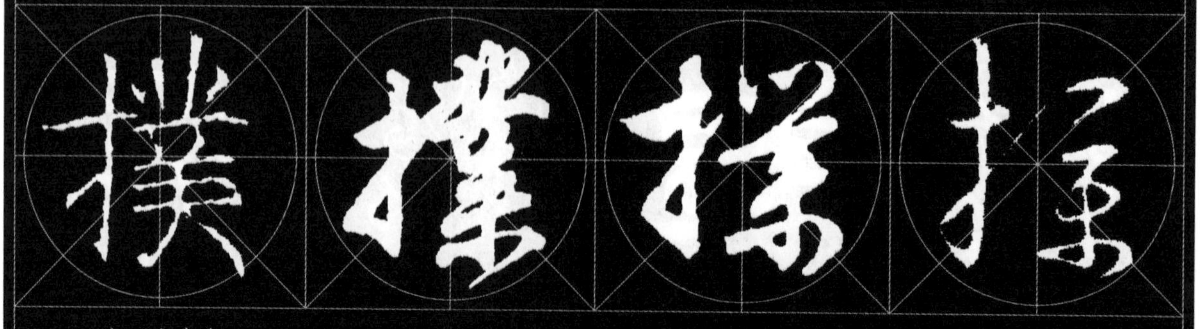

唐 昭仁寺碑 | 明 唐寅 | 明 文徵明 | 金 张天锡·草书韵会

pū 铺 pù

pú 菩

pú 蒲

pú 濮

pǔ 朴（樸：朴实）

Piáo（姓）

pō（朴刀）

pò（朴树）

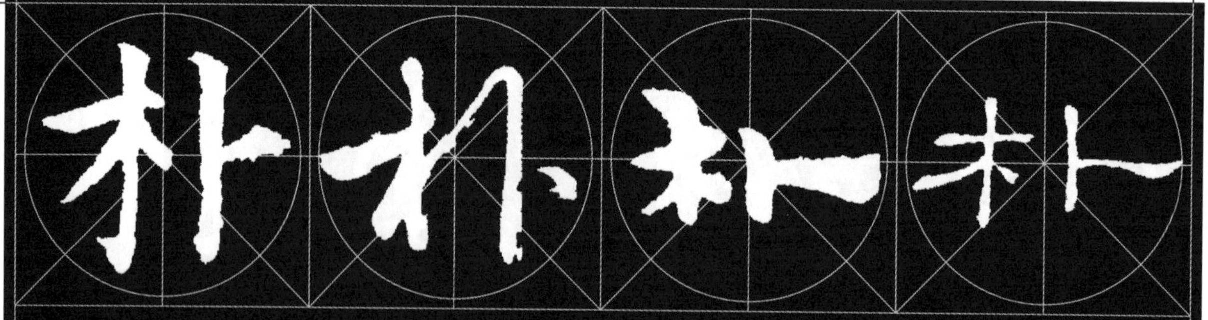

唐 颜真卿 | 元 赵孟頫 | 明 宋克 | 清 顾蔼吉·隶辨

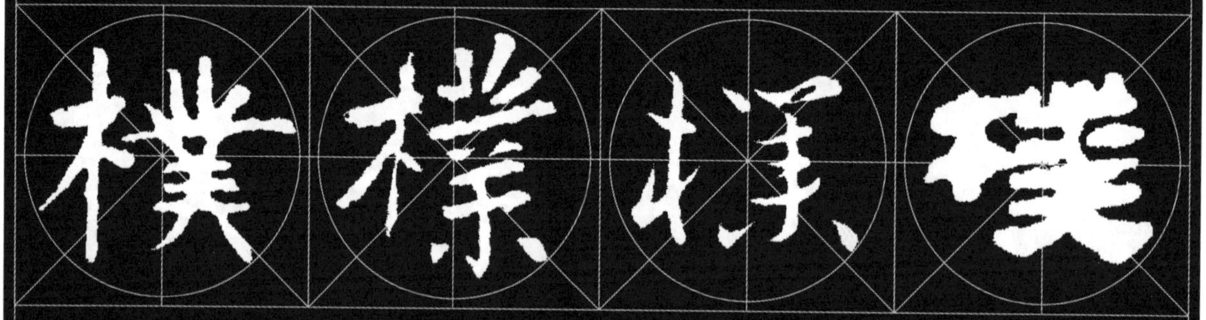

唐 虞世南 | 唐 张从申 | 明 祝允明 | 汉 马王堆帛书

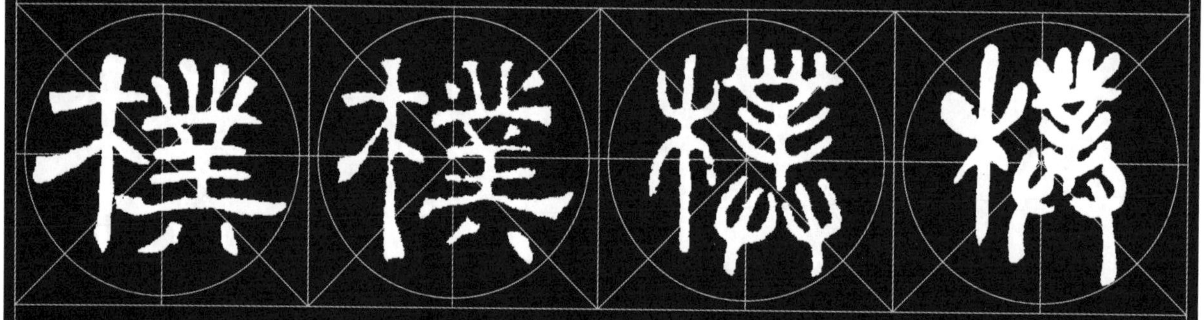

晋 辟雍碑 | 宋 刻石 | 秦 石鼓文 | 清 吴昌硕

pǔ 圃

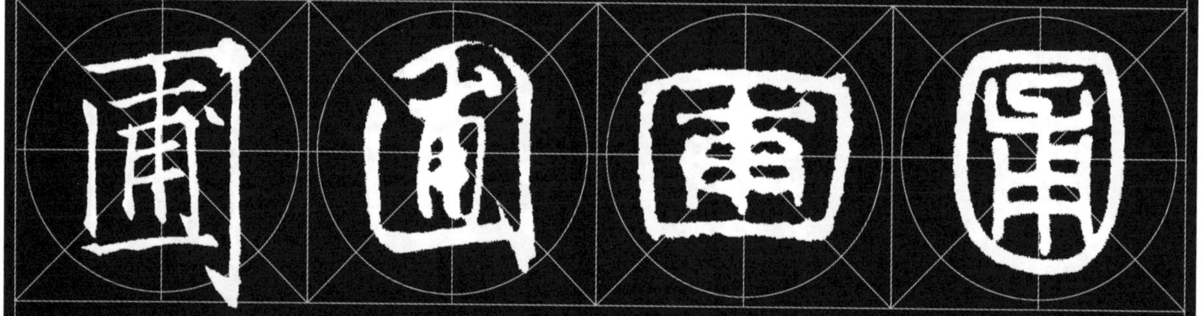

唐 薛曜 | 宋 米芾 | 汉 孔宙碑 | 清 邓石如

pǔ 浦

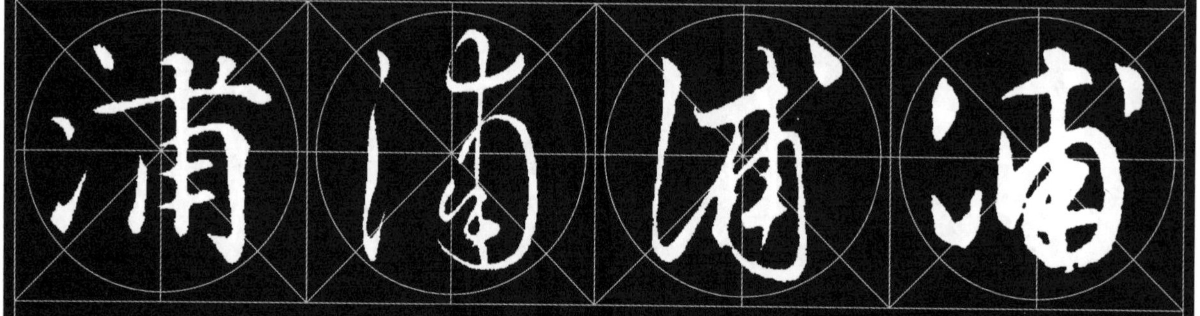

元 赵孟頫 | 晋 王献之 | 元 鲜于枢 | 明 文徵明

pǔ 溥

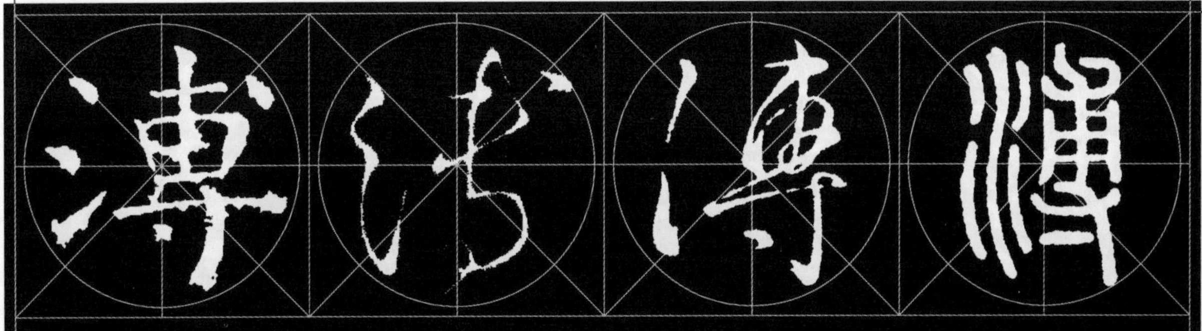

唐 褚遂良　唐 孙过庭　明 文徵明　唐 褚遂良

pǔ 普

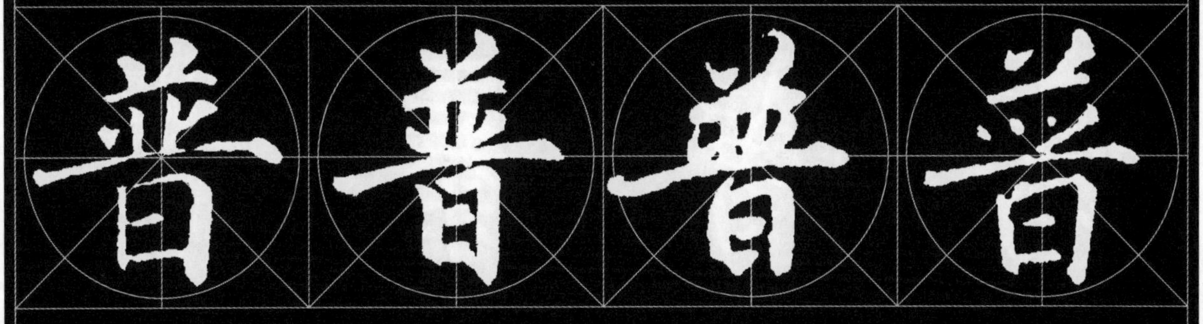

唐 颜真卿　宋 黄庭坚　唐 陆柬之　唐 徐浩

元 赵孟頫　唐 孙过庭　金 张天锡·草书韵会　汉 礼器碑

汉 鲁峻碑　隋 关明墓志　清 田潜　清 莫友芝

pǔ 谱

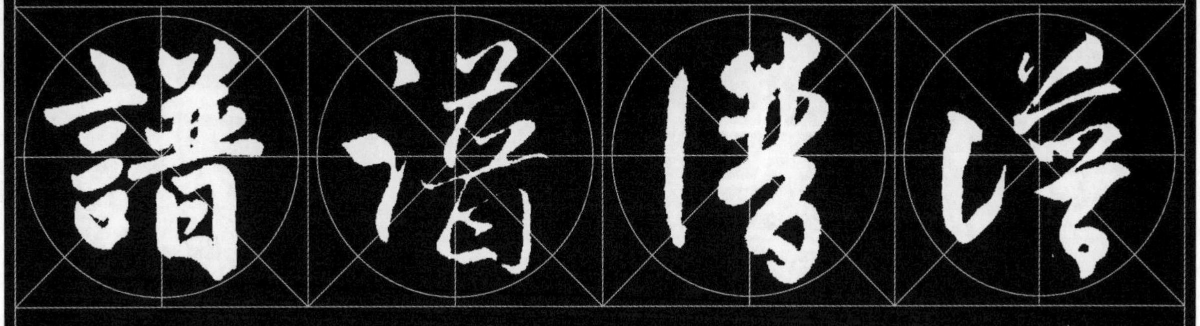

元 赵孟頫　元 赵孟頫　唐 孙过庭　宋 米芾

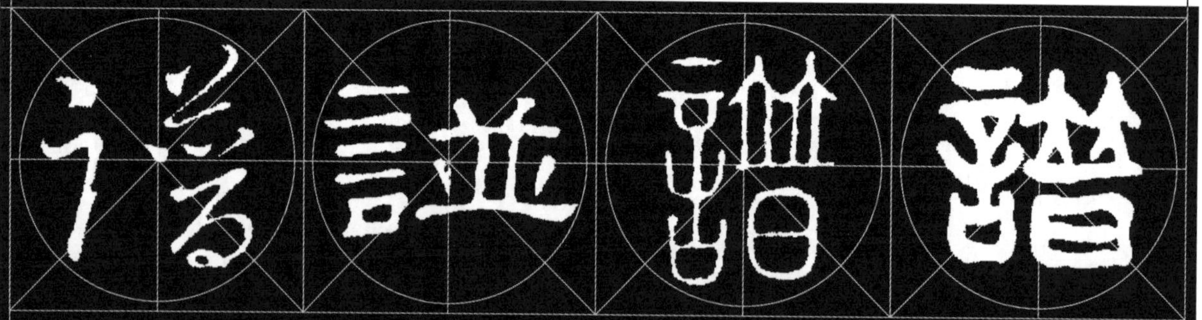

元 吴志淳　清 顾蔼吉·隶辨　汉 说文解字　清 吴昌硕

pù
瀑
Bào
（河名）

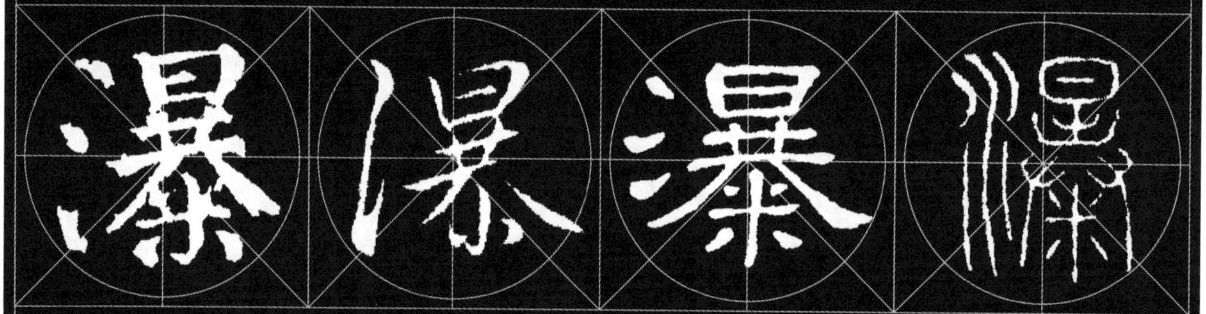

唐 颜真卿　元 赵孟頫　清 顾蔼吉·隶辨　汉 说文解字

qī
七

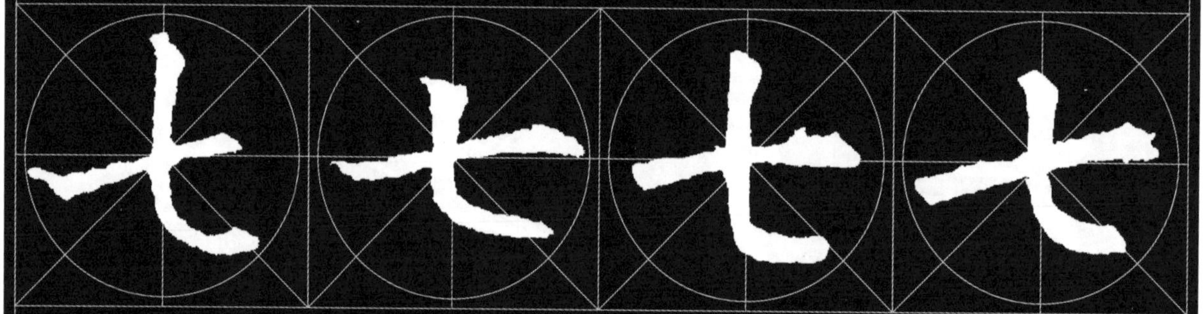

北朝 敬使君碑　唐 张旭　唐 颜真卿　唐 柳公权

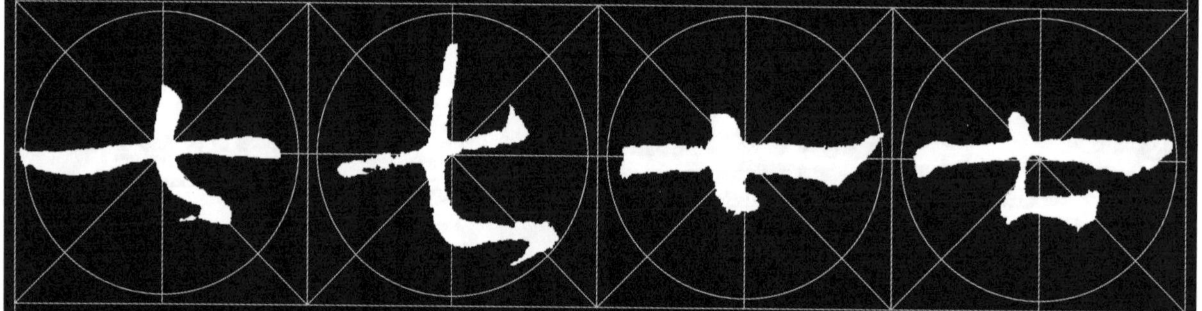

晋 王羲之　唐 柳公权　汉 乙瑛碑　汉 史晨碑

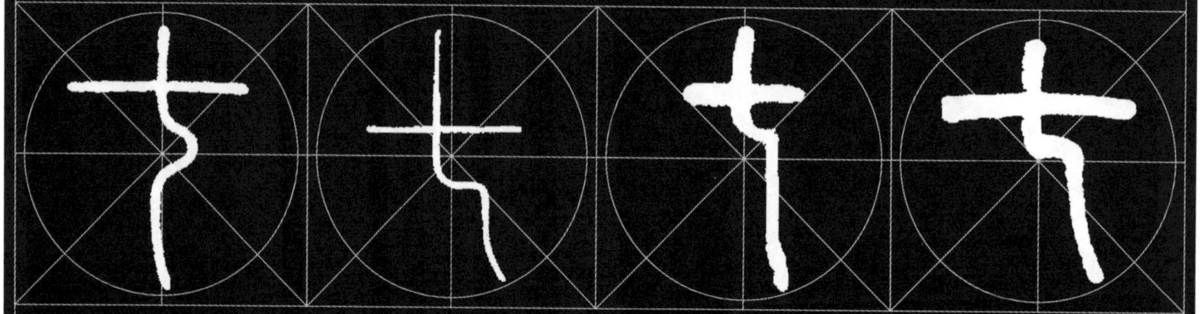

秦 李斯　唐 李阳冰　清 邓石如　清 吴大澂

中国首部国家专利传统法书集萃

字林

下

邵玉铮　主编

中国文史出版社

qī 妻

qī 凄（凄：寒冷；冷落；悲伤同悽）

qī 栖 xī

qī
棲

qī
萋

qī
戚（亲戚）

三国 钟繇　清 顾蔼吉·隶辨　汉 说文解字　清 康熙字典

唐 欧阳询　唐 颜真卿　明 祝允明　晋 王羲之

宋 苏轼　明 沈周　唐 颜真卿　晋 王羲之

晋 王献之　唐 怀素　汉 礼器碑　汉 张寿碑

汉 史晨碑　唐 李阳冰　清 吴大澂　清 吴昌硕

（感：哀愁）

qī
期
jī（朞：一周年；一整月。期颐：百岁）

qī 欺

qī 漆

qí 齐

唐 李邕 | 金 王庭筠 | 明 唐寅 | 宋 赵构

宋 赵佶 | 元 赵孟頫 | 清 王澍 | 清 吴大澂

唐 欧阳询 | 唐 高正臣 | 唐 颜真卿 | 明 吴宽

明 文徵明 | 晋 索靖 | 唐 孙过庭 | 元 邓文原

汉 景君碑 | 汉 礼器碑 | 汉 曹全碑 | 汉 华山碑

qí
祁

qí
祈

qí
旂
（旗子；同旗）

qí
岐

qí
岐

qí
其
jī（用于人名，如汉朝人郦食其：Lì Yìjī）

qí 萁（豆秸）

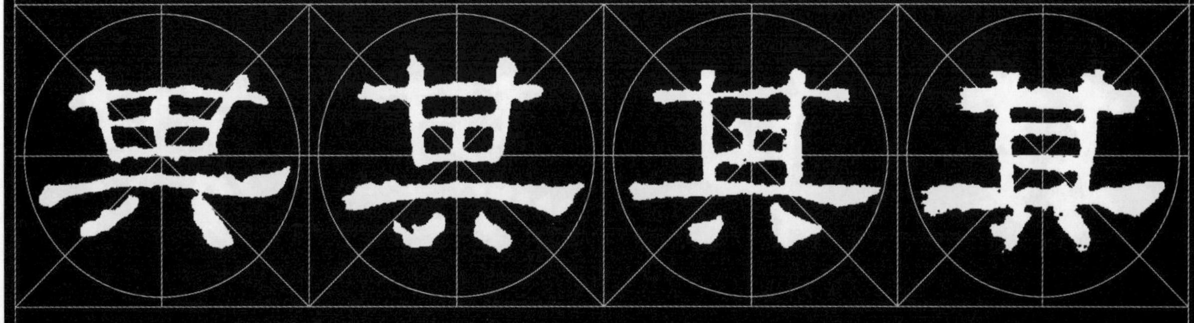

汉 华山碑　汉 张寿碑　汉 西狭颂　汉 张迁碑

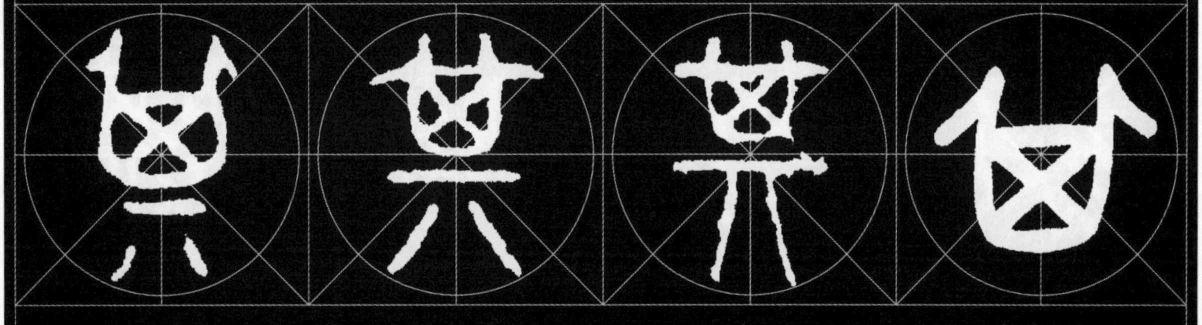

周 师虎簋　秦 石鼓文　唐 李阳冰　清 吴大澂

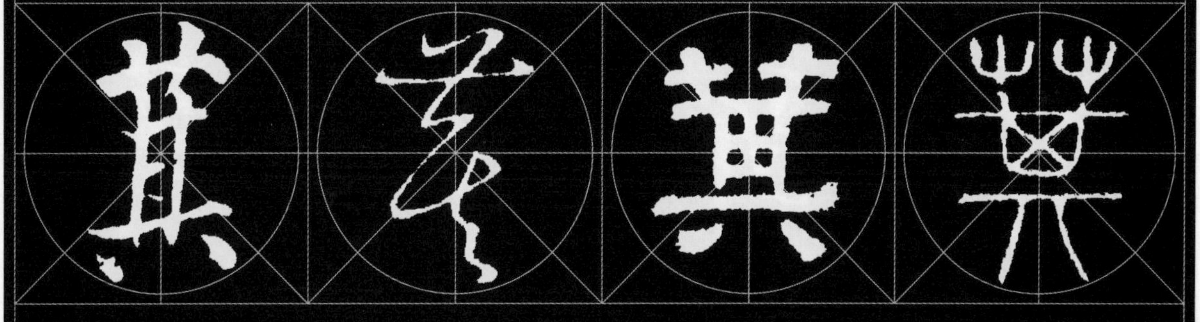

唐 欧阳询　金 张天锡·草书韵会　汉 樊敏碑　汉 说文解字

qí 棋（棊、碁）

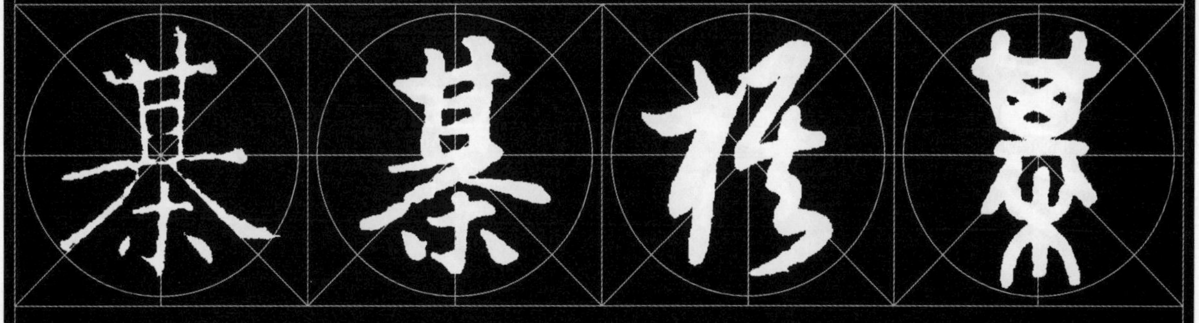

唐 昭仁寺碑　元 赵孟頫　宋 薛绍彭　清 吴昌硕

qí 旗

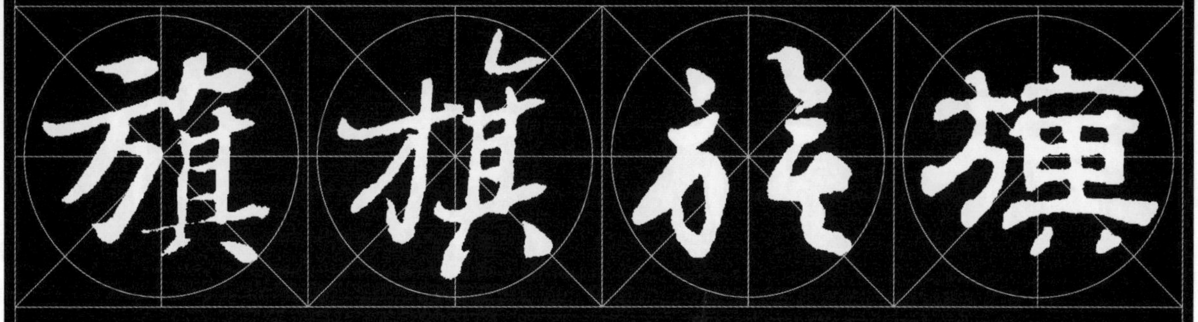

宋 苏轼　清 郑燮　明 祝允明　元 吴叡

qí 骐

qí 麒

qí 奇 jī（单的；零数）

qí 崎

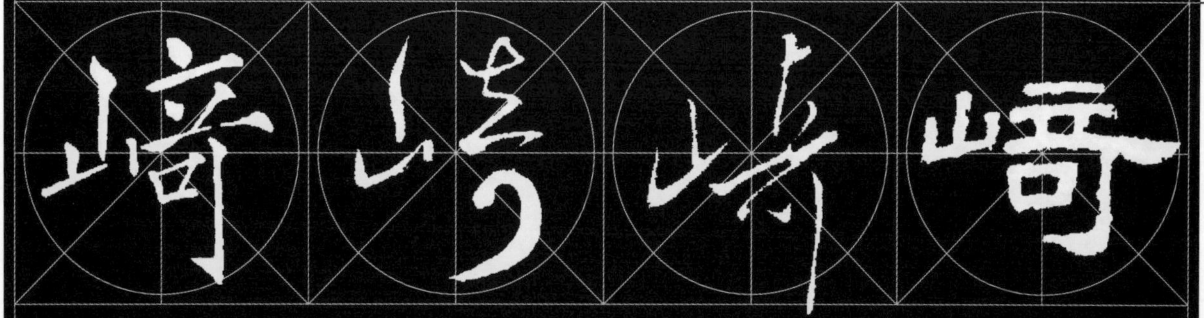

唐 薛曜　元 鲜于枢　明 文徵明　汉 桐柏庙碑

qí 琦

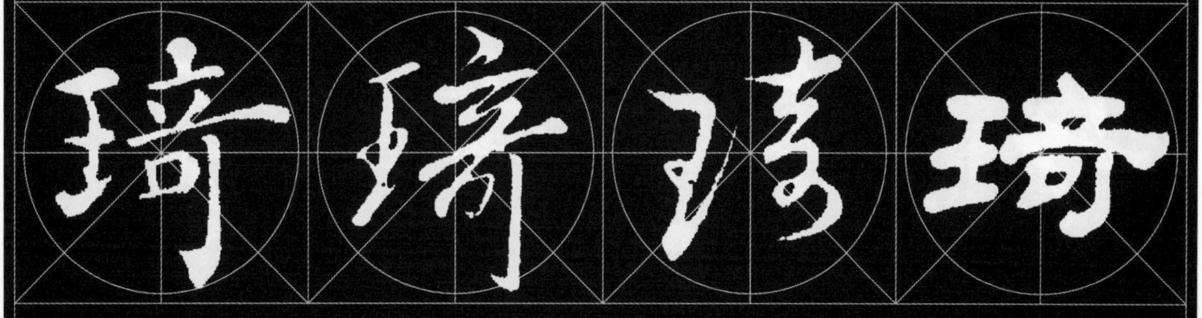

宋 韩琦　元 赵孟頫　金 张天锡·草书韵会　清 吴熙载

qí 骑

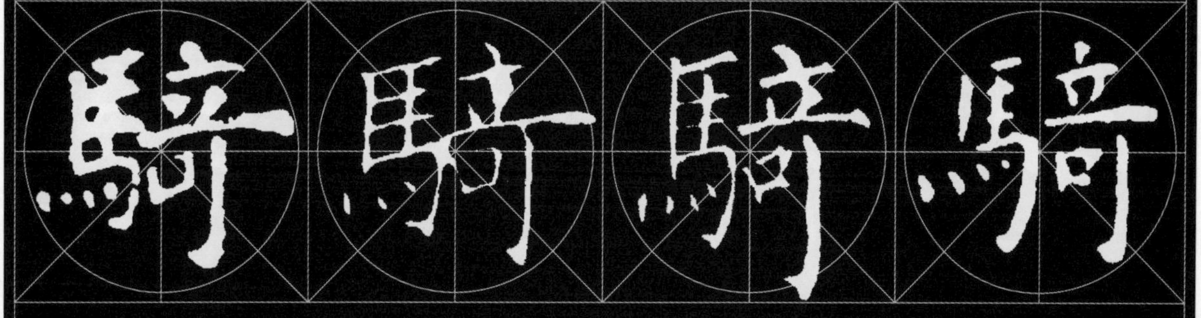

唐 褒公颂　唐 欧阳询　唐 柳公权　明 王宠

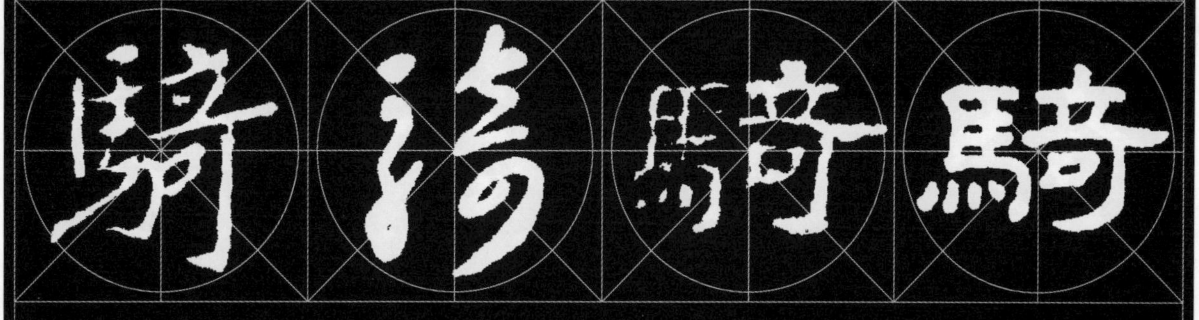

晋 王羲之　唐 怀素　汉 史晨碑　清 王澍

qí 畦

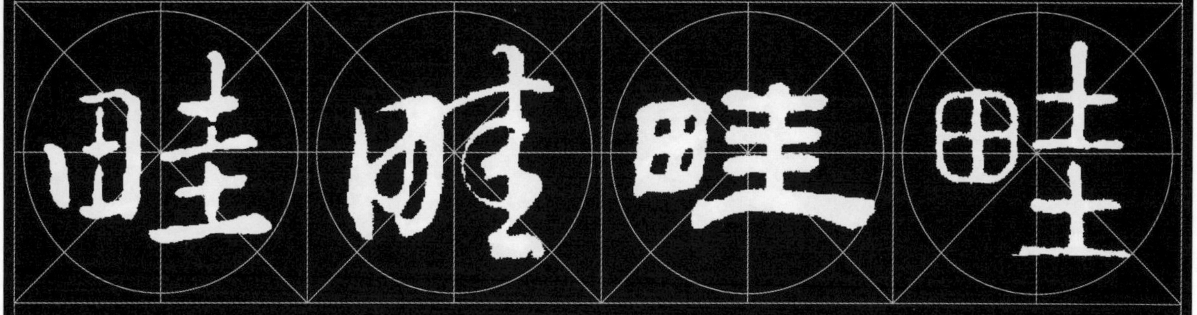

元 廼贤　明 董其昌　元 吴叡　汉 说文解字

qí 耆（过六旬者）

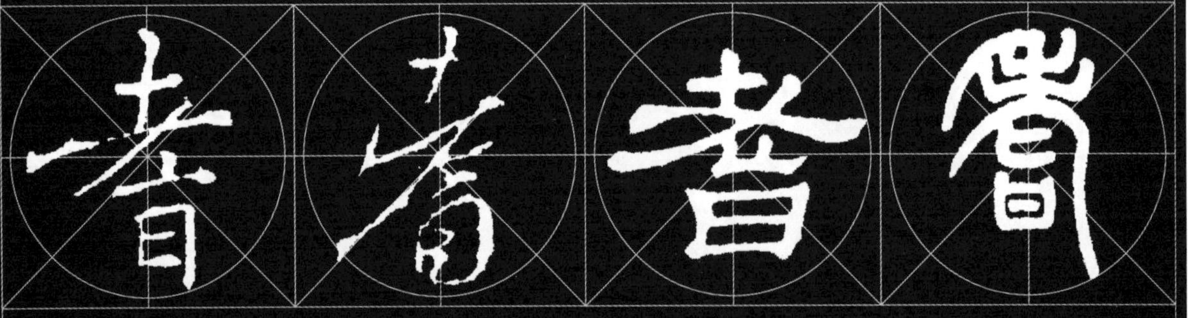

唐 褚遂良　晋 王羲之　清 顾蔼吉·隶辨　清 胡澍

qǐ 乞

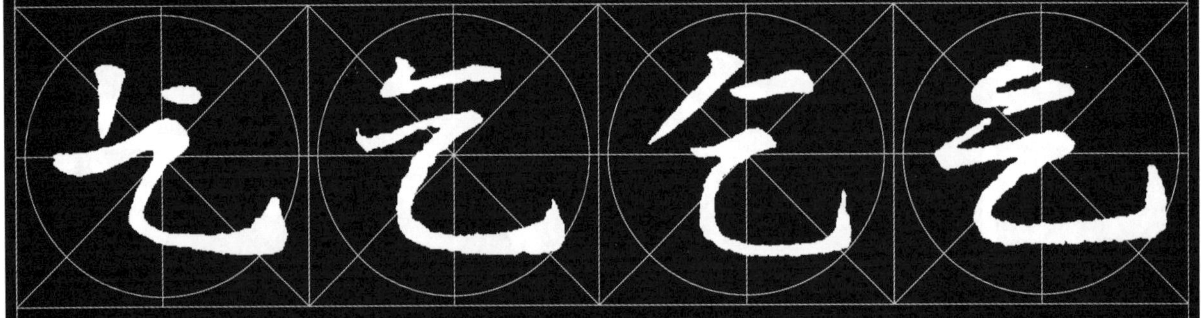

三国 钟繇　唐 国铨　宋 黄庭坚　宋 苏轼

宋 黄庭坚　宋 蔡卞　宋 张即之　清 顾蔼吉·隶辨

qǐ 企

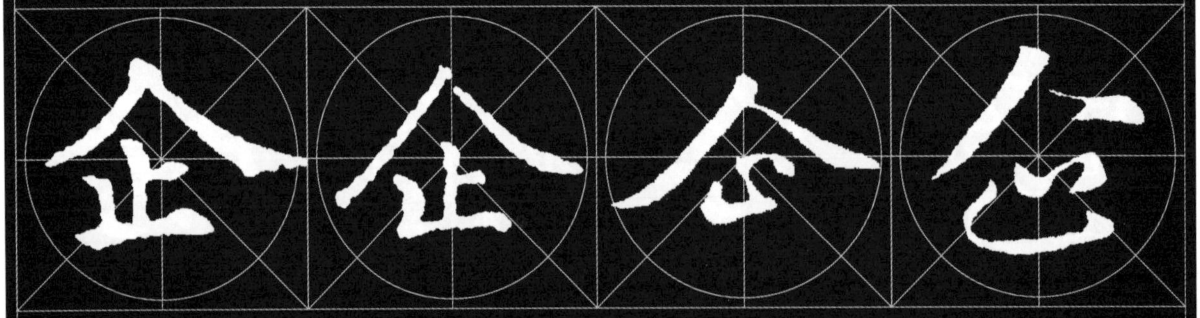

唐 欧阳通　清 永瑆　明 金琮　晋 索靖

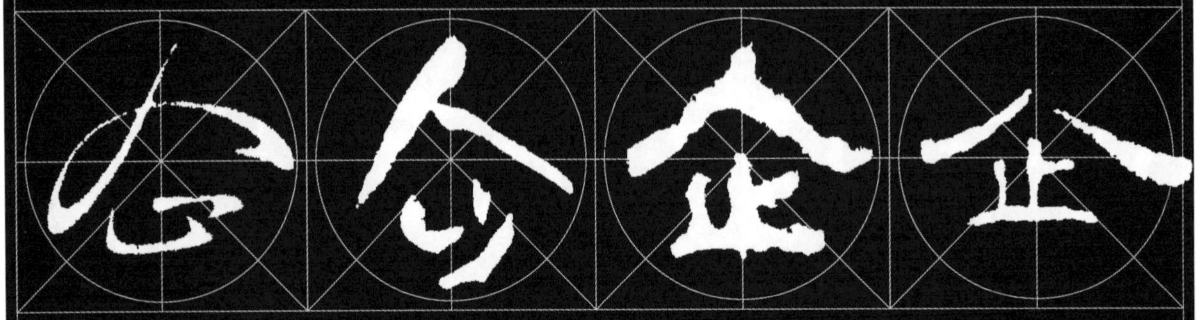

晋 王献之　唐 孙过庭　汉 杨统碑　唐 叶慧明碑

qǐ 岂（豈）

qǐ 启（啓、啟）

北朝 敬使君碑　唐 颜真卿　唐 颜真卿　晋 王羲之

唐 陆柬之　元 赵孟頫　晋 王献之　唐 怀素

明 宋克　明 王守仁　元 吴叡　清 吴大澂

隋 丁道护　唐 李邕　唐 张旭　唐 颜真卿

晋 郗超　明 唐寅　清 郑燮　清 何绍基

宋 米芾
隋 智永
唐 孙过庭
唐 怀素
清 王澍
清 杨沂孙
清 吴大澂
清 吴大澂
晋 王羲之
明 文徵明
清 邓石如
汉 说文解字
唐 张旭
三国◦三体石经
汉 说文解字
清 吴大澂
唐 虞世南
唐 高正臣
唐 颜真卿
唐 柳公权

qǐ 棨

qǐ 杞

qǐ 起

唐 王敬客
元 赵孟頫
宋 米芾
宋 赵孟坚
唐 孙过庭
宋 苏轼
宋 黄庭坚
元 鲜于枢
汉 曹全碑
清 王澍
秦 李斯
唐 李阳冰
唐 褚遂良
唐 陆柬之
明 文徵明
隋 智永
唐 欧阳询
唐 孙过庭
清 张祖翼
清 吴熙载

qǐ
绮

qì 气（氣、炁）

qǐ 讫

北魏 朱君山墓志 | 唐 欧阳询 | 唐 虞世南 | 唐 柳公权

唐 褚遂良 | 宋 赵构 | 清 王铎 | 隋 智永

唐 怀素 | 金 蔡松年 | 汉 武梁刻石 | 汉 华山碑

汉 史晨碑 | 汉 鲁峻碑 | 清 邓石如 | 清 吴大澂

唐 柳公权 | 宋 蔡襄 | 唐 孙过庭 | 宋 李建中

qì
迄

qì
弃

清 金农　清 何绍基　汉 说文解字　清 吴大澂

宋 赵佶　汉 赵宽碑　清 吴隐　清 杨沂孙

唐 欧阳询　唐 颜真卿　唐 薛稷　明 丰坊

宋 黄庭坚　宋 陆游　元 赵孟頫　明 唐寅

唐 孙过庭　明 韩道亨　汉 鲜于璜碑　元 吴叡

qì 泣

qì 契（栔）

周 散氏盘
清 邓石如
清 杨沂孙
清 吴大澂
唐 张从申
唐 欧阳询
宋 文天祥
明 文徵明
唐 贺知章
明 陈淳
汉 夏承碑
清 吴大澂
唐 欧阳通
唐 柳公权
元 王蒙
晋 王献之
唐 孙过庭
唐 叶慧明碑
清 莫友芝
清 杨守敬

qì 砌

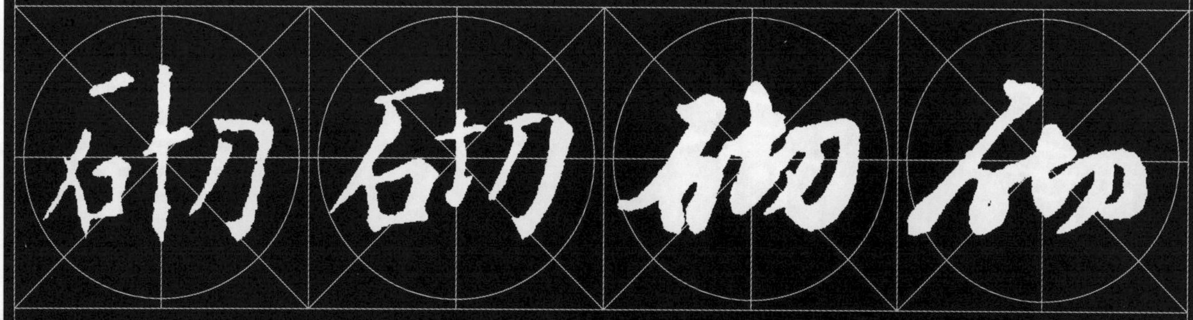

唐 欧阳询　唐 颜真卿　明 唐寅　明 祝允明

qì 器（噐）

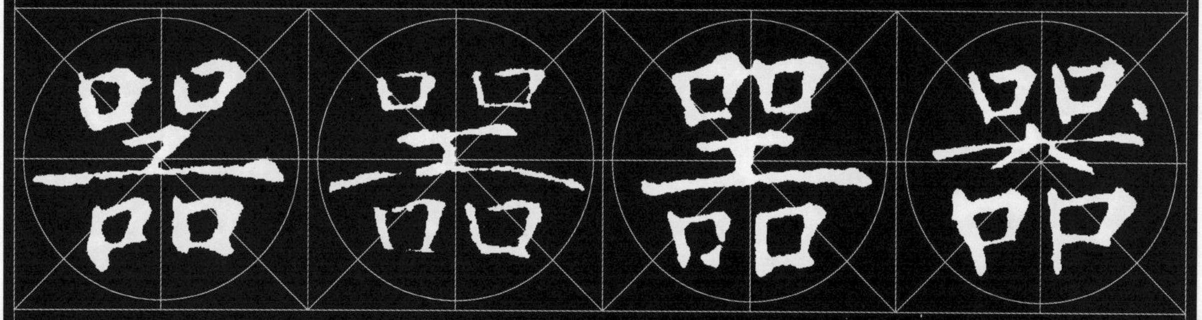

隋 智永　隋 张公礼　唐 欧阳询　唐 柳公权

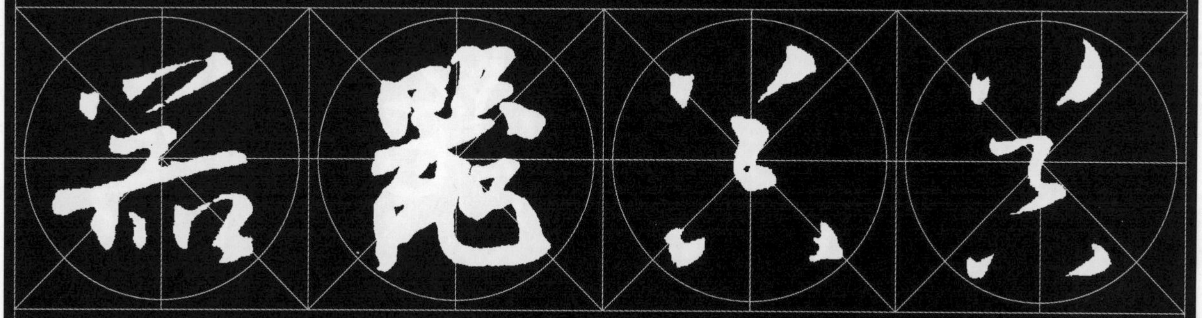

宋 米芾　清 吴昌硕　隋 智永　唐 孙过庭

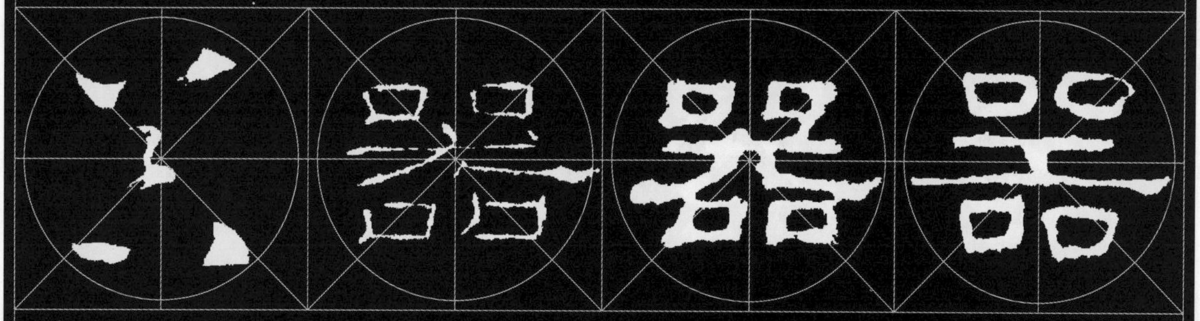

唐 怀素　汉 礼器碑　汉 郭有道碑　汉 张迁碑

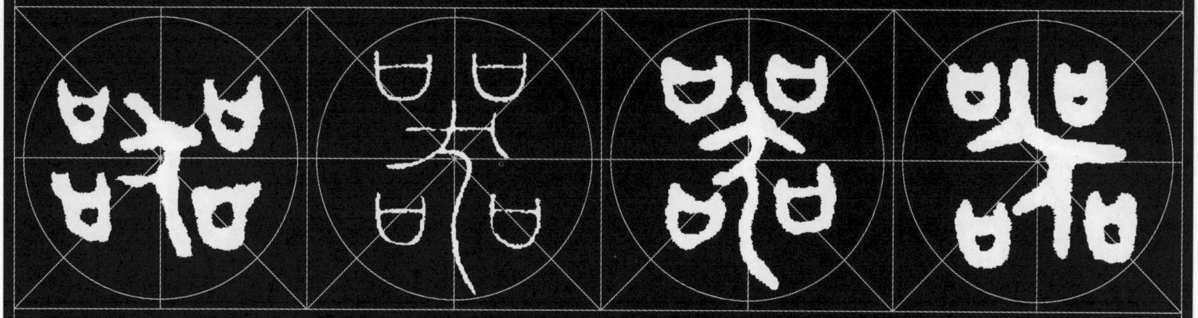

周 散氏盘　唐 李阳冰　清 杨沂孙　清 吴大澂

qì
葺

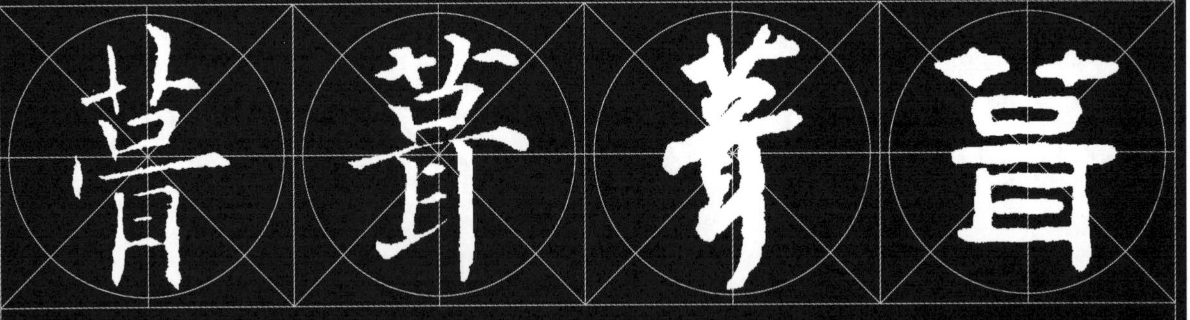

唐 欧阳询 | 唐 颜真卿 | 宋 李纲 | 清 吴隐

qì
憩（憇）

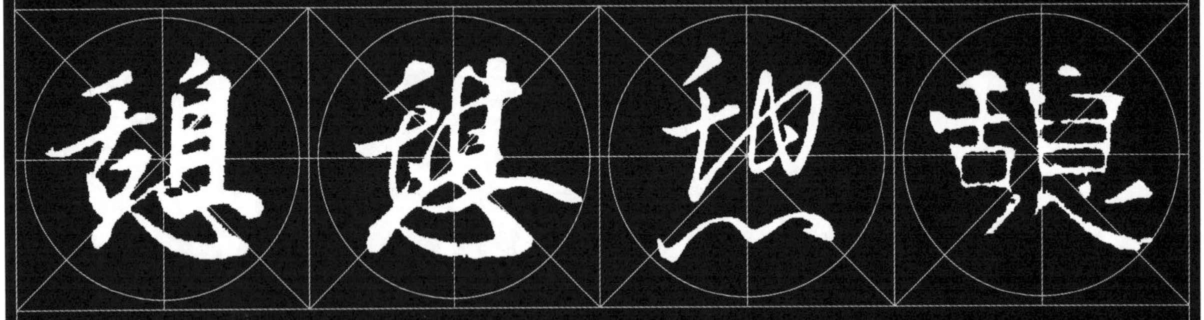

元 赵孟頫 | 宋 米芾 | 明 王宠 | 汉 华山碑

qià
恰

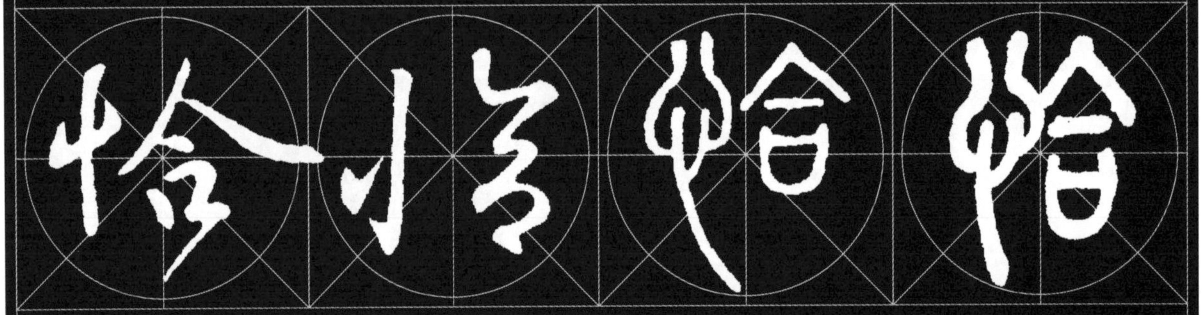

明 张弼 | 元 鲜于枢 | 汉 说文解字 | 清 康熙字典

qià
洽

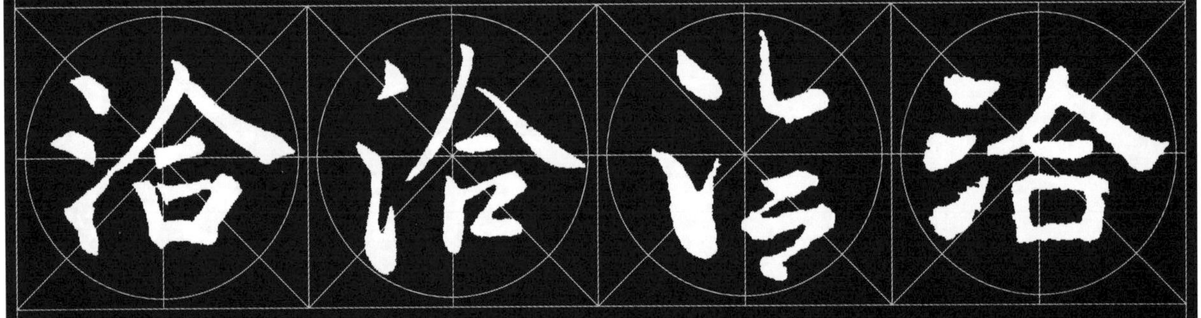

唐 柳公权 | 晋 王洽 | 晋 王洽 | 汉 樊敏碑

qiān
千

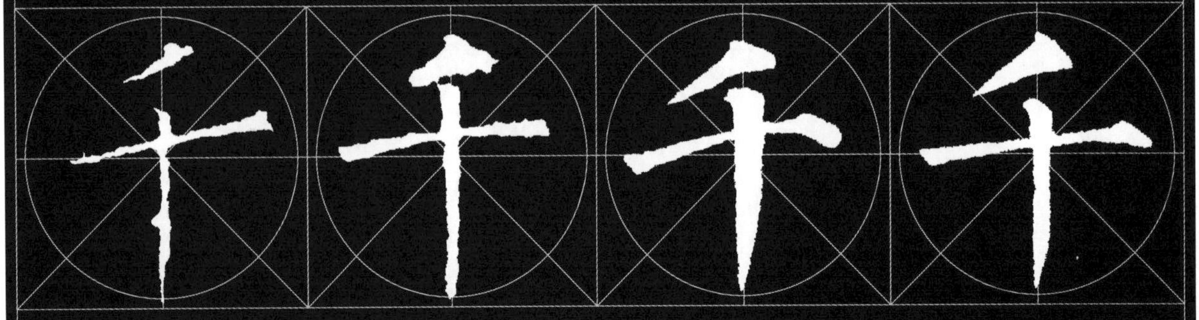

唐 欧阳询 | 唐 褚遂良 | 唐 颜真卿 | 唐 柳公权

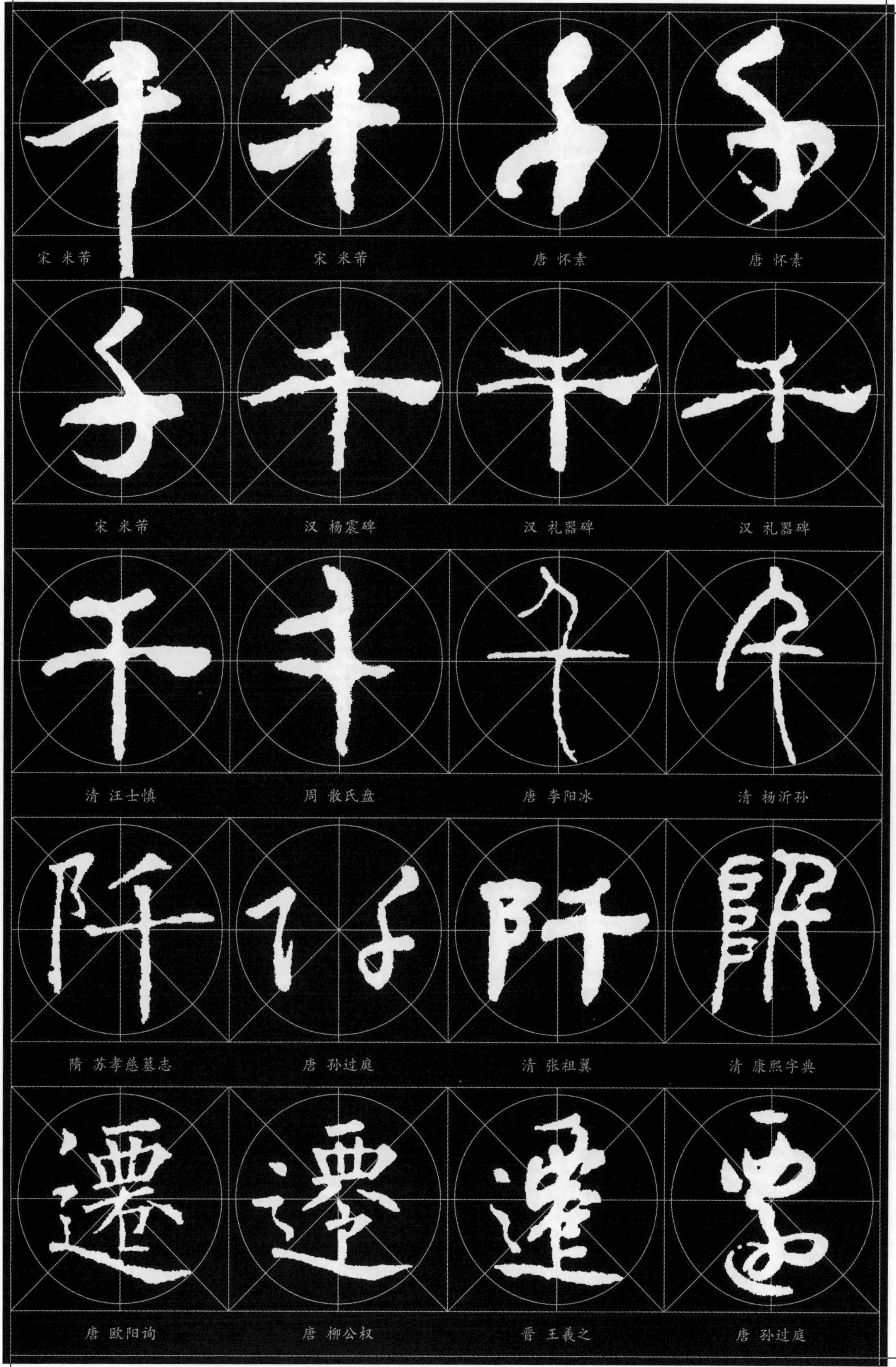

宋 米芾　宋 米芾　唐 怀素　唐 怀素

宋 米芾　汉 杨震碑　汉 礼器碑　汉 礼器碑

清 汪士慎　周 散氏盘　唐 李阳冰　清 杨沂孙

隋 苏孝慈墓志　唐 孙过庭　清 张祖翼　清 康熙字典

唐 欧阳询　唐 柳公权　晋 王羲之　唐 孙过庭

qiān
阡

qiān
迁
（遷）

qiān 佥（僉）

qiān 签（带儿化的也可用籤）

qiān 牵（牽）

qiān 铅

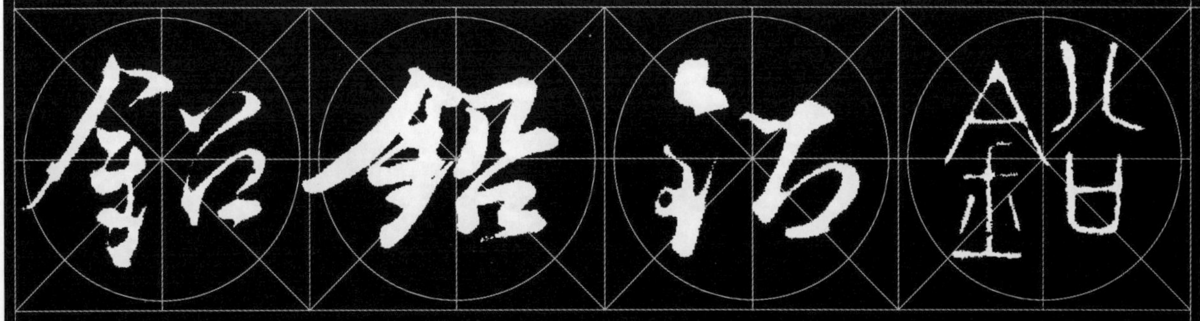

元 邓文原 | 明 唐寅 | 元 礼实 | 汉 说文解字

qiān 愆（过失；错过）

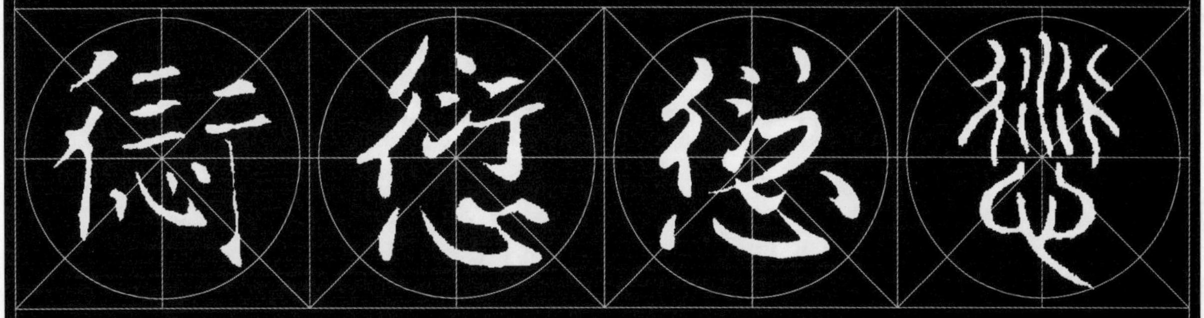

唐 薛稷 | 元 俞俊 | 明 宋璲 | 汉 说文解字

qiān 谦

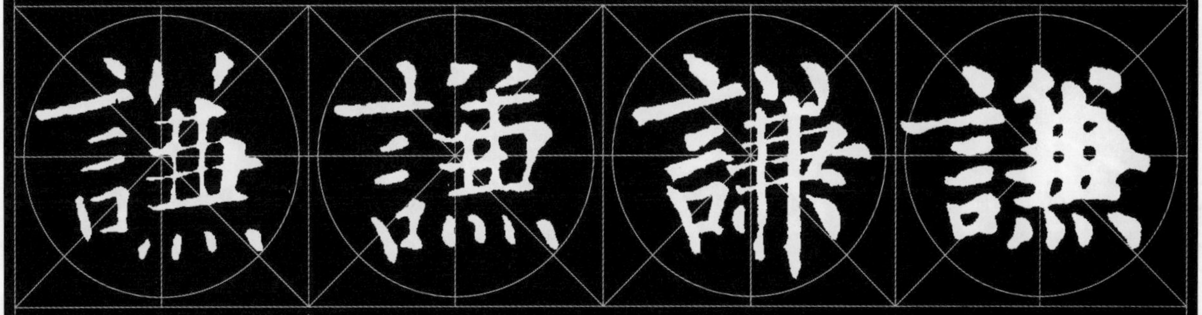

唐 欧阳询 | 唐 欧阳通 | 唐 柳公权 | 元 赵孟頫

晋 王羲之 | 隋 智永 | 明 王宠 | 汉 史晨碑

qiān 褰（撩起）

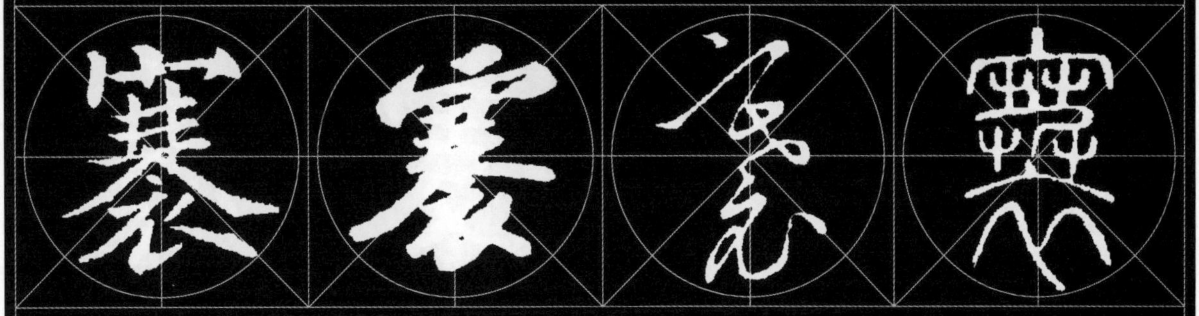

唐 欧阳通 | 宋 苏轼 | 元 鲜于枢 | 汉 说文解字

qiān
骞（高举）

qián
前

qián
虔

唐 褚遂良　元 赵孟頫　金 张天锡·草书韵会　汉 张迁碑

唐 欧阳询　唐 柳公权　晋 王献之　唐 高正臣

宋 沈复　晋 王献之　明 董其昌　汉 石门颂

汉 华山碑　清 邓石如　秦 会稽刻石　汉 说文解字

隋 苏孝慈墓志　隋 张公礼　唐 褚遂良　唐 柳公权

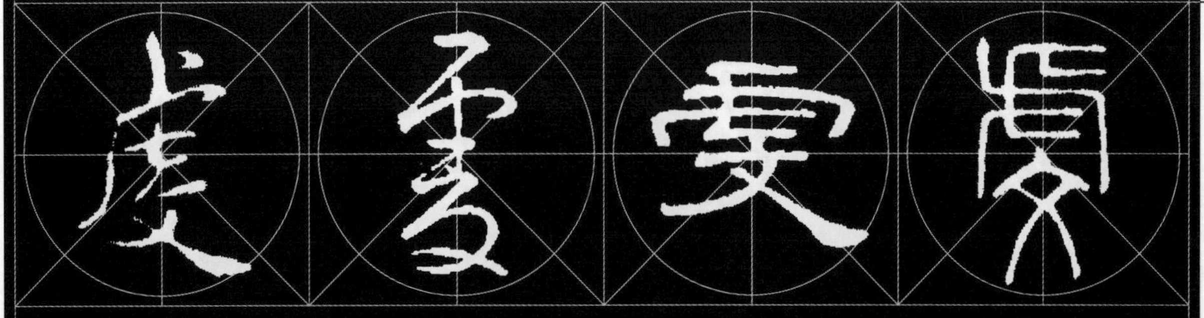

唐 褚遂良　宋 文天祥　清 顾蔼吉·隶辨　汉 说文解字

qián
钱
（錢）

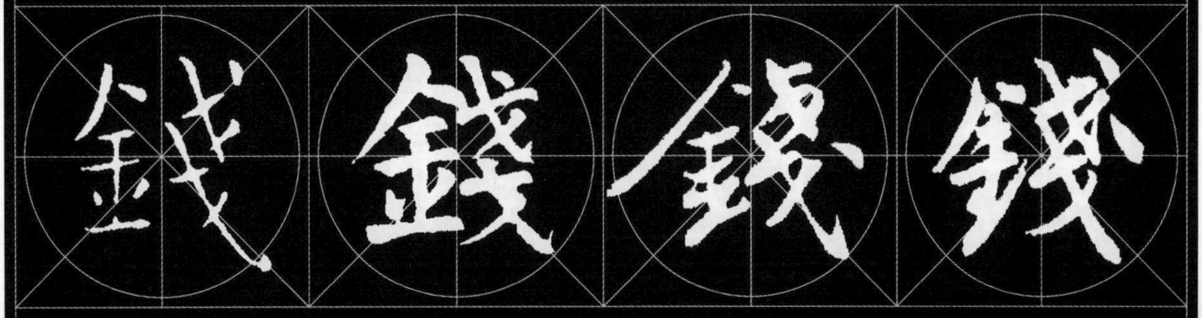

唐 薛稷　唐 颜真卿　宋 苏轼　明 唐寅

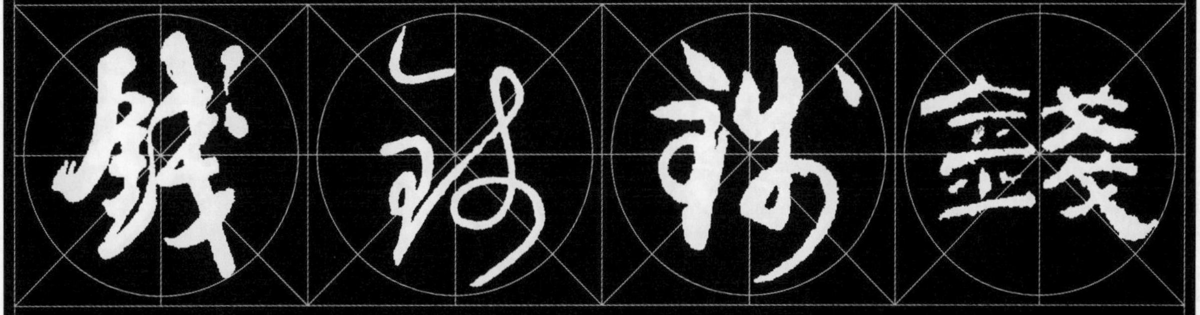

清 何绍基　唐 怀素　明 王守仁　汉 乙瑛碑

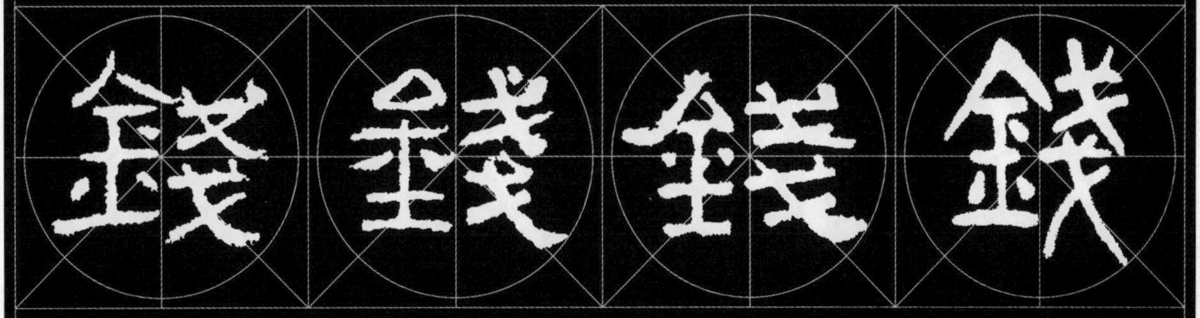

汉 封龙山碑　汉 西狭颂　汉 张迁碑　清 杨沂孙

qián
潜
（濳）

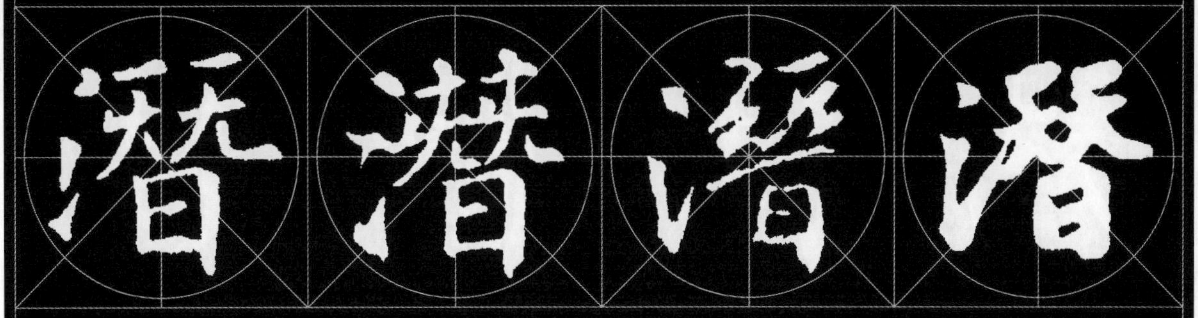

唐 欧阳询　唐 颜真卿　晋 王羲之　宋 苏轼

qián
黔

qiǎn
浅
（淺）
jiān
（浅浅：形容流水声）

qiǎn 遣

qiàn 倩

qiàn 嵌

qiàn 慊 qiè

三国 钟繇 | 晋 王羲之 | 晋 王献之 | 汉 张芝

唐 怀素 | 汉 石门颂 | 汉 张景碑 | 唐 李阳冰

唐 颜真卿 | 三国 皇象 | 清 桂馥 | 清 吴大澂

清 赵之谦 | 明 王宠 | 清 吴隐 | 清 邓石如

清 郑燮 | 元 袁桷 | 清 王铎 | 汉 说文解字

qiāng
羌

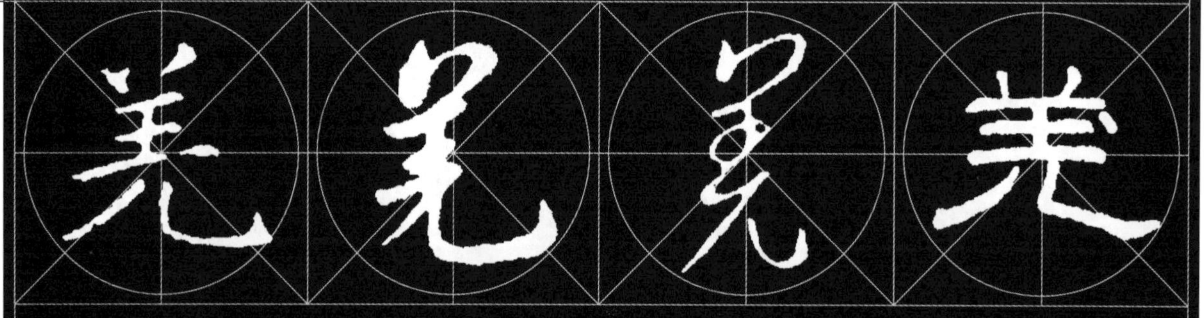

晋 王献之　明 宋克　晋 王羲之　清 王澍

qiāng
枪
（槍、鎗）

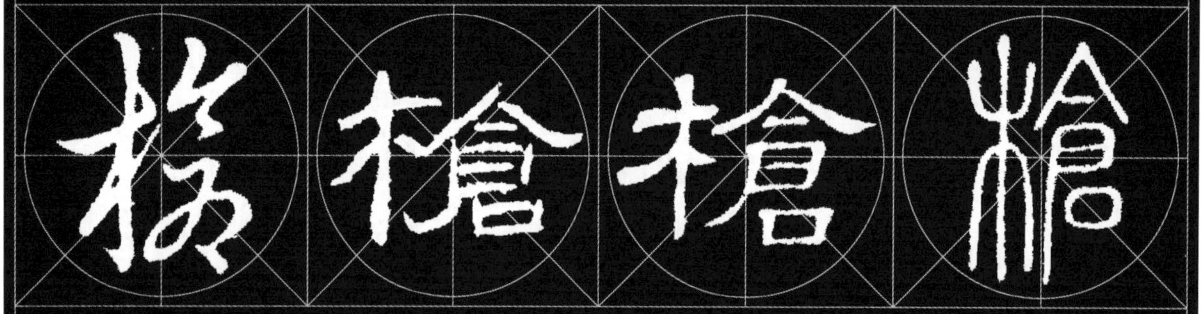

金 张天锡·草书韵会　汉 石门颂　清 顾蔼吉·隶辨　汉 说文解字

qiāng
锵

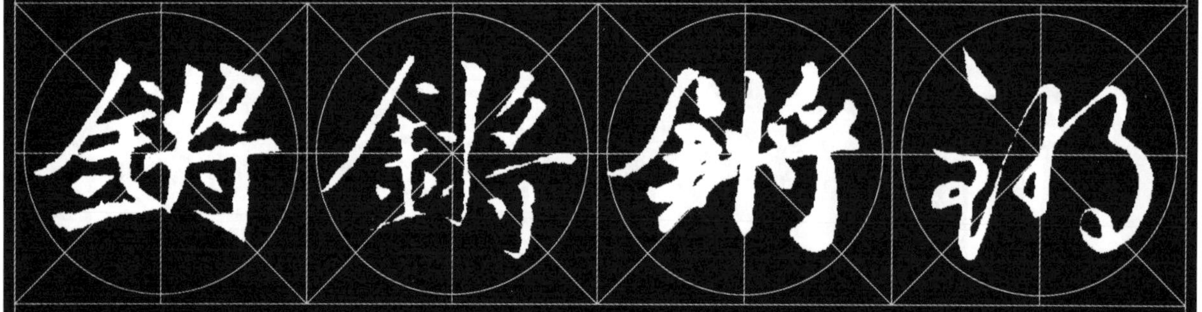

北魏 元诊墓志　元 赵雍　宋 米芾　元 鲜于枢

qiáng
墙
（墻、牆）

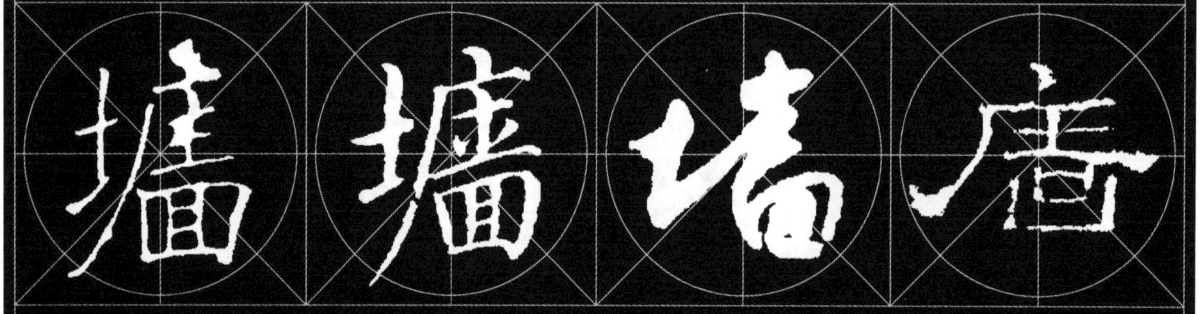

唐 欧阳询　清 梁同书　唐 怀素　汉 史晨碑

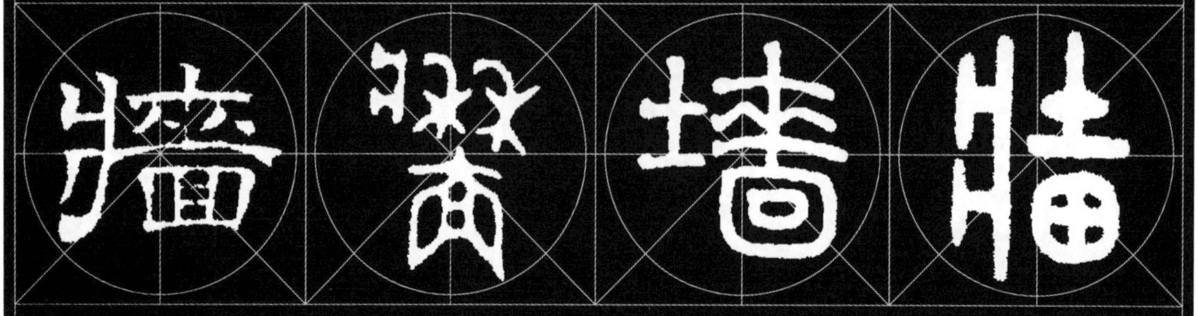

明 文徵明　周 墙盘　宋 赵孟坚　清 田潜

qiáng 樯

qiáng 强（強、彊）
qiǎng（硬要；迫使）
jiàng（倔强；犟嘴）

qiāo 敲

宋 黄庭坚　宋 米芾　明 文徵明　清 王铎

唐 颜真卿　唐 李邕　宋 赵孟坚　元 赵孟頫

明 祝允明　三国 皇象　晋 王羲之　晋 王献之

唐 孙过庭　汉 景君碑　汉 西狭颂　秦 李斯

宋 米芾　明 祝允明　金 张天锡·草书韵会　汉 说文解字

qiáo 乔（高；做假）

qiáo 桥（橋）

唐 颜真卿 | 宋 赵孟坚 | 清 朱耷 | 清 查士标

宋 苏轼 | 清 邓石如 | 清 邓石如 | 清 杨沂孙

唐 欧阳询 | 唐 欧阳询 | 唐 欧阳通 | 宋 蒋璨

元 赵孟頫 | 明 唐寅 | 清 张照 | 晋 王羲之

元 赵孟頫 | 元 鲜于枢 | 清 顾蔼吉·隶辨 | 清 吴大澂

qiáo
樵

qiǎo
巧

qiào
峭

qiào
诮
（责备）

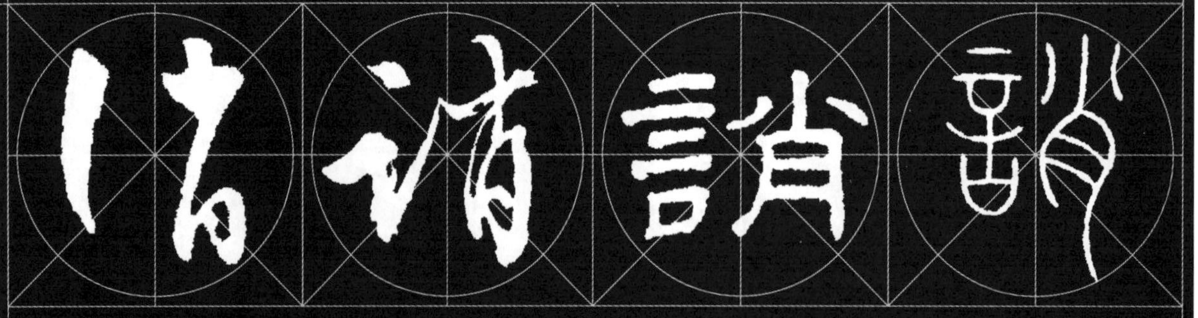

唐 怀素　明 文徵明　清 王澍　唐 李阳冰

qiào
翘
qiáo

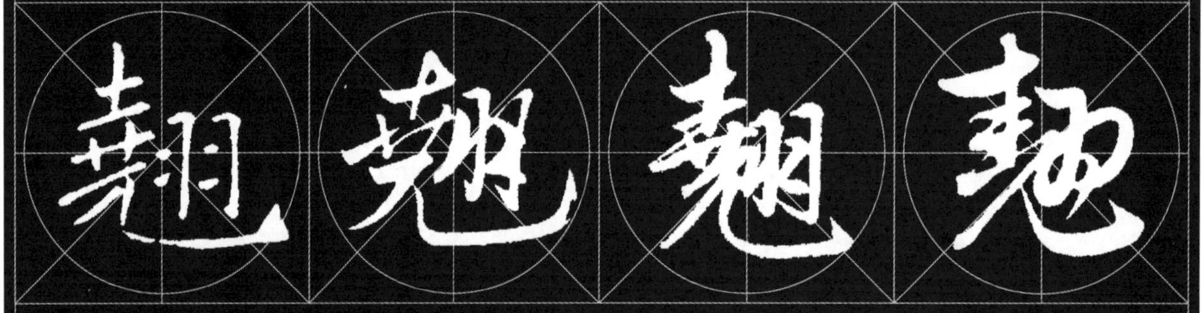

唐 褚遂良　宋 米芾　元 赵孟頫　元 赵孟頫

qiē
切
qiè
（符合；贴近；急切；务必）

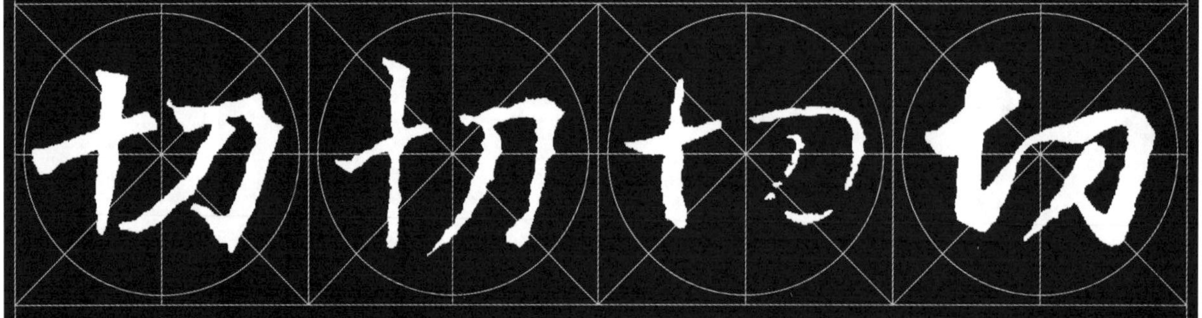

南北朝 牛橛造像　唐 欧阳询　晋 王羲之　元 鲜于枢

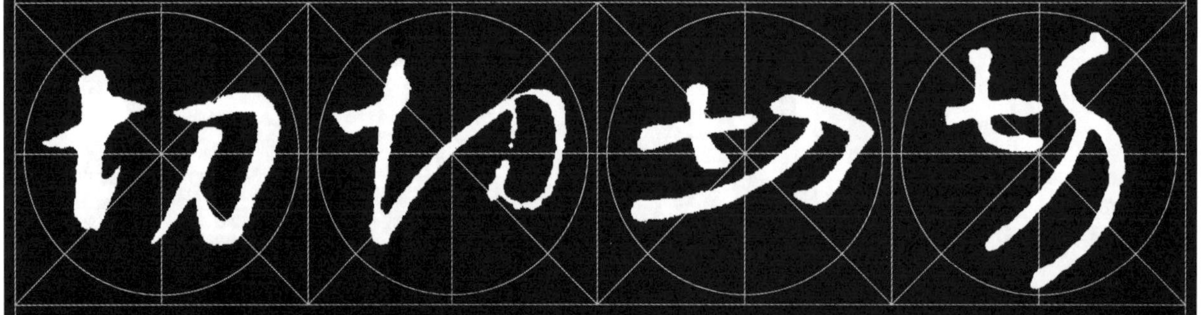

明 董其昌　唐 怀素　清 顾蔼吉·隶辨　元 赵孟頫

qié
茄
jiā

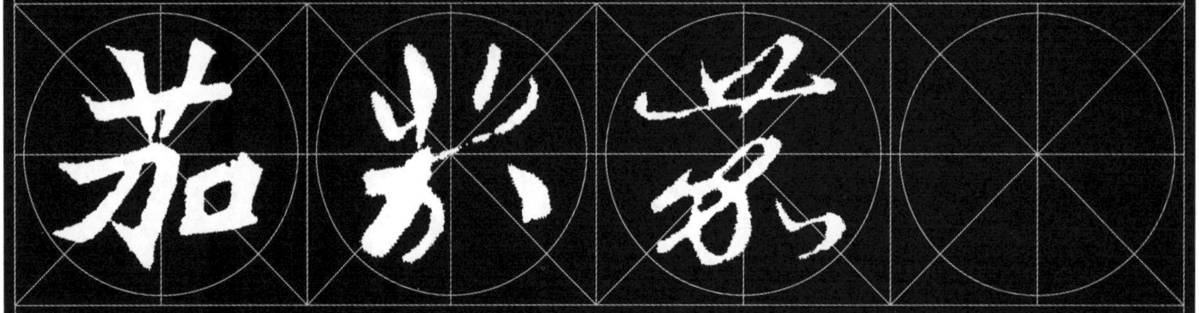

北魏 元诊墓志　唐 孙过庭　金 张天锡·草书韵会

qiě
且
jū
（相当于啊；用于人名，如范且）

qiè
妾

qiè
窃（竊）

qiè
惬（㥦）

qiè
箧（小箱子）

qīn
亲（親）
qìng（亲家）

qīn
侵

唐 褚遂良　唐 欧阳通　唐 柳公权　宋 苏轼

宋 黄庭坚　隋 智永　明 王宠　汉 礼器碑

汉 校官碑　汉 曹全碑　汉 张迁碑　唐 李阳冰

唐 欧阳通　唐 颜真卿　元 赵孟頫　宋 黄庭坚

清 王铎　汉 尹宙碑　汉 说文解字　秦 李斯

qīn 钦

qīn 衾（被子）

qín 秦

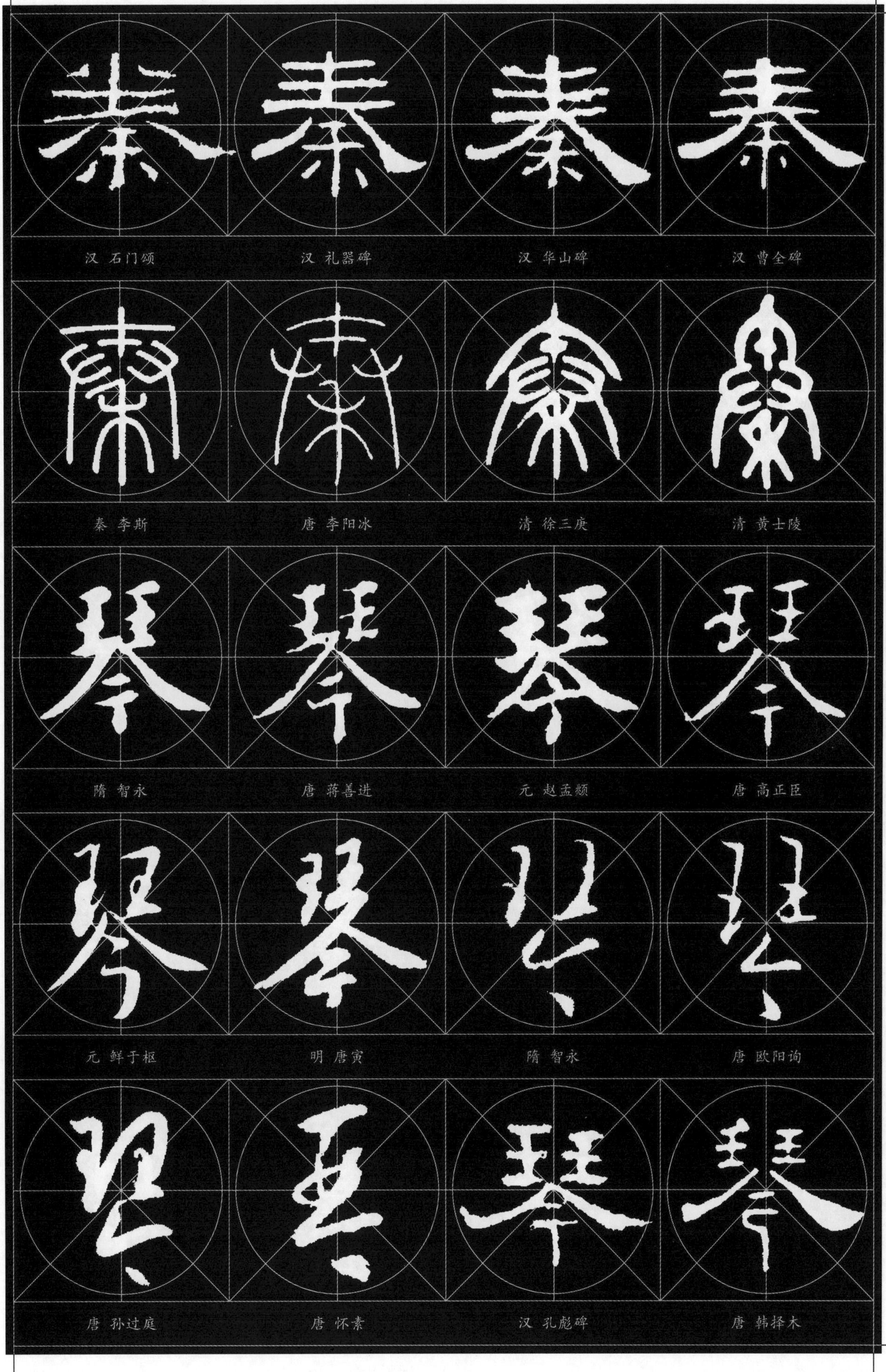
汉 石门颂
汉 礼器碑
汉 华山碑
汉 曹全碑
秦 李斯
唐 李阳冰
清 徐三庚
清 黄士陵
隋 智永
唐 蒋善进
元 赵孟頫
唐 高正臣
元 鲜于枢
明 唐寅
隋 智永
唐 欧阳询
唐 孙过庭
唐 怀素
汉 孔彪碑
唐 韩择木

qín
琴（琹）

qín
禽

汉 说文解字　清 王澍　清 王澍　清 吴熙载

晋 王羲之　唐 颜师古　唐 欧阳通　明 祝允明

宋 苏轼　明 王宠　清 朱耷　晋 索靖

隋 智永　唐 欧阳询　唐 李怀琳　汉 校官碑

汉 张迁碑　清 王澍　唐 李阳冰　清 吴大澂

qín 勤

qín 懃

qǐn 寝

qīng 青

qīng
清

宋 苏轼
唐 欧阳询
唐 孙过庭
唐 怀素
清 王铎
汉 孔彪碑
清 何绍基
清 永瑆
唐 欧阳询
唐 虞世南
唐 柳公权
晋 王羲之
唐 颜真卿
唐 颜真卿
晋 王羲之
隋 智永
唐 孙过庭
唐 怀素
汉 石门颂
汉 夏承碑

汉 西狭颂　唐 叶慧明碑　秦 李斯　清 吴大澂

唐 虞世南　唐 褚遂良　唐 柳公权　唐 高正臣

元 赵孟頫　明 唐寅　唐 怀素　元 邓文原

汉 景君碑　汉 校官碑　汉 说文解字　唐 李阳冰

隋 智永　唐 颜真卿　唐 柳公权　唐 陆柬之

qīng
轻
(輕)

qīng
倾

qīng
卿（古时高级官名；古时夫妻或好友间的爱称）

qíng
情

qíng
晴

qǐng
顷

qǐng
请

qīng
清（凉）

qìng
庆（慶）

唐 欧阳通 | 唐 颜真卿 | 唐 张从申 | 唐 高正臣

宋 苏轼 | 宋 苏轼 | 唐 孙过庭 | 宋 文彦博

汉 乙瑛碑 | 汉 白石神君碑 | 清 邓石如 | 清 吴大澂

唐 欧阳询 | 唐 孙过庭 | 唐 怀素 | 汉 说文解字

唐 褚遂良 | 唐 颜真卿 | 宋 苏轼 | 明 董其昌

三国 皇象
唐 高正臣
宋 蔡卞
晋 王羲之
晋 王羲之
晋 王献之
清 伊秉绶
唐 李阳冰
三国 钟繇
唐 褚遂良
元 赵孟頫
明 张凤翼
清 王铎
清 归庄
汉 礼器碑
清 吴大澂
唐 高正臣
唐 王敬客
清 赵魏
汉 说文解字

qìng
磬

qìng
罄

qióng 邛

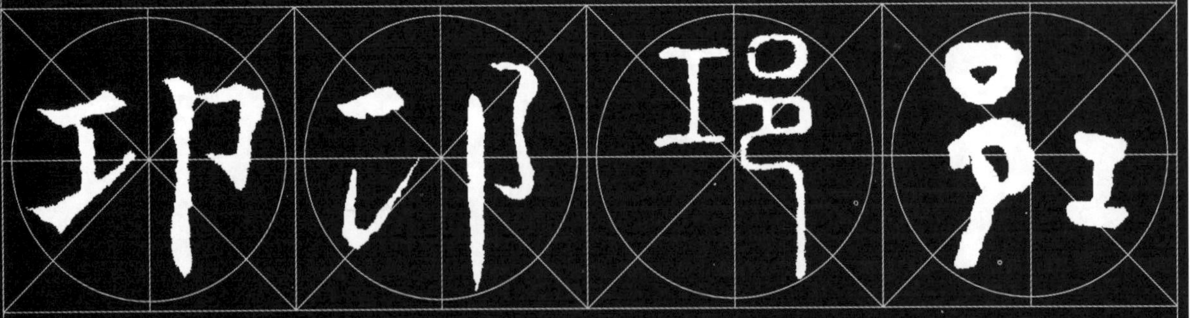

唐 欧阳通　晋 王羲之　汉 说文解字　清 赵之琛

qióng 筇

宋 张即之　宋 陈与义　明 董其昌

qióng 穹

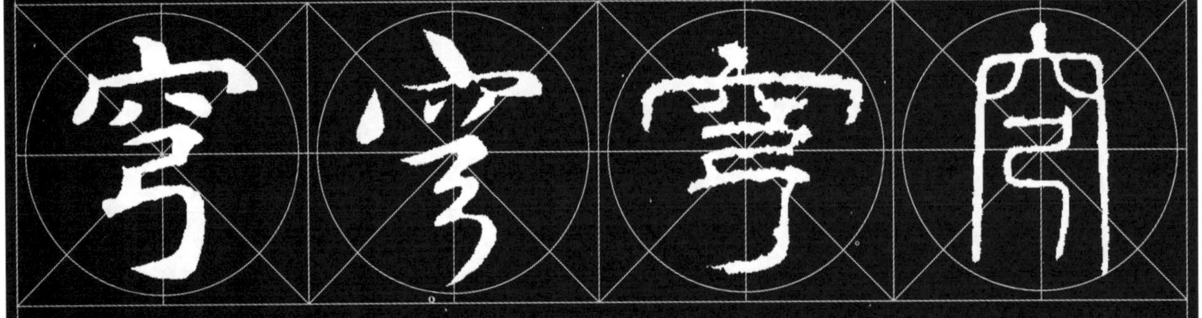

宋 蔡襄　元 赵孟頫　汉 朝侯小子残碑　汉 说文解字

qióng 穷（窮）

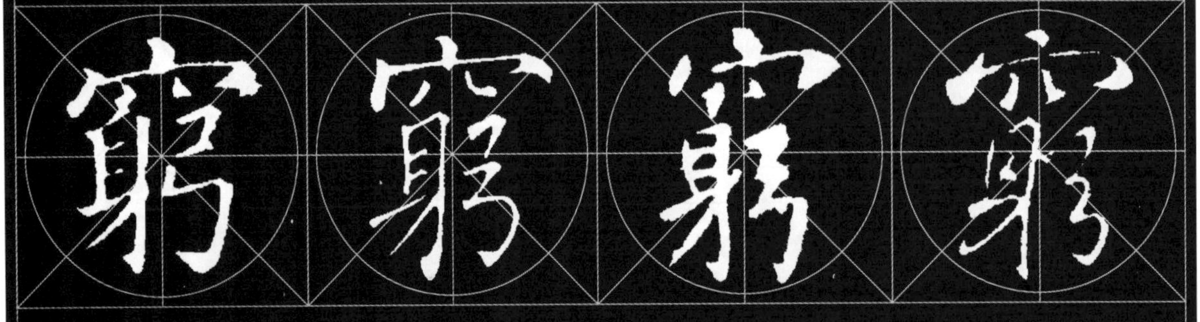

唐 颜真卿　唐 柳公权　唐 张从申　唐 褚遂良

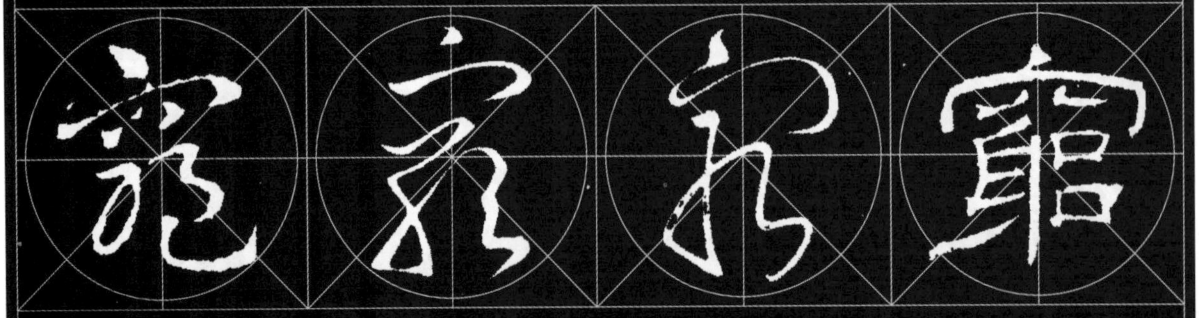

三国 皇象　晋 王羲之　唐 怀素　汉 乙瑛碑

qíong
茕（煢）

qíong
琼（瓊）

qiū
丘

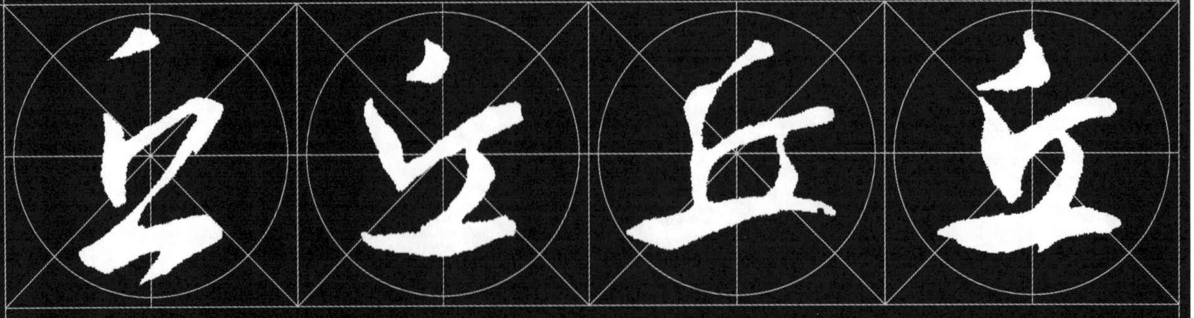

晋 王羲之　唐 孙过庭　宋 米芾　明 文徵明

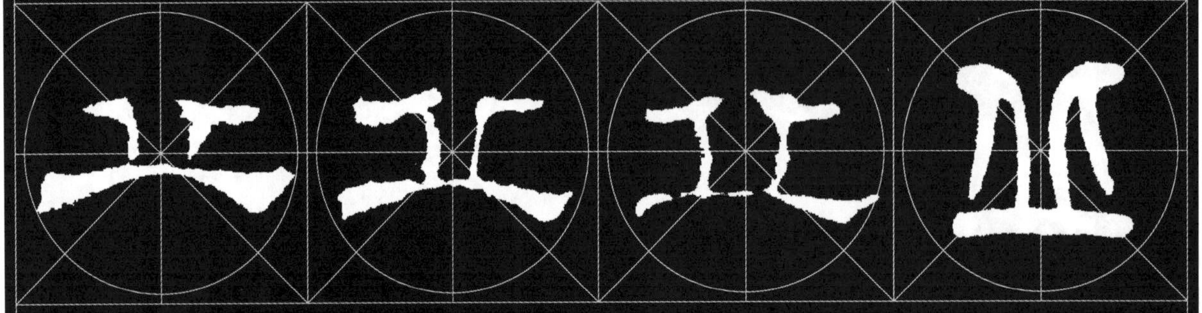

汉 礼器碑　汉 华山碑　汉 史晨碑　清 杨沂孙

qiū
秋（烁、穐、龝）

唐 欧阳通　唐 颜真卿　汉 张芝　晋 索靖

五代 杨凝式　宋 蒋璨　隋 智永　唐 怀素

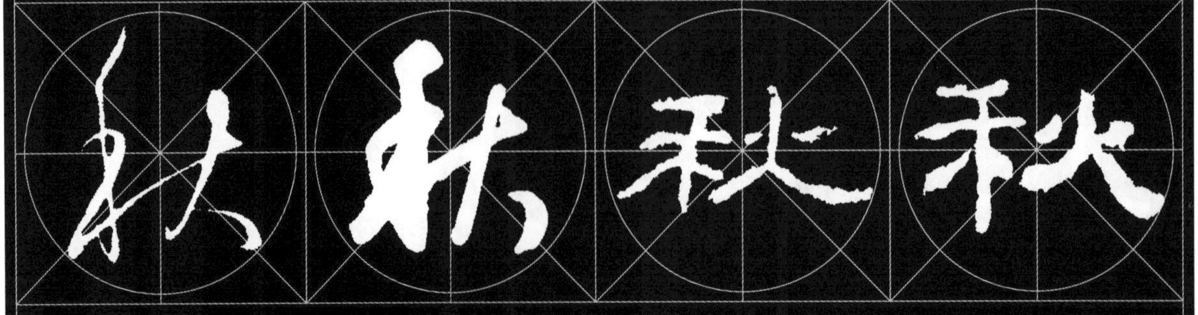

明 王守仁　明 董其昌　汉 石门颂　汉 乙瑛碑

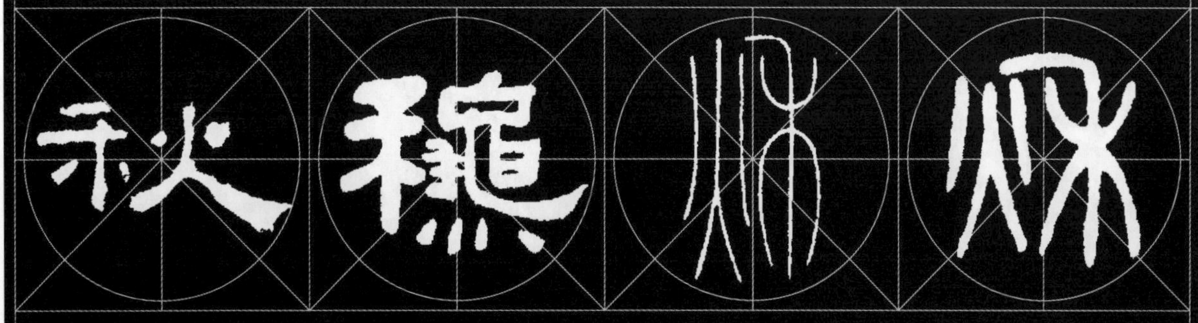

汉 孔宙碑　清 何绍基　唐 李阳冰　清 杨沂孙

qiú
囚

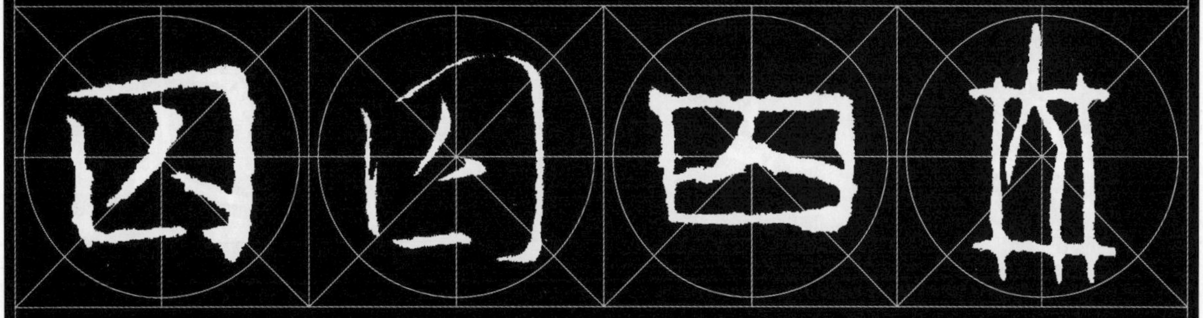

北朝 敬使君碑　宋 文天祥　汉 张迁碑　殷商 甲骨文

qiú
求

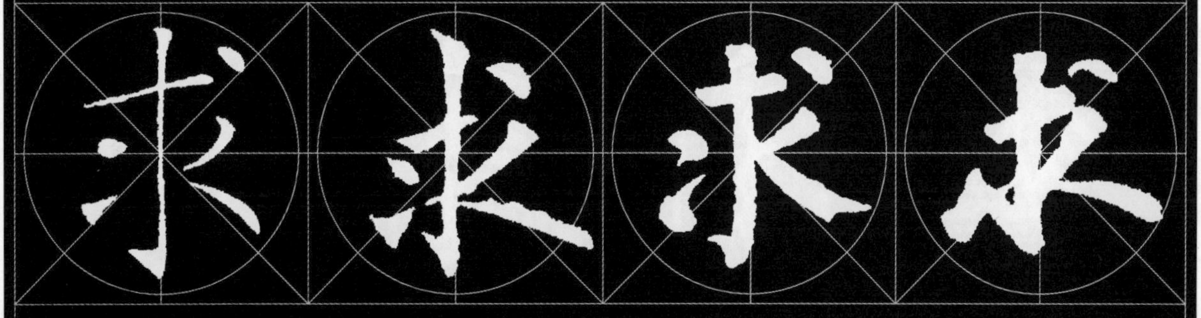

唐 褚遂良　唐 欧阳询　唐 颜真卿　宋 苏轼

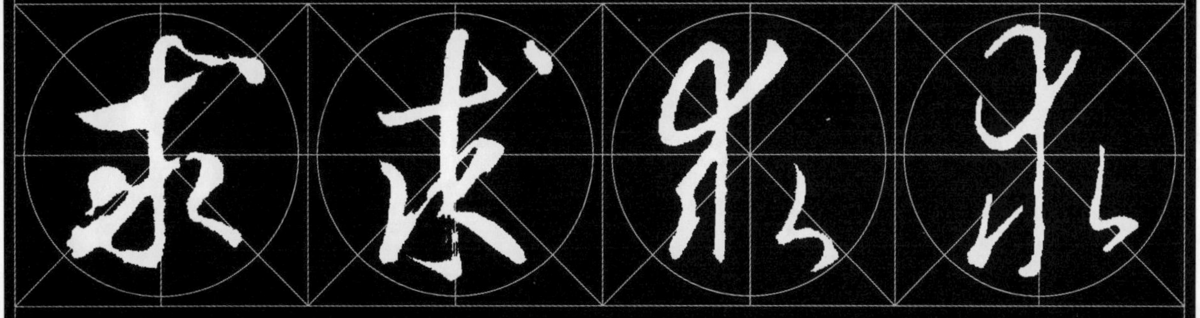

宋 米芾　明 董其昌　唐 欧阳询　唐 李世民

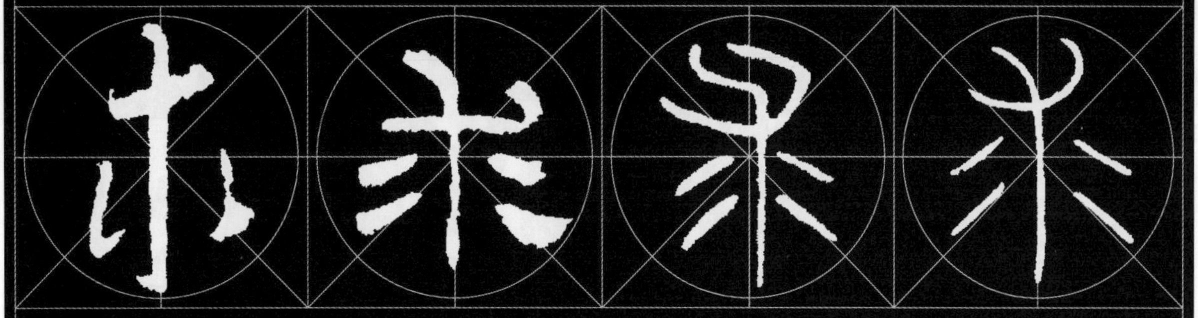

唐 怀素　汉 华山碑　汉 说文解字　唐 李阳冰

qiú
球

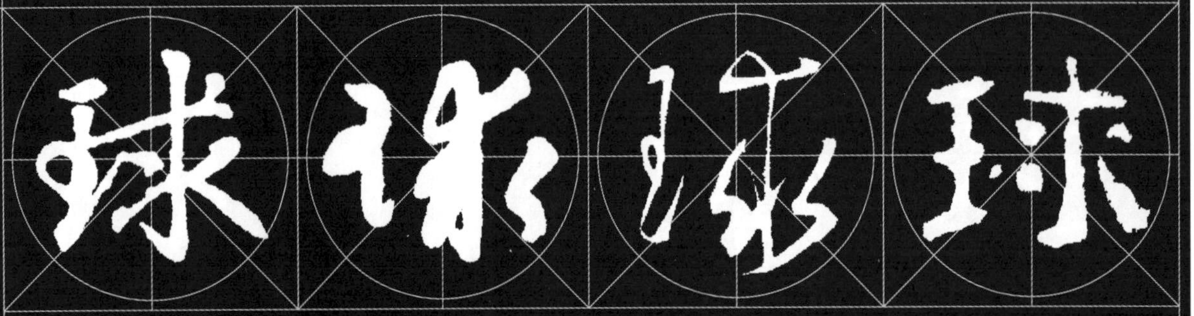

元 赵孟頫　元 陆居仁　明 王宠　汉 校官碑

qiú
裘

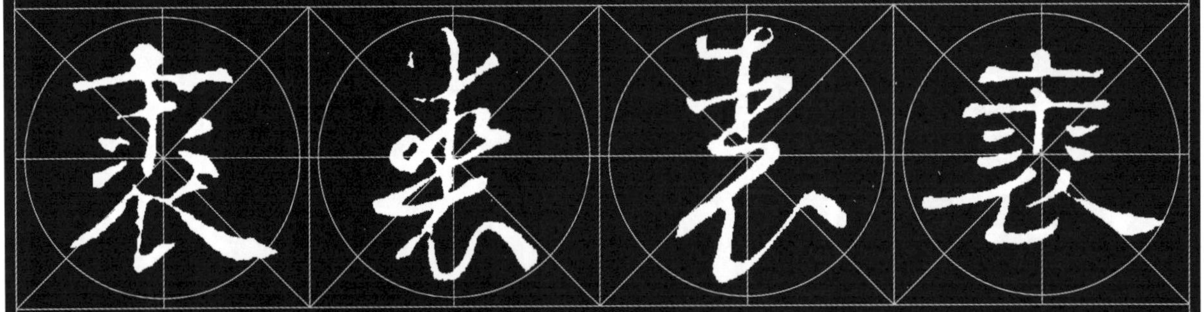

唐 虞世南　唐 孙过庭　唐 怀素　清 顾蔼吉·隶辨

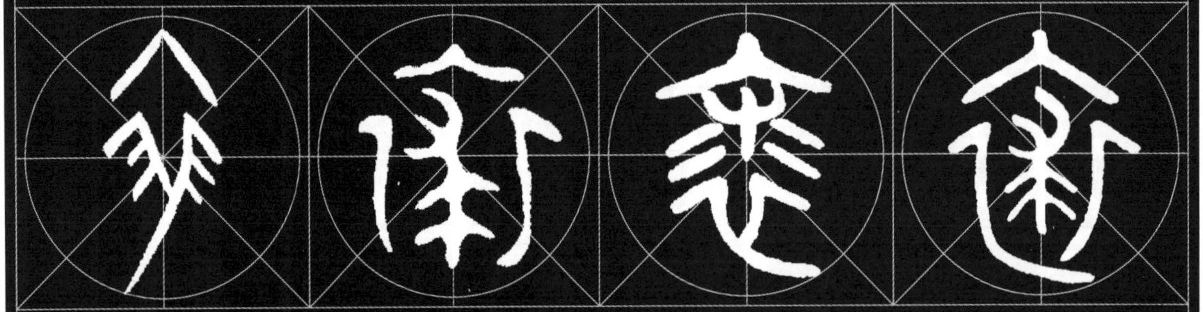

殷商 甲骨文　周 大师簋　清 杨沂孙　清 吴大澂

qiú
虬
（虯）

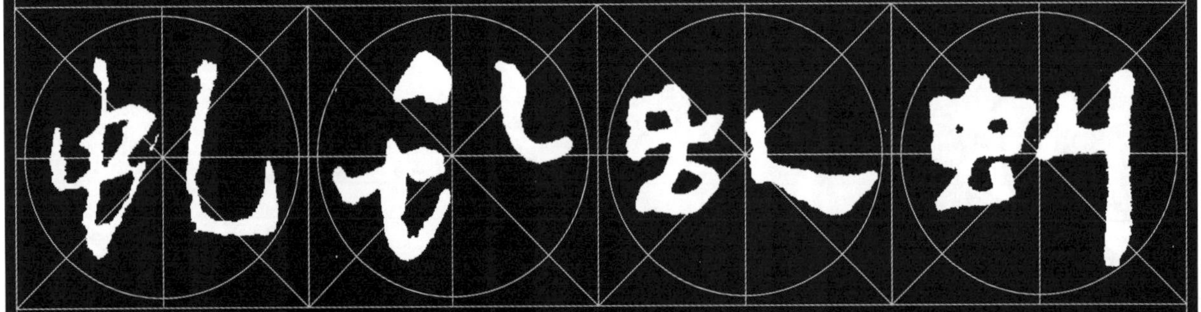

晋 王羲之　明 祝允明　元 吴叡　清 吴大澂

qiú
酋

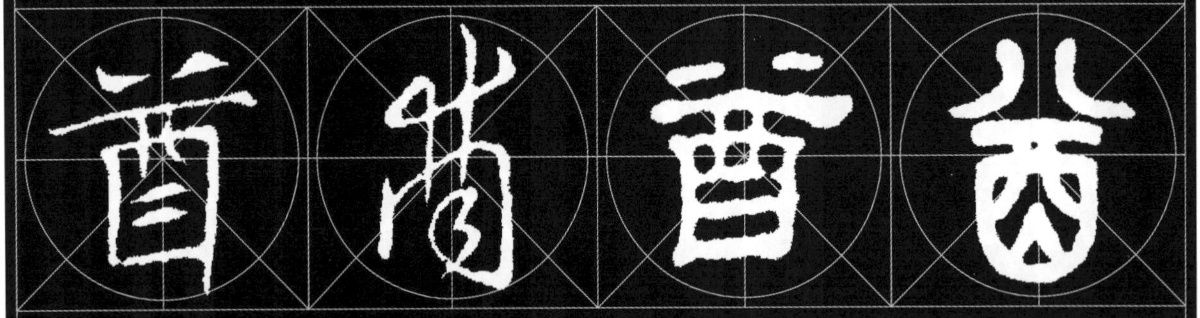

北朝 王僧男墓志　唐 怀素　清 汪士慎　清 杨沂孙

qiú 遒（强健）

qiú 璆

qū 区 Ōu（姓）

qū 岖

晋 卫铄 | 唐 吴彩鸾 | 唐 孙过庭 | 清 顾蔼吉·隶辨

唐 颜真卿 | 宋 欧阳修 | 清 顾蔼吉·隶辨 | 清 永瑆

唐 褚遂良 | 唐 颜真卿 | 唐 柳公权 | 唐 陆柬之

宋 吴说 | 唐 孙过庭 | 汉 马王堆帛书 | 汉 张迁

唐 薛曜 | 元 赵孟頫 | 明 佚名 | 清 顾蔼吉·隶辨

qū
驱（驅、敺、駈）

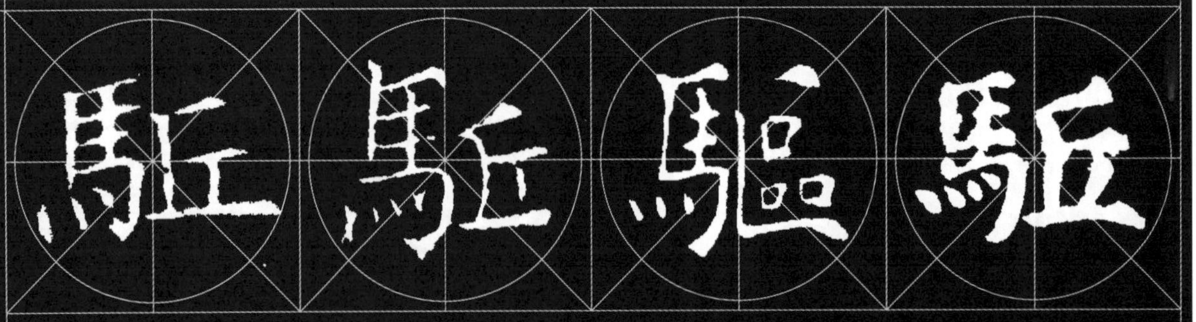

隋 苏孝慈墓志　唐 薛稷　唐 欧阳通　唐 颜真卿

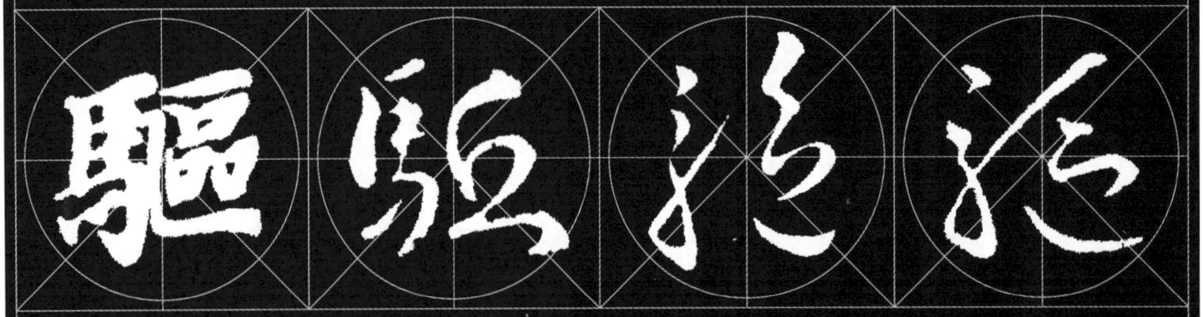

隋 智永　唐 褚遂良　晋 王献之　唐 欧阳询

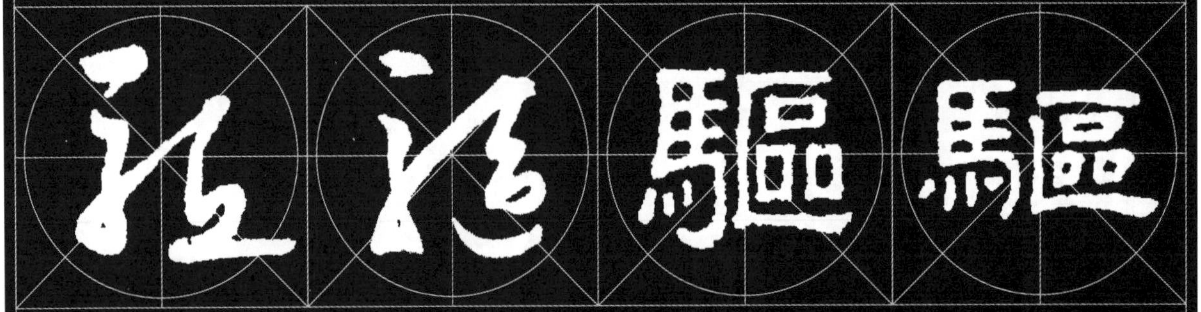

唐 怀素　明 王守仁　汉 樊敏碑　清 王澍

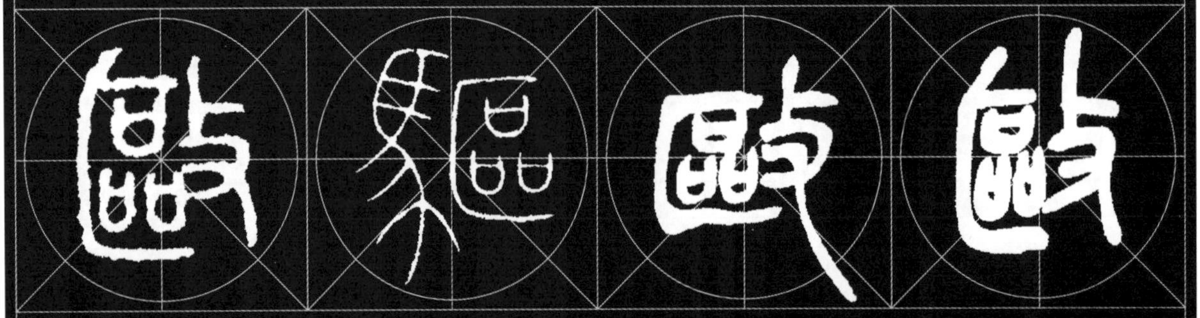

秦 石鼓文　唐 李阳冰　清 徐三庚　清 吴昌硕

qū
躯

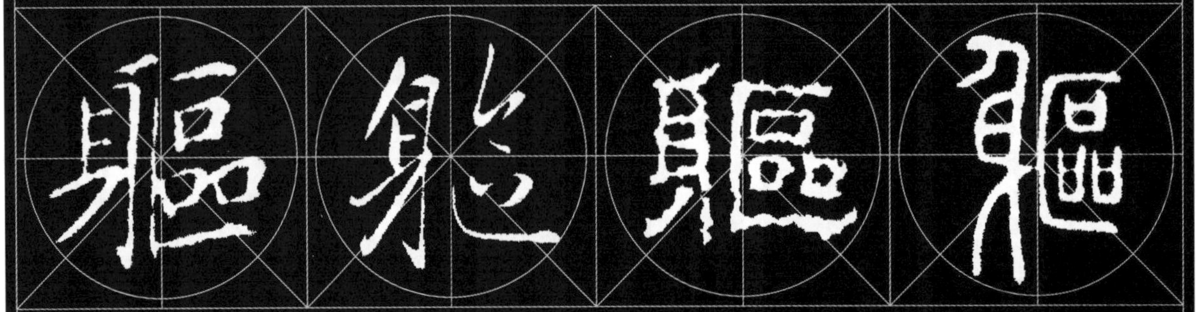

晋 王献之　元 赵雍　汉 武梁刻石　汉 说文解字

qū
曲
qǔ

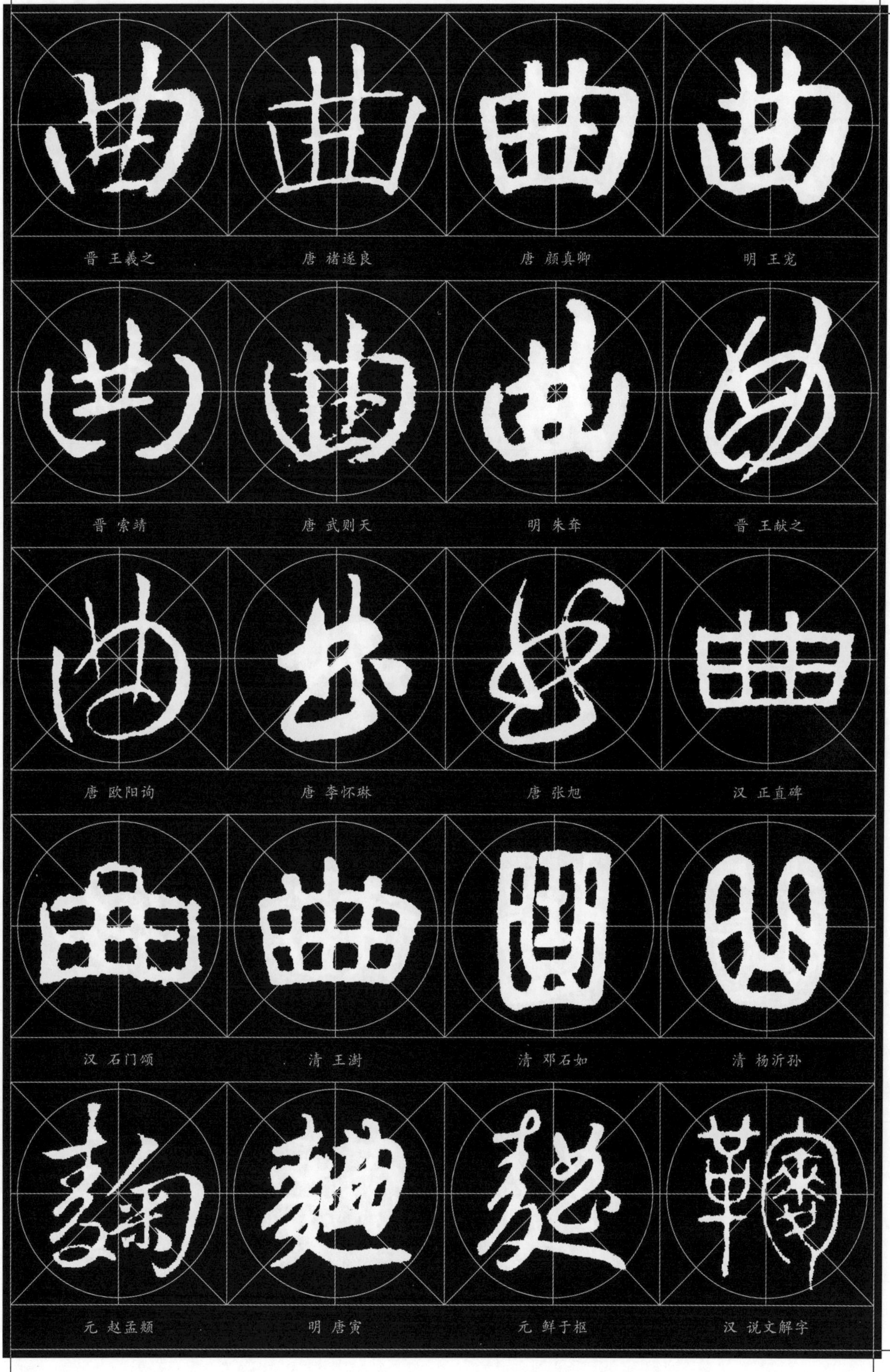

qū
麯
（曲、粬、麹）

qū
屈

qū
诎

qū
趋
（趨：快走；归向）

清 何绍基　秦 石鼓文　清 邓石如　清 杨沂孙

隋 苏孝慈墓志　唐 欧阳询　唐 颜真卿　唐 怀素

元 鲜于枢　隋 智永　汉 武梁刻石　清 杨沂孙

宋 黄庭坚　金 张天锡·草书韵会　清 顾蔼吉·隶辨　清 吴大澂

南北朝 张玄墓志　唐 欧阳询　唐 颜真卿　元 赵孟頫

qú 渠

Qú 瞿（姓）

qú 衢（大路）

qǔ
取

宋 陆游
明 宋克
清 曾纪泽
汉 说文解字
隋 龙藏寺碑
唐 欧阳询
隋 智永
唐 陆柬之
宋 苏轼
宋 苏轼
隋 智永
唐 孙过庭
宋 黄庭坚
元 鲜于枢
汉 鲜于璜碑
汉 肥致碑
汉 桐柏庙碑
北齐 泰山金刚经
唐 李阳冰
清 吴大澂

qǔ
娶

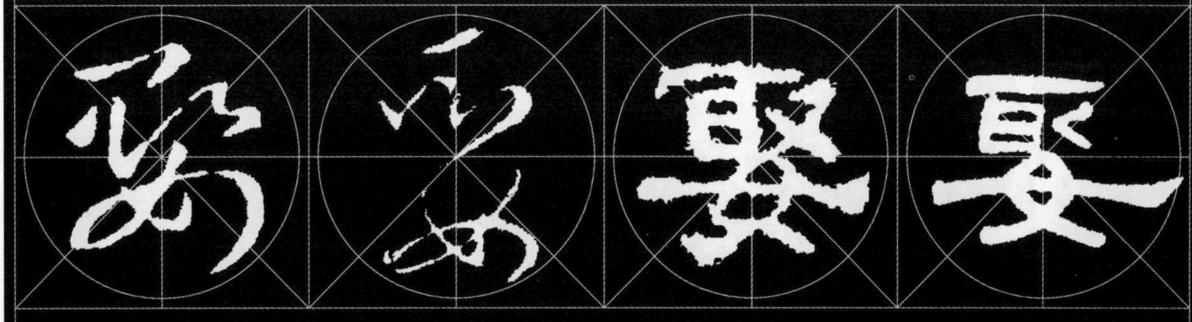

晋 王羲之 | 金 张天锡·草书韵会 | 汉 孟孝琚碑 | 明 何震

qù
趣

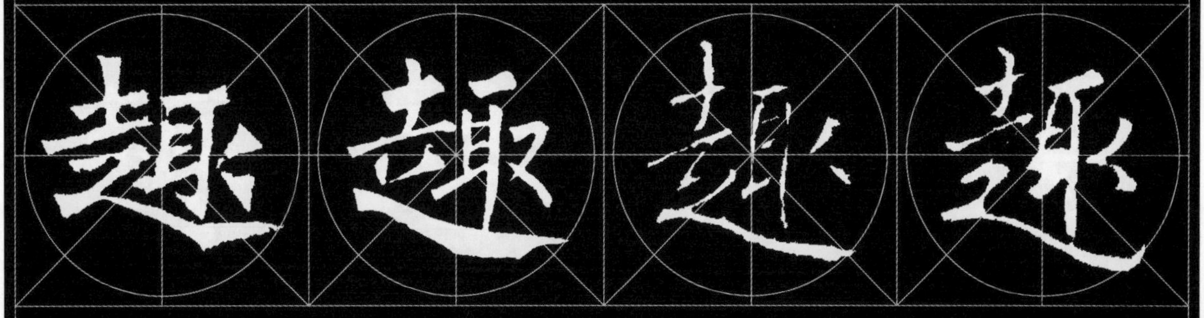

北魏 牛橛造像 | 唐 柳公权 | 唐 褚遂良 | 晋 王羲之

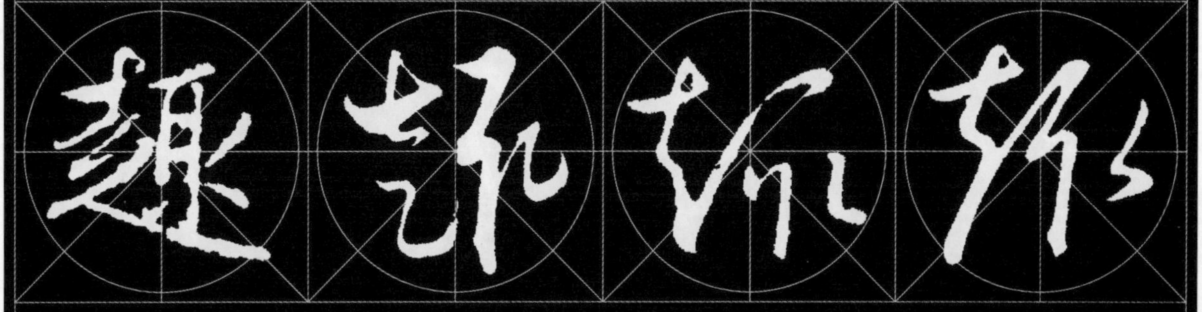

元 赵孟頫 | 南朝 萧衍 | 唐 孙过庭 | 元 康里子山

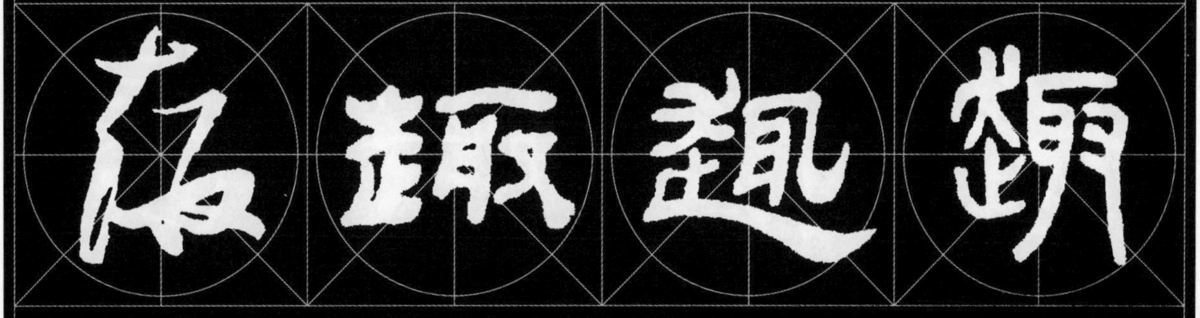

明 张瑞图 | 清 何绍基 | 清 张祖翼 | 清 杨沂孙

qù
去

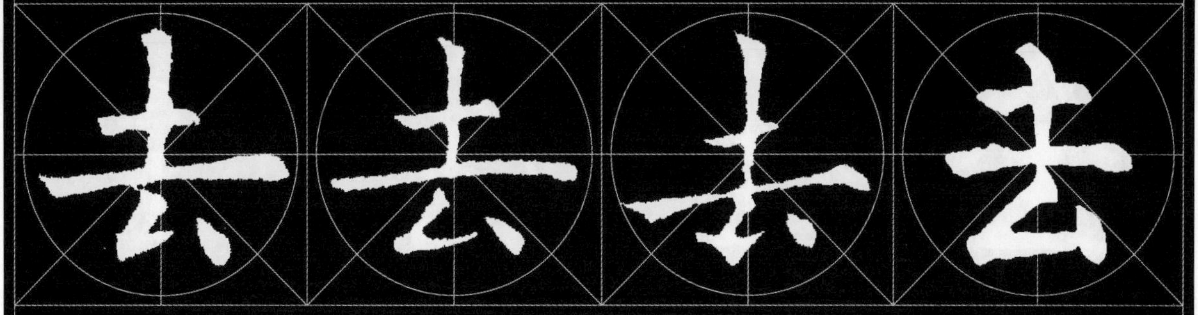

唐 欧阳询 | 唐 虞世南 | 唐 欧阳通 | 唐 颜真卿

quān
悛（悔改）

quán
全

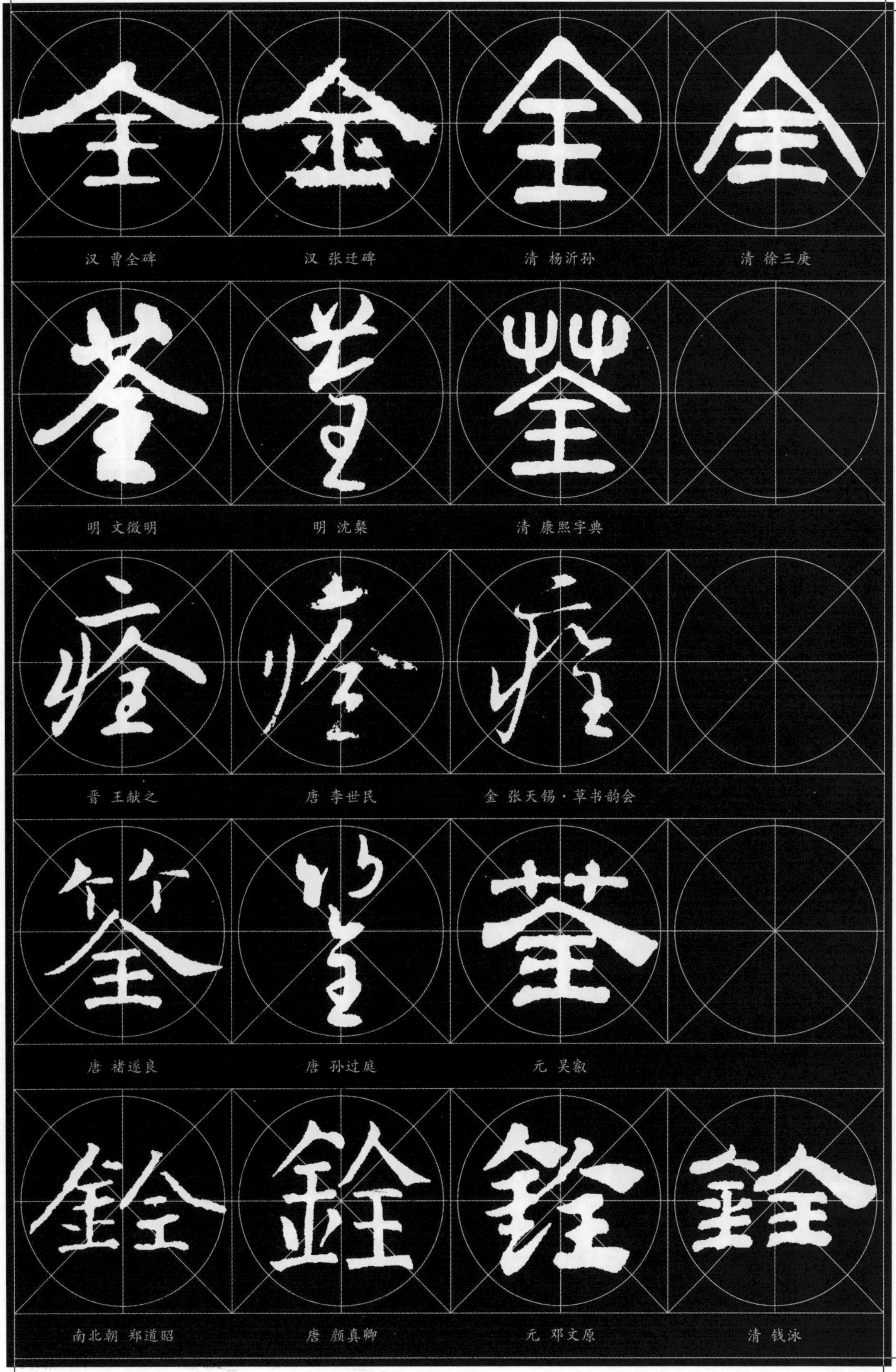

quán
荃

quán
痊

quán
筌（渔具）

quán
铨

quán
权
（權）

quán
泉

唐 欧阳询　唐 魏栖梧　唐 柳公权　明 董其昌

晋 庾亮　唐 孙过庭　元 王蒙　清 吴熙载

唐 欧阳询　唐 虞世南　唐 柳公权　宋 苏轼

宋 米芾　元 赵孟頫　唐 孙过庭　唐 怀素

汉 石门颂　汉 曹全碑　清 顾蔼吉·隶辨　汉 说文解字

quán 拳

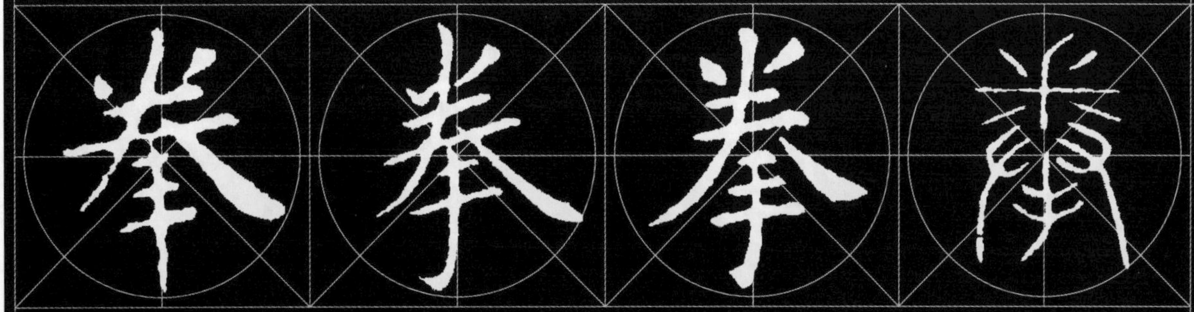

三国 钟繇　晋 王献之　唐 欧阳询　汉 说文解字

quǎn 犬

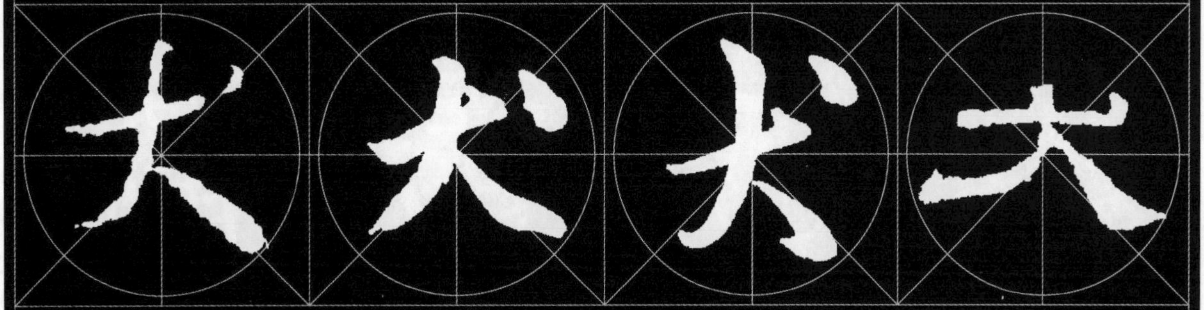

晋 王羲之　明 唐寅　明 韩道亨　汉 乙瑛碑

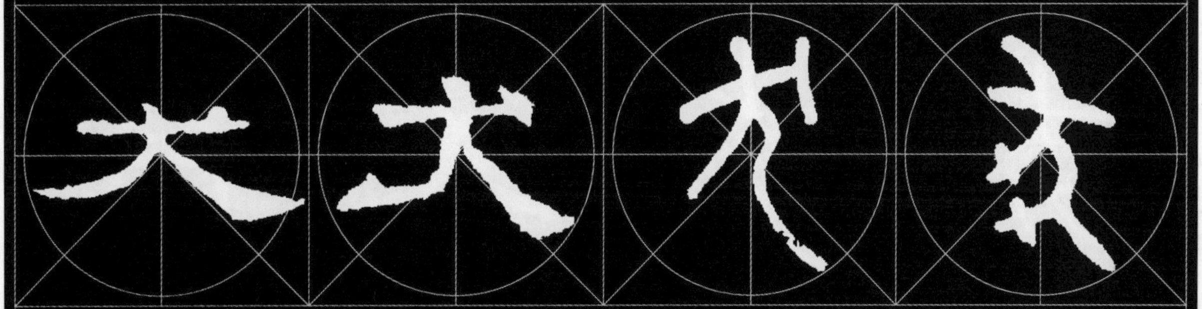

汉 孔彪碑　三国 范式碑　清 吴大澂　清 吴大澂

quǎn 甽（田间小沟）

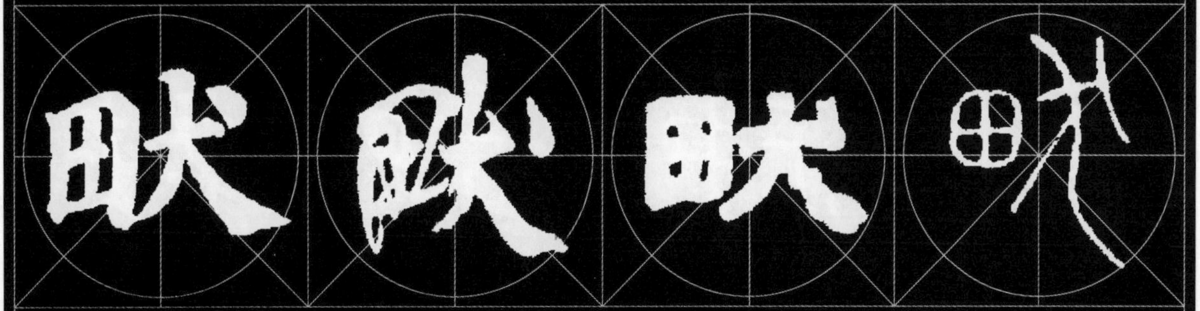

唐 颜真卿　清 王铎　清 邓石如　汉 说文解字

quàn 劝（勸）

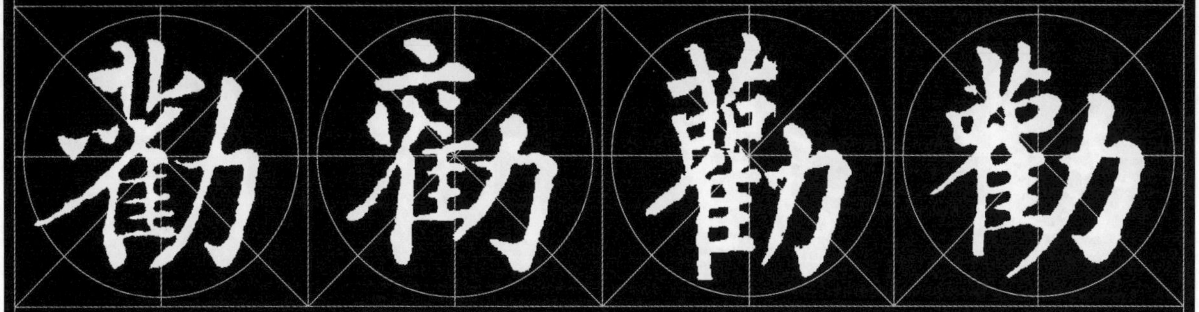

北朝 敬使君碑　隋 智永　唐 柳公权　元 赵孟頫

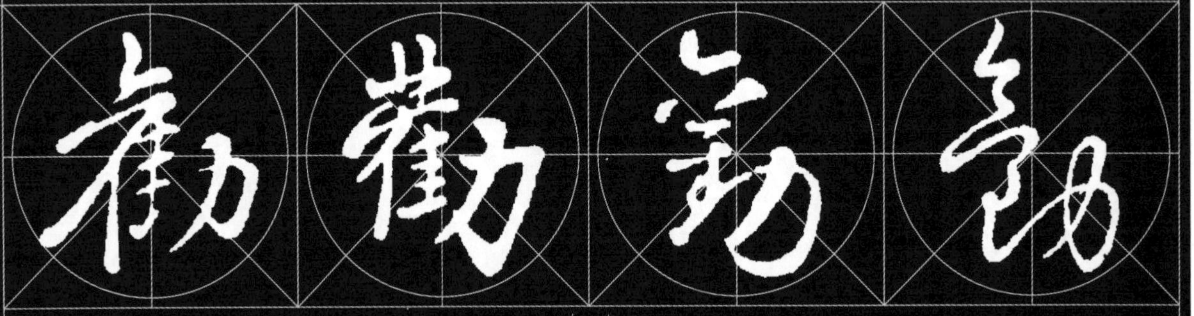

宋 苏轼　元 赵孟頫　隋 智永　晋 王羲之

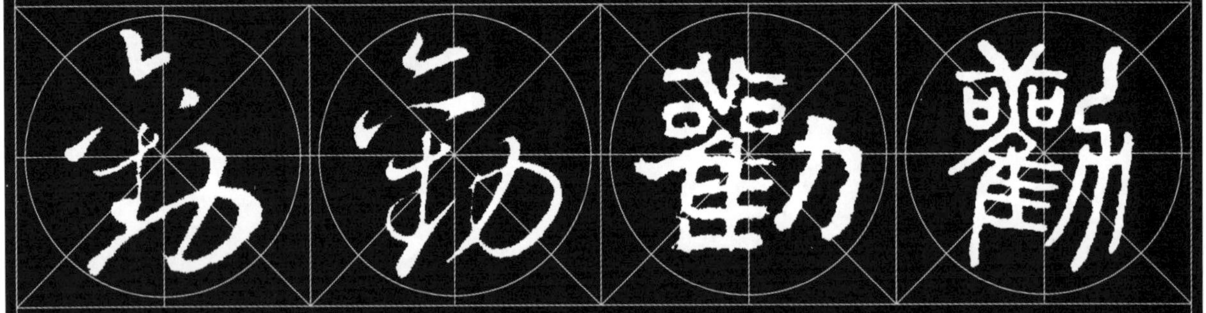

唐 孙过庭　明 董其昌　汉 李孟初碑　汉 说文解字

quàn
券

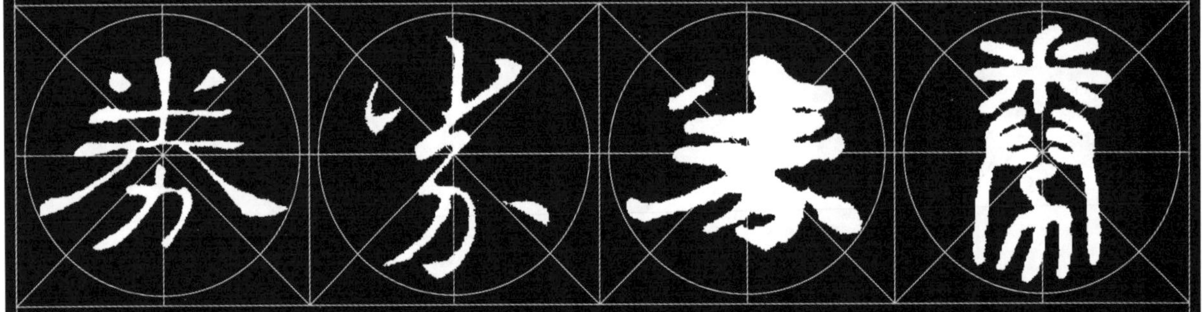

清 顾蔼吉·隶辨　金 张天锡·草书韵会　汉 居延简　清 仰嘉祥

quē
缺
（𦈌）

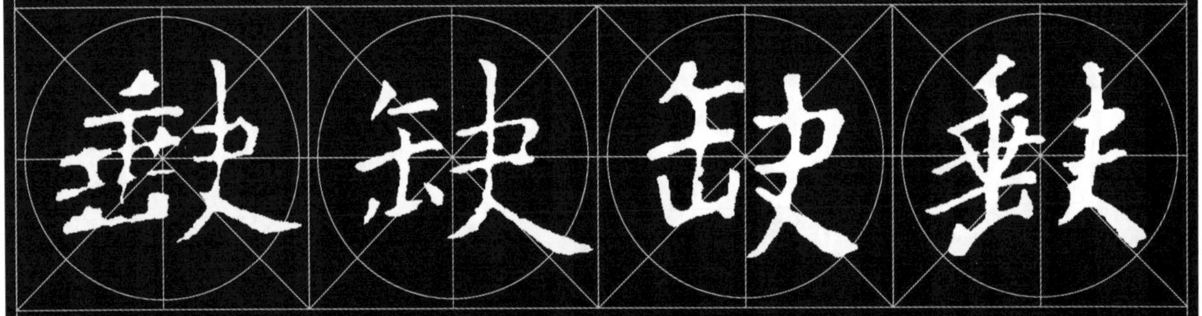

南北朝 李璧墓志　唐 虞世南　唐 颜真卿　唐 释怀仁

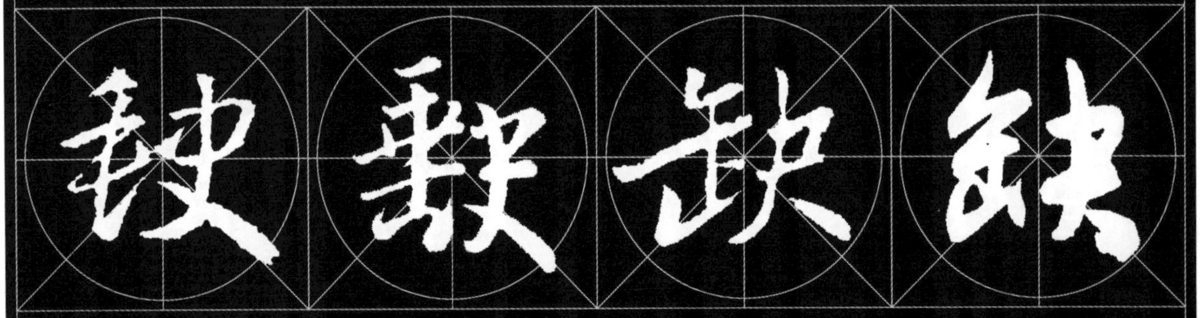

唐 武则天　宋 李建中　宋 苏轼　明 陈淳

què 却（卻）

què 雀 qiāo qiǎo

què 鹊

què 确（確）

què
阙
quē
（闕）

què
悫
（愨、慤）

汉 石门颂 | 汉 郭有道碑 | 清 吴熙载 | 清 吴大澂

唐 欧阳询 | 唐 褚遂良 | 唐 颜真卿 | 明 丰坊

宋 蒋璨 | 晋 卫瓘 | 唐 孙过庭 | 明 董其昌

汉 曹全碑 | 汉 桐柏庙碑 | 唐 李阳冰 | 清 吴大澂

元 周驰 | 金 张天锡·草书韵会 | 汉 说文解字

qūn
逡（退让）

qún
群（羣）

rán
然

唐 欧阳询

唐 欧阳通

唐 颜真卿

唐 柳公权

三国 皇象

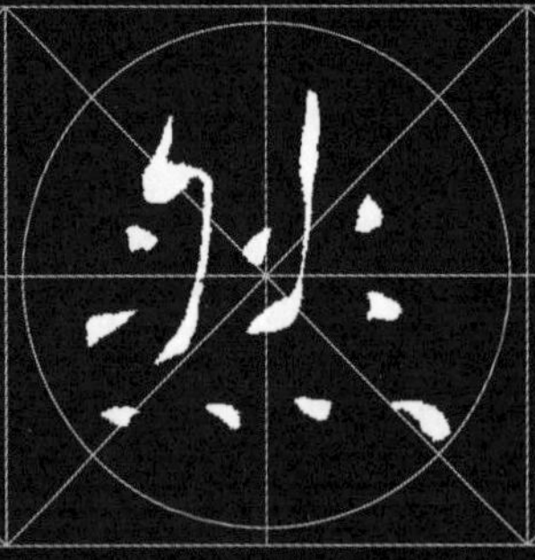
唐 褚遂良

唐 李世民

元 鲜于枢

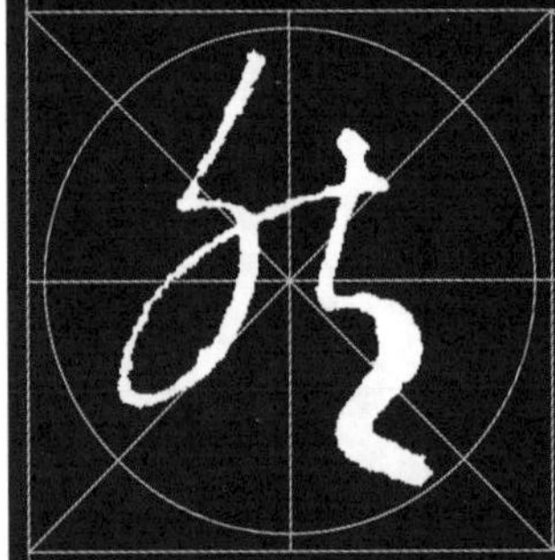
晋 王导

晋 王羲之

晋 王徽之

宋 蔡襄

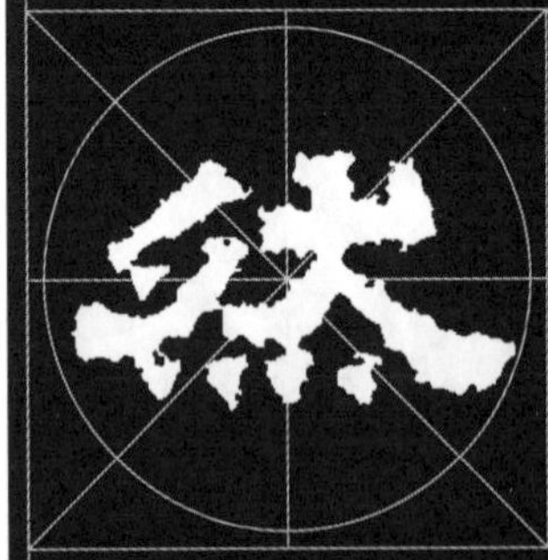
汉 史晨碑

汉 张迁碑

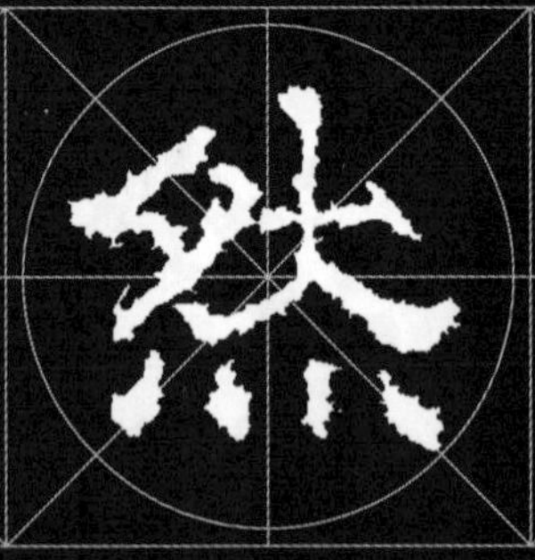
汉 孟孝琚碑

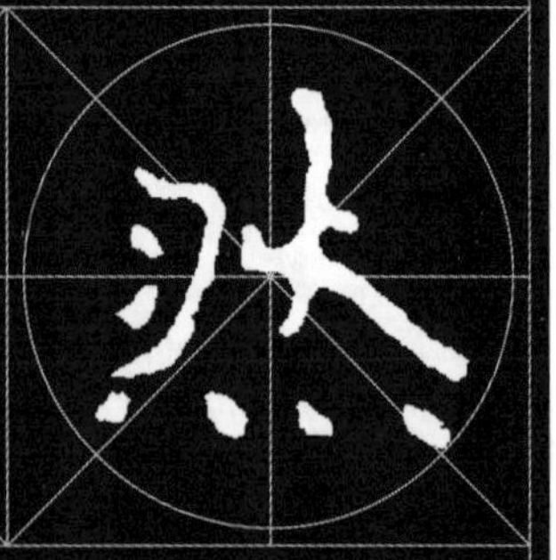
北齐 泰山金刚经

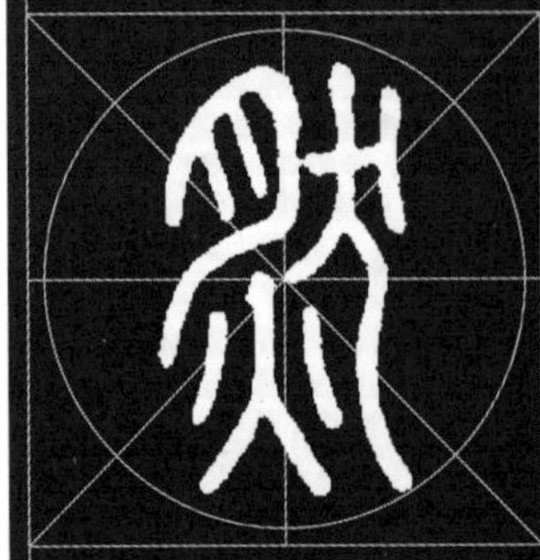
汉 说文解字

唐 李阳冰

清 吴熙载

清 吴大澂

rán
髯

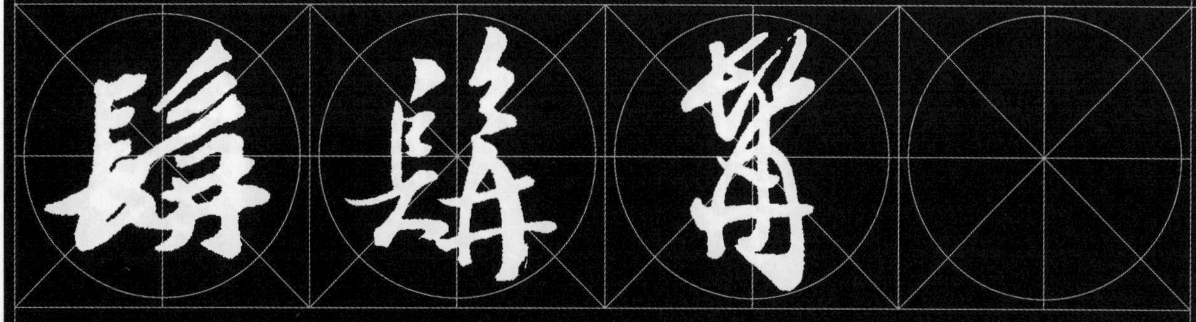

宋 苏轼　金 王庭筠　清 王铎

rǎn
冉

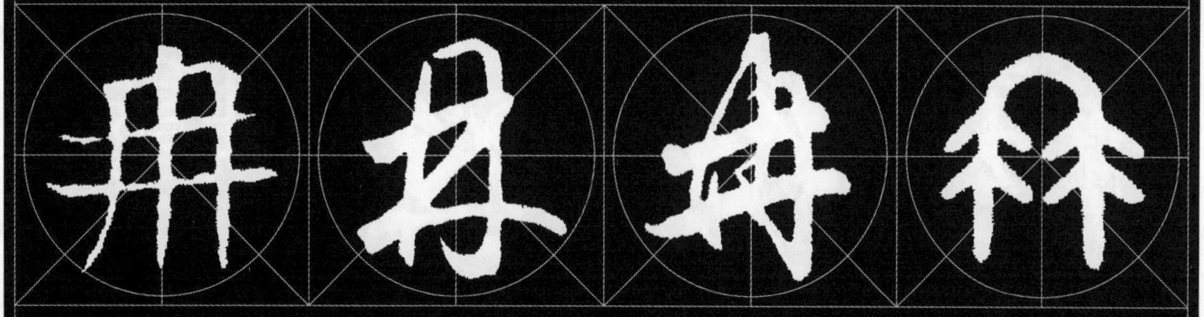

隋 苏孝慈墓志　元 鲜于枢　清 归庄　清 吴大澂

rǎn
染

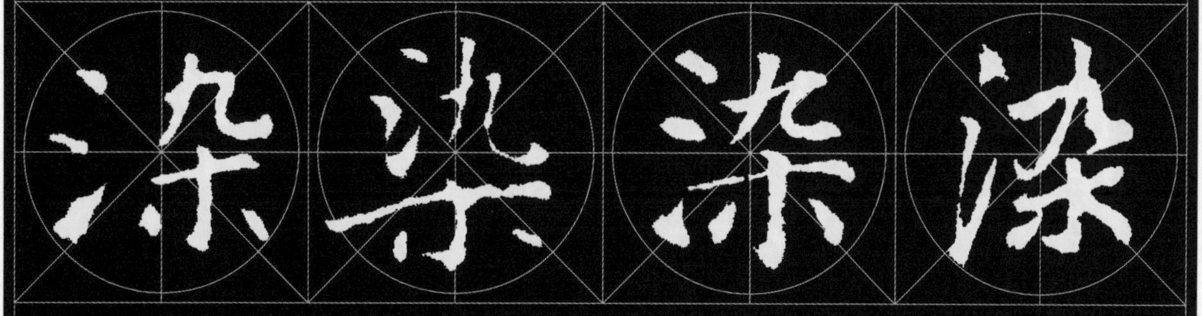

唐 虞世南　唐 褚遂良　唐 颜真卿　唐 李邕

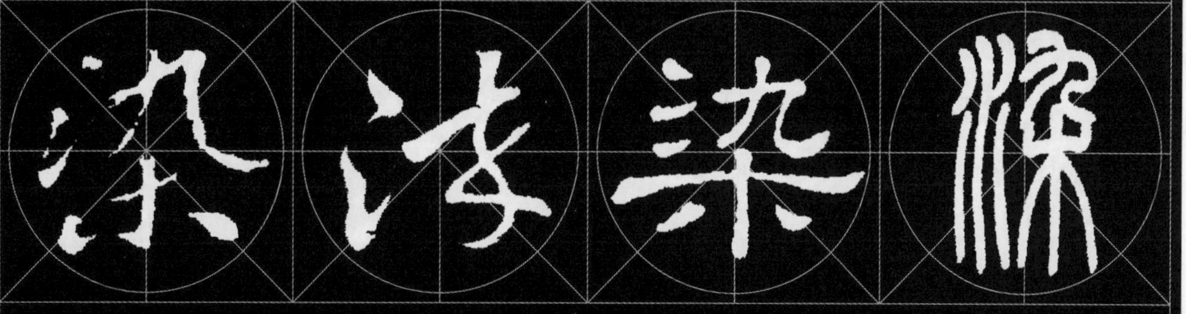

宋 苏轼　唐 孙过庭　清 顾蔼吉·隶辨　清 吴熙载

ráng
穰

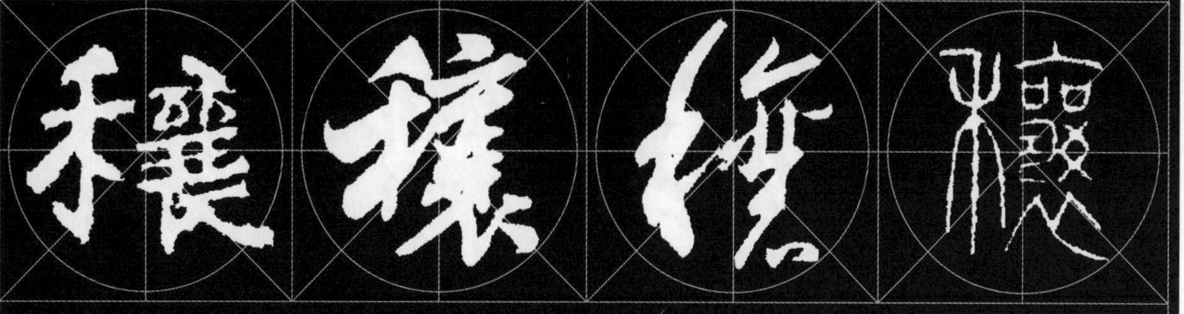

北魏 中岳灵庙碑　宋 米芾　晋 王羲之　汉 说文解字

rǎng
壤

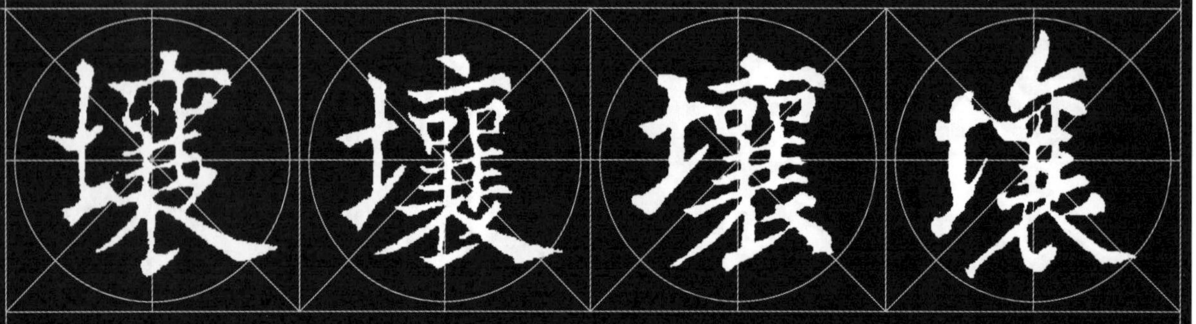

唐 欧阳询　唐 欧阳通　唐 颜真卿　宋 黄庭坚

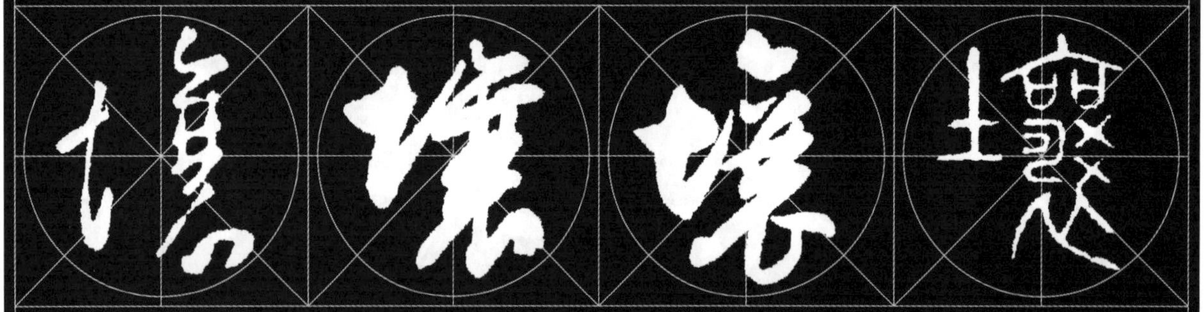

唐 李世民　明 文徵明　清 归庄　汉 说文解字

rǎng
攘

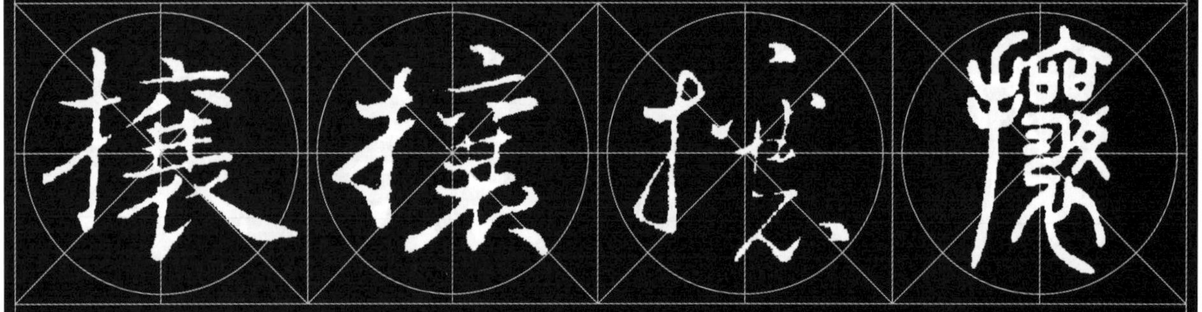

晋 王献之　宋 苏轼　唐 怀素　清 吴熙载

ràng
让（讓）

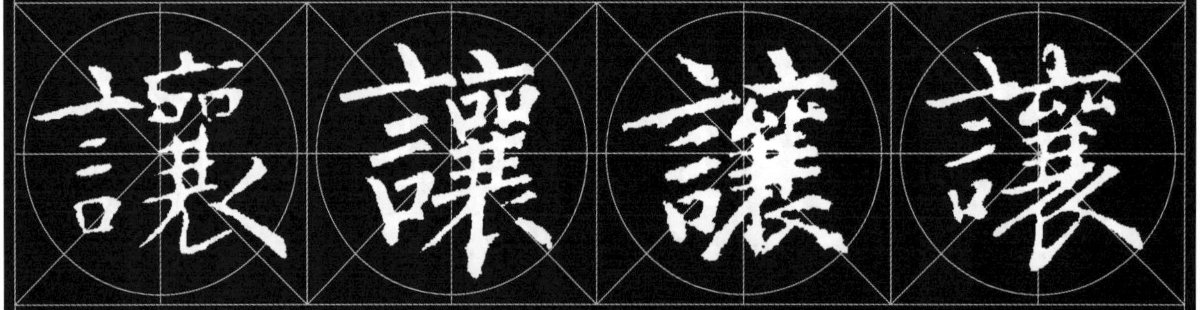

唐 虞世南　唐 柳公权　唐 张从申　元 赵孟頫

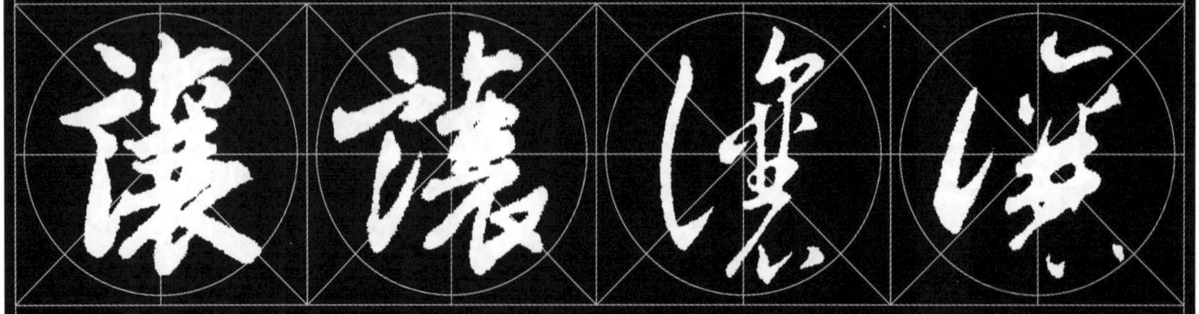

唐 陆柬之　清 王铎　晋 王羲之　隋 智永

唐 孙过庭	汉 景君碑	汉 史晨碑	汉 谯君碑
汉 曹全碑	汉 说文解字	清 邓石如	清 吴大澂
隋 苏孝慈墓志	唐 颜真卿	唐 欧阳询	汉 说文解字
隋 苏孝慈墓志	隋 张公礼	元 赵孟頫	清 永理
宋 米芾	宋 吴琚	元 赵孟頫	汉 曹全碑

ráo
饶
（饒）

rǎo
扰
（擾）

rào 绕

rě 惹

rè 热

唐 颜真卿
宋 张即之
明 邵二泉
明 唐寅
清 王铎
明 祝允明
清 奚冈
汉 说文解字
明 王宠
宋 欧阳修
金 张天锡·草书韵会
汉 说文解字
隋 智永
唐 颜真卿
晋 王羲之
晋 王献之
隋 智永
晋 王羲之
唐 张旭
汉 说文解字

rén
人

北魏 孙秋生造像

唐 欧阳询

唐 颜真卿

唐 柳公权

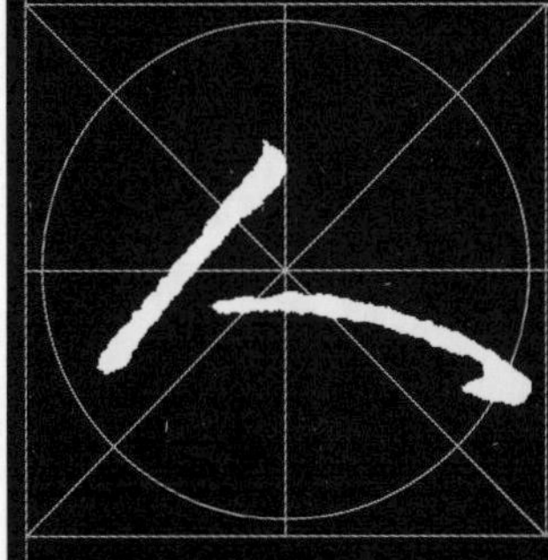
晋 王羲之

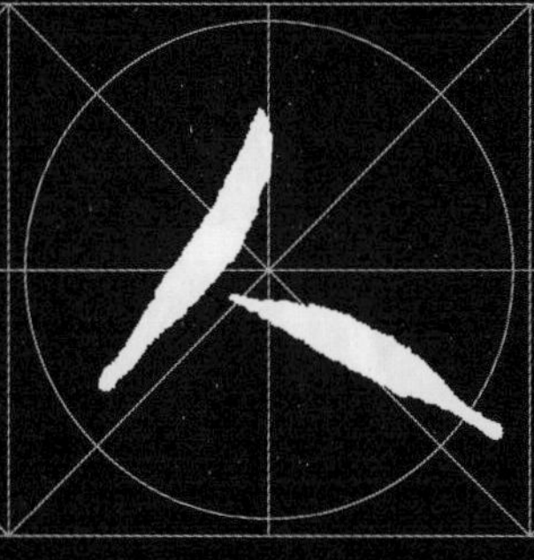
隋 智永

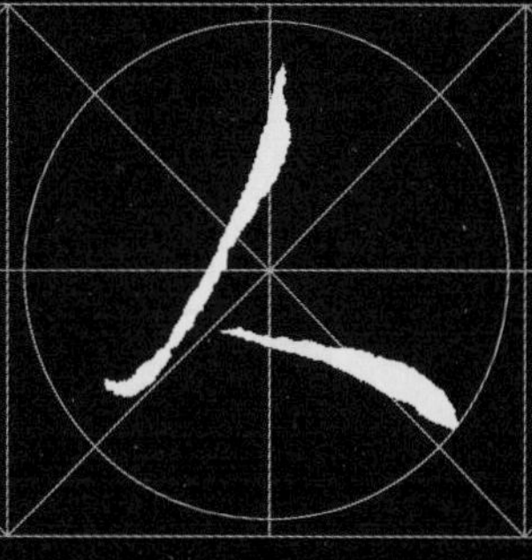
宋 米芾

元 赵孟頫

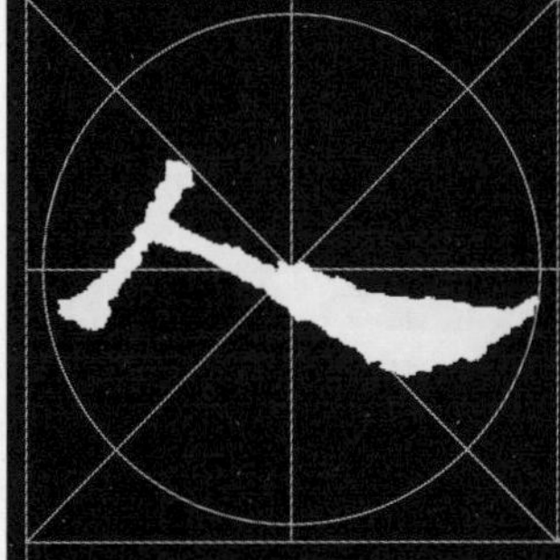
汉 礼器碑

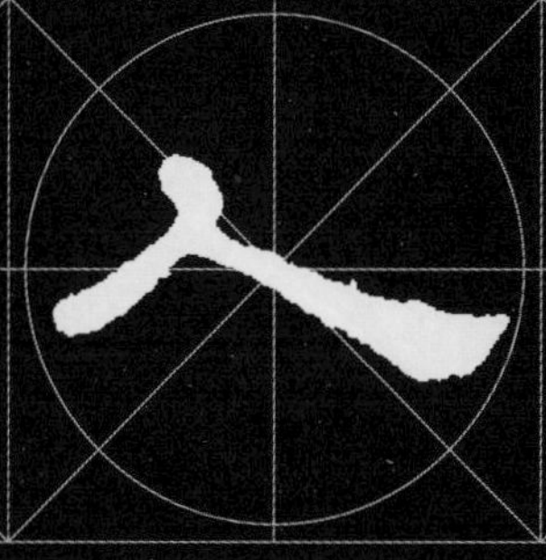
元 郭有道碑

汉 曹全碑

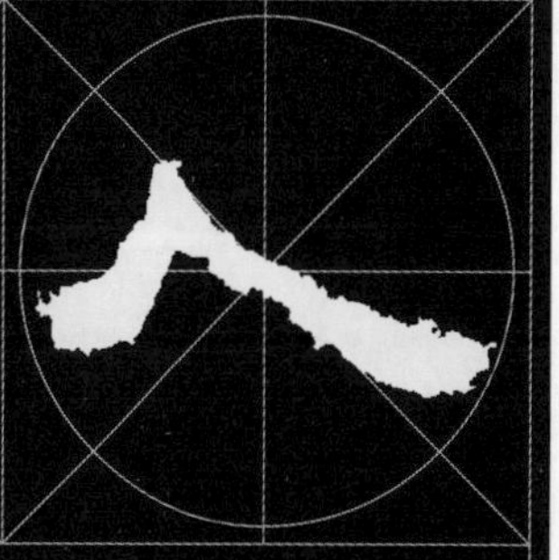
汉 张迁碑

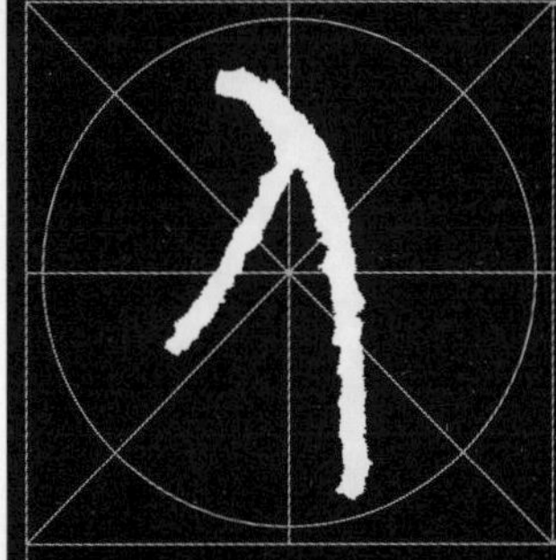
秦 石鼓文

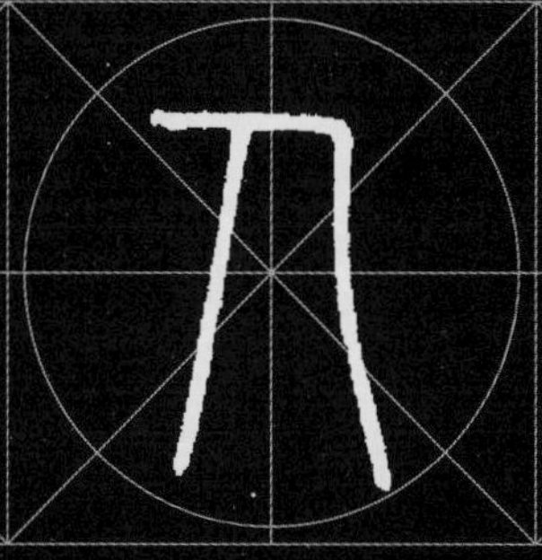
秦 李斯

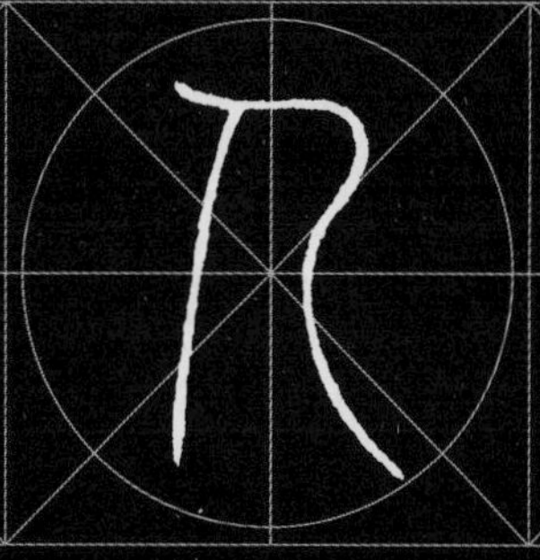
唐 李阳冰

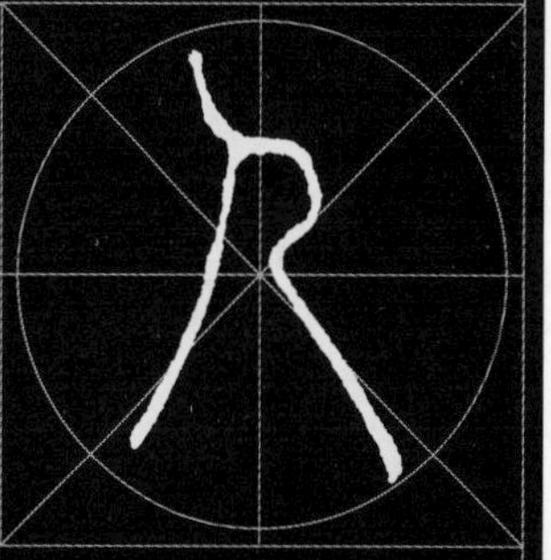
唐 李阳冰

rén
仁

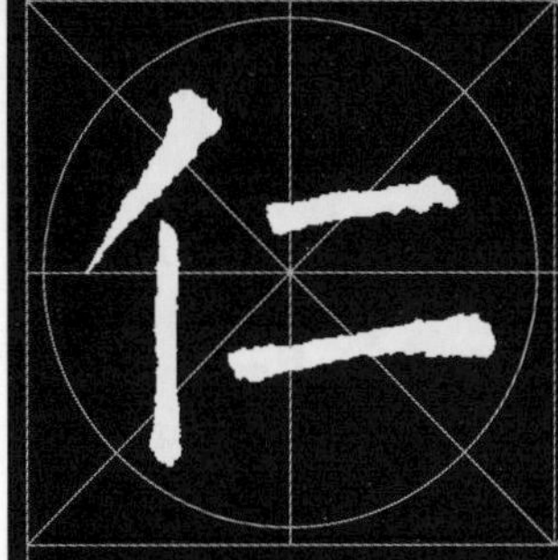
唐 颜真卿

唐 柳公权

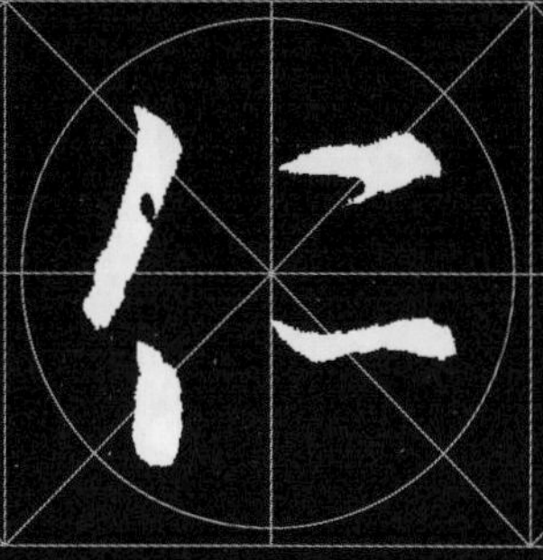
晋 王羲之

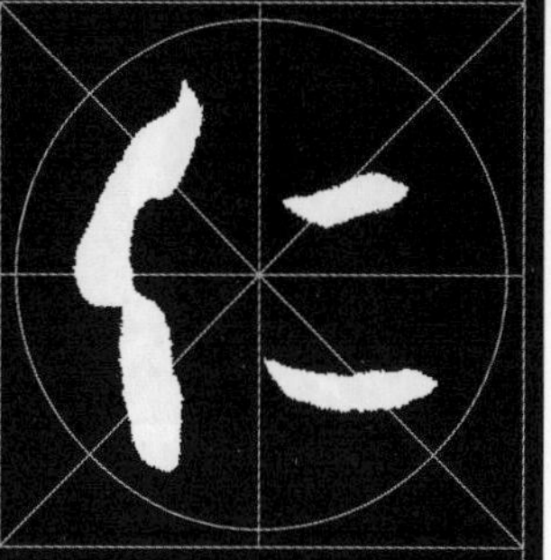
唐 孙过庭

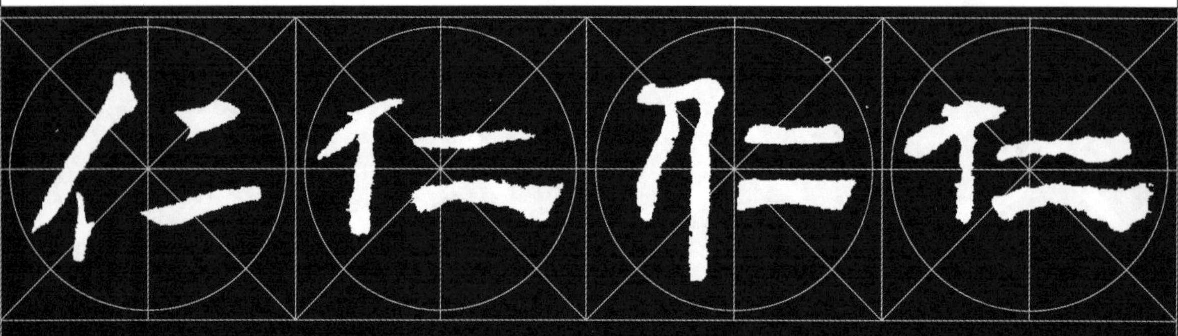

唐 李邕 | 汉 礼器碑 | 汉 夏承碑 | 汉 韩仁铭

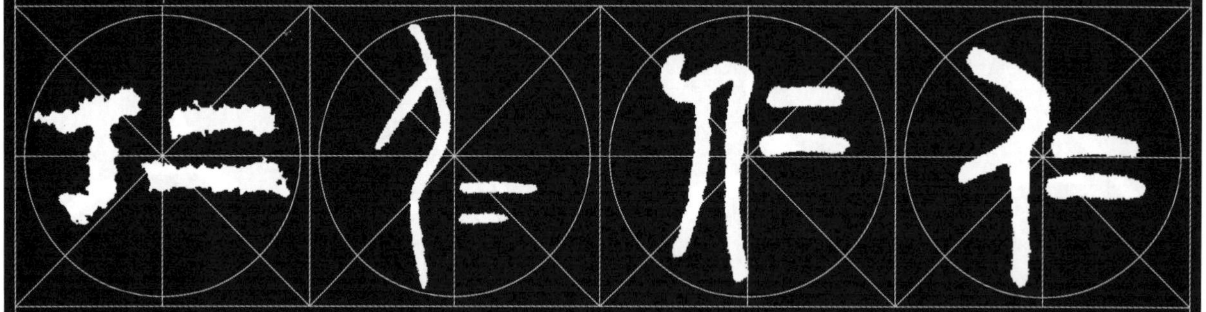

汉 张迁碑 | 殷商 甲骨文 | 清 杨沂孙 | 清 吴大澂

rén
壬

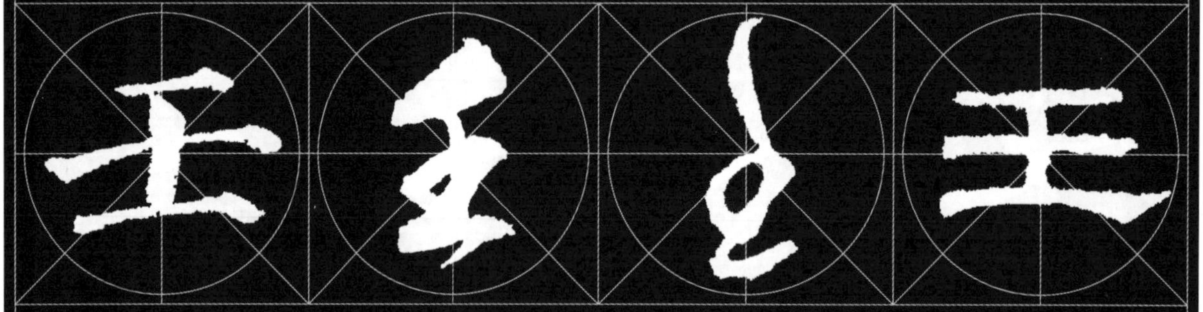

唐 颜真卿 | 明 文徵明 | 唐 怀素 | 汉 乙瑛碑

rěn
忍

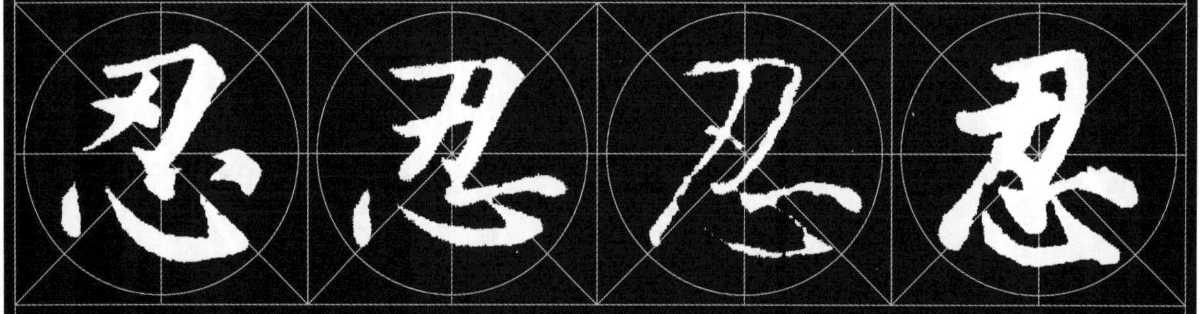

唐 颜真卿 | 晋 王洽 | 晋 王羲之 | 明 唐寅

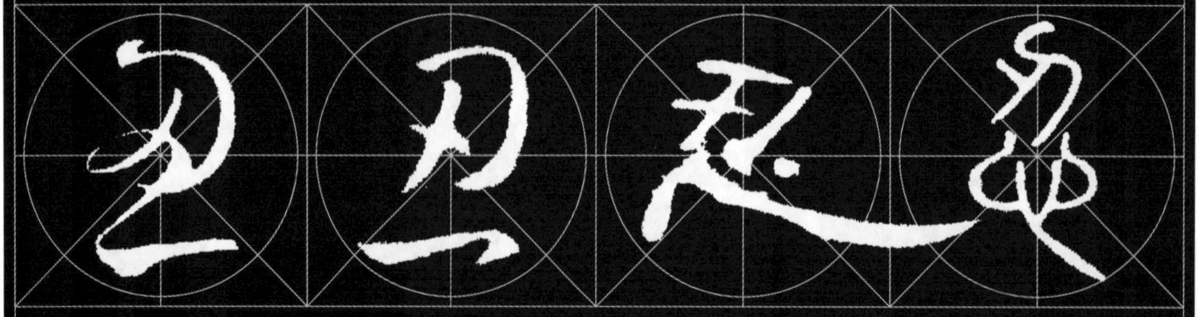

晋 王羲之 | 晋 王羲之 | 汉 曹全碑 | 汉 说文解字

rěn
稔

rèn
刃

rèn
仞

rèn
认
（認）

rèn
任
Rén
（姓；地名如

任县、任丘）

rèn
衽

réng
仍

rì
日

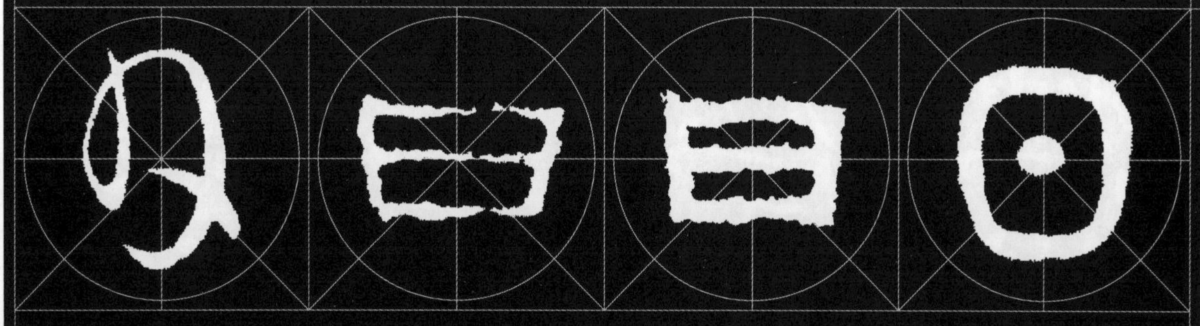

晋 王献之　汉 史晨碑　汉 张迁碑　清 吴大澂

róng
戎

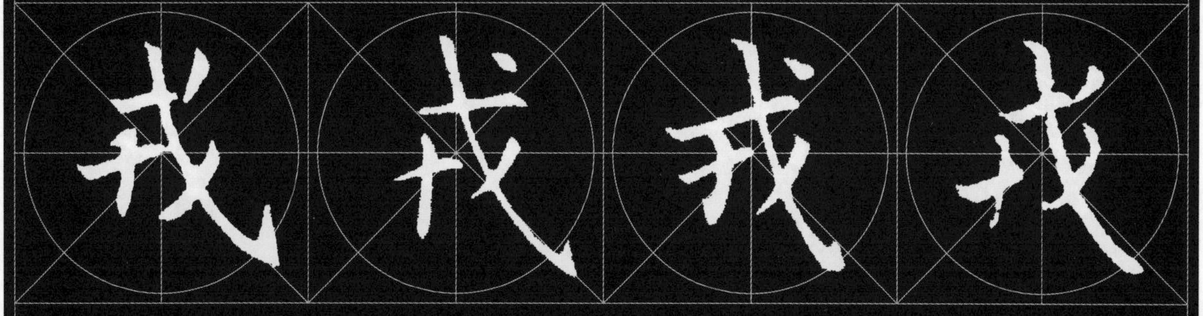

北魏 元倪墓志　唐 虞世南　元 赵孟頫　唐 欧阳询

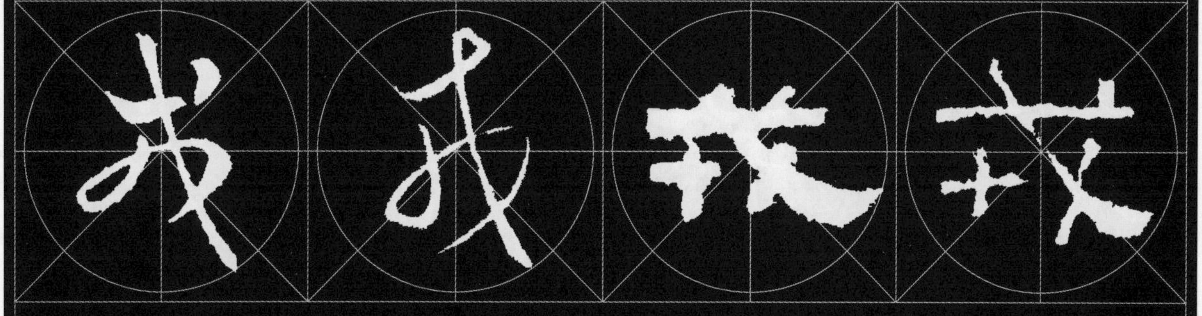

三国 皇象　明 王守仁　汉 鲜于璜碑　汉 张迁碑

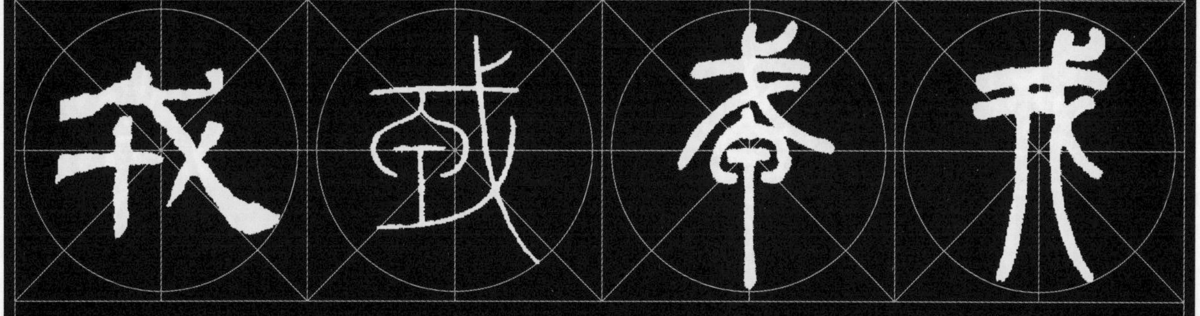

晋 辟雍碑　唐 李阳冰　清 吴熙载　清 赵之谦

róng
茸

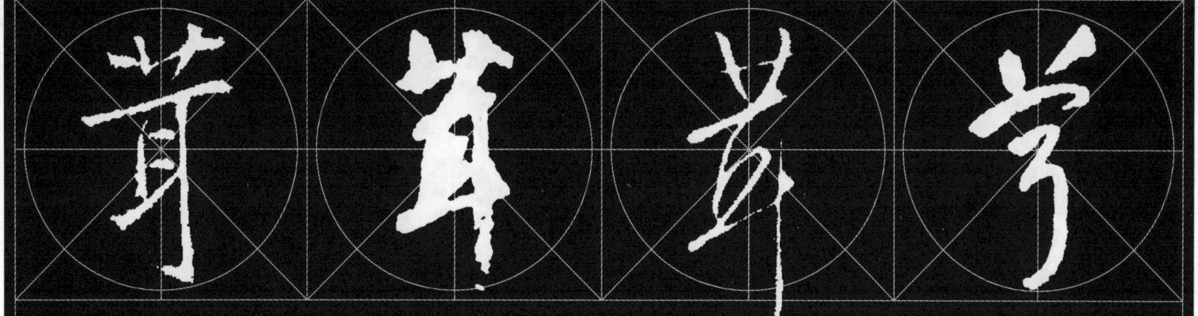

唐 高正臣　明 文徵明　明 文徵明　明 祝允明

róng
荣

唐 虞世南

唐 张旭

唐 颜真卿

唐 颜真卿

宋 蔡襄

明 姚绶

隋 智永

元 赵孟頫

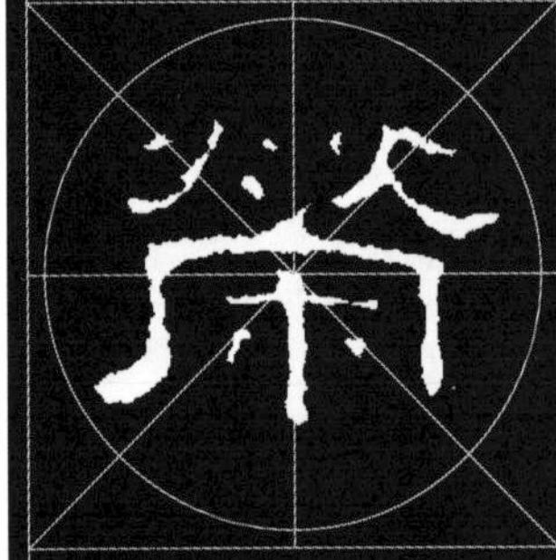
汉 华山碑

汉 史晨碑

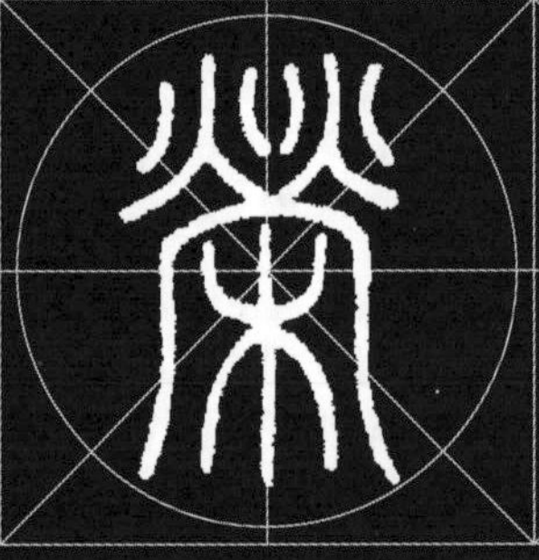
清 邓石如

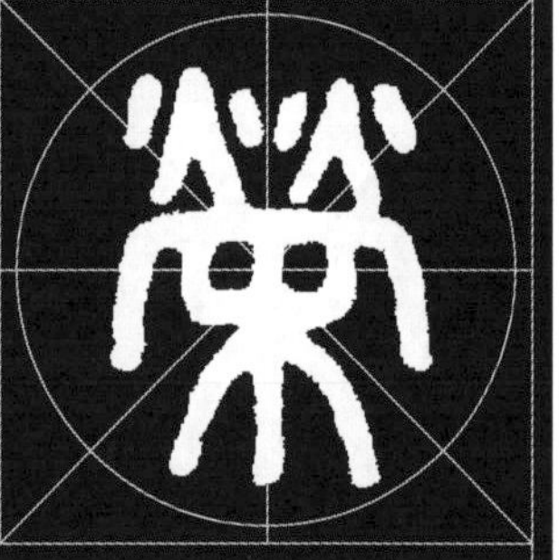
清 吴大澂

róng
嵘

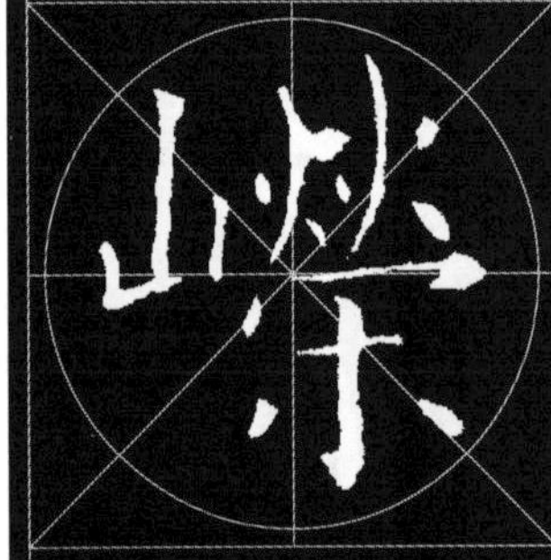
唐 欧阳询

唐 颜师古

唐 柳公权

汉 说文解字

róng
容

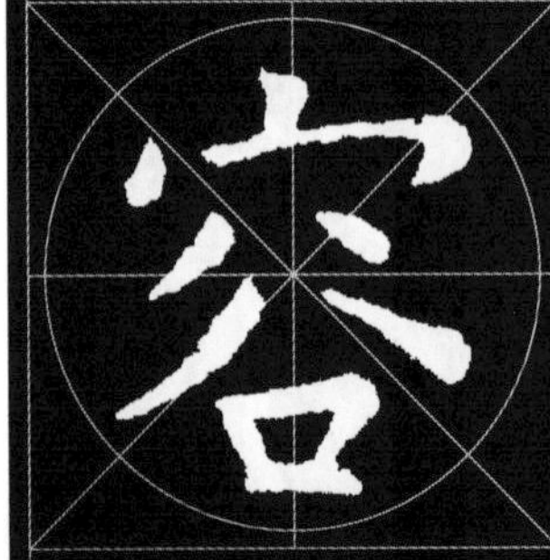
唐 虞世南

唐 褚遂良

唐 颜真卿

唐 柳公权

唐 欧阳询 唐 颜真卿 宋 张即之 金 王庭筠

三国 皇象 晋 王献之 唐 孙过庭 明 董其昌

汉 西狭颂 宋 赵孟坚 清 吴熙载 清 徐三庚

隋 智果 明 文徵明 元 鲜于枢 汉 说文解字

明 邵二泉 明 文徵明 唐 李隆基 清 康熙字典

róng
蓉

róng
溶

róng
镕

róng
融

róu
柔

róu
糅（混杂）

ròu
肉

rú
如

三国 钟繇
唐 李怀琳
清 杨沂孙
汉 说文解字
唐 欧阳询
唐 褚遂良
唐 颜真卿
唐 柳公权
晋 王献之
唐 颜真卿
宋 苏轼
元 赵孟頫
晋 索靖
隋 智永
唐 孙过庭
明 姚绶
汉 乙瑛碑
汉 郭有道碑
汉 夏承碑
清 何绍基

秦 石鼓文　唐 李阳冰　清 徐三庚　清 吴昌硕

rú 茹（吃）

隋 苏孝慈墓志　元 赵孟頫　元 吴叡　清 邓石如

rú 儒

北魏 元显儁墓志　唐 欧阳询　唐 褚遂良　唐 柳公权

唐 颜真卿　元 赵孟頫　明 董其昌　汉 曹全碑

清 桂馥　清 黄易　清 钱泳　清 吴大澂

rú
孺

rú
濡

rǔ
汝

北魏 崔敬邕墓志
清 王澍
清 杨沂孙
清 吴大澂
唐 欧阳通
宋 黄庭坚
金 张天锡·草书韵会
汉 史晨碑
北魏 元诊墓志
唐 颜真卿
唐 柳公权
宋 张即之
唐 虞世南
晋 王羲之
晋 王献之
唐 颜真卿
唐 柳公权
汉 礼器碑
汉 华山碑
清 邓石如

rǔ
乳

rǔ
辱

rù
蓐
（草席）

rù
溽
（湿润）

rù 入

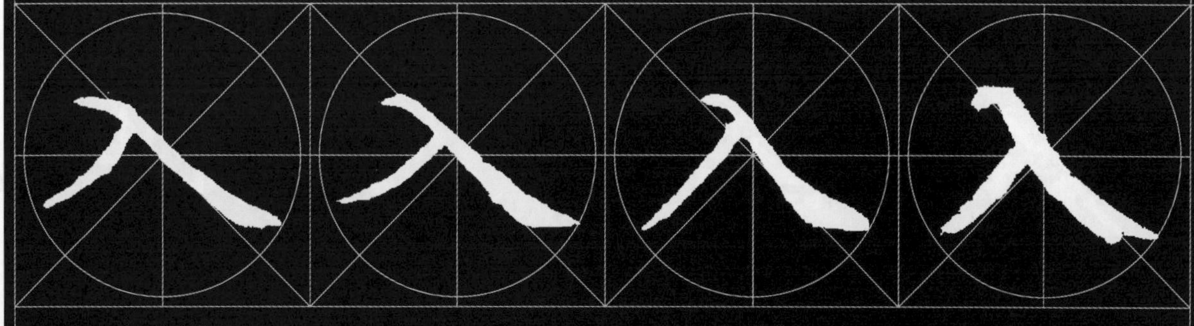

唐 虞世南　唐 欧阳通　唐 李邕　唐 颜真卿

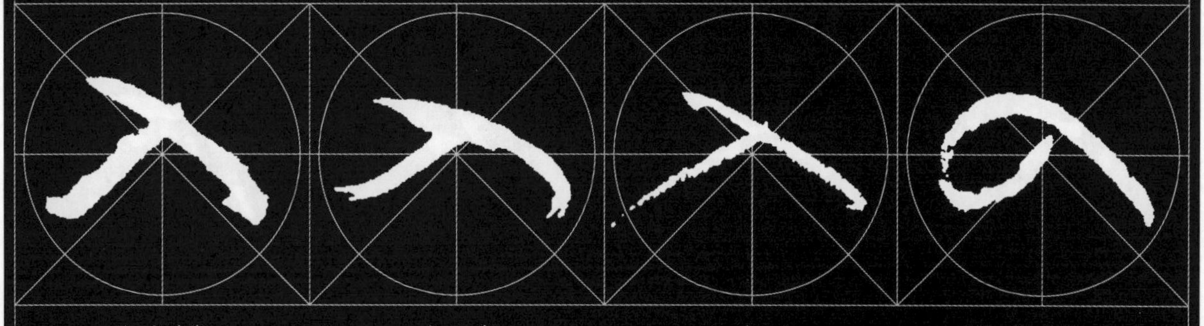

唐 颜真卿　唐 怀素　宋 黄庭坚　唐 张旭

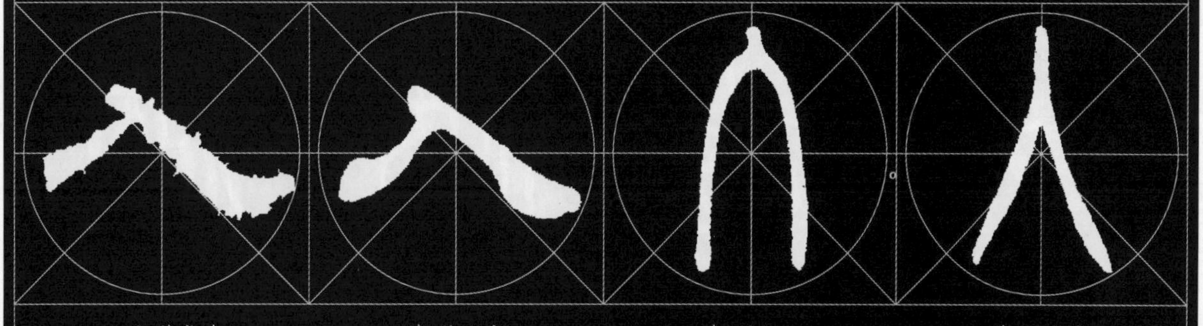

三国 范式碑　清 徐三庚　清 邓石如　清 徐三庚

ruǎn 阮

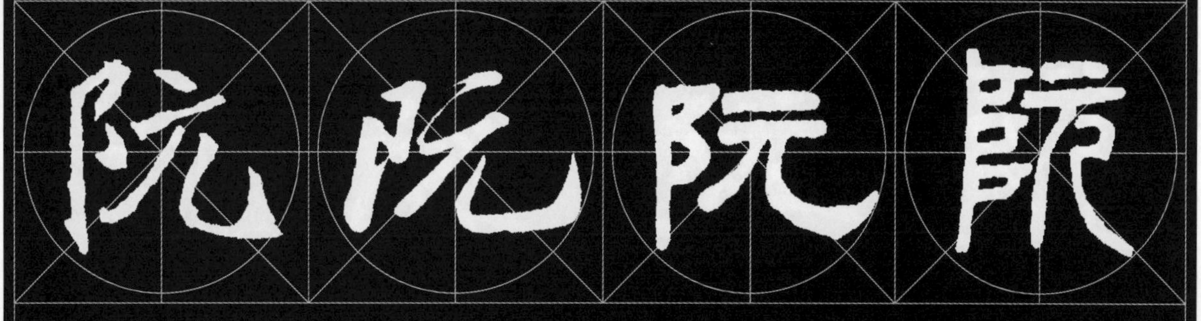

北魏 石婉墓志　宋 苏轼　清 吴大澂　清 杨沂孙

ruǎn 软（軟、輭）

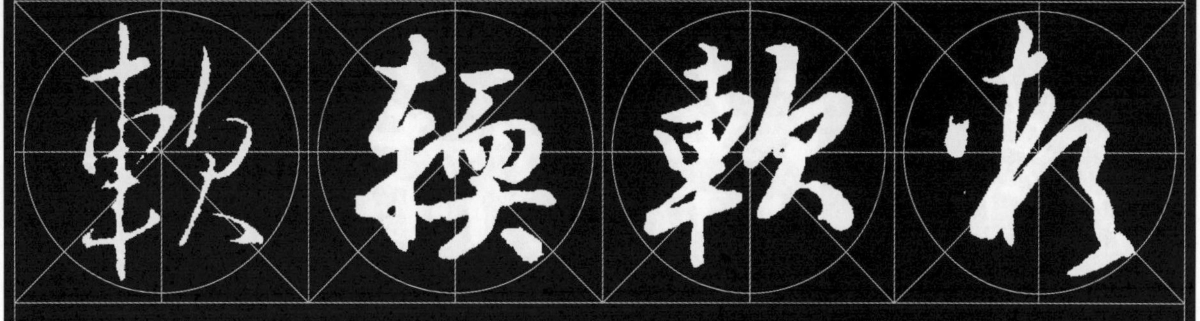

唐 李邕　元 鲜于枢　明 唐寅　唐 孙过庭

ruí
蕤

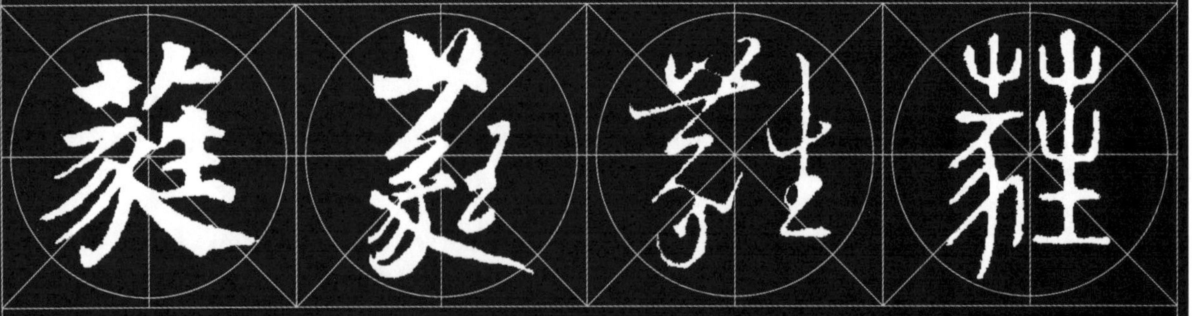

唐 颜真卿 宋 米芾 金 张天锡·草书韵会 汉 说文解字

ruǐ
蕊（蕋、蘂、蘃）

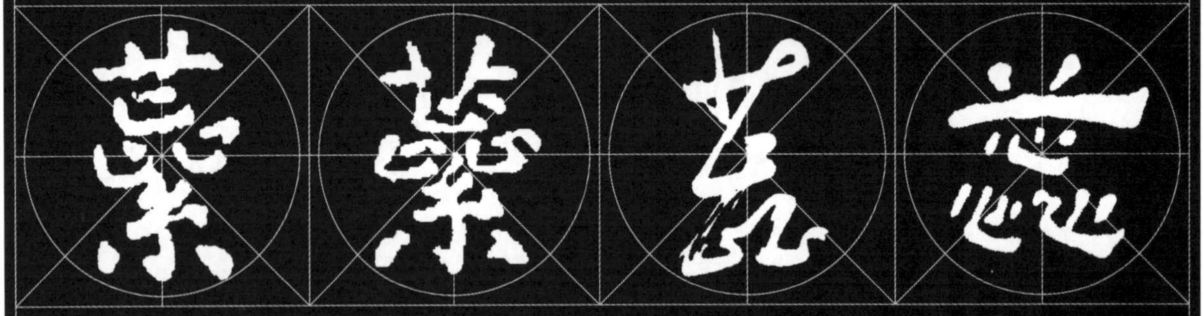

隋 董美人墓志 唐 李世民 明 董其昌 清 汪士慎

ruì
汭

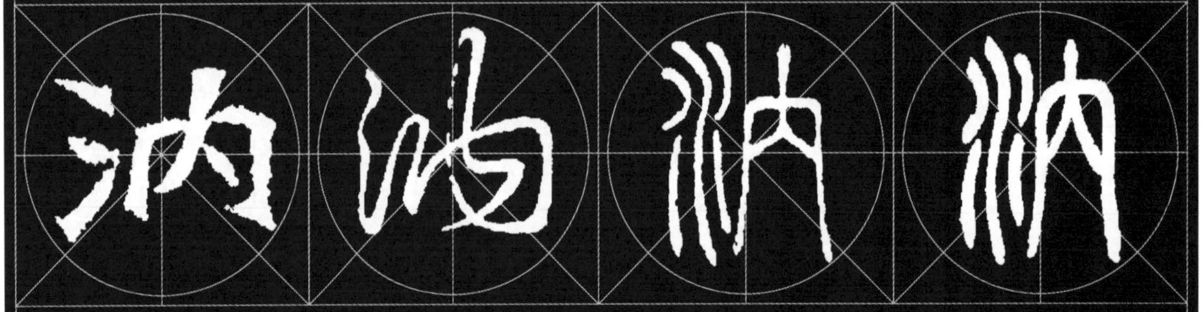

北魏 元详墓志 晋 王羲之 汉 说文解字 清 康熙字典

ruì
锐

唐 颜真卿 明 祝允明 元 赵孟頫 汉 说文解字

ruì
瑞

唐 昭仁寺碑 唐 欧阳询 唐 颜真卿 唐 李邕

宋 苏轼 明 邵二泉 汉 西狭颂 清 莫友芝

唐 虞世南 三国 司马懿 清 曾纪泽 清 杨沂孙

北魏 郑道昭 宋 黄庭坚 唐 裴休 汉 孔彪碑

隋 智永 元 赵孟頫 宋 苏轼 隋 智永

唐 孙过庭 宋 赵佶 汉 张迁碑 清 吴大澂

ruì
睿
（叡：看得深远）

rùn
闰
（閏）

rùn
润

晋 王羲之

唐 褚遂良

唐 颜真卿

元 赵孟頫

唐 孙过庭

汉 鲁峻碑

晋 辟雍碑

清 吴大澂

ruò
若
rě
（般若：bōrě 智慧；兰若：寺庙）

唐 欧阳询

唐 柳公权

唐 虞世南

晋 王羲之

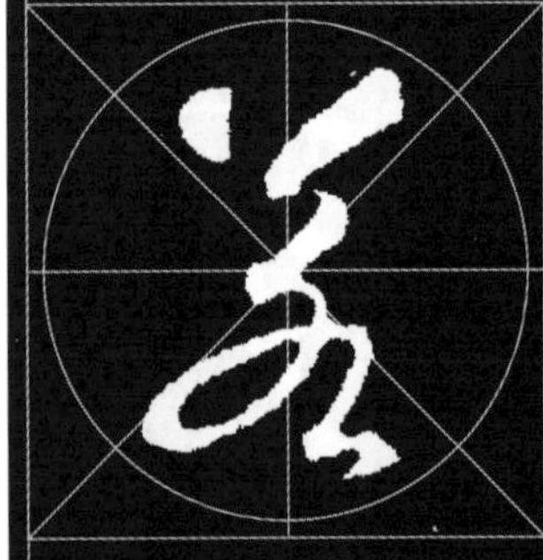
隋 智永

唐 孙过庭

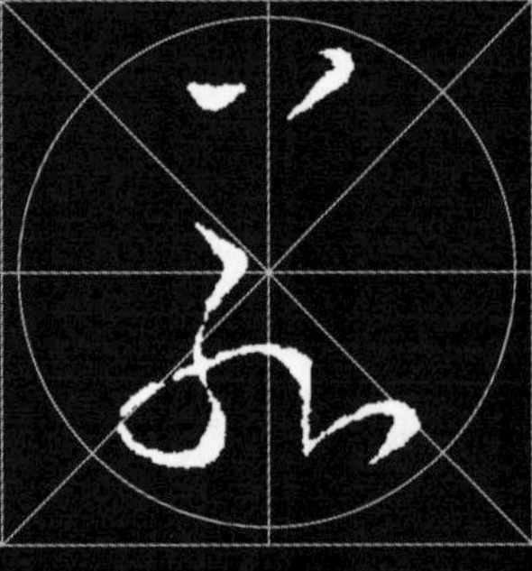
唐 张旭

汉 石门颂

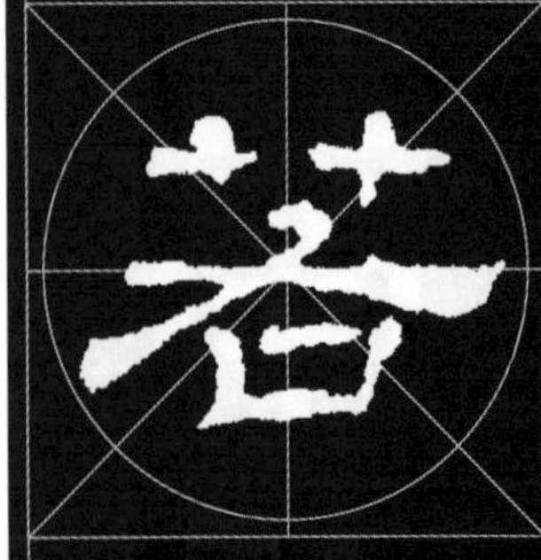
汉 华山碑

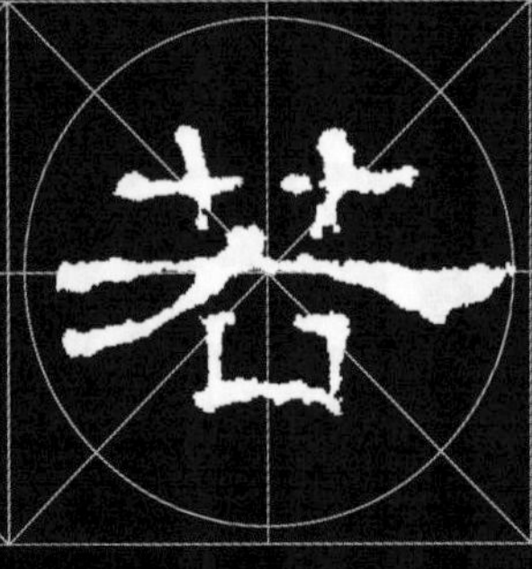
汉 史晨碑

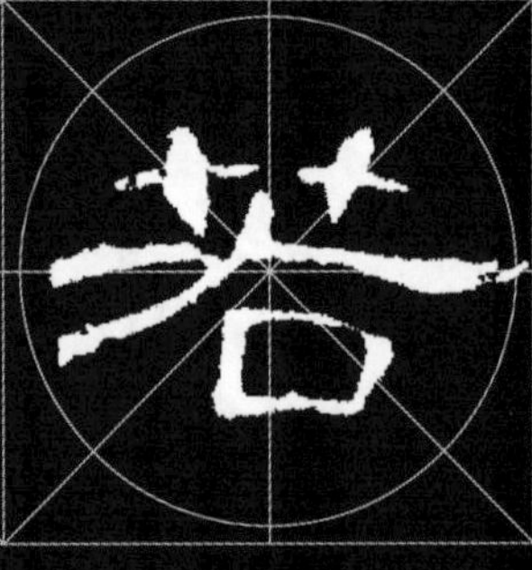
汉 曹全碑

清 莫友芝

ruò
弱

sǎ
洒

唐 欧阳询
唐 虞世南
唐 褚遂良
唐 颜真卿
晋 王献之
唐 欧阳询
唐 怀素
元 揭傒斯
汉 景君碑
汉 西狭颂
汉 鲁峻碑
汉 校官碑
唐 李阳冰
清 田潜
清 永理
清 吴熙载
宋 米芾
清 王铎
明 何震
清 杨沂孙

北魏 高湛墓志 唐 颜真卿 宋 黄庭坚 唐 孙过庭

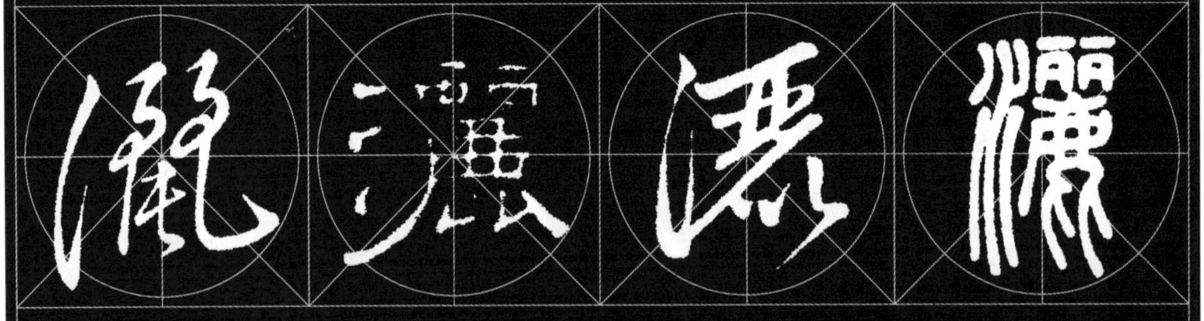

明 董其昌 清 阮元 元 赵孟頫 清 邓石如

sà
卅（三十）

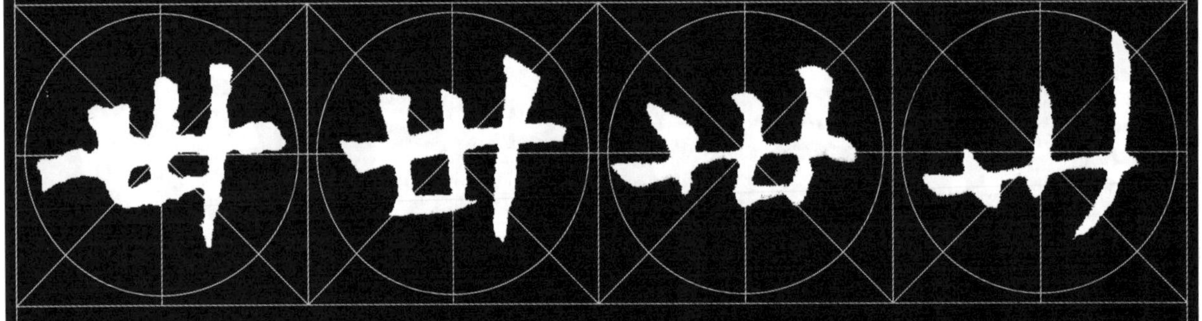

北魏 张猛龙碑 北魏 元诊墓志 唐 褚遂良 唐 柳公权

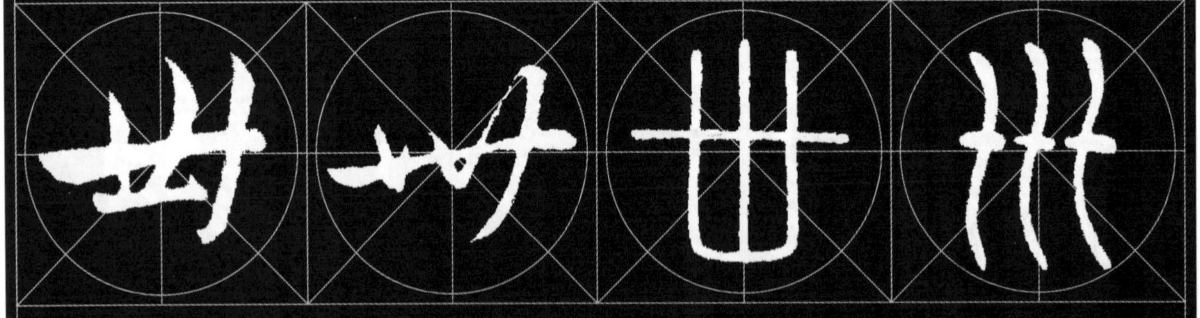

元 赵孟頫 晋 王羲之 秦 会稽刻石 清 杨沂孙

sà
飒

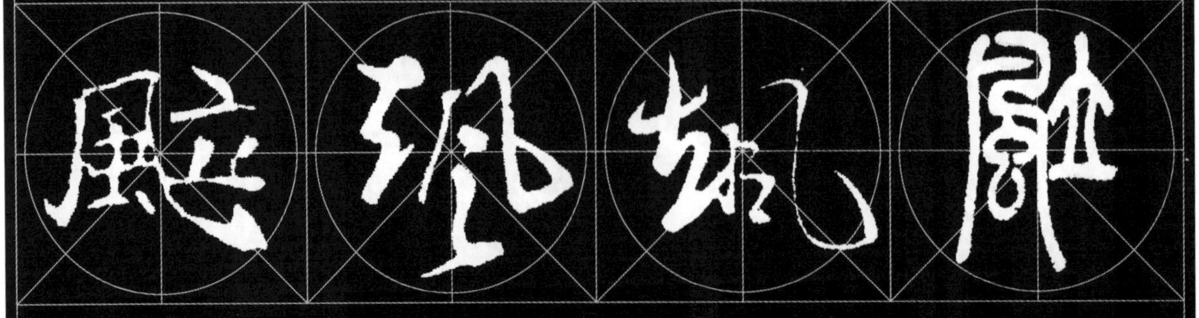

北魏 崔敬邕墓志 唐 孙过庭 宋 范成大 清 吴熙载

sà 萨（薩）

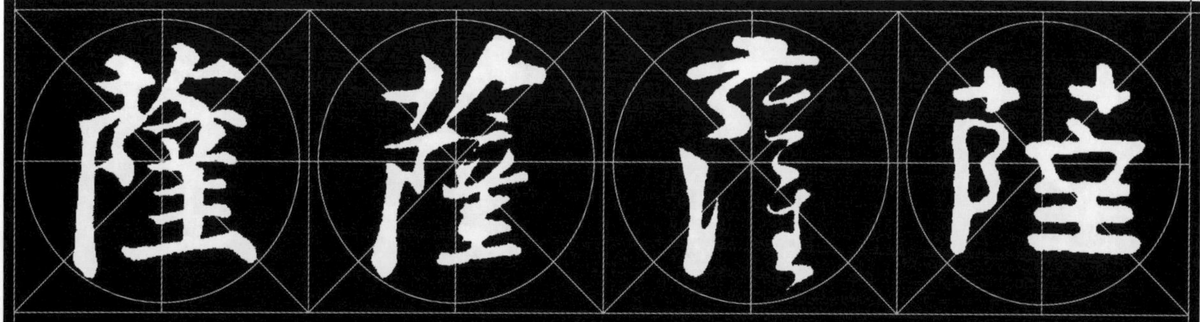

唐 颜真卿 | 宋 苏轼 | 晋 王羲之 | 北齐 泰山金刚经

sāi 塞 sài sè

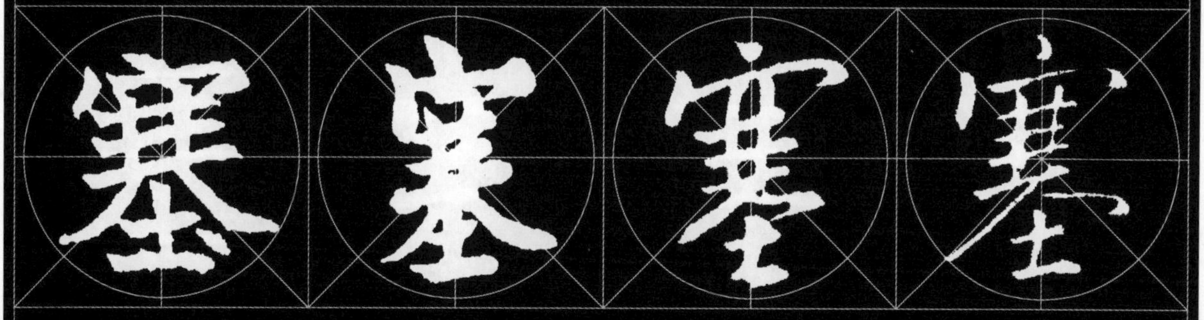

北魏 高贞碑 | 唐 欧阳询 | 晋 王羲之 | 唐 褚遂良

唐 陆柬之 | 唐 怀素 | 唐 怀素 | 清 归庄

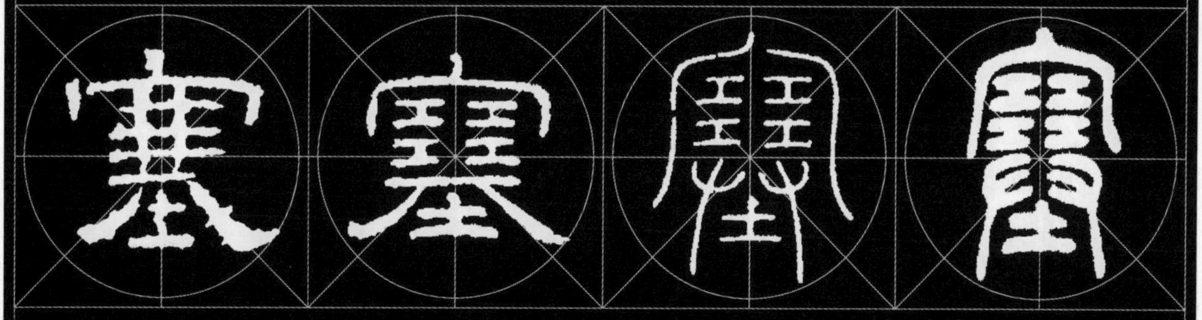

汉 曹全碑 | 清 王澍 | 唐 李阳冰 | 清 吴熙载

sān 三

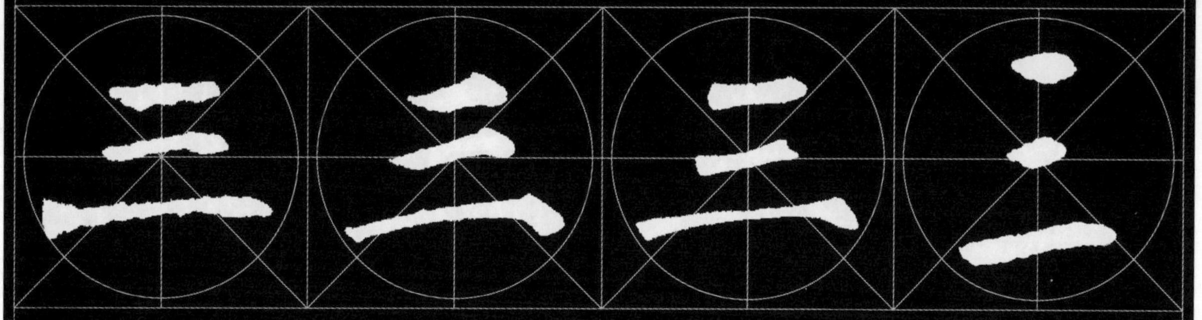

北魏 张猛龙碑 | 唐 颜真卿 | 唐 柳公权 | 元 鲜于枢

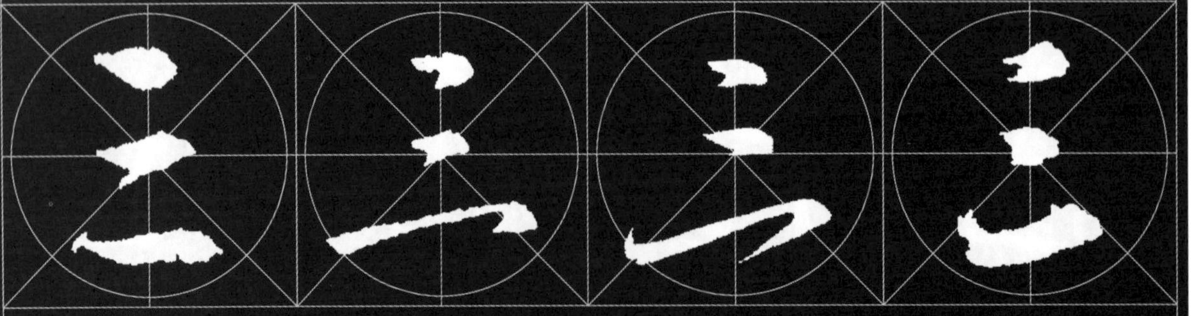

晋 王羲之　唐 陆柬之　唐 怀素　明 陈献章

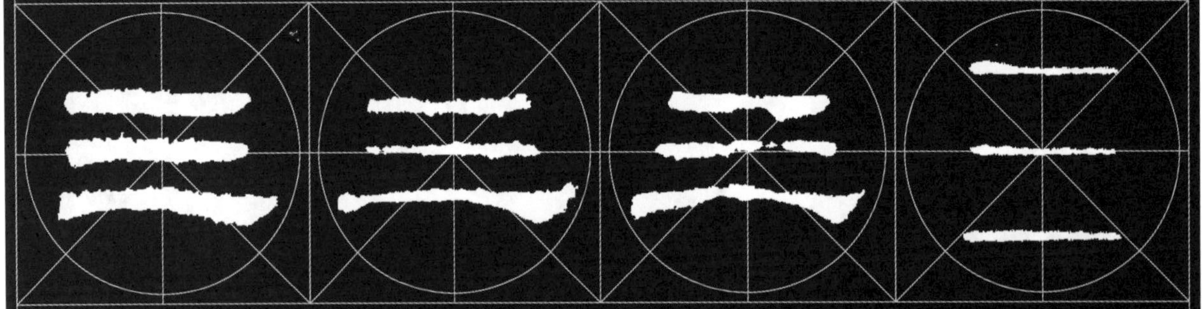

汉 乙瑛碑　汉 礼器碑　汉 华山碑　汉 说文解字

sǎn
散
（松散；药末）
sàn
（解散；散布；排除）

唐 颜真卿　唐 柳公权　元 赵孟頫　明 文徵明

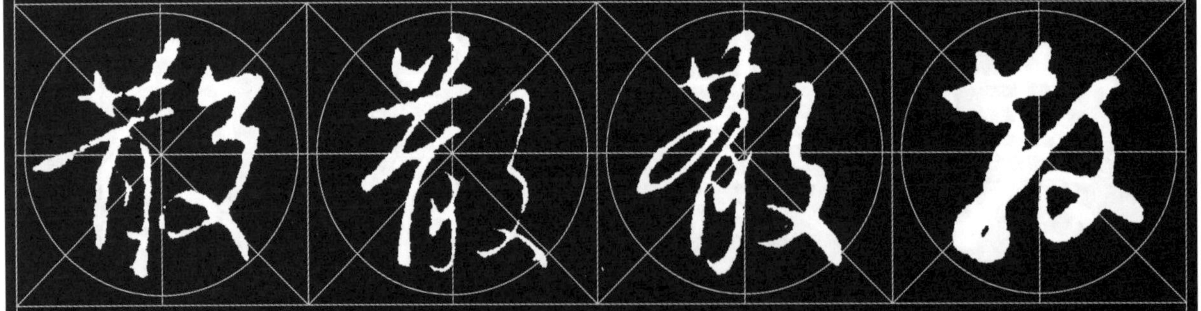

晋 王献之　晋 王献之　唐 褚遂良　唐 怀素

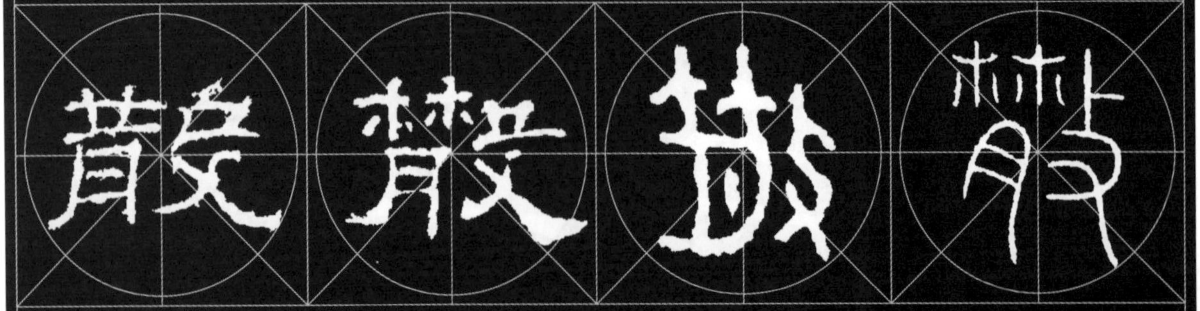

汉 石门颂　唐 李权　周 散氏盘　唐 李阳冰

sāng
桑

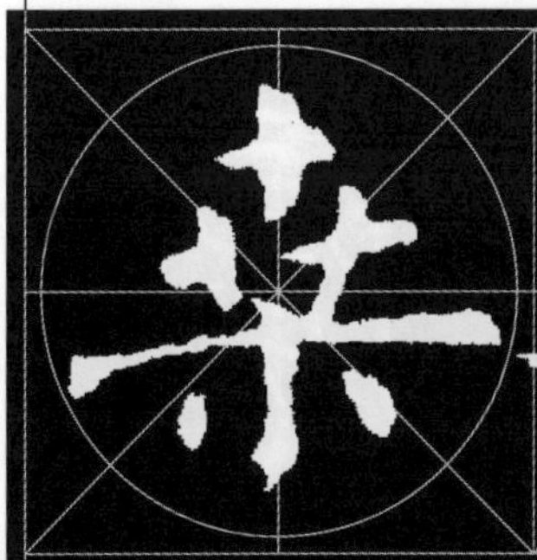
唐 虞世南

唐 褚遂良

元 饶介

清 恽寿平

明 祝允明

明 文徵明

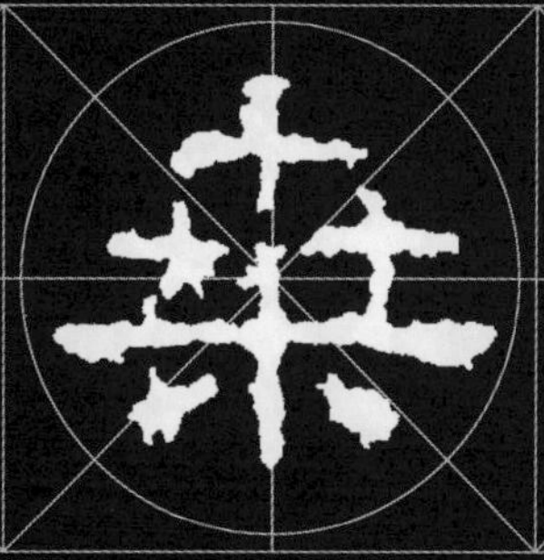
汉 武梁刻石

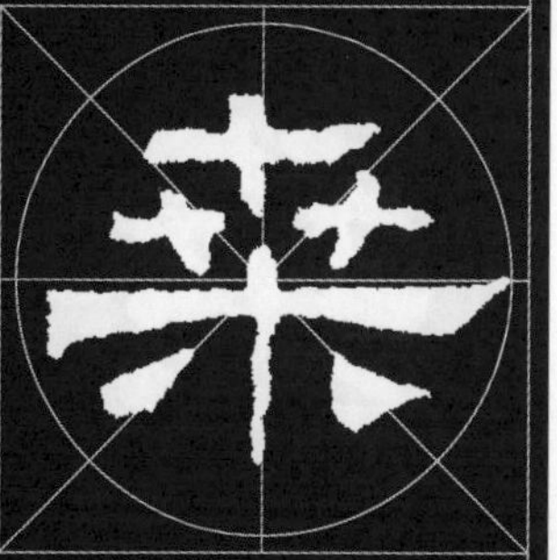
汉 乙瑛碑

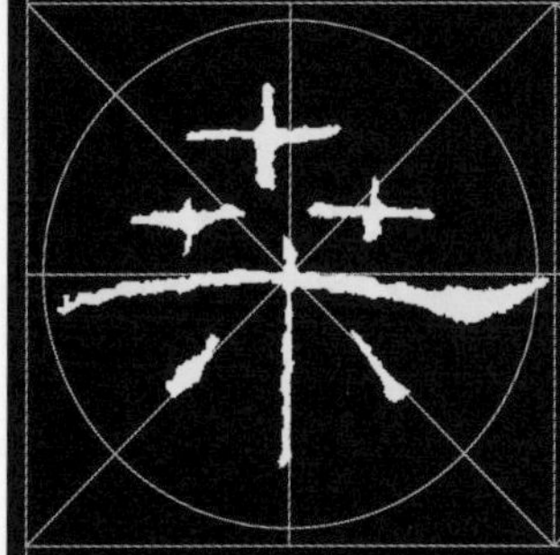
汉 礼器碑

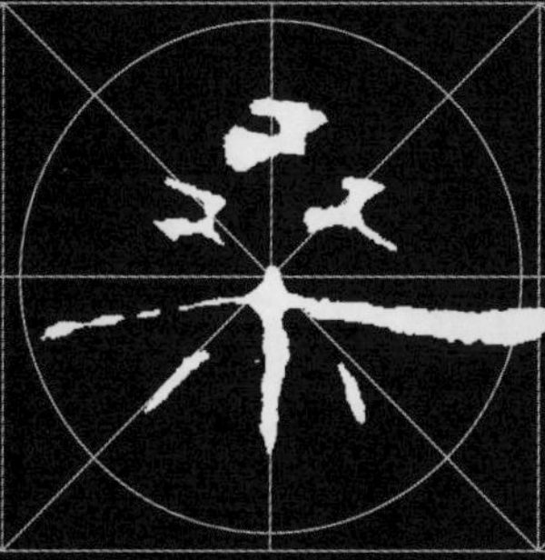
唐 韩择木

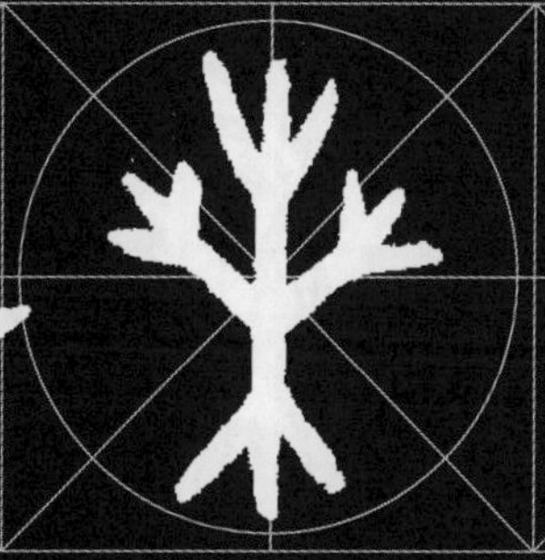
殷商 甲骨文

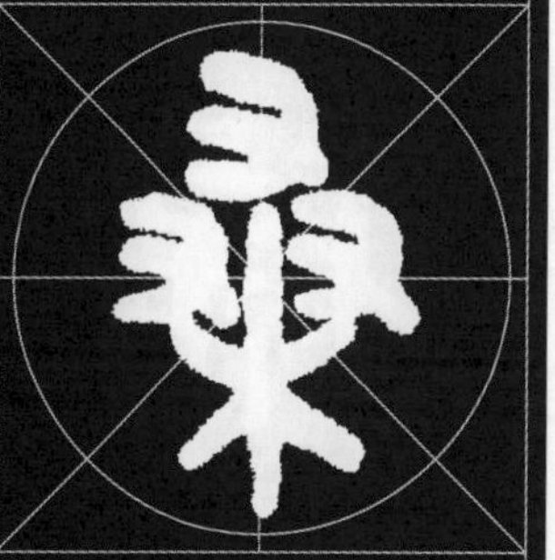
清 吴大澂

sàng
丧（喪、丧）
sāng（治丧）

唐 欧阳询

宋 黄庭坚

元 赵孟頫

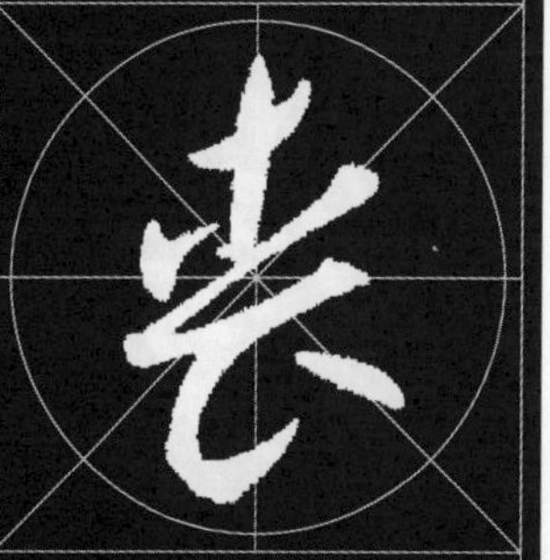
唐 贺知章

汉 韩仁铭

汉 朝侯小子残碑

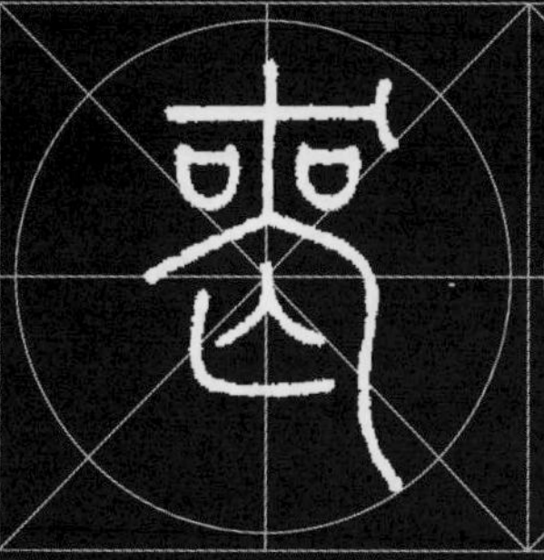
清 王澍

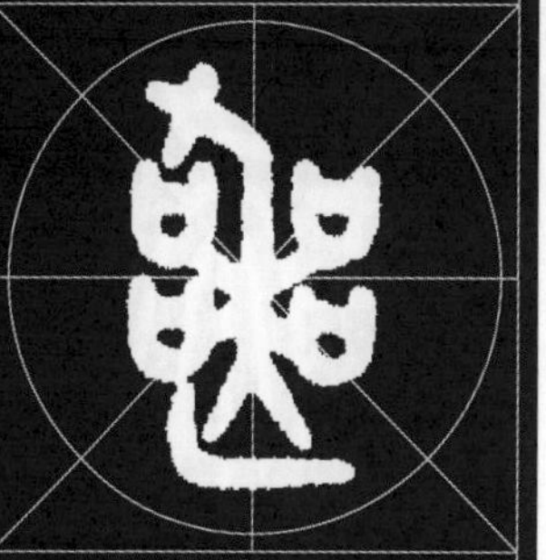
清 吴大澂

sāo
搔

sāo
骚

sǎo
扫

sǎo
嫂
（㛮、[illegible]）

sào
埽

sè
色
shǎi
（口语用）

sè
涩
（澀、澁）

sè
瑟

sè 啬

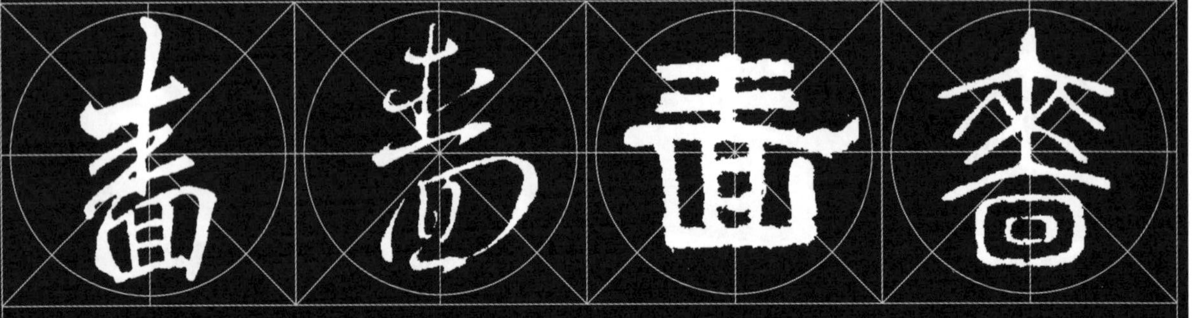

唐 李邕 | 宋 岳飞 | 汉 鲜于璜碑 | 汉 说文解字

sè 穑

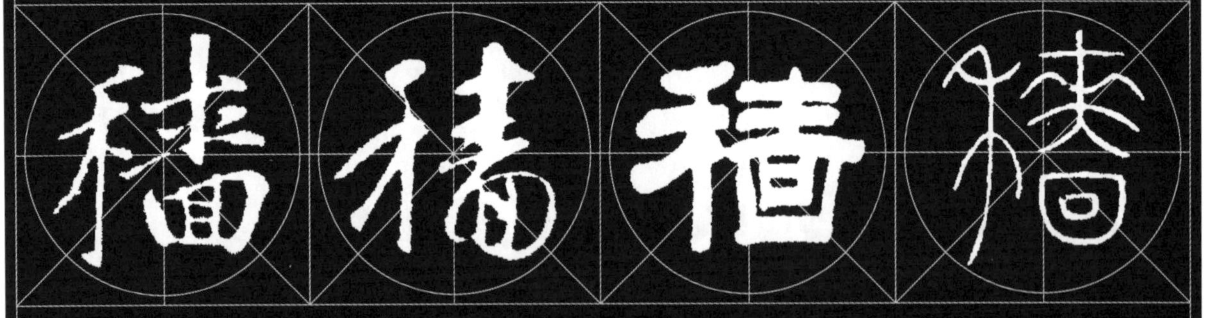

元 赵孟頫 | 隋 智永 | 清 陈豫钟 | 唐 李阳冰

sēn 森

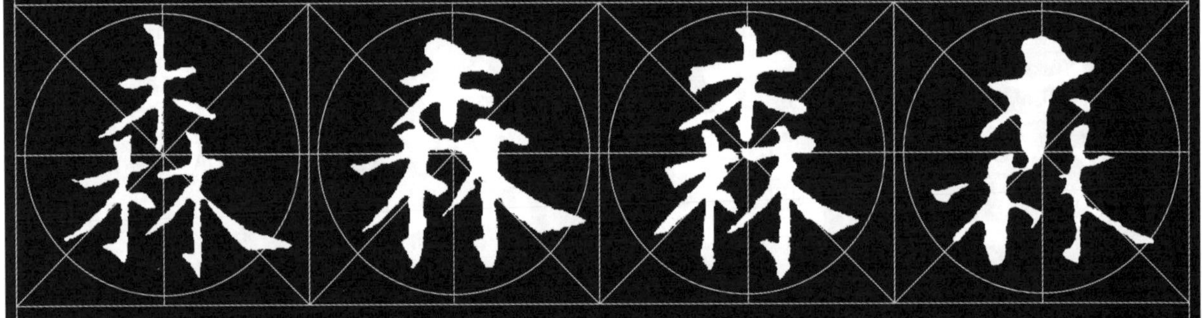

隋 苏孝慈墓志 | 唐 颜真卿 | 唐 柳公权 | 宋 苏轼

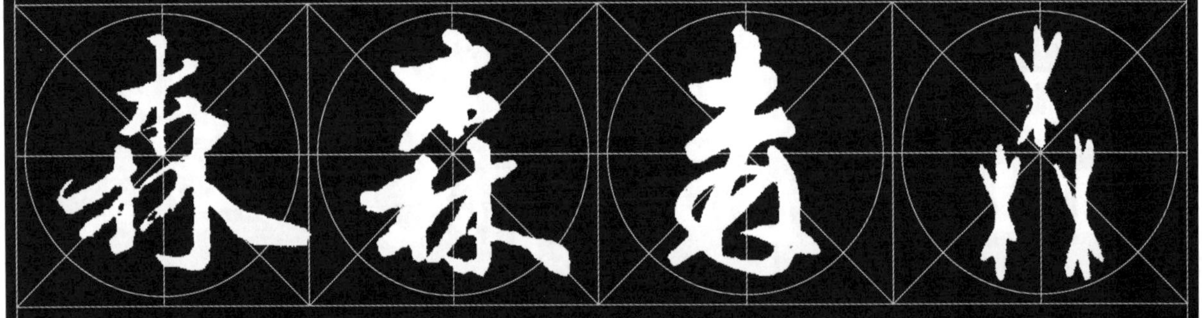

宋 范成大 | 清 恽寿平 | 清 王铎 | 殷商 甲骨文

sēng 僧

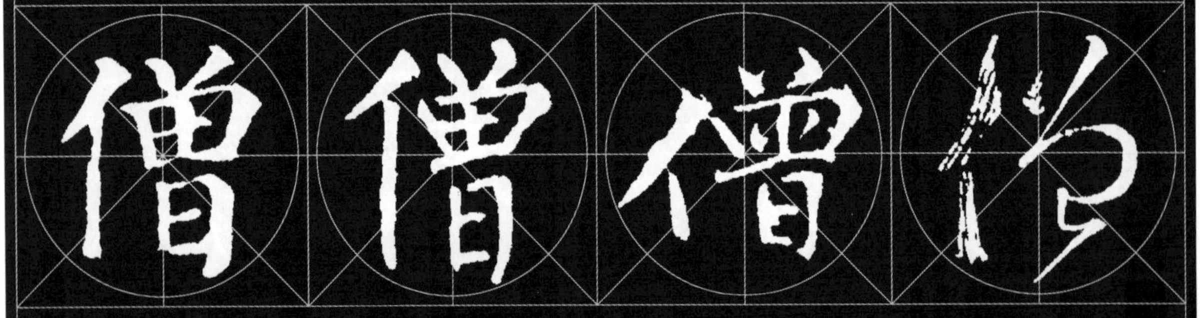

唐 颜真卿 | 唐 柳公权 | 宋 黄庭坚 | 唐 怀素

宋 米芾　元 赵孟頫　清 杨岘　汉 说文解字

北朝 敬使君碑　明 董其昌　明 唐寅　金 张天锡·草书韵会

唐 欧阳询　唐 颜真卿　宋 苏轼　明 何震

隋 智永　唐 李邕　唐 柳公权　元 揭傒斯

宋 黄庭坚　汉 礼器碑　清 王澍　唐 李阳冰

shā 刹（止住）chà（古刹）

shā 杀（殺、敎）

shā 沙 shà

shā
砂

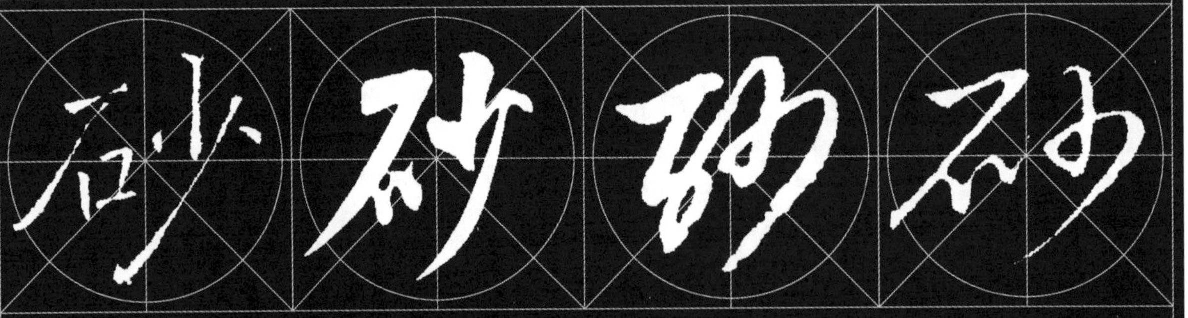

唐 褚遂良　宋 米芾　明 黄道周　金 张天锡·草书韵会

shān
山

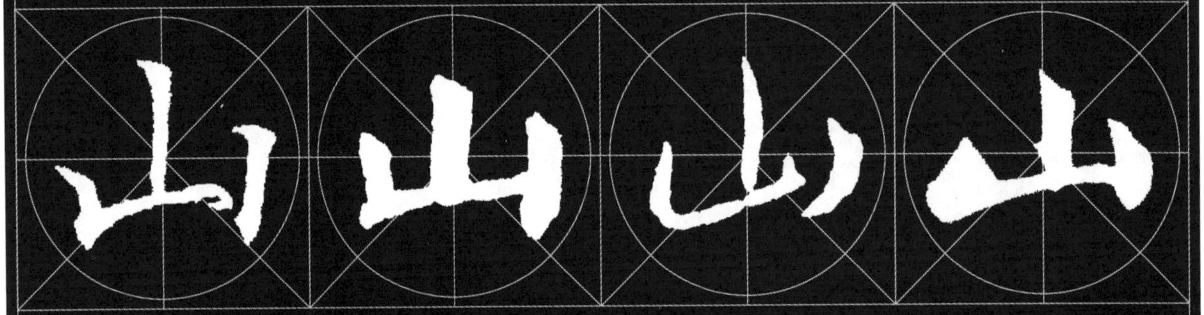

唐 欧阳通　唐 颜真卿　唐 孙过庭　元 赵孟頫

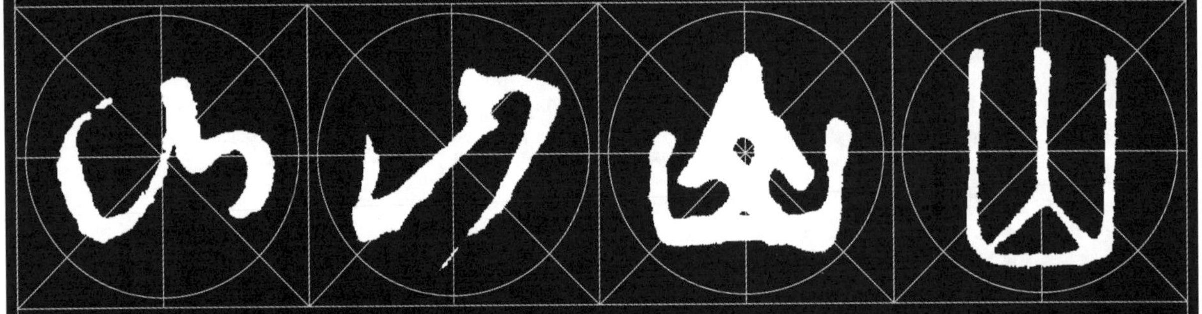

唐 孙过庭　宋 米芾　清 杨守敬　汉 说文解字

shān
删

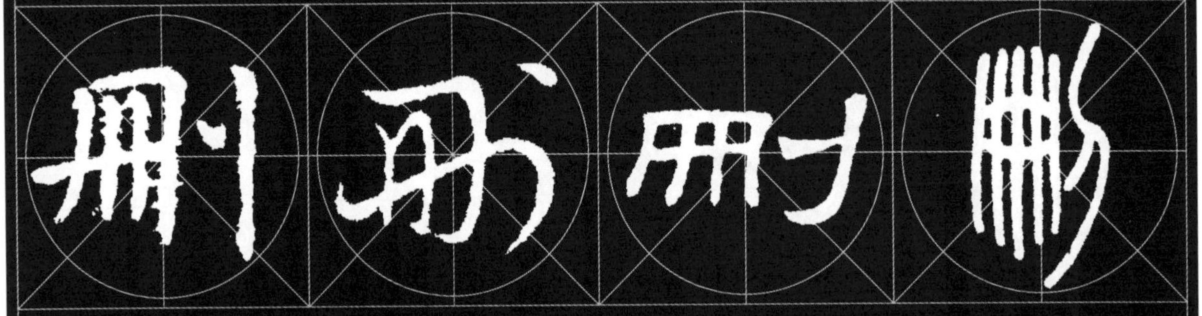

唐 虞世南　清 顾蔼吉·隶辨　金 张天锡·草书韵会　清 邓石如

shān
珊

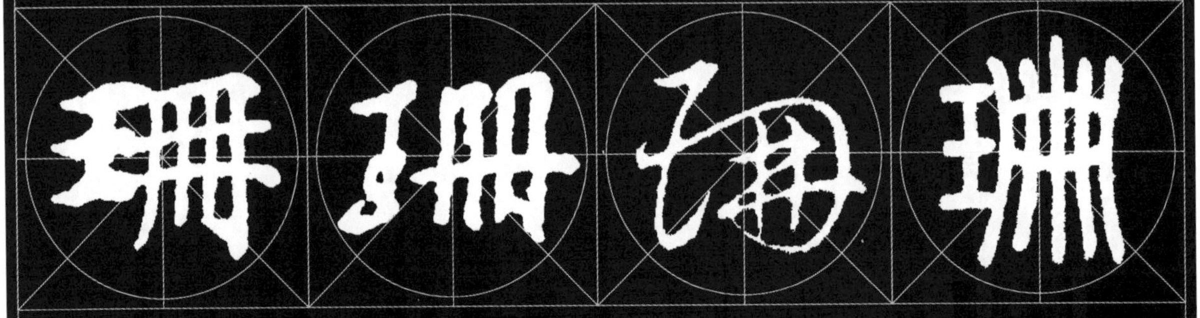

唐 国铨　明 邓石如　金 张天锡·草书韵会　清 杨锐

shān
杉（椾）
shā
（杉木）

shān
衫

shān
芟（割、除）

shān
挻（揉合；延伸；篡夺）
shān
羶（膻、羴）

Shǎn 陕

shàn 扇 shān

shàn 苫（盖）shān

shàn 剡 yǎn

北魏 李璧墓志	明 佚名	汉 张迁碑	汉 说文解字
唐 陆柬之	元 赵孟頫	晋 王羲之	隋 智永
唐 孙过庭	元 俞和	汉 说文解字	清 邓石如
宋 吴说	元 陈基	清 顾蔼吉·隶辨	汉 说文解字
宋 米芾	元 赵孟頫	清 王铎	汉 说文解字

shàn
善

唐 欧阳询
唐 褚遂良
唐 欧阳通
唐 魏栖梧
晋 王羲之
晋 王献之
唐 李世民
唐 颜真卿
晋 王羲之
晋 王献之
唐 怀素
宋 王昇
汉 袁博碑
汉 夏承碑
汉 张迁碑
汉 朝侯小子残碑
周 毛公鼎
汉 说文解字
清 邓石如
清 杨沂孙

shàn
膳（饍）

shàn
缮

shàn
擅

shàn
赡

shāng 商

shāng 伤（傷）

唐 虞世南
唐 柳公权
宋 赵佶
宋 赵构
宋 苏轼
元 赵孟頫
晋 王羲之
汉 石门颂
汉 华山碑
汉 曹全碑
周 九年卫鼎
清 杨沂孙
唐 颜真卿
唐 王知敬
晋 王羲之
晋 王羲之
宋 苏轼
明 唐寅
晋 索靖
晋 王羲之

汉 朝侯小子残碑　清 王澍　元 赵孟頫　清 吴大澂

shāng
殇（早逝）

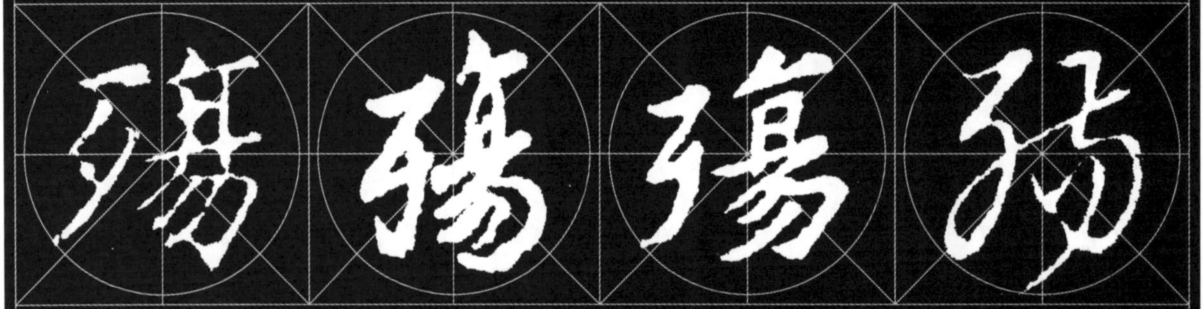

唐 褚遂良　晋 王羲之　宋 黄庭坚　金 张天锡·草书韵会

shāng
觞（酒杯）

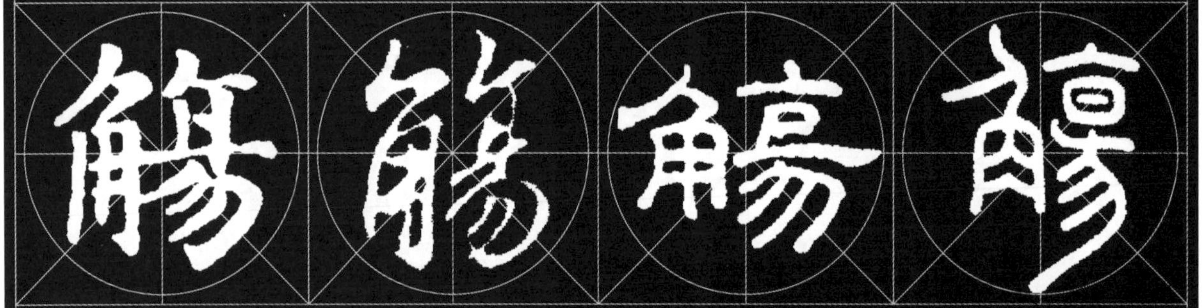

元 赵孟頫　晋 王羲之　清 王澍　清 钱坫

shǎng
赏

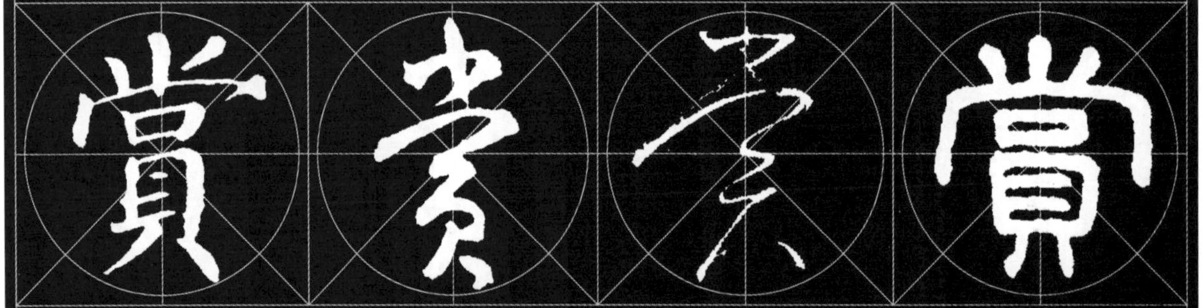

唐 颜真卿　宋 米芾　唐 怀素　清 王澍

shàng
上

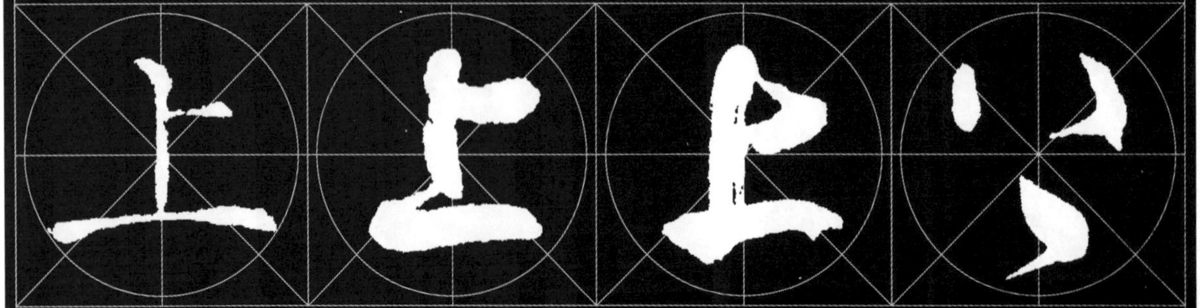

唐 褚遂良　唐 孙过庭　宋 米芾　唐 张旭

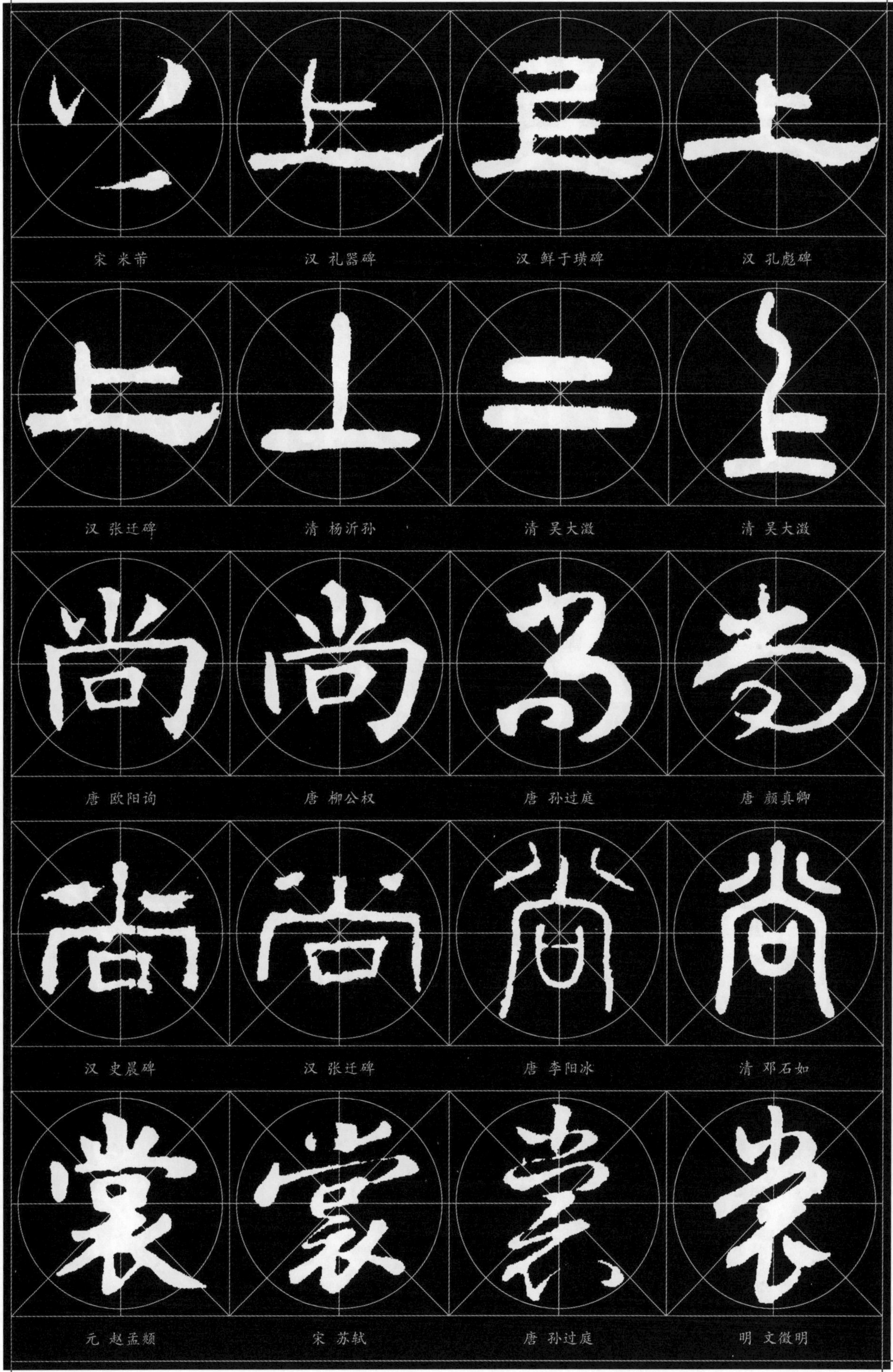

shàng
尚

shang
裳
cháng

shāo
捎

shāo
梢

shāo
稍

shāo
烧

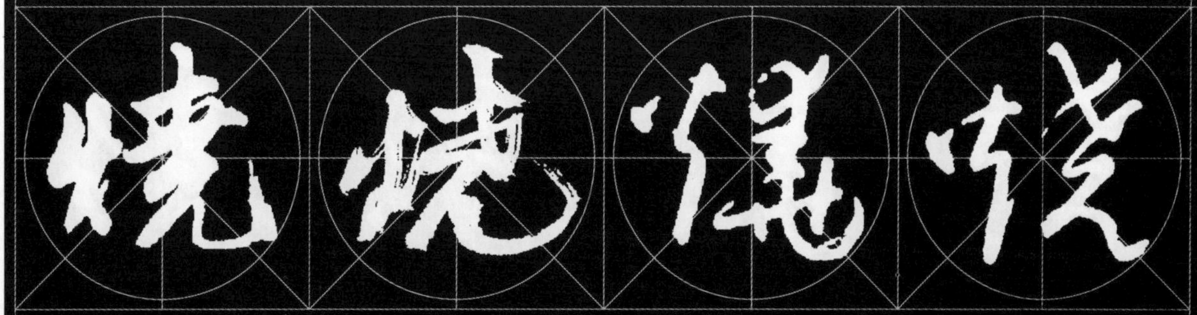

明 唐寅 明 徐渭 明 佚名 明 佚名

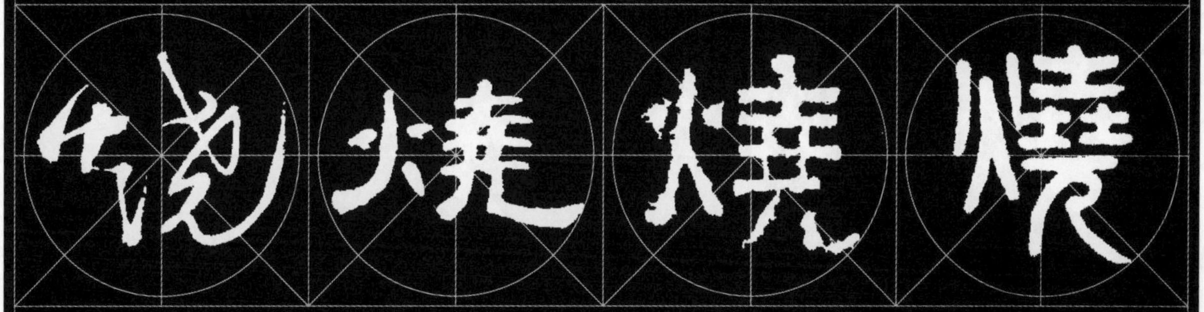

清 王铎 汉 曹全碑 汉 张迁碑 清 杨沂孙

sháo
勺

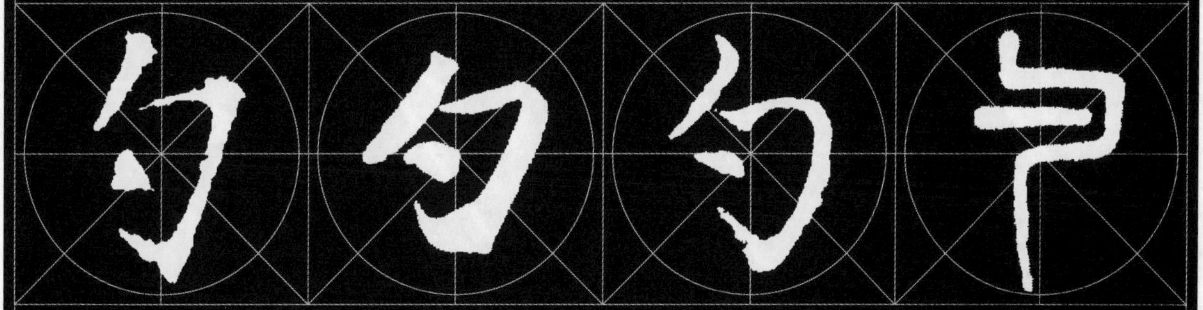

南北朝 张猛龙碑 宋 苏轼 元 俞和 清 吴大澂

sháo
苕
tiáo

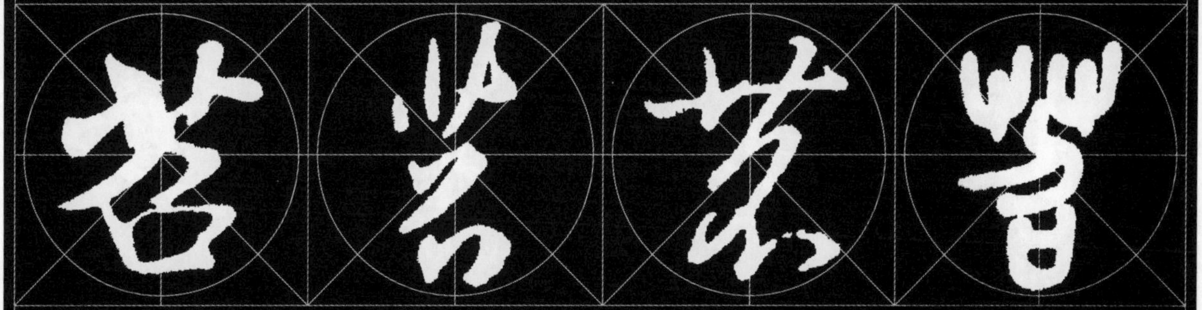

宋 米芾 明 王宠 金 张天锡·草书韵会 清 吴昌硕

sháo
韶
（美）

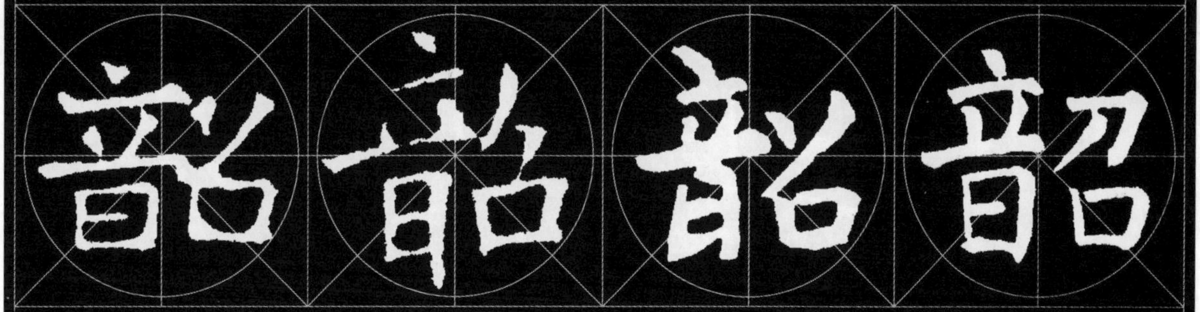

北魏 吊比干墓志 唐 欧阳询 唐 虞世南 唐 颜真卿

shǎo
少
shào

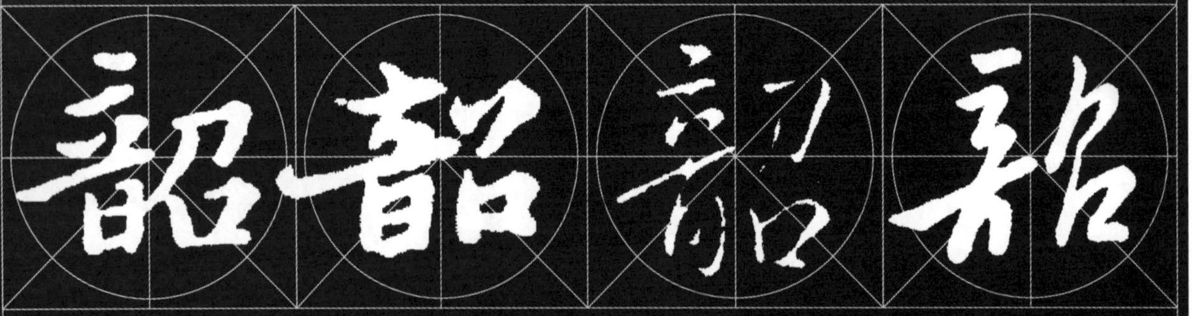

明 黄道周　清 郑燮　唐 李邕　宋 米芾

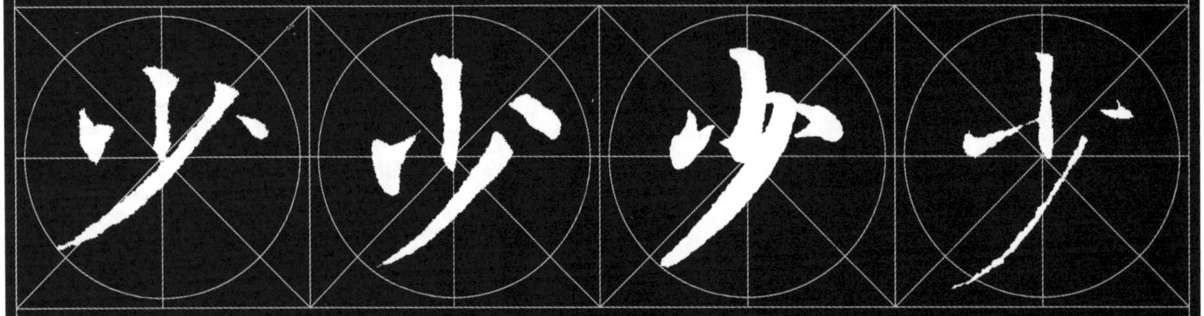

唐 欧阳通　金 王庭筠　隋 智永　唐 高正臣

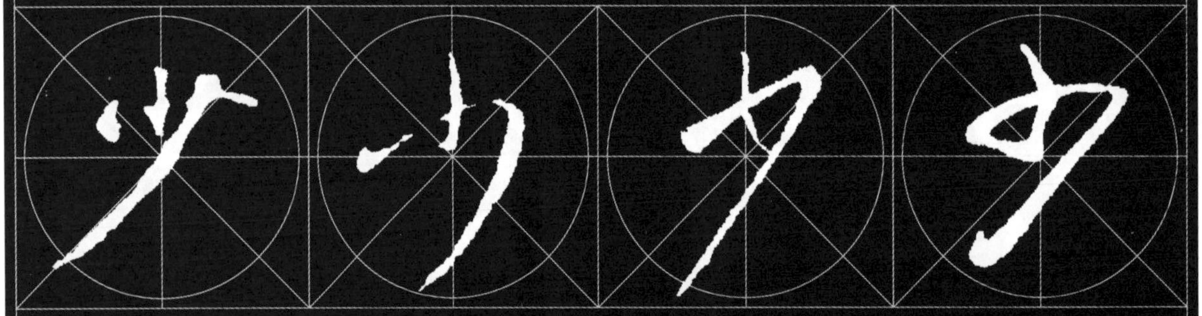

宋 苏轼　晋 王羲之　唐 欧阳询　宋 蔡襄

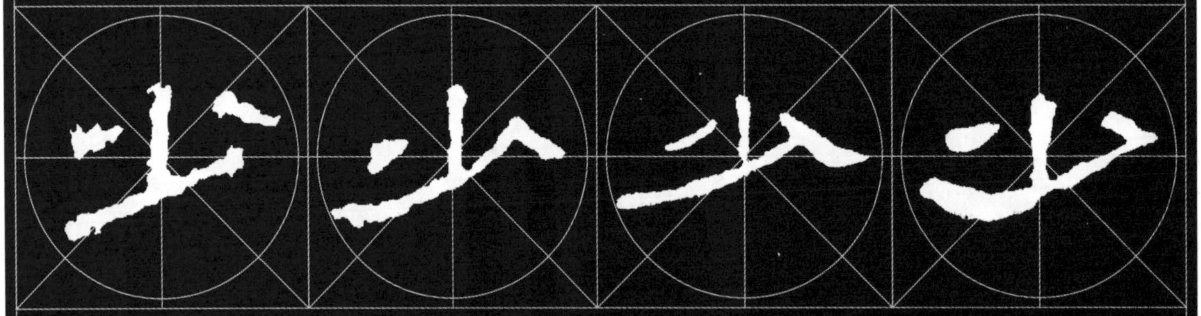

汉 武梁刻石　汉 赵宽碑　汉 曹全碑　汉 张迁碑

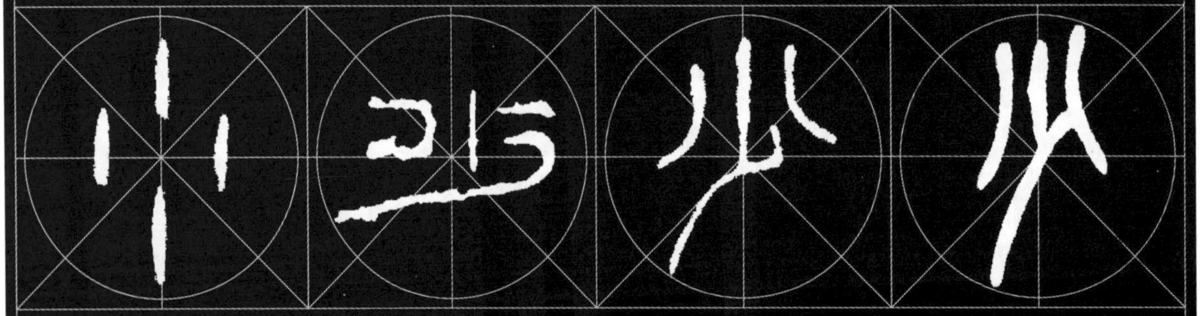

殷商 甲骨文　汉 金文　汉 说文解字　清 吴昌硕

shào
劭
（卲：劝勉；美好）

Shào
邵

shào
绍

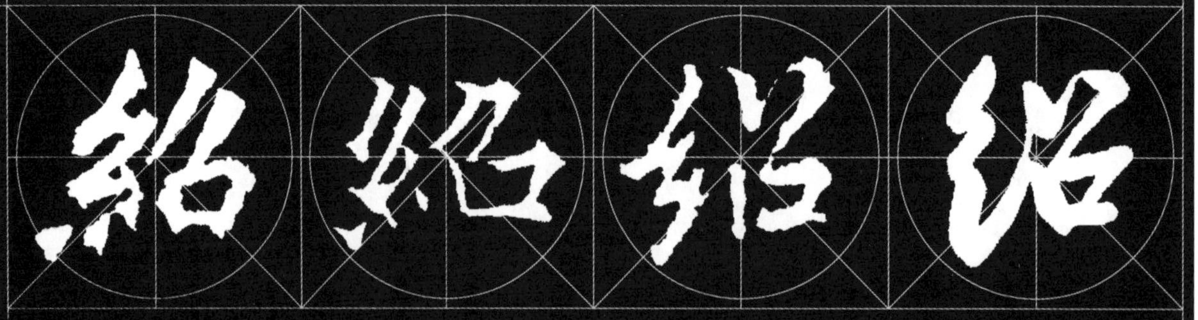

北魏 高树造像　唐 欧阳通　唐 李邕　宋 蔡卞

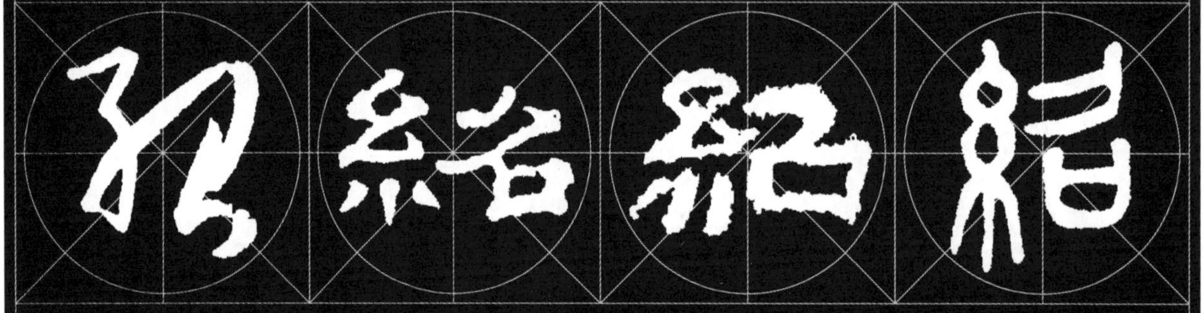

唐 孙过庭　汉 郭有道碑　三国 范式碑　清 杨沂孙

shē
奢

明 沈度　金 张天锡·草书韵会　汉 礼器碑　清 杨沂孙

shē
赊（欠）

北魏 张猛龙碑　明 文徵明　晋 羊欣　清 吴昌硕

shé
舌

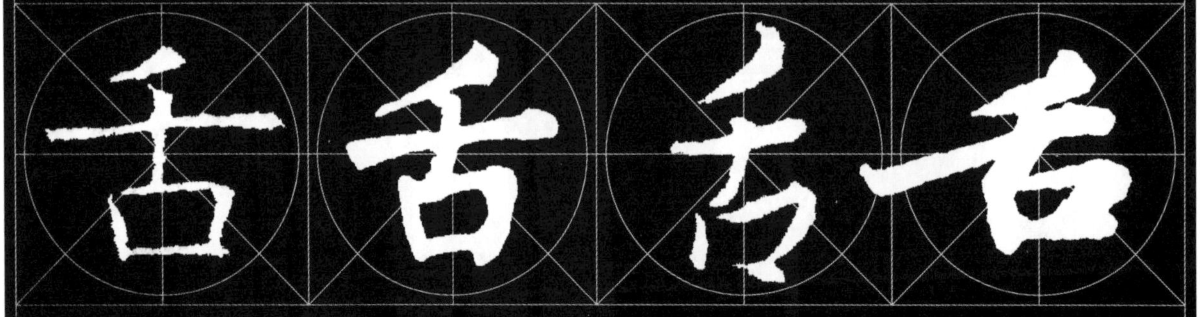

隋 苏孝慈墓志　唐 颜真卿　晋 王羲之　宋 苏轼

宋 黄庭坚　金 张天锡·草书韵会　清 邓石如　清 杨沂孙

唐 褚遂良　唐 欧阳通　宋 黄庭坚　元 赵孟頫

唐 孙过庭　唐 孙过庭　唐 怀素　清 邓石如

唐 颜真卿　唐 柳公权　晋 王羲之　晋 王献之

晋 王羲之　晋 王献之　汉 乙瑛碑　汉 张迁碑

shé
蛇（虵）yí（委蛇：同逶迤）

shě
舍（捨）shè

shè
设

shè
涉

唐 欧阳询
唐 颜真卿
元 康里子山
北齐 泰山金刚经
唐 欧阳询
唐 虞世南
唐 柳公权
明 祝允明
隋 智永
元 赵孟頫
隋 智永
唐 孙过庭
元 鲜于枢
汉 华山碑
三国 曹真碑
唐 李隆基
唐 褚遂良
唐 柳公权
晋 王羲之
晋 王羲之

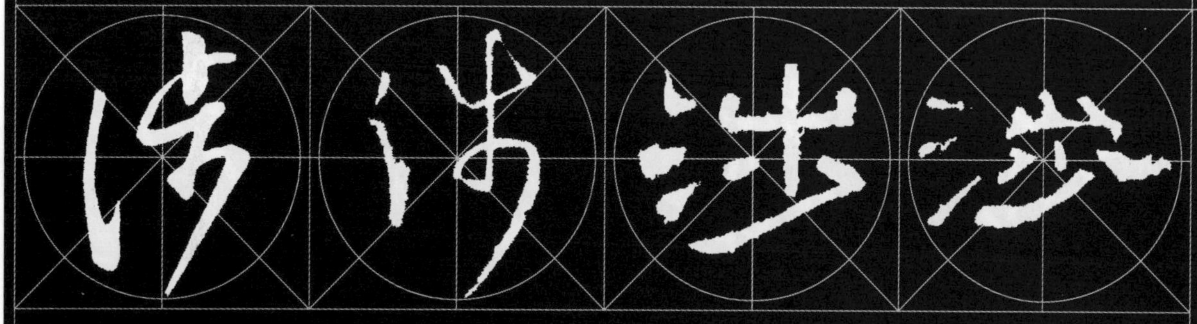

宋 苏洵　唐 孙过庭　汉 西狭颂　唐 李枢

shè
射
（躾）

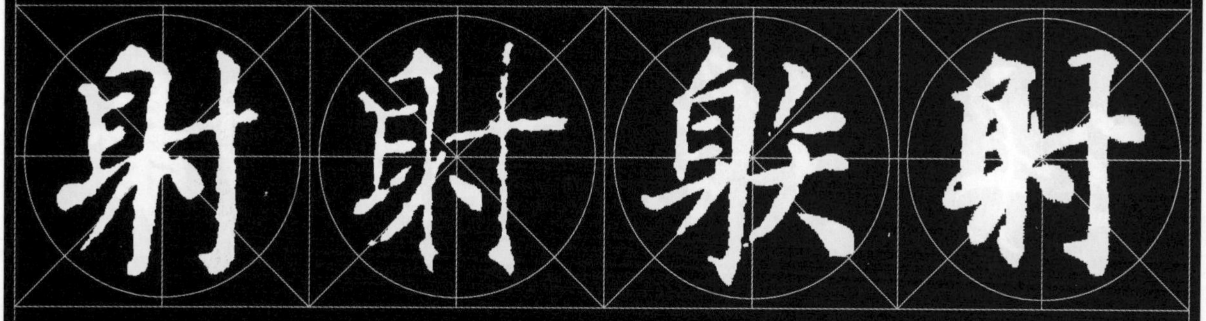

唐 颜真卿　唐 王知敬　清 梁同书　隋 智永

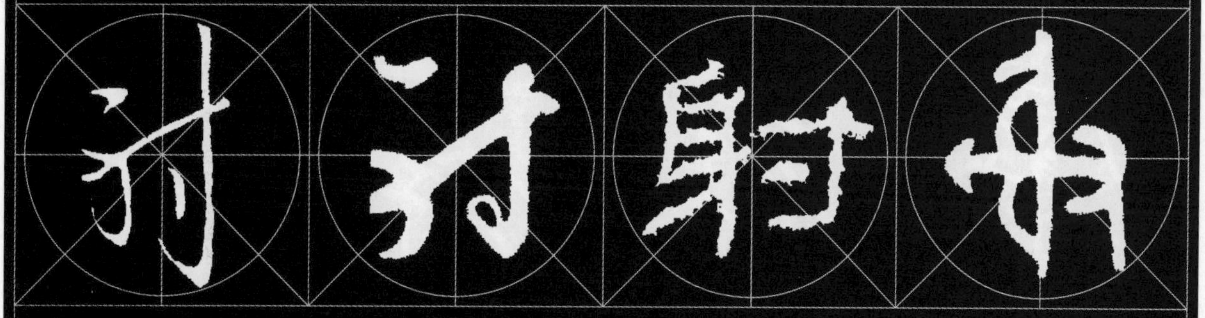

唐 欧阳询　唐 孙过庭　汉 封龙山碑　唐 颜真卿

shè
赦
（免）

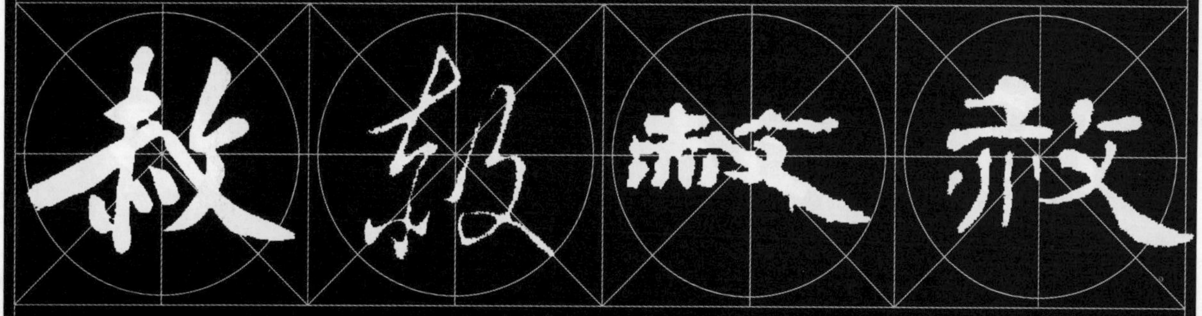

宋 黄庭坚　金 张天锡·草书韵会　汉 简牍　清 郑簠

shè
摄
（攝）

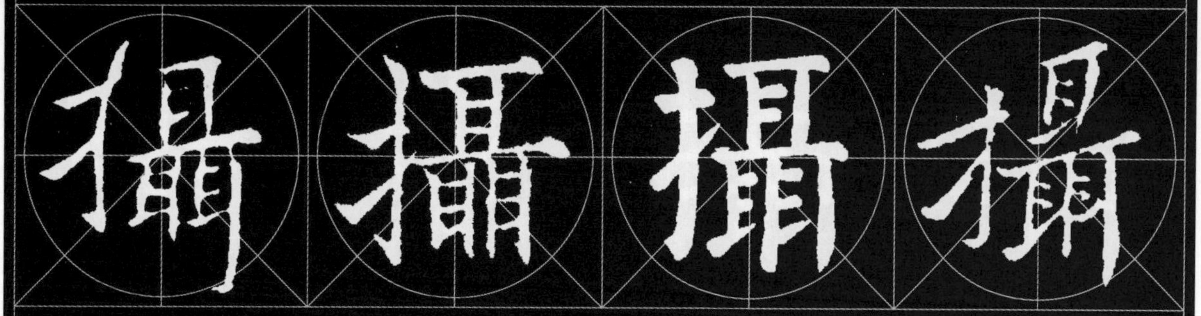

南北朝 王僧虔　唐 欧阳通　唐 颜真卿　宋 黄庭坚

shè
麝

shēn
申

唐 褚遂良　明 董其昌　元 王蒙　隋 智永

唐 孙过庭　唐 怀素　元 赵孟頫　清 王澍

元 鲜于枢　元 陈基　金 张天锡·草书韵会　汉 说文解字

唐 欧阳询　唐 柳公权　三国 皇象　宋 赵构

汉 礼器碑　汉 张景碑　清 邓石如　清 杨沂孙

shēn
伸

shēn
绅

shēn
身

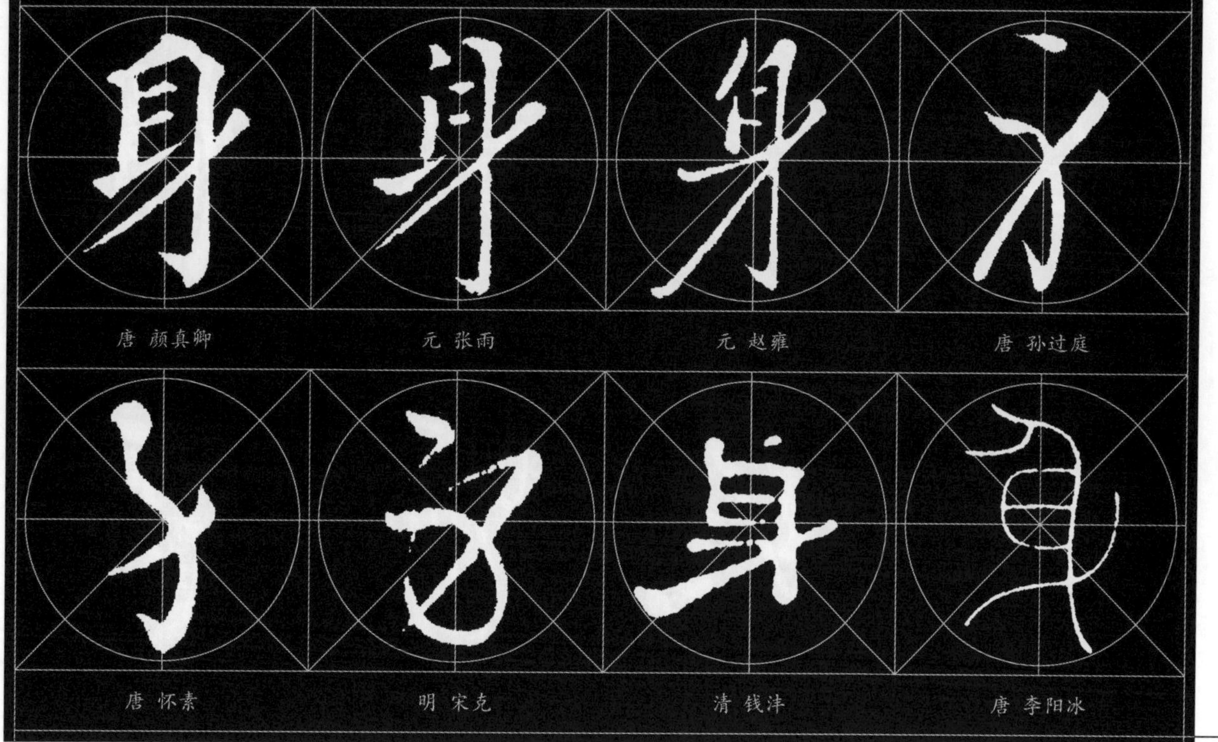

shēn
深

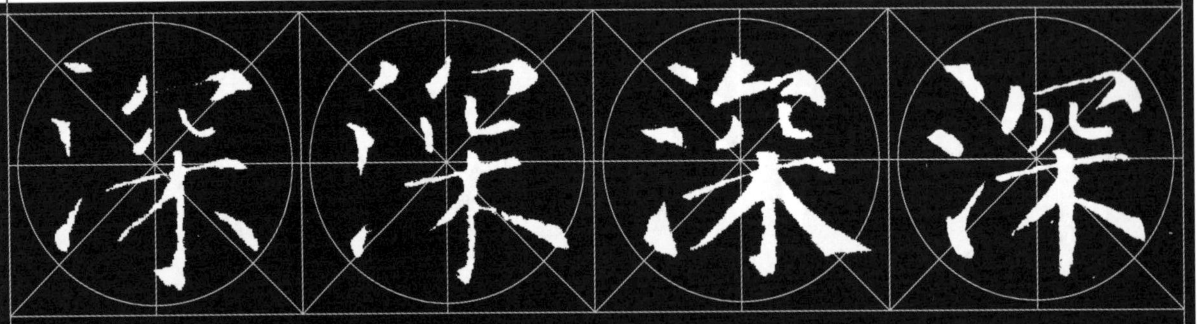

隋 张公礼　唐 欧阳询　唐 颜真卿　唐 柳公权

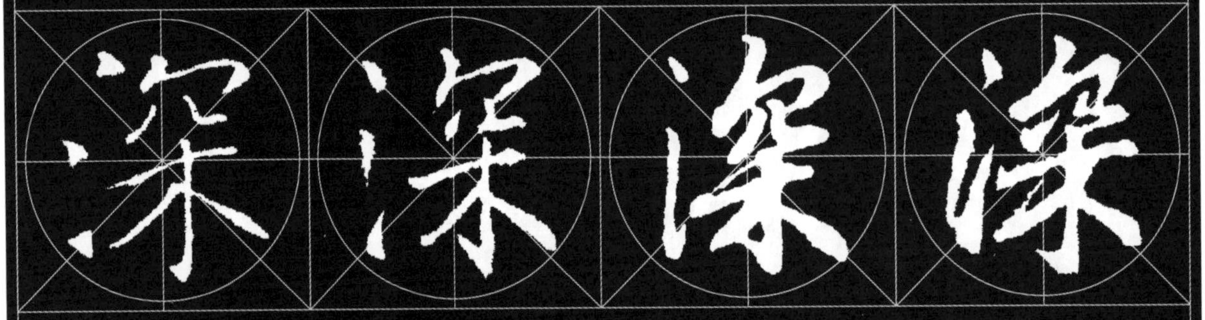

唐 褚遂良　唐 高正臣　唐 陆柬之　唐 李邕

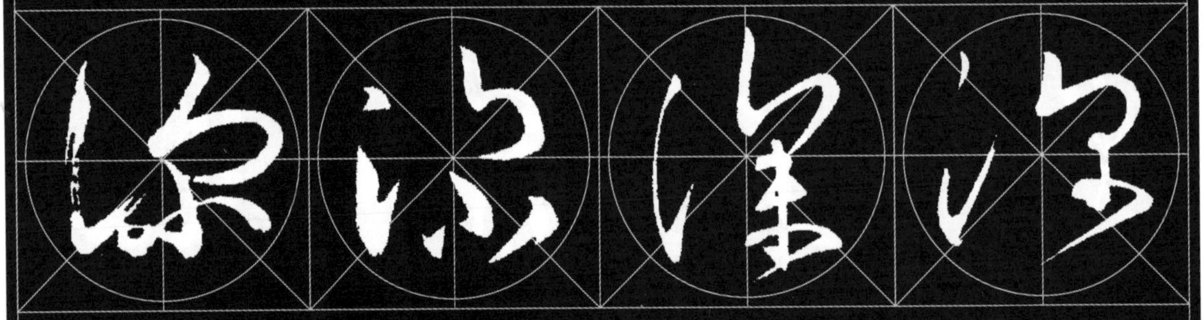

晋 王羲之　唐 孙过庭　唐 张旭　宋 黄庭坚

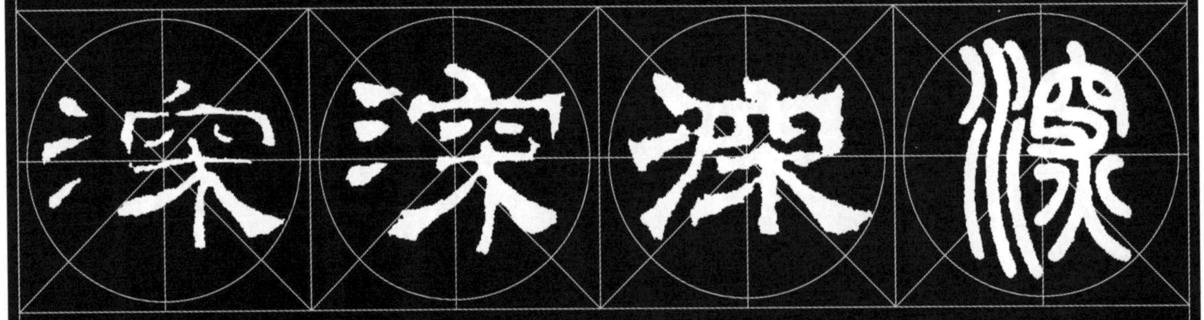

汉 礼器碑　汉 华山碑　三国 范式碑　清 邓石如

shēn
娠
（怀孕）

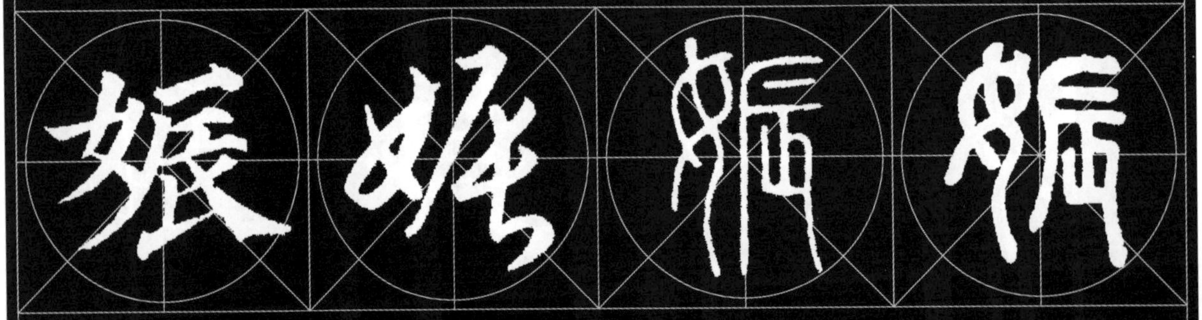

唐 颜真卿　宋 赵构　汉 说文解字　清 康熙字典

shén
神

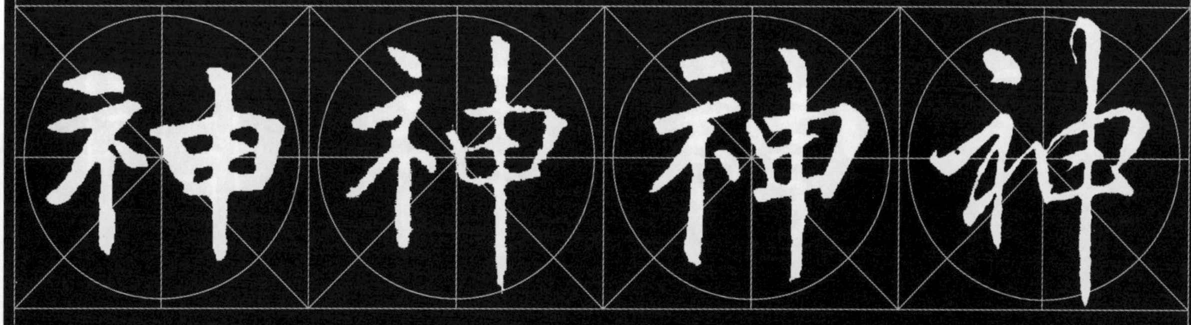

南北朝 张玄墓志 | 唐 虞世南 | 唐 柳公权 | 唐 李邕

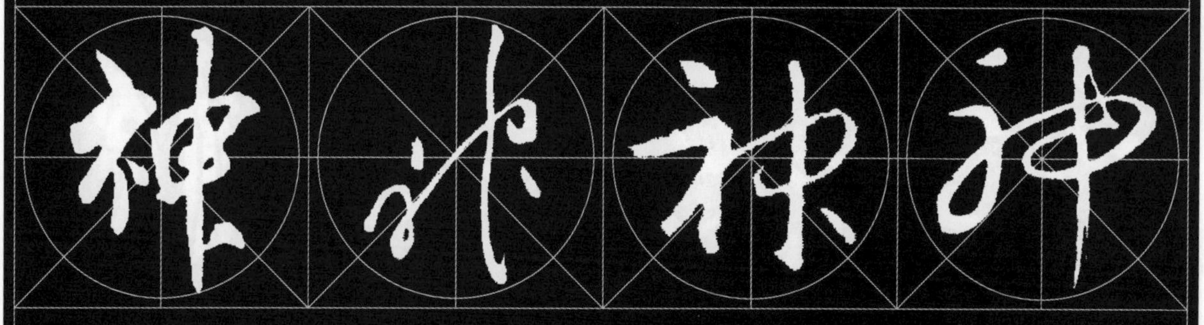

宋 吴琚 | 晋 王羲之 | 隋 智永 | 元 康里子山

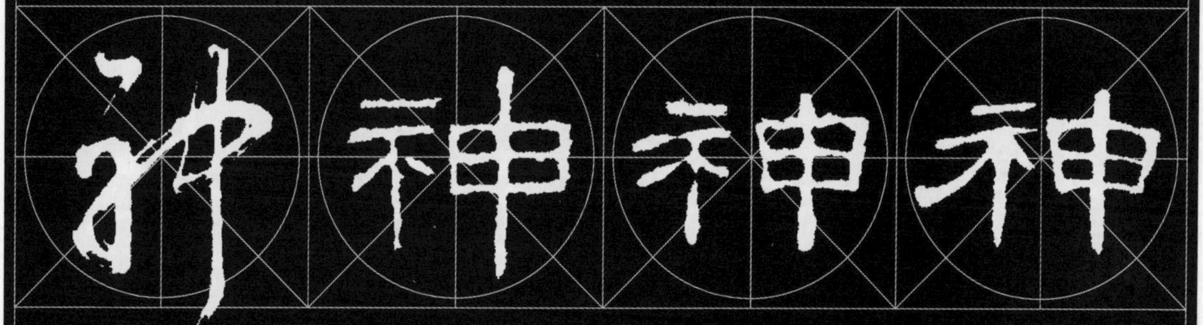

明 董其昌 | 汉 封龙山碑 | 汉 史晨碑 | 汉 曹全碑

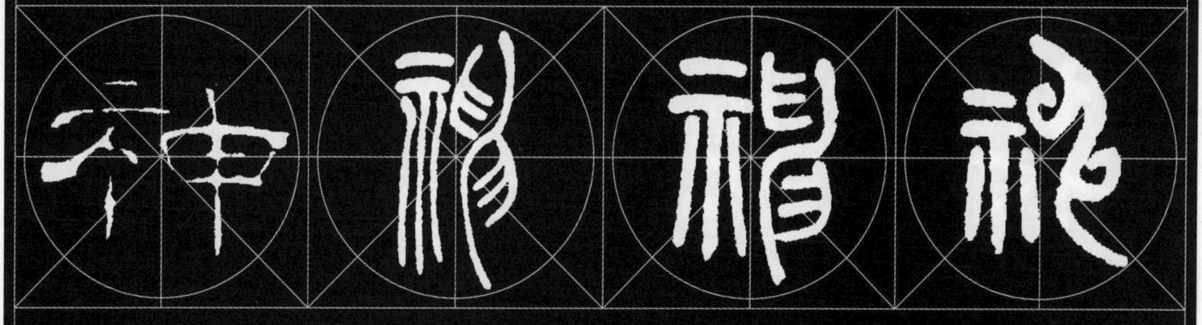

唐 韩择木 | 清 吴熙载 | 清 莫友芝 | 清 吴大澂

shěn
审（審）

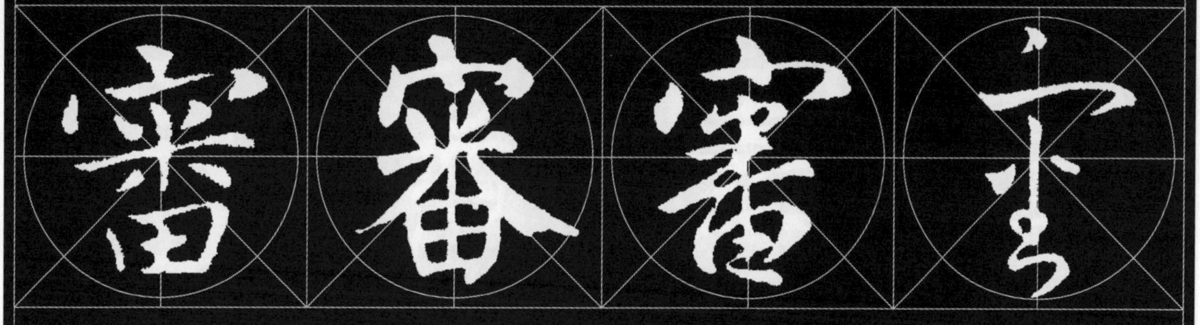

三国 钟繇 | 唐 颜真卿 | 晋 王羲之 | 晋 王羲之

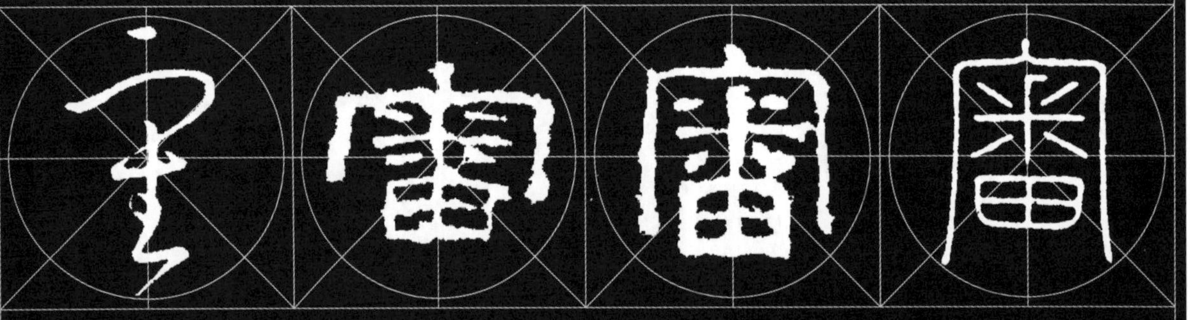

唐 孙过庭　汉 史晨碑　汉 西狭颂　秦 李斯

shěn
沈
（瀋）

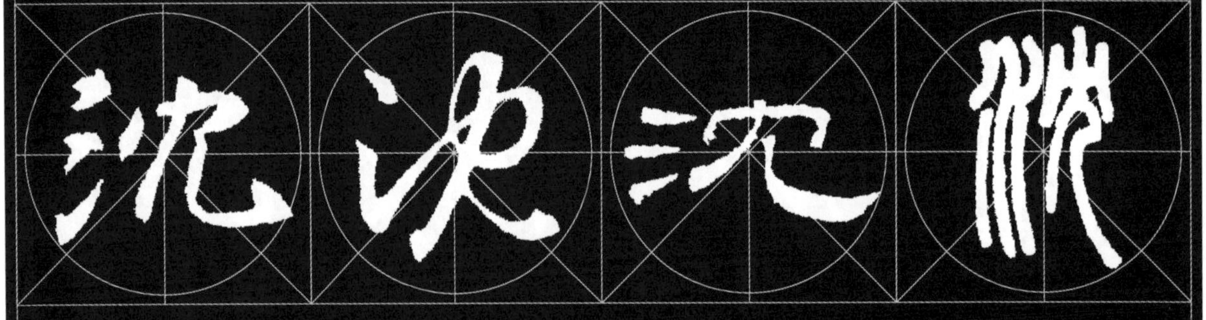

北魏 元倪墓志　晋 王羲之　汉 桐柏庙碑　清 邓石如

shèn
甚

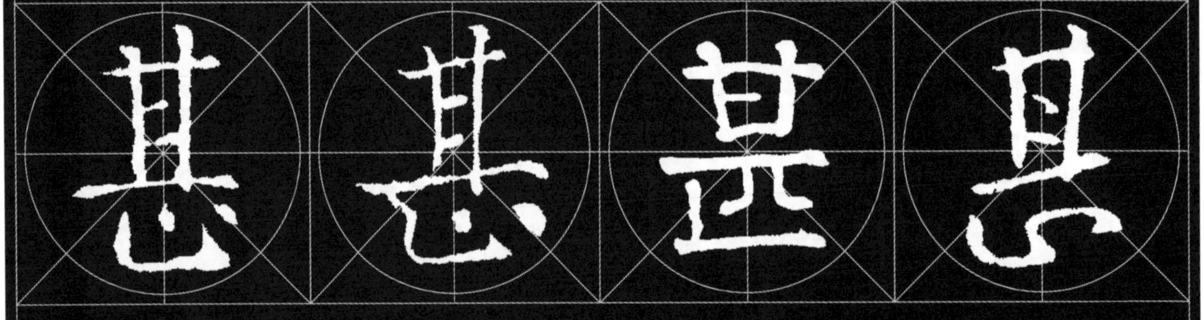

隋 智永　唐 薛稷　唐 颜真卿　三国 钟繇

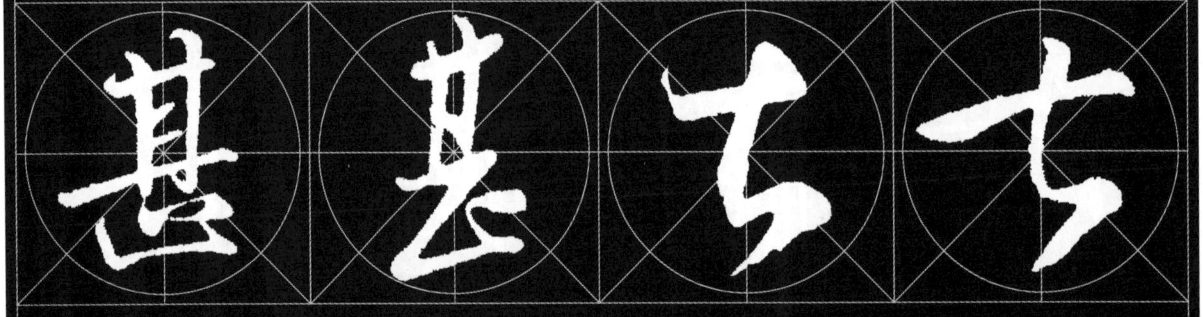

晋 王献之　宋 王觌　晋 王羲之　唐 孙过庭

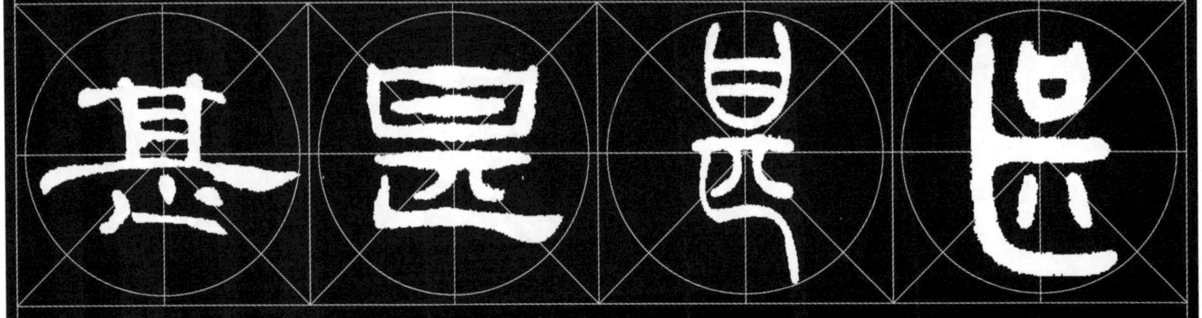

汉 曹全碑　清 张祖翼　清 吴熙载　清 吴大澂

shèn
肾

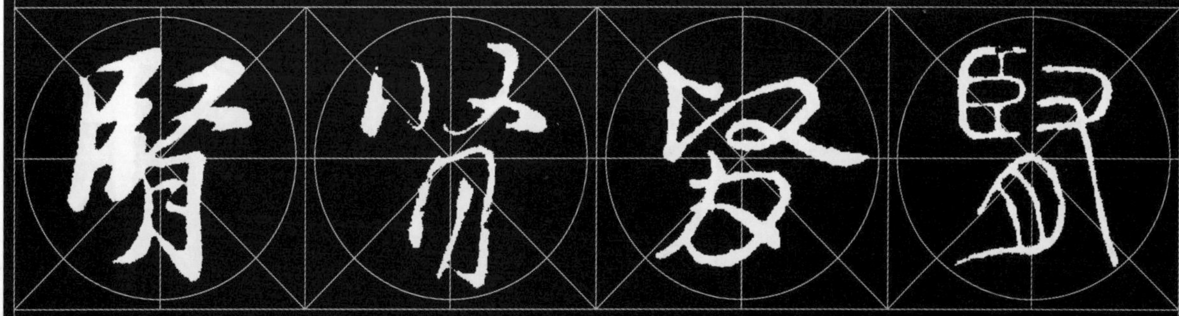

宋 苏轼 | 晋 王献之 | 汉 史游 | 汉 说文解字

shèn
慎

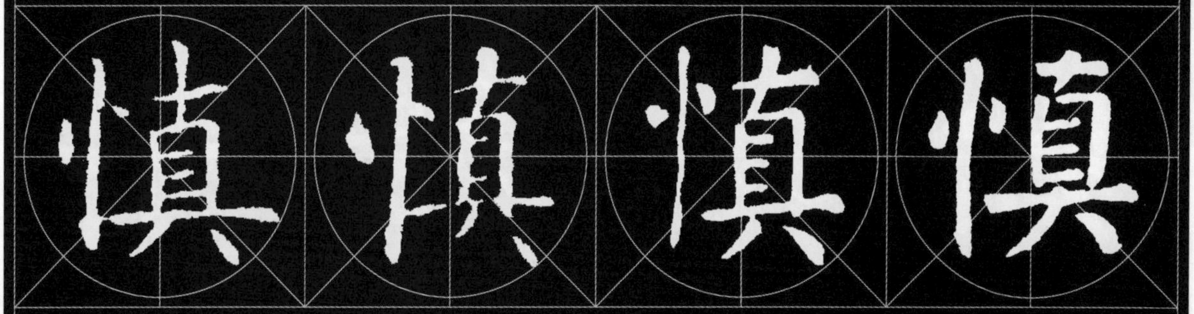

隋 苏孝慈墓志 | 隋 智永 | 唐 张旭 | 唐 颜真卿

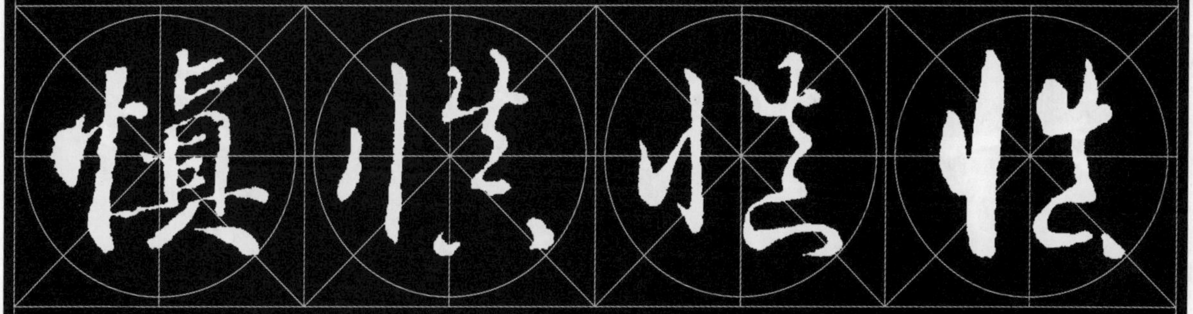

宋 苏轼 | 汉 刘炟 | 唐 孙过庭 | 唐 怀素

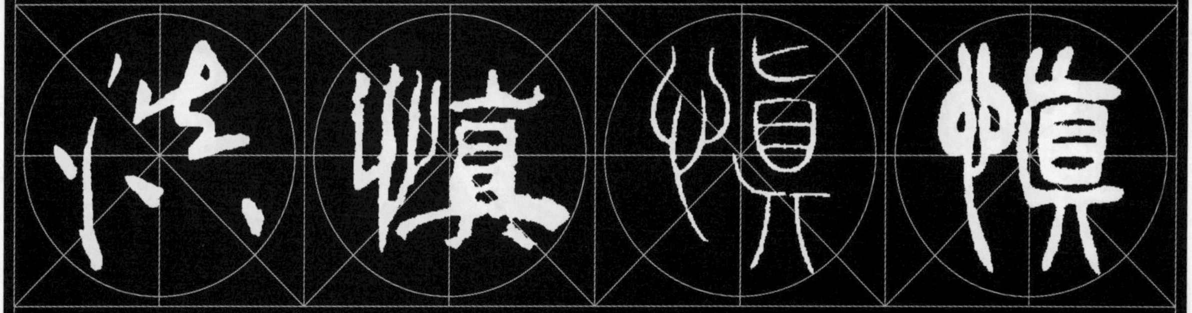

宋 黄庭坚 | 汉 刘熊碑 | 唐 李阳冰 | 清 徐三庚

shèn
蜃（大蛤蜊）

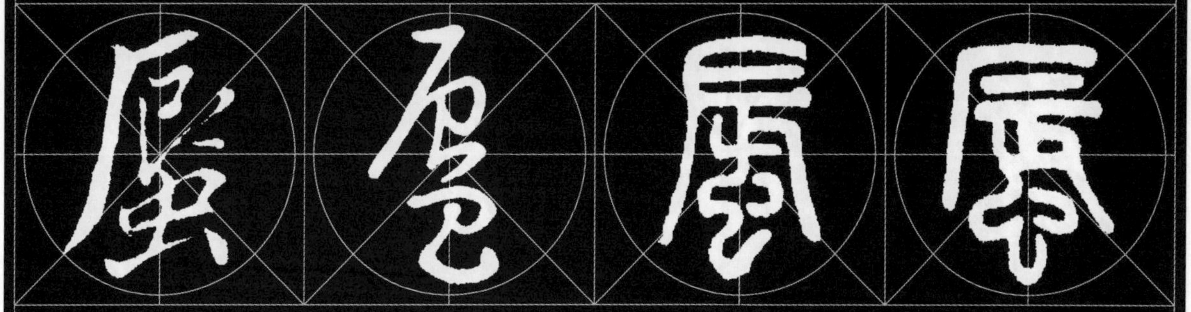

明 董其昌 | 明 王宠 | 清 康熙字典 | 清 吴大澂

shēng
升

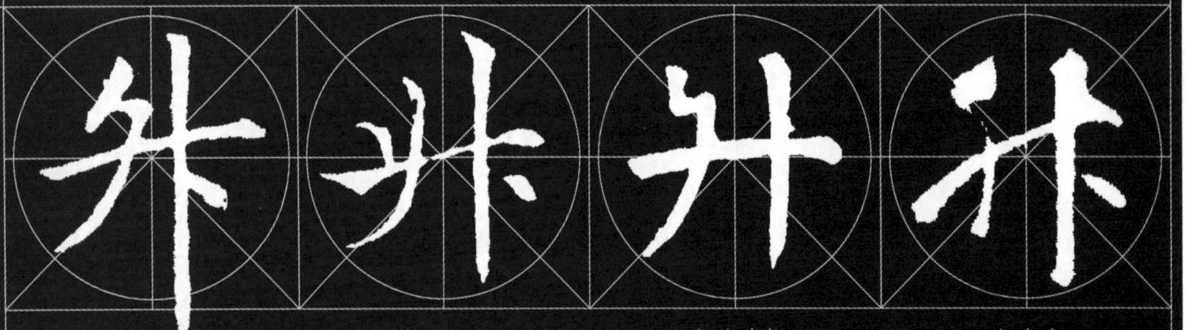

唐 虞世南　唐 欧阳通　唐 颜真卿　隋 智永

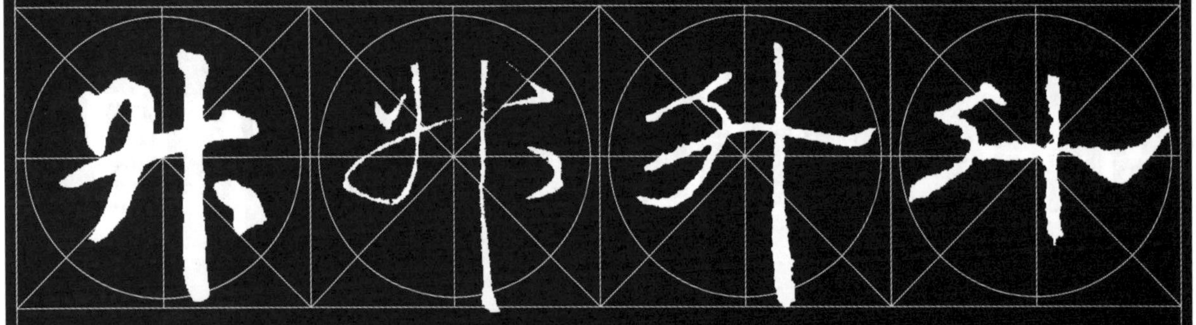

元 揭傒斯　明 宋克　汉 石门颂　汉 礼器碑

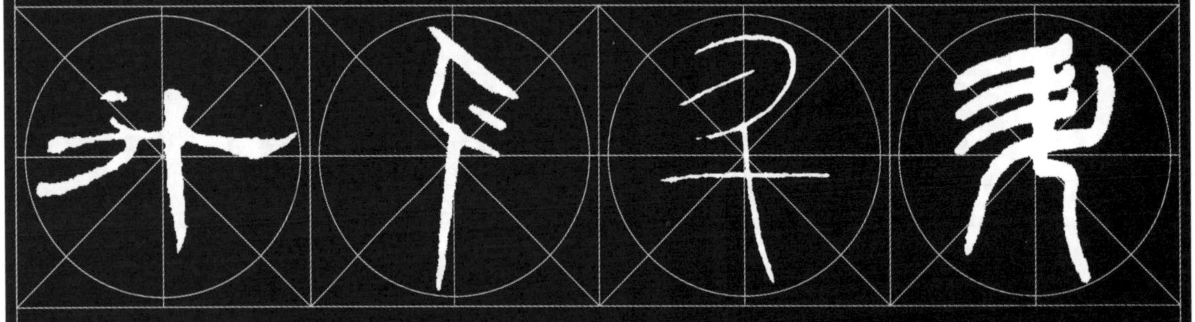

汉 曹全碑　殷商 甲骨文　唐 李阳冰　清 吴大澂

shēng
昇（除去容量单位，同升）

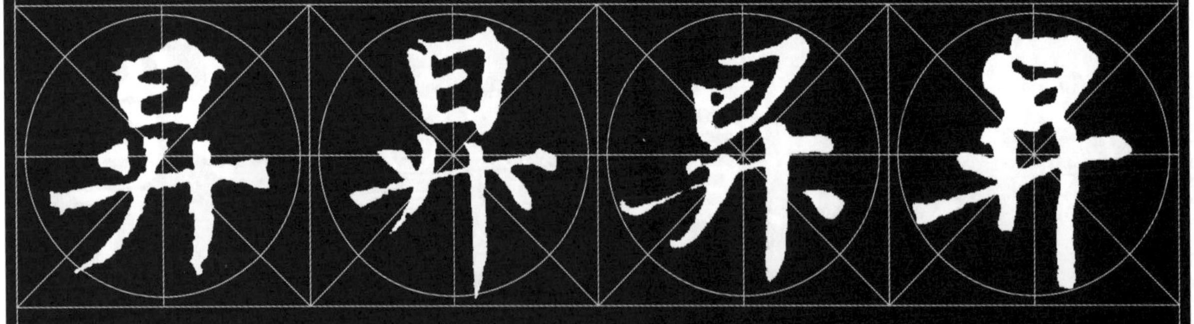

北魏 道匠造像　唐 柳公权　宋 苏轼　宋 黄庭坚

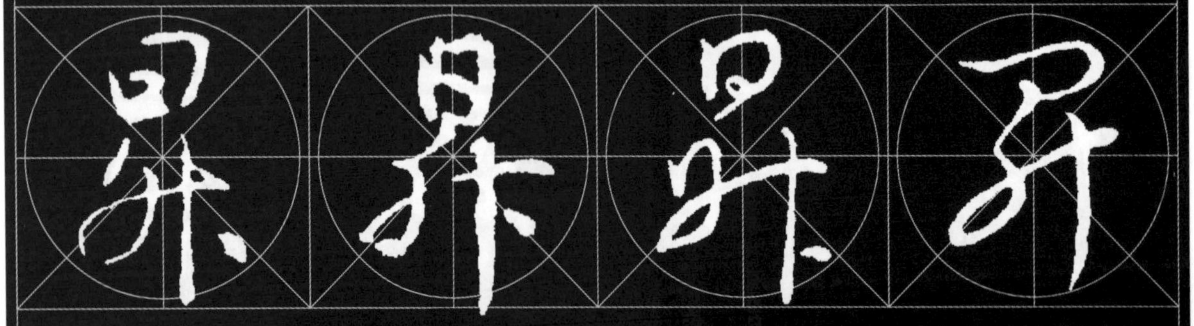

晋 王羲之　唐 武则天　晋 王羲之　金 张天锡·草书韵会

shēng
陞（提高）

shēng
生

shēng
牲

shēng
笙

shēng
甥

shēng
声（聲）

shéng
绳（繩）

shěng 省 xǐng（反省；省亲；醒悟）

shèng
胜（勝）

shèng
圣（聖）

宋 吴说　晋 郗愔　唐 怀素　宋 米芾

汉 景君碑　汉 孔彪碑　清 伊秉绶　清 吴大澂

唐 欧阳询　唐 褚遂良　晋 王羲之　明 董其昌

三国 皇象　唐 怀素　汉 乙瑛碑　汉 礼器碑

汉 谯君碑　汉 校官碑　秦 李斯　清 莫友芝

shèng
盛
chéng
（放入；容纳）

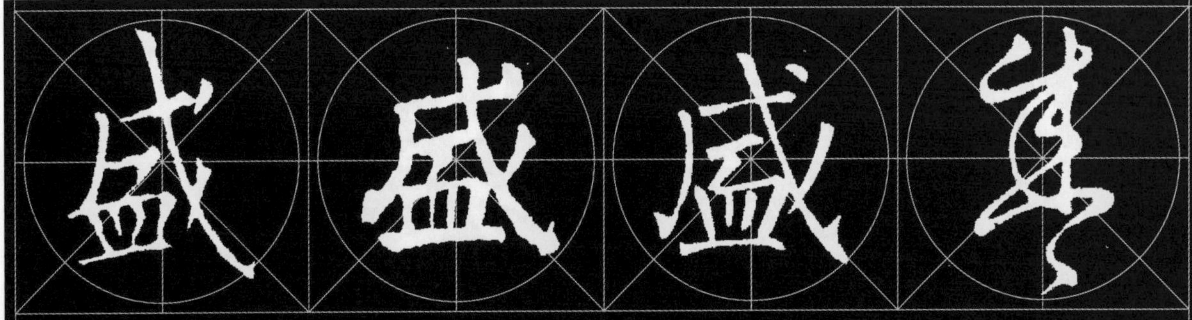

唐 欧阳询 | 唐 颜真卿 | 唐 柳公权 | 晋 王羲之

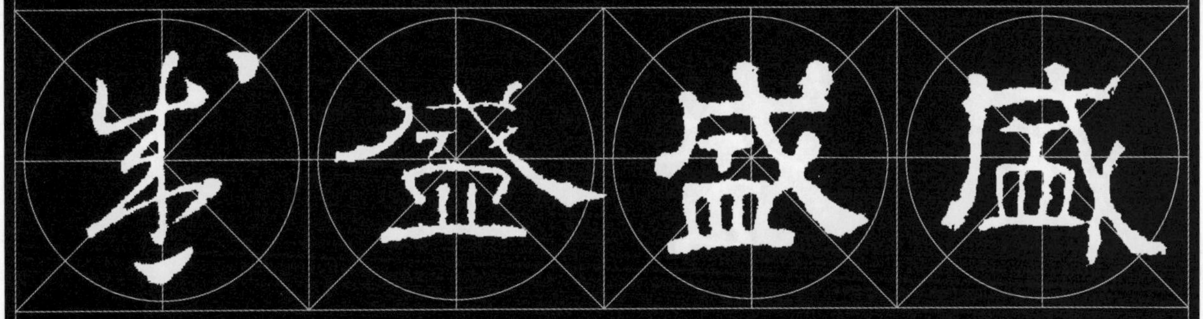

唐 怀素 | 汉 礼器碑 | 汉 樊敏碑 | 汉 白石神君碑

shèng
剩
（賸）

宋 米芾 | 明 唐寅 | 元 赵孟頫 | 周 苏甫人匜

shī
尸
（屍）

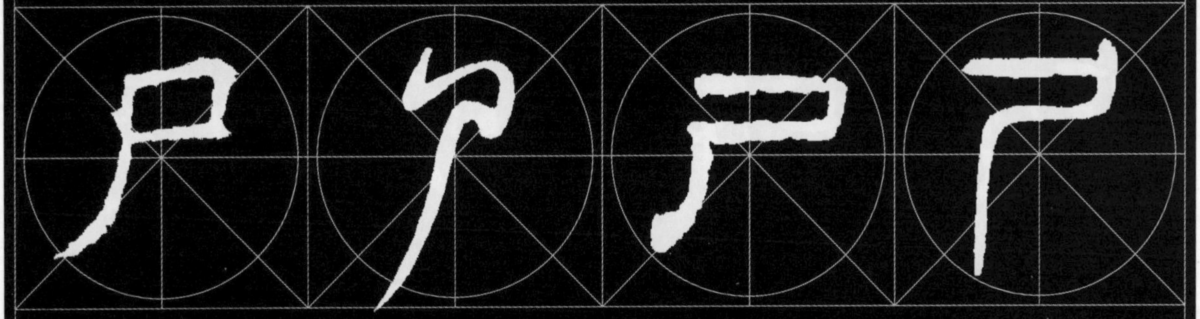

唐 褚遂良 | 晋 王献之 | 汉 熹平石经 | 清 杨沂孙

晋 王羲之 | 明 董其昌 | 晋 王羲之 | 清 吴大澂

shī 失

shī 师（師）

唐 虞世南
唐 褚遂良
宋 米芾
唐 李邕
明 文徵明
晋 王献之
汉 景君碑
清 黄士陵
北魏 高贞碑
隋 龙藏寺碑
唐 虞世南
唐 颜真卿
唐 高正臣
唐 张从申
唐 颜真卿
明 宋克
晋 王羲之
隋 智永
汉 杨震碑
汉 礼器碑

shī
诗

汉 杨统碑
汉 张迁碑
唐 李阳冰
清 黄士陵
唐 虞世南
唐 张旭
唐 颜真卿
宋 蔡襄
唐 陆柬之
元 赵孟頫
明 沈周
宋 苏轼
宋 米芾
宋 吴琚
清 何绍基
隋 智永
唐 贺知章
元 鲜于枢
汉 景君碑
汉 郭有道碑

shī
施（[illegible]）

汉 张迁碑 | 清 陈鸿寿 | 清 邓石如 | 清 吴大澂
隋 智永 | 唐 薛稷 | 唐 柳公权 | 唐 褚遂良
唐 蒋善进 | 唐 释怀仁 | 宋 黄庭坚 | 唐 怀素
唐 怀素 | 元 鲜于枢 | 明 文徵明 | 汉 袁博碑
汉 华山碑 | 唐 李阳冰 | 元 吴叡 | 清 黄士陵

shī
湿（濕、溼）

shī
釃

shí
十

唐 褚遂良　元 赵孟頫　唐 释怀仁　宋 苏轼

宋 薛绍彭　明 唐寅　晋 王羲之　晋 王羲之

元 赵孟頫　清 王铎　北齐 泰山金刚经　汉 说文解字

宋 苏轼　唐 孙过庭　清 杨岘　汉 说文解字

晋 王羲之　唐 张旭　唐 颜真卿　唐 柳公权

shí
石
dàn

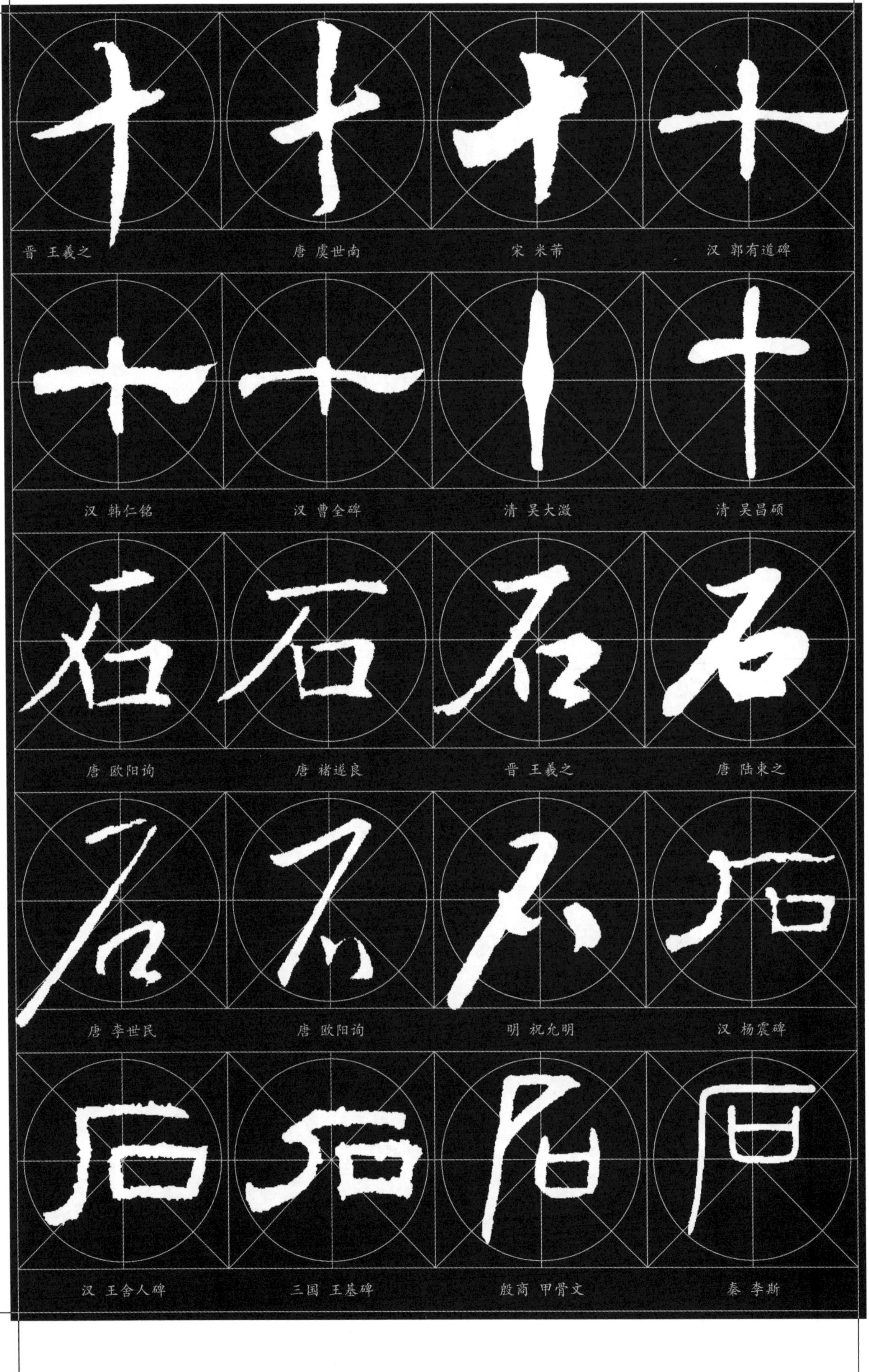
晋 王羲之
唐 虞世南
宋 米芾
汉 郭有道碑
汉 韩仁铭
汉 曹全碑
清 吴大澂
清 吴昌硕
唐 欧阳询
唐 褚遂良
晋 王羲之
唐 陆柬之
唐 李世民
唐 欧阳询
明 祝允明
汉 杨震碑
汉 王舍人碑
三国 王基碑
殷商 甲骨文
秦 李斯

shí 食 sì（拿东西给人吃）yì（用于人名，如汉朝人郦食其：Lì Yìjī）

唐 欧阳询　唐 王敬客　唐 颜真卿　元 赵孟頫

晋 王羲之　晋 王献之　晋 王徽之　明 董其昌

晋 王羲之　晋 王羲之　晋 王羲之　汉 袁博碑

北齐 泰山金刚经　殷商 甲骨文　唐 李阳冰　清 杨沂孙

shí 蚀

唐 吴彩鸾　明 黄道周　明 文徵明　清 俞樾

shí
拾
shè
（拾级而上）

shí
时

唐 怀素　汉 封龙山碑　汉 史晨碑　汉 曹全碑

汉 张迁碑　秦 石鼓文　元 赵孟頫　清 吴熙载

周 麦尊　唐 李阳冰　唐 李阳冰　唐 李阳冰

唐 欧阳通　唐 褚遂良　唐 陆柬之　宋 黄庭坚

宋 米芾　明 吴宽　唐 李怀琳　唐 孙过庭

shí 旹（时）

shí 识（識）zhì（博闻强识；款识）

shí
实（實）

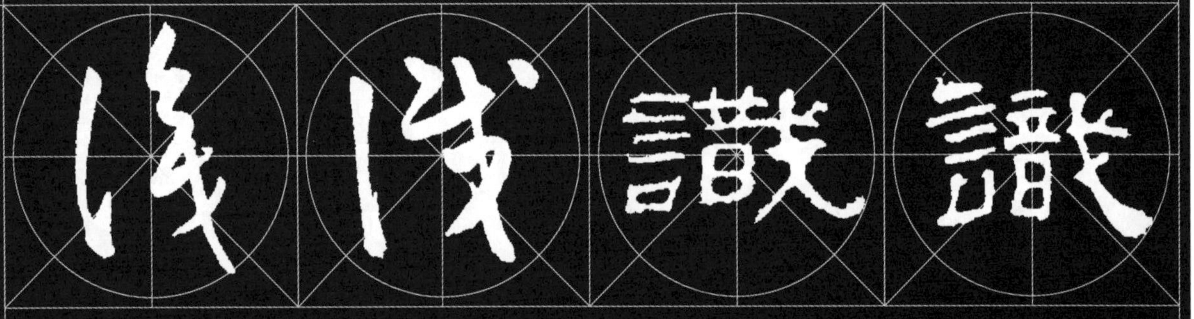

元 康里子山　明 陈淳　汉 石门颂　汉 华山碑

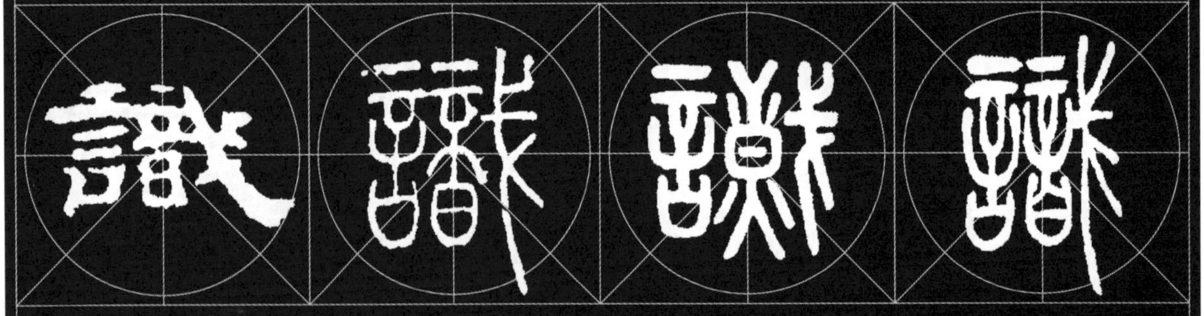

汉 孔彪碑　唐 李阳冰　清 吴大澂　清 吴熙载

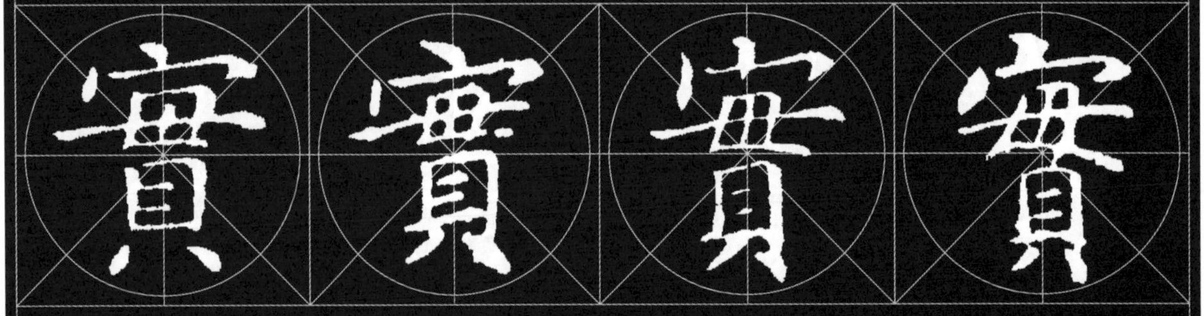

三国 钟繇　晋 王献之　唐 欧阳询　唐 虞世南

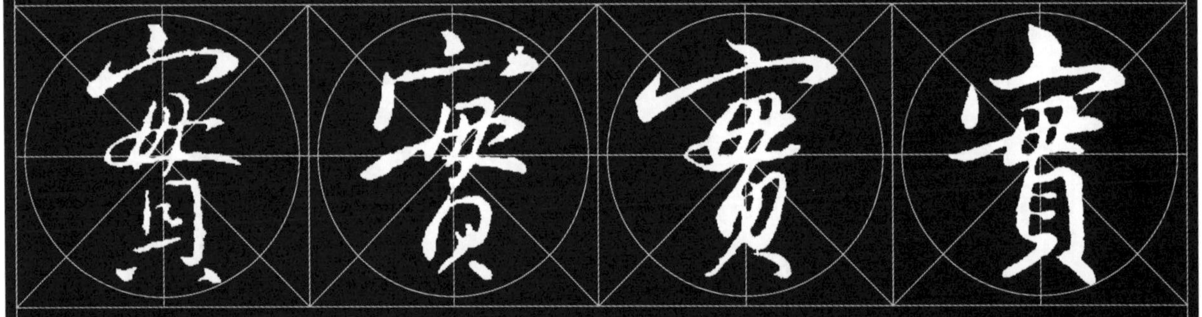

晋 王羲之　唐 李世民　宋 苏轼　元 赵孟頫

晋 王羲之　唐 张旭　唐 怀素　汉 杨震碑

shí
寔（放置；此；同实）

shǐ
史（叓）

shǐ
使

唐 李邕
唐 孙过庭
明 文徵明
汉 景君碑
汉 景君碑
汉 礼器碑
周 散氏盘
元 赵孟頫
唐 虞世南
唐 颜真卿
唐 柳公权
隋 智永
宋 蔡襄
唐 李世民
唐 李世民
宋 米芾
晋 王羲之
晋 王羲之
唐 怀素
唐 怀素

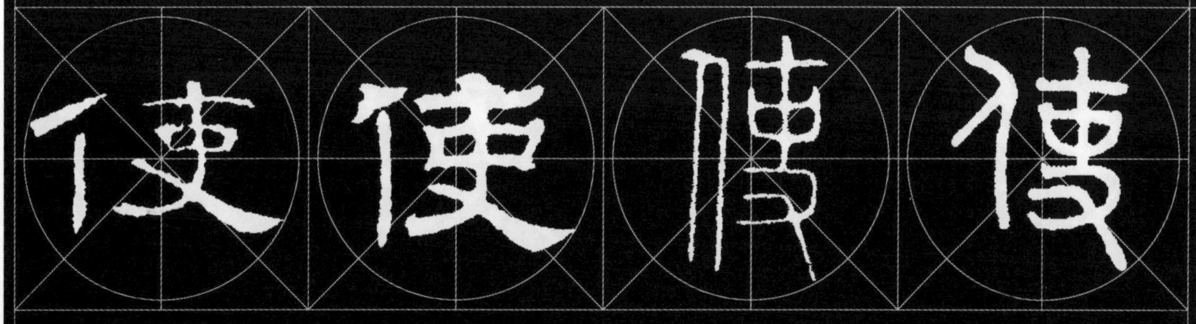

汉 曹全碑　　晋 刘韬墓志　　汉 说文解字　　元 赵孟頫

shǐ
矢（箭；发誓；同屎：遗矢）

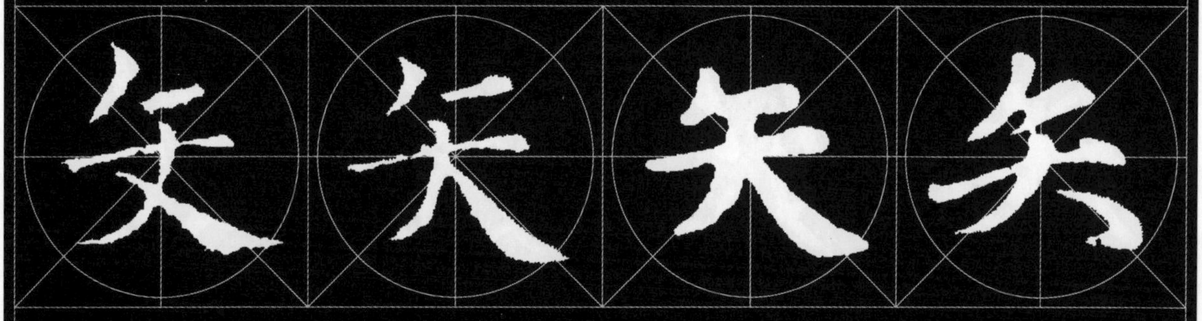

三国 皇象　　隋 智永　　元 赵孟頫　　元 赵孟頫

明 邵二泉　　唐 孙过庭　　唐 怀素　　元 赵孟頫

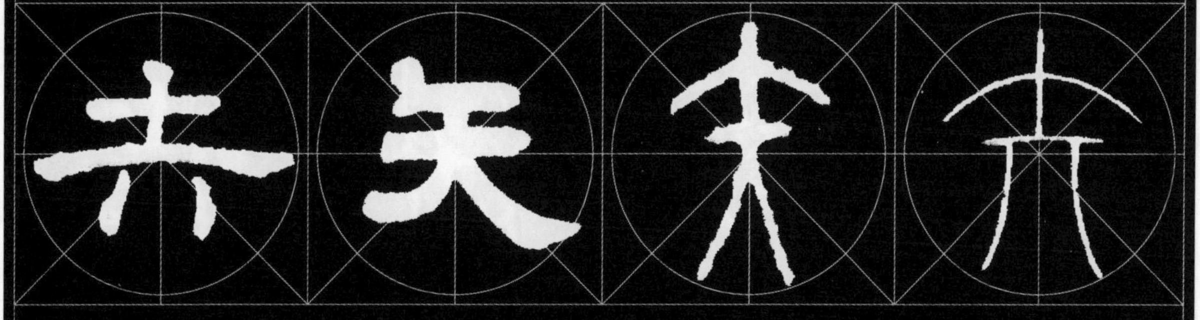

清 王澍　　清 吴廷康　　秦 石鼓文　　唐 李阳冰

shǐ
豕（猪）

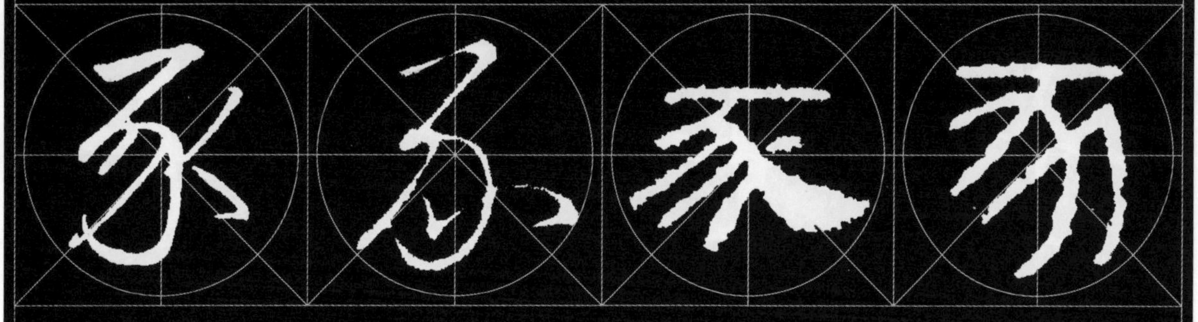

明 董其昌　　金 张天锡·草书韵会　　汉 封龙山碑　　秦 石鼓文

shǐ
始

shì
士

唐 欧阳询　唐 虞世南　唐 柳公权　晋 王珣

唐 陆柬之　唐 李邕　晋 王羲之　唐 杜牧

宋 蔡京　汉 刘炟　晋 王羲之　唐 怀素

汉 乙瑛碑　汉 赵宽碑　周 颂鼎　清 吴大澂

隋 龙藏寺碑　唐 虞世南　唐 柳公权　晋 索靖

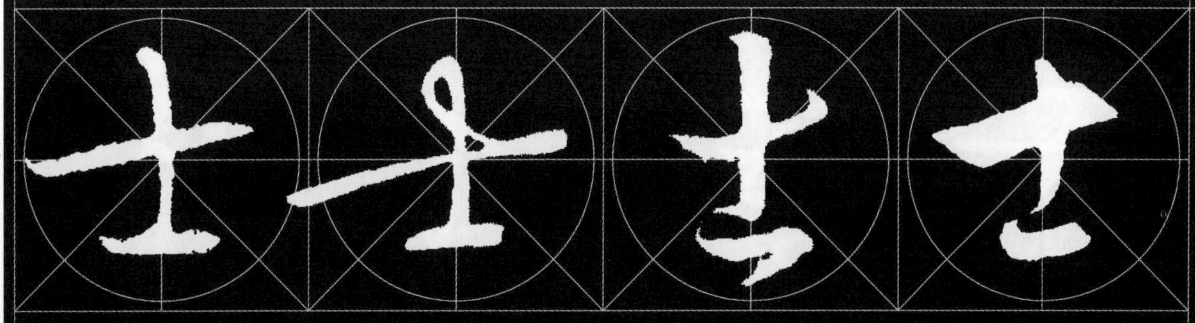

隋 智永 | 晋 王献之 | 唐 孙过庭 | 元 饶介

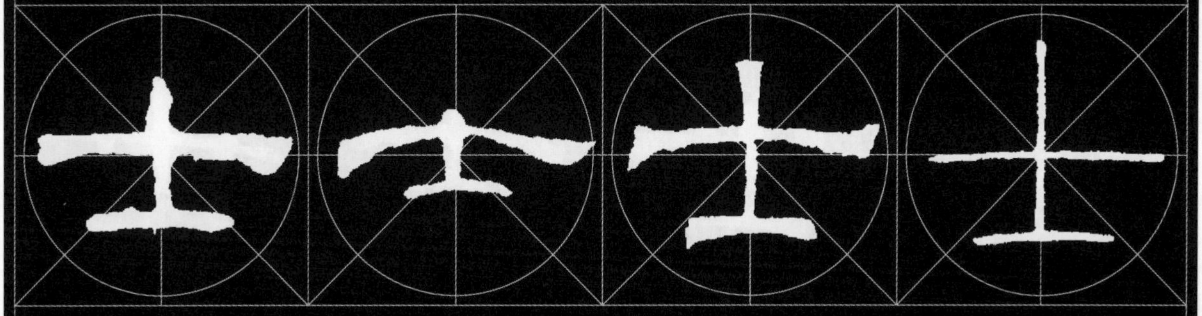

汉 郭有道碑 | 汉 曹全碑 | 晋 辟雍碑 | 唐 李阳冰

shì
仕

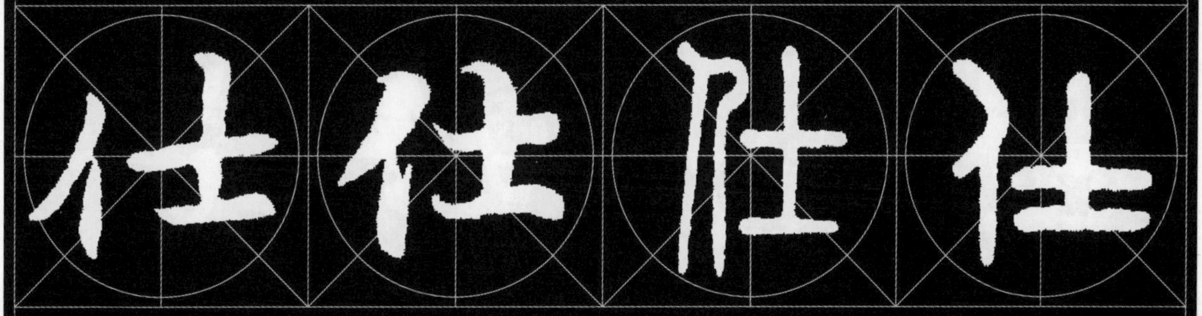

北魏 元倪墓志 | 隋 智永 | 清 莫友芝 | 清 吴大澂

shì
氏

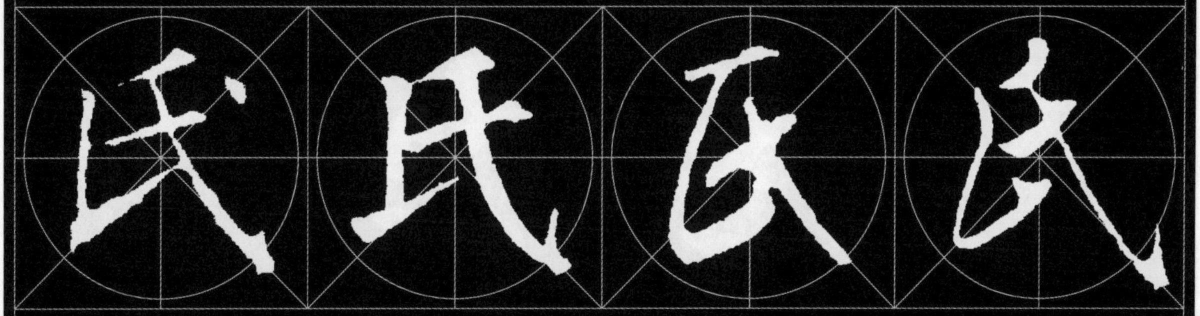

唐 褚遂良 | 唐 颜真卿 | 晋 王羲之 | 宋 米芾

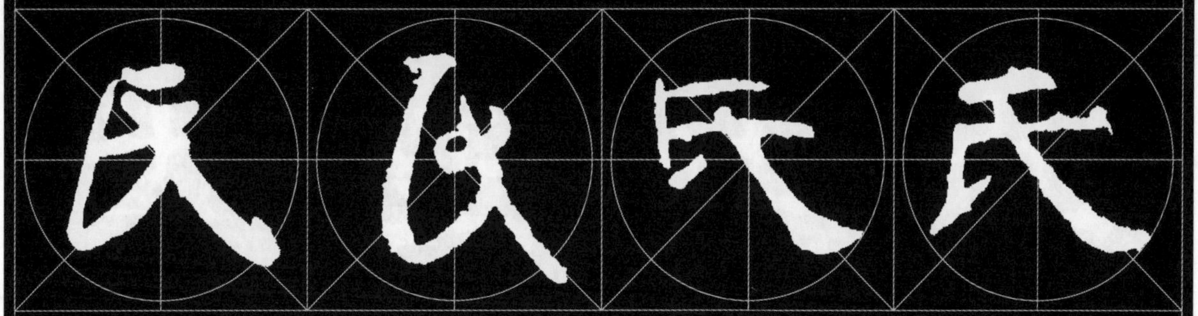

宋 米芾 | 唐 孙过庭 | 汉 乙瑛碑 | 汉 赵宽碑

shì
世（卋）

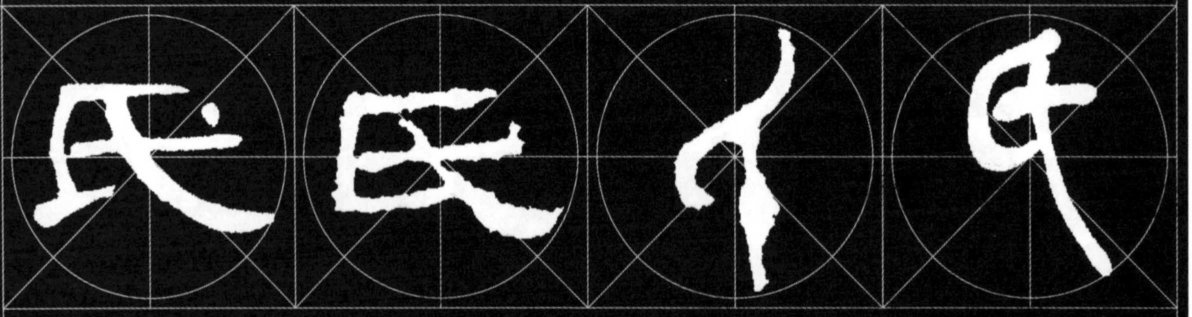

汉 曹全碑　汉 张迁碑　周 毛公鼎　清 吴昌硕

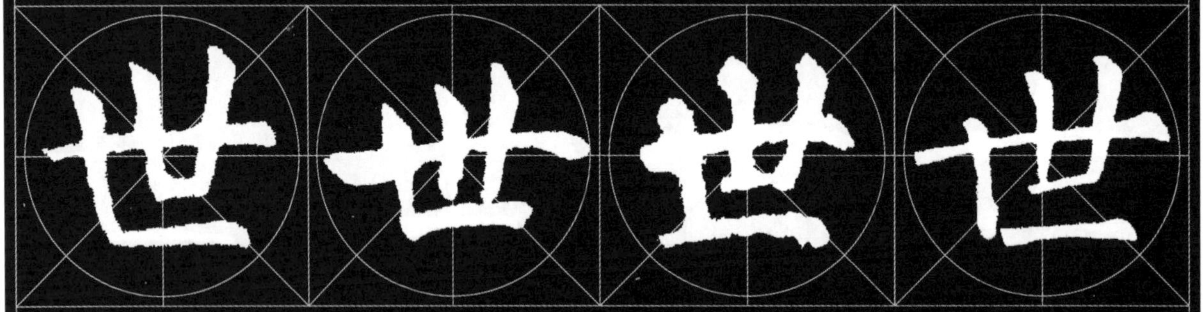

唐 虞世南　唐 褚遂良　唐 颜真卿　唐 柳公权

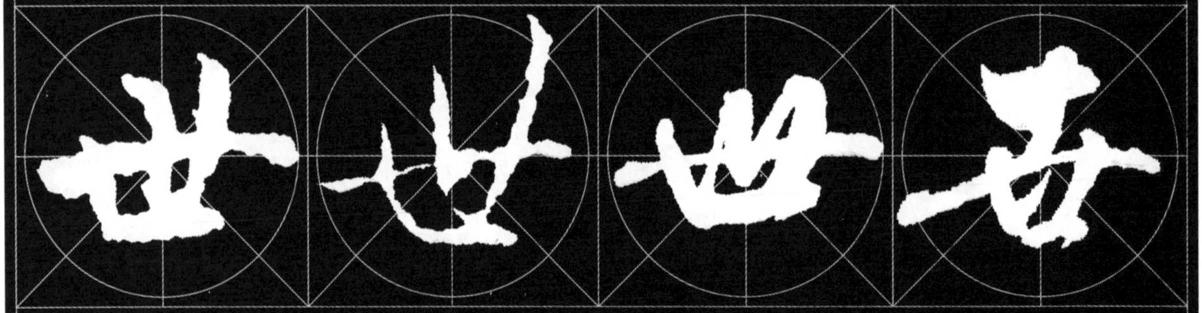

晋 王羲之　唐 虞世南　宋 米芾　宋 米芾

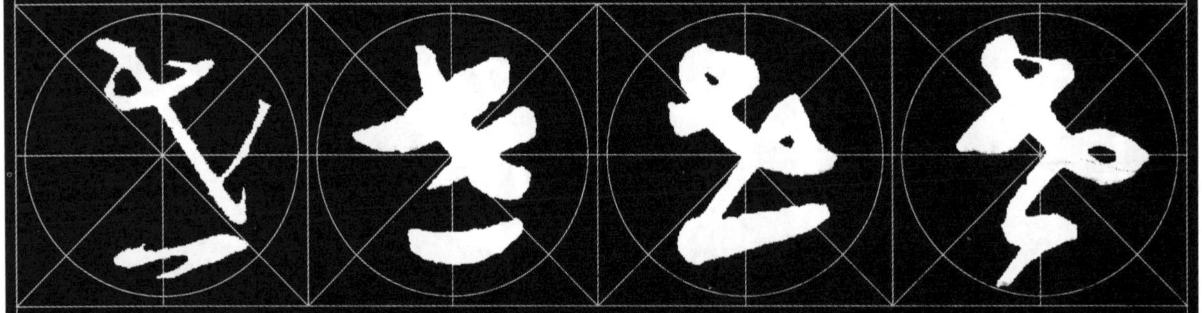

宋 蔡襄　宋 赵构　元 鲜于枢　明 沈粲

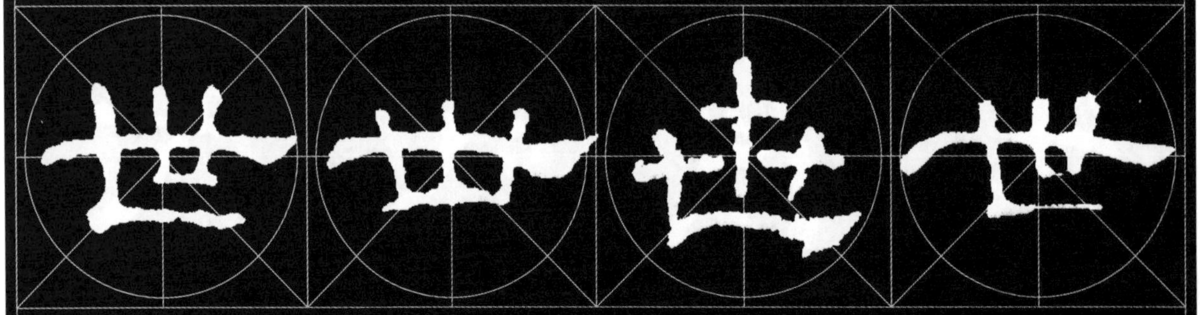

汉 郭有道碑　汉 韩仁铭　汉 尹宙碑　汉 曹全碑

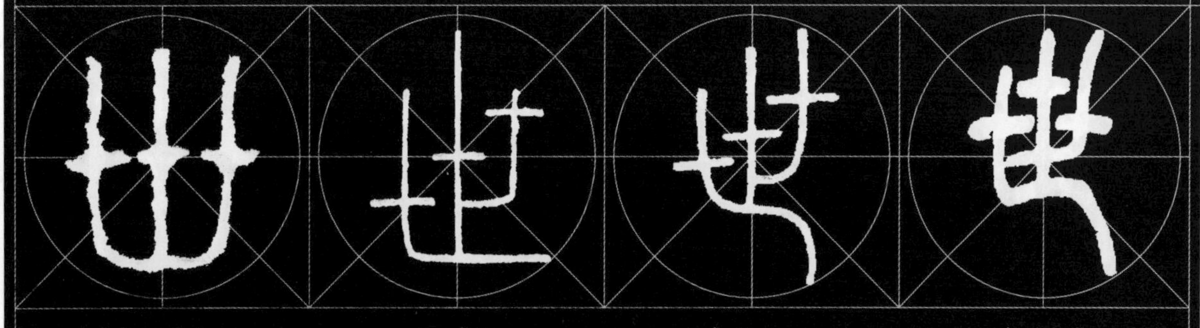

秦 石鼓文 秦 李斯 清 邓石如 清 吴熙载

shì
市

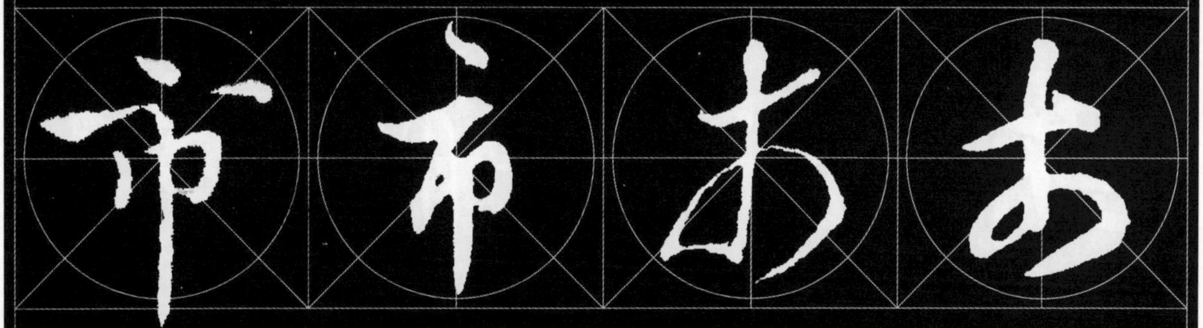

唐 褚遂良 明 文徵明 晋 王羲之 隋 智永

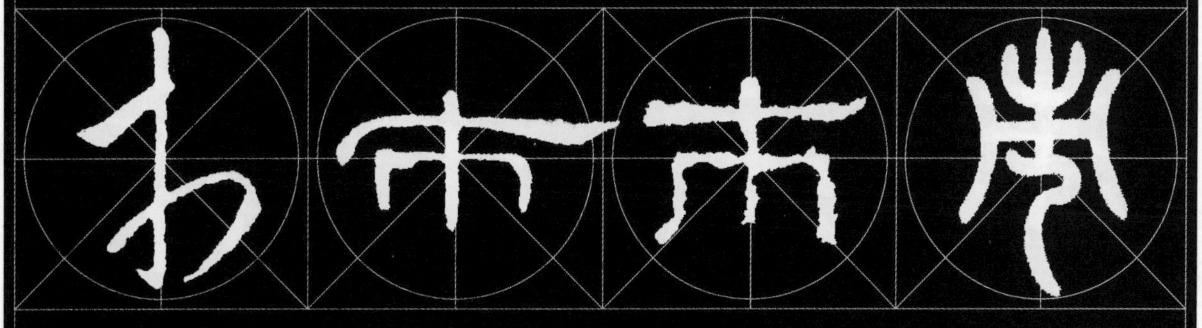

唐 欧阳询 汉 曹全碑 汉 张迁碑 清 曾纪泽

shì
柿（柹）

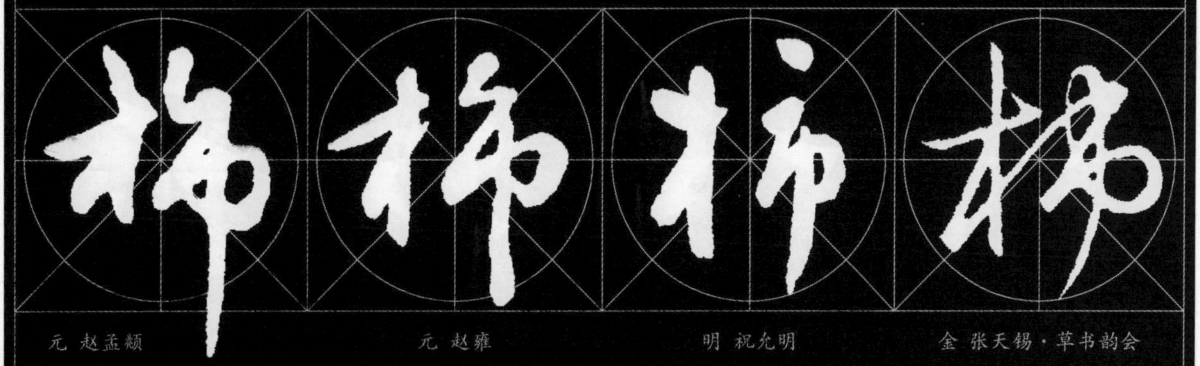

元 赵孟頫 元 赵雍 明 祝允明 金 张天锡·草书韵会

shì
饰

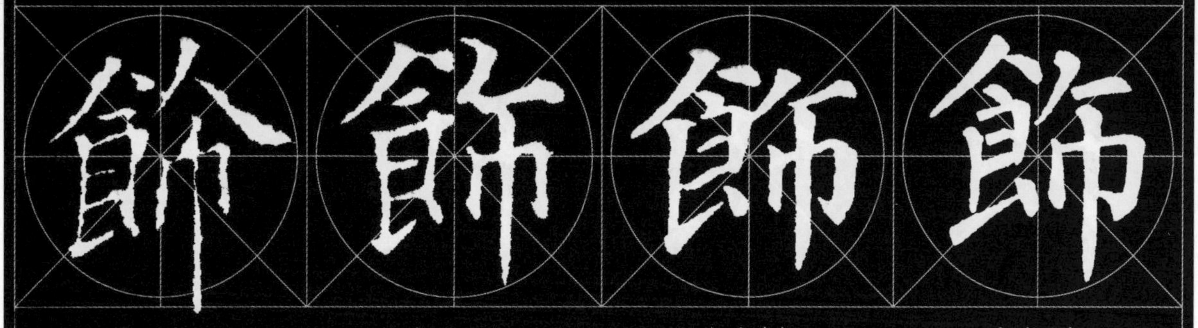

唐 欧阳询 唐 欧阳通 唐 颜真卿 唐 柳公权

shì
示

宋 黄庭坚
唐 柳公权
元 陆居仁
明 祝允明
元 吴叡
元 吴叡
秦 李斯
清 吴大澂
三国 钟繇
晋 王羲之
北魏 杨大眼造像
唐 颜真卿
晋 王恬
唐 柳公权
宋 黄庭坚
宋 米芾
唐 李邕
宋 苏轼
元 鲜于枢
明 韩道亨

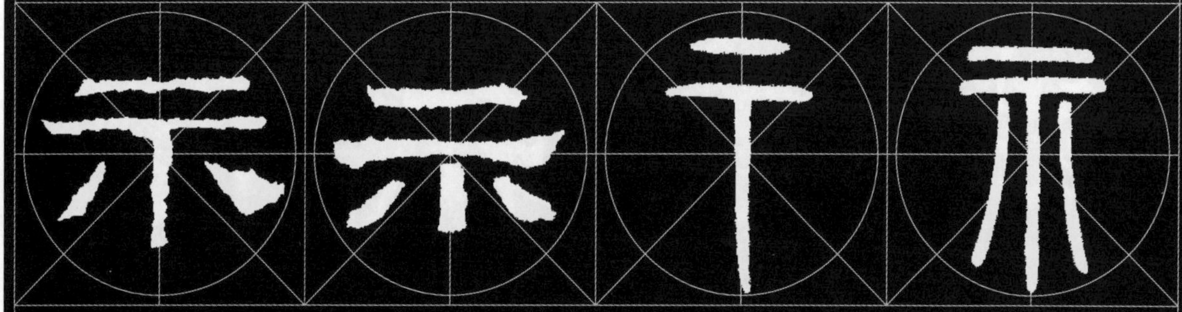

汉 西狭颂　汉 张迁碑　殷商 甲骨文　清 邓石如

shì
式

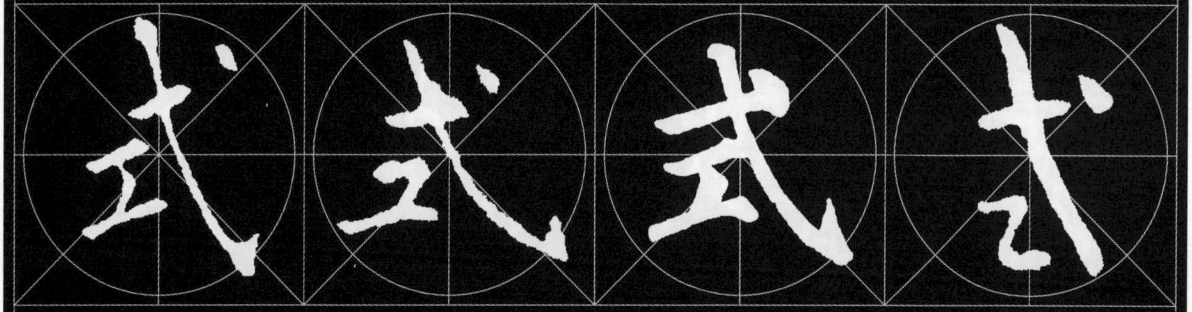

唐 欧阳询　唐 虞世南　唐 颜真卿　唐 孙过庭

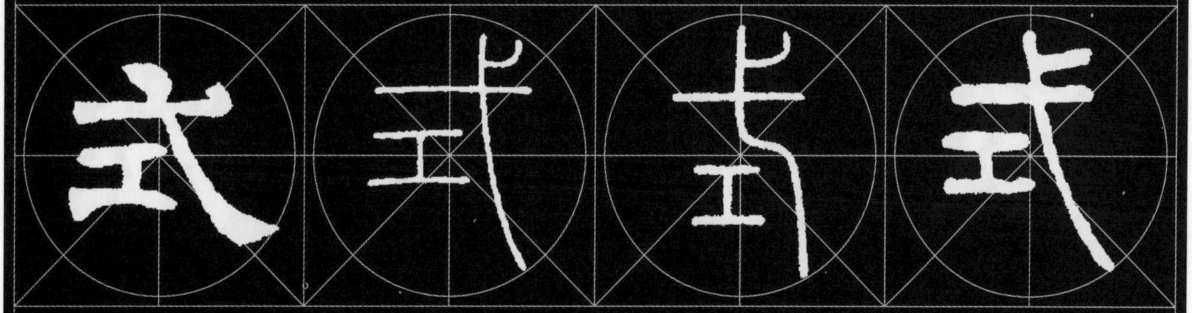

晋 辟雍碑　秦 李斯　清 王澍　清 杨沂孙

shì
拭
（擦）

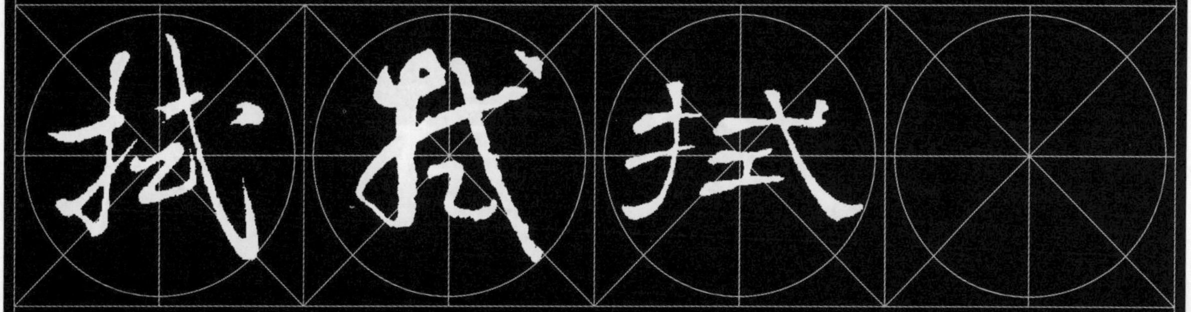

元 陈基　唐 孙过庭　清 顾蔼吉·隶辨

shì
弑

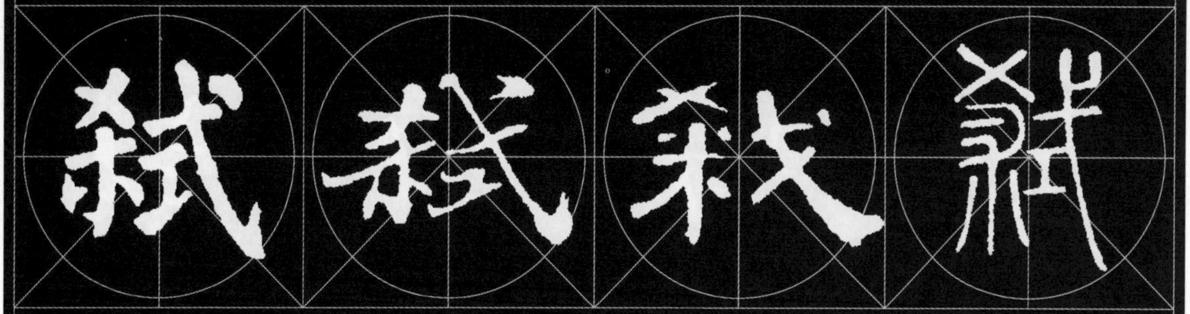

唐 颜真卿　清 郑燮　汉 曹全碑　汉 说文解字

shì 轼

唐 欧阳询　宋 米芾　元 邓文原　宋 苏轼

shì 试

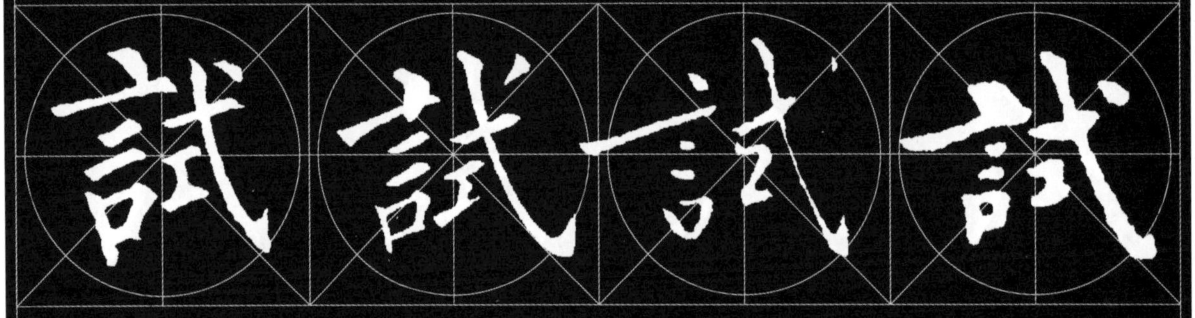

唐 柳公权　清 黄自元　宋 黄庭坚　明 沈度

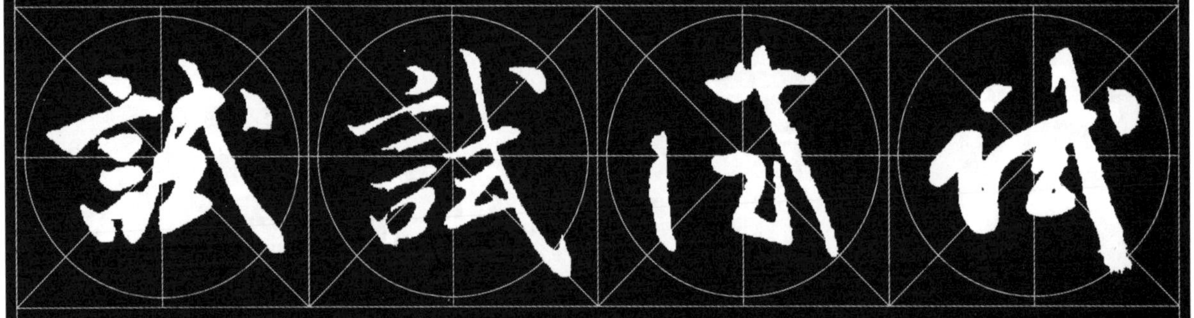

明 唐寅　明 董其昌　唐 孙过庭　宋 黄庭坚

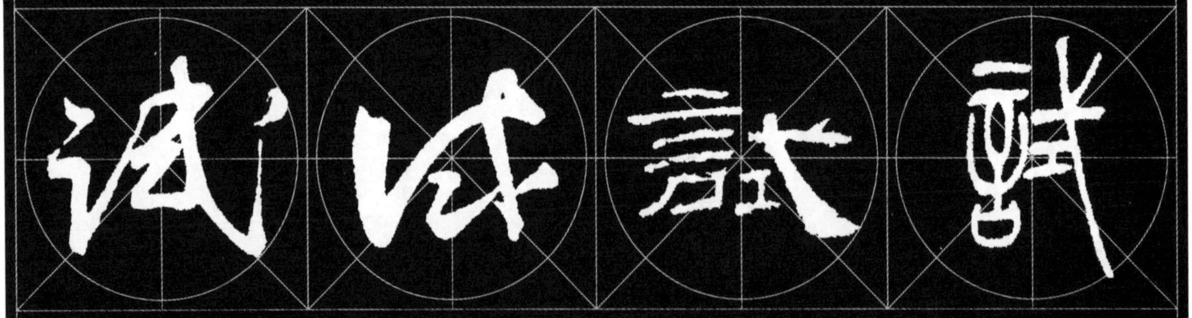

宋 蔡卞　宋 魏了翁　汉 乙瑛碑　清 吴熙载

shì 事

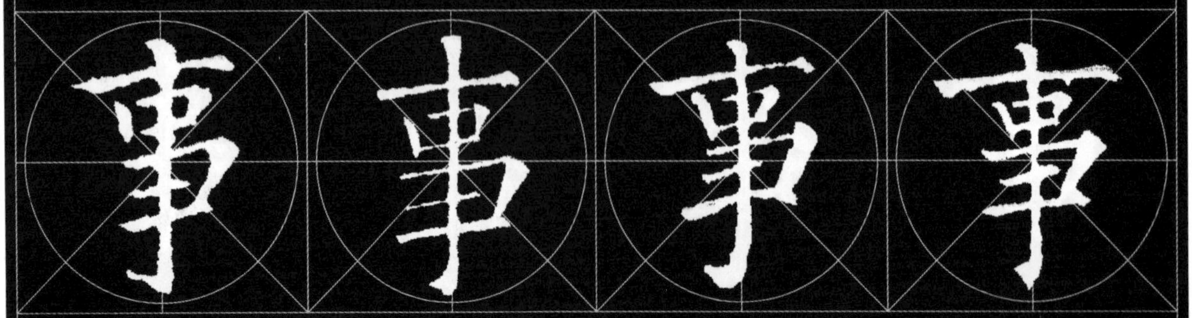

晋 王献之　唐 欧阳询　唐 颜真卿　唐 柳公权

晋 王羲之

晋 王献之

晋 庾翼

明 沈周

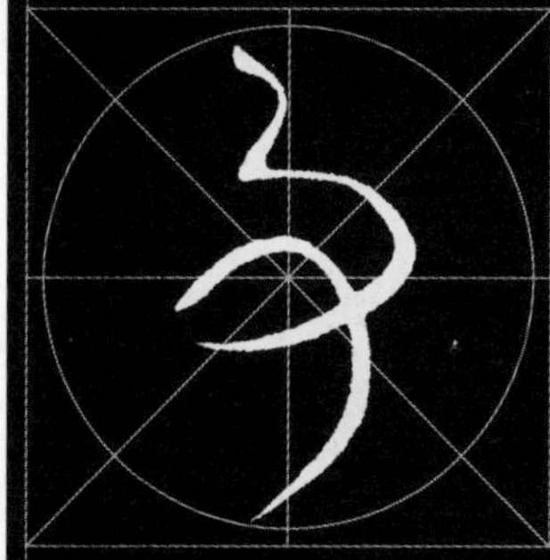
晋 元帝

晋 王献之

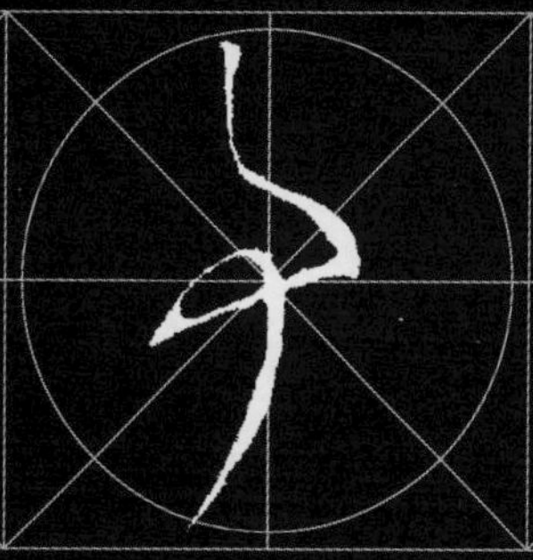
唐 李怀琳

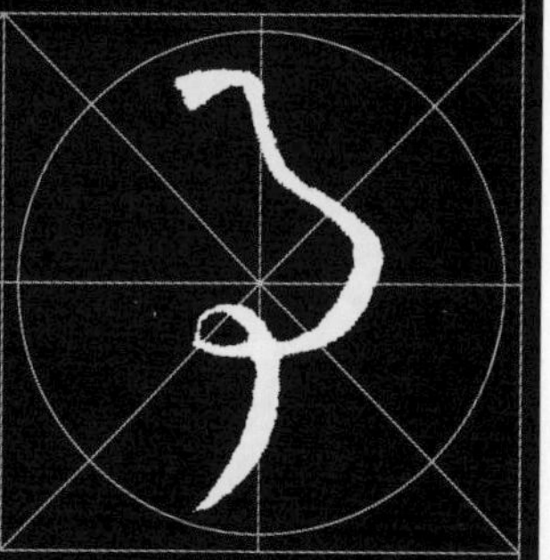
唐 孙过庭

汉 礼器碑

汉 鲜于璜碑

汉 郭有道碑

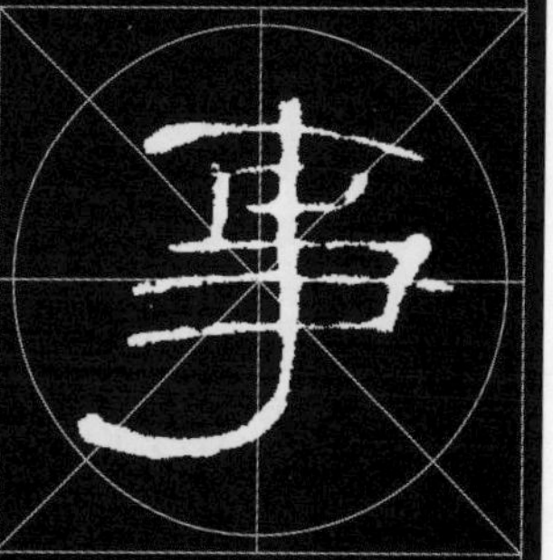
汉 曹全碑

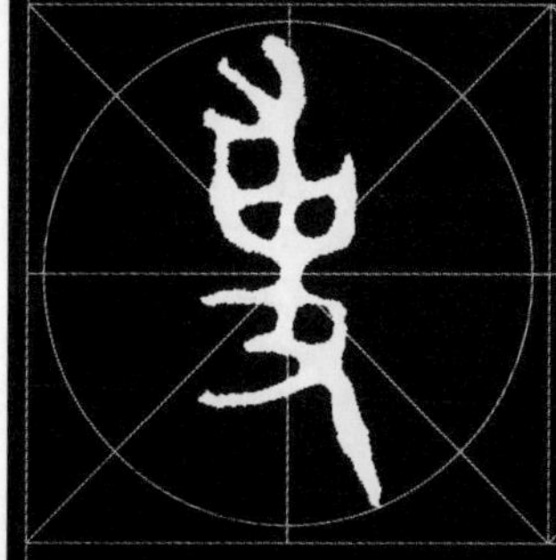
周 令彝

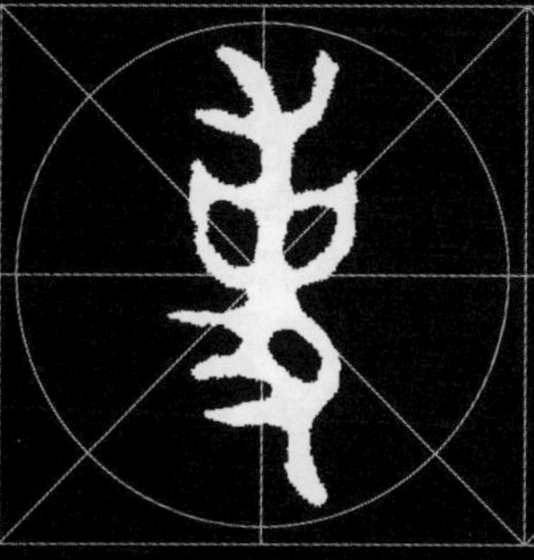
周 师虎簋

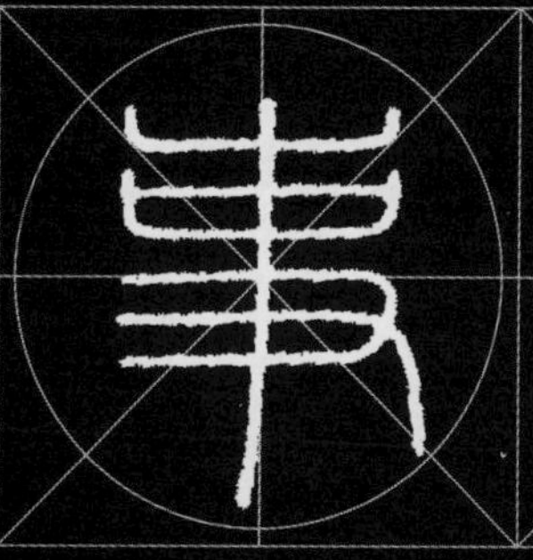
秦 会稽刻石

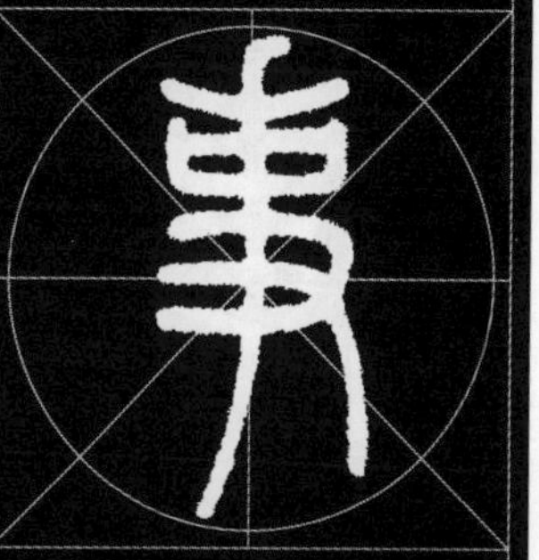
清 邓石如

shì
侍
（陪侍）

三国 钟繇

唐 欧阳通

唐 颜真卿

唐 柳公权

shì
侍

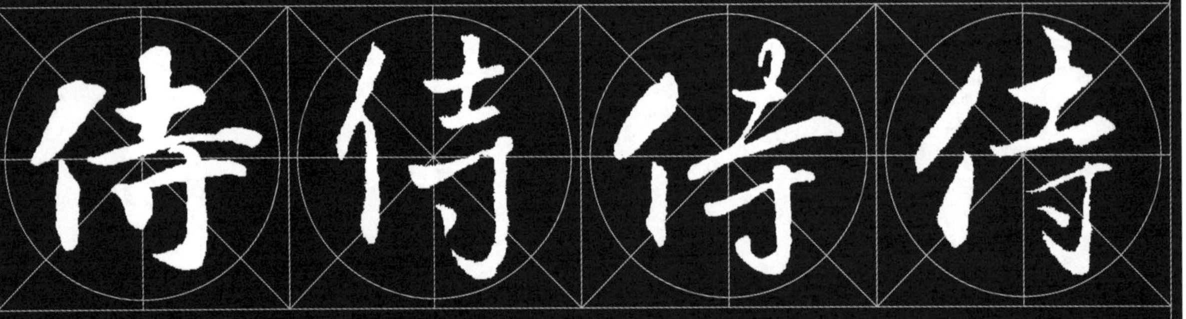

隋 智永 | 唐 李世民 | 唐 李邕 | 元 赵孟頫

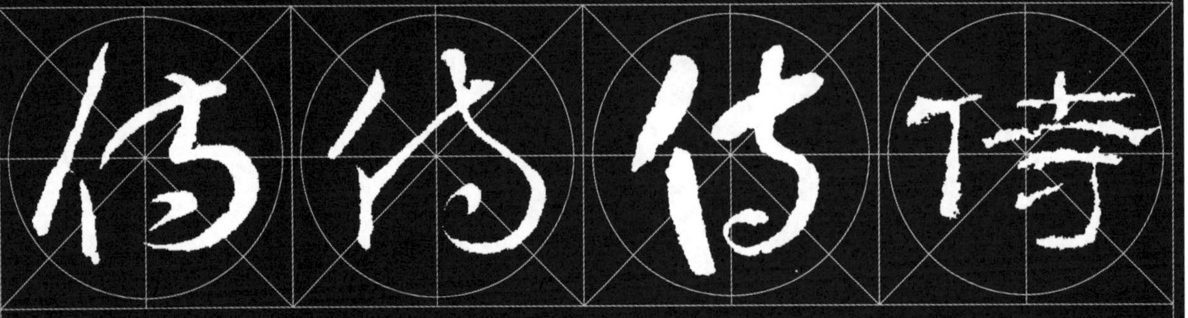

晋 王羲之 | 唐 欧阳询 | 唐 怀素 | 汉 乙瑛碑

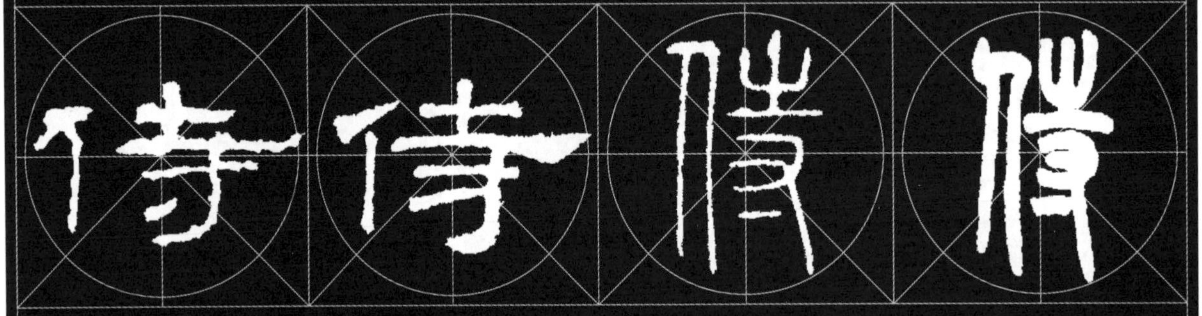

汉 礼器碑 | 汉 桐柏庙碑 | 汉 说文解字 | 清 吴大澂

元 王蒙 | 唐 怀素 | 元 赵孟頫 | 清 吴熙载

shì
势

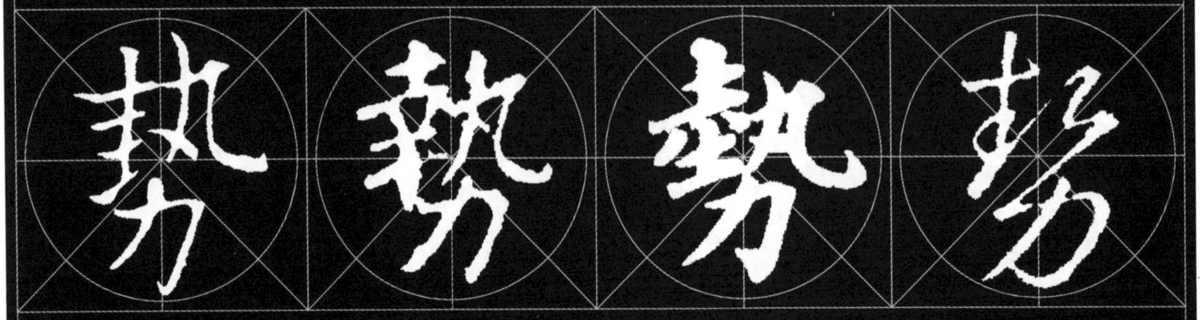

唐 欧阳询 | 唐 颜真卿 | 宋 蔡襄 | 晋 王羲之

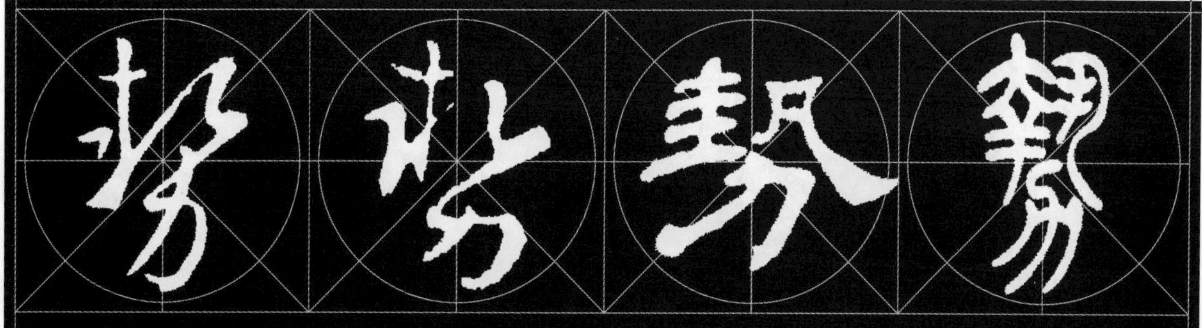

唐 孙过庭　唐 陆柬之　清 杨岘　清 吴熙载

shì
视
（視、眂、眎）

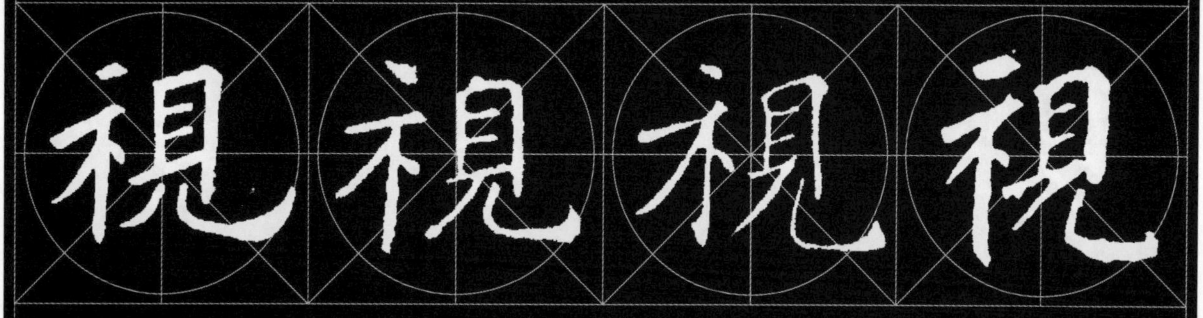

唐 欧阳询　唐 褚遂良　唐 王敬客　唐 颜真卿

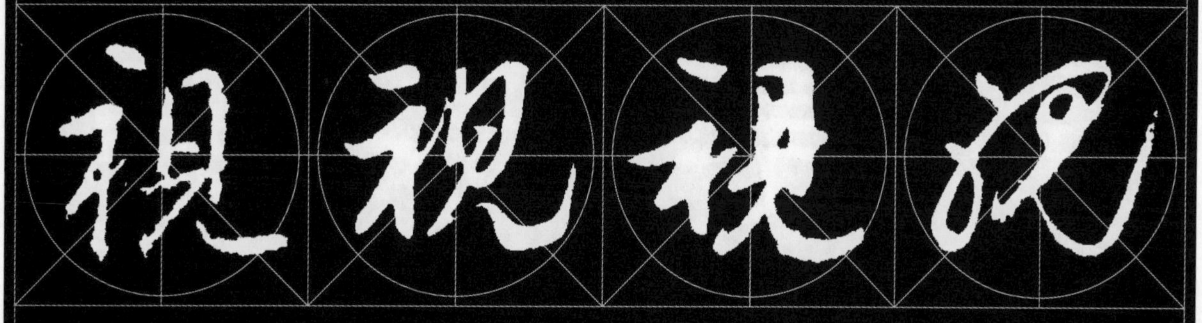

唐 张从申　宋 米芾　明 文徵明　明 祝允明

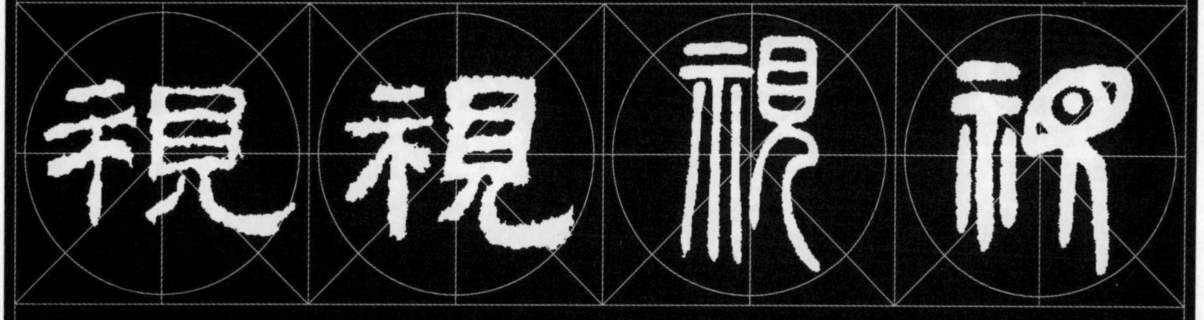

汉 史晨碑　汉 鲁峻碑　清 邓石如　清 吴大澂

shì
是

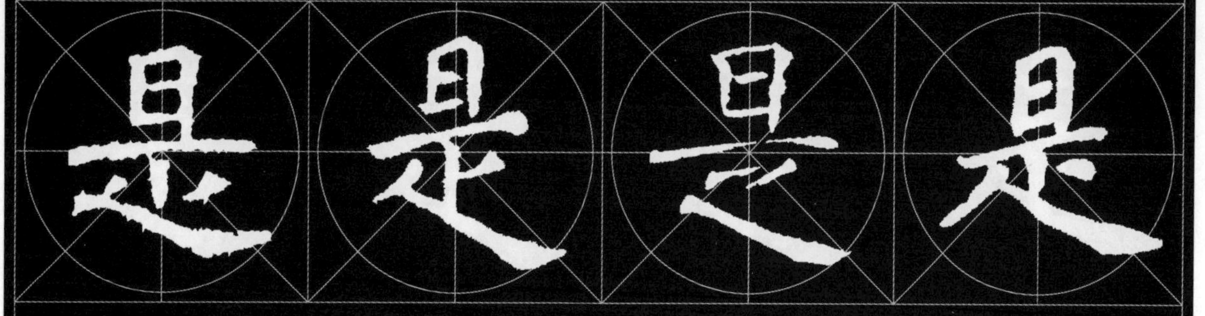

北魏 高贞碑　唐 欧阳询　唐 褚遂良　宋 蔡襄

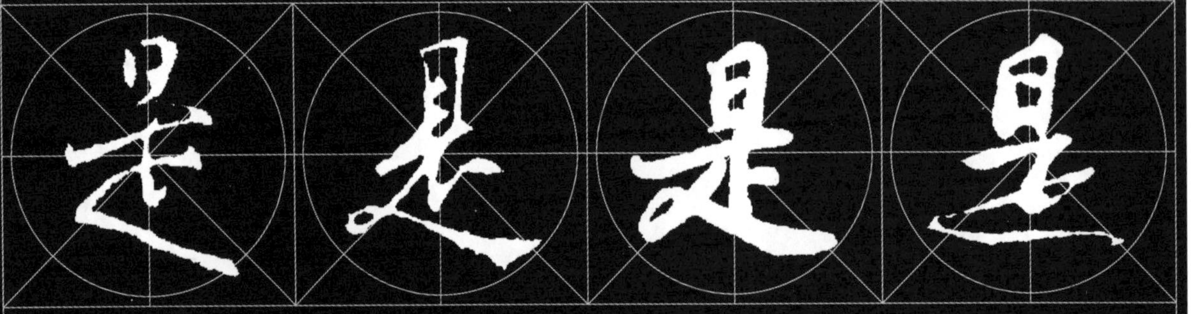

晋 王献之　唐 释怀仁　唐 陆柬之　宋 苏轼

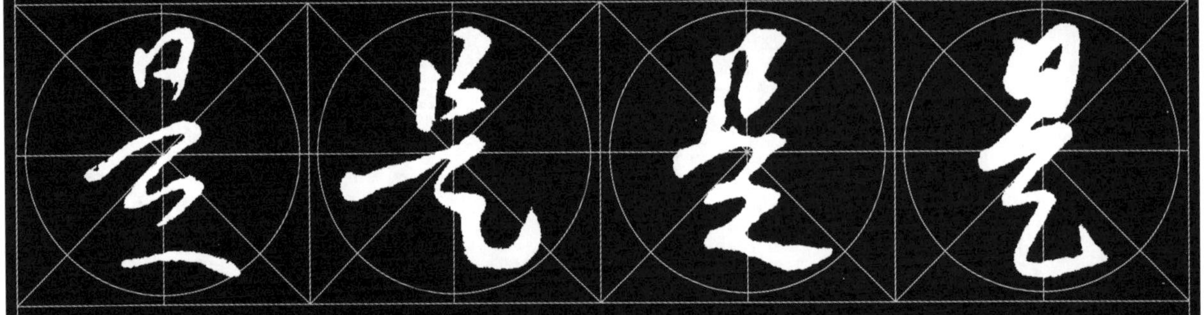

唐 李世民　唐 孙过庭　宋 苏轼　元 康里子山

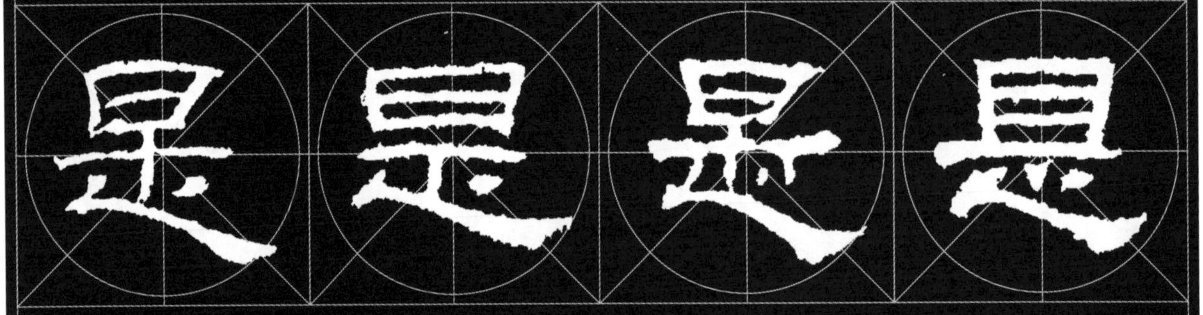

汉 乙瑛碑　汉 封龙山碑　汉 华山碑　汉 张迁碑

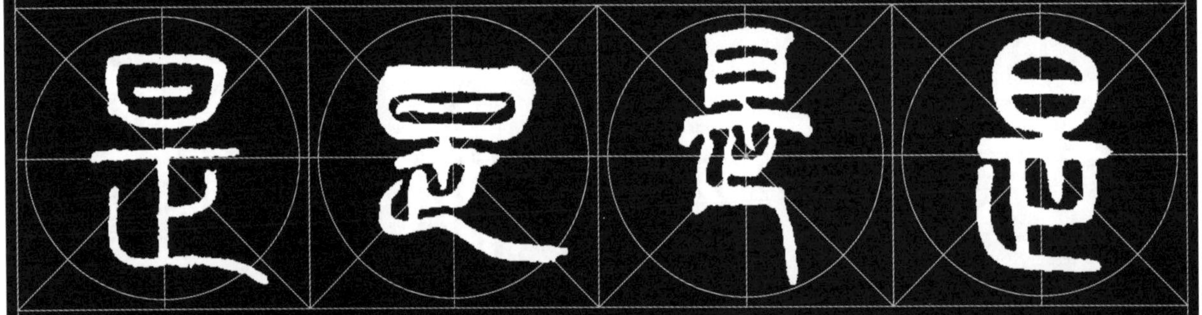

清 王澍　清 徐三庚　清 徐三庚　清 黄士陵

shì
室

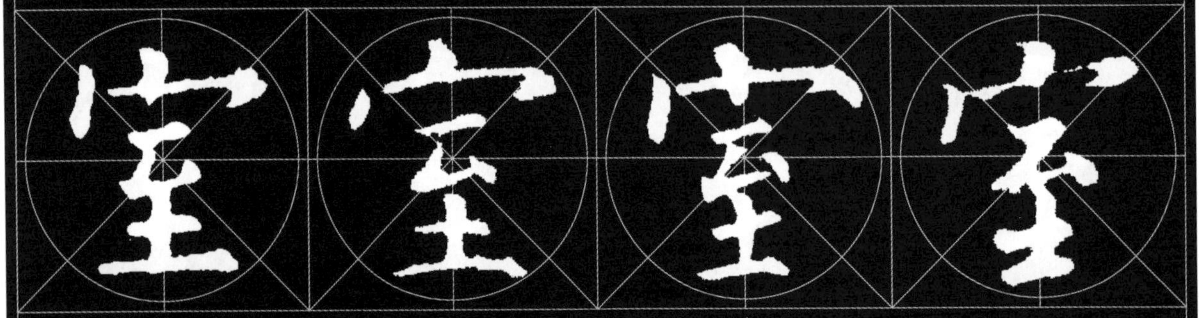

唐 欧阳询　唐 虞世南　唐 柳公权　晋 王羲之

唐 冯承素　唐 张从申　晋 王羲之　唐 颜真卿

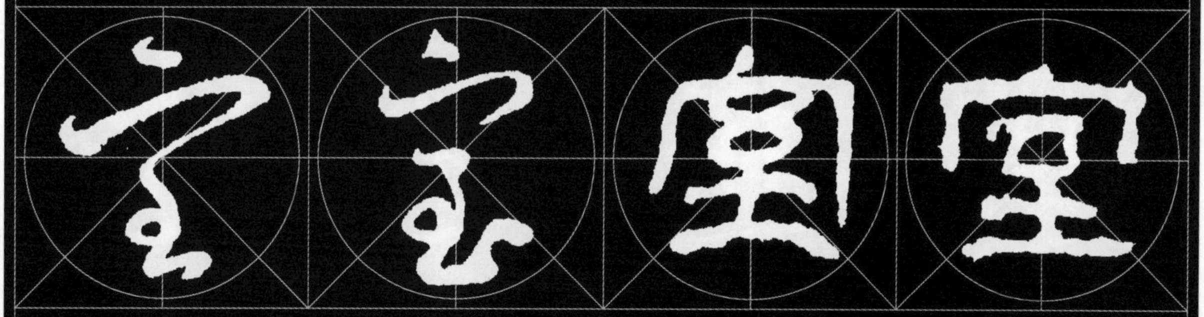

唐 怀素　宋 蔡襄　汉 马王堆帛书　汉 武梁刻石 。

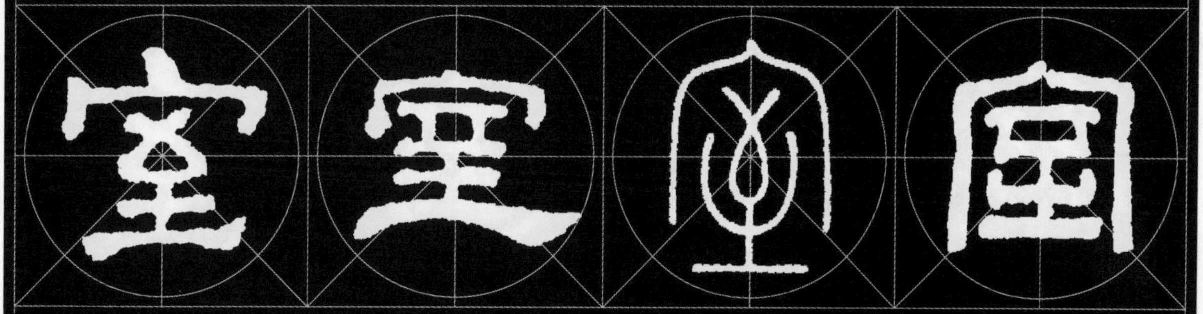

汉 樊敏碑　元 吴叡　清 王澍　清 达受

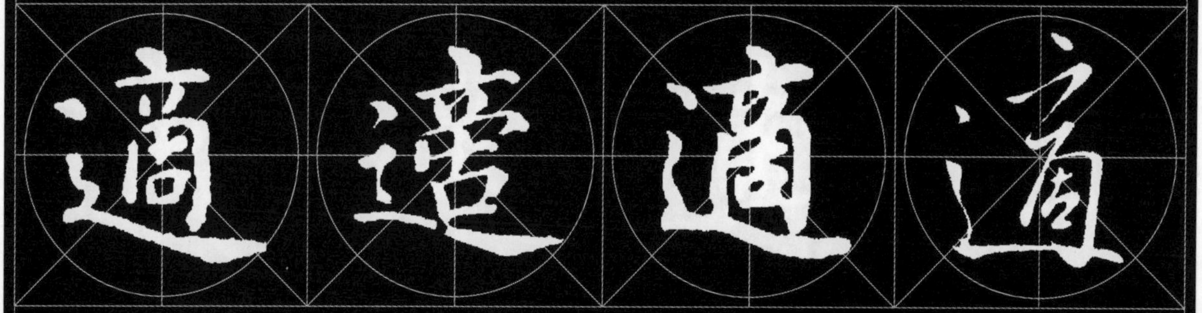

唐 虞世南　清 梁同书　唐 陆柬之　宋 王涣之

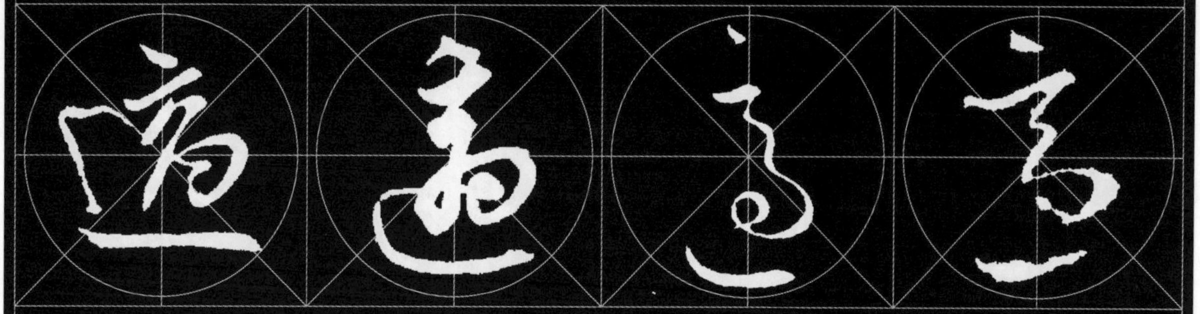

晋 王献之　明 沈粲　晋 王羲之　晋 羊欣

shì
适
（適）
kuò

唐 孙过庭　唐 怀素　清 顾蔼吉·隶辨　汉 说文解字

shì
逝

晋 王羲之　唐 虞世南　宋 苏轼　元 赵孟頫

晋 索靖　明 祝允明　明 文徵明　明 陈淳

汉 孔彪碑　汉 樊敏碑　清 杨沂孙　清 吴大澂

shì
誓

唐 褚遂良　唐 欧阳通　唐 高正臣　宋 米芾

shì
谥（諡、謚）

shì
释

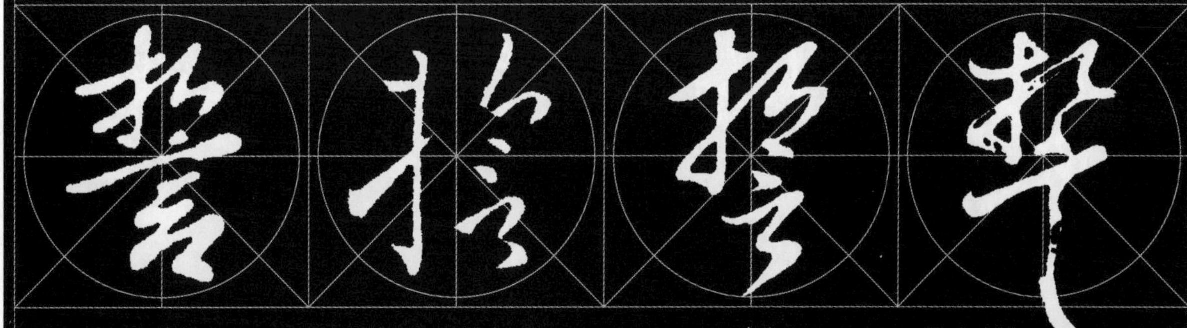

明 曾棨　唐 孙过庭　明 董其昌　明 张瑞图

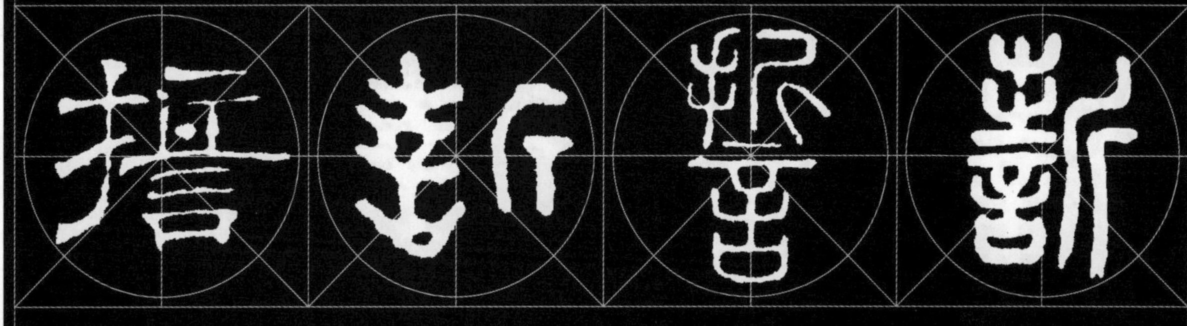

晋 墓志　周 散氏盘　汉 说文解字　清 杨沂孙

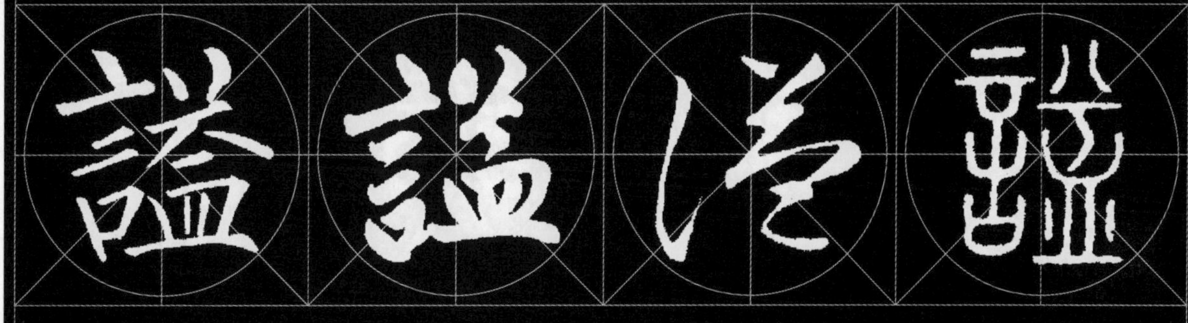

唐 柳公权　元 赵孟頫　金 张天锡·草书韵会　汉 说文解字

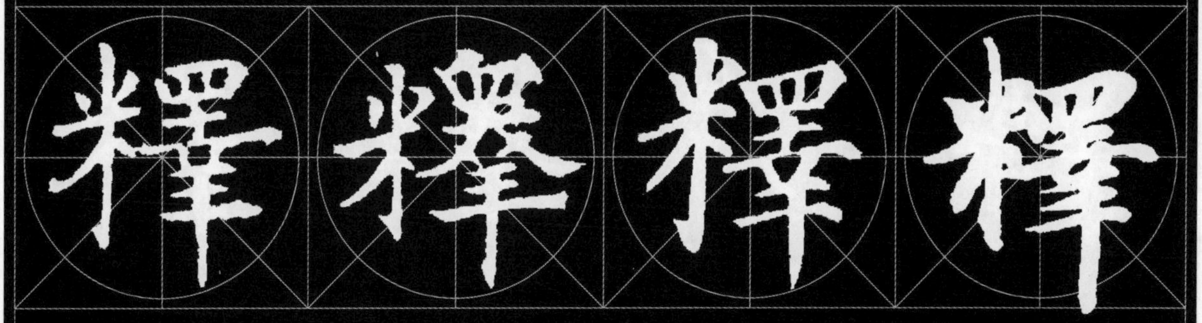

唐 虞世南　唐 欧阳通　唐 颜真卿　隋 智永

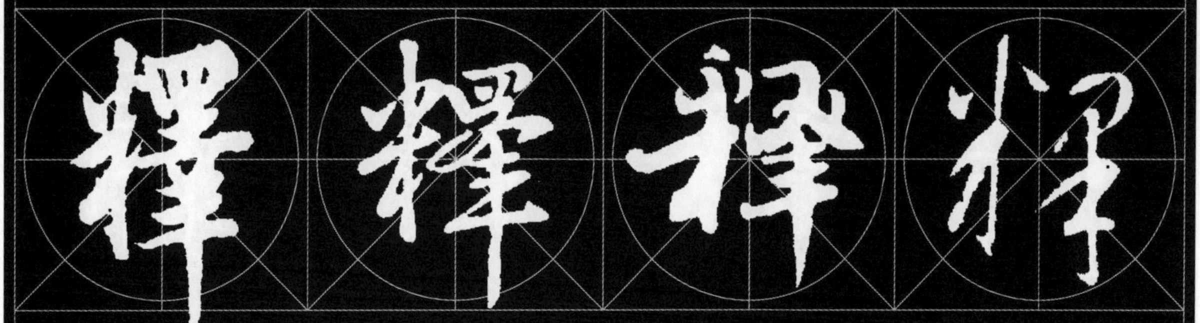

唐 欧阳询　元 赵孟頫　清 刘墉　隋 智永

shì 奭（盛大的样子）

shì 遰（刀鞘） dì（去；往）

shì 嗜

shì
噬
（咬）

shōu
收
（収）

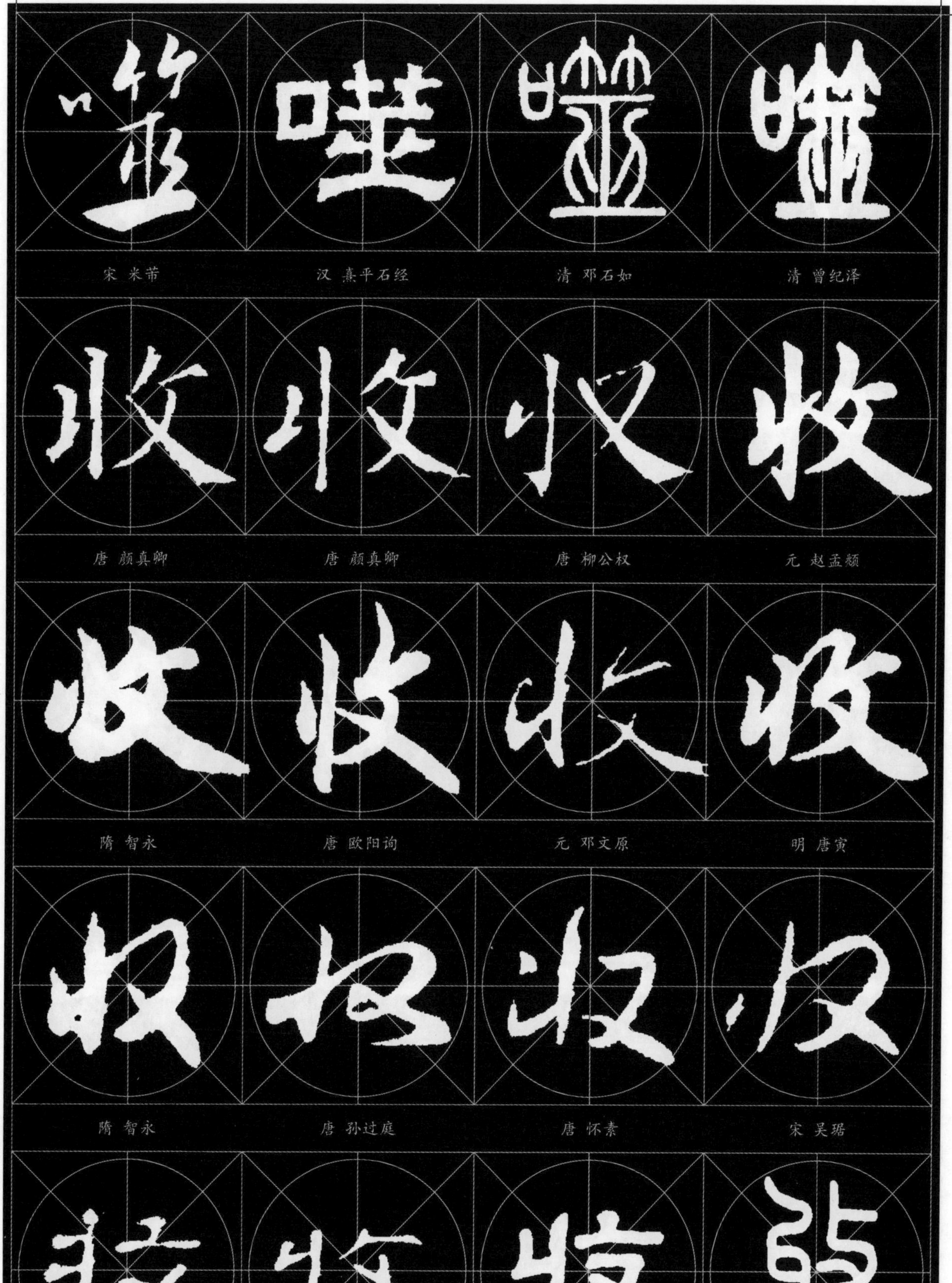

宋 米芾 | 汉 熹平石经 | 清 邓石如 | 清 曾纪泽

唐 颜真卿 | 唐 颜真卿 | 唐 柳公权 | 元 赵孟頫

隋 智永 | 唐 欧阳询 | 元 邓文原 | 明 唐寅

隋 智永 | 唐 孙过庭 | 唐 怀素 | 宋 吴琚

汉 郙有道碑 | 汉 曹全碑 | 清 阮元 | 清 沙神芝

shǒu
手

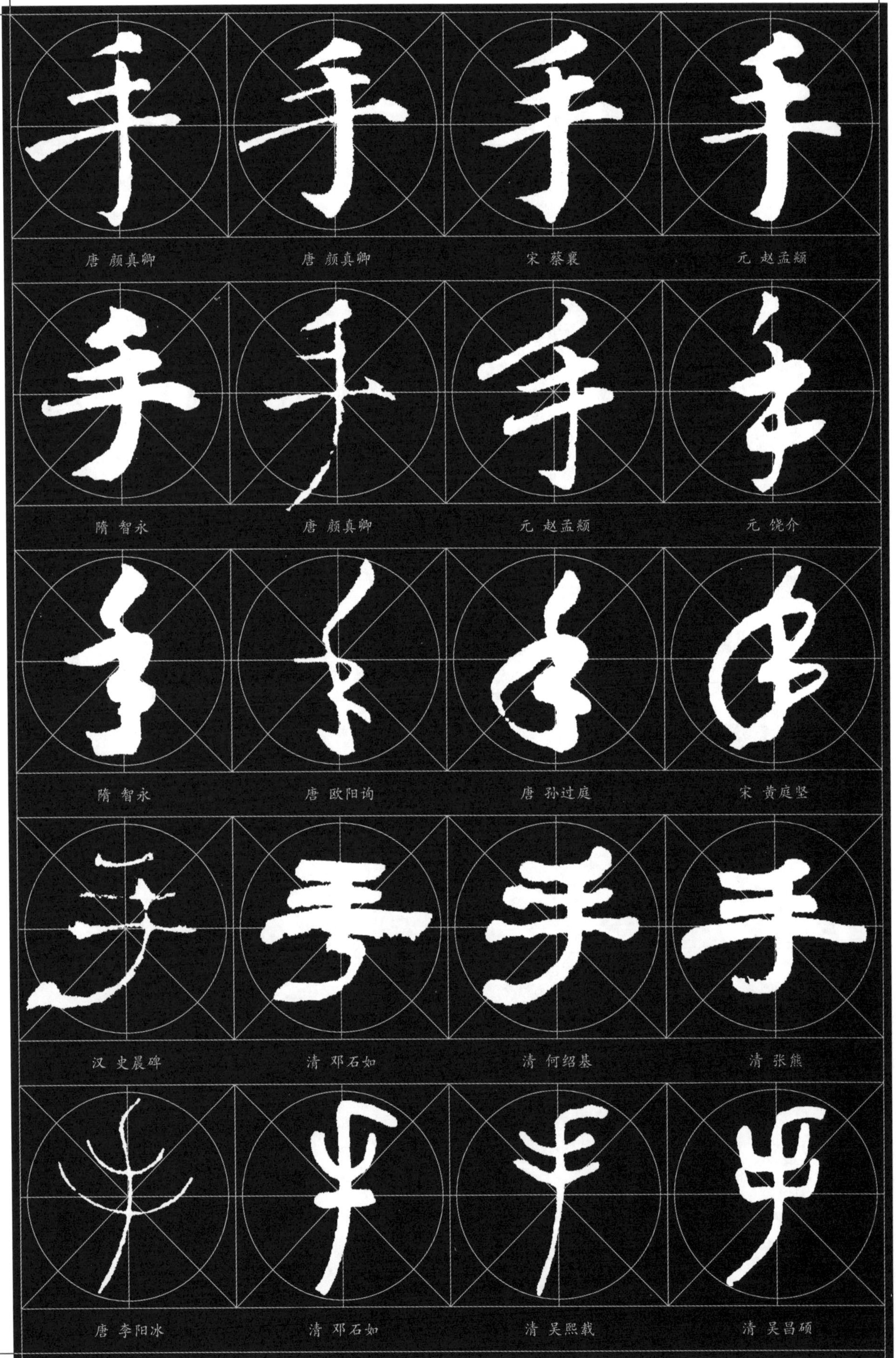

唐 颜真卿　唐 颜真卿　宋 蔡襄　元 赵孟頫

隋 智永　唐 颜真卿　元 赵孟頫　元 饶介

隋 智永　唐 欧阳询　唐 孙过庭　宋 黄庭坚

汉 史晨碑　清 邓石如　清 何绍基　清 张熊

唐 李阳冰　清 邓石如　清 吴熙载　清 吴昌硕

shǒu
守

北魏 郑长猷造像　北魏 张玄墓志　唐 褚遂良　唐 颜真卿

明 沈度　宋 吴琚　元 赵孟頫　清 王铎

晋 王导　隋 智永　唐 欧阳询　唐 李怀琳

汉 景君碑　汉 石门颂　汉 乙瑛碑　汉 史晨碑

唐 李阳冰　唐 李阳冰　清 邓石如　清 徐三庚

shǒu
首

shòu
受

北魏 张猛龙碑
唐 颜真卿
宋 米芾
宋 周邦彦
晋 王献之
唐 怀素
汉 史晨碑
三国 王基碑
殷商 甲骨文
周 师酉簋
清 杨沂孙
清 杨沂孙
隋 苏孝慈墓志
唐 薛稷
唐 颜真卿
明 王宠
晋 王羲之
唐 高正臣
唐 李邕
唐 张从申

三国 皇象 | 唐 李世民 | 唐 怀素 | 元 鲜于枢

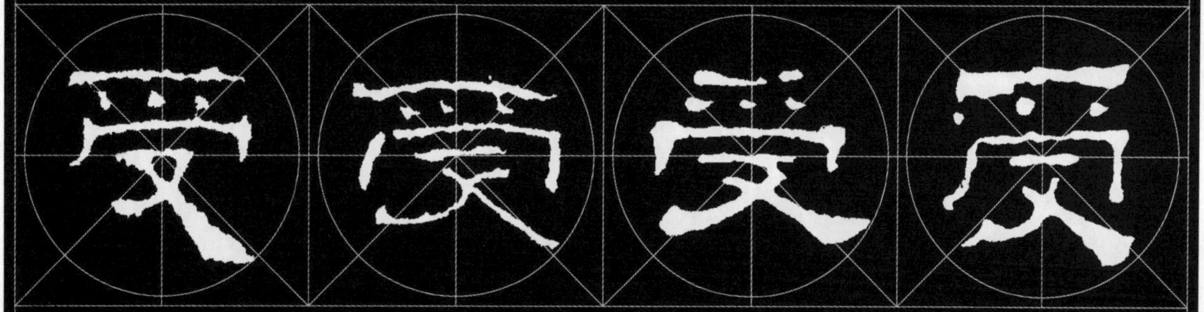

汉 景君碑 | 汉 石门颂 | 汉 郭有道碑 | 三国 孔羡碑

shòu
授

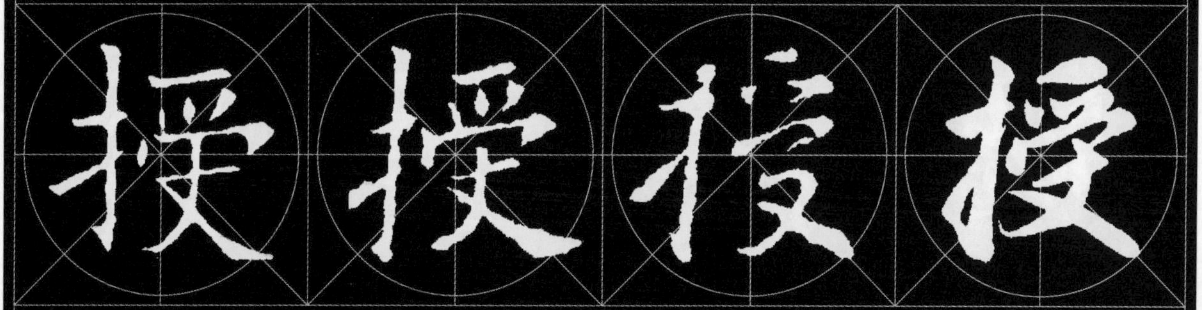

隋 苏孝慈墓志 | 唐 欧阳询 | 唐 颜真卿 | 元 赵孟頫

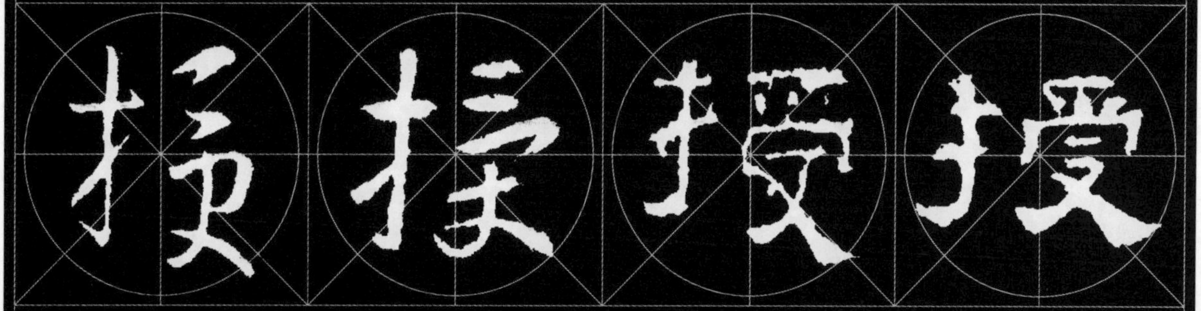

唐 孙过庭 | 唐 张从申 | 汉 景君碑 | 汉 孔彪碑

shòu
绶

明 姚绶 | 三国 王基碑 | 清 顾蔼吉·隶辨 | 汉 说文解字

shòu
狩

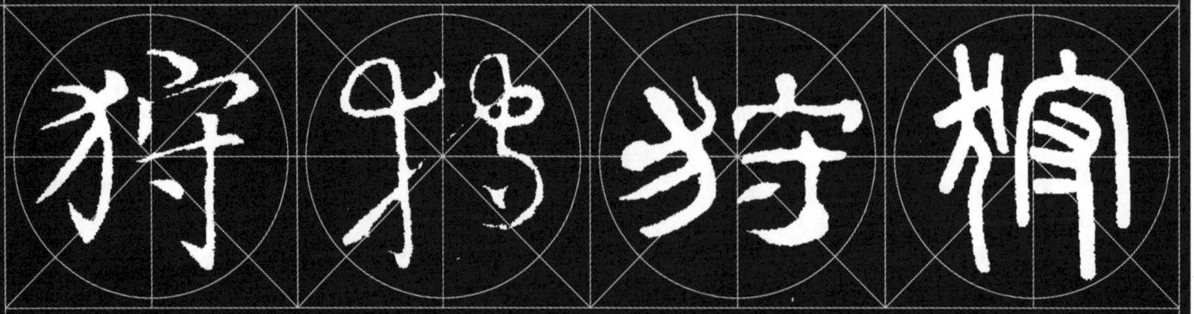

元 王蒙 | 金 张天锡·草书韵会 | 清 黄易 | 清 吴大澂

shòu
瘦

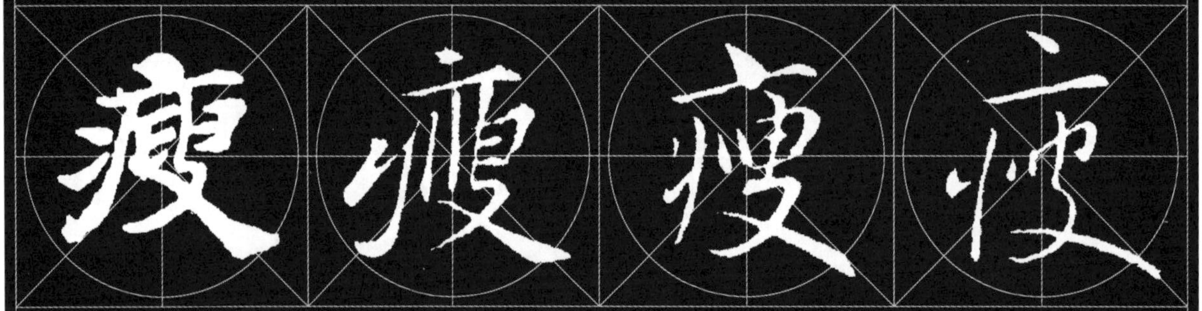

唐 国诠 | 宋 黄庭坚 | 元 赵孟頫 | 晋 王献之

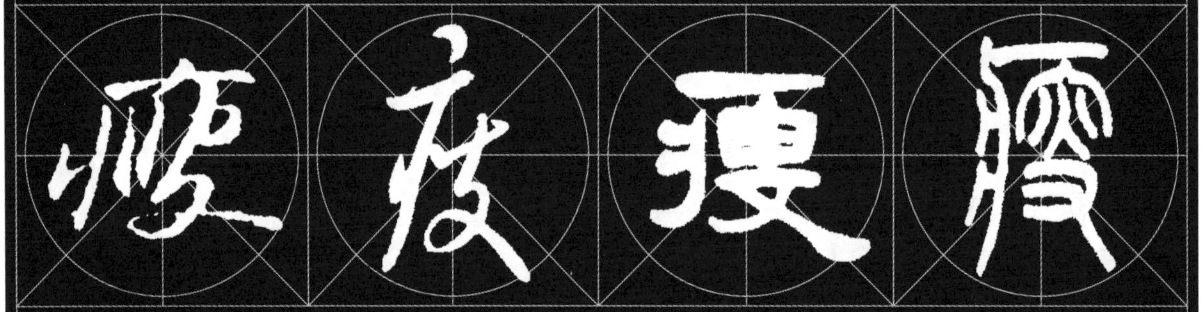

宋 苏轼 | 元 康里子山 | 清 杨沂孙 | 清 吴大澂

shòu
寿（壽、夀）

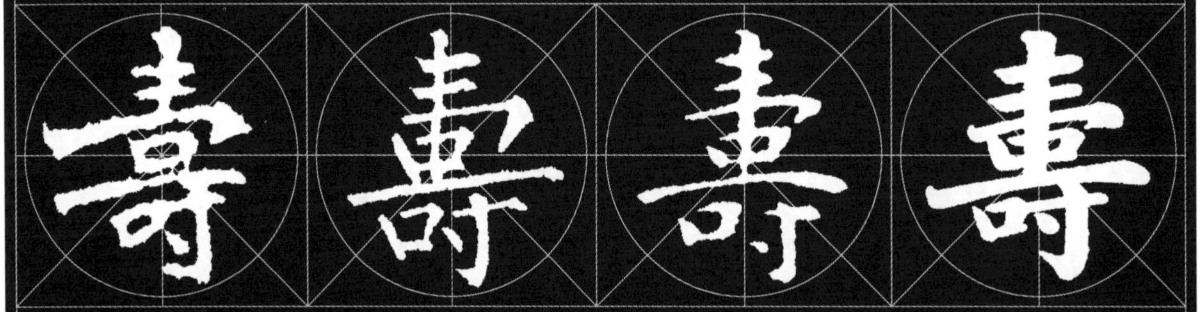

北魏 张猛龙碑 | 唐 柳公权 | 明 祝允明 | 清 陆润庠

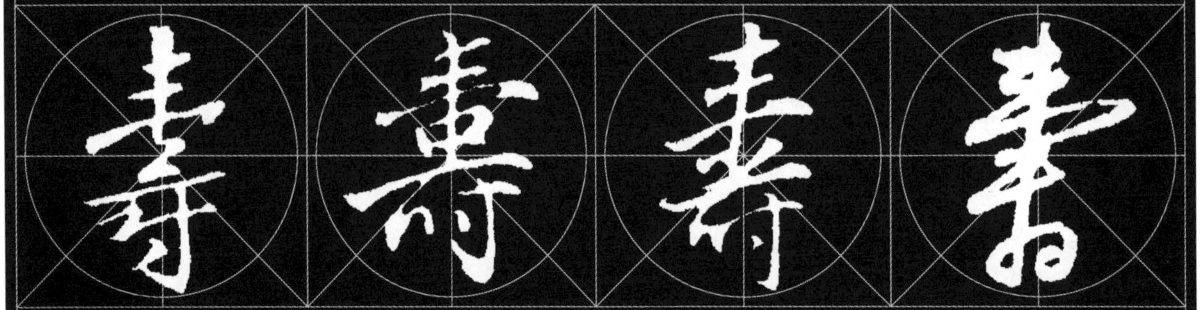

晋 王羲之 | 明 沈粲 | 明 董其昌 | 宋 陆游

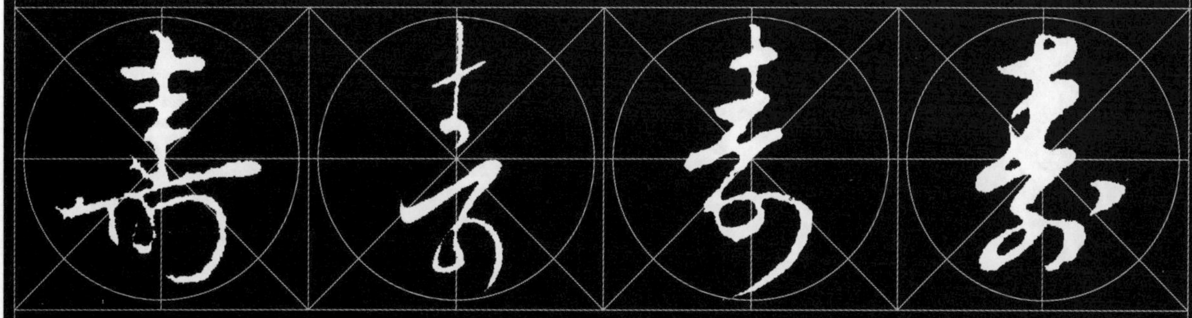

三国 皇象　　晋 王羲之　　唐 李世民　　明 倪元璐

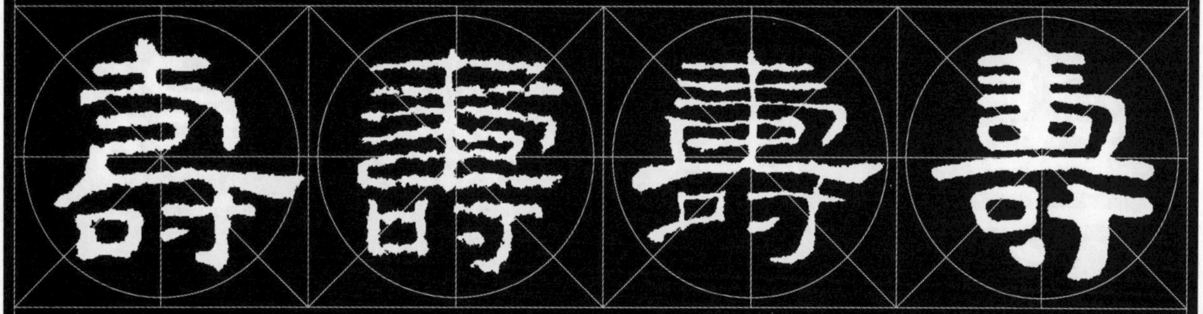

汉 娄寿碑　　汉 封龙山碑　　汉 礼器碑　　北齐 泰山金刚经

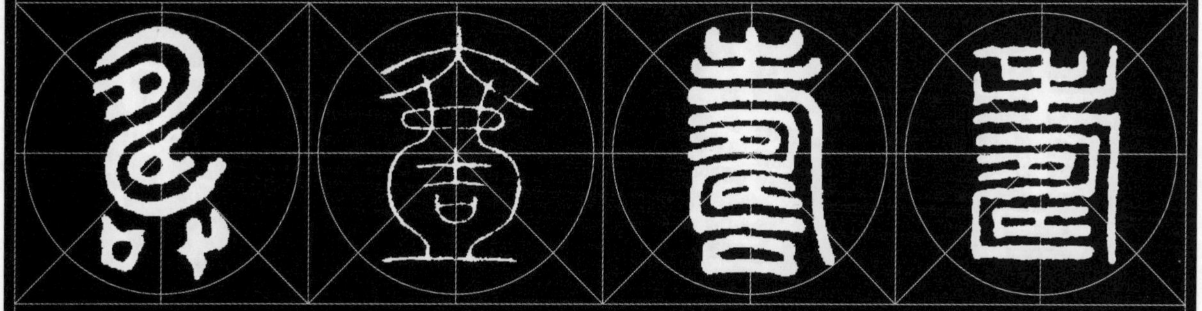

周 九年卫鼎　　唐 李阳冰　　清 吴大澂　　清 童大年

shòu
兽（獸）

隋 智永　　唐 虞世南　　清 梁同书　　唐 陆柬之

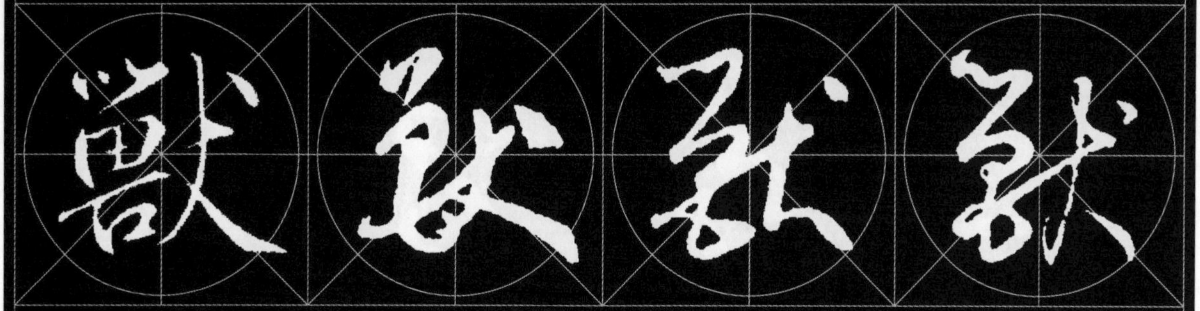

元 鲜于枢　　唐 孙过庭　　唐 怀素　　元 鲜于枢

shū
书（書）

明 王宠　汉 马王堆帛书　汉 武梁刻石　汉 桐柏庙碑
元 赵孟頫　周 师袁簋　唐 李阳冰　元 赵孟頫
唐 欧阳询　唐 欧阳通　唐 颜真卿　唐 柳公权
晋 王羲之　晋 王献之　宋 米芾　明 李东阳
晋 王羲之　唐 孙过庭　唐 张旭　宋 米芾

汉 乙瑛碑
汉 礼器碑
汉 华山碑
汉 白石神君碑
周 𫊸簋
汉 马王堆帛书
唐 李阳冰
元 赵孟頫
唐 颜真卿
汉 礼器碑
汉 说文解字
清 吴大澂
唐 欧阳通
元 赵孟頫
明 董其昌
宋 米芾
唐 杜牧
元 吴叡
清 徐三庚
清 黄士陵

shū
抒

shū
舒

shū
叔

宋 苏轼　宋 黄庭坚　汉 赵宽碑　汉 曹全碑

北朝 敬使君碑　唐 欧阳询　唐 颜真卿　明 王宠

宋 沈辽　元 赵孟頫　唐 李邕　明 董其昌

清 王铎　清 王铎　三国 皇象　晋 王羲之

唐 李世民　唐 怀素　汉 郭有道碑　汉 礼器碑

shū
淑（温和善良；美好）

shū
菽（尗：豆类总称）

shū
枢（樞）

shū 倏（倏：极快地）

shū 殊

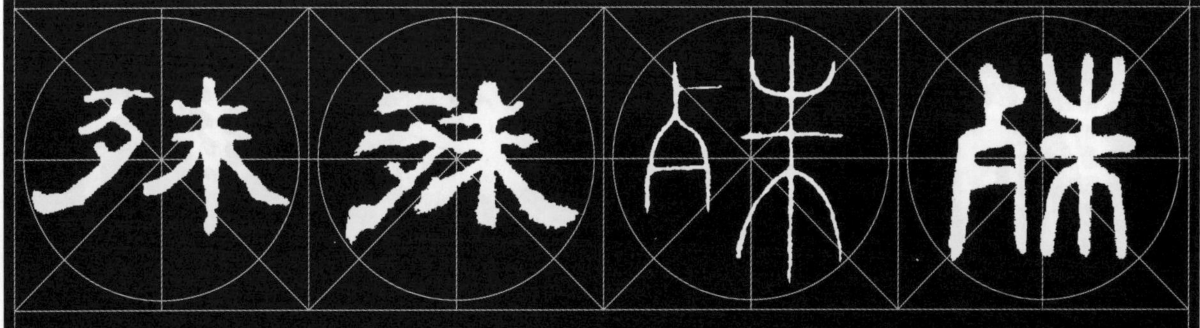

汉 曹全碑 三国 范式碑 唐 李阳冰 清 杨沂孙

shū
疏（本从疋）

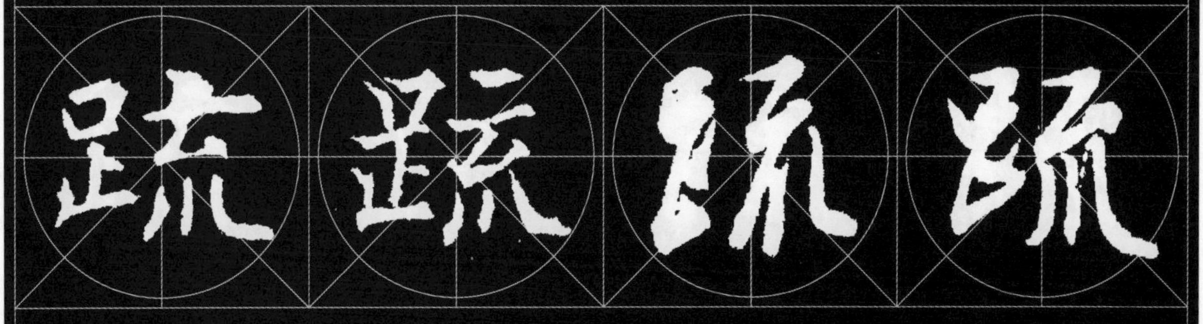

唐 虞世南 唐 欧阳通 宋 吴说 明 文徵明

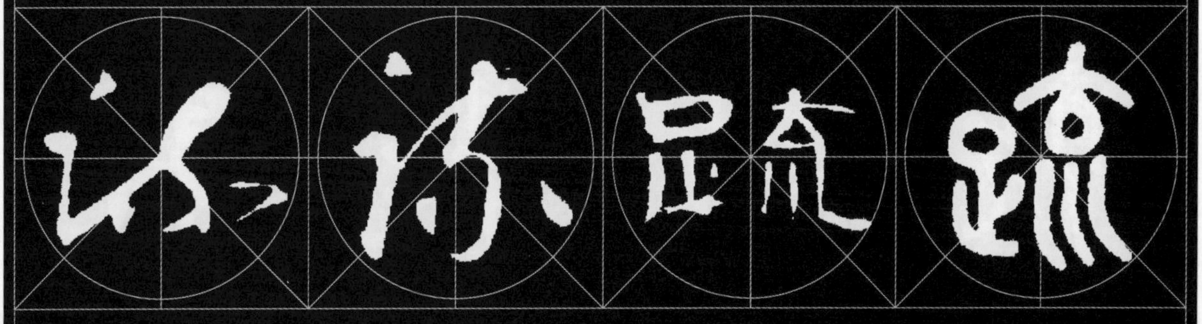

晋 王羲之 隋 智永 汉 曹全碑 清 吴大澂

shū
疎（本从疋）

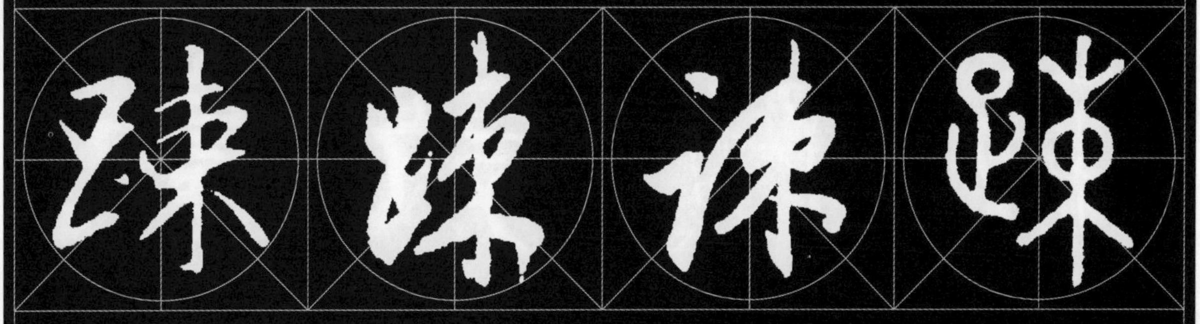

元 袁桷 宋 米芾 明 董其昌 元 赵孟頫

shū
蔬（本从疋）

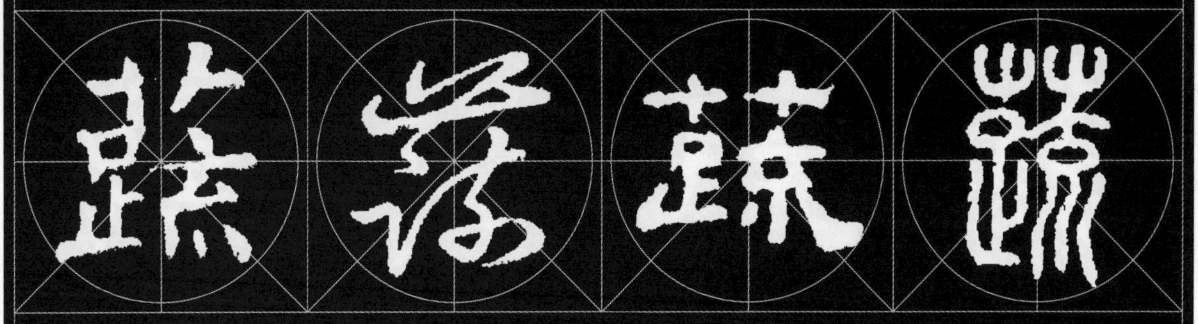

唐 褚遂良 金 张天锡·草书韵会 汉 娄寿碑 清 康熙字典

shū
输

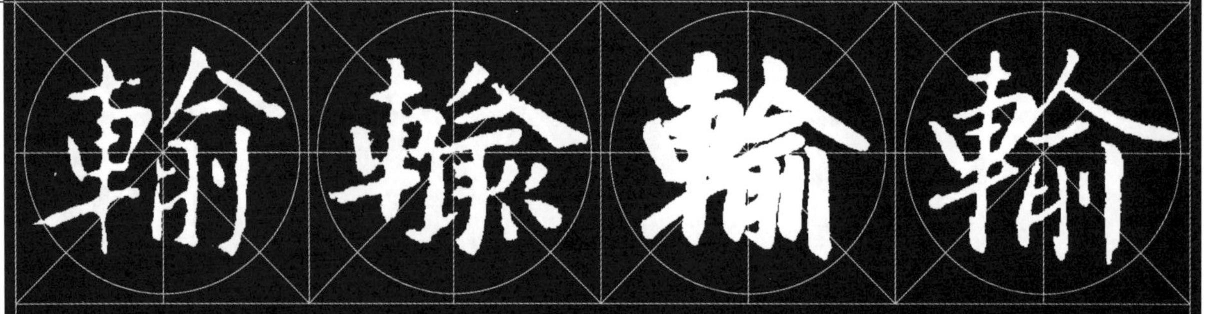

宋 黄庭坚　明 黄道周　元 赵孟頫　明 董其昌

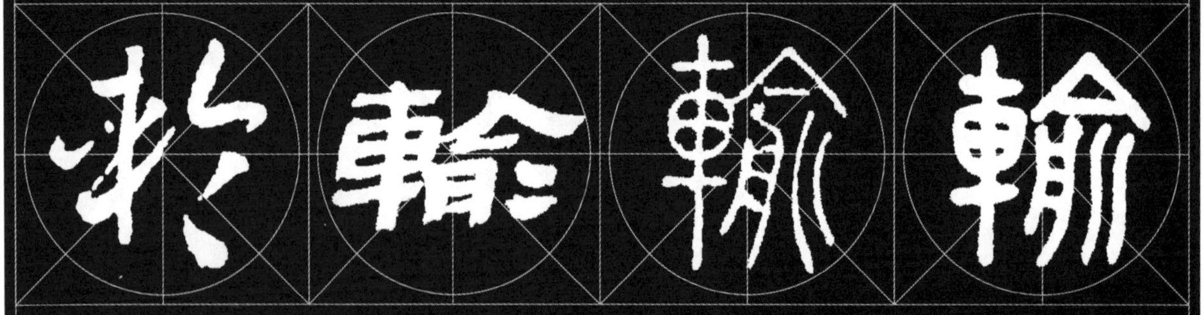

唐 孙过庭　清 金农　汉 说文解字　清 吴大澂

shú
孰

唐 颜真卿　唐 颜真卿　唐 柳公权　元 赵孟頫

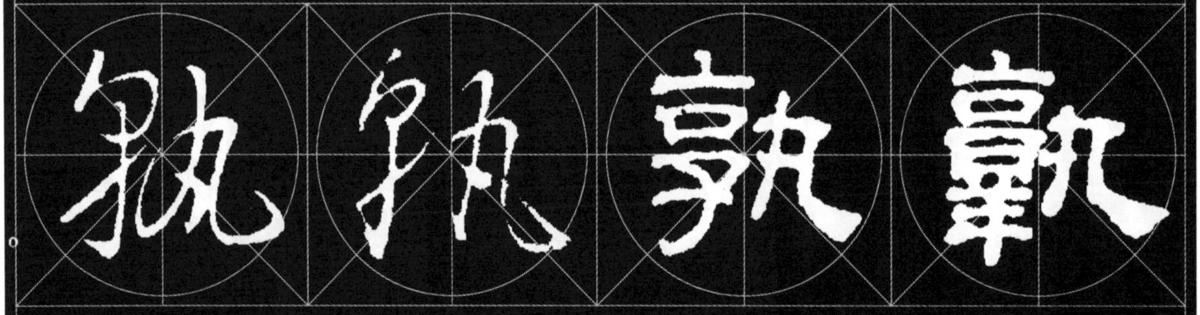

唐 孙过庭　唐 怀素　元 吴叡　元 吴叡

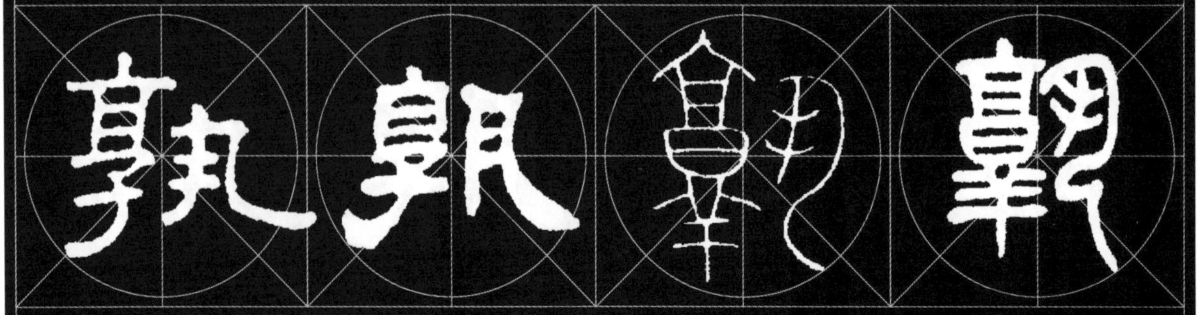

清 王澍　清 吴熙载　唐 李阳冰　清 杨沂孙

金 张天锡·草书韵会 | 清 康熙字典 | 清 邓石如 | 清 吴大澂

北魏 元显儁墓志 | 唐 颜真卿 | 隋 智永 | 唐 欧阳询

唐 孙过庭 | 唐 怀素 | 元 赵孟頫 | 清 吴熙载

清 何绍基 | 唐 颜真卿 | 金 张天锡·草书韵会 | 汉 武梁刻石

唐 欧阳询 | 唐 柳公权 | 明 沈度 | 宋 朱熹

shú 塾

shú 熟 shóu （口语）

shú 赎

shǔ 暑（热）

shǔ 署

shǔ 曙（拂晓）

shǔ 黍

晋 索靖　晋 王羲之　晋 王羲之　晋 羊欣

隋 苏孝慈墓志　汉 石门颂　汉 朝侯小子残碑　唐 李阳冰

北魏 李壁墓志　明 徐渭　清 王铎　金 张天锡·草书韵会

元 揭傒斯　明 祝允明　元 鲜于枢　明 解缙

汉 武梁刻石　汉 白石神君碑　清 杨岘　清 杨沂孙

shǔ 蜀

shǔ 鼠

唐 欧阳询　唐 颜真卿　唐 柳公权　晋 王羲之

唐 李怀琳　宋 黄庭坚　汉 乙瑛碑　汉 曹全碑

汉 肥致碑　殷商 甲骨文　秦 石鼓文　清 吴大澂

晋 王羲之　唐 李怀琳　宋 米芾　元 赵孟頫

清 邓石如　清 顾蔼吉·隶辨　汉 说文解字　清 吴大澂

shù 术（術）zhú（白术、苍术等）

shù 述

shù 戍（军队防守）

shù 束

shù 澍（及时雨）

shù 树

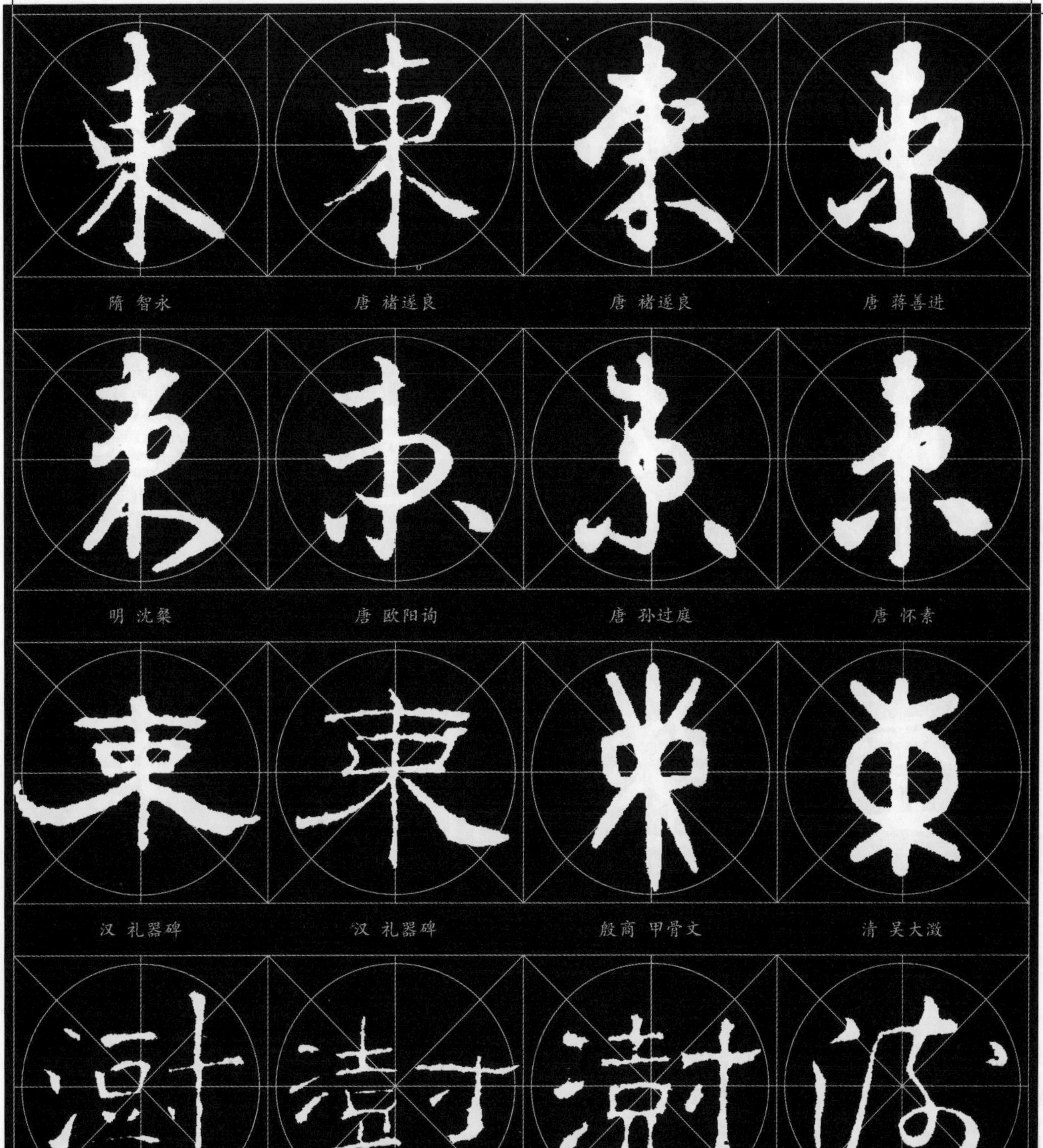

隋 智永　唐 褚遂良　唐 褚遂良　唐 蒋善进

明 沈粲　唐 欧阳询　唐 孙过庭　唐 怀素

汉 礼器碑　汉 礼器碑　殷商 甲骨文　清 吴大澂

隋 张公礼　汉 礼器碑　汉 白石神君碑　金 张天锡·草书韵会

唐 欧阳通　唐 颜真卿　元 赵孟頫　清 黄自元

shù
数
（數）
shǔ
（查点；责备）
shuò
（屡次：数见不鲜）

明 王宠　晋 王羲之　唐 孙过庭　明 董其昌

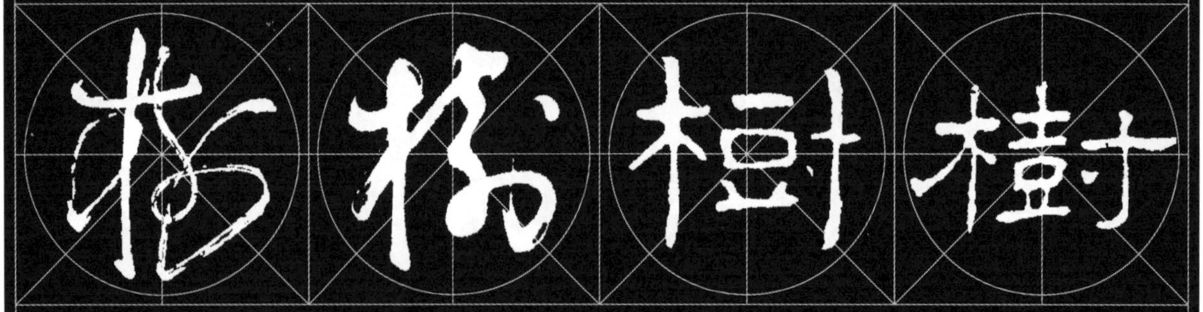

宋 苏轼　明 董其昌　北齐 泰山金刚经　清 王澍

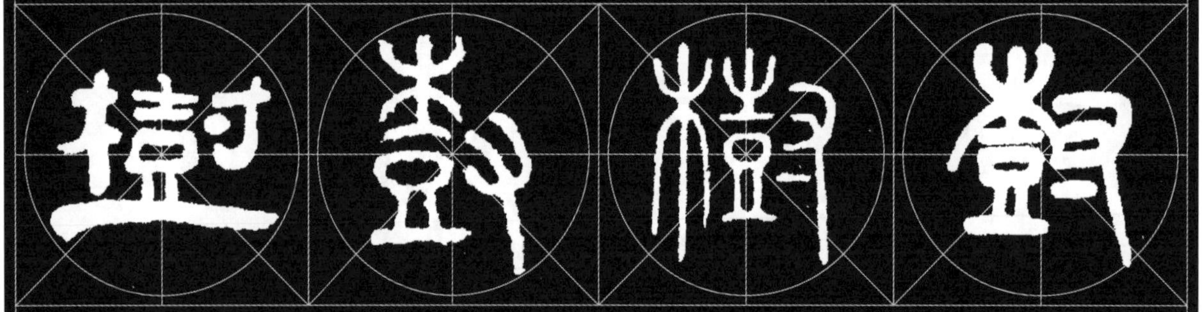

清 陈鸿寿　秦 石鼓文　汉 说文解字　清 杨沂孙

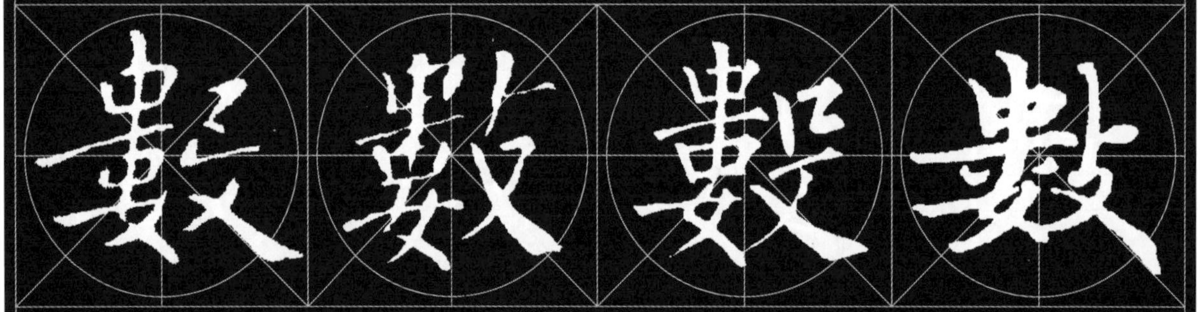

北朝 王僧虔　唐 颜真卿　唐 柳公权　唐 灵飞经

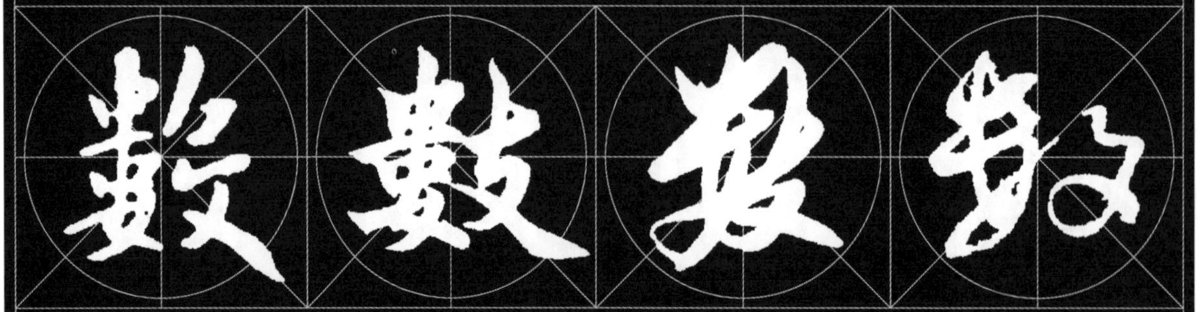

元 鲜于枢　元 柯九思　明 张瑞图　清 王铎

shù
庶（众多；平民；庶出等）

汉 张芝 | 晋 武帝 | 晋 王羲之 | 唐 孙过庭

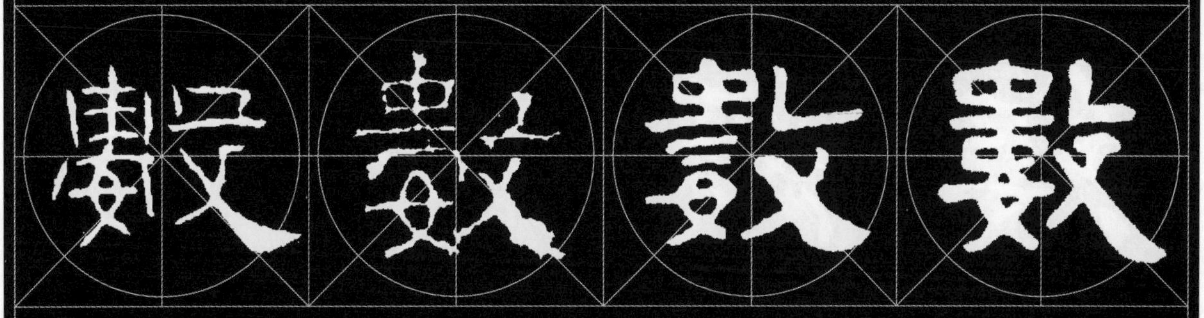

汉 石门颂 | 汉 白石神君碑 | 北齐 泰山金刚经 | 清 吴隐

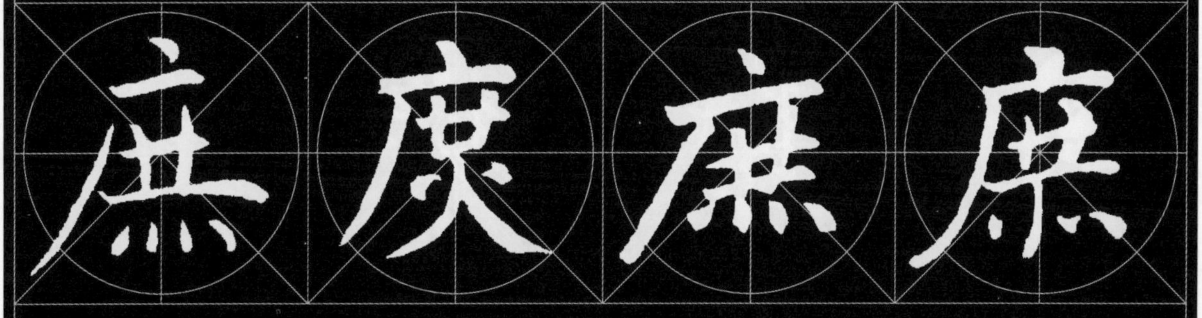

唐 欧阳询 | 唐 颜真卿 | 元 赵孟𫖯 | 清 张照

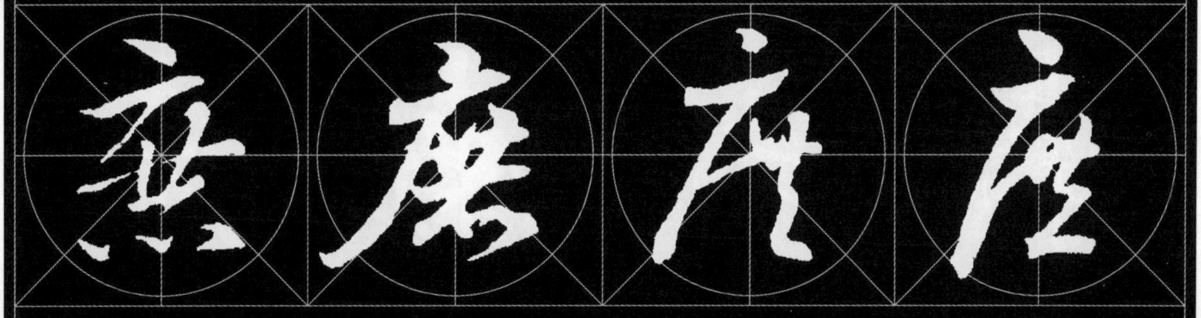

晋 索靖 | 晋 王羲之 | 唐 怀素 | 清 归庄

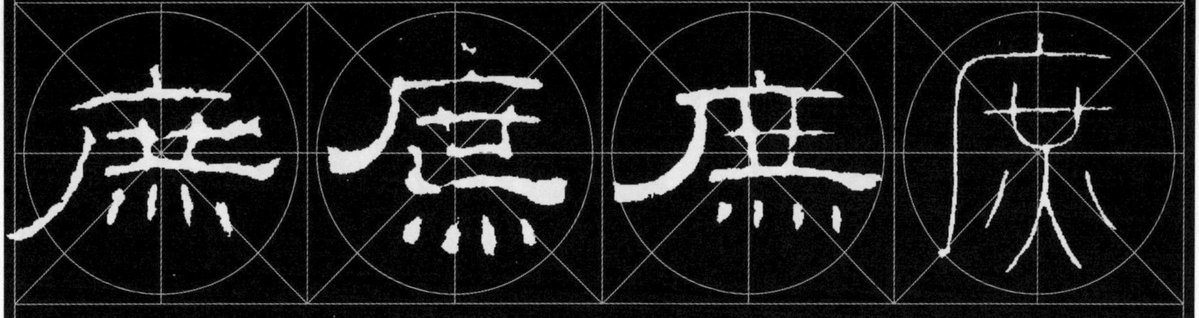

汉 石门颂 | 汉 夏承碑 | 汉 曹全碑 | 唐 李阳冰

shù 竖（豎）

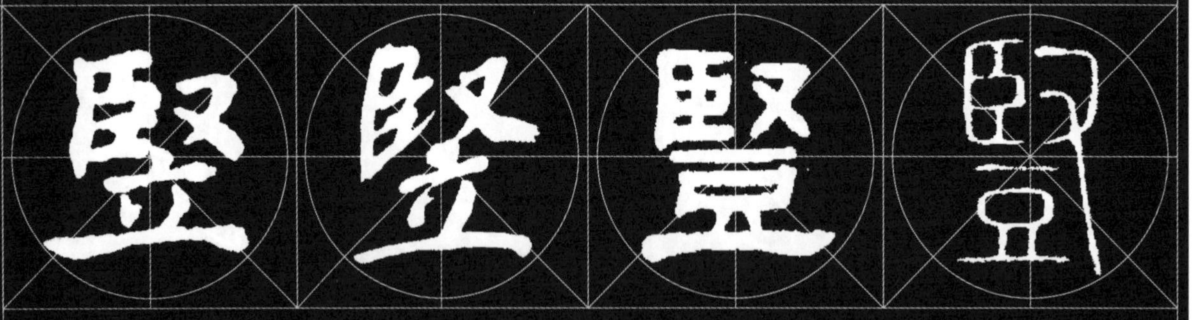

唐 褚遂良　明 董其昌　清 杨沂孙　汉 说文解字

shù 恕

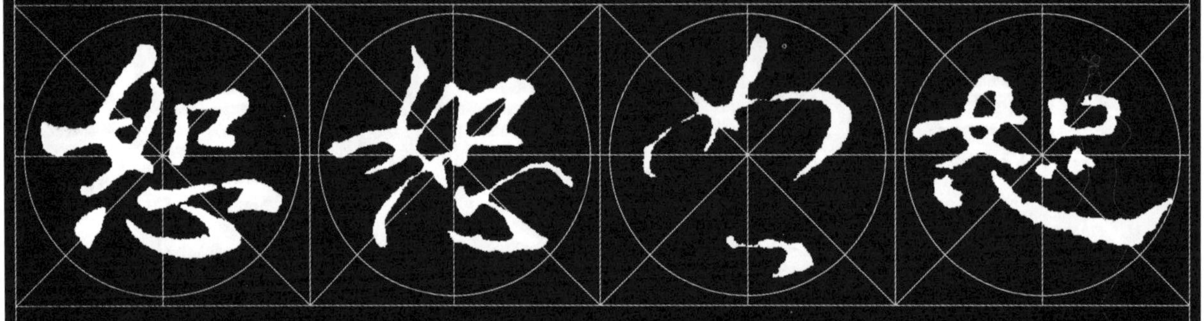

晋 王献之　唐 李邕　晋 王羲之　汉 孔彪碑

shù 墅

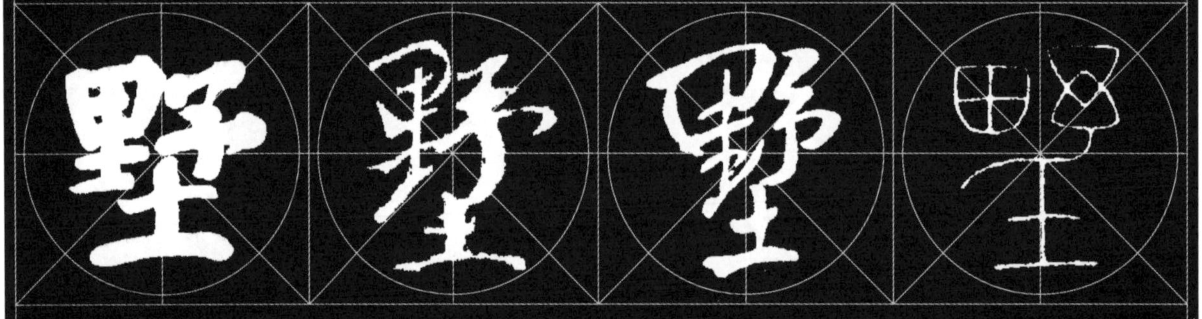

唐 颜真卿　元 袁桷　清 王铎　唐 李阳冰

shù 漱

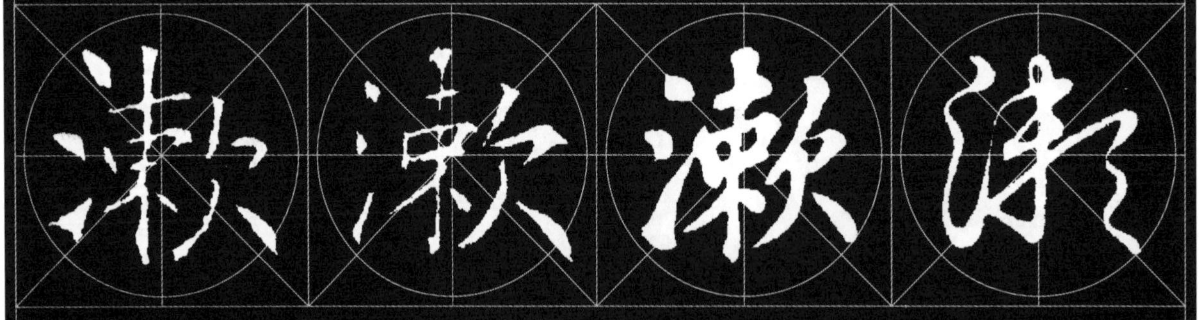

唐 褚遂良　唐 高正臣　宋 苏轼　金 张天锡·草书韵会

shuā 刷 shuà

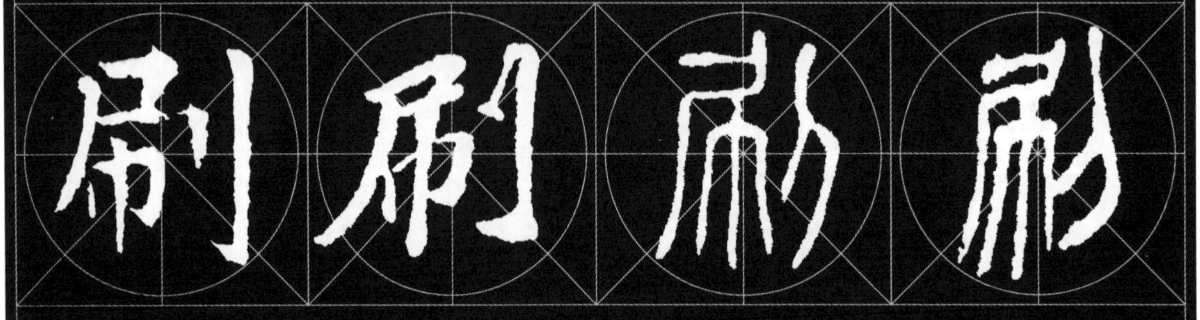

唐 柳公权　宋 苏轼　汉 说文解字　清 吴昌硕

shuāi
衰
cuī
（同缞：丧服）

shuài
帅

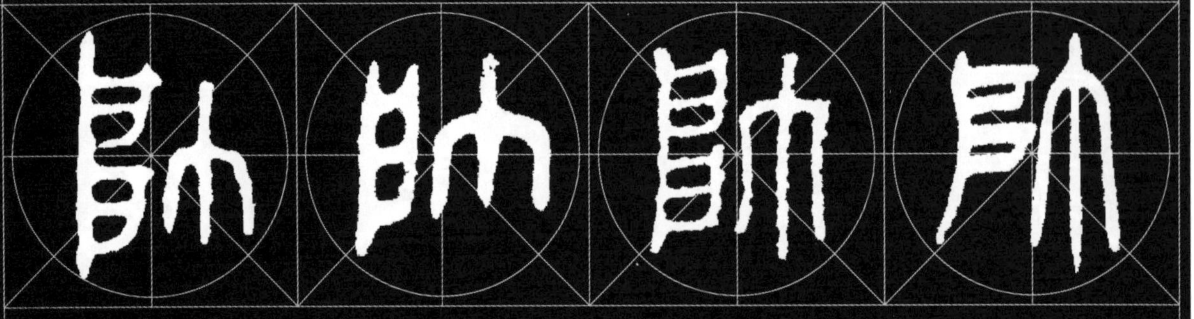

周 颂鼎　周 师虎簋　秦 石鼓文　清 徐三庚

shuài
蟀

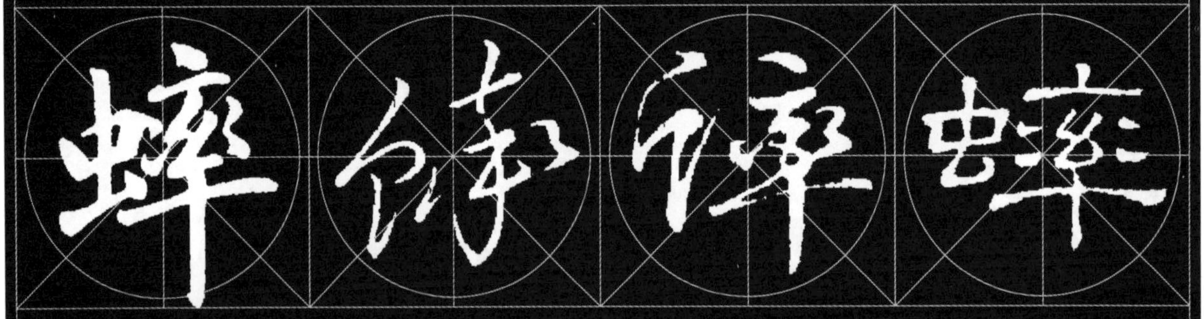

清 陆润庠　明 祝允明　明 文徵明　清 顾蔼吉·隶辨

shuāng
双
（雙、[illegible]）

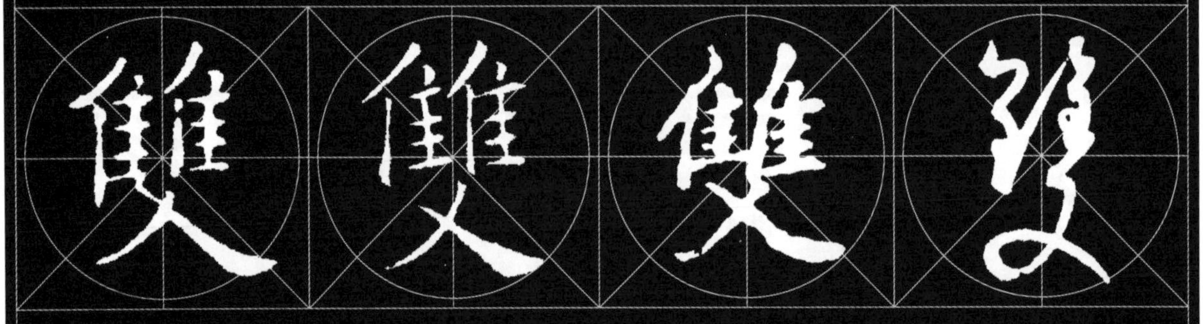

唐 欧阳询　唐 褚遂良　唐 李邕　唐 孙过庭

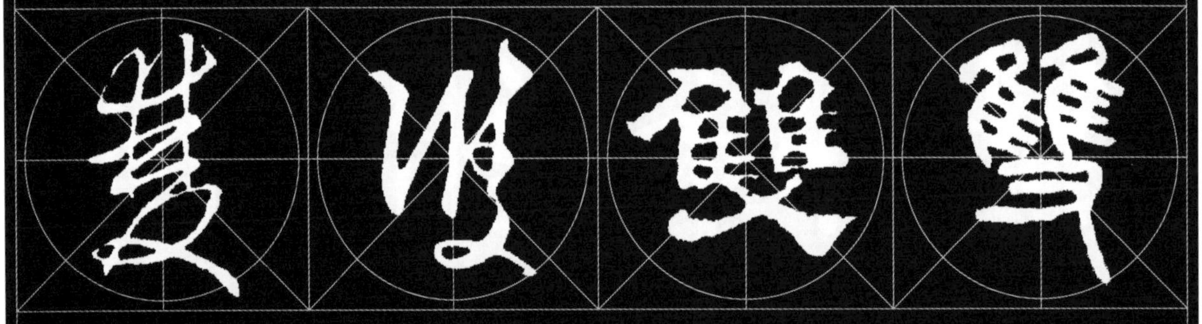

元 赵孟頫　明 王守仁　汉 校官碑　清 杨沂孙

shuāng
霜

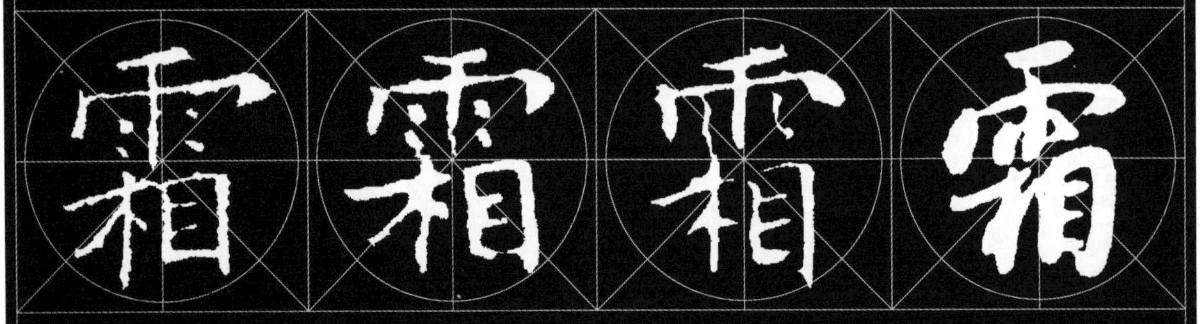

唐 欧阳询　唐 褚遂良　唐 魏栖梧　宋 薛绍彭

元 赵孟頫　晋 索靖　唐 怀素　宋 苏轼

元 赵孟頫　汉 石门颂　汉 衡方碑　汉 张寿碑

唐 颜真卿　晋 索靖　宋 米芾　明 文徵明

晋 王羲之　隋 智果　唐 怀素　清 赵之谦

汉 孔彪碑　周 令彝　周 散氏盘　清 吴大澂

shuǎng

爽

（明亮；率直；舒畅；违背；差失）

shuí
谁
shéi

shuǐ
水

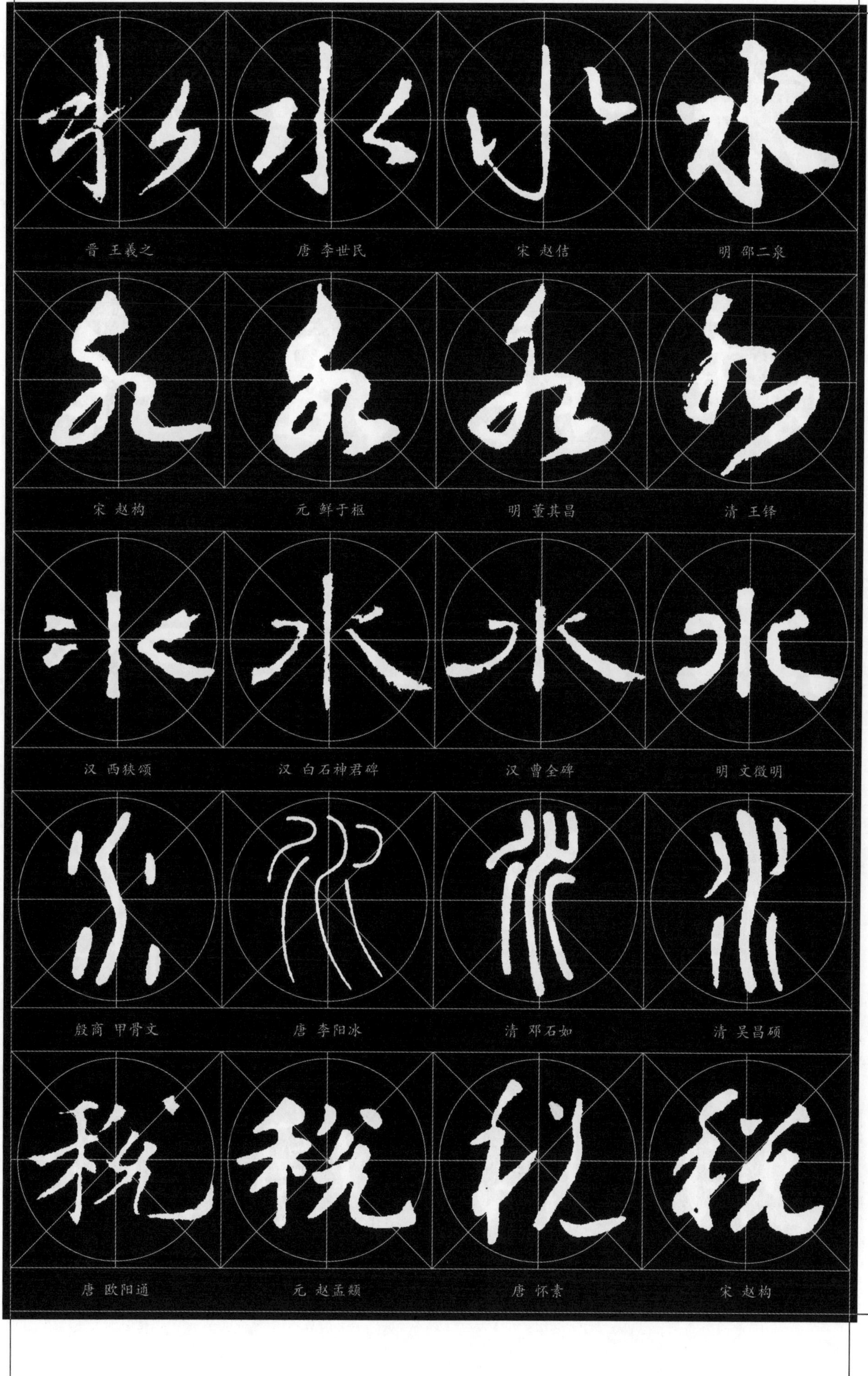
晋 王羲之
唐 李世民
宋 赵佶
明 邵二泉
宋 赵构
元 鲜于枢
明 董其昌
清 王铎
汉 西狭颂
汉 白石神君碑
汉 曹全碑
明 文徵明
殷商 甲骨文
唐 李阳冰
清 邓石如
清 吴昌硕
唐 欧阳通
元 赵孟頫
唐 怀素
宋 赵构

shuì
税

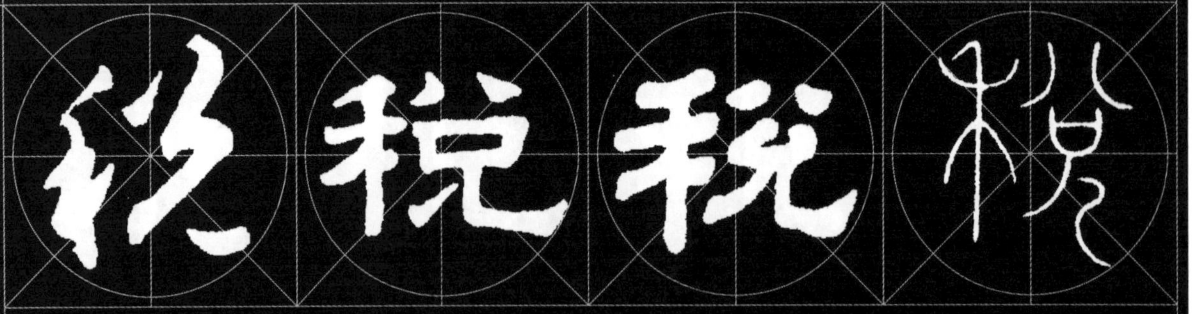

元 揭傒斯　元 赵孟頫　清 顾蔼吉　唐 李阳冰

shuì
睡

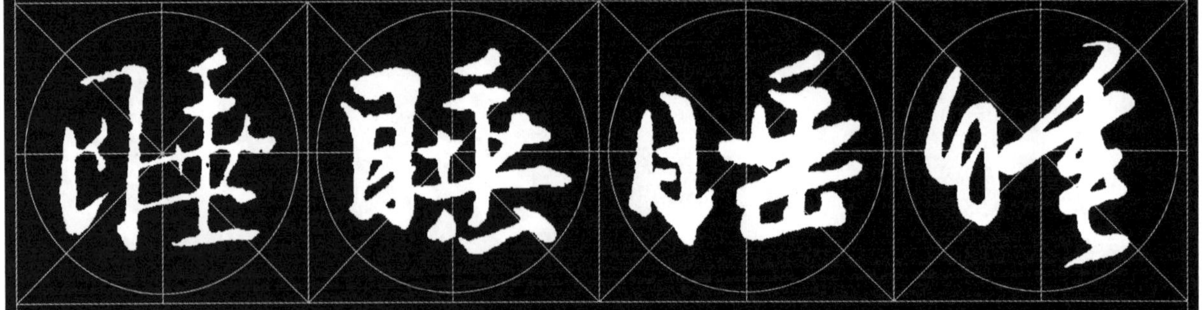

宋 黄庭坚　元 张雨　清 郑燮　宋 黄庭坚

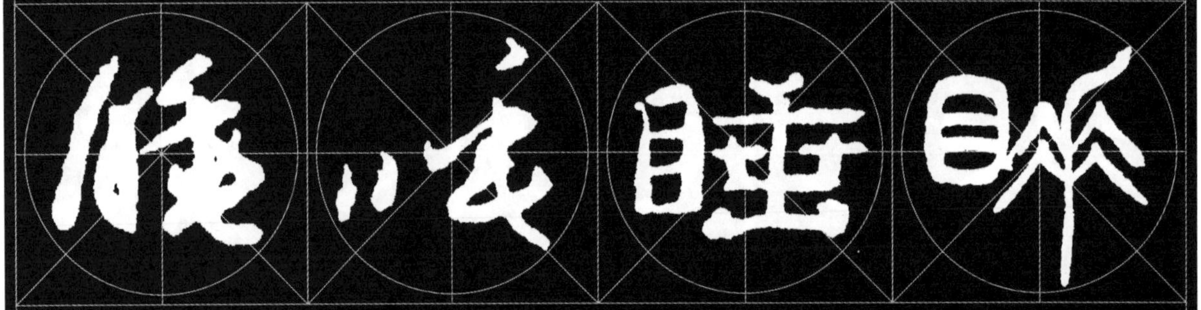

明 祝允明　明 祝允明　清 唐英　清 徐三庚

shǔn
楯
（栏杆）
dùn

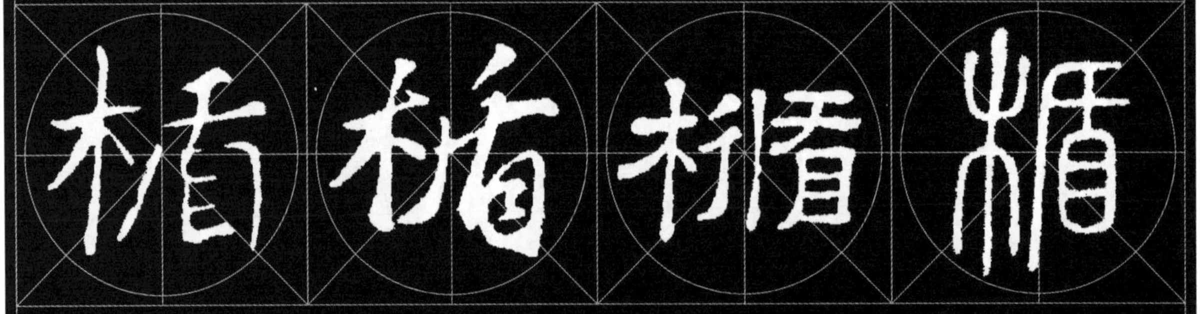

隋 张公礼　明 吴宽　清 顾蔼吉·隶辨　汉 说文解字

shùn
顺

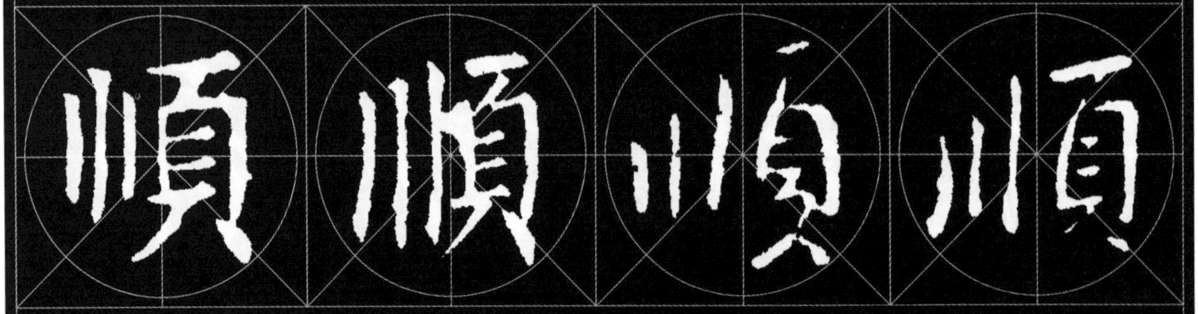

北朝 敬使君碑　唐 柳公权　晋 王羲之　唐 李邕

唐 颜真卿　唐 张从申　明 董其昌　晋 王羲之
元 赵孟頫　元 邓文原　明 祝允明　汉 石门颂
汉 桐柏庙碑　唐 李隆基　秦 李斯　清 吴大澂
唐 欧阳询　宋 蔡襄　金 王庭筠　晋 王羲之
唐 释怀仁　明 宋克　明 董其昌　元 赵孟頫

shùn
舜

shùn
瞬

shuō
说
shuì
（游说）
yuè
（同悦）

shuò
朔
（指农历每月初一的月相；北方）

shuò 槊（长矛）

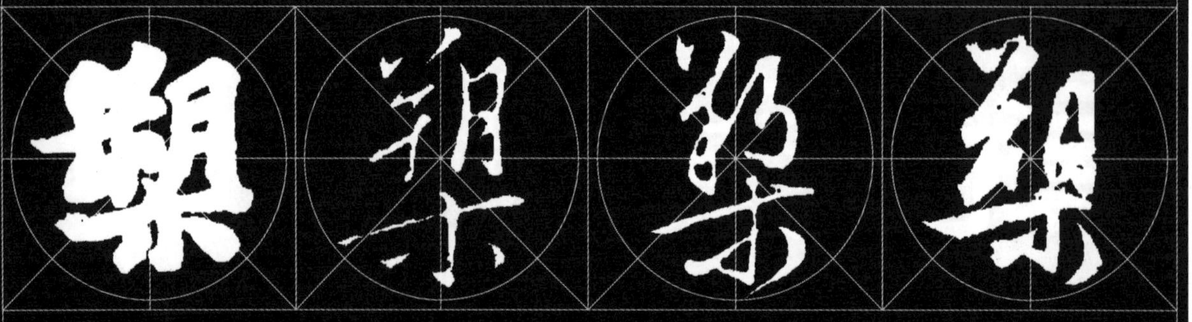

宋 苏轼　明 文徵明　明 文徵明　明 文徵明

shuò 矟（槊）

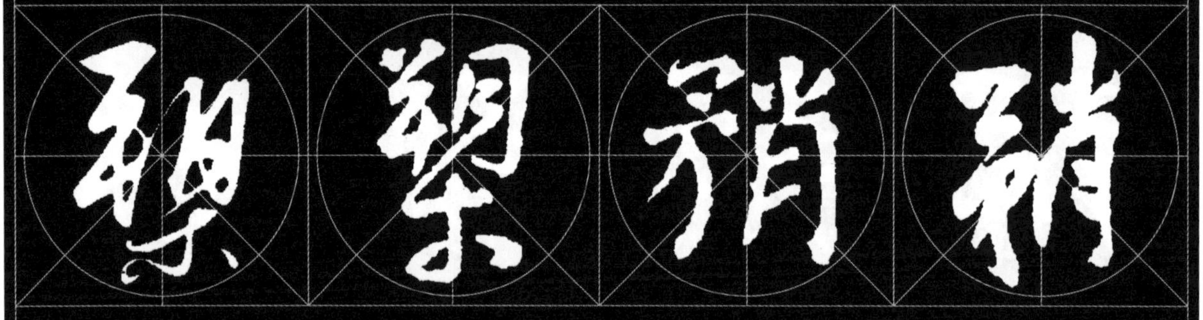

明 解缙　明 王宠　唐 颜真卿　清 王铎

shuò 硕

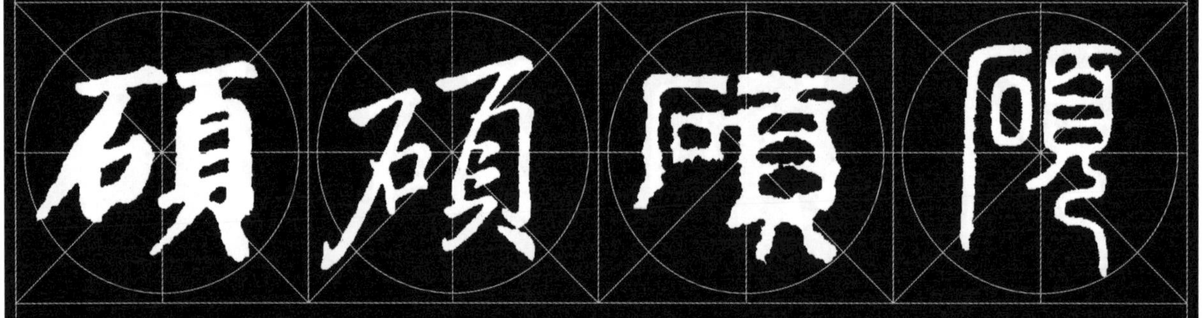

唐 颜真卿　唐 李邕　汉 鲁峻碑　汉 说文解字

shuò 烁（光亮）

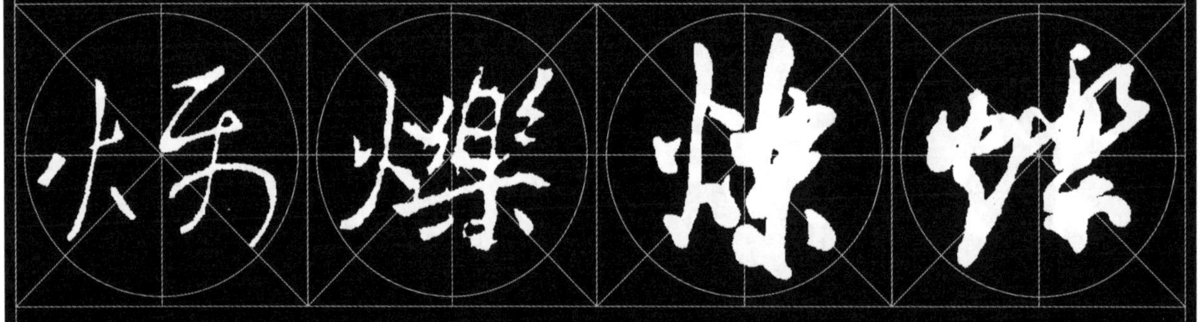

晋 王献之　唐 李邕　宋 米芾　清 郑燮

shuò 铄（熔化；同烁）

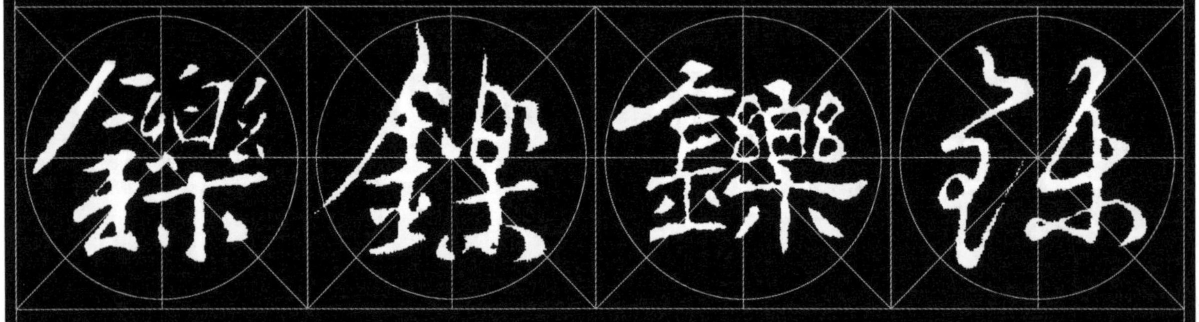

唐 李世民　宋 米芾　晋 辟雍碑　金 张天锡·草书韵会

sī
司

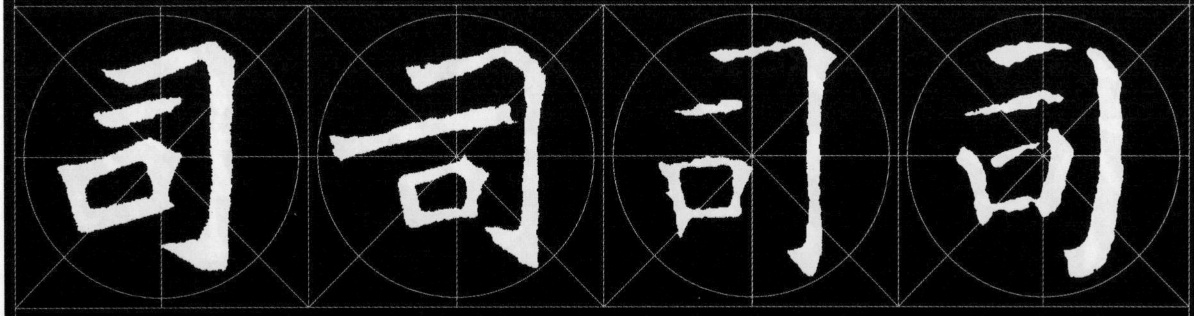

北魏 元诊墓志　北魏 李璧墓志　唐 欧阳询　唐 颜真卿

南北朝 王僧虔　南朝 萧纲　唐 陆柬之　唐 李邕

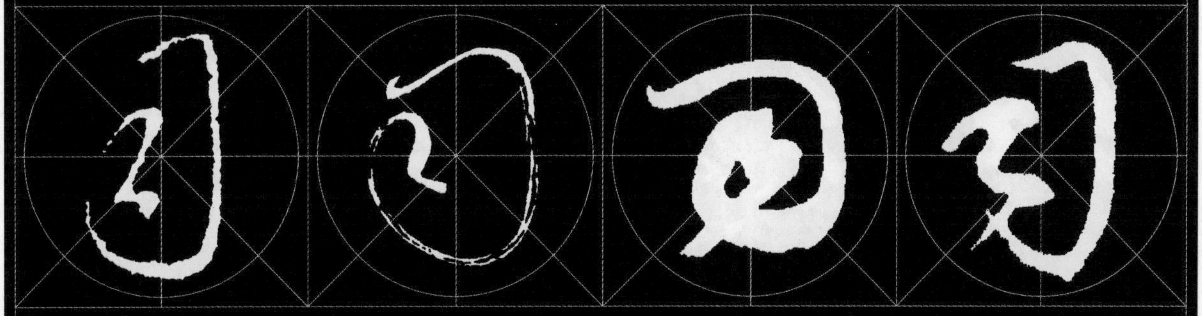

晋 王羲之　唐 怀素　宋 黄庭坚　元 康里子山

汉 袁博碑　汉 杨震碑　汉 乙瑛碑　汉 史晨碑

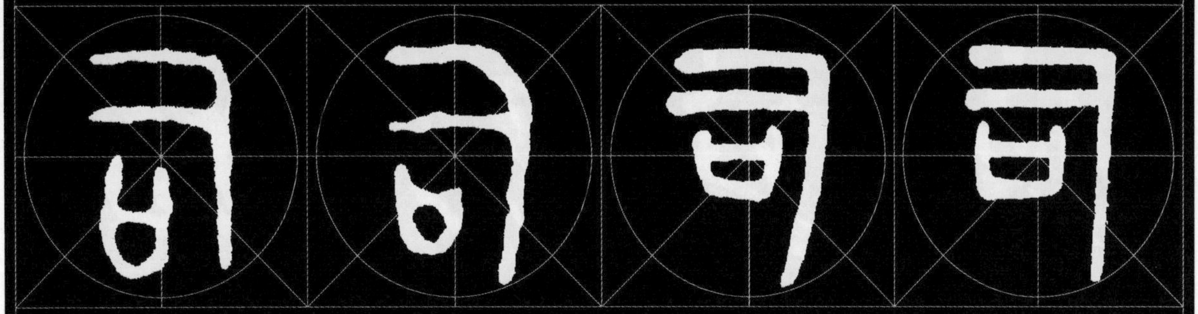

周 墙盘　周 毛公鼎　清 杨沂孙　清 吴大澂

sī 私（厶）

sī 丝（絲）

北朝 敬使君碑　唐 颜真卿　宋 苏轼　晋 王羲之

唐 李世民　明 文徵明　汉 校官碑　清 吴昌硕

唐 虞世南　元 鲜于枢　明 祝允明　清 陆润庠

晋 王羲之　唐 陆柬之　宋 米芾　明 唐寅

五代 杨凝式　明 文徵明　晋 王羲之　隋 智永

sī
思

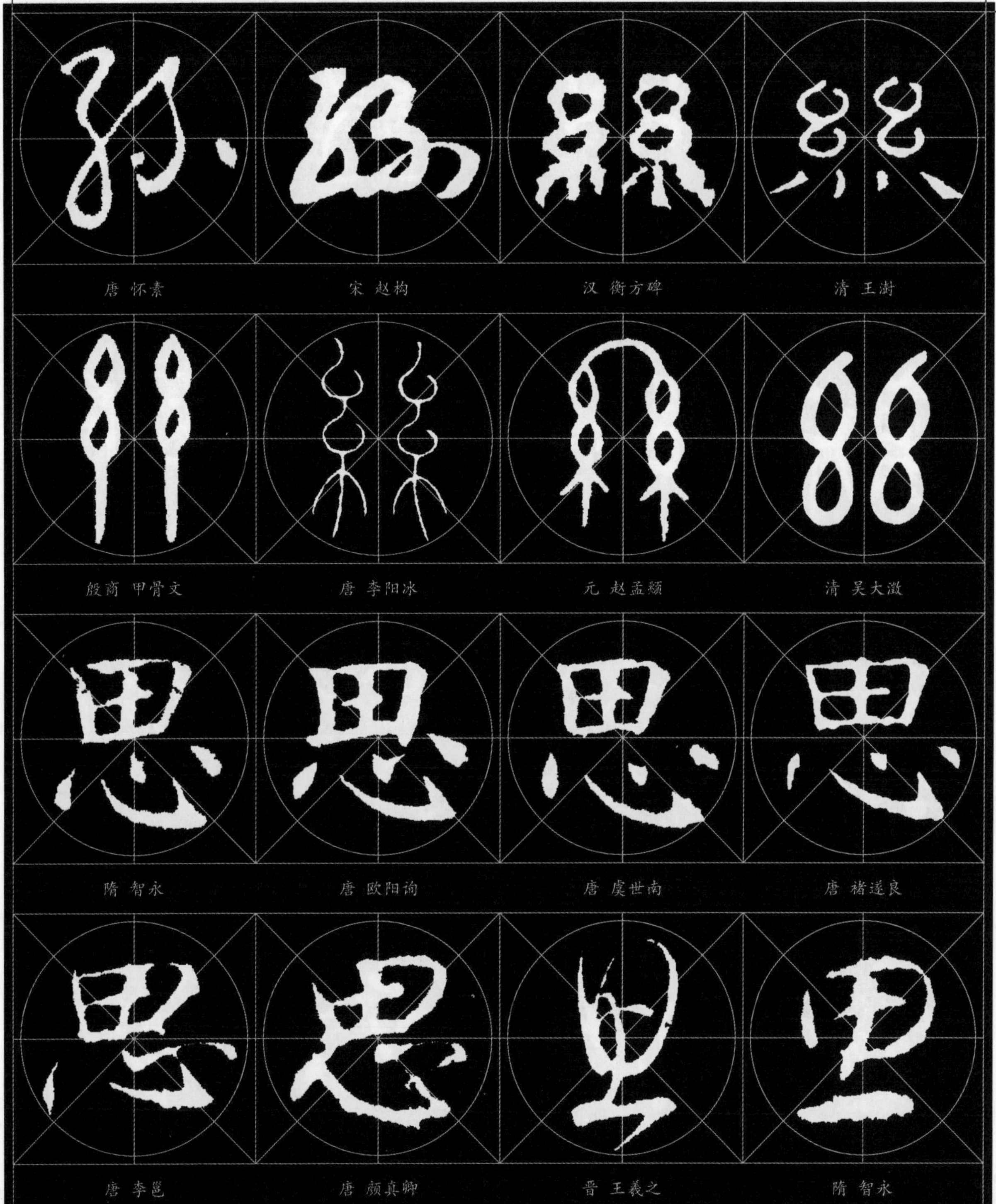
唐 怀素
宋 赵构
汉 衡方碑
清 王澍
殷商 甲骨文
唐 李阳冰
元 赵孟頫
清 吴大澂
隋 智永
唐 欧阳询
唐 虞世南
唐 褚遂良
唐 李邕
唐 颜真卿
晋 王羲之
隋 智永
唐 怀素
明 沈粲
汉 礼器碑
汉 华山碑

sī
斯

宋 米芾
元 吴叡
清 王澍
清 邓石如
唐 欧阳询
唐 虞世南
唐 褚遂良
唐 颜真卿
晋 王羲之
唐 虞世南
唐 李邕
宋 米芾
晋 王献之
隋 智永
宋 赵构
元 赵孟頫
汉 石门颂
汉 华山碑
汉 郭有道碑
北齐 泰山金刚经

sǐ
死

元 吴叡
清 邓石如
清 徐三庚
清 黄士陵
唐 欧阳询
唐 颜真卿
明 祝允明
晋 王羲之
唐 李世民
元 赵孟頫
三国 皇象
晋 卫瓘
唐 褚遂良
明 韩道亨
汉 史晨碑
元 吴叡
清 何绍基
周 颂鼎
清 杨沂孙
清 徐三庚

sì
巳

sì
四

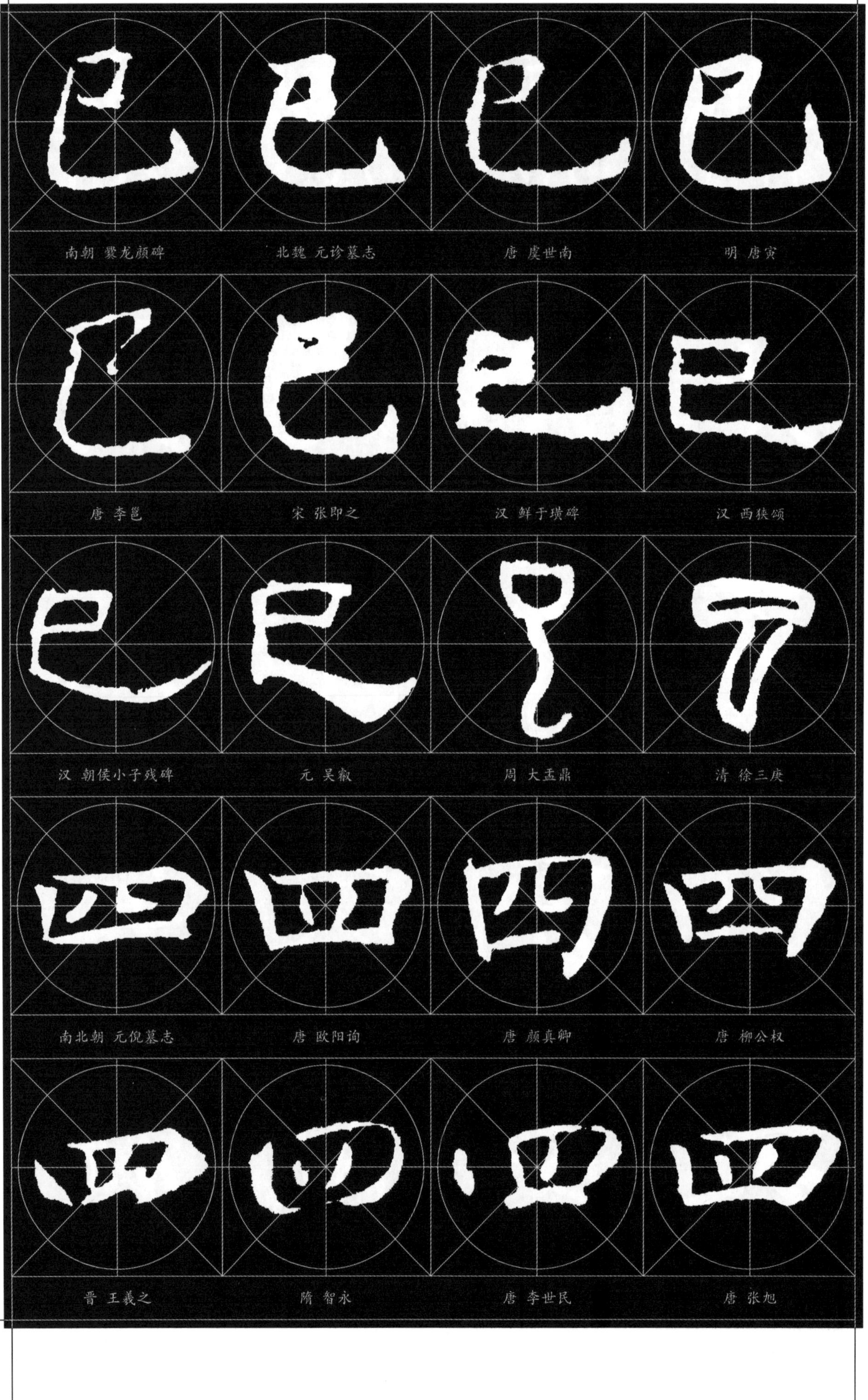
南朝 爨龙颜碑
北魏 元诊墓志
唐 虞世南
明 唐寅
唐 李邕
宋 张即之
汉 鲜于璜碑
汉 西狭颂
汉 朝侯小子残碑
元 吴叡
周 大盂鼎
清 徐三庚
南北朝 元倪墓志
唐 欧阳询
唐 颜真卿
唐 柳公权
晋 王羲之
隋 智永
唐 李世民
唐 张旭

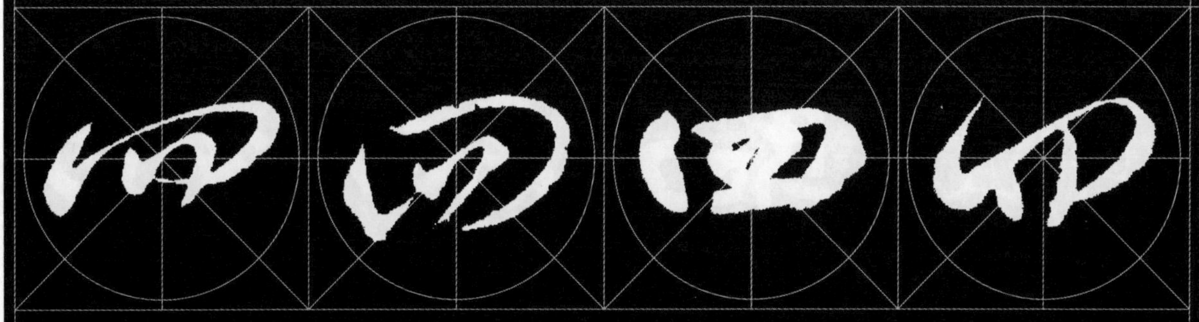

晋 王珣　唐 李怀琳　元 鲜于枢　清 王铎

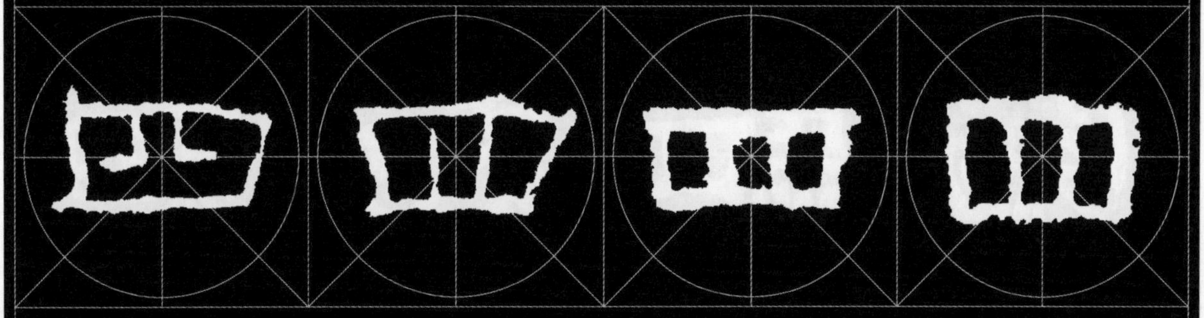

汉 礼器碑　汉 华山碑　汉 鲜于璜碑　汉 张迁碑

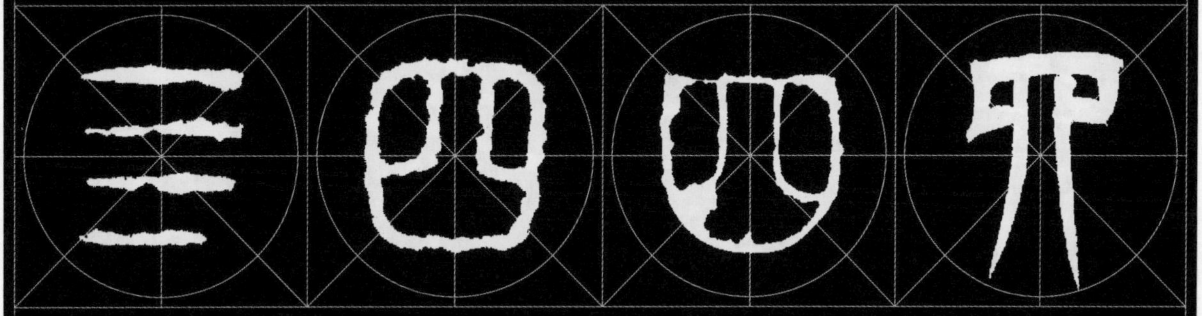

周 令彝　秦 石鼓文　唐 李阳冰　清 吴熙载

sì
泗

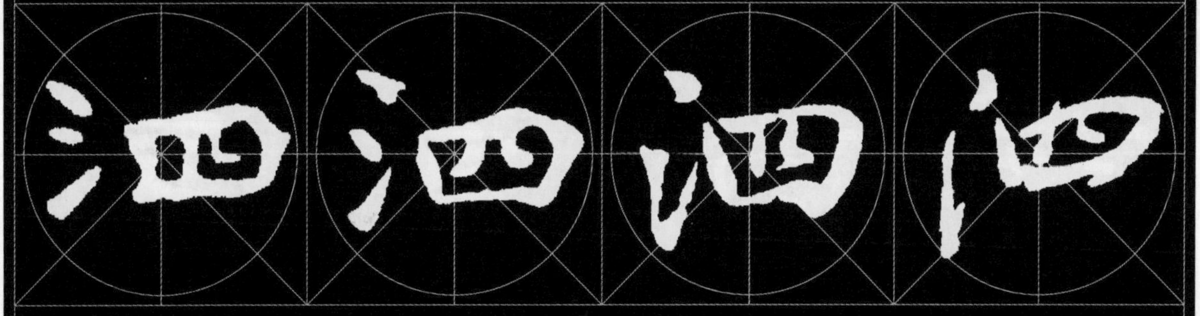

北魏 李壁墓志　唐 虞世南　元 赵孟頫　清 王铎

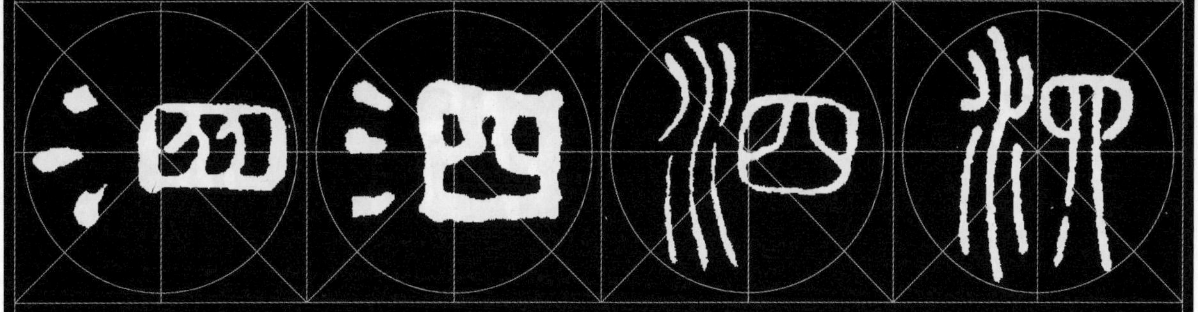

清 高翔　清 何绍基　汉 说文解字　清 永理

sì
驷

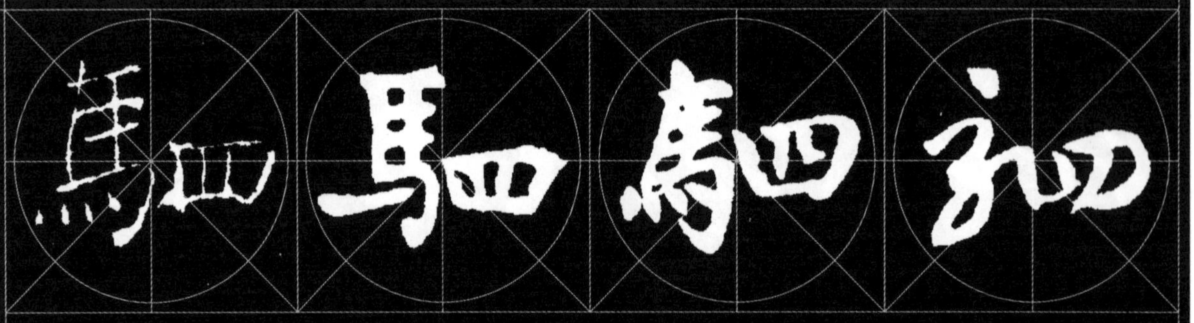

唐 褚遂良　唐 李邕　元 赵孟頫　宋 赵构

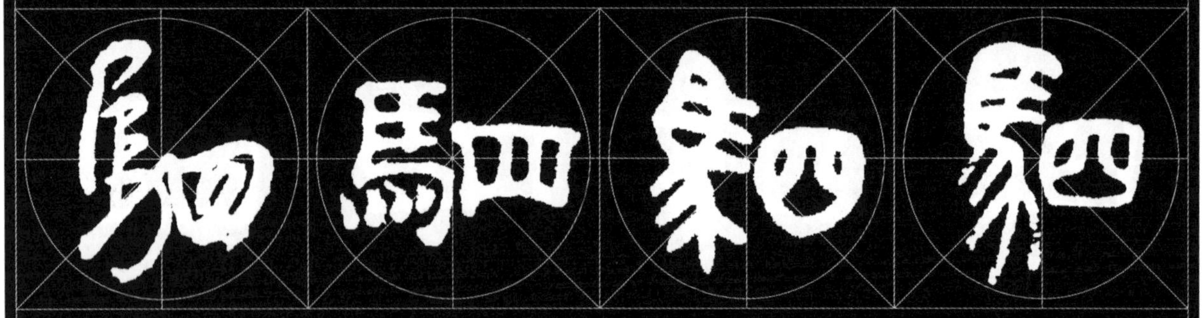

明 董其昌　元 吴叡　清 吴大澂　清 吴昌硕

sì
寺

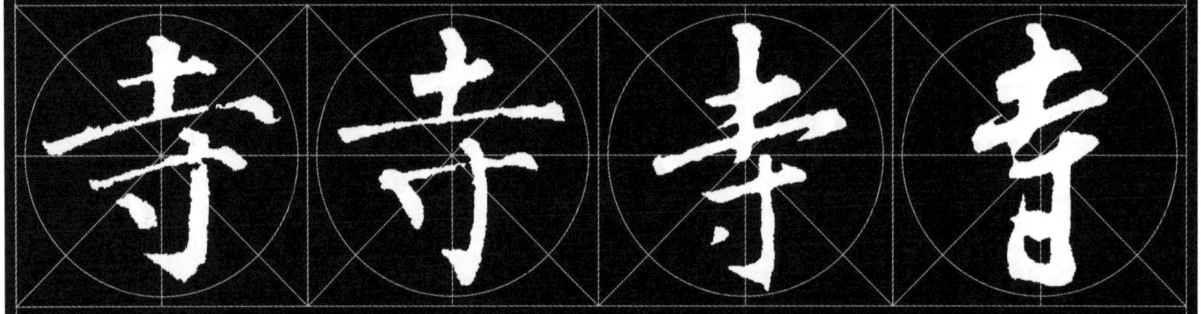

唐 颜真卿　唐 柳公权　晋 王羲之　宋 米芾

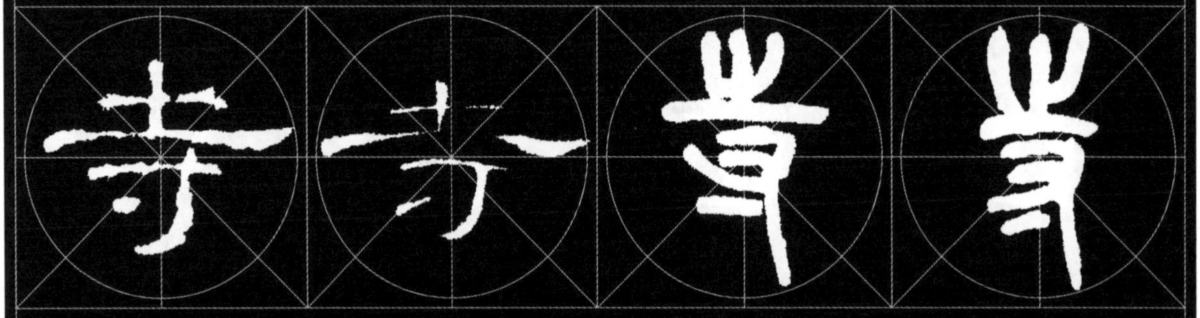

汉 史晨碑　汉 曹全碑　清 杨沂孙　清 吴昌硕

sì
汜

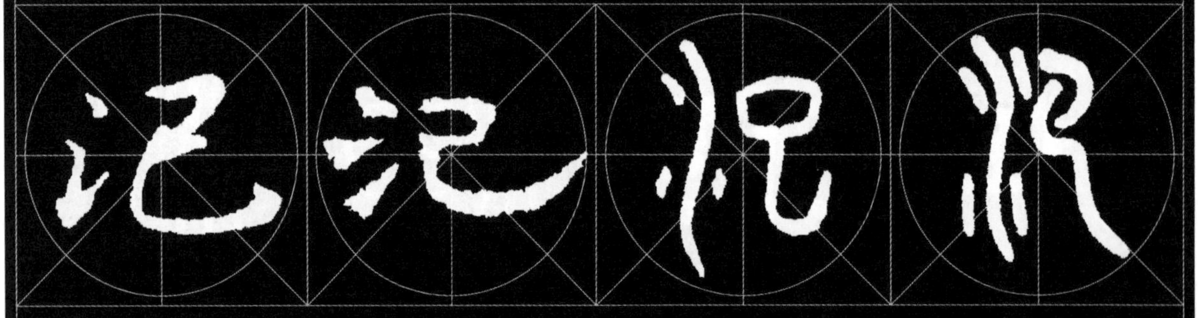

唐 陆柬之　汉 孔彪碑　殷商 甲骨文　清 田潜

sì 祀（祭祀）

隋 智永　唐 虞世南　隋 智永　唐 孙过庭

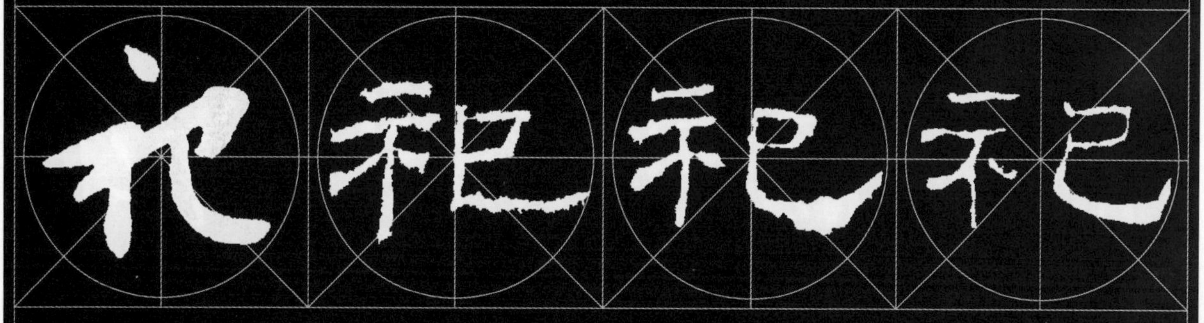

明 文徵明　汉 乙瑛碑　汉 华山碑　汉 史晨碑

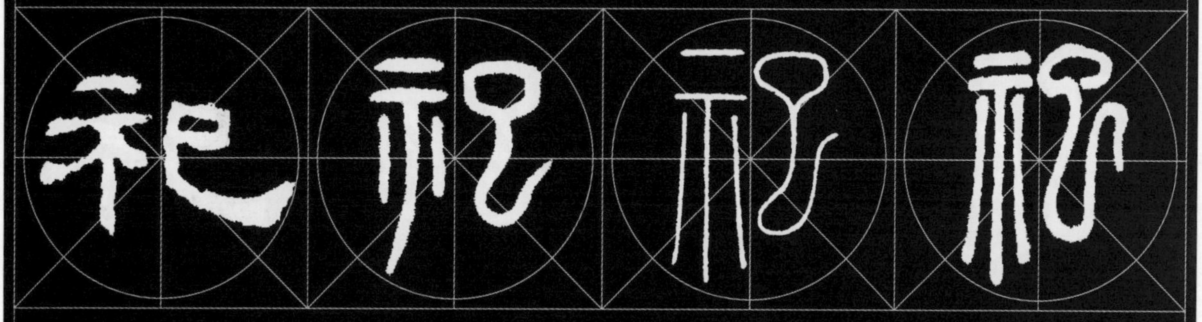

汉 韩仁铭　殷商 甲骨文　唐 李阳冰　清 邓石如

sì 伺（观察）cì（伺候）

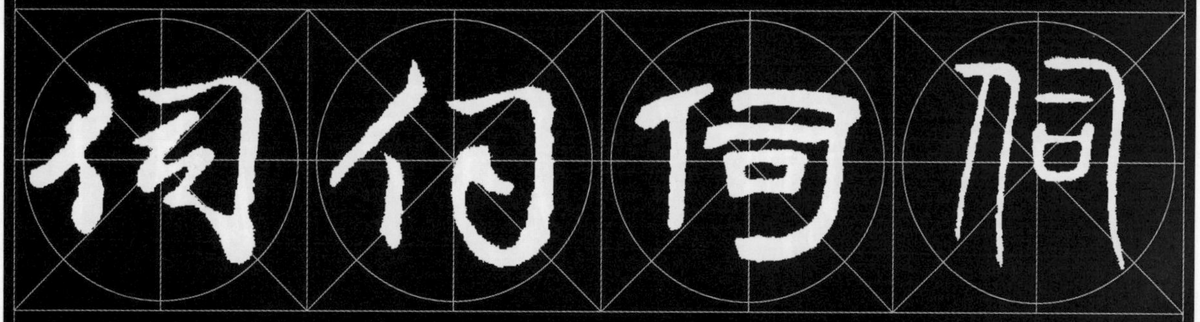

明 曾棨　元 赵孟頫　清 邓石如　汉 说文解字

sì 笥（方竹器）

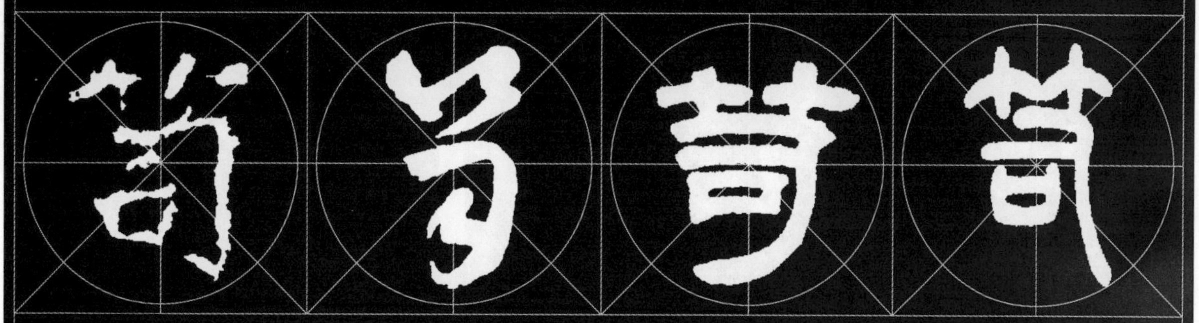

唐 衮公颂　宋 米芾　清 邓石如　清 吴熙载

sì
嗣（接续；继承；子孙）

sì
似（佀）

清 郑燮
清 刘墉
晋 王羲之
唐 李邕
元 鲜于枢
清 朱耷
元 赵孟頫
清 俞樾
唐 李阳冰
清 吴熙载
清 徐三庚
清 吴大澂
元 赵孟頫
明 宋克
清 邓石如
清 杨沂孙
唐 褚遂良
唐 颜真卿
明 王守仁
唐 孙过庭

sì
兕（光、冢）

sì
俟（等待）

sì 涘（水边）

sì 肆

汉 礼器碑
汉 说文解字
清 邓石如
清 陈鸿寿
隋 苏孝慈墓志
唐 颜真卿
清 吴熙载
汉 说文解字
唐 褚遂良
唐 薛稷
元 赵孟頫
晋 索靖
唐 欧阳询
唐 怀素
清 归庄
汉 曹全碑
唐 李隆基
汉 说文解字
唐 李阳冰
清 吴熙载

sōng
松

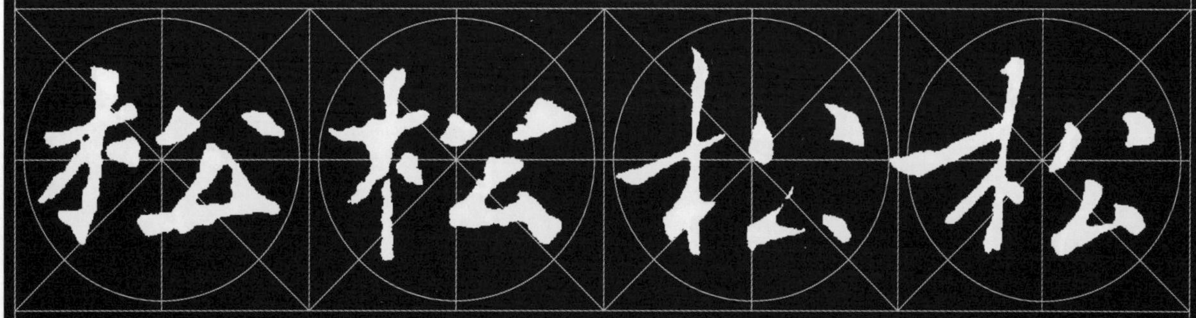

北魏 李壁墓志 | 南北朝 张玄墓志 | 唐 褚遂良 | 唐 褚遂良

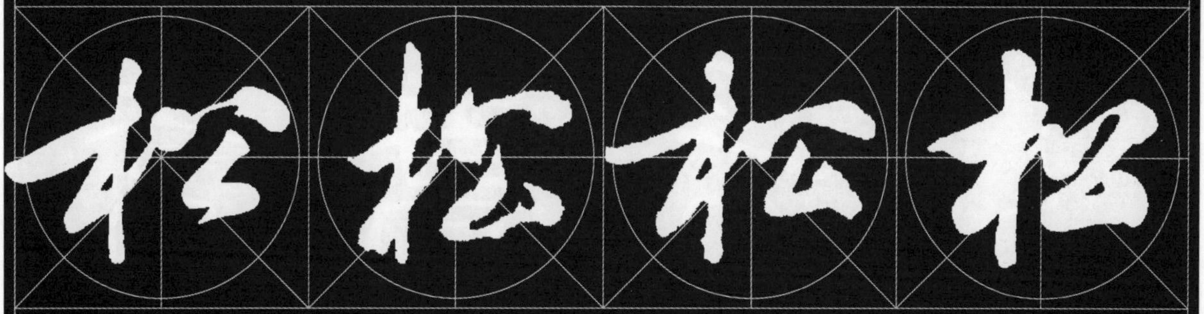

宋 黄庭坚 | 宋 黄庭坚 | 宋 米芾 | 清 林则徐

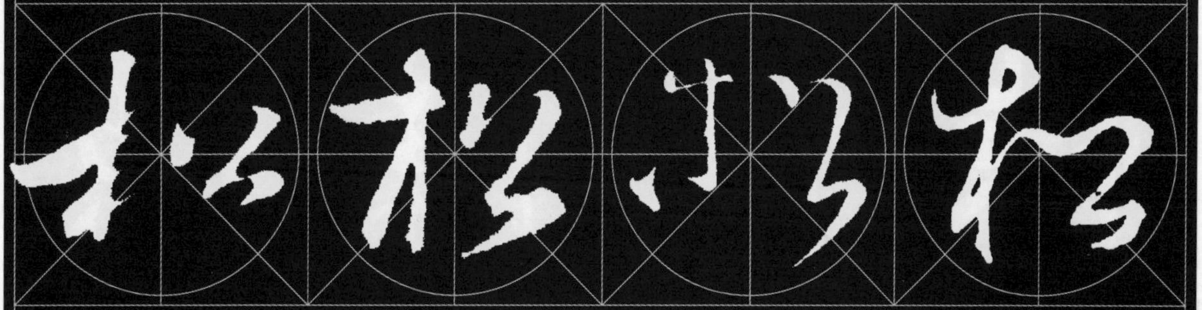

晋 王羲之 | 隋 智永 | 唐 张旭 | 元 鲜于枢

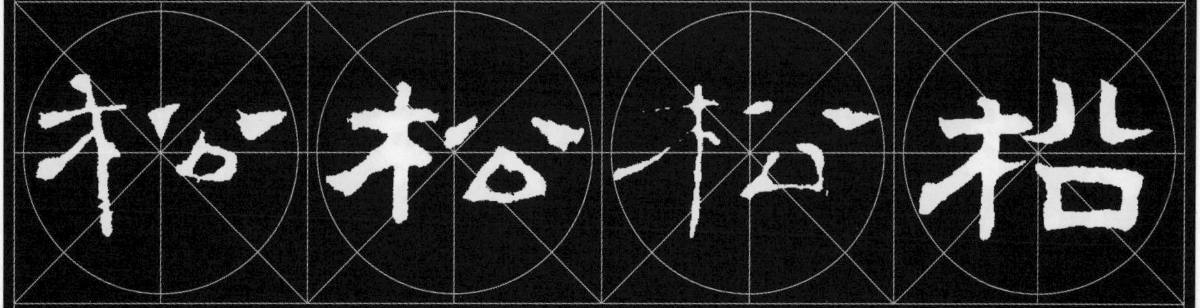

汉 礼器碑 | 汉 张寿碑 | 唐 韩择木 | 元 赵孟頫

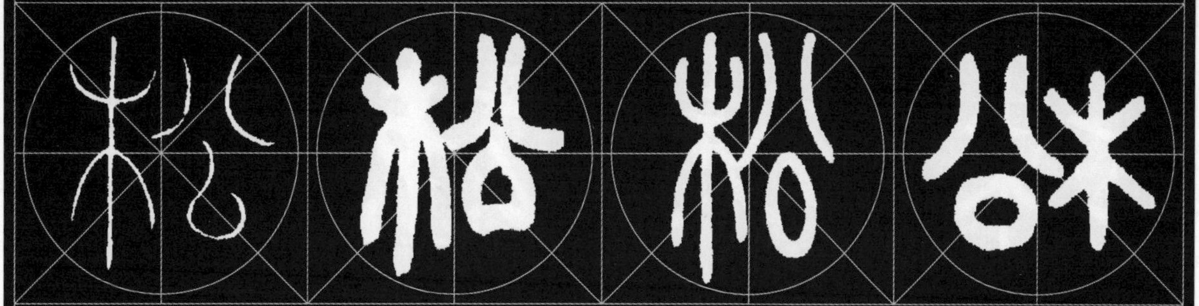

唐 李阳冰 | 清 邓石如 | 清 吴熙载 | 清 吴大澂

sōng
嵩

sǒng
悚
（害怕：悚然）

sǒng
竦
（恭敬；同悚、耸）

唐 柳公权 | 唐 灵飞经 | 晋 王羲之 | 清 张照

晋 王羲之 | 唐 武则天 | 唐 徐浩 | 汉 说文解字

元 赵孟頫 | 清 永理 | 晋 王羲之 | 唐 蒋善进

唐 怀素 | 元 赵孟頫 | 清 王澍 | 唐 李阳冰

唐 欧阳询 | 元 赵孟頫 | 宋 赵构 | 清 吴熙载

sǒng
耸（聳）

sòng
宋

北魏 李璧墓志　唐 欧阳通　唐 颜真卿　唐 李世民

唐 李邕　金 张天锡·草书韵会　清 丁敬　汉 说文解字

北魏 孙秋生造像　唐 褚遂良　唐 李邕　明 董其昌

唐 李世民　元 鲜于枢　明 祝允明　汉 礼器碑

汉 白石神君碑　殷商 甲骨文　清 邓石如　清 吴昌硕

sòng
送

sòng
诵

隋 苏孝慈墓志 | 宋 黄庭坚 | 明 祝允明 | 宋 黄庭坚

宋 米芾 | 元 饶介 | 晋 王羲之 | 宋 陆游

明 董其昌 | 汉 朝侯小子残碑 | 三国 王基碑 | 清 吴大澂

南北朝 张玄墓志 | 唐 颜真卿 | 宋 苏轼 | 宋 米芾

宋 朱熹 | 汉 石门颂 | 清 顾蔼吉 | 秦 李斯

sòng
讼

隋 苏孝慈墓志　明 祝允明　清 顾蔼吉·隶辨　清 吴大澂

sòng
颂

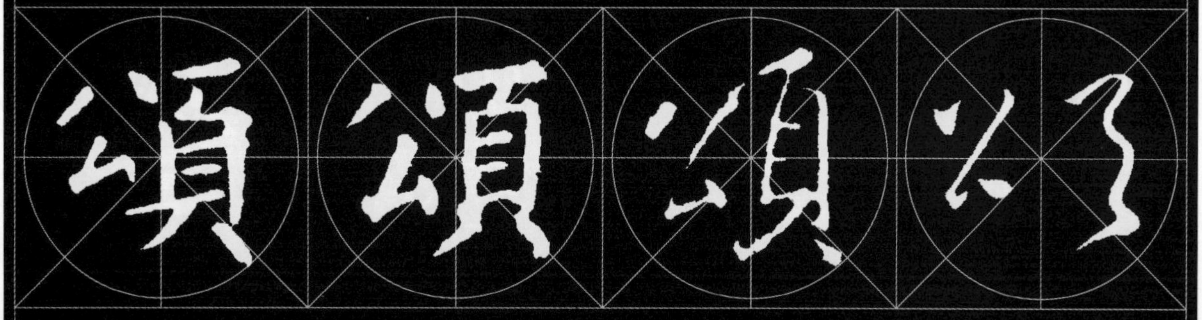

唐 欧阳询　唐 颜真卿　唐 释大雅　唐 怀素

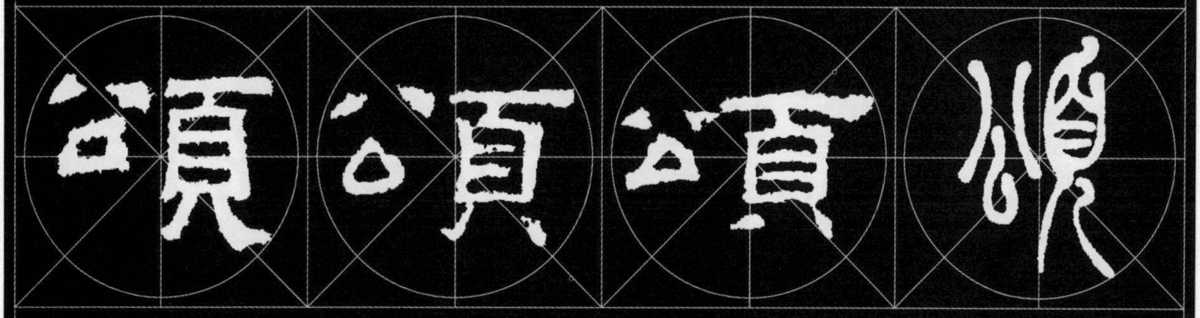

汉 鲜于璜碑　汉 孔彪碑　汉 桐柏庙碑　清 吴熙载

sōu
蒐

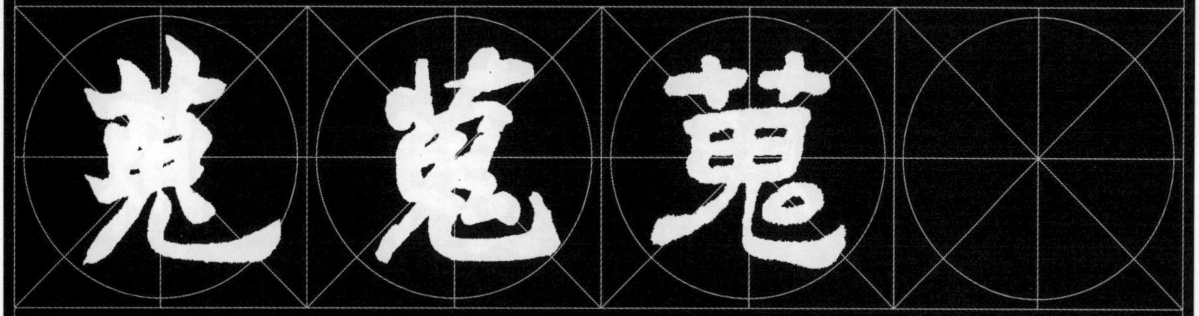

清 赵之谦　清 毕沅　清 顾蔼吉

sōu
搜

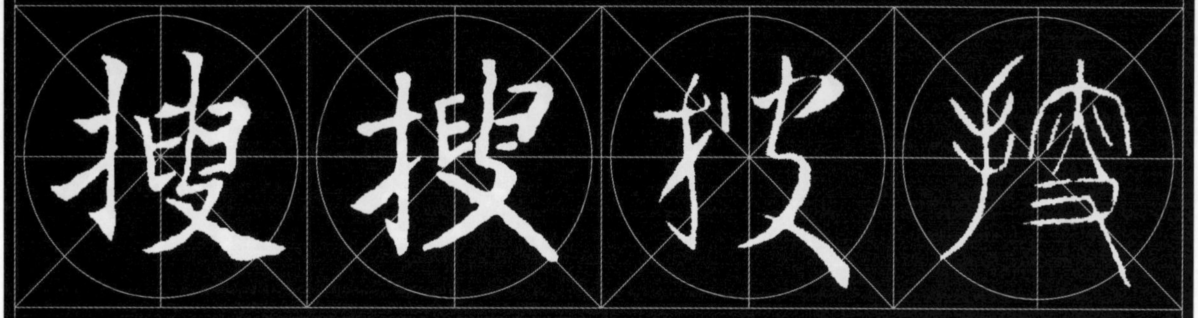

唐 欧阳通　唐 张旭　唐 孙过庭　汉 说文解字

sǒu
叟（叜：老翁）

sū
苏（蘇、蘓）

sú
俗

sù
夙

晋 王羲之 | 唐 李邕 | 宋 蔡京 | 明 董其昌

唐 孙过庭 | 唐 怀素 | 唐 高闲 | 元 赵孟頫

汉 樊敏碑 | 汉 张迁碑 | 清 王澍 | 清 吴熙载

隋 智永 | 唐 褚遂良 | 唐 张旭 | 元 赵孟頫

唐 怀素 | 元 揭傒斯 | 汉 景君碑 | 汉 孔宙碑

sù 诉

sù 素

汉 夏承碑
元 赵孟頫
周 大克鼎
唐 李阳冰
北魏 崔敬邕墓志
宋 苏轼
元 赵孟頫
明 唐寅
北魏 李超墓志
唐 柳公权
宋 赵佶
晋 王羲之
唐 怀素
唐 怀素
唐 怀素
汉 史晨碑
汉 白石神君碑
汉 张迁碑
唐 李阳冰
清 杨沂孙

sù
速

sù
宿
（宿）
xiǔ
（一宿）
xiù
（星宿）

sù
粟

sù
肃（肅）

晋 王羲之
唐 怀素
元 鲜于枢
清 王铎
汉 景君碑
汉 武梁刻石
汉 张迁碑
唐 李阳冰
北魏 元诊墓志
唐 欧阳询
唐 李邕
明 沈度
汉 西狭颂
汉 曹全碑
清 杨沂孙
清 莫友芝
唐 虞世南
唐 欧阳通
唐 颜真卿
唐 李靖

宋 米芾

明 文徵明

清 黄仲则

汉 袁博碑

汉 华山碑

汉 西狭颂

汉 孔彪碑

清 莫友芝

sù
溯（泝、遡）

唐 颜师古

宋 赵构

明 祝允明

明 文徵明

suān
酸

南北朝 高湛墓志

南北朝 萧纲

晋 王羲之

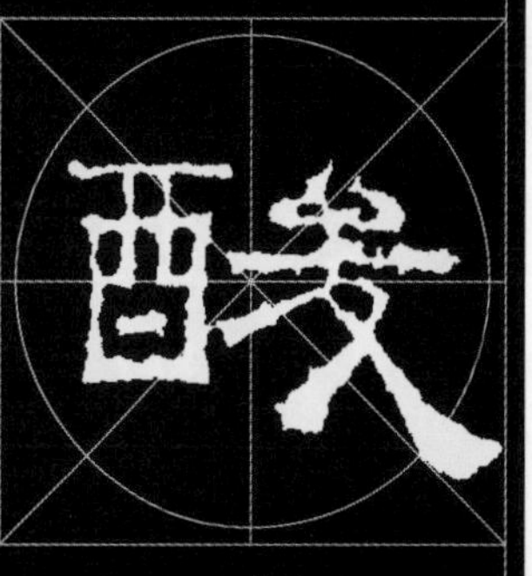
三国 曹真碑

suàn
算（筭、祘）

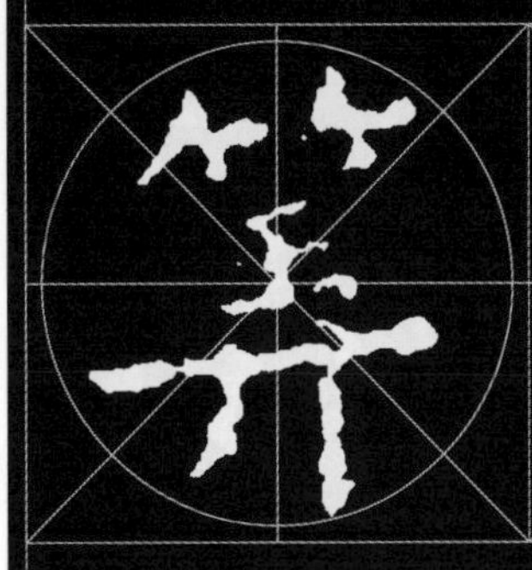
晋 王羲之

元 赵孟頫

唐 李邕

元 赵孟頫

suī
虽（雖）

suí
绥（安好；安抚）

suí
随
（隨）

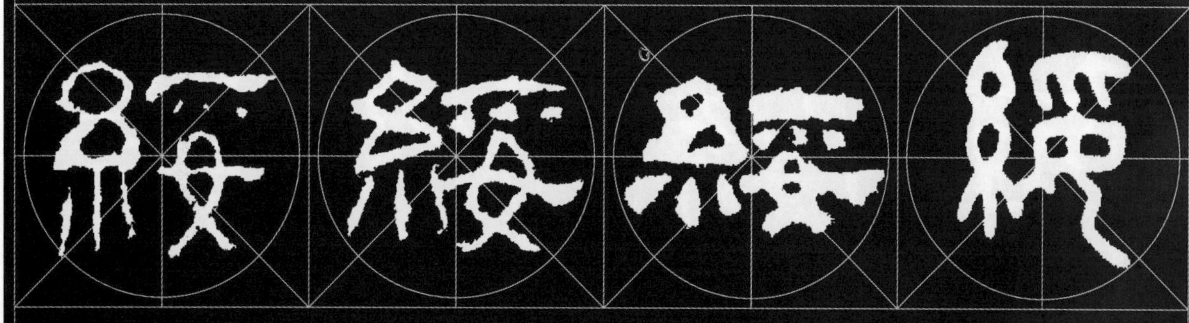

汉 景君碑　汉 封龙山碑　汉 鲜于璜碑　清 吴大澂

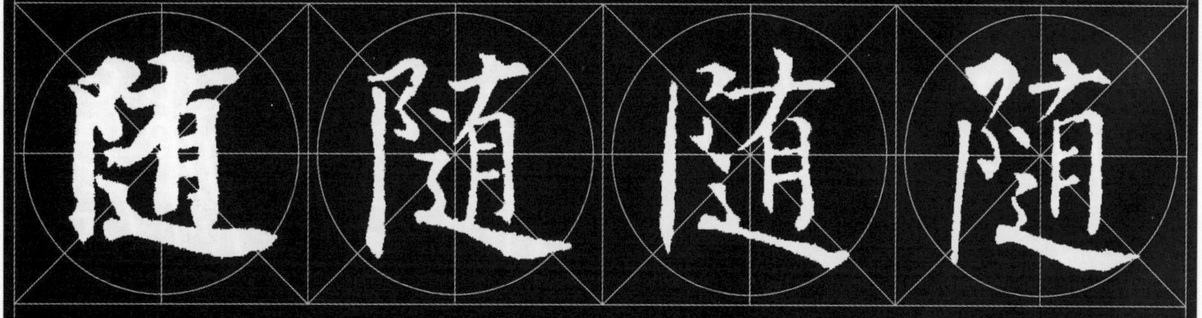

隋 智永　唐 欧阳询　唐 褚遂良　唐 柳公权

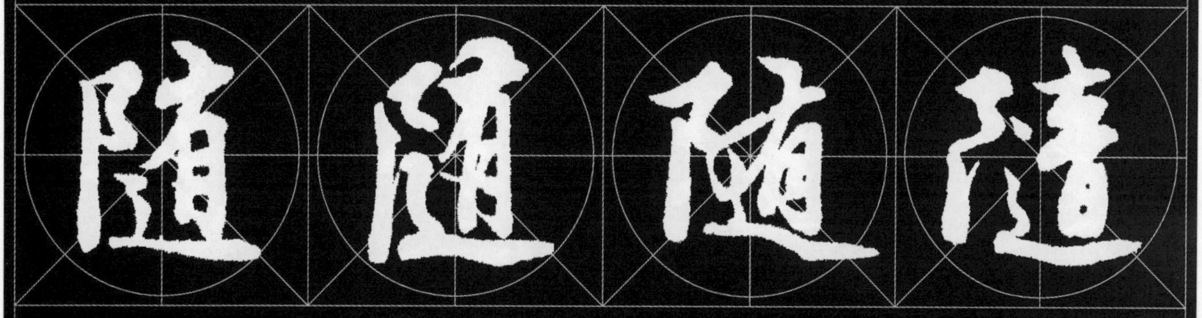

晋 王羲之　宋 米芾　元 赵孟頫　明 唐寅

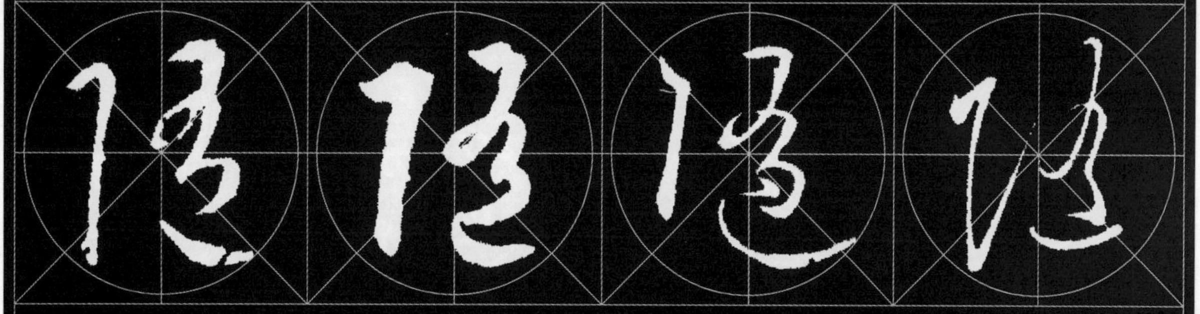

隋 智永　唐 孙过庭　唐 孙过庭　明 王守仁

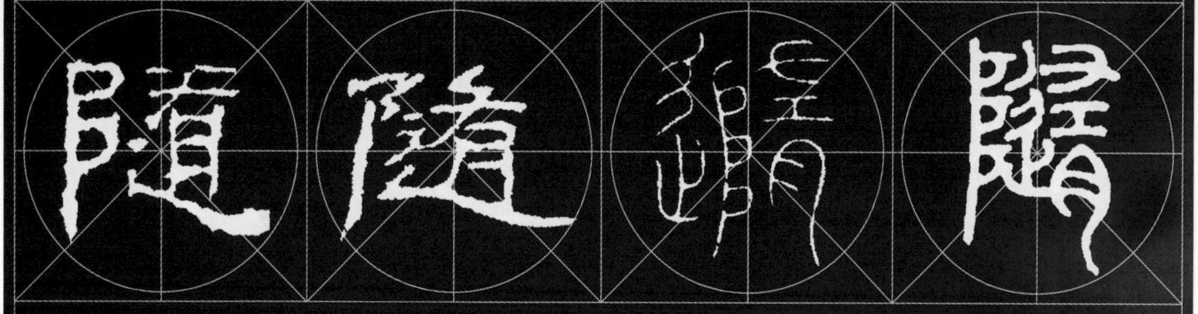

汉 景君碑　汉 石门颂　唐 李阳冰　元 赵孟頫

suí
隋

suí
髓

suì
遂（如意；成功；于是；就）suí（半身不遂）

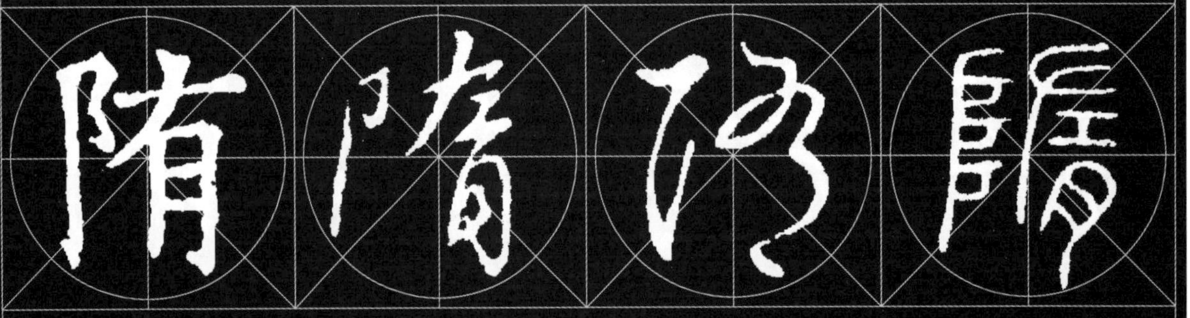

隋 苏孝慈墓志　唐 颜真卿　唐 孙过庭　汉 说文解字

唐 薛曜　明 王宠　明 董其昌　汉 说文解字

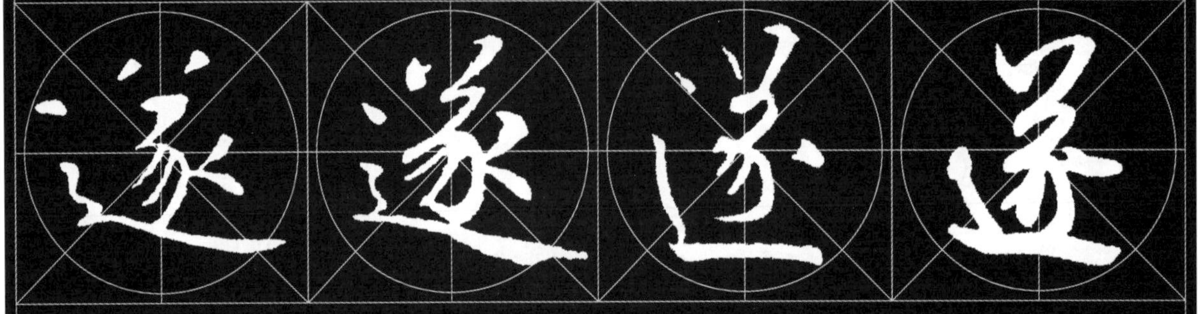

唐 虞世南　元 赵孟頫　唐 欧阳询　宋 米芾

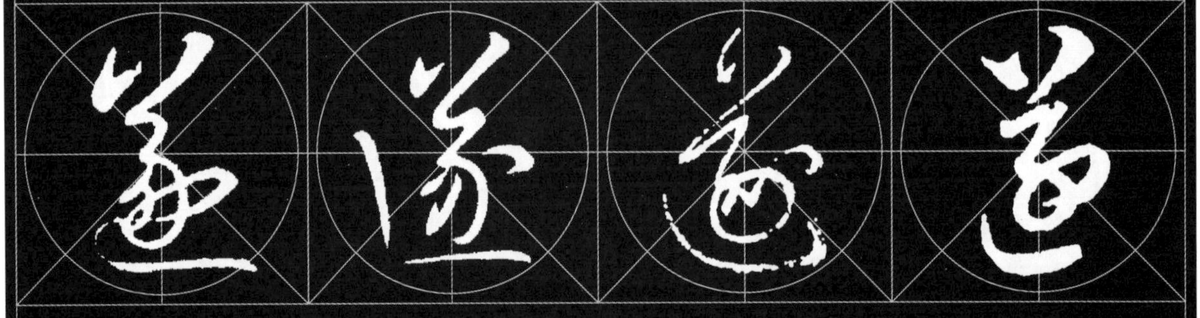

晋 王羲之　晋 王献之　唐 怀素　晋 王羲之

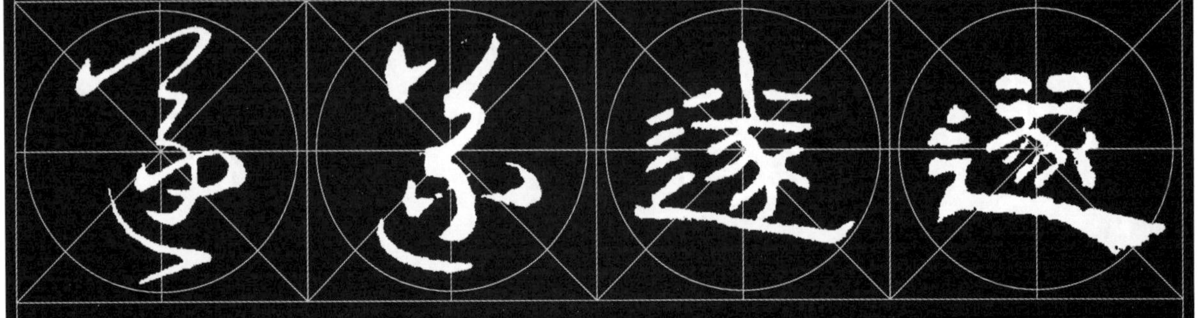

晋 王献之　唐 孙过庭　汉 石门颂　汉 鲜于璜碑

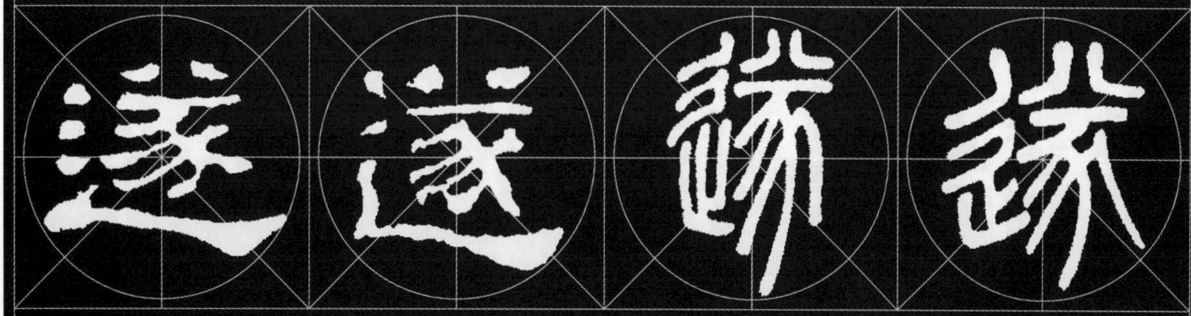

汉 郭有道碑　汉 校官碑　清 邓石如　清 杨沂孙

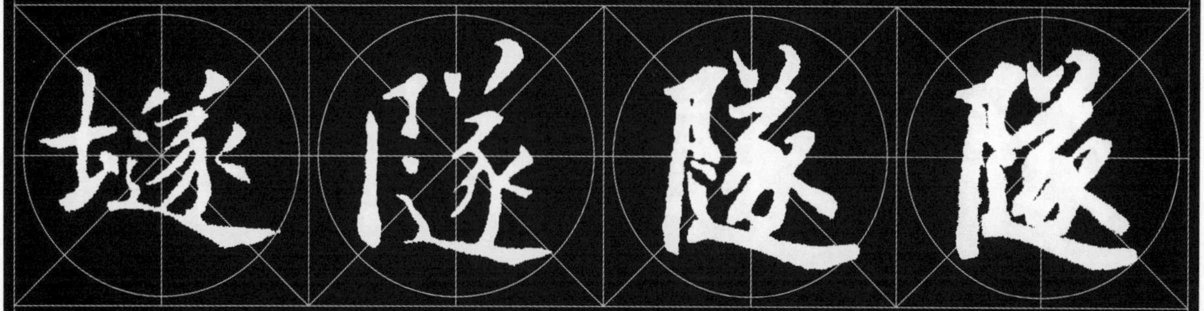

隋 董美人墓志　唐 褚遂良　唐 陆柬之　唐 陆柬之

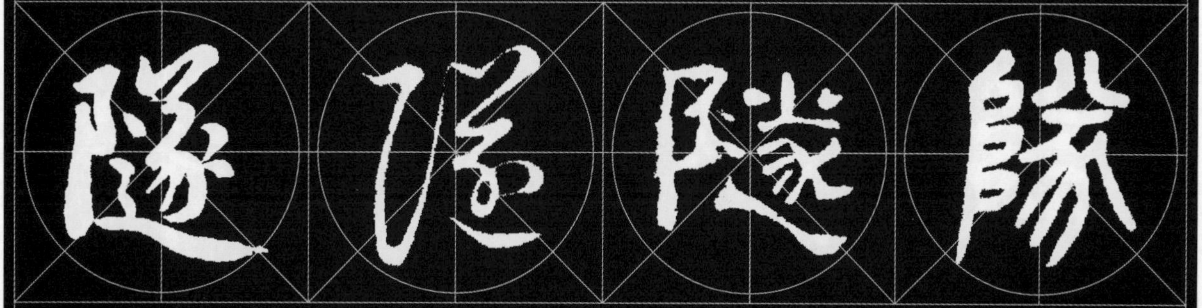

元 赵孟頫　金 张天锡·草书韵会　汉 西狭颂　清 杨沂孙

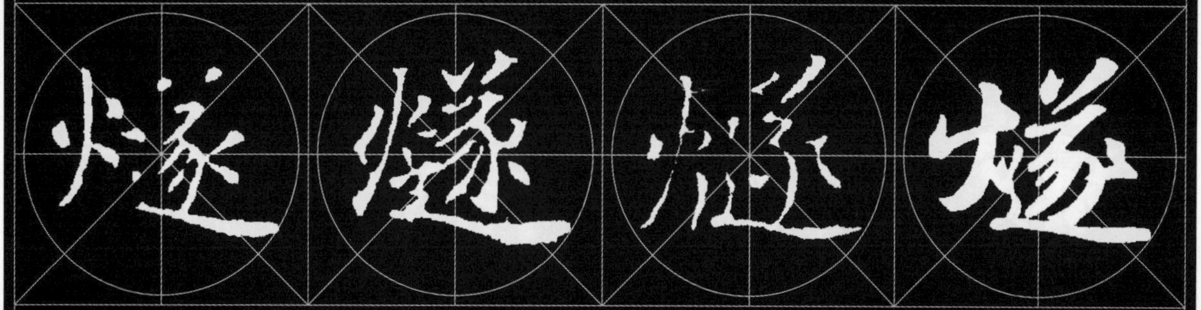

唐 虞世南　唐 颜师古　唐 李邕　宋 苏轼

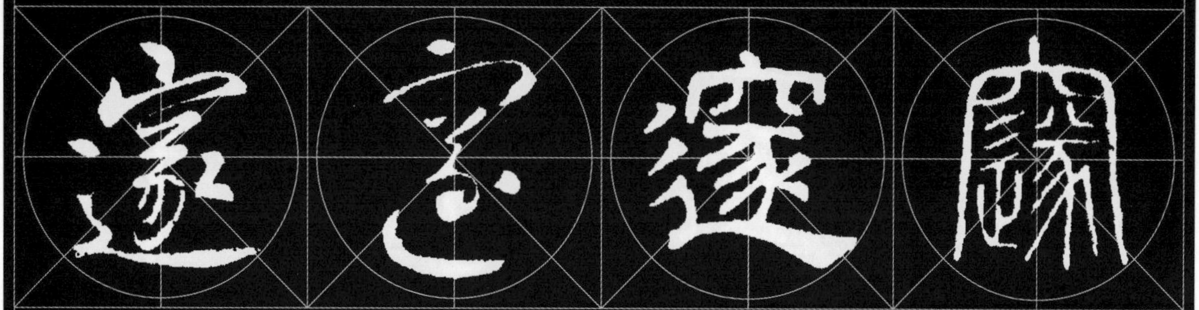

唐 李邕　唐 怀素　元 吴叡　汉 说文解字

suì
隧

suì
燧

suì
邃（深远）

suì
碎

唐 柳公权　元 赵孟頫　明 董其昌　唐 褚遂良

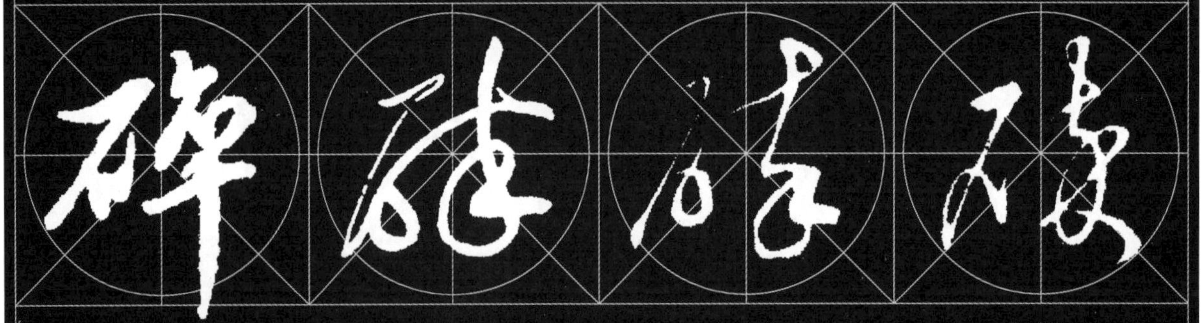

元 赵孟頫　宋 黄庭坚　宋 赵构　明 解缙

suì
岁（歲、嵗、歳）

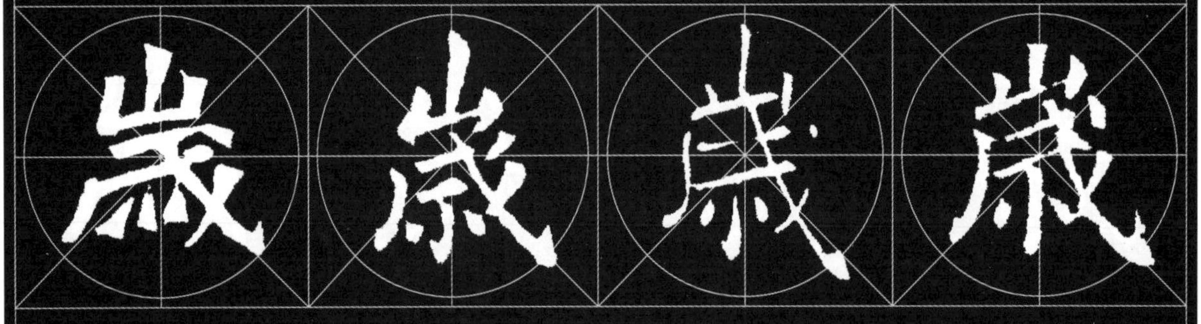

北魏 孙秋生造像　晋 王献之　唐 褚遂良　唐 颜真卿

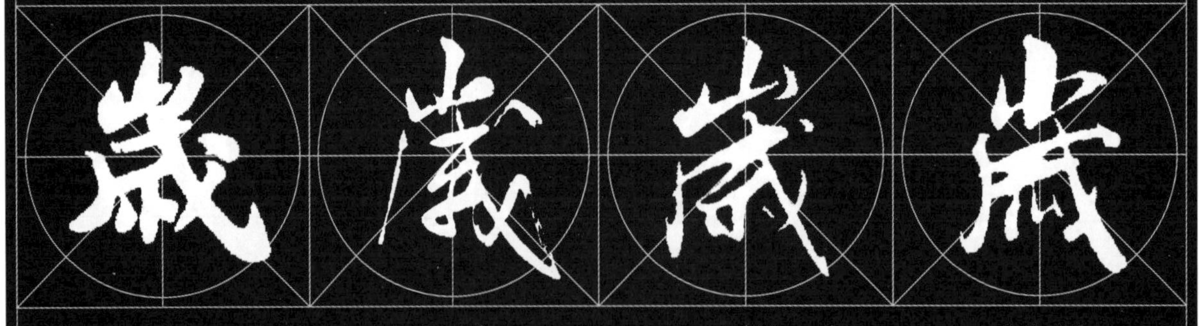

宋 苏轼　宋 米芾　明 解缙　明 张凤翼

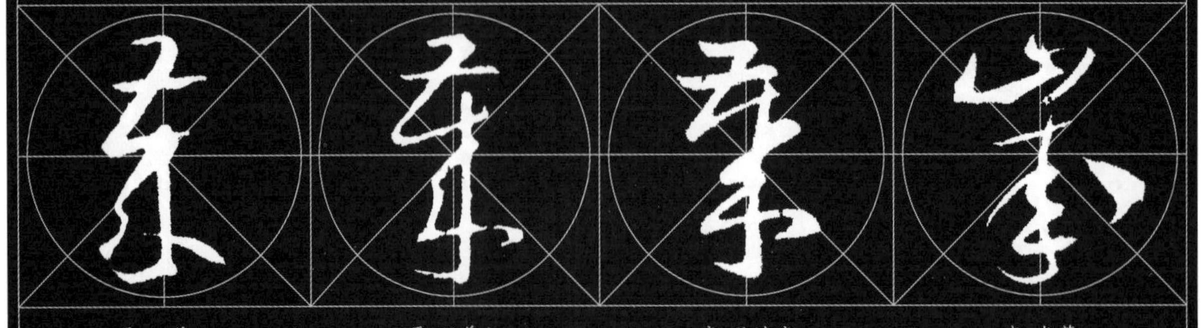

晋 王羲之　晋 王羲之　唐 孙过庭　宋 米芾

汉 张景碑 | 汉 封龙山碑 | 汉 曹全碑 | 汉 张迁碑

周 毛公鼎 | 汉 说文解字 | 清 邓石如 | 清 杨沂孙

唐 李世民 | 宋 米芾 | 清 王铎 | 汉 说文解字

三国 钟繇 | 晋 王献之 | 唐 褚遂良 | 唐 颜真卿

唐 李邕 | 宋 苏轼 | 宋 张即之 | 清 翁方纲

suì
穗

sūn
孙（孫）

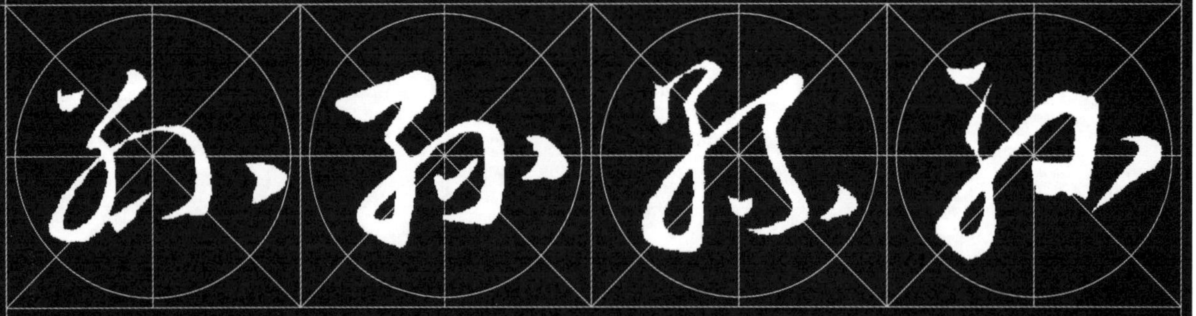

晋 王羲之　明 韩道亨　宋 李建中　明 董其昌

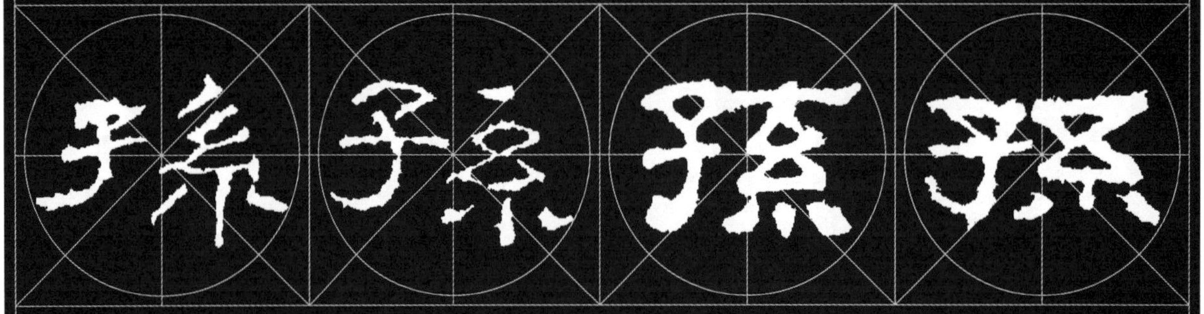

汉 礼器碑　汉 张景碑　汉 樊敏碑　汉 张迁碑

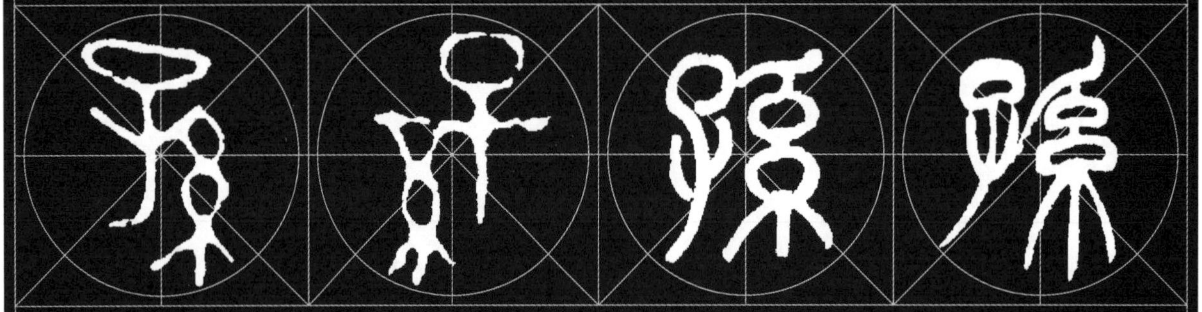

周 金文　周 即簋　清 何绍基　清 徐三庚

sǔn
笋（筍）

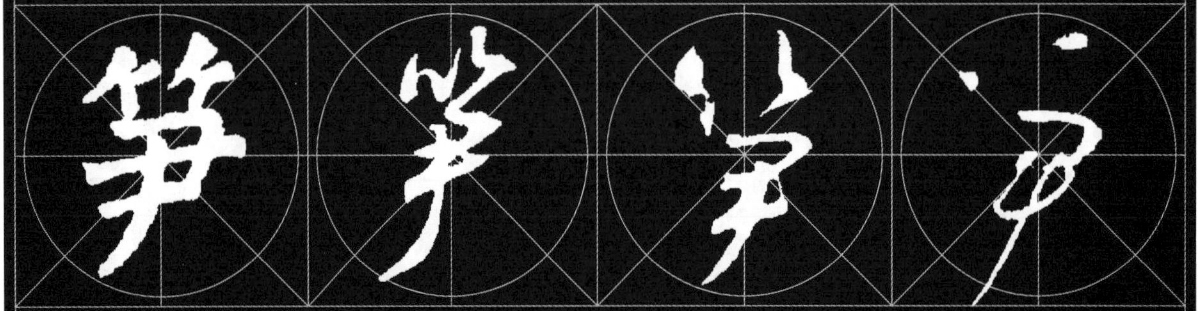

唐 颜真卿　明 文徵明　隋 智永　唐 怀素

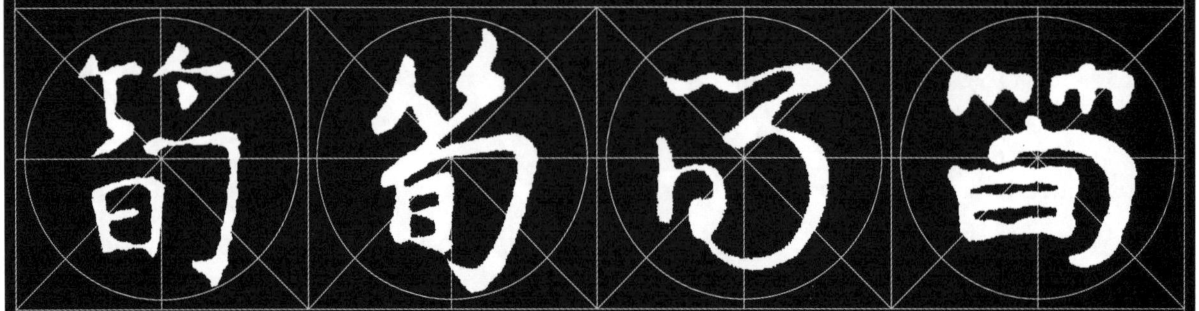

唐 褚遂良　元 赵孟頫　宋 黄庭坚　清 丁敬

sǔn 隼

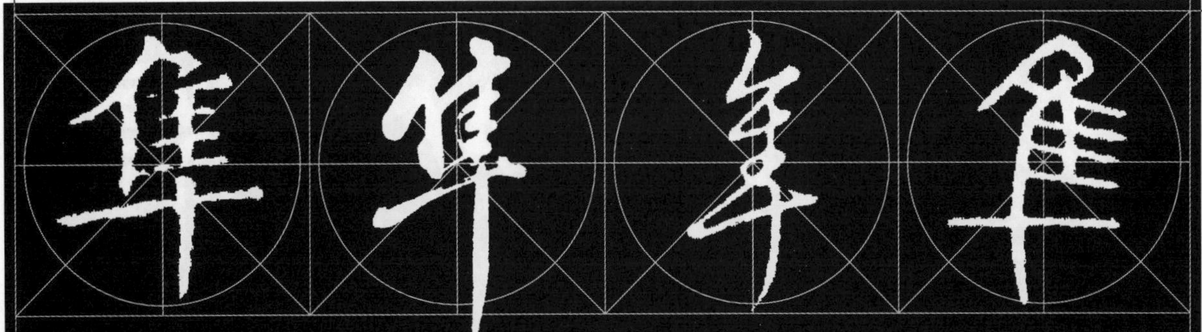

隋 苏孝慈墓志　明 董其昌　金 张天锡·草书韵会　汉 说文解字

sǔn 损

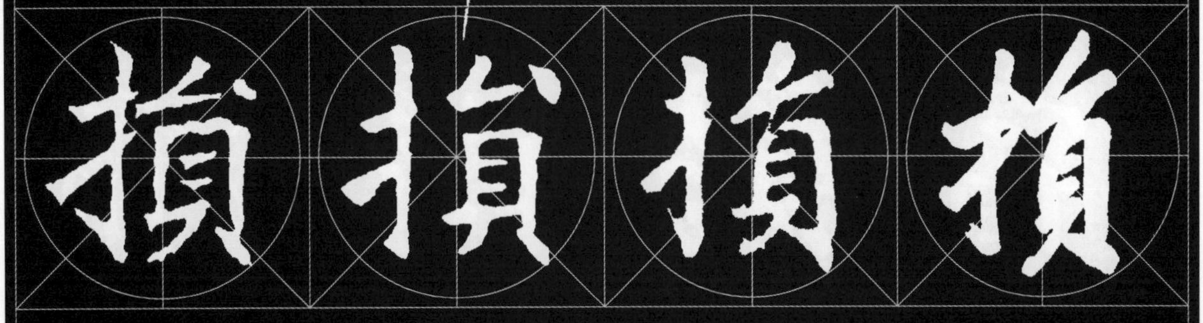

南北朝 高贞碑　唐 欧阳询　唐 颜真卿　清 林则徐

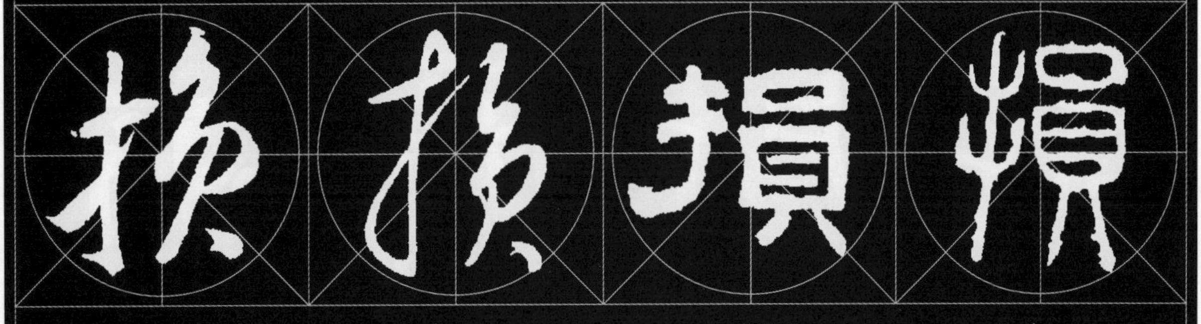

宋 米芾　元 康里子山　唐 李隆基　唐 李阳冰

suō 娑

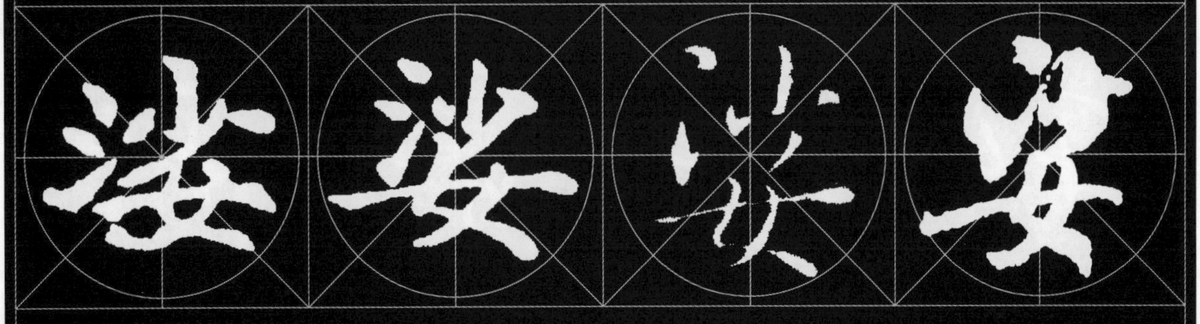

南北朝 敬使君碑　明 董其昌　唐 褚遂良　宋 米芾

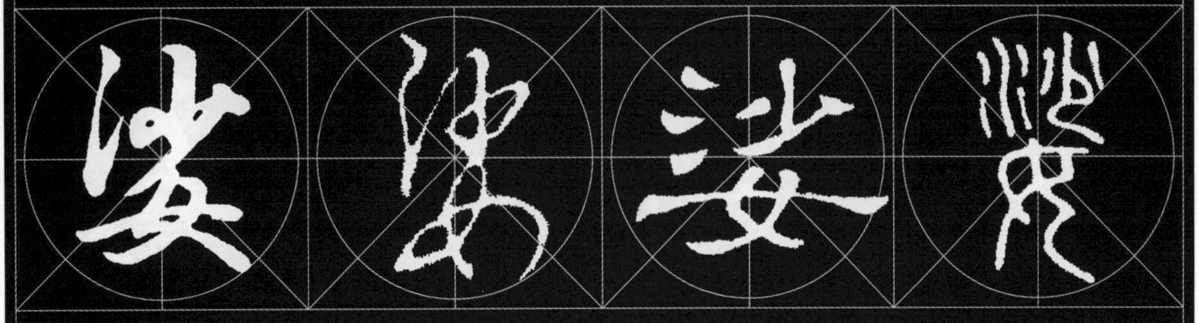

元 赵孟頫　金 张天锡·草书韵会　清 顾蔼吉·隶辨　汉 说文解字

suō
梭

suō
缩

suǒ
所（𠩄）

suǒ

索（大绳；大链；寻找；要；取；孤单；寂寞）

suǒ 琐

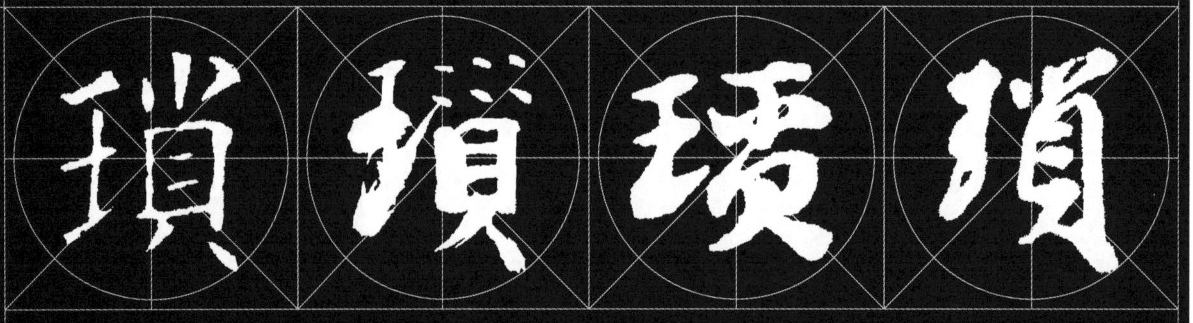

唐 欧阳询　宋 张即之　元 赵孟頫　明 邵二泉

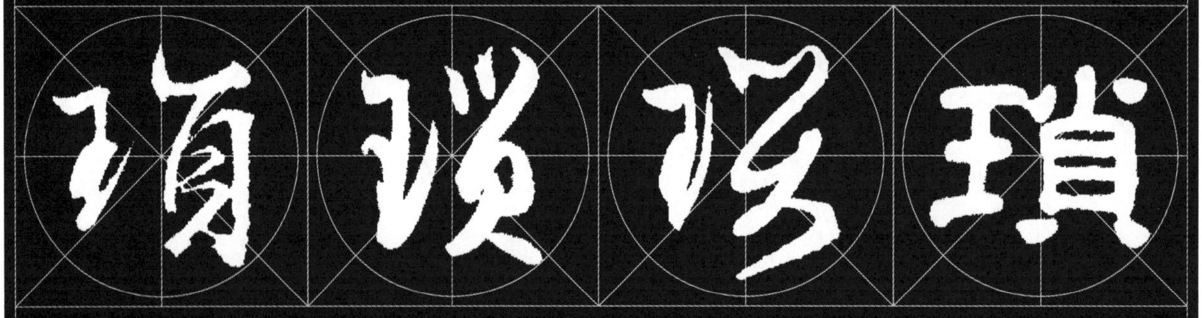

明 文徵明　唐 孙过庭　明 文徵明　清 奚冈

suǒ 锁

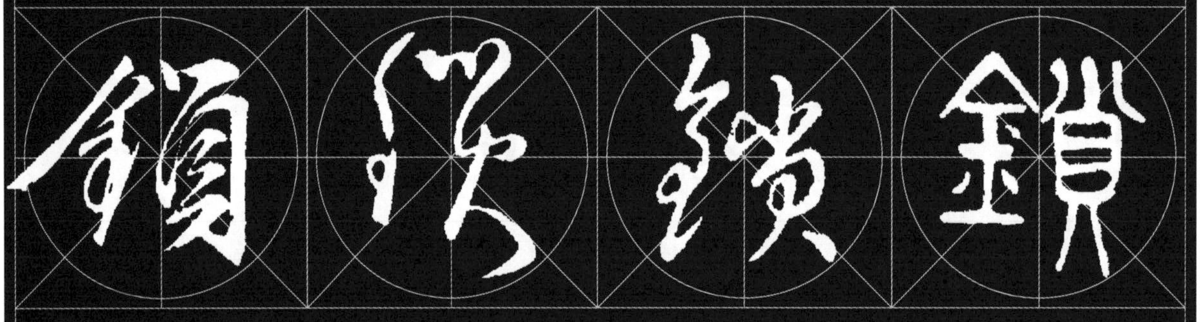

明 文徵明　唐 怀素　金 张天锡·草书韵会　清 杨沂孙

tā 他

唐 薛稷　唐 柳公权　金 任询　宋 张即之

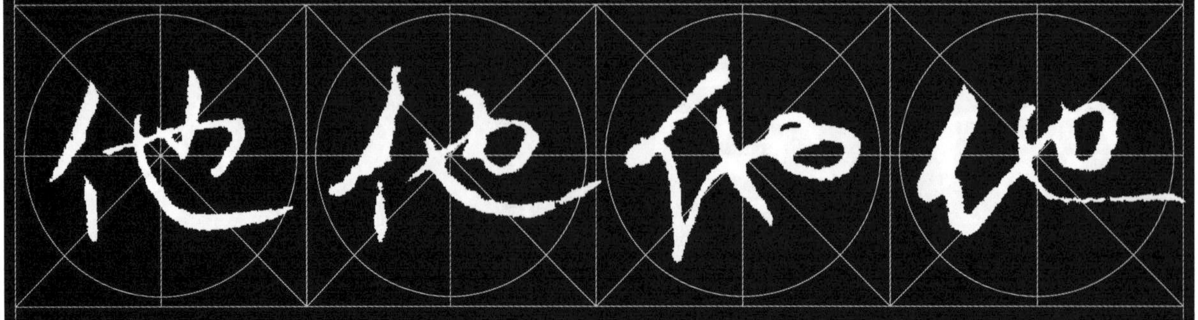

晋 王献之　唐 颜真卿　明 祝允明　明 王守仁

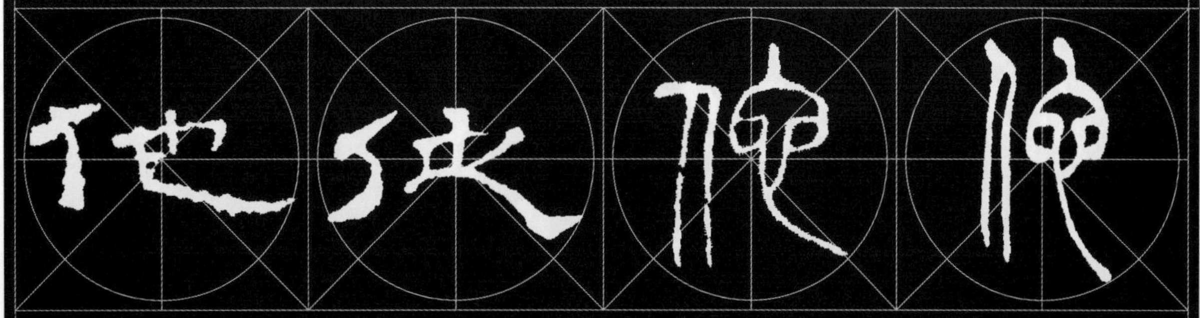

汉 张景碑　　清 石涛　　汉 说文解字　　清 吴熙载

tā 它

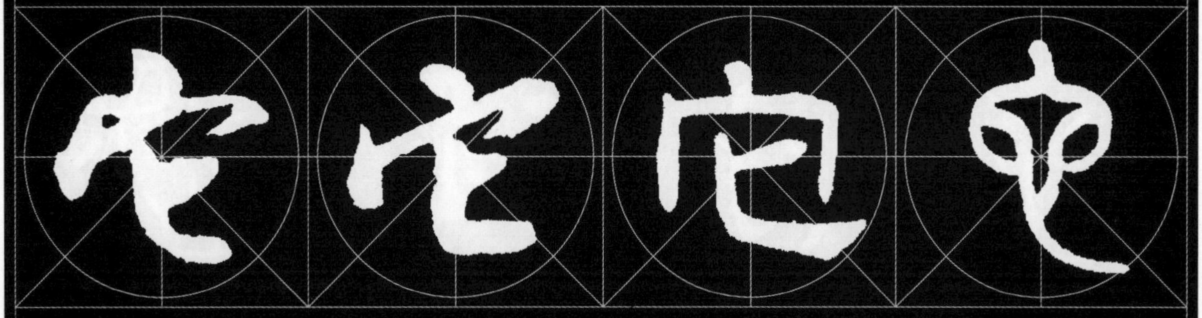

宋 张即之　　明 吴宽　　清 吴隐　　清 杨沂孙

tǎ 塔（墖）

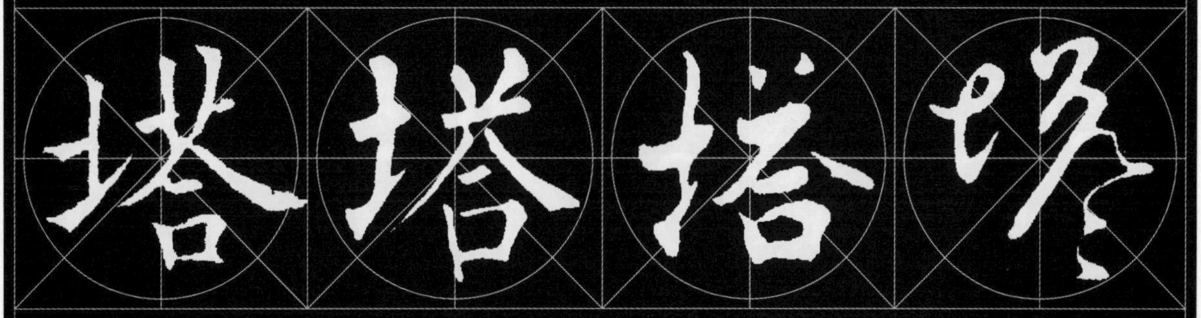

唐 欧阳通　　唐 柳公权　　宋 张即之　　唐 李世民

tǎ 獭

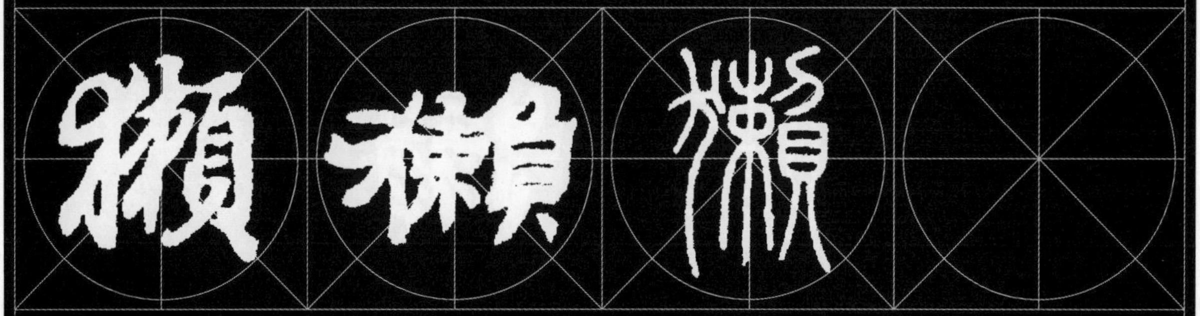

元 赵孟頫　　清 吴熙载　　清 邓石如

tà 闼（门；小门）

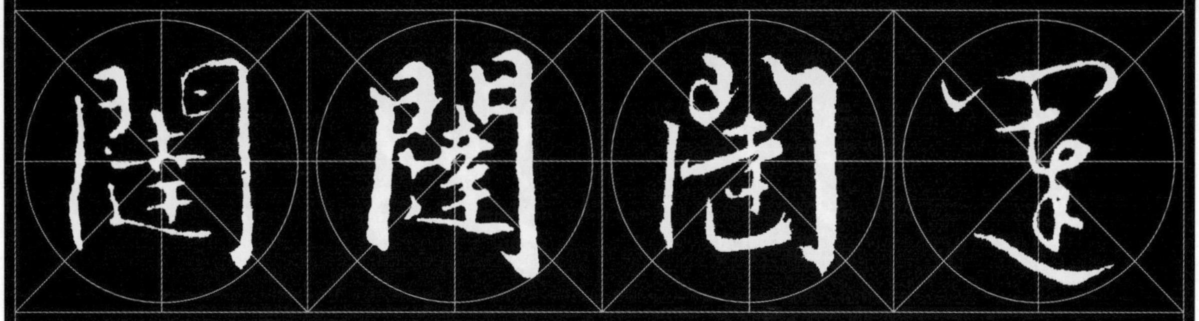

隋 张公礼　　元 赵孟頫　　明 文徵明　　金 张天锡·草书韵会

tà
遝（杂遝：杂乱）

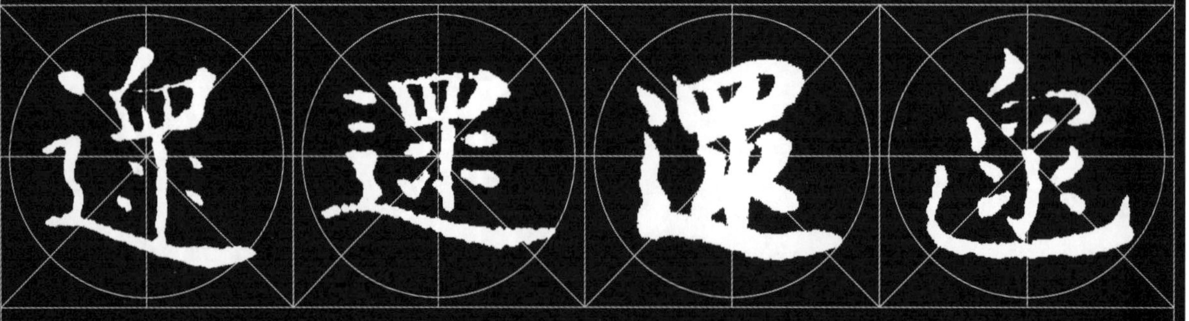

唐 欧阳询　清 永理　唐 陆柬之　三国 皇象

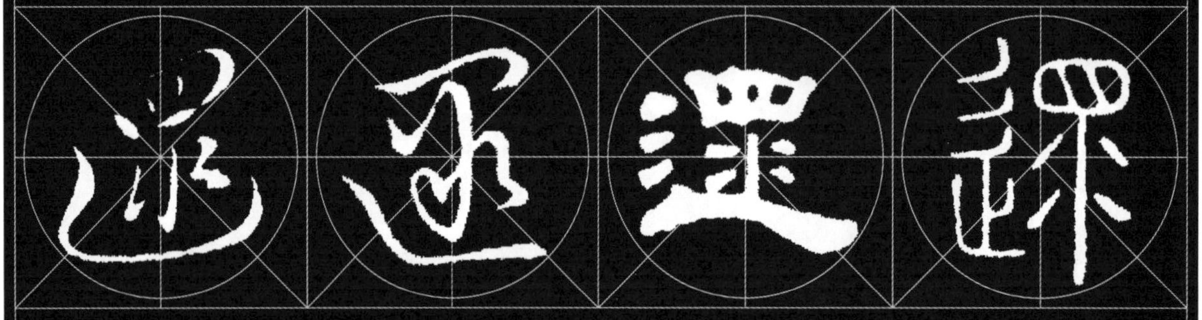

明 祝允明　金 张天锡·草书韵会　清 钱泳　汉 说文解字

tà
榻（床）

唐 颜真卿　宋 苏轼　明 董其昌　清 邓奎

tà
蹋（蹹）

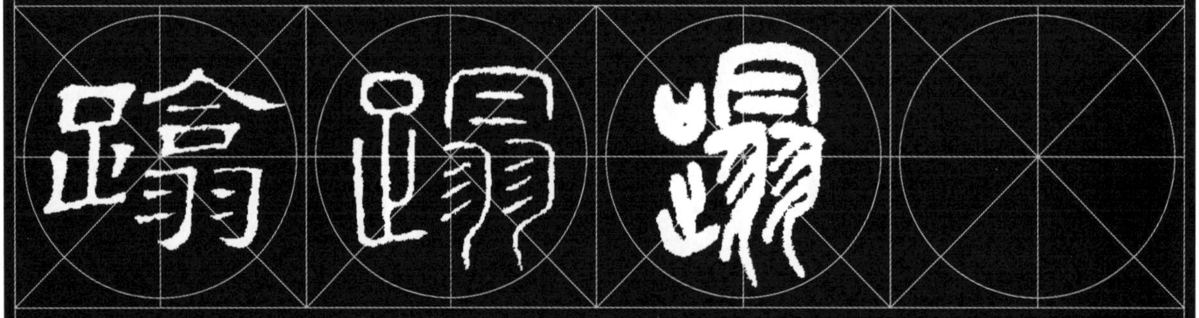

清 顾蔼吉·隶辨　汉 说文解字　清 吴昌硕

tà
踏（踏实）

宋 赵佶　宋 苏轼　明 董其昌　明 韩道亨

tāi 胎

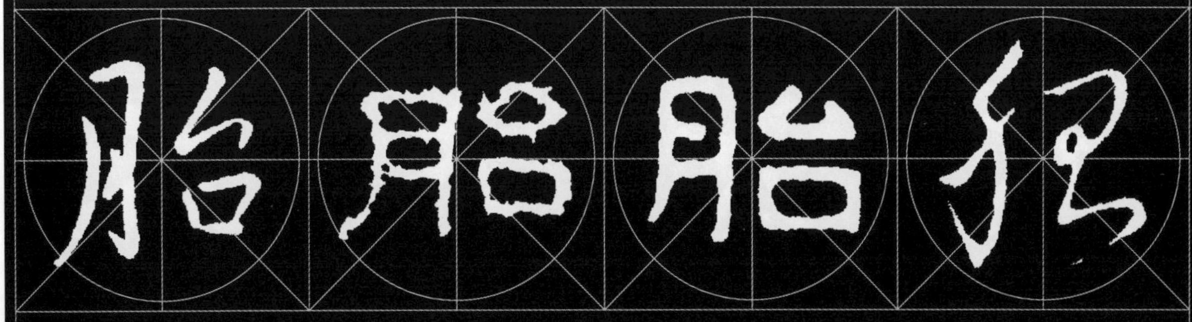

唐 李邕　　汉 武梁刻石　　北齐 泰山金刚经　　金 张天锡·草书韵会

tái 臺（薹、台）

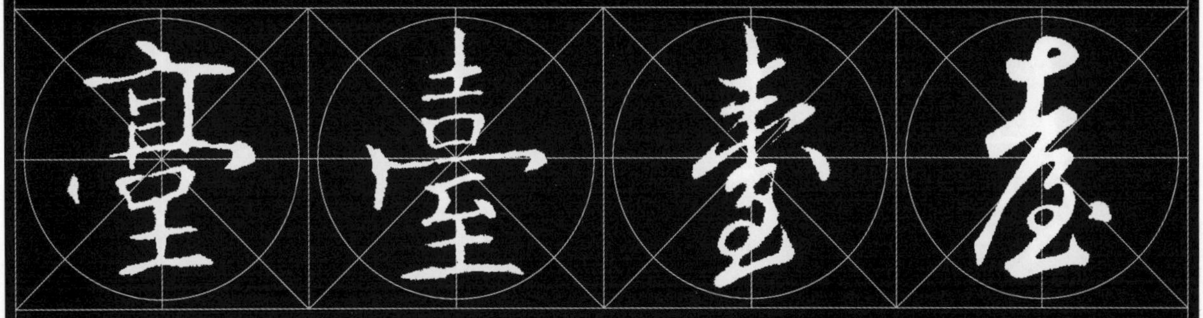

隋 张公礼　　唐 欧阳询　　元 邓文原　　元 鲜于枢

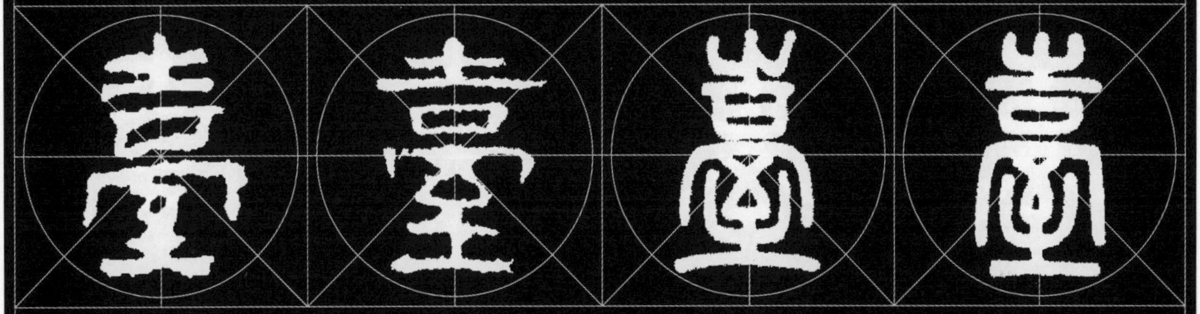

汉 景君碑　　汉 曹全碑　　清 邓石如　　清 吴大澂

Tái 台 Tāi

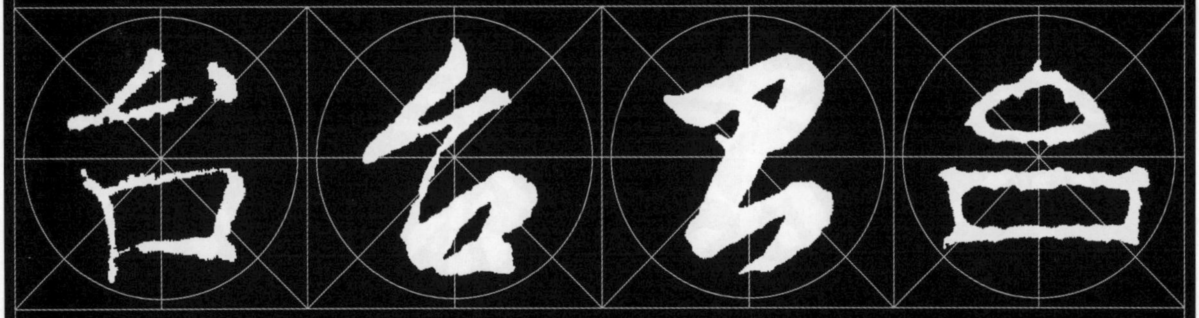

唐 褚遂良　　明 文彭　　明 韩道亨　　汉 景君碑

tái 苔 tāi（舌苔）

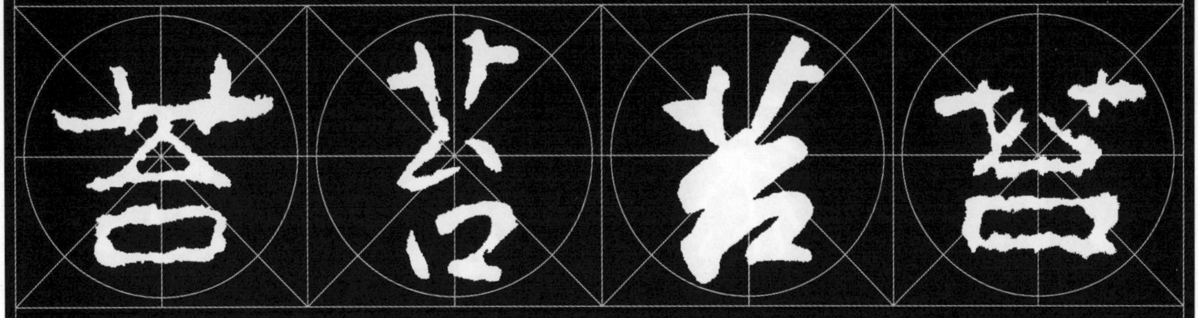

南北朝 郑道昭　　唐 李世民　　宋 苏轼　　汉 武梁刻石

tài
太

tài
泰

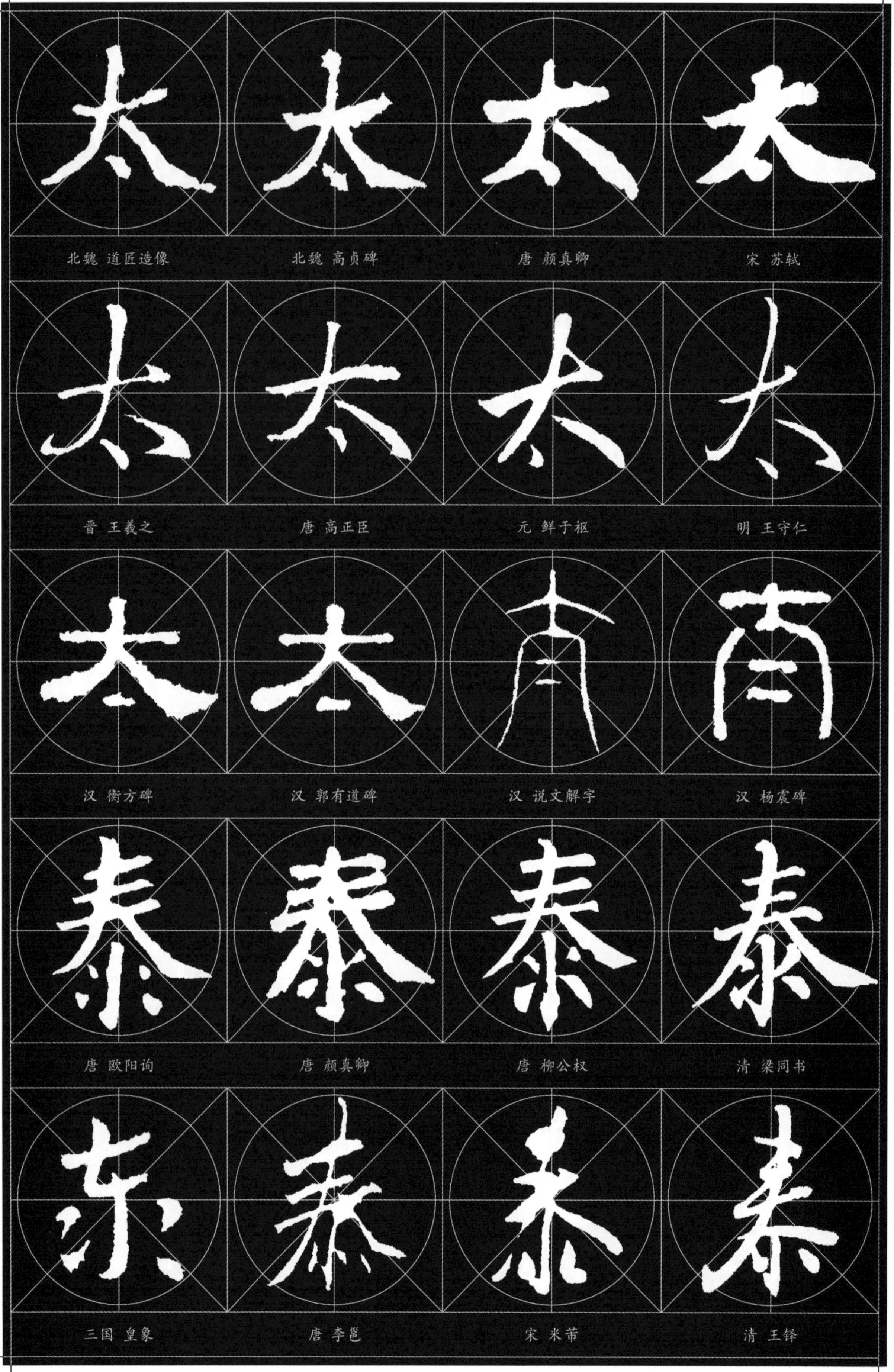

北魏 道匠造像　北魏 高贞碑　唐 颜真卿　宋 苏轼

晋 王羲之　唐 高正臣　元 鲜于枢　明 王守仁

汉 衡方碑　汉 郭有道碑　汉 说文解字　汉 杨震碑

唐 欧阳询　唐 颜真卿　唐 柳公权　清 梁同书

三国 皇象　唐 李邕　宋 米芾　清 王铎

tài 态（態）

tān 贪

汉 礼器碑　汉 张迁碑　秦 李斯　清 赵之谦

隋 董美人墓志　唐 李邕　明 董其昌　唐 孙过庭

元 吴叡　明 何震　清 杨沂孙　清 黄士陵

唐 欧阳询　唐 柳公权　宋 苏轼　宋 黄庭坚

清 王铎　汉 樊敏碑　元 吴叡　秦 李斯

tān 啴 chǎn

tān 滩

tán 坛（壇）

tán 檀

清 吴昌硕　唐 孙过庭　汉 说文解字

元 赵孟頫　明 周砥　宋 陈与义　金 张天锡·草书韵会

唐 褚遂良　唐 颜真卿　唐 高正臣　唐 柳公权

明 祝允明　汉 华山碑　汉 桐柏庙碑　汉 说文解字

唐 褚遂良　唐 颜真卿　明 宋克　汉 说文解字

tán 昙（曇：多云）

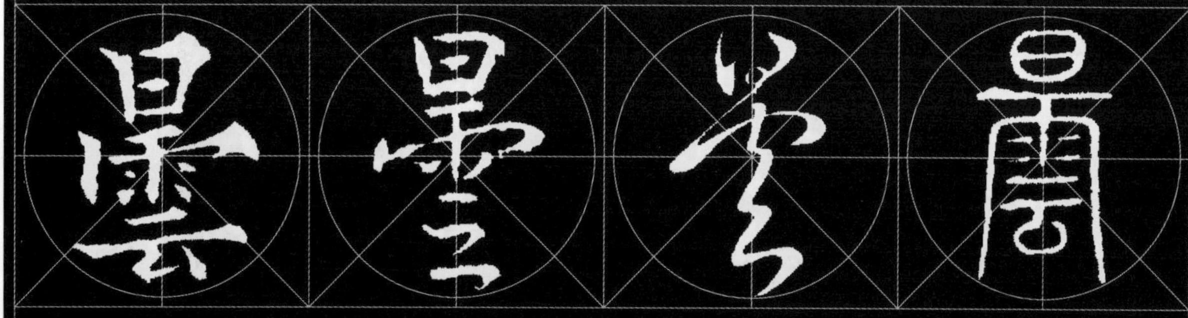

唐 欧阳通　唐 高正臣　南朝 王昙首　汉 说文解字

tán 覃（深）Qín（姓）

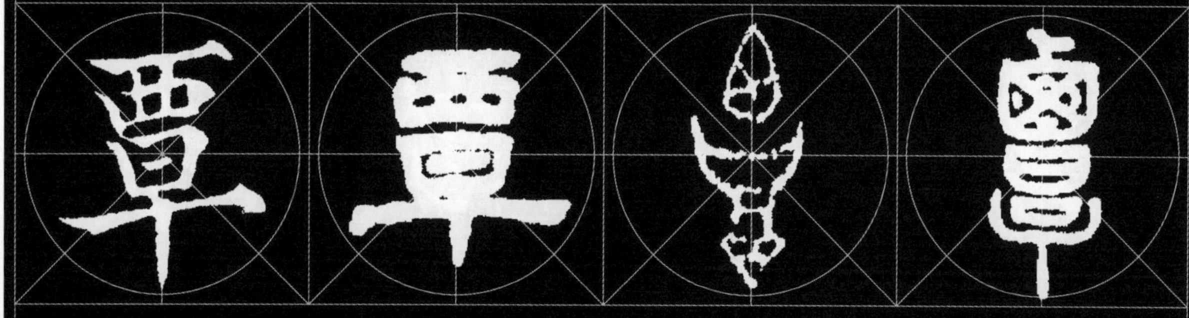

唐 欧阳通　清 丁佛言　周 金文　清 仰嘉祥

tán 潭

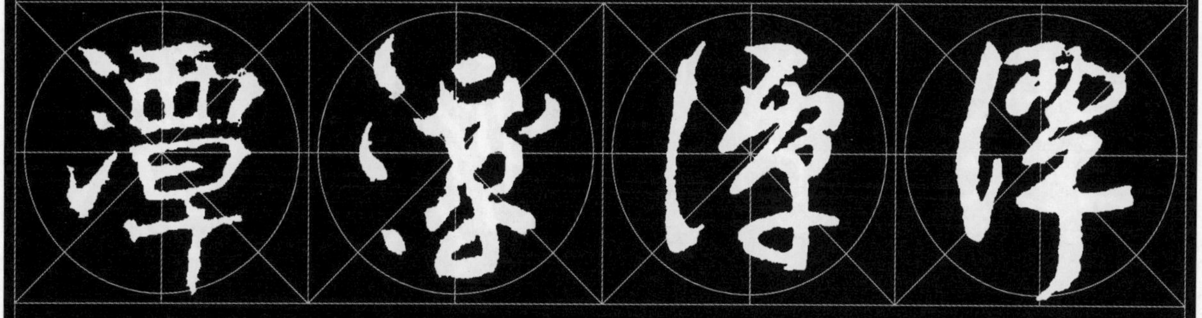

南北朝 李仲璇　宋 黄庭坚　明 文徵明　清 康有为

tán 谭

唐 颜真卿　元 赵孟頫　金 张天锡·草书韵会　汉 樊敏碑

tán 谈

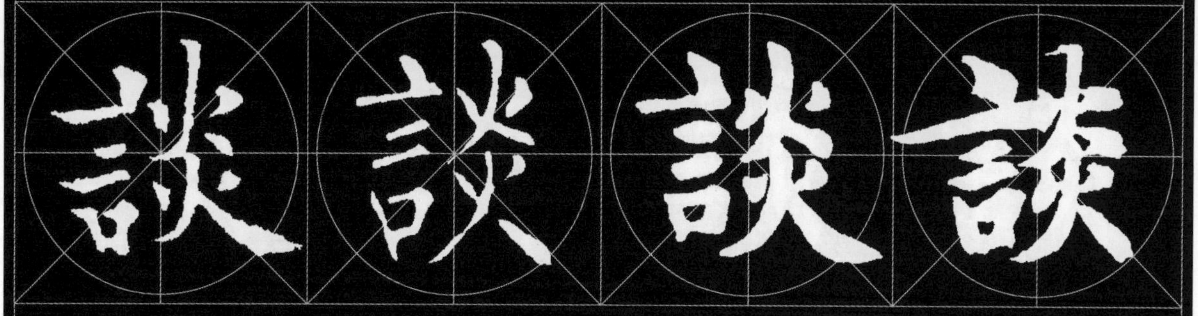

唐 欧阳通　唐 柳公权　元 赵孟頫　隋 智永

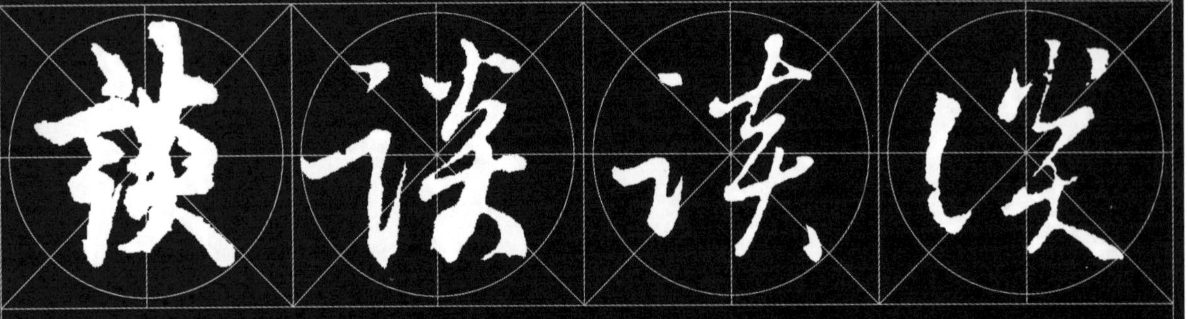

唐 欧阳询　宋 李建中　宋 苏轼　晋 索靖

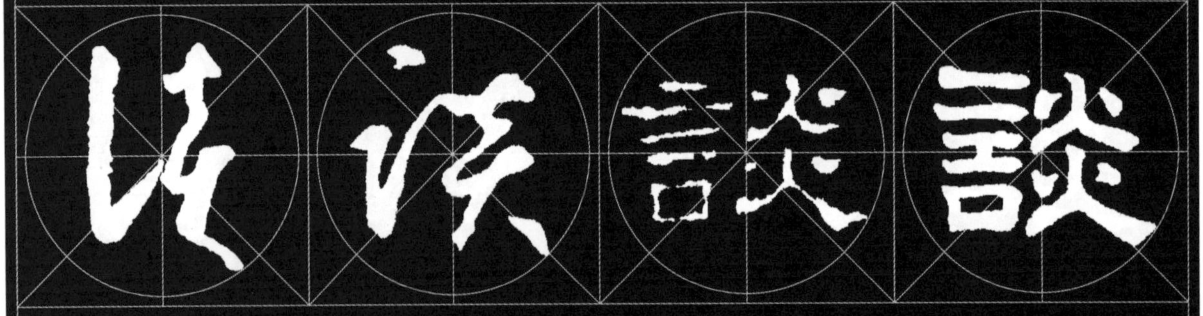

唐 怀素　元 鲜于枢　汉 史晨碑　元 赵孟頫

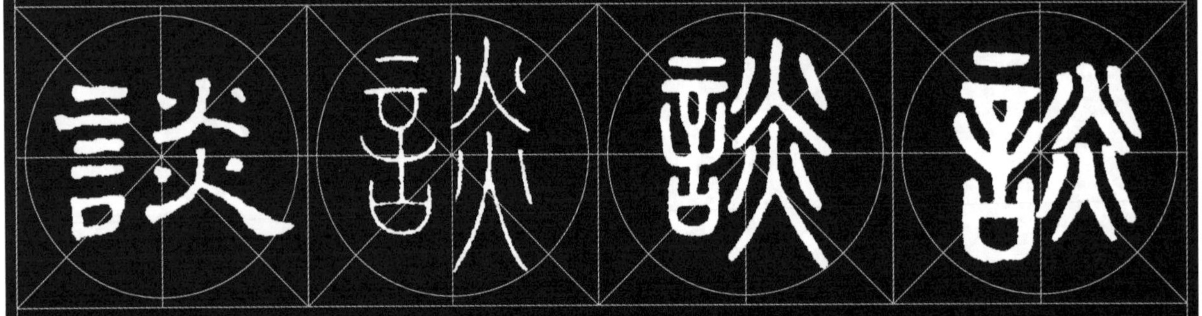

清 王澍　唐 李阳冰　清 吴大澂　清 黄士陵

tǎn
坦

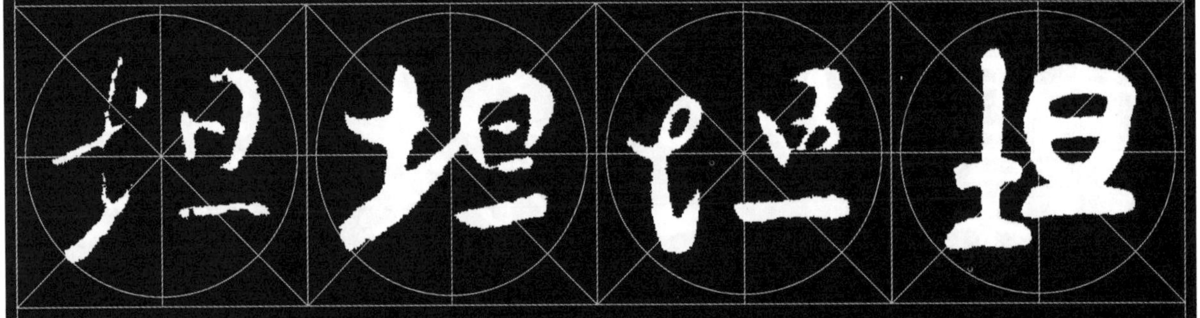

晋 王坦之　宋 米芾　南朝 谢庄　清 吴昌硕

tǎn
袒

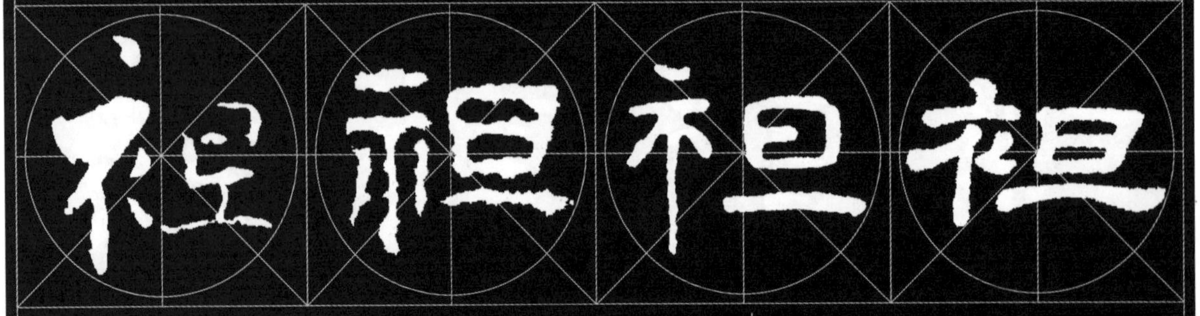

宋 张即之　汉 景君碑　北齐 泰山金刚经　清 顾蔼吉·隶辨

tàn 炭（炭）

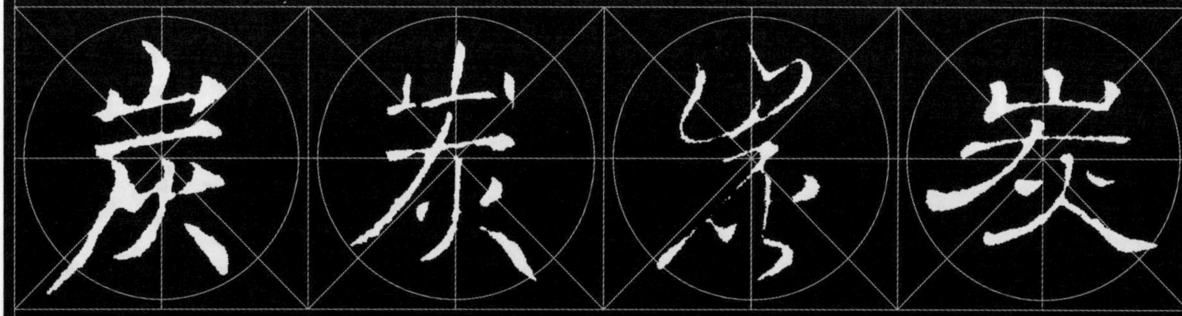

隋 丁道护 | 唐 褚遂良 | 金 张天锡·草书韵会 | 清 顾蔼吉·隶辨

tàn 探

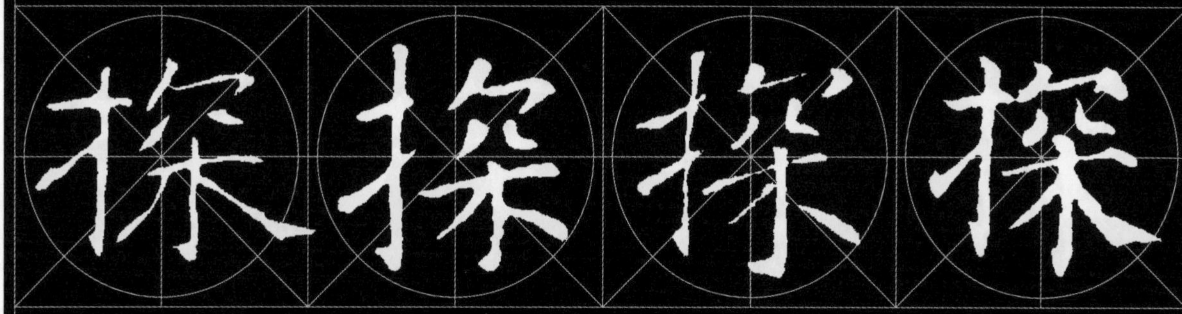

隋 龙藏寺碑 | 唐 虞世南 | 唐 褚遂良 | 唐 颜真卿

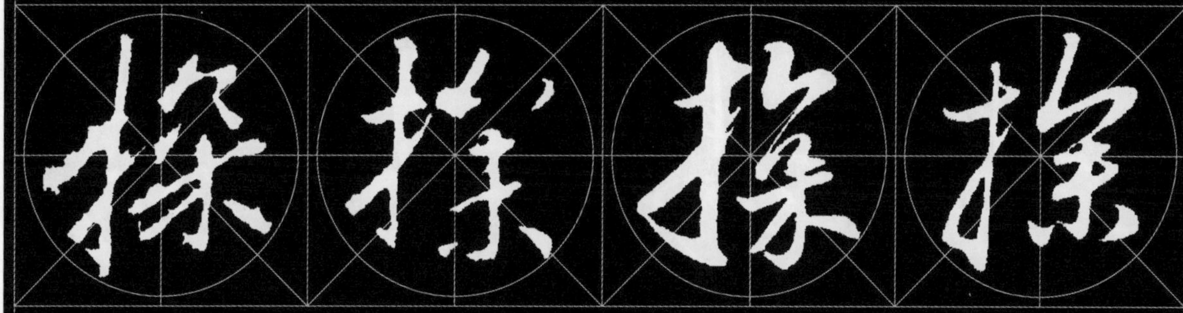

唐 李邕 | 唐 释怀仁 | 金 王庭筠 | 元 赵孟頫

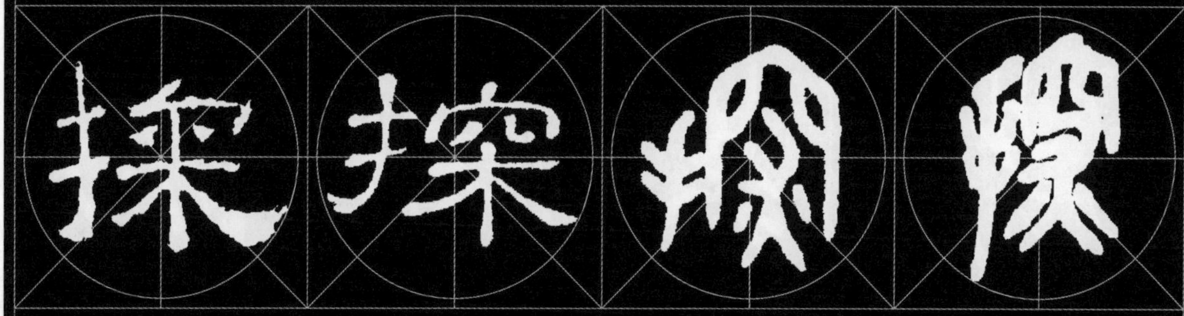

汉 王舍人碑 | 清 顾蔼吉·隶辨 | 清 吴大澂 | 清 吴昌硕

tàn 叹（嘆、歎）

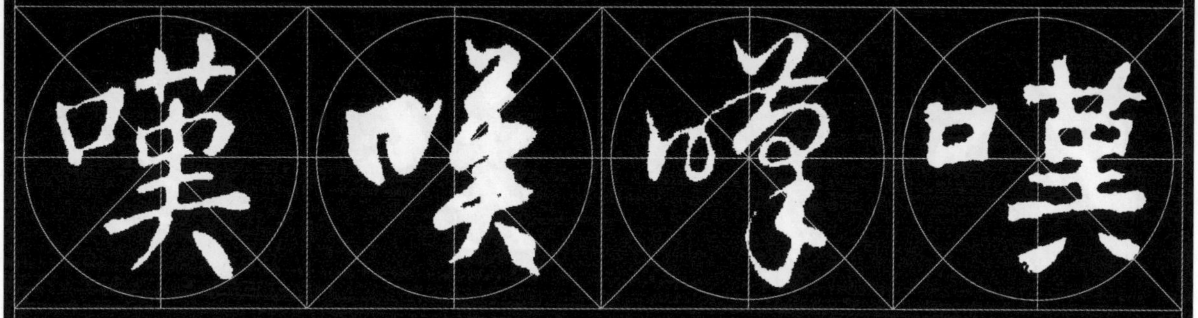

唐 颜真卿 | 明 文徵明 | 唐 裴休 | 汉 西狭颂

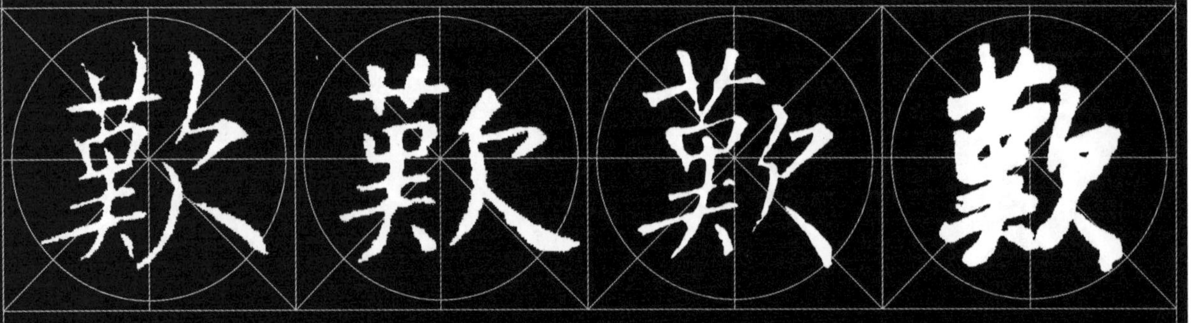

唐 欧阳询 唐 虞世南 唐 柳公权 清 王铎

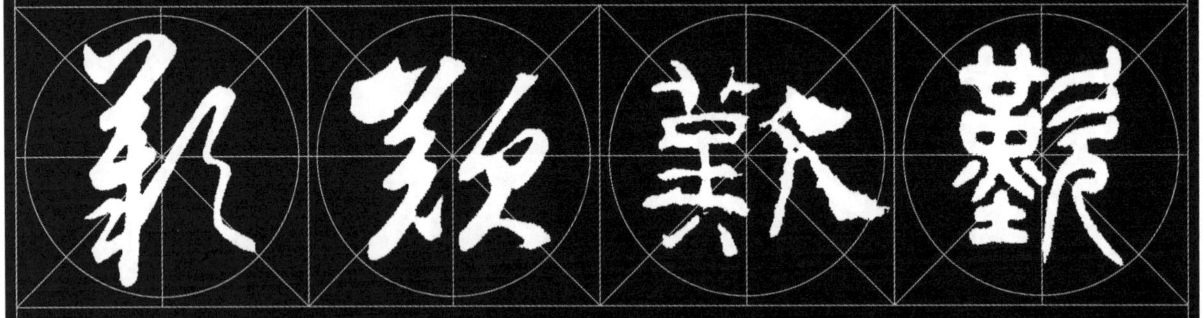

晋 王羲之 宋 苏轼 汉 礼器碑 清 杨沂孙

tāng
汤
（湯）
shāng
（汤汤：水流大而急，如浩浩汤汤）

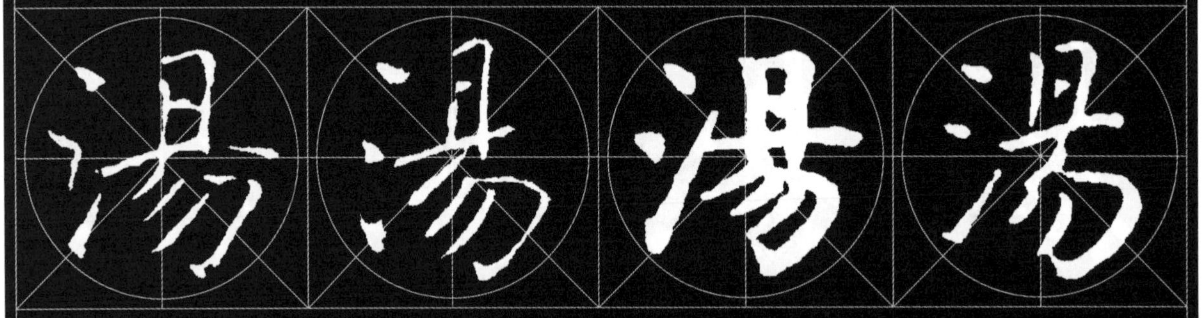

隋 张公礼 唐 褚遂良 元 赵孟頫 明 王宠

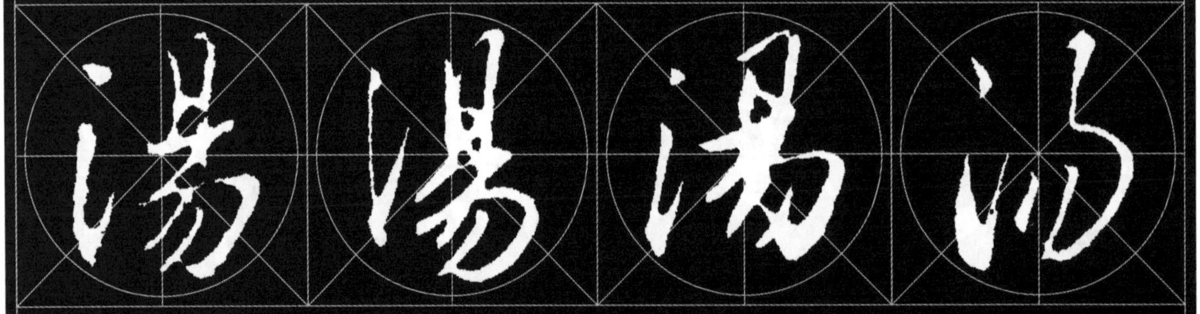

晋 王羲之 晋 王献之 宋 张舜民 唐 李怀琳

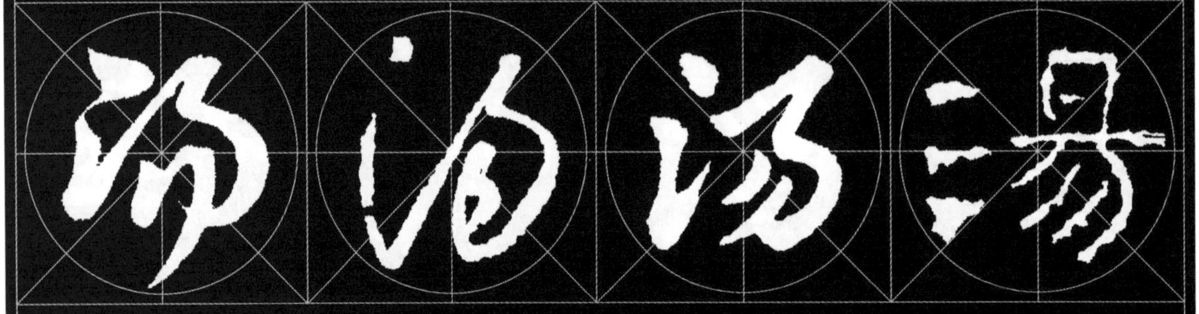

唐 孙过庭 唐 怀素 元 赵孟頫 汉 武梁刻石

táng
堂

汉 孔宙碑
元 赵孟頫
唐 李阳冰
元 赵孟頫
隋 张公礼
唐 欧阳询
唐 虞世南
唐 褚遂良
晋 王羲之
唐 释大雅
明 唐寅
晋 王羲之
唐 怀素
明 王宠
汉 石门颂
汉 礼器碑
汉 华山碑
汉 白石神君碑
唐 李阳冰
清 吴大澂

táng
棠

táng
唐

元 赵孟頫
明 王宠
晋 王羲之
隋 智永
唐 怀素
汉 景君碑
汉 鲁峻碑
唐 李阳冰
唐 褚遂良
唐 颜真卿
唐 柳公权
唐 张从申
宋 蒋璨
明 文徵明
隋 智永
唐 李怀琳
唐 怀素
明 董其昌
汉 乙瑛碑
汉 礼器碑

táng
塘

táng
糖

tǎng
惝
cháng
（惝佯）

tǎng
傥
（倜傥）

tāo 滔

tāo 韬（韜、弢）

tāo 涛

táo 逃（迯）

táo
桃

宋 薛绍彭　元 赵雍　隋 侯肇暨妻古氏墓志　秦 会稽刻石

唐 欧阳通　宋 黄庭坚　元 赵孟頫　清 何绍基

唐 褚遂良　元 鲜于枢　元 张雨　明 唐寅

晋 王羲之　唐 张旭　元 鲜于枢　明 李建泰

汉 曹全碑　清 伊秉绶　清 何绍基　清 吴大澂

táo
陶（陶器；陶冶；熏陶；快乐）
yáo（上古人名：皋陶）

táo
萄（葡萄）

tǎo
讨

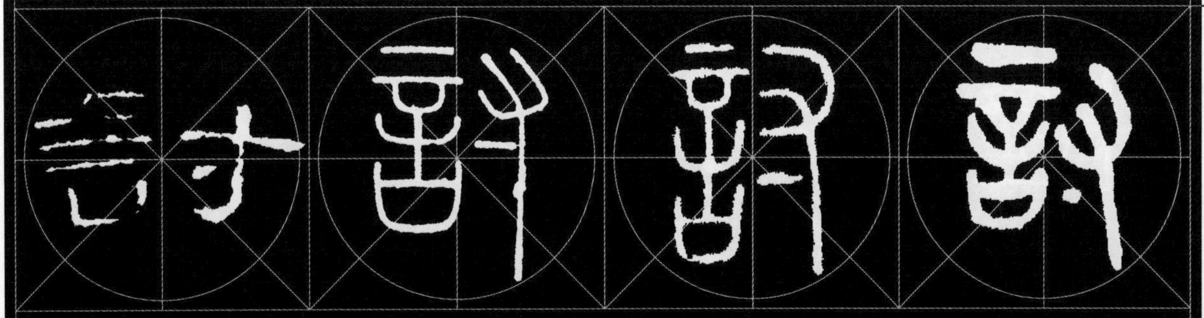

汉 曹全碑　秦 李斯　汉 说文解字　清 杨沂孙

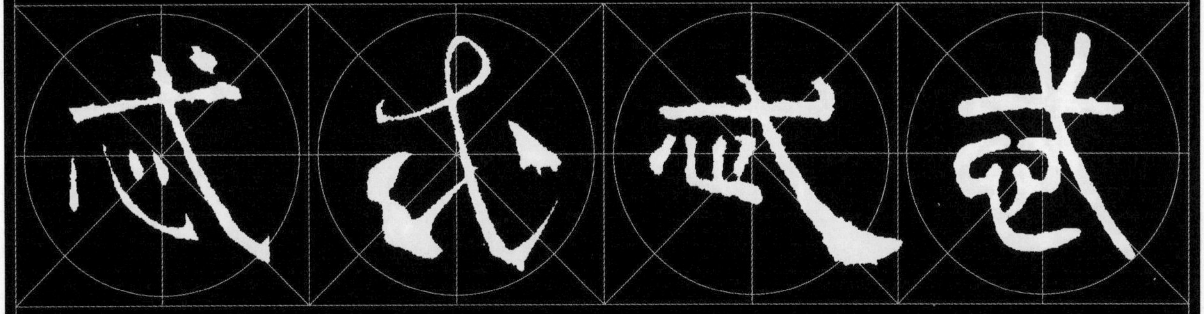

唐 褚遂良　唐 贺知章　汉 桐柏庙碑　清 杨沂孙

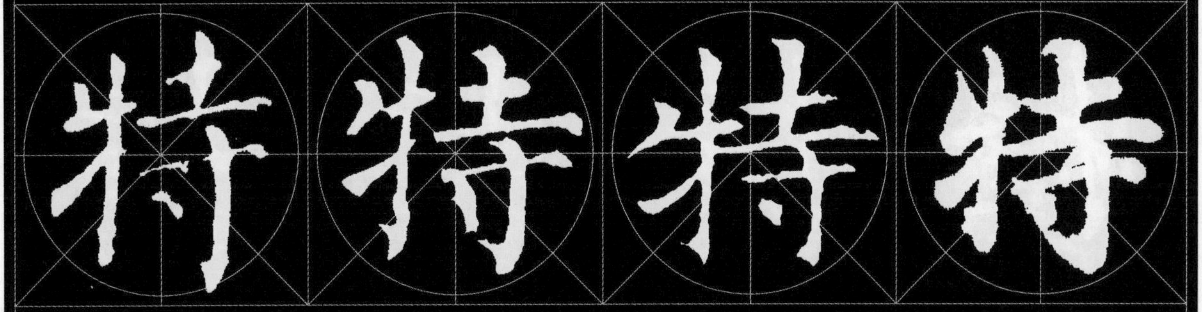

唐 颜真卿　唐 柳公权　唐 王知敬　隋 智永

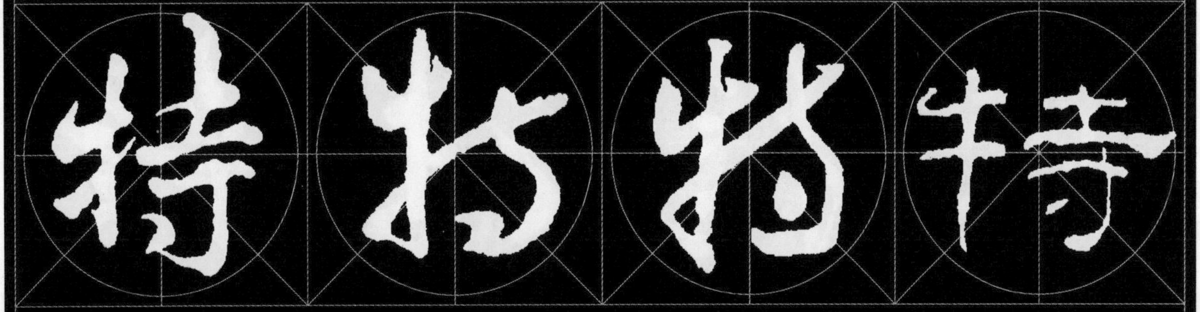

宋 吴说　唐 孙过庭　唐 怀素　汉 乙瑛碑

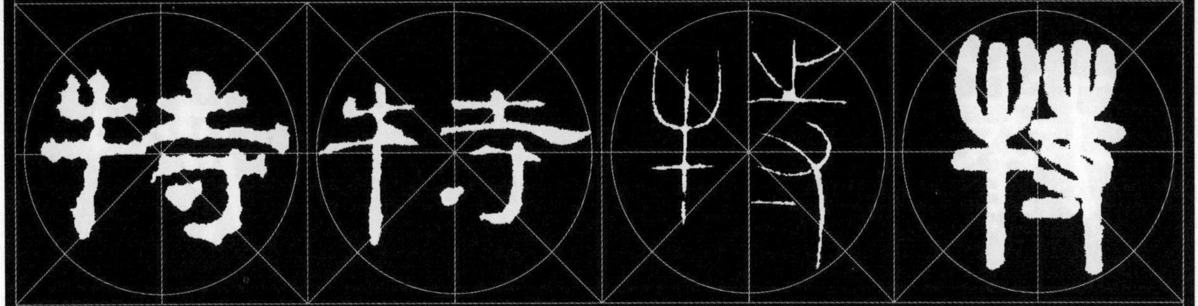

汉 史晨碑　汉 曹全碑　唐 李阳冰　清 吴大澂

tè 忒（差错） tēi tuī（太）

tè 特

tè 慝

téng 腾

唐 欧阳询 | 唐 颜师古 | 唐 怀素 | 汉 校官碑

北魏 牛橛造像 | 唐 欧阳询 | 唐 褚遂良 | 清 梁同书

唐 高正臣 | 唐 释怀仁 | 唐 李邕 | 唐 李治

唐 孙过庭 | 唐 怀素 | 宋 赵构 | 元 赵孟頫

汉 尹宙碑 | 元 吴叡 | 唐 李阳冰 | 清 邓石如

téng
滕

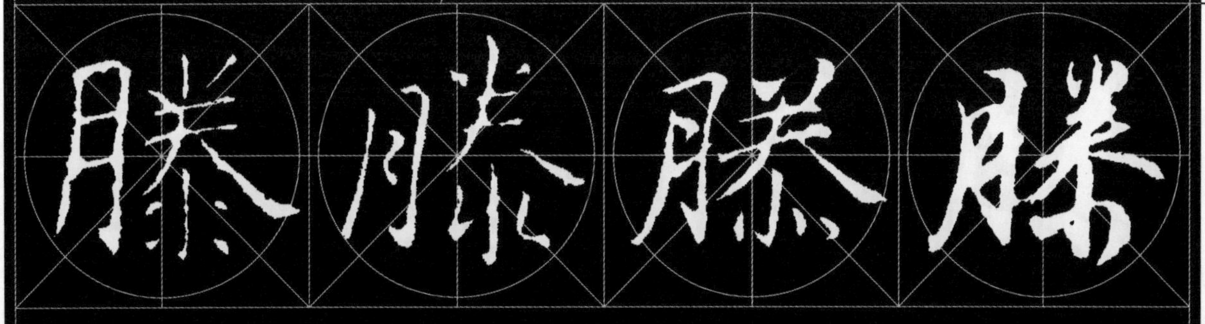

唐 殷令名　晋 王羲之　元 王蒙　明 文徵明

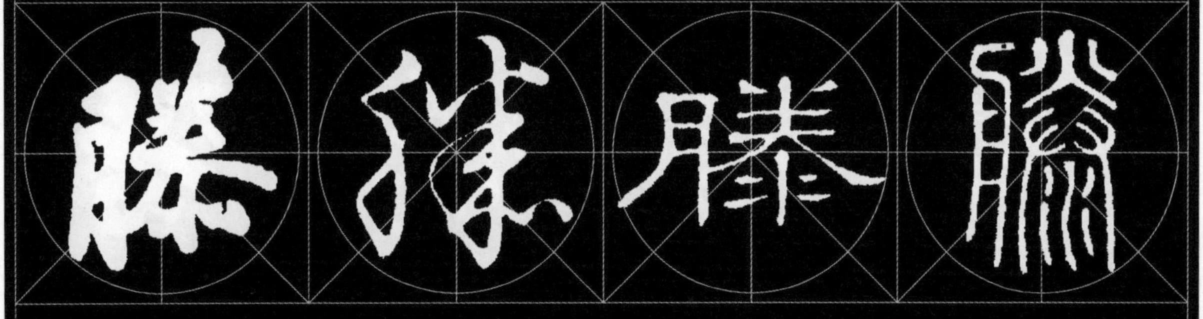

清 张照　晋 王羲之　清 顾蔼吉·隶辨　汉 说文解字

téng
藤（籐）

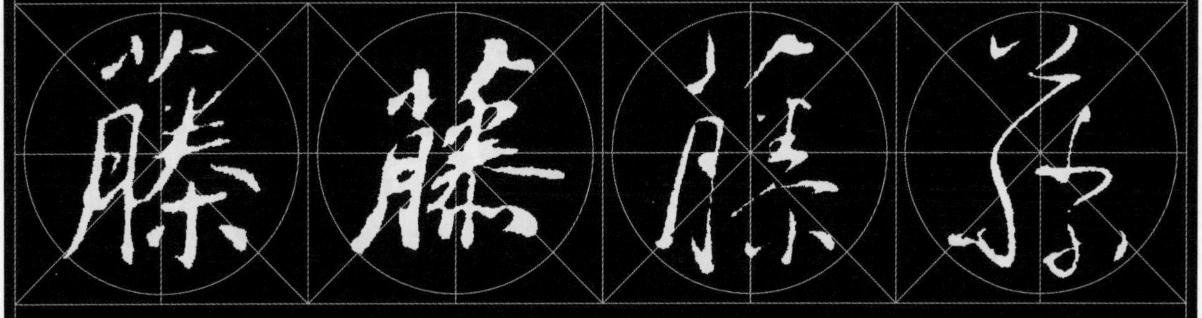

晋 王羲之　宋 苏轼　明 王宠　明 解缙

téng
縢（封闭；绳子）

元 赵孟頫　金 张天锡·草书韵会　清 吴大澂　清 吴昌硕

tī
梯

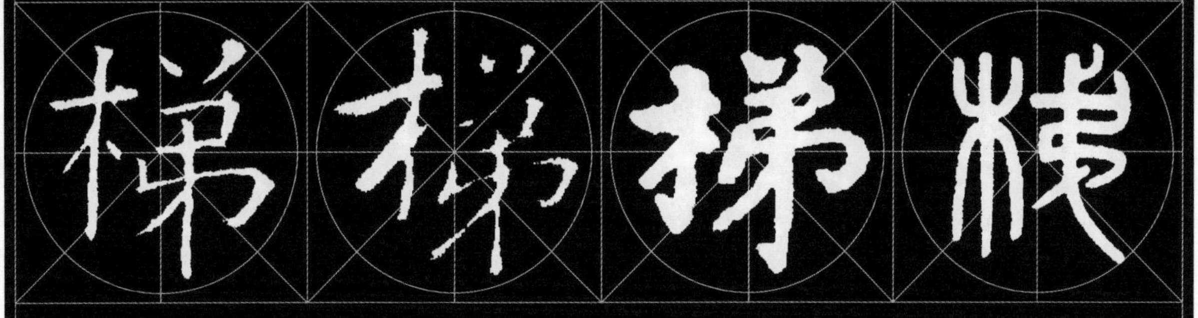

唐 褚遂良　元 迺贤　明 沈度　清 吴大澂

tī
剔

tí
啼（嗁）

tí
蹄（蹏）

tí
提
dī（提防；提溜）

宋 苏洵　宋 苏轼　元 赵孟頫　汉 三老忌日碑

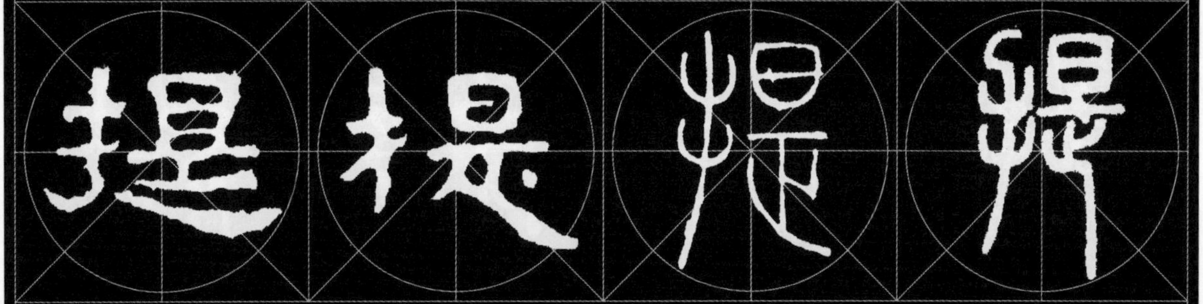

汉 张迁碑　北齐 泰山金刚经　唐 李阳冰　清 邓石如

tí
题

唐 欧阳通　唐 王知敬　唐 颜真卿　明 文徵明

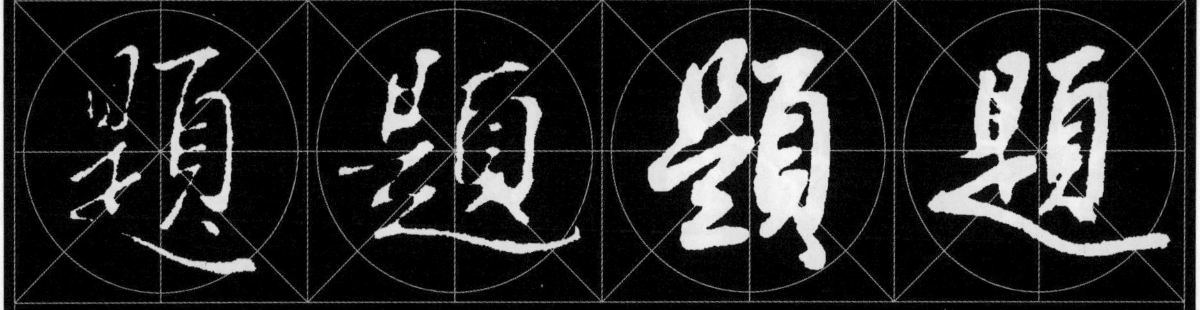

唐 李邕　宋 苏轼　宋 薛绍彭　宋 米芾

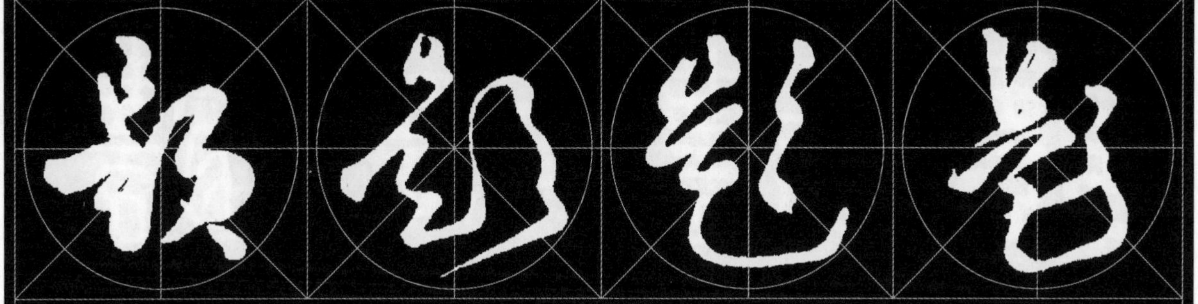

唐 孙过庭　宋 范成大　明 申时行　清 王铎

tǐ 体（體、躰）tī（体己，同梯己）

tì 倜

唐 颜真卿　元 李倜　清 刘墉　清 康熙字典

tì 悌

明 董其昌　晋 王羲之　清 翁同和　汉 说文解字

tì 涕

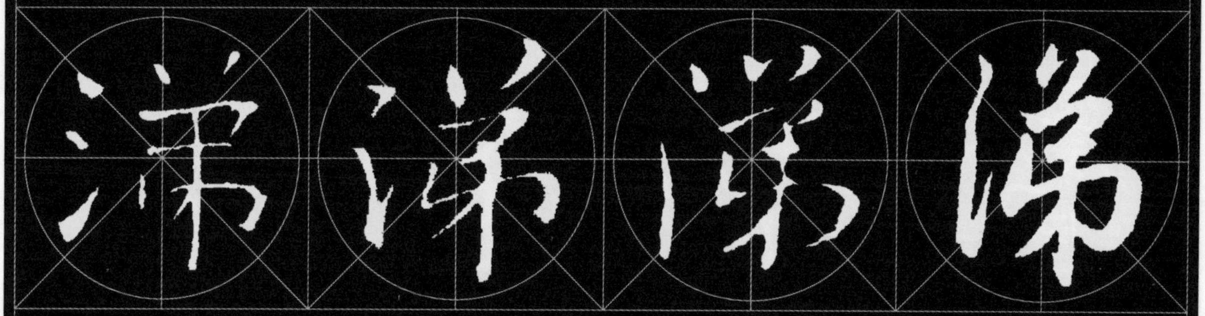

南北朝 朱君山墓志　晋 王洽　宋 米芾　元 赵孟頫

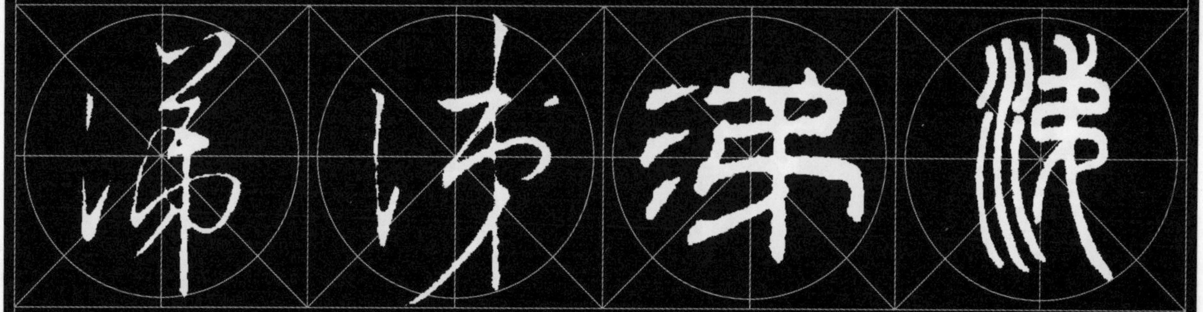

晋 王羲之　宋 文天祥　元 吴叡　清 邓石如

tì 惕

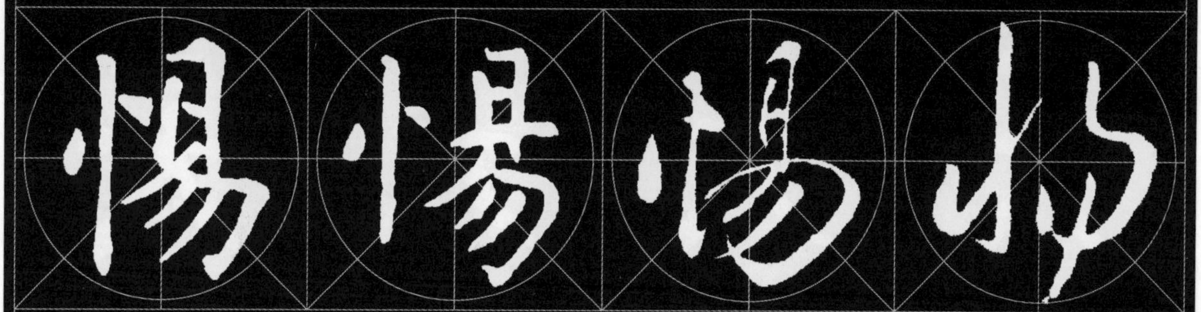

唐 欧阳询　唐 虞世南　宋 周邦彦　唐 李怀琳

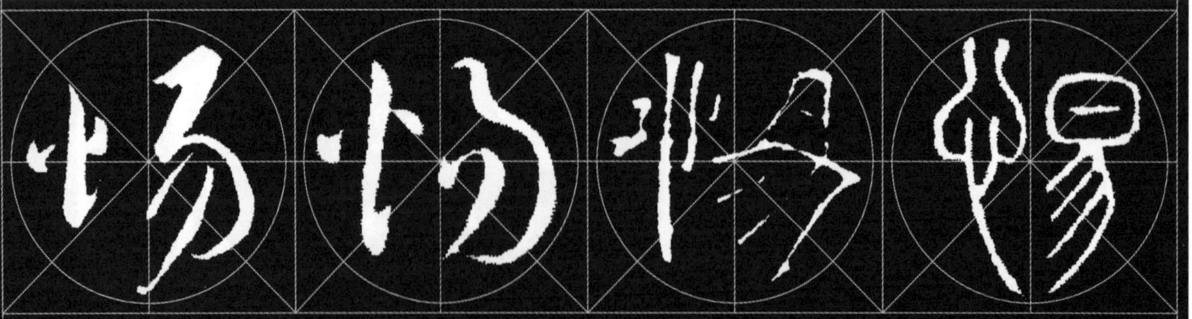

宋 蔡襄 清 王铎 唐 韩择木 汉 说文解字

tì 逖（逷：远）

唐 颜师古 唐 颜真卿 宋 张久成 清 杨沂孙

tì 替

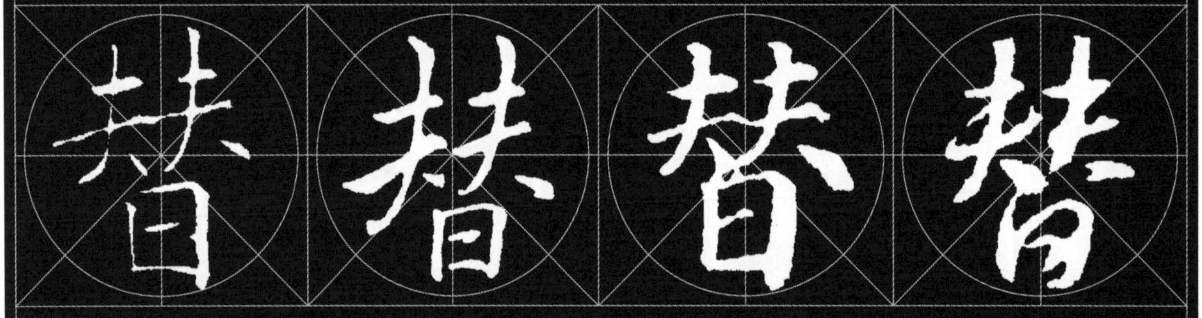

唐 褚遂良 唐 李邕 唐 颜真卿 晋 王羲之

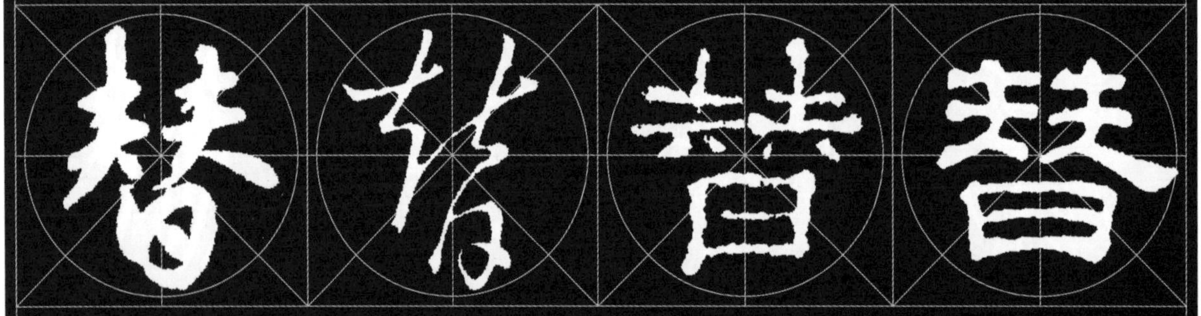

元 赵孟頫 金 张天锡·草书韵会 汉 杨震碑 元 吴叡

tiān 天

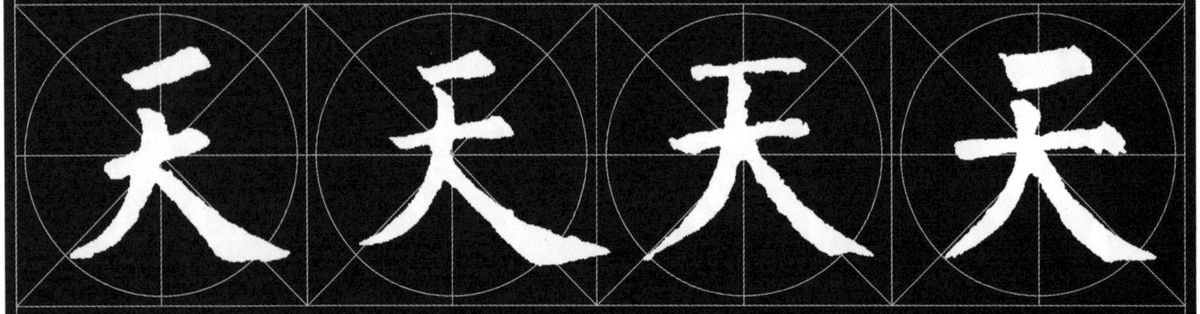

唐 欧阳询 唐 虞世南 唐 颜真卿 唐 柳公权

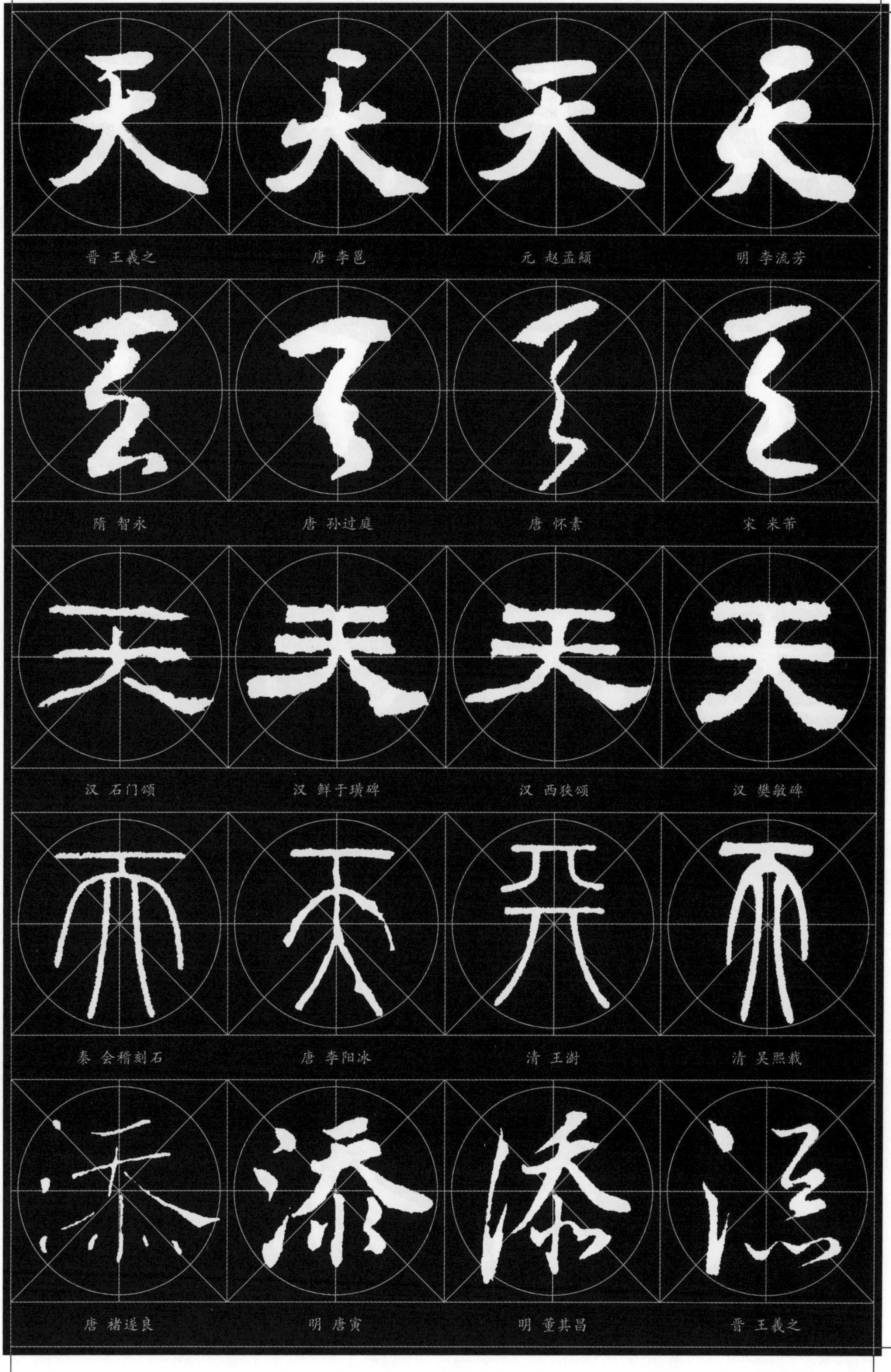
晋 王羲之
唐 李邕
元 赵孟頫
明 李流芳
隋 智永
唐 孙过庭
唐 怀素
宋 米芾
汉 石门颂
汉 鲜于璜碑
汉 西狭颂
汉 樊敏碑
秦 会稽刻石
唐 李阳冰
清 王澍
清 吴熙载
唐 褚遂良
明 唐寅
明 董其昌
晋 王羲之

tiān
添

tián 田

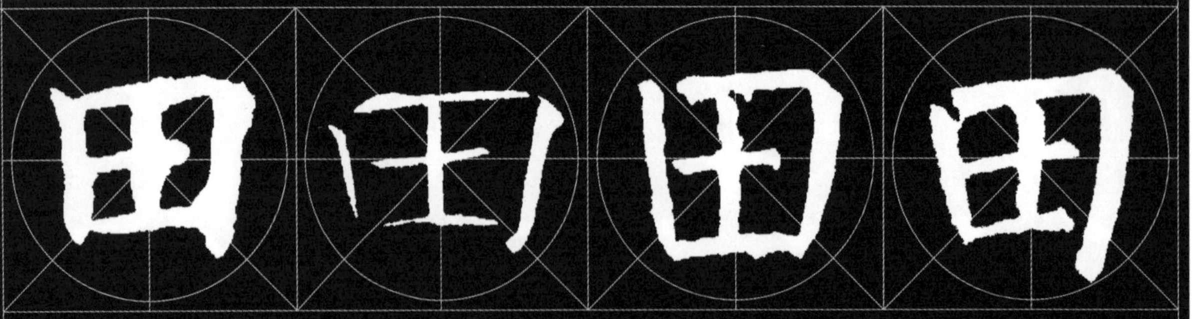

唐 欧阳询 唐 褚遂良 唐 颜真卿 唐 柳公权

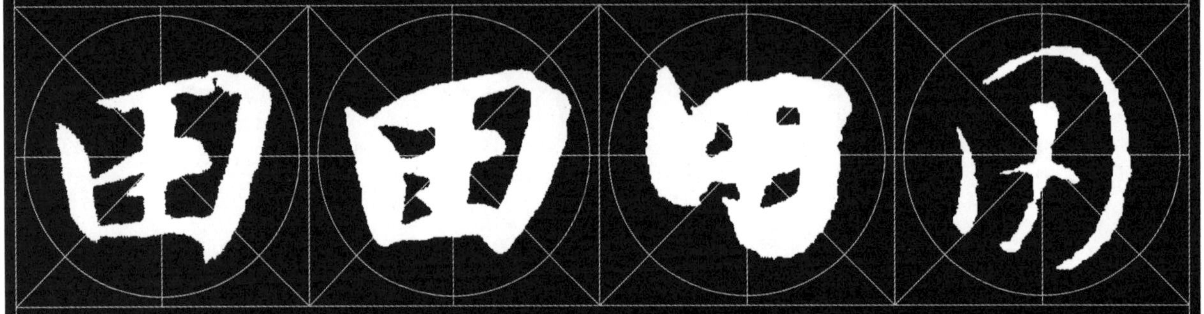

晋 王羲之 隋 智永 唐 怀素 晋 王羲之

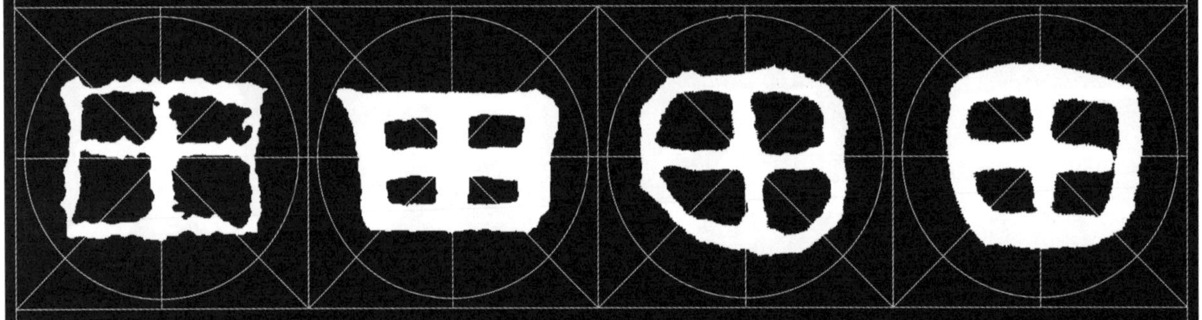

汉 武梁刻石 元 赵孟頫 周 散氏盘 清 杨沂孙

tián 恬

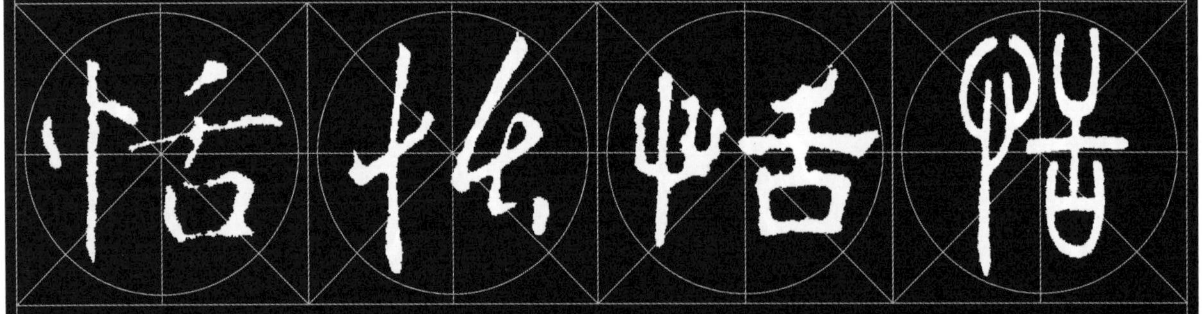

隋 智永 唐 欧阳询 汉 张寿碑 清 吴熙载

tián 甜

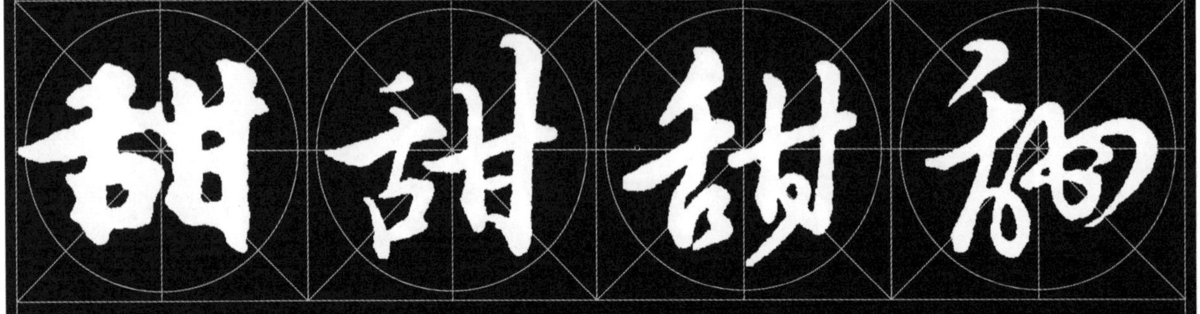

唐 吴彩鸾 宋 张即之 宋 赵构 金 张天锡·草书韵会

tián 填

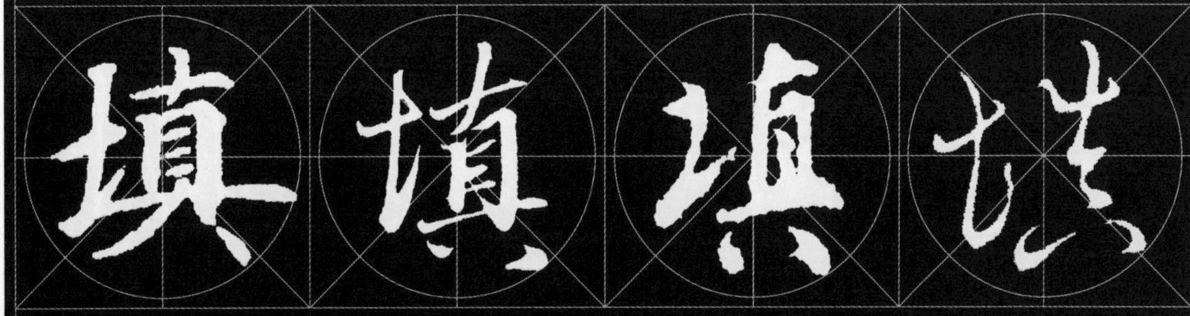

唐 灵飞经 | 元 赵孟頫 | 明 王世贞 | 金 张天锡·草书韵会

tiǎn 忝（谦辞：有愧）

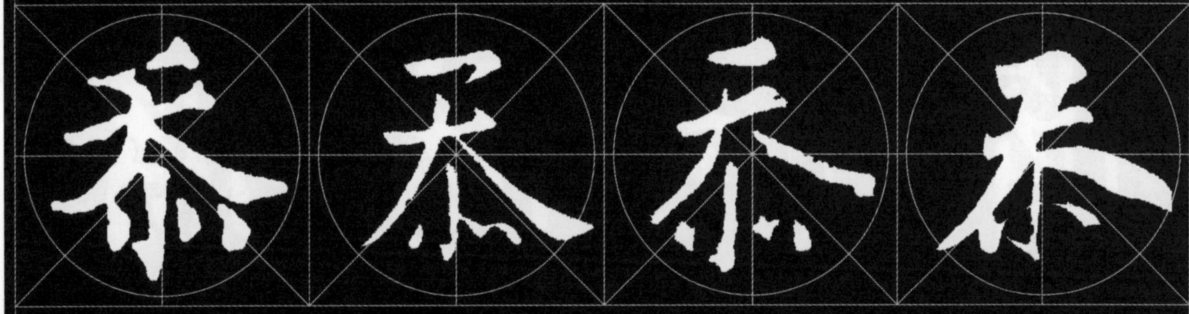

宋 范仲淹 | 唐 徐峤之 | 唐 张从申 | 宋 米芾

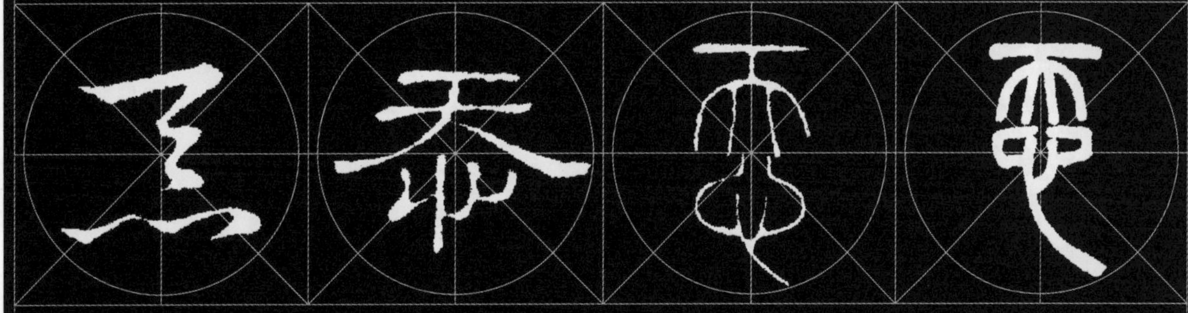

金 张天锡·草书韵会 | 清 顾蔼吉·隶辨 | 汉 说文解字 | 清 邓石如

tiǎn 殄（灭绝）

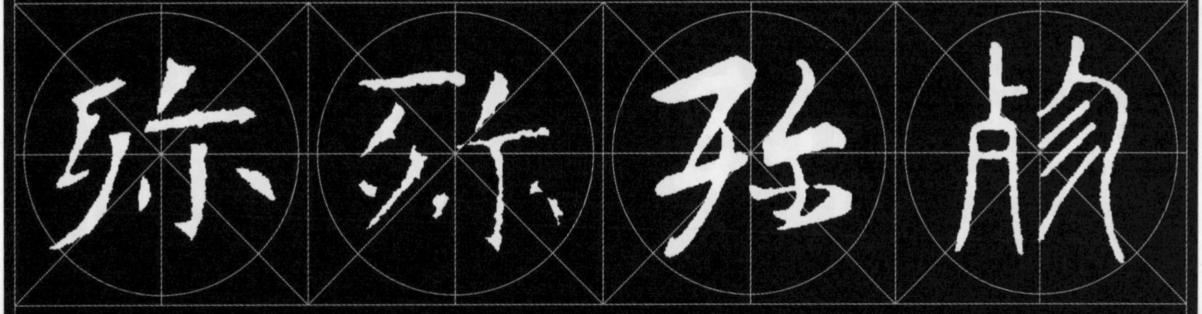

隋 苏孝慈墓志 | 唐 褚遂良 | 元 赵孟頫 | 汉 说文解字

tiāo 挑 tiǎo

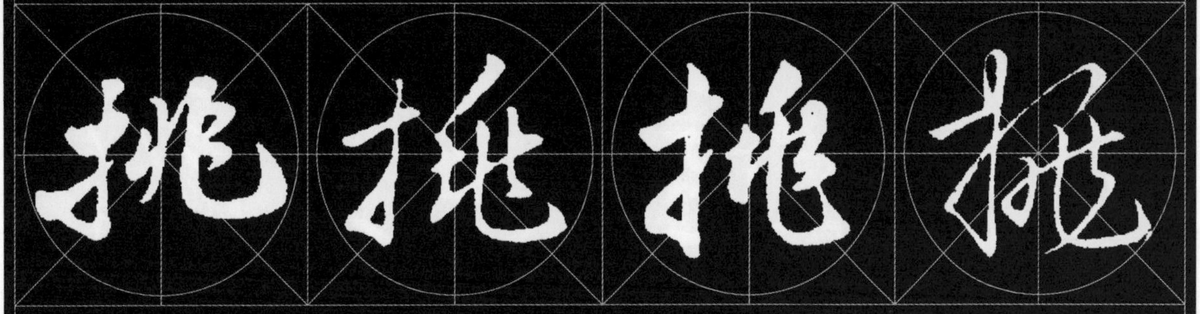

宋 苏轼 | 明 董其昌 | 明 韩道亨 | 晋 王羲之

tiāo
祧

唐 虞世南 | 唐 颜真卿 | 明 文徵明 | 汉 说文解字

tiáo
条（條）

唐 欧阳询 | 唐 褚遂良 | 元 赵孟頫 | 隋 智永

唐 陆柬之 | 唐 李邕 | 元 赵孟頫 | 晋 王羲之

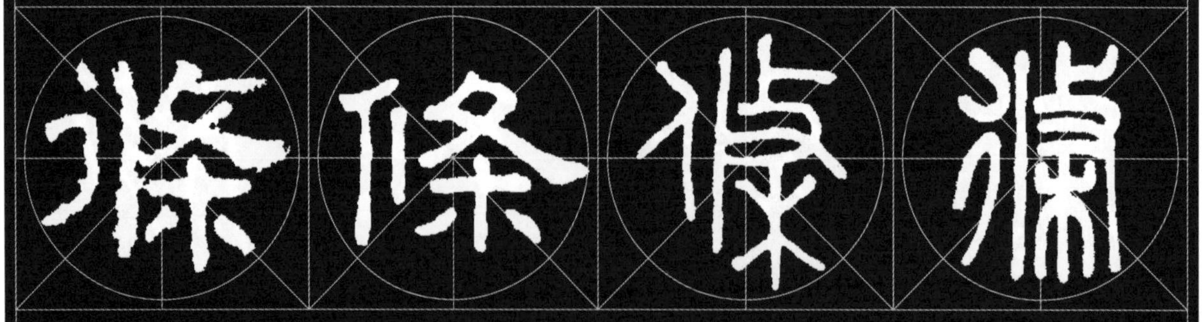

汉 封龙山碑 | 清 王澍 | 元 赵孟頫 | 清 吴大澂

tiáo
迢

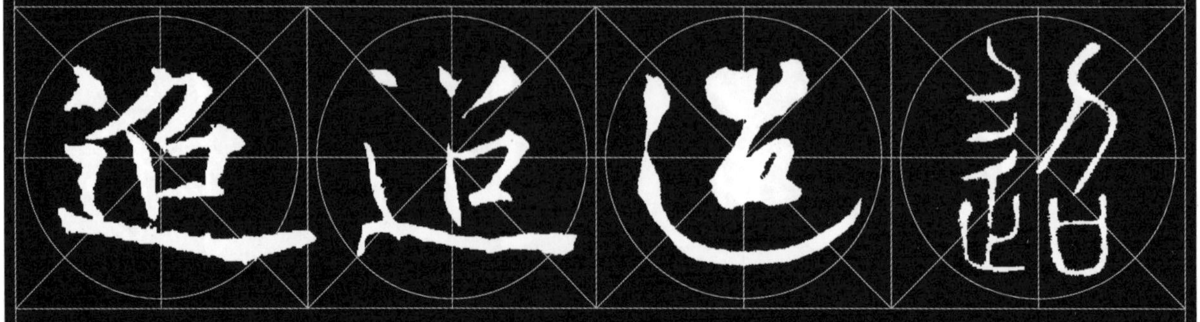

唐 欧阳询 | 唐 魏栖梧 | 明 徐渭 | 汉 说文解字

tiáo 龆

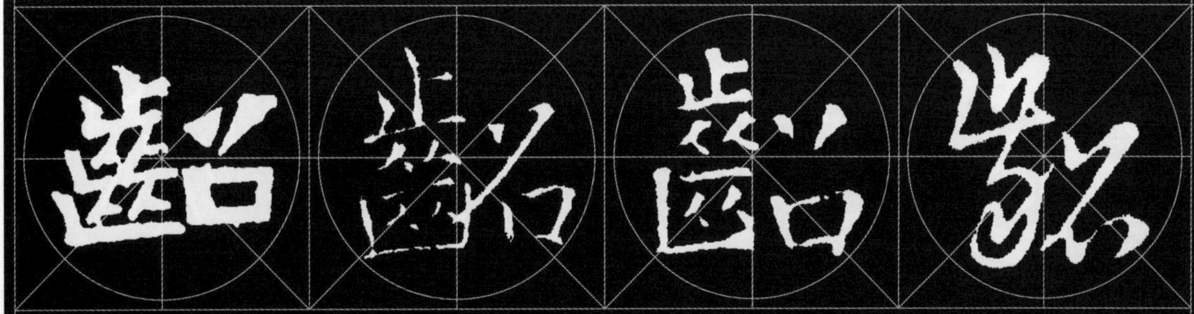

南北朝 鞠彦云墓志　唐 褚遂良　唐 颜真卿　金 张天锡·草书韵会

tiáo 髫

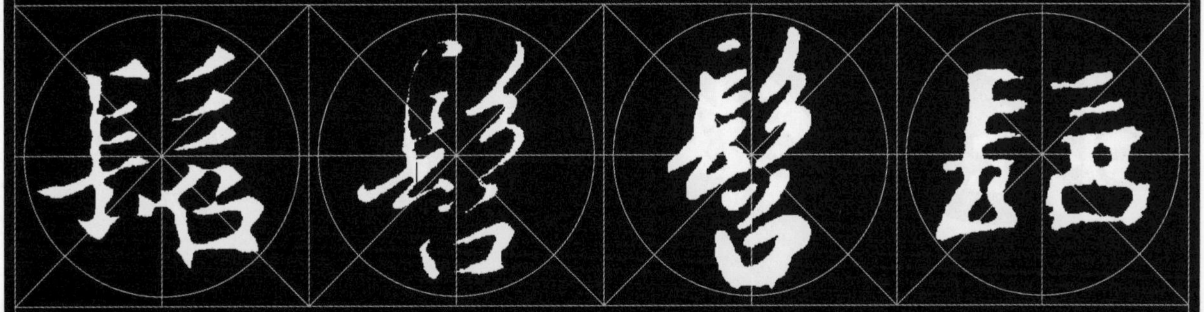

唐 欧阳通　明 董其昌　清 翁方纲　汉 校官碑

清 顾蔼吉·隶辨　清 张祖翼　清 邓传密　汉 说文解字

tiáo 蜩

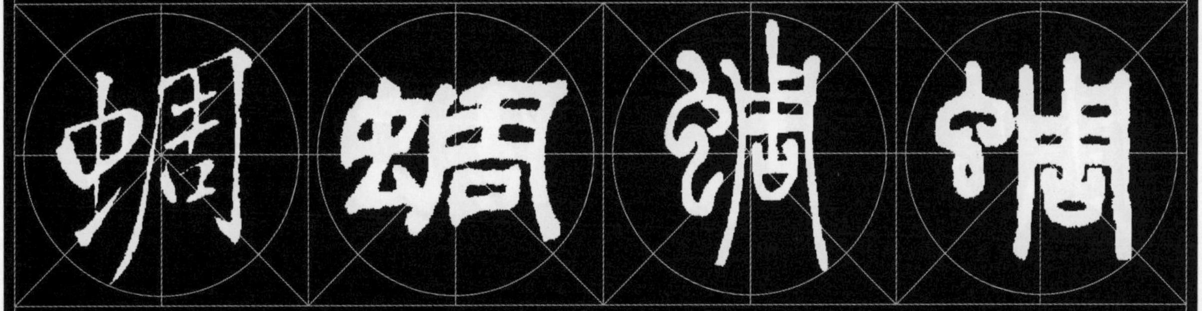

宋 黄庭坚　清 邓石如　清 吴熙载　清 吴大澂

tiǎo 窕

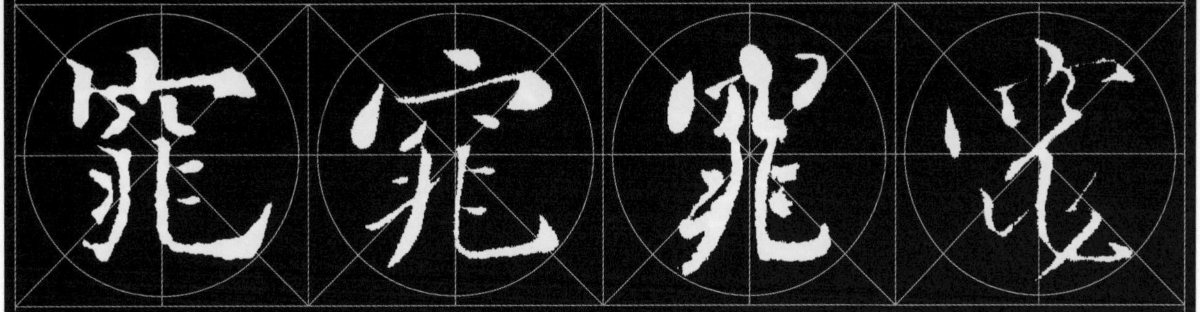

唐 欧阳通　宋 苏轼　宋 米芾　明 文徵明

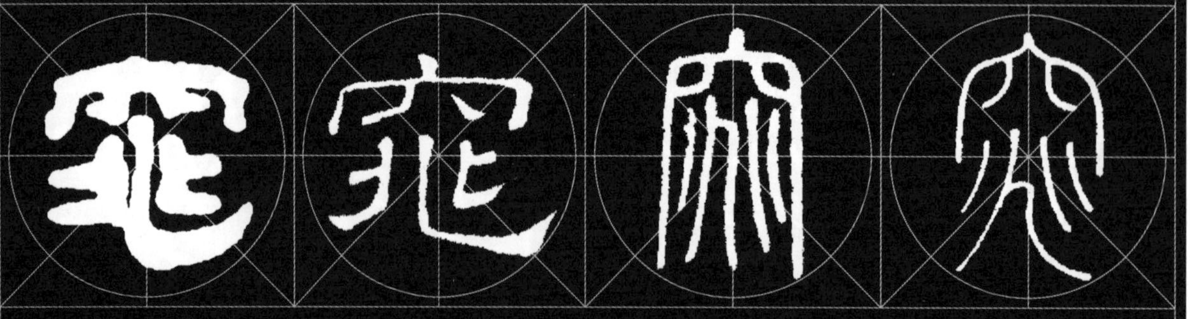

明 沈度　清 顾蔼吉·隶辨　汉 说文解字　清 王澍

tiào
眺
（眺望）

元 揭傒斯　元 鲜于枢　元 揭傒斯　唐 李阳冰

tiào
跳

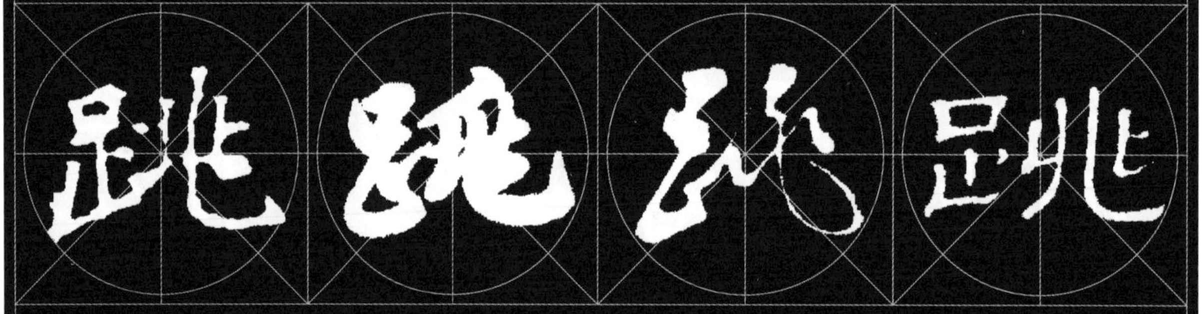

唐 颜师古　元 赵孟頫　宋 米芾　清 顾蔼吉·隶辨

tiē
贴

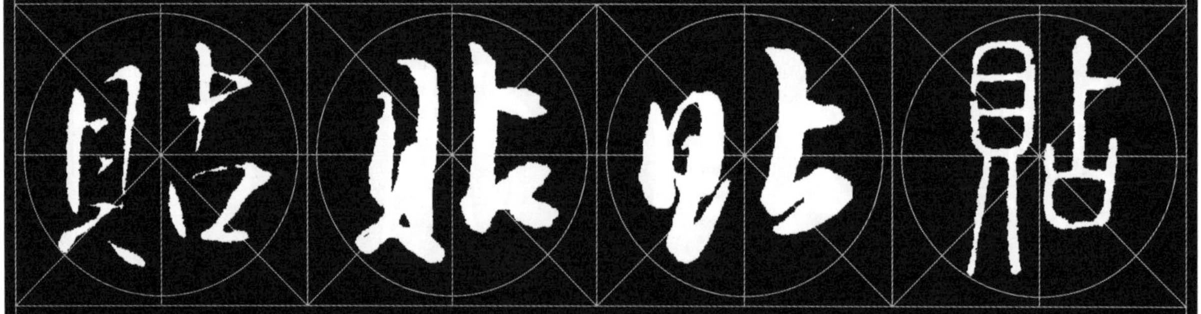

宋 米芾　明 文徵明　明 韩道亨　汉 说文解字

tiě
铁
（鐵、銕）

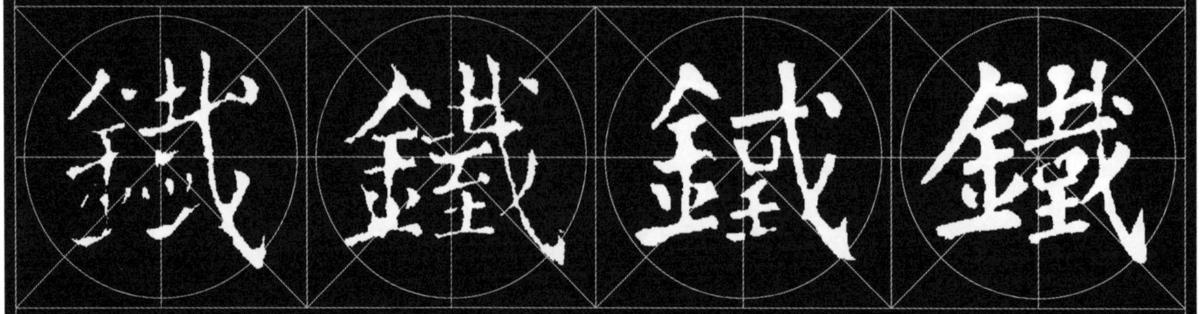

三国 皇象　唐 褚遂良　唐 颜真卿　宋 苏轼

宋 陆游　元 赵孟頫　明 宋克　清 王铎

晋 王羲之　唐 怀素　唐 裴休　清 吴昌硕

清 顾蔼吉　清 邓传密　清 永瑆　清 吴昌硕

唐 颜真卿　元 鲜于枢　明 董其昌　清 王铎

晋 王导　宋 米芾　清 邓石如　清 钱坫

tiè
帖
（碑帖）
tiē
（服帖；妥帖）
tiě
（请帖）

tīng
汀（水边平地）

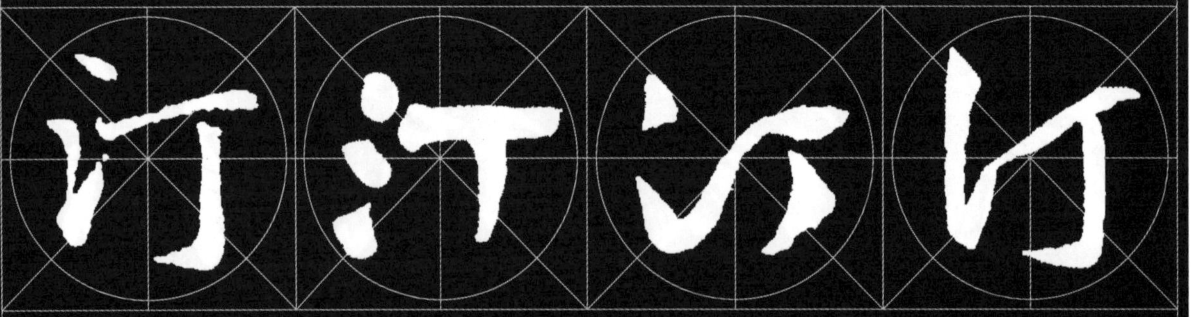

元 赵孟頫 | 清 杨守敬 | 明 文徵明 | 明 王守仁

tīng
听（聽、聼）

唐 虞世南 | 唐 欧阳通 | 隋 智永 | 宋 米芾

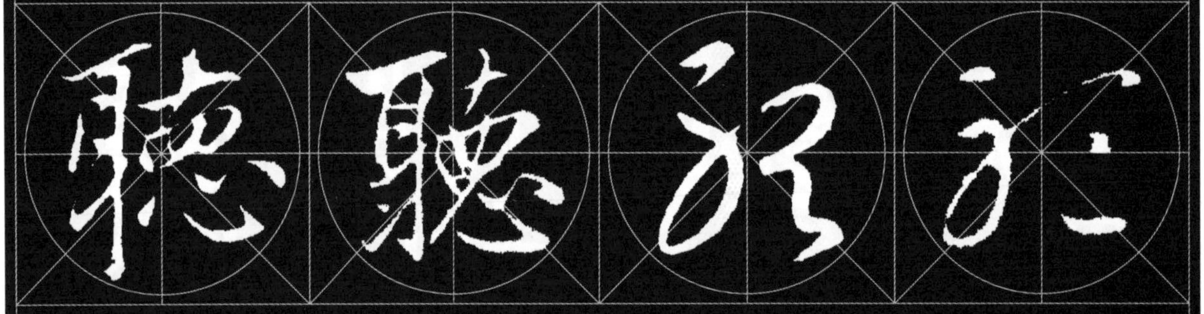

元 张雨 | 明 宋璲 | 晋 王羲之 | 隋 智永

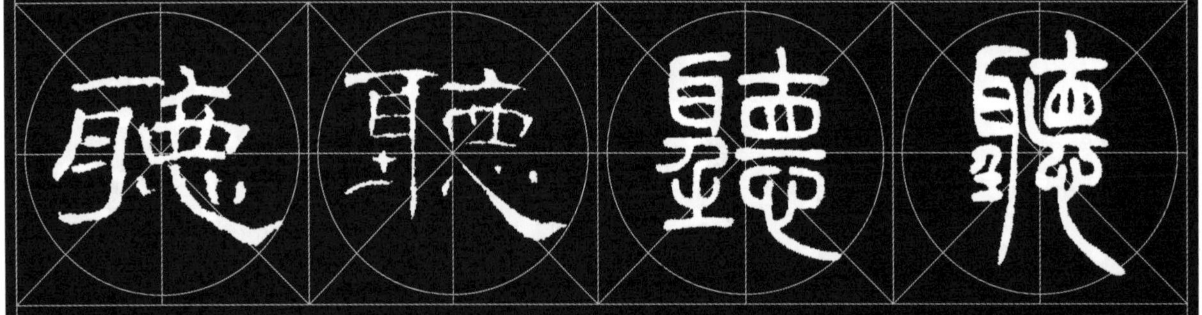

汉 石门颂 | 汉 曹全碑 | 清 邓石如 | 清 吴熙载

tīng
厅（廳、厛）

唐 张旭 | 唐 颜真卿 | 清 邓石如 | 金 张天锡·草书韵会

tíng
廷

北魏 张猛龙碑 | 唐 欧阳询 | 唐 颜真卿 | 元 鲜于枢

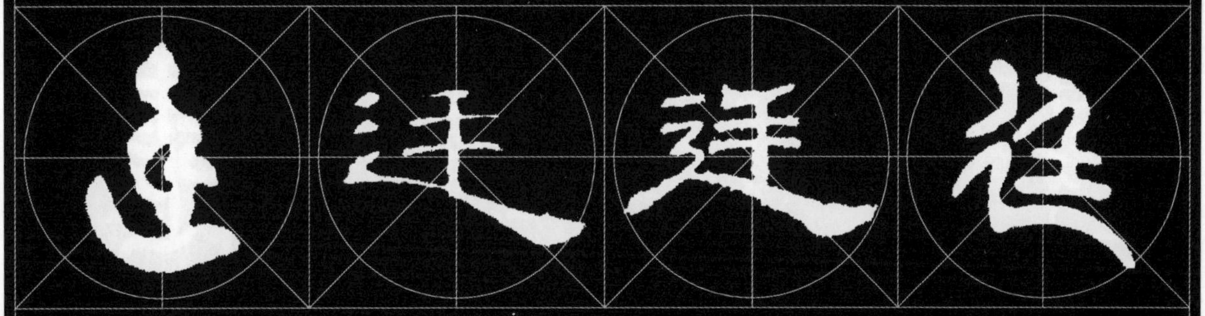

清 林则徐 | 汉 曹全碑 | 汉 桐柏庙碑 | 清 杨沂孙

tíng
庭

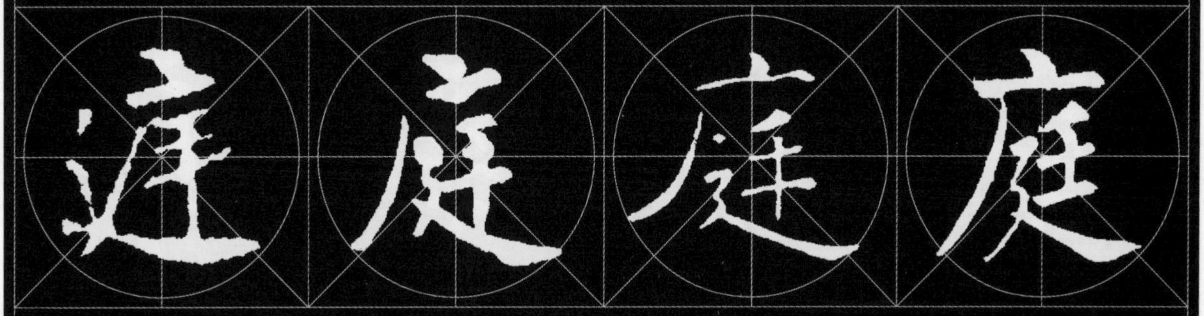

北魏 张猛龙碑 | 唐 虞世南 | 唐 褚遂良 | 唐 柳公权

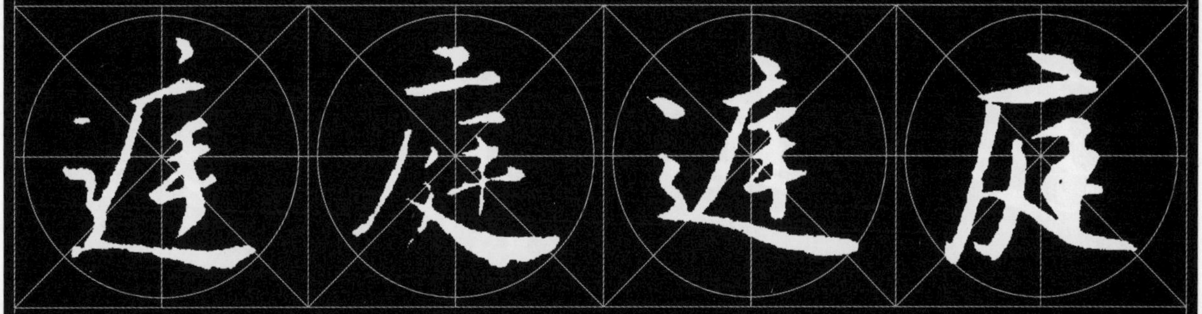

唐 释怀仁 | 唐 颜真卿 | 元 赵孟頫 | 明 文徵明

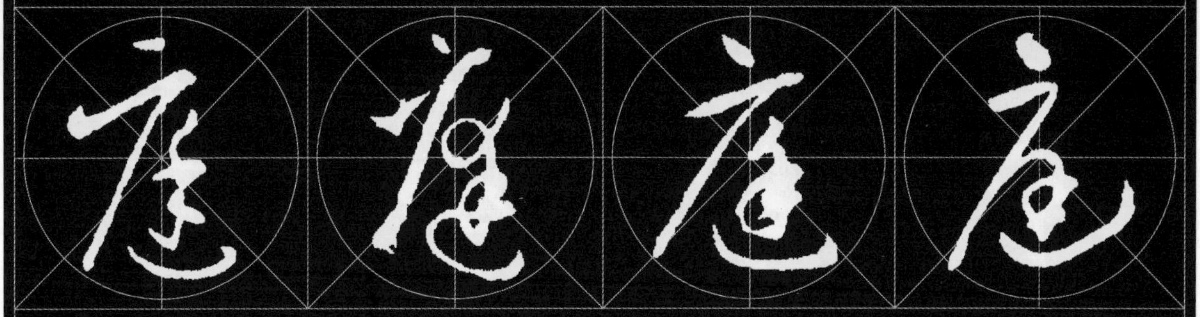

唐 欧阳询 | 唐 孙过庭 | 元 揭傒斯 | 清 王铎

tíng
霆（暴雷）

tíng
亭

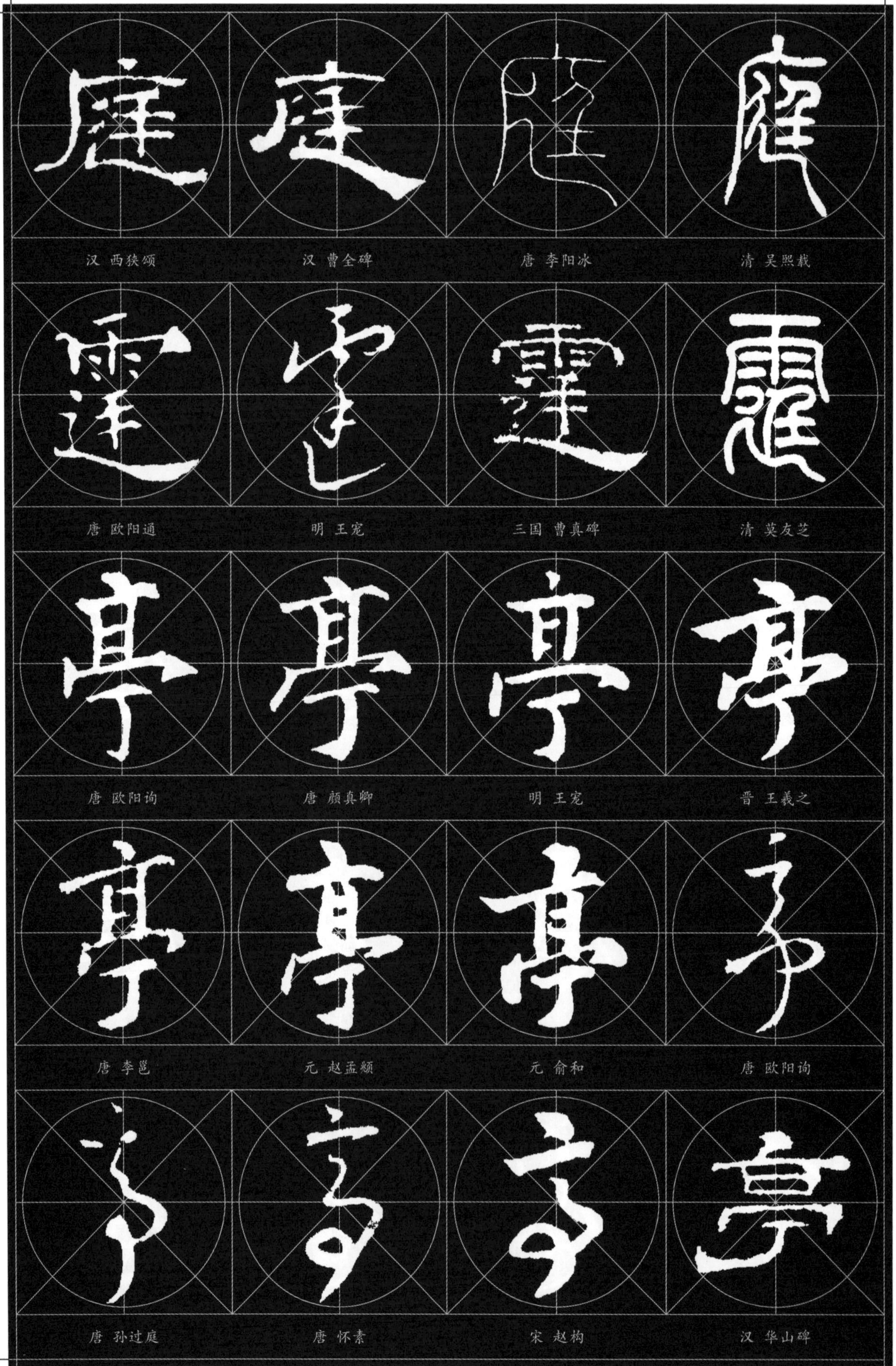

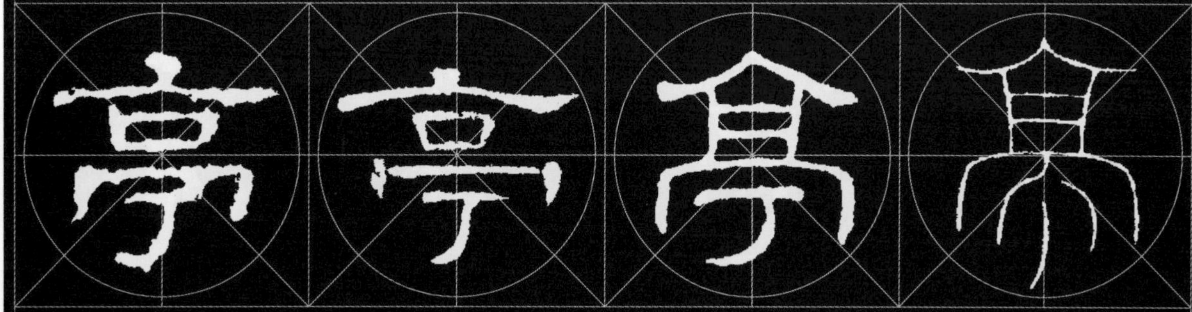

汉 史晨碑 | 汉 曹全碑 | 清 王澍 | 唐 李阳冰

tíng
停

唐 欧阳询 | 唐 褚遂良 | 唐 颜真卿 | 宋 米芾

晋 王羲之 | 唐 孙过庭 | 清 顾蔼吉·隶辨 | 汉 说文解字

tǐng
挺

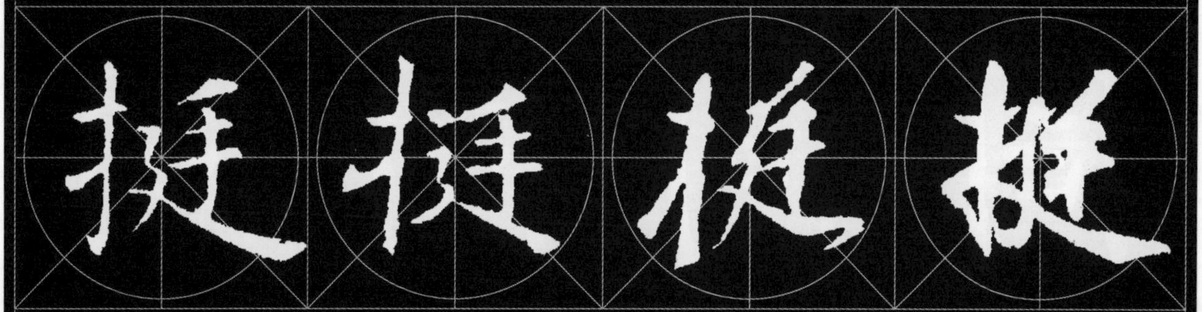

唐 虞世南 | 唐 褚遂良 | 唐 颜真卿 | 宋 米芾

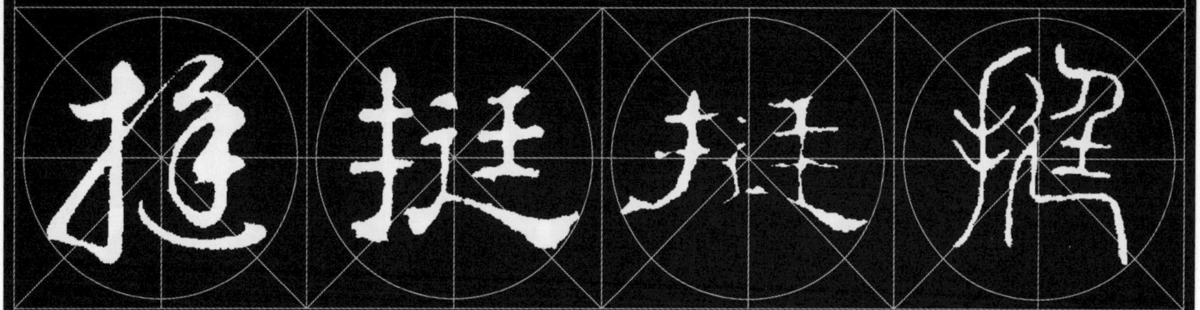

明 董其昌 | 汉 张寿碑 | 汉 史晨碑 | 汉 说文解字

tōng
通
tòng
（量词：用于动作）

tóng
同
（仝）
tòng
（胡同）

tóng
桐

晋 王羲之
唐 孙过庭
唐 颜真卿
唐 柳公权
汉 鲜于璜碑
汉 樊敏碑
汉 曹全碑
汉 张迁碑
秦 石鼓文
秦 李斯
清 邓石如
清 杨沂孙
三国 皇象
北魏 张玄墓志
元 揭傒斯
唐 李邕
宋 米芾
唐 武则天
汉 桐柏庙碑
元 赵孟頫

tóng 铜

tóng 鲖

tóng 彤（红色）

tóng 童

唐 孙过庭
宋 苏轼
明 文徵明
汉 校官碑
汉 曹全碑
汉 朝侯小子残碑
清 杨沂孙
清 吴大澂
明 姚绶
宋 刘正夫
清 邓石如
清 杨沂孙
唐 薛稷
宋 米芾
宋 赵令畤
清 沈荃
汉 杨震碑
汉 礼器碑
汉 韩仁铭
清 杨沂孙

tóng
僮

tǒng
统

tǒng
桶

tǒng
筒
（筩）

tòng
痛

tòng
恸（大哭）

tōu
偷（偷安：同媮安）

tóu
投

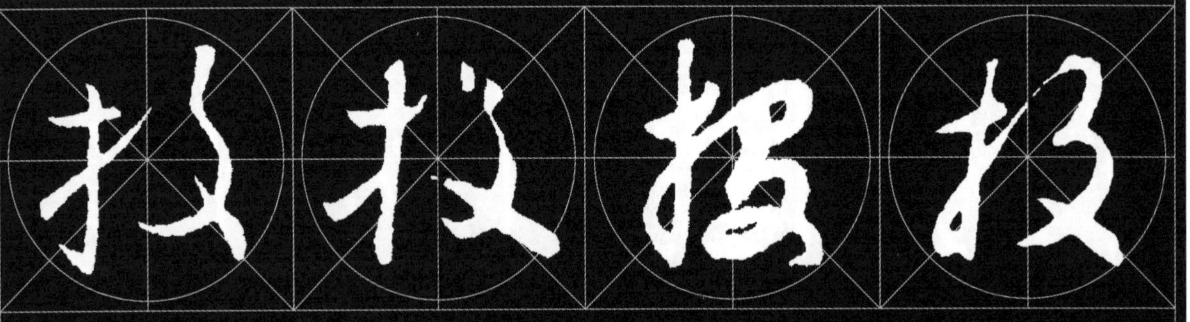

唐 欧阳询　唐 怀素　元 赵孟頫　元 揭傒斯

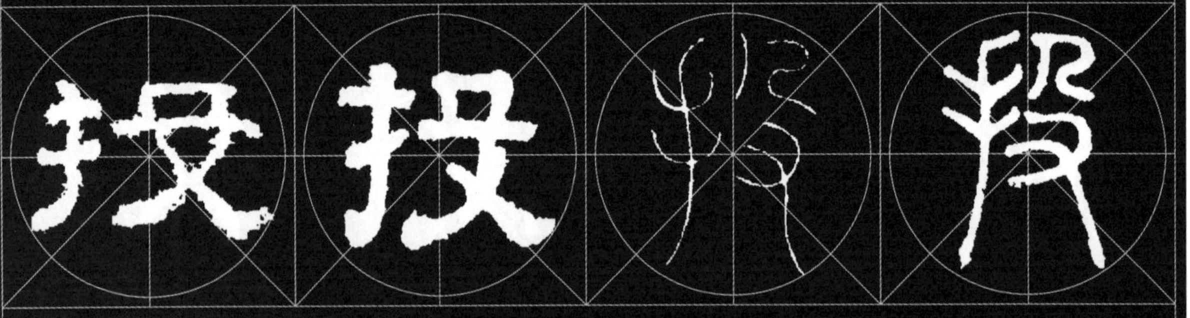

汉 孟孝琚碑　汉 樊敏碑　唐 李阳冰　元 赵孟頫

tóu
头（頭）

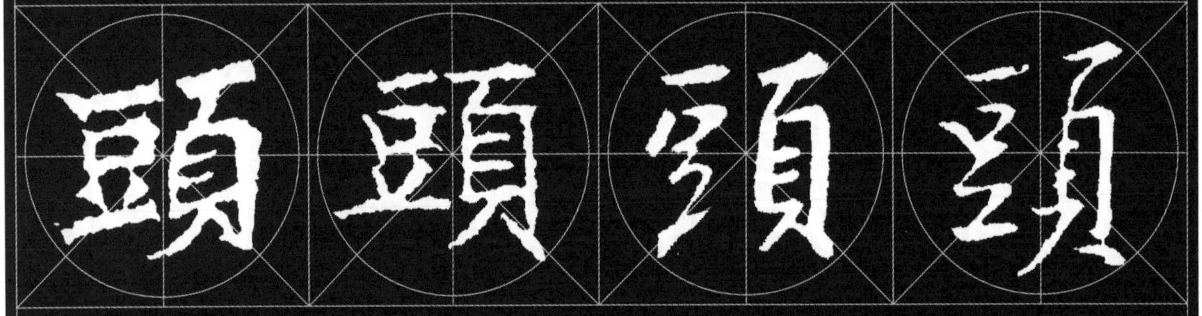

南北朝 魏灵藏造像　唐 王知敬　晋 王羲之　宋 黄庭坚

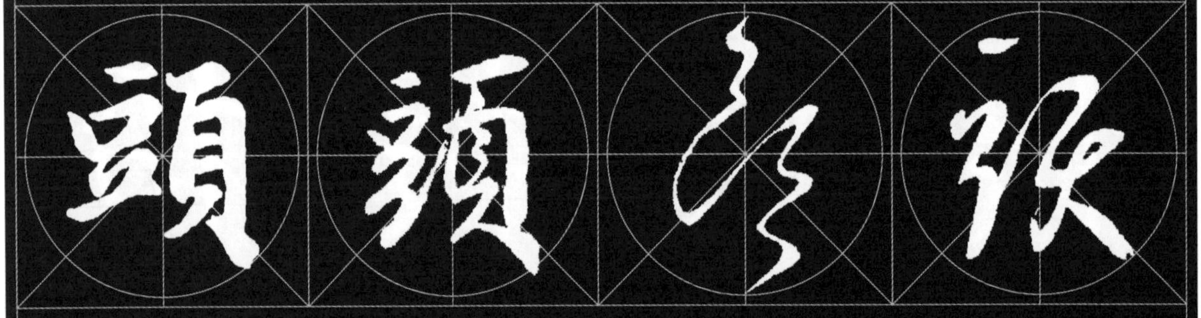

元 赵孟頫　明 唐寅　唐 柳公权　元 赵孟頫

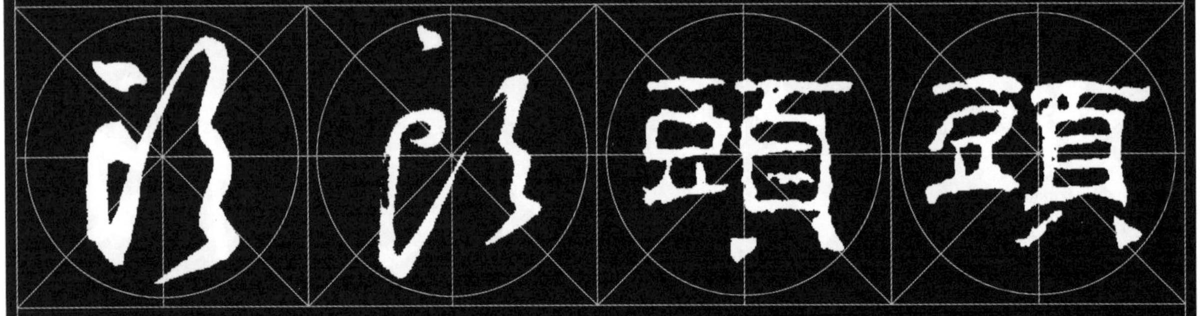

明 文徵明　明 董其昌　汉 武梁刻石　汉 乙瑛碑

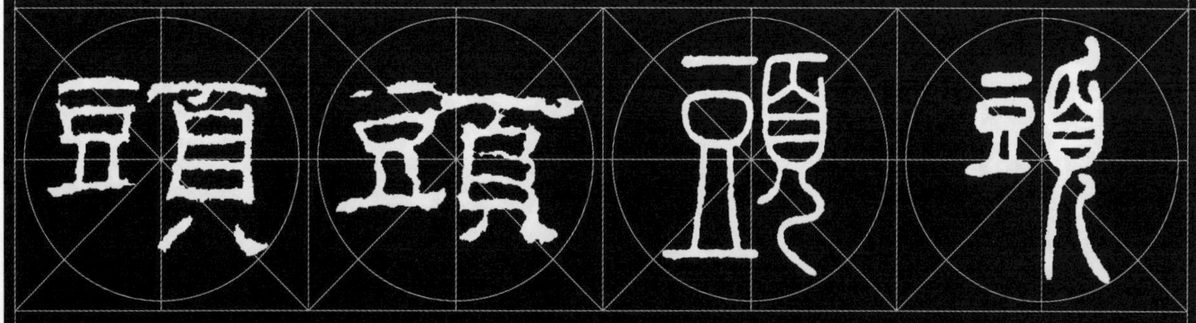

汉 礼器碑　汉 韩仁铭　宋 佚名　清 吴熙载

tòu 透

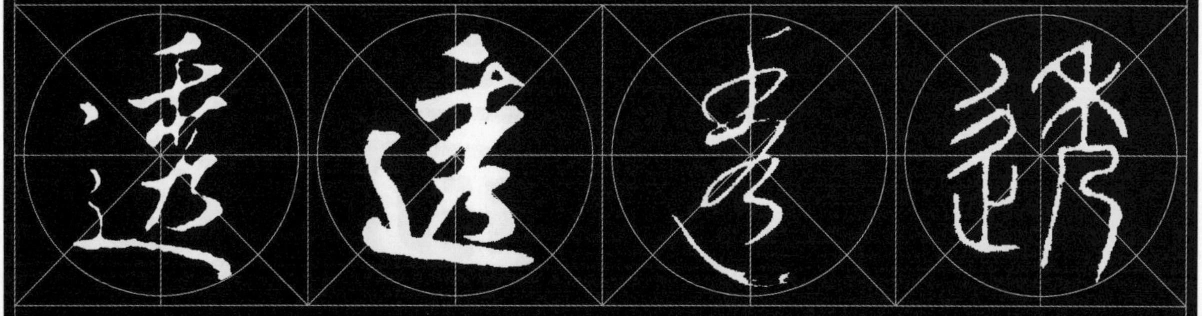

宋 米芾　宋 米芾　元 康里子山　汉 说文解字

tū 秃

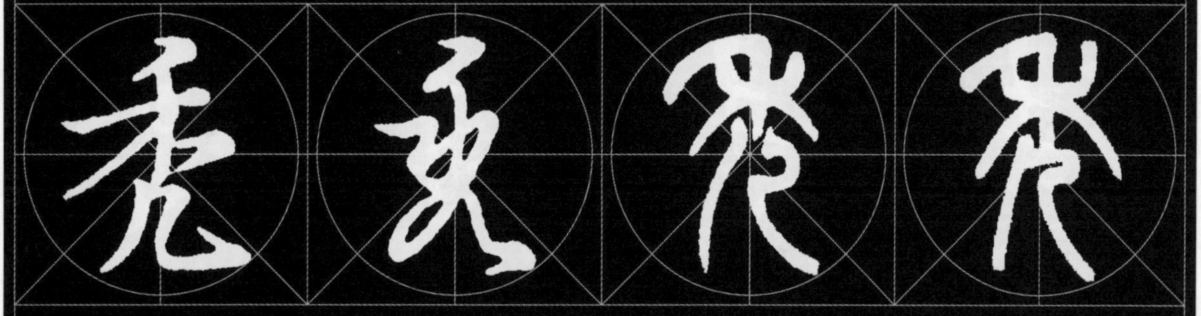

元 赵孟頫　金 张天锡·草书韵会　清 杨沂孙　清 吴大澂

tū 突

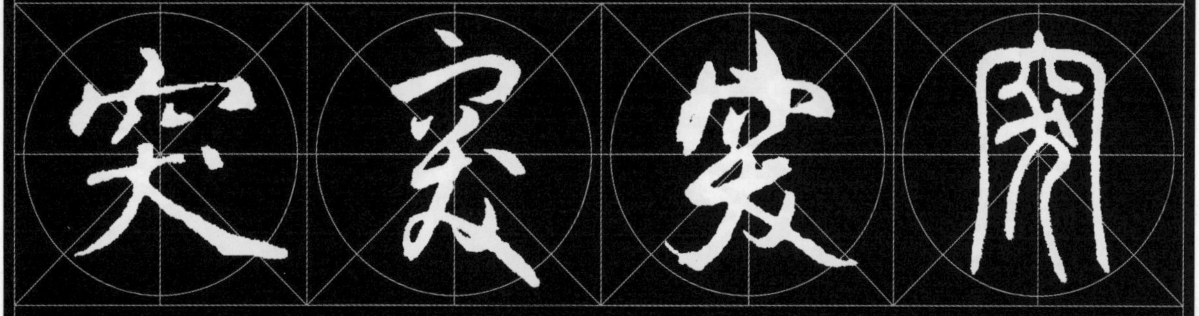

唐 徐浩　唐 孙过庭　清 郭青垲　清 邓石如

tú 图（圖、啚）

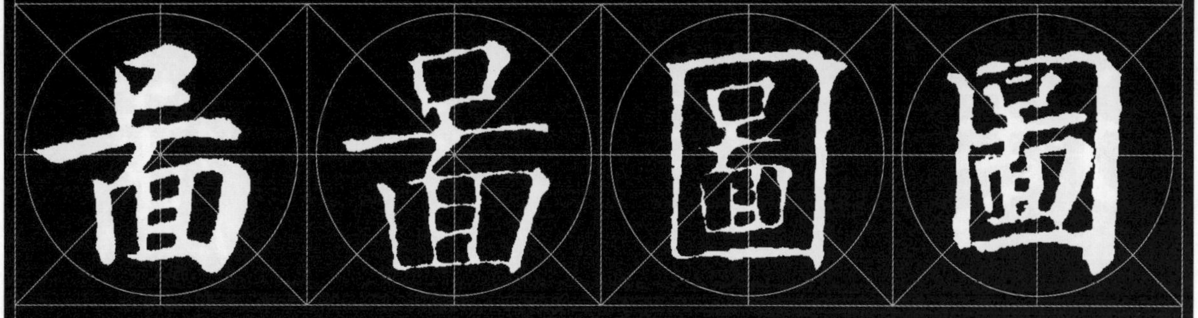

晋 王洽　唐 欧阳询　唐 欧阳询　唐 颜真卿

tú
徒

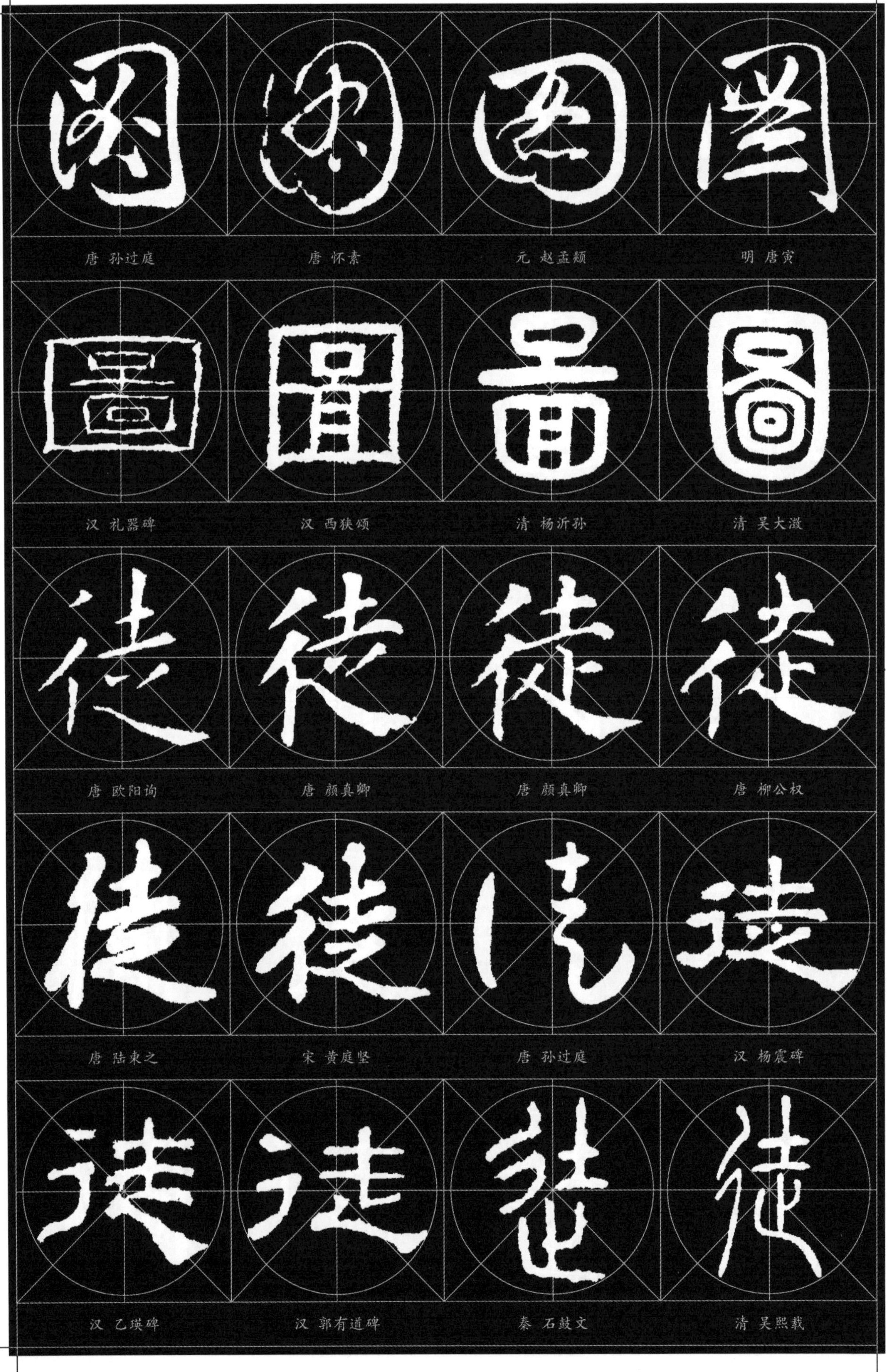
唐 孙过庭
唐 怀素
元 赵孟頫
明 唐寅
汉 礼器碑
汉 西狭颂
清 杨沂孙
清 吴大澂
唐 欧阳询
唐 颜真卿
唐 颜真卿
唐 柳公权
唐 陆柬之
宋 黄庭坚
唐 孙过庭
汉 杨震碑
汉 乙瑛碑
汉 郭有道碑
秦 石鼓文
清 吴熙载

tú 涂（塗）

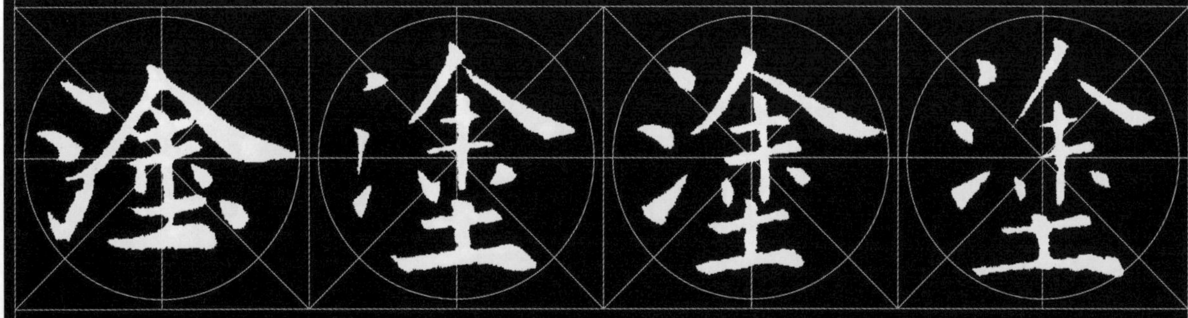

北魏 元倪墓志　唐 欧阳询　唐 虞世南　唐 褚遂良

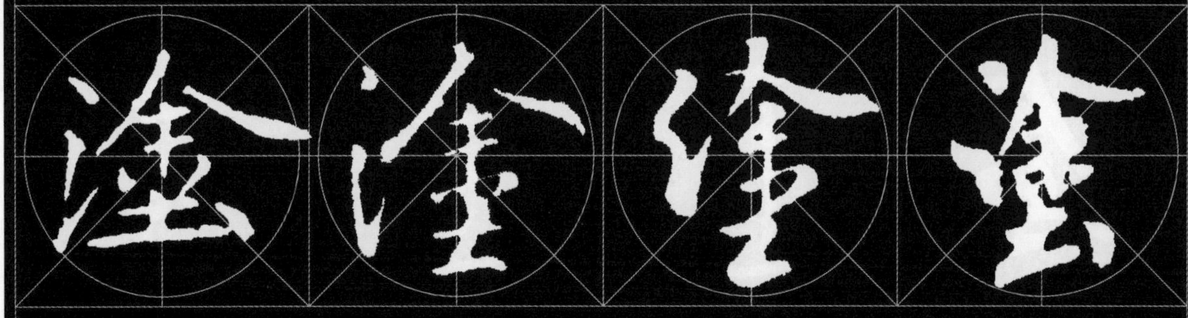

晋 王献之　晋 王羲之　唐 褚遂良　宋 米芾

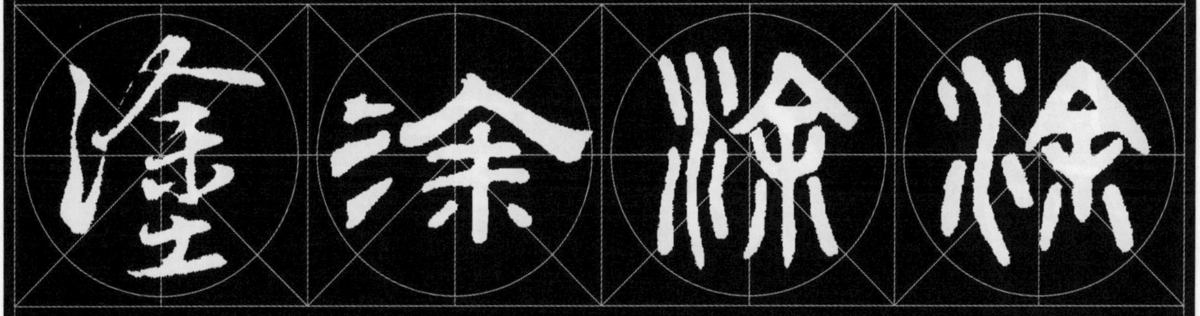

元 赵孟頫　清 钱泳　清 杨沂孙　清 吴大澂

tú 荼（苦菜；茅草的白花）

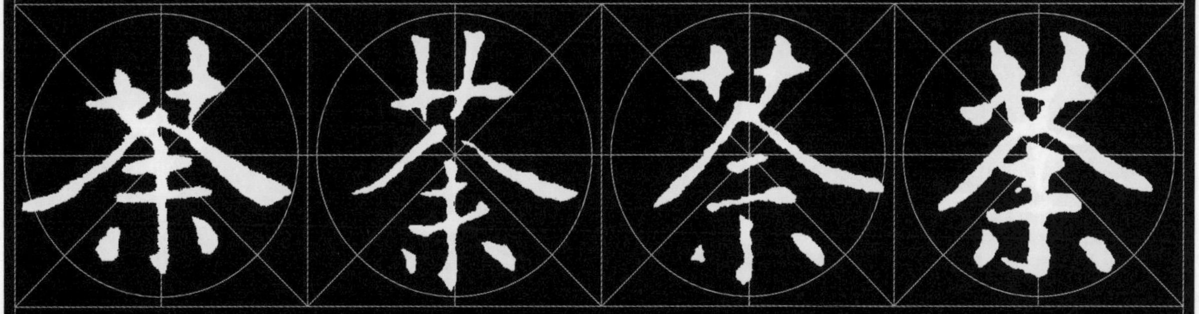

北朝 敬使君碑　唐 欧阳通　唐 徐浩　元 赵孟頫

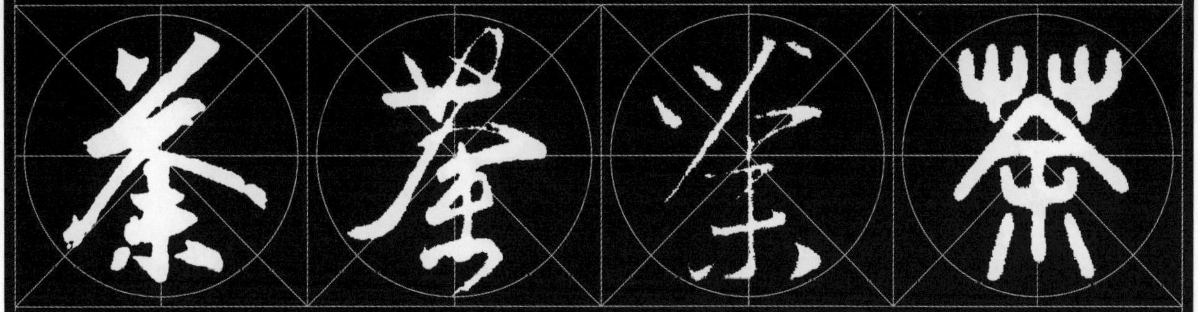

晋 王羲之　唐 颜真卿　元 赵孟頫　清 吴大澂

tú
途

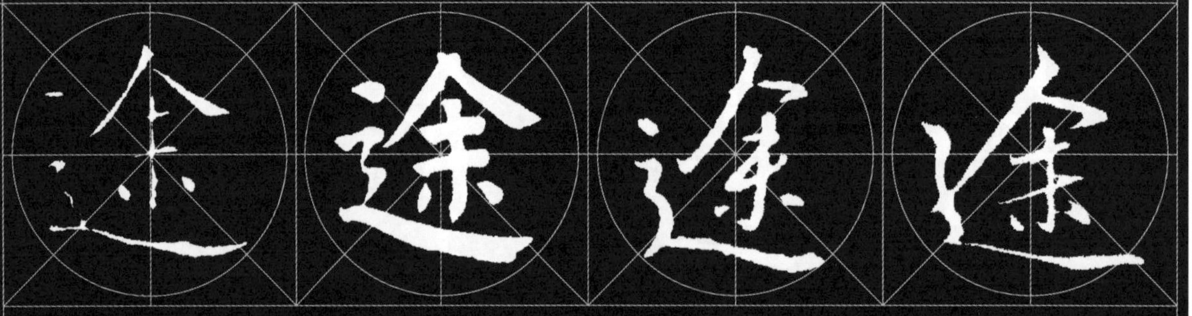

唐 褚遂良 明 祝允明 唐 释怀仁 元 赵孟頫

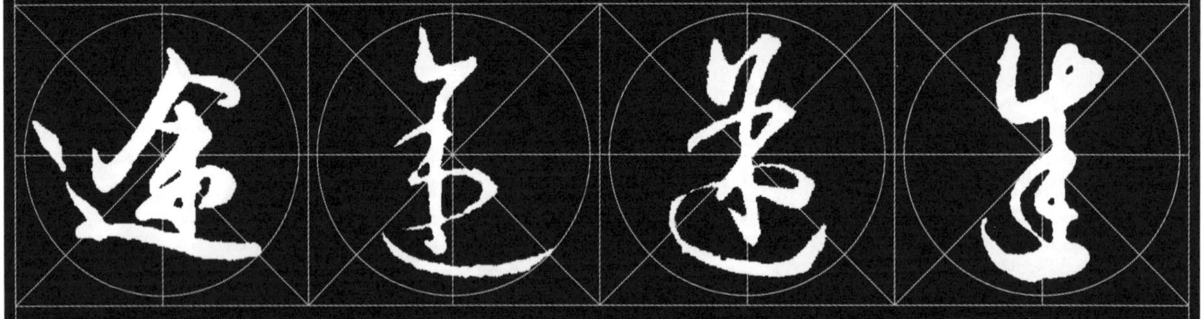

明 文徵明 唐 欧阳询 唐 孙过庭 唐 怀素

tú
屠

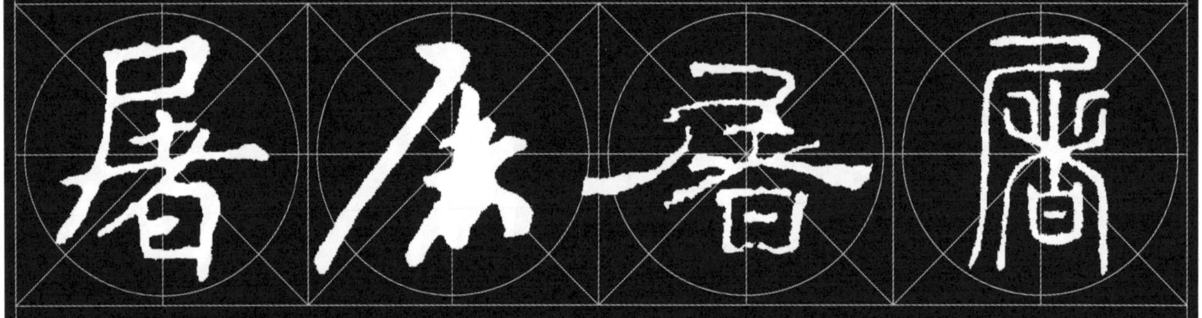

唐 欧阳通 明 祝允明 三国 曹真碑 汉 说文解字

tǔ
土

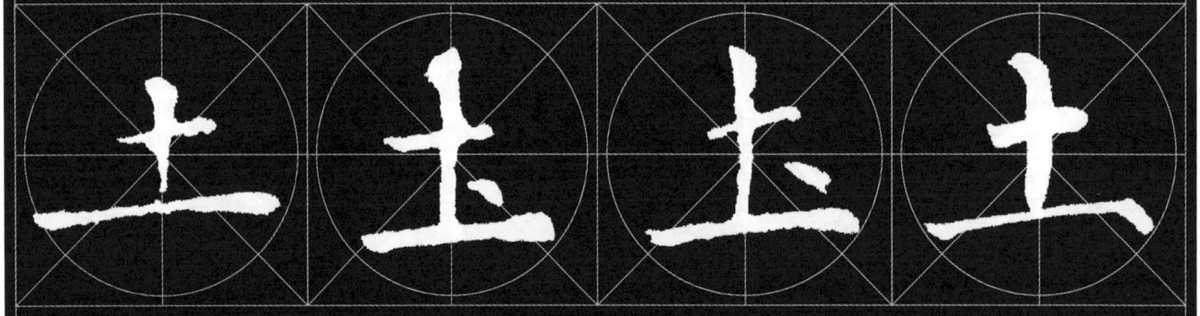

晋 王羲之 唐 欧阳询 唐 虞世南 唐 柳公权

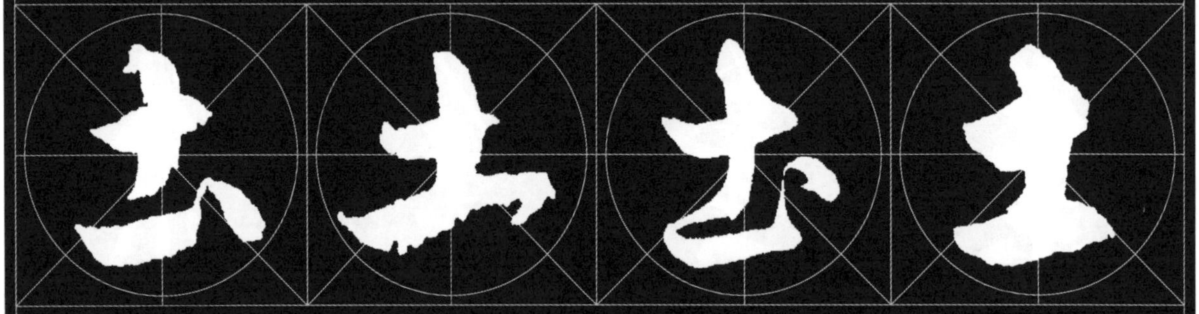

晋 王羲之 唐 颜真卿 元 赵孟頫 明 宋克

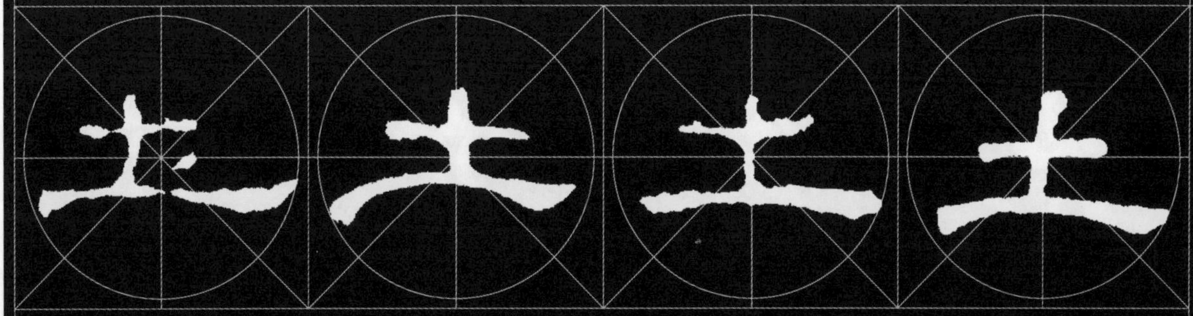

汉 史晨碑　汉 曹全碑　汉 刘熊碑　清 王澍

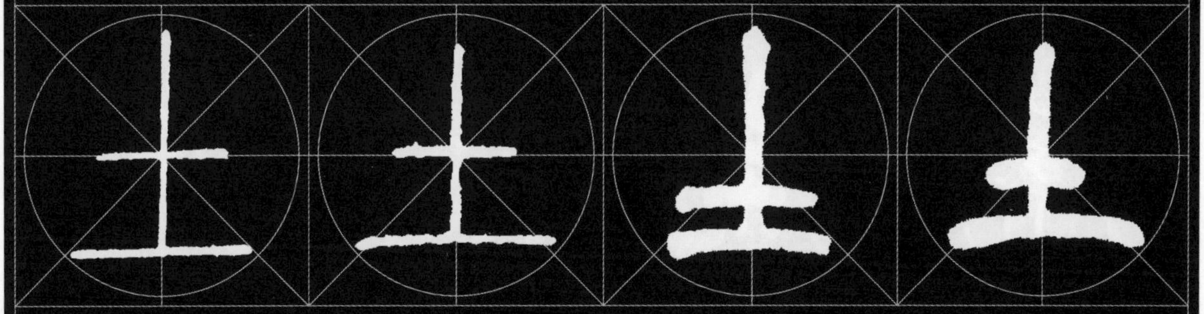

秦 李斯　唐 李阳冰　清 胡澍　清 吴昌硕

tǔ
吐
tù

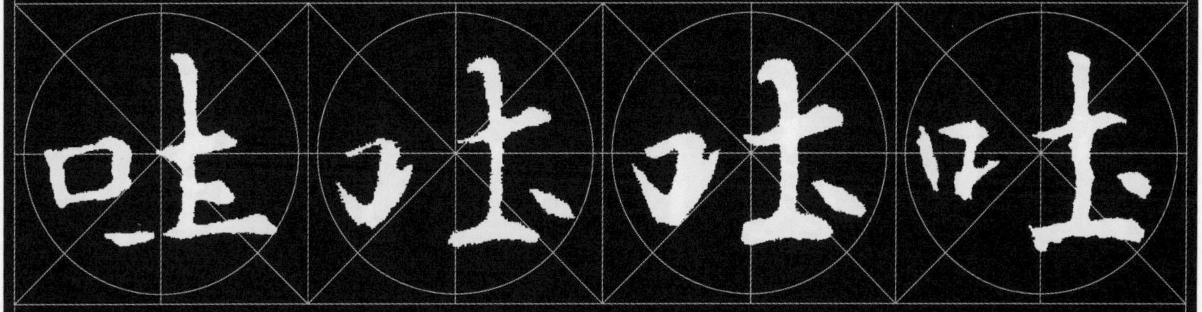

北朝 敬使君碑　汉 崔瑗　晋 王羲之　唐 高正臣

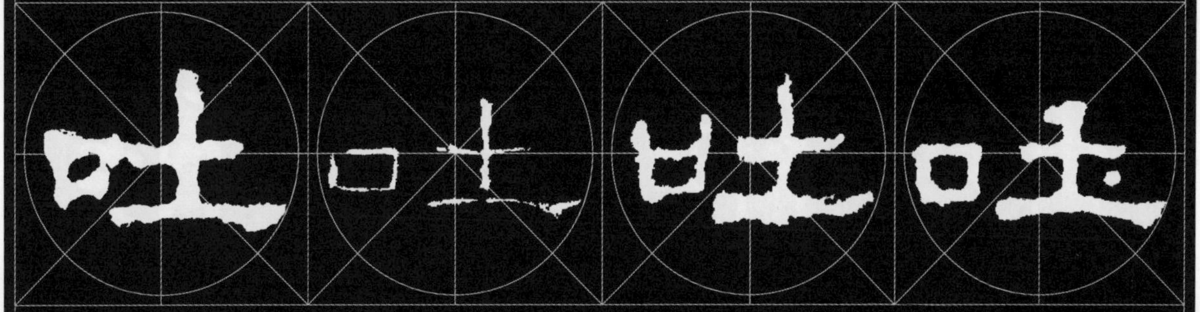

汉 杨震碑　汉 礼器碑　汉 封龙山碑　汉 张寿碑

tù
兔
（兎）

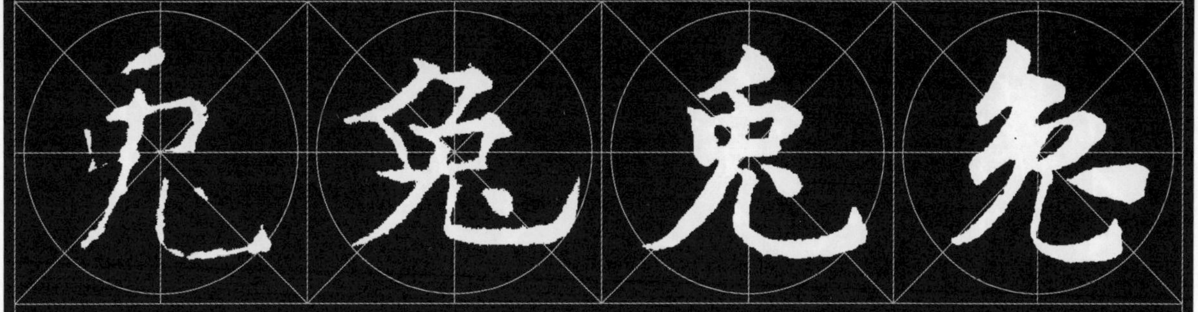

隋 龙藏寺碑　唐 欧阳通　明 沈度　元 赵孟頫

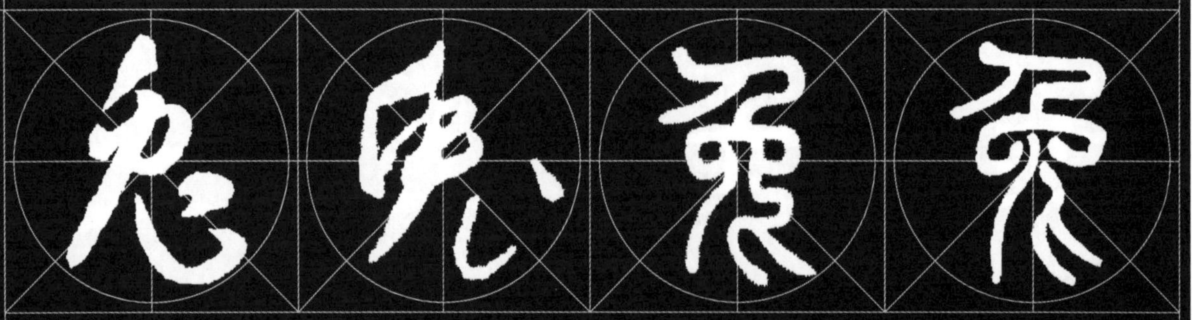

唐 孙过庭　元 陆居仁　清 杨沂孙　清 吴大澂

tūan
湍

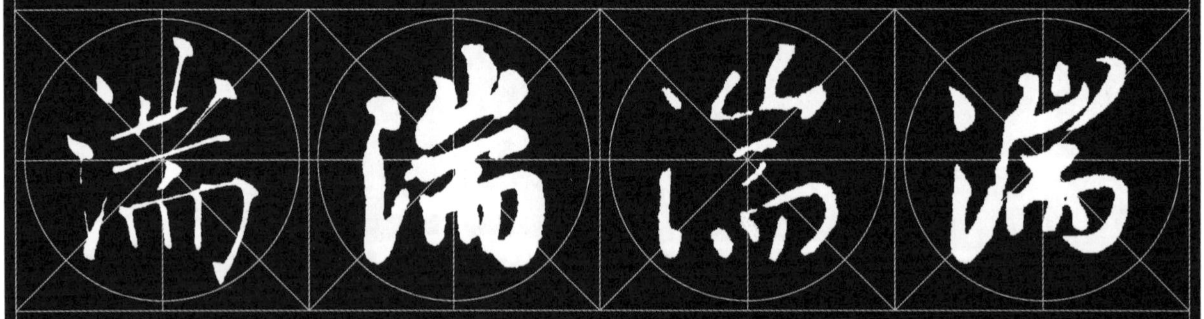

唐 薛曜　晋 王羲之　唐 李世民　宋 薛绍彭

túan
团（團）

唐 柳公权　宋 苏轼　宋 王升　清 吴熙载

tuī
推

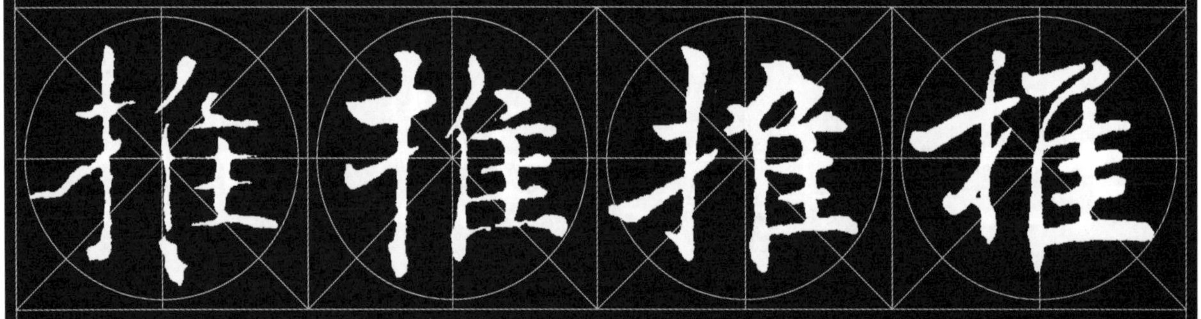

隋 龙藏寺碑　唐 褚遂良　唐 欧阳通　唐 褚遂良

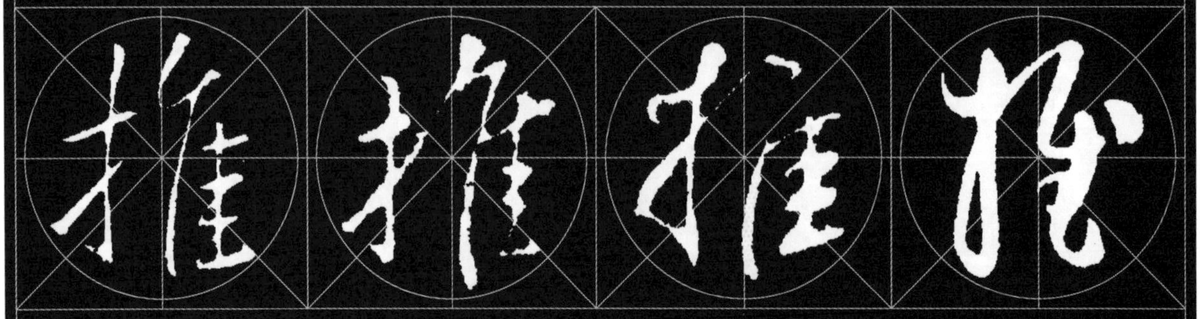

唐 李邕　宋 黄庭坚　元 鲜于枢　唐 孙过庭

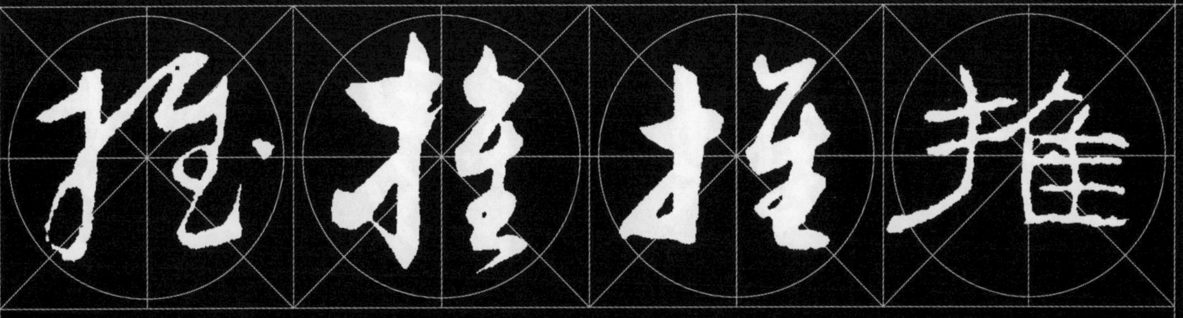

元 康里子山　明 沈粲　清 归庄　汉 石门颂

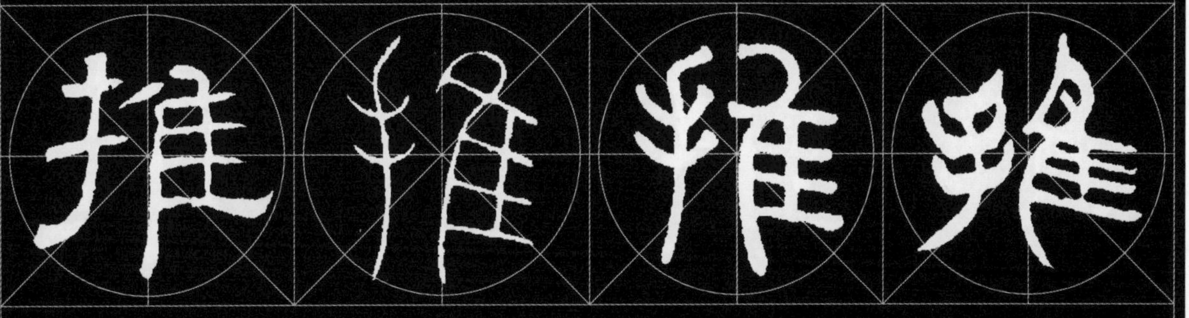

晋 辟雍碑　唐 李阳冰　元 赵孟頫　清 徐三庚

tuí
颓（坍塌；衰败；萎靡）

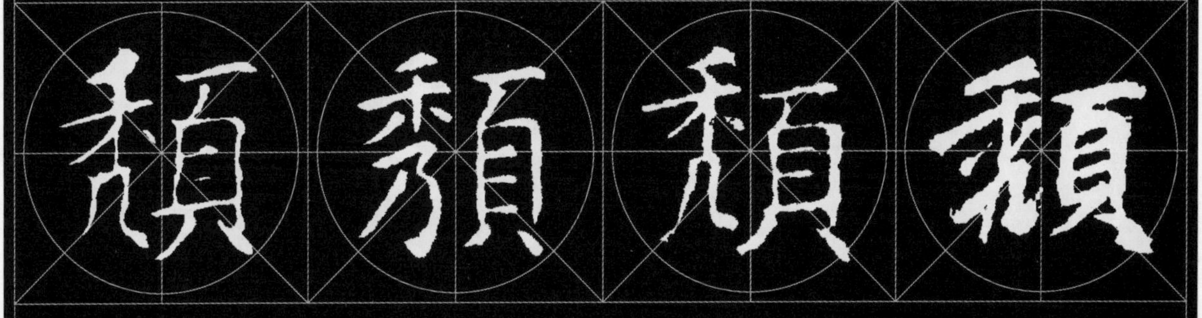

唐 欧阳询　唐 虞世南　唐 褚遂良　唐 李邕

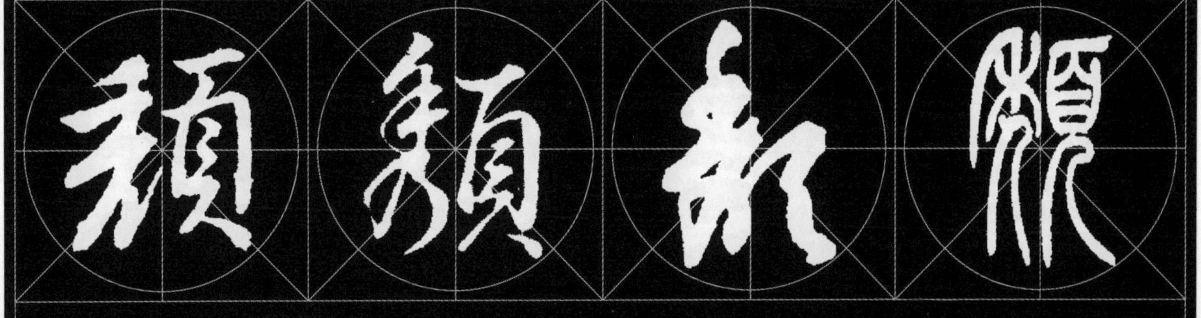

明 唐寅　明 董其昌　唐 孙过庭　清 吴熙载

tuí
隤（同颓）

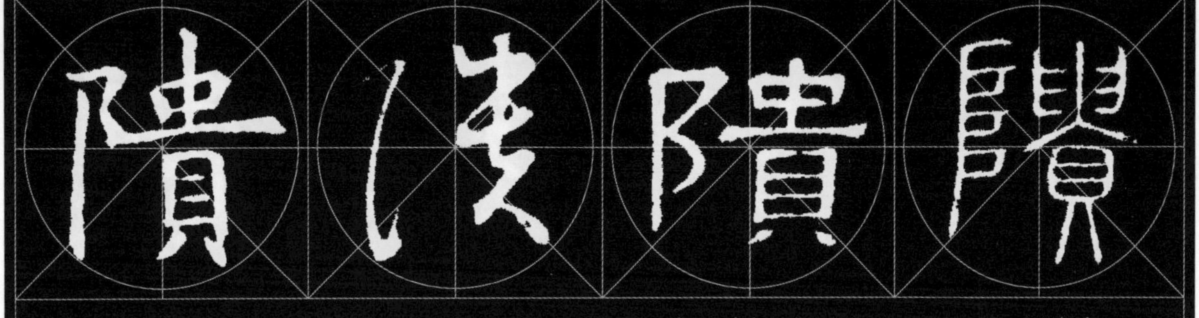

唐 虞世南　唐 孙过庭　清 顾蔼吉·隶辨　汉 说文解字

tuì
退（復）

北魏 张猛龙碑
北魏 高贞碑
明 徐霖
明 祝允明
唐 李靖
元 赵孟頫
明 王宠
清 何绍基
晋 王羲之
晋 王献之
明 文徵明
清 朱耷
汉 衡方碑
汉 曹全碑
汉 张迁碑
元 吴叡
唐 李阳冰
元 赵孟頫
元 赵孟頫
清 吴熙载

tuì
蜕

tūn
吞

tún
屯
zhūn

晋 王羲之　唐 颜真卿　元 赵孟頫　唐 宋儋

唐 虞世南　宋 苏轼　宋 米芾　元 赵孟頫

明 王宠　明 王宠　明 韩道亨　清 伊念曾

唐 虞世南　唐 李邕　元 赵孟頫　汉 鲁峻碑

清 金农　周 小克鼎　清 田潜　清 仰嘉祥

tún
豚
（豘：小猪，泛指猪）

tún
臀

tuō
託
（托：委托；推托；依赖）

tuō 托

tuō 拖

tuō 脱

tuó 佗（负荷）

元 康里子山　元 康里子山　明 文徵明　明 文徵明

清 张玉德　汉 马王堆帛书　清 邓石如

唐 褚遂良　唐 欧阳通　唐 颜真卿　元 赵孟頫

唐 怀素　元 赵孟頫　明 董其昌　清 苏六朋

清 王铎　清 王铎　清 钱沣　清 康熙字典

tuó 陀

tuó 跎（𧿶：蹉跎）

tuó 驼（駞）

tuó 橐（槖）

tuó 鼍（鼉）

唐 陆柬之　清 赵之谦　清 邓石如　殷商 甲骨文

明 王世贞　明 祝允明　清 阮元　清 罗振玉

唐 孙过庭　明 程正揆　清 邓石如　清 杨沂孙

清 顾蔼吉·隶辨　清 钱泳　周 散氏盘　清 仰嘉祥

晋 王献之　金 张天锡·草书韵会　汉 说文解字　清 康熙字典

tuǒ
妥

tuò
拓（开辟）
tà（搨：拓片）

tuò
柝（欜：梆子）

wā
娲（媧）

wā
蛙（鼃）

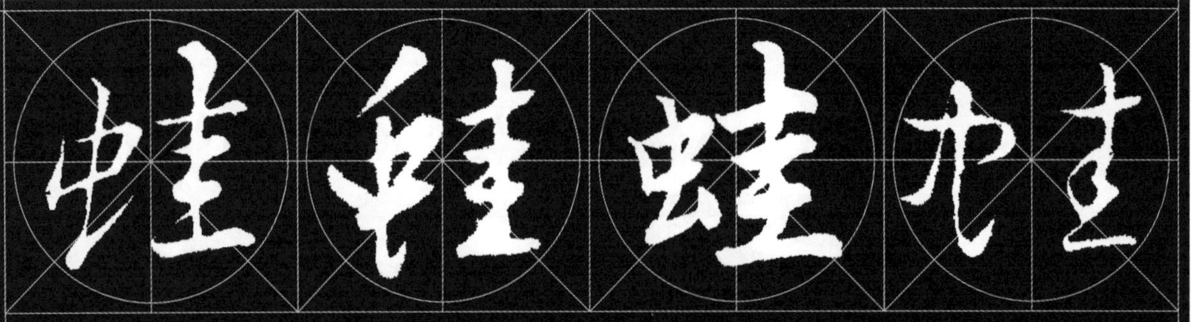

宋 苏轼　元 赵孟頫　明 唐寅　金 张天锡·草书韵会

wǎ
瓦

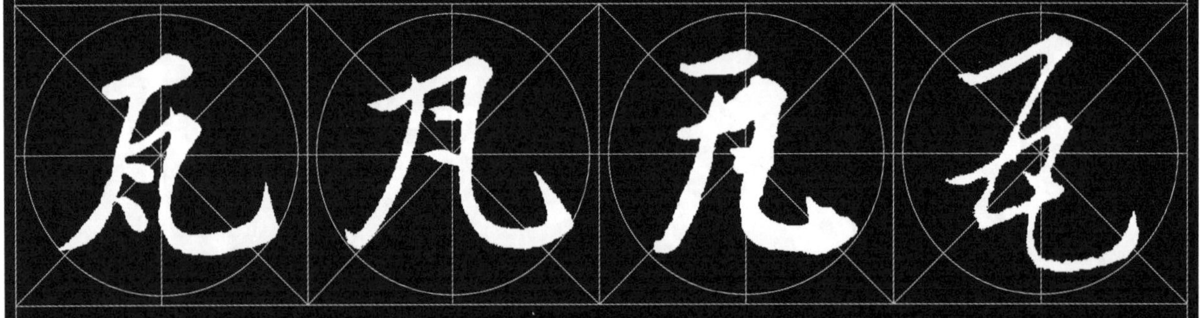

宋 苏轼　元 赵孟頫　清 王铎　唐 裴休

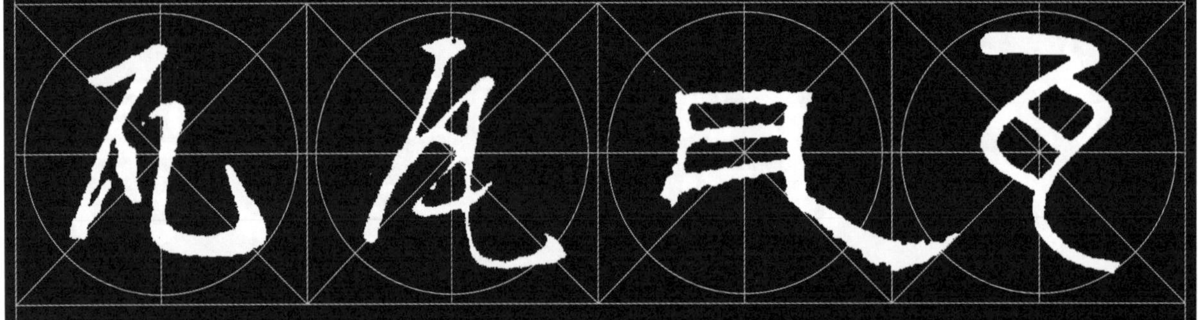

宋 蔡襄　明 文徵明　汉 张景碑　清 吴大澂

wà
袜（襪、韈）

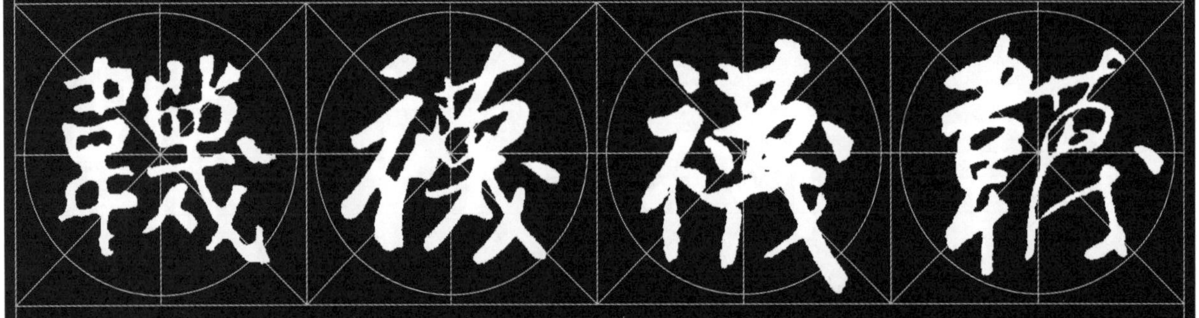

唐 颜真卿　宋 苏轼　明 唐寅　清 何绍基

wài
外

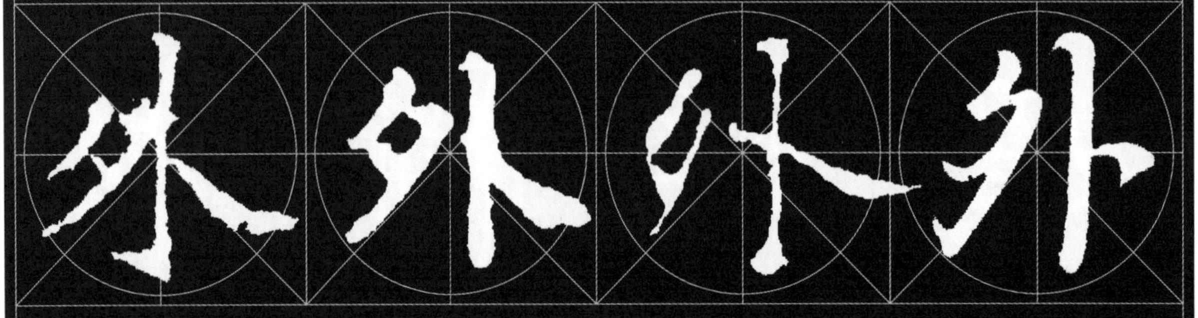

北魏 高贞碑　唐 颜真卿　宋 苏轼　元 张雨

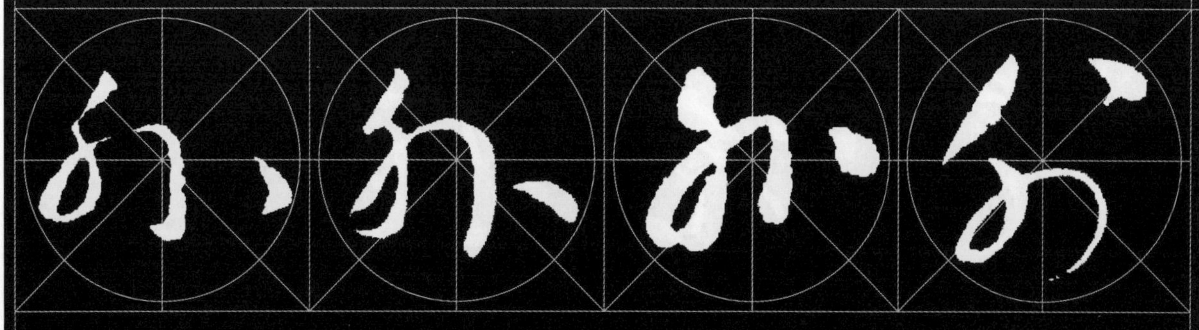

晋 王羲之　唐 孙过庭　唐 怀素　宋 赵佶

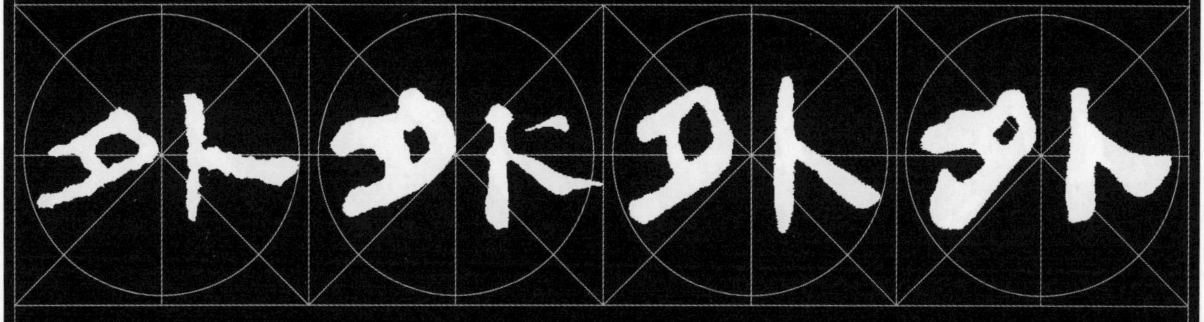

汉 孔彪碑　清 郑簠　清 吴隐　清 张祖翼

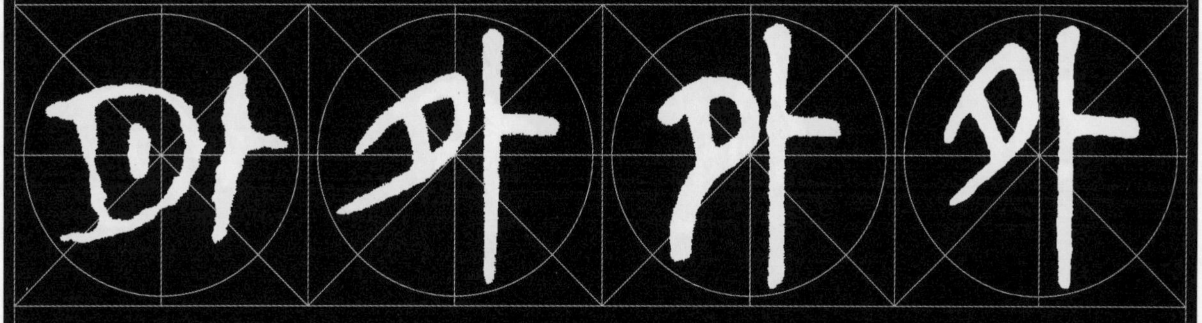

周 毛公鼎　清 杨沂孙　清 莫友芝　清 吴大澂

wān
弯（彎）

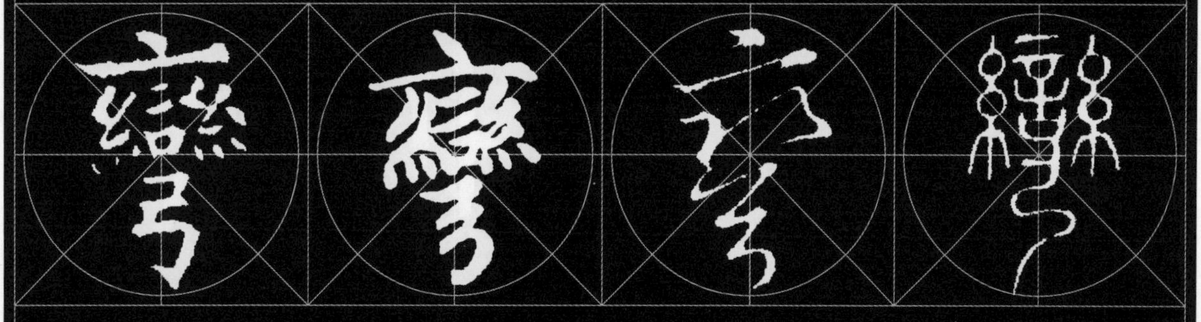

唐 欧阳通　元 赵孟頫　金 张天锡·草书韵会　汉 说文解字

wān
湾

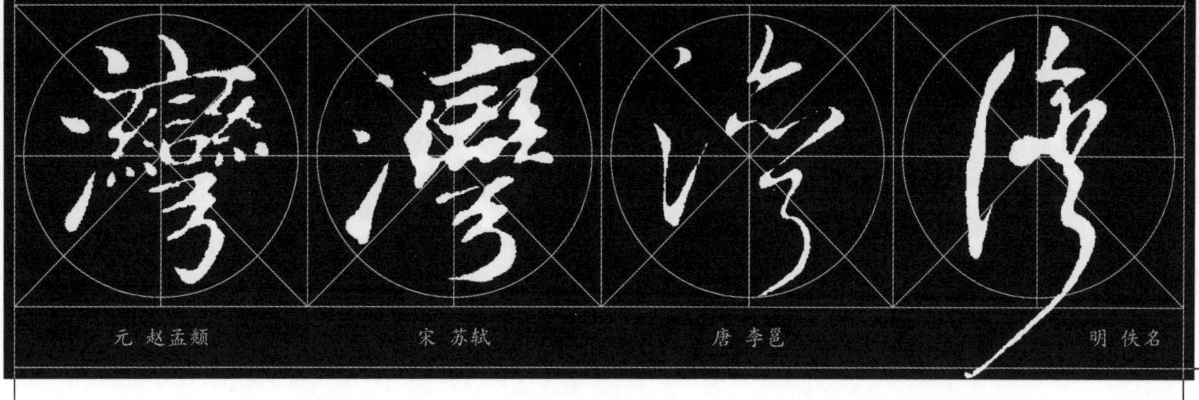

元 赵孟頫　宋 苏轼　唐 李邕　明 佚名

wān
蜿
（蜿蜒）

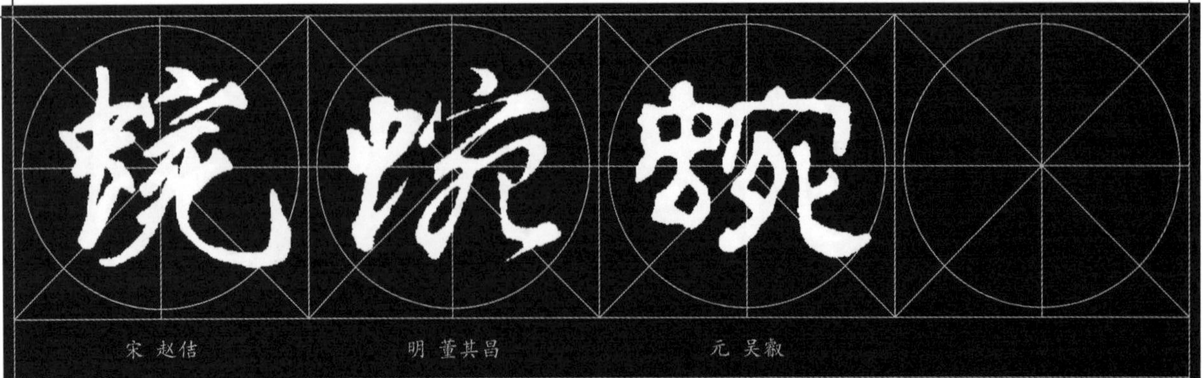

wán
丸

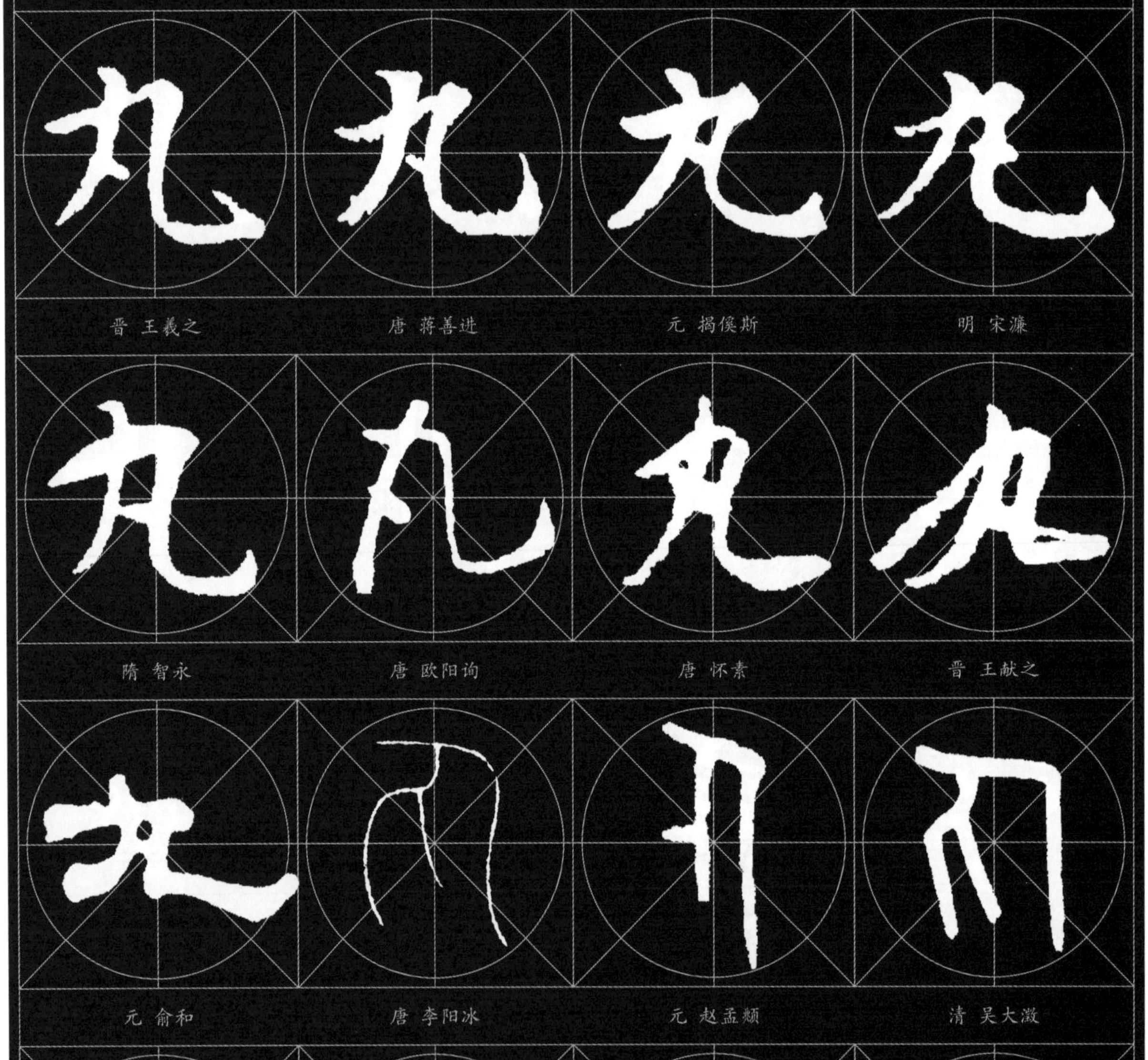

wán
纨
（细绢）

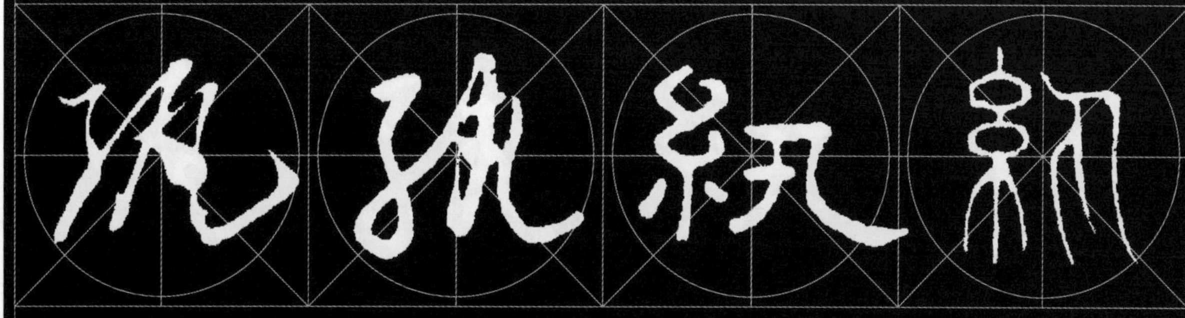

唐 孙过庭 | 唐 怀素 | 清 王澍 | 汉 说文解字

wán
完

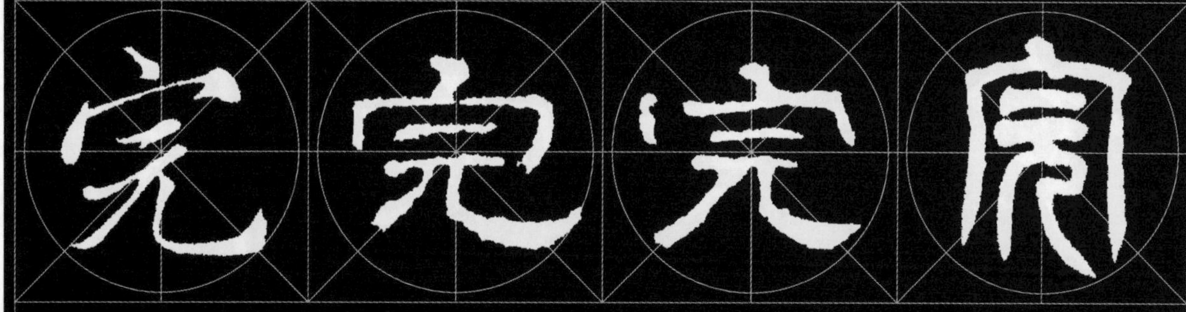

元 沈右 | 汉 史晨碑 | 汉 曹全碑 | 清 吴咨

wán
玩
（翫：观赏；古玩等）

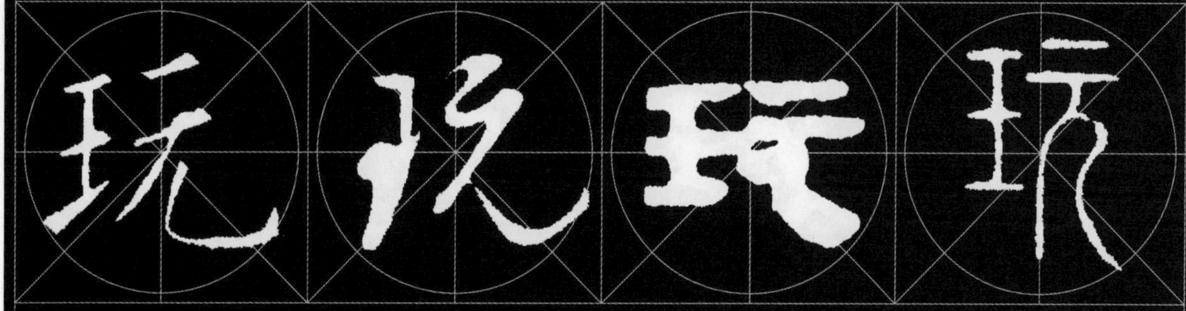

唐 欧阳询 | 明 董其昌 | 汉 马王堆帛书 | 汉 说文解字

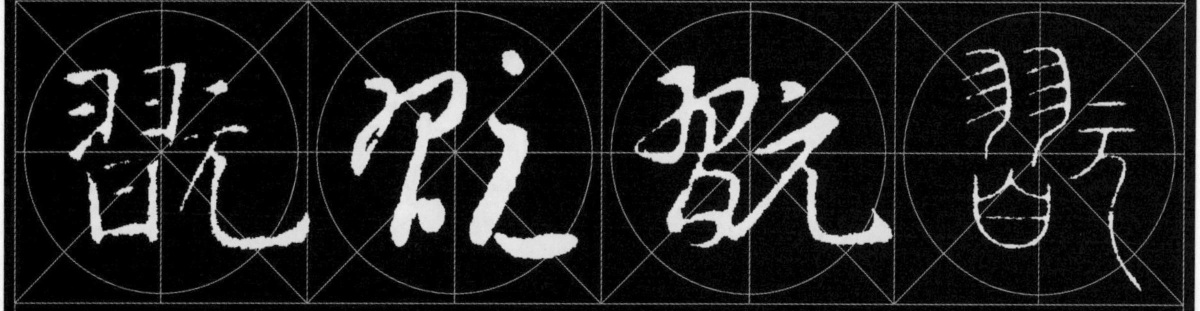

隋 智永 | 唐 怀素 | 元 赵孟頫 | 唐 李阳冰

wán
顽

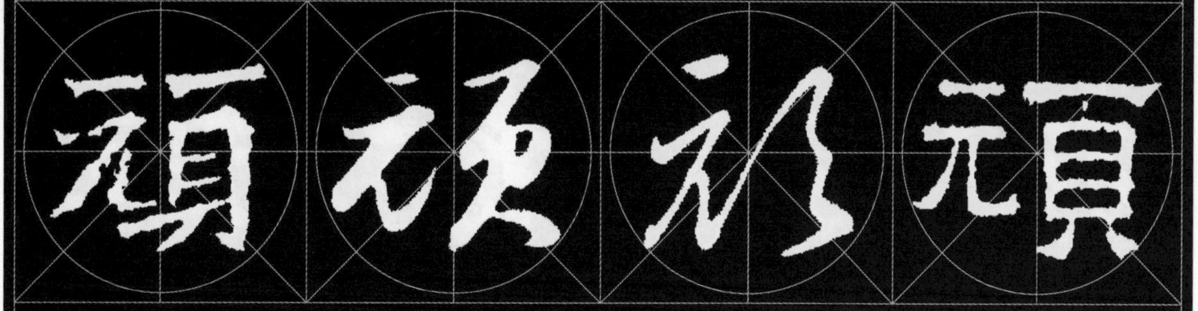

北魏 孙秋生造像 | 宋 苏轼 | 唐 孙过庭 | 汉 张寿碑

wǎn
宛

wǎn
婉

wǎn
惋

wǎn
捥
（挖取）

wǎn 盌（碗、椀）

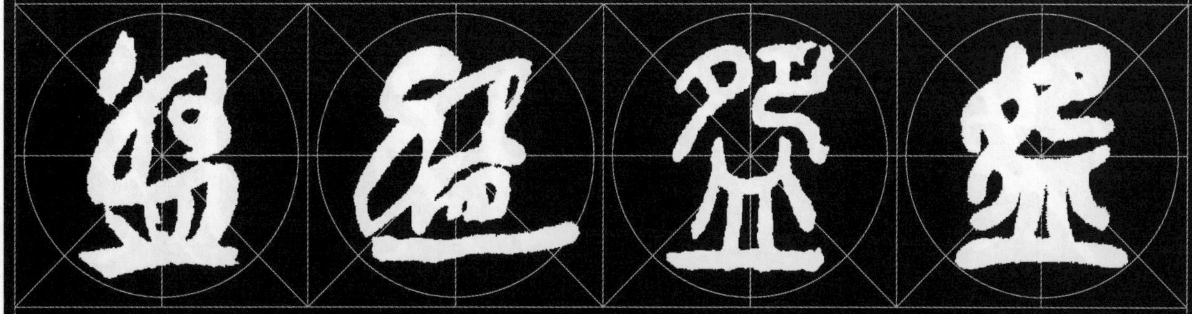

明 文徵明 | 清 何绍基 | 清 康熙字典 | 清 吴昌硕

wǎn 菀

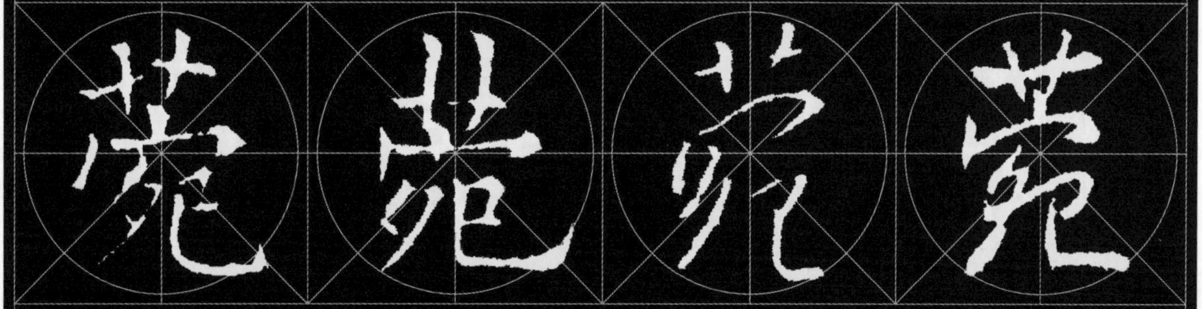

唐 褚遂良 | 唐 欧阳通 | 晋 王羲之 | 唐 高正臣

wǎn 畹（三十亩）

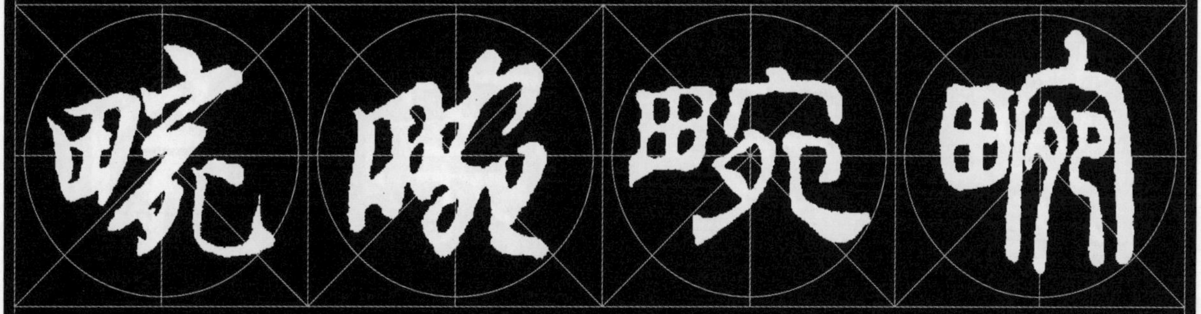

明 唐寅 | 明 黄道周 | 元 吴叡 | 清 康熙字典

wǎn 挽

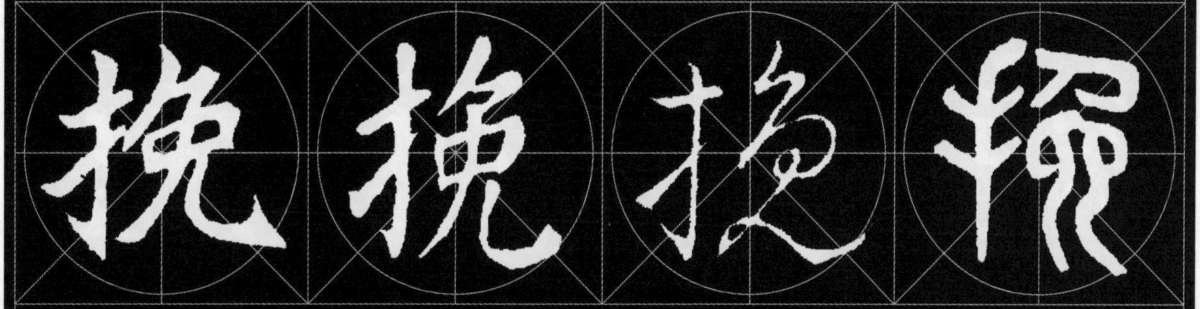

北魏 元诊墓志 | 唐 颜真卿 | 明 祝允明 | 清 黄士陵

wǎn 晚

晋 王羲之 | 隋 智永 | 唐 褚遂良 | 元 赵孟頫

晋 王羲之 | 晋 王献之 | 隋 智永 | 唐 李怀琳

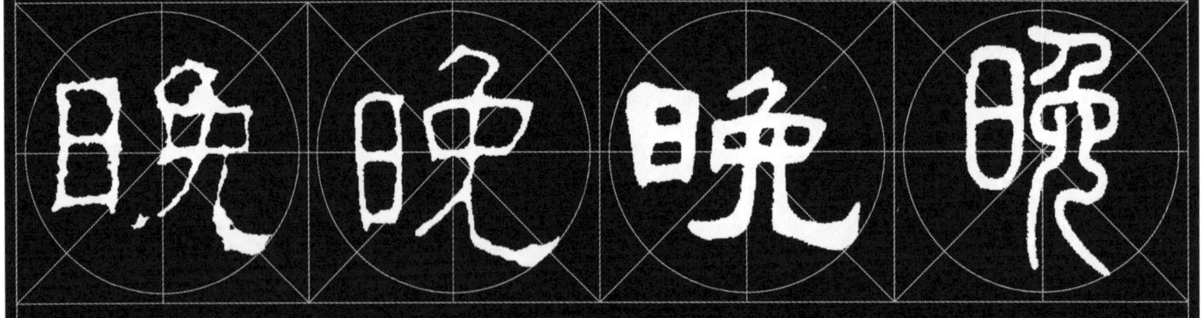

汉 景君碑 | 清 汪士慎 | 清 吴隐 | 清 莫友芝

wǎn
莞
guān
guǎn

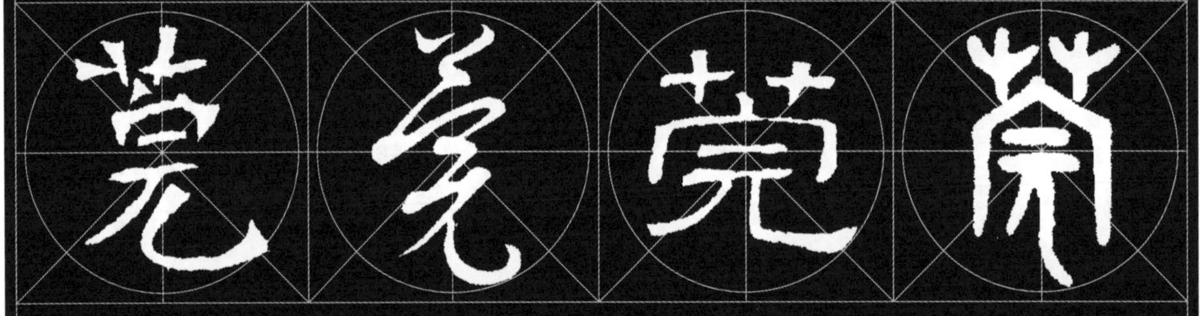

北魏 李璧墓志 | 元 康里子山 | 清 顾蔼吉·隶辨 | 清 吴大澂

wǎn
绾

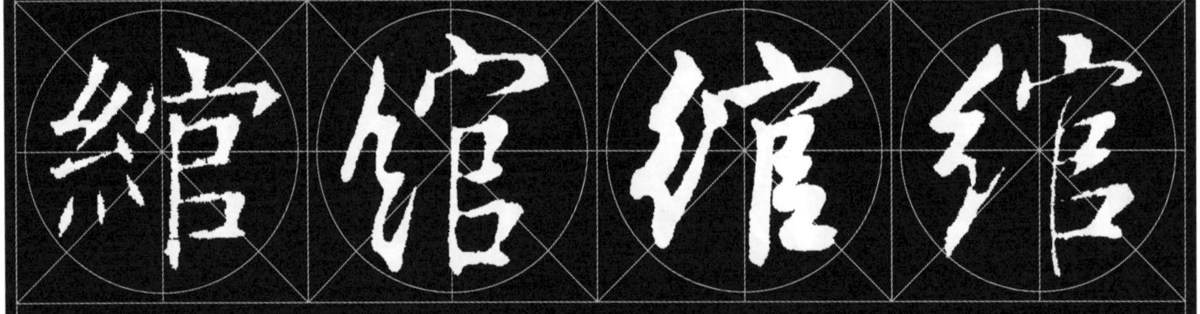

隋 苏孝慈墓志 | 宋 米芾 | 明 唐寅 | 明 董其昌

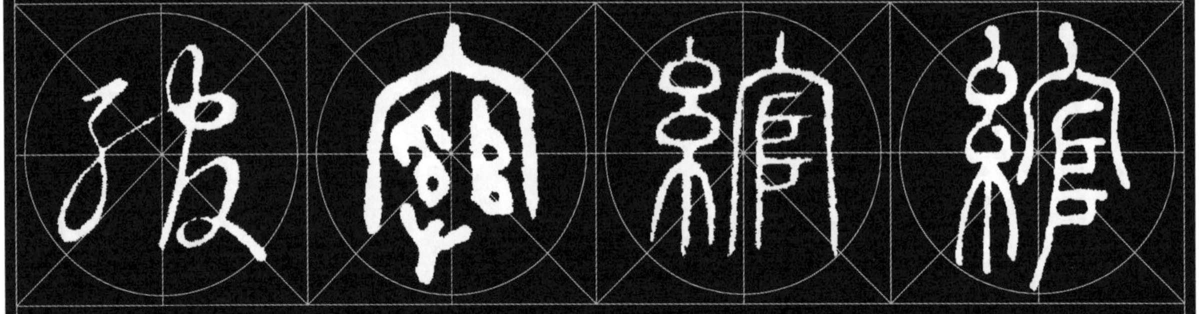

宋 赵构 | 周 墙盘 | 汉 说文解字 | 清 吴熙载

wàn 万（萬）

mò（万俟：Mòqí 复姓）

北魏 孙秋生造像　北魏 张猛龙碑　隋 龙藏寺碑　唐 颜真卿

宋 蒲宗孟　宋 楼钥　晋 王羲之　唐 怀素

汉 礼器碑　汉 华山碑　汉 朝侯小子残碑　汉 孟孝琚碑

唐 李阳冰　清 王澍　清 吴大澂　清 黄士陵

wāng 汪

唐 颜真卿　明 董其昌　清 黄慎　清 陈鸿寿

wáng
王

南朝 爨龙颜碑

唐 虞世南

唐 颜真卿

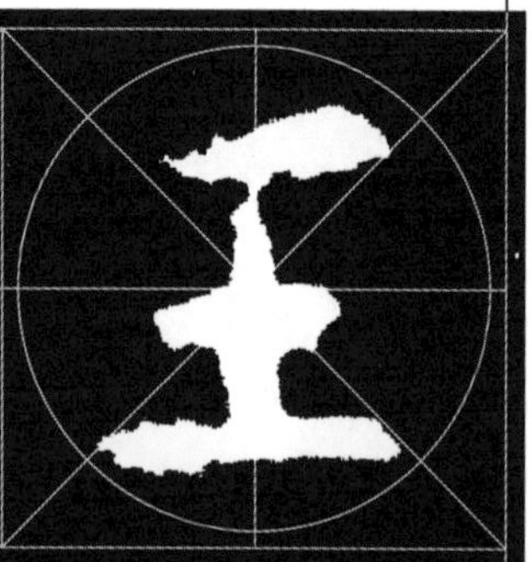
唐 张从申

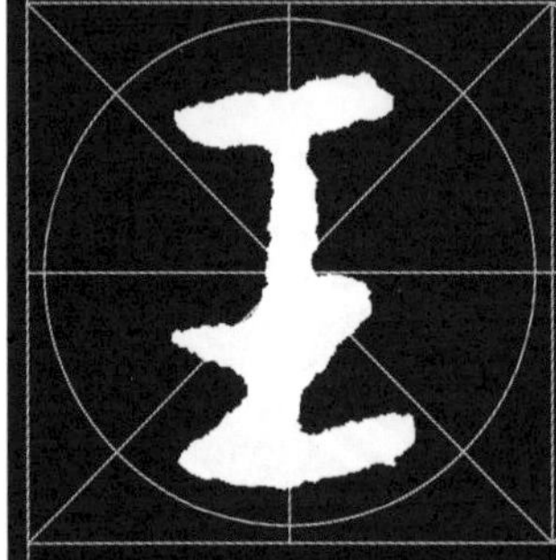
晋 王廙

晋 王羲之

唐 怀素

明 文徵明

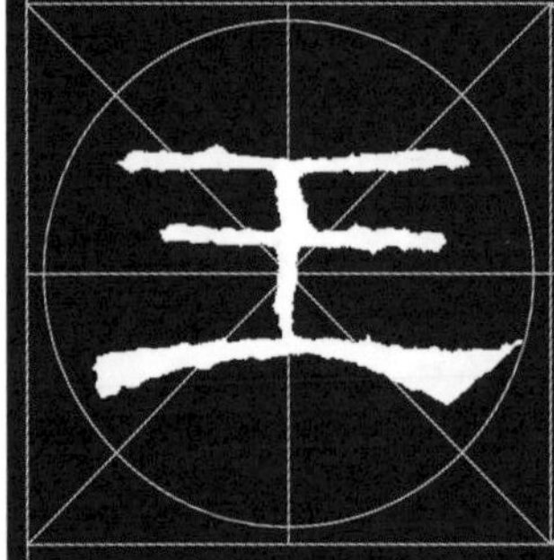
汉 礼器碑

汉 衡方碑

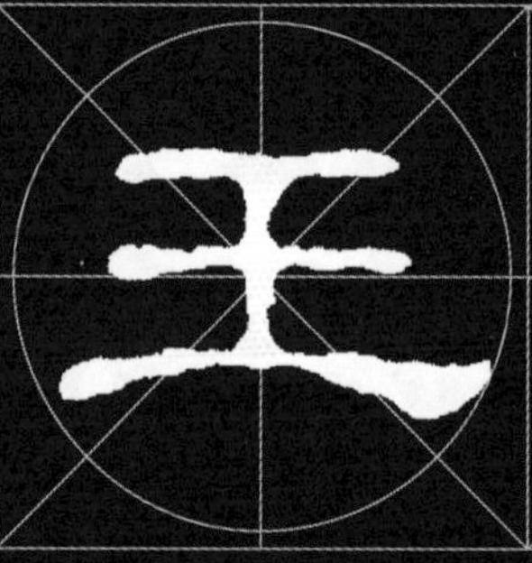
汉 郭有道碑

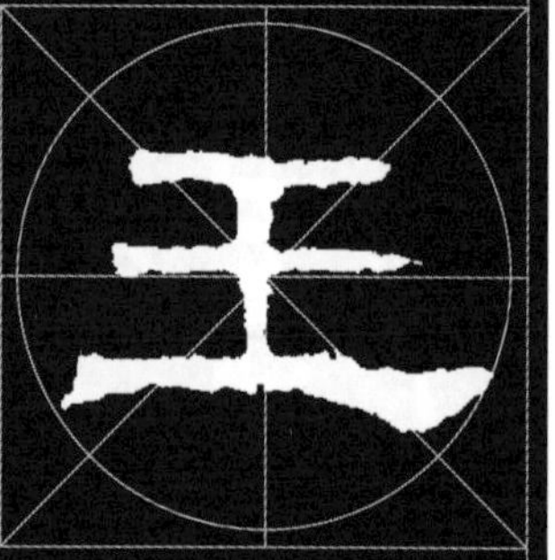
汉 白石神君碑

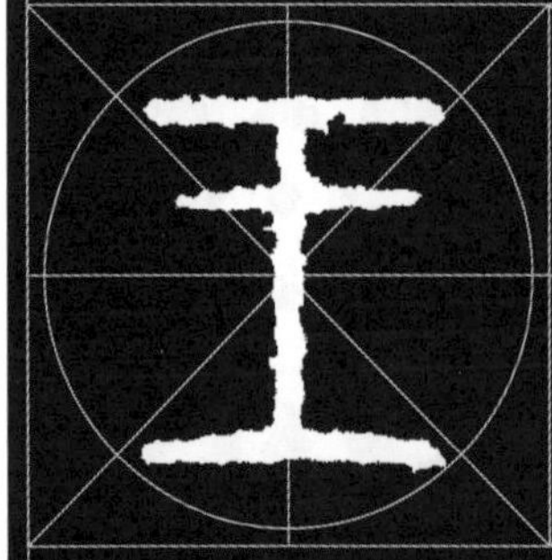
秦 石鼓文

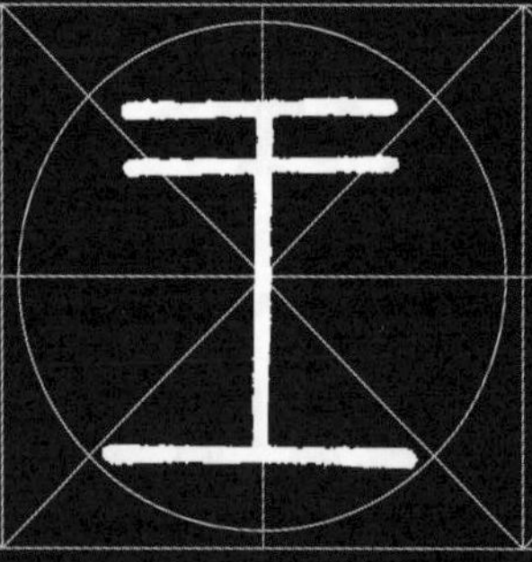
秦 李斯

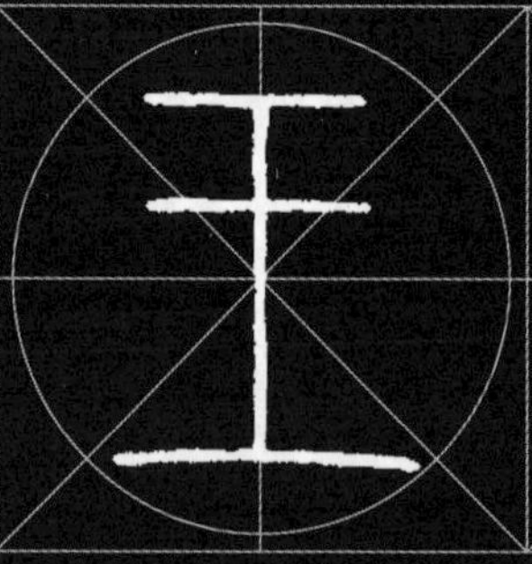
唐 李阳冰

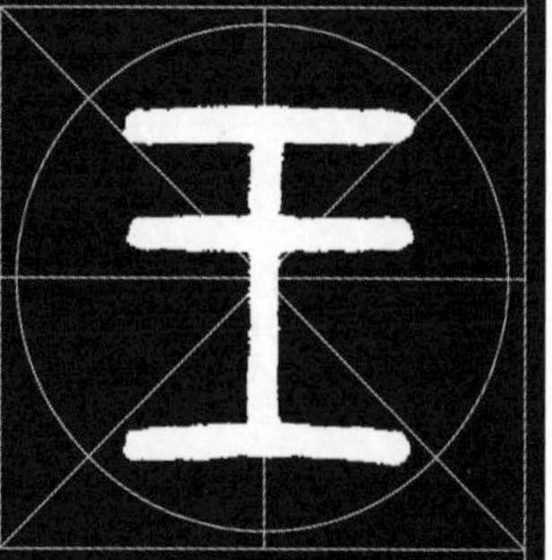
清 吴大澂

wáng
亡
（亾）

唐 虞世南

唐 欧阳通

唐 颜真卿

唐 颜真卿

wǎng
罔
（同網；网：今为罔的简化字）

wǎng
网（網）

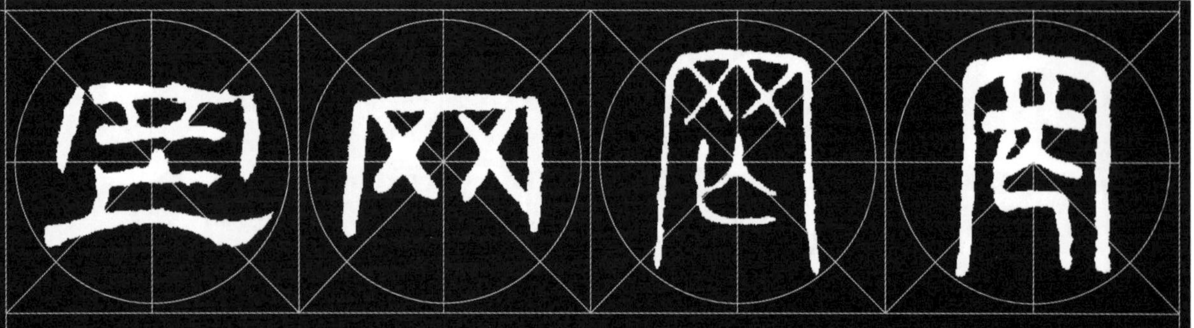

晋 辟雍碑　殷商 甲骨文　汉 说文解字　清 吴大澂

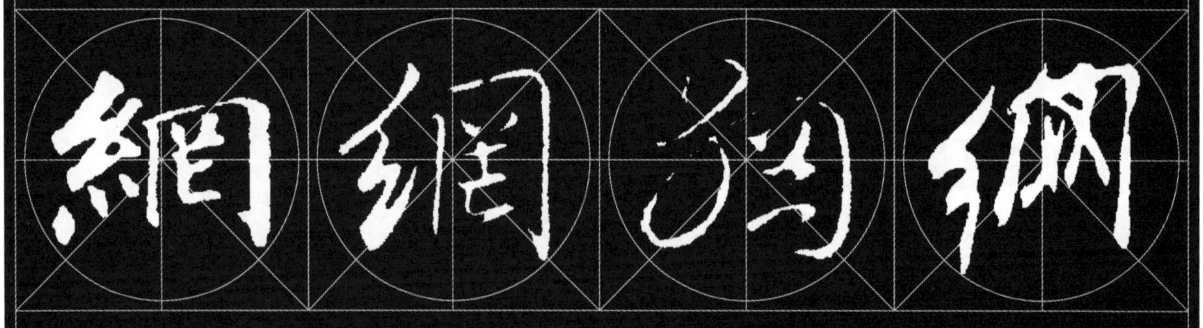

清 永瑆　清 王铎　三国 皇象　清 郑燮

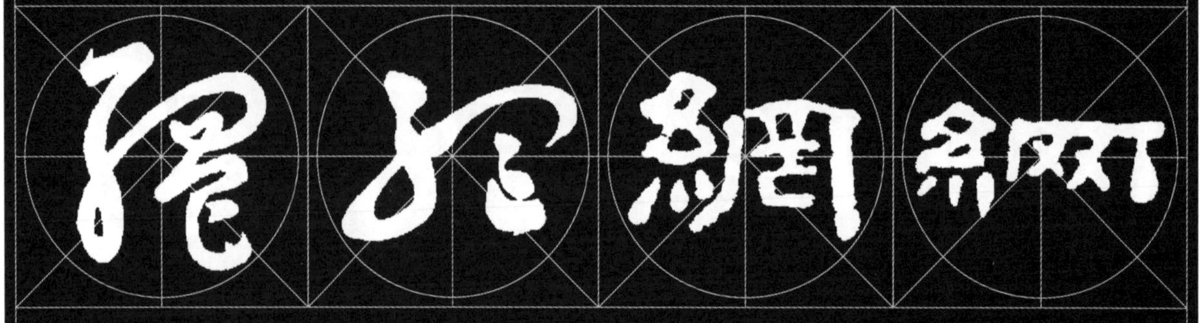

元 鲜于枢　明 祝允明　清 顾蔼吉·隶辨　清 梁同书

wǎng
枉

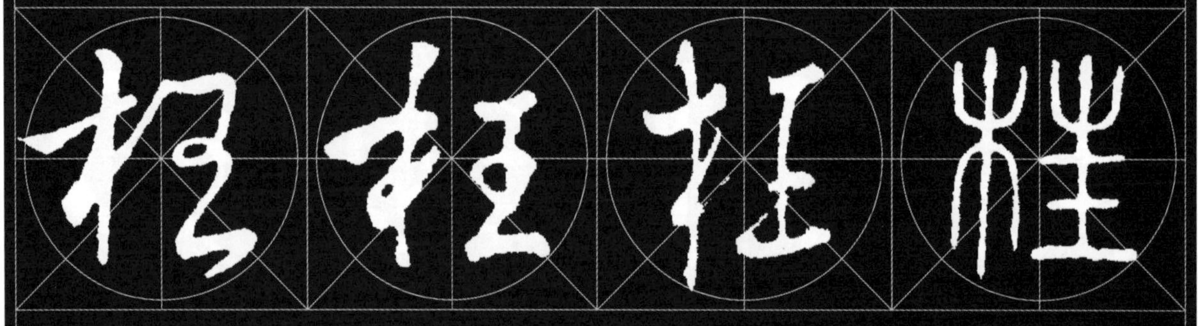

晋 王献之　唐 李世民　宋 王安石　汉 说文解字

wǎng
往

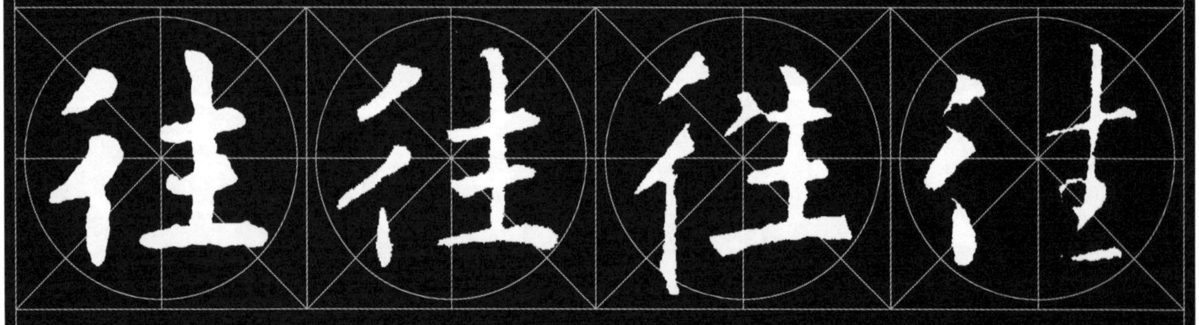

唐 虞世南　唐 褚遂良　唐 颜真卿　唐 李世民

唐 陆柬之　宋 黄庭坚　元 鲜于枢　汉 张芝

晋 王献之　唐 怀素　明 文徵明　汉 石门颂

汉 孔彪碑　唐 李阳冰　元 赵孟頫　清 吴大澂

晋 王羲之　唐 李邕　晋 王羲之　宋 苏轼

宋 黄庭坚　明 董其昌　唐 孙过庭　元 康里子山

wàng
妄

wàng
忘

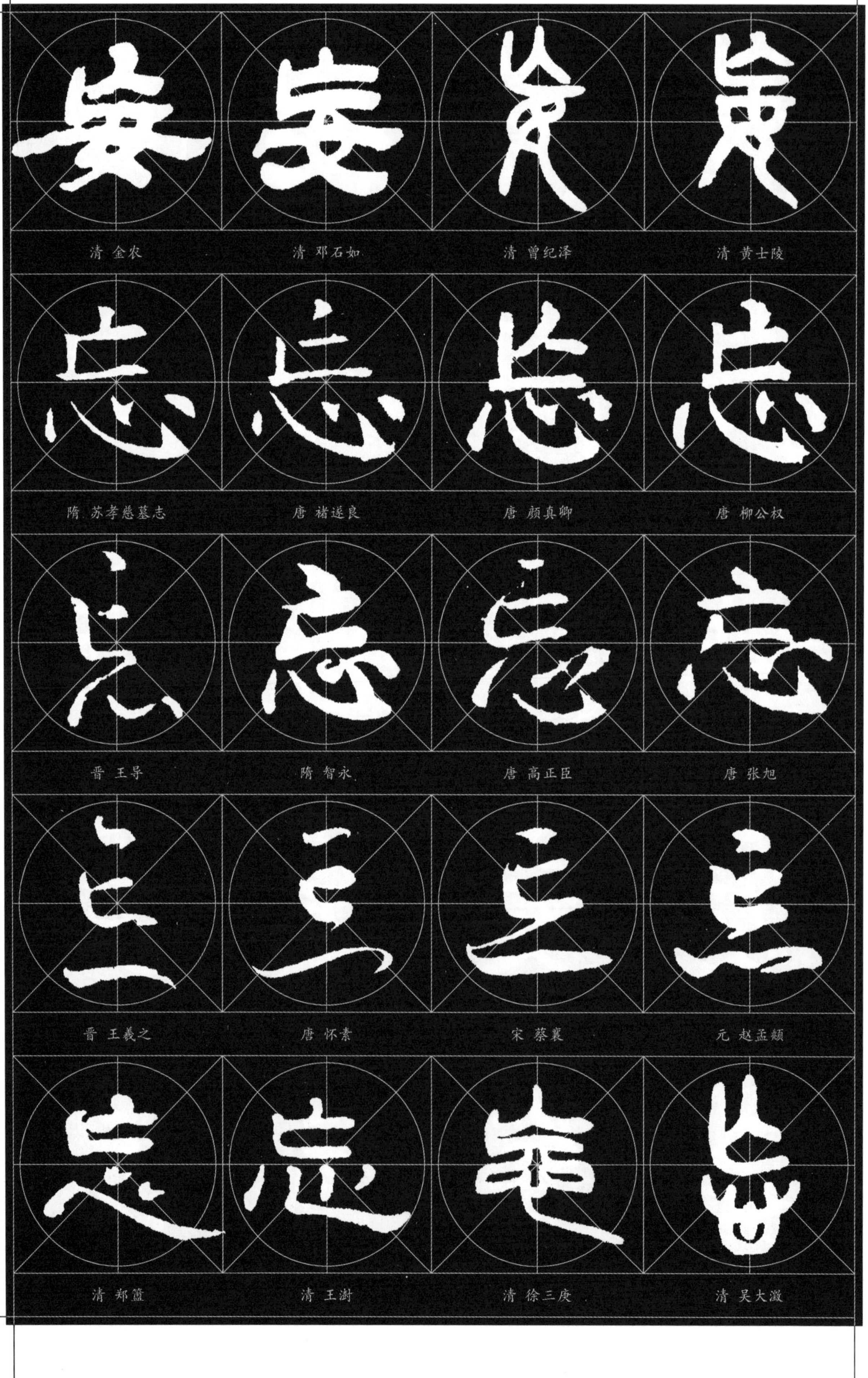

清 金农　清 邓石如　清 曾纪泽　清 黄士陵

隋 苏孝慈墓志　唐 褚遂良　唐 颜真卿　唐 柳公权

晋 王导　隋 智永　唐 高正臣　唐 张旭

晋 王羲之　唐 怀素　宋 蔡襄　元 赵孟頫

清 郑簠　清 王澍　清 徐三庚　清 吴大澂

wàng
望

北魏 高贞碑　唐 褚遂良　唐 颜真卿　宋 苏轼

晋 王献之　唐 柳公权　宋 苏轼　清 何绍基

汉 张芝　晋 索靖　元 赵孟頫　明 王宠

汉 封龙山碑　汉 郭有道碑　元 吴叡　清 黄易

清 吴熙载　清 赵之谦　清 吴大澂　清 吴大澂

wēi
危

wēi
隈

wēi
威

隋 智永	唐 孙过庭	唐 孙过庭	元 鲜于枢
汉 礼器碑	汉 曹全碑	元 赵孟頫	清 吴熙载
秦 李斯	唐 李阳冰	清 赵之谦	清 杨沂孙
唐 颜真卿	明 董其昌	金 张天锡·草书韵会	清 王铎
南北朝 石婉墓志	唐 欧阳询	唐 褚遂良	唐 颜真卿

wēi
葳

wēi
微

wēi
薇

隋 智永
唐 褚遂良
宋 苏轼
元 赵孟頫
晋 王羲之
隋 智永
唐 孙过庭
唐 怀素
汉 郭有道碑
唐 李隆基
元 赵孟頫
明 沈度
周 散氏盘
秦 石鼓文
清 杨沂孙
清 吴大澂
明 文徵明
唐 褚遂良
元 赵孟頫
宋 米芾

北魏 墓志 | 唐 褚遂良 | 唐 褚遂良 | 汉 说文解字

北魏 洪宝造像 | 北魏 魏灵藏造像 | 金 张天锡·草书韵会 | 清 吴大澂

元 王蒙 | 清 永理 | 宋 苏轼 | 明 董其昌

汉 西狭颂 | 清 何绍基 | 清 杨沂孙 | 清 吴大澂

唐 欧阳询 | 唐 张旭 | 唐 颜真卿 | 唐 柳公权

wēi 逶（逶迤）

wēi 巍

wéi 嵬（高耸）

wéi 为（爲、為）wèi

宋 黄庭坚
宋 米芾
明 唐寅
明 董其昌
晋 王羲之
唐 李怀琳
唐 孙过庭
唐 怀素
汉 石门颂
汉 史晨碑
汉 张迁碑
元 俞和
汉 马王堆帛书
元 赵孟頫
清 王澍
清 黄士陵
唐 褚遂良
唐 李邕
明 丰坊
唐 怀素

wéi
韦（韋：皮革）

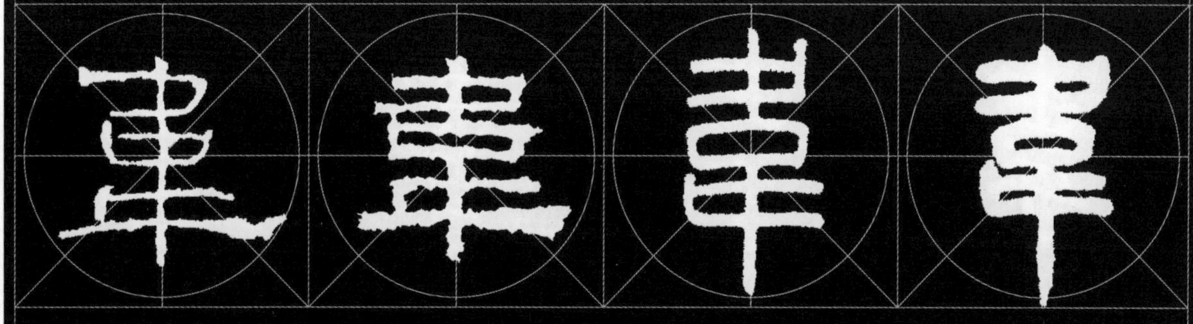

汉 礼器碑　汉 张迁碑　清 邓石如　清 杨沂孙

wéi
围

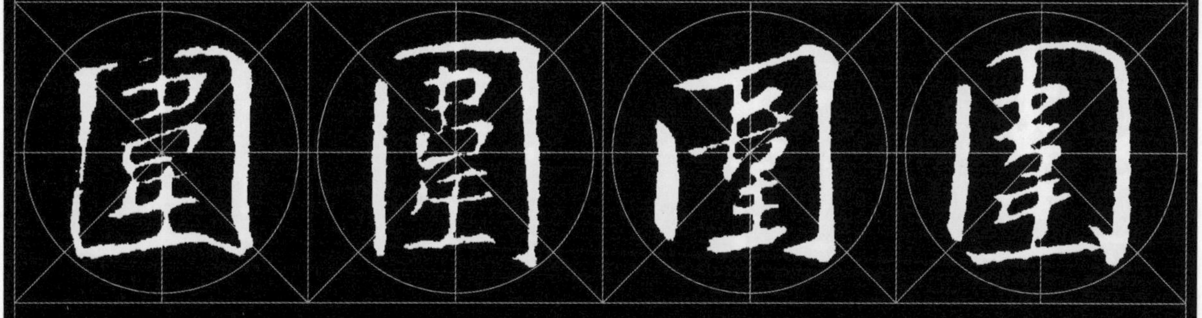

北魏 崔敬邕墓志　唐 虞世南　宋 黄庭坚　宋 米芾

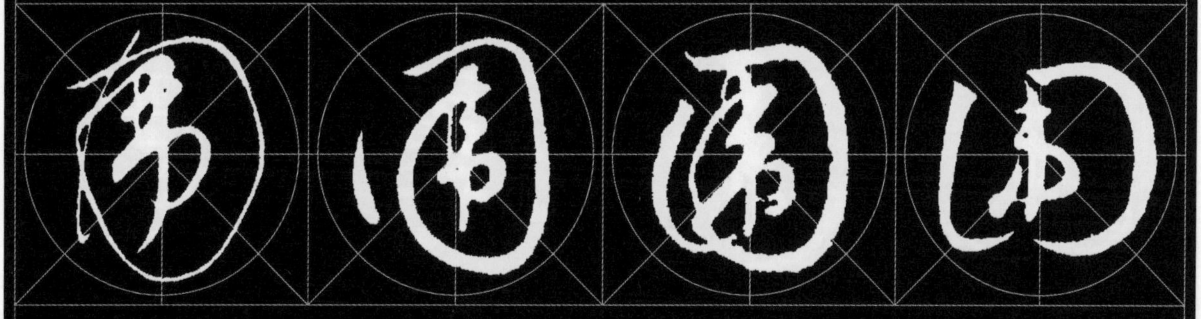

宋 米芾　元 饶介　明 文徵明　明 王宠

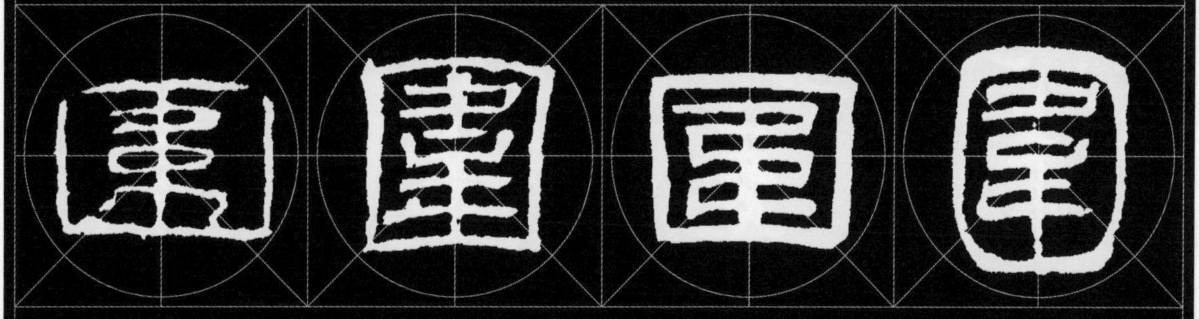

汉 石门颂　三国 王基碑　清 陈鸿寿　清 徐三庚

wéi
帏（同帷）

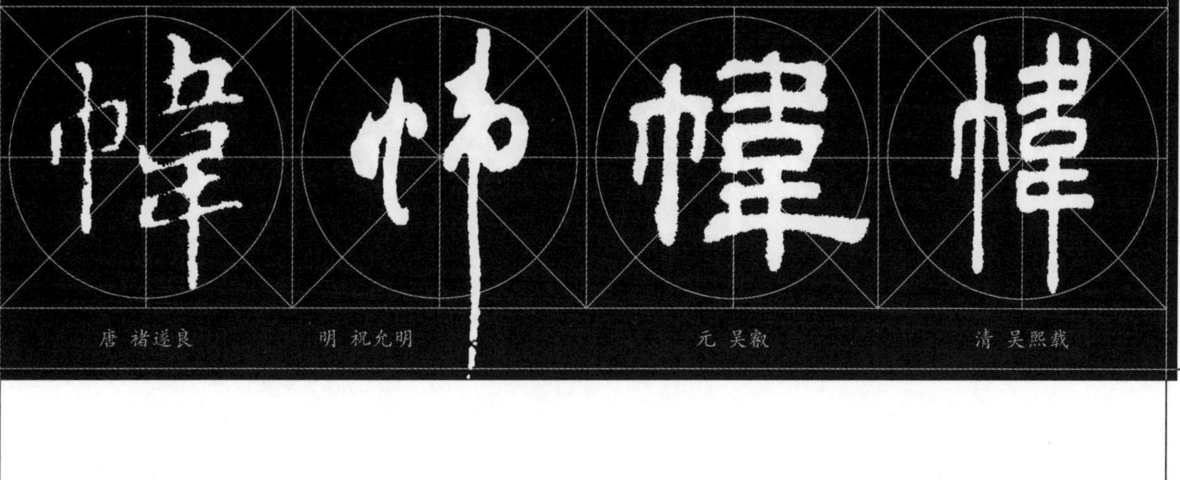

唐 褚遂良　明 祝允明　元 吴叡　清 吴熙载

wéi
违

wéi
闱

wéi
唯
wěi

wéi
惟
（同唯）

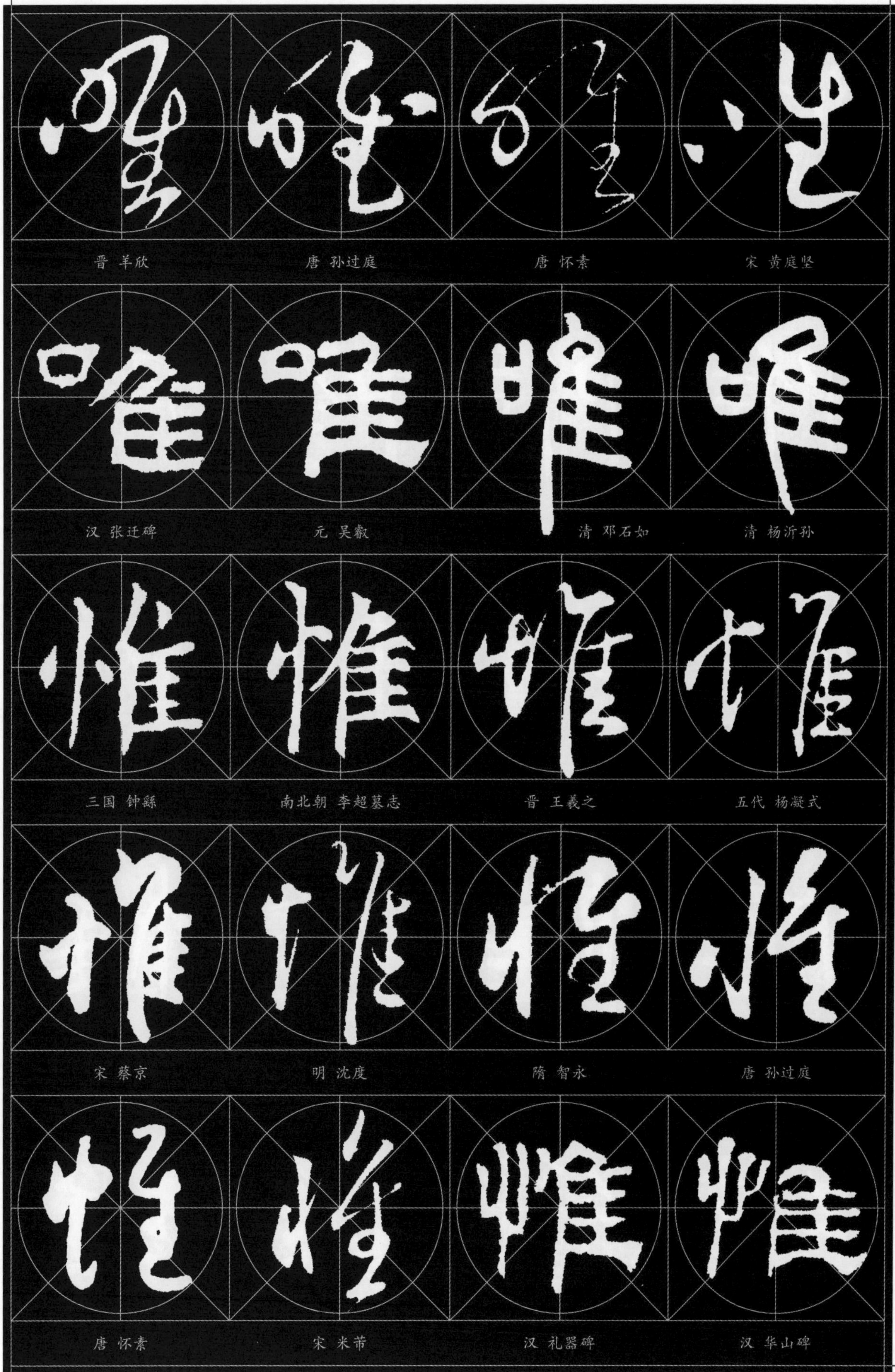

晋 羊欣　唐 孙过庭　唐 怀素　宋 黄庭坚

汉 张迁碑　元 吴叡　清 邓石如　清 杨沂孙

三国 钟繇　南北朝 李超墓志　晋 王羲之　五代 杨凝式

宋 蔡京　明 沈度　隋 智永　唐 孙过庭

唐 怀素　宋 米芾　汉 礼器碑　汉 华山碑

wéi 帷（帐子）

wéi 维

汉 西狭颂
汉 张迁碑
清 杨沂孙
元 赵孟頫
唐 虞世南
三国 钟繇
三国 皇象
唐 高正臣
元 赵孟頫
晋 王羲之
隋 智永
明 沈粲
汉 张迁碑
清 何绍基
唐 李阳冰
清 徐三庚
唐 虞世南
唐 褚遂良
唐 欧阳询
唐 褚遂良

宋 苏轼

明 文徵明

隋 智永

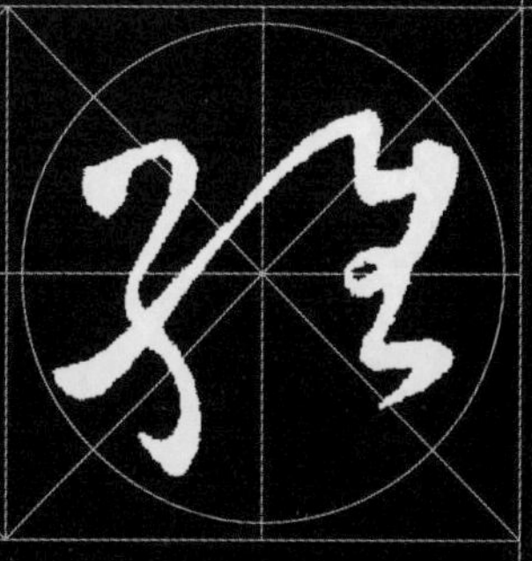

唐 怀素

清 王澍

清 翁同和

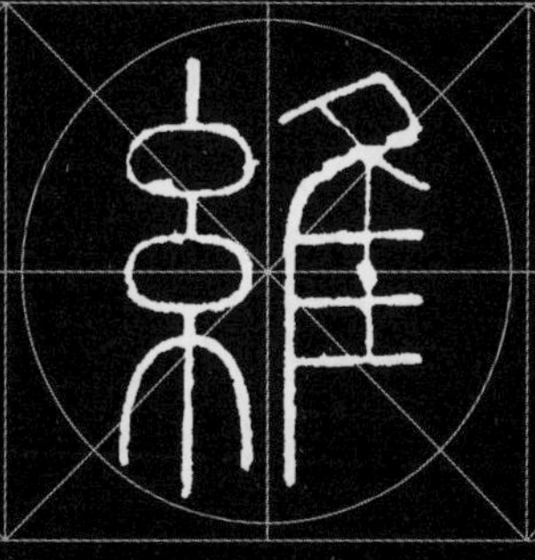

秦 李斯

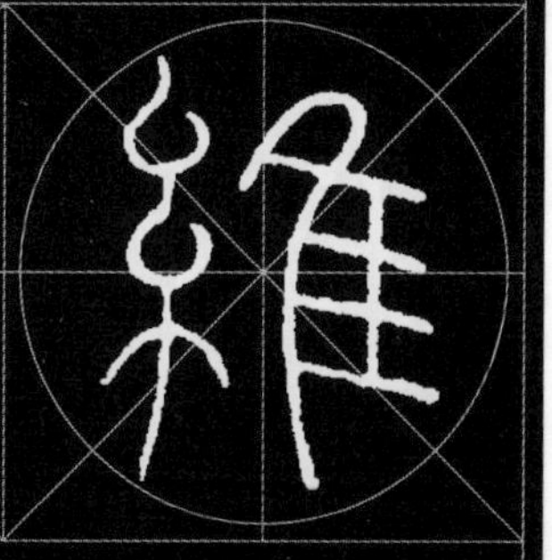

唐 李阳冰

wěi
伟

唐 灵飞经

唐 欧阳询

唐 孙过庭

明 文徵明

汉 王舍人碑

清 顾蔼吉·隶辨

宋 米芾

清 吴熙载

wěi
苇

宋 苏轼

明 宋克

明 祝允明

明 文徵明

wěi 炜（光明）

wěi 玮

wěi 纬

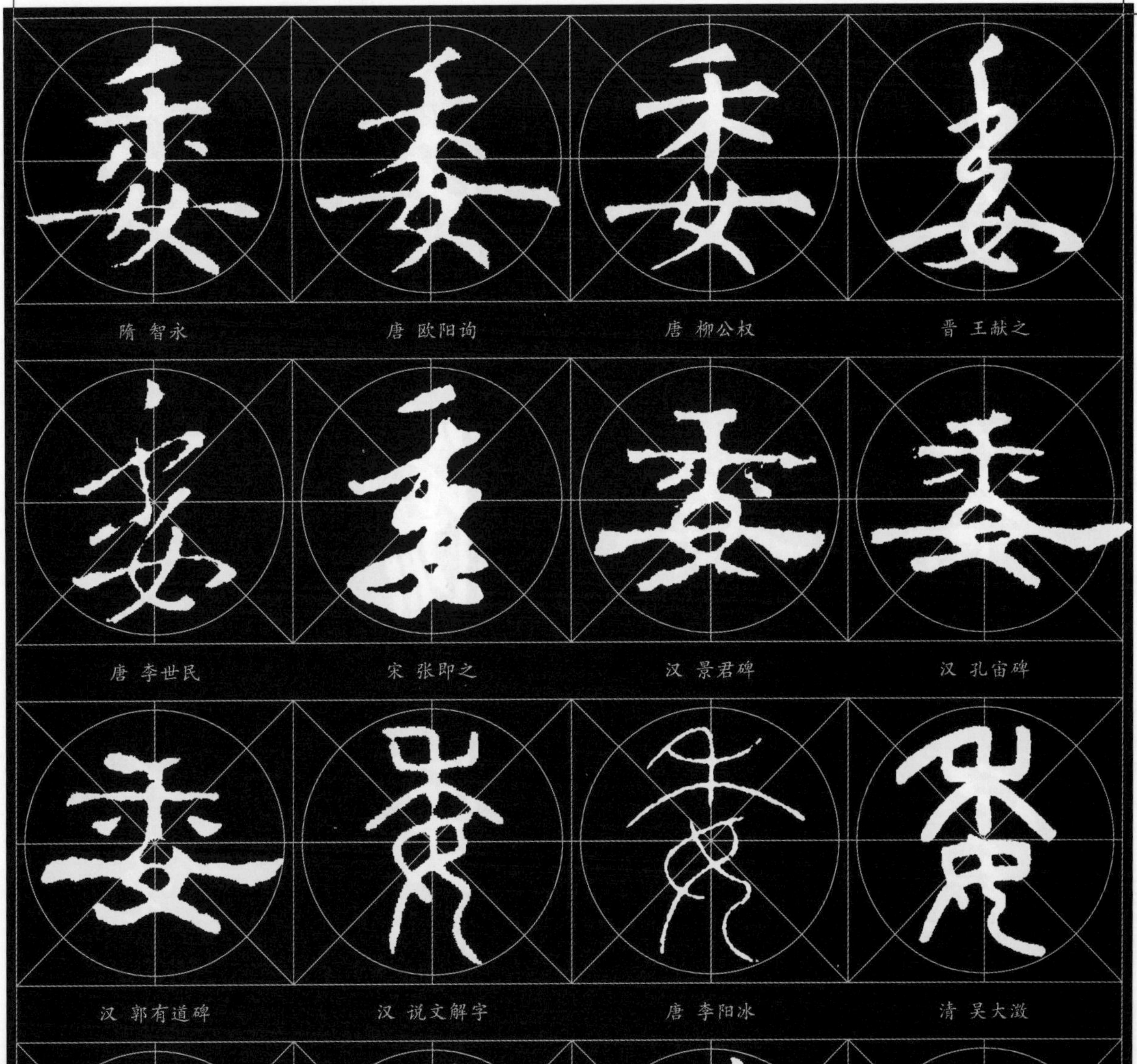

wěi
委
wēi
（委蛇：同逶迤）

wěi
萎

wěi
伪
（僞、偽）

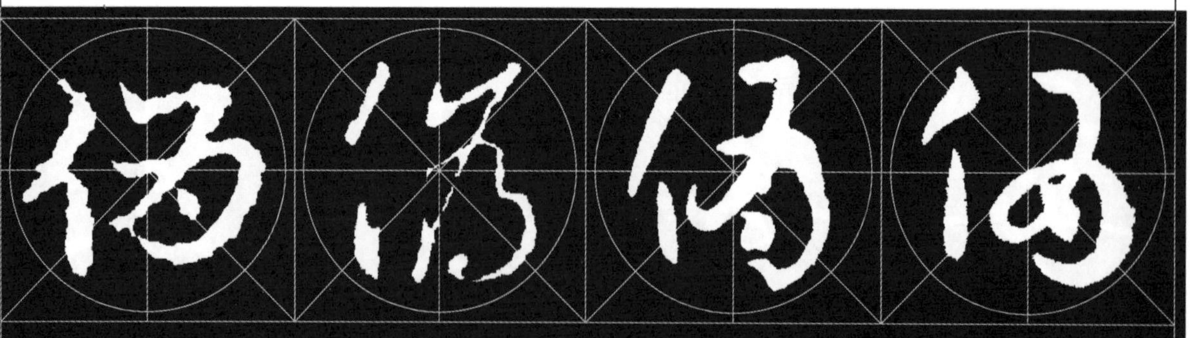

三国 皇象　　晋 王羲之　　唐 孙过庭　　唐 陆柬之

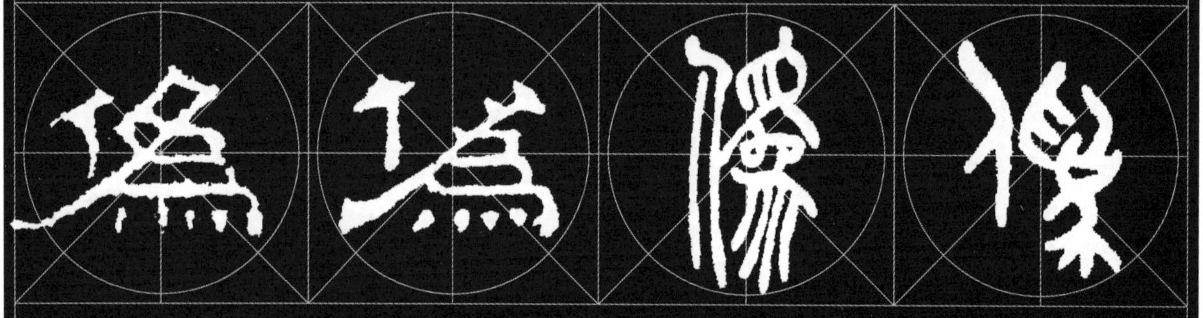

汉 景君碑　　汉 张寿碑　　清 吴熙载　　清 吴大澂

wěi
尾

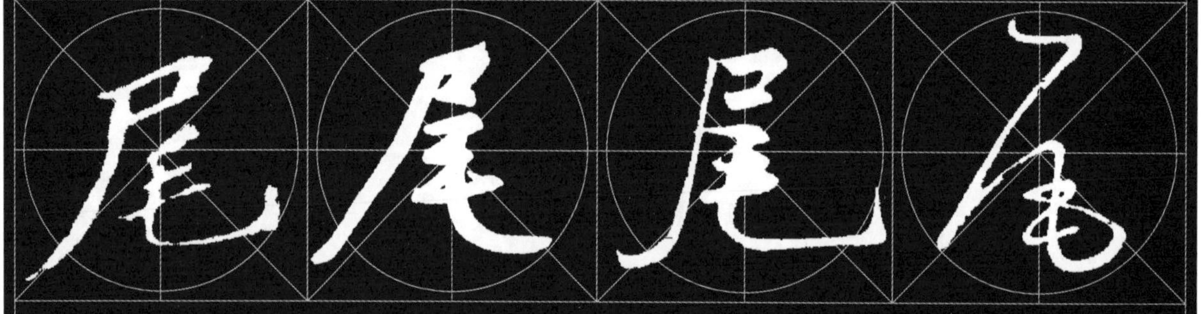

宋 苏轼　　宋 黄庭坚　　宋 米芾　　唐 怀素

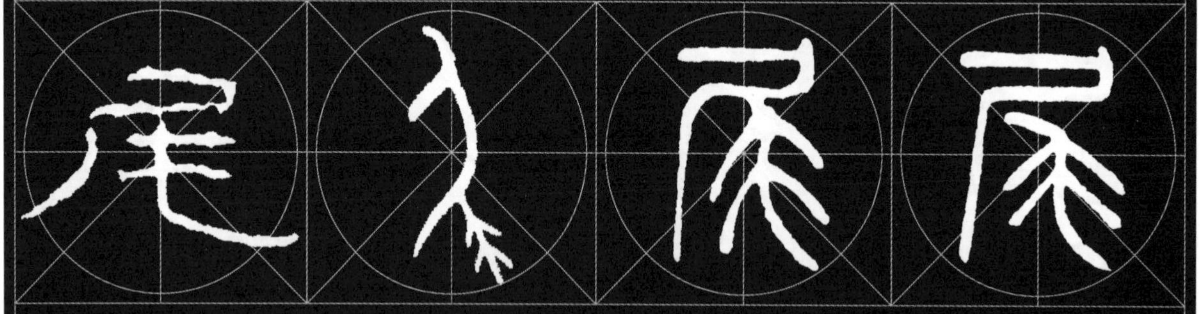

汉 石门颂　　殷商 甲骨文　　清 杨沂孙　　清 吴大澂

Wěi
隗
Kuí
（姓）

唐 欧阳询　　明 张弼　　金 张天锡·草书韵会　　清 顾蔼吉·隶辨

wěi
猥

唐 欧阳询　五代 杨凝式　宋 苏轼　清 杨沂孙

wèi
未

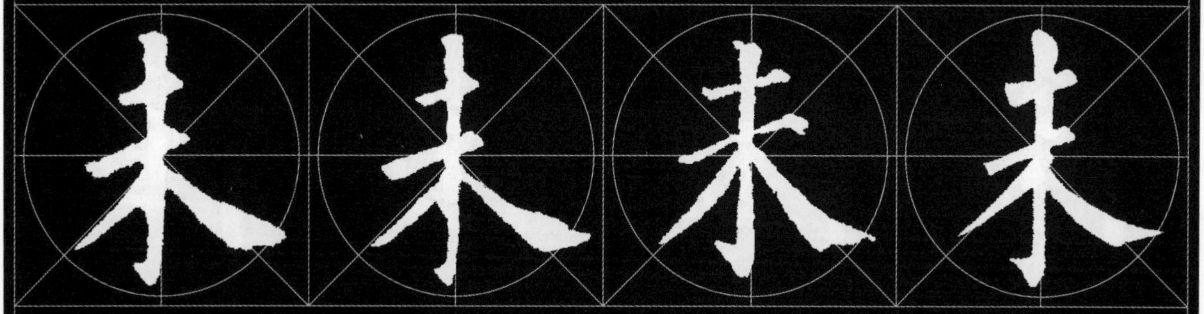

北魏 高湛墓志　唐 欧阳询　唐 颜真卿　唐 柳公权

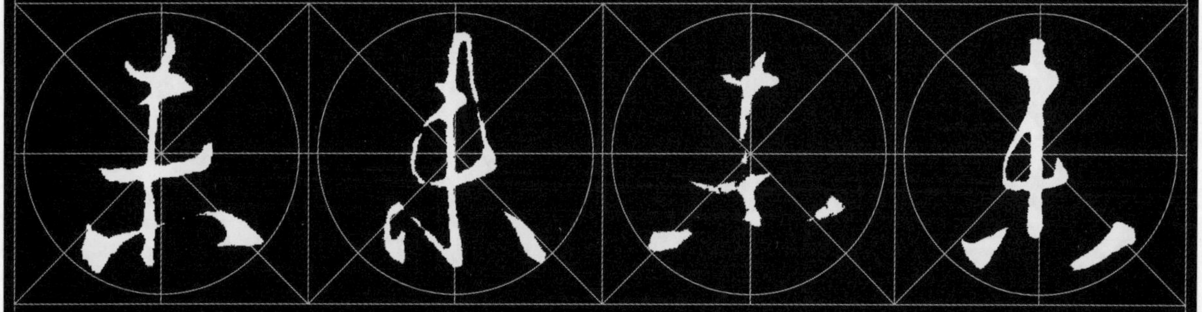

三国 钟繇　晋 王羲之　晋 王献之　唐 孙过庭

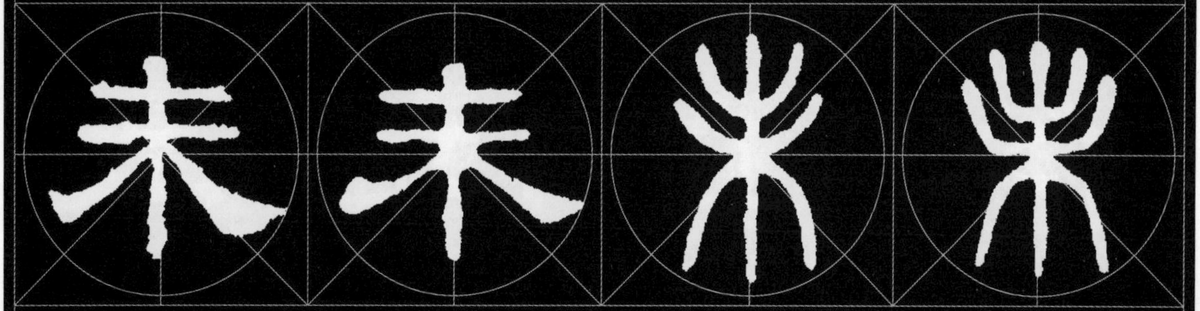

汉 华山碑　汉 郭有道碑　清 杨沂孙　清 杨沂孙

wèi
味

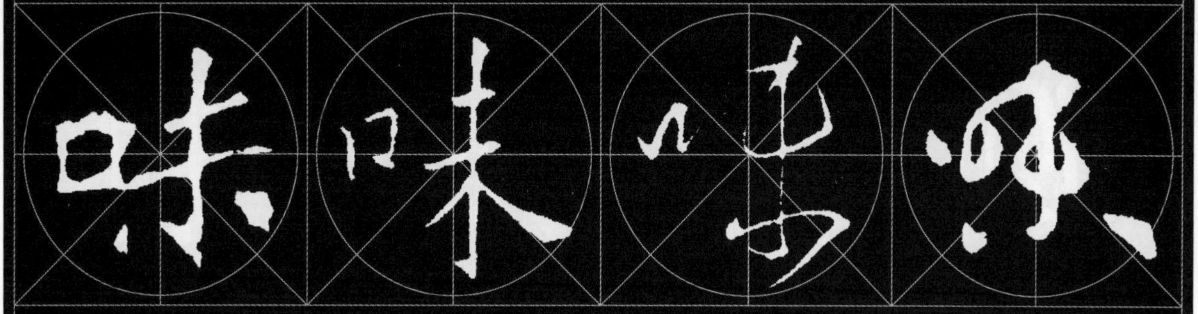

北魏 李璧墓志　唐 褚遂良　晋 王羲之　唐 孙过庭

wèi
位

北齐 泰山金刚经
清 梁同书
清 杨沂孙
清 吴大澂
隋 智永
唐 欧阳询
唐 颜真卿
唐 柳公权
隋 智永
唐 孙过庭
唐 颜真卿
唐 怀素
汉 孔彪碑
汉 王舍人碑
汉 曹全碑
汉 张迁碑
唐 碧落碑
唐 李阳冰
清 徐三庚
清 赵之谦

wèi
畏（畏惧：望而生畏；佩服：后生可畏）

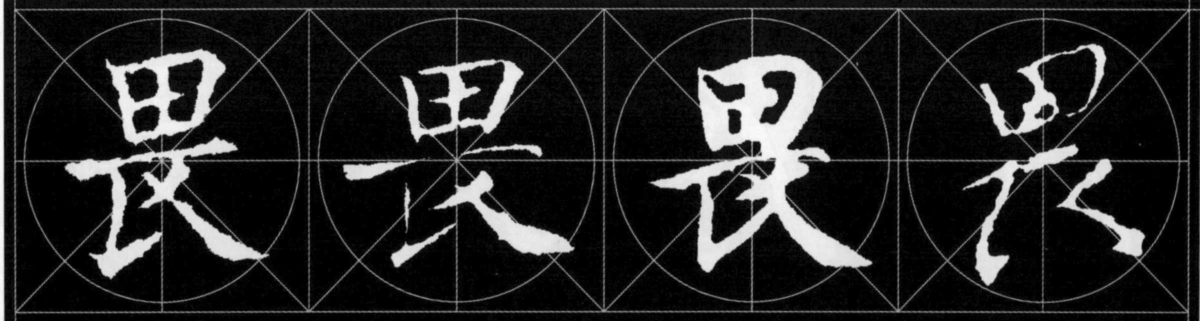

唐 欧阳询　唐 魏栖梧　隋 智永　唐 颜真卿

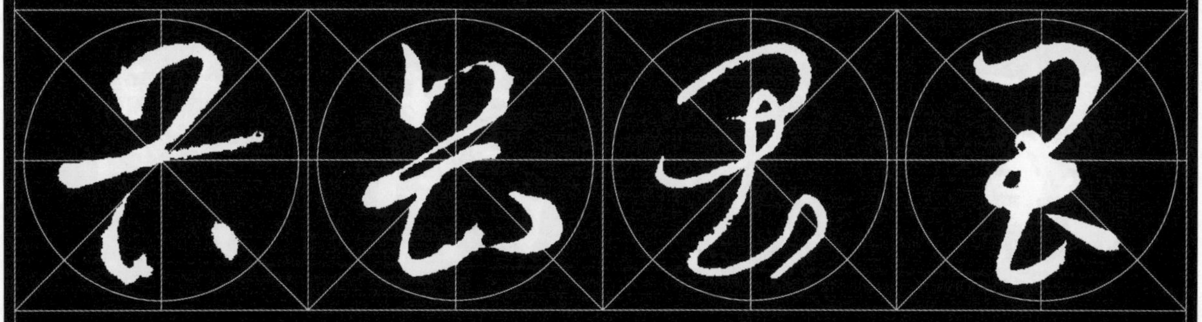

隋 智永　唐 孙过庭　唐 怀素　宋 赵佶

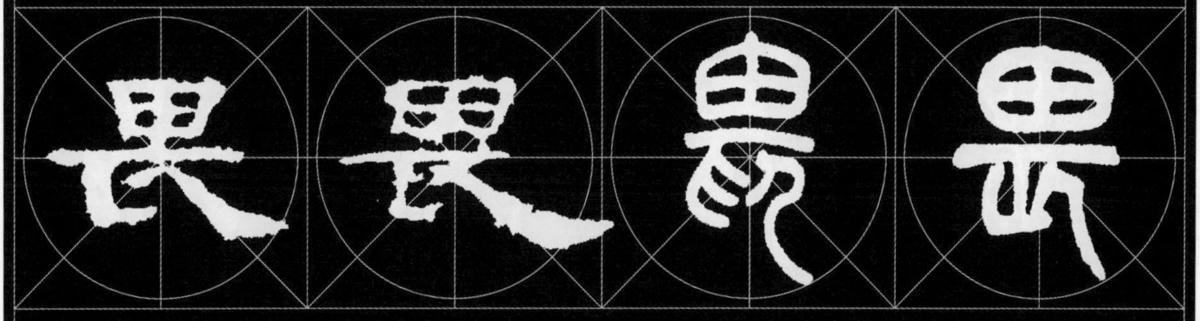

汉 孔彪碑　汉 刘熊碑　清 吴熙载　清 杨沂孙

wèi
胃

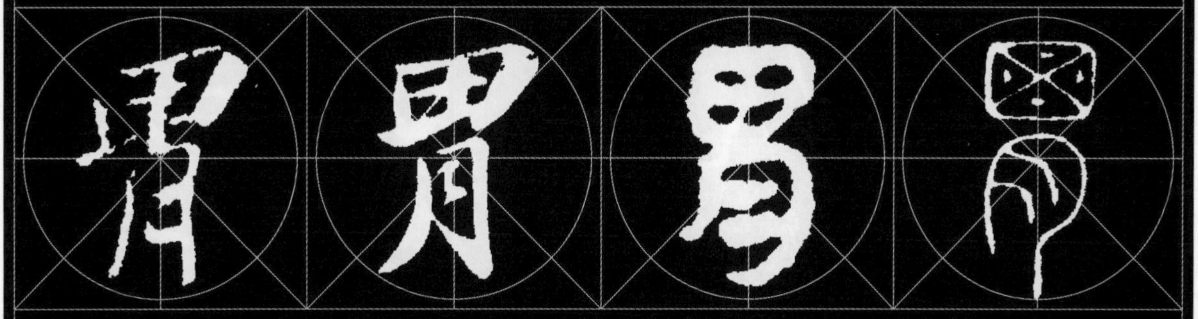

宋 苏轼　宋 苏轼　汉 马王堆帛书　汉 说文解字

wèi
渭

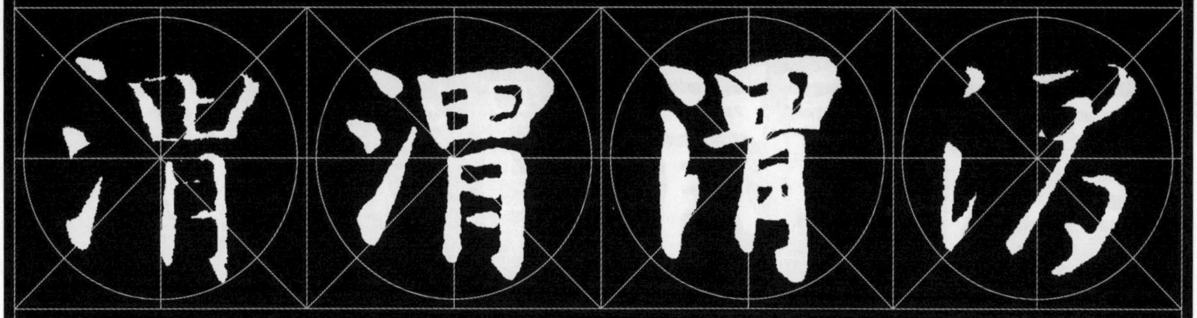

隋 智永　元 赵孟頫　隋 智永　汉 刘炟

wèi
谓

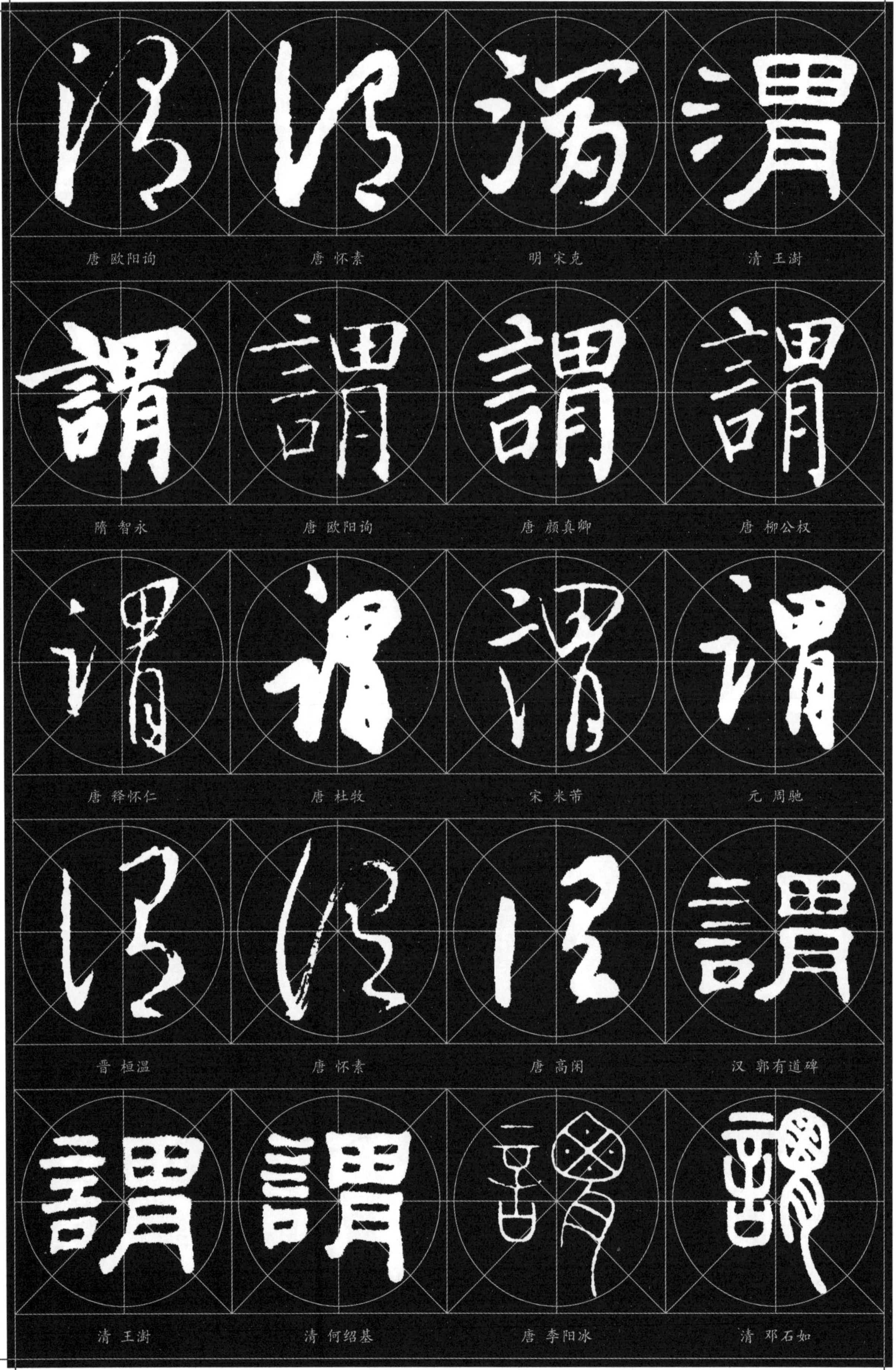
唐 欧阳询
唐 怀素
明 宋克
清 王澍
隋 智永
唐 欧阳询
唐 颜真卿
唐 柳公权
唐 释怀仁
唐 杜牧
宋 米芾
元 周驰
晋 桓温
唐 怀素
唐 高闲
汉 郭有道碑
清 王澍
清 何绍基
唐 李阳冰
清 邓石如

wèi
尉
（太尉；尉官）
Yù
（尉迟：复姓；尉犁：新疆地名）

wèi 蔚 Yù（县名）

南北朝 王僧男墓志

宋 苏轼

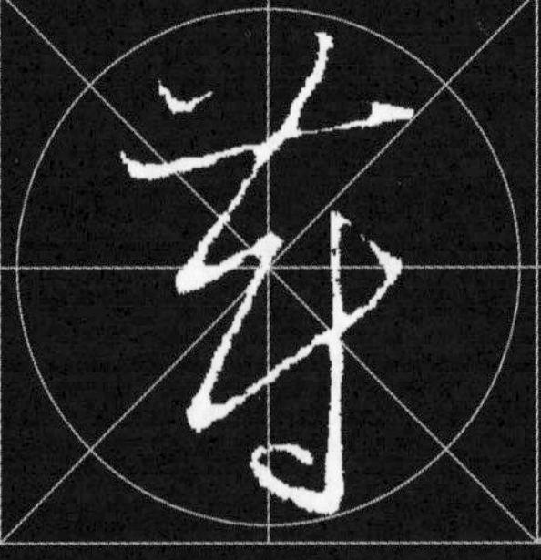
金 张天锡·草书韵会

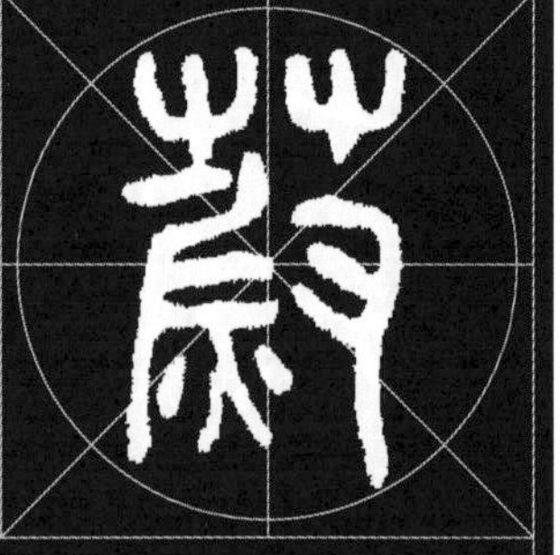
清 杨沂孙

wèi 慰

北魏 元倪墓志

隋 苏孝慈墓志

唐 柳公权

宋 欧阳修

晋 王羲之

晋 王献之

唐 褚遂良

唐 孙过庭

晋 王羲之

晋 王献之

唐 李世民

清 王铎

汉 杨震碑

汉 曹全碑

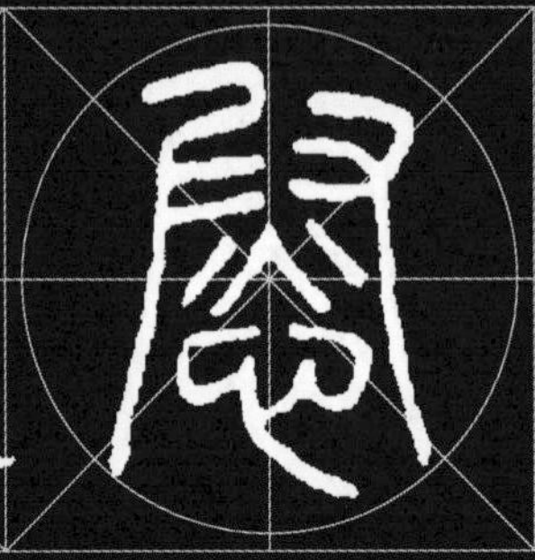
汉 说文解字

清 王褆

wèi
魏

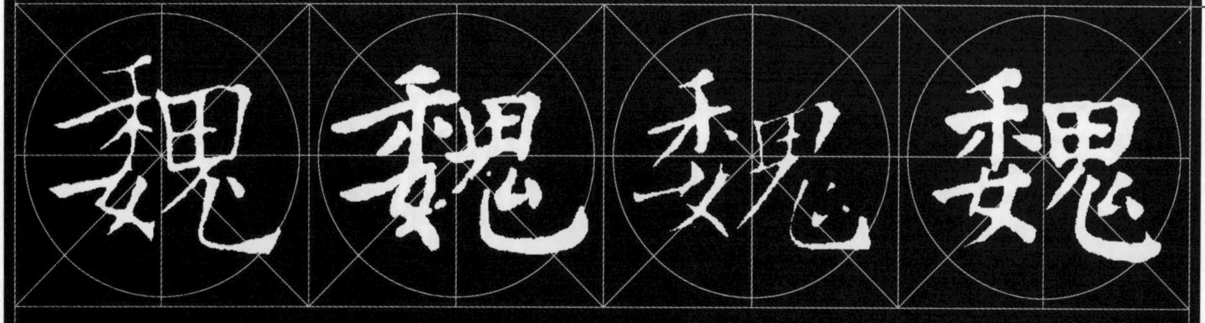

唐 欧阳询 | 唐 褚遂良 | 唐 王敬客 | 明 祝允明

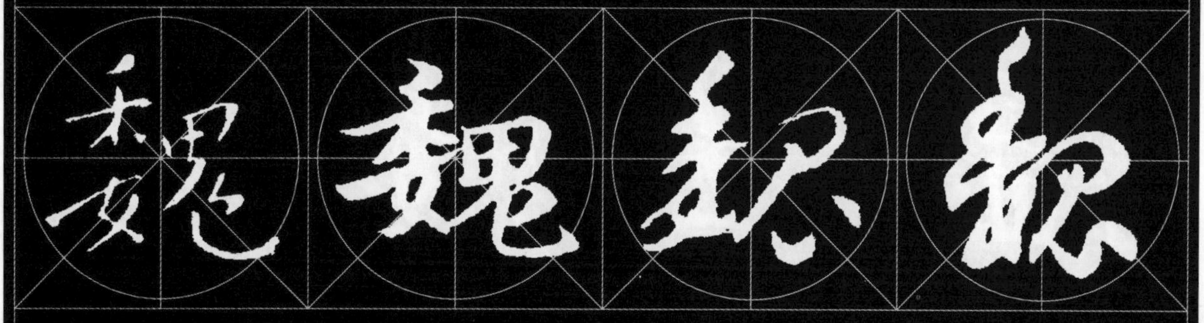

三国 钟繇 | 明 宋克 | 隋 智永 | 唐 孙过庭

wèi
卫（衛、衞）

隋 苏孝慈墓志 | 唐 褚遂良 | 唐 李邕 | 唐 柳公权

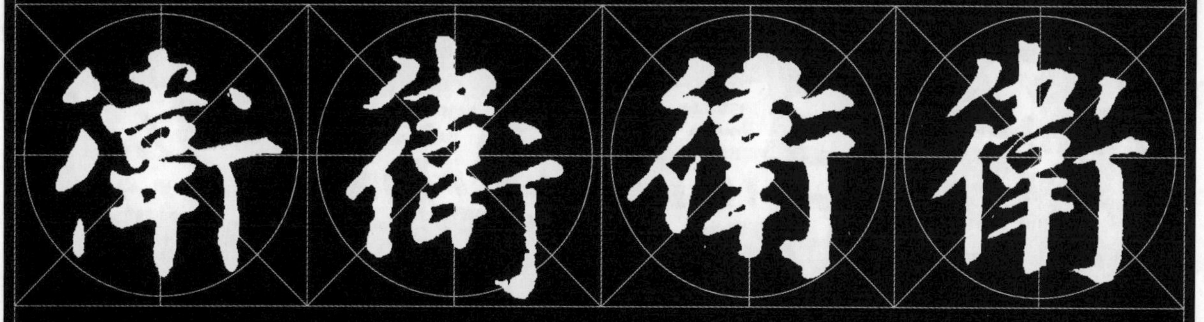

宋 张即之 | 元 赵孟頫 | 明 邵二泉 | 明 董其昌

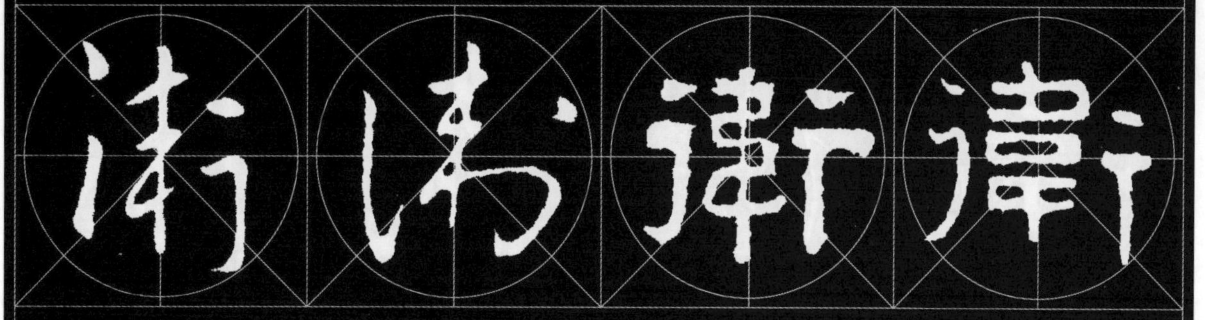

晋 卫瓘 | 清 王铎 | 汉 西狭颂 | 北齐 泰山金刚经

清 伊秉绶　唐 李阳冰　清 邓石如　清 吴大澂

wēn
温

唐 颜真卿　元 袁桷　晋 桓温　唐 高正臣

明 唐寅　唐 李世民　唐 孙过庭　唐 怀素

明 祝允明　汉 鲜于璜碑　汉 张迁碑　清 邓石如

清 翁同和　唐 李阳冰　清 邓石如　清 吴昌硕

wén
文

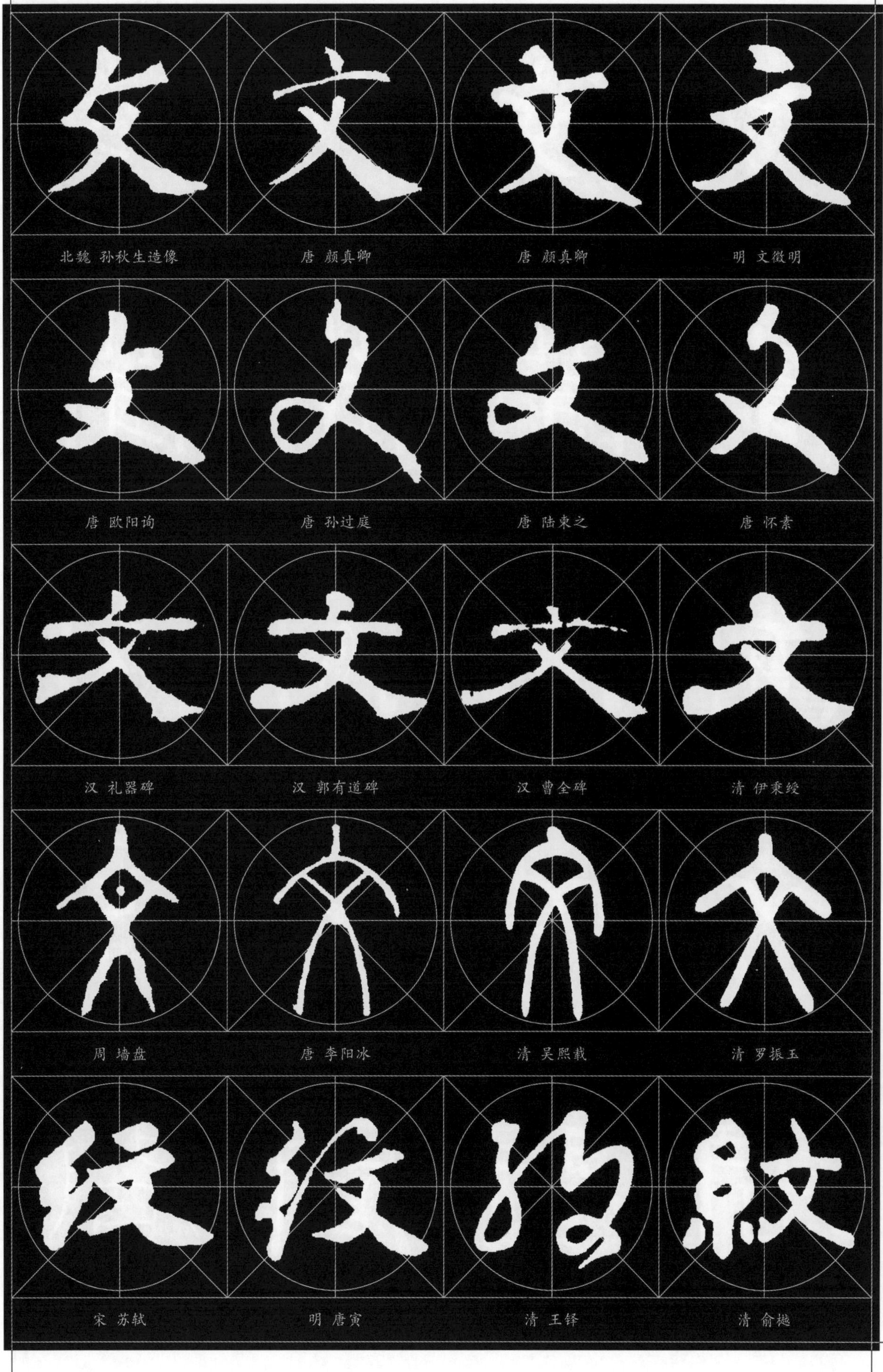

wén
纹
wèn
（同璺）

wén
蚊
（蟁）

wén
闻

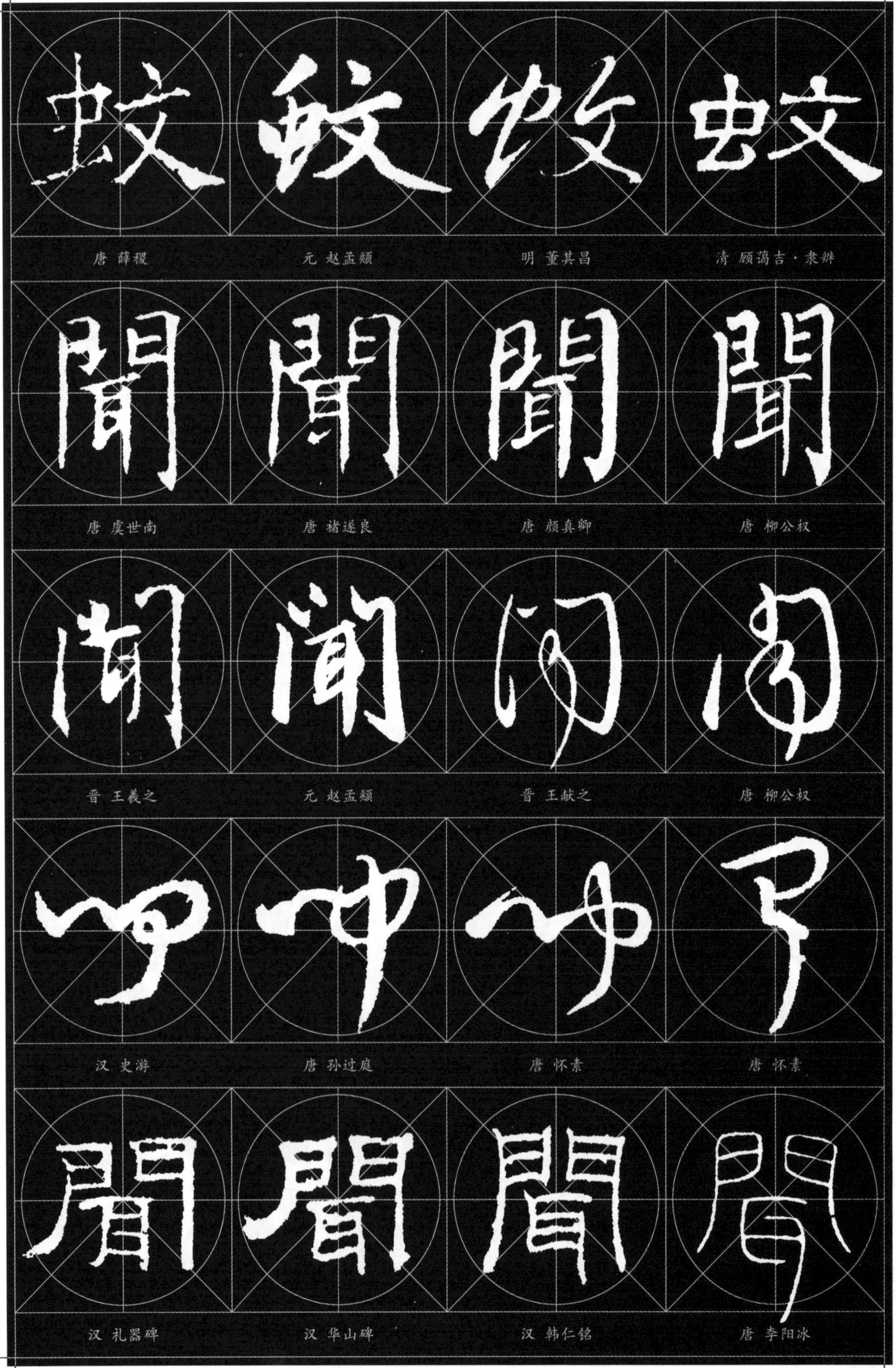
唐 薛稷
元 赵孟頫
明 董其昌
清 顾蔼吉·隶辨
唐 虞世南
唐 褚遂良
唐 颜真卿
唐 柳公权
晋 王羲之
元 赵孟頫
晋 王献之
唐 柳公权
汉 史游
唐 孙过庭
唐 怀素
唐 怀素
汉 礼器碑
汉 华山碑
汉 韩仁铭
唐 李阳冰

唐 陆柬之 | 元 倪瓒 | 明 文徵明 | 汉 说文解字

宋 李建中 | 宋 蔡卞 | 元 赵孟頫 | 元 康里子山

北魏 墓志 | 晋 王羲之 | 清 顾蔼吉·隶辨 | 汉 说文解字

唐 欧阳询 | 唐 褚遂良 | 唐 颜真卿 | 唐 柳公权

晋 王羲之 | 宋 苏轼 | 明 唐寅 | 明 董其昌

wěn
吻

wěn
稳
（穩）

wèn
汶

wèn
问

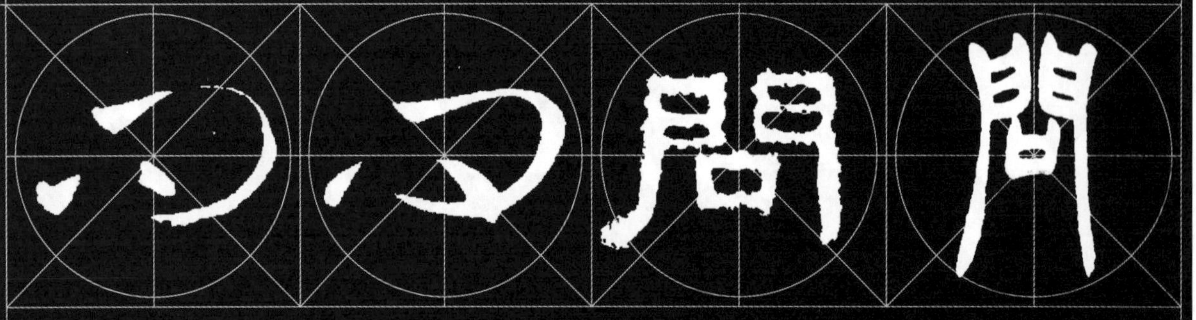

晋 王羲之　唐 虞世南　汉 张迁碑　清 胡澍

wēng
翁

唐 褚遂良　明 邵二泉　明 张弼　明 程南云

wèng
瓮（甕、罋）

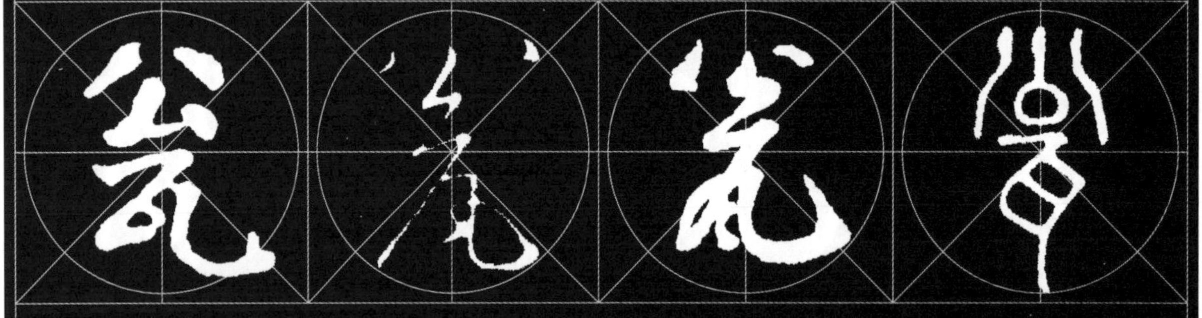

唐 颜真卿　宋 赵构　宋 陆游　汉 说文解字

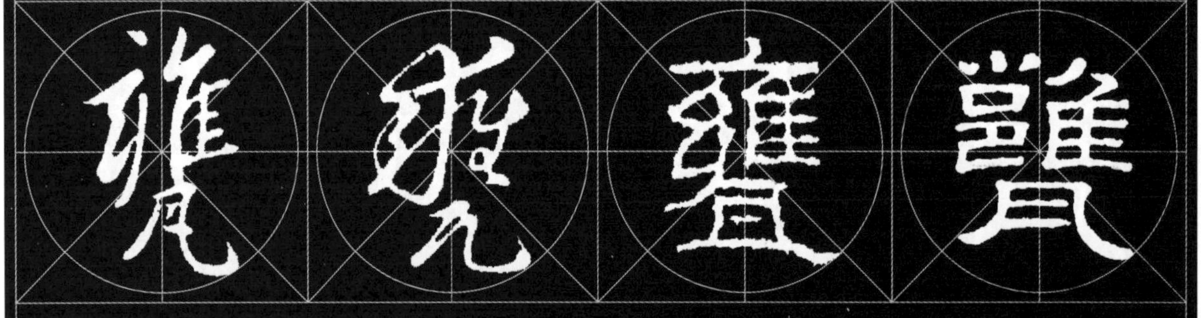

元 赵孟頫　金 张天锡·草书韵会　汉 武梁刻石　清 顾蔼吉·隶辨

wō
蜗

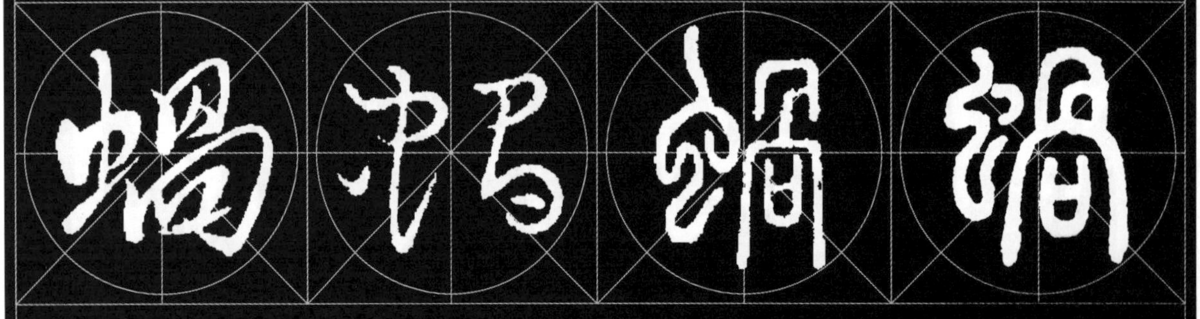

宋 米芾　金 张天锡·草书韵会　汉 说文解字　清 康熙字典

wǒ
我

晋 王献之　唐 欧阳询　唐 张旭　唐 颜真卿

唐 褚遂良　唐 颜真卿　宋 苏轼　宋 米芾

晋 王羲之　唐 孙过庭　唐 怀素　宋 黄庭坚

汉 杨震碑　汉 华山碑　汉 鲜于璜碑　汉 张迁碑

周 毛公鼎　秦 石鼓文　汉 说文解字　元 赵孟頫

wò 沃

wò 卧（臥）

wò 渥（沾湿；厚；重）

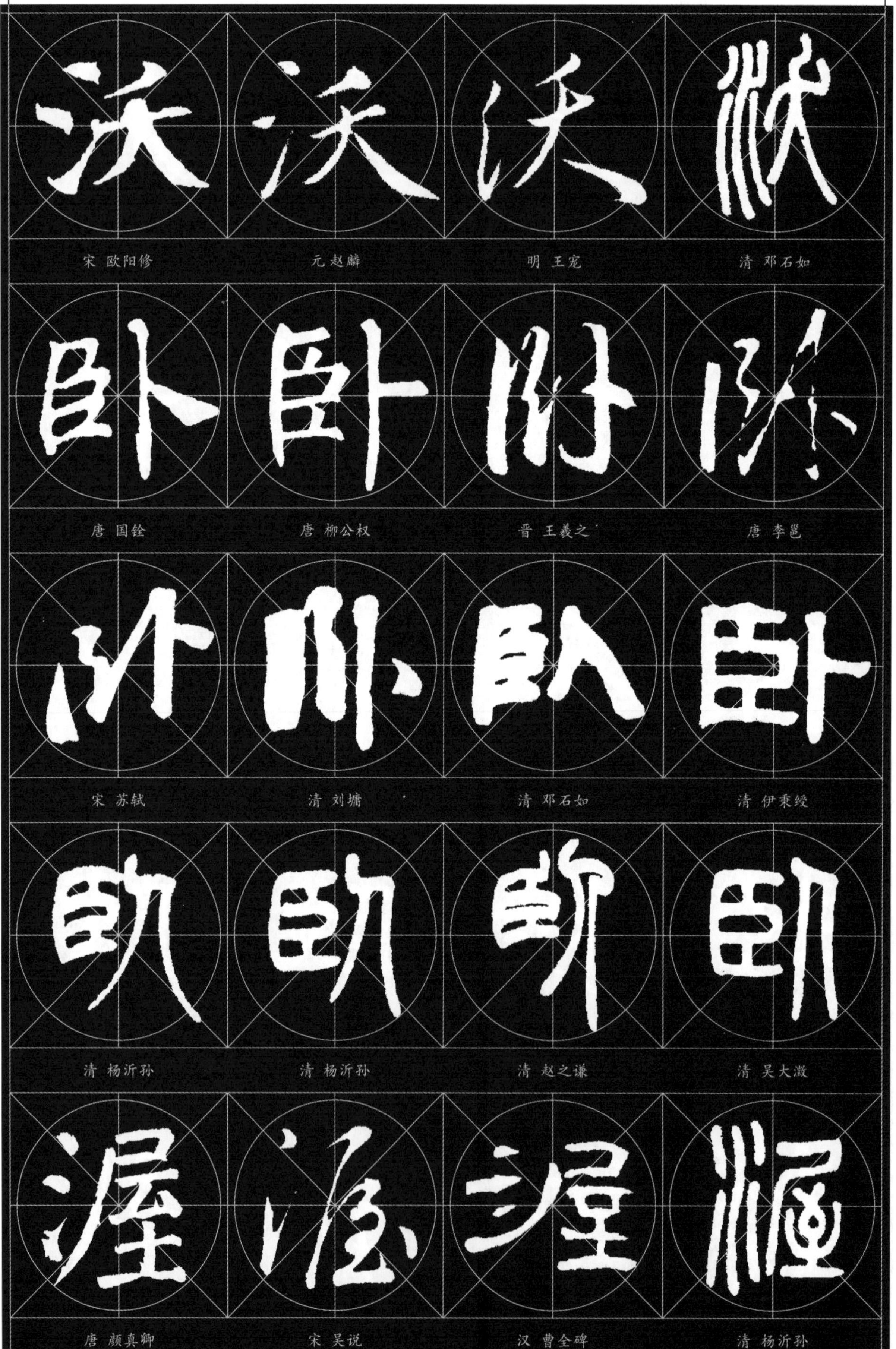

宋 欧阳修　元 赵麟　明 王宠　清 邓石如

唐 国铨　唐 柳公权　晋 王羲之　唐 李邕

宋 苏轼　清 刘墉　清 邓石如　清 伊秉绶

清 杨沂孙　清 杨沂孙　清 赵之谦　清 吴大澂

唐 颜真卿　宋 吴说　汉 曹全碑　清 杨沂孙

wò 握

唐 欧阳询　唐 薛稷　唐 颜真卿　唐 李邕

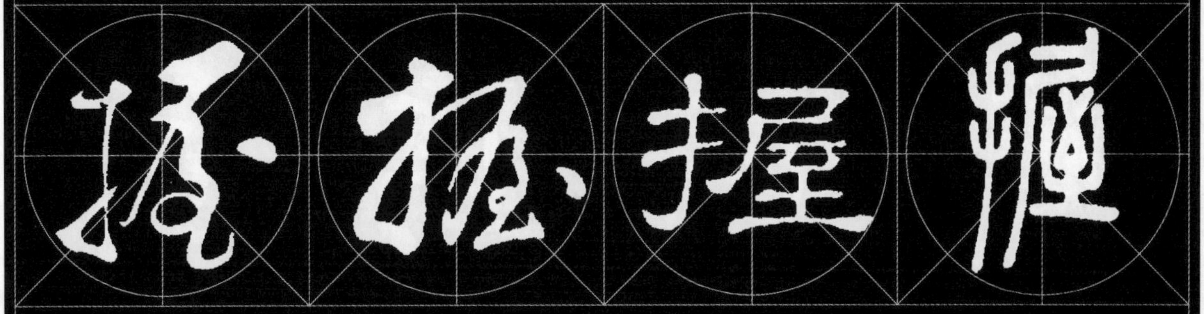

明 祝允明　明 董其昌　清 顾蔼吉·隶辨　清 邓石如

wò 幄（帐幕）

隋 苏孝慈墓志　元 赵孟𫖯　明 王宠　清 顾蔼吉

wò 斡（旋转）

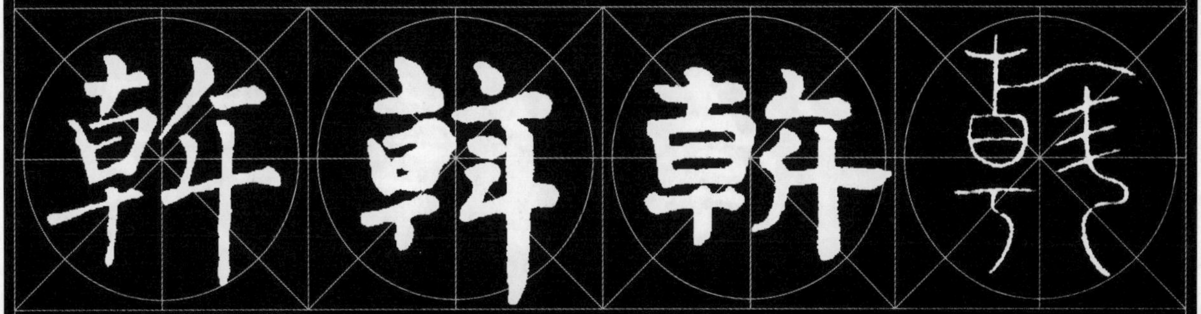

唐 柳公权　元 赵孟𫖯　元 赵孟𫖯　唐 李阳冰

wū 屋

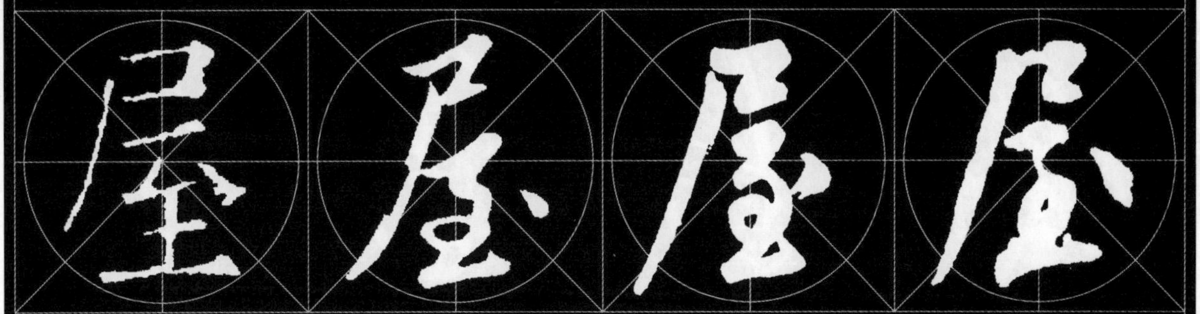

唐 欧阳询　元 赵孟𫖯　元 鲜于枢　明 文徵明

wū
乌（黑色；乌鸦）wù（乌拉草）

wū
呜（歇）

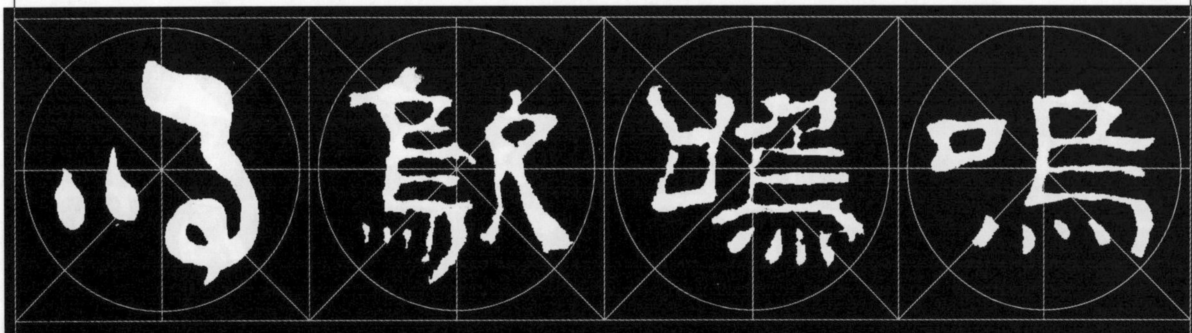

明 文徵明 | 汉 景君碑 | 汉 夏承碑 | 清 顾蔼吉·隶辨

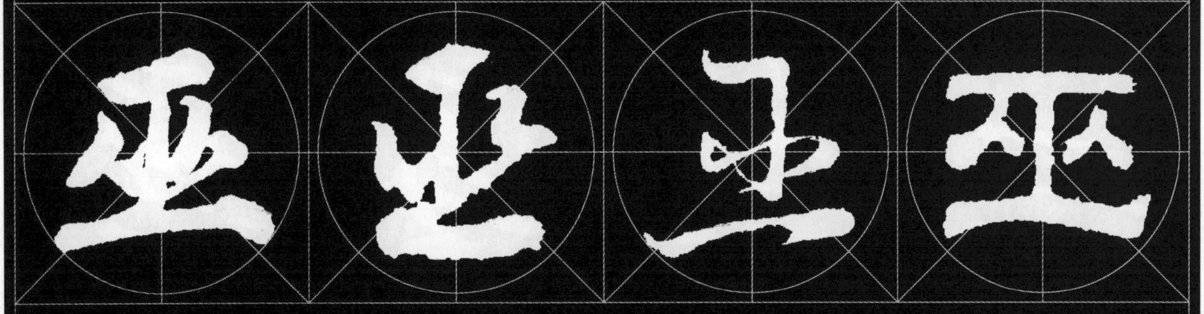

明 唐寅 | 明 文徵明 | 唐 怀素 | 汉 樊敏碑

wū
巫

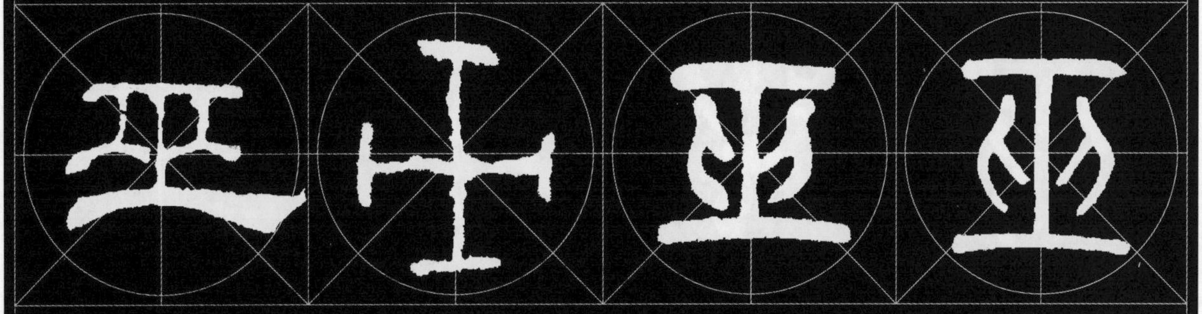

元 吴叡 | 殷商 甲骨文 | 清 杨沂孙 | 清 吴大澂

唐 颜真卿 | 元 赵孟頫 | 唐 孙过庭 | 清 吴大澂

wū
诬

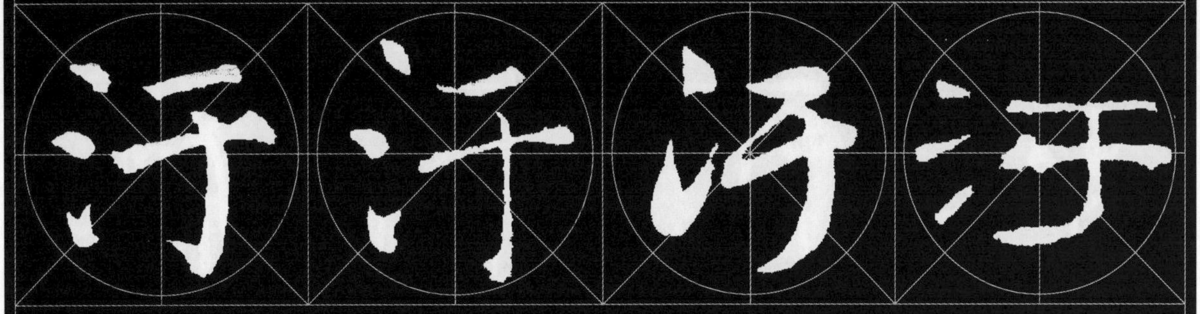

唐 颜真卿 | 唐 褚遂良 | 元 赵孟頫 | 汉 礼器碑

wū
汙（汚、污）

wú 无 mó

（南无：nāmó 表示对佛的尊敬或皈依）

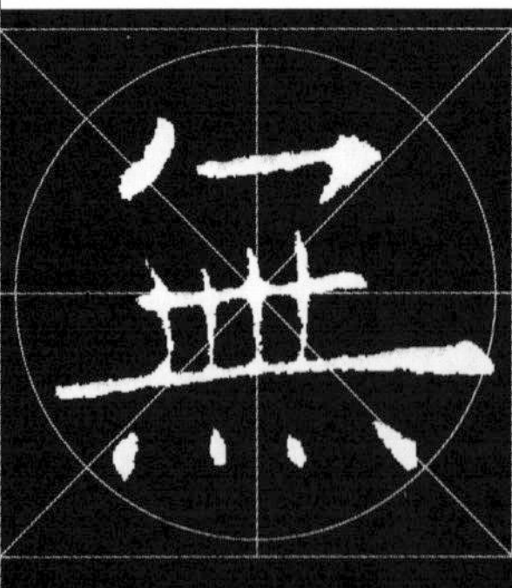
唐 欧阳询

唐 虞世南

唐 颜真卿

唐 柳公权

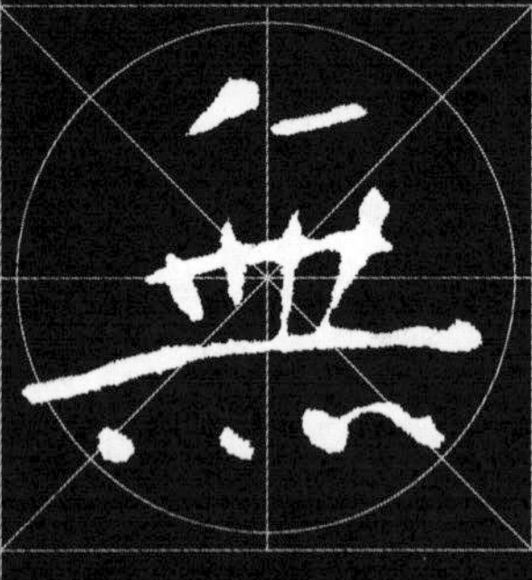
三国 钟繇

晋 王献之

唐 褚遂良

唐 释怀仁

晋 王羲之

隋 智永

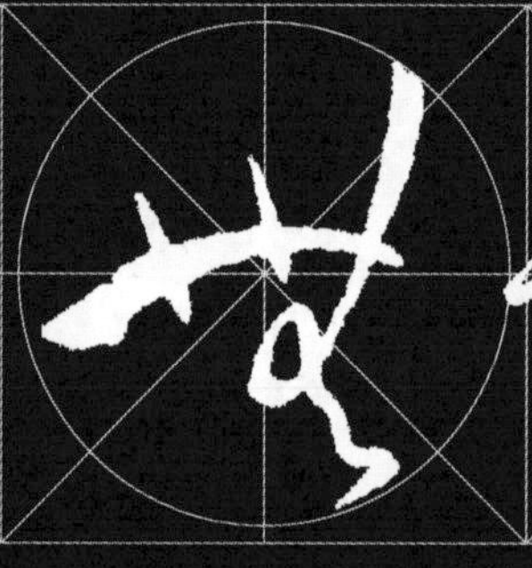
唐 孙过庭

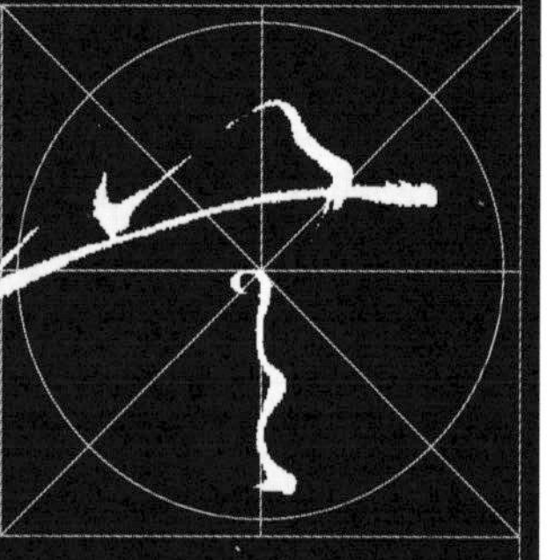
唐 怀素

汉 熹平石经

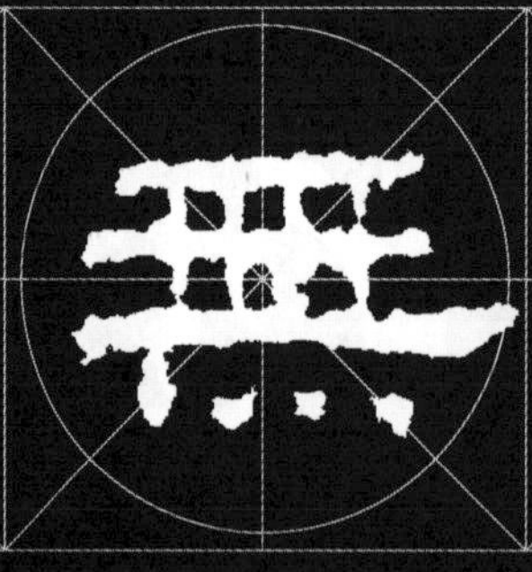
汉 张迁碑

汉 朝侯小子残碑

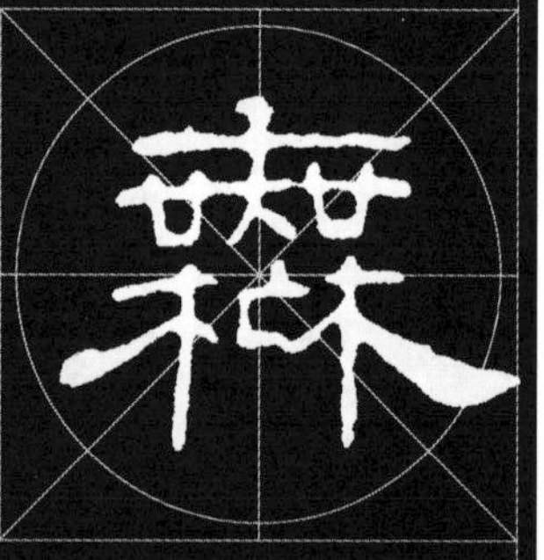
唐 叶慧明碑

周 墙盘

汉 说文解字

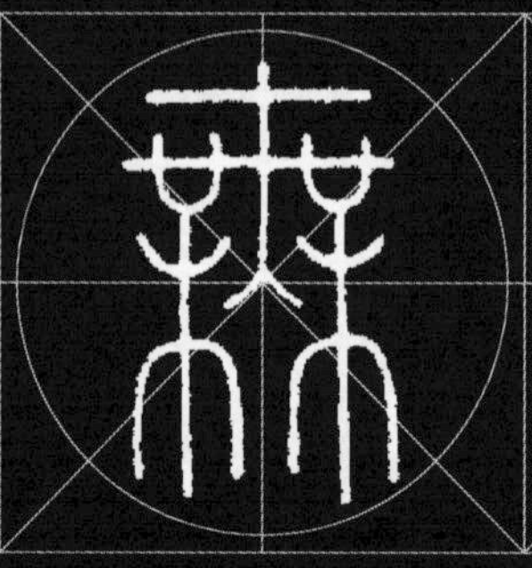
清 王澍

清 邓石如

wú
芜

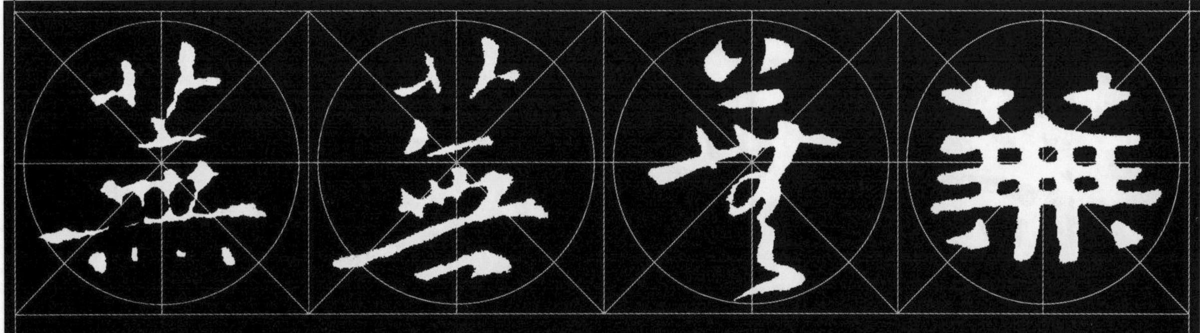

晋 王羲之　唐 褚遂良　唐 怀素　清 张祖翼

wú
吾

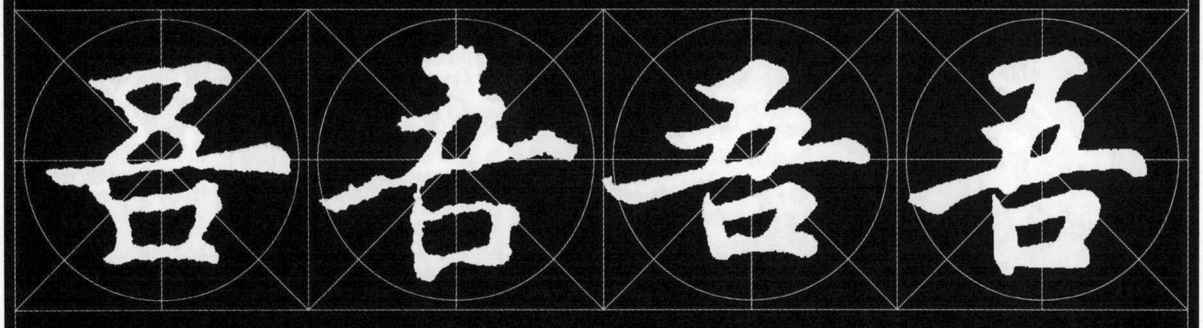

唐 欧阳询　唐 李邕　宋 苏轼　元 赵孟頫

晋 王羲之　晋 王荟　晋 王羲之　唐 怀素

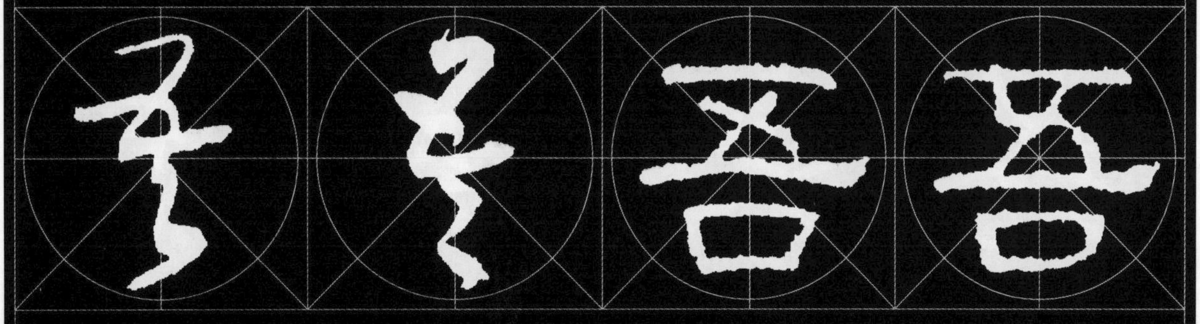

宋 黄庭坚　明 祝允明　汉 尹宙碑　汉 张迁碑

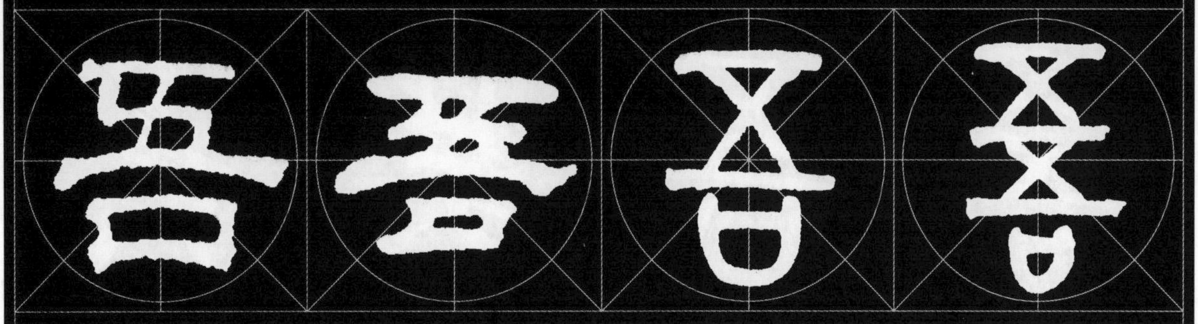

元 吴叡　明 沈度　清 吴大澂　清 吴大澂

wú 梧

wú 毋

wú 吴

隋 智永
宋 黄庭坚
隋 智永
唐 欧阳询
唐 怀素
清 王澍
汉 说文解字
元 吴叡
北魏 元倪墓志
唐 颜真卿
明 董其昌
唐 怀素
金 张天锡·草书韵会
汉 莱子侯刻石
清 顾蔼吉·隶辨
清 吴大澂
唐 褚遂良
唐 柳公权
唐 欧阳询
唐 颜真卿

唐 杜牧　宋 米芾　晋 王羲之　唐 怀素

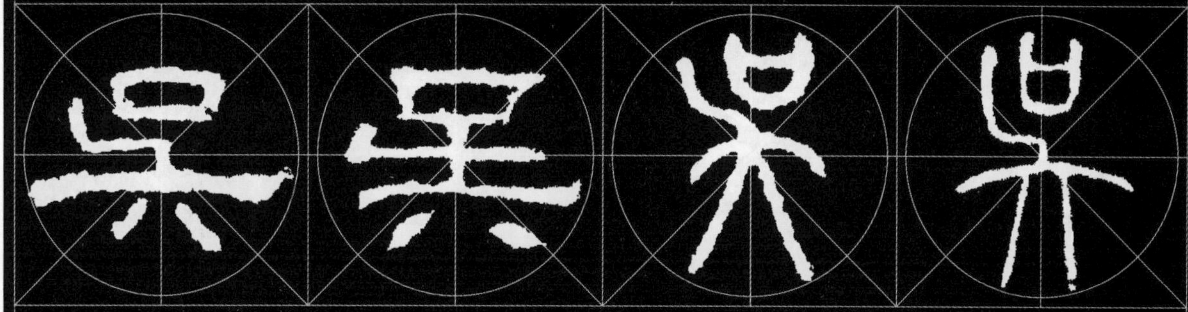

汉 曹全碑　汉 肥致碑　秦 石鼓文　汉 说文解字

wǔ
五

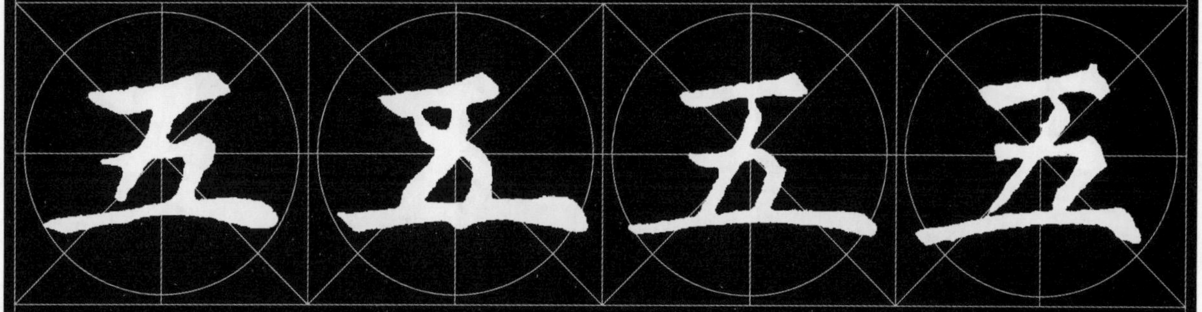

南北朝 张玄墓志　唐 欧阳询　唐 虞世南　唐 柳公权

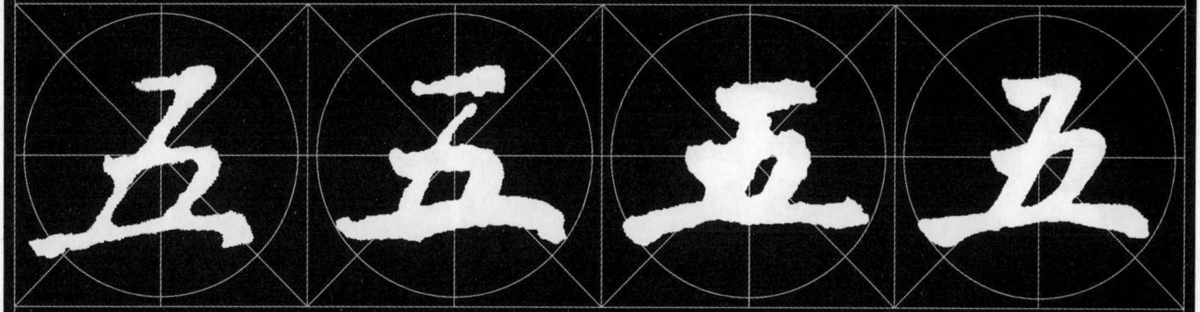

晋 王羲之　唐 褚遂良　唐 颜真卿　元 赵孟頫

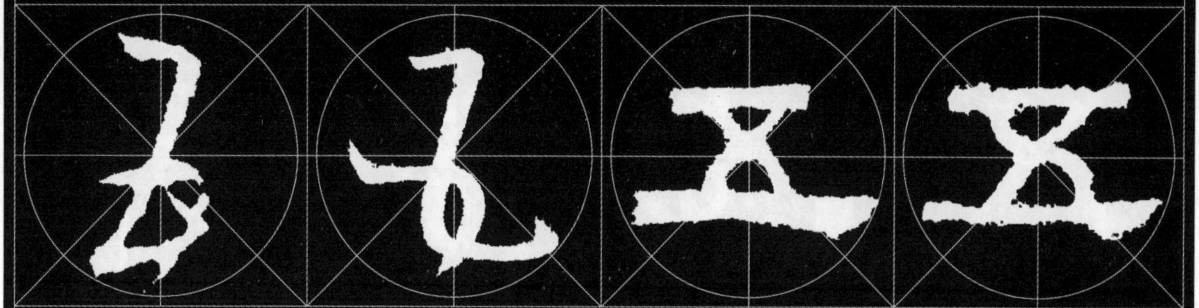

晋 王羲之　晋 王羲之　汉 鲜于璜碑　汉 张迁碑

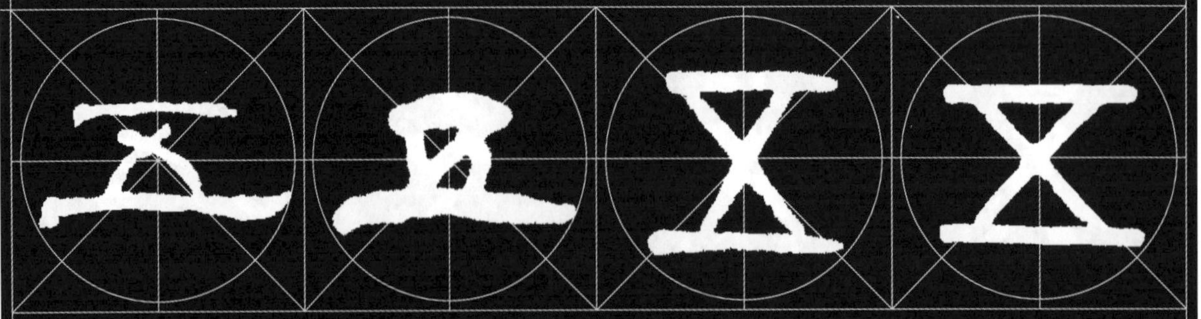

汉 朝侯小子残碑　清 杨岘　清 杨沂孙　清 吴大澂

wǔ
伍

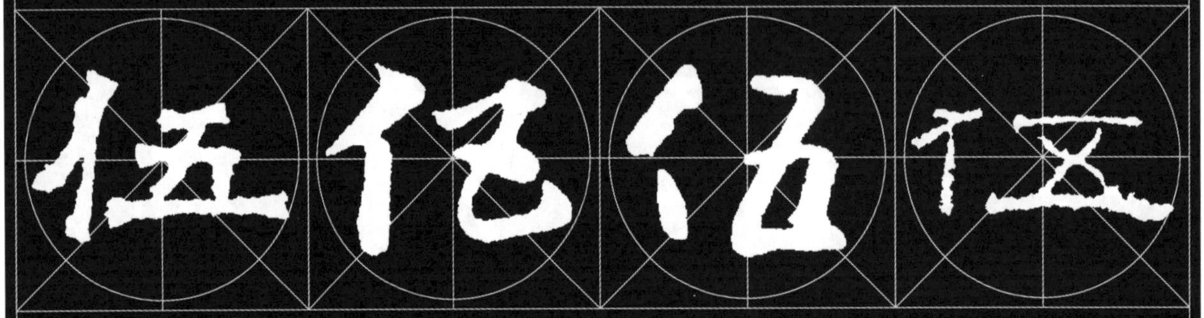

南北朝 爨龙颜碑　元 赵孟頫　清 黄慎　汉 张景碑

wǔ
午

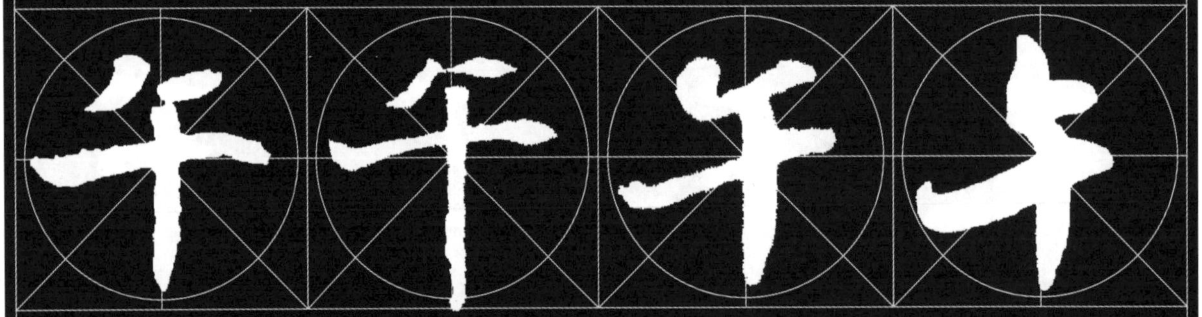

南北朝 李超墓志　北魏 元倪墓志　宋 苏轼　宋 米芾

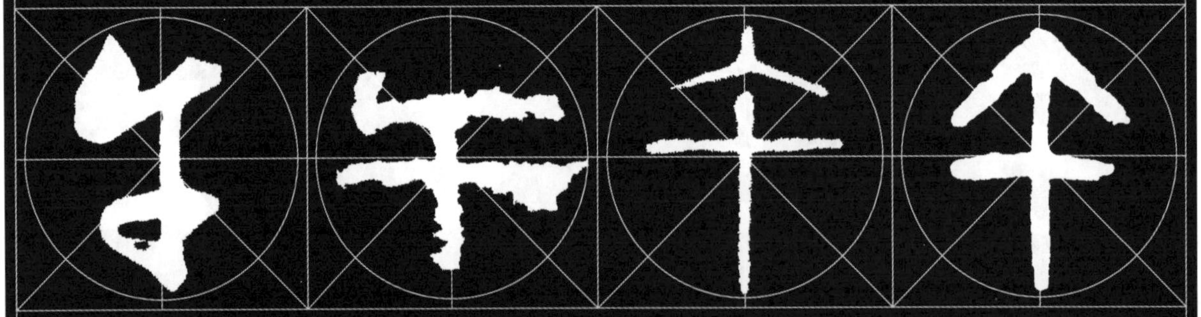

明 文徵明　汉 景君碑　汉 说文解字　清 杨沂孙

wǔ
忤
（牾）

明 沈度　明 宋克　清 邓石如　清 邓石如

wǔ 庑（廡：小屋子）

wǔ 肒 hū

wǔ 武

金 王庭筠　元 赵孟頫　三国 皇象　元 赵孟頫

唐 孙过庭　金 张天锡·草书韵会　汉 说文解字

北魏 张猛龙碑　唐 欧阳询　唐 褚遂良　唐 柳公权

唐 李邕　宋 文彦博　宋 米芾　明 文徵明

晋 王羲之　唐 怀素　宋 赵佶　明 宋克

wǔ
鹉

wǔ
侮

汉 景君碑
汉 郭有道碑
汉 西狭颂
晋 左棻墓志
周 毛公鼎
秦 李斯
唐 李阳冰
清 吴大澂
宋 黄庭坚
元 赵孟频
宋 苏轼
唐 怀素
唐 欧阳询
元 赵孟频
唐 贺知章
清 王铎
清 顾蔼吉·隶辨
清 顾蔼吉·隶辨
汉 说文解字
清 吴大澂

wǔ 舞（𦏶）

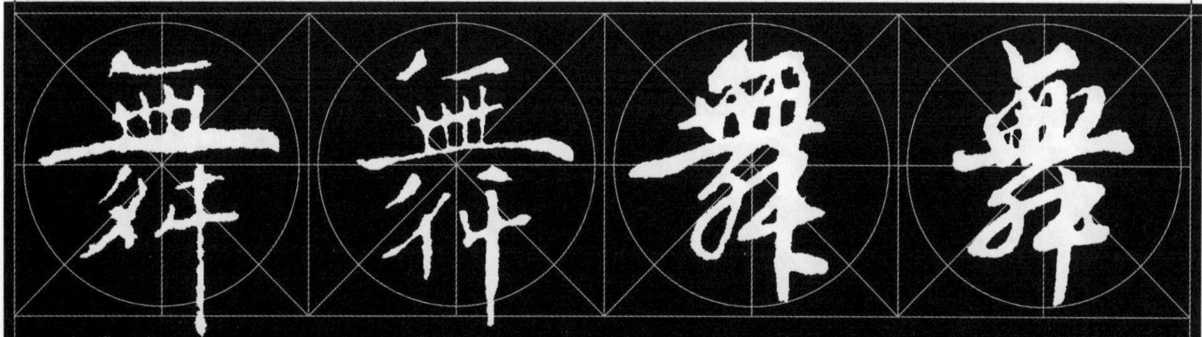

唐 虞世南　唐 欧阳通　明 邵二泉　明 唐寅

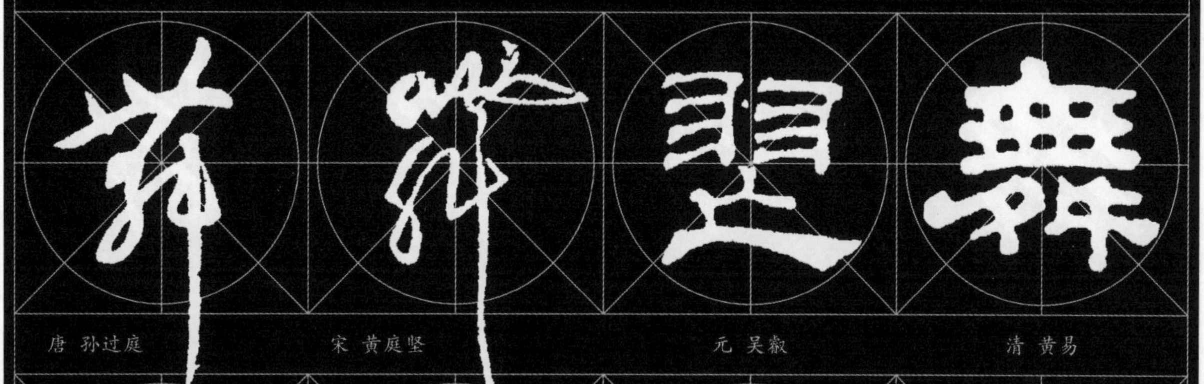

唐 孙过庭　宋 黄庭坚　元 吴叡　清 黄易

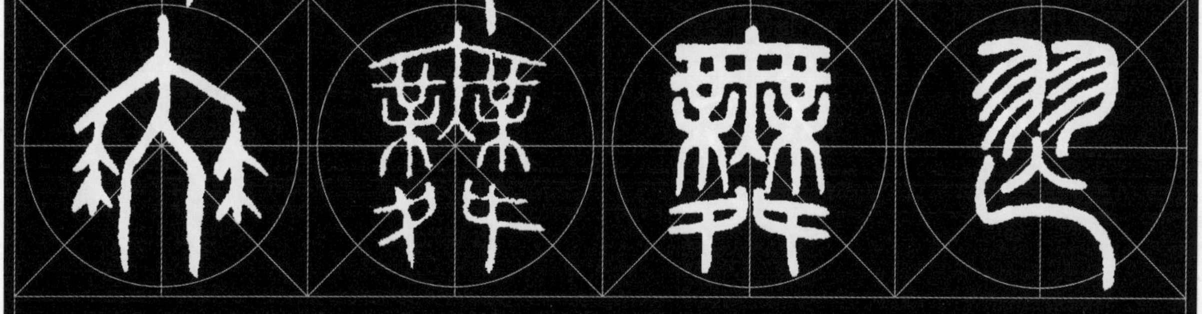

殷商 甲骨文　汉 说文解字　清 杨沂孙　清 吴熙载

wù 兀

宋 苏轼　元 杨维桢　汉 说文解字　清 吴昌硕

wù 勿

唐 欧阳询　唐 颜真卿　元 赵孟頫　明 祝允明

wù
物

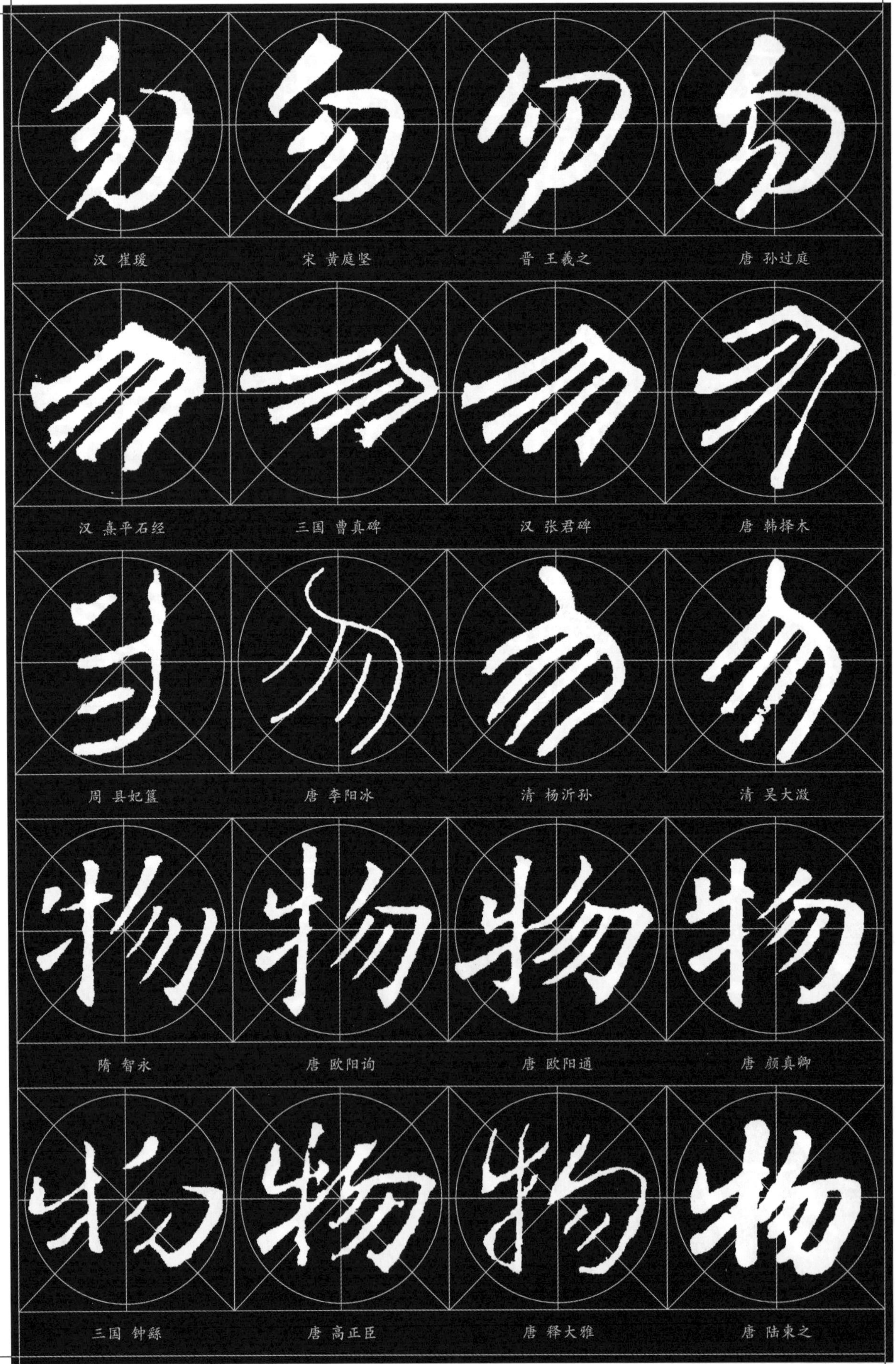

汉 崔瑗 | 宋 黄庭坚 | 晋 王羲之 | 唐 孙过庭
汉 熹平石经 | 三国 曹真碑 | 汉 张君碑 | 唐 韩择木
周 县妃簋 | 唐 李阳冰 | 清 杨沂孙 | 清 吴大澂
隋 智永 | 唐 欧阳询 | 唐 欧阳通 | 唐 颜真卿
三国 钟繇 | 唐 高正臣 | 唐 释大雅 | 唐 陆柬之

晋 索靖　晋 王献之　宋 杜衍　清 王铎

汉 衡方碑　汉 史晨碑　汉 夏承碑　汉 熹平石经

秦 李斯　唐 李阳冰　清 邓石如　清 徐三庚

唐 褚遂良　唐 颜真卿　明 沈周　明 文徵明

元 鲜于枢　金 张天锡·草书韵会　汉 曹全碑　清 杨沂孙

wù
戊

wù
悟

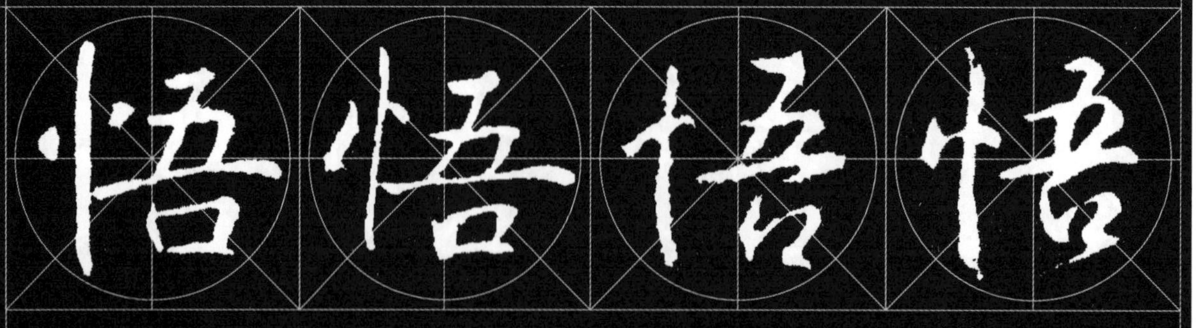

唐 褚遂良　唐 魏栖梧　唐 高正臣　唐 颜真卿

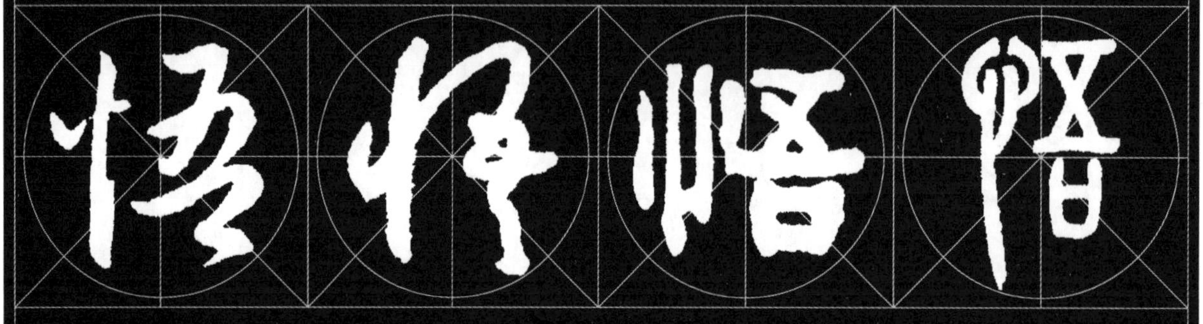

元 赵孟頫　唐 孙过庭　清 俞樾　清 吴熙载

wù
晤

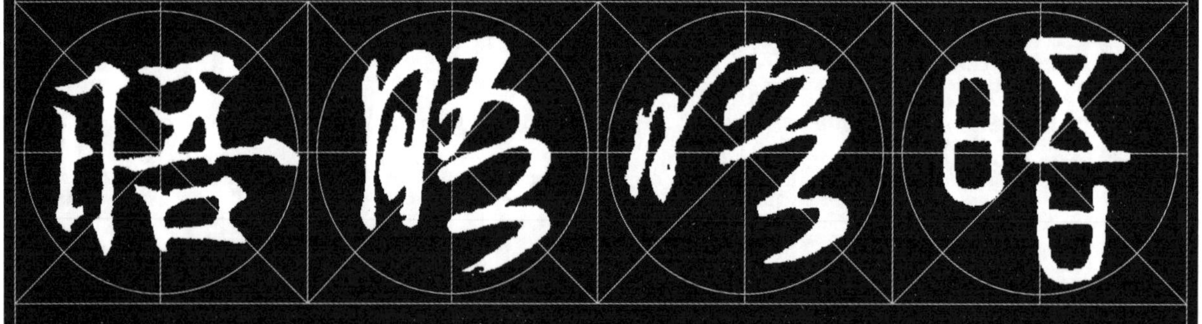

唐 欧阳通　宋 米芾　元 周驰　汉 说文解字

wù
寤（睡醒）

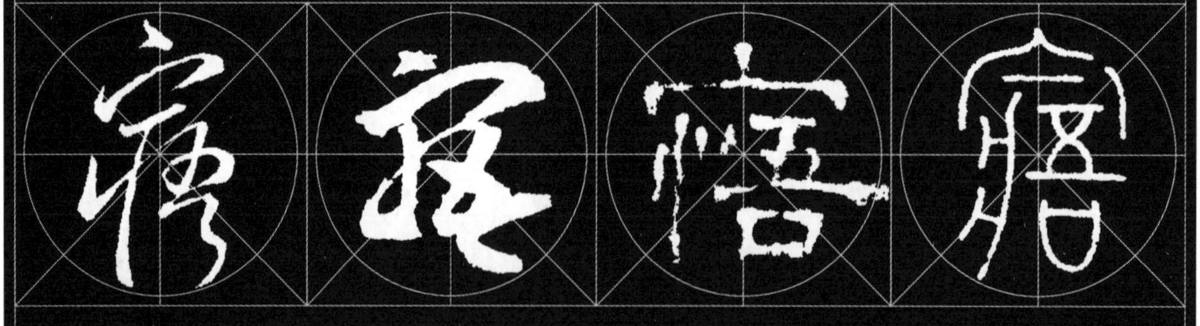

唐 李世民　明 祝允明　汉 杨震碑　清 王澍

wù
务（務）

隋 智永　唐 欧阳询　唐 欧阳通　元 赵孟頫

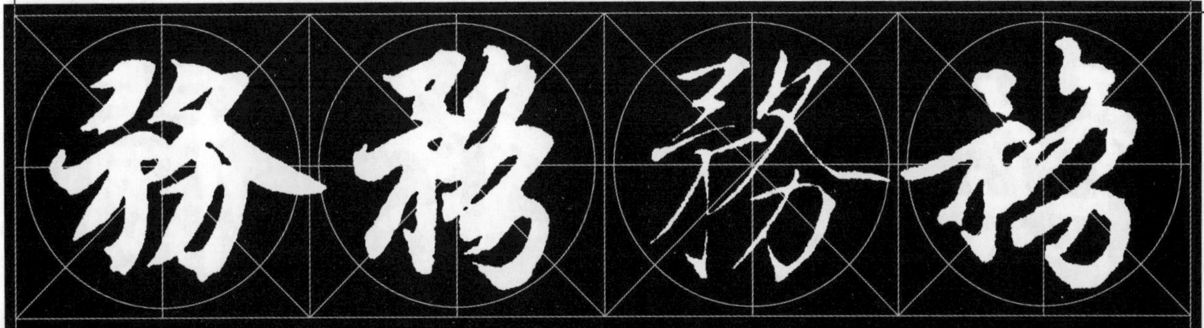

隋 智永　唐 陆柬之　宋 赵佶　明 文徵明

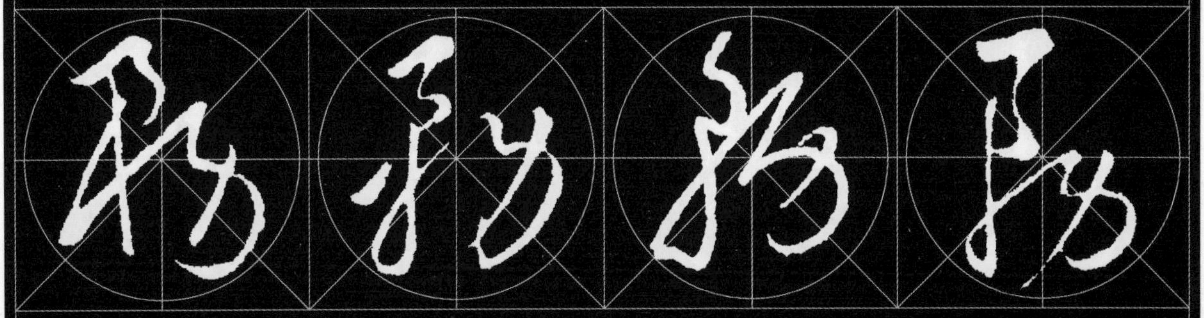

唐 欧阳询　唐 李怀琳　唐 怀素　元 陈基

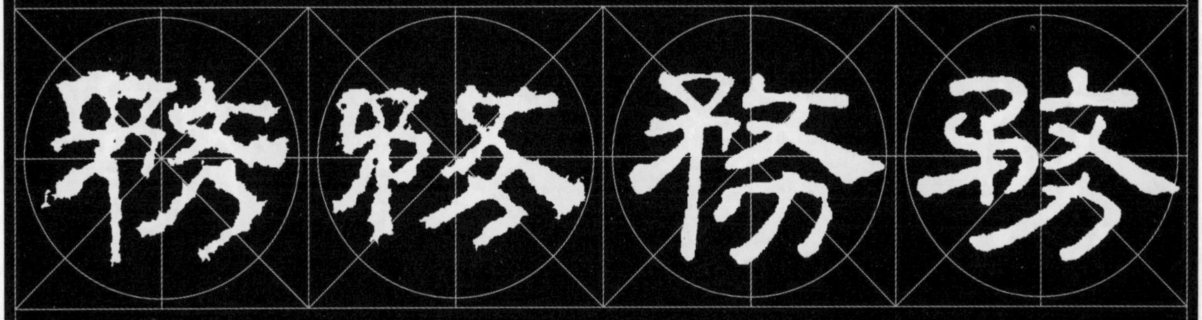

汉 衡方碑　汉 张迁碑　元 吴叡　清 王澍

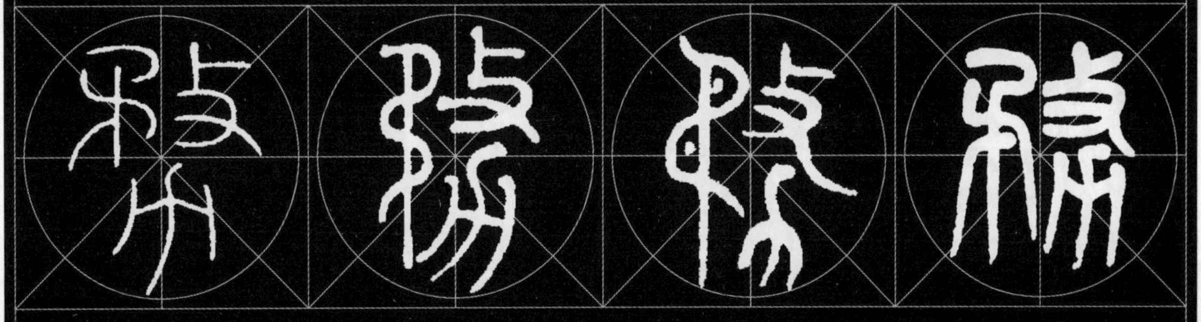

唐 李阳冰　元 赵孟頫　元 赵孟頫　清 杨沂孙

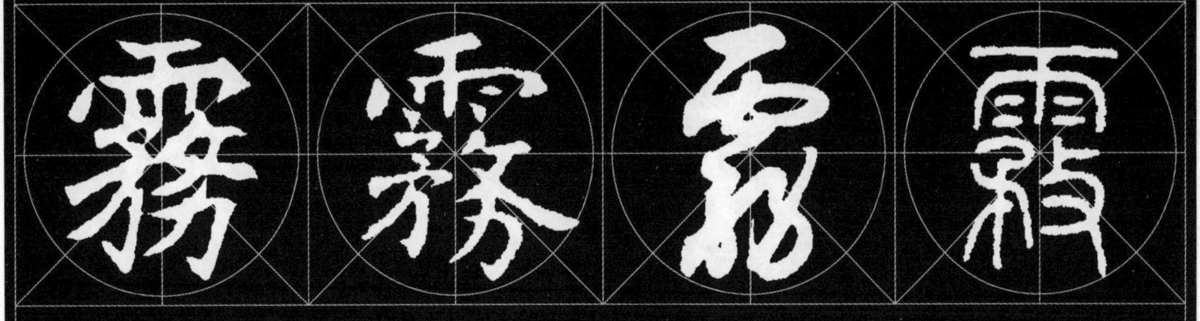

北魏 元诊墓志　唐 虞世南　宋 薛绍彭　清 左运奎

wù
雾

wù 婺

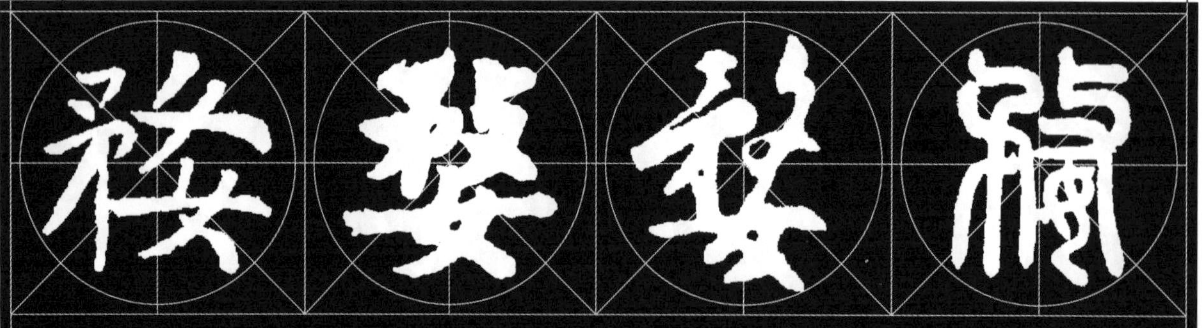

唐 张旭　唐 吴彩鸾　明 文徵明　清 康熙字典

wù 骛（奔驰；追求）

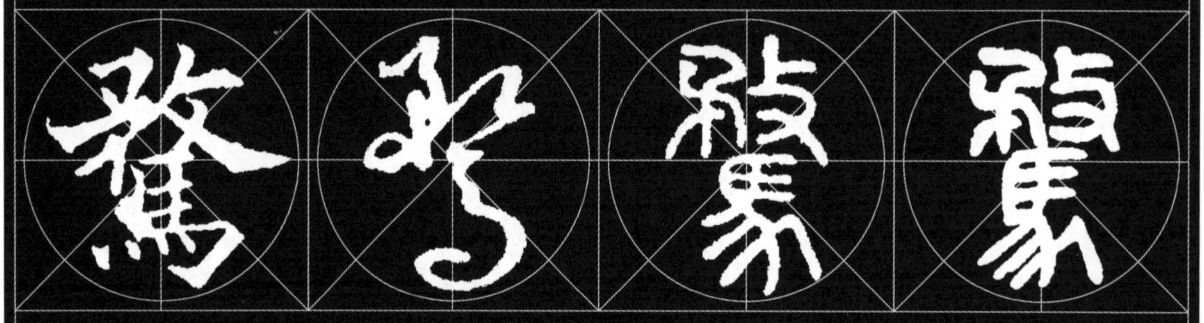

唐 欧阳通　唐 孙过庭　汉 说文解字　清 康熙字典

wù 鹜（鸭子）

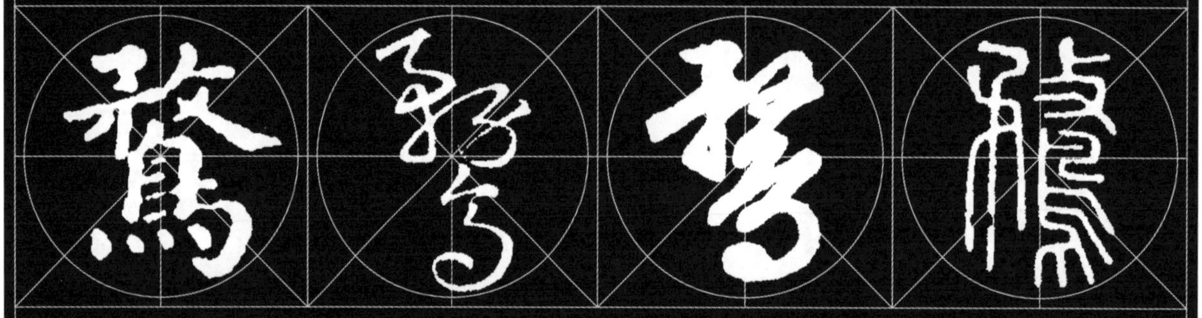

元 俞和　明 宋克　明 文徵明　汉 说文解字

wù 坞

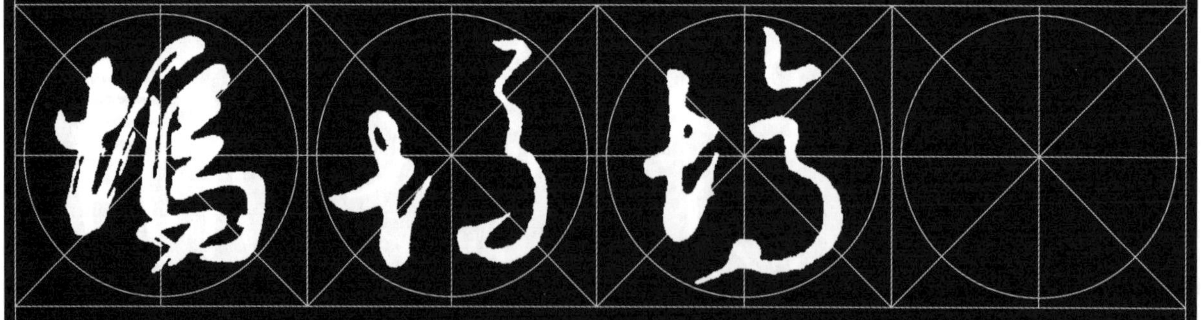

明 董其昌　明 陈献章　明 佚名

wù 误（誤、悮）

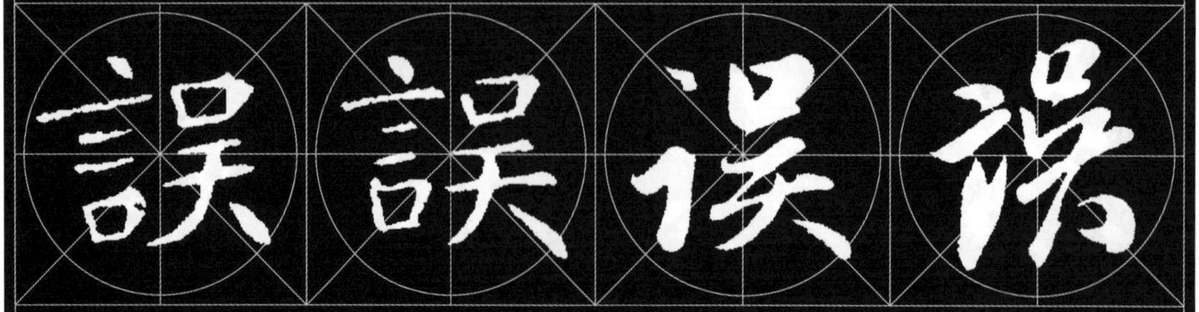

北魏 李超墓志　唐 虞世南　宋 米芾　元 赵孟頫

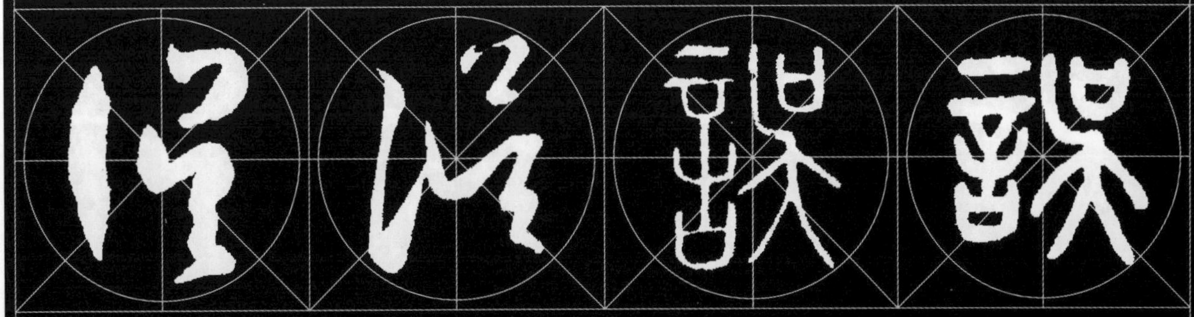

唐 孙过庭　元 赵孟頫　汉 说文解字　清 杨沂孙

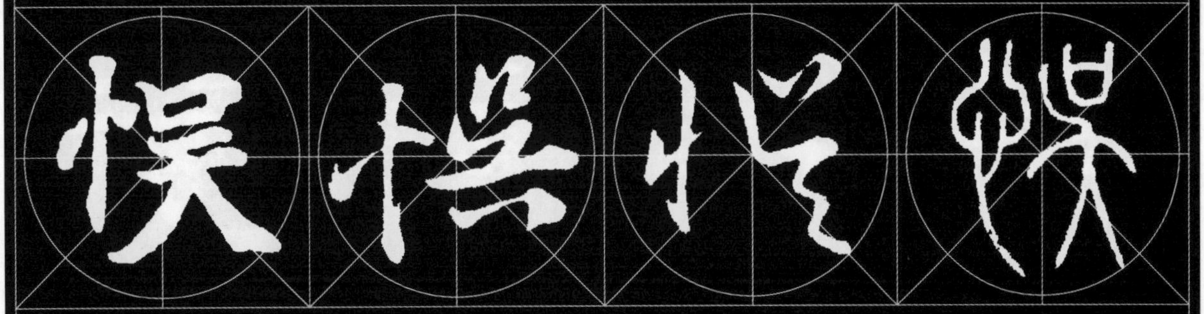

唐 国铨　宋 黄庭坚　金 张天锡·草书韵会　汉 说文解字

xī
夕

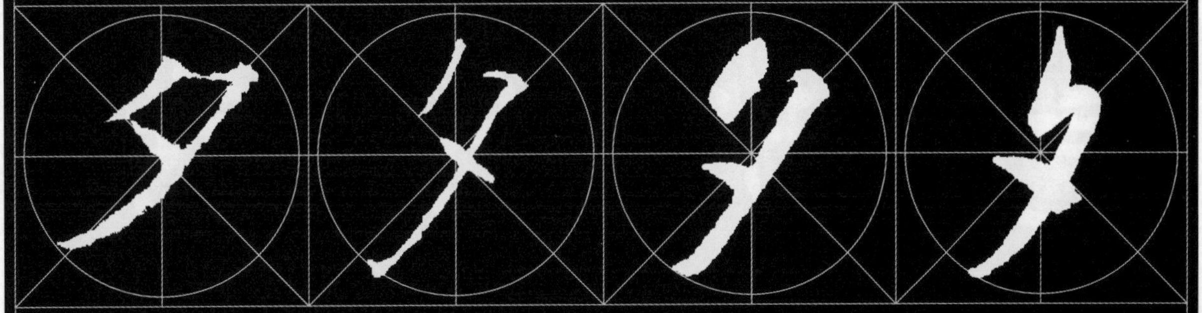

唐 欧阳询　唐 褚遂良　隋 智永　宋 米芾

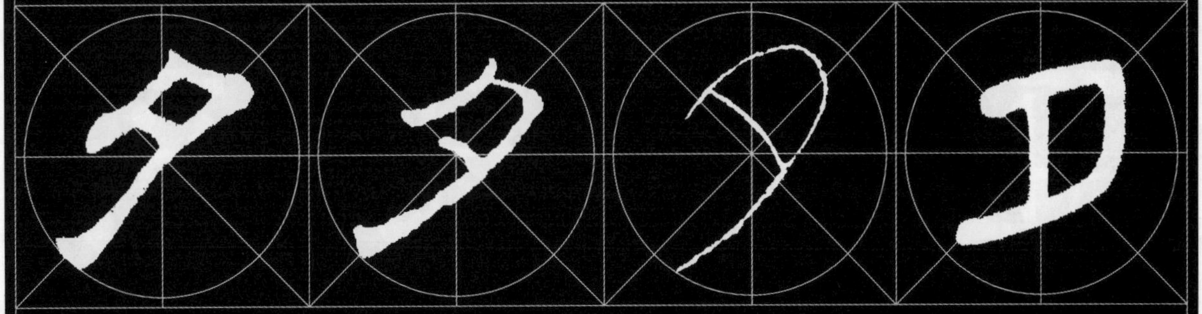

元 俞和　清 王澍　唐 李阳冰　清 吴大澂

xī
穸

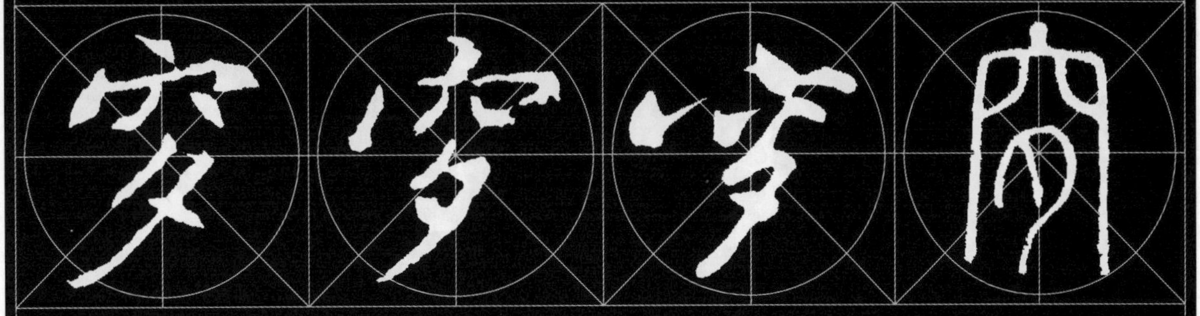

南北朝 元倪墓志　唐 释大雅　宋 黄庭坚　汉 说文解字

xī
兮

xī
西

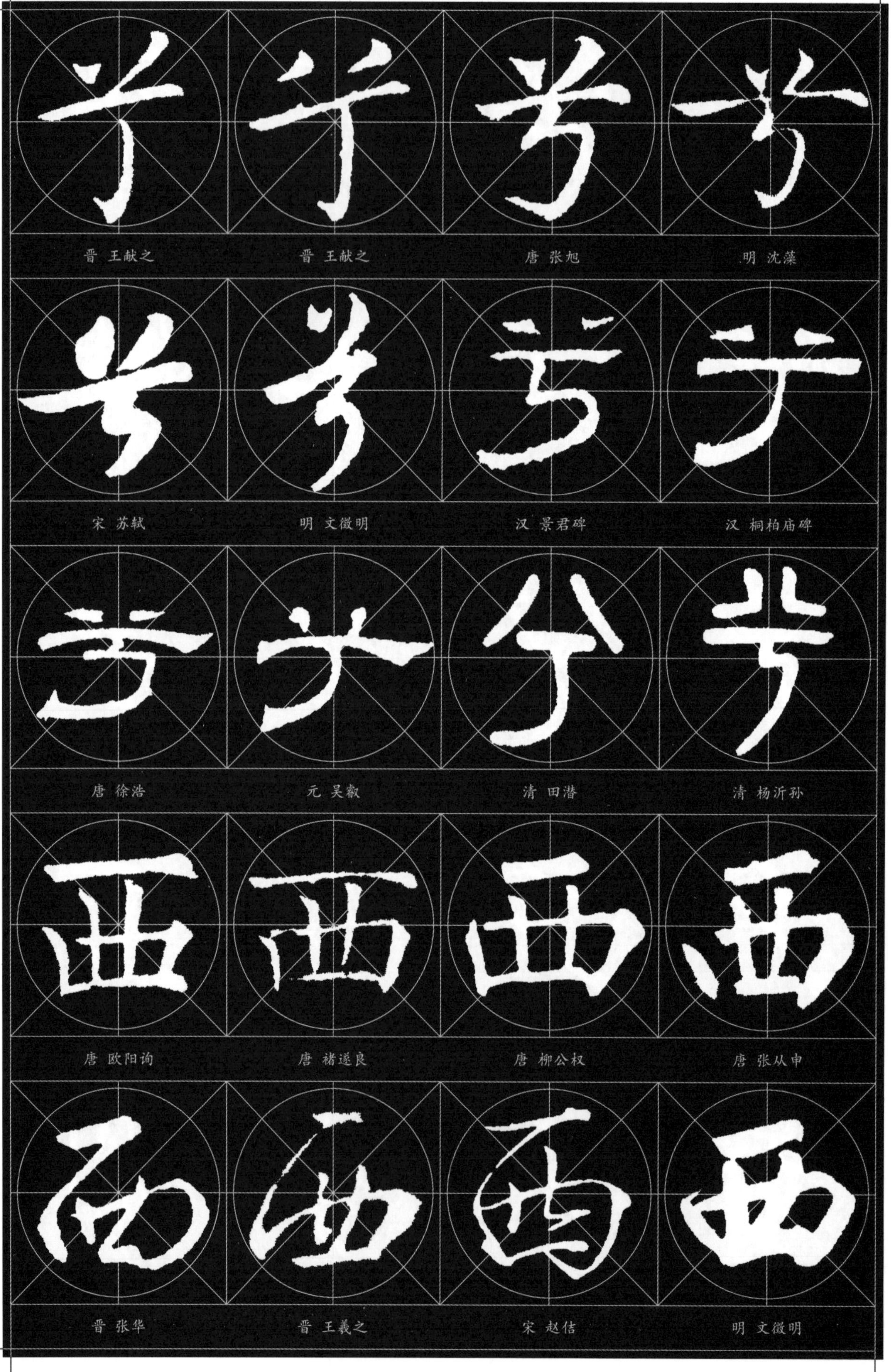
晋 王献之
晋 王献之
唐 张旭
明 沈藻
宋 苏轼
明 文徵明
汉 景君碑
汉 桐柏庙碑
唐 徐浩
元 吴叡
清 田潜
清 杨沂孙
唐 欧阳询
唐 褚遂良
唐 柳公权
唐 张从申
晋 张华
晋 王羲之
宋 赵佶
明 文徵明

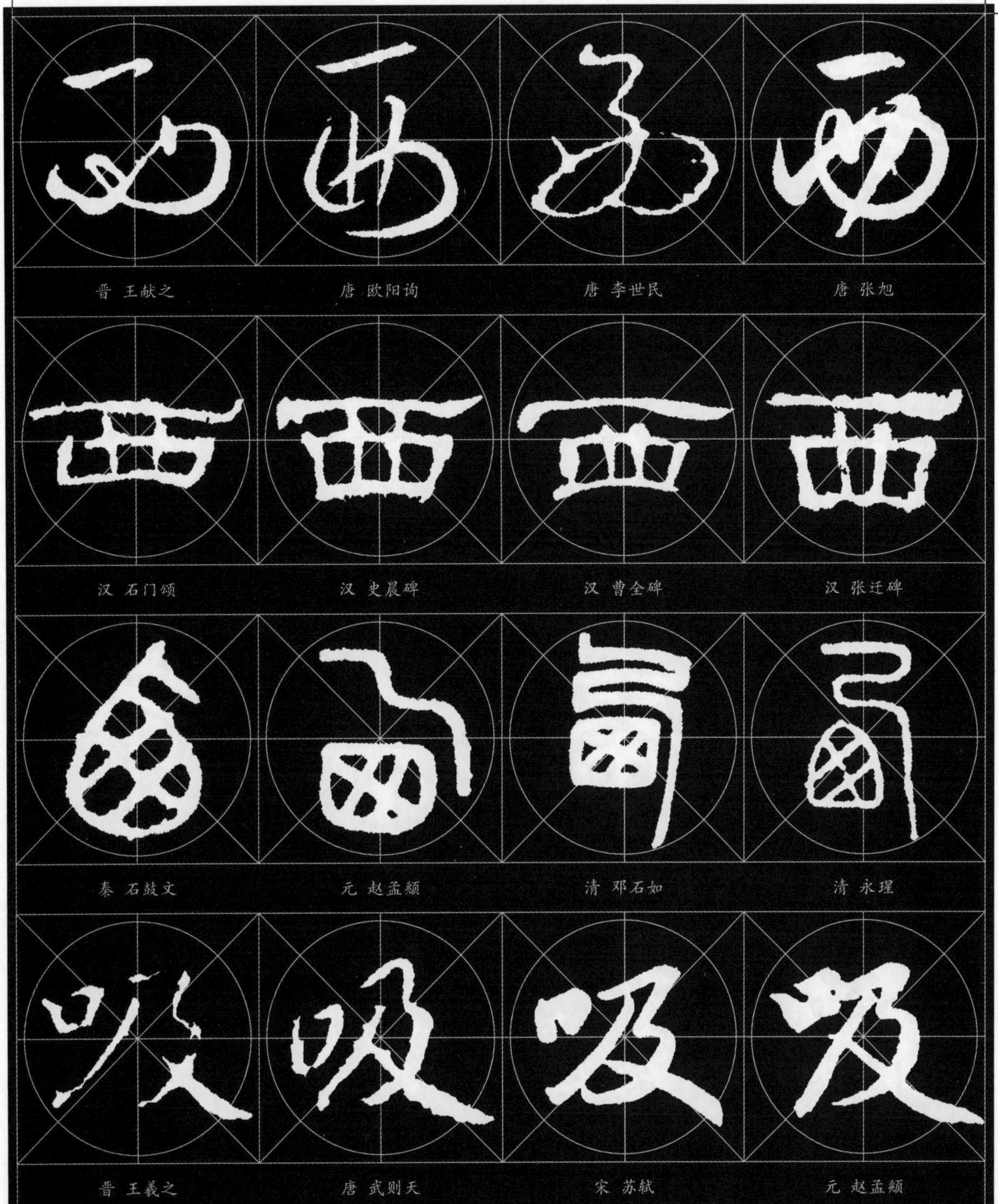

晋 王献之 | 唐 欧阳询 | 唐 李世民 | 唐 张旭

汉 石门颂 | 汉 史晨碑 | 汉 曹全碑 | 汉 张迁碑

秦 石鼓文 | 元 赵孟頫 | 清 邓石如 | 清 永瑆

晋 王羲之 | 唐 武则天 | 宋 苏轼 | 元 赵孟頫

唐 薛稷 | 唐 虞世南 | 唐 褚遂良 | 元 赵孟頫

xī
吸

xī
希

晋 王献之
唐 虞世南
唐 颜真卿
宋 苏轼
晋 索靖
晋 王羲之
唐 孙过庭
宋 李建中
汉 校官碑
清 顾蔼吉·隶辨
清 吴熙载
清 邓石如
唐 吴彩鸾
晋 王献之
晋 王羲之
唐 孙过庭
隋 张贵男墓志
明 文徵明
晋 王羲之
汉 郭有道碑

Xī
郗
Chī

xī
欷

xī
晞（干燥；破晓）

xī
稀

xī
昔

xī
惜

xī
析

晋 王羲之
宋 蔡襄
汉 史晨碑
元 吴叡
元 吴叡
清 吴熙载
清 徐三庚
清 赵之谦
唐 欧阳询
唐 褚遂良
唐 欧阳询
明 唐寅
晋 王羲之
元 鲜于枢
汉 朝侯小子残碑
清 杨沂孙
唐 虞世南
唐 褚遂良
晋 王羲之
汉 西狭颂

xī
晰
（皙）

xī
奚

xī
溪

唐 李世民　元 赵孟頫　清 顾蔼吉·隶辨　汉 说文解字

三国 皇象　唐 颜真卿　宋 米芾　元 赵孟頫

唐 孙过庭　唐 怀素　汉 子游残石　汉 杨震碑

汉 曹全碑　汉 张迁碑　清 杨沂孙　清 吴大澂

隋 苏孝慈墓志　宋 赵佶　清 何绍基　唐 李邕

xī
谿（䜳：同溪）

xī
息

宋 黄庭坚
宋 米芾
隋 智永
唐 怀素
唐 孙过庭
明 祝允明
清 陈豫钟
元 赵孟頫
唐 欧阳通
宋 苏轼
三国 皇象
元 赵孟頫
元 鲜于枢
元 陆居仁
清 张祖翼
清 吴昌硕
北魏 崔敬邕墓志
唐 褚遂良
唐 颜真卿
唐 柳公权

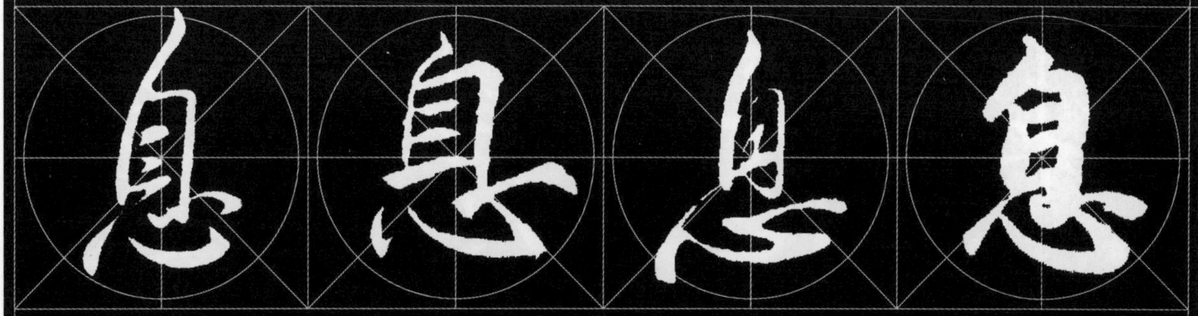

晋 王羲之　唐 李邕　宋 苏轼　元 赵孟頫

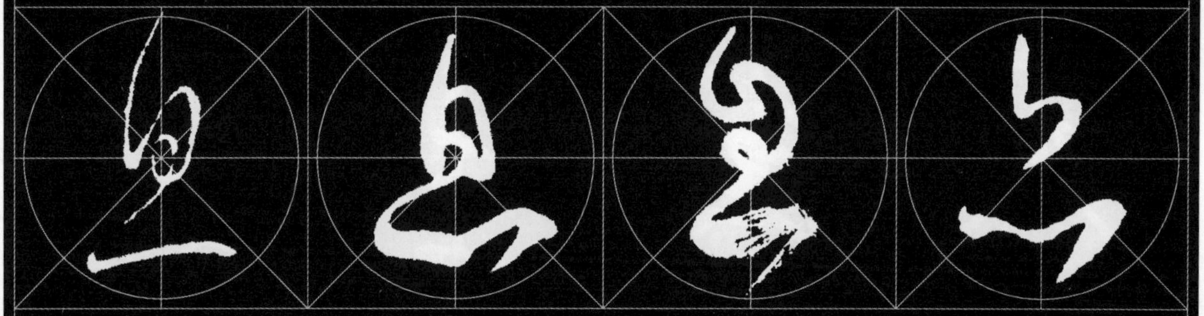

晋 王羲之　晋 王献之　唐 张旭　唐 怀素

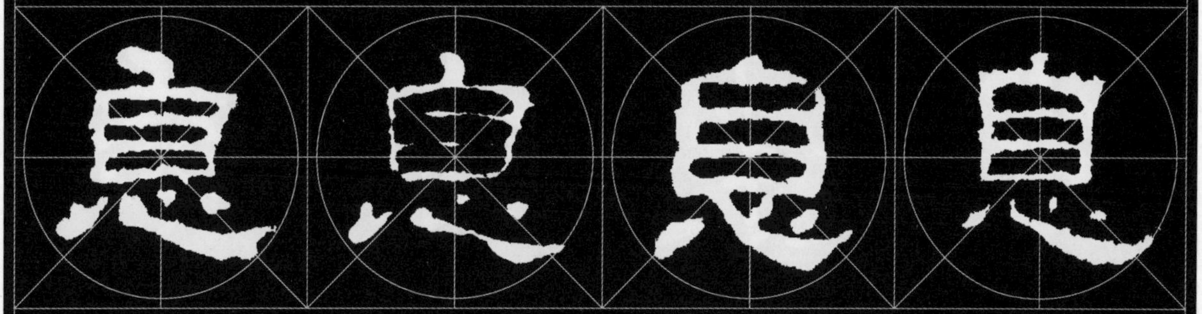

汉 史晨碑　汉 史晨碑　汉 校官碑　汉 白石神君碑

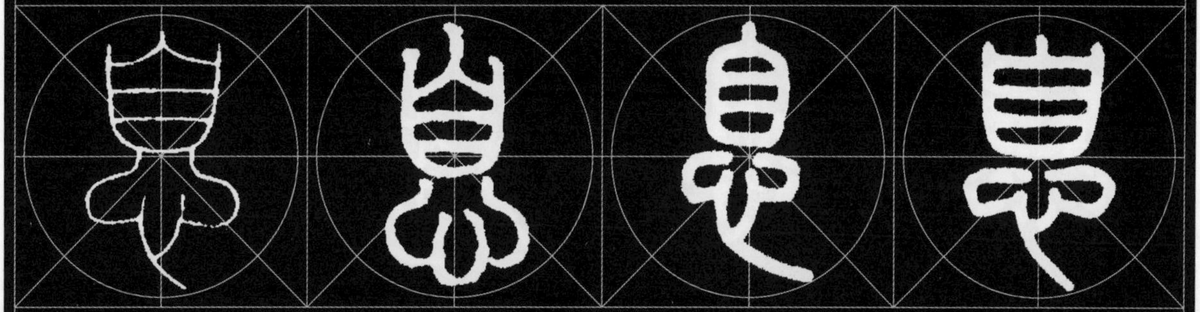

唐 李阳冰　元 赵孟頫　清 邓石如　清 杨沂孙

xī
熄

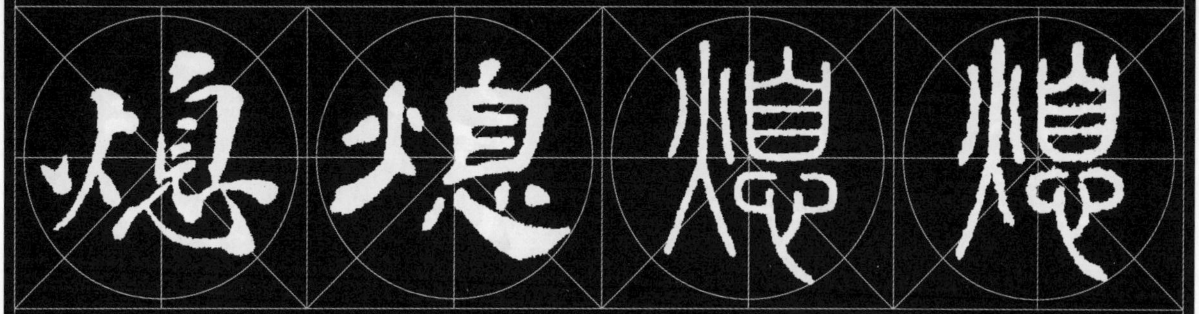

清 黄仲则　清 宋文蔚　秦 会稽刻石　清 邓石如

xī
悉

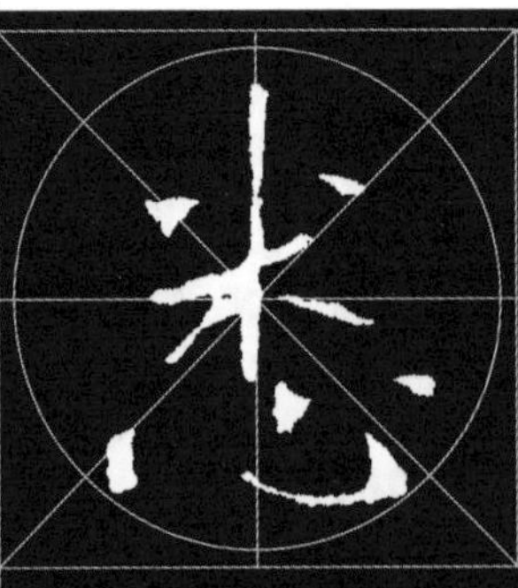
隋 张公礼

唐 颜真卿

宋 王涣之

晋 王献之

晋 张华

晋 王羲之

晋 王廙

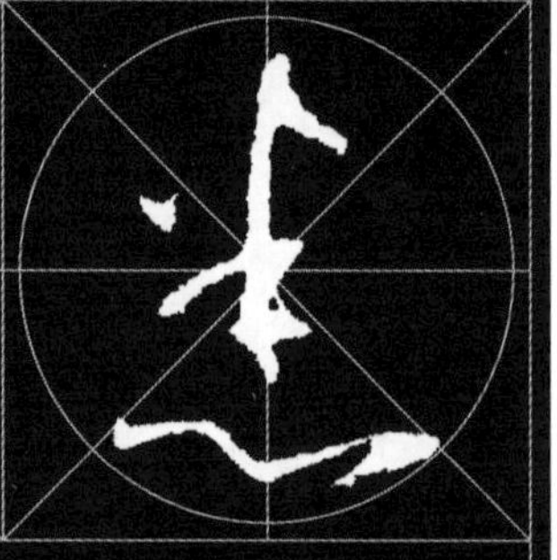
晋 王羲之

晋 王羲之

宋 黄庭坚

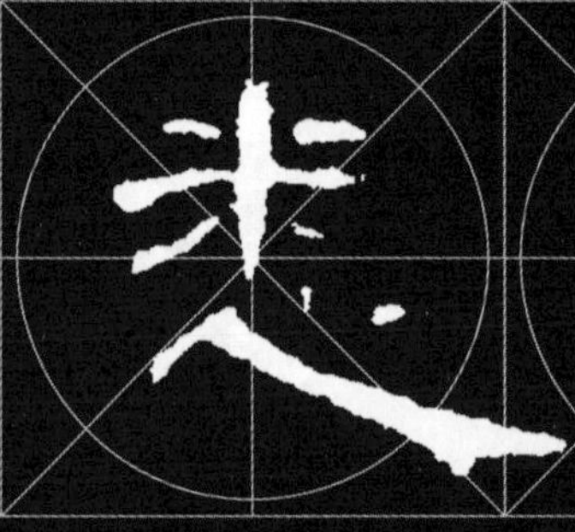
汉 曹全碑

清 徐三庚

xī
蟋

唐 吴彩鸾

元 赵孟頫

明 祝允明

清 邓石如

xī
犀

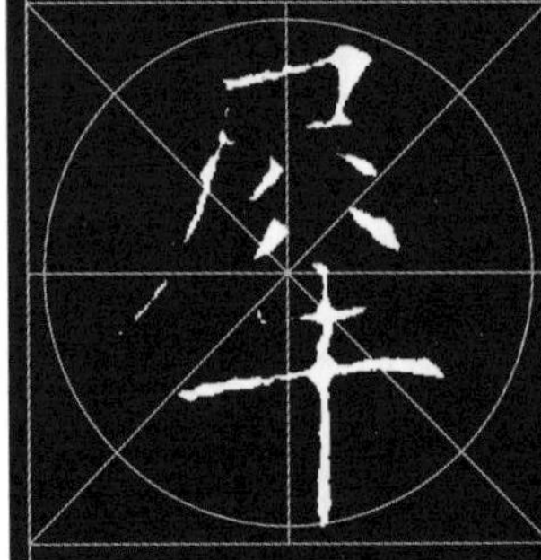
唐 欧阳询

唐 欧阳通

三国 皇象

清 吴昌硕

xī 翕（和谐；收敛）

xī 歙（吸气）Shè（歙县）

xī 锡

唐 颜真卿　元 赵孟頫　明 董其昌　唐 孙过庭

元 陆居仁　汉 西狭颂　清 王澍　清 吴大澂

唐 颜真卿　唐 吴彩鸾　唐 叶慧明碑　清 邓石如

唐 虞世南　唐 褚遂良　唐 徐浩　唐 颜真卿

唐 李邕　元 邓文原　清 王铎　汉 孔彪碑

xī 熙（凞）

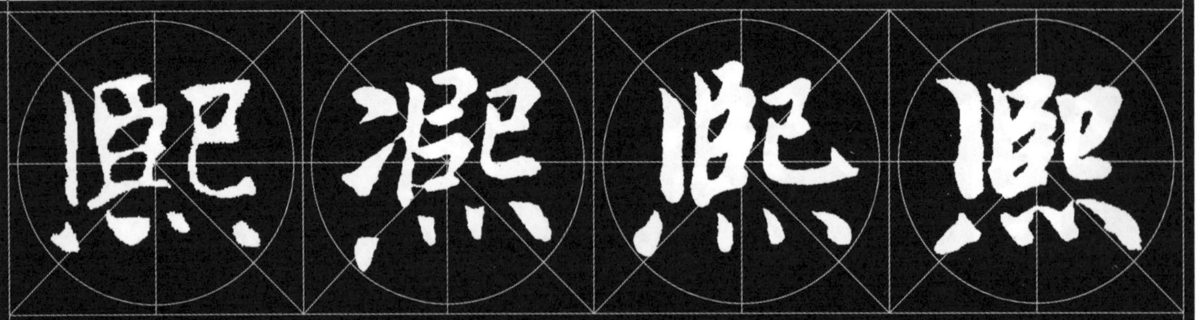

北魏 高湛墓志 | 唐 李邕 | 元 赵孟頫 | 元 柯九思

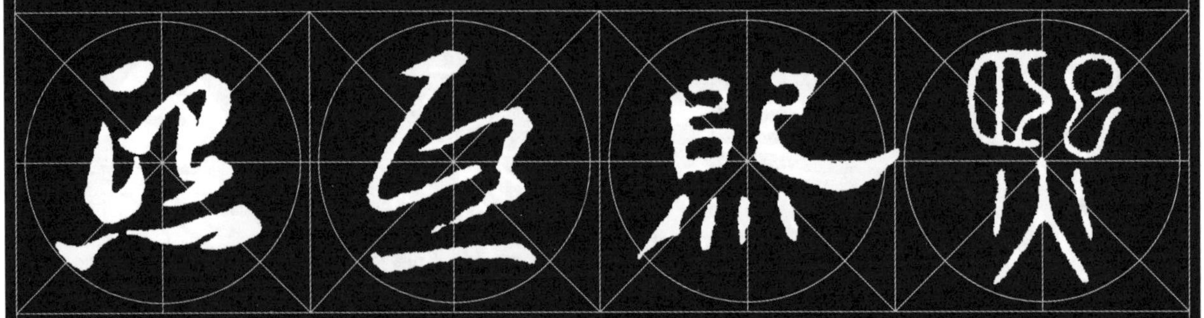

明 韩道亨 | 晋 王羲之 | 唐 韩择木 | 汉 说文解字

xī 僖

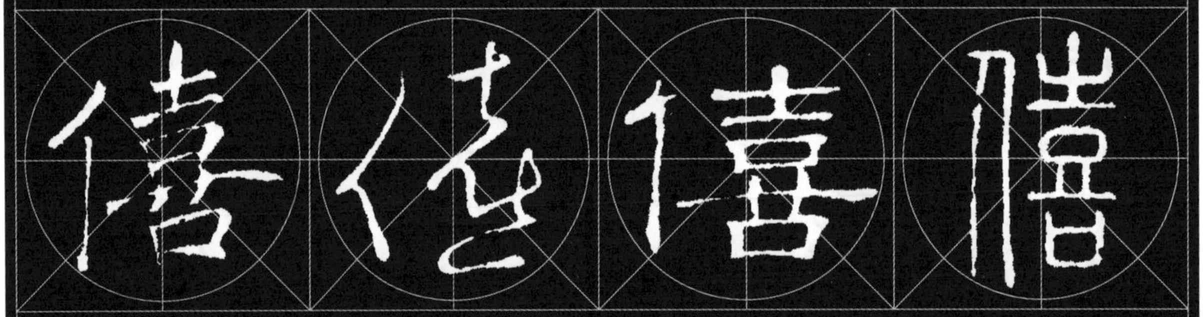

唐 褚遂良 | 金 张天锡·草书韵会 | 清 顾蔼吉·隶辨 | 汉 说文解字

xī 嘻

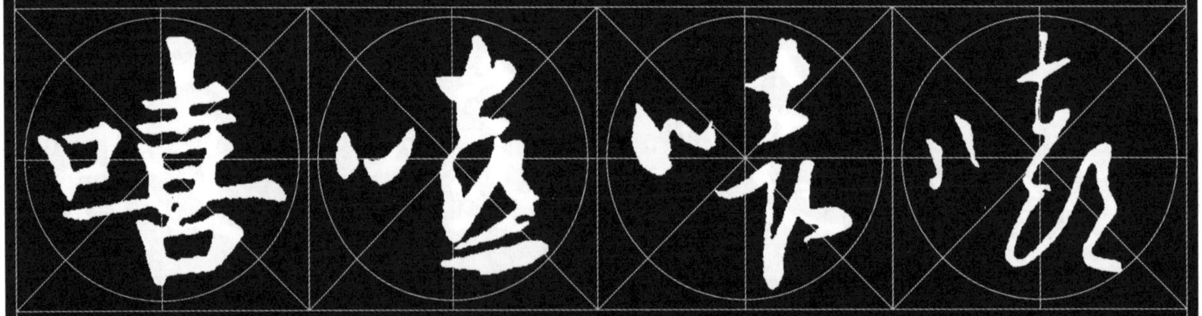

唐 裴休 | 明 祝允明 | 明 张瑞图 | 宋 黄庭坚

xī 嬉

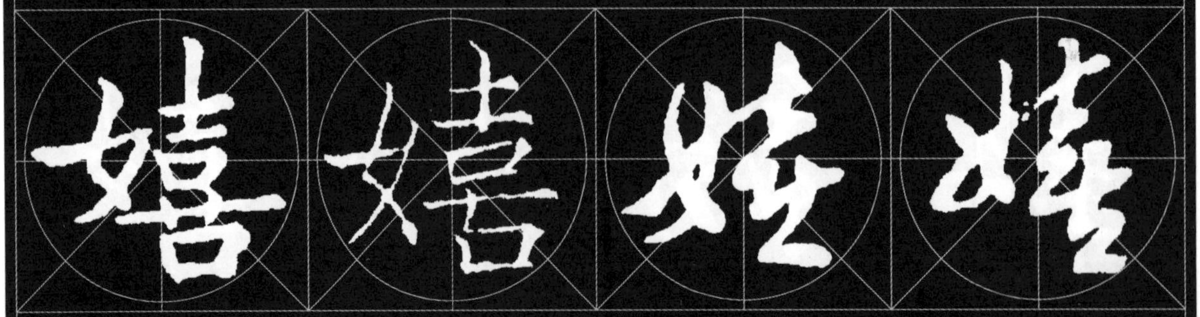

晋 王献之 | 唐 薛稷 | 唐 裴休 | 宋 赵构

xī
熹（天亮；明亮）

xī
膝（膝）

xī
羲

清 永理　晋 王羲之　晋 王献之　明 宋克

汉 礼器碑　汉 华山碑　汉 鲜于璜碑　汉 说文解字

唐 国铨　唐 颜真卿　宋 张即之　宋 张即之

元 赵孟頫　晋 王羲之　元 赵孟頫　汉 华山碑

唐 虞世南　唐 褚遂良　元 赵孟頫　晋 王羲之

xī
曦

xī
牺（犠）

xí
习（習）

晋 王羲之
唐 孙过庭
清 石梁·草字汇
汉 说文解字

唐 褚遂良
晋 王羲之
金 张天锡·草书韵会
清 王澍

唐 褚遂良
元 鲜于枢
金 张天锡·草书韵会
汉 白石神君碑

唐 虞世南
唐 褚遂良
唐 欧阳通
唐 颜真卿

晋 王羲之
唐 孙过庭
唐 怀素
元 赵孟頫

清 钱泳　殷商 甲骨文　秦 会稽刻石　清 邓石如

唐 虞世南　唐 颜真卿　唐 怀素　元 鲜于枢

晋 王羲之　唐 孙过庭　明 王守仁　明 王宠

汉 夏承碑　清 王澍　唐 李阳冰　清 邓石如

清 赵之谦　元 赵孟頫　明 祝允明　清 王澍

xí
席

xí
隰
（湿地；新垦田）

xí 檄（檄文）

xí 袭（襲）

xǐ 洗 Xiǎn（姓）

xǐ
铣

xǐ
喜

晋 索靖
宋 米芾
元 张雨
元 俞和
明 文徵明
明 董其昌
汉 礼器碑
汉 说文解字
唐 褚遂良
唐 柳公权
唐 王知敬
金 张天锡·草书韵会
唐 薛稷
唐 颜真卿
唐 柳公权
宋 苏轼
唐 颜真卿
宋 文与可
明 文徵明
明 董其昌

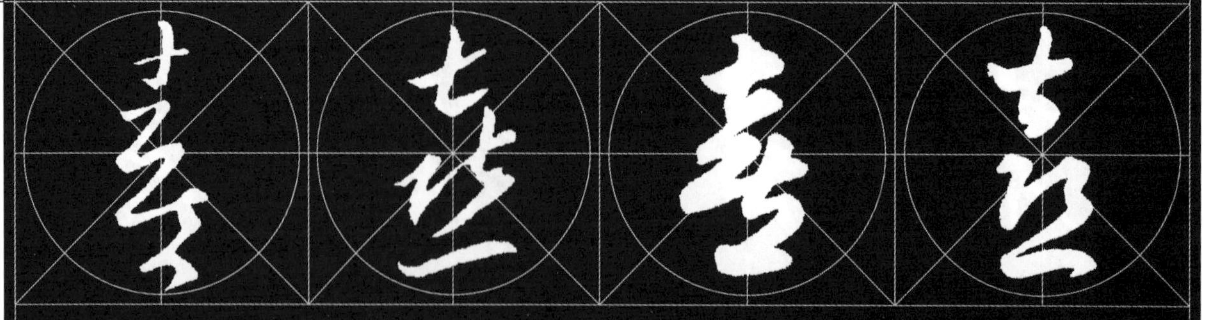

晋 王羲之 | 唐 李怀琳 | 元 俞和 | 明 王宠

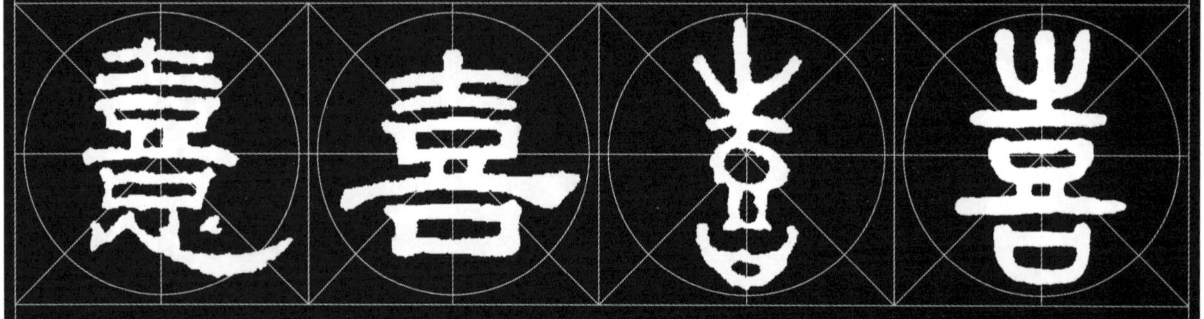

汉 韩仁铭 | 清 桂馥 | 周 九年卫鼎 | 清 杨沂孙

xī
禧

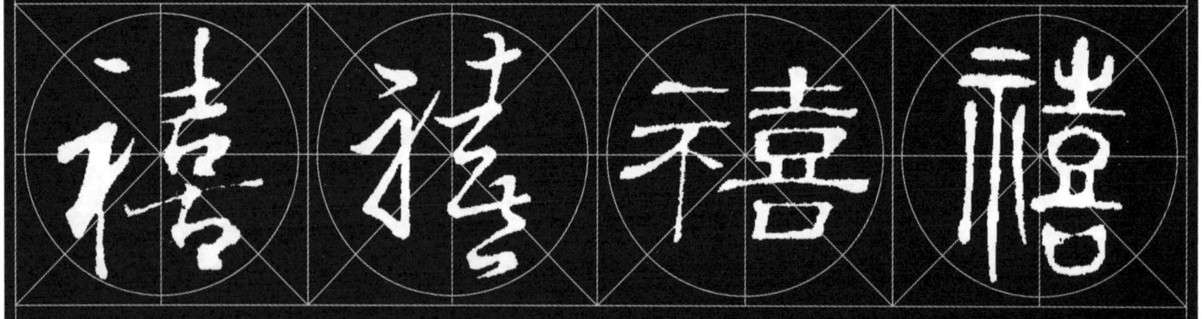

隋 智永 | 金 张天锡·草书韵会 | 清 顾蔼吉·隶辨 | 汉 说文解字

xǐ
徙（迁移）

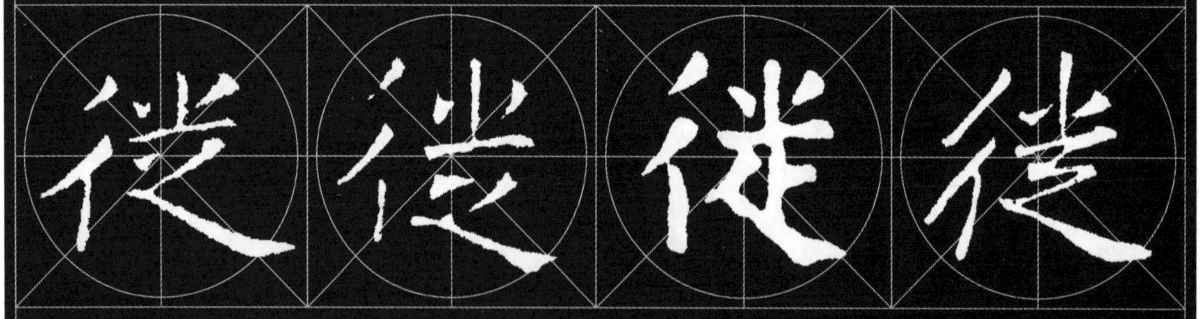

晋 王献之 | 唐 褚遂良 | 唐 颜真卿 | 唐 李邕

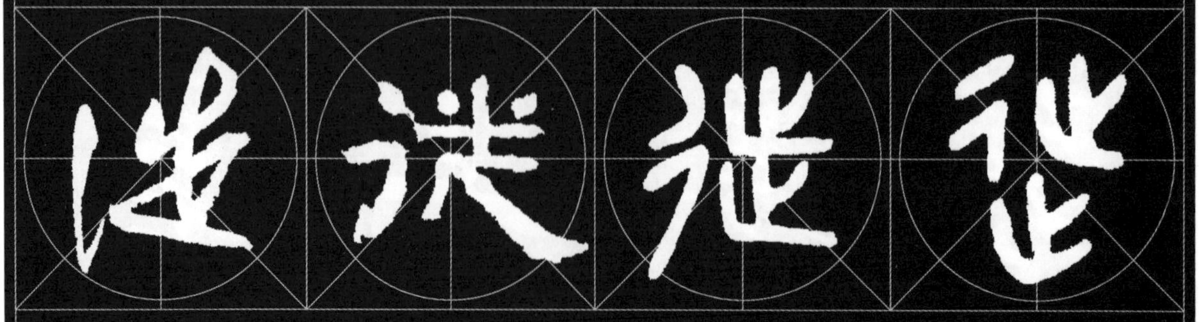

明 祝允明 | 汉 赵宽碑 | 清 杨沂孙 | 清 吴大澂

xǐ 屣（鞋）

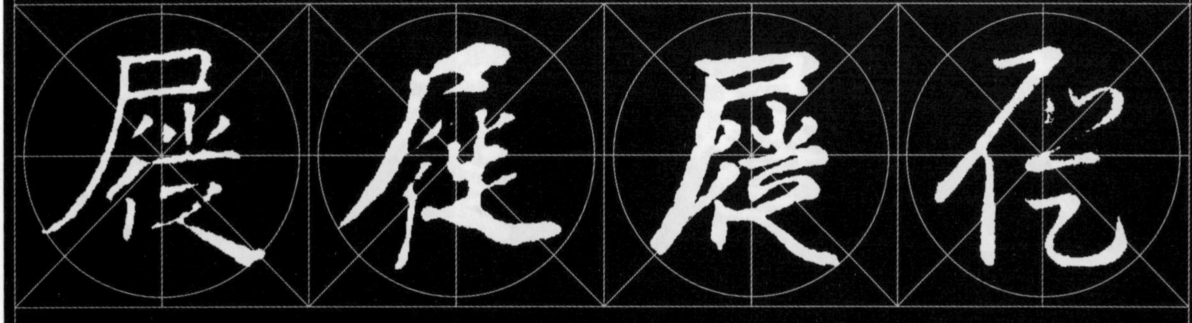

唐 褚遂良 | 宋 苏轼 | 元 赵孟頫 | 金 张天锡·草书韵会

xǐ 玺（璽）

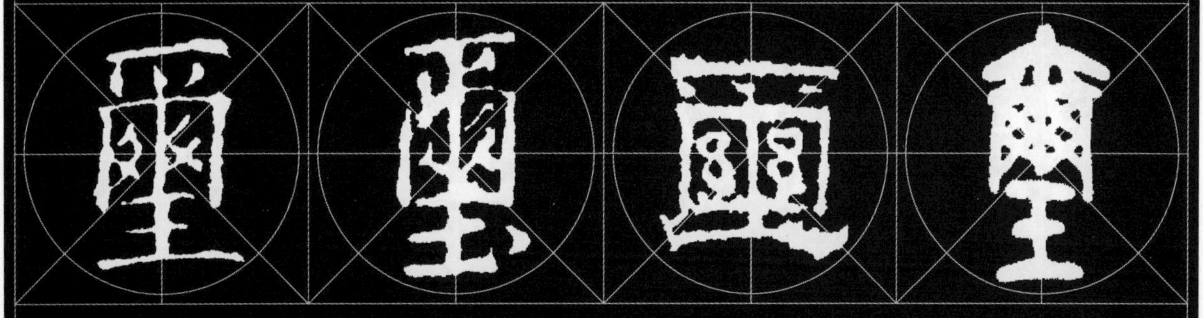

唐 欧阳询 | 晋 王羲之 | 汉 景君碑 | 清 吴昌硕

xì 系

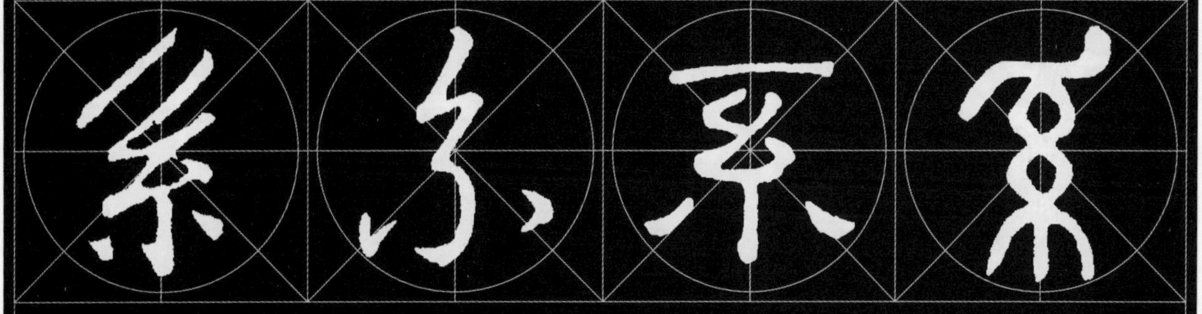

宋 孙觌 | 宋 赵构 | 清 顾蔼吉·隶辨 | 清 杨沂孙

xì 係

唐 陆柬之 | 宋 苏轼 | 清 吴昌硕 | 汉 说文解字

xì 繫

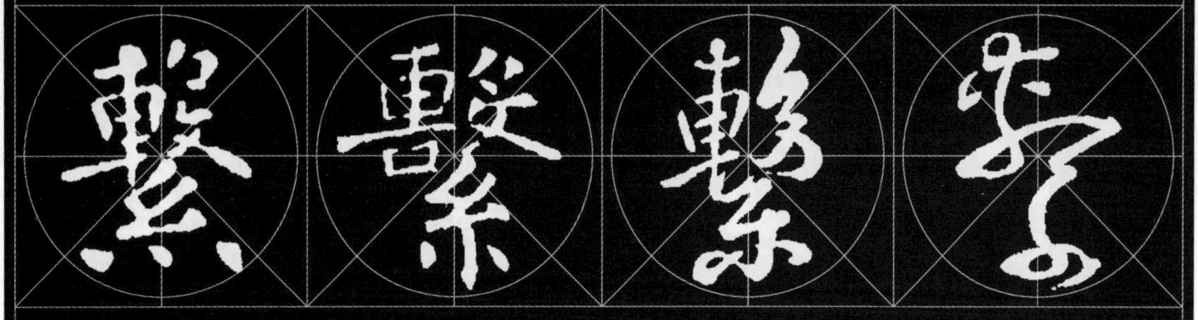

唐 欧阳询 | 唐 褚遂良 | 唐 褚遂良 | 唐 怀素

xì 卌

xì 盻（怒视）

xì 细

xì
隙

xì
郤
（非卻）

xì
禊
（祭礼）

xì 饩（谷物；生肉；赠送）

xì 戏（戲、戲）

xiā 虾（蝦）há

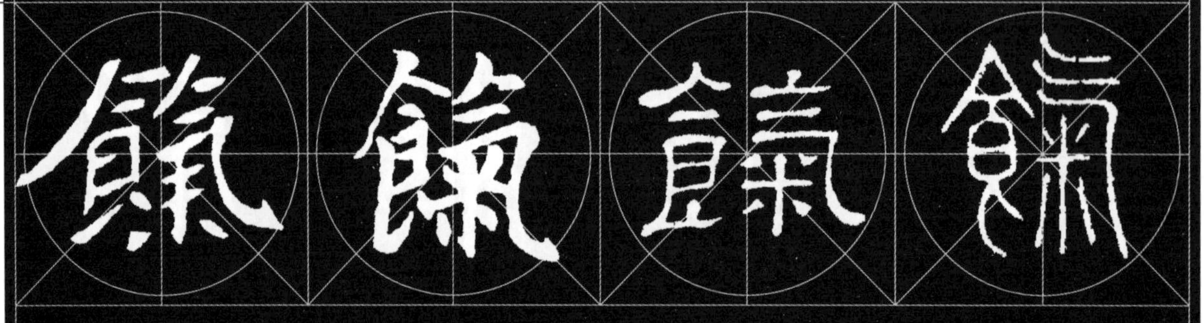

北魏 元诊墓志 | 元 赵孟頫 | 清 顾蔼吉·隶辨 | 汉 说文解字

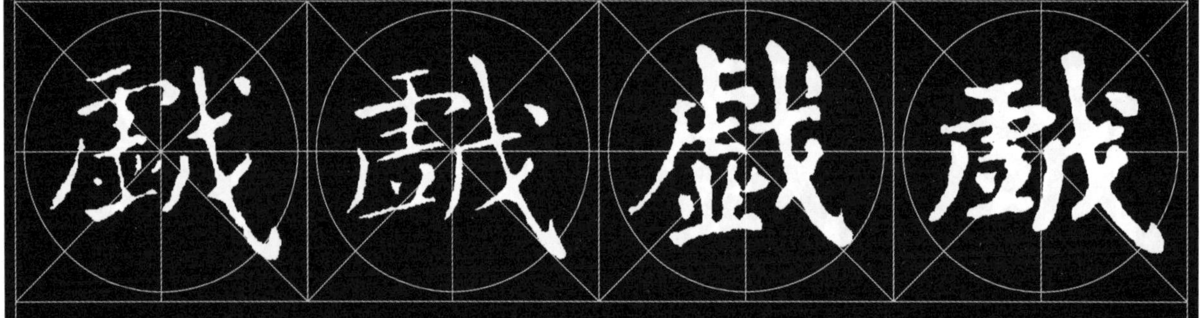

晋 王羲之 | 晋 王献之 | 唐 颜真卿 | 唐 柳公权

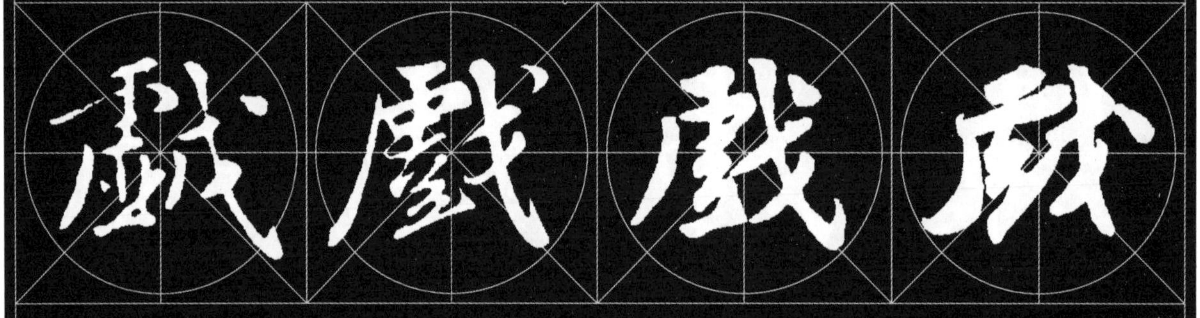

唐 李世民 | 宋 苏轼 | 宋 黄庭坚 | 宋 苏轼

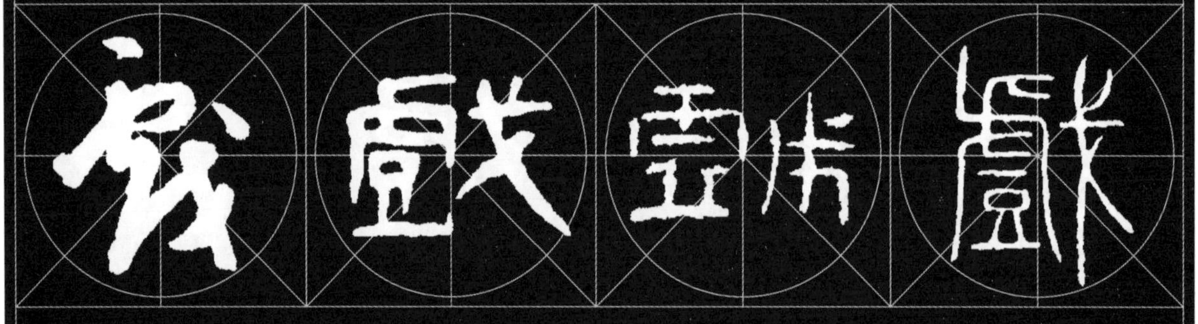

明 陈淳 | 汉 马王堆帛书 | 汉 礼器碑 | 汉 说文解字

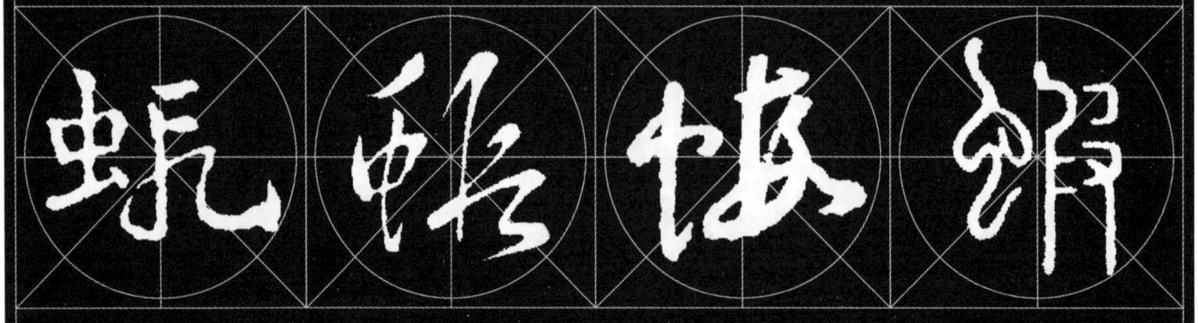

三国 皇象 | 元 赵孟頫 | 明 祝允明 | 汉 说文解字

xiā 鰕（同虾）

三国 皇象　宋 苏轼　元 赵孟頫　明 文徵明

清 归庄　清 杨岘　金 张天锡·草书韵会　汉 说文解字

xiá 遐（远；长久）

唐 欧阳询　唐 褚遂良　唐 欧阳通　晋 王羲之

宋 苏轼　明 王宠　汉 刘熹　唐 怀素

宋 蔡襄　宋 赵构　唐 韩择木　清 杨沂孙

xiá 暇

xiá 瑕

xiá 霞

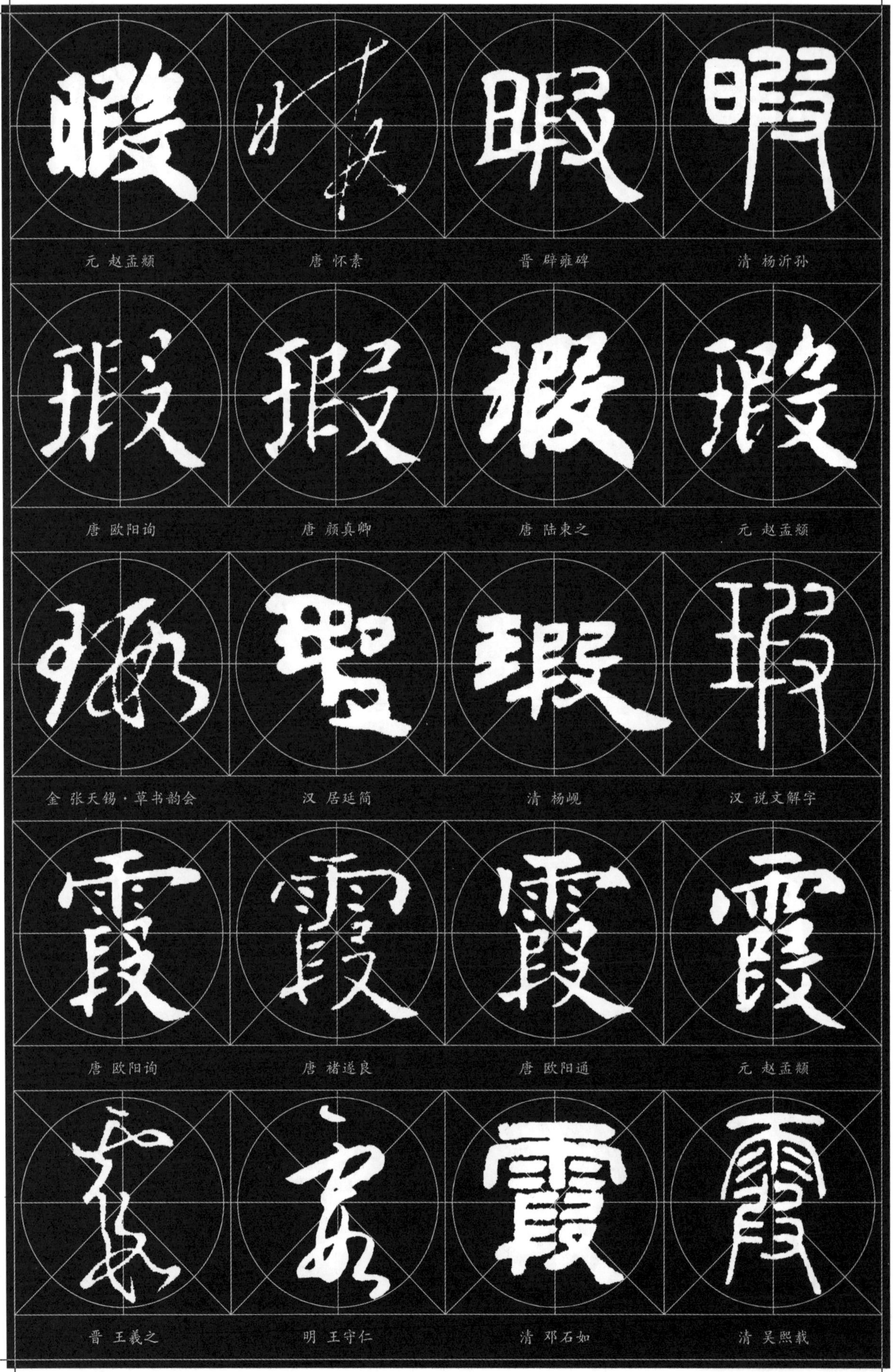

元 赵孟頫　唐 怀素　晋 辟雍碑　清 杨沂孙

唐 欧阳询　唐 颜真卿　唐 陆柬之　元 赵孟頫

金 张天锡·草书韵会　汉 居延简　清 杨岘　汉 说文解字

唐 欧阳询　唐 褚遂良　唐 欧阳通　元 赵孟頫

晋 王羲之　明 王守仁　清 邓石如　清 吴熙载

xiá 匣

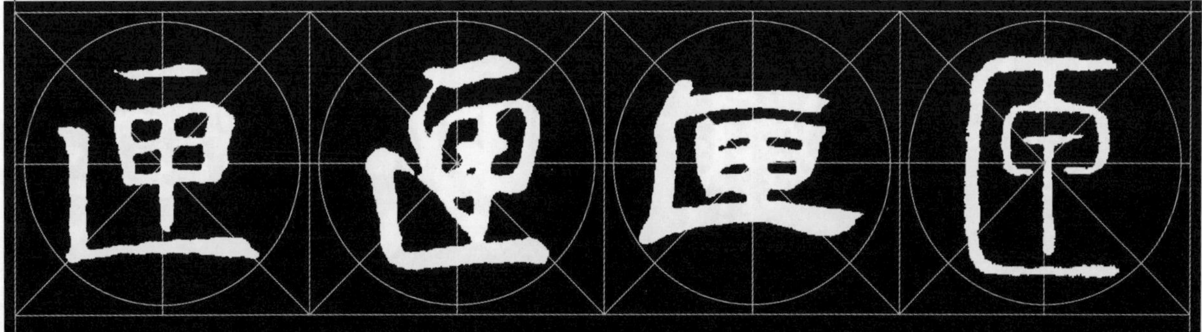

隋 董美人墓志 明 董其昌 清 邓石如 汉 说文解字

xiá 狎（轻佻）

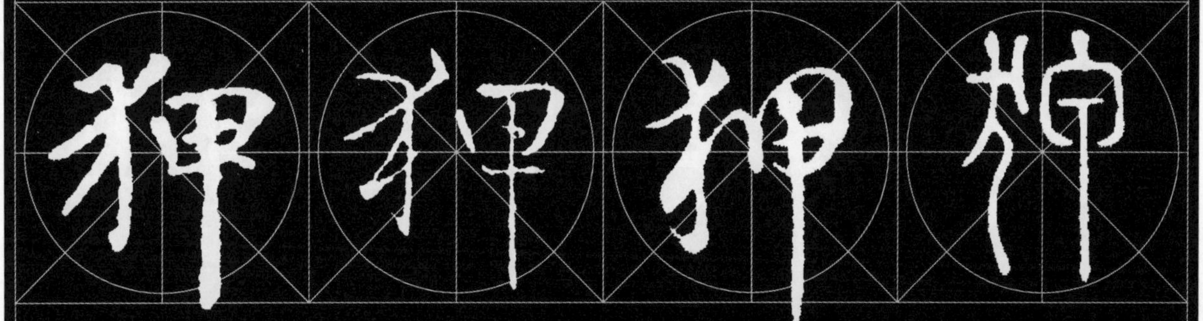

元 赵孟頫 唐 高正臣 明 莫如忠 汉 说文解字

xiá 侠

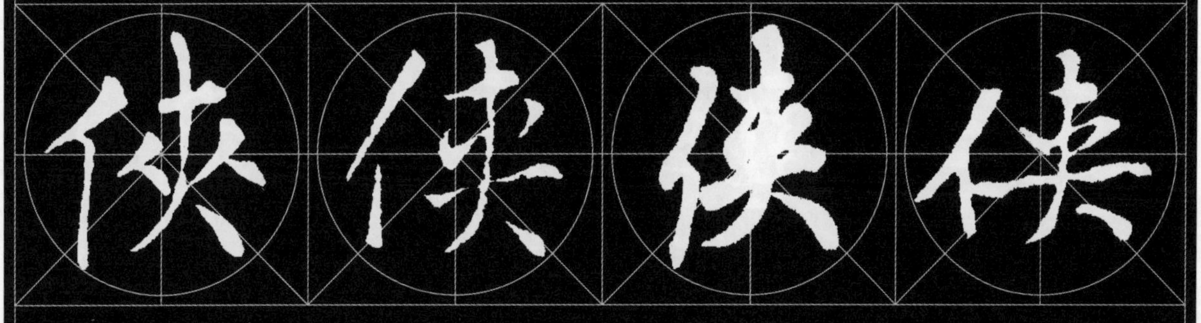

唐 柳公权 晋 索靖 唐 欧阳询 宋 黄庭坚

唐 欧阳询 唐 孙过庭 唐 怀素 清 顾蔼吉·隶辨

xiá 峡

唐 颜真卿 唐 褚遂良 宋 苏轼 明 唐寅

xiá
狭

xiá
辖

xiá
黠（聪明而狡猾）

xià
下

明 张瑞图　清 王铎　清 邓石如　清 张祖翼

宋 蔡襄　明 董其昌　晋 王献之　汉 西狭颂

北魏 元诊墓志　唐 欧阳询　金 张天锡·草书韵会　汉 说文解字

北朝 敬使君碑　唐 欧阳询　清 杨沂孙　清 吴熙载

北魏 郑道昭　唐 欧阳询　唐 褚遂良　唐 柳公权

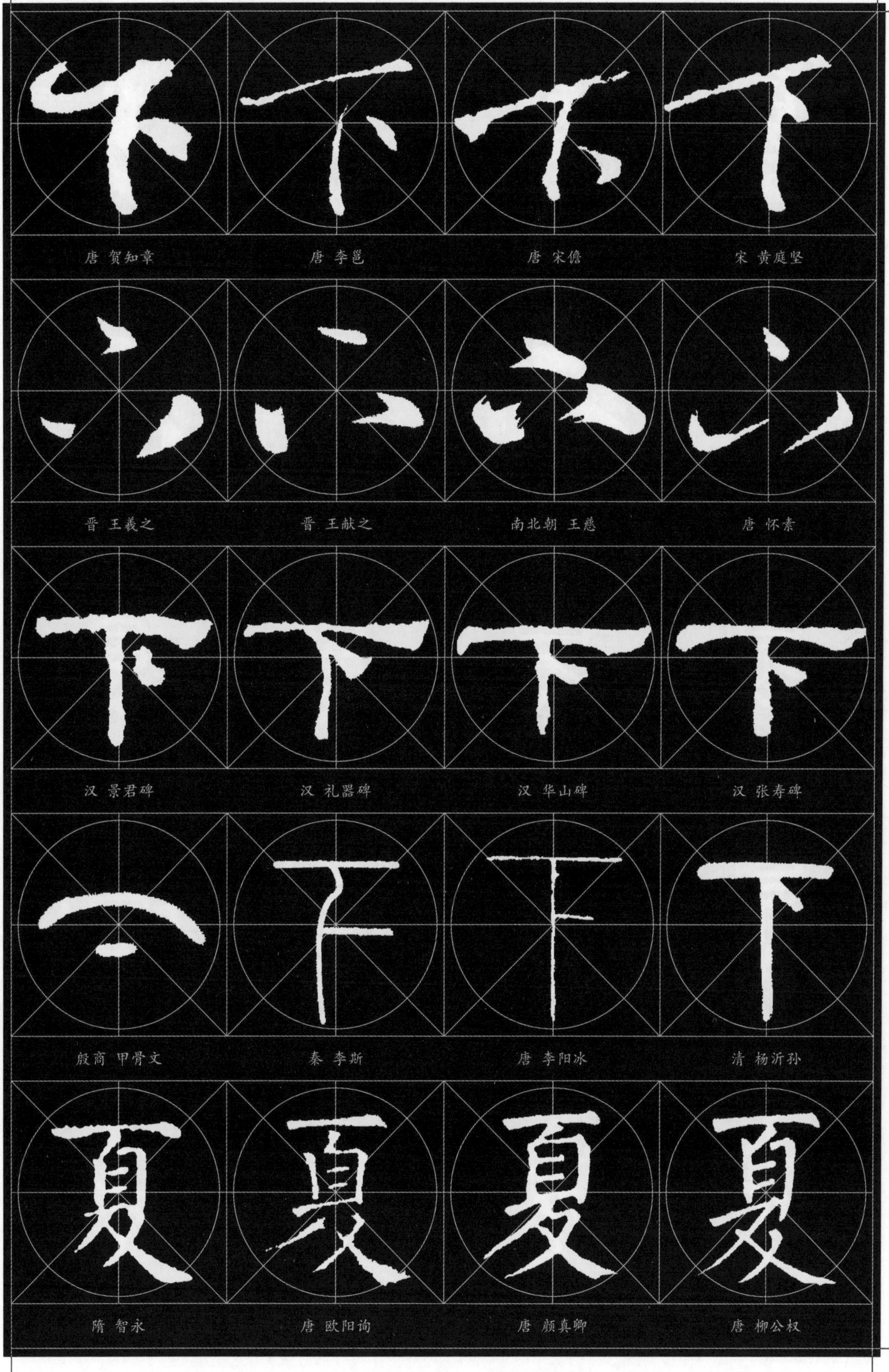
唐 贺知章
唐 李邕
唐 宋儋
宋 黄庭坚
晋 王羲之
晋 王献之
南北朝 王慈
唐 怀素
汉 景君碑
汉 礼器碑
汉 华山碑
汉 张寿碑
殷商 甲骨文
秦 李斯
唐 李阳冰
清 杨沂孙
隋 智永
唐 欧阳询
唐 颜真卿
唐 柳公权

xià
夏

xiān
先

晋 王羲之 | 晋 王羲之 | 唐 李世民 | 宋 米芾

晋 王羲之 | 隋 智永 | 唐 孙过庭 | 唐 怀素

汉 礼器碑 | 汉 华山碑 | 南北朝 赵文渊 | 清 王澍

清 康熙字典 | 清 邓石如 | 清 吴熙载 | 清 杨沂孙

唐 虞世南 | 唐 褚遂良 | 唐 颜真卿 | 唐 柳公权

宋 苏轼　元 赵孟頫　晋 王操之　明 王守仁

晋 王羲之　晋 王献之　唐 孙过庭　元 鲜于枢

汉 杨震碑　汉 史晨碑　汉 曹全碑　唐 叶慧明碑

周 毛公鼎　唐 李阳冰　清 杨沂孙　清 吴昌硕

隋 龙藏寺碑　隋 张公礼　唐 张旭　唐 颜真卿

xiān
仙（僊）

xiān
鲜
xiǎn
（少：鲜、尟、

尠）

清 邓石如　清 顾蔼吉　秦 石鼓文　清 杨沂孙

宋 黄庭坚　宋 米芾　宋 苏轼　汉 说文解字

唐 欧阳通　金 张天锡·草书韵会　汉 白石神君碑　清 顾蔼吉·隶辨

唐 颜师古　宋 赵构　元 赵孟𫖯　明 文徵明

明 唐寅　唐 孙过庭　明 陈淳　汉 说文解字

xiān
鱻（古鲜字）

xiān
纤（纖、繊）

xiān
鶱（形容鸟飞）

xián
闲（閑、閒）

唐 虞世南 | 唐 欧阳通 | 唐 高正臣 | 汉 说文解字

北魏 李璧墓志 | 隋 张公礼 | 唐 欧阳询 | 明 唐寅

元 赵孟頫 | 唐 欧阳询 | 宋 米芾 | 清 何绍基

唐 孙过庭 | 清 王澍 | 唐 李阳冰 | 清 吴大澂

北魏 朱君山墓志 | 唐 颜真卿 | 宋 苏轼 | 元 赵孟頫

唐 颜真卿　宋 米芾　晋 杜预　晋 王羲之

唐 怀素　汉 马王堆帛书　汉 张迁碑　三国 曹真碑

唐 叶慧明碑　秦 李斯　唐 李阳冰　清 吴大澂

隋 智永　唐 虞世南　宋 米芾　隋 智永

隋 董美人墓志　宋 黄庭坚　元 赵孟頫　汉 赵宽碑

xián
弦
（絃）

xián
舷

xián
咸
（全；都：老少咸宜）

xián 醎（同咸：如盐味）

xián 諴（和洽）

xián 贤（賢）

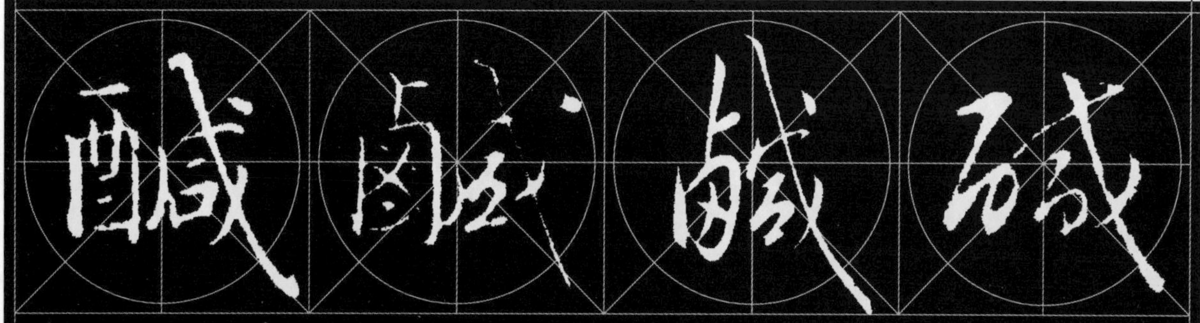

隋 智永　明 文徵明　明 祝允明　隋 智永

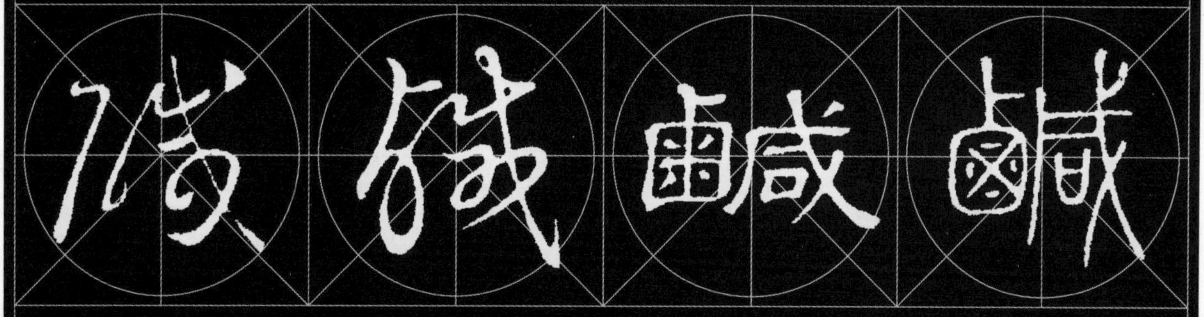

唐 怀素　金 张天锡·草书韵会　清 顾蔼吉·隶辨　汉 说文解字

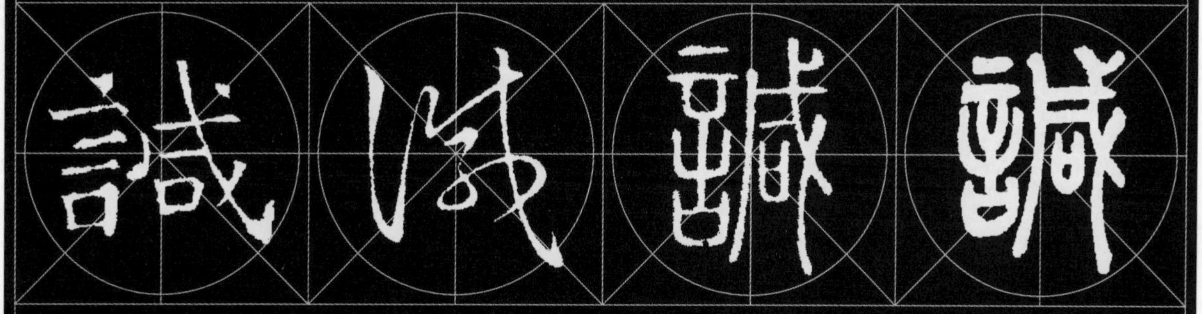

唐 褚遂良　金 张天锡·草书韵会　汉 说文解字　清 康熙字典

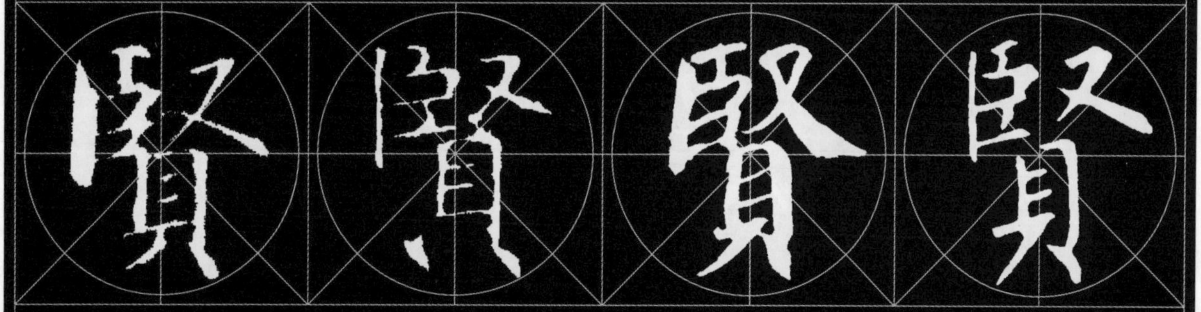

隋 智永　唐 褚遂良　唐 颜真卿　唐 柳公权

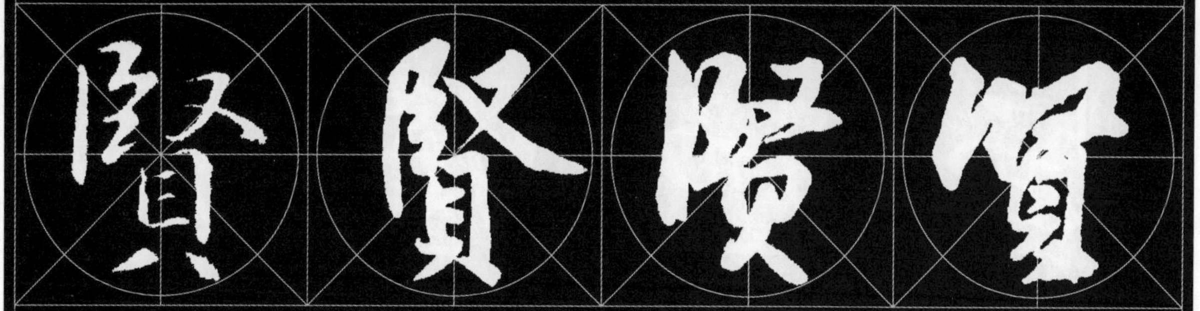

三国 钟繇　宋 黄庭坚　元 冯子振　明 邵二泉

晋 王羲之 | 唐 孙过庭 | 唐 张旭 | 宋 苏轼

汉 夏承碑 | 汉 校官碑 | 汉 曹全碑 | 清 陈鸿寿

唐 李阳冰 | 元 赵孟頫 | 元 吴叡 | 清 邓石如

xián
涎
（口水）

清 王铎 | 金 张天锡·草书韵会 | 汉 说文解字

xián
嫌

唐 李邕 | 宋 蔡襄 | 明 董其昌 | 清 王铎

xián
衔

xiǎn
显（㬎、顯）

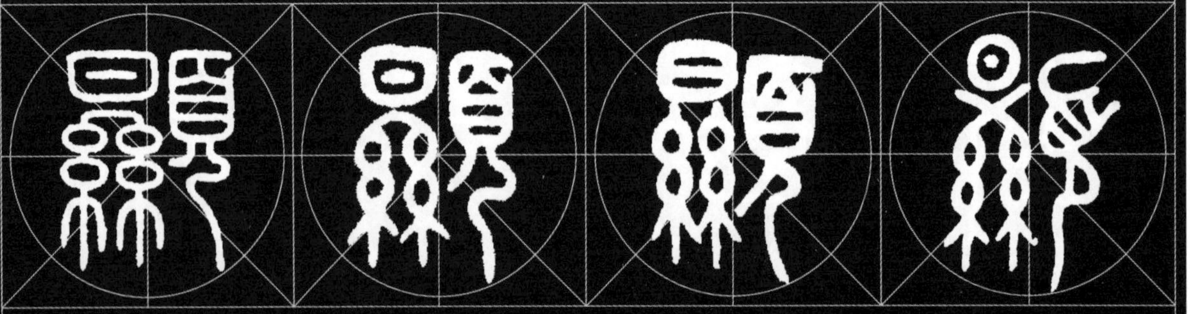

秦 李斯 | 清 吴大澂 | 清 吴大澂 | 清 吴大澂

xiǎn
险

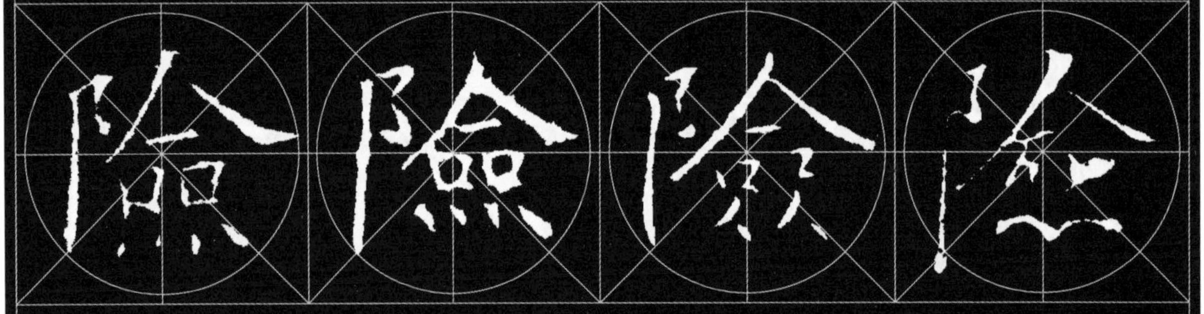

唐 欧阳询 | 唐 褚遂良 | 唐 高正臣 | 宋 沈复

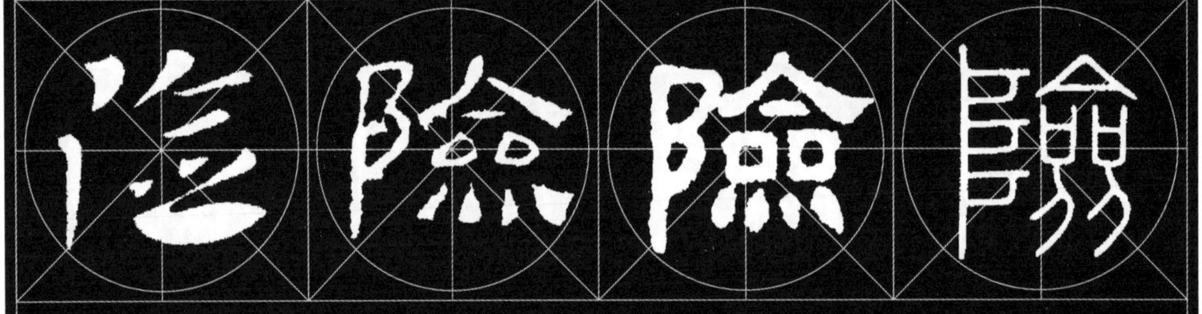

晋 王献之 | 汉 西狭颂 | 汉 樊敏碑 | 秦 李斯

xiǎn
崄

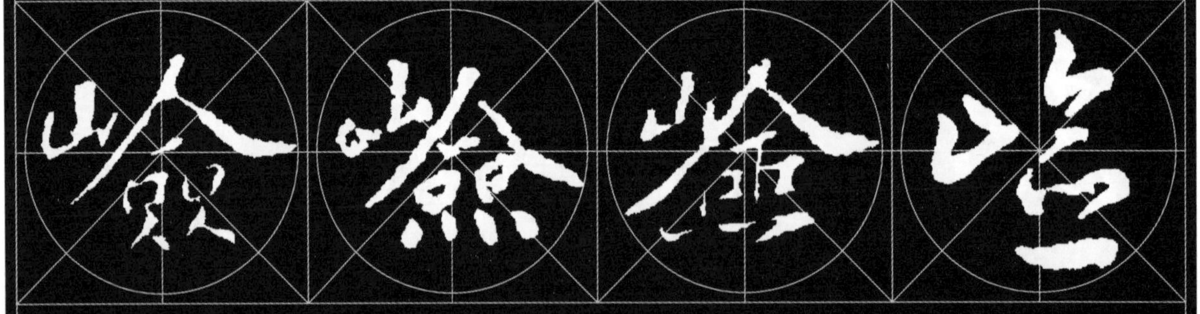

宋 苏轼 | 元 赵孟頫 | 宋 苏轼 | 明 王宠

xiàn
限

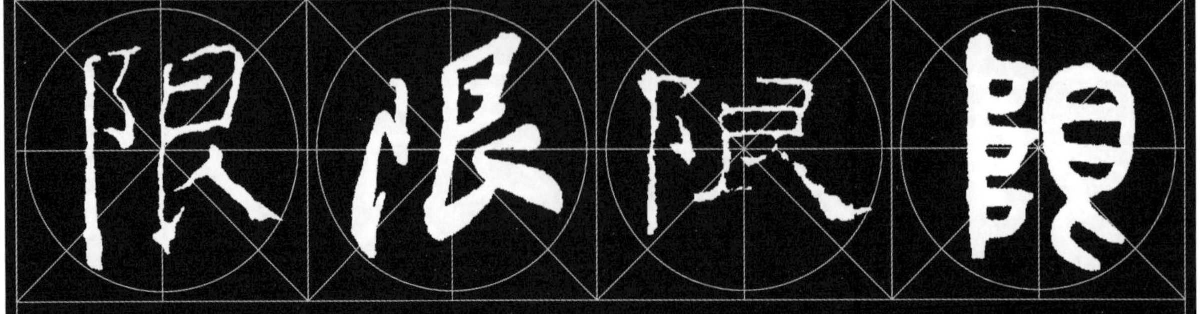

唐 颜真卿 | 清 王铎 | 三国 曹真碑 | 清 黄士陵

xiàn 陷

Xiàn 岘（山名）

xiàn 现

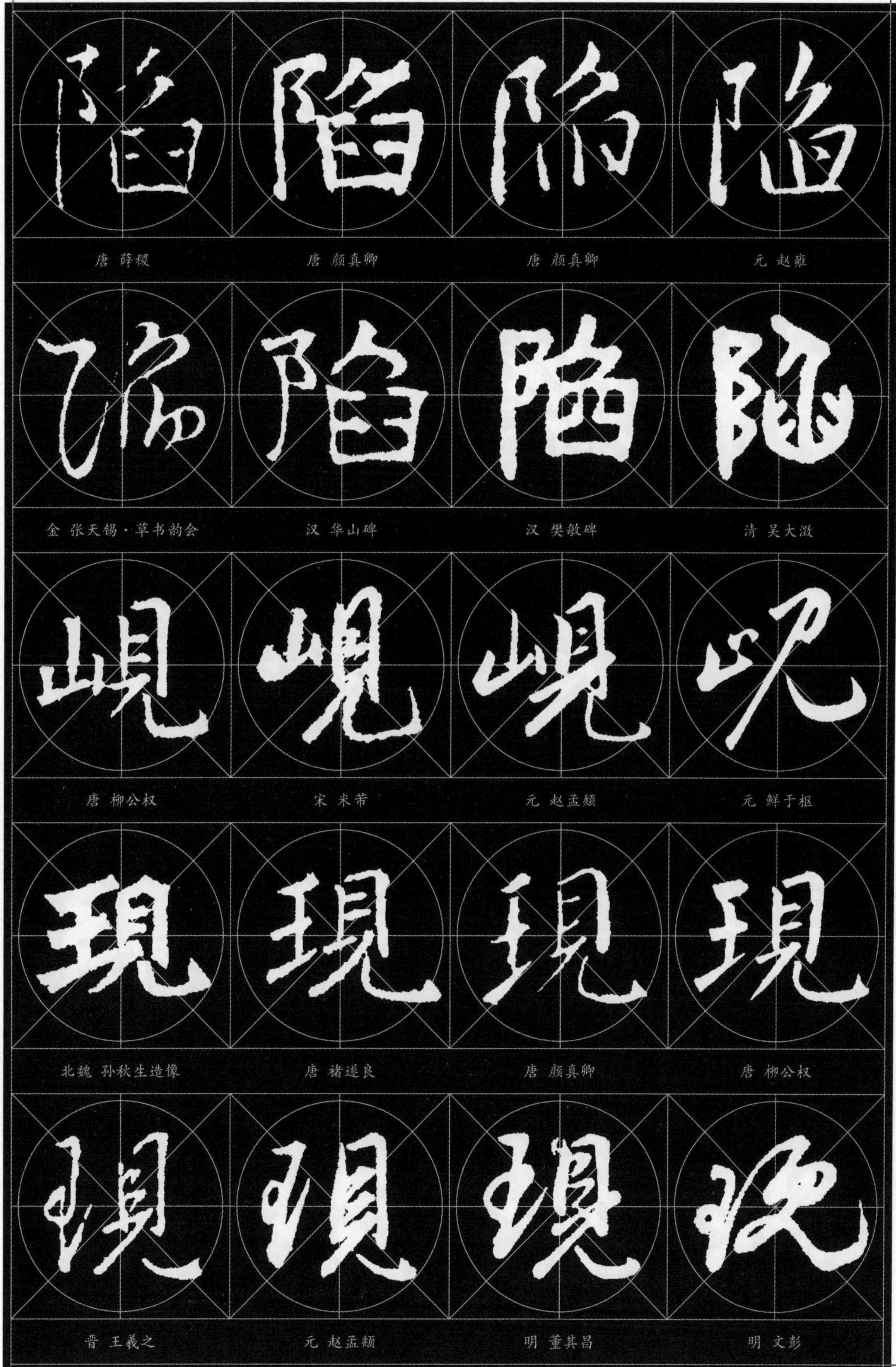

xiàn 县（縣）xuán（古同懸）

xiàn 线（綫、線）

隋 智永　唐 欧阳询　唐 颜真卿　唐 柳公权

晋 王羲之　唐 李邕　宋 苏轼　明 朱耷

晋 王羲之　唐 孙过庭　唐 怀素　明 宋克

汉 石门颂　汉 白石神君碑　汉 张迁碑　清 吴大澂

唐 吴彩鸾　元 赵孟頫　清 郑燮　元 赵孟頫

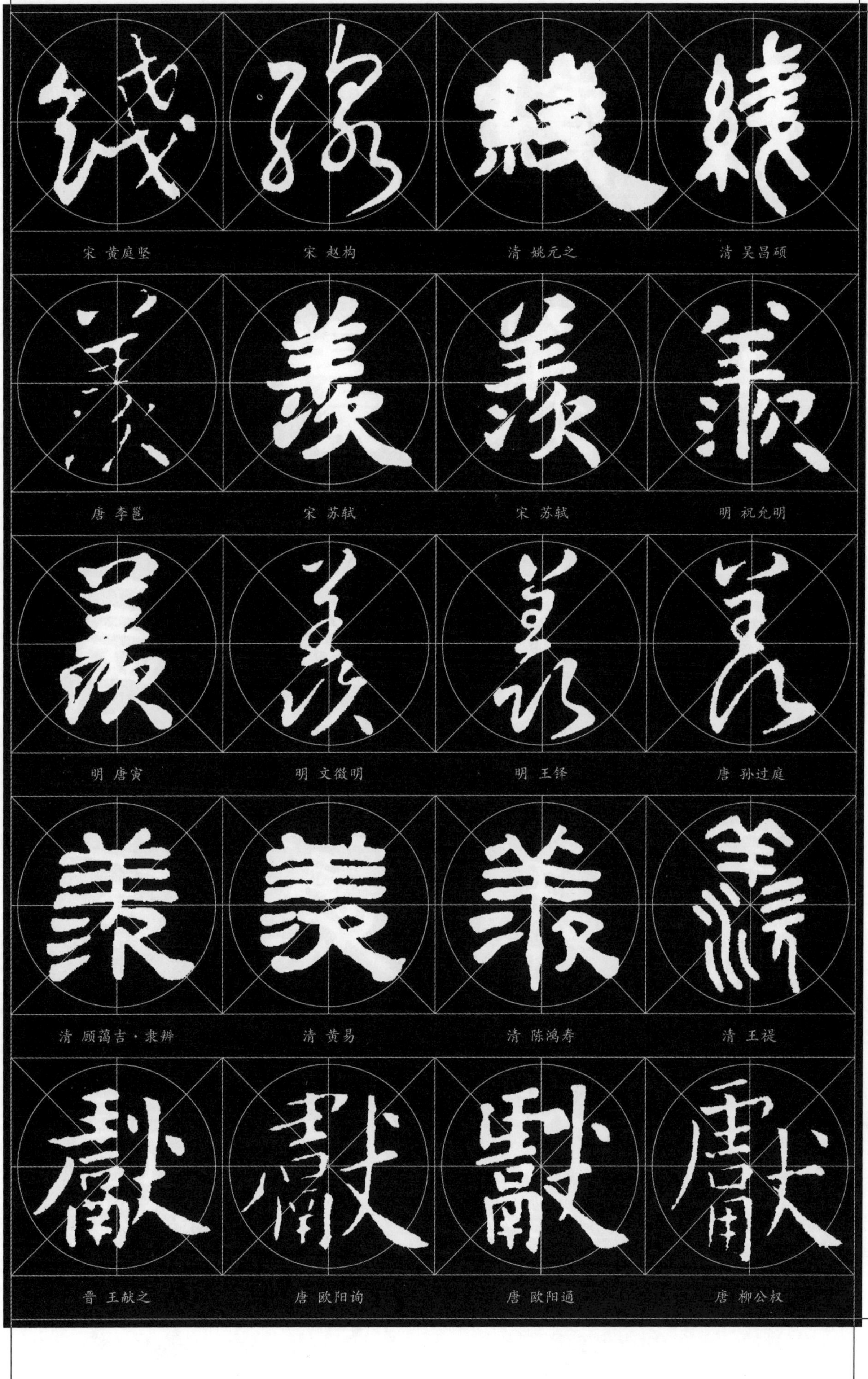

xiàn
羡
（羨）

xiàn
献
（獻）

元 赵孟頫 | 清 刘墉 | 晋 王羲之 | 晋 王献之

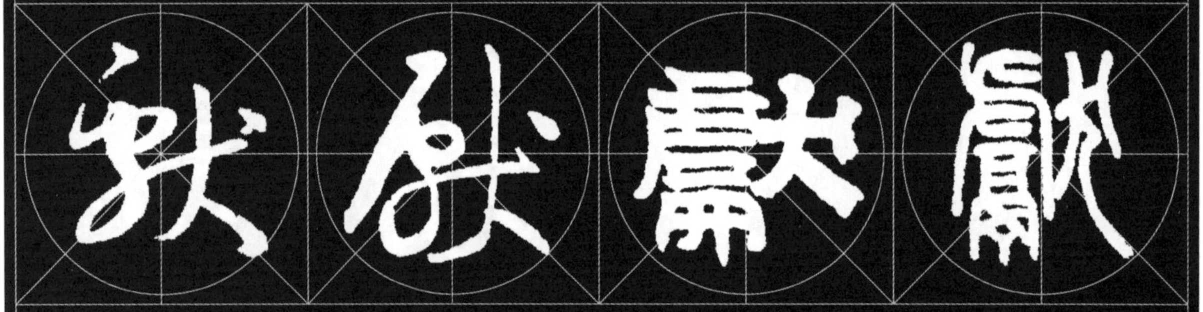

唐 孙过庭 | 宋 黄庭坚 | 明 文徵明 | 清 杨沂孙

xiàn
宪
（憲：法令）

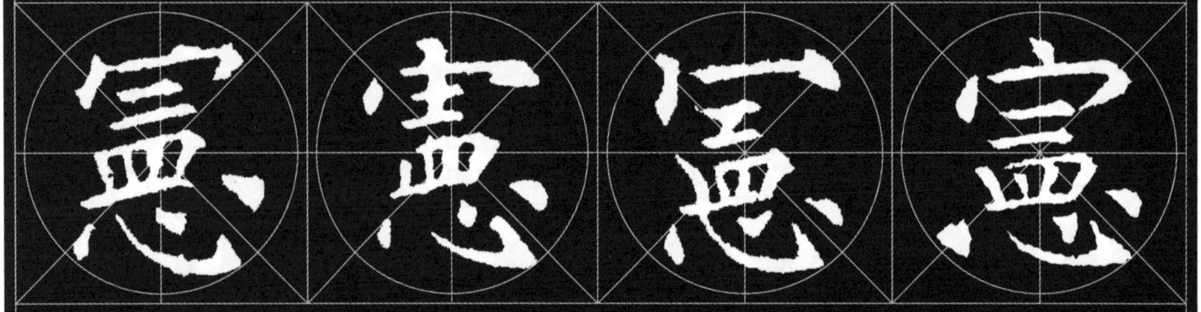

唐 欧阳询 | 唐 虞世南 | 唐 欧阳通 | 唐 张旭

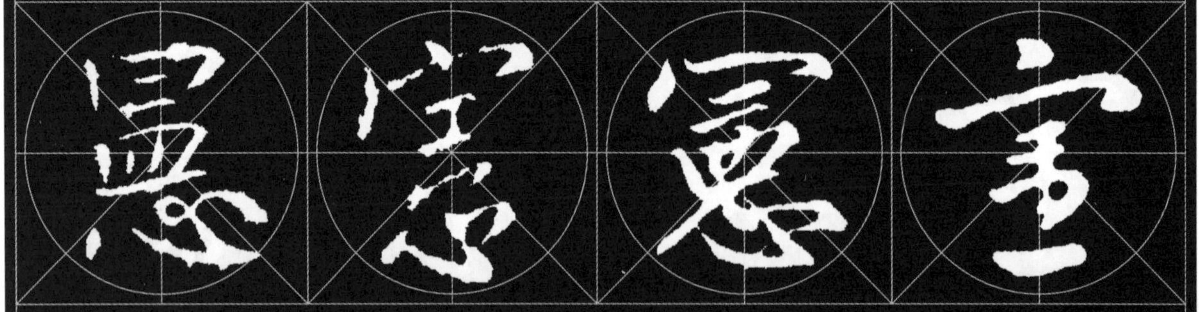

唐 高正臣 | 唐 颜真卿 | 明 宋濂 | 晋 索靖

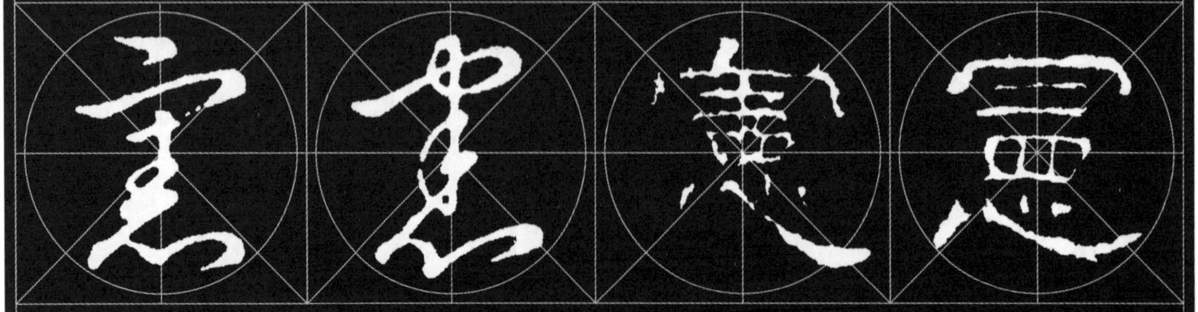

金 张天锡·草书韵会 | 金 张天锡·草书韵会 | 汉 礼器碑 | 汉 夏承碑

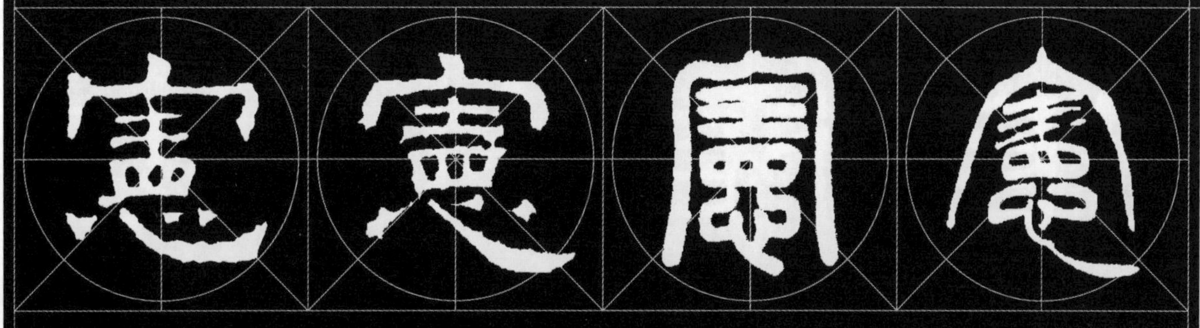

汉 孔彪碑　　三国 曹真碑　　清 陈鸿寿　　清 徐三庚

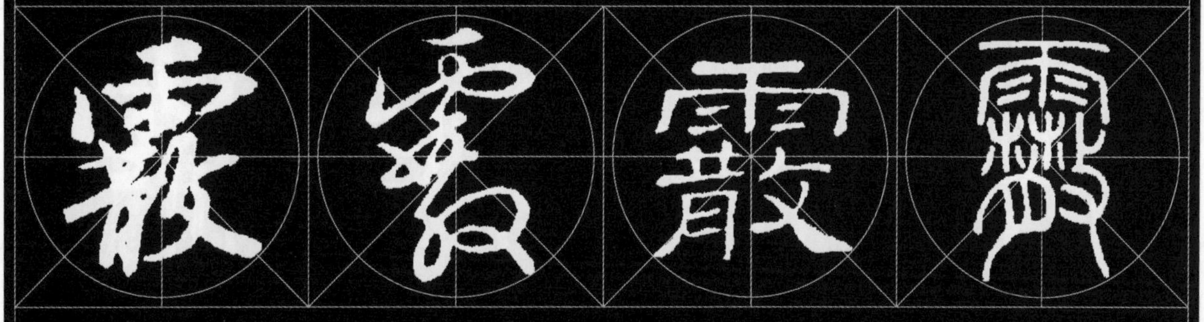

明 唐寅　　金 张天锡·草书韵会　　清 顾蔼吉·隶辨　　清 邓石如

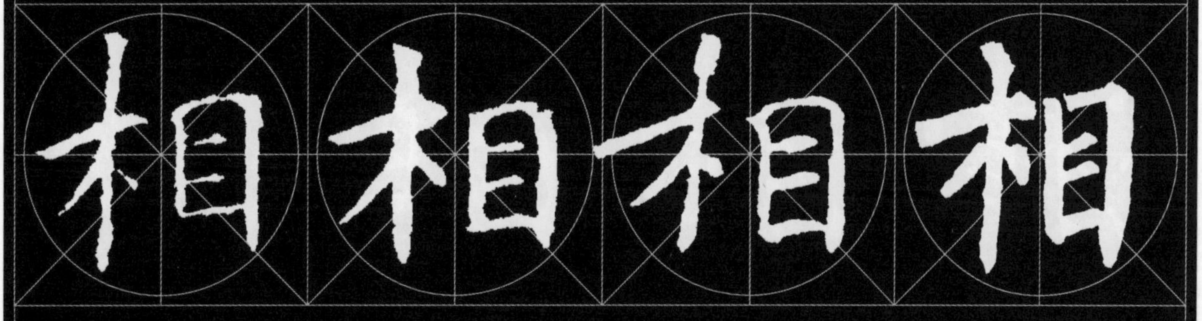

唐 欧阳询　　唐 虞世南　　唐 褚遂良　　唐 柳公权

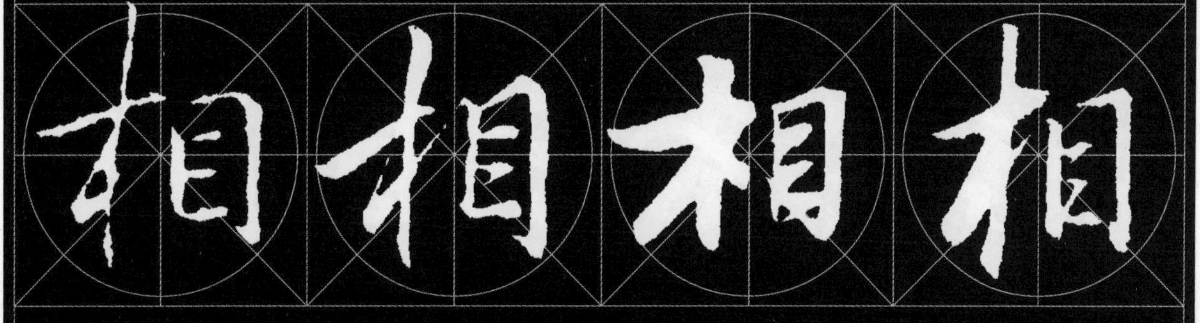

唐 陆柬之　　唐 李邕　　宋 苏轼　　明 董其昌

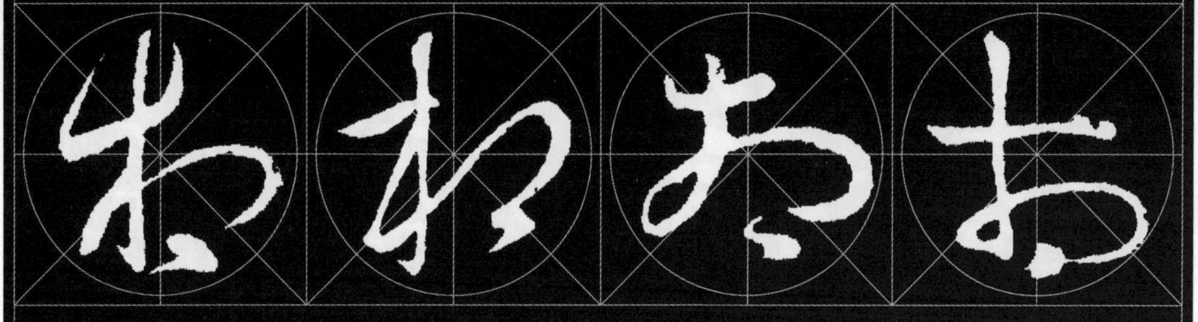

晋 王献之　　唐 李世民　　唐 孙过庭　　明 祝允明

xiàn
霰

xiāng
相
xiàng
（外貌；姿态；官名等）

汉 礼器碑　汉 张景碑　汉 史晨碑　汉 张迁碑

殷商 甲骨文　唐 李阳冰　元 赵孟頫　清 吴大澂

xiāng
湘

晋 王献之　唐 颜真卿　唐 李邕　明 文徵明

元 康里子山　明 祝允明　清 顾蔼吉　清 吴大澂

xiāng
箱

唐 欧阳通　隋 智永　隋 尔朱端墓志　唐 李阳冰

xiāng
香

唐 褚遂良　唐 颜真卿　唐 颜真卿　唐 柳公权

晋 王羲之　唐 怀素　清 王铎　清 郑燮

唐 张旭　唐 怀素　宋 苏轼　明 陈献章

汉 史晨碑　清 张熊　明 文徵明　清 吴大澂

xiāng
乡（鄉）

晋 爨宝子碑　北魏 元倪墓志　唐 虞世南　唐 颜真卿

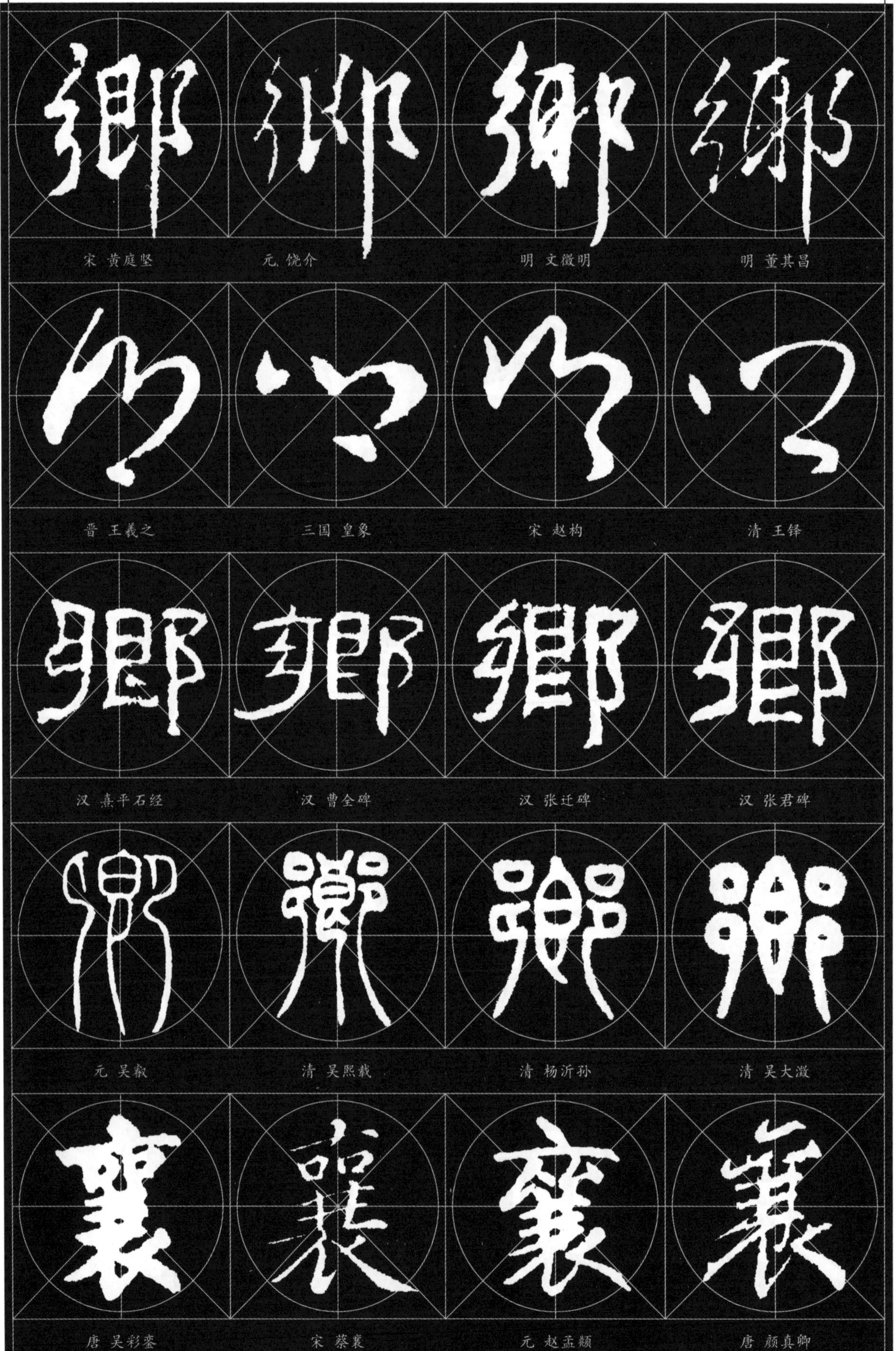

宋 黄庭坚　元 饶介　明 文徵明　明 董其昌

晋 王羲之　三国 皇象　宋 赵构　清 王铎

汉 熹平石经　汉 曹全碑　汉 张迁碑　汉 张君碑

元 吴叡　清 吴熙载　清 杨沂孙　清 吴大澂

xiāng
襄（帮助）

唐 吴彩鸾　宋 蔡襄　元 赵孟頫　唐 颜真卿

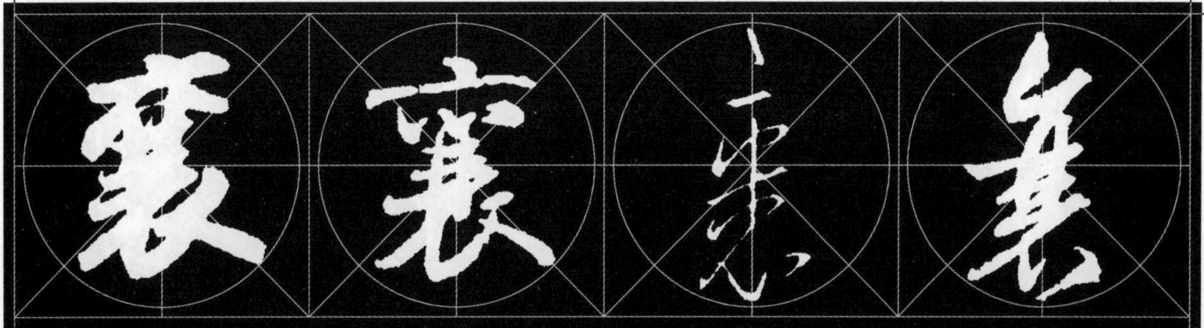

宋 苏轼　宋 米芾　晋 王羲之　明 宋克

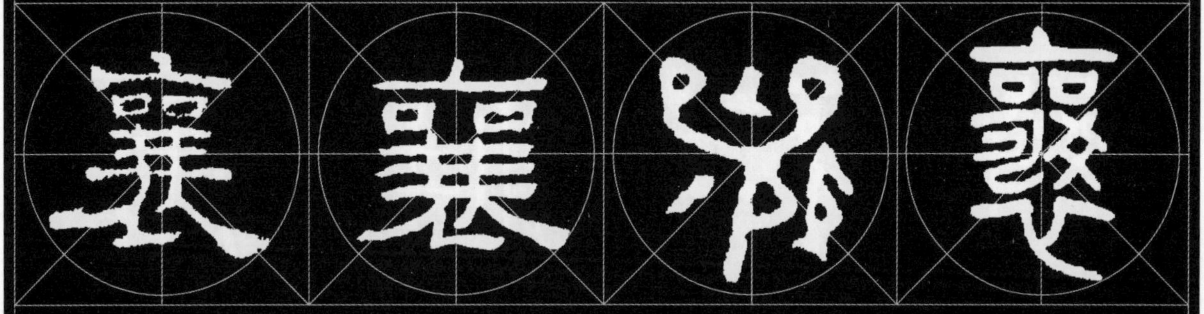

汉 杨震碑　清 陈鸿寿　周 散氏盘　清 杨沂孙

xiāng
骧
（奔马；昂首）

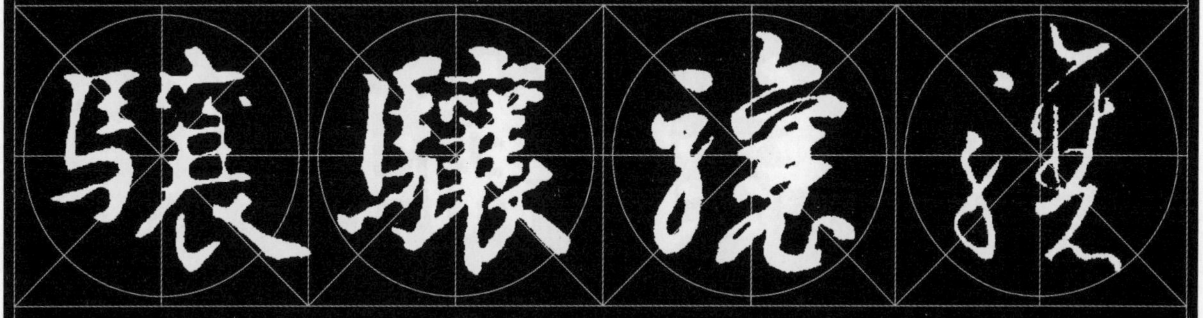

南北朝 高湛墓志　唐 蒋善进　元 鲜于枢　唐 欧阳询

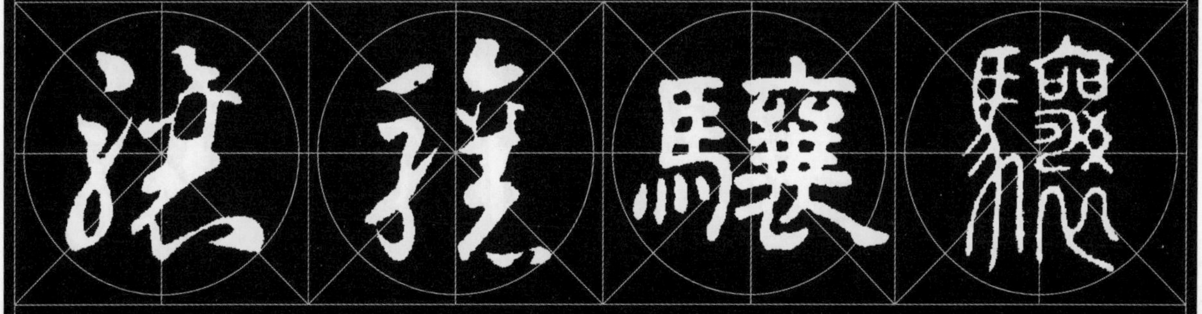

唐 孙过庭　唐 怀素　清 王澍　汉 说文解字

xiáng
祥

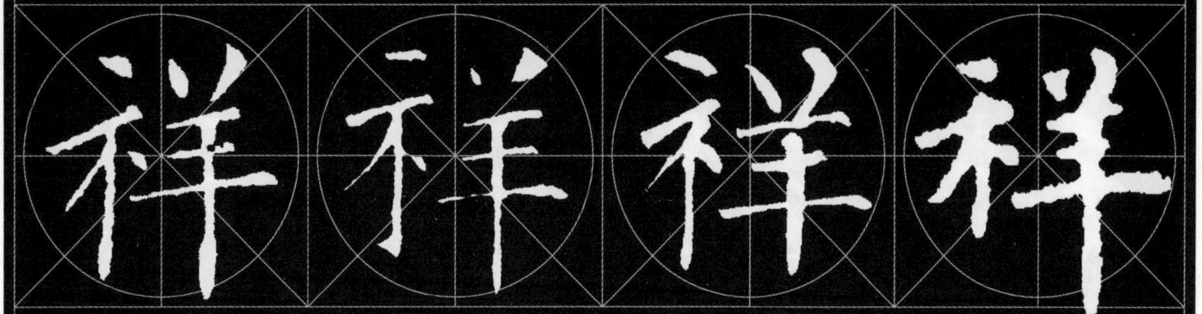

唐 欧阳询　唐 褚遂良　唐 柳公权　明 宋濂

xiáng
翔

晋 王羲之
唐 孙过庭
唐 怀素
宋 文天祥
汉 华山碑
汉 樊敏碑
汉 说文解字
清 吴熙载
唐 褚遂良
元 赵孟頫
隋 智永
宋 苏轼
宋 蔡卞
明 文徵明
隋 智永
唐 怀素
元 赵孟頫
明 祝允明
汉 景君碑
汉 校官碑

xiáng
详

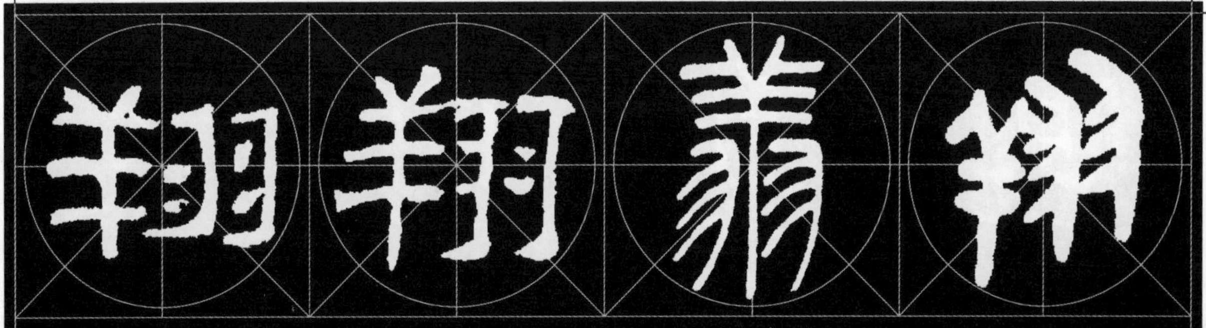

汉 肥致碑　晋 辟雍碑　清 吴熙载　清 吴大澂

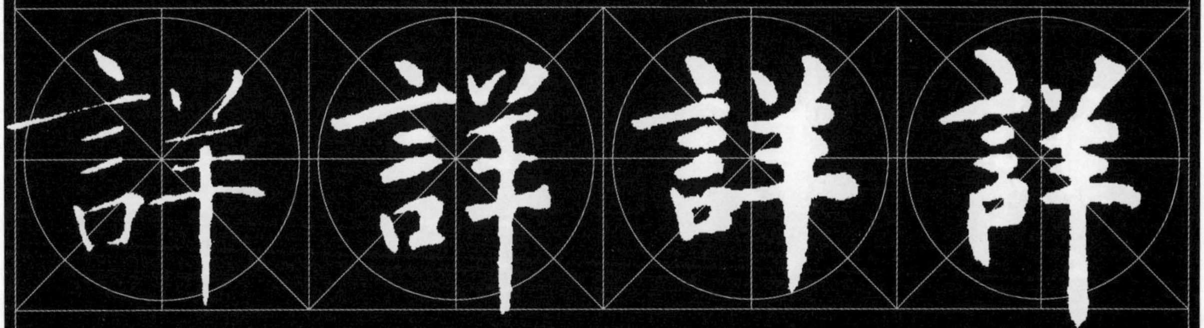

唐 王敬客　唐 张从申　元 赵孟頫　元 揭傒斯

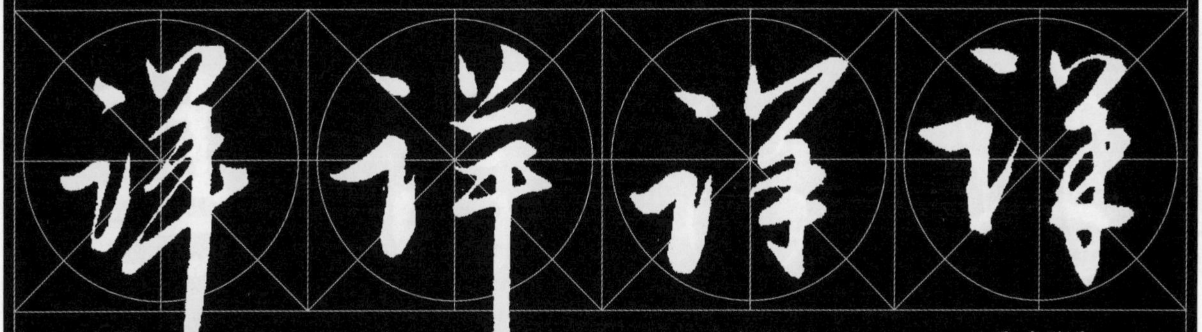

宋 王昇　元 赵孟頫　元 赵孟頫　明 文徵明

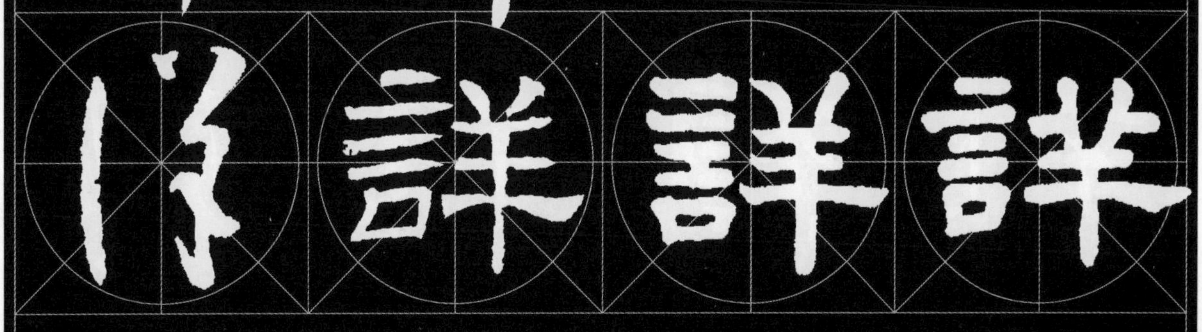

唐 孙过庭　晋 辟雍碑　元 赵孟頫　清 王澍

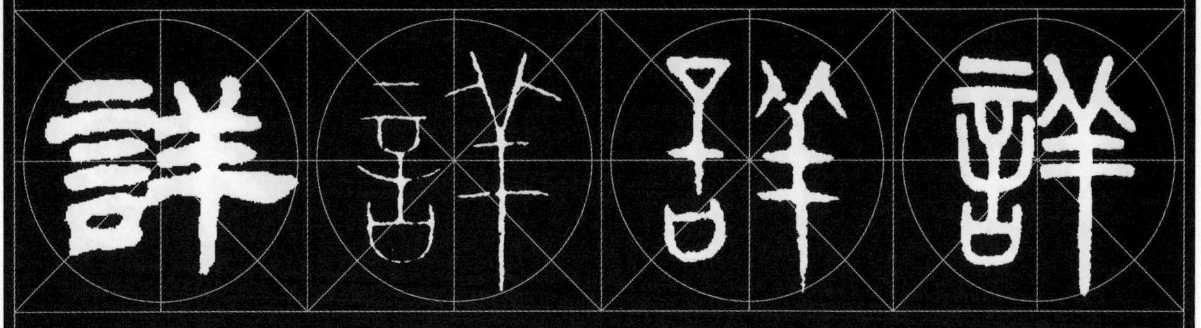

清 丁佛言　唐 李阳冰　元 赵孟頫　清 吴大澂

xiǎng
享（享受；同飨）

xiǎng
想

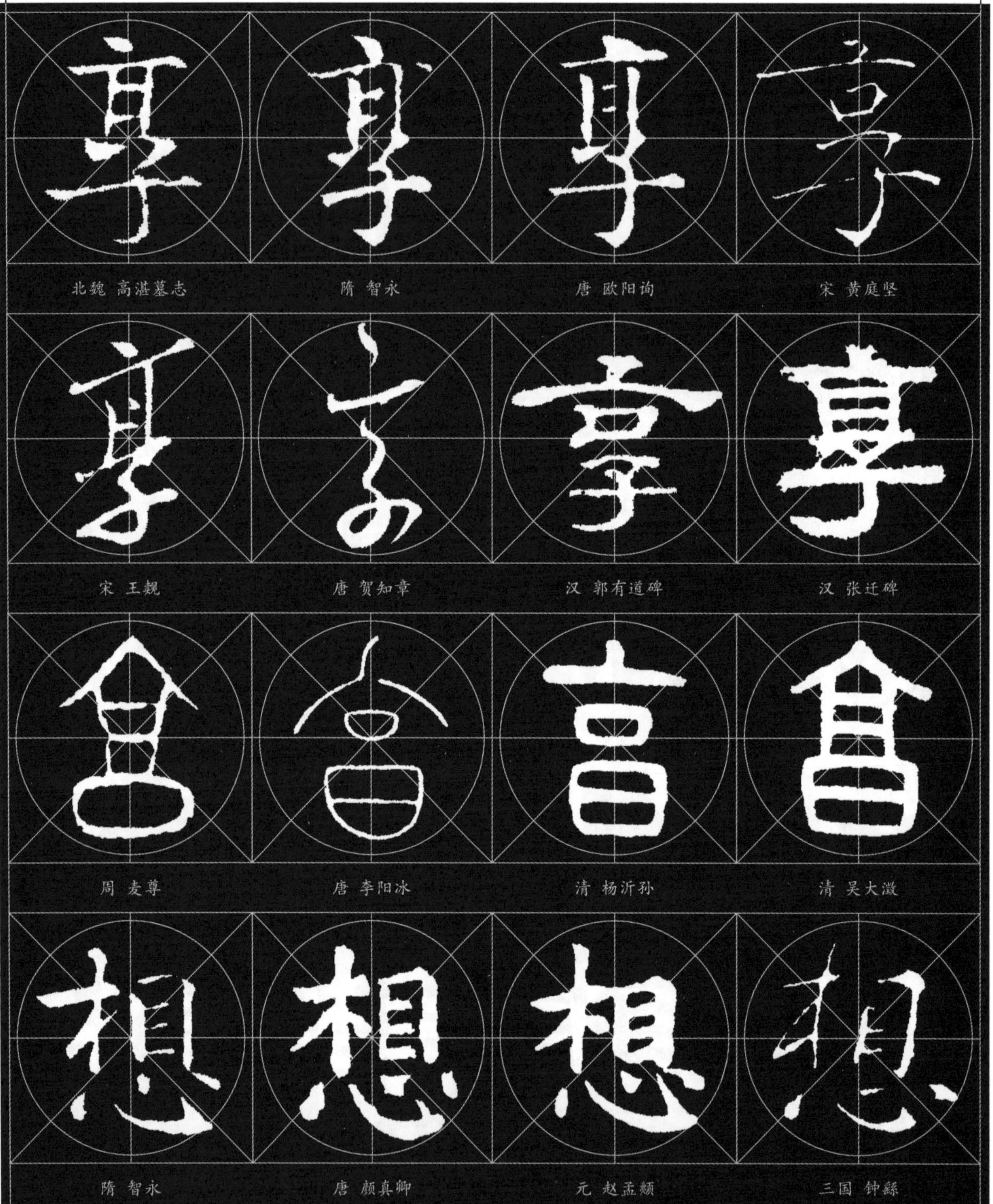

北魏 高湛墓志 | 隋 智永 | 唐 欧阳询 | 宋 黄庭坚
宋 王觌 | 唐 贺知章 | 汉 郭有道碑 | 汉 张迁碑
周 麦尊 | 唐 李阳冰 | 清 杨沂孙 | 清 吴大澂
隋 智永 | 唐 颜真卿 | 元 赵孟頫 | 三国 钟繇
晋 王羲之 | 晋 王献之 | 南北朝 王筠 | 汉 张芝

xiǎng
饷

xiǎng
响
（響、[illegible]）

xiǎng
飨（饗：请人享受）

北魏 高贞碑　唐 颜真卿　宋 苏轼　唐 颜真卿

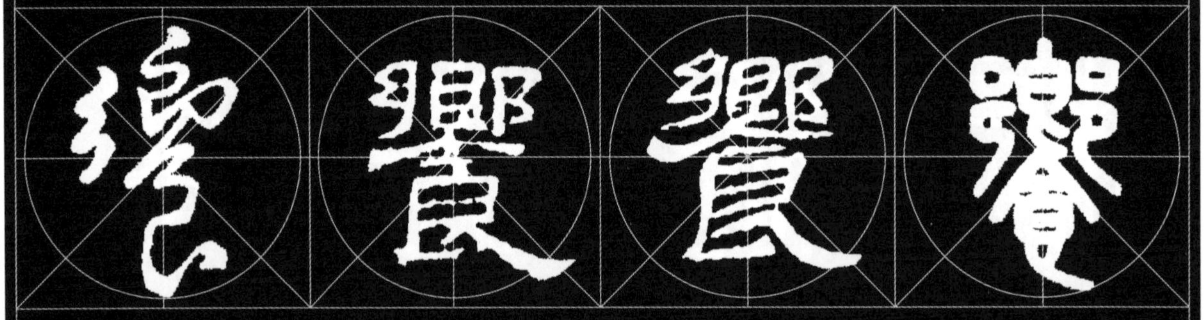

清 王铎　汉 熹平石经　晋 辟雍碑　清 吴大澂

xiàng
向

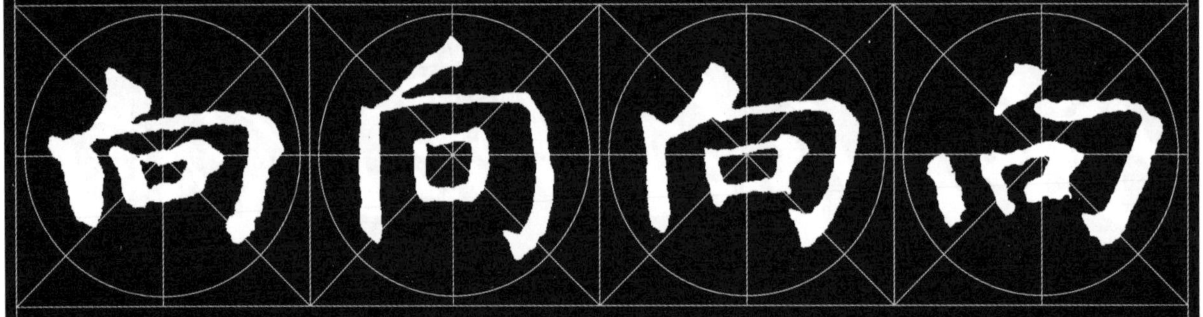

唐 褚遂良　唐 颜真卿　唐 柳公权　唐 张从申

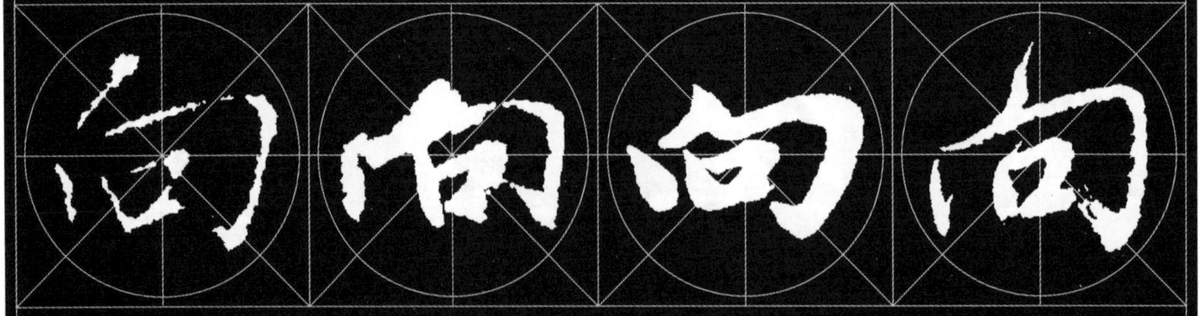

晋 王羲之　宋 米芾　元 赵孟頫　明 唐寅

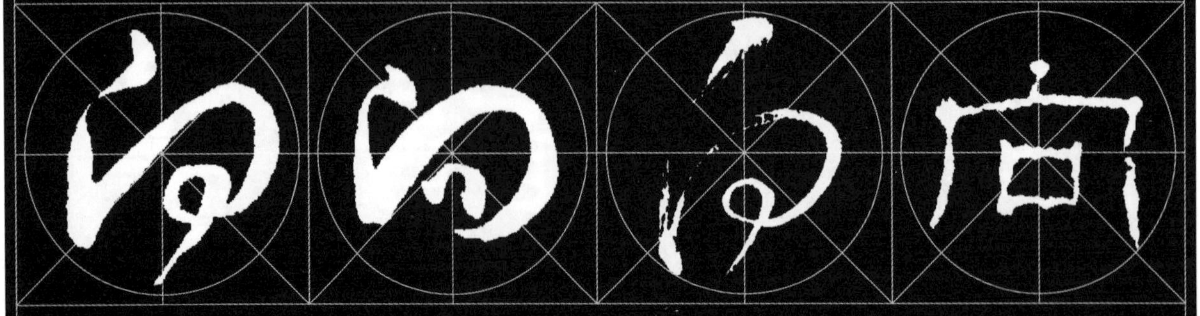

晋 王羲之　唐 孙过庭　唐 怀素　汉 景君碑

xiàng
嚮
（同向）

xiàng
巷
hàng
（巷道）

xiàng
象

唐 欧阳询 | 唐 殷令名 | 唐 颜真卿 | 唐 柳公权

唐 蒋善进 | 宋 苏轼 | 元 揭傒斯 | 明 于谦

晋 王羲之 | 隋 智永 | 唐 陆柬之 | 唐 怀素

汉 乙瑛碑 | 晋 辟雍碑 | 元 吴叡 | 清 王澍

殷商 甲骨文 | 汉 银雀山简 | 清 吴熙载 | 清 姚正镛

xiàng 像（图像；好像；比如）

唐 国铨　唐 颜真卿　唐 柳公权　晋 王羲之

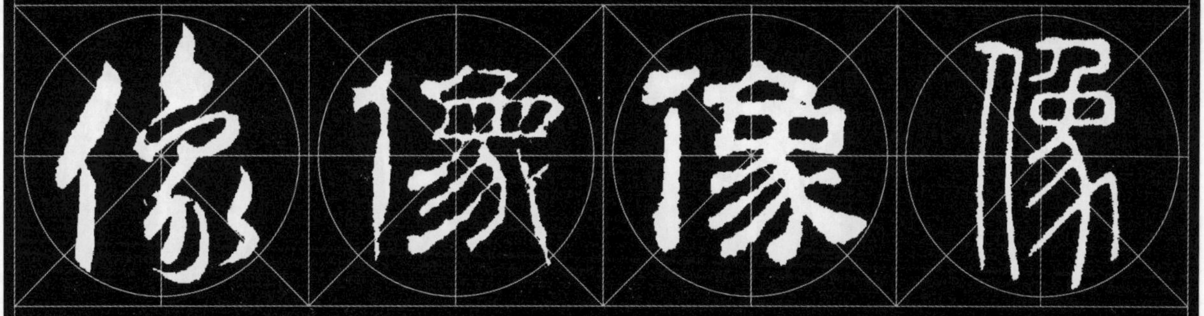

元 赵孟頫　汉 景君碑　汉 樊敏碑　汉 说文解字

xiàng 项

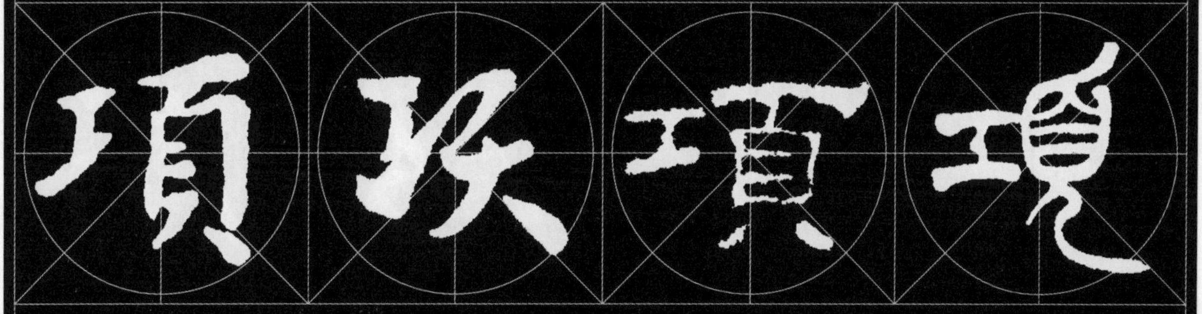

明 董其昌　唐 孙过庭　汉 杨震碑　清 徐三庚

xiāo 削 xuē（削减）

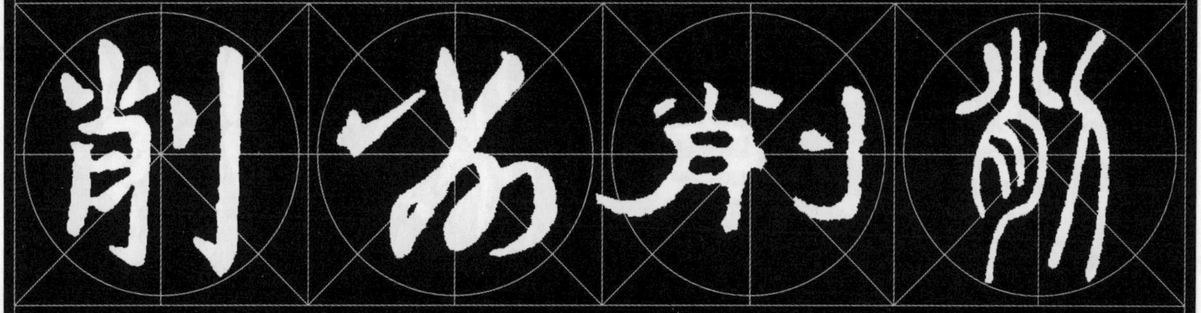

唐 虞世南　唐 孙过庭　汉 孔彪碑　清 吴熙载

xiāo 宵（夜）

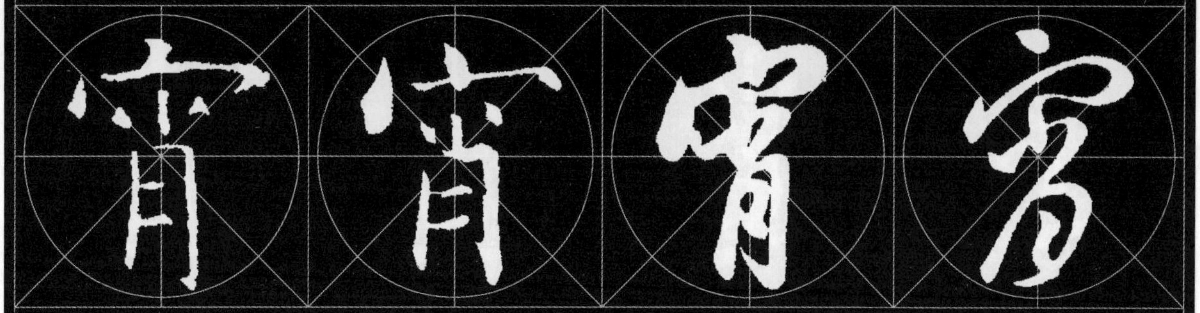

唐 虞世南　宋 张即之　明 董其昌　晋 王羲之

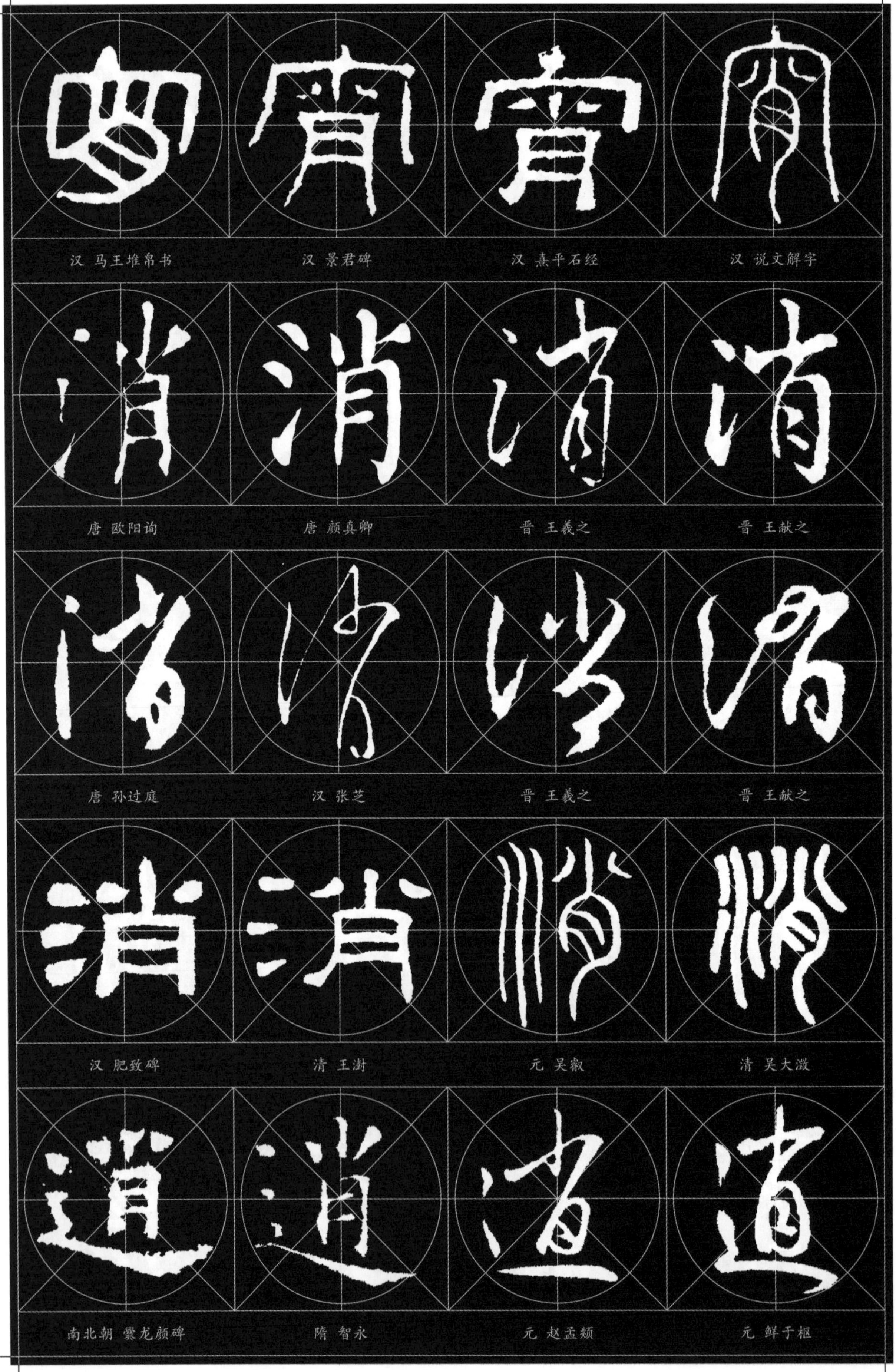

汉 马王堆帛书　汉 景君碑　汉 熹平石经　汉 说文解字

xiāo
消

唐 欧阳询　唐 颜真卿　晋 王羲之　晋 王献之

唐 孙过庭　汉 张芝　晋 王羲之　晋 王献之

汉 肥致碑　清 王澍　元 吴叡　清 吴大澂

xiāo
逍

南北朝 爨龙颜碑　隋 智永　元 赵孟頫　元 鲜于枢

xiāo 销

xiāo 霄（云；天空）

xiāo
枭

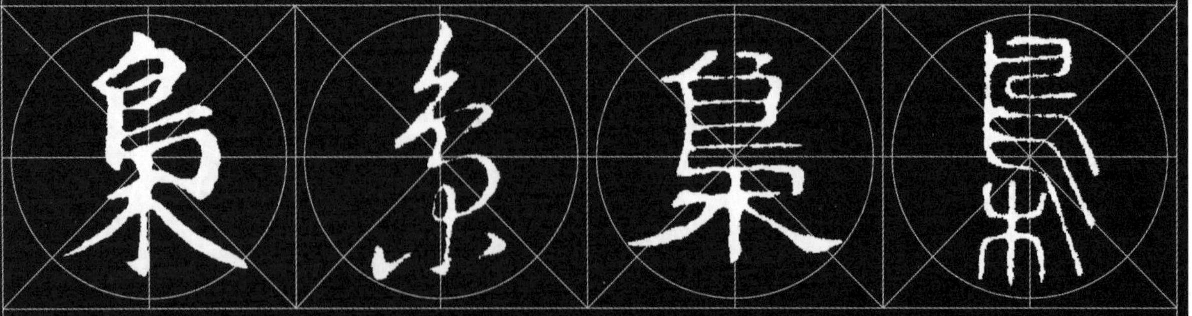

元 赵孟頫　金 张天锡·草书韵会　清 顾蔼吉·隶辨　汉 说文解字

xiāo
萧（萧条；姓氏，近年有俗写肖的）

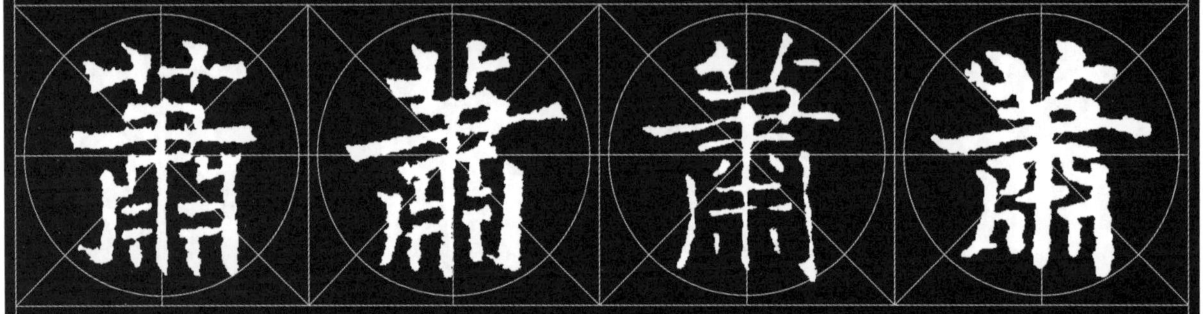

北魏 元详墓志　北魏 孙秋生造像　隋 张公礼　明 沈度

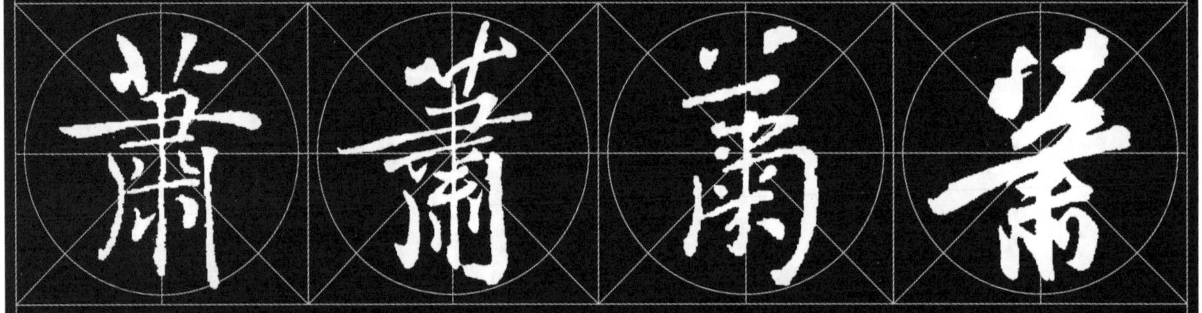

唐 褚遂良　宋 范成大　晋 索靖　宋 苏轼

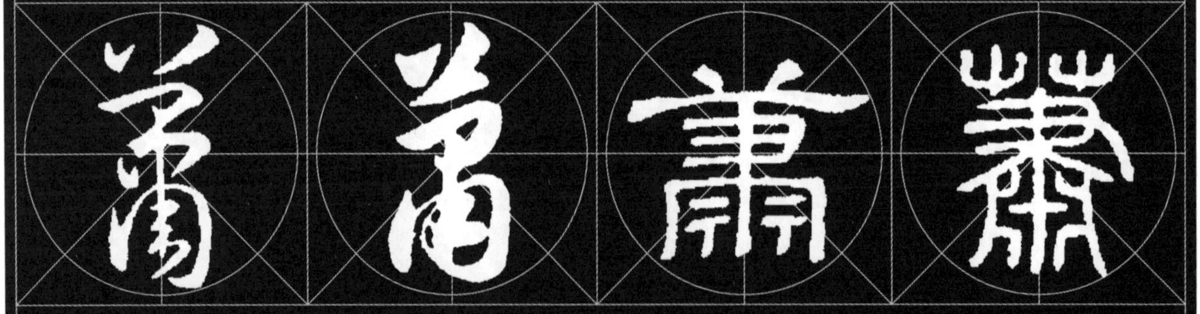

唐 孙过庭　明 韩道亨　清 顾蔼吉·隶辨　汉 说文解字

xiāo
潇

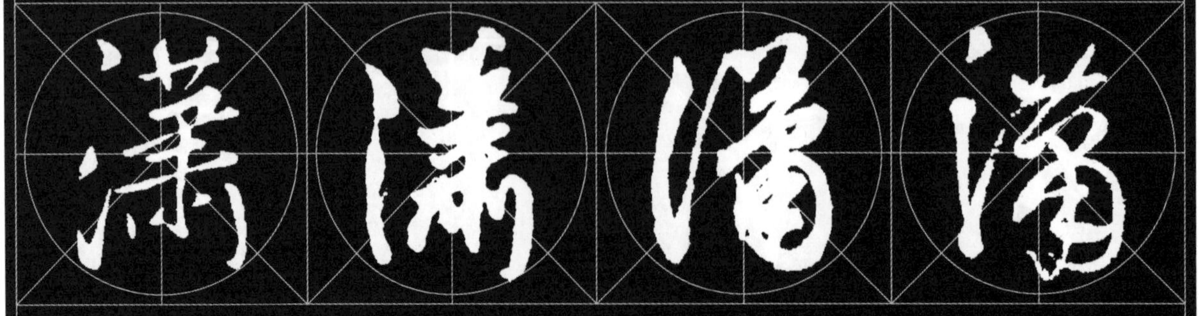

明 张瑞图　清 王铎　明 祝允明　清 王铎

xiāo 箫

xiāo 翛（自由自在）

xiāo 嚣（嚻）

xiáo
崤

xiáo
淆
（殽：混杂）

xiǎo
小

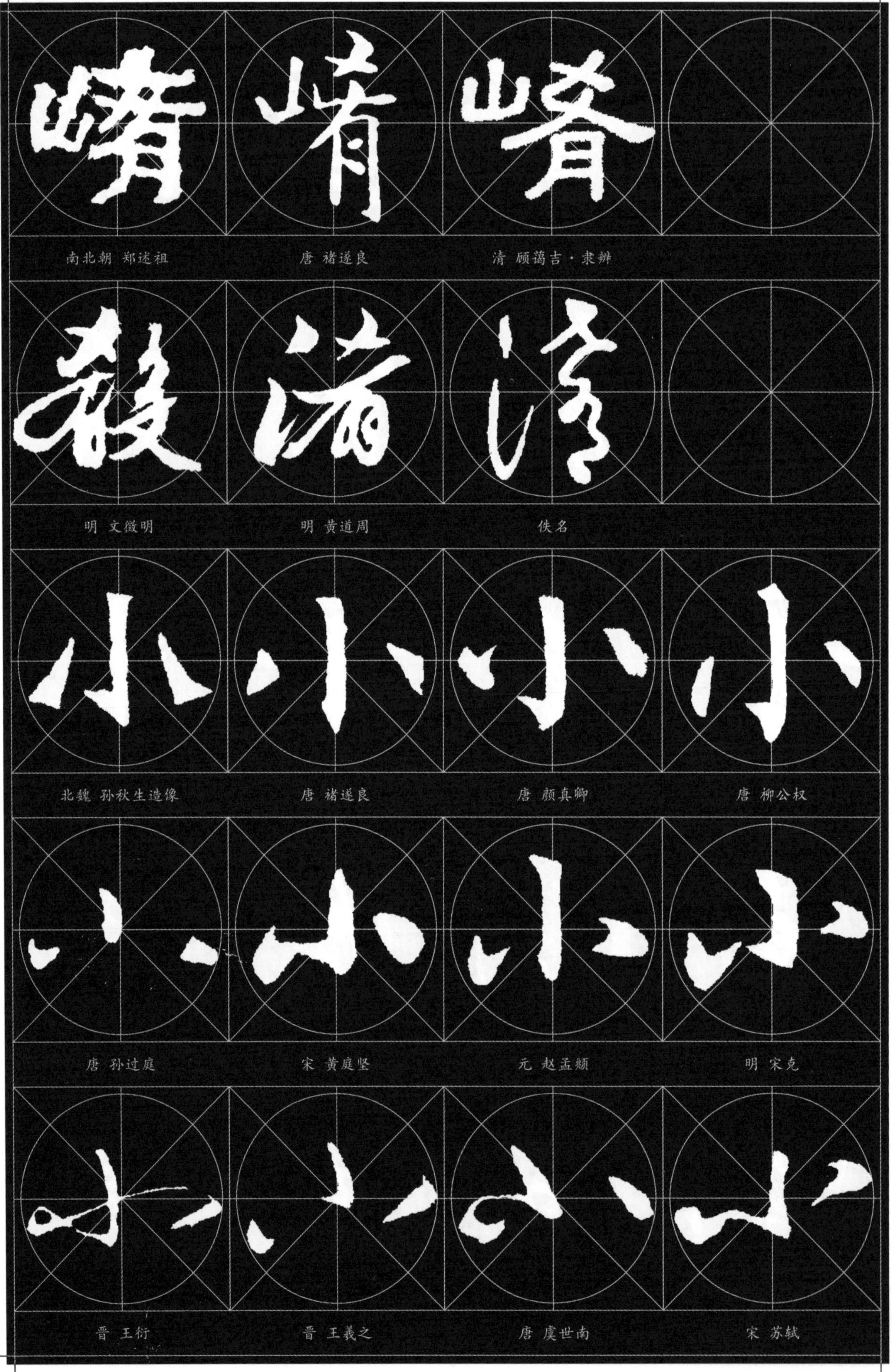

xiǎo
晓

汉 张景碑
汉 鲁峻碑
明 文徵明
清 陈鸿寿
殷商 甲骨文
唐 李阳冰
清 杨沂孙
清 徐三庚
唐 欧阳询
唐 颜真卿
晋 王羲之
宋 苏轼
宋 张即之
元 赵孟頫
明 宋克
明 祝允明
明 董其昌
清 王铎
清 何绍基
清 胡澍

xiǎo
篠（筱）

xiào
肖
Xiāo

xiào
孝

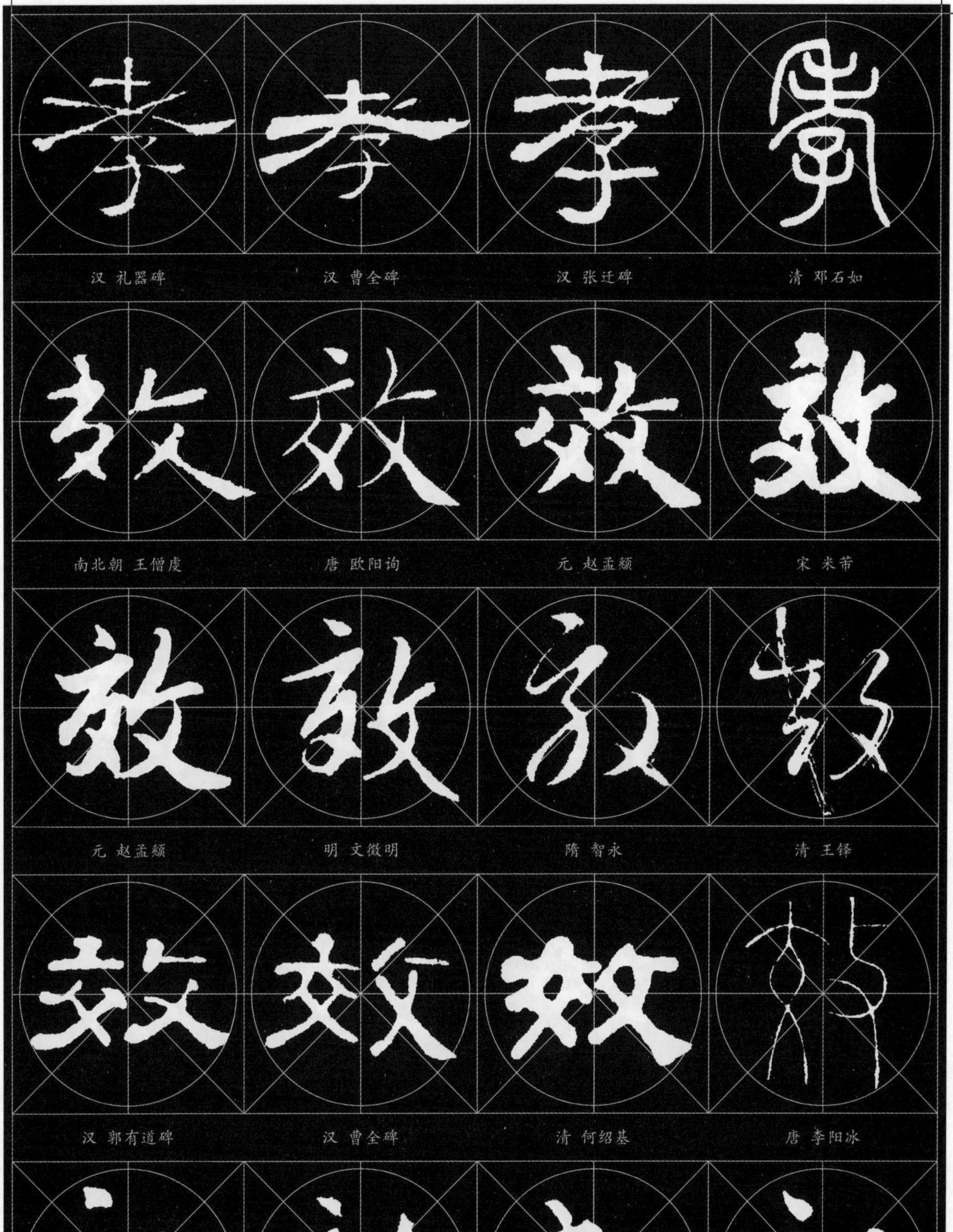

汉 礼器碑　汉 曹全碑　汉 张迁碑　清 邓石如

南北朝 王僧虔　唐 欧阳询　元 赵孟頫　宋 米芾

元 赵孟頫　明 文徵明　隋 智永　清 王铎

汉 郭有道碑　汉 曹全碑　清 何绍基　唐 李阳冰

唐 欧阳询　唐 欧阳询　唐 柳公权　宋 蔡襄

xiào
效

xiào
効
（献出；同效）

xiào
校
jiào
（校对；校场）

xiào
笑
（咲）

xiào
啸（嘯、歗）

xiē
些

xiē
歇

xié
邪
yé
（同耶）

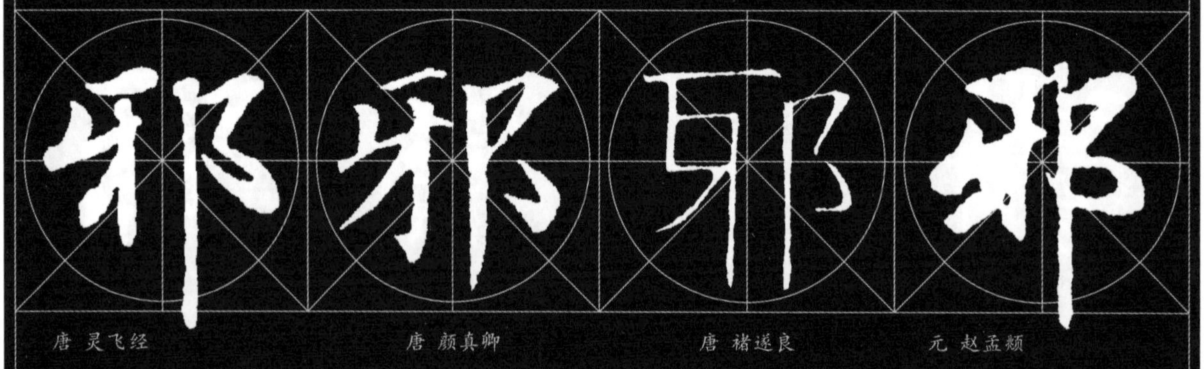

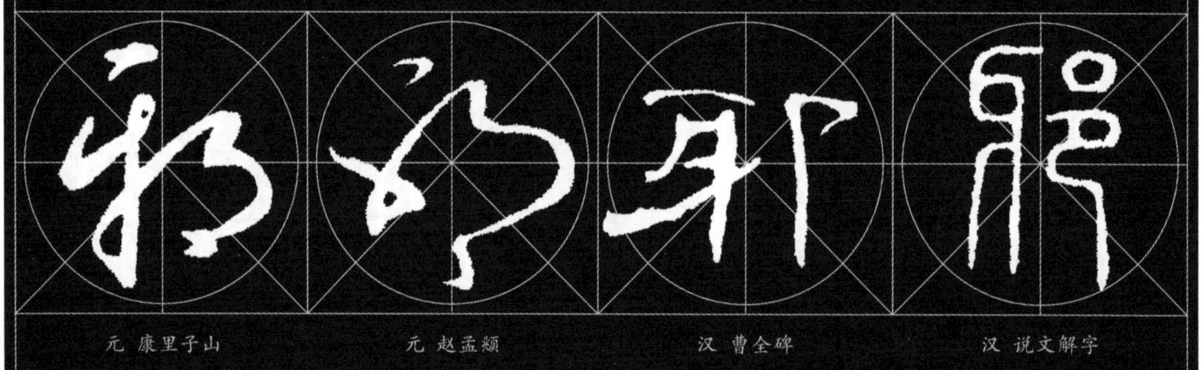

xié
衺
（邪恶）

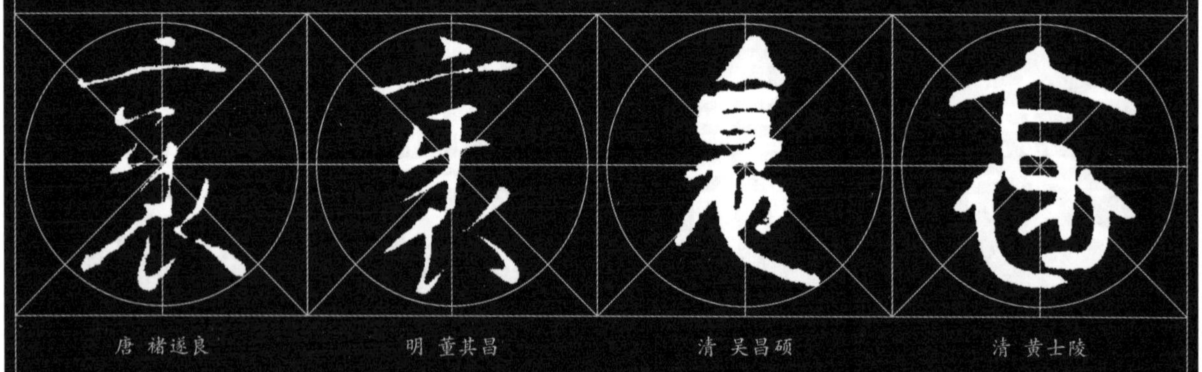

xié
挟
jiā

xié
斜

xié
协
（協）

明 文徵明
明 祝允明
金 张天锡·草书韵会
汉 马王堆帛书
唐 欧阳通
元 赵孟頫
明 唐寅
宋 薛绍彭
明 文徵明
宋 黄庭坚
清 万经
清 吴熙载
南北朝 敬使君碑
隋 苏孝慈墓志
唐 褚遂良
唐 王行满
晋 王献之
唐 孙过庭
汉 封龙山碑
殷商 甲骨文

xié 胁（脅、脇）

xié 偕（协同）

xié 谐

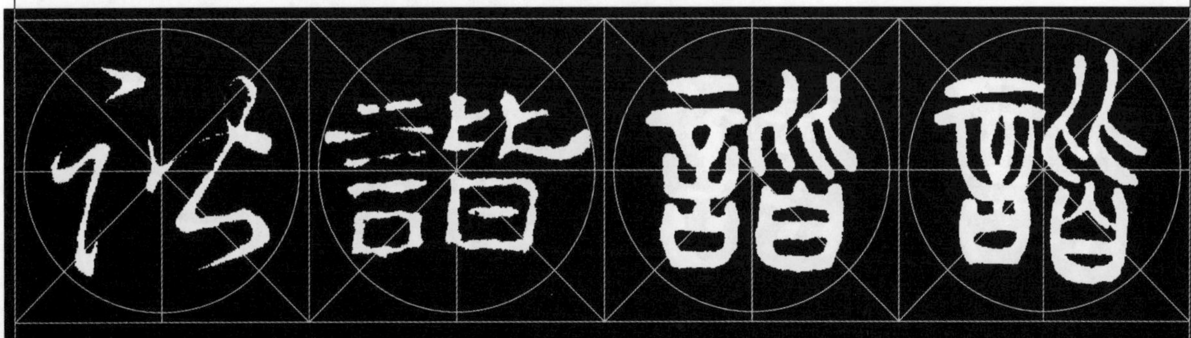

金 张天锡·草书韵会　汉 史晨碑　清 杨沂孙　清 徐三庚

xié
携（攜、擕）

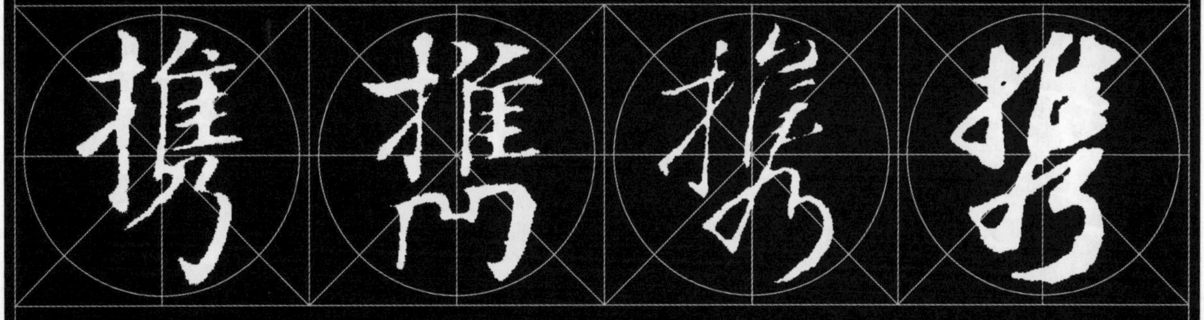

晋 王献之　元 柳贯　晋 王献之　宋 苏轼

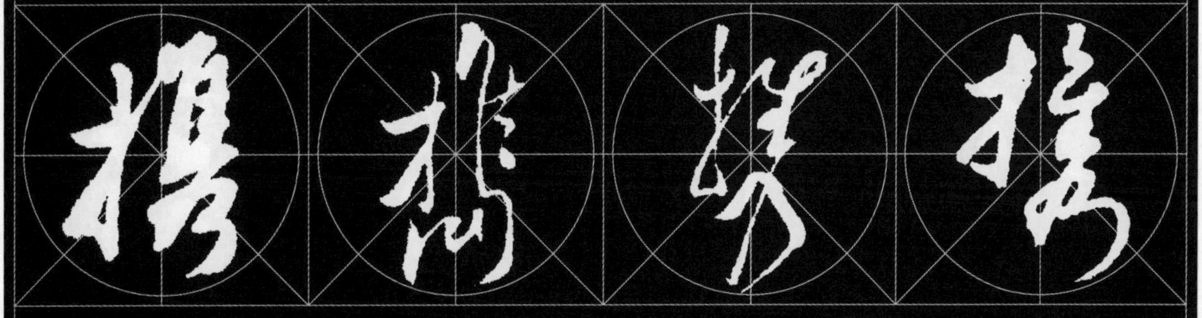

明 唐寅　宋 黄庭坚　宋 黄庭坚　明 宋克

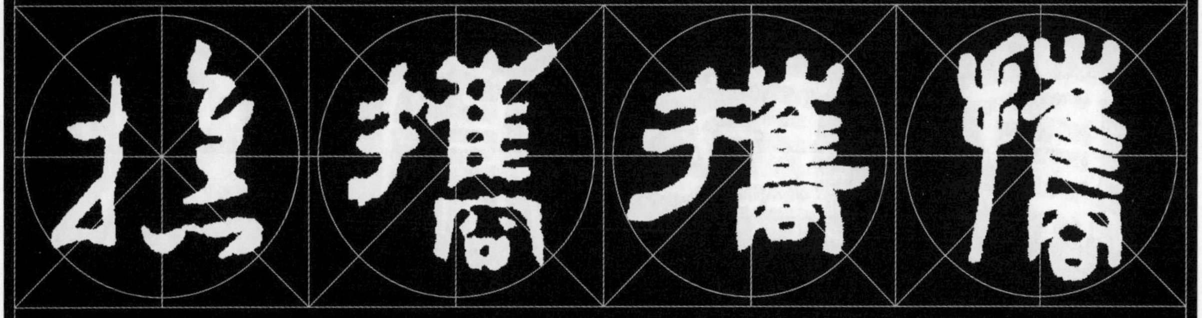

明 祝允明　汉 杨统碑　清 邓石如　清 吴大澂

xié
鞋

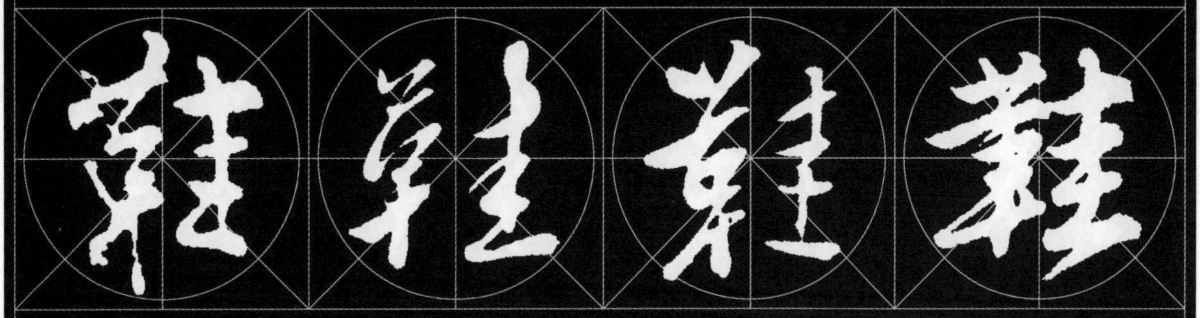

五代 杨凝式　元 赵雍　明 宋璲　明 唐寅

xiě
写
（写意：国画之一）
xiè
（写意：舒适）

xiè
泄
（洩）

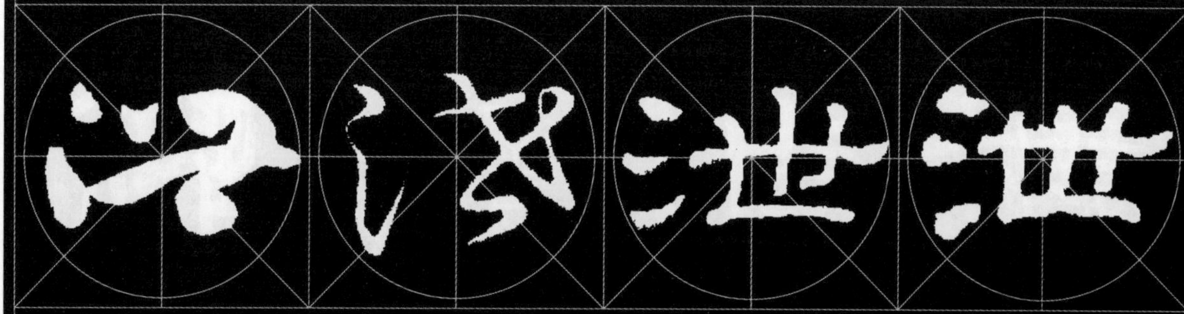

唐 孙过庭　金 张天锡·草书韵会　清 顾蔼吉·隶辨　清 翁同和

xiè
渫（除去；疏通）

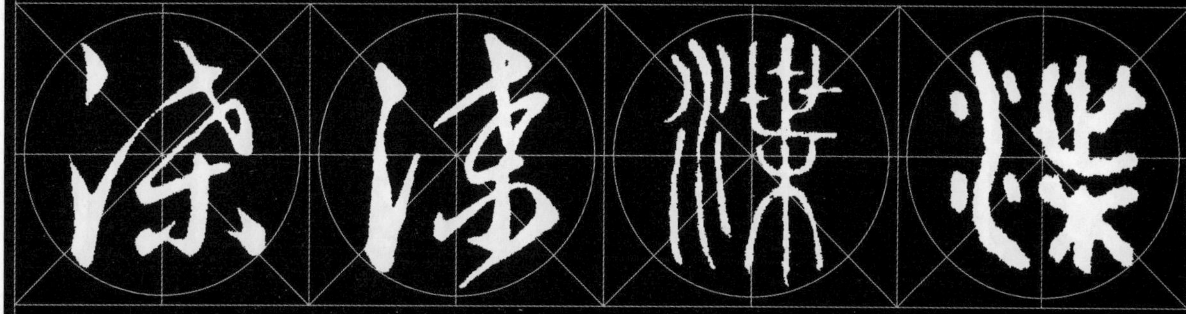

晋 王羲之　明 韩道亨　汉 说文解字　清 吴大澂

xiè
屑

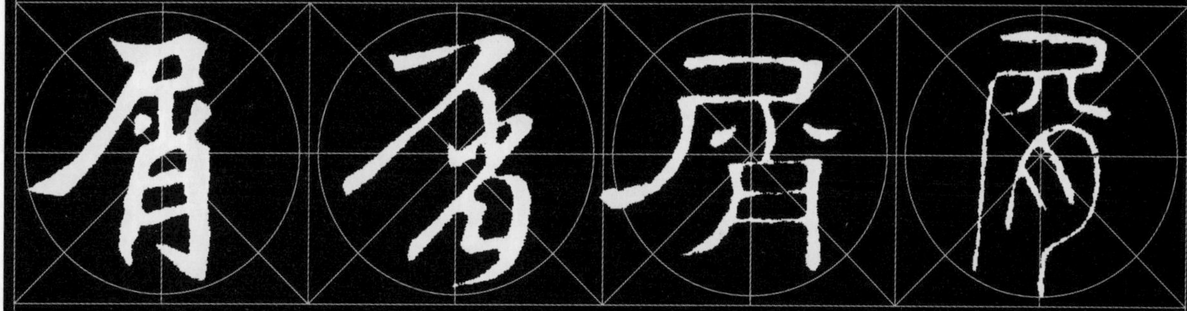

北魏 元诊墓志　金 张天锡·草书韵会　清 顾蔼吉·隶辨　汉 说文解字

xiè
械

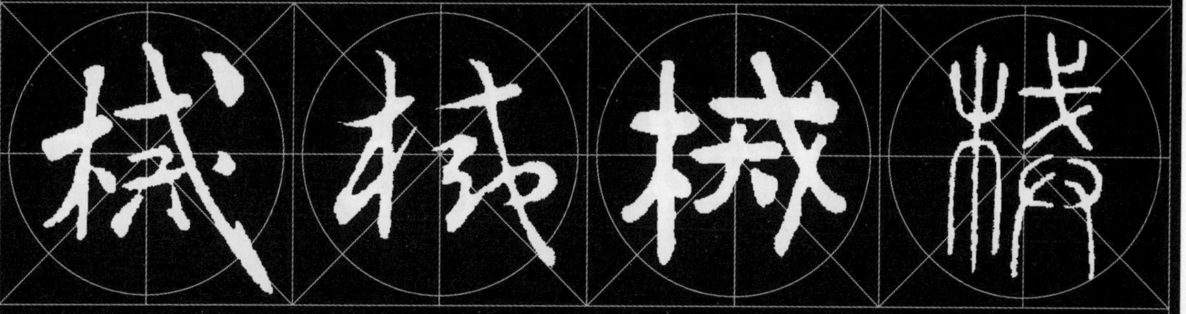

宋 米芾　清 王铎　清 陈鸿寿　汉 说文解字

xiè
谢

唐 陆柬之　明 邵二泉　晋 王献之　晋 王羲之

xiè
榭（台上的屋子）

xiè
澥（使稀）

xiè
懈

xiè
蟹（蠏）

xiè 薤

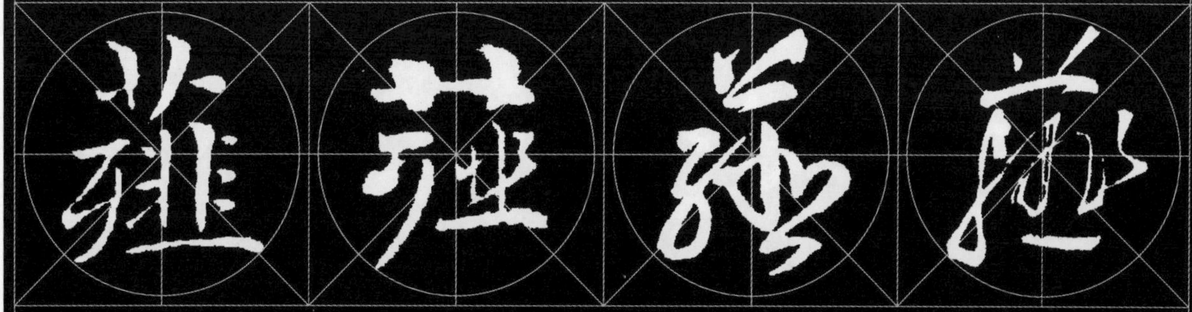

元 王蒙　清 刘墉　清 刘墉　清 王铎

xiè 燮（燮：调和）

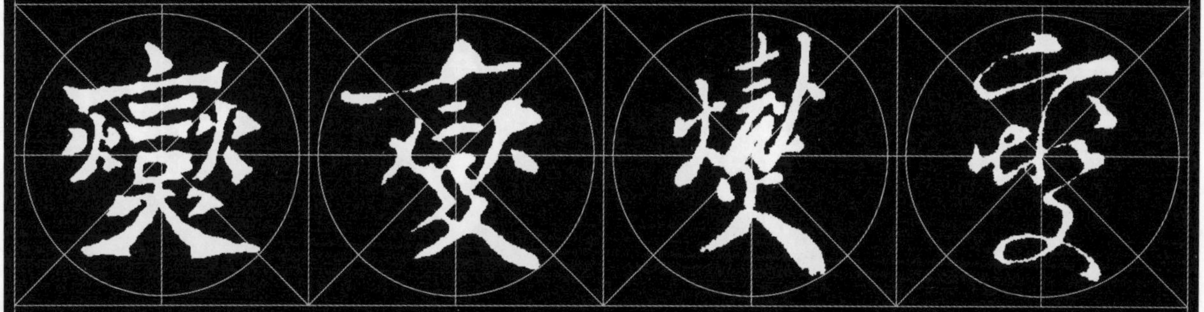

南北朝 墓志　宋 苏轼　清 郑燮　金 张天锡·草书韵会

xīn 心

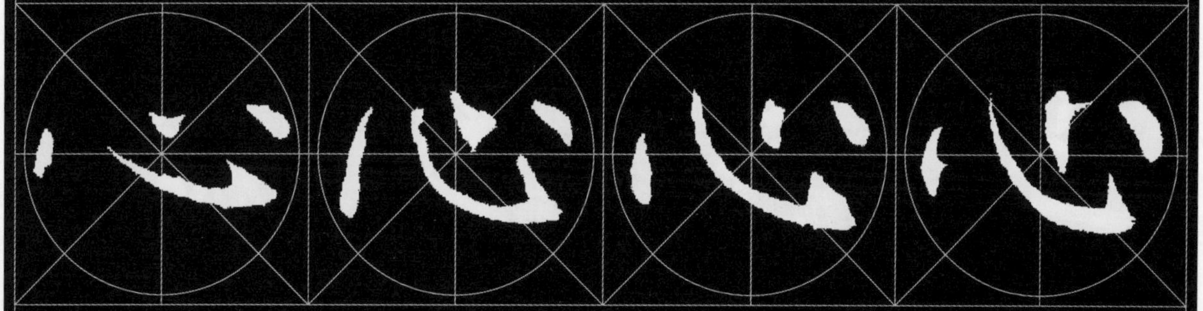

晋 王献之　隋 龙藏寺碑　唐 褚遂良　唐 柳公权

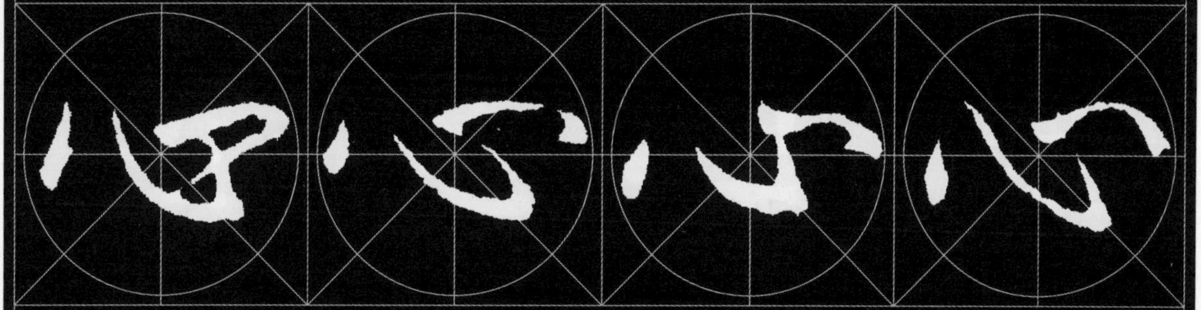

晋 王羲之　晋 王献之　唐 褚遂良　宋 米芾

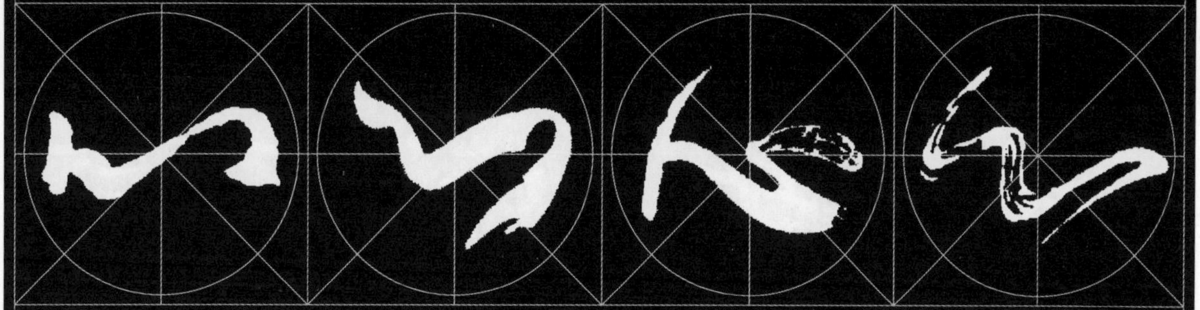

唐 欧阳询　唐 孙过庭　唐 颜真卿　唐 怀素

汉 景君碑　汉 石门颂　汉 礼器碑　北齐 泰山金刚经

秦 李斯　汉 马王堆帛书　清 邓石如　清 吴昌硕

xīn
辛

唐 欧阳通　元 邓文原　明 董其昌　晋 王献之

汉 郭有道碑　元 吴叡　清 杨沂孙　清 吴大澂

xīn
莘
shēn

北魏 高贞碑　宋 苏轼　明 王宠　清 顾蔼吉·隶辨

xīn
新

唐 欧阳询 唐 张旭 唐 颜真卿 唐 柳公权

三国 钟繇 隋 智永 宋 黄庭坚 元 柯九思

晋 郗愔 晋 王羲之 唐 孙过庭 唐 怀素

汉 华山碑 汉 张寿碑 汉 张迁碑 汉 刘熊碑

周 散氏盘 周 颂鼎 唐 李阳冰 清 吴熙载

xīn
薪

xīn
欣

唐 蒋善进
宋 苏轼
元 赵孟頫
清 王铎
唐 欧阳询
唐 怀素
明 文徵明
清 孙星衍
隋 智永
唐 欧阳通
唐 王敬客
唐 柳公权
三国 钟繇
晋 王羲之
隋 智永
宋 米芾
隋 智永
唐 孙过庭
唐 怀素
汉 景君碑

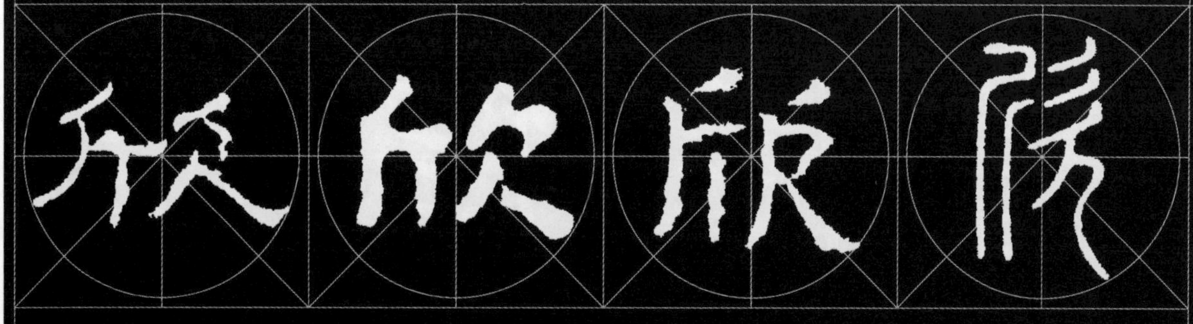

汉 石门颂　汉 杨统碑　汉 白石神君碑　汉 说文解字

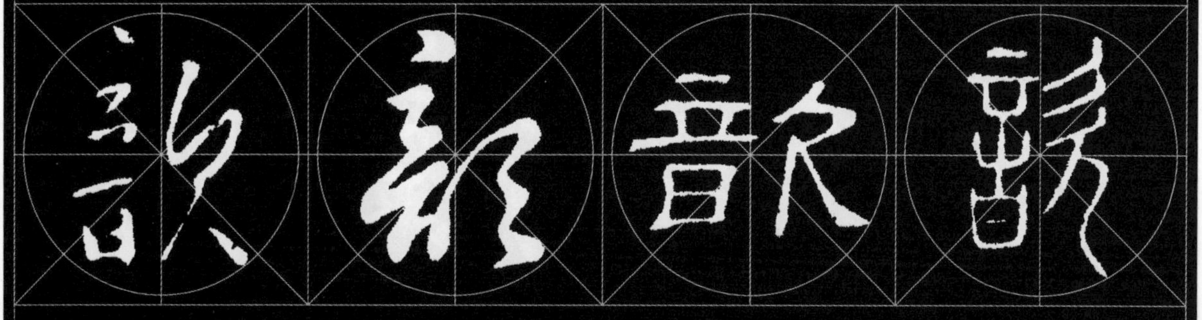

唐 李世民　明 董其昌　清 顾蔼吉·隶辨　汉 说文解字

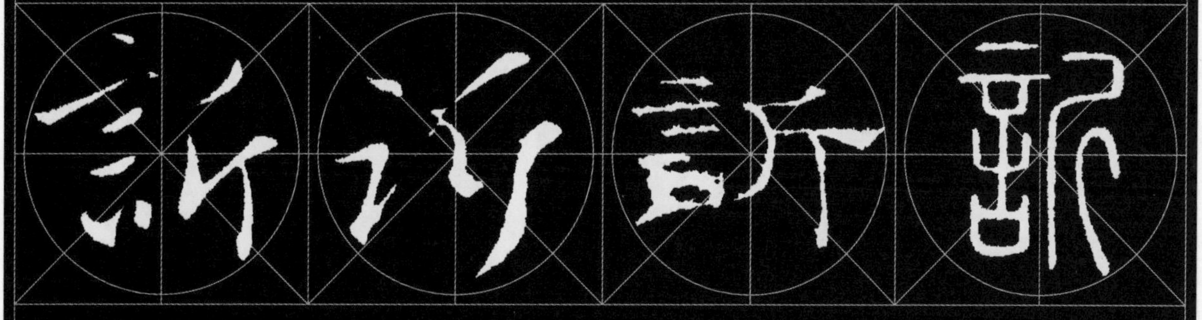

元 赵孟頫　元 赵孟頫　汉 礼器碑　汉 说文解字

元 赵孟頫　明 王宠　唐 怀素　宋 赵构

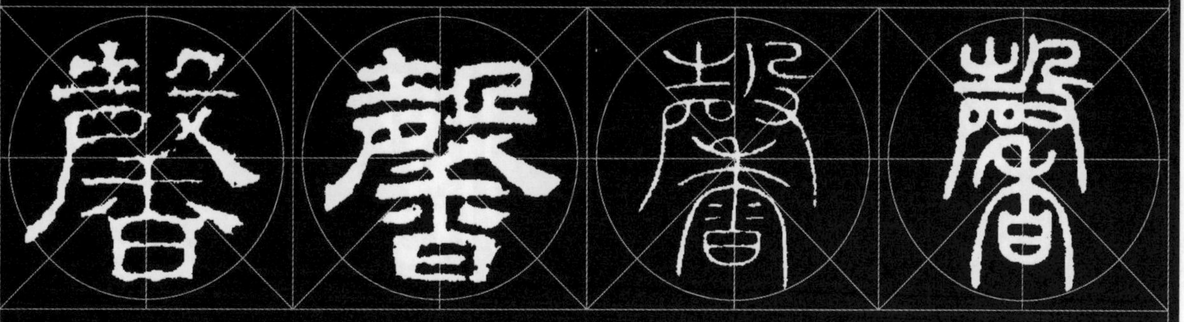

汉 白石神君碑　唐 李隆基　唐 李阳冰　清 邓石如

xīn
歆（羡慕）

xīn
䜣（同欣）

xīn
馨（香气）

xìn
信（古又同伸）

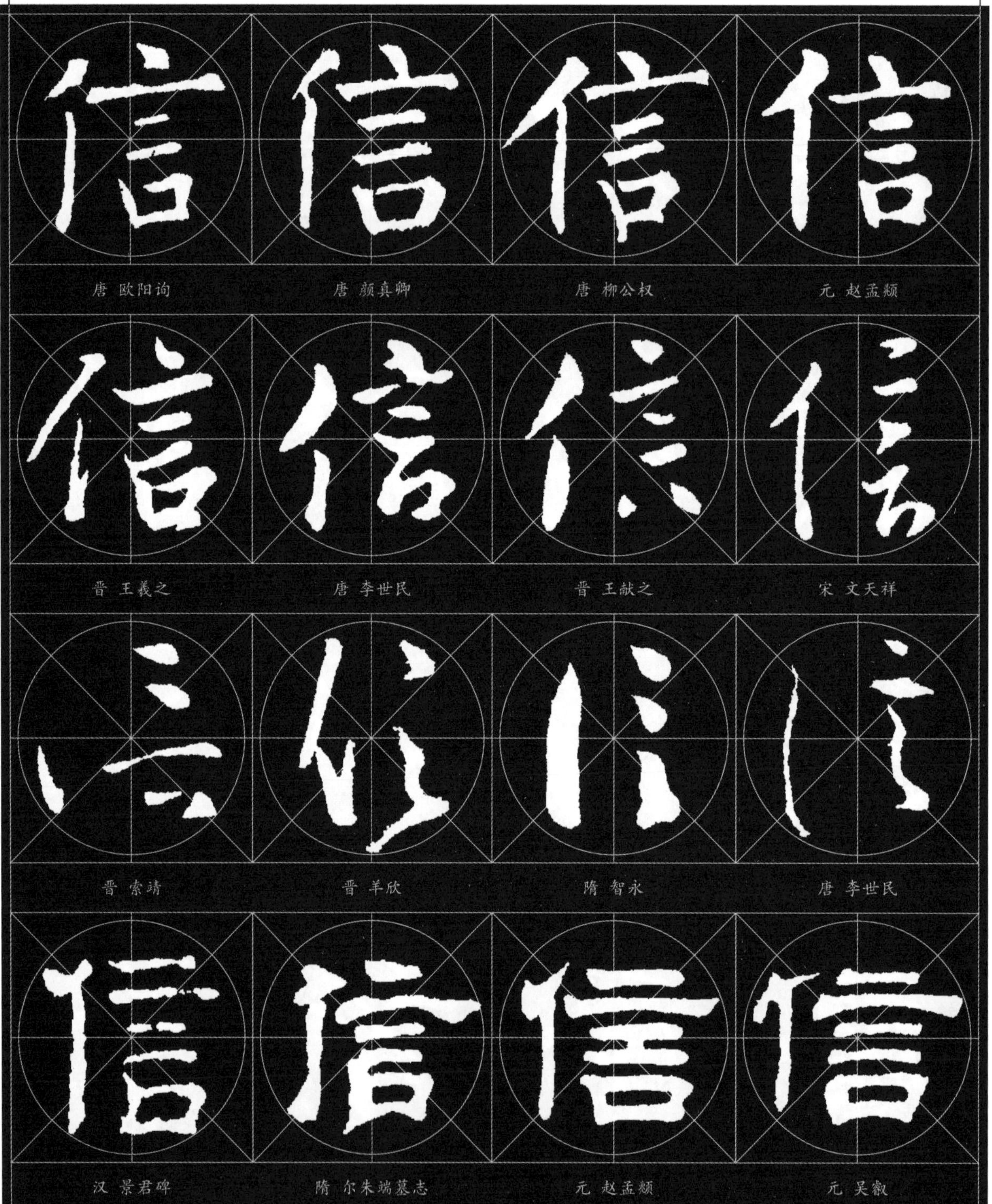
唐 欧阳询
唐 颜真卿
唐 柳公权
元 赵孟頫
晋 王羲之
唐 李世民
晋 王献之
宋 文天祥
晋 索靖
晋 羊欣
隋 智永
唐 李世民
汉 景君碑
隋 尔朱端墓志
元 赵孟頫
元 吴叡
汉 说文解字
唐 李阳冰
清 邓石如
清 徐三庚

xīng 兴（興）
xìng（兴致、兴趣）

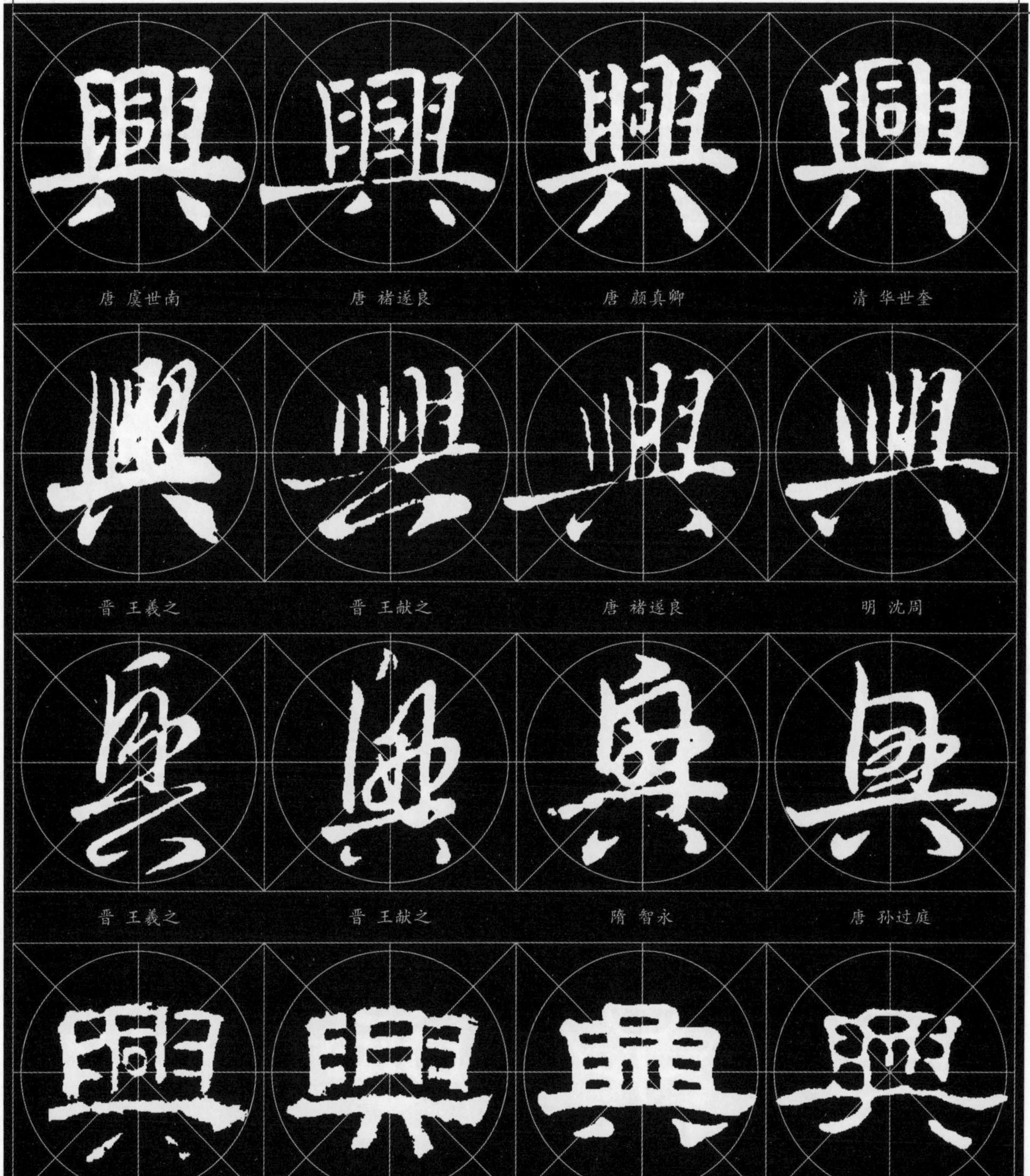

xīng
星

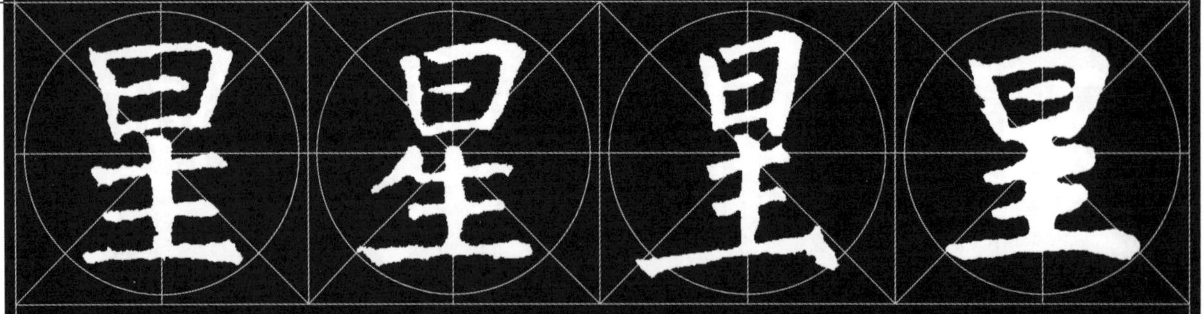
唐 褚遂良　唐 张旭　唐 柳公权　元 赵孟頫

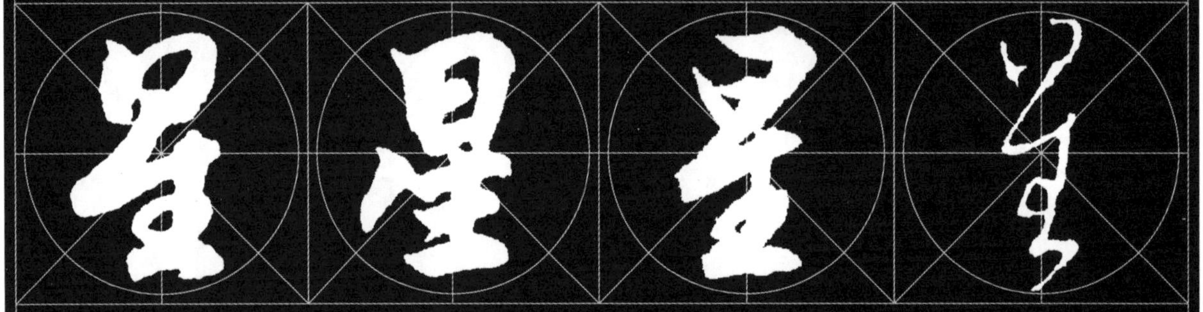
宋 赵构　元 柯九思　明 文徵明　晋 王羲之

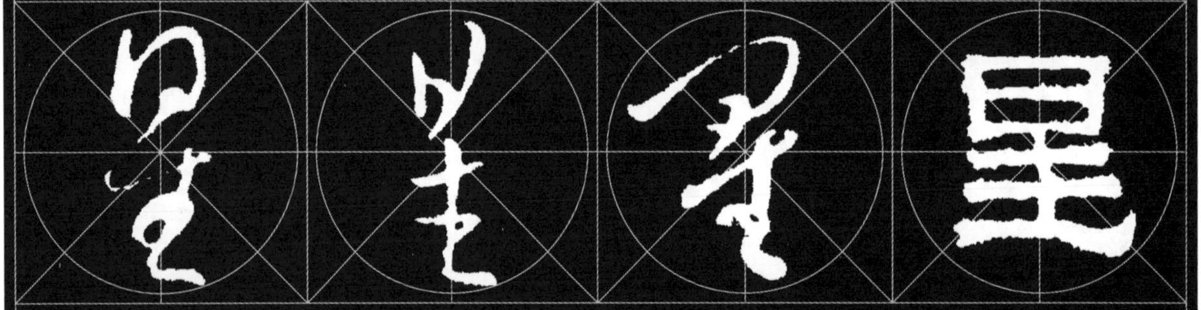
隋 智永　唐 欧阳询　唐 孙过庭　汉 鲜于璜碑

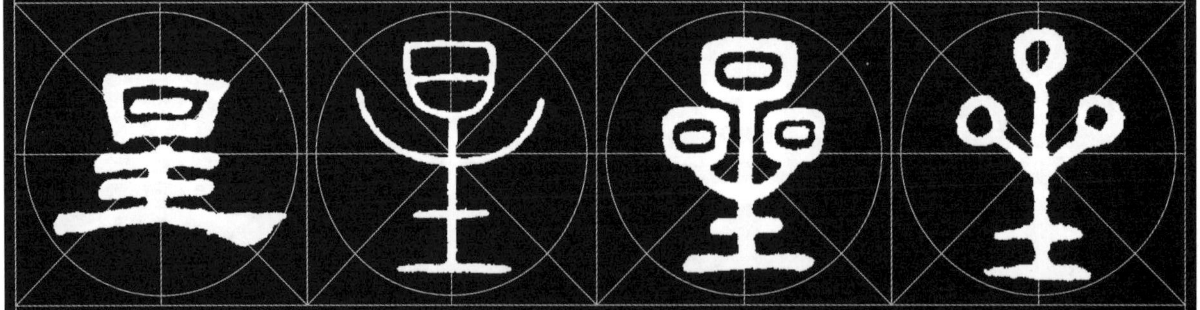
清 何绍基　唐 李阳冰　清 邓石如　元 赵孟頫

xīng
腥

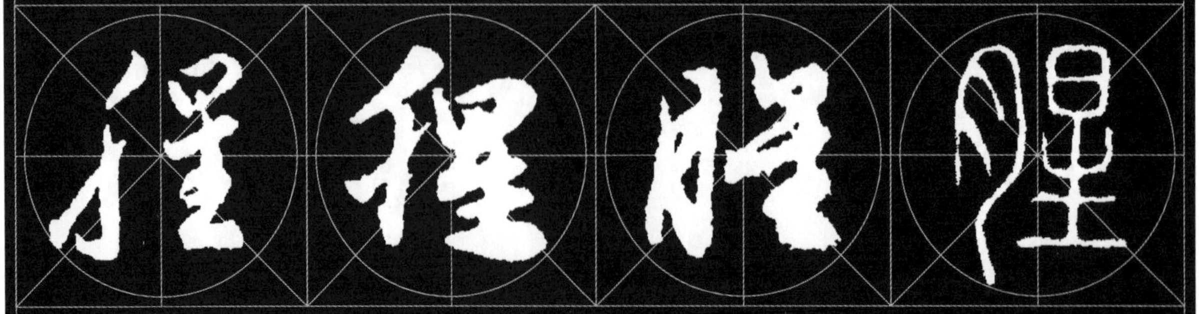
唐 李怀琳　元 赵孟頫　明 文徵明　汉 说文解字

xíng
行
háng
hàng
（树行子）
héng
（道行）

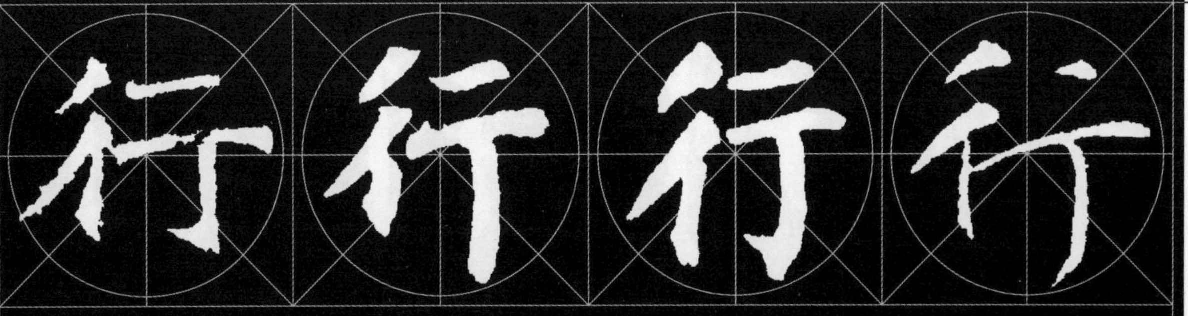

北魏 北海王造像　隋 智永　唐 颜真卿　唐 李邕

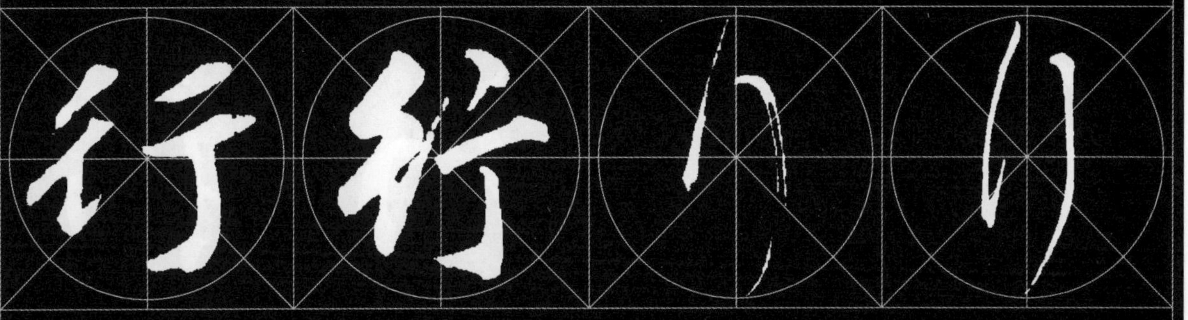

宋 赵令畤　明 唐寅　晋 王羲之　晋 王献之

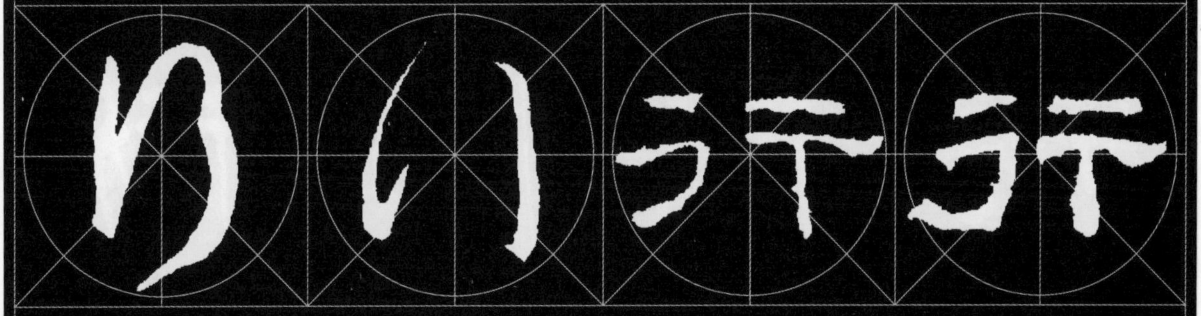

唐 孙过庭　唐 怀素　汉 礼器碑　汉 西狭颂

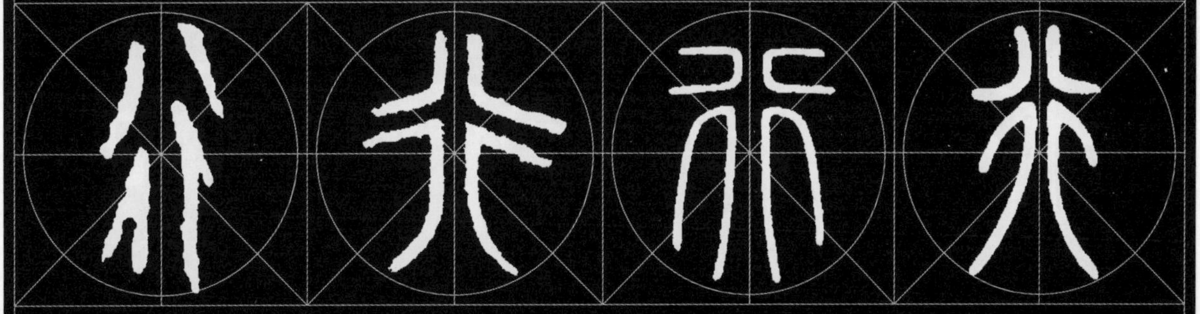

殷商 甲骨文　周 虢季子白盘　秦 会稽刻石　清 邓传密

xíng
刑

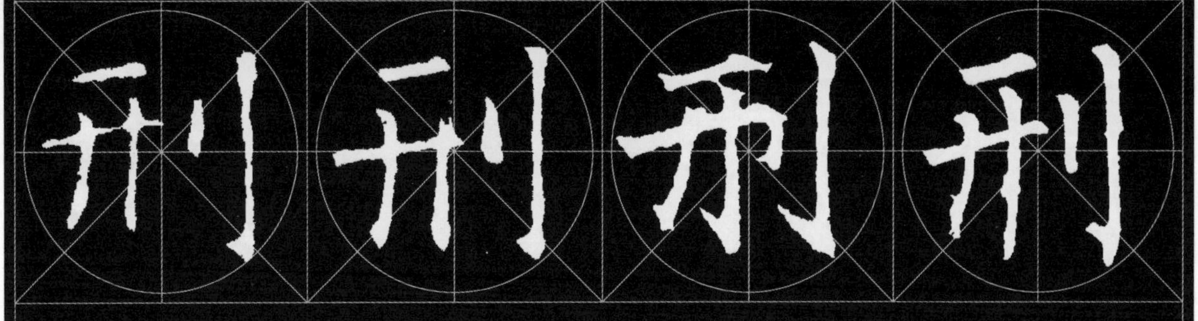

隋 智永　唐 欧阳询　唐 颜师古　唐 柳公权

xíng
邢

xíng
形

唐 颜真卿
宋 黄庭坚
宋 苏轼
宋 苏辙
隋 智永
唐 孙过庭
唐 贺知章
唐 怀素
汉 韩仁铭
周 墙盘
唐 李阳冰
清 徐三庚
明 邢侗
金 张天锡·草书韵会
唐 李枢
汉 说文解字
隋 龙藏寺碑
唐 虞世南
唐 褚遂良
宋 苏轼

xíng
型

xǐng
醒

唐 陆柬之　晋 王羲之　唐 孙过庭　唐 怀素

汉 校官碑　唐 李阳冰　清 邓石如　清 杨沂孙

宋 陆秀夫　清 吴昌硕　清 吴大澂　汉 说文解字

唐 柳公权　宋 苏轼　明 董其昌　清 郑燮

宋 苏轼　明 祝允明　明 张瑞图　汉 说文解字

xing
杏

xing
幸

宋 苏轼
明 唐寅
宋 黄庭坚
明 张弼
明 董其昌
清 钱侗
汉 说文解字
清 吴大澂
唐 虞世南
唐 颜真卿
宋 米芾
元 邓文原
元 饶介
明 吴宽
晋 王羲之
晋 王献之
唐 欧阳询
唐 李怀琳
汉 石门颂
汉 韩仁铭

汉 曹全碑　清 王澍　唐 李阳冰　清 吴大澂

xìng 姓

唐 褚遂良　唐 颜真卿　宋 米芾　宋 米芾

晋 王羲之　清 王铎　汉 礼器碑　汉 孔彪碑

汉 校官碑　汉 曹全碑　清 吴熙载　清 吴大澂

xìng 性

北魏 李璧墓志　唐 欧阳询　唐 颜真卿　唐 褚遂良

xīong
兄

元 赵孟頫
唐 欧阳询
唐 孙过庭
唐 贺知章
唐 张旭
汉 曹全碑
汉 张迁碑
清 吴大澂
三国 钟繇
唐 颜真卿
唐 颜真卿
元 赵孟頫
晋 王洽
晋 王献之
隋 智永
宋 文天祥
汉 武梁刻石
汉 衡方碑
唐 李阳冰
清 吴大澂

xīong
凶

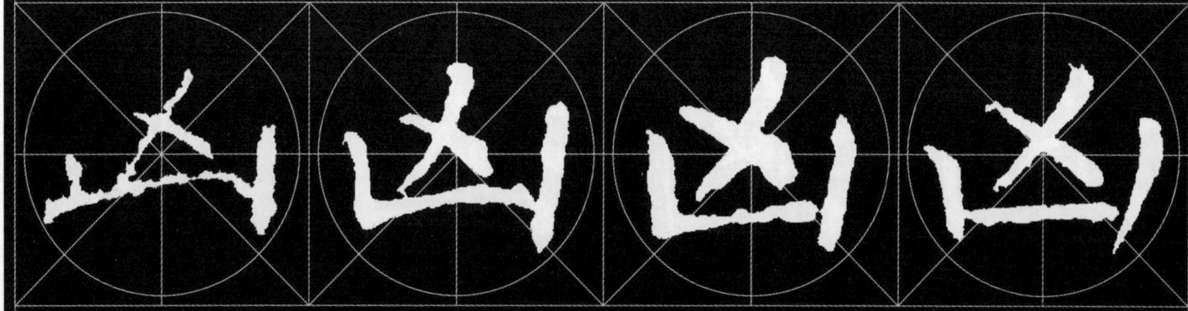

唐 褚遂良 | 唐 欧阳通 | 唐 颜真卿 | 唐 柳公权

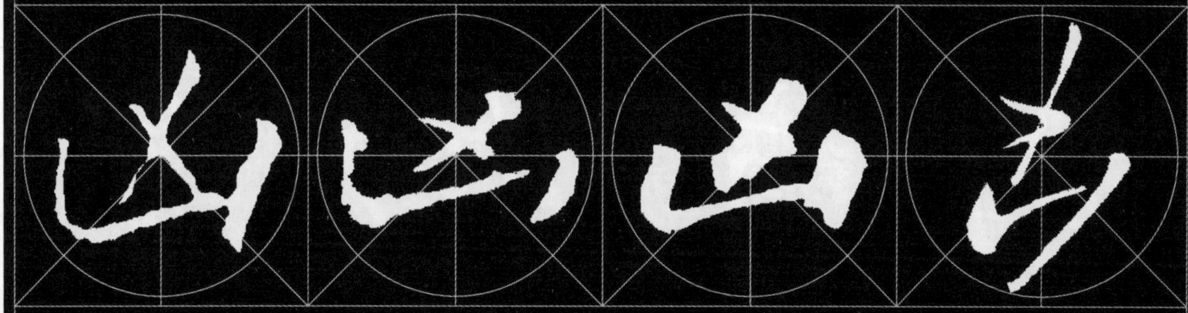

唐 李邕 | 唐 颜真卿 | 宋 王巩 | 晋 王献之

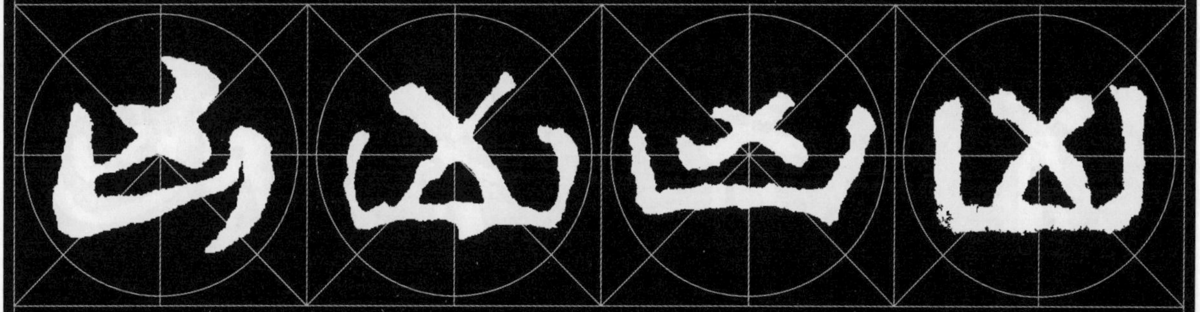

明 宋克 | 汉 华山碑 | 汉 孔彪碑 | 汉 熹平石经

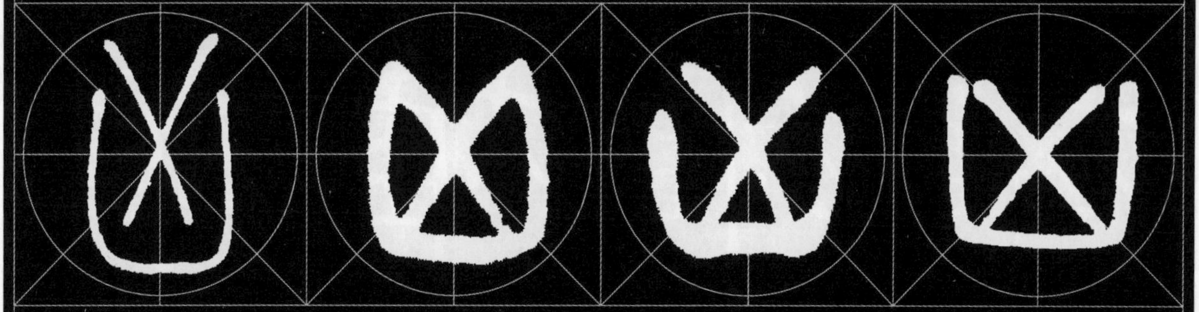

清 邓石如 | 清 杨沂孙 | 清 徐三庚 | 清 吴大澂

xīong
匈

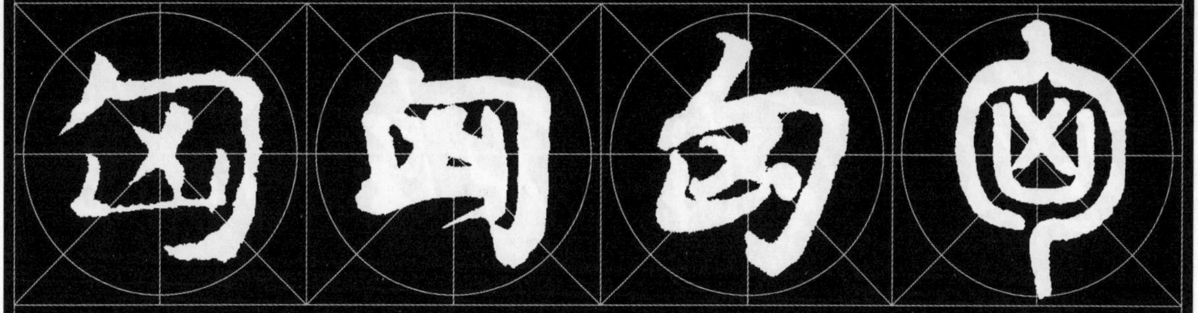

南北朝 敬使君碑 | 唐 颜真卿 | 唐 陆柬之 | 清 黄士陵

xīong 汹（洶：涌）

xīong 胸（胷）

xíong 雄

xíong
熊（指熊类；斥责；怯懦）

xiū
休

晋 王献之 | 唐 孙过庭 | 元 康里子山 | 汉 礼器碑

汉 张寿碑 | 汉 樊敏碑 | 汉 校官碑 | 清 杨沂孙

唐 颜真卿 | 晋 王羲之 | 宋 米芾 | 唐 孙过庭

明 祝允明 | 明 韩道亨 | 清 何绍基 | 清 吴大澂

唐 欧阳询 | 唐 柳公权 | 晋 王羲之 | 唐 李邕

xiū
修（脩）

唐 孙过庭
宋 苏轼
汉 石门颂
汉 孔彪碑
汉 曹全碑
周 颂鼎
秦 会稽刻石
清 吴大澂
隋 龙藏寺碑
唐 褚遂良
唐 颜真卿
唐 柳公权
明 唐寅
晋 王羲之
唐 欧阳询
汉 华山碑
汉 孔彪碑
汉 白石神君碑
清 王澍
清 邓廷桢

xiū
羞

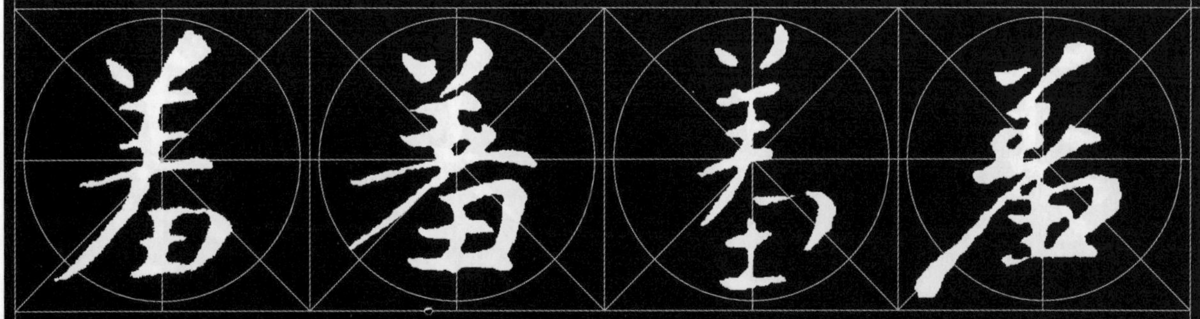

唐 虞世南 | 元 赵孟頫 | 晋 索靖 | 宋 苏轼

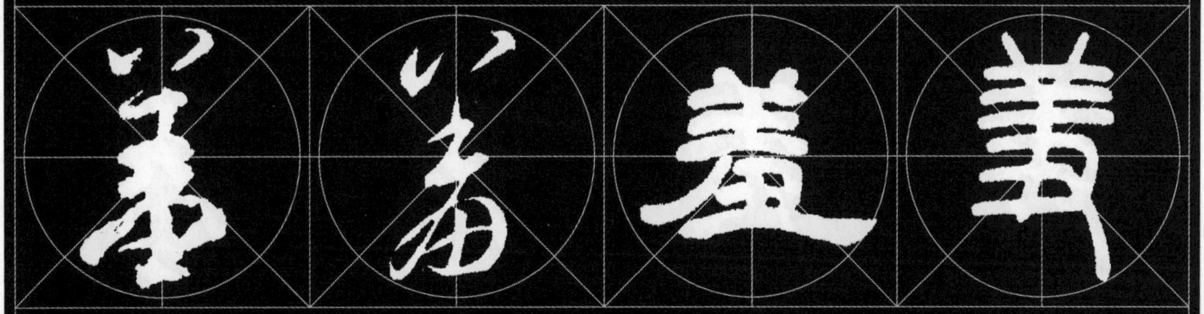

宋 米芾 | 唐 李怀琳 | 清 邓石如 | 清 邓石如

xiǔ
朽

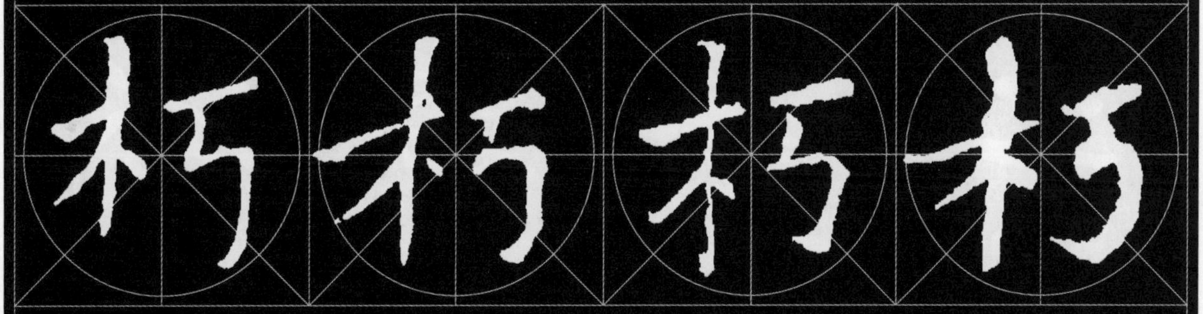

唐 欧阳询 | 唐 褚遂良 | 唐 薛稷 | 宋 欧阳修

唐 释怀仁 | 唐 陆柬之 | 宋 黄庭坚 | 晋 王羲之

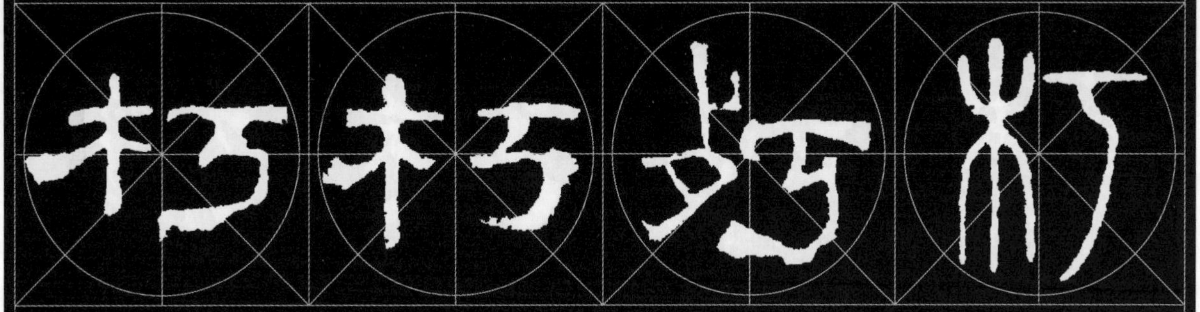

汉 孔宙碑 | 汉 郭有道碑 | 汉 夏承碑 | 汉 说文解字

xiù 秀

xiù 琇

xiù 绣（繡）

北魏 张猛龙碑 · 唐 虞世南 · 唐 张旭 · 唐 颜真卿

晋 王羲之 · 唐 陆柬之 · 宋 黄庭坚 · 元 赵孟頫

唐 武则天 · 清 邓石如 · 秦 石鼓文 · 清 杨沂孙

北魏 高贞碑 · 晋 王献之 · 汉 说文解字

唐 颜师古 · 唐 欧阳通 · 元 赵孟頫 · 元 赵孟頫

xiù
岫
（窗：山；山洞）

xiù
袖
（褎、裦）

xiù
嗅

xū
戌

xū
胥（肾）

汉 礼器碑　清 阮元　汉 马王堆帛书　清 杨沂孙

宋 刘正夫　明 董其昌　明 祝允明　汉 孔彪碑

唐 颜真卿　宋 米芾　金 张天锡·草书韵会　汉 说文解字

唐 欧阳询　唐 褚遂良　唐 颜真卿　晋 王献之

宋 米芾　三国 皇象　宋 张即之　元 鲜于枢

xū 需

xū 欻（忽然）chuā

xū 须

xū 鬚

xū 虚

明 张凤翼
汉 张芝
晋 王羲之
晋 王献之
明 祝允明
汉 乙瑛碑
北齐 泰山金刚经
清 吴大澂
唐 褚遂良
明 王守仁
明 董其昌
金 张天锡·草书韵会
唐 灵飞经
唐 虞世南
唐 褚遂良
唐 李世民
宋 苏轼
晋 王羲之
唐 杜牧
宋 米芾

唐 孙过庭　唐 武则天　唐 怀素　明 王宠

汉 华山碑　汉 孔彪碑　汉 张迁碑　清 王澍

清 邓石如　清 杨沂孙　清 吴昌硕　清 吴大澂

宋 黄庭坚　元 康里子山　明 祝允明　清 顾蔼吉·隶辨

唐 欧阳通　唐 颜真卿　宋 米芾　金 张天锡·草书韵会

xū
嘘
shī

xū
墟

xū
歔（歔欷，即嘘唏：哽咽）

xú
徐

清 王铎 | 汉 杨震碑 | 汉 景君碑 | 汉 鲜于璜碑
清 顾蔼吉·隶辨 | 清 康熙字典 | 清 田潜
唐 欧阳询 | 唐 颜真卿 | 元 赵孟頫 | 晋 王羲之
唐 徐峤之 | 宋 黄庭坚 | 明 文徵明 | 明 张弼
汉 景君碑 | 清 郑簠 | 清 田潜 | 清 杨沂孙

xǔ
许

三国 钟繇　晋 王献之　唐 颜真卿　宋 苏轼

晋 王献之　唐 欧阳询　唐 武则天　明 董其昌

晋 王羲之　唐 柳公权　宋 黄庭坚　汉 乙瑛碑

汉 郭有道碑　汉 白石神君碑　清 王澍　清 杨沂孙

南北朝 敬使君碑　金 张天锡·草书韵会　汉 曹全碑　汉 说文解字

xǔ
诩（夸耀）

xù 旭

xù 序

北魏 朱君山墓志
唐 颜真卿
唐 张旭
唐 怀素
唐 褚遂良
唐 徐浩
唐 柳公权
清 钱沣
元 赵孟頫
明 祝允明
明 文徵明
明 董其昌
明 董其昌
唐 孙过庭
清 王铎
汉 赵宽碑
晋 辟雍碑
秦 李斯
明 李东阳
清 邓石如

xù
叙（敘、敍）

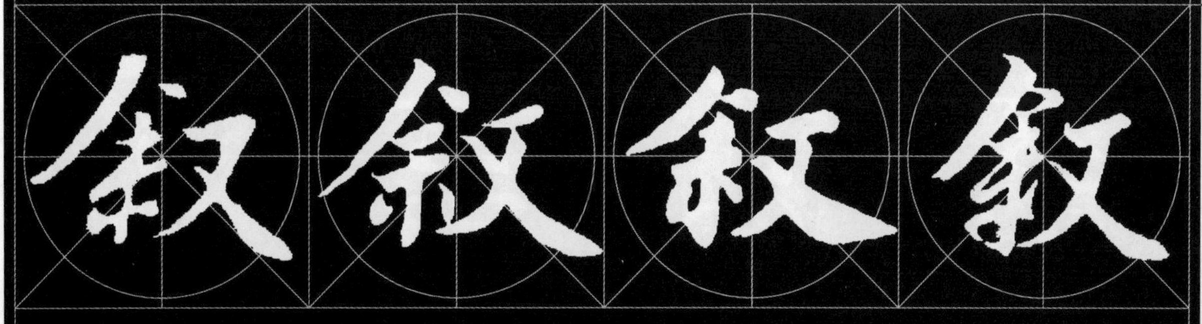

晋 王羲之　宋 蔡襄　宋 赵构　唐 冯承素

晋 王洽　晋 王羲之　唐 孙过庭　唐 怀素

汉 景君碑　汉 史晨碑　唐 李阳冰　清 吴大澂

xù
恤（卹、賉：忧虑；怜悯；救济）

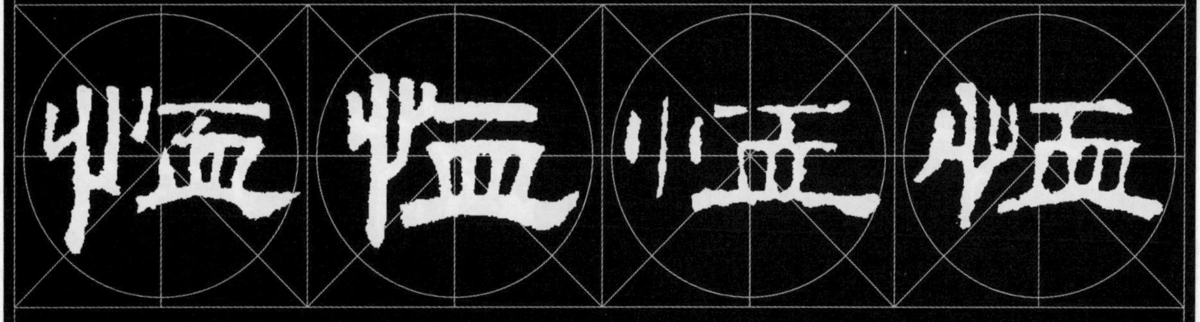

汉 袁博碑　汉 熹平石经　汉 张迁碑　汉 刘熊碑

宋 米芾　金 张天锡·草书韵会　清 陈鸿寿　汉 说文解字

xù
畜

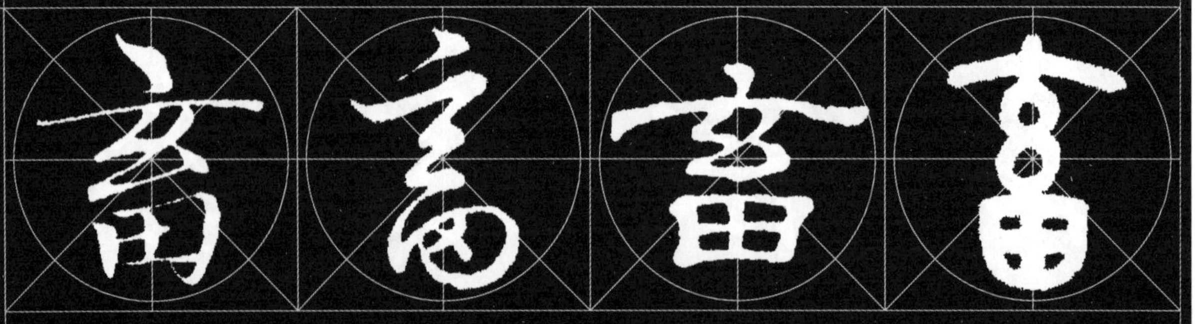

元 赵孟頫　金 张天锡·草书韵会　清 顾蔼吉·隶辨　清 吴大澂

xù
蓄

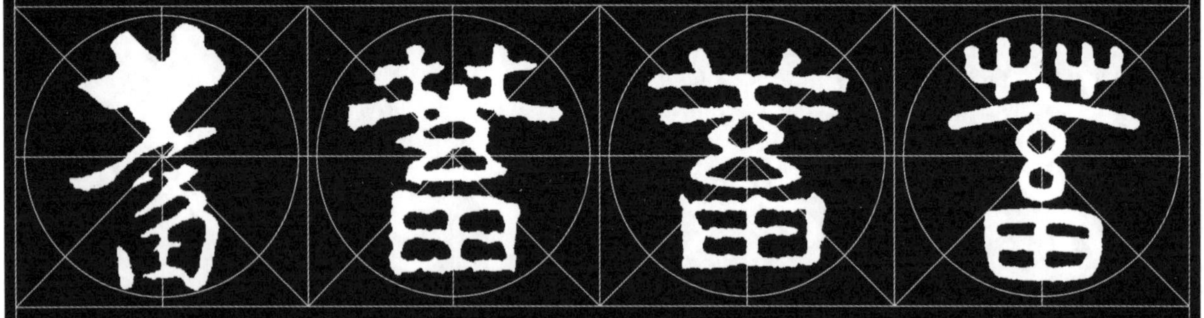

元 饶介　汉 景君碑　汉 西狭颂　清 吴大澂

xù
勖（勗：勉励）

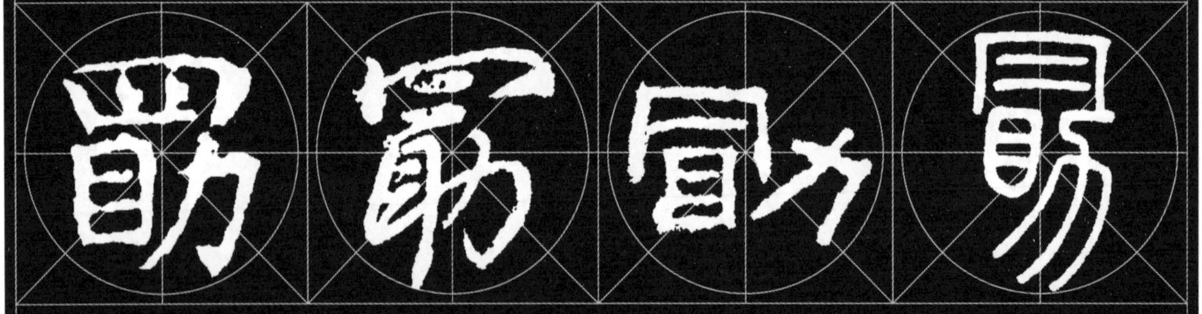

南北朝 敬使君碑　唐 颜真卿　汉 韩仁铭　清 邓石如

xù
绪

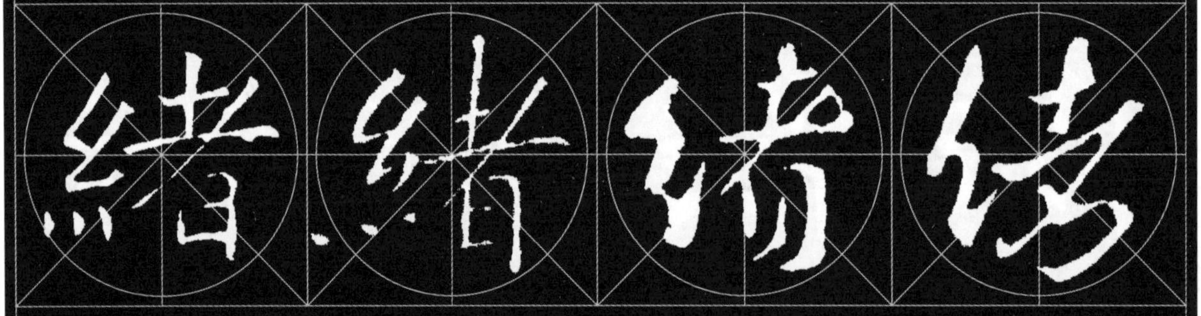

唐 褚遂良　唐 王敬客　唐 褚遂良　唐 李世民

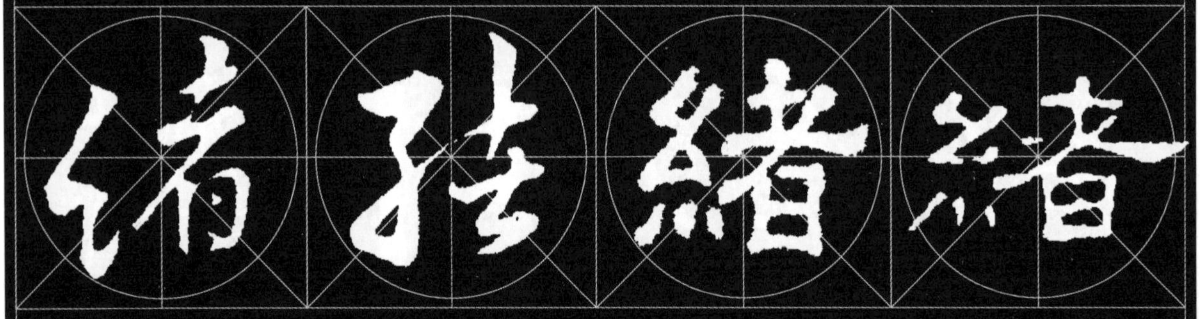

宋 黄庭坚　明 韩道亨　汉 樊敏碑　唐 韩择木

xù
续

xù
絮

xuān
轩

唐 褚遂良　晋 王羲之　唐 孙过庭　唐 贺知章

元 鲜于枢　清 归庄　清 何绍基　元 赵孟頫

元 袁桷　明 唐寅　元 邓文原　汉 说文解字

隋 龙藏寺碑　唐 褚遂良　晋 王羲之　唐 孙过庭

明 王守仁　明 陈淳　三国 孔羡碑　唐 叶慧明碑

xuān
宣

清 邓石如
汉 说文解字
清 吴熙载
清 吴昌硕
唐 欧阳通
晋 王羲之
隋 智永
宋 苏轼
三国 皇象
唐 释怀仁
唐 怀素
隋 智永
宋 米芾
元 揭傒斯
汉 石门颂
汉 礼器碑
汉 白石神君碑
汉 张迁碑
秦 李斯
唐 李阳冰

xuān
喧（諠）

xuān
暄（温暖；松软）

xuán
玄

唐 李邕　清 邓石如　清 邓石如　清 杨沂孙

北魏 元显儁墓志　唐 李世民　元 赵孟頫　金 张天锡·草书韵会

唐 欧阳询　唐 褚遂良　唐 颜真卿　唐 柳公权

隋 智永　元 赵孟頫　晋 王羲之　晋 王献之

汉 礼器碑　汉 肥致碑　汉 郭有道碑　唐 韩择木

xuán
悬

xuán
旋（旋转）
xuàn（旋风）

明 韩道亨 唐 怀素 汉 杨震碑 元 赵孟頫

清 俞樾 唐 李阳冰 元 赵孟頫 清 邓石如

唐 褚遂良 清 梁同书 清 王澍 唐 李阳冰

唐 褚遂良 唐 欧阳通 唐 颜真卿 唐 陆柬之

宋 米芾 明 董其昌 汉 乙瑛碑 清 吴大澂

xuán
璇
（璿：美玉）

xuǎn
选
（選）

xuàn
绚
（色彩华丽）

xuàn
泫
（水滴下垂）

xuàn
眩
（昏花；迷惑）

xuàn
铉
（举鼎器具）

xuē
薛
（薛）

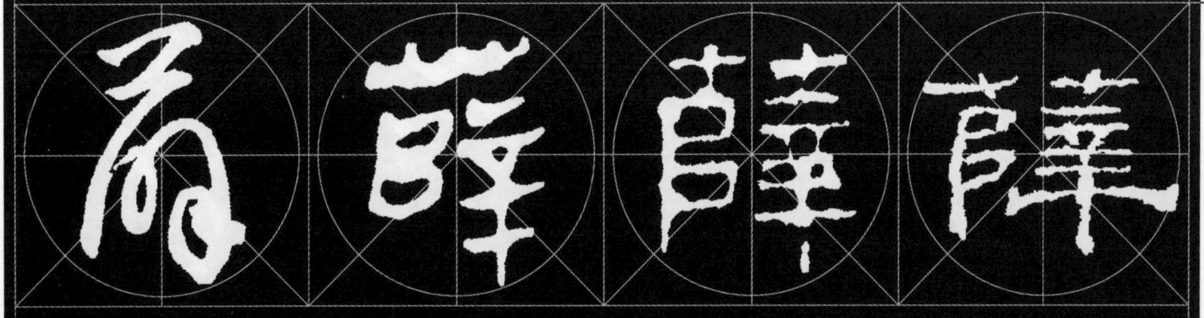

明 李东阳　汉 马王堆帛书　汉 景君碑　汉 礼器碑

xué
穴

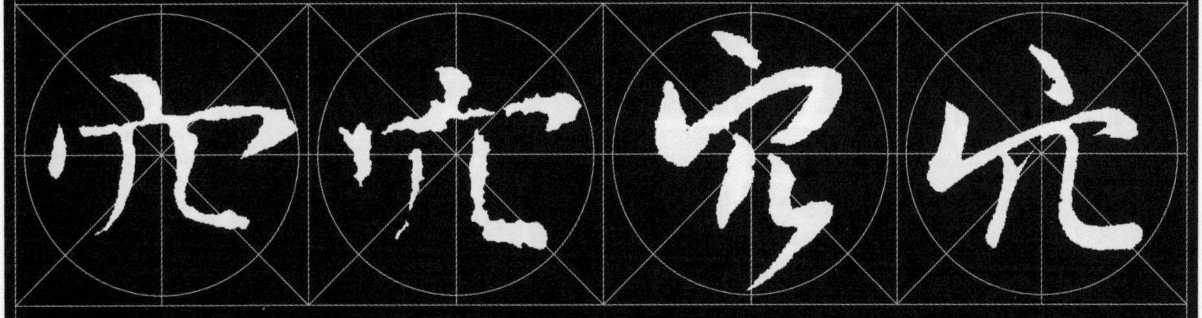

隋 苏孝慈墓志　唐 欧阳询　唐 孙过庭　元 赵孟頫

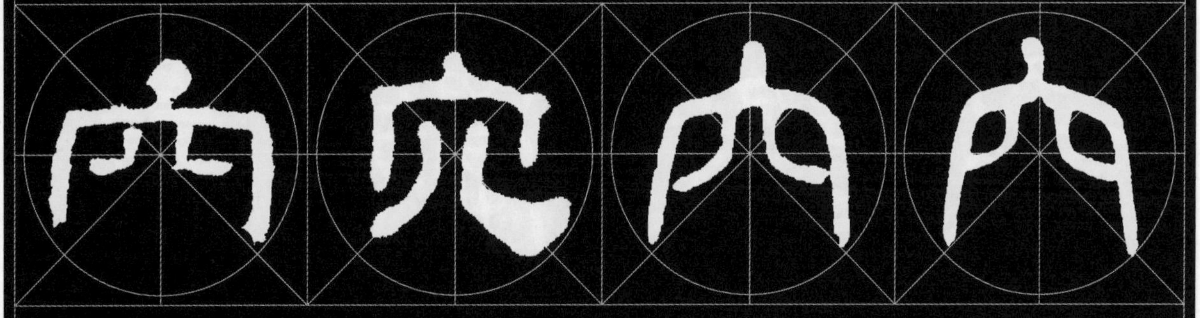

三国 王基碑　清 汪士慎　清 杨沂孙　清 吴大澂

xué
学（學、斈）

唐 欧阳询　唐 虞世南　唐 颜真卿　唐 柳公权

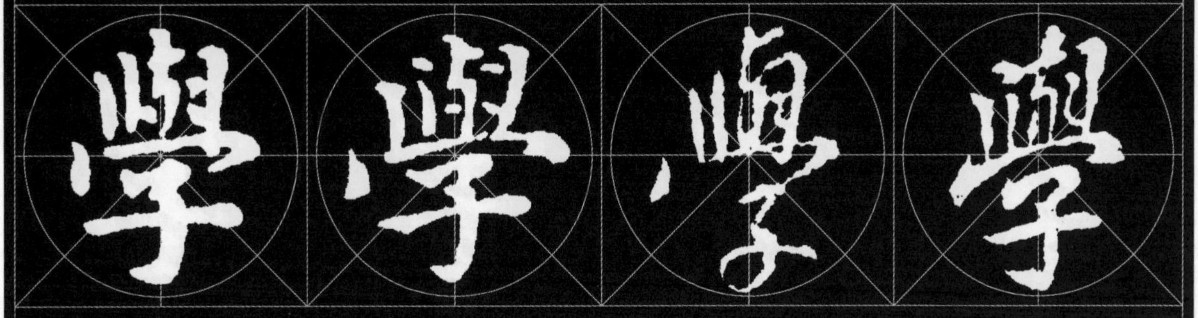

元 赵孟頫　明 丰坊　晋 王羲之　唐 李邕

xué
敩
xiào
（教导）

xuě
雪

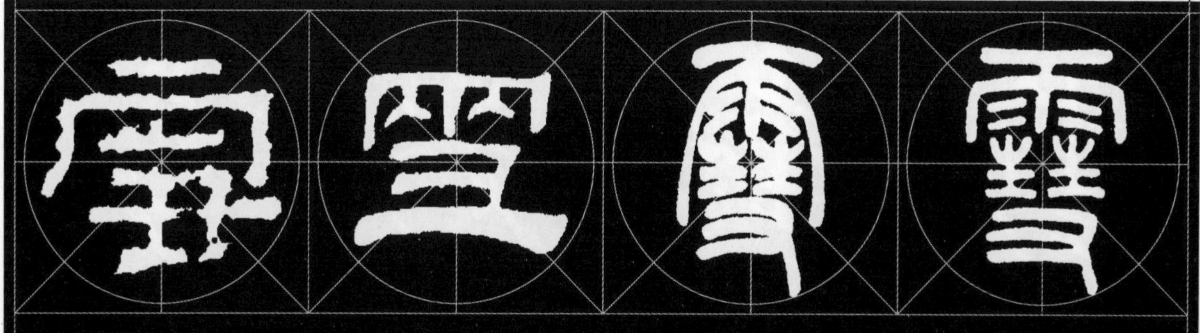

汉 张迁碑　清 黎简　清 吴熙载　清 吴大澂

xuè
血
xiě

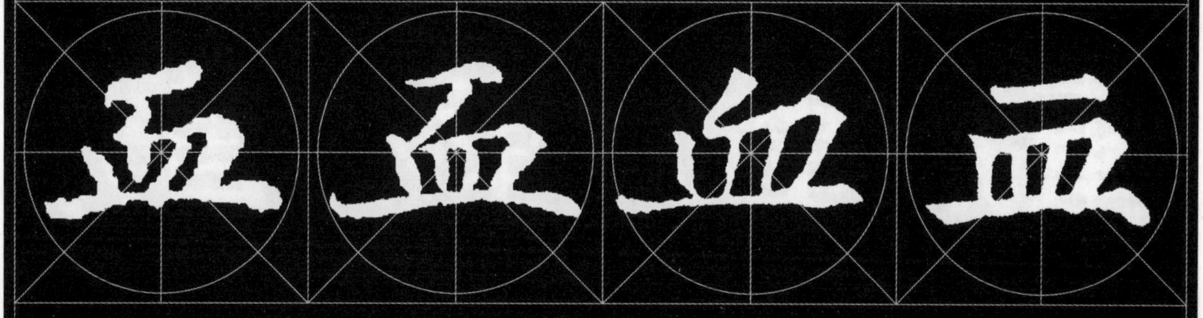

晋 王羲之　唐 灵飞经　唐 颜师古　唐 颜真卿

唐 褚遂良　宋 米芾　唐 孙过庭　金 张天锡·草书韵会

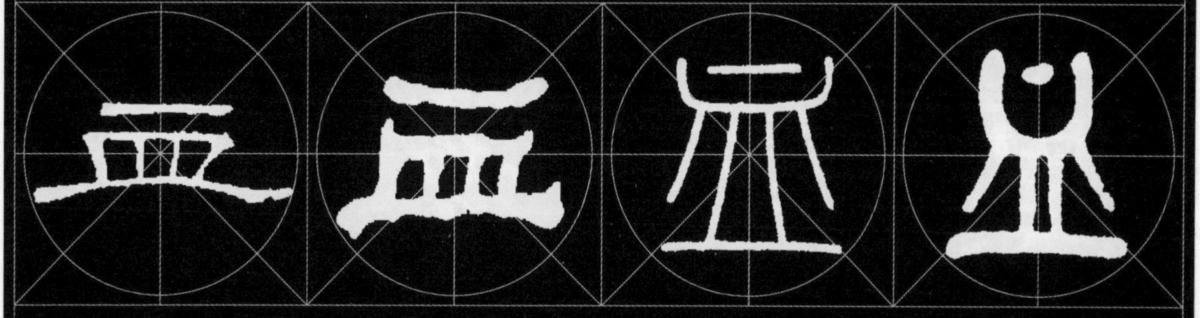

汉 史晨碑　清 何绍基　秦 李斯　清 杨沂孙

xūn
勋
（勛、勳）

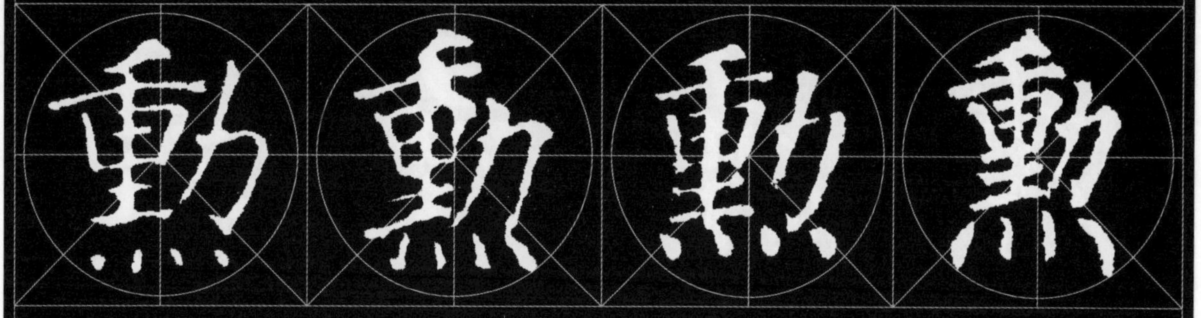

隋 龙藏寺碑　唐 欧阳询　唐 颜真卿　唐 柳公权

xūn
熏（燻；和暖）

xūn
薰（香草）

xún
寻

xún
浔
（水边）

xún
巡
（廵）

xún
循
（遵守；依照；沿袭）

明 邵二泉
宋 米芾
元 康里子山
明 董其昌
汉 礼器碑
汉 华山碑
汉 白石神君碑
清 黄易
唐 欧阳询
唐 褚遂良
晋 王羲之
宋 苏轼
元 赵孟頫
明 朱耷
清 石梁·草字汇
元 吴叡
清 桂馥
汉 说文解字
清 邓石如
清 杨沂孙

xún 旬

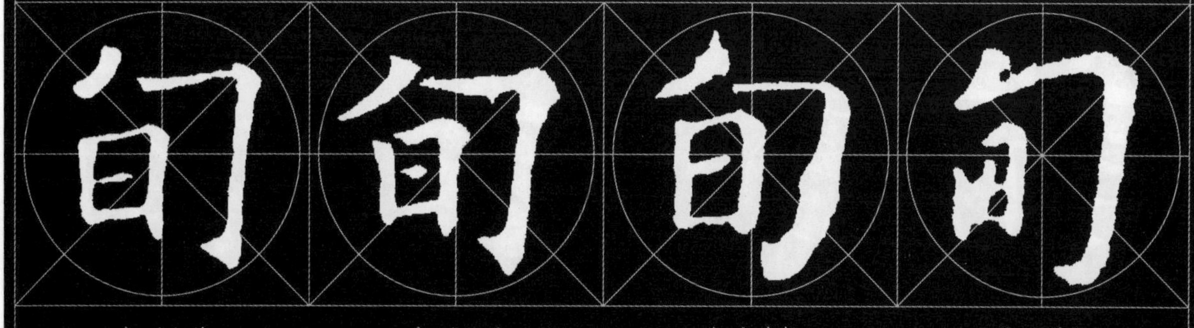

唐 欧阳询 | 唐 欧阳通 | 唐 颜真卿 | 晋 王羲之

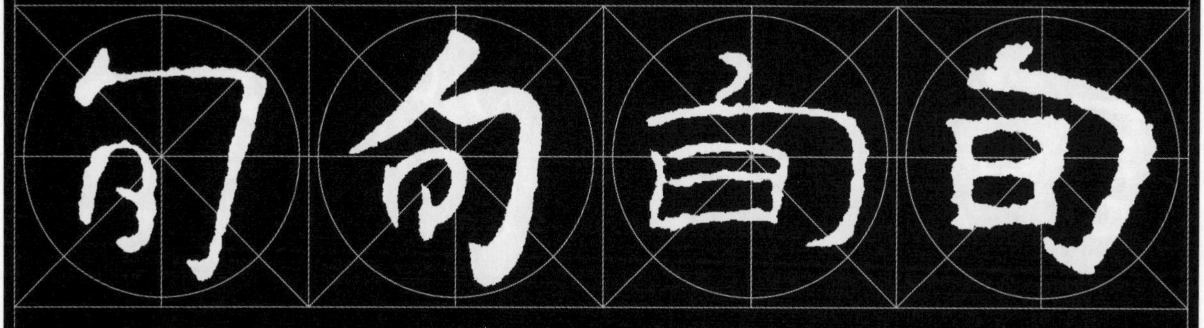

唐 欧阳询 | 宋 米芾 | 汉 石门颂 | 汉 衡方碑

xún 恂（恭顺；恐惧）

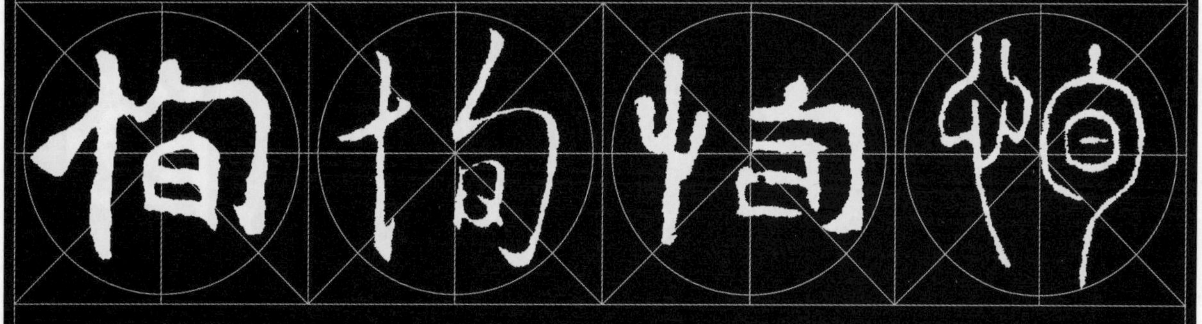

南北朝 李超墓志 | 唐 孙过庭 | 汉 肥致碑 | 汉 说文解字

Xún 荀

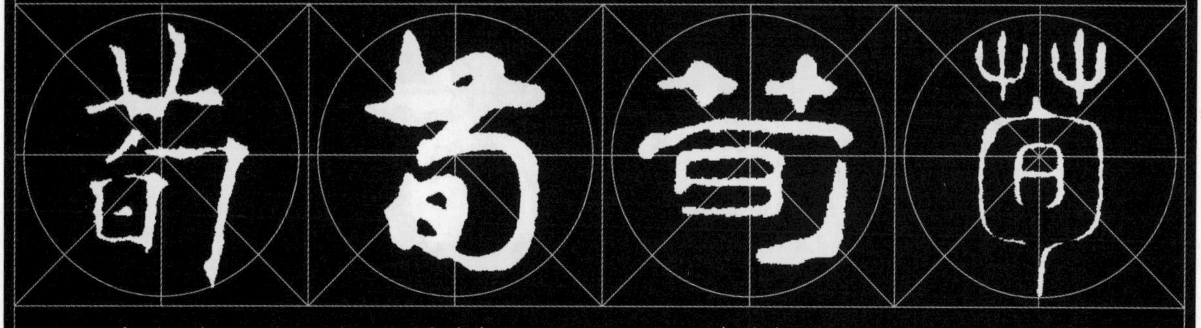

唐 欧阳询 | 明 宋克 | 清 钱沣 | 汉 说文解字

xún 珣

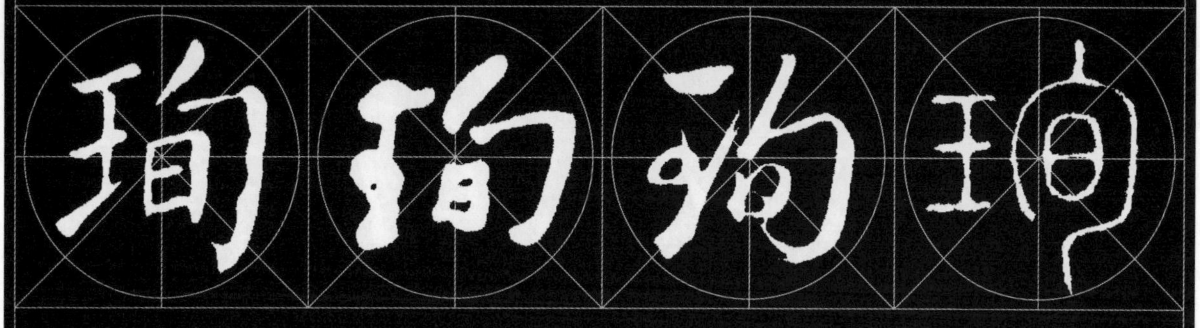

唐 颜真卿 | 明 祝允明 | 明 董其昌 | 汉 说文解字

xún 询

xùn 侚

xùn 徇 xún

xùn 殉

xùn
迅

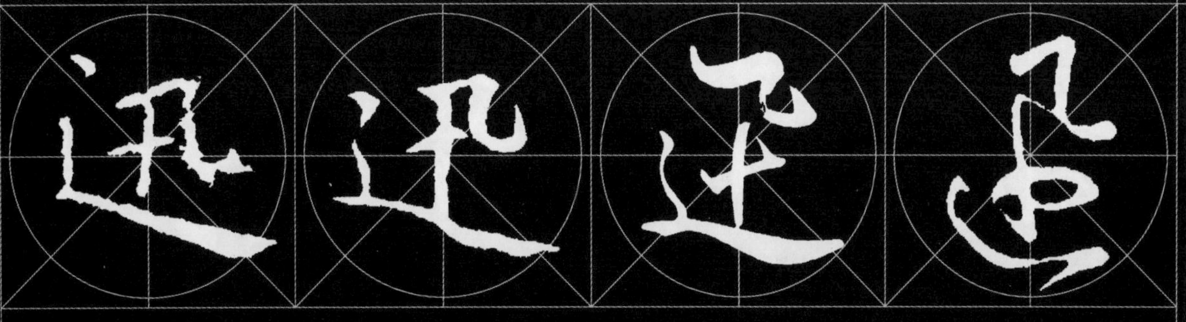

晋 王献之　元 赵孟頫　宋 米芾　唐 孙过庭

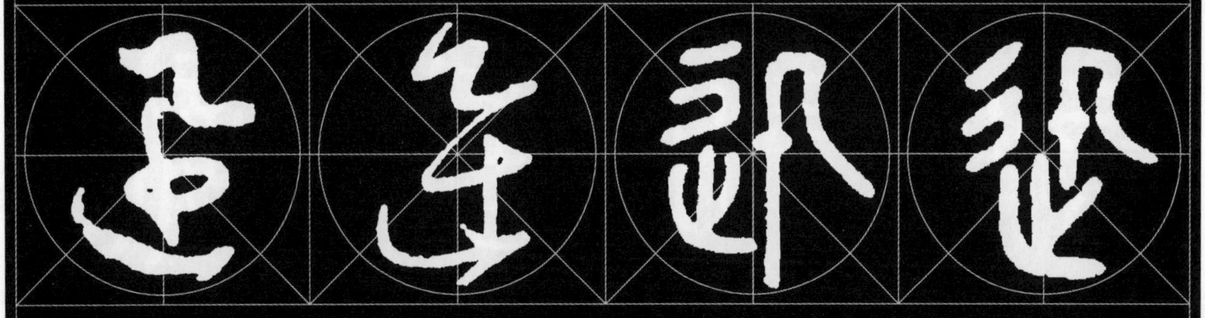

唐 孙过庭　唐 怀素　清 邓石如　清 吴大澂

xùn
讯

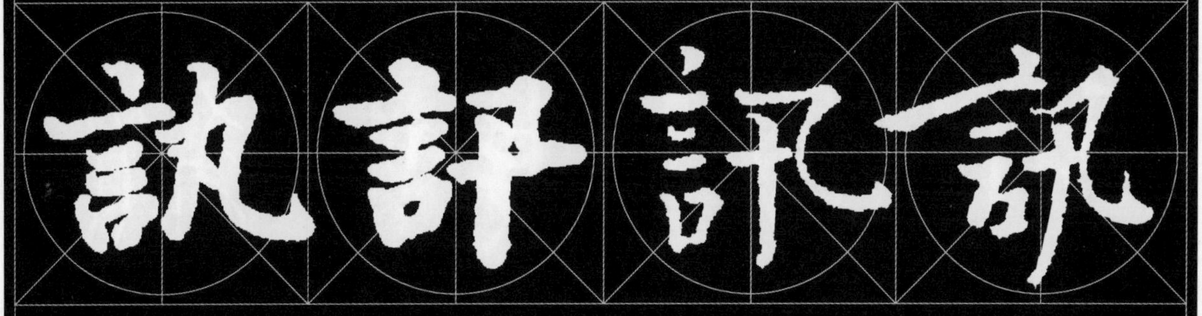

唐 陆柬之　唐 吴彩鸾　宋 司马光　唐 颜真卿

唐 怀素　唐 叶慧明碑　清 张祖翼　汉 说文解字

xùn
训

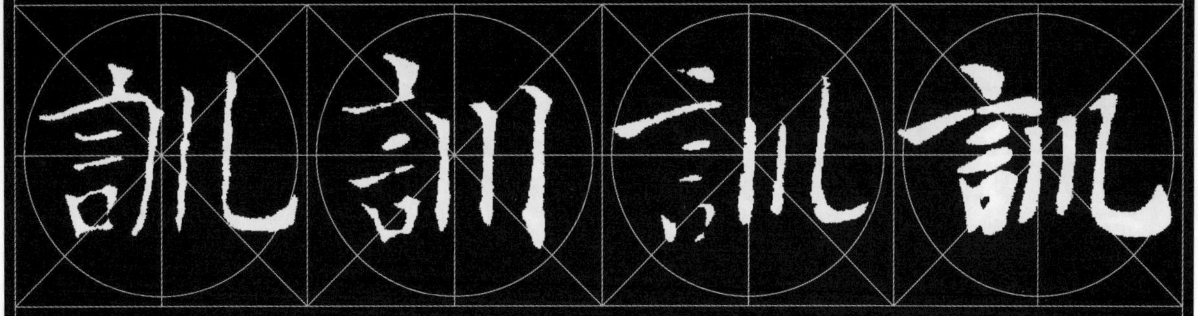

唐 欧阳询　唐 欧阳通　晋 王羲之　隋 智永

xùn
驯

xùn
巽

xùn
逊

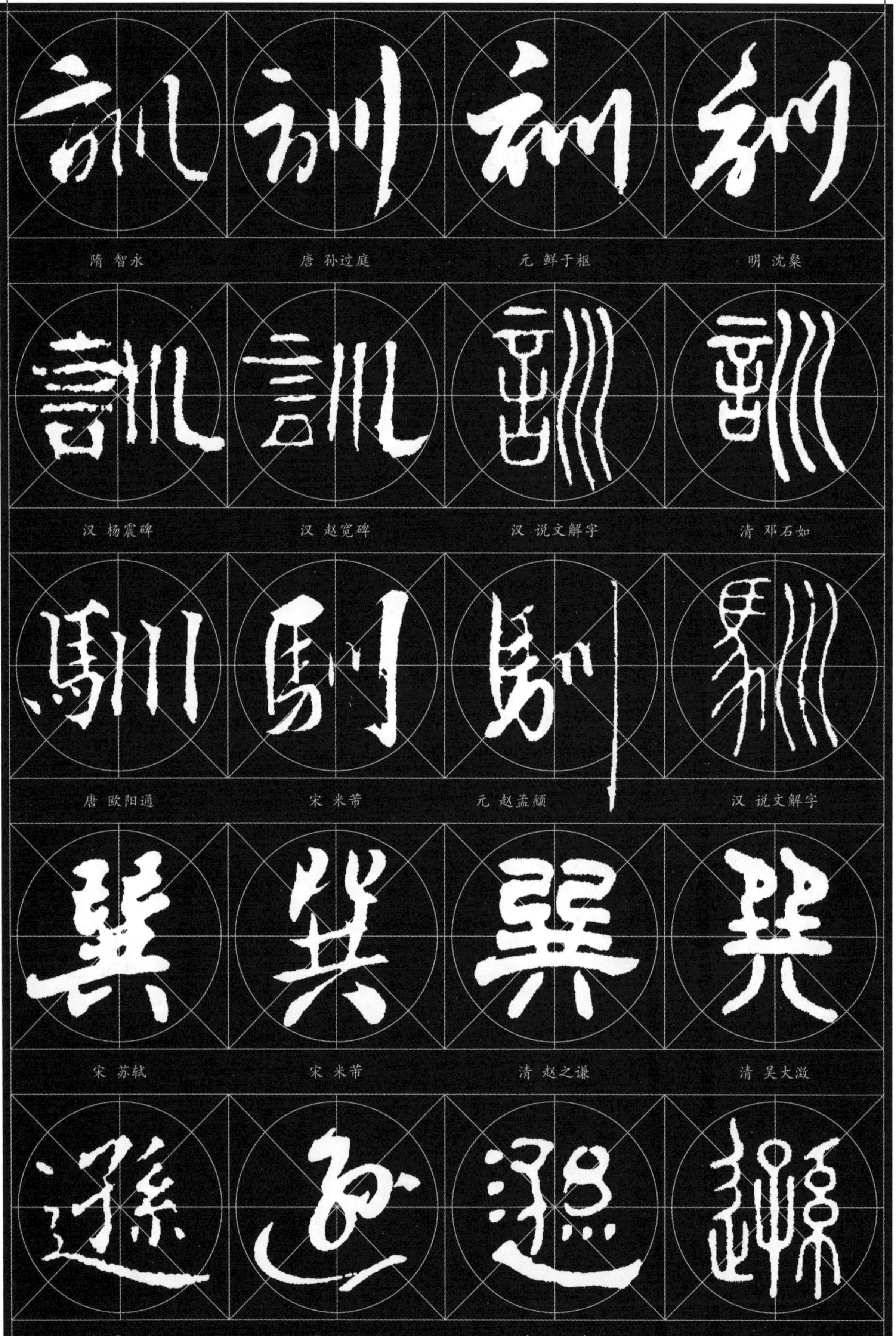

yā 压（壓）

yā 鸦（鵶、鴉）

yā 鸭

yá 牙

yá 芽

yá 涯（水边；边际）

yá 崖（厓、崕）

yá 衙

yǎ 雅 yā（同鸦）

宋 米芾　明 唐寅　金 张天锡·草书韵会　清 杨沂孙

北魏 元诊墓志　唐 虞世南　唐 褚遂良　唐 颜真卿

晋 王羲之　隋 智永　唐 陆柬之　元 赵孟頫

唐 欧阳询　唐 孙过庭　唐 怀素　明 文彭

汉 史晨碑　汉 张迁碑　唐 叶慧明碑　唐 李隆基

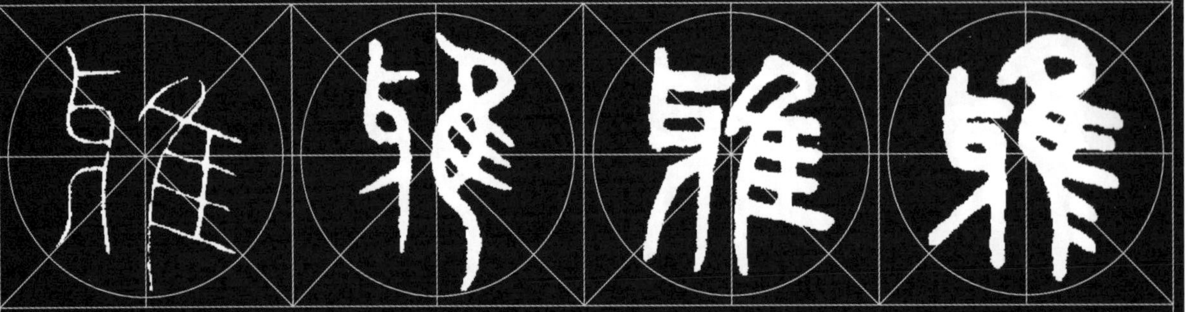

唐 李阳冰　元 赵孟頫　清 杨沂孙　清 吴大澂

yà
亚

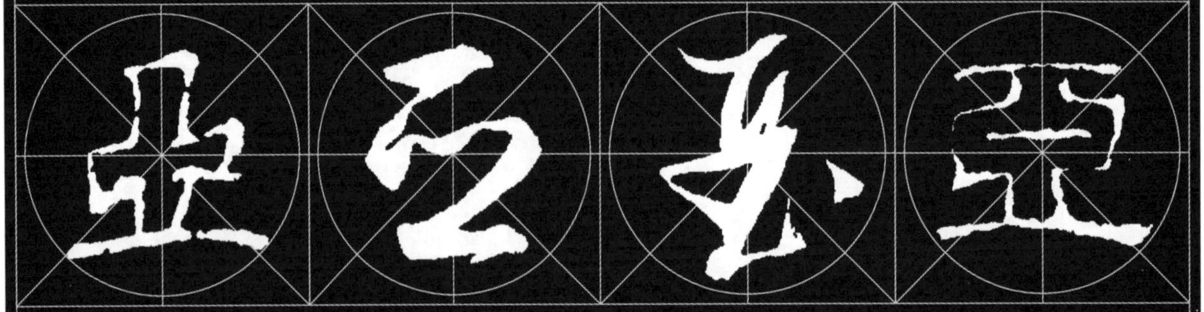

唐 兖公颂　明 李东阳　明 张瑞图　汉 史晨碑

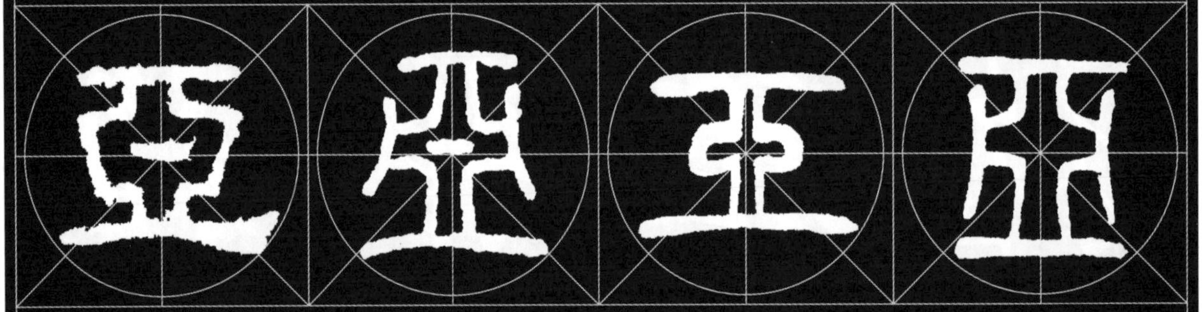

汉 尹宙碑　元 泰不华　清 徐三庚　清 吴大澂

yà
娅

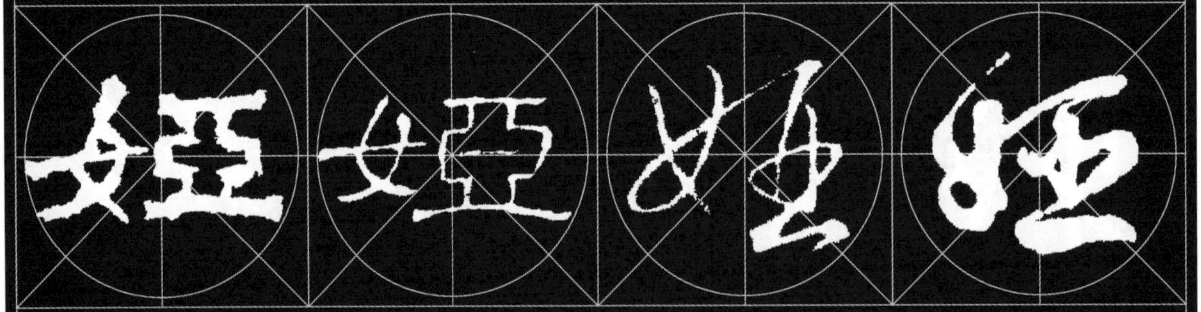

南朝 爨龙颜碑　清 顾蔼吉·隶辨　宋 赵构　明 徐渭

yà
讶
（诧异）

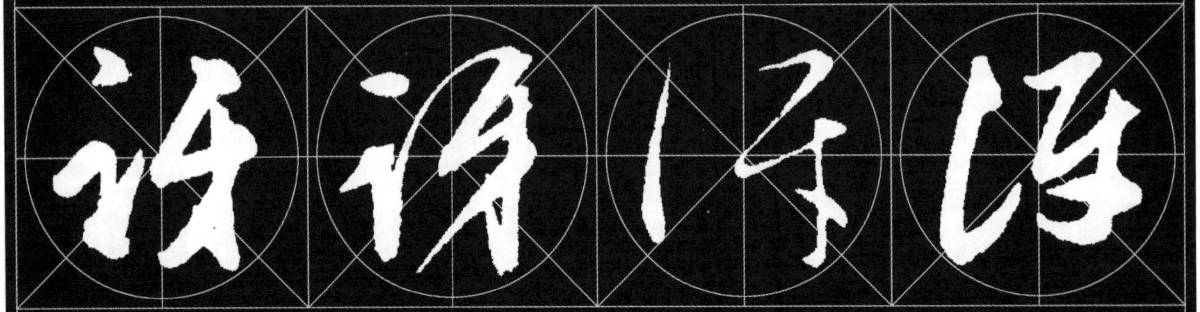

唐 杜牧　明 文徵明　明 祝允明　明 徐渭

yà 迓

yān 咽 yàn yè（哽咽）

yān 烟（煙）

唐 欧阳通　明 郭谌·草韵辨体　汉 说文解字　清 康熙字典

唐 李世民　唐 李邕　宋 文彦博　汉 说文解字

北魏 张猛龙碑　元 赵孟頫　唐 怀素　清 桂馥

唐 虞世南　唐 褚遂良　唐 颜真卿　唐 柳公权

唐 颜真卿　唐 张旭　宋 苏轼　汉 孟孝琚碑

清 伊秉绶 清 黎简 清 吴熙载 清 沙神芝

yān 湮 yīn

明 董其昌 唐 孙过庭 清 童大年 清 莫友芝

yān 淹

元 赵孟頫 明 唐寅 晋 王羲之 清 邓石如

yān 崦

宋 陆游 明 文徵明 元 吴叡

yān 焉

隋 智永 唐 欧阳询 唐 褚遂良 唐 颜真卿

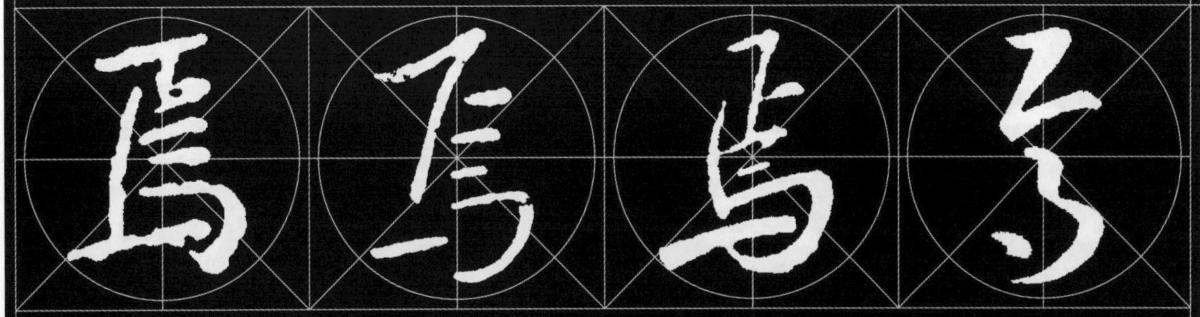
晋 王羲之　唐 李世民　宋 苏轼　唐 孙过庭

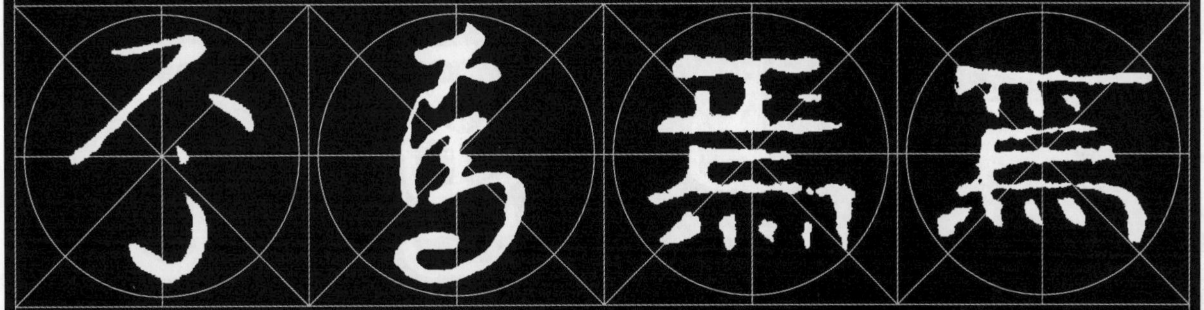
唐 怀素　宋 米芾　汉 郭有道碑　汉 赵宽碑

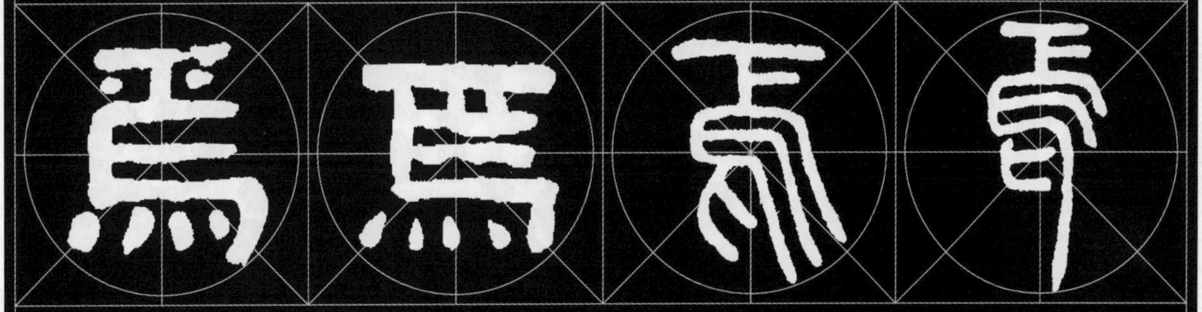
汉 校官碑　清 陈鸿寿　汉 说文解字　清 邓石如

yán
言

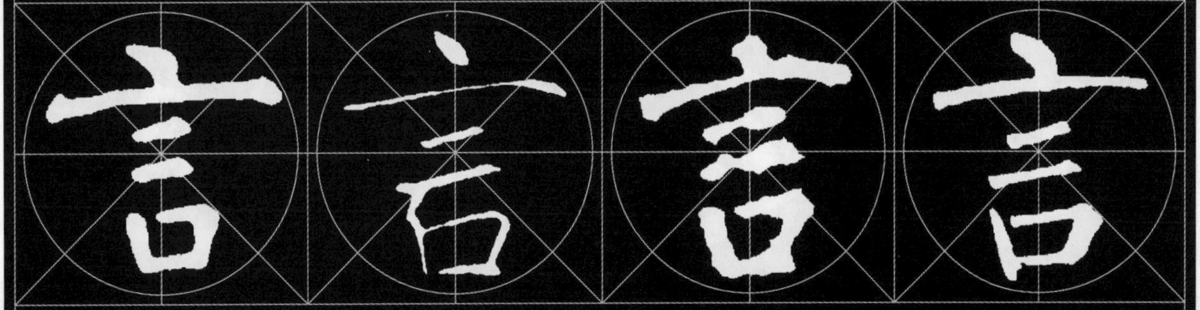
唐 虞世南　唐 褚遂良　唐 颜真卿　唐 柳公权

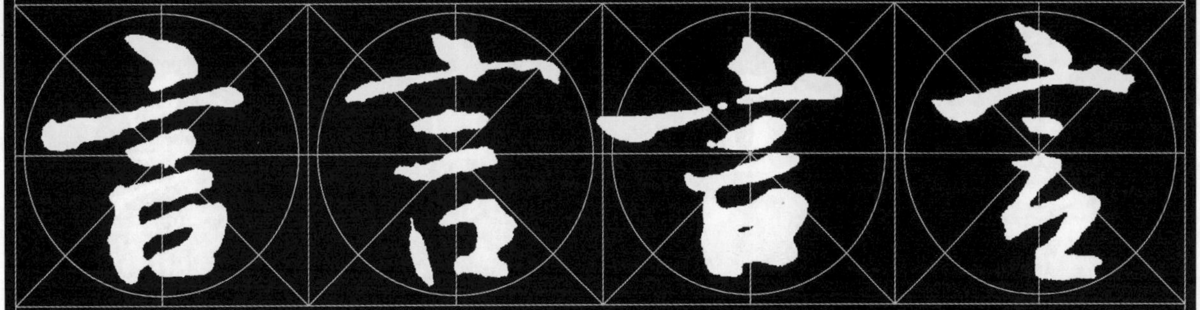
晋 王羲之　唐 张从申　宋 苏轼　清 王铎

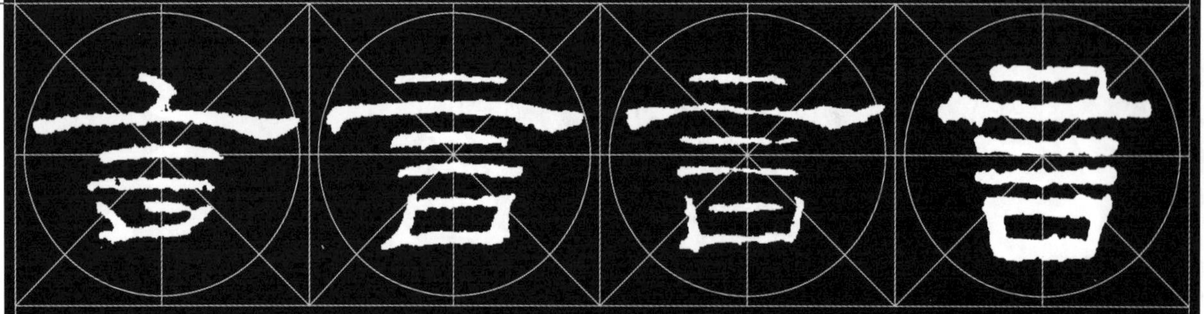

汉 石门颂 汉 乙瑛碑 汉 礼器碑 汉 张迁碑

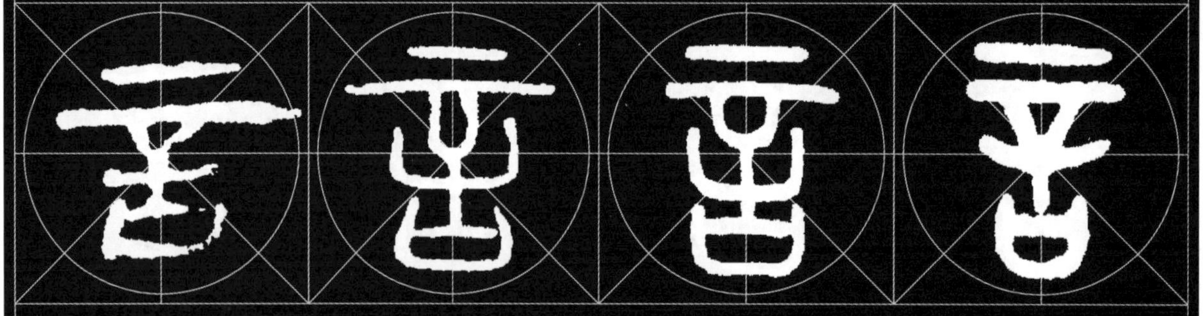

汉 马王堆帛书 元 吴叡 清 邓石如 清 吴大澂

yán
延

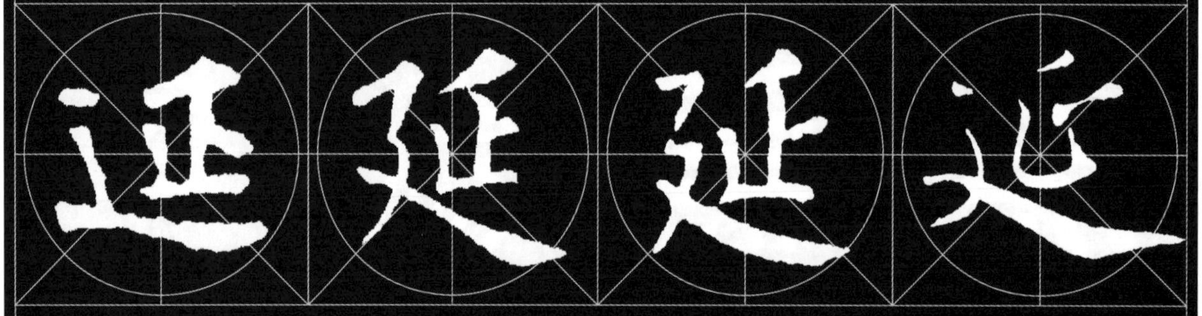

北魏 张猛龙碑 唐 欧阳询 唐 颜真卿 唐 虞世南

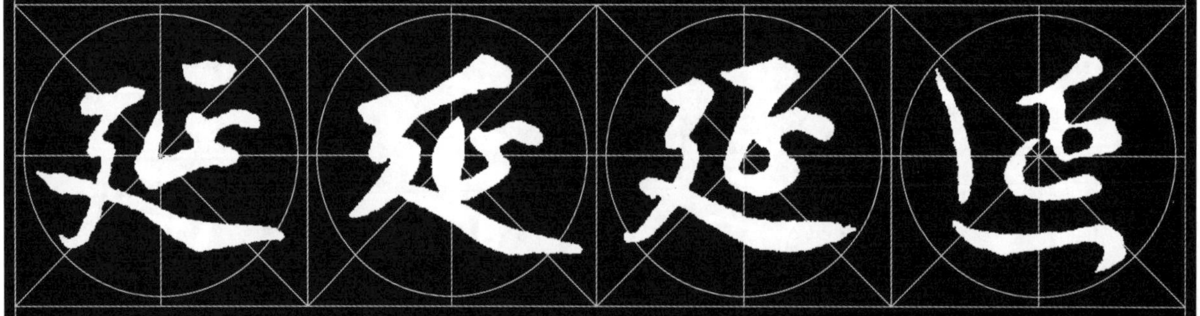

宋 吕嘉问 元 赵孟頫 明 唐寅 唐 李世民

明 祝允明 汉 封龙山碑 汉 华山碑 汉 史晨碑

yán 筵（筵席）

yán 岩（巖、喦、嵒：岩石；山峰；洞穴）

汉 曹全碑　清 赵之谦　清 吴昌硕　清 童大年

隋 智永　宋 黄庭坚　明 文徵明　唐 李阳冰

元 赵孟頫　明 邵二泉　清 康有为　清 顾蔼吉·隶辨

唐 欧阳通　唐 颜真卿　唐 颜真卿　元 赵孟頫

晋 王羲之　唐 高正臣　隋 智永　唐 孙过庭

yán
沿（沿）

yán
妍

唐 张旭 | 唐 怀素 | 清 顾蔼吉·隶辨 | 清 顾蔼吉·隶辨

清 顾蔼吉·隶辨 | 清 吴昌硕 | 清 吴昌硕 | 清 吴育

唐 褚遂良 | 唐 孙过庭 | 清 金农 | 清 王禔

唐 陆柬之 | 宋 赵佶 | 元 赵孟頫 | 明 文彭

唐 孙过庭 | 唐 怀素 | 宋 黄庭坚 | 明 王世贞

yán
研
（揅）
yàn
（同砚）

yán
炎

yán
严（嚴）

yán
盐（鹽）

唐 褚遂良
唐 欧阳通
唐 颜真卿
唐 柳公权
唐 颜真卿
宋 张即之
宋 米芾
清 王铎
晋 索靖
晋 王羲之
唐 怀素
元 鲜于枢
汉 西狭颂
唐 韩择木
汉 金文
唐 李阳冰
唐 褚遂良
宋 米芾
明 董其昌
汉 武梁刻石

yán
阎
（俗作闫）

yán
颜

清 桂馥　清 钱泳　清 陈鸿寿　清 杨沂孙

明 祝允明　元 赵孟頫　明 文徵明　汉 说文解字

北魏 石婉墓志　唐 褚遂良　唐 颜真卿　唐 颜真卿

宋 苏轼　宋 黄庭坚　明 唐寅　唐 怀素

宋 苏轼　元 赵孟頫　明 王守仁　汉 礼器碑

汉 鲜于璜碑

汉 史晨碑

清 邓石如

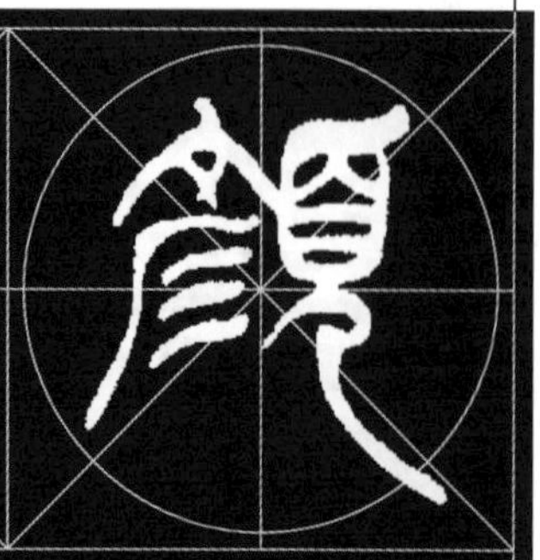
清 徐三庚

yán
檐（簷）

金 张天锡·草书韵会

清 郑簠

清 邓石如

汉 说文解字

Yǎn
兖

隋 苏孝慈墓志

宋 赵构

金 张天锡·草书韵会

汉 曹全碑

yǎn
奄（包括；突然）

唐 欧阳询

唐 虞世南

唐 柳公权

隋 智永

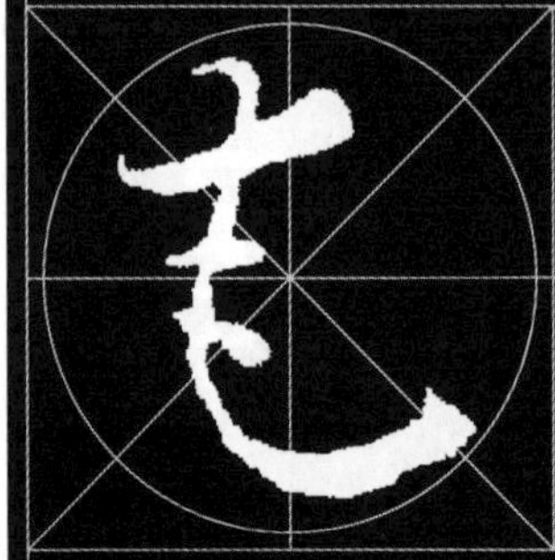
唐 怀素

元 赵孟頫

汉 樊敏碑

汉 孟孝琚碑

隋 尔朱端墓志　清 黄易　唐 李阳冰　清 邓石如

唐 褚遂良　唐 欧阳通　宋 黄庭坚　晋 王羲之

唐 国铨　元 赵孟頫　清 张照　唐 孙过庭

元 吴叡　清 邓石如　清 吴熙载　清 黄士陵

唐 颜真卿　宋 范成大　金 张天锡·草书韵会　元 吴叡

yǎn
掩
（揜）

yǎn
晻
àn
（暗）

yǎn 匽

yǎn 偃（放倒；停止）

yǎn 衍

yǎn 演

宋 黄庭坚
金 张天锡·草书韵会
汉 乙瑛碑
汉 校官碑
三国 范式碑
唐 李枢
汉 说文解字
清 杨沂孙
南北朝 杨大眼造像
明 唐寅
明 董其昌
明 文徵明
明 韩道亨
清 王铎
清 张祖翼
清 邓石如
唐 张旭
南北朝 王僧虔
宋 赵构
明 董其昌

yǎn
眼

yǎn
琰

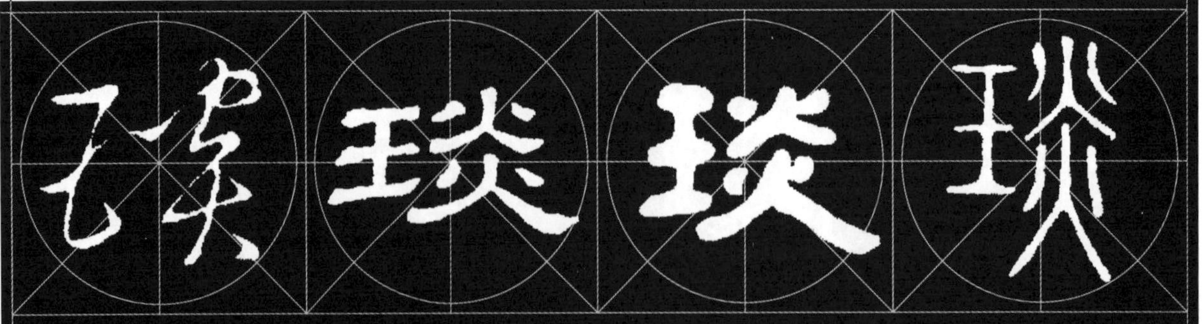

金 张天锡·草书韵会　清 顾蔼吉·隶辨　清 邓石如　汉 说文解字

yǎn 俨（庄重；很像）

唐 褚遂良　唐 颜真卿　唐 柳公权　唐 裴休

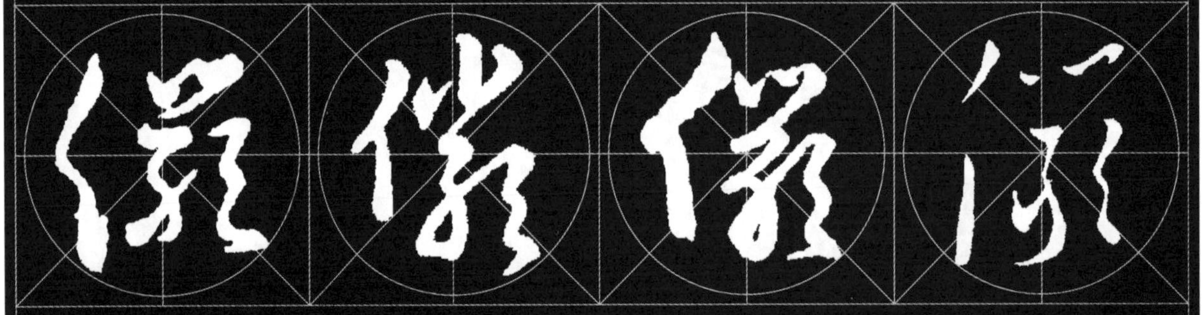

晋 王献之　宋 赵构　明 文徵明　明 王宠

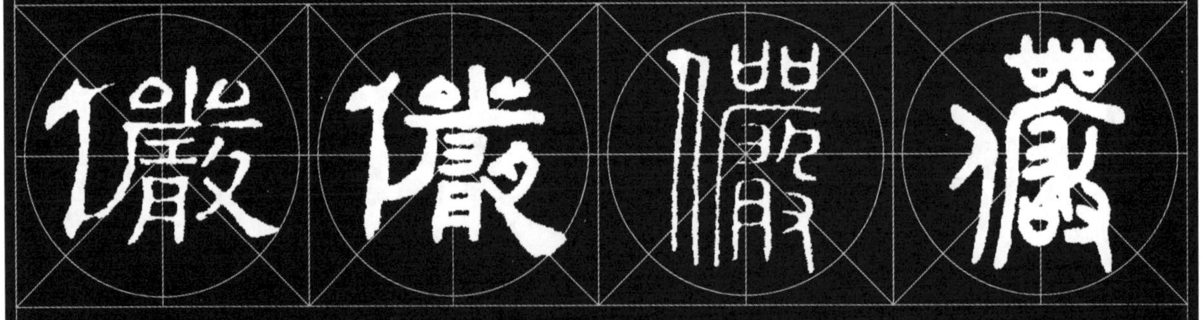

清 顾蔼吉·隶辨　清 张祖翼　汉 说文解字　清 田潜

yǎn 巘（山顶）

唐 魏栖梧　唐 李邕　元 赵孟頫　金 张天锡·草书韵会

yàn
彦

yàn
谚

唐 欧阳通　唐 颜真卿　明 邵二泉　宋 黄庭坚
宋 米芾　宋 文彦博　元 赵孟頫　汉 礼器碑
汉 张寿碑　汉 朝侯小子残碑　汉 孟孝琚碑　汉 说文解字
清 刘墉　宋 米芾　元 赵孟頫　明 张弼
汉 曹全碑　清 钱大昕　汉 说文解字　清 吴大澂

yàn
猒
（饱；足）
yā

yàn
厌
（厭：满足；憎恶）

yàn
餍
（吃饱；满足）

yàn
宴
（宴：聚餐；宴会；安闲）

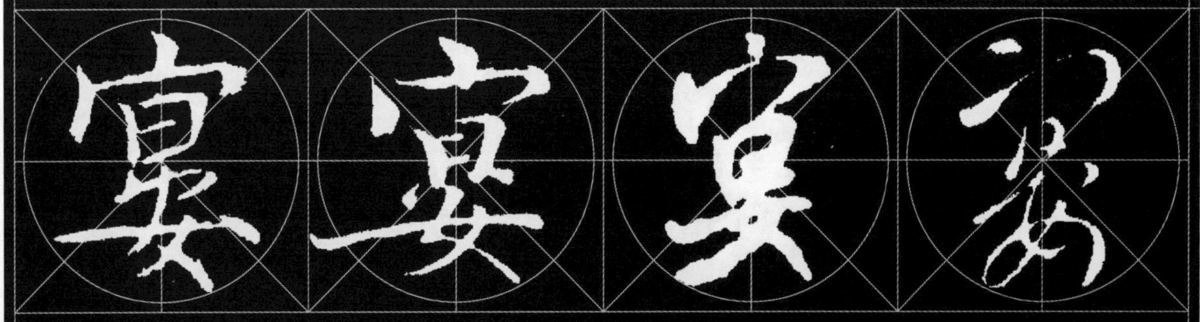

唐 魏栖梧　宋 欧阳修　宋 米芾　晋 索靖

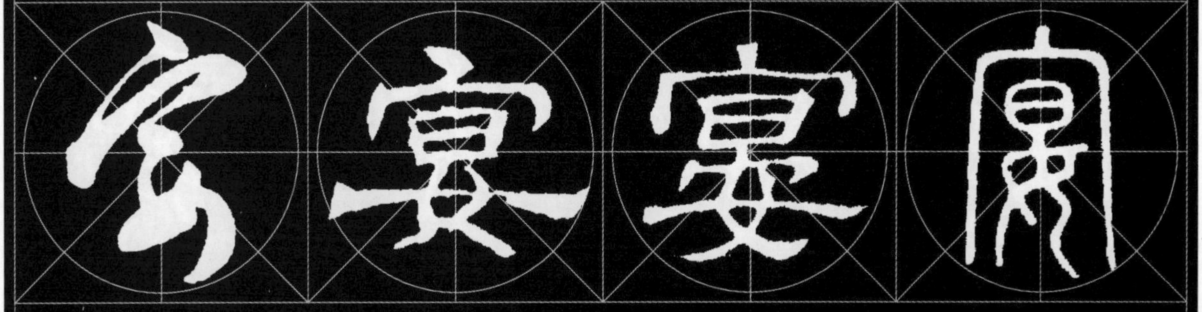

明 陈淳　晋 辟雍碑　清 顾蔼吉·隶辨　汉 说文解字

yàn
晏
（晴朗；鲜艳；安逸；晚）

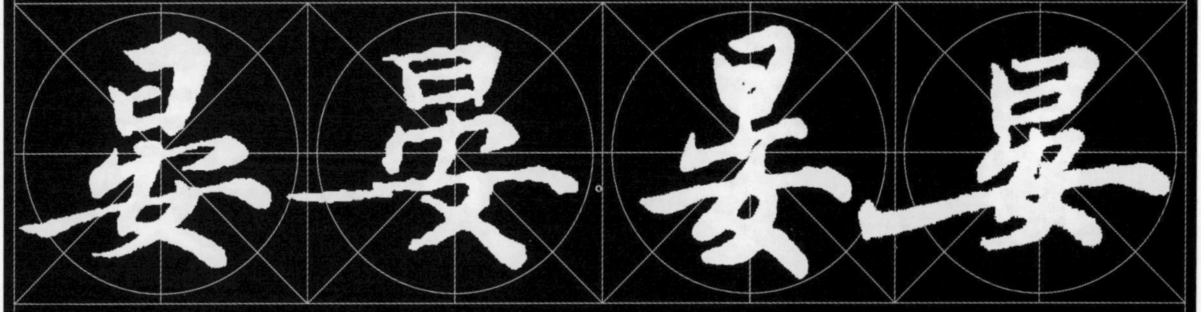

宋 陈师锡　明 文徵明　明 唐寅　清 郑燮

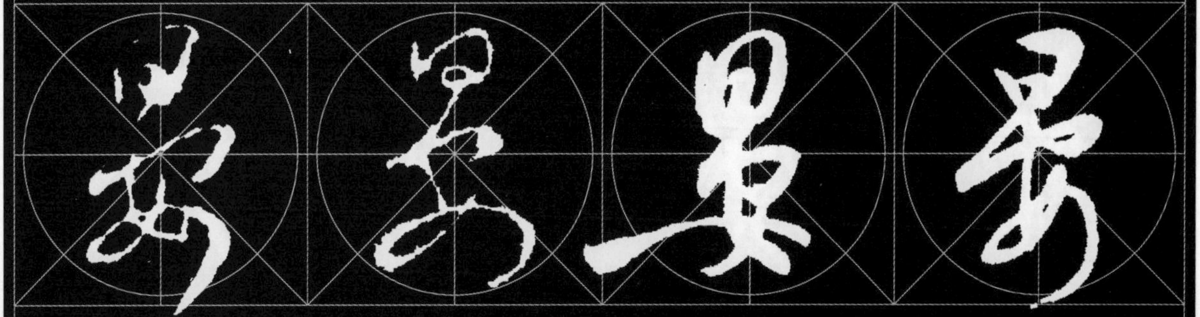

晋 王羲之　唐 李世民　宋 米芾　明 文徵明

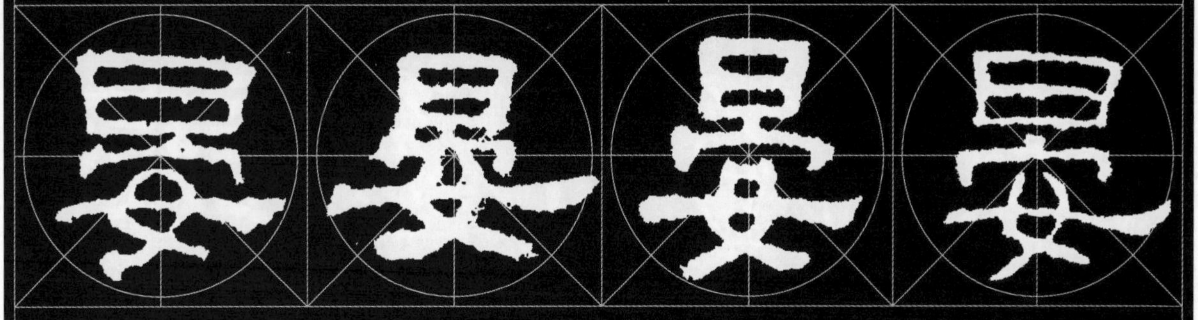

汉 景君碑　汉 鲜于璜碑　汉 樊敏碑　汉 肥致碑

yàn
燕（鷰）
Yān

唐 欧阳询　元 赵孟頫　唐 褚遂良　宋 黄庭坚

元 杨维桢　明 唐寅　宋 苏轼　宋 赵构

明 文徵明　清 王铎　汉 夏承碑　元 赵孟頫

殷商 甲骨文　清 王澍　清 王澍　清 杨沂孙

yàn
讌（宴会；聚谈）

隋 智永　晋 王献之　唐 怀素　明 王澍

yàn
雁（鴈）

唐 怀素　明 邵二泉　周 毛公鼎　唐 李阳冰

唐 欧阳询　明 王宠　隋 智永　宋 苏轼

宋 黄庭坚　宋 黄庭坚　明 唐寅　唐 欧阳询

唐 孙过庭　唐 怀素　元 鲜于枢　汉 鲜于璜碑

汉 衡方碑　元 俞和　清 王澍　汉 说文解字

yàn
艳（艷、豔）

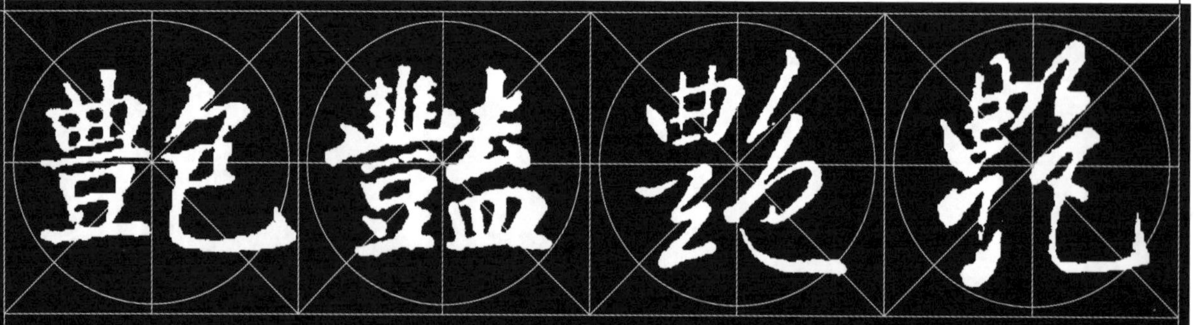

隋 董美人墓志 | 清 永瑆 | 唐 李邕 | 宋 苏轼

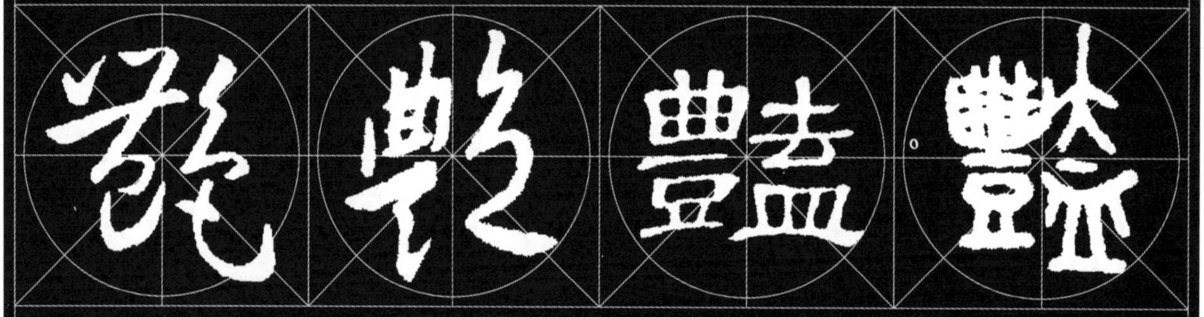

唐 孙过庭 | 清 傅山 | 清 顾蔼吉·隶辨 | 清 吴大澂

yàn
滟

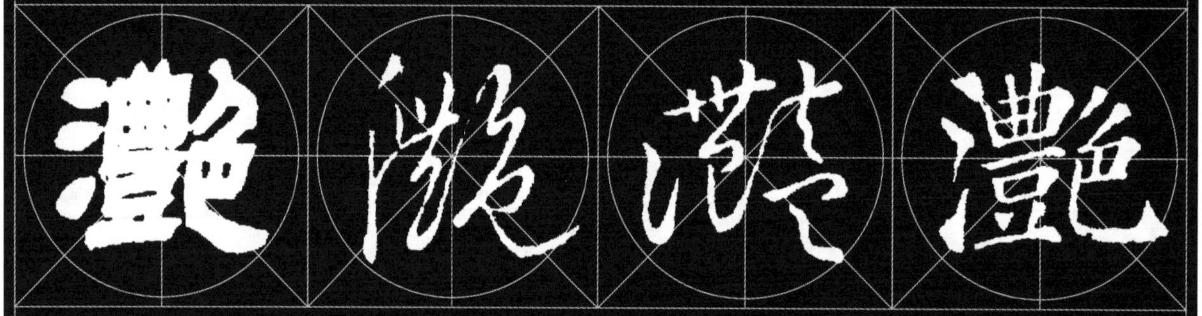

唐 颜真卿 | 明 郭谌·草韵辨体 | 金 张天锡·草书韵会 | 清 邓石如

yàn
焰（燄）

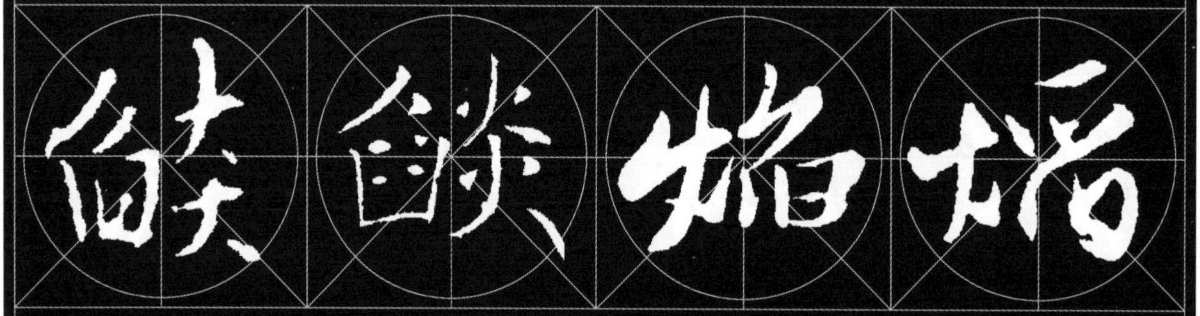

晋 王羲之 | 唐 褚遂良 | 宋 苏轼 | 明 文徵明

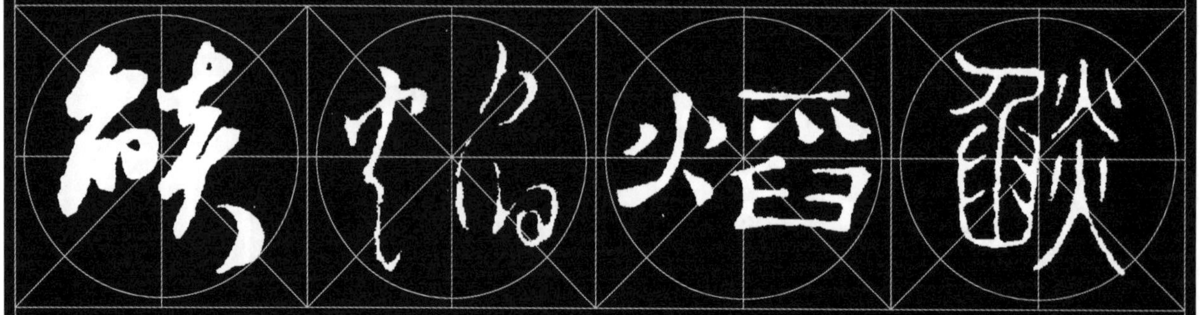

宋 米芾 | 金 张天锡·草书韵会 | 清 顾蔼吉·隶辨 | 汉 说文解字

yàn
砚

明 唐寅　明 祝允明　清 郑簠　清 吴昌硕

yàn
验（驗、騐）

唐 欧阳询　唐 国铨　唐 颜真卿　宋 苏轼

元 赵孟頫　唐 孙过庭　明 黄道周　汉 樊敏碑

汉 白石神君碑　汉 肥致碑　汉 马王堆帛书　汉 说文解字

yāng
央

南北朝 元倪墓志　唐 国铨　元 赵孟頫　汉 居延简

yāng 殃

yāng 秧

yāng 鞅

汉 马王堆帛书　元 吴叡　清 冯承辉　汉 说文解字

唐 颜真卿　宋 苏轼　明 文徵明　明 宋克

金 张天锡·草书韵会　清 顾蔼吉·隶辨　秦 李斯　汉 说文解字

宋 范成大　金 张天锡·草书韵会　汉 说文解字　清 吴大澂

明 董其昌　明 文徵明　金 张天锡·草书韵会　汉 说文解字

yáng
羊（古时同祥字）

yáng
洋

yáng
阳

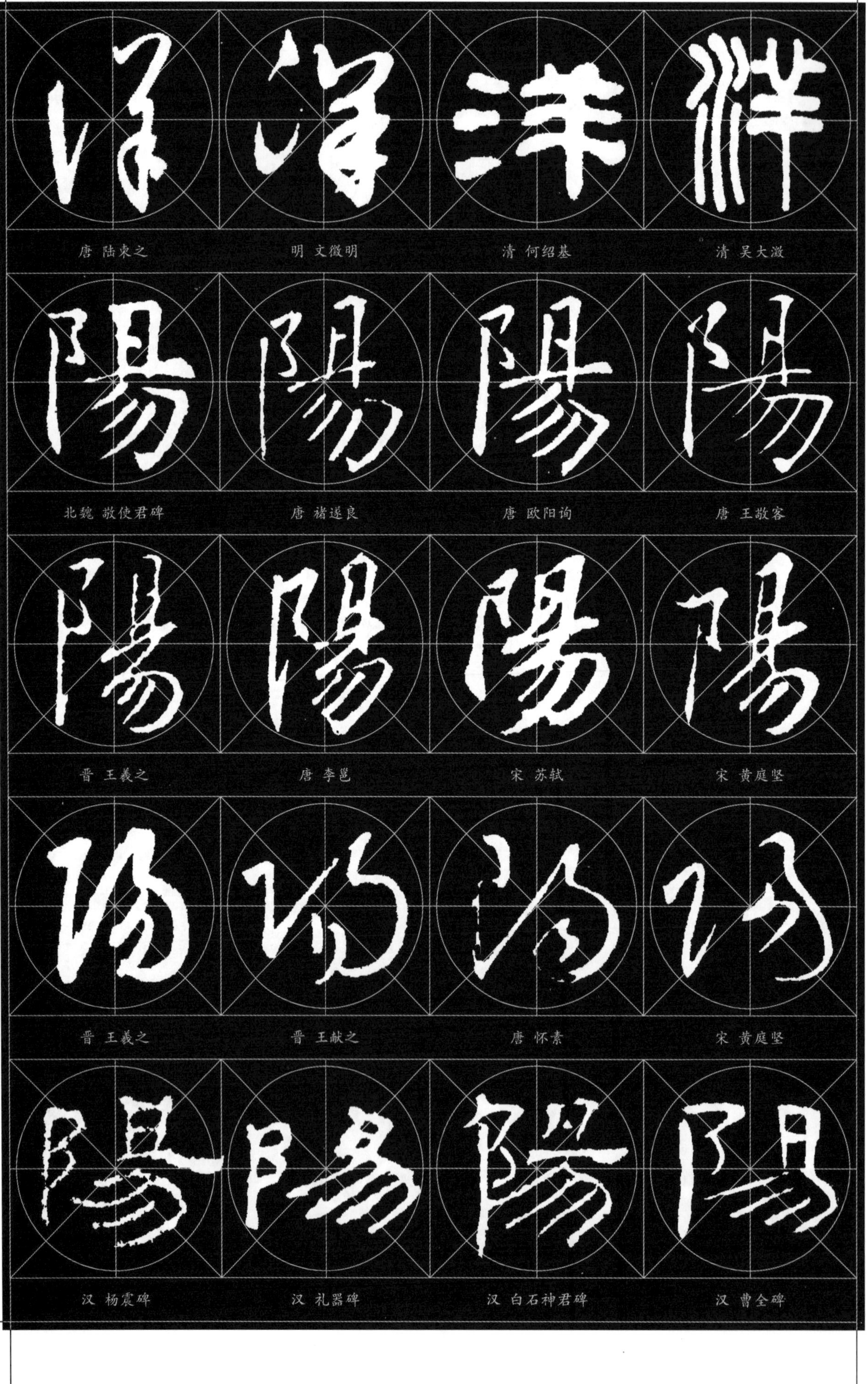
唐 陆柬之
明 文徵明
清 何绍基
清 吴大澂
北魏 敬使君碑
唐 褚遂良
唐 欧阳询
唐 王敬客
晋 王羲之
唐 李邕
宋 苏轼
宋 黄庭坚
晋 王羲之
晋 王献之
唐 怀素
宋 黄庭坚
汉 杨震碑
汉 礼器碑
汉 白石神君碑
汉 曹全碑

yáng
扬（敭）

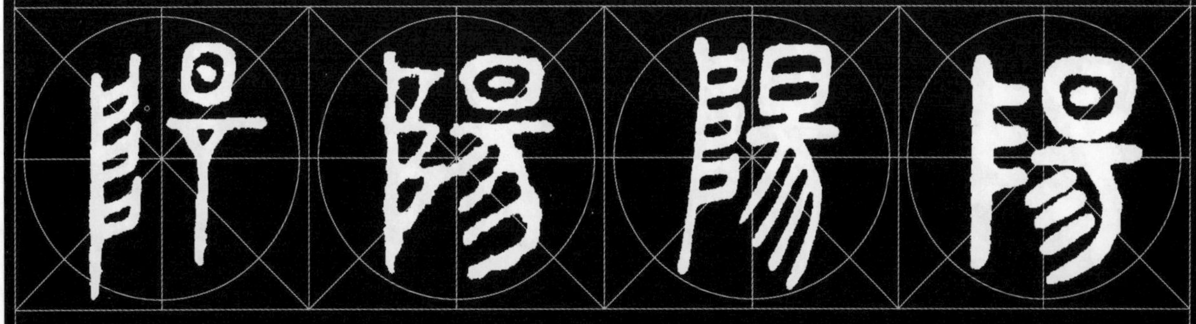

殷商 甲骨文　秦 石鼓文　清 吴熙载　清 吴大澂

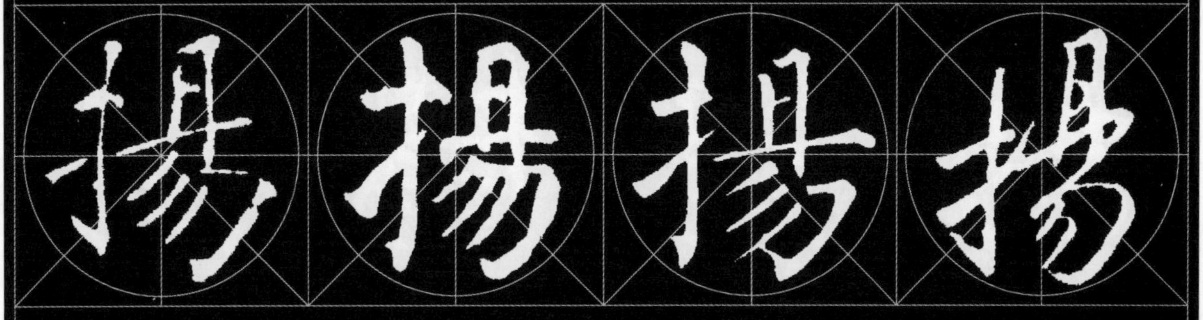

唐 褚遂良　唐 颜真卿　唐 柳公权　晋 王羲之

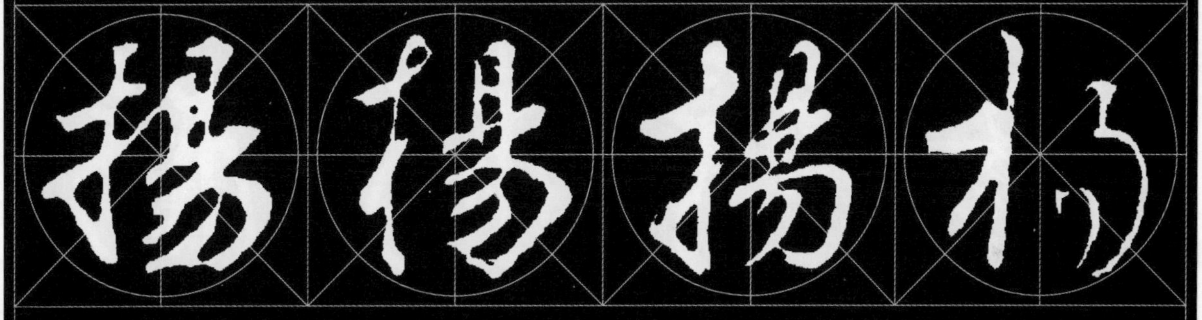

宋 苏轼　元 鲜于枢　明 董其昌　晋 王羲之

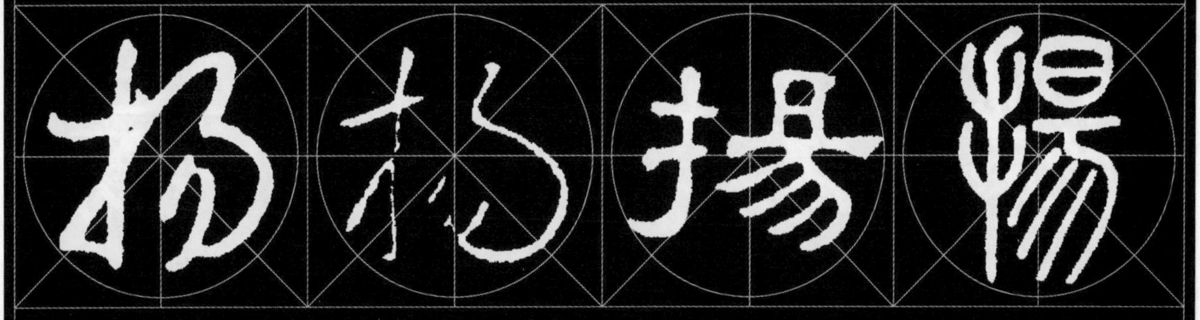

唐 孙过庭　唐 怀素　汉 张寿碑　清 莫友芝

yáng
杨

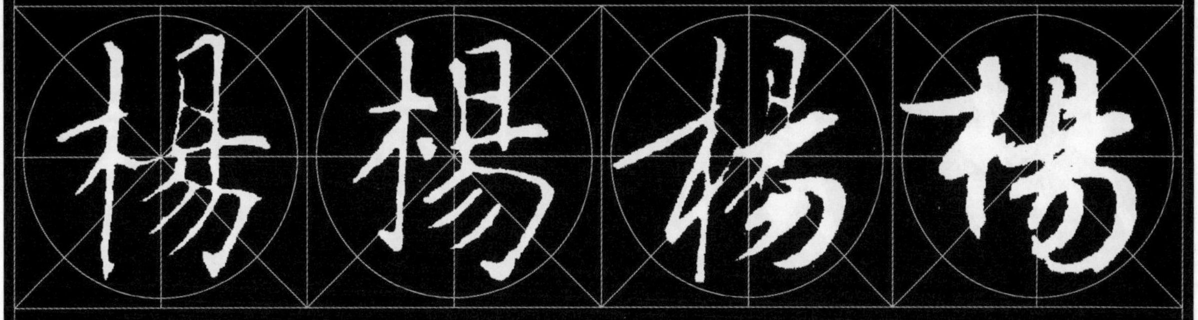

唐 欧阳询　唐 张旭　宋 黄庭坚　明 文徵明

明 唐寅　明 董其昌　晋 王羲之　晋 王献之

唐 孙过庭　汉 杨震碑　汉 石门颂　汉 樊敏碑

晋 辟雍碑　周 多友簋　秦 石鼓文　清 杨沂孙

yáng
旸
（日出；晴）

唐 褚遂良　宋 苏轼　清 顾蔼吉·隶辨　汉 说文解字

yáng
炀

明 唐寅　唐 怀素　汉 说文解字　清 康熙字典

yáng
飏（飞扬）

yáng
仰

yǎng
养（養）

北魏 张猛龙碑　唐 欧阳询　唐 颜真卿　宋 苏轼

宋 米芾　清 王铎　晋 王羲之　隋 智永

唐 欧阳询　唐 李怀琳　汉 曹全碑　元 赵孟頫

清 桂馥　汉 说文解字　唐 李阳冰　元 吴叡

yàng
恙（病）

晋 王羲之　元 鲜于枢　宋 苏辙　唐 陆柬之

唐 怀素 | 宋 蔡襄 | 元 赵孟頫 | 汉 说文解字

yàng
漾

唐 武则天 | 明 唐寅 | 明 董其昌 | 清 王铎

明 文徵明 | 明 申时行 | 清 郑簠 | 清 永理

yàng
样（樣）

明 沈粲 | 宋 米芾 | 元 赵孟頫 | 元 赵雍

yāo
夭

晋 王羲之 | 北魏 元珍墓志 | 唐 褚遂良 | 唐 孙过庭

yāo
妖
（怪；艳丽）

yāo
腰

yāo
邀

yáo 尧（堯）

yáo 峣（高俊）

yáo 肴（餚：荤菜）

晋 王羲之　唐 欧阳询　唐 褚遂良　明 董其昌

唐 李世民　元 赵孟頫　元 鲜于枢　清 王铎

元 吴叡　清 何绍基　清 吴大澂　清 黄士陵

唐 孙过庭　明 董其昌　汉 说文解字　清 康熙字典

唐 沈传师　宋 苏轼　明 文徵明　明 董其昌

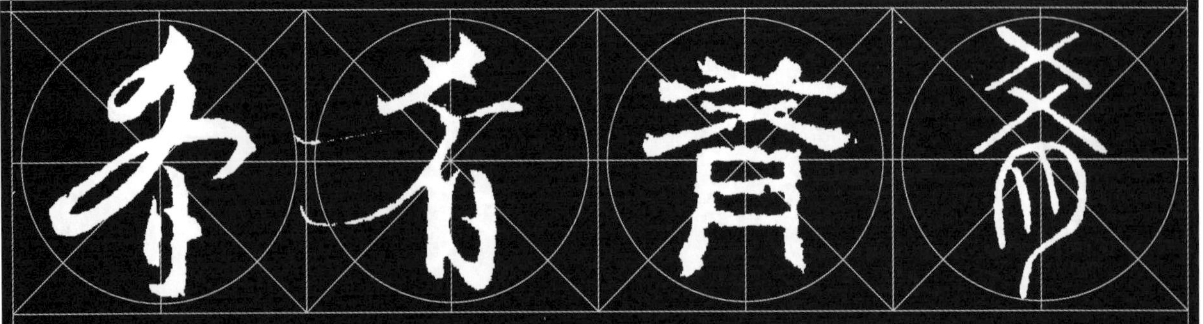

明 祝允明　明 文徵明　汉 熹平石经　汉 说文解字

yáo
姚

晋 王献之　元 赵孟頫　元 赵孟頫　明 宋克

明 姚绶　明 文徵明　元 吴叡　清 陈鸿寿

yáo
摇

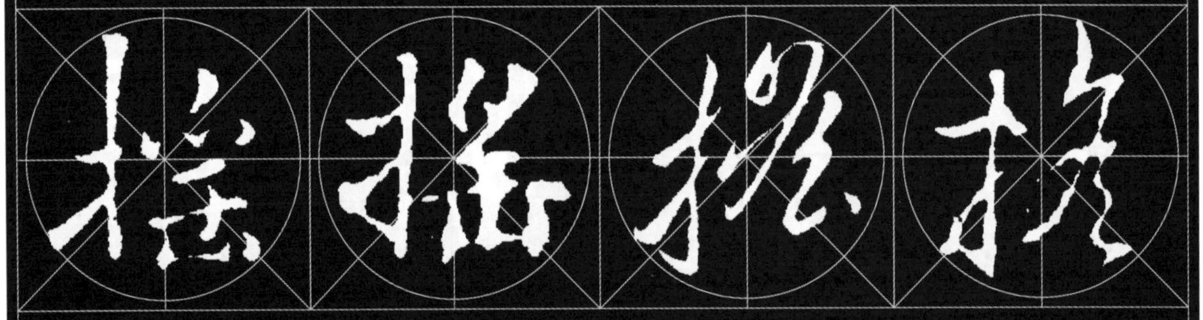

唐 褚遂良　明 文徵明　唐 李怀琳　唐 李世民

元 康里子山　明 文徵明　汉 说文解字　元 吴叡

yáo
遥

yáo
瑶

隋 张公礼
唐 欧阳询
宋 苏轼
宋 张即之
元 鲜于枢
隋 智永
元 赵孟頫
明 解缙
汉 肥致碑
元 赵孟頫
清 张祖翼
唐 李阳冰
宋 苏轼
唐 怀素
元 赵孟頫
明 文徵明
汉 礼器碑
汉 华山碑
元 吴叡
清 邓石如

yáo
谣

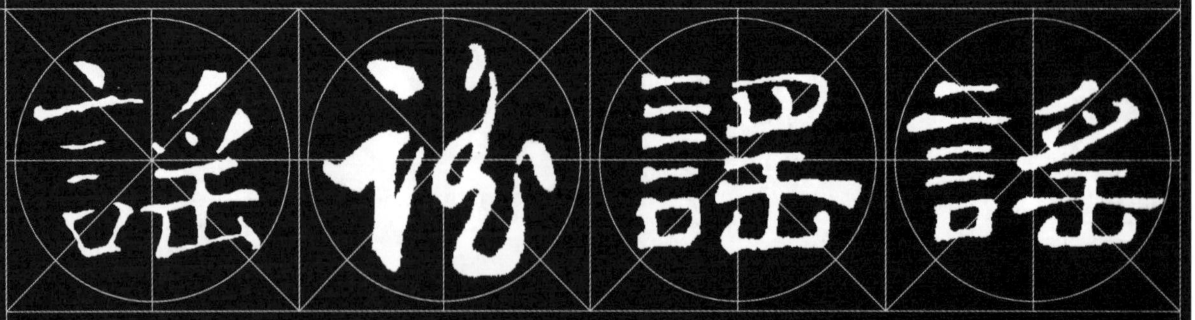

隋 龙藏寺碑　明 文徵明　元 吴叡　清 顾蔼吉·隶辨

yáo
繇
yóu
zhòu

三国 钟繇　元 赵孟頫　唐 孙过庭　明 宋克

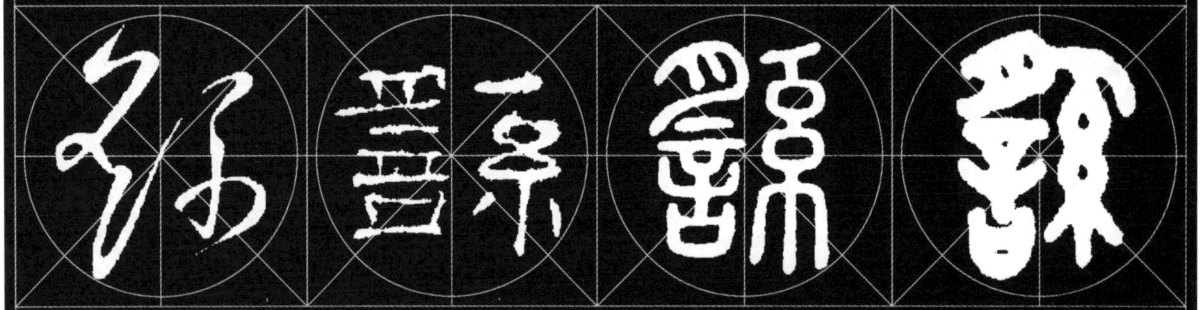

清 王铎　汉 礼器碑　汉 说文解字　清 吴大澂

yáo
飖

隋 智永　元 赵孟頫　明 祝允明　清 王澍

yǎo
杳

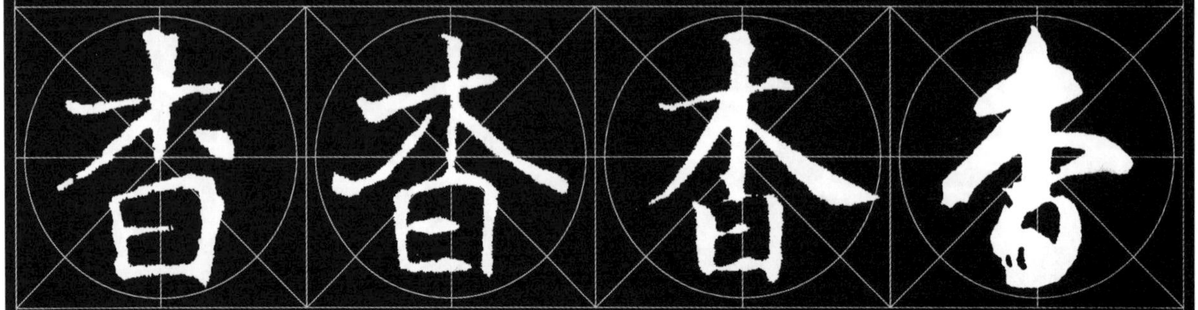

北魏 李超墓志　北魏 崔敬邕墓志　隋 智永　隋 智永

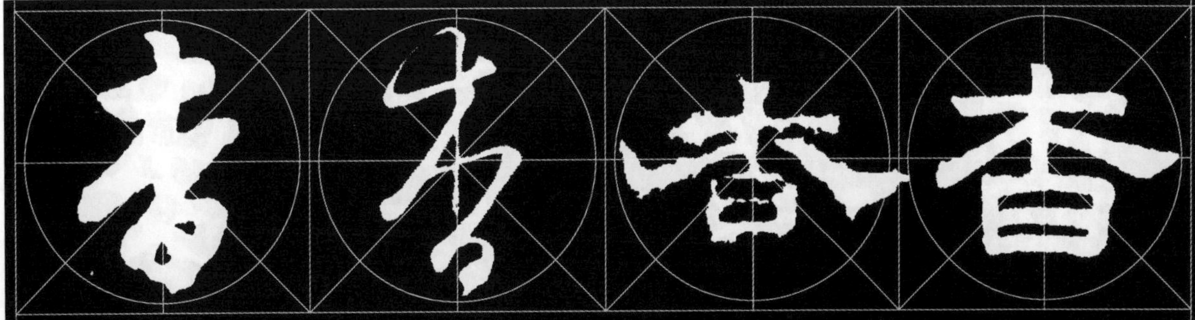

元 赵孟頫　明 王守仁　汉 娄寿碑　元 赵孟頫

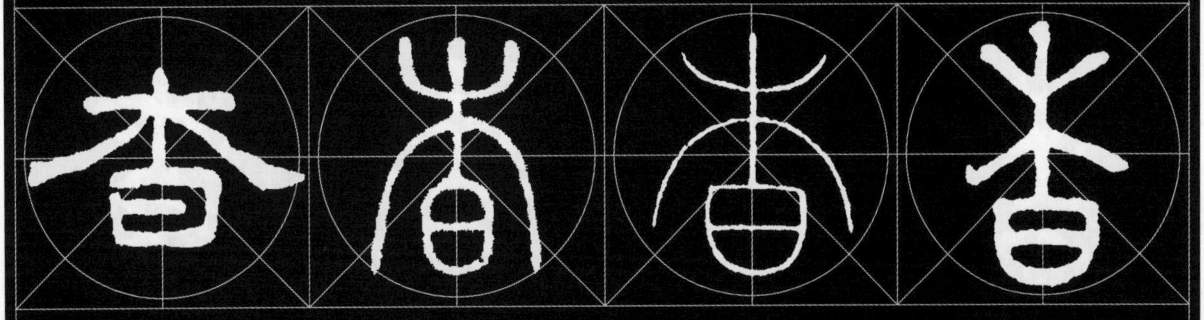

清 王澍　汉 说文解字　唐 李阳冰　元 赵孟頫

yǎo
窈（深远；昏暗）

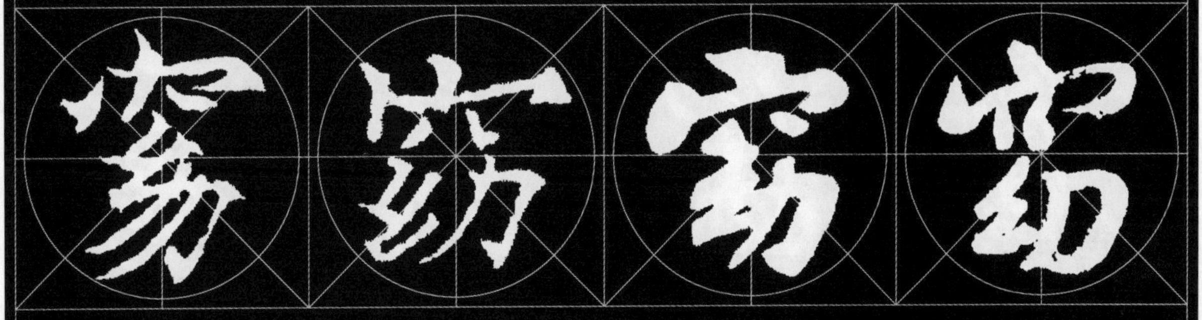

北魏 石婉墓志　唐 欧阳通　宋 苏轼　宋 米芾

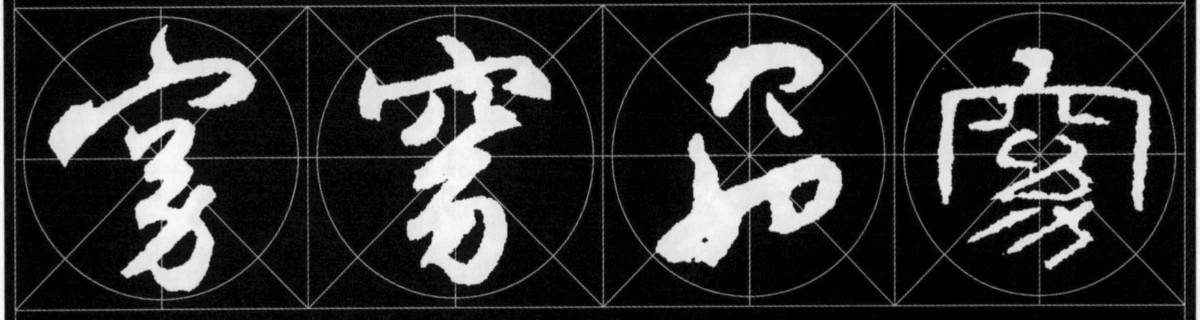

明 祝允明　明 文徵明　唐 孙过庭　汉 肥致碑

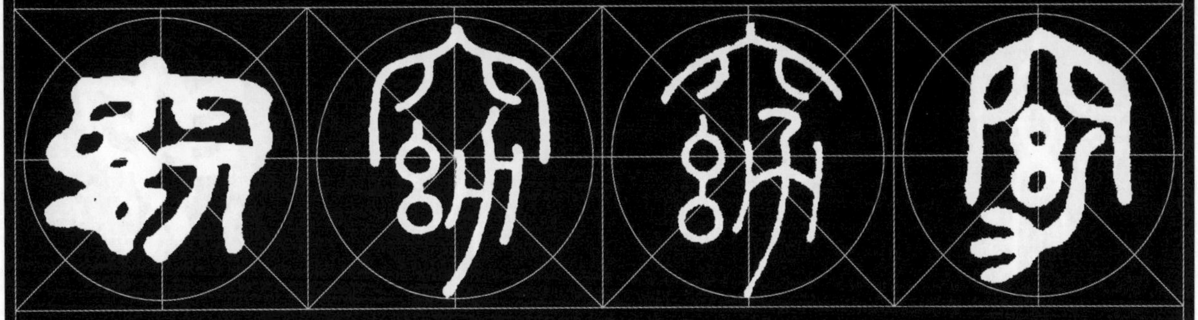

明 沈度　清 王澍　清 王澍　清 田潜

yào
要
yāo
（求；强迫；同邀）

唐 虞世南 | 唐 褚遂良 | 唐 张旭 | 唐 颜真卿
晋 王羲之 | 唐 褚遂良 | 宋 蔡襄 | 元 张雨
隋 智永 | 唐 欧阳询 | 唐 孙过庭 | 元 赵孟頫
汉 石门颂 | 汉 曹全碑 | 元 吴叡 | 清 何绍基
汉 说文解字 | 唐 李阳冰 | 元 赵孟頫 | 清 吴昌硕

yào 药（藥）

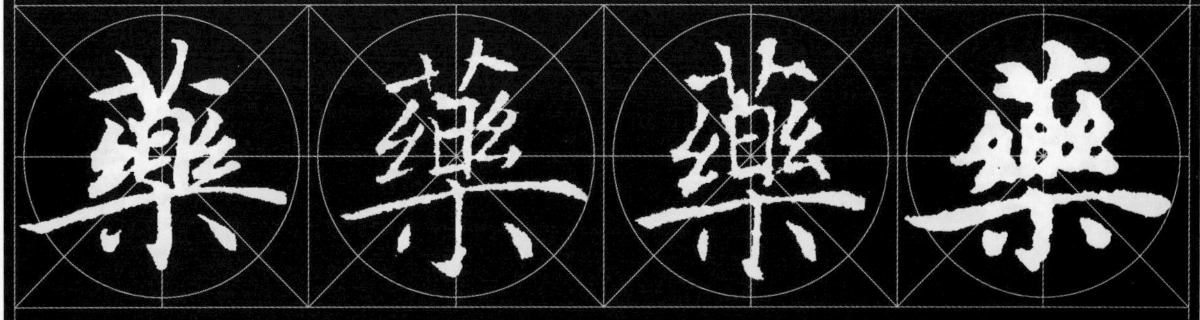

唐 灵飞经　唐 褚遂良　唐 薛稷　明 沈度

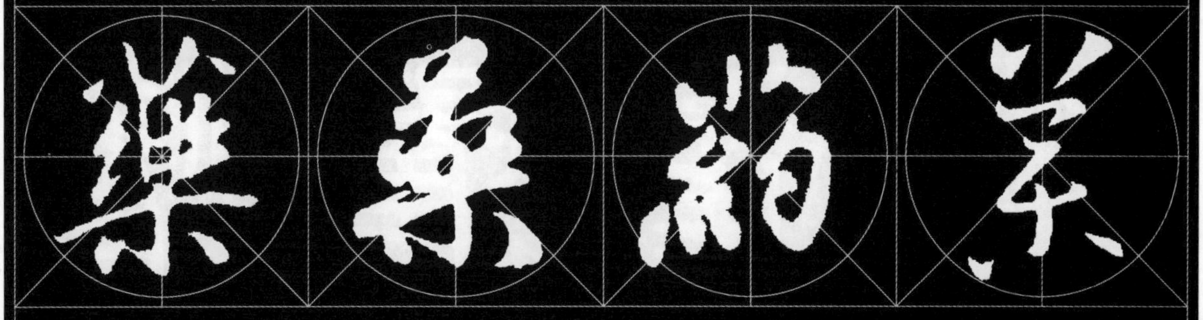

晋 王羲之　明 吴宽　清 郑燮　晋 王羲之

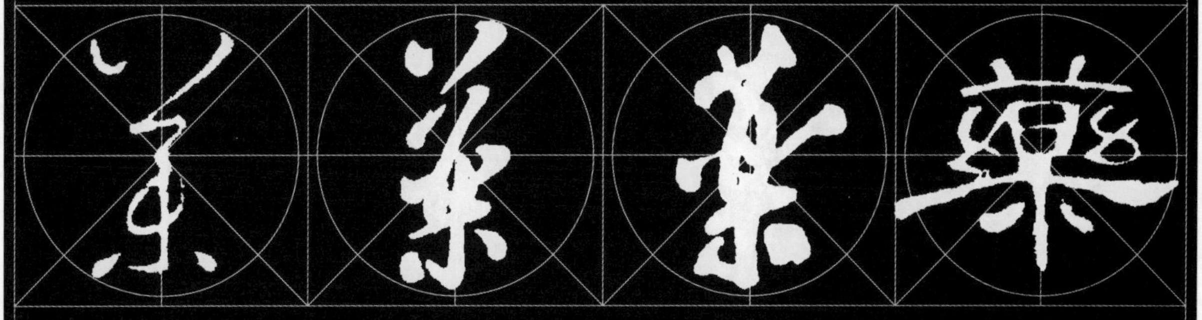

唐 怀素　宋 米芾　明 王铎　汉 曹全碑

yào 曜（日光；照耀）

唐 褚遂良　唐 徐浩　唐 王敬客　唐 颜真卿

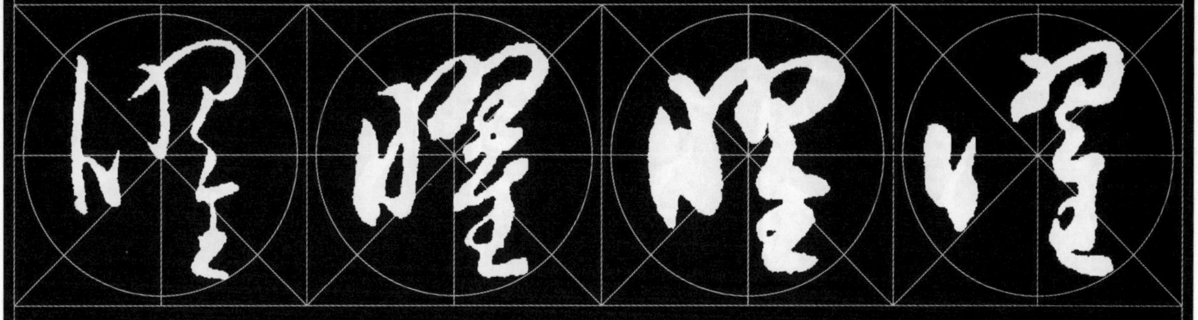

唐 欧阳询　唐 蒋善进　唐 孙过庭　唐 怀素

汉 郭有道碑　汉 朝侯小子残碑　元 吴叡　元 吴叡

yào 燿（同耀）

金 张天锡·草书韵会　汉 封龙山碑　清 伊秉绶　清 吴大澂

yào 耀

唐 李治　宋 赵构　唐 孙过庭　清 王澍

yào 钥（鑰）yuè

唐 颜真卿　元 赵孟頫　金 张天锡·草书韵会　清 王铎

yē 耶 yé（表疑问）

三国 钟繇　晋 王献之　唐 颜真卿　宋 黄庭坚

晋 王献之
宋 张即之
清 王铎
晋 王羲之
晋 羊欣
唐 虞世南
唐 李世民
汉 楼兰简
唐 欧阳询
唐 褚遂良
唐 颜真卿
唐 柳公权
晋 王羲之
晋 王献之
宋 苏轼
元 柯九思
晋 王羲之
晋 王羲之
隋 智永
宋 黄庭坚

yě
也

yě
冶

yě
野
（埜）

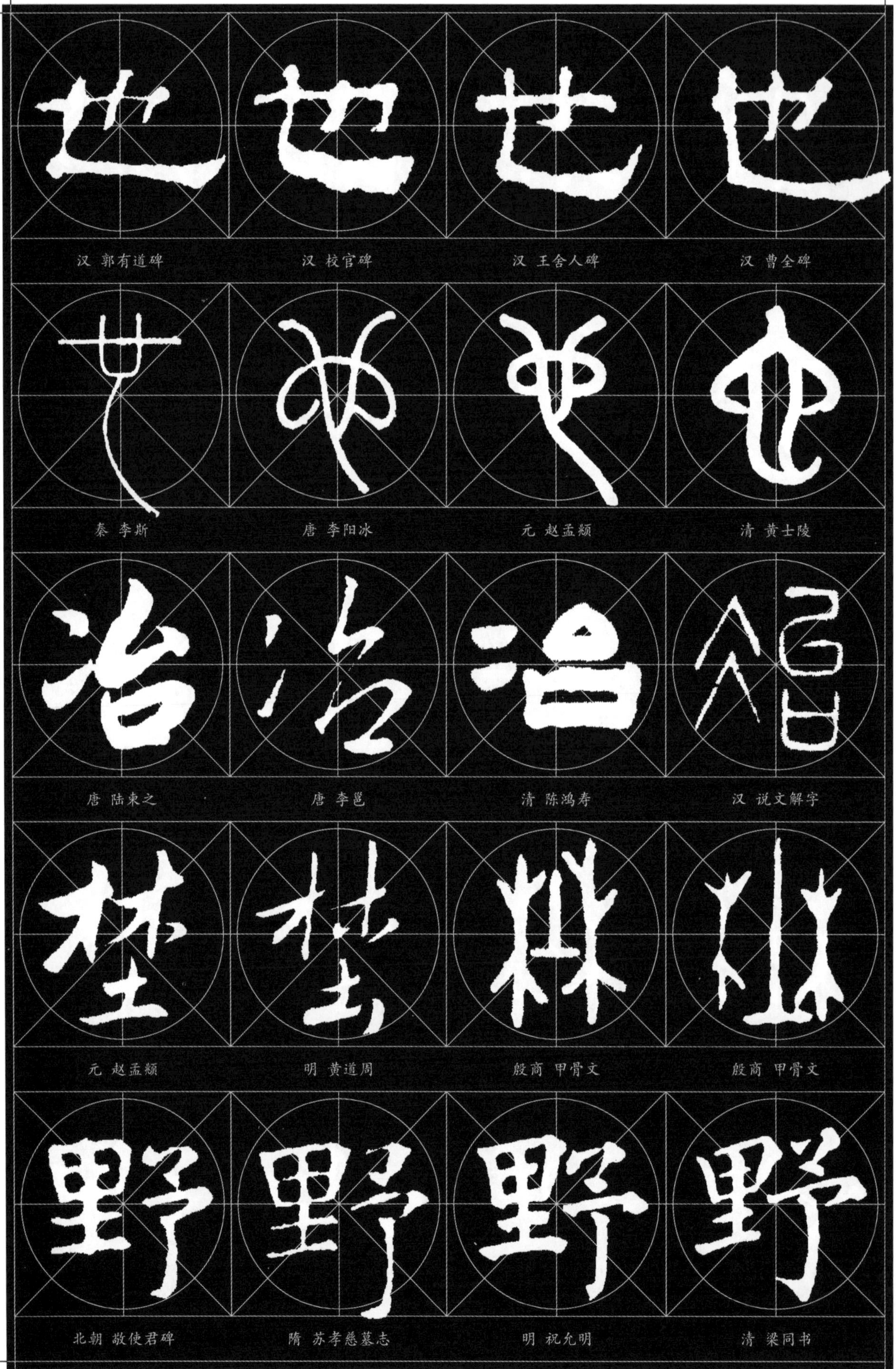
汉 郭有道碑
汉 校官碑
汉 王舍人碑
汉 曹全碑
秦 李斯
唐 李阳冰
元 赵孟頫
清 黄士陵
唐 陆柬之
唐 李邕
清 陈鸿寿
汉 说文解字
元 赵孟頫
明 黄道周
殷商 甲骨文
殷商 甲骨文
北朝 敬使君碑
隋 苏孝慈墓志
明 祝允明
清 梁同书

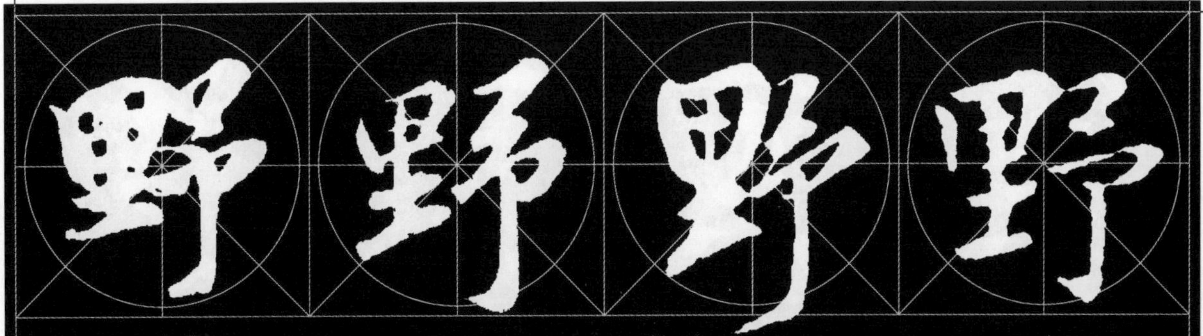

隋 智永　宋 苏轼　元 鲜于枢　元 张雨

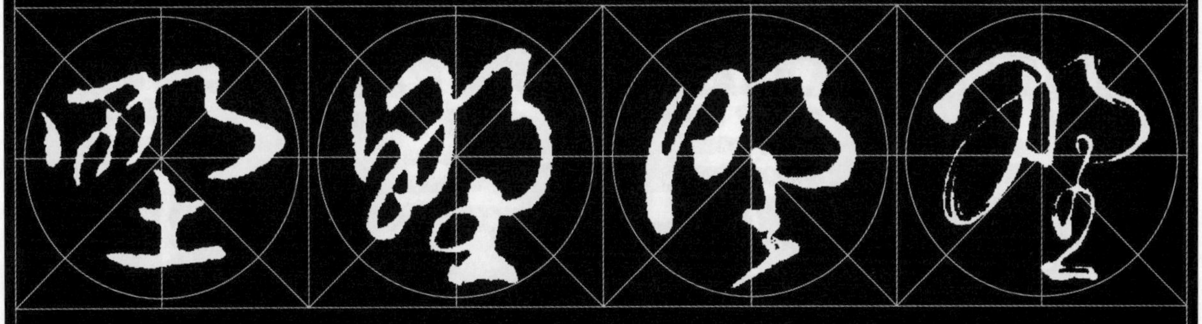

三国 皇象　晋 王羲之　唐 孙过庭　宋 苏轼

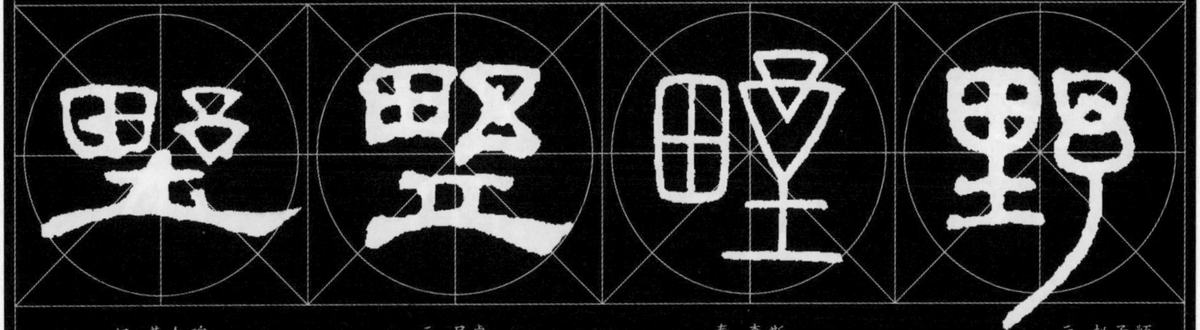

汉 曹全碑　元 吴叡　秦 李斯　元 赵孟頫

yè
业（業）

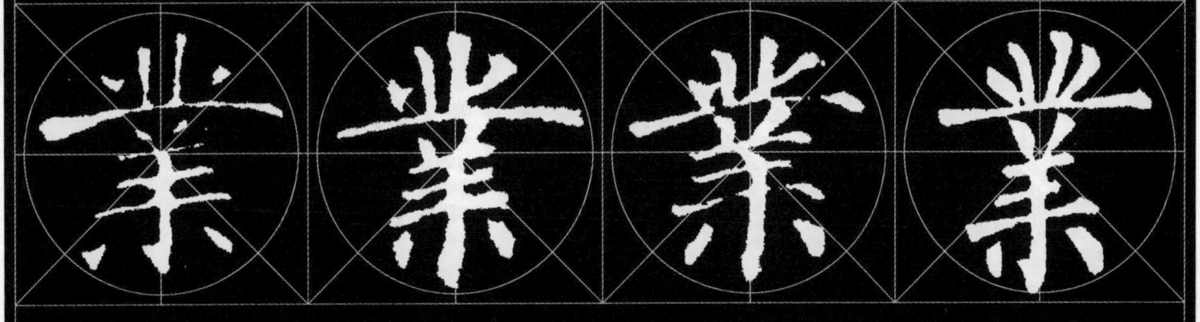

隋 张公礼　唐 虞世南　唐 颜真卿　唐 柳公权

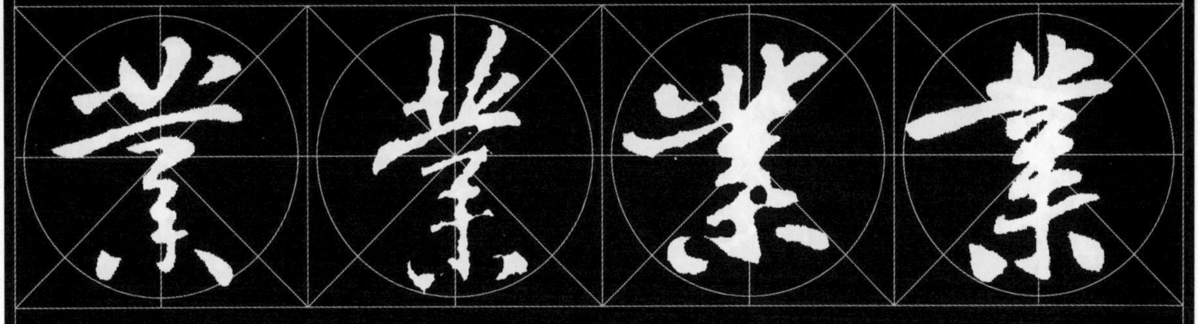

唐 李世民　唐 释怀仁　宋 苏轼　宋 黄庭坚

晋 王献之 | 隋 智永 | 唐 孙过庭 | 明 沈粲

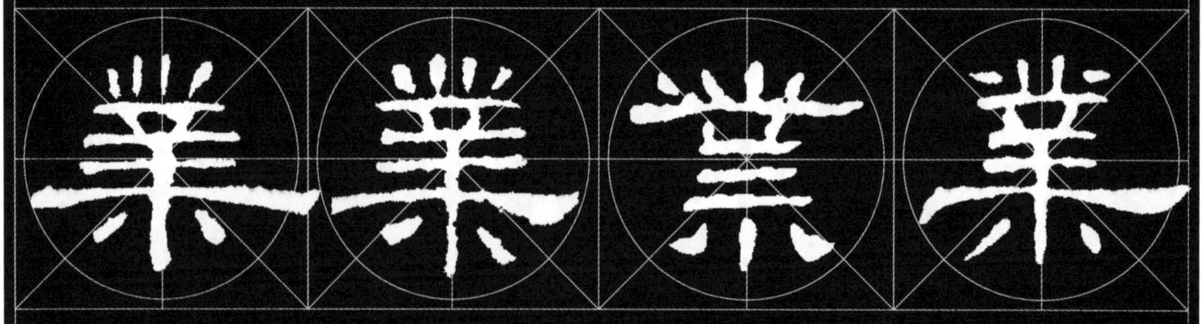

汉 孔宙碑 | 汉 华山碑 | 隋 牛晖墓志 | 唐 叶慧明碑

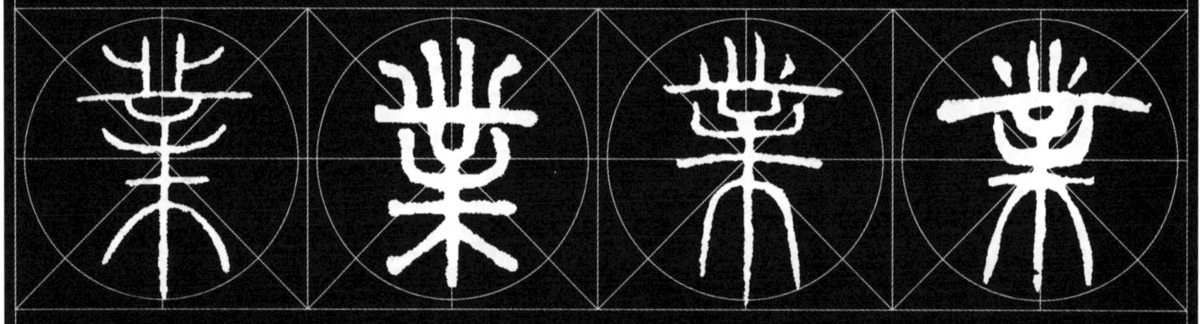

唐 李阳冰 | 元 赵孟頫 | 元 吴叡 | 清 徐三庚

yè
邺

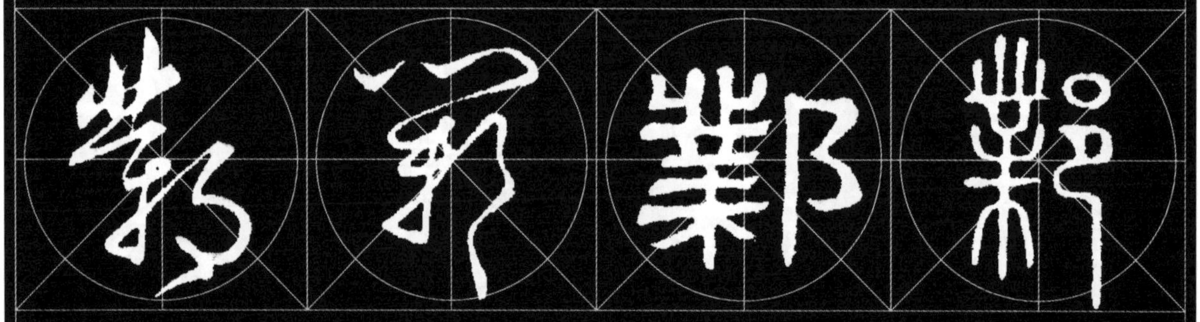

明 宋克 | 金 张天锡·草书韵会 | 清 顾蔼吉·隶辨 | 汉 说文解字

yè
夜（亱）

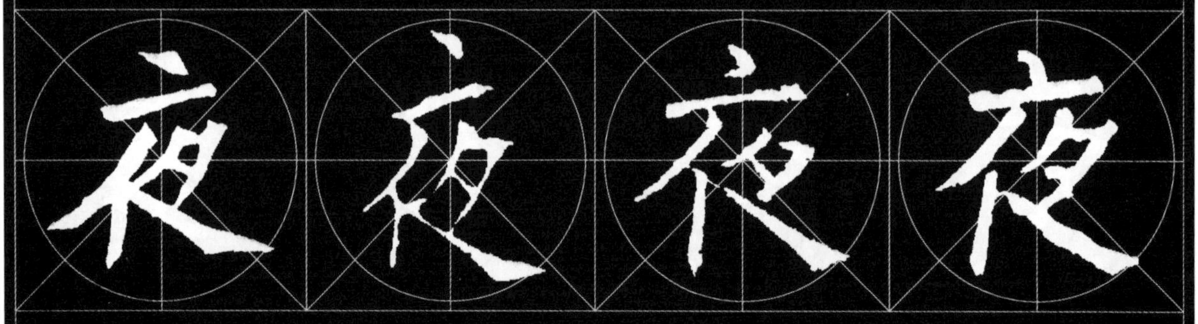

北魏 元倪墓志 | 唐 欧阳询 | 唐 褚遂良 | 唐 颜真卿

唐 欧阳询　唐 怀素　元 赵孟頫　明 唐寅
汉 衡方碑　汉 史晨碑　周 师酉簋　清 吴大澂
唐 褚遂良　唐 陆柬之　明 程南云　晋 王羲之
唐 武则天　明 申时行　北周 赵文渊　汉 说文解字
宋 苏轼　明 祝允明　汉 曹全碑　汉 说文解字

yè
液

yè
掖
yē
（塞进）

yè 曳（拽）

yè 页

yè 叶（葉） xié（和洽）

唐 孙过庭
元 鲜于枢
汉 夏承碑
汉 曹全碑
唐 叶慧明碑
清 黄易
汉 说文解字
清 钱坫
金 张天锡·草书韵会
北魏 郑道昭
汉 说文解字
清 康熙字典
唐 欧阳通
唐 颜真卿
宋 周邦彦
唐 徐峤之
唐 怀素
明 宋璲
明 董其昌
汉 史晨碑

yè
晔
（光）

yè
谒
（进见）

yè
靥（靨：酒窝）

yī
一

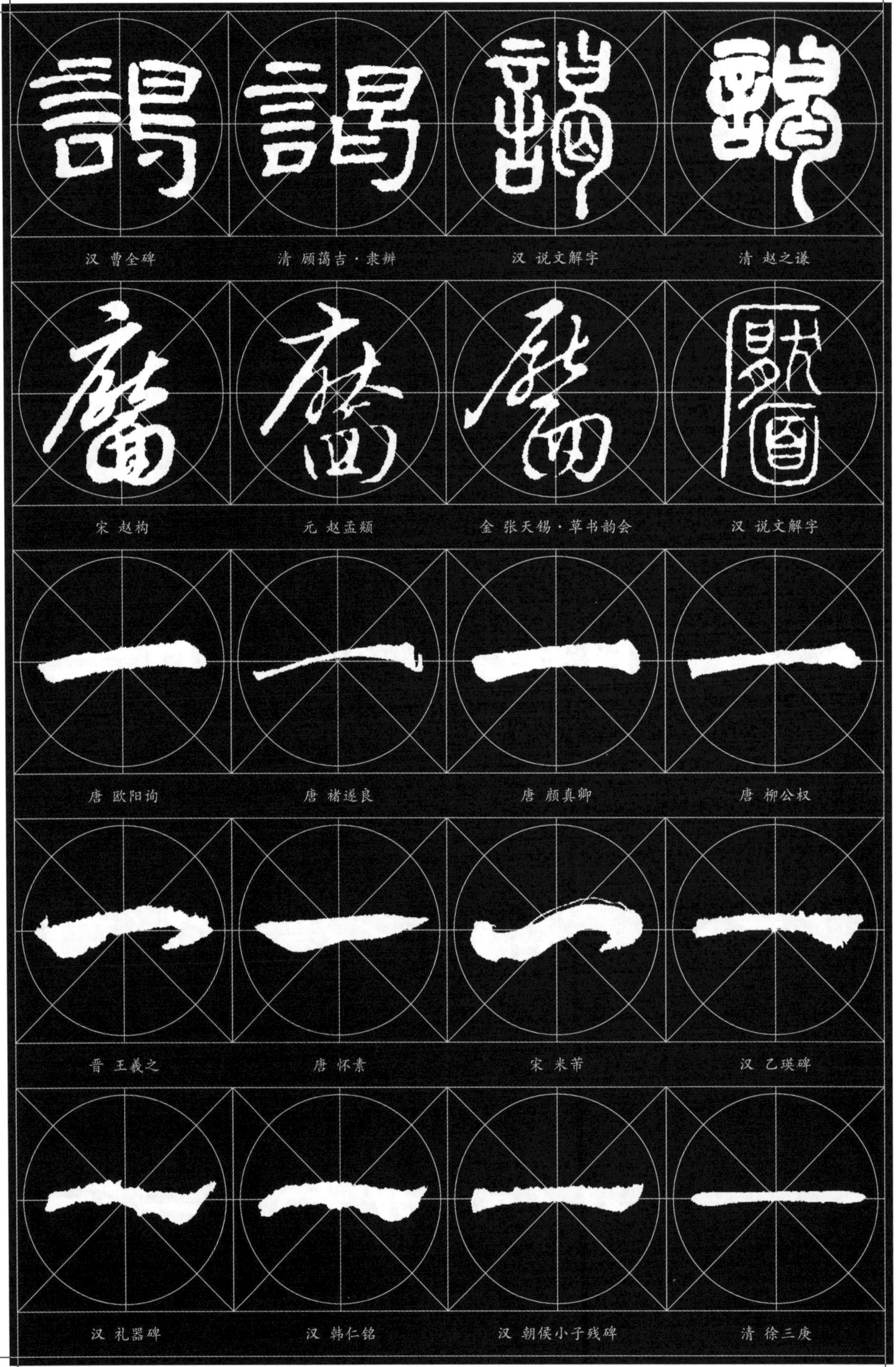

汉 曹全碑　清 顾蔼吉·隶辨　汉 说文解字　清 赵之谦

宋 赵构　元 赵孟頫　金 张天锡·草书韵会　汉 说文解字

唐 欧阳询　唐 褚遂良　唐 颜真卿　唐 柳公权

晋 王羲之　唐 怀素　宋 米芾　汉 乙瑛碑

汉 礼器碑　汉 韩仁铭　汉 朝侯小子残碑　清 徐三庚

yī
壹（一的大写）

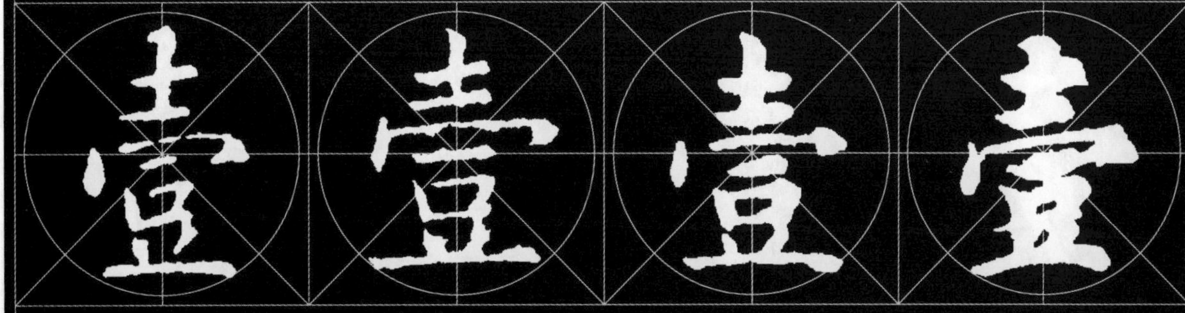

隋 智永　唐 欧阳询　元 赵孟頫　隋 智永

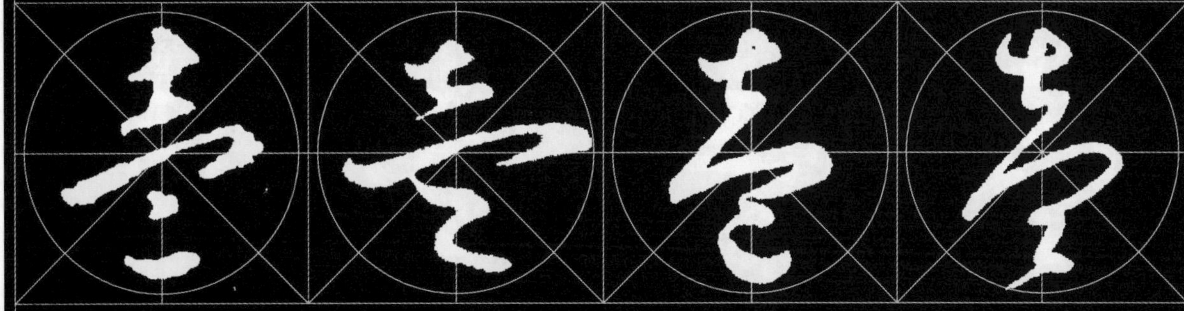

隋 智永　唐 孙过庭　元 鲜于枢　明 沈粲

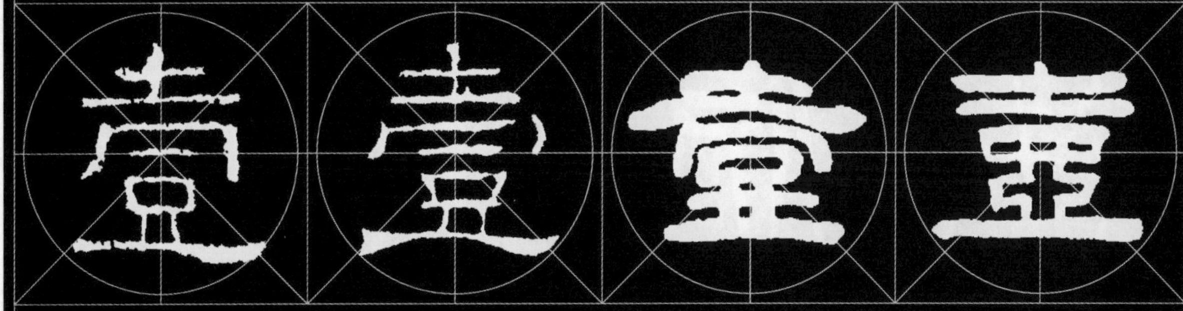

汉 白石神君碑　晋 辟雍碑　清 邓石如　清 陈鸿寿

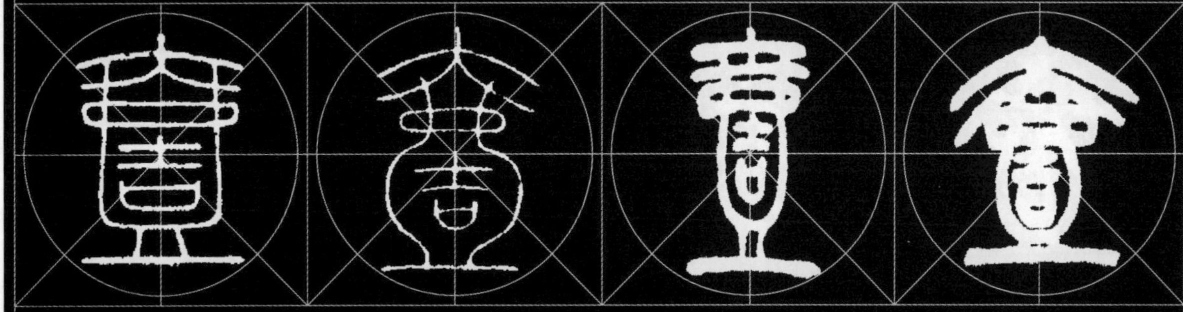

秦 李斯　唐 李阳冰　清 吴熙载　清 杨沂孙

yī
伊

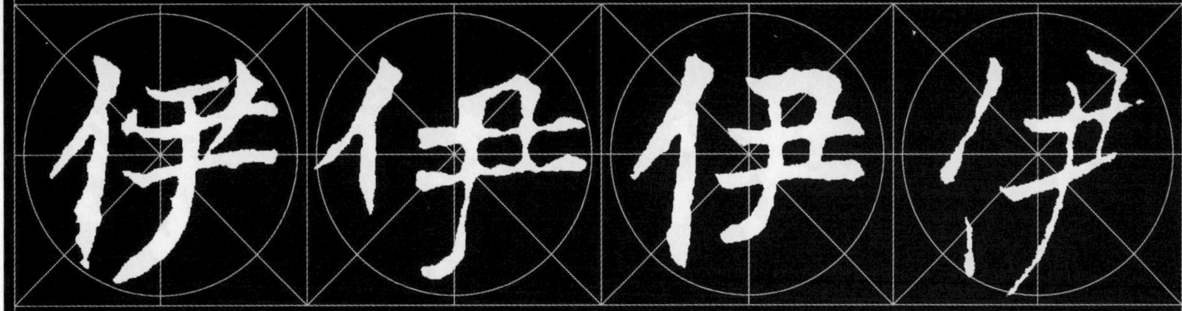

南北朝 元倪墓志　北魏 李璧墓志　南北朝 高湛墓志　唐 欧阳询

yī 衣 yì（穿；给人穿）

唐 陆柬之　唐 怀素　元 鲜于枢　明 文徵明

汉 衡方碑　清 王澍　清 伊秉绶　清 钱泳

唐 李阳冰　清 杨沂孙　清 吴大澂　清 黄士陵

北魏 张猛龙碑　唐 虞世南　唐 褚遂良　唐 颜真卿

唐 欧阳通　宋 苏轼　元 鲜于枢　明 唐寅

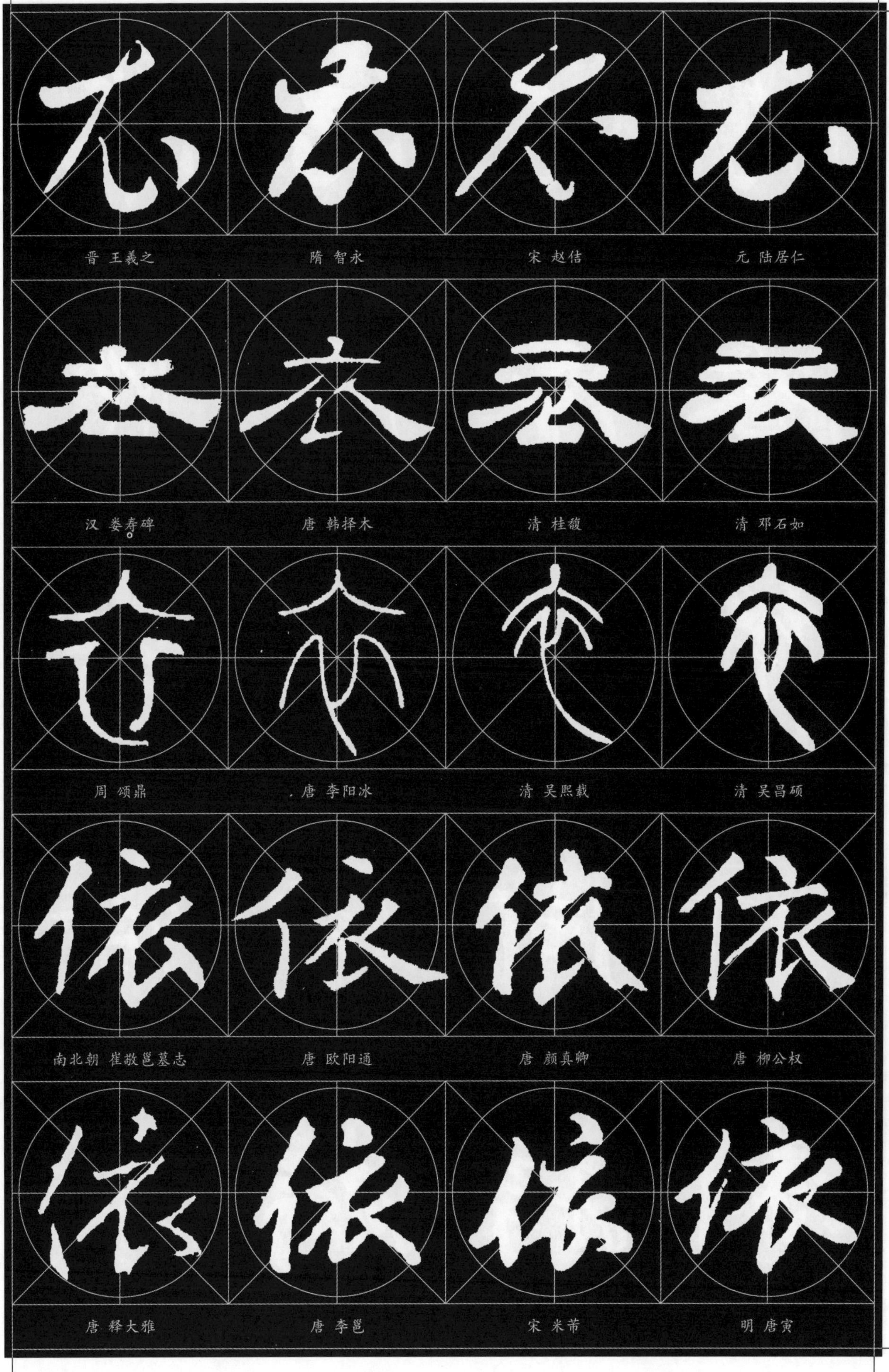
晋 王羲之
隋 智永
宋 赵佶
元 陆居仁
汉 娄寿碑
唐 韩择木
清 桂馥
清 邓石如
周 颂鼎
唐 李阳冰
清 吴熙载
清 吴昌硕
南北朝 崔敬邕墓志
唐 欧阳通
唐 颜真卿
唐 柳公权
唐 释大雅
唐 李邕
宋 米芾
明 唐寅

yī
依

yī 揖（拱手礼）

yī 猗（似啊）

yī 漪（水波纹）

yī 欹

元 赵俨　唐 褚遂良　清 王铎　汉 说文解字

yī 噫

唐 颜真卿　宋 苏轼　明 文徵明　清 吴大澂

yī 医（醫、毉）

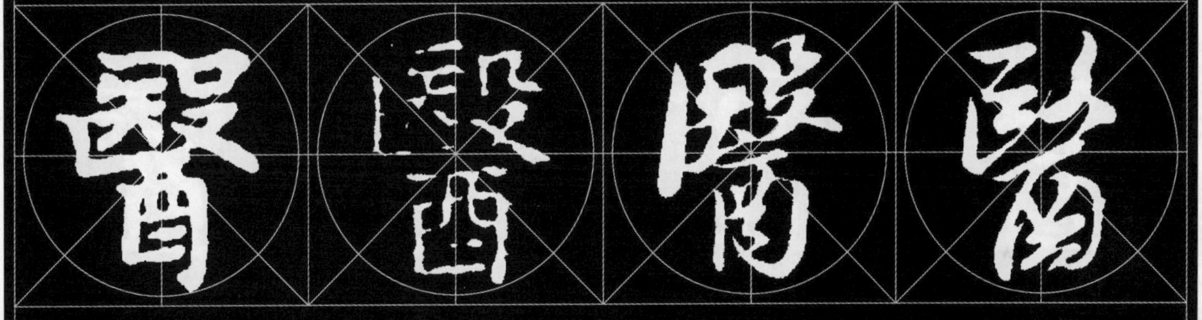

唐 国铨　唐 颜真卿　宋 苏轼　宋 米芾

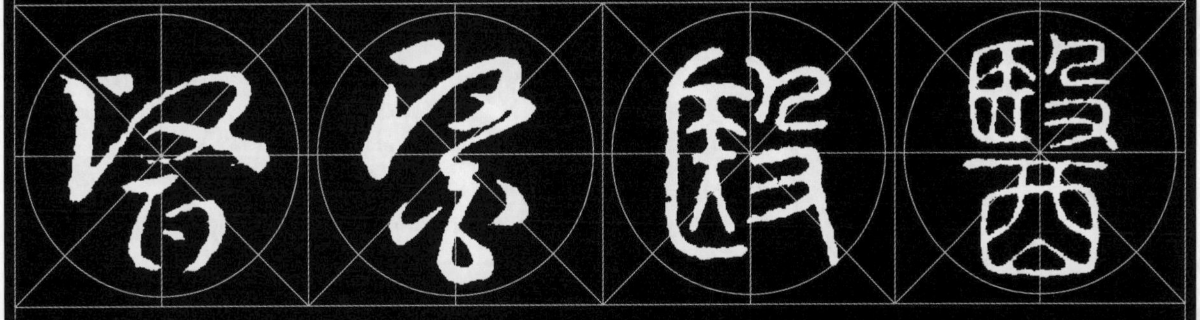

三国 皇象　明 韩道亨　秦 石鼓文　汉 说文解字

yī 緊（惟；是）

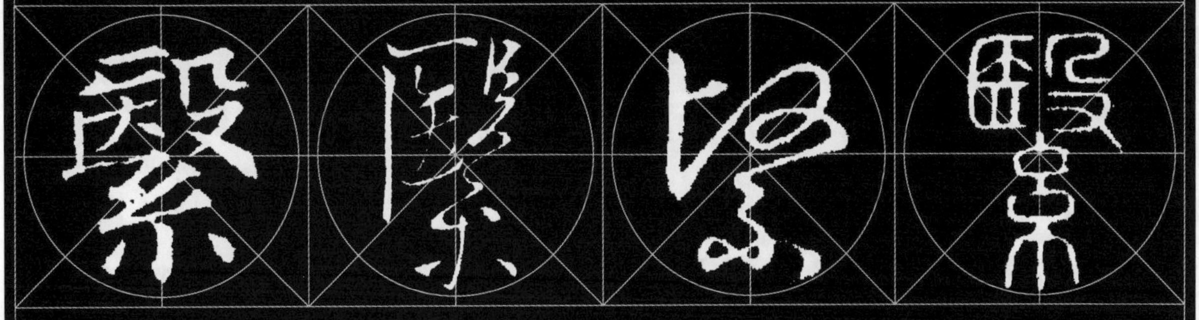

唐 颜真卿　清 王铎　金 张天锡·草书韵会　汉 说文解字

yī 鷖（鸥）

Yí 沂（水名）

yí 宜

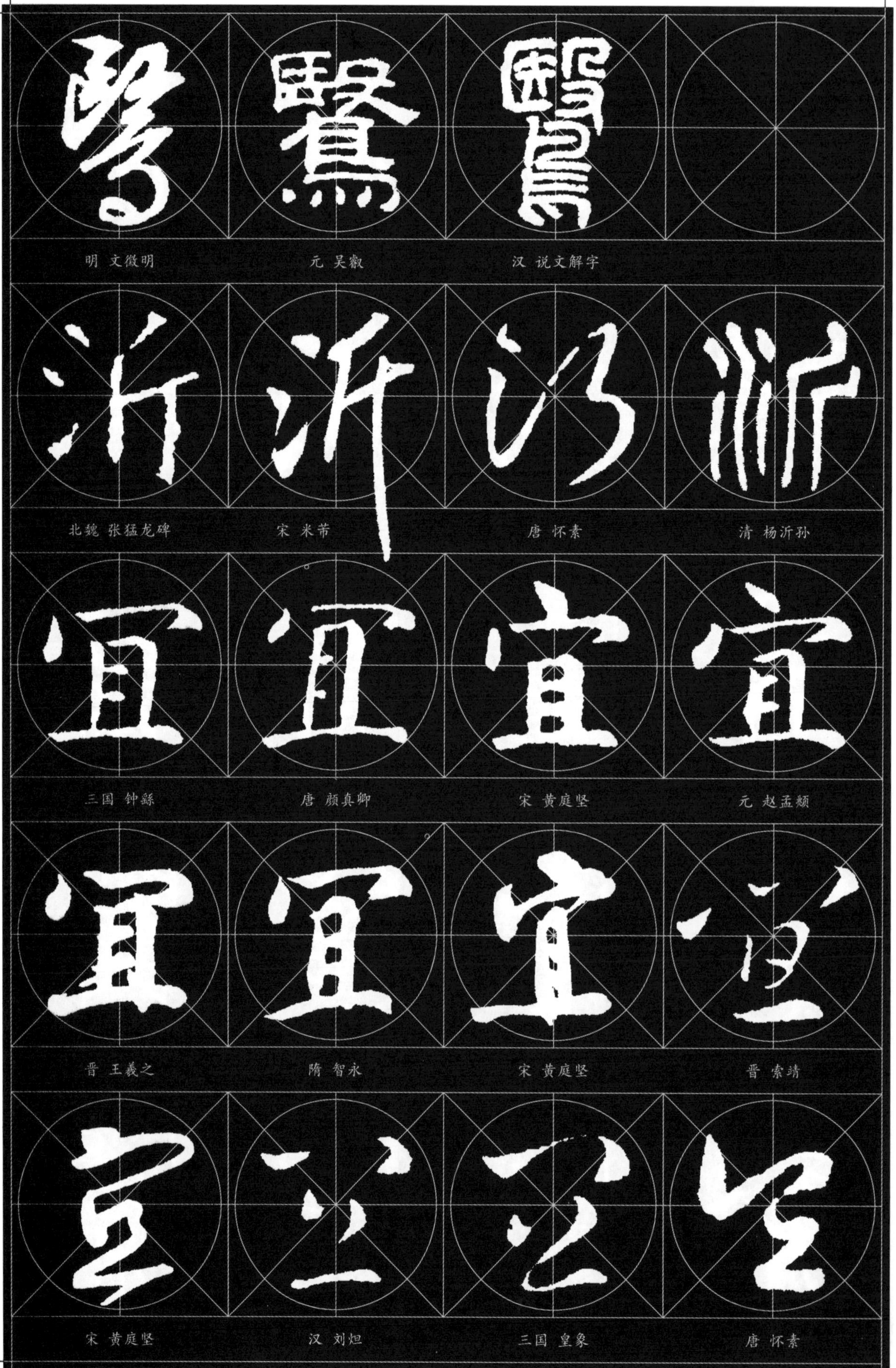

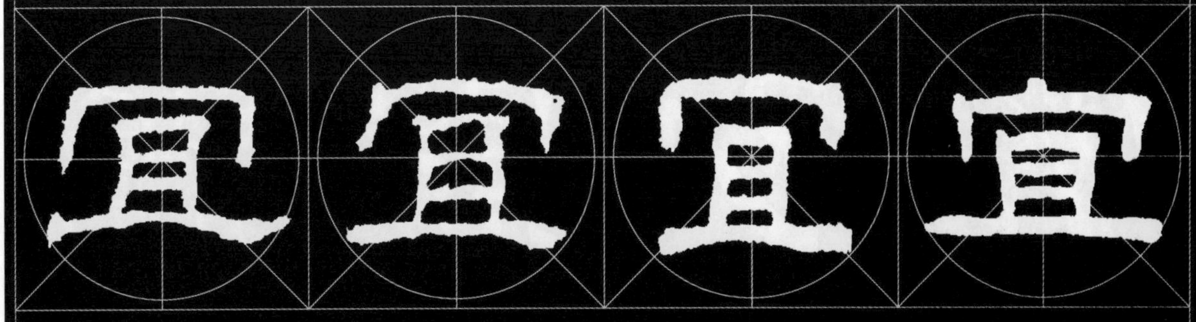

汉 袁博碑 | 汉 景君碑 | 汉 樊敏碑 | 清 陈鸿寿

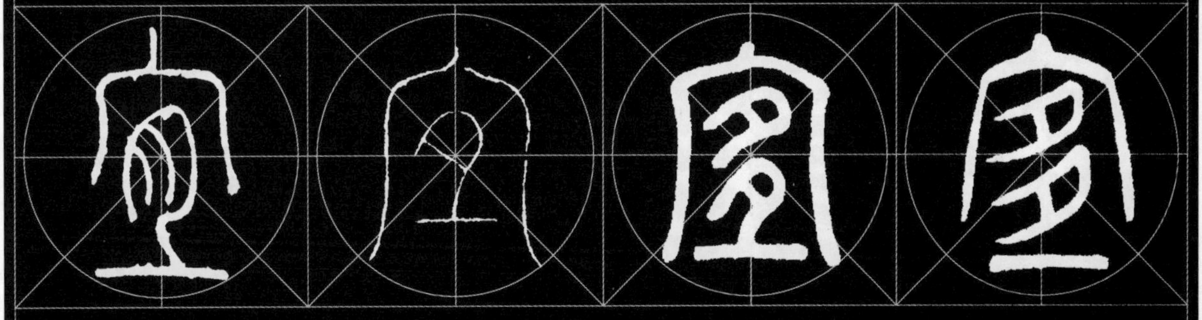

唐 李阳冰 | 唐 李阳冰 | 清 邓石如 | 清 杨沂孙

yí
怡
（愉快）

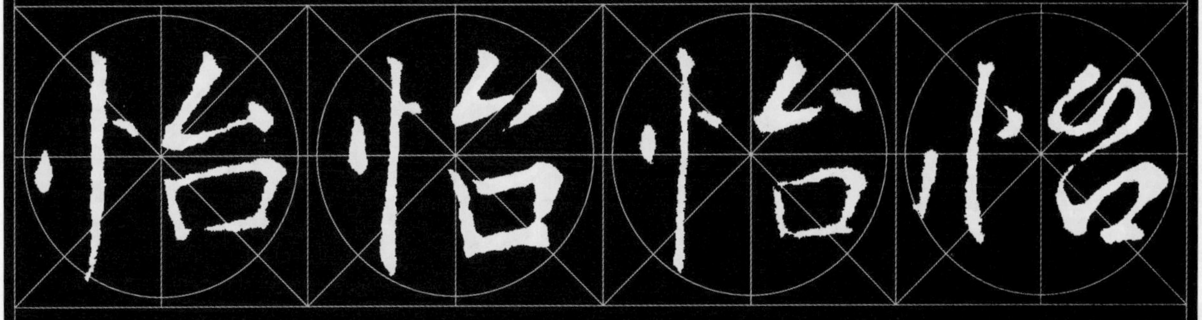

晋 王献之 | 唐 欧阳询 | 唐 虞世南 | 唐 李世民

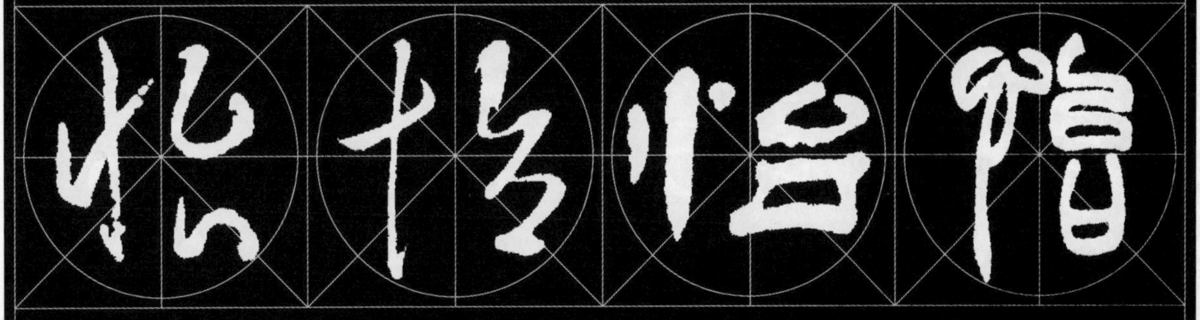

唐 孙过庭 | 元 鲜于枢 | 清 杨岘 | 清 赵之谦

yí
贻
（赠送；遗留）

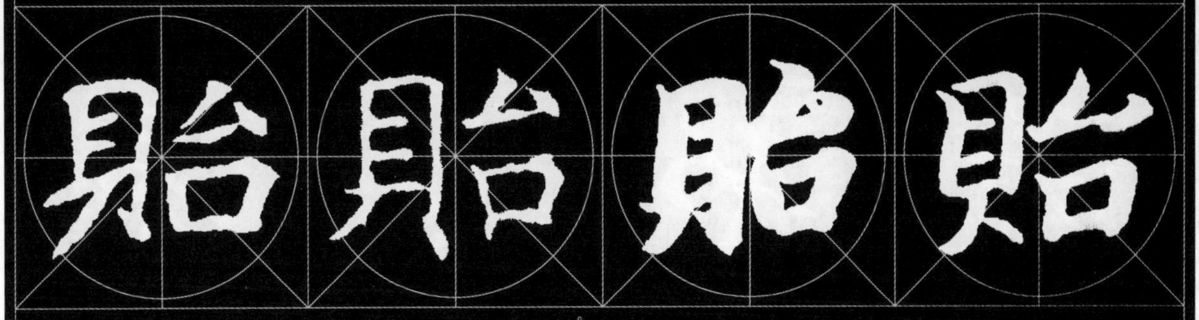

南北朝 石婉墓志 | 唐 褚遂良 | 隋 智永 | 清 朱耷

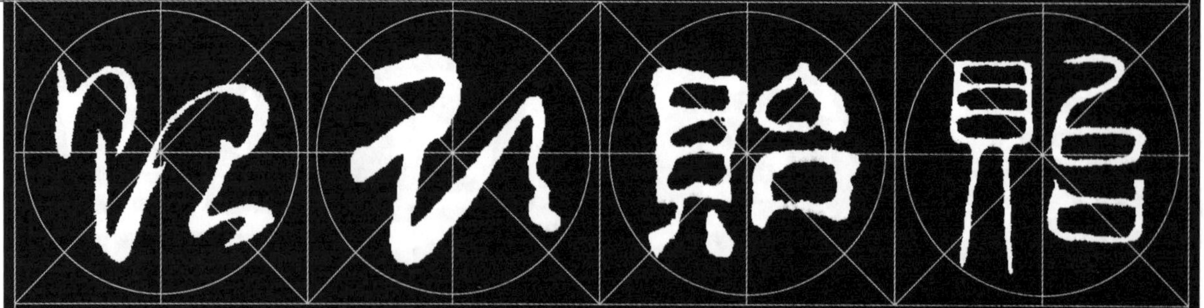

唐 孙过庭 | 唐 怀素 | 汉 校官碑 | 元 吴叡

yí 诒（同贻）

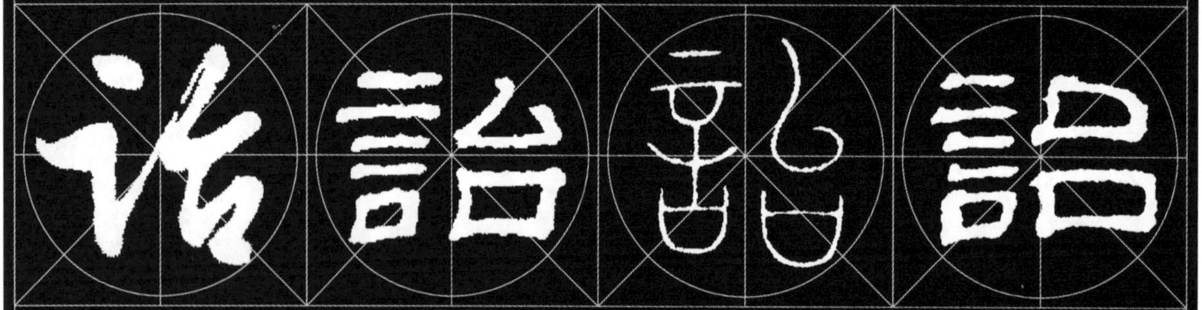

明 文徵明 | 清 顾蔼吉·隶辨 | 唐 李阳冰 | 元 吴叡

yí 饴（饴糖）

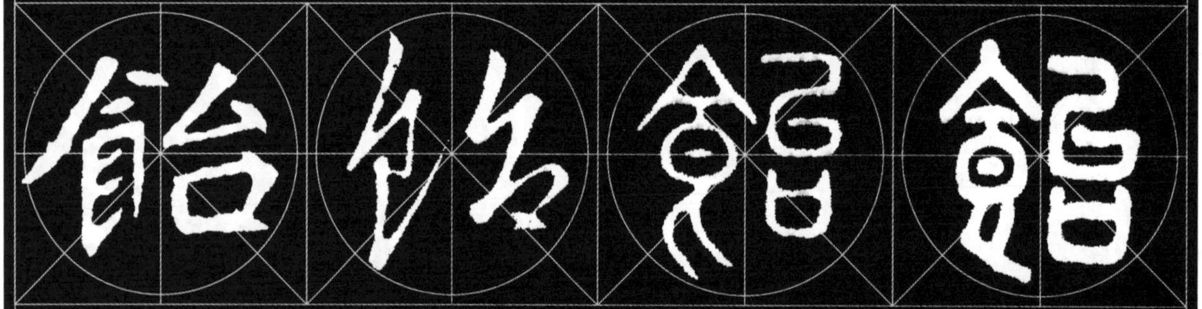

南北朝 高猛 | 明 文徵明 | 汉 说文解字 | 清 吴大澂

yí 夷

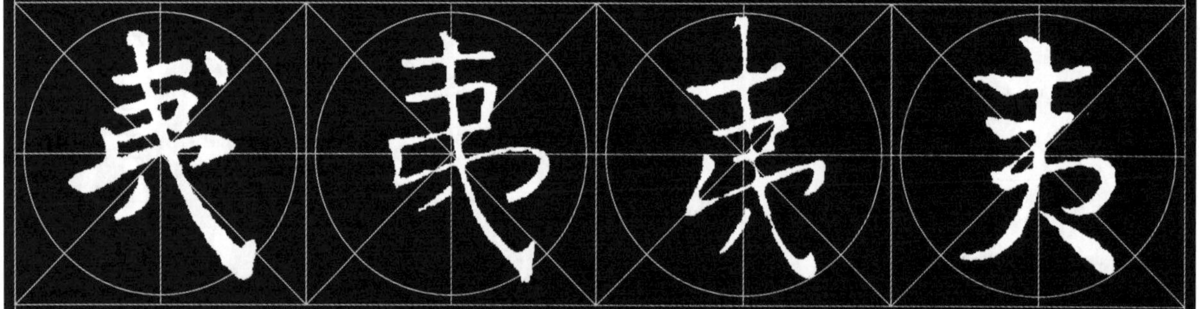

唐 褚遂良 | 唐 褚遂良 | 唐 李邕 | 三国 皇象

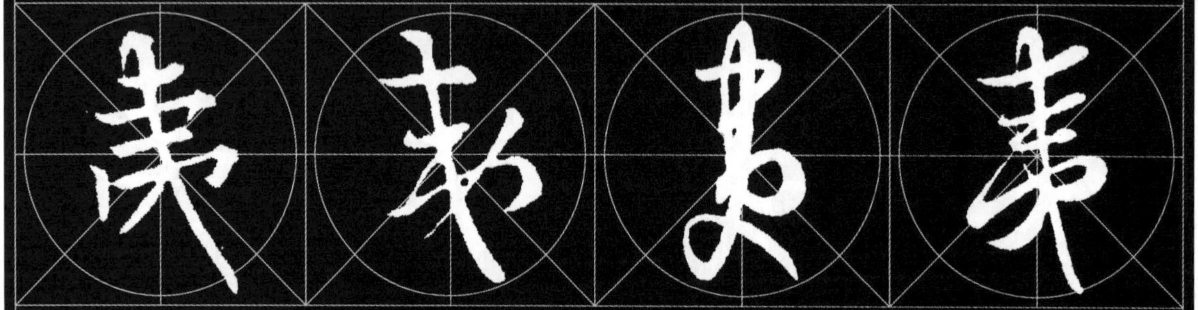

唐 欧阳询 | 晋 索靖 | 唐 孙过庭 | 宋 蔡襄

yí 姨

yí 痍（创伤）

yí 迻（同移）

yí
移

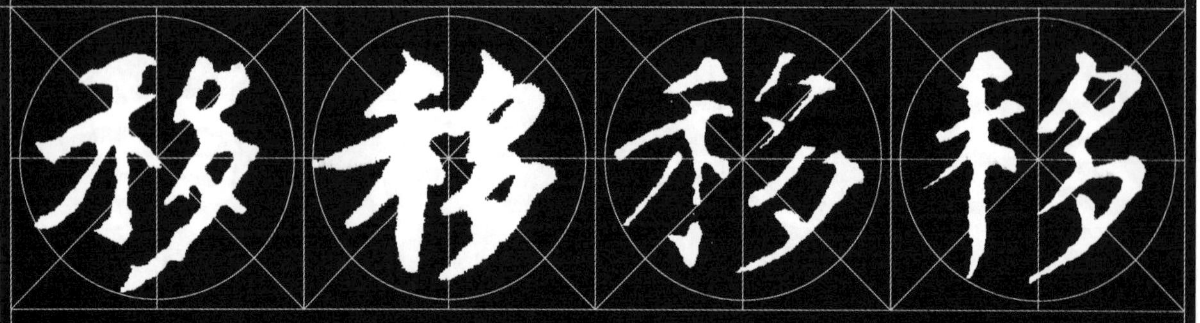

北魏 张猛龙碑　隋 智永　唐 徐浩　唐 颜真卿

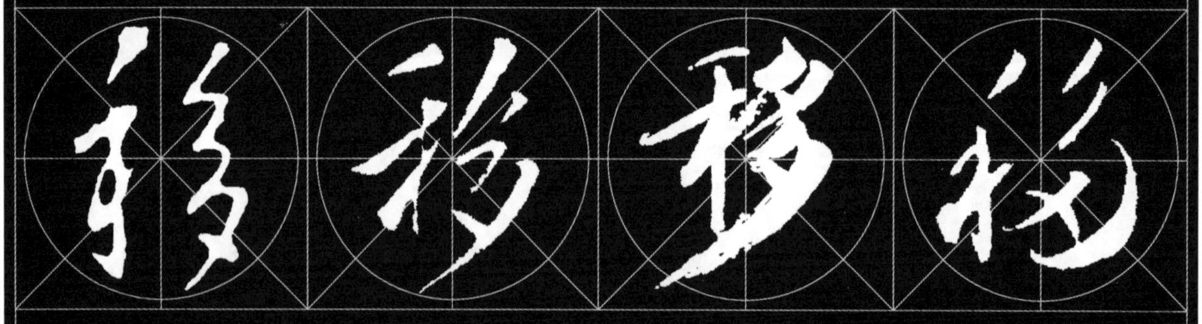

唐 李世民　宋 米芾　宋 张即之　唐 贺知章

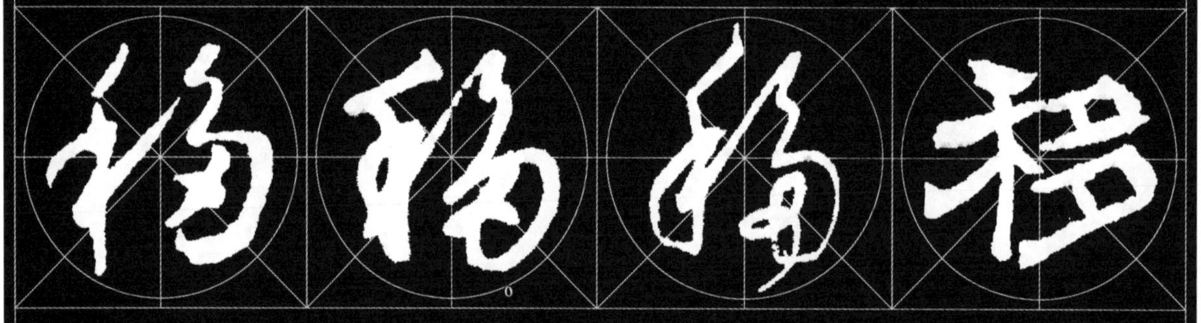

唐 怀素　明 文徵明　明 董其昌　晋 辟雍碑

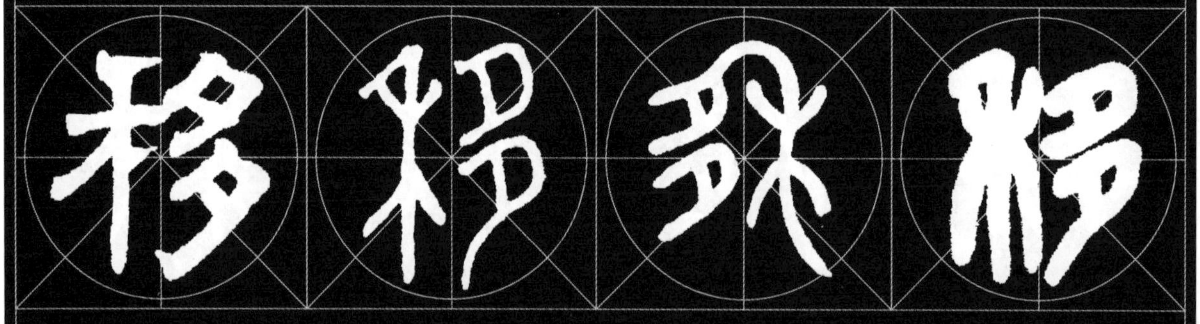

元 赵孟頫　元 赵孟頫　清 邓石如　清 吴大澂

yí
迤
yǐ

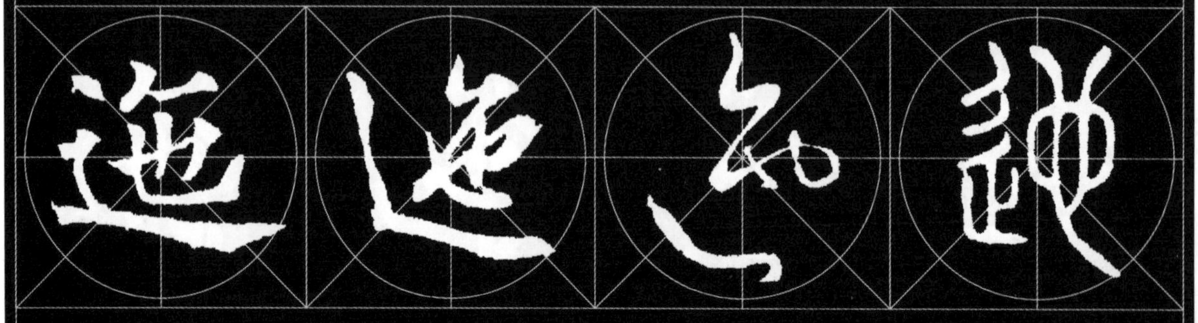

唐 欧阳通　明 文徵明　唐 怀素　汉 说文解字

yí
遗
wèi
（赠与；送给）

唐 欧阳询　唐 褚遂良　晋 王羲之　唐 陆柬之

明 文徵明　清 朱彝　唐 孙过庭　唐 怀素

宋 黄庭坚　明 文徵明　汉 鲜于璜碑　汉 曹全碑

清 陈鸿寿　清 邓奎　清 杨沂孙　清 吴大澂

yí
仪

唐 欧阳询　唐 欧阳通　唐 柳公权　晋 王羲之

yí
疑

元 赵孟頫
元 泰不华
唐 李怀琳
唐 孙过庭
唐 孙过庭
唐 怀素
汉 鲜于璜碑
汉 西狭颂
汉 校官碑
秦 李斯
清 邓石如
清 吴大澂
晋 王献之
唐 颜真卿
晋 王羲之
隋 智永
隋 智永
唐 孙过庭
汉 校官碑
清 王澍

汉 说文解字　唐 李阳冰　元 赵孟頫　清 吴熙载

隋 苏孝慈墓志　唐 颜真卿　金 张天锡·草书韵会　汉 说文解字

北魏 崔敬邕墓志　唐 王知敬　唐 李邕　元 赵孟頫

明 沈度　元 陆居仁　清 顾蔼吉·隶辨　清 邓石如

唐 柳公权　宋 黄庭坚　晋 王羲之

yí
嶷

yí
彝（彝：祭器；法度；彝族）

yǐ
乙

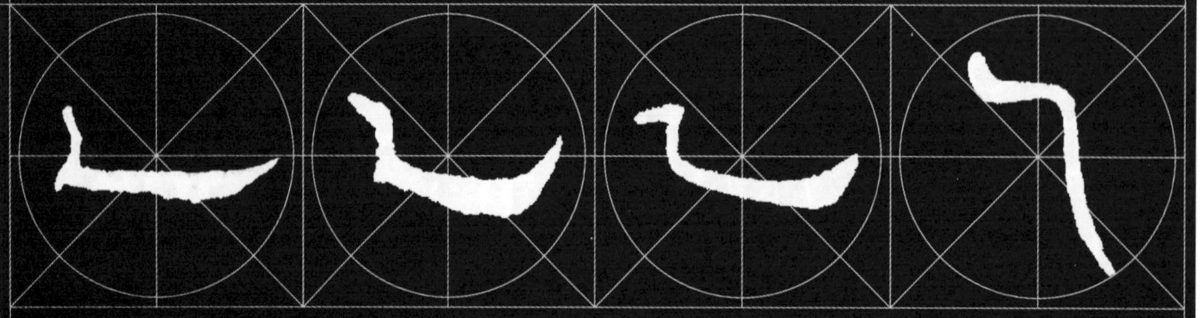

汉 乙瑛碑　汉 韩仁铭　汉 桐柏庙碑　清 杨沂孙

yǐ
已

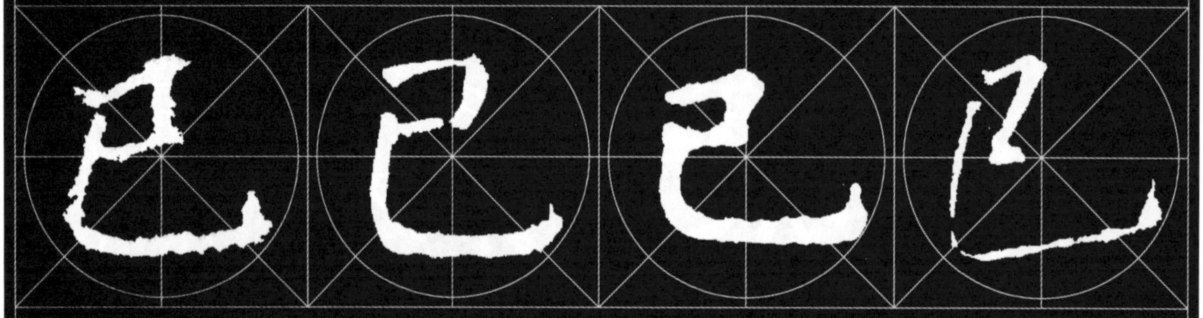

北魏 郑道昭　唐 颜真卿　元 赵孟頫　唐 李邕

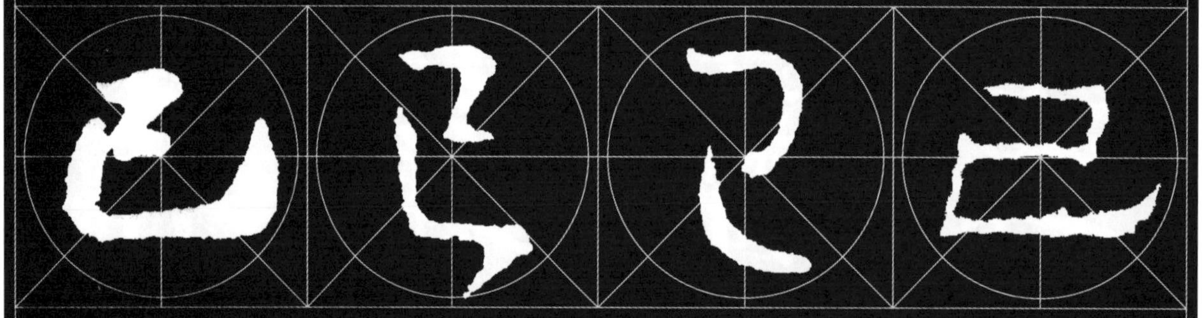

宋 吕嘉问　晋 王献之　唐 孙过庭　汉 武梁刻石

yǐ
以
（㠯）

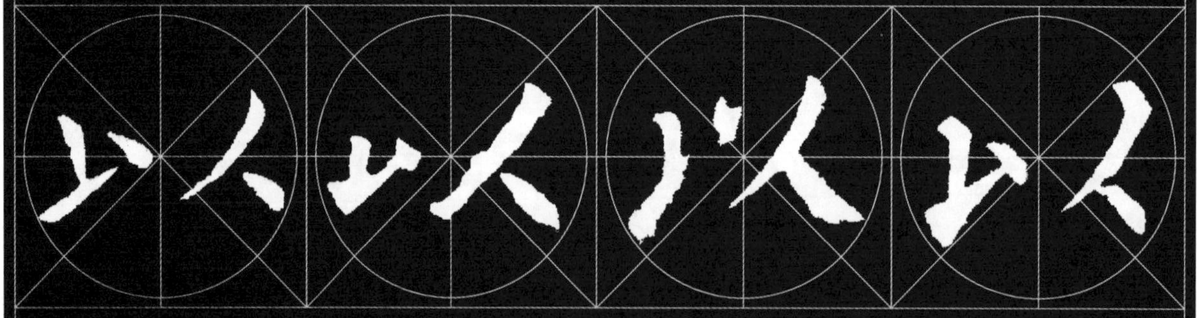

晋 王献之　南北朝 张猛龙碑　唐 颜真卿　唐 柳公权

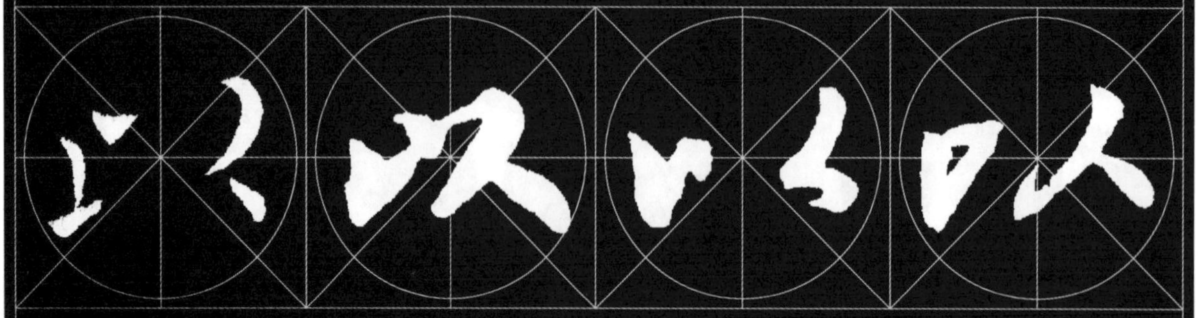

唐 欧阳询　宋 苏轼　元 赵孟頫　元 鲜于枢

唐 孙过庭　宋 蔡襄　宋 吴琚　元 赵孟頫

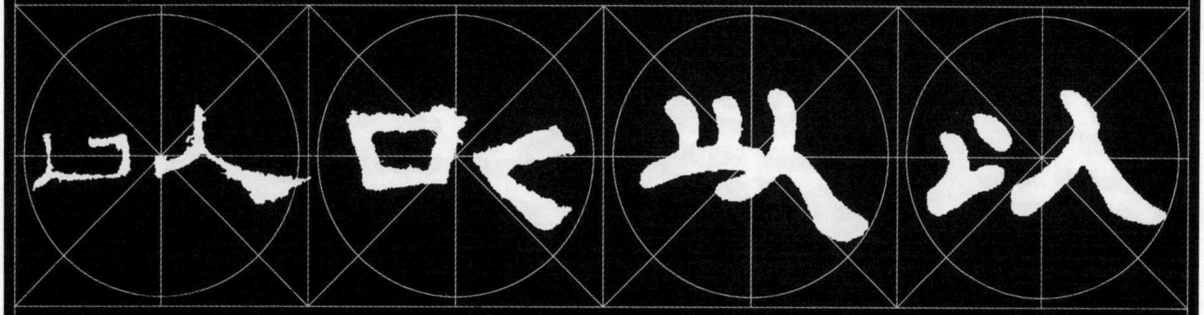

汉 礼器碑　汉 张迁碑　清 邓石如　清 赵之谦

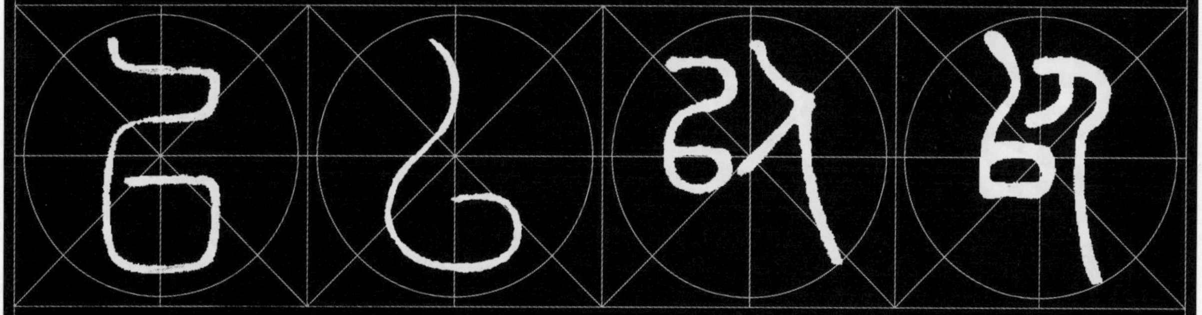

汉 说文解字　唐 李阳冰　元 赵孟頫　清 吴熙载

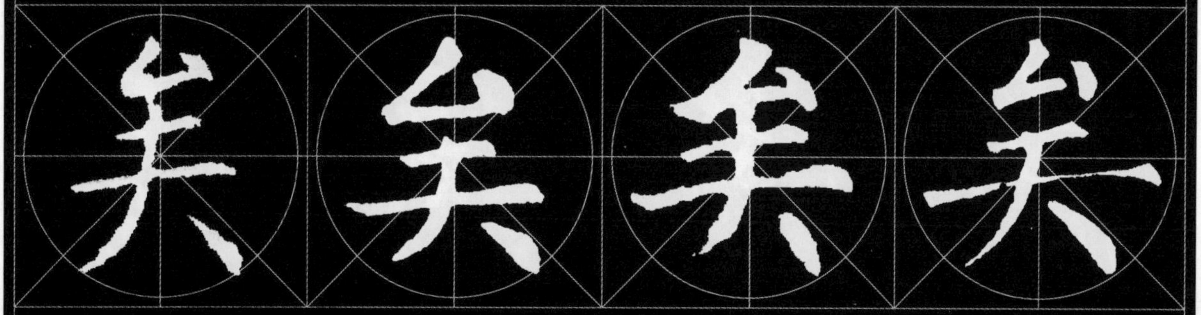

唐 虞世南　唐 张旭　唐 颜真卿　唐 柳公权

晋 王羲之　宋 苏轼　宋 文天祥　明 文徵明

yǐ
矣

yǐ
扆（屏风）

yǐ
倚

晋 王羲之　唐 孙过庭　宋 黄庭坚　明 陈淳

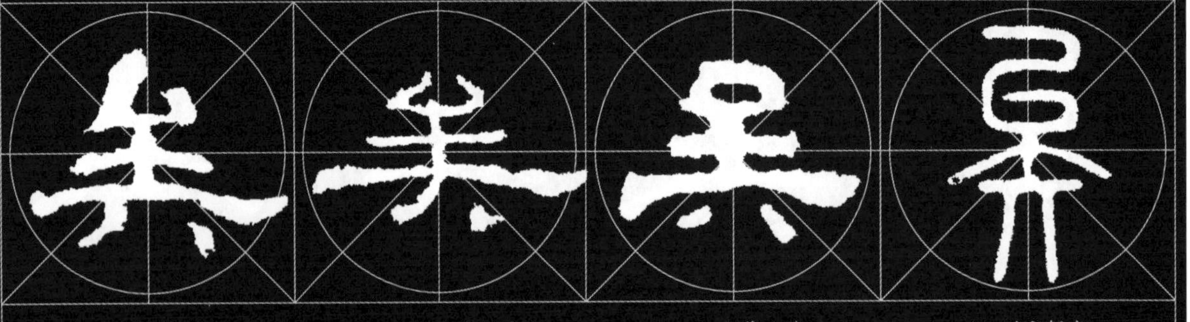

汉 杨震碑　汉 朝侯小子残碑　三国 上尊号碑　汉 说文解字

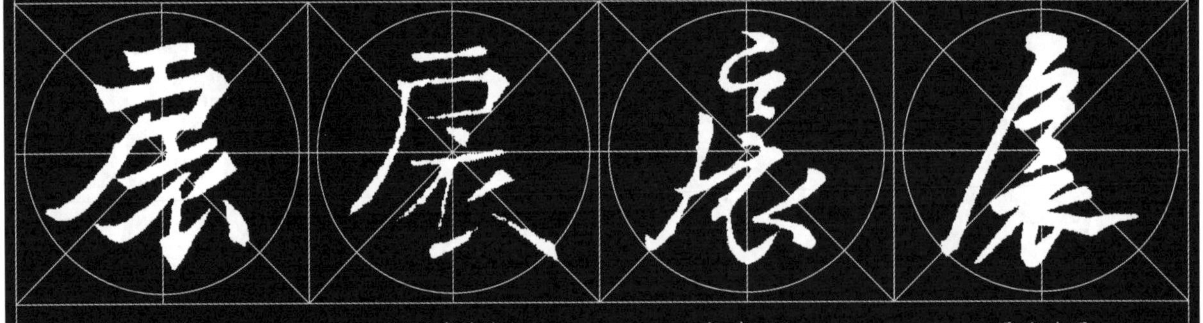

北魏 元诊墓志　隋 苏孝慈墓志　唐 李世民　明 祝允明

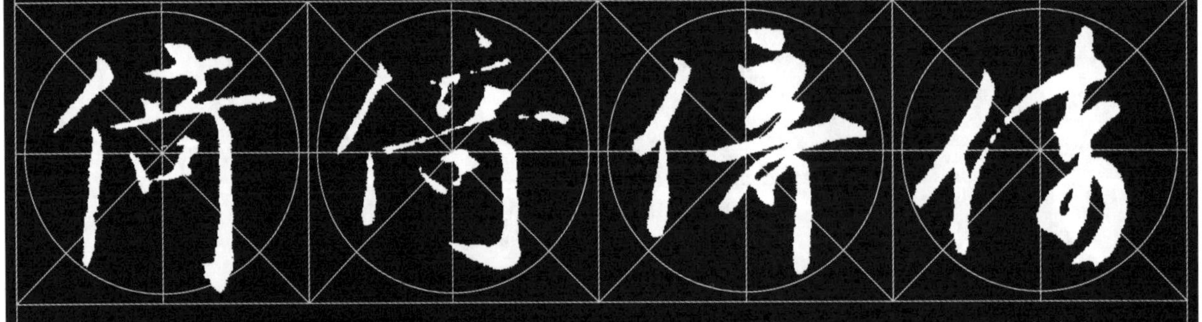

晋 王献之　宋 蒋璨　明 唐寅　明 文徵明

元 吴叡　清 钱泳　清 莫友芝　清 吴大澂

yǐ 蚁（蟻、螘）

yì 乂（治理；安定）

yì 刈（割）

yì 弋

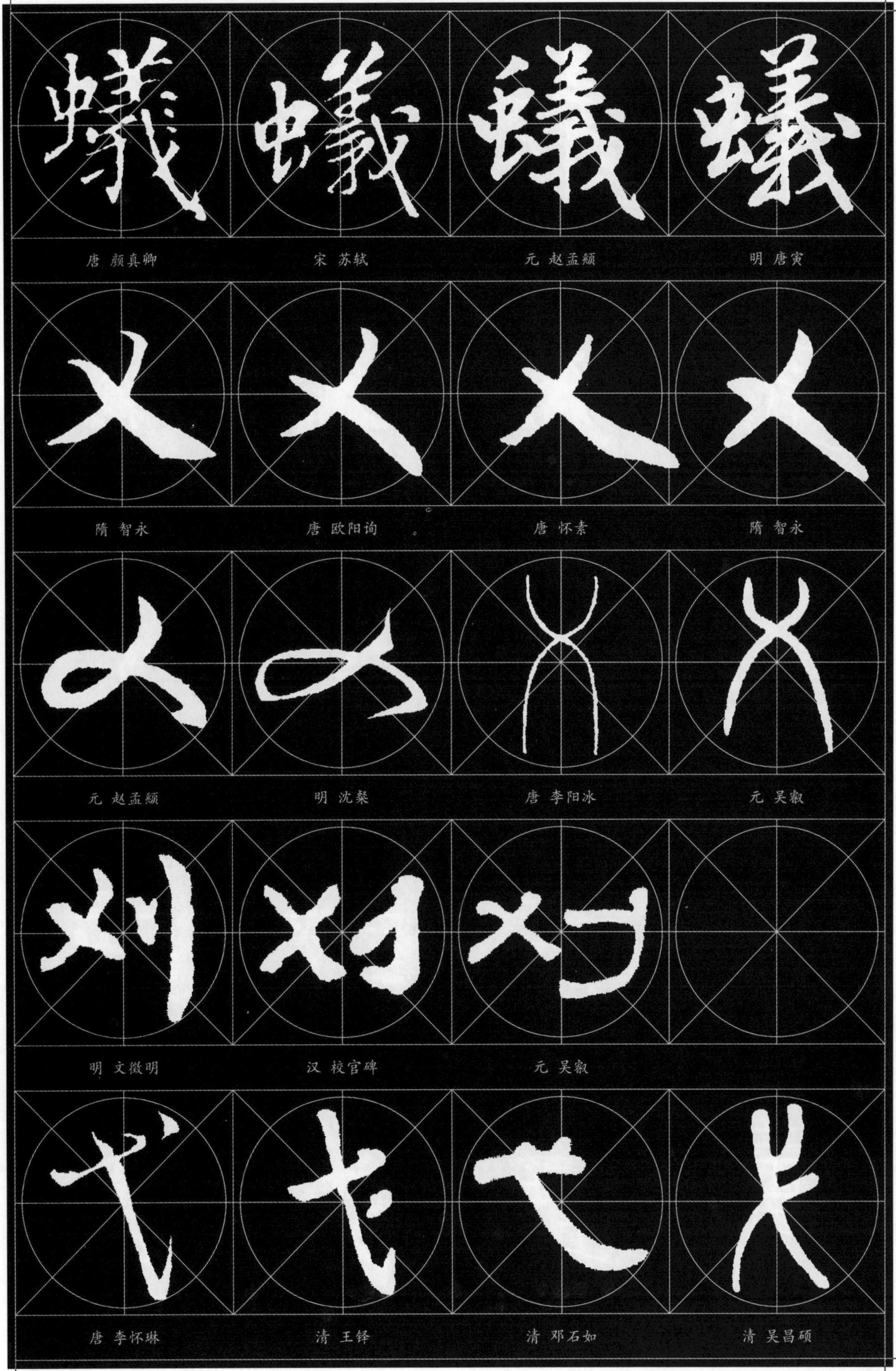

yì
义

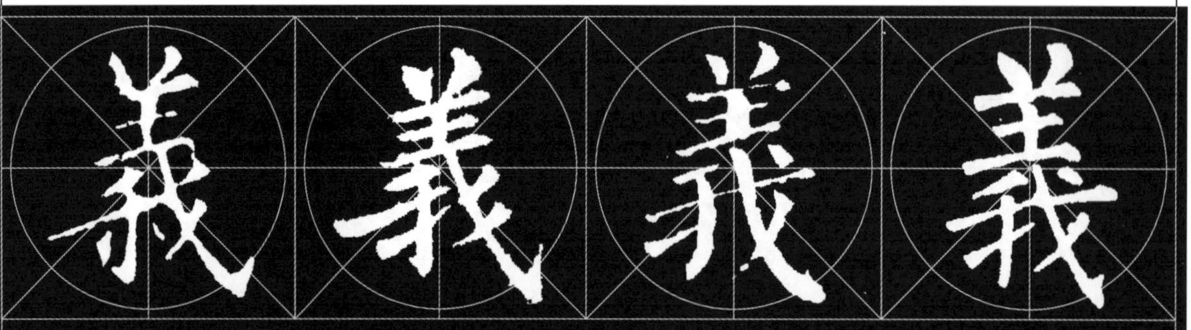

唐 欧阳询　唐 苏灵之　唐 颜真卿　唐 柳公权

宋 赵佶　宋 赵佶　明 文徵明　清 王铎

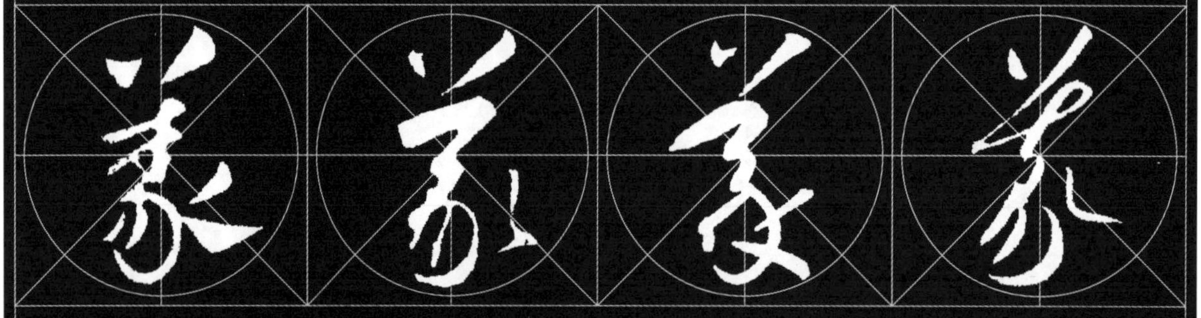

晋 王羲之　隋 智永　唐 孙过庭　唐 贺知章

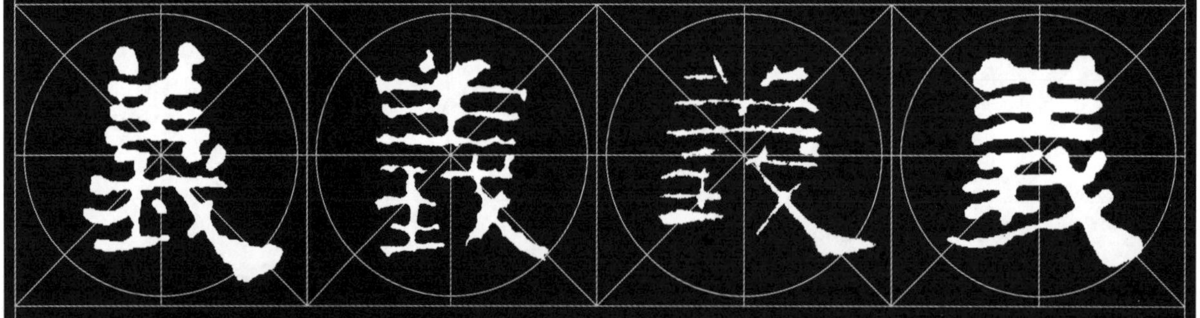

汉 杨震碑　汉 武梁刻石　汉 礼器碑　清 黄易

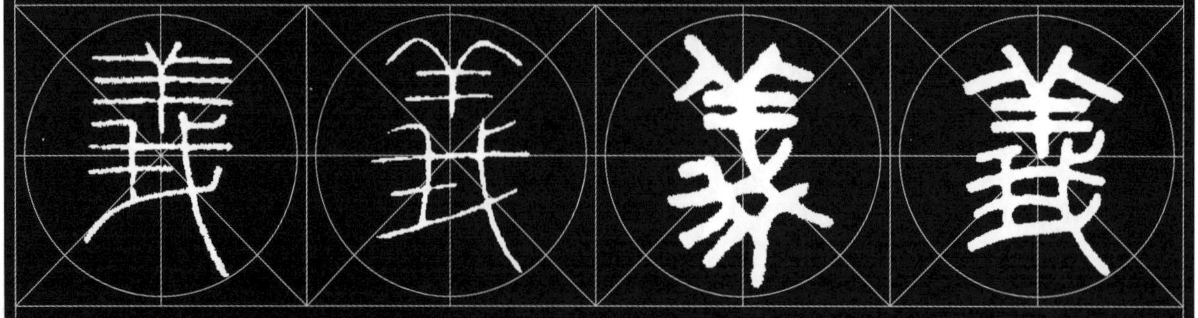

秦 会稽刻石　唐 李阳冰　清 吴大澂　清 吴大澂

yì
议

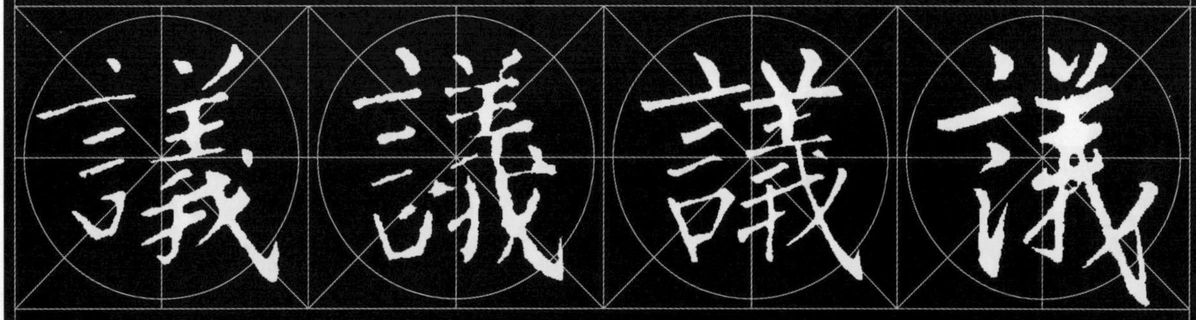

唐 张旭　唐 颜真卿　唐 柳公权　晋 王羲之

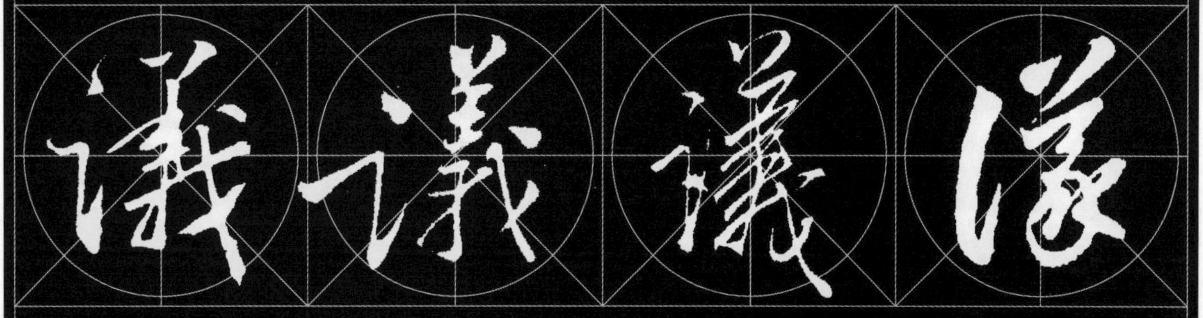

宋 韩驹　宋 黄庭坚　宋 米芾　唐 李怀琳

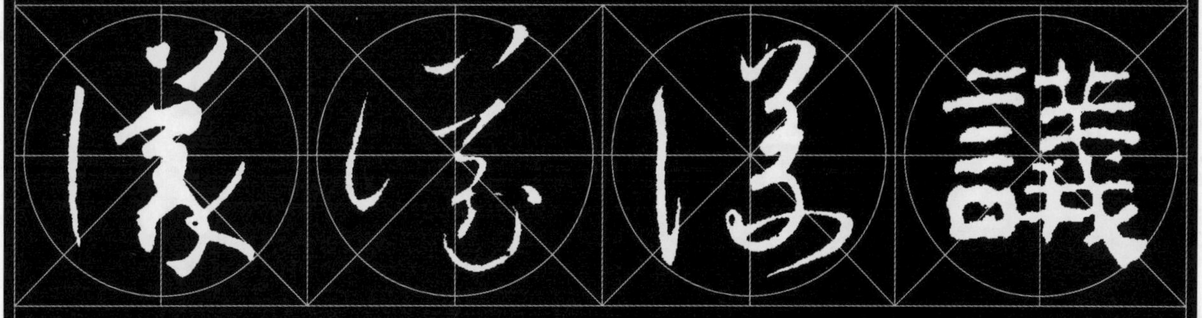

唐 孙过庭　唐 贺知章　明 宋克　汉 校官碑

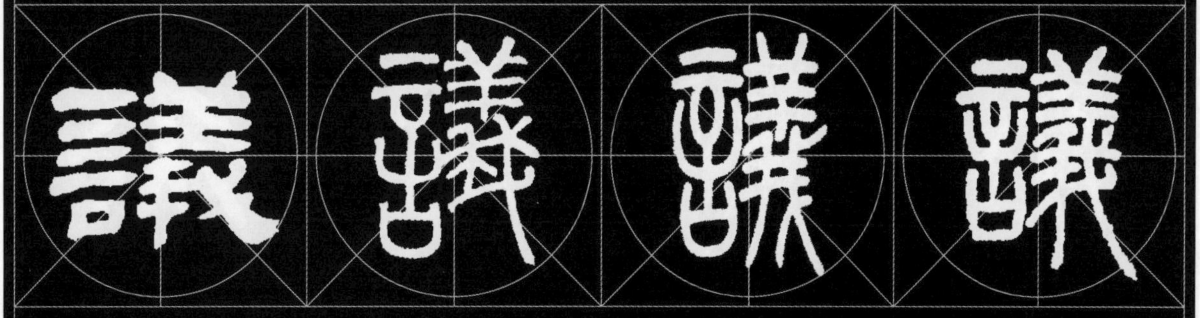

清 黄易　元 赵孟頫　清 吴熙载　清 杨沂孙

yì
亦

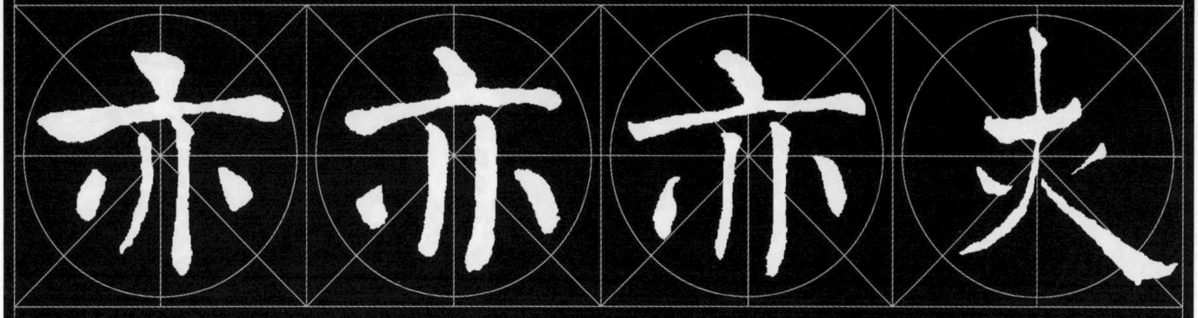

唐 褚遂良　唐 颜真卿　唐 柳公权　明 徐霖

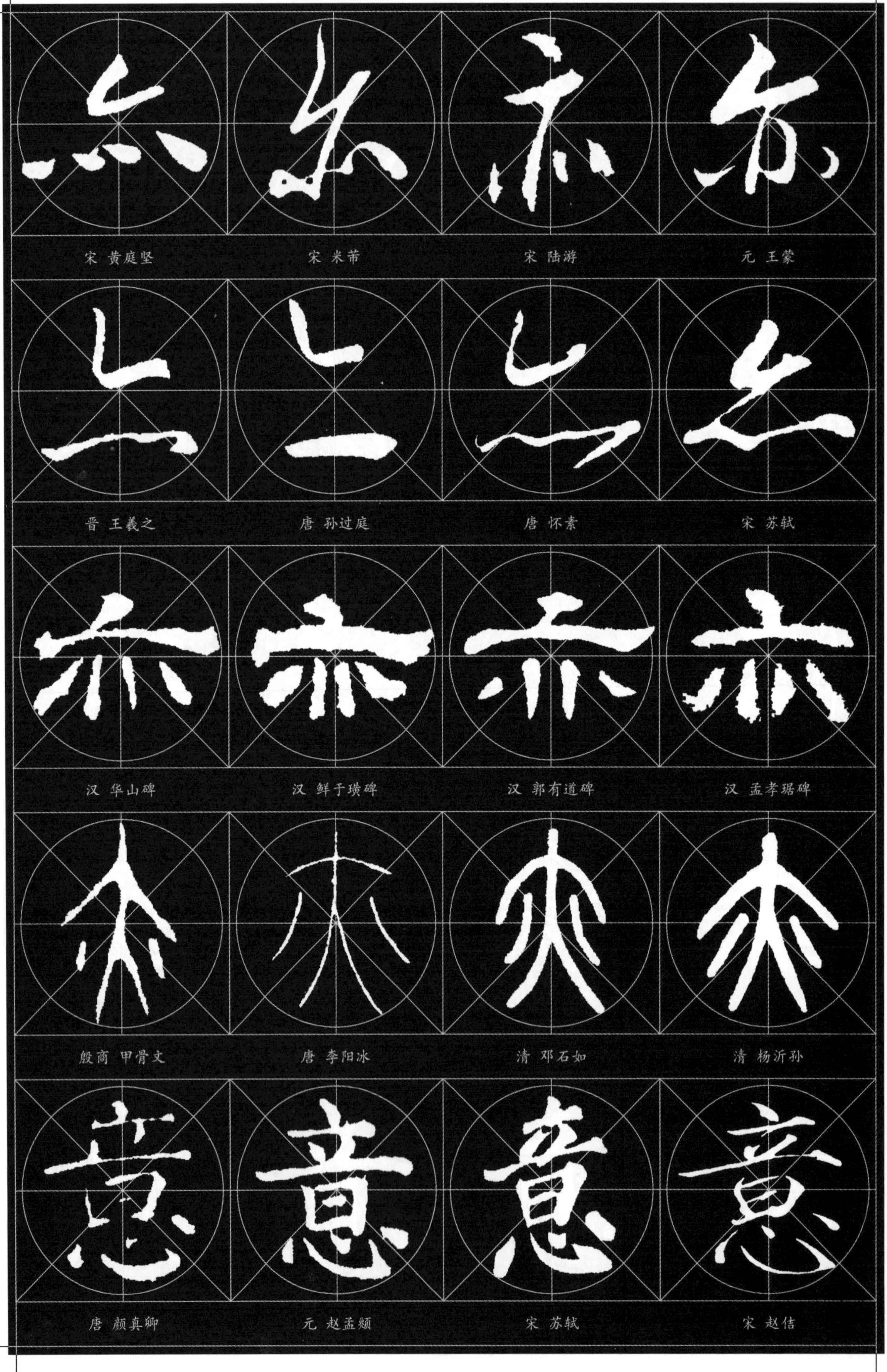
宋 黄庭坚
宋 米芾
宋 陆游
元 王蒙
晋 王羲之
唐 孙过庭
唐 怀素
宋 苏轼
汉 华山碑
汉 鲜于璜碑
汉 郭有道碑
汉 孟孝琚碑
殷商 甲骨文
唐 李阳冰
清 邓石如
清 杨沂孙
唐 颜真卿
元 赵孟頫
宋 苏轼
宋 赵佶

yì
意

唐 释怀仁
宋 黄庭坚
晋 王羲之
隋 智永
唐 孙过庭
宋 黄庭坚
汉 夏承碑
汉 曹全碑
周 墙盘
唐 李阳冰
元 吴叡
清 吴昌硕
唐 欧阳询
唐 颜师古
清 傅山
唐 李邕
汉 礼器碑
汉 史晨碑
汉 张迁碑
汉 桐柏庙碑

yì
亿（億）

yì
忆

yì
艺（藝）

宋 苏轼
宋 黄庭坚
元 赵孟頫
明 唐寅
晋 索靖
宋 黄庭坚
明 宋克
清 王铎
唐 陆柬之
清 张照
唐 欧阳询
唐 怀素
唐 怀素
元 饶介
汉 史晨碑
汉 夏承碑
汉 张迁碑
晋 辟雍碑
唐 李阳冰
清 永瑆

yì 佚（同逸）

yì 轶（失传；超过一般）

yì 异

yì
廙（恭敬）

yì
翼

周 舀鼎
秦 石鼓文
清 吴熙载
清 吴大澂
晋 王廙
晋 王廙
晋 王廙
汉 说文解字
唐 欧阳询
唐 褚遂良
唐 李邕
元 赵孟頫
晋 庾翼
明 董其昌
唐 孙过庭
明 文徵明
汉 武梁刻石
汉 校官碑
清 顾蔼吉·隶辨
清 吴熙载

yì 役（役）

yì 抑

明 董其昌
宋 张即之
晋 王羲之
元 饶介
明 宋濂
汉 曹全碑
清 顾蔼吉·隶辨
清 杨沂孙
唐 欧阳询
唐 褚遂良
唐 欧阳通
清 钱沣
晋 王羲之
宋 吴说
唐 孙过庭
宋 苏轼
汉 西狭颂
汉 校官碑
晋 辟雍碑
元 吴叡

yì
邑（城市；古时县的别称）

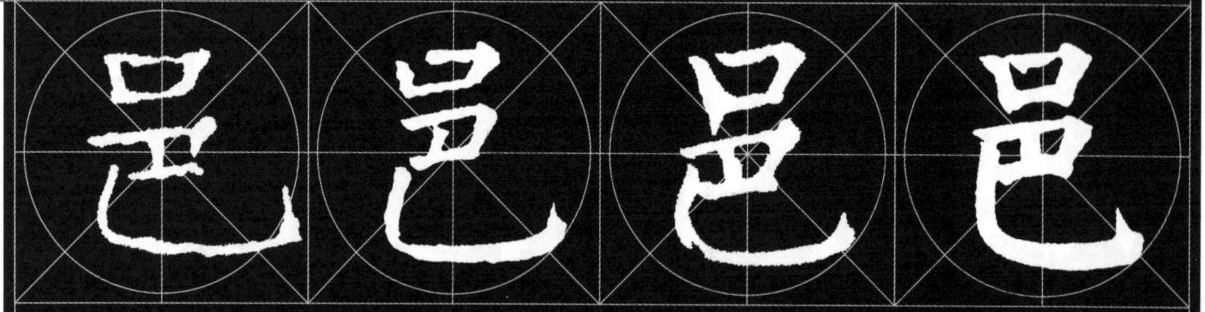

隋 龙藏寺碑　唐 颜真卿　唐 柳公权　明 祝允明

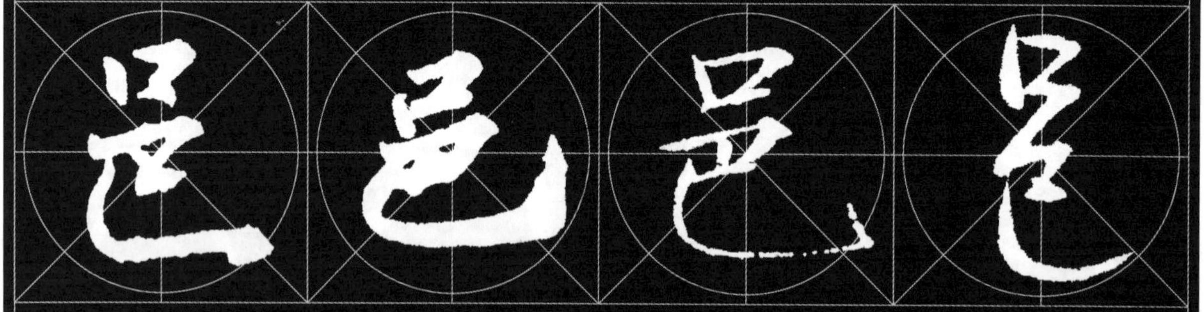

唐 李邕　宋 苏轼　宋 赵佶　元 赵孟頫

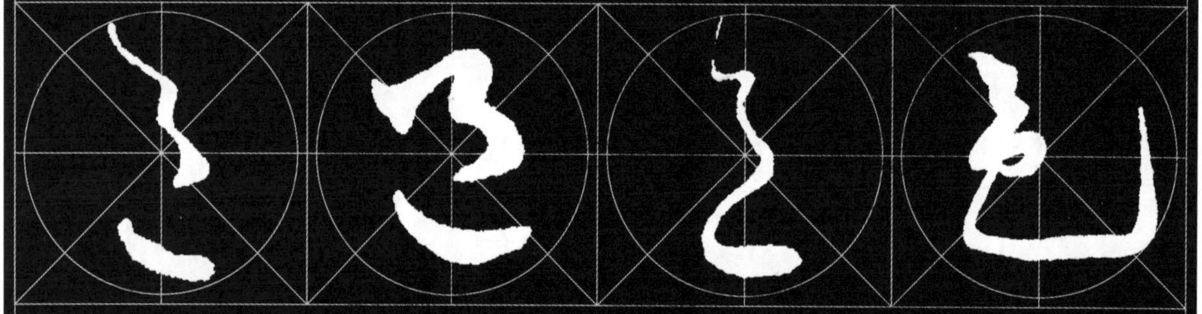

晋 王羲之　隋 智永　唐 怀素　宋 黄庭坚

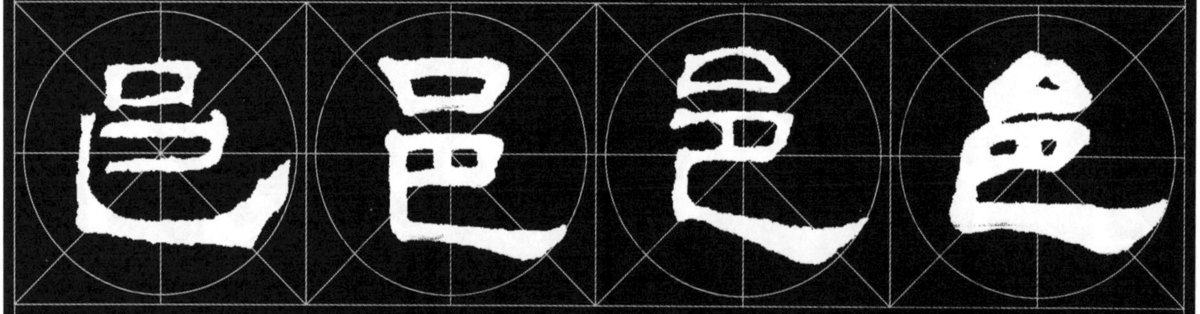

汉 礼器碑　元 赵孟頫　元 吴叡　清 邓石如

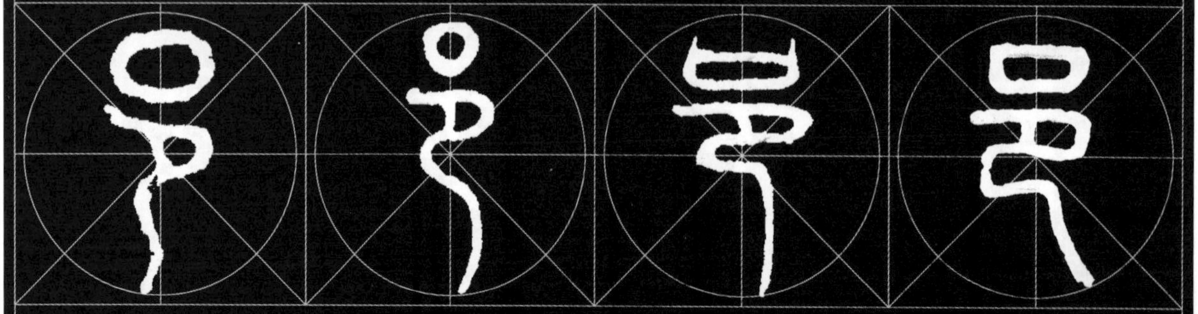

周 师兑簋　元 赵孟頫　元 吴叡　清 杨沂孙

yì 挹（舀；拉）

yì 悒（忧愁）

yì 易

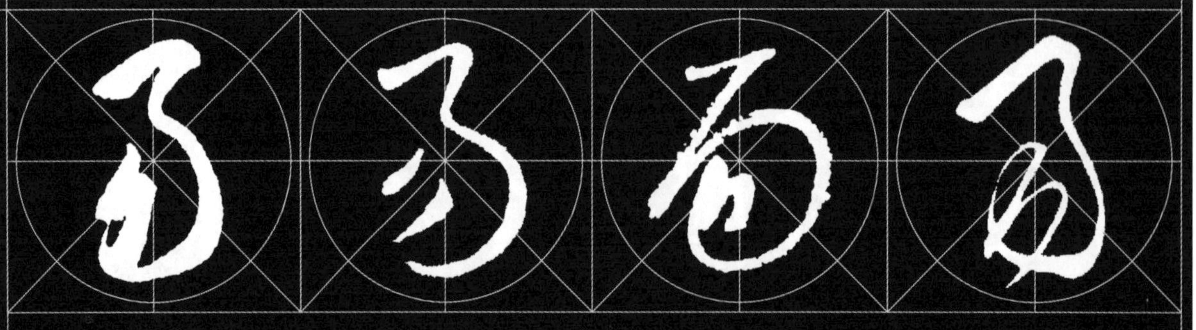

隋 智永 | 唐 欧阳询 | 唐 怀素 | 明 王守仁

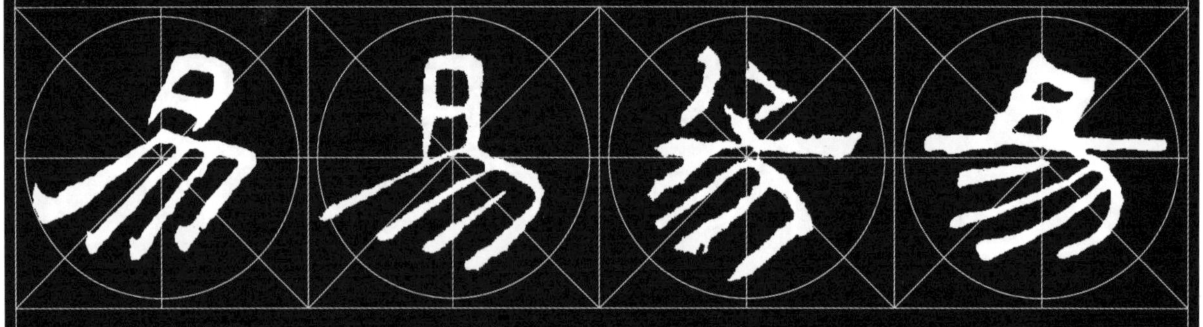

汉 袁博碑 | 汉 曹全碑 | 汉 张迁碑 | 清 何绍基

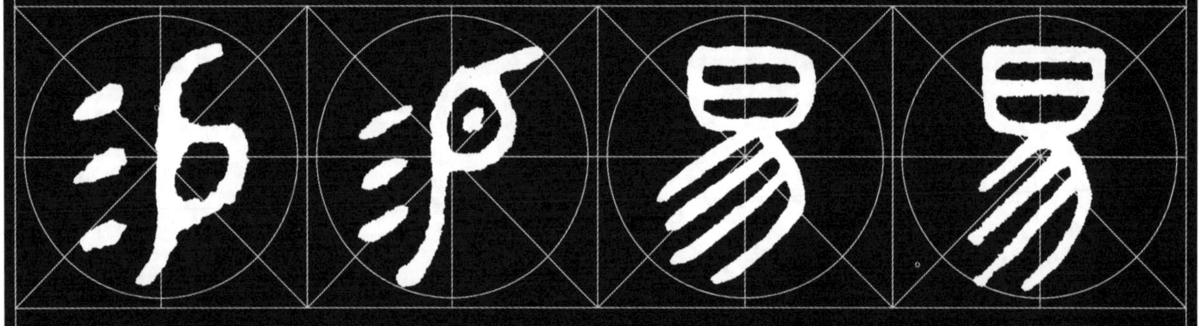

周 大盂鼎 | 周 师虎簋 | 清 杨沂孙 | 清 吴大澂

yì 怿（懌：欢乐）

明 王孟端 | 清 王铎 | 唐 孙过庭 | 清 顾蔼吉·隶辨

yì 绎（繹：抽出或理）

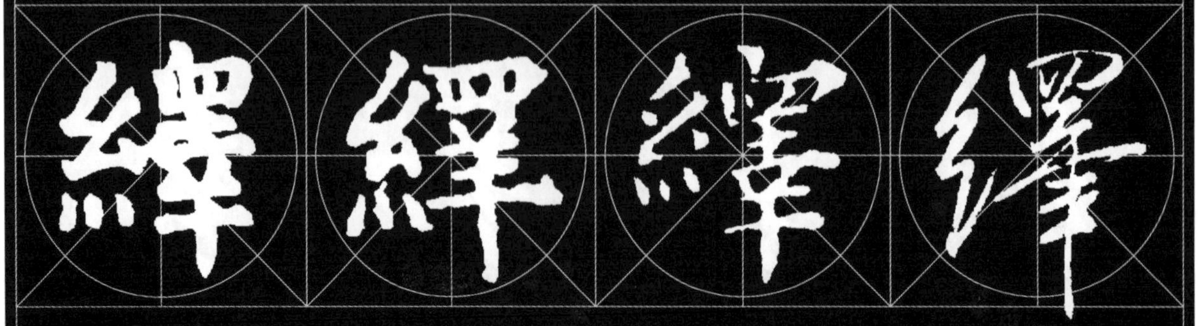

唐 颜真卿 | 明 文徵明 | 明 黄道周 | 宋 米芾

出事物的头绪来）

yì
译（譯）

yì
驿（驛：驿站）

元 赵孟頫　金 张天锡·草书韵会　清 阮元　清 徐三庚

晋 王羲之　唐 欧阳询　唐 褚遂良　唐 欧阳通

三国 皇象　唐 李隆基　清 顾藹吉·隶辨　清 邓石如

元 赵孟頫　晋 王献之　宋 朱熹　元 赵孟頫

明 董其昌　元 鲜于枢　清 吴大澂　汉 说文解字

yì 弈（围棋；下棋）

yì 奕（盛大）

yì 诣

yì 益

yì
溢

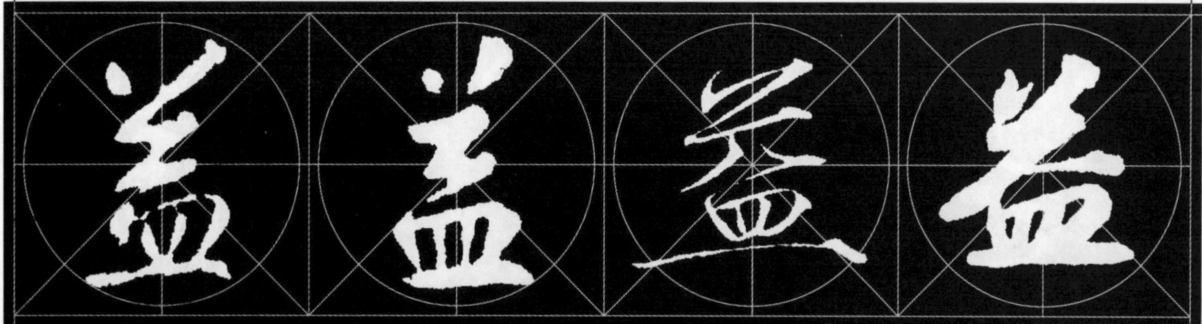

晋 王羲之　唐 欧阳询　宋 赵佶　宋 苏轼

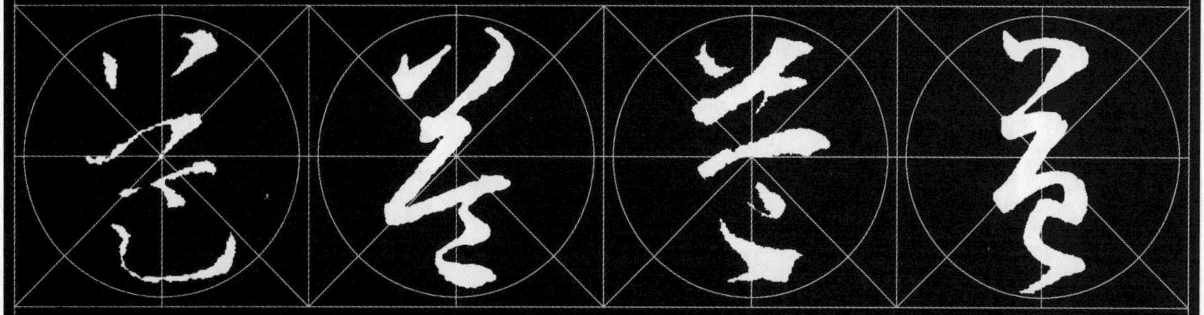

晋 索靖　晋 王羲之　唐 张旭　元 鲜于枢

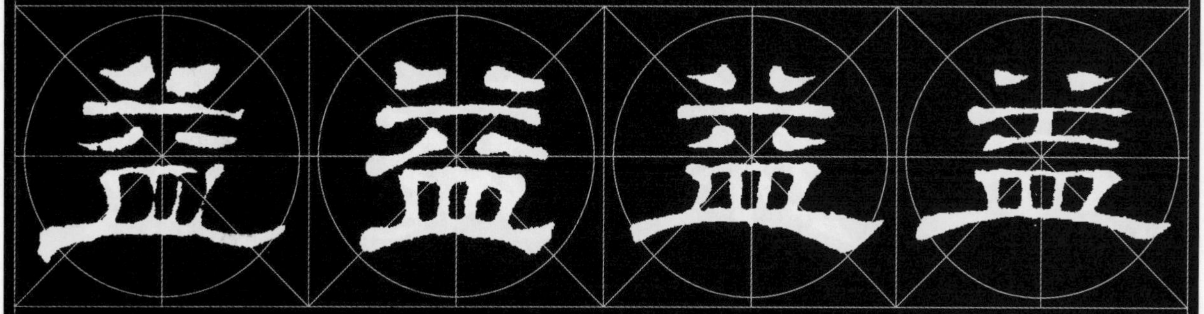

汉 华山碑　汉 樊敏碑　唐 李隆基　清 顾蔼吉·隶辨

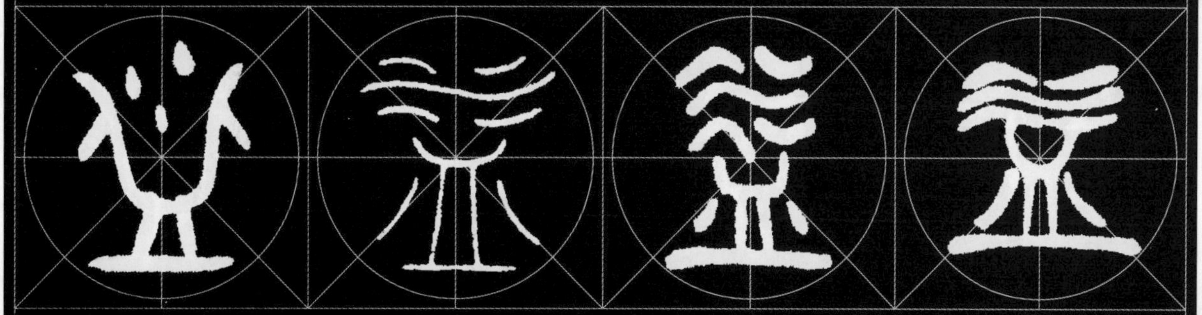

殷商 甲骨文　唐 李阳冰　清 杨沂孙　清 徐三庚

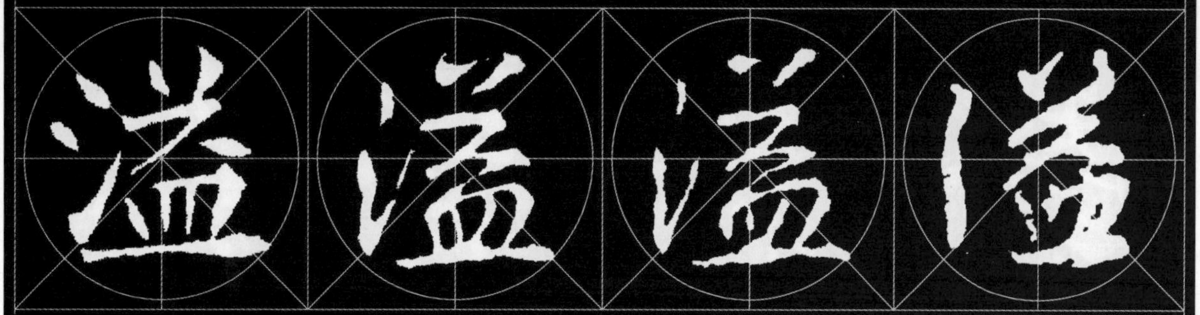

北魏 李超墓志　晋 王羲之　唐 释大雅　唐 颜真卿

yì
谊

yì
翊
（辅佐；帮助）

yì
翳

唐 怀素 唐 怀素 宋 苏轼 明 沈粲

元 吴叡 清 顾蔼吉·隶辨 汉 说文解字 清 邓石如

唐 欧阳询 明 沈度 清 梁同书 元 赵孟頫

明 文徵明 晋 王羲之 唐 孙过庭 唐 怀素

汉 王舍人碑 清 王澍 唐 李阳冰 清 吴大澂

yì 逸（安闲；隐居；逃跑；失传；超过一般）

yì 肄（学习）

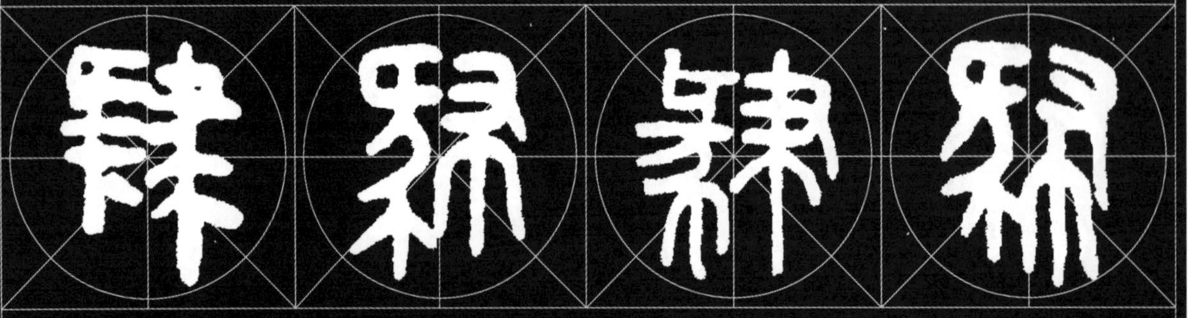

汉 马王堆帛书　清 田潜　清 杨沂孙　清 吴大澂

yì 裔（后代；远方）

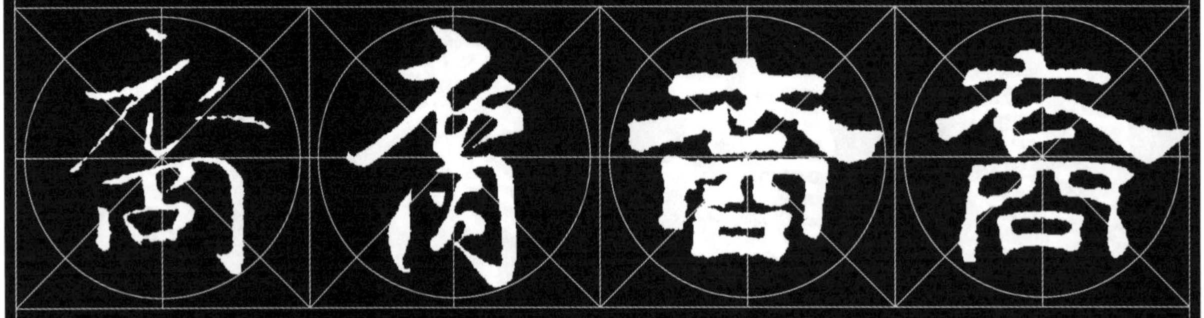

宋 蒋璨　宋 楼钥　汉 鲜于璜碑　元 吴叡

yì 毅

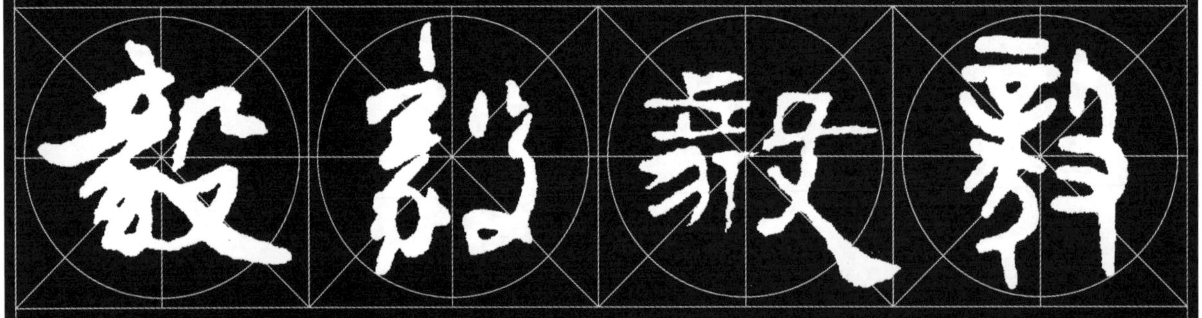

明 董琰　清 何绍基　汉 赵宽碑　清 吴大澂

yì 殪（死；杀死）

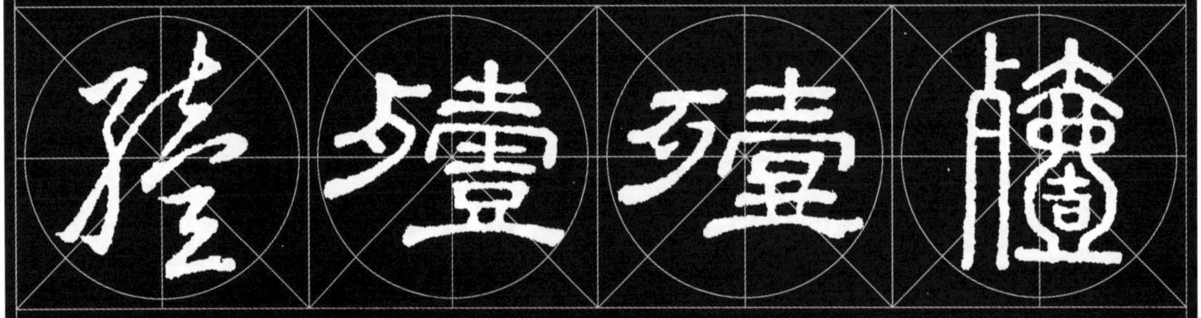

明 郭谌·草韵辨体　清 顾蔼吉·隶辨　清 顾蔼吉·隶辨　汉 说文解字

yì 懿（美好）

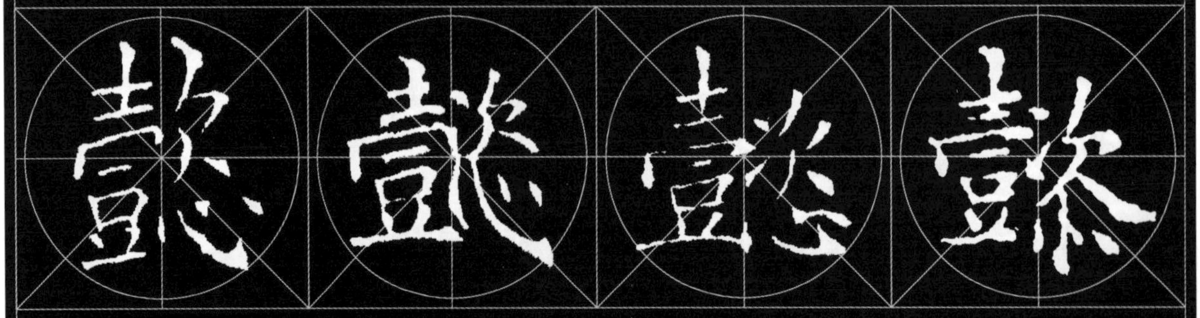

唐 欧阳询　唐 褚遂良　唐 王敬客　明 文徵明

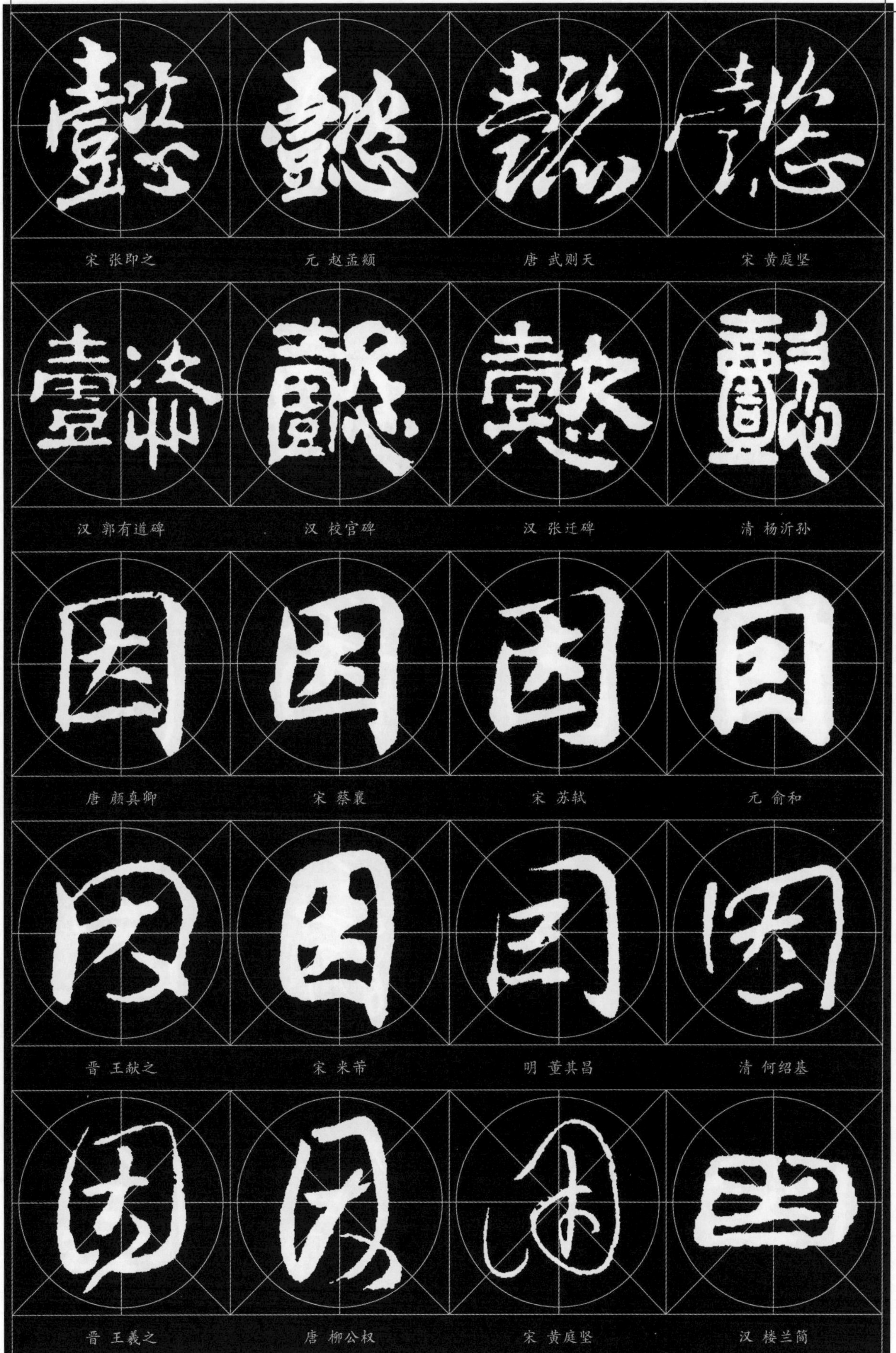

宋 张即之　元 赵孟頫　唐 武则天　宋 黄庭坚

汉 郭有道碑　汉 校宫碑　汉 张迁碑　清 杨沂孙

唐 颜真卿　宋 蔡襄　宋 苏轼　元 俞和

晋 王献之　宋 米芾　明 董其昌　清 何绍基

晋 王羲之　唐 柳公权　宋 黄庭坚　汉 楼兰简

yīn
因

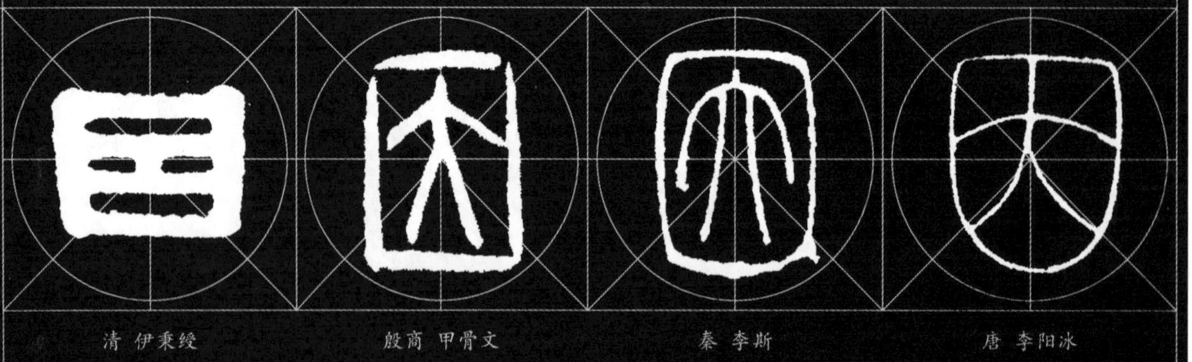

yīn
姻

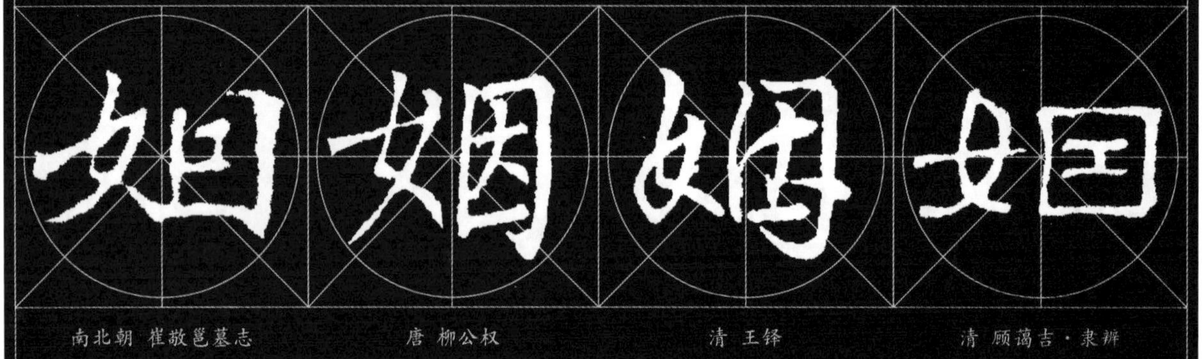

yīn
茵

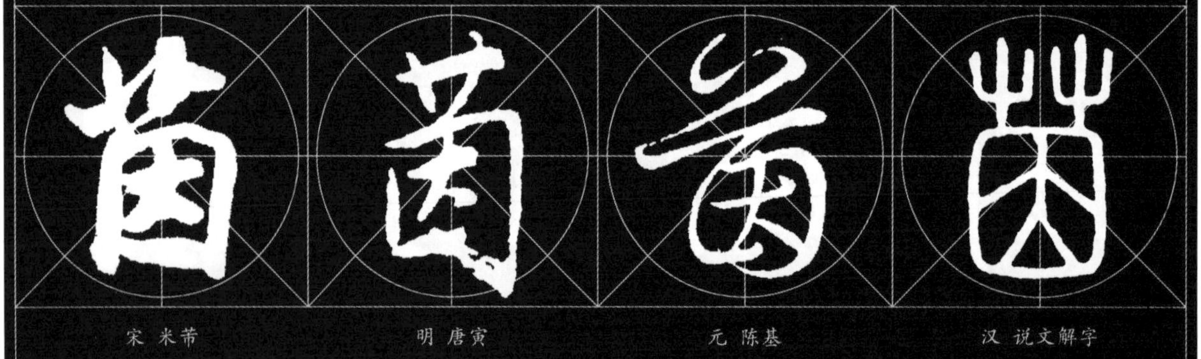

yīn
氤

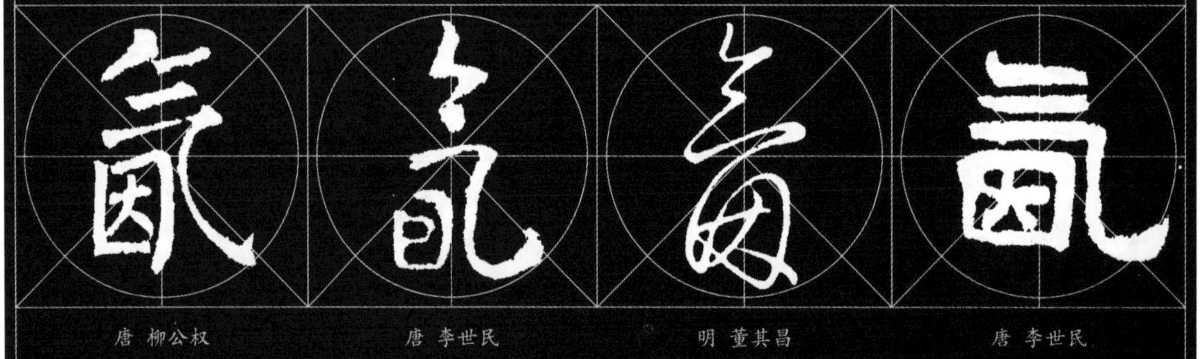

yīn
阴
（陰、隂）

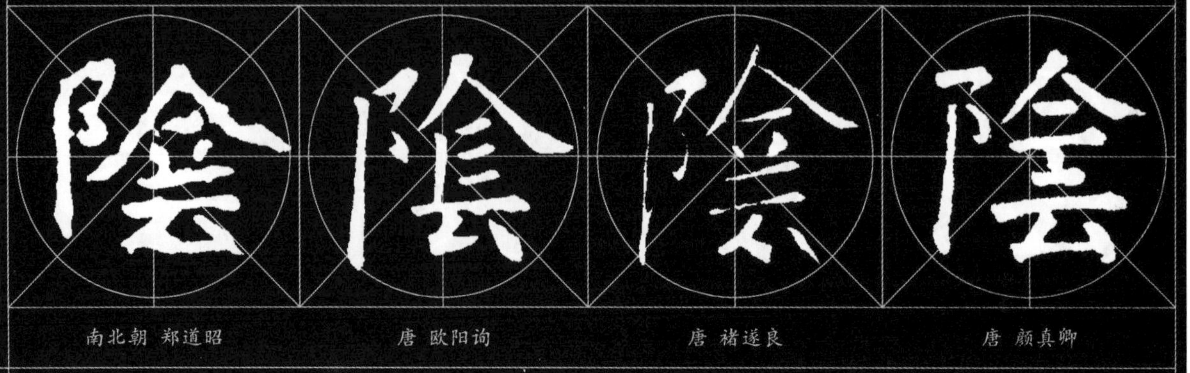

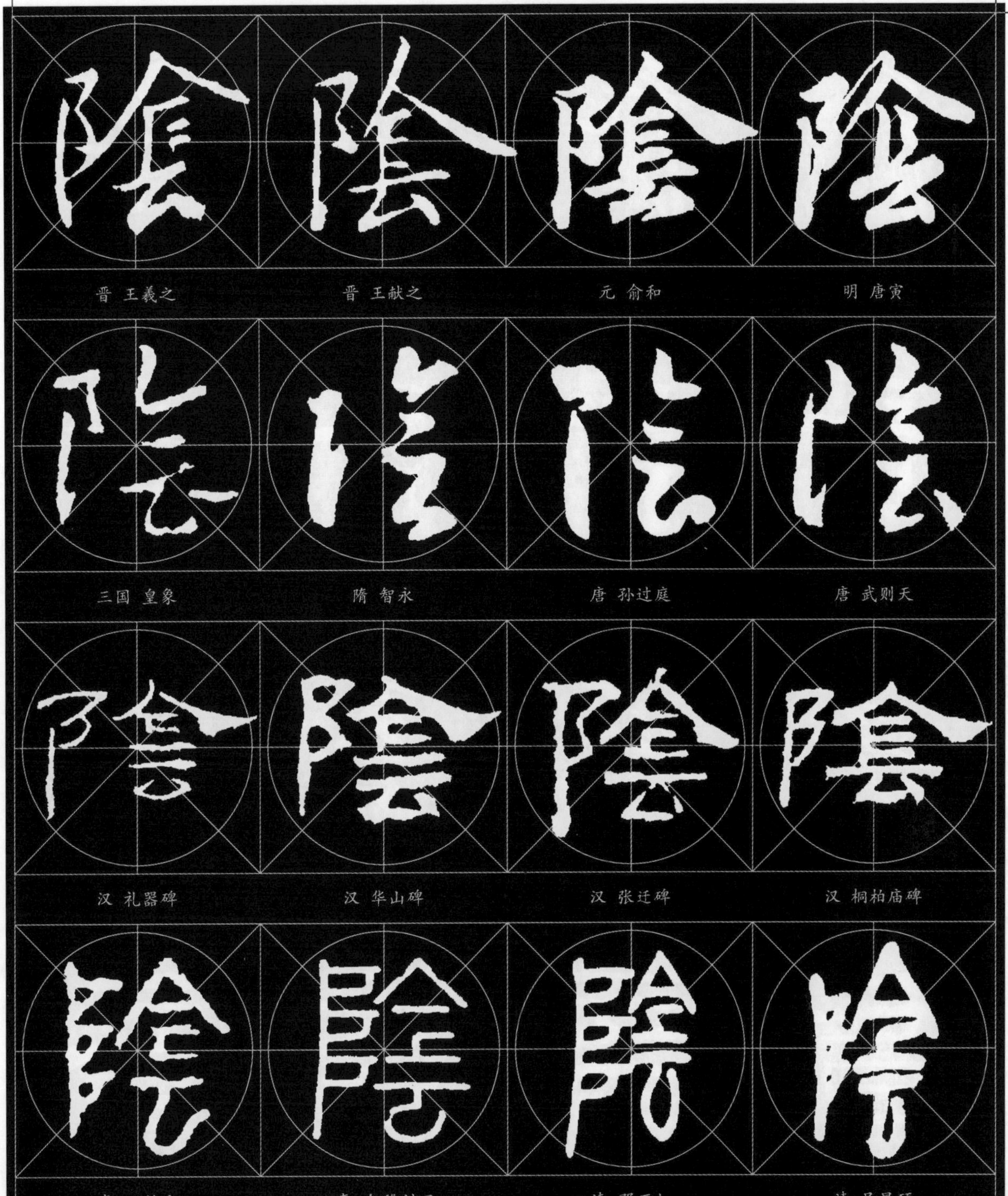

晋 王羲之　晋 王献之　元 俞和　明 唐寅

三国 皇象　隋 智永　唐 孙过庭　唐 武则天

汉 礼器碑　汉 华山碑　汉 张迁碑　汉 桐柏庙碑

秦 石鼓文　秦 会稽刻石　清 邓石如　清 吴昌硕

晋 王洽　晋 王羲之　唐 高正臣　宋 米芾

yīn 荫 yìn （又凉又潮；

荫庇）

yīn
音

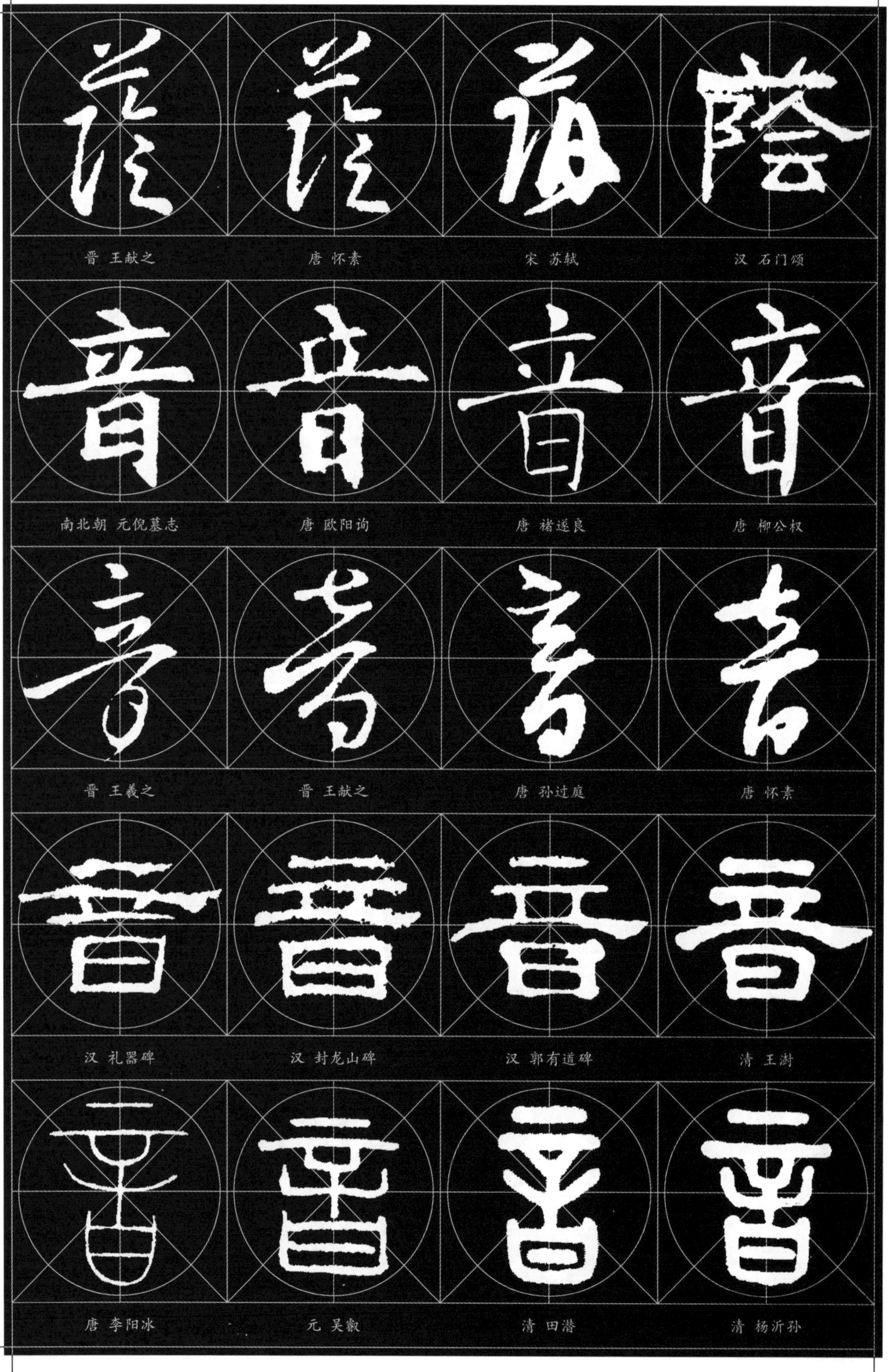

晋 王献之　唐 怀素　宋 苏轼　汉 石门颂

南北朝 元倪墓志　唐 欧阳询　唐 褚遂良　唐 柳公权

晋 王羲之　晋 王献之　唐 孙过庭　唐 怀素

汉 礼器碑　汉 封龙山碑　汉 郭有道碑　清 王澍

唐 李阳冰　元 吴叡　清 田潜　清 杨沂孙

yīn 殷（丰盛；深厚；殷勤）

yān（赤黑色：殷红）

yǐn（拟声，形容雷声）

唐 欧阳询

唐 颜真卿

元 赵孟頫

元 揭傒斯

隋 智果

唐 欧阳询

宋 苏轼

清 朱耷

晋 王羲之

隋 智永

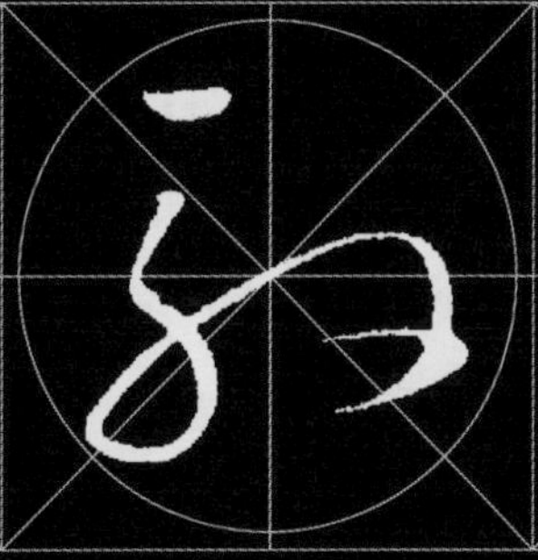
唐 怀素

元 赵孟頫

汉 鲜于璜碑

汉 曹全碑

元 吴叡

清 吴熙载

周 金文

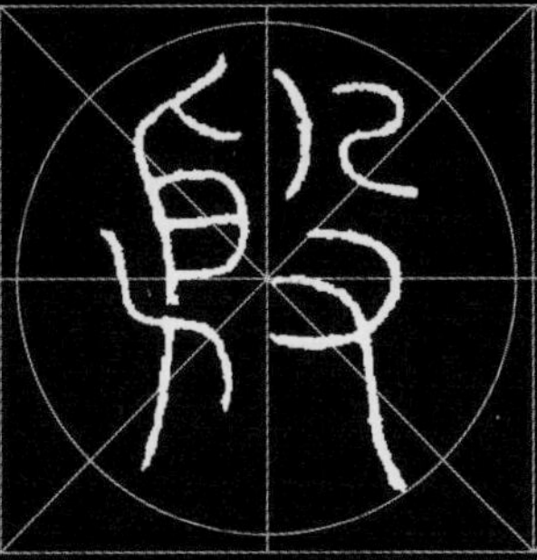
唐 李阳冰

元 赵孟頫

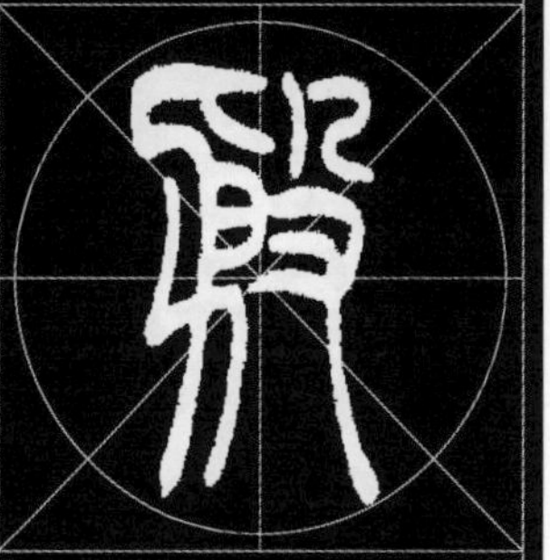
清 吴熙载

yín
吟（唫）

yín
寅

晋 王献之　唐 颜真卿　唐 高正臣　宋 米芾

明 陈淳　清 王铎　清 汪士慎　清 吴熙载

唐 张旭　明 文徵明　宋 赵孟坚　明 解缙

明 唐寅　元 陆居仁　元 饶介　明 文徵明

汉 乙瑛碑　汉 封龙山碑　汉 张寿碑　汉 曹全碑

yín 夤（敬畏；深）

yín 淫（滛）

yín 银

周 师兑簋　清 永理　清 杨沂孙　清 吴大澂

北魏 高贞碑　唐 虞世南　清 顾蔼吉·隶辨　清 罗振玉

北魏 高庆碑　唐 柳公权　汉 华山碑　秦 会稽刻石

明 沈度　明 沈藻　唐 裴休　明 何震

隋 苏孝慈墓志　唐 颜真卿　唐 颜真卿　唐 怀素

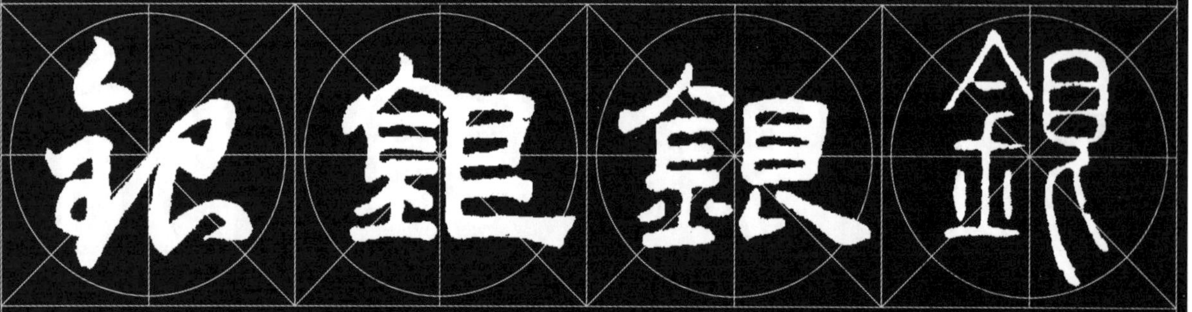

元 鲜于枢　元 赵孟頫　清 王澍　汉 说文解字

yǐn
尹

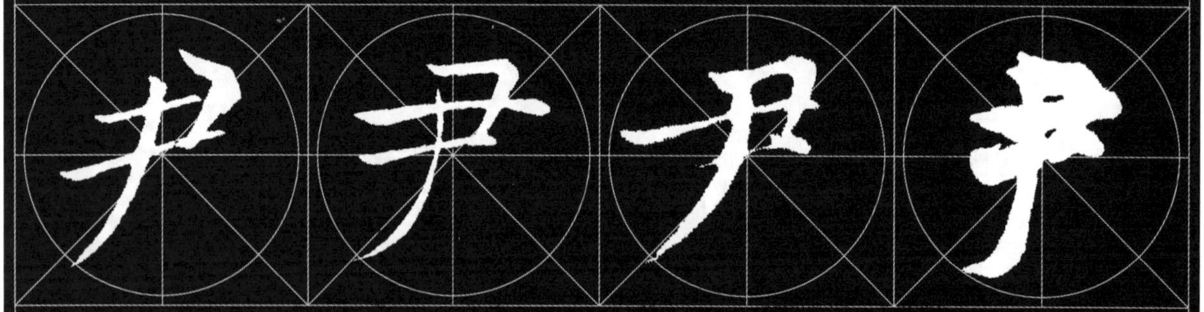

唐 欧阳询　唐 褚遂良　元 赵孟頫　唐 欧阳询

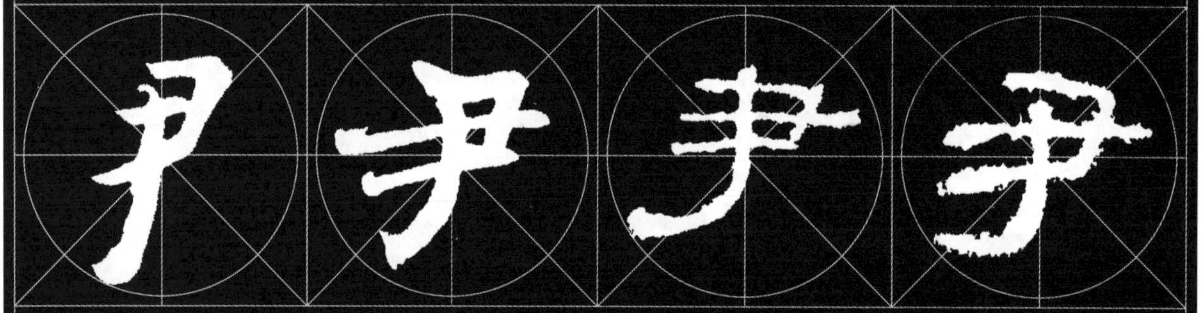

宋 李建中　元 赵孟頫　汉 华山碑　汉 尹宙碑

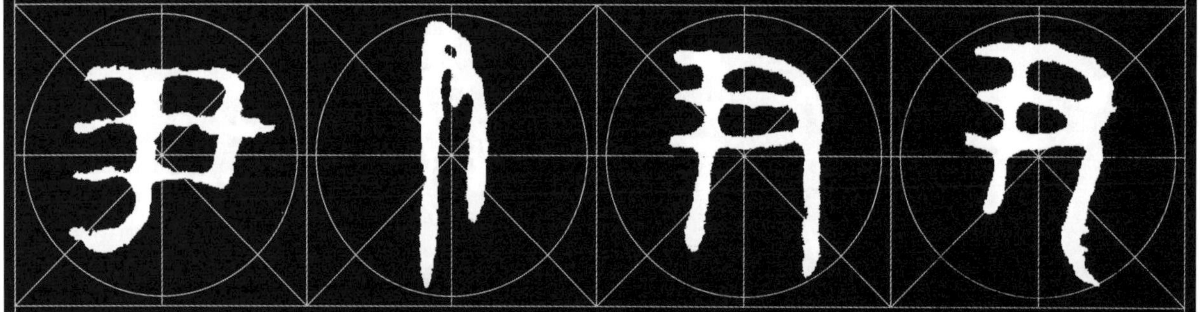

汉 校官碑　殷商 甲骨文　周 墙盘　周 师兑簋

yǐn
引

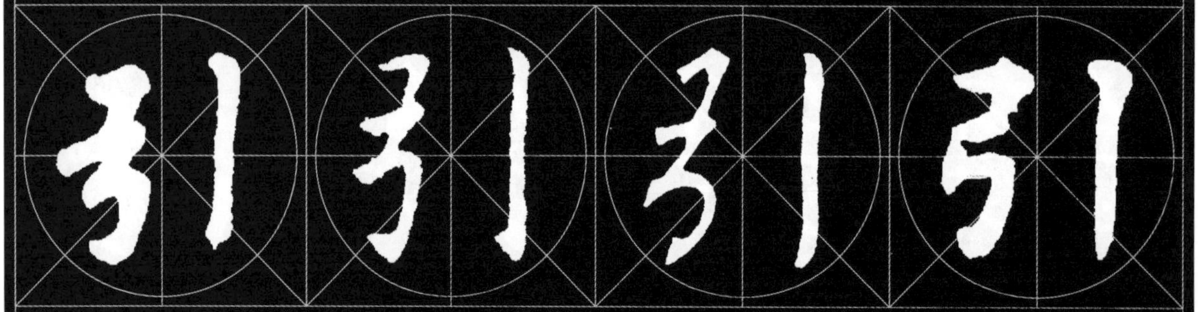

晋 王羲之　唐 欧阳询　唐 柳公权　元 揭傒斯

yǐn
饮（飲、㱃）

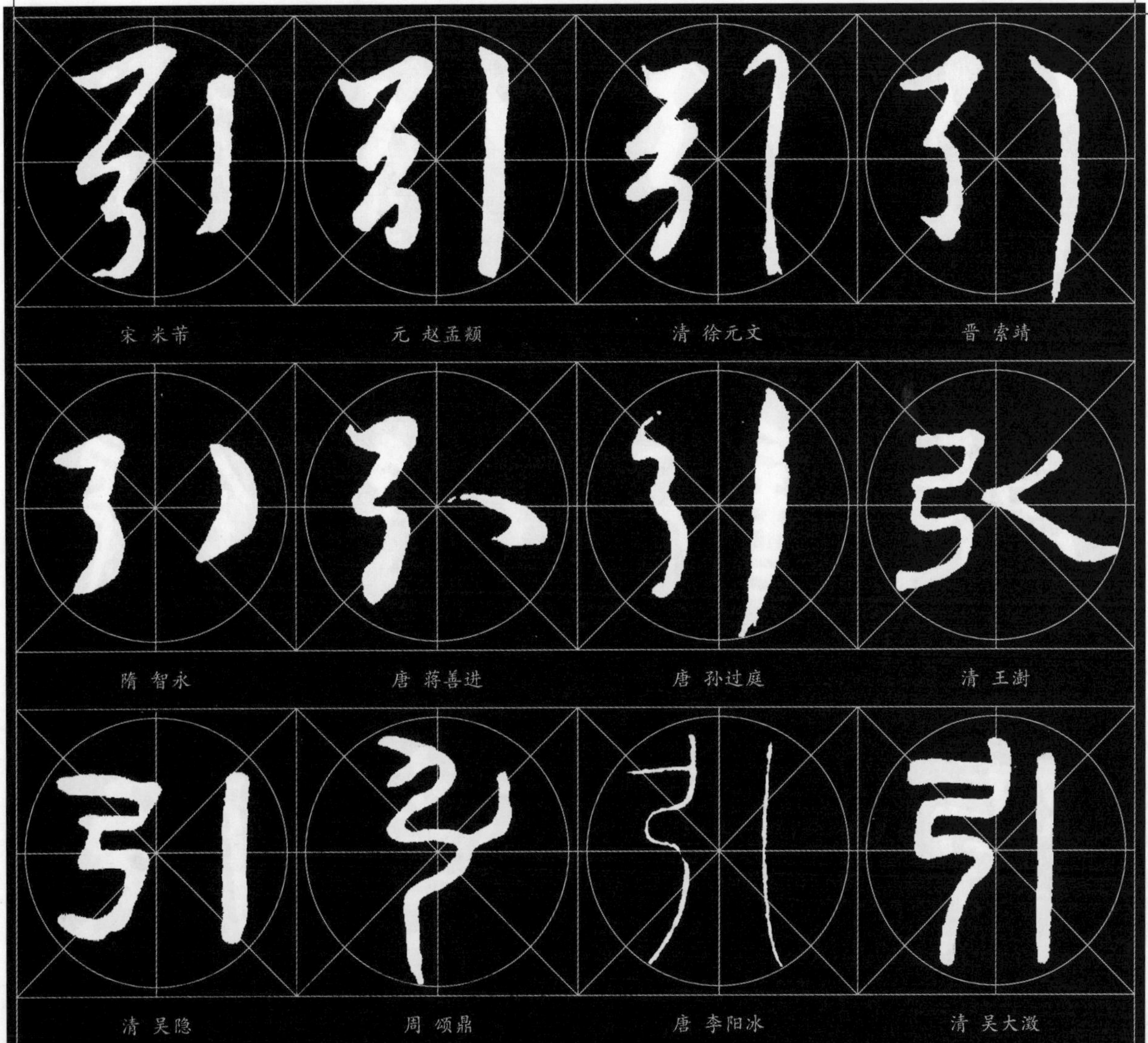
宋 米芾
元 赵孟頫
清 徐元文
晋 索靖
隋 智永
唐 蒋善进
唐 孙过庭
清 王澍
清 吴隐
周 颂鼎
唐 李阳冰
清 吴大澂
唐 欧阳询
唐 欧阳询
唐 颜师古
宋 蔡襄
宋 蔡襄
宋 苏轼
宋 米芾
明 董其昌

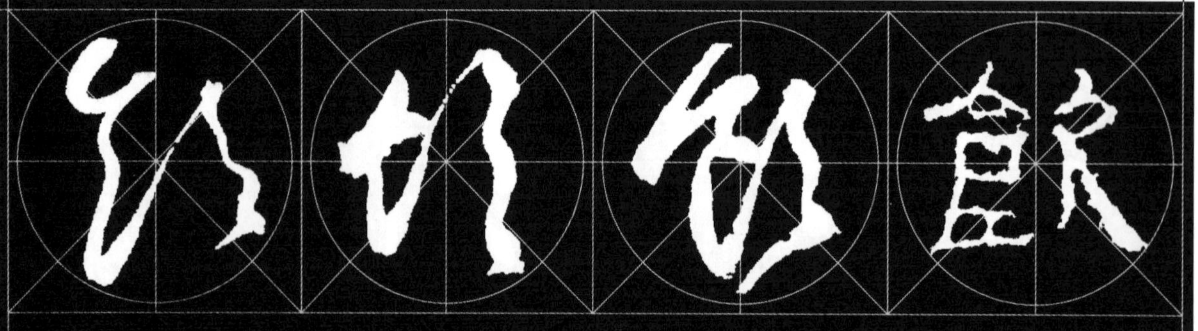

唐 怀素　明 文徵明　清 王铎　汉 景君碑

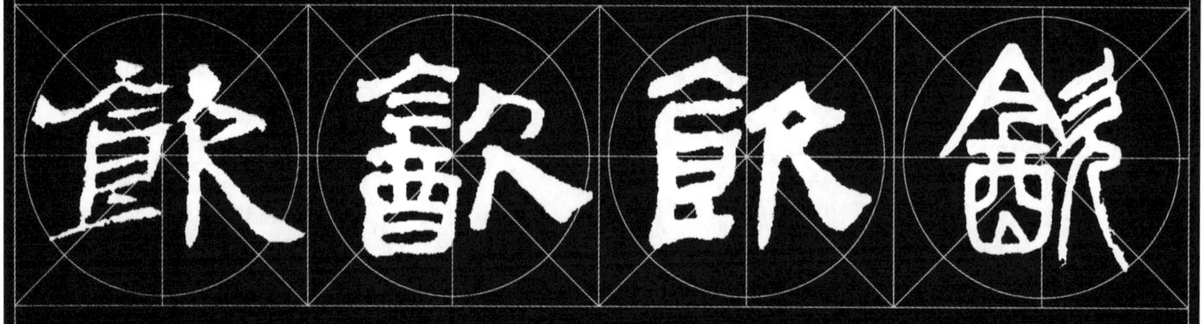

晋 辟雍碑　元 吴叡　清 何绍基　清 吴大澂

yǐn
隐（隱）

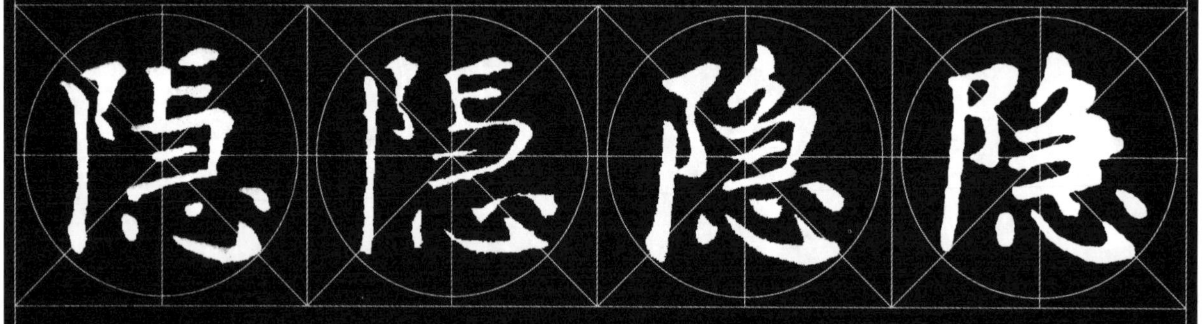

唐 欧阳通　唐 张从申　元 赵孟頫　元 赵孟頫

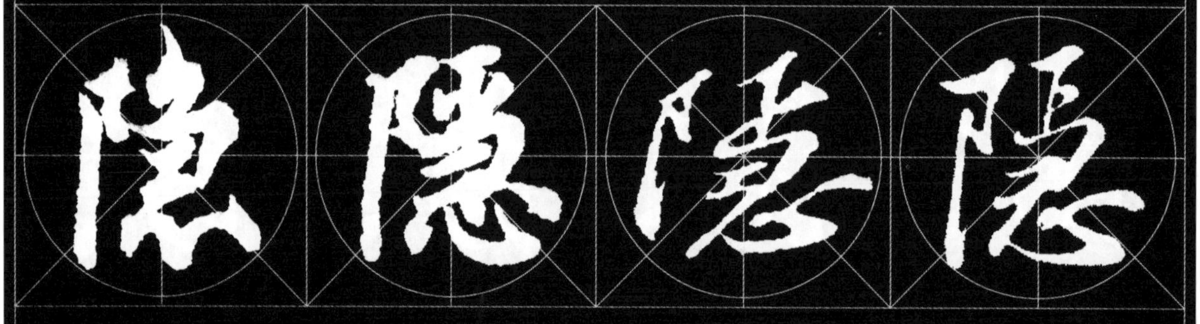

唐 欧阳询　唐 陆柬之　宋 苏轼　宋 苏轼

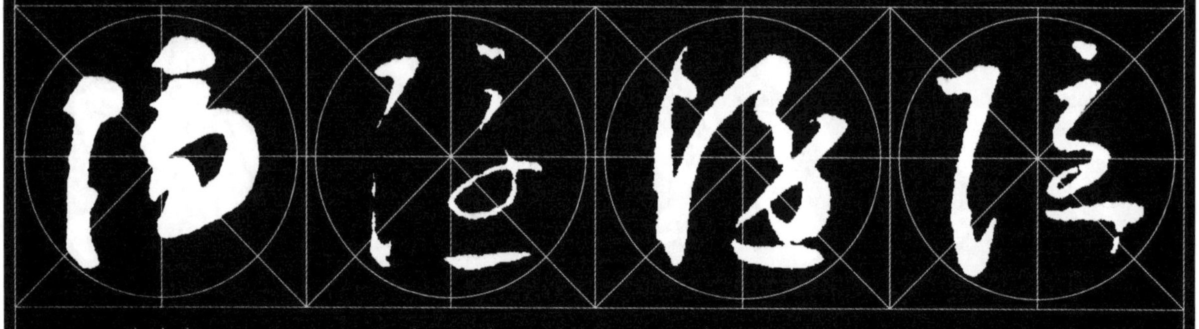

隋 智永　唐 欧阳询　唐 孙过庭　唐 怀素

汉 武梁刻石　汉 郭有道碑　汉 曹全碑　汉 张迁碑

秦 会稽刻石　唐 李阳冰　元 赵孟頫　清 吴大澂

唐 欧阳通　唐 李邕　唐 颜真卿　宋 黄庭坚

唐 褚遂良　元 赵孟頫　明 董其昌　汉 张景碑

周 毛公鼎　清 杨沂孙　清 徐三庚　清 吴昌硕

yìn
印
（图章；痕迹；符合）

yìn
胤
（后代）

yīng
应
（應）
yìng

yīng
膺

yīng
鹰
（鷹）

yīng
英

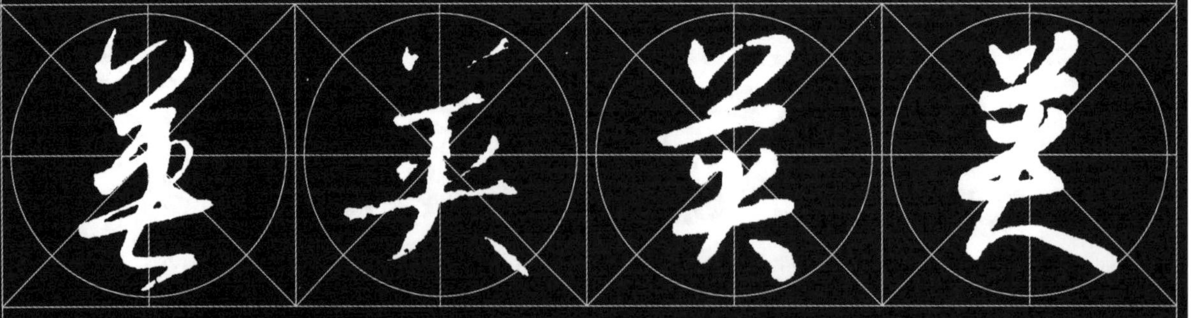

宋 赵佶 | 隋 智永 | 唐 孙过庭 | 唐 怀素

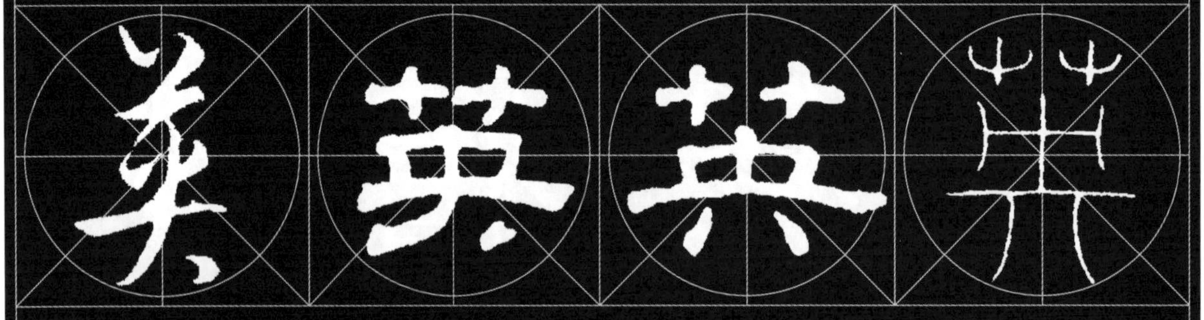

元 饶介 | 元 吴叡 | 清 王澍 | 唐 李阳冰

yīng
瑛

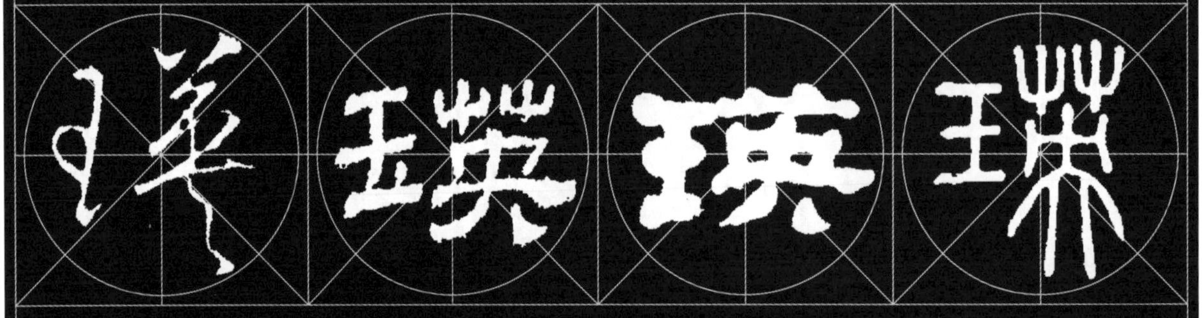

金 张天锡·草书韵会 | 汉 乙瑛碑 | 清 胡震 | 汉 说文解字

yīng
婴（嬰）

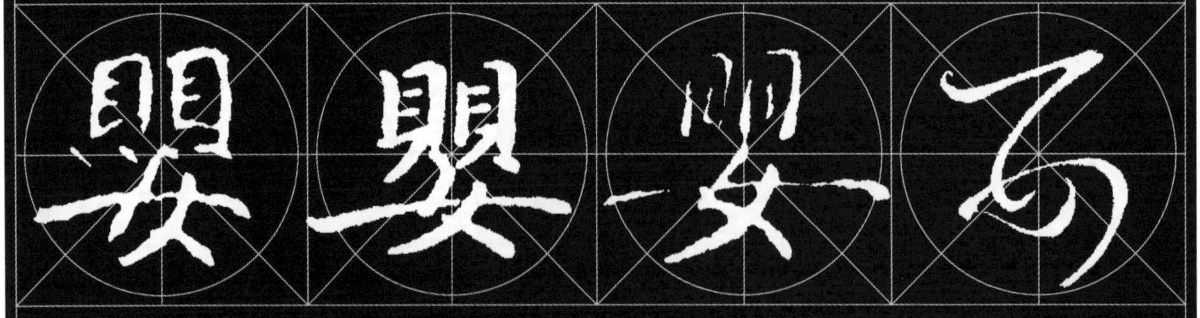

南北朝 崔敬邕墓志 | 唐 钟绍京 | 唐 褚遂良 | 唐 怀素

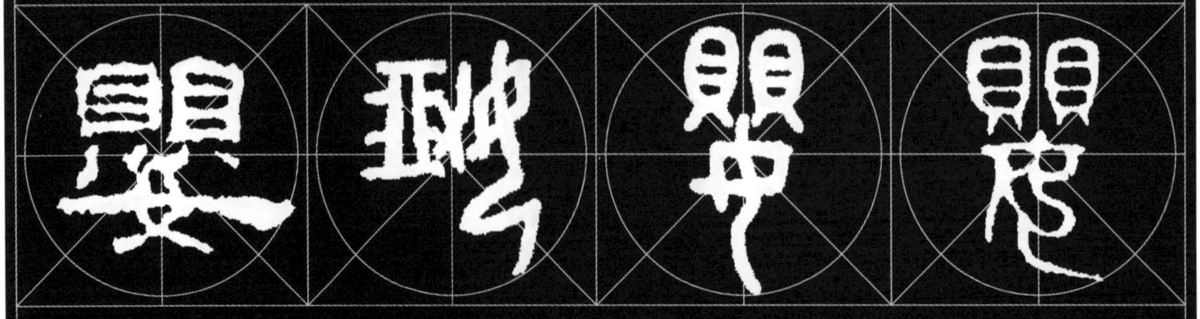

汉 武梁刻石 | 殷商 甲骨文 | 清 田潜 | 清 黄士陵

yīng 嘤

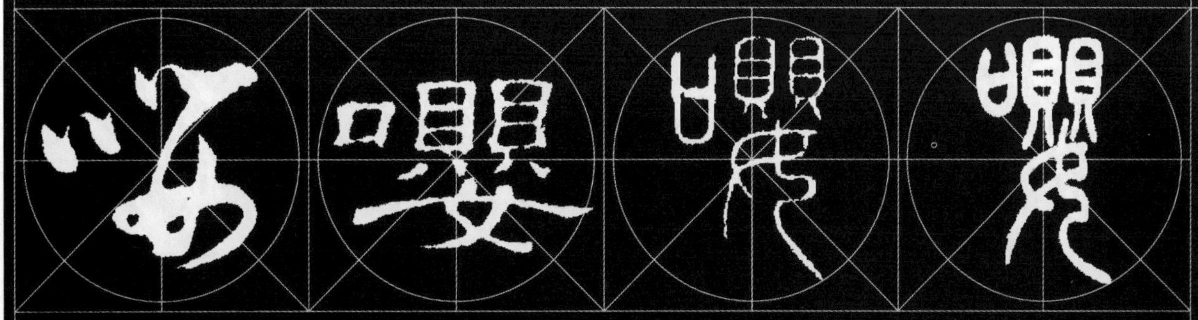

明 张瑞图 | 清 顾蔼吉·隶辨 | 汉 说文解字 | 清 吴熙载

yīng 樱

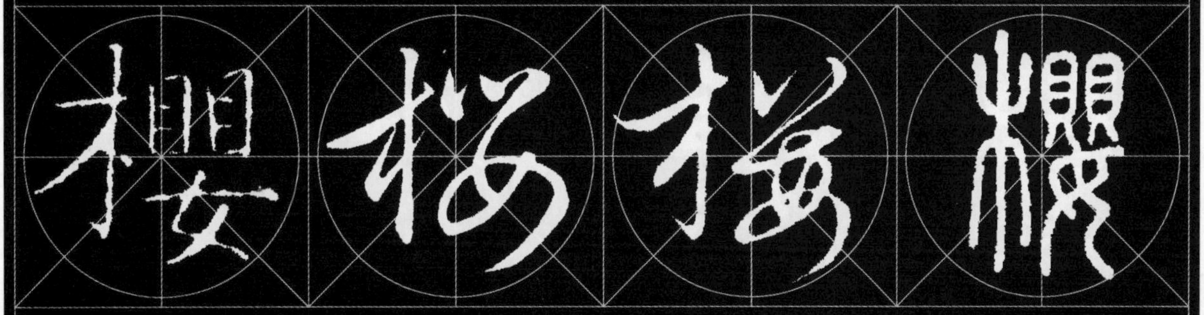

晋 王羲之 | 明 文徵明 | 金 张天锡·草书韵会 | 汉 说文解字

yīng 缨

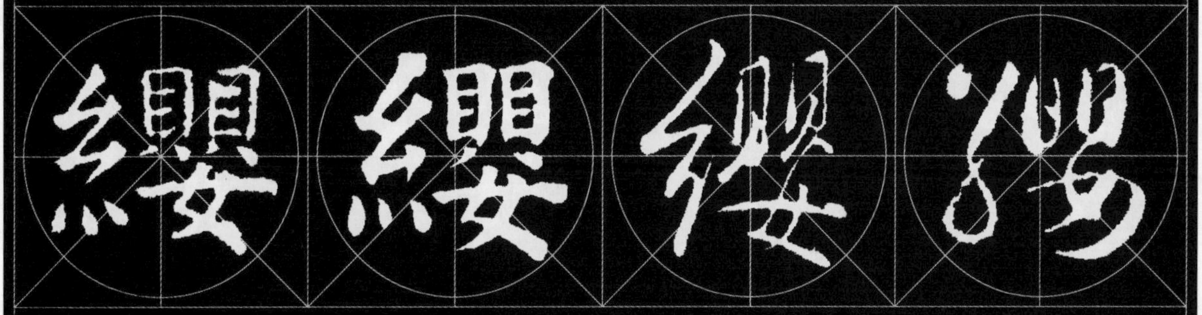

唐 虞世南 | 明 祝允明 | 明 王穉登 | 隋 智永

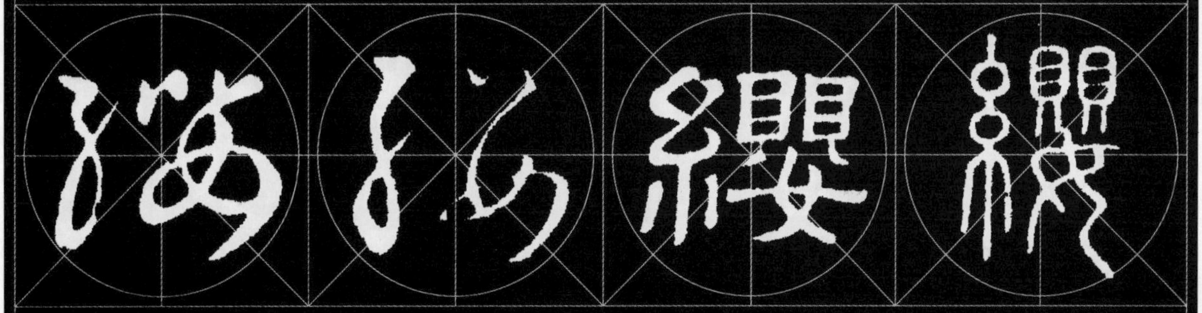

唐 欧阳询 | 唐 怀素 | 清 顾蔼吉·隶辨 | 汉 说文解字

yīng 罂（罌）

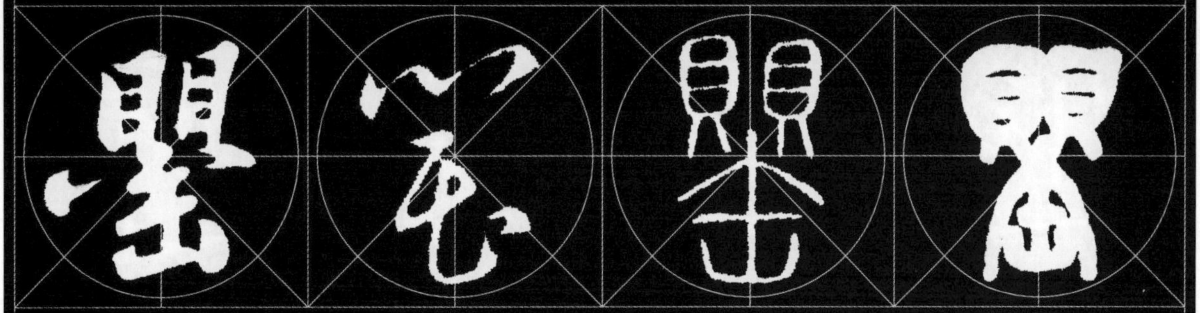

宋 苏轼 | 金 张天锡·草书韵会 | 汉 说文解字 | 清 吴昌硕

yīng
鹦

yīng
莺（鶯、鸎）

yíng
迎

宋 黄庭坚	元 赵孟頫	明 祝允明	明 徐渭
唐 吴彩鸾	宋 赵构	元 廼贤	元 赵孟頫
明 唐寅	明 王宠	清 郑簠	清 吴熙载
唐 吴彩鸾	唐 褚遂良	唐 柳公权	宋 赵构
宋 黄庭坚	宋 米芾	明 文徵明	明 董其昌

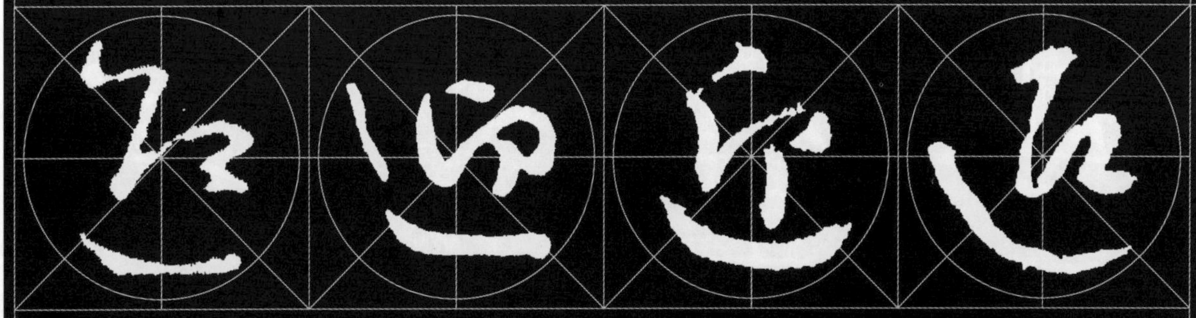

晋 王羲之　唐 李世民　唐 武则天　宋 黄庭坚

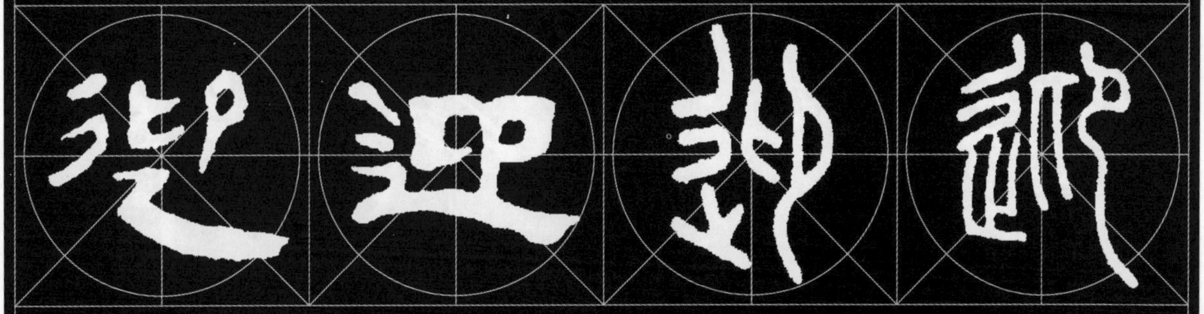

汉 马王堆帛书　明 沈度　清 田潜　清 吴熙载

yíng 蝇（蠅）

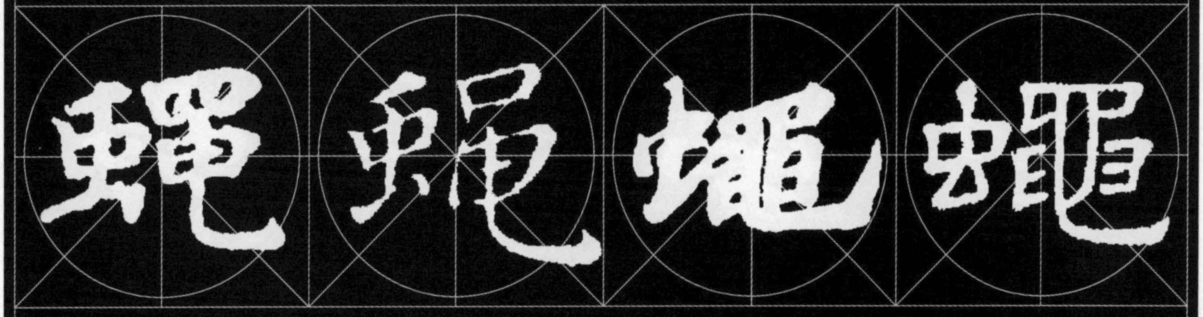

唐 国铨　元 王蒙　宋 苏轼　清 顾蔼吉·隶辨

yíng 茔（塋：坟地）

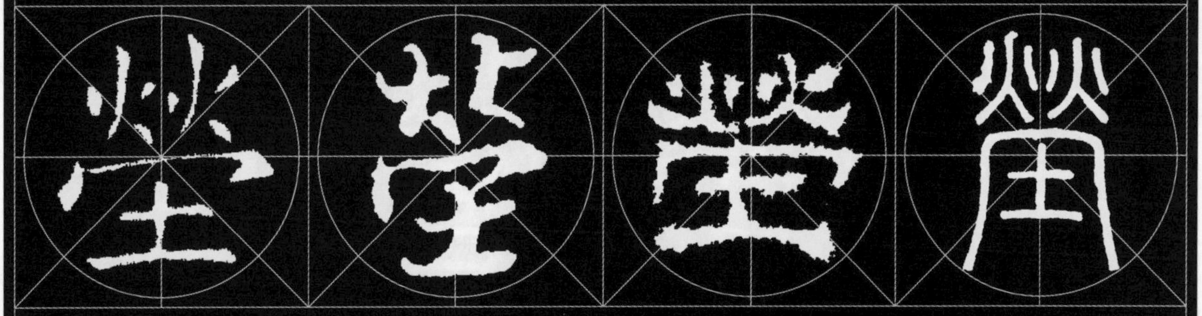

唐 欧阳询　宋 张即之　汉 孟孝琚碑　唐 李阳冰

yíng 荧（熒）

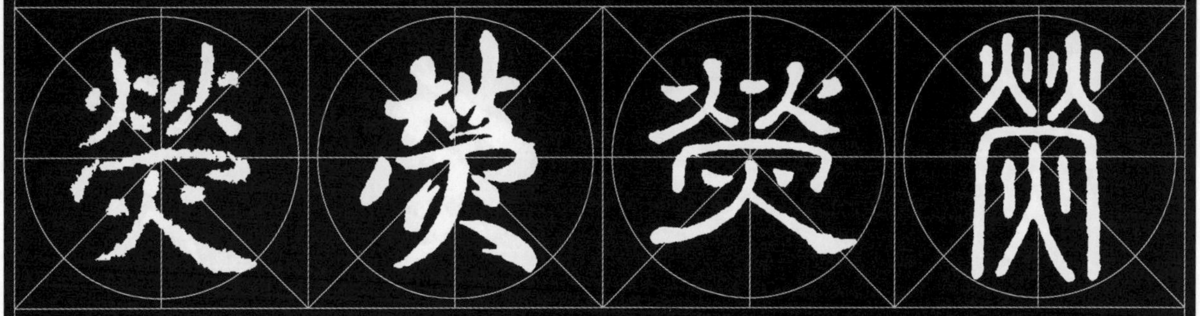

北魏 郑文公下碑　元 赵孟頫　清 顾蔼吉·隶辨　汉 说文解字

yíng
莹（瑩）

yíng
萤（螢：昆虫）

yíng
营（營）

yíng
萦（縈：围绕；缠绕）

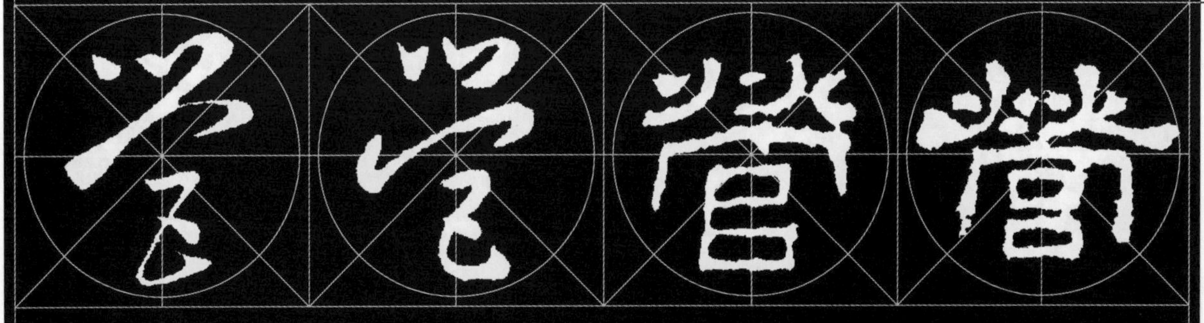

唐 孙过庭　唐 怀素　汉 景君碑　汉 史晨碑

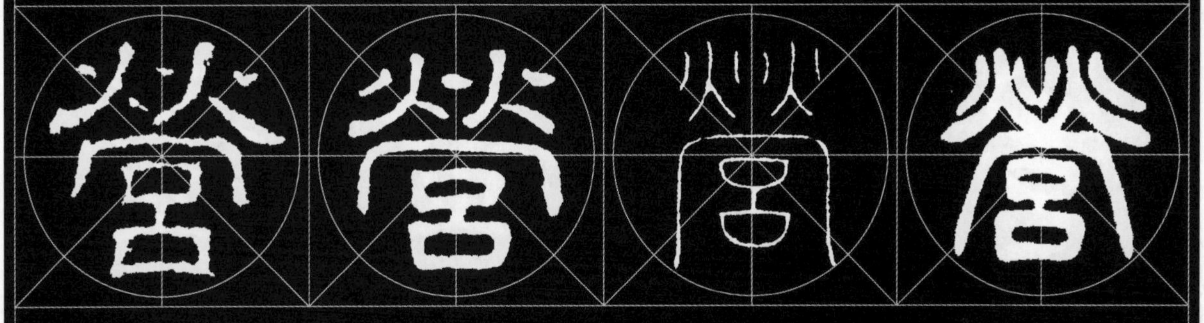

汉 白石神君碑　清 王澍　唐 李阳冰　清 徐三庚

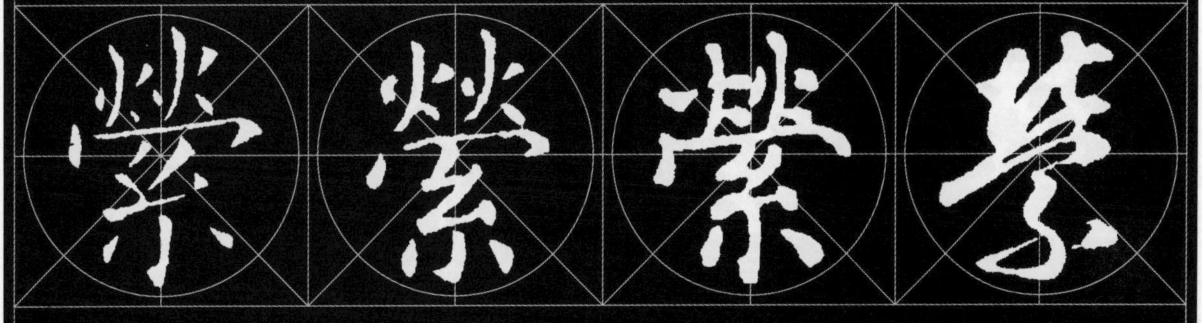

唐 欧阳询　唐 虞世南　明 文徵明　晋 索靖·月仪帖

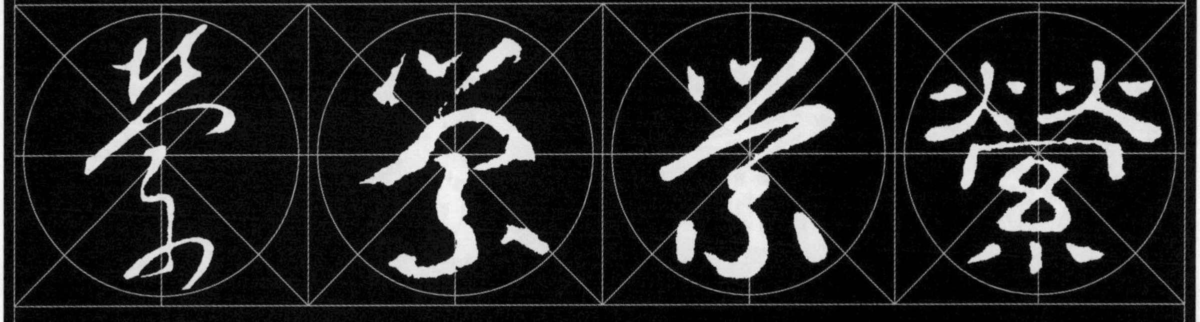

明 董其昌　宋 黄庭坚　元 赵孟頫　清 顾蔼吉·隶辨

yíng
盈

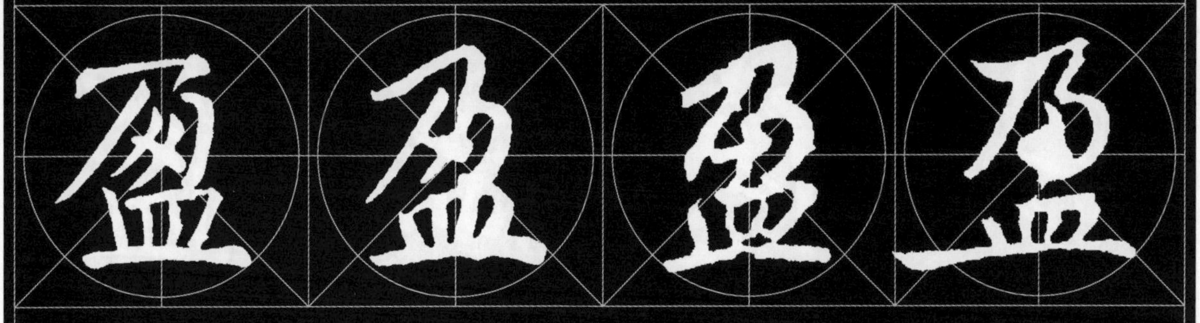

唐 颜真卿　宋 赵构　唐 李邕　宋 黄庭坚

yíng
楹

明 文徵明
明 董其昌
唐 怀素
宋 赵构
元 鲜于枢
明 祝允明
汉 樊敏碑
元 吴叡
明 沈度
清 王澍
唐 李阳冰
元 赵孟頫
唐 欧阳询
唐 颜真卿
唐 欧阳询
明 沈周
唐 欧阳询
唐 怀素
元 赵孟頫
清 吴大澂

隋 苏孝慈墓志　唐 孙过庭　清 顾蔼吉·隶辨　清 佚名

宋 苏轼　元 赵孟頫　晋 王羲之　汉 马王堆帛书

唐 徐浩　南北朝 王僧虔　清 阮元　汉 说文解字

唐 王敬客　唐 柳公权　清 王铎　汉 说文解字

晋 王羲之　元 赵孟頫　唐 李怀琳　宋 沈辽

Yíng 嬴（姓）

yíng 赢（胜；获利）

Yǐng 郢（古都城）

Yǐng 颍（河名）

yǐng 颖（穎；聪明；颖）

果；小而细尖之物）

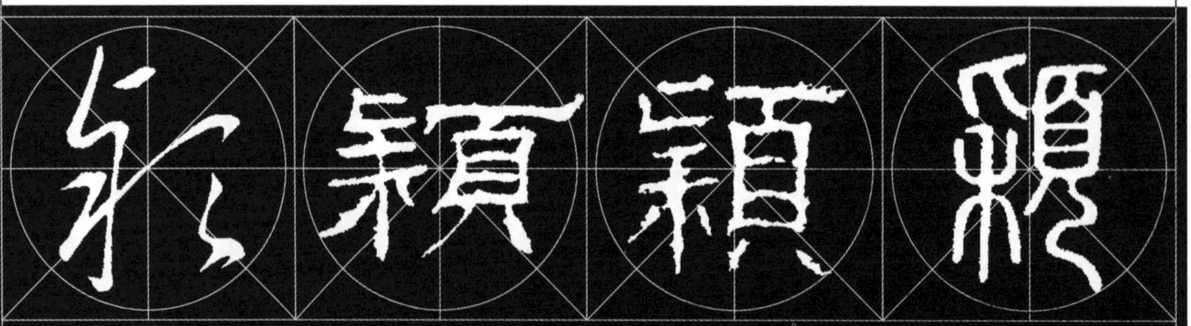

元 赵雍 | 汉 礼器碑 | 汉 白石神君碑 | 汉 说文解字

yǐng
影

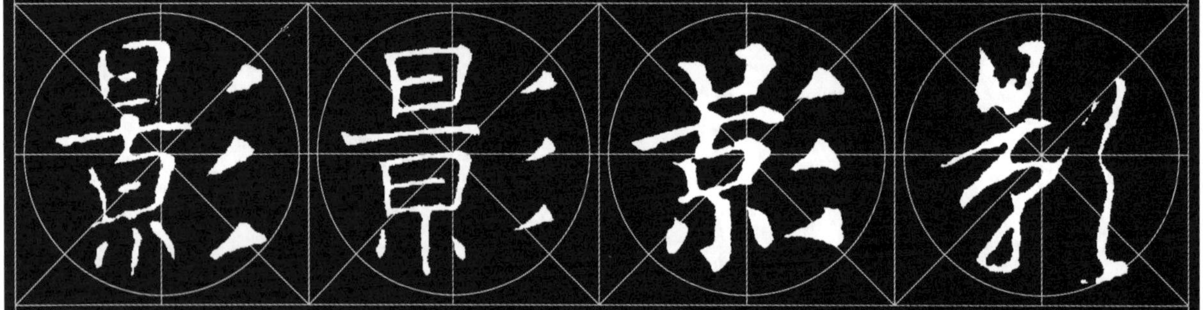

唐 欧阳询 | 唐 褚遂良 | 唐 颜真卿 | 晋 王羲之

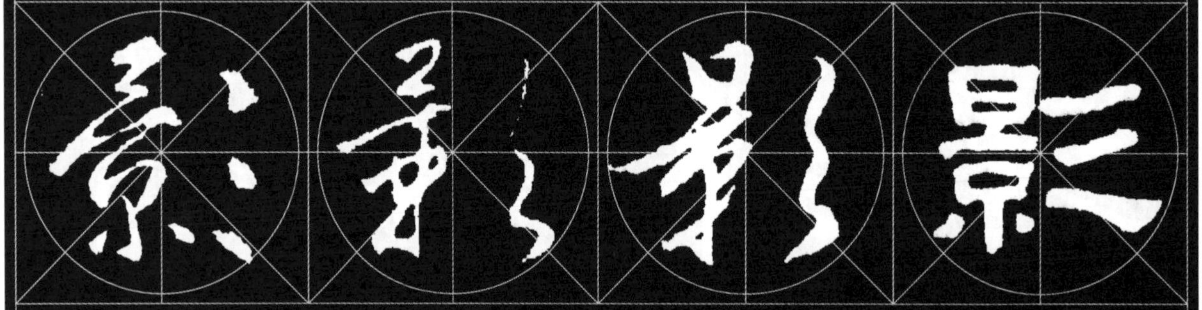

唐 武则天 | 宋 赵昚 | 元 赵孟頫 | 清 童钰

yǐng
瘿

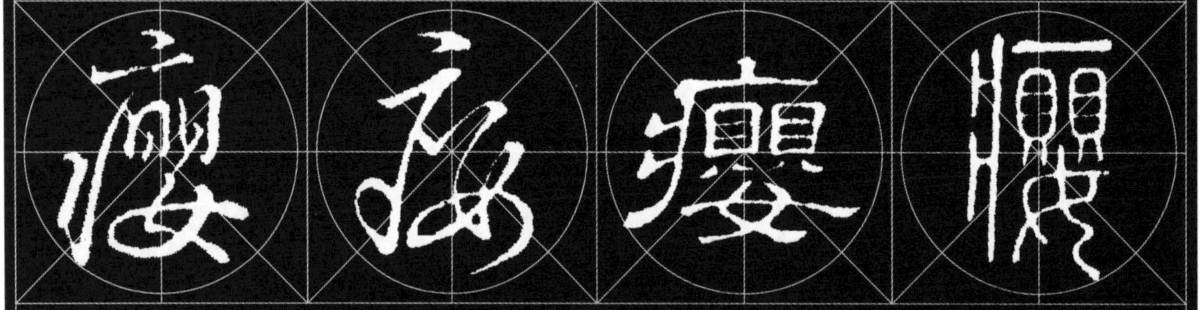

唐 褚遂良 | 金 张天锡·草书韵会 | 清 顾蔼吉·隶辨 | 汉 说文解字

yìng
映

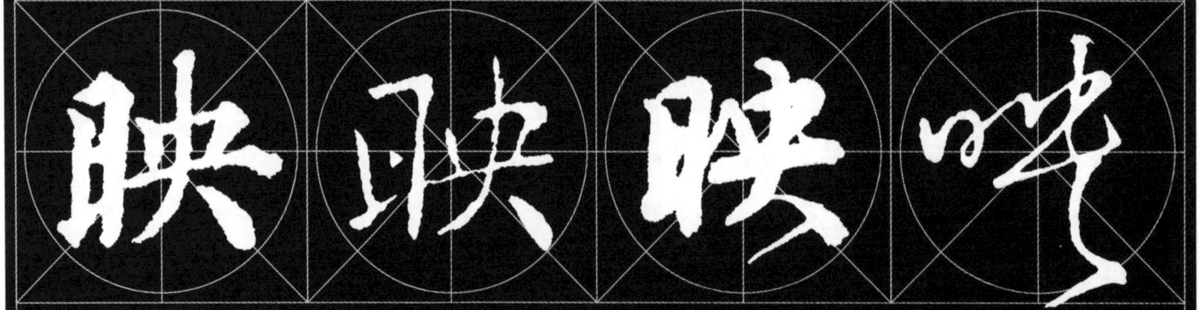

唐 颜真卿 | 宋 黄庭坚 | 明 唐寅 | 明 王铎

yìng
暎（同映）

yōng
庸

南北朝 张玄墓志 | 唐 欧阳询 | 隋 智永 | 宋 薛绍彭

元 赵孟頫 | 唐 怀素 | 明 宋克 | 清 邓石如

唐 褚遂良 | 清 张裕钊 | 唐 陆柬之 | 清 郑燮

隋 智永 | 唐 孙过庭 | 唐 怀素 | 唐 韩择木

清 桂馥 | 唐 李阳冰 | 清 吴熙载 | 清 吴大澂

yōng
佣
（傭）

yōng
墉
（鄘：城墙；高墙）

yōng
雍
（和谐）

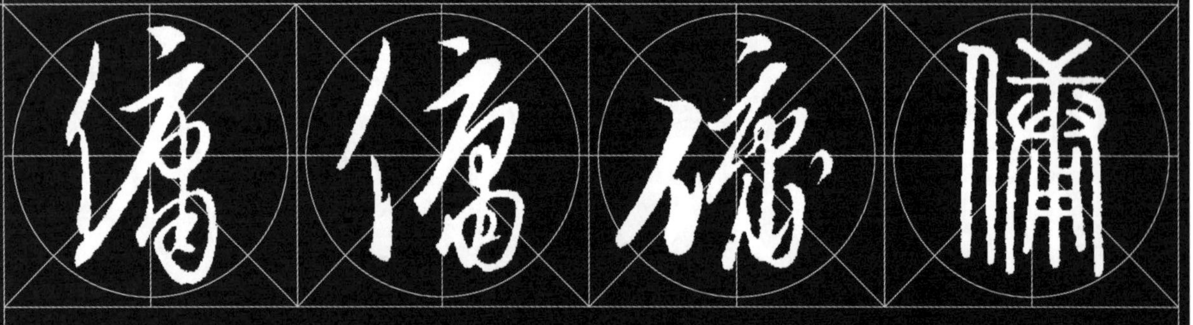

元 康里子山　元 饶介　明 黄道周　汉 说文解字

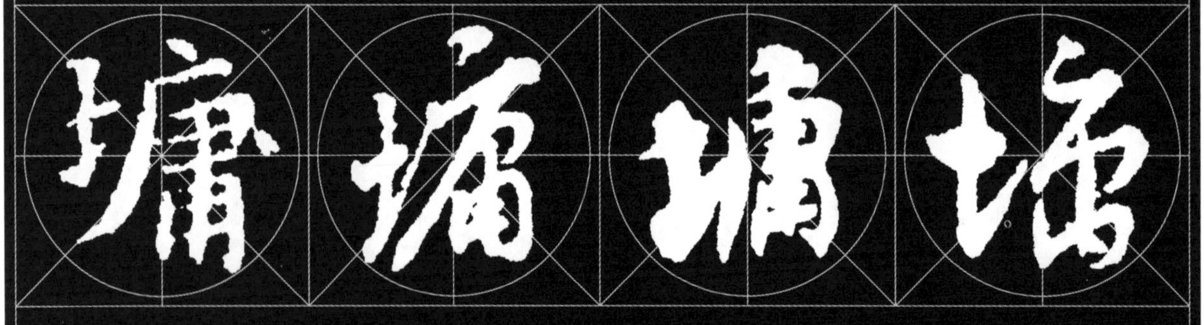

明 黄道周　清 刘墉　清 刘墉　唐 孙过庭

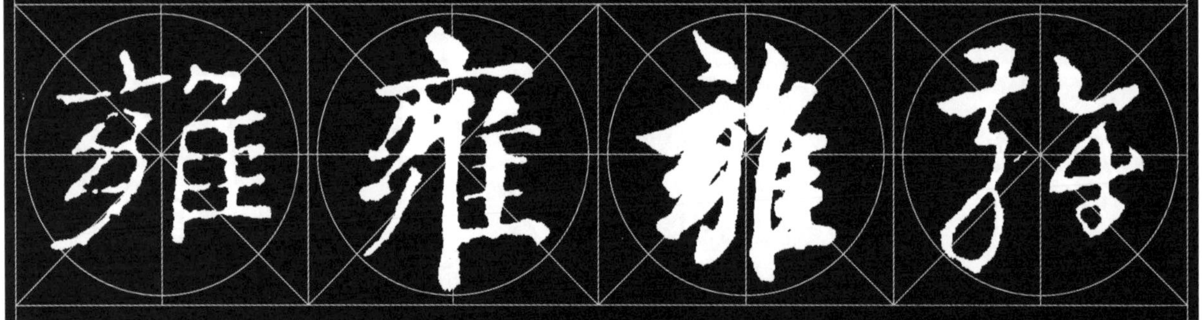

南北朝 郑道昭　唐 颜真卿　元 柯九思　三国 皇象

晋 王羲之　明 韩道亨　清 王铎　汉 华山碑

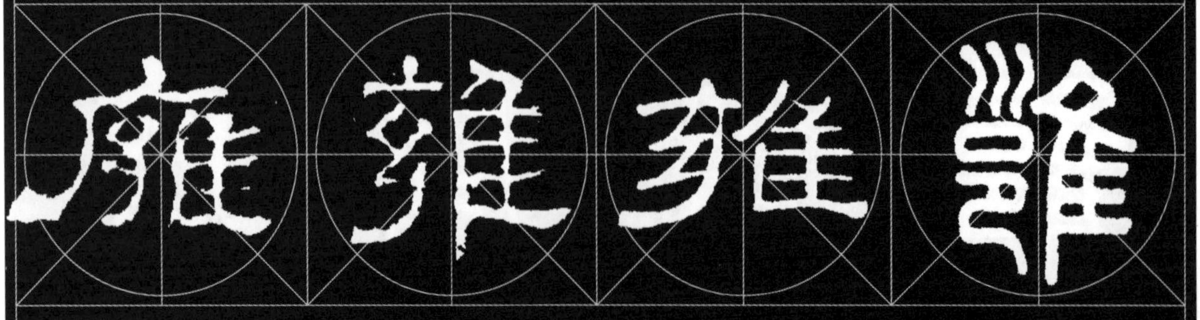

汉 史晨碑　汉 白石神君碑　汉 曹全碑　清 吴大澂

yōng 拥（擁）

隋 苏孝慈墓志

唐 欧阳询

唐 颜真卿

唐 颜真卿

宋 米芾

金 王庭筠

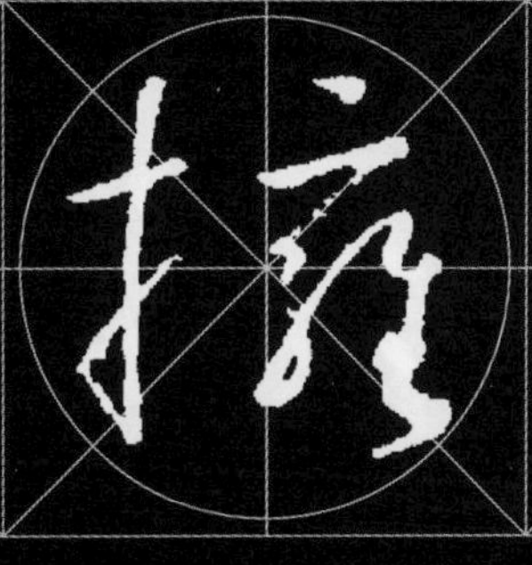
唐 怀素

金 张天锡·草书韵会

yōng 壅

元 揭傒斯

明 董其昌

金 张天锡·草书韵会

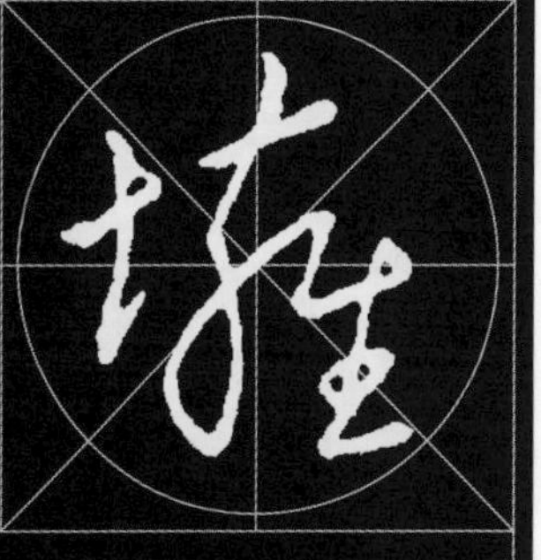
金 张天锡·草书韵会

yōng 痈（癰）

晋 王献之

宋 米芾

晋 王羲之

汉 说文解字

Yōng 邕（江）

北魏 郑道昭

唐 欧阳询

唐 李邕

唐 李邕

yǒng
永

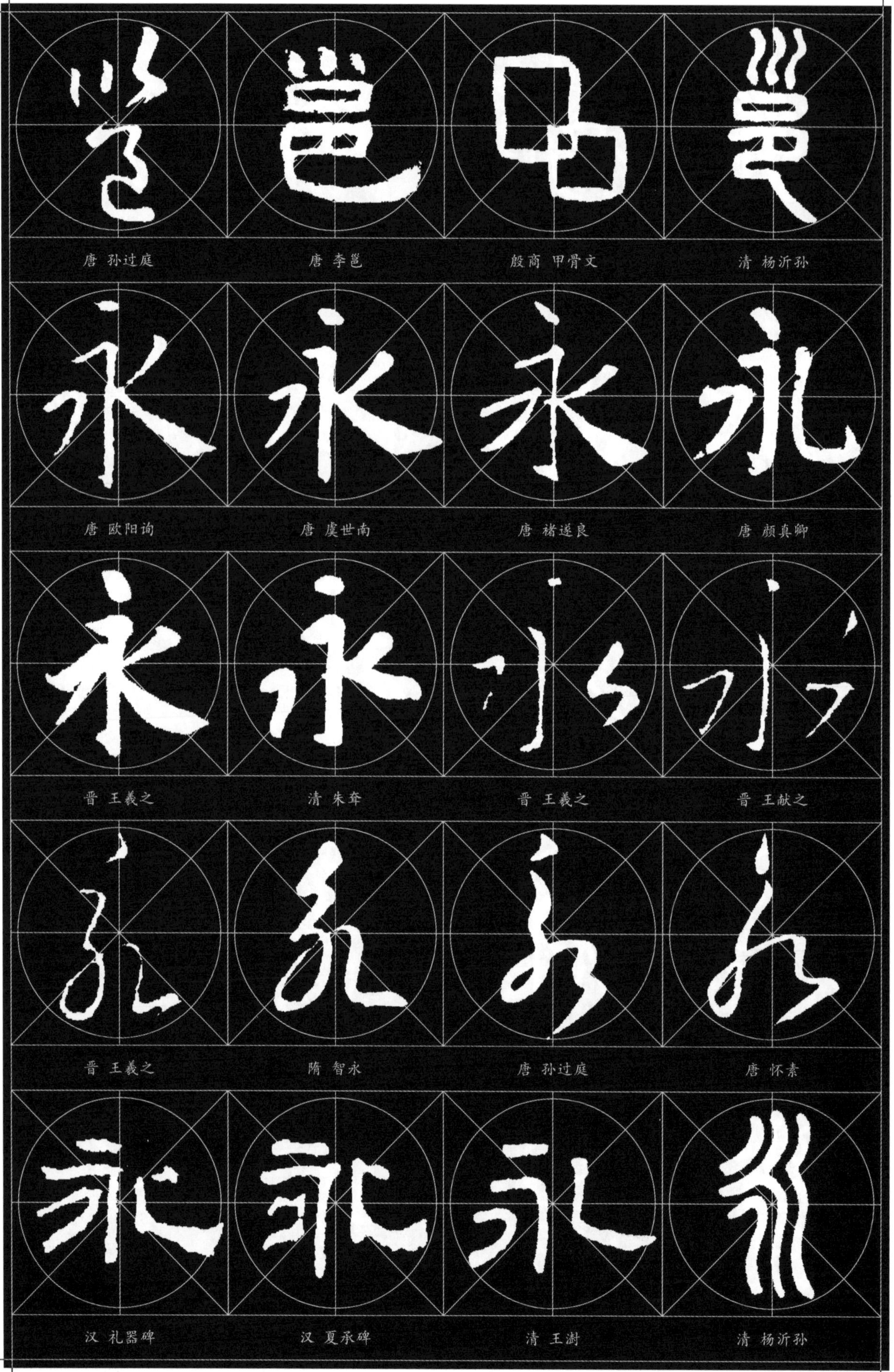
唐 孙过庭
唐 李邕
殷商 甲骨文
清 杨沂孙
唐 欧阳询
唐 虞世南
唐 褚遂良
唐 颜真卿
晋 王羲之
清 朱耷
晋 王羲之
晋 王献之
晋 王羲之
隋 智永
唐 孙过庭
唐 怀素
汉 礼器碑
汉 夏承碑
清 王澍
清 杨沂孙

yǒng
咏
（詠）

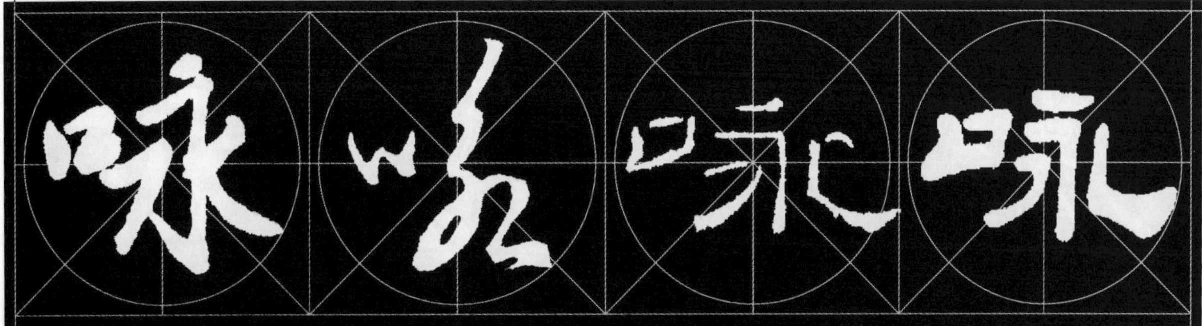

明 邵二泉　明 宋濂　汉 礼器碑　清 吴熙载

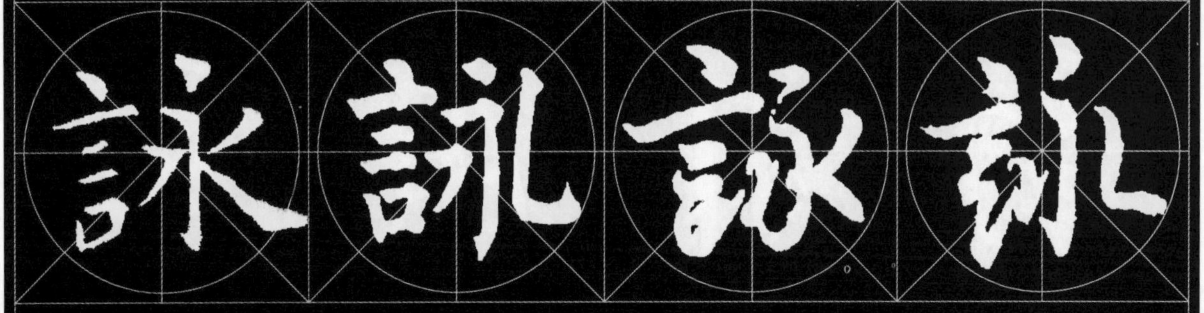

唐 虞世南　明 祝允明　晋 王羲之　唐 欧阳询

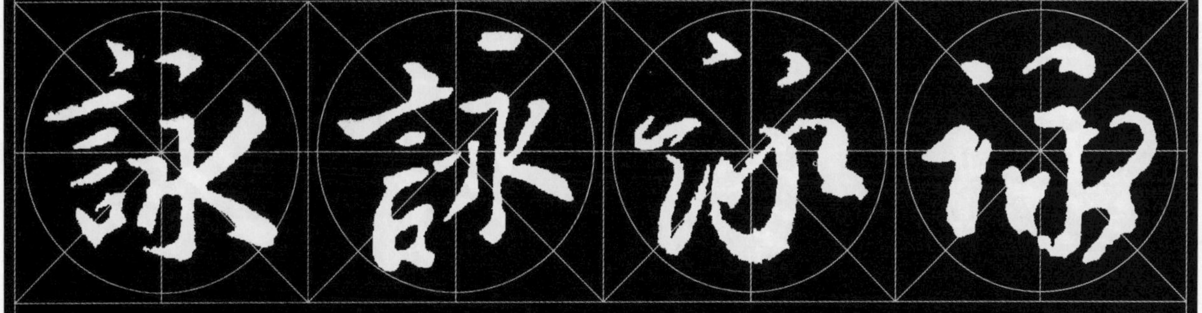

元 赵孟頫　清 郑燮　唐 柳公权　明 文徵明

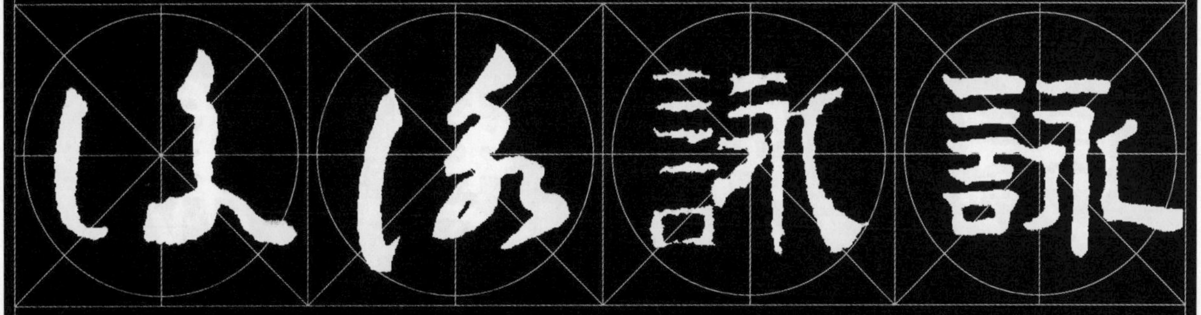

唐 怀素　明 祝允明　汉 景君碑　元 赵孟頫

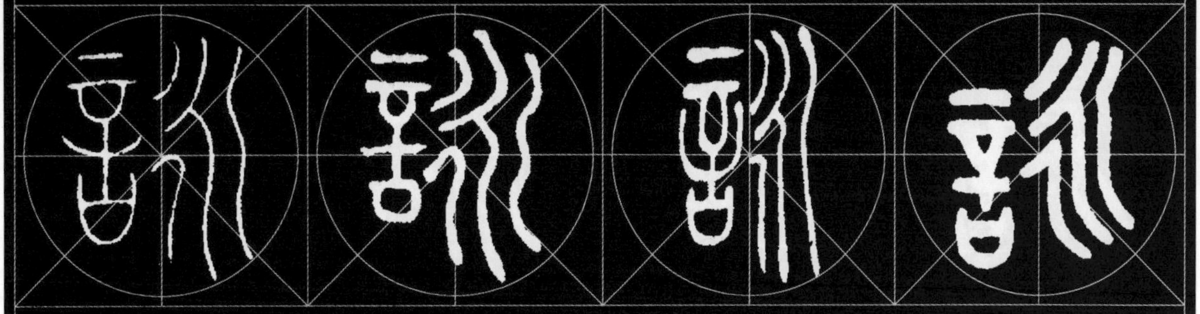

唐 李阳冰　元 赵孟頫　清 吴熙载　清 王禔

yǒng 泳

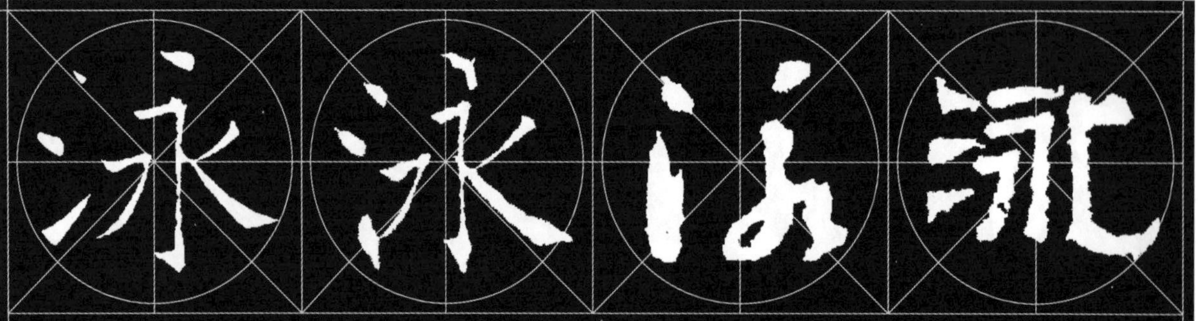

唐 褚遂良　唐 薛稷　唐 孙过庭　汉 熹平石经

Yǒng 甬

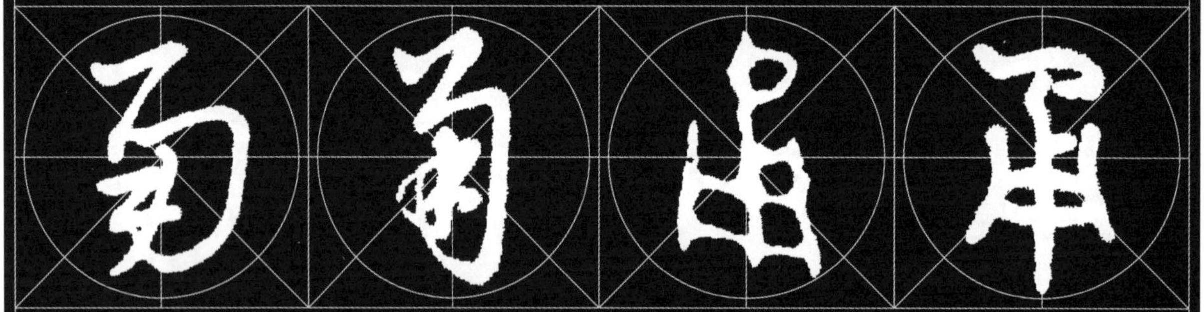

清 石梁·草字汇　金 张天锡·草书韵会　周 毛公鼎　清 仰嘉祥

yǒng 勇

南北朝 杨大眼造像　唐 李邕　元 赵孟頫　汉 孔彪碑

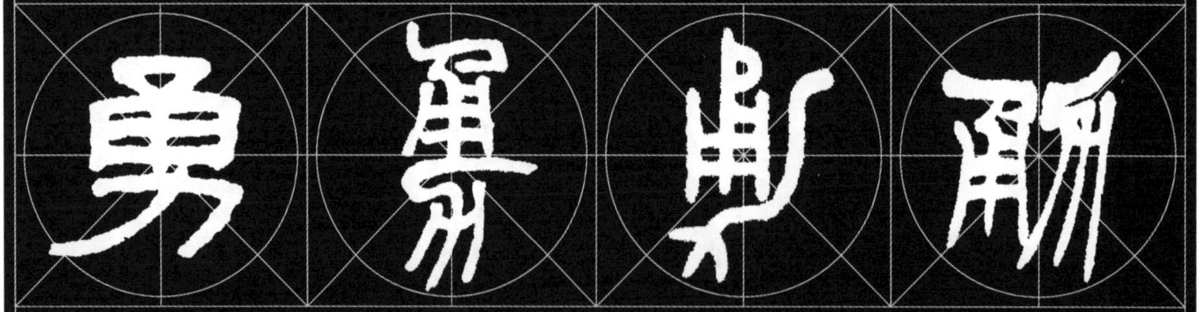

清 吴大澂　清 邓石如　清 田潜　清 徐三庚

yǒng 涌（湧）chōng

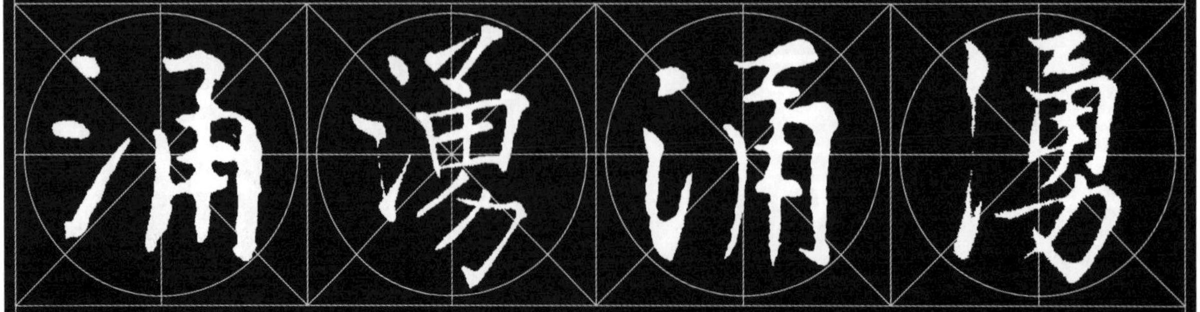

唐 虞世南　唐 薛曜　宋 黄庭坚　元 张雨

唐 孙过庭　元 赵孟頫　唐 怀素　明 王宠

清 王铎　汉 曹全碑　秦 石鼓文　清 吴熙载

唐 褚遂良　唐 颜真卿　唐 颜真卿　清 永理

晋 卫瓘　唐 贺知章　汉 夏承碑　汉 说文解字

北魏 元倪墓志　唐 虞世南　唐 褚遂良　唐 颜真卿

yǒng
踊（踴：往上跳）

yòng
用

yōu
攸

晋 王羲之
隋 智永
唐 孙过庭
唐 怀素
晋 王献之
元 康里子山
汉 礼器碑
汉 华山碑
汉 郭有道碑
汉 张迁碑
唐 李阳冰
清 吴大澂
隋 智永
唐 欧阳询
唐 虞世南
唐 李邕
隋 智永
唐 孙过庭
唐 怀素
元 饶介

汉 景君碑　汉 张寿碑　元 赵孟頫　清 王澍

周 毛公鼎　周 颂鼎　秦 会稽刻石　清 徐三庚

唐 颜师古　唐 颜真卿　唐 褚遂良　宋 黄庭坚

明 唐寅　晋 索靖　晋 王羲之　明 宋克

晋 辟雍碑　清 邓石如　清 王澍　清 吴熙载

yōu
悠
（久；远；闲适；悠荡）

yōu
幽

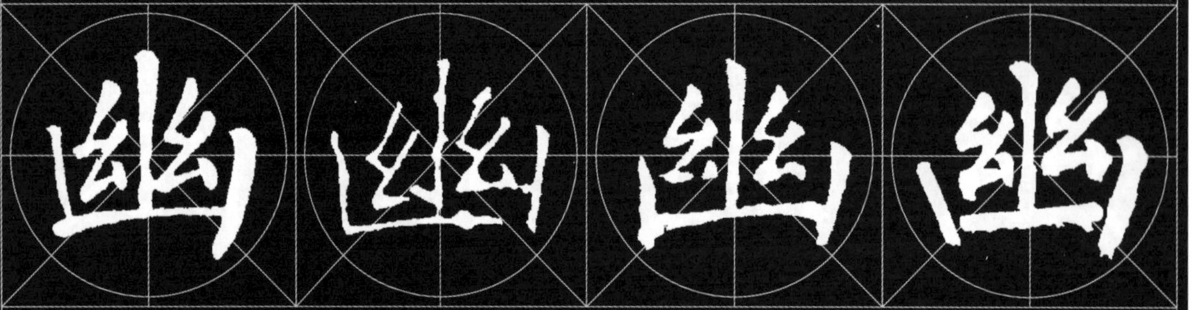

唐 颜真卿 | 唐 欧阳询 | 唐 虞世南 | 唐 柳公权

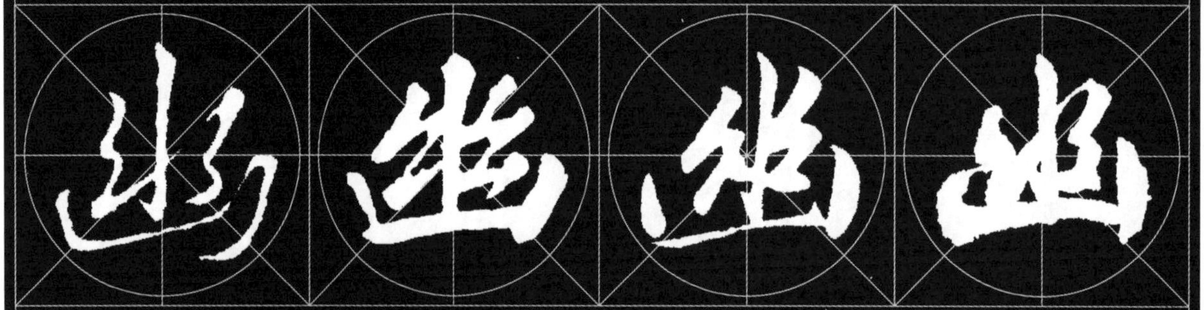

晋 王羲之 | 宋 苏轼 | 元 赵孟頫 | 明 文徵明

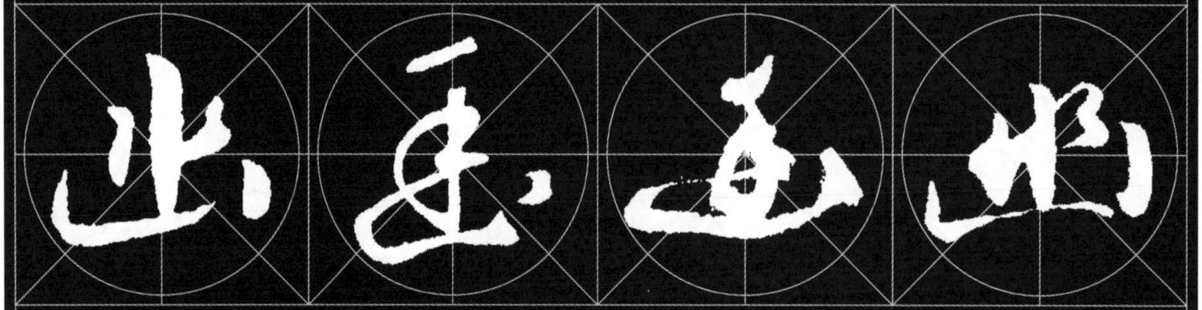

唐 怀素 | 元 鲜于枢 | 明 祝允明 | 明 金琮

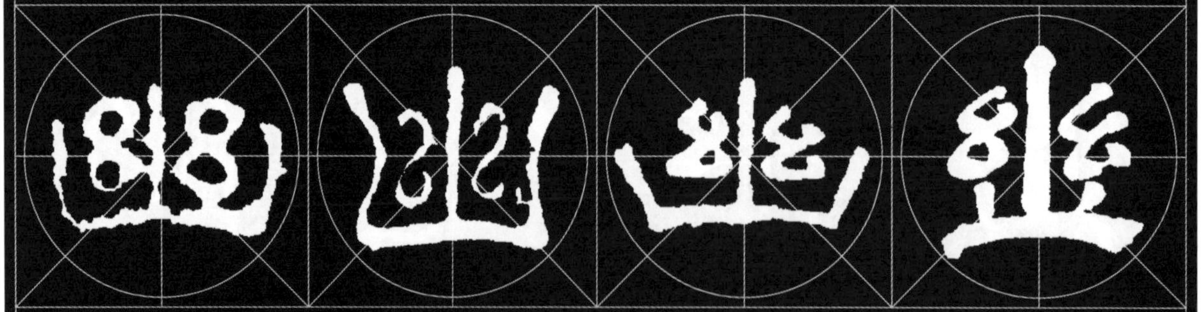

汉 衡方碑 | 汉 夏承碑 | 唐 韩择木 | 清 王时敏

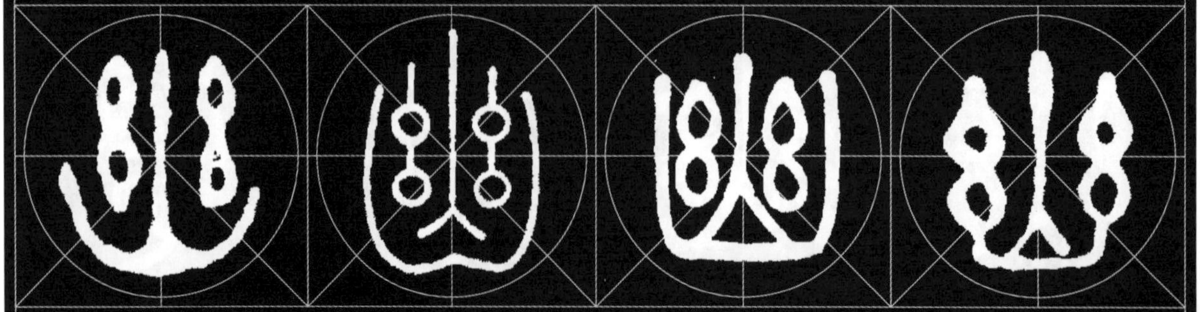

周 墙盘 | 清 王澍 | 清 杨沂孙 | 清 吴昌硕

yōu
忧（憂）

晋 王羲之　北魏 崔敬邕墓志　唐 欧阳询　唐 颜真卿

宋 苏轼　宋 苏轼　元 赵孟頫　明 唐寅

晋 王羲之　晋 王献之　晋 羊欣　唐 李世民

晋 王羲之　晋 王羲之　晋 王献之　明 宋克

汉 华山碑　汉 曹全碑　清 钱坫　清 吴熙载

yōu
优（優）

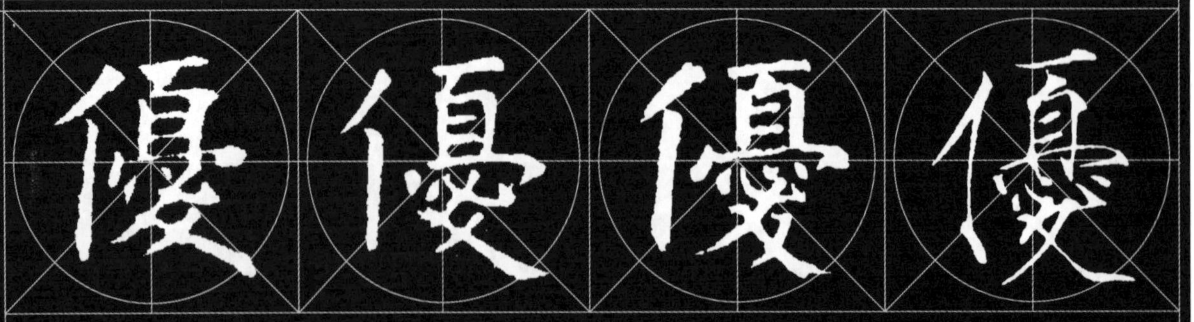

唐 欧阳询　唐 虞世南　唐 颜真卿　宋 赵佶

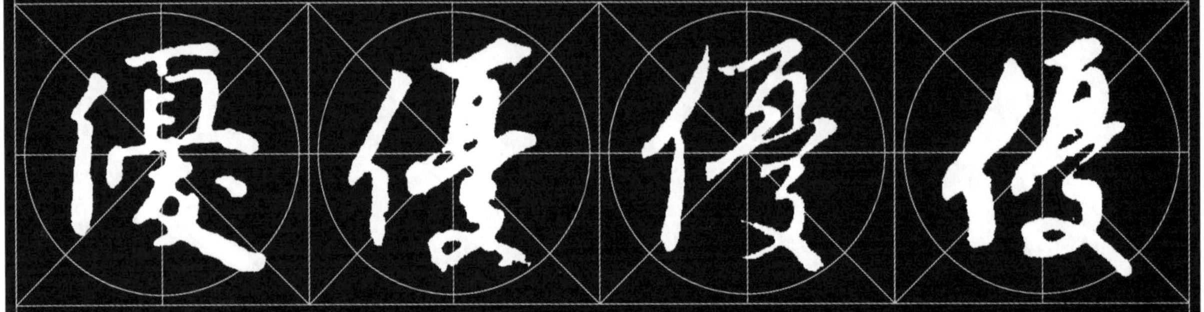

明 王宠　晋 王羲之　元 赵孟頫　明 文徵明

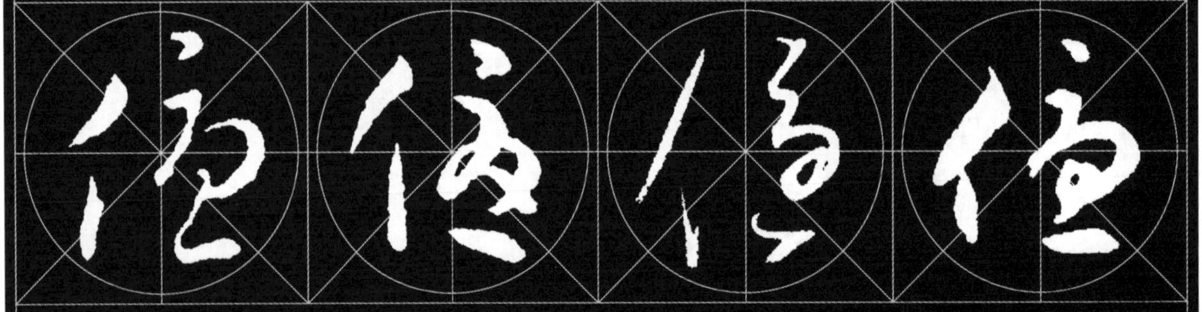

汉 刘炟　唐 孙过庭　宋 赵佶　元 揭傒斯

yóu
尤（尤）

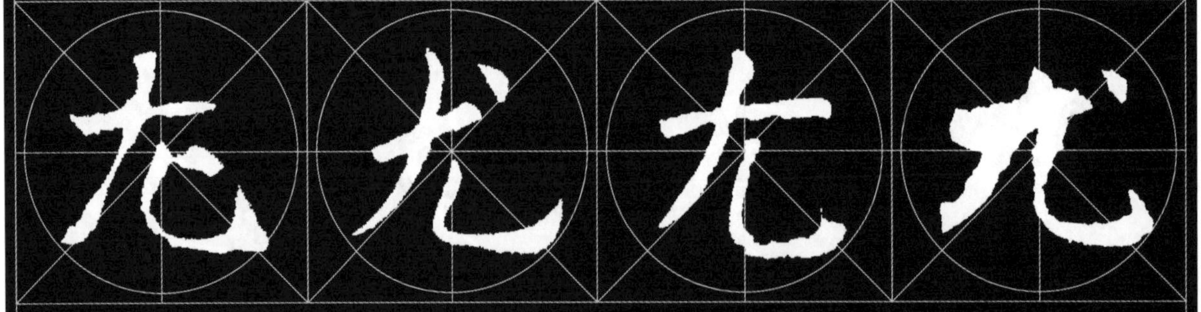

北魏 李超墓志　唐 欧阳询　唐 颜真卿　元 赵孟頫

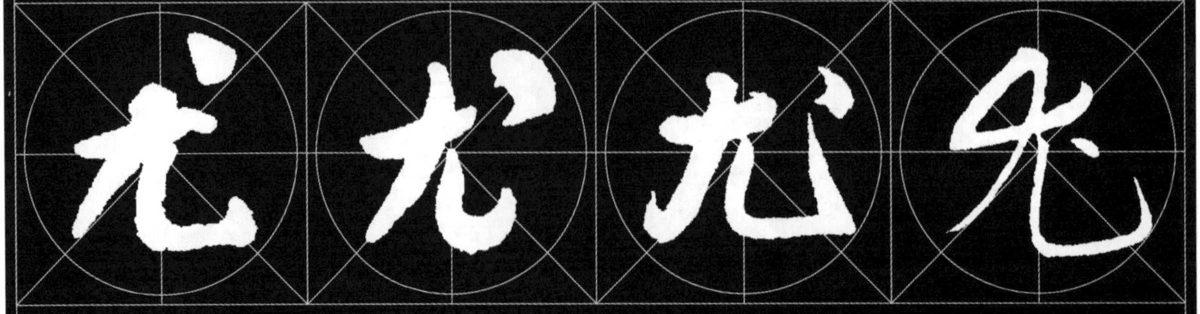

宋 黄庭坚　宋 米芾　宋 蔡卞　明 宋克

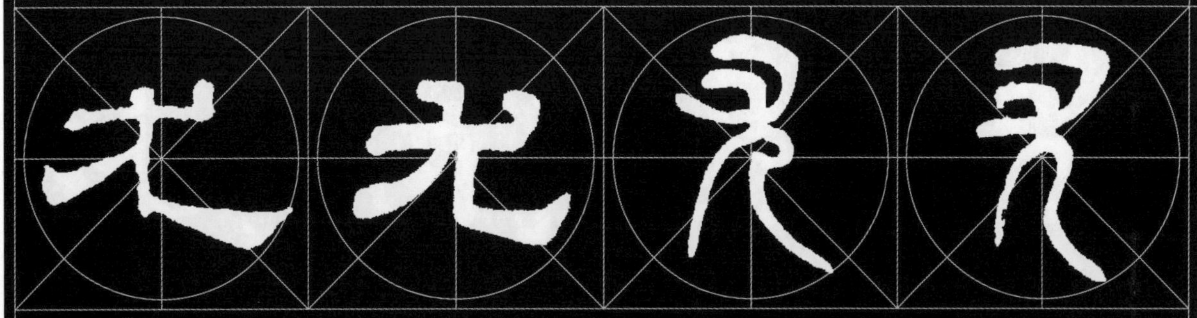

元 吴叡　清 顾蔼吉　清 徐三庚　清 吴昌硕

yóu
由

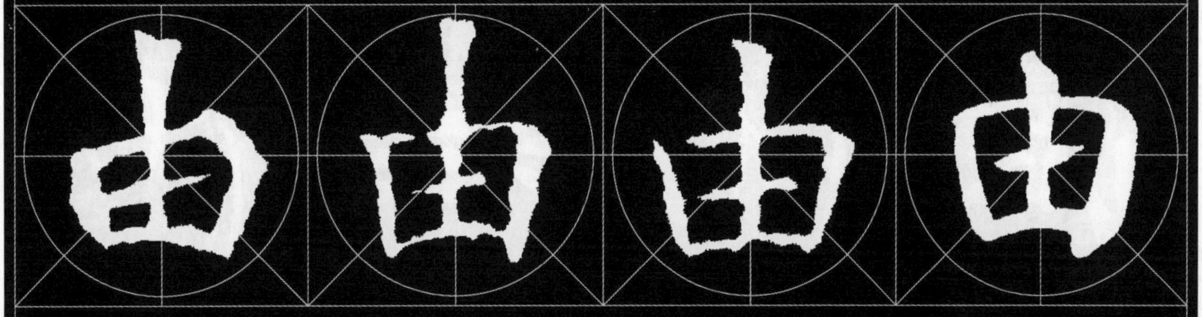

北魏 道匠造像　唐 欧阳询　唐 虞世南　唐 颜真卿

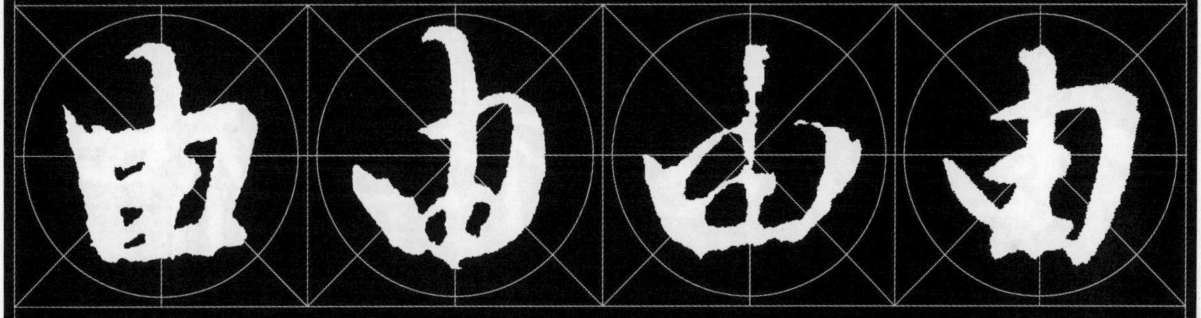

晋 王羲之　晋 王羲之　唐 褚遂良　明 文徵明

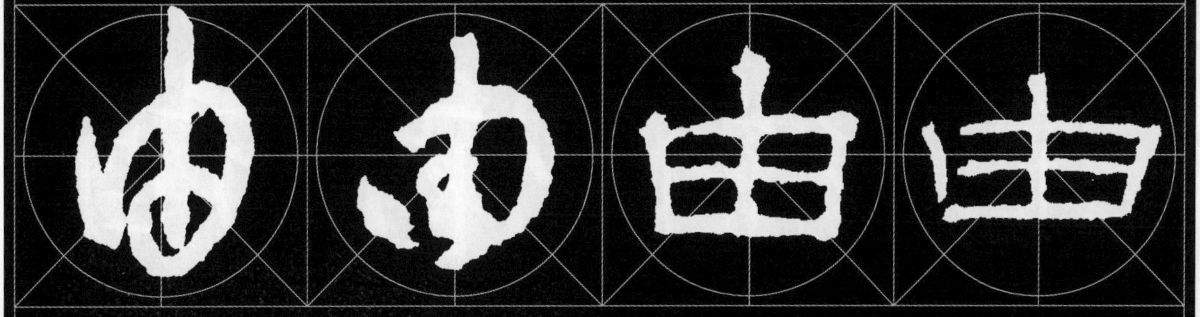

唐 孙过庭　宋 黄庭坚　汉 杨震碑　汉 石门颂

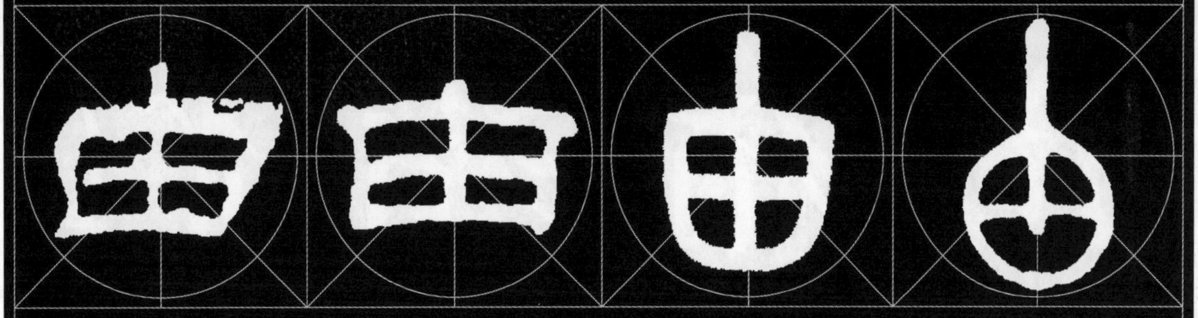

汉 华山碑　元 吴叡　清 吴大澂　清 黄士陵

yóu 油

yóu 柚（木）
yòu（柚子）

yóu 犹（猶：如同；尚且）

唐 国铨　唐 李邕　唐 李世民　宋 苏轼

元 张雨　晋 王献之　清 吴熙载　清 邓石如

元 赵孟頫　金 张天锡·草书韵会　清 顾蔼吉·隶辨　清 康熙字典

唐 欧阳询　唐 褚遂良　唐 颜真卿　唐 柳公权

隋 智永　宋 黄庭坚　清 朱耷　唐 孙过庭

yóu
猷
（计划；谋略）

明 祝允明
汉 华山碑
汉 张迁碑
清 杨沂孙
北魏 郑长猷造像
唐 欧阳询
唐 虞世南
唐 李世民
隋 智永
唐 孙过庭
唐 颜真卿
唐 怀素
汉 鲜于璜碑
元 赵孟頫
明 文徵明
清 顾蔼吉·隶辨
秦 石鼓文
清 田潜
清 吴熙载
清 杨沂孙

yóu
輶
（轻；古代一种轻便的车）

yóu
斿
（旌旗飘带；同游）

yóu
游
（遊：与水有关者不用此遊）

唐 褚遂良　元 赵孟頫　明 沈粲　隋 智永

唐 孙过庭　唐 怀素　清 顾蔼吉·隶辨　汉 说文解字

汉 马王堆帛书　汉 孔彪碑　清 何绍基　秦 石鼓文

唐 高正臣　宋 黄庭坚　宋 苏轼　宋 米芾

明 祝允明　汉 武梁刻石　汉 华山碑　元 吴叡

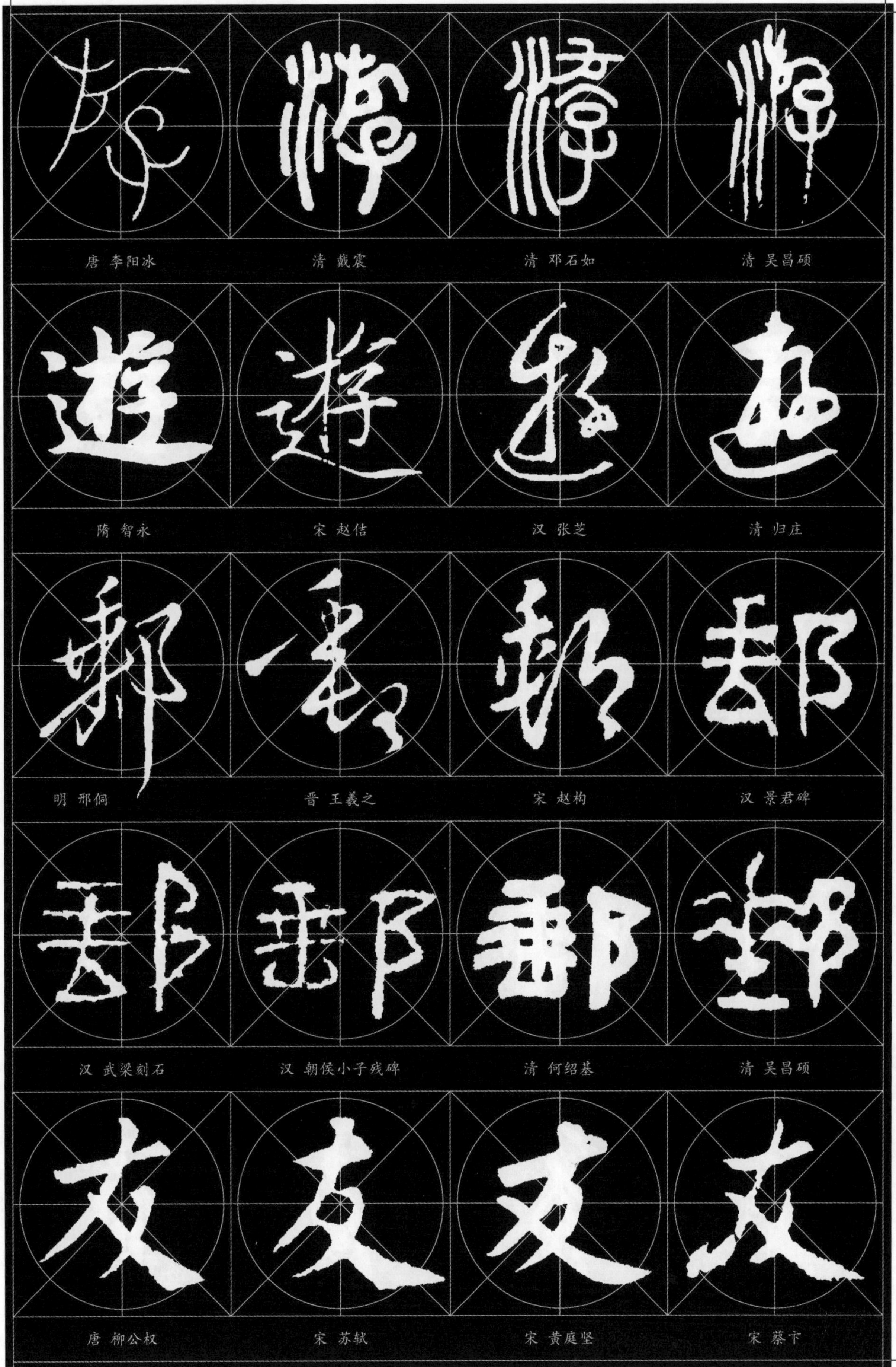

唐 李阳冰　清 戴震　清 邓石如　清 吴昌硕

隋 智永　宋 赵佶　汉 张芝　清 归庄

明 邢侗　晋 王羲之　宋 赵构　汉 景君碑

汉 武梁刻石　汉 朝侯小子残碑　清 何绍基　清 吴昌硕

唐 柳公权　宋 苏轼　宋 黄庭坚　宋 蔡卞

yóu
遊

yóu
邮（郵）

yǒu
友

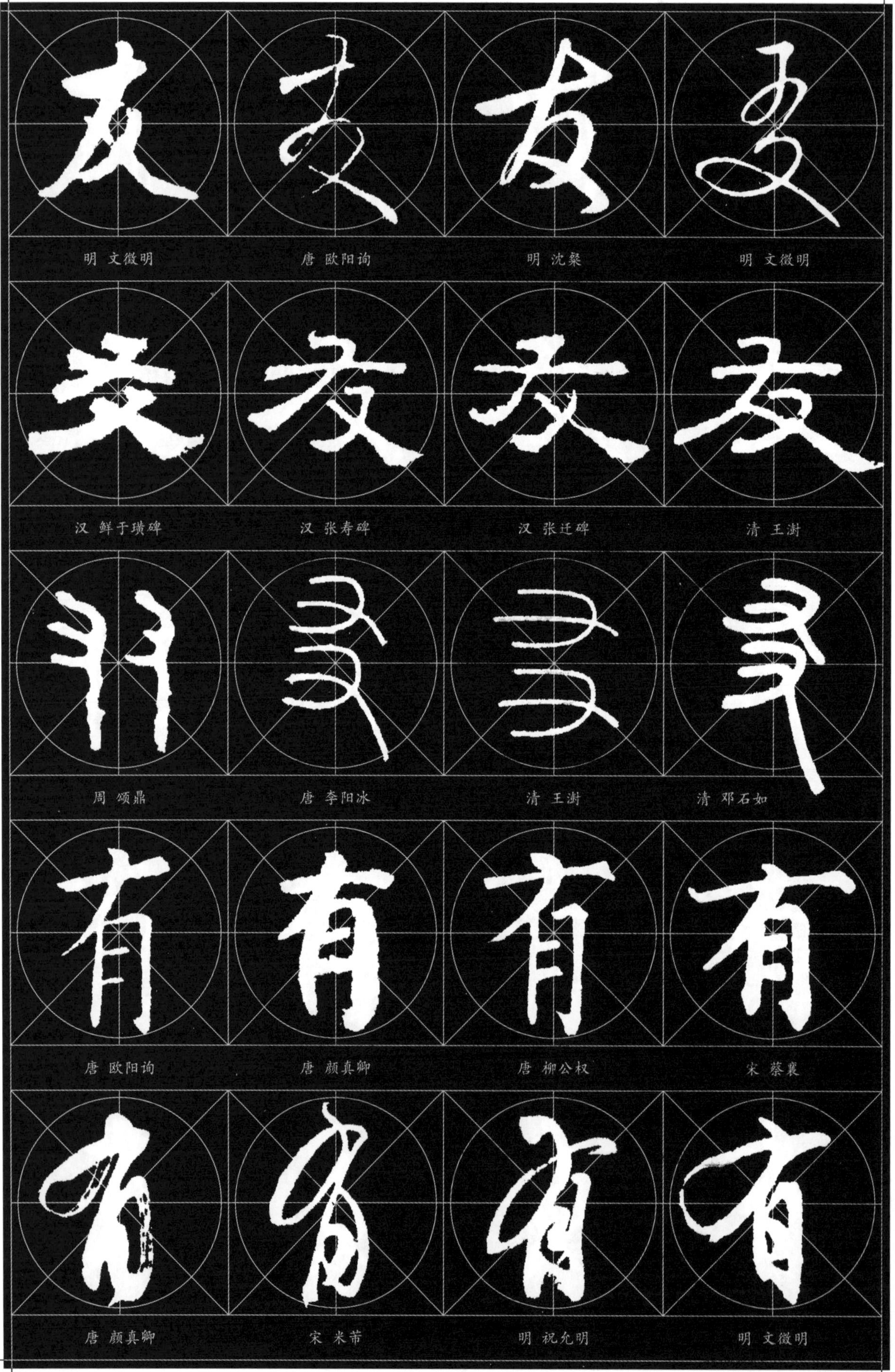

yǒu
有
yòu
（同又：三十有五）

晋 王羲之　唐 孙过庭　唐 怀素　宋 苏轼

汉 白石神君碑　汉 刘熊碑　三国 王基碑　唐 颜真卿

周 散氏盘　秦 会稽刻石　清 王澍　清 吴大澂

元 赵孟頫　清 赵之谦　周 大盂鼎　清 杨沂孙

南北朝 张玄墓志　唐 颜真卿　元 赵孟頫　明 文徵明

yǒu
卣
（口小腹大的酒具）

yǒu
酉

yǒu 莠（狗尾草）

yǒu 牖（窗户）

yòu
又

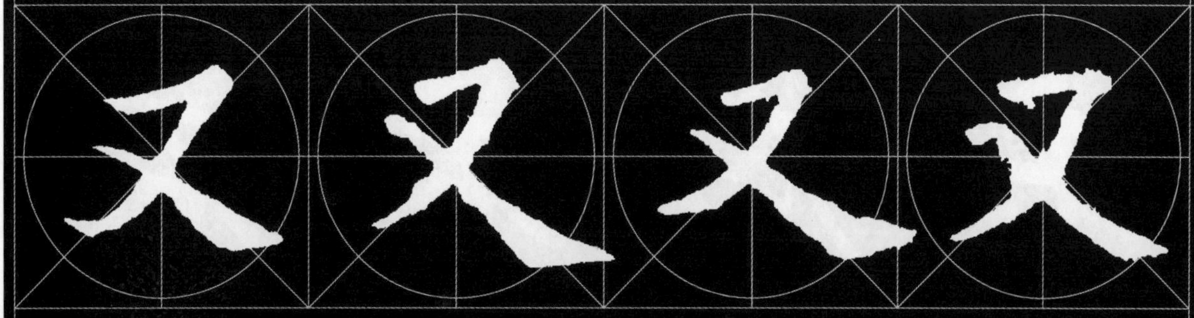

王羲之 唐 欧阳询 唐 欧阳通 唐 颜真卿

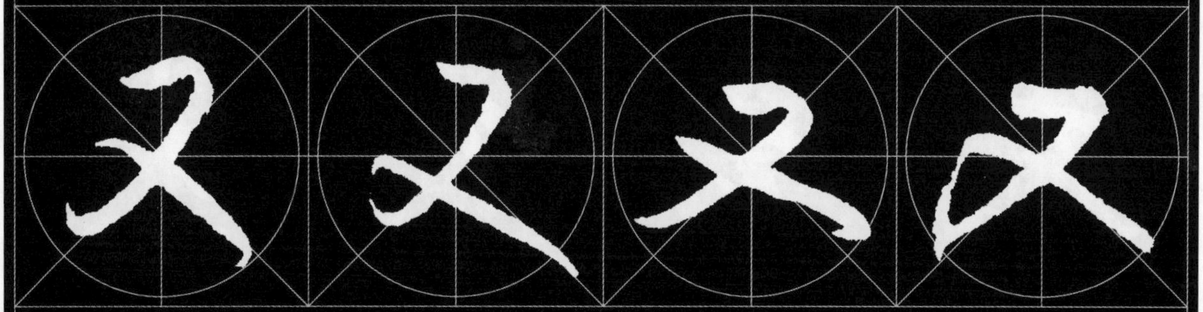

晋 王羲之 唐 孙过庭 宋 黄庭坚 元 鲜于枢

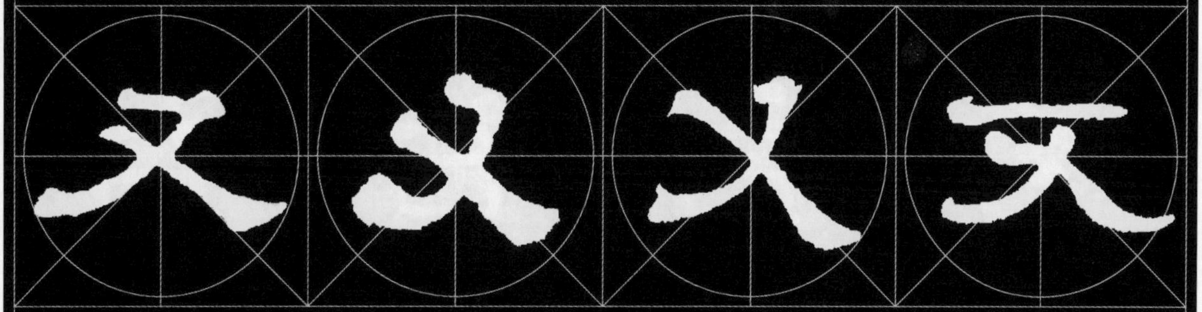

汉 郭有道碑 汉 樊敏碑 三国 王基碑 清 郑簠

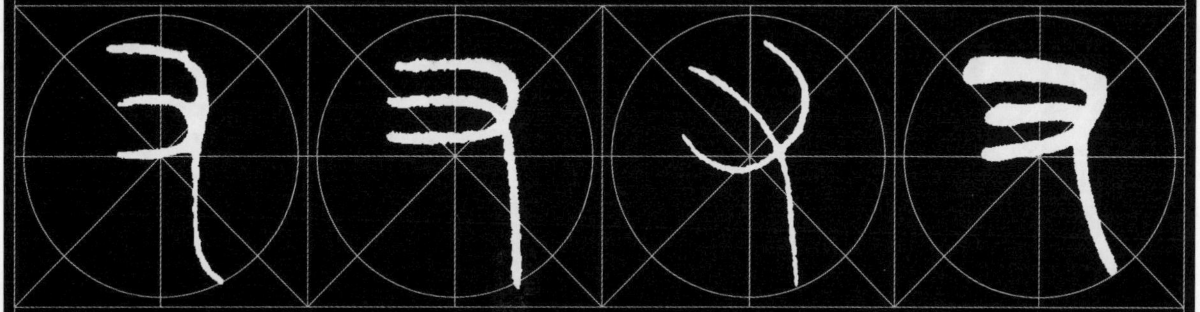

周 小克鼎 唐 碧落碑 唐 李阳冰 清 吴昌硕

yòu
右

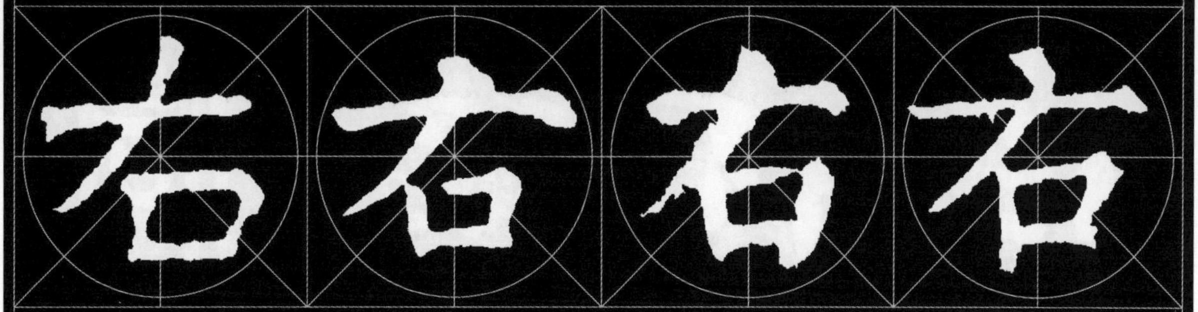

北魏 李璧墓志 唐 欧阳询 唐 颜真卿 唐 柳公权

晋 王羲之 | 唐 李世民 | 宋 苏轼 | 清 王文治
唐 欧阳询 | 唐 孙过庭 | 宋 黄庭坚 | 元 揭傒斯
汉 武梁刻石 | 汉 史晨碑 | 汉 曹全碑 | 元 赵孟頫
周 毛公鼎 | 秦 石鼓文 | 唐 李邕 | 元 赵孟頫

yòu
佑（祐）

宋 米芾 | 明 董其昌 | 汉 华山碑 | 清 吴大澂

yòu
祐（保佑）

yòu
幼

宋 苏轼　宋 楼钥　宋 张即之　清 翁方纲

唐 孙过庭　唐 孙过庭　唐 怀素　明 董其昌

汉 景君碑　汉 桐柏庙碑　汉 说文解字　清 吴大澂

唐 褚遂良　唐 李邕　唐 魏栖梧　唐 颜真卿

唐 颜真卿　元 赵孟頫　晋 王羲之　晋 王献之

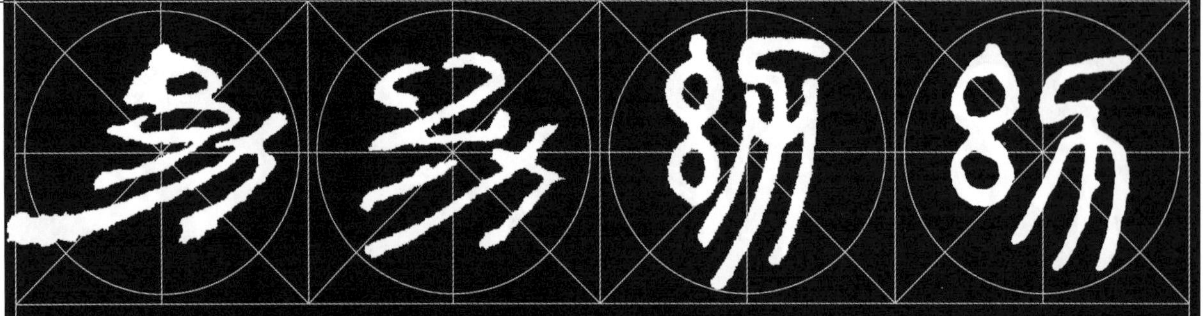

汉 孔宙碑　汉 肥致碑　清 邓石如　清 杨沂孙

yòu 囿（养动物的园子；局限；拘泥）

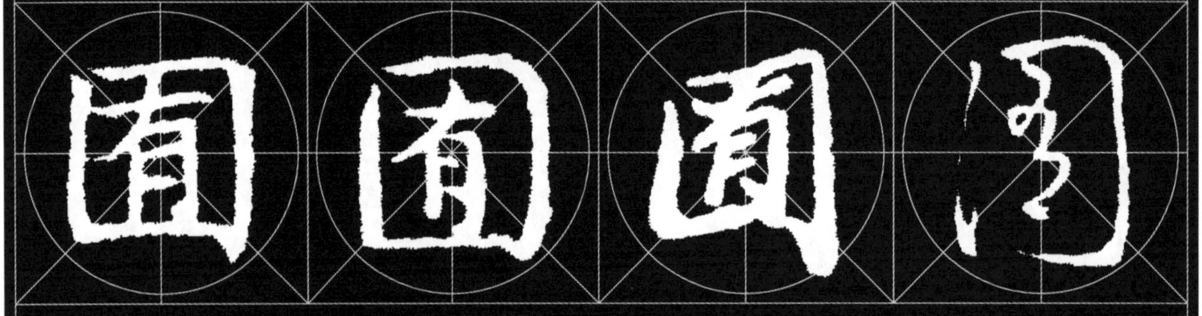

隋 董美人墓志　唐 褚遂良　清 郑燮　金 张天锡·草书韵会

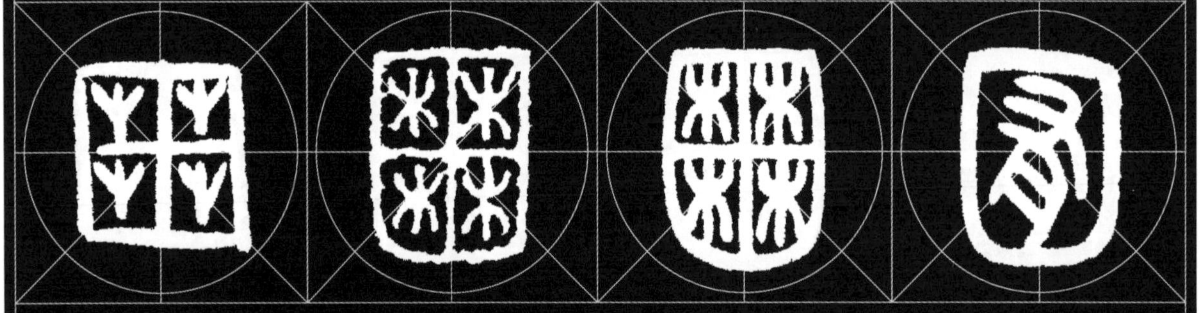

般商 甲骨文　秦 石鼓文　清 邓石如　清 罗振玉

Yū 於（姓）yú（同于；在）wū（於乎；同呜呼）

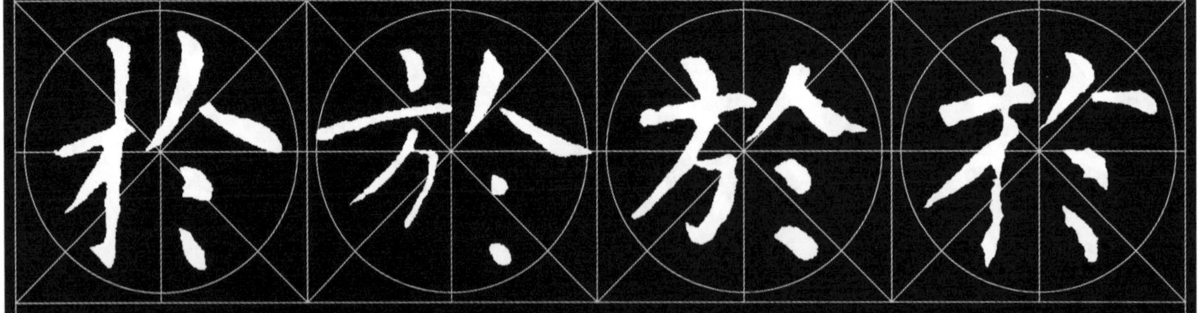

唐 欧阳询　唐 褚遂良　唐 颜真卿　唐 柳公权

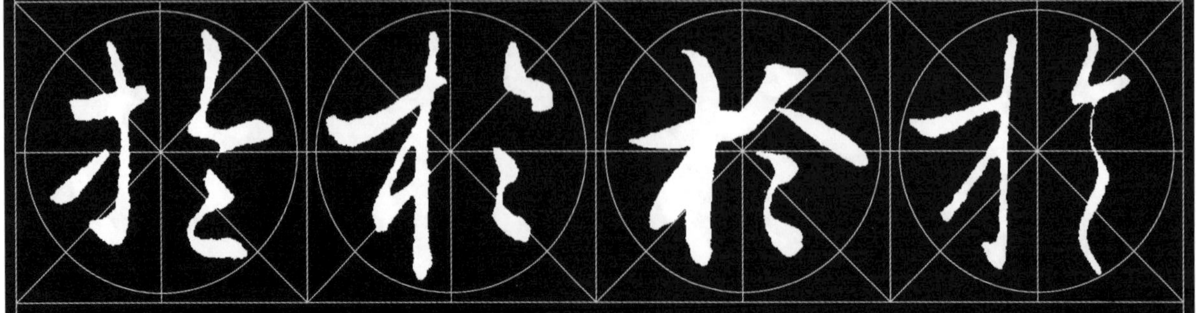

晋 索靖　晋 王献之　隋 智永　唐 欧阳询

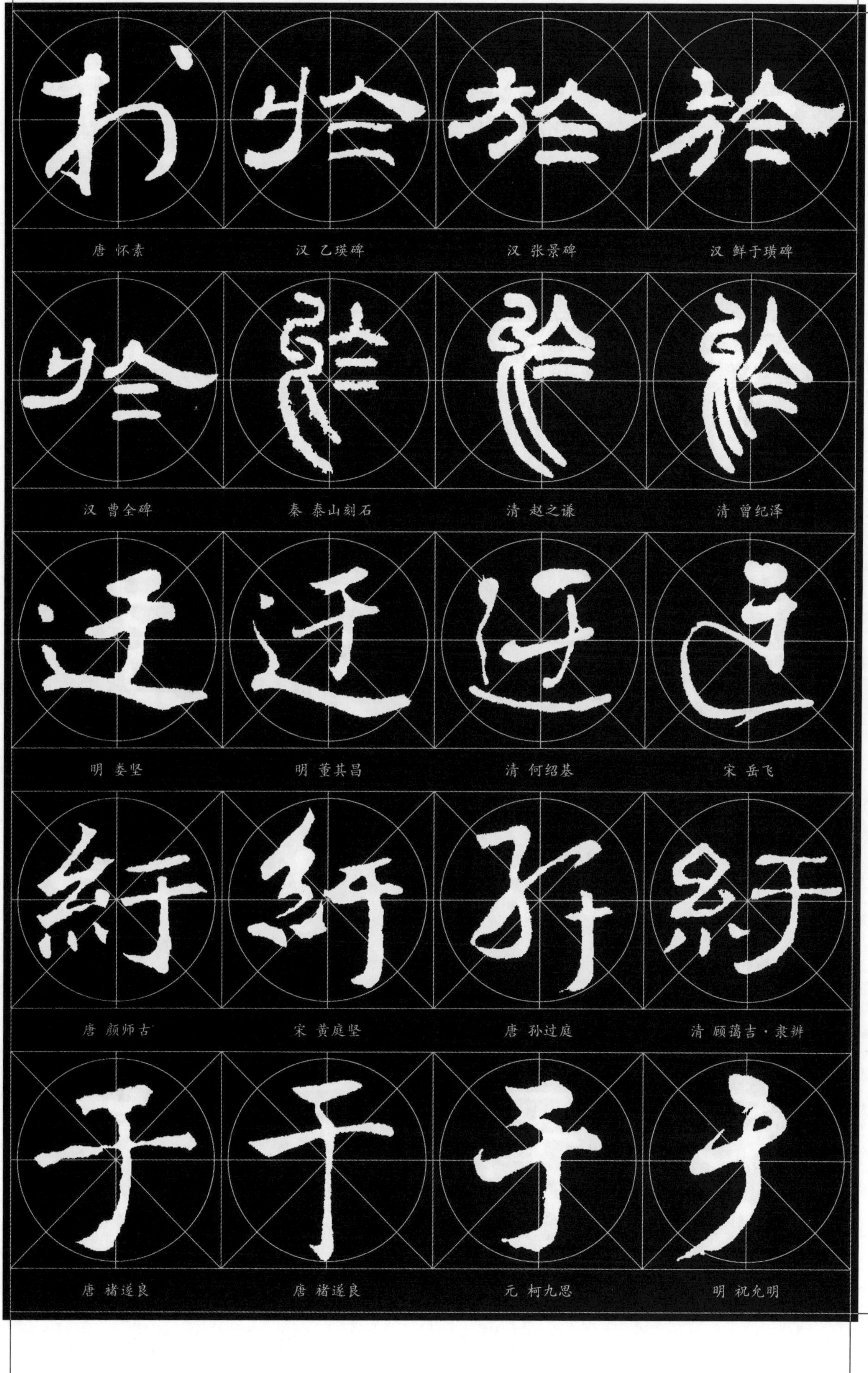

yū
迂

yū
纡（曲折；系；结）

yú
于（於）

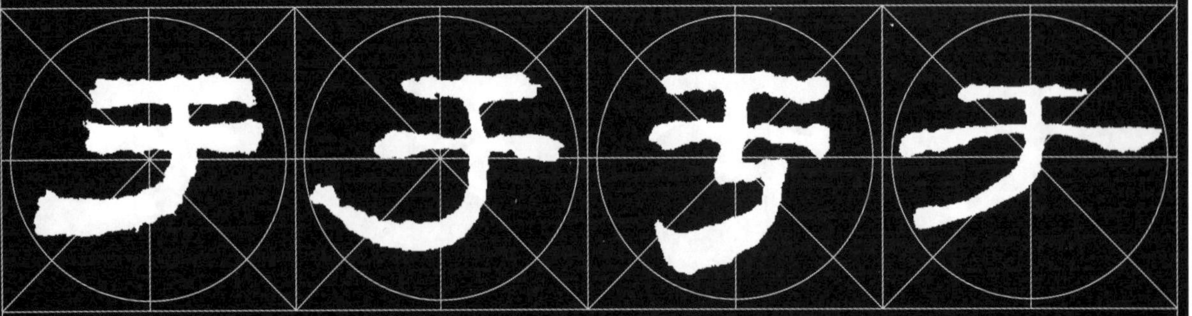

汉 鲜于璜碑 | 汉 孔彪碑 | 汉 校官碑 | 汉 曹全碑

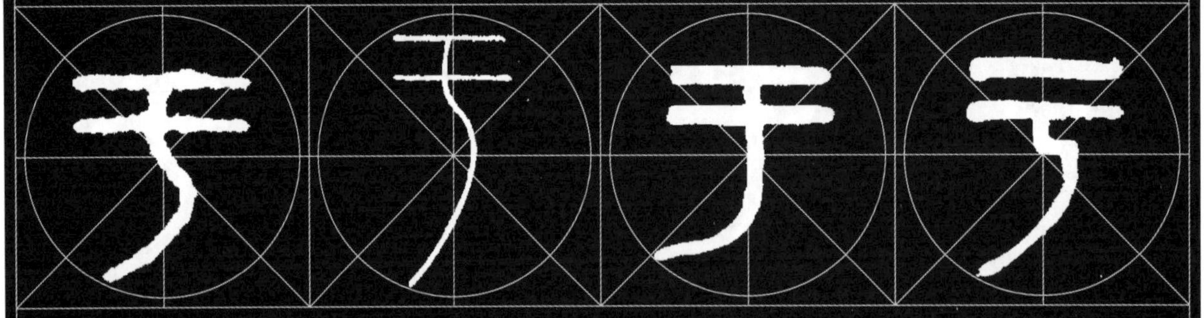

秦 石鼓文 | 唐 李阳冰 | 清 吴大澂 | 清 吴大澂

yú
盂

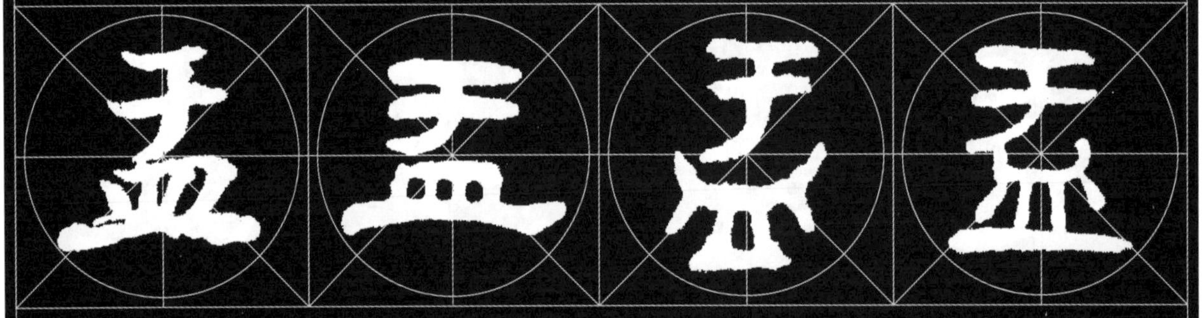

明 董其昌 | 清 吴大澂 | 周 大盂鼎 | 清 杨沂孙

yú
予（我）yǔ（给）

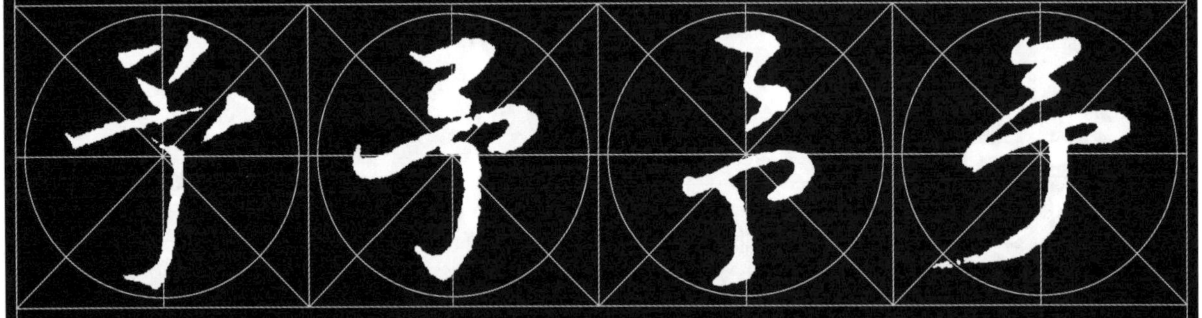

唐 欧阳询 | 唐 陆柬之 | 宋 文天祥 | 元 鲜于枢

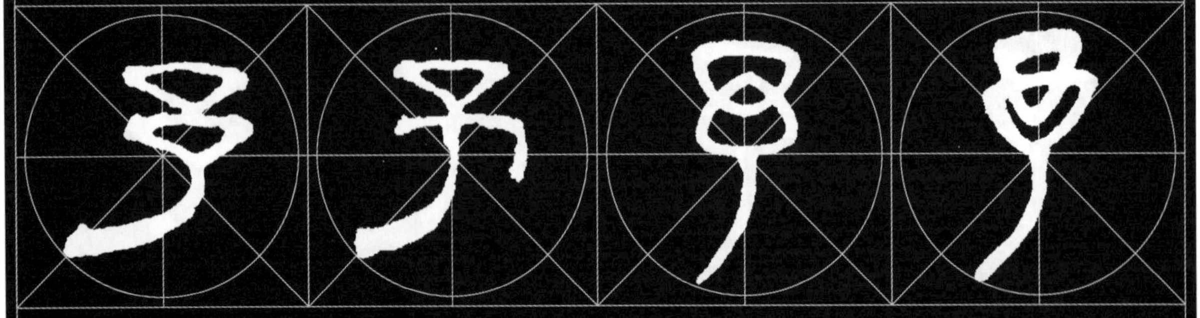

元 吴叡 | 元 吴叡 | 清 吴大澂 | 清 吴昌硕

yú 余

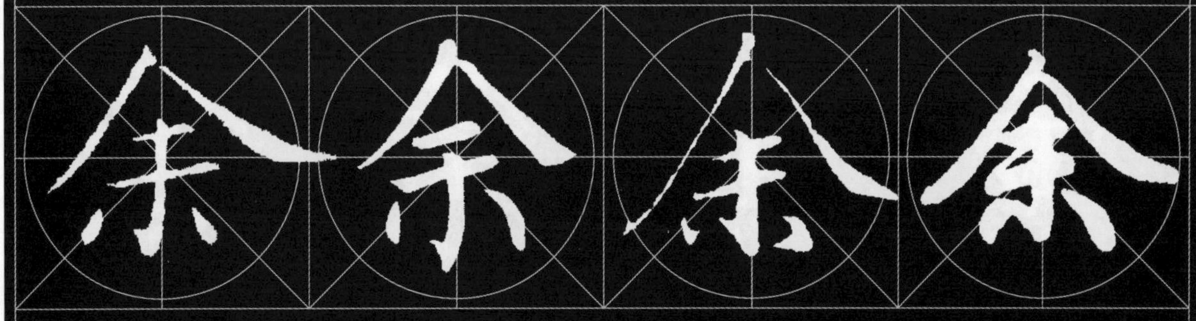

晋 王献之　唐 颜真卿　唐 欧阳询　唐 陆柬之

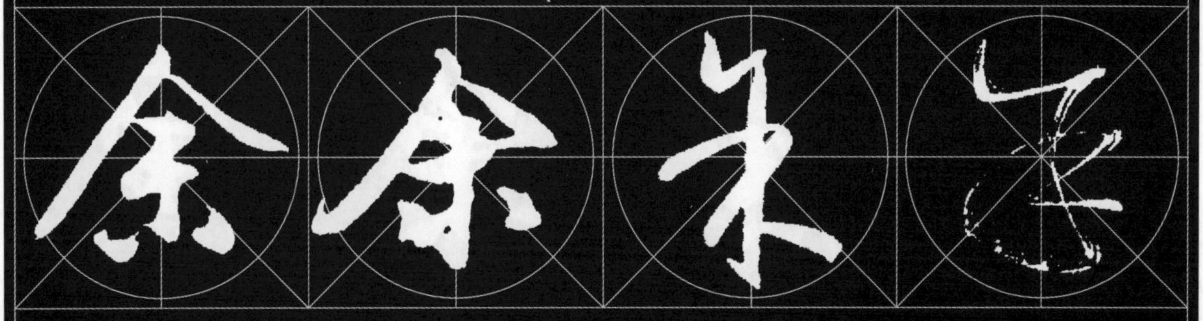

明 沈周　明 文徵明　唐 孙过庭　唐 怀素

yú 臾（须臾：片刻）

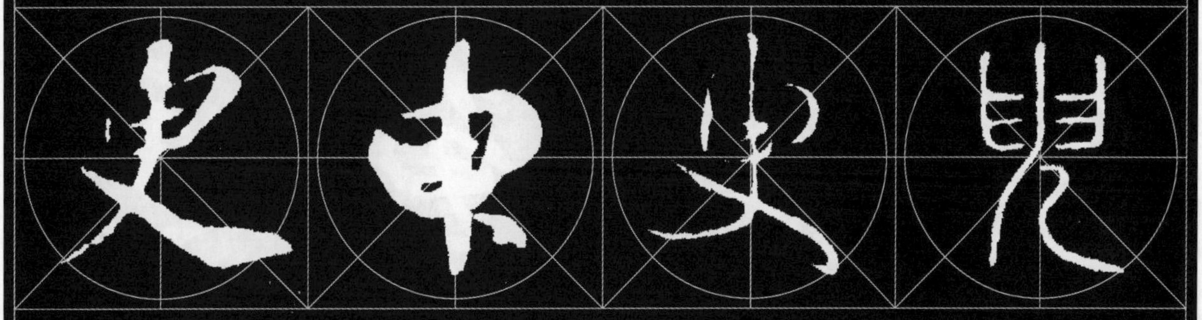

宋 苏轼　晋 王羲之　明 祝允明　汉 说文解字

yú 腴（胖；肥沃）

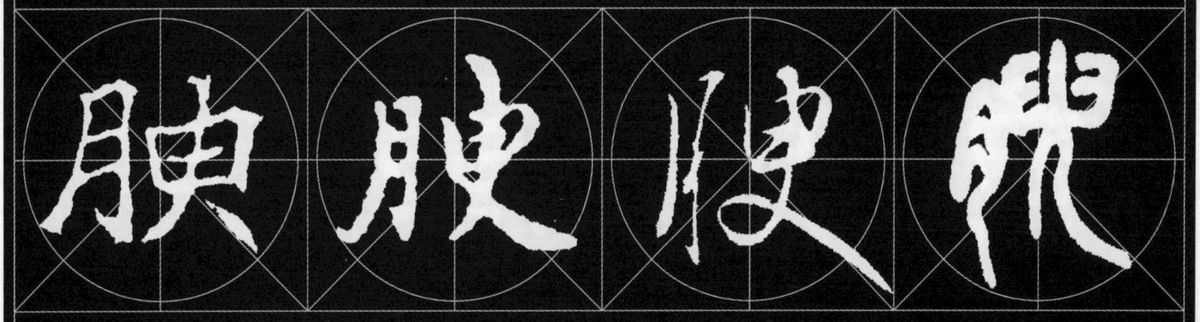

唐 颜师古　明 沈度　明 张弼　清 吴昌硕

yú 谀（奉承）

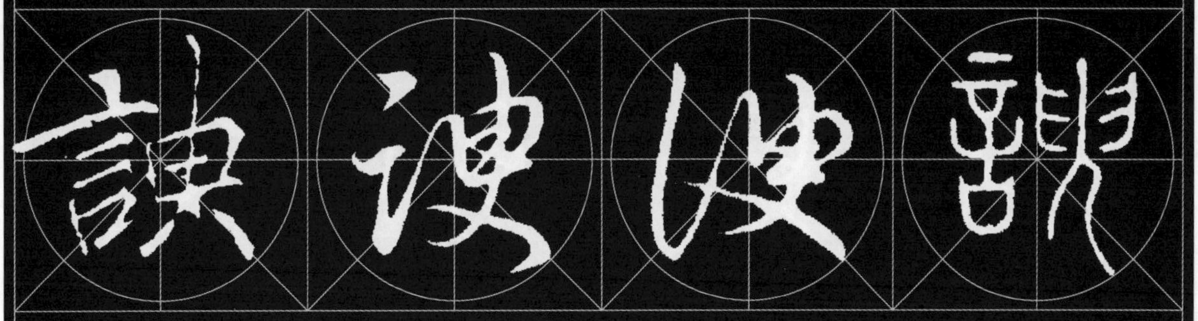

唐 李邕　明 董其昌　金 张天锡·草书韵会　汉 说文解字

yú
鱼（魚）

南北朝 朱君山墓志
隋 智永
唐 柳公权
宋 米芾
唐 褚遂良
宋 蔡襄
宋 苏轼
宋 米芾
晋 王羲之
唐 怀素
明 沈粲
明 祝允明
汉 武梁刻石
汉 曹全碑
汉 张迁碑
清 王澍
秦 石鼓文
唐 李阳冰
元 吴叡
清 吴大澂

yú
渔
（漁：捕鱼；谋取）

yú
俞
shù
（腧：穴位）

yú 渝（改变）

yú 愉

yú 逾（超过；更加）

yú 踰

晋 索靖
唐 褚遂良
元 鲜于枢
清 何绍基
清 杨沂孙
清 赵之谦
清 吴熙载
清 吴大澂
明 文徵明
元 赵孟頫
明 祝允明
清 顾蔼吉·隶辨
隋 董美人墓志
唐 柳公权
明 祝允明
汉 说文解字
唐 欧阳询
元 赵孟頫
元 柯九思
明 唐寅

yú
榆

yú
瑜

yú
隅

yú
嵎（山弯儿；同隅）

yú
愚

唐 怀素　宋 赵构　元 鲜于枢　明 文徵明

南北朝 爨龙颜碑　北魏 崔敬邕墓志　清 王铎　汉 说文解字

唐 褚遂良　宋 蔡襄　隋 智永　宋 苏轼

晋 王羲之　元 赵孟頫　唐 张旭　元 鲜于枢

元 赵雍　汉 乙瑛碑　汉 西狭颂　唐 李阳冰

yú 娱

yú 虞（预料；忧虑；欺骗）

元 俞和　晋 王羲之　晋 王羲之　明 沈周

明 陈淳　明 王宠　汉 孟孝琚碑　元 吴叡

唐 欧阳询　唐 褚遂良　晋 王坦之　宋 米芾

晋 王羲之　隋 智永　汉 礼器碑　汉 鲜于璜碑

唐 李隆基　唐 李阳冰　唐 李阳冰　清 吴熙载

yú 舆（车；轿；地；众多；众人的）

yǔ 与（舆）yú（同欤：吗、呢、啊）yù（参与）

yǔ
屿（小岛）

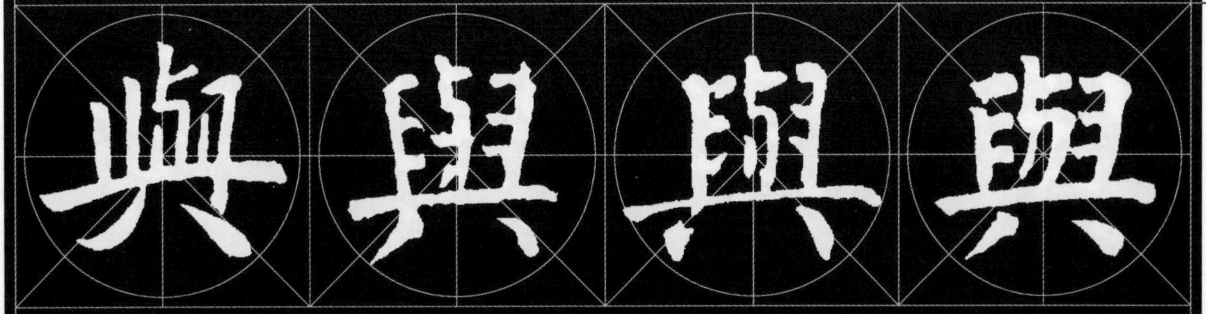

北魏 元诊墓志 | 唐 颜真卿 | 唐 柳公权 | 明 祝允明

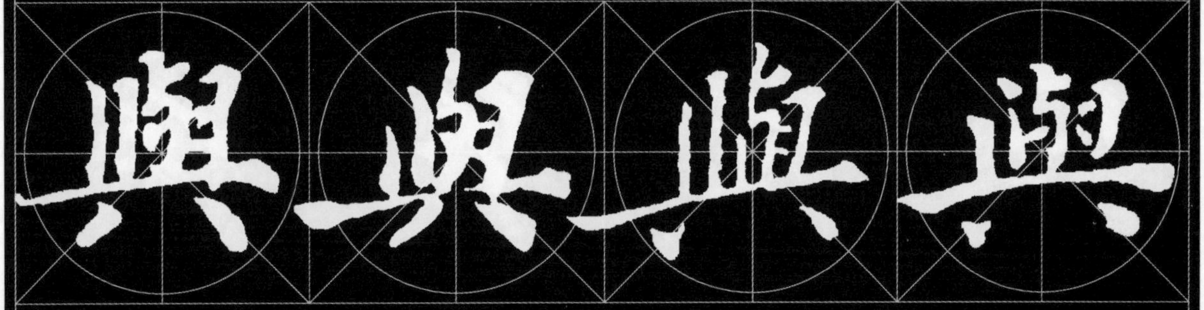

宋 蔡襄 | 宋 苏轼 | 宋 黄庭坚 | 明 丰坊

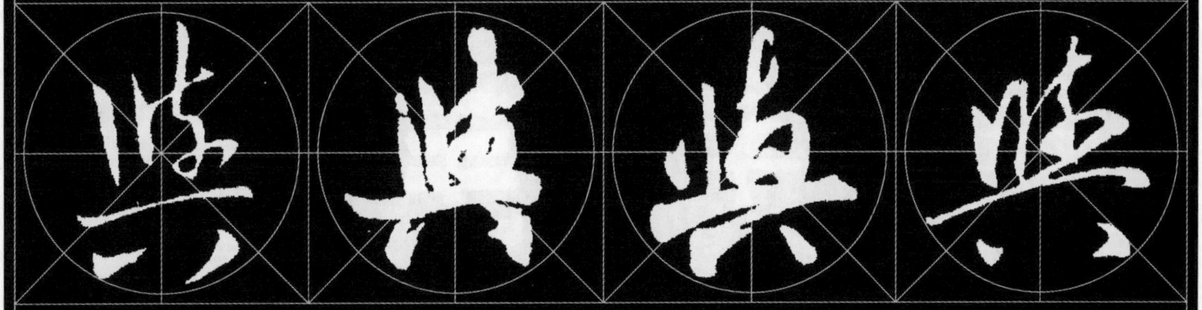

晋 王献之 | 唐 欧阳询 | 宋 魏了翁 | 元 吴镇

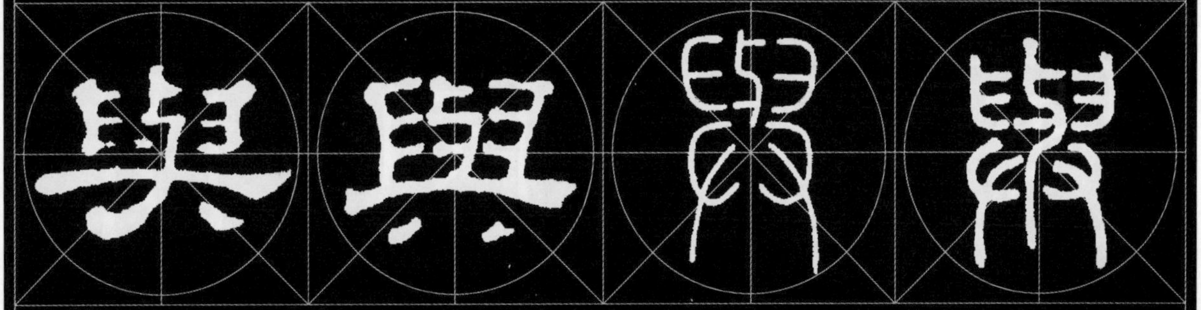

汉 郭有道碑 | 元 吴叡 | 唐 李阳冰 | 元 赵孟頫

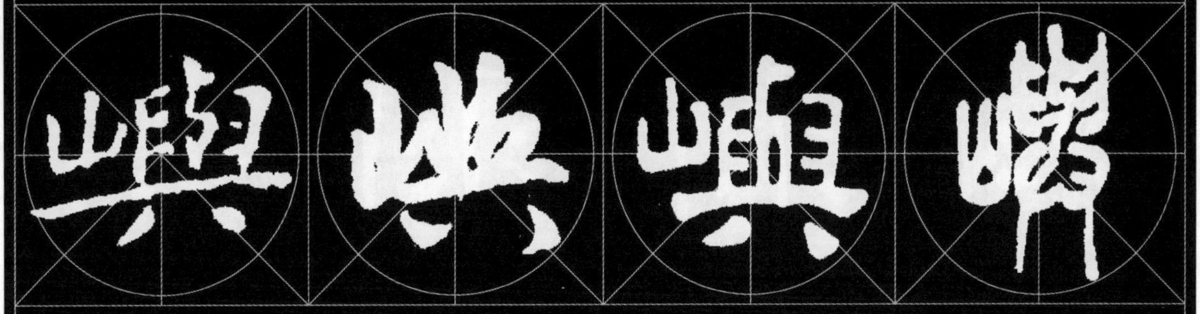

晋 王羲之 | 明 文徵明 | 清 杨守敬 | 清 吴昌硕

yǔ
宇（房檐，泛指房屋；世界；气质；风度）

yǔ
羽

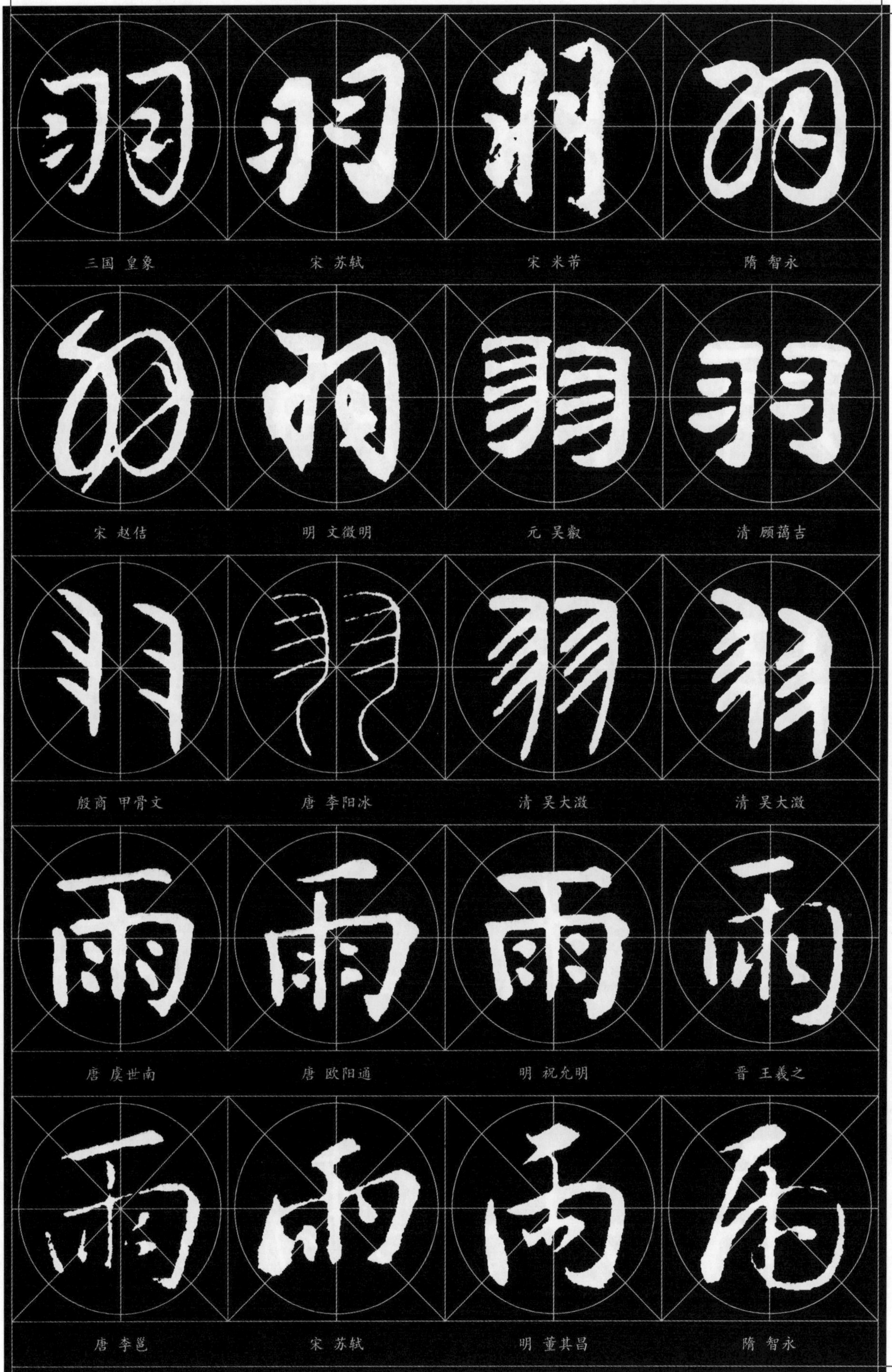
三国 皇象
宋 苏轼
宋 米芾
隋 智永
宋 赵佶
明 文徵明
元 吴叡
清 顾蔼吉
殷商 甲骨文
唐 李阳冰
清 吴大澂
清 吴大澂
唐 虞世南
唐 欧阳通
明 祝允明
晋 王羲之
唐 李邕
宋 苏轼
明 董其昌
隋 智永

yǔ
雨
yù
（下：雨雪）

yǔ
禹

宋 杜衍　元 鲜于枢　明 王守仁　汉 礼器碑

晋 辟雍碑　殷商 甲骨文　秦 石鼓文　唐 李阳冰

唐 欧阳询　唐 褚遂良　宋 黄庭坚　清 王铎

隋 智永　唐 欧阳询　元 赵孟頫　明 王宠

汉 樊敏碑　清 王澍　唐 李阳冰　元 赵孟頫

yǔ 圄

yǔ 语 yù（告诉）

yǔ 圉（养马处）

宋 苏轼　唐 怀素　清 顾蔼吉·隶辨　汉 说文解字

唐 颜真卿　元 赵孟頫　宋 苏轼　宋 黄庭坚

宋 赵佶　晋 王羲之　宋 苏轼　晋 王献之

隋 智永　唐 李世民　汉 礼器碑　清 邓石如

清 王铎　元 吴叡　殷商 甲骨文　周 墙盘

yǔ
庾（露天的谷仓）

yù
玉

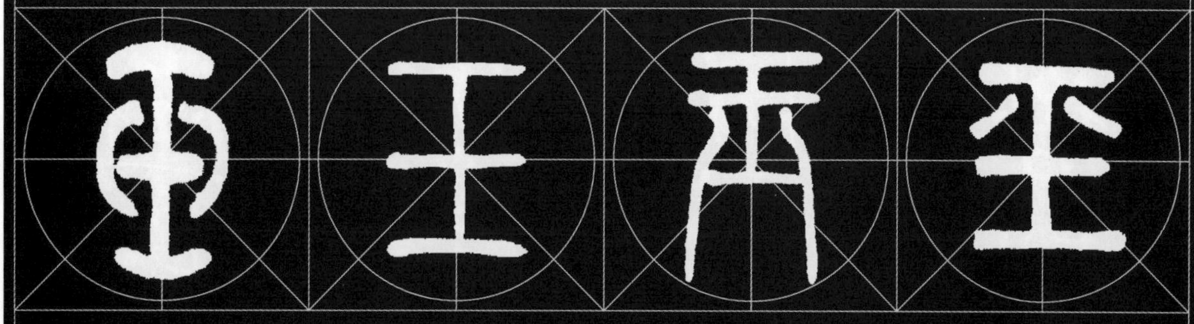

清 邓石如　清 吴熙载　清 莫友芝　清 吴大澂

唐 欧阳询　唐 颜真卿　元 赵孟頫　汉 说文解字

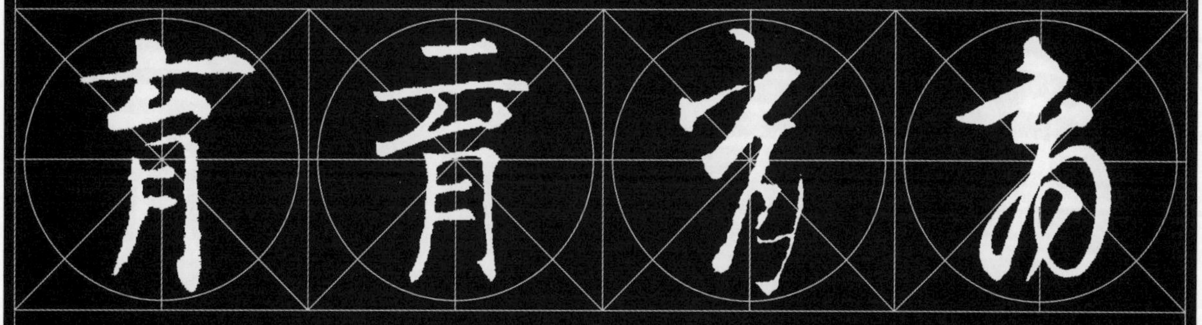

唐 虞世南　唐 褚遂良　隋 智永　明 沈粲

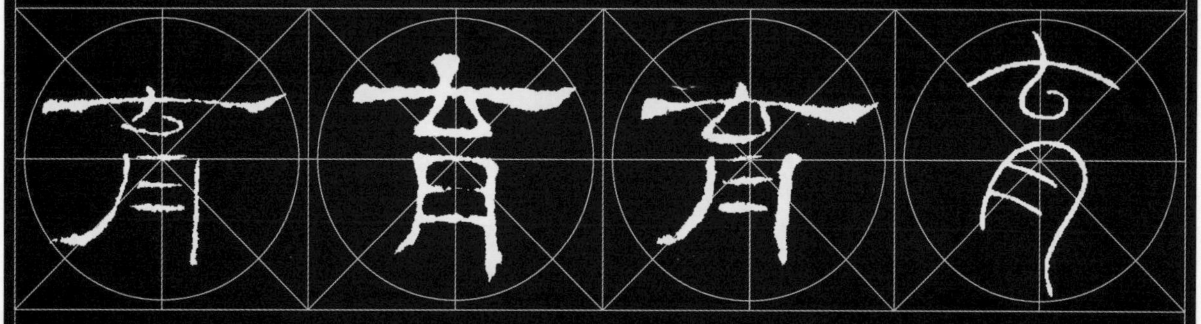

汉 礼器碑　汉 白石神君碑　汉 曹全碑　唐 李阳冰

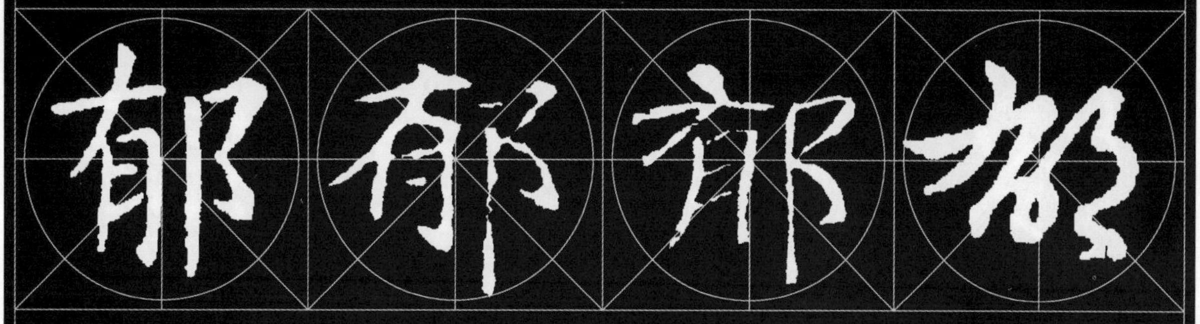

晋 王献之　唐 颜师古　晋 辟雍碑　明 佚名

yù 吁 xū（叹气）yū

yù 育（生；养；教）yō（杭育）

yù 郁（浓香）

yù 鬱（郁：茂盛；忧郁）

yù 昱（日光；照耀）

yù 聿（秦以前笔的原字）

yù 驭（馭）

yù
饫（飫：饱。古写秎）

yù
浴

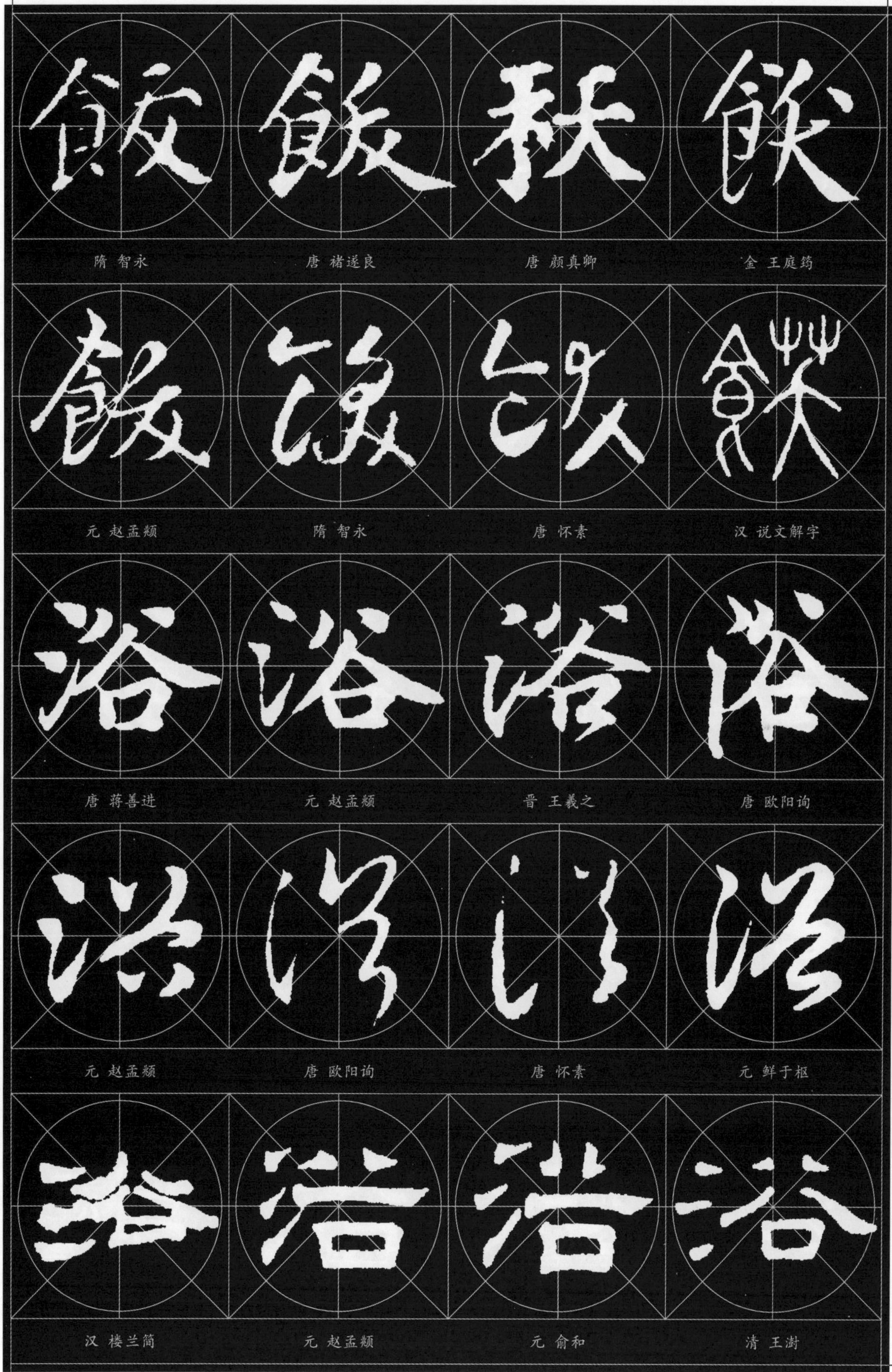

隋 智永　唐 褚遂良　唐 颜真卿　金 王庭筠

元 赵孟頫　隋 智永　唐 怀素　汉 说文解字

唐 蒋善进　元 赵孟頫　晋 王羲之　唐 欧阳询

元 赵孟頫　唐 欧阳询　唐 怀素　元 鲜于枢

汉 楼兰简　元 赵孟頫　元 俞和　清 王澍

yù
欲

唐 李阳冰　元 赵孟頫　元 吴叡　清 吴大澂

唐 欧阳询　唐 颜真卿　唐 柳公权　宋 苏轼

晋 王羲之　晋 王羲之　晋 王献之　元 赵俨

明 邵二泉　明 董其昌　明 张瑞图　汉 张芝

晋 王羲之　汉 孔彪碑　汉 樊敏碑　汉 肥致碑

元 吴叡　元 赵孟頫　清 杨沂孙　清 吴大澂

隋 龙藏寺碑　明 董其昌　金 张天锡·草书韵会

唐 褚遂良　金 张天锡·草书韵会　汉 张君碑　清 邓石如

唐 褚遂良　唐 欧阳通　唐 颜真卿　宋 黄庭坚

晋 王羲之　唐 释怀仁　元 赵孟頫　唐 孙过庭

yù
慾

yù
裕

yù
域

yù 棫（古植物名）

yù 预

宋 黄庭坚　宋 赵构　汉 曹全碑　秦 李斯

周 散氏盘　秦 石鼓文　清 康熙字典　清 王禔

唐 欧阳询　唐 虞世南　唐 魏栖梧　元 赵孟頫

宋 苏轼　宋 黄庭坚　唐 林藻　明 文彭

清 刘墉　唐 孙过庭　明 韩道亨　金 张天锡·草书韵会

yù 狱（獄）

yù 隩（河岸弯曲处）

yù 燠（暖；热）

yù 喻（说明；了解）

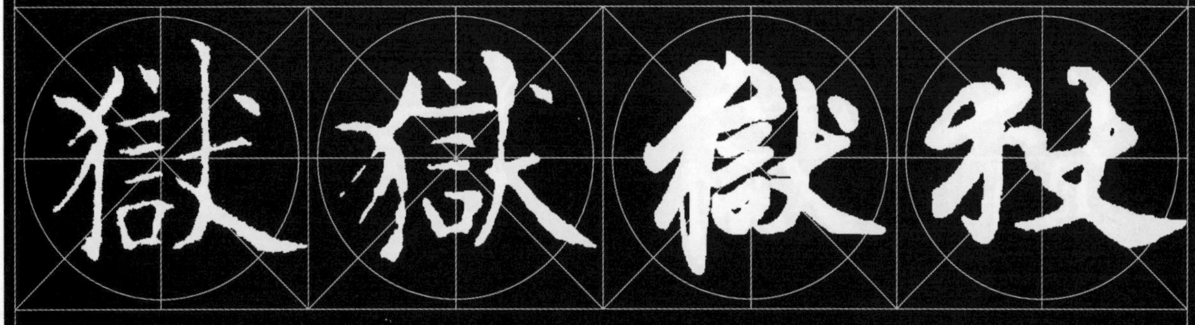

唐 欧阳询　宋 黄庭坚　元 赵孟頫　明 宋克

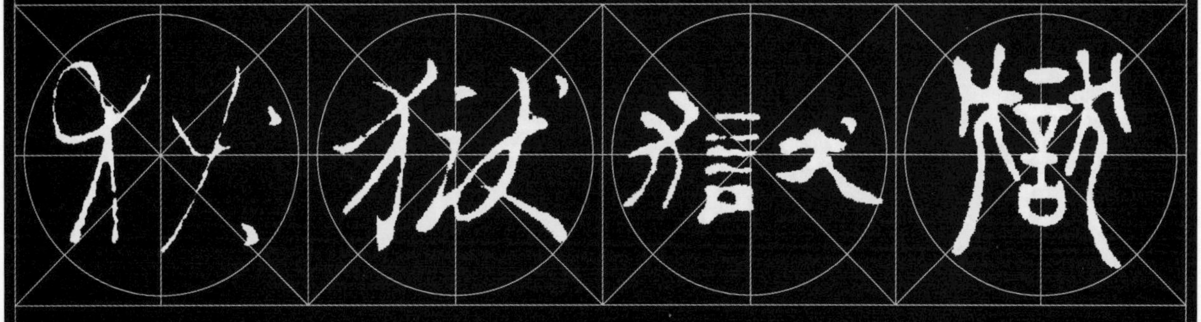

晋 王羲之　明 董其昌　清 郑簠　清 杨沂孙

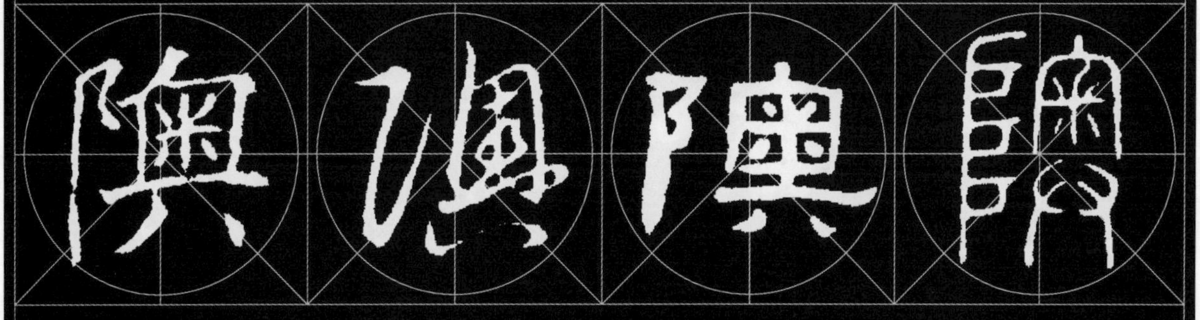

唐 欧阳询　金 张天锡·草书韵会　清 张祖翼　汉 说文解字

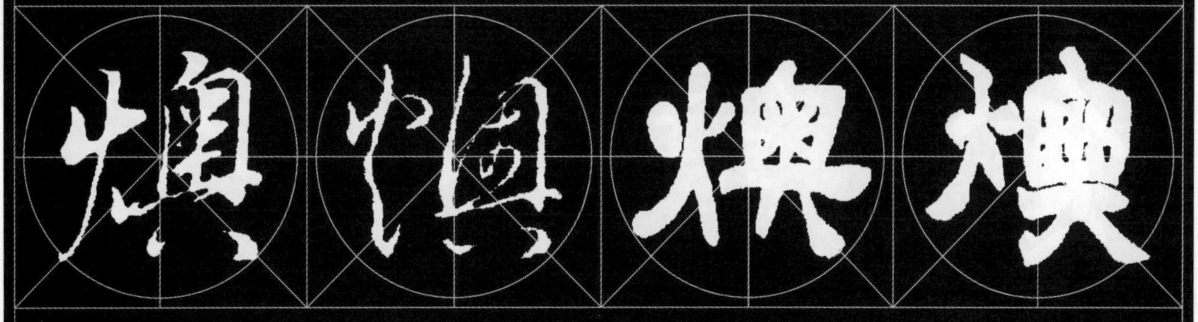

明 董其昌　金 张天锡·草书韵会　清 邓石如　清 赵之谦

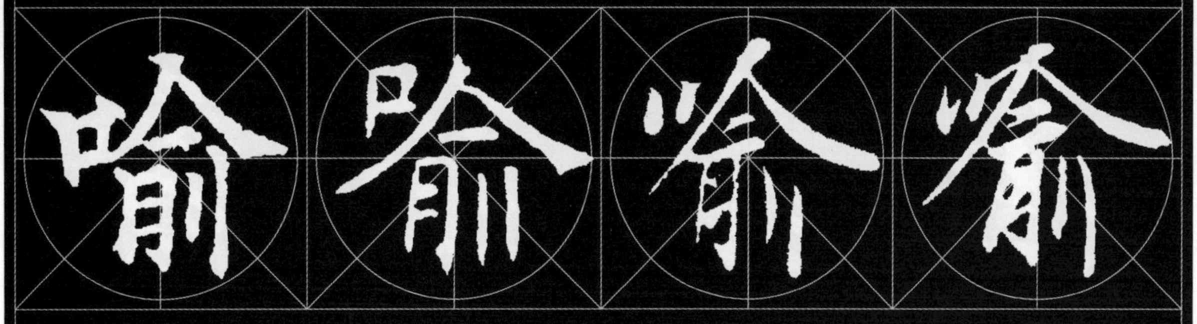

唐 欧阳询　唐 褚遂良　晋 王羲之　唐 冯承素

yù
愈

唐 褚遂良
宋 苏轼
晋 王羲之
晋 王献之
唐 孙过庭
元 赵孟頫
清 顾蔼吉·隶辨
清 杨沂孙
唐 欧阳询
唐 吴彩鸾
宋 黄庭坚
唐 虞世南
唐 陆柬之
唐 欧阳询
宋 苏轼
宋 米芾
唐 李怀琳
唐 孙过庭
明 宋克
明 王守仁

yù
谕（告诉；吩咐）

yù
寓（庽：住所；寄托）

唐 欧阳询 | 唐 颜真卿 | 元 赵孟頫 | 元 赵孟頫

宋 米芾 | 宋 苏洵 | 元 赵孟頫 | 明 周天球

汉 马王堆帛书 | 清 钱泳 | 清 俞樾 | 清 徐三庚

唐 欧阳通 | 宋 米芾 | 晋 王羲之 | 明 解缙

隋 智永 | 唐 欧阳询 | 唐 怀素 | 元 揭傒斯

yù 遇

yù 御（赶车；抵挡；

元 赵孟頫
清 吴熙载
唐 李阳冰
元 赵孟頫
三国 钟繇
元 赵孟頫
唐 高正臣
宋 苏轼
明 唐寅
晋 索靖
唐 孙过庭
唐 怀素
明 文徵明
汉 孟孝琚碑
清 陈鸿寿
清 吴大澂
北魏 元诊墓志
唐 欧阳询
唐 颜真卿
唐 柳公权

与皇帝有关的）

yù 禦（抵挡，同御）

yù 毓（生；养）

yù
豫（欢喜；安适；同预）

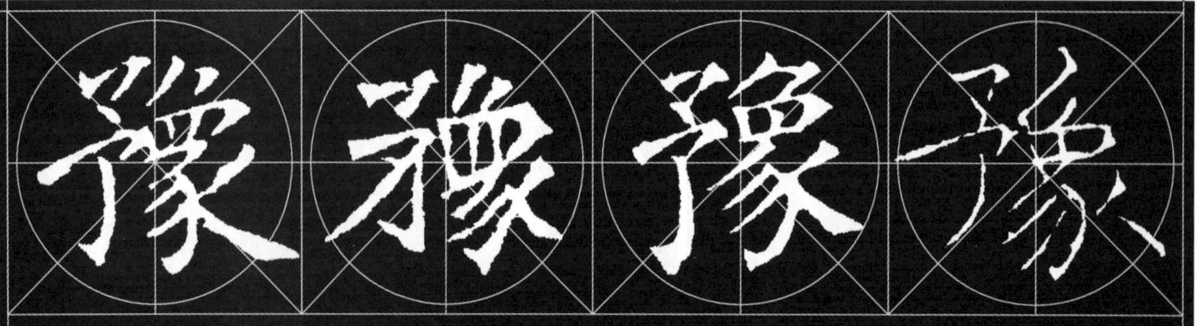

晋 王献之　北魏 孙秋生造像　唐 颜真卿　宋 黄庭坚

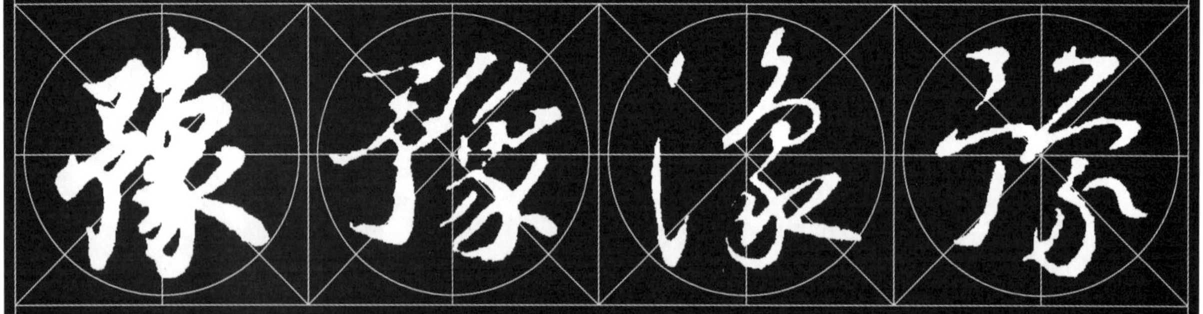

唐 欧阳询　宋 苏轼　晋 王羲之　晋 王献之

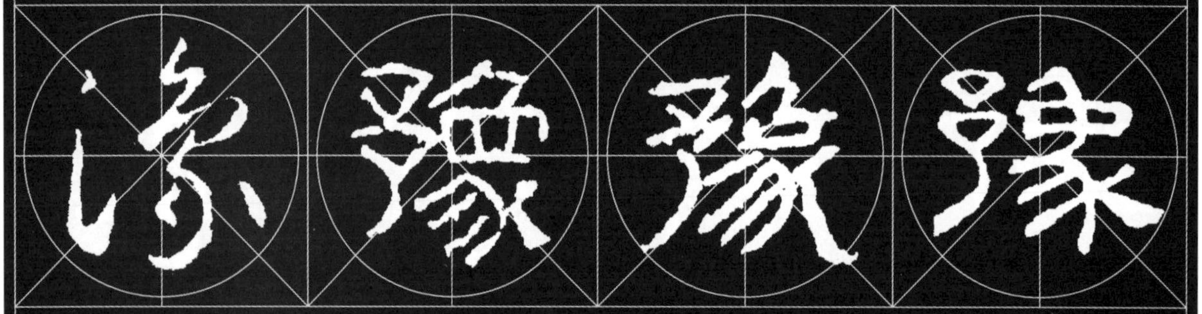

隋 智永　汉 武梁刻石　汉 石门颂　元 吴叡

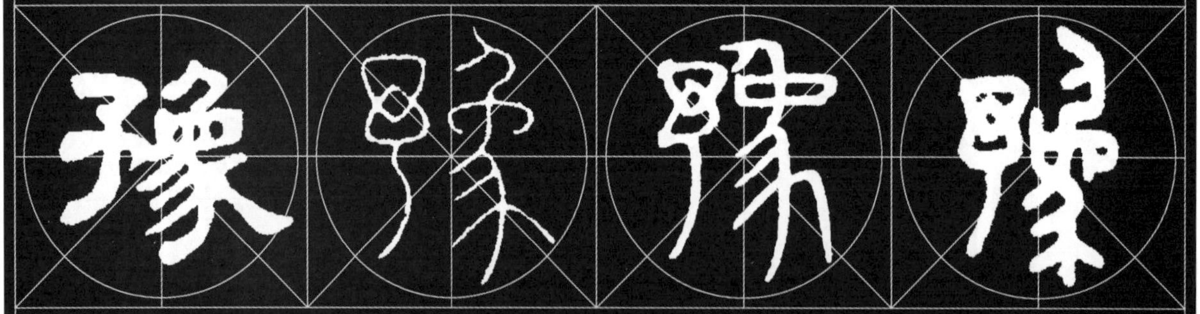

清 邓石如　唐 李阳冰　元 吴叡　清 田潜

yù
誉（譽）

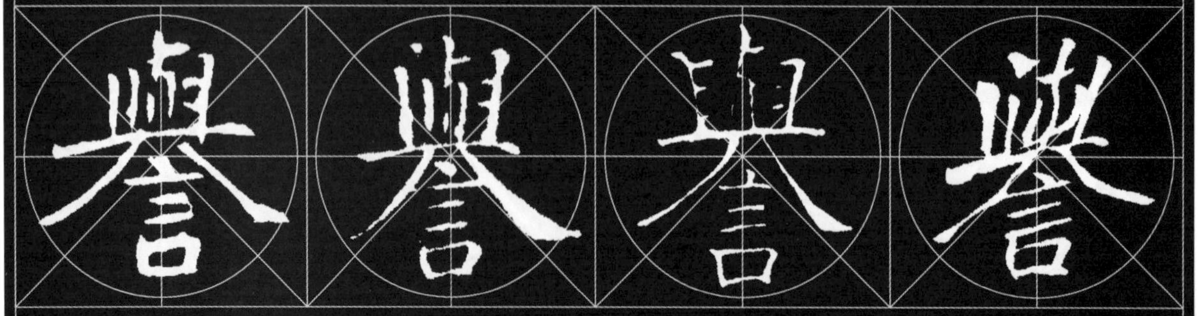

南北朝 元倪墓志　隋 智永　唐 欧阳询　唐 李邕

yù
鬻
（卖）

yuān
冤
（寃、寃）

yuān
渊
（淵：神：潭）

清 顾蔼吉·隶辨
清 伊秉绶
清 顾蔼吉
汉 说文解字
北魏 孙秋生造像
北魏 张猛龙碑
北魏 高贞碑
元 揭傒斯
元 赵孟頫
明 文徵明
明 王宠
清 何绍基
隋 智永
唐 孙过庭
元 赵孟頫
明 边武
汉 袁博碑
汉 郭有道碑
唐 李阳冰
清 徐三庚

鸢（老鹰）

yuān
鸳

yuán
元

yuán
员（員）
yún（用于人名：伍员，即伍子胥）
Yùn（員：姓）

yuán
圆（圓）

殷商 甲骨文　周 师虎簋　清 邓石如　清 吴熙载

隋 智永　唐 颜真卿　唐 李世民　唐 李邕

隋 智永　唐 褚遂良　唐 怀素　汉 史晨碑

清 陈鸿寿　秦 石鼓文　唐 李阳冰　清 吴大澂

唐 颜真卿　唐 柳公权　明 董其昌　唐 孙过庭

Yuán
袁

yuán
园

唐 怀素
元 饶介
清 何绍基
汉 说文解字
隋 苏孝慈墓志
宋 吴琚
晋 王羲之
宋 米芾
明 韩道亨
汉 居延简
汉 礼器碑
汉 华山碑
三国 三体石经
汉 说文解字
清 仰嘉祥
清 吴大澂
隋 智永
唐 欧阳询
唐 沈传师
唐 柳公权

yuán
猿（猨）

yuán
辕

yuán 圜（同圆）huán

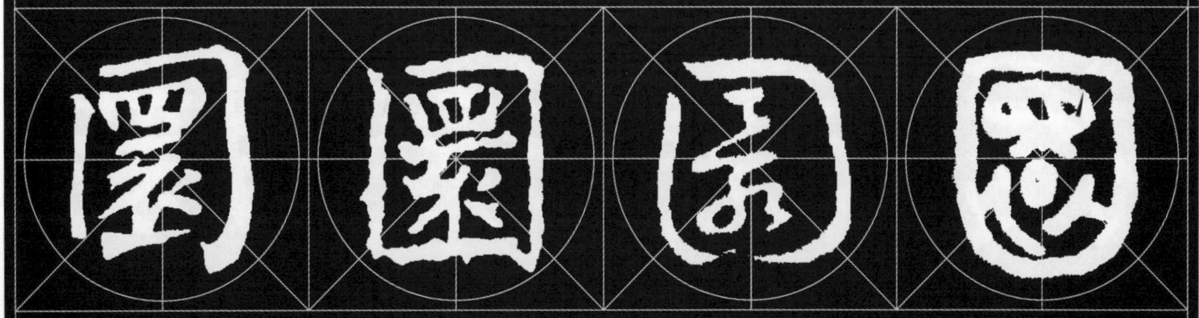

唐 昭仁寺碑 | 唐 颜真卿 | 金 张天锡·草书韵会 | 清 吴大澂

yuán 爰（何处；哪里；于是）

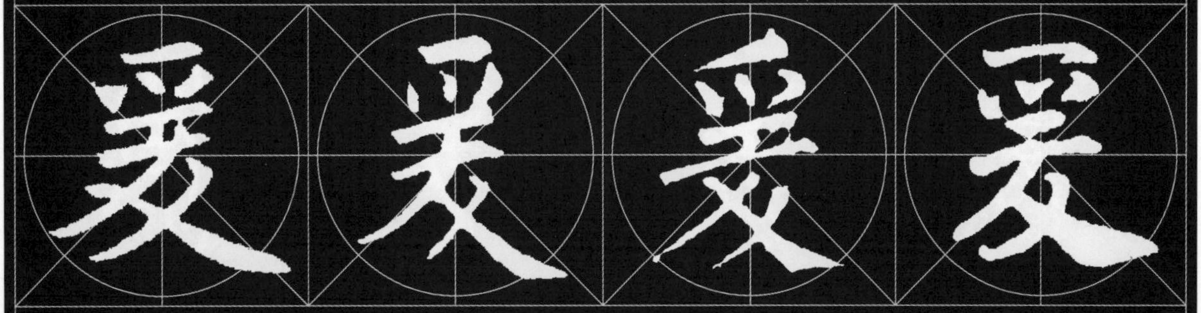

北魏 元倪墓志 | 唐 欧阳询 | 唐 柳公权 | 宋 赵构

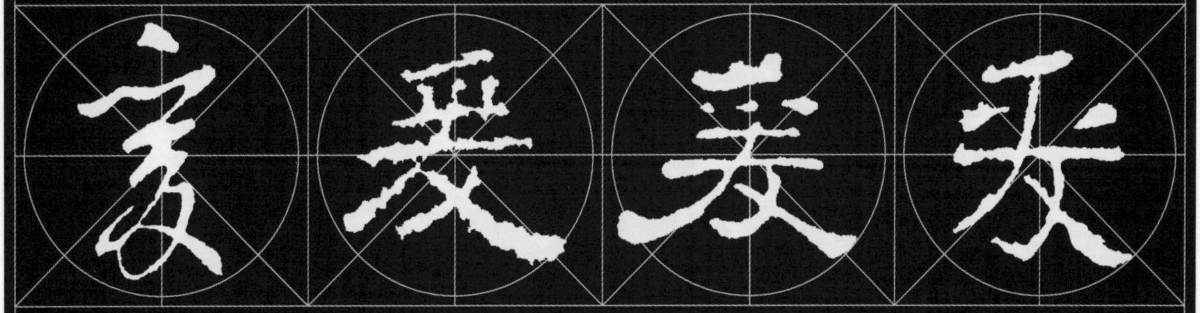

晋 王羲之 | 汉 武梁刻石 | 汉 郭有道碑 | 汉 张迁碑

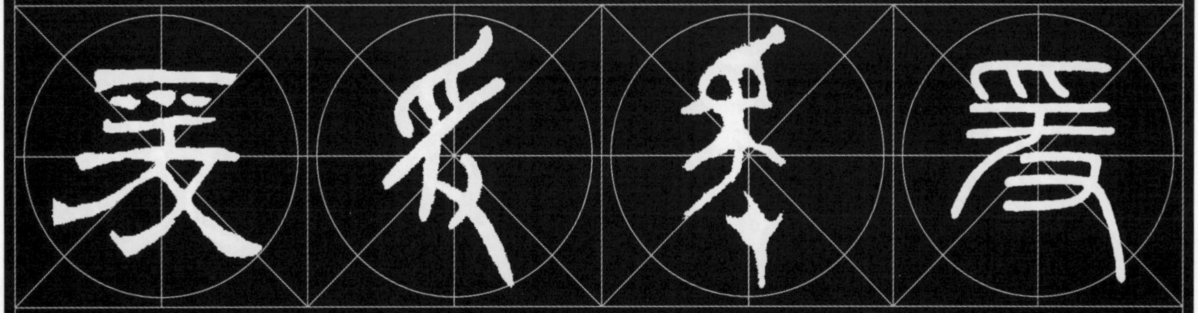

晋 辟雍碑 | 殷商 甲骨文 | 周 虢季子白盘 | 秦 李斯

yuán 援

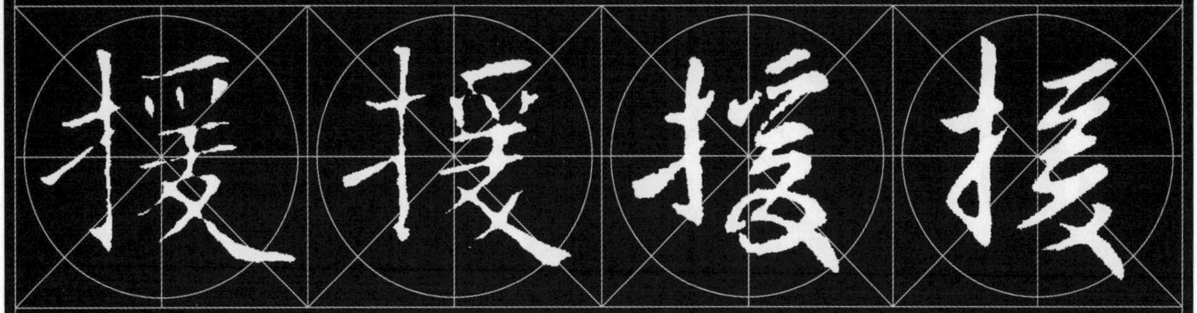

隋 苏孝慈墓志 | 唐 褚遂良 | 晋 羊欣 | 隋 智果

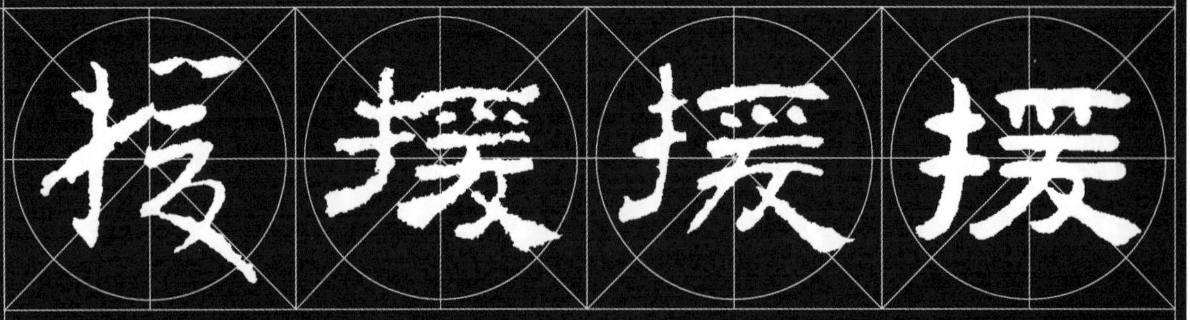

唐 孙过庭　汉 史晨碑　汉 袁博碑　清 陈鸿寿

yuán 湲（潺湲）

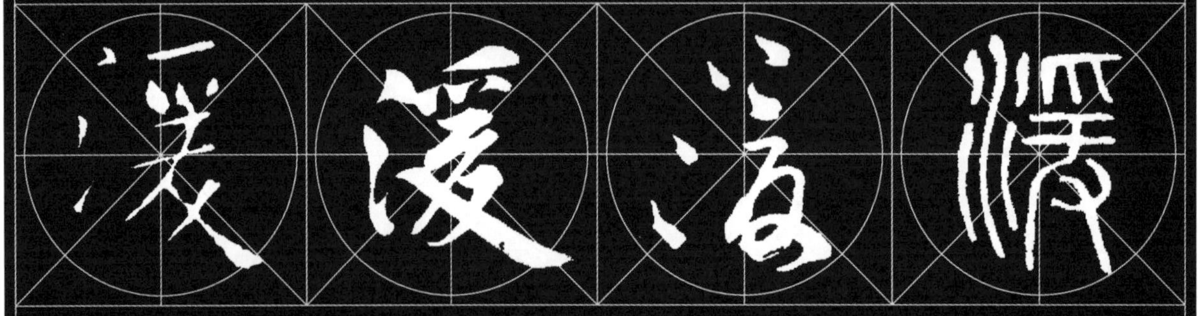

唐 欧阳询　宋 黄庭坚　元 鲜于枢　汉 说文解字

yuán 缘

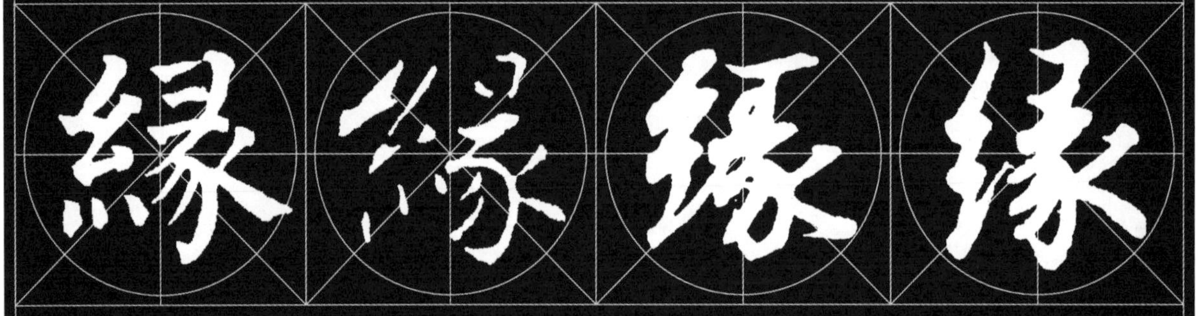

明 祝允明　宋 张即之　晋 王羲之　唐 欧阳询

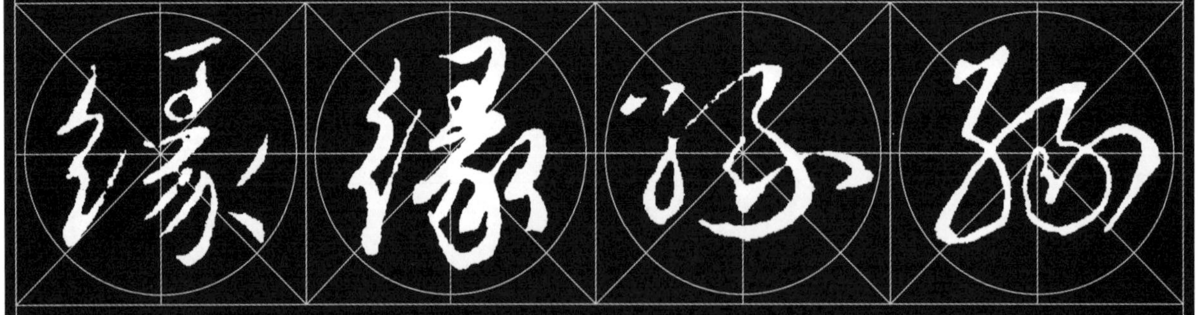

唐 释怀仁　明 唐寅　晋 王羲之　晋 羊欣

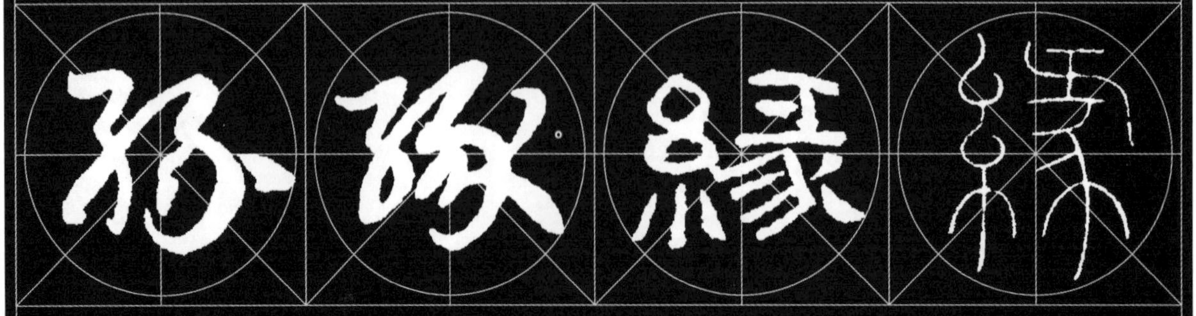

唐 孙过庭　元 赵孟頫　汉 西狭颂　唐 李阳冰

yuán
垣（墙；城）

yuán
原

yuán
源

汉 郭有道碑
清 伊秉绶
周 散氏盘
清 孙星衍
唐 褚遂良
唐 颜真卿
唐 颜真卿
唐 柳公权
南北朝 萧纲
唐 陆柬之
元 赵孟頫
元 赵孟頫
唐 李世民
唐 孙过庭
唐 孙过庭
宋 黄庭坚
汉 桐柏庙碑
三国 范式碑
清 顾蔼吉·隶辨
清 顾蔼吉·隶辨

yuǎn
远

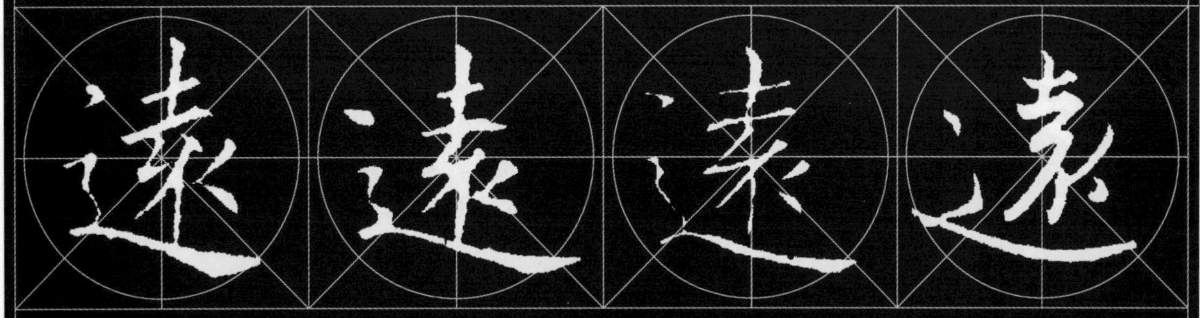

唐 欧阳询 唐 虞世南 唐 褚遂良 晋 王珣

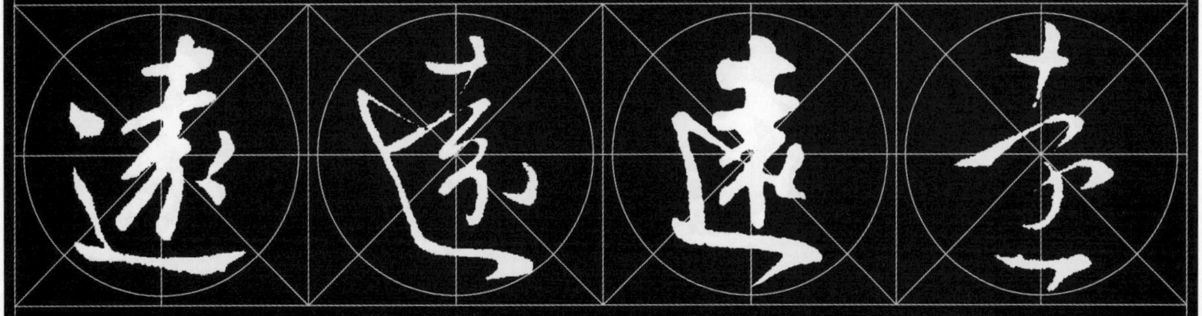

宋 米芾 晋 王献之 明 张凤翼 晋 王廙

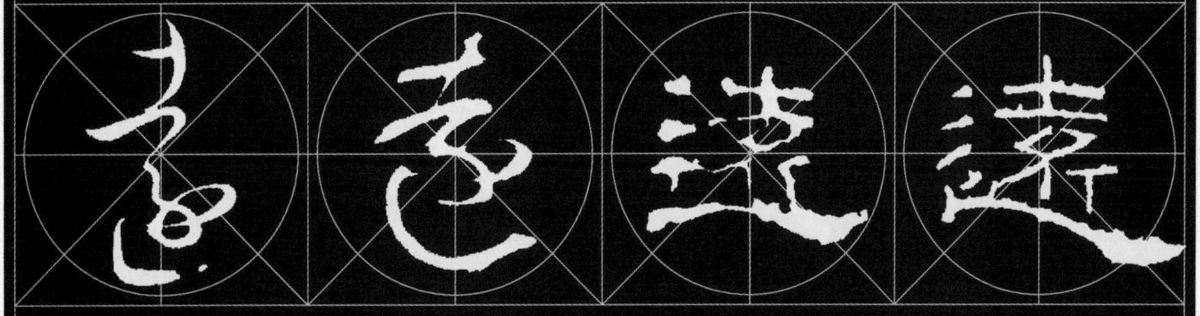

晋 王羲之 宋 黄庭坚 汉 子游残石 汉 礼器碑

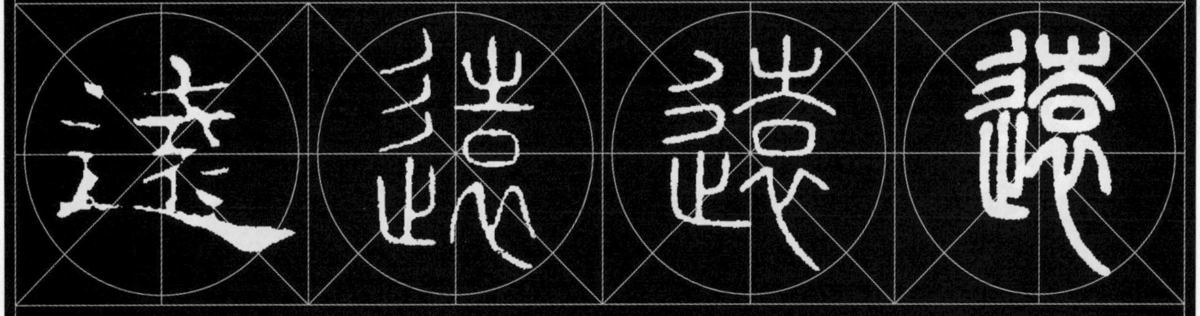

汉 史晨碑 汉 说文解字 秦 会稽刻石 清 邓石如

yuàn
苑

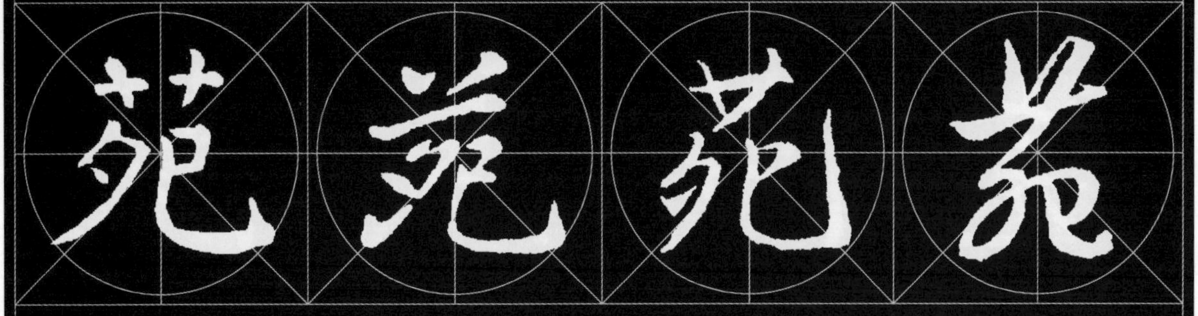

唐 颜真卿 元 莛贤 明 唐寅 明 文徵明

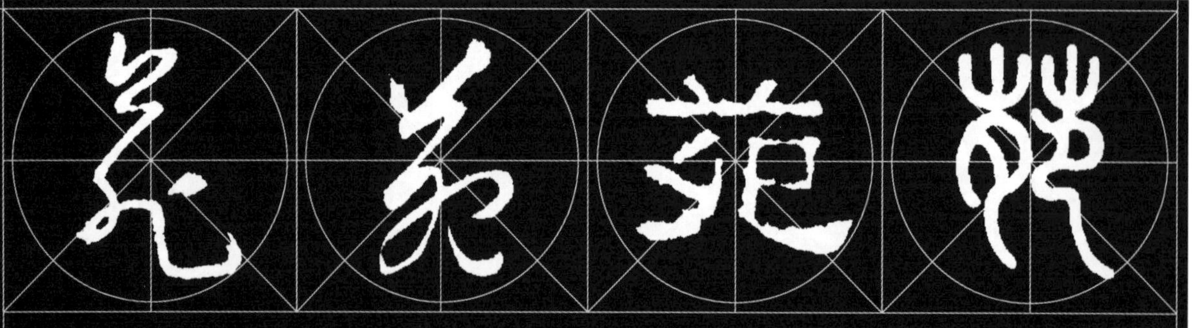

唐 怀素　明 王守仁　汉 张迁碑　清 邓石如

yuàn
怨

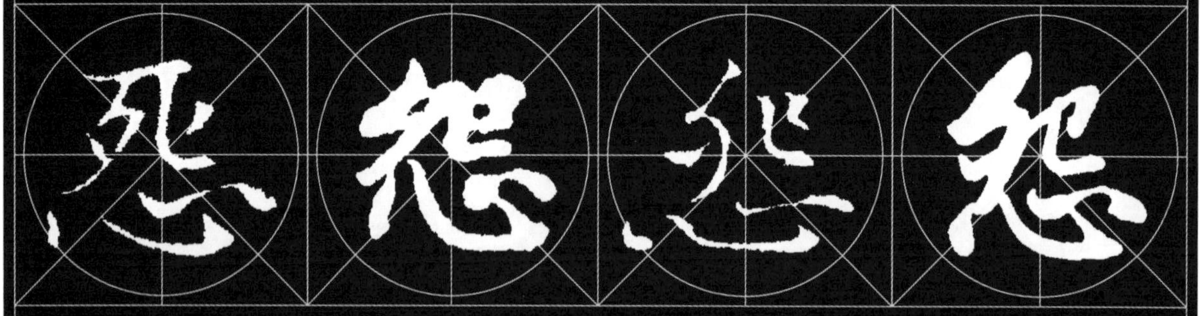

隋 董美人墓志　唐 国铨　宋 黄庭坚　元 赵孟頫

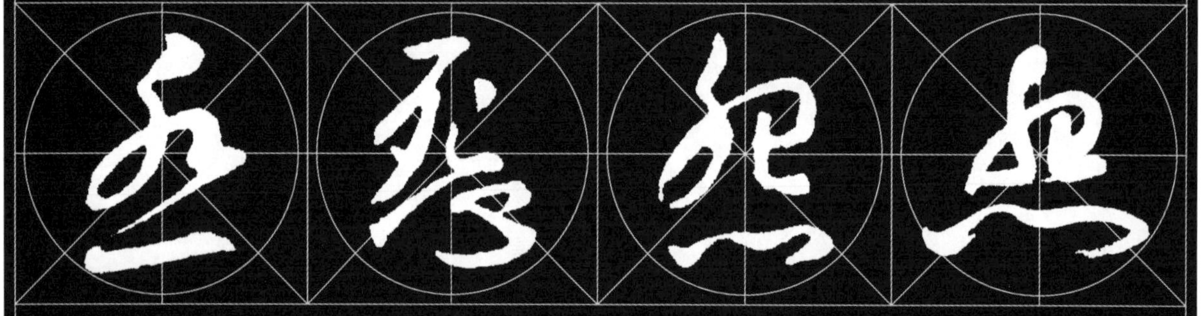

唐 李怀琳　唐 李世民　唐 孙过庭　明 祝允明

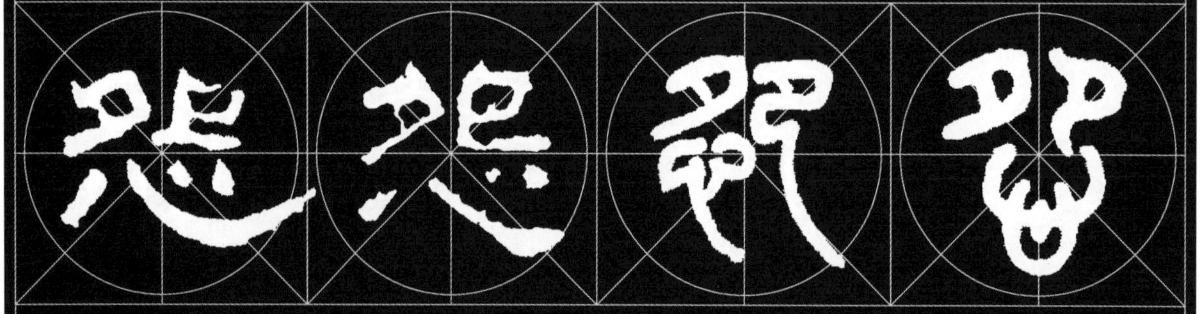

汉 赵宽碑　汉 张迁碑　清 杨沂孙　清 吴大澂

yuàn
院

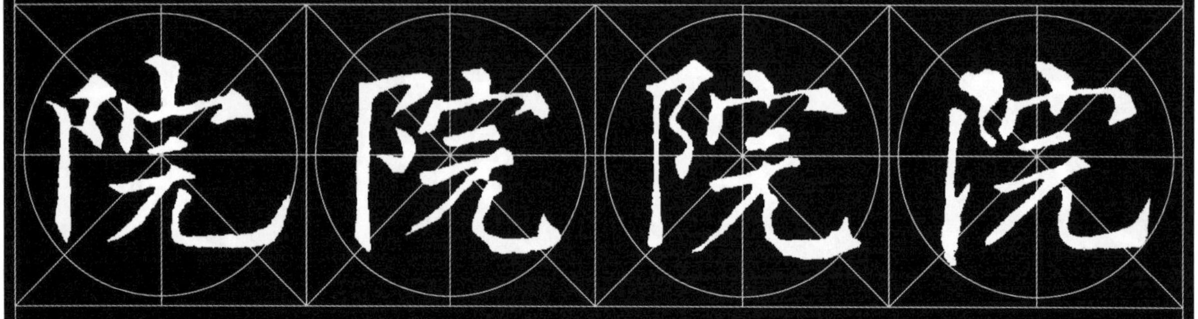

唐 欧阳通　唐 颜真卿　唐 柳公权　唐 李邕

宋 黄庭坚　元 赵孟頫　明 邵二泉　明 王铎

清 王铎　明 文徵明　清 顾蔼吉　清 邓石如

南北朝 墓志　元 赵孟頫　唐 孙过庭　汉 说文解字

唐 怀素　清 顾蔼吉·隶辨　汉 说文解字　清 杨沂孙

晋 王献之　宋 米芾　元 陈基　汉 礼器碑

yuàn 媛（美女）

yuán（婵媛）

yuàn 瑗

yuàn 掾（属员）

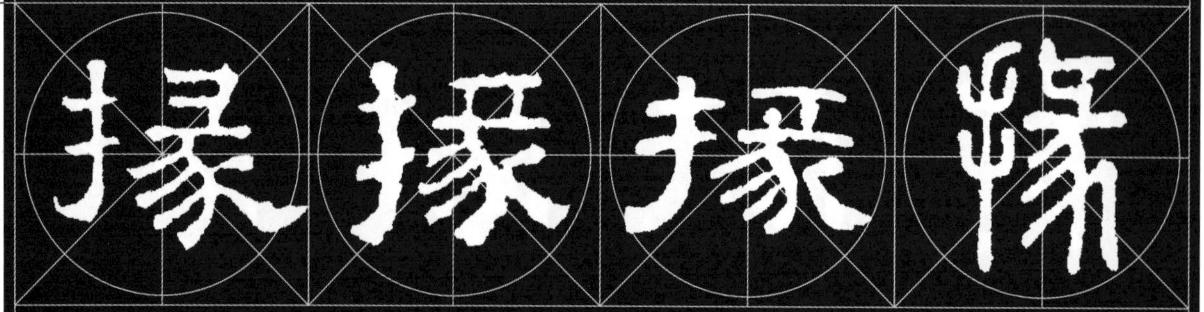

汉 张寿碑　汉 校官碑　汉 曹全碑　汉 说文解字

yuàn
愿（願）

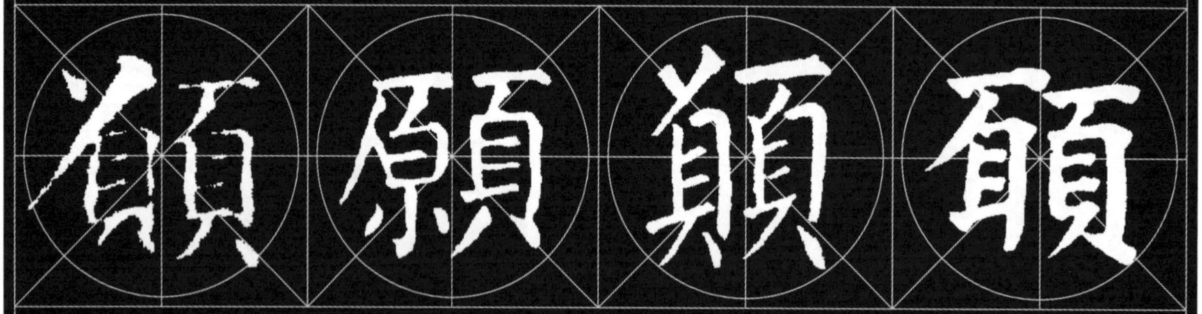

隋 智永　唐 颜真卿　唐 柳公权　明 祝允明

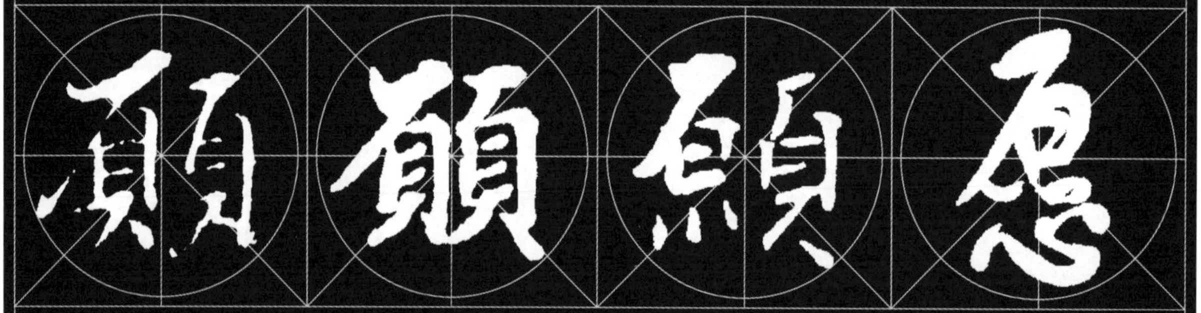

晋 王羲之　唐 蒋善进　宋 张即之　清 何绍基

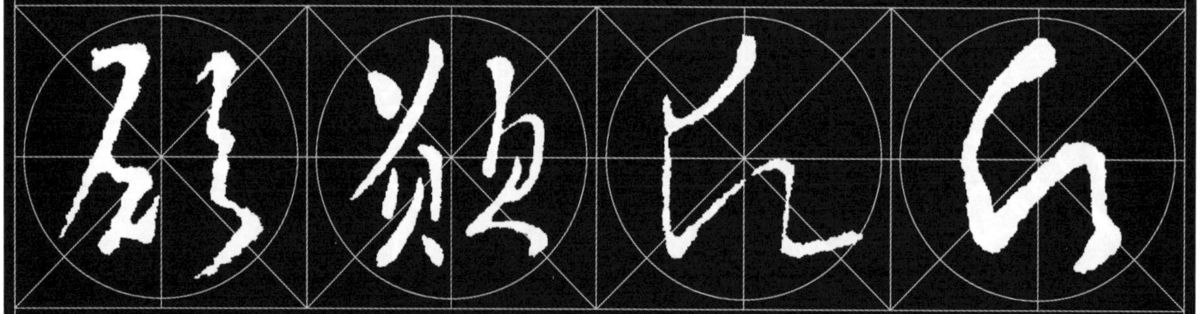

晋 王羲之　唐 柳公权　唐 欧阳询　唐 怀素

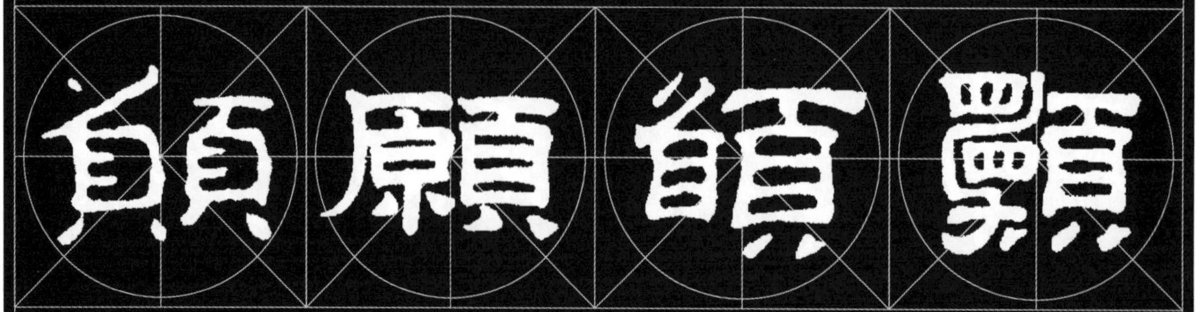

北齐 泰山金刚经　元 赵孟頫　元 吴叡　元 吴叡

元 赵孟頫　元 吴叡　清 吴大澂　清 黄士陵

yuē
曰

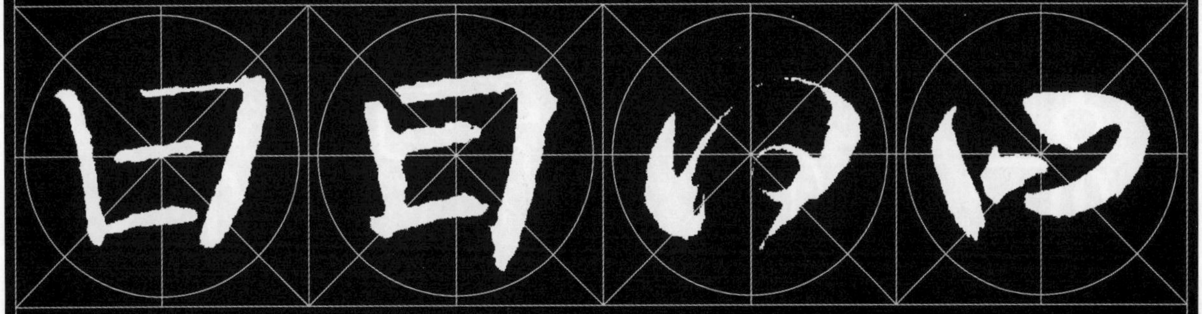

唐 颜真卿　唐 柳公权　唐 怀素　明 祝允明

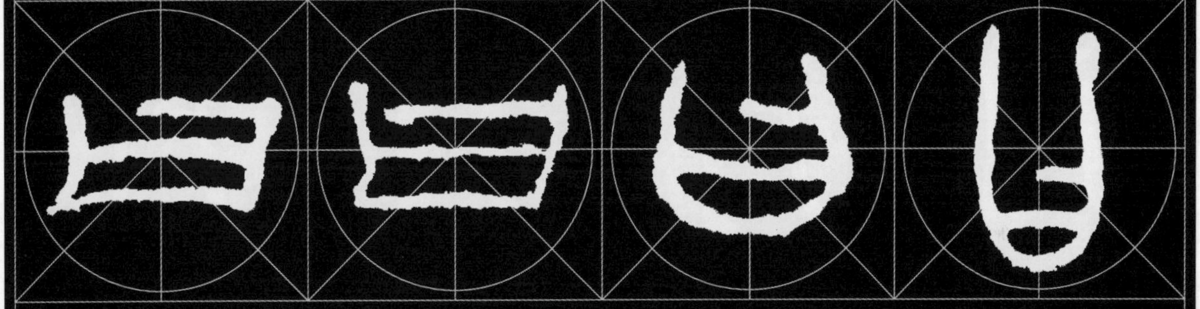

汉 乙瑛碑　汉 礼器碑　周 散氏盘　周 虢季子白盘

yuē
约
yāo
（用秤称）

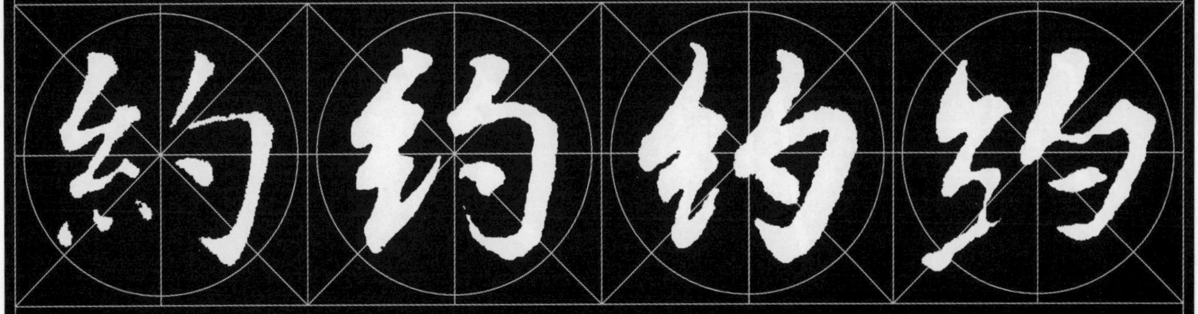

隋 智永　晋 王羲之　唐 陆柬之　宋 苏轼

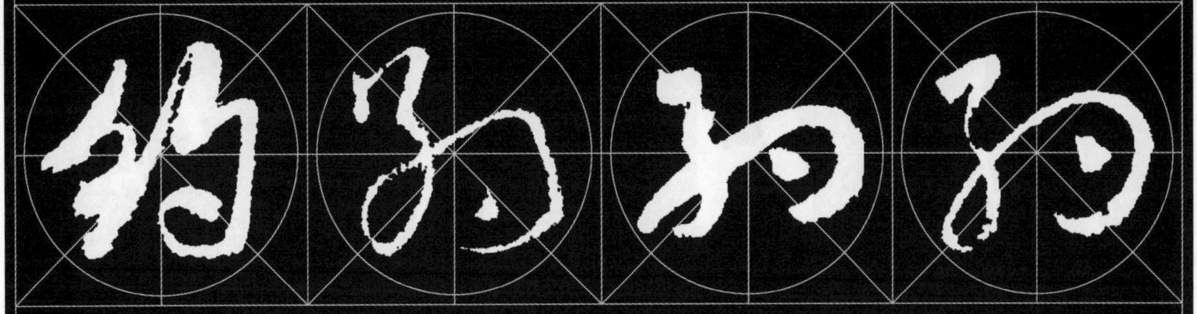

宋 米芾　唐 欧阳询　唐 孙过庭　唐 怀素

yuè
月

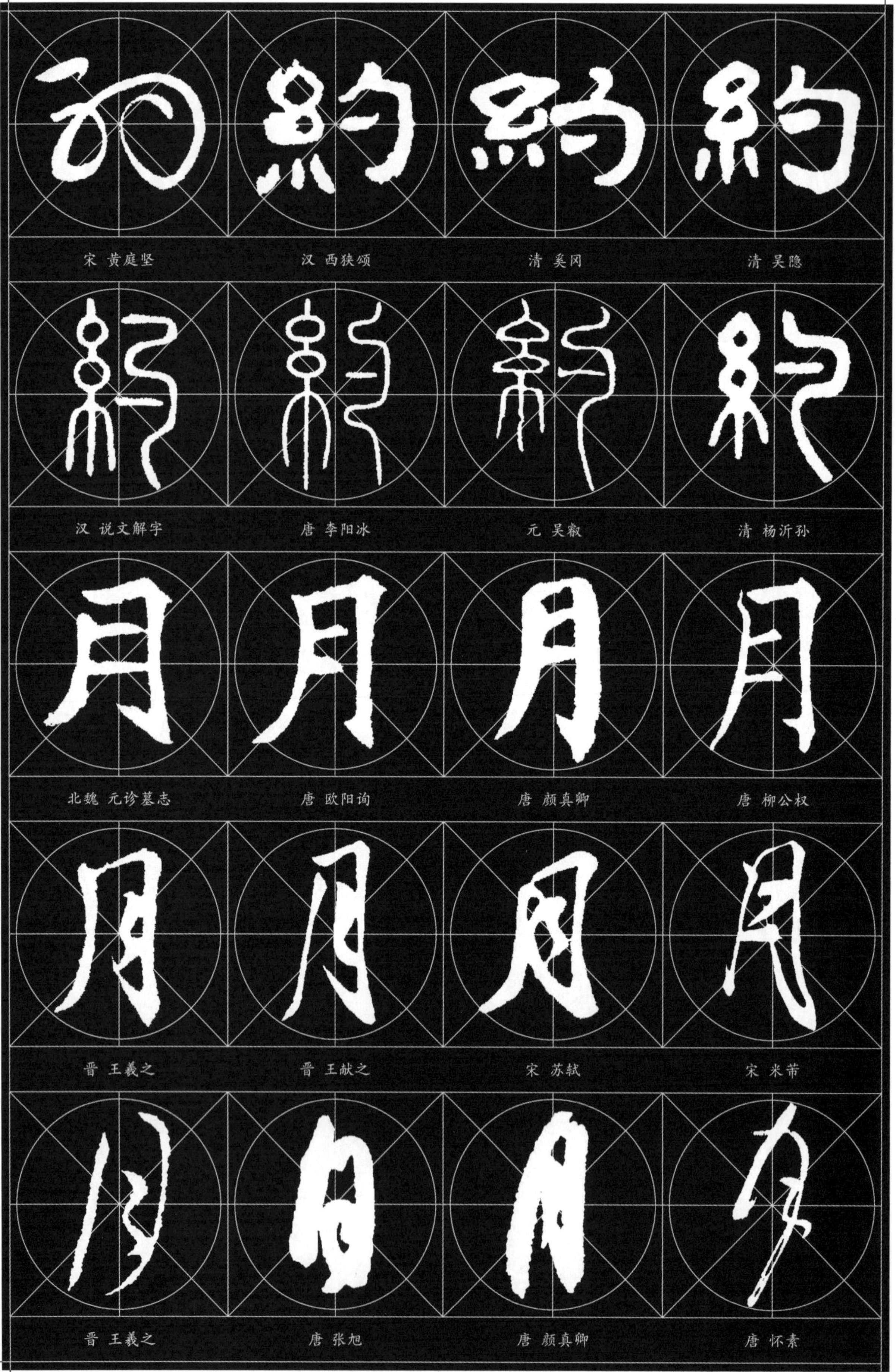
宋 黄庭坚
汉 西狭颂
清 奚冈
清 吴隐
汉 说文解字
唐 李阳冰
元 吴叡
清 杨沂孙
北魏 元诊墓志
唐 欧阳询
唐 颜真卿
唐 柳公权
晋 王羲之
晋 王献之
宋 苏轼
宋 米芾
晋 王羲之
唐 张旭
唐 颜真卿
唐 怀素

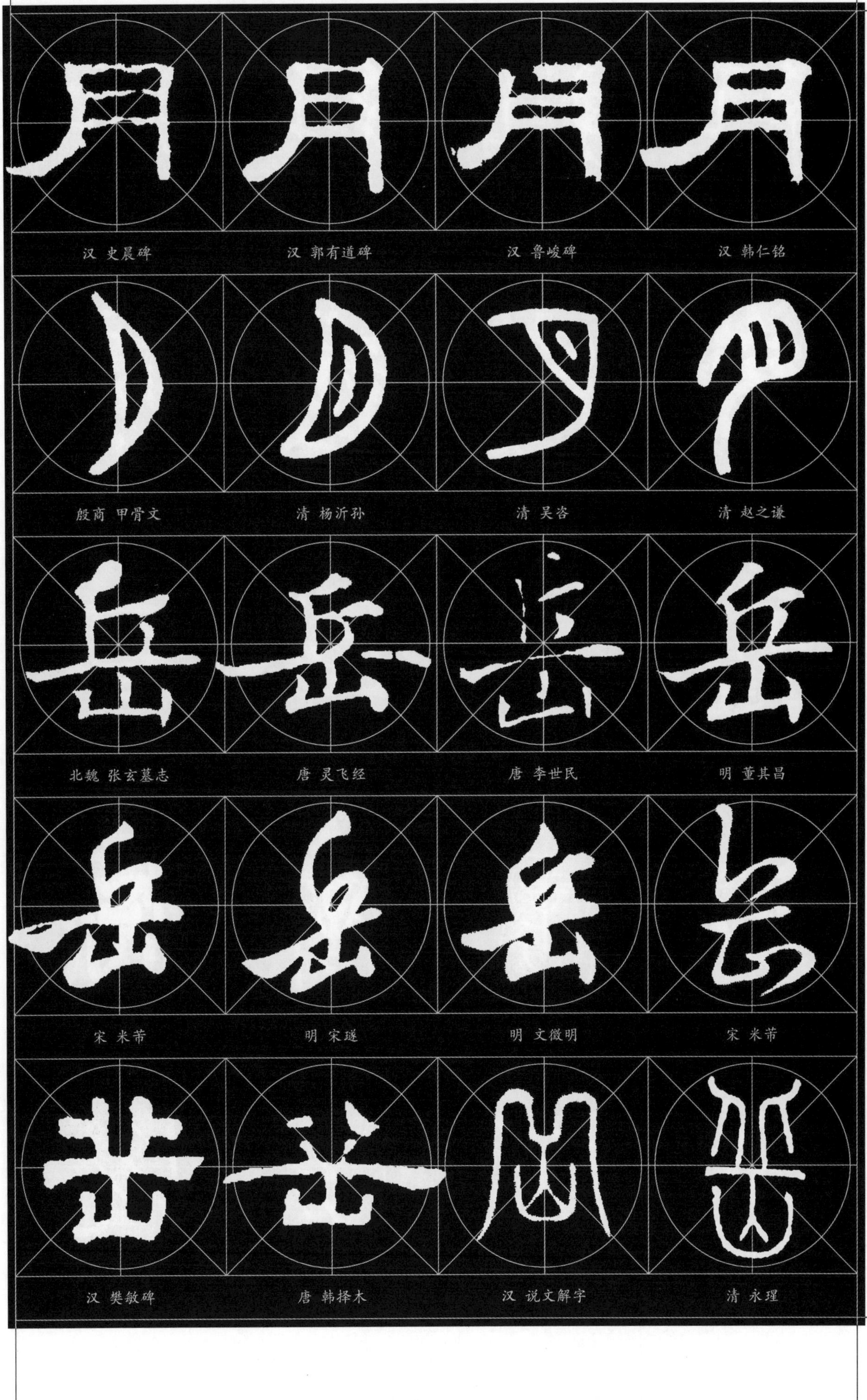

汉 史晨碑　汉 郭有道碑　汉 鲁峻碑　汉 韩仁铭

殷商 甲骨文　清 杨沂孙　清 吴咨　清 赵之谦

北魏 张玄墓志　唐 灵飞经　唐 李世民　明 董其昌

宋 米芾　明 宋璲　明 文徵明　宋 米芾

汉 樊敏碑　唐 韩择木　汉 说文解字　清 永理

yuè
岳
（高山；对妻方父母辈的尊称）

yuè
嶽（高山，同岳）

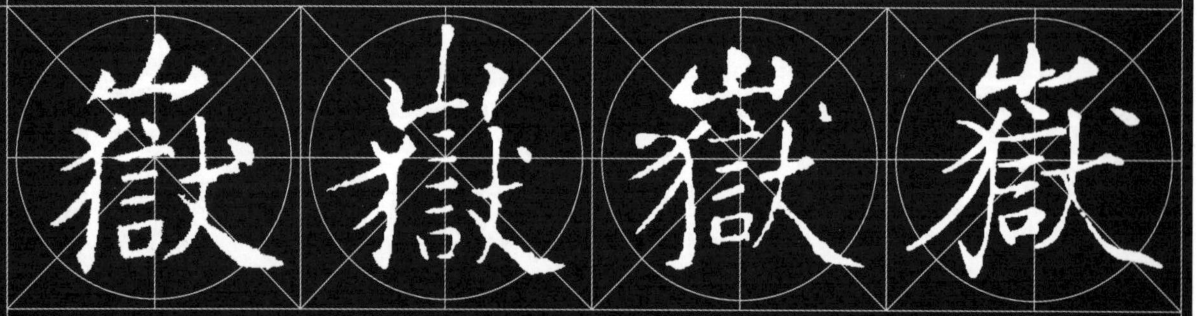

唐 虞世南　唐 欧阳通　宋 黄庭坚　宋 赵佶

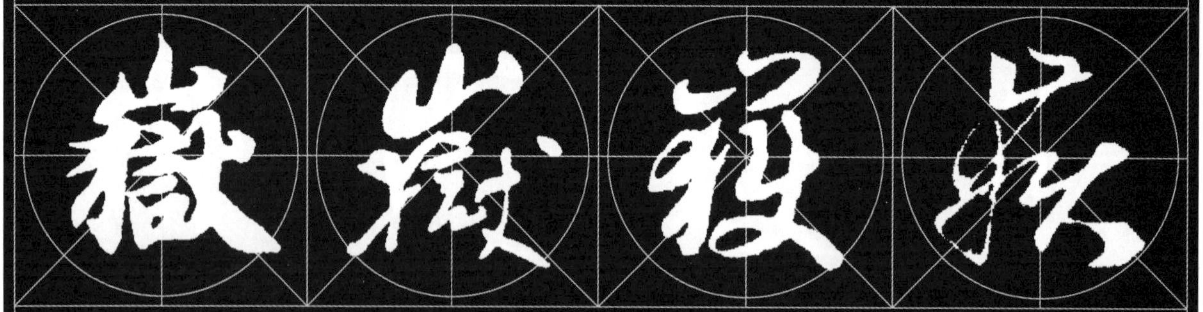

隋 智永　清 何绍基　隋 智永　唐 孙过庭

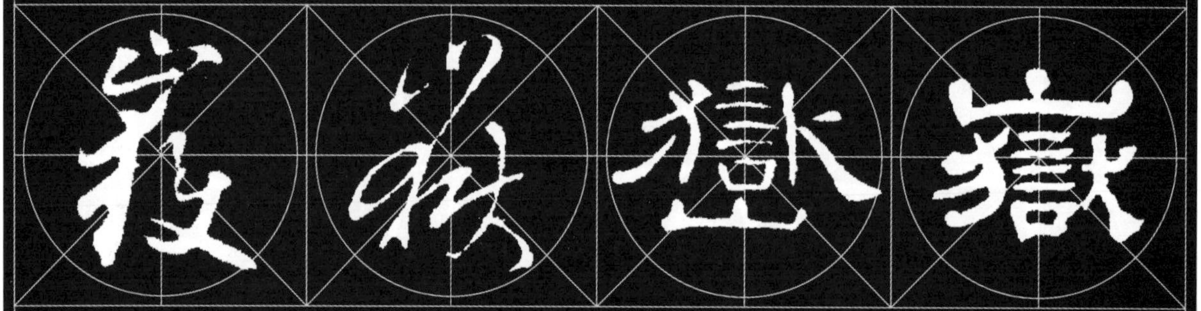

唐 怀素　宋 吴说　汉 曹全碑　清 黄易

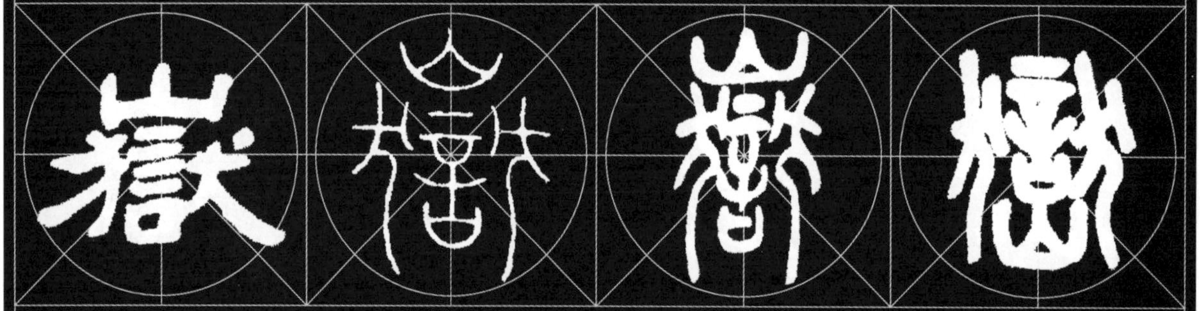

清 邓石如　唐 李阳冰　清 吴熙载　清 吴大澂

yuè
悦

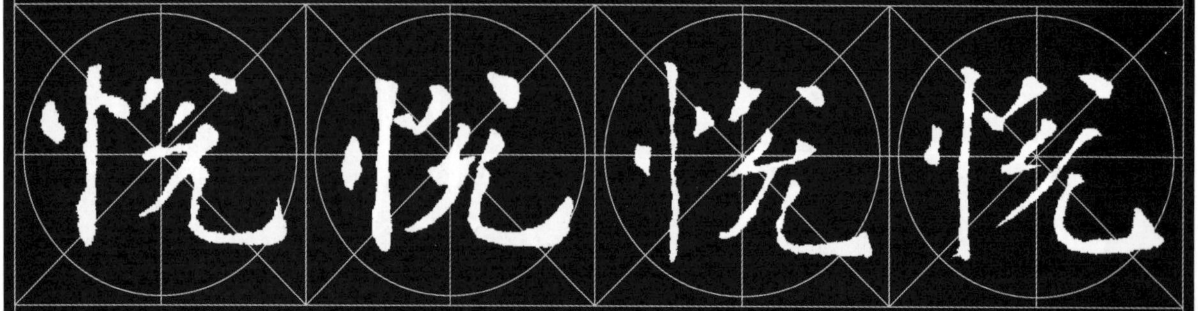

隋 智永　唐 欧阳询　唐 褚遂良　唐 颜真卿

yuè
阅
（閱：看；检阅；经历）

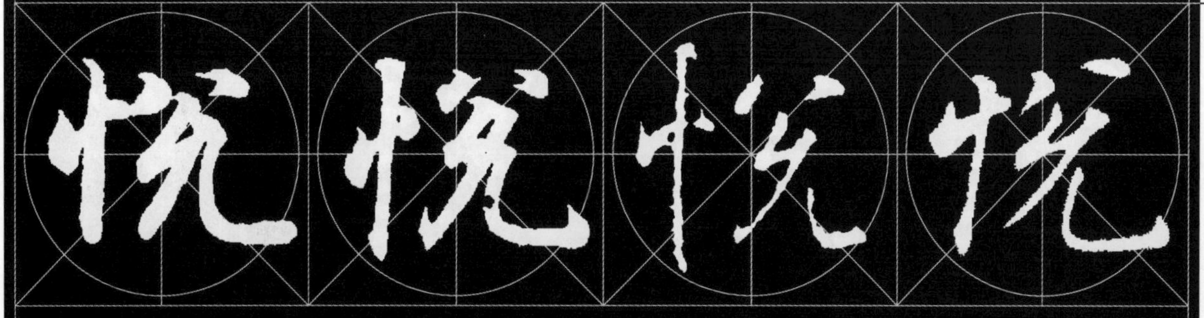

隋 智永　晋 王羲之　唐 李世民　明 董其昌

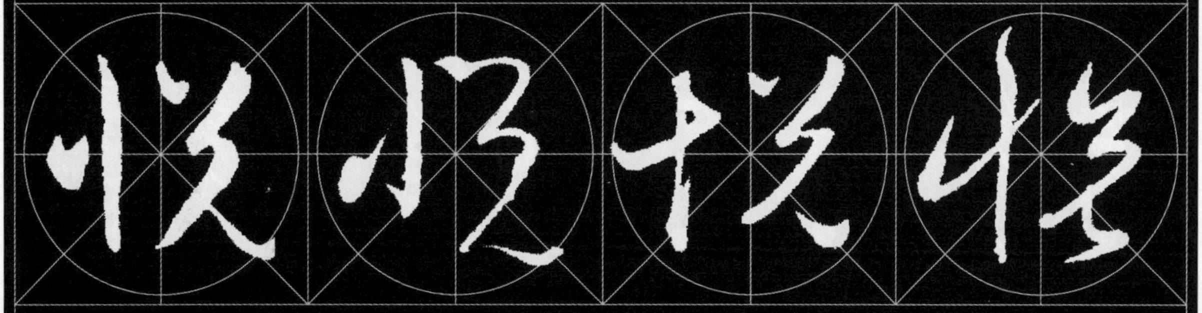

隋 智永　唐 孙过庭　元 赵孟頫　明 沈粲

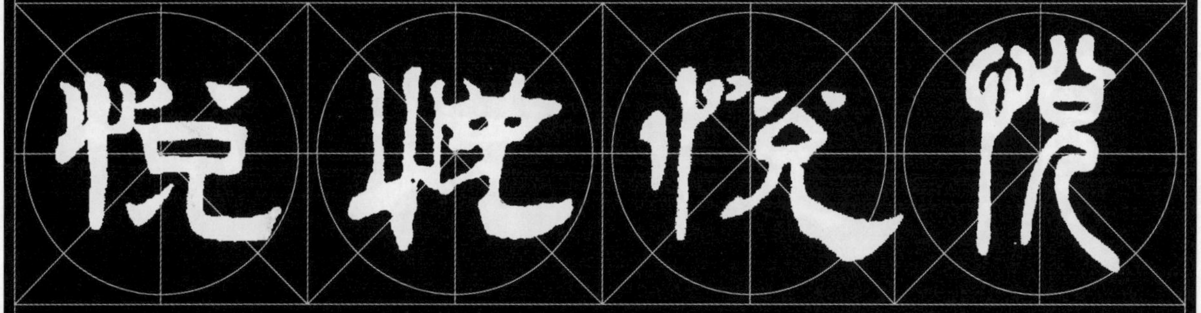

元 赵孟頫　明 沈度　清 杨岘　清 吴熙载

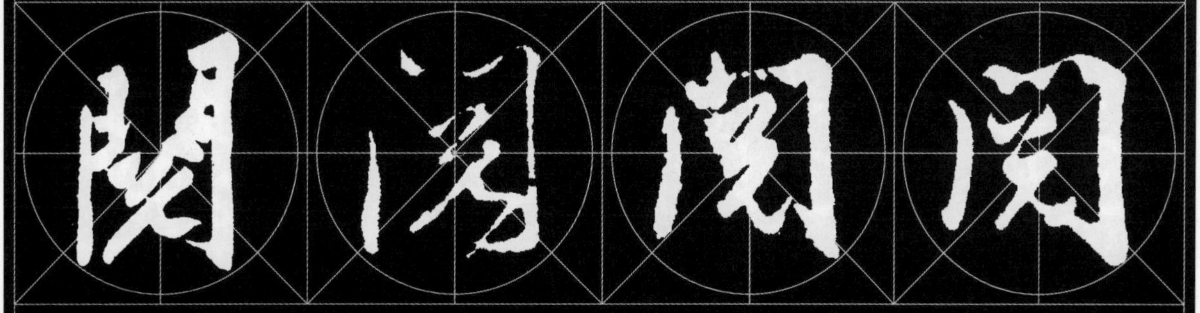

宋 黄庭坚　宋 黄庭坚　明 文徵明　明 张凤翼

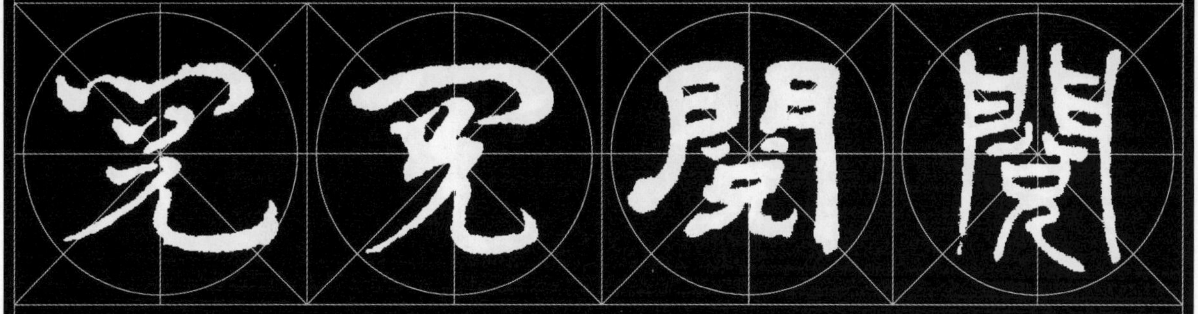

三国 皇象　明 宋克　清 顾蔼吉　清 杨沂孙

yuè 跃（躍：跳）

yuè 钺（戉：古兵器）

yuè 越

元 赵孟頫 元 康里子山 明 黄道周 汉 朝侯小子残碑

清 钱松 汉 说文解字 唐 李阳冰 清 杨沂孙

yuè 粤

唐 欧阳询 唐 颜真卿 唐 魏栖梧 宋 翟汝文

yuè 龠

宋 黄庭坚 金 张天锡·草书韵会 清 顾蔼吉·隶辨 清 杨沂孙

yuè 籥（似箫）

唐 陆柬之 清 郑燮 秦 简牍

yūn
氲

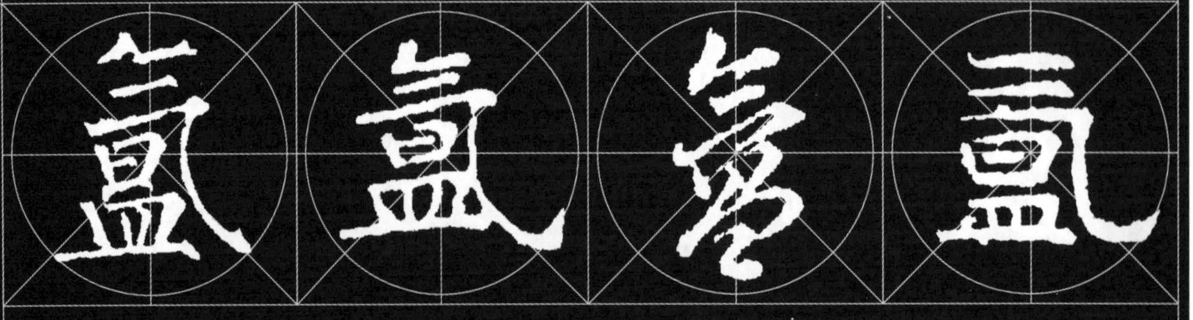

唐 柳公权　　明 文徵明　　明 董其昌　　唐 李隆基

yún
云
（说）

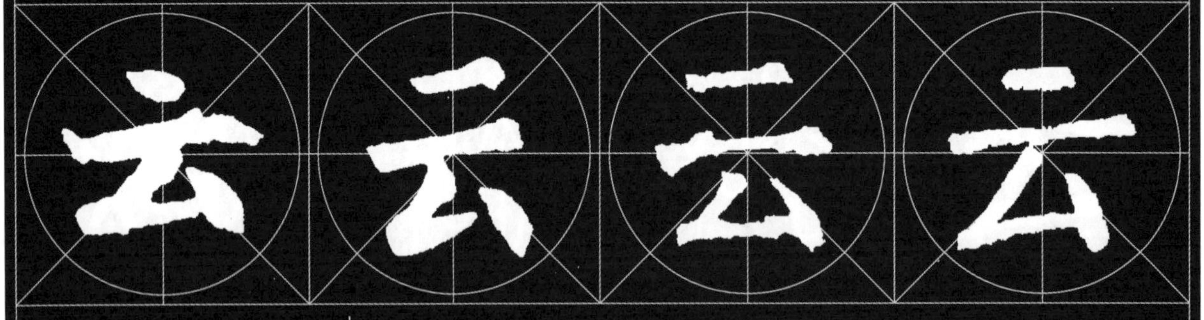

南北朝 李超墓志　　唐 欧阳询　　唐 褚遂良　　唐 颜真卿

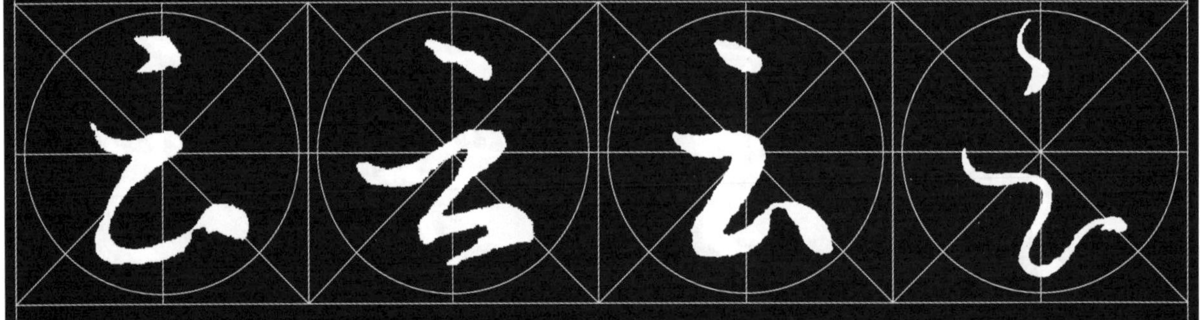

晋 王羲之　　晋 王献之　　唐 孙过庭　　唐 怀素

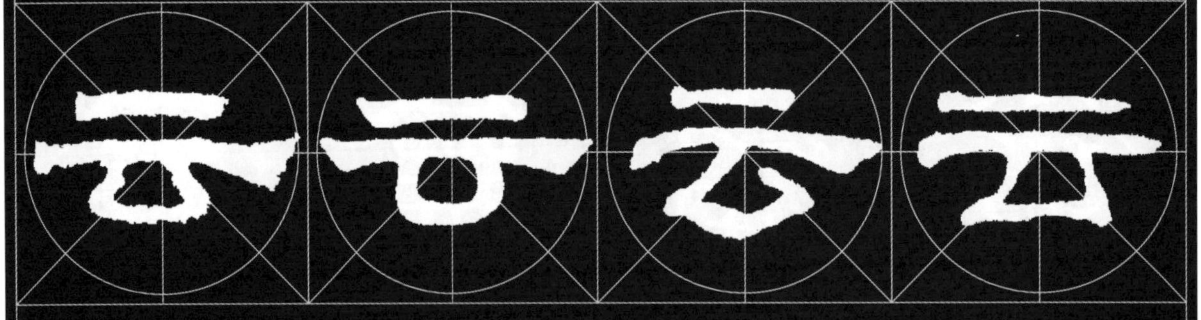

汉 鲜于璜碑　　元 赵孟頫　　元 吴叡　　清 翁同和

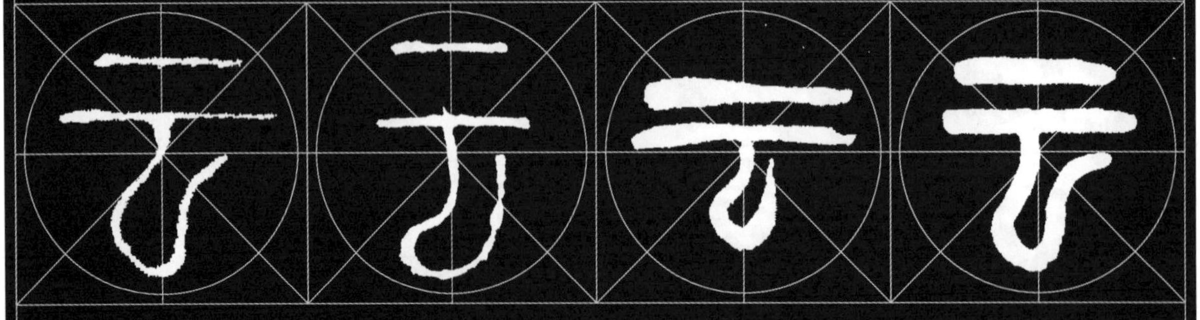

汉 说文解字　　唐 李阳冰　　清 徐三庚　　清 吴大澂

yún 雲（云彩，简化为云）

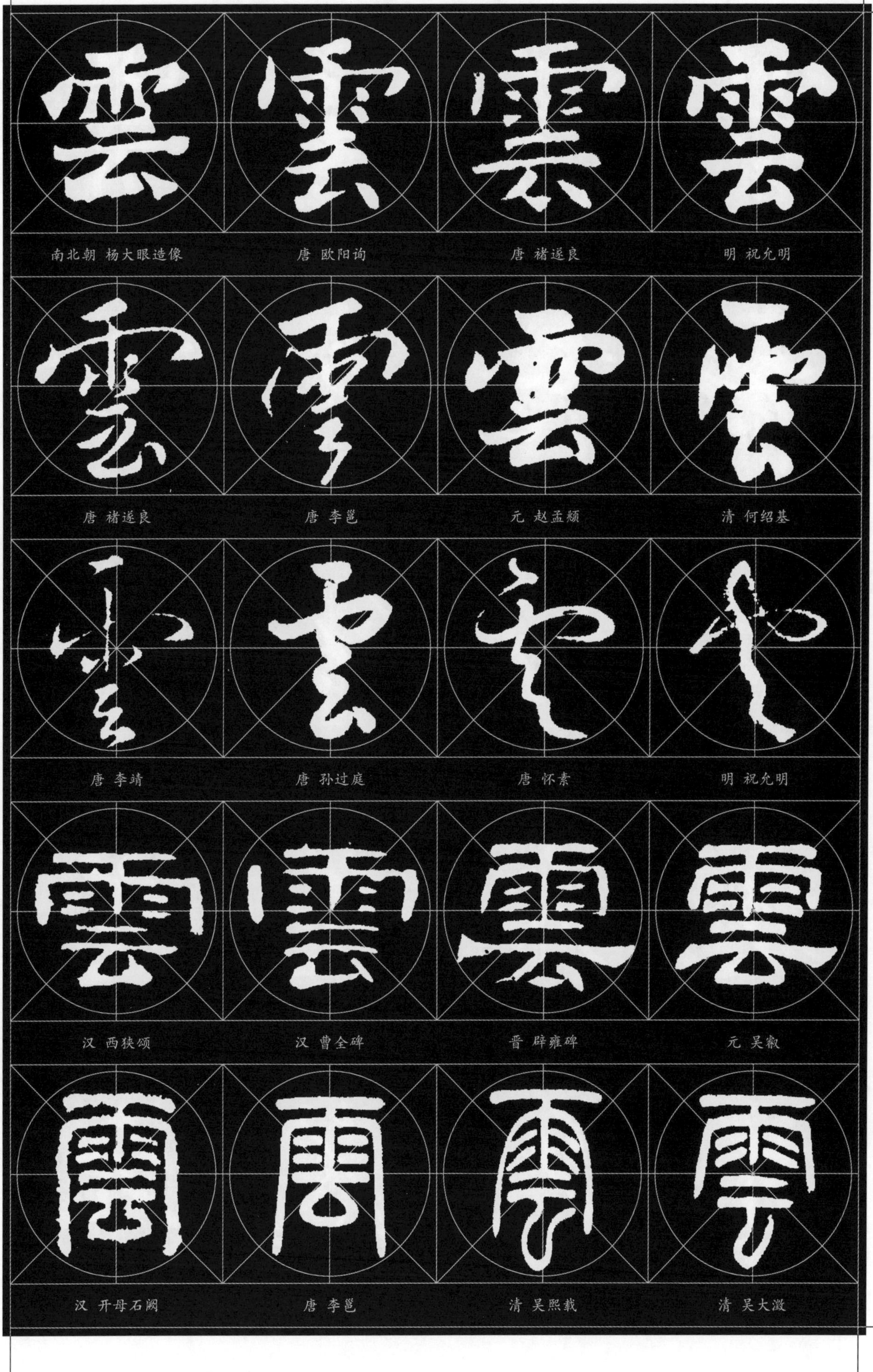
南北朝 杨大眼造像
唐 欧阳询
唐 褚遂良
明 祝允明
唐 褚遂良
唐 李邕
元 赵孟頫
清 何绍基
唐 李靖
唐 孙过庭
唐 怀素
明 祝允明
汉 西狭颂
汉 曹全碑
晋 辟雍碑
元 吴叡
汉 开母石阙
唐 李邕
清 吴熙载
清 吴大澂

yún 芸

yún 耘（除草）

yún 纭

yǔn 允

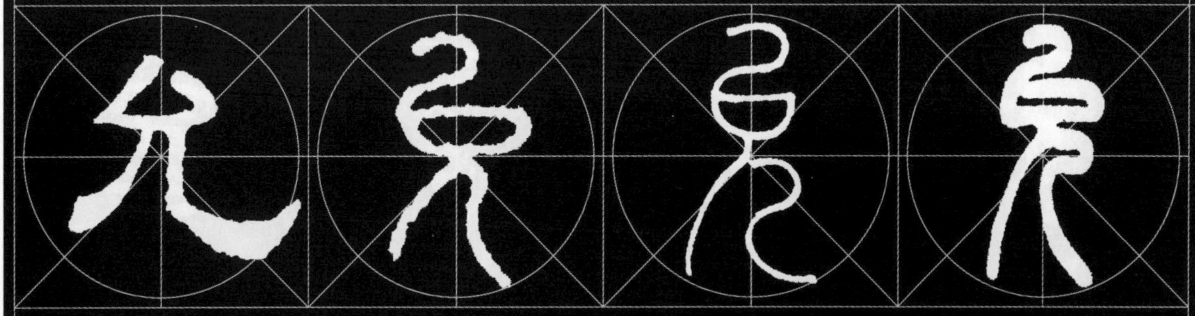

汉 白石神君碑　秦 石鼓文　清 邓石如　清 吴熙载

yǔn
陨（隕：落）

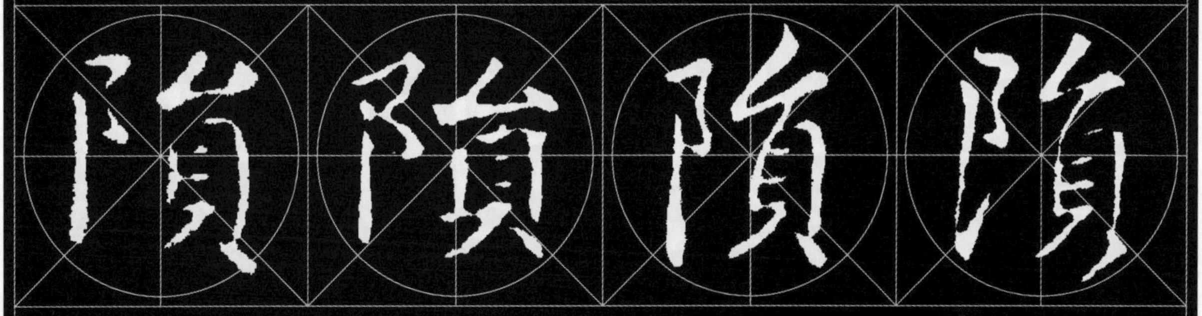

晋 王羲之　唐 颜师古　三国 钟繇　晋 王羲之

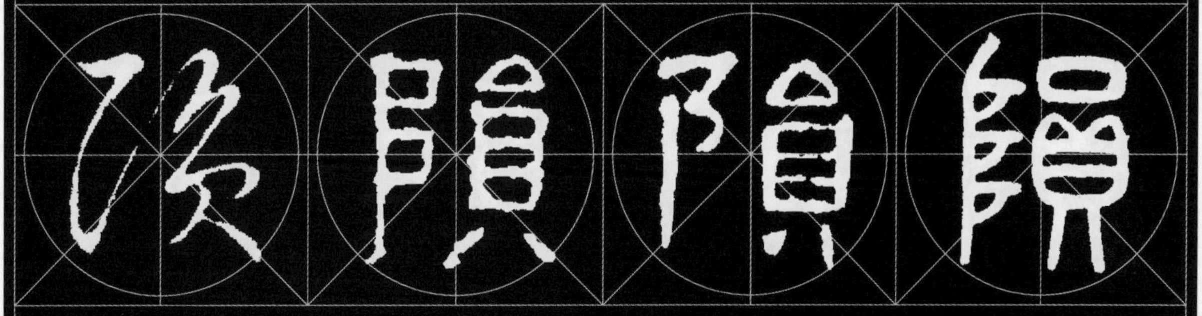

金 张天锡·草书韵会　汉 景君碑　汉 曹全碑　清 吴大澂

yǔn
殒（死亡）

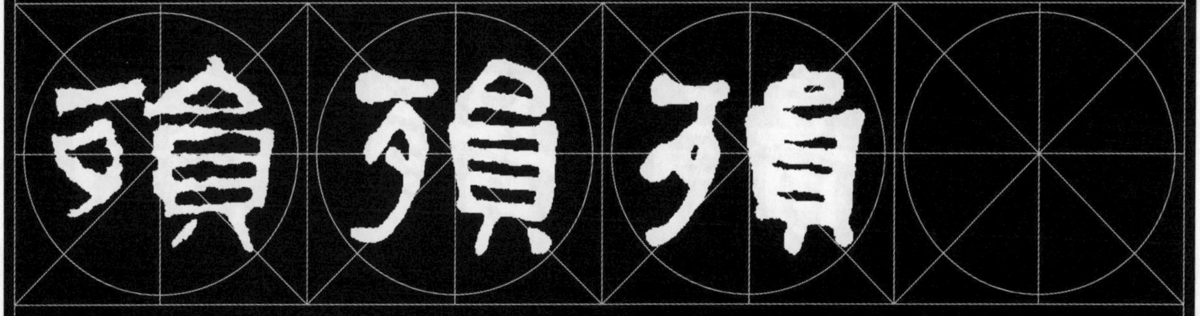

汉 张迁碑　清 何绍基　清 何绍基

yùn
运

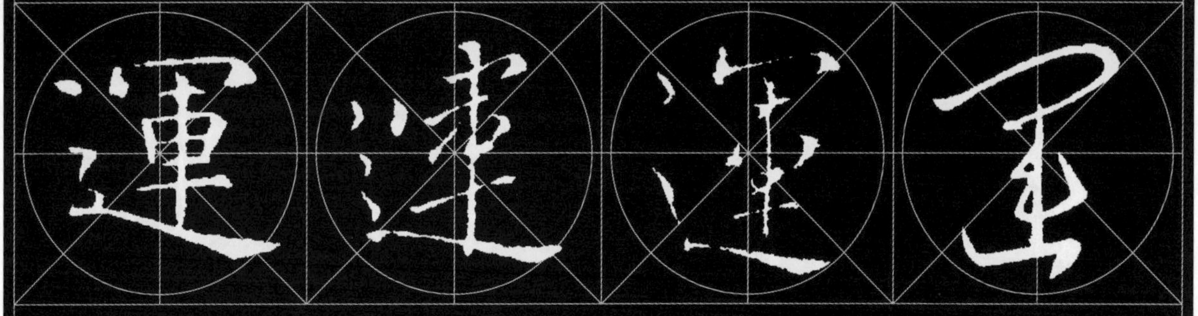

唐 虞世南　唐 虞世南　唐 李靖　晋 王羲之

yùn
韵
（韻：好听的声音；韵母；情趣）

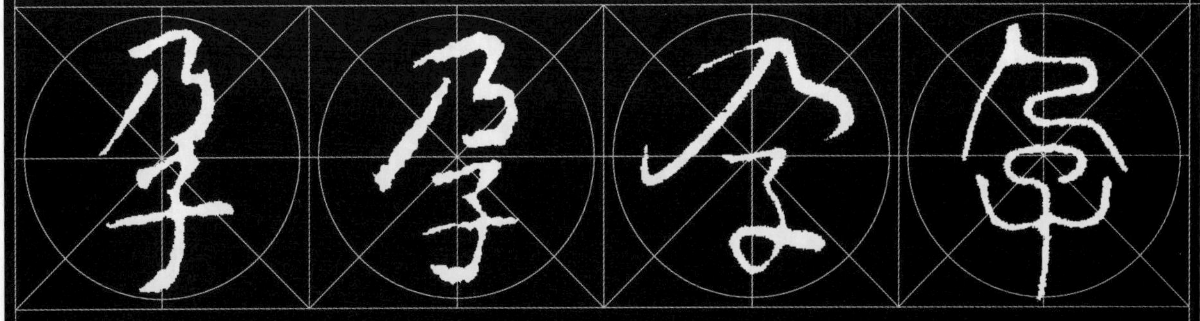

唐 虞世南　唐 张从申　金 张天锡·草书韵会　汉 说文解字

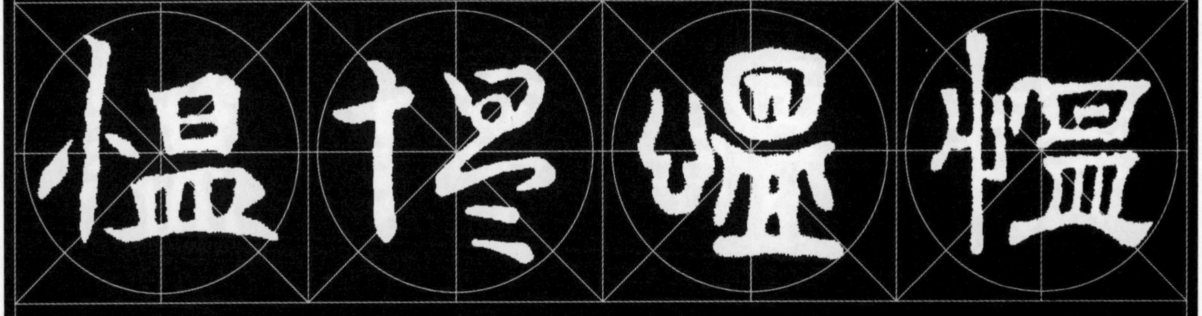

北魏 司马显姿墓志　金 张天锡·草书韵会　清 吴大澂　汉 张君碑

唐 薛稷　唐 高正臣　金 张天锡·草书韵会　清 赵之琛

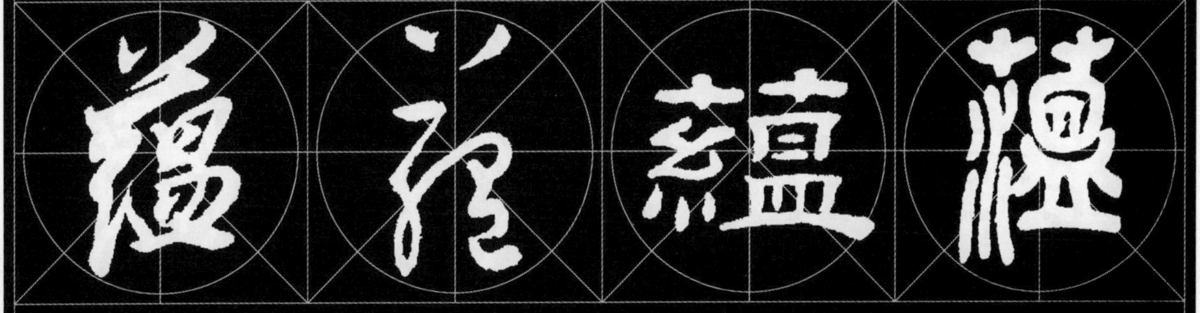

明 董其昌　元 吴镇　清 桂馥　清 吴昌硕

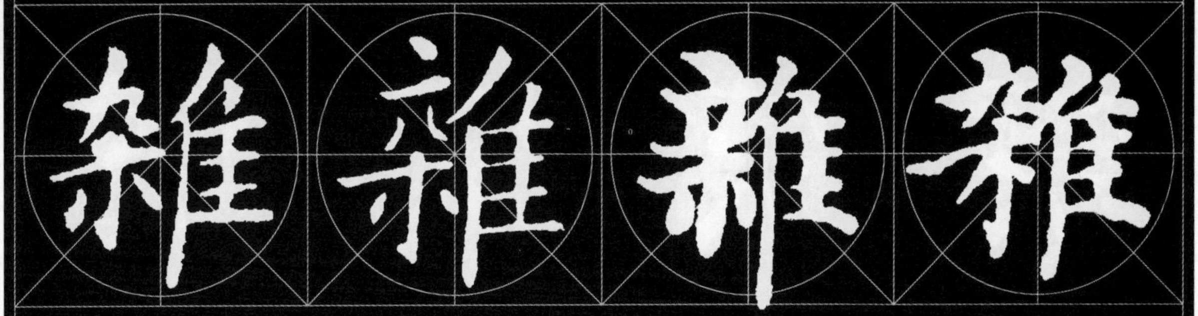

晋 王献之　唐 欧阳询　唐 国铨　明 丰坊

yùn 孕

yùn 愠（怒）

yùn 韫（包含；蕴藏）

yùn 蕴

zá 杂（雜、襍、亲）

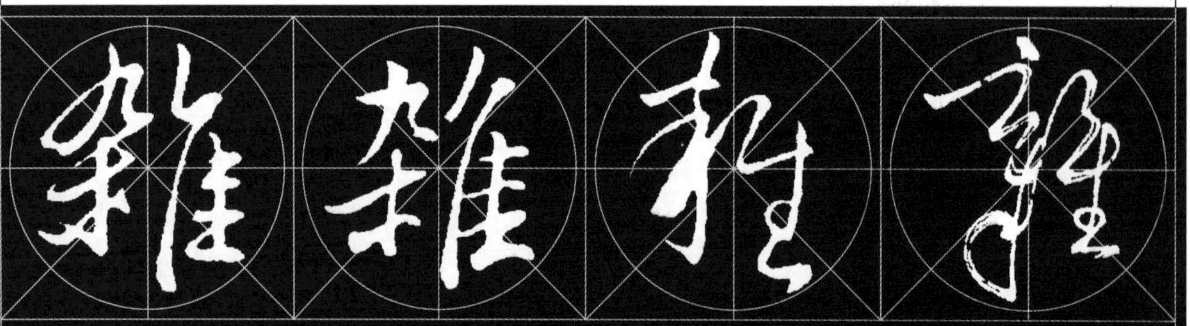

元 俞俊　明 董其昌　晋 王羲之　宋 苏轼

汉 乙瑛碑　北魏 中岳灵庙碑　清 何绍基　清 胡澍

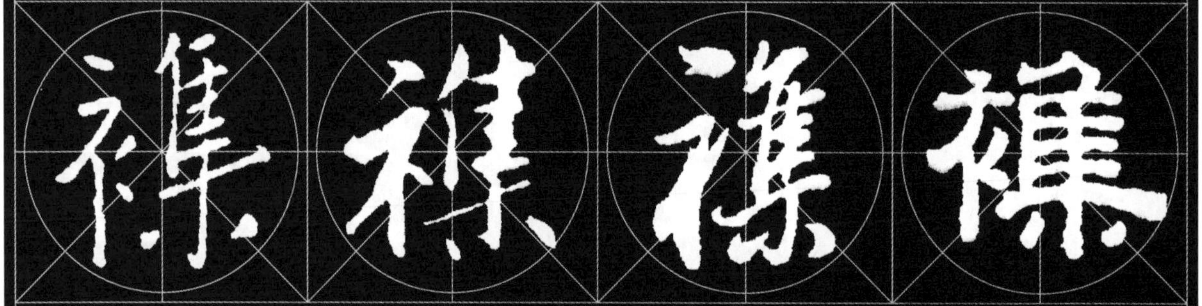

明 王铎　明 沈周　明 董其昌　元 吴叡

清 邓石如　清 莫友芝　清 吴熙载　清 杨沂孙

zāi
灾（災、烖）

北魏 元诊墓志　唐 欧阳询　唐 柳公权　元 鲜于枢

zāi
哉

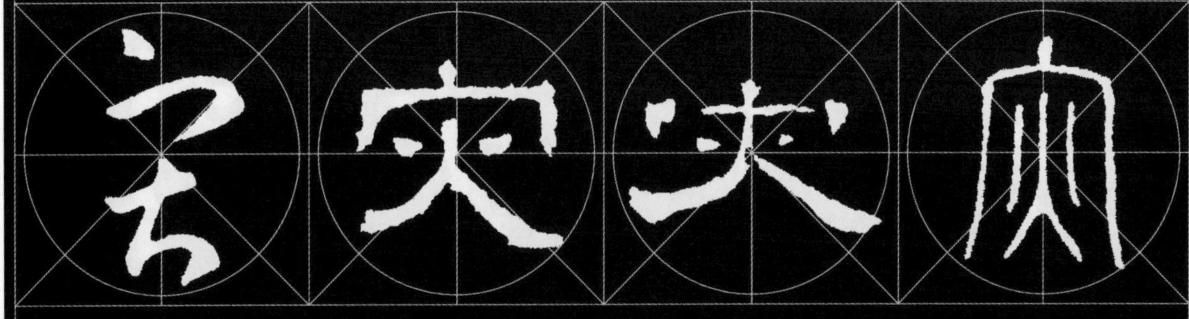

晋 王羲之　汉 白石神君碑　汉 曹全碑　汉 说文解字

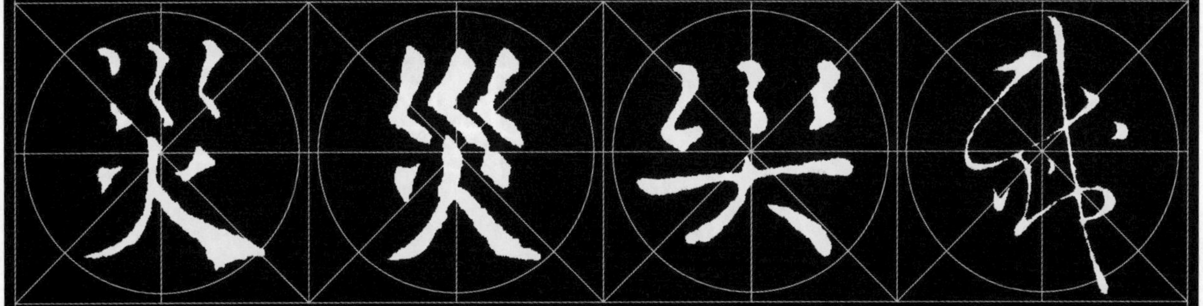

唐 薛稷　唐 颜真卿　晋 郗鉴　金 张天锡·草书韵会

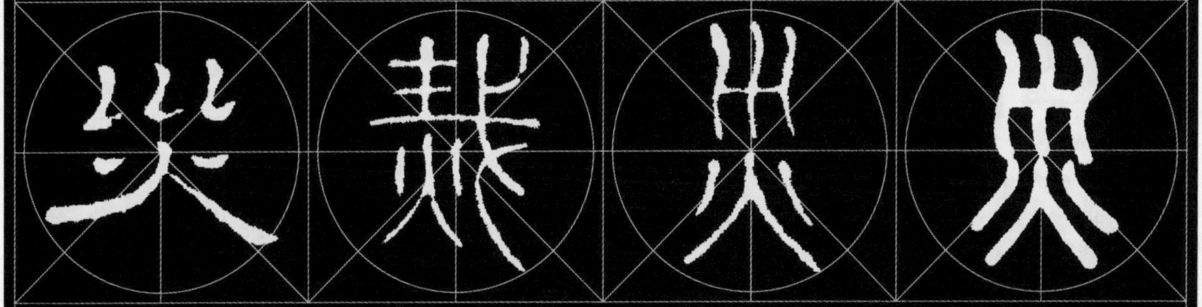

清 顾蔼吉·隶辨　汉 说文解字　汉 说文解字　清 吴大澂

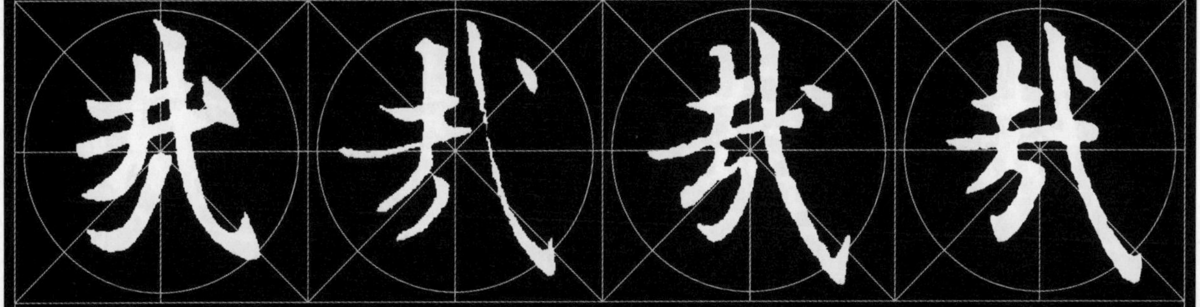

北魏 元诊墓志　唐 褚遂良　唐 蒋善进　元 赵孟頫

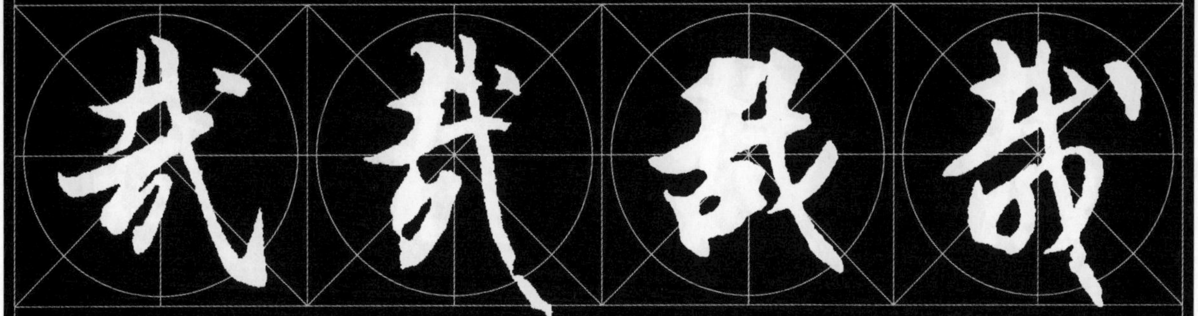

晋 王羲之　隋 智永　宋 张即之　明 文徵明

zāi
栽

zǎi
载（年；刊登）
zài（装载；充满；又、且：载歌）

唐 蒋善进　唐 李世民　唐 孙过庭　元 赵孟𫖯

清 王澍　唐 碧落碑　唐 李阳冰　清 王澍

宋 苏轼　元 张雨　金 张天锡·草书韵会　清 吴大澂

唐 欧阳询　唐 虞世南　唐 褚遂良　唐 颜真卿

唐 陆柬之　宋 黄庭坚　宋 米芾　元 赵孟𫖯

zǎi
宰

晋 王羲之　隋 智永　唐 孙过庭　唐 怀素
汉 子游残石　汉 礼器碑　汉 曹全碑　清 王澍
秦 会稽刻石　唐 李阳冰　清 吴熙载　清 莫友芝
隋 智永　唐 虞世南　唐 褚遂良　唐 李邕
唐 颜真卿　晋 王羲之　隋 智永　唐 欧阳询

zài
在

唐 怀素
汉 乙瑛碑
清 桂馥
清 王澍
周 散氏盘
周 颂鼎
汉 说文解字
唐 李阳冰
北魏 高庆碑
唐 欧阳询
唐 虞世南
唐 柳公权
晋 王羲之
唐 褚遂良
唐 李世民
唐 陆柬之
晋 王羲之
晋 王羲之
晋 王献之
宋 米芾

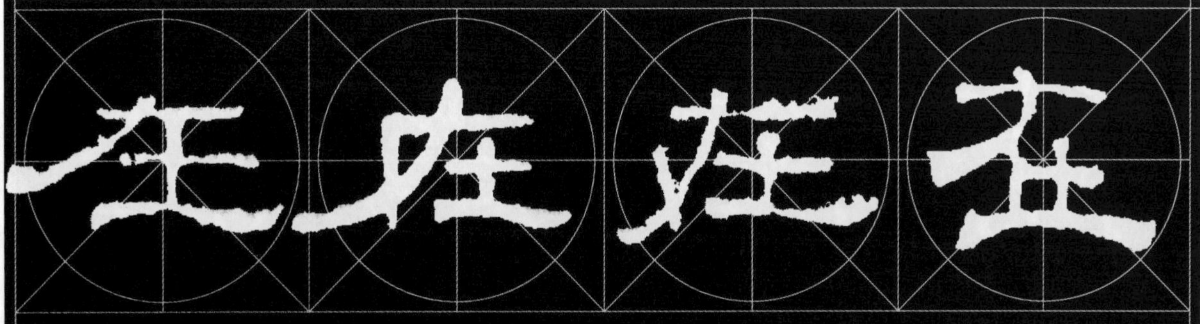

汉 史晨碑 汉 曹全碑 汉 张迁碑 元 吴叡

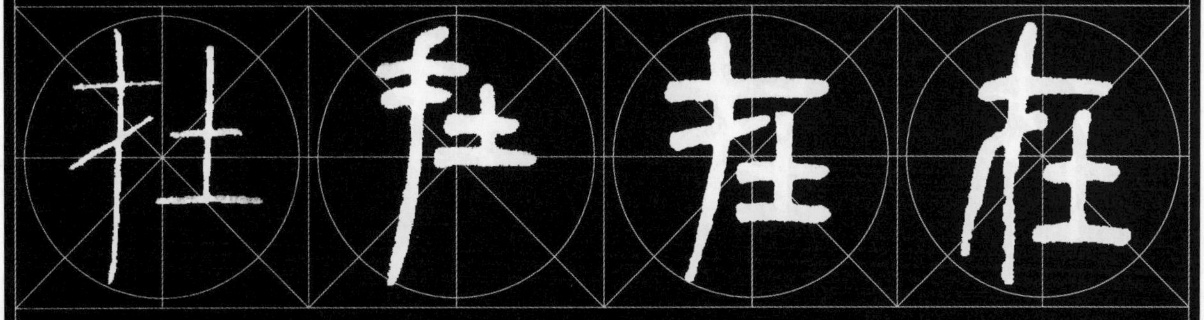

唐 李阳冰 清 吴熙载 清 吴大澂 清 吴昌硕

zài
再

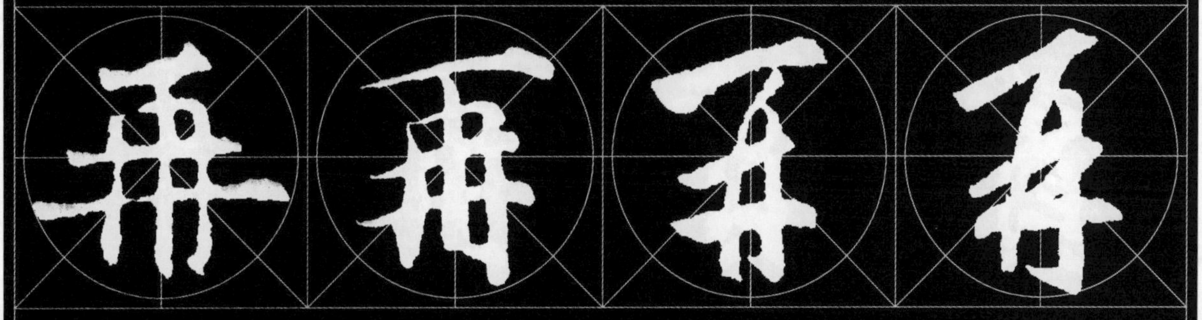

南北朝 高湛墓志 隋 智永 晋 王洽 晋 王羲之

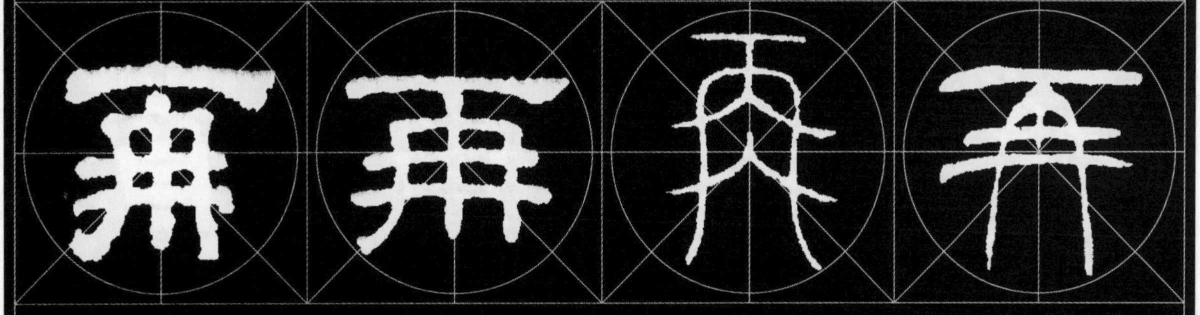

汉 樊敏碑 清 王澍 唐 李阳冰 清 徐三庚

zān
簪

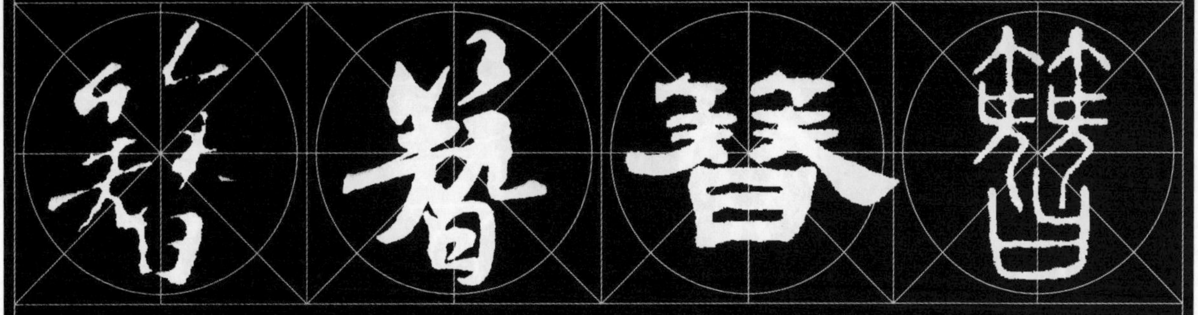

宋 苏轼 宋 赵孟坚 清 赵懿 汉 说文解字

zǎn
攒（攢、儹）cuán

zàn
赞（贊）

元 通贤　宋 米芾　唐 怀素　明 郭谌·草韵辨体

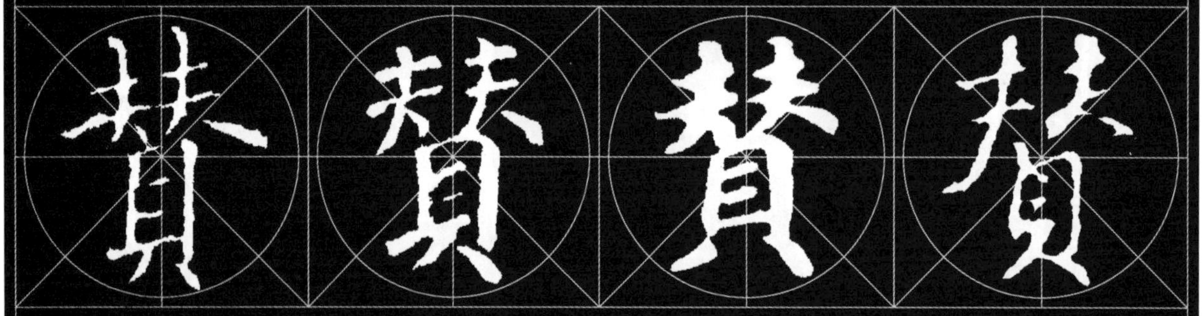

唐 欧阳询　唐 颜真卿　宋 蔡襄　宋 苏轼

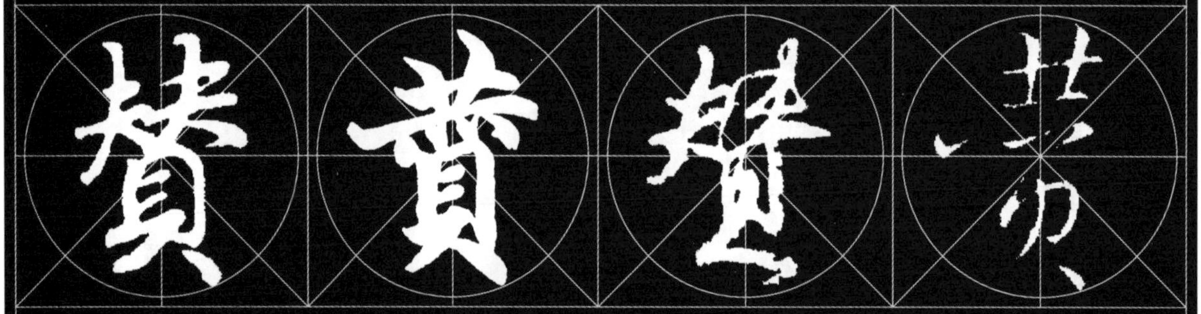

宋 赵昚　元 柯九思　唐 颜真卿　宋 赵构

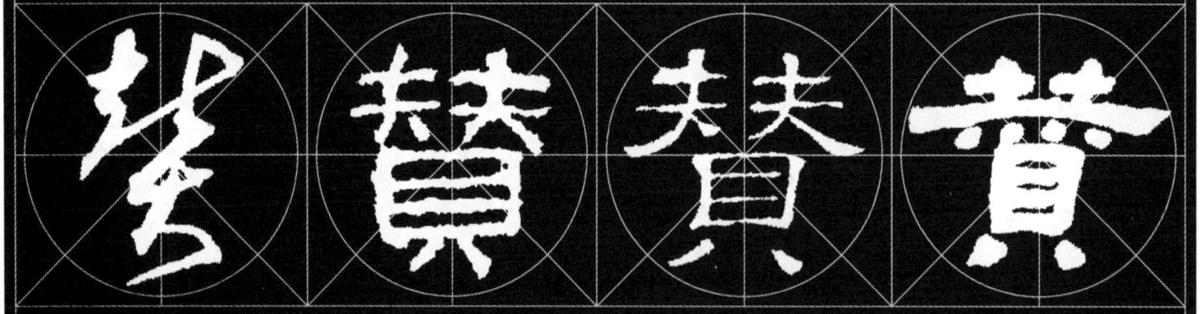

明 沈粲　汉 封龙山碑　清 顾蔼吉·隶辨　清 邓石如

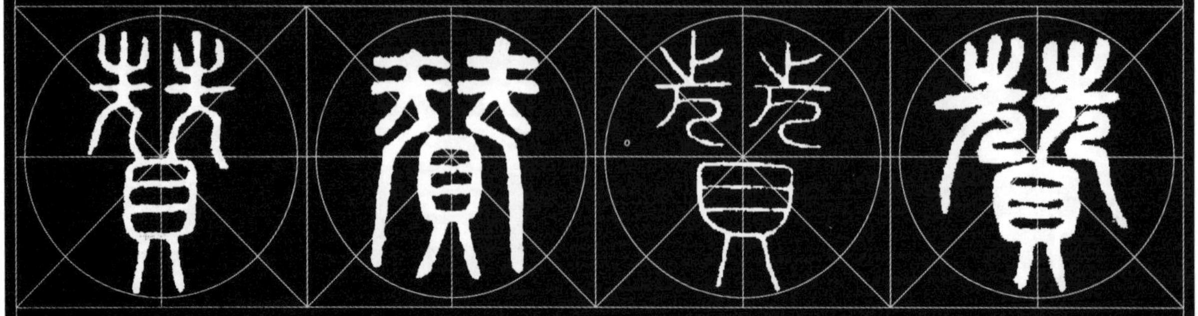

汉 说文解字　唐 颜真卿　唐 李阳冰　清 杨沂孙

zàn 讚（称赞）

隋 智永

唐 柳公权

宋 赵佶

元 赵孟頫

唐 褚遂良

唐 李隆基

明 董其昌

晋 索靖

唐 孙过庭

唐 张旭

唐 怀素

汉 乙瑛碑

汉 孔彪碑

汉 白石神君碑

清 王澍

元 赵孟頫

zàn 暂

唐 颜真卿

宋 蒲宗孟

清 顾蔼吉·隶辨

清 吴熙载

zàn
蹔（同暂）

zāng
臧（善；好；姓。古同藏）cáng

zàng
奘 zhuǎng

zàng
葬（𦵏、塟）

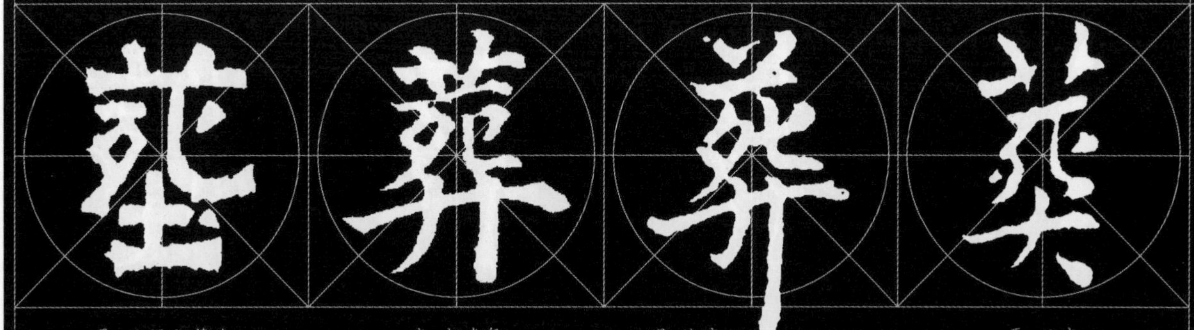

晋 王闵之墓志　唐 颜真卿　明 沈度　晋 王廙

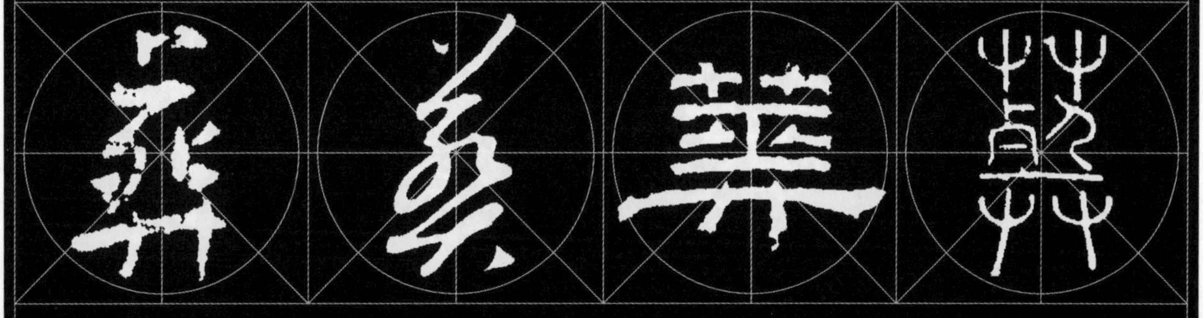

宋 张即之　元 康里子山　汉 朝侯小子残碑　唐 李阳冰

zāo
遭

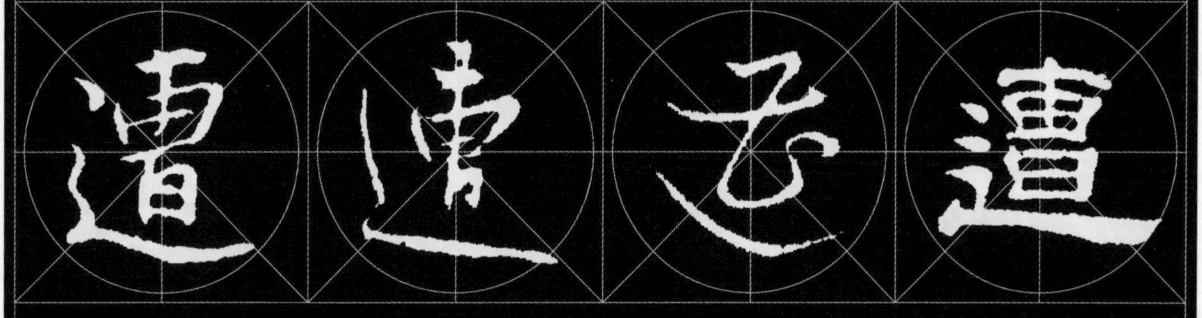

元 邓文原　明 张弼　金 张天锡·草书韵会　汉 夏承碑

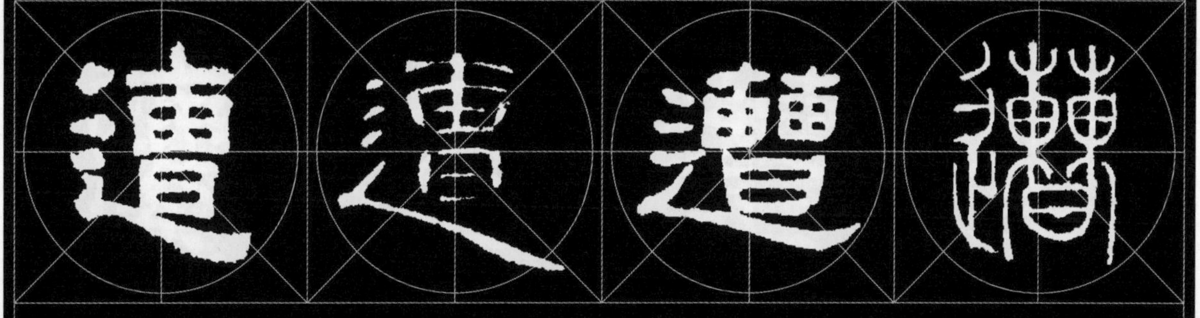

汉 樊敏碑　汉 曹全碑　清 何绍基　唐 李阳冰

zāo
糟

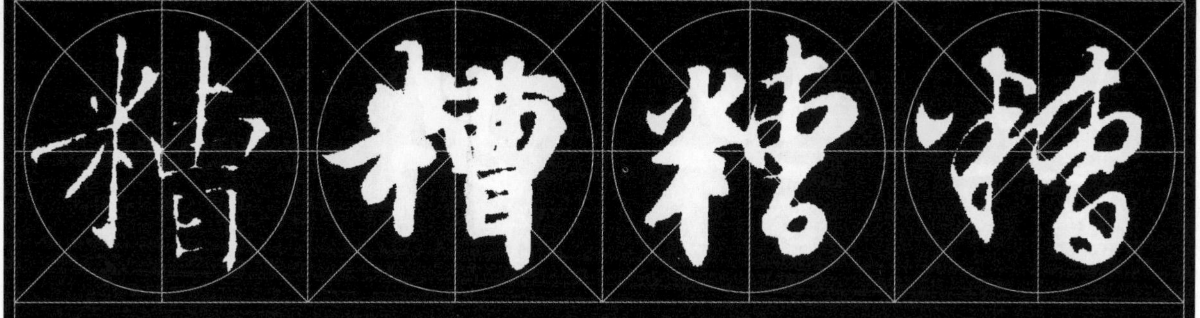

唐 王敬客　隋 智永　宋 苏轼　明 文徵明

zāo
凿（鑿）

zǎo
早

隋 智永
唐 孙过庭
宋 黄庭坚
汉 说文解字
唐 欧阳询
唐 颜真卿
元 赵孟頫
宋 米芾
明 文徵明
晋 王羲之
金 张天锡·草书韵会
汉 石门颂
清 顾蔼吉·隶辨
清 顾蔼吉·隶辨
清 吴隐
清 杨沂孙
唐 褚遂良
元 赵孟頫
唐 欧阳询
唐 颜真卿

宋 黄庭坚　晋 王羲之　唐 欧阳询　唐 怀素

汉 马王堆帛书　汉 赵宽碑　汉 曹全碑　清 吴熙载

清 永理　明 董其昌　明 张瑞图　晋 王羲之

金 张天锡·草书韵会　清 伊秉绶　清 赵之谦　清 吴大澂

明 邵二泉　明 解缙　明 陆深　金 张天锡·草书韵会

zǎo 枣（棗）

zǎo 蚤（古同早）

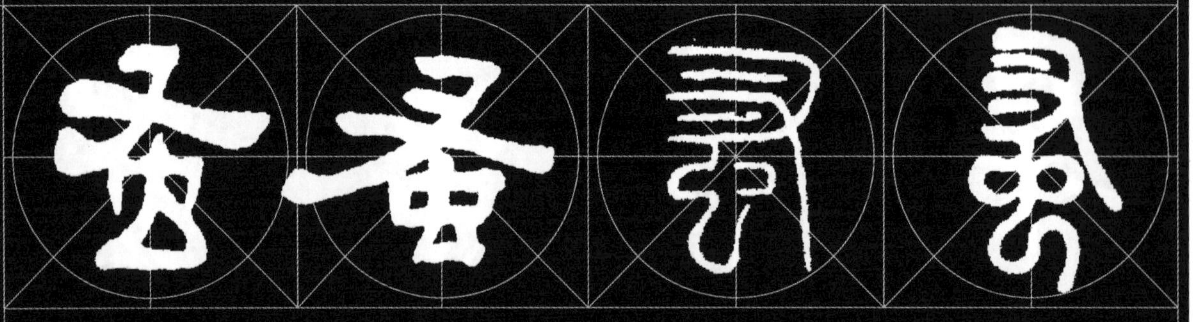

清 邓石如　清 陈鸿寿　汉 说文解字　清 莫友芝

zǎo
澡

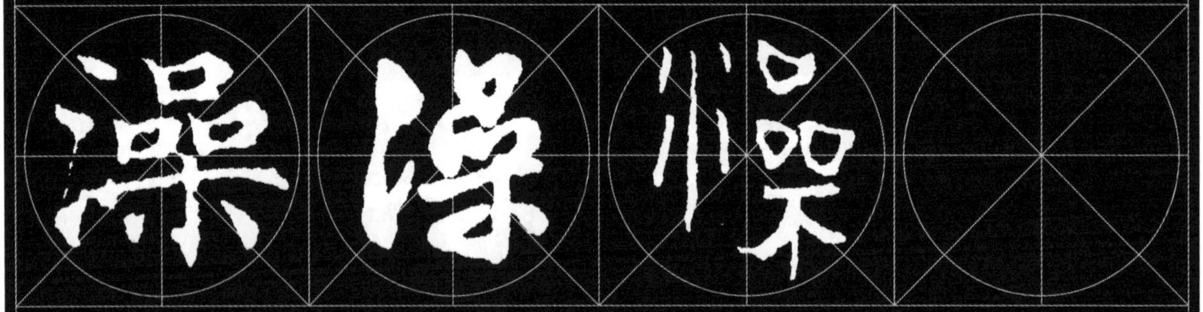

唐 灵飞经　明 文徵明　汉 马王堆帛书

zǎo
藻

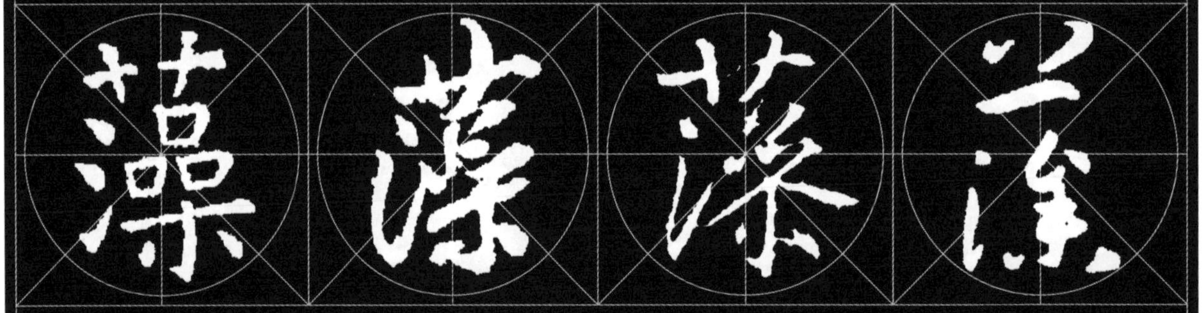

唐 虞世南　唐 林藻　唐 高正臣　唐 孙过庭

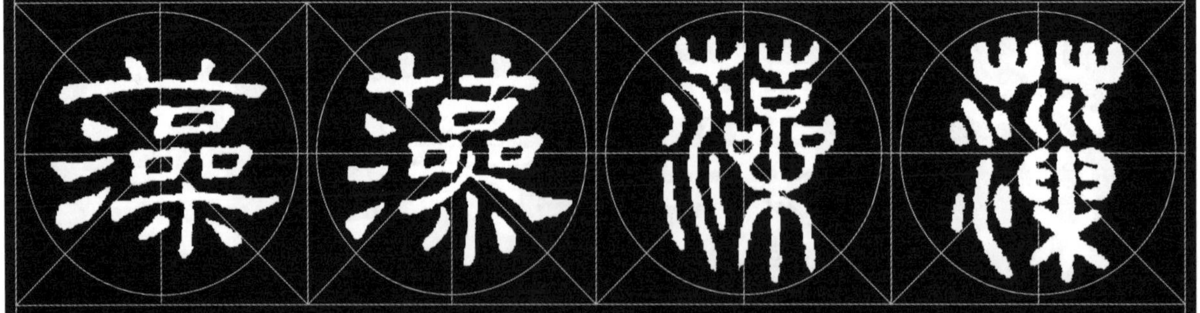

清 顾蔼吉·隶辨　清 顾蔼吉·隶辨　汉 说文解字　清 吴大澂

zào
燥

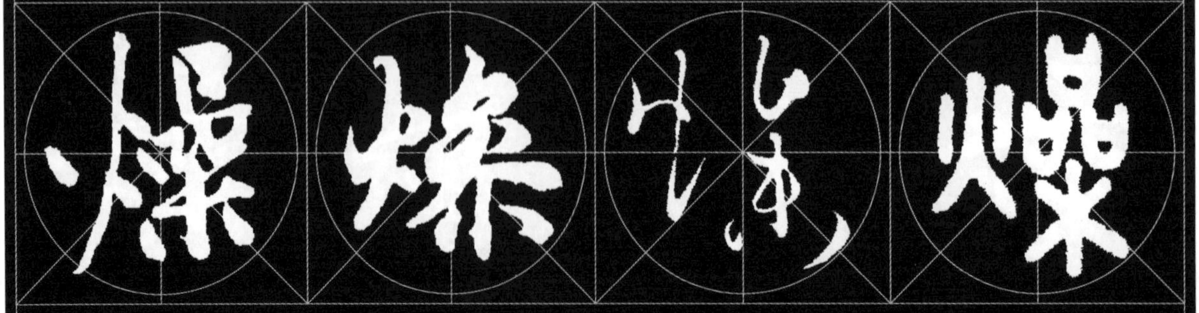

宋 黄庭坚　唐 陆柬之　唐 孙过庭　清 田潜

zào 躁

zào 灶（竈）

zào 造

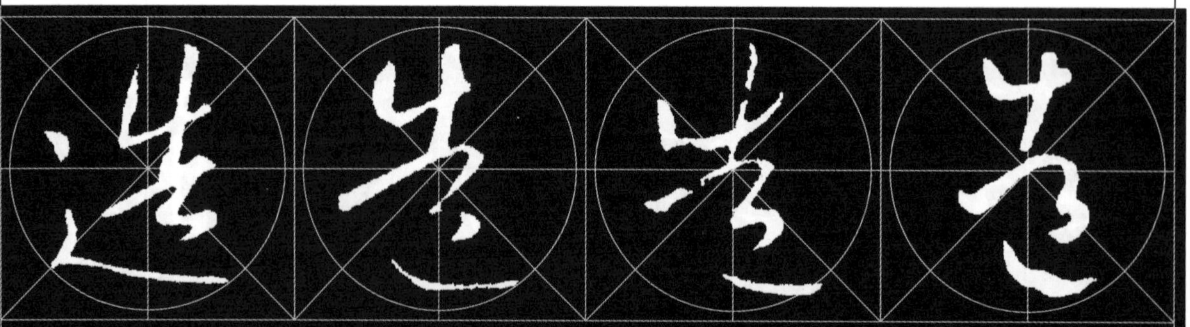

晋 王羲之　隋 智永　唐 欧阳询　唐 孙过庭

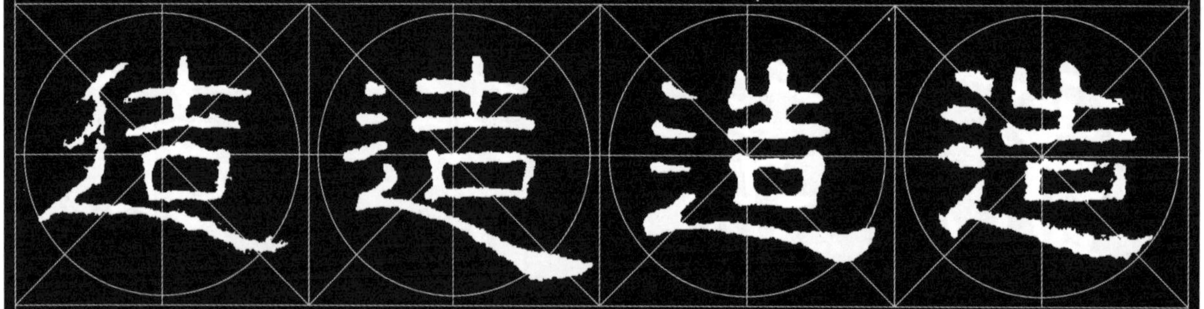

汉 石门颂　汉 礼器碑　汉 郭有道碑　汉 西狭颂

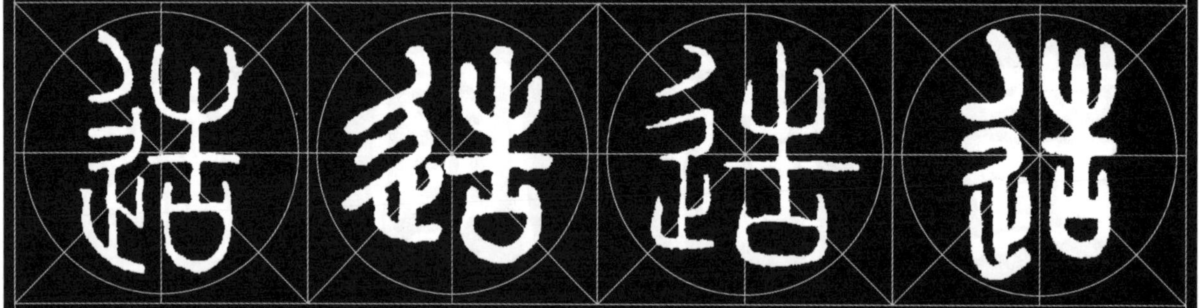

唐 李阳冰　元 赵孟頫　元 吴叡　清 杨守敬

zé
则

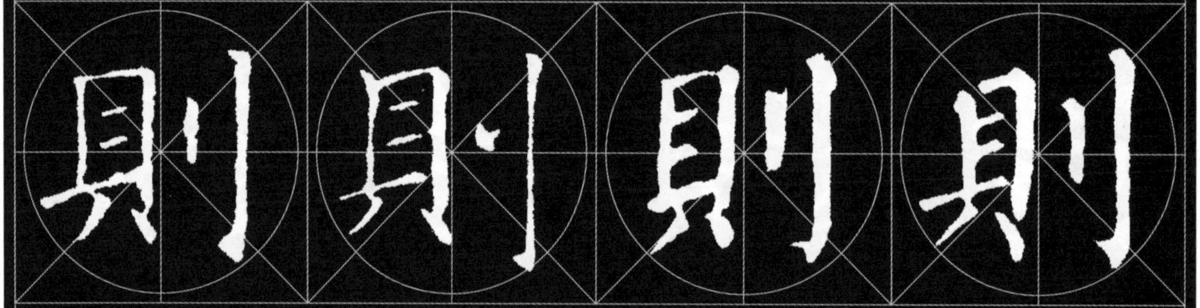

唐 欧阳询　唐 褚遂良　唐 颜真卿　唐 柳公权

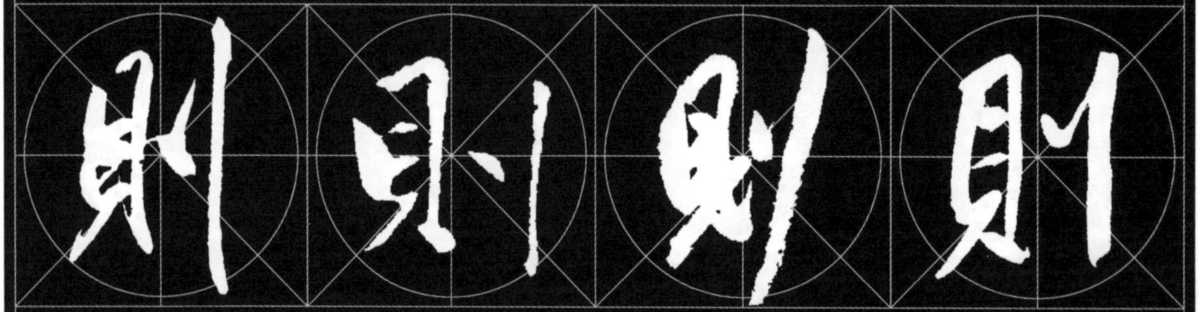

宋 米芾　元 赵雍　明 祝允明　明 董其昌

zé
择（挑选）
zhái（义同上；择开）

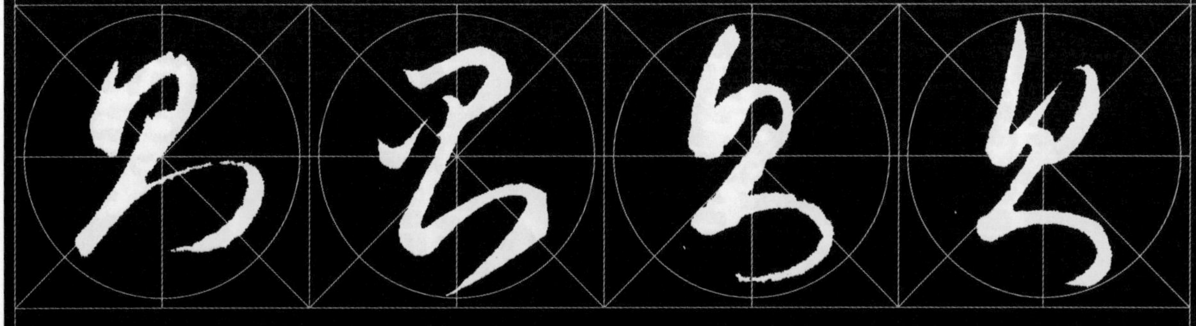

隋 智永　唐 李怀琳　唐 孙过庭　元 饶介

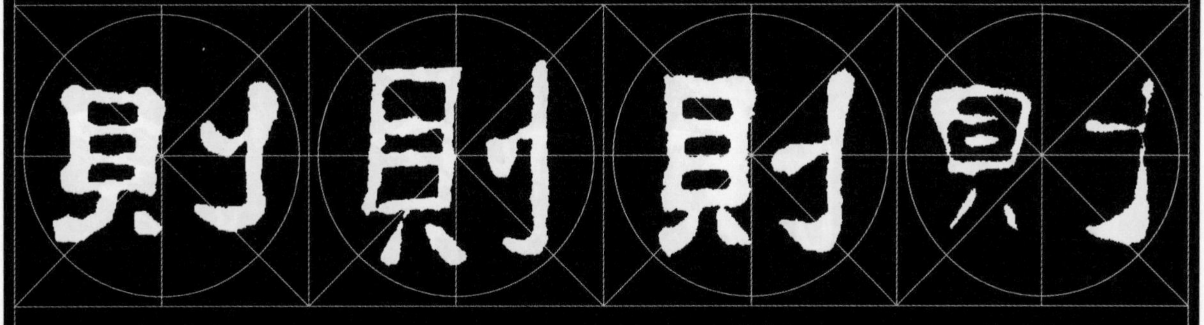

汉 郭有道碑　汉 西狭颂　汉 樊敏碑　唐 叶慧明碑

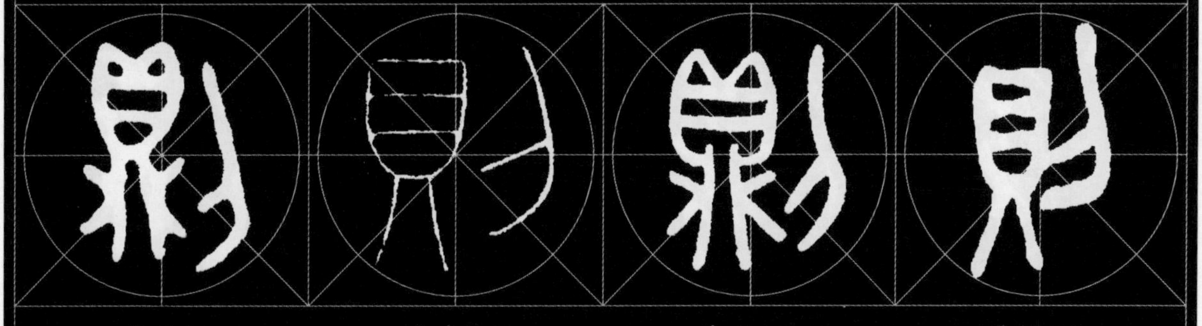

周 墙盘　唐 李阳冰　清 吴大澂　清 吴昌硕

宋 黄庭坚　宋 黄庭坚　明 董其昌　唐 孙过庭

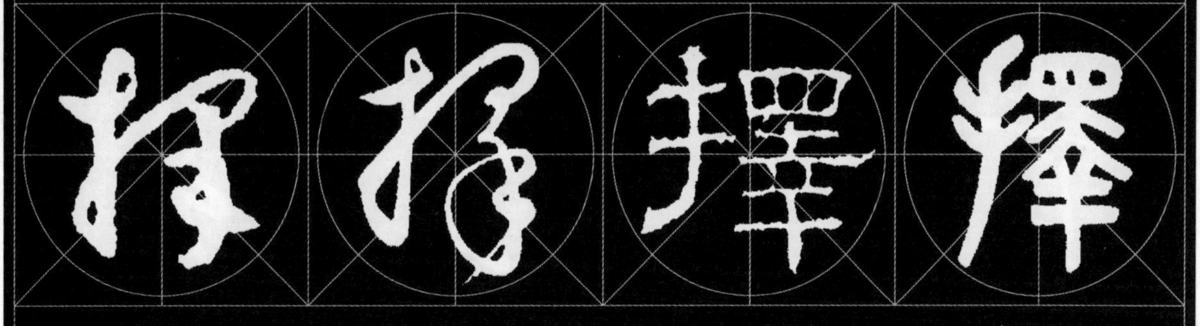

唐 贺知章　元 饶介　汉 白石神君碑　清 吴大澂

zé
泽（澤）

zé
责

晋 王羲之　唐 褚遂良　唐 张旭　唐 颜真卿
唐 释怀仁　宋 黄庭坚　元 赵孟頫　元 赵孟頫
唐 李世民　唐 颜真卿　元 赵孟頫　明 祝允明
汉 景君碑　元 吴叡　秦 李斯　清 杨沂孙
唐 褚遂良　唐 陆柬之　宋 米芾　唐 李怀琳

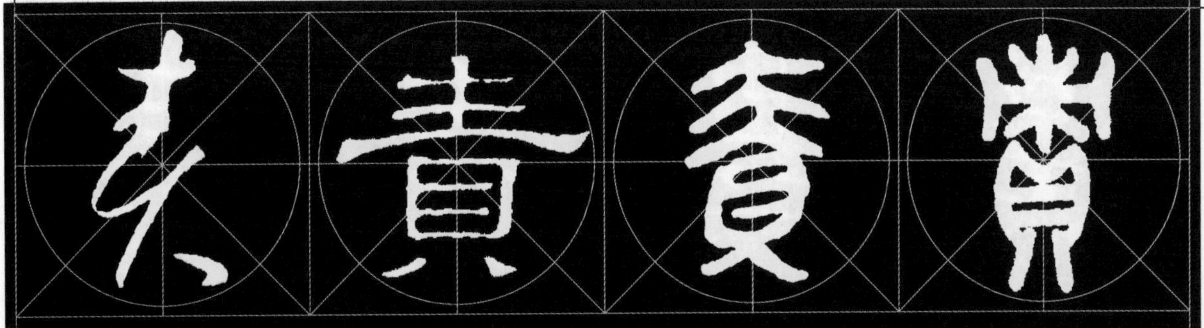

唐 怀素　清 顾蔼吉·隶辨　汉 马王堆帛书　清 田潜

zé 啧（争辩）

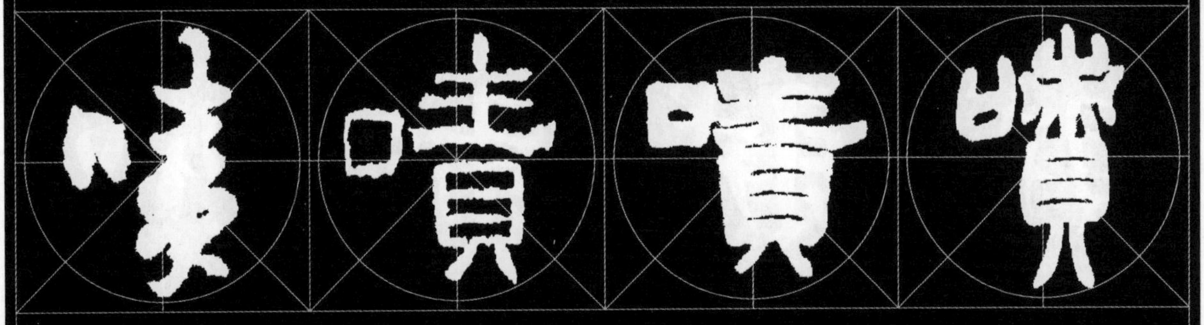

清 郭青垲　汉 王舍人碑　清 莫友芝　清 赵之谦

zé 赜（精深）

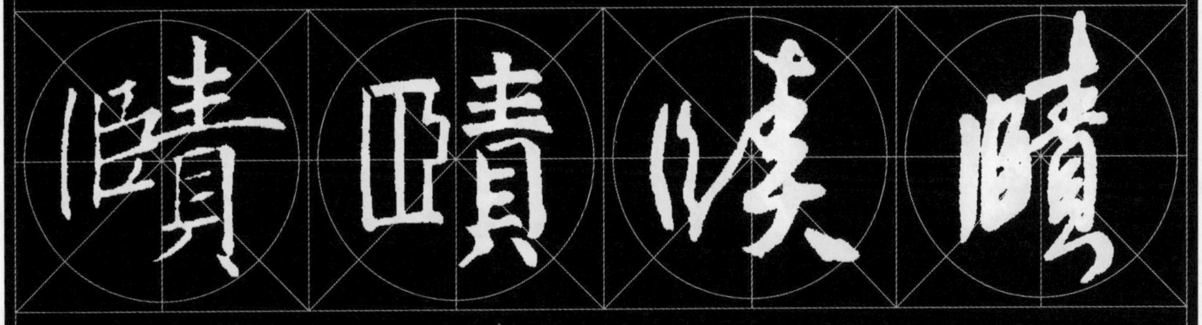

唐 褚遂良　唐 颜真卿　唐 孙过庭　清 王铎

zè 仄

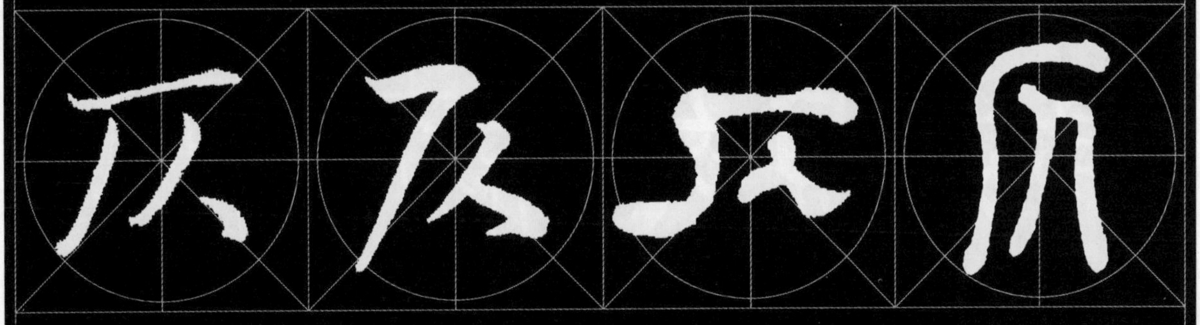

元 俞庸　明 宋克　清 郑簠　清 康熙字典

zè 昃（日偏西）

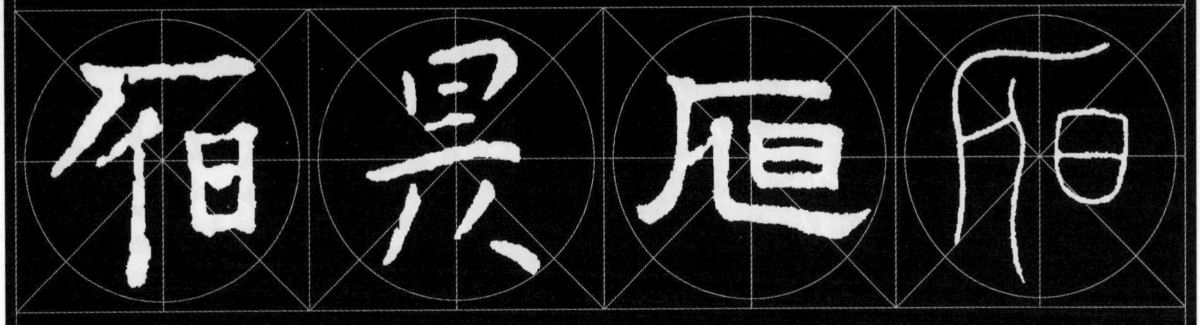

明 徐霖　明 王宠　元 赵孟頫　唐 李阳冰

zéi
贼

zèn
谮
（诬陷）

隋 智永
唐 虞世南
明 沈粲
明 文徵明
唐 欧阳通
明 祝允明
唐 褚遂良
唐 颜真卿
唐 颜真卿
隋 智永
唐 孙过庭
汉 礼器碑
汉 张景碑
清 王澍
秦 李斯
唐 李阳冰
唐 李邕
明 祝允明
明 何震
清 吴大澂

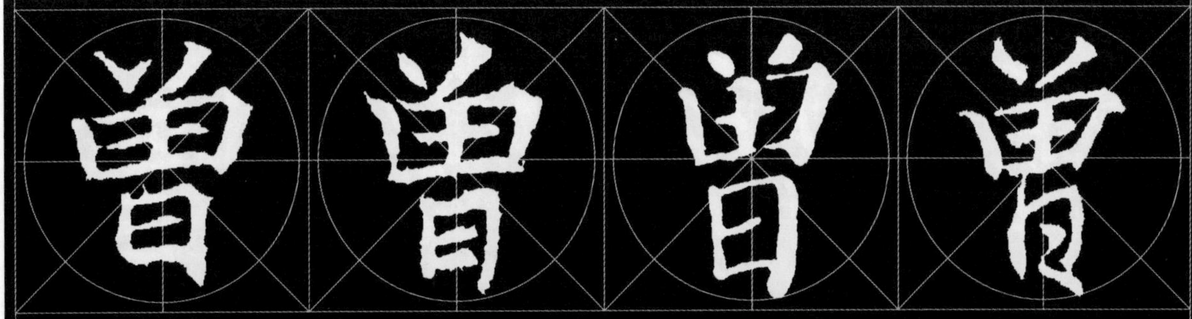

唐 颜师古　唐 张旭　唐 颜真卿　唐 高正臣

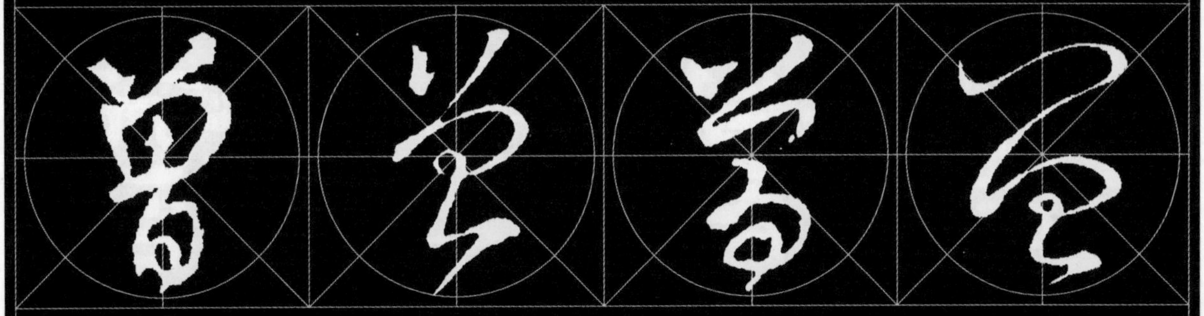

唐 颜真卿　晋 王羲之　唐 孙过庭　唐 怀素

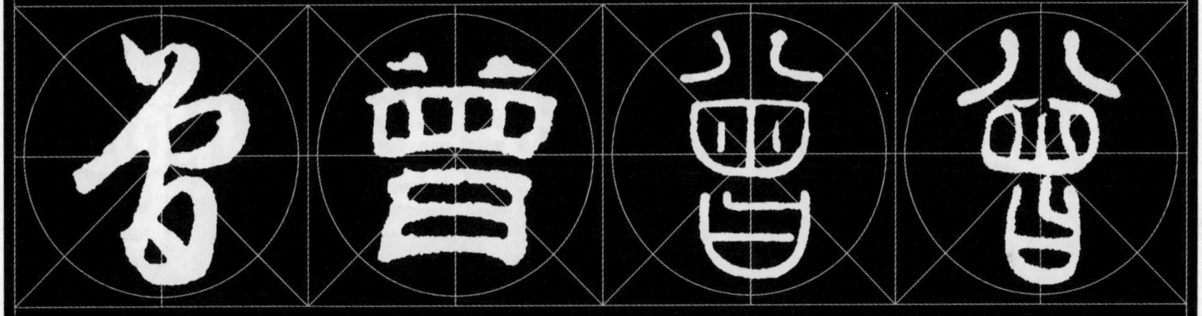

明 文徵明　元 吴叡　唐 李阳冰　清 吴熙载

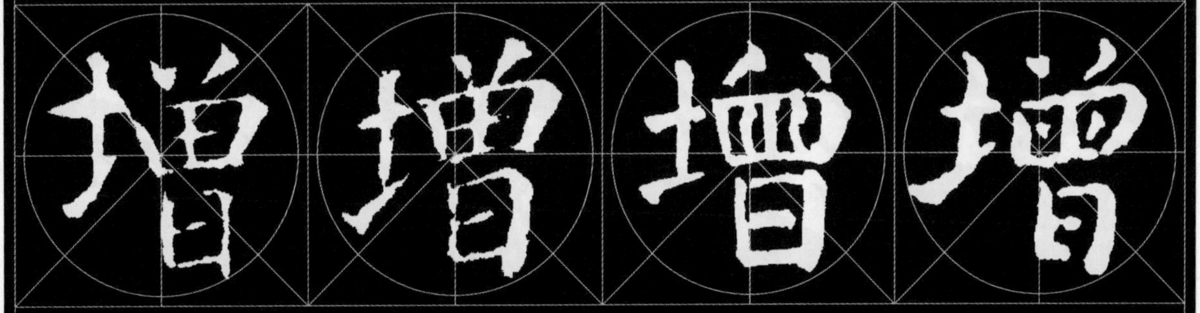

隋 智永　唐 颜真卿　唐 颜真卿　明 王宠

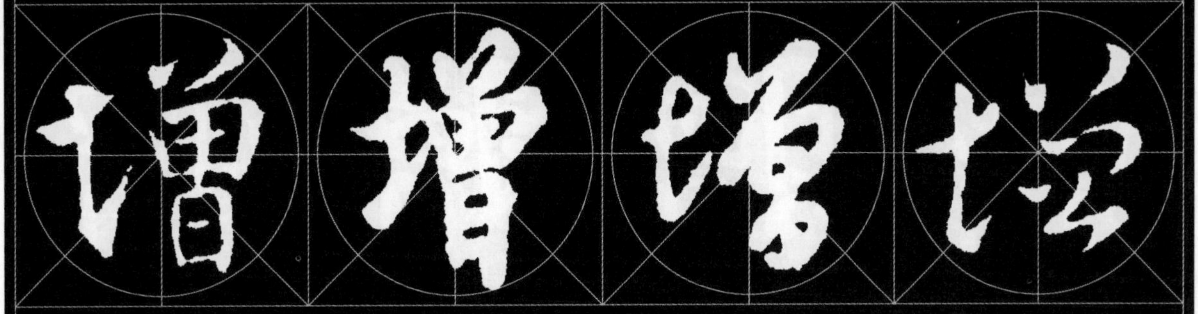

晋 王羲之　唐 欧阳询　元 赵孟頫　晋 索靖

zēng 曾 céng（曾经）

zēng 增

zēng 憎（恨）

zèng 缯

zèng 赠

唐 杜牧　宋 苏轼　明 文徵明　明 唐寅

明 祝允明　明 文彭　汉 朝侯小子残碑　唐 韩择木

清 伊秉绶　清 陈鸿寿　汉 说文解字　清 孙星衍

唐 颜真卿　唐 怀素　唐 孙过庭　宋 赵佶

清 黄易　清 何绍基　汉 说文解字　清 吴大澂

zhá
札
（信件；札记：同劄记）

zhà
乍

zhà
诈
（欺骗；假装）

zhāi
斋（齋）

唐 颜真卿　唐 颜真卿　唐 柳公权　宋 蔡襄

唐 欧阳询　元 赵孟頫　元 赵孟頫　宋 米芾

晋 王羲之　晋 王献之　宋 黄庭坚　明 王孟端

汉 肥致碑　清 顾蔼吉·隶辨　清 阮元　清 朱彝尊

汉 说文解字　清 姚正镛　清 赵之谦　清 吴大澂

zhāi
摘

zhái
宅

宋 米芾
明 解缙
清 顾蔼吉·隶辨
汉 说文解字
唐 褚遂良
唐 欧阳通
隋 智永
宋 李建中
元 赵孟頫
三国 皇象
唐 颜真卿
唐 孙过庭
明 祝允明
清 王铎
汉 乙瑛碑
汉 礼器碑
清 王澍
唐 李阳冰
元 赵孟頫
清 永理

Zhái 翟（姓）dí（野鸡；姓）

zhǎi 窄

zhài 债

zhài 瘵（病）

唐 褚遂良　宋 米芾　三国 皇象　元 邓文原

元 饶介　汉 说文解字　清 永瑆　清 黄士陵

元 鲜于枢　明 姜立纲　清 黄仲则　清 伊秉绶

明 唐寅　宋 苏轼　宋 赵构　金 张天锡·草书韵会

唐 李世民　宋 赵构　清 顾蔼吉·隶辨　汉 说文解字

zhān
沾（霑）

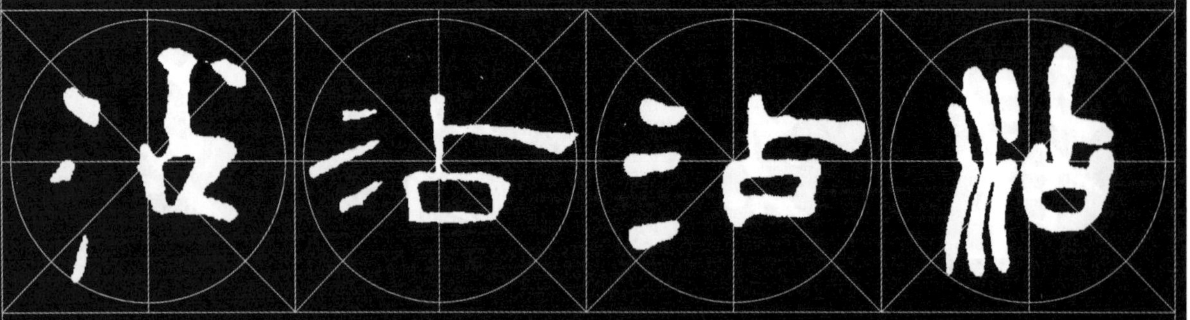

宋 苏轼 | 汉 曹全碑 | 清 何绍基 | 清 吴昌硕

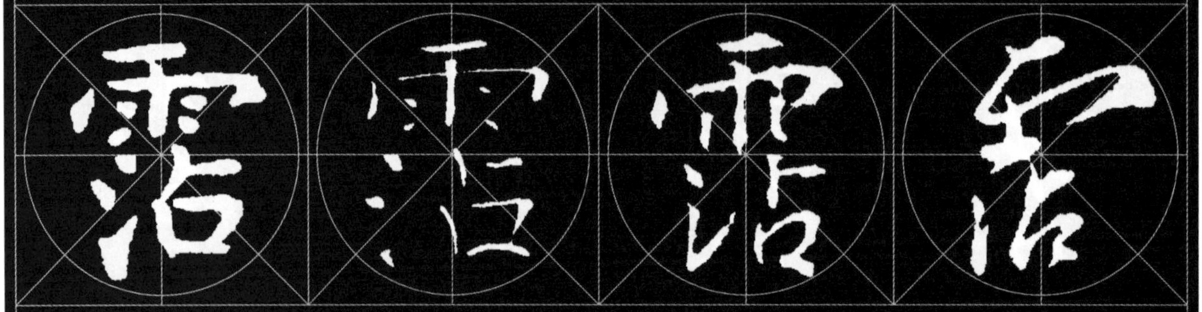

唐 虞世南 | 唐 褚遂良 | 唐 高正臣 | 晋 王羲之

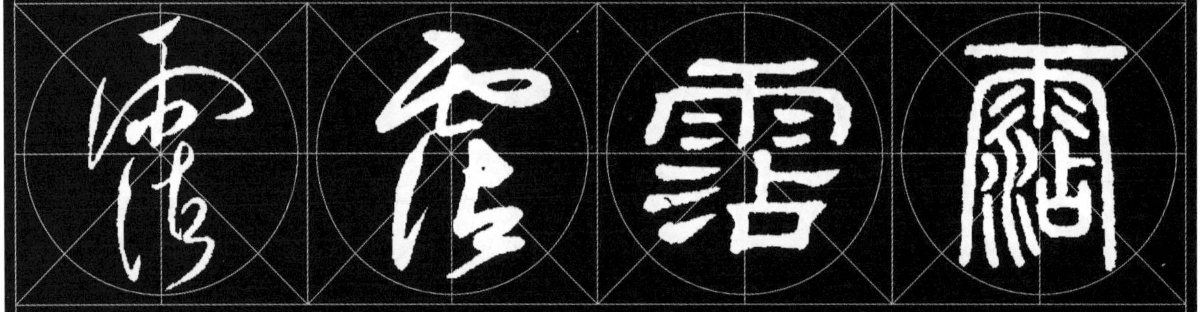

唐 虞世南 | 明 刘珏 | 清 顾蔼吉·隶辨 | 汉 说文解字

zhān
粘
nián

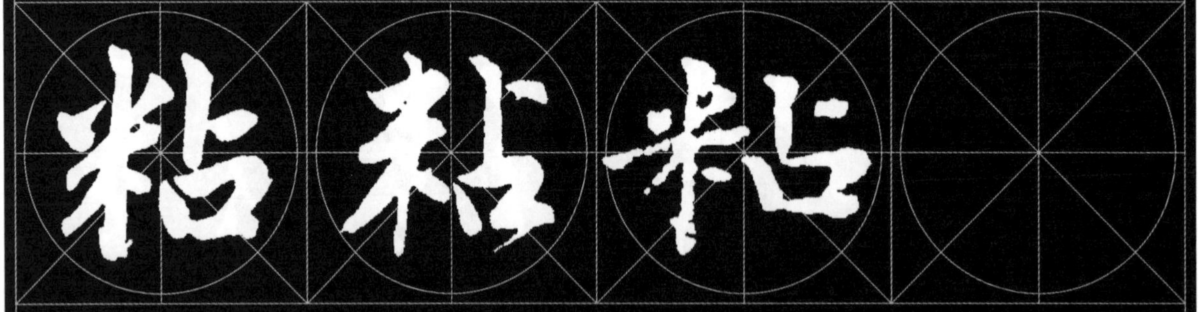

元 赵孟頫 | 明 唐寅 | 明 丰坊

zhān
毡（氈、氊）

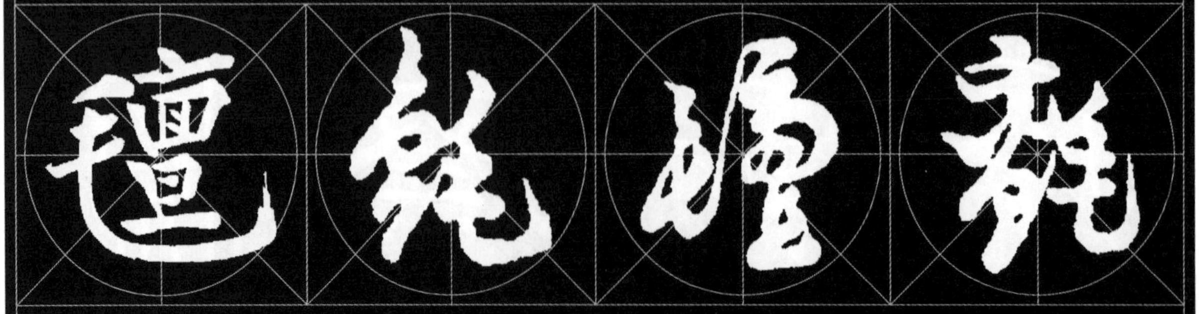

宋 黄庭坚 | 唐 裴休 | 明 李贽 | 金 张天锡·草书韵会

zhān
鹯（猛禽）

zhān
栴（同毡）

zhān
旃

zhān
詹

zhān
瞻

zhǎn
斩
（砍）

zhǎn
展

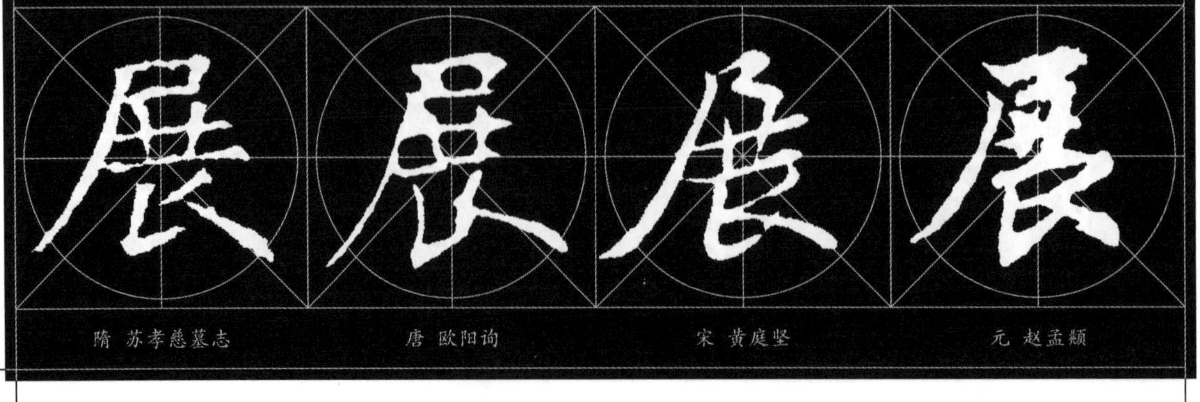

清 王文治 明 董其昌 晋 索靖 宋 米芾

元 陆居仁 明 祝允明 汉 华山碑 清 莫友芝

宋 苏轼 明 文徵明 明 董其昌 明 祝允明

唐 虞世南 宋 苏轼 元 柯九思 明 文徵明

元 吴叡 金 张天锡·草书韵会 金 张天锡·草书韵会 清 吴大澂

zhǎn
盏

zhàn
占（佔）
zhān
（占：占卜）

zhàn
战

zhàn
栈
（棧）

zhàn
湛

元 赵孟頫　明 董其昌　明 韩道亨　清 王铎

清 顾蔼吉·隶辨　清 顾蔼吉·隶辨　清 邓石如　清 杨沂孙

zhàn
蘸

明 文徵明　金 张天锡·草书韵会　汉 说文解字

zhāng
张

唐 欧阳询　唐 颜真卿　唐 柳公权　元 揭傒斯

宋 苏轼　宋 米芾　明 唐寅　明 董其昌

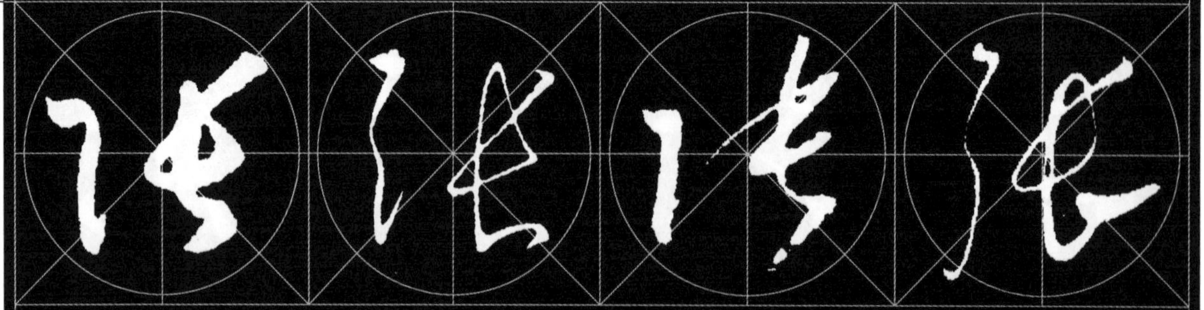

唐 孙过庭　唐 张旭　唐 怀素　宋 米芾

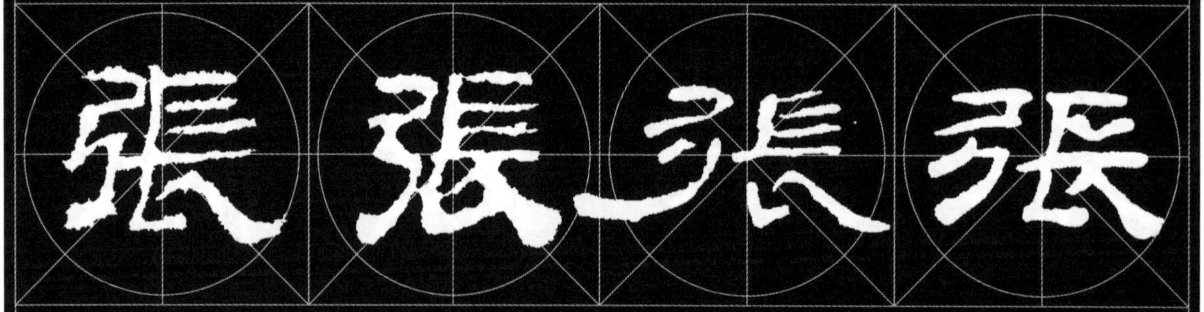

汉 封龙山碑　汉 校官碑　汉 曹全碑　清 桂馥

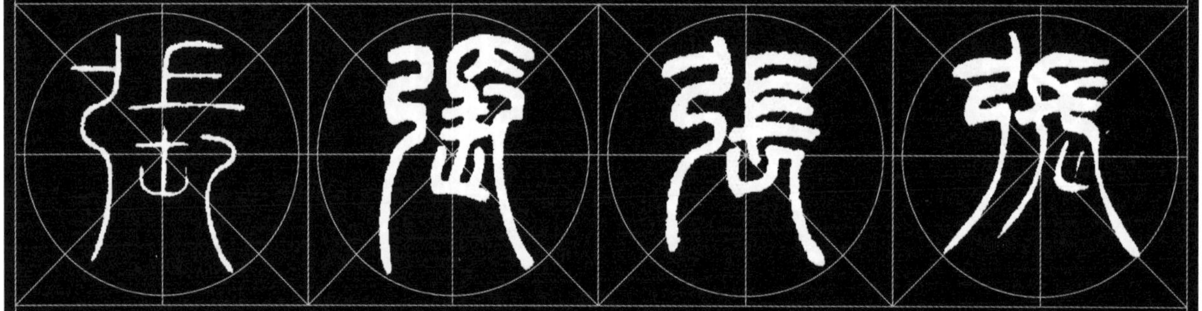

唐 李阳冰　清 邓石如　清 杨沂孙　清 徐三庚

zhāng
章

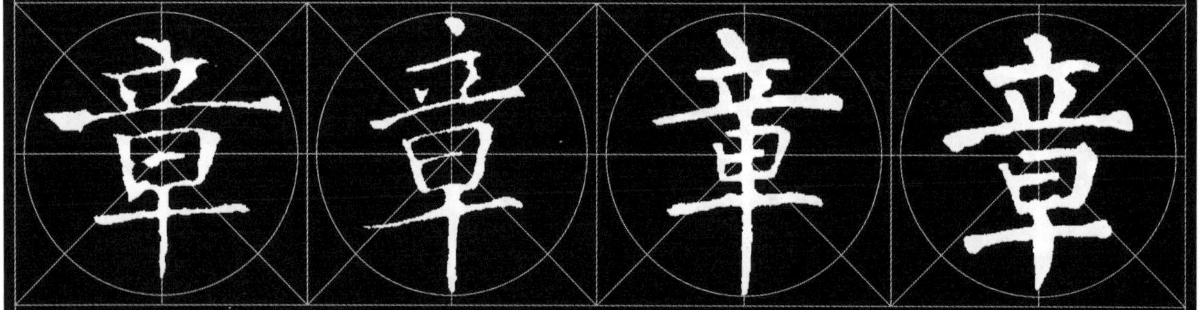

隋 苏孝慈墓志　唐 欧阳询　唐 虞世南　唐 颜真卿

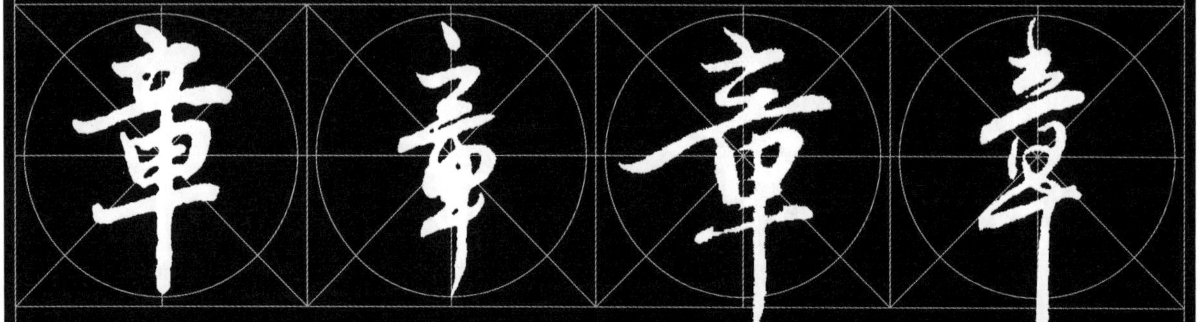

唐 陆柬之　宋 薛绍彭　元 赵孟頫　清 傅山

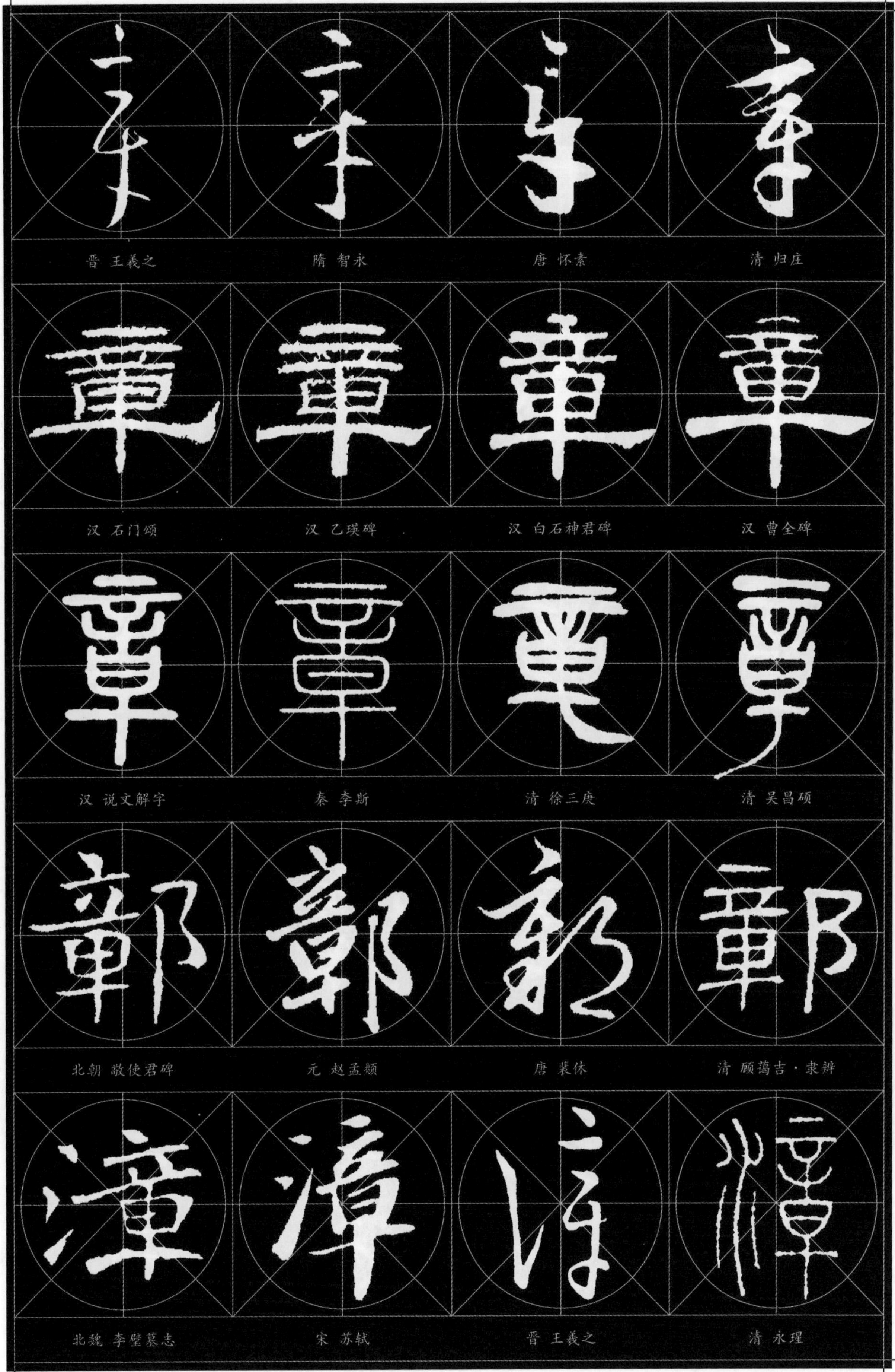

晋 王羲之　隋 智永　唐 怀素　清 归庄

汉 石门颂　汉 乙瑛碑　汉 白石神君碑　汉 曹全碑

汉 说文解字　秦 李斯　清 徐三庚　清 吴昌硕

zhāng
鄣

北朝 敬使君碑　元 赵孟頫　唐 裴休　清 顾蔼吉·隶辨

zhāng
漳

北魏 李璧墓志　宋 苏轼　晋 王羲之　清 永理

zhāng
彰（显著；表彰）

zhāng
璋

zhǎng
掌

北魏 元诊墓志 | 隋 张贵男墓志 | 唐 褚遂良 | 唐 薛稷

宋 米芾 | 元 柯九思 | 明 沈粲 | 唐 孙过庭

北魏 石婉墓志 | 金 张天锡·草书韵会 | 清 顾蔼吉·隶辨 | 清 吴大澂

唐 颜真卿 | 唐 柳公权 | 宋 张即之 | 晋 索靖

唐 李怀琳 | 元 赵孟頫 | 明 唐寅 | 汉 乙瑛碑

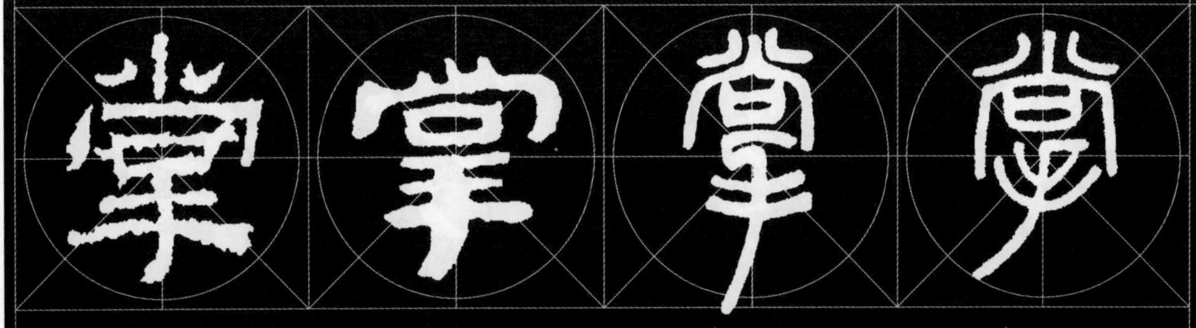

汉 王舍人碑　北齐 泰山金刚经　清 邓石如　清 吴大澂

zhǎng
涨
zhàng

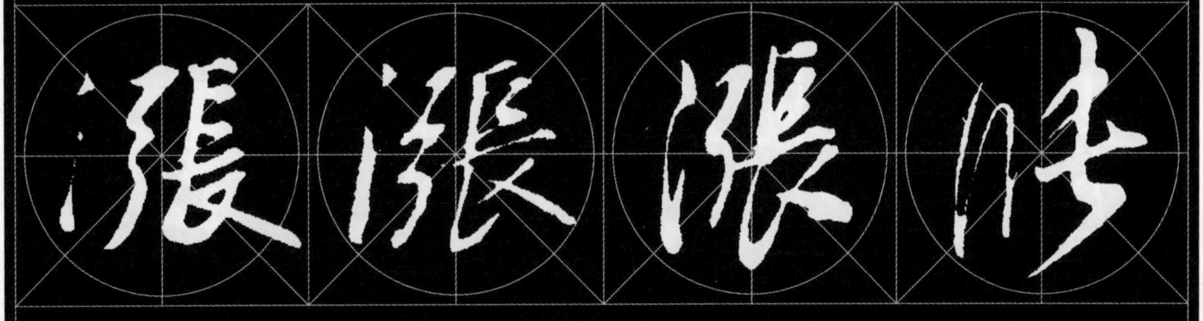

宋 苏轼　明 董其昌　明 董其昌　晋 王徽之

zhàng
丈

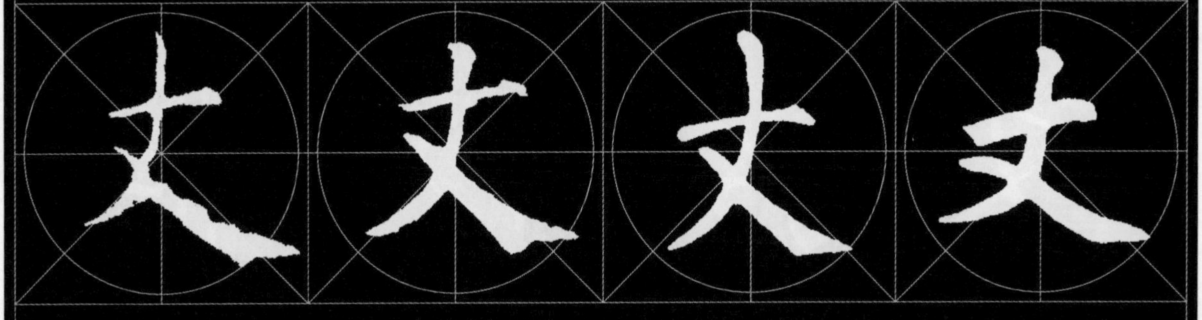

唐 虞世南　唐 颜真卿　唐 柳公权　元 赵孟頫

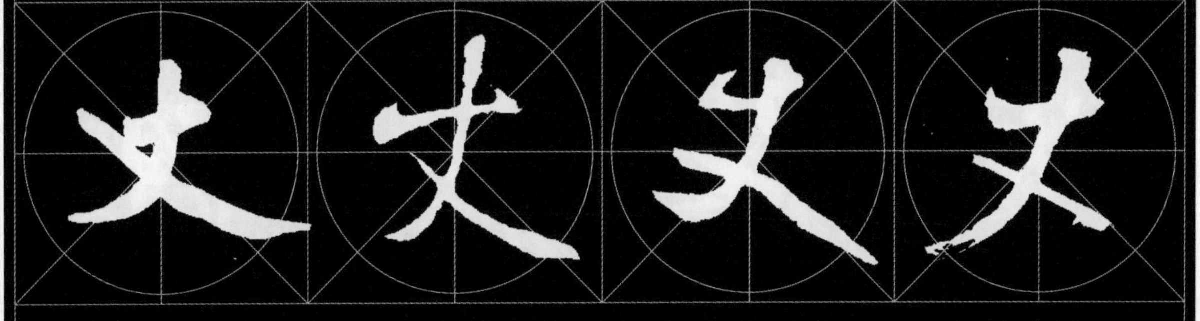

宋 黄庭坚　宋 米芾　元 鲜于枢　明 陈献章

zhàng
仗

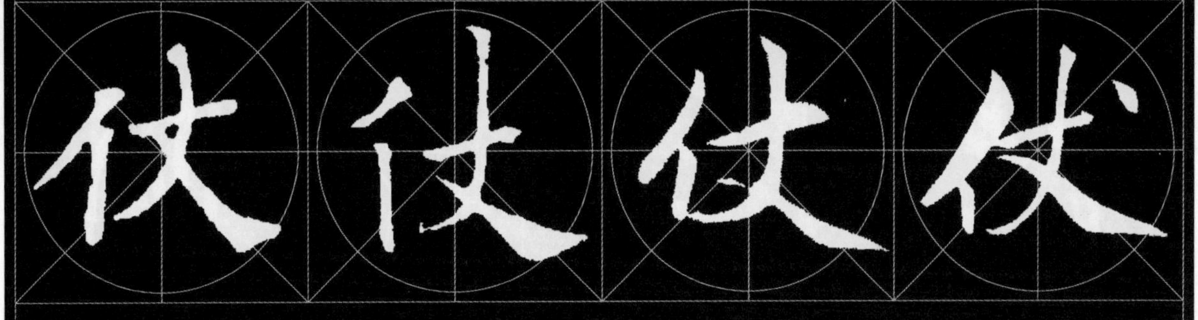

唐 国铨　唐 欧阳通　元 赵孟頫　宋 米芾

zhàng
杖

zhàng
帐
（遮蔽用品；同账）

元 赵孟頫 | 唐 李治 | 元 邓文原 | 明 徐渭
唐 欧阳询 | 唐 褚遂良 | 唐 高正臣 | 宋 苏轼
晋 王羲之 | 唐 怀素 | 唐 韩择木 | 汉 说文解字
隋 智永 | 宋 苏轼 | 元 赵孟頫 | 唐 李世民
元 鲜于枢 | 元 揭傒斯 | 唐 李阳冰 | 清 康熙字典

zhàng
障

zhàng
嶂

zhāo
钊
（勉励）

zhāo
招

zhāo
昭

元 赵孟頫　明 唐寅　唐 欧阳询　唐 孙过庭

唐 怀素　元 鲜于枢　汉 杨震碑　汉 鲜于璜碑

汉 校官碑　汉 说文解字　唐 李阳冰　清 徐三庚

晋 王羲之　唐 欧阳询　唐 颜真卿　唐 柳公权

唐 褚遂良　唐 李世民　唐 李邕　元 鲜于枢

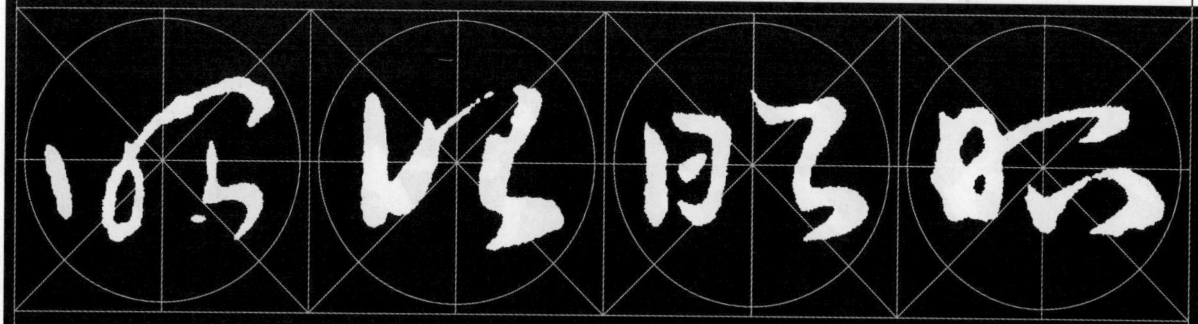

唐 李世民　唐 怀素　宋 黄庭坚　明 宋克

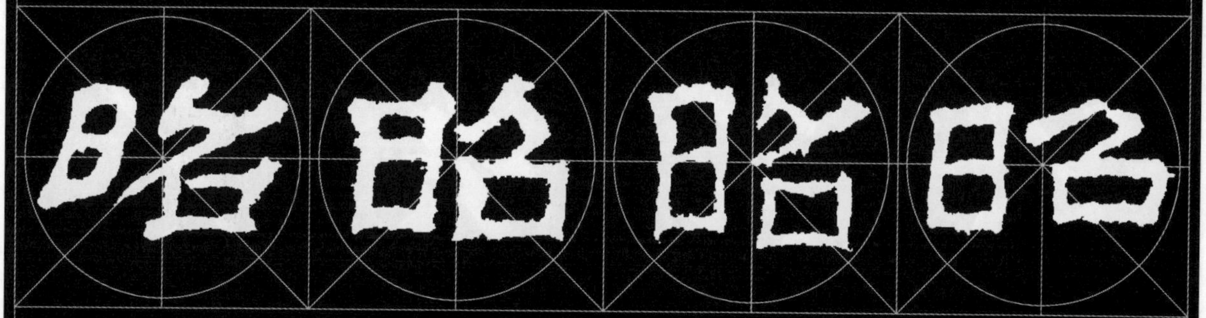

汉 袁博碑　汉 鲁峻碑　汉 白石神君碑　汉 桐柏庙碑

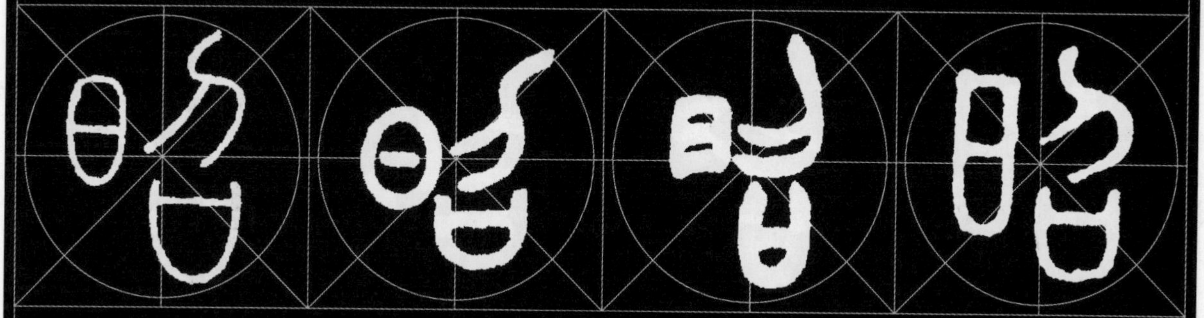

清 王澍　清 邓石如　清 胡澍　清 黄士陵

zhǎo
沼

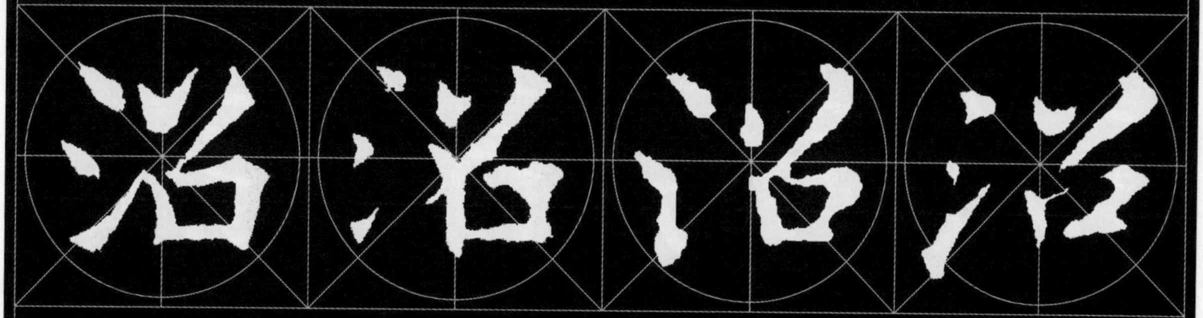

北魏 高贞碑　唐 欧阳询　唐 褚遂良　宋 苏轼

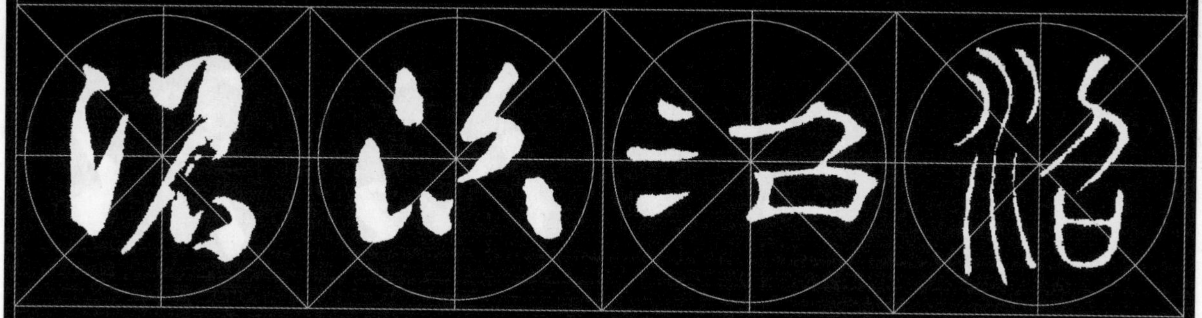

唐 孙过庭　明 祝允明　清 顾蔼吉·隶辨　汉 说文解字

zhào
召（召唤；寺庙）
shào（姓：周朝国名）

zhào
诏（告诉；告诫；诏书）

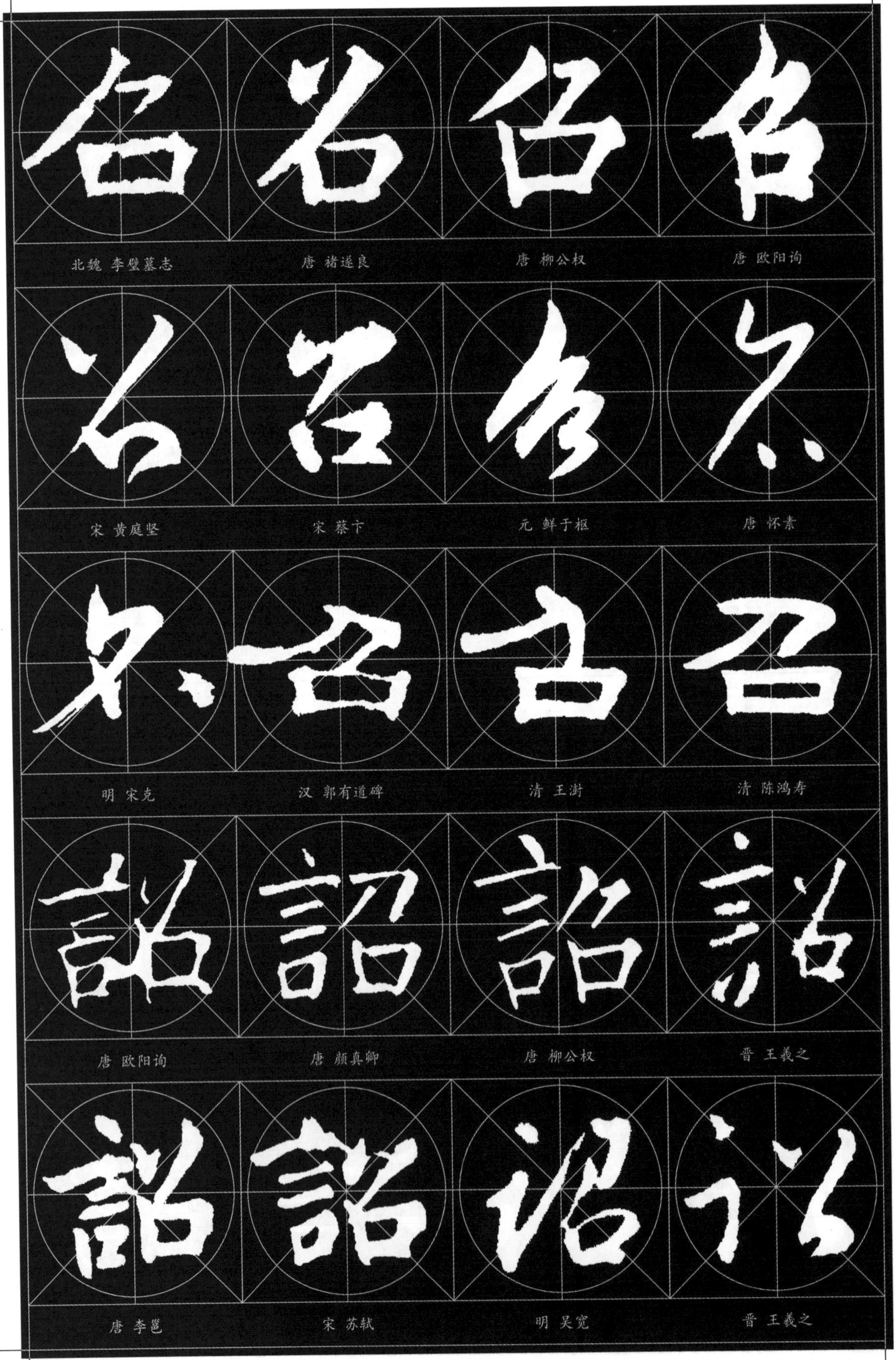

zhào 照（炤）

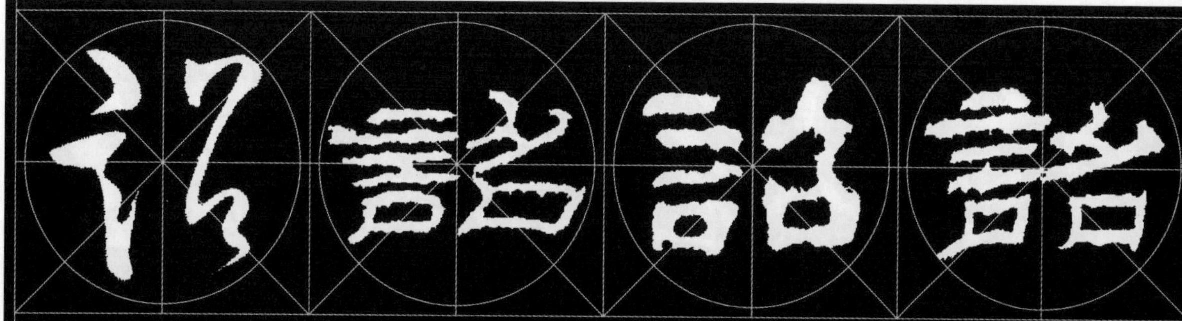

唐 柳公权　汉 石门颂　汉 杨统碑　汉 乙瑛碑

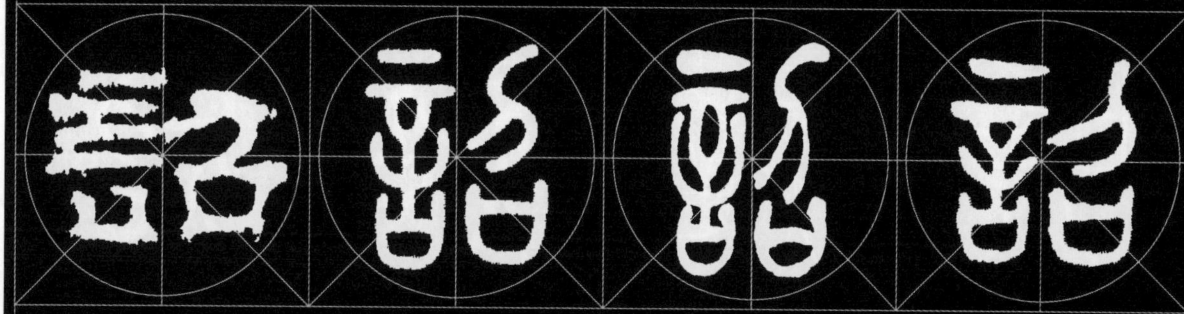

三国 上尊号碑　清 张惠言　清 吴熙载　清 杨沂孙

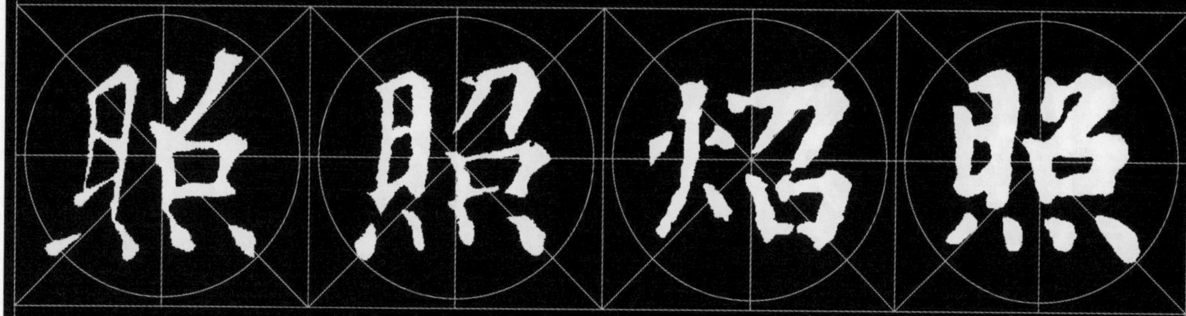

唐 欧阳询　唐 颜真卿　唐 颜真卿　元 赵孟頫

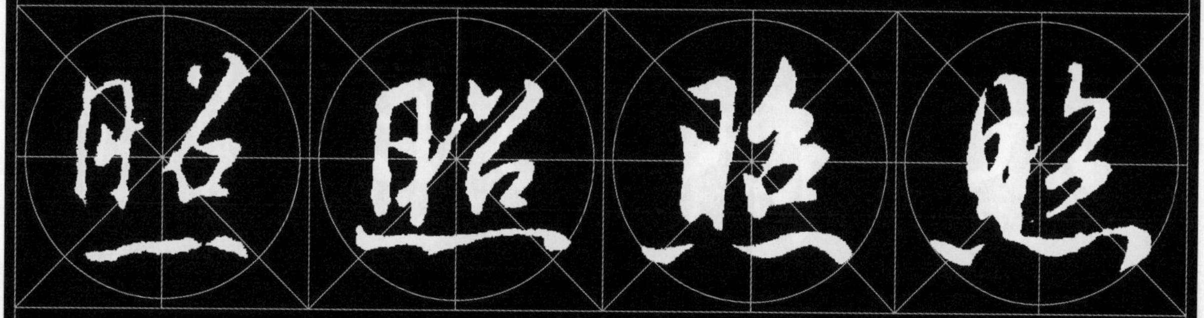

晋 王羲之　唐 高正臣　元 赵孟頫　明 文徵明

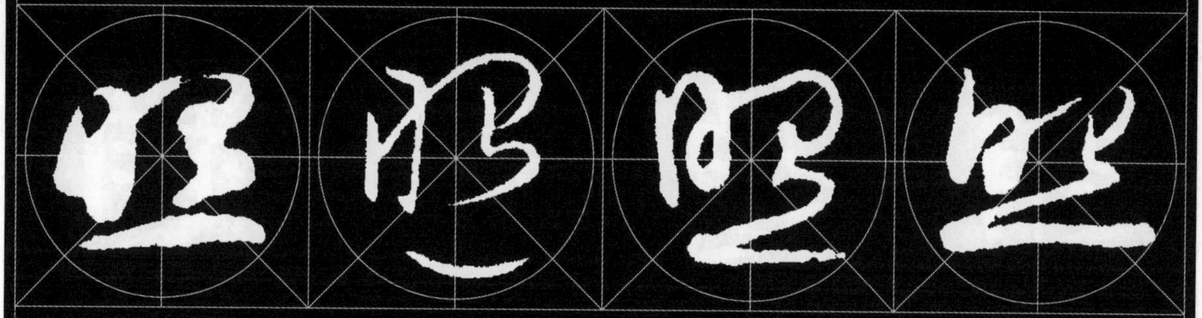

隋 智永　唐 欧阳询　唐 孙过庭　唐 怀素

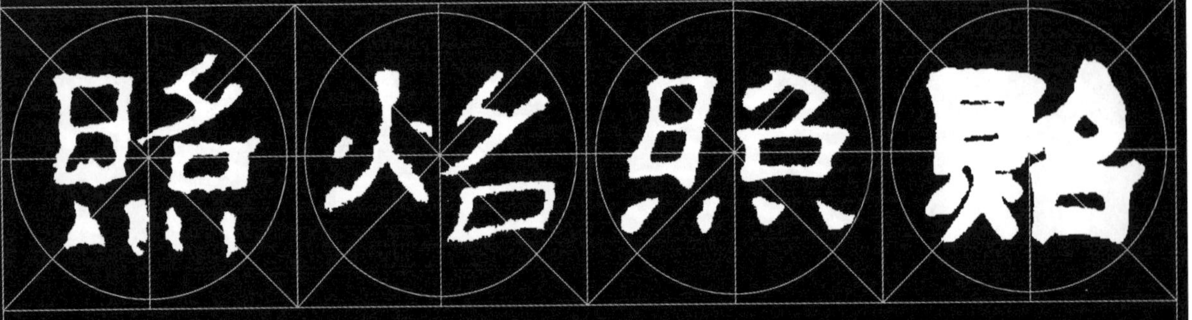

汉 景君碑 | 汉 封龙山碑 | 清 顾蔼吉·隶辨 | 清 吴熙载

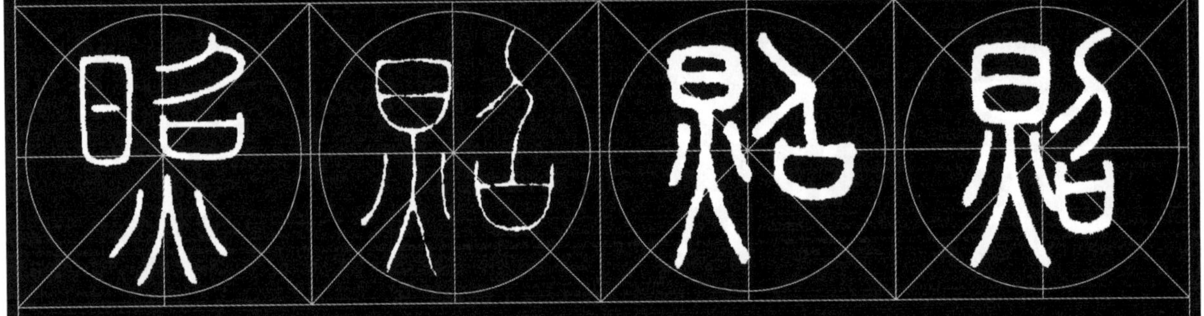

秦 李斯 | 唐 李阳冰 | 元 赵孟頫 | 清 邓石如

zhào
兆

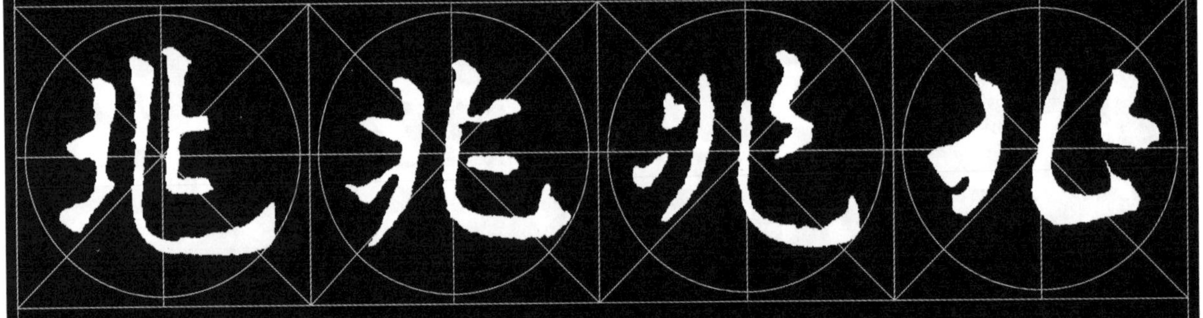

唐 欧阳询 | 唐 颜真卿 | 汉 刘炟 | 宋 米芾

唐 贺知章 | 元 饶介 | 汉 华山碑 | 汉 说文解字

zhào
赵

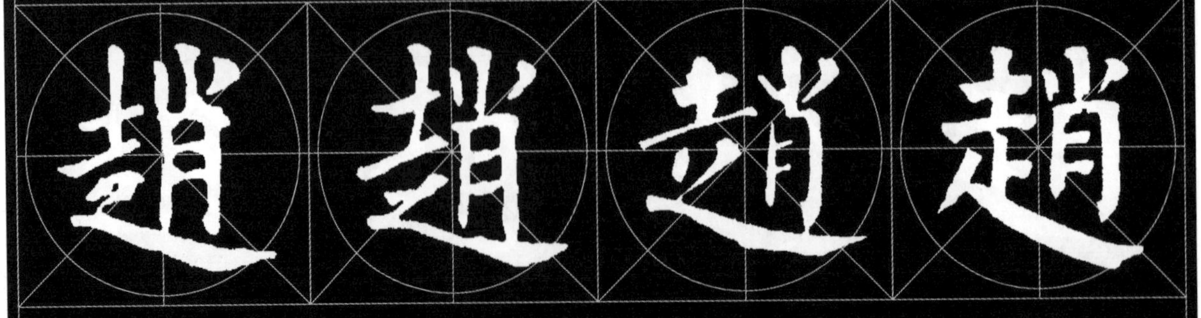

唐 欧阳询 | 唐 欧阳通 | 唐 柳公权 | 明 祝允明

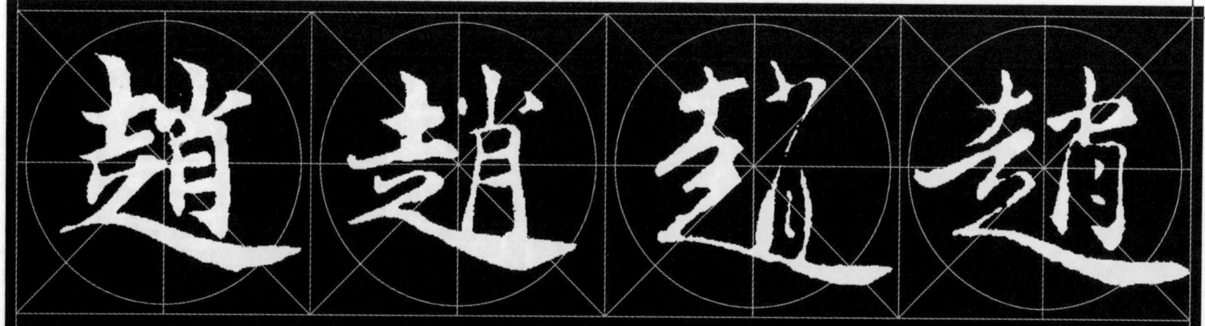

隋 智永　唐 褚遂良　唐 柳公权　元 王蒙

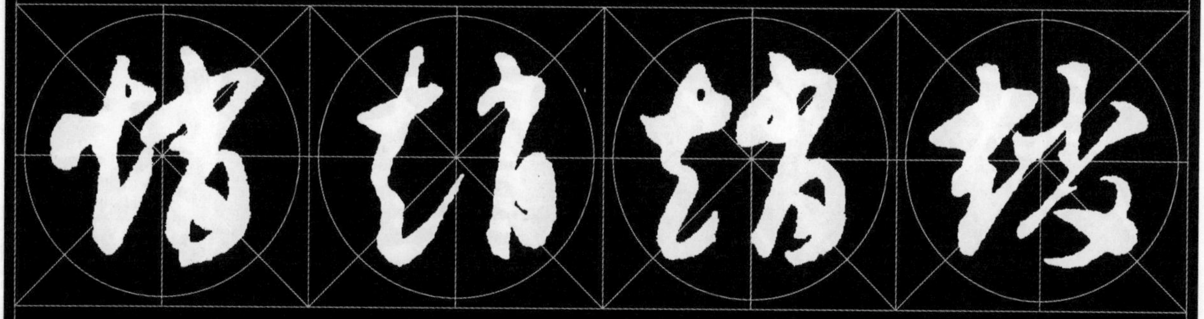

隋 智永　唐 怀素　宋 赵构　元 赵孟頫

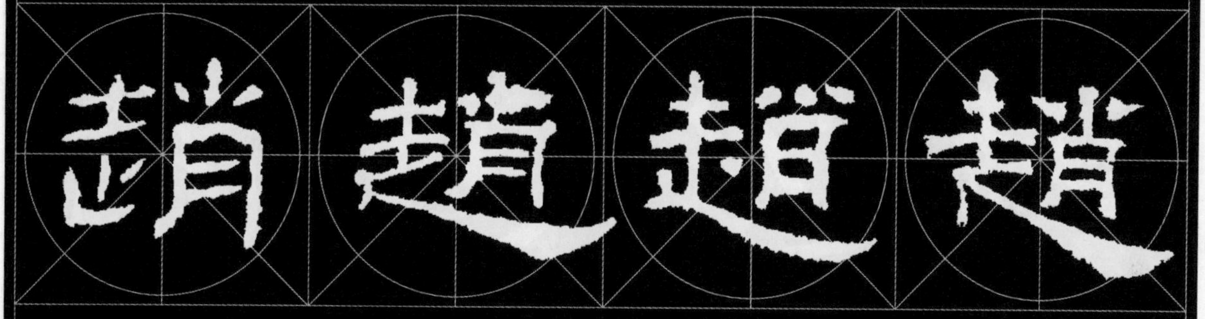

汉 石门颂　汉 礼器碑　汉 封龙山碑　三国 曹真碑

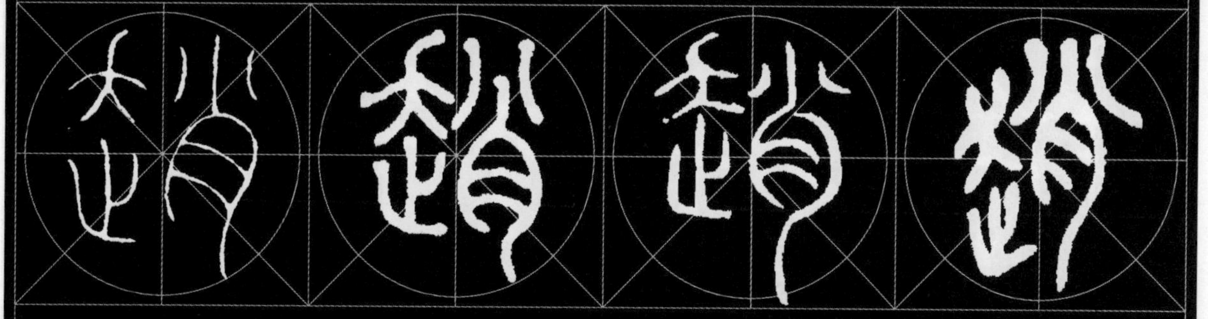

唐 李阳冰　元 赵孟頫　元 吴叡　清 吴昌硕

zhào
棹（櫂、[illegible]：桨）

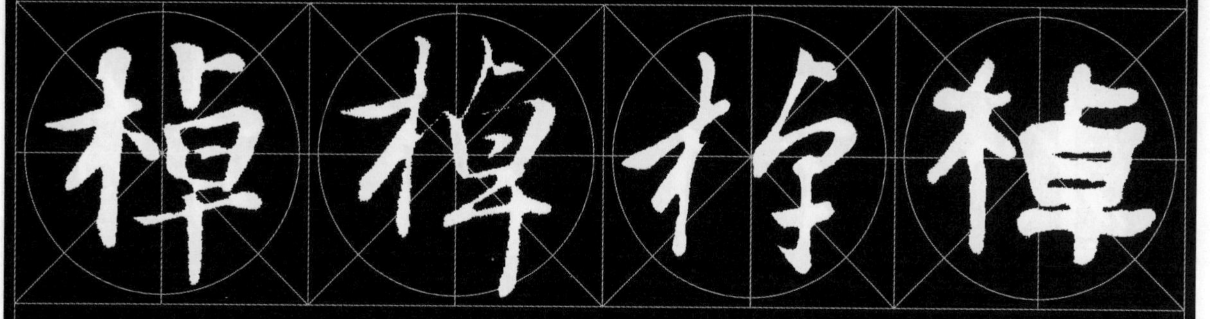

宋 苏轼　元 赵孟頫　元 赵孟頫　清 何绍基

zhào
罩

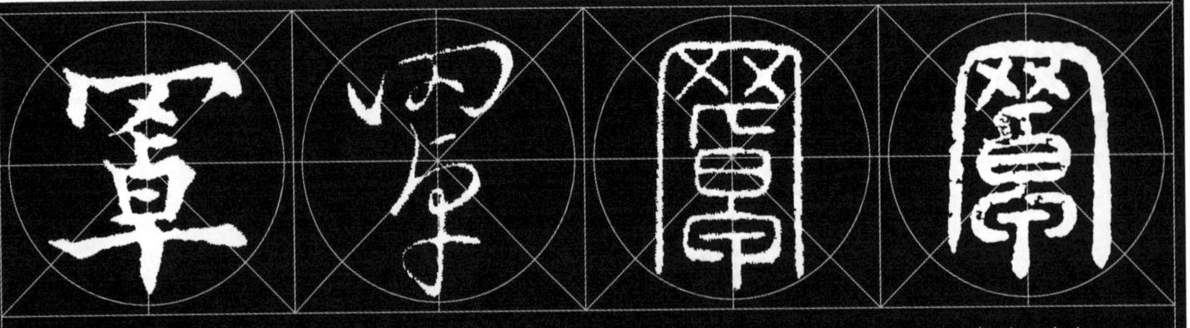

唐 欧阳通　元 赵孟頫　汉 说文解字　清 康熙字典

zhào
肇

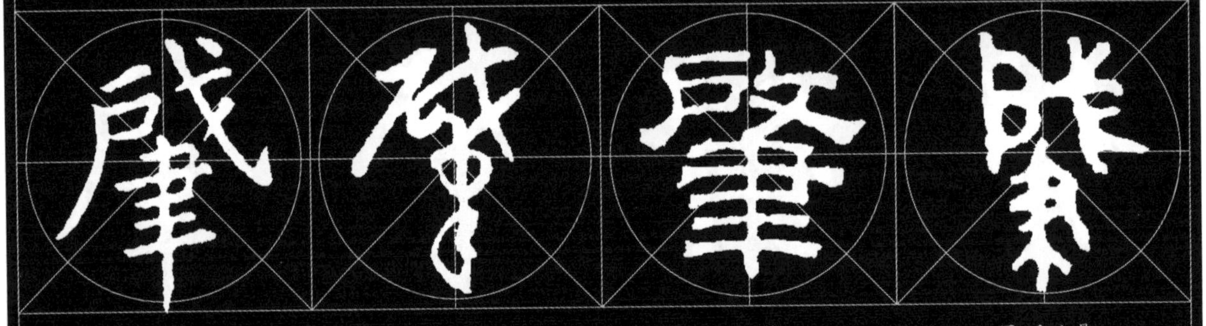

唐 虞世南　唐 孙过庭　元 吴叡　周 毛公鼎

zhē
遮

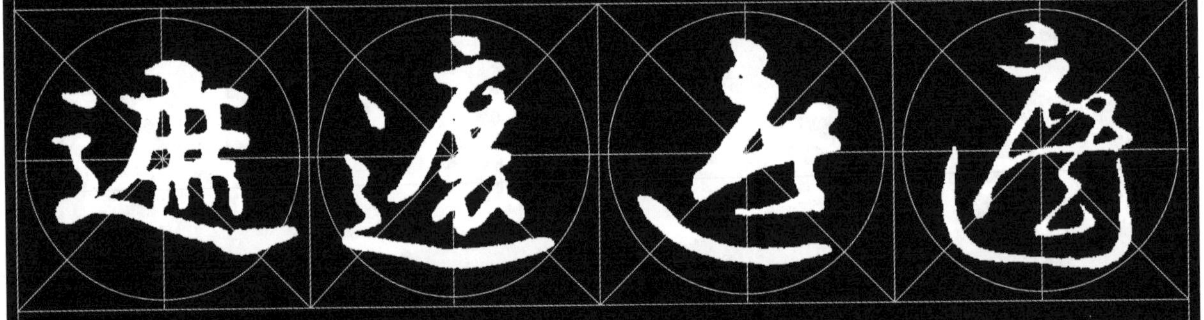

唐 国铨　明 唐寅　明 祝允明　金 张天锡·草书韵会

zhé
折
zhē
shé

唐 欧阳询　唐 虞世南　唐 国铨　唐 颜真卿

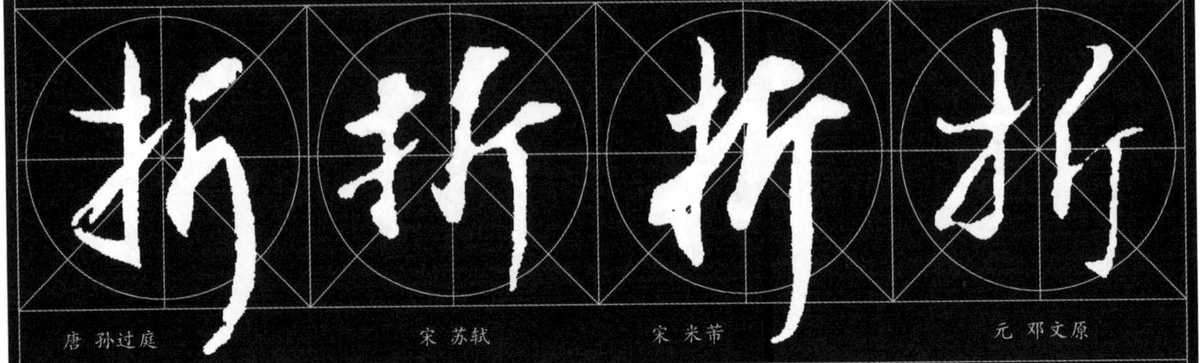

唐 孙过庭　宋 苏轼　宋 米芾　元 邓文原

zhé
哲（喆）

晋 王羲之　元 康里子山　明 王守仁　明 董其昌

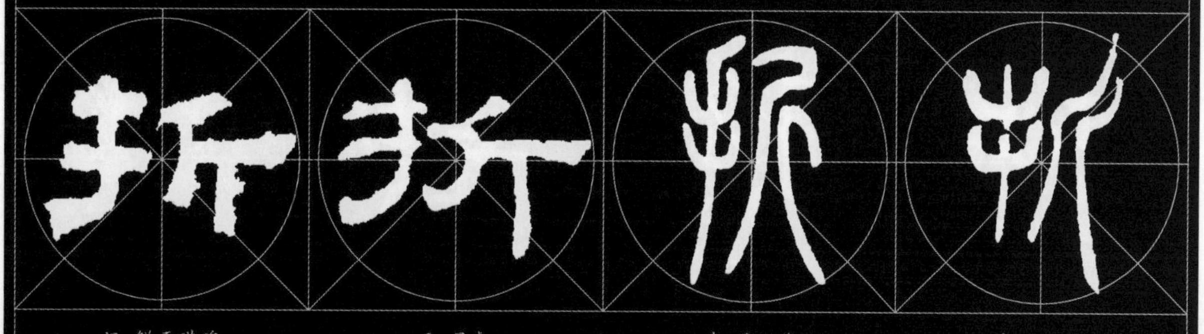

汉 鲜于璜碑　元 吴叡　清 吴熙载　清 徐三庚

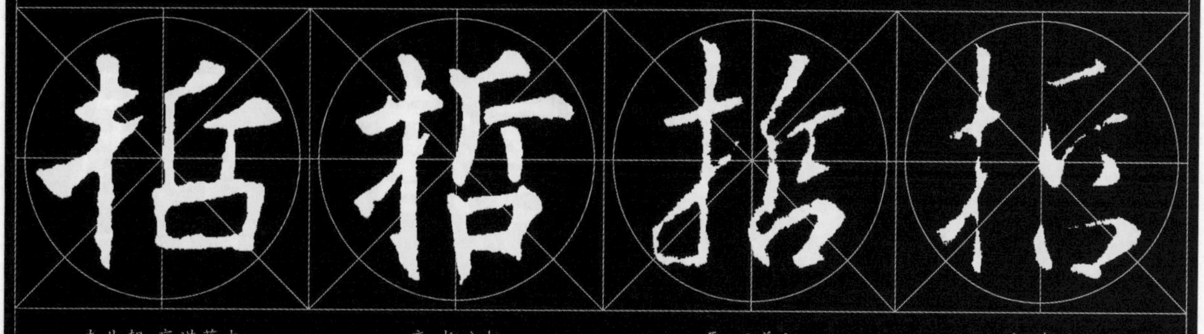

南北朝 高湛墓志　唐 柳公权　晋 王羲之　唐 李靖

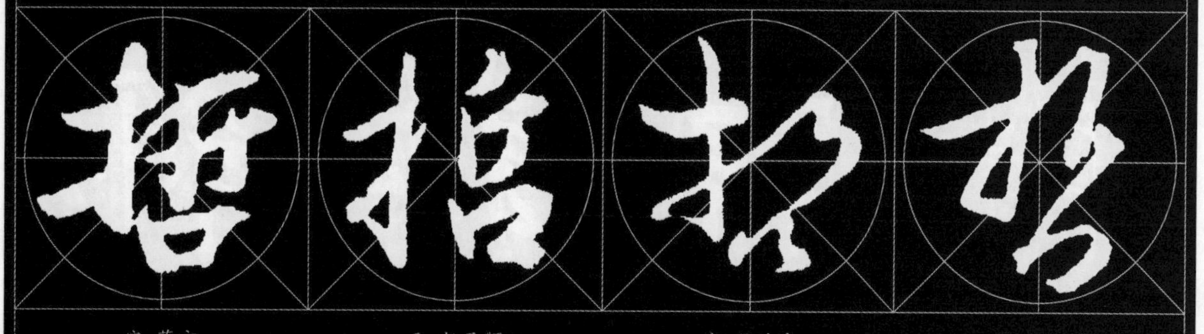

宋 蔡卞　元 赵孟頫　唐 孙过庭　明 文徵明

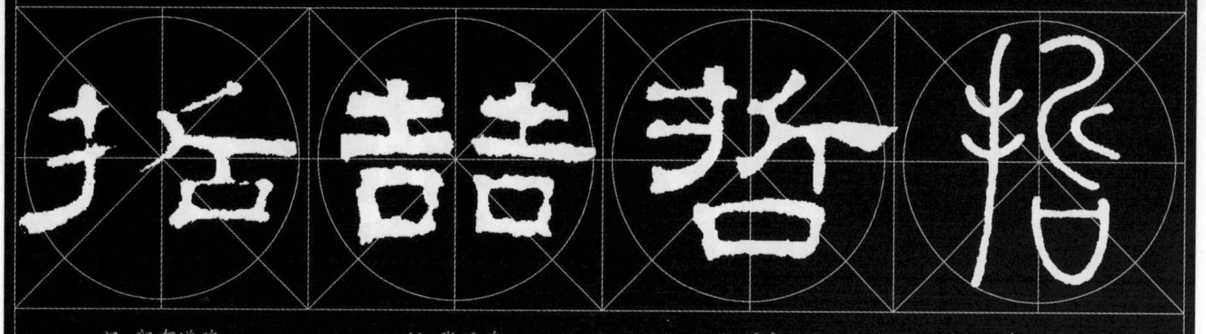

汉 郭有道碑　汉 张迁碑　元 吴叡　清 王澍

zhé
晣（晳：明亮）

zhé
蛰

zhé
谪

zhé
辄（辙、輙：总是；就）

zhé
辙

zhě
者

汉 华山碑　清 顾蔼吉·隶辨　清 伊秉绶　清 吴大澂

宋 苏轼　明 文徵明　金 张天锡·草书韵会　汉 说文解字

唐 欧阳询　唐 颜真卿　唐 柳公权　元 赵孟頫

唐 蒋善进　唐 李邕　元 康里子山　元 李倜

汉 石门颂　汉 乙瑛碑　汉 华山碑　汉 曹全碑

Zhè 浙

zhè 蔗

zhēn 贞

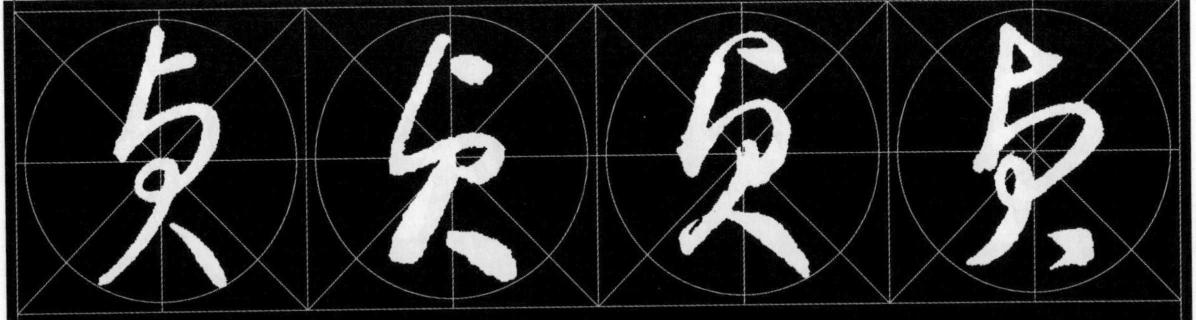

隋 智永	唐 怀素	元 鲜于枢	明 沈粲

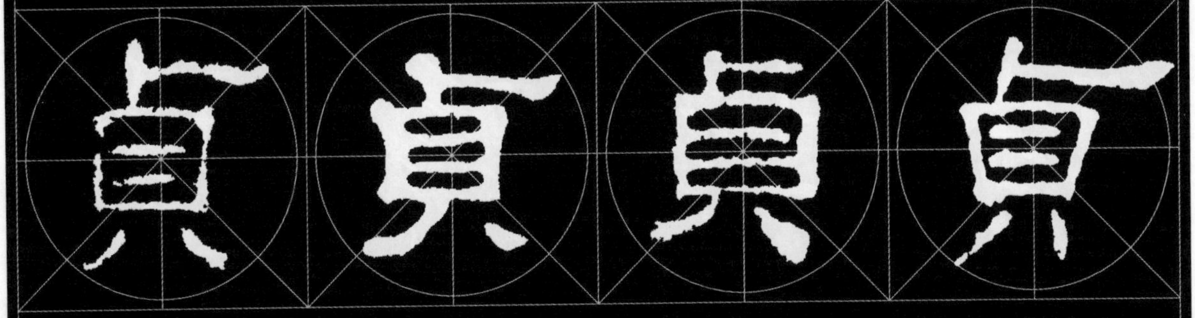

汉 杨震碑	汉 郭有道碑	汉 校官碑	唐 韩择木

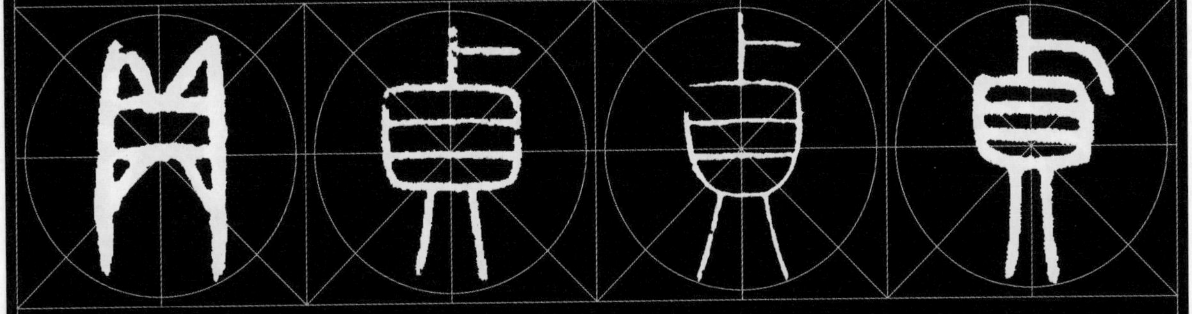

殷商 甲骨文	秦 会稽刻石	唐 李阳冰	元 赵孟頫

zhēn
桢

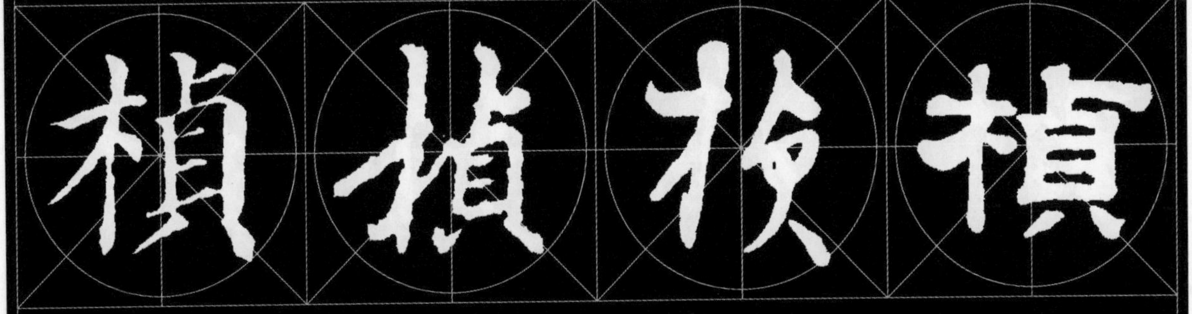

唐 颜真卿	唐 李邕	明 宋克	清 钱泳

zhēn
祯（吉祥）

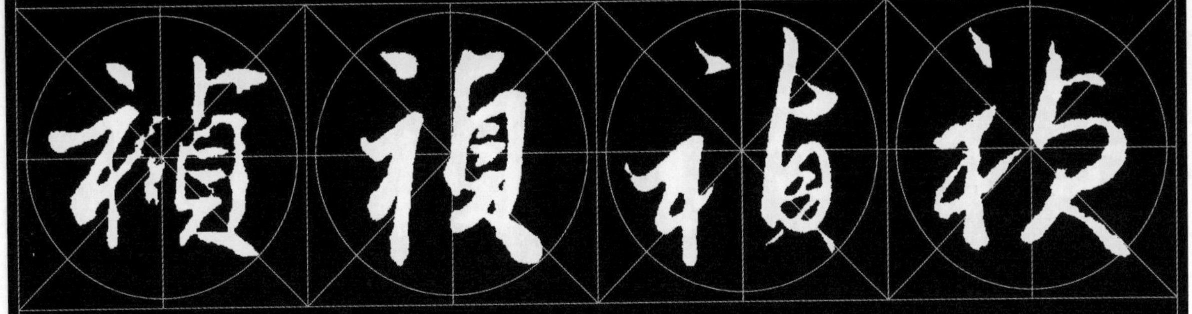

唐 高正臣	清 王铎	明 解缙	唐 武则天

zhēn
珍（珎）

宋 蔡襄 | 宋 杜衍 | 宋 黄庭坚 | 宋 米芾

元 赵孟頫 | 汉 说文解字 | 唐 李阳冰 | 元 吴叡

唐 欧阳询 | 唐 颜真卿 | 明 祝允明 | 明 丰坊

隋 智永 | 唐 怀素 | 五代 杨凝式 | 宋 苏轼

汉 礼器碑 | 汉 娄寿碑 | 汉 孟孝琚碑 | 清 王澍

zhēn
针（針、鍼）

zhēn
真

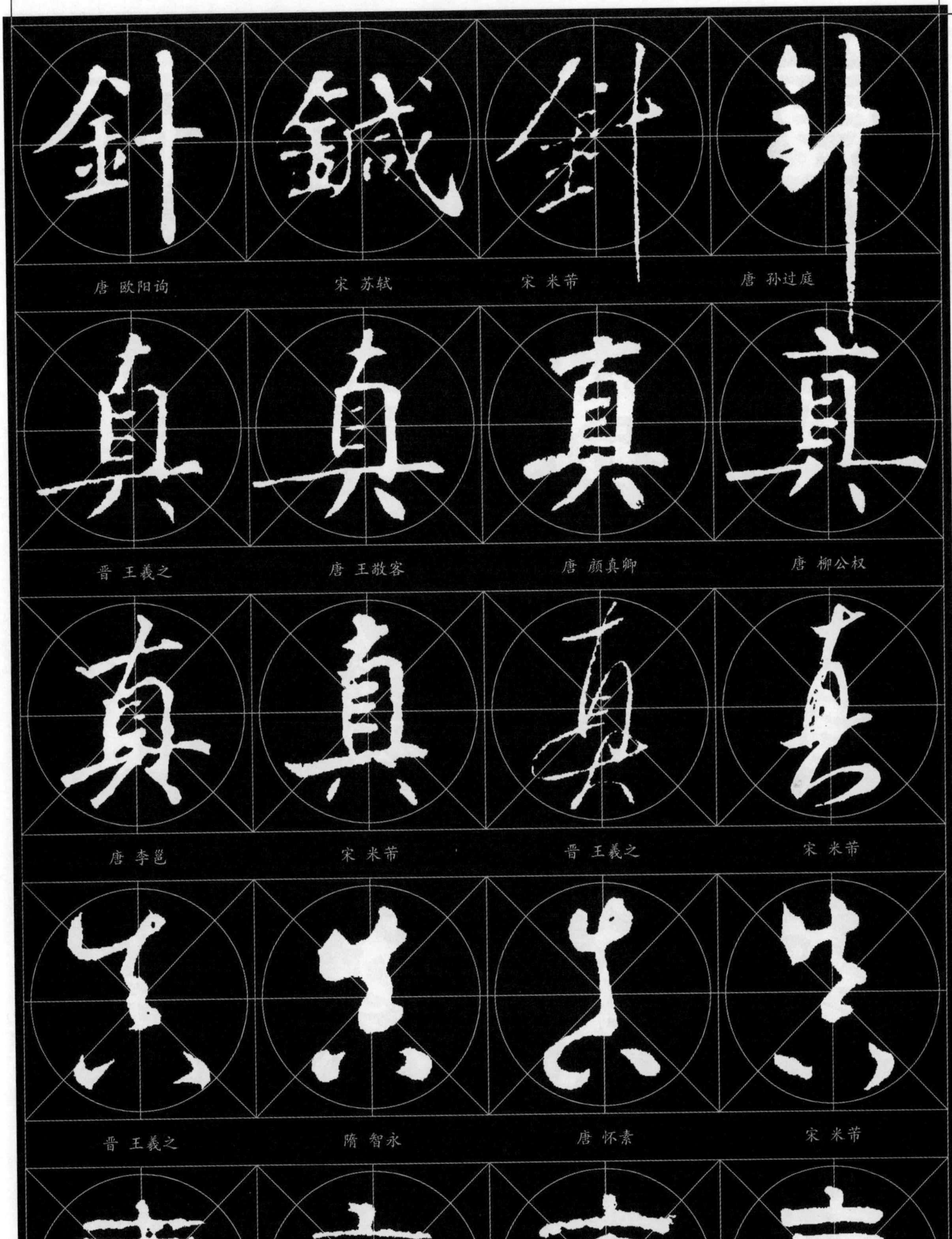

zhēn
葴

zhēn
箴（劝告）

zhēn
斟

明 祝允明　唐 裴休　汉 曹全碑　清 杨沂孙

唐 褚遂良　唐 陆柬之　清 王铎　汉 说文解字

唐 欧阳询　唐 褚遂良　唐 颜真卿　晋 王羲之

清 王铎　唐 孙过庭　汉 樊敏碑　清 杨沂孙

宋 苏轼　元 赵孟頫　明 董其昌　汉 说文解字

zhēn
甄

zhēn
榛

zhēn
臻（达到；来到）

zhěn
枕

zhěn
诊

zhěn
轸（车后横木；悲痛）

zhěn
疹

宋 蔡襄　元 赵孟頫　元 邓文原　明 宋克

唐 欧阳询　唐 颜师古　唐 褚遂良　宋 米芾

元 邓文原　明 文徵明　明 祝允明　金 张天锡·草书韵会

清 顾蔼吉·隶辨　清 顾蔼吉·隶辨　汉 马王堆帛书　汉 说文解字

唐 吴彩鸾　晋 王献之　汉 熹平石经

zhèn
阵

zhèn
朕
（先兆；秦以前指我，后指皇帝）

zhèn
振

zhèn
赈（赈济）

zhèn
震

汉 武梁刻石 | 汉 曹全碑 | 清 王澍 | 唐 李阳冰

晋 王羲之 | 唐 孙过庭 | 金 张天锡·草书韵会 | 汉 说文解字

南北朝 崔敬邕墓志 | 唐 欧阳询 | 清 永理 | 宋 苏轼

唐 武则天 | 唐 颜真卿 | 宋 黄庭坚 | 汉 熹平石经

汉 张迁碑 | 三国 王基碑 | 清 邓石如 | 唐 徐三庚

zhèn
瑱

zhèn
镇

zhēng
征

zhēng
徵
zhǐ
（古代五音之一）

唐 欧阳询　唐 褚遂良　唐 颜真卿　唐 柳公权

晋 王羲之　晋 王羲之　唐 怀素　明 文徵明

汉 张迁碑　清 顾蔼吉·隶辨　汉 说文解字　清 杨沂孙

zhēng
争

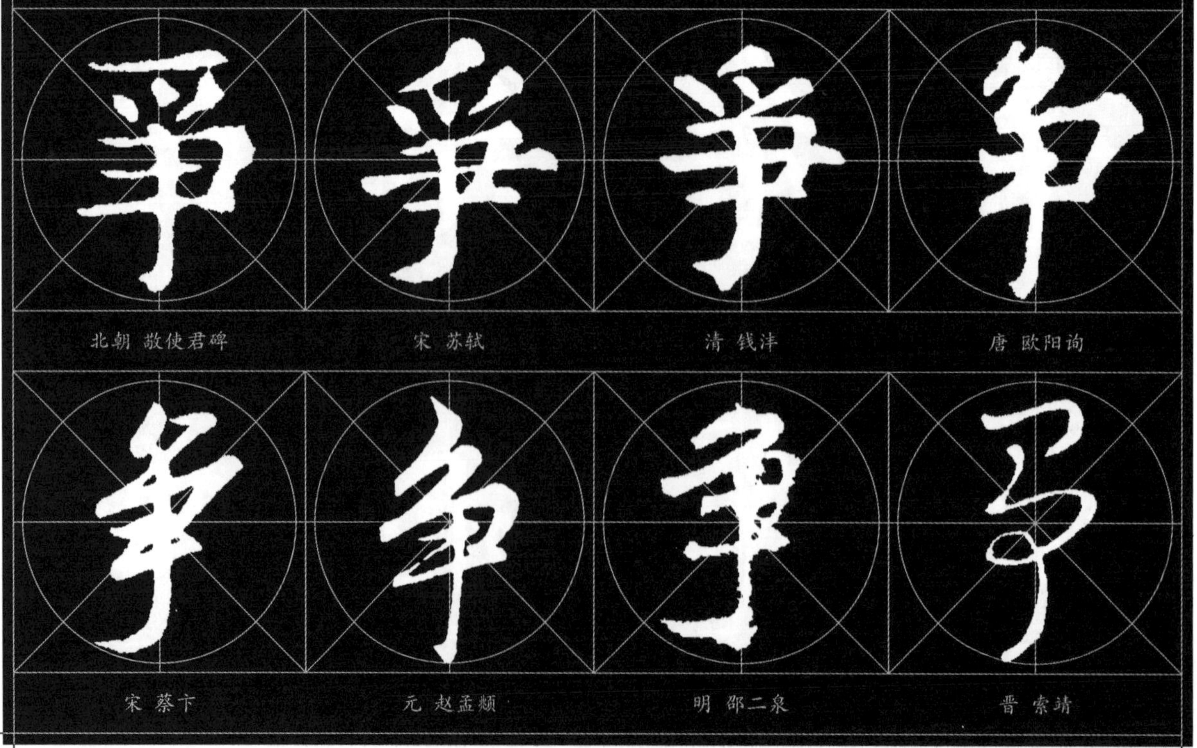

北朝 敬使君碑　宋 苏轼　清 钱沣　唐 欧阳询

宋 蔡卞　元 赵孟頫　明 邵二泉　晋 索靖

zhēng
峥

zhēng
筝

zhēng
铮
zhèng
（铮亮）

zhēng
烝（众多）

zhēng
蒸

zhěng
拯（救）

zhěng
整

zhèng
正

zhèng
政

汉 郭有道碑
汉 张迁碑
周 大盂鼎
清 杨沂孙
唐 欧阳询
唐 张旭
唐 颜真卿
唐 柳公权
唐 欧阳询
宋 米芾
明 文徵明
晋 王献之
隋 智永
唐 李隆基
汉 石门颂
汉 鲜于璜碑
汉 孔彪碑
汉 曹全碑
周 毛公鼎
唐 李阳冰

zhèng 证（證）

zhèng 诤（诤言）

zhèng 郑

唐 欧阳通　唐 颜真卿　唐 李邕　宋 苏轼

宋 米芾　明 董其昌　唐 褚遂良　唐 李治

金 张天锡·草书韵会　金 张天锡·草书韵会　清 顾蔼吉·隶辨　清 吴昌硕

宋 黄庭坚　明 宋克　汉 马王堆帛书　清 康熙字典

南北朝 高湛墓志　唐 褚遂良　唐 颜真卿　明 董其昌

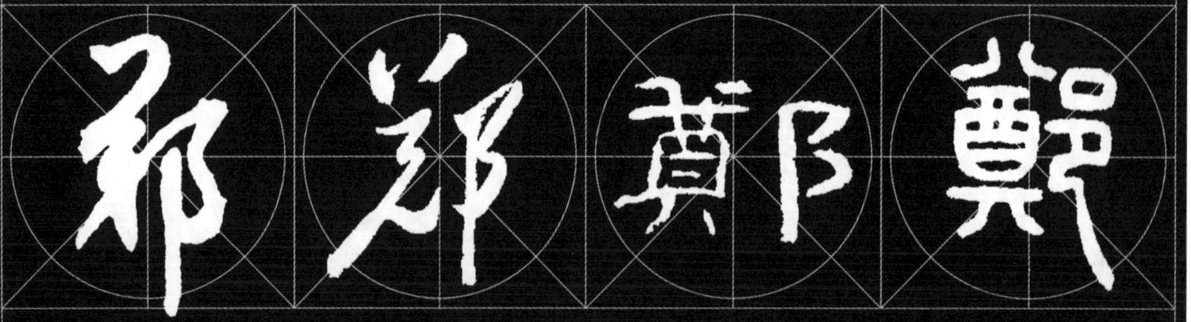

元 鲜于枢 | 清 郑燮 | 汉 石门颂 | 清 杨沂孙

zhī
之

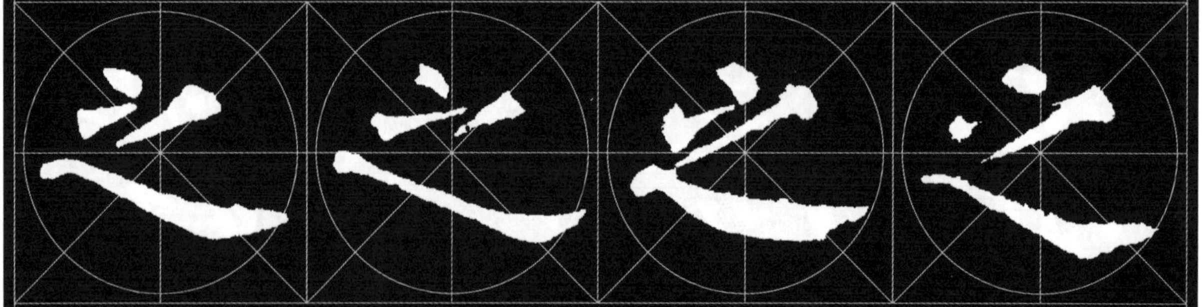

唐 虞世南 | 唐 欧阳通 | 唐 颜真卿 | 宋 苏轼

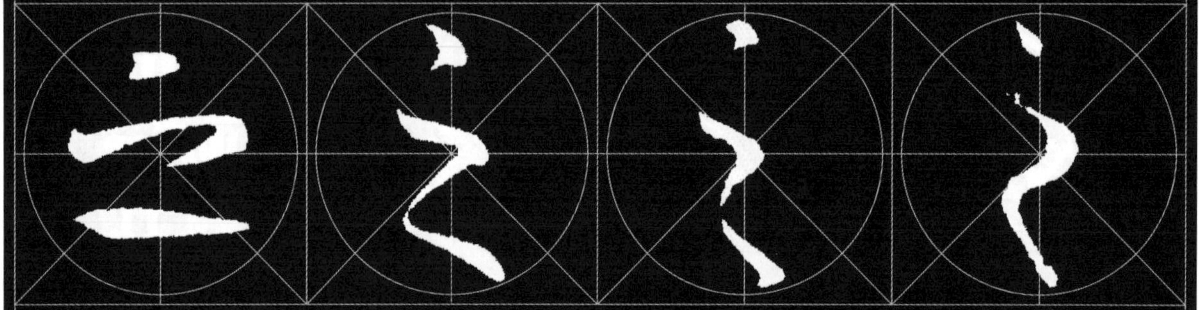

晋 王羲之 | 三国 钟繇 | 晋 王羲之 | 晋 王珣

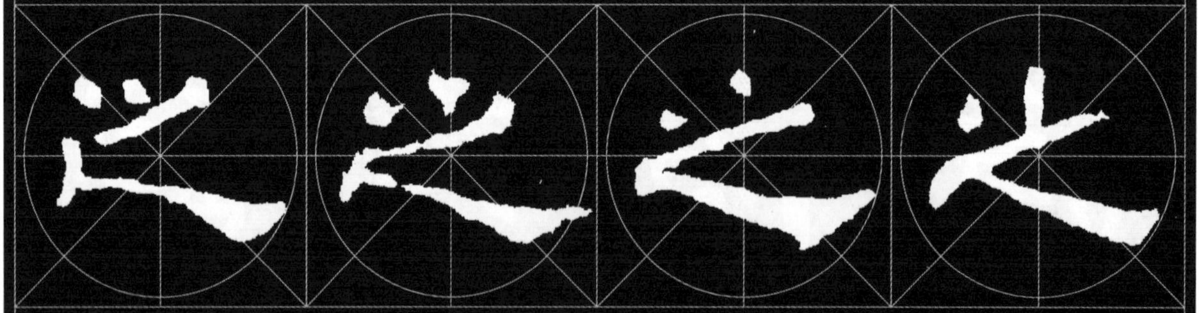

汉 杨震碑 | 汉 史晨碑 | 汉 尹宙碑 | 汉 赵宽碑

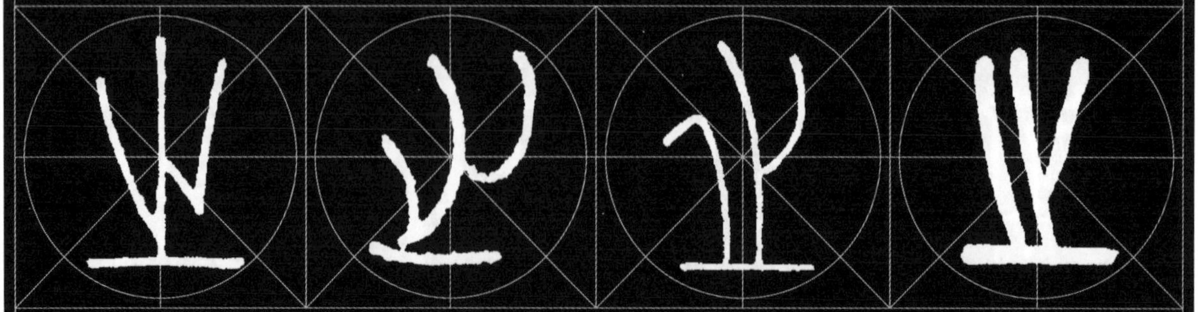

唐 李阳冰 | 宋 米芾 | 清 王澍 | 清 吴大澂

zhī
芝

唐 褚遂良 | 唐 颜真卿 | 宋 苏轼 | 清 傅山

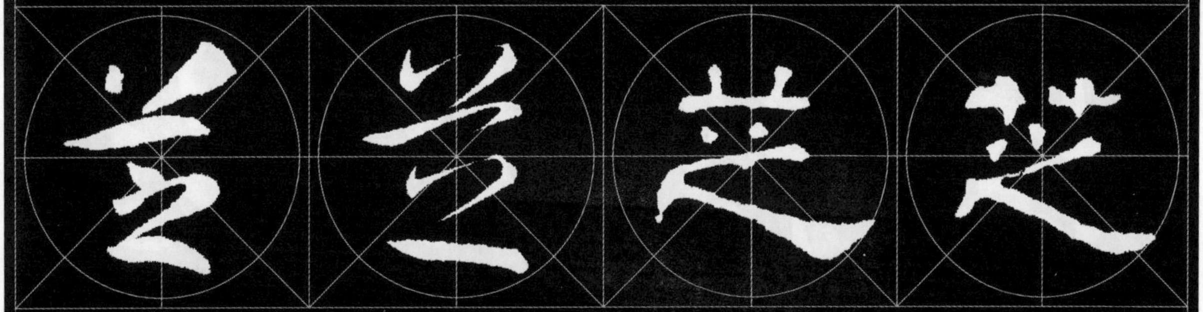

唐 孙过庭 | 元 赵孟頫 | 汉 张寿碑 | 晋 左棻墓志

zhī
支

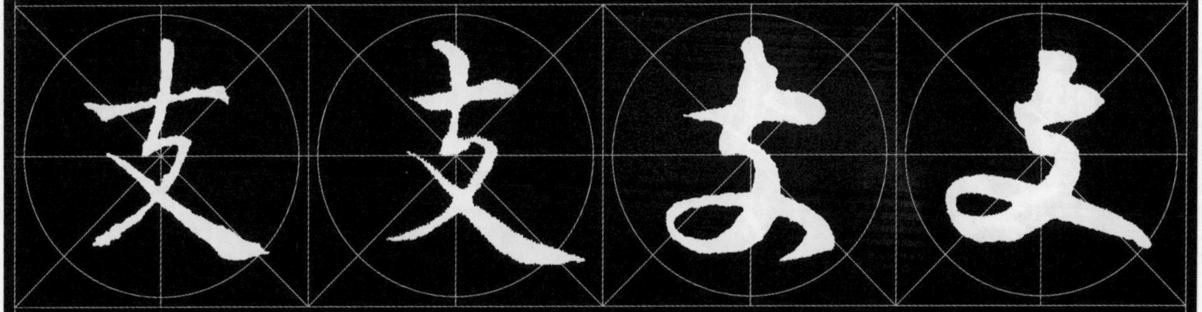

唐 薛稷 | 明 沈度 | 宋 蔡襄 | 宋 苏轼

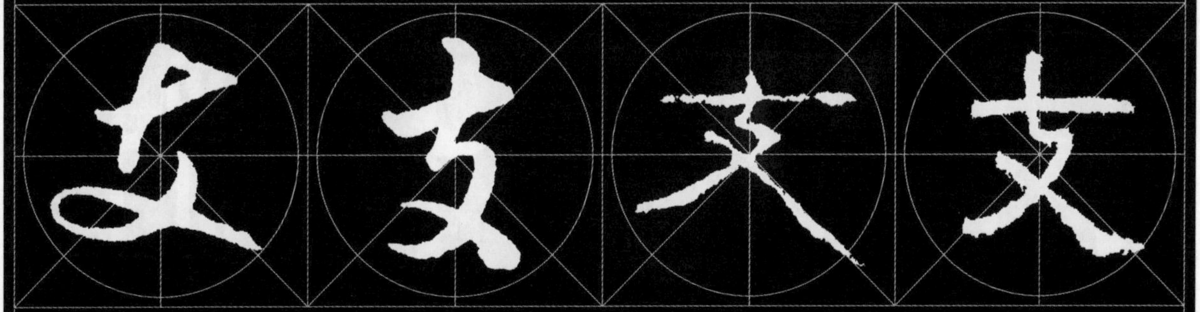

宋 吴琚 | 明 韩道亨 | 汉 莱子侯刻石 | 汉 尹宙碑

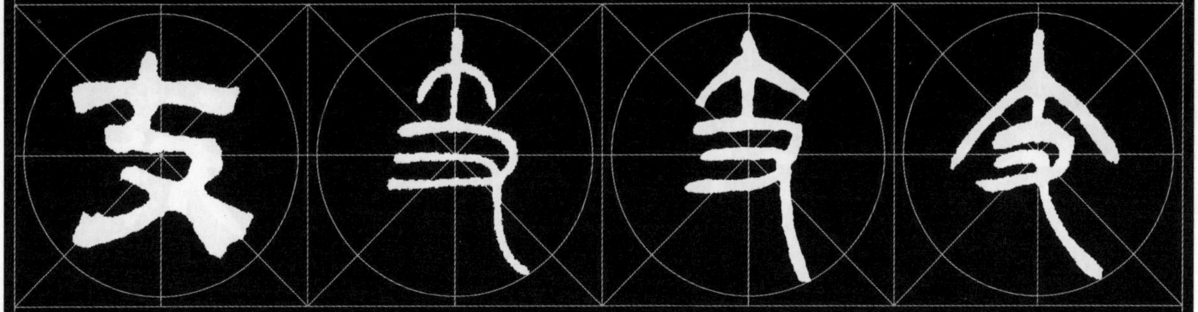

汉 校官碑 | 清 邓石如 | 清 杨沂孙 | 清 徐三庚

zhī 枝

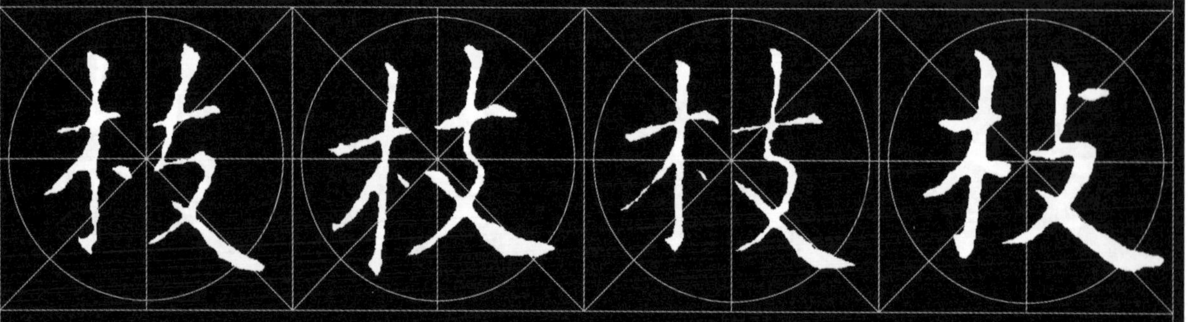

晋 王羲之 唐 欧阳询 唐 褚遂良 明 王宠

隋 智永 唐 怀素 宋 米芾 明 解缙

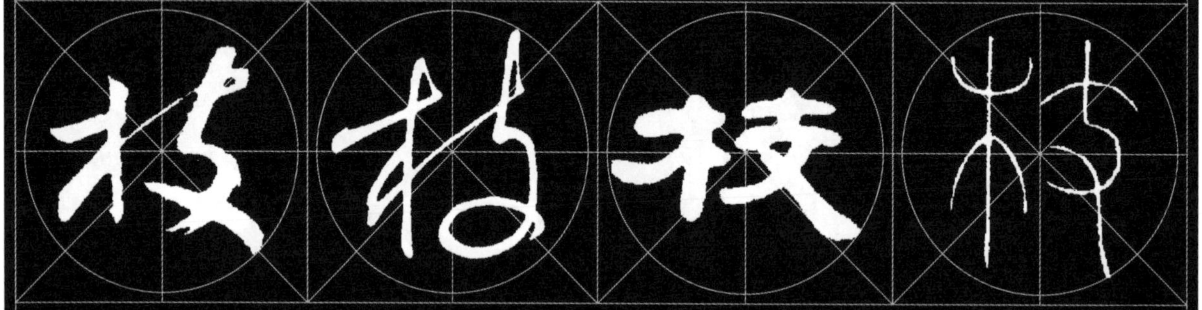

唐 孙过庭 唐 颜真卿 清 邓石如 唐 李阳冰

zhī 汁

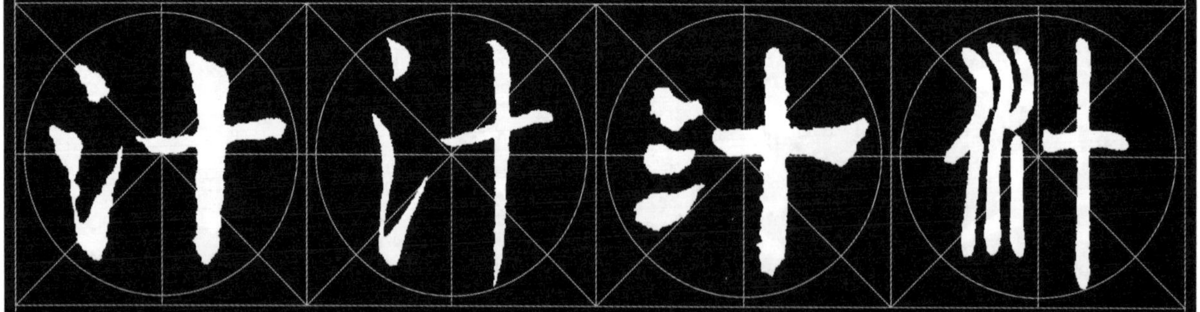

三国 皇象 晋 王羲之 汉 樊敏碑 清 赵之谦

zhī 知 zhì（同智）

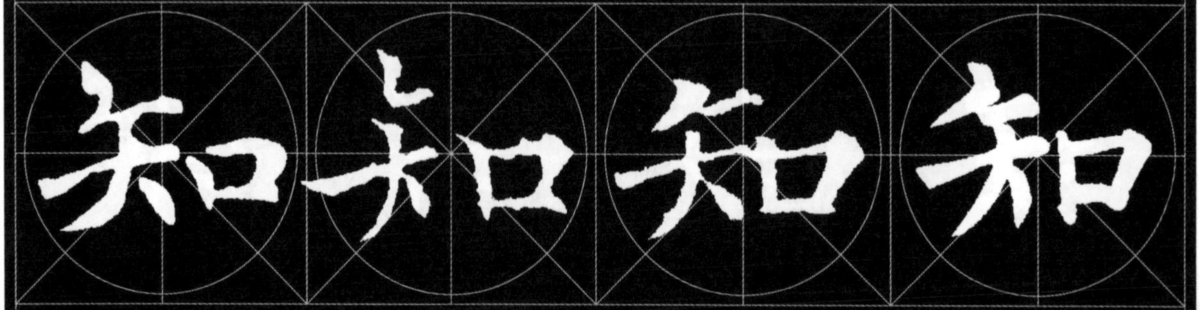

唐 褚遂良 唐 欧阳通 唐 颜真卿 唐 柳公权

晋 王羲之
隋 智永
明 文徵明
晋 王羲之
唐 李世民
唐 怀素
明 张弼
汉 朝侯小子残碑
三国 上尊号碑
唐 李阳冰
清 吴熙载
清 吴昌硕
唐 李邕
宋 米芾
唐 怀素
宋 黄庭坚
明 祝允明
明 陈淳
汉 曹全碑
清 吴大澂

zhī
织

zhī
隻

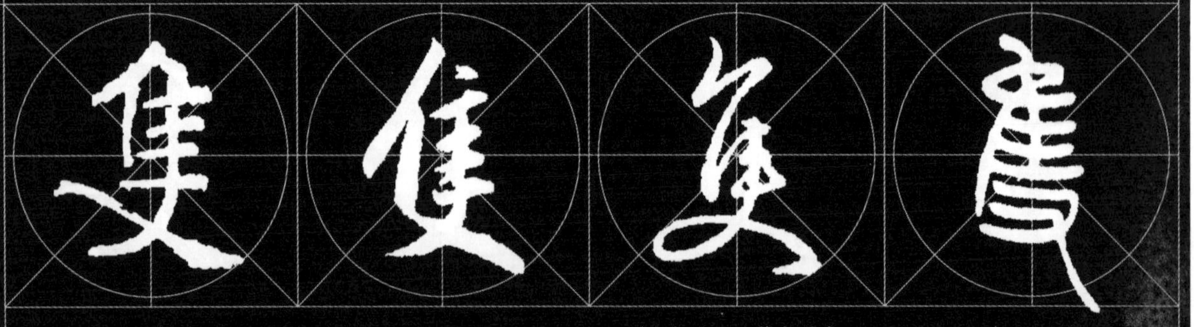

唐 褚遂良　元 赵孟頫　金 张天锡·草书韵会　清 吴熙载

zhī
祗
（恭敬）

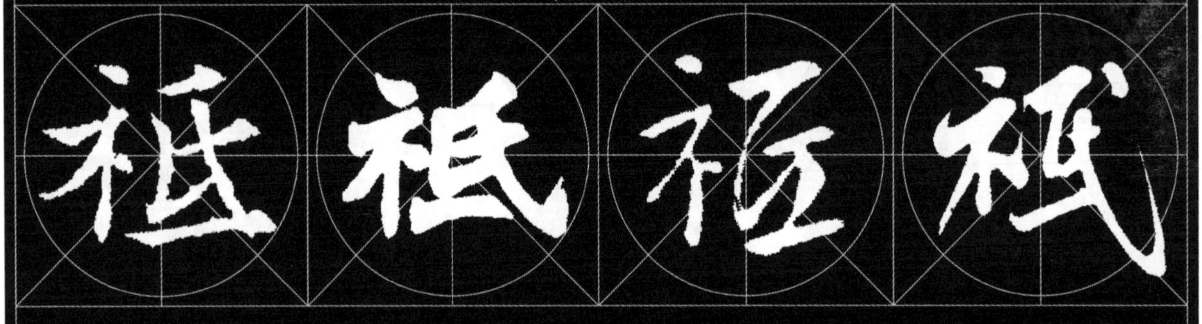

唐 欧阳通　清 赵之谦　晋 王献之　宋 米芾

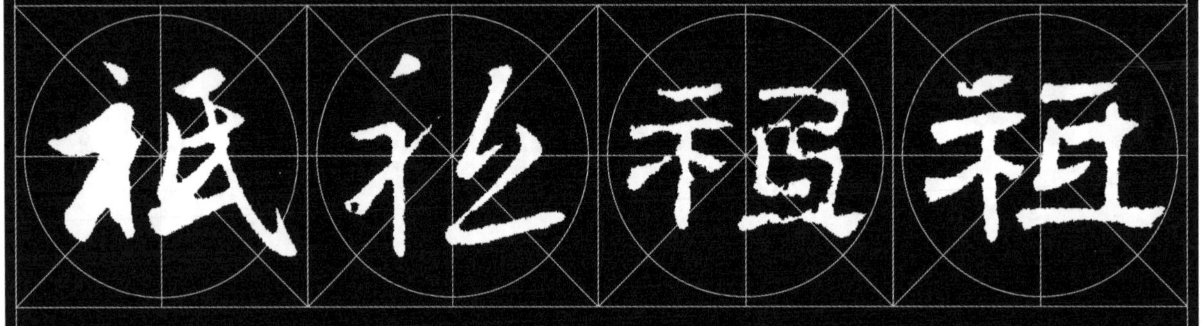

元 赵孟頫　唐 欧阳询　汉 史晨碑　晋 辟雍碑

zhī
胝

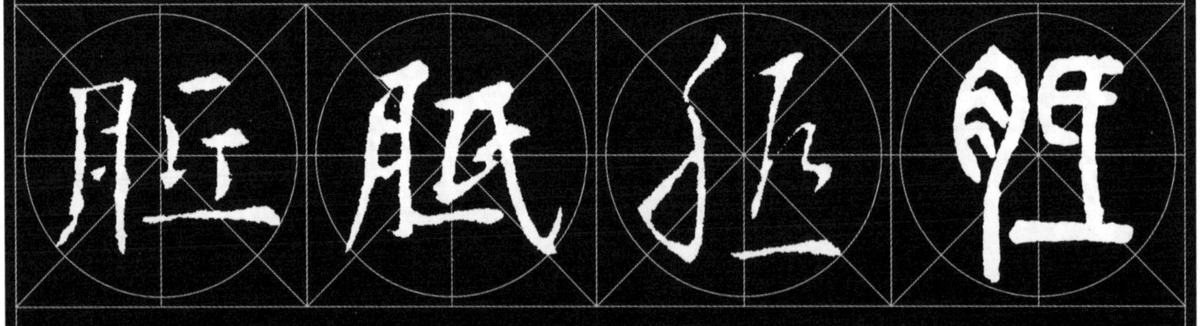

唐 欧阳询　宋 黄庭坚　金 张天锡·草书韵会　清 康熙字典

zhī
脂

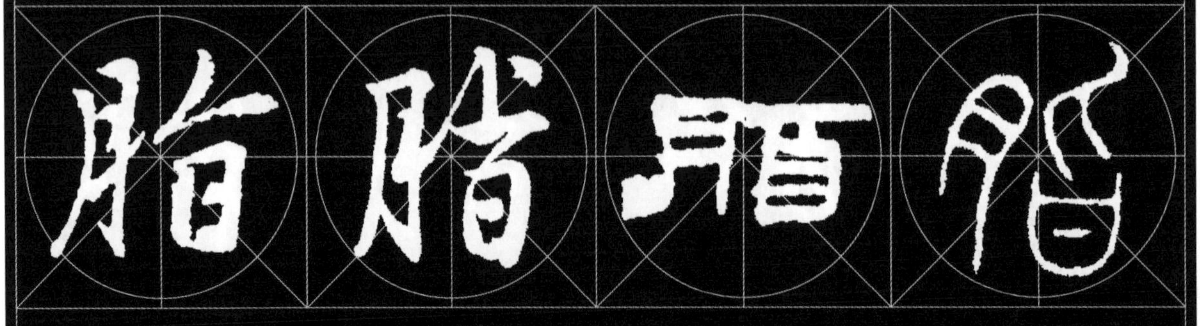

元 赵孟頫　明 唐寅　汉 楼兰简　汉 说文解字

zhí
执

zhí
縶（拴；拘禁）

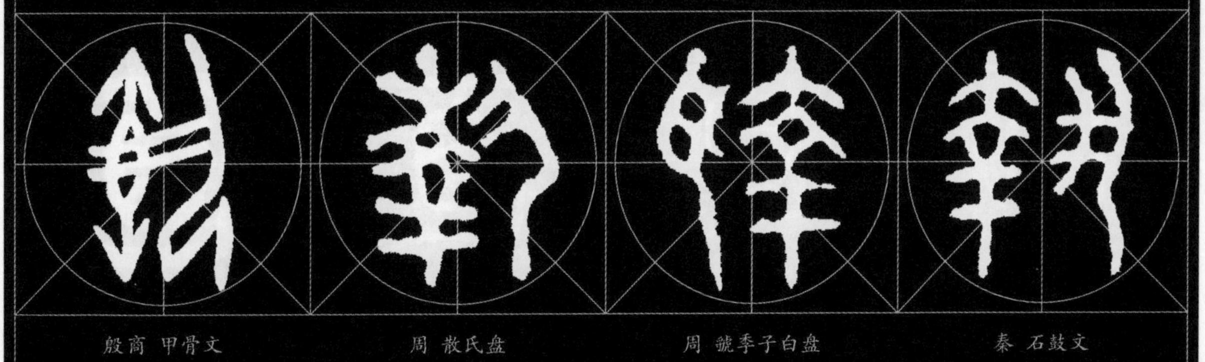

zhí
直

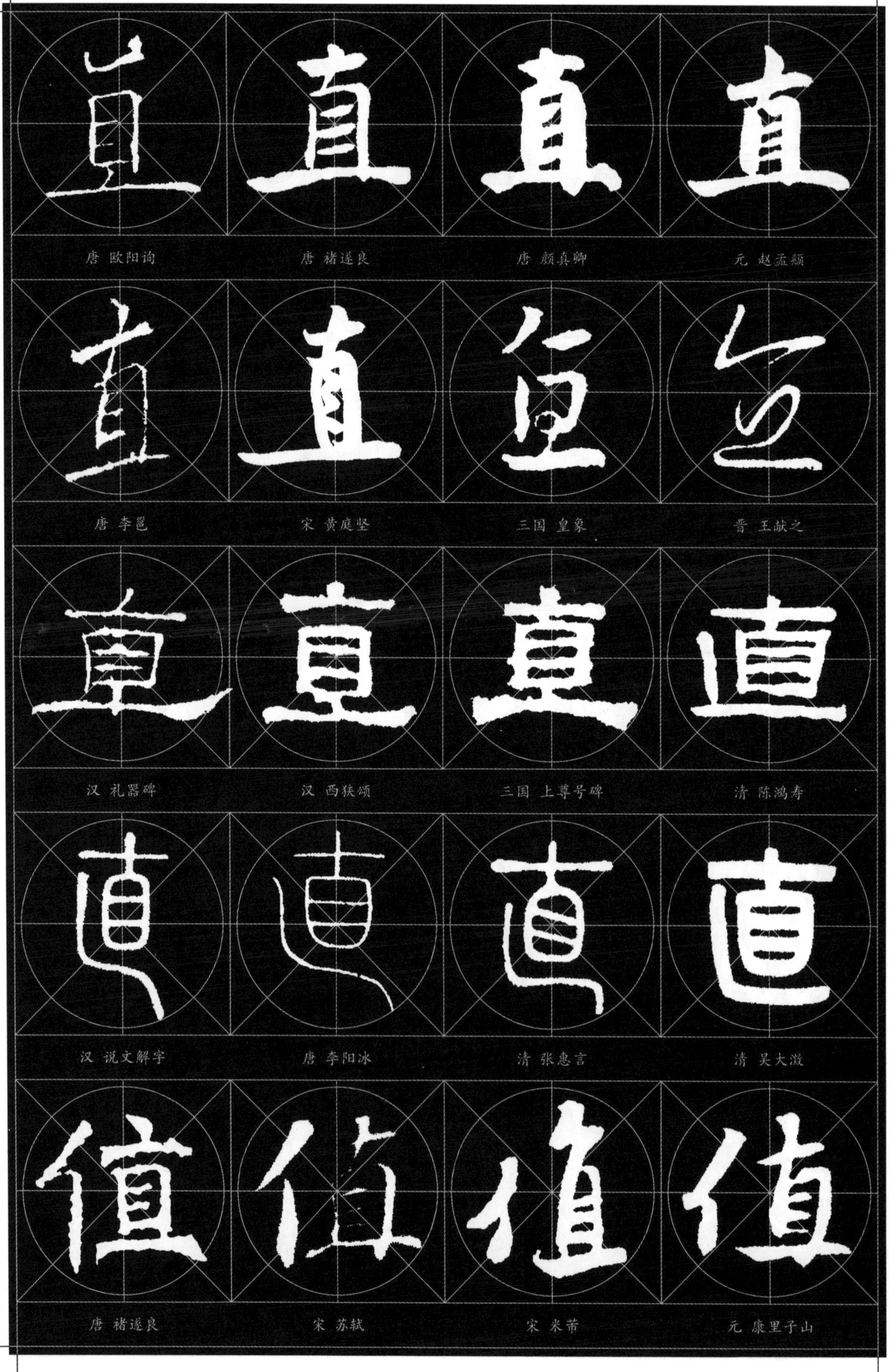

唐 欧阳询　唐 褚遂良　唐 颜真卿　元 赵孟頫

唐 李邕　宋 黄庭坚　三国 皇象　晋 王献之

汉 礼器碑　汉 西狭颂　三国 上尊号碑　清 陈鸿寿

汉 说文解字　唐 李阳冰　清 张惠言　清 吴大澂

zhí
值

唐 褚遂良　宋 苏轼　宋 米芾　元 康里子山

zhí
埴（粘土）

zhí
植

明 邵二泉　晋 索靖　晋 王羲之　清 徐三庚

唐 孙过庭　汉 说文解字　清 康熙字典　清 田潜

唐 褚遂良　唐 颜真卿　隋 智永　晋 王羲之

隋 智永　唐 怀素　宋 赵佶　元 赵孟頫

元 赵孟頫　清 顾蔼吉·隶辨　唐 李阳冰　清 吴大澂

zhí
殖（繁殖）

zhí
姪（新华字典以侄为首字）

zhí
职（職、軄）

汉 刘炟 唐 怀素 宋 蔡襄 元 赵孟頫

汉 张寿碑 汉 曹全碑 秦 李斯 唐 李阳冰

唐 孙过庭 汉 郭有道碑 汉 说文解字

北魏 张猛龙碑 北魏 高贞碑 隋 智永 明 祝允明

唐 颜真卿 元 赵孟頫 唐 欧阳询 唐 李邕

zhí
摭（拾；摘）

zhǐ
止

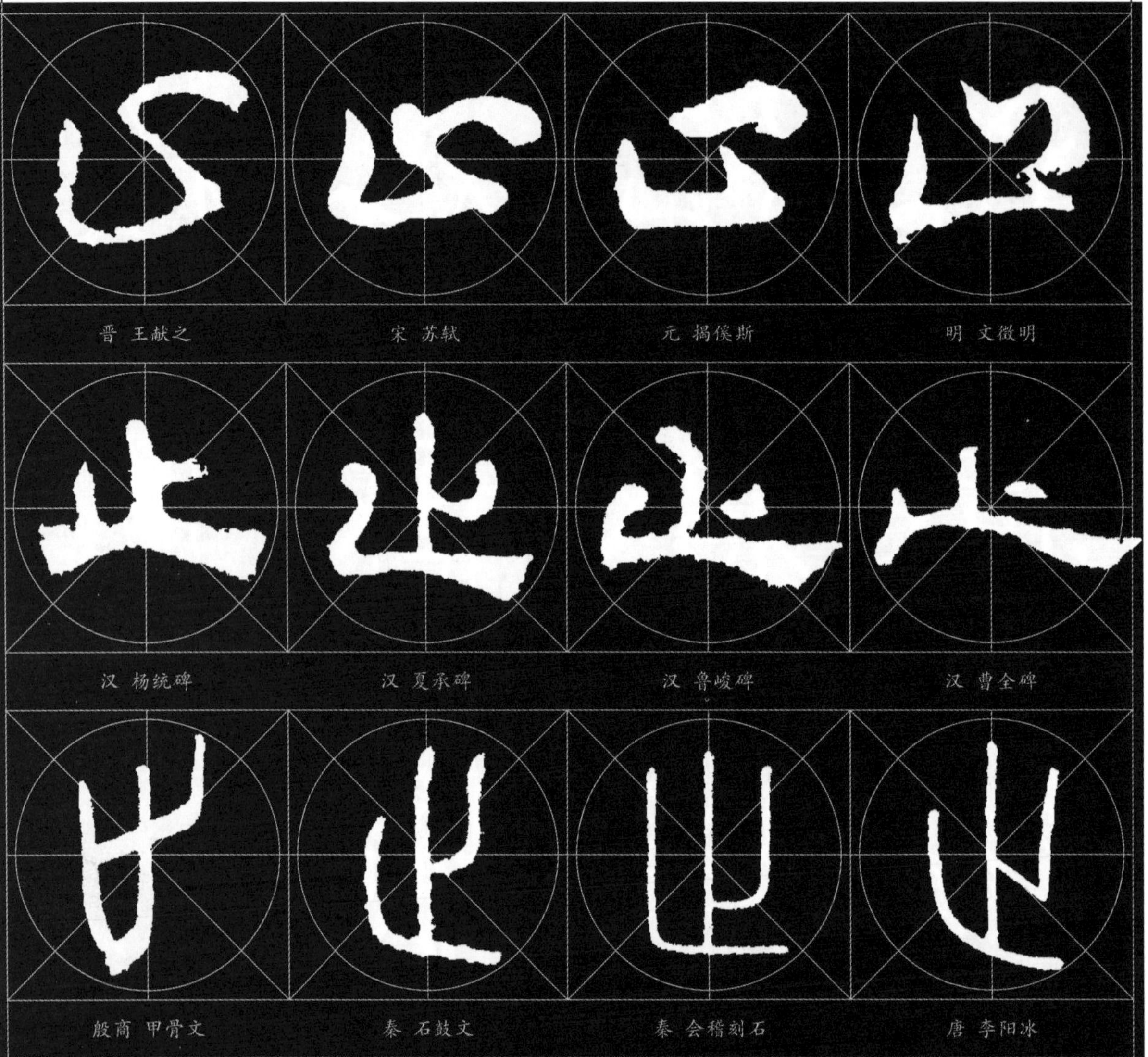
晋 王献之
宋 苏轼
元 揭傒斯
明 文徵明
汉 杨统碑
汉 夏承碑
汉 鲁峻碑
汉 曹全碑
殷商 甲骨文
秦 石鼓文
秦 会稽刻石
唐 李阳冰

zhǐ
址
（阯）

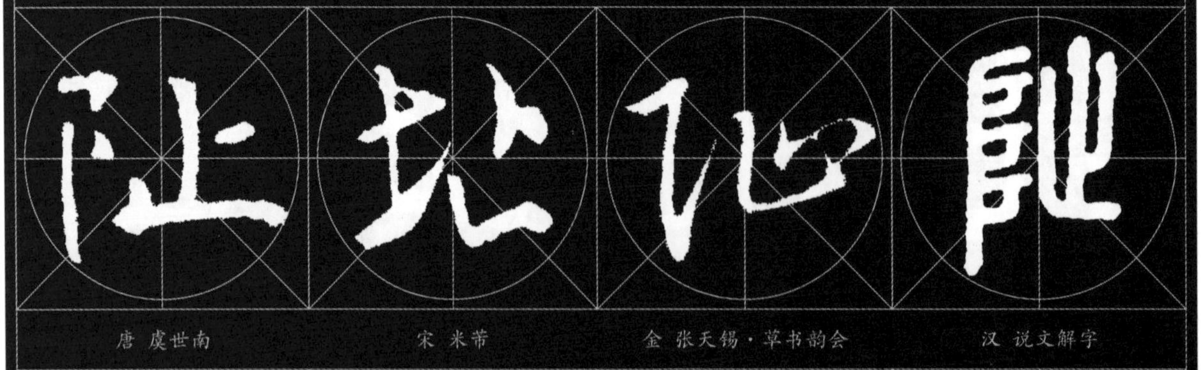
唐 虞世南
宋 米芾
金 张天锡·草书韵会
汉 说文解字

zhǐ
芷

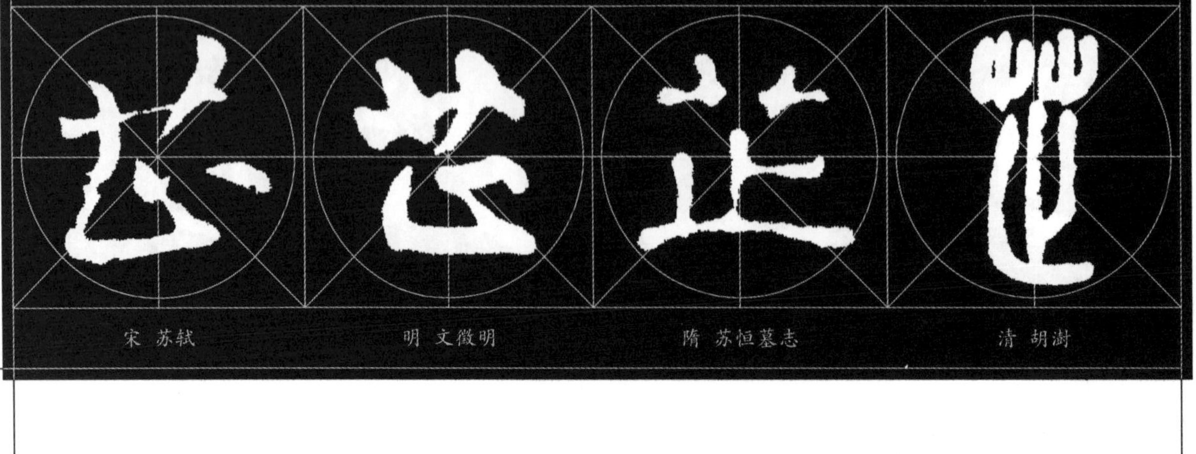
宋 苏轼
明 文徵明
隋 苏恒墓志
清 胡澍

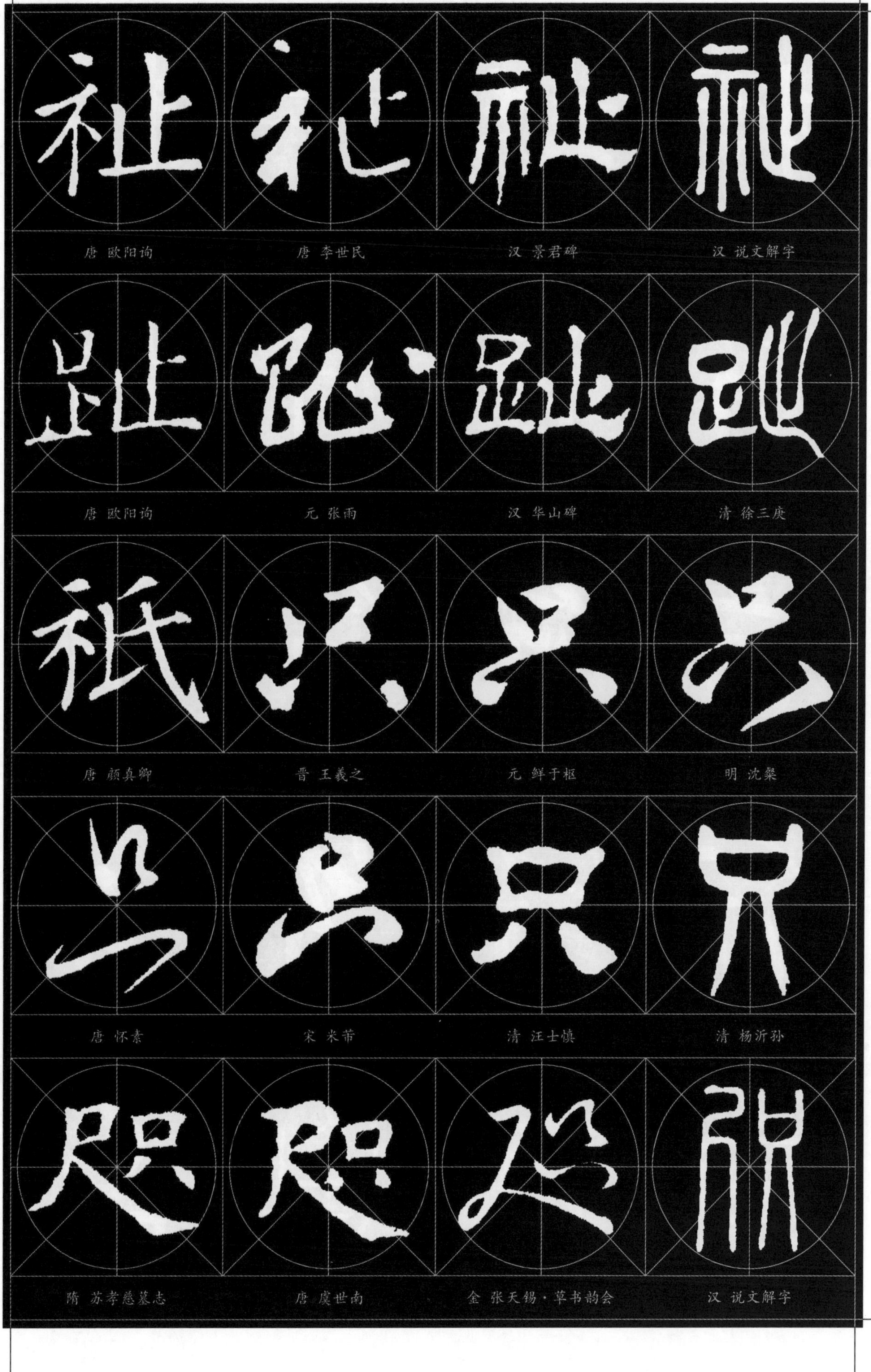

zhǐ 祉（幸福）

zhǐ 趾

zhǐ 只（衹、祇：只有）

zhī（同隻）

zhǐ 咫（古指八寸）

zhǐ
枳

zhǐ
旨（味美；意义；目的；意旨）

zhǐ
指

zhǐ
纸（帋）

隋 张公礼　唐 褚遂良　唐 柳公权　晋 王羲之

唐 李邕　宋 黄庭坚　清 郑燮　唐 孙过庭

唐 怀素　元 鲜于枢　清 顾蔼吉·隶辨　汉 说文解字

隋 智永　晋 王羲之　宋 苏轼　明 文徵明

唐 孙过庭　元 赵孟頫　元 俞和　清 王澍

zhì
至

清 俞樾
唐 李阳冰
元 赵孟頫
清 吴昌硕
唐 褚遂良
宋 苏轼
宋 黄庭坚
晋 王羲之
唐 欧阳询
宋 杜衍
宋 赵佶
唐 欧阳询
唐 褚遂良
唐 颜真卿
唐 柳公权
宋 苏轼
明 文徵明
晋 王羲之
元 赵孟頫

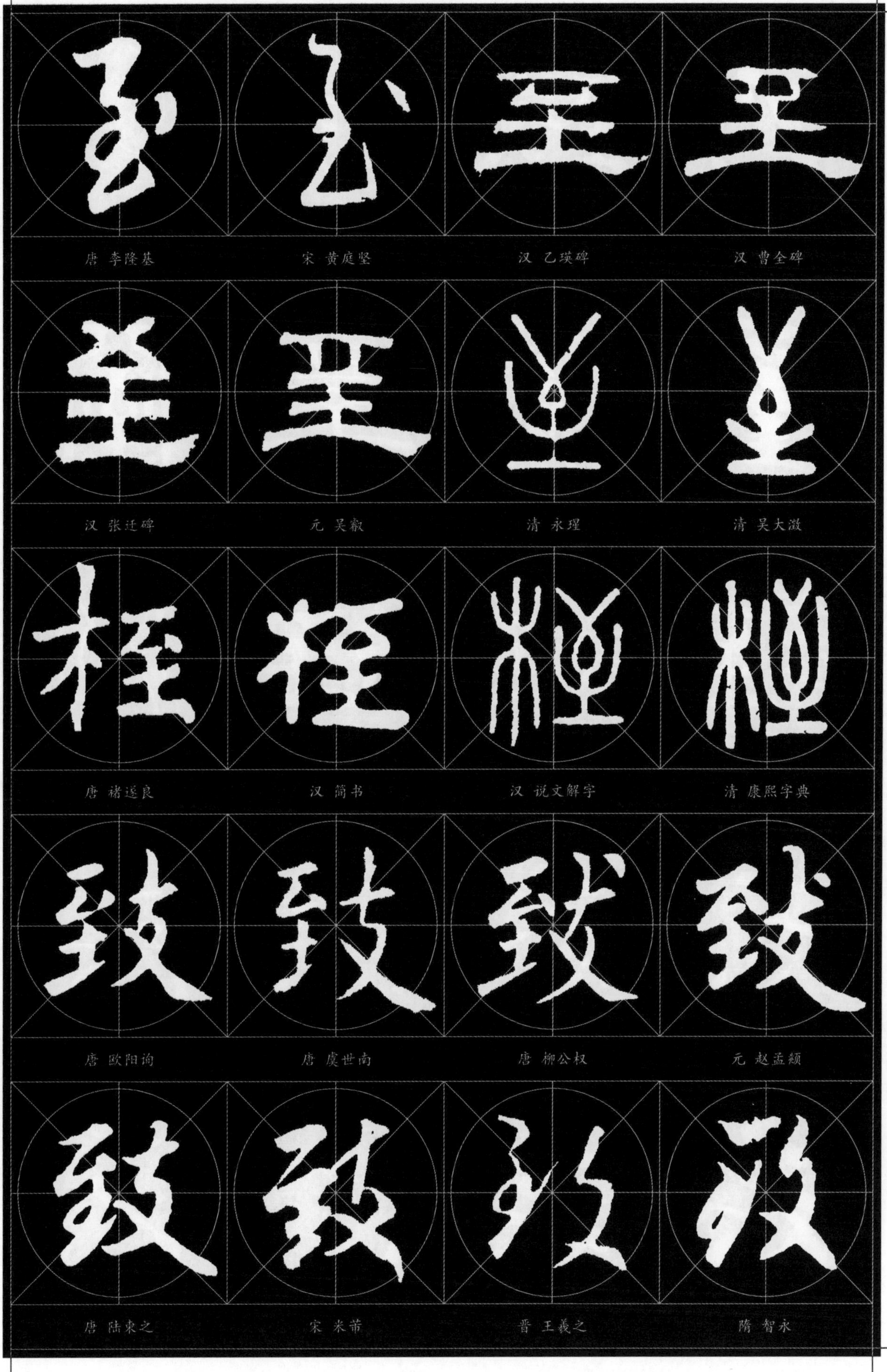
唐 李隆基
宋 黄庭坚
汉 乙瑛碑
汉 曹全碑
汉 张迁碑
元 吴叡
清 永瑆
清 吴大澂
唐 褚遂良
汉 简书
汉 说文解字
清 康熙字典
唐 欧阳询
唐 虞世南
唐 柳公权
元 赵孟頫
唐 陆柬之
宋 米芾
晋 王羲之
隋 智永

zhì
桎（脚镣）

zhì
致

zhì
室

zhì
蛭
（蚂蟥）

zhì
志

zhì
志（记；记录；标志）

zhì
制

zhì
製（制造）

zhì
帜

隋 智永
唐 孙过庭
唐 贺知章
唐 怀素
汉 礼器碑
汉 史晨碑
汉 樊敏碑
汉 校官碑
唐 李阳冰
清 邓石如
清 杨沂孙
清 徐三庚
唐 褚遂良
晋 王羲之
唐 孙过庭
汉 说文解字
北朝 敬使君碑
金 张天锡·草书韵会
清 顾蔼吉·隶辨
清 杨沂孙

zhì
帙（袠）

zhì
秩（次序；十年）

zhì
治

zhì
炙（烤）

zhì
质

晋 王献之
隋 智永
汉 曹全碑
清 邓石如
元 赵孟頫
金 张天锡·草书韵会
汉 武梁刻石
清 吴大澂
北魏 高贞碑
唐 欧阳询
唐 虞世南
唐 颜真卿
晋 王羲之
唐 陆柬之
唐 杜牧
唐 孙过庭
唐 孙过庭
宋 米芾
汉 景君碑
汉 校官碑

zhì 峙（耸立）shì（繁峙：地名）

zhì 陟（登高）

zhì
智

汉 桐柏庙碑
元 吴叡
清 王澍
元 吴叡
唐 欧阳询
唐 褚遂良
唐 颜真卿
唐 柳公权
唐 释怀仁
宋 苏轼
清 王铎
清 林则徐
三国 皇象
晋 王羲之
唐 孙过庭
宋 黄庭坚
汉 袁博碑
汉 马王堆帛书
周 毛公鼎
清 杨沂孙

zhì 挚（诚恳）

zhì 贽（拜见长辈之礼）

zhì 鸷（凶猛）

zhì 栉（梳；梳子）

zhì 掷

zhì
滞

zhì
稚

zhì
雉

zhì
置

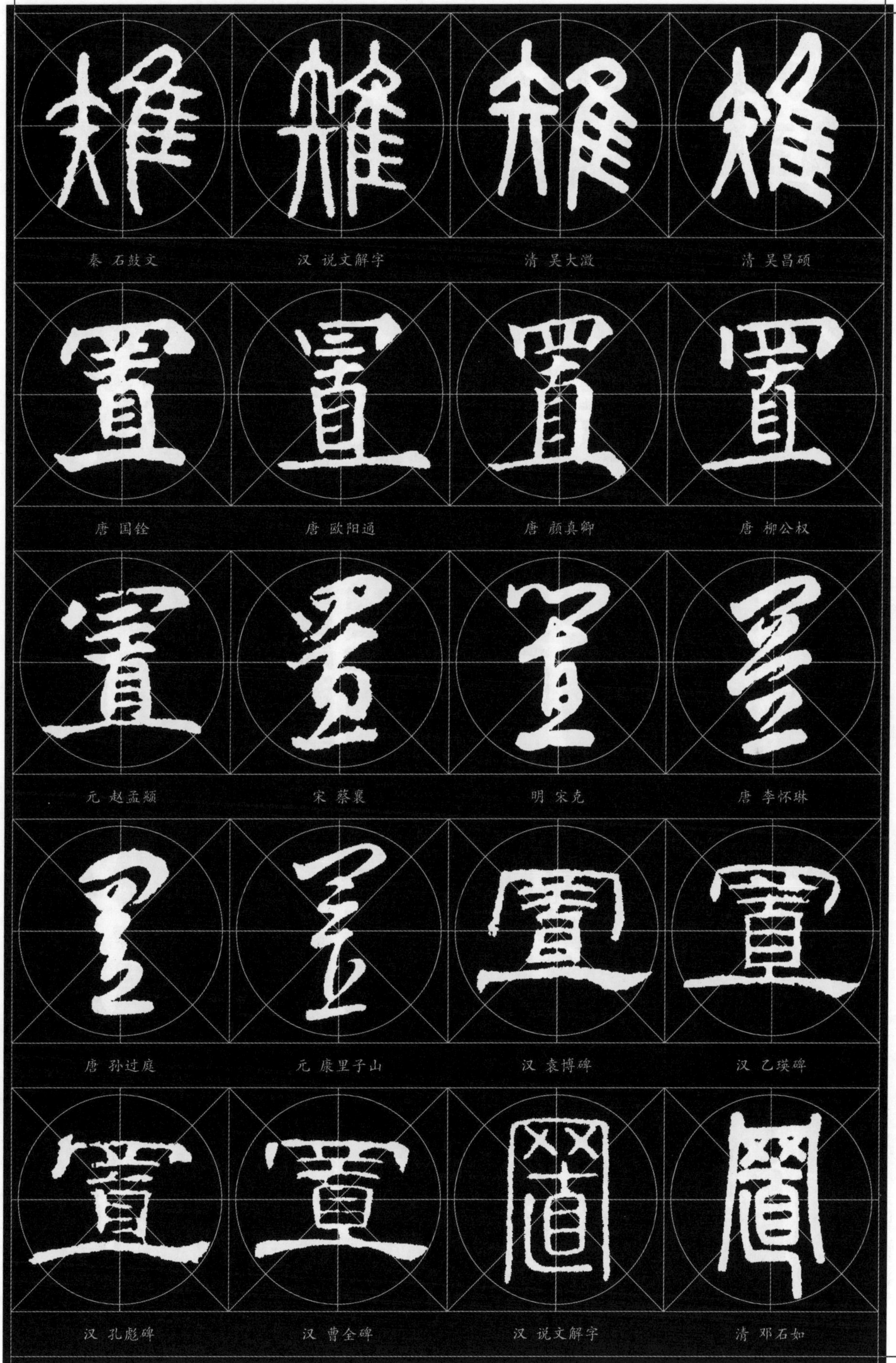
秦 石鼓文
汉 说文解字
清 吴大澂
清 吴昌硕
唐 国诠
唐 欧阳通
唐 颜真卿
唐 柳公权
元 赵孟頫
宋 蔡襄
明 宋克
唐 李怀琳
唐 孙过庭
元 康里子山
汉 袁博碑
汉 乙瑛碑
汉 孔彪碑
汉 曹全碑
汉 说文解字
清 邓石如

zhì 寘（放置）
tián（同窴）
zhì 觯（酒具）
zhōng 中 zhòng

北魏 李超墓志　晋 王献之　唐 怀素　金 张天锡·草书韵会
汉 熹平石经　清 顾蔼吉·隶辨　清 吴大澂　清 吴大澂
北魏 张猛龙碑　唐 欧阳询　唐 欧阳通　唐 颜真卿
晋 王羲之　唐 褚遂良　宋 黄庭坚　元 赵孟頫
晋 索靖　唐 张旭　宋 米芾　明 宋克

zhōng
忠

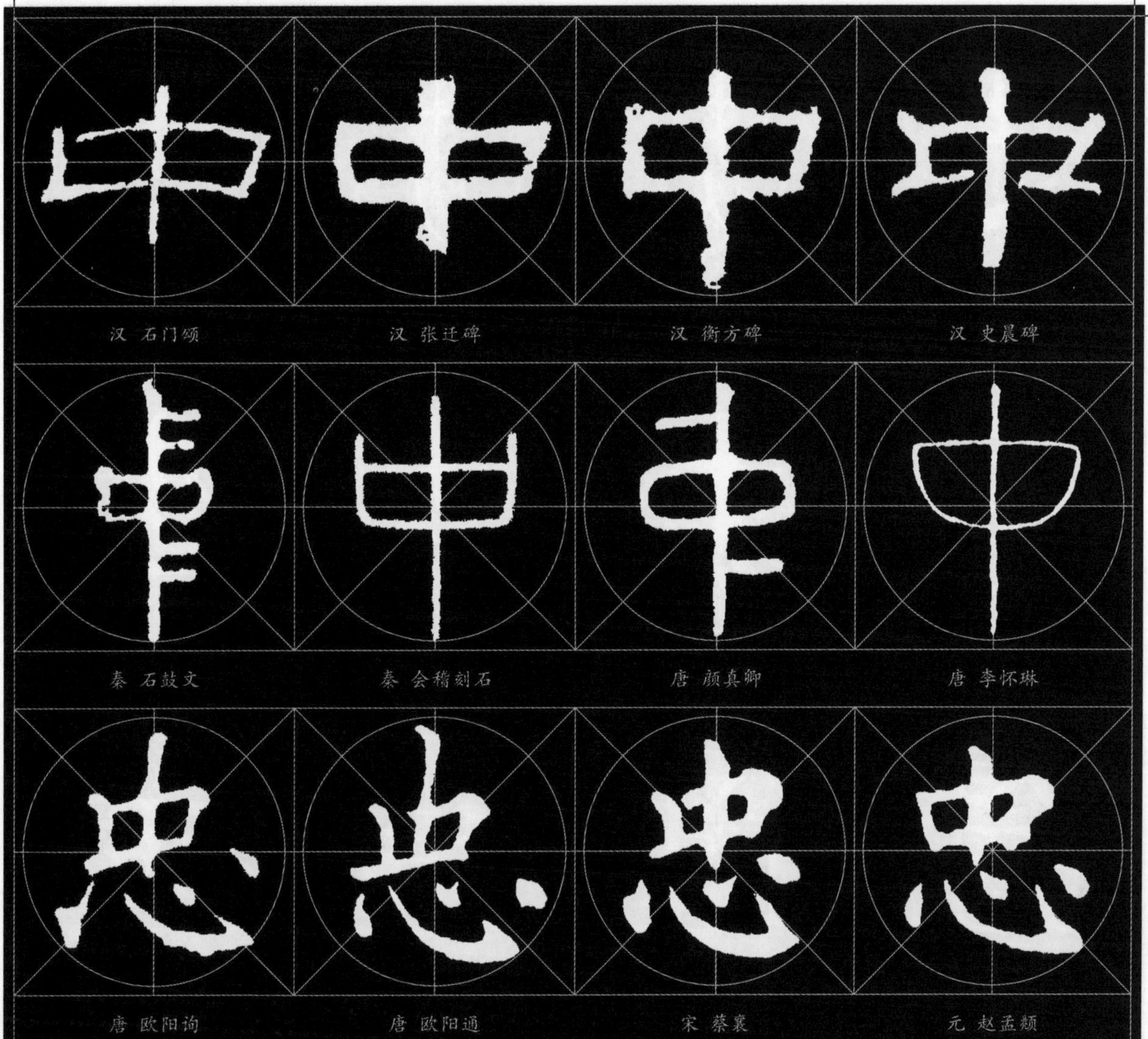

汉 石门颂　汉 张迁碑　汉 衡方碑　汉 史晨碑

秦 石鼓文　秦 会稽刻石　唐 颜真卿　唐 李怀琳

唐 欧阳询　唐 欧阳通　宋 蔡襄　元 赵孟頫

晋 王羲之　唐 颜真卿　隋 智永　唐 李邕

唐 怀素　秦 睡虎地简　汉 楼兰简　汉 夏承碑

zhōng
衷

zhōng
鍾（钟情；姓）

zhōng
鐘
（钟点；钟表；响器）

zhōng
终

zhōng
螽

zhǒng
冢

北魏 李璧墓志　明 唐寅　唐 虞世南　金 张天锡·草书韵会

唐 褚遂良　晋 王羲之　宋 蔡襄　汉 说文解字

隋 龙藏寺碑　隋 张公礼　唐 柳公权　唐 李世民

宋 苏轼　晋 王羲之　晋 王献之　明 董其昌

汉 张迁碑　北齐 泰山金刚经　汉 说文解字　清 吴大澂

zhǒng
肿（腫）

zhǒng
种（種）
zhòng（種，穜）
Chóng（种：姓）

zhǒng
踵

zhòng
仲

zhòng
众

zhōu
州

北魏 魏灵藏造像　唐 欧阳通　唐 柳公权　宋 黄庭坚

唐 颜真卿　宋 张即之　唐 李邕　宋 苏轼

晋 王献之　唐 孙过庭　唐 杜牧　清 归庄

汉 校官碑　北齐 泰山金刚经　汉 马王堆帛书　清 杨沂孙

晋 爨宝子碑　南北朝 张玄墓志　唐 欧阳询　唐 颜真卿

zhōu
洲

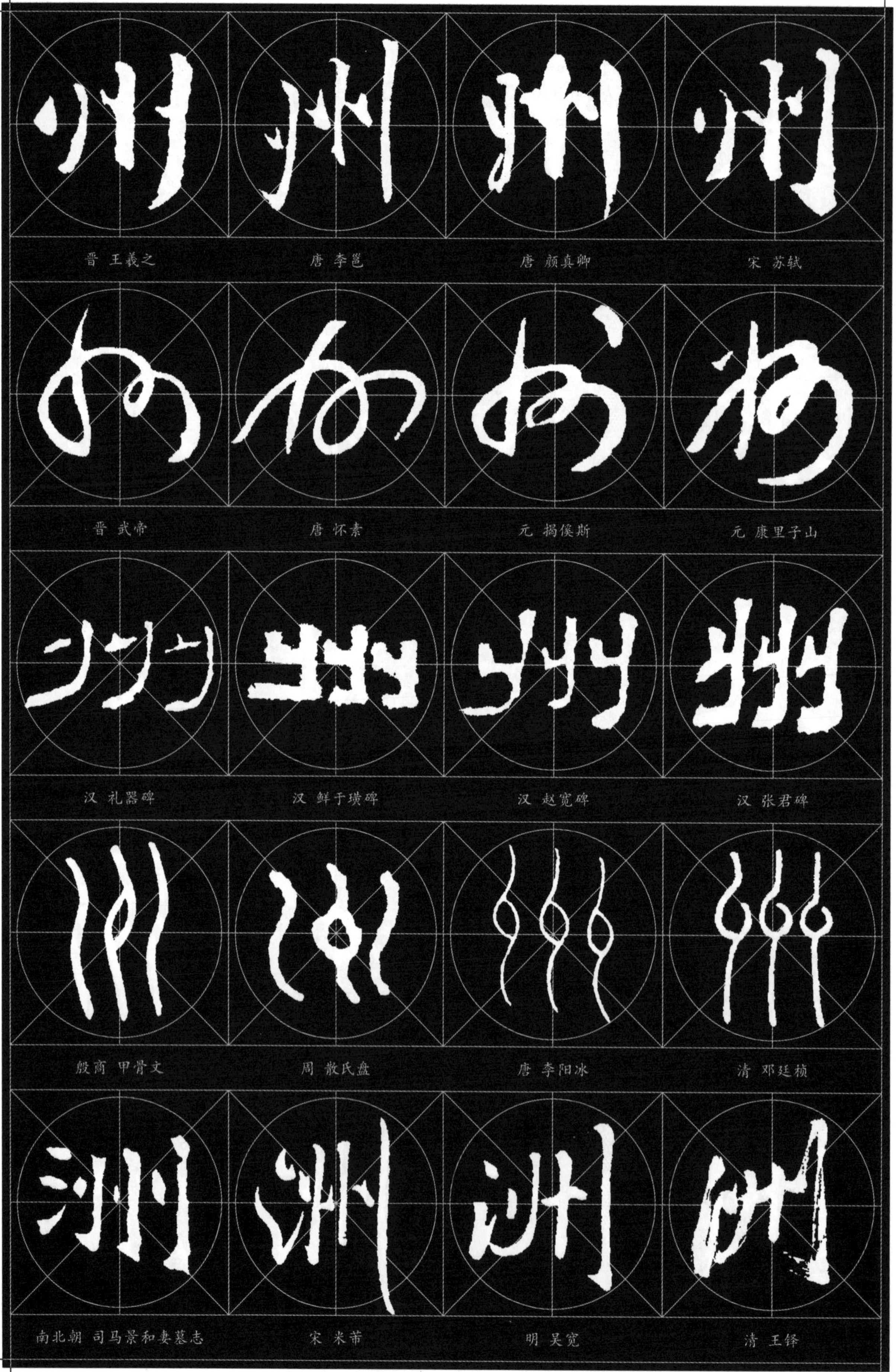
晋 王羲之
唐 李邕
唐 颜真卿
宋 苏轼
晋 武帝
唐 怀素
元 揭傒斯
元 康里子山
汉 礼器碑
汉 鲜于璜碑
汉 赵宽碑
汉 张君碑
殷商 甲骨文
周 散氏盘
唐 李阳冰
清 邓廷桢
南北朝 司马景和妻墓志
宋 米芾
明 吴宽
清 王铎

zhōu
舟

唐 怀素
明 佚名
金 张天锡·草书韵会
元 吴叡
唐 虞世南
唐 柳公权
元 赵孟頫
宋 苏轼
宋 黄庭坚
宋 米芾
明 董其昌
唐 孙过庭
唐 怀素
宋 赵佶
隋 尔朱端墓志
清 张祖翼
殷商 甲骨文
秦 会稽刻石
清 杨沂孙
清 吴昌硕

zhōu
周

隋 苏孝慈墓志
唐 欧阳询
唐 虞世南
唐 褚遂良
晋 王羲之
宋 米芾
隋 智永
唐 释怀仁
晋 王羲之
唐 怀素
唐 怀素
明 文徵明
汉 史晨碑
汉 郭有道碑
汉 张迁碑
汉 桐柏庙碑
周 小克鼎
周 散氏盘
秦 李斯
唐 李阳冰

zhōu 粥 yù（生养；同鬻：卖）

zhóu 轴 zhòu（压轴；大轴）

zhǒu 帚

元 赵孟頫　宋 黄庭坚　唐 颜真卿　宋 杜良臣

明 祝允明　清 顾蔼吉·隶辨　清 金农

唐 褚遂良　宋 蔡襄　宋 黄庭坚　明 丰坊

元 赵孟頫　宋 陆游　清 伊秉绶　汉 说文解字

宋 黄庭坚　金 王庭筠　汉 说文解字　清 田潜

zhǒu
肘

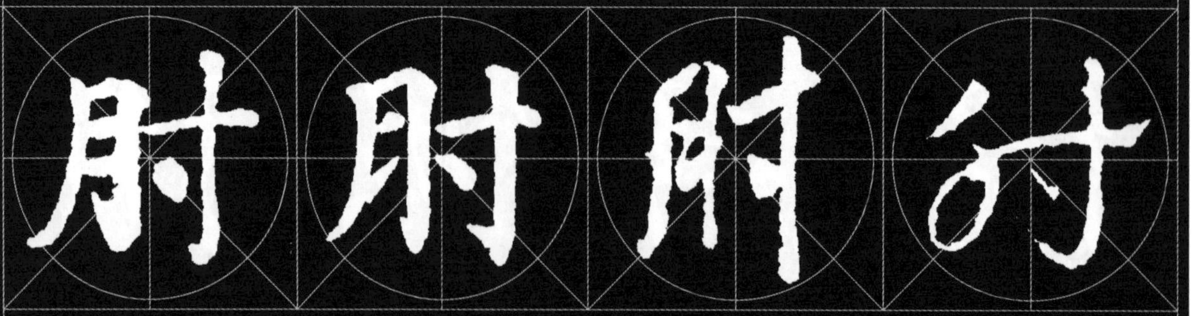

唐 国铨　唐 颜真卿　宋 米芾　三国 皇象

元 赵孟頫　明 宋克　清 康熙字典　清 邓石如

zhòu
纣

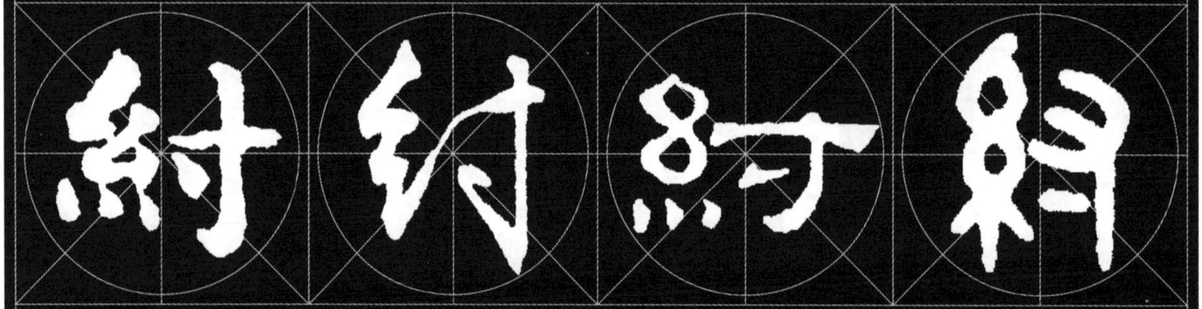

清 刘墉　明 文徵明　元 吴叡　清 吴大澂

zhòu
酎
（重酿的醇酒）

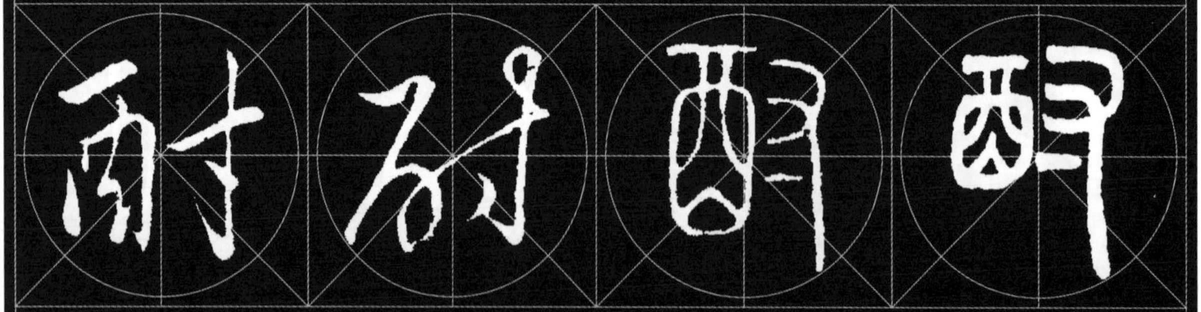

元 赵孟頫　金 张天锡·草书韵会　汉 说文解字　清 康熙字典

zhòu
咒
（呪）

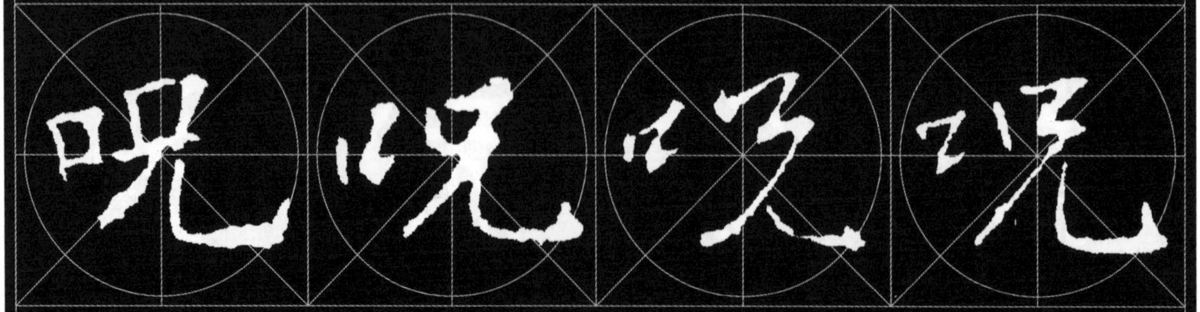

唐 欧阳询　晋 王羲之　晋 王羲之　唐 释怀仁

zhòu
宙

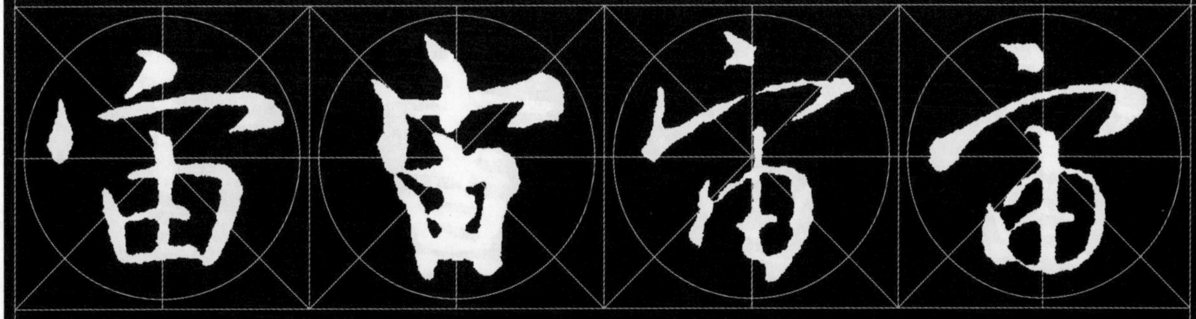

唐 虞世南　唐 欧阳询　晋 王羲之　隋 智永

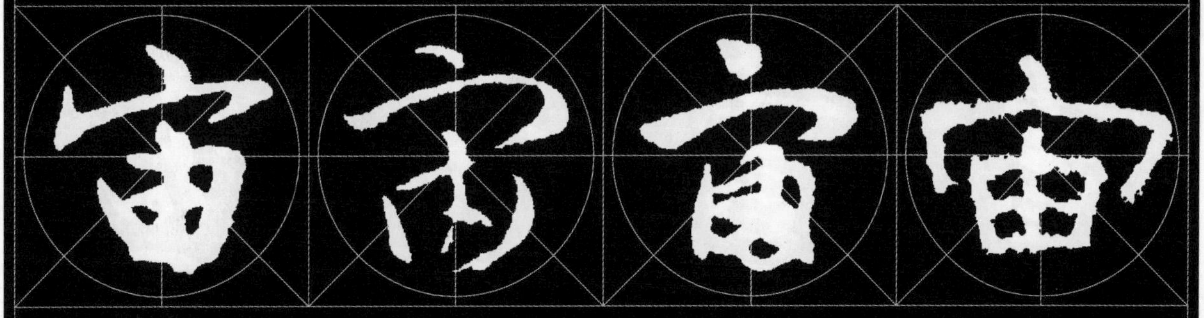

明 文徵明　隋 智永　元 赵孟頫　汉 尹宙碑

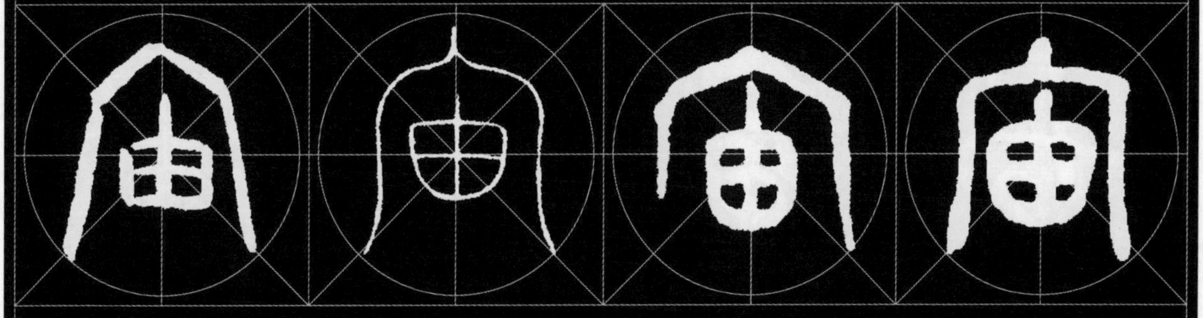

殷商 甲骨文　唐 李阳冰　元 赵孟頫　清 吴昌硕

zhòu
胄

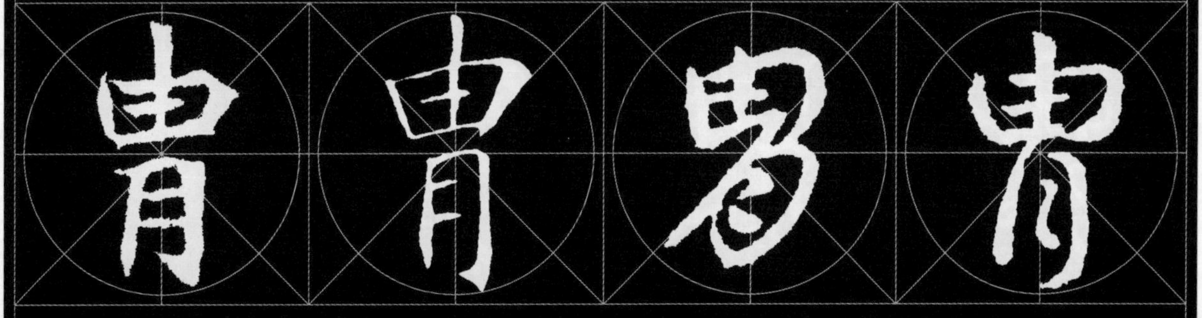

北魏 司马显姿墓志　唐 王敬客　晋 王献之　唐 武则天

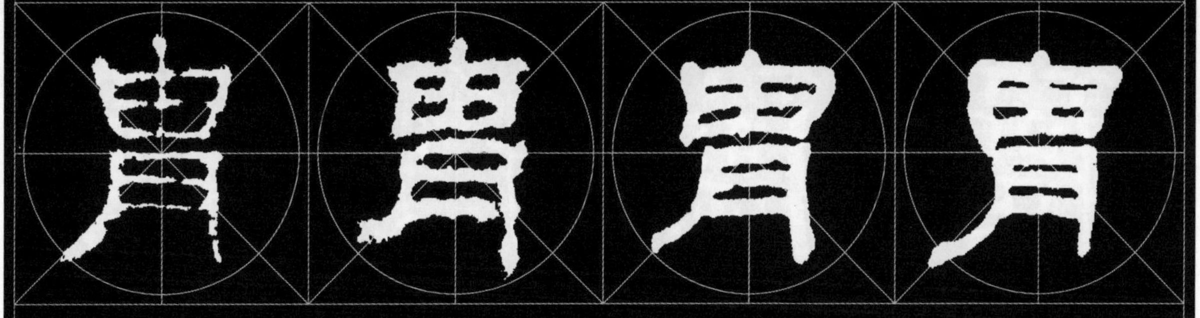

汉 杨震碑　汉 鲁峻碑　清 黄易　清 何绍基

zhòu
昼

zhòu
皱
（皺）

zhòu
籀
（籀文）

zhòu
骤

唐 褚遂良　唐 颜师古　宋 苏轼　元 赵孟頫

唐 孙过庭　唐 怀素　明 祝允明　隋 马雅墓志

清 顾蔼吉　汉 说文解字　清 田潜　清 黄士陵

zhòu
甃（井壁）

元 赵孟頫　宋 范成大　汉 说文解字　清 康熙字典

zhū
朱

唐 柳公权　晋 王羲之　唐 陆柬之　明 文徵明

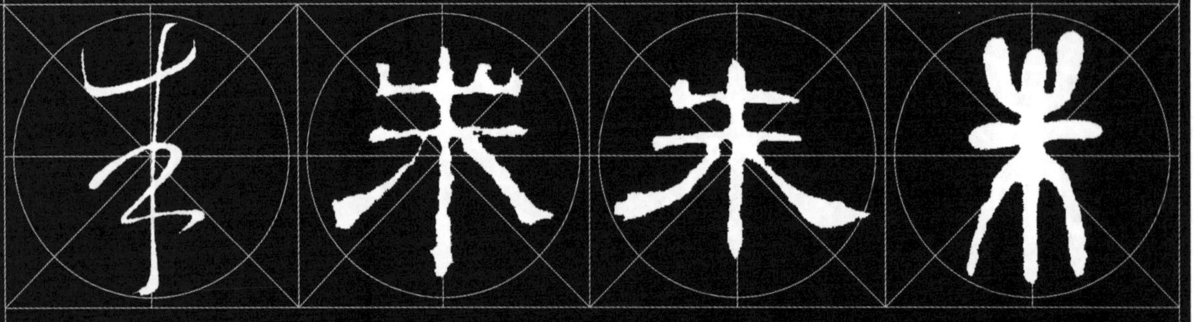

唐 怀素　汉 景君碑　汉 曹全碑　清 吴昌硕

zhū 洙

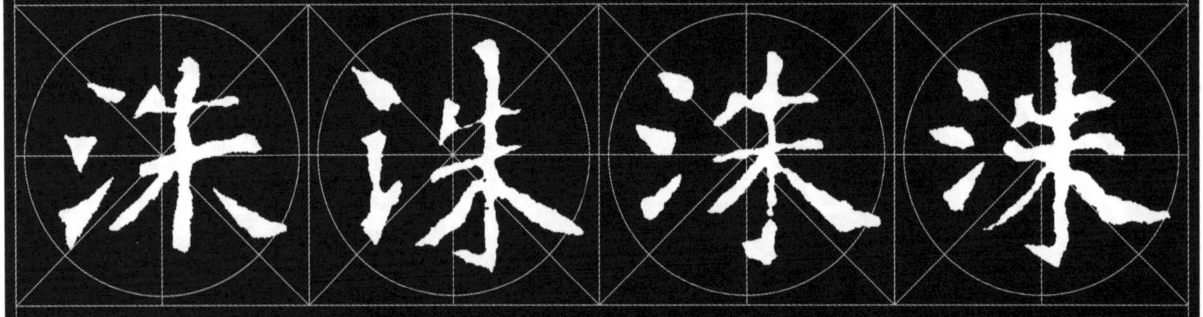

北魏 孙秋生造像　北魏 张猛龙碑　唐 虞世南　唐 宪公颂

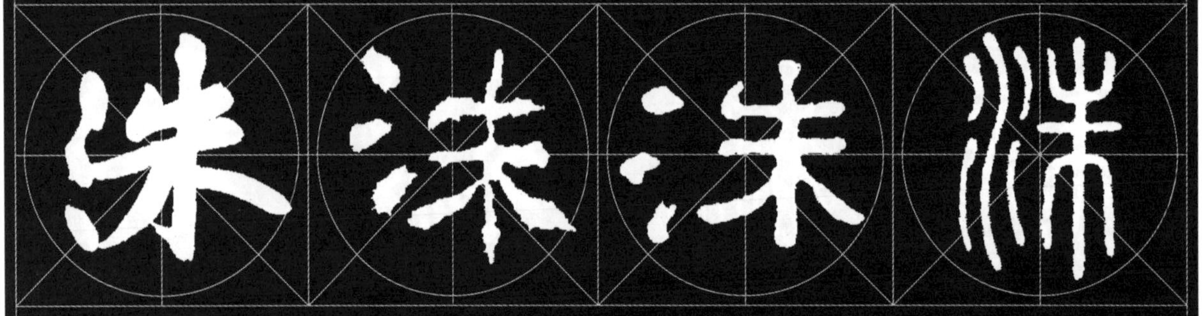

宋 黄庭坚　汉 衡方碑　清 高翔　汉 说文解字

zhū 茱

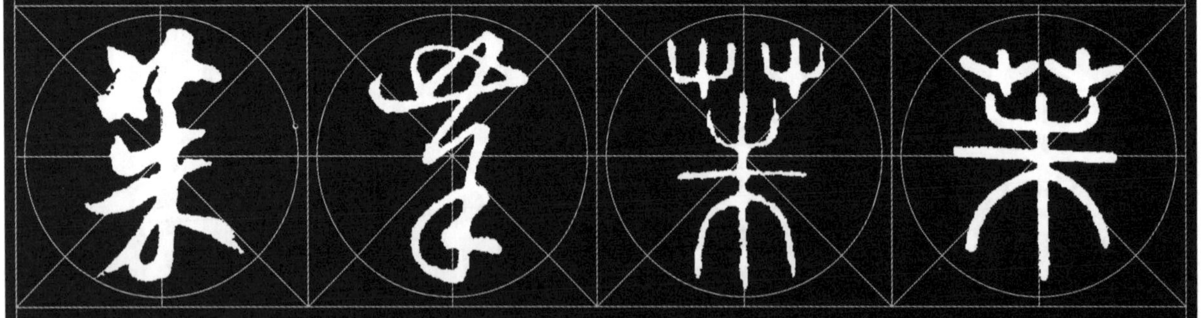

宋 米芾　金 张天锡·草书韵会　汉 说文解字　清 严坤

zhū 株

唐 柳公权　宋 蔡襄　元 赵孟頫　汉 说文解字

zhū 珠

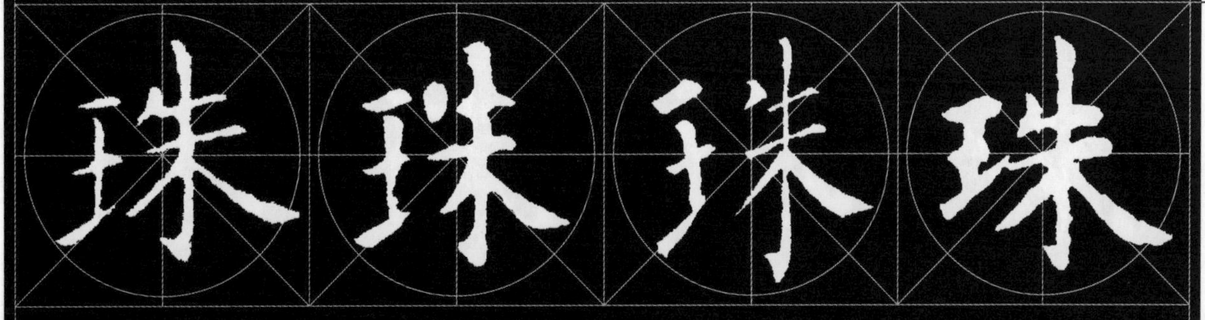

晋 王献之　唐 欧阳询　唐 柳公权　元 赵孟頫

晋 王羲之　隋 智永　唐 释怀仁　唐 武则天

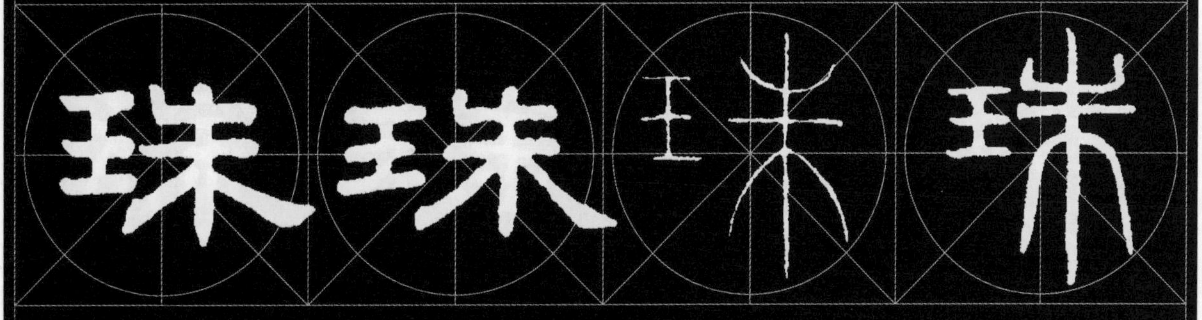

元 赵孟頫　清 王澍　唐 李阳冰　元 吴叡

zhū 蛛（鼄）

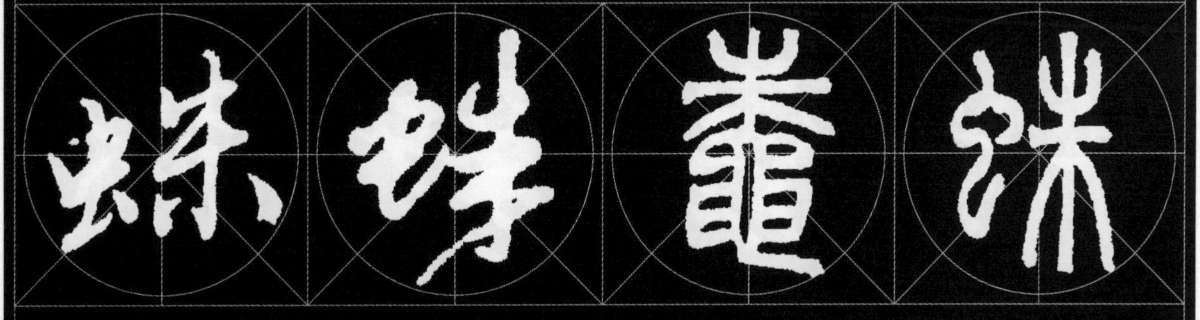

明 唐寅　清 傅山　清 康熙字典　清 康熙字典

zhū 诛

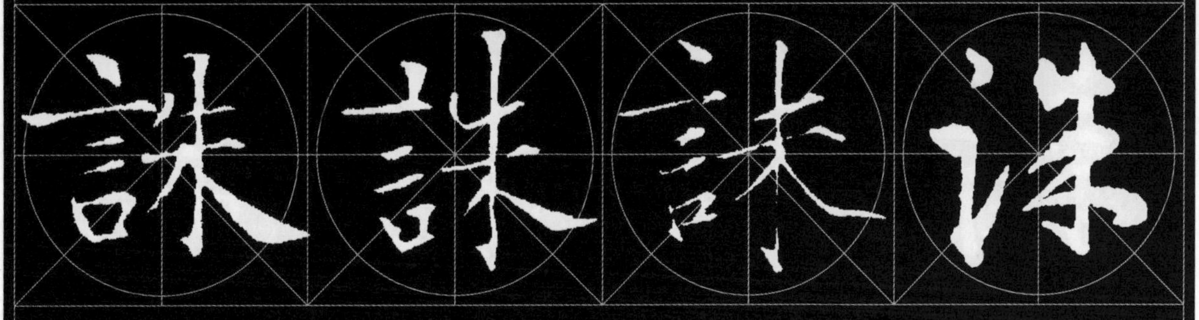

隋 智永　唐 欧阳通　宋 赵佶　明 王宠

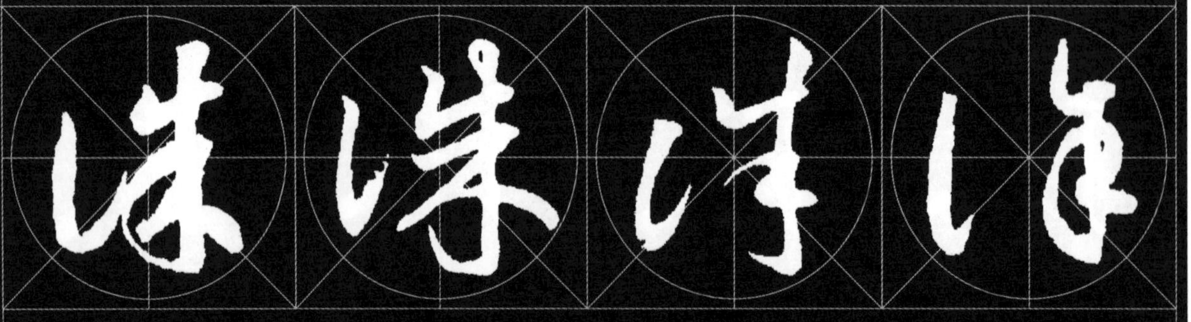

唐 蒋善进　元 鲜于枢　唐 孙过庭　唐 怀素

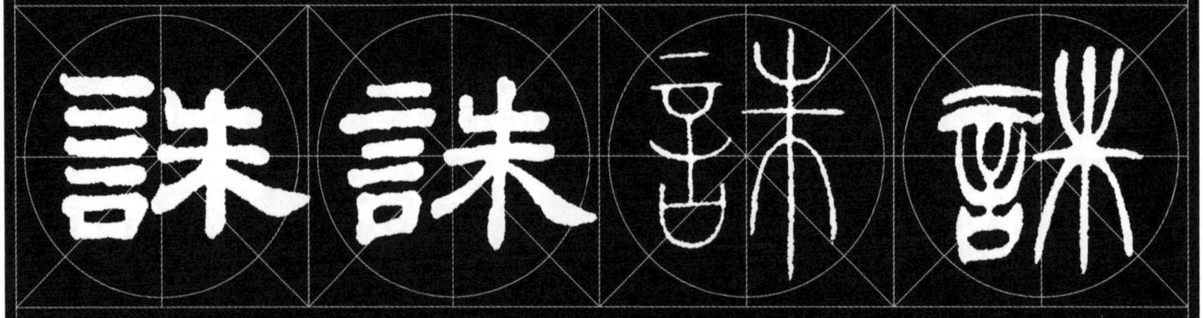

元 赵孟頫　清 王澍　唐 李阳冰　清 徐三庚

zhū
铢

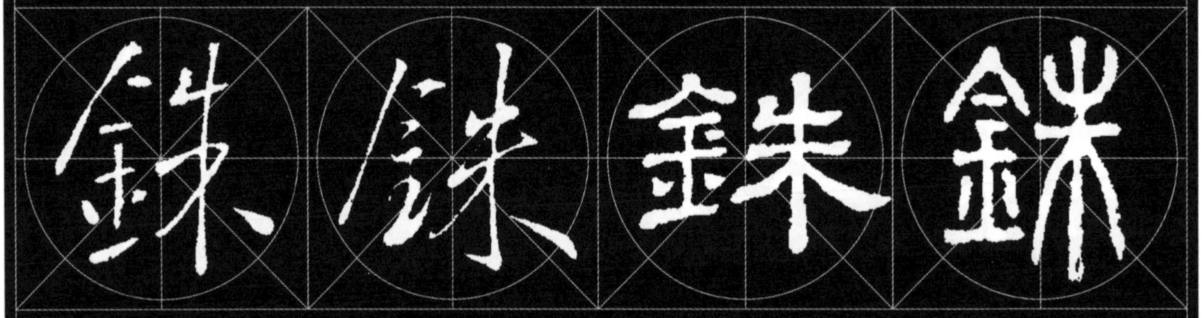

唐 李世民　宋 米芾　清 顾蔼吉·隶辨　清 康熙字典

zhū
猪
（豬）

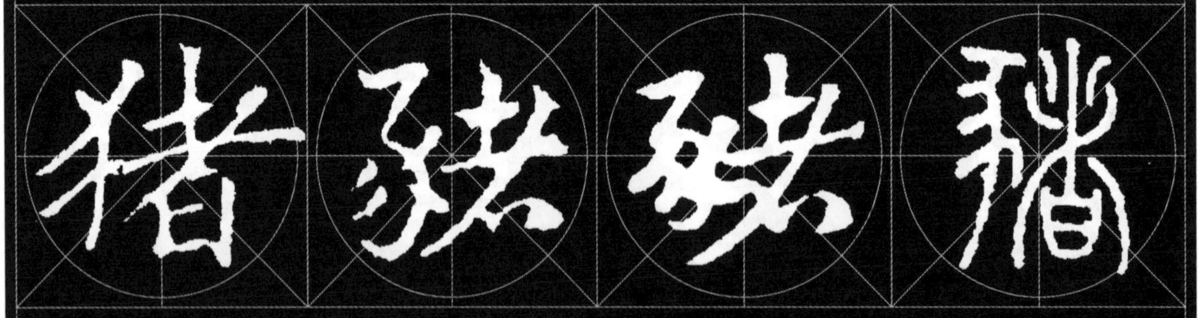

唐 沈传师　三国 皇象　元 赵孟頫　清 永瑆

zhū
诸

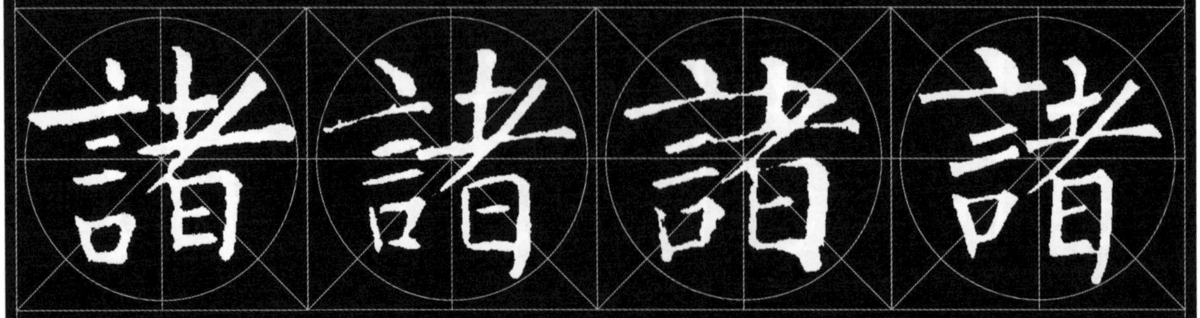

唐 虞世南　唐 褚遂良　唐 颜真卿　唐 柳公权

zhú
竹

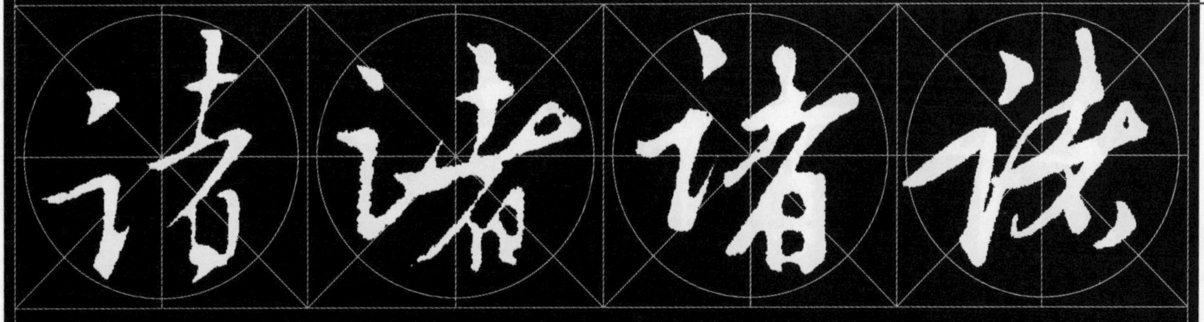

晋 王羲之　晋 王献之　元 鲜于枢　明 王守仁

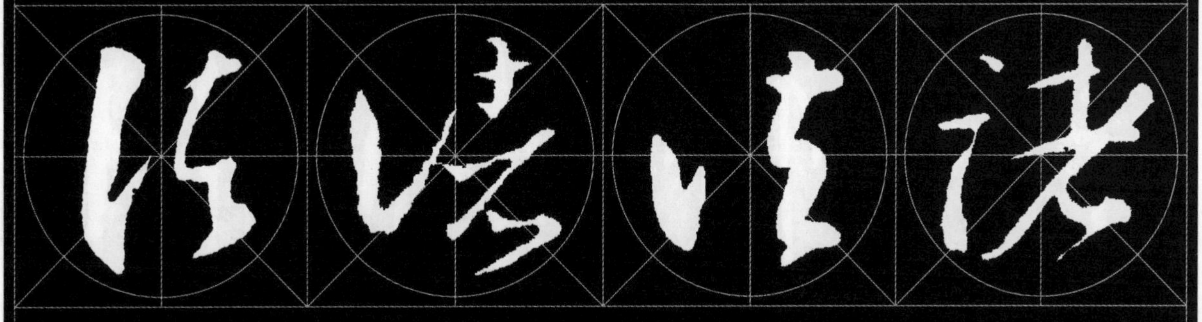

晋 王濛　晋 王羲之　隋 智永　唐 颜真卿

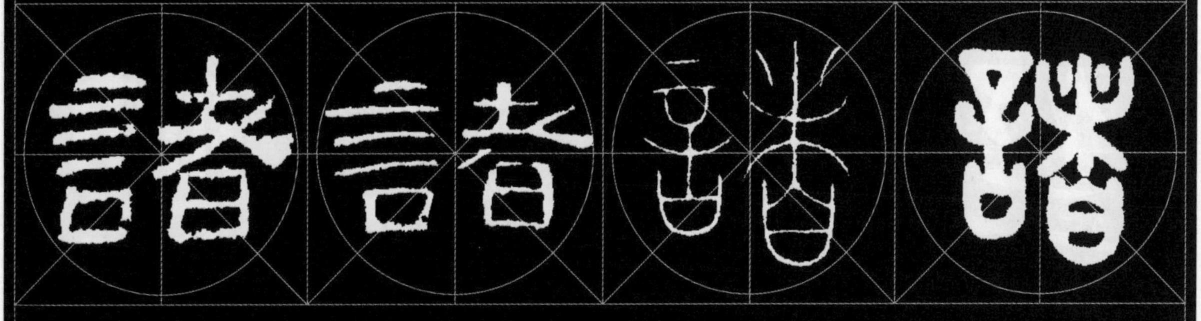

汉 王舍人碑　汉 曹全碑　唐 李阳冰　清 吴大澂

唐 虞世南　唐 欧阳通　唐 颜真卿　晋 王羲之

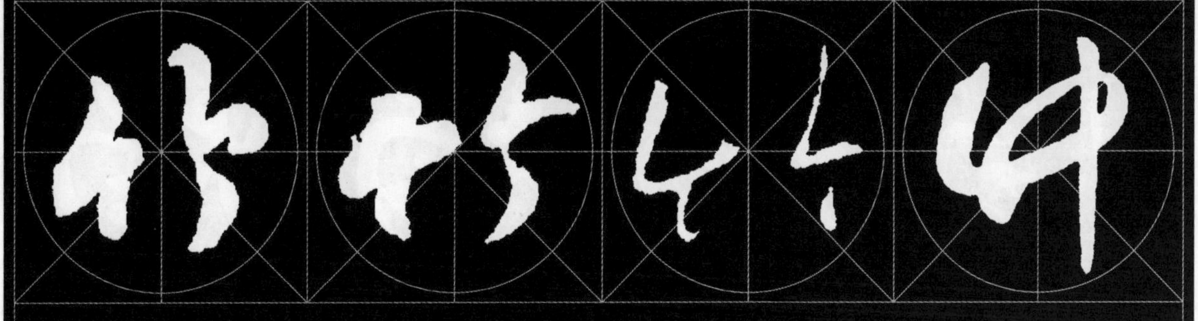

晋 王羲之　晋 王羲之　晋 王羲之　元 鲜于枢

zhú
竺

zhú
烛（燭）

明 祝允明
汉 衡方碑
汉 校官碑
清 顾蔼吉·隶辨
清 顾蔼吉·隶辨
清 邓石如
清 杨沂孙
清 黄士陵
宋 米芾
元 赵孟頫
清 顾蔼吉·隶辨
汉 说文解字
南北朝 张玄墓志
唐 褚遂良
元 赵孟頫
明 王宠
三国 皇象
晋 王羲之
元 赵孟頫
元 赵孟頫

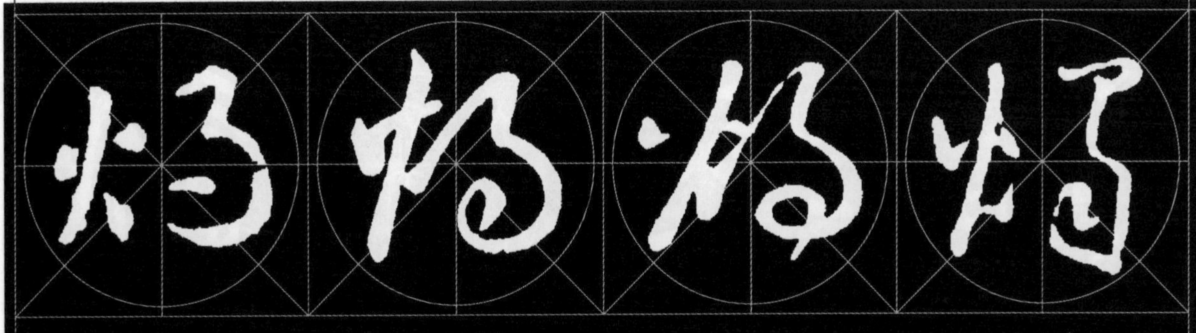

隋 智永　唐 欧阳询　唐 孙过庭　唐 怀素

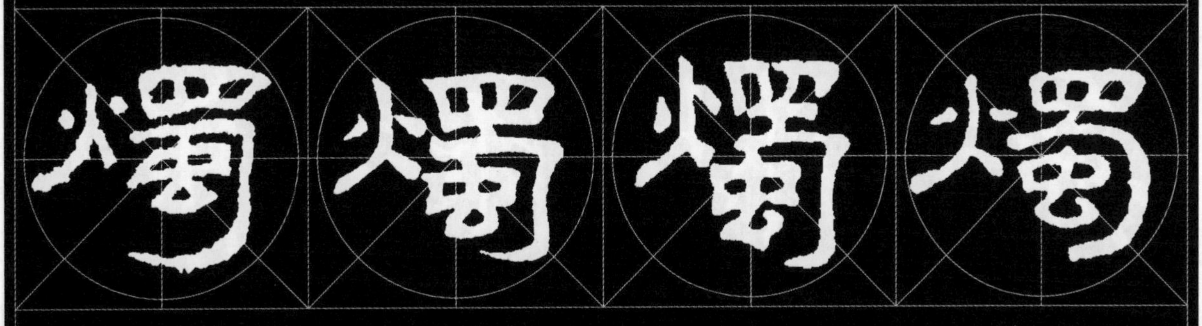

汉 封龙山碑　元 赵孟頫　元 俞和　清 王澍

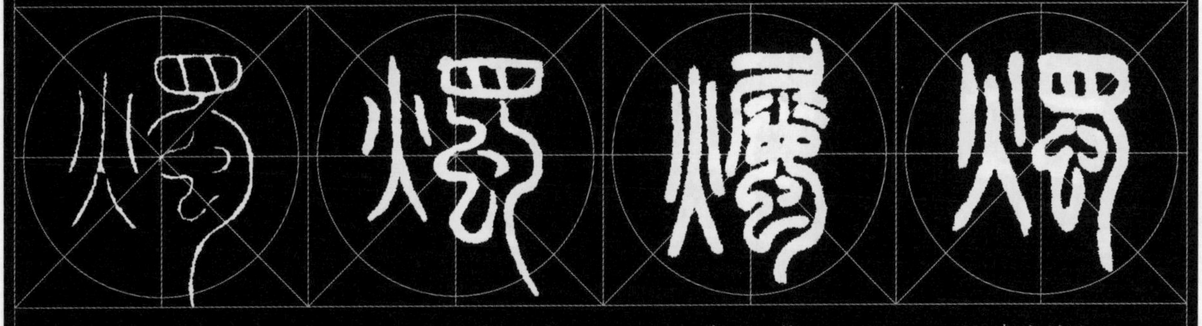

唐 李阳冰　元 吴叡　清 姚正镛　清 杨沂孙

zhú
躅（踯躅）

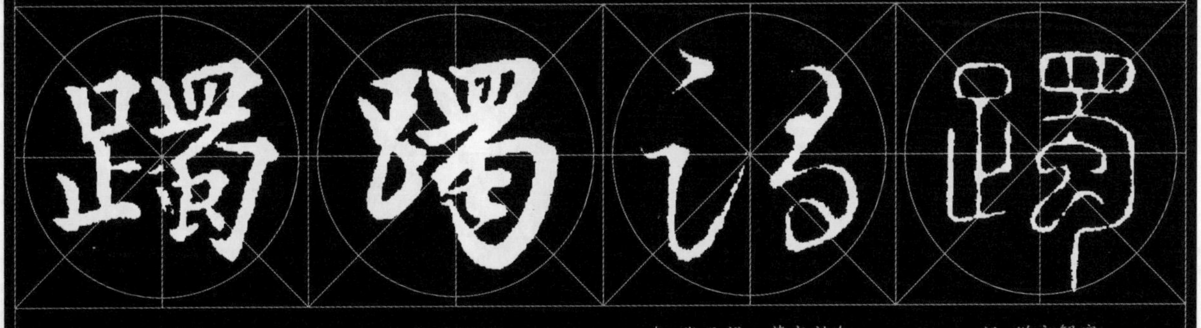

唐 欧阳通　元 赵孟頫　金 张天锡·草书韵会　汉 说文解字

zhú
逐

隋 智永　宋 米芾　明 唐寅　隋 智永

zhú
舳（船尾）

zhǔ
主

唐 欧阳询
清 张祖翼
唐 李阳冰
清 邓石如
宋 苏轼
明 文徵明
明 董其昌
汉 说文解字
唐 颜真卿
唐 柳公权
宋 苏轼
元 赵孟頫
晋 王羲之
唐 欧阳询
宋 米芾
明 文徵明
汉 景君碑
汉 石门颂
汉 乙瑛碑
汉 曹全碑

zhǔ
拄

zhǔ
渚（水中小块陆地）

zhǔ
煮

zhǔ
属
（古同嘱）
shǔ

唐 褚遂良
唐 欧阳通
唐 颜真卿
唐 柳公权
宋 黄庭坚
明 文徵明
明 董其昌
明 董其昌
隋 智永
唐 欧阳询
唐 孙过庭
唐 怀素
汉 石门颂
汉 樊敏碑
元 吴叡
清 王澍
唐 李阳冰
清 杨沂孙
清 吴大澂
清 徐三庚

zhǔ 囑

zhǔ 矚（注视）

zhù 伫（佇、竚）

zhù
贮（贮：储存；积存）

zhù
住

zhù
注

唐 柳公权　元 赵孟頫　明 王守仁　金 张天锡·草书韵会

清 董邦达　周 颂敦　汉 说文解字　清 吴大澂

唐 褚遂良　唐 颜真卿　唐 欧阳询　唐 李邕

唐 颜真卿　明 文徵明　清 石涛　清 吴熙载

唐 欧阳询　唐 柳公权　元 赵孟頫　唐 孙过庭

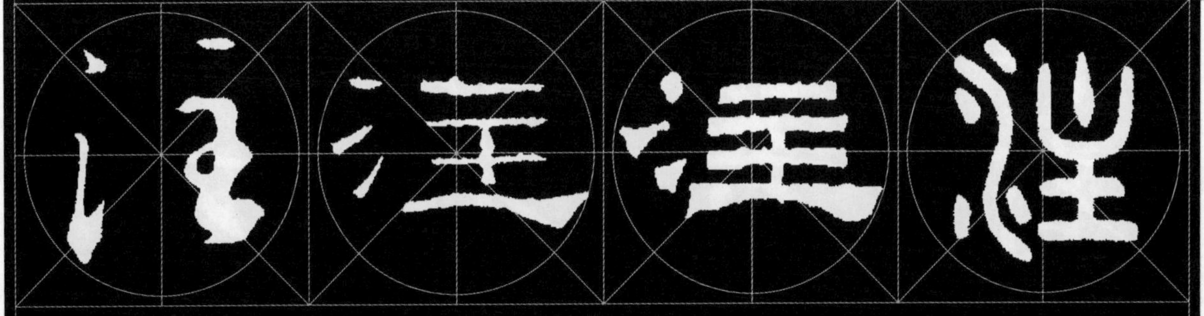

元 王蒙　汉 礼器碑　三国 曹真碑　清 田潜

zhù
柱

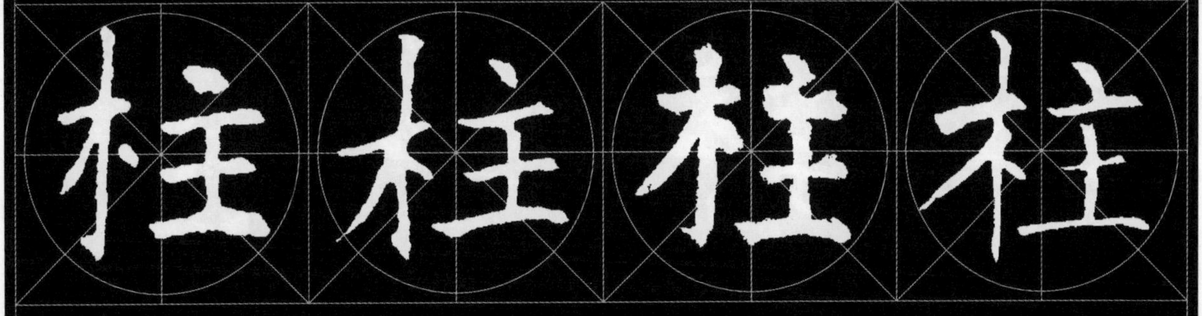

唐 昭仁寺碑　唐 欧阳询　唐 颜真卿　唐 柳公权

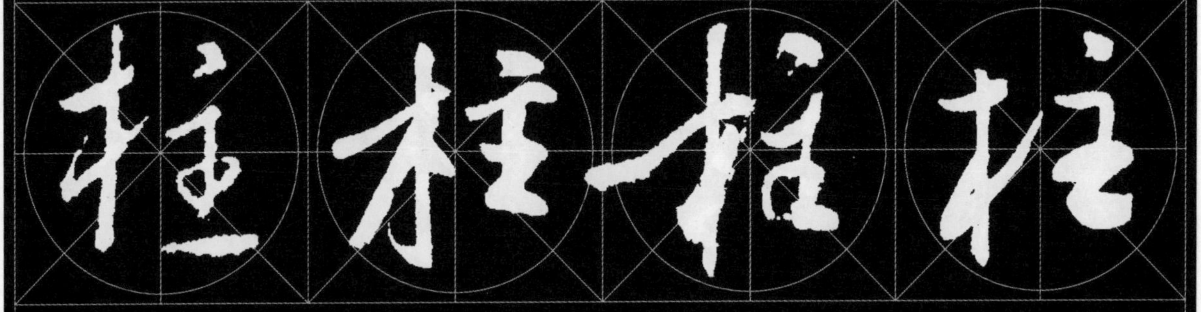

唐 武则天　宋 黄庭坚　宋 米芾　明 陈淳

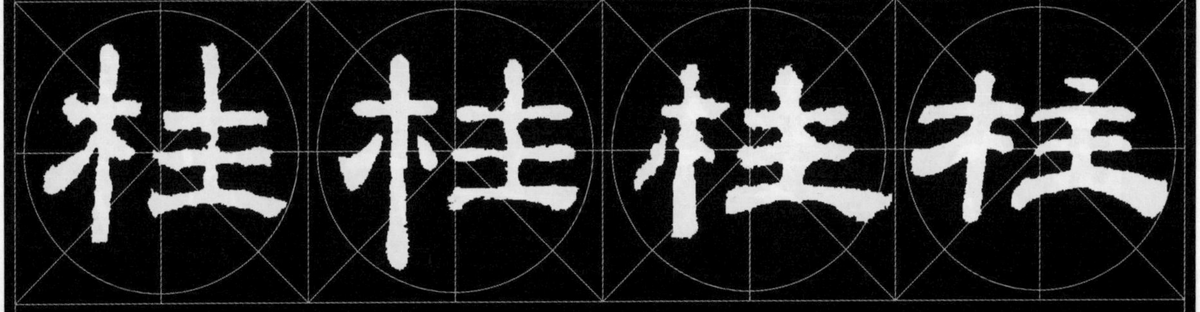

汉 袁博碑　汉 夏承碑　三国 上尊号碑　清 钱泳

zhù
驻

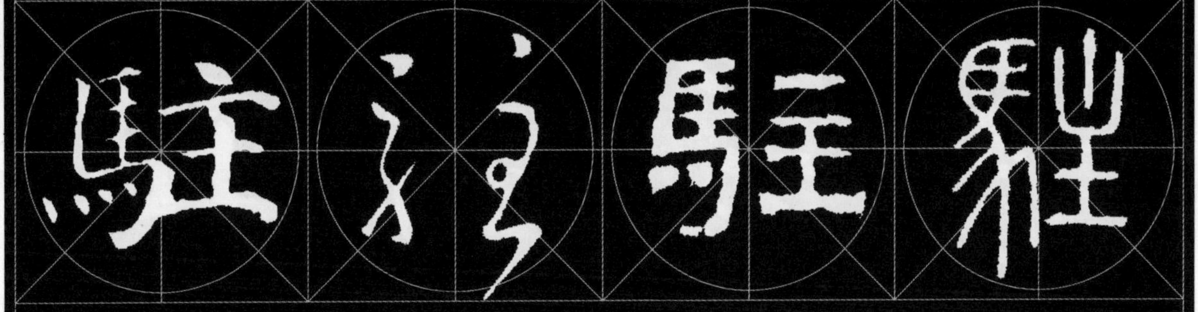

唐 颜真卿　唐 孙过庭　汉 西狭颂　汉 说文解字

zhù
著
zhe
（同着）
zhuó
（同着：派遣）

zhù
箸
（筯：筷子）

zhù
翥（鸟向上飞）

zhù
助

zhù
祝
（祝愿；削；祝发为僧）

zhù
杼

zhù 筑（築）

zhù 铸

唐 颜真卿
宋 黄庭坚
元 赵孟頫
元 康里子山
金 张天锡·草书韵会
元 吴叡
清 顾蔼吉·隶辨
汉 说文解字
北魏 高贞碑
唐 佚名
元 赵孟頫
宋 米芾
宋 楼钥
元 邓文原
明 文徵明
唐 孙过庭
宋 王安石
金 张天锡·草书韵会
清 顾蔼吉·隶辨
清 顾蔼吉

zhuǎ
爪
zhǎo

zhuān
专（専、耑）

汉 杨统碑 元 吴叡 周 毛公鼎 秦 会稽刻石

金 张天锡·草书韵会 汉 武梁刻石 汉 曹全碑 清 吴大澂

南北朝 高湛墓志 唐 褚遂良 元 赵孟頫 隋 智永

宋 吴说 元 赵孟頫 晋 王献之 元 赵孟頫

明 文徵明 晋 王羲之 晋 王羲之 元 康里子山

zhuān
颛
（愚昧）

zhuǎn
转
zhuǎi
（转文）
zhuàn
（旋转）

zhuàn
啭

zhuàn
撰
（譔：写作）

元 赵雍　汉 袁博碑　元 赵孟頫　元 吴叡

清 陈鸿寿　汉 说文解字　唐 李阳冰　元 吴叡

元 陈基　明 唐寅　金 张天锡·草书韵会　清 吴熙载

唐 欧阳询　唐 颜真卿　唐 柳公权　宋 蔡襄

宋 黄庭坚　宋 米芾　唐 孙过庭　汉 史晨碑

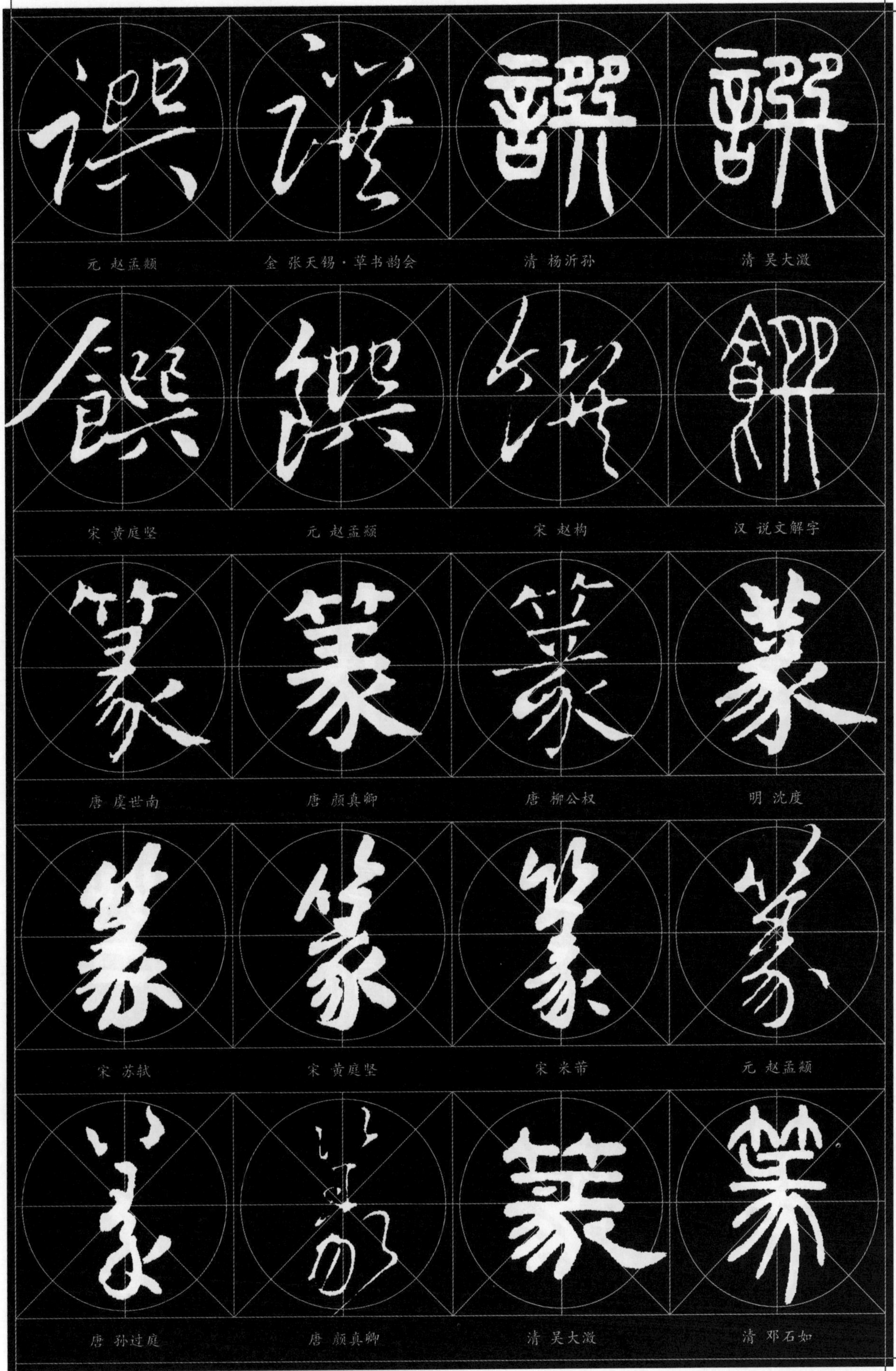

zhuàn
馔
（馔：饭食）

zhuàn
篆

zhuāng
妆
（妝、粧）

zhuāng
庄
（荘、莊）

zhuāng
装
（裝）

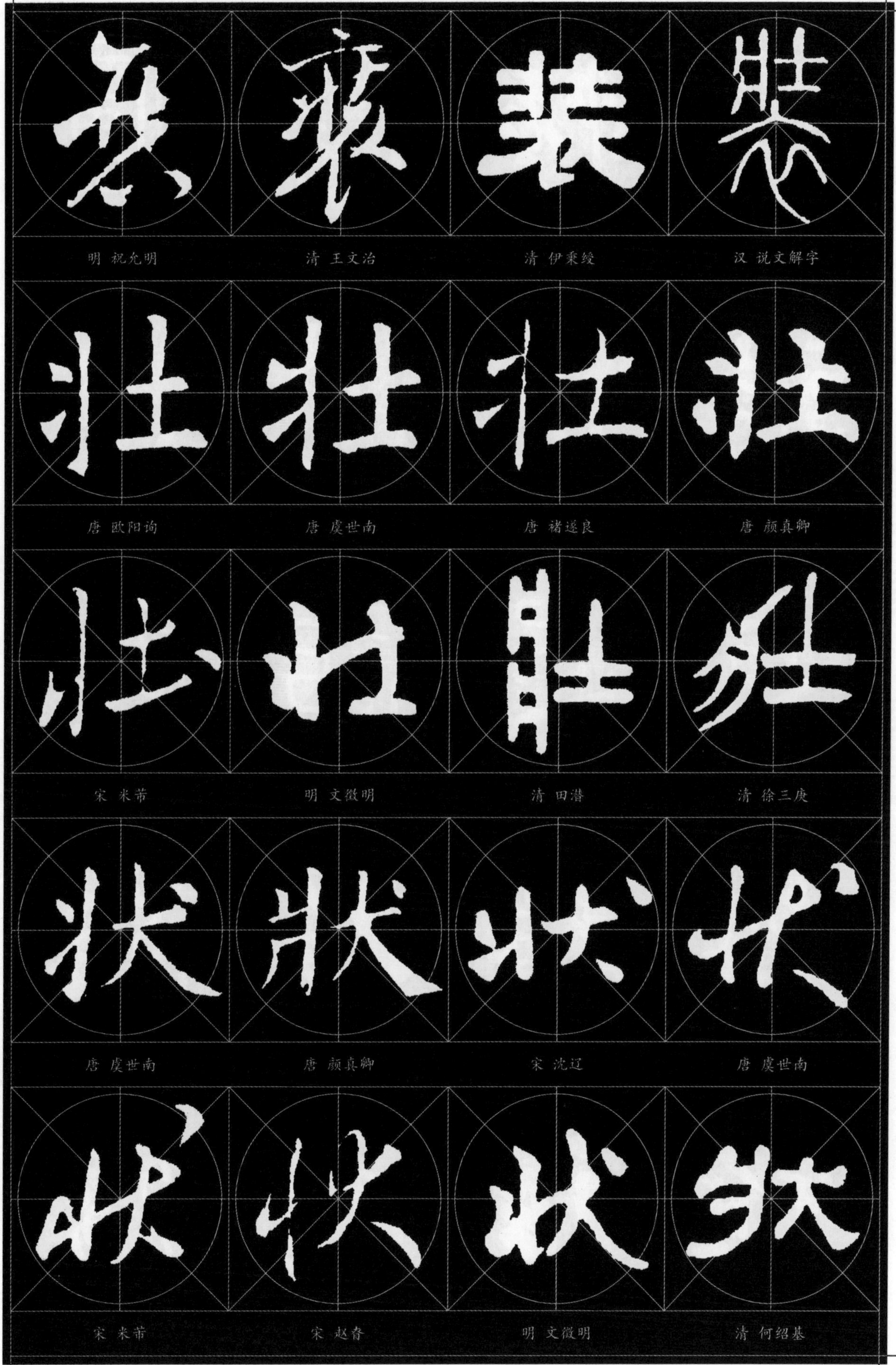

明 祝允明 | 清 王文治 | 清 伊秉绶 | 汉 说文解字

zhuàng
壮

唐 欧阳询 | 唐 虞世南 | 唐 褚遂良 | 唐 颜真卿

宋 米芾 | 明 文徵明 | 清 田潜 | 清 徐三庚

zhuàng
状

唐 虞世南 | 唐 颜真卿 | 宋 沈辽 | 唐 虞世南

宋 米芾 | 宋 赵昚 | 明 文徵明 | 清 何绍基

zhuàng 幢 chuáng

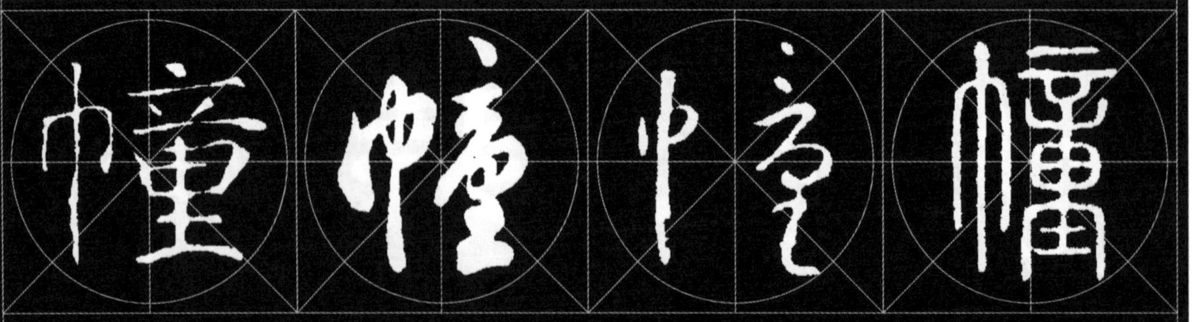

隋 龙藏寺碑 | 明 祝允明 | 唐 怀素 | 汉 说文解字

zhuī 追

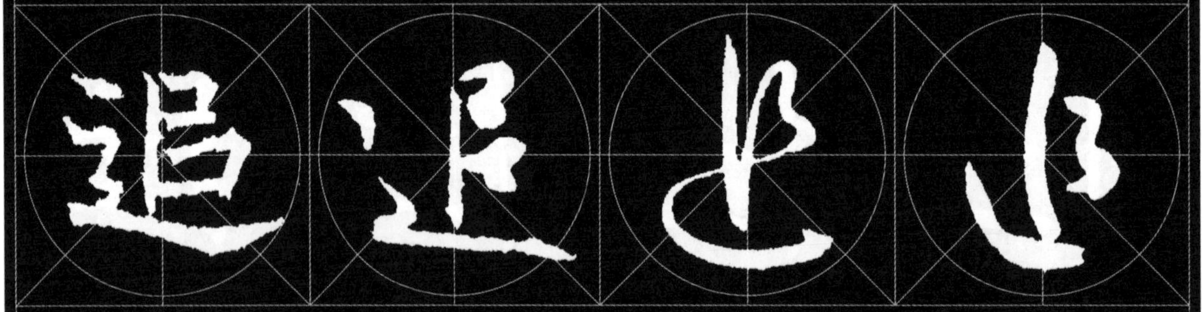

北魏 高贞碑 | 晋 王羲之 | 唐 怀素 | 宋 米芾

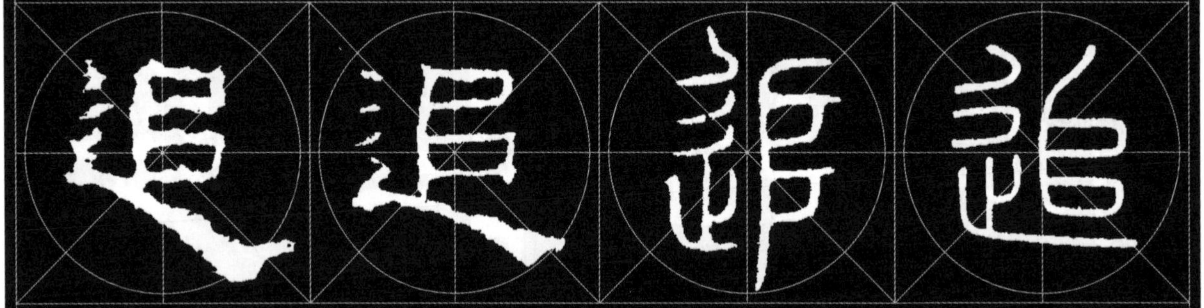

汉 景君碑 | 汉 礼器碑 | 汉 说文解字 | 秦 李斯

zhuī 椎（椎骨） chuí（同槌、捶）

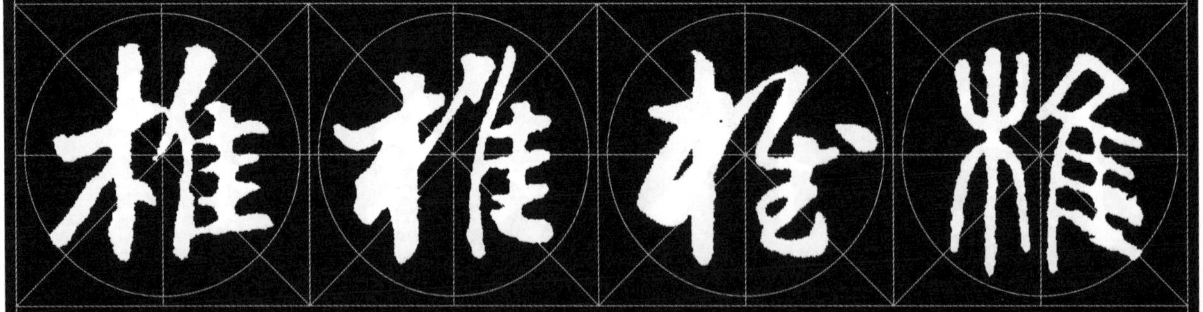

唐 李邕 | 宋 苏轼 | 唐 孙过庭 | 汉 说文解字

zhuī 锥

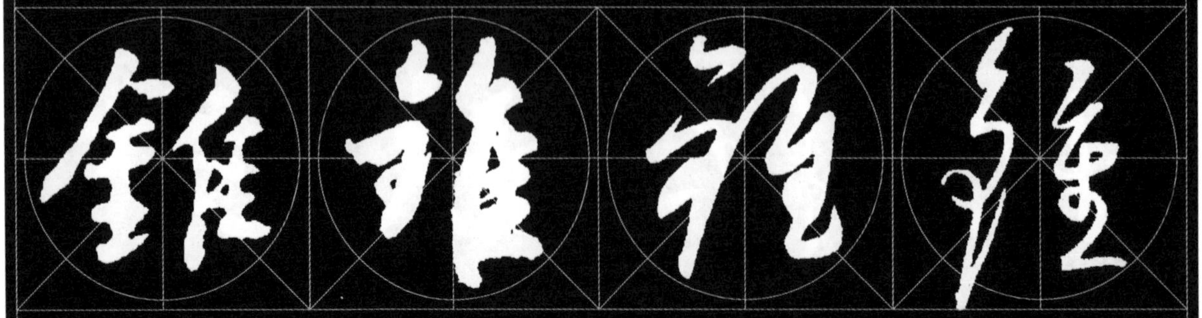

宋 苏轼 | 元 赵孟頫 | 元 康里子山 | 明 沈粲

zhuì
坠（墜）

zhuì
缀

zhūn
窀
（窀穸：墓穴）

zhūn
谆
（恳切）

zhǔn
准
（准许；準：标准；准确；一定）

zhuō
拙
（笨）

zhuō
倬（显著；大）

zhuō
捉

zhuō
涿

zhuó
啄

zhuó
琢
zuó
（琢磨）

zhuó
灼

zhuó
酌

zhuó 卓

zhuó 茁

zhuó 浊（濁）

北魏 高贞碑 | 唐 褚遂良 | 宋 苏轼 | 明 沈度

晋 王献之 | 宋 蔡襄 | 汉 景君碑 | 汉 樊敏碑

汉 马王堆帛书 | 汉 说文解字 | 清 邓石如 | 清 吴大澂

唐 杜牧 | 宋 赵构 | 清 汪士慎 | 清 康熙字典

唐 褚遂良 | 清 赵之谦 | 唐 释怀仁 | 宋 黄庭坚

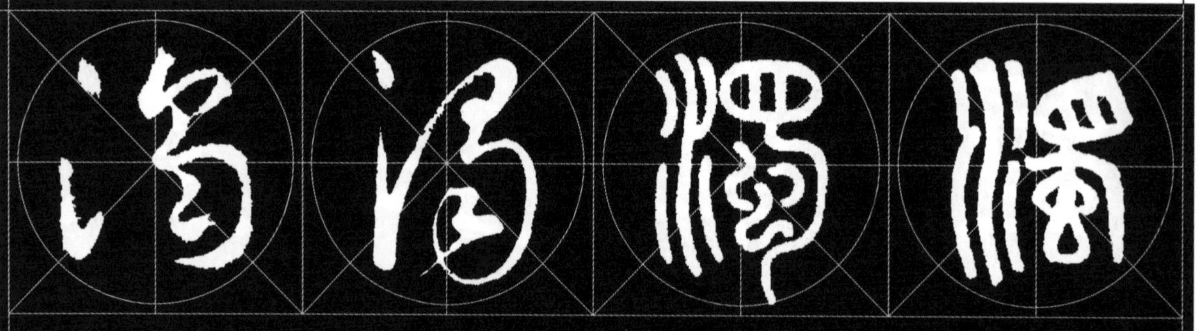

唐 武则天 | 元 康里子山 | 清 孙星衍 | 清 黄士陵

zhuó 斫（砍）

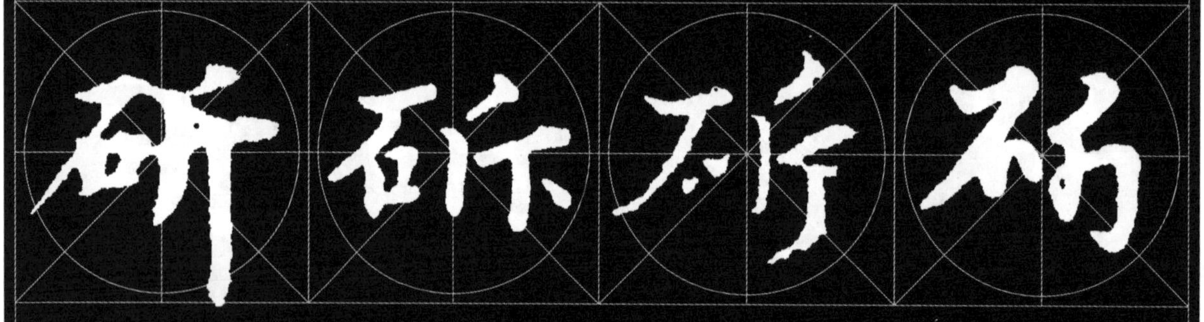

南北朝 安弘嵩·写经残卷 | 明 黄道周 | 三国 皇象 | 明 宋克

zhuó 斲（砍、削）

唐 欧阳询 | 元 袁易 | 宋 米芾 | 元 杨维桢

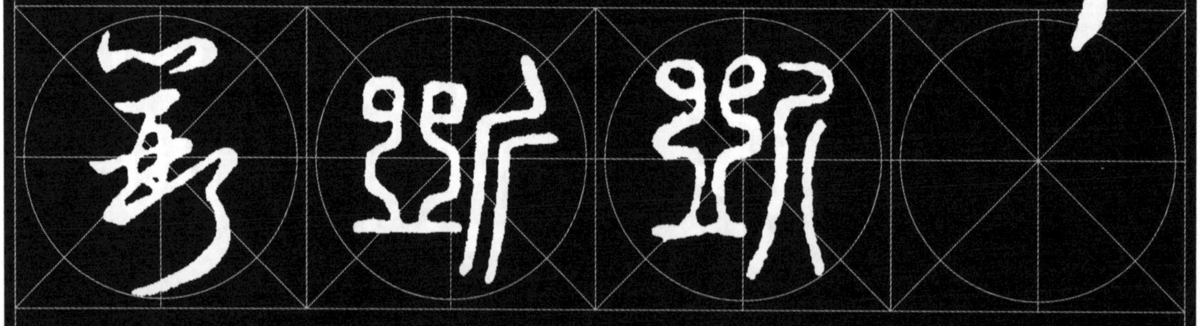

明 佚名 | 汉 说文解字 | 清 康熙字典

zhuó 濯（洗）

北魏 高贞碑 | 唐 欧阳通 | 唐 陆柬之 | 晋 索靖

zhuó
擢（拔；提拔）

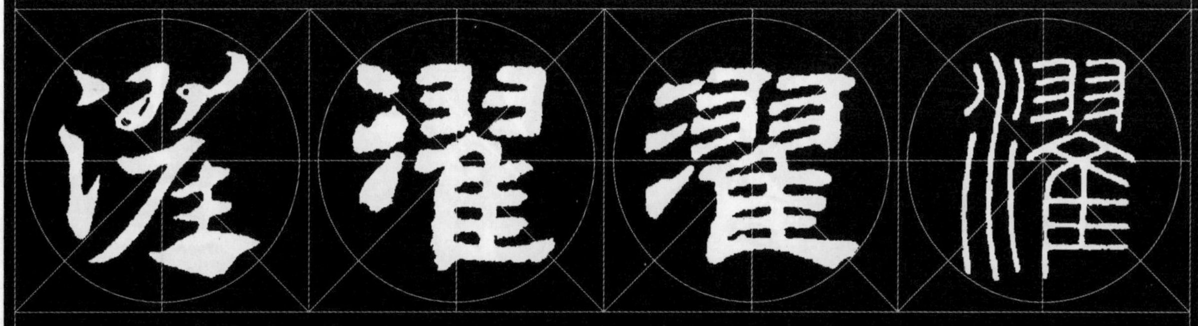

元 赵孟頫　汉 樊敏碑　元 吴叡　秦 李斯

晋 王献之　唐 褚遂良　元 邓文原　元 王蒙

清 郑燮　三国 皇象　清 吴大澂　明 宋克

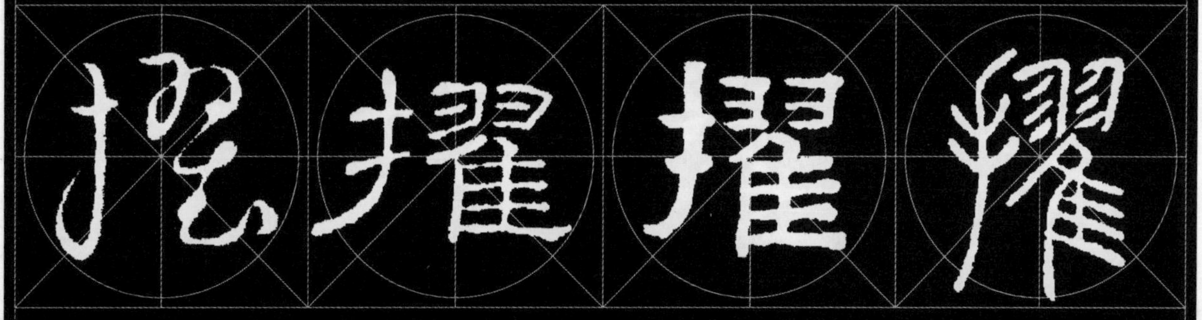

金 张天锡·草书韵会　清 顾蔼吉·隶辨　清 陈鸿寿　汉 说文解字

zī
孜

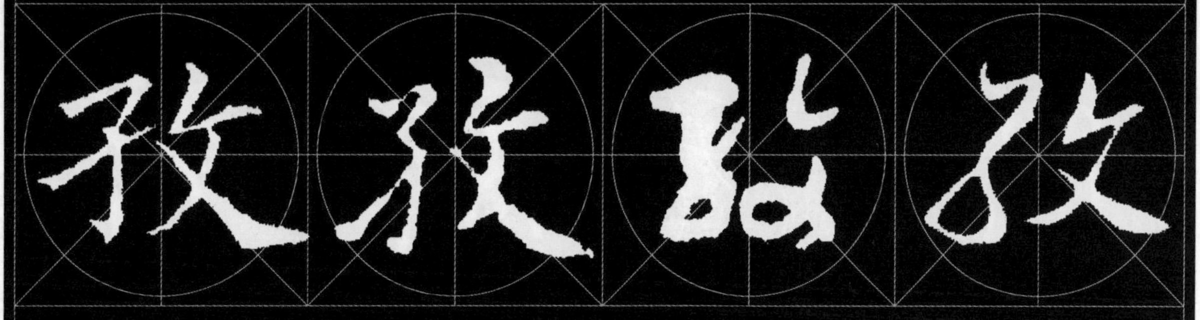

隋 苏孝慈墓志　明 沈度　唐 孙过庭　明 金幼孜

zī
谘

zī
姿

唐 颜真卿 | 唐 李邕 | 金 张天锡·草书韵会 | 汉 华山碑

隋 智永 | 唐 欧阳询 | 唐 颜真卿 | 宋 赵佶

隋 智永 | 宋 米芾 | 元 赵孟頫 | 唐 欧阳询

汉 郭有道碑 | 汉 西狭颂 | 元 赵孟頫 | 清 王澍

汉 说文解字 | 唐 李阳冰 | 清 康熙字典 | 清 王禔

zī
资

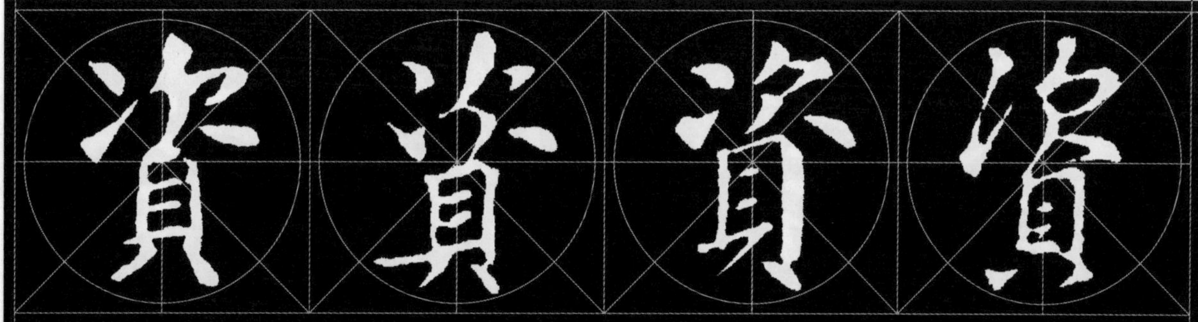

唐 虞世南　唐 欧阳通　唐 颜真卿　晋 王羲之

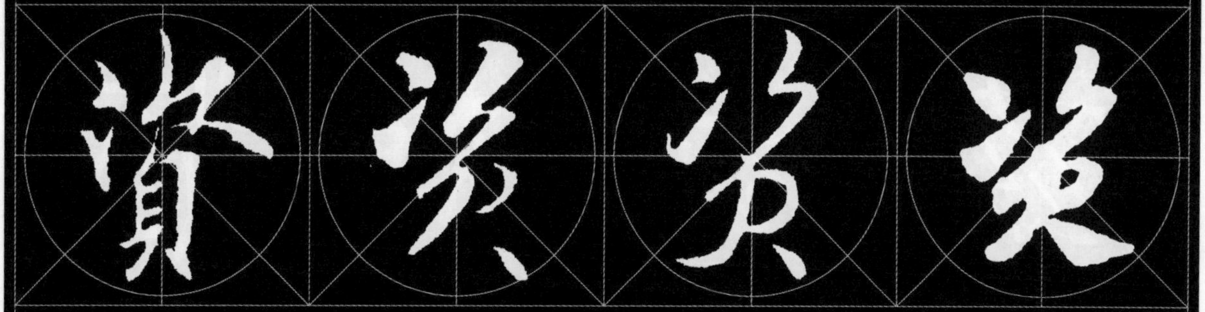

唐 欧阳询　隋 智永　唐 孙过庭　元 赵孟頫

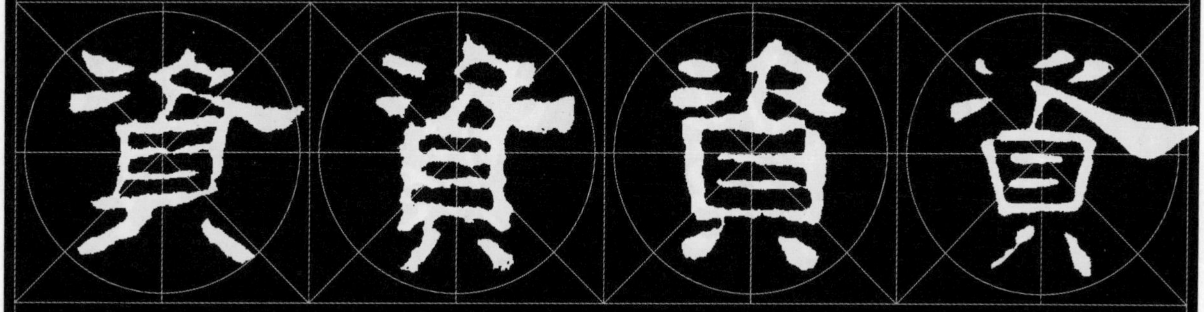

汉 华山碑　汉 鲜于璜碑　汉 校官碑　唐 叶慧明碑

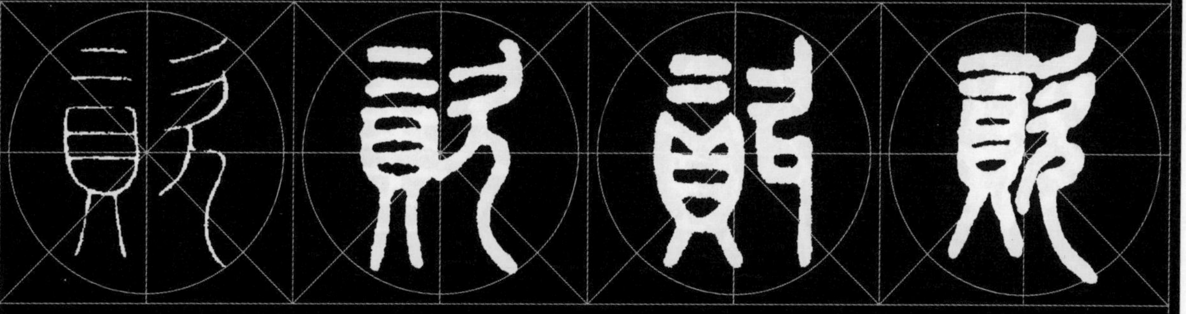

唐 李阳冰　元 赵孟頫　清 田潜　清 吴昌硕

zī
粢

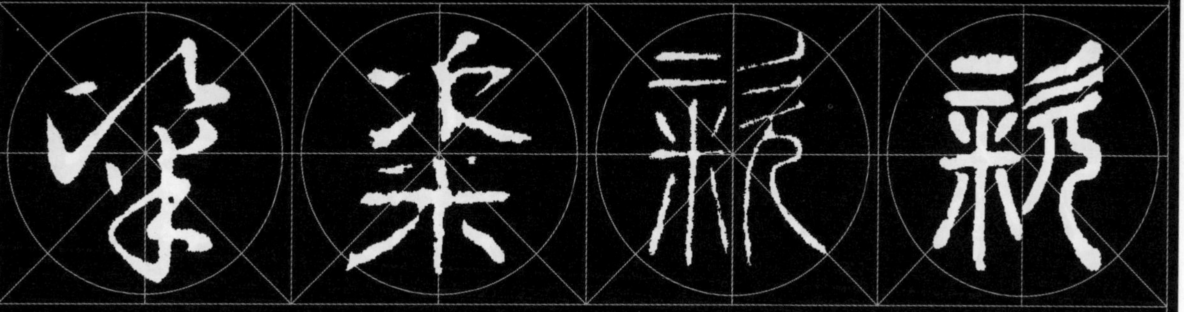

金 张天锡·草书韵会　汉 白石神君碑　汉 说文解字　清 康熙字典

zī
谘（同咨）

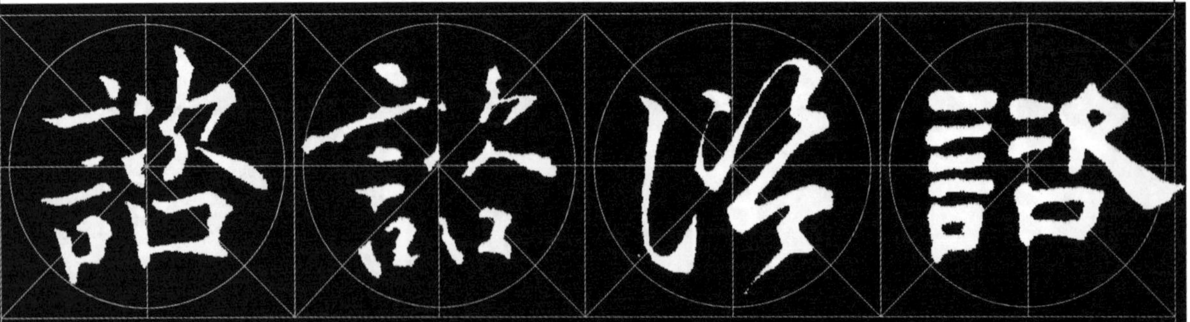

唐 欧阳通　唐 张从申　元 赵孟頫　清 何绍基

zī
滋

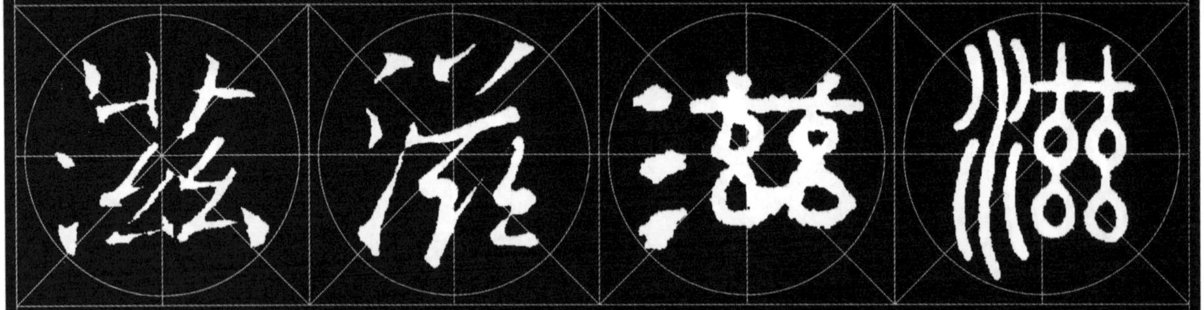

唐 褚遂良　晋 王羲之　汉 孟孝琚碑　清 邓石如

zī
淄（湽）

唐 褚遂良　金 张天锡 · 草书韵会　金 张天锡 · 草书韵会　清 杨岘

zī
缁

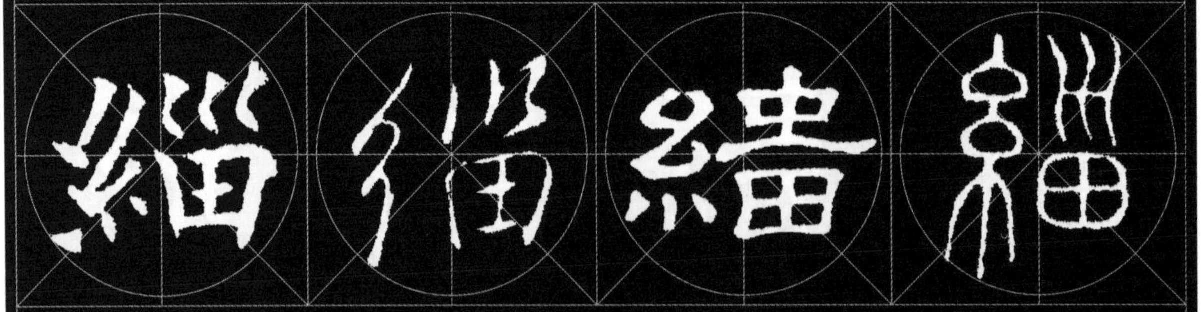

唐 欧阳通　明 董其昌　清 顾蔼吉 · 隶辨　汉 说文解字

zī
辎

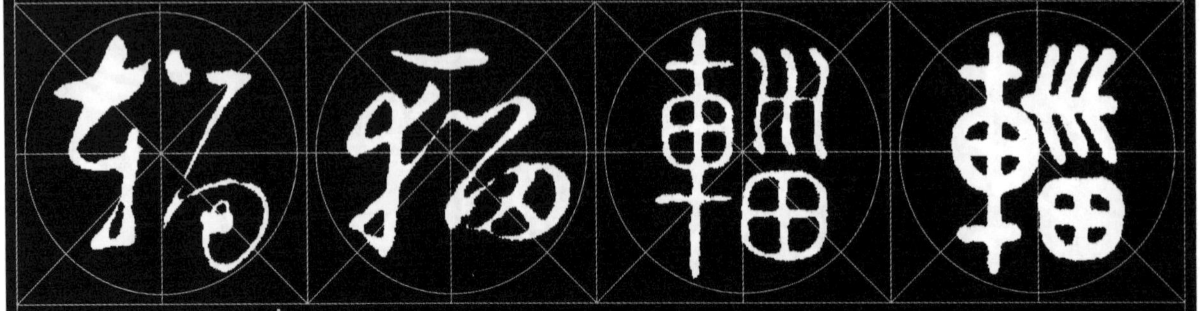

宋 岳飞　金 张天锡 · 草书韵会　汉 说文解字　清 田潜

zǐ
子

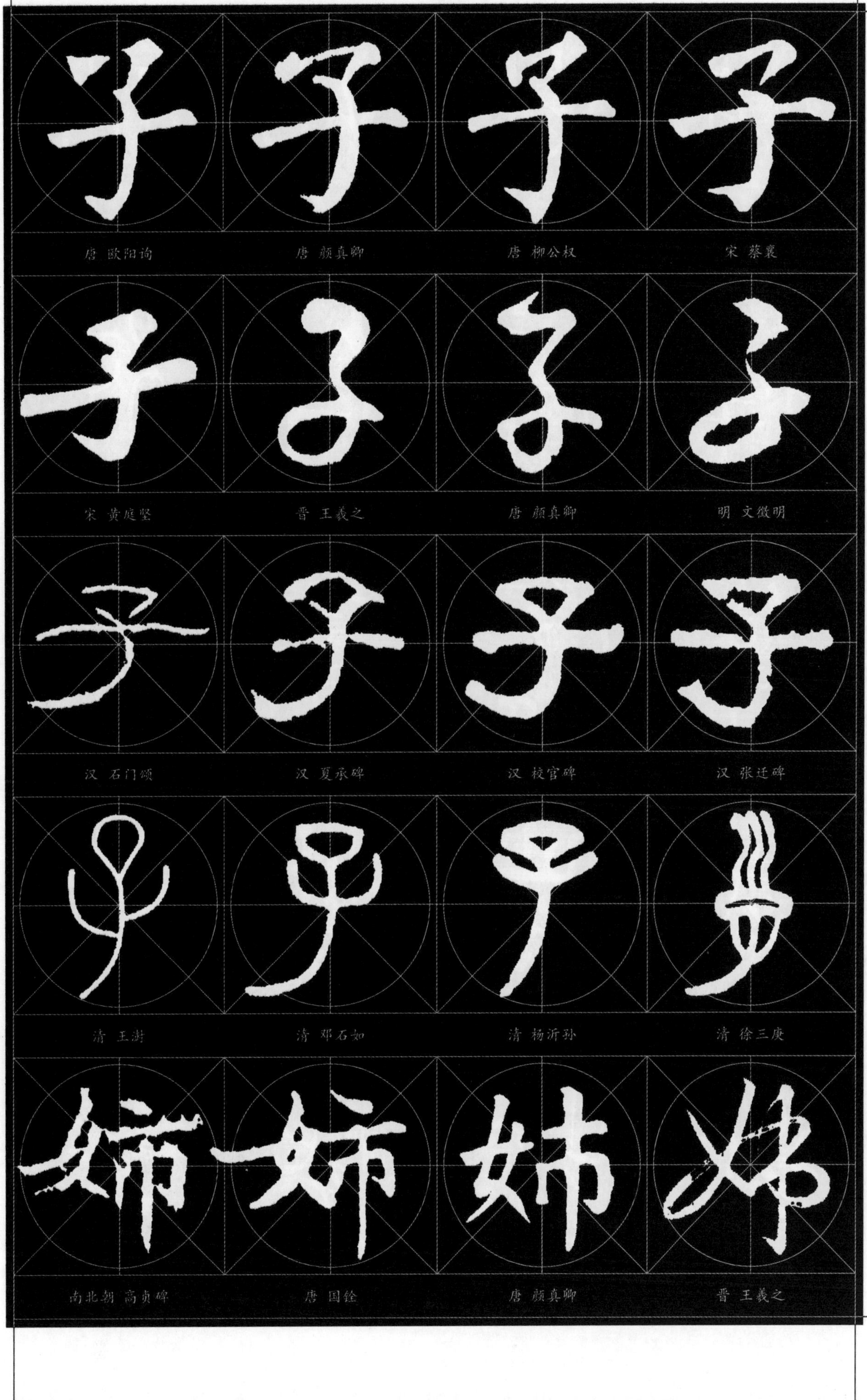

唐 欧阳询　唐 颜真卿　唐 柳公权　宋 蔡襄

宋 黄庭坚　晋 王羲之　唐 颜真卿　明 文徵明

汉 石门颂　汉 夏承碑　汉 校官碑　汉 张迁碑

清 王澍　清 邓石如　清 杨沂孙　清 徐三庚

zǐ
姊（姉）

南北朝 高贞碑　唐 国诠　唐 颜真卿　晋 王羲之

zǐ 梓

zǐ 滓

zǐ 紫

晋 王献之
晋 王献之
唐 柳公权
汉 说文解字
唐 欧阳询
唐 张旭
明 文徵明
唐 李阳冰
晋 王羲之
唐 怀素
清 顾蔼吉·隶辨
汉 说文解字
唐 欧阳询
唐 虞世南
唐 颜真卿
明 祝允明
晋 王羲之
唐 李邕
元 赵孟頫
清 何绍基

zì
眦（眥）

zì
字

隋 智永　唐 孙过庭　明 王守仁　汉 礼器碑

汉 曹全碑　清 万经　唐 李阳冰　元 赵孟頫

晋 王羲之　宋 米芾　宋 叶梦得　金 张天锡·草书韵会

晋 爨宝子碑　隋 苏孝慈墓志　隋 智永　唐 欧阳询

晋 王羲之　晋 王羲之　唐 李邕　宋 米芾

zì
自

晋 王羲之
唐 怀素
隋 智永
宋 米芾
汉 子游残石
汉 赵宽碑
周 散氏盘
清 吴熙载
唐 欧阳询
唐 欧阳通
唐 颜真卿
元 赵孟頫
宋 苏轼
宋 黄庭坚
宋 米芾
明 唐寅
唐 欧阳询
唐 怀素
宋 黄庭坚
明 徐渭

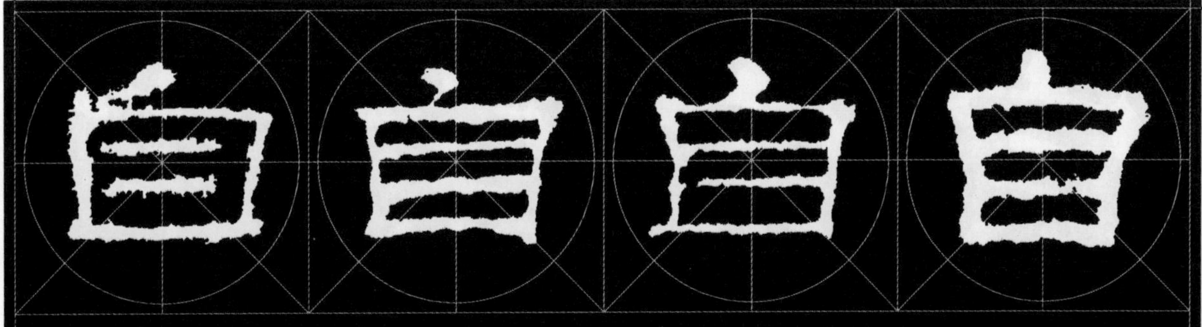

汉 礼器碑　汉 华山碑　汉 史晨碑　汉 尹宙碑

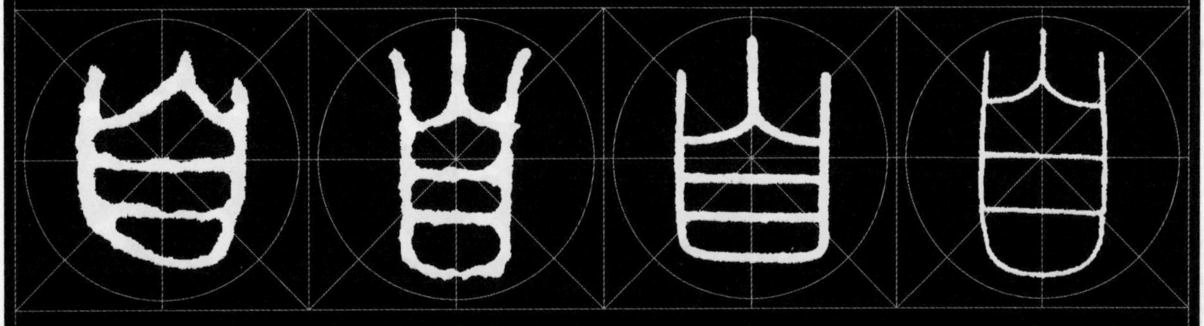

周 散氏盘　秦 石鼓文　秦 李斯　唐 李阳冰

zì 恣

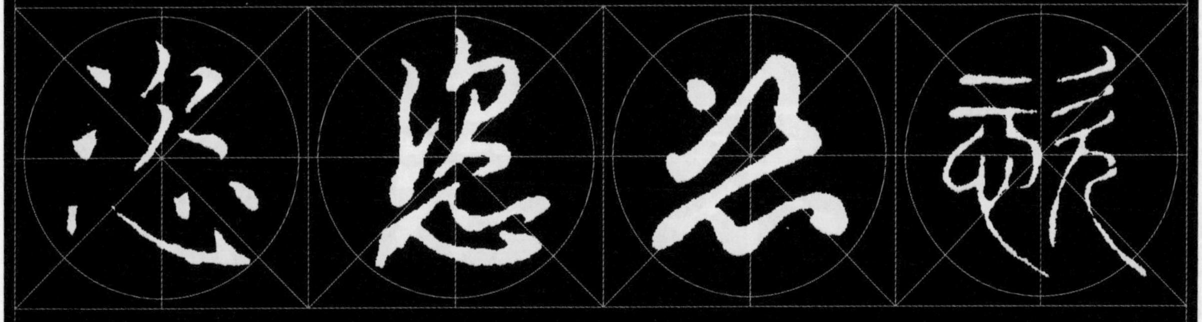

唐 薛稷　明 王宠　明 祝允明　汉 说文解字

zì 渍

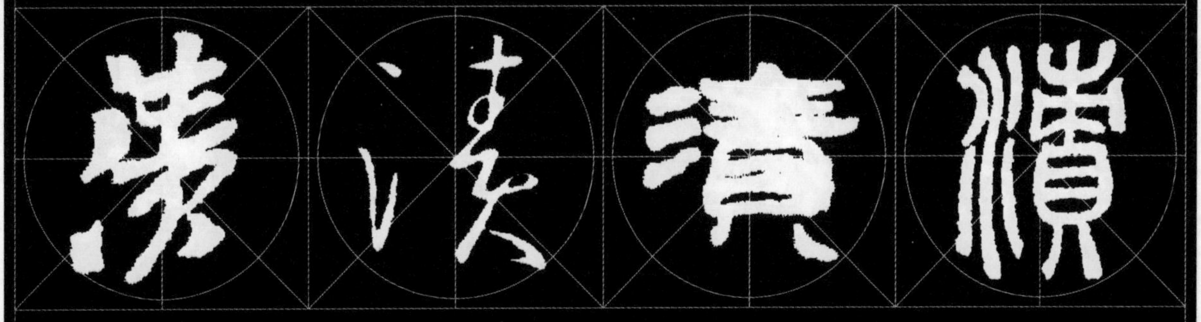

清 吴昌硕　晋 王羲之　汉 武威简　清 康熙字典

zōng 宗

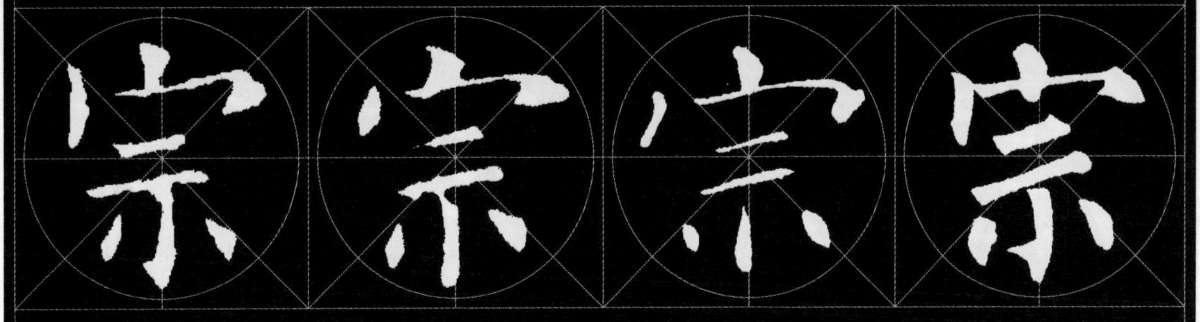

唐 欧阳询　唐 虞世南　唐 褚遂良　唐 柳公权

zōng
综
zèng

晋 王羲之　隋 智永　唐 褚遂良　唐 张从申

晋 王羲之　唐 孙过庭　唐 孙过庭　汉 景君碑

汉 校官碑　汉 曹全碑　汉 张迁碑　清 杨沂孙

唐 欧阳询　唐 欧阳通　唐 吴彩銮　晋 王羲之

唐 高正臣　唐 怀素　汉 郭有道碑　汉 曹全碑

zōng
踪（蹤）

zǒng
总（總、総、捴、捻、摠、揔、緫、牕、惣）

晋 王羲之　南北朝 杨大眼造像　唐 颜真卿　宋 苏轼

明 邵二泉　明 文徵明　晋 王羲之　明 祝允明

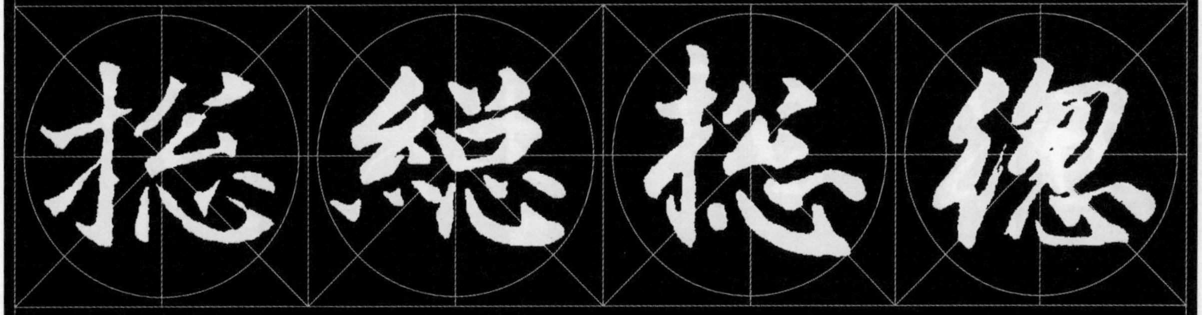

唐 颜师古　清 永瑆　元 鲜于枢　明 唐寅

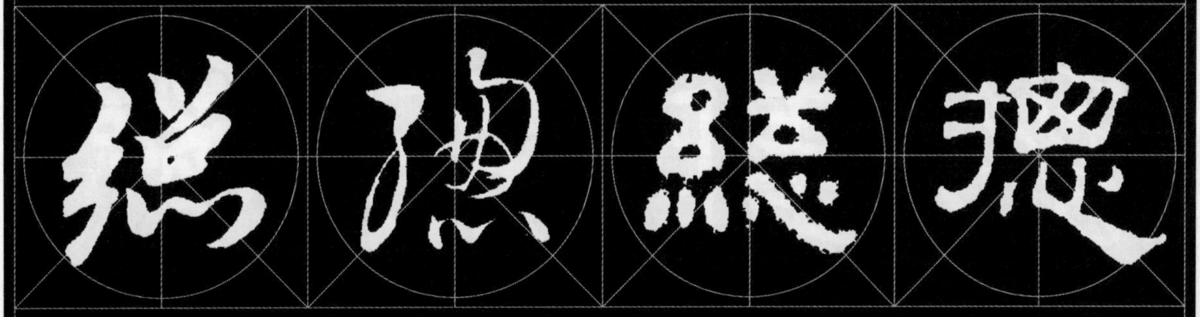

明 黄道周　清 王铎　汉 樊敏碑　元 吴叡

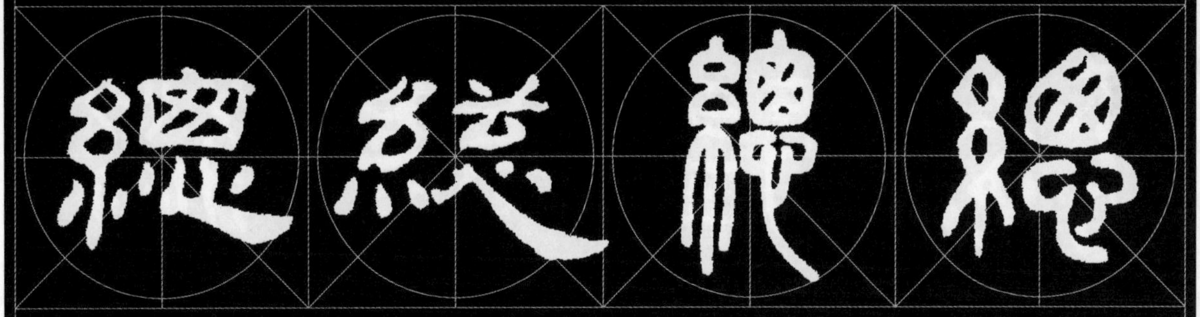

元 吴叡　清 杨岘　清 邓石如　清 杨沂孙

zòng
纵

唐 欧阳通 宋 苏轼 元 赵孟頫 明 文徵明

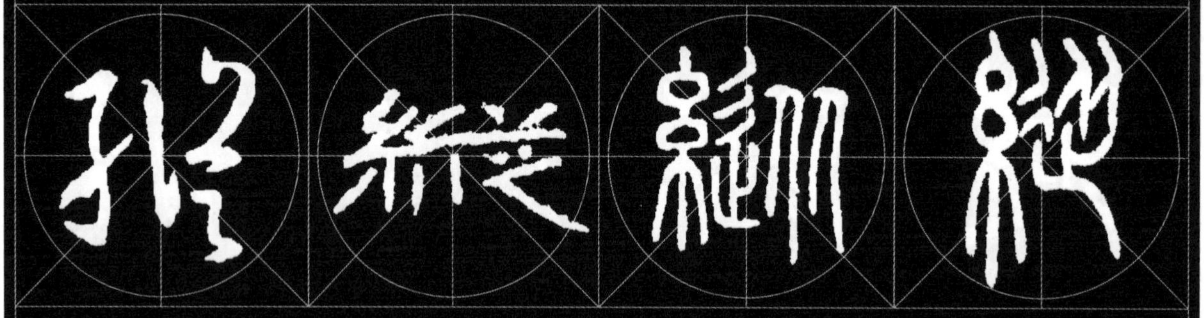

唐 孙过庭 汉 石门颂 汉 说文解字 清 吴熙载

zōu
邹（鄒）

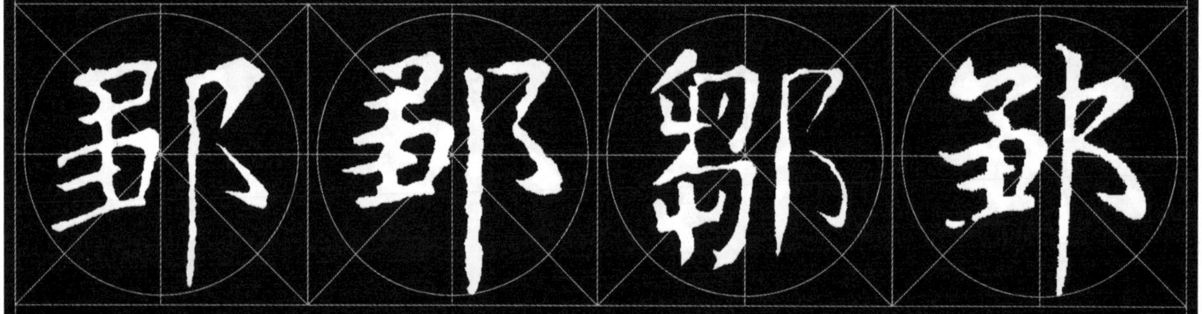

唐 欧阳询 唐 虞世南 唐 颜真卿 元 赵孟頫

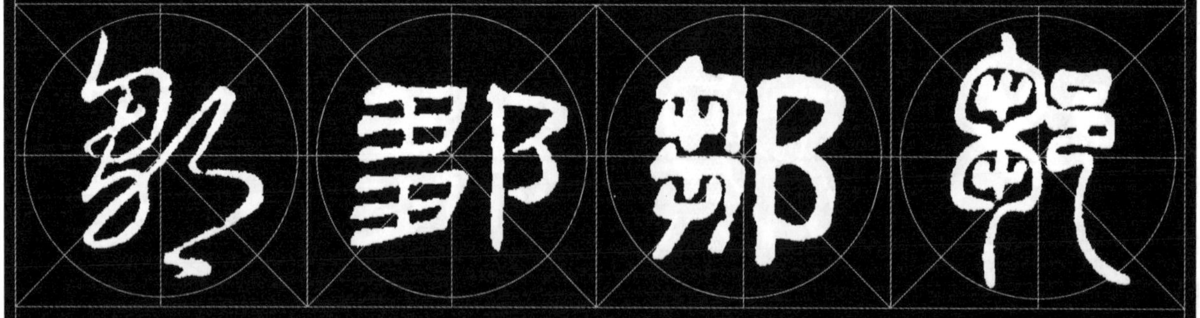

金 张天锡·草书韵会 清 顾蔼吉·隶辨 清 吴大澂 清 赵之谦

zōu
驺（騶）

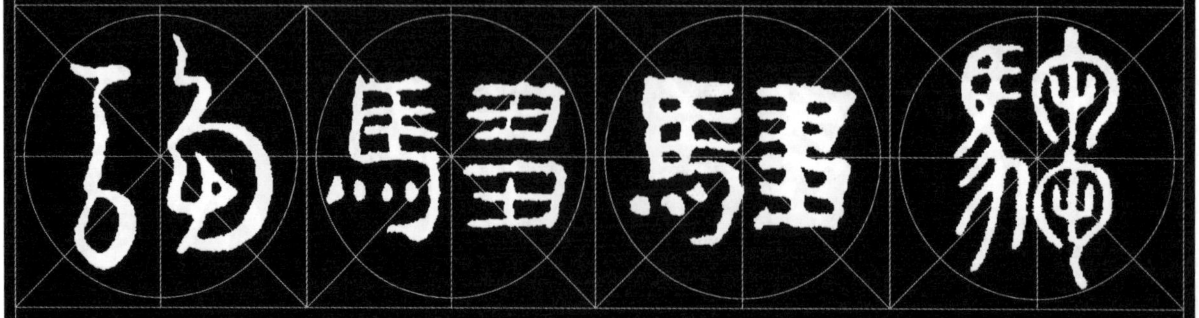

唐 孙过庭 汉 礼器碑 汉 张迁碑 汉 说文解字

zōu 陬

zōu 诹

zǒu 走

zòu
奏

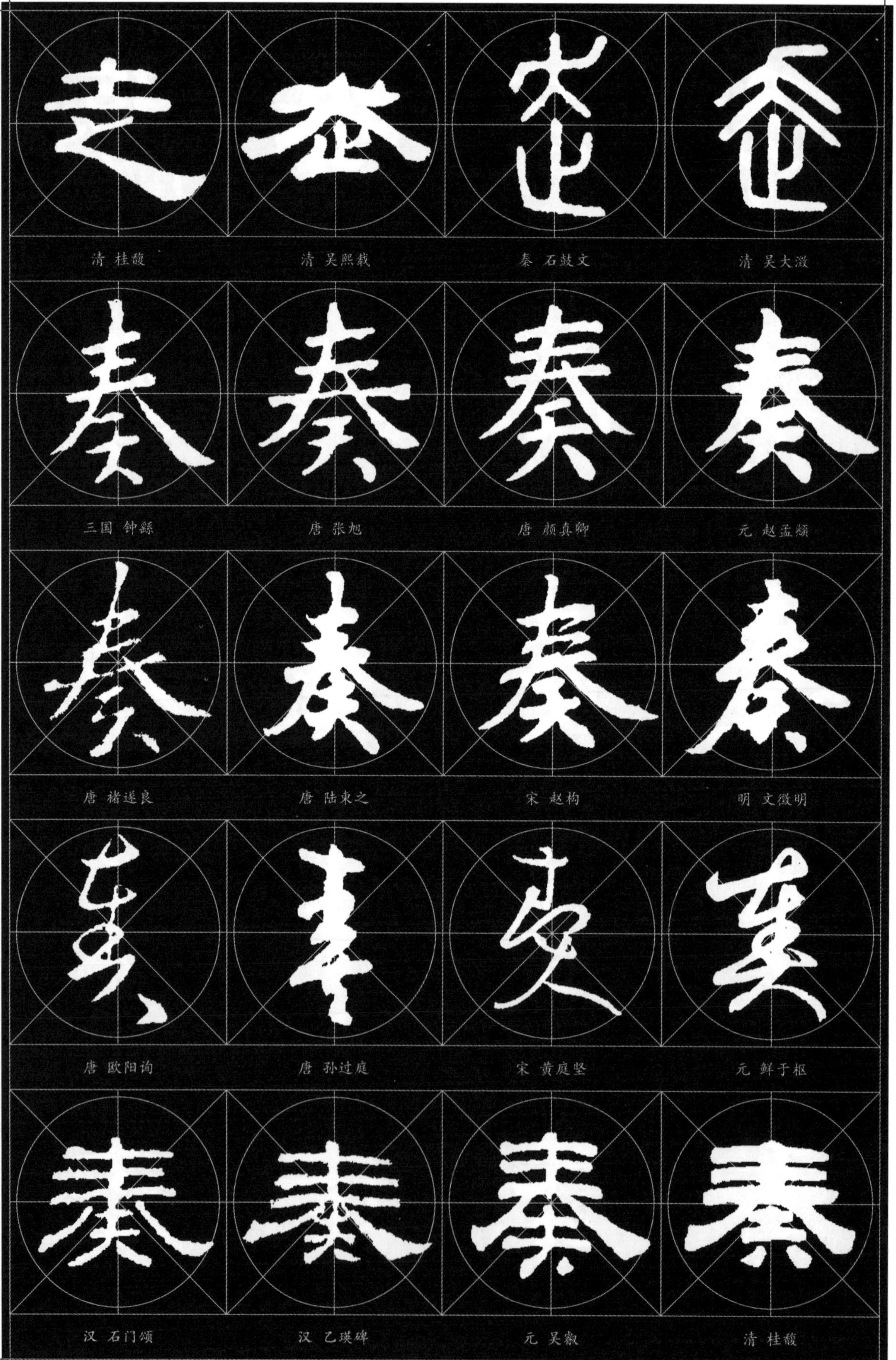
清 桂馥
清 吴熙载
秦 石鼓文
清 吴大澂
三国 钟繇
唐 张旭
唐 颜真卿
元 赵孟頫
唐 褚遂良
唐 陆柬之
宋 赵构
明 文徵明
唐 欧阳询
唐 孙过庭
宋 黄庭坚
元 鲜于枢
汉 石门颂
汉 乙瑛碑
元 吴叡
清 桂馥

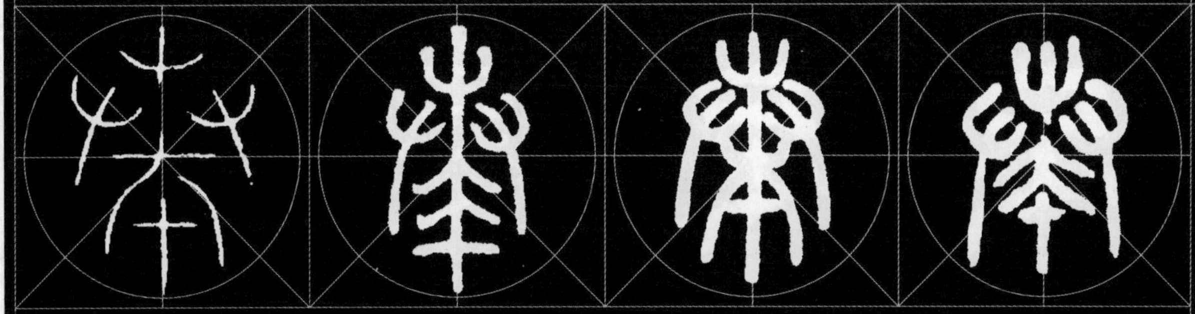

唐 李阳冰 | 元 赵孟頫 | 清 邓石如 | 清 杨沂孙

zū
租

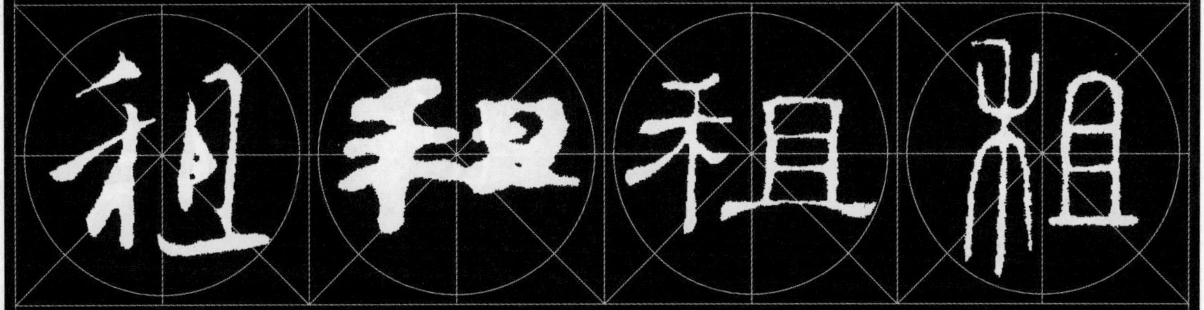

宋 李建中 | 汉 居延简 | 清 顾蔼吉·隶辨 | 汉 说文解字

zú
足

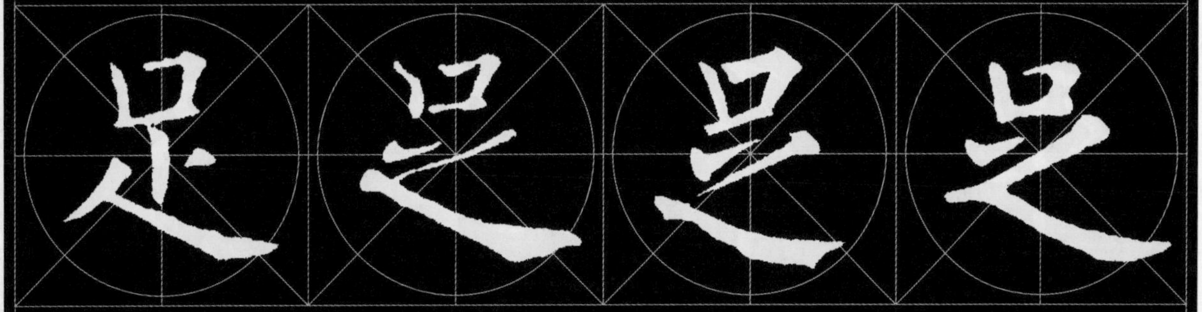

唐 欧阳询 | 唐 褚遂良 | 唐 柳公权 | 元 赵孟頫

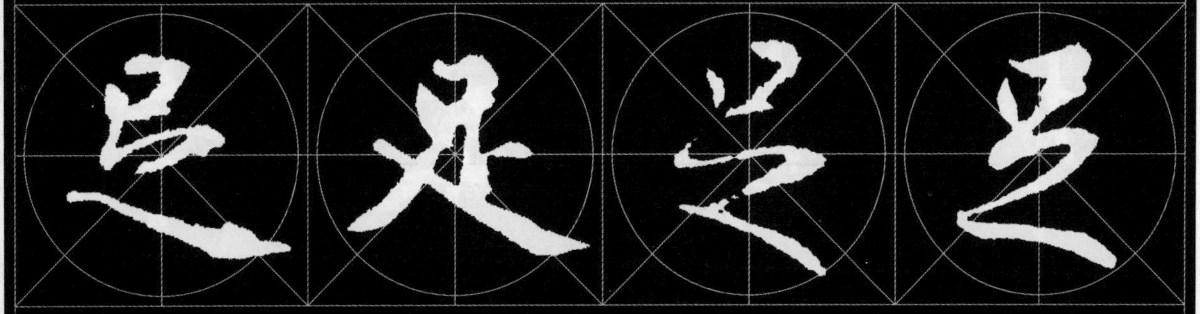

唐 虞世南 | 宋 黄庭坚 | 晋 王羲之 | 唐 冯承素

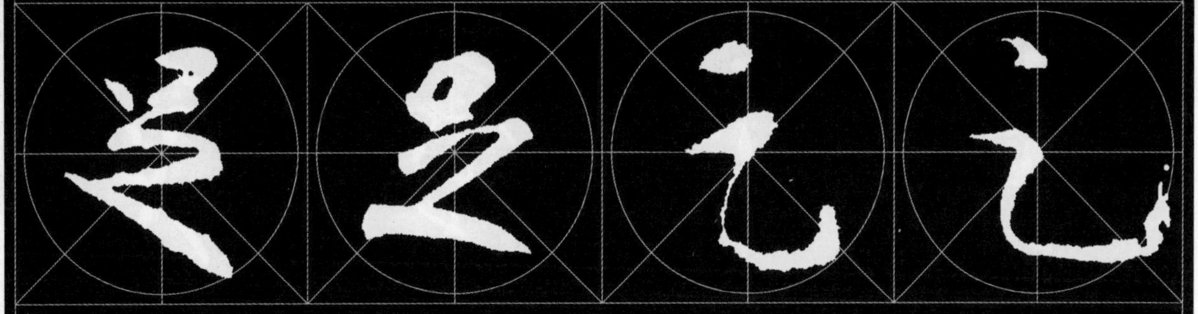

唐 李邕 | 宋 米芾 | 汉 张芝 | 晋 王羲之

zú
卒
cù（同猝）

汉 郭有道碑　汉 鲁峻碑　汉 曹全碑　清 何绍基

周 师兑簋　唐 李阳冰　清 吴熙载　清 徐三庚

隋 苏孝慈墓志　金 王庭筠　明 文徵明　晋 王羲之

唐 颜真卿　元 赵孟頫　汉 景君碑　汉 乙瑛碑

汉 鲜于璜碑　汉 郭有道碑　唐 李阳冰　清 杨沂孙

zú
族

zǔ
阻

北魏 高贞碑
唐 欧阳通
唐 颜真卿
唐 柳公权
宋 黄庭坚
宋 张即之
晋 索靖
唐 孙过庭
明 宋克
汉 礼器碑
清 汪士慎
清 何绍基
清 陈鸿寿
周 毛公鼎
汉 说文解字
清 杨沂孙
南北朝 高湛墓志
唐 欧阳询
唐 褚遂良
唐 李邕

zǔ
俎

zǔ
祖

唐 孙过庭
明 王宠
汉 孔彪碑
秦 李斯
唐 虞世南
唐 欧阳通
唐 李世民
汉 熹平石经
清 邓石如
清 童大年
汉 说文解字
清 吴大澂
北魏 孙秋生造像
唐 欧阳询
唐 褚遂良
唐 颜真卿
宋 黄庭坚
明 董其昌
晋 王献之
唐 欧阳询

清 王铎
晋 王羲之
晋 王献之
宋 文天祥
汉 石门颂
汉 礼器碑
汉 华山碑
汉 曹全碑
殷商 甲骨文
清 王澍
清 杨沂孙
清 罗振玉
隋 智永
明 王宠
宋 黄庭坚
宋 吴琚
隋 智永
唐 欧阳询
唐 怀素
明 沈粲

zǔ
组

zuǎn
缵（继承）

zuǎn
纂

zuàn
钻
zuān

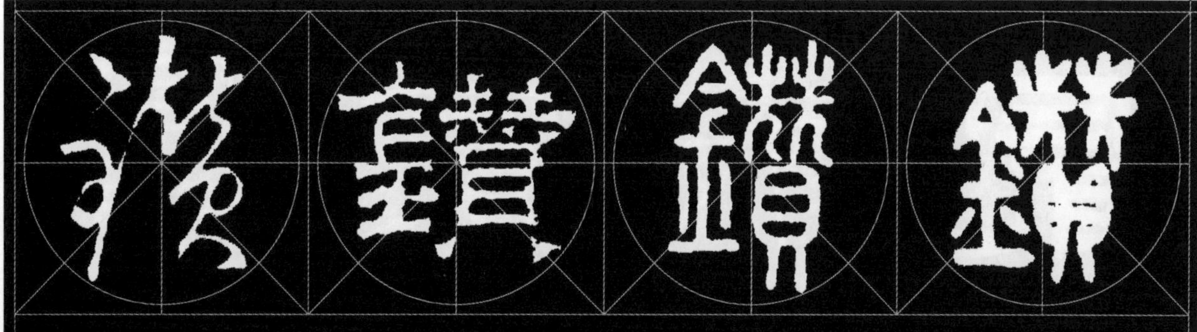

明 佚名　三国 曹真碑　汉 说文解字　清 吴大澂

zuì
最（冣）

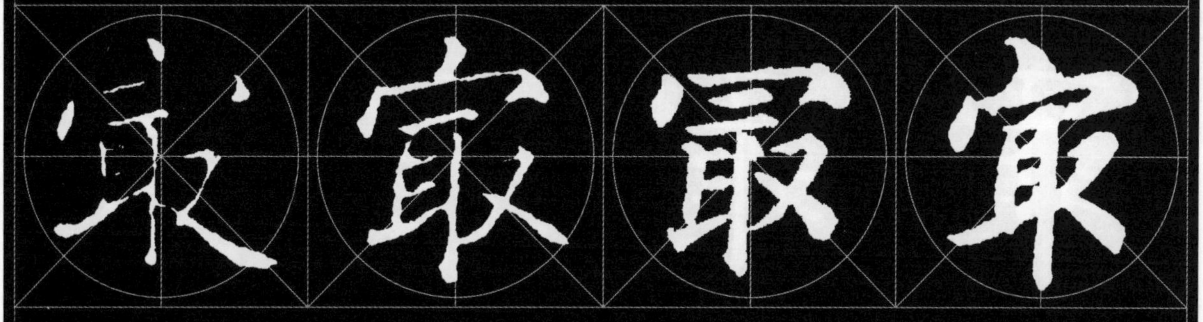

晋 王羲之　唐 徐浩　唐 颜真卿　隋 智永

唐 褚遂良　宋 苏轼　元 赵孟頫　元 赵雍

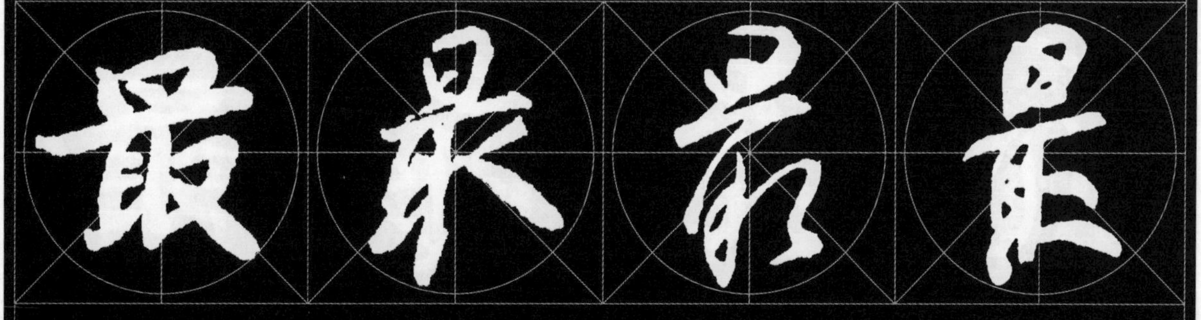

唐 陆柬之　宋 蔡京　明 董其昌　清 何绍基

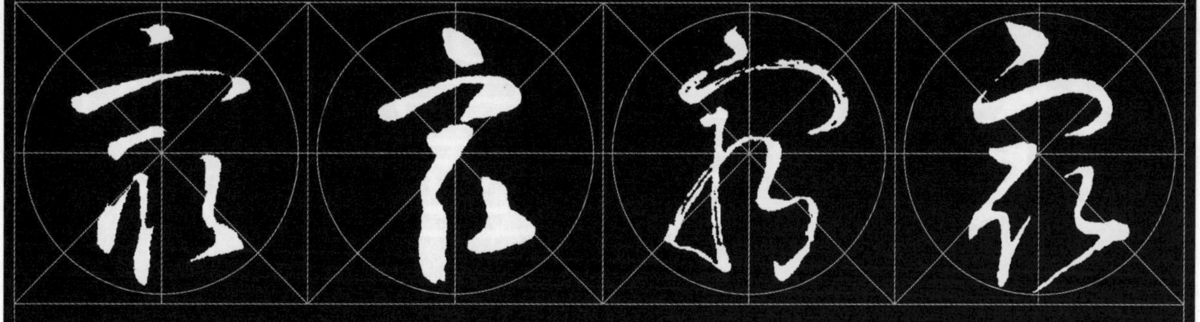

隋 智永　唐 怀素　宋 苏轼　宋 赵佶

zuì
罪（辠）

元 赵孟頫　清 顾蔼吉·隶辨　清 王澍　元 吴叡

唐 欧阳询　唐 褚遂良　三国 钟繇　晋 王献之

晋 庾翼　元 赵孟頫　明 黄庭坚　唐 怀素

宋 黄庭坚　元 赵孟頫　明 沈粲　汉 乙瑛碑

汉 史晨碑　清 王澍　秦 会稽刻石　汉 说文解字

zuì
醉

zūn
尊（酒具同樽）

zūn
導

晋 王羲之
唐 孙过庭
宋 陆游
元 鲜于枢
汉 乙瑛碑
汉 孔宙碑
汉 史晨碑
汉 曹全碑
汉 说文解字
元 赵孟頫
清 吴熙载
清 徐三庚
明 祝允明
元 赵孟頫
隋 智永
唐 怀素
明 沈粲
元 吴叡
秦 李斯
清 吴熙载

zūn
樽（罇：酒具）

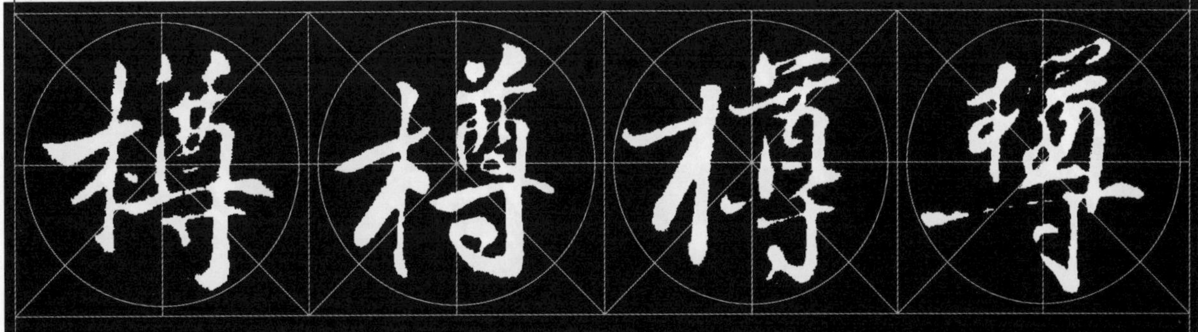
唐 褚遂良　宋 邵篪　宋 黄庭坚　明 文徵明

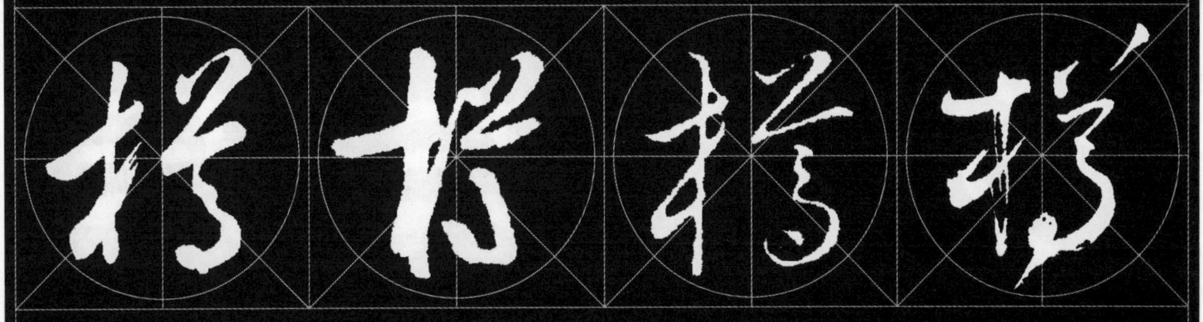
宋 苏轼　宋 陆游　金 张天锡·草书韵会　清 王铎

zuó
昨

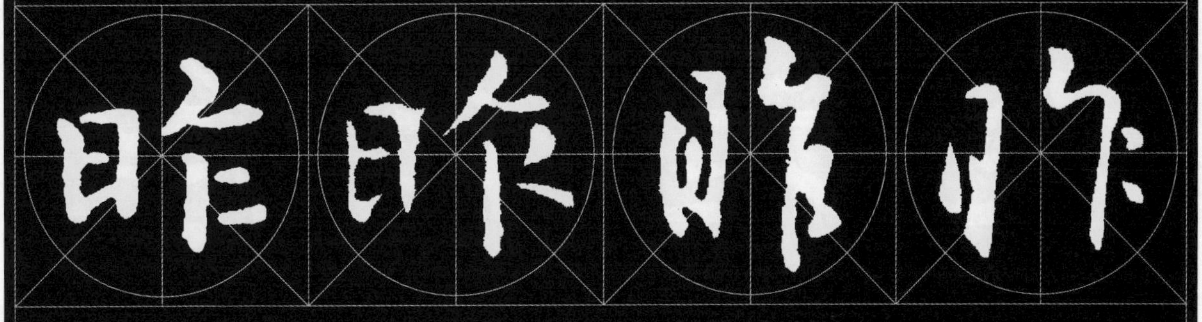
三国 钟繇　三国 钟繇　晋 王羲之　唐 李世民

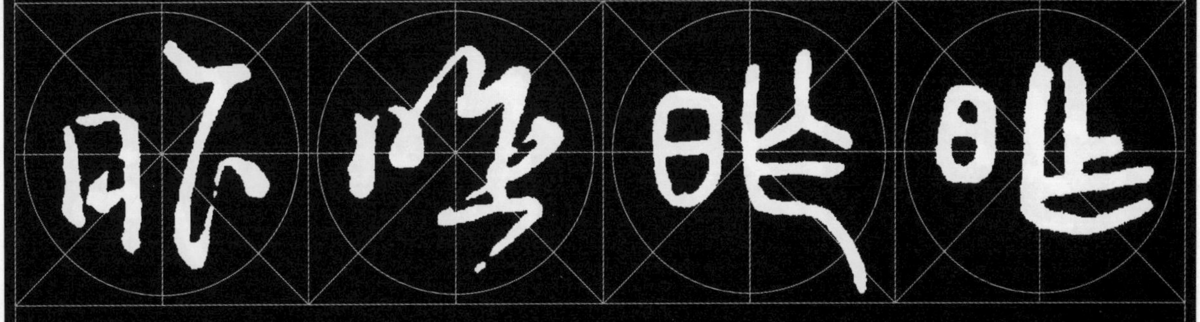
宋 钱穆父　宋 杜良臣　汉 说文解字　清 吴大澂

zuǒ
左

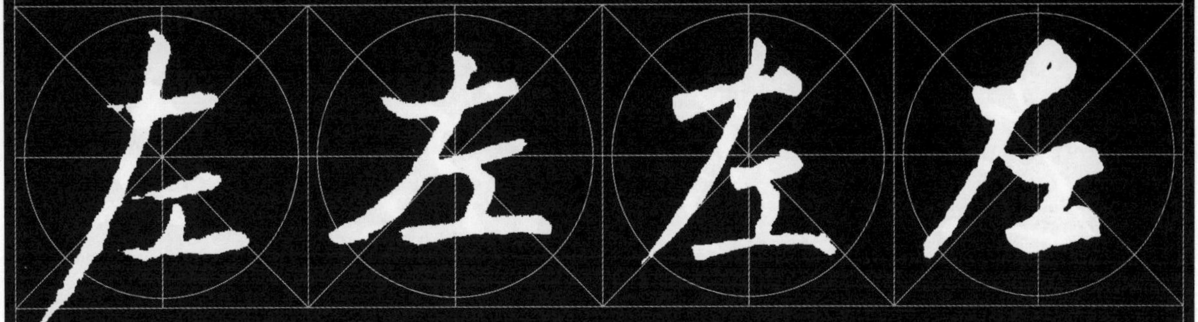
晋 王献之　北魏 元诊墓志　唐 柳公权　晋 王羲之

zuǒ
佐

唐 李邕
宋 苏轼
元 赵孟頫
晋 王羲之
晋 王献之
唐 怀素
汉 衡方碑
汉 校官碑
汉 白石神君碑
元 赵孟頫
周 师虎簋
汉 马王堆帛书
北魏 高贞碑
唐 颜真卿
唐 柳公权
晋 王羲之
元 赵孟頫
隋 智永
唐 颜真卿
汉 杨震碑

zuò
作
zuō
（作坊）

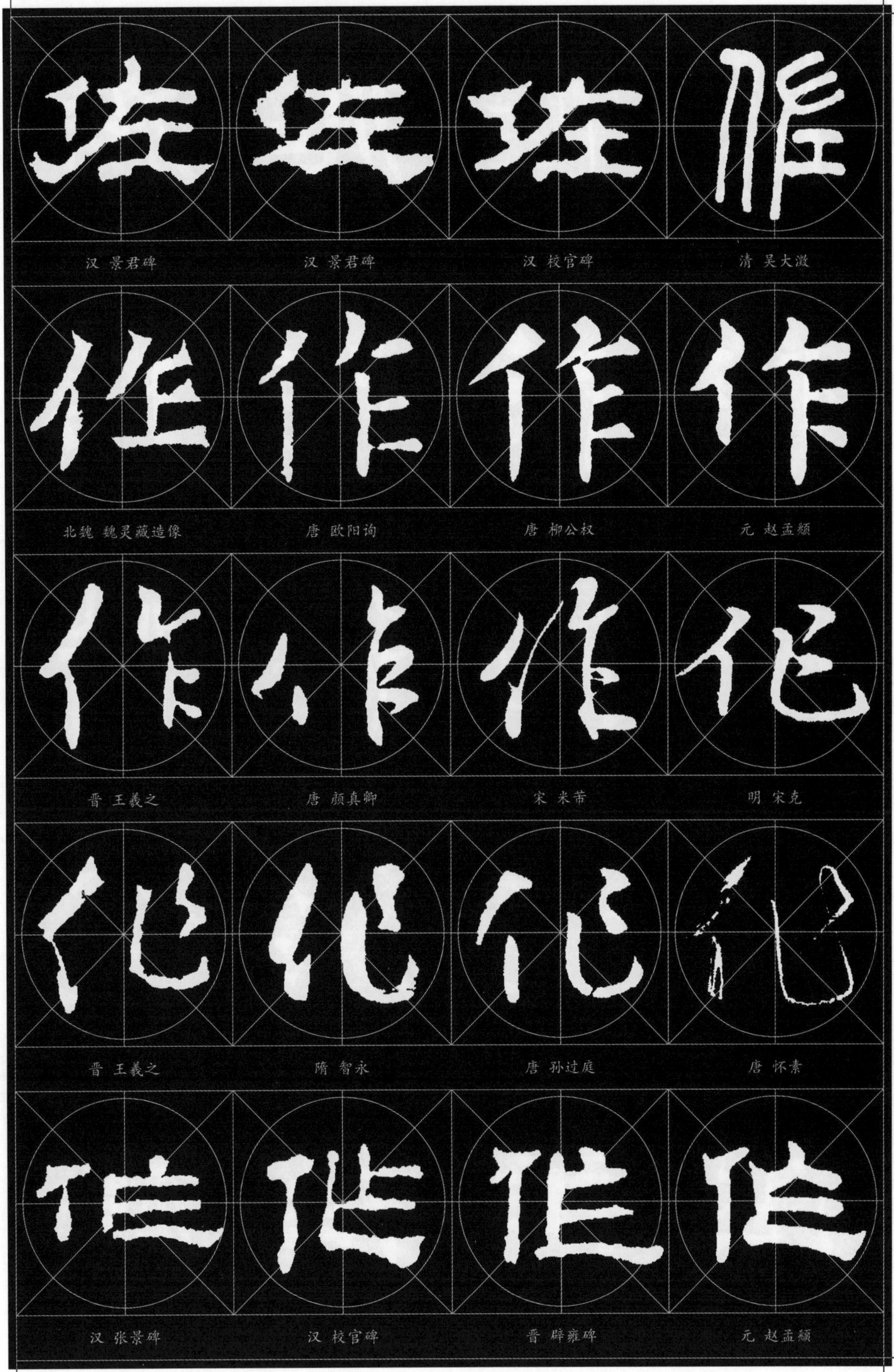
汉 景君碑
汉 景君碑
汉 校官碑
清 吴大澂
北魏 魏灵藏造像
唐 欧阳询
唐 柳公权
元 赵孟頫
晋 王羲之
唐 颜真卿
宋 米芾
明 宋克
晋 王羲之
隋 智永
唐 孙过庭
唐 怀素
汉 张景碑
汉 校官碑
晋 辟雍碑
元 赵孟頫

zuò 怍（惭愧）

zuò 祚（福）

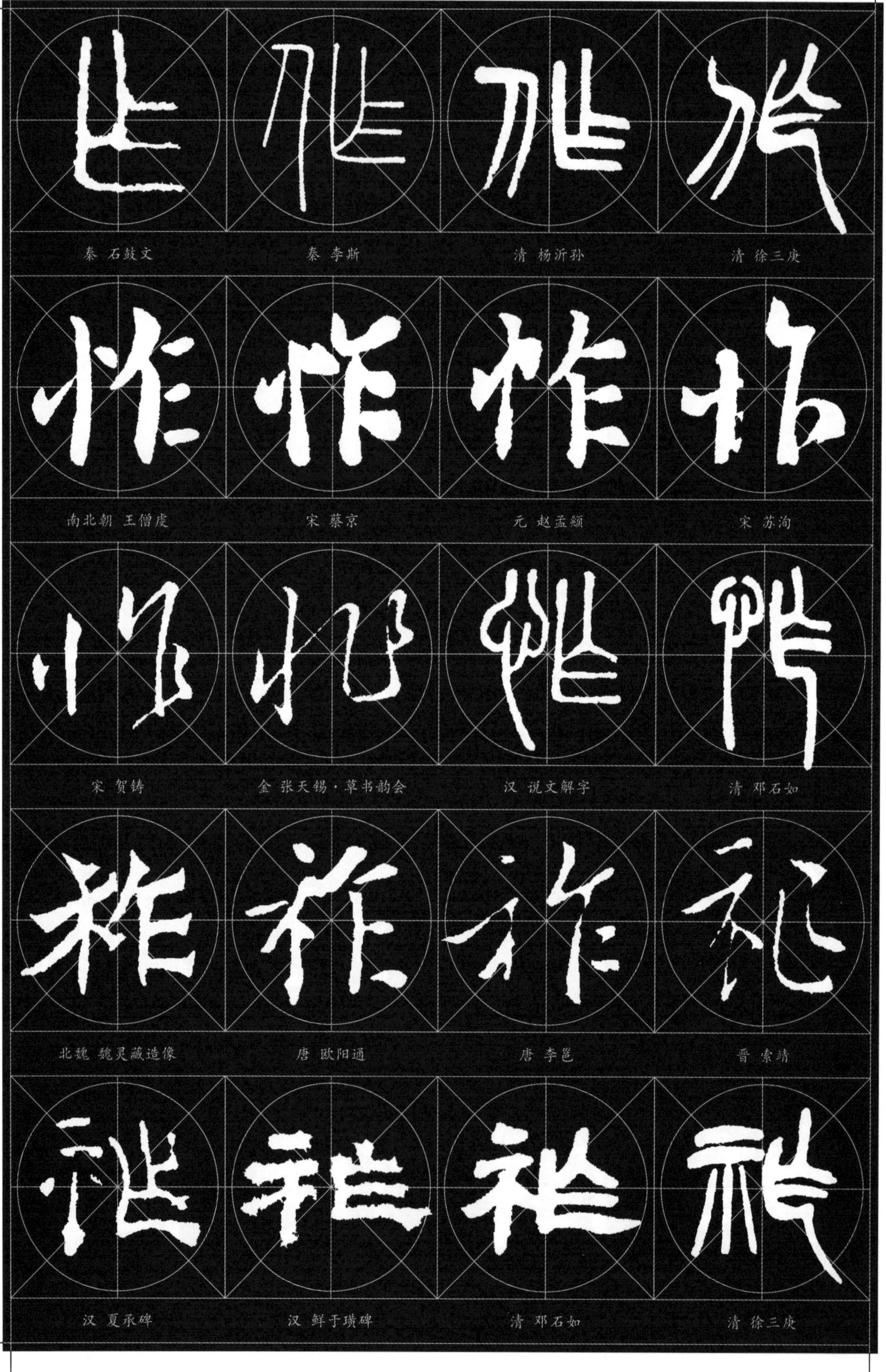

秦 石鼓文　秦 李斯　清 杨沂孙　清 徐三庚

南北朝 王僧虔　宋 蔡京　元 赵孟頫　宋 苏洵

宋 贺铸　金 张天锡·草书韵会　汉 说文解字　清 邓石如

北魏 魏灵藏造像　唐 欧阳通　唐 李邕　晋 索靖

汉 夏承碑　汉 鲜于璜碑　清 邓石如　清 徐三庚

zuò 胙（祭祀用的肉）

zuò 坐

zuò 座（座位同坐）

zuò 做（作）

《字林》所收《古代简体字形态一览》

页次	繁体字	简体字（出处）	楷	行	草	隶	篆
24	辦	办（明·徐谓）			▲		
30	寶	宝（元·俞庸）		▲			
31	報	*报（晋·王羲之）			▲		
37	貝	*贝（草书韵会）			▲		
51	閉	*闭（元·赵孟頫）			▲		
82	蠶	蚕（明·唐寅）		▲			
95	闡	*阐（草书韵会）			▲		
97	長	*长（三国·皇象）		▲			
99	嘗	*尝（唐·欧阳询）			▲		
100	場	*场（隋·智永）			▲		
105	車	*车（隋·智永）			▲		
111	陳	*陈（晋·王羲之）			▲		
112	稱	称（晋·王羲之）			▲		
118	誠	*诚（唐·李邕）		▲			
128	飭	*饬（宋·王安石）			▲		
130	蟲	虫（汉·马王堆帛书）				▲	
144	處	处（唐·李阳冰）					▲
147	傳	*传（晋·王羲之）			▲		
153	鎚	*锤（唐·孙过庭）			▲		
155	純	*纯（唐·李邕）		▲			
162	辭	*辞（南北朝·郑道昭）	▲				
166	從	*从（殷·甲骨文）					▲
187	單	*单（晋·王羲之）			▲		
192	當	*当（汉·张芝）			▲		
226	東	*东（晋·王献之）			▲		
232	瀆	*渎（晋·王羲之）			▲		
237	斷	*断（宋·米芾）		▲			

（*表示此字以后，凡部首或偏旁与其相同者，恕不再一一列出）

《字林》所收《古代简体字形态一览》

页次	繁体字	简体字（出处）	楷	行	草	隶	篆
251	爾	⋆尔（晋·王羲之）		▲			
255	發	⋆发（晋·王羲之）			▲		
260	煩	⋆烦（宋·米　芾）			▲		
290	膚	肤（汉·马王堆帛书）				▲	
303	負	⋆负（宋·黄庭坚）			▲		
310	蓋	⋆盖（殷商/汉/唐）	▲			▲	▲
311	幹	干（晋·王羲之）		▲			
344	穀	谷（殷·甲骨文）					▲
372	韓	⋆韩（唐·孙过庭）			▲		
378	號	号（隋·苏孝慈墓志）	▲				
422	揮	⋆挥（元·饶　介）			▲		
426	會	⋆会（唐·孙过庭）			▲		
436	機	⋆机（唐·孙过庭）			▲		
473	撿	⋆捡（唐·孙过庭）			▲		
476	見	⋆见（晋·王羲之）			▲		
501	潔	洁（汉·赵宽碑）				▲	
516	莖	⋆茎（晋·王献之）			▲		
519	鯨	⋆鲸（宋·米　芾）		▲			
546	覺	⋆觉（晋·王羲之）			▲		
583	來	⋆来（晋·王羲之）		▲			
585	懶	⋆懒（宋·苏　轼）		▲			
594	樂	⋆乐（晋·王羲之）			▲		
597	淚	泪（明·唐　寅）		▲			
602	禮	礼（汉·衡方碑）				▲	
613	連	⋆连（唐·怀　素）			▲		
615	憐	⋆怜（隋·董美人墓志）	▲				
618	糧	粮（汉·礼器碑）				▲	

（⋆表示此字以后，凡部首或偏旁与其相同者，恕不再一一列出）

《字林》所收《古代简体字形态一览》

页次	繁体字	简体字（出处）	楷	行	草	隶	篆
619	兩	*两（元·张　雨）		▲			
623	療	*疗（唐·吴彩鸾）	▲				
628	臨	临（唐·徐　浩）		▲			
645	樓	*楼（唐·怀　素）			▲		
647	爐	*炉（唐·杜　牧）		▲			
650	録	录（汉·说文解字）					▲
660	鸞	*鸾（明·文征明）			▲		
661	亂	*乱（隋·龙藏寺碑）	▲				
671	麥	*麦（唐·虞世南）	▲				
671	脈	*脉（唐·颜真卿）	▲				
684	門	*门（晋·王献之）		▲			
688	夢	梦（清·郑　燮）			▲		
727	鬧	*闹（明·董其昌）		▲			
737	寧	*宁（唐·欧阳询）			▲		
776	樸	*朴（唐·颜真卿）	▲				
789	豈	*岂（晋·王献之）			▲		
789	啓	启（明·唐　寅）		▲			
792	氣	*气（汉·鲁峻碑）				▲	
793	棄	弃（唐·薛　稷）	▲				
830	趨	*趋（唐·李世民）			▲		
840	確	确（汉·石门颂）				▲	
846	繞	*绕（明·祝允明）			▲		
846	熱	热（隋·智　永）		▲			
863	灑	*洒（宋·米　芾）		▲			
896	聲	声（元·杨维桢）		▲			
900	師	*师（唐·颜真卿）		▲			
906	時	*时（晋·王羲之）			▲		

（*表示此字以后，凡部首或偏旁与其相同者，恕不再一一列出）

《字林》所收《古代简体字形态一览》

页次	繁体字	简体字（出处）	楷	行	草	隶	篆
908	實	实（晋·王羲之）			▲		
934	獸	兽（周·师寰簋）					▲
934	書	书（晋·王羲之）			▲		
981	肅	*肃（清·黄仲则）		▲			
983	隨	*随（汉·景君碑）				▲	
988	孫	*孙（晋·王羲之）			▲		
995	臺	*台（汉·景君碑）				▲	
1006	濤	*涛（唐·柳公权）		▲			
1010	騰	*腾（唐·李　邕）		▲			
1036	圖	图（唐·怀　素）			▲		
1049	灣	*湾（唐·李　邕）			▲		
1055	萬	*万（北魏·孙秋生造像）	▲				
1058	罔、網	*网（殷·甲骨文）					▲
1066	爲	*为（晋·王羲之）			▲		
1066	韋	*韦（唐·怀　素）			▲		
1092	無	*无（汉·说文解字）					▲
1094	吳	*吴（唐·欧阳询）		▲			
1123	係、繫	系（宋·孙　觌）		▲			
1129	俠	*侠（晋·索　靖）		▲			
1157	嚮	向（汉·景君碑）				▲	
1214	學	*学（宋·张即之）			▲		
1226	亞	*亚（明·张瑞图）			▲		
1227	煙	烟（元·赵孟頫）		▲			
1231	巖	岩（明·邵二泉）		▲			
1270	葉	叶（唐·褚遂良）	▲				
1310	蔭	*荫（宋·苏　轼）			▲		
1318	應	应（唐·李世民）			▲		

（*表示此字以后，凡部首或偏旁与其相同者，恕不再一一列出）

《字林》所收《古代简体字形态一览》

页次	繁体字	简体字（出处）	楷	行	草	隶	篆
1323	蠅	⋆蝇（元·王　濛）	▲				
1362	與	与（晋·王羲之）			▲		
1419	棗	枣（晋·王羲之）			▲		
1457	貞	⋆贞（隋·智　永）			▲		
1466	爭	⋆争（唐·欧阳询）		▲			
1471	證	证（唐·褚遂良）		▲			
1472	鄭	⋆郑（元·鲜于枢）			▲		
1492	質	质（汉·景君碑／唐·孙过庭）			▲	▲	
1522	屬	⋆属（汉·石门颂）				▲	
1529	築	筑（草书韵会／隶辨／说文）			▲	▲	▲
1530	專	⋆专（唐·李世民）			▲		
1534	莊	庄（晋·王羲之）		▲			
1535	壯	⋆壮（唐·欧阳询）	▲				
1538	準	准（汉·桐柏庙碑）				▲	
1546	諮	咨（汉·华山碑）				▲	

（⋆表示此字以后，凡部首或偏旁与其相同者，恕不再一一列出）

《字林》所见《古代书法家异写摘编》

笔墨当随时代！但在古代书法家的遗墨中，常有“笔画加减、结体移位”现象。当今学者、教师、专家、评委等，对此或已有所了解。为能比较集中地加以回顾，本典特分摘如下。

一、增加笔画（页次中含字目字和同类字）

音序	字目	《字林》示例页次
A	奥	13 1375
B	拜	20
	報	30
	辟	47 48 49 162
	冰	64 738
C	凔	81
	場	100
	册	87 872
D	旦	188 189 412 1000 1208
F	房	268
	副	296 307
G	隔	325
H	皇	417 418 419
J	減	474
	絜	500 501 1125
	京	514 519 520 531 618 661
	競	522
	矩	536 537 538 831
	厥	547 607 1223 1242 1245
	軍	422 431 550
K	克	45 891 955 1038 1270 1281 1487 1542
L	吕	655

音序	字目	《字林》示例页次
M	明	686 705
	冥	706 707 708 890 1381
	民	694 701 702 913
N	那	720
	男	529 724 896
P	沛	275 754
R	融	325 854
S	塞	865
	涉	76 886 1493
	蝕	94 885 905 1323
	授	931
	絲	960
T	太	996
	條	208 1020
X	辛	1178 1188 1411 1548
	新	1179 1180
	血	1205 1215
Y	抑	1253 1297
	繹	1300 1301 1424
	羽	1364
	喻	1358 1359 1375 1376
Z	走	103 307 790 1451 1555

二、减少笔画（页次中含字目字和同类字）

音序	字目	《字林》示例页次
B	畢	53
	冰	64
	補	73 138 873 1408
C	曹	85 86 1417
	場	100 101
	承	114
	傳	147 1040 1531 1532
	存	174 1412
D	達	177 774 775 776
	毒	231
E	尔	251 252
F	房	268
	鳳	286
	富	308 1146 1174 1278
G	灌	352 356 411 837
	鬼	361 431 572 579 1081
H	害	369 1130
	惠	430
J	竭	502 563 1271
	救	532
L	類	597
	欒	660
M	蒙	686 687
	滅	700
	穆	720
A	寧	737

音序	字目	《字林》示例页次
P	潘	258 259 747 891
	翩	764
Q	喬	489 492 806
	勤	509 510 815
	輕	515 516 521 817
	拳	837 1442
R	冉	843 1413
	叡	861
S	色	869 1298 1299 1331
	善	875 876
	攝	737 887
	師	900 949 1536
T	聽	1024
W	尾	1074
X	習	494 495 1118 1172
	璽	1123
	鄉	1149
	星	1184
Y	彦	1235 1241
	堯	726 846 880 1165 1257
	員	1384 1405 1406
	粤	1401
Z	旨	1302 1476 1484 1485
	晝	408 1512
	琢	1540
	足	1557

三、结体换位（并非诸体皆宜）

类型	《字林》示例页次
左右换位	60 飙/飇　翅/翄 128
	232 獨/𤡬　和/咊 381
	432 豁/䜫　鄰/隣 629
	695 绵/緜　秋/秌 824
	864 飒/颯　始/㚸 912
	1112 谿/䜬
左右↓上下	19 柏/臬　蹴/蹵 169
	245 峨/峩　峰/峯 284
	311 概/槩　槁/槀 320
	640 柳/桺　略/畧 661
	709 謨/謩　魄/𩲡 773
	781 期/朞　棋/棊 785
	841 群/羣　桃/𣓌 1007
	1111 晰/晢　脅/脇 1172
	1192 胸/胷　腰/𦝫 1256
	1257 嶢/嶤　幼/𠃷 1351
	1549 眦/眥
上下换位	131 崇/崈　品/𠯈 767
	1398 嶽/𡾯　翥/𦑝 1527
上下↓左右	8 岸/㟁　房/房 268
	421 晃/晄　岌/岋 443
	529 舅/𦦽　毗/毘 761
	781 感/𢘆　囂/𡅅 1163
	1224 崖/崕　巖/巗 1231

类型	《字林》示例页次
局部换位	53 碧/𤨲　髮/𩬊 255
	388 罄/𦈢　髻/𩭐 462
	530 咎/𡚖　濫/𤂄 588
	636 嶺/𡽫　髦/髦 676
	753 裴/裵　譬/譬 763
	827 區/區　染/染 843
	896 聲/聲　誓/誓 924
	976 蘇/蘓　訴/訢 978
	986 碎/碎　望/𦣠 1061
	1065 巍/巍　勖/勗 1206
	1261 窈/窈　野/墅 1266
	1379 禦/禦　原/厡 1389
	1453 哲/哲　装/裝 1534
	1537 墜/墜
换位后音义皆变	péi　陪≠部　bù
	shǎn　陕≠郏（陜≠郟）　jiá
	yǔn　陨≠郧　yún
	zǎo　枣≠棘　jí
	zhàng　障≠鄣　zhāng

《字林》所选古代碑帖及书家名录

殷商（前1600 — 前1046）		甲骨文		
周代（前1046 — 前 256）		金　文	令　彝	大盂鼎
墙　盘	九年卫鼎	大　簋	师虎簋	大师簋
散氏盘	毛公鼎	大克鼎	虢季子白盘	师寰簋
颂　壶	师兑簋	小克鼎	兮甲盘	小臣谜簋
㝬　簋	史颂鼎	颂　敦	多友簋	即　簋
县妃簋	曾伯灵簠	苏甫人匜	师酉簋	麦　尊
静　簋	舀　鼎			
秦　（前221 — 前　206）		简　书	权量铭（前221）	睡虎地简（前217）
（刻石/碑刻）	石鼓文（前777-前766）	泰　山（前219）	峄　山（前219）	会　稽（前210）
（书法家）	李　斯（约前280-前208）			
汉　（前206 — 公元220）		汉　简	金　文	马王堆帛书（约前196-前176）
说文解字（100-121）	（刻石/碑刻）	莱子侯（公元16年）	三老祭日（52）	袁　安（92）
孟孝琚（96）	子游残石（115）	正　直（115）	袁　敞（117）	开母石阙（123）
杨　震（124）	景　君（143）	武　梁（147）	石门颂（148）	乙　瑛（153）
李孟初（154）	礼　器（156）	张　景（159）	孔　宙（164）	封龙山（164）
华　山（165）	鲜于璜（165）	桐柏庙	朝侯小子	杨　统（168）
衡　方（168）	张　寿（168）	史　晨（169）	郭有道（169）	肥　致（169）
夏　承（170）	西狭颂（171）	孔　彪（171）	郙阁颂（172）	鲁　峻（173）
杨淮表记（173）	娄　寿（174）	张山子（174）	熹平石经（174-183）	韩仁铭（175）
尹　宙（177）	赵　宽（180）	校　官（181）	白石神君（183）	王舍人（183）
曹　全（185）	谯　君（185）	张　迁（186）	樊　敏（205）	刘　熊（刘秀玄孙）
袁　博	张　君	（书法家）	史　游（前48-33）	刘　炟（58-88）
杜　度（东汉初人）	崔　瑗（77-142）	蔡　邕（133-192）		
三国（220 — 280）	（刻石/碑刻）	上尊号（220）	孔　羡（220）	黄　初（224）
曹　真（231）	范　式（235）	三体石经（240-249）	王　基（261）	谷　朗（272）
（书法家）	钟　繇（151-230）	皇　象	司马懿（179-251）	张　翼（？-264）
晋　（265 — 420）	（刻石/碑刻）	辟　雍（278）	爨宝子（405）	好大王（414）
（墓　志）	成　晃（291）	刘　韬	左　棻（300）	王闽之（358）

张永昌神柩刻石 管氏夫人 （书法家） 阮籍（210-263） 卫瓘（220-291）
卫恒（？-291） 杜预（222-284） 张华（232-300） 武帝（236-290） 索靖（239-303）
纪瞻（约253-324） 王衍（256-311） 陆机（261-303） 郗鉴（269-339） 卫铄（女272-349）
王廙（276-322） 王导（276-339） 元帝（277-323） 王羲之（303-361） 庾翼（305-345）
王濛（309-347） 桓温（312-373） 郗愔（313-384） 王恬（314-349） 谢安（320-385）
谢万（320-361） 王洽（323-358） 王荟（王导幼子） 王凝之（？-399） 王坦之（330-375）
王徽之（？-386） 郗超（336-377） 哀帝（341-365） 王操之（羲之六子） 王献之（344-386）
顾恺之（346-407） 王珣（350-401） 王珉（351-388） 沈嘉 郗铿
庾元亮

南北朝（420—589） （刻石/碑刻） 李仲璇（386-534） 中岳灵庙（456） 爨龙颜（458）
晖福寺（488） 高庆（508） 郑文公下碑（511） 瘗鹤铭（514） 张猛龙（522）
高贞（523） 敬使君碑（540） 泰山石峪金刚经（约550-559） （造像记） 孝文帝（467-499）
牛橛（495） 魏灵藏（495） 北海王（约495） 杨大眼（龙门四品之一） 道匠（北魏）
郑长猷（501） 孙秋生（502） 高树（502） 太妃侯（503） 元燮（安定王507）
洪宝（535） （墓志） 吊比干（494） 元详（496） 石婉（石夫人508）
元诊（安乐王512） 元显儁（514） 司马景和妻孟敬训（514） 赵充华（515） 王诵妻元氏（517）
刁遵（517） 崔敬邕（517） 司马昞（520） 李超（520） 李壁（520）
司马显姿（521） 王僧男（521） 元倪（523） 鞠彦云（523） 张玄（黑女531）
高湛（539） 朱君山（约571） 元显嫔 （书法家） 孔琳之（369-423）
羊欣（370-442） 谢庄（421-466） 王昙首（424-454在任） 王僧虔（426-485） 王慈（451-491）
郑道昭（约455-516） 萧衍（464-549） 王筠（481-549） 郑述祖（485-565） 高猛（？-523）
萧纲（503-551） 赵文渊（北周时人）

隋（581—618） （刻石/碑刻） 龙藏寺（586） （墓志） 尔朱端（591）
董美人（597） 苏孝慈（603） 牛晖（女592-614） 侯肇暨妻古氏 张贵男
苏恒 马雅 郭王 张姜 关明
（书法家） 智永（约510-约608） 丁道护（文帝时人） 智果（文帝时人） 张公礼（文帝时人）

唐（618—907） （刻石/碑刻） 昭仁寺（630） 等慈寺碑（约628） 碧落（670）
叶慧明（约717） 兖公颂（约742） （墓志） 赵洁（约725） 李朏
（帖） 灵飞经（738） （书法家） 欧阳询（557-641） 虞世南（558-638）
李世民（571-649） 李靖（571-649） 颜师古（581-645） 陆柬之（585-638） 褚遂良（596-658）
冯承素（太宗时人） 国铨（太宗时人） 李怀琳（太宗时人） 蒋善进（太宗时人） 殷令名（约610-？）
武则天（女624-705） 李治（628-683） 王知敬（高宗时人） 王敬客（高宗时人） 王行满（高宗时人）

薛曜（642-约703） 孙过庭（约648-703） 欧阳通（？-691） 薛稷（649-713） 高正臣（高宗玄宗时人）
贺知章（659-744） 钟绍京（659-746） 张旭（约675-约750） 李邕（678-747） 徐峤之（约680-？）
李隆基（685-762） 吴彩鸾（女睿宗玄宗时人） 卢藏用（？-约714） 韩择木（约693-约767） 李白（701-762）
徐浩（703-782） 颜真卿（709-785） 苏灵芝（玄宗肃宗时人） 李阳冰（约722-约789） 怀素（725-785）
魏栖梧（712-756） 李权（玄宗时人） 高闲（玄宗时僧人） 李枢（肃宗时人） 张从申（代宗时人）
沈传师（769-827） 林藻（德宗时人） 柳公权（778-865） 裴休（791-846） 杜牧（803-852）
释玄序 释大雅 宋儋

五代（907 — 960） （书法家） 杨凝式（873-954） 钱俶（907-960）

宋（960 —1279） 刻石 （书法家） 徐铉（916-991）

李建中（945-1013） 杜衍（978-1057） 范仲淹（989-1052） 叶清臣（1000-1049） 文彦博（1006-1097）
苏舜元（1006-1054） 欧阳修（1007-1072） 苏舜钦（1008-1048） 韩琦（1008-1075） 苏洵（1009-1066）
蔡襄（1012-1067） 韩绛（1012-1088） 文与可（1018-1079） 王巩（神宗时人） 薛绍彭（神宗时人）
司马光（1019-1086） 蒲宗孟（1028-1093） 吕嘉问（约1030-1107） 沈辽（1032-1085） 张舜民（约1034-1100）
钱穆父（1034-1097） 王觌（约1034-1102） 章惇（1035-1105） 苏轼（1036-1101） 苏辙（1039-1112）
黄庭坚（1045-1105） 曾肇（1047-1107） 蔡京（1047-1126） 米芾（1051-1107） 贺铸（1052-1125）
周邦彦（1057-1121） 陈师锡（1057-1125） 蔡卞（1058-1117） 刘正夫（1060-1116） 王涣之（1060-1124）
赵令畤（1061-1134） 刘焘（1088年进士） 苏过（1072-1123） 米友仁（约1074-约1153） 王升（约1076-约1149）
翟汝文（1076-1141） 叶梦得（1077-1148） 李彭（哲宗时人） 黄伯思（1079-1118） 韩驹（1080-1135）
朱敦儒（1081-1159） 孙觌（1081-1169） 赵佶（1082-1135） 吴说（徽宗时人） 李纲（1083-1140）
蒋璨（1085-1159） 韩世忠（1089-1151） 陈与义（1090-1138） 张久成（1092-1159） 岳飞（1103-1141）
赵构（1107-1187） 虞允文（1110-1174） 陆游（1125-1210） 范成大（1126-1193） 赵眘（1127-1194）
吴琚（孝宗时人） 朱熹（1130-1200） 张孝祥（1133-1170） 楼钥（1137-1213） 魏了翁（1178-1237）
张即之（1186-1263） 赵孟坚（1199-约1264） 陆秀夫（1236-1279） 文天祥（1236-1282） 邵𪛗
杜良臣 赵卞康

金（1115 —1234） 张天锡·草书韵会 （书法家） 蔡松年（1107-1159）

任询（1133-1204） 王庭筠（1151？-1202） 赵秉文（1159-1232）

元（1206 —1368） （书法家） 赵孟頫（1254-1322） 鲜于枢（1256-1301）

冯子振（1257-1327） 赵俨（世祖时人） 邓文原（1258-1328） 管道升（女1262-1319） 袁易（1262-1306）
袁桷（1266-1327） 龚璛（1266-1331） 柳贯（1270-1342） 虞集（1272-1348） 揭傒斯（1274-1344）
张雨（约1277-约1348） 胡助（1277-1355） 吴镇（1280-1354） 欧阳玄（约1283-1357） 李倜（？-1331）
杨维桢（1296-1370） 柯九思（约1290-1343） 赵雍（1291-1361） 康里子山（1295-1343） 吴叡（1298-1355）
泰不华（1304-1352） 倪瓒（约1306-1374） 俞和（1307-1382） 王蒙（约1308-1385） 迺贤（1309-1364）

鲜于去矜（英宗时人）	陈基（1314-1370）	陆居仁（顺帝时人）	沈右（顺帝时人）	饶介（？-1367）
赵麟（约1319-1373）	俞庸	礼实	周驰	俞俊
吴志淳（元末明初人）				

明（1368—1644）

郭谌·草韵辨体

（书法家）

				苏大年（？-1364）
宋濂（1310-1381）	宋克（1327-1387）	宋璲（1344-1380）	董琰（1353-1420）	方孝孺（1357-1402）
沈度（1357-1434）	王孟端（1362-1416）	周砥（太祖时人）	金幼孜（1367-1431）	解缙（1369-1415）
曾棨（1372-1432）	沈藻（惠帝前后人）	沈粲（1379-1453）	程南云（成祖时人）	于谦（1398-约1453）
徐有贞（1407-1472）	刘钰（1410-1472）	姚绶（1423-1495）	张弼（1425-1487）	沈周（1427-1509）
陈献章（1428-1500）	金湜（英宗时人）	马愈（1464年进士）	张骏（1453年举人）	谢铎（1435-1510）
吴宽（1436-1504）	姜立纲（1444-1498）	李东阳（1447-1516）	金琮（1449-1501）	祝允明（1460-1526）
邵二泉（1460-1527）	徐霖（1462-1538）	唐寅（1470-1523）	文徵明（1470-1559）	王守仁（约1473-1528）
陆深（1477-1544）	陈淳（1483-1544）	陈道复（1483-1544）	丰坊（1492-1563）	王宠（1494-1533）
文彭（1498-1573）	文嘉（1501-1583）	莫如忠（1505-1588）	周天球（1514-1595）	徐渭（1521-1593）
王世贞（1526-1590）	李贽（1527-1602）	张凤翼（1527-1613）	申时行（1535-1614）	王穉登（1535-1612）
沈懋孝（1537-1612）	邢侗（1551-1612）	董其昌（1555-约1639）	陈继儒（1558-1639）	娄坚（1567-1631）
祝世禄（1589年进士）	米万钟（1570-1628）	张瑞图（约1570-约1644）	李流芳（1575-1629）	韩道亨（神宗时人）
孙胤奇（熹宗时人）	黄道周（1585-1646）	倪元璐（1593-1644）	李建泰（？-1649）	程正揆（1604-1676）
何震（？-1640）	刘西台	边武	马刍	

清（1616—1911）

康熙字典

朱宗文·草圣汇辨

顾蔼吉·隶辨

石梁·草字汇

陶南望·草韵汇编

清代书家篆隶字集

（书法家）

				王铎（1592-1652）
王时敏（1592-1680）	傅山（1607-1684）	金圣叹（1608-1661）	归庄（1613-1673）	查士标（1615-1697）
郑簠（1622-1693）	徐真木（1623-1671）	沈荃（1624-1684）	朱耷（1626-1705）	朱彝尊（1629-1709）
恽寿平（1633-1690）	徐元文（1634-1691）	石涛（约1642-1705）	万经（1659-1741）	顾蔼吉（1662-1722）
王澍（1668-1743）	唐英（1682-1756）	高凤翰（1683-1742）	汪士慎（约1686-约1759）	金农（1687-1763）
黄慎（1687-1766）	高翔（1688-1754）	张照（1691-1745）	郑燮（1693-1765）	董邦达（1699-1769）
刘墉（1720-1804）	童钰（1721-1782）	戴震（1723-1777）	梁同书（1723-1815）	程瑶田（1725-1814）
孔继涑（1727-1791）	钱大昕（1728-1804）	王文治（1730-1802）	翁方纲（1733-1818）	段玉裁（1735-1815）
桂馥（1736-1805）	邓石如（约1739-1805）	郭青垲（乾隆时人）	周芬（乾隆时人）	毕泷（乾隆时人）
申兆定（1762年举人）	钱沣（1740-1795）	钱坫（1744-约1795）	黄易（1744-1802）	奚冈（1746-1803）
赵魏（1746-1825）	黎简（1748-1799）	黄仲则（1749-1783）	永瑆（1752-1823）	孙星衍（1753-1818）
伊秉绶（1754-1815）	张玉德（乾隆道光时人）	钱泳（1759-1844）	钮树玉（1760-1827）	张惠言（1761-1802）
陈豫钟（1762-1806）	沈复（1763-？）	阮元（1764-1849）	陈鸿寿（1768-1822）	姚元之（1773-1852）

邓廷桢（1775-1846）	沙神芝（仁宗时人）	包世臣（1775-1855）	钱　侗（1778-1815）	赵之琛（1781-1860）
林则徐（1785-1850）	冯承辉（1786-1840）	伊念曾（1790-1861）	达　受（1791-1858）	吴　育（？-1834后）
邓传密（1795-1870）	黄学圯（1796-1850）	严　坤（嘉庆道光时人）	苏六朋（1798-1862）	何绍基（1799-1873）
吴熙载（1799-1870）	吴廷康（1799-1873）	张　熊（1803-1886）	钱　松（1807-1860）	姚正镛（1811－？）
莫友芝（1811-1871）	杨沂孙（约1812-1881）	吴　咨（1813-1858）	胡　震（1817-1862）	杨　岘（1819-1896）
邓　奎（道光前后人）	俞　樾（1821-1906）	张裕钊（1823-1894）	胡　澍（1825-1872）	徐三庚（1826-1890）
丁文蔚（1827-1890）	赵之谦（1829-1884）	翁同和（1830-1904）	吴大澂（1835-1902）	黄自元（1837-1918）
杨守敬（1839-1915）	曾纪泽（1839-1890）	陆润庠（1841-1915）	吴昌硕（1844-1927）	张祖翼（1849-1917）
黄士陵（1850-1909）	宋文蔚（1854-1936）	杨　锐（1857-1898）	康有为（1858-1927）	华世奎（1863-1942）
罗振玉（1865-1940）	吴　隐（1867-1922）	田　潜（1870-1926）	仰嘉祥（约1872-？）	童大年（1874-1955）
赵时棡（1874-1945）	王　禔（1878-1960）	丁佛言（1878-1931）	左运奎（清末民初人）	赵　懿
王　同				

古代碑帖及书家名录主要参考文献

1．辞海　上海辞书出版社　1989年

2．中国书法大字典　光华出版社　1980年

3．中国书法通鉴　河南美术出版社　1990年

4．中国书法文化大观　北京大学出版社　1995年

5．中国古代书法家辞典　浙江人民出版社　2002年

6．中国古代书法家　文物出版社　2003年

7．中国古今书画家年表　文物出版社　2006年

8．中国历史大辞典（上中下）　上海辞书出版社　2008年

9．现代汉语词典（第五版）　商务印书馆　2009年

从“米字格”到“方圆米格”

孟子名言晓天下，规矩方圆本一家。
而今手足喜相伴，从此书道更通达！

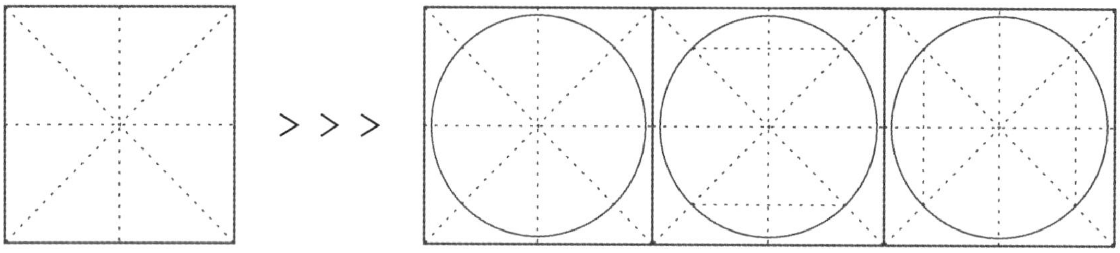

从“永字八法”到“新永字八法”

永字八法越千年，传习书法功非浅。
与时俱进细分类，减撇加折更完善！

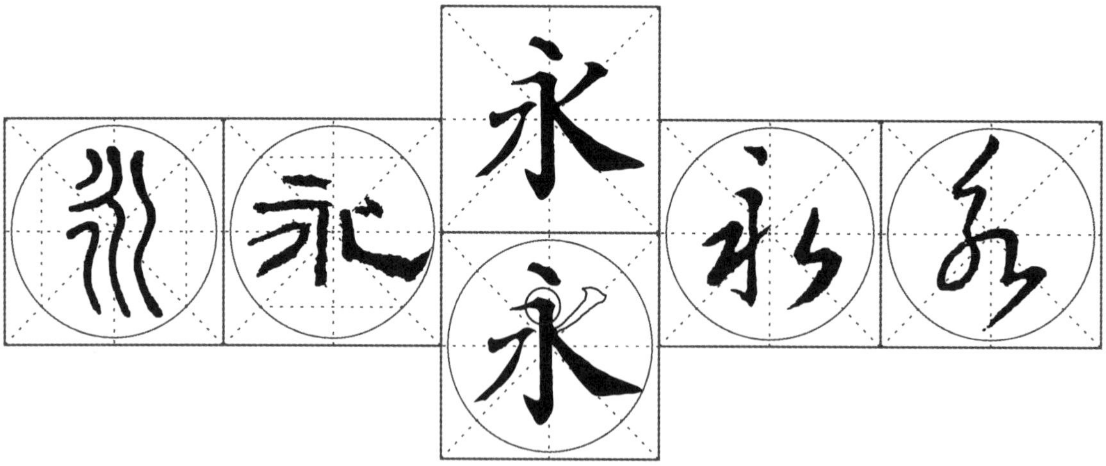

（以上图文均由“邵玉铮专利书法工作室”提供）

书法教育务必齐抓共管

身为中国人，会说中国话，会写中国字，本是天经地义的事。而现如今，有些人一张口，便是洋腔洋调，中西混杂，鲜有出口成章者；有些人一提笔，竟然任涂任抹，龙飞凤舞，鲜有精气神韵者。究其原因，不外家庭环境、学校教育、社会影响、个人修养等所致。

近日，国家教育部再次重申：中小学新学年要重开书法课，以提升学生正在下降的汉字书写水平。

众所周知，汉语是东方智慧的结晶，汉字是华夏传世的珍品。2008年6月7日，经国务院批准，“汉字书法”已被正式列入“第二批国家级非物质文化遗产名录”；2009年9月30日，中国书法又被联合国教科文组织列入“人类非物质文化遗产代表作名录”。这都充分说明，中国书法不仅属于中国，也属于世界！当今，欲开展“中国书法保护工程”，岂能后继无人！？

我的看法是：首先，领导一重视，前景定光明。眼下能真正开设书法课的学校有多少？能承担书法教学的语文老师有多少？其他老师中的书法爱好者有多少？能够或乐于承担书法教学的老师又有多少？当前各中、小学的领导应尽快调查、摸底，以便及时落实教学计划。

其次，要搞好“单打”与“会战”的配合。开设书法课固然重要，但每周只有一节课，难免“孤军奋战”、“一曝十寒”。我以为，各科教师虽然不是书法老师，但各门功课都有家庭作业、考试考查，对学生的练习或卷面，都应有所要求，如是齐抓共管，必将花开满园、硕果喜人。

第三，要培养情趣，增加动力。在英语传播处于比较强势的今天，要通过书法教育，让学生进一步了解汉语、汉字的博大精深、美不胜收，以提高对祖国语言文字价值的认知，对中国传统书法的热爱。

第四，应尽快走出责备电脑、手机影响写字的误区。事实上，能否写好汉字，关键还在基础教育，还在童子功。从古到今，在小学，甚至在中学，教师授课，主要还是靠板书；学生完成各项作业，依然还是靠手工书写。我坚信，在基础教育阶段，如果能扎扎实实地打下写好汉字的基础，将终生受益！电脑、手机的影响都是后期的，也是有限的。

第五，应与时俱进、开拓创新。当今的激光照排，早已取代了沿袭千百年的活字排版；独具特色的中国书法，也已成为世界孔子学院的主要课目和外国留学生的首选。在这科技信息迅猛发展、文化交流日益昌盛的时代，亟须对古老汉字的认知和书写进行科学研究，亟须努力探求新的教学方法。

作为一名老教育工作者，一名书法爱好者，一名北京文化志愿者，我对汉字的形态、习字的界格、教法的改进、理念的概括尚有一些初步的见解和实践，希望能有机会为基础教育服务，与同好分享。

邵玉铮　　2011年9月9日

跋 语

长相思 悟点滴

世界惟一

古汉字。今汉字。单音表意世称奇。奇聚音形义。
神州笔。神州纸。楷行隶篆展才艺。艺美品学技。

人文功力

中国人。中国字。字如其人见素质。一语早破的。
华夏文。华夏史。文以载道喜厚积。传承先学习。

非遗待继

新世纪。新信息。中国书法入非遗。保护工程急。
自立项。自选题。与时俱进乐奋蹄。《字林》出心底。

重在根基

敲电脑。打手机。写不好字怨东西。此论颇偏激。
童子功。童子期。关键仍在打根基。《字林》甘为梯。

专利添翼

尧围棋。宋象棋。方圆无处不相依。孟子言在理。
老界格。单打一。规矩结伴虎添翼。精到好下笔！

围棋：亦称弈。《世本·作篇》云："尧造围棋"。春秋中期广泛流行，至战国时期有大发展。格方子圆，子分黑白。棋盘上纵横各19道线，计361个交叉点。

象棋：中国的近代象棋定型于北宋末南宋初。格方子圆，字在圆中。双方各有棋子16个，共有90个据点。

邵玉铮 2011年9月25日初稿
2012年2月12日定稿

图书在版编目（CIP）数据

字林（上下）/邵玉铮主编——北京：中国文史出版社，2012.5

ISBN 978-7-5034-3356-6

Ⅰ.①字… Ⅱ.①邵… Ⅲ.①汉字—研究 Ⅳ.①H12

中国版本图书馆CIP数据核字（2012）第067128号

责任编辑：马合省

策　　划：邵玉铮专利书法工作室

设　　计：北京方圆有道图文设计中心

出版发行：中国文史出版社

网　　址：www.wenshipress.com

社　　址：北京市西城区太平桥大街23号　邮编：100811

电　　话：010-66173572　66168268　66192736（发行部）

传　　真：010-66192730

印　　装：北京新华印刷有限公司

经　　销：全国新华书店

开　　本：889×1194 mm　1/16　印张：102　插页：8

版　　次：2012年5月北京第1版

印　　次：2012年5月北京第1次印刷

定　　价：880.00元（上下）